LES LIEUX
DE MÉMOIRE

LES LIEUX DE MÉMOIRE

2 • *sous la direction de Pierre Nora*

QUARTO
GALLIMARD

Avec la collaboration de

Maurice Agulhon, Jean-Pierre Babelon, Pierre Birnbaum,
Jean-Claude Bonnet, Philippe Burrin, Christophe Charle, Roger Chartier,
Philippe Contamine, Alain Corbin, Andrée Corvol, Marc Fumaroli,
François Furet, Thomas W. Gaehtgens, Marcel Gauchet, June Hargrove,
Philippe Joutard, Jacques Julliard, Claude Langlois, Catherine Maire,
Daniel Milo, Michel Mollat du Jourdin, Gérard Noiriel, Olivier Nora,
Pierre Nora, Jean-Louis Ormières, Krzysztof Pomian, Antoine Prost,
Gérard de Puymège, Jacques Revel, Alain Rey, Jean-Pierre Rioux,
Marcel Roncayolo, Jean-François Sirinelli,
Jean Starobinski, Jean Tulard*

* Le répertoire complet des collaborateurs
se trouve à la fin du troisième volume.

© Éditions Gallimard, 1997, pour la présente édition en trois volume

Préface
à l'édition « Quarto »

1997

Ce livre a une longue histoire. La première partie, *La République*, a paru en 1984. La deuxième, en trois volumes consacrés à *La Nation*, en 1986. La troisième enfin, *Les France*, en trois volumes également, mais plus épais que les précédents, en 1992 :
Un développement d'une pareille ampleur – sept volumes de la «Bibliothèque illustrée des histoires» – a dépassé de beaucoup le programme prévu et annoncé. Il ne correspond en rien à la réalisation point par point d'un plan préconçu; il obéit à l'approfondissement et à l'élargissement d'une notion dont la fécondité s'est peu à peu révélée et la richesse, élaborée.

Il s'agissait en effet au départ de mettre en lumière la parenté secrète qu'entretenaient des mémoriaux vrais, comme les monuments aux morts ou le Panthéon, avec des objets apparemment aussi différents que des musées, commémorations, archives, devises ou emblèmes. Et au-delà, avec des phénomènes encore plus lointains : des institutions, comme l'Académie française; des réalités, comme les frontières; des catégories administratives, politiques ou temporelles, comme le département, la droite et la gauche, la génération. Pour aboutir, en définitive, à la mise en place générale et à l'analyse détaillée des blocs les plus massifs de nos représentations et de notre mythologie nationales.

D'étape en étape, l'entreprise est passée d'un simple éclairage des lieux porteurs d'une mémoire particulièrement significative au projet beaucoup plus ambitieux d'une histoire de France par la mémoire.

Ce parcours et ses cheminements intérieurs, il aurait été vain et même contraire à l'esprit de l'entreprise de chercher à les dissimuler. La gestation du sujet fait partie du sujet lui-même. C'est pourquoi les textes de présentation et de conclusion qui scandent la démarche et en articulent la progression sont ici respectés jusque dans l'expression de leurs flottements et leurs remords. Au lecteur qui souhaiterait comprendre l'architecture de l'édifice entier et la logique de sa croissance interne, il est conseillé de s'y reporter. Le plan qui figure en tête de chacun des trois volumes en facilitera le repérage.

De même eût-il été impossible dans cette édition en trois volumes dont le but est de mettre les sept volumes de l'édition originale des *Lieux de mémoire* à la portée du plus grand nombre sous une forme compacte, économique et continue, de procéder à la mise à jour scientifique de certaines contributions. Telles quelles, dans leur rassemblement et leur intention unanime, elles marquent un état nécessairement provisoire de la réflexion historique, de la conscience et de l'actualité nationales. Il faut les prendre ainsi. C'est le propre de la mémoire de ne s'incarner qu'un moment dans un lieu.

Pierre Nora

N.B. : Pour la clarté générale du plan, on a adopté, en tête des trois parties de *La Nation*, les sous-titres qui, à l'époque de la parution, avaient été envisagés dans la «Présentation», pour chacun des trois volumes : *L'immatériel, Le matériel, L'idéel*.
Nous n'avons conservé de l'iconographie de l'édition originale que les documents indissolublement liés à l'écriture des textes.
Le lecteur trouvera la table complète des illustrations à la fin du troisième volume.

Préface à l'édition «Quarto» *Pierre Nora*
Présentation *Pierre Nora*
ENTRE MÉMOIRE ET HISTOIRE *Pierre Nora*

LA RÉPUBLIQUE

Symboles
Les Trois Couleurs *Raoul Girardet* – Le calendrier républicain *Bronislaw Baczko* – "La Marseillaise" *Michel Vovelle*

Monuments
Le Panthéon *Mona Ozouf* – La mairie *Maurice Agulhon* – Les monuments aux morts *Antoine Prost*

Pédagogie
Le "Grand Dictionnaire" de Pierre Larousse *Pascal Ory* – Lavisse, instituteur national *Pierre Nora* – "Le Tour de la France par deux enfants" *Jacques et Mona Ozouf* – La bibliothèque des Amis de l'instruction du IIIe arrondissement *Pascale Marie* – Le "Dictionnaire de pédagogie" de Ferdinand Buisson *Pierre Nora*

Commémorations
Les centenaires de Voltaire et de Rousseau *Jean-Marie Goulemot et Éric Walter* – Le 14-Juillet *Christian Amalvi* – Les funérailles de Victor Hugo *Avner Ben-Amos* – Le Centenaire de la Révolution française *Pascal Ory* – L'Exposition coloniale de 1931 *Charles-Robert Ageron*

Contre-mémoire
La Vendée, région-mémoire *Jean-Clément Martin* – Le mur des Fédérés *Madeleine Rebérioux*.

DE LA RÉPUBLIQUE À LA NATION *Pierre Nora*

LA NATION

Présentation *Pierre Nora*

1. L'IMMATÉRIEL

Héritage
Chancelleries et monastères *Bernard Guenée* –
Le Lignage, Xe-XIIIe siècle *Georges Duby* – Les sanctuaires royaux
Colette Beaune – Reims, ville du sacre *Jacques Le Goff*

Historiographie
Les "Grandes Chroniques de France" *Bernard Guenée* –
"Les Recherches de la France" d'Étienne Pasquier *Corrado Vivanti* –
Les "Lettres sur l'histoire de France" d'Augustin Thierry *Marcel Gauchet* –
L'"Histoire de France" de Lavisse *Pierre Nora* –
L'heure des "Annales" *Krzysztof Pomian*

Paysages
Le paysage du peintre *Françoise Cachin* – Le paysage du savant
Marcel Roncayolo – Les Guides-Joanne *Daniel Nordman* – Le "Tableau
de la géographie de la France" de Vidal de la Blache *Jean-Yves Guiomar*

2. LE MATÉRIEL

Le territoire
Des limites féodales aux frontières politiques *Bernard Guenée* –
Des limites d'État aux frontières nationales *Daniel Nordman* –
Une mémoire-frontière : l'Alsace *Jean-Marie Mayeur* –
L'Hexagone *Eugen Weber* – Nord-Sud *Emmanuel Le Roy Ladurie*

L'État
La symbolique de l'État *Anne-Marie Lecoq* – Versailles, l'image du souverain
Édouard Pommier – Versailles, fonctions et légendes *Hélène Himelfarb* –
Le Code civil *Jean Carbonnier* – La Statistique générale de la France
Hervé Le Bras – Les mémoires d'État *Pierre Nora*

Le patrimoine
La notion de patrimoine *André Chastel* –
Naissance des musées de province *Édouard Pommier* –
Alexandre Lenoir et les musées des Monuments français *Dominique Poulot* –
Arcisse de Caumont et les sociétés savantes *Françoise Bercé* –
Guizot et les institutions de mémoire *Laurent Theis* –
Mérimée et l'Inspection des monuments historiques *André Fermigier* –
Viollet-le-Duc et la restauration *Bruno Foucart*

QUARTO 2

LA NATION

3. L'IDÉEL

La gloire

Mourir pour la patrie *Philippe Contamine* – Le soldat Chauvin *Gérard de Puymège* – Le retour des Cendres *Jean Tulard* – Verdun *Antoine Prost* – Le musée historique de Versailles *Thomas W. Gaehtgens* – Le Louvre *Jean-Pierre Babelon* – Les morts illustres *Jean-Claude Bonnet* – Les statues de Paris *June Hargrove* – Le nom des rues *Daniel Milo*

Les mots

La Coupole *Marc Fumaroli* – Le Collège de France *Christophe Charle* – La chaire, la tribune, le barreau *Jean Starobinski* – Le Palais-Bourbon *Jean-Pierre Rioux* – Les classiques scolaires *Daniel Milo* – La visite au grand écrivain *Olivier Nora* – La khâgne *Jean-François Sirinelli* – Les Trésors de la langue *Alain Rey*

LA NATION-MÉMOIRE *Pierre Nora*

LES FRANCE

COMMENT ÉCRIRE L'HISTOIRE DE FRANCE ? *Pierre Nora*

1. CONFLITS ET PARTAGES

Présentation *Pierre Nora*

Divisions politiques

Francs et Gaulois *Krzysztof Pomian* – L'Ancien Régime et la Révolution *François Furet* – Catholiques et laïcs *Claude Langlois* – Le peuple *Jacques Julliard* – Les rouges et les blancs *Jean-Louis Ormières* – Français et étrangers *Gérard Noiriel* – Vichy *Philippe Burrin* – Gaullistes et communistes *Pierre Nora* – La droite et la gauche *Marcel Gauchet*

Minorités religieuses
Port-Royal *Catherine Maire* – Le musée du Désert *Philippe Joutard* –
Grégoire, Dreyfus, Drancy et Copernic *Pierre Birnbaum*

Partages de l'espace-temps
Le front de mer *Michel Mollat du Jourdin* –
La forêt *Andrée Corvol* – La ligne Saint-Malo-Genève *Roger Chartier* –
Paris-province *Alain Corbin* –
Le centre et la périphérie *Maurice Agulhon* – La région *Jacques Revel* –
Le département *Marcel Roncayolo* – La génération *Pierre Nora*

QUARTO 3

LES FRANCE

2. TRADITIONS

Présentation *Pierre Nora*

Modèles
La terre *Armand Frémont* – Le clocher *Philippe Boutry* –
La cathédrale *André Vauchez* – La cour *Jacques Revel* –
Les grands corps *Christophe Charle* – Les armes *Jérôme Hélie* –
La profession libérale. Un cas, le barreau *Lucien Karpik* –
L'entreprise *François Caron* – Le métier *Yves Lequin* –
L'"Histoire de la langue française", de Ferdinand Brunot
Jean-Claude Chevalier

Enracinements
Le local *Thierry Gasnier* – Le "Barzaz-Breiz" *Jean-Yves Guiomar* –
Le Félibrige *Philippe Martel* – Proverbes, contes et chansons *Daniel Fabre* –
Le "Manuel de folklore français", d'Arnold Van Gennep *Daniel Fabre*

Singularités
La conversation *Marc Fumaroli* – La galanterie *Noémi Hepp* –
La vigne et le vin *Georges Durand* – La gastronomie *Pascal Ory* –
Le café *Benoît Lecoq* – Le tour de France *Georges Vigarello* –
La "Recherche du temps perdu" de Marcel Proust *Antoine Compagnon*

3. De l'archive à l'emblème

Présentation *Pierre Nora*

Enregistrement

La généalogie *André Burguière* – L'étude du notaire *Jean-Paul Poisson* – Les vies ouvrières *Michelle Perrot* – L'âge industriel *Louis Bergeron* – Les archives *Krzysztof Pomian*

Hauts lieux

Lascaux *Jean-Paul Demoule* – Alésia *Olivier Buchsenschutz et Alain Schnapp* – Vézelay *Guy Lobrichon* – Notre-Dame de Paris *Alain Erlande-Brandenburg* – Les châteaux de la Loire *Jean-Pierre Babelon* – Le Sacré-Cœur de Montmartre *François Loyer* – La tour Eiffel *Henri Loyrette*

Identifications

Le coq gaulois *Michel Pastoureau* – La fille aînée de l'Église *René Rémond* – Liberté, Égalité, Fraternité *Mona Ozouf* – Charlemagne *Robert Morrissey* – Jeanne d'Arc *Michel Winock* – Descartes *François Azouvi* – Le roi *Alain Boureau* – L'État *Alain Guéry* – Paris *Maurice Agulhon* – Le génie de la langue française *Marc Fumaroli*

L'ère de la commémoration *Pierre Nora*

LA NATION

LA NATION

3. L'IDÉEL
La gloire

*T*ransfert du sacrifice chrétien sur le sacrifice patriotique, transfert du sacrifice du sang à la nation en guerre au sacrifice de soi à la nation en paix : la gloire a été, du Moyen Âge à nos jours, l'objet d'un double déplacement.

Mourir pour la patrie : ce devoir très ancien se confond avec la prime coagulation de l'idée même de la nation. Mais deux épisodes militaires effroyablement coûteux, et dont la trace ineffaçable s'est identifiée aux formes politiques qu'ils défendaient, sont venus, dans la France contemporaine, réactiver cette mystique : les guerres de la Révolution et de l'Empire, la Grande Guerre. Au soldat inconnu de la République (voir tome I, « Les monuments aux morts »), répond le non moins inconnu soldat Chauvin, vétéran de Valmy et d'Austerlitz ; mythe national qui s'ignore lui-même et dont beaucoup ignorent sans doute qu'il était le père du chauvinisme. Il avait sa place à côté du retour des Cendres et de Verdun ; il l'aurait eue au musée de Versailles, dédié par Louis-Philippe « à toutes les gloires de la France ».

Le développement de l'idée nationale à partir du XVIIIe siècle a étendu la valeur mémorable du grand homme à ceux qui ont le mieux servi la nation. De la sainteté laïque du guerrier et du grand capitaine, on est passé à toutes les illustrations du pays, aux grands esprits d'abord, puis aux grands citoyens (voir également tome I, « Le Panthéon »). Les morts illustres ne relèvent plus du même type de discours. Fait significatif, le lieu qui symbolisait la demeure des rois, et dont les collections n'étaient qu'un ornement, est devenu le temple des arts et leur plus grand musée. Au bout du chemin, il y a le peuple prosaïque des statues IIIe République, aux carrefours et dans les squares.

De Saint Louis au conseiller municipal, de l'oraison funèbre à la notice nécrologique, du champ d'honneur aux plaques des noms de rues : on mesure l'élargissement démocratique de la gloire nationale.

Pierre Nora 1986

PHILIPPE CONTAMINE

Mourir pour la patrie

X^e-XXe siècle

Pro patria mori

Il y a maintenant plus de trente ans qu'Ernst H. Kantorowicz, dans un article justement loué[1], a montré que la notion de patrie, si elle avait perdu une grande partie de sa force, en tant que référence et argument suprêmes pour les combattants de tout rang pendant la longue suite de siècles postérieurs à la disparition de l'Empire romain, connut une sensible renaissance au cours des deux ou trois derniers siècles du Moyen Âge, au point de devenir dès lors, au niveau de la théorie politique, la valeur fondamentale au nom de laquelle les pouvoirs temporels, approuvés par le magistère ecclésiastique, revendiquèrent le droit d'exiger de tous, quelles que fussent les circonstances, le sacrifice délibéré de leur vie. Désormais la patrie, conçue comme un corps mystique, fut légitimement en mesure d'imposer à ses membres le devoir de tout risquer pour sa défense et sa survie. À la fin du XIIIe siècle, le théologien Henri de Gand put comparer la mort d'un citoyen pour sa communauté au sacrifice du Christ pour la rédemption du genre humain. Un siècle et demi plus tard, Aeneas Sylvius Piccolomini – le futur pape Pie II – écrivait dans le *De ortu et auctoritate imperii Romani*:

> Il ne devrait pas sembler trop sévère de dire que, pour le bien de tout le corps, un pied ou une main, qui, dans l'État, sont les citoyens, doive être amputé puisque le prince lui-même, qui est la tête du corps mystique de l'État, est tenu de sacrifier sa vie lorsque le bien public l'exige[2].

À travers la pensée occidentale, l'idée, ou la formule, selon laquelle l'un des actes les plus beaux et les plus respectables est de mourir pour la patrie paraît présenter un caractère de permanence décourageant toute analyse historique. Après le *«Pugna pro patria»* de Caton[3], voici, plus célèbre encore parce qu'exprimant une pensée moins plate, le vers des *Odes* d'Horace

«*Dulce et decorum est pro patria mori*[4]». Ce vers, Richer de Reims, un millénaire plus tard, le place, non sans une adjonction significative, dans la bouche du roi Eudes lorsqu'il s'adresse en 888 à ses troupes sur le point de livrer combat aux Normands :

> Il leur rappelle en un long discours que c'est un honneur de mourir pour la patrie et qu'il est beau d'offrir son corps à la mort pour la défense des chrétiens[5].

Maints florilèges médiévaux en font état. Juste après la bataille de Poitiers (1356), l'humaniste italien François de Monte-Belluna reprend la même idée dans le *Tragicum argumentum de miserabili statu regni Francie* : «C'est pourquoi en effet on loue ceux qui courageusement sont morts à la guerre pour la patrie[6].» Deux siècles plus tard, Louis Ier, prince de Condé, adopte la formule lors de la bataille de Jarnac au cours de laquelle il devait périr (1569). À l'époque classique, des familles nobles la firent leur, comme, plus tard, le maréchal Ney. Songeons aussi au théâtre de Corneille où la même idée trouve trois expressions différentes.

Le Cid (1636) :

> *Mourir pour le pays n'est pas un triste sort,*
> *C'est s'immortaliser par une belle mort*[7].

Horace (1640) :

> *Mourir pour la patrie est un si digne sort*
> *Qu'on briguerait en foule une si belle mort*[8].

Œdipe (1659) :

> *Mourir pour sa patrie est un sort plein d'appas*
> *Pour quiconque à des fers préfère le trépas*[9].

À la fin du XVIIe siècle, l'abbé Michel de Marolles rappelle dans ses *Mémoires* «que l'estime et l'amour de la patrie ne nous doivent jamais abandonner, qu'il faut défendre la terre de son pays par le courage et par les armes, qu'il est doux et honorable de mourir pour la patrie[10]».
Cependant, au-delà de la pérennité d'un thème et d'un vocabulaire immobiles, on s'aperçoit vite que les notions tournant autour de l'amour de la patrie, du dévouement à la patrie dans et par la guerre sont en étroite rela-

tion avec les structures politiques et idéologiques d'une société donnée, donc avec la nature du pouvoir, la façon dont la guerre est comprise par cette société, comme avec les idées morales, juridiques et religieuses concernant la guerre et avec le contour sociologique et psychologique de ceux qui la font. Dès lors, derrière la banale ou lassante reproduction de formules plus ou moins usées, se dessine un certain nombre de métamorphoses qu'on va s'efforcer de repérer à travers l'espace politique et culturel français.

L'Arbre des batailles

L'impératif de la défense du pays *(tuitio patriae, defensio patriae, salus patriae)* ne fut jamais tout à fait absent du discours des dirigeants, même durant le haut Moyen Âge et durant l'âge d'or de la féodalité. Le canoniste Yves de Chartres incorpore à son recueil juridique de la fin du XIe siècle ce passage d'une lettre du pape Nicolas Ier aux Bulgares datant des années 860 :

> Quiconque est mort fidèlement dans cette guerre, le royaume des cieux ne lui sera pas refusé. Le Tout-Puissant sait en effet que quiconque d'entre vous est mort, il est mort pour la vérité de la foi, le salut de la patrie et la défense des chrétiens, d'où il découlera grâce à Lui ladite récompense[11].

Orderic Vital, composant l'*Histoire ecclésiastique* dans le deuxième quart du XIIe siècle, montre l'évêque de Sées incitant Henri Ier, roi d'Angleterre, à ramener la paix dans son duché de Normandie en prenant les armes « pour la défense de la patrie et non pas, cupidement, en vue d'accroître son pouvoir temporel[12] ». L'amour de la patrie *(caritas patriae)* fut magistralement remis en honneur par saint Thomas d'Aquin, à partir d'une réflexion sur la notion aristotélicienne de bien commun. À la même époque, des États se mirent à lever des impôts (des aides) pour la défense de la patrie, et l'on sait comment Philippe le Bel, au seuil du XIVe siècle, sut mettre en avant cette raison lorsqu'il voulut, pour écraser la rébellion flamande, obtenir de son royaume le maximum de secours en hommes et en argent.

Mais quel était l'impact véritable de tout cela chez les gens de guerre ? Geoffroy de Charny, issu d'une vieille famille noble bien enracinée en Champagne et en Bourgogne, écrivit, au milieu du XIVe siècle, un *Livre de chevalerie* en prose. L'auteur, touchant produit de la mentalité chevaleresque dans ce qu'elle pouvait avoir de moins frelaté, connut dans sa jeunesse l'Orient grâce à un séjour dans la principauté de Morée où il comptait des parents, maîtres de seigneuries. Il prit part à la croisade de 1345 contre les

Turcs. Et surtout il assista de ses conseils et de sa vaillance Philippe de Valois et Jean le Bon dans leurs guerres contre Édouard III d'Angleterre. Réputé pour ses prouesses, il compta parmi les inspirateurs de l'ordre de l'Étoile fondé par le roi Jean en 1352 dans l'espoir, vite déçu, de raviver les vertus chevaleresques dans la classe militaire et de faire en sorte qu'elles s'exerçassent avant tout au profit de la royauté. Geoffroy de Charny, dans la même ligne, se vit confier le redoutable honneur de la garde de l'oriflamme que les rois de France venaient prendre traditionnellement à Saint-Denis lorsqu'ils partaient en campagne et qu'ils faisaient déployer, le moment venu, sur le champ de bataille. À ce titre Geoffroy de Charny prouva son courage à la bataille de Poitiers au cours de laquelle il trouva la mort en défendant jusqu'au bout l'un des symboles les plus précieux de la monarchie française. Une vie publique consacrée à la croisade et au service des rois. Et cependant, lorsqu'il expose les motivations qui poussent un gentilhomme à partir pour la guerre, la défense, ou le salut du pays est très éloigné d'occuper une place centrale. La distinction majeure oppose ceux qui se battent chez eux à ceux qui se battent «en de lointaines marches». Dans la première catégorie on trouve des chefs de guerre, au sens propre du terme, menant la guerre en leur nom pour défendre leur «honneur» ou leur «héritage». On trouve aussi ceux qui défendent l'honneur et l'héritage de leurs amis charnels (entendons de leurs parents) ou du seigneur dont ils dépendent féodalement. Pour cela on les voit témoigner de leur foi et de leur loyauté et «mettre corps, honneur et chevance tout à l'aventure». La seconde catégorie comporte aussi bien les pèlerins, c'est-à-dire les croisés, que les mercenaires, désireux avant tout de faire fortune, en Italie ou ailleurs. D'autres encore se battent «pour l'amour de leur dame». Car pour Geoffroy de Charny la guerre est d'abord une addition de démarches individuelles, la résultante d'initiatives propres à chaque combattant. Sans doute convient-il que des guerres sont plus honorables, plus dangereuses ou plus prestigieuses que d'autres, mais l'important à ses yeux est que chaque homme d'armes, soucieux de devenir «bon» ou «preux», multiplie les actions d'éclat, les «apertises d'armes» en sorte qu'à la limite il est secondaire de connaître les circonstances politiques au sein desquelles s'insèrent les aventures propres à chaque chevalier désireux d'«avancer son corps». Ajoutons que cette conception préside largement aux *Chroniques* de Froissart.

Voici maintenant l'exemple d'un homme d'Église, d'un moine bénédictin d'origine provençale, spécialiste du droit canonique. Honoré Bonet écrivit entre 1386 et 1390 *L'Arbre des batailles*: un traité en français dédié à Charles VI où sont exposés, selon la manière scolastique, les différents problèmes d'ordre juridique et moral suscités par le recours aux armes et par l'existence, au sein de la société chrétienne, des guerres et des batailles. Dans un des chapitres, l'auteur passe en revue les différentes raisons qui rendent un chevalier hardi.

i – disons le double désir pour tout chevalier ou tout aspirant à la chevalerie de la réussite matérielle et de la gloire. Certes la notion de pays existe, mais peut-être s'agit-il d'une notion trop répandue, géographiquement et politiquement, pour que le pays de France puisse bénéficier d'une *aura* spécifique. «Les chevaliers de ce monde, dit un texte du temps, meurent en la bataille pour honorer leur seigneur[14]»: la formule traduit mieux le système des valeurs alors prédominant.

L'analyse de deux morts glorieuses survenues l'une au XIVe et l'autre au XVe siècle et consignées dans des récits contemporains fera mieux apparaître la façon dont pouvaient être appréhendés et présentés des actes d'héroïsme. Il s'agit d'abord d'un grand seigneur normand, Godefroy d'Harcourt, traqué comme traître et rebelle par les gens du dauphin Charles, duc de Normandie (1356). Lorsqu'il se vit abandonné des siens, Godefroy, raconte notre source, fit le signe de la croix en prononçant ces mots:

> Aujourd'hui en suaire d'armes sera mon corps enseveli. Doux Dieu Jésus-Christ, je tends à mourir en défendant et en vengeant la cruelle mort dont à tort et sans raison on a fait mourir mon sang vilainement.

Il ajouta encore: «À Dieu Jésus-Christ, je te mercie de l'honorable mort que tu m'as envoyée[15]», car par l'âme de sa mère Alice il ne voulait pas que le duc de Normandie le prenne vivant. La référence suprême est donc ici la mère, le sang, la vengeance familiale. Tout se passe comme s'il s'agissait d'une querelle privée, s'inscrivant à l'intérieur d'un conflit plus vaste mais en fin de compte, lui aussi, personnel, entre les Valois et les Plantagenêts.

Un siècle plus tard, voici maintenant la mort, dans les mêmes conditions d'héroïsme presque suicidaire, d'un chevalier du Hainaut, depuis toujours fidèle aux Anglais, Louis de Robersart. Voyant accourir ses ennemis, il refusa de fuir et même de se retirer dans le château du village de Conty, près d'Amiens, où il se trouvait. Ainsi affronta-t-il une mort honorable. Apparemment point de sentiment «patriotique», au sens propre, à l'origine de son comportement, mais la volonté de «garder son honneur», et aussi l'honneur de l'ordre de la Jarretière que lui avait conféré son maître le roi d'Angleterre Henri VI[16].

Mourir pour deffendre France

À la longue, les péripéties de la guerre de Cent Ans, dont le rôle fut malgré tout essentiel dans l'éveil de la conscience nationale française, entraînèrent des changements indéniables dans la phraséologie, dans l'idéologie, dans les comportements. Un peu partout dans le royaume, des attitudes se firent jour

Mourir pour la patrie

attestant une réaction de méfiance, de peur et de haine à l'égard des Anglais, ressentis comme des envahisseurs et non comme des héritiers légitimes cherchant à récupérer leur bien. La monarchie des Valois, dans la mesure de ses moyens, ne manqua pas de favoriser ces tendances. Elle en profita, au point qu'on a pu écrire que « le sens national avait sauvé la royauté française au XIVe siècle ». Dès le début du conflit, l'existence dans divers milieux d'un réflexe dynastique et national se trouve attestée. On le voit s'accentuer dans le troisième quart du XIVe siècle, comme en témoignent l'étonnante popularité du « bon connétable » du Guesclin ainsi que plusieurs poèmes d'Eustache Deschamps. Il n'est pas jusqu'à Charles le Mauvais, roi de Navarre et comte d'Évreux, qui, pour raffermir son prestige, ne vienne dire aux Parisiens rassemblés au Pré-aux-Clercs en 1357 que « nuls ne se volsist de lui doubter car il volloit vivre et mourir en deffendant le royaume de Franche[17] ».

La reprise de la guerre en 1415 contre les « anciens ennemis du royaume » jointe à la rivalité entre Armagnacs et Bourguignons et à la mise en place de deux gouvernements qui se prétendaient l'un et l'autre légitimes provoqua dans le domaine qui nous intéresse une nette dramatisation du discours. De vieux thèmes se trouvent exprimés avec des accents plus passionnés par des écrivains rattachés en majorité au parti armagnac : Jean Gerson, Jean de Montreuil, Alain Chartier, Robert Blondel, Jean de Terrerouge, Christine de Pisan.

Le Religieux de Saint-Denis, auteur d'une *Chronique de Charles VI*, rappelle que « combattre pour la patrie est de droit naturel, lequel est immuable » : dès lors, contrairement à l'opinion des théologiens de la juste guerre, même les clercs peuvent (ou doivent) se battre[18]. Jean Gerson qui, dans un sermon de 1392, alors que la paix avec l'Angleterre était en vue, affirmait à Charles VI : « Toute Crestienté, sire, est vostre païs », ce qui signifiait dans son esprit que, si le roi désirait suivre le proverbe commun « Combattre pour son pays », « *Pugna pro patria* », il lui suffisait de prendre l'initiative d'une croisade, modifie son jugement quelques années plus tard et voit dans les chevaliers qui « exposent leur vie pour juste titre et defense de justice et de verité par droite intention » des « martyrs de Dieu[19] ».

En 1420, le juriste Jean de Terrerouge formule avec force, dans son traité en faveur du dauphin Charles, la théorie du corps mystique du royaume. Ce corps, tout membre se doit de le préserver, au prix de sa vie. C'est là l'acte public vertueux par excellence, car c'est la défense du corps mystique et spécialement de sa partie essentielle, la tête (le roi, le prince), qui fait la guerre juste. L'amour de la tête prime tout. Combattre et même tuer son père pour l'amour de la tête n'est plus un parricide, car la défense de la tête du corps mystique passe avant l'amour filial. Comprenons qu'en conséquence le dauphin peut sans reproche s'opposer les armes à la main à son père Charles VI. Toutefois, nul ne doit risquer sa vie inutilement : si aucune nécessité ne l'exige, mourir pour la gloire ou l'honneur, c'est mourir pour son bien propre, ce qui n'a rien de louable. Ainsi, d'une part, un certain type de guerre nobiliaire se trouve condamné; d'autre part, la qualité de corps mystique accordée au royaume dévalorise les petites patries féodales, la simple défense d'un fief, d'un héritage, d'une «chevance», trop médiocres pour être réputés des corps mystiques.

À la même époque, le Normand Robert Blondel, ayant fui sa terre natale, exhorte les «bons Françoys» à «deffendre leur pays» contre le roi anglais, «mortel et ancien ennemi du royaume» et à aider le dauphin «a deffendre le païs de France». Aux chevaliers, «deffenseurs du païs françoiz», il rappelle que l'on

> *Ne doit point craindre a mourir*
> *En bataillant pour son païs.*

Au dauphin il assure:

> *Par ainsi ton païs deffendre*
> *Roy seras en France la belle.*

Il esquisse un parallèle, d'ailleurs attendu, entre le Troyen Hector, que l'on comptait parmi les Neuf Preux, et Bertrand du Guesclin qui, aussitôt après sa mort, avait été jugé digne d'être le dixième preux:

> *Je treuve aussi en aultre livre*
> *Que Hector le preux et le vaillant*
> *Ama plus chier mourir que vivre*
> *Pour son païs en bataillant,*
> *Et pour ce de lui la memoire*
> *Ne sera jamez oubliee,*
> *Ains est descripte en mainte hystoire*
> *Afin que ne soit effaciee.*
> *Le bon Bertran pareillement*
> *Du Gueasquin plain de vaillance*
> *Se disposa assez souvent*
> *A mourir pour deffendre France.*

Et puis, au détour d'un vers, on découvre cette affirmation, première expression, peut-être, d'une nouvelle attitude théologique vis-à-vis de la guerre:

> *Ceulz qui meurent pour leur païs*
> *Sont jugiez en paradis vivre*[20].

Mourir pour la patrie

Alain Chartier, non seulement poète admiré, homme de lettres de grande classe tant en latin qu'en français, mais aussi serviteur officiel de la monarchie, notaire et secrétaire des rois Charles VI et Charles VII et chargé comme tel de plusieurs missions diplomatiques, fait de la France une personne dans *Le Quadrilogue invectif* (1422). C'est elle qui, s'adressant à l'ensemble du peuple, exprime l'idée que « l'amour naturelle du païs » oblige chacun à sa défense :

> Aprés le lien de foy catholique, Nature vous a devant toute chose obligiez au commun salut du pays de vostre nativité et a la defense de celle seigneurie soubz laquelle Dieu vous a fait naistre et avoir vie [...] Nul labour ne vous doit estre grief [...], nulle adventure ne vous doit estre estrange a soustenir pour celluy pays et seigneurie sauver[21].

Dernier exemple : quelque temps après Azincourt (1415), Christine de Pisan s'adressa par écrit à Marie, veuve du duc Jean de Berry. Dans son *Epistre de la prison de vie humaine*, elle s'efforce de la consoler de la mort de tant de ses parents au cours de la sanglante bataille. Désormais, ne craint-elle pas de dire, ils connaissent la béatitude éternelle, car ils sont « avec les martirs de Dieu esleüs en la juste deffense par bataille, fais obeissans jusques a la mort [réminiscence paulinienne : Philippiens, 2, 8] pour justice soustenir et le droit de la couronne françoise et leur souverain seigneur, desquelz et pour lesquelz et leurs semblables dit l'Euvangile : *Beneurez sont ceulx qui seuffrent pour justice*[22] ».

Dans la dernière phase de la guerre de Cent Ans, des villes – Orléans, Paris, Montargis, Dieppe… – décidèrent de commémorer chaque année par un service d'action de grâces le jour de leur libération de l'occupation anglaise ou de leur retour à l'autorité royale légitime. Bien mieux : en plus de ces 11-Novembre locaux, il y eut un 11-Novembre à l'échelle du royaume avec la décision prise par Charles VII d'ordonner dans toutes les églises cathédrales et les chapitres une messe solennelle et une procession générale le 12 août de chaque année, date de la capitulation de Cherbourg en 1450 et donc de la fin de la présence anglaise en Normandie. Il est vrai qu'en l'occurrence il ne s'agit pas *stricto sensu* de proposer à l'admiration et à la vénération des fidèles les noms de ceux qui donnèrent leur vie pour aboutir à ce résultat mais plutôt, en conformité avec la théologie catholique la plus saine, de remercier Dieu d'avoir accordé la victoire et mis fin à l'effusion du sang chrétien et de prier pour les âmes des défunts.

Cependant, l'idée commence à apparaître que le prince, pour stimuler le dévouement des siens, se doit de faire quelque chose pour les orphelins de guerre. Des sources signalent que Charles VII affectait une royale indifférence lorsqu'il apprenait le massacre de tant de ses partisans dans les batailles du début de son règne. Dans ce contexte, un traité anonyme lui fut adressé en 1425, lui recommandant une tout autre attitude :

> *Item*, que, quant il y a eu une bataille ou le roy a perdu de ses gens de son sang, barons, chevaliers et escuiers et autres, il en doit monstrer signe de courrouz et en faire solemnellement les exeques [obsèques], par ce les amis des mors en sont plus contens et plus intalentifz de continuer a servir le roy et la choses publique jusques a la mort, et si doit les enfans des mors es batailles advancer en estas et offices, si le valent, avant autres pour tousjours donner courage aus vivens de eulx exposer a la defense du royaume et de devenir vaillans[25].

Au même moment, les trois États du Dauphiné fondèrent une messe quotidienne dans le couvent des Jacobins de Grenoble « en memoire perpetuelle de la vaillance et loyaulté » des trois cents chevaliers et écuyers de la province qui avaient péri au service de Charles VII lors de la bataille de Verneuil-au-Perche, le 17 août 1424. Prier pour ces morts, sans doute, mais aussi exalter leur gloire éternelle. Pour cela, on fit peindre au-dessus des sièges réservés aux desservants « une grande image de Nostre Dame ayant ung grant mantel » à l'intérieur duquel figuraient « les dictz nobles qui furent mors a la dicte bataille tous armés avecques leurs cottes d'armes[24] ».

Pour des raisons analogues, les rois acceptèrent, à partir de la fin du XIVe siècle, que quelques-uns de leurs meilleurs serviteurs fussent enterrés à Saint-Denis, leur nécropole attitrée. Cette faveur posthume fut accordée non seulement à de grands personnages, comme du Guesclin et Louis de Sancerre, tous deux connétables de France, mais aussi à d'assez modestes chevaliers qui avaient perdu la vie, héroïquement, en se battant pour leur souverain seigneur. Ainsi Guillaume du Chastel, panetier de Charles VII, mort le 20 juillet 1441 en défendant le passage de l'Oise contre le duc d'York, et Louis de Pontoise, « vaillant capitaine de gens d'armes » et « chevalier de grand renom » – comme le proclame son épitaphe –, tué en présence de Louis XI lors de l'assaut du Crotoy défendu par les Bourguignons, le jeudi 4 août 1475. Même pour des chefs de guerre décédés dans leur lit, on n'hésite pas à mentionner, dans leurs épitaphes, en plus de leurs prouesses et de leurs vertus chevaleresques, à l'ancienne mode, les services qu'ils rendirent au roi et au royaume. Celle de Jean de Bueil, mort le 7 juillet 1478 et enterré, selon la tradition, dans l'église collégiale de Bueil, contient ce passage :

> *Tousjours vivra en memoire excellante*
> *Des bons Franczoys sans estre departi*[25].

Mourir pour la patrie

Le XVᵉ siècle vit entre autres phénomènes le très net recul, en France, de la petite guerre féodale au cours de laquelle s'affrontaient deux seigneurs ou deux barons ou bien une ville et un seigneur. Certes il y eut encore des guerres princières, mais ces guerres prirent une allure souvent nationale : ainsi celles menées par les ducs de Bretagne et de Bourgogne. Autrement dit, une fois retrouvée l'unité du royaume, une fois le schisme royal pratiquement éteint, la guerre par excellence fut celle menée par des sujets ou des vassaux pour et avec leur souverain seigneur. Il va de soi que cette tendance permit à la notion de défense du pays d'être plus largement utilisée, et cela d'autant que la défense de la foi, ou de la chrétienté, dans le cadre d'une croisade, n'apparaissait plus en pratique comme un objectif prioritaire ni même accessible.

Mourir au lit d'honneur

En raison de la mort du Téméraire et de l'effacement consécutif de la puissance bourguignonne, en raison aussi de l'annexion de la Bretagne par les armes et par le double mariage de la duchesse Anne, la fin du XVᵉ et le début du XVIᵉ siècle virent un sensible éloignement du danger extérieur pour les populations françaises. En même temps, les guerres d'Italie, à mainte reprise, exportèrent loin des frontières les armées de Charles VIII, de Louis XII et de François Iᵉʳ. Des armées où les étrangers comptaient pour beaucoup – songeons aux mercenaires suisses – mais où se trouvaient aussi de nombreux représentants, jeunes et ardents, de la noblesse nationale, plus des bandes de gens de pied levées sans trop de mal dans diverses régions du royaume. Les plaines lombardes, le sud de la péninsule retentirent du cri de guerre « France, France ! », qui dès lors supplanta l'archaïque « Montjoie Saint-Denis ». Pour autant il était bien difficile de parler, dans ces « guerres de magnificence » et d'ambition dynastique badigeonnées, comme il se doit, de toute une argumentation juridique, de défense ou de salut de la patrie. Les sentiments symbolisés par l'épopée de Jeanne d'Arc n'étaient évidemment plus de mise. D'où l'intérêt que présente un document littéraire assez remarquable, le *Panegyric de Loys de la Tremoille*, dans lequel, peu après 1525, l'écrivain poitevin Jean Bouchet fait l'éloge détaillé et motivé de ce très grand seigneur qui se battit de 1488 à 1525, année de sa mort lors de la bataille de Pavie, et, accessoirement, de son fils Charles, prince de Talmont, fauché dans la fleur de l'âge lors de la bataille de Marignan en 1515. Au XVᵉ siècle, la famille de la Trémoille manifesta bien des fois un appétit de puissance et de richesse pour la satisfaction duquel elle ne reculait devant aucun moyen. Mais la mentalité de la nouvelle génération est tout autre : une piété vive, le souci de la respectabilité, une conformité aussi étroite que possible avec les idéaux officiellement en vigueur dans la haute aristocratie.

Or, à lire le texte de Jean Bouchet, assez proche, disons-le, de l'hagiographie, on s'aperçoit qu'une valeur domine toujours, la même qu'au temps de Froissart et de Geoffroy de Charny, celle d'honneur. Louis de La Trémoille et son fils Charles sont dits être morts « au lit d'honneur ». L'idéal est d'échapper à tout « reproche », à tout soupçon de lâcheté, d'éviter qu'une honte quelconque ne macule le sang de la race, de s'acquérir une renommée glorieuse et durable, susceptible de rejaillir à jamais sur la descendance. Et pour cela mieux vaut mourir « honnestement » que vivre honteusement.

Il est vrai qu'une forme privilégiée d'honneur consiste à se mettre au service du roi, du « naturel seigneur », du sceptre, de la couronne, du bien public. Jean Bouchet met en relief cette « grande loyaulté et fidélité » dont fit toujours preuve Louis de La Trémoille « aux roys et a la maison de France », il exalte les « laborieux services » que le « chevalier sans reproche » rendit à la « couronne de France » pendant quarante-cinq ans.

Quant au prince de Talmont, l'évêque de Poitiers Claude de Tonnerre, l'un de ses cousins, s'emploie à consoler sa mère, Gabrielle de Bourbon, avec les arguments suivants : le prince est mort de « la plus honneste mort que mourut onc prince ou seigneur, c'est au lict d'honneur, en bataille permise pour juste querelle, non en fuyant mais en bataillant, et navré de soixante deux playes, en la compaignee et au service du roy, bien extimé de toute la gendarmerie et en la grace de Dieu car luy bien confessé est decedé vray crestien[26] ».

Patrie, patriote

C'est au XVIe siècle seulement que le mot de patrie, indirectement emprunté au latin par l'intermédiaire de l'italien, commence à être employé dans la langue française. À sa suite, s'introduisent les mots « patriote » (« par amour patriote ») et « patriotique » (« pénates et lares patriotiques », écrit Rabelais). Simples innovations pédantes, bien dans le goût de l'humanisme du temps, et qui, d'ailleurs, suscitèrent des réactions : « Qui a pays n'a que faire de patrie. » Malgré tout, l'emploi du terme patrie a pu renforcer le poids du modèle romain, avec son cortège d'anecdotes et de maximes. Il a donné aux discours officiels une tonalité antique qui devait culminer à l'époque de la Révolution française, non sans conséquences quant aux rapports entre l'histoire nationale et le sentiment national.

Les guerres de religion et leur effet dans le domaine des attitudes politiques engendrèrent une effervescence du sentiment national, de façon plus marquée encore qu'au temps de la guerre de Cent Ans. Non que, dans l'intervalle, il ait totalement disparu. Dans le *Rosier des guerres*, court traité didactique écrit vers 1480 par Pierre Choisnet à l'instigation de Louis XI pour l'éducation du dauphin, on lit: «Nul ne doibt doubter la mort pour le bien commun deffendre, car il y a merite et aussi est on tenu de combatre pour son païs[27].» Une chanson composée en 1521 lors du siège de Mézières, où, contre les Impériaux, s'illustra Bayard, déclare que même les valets en charge du bagage acceptaient de «mourir pour France», et en 1537 les soldats revenant du Piémont criaient «Vive la France», selon une autre chanson.

Mais, à partir des années 1550-1560, le ton se fait plus pathétique, plus pressant. En 1562, Charles IX, alors que Rouen est menacé par les Anglais, assure qu'il ne peut croire qu'il y ait un seul homme dans son royaume ayant «quelque ressentiment [nous dirions sentiment] de la patrie et de l'amour qu'il doit à sa patrie» qui puisse accepter la reddition des villes à ceux «qui ont esté les plus anciens ennemis de cette couronne». Un pamphlétaire de la fin du XVIe siècle use d'une plume héroïque pour évoquer son amour de la patrie, résolu qu'il est à ne jamais désespérer de son salut et à s'ensevelir dans ses cendres plutôt que de lui survivre. Un poète présente sa «pauvre patrie» comme une mère à laquelle ses enfants doivent, par un sentiment naturel, offrir tout le secours en leur pouvoir. Souvenons-nous du vers de Robert Garnier :

Qui meurt pour le pays vit éternellement.

Et de l'épitaphe de Jean d'Aumont (1595) :

Celui qui pour la vie et bien de sa patrie
A cent fois exposé et ses biens et sa vie,
Celui qui pour la France a sa vie cent fois
Exposé à la mort, sans vie tu le vois[28].

Enfin une chanson de 1590 est censée exprimer les sentiments, les motivations d'un «bon soldat, vray et naturel François». Ce brave a pris les armes, certes pour son honneur propre, mais aussi pour l'«honneur françois», pour son «vray roy», pour sa «foy». Mieux vaut, dit-il, cent mille morts que de quitter le roi et son armée :

Je suis François et pour ce je prétens
Faire service au roy de bon courage.

Et, reprenant une image déjà attestée au XIVe siècle :

J'ay dans mon cœur la fleur de lys gravée,
J'ay dans mon cœur gravé le nom françois[29].

Deux remarques pour compléter cette brève évocation du paysage politique au XVIe siècle : d'une part, avec le recul décisif que connaît alors la notion de chrétienté, le combat pour la patrie – une fois le thème de la croisade oblitéré – peut occuper sans scrupule la première place au sein des valeurs guerrières reconnues ; d'autre part il semble que le concept de guerre juste ne soit plus qu'une survivance et que l'État, le prince, la nation, la patrie, plus ou moins confondus, s'offrent sans concurrence en tant que légitimation évidente, suffisante et nécessaire de toute grande guerre.

Deo, regi et patriae

Les devises en français ou en latin que prirent volontiers, dans les derniers siècles de l'Ancien Régime, des individus, des familles, des villes, des institutions, expriment au moins quelque chose des valeurs ouvertement et officiellement revendiquées, même si l'on doit s'interroger sur la portée réelle de ce genre littéraire qui a pu être confié à des organismes spécialisés et patentés, ainsi en France l'Académie des inscriptions et médailles fondée par Colbert en 1663.
Un relevé d'une centaine de devises où figure le mot patrie (ou plutôt *patria*) montre que dans une minorité de cas la patrie occupe la place centrale :

- *Non sibi sed patriae.*
- *Patriae impendere vitam.*
- *Pondus amor patriae levat.*
- *Patriae totus et ubique.*
- *Pugna pro patria.*
- *Vicit* ou *Vincit amor patriae.*
- *Patria, patria.*
- *Proemium vitae, mori pro patria.*
- *Pro patria.*
- *Pro patria mori.*
- *Pro patria non timidus morire.*
- *Pro patria semper.*
- *Pro patria stas,* ou *vigil.*
- *Pro patria virtus.*

Toutefois la majorité des devises associent la patrie à une ou plusieurs autres valeurs : Dieu, le roi, la piété et la foi, l'honneur, la liberté. Tout se passe comme

Mourir pour la patrie

si la patrie était, certes, considérée comme une valeur éminente mais souvent confortée par d'autres valeurs, à caractère plus personnel ou plus universel. L'un des ensembles les plus fréquents se trouve être la symbiose de Dieu, du roi et de la patrie. Et l'on constate effectivement que la monarchie d'Ancien Régime, qu'on la qualifie ou non d'absolue, fit à sa manière un usage assez large et assez régulier du sentiment de patrie. Trois registres furent utilisés : la tradition monarchique immémoriale, depuis Clovis, Charlemagne et Saint Louis, les exemples de civisme proposés par l'histoire ancienne, enfin l'enseignement de la Bible – et particulièrement les figures historiques de l'Ancien Testament. L'*Esther* de Racine en est un bon spécimen. Ainsi Mardochée s'adressant à l'héroïne :

> *Quoi, lorsque vous voyez périr votre patrie*
> *Pour quelque chose, Esther, comptez-vous votre vie ?*

et Esther répondant :

> *Demain quand le soleil rallumera le jour*
> *Contente de périr s'il faut que je périsse,*
> *J'irai pour mon pays m'offrir en sacrifice*[30].

Par les prières et les autres cérémonies publiques, par la prédication, voire par la catéchèse, l'Église gallicane entra largement dans les vues du pouvoir qui trouva ainsi dans le catholicisme officiel un appui assuré. Dans la *Politique tirée de l'Écriture sainte*, Bossuet bâtit une sorte de syllogisme, au bénéfice du prince. Un chrétien doit naturellement tout donner à Dieu s'il en est requis. De même tout citoyen à sa patrie. «Il faut être bon citoyen et sacrifier à sa patrie dans le besoin tout ce qu'on a et sa propre vie.» Or, d'une part Dieu est le Roi des rois, en sorte que les rois participent à la majesté de Dieu, d'autre part les mêmes services sont dus au roi qu'à la patrie. Représentant de Dieu sur terre, incarnation de l'État et de la patrie, le roi est doublement en droit de tout exiger de ses sujets.

Également significatif est le sermon sur l'amour de la patrie prêché à Paris en 1683 dans l'église des Feuillants par l'oratorien Jean Soanen, dont la théologie était de tendance nettement janséniste. Avec plus de fermeté encore que Bossuet, il entend montrer dans ce beau morceau d'éloquence sacrée qu'il est impossible d'être bon chrétien sans chérir sa patrie : «La religion et la patrie sont les deux grands objets qui doivent continuellement nous occuper et diriger nos études ainsi que nos travaux.»

On croirait entendre un prédicateur du XIXe siècle. Soanen poursuit : «Soit qu'on aille à la guerre, soit qu'on œuvre pour l'État, il ne faut envisager que la gloire de Dieu et le bonheur de la patrie, et le chrétien, uniquement animé du désir de son devoir, sent qu'il n'a de vie que pour en faire le sacrifice à son Dieu et à sa patrie.» Ainsi, «la religion elle-même nous fait une loi de mourir pour la conservation du royaume [...] L'Écriture nous apprend que le Tout-Puissant est vraiment le Dieu des armées, que c'est lui obéir que de défendre les intérêts de la religion et de la patrie au prix de son propre sang et que lorsqu'il s'agit de l'une et de l'autre tout homme est soldat: *omnis homo miles*[31] ».

Non que Soanen fasse de la patrie *stricto sensu* une idole. Simplement il constate que, dans la société où il vit et à laquelle il s'adresse, religion et patrie se soutiennent mutuellement, sont étroitement solidaires et complémentaires, un peu comme chez Pascal la force et la justice. Après avoir qualifié Louis XIV de «père de la patrie», il montre encore que le «zèle patriotique» des Français et que leur «esprit national» sont le fruit historique de la monarchie. Enfin, parmi les missions qu'il assigne aux lieux de prière et spécialement aux monastères, il mentionne celle de solliciter de Dieu le bonheur de l'Empire. À ses auditeurs, nul doute que la patrie devait apparaître comme la grande cause de toute guerre légitime, la raison d'être du sacrifice suprême. Encore qu'on puisse se demander comment ils passaient à l'application pratique et comment ils admettaient que telle guerre menée par le Roi-Soleil s'inscrivait dans un plan providentiel de défense et d'exaltation de la foi catholique.

Un grand royaume, et point de patrie

On trouverait sans doute assez aisément, à travers le XVIIIe siècle, des traités de morale chrétienne, des sermons, des instructions et des mandements épiscopaux qui reprennent, dans des termes à peu près identiques, les thèmes du père Soanen. Mais quelle que soit l'importance quantitative de cette littérature nécessairement conformiste, l'esprit de l'historien est davantage arrêté par l'attitude des Lumières – au sens large – à l'égard de l'idée de patrie.
Déjà La Bruyère avait cette phrase: «Il n'y a point de patrie dans le despotisme, d'autres choses y suppléent: l'intérêt, la gloire, le service du prince.»
De façon plus développée, le chancelier d'Aguesseau s'interroge sur la profondeur réelle du sentiment patriotique dans les monarchies, et spécialement dans la monarchie française (mercuriale du 11 novembre 1715, juste après la mort de Louis XIV). À ses yeux, l'amour de la patrie est une plante qui ne peut vivre ou du moins s'épanouir que dans une république, c'est-à-dire dans une société où une certaine fraternité civile règne entre les citoyens comme entre des parents. Au contraire, dans les États qui ne connaissent qu'un seul

maître, « combien y en a-t-il qui vivent et qui meurent sans savoir même s'il y a une patrie ? ». La France est dans ce cas : « Un grand royaume et point de patrie ; un peuple nombreux et presque plus de citoyens[32]. »
Déjà se manifeste l'un des grands axes de la réflexion philosophique au moins jusqu'à la Révolution française : d'une part l'idéal patriotique fait l'objet de tous les éloges, d'autre part on le juge quasi incompatible avec le régime monarchique même et surtout lorsqu'il s'appuie sur le christianisme. D'où l'idée suggérée ou exprimée qu'il conviendrait de changer de système politique et surtout l'éloge ingénu et fastidieux de l'Antiquité gréco-romaine, au détriment, naturellement, des siècles barbares et chrétiens qui lui succédèrent. Écoutons Montesquieu :

> Dans le gouvernement monarchique, l'État subsiste indépendamment de l'amour de la patrie.
>
> Les anciens devaient avoir un plus grand attachement à la patrie que nous, car ils étaient toujours ensevelis avec leur patrie. Leur ville était-elle prise ? Ils étaient faits esclaves ou tués. Nous, nous ne faisons que changer de prince.
>
> C'est l'amour de la patrie qui a donné aux histoires grecque et romaine cette noblesse que les nôtres n'ont pas. Elle y est le ressort continuel de toutes les actions, et l'on sent du plaisir à la trouver partout, cette vertu chère à tous ceux qui ont un cœur[33].

L'article « Patrie » de l'*Encyclopédie* s'inscrit dans la même ligne. Il s'agit en effet uniquement du sentiment de la patrie chez les Grecs et chez les Romains :

> Ils disoient qu'on se doit tout entier à elle ; qu'il n'est pas plus permis de s'en venger que de son père ; qu'il ne faut avoir d'amis que les siens ; que de tous les augures le meilleur est de combattre pour elle ; qu'il est beau, qu'il est doux de mourir pour la conserver ; que le ciel ne s'ouvre qu'à ceux qui l'ont servie[34].

Le même article, inlassablement, fournit un certain nombre d'exemples et, surtout, expose que dans l'Antiquité la patrie était une « vertu politique » propre aux démocraties. Enfin il évoque toute la série des « ressorts » qui entretenaient le sentiment de la patrie : couronnes, triomphes, oraisons funèbres, inscriptions, tombeaux, enseignes et spectacles.
Bref, selon l'opinion philosophique courante, la patrie, dans la France de Louis XV, ne représentait plus qu'une survivance, n'était plus qu'une abs-

traction, une « froide réminiscence classique » (Jules Michelet) : fruit inévitable, et déplorable, d'un régime reposant sur d'autres principes.

Mais à côté de l'opinion selon laquelle la perte du sens de la patrie doit être réprouvée, il y a tous ceux qui en prennent acte pour finalement s'en féliciter car, à leurs yeux, la patrie est du côté de l'imposture, du fanatisme et de la superstition. Voltaire en partie (car il a tout dit, et son contraire) appartient à cette catégorie : en tout cas le Voltaire du *Dictionnaire philosophique* qui se juge avant tout citoyen du monde, estime qu'une guerre juste « cela paraît contradictoire et impossible » et oppose la « religion naturelle » condamnant toute guerre, comme toute cruauté et toute injustice, à la « religion artificielle » dans laquelle « chaque chef des meurtriers fait bénir les drapeaux ».

On peut s'interroger sur la diffusion des idées cosmopolites et même sur le scepticisme à l'égard de la patrie manifesté par les élites parisiennes et provinciales. En tout cas, au sein de l'ample littérature morale et politique publiée à l'époque, il arrive qu'on relève des ouvrages à contre-courant. L'un des plus remarquables est cette *Histoire du patriotisme français* que l'avocat Rossel écrivit en 1769. Il y soutient, à grand renfort d'exemples, que le sentiment patriotique « est plus vif et plus généreux dans le citoyen français qu'il ne l'a jamais été dans le Romain le plus patriote ». En effet, le Romain républicain ne fait que se venger lui-même alors que le Français « se sacrifie quand il fait de grandes choses, il s'oublie pour ainsi dire pour ne penser qu'à la gloire de son roi ou à l'honneur et à l'avantage de sa nation[35] ». Voix isolée ? Il faudrait mieux connaître les motivations des militaires au service de Louis XV et de Louis XVI. Pourquoi par exemple l'héroïsme d'un chevalier d'Assas ? Avait-on affaire seulement à des armées de professionnels plus ou moins compétents et consciencieux, avec quelques vestiges de mentalité nobiliaire ? Est-il sûr, d'ailleurs, que l'esprit de l'armée ait été le même en 1760 et en 1780 ? Un simple détail : dans le cahier d'histoire où, lorsqu'il était à l'école militaire d'Auxerre dans les années 1780, le futur maréchal Davout notait ses pensées au fur et à mesure de ses lectures, on peut lire :

> La bataille gagnée par le maréchal d'Estrée à Hastinbeck vers Minden [1757] contre le duc de Cumberland où le sang de la France soutenait la gloire de la patrie contre le sang d'Angleterre[36].

Les saintes baïonnettes de France

Très vite les hommes de la Révolution firent de la Patrie – adoptons ici la majuscule – une valeur absolue, un mot d'ordre mille fois répété, une référence obligée. Des cahiers de doléances en portent déjà témoignage, mais

Mourir pour la patrie

aussi, bien avant la déclaration de guerre de 1792 et la proclamation de la Patrie en danger, cette atmosphère fiévreuse de peuple en armes si visible dès le début, surtout à Paris. Voici le drapeau de la garde nationale pour le district de Saint-Eustache : une croix blanche avec, en son centre, une épée nue dressée surmontée d'un bonnet phrygien, quatre cantons bleu et rouge opposés, les uns ornés d'étoiles, les autres de la nef parisienne, et, brochant sur le tout, l'inscription classique : « Vaincre ou mourir pour la patrie[37] ».

De façon là encore étonnamment rapide survint l'écroulement des deux fondements du sentiment national dans la France traditionnelle : le roi et la religion. Mais cet écroulement ne laissa aucun vide. Au contraire : la rupture avec le passé fut accompagnée d'un véritable contrat social par lequel les Français librement furent censés se constituer en nation, s'engageant du même coup, au prix de leur vie et de leurs biens, à défendre l'unité et l'existence de ce nouveau corps mystique.

Parmi les composantes de l'idéocratie patriotique ou peut relever les éléments suivants :

a) La levée en masse, la mobilisation de jeunes Français sur une échelle jamais atteinte précédemment, et cela grâce à un mélange d'enthousiasme et de coercition, grâce à l'utilisation des rouages de l'État (un État qui n'avait cessé de se développer depuis Philippe le Bel), grâce aussi à une organisation de l'économie permettant, eu égard aux structures démographiques, la réquisition d'énormes moyens en vivres et en matériel ;

b) Une entreprise de propagande soutenue, mettant en œuvre tous les relais possibles, encore que cette propagande, faute de temps et d'argent, ait été souvent éphémère ;

c) Le recours à un discours à usage interne mais aussi tourné vers l'extérieur, vers l'universel : la nation (ou la République) d'une part, de l'autre la fraternité, l'humanité et surtout la liberté ;

d) Le déchaînement de la haine contre l'ennemi, dans une ambiance de guerre civile et étrangère.

Dans cette perspective, une place de choix doit être réservée à la « canonnade de Valmy » du 20 septembre 1792, qui, tête de file d'une suite de hauts faits, fut célébrée sur l'heure par les Français qui la vécurent comme un événement fondateur ayant assuré ou rétabli la paix, la liberté, la société et la patrie, dans et par l'union, la discipline et le respect des lois.

Libelles, journaux, harangues et motions, cérémonies, hymnes et cantiques : la panoplie de la propagande révolutionnaire est bien connue et a fait l'objet de multiples études. Parmi les sources qui permettent de se rendre compte de l'imprégnation des mentalités, l'une des plus intéressantes est constituée par les lettres adressées à leur famille par les « volontaires de l'an II » et que leur famille put aussi leur adresser. Certes, il faudrait examiner comment et pour-

quoi ces correspondances ont été conservées, s'interroger sur leur degré de sincérité et de spontanéité, mieux connaître la fonction et la carrière de leurs auteurs. Il n'empêche qu'en tout cas pour 1793 et 1794 des missives de soldats ordinaires paraissent reprendre à leur compte la phraséologie du temps. Tout se passe comme si, en ces circonstances exceptionnelles, le discours des dirigeants était devenu, sans doute pour une assez courte période, franchement populaire. Un père écrit à son fils aux armées pour lui rappeler qu'un républicain « doit savoir souffrir et mourir pour la liberté de son pays [...] Rien ne coûte quand il s'agit du salut de la Patrie [...] Quand vous souffrez, sachez que c'est pour vos parents et pour votre Patrie. Quand vous marchez au combat, n'oubliez jamais que c'est pour votre père, votre mère, vos frères et vos sœurs, et sachez préférer la mort même à l'ignominie ».
Les lettres des Brault, volontaires de la Mayenne, parlent de soldats mourant au cri de « Vive la République ! », d'« hommes libres qui ont juré de vivre ou de mourir », du sacrifice de la vie « qui ne coûte rien pour une si belle cause[38] ».
L'intensité des sentiments patriotiques dut être d'autant plus forte que les idées pacifistes n'avaient guère cours ni d'un côté ni de l'autre et que les horreurs des combats ne semblent pas avoir suscité un réflexe de rejet de toute violence ni dans les armées ni auprès de la population civile. En gros, la guerre continuait à être considérée comme une conduite sinon humaine du moins pourvue de sens. La glorification des guerres de la Révolution et de l'Empire par tant de prosateurs et de poètes à travers le XIXe siècle montre que celles-ci avaient laissé le souvenir d'aventures certes sanglantes et dévastatrices, mais porteuses de valeurs tout à fait dignes d'admiration. Sans doute est-ce Michelet qui exprima de la façon la plus paroxystique une semblable réaction. La France, nous explique-t-il, est une personne. Or, toute personne est une « chose sainte », une âme, une vie sacrée, porter la main sur elle c'est le plus grand des crimes. Un matricide, comparable à ce que pouvait être un régicide au temps de Ravaillac. Bien mieux : la France peut être comparée au Christ. En portant la guerre hors de chez elle, au nom de la liberté et de la fraternité, la France offrait son sang pour la rédemption de toute l'humanité : « C'est mon sang, buvez. » Et d'exalter « l'immense faculté de dévouement, de sacrifice, que nos pères ont montrée, et comme tant de fois la France a donné sa vie au monde. » La guerre sacrée de 1792-1793 fut menée par les « saintes baïonnettes de France », contre la « guerre impie » des rois et des prêtres. « La guerre que firent ces premières années de la Révolution fut une guerre sainte s'il en fut jamais, une guerre de foi et d'amour[39]. »
Peut-être le plus remarquable dans les rapports étroits, indissolubles qui se nouèrent entre la Révolution française et le sentiment de la patrie réside-t-il en fin de compte dans la formation d'une légende épique que quantité d'auteurs libéraux, démocrates, républicains reprirent avec toutes les ressources

de la rhétorique durant le XIXe siècle. Même les campagnes napoléoniennes bénéficièrent de cette célébration, d'autant plus que la partie de l'opinion qui se sentait étrangère ou hostile à la Révolution se montra, *volens nolens*, d'une grande indulgence à l'égard des aspects guerriers de l'aventure impériale ou bien y adhéra pleinement. Après tout, Louis XVIII confirma l'existence de l'ordre de la Légion d'honneur avec la devise «Honneur et patrie». Comme le dit le préambule de l'acte où il s'en déclare le Grand Maître :

> Dès que la Providence nous eut replacé sur le trône de nos ancêtres, au milieu des acclamations d'un peuple que notre cœur a toujours chéri, nous nous fîmes un devoir de maintenir cette Légion d'honneur, qui récompense, d'une manière analogue aux mœurs des Français, tous les genres de services rendus à la patrie[40].

La politique du sentiment national est morte

Dans l'histoire du sentiment national français, on ne peut nier que la défaite de 1871 constitue un événement décisif. Une vue un peu rapide inciterait à admettre que, désireuse de survivre et de prendre sa revanche, la France, en deuil de deux de ses enfants, utilisera à fond les instruments désormais à sa disposition, le service militaire et l'école[41], tous deux obligatoires, pour inculquer le culte de la patrie. Quelques faits, quelques dates, méritent ici d'être rappelés :

– 1873 : les premières sociétés de tir et de gymnastique ;
– 1882 : les bataillons scolaires de Paul Bert ;
– 1889 : le service de trois ans, s'appliquant, pour la première fois, à la majorité d'une classe d'âge ;
– 1893 : la commission de l'éducation militaire au ministère de l'Instruction publique est présidée par le général Boulanger, tandis que Jean Macé publie un manuel de tir.

«Jamais auparavant il n'y avait eu une telle préparation systématique en vue d'une guerre qu'il fallait absolument gagner[42].» Ce diagnostic récemment formulé par Karl Ferdinand Werner s'appliquant, notons-le, à l'Allemagne aussi bien qu'à la France.
Point d'aboutissement de cette patiente imprégnation des consciences : l'union sacrée de 1914, la «fleur au fusil», la ferveur religieuse ou joyeuse avec laquelle les Français, dans leur masse, combattants et non-combattants,

se lancèrent dans la Grande Guerre contre l'Allemagne. Parmi mille exemples possibles, relevons cette lettre écrite dans les premiers jours du conflit par un de ses amis, un intellectuel de quarante ans, critique d'art et officier de réserve, à Romain Rolland qui la cite dans *Au-dessus de la mêlée* avant de s'en prendre au comportement des catholiques et des socialistes :

> [...] Quelle race admirable ! Si vous voyiez comme moi notre armée, vous seriez enflammé d'admiration pour ce peuple. C'est un élan de la Marseillaise, un élan héroïque, grave, un peu religieux [...] Je n'ai pas envie de mourir mais je mourrai sans regret maintenant ; j'ai vécu quinze jours qui en valent la peine, quinze jours que je n'osais plus me promettre du destin. On parlera de nous dans l'histoire. Nous aurons ouvert une ère dans le monde [...] La France n'est pas prête de finir. Nous voyons sa résurrection. Toujours la même : Bouvines, croisades, cathédrales, Révolution, toujours les chevaliers du monde, les paladins de Dieu[43].

Et sans doute, de Déroulède à Péguy, de la Ligue des patriotes à l'Action française, des bataillons scolaires à la loi de trois ans, il est aisé d'accumuler les textes et les faits témoignant de l'importance attachée au sentiment et à l'amour de la patrie. Le patriotisme, idée commune à tous les Français, facteur unique de rassemblement pour tout un peuple.

Malgré cela, même en négligeant le problème majeur des variations d'intensité du sentiment patriotique au sein des milieux, des classes et des couches sociales de Jules Ferry à Jaurès, de Boulanger à Barrès, il reste qu'à l'égard de cette notion les réactions et les analyses politiques et intellectuelles furent, à une époque, des plus diverses. La nouvelle religion eut ses mystiques et ses dévots, zélateurs convaincus de l'amour de la patrie dont ils se persuadaient, sans trop de peine, qu'il était un sentiment naturel et éternel. Elle eut aussi ses sceptiques, ses agnostiques, ses athées, ses hérétiques.

Opposons ici Jaurès à Brunetière. Celui-ci, dans sa conférence sur l'*Idée de patrie* prononcée à Marseille en 1896 en vue d'une souscription pour élever un monument aux soldats français morts à Tombouctou, se présente, en l'occurrence, comme un prêtre de « la religion des morts et de la religion de la patrie ». Car la patrie est du côté de l'irrationnel, elle requiert un acte de foi. Elle est menacée par de terribles concurrents : le socialisme, le collectivisme, l'anarchisme, l'internationalisme et surtout l'individualisme. Son seul moyen de lutte est de s'affirmer éternelle. Les nations ne peuvent subsister qu'à la condition de se croire éternelles. Tel est le cas de la France, où la patrie n'est pas fille de la Révolution mais apparaît dès la *Chanson de Roland*. D'où l'importance, pour bien la saisir, de suivre son histoire :

Mourir pour la patrie

> Notre histoire n'est pas seulement, comme beaucoup d'autres, une chronique, un enchaînement de faits, une succession de dates, une alternative de prospérités et de revers, mais elle est encore, elle est surtout une tradition[44].

Deux ans plus tard, Jaurès lui répond que la patrie, pour le socialisme, n'est pas un absolu. Contre les « échauffés et les charlatans » qui, par leurs cris « la patrie au-dessus de tout ! », font d'elle « je ne sais quelle monstrueuse idole qui a droit au sacrifice même de l'innocent », il affirme sereinement :

> Le jour où un seul individu humain trouverait, hors de l'idée de patrie, des garanties supérieures pour son droit, pour sa liberté, pour son développement, ce jour-là l'idée de patrie serait morte.

Or, il n'est pas impossible de soutenir qu'en dépit du renouveau nationaliste sensible à partir de 1905 et surtout de 1911 l'idéologie officielle, sinon dominante, de la République française était plus proche des idées de Jaurès que des idées de Brunetière. Lorsque Lucien Herr écrit dans ces années que « la politique du sentiment national est morte », il exprime tout autant une constatation qu'un souhait.

L'histoire du sentiment de la patrie commence en France bien avant la Révolution même si ce dernier événement correspondit à un moment d'apogée, après quoi tout discours n'est que reprise ou pastiche. À travers les siècles, la notion de patrie renvoie primordialement aux guerres menées pour elle et en son nom. Agir pour son pays, aimer sa patrie, c'est d'abord accepter de se battre en risquant sa vie. Aussi en va-t-il de l'intérêt immédiat du ou des responsables de ce pays et de l'État auquel il est censé s'identifier de mettre au point et de diffuser un message susceptible de convaincre et d'entraîner le plus grand nombre possible de ses habitants. Il convient que le sacrifice suprême pour le pays apparaisse à la fois comme un acte évident, simple et naturel, et comme un devoir impérieux et absolu, procurant la vénération des compatriotes présents et à venir et aussi on ne sait quelle assurance pour l'Au-delà. D'où le recours à toute une pédagogie, par la parole, par le rite et par l'image, destinée à faire de la patrie autre chose qu'une figure abstraite, à susciter à son égard des réactions affectives, mais aussi à faire d'elle un concept majeur du droit public. Discours d'État, souvent mis en œuvre par des « intellectuels organiques d'État » (Gramsci), le discours patriotique, dans notre culture, donne facilement l'impression d'un pensum scolaire, ou d'un centon. Et cela d'autant que la référence à l'Antiquité gréco-romaine y fut très vite la règle. Son domaine : le théâtre, les devises, les inscriptions, les harangues officielles, les

oraisons funèbres, la poésie. Un discours aussi qui multiplie les exemples historiques. La patrie impose le dialogue avec les ombres.
Mais ce discours réussit, en quelques circonstances critiques, à trouver un écho authentique auprès de toute une masse de gens. Il lui arriva aussi – grâce à la complicité active de ceux que Julien Benda appelait les clercs – de se prétendre porteur de valeurs universelles. Il fallait faire admettre que la patrie était bien plus que la patrie.
Pour y voir plus clair, il faudrait examiner conjointement, comparativement, l'évolution du sentiment patriotique en France et dans les pays voisins ou rivaux, voire dans d'autres civilisations.
N'oublions pas, enfin, que l'amour de la patrie s'est toujours nourri, de façon cachée ou ostensible, d'une autre passion, tout aussi agissante et virulente : la haine de l'ennemi. Ce puissant ressort ne manqua pas d'être utilisé à son tour par les États, sans scrupule ni retenue.

1. E. H. Kantorowicz, «*Pro patria mori* in medieval political thought», *The American History Review*, n° 56, 1951, pp. 472-492. Trad. franç. dans Id., *Mourir pour la patrie et autres textes*, présentation par Pierre Legendre, Paris, pp. 105-141.

2. Cité *in* Id., *ibid.*, trad. franç., p. 137.

3. Dans les *Distiques*. L'expression devint proverbiale au Moyen Âge : «Eulx ayans devant les yeulx le proverbe de Chaton qui dit : *Pugna pro patria*» (Alain Chartier, *Chronique de Charles VII*, éd. Vallet de Viriville, II, Paris, 1858, p. 89, à propos des Écossais). Voir aussi les nombreux manuscrits et les incunables du *Caton françois*, où la maxime est commentée.

4. *Odes*, III, II, 13.

5. Richer, *Histoire de France (888-995)*, éd. et trad. R. Latouche, I, Paris, 1930, pp. 22-24.

6. A. Vernet, «Le *Tragicum argumentum de miserabili statu regni Francie* de François de Monte-Belluna (1357)», *Annuaire-bulletin de la Société de l'histoire de France*, années 1962-1963, p. 136.

7. Acte IV, scène v.

8. Acte II, scène III.

9. Acte II, scène III.

10. Cité par M.-M. Martin [1982] (voir Bibliographie ci-dessous).

11. Cité par Kantorowicz, *op. cit.*, trad. franç., pp. 122-123.

12. *The Ecclesiastical History of Orderic Vitalis*, éd. et trad. M. Chibnall, Oxford, 1978, VI, p. 64.

13. «*Se vus murez, esterez seint martir*» (v. 1134).

14. Raymond Lulle, *Doctrine d'enfant*, éd. Linarès, p. 50 : «Li chevalier de cest monde meurent en la bataille por ennorer leur seingnor.»

15. *Chronique des quatre premiers Valois*, éd. S. Luce, Paris, 1862, pp. 66-67.

16. *Œuvres de Ghillebert de Lannoy voyageur, diplomate et moraliste*, éd. Ch. Potvin et J.-C. Houzeau, Louvain, 1878, pp. 456-457.

17. Jean Froissart, *Chroniques*, éd. S. Luce, Paris, 1874, V, p. 98.
18. Le Religieux de Saint-Denis, *Chronique*, éd. et trad. L. Bellaguet, Paris, 1852, VI, p. 452.
19. Jean Gerson, *Œuvres complètes*, éd. P. Glorieux, Paris, 1968, VII, pp. 443 et 1027-1028.
20. Robert Blondel, *Œuvres*, éd. A. Héron, Rouen, I, 1891.
21. Alain Chartier, *Le Quadrilogue invectif*, éd. É. Droz, Paris, 1950, pp. 10-11.
22. S. Solente, «Un traité inédit de Christine de Pisan, l'*Epistre de la prison de vie humaine*», *Bibliothèque de l'École des chartes*, n° 85, 1924, p. 284.
23. *Bibliothèque de l'École des chartes*, n° 27, 1866, p. 152.
24. P. Deschamps, «Un monument aux morts au XVe siècle. La Vierge au manteau de l'église de Laval en Dauphiné», *Bulletin monumental*, n° 118, 1960, pp. 123-131.
25. L. Auvray, «Épitaphe versifiée de Jean de Bueil», *Bibliothèque de l'École des chartes*, n° 59, 1898, pp. 821-824.
26. Éd. J.A.C. Buchon, Paris, 1836, p. 790.
27. Éd. M. Diamantberger, Paris, 1925.
28. Cité par G. Dupont-Ferrier [1940].
29. Le Roux de Lincy, *Recueil de chants historiques français depuis le* XIIe *jusqu'au* XVIIIe *siècle*, II, XVIe *siècle*, Paris, 1842, pp. 515-517.
30. Acte I, scène III.
31. Dans *Orateurs sacrés*, éd. Migne. Comme il se doit, le thème du sermon est ce verset de l'Écriture : «Jésus en approchant de Jérusalem, regarda la ville et pleura sur elle» (Luc, XIX, 41). Le document m'a été aimablement signalé et communiqué par Michèle Fogel.
32. *Œuvres*, I, Paris, 1759.
33. Cité par M.-M. Martin [1982].
34. Dans le même article, citations de l'abbé Coyer et de son sondage d'opinion : «Citoyens, ai-je dit connoissez-vous la patrie ? L'homme du peuple a pleuré, le magistrat a froncé le sourcil, en gardant un morne silence ; le milicien a juré, le courtisan m'a persiflé ; le financier m'a demandé si c'étoit le nom d'une nouvelle ferme. Pour les gens de religion qui, comme Anaxagore, montrent le ciel du bout du doigt quand on leur demande où est la patrie, il n'est pas étonnant qu'ils n'en fêtent point sur cette terre.»
35. Cité par M.-M. Martin [1982].
36. D. Reichel, *Davout et l'art de la guerre. Recherches sur la formation, l'action pendant la Révolution et les commandements du maréchal Davout, duc d'Auerstaedt, prince d'Eckmühl (1770-1823)*, Neuchâtel, 1975, p. 62.
37. A. Maury, *Emblèmes et drapeaux de la France*, Paris, s.d., p. 293.
38. É. Picard, *Au service de la nation. Lettres de volontaires (1792-1798)*, Paris, 1914. J.-P. Bertaud [1979], p. 222.
39. Voir l'*Histoire de la Révolution française*, et aussi, *passim*, *Le Peuple*.
40. Comte Garden de Saint-Ange, *Code des ordres de chevalerie du royaume*, préface de H. Pinoteau, nouvelle édition, Paris, 1979, p. 307.
41. *Cf.* la devise de la Ligue de l'enseignement de Jean Macé : «Pour la patrie, par le livre et par l'épée» (cité par J. Lestocquoy [1968] p. 137).
42. Interview dans le journal *Le Monde aujourd'hui*, 4-5 août 1985.
43. Romain Rolland, *Au-dessus de la mêlée*, Lettre ouverte du 15 septembre 1914.
44. Ferdinand Brunetière, *L'Idée de patrie*, conférence prononcée à Marseille, le 28 octobre 1896, au profit de la souscription ouverte pour élever un monument aux morts de Tombouctou.

LA NATION *La gloire*

BIBLIOGRAPHIE

La Bataille, l'armée et la gloire 1745-1871, Actes du colloque international de Clermont-Ferrand recueillis et présentés par Paul VIALLANEIX, et Jean EHRARD, Clermont-Ferrand, Presses de l'Université de Clermont-Ferrand, 1985, 2 vol.

BEAUNE, COLETTE
Naissance de la nation France, Paris, Gallimard, 1985.

BECKER, JEAN-JACQUES
Comment les Français sont entrés dans la guerre, Paris, Presses de la Fondation des Sciences politiques, 1977.

BERTAUD, JEAN-PAUL
La Révolution armée. Les soldats-citoyens et la Révolution française, Paris, Robert Laffont, 1979.

CORVISIER, ANDRÉ
— *L'Armée française de la fin du XVIIe siècle au ministère de Choiseul. Le soldat*, Paris, P.U.F., 1964, 2 vol.
— *Armées et sociétés en Europe de 1494 à 1789*, Paris, P.U.F., 1976.

COSTANTINI, A.
« L'armée dans l'esprit de l'opinion publique et l'éducation patriotique, civique et politique du soldat de 1815 à nos jours », *Revue internationale d'histoire militaire*, n° 37, 1976, pp. 63-89.

DUPONT-FERRIER, GUSTAVE
« Le sens des mots patria et "patrie" en France au Moyen Âge et jusqu'au début du XVIIe siècle », *Revue historique*, n° 188, 1940, pp. 1-16.

DUPRONT, ALPHONSE
« Du sentiment national », dans *La France et les Français*, sous la direction de Michel François, Paris, Gallimard, Encyclopédie de la Pléiade, 1972, pp. 1423-1474.

GERBOD, PAUL
« L'éthique héroïque en France (1870-1914) », *Revue historique*, n° 544, 1982, pp. 409-429.

GODECHOT, JACQUES
« Nation, patrie, nationalisme et patriotisme en France au XVIIIe siècle », *Annales historiques de la Révolution française*, n° 43, 1971, pp. 481-501.

LESTOCQUOY, JEAN
Histoire du patriotisme en France des origines à nos jours, Paris, Albin Michel, 1968.

MARTIN, MARIE-MADELEINE
Histoire de l'unité française. L'idée de patrie en France des origines à nos jours, nouveau tirage, Paris, P.U.F., 1982.

RABAUT, JEAN
L'Antimilitarisme en France 1810-1975. Faits et documents, Paris, Hachette, 1975.

TINT, HERBERT
The Decline of French Patriotism, Londres, Weidenfeld and Nicolson, 1964.

YARDENI, Myriam
La Conscience nationale en France pendant les guerres de religion (1559-1598), Louvain et Paris, Éd. Nauwelaerts, 1971.

GÉRARD DE PUYMÈGE

Le soldat Chauvin

> J' suis français, j' suis Chauvin,
> J' tapp' sur le bédouin !
> La Cocarde tricolore, 1831.

« C'est un chauvin ! », « Nous sommes tous un peu chauvins »..., l'expression est d'usage courant. L'épithète a même donné un substantif, le « chauvinisme », apparu en 1840[1]. S'il est un mot dont la fortune a été remarquable, c'est bien celui-là. Néologisme assez familier, il est resté vivant en français et, manifestement parce qu'il exprimait une attitude nouvelle, il a été recueilli par les principales langues occidentales. Citons, par exemple, l'allemand *Chauvinismus*, l'anglais *chauvinism*, l'espagnol *chauvinismo*, l'italien *sciovinismo*, le russe *chauvinismus*, le polonais *szowinism*, le tchèque *šovinismus*. On retrouve pour condamner des attitudes réprouvées, excessives ou ridicules sous la plume de Lénine comme sous celle des féministes anglo-saxonnes avec le « *Male Chauvinist Pig* » (*M.C.P.*), slogan qui a conquis la planète[2].

Si nous cherchons l'origine de « chauvinisme » et de « chauvin » dans les encyclopédies ou les dictionnaires, nous apprenons que, signifiant patriotisme exagéré et belliqueux, nationalisme fanatique, ces termes sont dérivés du nom d'un soldat des armées de la Révolution et de l'Empire né à Rochefort, Nicolas Chauvin. Grognard héroïque, il se serait fait remarquer par sa passion pour Napoléon et son hystérie patriotique, et aurait été ensuite tourné en ridicule par divers dramaturges et caricaturistes.

Sur ce personnage si pittoresque et intéressant pour l'historien des idées politiques, comme pour celui des mentalités ou des relations internationales, il n'existe aucun ouvrage ni article approfondi. Les principaux travaux consacrés aux armées de la République et de l'Empire omettent de le mentionner.

La Nation *La gloire*

Les nombreuses études tant françaises qu'étrangères du phénomène nationaliste, friandes du mot de chauvinisme, ne nous apprennent rien de plus sur lui que les notices des dictionnaires, recopiées à la hâte. Or, un mot nouveau, à l'apparition datée et au succès aussi foudroyant, renvoie nécessairement à un phénomène spécifique dont la biographie de celui qui lui a donné son nom détient la clef.

Ni le patriotisme ni la passion pour l'Empereur de Nicolas Chauvin, partagés par l'ensemble de l'armée, n'ont pu suffire à le faire distinguer à ce point dans la foule de ses compagnons d'armes. À la suite de quelle aventure extraordinaire et oubliée, de quelle mémorable campagne de propagande ce personnage obscur a-t-il réussi à acquérir une notoriété sans égale tout en s'effaçant, comme Boycott ou Poubelle, derrière le succès même de ce qu'il avait réalisé ?

Indices

Nicolas Chauvin semble bien avoir été oublié déjà de son temps. Quand l'explorateur et vaudevilliste Jacques Arago rédige dans le supplément du *Dictionnaire de la conversation* de 1845 un article «Chauvinisme», qui constitue sa première apparition lexicographique, c'est comme une révélation parfaitement inattendue qu'il annonce à ses lecteurs l'identité du grognard : « À peine avons-nous achevé cette courte étude qu'un renseignement précis nous arrive des archives de la Guerre. Nicolas Chauvin, celui-là même qui a francisé le mot placé en tête de cet article, est né à Rochefort. Soldat à dix-huit ans, il a fait toutes les campagnes. Dix-sept blessures, toutes reçues par-devant, trois doigts amputés, une épaule fracturée, un front horriblement mutilé, un sabre d'honneur, un ruban rouge, deux cents francs de pension, voilà le vieux grognard qui se repose au soleil de son pays, en attendant qu'une croix de bois protège sa tombe... Le *chauvinisme* ne pouvait avoir un plus noble patron[3]. »

Recopiant Arago, Pierre Larousse complète le portrait en 1867 : «Ce vieux grognard se fit toujours remarquer dans les camps par une telle naïveté et une telle exagération dans ses sentiments que ses camarades finirent par le tourner en ridicule. De l'armée, la réputation de Chauvin se répandit dans la population civile, et bientôt le mot "chauvinisme" servit à désigner l'idolâtrie napoléonienne et, en général, toute espèce d'exagération, principalement en politique[4].» Debidour reprend à son tour Larousse, dans l'article qu'il consacre cette fois-ci non plus à l'adjectif mais à «Nicolas Chauvin» lui-même dans la *Grande Encyclopédie* : «Chauvin (Nicolas), soldat français né à Rochefort, dix-sept fois blessé pendant les guerres de la Révolution et de l'Empire. L'exaltation naïve de son patriotisme et de son admiration pour l'em-

pereur l'avait, non moins que sa valeur, rendu célèbre dans toute l'armée.»
Dans un article du *Siècle* du 12 octobre 1854 intitulé «Le chauvinisme», Louis Jourdan se plaignait que «l'Académie, qui se traîne lourdement à la remorque de la langue n'a pas encore admis dans son dictionnaire ce mot plaisant qui restera cependant car il résume à lui tout seul toute une période de notre histoire contemporaine». Il faut attendre, en effet, la septième édition du *Dictionnaire de l'Académie* pour voir apparaître en 1879 «*Chauvinisme*, s. m., terme très familier qu'on a employé pour chercher à tourner en ridicule un sentiment exalté de la gloire des armes françaises». De Nicolas Chauvin, l'Académie, qui examina le mot entre le 5 et le 12 janvier 1871, ne dit rien.

Dans un article du *Temps* du 3 janvier 1913 à la gloire de Nicolas Chauvin, Jules Claretie, ayant cité Arago sans le nommer, apporte de nouvelles précisions biographiques: «Chauvin retraité revint à Rochefort et fut alors suisse à la préfecture maritime. Pendant le court séjour que Napoléon Ier fit à Rochefort avant de s'embarquer à l'île d'Aix pour Sainte-Hélène, Chauvin ne voulut pas quitter la porte de la chambre où couchait son maître. Le départ de l'Empereur et le retour du drapeau blanc le mirent dans un état d'exaltation extrême. Il emporta chez lui un vieux pavillon tricolore et s'en fit une paire de draps; plus grognard que jamais, Chauvin murmurait "je crèverai dedans", il tint parole.»

Plus près de nous, l'historien Jean Lestocquoy, dans l'introduction à son *Histoire du patriotisme en France*, l'évoque avec émotion: «Et il m'arrive de penser à ce soldat bien oublié qui fit les guerres de la Révolution et de l'Empire, Nicolas Chauvin, natif de Rochefort», reprenant ensuite à son tour l'énumération d'Arago[5]. En 1983, une histoire de Rochefort consacrait un chapitre à «Rochefort, berceau du chauvinisme»: «Vers cette époque vivait à Rochefort Nicolas Chauvin, soldat de la Révolution et de l'Empire. Il s'était rendu célèbre par l'exaltation de ses sentiments patriotiques[6]», etc.

Enfin, l'historien américain Gordon Wright évoque son rôle dans l'agitation en faveur de la révision des traités de 1815 sous la Restauration: «Une teinte chauvine s'ajouta à cette campagne (et un mot à la langue), par suite de l'agitation de vétérans napoléoniens comme Nicolas Chauvin[7].» Sur la nature de cette agitation, Gordon Wright ne nous fournit, hélas, aucune précision et il nous manque toujours ce fait marquant, symptomatique, sur lequel a pu se fonder la renommée. Telle est, en effet, la question cruciale qui se pose à celui qui cherche à comprendre d'où vient non le mot, mais la chose appelée «chauvinisme» et quelle a été sa signification originelle. Il devient donc nécessaire de retrouver dans les archives la trace de Nicolas Chauvin. Mais, en s'engageant dans cette aventure, le chercheur, curieusement, s'enfonce dans un *no man's land* entre absence d'histoire et perte de mémoire où tout semble avoir été prévu pour l'égarer.

À la recherche de M. Chauvin

Le nom de Chauvin, l'un des plus répandus en France, se rencontre surtout dans l'Ouest. Il est fortement représenté à Rochefort et dans la Charente-Maritime. Le prénom de Nicolas, fréquent dans le Nord, y est, au contraire, fort rare. On ne trouve pas trace, dans les archives de la Charente-Maritime, d'un seul Nicolas Chauvin né à cette époque dans la région de Rochefort, et, parmi les divers Chauvin rencontrés, aucun ne semble correspondre au sujet exemplaire d'Arago.

En revanche, il y a bien un dossier Nicolas Chauvin aux archives de la Guerre. Il contient deux lettres d'Américains demandant des renseignements sur ce glorieux soldat et la réponse du ministère à ces questions : une photocopie de l'article du Larousse. Les traces du renseignement fourni à Arago avaient-elles disparu ? Dans les dossiers personnels figurent une douzaine de Chauvin, mais pas de Nicolas. Le seul dont le dossier sorte de l'ordinaire est un certain Henri-Guillaume, né à Falaise le 9 juin 1744, soldat dès 1761, capitaine en l'an IV, qui se fit remarquer à l'occasion de troubles parisiens en empêchant ses hommes de s'insurger. Plus tard, Napoléon lui avait remis un sabre. Vieux et malade, il supplia sans succès l'Empereur de le laisser entrer aux Invalides. Selon un dossier des archives de la Police, il se suicida, léguant son sabre à l'Empereur, mais sans que la presse ni quiconque s'intéressât à son sort.

L'État général de la Légion d'honneur de 1814 contient dix Chauvin dont aucun Nicolas. Un seul retient notre attention : Charles François Régis, né à Cruas (Ardèche) dont la formule de serment fut exposée dans le musée de la Légion d'honneur pour son pittoresque : « M. Chauvin, légionnaire grenadier retiré de la Garde Impériale, a déclaré ne pas savoir écrire, il a fait en conséquence une croix. » On retrouve des documents complémentaires sur ce Régis aux archives de la Guerre[8]. Si on met en parallèle les informations qu'ils contiennent avec le portrait de Nicolas par Arago et ses successeurs, on trouve des ressemblances troublantes :

Régis	Nicolas
né à Cruas (Ardèche)	né à Rochefort (Charente-Maritime)
engagé à dix-huit ans	*engagé à dix-huit ans*
dix-sept campagnes	*dix-sept blessures*
caporal le 2 juin 1792	*caporal* parfois
invalide	*invalide*
pensionné	*pensionné*
	sabre d'honneur
Légion d'honneur	*Légion d'honneur*

Le soldat Chauvin

Soldat... et laboureur.

L'élément le plus suspect est, évidemment, le nombre dix-sept, les dix-sept campagnes de Régis et les dix-sept blessures de Nicolas qui ressemble vraiment trop à Régis pour que ce soit une simple coïncidence. Arago, alors aveugle, n'a pas fait lui-même la recherche : « un renseignement précis *nous arrive* des archives de la Guerre », écrit-il. Un étudiant facétieux et légitimiste chargé de l'enquête aurait-il, pour jouer un tour à Arago dont le patriotisme cocardier était notoire, construit à partir de Régis, mais aussi de Henri-Guillaume et de son sabre, voire d'autres sources, un Chauvin idéal, héros rustique de retour à la ferme familiale ? Cela, en revanche, n'est pas impossible. Lui avoir alors attribué le prénom de Nicolas, fréquemment donné aux coqs de village de la littérature populaire et dont Napoléon, parti de Rochefort pour son exil de Sainte-Hélène, s'était vu affubler par la propagande ultra sous la Restauration, aurait été, dans cette hypothèse, une heureuse inspiration.

En tout état de cause, force est donc de renoncer à identifier notre Nicolas Chauvin à partir des sources d'archives. Restent alors la gravure et le théâtre qui auraient, eux, conservé la mémoire du héros.

Identification et mise à mort de Chauvin

Les dictionnaires citent deux vaudevilles dans lesquels Nicolas Chauvin serait caricaturé, ainsi que des gravures de Charlet. Le vaudeville le plus souvent cité, *Le Soldat-laboureur*, faussement attribué à Scribe, est une pièce à succès de Francis, Brazier et Dumersan de 1821. Elle ne contient aucun personnage du nom de Chauvin et, loin de se moquer du Soldat-laboureur, qui s'appelle Francœur, l'exalte d'une façon éhontée. Le second, *La Cocarde tricolore*, des frères Coigniard, est la seule pièce consacrée en 1831 à la prise d'Alger, éclipsée par la révolution de Juillet. Elle connut également une grande vogue et elle met bien en scène un Chauvin – qui s'appelle Jean et non Nicolas. Celui-ci est un paysan, natif de Falaise, laboureur et soldat (la référence erronée à la pièce *Le Soldat-laboureur* n'est donc pas fortuite), mais il n'est pas un vieux grognard. C'est une jeune recrue de la Restauration qui, à la suite de diverses péripéties héroïques et galantes, fait prisonnier le dey d'Alger après lui avoir donné une bonne correction au cri de :

> J' suis français, j' suis Chauvin,
> J' tapp' sur le bédouin...

et s'empare de son harem, vengeant ainsi le consul Duval de son soufflet. En récompense, il est fait caporal, promotion qui le remplit d'orgueil : « Caporal ! quel honneur ! ça me coupe la respiration... Ô Sophie ! tu seras fière de ton amant.» Admirateur de la gloire militaire française à travers les récits du vétéran La Cocarde, Chauvin insiste surtout sur sa propre origine rurale. Empoisonné par de la viande de chameau, «j'verrai pus mon hameau», pleure-t-il, invoquant

> *Ô mon Falaise, mon papa, ma maman!*

Loin d'être un foudre de guerre, le héros se montre donc surtout très jeune et poltron: c'est qu'il est frais émoulu de sa ferme. Terrorisé au premier coup de feu, il sait néanmoins révéler son courage au second:

> *C'est vrai que j'eus peur au premier coup de feu*
> *Mais quoiqu' jadis j' n'ai manié que la bêche,*
> *J' fus bientôt r'mis, et de Chauvin, corbleu!*
> *On n' rira plus; car j'étais sur la brèche*
> *Au second coup de feu*[9].

Qu'en est-il du portrait de Chauvin par Charlet? Aucune de ses gravures, fort bien répertoriées[10], ne porte son nom; d'ailleurs Charlet, s'il dessina des centaines de grognards et de recrues fictifs, fit peu de portraits. Cependant, dans un *Alphabet philosophique à l'usage des petits et des grands enfants* de 1835, nous trouvons aux lettres *R* et *S* («Regrets» et «Souvenirs») un «Chauvin, soldat au 61e». C'est un jeune paysan qui regrette sa ferme, à la caserne, puis se souvient du bon vieux temps du service une fois revenu au bercail. C'est aussi une recrue de la Restauration et non un vieux grognard. Notons également qu'il ne manifeste aucun patriotisme, et s'il regarde avec nostalgie passer des soldats devant sa chaumière, ce n'est pas qu'il rêve de voler à la frontière mais que le service militaire, «c'était mon bon tems [...] je n'avais que mes corvées, les inspections, les revues, les gardes et les exercices à penser... j'étais libre et heureux». On le reconnaît aussi dans d'autres gravures de Charlet, tantôt inspirées de *La Cocarde tricolore* comme *Tout ça ne vaut point mon doux Falaise* (1834) où Chauvin s'exclame, montrant d'un geste large une plaine algérienne dans laquelle s'engagent des troupes, «On y voit point un pommier dans ce pays d'malheur», tantôt préexistant à la pièce, qui en récupère à son tour les thèmes pour les placer dans le décor exotique de l'Algérie, comme *Le Premier Coup de feu* et *Le Second Coup de feu*, de 1824. Ce sujet, également traité par Martinet et d'autres, symbolise la succession de l'héroïsme à la peur chez la jeune recrue qui surcompense sa réticence initiale. Enfin, *Je m'ai pas assez méfié de la payse* met en scène Chauvin, atteint d'une affection vénérienne bénigne, en traitement à l'hôpital militaire (1824). Cette dernière lithographie renvoie à une chanson antérieure attribuée à Chauvin lui-même par un auteur facétieux, que ne mentionne aucun dictionnaire de pseudonymes et dont l'anonymat reste inviolable (le Chauvin de *La Cocarde* y fait allusion en pleurnichant: «Je m'ai pas assez méfié de la viande d'Afrique»)[11]. Dans ces chansons publiées à l'origine sur des feuilles volantes et dont certains recueils sont parvenus jusqu'à nous[12], Chauvin a les mêmes caractéristiques de paysan-soldat que dans *La Cocarde*. Le ton en est analogue: c'est celui d'une épaisse gaudriole chantant le vin, le sexe et la guerre. Le héros s'y présente ainsi:

> *Moi... jé m'appelle Chauvin*
> *Mon nom rime avec du vin*[13]...

et chante sur un ton martial ses conquêtes féminines,

> *Moi j'ai toujours été vainqueur*
> *En amour comme en guerre.*

Ces manières de coq de village, toujours présentes dans le personnage de *La Cocarde tricolore*, expriment une sexualité primaire: «bon pour le service», Chauvin est «bon pour les filles». Il y a clairement chez lui intrication entre l'excitation sexuelle et sa sublimation dans le patriotisme, jusque dans leurs conséquences funestes:

> *Je suis criblé des souvenirs*
> *De l'amour et de la victoire*[14].

Mais, enfant chéri de la galanterie poissarde et de la gloire collective, il ne regrette rien:

> *Je suis borgne... mais j' suis sergent*
> *Un œil c'est assez suffisant*[15]...

En effet, au-delà de son grade modeste, il reçoit en récompense de sa bonne conduite une prime de plaisir pulsionnel. Dans *La Cocarde tricolore*, Sophie sera «fierte de son amant» nommé caporal, et ici l'«amoureux sergent», borgne, unijambiste et manchot, mais content, vient réclamer son dû:

> *Ous qu'est celle qu'elle a mon cœur*
> *Qué jé lui fasse son bonheur*[16]?

Motif sous-jacent à un prétexte plus élevé, le sexe se révèle donc l'ultime moteur des actions de Chauvin. Plus qu'un patriote fanatique, il nous apparaît comme un *Male Chauvinist Pig*, expression dont le choix, à l'insu même de celles qui l'ont fait, est des plus heureux.

L'auteur anonyme insiste aussi sur la jeunesse de son personnage dans un «Avis» sur lequel s'ouvre le recueil de 1833: «Un Chauvin [il s'agit donc bien d'un type] n'est encore qu'un conscrit [...] il a même conservé encore une bonne partie de son accent paysan [...] a encore les pattes grosses et doit débiter niaisement.»

Pourtant c'est bien en vieux troupier qu'il s'exprime parfois dans la même brochure. Dans la chanson *Suite des amours de Chauvin*, il évoque devant son fils Jean-Jean d'anciens souvenirs et se proclame «veuf et vieux[17]». Dès l'origine, donc, une équivoque s'installe autour de l'âge du héros. Foncièrement jeune recrue, Chauvin, synthèse du monde rural et de l'armée, se mue aisément en vieux militaire. Au fil du temps, cette transformation de plus en plus fréquente sera l'un des traits spécifiques le distinguant des comiques troupiers contemporains ou postérieurs dont l'âge reste fixé une fois pour toutes (Dumanet, Pacot... puis, plus tardivement, Ronchonot ou Camember).

La métamorphose s'opère en sens inverse dans un vaudeville de 1840, *Les Guêpes*, où apparaît pour la première fois le néologisme «chauvinisme». Dans cette pièce, où il est confronté aux dards des *Guêpes* d'Alphonse Karr châtiant les ridicules de la société par leurs piqûres, Chauvin se présente sous les traits d'un vieux grognard chantant à son entrée sur scène:

> *Soldat français, né d'obscurs laboureurs...*

Il est reçu par des quolibets: «Vieux fossile! [...] le chauvinisme a fait son temps[18].» On chante, pour le tourner en ridicule, un air célèbre du *Soldat-laboureur* (le rapprochement est, encore une fois, frappant) plaisamment altéré:

> *Je reconnais ce militaire*
> *Je n' l'ai pas vu sur l' champ d'honneur[19].*

Mais la vieille culotte de peau reprend vite l'avantage: «... vous vous fichez de Chauvin [...] Mais vienn' le danger [...] trois cent mille lapins comme moi, voilà ce que je vous souhaite[20].» On entend alors tonner le canon. C'est le retour des Cendres, mais chacun croit à une attaque de l'ennemi. Panique chez les rieurs, mais Chauvin se métamorphose alors en jeune recrue fringante: «C'est toujours le même! toujours Chauvin... En France, ça ne meurt pas!», s'exclame-t-il.

> *S'il fallait charger,*
> *Chauvin sera là, là pour vous protéger!*

Éternel et immuable bouclier d'une patrie portée à l'insouciance, Chauvin reçoit alors de tous allégeance et respect. La plus virulente des guêpes perd son dard et se change en vivandière amoureuse du héros. Grâce à Chauvin, la France, redevenue guerrière, se trouve unie et réconciliée face à l'étranger. Jeunesse fugacement retrouvée : c'est sous les traits du troupier sénile que se présentera Chauvin dans les chansons du second Empire, chez Nadaud qui l'admire et chez Avenel qui, le premier, lui est franchement hostile. Vieux grognard alcoolique et battu par sa femme, le Chauvin de Nadaud, revenu à la terre, forme la jeunesse de son village à la patrie par le récit de l'épopée à la terrasse du bistrot :

> *Lorsque Chauvin se met à boire*
> *Il raconte ses hauts faits*
> *Et quand il parle de gloire*
> *De boire il ne cesse jamais*[21].

Son auditoire de jeunes paysans communie avec lui dans l'ivrognerie patriotique. Terrassés par la boisson, tous roulent sous la table, enlacés dans un même élan d'amour pour la patrie symbolisée par la terre, chaude matrice protectrice, sur laquelle ils sont étendus :

> *Chauvin, restons couchés par terre*
> *Unis en nous serrant la main.*

Opposant farouche à Badinguet, Paul Avenel voit dans la vieille ganache le complice du régime honni. Le peuple a faim, et Chauvin, par sa jactance, l'amuse avec des guerres lointaines dont les enjeux ne le concernent pas :

> *Contre son bât le peuple en vain réclame*
> *Mais les âniers restent sourds à sa voix ;*
> *Pour l'occuper Chauvin l'emmène en Chine*
> *En lui mettant sa culotte de peau,*
> *Et Populus bêtement s'imagine*
> *Qu'on vit de gloire à l'ombre du drapeau.*

Le second Empire ne pouvait trouver meilleur agent de relations publiques. Sincère dans sa bêtise, abusé en même temps que mystificateur, il est, en outre, le Français idéal, au-dessus de tout soupçon, portant à l'armée et à la patrie confondues l'amour le plus désintéressé, c'est *Saint Chauvin*, inénarrable parangon de béatitude :

Le soldat Chauvin

Saint Chauvin croit que le second Empire
Pour les Français est un vrai paradis[22].

Mais, porte-parole du régime, il en est aussi la première victime :

Pauvre vieux, tu n'es qu'une brute
Dans une culotte de peau
....

Tu t'admires dans ta misère.
La belle chose que la guerre!
Sonnez, clairons, battez tambours!
....

Hélas le chauvinisme en France
Tient lieu de toutes les vertus[25].

Nous avons vu vieillir Chauvin, c'est sa mort que mettra en scène Alphonse Daudet. Au lendemain de la défaite de 1870, la condamnation d'Avenel n'est plus de mise. Certes, Chauvin est un imbécile, mais de nouveau il triomphe de son propre ridicule et force le respect. Ce n'est plus un vieillard ni une jeune recrue qui nous est ici représenté, mais un homme d'âge moyen. Sans lui donner un caractère franchement paysan, Daudet insiste à plusieurs reprises sur le fait qu'il roule les *r*, pratique évocatrice d'un enracinement dans le terroir. Originellement ridicule, comme dans *Les Guêpes*, Chauvin est graduellement grandi par la succession des malheurs de la France, jusqu'à sa mort accidentelle et pathétique dans une échauffourée de la Commune.
Lors de sa présentation, il est encore plus maltraité que par Avenel, qui conservait à son égard un sentiment de pitié : « irritant et sot personnage », « toujours en colère », au « front bas, étroit, obstiné », réclamant « la guerre à tout prix », « vision insupportable ». Mais dès les premières défaites d'août, « déjà Chauvin ne me semblait plus si ridicule ». Vient le siège de Paris et Chauvin, toujours dérisoire et risible, prend une dimension plus noble : « l'âme de ce jocrisse héroïque avait fini par se répandre en nous [...] tous les Parisiens sont là pour le dire : sans Chauvin, Paris n'aurait pas tenu huit jours ». Après la capitulation, voici la paix avec ses divisions et tensions sociales, Chauvin aussitôt prône la revanche « mais personne ne l'écoutait plus ». Vient la Commune, « Paris au pouvoir des nègres », le déboulonnage de la statue de Napoléon sous les ricanements des Prussiens, « Ah! ah! ah! Mossié Chaufin ». Puis c'est l'entrée de l'armée dans la capitale, la « semaine sanglante » du 22 au 28 mai. S'interposant entre la troupe et une barricade au cri de *Vive la France*, Chauvin tombe, « victime des guerres civiles ». Et Daudet de conclure : « C'était le dernier Français[24]. »

C'est donc toujours un rire tout particulier que provoque Chauvin, une dérision bienveillante et honteuse. Nous rions, mais c'est lui qui est dans le vrai et nous qui avons tort. Si Chauvin est ridicule, écrit Arago, c'est parce que « la société, telle que nous l'avons faite, semble prendre à tâche de gâter ce qu'elle effleure du doigt ou des lèvres [...] le chauvinisme n'est donc devenu un ridicule que par la faute de ceux qui n'ont pas compris le dévouement[25] » ; il en va ainsi du fait de « cette disposition toute française qui nous porte à saisir rapidement et à mettre en saillie le côté trivial de toutes choses », écrit Jourdan dans *Le Siècle*, revendiquant ensuite hautement le chauvinisme du journal dont il est le rédacteur : « Oui, *Le Siècle* était chauvin, il le sera demain encore [...] il ne faut pas craindre d'être chauvin [...] le chauvinisme moderne consiste à désirer vivement que le triomphe du bon droit, de la justice, donne une sévère et définitive leçon à l'absolutisme[26]. » Et Pierre Larousse de préciser que Chauvin « avec son air un peu niais, un peu idiot » glorifie la patrie « au nez et à la barbe du Prussien et de l'Autrichien dans un français de Pontoise mais héroïque [...] avec le coq-à-l'âne et avec le canon ». En effet, ce qu'il crie et proclame, c'est « le dogme de la foi patriotique », aussi, conclut Pierre Larousse, « ne raillons pas : élevés avec des sabres de bois et des fusils de fer-blanc, sensibles dès l'enfance au son du tambour, nous retrouvons toujours en nous, dans les occasions solennelles où le *brutal* vient se mêler de nos affaires, un vieux fonds de chauvinisme dont nous rions bien avec les esprits forts qui rêvent la paix universelle, mais que nous ne songeons pas sérieusement à amortir[27] ». Et c'est d'autant plus vrai que Chauvin n'est pas une création de ces « esprits forts qui rêvent la paix universelle » ni des « cosmopolites » que fustige Louis Jourdan, mais essentiellement de Charlet et de vaudevillistes bellicistes, militaristes et cocardiers, et c'est encore pour mieux glorifier le « dernier Français » que Daudet le tourne d'abord en dérision. « Le Chauvinisme, écrit Lorédan Larchey, a son côté ridicule, mais il a aussi sa grandeur. On s'en est trop moqué, et cette réaction a été mille fois pire, mais la science du juste milieu n'est pas une qualité française[28]. »

La quête d'un Chauvin réel s'inscrit dans ce désir de légitimation : moquez-vous, mais Chauvin existe – a existé – c'est un vieillard, héros obscur de l'épopée, portant dans sa chair les traces de ses héroïques combats, chapeau bas !

Jeune recrue paysanne de la Restauration à son apparition vers 1820 et jusqu'en 1840, à de rares exceptions près, puis de plus en plus vieux grognard (*Les Guêpes*, 1840, Arago, 1845, Nadaud, 1860...), Chauvin se trouve donc ainsi parfois vieilli non par référence à un vétéran réel, mais par le processus même de légitimation de sa conduite. Français idéal de l'ère du stato-nationalisme, il n'a pas d'âge, car « en France, ça ne meurt pas », ou plutôt il peut avoir – il a – tous les âges à la fois.

Le soldat Chauvin

Il est clair, alors, puisque Chauvin, au moment de son apparition chansonnière, lithographique et théâtrale, se révèle être non un vieux héros chargé de mémoire et d'histoire, mais un jeune «blanc-bec» voué à des aventures exemplaires, que la recherche biographique devient vaine. La question même de savoir s'il a vraiment existé n'a plus guère de sens. À certains égards, en effet, ce «type adopté par le peuple pour symboliser le soldat[29]» renvoie à un personnage bien réel, mais reproduit à des centaines de milliers d'exemplaires dans ces jeunes recrues tirées de la ferme pour être initiées et formées à la caserne pendant plusieurs années et trop souvent expédiées sur les champs de bataille. Le nom de Chauvin, presque aussi répandu que ceux de Martin et Dupont, a pu être choisi soit au hasard, soit pour chahuter un ami (ou un ennemi) de l'auteur de la *Guirlande* ou de Charlet. Cependant, si Chauvin a eu au-delà de son nom un modèle réel, vivant, ce ne pouvait être qu'un jeune paysan recruté sous les drapeaux, connu de l'un d'eux et qui l'aura frappé par sa naïveté et sa balourdise, mais dont la vie personnelle, remarquable seulement par sa banalité, nous indiffère.

Ce qui, en revanche, nous intéresse et qui est enfoui profondément dans la mémoire collective française, tout en en ayant été, semble-t-il, refoulé, c'est ce qu'il *raconte* et ce qu'il *incarne*.

Soldat français, né d'obscurs laboureurs...

Ce qu'il raconte, c'est son initiation de paysan à la patrie et à la guerre. Ce qu'il incarne, c'est un très vieux mythe formé dans l'Antiquité biblique, mais surtout romaine, redécouvert et réactualisé dans l'élan progressiste des Lumières, celui du *Soldat-laboureur*, dont il est la version ultime, la plus moderne, la plus populaire et la plus «française» dans sa «gauloiserie» rabelaisienne.

Négligé jusqu'ici par les chercheurs malgré son omniprésence, le Soldat-laboureur (avec un *S* majuscule et un petit *l*) est le premier grand héros collectif plébéien produit par la «modernité». Et, en ce sens, il est un peu l'ancêtre du prolétariat (à travers, par exemple, les chansons de Debraux, Béranger puis Pierre Dupont, à travers, surtout, le «peuple» de Michelet), mais aussi du soldat politique des régimes totalitaires fasciste et nazi. Avant de se fixer sur la classe ouvrière, c'est en effet autour de la paysannerie que naît et se développe, en France, l'idée de «masses populaires».

Fondateur de la communauté paradigmatique au temps heureux où, comme l'écrit Vertot en 1719, «les premiers Romains étaient tous laboureurs et les laboureurs étaient tous soldats[30]», dans cet âge d'or civique auquel s'identifiera la France révolutionnaire, le Soldat-laboureur est l'humble véhicule de symboles très profonds. Il perpétue, en particulier, l'image de la mutation cyclique du fer guerrier (les épées) en outils aratoires (les socs de charrues) – et vice versa – dont on trouve la trace dans les *Géorgiques* de Virgile[31] et même avant dans la Bible[32]. Totalement oublié au Moyen Âge et jusqu'au déclin de l'Ancien Régime, il réapparaît tardivement, sous la plume des «philosophes», comme antithèse virgilienne de la corruption de la Cour et des villes et du despotisme monarchique. Il se couvre enfin de gloire dans les guerres de la Révolution, et sa maturité s'incarne dans le grognard de Napoléon – voire dans l'Empereur lui-même représenté à la bêche ou à la charrue dans son exil de Sainte-Hélène par Las Cases et le docteur Antommarchi, puis par les lithographes[33]. Enfin, après diverses adaptations théâtrales et littéraires (Francœur, La France, La Valeur, Pierre Giberne...), il se fixe sous les traits de Chauvin «soldat français né d'obscurs laboureurs», ainsi qu'il se définira lui-même dans *Les Guêpes* en 1840.

Petit propriétaire laborieux, productif et patriote, il est aux antipodes tant du berger de l'idylle d'Ancien Régime que du serf médiéval ou du salarié agricole. *Classique* mais progressiste et résolument moderne, il est totalement dénué de l'arrière-plan de nostalgies médiévales des héros romantiques, ethniques, du *Volk* celtique ou germanique. De ce fait, il est tout à fait original, et c'est dans ce mélange de progressisme et de latinité classique qu'il est purement français. Le Soldat-laboureur, qu'il soit personnifié ou non en Chauvin, est un héros plébéien, le rouage de base de la démocratie en armes, disciplinée et vertueuse. Référence historique, littéraire et morale nourrie par le mouvement agronomique et physiocratique, actualisée par la pensée de Rousseau, pour qui «la véritable éducation du soldat est d'être laboureur[34]», il trouve ses premiers théoriciens à la fin du XVIIIe siècle. L'*Essai général de tactique* de Guibert en 1772 et *Le Soldat-citoyen* de Servan (1780), élaborations doctrinales au large écho (Voltaire qualifia l'*Essai* de Guibert d'«ouvrage de génie», et Servan sera ministre de la Guerre en 1792) connurent, en outre, rapidement, diverses tentatives de mise en pratique. Les projets d'implantation de soldats de la Convention, en partie réalisés à une petite échelle et sans grand succès par Napoléon dans ses colonies de vétérans du Piémont et de Rhénanie[35] dès 1803, sont les ancêtres de celles que Bugeaud essaiera d'établir en Algérie.

Mais il est récupéré dès les années 1820 par la propagande légitimiste, réalisant ainsi autour de lui un *consensus* frappant, de l'extrême gauche jacobine aux ultramonarchistes en passant par la gauche césarienne bonapartiste et les socialistes utopiques. Il fait l'union sur sa personne et en vient à incarner l'essence profondément rurale et guerrière de la France, qui ne se voit plus mise en cause que par des provocateurs marginaux et rejetés par la société comme Baudelaire.

Sous la Restauration et la monarchie de Juillet, parallèlement à son essor dans la gravure, la chanson et le théâtre, le thème du Soldat-laboureur

Le soldat Chauvin

Révélation du mystère : sacrée, inviolable, la terre de France est faite du cadavre des héros.

connaît de multiples expressions qui ne sont pas seulement littéraires ou artistiques. Le mythe est *vécu* dans des rites militaires et agrariens, dont les plus typiques sont les comices agricoles, institués dès 1820 et qui envahissent progressivement tout le territoire national. Comme leur nom l'indique, les «comices», d'inspiration romaine, ont un caractère civique, patriotique et national. Dans ces fêtes, immortalisées par Flaubert dans *Madame Bovary*, qui tiennent à la fois de l'enseignement pratique, du cours de morale et de l'orgie, et dont Bugeaud fut l'un des principaux promoteurs, c'est la France guerrière autant que paysanne que l'on exalte, autant des soldats que des laboureurs éclairés que l'on forme. Concours de charrues, remises de médailles aux éleveurs et aux valets de ferme méritants se déroulent dans un décor d'uniformes et de drapeaux, au son de fanfares militaires. Quant aux discours des notables, ils relèvent de la propagande belliciste la plus purement chauvine. Écoutons par exemple le député libéral Dupin, président de la Chambre, au comice agricole de Seine-et-Oise du 7 juin 1835, pastichant Rousseau pour l'édification des masses rurales : «Celui qui cultive le mieux la terre est aussi celui qui la défend le mieux. *Les bons laboureurs sont encore les meilleurs soldats* [...] Celui qui, dès sa première jeunesse, a couché sur la dure en gardant les troupeaux, ne redoute pas le bivouac. En repoussant l'ennemi, il songe à son village, au champ qu'il a cultivé ; et, après avoir fait son temps, il revient arroser de ses sueurs la terre pour laquelle il a versé son sang. Honneur au Soldat-laboureur[36] ! »

À une autre extrémité de l'échiquier politique, la voix puissante de Michelet fait écho à celle du grand bourgeois conservateur. Condamnant avec Toussenel la «féodalité financière» cosmopolite, juive et anglo-saxonne, l'historien national chante dans *Le Peuple*, paru en 1846, «la grande France agricole et guerrière de vingt-cinq millions d'hommes», exaltant «cette vaste et profonde légion de paysans-propriétaires soldats, la plus forte base qu'aucune nation ait eue depuis l'Empire romain» et qui constitue pour lui le «peuple». Évoquant le retour à la ferme du troupier d'Algérie, le retour de Chauvin, Michelet pose la question agraire dans les mêmes termes que Dupin : «Voulez-vous juger nos paysans ? Regardez-les au retour du service militaire ! [...] revenant à peine d'Afrique [...] vous les voyez sans plainte, sans violence, chercher par les moyens les plus honorables l'accomplissement de l'œuvre sainte qui fait la force de la France : je veux dire le mariage de l'homme et de la terre[37]. »

Il n'est pas étonnant, à partir de ce discours dominant, de retrouver le Soldat-laboureur en filigrane dans la grande majorité des projets de colonies agricoles non seulement de vétérans, mais d'orphelins, de prolétaires, de délinquants, qui constituent l'essentiel de la réflexion sociale du temps, ainsi que dans ceux des socialistes utopiques tels que Cabet, Considerant,

Le soldat Chauvin

Enfantin, ou de fouriéristes comme Toussenel. Dans son pamphlet *Les Juifs, rois de l'époque*, ce dernier, comme le fera plus tard son admirateur Drumont, oppose aux «parasites» sociaux que sont le juif, l'industriel, le marchand, «le travailleur utile, l'ouvrier du sol possesseur d'un gage dont la valeur est connue»; il rêve d'«armées productives» soumises à la discipline de la caserne, base vertueuse du monde à venir[38].

Rêvées ou mises en pratique, ces colonies sont généralement organisées sur le mode militaire, à l'image de la plus prestigieuse d'entre elles, celle de Mettray[39]. La colonisation de l'Algérie, possible déversoir d'une population misérable et subversive, offre un horizon nouveau à ces projets qui, des plus conservateurs aux plus révolutionnaires, cherchent à réaliser le même idéal. C'est dans ce mouvement que s'inscrit l'expérience des villages communautaires de Soldats-laboureurs de Bugeaud, gouverneur général de l'Algérie, dont la tentative de colonisation militaro-agrarienne obtint les suffrages des fouriéristes et de Considerant. Le maréchal se veut d'ailleurs lui-même vivante incarnation du mythe. «Je ne suis qu'un Soldat-laboureur», s'était-il écrié à la Chambre le 21 avril 1832; devenu duc d'Isly, il choisit comme armes une épée et un soc de charrue et pour devise *Ense et aratro*.

Tous ces plans, toutes ces colonies militaro-agrariennes ont un but affiché: l'extinction du paupérisme et de la criminalité, et l'établissement de la paix sociale – les plus progressistes y voient la réalisation sur terre d'une harmonie idéale qui évoque celle de l'utopie.

C'est également sur ce caractère éminemment agricole de la France que repose le plus célèbre des projets de colonisation philanthropique, celui de Louis Napoléon Bonaparte. Dans ses essais sur l'*Extinction du paupérisme*, *La Question des sucres* ou *Les Idées napoléoniennes*[40], rappelant que l'agriculture était pour Napoléon «l'âme, la base de l'Empire[41]», le futur monarque développe des structures d'enracinement terrien du prolétariat. Grâce à un système de colonies agricoles organisées militairement, la nation, enrégimentée et vertueuse, préparée aux guerres de masses qui caractérisent la modernité, opposera en outre un front uni à la «féodalité de l'argent[42]», qu'il condamne avec Toussenel et Michelet.

En 1848, le Soldat-laboureur a les faveurs de l'extrême gauche. Félix Pyat, député socialiste du Cher, dans un toast aux paysans de nombreuses fois réédité et publié dans *Le Républicain des campagnes*, feuille électorale du Loiret d'Eugène Sue, exalte les «hommes de la glèbe», «véritables fils du sol» qui ont, chevillée au corps, «la religion de la patrie et de la liberté» et unissent «la haine des rois» à «l'amour du pays». Pyat glorifie le mot même de paysan, inaugurant par sa définition une litanie parvenue jusqu'au pétainisme, qui la répétera à satiété: «C'est le nom patriote par excellence, paysan veut dire homme du pays, cultivateur du pays, défenseur du pays.» Et de conclure, exactement comme son adversaire Dupin, par l'amalgame du laboureur et du soldat: «Honneur au soldat! honneur au laboureur! deux fois honneur au paysan[43]!» Au même moment, Pierre Joigneaux, député ouvrier de la Côte-d'Or en 1848 et 1849, fondateur de *La Feuille du village* (1849-1851), s'adresse à ses «frères des campagnes» pour prêcher l'avènement d'une «république des paysans, démocratique et sociale[44]», qui réapparaîtra en 1870 dans les discours de Gambetta. Pierre Dupont compose alors ses *Chants des paysans* et ses *Chants des soldats* auxquels il dut sa célébrité, titres que reprendra Déroulède pour ses deux principaux recueils. Paysans et soldats y sont confondus dans la régénération républicaine où triomphe un Soldat-laboureur qui renoue avec l'esprit de 93:

> *Soldats, citadins, faites place*
> *Aux paysans sous vos drapeaux,*
> *Nous allons nous lever en masse*
> *Avec les fourches et les faulx*[45].

Alors que nombre des principaux républicains de 1848 sont condamnés à l'exil après le 2 décembre et ne réapparaîtront qu'en 1870, Pierre Dupont, épargné, publie un *Almanach de Jean Guestré, rustique et guerrier*, tout entier à la gloire du Soldat-laboureur, où le «Paysan de France» apparaît comme dans le discours pétainiste «bon époux, bon père de famille», «inexorable dans ses jugements, pur et simple dans ses mœurs, laborieux comme ses bœufs». Premier des Français, né de la terre même, «enfant du sol, il paye ses impôts, il défend la patrie, et il alimente tout le monde[46]».

Devant ce débordement agrarien du discours révolutionnaire renouant avec le symbole antique de la vertu romaine, le conservatisme riposte aussitôt, non par la condamnation de ce paysan, mais en le récupérant comme sous la Restauration. Le Soldat-laboureur, après avoir crié vive la République, vive l'Empereur et vive le Roi, va, avec l'abbé Devoille, se faire soldat du Christ. Auteur de romans populaires à succès, Devoille lui accorde une place de choix dans son œuvre. Il publie au début du second Empire une succession d'ouvrages présentés comme les Mémoires du Soldat-laboureur Mathieu Charrue: *Mémoires d'un vieux paysan* (1851), *Lettres d'un vieux paysan aux laboureurs ses frères* (1852), *Le Paysan-soldat* (1853). Enfin, il est l'auteur d'un des premiers romans de l'exode rural condamnant la civilisation industrielle, *La Charrue et le comptoir, ou la ville et la campagne* (1854), antérieur de plusieurs décennies à *La Terre qui meurt* de René Bazin.

Devoille reprend tous les thèmes du Soldat-laboureur tels qu'on peut les trouver chez les socialistes de 1848, y ajoutant celui de la religion. C'est parce qu'il est chrétien que le Soldat-laboureur de Devoille peut développer les vertus morales et guerrières qu'il tire de la terre. C'est parce qu'elle est pieuse et soumise au curé du village que «la classe agricole sauvera la France», leitmotiv des *Lettres d'un vieux paysan*. Mathieu Charrue avertit ses frères laboureurs: méfiez-vous des socialistes qui vous ont trompés en février, leur but est l'abolition de la propriété, suivez plutôt vos prêtres! Et d'appeler les ruraux à la mobilisation contre l'ennemi de l'intérieur: «Vous formez, pour ainsi dire, une masse impénétrable, semblable à ces *carrés* de soldats contre lesquels viennent inutilement se heurter les bataillons ennemis [...] Laboureurs! laboureurs! garde à vous[47]!» Mais ces vertus guerrières du paysan catholique font aussi merveille contre l'étranger. «Il n'y a rien de plus beau qu'un soldat chrétien», écrit Devoille de son héros qui, dans *Le Paysan-soldat*, connaît les étapes successives de l'initiation de Chauvin: panique au premier coup de feu, héroïsme au second, grade de caporal... avant de retrouver «l'ambition de toute ma vie, l'existence tranquille du laboureur[48]».

Toujours sous le second Empire, le Soldat-laboureur tient une place importante dans la poésie. Si Joseph Autran, devenu académicien en 1868, est aujourd'hui bien oublié, il connut de son temps un impressionnant succès de librairie. En 1869, selon le critique Pontmartin, «depuis quinze ans, pas un poète, Victor Hugo excepté, ne s'est vendu à un pareil nombre d'exemplaires». Son plus célèbre recueil, *Laboureurs et soldats*, «fut enlevé en huit jours[49]». Il fut suivi de *La Vie rurale* (épuisé en quinze jours, selon Pontmartin) et d'*Épîtres rustiques*.

Autran apparaît comme une sorte de pendant conservateur de Pierre Dupont. Son ton plus noble, moins chansonnier, n'enlève rien au fait qu'il soit, selon Roman d'Amat, le «poète des humbles [...] poète populiste avant la lettre», qui fit graver sur sa tombe l'épitaphe *Exaltavit humiles*. Ses poèmes portent aux nues le Soldat-laboureur dans un violent rejet de la corruption urbaine et industrielle similaire à celui de Devoille, dont il partage la foi – avec un moindre militantisme. Poésie éminemment chauvine où le paysan est avant tout soldat, et qui sert à célébrer l'expédition de Crimée et la cohésion patriotique d'une nation enrégimentée:

> *Aimez la France! aimez cette terre où nous sommes,*
> *Pays toujours si riche en sève, en fière ardeur,*
> *Que l'univers admire à jamais sa grandeur.*
> *Heureux qui maniant l'épée ou la charrue,*
> *Sent sa gloire agrandie ou sa fortune accrue!*
> *J'eus, Dieu merci, l'honneur de ce double mandat*
> *Moi, laboureur du sol où j'ai marché soldat![50]*

Après le désastre de 1870, alors que réapparaît le thème de la «République des paysans», le Soldat-laboureur poursuit sa carrière. On réédite l'*Histoire d'un paysan, 1789-1815*, d'Erckmann-Chatrian, biographie fictive d'un Soldat-laboureur républicain parue en feuilleton dès 1868. Puis Déroulède, comme Pierre Dupont en 1848, associe *Chants du paysan* et *Chants du soldat*, au message identique. Le paysan, guerrier idéal,

> *Ô race bonne aux combats*
> *De corps vaillant, d'âme sublime,*

connaît une fois de plus l'émotion chauvine du baptême du feu :

> *C'est au hasard qu'il fait feu*
> *À la première escarmouche*
> *À la seconde, morbleu!*
> *Il guette, il ajuste, il touche.*

Enfin, patriote absolu, soldat héroïque et nourricier du pays, le paysan en armes est aussi le meilleur agent de la réconciliation des classes et des partis :

> *Dans la France que tout divise,*
> *Quel Français a pris pour devise*
> *Chacun pour tous, tous pour l'État,*
> *Le Soldat*[51].

Réconciliation uniformisante présente aussi chez Barrès dans l'union des Français, «race forestière, agricole et vigneronne» par le déterminisme de la Terre et des Morts, réalisée non seulement dans la guerre de revanche mais aussi une fois encore, à l'intérieur, dans «la lutte de la terre et de la race contre la féodalité financière[52]».

À la veille du premier conflit mondial, Jules Méline, ancien ministre de l'Agriculture de Jules Ferry, père du tarif protectionniste qui porte son nom et créateur en 1885 de l'ordre du Mérite agricole, calqué sur l'organisation militaire de la Légion d'honneur, publie son *Retour à la Terre*. Disciple de Rousseau et de Michelet, Méline, comme Devoille et Autran, exprime sa répulsion devant la corruption urbaine, commerciale et industrielle de la France. Face à la dégénérescence morale et physique de la société et de la race, le salut réside dans le retour à la terre. Il faut d'urgence, écrit Méline, constituer «une armée de petits propriétaires qui serait pour la France une réserve de forces inépuisable et une garantie incomparable d'équilibre social et politique[53]».

Le soldat Chauvin

Cette France idéale de Soldats-laboureurs ayant peu après donné dans les tranchées un aperçu des prodiges qu'elle pouvait accomplir, Méline y verra la démonstration de l'excellence de son système. Afin de bâtir la nation rurale, autarcique, puissante, patriotique et guerrière dont il rêve, il importe plus que jamais de généraliser le retour à la terre. Celui-ci est devenu l'objet d'une véritable croisade, celle du *Salut par la Terre*, titre de l'ouvrage qu'il publie en 1919. Il y précise son projet de lever une « armée agricole » par une « mobilisation » de « soldats agriculteurs », « phalange sacrée » de « poilus agricoles », pour une « nouvelle bataille » que ces « corps d'armée » devront livrer et qui les conduira bien entendu à la « victoire »[54]. Méline ne s'engage pas seul dans cette croisade. Il y est accompagné par une foule d'auteurs agrariens et patriotes[55], émules de René Bazin en qui il voit, avec son roman *Terre qui meurt* (1899), le régénérateur d'une littérature gangrenée par la pornographie. René Bazin lui-même publie en 1916 deux autres ouvrages à la gloire du Soldat-laboureur : *Aujourd'hui et demain* et *La Campagne française et la guerre*, appels vibrants au retour à la terre.

Tel est l'esprit qui préside également à la cérémonie d'inhumation du soldat inconnu du 11 novembre 1920, associée aux fêtes du cinquantenaire de la République et à la translation du cœur de Gambetta au Panthéon. Dans la semaine précédant la célébration, l'historien républicain Gabriel Hanotaux publie dans *L'Illustration* un texte intitulé « 1870-1920 », éloge de l'union sacrée, couronnement de cinquante ans de République. Si la France, qui a perdu la guerre en 1870, l'a gagnée en 1918, c'est, écrit Hanotaux, qu'elle se battit enfin « non pas seulement comme armée, mais comme nation ». Et si l'union a été féconde, c'est que « la République s'était appuyée sur les couches profondes du pays », car, comme l'avaient vu ses fondateurs, Thiers et Gambetta, « cette large République démocratique était surtout la République des paysans ». En eux se résume en effet « la vigueur physique, l'endurance, les mains calleuses, le sel de la terre ». Ces robustes hommes des champs sont au fond de leur âme des guerriers ; c'est pourquoi « au premier coup de tambour se réveilla le vieux peuple militaire ». Synthèse bienvenue que celle du Français, Soldat-laboureur idéalement adapté aux événements, « car cette guerre était une affaire de *terriens* ; elle s'enfouissait d'elle-même dans les tranchées ; c'est par la terre, avec les hommes de la terre que la France se défendit ». Reprenant les idées de Méline, Hanotaux en appelle alors au Retour à la Terre, et au salut par la terre : car « ce paysan, ce Français de la guerre est devenu soudain le Français type, le Français-base de la paix […] cette France forte, modérée et grave, c'est celle qui a vaincu ; après la victoire, elle est retournée à son sillon ».

La composition du grand cortège aux lumières, conçu par Dilly, accompagnant le soir du 11 novembre le poilu inconnu à sa dernière demeure, est une

véritable mise en scène du mythe. Derrière les cavaliers, cyclistes et taxis de Gallieni, et avant le char des colonies françaises, la France est représentée par une succession de symboles agrestes au milieu desquels figure le char de l'Alsace : lauriers, chênes et roses trémières, suivi d'un *tank devenu tracteur agricole* (mutation des épées en socs de charrues adaptée à l'ère industrielle), coq et fleurs de France, la moisson et la vendange. Roses, blé, vin et lauriers, épées converties en charrues, toute la symbolique du chauvinisme, telle qu'elle apparaît dans les chansons, vaudevilles et gravures de la Restauration, se retrouve concentrée et incarnée dans un défilé dont les connotations rendent tout commentaire superflu[56].
Travail, Famille, Patrie, culte de la discipline militaire et du chef, l'exaltation chauvine du Soldat-laboureur, à travers Méline et ses épigones, ouvre directement la voie au pétainisme. L'essentiel du programme du maréchal consistera en effet dans une tentative de réaliser, à l'occasion d'une nouvelle catastrophe nationale, le projet de Méline et de construire, par la « Révolution nationale », la vraie France, celle du Soldat-laboureur. Sa meilleure expression en a été conservée dans le texte du discours qu'il prononça le 17 novembre 1935, lors de l'inauguration du « monument aux Morts paysans » de Capoulet-Juniac dans l'Ariège. Toutes les proclamations ultérieures de Pétain à la gloire de la terre s'en inspireront mot pour mot, en reproduisant des paragraphes entiers. Pour Pétain aussi – car il ne fait, nous le voyons, que continuer une longue tradition du discours national transcendant les limites des partis – les vertus du paysan (amour viscéral de sa terre, patience, ténacité dans la lutte, obstination dans l'effort...) « sont aussi celles qui font le vrai soldat ». Il est solide et « il accomplit son devoir militaire avec la même assurance tranquille que son devoir de terrien ». Constamment mobilisé dans l'action, « quoi qu'il arrive, il fait face, il tient ». La France, c'est lui. C'est le Soldat-laboureur « qui l'a forgée par son héroïque patience, c'est lui qui assure son équilibre économique et spirituel », il est « la source des forces morales » car « il les puise à même le sol de la patrie[57] ». Tels sont les postulats à partir desquels Pétain peut s'exclamer en 1940 : « La terre, elle, ne ment pas. Elle demeure votre recours. Elle est la patrie elle-même[58]. »
À côté de Sully et d'Olivier de Serres, dont la réédition du *Théâtre d'agriculture* en 1941 s'ouvre par le texte du discours de Capoulet-Juniac, la littérature pétainiste célèbre Bugeaud, le Soldat-laboureur par excellence, le maréchal unissant l'épée à la charrue. L'exaltation de cette image d'Épinal de Bugeaud est l'occasion idéale d'évoquer « un autre Maréchal ». Vieux troupier fier de ses origines rurales, Pétain, le « Maréchal-paysan », incarne ainsi à son tour le Soldat-laboureur, dont il sera le dernier avatar pour cause de déshonneur. Le mythe fondateur, s'effondrant dans la honte, est alors refoulé par la conscience nationale. Oublié, ignoré, comme dissimulé, le Soldat-laboureur,

Le soldat Chauvin

chassé des mémoires, des collections et des musées, disparaît comme ces portraits du maréchal, présents un temps jusqu'au fond des chaumières.

Le testament de Chauvin

En qualifiant le Soldat-laboureur, idéalement personnifié par Chauvin, de «mythe fondateur», nous prenons le concept au sens le plus fort, à savoir, pour résumer les célèbres définitions de Denis de Rougemont, Mircea Eliade et Lévi-Strauss, un récit didactique dont on ignore l'auteur, porteur d'images motrices globales pour la vie de tous les jours. Ces images, chargées d'affects très puissants, sont révélatrices de mystères sacrés. Par là même, le mythe remplit une fonction: il dicte des conduites et des attitudes qui assurent la cohésion du groupe.

Les aventures répétitives et interchangeables de Chauvin, récits de vieillards ou vécu de jeunes troupiers, permettent, à travers leurs pitreries mêmes, d'échapper aux vicissitudes quotidiennes et de renouer avec le Grand Temps des origines. Pour les républicains et les bonapartistes, celui-ci est d'autant plus exaltant qu'il est proche: c'est la rupture révolutionnaire de 89 avec le passé historique honni, nimbée de la gloire des guerres de la Révolution et de l'Empire. Cette gloire épisodiquement revécue en Espagne, en Grèce, en Algérie ou en Crimée, est messianiquement chérie dès 1815 et jusqu'à la Première Guerre mondiale dans l'idée de «revanche». Pour la réaction, un rôle similaire se voit assigné au règne d'Henri IV, conquérant pacificateur et réconciliateur, champion de la France agrarienne par l'intermédiaire de Sully, brandi face à l'image écrasante de Napoléon par la propagande de la Restauration. À droite comme à gauche, la figure mythique du Soldat-laboureur, transgressant les clivages politiques, est porteuse de salut.

Pour renouer avec le Grand Temps, il faut suivre certaines règles de conduite, voire recourir à telle ou telle formule magique. C'est ainsi que le mythe du Soldat-laboureur dicte des attitudes spécifiques et que Chauvin, qui l'incarne, loin d'être un personnage caricatural, entre dans la catégorie formée par Miklós Molnár des *modèles culturels de comportement*. Production artistique et littéraire, le modèle culturel de comportement est moins le reflet de la réalité que la représentation idéale de ce que le pouvoir ou un parti, et plus confusément le public lui-même souhaiteraient qu'elle fût[59]. En se conformant aux règles réelles ou idéales, dites ou non dites de la société, le modèle culturel «réussit» sa carrière et se voit accorder par elle des récompenses appropriées. Tel est bien le cas de Chauvin qui, plutôt qu'un héros ou qu'un patriote fanatique, se révèle être le conformiste absolu. Idéalement adapté aux structures hiérarchiques de l'armée (le bonheur et la liberté se résument chez lui à l'obéissance aux ordres), il l'est aussi aux exigences sacrificielles de la guerre de masse.

Expression parfaite de la «chair à canon», image apparue sous l'Empire, comme nous l'apprennent Chateaubriand et Charlet[60], il s'adapte à merveille, de retour à la charrue, aux exigences de productivité que la société bourgeoise érige en dogme. Ses talents modestes sont récompensés chichement par la gloriole et un grade de caporal ou de sergent dont il sait se contenter et même s'enorgueillir. Modèle plébéien à la portée de tous, même du dernier des crétins, puisqu'il est lui-même un imbécile, il s'infiltre pendant la Restauration et la monarchie de Juillet dans le discours de la morale traditionnelle à travers l'image, la chanson, et aussi, par étapes, les livres de lecture courante. Des récits moralisateurs comme le *Simon de Nantua* (1818) et le *Pierre Giberne* (1825) de Jussieu, qui forment enfants des écoles et soldats, apportent par leur connotation chauvine une note militaro-agrarienne qui leur faisait défaut aux maximes de Benjamin Franklin, adaptant ainsi son message à la société française.

Quelle est, enfin, la *fonction* profonde, ultime du discours chauvin ? À travers certaines gravures, poésies et chansons reprenant le thème de plusieurs tableaux célèbres, dont l'un d'Horace Vernet[61], l'histoire du Soldat-laboureur permet la prise de conscience d'un mystère ineffable qu'il révèle comme par inadvertance, selon la méthode allégorique et voilée qui est celle du mythe. Ce mystère c'est le caractère sacré du sol de la patrie, dont l'humus est fait du cadavre des héros qu'il lui arrive d'exhumer avec le soc de sa charrue. Inspirée de vers des *Géorgiques*[62], cette scène, chantée, peinte, gravée ou sculptée, devient, dans son contexte nouveau, la première et la plus puissante image de la nature charnelle, sacro-sainte, inviolable, «tabou», du sol natal. Le Soldat-laboureur entretient avec cette terre auguste et sanctifiée qu'il féconde de sa sueur et de son sang un rapport privilégié – et lui seul. Selon la formule de Pesquidoux lors de sa réception à l'Académie française le 27 mai 1937, en effet, la terre de France est «*incarnée* dans sa paysannerie»: elle est la chair même du laboureur – et réciproquement. De telles images, à la fois primaires et très puissantes, apparues vers 1820, renvoient à des sources antiques susceptibles par leur prestige d'immortaliser dans les mémoires une histoire récente: l'événement traumatique de Waterloo et de la campagne de France[63]. Et dans la mémoire, cette histoire s'unit à travers elles aux structures du mythe. Nous y voyons se former le fondement d'un folklore non plus local, mais national, qui conserve un caractère fruste et tribal, «degré zéro», matériau brut qu'un discours plus cohérent et élaboré, celui de Barrès et de Maurras, rationalisera et transformera ultérieurement en une *idéologie* nationaliste liée par une solidarité mystique et biologique avec la Terre et les Morts.

Le soldat Chauvin

Enfin, la fonction du mythe est aussi d'assurer la cohésion du groupe, après avoir proclamé ses origines et sa nature profonde. Il pose les bases de la société et la maintient unie par ses prescriptions et ses rites. Le Soldat-laboureur Chauvin est porteur d'un rêve de réconciliation nationale au-delà des antagonismes des classes et des partis dans l'exaltation de la terre, des valeurs militaires, et la haine de l'étranger. C'est aussi cela que raconte son histoire et qu'exprime idéalement la gravure de Charlet où un ancien sépare deux jeunes soldats prêts à se battre en duel. « Nous sommes tous Français, Chauvin, l'affaire peut s'arranger », révèle à l'un d'eux le vieux grognard. La phrase, reprise par le vaudeville, devenue célèbre alors même que son origine était oubliée, sera répétée tout au long du siècle, avec ferveur souvent, mais parfois avec une ironie mordante. Ainsi Louis Reybaud la met-il dans la bouche de son ridicule bonnetier Jérôme Paturot, engagé dans un éloge confus du protectionnisme et des « laines frrrrançaises[64] ».

Mémoire de l'essence de la patrie en même temps que modèle de comportement, d'attitudes révélant des stéréotypes nationaux *en formation*, Chauvin incarne un mythe qui dépasse de beaucoup sa personne. Porteur de régression culturelle et morale, de violences xénophobes racistes et sexistes latentes, flétri par l'épisode pétainiste qu'aucune raillerie ne parvient à effacer, il se voit évacué de la mémoire nationale sélective française dont il était le produit ridicule et glorieux à la fois. Mais il n'a pas disparu sans laisser de traces. Telle attitude, telle réaction ou slogan politique apparemment absurde, étrange retour du refoulé, nous renvoie de temps à autre, à notre insu, l'écho braillard du Soldat-laboureur, voix obscure qui est aussi – parfois – celle de la France.

1. Jean-François Bayard et Philippe Dumanoir, *Les Guêpes*, revue mêlée de couplets, représentée pour la première fois, à Paris, sur le théâtre du Palais-Royal, le 30 novembre 1840, Paris, Henriot, 1841, sc. IX, p. 11.

2. C'est Germaine Greer qui inventa, semble-t-il, le *Male Chauvinist* en 1970 : « C'est une attitude chauviniste mâle, *male chauvinist*, de supposer que toute créature qui vient à saigner à l'endroit de son organe sexuel déchiré doit à ce titre être un obsédé *(maniac).* » *The Female Eunuch*, Londres, Paladin, 1971, p. 85 ; trad. franç. Laure Casteau, *La Femme eunuque*, Paris, Robert Laffont, 1971. Pour l'emploi du terme dans ce sens, voir aussi : Edgar Berman, *The Compleat Chauvinist. A Survival Guide for the Bedeviled Male*, New York, Macmillan, 1982. Et Marcella Markham, Dominic Poelsma, *A Chauvinist is… An Irreverent Book of Cartoons for Oppressors and Oppressed Alike*, Watford, Herts., Exley Publications Ltd., 1979.

3. Jacques Arago, « Chauvinisme », *Dictionnaire de la conversation et de la lecture*, sous la direction de M. W. Duckett, Supplément, lettre C. Paris, 1845, p. 455.

LA NATION *La gloire*

4. Pierre Larousse, «Chauvinisme», *Grand Dictionnaire universel du XIXe siècle* (1866-1879), Genève, Slatkine Reprints, 1982, 34 vol., vol. III (1867), p. 1111.

5. Jean Lestocquoy, *Histoire du patriotisme en France des origines à nos jours*, Paris, Albin Michel, 1968, pp. 13-14.

6. Centre d'animation lyrique et culturel de Rochefort, *Rochefort. Trois siècles en images, de Napoléon à nos jours*, Rochefort, Maury, 1983, p. 36.

7. Gordon Wright, *France in Modern Times, 1760 to the Present*, Chicago, Rand MacNally and C°, Londres, John Murray, 1962, p. 242.

8. Archives de la Guerre, Garde Impériale, premier régiment de grenadiers à pied (20-Yc 4).

9. Théodore et Hippolyte Coigniard, *La Cocarde tricolore*, épisode de la guerre d'Alger, vaudeville en trois actes, représenté pour la première fois, à Paris, sur le théâtre des Folies-Dramatiques le 19 mars 1831, Paris, Bezou, Barba, Quoy, 4e éd., 1834, acte II, sc. VIII, p. 17 et sc. IX, p. 18; acte I, sc. V, p. 5; acte II, sc. II, p. 20. Chauvin se dit ici natif de Falaise. S'il y a bien des familles du nom à Falaise, aucun de leurs représentants, même pas notre Henri-Guillaume n'y a laissé de souvenir correspondant à notre personnage. En revanche, le paysan de Falaise est un thème de chansons populaires du début du XIXe siècle.

10. Colonel de La Combe, *Charlet, sa vie, ses lettres*, suivi d'une description raisonnée de son œuvre lithographique, Paris, Paulin et Le Chevalier, 1861, 2 vol.

11. Théodore et Hippolyte Coigniard, *La Cocarde tricolore, op. cit.*, acte I, sc. V, p. 5.

12. *Œuvres poétiques de Chauvin*, trois romances militaires, Paris, Gaultier-Laguionie, 1825. *Guirlande poétique et militaire de Chauvin*, 2e éd. corrigée et véritablement augmentée, Paris, Firmin-Didot, 1833.

13. «Les amours de Chauvin et de la belle Janneton», *Œuvres poétiques de Chauvin, op. cit.*, p. 8.

14. «Suite des amours de Chauvin», *Guirlande poétique et militaire de Chauvin, op. cit.*, p. 21.

15. «L'amoureux Sergent», *Œuvres poétiques et Chauvin, op. cit.*, p. 11.

16. *Ibid.*

17. «Suite des amours de Chauvin», *Guirlande poétique et militaire de Chauvin, op. cit.*, p. 21.

18. Jean-François Bayard, Philippe Dumanoir, *Les Guêpes, op. cit.*, sc. IX, p. 11.

19. Id., *ibid.* Cette parodie renvoie au vaudeville de Francis (pseudonyme de Marie François d'Allarde), Nicolas Brazier, Théophile Marion Dumersan, *Les Moissonneurs de la Beauce ou le Soldat-laboureur*, comédie villageoise mêlée de couplets, représentée pour la première fois sur le théâtre des Variétés le 1er septembre 1821, Paris, Tresse, Delloye, 1840, sc. XIV, p. 7:
   Je reconnais ce militaire,
   Je l'ai vu sur le Champ d'honneur.

20. Jean-François Bayard, Philippe Dumanoir, *Les Guêpes, op. cit.*, sc. IX, pp. 11 et 12.

21. Gustave Nadaud, «Chauvin», *Chansons de Gustave Nadaud*, 8e éd. augmentée de 39 chansons nouvelles, Paris, Henri Plon, 1870, pp. 82 à 84.

22. Paul Avenel, *Nouvelles Chansons politiques*, Paris, Armand Le Chevalier, 1878, pp. 26 et 25.

23. Id., «Chauvin», *in La Chanson française du XVe au XXe siècle*, avec un appendice musical, Anonyme, Paris, La Renaissance du livre, 1912, pp. 278-279.

24. Alphonse Daudet, «La mort de Chauvin», *Les Contes du lundi* (1873), Genève, Édito-service, 1968, pp. 108 à 112.

25. Jacques Arago, «Chauvinisme», *Dictionnaire de la conversation et de la lecture, op. cit.*, p. 452.

26. Louis Jourdan, «Le chauvinisme», *Le Siècle*, 12 octobre 1854.

27. Pierre Larousse, «Chauvinisme», *Grand Dictionnaire universel du XIXe siècle, loc. cit.*

28. Lorédan Larchey, «Chauvinisme», *Dictionnaire historique d'argot*, Paris, Dentu, 1888, p. 97.

Le soldat Chauvin

29. Pierre Larousse, *Grand Dictionnaire universel du XIXe siècle, op. cit.*

30. Abbé de Vertot, *Histoire des révolutions arrivées dans le gouvernement de la République romaine* (1719), Avignon, 1810, 2 vol., vol. I, p. 5.

31. Virgile, *Géorgiques*, I, 508.

32. Isaïe, II, 4; Joel, III, 10.

33. Voir par exemple *Le Jardinier de Sainte-Hélène*, de Frey, 1829, Bibliothèque nationale, Estampes, Ef 217, Collection de Vinck, n° 9785. Et l'intéressant commentaire d'Anne-Marie Rosset, *Inventaire de la collection de Vinck*, vol. V, « La Restauration et les Cent-Jours », p. 272.

34. Jean-Jacques Rousseau, *Projet de constitution pour la Corse, Œuvres complètes*, Paris, Gallimard, Bibliothèque de la Pléiade, 1975, p. 905.

35. Sur les colonies bonapartistes de Soldats-laboureurs, voir Isser Woloch, *The French Veteran from the Revolution to the Restauration*, Chapel Hill, The University of North Carolina Press, 1979.

36. André Marie Jean-Jacques Dupin, Discours au Comice agricole de Seine-et-Oise, tenu à Grignon le 7 juin 1835, reproduit dans *Des comices agricoles et en général des institutions d'agriculture*, par M. Dupin, Paris, Videcoq fils aîné, 1849, p. 101.

37. Jules Michelet, *Le Peuple* (1846), Paris, Flammarion/Champs, 1974, pp. 118, 89, 132, 90.

38. Alphonse Toussenel, *Les Juifs, rois de l'époque*, Histoire de la féodalité financière, Paris, Librairie de l'École sociétaire, 1845, pp. 105 et 276.

39. Sur la colonisation agricole, l'étude la plus complète est celle effectuée par L. F. Huerne de Pommeuse, à la demande du comte d'Argout, ministre de l'Agriculture: *Des colonies agricoles et de leurs avantages*, Paris, Imprimerie de Mme Huzard, 1832, suivie des *Questions et réponses relatives aux moyens d'établir en France des colonies agricoles de divers genres*, Paris, Imprimerie de Mme veuve Huzard, 1836. Voir aussi les divers plans de colonisation militaire de Bugeaud et de l'abbé Landmann en Algérie, ainsi que Jules de Lamarque et Gustave Dugat, *Des colonies agricoles établies en France en faveur des jeunes détenus, enfants trouvés, pauvres, orphelins et abandonnés*, précis historique et statistique, Paris, Imprimerie et Fonderie de Rignoux, 1850. F. Martin-Ginouvier, *Mise en valeur de notre empire colonial par le Soldat-laboureur marié faisant souche*, Paris, A. Challamel, 1898. Et la thèse de droit de Paul Jaillet, *Essai historique et critique sur la colonisation militaire*, Paris, V. Giard, É. Brière, 1903.

40. Louis Napoléon Bonaparte, *Œuvres*, publiées par M. Charles Edmond Temblaire, Paris, Librairie napoléonienne, 1848, 3 vol.

41. Id., *Des idées napoléoniennes* (1839), *Œuvres, op. cit.*, vol. I, p. 240.

42. Id., *Extinction du paupérisme* (1844), *Œuvres, op. cit.*, vol. II, p. 266.

43. Félix Pyat, *Aux paysans de la France*, discours prononcé au banquet du 24 février 1849, anniversaire de la proclamation de la République, par Félix Pyat, Le Mans, Imprimerie de J. Tousch, V. Labbé, L. Beaudoire et Cie, 1849, et Paris, Bureau de la Propagande, 1849. Repris dans *Le Républicain des campagnes*, par Eugène Sue, Félix Pyat, Pierre Joigneaux, Victor Schoelcher, Pierre Dupont, nouvelle édition, Paris, Librairie de la Propagande démocratique et sociale, 1851, pp. 61 à 64.

44. Pierre Joigneaux, « À mes frères des campagnes », *Le Républicain des campagnes, op. cit.*, p. 68.

45. Pierre Dupont, *Le Chant des paysans*, Paris, l'auteur, 1849. Reproduit dans *Le Républicain des campagnes, op. cit.*, p. 85.

46. Id., *Jean Guêtré, Almanach des paysans, des meuniers et des boulangers, pour 1854*, Paris, J. Bry aîné, 1853, pp. 15 et 16. La livraison de 1860, *Almanach de Jean Guestré, Rustique et guerrier* (1859), porte en exergue la devise de Bugeaud *Ense et aratro*.

47. Augustin Devoille, *Lettres d'un vieux paysan aux laboureurs ses frères* (1852), *Mémoires*

d'un vieux paysan suivis des lettres d'un vieux paysan aux laboureurs ses frères, Paris, J. Vermot, 1859, pp. 212 à 215.

48. Mathieu Charrue, *Le Paysan-soldat*, épisode de la Révolution et du Consulat, publié par A. Devoille, Besançon, Cornu, 1853, p. 382.

49. Armand de Pontmartin, *Nouveaux Samedis*, Paris, Michel Lévy frères, 1870, vol. VII, p. 93.

50. Joseph Autran, *Laboureurs et soldats* (1854), Paris, Michel Lévy frères, 2ᵉ éd., 1854, p. 28.

51. Paul Déroulède, « En route », *Chants du paysan* (1894), Paris, Fayard, 1908, p. 111.

52. Maurice Barrès, *Scènes et doctrines du nationalisme*, édition définitive, Paris, Plon, 1925, 2 vol., vol. I, p. 97 et vol. II, p. 180.

53. Jules Méline, *Le Retour à la Terre et la surproduction industrielle* (1905), Paris, Hachette, 3ᵉ éd., 1905, p. 218.

54. Id., *Le Salut par la Terre et le programme économique de l'avenir*, Paris, Hachette, 1919, pp. 77, 218, 190, 81, 83 et 226.

55. Citons, par exemple, Paul Harel, *Voix de la glèbe*, Paris, A. Lemerre, 1895. Maurice Rollinat, *Paysages et paysans*, Paris, É. Fasquelle, 1899. Emmanuel Labat, *L'Âme paysanne. La terre, la race, l'école*, Paris, Delagrave, 1919. Pierre Caziot, *La Terre à la famille paysanne*, Paris, Librairie agricole de la Maison rustique, 1919. Joseph de Pesquidoux, *Sur la glèbe*, Paris, Plon-Nourrit, 1922. Michel Augé-Laribé, *Le Paysan français après la guerre*, Paris, Garnier, 1923.

56. Dessins reproduits dans *L'Illustration*, n° 4054, 13 novembre 1920, p. 360.

57. Maréchal Philippe Pétain, Discours d'inauguration du monument aux Morts paysans de Capoulet-Juniac, du 17 novembre 1935, intégralement reproduit dans José Germain, *Notre chef Pétain*, Paris, La technique du livre, 1942, pp. 181-182.

58. Id., Discours du 25 juin 1940, in *La Doctrine du Maréchal classée par thèmes*, Paris, 1943, p. 94.

59. Miklós Molnár, « Le modèle culturel stalinien », *Cahiers Vilfredo Pareto*, Genève, Droz, vol. XIX, 1981, pp. 101 à 113.

60. « On en était venu à ce point de mépris pour la vie des hommes et pour la France, d'appeler les conscrits la *matière première* et la *chair à canon* », écrit Chateaubriand à propos des armées de Napoléon, évoquant « ces malheureux enlevés à leurs chaumières avant d'être parvenus à l'âge d'homme [...] placés comme *chair à canon*, dans les endroits les plus dangereux pour épuiser le feu de l'ennemi ». « De Buonaparte et des Bourbons » (30 mars 1814), *Mélanges politiques et littéraires*, Paris, Firmin-Didot, 1857, pp. 179 et 186. En 1838, l'ultramilitariste et bonapartiste Charlet, dans la préface inachevée à sa *Vie civile politique et militaire du caporal Valentin*, écrira de son héros : « Cette espèce d'hommes s'appelle la pièce de bœuf du champ de bataille, parce qu'elle nourrit bien le feu. » Cité par le colonel de La Combe, *Charlet, sa vie ses lettres, op. cit.*, p. 119.

61. En 1818, Pierre Roch Vigneron peint un *Soldat-laboureur*, en 1820, Horace Vernet traite à son tour le thème, et ce tableau, aujourd'hui bien oublié, eut, selon le critique Paul Mantz, « plus de succès que n'importe quel tableau de Gros », *L'Artiste*, 22 novembre 1857, p. 179 (article « Horace Vernet »). Une foule de lithographies, gravures sur bois, étiquettes de liqueurs s'inspirèrent de cette œuvre.

62. Virgile, *Géorgiques*, I, « Le labourage ». L'abbé Delille, le plus célèbre poète classique du XVIIIᵉ siècle, en donna la traduction suivante, citée maintes fois comme légende de lithographies du Soldat-laboureur :

> *Un jour le laboureur dans ces mêmes sillons*
> *Où dorment les débris de tant de bataillons,*
> *Heurtant avec le soc leur antique dépouille,*
> *Trouvera sous ses pas des dards rongés de rouille ;*
> *Entendra retentir les casques des héros,*
> *Et d'un œil affligé contemplera leurs os.*

Le soldat Chauvin

Abbé Jacques Delille, *Les Géorgiques de Virgile* (1769), *Œuvres complètes*, Paris, Firmin-Didot, 1865, p. 320.

63. Pour une analyse approfondie du concept d'« événement traumatique » et de son impact sur les mentalités, on se reportera à l'ouvrage de Saul Friedländer, *Reflet du nazisme*, Le Seuil, 1982.

64. Louis Reybaud, *Mémoires de Jérôme Paturot, patenté, électeur et éligible*, Bruxelles, Méline, Cans et Cie, 1843, 2 t. en 1 vol., t. I, p. 234.

Le retour des Cendres

Ce 12 mai 1840, l'ordre du jour de la Chambre des députés indiquait une délibération sur un projet de loi relatif au problème des sucres. M. de Rémusat, ministre de l'Intérieur, venait de monter à la tribune. On attendait de lui une savante dissertation sur les mérites comparés de la canne et de la betterave lorsqu'il annonça aux députés médusés :

> Messieurs, le Roi a ordonné à S.A.R. Monseigneur le Prince de Joinville de se rendre avec sa frégate à l'île de Sainte-Hélène pour y recueillir les restes mortels de l'Empereur Napoléon. Nous venons vous demander les moyens de les recevoir dignement sur la terre de France et d'élever à Napoléon son dernier tombeau.

Où déposer la dépouille impériale ? Rémusat indiquait que le choix du gouvernement s'était porté sur le dôme des Invalides : « Napoléon fut empereur et roi ; il fut souverain légitime de notre pays. Mais il ne faut pas à Napoléon la sépulture ordinaire des rois. Il faut qu'il règne et commande encore dans l'enceinte où vont se reposer les soldats de la patrie et où iront toujours s'inspirer ceux qui seront appelés à la défendre. Son épée sera déposée sur sa tombe. »
La péroraison fut un morceau d'éloquence parlementaire : « Désormais, la France, et la France seule possédera tout ce qui reste de Napoléon. Son tombeau, comme sa mémoire, n'appartiendra à personne qu'à son pays. La monarchie de 1830 est en effet l'unique et légitime héritière de tous les souverains dont la France s'enorgueillit. Il lui appartenait sans doute à cette monarchie qui, la première, a rallié toutes les forces et concilié tous les vœux de la Révolution française, d'élever et d'honorer sans crainte la statue et la tombe d'un héros populaire : car il y a une chose, une seule, qui ne redoute pas la comparaison avec la gloire : c'est la liberté[1] ! »

La Nation *La gloire*

La surprise des représentants de la Nation se changea rapidement, si l'on en croit le logographe de service, en de bruyantes manifestations d'enthousiasme. Une commission présidée par le maréchal Clauzel fut immédiatement chargée de préparer un programme qui, au fil des délibérations, devint de plus en plus ambitieux, doublant la somme initialement prévue.

Ainsi appartenait-il à la monarchie de M. Prudhomme, à un régime où le bonnet de coton avait remplacé le bonnet à poil, à un souverain qui avouait préférer le port du parapluie à celui du sabre de répondre au vœu formulé par Napoléon : « Que mes cendres reposent sur les bords de la Seine, au milieu de ce peuple français que j'ai tant aimé. » Les Invalides allaient devenir le monument le plus visité de la capitale. Comment en aurait-il été autrement ? La monarchie de Juillet avait fait se rencontrer les deux chefs d'État les plus prestigieux, aux yeux de l'opinion, que la France ait connus : Louis XIV et Napoléon.

I. Pourquoi le retour des Cendres ?

À quels motifs obéissait la monarchie de Juillet en prenant la décision de ramener de Sainte-Hélène la dépouille mortelle de Napoléon pour la déposer aux Invalides ?

Légende noire et légende dorée

Qui eût prévu en 1814 ce retour de popularité de Napoléon ? La légende noire s'épanouissait alors. Vaincu, Napoléon rejoignait dans l'histoire Attila, Gengis Khan et Tamerlan. Son destin paraissait scellé : il laissait l'image d'un tyran cruel et dégénéré, d'un conquérant insatiable et sans patrie. C'est Victor Hugo qui observe : « Tous les préjugés de la Restauration, tous ses intérêts, tous ses instincts tendaient à défigurer Napoléon. Elle l'exécrait encore plus que Robespierre. Elle avait exploité assez habilement la fatigue de la nation et la haine des mères. Bonaparte était devenu une espèce de monstre presque fabuleux et pour le peindre à l'imagination du peuple qui ressemble à celle des enfants, le parti de 1814 faisait apparaître successivement tous les masques effrayants, depuis ce qui est terrible en restant grandiose jusqu'à ce qui est terrible en devenant grotesque, depuis Tibère jusqu'à Croquemitaine. »

Un flot de pamphlets s'abat en 1814 sur la France, une France épuisée qui n'aspire qu'à la paix et rend Napoléon responsable de ses maux : l'invasion, la crise économique, les morts de l'armée... La statue de Napoléon est jetée à bas de la colonne Vendôme, un manifestant soufflette la face de bronze par

Le retour des Cendres

deux fois. Geste symbolique. Paraissent le *Néron corse*, *L'Anti-Napoléon*, *Buonaparte démasqué*, brochures où la calomnie est reine, où la perfidie, l'inceste et le crime caractérisent l'empereur déchu[2].
Paradoxalement la France se réconcilie dans un réquisitoire commun contre Napoléon.
D'un côté, le « fatal étranger » de Mme de Staël et l'« usurpateur » de Benjamin Constant, condottiere sans patrie, souverain sans moralité, conquérant sans limites. Mais si Benjamin Constant, adversaire de Bonaparte sous le Consulat, dresse un féroce tableau de l'ambition sans frein de Napoléon dans *De l'esprit de conquête et de l'usurpation* en 1814, il n'en rédigera pas moins pour lui, peu après, l'acte additionnel aux constitutions de l'Empire, et Mme de Staël, fascinée par Bonaparte, a espéré, au début du Consulat, jouer auprès de lui le rôle d'un Voltaire en jupon conseillant le nouveau Frédéric II. C'est la déception qui inspire l'hostilité des libéraux privés de leur despote éclairé[3].
C'est la haine, en revanche, qui anime les ultras. Le Napoléon de Chateaubriand n'est pas, en 1814, celui de Mme de Staël : les outrances de son pamphlet *De Buonaparte et des Bourbons* firent sensation : « En vain prétendrait-on que Buonaparte n'est pas étranger. Il l'est aux yeux de toute l'Europe, de tous les Français non prévenus ; il le sera au jugement de la postérité... Buonaparte n'a rien de français ni dans les mœurs, ni dans le caractère. Les traits mêmes de son visage montrent son origine. La langue qu'il apprit dans son berceau n'était pas la nôtre ; et son accent comme son nom révèlent sa patrie. On a découvert *(sic)* que Buonaparte s'était rajeuni d'un an. Il est né le 5 février 1768, et la réunion de la Corse à la France est du 15 mai de la même année, de sorte que dans toute la rigueur de l'expression, Buonaparte est étranger aux Français[4]. »
Ainsi se dessine une image de Napoléon, celle de l'ogre de Corse, du nouveau Néron, du moderne Cartouche en réaction contre la propagande officielle de l'Empire.
Légende noire qui ne fut pas seulement exercice de style pour quelques grands écrivains mais qui correspondait alors au sentiment populaire. Le poids de la conscription, le rétablissement des Droits réunis, la crise économique de 1810-1811 avaient fini par détacher de l'Empire une large partie de l'opinion.
Au même moment, la haine que suscitait Napoléon soulevait l'Europe contre lui. La littérature ici encore joua un rôle important. Dans son *Catéchisme pour le soldat allemand*, Arndt écrivait : « Et l'abîme s'est ouvert, dit le Seigneur, et l'enfer a craché son poison et a lâché les serpents venimeux et un monstre est né et une horreur souillée de sang s'est dressée. Et de son nom il s'appelle Napoléon Bonaparte, un nom de misère, un nom de souffrance, un nom maudit par les veuves et les orphelins, un nom par lequel, à

LA NATION *La gloire*

l'avenir, ils crieront à l'assassin... » La voie était ouverte aux poèmes patriotiques d'un Körner ou d'un Rückert, exaltant la « nation » allemande face à la tyrannie napoléonienne.

En Russie, Glinka stigmatisait l'empereur des Français en ces termes : « Tu es sur ton trône comme Satan dans l'enfer, ceint de la mort, de la dévastation et des flammes. » L'Italie, de Barzoni à Leopardi, retentissait de cris de haine identiques. N'oublions pas la peinture : est-il réquisitoire plus féroce contre la domination napoléonienne en Espagne que les fusillés du *Tres de mayo* tels que les représente Goya ? En 1814, Byron, dans une ode à la liberté, compare Napoléon à Satan et affirme qu'il ne pourra plus y avoir de nouveaux Napoléon tant la fin sans gloire et entourée d'opprobre du premier devrait décourager les imitateurs.

Par deux fois, en 1814 et en 1815, l'Europe en armes déferla sur la France, balayant le régime napoléonien.

Pourtant cette légende noire n'eut qu'une brève existence, six à sept ans à peine. L'effondrement de l'Empire avait été soudain. Il laissait un vide que crut pouvoir combler la Sainte-Alliance. C'était sans compter avec de nouvelles forces.

Sous le choc de la Révolution française et de l'épopée napoléonienne, les nationalités s'étaient éveillées et ce qui ne fut d'abord qu'une résurrection littéraire se transforma en phénomène de masse. Une nationalité, a-t-on dit, est une nation qui se cherche ; elle est le ciment d'un peuple opprimé et divisé. En Allemagne, en Italie, en Pologne où l'on avait cru, à la chute du Grand Empire, que la carte de l'Europe serait remodelée dans un sens unitaire, le mouvement national trouva un nouveau souffle. Il se retourna contre les vainqueurs de Napoléon. Pour combattre le principe dynastique cher à la Sainte-Alliance, il s'appuya sur le droit des peuples à disposer d'eux-mêmes. C'était aussi l'idée que défendait le libéralisme né de la philosophie des Lumières et de la Révolution de 1789. N'opposait-il pas à l'essence divine des monarchies absolues la souveraineté du peuple ?

Dans les pays divisés ou opprimés par des dominations étrangères, libéralisme et nationalisme se confondirent. En France, le romantisme fit l'amalgame des deux courants dans une sorte d'idéalisme généreux où l'on prenait la défense de l'opprimé, qu'il fût une nation ou un individu. La liberté c'est le mot qui enflamme Hugo et Delacroix, Michelet et Mickiewicz, Wordsworth et Byron. Liberté face aux règles contraignantes du classicisme, liberté face aux dictatures politiques, liberté face aux contraintes sociales et morales.

L'hostilité grandissante à la Sainte-Alliance, symbole de réaction et d'oppression, devait conduire à en exalter les victimes et parmi elles Napoléon qu'elle retenait prisonnier sur un îlot perdu de l'Atlantique. L'impopularité de ses vainqueurs profita à l'Empereur. Mais le 5 mai 1821, il mourait toujours captif.

Le retour des Cendres

«Ce n'est plus un événement, c'est une nouvelle», ironisa Talleyrand. Pour une fois, le diplomate se trompait. L'émotion fut grande. Stendhal note : «J'estime maintenant Napoléon de tout le mépris que m'inspire ce qui est venu après lui.» De son côté, Edgar Quinet avoue : «Lorsqu'en 1821 éclata aux quatre vents la formidable nouvelle de la mort de Napoléon, il fit de nouveau irruption dans mon esprit. Il revint hanter mon intelligence non plus comme mon empereur et mon maître absolu mais comme un spectre que la mort a presque entièrement changé. Nous revendiquions désormais la gloire comme ornement de la liberté[5].» Béranger, après avoir rêvé du petit roi pacifique d'Yvetot, chante le géant guerrier abattu :

> *Ô Dieu puissant, qui le créas si fort !*
> *Toi qui d'en haut l'as couvert de ton aile,*
> *N'est-il pas vrai, mon Dieu, qu'il n'est pas mort ?*

Le plus lucide est Henri Heine qui comprend le premier que Prométhée va effacer l'Ogre : «L'Empereur est mort ! Sur une petite île de la mer des Indes est sa tombe solitaire et Lui pour qui la terre était trop étroite, il repose sous un chétif monticule... Et Sainte-Hélène sera le saint sépulcre où les peuples de l'Orient et de l'Occident viendront en pèlerinage sur des vaisseaux pavoisés, et leur cœur se fortifiera par le grand souvenir du Christ temporel qui a souffert sous Hudson Lowe[6]...» Réactions d'hommes de lettres ? L'opinion suit le mouvement. Des jeunes gens mettent un crêpe à leur bras ; des gravures ornent les devantures des librairies. Dans les campagnes, on reste sceptique : l'Empereur n'est pas mort ; il va reparaître. Plusieurs faux Napoléon exploitent alors la crédulité paysanne. L'un d'eux explique qu'il a creusé un tunnel qui traversant le globe lui a permis de rejoindre la France. Ces faux Napoléon sont accueillis avec respect et ferveur jusqu'au moment où la gendarmerie s'en mêle.

Le despotisme est oublié au profit de la gloire. La conjoncture économique y aide. Contrairement à la Révolution, l'Empire a été une époque d'essor industriel et surtout de plein-emploi. La guerre effectuait en effet de telles ponctions d'hommes que les bras manquaient. Les journaliers, ce prolétariat rural, avaient vu leur salaire monter de vingt pour cent entre 1798 et 1814. Les conditions de vie, de façon générale, s'étaient considérablement améliorées grâce au recul du brigandage, au maintien de l'abolition des droits féodaux et à une suite de bonnes récoltes. «Il se mange aujourd'hui plus de pain, plus de viande en France qu'autrefois, note un observateur attentif, Peuchet, en 1805. L'homme des campagnes qui ne connaissait qu'une nourriture grossière, une boisson peu saine, a aujourd'hui de la viande, du pain, du bon cidre et de la bière.» Chaptal remarque de son côté : «Le système de ruine pour la campagne, joint à celui des réquisitions et de la conscription, aurait dû faire abhorrer l'Empereur du paysan, mais on se trompe. Ses plus chauds partisans étaient là, parce qu'il les rassurait sur le retour des dîmes et des droits féodaux, sur la restitution des biens des émigrés et sur l'oppression des seigneurs. »

Même popularité dans les villes auprès des ouvriers : ici l'Empereur a eu le constant souci d'éviter au prolétariat urbain le chômage et la disette. La hausse des salaires, pour des raisons voisines de celles des campagnes, a fait le reste. L'ouvrier vit mieux et peu lui importe la surveillance policière dont il est l'objet si une bonne soupe fume sur sa table.

Sans doute le prestige impérial a-t-il beaucoup souffert en 1814. Mais le renversement de la conjoncture lui a vite donné un regain de popularité. La réouverture du marché français aux produits anglais provoque l'effondrement de l'industrie ; le progrès du machinisme entraîne de nombreux licenciements ; avec la fin des guerres et l'abondance de bras disponibles, la concurrence s'installe sur le marché du travail et suscite un effondrement des salaires.

La bourgeoisie elle-même est touchée par la chute de l'Empire. Tout un monde de fonctionnaires voit se restreindre ses débouchés avec la disparition des territoires conquis. L'Empire fut l'âge d'or de la fonction publique : on en retrouve la trace dans *Les Employés* de Balzac. Servir un État fort était source de considération. Une considération qui vole en éclats dans une monarchie parlementaire où l'administration est attaquée à la Chambre et dans la presse, et doit rendre des comptes. Il n'est pas jusqu'au rentier lui-même, bousculé dans sa sécurité par les changements de gouvernement qu'imposent de fréquentes élections, qui ne regrette l'époque heureuse où la rente montait avec l'annonce des victoires.

La mort de Napoléon impose la comparaison entre un passé que le temps embellit et un présent que les difficultés noircissent[7].

Toutefois le grand choc se situe deux ans plus tard avec la publication du *Mémorial de Sainte-Hélène* par Las Cases, ancien chambellan et compagnon d'exil de l'Empereur déchu qu'il n'a pas quitté entre le 29 juin 1815 et le 25 novembre 1816. Arrêtons-nous sur cet ouvrage qui changea sinon la face du monde du moins celle de Napoléon et se trouve à l'origine du retour des Cendres.

Il s'agissait d'un journal tenu par Las Cases à Sainte-Hélène et dans lequel il consignait les propos tenus par l'Empereur : conversations familières, monologues, commentaires divers... Las Cases affirmait les avoir pris au vol sous forme de notes gribouillées ou dictées le soir à son fils. Las Cases avait la vue basse mais, semble-t-il, l'ouïe fine. Hudson Lowe, qui redoutait tout témoignage sur la captivité de Napoléon, fit saisir les papiers de Las Cases en

même temps qu'il ordonnait son arrestation le 25 novembre 1816. Le journal de Las Cases fut conservé par les Anglais sous scellés jusqu'à la mort de Napoléon. Le ministre anglais Bathurst en permit alors la restitution à son propriétaire. Ce retard modifia le but de l'œuvre entreprise par Las Cases[8].
Au départ, en consignant tous les détails de l'exil, il s'agissait de faire prendre conscience aux vainqueurs de Napoléon de la cruauté du sort de leur captif et d'en obtenir la libération. L'Empereur décédé, l'objectif changeait. Conduit à fréquenter les réfugiés bonapartistes dans ses pérégrinations européennes, devancé quant aux révélations sur Sainte-Hélène par O'Meara, Las Cases en vint à faire de son œuvre une machine de propagande. Consciemment, il élabora une légende dont Napoléon avait été le premier artisan dès la campagne d'Italie.
Trois légendes ont traversé le XIXe siècle : celle de l'âge d'or de l'Ancien Régime, forgée par Maistre et Bonald, et qui alimenta les rêves de la droite des ultras ; la légende révolutionnaire (le culte de Robespierre et de Babeuf) lancée par les instituteurs républicains des débuts de la IIIe République et précédée d'une brève flambée – plus portée vers la Gironde – en 1848. La légende napoléonienne trouve dans le *Mémorial* son principal évangile.
Le *Mémorial* créa en effet un double choc. La rareté des nouvelles concernant l'Empereur entre 1815 et 1821 n'avait pas permis de connaître les conditions de sa captivité. C'est chez Las Cases plus que chez O'Meara que l'on découvrit la rigueur de sa détention, les mesquineries de Hudson Lowe, les brimades et les humiliations. L'image du tyran en sortit modifiée. « Si le Christ n'était pas mort sur la croix, il ne serait pas Dieu », aurait dit Napoléon. Le martyre le purifia. On le plaignit, on s'émut, on pleura.
Dans le *Mémorial*, Napoléon n'était pas à Sainte-Hélène un soldat capturé sur un champ de bataille mais un condamné à la prison sans jugement. C'était toucher l'opinion à son point sensible : le sentiment d'une injustice. On voyait par le récit de Las Cases que le gouvernement anglais refusait à Napoléon le titre d'empereur. Comment la nation française, qui le lui avait conféré par un vote légal, n'aurait-elle pas ressenti ce refus comme un camouflet ? Des pleurs on passa à l'indignation. La captivité de Sainte-Hélène rendit à Napoléon la sympathie et l'admiration d'un peuple qu'il s'était aliéné par les abus de la conscription.
Au « Napoléon souffrant » s'ajoutait le « Napoléon glorieux ». Autre choc. Sur le roc fatal, Napoléon égrenait ses souvenirs faits de victoires éclatantes et de grandes réalisations : Austerlitz et le Code civil, les routes des Alpes et le conseil d'État..., évocation d'une époque où la France était prospère et dominait l'Europe. La censure de la Restauration avait interdit toute allusion à l'Empire, elle avait occulté un pan de notre histoire nationale. Le retour de Napoléon par les propos et les dictées contenus dans le *Mémorial* créa un

retour de mémoire d'autant plus violent que l'on avait plus ou moins oublié son règne.

Une génération – celle des romantiques – y découvrait les chevauchées à travers l'Europe des cavaliers de Murat, la chute des grandes capitales, Vienne et Berlin, Madrid et Moscou, devant les soldats de la Grande Armée, les Pyramides et Venise, le Kremlin en flammes et Varsovie en liesse. «Quel roman que ma vie!» s'exclamait Napoléon. N'apparaissait-il pas comme le héros romantique par excellence, l'homme qui avait détrôné des rois, conquis l'Europe et fini, tel Prométhée, sur un rocher?

La France s'ennuyait, comme le dira Lamartine. Vigny laissait éclater ses regrets: «J'appartiens à cette génération née avec le siècle, qui, nourrie de bulletins (de la Grande Armée) par l'Empereur, avait toujours devant les yeux une épée nue, et vint la prendre au moment même où la France la remettait dans le fourreau des Bourbons[9].» Même écho, chez l'autre Alfred, Musset, avec plus de lyrisme encore:

«Alors s'assit sur un monde en ruines une jeunesse soucieuse. Tous ces enfants étaient des gouttes d'un sang brûlant qui avait inondé la terre; ils étaient nés au sein de la guerre pour la guerre. Ils avaient rêvé pendant quinze ans des neiges de Moscou et du soleil des Pyramides. Ils n'étaient pas sortis de leurs villes, mais on leur avait dit que, par chaque barrière de ces villes, on allait à une capitale d'Europe. Ils avaient dans la tête tout un monde; ils regardaient la terre, le ciel, les rues et les chemins; tout cela était vide, et les cloches de leurs paroisses résonnaient seules dans le lointain...»

La nostalgie se transformait en réquisitoire:

«Le roi de France était sur son trône, regardant çà et là s'il ne voyait pas une abeille dans ses tapisseries. Les uns lui tendaient leur chapeau, et il leur donnait de l'argent; les autres lui montraient un crucifix, et il le baisait; d'autres se contentaient de lui crier aux oreilles de grands noms retentissants, et il répondait à ceux-là d'aller dans sa grand'salle, que les échos en étaient sonores; d'autres encore lui montraient leurs vieux manteaux, comme ils en avaient bien effacé les abeilles, et à ceux-là il donnait un habit neuf[10].»

Sous l'influence des mères, le premier romantisme avait été catholique et monarchiste. Vigny, comme Géricault, n'avait-il pas suivi Louis XVIII sur la route de Gand en 1815? Le même Vigny, Lamartine et Hugo n'avaient-ils pas adhéré à la Société des bonnes lettres qui passait pour une succursale de la Congrégation? À ses débuts, Hugo ne se faisait-il pas le chantre de Quiberon, ne pleurait-il pas la mort du duc de Berry et n'exaltait-il pas le général traître Moreau, mort dans les rangs des Alliés coalisés contre la France en 1813?

Le *Mémorial* ranima le souvenir des pères: Hugo comme Dumas n'étaient-ils pas fils de généraux? Étienne Labrunie, père de Gérard de Nerval, avait été médecin à la Grande Armée.

Le retour des Cendres

Le romantisme bascula. La Restauration lui fit horreur. Après avoir condamné la cour des Tuileries, Musset poursuit, dans *La Confession d'un enfant du siècle* : « Les enfants regardaient tout cela, pensant toujours que l'ombre de César allait débarquer à Cannes et souffler sur ces larves ; mais le silence continuait toujours, et l'on ne voyait flotter dans le ciel que la pâleur des lys. Quand les enfants parlaient de gloire, on leur disait : "Faites-vous prêtres" ; quand ils parlaient d'ambition : "Faites-vous prêtres" ; d'espérance, d'amour, de force, de vie : "Faites-vous prêtres." » C'est *Le Rouge et le Noir* de Stendhal.

Au centre de *La Comédie humaine* de Balzac : Napoléon. Pas un romantique qui n'échappe à cet envoûtement où le *Mémorial* a sa part de responsabilité. Chef-d'œuvre de propagande, le *Mémorial* sut capter l'attention des libéraux et des peuples opprimés.

Napoléon y apparaissait comme le bouclier de la Révolution. L'avait-il trahie ou sauvée ? Le débat par les républicains dès 1800 (un Billaud-Varenne avait refusé toute amnistie, un La Fayette était resté dans l'opposition) se trouvait tranché de façon péremptoire dans le *Mémorial*. Une page devenue célèbre ne faisait-elle pas proclamer à Napoléon :

« Rien ne saurait désormais détruire ou effacer les grands principes de notre Révolution. Ces grandes et belles vérités doivent demeurer à jamais tant nous les avons entrelacées de lustre, de monuments, de prodiges ; nous en avons noyé les premières souillures dans des flots de gloire ; elles sont désormais immortelles... Voilà le trépied d'où jaillira la lumière du monde. Elles le régiront ; elles seront la foi, la religion, la morale de tous les peuples, et cette ère mémorable se rattachera, quoi qu'on ait voulu dire, à ma personne, parce qu'après tout j'ai fait briller le flambeau, consacré les principes et qu'aujourd'hui ma persécution achève de m'en rendre le Messie[11]. »

Un jugement équitable sur Robespierre, le rappel du siège de Toulon et un récit du 13 vendémiaire permettaient d'identifier Napoléon à la Révolution dans son mouvement de libération des hommes et des peuples, tout en gommant les excès de la Terreur.

L'unité des nations divisées et opprimées ? Là encore, Napoléon – le Napoléon de Las Cases – était formel : « Une de mes plus grandes pensées avait été l'agglomération, la concentration des mêmes peuples géographiques qu'ont dissous, morcelés les révolutions et la politique. Ainsi l'on compte en Europe, bien qu'épars, plus de trente millions de Français, quinze millions d'Espagnols, quinze millions d'Italiens, trente millions d'Allemands : j'eusse voulu faire de chacun de ces peuples un seul et même corps de nation. » Las Cases allait même jusqu'à falsifier les événements, introduisant une fausse lettre à Murat qui lavait l'Empereur de toute responsabilité dans la guerre d'Espagne.

La tentative était audacieuse dans la mesure où une partie de l'Europe s'était soulevée en 1813 contre l'hégémonie napoléonienne. Elle réussit pourtant à partir du moment où Napoléon laissait une œuvre inachevée et où il parlait de la prison où le retenait la Sainte-Alliance, l'ennemie des nationalités. N'était-il pas la première victime de cette oppression ?
À travers le *Mémorial*, Napoléon finit par incarner les principes de 1789. Aussi les mouvements nationaux ou libéraux de 1830 se firent-ils souvent aux cris de « Vive l'Empereur ! ». Stendhal les entendit, de la rue de Richelieu où il s'était établi à Paris, au mois de juillet. Ces mêmes cris, on les poussa à Varsovie et en Italie. C'était la revanche de Napoléon sur la Sainte-Alliance. Il devenait le héros de l'indépendance des peuples.
Après la chute de Charles X, on applaudit à Paris, en 1831, la pièce de Dumas, *Napoléon ou trente ans de l'histoire de France*, étonnant mélodrame où Frédérick Lemaître est Napoléon. En Allemagne, dans le même temps, Grabbe écrit *Napoleon oder die hundert Tage*. « J'aurai soin, annonce-t-il, de le montrer grand cet empereur et roi. Et je le peux faire sans mauvaise conscience. Il est grand parce que la nature l'a fait grand et placé dans une situation élevée. »
Le 28 juillet 1832 est inaugurée la nouvelle statue de la colonne Vendôme, œuvre de Seurre.
Cependant que le peintre Horace Vernet évoque par le pinceau les grands moments de ce qui n'est plus une aventure mais une épopée, Berlioz compose, en 1834, sa cantate sur *Le Cinq Mai ou la mort de Napoléon*. De son côté, Louis Geoffroy, dans *Napoléon ou la conquête du monde*, imagine Napoléon victorieux en Russie et fondant une monarchie universelle[12]. Bref, dans tous les milieux – et *Le Médecin de campagne* de Balzac est là pour le prouver en nous montrant la vivacité du souvenir de Napoléon chez les paysans –, la légende napoléonienne fait un retour en force. À la fin des années trente, Napoléon est le héros le plus populaire de l'histoire de France. L'image de l'Ogre s'est effacée. Renversement sans précédent et qui conduit à penser que la légende noire de l'Empereur fut autant l'œuvre de quelques pamphlétaires à gages que l'expression d'un véritable courant populaire.

Les causes politiques du retour des Cendres

Instituée à la faveur des Trois Glorieuses en 1830, la monarchie de Juillet était à la recherche d'une légitimité. L'Europe des rois boudait Louis-Philippe, et le peuple de Paris, faiseur de révolutions, avait le sentiment d'avoir été frustré de sa victoire par la substitution d'un régime de notables à la république qu'il demandait plus ou moins consciemment.
Dans les causes de la chute de Charles X, les ordonnances avaient joué un rôle déterminant. Mais l'impopularité des Bourbons remontait à 1814. La

Le retour des Cendres

légende des «fourgons de l'étranger» dans lesquels Louis XVIII était censé être revenu en France avait fait beaucoup de tort à la monarchie. Les deux traités de Paris qui avaient ramené la France à ses anciennes limites avaient été ressentis comme le prix payé par le roi pour sa restauration.

En 1830, on devait constater combien ce sentiment demeurait vivace. «Nous ignorions, écrira Rémusat, ce fonds de noire passion patriotique qu'une bonne partie de la population nourrissait contre les Bourbons.» On attendait de Louis-Philippe une revanche des défaites de 1814 et 1815. En fait, le roi, incertain de son avenir sur le plan international, voulait avant tout la paix. Or, celle-ci passait par le maintien des traités. Le roi savait qu'il décevait ainsi une opinion particulièrement chauvine. Il fallait trouver des compensations à l'amour-propre national. Le transfert des cendres impériales offrait une splendide occasion. Louis-Philippe s'annexait ainsi Austerlitz, Iéna et Wagram.

Le retour de la dépouille de Napoléon fournissait de surcroît au régime de Juillet, à la recherche d'une légitimité que lui contestaient royalistes restés fidèles à la branche aînée et républicains, un prétexte pour affirmer sa filiation avec la Révolution. Louis-Philippe n'avait-il pas combattu en 1792 sous Dumouriez et sa grande ambition n'était-elle pas de réconcilier les principes de 89 et l'idée monarchique?

La décision du retour des Cendres vint de Thiers. L'homme politique, responsable des affaires de l'État après le départ de Soult, n'ignorait rien du mécontentement populaire. Il importait de le détourner par une grande manifestation. Quel spectacle plus grandiose que celui du retour de Napoléon dans sa patrie? Thiers était aussi historien. Sa *Révolution française* avait connu un grand succès et il en préparait la suite, une *Histoire du Consulat et de l'Empire*. On ne pouvait rêver meilleur lancement.

Thiers sut convaincre Louis-Philippe par un argument péremptoire. Le député irlandais O'Connel avait l'intention de déposer à la Chambre des communes un vœu engageant le gouvernement anglais à restituer à la France les restes de Napoléon. Pouvait-on laisser une telle initiative à l'Angleterre? C'est Guizot, ambassadeur à Londres, qui fut chargé en mai 1840 des démarches.

Le rapatriement se déroula dans un contexte international troublé. L'Orient était en feu. Mahmoud II, sultan de Constantinople, entendait briser Mohammed Ali qui s'était émancipé de sa tutelle et régnait sur l'Égypte. En 1839, l'armée turque avait envahi la Syrie. Elle fut culbutée par les forces égyptiennes à Nézib. Six jours plus tard, le sultan mourait. La voie était libre pour Mohammed Ali qui voulait l'hérédité de sa domination sur l'Égypte et sur la Syrie et probablement plus. Thiers, qui succédait à Soult, soutint l'Égypte et repoussa toute conférence internationale, choisissant de traiter directement avec la Turquie. À Londres, furieux et inquiet, Palmerston reconstituait, par le traité de Londres du 15 juillet 1840, la fameuse alliance qui avait uni

La Nation *La gloire*

l'Angleterre, la Russie, la Prusse et l'Autriche contre la France de la Révolution et de l'Empire. Un ultimatum était lancé au pacha d'Égypte : restituer dans les dix jours la flotte turque. L'amiral Napier faisait le blocus d'Alexandrie[15].
Chaussant les bottes de Napoléon et de Carnot, Thiers relevait le défi et hâtait les fortifications de Paris. Les souvenirs des volontaires de 92 et des soldats de la Grande Armée hantaient tous les esprits. «L'Europe est faible contre nous, proclamait *Le Temps*. Nous jouerons avec elle le formidable jeu des révolutions.» Sur la lancée, une lancée que l'on voyait déjà victorieuse, les journaux revendiquaient la rive gauche du Rhin. La polémique s'enflait avec l'Allemagne. Jamais la guerre ne fut si proche.
Mais Louis-Philippe voulait la paix et redoutait l'irréparable. Son trône n'eût pas survécu à une défaite. Thiers fut renvoyé en octobre ; Mohammed Ali perdit la Syrie mais garda l'Égypte à titre héréditaire. La fièvre patriotique retomba. La France sortait humiliée de la crise. Cela pouvait coûter cher à la monarchie de Juillet. Le retour des cendres de Napoléon, en décembre, vint à point pour sauver le régime.

Les critiques

Le premier mouvement d'enthousiasme passé, les critiques étaient venues à l'annonce de ce retour. N'était-il pas dangereux de ressusciter des souvenirs disparus et ne faisait-on pas ainsi le jeu des bonapartistes ? L'Aiglon était mort en captivité en 1832, mais un prétendant avait surgi : Louis Napoléon Bonaparte, le fils de la reine Hortense et de Louis, l'un des frères de Napoléon. Officier d'artillerie dans l'armée suisse puis carbonaro en Romagne, il affichait des opinions démocratiques. Le 30 octobre 1836, il avait tenté d'entraîner à Strasbourg le 4e d'artillerie aux cris de «Vive l'Empereur !» mais avait été arrêté.
Lors du débat du 26 mai 1840, M. Glais-Bizoin, député de l'arrondissement de Loudéac, s'inquiéta des effets d'un tel retour. Avec Napoléon n'était-ce pas l'Empire que l'on ramenait en France ? À la même séance, Lamartine, élu du Nord, reprit avec plus de lyrisme les arguments du modeste Glais-Bizoin : «Si je m'associe, comme Français, au pieux devoir de rendre une tombe dans la patrie à un des hommes qui ont fait le plus de bruit sur la terre, à un de ces hommes dont le nom répété le plus loin dans les siècles devient pour ainsi dire un des noms du pays lui-même, et dont la volonté se substitua pendant dix ans aux lois, aux volontés, au destin de la France, comme philosophe, comme homme qui a quelque pressentiment de la postérité, j'ose l'avouer devant vous, devant cette chambre, devant cette nation passionnée pour une mémoire, ce n'est pas sans un certain regret que je vois les restes de ce grand homme descendre trop tôt peut-être de ce rocher au milieu de l'Océan, où

l'admiration et la pitié de l'univers allaient le chercher à travers le prestige de la distance et à travers l'abîme de ses malheurs »... Lamartine refuse de céder à l'enthousiasme général. Sans méconnaître l'importance de Napoléon, il estime que « peut-être, sous bien des rapports, cette cendre n'était-elle pas assez froide encore pour qu'on y touchât ». Il craint pour l'esprit public. « J'ai peur, je l'avoue, qu'on ne fasse trop dire ou penser au peuple : Voyez, au bout du compte, il n'y a de populaire que la gloire, il n'y a de moralité que dans le succès ; soyez grand et faites-vous un jouet des institutions de votre pays ! Est-ce là qu'on veut en venir, est-ce ainsi qu'on apprend à une nation à apprécier ses droits ? » Et de suggérer que si Bonaparte, après les réussites du Consulat, avait choisi de se retirer, au lieu d'entreprendre des guerres de conquête, sa réputation eût été moindre : « Qui sait si tous ces hommages d'une foule qui adore surtout ce qui l'écrase lui seraient rendus ? Qui sait s'il ne dormirait plus tranquille, et peut-être plus négligé, dans son tombeau ? » Des travées, part alors une voix : « Vous offensez le pays ! » Lamartine riposte : « Non, monsieur, je ne fais que raconter l'esprit humain[14]. »
Le seul effet de ce flot d'éloquence fut de ramener de deux à un million le crédit demandé par la commission.
Les feuilles bonapartistes protestèrent : Ainsi lisait-on dans *Le Commerce* du 31 mai 1840 : « Deux millions pour recevoir en France les restes de ce grand proscrit ont paru un prix exorbitant. Le pays saura protester contre cette sorte d'avanie infligée au nom qu'il respecte et qu'il aime le plus »... Et de rappeler : « Son image est partout, depuis la hutte de l'Indien jusqu'à la chaumière glacée du paysan russe. Son nom est le plus beau que proclame l'Asie, et Ibrahim, vainqueur de l'Orient, le place dans son culte à côté du Prophète. L'Univers tout entier est rempli de cette histoire. La France nouvelle n'existe que grâce à Napoléon. Par lui, et par lui seul, notre Révolution est devenue un fait accompli, indestructible dans l'Europe et dans le monde »... C'est reprendre la fameuse page du *Mémorial* sur l'ascendant irrésistible des idées libérales.

II. Pourquoi les Invalides ?

Où déposer les cendres impériales ? Certains préconisaient le Panthéon qui avait accueilli Voltaire et Rousseau, mais aussi, il est vrai, Marat et Mirabeau. Si l'on entrait facilement au Panthéon, on en sortait non moins rapidement. La Madeleine fut évoquée : l'Empereur avait songé un moment à en faire le temple de la Gloire mais elle n'était pas prête à l'accueillir. Autres monuments napoléoniens de la capitale : l'arc de triomphe de l'Étoile qu'achevait Louis-Philippe et qui semblait voué aux guerres de la Révolution et de l'Empire, ou encore la colonne Vendôme, symbole par excellence de l'épopée impériale. Un danger existait : en faire un lieu de rassemblement politique, une tribune pour la sédition.

Napoléon avait prévu lui-même de reposer à Saint-Denis au milieu des rois de l'ancienne monarchie. Mais les réticences vinrent à la fois de la droite et de la gauche.

Les Invalides finirent par s'imposer. Tout danger politique en était écarté et le lieu, empreint de majesté, semblait plus neutre que le Panthéon ou Saint-Denis. « Ce qui le justifie encore plus, affirmait le maréchal Clauzel, c'est cette garde glorieuse de vieux soldats de nos armées, de vétérans du passé et de l'avenir, d'un maréchal enfin, qui se trouve assurée à Napoléon. Sans doute, il n'est pas pour nous le grand capitaine, nous voyons en lui le souverain et le législateur, mais plus nous l'honorons en roi, plus nous désirons que sa tombe ne reste pas solitaire ; et quelle autre garde vouloir pour lui que cette famille militaire qui est destinée à se perpétuer toujours en se recrutant, dans les rangs de nos armées, de braves mutilés qui auront marché glorieusement sur les traces des soldats de Marengo et d'Austerlitz[15]. »

De l'hôtel des Invalides, Montesquieu disait : « C'est le lieu le plus respectable de la terre. J'aimerais autant avoir fait cet établissement si j'étais prince que d'avoir gagné trois batailles. »

La première maison destinée à accueillir des soldats estropiés avait été fondée par Henri IV en 1604. Idée reprise par Louis XIV en 1670. L'emplacement choisi le fut dans la plaine de Grenelle entre le faubourg Saint-Germain et le Gros-Caillou, et la première pierre posée le 30 novembre 1671. Y travaillèrent Bruant de 1671 à 1676 puis Mansart qui termina l'église et édifia le dôme.

Dans les motifs de décoration se retrouvaient les nations vaincues par Louis XIV (Autriche, Piémont, Espagne et Hollande) symbolisées par des statues d'esclaves en bronze ; Louis XIV à cheval et en costume romain sculpté par Guillaume Coustou constituait la signature du Roi-Soleil sur l'ensemble.

Apothéose du classique dans ses façades, ce vaste édifice de quatre cent cinquante mètres de long sur trois cent quatre-vingt-dix de large se trouvait couronné par l'église Saint-Louis-des-Invalides et surtout l'église du Dôme constituée par un tambour percé de douze fenêtres s'élevant d'un seul jet jusqu'à cent cinq mètres de hauteur. Louis XIV en fit le symbole de sa présence à Paris alors qu'il fixait sa cour à Versailles.

La Révolution avait pillé le 13 juillet 1789 les armes qui y étaient entreposées et cassé en 1792 l'œuvre de Coustou mais respecté le monument lui-même[16].

Napoléon en fit le lieu de cérémonies guerrières et fastueuses : transfert du corps de Turenne, le Ier vendémiaire an IX au « temple de Mars » ; première distribution des insignes de la Légion d'honneur nouvellement créée en 1804 ; dépôts du cœur d'illustres militaires, de Vauban à Lannes. Napoléon s'y ren-

Le retour des Cendres

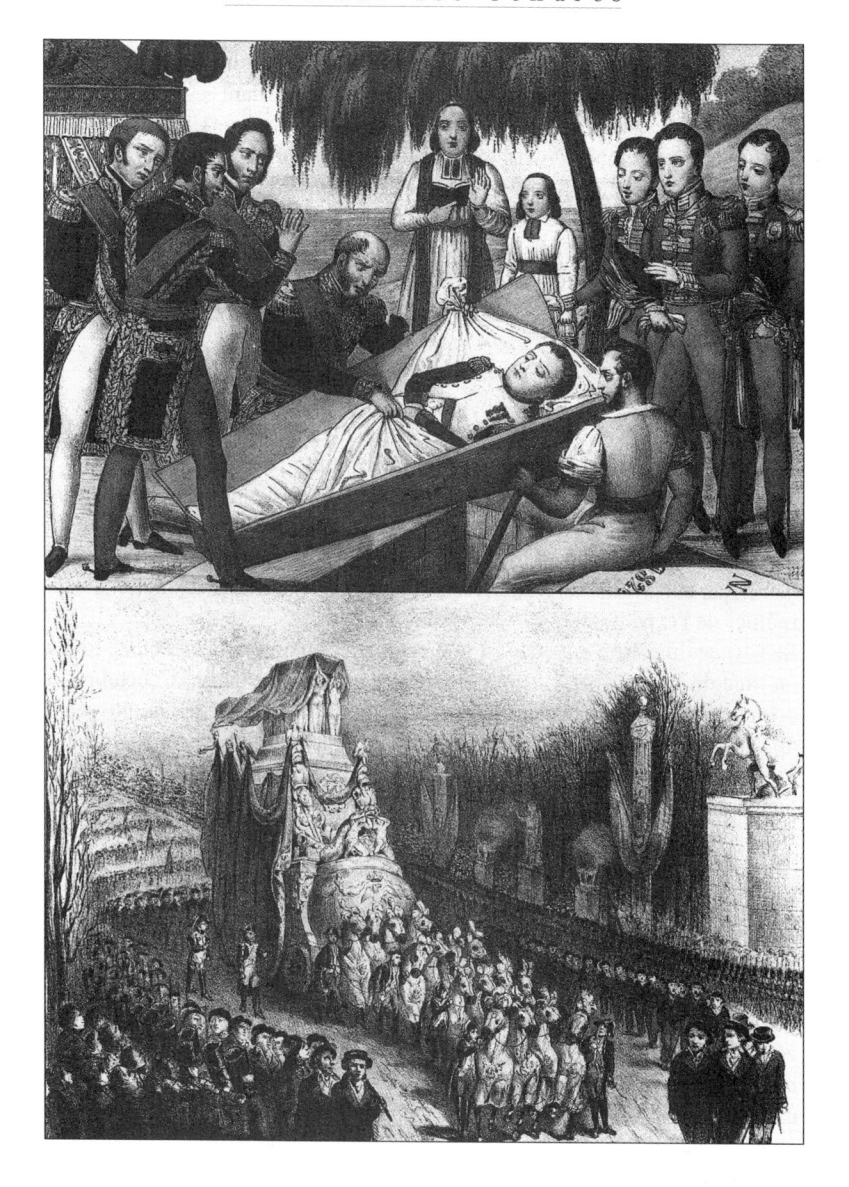

*L'EXHUMATION DES CENDRES À SAINTE-HÉLÈNE,
LE 15 OCTOBRE 1840.*

*ARRIVÉE DU CORTÈGE PLACE LOUIS-XV,
LE 15 DÉCEMBRE 1840.*

dra encore, pour une ultime visite, le 11 mai 1815. Les Invalides devenaient ainsi un haut lieu de l'épopée napoléonienne, accueillant les vétérans de la Grande Armée et les restes de ses chefs tués au combat. L'Empereur avait voulu en faire l'emplacement privilégié de la réconciliation des Français en montrant la continuité entre les armées de Louis XIV et celles issues de la Révolution et de l'Empire, un lieu de pèlerinage pour tous les Français.
Ce n'était donc pas trahir la mémoire de Napoléon que de faire des Invalides son dernier tombeau.

III. La cérémonie

La *Belle Poule*, frégate de soixante canons, avait quitté Toulon le 7 juillet 1840, suivie de la frégate la *Favorite*. Destination : Sainte-Hélène.
Sous l'autorité du prince de Joinville étaient du voyage le valet de chambre Marchand, les généraux Bertrand et Gourgaud, Las Cases fils et quatre anciens serviteurs de Napoléon, Saint-Denis, Pierron, Archambaud et Noverraz, survivants de l'exil. L'abbé Coquereau assurait les fonctions d'aumônier de l'expédition[17].
Le voyage dura trois mois. C'est le 8 octobre 1840 que la *Belle Poule* mouilla en rade de Jamestown. L'exhumation de Napoléon eut lieu le 15 octobre. Le docteur Guillard, chirurgien-major du navire, nous a laissé le compte rendu de l'ouverture du cercueil : « Après avoir coupé lentement la soudure du dernier cercueil, le couvercle fut enlevé avec précaution. Alors j'ai vu un tissu blanchâtre qui cachait l'intérieur du cercueil et empêchait d'apercevoir le corps ; c'était du satin ouaté formant une garniture dans l'intérieur de cette caisse. Je l'ai soulevé par une extrémité et, le roulant sur lui-même des pieds vers la tête, j'ai mis à découvert le corps de Napoléon, que j'ai reconnu aussitôt, tant son corps était bien conservé, tant sa tête avait de vérité dans son expression.
« Le corps de l'empereur avait une position aisée, c'était celle qu'on lui avait donnée en le plaçant dans le cercueil. Les membres supérieurs étaient allongés, l'avant-bras et la main gauche appuyant sur la cuisse correspondante, les membres inférieurs légèrement fléchis. La tête, un peu élevée, reposait sur un coussin ; le crâne, volumineux, le front, haut et large, se présentaient couverts de téguments jaunâtres, durs et très adhérents. Tel paraissait ainsi le contour des orbites, dont le bord supérieur était garni de sourcils. Sous les paupières se dessinaient les globes oculaires qui avaient perdu peu de chose de leur volume et de leur forme... Les membres paraissaient avoir conservé leurs formes sous les vêtements qui les couvraient. J'ai pressé le bras gauche ; il était dur et avait diminué de volume. Quant aux vêtements, ils se

présentaient avec leurs couleurs. Ainsi on reconnaissait parfaitement l'uniforme de chasseurs à cheval de la vieille garde au vert foncé de l'habit, au rouge vif des parements ; le grand cordon de la Légion d'honneur se dessinait sur le gilet et la culotte blanche, cachée en partie par le petit chapeau qui reposait sur les cuisses. Les épaulettes, la plaque et les deux décorations attachées sur la poitrine n'avaient plus leur brillant ; elles étaient noircies ; la couronne d'or de la croix d'officier de la Légion d'honneur seule avait conservé son éclat[18]... »

Le 18 octobre, la *Belle Poule* et la *Favorite* quittaient Sainte-Hélène. Le retour s'effectua sans incident et, le 30 novembre, à cinq heures du matin, la flottille entrait dans le port de Cherbourg. Huit jours plus tard, le corps était transporté sur la *Normandie* qui, accompagnée du *Courrier* et du *Véloce*, gagnait Le Havre pour remonter la Seine jusqu'à Rouen. Nouveau transbordement, le 10, sur la *Dorade*. Placée sur une nef funéraire, la dépouille impériale arrivait à Rouen où l'accueil fut impressionnant. Selon l'abbé Coquereau, « le cortège s'arrêta entre les deux ponts. Jamais scène n'offrit, je crois, un spectacle plus imposant. Ces quais, chargés de trophées militaires, étincelant d'armes, ces escadrons dont les chevaux se cabrent, les casques resplendissant sous un rayon de soleil, ces panaches, ces plumes, ces drapeaux qui se mêlent et s'agitent, ces estrades garnies de femmes aux brillantes parures, ce pont couvert de soldats aux uniformes de l'Empire, glorieux débris de ces phalanges que l'Europe avait appelées la Grande Armée, ce vaste bassin sur lequel s'est disposée en ordre de bataille la flottille, et ces fanfares, ces musiques et ces volées des bourdons, le canon qui incessamment retentit du haut de la colline, ces cent prêtres mêlant leurs blanches tuniques aux uniformes chamarrés d'or, aux robes de pourpre des magistrats, enfin ce prince de l'Église qui s'avance au bord du fleuve pour répandre la prière et donner la bénédiction des pontifes pendant que cent voix font monter vers Dieu l'hymne funèbre, le *De profundis*, tout inspirait à l'âme une de ces émotions qui saisit encore aujourd'hui par le souvenir[19] ».

De Rouen à Paris, le cercueil avança sur la Seine au milieu d'une foule recueillie. Le 15 décembre, par un matin glacial, tandis que la ville se couvrait de neige, les marins de la *Belle Poule* débarquèrent le corps à Courbevoie devant un temple dressé à cette occasion. Le clergé donna l'absoute. Des vétérans de la Grande Armée étaient venus, malgré le froid, bivouaquer à proximité.

Du port de Courbevoie, le cortège devait gagner l'Arc de Triomphe par l'avenue de Neuilly puis descendre les Champs-Élysées jusqu'à la Concorde et, de là, gagner l'esplanade des Invalides.

En tête, ouvrant le défilé, venaient les gardes municipaux à cheval, deux escadrons du 7e lanciers, le général commandant la place de Paris et son état-major, puis des troupes à pied dont les sapeurs-pompiers et encore des cavaliers, lanciers et cuirassiers. Prenaient place dans le cortège, à leur suite, les élèves des grandes écoles militaires (Saint-Cyr, Polytechnique, l'École d'application), deux batteries d'artillerie, des chasseurs à pied, le génie, des escadrons de la garde nationale, le carrosse de l'abbé Coquereau, la commission de Sainte-Hélène en voiture, les maréchaux, les drapeaux de quatre-vingt-six départements, le prince de Joinville et les marins de l'expédition.

Tous les regards se tournaient vers le char funèbre de Napoléon qui suivait, les cordons du poêle étant tenus par le maréchal Oudinot, le maréchal Molitor, l'amiral Roussin et Bertrand.

Le char avait été dessiné par Labrouste. Il formait un véritable monument. Monté sur quatre roues dorées, il était constitué d'un mausolée reposant sur un socle dont les panneaux s'encadraient dans des colonnettes à chapiteaux. Une draperie de velours violet et d'or recouvrait ce soubassement ; elle était parsemée d'étoiles et d'abeilles avec des aigles dans des couronnes. À chaque angle on apercevait une aigle aux ailes déployées. Des trophées et des drapeaux ornaient l'avant et l'arrière du char.

Le cercueil, soutenu sur des boucliers par quatorze statues figurant les victoires de Napoléon, était recouvert du manteau impérial sur lequel on avait déposé la couronne et le sceptre. Un crêpe enveloppait le char que traînaient seize chevaux noirs empanachés, couverts de housses dorées, aux armes de l'Empereur, attelés en quadriges. Le char qui pesait treize tonnes, était haut de dix mètres et large de quatre mètres quatre-vingts.

En cortège venaient derrière ce monument ambulant les anciens aides de camp de l'Empereur, les préfets de la Seine et de police, le conseil général, les maires et adjoints de Paris et des militaires en retraite.

Le char s'arrêta sous l'Arc de Triomphe qui avait été décoré par Abel Blouet. Des batteries placées à droite et à gauche tirèrent plusieurs salves. Des flammes tricolores portant les noms des principales armées (Rhin-et-Moselle, Sambre-et-Meuse, Catalogne, Andalousie, Rome, Côtes-de-l'Océan, Italie...) flottaient au haut de leurs mâts. L'avenue des Champs-Élysées que l'on avait sablée à cause du verglas était ornée de statues diverses. Au pont de la Concorde, les génies de la Guerre et de la Paix, les statues de la Prudence, de la Force, de la Justice, de la Guerre, de l'Agriculture, des Beaux-Arts, de l'Éloquence, du Commerce semblaient attendre Napoléon comme pour le présenter à une immense effigie de l'Immortalité dressée sur les marches du Palais-Bourbon.

D'autres statues représentant de grandes figures de l'histoire de France, de Clovis à Marceau, jalonnaient le parcours que suivit le cortège du quai d'Orsay jusqu'à la grille des Invalides.

À deux heures de l'après-midi, une batterie tonna vingt et une fois : le char arrivait devant les Invalides. Le cercueil fut descendu et porté jusqu'à la cour d'honneur où avait été élevée une chapelle ardente. Mgr Affre, archevêque de Paris, procéda aux aspersions rituelles, assisté des curés de Paris. Le chœur des chantres entonna un immense *De profundis* qui fit passer un frisson dans l'assistance répartie sur deux rangs d'estrade. Puis les marins portèrent le corps jusqu'à l'église du Dôme au son d'une marche funèbre.

Le roi attendait, entouré de sa famille. La mission du prince de Joinville s'achevait. Il raconte dans ses *Vieux Souvenirs*: «Il paraît que l'on avait élaboré en conseil un petit discours que je devais prononcer en rencontrant mon père et la réponse qu'il devait m'adresser. Seulement, on avait négligé de m'en informer; aussi en arrivant, me contentai-je de saluer du sabre puis de m'effacer. Je m'aperçus bien que ce salut silencieux dérangeait quelque chose, mais mon père, après un moment d'hésitation, improvisa une phrase de circonstance et l'on arrangea ensuite la chose au *Moniteur*.» En effet, la feuille officielle attribua au prince les paroles suivantes: «Sire, je vous présente le corps de l'empereur Napoléon que j'ai ramené en France conformément à vos ordres.» À quoi le roi aurait répondu: «Je le reçois au nom de la France.»

Dernier acte du retour des Cendres, la cérémonie religieuse se déroula en présence de la famille royale, des pairs, des députés et du corps diplomatique. Le catafalque était encadré de quatre victoires tandis qu'une aigle aux ailes déployées dominait le dôme. On entendit le *Requiem* de Mozart interprété par des chanteurs de l'Opéra ainsi que des marches militaires.

Après l'absoute, le roi jeta de l'eau bénite sur le sarcophage, imité par les invités. Tout le monde quitta ensuite l'église, le gouverneur des Invalides se retirant le dernier[20].

Imposante, la cérémonie le fut sans conteste. Ne réunit-elle pas un million de spectateurs! Mais elle se déroula par un froid glacial qui tempéra malgré tout l'enthousiasme populaire. Pourtant vinrent de partout des cris de «Vive l'Empereur!» accompagnés parfois de manifestations hostiles à l'égard de Louis-Philippe. Thackeray qui assista au défilé s'interroge: «Il a dû y avoir dans cet homme quelque chose de grand et de noble, quelque chose de généreux et d'attachant pour avoir laissé un souvenir si cher au peuple, un nom entouré d'un respect si constant, d'une si durable affection»... Ce froid humoriste se reconnaît ému par la ferveur du peuple.

De mauvaises langues dénoncèrent l'exploitation commerciale de l'entreprise. Sur le trajet, les balcons se louèrent jusqu'à trois mille francs. On vendait du punch et du café dans des récipients de cuivre... voilés de crêpe. Sur une affiche, parmi d'autres, on pouvait lire: «À la fin de la cérémonie, Leroy, limonadier rue de la Serpe, près des Invalides, tiendra à la disposition du public des vins fins et des pâtisseries chaudes.» Mais on chanta de bon cœur *La Marseillaise du retour*:

> *Suivez votre Empereur,*
> *À son char attaché.*
> *Marchez! Marchez!*
> *Que de vos pleurs vos pas soient arrosés*[21] *!*

Poètes locaux et parisiens s'en donnèrent à cœur joie. Jamais peut-être la France ne fut aussi lyrique. Il y eut pourtant une exception de taille. Victor Hugo fut un témoin sans complaisance : « Il est certain que toute cette cérémonie a eu un singulier caractère d'escamotage. Le gouvernement semblait avoir peur du fantôme qu'il évoquait. On avait l'air tout à la fois de montrer et de cacher Napoléon. On a laissé dans l'ombre tout ce qui eût été trop grand ou trop touchant. On a dérobé le réel et le grandiose sous des enveloppes plus ou moins splendides, on a escamoté le cortège impérial dans le cortège militaire, on a escamoté l'armée dans la garde nationale, on a escamoté les chambres dans les Invalides, on a escamoté le cercueil dans le cénotaphe. Il fallait au contraire prendre Napoléon franchement, s'en faire honneur, le traiter royalement et populairement en empereur, et alors on eût trouvé de la force là où on avait failli chanceler. »

Situation difficile que celle de la monarchie de Juillet en proie aux attaques des républicains, des légitimistes et des bonapartistes, et qui cherchait désespérément à réconcilier les Français autour d'elle à travers une cérémonie qui pouvait remettre en cause sa propre légitimité.

IV. Le tombeau

Le corps de Napoléon reposait désormais dans six cercueils : un premier en fer-blanc, lui-même enfermé dans un cercueil en bois d'acajou, deux cercueils de plomb, un en bois d'ébène et un autre en chêne.

La dépouille fut transférée, le 6 février 1841, dans la chapelle Saint-Jérôme, en attendant l'achèvement des travaux dans l'église du Dôme. En mai, le gouvernement avait chargé Marochetti de dessiner le tombeau de Napoléon à l'intérieur de l'église et d'ériger une statue dans la cour d'honneur de l'hôtel.

À la suite des protestations contre le choix d'une église (Napoléon n'aurait-il pas dû reposer sur une place, au milieu du peuple ou avec les vétérans de son armée ?) et contre l'absence de mise en concours du tombeau, un programme plus vague fut alors établi et l'on invita les artistes à présenter des projets.

La commission chargée d'examiner ces projets fut composée de Fontanes, Ingres et David d'Angers ainsi que de Vatout, directeur des Monuments publics et de plusieurs hauts fonctionnaires. Elle eut pour secrétaire Théophile Gautier. La compétence de la commission fut fortement contestée : elle n'en reçut pas moins quatre-vingts projets, en retint vingt-trois puis dix. La variété était grande, de Duban qui proposait un cénotaphe placé sur un piédestal dans l'axe du dôme à Labrouste qui représentait un cercueil légèrement enfoncé dans le sol et recouvert d'un bouclier décoré de bas-reliefs rappelant les grandes batailles de l'Empire. Il y eut même un projet où, autour d'un sarcophage, on voyait une toile qui s'enroulait, montrant par une anticipation de l'invention du cinéma, les moments les plus importants du règne[22].

La préférence alla à Visconti qui suggérait une crypte s'ouvrant sur l'église et où le sarcophage de porphyre rouge, très sobre, serait isolé mais cependant visible. Visconti se fit assister des sculpteurs Pradier, Simart et Jouffroy. La crypte placée au centre de l'église fut formée d'un pourtour circulaire éclairé par douze lampes en bronze doré de style antique fondues par Eyck et Durand sur un modèle de Marneuf. Il la décora de dix bas-reliefs en marbre blanc, dessinés par Simart qui en sculpta sept. Les thèmes choisis privilégiaient l'œuvre civile de Napoléon : Légion d'honneur, grands travaux, commerce et industrie, Cour des comptes, Université, Concordat, Code Napoléon, Conseil d'État, administration, pacification des troubles. Mais la gloire militaire restait présente ; douze statues tournées vers le tombeau, sortes de femmes ailées et drapées différemment, personnifiaient les campagnes les plus célèbres de Napoléon : première campagne d'Italie, campagne d'Égypte, deuxième campagne d'Italie, première campagne d'Autriche, campagne de Prusse, campagne de Pologne, campagne d'Espagne, deuxième campagne d'Autriche, campagne de Russie, campagne de Saxe, campagne de France et campagne de Belgique. Œuvres de Pradier, achevées par Lequesne, elles s'adossent à des piliers formidables dont la mise en place nécessita la création d'une machine à vapeur spéciale mise au point par Schwind.

Pour le tombeau lui-même, les blocs de porphyre nécessaires ne furent trouvés qu'en 1849 et en Finlande. Pas d'ornementation, seulement deux couronnes sculptées sur les faces latérales de la cuve et la courbure du couvercle qui se termine en enroulements aux extrémités moulurées.

L'ensemble des travaux fut coordonné par Visconti qui en assuma la responsabilité. L'œuvre était à peu près achevée à sa mort en 1853 mais ne fut inaugurée que le 2 avril 1861. Le second Empire avait depuis longtemps remplacé, après un rapide intermède républicain, la monarchie de Juillet.

V. Le temple de la gloire militaire

Dans l'intervalle qui s'écoula entre le retour des Cendres et l'ouverture de la crypte, la légende napoléonienne, portée par le romantisme, avait eu le temps de s'épanouir.

La Nation *La gloire*

En 1840, elle ne se confondait nullement avec le bonapartisme. Le 30 octobre 1836, Louis Napoléon Bonaparte, devenu prétendant au trône impérial depuis la mort du duc de Reichstadt en 1832, avait parcouru, costumé en général, les rues de Strasbourg et tenté d'entraîner le 4ᵉ d'artillerie aux cris de « Vive l'Empereur ! ». Dans le même temps, à Paris, on acclamait trois pièces consacrées au premier des Napoléonides. Embarqué de force pour l'Amérique le prince prétendant ne s'était pas découragé. Il débarqua à Boulogne, le 6 août 1840, en pleine opération du retour des Cendres, son équipée s'achevant piteusement dans l'eau glacée dont il fut tiré par les gendarmes. Le culte napoléonien ne se confondait pas avec le bonapartisme, système héréditaire fondé sur l'appel au peuple. D'un côté le souvenir d'une époque glorieuse, de l'autre un régime politique à tendance dictatoriale.

La monarchie de Juillet s'y laissa prendre. Protégée par le système censitaire qui laissait aux notables prudents et rassis le droit de vote, elle pouvait considérer avec amusement les rêveries politico-sociales et les pronunciamientos héroïco-comiques de Louis Napoléon Bonaparte. Les notables faisaient la distinction entre le retour des cendres de Napoléon Iᵉʳ et le retour au pouvoir des Bonaparte. Mais le peuple ? Louis-Philippe avait cru l'amuser, sans craindre les conséquences politiques de la cérémonie, puisque la plupart des spectateurs massés sur le parcours du convoi ne votaient pas.

L'avènement du suffrage universel, huit ans plus tard, allait permettre de découvrir les retombées de la fête du 15 décembre.

Les ouvriers parisiens se souvinrent qu'ils avaient salué le cercueil de l'oncle de Louis Napoléon lorsqu'il avait traversé Paris. Dans les campagnes la légende de l'Ogre s'était effacée. Les vétérans de la Grande Armée, mutilés ou incapables de retrouver une activité normale dans les champs, avaient justifié leur oisiveté en contant la geste napoléonienne qu'ils avaient encore embellie à la manière des récits de chasse. Leur auditoire était constitué d'enfants qui avaient moins de dix ans en 1815 mais qui devenaient maintenant électeurs. Ils apprenaient que parmi les candidats à la présidence de la République figurait un Napoléon. Le nom parlait davantage à leur imagination que ceux de Raspail, Lamartine, Ledru-Rollin ; il évoquait pour eux la gloire militaire mais aussi les conquêtes de la Révolution : la destruction des droits féodaux et la vente des biens nationaux. L'image d'Épinal qui pénétrait jusque dans les chaumières, la chanson ou les feuilles populaires, comme *La Redingote grise* ou *Le Petit Caporal*, ne cessaient d'exalter « la grande ombre ». Le scrutin du 10 décembre 1848 donna à Louis Napoléon cinq millions quatre cent trente-six mille voix lui permettant de distancer largement ses concurrents. Le 2 décembre 1851, le Rubicon était franchi. Un an plus tard, le Sénat rétablissait l'Empire qu'approuvaient sept millions huit cent mille suffrages.

Le retour des Cendres

Ce rétablissement de l'Empire, comment ne pas penser qu'il était contenu, annoncé et préparé par la cérémonie du 15 décembre 1840? Louis-Philippe a cru, en officialisant le culte impérial, le confisquer au profit de sa propre légitimité, il a ouvert la boîte de Pandore d'où est sorti Napoléon III. Et c'est à Napoléon III qu'il revint, logiquement, d'inaugurer la crypte des Invalides, le 2 avril 1861.

Les Invalides devinrent le Saint-Denis des Bonaparte. Un an plus tard, en effet, le corps de Jérôme Bonaparte, le plus jeune frère de Napoléon, prenait place dans une chapelle. En 1863, Joseph, frère aîné de l'Empereur, le rejoignait à son tour.

À plusieurs reprises avait été également évoqué le retour des cendres du fils de Napoléon, le duc de Reichstadt, qui reposait dans la crypte de l'église des Capucins à Vienne. Devenu empereur, Napoléon III avait réclamé la restitution du corps, mais en vain. En 1932, nouvelle tentative, nouvel échec. Cent ans après le transfert des cendres du père, il allait appartenir à Hitler de rendre à la France vaincue et humiliée Napoléon II.

Étrange cérémonie que celle qui se déroula de nuit, en parfait contraste avec le transfert du 15 décembre 1840. Vers minuit, le corps du prince impérial arriva à la gare de l'Est par fourgon spécial encadré de soldats de la Wehrmacht. Le cercueil fut chargé sur un affût d'artillerie remorqué par un tracteur et prit par le boulevard de Strasbourg le chemin des Invalides où il parvint vers une heure trente. Sous la neige, deux rangées de torches traçaient la voie jusqu'à la chapelle préparée pour recevoir la dépouille. L'amiral Darlan accueillit Otto Abetz qui lui remit le cercueil au nom du Führer. Parmi les témoins : Sacha Guitry, Marcel Déat, Fernand de Brinon, Abel Bonnard... L'Aiglon devenait le gage de la collaboration entre la France et l'Allemagne[23]. En fait, ce transfert n'eut pas l'effet escompté : un chansonnier n'allait-il pas jusqu'à dire que, par cette période de grand froid, les Allemands auraient mieux fait de nous envoyer du charbon que des cendres. Le vrai transfert eut lieu le 15 décembre 1969 : le fils vint alors reposer dans la crypte même auprès de son père.

Il y eut en 1870 réveil de la légende noire de Napoléon. Les communards renversèrent la colonne Vendôme, symbole du régime, l'année suivante. Dans son *Histoire du XIXe siècle*, Michelet écrivait que les guerres napoléoniennes n'étaient que des «boucheries», et la captivité de Sainte-Hélène ne lui inspirait que cette phrase méprisante : «Par une maladresse insigne, on logea Napoléon à Sainte-Hélène de manière que, de ces tréteaux si haut placés, le fourbe pût faire un Caucase, abusant de la pitié publique et préparant, à force de mensonges, une seconde répétition sanglante de tous les malheurs de l'Empire.» Toutefois, pendant la Commune, le tombeau de Napoléon fut respecté.

La Nation *La gloire*

De Panthéon napoléonien, les Invalides devinrent temple de la gloire militaire sous la IIIe République. C'est Barrès qui en modifia le destin avec ses *Déracinés*. Sept lycéens de Nancy, après leur année scolaire 1879-1880, vont découvrir à Paris la leçon que doit inspirer pour Barrès le tombeau de Napoléon : « Nos études vont se terminer, dit Sturel. Nous contenterons-nous d'exploiter nos titres universitaires ? Serons-nous de simples utilités, anonymes dans notre époque ? Rangés, classés, résignés après quelques ébrouements de jeunesse, laisserons-nous échoir à d'autres le dépôt de la force ? Dans cette masse encore amorphe qu'est notre génération, il y a des chefs en puissance, des têtes, des capitaines de demain. Si quelque chose nous avertit que nous sommes ces élus de la destinée, ne cherchons pas davantage, croyons-en le signe intérieur : camarades, nous sommes les capitaines ! Au tombeau de Napoléon, professeur d'énergie, jurons d'être des hommes[24] ! »

Napoléon professeur d'énergie ? C'est qu'il vainquit la Prusse à Iéna, la Prusse qui nous a arraché, depuis, à Sedan, l'Alsace et la Lorraine. Les provinces perdues hantent les esprits ; toute la France est tendue vers la reconquête et puise dans l'exemple de Napoléon des leçons pour la revanche.

Et le miracle s'accomplit. Ce sera la victoire de 1918. Un événement mémorable « sanctifie » alors les Invalides, les purifie d'une empreinte trop napoléonienne pour en faire le temple de la gloire militaire française. C'est, le 25 mars 1929, le dépôt de la dépouille de Foch, le vainqueur de 1918, celui qui a compris la leçon d'Iéna, aux Invalides. La foule revit dans ce défilé à travers canons et régiments reconstitués pour la circonstance, toute la « Grande Guerre ». Le moment le plus émouvant de ce nouveau transfert de cendres : le cheval de bataille du maréchal, caparaçonné de noir, sans cavalier, seul, précède la glorieuse dépouille. Avec Foch, les poilus rejoignent aux Invalides les régiments de Louis XIV et les soldats de la Grande Armée.

Mais, au-delà de ces fastes officiels, comment ne pas finir sur les terribles images que nous donne le cinéaste Georges Franju dans son fameux *Hôtel des Invalides* où la caméra s'attarde impitoyablement sur les cérémonies, devenues dérisoires, de messes et de remises de drapeaux par de pitoyables « gueules cassées » et des mutilés que poussent dans leurs petites voitures des infirmières désabusées. Ces épaves humaines nous rappellent que la gloire a aussi son envers.

Le retour des Cendres

1. Jean Bourguignon, *Le Retour des cendres*, Paris, Plon, 1941, p. 26.

2. Jean Tulard, *L'Anti-Napoléon*, Paris, Julliard, coll. «Archives», 1964, *passim*.

3. Sur cette attitude, *cf.* Louis Girard, *Les Libéraux français*, Paris, Hachette-Littérature, 1984, p. 11.

4. Sur ce pamphlet, *cf.* la mise au point d'Henri Guillemin, *L'Homme des Mémoires d'outre-tombe*, Paris, Gallimard, 1964, p. 116.

5. Lucas-Dubreton, *Le Culte de Napoléon*, Paris, Albin Michel, 1960, p. 175.

6. Id., *Ibid.*, p. 174.

7. Jean Tulard, *Le Mythe de Napoléon*, Paris, Armand Colin, 1971, *passim*.

8. *Cf.* l'introduction d'André Fugier au *Mémorial de Sainte-Hélène*, Paris, Éd. Garnier, 1961, 2 vol.

9. Alfred de Vigny, *Œuvres complètes*, Paris, Gallimard, Bibliothèque de la Pléiade, t. II, 1949, p. 522.

10. Alfred de Musset, *Œuvres complètes*, Paris, Gallimard, Bibliothèque de la Pléiade, t. III, 1938, p. 66.

11. *Mémorial de Sainte-Hélène*, éd. Marcel Dunan, Paris, Flammarion, 1951, 2 vol.

12. *Cf.* la réédition qu'en a donnée Jacques Jourquin, Paris, Éd. Tallandier, 1984.

13. Sur le problème, voir Renée et Georges Cattaui, *Mohammed Ali et l'Europe*, Paris, 1950.

14. Jean Bourguignon, *Le Retour des cendres, op. cit.*, p. 47.

15. Id., *ibid.*, p. 40.

16. Historique *in* Albert Keim, *Les Invalides*, Paris, Albin Michel, 1929.

17. Il a laissé d'intéressants souvenirs publiés en 1841. Les compléter par ceux de Philippe de Rohan-Chabot, *Les Cinq Cercueils de Napoléon*, Paris, France-Empire, 1985.

18. Cité par Albert Keim, *Les Invalides, op. cit.*, p. 122.

19. Abbé Félix Coquereau, *Souvenirs du voyage à Sainte-Hélène*, Paris, 1841.

20. Il y eut de nombreuses relations de la cérémonie. Les meilleurs récits sont ceux du *Courrier français* et du *National*.

21. Cité par Jean Boisson in *Le Retour des cendres*, Paris, Études et recherches historiques, 1973, ainsi que le témoignage de Thackeray, p. 409.

22. Renée Plouin, «Le tombeau des Invalides», *Souvenir napoléonien*, janvier 1975, p. 18.

23. Jean Boisson, *Le Retour des cendres, op. cit.*, p. 484.

24. Maurice Barrès, *Les Déracinés*, Paris, Hachette, Le livre de poche, p. 245.

Verdun

Les grandes batailles demeurent dans la mémoire des peuples, et d'abord celles où s'affirme l'identité nationale dans la volonté d'arrêter un agresseur. Les Thermopyles dans l'Antiquité, Stalingrad au cours de la dernière guerre mondiale constituent de bons exemples de ce processus. Le cas de Verdun n'est donc pas exceptionnel. Il n'en est pas moins intéressant à étudier, pour qui veut comprendre la transformation d'un événement en symbole et la cristallisation de la mémoire nationale en un lieu historique.

1. 1916 : la bataille et son écho

À un premier niveau, celui de l'histoire militaire, la bataille de Verdun est bien connue.
La configuration du terrain y joue un rôle essentiel. Le plateau meusien, qui monte en pente douce vers le nord-est, domine par une côte assez raide, les Hauts de Meuse, la plaine de la Woëvre. La Meuse coule du sud vers le nord-nord-ouest, parallèlement à la ligne des Hauts de Meuse, mais une dizaine de kilomètres à l'intérieur du plateau. Verdun est construite sur un méandre de la Meuse. Au début de 1916, le front dessinait une ample boucle autour de Verdun. Venant de l'Argonne et de Vauquois, il allait d'ouest en est au nord de la ville, franchissait la Meuse, et atteignait les Hauts de Meuse au bois des Caures. Il descendait alors dans la Woëvre où il s'infléchissait vers le sud-est, puis retournait vers le sud-ouest, franchissant de nouveau les Hauts de Meuse au sud des Éparges, et la Meuse à Saint-Mihiel que les Allemands occupaient.
L'offensive allemande débute le 21 février, sur la rive droite de la Meuse, dans le secteur du bois des Caures et du bois d'Haumont, en direction de Verdun ; elle marque très vite des succès. Le 24, les Français abandonnent la Woëvre

et se replient sur les Hauts de Meuse. Le 25, le fort de Douaumont tombe sans avoir été défendu. Pétain prend le commandement dans la soirée et réorganise le front. Sa crainte majeure est alors que les Allemands n'attaquent sur la rive gauche de la Meuse, au nord-ouest de Verdun, car s'ils enfoncent le front dans ce secteur, les troupes engagées sur la rive droite risquent d'être prises à revers. Pétain établit donc d'urgence une ligne de résistance qui passe par la cote 304 et le Mort-Homme. L'attaque redoutée se produit le 5 mars, tandis que, le 7, les Allemands attaquent également sur la rive droite en direction du fort de Vaux. Le 8 mars, une contre-offensive française sur la rive gauche rétablit le front. Tout péril n'est pourtant pas écarté. De nouvelles offensives allemandes sont enrayées, le 10 avril, date du fameux ordre du jour : « Courage !... On les aura !... », puis au début de juin (perte du fort de Vaux, le 7 juin). L'avance allemande atteint sa ligne extrême au début de juillet : lancée le 23 juin, l'offensive menace les dernières crêtes avant Verdun, qui risque de se trouver directement sous le feu adverse. Mais le 1er juillet, l'offensive franco-anglaise sur la Somme desserre l'étau et le 12 juillet, les Allemands échouent définitivement devant le fort de Souville. L'initiative change alors de camp : une première offensive française, lancée le 24 octobre, reprend Douaumont et Vaux ; une seconde, à la mi-décembre, rétablit le front à la ligne de couverture des forts.

Par-delà sa sécheresse, cette chronique pose plusieurs questions. En premier lieu, pourquoi les Allemands ont-ils choisi d'attaquer Verdun ? Les raisons militaires sont évidentes : l'objectif était difficile à défendre, car, dans une bataille où l'artillerie devait jouer un grand rôle, les Français ne disposaient, pour acheminer hommes, matériel et munitions, que d'un chemin de fer à voie étroite et d'une route départementale. D'autre part, si l'on examine l'ensemble du front du point de vue allemand, le saillant de Verdun constituait une menace permanente, par où pouvait déboucher une offensive ; il était donc judicieux de le réduire. Mais alors, pourquoi avoir attaqué de front ce saillant, au lieu de chercher à le prendre en tenaille par une double offensive sur la rive gauche de la Meuse ? Ce choix tactique peut répondre au souci de fixer d'abord l'adversaire ; mais d'autres raisons ont été suggérées : les Allemands auraient cherché à «saigner» l'armée française[1] par une bataille d'usure en attaquant un objectif pour lequel elle devait engager toutes ses forces. Entre Verdun et Belfort, les Allemands auraient choisi Verdun pour des raisons stratégiques : une position plus centrale, un front plus large, mais ils auraient avant tout attaqué le «boulevard moral de la France[2]».

La difficulté de cette thèse, c'est d'avoir été formulée *après* la bataille. Elle suppose qu'*avant* 1916 Verdun constituait déjà un haut lieu de la mémoire nationale. Or, ce n'est pas évident. Une ville comme Reims, celle du sacre des rois, aurait sans doute constitué un enjeu symbolique plus fort. Verdun, il est

Verdun

vrai, est citée dans tous les manuels d'histoire, avant 1914, pour le traité de 843 qui partagea l'Empire carolingien. Déjà ville forte au temps des Gaulois, fortifiée au XIIe siècle, puis au XVIIe par Vauban, elle avait été dotée au XIXe siècle d'une triple ceinture de forts, échelonnés jusqu'aux Hauts de Meuse, qui en faisait le centre d'une véritable «région fortifiée». Le dernier de ces forts, Douaumont, constituait une redoutable citadelle bétonnée. Pourtant, ces vestiges d'une importance militaire passée ne s'imposaient guère en 1915 : les forts de Verdun avaient été désarmés, et leurs canons retirés pour renforcer l'insuffisante artillerie lourde des armées. Si Verdun avait été un «symbole» pour la France et pour le monde entier, comme le dit en 1919 le général Dubail, pourquoi celui-ci, qui commandait en 1915 le groupe d'armées dont relevait la place, ne se souciait-il pas davantage de sa défense[3] ? D'autre part, les manuels d'histoire antérieurs à la guerre n'accordent pas au dernier des «trois évêchés» un traitement de faveur : pour les pédagogues de la Belle Époque, Verdun est une ville comme bien d'autres.

Affirmer que les Allemands ont attaqué précisément Verdun en raison de sa valeur symbolique, c'est donc vraisemblablement prendre l'effet pour la cause. C'est accorder à la ville, dans la conscience nationale, une place qu'elle n'a prise qu'en raison de la bataille. Le motif avancé, par son anachronisme même, signale l'un des plus sûrs résultats de la bataille : avant 1916, Verdun n'était sans doute pas un haut lieu de la mémoire nationale ; après la guerre, elle en est le premier. Et la question se déplace alors : de quand date au juste cette transfiguration ?

Sans doute les premiers jours de la ruée allemande ont-ils été le moment où Verdun est devenue, plus qu'un enjeu militaire, un symbole national. La puissance de l'offensive adverse, le recul français, la désorganisation du front, la crainte qu'il ne s'effondre donnent aux semaines qui vont du 21 février au 9 mars une intensité dramatique. Les Mémoires de Poincaré en portent la trace : dès le début de la bataille, il veut se rendre à Verdun ; son voyage est repoussé au 26 février, puis au 29 ; finalement, il a lieu le 1er mars[4]. Serrigny a raconté sa rencontre avec Pétain. Le front n'est pas encore organisé sur la rive gauche de la Meuse (304, Mort-Homme) et Pétain redoute un succès allemand dans ce secteur, qui prendrait à revers les troupes engagées sur la rive droite. Il envisage donc éventuellement un repli sur la rive gauche et déclare au président qu'il n'hésiterait pas à abandonner Verdun si cela lui paraissait nécessaire. «Vous n'y pensez pas, général, répondait aussitôt M. Poincaré, ce serait une catastrophe parlementaire[5].»

Par-delà un trait qui veut égratigner Poincaré, sans voir que pour ce juriste le Parlement se confond avec la Nation, l'anecdote met en relief le débat central des semaines critiques : faut-il défendre Verdun sur la rive droite, coûte que coûte ? Les militaires qui raisonnent sur leurs cartes d'état-major n'en font pas un dogme : ni Pétain ni les jeunes officiers du G.Q.G.[6] n'écartent *a priori* un repli sur la rive gauche. De leur côté, les politiques sentent que la chute de Verdun aurait dans l'opinion un immense retentissement ; pour des raisons morales, ils veulent une défense acharnée sur la rive droite. C'est, on l'a vu, la position du président de la République ; c'est celle du président du Conseil, Briand, qui l'expose dès le 22 février au généralissime, Joffre, que ses détracteurs accusent alors d'envisager un repli sur la rive gauche. Joffre, au contraire, donne l'ordre de défendre Verdun sur la rive droite, à la fois pour des raisons morales et par superstition militaire du terrain. À plusieurs reprises, il ordonne à Pétain de contre-attaquer pour reprendre le terrain perdu ; excédé, celui-ci lui réplique, le 9 avril, « Je demande qu'on me fasse confiance et qu'on ne se laisse pas impressionner par quelques reculs partiels prémédités[7] ». Mais cette conception de la défensive en profondeur n'est alors ni comprise ni admise ; Pétain passe pour un mou, un pessimiste. Le 1er mai, d'ailleurs, il est promu à la tête du Groupe d'armées du Centre et Nivelle, un « battant » qui rêve d'offensives, prend le commandement de la IIe armée. Pétain commande toujours à Verdun, mais de plus loin ; on le vit essuyer une larme.

En juin, le débat rebondit, quand Verdun risque de tomber directement sous le feu allemand : la ligne de repli sur la Meuse, alors étudiée par l'état-major de Pétain, englobe une partie de Verdun pour qu'on puisse dire, dans cette éventualité, que Verdun n'était pas tombée. Petite hypocrisie révélatrice du poids de l'opinion : Verdun est bien devenu un symbole.

Dès cette époque, pourtant, se dessine une fracture : le symbole n'est pas exactement le même pour l'arrière et pour les combattants. L'arrière héroïse aussitôt cette bataille. Est-ce parce que la défense de Verdun était une bataille purement française, et non alliée ? Toujours est-il qu'elle prend dès ce moment une résonance à part. *L'Illustration*, par exemple, consacre à Verdun une place exceptionnelle et elle publie d'innombrables dessins et photos, remarquables par leur valeur documentaire : le sol lunaire de Verdun est là, avec ses trous d'obus qui se touchent tous. Le texte des articles n'en parle pourtant pas moins de tranchées. Le réalisme de l'iconographie est démenti par le commentaire. Au vrai, un processus d'euphémisation est en œuvre. L'hebdomadaire présente toute la nation soudée autour du soldat de Verdun, héros sans forfanterie, mais sans doute ni défaillance. Les blessés sourient courageusement, et *L'Illustration* n'en montre pas de graves : dans ses colonnes, le soldat de Verdun ne meurt pas. Gérard Canini, à qui nous devons cette analyse[8], a même pris *L'Illustration* en flagrant délit de truquage : elle photographie par exemple des stocks impressionnants d'obus de gros calibres, alors qu'ils manquent précisément à Verdun. Mieux, le 13 mai, elle présente dans une légende comme des soldats allant au repos une relève qui arrive à Verdun...

Verdun

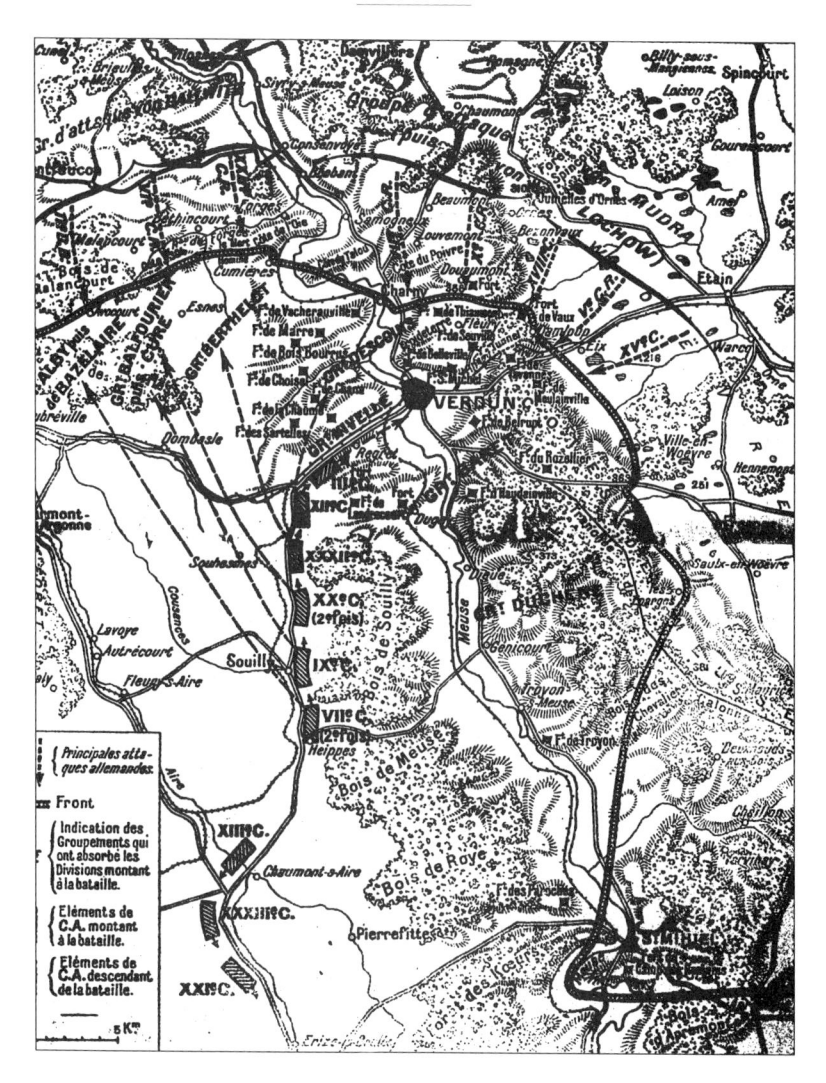

LA BATAILLE DE VERDUN, AVRIL 1916.

Cette idéalisation de la bataille conduit à la décrire sincèrement avec les termes convenus des citations à l'ordre de l'armée. Le 11 juillet 1916, par exemple, l'Académie française adresse à la IIe armée un message d'«admiration, de reconnaissance et de respect». Le président de la République vient à Verdun à six reprises en 1916. La dernière fois, le 13 septembre, c'est pour remettre sept décorations à la ville de Verdun, érigée, par là même, en symbole : «Ce nom de Verdun – déclare-t-il – auquel l'Allemagne, dans l'intensité de son rêve, avait donné une signification symbolique [...], ce nom représente désormais [...] ce qu'il y a de plus beau, de plus pur et de meilleur dans l'âme française. Il est devenu synonyme synthétique de patriotisme, de bravoure et de générosité[9].»

Si l'attention et la solidarité de toute la Nation, anxieuse du sort de la bataille, suscitent ainsi une admiration convaincue et sincère, elles font aussi parfois apparaître des sentiments moins nobles. Avoir été au centre des préoccupations collectives pendant cinq mois n'a pas fait seulement de Verdun un lieu de mémoire et un symbole national, mais aussi, provisoirement, un lieu à la mode – on ose à peine l'écrire. Pendant cinq mois, c'est là qu'il fallait être allé. On reste un peu choqué des récits de Serrigny, qui nous montrent des hôtes de marque, des académiciens, invités à déjeuner par Pétain au Q.G. de Souilly : était-ce le lieu et le moment de poursuivre des mondanités ? On remet beaucoup de décorations, à l'arrière de Verdun, et les soldats trouvent ces cérémonies un peu hors de saison.

Voici par exemple Louis Barthas – un antimilitariste, il est vrai – en route pour Verdun, le 3 mai 1916 : toute sa division est alignée dans une grande prairie, pour la remise par Joffre à Pétain de la grand-croix de la Légion d'honneur. Joffre passe les troupes en revue, remet les décorations, puis les troupes défilent. «Le défilé fini, Joffre, Pétain et leur suite galonnée s'engouffrèrent dans leurs autos qui prirent la direction de Bar-le-Duc où sans doute ils allèrent autour d'une table plantureuse fêter cette grand-croix gagnée avec le sang de milliers de pauvres diables[10].» Voici le capitaine Garnier, un mois plus tard. Joffre vient voir sa division et se montre «aimable et généreux», distribuant des montres et des cigares : «Cette distribution nous a fait songer à la cigarette et au verre de rhum qu'on offre libéralement au condamné à mort[11].»

Pour les combattants, en effet, Verdun est bien un lieu lourd de significations, mais qui évoque d'abord la mort et le sacrifice. Ils savent que les troupes qui y sont engagées subissent de terribles pertes ; quand ils apprennent qu'ils montent à Verdun, ils savent que beaucoup d'entre eux n'en reviendront pas. «À six heures du soir, nous mangions notre soupe lorsque se répandit cette nouvelle qui nous figea l'appétit : l'ordre venait d'arriver que le régiment ainsi que toute la division devaient partir en autos à sept heures du soir[12].» Un peu plus tard, à l'automne, dans les camions qui amènent les relèves à Verdun, on chante :

Verdun

Adieu la vie, adieu l'amour, adieu les femmes,
C'est pas fini, c'est pour toujours de cette guerre infâme.
C'est à Verdun, Douaumont ou Vaux
Qu'on va laisser sa peau
Car nous sommes tous des condamnés
C'est nous les sacrifiés[15].

Verdun est ainsi précédée par une réputation qui en fait un enjeu digne d'un sacrifice innombrable. Cette représentation doit beaucoup à l'anxiété collective des premières semaines : à la façon dont les civils les regardaient passer, quand ils montaient vers Verdun[14], les soldats ne pouvaient douter de la gravité de l'enjeu, et le grondement incessant du bombardement, qu'ils entendaient de très loin, ne leur laissait aucune illusion sur ce qui les attendait. Mais la réputation de Verdun doit aussi beaucoup aux conversations des soldats entre eux, aux rencontres des unités dans le vaste mouvement de troupes que provoqua la bataille.

On touche ici un point capital : si Verdun n'est pas une bataille parmi d'autres mais *la* bataille qui résume à elle seule la Grande Guerre, c'est parce que toute l'armée française, ou presque, y a participé. Alors que, du côté allemand, les divisions engagées à Verdun n'étaient pas relevées mais assuraient elles-mêmes leur propre relève par une rotation des régiments en première ligne, Pétain s'efforça, au contraire, de n'engager qu'une seule fois à Verdun chaque grande unité. Ce qu'il appelait lui-même une «noria» fit monter successivement à Verdun la plupart des divisions françaises. Au 15 juillet, sur quatre-vingt-quinze divisions que comptait alors l'armée, soixante-dix avaient été engagées à Verdun, sur un front actif d'une trentaine de kilomètres, du bois d'Avocourt, à l'ouest de la cote 304, à celui de La Laufée, au sud-est du fort de Vaux. Seules vingt-trois divisions montèrent en ligne plus d'une fois dans ce secteur, en 1916, et ce fut parce que la bataille de la Somme, à partir du 1er juillet, rendit la noria plus difficile.

Pour Pétain, la noria répondait à un souci d'efficacité militaire. De tous les généraux, il était le plus conscient de l'épreuve que représentaient huit jours en ligne à Verdun. Souvent, à Souilly, il regardait les relèves passer. Dix ans plus tard, il évoque le sort des soldats avec des mots justes et émus. Il les montre dès leur débouché au-delà de la Meuse, saisis par le bombardement, entravés dans leur marche par les évacuations et les ravitaillements, engourdis de froid pendant les arrêts, cherchant en vain, aux points convenus, les guides désignés pour les conduire, prenant position seuls, à l'aventure, et se heurtant soudain à l'adversaire. «Nos hommes souffraient et peinaient au-delà de ce que l'on peut imaginer[15]» écrit-il. Aussi, faire remonter en ligne des soldats qui avaient déjà connu cet enfer, c'était, pensait-il, les décourager à

coup sûr et leur donner à penser que l'on voulait leur mort : pour tenir coûte que coûte, mieux valait ne pas avoir en ligne des troupes démoralisées.
Inspirée par des considérations militaires, la noria eut d'immenses conséquences morales. Elle fit de la bataille de Verdun celle de toute l'armée. Du coup, l'enjeu changeait de nature. Les soldats qui montaient en ligne avançaient sur un terrain qu'ils ne connaissaient pas et qui, pourtant, ne leur était pas inconnu : ils en avaient entendu parler. Avant d'être vécue, la bataille avait été imaginée, et l'expérience nourrissait à son tour l'imaginaire collectif. Verdun devenait ainsi un lieu sacré : lieu de sacrifice et de consécration. Monter à Verdun constituait une sorte d'initiation : attendue, confusément connue, redoutée et inéluctable. Les noms qui jalonnent cette montée au calvaire sont familiers, et ils reviennent dans tous les souvenirs : le faubourg Pavé, la chapelle Sainte-Fine, le ravin de Froideterre, l'abri des Quatre-Cheminées. La mémoire partagée d'une grande épreuve finalement victorieuse s'inscrit ainsi dans des noms de lieux qui sont autant de signes de reconnaissance.
Deux mémoires collectives de Verdun se sont donc constituées simultanément dès 1916. Une mémoire nationale tout d'abord, en un double sens : mémoire de la nation tout entière, structurée par la presse, les autorités publiques, les notables locaux et les conversations quotidiennes ; mémoire nationale aussi, résonnante de fierté patriotique. À côté de cette mémoire, et liée à elle par les lettres du front ou les récits incomplets et pudiques des permissionnaires, une mémoire combattante, plus étroite, plus dense, plus forte, à la fierté plus intime, chargée d'émotions, d'angoisses, de deuils : celle des soldats qui ont « fait » Verdun. En 1916, l'événement fondateur soude ces deux mémoires. Une fois la bataille épuisée, et dès 1917, elles ne sont plus liées que par la figure d'un homme, Pétain, qui prend par là une stature exceptionnelle, et par les lieux mêmes où elles situent l'héroïsme ou le sacrifice. Ces lieux deviennent alors un enjeu symbolique : quelles significations durables leur aménagement leur conférera-t-il ?

2. Les cultes de la mémoire

La mémoire des spectateurs admiratifs et reconnaissants fut d'abord plus forte que celle des acteurs. Les gens de l'arrière étaient plus nombreux que les soldats de Verdun ; surtout, ils n'étaient pas occupés, comme eux, à continuer la guerre. En 1917 et 1918, seuls des non-combattants étaient à même d'entreprendre une œuvre de commémoration. Sa forme la plus touchante et la plus répandue consista à donner le nom de Verdun à des places, des boulevards ou des rues. Une enquête systématique serait ici nécessaire pour fixer la chronologie exacte de ces baptêmes qui ont sans doute suivi de peu la vic-

Verdun

toire; leur généralité ne fait aucun doute: toutes les villes de France comptent au moins une rue de Verdun.

Cette forme de commémoration reste neutre: elle rappelle l'événement sans en proposer de lecture particulière. De même, la bataille de Verdun est enseignée dans le primaire comme dans le secondaire[16], mais les livres d'histoire ne transforment pas l'événement en légende; Verdun est traitée comme la Marne et si le portrait de Pétain figure presque toujours, il est souvent encadré par celui des deux autres maréchaux de la Grande Guerre, Joffre et Foch. Bien différentes sont les premières tentatives pour inscrire dans l'espace même de Verdun le souvenir de la bataille[17]. Ces initiatives traduisent inévitablement, dans leur sincérité même, une lecture de la bataille, du patriotisme et de l'héroïsme qui sonne un peu faux aux oreilles des combattants, même s'ils hésitent à en refuser l'hommage conventionnel.

La première de ces initiatives incombe à la municipalité de Verdun. Réfugié à Paris, le conseil municipal décidait en juillet 1917 d'ériger un monument commémorant la bataille. Le concours fut ouvert en août 1919, la première pierre posée le 23 juin 1920 et le projet définitif adopté en mars 1921. La réalisation prit plusieurs années, si bien que le monument fut inauguré, en présence du président de la République, le 23 juin 1929 seulement. Adossé au rempart du XIIe siècle, intégré à la ville dont il symbolise la résistance, c'est un monument à la victoire, non un mémorial de la bataille, mais c'est un monument municipal. La mémoire de la nation ne s'incarne pas en ce lieu.

Un second monument, entrepris un peu plus tard, en 1919, mais très vite réalisé et inauguré dès le 8 décembre 1920 en présence du président de la République, propose une mémoire de la bataille figée dans un héroïsme de convention, tel que l'arrière pouvait se l'imaginer. Il s'agit du monument de la Tranchée des baïonnettes. À l'origine, un fait exact: la résistance, sous un terrible bombardement, du 10 au 12 juin 1916, de deux sections du 137e dont la plupart des hommes périrent. Un fait, hélas, banal, comme il s'en produisit dans bien d'autres secteurs du champ de bataille. Cette tranchée fut d'abord connue sous le nom de Tranchée des *fusils*, soit que des fusils, posés au bord de la tranchée, soient restés apparents malgré la terre remuée par le bombardement, soit qu'ils aient été placés là par des soldats pour signaler une sépulture collective faite à la hâte, comme on le vit dans d'autres secteurs.

Sur ce fait incontestable, se greffa très vite une légende: les soldats de ces deux sections auraient été enterrés vivants, debout, alors qu'ils attendaient une attaque, baïonnette au canon. La tranchée devint alors Tranchée des *baïonnettes*. Des fusils aux baïonnettes, la différence semble minime; en fait, elle est considérable. La baïonnette appelle toute une série d'images d'Épinal où se complaît le patriotisme de l'arrière, ces images dont le dessinateur Georges Scott écrivait un jour: «Ce que vous avez vu dans *L'Illustration* n'est

que de l'imagerie ; ce que je fais pour moi, pour après, vous verrez [...] est bien différent[18]. » Avec la baïonnette, vont l'héroïsme de pacotille, le faux courage et le faux sublime de soldats qu'on voudrait impatients de donner l'assaut, vibrants de patriotisme et mourant joyeux. La réalité était plus sobre : Pétain écrit très justement que les soldats accomplissaient leur devoir avec simplicité, sans forfanterie. Une anecdote illustre leur état d'esprit : elle se passe en 1916 ; un jeune aspirant, dont c'était le baptême du feu, entreprend de faire à ses hommes, dans la tranchée, un « laïus patriotique ». Un ancien, qui a fait la bataille de la Marne, l'interrompt : « Ça va, bleusaille, ferme ta gueule et commande[19]. » Comme le dit abruptement Pierre Mac Orlan : « La mort patriotique est une mort de débutant dans la guerre[20]. »
La légende de la Tranchée des baïonnettes est un pieux mensonge, mais un mensonge. Les obus sont incapables de combler une tranchée, au sens où les non-combattants comprennent combler ; ils creusent autant qu'ils comblent[21]. Quand une tranchée était pilonnée par les obus, les soldats n'attendaient pas sagement, debout, la mort sur place : ils s'égaillaient dans les trous d'obus. La baïonnette, enfin, servait très rarement, et pour l'attaque, pas pour la défense. Le 12 juin 1916, le 137e était attaqué ; pourquoi aurait-il mis baïonnette au canon ? Pour repousser l'attaque ? Mais l'ennemi n'attaque pas tant qu'il bombarde : il n'envoie pas ses soldats sous ses propres obus. Norton Cru a raison, qui juge cette légende conforme aux notions absurdes que les premiers touristes avaient de la bataille[22].
Au demeurant, personne ne soutient plus l'exactitude de ce récit. Ducasse, Meyer et Perreux jugent peu probable que des hommes aient pu être enterrés debout ; pour eux, les baïonnettes ont été « vraisemblablement adaptées après coup » ; c'est une légende dont le public « n'est pas à même d'apprécier l'invraisemblance ». Mais après avoir ainsi démystifié le récit, ils retirent toute portée à leurs critiques et déclarent la légende authentique. La différence entre l'imagerie patriotique édifiante et la réalité se trouve abolie : « ici, la légende rejoint l'histoire[23] ». Même formule et même réconciliation dans l'ouvrage de Jacques-Henri Lefebvre[24]. Et, tout en disant la vérité aux touristes, les guides officiels légitiment aujourd'hui la supercherie :

> À la Tranchée des baïonnettes, l'Histoire finit par se confondre avec la légende. [...] Il est probable que des hommes du 137e furent ensevelis vivants comme cela était, hélas, fréquent ; d'autres, tués, asphyxiés, gisaient au fond de cette tranchée au bord de laquelle restèrent appuyés les fusils [...] les Allemands achevèrent de combler cette tombe[25].

Ce refus de choisir entre l'histoire et la légende est possible aujourd'hui : l'enjeu du débat n'est plus guère perceptible. Au lendemain de la guerre, il en allait autrement. Avec la commémoration d'une telle légende, la mémoire de l'arrière refoulait celle des combattants. Trop dispersés, trop heureux aussi d'être rendus à la vie civile, les anciens soldats n'avaient guère voix au chapitre. Verdun devenait un haut lieu de l'identité nationale, mais de quelle nation ? la France, nation de héros patriotes ou de citoyens consciencieux ? Le choix n'opposait pas seulement deux représentations de la bataille, Nivelle et Pétain en quelque sorte, ni même deux conceptions de la valeur militaire : les façons de combattre renvoient aux raisons de combattre et à la nature même de ce pour quoi l'on avait combattu.

En définitive, pourtant, la mémoire des combattants l'a emporté. Au vrai, l'état du champ de bataille au lendemain de la guerre imposait leur lecture à la nation ; ils n'eurent pas à se mobiliser pour la faire prévaloir.

C'est que Douaumont, Vaux ou le Mort-Homme ne sont plus en 1919 que des trous d'obus, des ferrailles et des cadavres. Des touristes emportent des os ou des crânes ; les ferrailleurs, qui expédient des wagons entiers de cuivre et d'acier, ne cessent de mettre au jour des dépouilles, françaises ou allemandes. On ne pouvait laisser les choses en l'état : il fallait recueillir les cadavres, les soustraire aux curiosités déplacées et leur rendre les honneurs dus aux morts, quels qu'ils soient. La nécessité d'une sépulture collective s'imposait.

C'est alors qu'apparaît l'idée de construire à Verdun un « ossuaire ». Le mot même mérite d'être relevé, car il témoigne d'un déplacement des significations. À l'origine, en effet, ceux qui souhaitaient élever à Verdun un monument commémoratif utilisaient plutôt le terme de « mausolée », plus littéraire, plus glorieux aussi. Le sens funéraire du mausolée est atténué par une certaine splendeur architecturale ; l'ossuaire revendique au contraire ouvertement une fonction de sépulture innombrable et anonyme. Or, l'idée de mausolée était dans l'air, dès 1917. La bibliothèque de Verdun conserve un projet de « Mausolée National consacré à la mémoire des Héros français et alliés tombés au Champ d'Honneur » daté de 1916 et dû au secrétaire de la Société nationale des beaux-arts. Et c'est sans doute un peu par réaction contre de tels projets monumentaux que *L'Illustration* du 23 février 1918 écrit en légende d'un dessin : « Le plus beau mausolée pour les morts de Verdun : grand mur ruiné du Fort de Douaumont ».

L'initiative de construire un ossuaire à Douaumont revient à l'évêque de Verdun, Mgr Ginisty, qui aurait conçu cette résolution le 22 novembre 1918, alors que, de retour dans sa cité, il parcourait les secteurs de Fleury, Vaux et Douaumont. Elle est en tout cas lancée dans le public lors d'une réunion au Trocadéro, le 16 février 1919, et, dès cette année, une baraque en planches sert d'ossuaire provisoire. Les restes retrouvés sur le champ de bataille y sont déposés, par secteurs, et les touristes invités à venir rendre « un pieux hommage aux reliques de nos glorieux défenseurs ».

La Nation *La gloire*

Inauguration de l'Ossuaire de Douaumont
(seules la lanterne des morts et la partie centrale sont achevées), le 18 septembre 1927.

Verdun

L'Ossuaire de Douaumont est ainsi l'œuvre d'une association privée, déclarée bientôt œuvre de guerre, et que préside l'évêque de Verdun. Par une médiation digne d'intérêt, la religion joue en effet un grand rôle dans la transformation de Verdun en lieu de mémoire ; c'est elle qui impose un culte funéraire et pacifique que les combattants peuvent faire leur. En d'autres temps, la religion aurait peut-être donné davantage dans le patriotisme et l'exaltation de la victoire. Mais, sous le régime de la séparation des Églises et de l'État, dans un pays où le président de la République estime ne pas pouvoir assister en personne au *Te Deum* de la victoire et se fait représenter par sa femme, la religion n'avait de place reconnue que dans le culte des morts. Les édifices commémoratifs devant être laïcs, seuls les édifices funéraires pouvaient s'affirmer religieux. L'Ossuaire fut donc conçu comme un monument funéraire et religieux, ouvert d'ailleurs à toutes les religions, puisque le programme technique soumis aux architectes spécifiait la nécessité de prévoir, à côté d'un sanctuaire catholique, trois édifices pour les cultes protestant, israélite et musulman. Il était seulement précisé qu'étant donné le nombre considérable de catholiques tués à l'ennemi le sanctuaire catholique devait avoir une place nettement prépondérante tant comme importance que comme emplacement.

La construction de l'Ossuaire dura plus d'une dizaine d'années. La première pierre fut posée le 20 août 1920, avant même le choix du projet définitif, le 24 mars 1923. La première partie de l'édifice fut inaugurée les 18-21 septembre 1927, en présence du président de la République, et son successeur revint à Douaumont pour l'inauguration définitive, les 6-8 août 1932.

Cette entreprise engagea en fait beaucoup plus que ses promoteurs. Ou plutôt, ceux-ci, pour la mener à bien, durent mobiliser de larges concours. La construction de l'Ossuaire coûta quinze millions, dont un seul fut apporté par l'État, alors que l'édifice était presque terminé. Le comité de l'Ossuaire se procura les quatorze autres par une intense propagande. Les collectivités locales, sollicitées, apportèrent leur soutien : cent vingt-deux villes françaises et dix-huit villes étrangères participèrent au financement. Surtout, des comités locaux se constituèrent à travers toute la France, pour réunir les fonds nécessaires en organisant des «journées des morts de Verdun», des «soirées patriotiques», de «grandes solennités musicales», reprenant la tradition éprouvée des kermesses laïques ou des ventes de charité. Bien que le comité national ait eu pour président l'évêque de Verdun, encadré par le maire de la ville et deux généraux ; bien que les propagandistes les plus actifs aient été Mgr Ginisti et le chanoine Lombard, et que le chapelain de Douaumont se soit dépensé sans compter ; bien que le trésorier de l'œuvre, un homme habile dans ses placements, ait été un ecclésiastique, l'abbé Mouton, l'œuvre de l'Ossuaire prolonge l'union sacrée et ses comités réunis-

Verdun

sent des notables venus d'horizons très divers. Voici, par exemple, celui d'Avignon : présidé par un inspecteur honoraire de l'enseignement primaire, son bureau comprend la directrice du collège, le vice-président du Bloc des mutilés, le directeur de l'école primaire supérieure, un sténographe de la mairie et un employé de la trésorerie générale ; les classes moyennes laïques sont ici fort actives. Ailleurs, à Tourcoing par exemple, le comité est plus bourgeois et son bureau comprend un entrepreneur, deux négociants, un industriel, le secrétaire général de la Fédération amicale des combattants et une veuve de guerre. Grâce à ces innombrables bénévoles, des dizaines de milliers de souscripteurs anonymes assurèrent la sépulture de dizaines de milliers de soldats inconnus.

Monument véritablement national par son financement, l'Ossuaire de Douaumont doit à son architecture une originalité qui le place à part dans la série des monuments funéraires de la guerre de 1914. Il n'a rien de commun avec les églises de Notre-Dame-de-Lorette ou de Dormans. On ne peut pourtant pas dire qu'il soit beau. En fait, le jury qui choisit le projet de Léon Azéma en 1923 fut sensible à ses qualités fonctionnelles : volume intérieur assez vaste pour abriter des cérémonies importantes, distinction des lieux destinés aux cultes et de ceux où seraient réunis les ossements et accueillis les visiteurs, structure modulaire qui autorisait une réalisation par étapes, au gré des disponibilités, et qui permit d'ailleurs d'amputer d'un tiers environ le projet, quand les souscriptions s'essoufflèrent.

Tel qu'il se présente aujourd'hui, comme il y a plus de cinquante ans, l'Ossuaire de Douaumont est un monument inclassable, ni religieux, ni civil, ni militaire. Son soubassement trapu veut évoquer la digue que les défenseurs de Verdun opposèrent à l'envahisseur, mais il a des allures de casemate. Quant à la tour qui domine de quarante-six mètres le plateau, ce n'est ni un phare, ni un clocher, bien que sa nature funéraire ait permis de donner à ses quatre faces une structure en forme de croix. Au vrai, c'est une gigantesque stèle funéraire : l'Ossuaire est un immense monument aux morts.

Les cultes qui se déroulent à Verdun sont très divers. Il y eut longtemps des cultes privés : des veuves, des parents venaient en pèlerinage sur les lieux où leur mari, leur fils avait disparu. Des anciens combattants grisonnants venaient aussi, entre les deux guerres, en pèlerinage sur les lieux qui les avaient marqués. Pierre Mac Orlan nous les montre solitaires – la première fois ils avaient emmené leur famille, mais elle s'était ennuyée... –, attentifs aux transformations du terrain au mètre près dans le secteur qui leur était familier et qu'ils revisitaient à pied, fidèlement. Pour eux, savoir s'il faut ou non reboiser les champs de bataille mérite, en 1930, un vrai débat[26].

Des cultes plus collectifs s'organisèrent bientôt, qui trouvèrent leur accomplissement et leur rite central dans la visite recueillie de l'Ossuaire. Les plus fréquents furent longtemps les pèlerinages d'anciens combattants. À partir de 1927-1928, quand elles furent devenues puissantes, les associations locales d'anciens combattants organisèrent souvent de grands voyages en autocar : c'était pour elles une façon de réunir leurs adhérents, tout en répondant à un besoin de sociabilité. Les champs de bataille constituaient le but naturel de ces voyages, et d'abord ceux de Verdun. Les pèlerinages combattants se caractérisent par des marches silencieuses, dont l'Ossuaire est le terme. Le silence est de règle, depuis le début : la statue de la Résignation, placée devant l'ossuaire provisoire, mettait déjà un doigt sur sa bouche pour inviter à se taire. On ne parle pas devant un mort et les morts sont ici partout présents. Ce sont des marches, d'autre part : les itinéraires sont des lieux de souvenir plus collectifs que les emplacements précis où l'on était seul, pour subir ou combattre. À la dispersion des lignes où l'on montait en 1916 par des cheminements communs au départ, l'Ossuaire substitue un objectif commun, rassemblant en un même lieu des ossements recueillis sur l'ensemble du champ de bataille. C'est dans son cloître que les pèlerinages trouvent leur accomplissement, dans un recueillement qui prend parfois la forme d'une veillée.

Les formes les plus achevées du pèlerinage combattant sont les «fêtes de la Bataille», organisées au mois de février, à partir de 1927, par les combattants de la T.C.R.P. Cette liturgie comprend une veillée dans le cloître de l'Ossuaire ; à l'aube, une procession fait le tour du cloître et fleurit, un à un, les caveaux contenant les ossements. Un peu différente fut la journée nationale du 12 juillet 1936 : vingt mille anciens combattants, parmi lesquels des délégations allemande et italienne, montèrent à partir de huit heures du soir, depuis la chapelle Sainte-Fine, jusqu'au cimetière de Douaumont, où chacun prit place devant une tombe ; tous ensemble prononcèrent alors le serment de sauvegarder et de vouloir la paix, puis ils allèrent fleurir les marches de l'Ossuaire. De toute façon, la liturgie combattante est une liturgie funéraire, civile et pacifique. Elle ne comprend ni *Marseillaise*, ni défilé militaire ou prise d'armes, ni discours des autorités : chacun doit s'effacer, se taire et méditer. Devant l'immensité du sacrifice commémoré, la paix s'impose comme valeur suprême, par-delà les égoïsmes et les orgueils nationaux.

Les fêtes de la Victoire, organisées depuis 1920 par la municipalité de Verdun, ont une tonalité différente et entretiennent la mémoire nationale plus que la mémoire combattante. La date choisie, le 23 juin, est en partie arbitraire : c'est le 12 juillet 1916 que l'ultime offensive allemande, lancée le 23 juin, atteignit son point extrême, mais le 12 juillet était trop proche du 14. Étalées sur deux journées, ces fêtes comprennent une entrée des drapeaux dans la

Verdun

ville, un office religieux, une revue des troupes, suivie de discours et d'un défilé militaire, pour s'achever par une veillée funèbre à l'Ossuaire. Les inaugurations de 1927 et surtout de 1932, plus spectaculaires, s'inscrivent dans la même tradition : même si l'on n'oublie pas les morts, l'important est de célébrer la patrie et sa victoire.

Rien ne marque mieux le caractère des fêtes de la Victoire que le choix des personnalités qui les président. Jusqu'en 1952, les deux tiers des présidents ont été des généraux ou des maréchaux. Entre les deux guerres, le maréchal Pétain est venu quatre fois à Verdun présider ces fêtes, et le président Poincaré deux fois. Il s'agit bien d'une commémoration officielle et patriotique.

Après la Seconde Guerre mondiale, cependant, le climat change. En 1954, l'Allemagne entre dans l'O.T.A.N. En 1956, pour la première fois, des Allemands venus visiter les champs de bataille sont officiellement reçus à la mairie de Verdun. L'heure est à la réconciliation franco-allemande et à la construction européenne. Ce sont alors des civils qui président les fêtes de la Victoire. La différence s'atténue entre les commémorations officielles et les liturgies combattantes ; bientôt, le 22 septembre 1984, on verra le président de la République française et le chancelier de la République fédérale allemande venir se recueillir au cimetière de Douaumont, en silence, côte à côte et la main dans la main.

Les pèlerinages changent aussi progressivement de nature. Les combattants de Verdun prennent de l'âge ; ils peinent à parcourir à pied les champs de bataille ; encore quelques années, et ils ne viennent plus. La végétation reprend ses droits et la forêt recouvre les trous d'obus. Les touristes, présents dès 1919, deviennent plus nombreux, avec la démocratisation des vacances et de l'automobile : chaque année, Verdun accueille un demi-million de visiteurs. Beaucoup savent seulement qu'il y a eu là une bataille mémorable, digne de mémoire, mais ils en ignorent le déroulement, le calendrier et la topographie. Il leur faut des explications, des guides, des pancartes. Tandis que la mémoire émue des survivants s'éteint peu à peu, la nécessité s'impose d'organiser le souvenir : l'histoire prend le relais de la ferveur.

En 1939, la Fédération meusienne des anciens combattants avait décidé de construire à Verdun une «maison du combattant», comme d'autres associations l'avaient fait au Havre, à Orléans et ailleurs. Le projet comportait une vaste bibliothèque et un «diorama», mais la guerre le fit abandonner. En 1951, le Comité national du souvenir de Verdun, qui existait depuis 1926, reprit vigueur. Présidé par Maurice Genevoix, il résolut en 1959 de construire sur le champ de bataille un Mémorial, qui fut inauguré en 1967.

Le Mémorial présente aux visiteurs des cartes, des photographies, des documents de toutes sortes. Son musée expose les matériels utilisés en 1916 et des reconstitutions historiques qui aident l'imagination. Une carte lumineuse permet de comprendre rapidement le déroulement de la bataille. Soucieux d'enrichir ses collections, de susciter des recherches historiques, d'organiser des colloques, le Mémorial de Verdun n'est pas un lieu de culte mais d'instruction ; expliquer et enseigner ce que fut la bataille de 1916 est la seule façon d'en perpétuer le souvenir, maintenant que s'éteignent les anciens de Verdun.

3. De la mémoire au symbole

Les liturgies du souvenir qui se déroulent à Verdun proposent ainsi de la bataille trois mémoires contradictoires et complémentaires : celle de la cérémonie officielle patriotique, celle du recueillement funéraire combattant et celle du tourisme historique. Mais ces cultes locaux ne suffisent pas à faire de Verdun un symbole national. Certes, comme la «noria» a fait traverser l'enfer de Verdun à un très grand nombre de combattants, les pèlerinages au champ de bataille concernent chaque année, entre les deux guerres, des centaines de milliers de Français et les liturgies de Verdun rencontrent un large écho. Mais d'autres discours structurent la conscience collective des Français : depuis 1916, on ne cesse de parler de Verdun. Qu'en dit-on ?
À cette question, on ne saurait apporter de réponse uniforme, car les discours tenus ont évolué avec le temps. Schématiquement, on peut distinguer trois vagues successives de livres sur Verdun[27]. La première commence au moment même de la bataille et dure quelques années pour s'achever dès 1922-1923. Une sorte de saturation est alors perceptible, si bien que le dixième anniversaire de la bataille n'est pas marqué par une floraison de livres. Cette première période se caractérise par la juxtaposition de deux discours qui nous sont familiers. Le discours officiel et patriotique est tenu par les premiers historiens de la bataille, comme Henry Bordeaux[28], qui proposent un récit vu de l'état-major, où les généraux et colonels sont présents plus que les soldats : livres naturellement portés à l'héroïsme, et qui se meuvent aisément dans l'espace compris entre le communiqué et le fait d'armes. Le discours combattant prend l'exact contre-pied de cette histoire officielle : témoignages individuels, qui ne prétendent pas donner une vue d'ensemble de la bataille, mais restituer avec authenticité ce que les combattants ont vécu. Quelques-uns des meilleurs récits de guerre paraissent à cette époque, comme ceux de Delvert, de Gaudy, de Jubert ou de Daniel Mornet[29]. Les uniformes chamarrés n'ont pas de place dans ces souvenirs de boue, de peur, de misère et de mort.
Pour Verdun, comme pour l'ensemble de la littérature de guerre mais de façon sensiblement plus marquée, un regain d'intérêt apparaît à la fin des années 1920 : comme si Verdun commençait à résumer à lui seul l'ensemble de la guerre. Une seconde vague de publications se dessine alors, qui se pro-

Verdun

longe jusqu'en 1939. Les deux discours de la période précédente se retrouvent, mais ils se mêlent désormais. C'est qu'on ne peut plus faire semblant d'ignorer ou peindre en rose cocardier l'horreur de la bataille : l'Ossuaire accumule trop de cadavres et les films, notamment *Verdun, souvenirs d'histoire* (1928) et *Les Croix de bois* (1931), montrent trop d'images impressionnantes des bombardements au quotidien[30]. Aussi peut-on accorder une valeur emblématique aux deux livres qui encadrent cette période, *La Bataille de Verdun* du maréchal Pétain, en 1929, qui évoque les soldats avec émotion et justesse de ton ; le *Verdun* de Jules Romains, en 1938, qui tente une étonnante synthèse impressionniste de points de vue complémentaires.

Le trait le plus caractéristique de cette période est pourtant ailleurs : dans une tentative des combattants pour reconquérir leur histoire, celle de la guerre. Une dizaine d'années ont passé, depuis la fin du conflit. Les souvenirs se sont apaisés, les cauchemars s'espacent. Les combattants s'affirment dans la vie nationale : avec Tardieu, l'un des leurs accède, pour la première fois, à la direction du gouvernement et la Chambre, en votant la retraite du combattant, leur exprime la reconnaissance, tardive, du pays. Laisser à d'autres, qui n'ont pas fait la guerre, ou qui l'ont faite loin du front, le soin d'en écrire l'histoire n'est plus possible. Le moment est venu d'une histoire combattante.

André Ducasse avait montré la voie, en présentant chez Flammarion en 1932 *La Guerre racontée par les combattants* : des extraits des meilleurs récits de guerre publiés. Mais Verdun n'était pas le seul sujet de ces deux petits livres. L'année suivante, Jacques Péricard publie à la Librairie de France un monumental *Verdun* de cinq cent trente-quatre pages grand format, abondamment illustré de photographies d'époque. L'œuvre connaîtra un vif succès et elle marque l'historiographie de la bataille. Péricard avait en effet sollicité des témoignages et plus de six mille combattants lui avaient répondu. Son *Verdun* utilise une bonne moitié de ces témoignages inédits qu'il enchâsse dans un récit chronologique extraordinairement détaillé : c'est la bataille, secteur par secteur, jour par jour et parfois heure par heure. Chaque chapitre comprend, en outre, des annexes qui, sur une question plus générale – les relèves, le service de santé, etc. –, réunissent les témoignages les plus significatifs et rompent la monotonie de la chronique.

Le *Verdun* de Péricard ne compte pas seulement par sa richesse documentaire. Il marie en fait l'histoire officielle patriotique et le témoignage combattant. Il tente de faire se rejoindre l'histoire de la bataille vue d'en haut, des états-majors, par les généraux, les colonels, les commandants, abondamment cités, et l'histoire vue d'en bas, par les simples soldats, les hommes du rang. Or, ce n'est pas la même bataille que l'on voit, de ces deux positions, et ces deux histoires n'ont ni la même inspiration, ni le même sens. Plus qu'une synthèse, ce *Verdun* est un compromis.

Au vrai, il exprime une contradiction qu'éprouvent beaucoup de combattants, et Péricard lui-même, de façon exemplaire. Authentique combattant de Verdun, lieutenant au 95ᵉ R.I., Péricard avait publié en 1918 un livre contesté, *Debout les morts*. L'épisode central de ce récit vibrant de patriotisme est le moment où, submergé par l'ennemi, il aurait galvanisé les hommes qui lui restaient en leur criant: «Debout les morts!» On voit bien l'image d'Épinal tricolore qu'appelle une telle légende... Le livre ne mérite pourtant pas une condamnation aussi sévère que celle de Norton Cru. C'est même un intéressant exemple de transformation de la mémoire combattante par celle de l'arrière. Péricard n'écrit pas lui-même, en effet, qu'il a crié: «Debout les morts!» C'est Maurice Barrès qui, dans sa préface, commente son récit, le sollicite et trouve la formule. Assurément, Péricard l'authentifie en l'acceptant pour titre de son livre. Il croit à la gloire, à l'héroïsme. Il s'indigne dans *Verdun* que Norton Cru mette en doute l'authenticité de la Tranchée des baïonnettes, comme si la critique était dénégation du sacrifice immense consommé sur la croupe de Thiaumont. Mais, par un autre côté de lui-même, Péricard est un combattant du rang, qui sait ce que fut la bataille et ses vraies misères; il place le courage dans les gestes quotidiens du métier de soldat et dénonce les fanfaronnades, comme les offensives pour le communiqué. Il alimente la légende, tout en s'efforçant de faire entendre la parole même des soldats de Verdun.

C'est à cette époque que se fixe probablement l'image collective de la bataille. Dans l'imaginaire national, Verdun, c'est d'abord le plus monstrueux bombardement de toutes les guerres, en intensité et en durée – six mois. Les Allemands avaient réuni plus de mille deux cents pièces de canon, soit une pièce pour vingt-cinq mètres de front. Le 15 juillet, ils avaient tiré vingt et un millions d'obus de calibre supérieur à 120, et sans doute plus encore d'un moindre calibre: c'est environ un gros obus par mètre carré du champ de bataille. D'où cet aspect lunaire, si impressionnant, si caractéristique: Verdun, ce sont d'abord des trous d'obus[31]. Les autres traits marquants de la bataille découlent de l'ampleur du bombardement. Les relèves étaient effroyablement pénibles. «Chaque soir, à la nuit tombante – dira Pétain – on voyait de petites colonnes gravir les côtes en direction des plateaux où fumait la bataille: files d'hommes silencieux et graves, conscients du sort qui leur était réservé[32].» Divergeant à partir des passages de la Meuse, les communications avec l'avant étaient inévitablement concentrées sur un petit nombre d'itinéraires, encombrés par les évacuations de blessés, les corvées d'approvisionnements et les relèves. Connus et repérés, ces itinéraires étaient souvent bombardés. On y laissait toujours des blessés et des morts. Au fur et à mesure que les soldats avançaient, harassés, le boyau se faisait moins profond. Bientôt, ce n'était plus qu'un vague creux, jalonné de trous d'obus. «Nous franchissons des morts et des blessés. La forêt n'a plus un arbre intact;

Verdun

des tronçons, çà et là, restent debout; le sol est un chaos de pierres où gisent grenades, munitions, armes, capotes, corps inanimés, corps pantelants[33]. »
Dans la nuit, on cherche le guide de l'unité qu'on relève : souvent, on ne le trouve pas et les hommes de tête se découvrent tout à coup face aux Allemands. D'autres fois, « à la lueur des éclatements et des fusées éclairantes, les fractions relevantes finissaient par trouver, au fond de quelques trous d'obus, les débris des éléments à relever[34] ».
Alors commençait un drame de quatre, cinq ou six jours, car les unités ne restaient guère plus en ligne, installées « dans des trous d'obus vaguement organisés[35] », avec la consigne simple et répétée de tenir à tout prix. Plus que le combat acharné, mais épisodique, au fusil ou, surtout, à la grenade, le souvenir collectif retient de l'enfer de Verdun des traits effroyables. Le bombardement systématique, obstiné, obsédant, sans cesse ni relâche; des corps broyés, déchiquetés, ensevelis; des obus qui écrasent, tout près, des camarades avec qui l'on aurait pu se tenir. La faim, car les corvées de soupe arrivaient rarement à bon port. La pluie et le froid, au cours des premiers mois de la bataille, car il n'y avait pas d'abri et faire du feu était évidemment exclu. La soif ensuite, une soif horrible, qui faisait boire l'eau croupie des trous d'obus, où pourrissaient des débris de toute sorte.
Comme Auschwitz durant la Seconde Guerre mondiale, Verdun marque, en effet, dans la Première, une trangression des limites de la condition humaine. Les soldats étaient livrés sans défense aux obus, sur un sol nu, ravagé, dévasté, inhumain. Retranchés de l'humaine société, abandonnés aux éléments – la pluie, la neige, le vent, le froid – sans pouvoir satisfaire leurs besoins les plus élémentaires, ils se trouvaient ramenés en deçà de toute civilisation. Sans doute s'agissait-il d'hommes frustes et rudes, habitués à coucher à la dure, à travailler jusqu'à l'abrutissement, à vivre sans chauffage, à manger chaque jour la même soupe frugale... Le XIXe siècle finissant n'est pas encore celui du confort moderne ni du loisir pour les masses. Il n'empêche : une semaine à Verdun, c'est un voyage au bout de la condition humaine, au-delà de tout ce qu'on avait pu imaginer.
Et pourtant, malgré l'épuisement, « dans cet enfer et contre toute vraisemblance, nos hommes tenaient » dit Pétain. Les pertes étaient parfois effroyables, et l'on vit des régiments descendre de Verdun réduits à la taille d'une compagnie. En général, au moins la moitié des hommes étaient tués ou blessés. La relève était attendue comme une délivrance. Les soldats qui revenaient des lignes, au petit matin, ivres de fatigue, la tête vibrant encore des explosions, faisaient très exactement figure de « revenants ».

> Ils allaient, la tête penchée, le regard morne, accablés sous leur barda, tenant à la bretelle leur fusil rouge et terreux. C'est à peine si la cou-

leur des visages différait de la couleur des capotes. La boue avait tout recouvert, avait séché, et d'autre boue avait à nouveau tout souillé. Les vêtements comme la peau en étaient incrustés [...] Ils avaient perdu jusqu'à la force de se plaindre. On voyait dans les regards un abîme inouï de douleur, quand ces forçats de la guerre levaient la tête vers les toits du village. Et dans ce mouvement, leurs traits apparaissaient figés dans la poussière et tendus par la souffrance ; il semblait que ces visages muets criaient quelque chose d'effrayant : l'horreur incroyable de leur martyre[36].

L'image collective qui prévaut ainsi, entre 1929 et 1939, atteint un certain équilibre. Image réaliste et précise de la vie et de la mort du soldat, elle ne place pas son courage dans l'ignorance ou le mépris du danger. Pétain, demandant si le soldat de Verdun était touché d'une grâce particulière pour avoir été porté aussi naturellement à l'héroïsme, répond alors en tournant le dos au discours militaire officiel qu'ils ne prétendaient pas à l'héroïsme : « Nous qui l'avons connu, nous savons qu'il était très simplement un homme, avec ses vertus et ses faiblesses, un homme de notre peuple, dont les pensées et les affections étaient restées attachées [...] au cercle de famille, à l'atelier, au bureau, au village, à la ferme où il avait grandi. » Faisant consciencieusement son métier, « il montait en ligne, assurément sans enthousiasme, mais sans faiblesse[37] ». Le stéréotype de Verdun, ce n'est plus l'héroïsme, l'assaut, baïonnette au canon, l'amour vibrant de la patrie ou la haine du Boche. Ce sont ces revenants boueux et hagards, mais qui ont tenu. La nation retient de Verdun que la France est restée elle-même parce que des hommes ont accepté d'endurer une épreuve inhumaine, effroyable et meurtrière.

La Seconde Guerre mondiale recouvre la mémoire de Verdun et impose le souvenir d'autres atrocités, plus effroyables encore. Verdun n'a plus le même succès aux devantures des libraires. Il faut attendre la fin des années cinquante et surtout le cinquantenaire de 1966 pour que de nouveaux ouvrages paraissent[38]. Plus courts que les livres d'avant-guerre, plus distanciés, ils s'adressent aussi à un public où les anciens de Verdun se trouvent plus rares. La question est alors moins d'imposer une interprétation, une lecture de la bataille que d'en empêcher l'oubli. Les récits se font donc à la fois plus didactiques et plus généraux : l'important est de donner une vue d'ensemble de la bataille à des lecteurs qui en ignorent presque tout et non de suivre au jour le jour ses péripéties à l'intention d'anciens combattants. Le livre de J.-H. Lefebvre, que Durassié publie en 1960, tout en restant très événementiel et très riche, n'a qu'un lointain rapport avec le Péricard qu'il remplace : ce n'est plus un monument pieusement édifié à la mémoire des combattants de Verdun. De même qu'après l'Ossuaire

Verdun

vient le Mémorial et son musée, au temps de la commémoration solidaire succède celui de l'histoire.

« Celui qui n'a pas fait Verdun n'a pas fait la guerre » : ces propos tenus pendant la bataille même[39] signalent une identité durable. Pour nos contemporains, la guerre de 1914 se résume dans ce nom. Verdun est à la fois le sommet de la guerre, son point culminant en quelque sorte, et son essence même. Ce n'est pas seulement l'épisode décisif où s'est jouée l'issue du conflit, mais la bataille où se concentrent, de façon exemplaire, les traits les plus caractéristiques de cette guerre.

Verdun, c'est ensuite une bataille « pacifique ». Le souvenir s'en est gardé d'autant mieux qu'il n'était ni humiliant, ni agressif. Les peuples se souviennent de leurs défaites mais les ensevelissent au plus profond de leur mémoire : où sont les commémorations de la défaite de 1870 ou de la débâcle de juin 1940 ? Inversement, les peuples hésitent à perpétuer le souvenir de leurs conquêtes : ce serait rappeler à d'anciens adversaires leur humiliation et se justifier d'avoir été une nation de proie. Verdun est une victoire défensive, qui consista à ne pas être battu et à empêcher les Allemands de passer. On rejoint ici, plus globalement, le souvenir même de la guerre de 1914, imposée par l'agression allemande : se battre était pleinement légitime, puisqu'il s'agissait de défendre le sol de la patrie ; gagner la guerre n'était pas enlever quelque chose à l'ennemi, mais seulement rester soi-même. En Verdun, la France trouve d'elle-même une image à la fois victorieuse et pacifique, où la Nation s'affirme sans s'affirmer contre d'autres. Image flatteuse, où l'orgueil national rencontre la morale internationale. La France, guerrière invaincue, mais soldat du droit et de la liberté. Le drapeau de Napoléon, avec les principes de 1789. Bref, une certaine idée de la France.

Verdun, enfin, c'est le souvenir d'une épreuve épouvantable, horriblement meurtrière. Sans réaliser pleinement ce que fut le martyre des combattants de Verdun, les Français d'aujourd'hui savent confusément qu'ils y sont morts par centaines de milliers – deux cent soixante-dix mille environ – et dans des conditions effroyables. En ces lieux s'est consommé un sacrifice innombrable dont le détail s'estompe, mais dont la leçon doit être pieusement conservée : c'est la vie qui est sainte, non la mort, et si légitimes, si nécessaires que puissent être certaines guerres, la paix vaut davantage. Le travail de mémoire collectif entoure les combattants de Verdun d'un respect silencieux et grave : exemplaires certes, mais victimes innocentes qu'il aurait mieux valu épargner. Faire de Verdun l'un des hauts lieux de la mémoire nationale, ce n'était pas seulement affirmer que les plus grandes victoires sont défensives ; c'était proclamer que le prix en est au-delà de toute appréciation.

En devenant symbole, l'événement s'estompe pourtant peu à peu ; il s'éloigne implacablement de nous et s'appauvrit dans la mémoire collective. Pour nos contemporains, Verdun n'est plus un souvenir chaud et précis mais une notion vague. On sait que ce fut épouvantable, et que ce fut, pour finir, une victoire, mais cela n'appartient plus à notre monde. Les simples hommes qui souffrirent et moururent là-haut s'enfoncent chaque jour davantage dans un autre univers, dans une époque à jamais révolue.

Verdun marque ainsi, symboliquement, la frontière de deux mondes. Un monde ancien, où les hommes étaient capables d'endurer des conditions de vie aujourd'hui inimaginables et de se sacrifier par devoir, s'accomplit en Verdun comme en un paroxysme. Un monde nouveau commence, où le patriotisme change de visage et de sens. Le spectre de la guerre reste présent et l'hécatombe n'est pas définitivement conjurée, mais elle menace l'humanité entière, non la France en tant que telle. Avec les chars, les missiles et les armes atomiques, la guerre ne saurait plus prendre la forme primitive d'une lente accumulation de morts individuelles au terme d'un long calvaire. L'horreur peut régner de nouveau sur le monde, mais sous des formes différentes, plus brutales, plus massives, plus rapides, et qui n'exigeront pas l'intime consentement des victimes.

Verdun occupe, de ce fait, une position exceptionnelle dans la mémoire nationale, ce n'est pas un épisode parmi d'autres, un élément d'une série, mais le point indépassable où le patriotisme du XIXe siècle trouve son apogée et sa limite dans un immense sacrifice, à la fois sur-humain et in-humain. Aussi l'imaginaire collectif ne peut-il ni l'oublier, ni le comprendre vraiment. Dans la mémoire de Verdun, il entre cette part irréductible de mystère et de sacré qui désigne les légendes.

---

1. C'est ce que disait Falkenhayn et qui inquiétait le Kronprinz : « Ce qui m'inquiétait, c'était la pensée, maintes fois exprimée, du chef d'état-major général, que l'on arriverait ainsi à "saigner" l'armée française, que la place tombe ou non. » Kronprinz, *Souvenirs de guerre*, trad. franç., Paris, Payot, 1923, p. 205.

2. L'expression est du maréchal Pétain, *La Bataille de Verdun*, Paris, Payot, 1929, p. 9. Pétain n'admet pas cette interprétation et pense que les Allemands cherchaient la rupture du front. L'alternative : Belfort ou Verdun est mentionnée par le Kronprinz.

3. Discours du général Dubail au Trocadéro, pour l'anniversaire de la bataille, *Le Temps*, 24 février 1919. L'impréparation de la défense de Verdun est bien connue : le général Herr, commandant la région fortifiée de Verdun, avait multiplié les avertissements, relayé en décembre par le colonel Driant, député, qui devait mourir au bois des Caures au début de la bataille. Le 16 décembre 1915, Gallieni avait signalé à Joffre les lacunes de la défense de Verdun.

Verdun

4. Raymond Poincaré, *Au service de la France*, t. VIII : *Verdun 1916*, Paris, Plon, 1931, p. 87 *sq.*

5. Général Serrigny, *Trente Ans avec Pétain*, Paris, Plon, 1959, p. 64. Pétain fait allusion à la différence de perspective entre Poincaré et lui, sans aller aussi loin, *op. cit.*, p. 68.

6. Jean de Pierrefeu, *G.Q.G. secteur 1*, Paris, Éd. G. Grès, 1922, t. I, p. 127 et Pétain, *loc. cit.*

7. Pétain, *op. cit.*, p. 71.

8. Gérard Canini, « *L'Illustration* et la bataille de Verdun », *in Verdun 1916, Actes du colloque international sur la bataille de Verdun*, Verdun, Association nationale du souvenir de la bataille de Verdun, Université de Nancy II, 1976, pp. 175-185.

9. Raymond Poincaré, *op. cit.*, p. 350.

10. Louis Barthas, *Les Cahiers de guerre de Louis Barthas, tonnelier (1914-1919)*, Paris, François Maspero, 1978, pp. 280-281.

11. Capitaine Albert Garnier, du 52e R.I., cité par Jacques Péricard, *Verdun*, Paris, Librairie de France, 1933, p. 278.

12. Louis Barthas, *op. cit.*, p. 282.

13. Ce chant est bien connu. Il est attesté à cette date et dans ce contexte par le soldat Élie Vincent, 107e bataillon de chasseurs, 2e compagnie. *Cf.* Antoine Prost, *Les Anciens Combattants et la société française, 1914-1939*, t. III, *Mentalités et idéologies*, Paris, Presses de la F.N.S.P., 1977, p. 10.

14. Sur ce « renouveau de l'émotion publique », voir le chapitre XII du *Verdun* de Jules Romains, Paris, Flammarion, 1938.

15. Pétain, *op. cit.*, p. 39. Un peu plus loin, Pétain revient sur ce sujet et oppose la réalité à l'imagerie. Le pays, écrit-il, « se les imaginait comme de véritables surhommes, toujours prêts à accomplir de prodigieux exploits. Il y avait de l'exagération dans ces images exaltées de l'opinion publique qui, croyant à l'intervention de forces mystérieuses, inclinait à méconnaître la vraie misère de nos soldats et les limites assignées à leurs possibilités… » (p. 86).

16. Roland Andreani et Jules Maurin, « La bataille de Verdun enseignée aux jeunes Français à travers les manuels d'histoire des classes terminales », *in Verdun 1916, Actes du colloque international…*, *op. cit.*, pp. 199-218. Les auteurs remarquent à juste titre que les développements des manuels d'enseignement primaire sont trop brefs pour autoriser une analyse approfondie. Ce laconisme même, que nous avons vérifié, marque une absence d'héroïsation.

17. Nous tenons ici à remercier très chaleureusement Mme Claire Andrieu, professeur agrégé d'histoire, qui a bien voulu enquêter pour nous à Verdun et à qui nous devons toute notre information locale, ainsi qu'une part importante de notre documentation.

18. Lettre conservée à la Bibliothèque nationale, dans le fonds Barbusse. Le dessinateur invitait l'auteur du *Feu* à venir voir chez lui ses dessins.

19. Témoignage de M. Abel Cruchard, *cf.* Antoine Prost, *op. cit.*, p. 81.

20. Pierre Mac Orlan, *Verdun*, Paris, Nouvelles Éditions latines, 1935, p. 31. Ce livre s'insère dans une collection touristique et littéraire.

21. Les touristes qui visitent la tranchée célèbre devraient s'étonner que le sol soit exempt de trous d'obus, sous la dalle qui l'abrite.

22. Jean Norton Cru, *Témoins. Essai d'analyse et de critique des souvenirs de combattants édités en français de 1915 à 1928*, Paris, Les Étincelles, 1929, pp. 33-36. Cet ancien combattant a été jugé trop critique par certains, notamment Jacques Péricard, *op. cit.*, pp. 272-275, mais sa démonstration est difficilement réfutable. Au demeurant, J. Péricard la rejette plus qu'il ne la réfute, trouvant secondaire, par exemple, la question de savoir si la tranchée doit être appelée des *fusils* ou des *baïonnettes*, et si les baïonnettes ont été ajoutées ou non après coup. Et de conclure que la Tranchée des baïonnettes n'a « pas plus de titres que n'importe quelle autre tranchée de Verdun, mais pas moins non plus » pour symboliser la ténacité française.

Mac Orlan, qui égratigne Cru au passage, garde sur la tranchée un silence complet, alors qu'il présente tous les autres monuments du champ de bataille.

23. André Ducasse, Jacques Meyer, Gabriel Perreux, *Vie et mort des Français, 1914-1918*, Paris, Hachette, 1959, pp. 166-167.

24. Jacques-Henri Lefebvre, *Verdun, la plus grande bataille de l'histoire racontée par les survivants*, Paris, G. Durassié, 1960.

25. *Voir et comprendre Verdun. Champ de bataille. Environs*, Drancy, Éditions Mage, 5ᵉ éd., 1985, pp. 79-80.

26. Ce débat rencontre un large écho dans le *Journal des mutilés et réformés*. Voir dans cet hebdomadaire les numéros des 7 et 28 septembre 1930, 19 octobre 1930 et 2 novembre 1930.

27. Le fichier de la bibliothèque de Documentation internationale contemporaine, incomplet mais homogène, comprend 46 titres d'ouvrages en français sur Verdun publiés de 1916 à 1922, 9 de 1923 à 1928, 42 de 1929 à 1939, 2 entre 1945 et 1958 et 27 de 1959 à 1969. Cette évolution concorde assez bien, pour l'entre-deux-guerres, avec celle de l'ensemble des récits de guerre, mais la seconde période est plus étoffée pour Verdun. *Cf.* Antoine Prost, *op. cit.*, t. I, *Histoire*, p. 133.

28. Henry Bordeaux, *La Victoire de Verdun*, Paris, 1916 ; *La Chanson de Vaux-Douaumont*, Paris, 1916 et 1917, 2 vol. ; *La Bataille devant Souville*, Paris, 1920.

29. Capitaine Charles Delvert, *Histoire d'une compagnie. Main de Massiges, Verdun, novembre 1915-juin 1916*, Paris, Berger-Levrault, 1918 (première partie des *Carnets d'un fantassin* publiés dans leur ensemble par Delvert chez Albin Michel en 1935) ; Georges Gaudy, *Les Trous d'obus de Verdun*, Paris, Plon-Nourrit, 1922 ; Raymond Jubert, *Verdun, mars, avril, mai 1916*, Paris, Payot, 1918 ; Daniel Mornet, *Tranchées de Verdun, juillet 1916-mai 1917*, Paris, Berger-Levrault, 1918 (l'auteur est le professeur de littérature française bien connu).

30. Outre les deux films cités, nous pouvons mentionner *La Grande Parade* (1928), *À l'ouest, rien de nouveau* (1930), *La Patrouille de l'aube* et *Les Anges de l'enfer* (1931) et *No man's land* (1932). Nous remercions M. Yves Blavier, auteur d'une maîtrise sur Léon Moussinac, de nous avoir aimablement communiqué cette filmographie.

31. D'où le titre du témoignage de G. Gaudy, *op. cit.*

32. Discours prononcé à l'Ossuaire de Douaumont, à l'occasion de la première inauguration, d'après *Le Temps* du 19 septembre 1927. Nous remercions Mme Claire Andrieu qui nous a communiqué ce texte remarquable.

33. Henri Nicolle, 408ᵉ R.I., cité par Jacques Péricard, *op. cit.*, p. 276.

34. Pétain, discours cité.

35. Ainsi commence le récit du chanoine Polimann sur la Tranchée des baïonnettes, dans Jacques Péricard, *op. cit.*, p. 273.

36. Georges Gaudy, *op. cit.*

37. Pétain, discours cité.

38. Le succès du livre de Ducasse, Meyer et Perreux, *op. cit.*, en 1959, est significatif de l'intérêt nouveau porté à la guerre.

39. « *17 avril* – Il est minuit, nous arrivons dans un ravin profond que j'appellerai le ravin des éclairs, tant les éclatements y furent pressés, nombreux, ininterrompus pendant l'instant démesuré que nous y avons passé. Le tumulte de ce ravin est aussi prodigieux que son illumination. À côté de moi, immobile, tournant le dos aux éclatements, un officier devise avec une ombre : "Celui qui n'a pas fait Verdun, dit-il, n'a pas fait la guerre." » Lieutenant Jacques d'Arnoux, 62ᵉ R.I., *in* Péricard, *op. cit.*, p. 276.

THOMAS W. GAEHTGENS

Le musée historique de Versailles

1.

Versailles n'a joué un rôle central dans l'histoire de France que pendant un siècle environ. Alors qu'au Moyen Âge, déjà, Paris était le centre de la vie politique et culturelle du pays et se voyait définitivement confirmé dans ce rôle, à partir du XVIe siècle, Versailles ne s'est substitué que provisoirement à la capitale. Il n'en reste pas moins que cette période de l'histoire de France fut si marquante que Versailles représente bien davantage qu'un quelconque lieu de mémoire. Son rayonnement politique et culturel s'étendit à toute l'Europe et ses effets se manifestent encore aujourd'hui. Fondement de l'acte politique, le centralisme est toujours vigoureux en France et l'administration actuelle porte la marque du système de gouvernement absolutiste instauré par Louis XIV, système auquel Versailles, jusqu'alors insignifiante résidence à la campagne, doit d'être devenu le siège même du pouvoir et d'une cour dont le faste étonna l'Europe entière.
Versailles est cependant bien autre chose qu'un simple chapitre d'histoire et il importe d'examiner, au plan de l'histoire de la civilisation en France, comment le passé politique de ce lieu a pu continuer de s'inscrire dans l'histoire et rester finalement vivace jusqu'à nos jours. Alors que toutes les décisions se prennent aujourd'hui à Paris, les Français éprouvent toujours le besoin de se remémorer le passé de Versailles. L'exemple de Versailles nous montre comment un lieu chargé d'histoire peut préserver son passé, de telle sorte que, pour revivre l'histoire, nous sommes amenés à nous rendre en ce «lieu de mémoire».
Mais il faut distinguer le retentissement de la politique louis-quatorzienne dans la vie quotidienne des Français d'aujourd'hui de ce besoin de participer au passé de Versailles. Les conséquences politiques du gouvernement de Louis XIV ont fait l'objet de maints débats; mais alors que celles-ci sont parfois diversement appréciées, les effets de la politique du Roi-Soleil sur l'administration du pays échappent d'emblée à la controverse. Il est assurément

difficile de répondre à la question de savoir pourquoi Versailles a conservé son pouvoir d'attraction. On peut évidemment invoquer la splendeur du château royal et les trésors d'art qu'il abrite. Et il est vrai qu'aujourd'hui encore la cour de Versailles passe pour l'expression la plus brillante de l'art au service de la gloire des souverains. Cela suffit d'ailleurs pour attirer chaque année une foule de visiteurs étrangers. Mais, pour les Français, Versailles n'est pas, tant s'en faut, un simple site touristique, car chacun, à sa manière, y trouve l'expression de sa conviction politique.

Au XIXe siècle, Louis-Philippe devait ressentir, reconnaître et exploiter cette circonstance au plan politique. C'est sous le Roi-Citoyen que Versailles devient véritablement le haut lieu de l'histoire de France, ainsi qu'en témoignent le musée historique installé à Versailles par la volonté du roi et, plus particulièrement, la galerie des Batailles, dans l'aile sud du château[1]. Sous la monarchie de Juillet, on a tiré parti du site historique de Versailles pour y présenter l'histoire de France sous une forme imagée, proposer une interprétation de cette histoire et en faire, à des fins politiques, un objet de contemplation. Le but, la réalisation et l'échec de cette entreprise montrent que le rayonnement d'un lieu à travers les siècles n'est assuré que dans la mesure où l'histoire s'est effectivement accomplie en ce lieu. Des reliques simplement rassemblées en un endroit quelconque passent de mode et sont vouées à l'oubli.

2.

Au printemps 1789, après le départ de Louis XVI, le château de Versailles fut menacé de destruction. On ne saurait dire si c'est au coût fort élevé du projet de destruction ou aux protestations des habitants de la ville que l'édifice doit d'avoir été épargné[2]. Le fait est que l'on devait assister, sous la Révolution, à un changement dans la façon d'envisager le sort de Versailles, et cela au fil même des débats consacrés à cette question. Les voix qui réclamaient la conservation, voire la restauration du château eurent tôt fait de s'imposer. Indépendamment de sa valeur artistique – à laquelle une minorité seulement attachait alors réellement du prix –, l'édifice était censé détenir un certain pouvoir de rayonnement symbolique. Les protestations de la population de Versailles contre les projets de destruction du château témoignent assez du nouvel état d'esprit. La conviction était acquise qu'il fallait sauvegarder le château afin de pouvoir montrer à la jeunesse et aux générations futures le siège de la tyrannie. La haine aveugle du féodalisme avait substitué à la fureur destructrice une conception didactique. L'ancien château royal était devenu un monument.

Le musée historique de Versailles

Ce pas décisif s'accomplit à la fin de l'époque des Lumières. Le lieu où la politique se faisait depuis plus d'un siècle se vit brusquement privé de sa fonction résidentielle, laquelle fut cependant remplacée par une autre. Auparavant, les citoyens se rendaient à Versailles pour présenter une requête ou pour voir le monarque absolu dans le cadre représentatif qu'il s'était donné. À présent, ils étaient conviés, en ce même lieu, à considérer cette coque vide comme le tout. Le bâtiment était devenu l'objet de contemplation de l'histoire passée.

De l'histoire, on avait toutefois, au XVIIIe siècle, une conception différente de la nôtre. Le passé n'était pas un objet de recherche, et quand on avait recours à l'histoire, c'était pour s'en servir comme d'un argument politique. L'intention didactique évoquée ci-dessus se nourrissait de l'espoir que la contemplation du passé en un lieu chargé d'histoire (lieu de mémoire) amènerait les citoyens à une vision juste de la situation politique du moment. Cette dualité de Versailles – monument historique mais aussi lieu de l'histoire servant à comprendre le présent – devait rester déterminante pour l'avenir du château.

3.

Le « pouvoir de l'histoire » se révéla plus fort que les tentatives visant à rendre le château à sa destination première. Napoléon songea à le transformer complètement mais le projet ne fut jamais mené à bien. Les moyens financiers lui firent toujours défaut et sa politique le conduisit à abdiquer avant d'avoir pu achever une nouvelle résidence à son goût.

On peut néanmoins imaginer le traitement sans égards qu'il eût fait subir à l'ex-château royal du plus illustre de ses prédécesseurs. On trouve dans le *Mémorial de Sainte-Hélène* ce passage tout à fait révélateur : « Je condamnais Versailles dans sa création [...] mais dans mes idées parfois gigantesques sur Paris, je rêvais d'en tirer parti, et d'en faire, avec le temps, une espèce de faubourg, un site voisin, un point de vue de la grande capitale ; et pour l'approprier davantage à cet objet, j'avais conçu une singulière idée, dont je m'étais même fait présenter le programme. De ces beaux bosquets, je chassais toutes ces nymphes de mauvais goût, ces ornements à la Turcaret, et je les remplaçais par des panoramas, en maçonnerie, de toutes les capitales où nous étions entrés victorieux, de toutes les célèbres batailles qui avaient illustré nos armes. C'eût été autant de monumens éternels de nos triomphes et de notre gloire nationale, posés à la porte de la capitale de l'Europe, laquelle ne pouvait manquer d'être visitée par force du reste de l'univers[5]. » L'empereur avait à cet égard des idées monstrueuses qui, fort heureusement, n'ont jamais été réalisées. Versailles n'y eût pas survécu et l'harmonie du parc eût été définitivement détruite.

Mais les intentions exprimées à Sainte-Hélène ne sont pas seulement significatives de la politique artistique de l'empereur. L'idée de construire de vastes panoramas représentant les batailles victorieuses était une façon de laisser des monuments à la gloire de la nation. Si Napoléon s'exprimait de façon très négative au sujet du château qu'il trouvait trop petit et indigne de lui, il n'en était pas moins sensible à la grandeur historique de Versailles. L'empereur voulut, lui aussi, exploiter le «caractère sacré» du lieu, et, en cela, il était guidé par la même intuition que celle qui avait détourné les révolutionnaires de leur projet de raser le château.

Finalement, ce sont surtout des travaux de restauration que Napoléon, presque à l'encontre de ses véritables ambitions, fit exécuter au château de Versailles. Mais, dans la mesure où il voulait faire de cet endroit le monument de la nation, son programme, tel qu'il l'avait formulé à Sainte-Hélène, se révéla riche d'avenir. C'est à bon droit qu'E. Cazes souligne la parenté d'esprit entre le musée national de Louis-Philippe et le programme napoléonien :

> Heureusement ce massacre des jardins de Le Nôtre nous fut épargné et c'est à Louis-Philippe qu'était réservée la réalisation de cette idée de Napoléon, mais heureusement à l'intérieur du château, par l'établissement du musée consacré à toutes les gloires de la France et où allait occuper tant de place l'épopée napoléonienne[4].

Louis-Philippe connaissait le *Mémorial de Sainte-Hélène* paru en 1823. La création du musée national à Versailles ne saurait pour autant être assimilée à une réalisation tardive du programme impérial. En réalité, vers 1800 déjà, le préalable déterminant pour l'avenir de Versailles est chose acquise. Versailles était en quelque sorte devenu patrimoine national dans la conscience collective. Dans cette optique, le projet qu'eurent les Bourbons de se réinstaller à Versailles sous la Restauration ne constitue qu'un intermède. Des travaux de construction et de restauration furent effectivement entrepris mais, pour des raisons tant politiques que financières, le projet ne fut pas réalisé[5].

4.

C'est Louis-Philippe qui conféra véritablement à l'ancien château royal sa nouvelle destination. Pour lui, il n'était plus question de faire de Versailles sa résidence. Il reconnaissait au contraire qu'il convenait de développer l'idée de la Révolution française. En 1833, il décida de transformer le château en «musée historique», réalisant ainsi, non sans l'élargir, un projet conçu sous la Révolution.

Le musée historique de Versailles

Mais il est un point essentiel sur lequel l'entreprise de Louis-Philippe s'écarte des conceptions de la Révolution. Lorsque les Bourbons avaient été chassés de Versailles, le bâtiment devait être conservé en tant que témoignage de l'époque féodale. Louis-Philippe voyait cependant les choses autrement. Dans le rapport signé par lui le 1er septembre 1833, il s'agit de représenter à Versailles les événements majeurs qui font la gloire de la France :

> Ce bel édifice qui atteste avec tant d'éclat et la grandeur de la France et la splendeur de la couronne que le vœu de la nation vous a appelé à porter, a heureusement peu souffert de l'abandon dans lequel il a été laissé si longtemps : il a échappé à cette déplorable manie qui a privé la France de tant de monumens, soit pour réaliser la mince valeur de leurs matériaux, soit pour épargner la dépense de leur entretien. Votre Majesté a senti que le meilleur moyen de conserver les établissemens qui subsistent encore était de leur assigner une destination qui prouvât par ses avantages que leur destruction aurait été une calamité nationale.
> Versailles, qui réunit à des localités si somptueuses, des richesses d'art qu'on ne saurait déplacer sans les détruire, et des souvenirs historiques si précieux à conserver, présentait de grandes difficultés pour déterminer le nouveau parti qu'il convenait d'en tirer : c'était une sorte de problème jusqu'à présent non résolu, malgré les nombreux projets qu'il avait fait naître, et dont il était réservé à Votre Majesté de donner la plus digne et la meilleure solution.
> Lors de votre dernière visite à Versailles, Sire, vous avez daigné développer, devant les personnes qui vous accompagnaient, le plan que vous avez formé : Vous nous avez dit que, sans priver le Louvre de la collection des chefs-d'œuvre de peinture et de sculpture et des objets anciens et modernes, que la couronne y possède aujourd'hui, vous voulez que Versailles présentât à la France la réunion des souvenirs de son histoire et que les monuments de toutes nos gloires nationales y fussent déposés et environnés ainsi de la magnificence de Louis XIV[6].

Par cette décision, l'ancien château royal, monument du féodalisme, devenait un musée de l'histoire de France. À cet égard, l'entreprise de Louis-Philippe va bien au-delà des idées de la Révolution. Il ne s'agissait plus seulement de tirer parti de Versailles en tant que monument mais de s'en servir pour montrer que l'époque de l'absolutisme avait été l'un des sommets de l'histoire de France, cette dernière étant d'ailleurs représentée là depuis ses débuts jusqu'à la monarchie de Juillet comprise.

Ce n'est pas par hasard que Versailles fut choisi pour ce projet. Il est bien évident que l'on aurait pu créer un musée historique ailleurs. Mais un tel musée n'aurait pas eu le caractère particulier ni le pouvoir d'attraction que Louis-Philippe voulait lui conférer. Car Versailles ne représentait pas seulement l'absolutisme mais également son déclin et le commencement d'une époque nouvelle. C'était un mémorial pour les royalistes mais, avec le serment du Jeu de paume, la Révolution y avait elle aussi accompli un acte historique qui devait inaugurer une ère nouvelle de libération. En fondant son musée d'histoire en ce lieu, Louis-Philippe montrait qu'il espérait réunir sous sa bannière ces différentes conceptions politiques. Ainsi les idées de la Révolution ne sont-elles pas traitées à part mais, conformément au dessein politique du roi, elles s'insèrent dans un cadre plus vaste. Le but de la monarchie de Juillet, qui était de réunir tous les Français, devait découler de l'histoire pour devenir un fondement politique valable.

Ainsi l'image de l'histoire que Louis-Philippe a voulu transmettre dans les galeries historiques de Versailles ne tend-elle pas uniquement – comme veut le faire croire un jugement superficiel souvent émis à ce sujet – à exalter la gloire de la nation française tout au long de l'histoire du pays. La dédicace, *À toutes les gloires de la France*, qui figure au fronton des deux pavillons et qui accueille le visiteur, n'est pas là seulement pour souligner le nombre des hauts faits qui jalonnent l'histoire de France. Cette référence n'était pas nécessaire car ces actions glorieuses avaient souvent été représentées dans leur singularité. L'histoire elle-même de l'aménagement de galeries dans d'autres châteaux français témoigne d'une tradition qui consistait à exhiber ces *exempla virtutis* aux yeux du souverain et de la cour.

Le dessein de Louis-Philippe se distingue de tous les projets antérieurs en ce qu'il cherche à prouver que ces actions glorieuses n'ont été possibles que parce qu'elles étaient *nationales*. Il s'agit de montrer à travers l'histoire qu'un lien unit les Français par-delà les différences de condition et les divergences politiques qui en résultent. Le musée historique en appelle au sens communautaire des citoyens. Même si nombre d'entre eux ont eu à souffrir de l'absolutisme – point qui est d'ailleurs controversé –, il reste que Versailles appartient maintenant à tout le monde. Tous ceux qui nourrissent un sentiment national français partagent la gloire dont l'histoire témoigne et participent à la grandeur du pays. Les contemporains du Roi-Citoyen ne se sont pas trompés sur la nature de ce dessein et, selon leurs convictions politiques, ils l'ont salué ou rejeté comme une illusion. Un des familiers de Louis-Philippe, son bibliothécaire, Jean Vatout, a résumé avec une particulière clarté et vanté les mérites du projet royal :

> Nous laissons naturellement à d'autres le soin d'apprécier la pensée qui d'un palais, consacré à l'apothéose d'un seul homme, a fait le palais de toutes les grandeurs nationales, et qui, loin de circonscrire

la majesté de ce monument dans les limites d'un seul règne, l'a étendue à toutes les époques de notre histoire, confondant ainsi dans un même hommage la France de tous les temps, adoptant toutes ses gloires et les rassemblant dans un même sanctuaire comme elles n'ont eu qu'une même patrie[7].

Des galeries historiques que le Roi-Citoyen fit aménager à partir de 1833, c'est la *galerie des Batailles* qui témoigne le plus nettement de ce dessein.

5.

Dès l'origine, le projet du roi prévoyait l'installation d'une galerie des Batailles. Les travaux les plus importants et les plus onéreux entrepris par Louis-Philippe à Versailles furent consacrés à la réalisation de cette galerie[8]. Le roi ne recula pas devant la dépense pour réaliser là un décor aussi somptueux que possible dont les trente-trois tableaux qui ornent les murs constituent une partie essentielle. Ces derniers illustrent des événements survenus dans un laps de temps qui va de la bataille de *Tolbiac* (496) à celle de *Wagram* (1809). À quelques exceptions près, les scènes de grand format ont été conçues en fonction de la galerie.

Pour comprendre l'ensemble, il serait naturellement extraordinairement intéressant de connaître les motifs qui ont présidé au choix de chaque sujet. À cet égard, les sources dont nous disposons nous permettent tout au plus de formuler un certain nombre d'hypothèses. Il ne fait aucun doute que le Roi-Citoyen eut une part décisive dans le choix des batailles évoquées. Dès sa prime jeunesse, il se passionne pour l'étude de l'histoire sous l'influence de Mme de Genlis et, plus tard, il s'entourera d'historiens. Guizot, Thiers, Mignet, Thierry, Michelet, Barante comptèrent au nombre de ses hôtes au palais royal. Les notes confidentielles ou les éventuels rapports de ses conseillers ne nous sont pas parvenus. Ils ont probablement été détruits lors de l'incendie des Tuileries en 1871. Nous savons cependant, par les Mémoires du comte de Montalivet, ministre responsable de la bonne marche des travaux, que non content d'avoir participé à la conception des plans, le roi suivit aussi attentivement leur exécution. Pour illustrer ce témoignage, il y a lieu de citer non seulement la centaine de visites que Louis-Philippe fit à Versailles mais aussi le fait qu'il profitait de tous ses moments de liberté pour se rendre au Louvre et juger sur pièces, dans les ateliers des peintres, de l'avancement des travaux.

LA NATION   *La gloire*

6.

Faute de documents probants sur la conception même du programme pictural, c'est l'analyse des tableaux, pièce par pièce, puis celle du cycle dans son ensemble qui nous permettent de tirer certaines conclusions. Nous en donnerons ici un résumé succinct. Contrairement à l'intention initialement exprimée dans le *Rapport*, aucun événement survenu sous la Restauration, voire sous la monarchie de Juillet n'est représenté dans la galerie des Batailles. Face à face, dans le sens de la largeur, au nord et au sud de la galerie, la place est occupée d'un côté par Clovis à *Tolbiac*, en tant que fondateur de la nation, de l'autre par Louis XIV à *Valenciennes* (1677), considéré comme le plus illustre des monarques français, l'artisan de l'unité française qui fit de la France une puissance européenne. Dans le sens de la longueur, la galerie se divise en quatre parties séparées par des colonnades en forme d'arc de triomphe. La première partie du côté est est consacrée au Moyen Âge. Dans les batailles de cette époque qui ont été choisies, on remarque deux points très importants. D'une part, est mis en relief l'engagement de la royauté dans la défense de la chrétienté ; d'autre part, l'accent est porté sur la participation personnelle du souverain à la bataille ; on peut même voir ce dernier combattant aux côtés de la noblesse et du peuple. La défense du christianisme est illustrée par les batailles de *Tolbiac* et de *Poitiers* (496 et 732), par *Le Baptême de Widukind à Paderborn* (785) mais aussi par la bataille de *Bouvines* (1214). Dans la *Défense de Paris par Eudes* (886), dans *La Bataille de Taillebourg* (1242), *La Bataille de Mons-en-Pévèle* (1304) et *La Bataille de Cassel* (1328), c'est la lutte commune pour la grandeur de la France qui est exaltée.

La Bataille de Bouvines, toile d'un format plus grand qui occupe la place centrale dans cette première partie, a une signification particulière. Ce tableau a été peint par Horace Vernet dès 1828 mais ce n'est pas sans raison qu'il trouva sa place définitive dans la galerie des Batailles. Il ne représente d'ailleurs pas la bataille proprement dite mais une scène qui, à en croire la tradition, se serait déroulée juste avant. Philippe Auguste aurait, raconte-t-on, déposé sa couronne sur l'autel, déclarant qu'elle était à prendre et la proposant à celui qui se jugerait plus digne que lui de la porter. Il mettait cependant à cette proposition une condition : « Pourvue que vous disposiez à la conserver entière, et à ne pas la laisser desmembrer par ces excommuniés[9]. » L'accent est mis ici sur l'allégresse qui règne autour du roi et qui le confirme dans sa charge. Il n'est sans doute pas abusif de voir dans cette scène une allusion claire à la politique menée alors par Louis-Philippe. Ce souverain devait lui aussi sa couronne à l'approbation du peuple, ce peuple qui a d'ailleurs été rajouté sur le côté gauche du tableau pour les besoins de la galerie des Batailles. Alors qu'elle n'insistait initialement que sur le soutien

Le musée historique de Versailles

Horace Vernet, La Bataille de Bouvines (détail).

apporté par les chevaliers, cette œuvre s'est enrichie d'un aspect important qui répondait au but vers lequel tendait la galerie historique de Versailles. Il est d'ailleurs à noter que ce genre de référence à l'actualité du moment ne peut être que rarement démontrée.

Au milieu de la galerie, ont été placés trois tableaux représentant Du Guesclin et Jeanne d'Arc, personnages exemplaires de l'histoire de France, modèles de vertu et de bravoure. Mais on y voit aussi un ennemi d'envergure, lord Talbot à l'article de la mort, hommage rendu aux mérites de l'homme mais également rappel de la fin de la guerre de Cent Ans.

Ce n'est sans doute pas non plus par hasard que *L'Entrée de Jeanne d'Arc à Orléans* (1429), un tableau d'Ary Scheffer, occupe le centre de la galerie des Batailles. Les premiers projets pour cette galerie attestent que la place était primitivement réservée à un portrait équestre[10]. Il est certain qu'il s'agissait d'un portrait du souverain régnant, Louis-Philippe. Cette entorse au programme initial, qui est tout à fait significative, tient au fait que l'on s'était beaucoup interrogé entre-temps sur le décor de la salle qui fait suite à cette aile, à son extrémité sud. Consacrée finalement – et nous reviendrons certainement sur ce point ultérieurement – aux événements qui avaient marqué l'accession au trône de Louis-Philippe en juillet 1830, le roi y occupait une place centrale, et il pouvait donc renoncer à figurer dans la galerie des Batailles.

Le fait d'avoir mis Jeanne d'Arc à la place du portrait équestre du roi initialement prévu est également révélateur des intentions de Louis-Philippe. Car la sainte qui, d'après Michelet, représentait le peuple, se trouvait ainsi poussée au centre. On reconnaît à plus d'un signe que Louis-Philippe cherchait à s'entourer de représentations de cette figure légendaire. Ce n'est sans doute pas davantage par hasard que la fille du souverain, Marie d'Orléans, a enrichi Versailles d'une statue de Jeanne d'Arc qui est son œuvre. Fréquemment reproduite, en marbre comme en bronze, de taille variable, cette statue compte au nombre des objets de dévotion que l'on retrouve un peu partout en France, dans les églises et sur les places publiques. Elle figure d'ailleurs également, en petit format, sur un tableau qui nous montre Louis-Philippe visitant la galerie des Batailles.

La deuxième partie de la galerie des Batailles représente des événements survenus au cours d'une période qui s'étend de la Renaissance au règne de Louis XIV. *L'Entrée de Charles VIII à Naples* (1495) et *La Bataille de Marignan* (1515) soulignent l'importance grandissante de la royauté française en Europe, tandis que la scène intitulée *Les Anglais chassés de Calais* (1558) met en valeur la prise courageuse et adroite de cette ville qui était le dernier bastion anglais sur le sol de France. La place centrale est occupée aussi par un tableau de François Gérard peint sous la Restauration, *L'Entrée d'Henri IV à Paris* (1594).

Le musée historique de Versailles

Là encore, comme dans le tableau de la première partie de la galerie représentant Philippe Auguste, l'accent est mis sur l'allégresse qui règne dans l'assistance, sur l'enthousiasme manifesté par le peuple en présence du souverain. Cette œuvre montrait également l'harmonie et l'accord parfaits qui existaient entre le peuple et la royauté. L'effet que l'on attendait de ce tableau déjà sous la Restauration restait valable sous la monarchie de Juillet. En ce sens, son transfert à la galerie des Batailles était significatif.

Sont représentées ensuite – si l'on suit l'ordre chronologique adopté dans la galerie des Batailles – les batailles dédiées aux généraux illustres du siècle de Louis XIV. *La Bataille de Rocroi* (1643) et *La Bataille de Lens* (1648) sont dédiées au duc d'Enghien, *La Bataille des Dunes* (1658) à Turenne, *La Bataille de La Marsaille* (1693) à Catinat, *La Bataille de Villaviciosa* (1710) à Vendôme et *La Bataille de Denain* (1712) à Villars. Au milieu de la façade sud de la galerie, figure le Roi-Soleil en tenue de général, lors de *La Prise de Valenciennes* (1677). Nous sommes arrivés entre-temps au milieu de la première partie de la galerie, côté parc, où un tableau de 1828, dû à Horace Vernet, *La Bataille de Fontenoy* (1745), se distingue d'emblée surtout par son format supérieur. Ici encore, ce n'est pas la bataille elle-même qui est représentée mais le moment où, après la bataille, le maréchal de Saxe présente à Louis XV les étendards arrachés aux Anglais. *La Bataille de Lawfeld* (1747), placée juste après celle de Fontenoy, fut également gagnée par le maréchal de Saxe. C'est pourtant Louis XV se tournant vers son prisonnier, le général anglais Ligonnier, qui est au centre de ce tableau. Une peinture représentant le conseil de guerre qui a précédé *La Bataille de York-Town* (1781) atteste la part prise par la France dans les guerres d'indépendance en Amérique. Viennent ensuite des tableaux représentant les batailles de *Fleurus* (1794), *Rivoli* (1797), *Zurich* (1799) et *Hohenlinden* (1800) – victoires remportées par les troupes de la Révolution française, sous les ordres de Jourdan, Bonaparte, Masséna et Moreau, sur la coalition des souverains européens. Les quatre dernières batailles, *Austerlitz* (1805), *Iéna* (1806), *Friedland* (1807) et *Wagram* (1809), sont dédiées au plus grand de tous les chefs de guerre, Napoléon.

7.

Mais le programme de la galerie des Batailles ne prend pas tout son sens si l'on s'en tient au contenu de la galerie elle-même. Pour une meilleure compréhension, il faut également considérer les salles environnantes et la situation de l'ensemble par rapport au corps central du château. Il convient cependant de faire encore, auparavant, les quelques remarques qui découlent de l'observation de la galerie.

LA NATION *La gloire*

Contrairement aux galeries antérieures, le plus souvent consacrées à un souverain régnant – et réalisées, en général, à l'initiative de ce dernier –, la galerie des Batailles montre les actions glorieuses accomplies à travers toute l'histoire de France. Alors que la galerie du Luxembourg de Rubens ou la galerie des Glaces de Lebrun magnifient un monarque, celle des Batailles immortalise les grandes victoires remportées au cours des siècles par les tenants de conceptions politiques totalement opposées. Les rois du Moyen Âge, les princes de la Renaissance, Louis XIV puis les généraux révolutionnaires jusqu'à Napoléon sont représentés côte à côte et par là même traités sur un pied d'égalité. La pensée directrice est ici tout à fait différente de celle qui inspirait les rois baroques lorsqu'ils ornaient leurs palais de somptueuses galeries. Tandis que les programmes picturaux des galeries du passé n'étaient destinés qu'à souligner la puissance du souverain régnant, Louis-Philippe, dans son musée historique, vise à éveiller chez ses visiteurs le sentiment qu'ils sont unis par les liens d'une histoire commune. Chacun, quelle que soit sa condition, participe aux victoires de la communauté nationale.

À l'époque, le visiteur de la galerie ne pouvait manquer de capter le message. Mais il ne pouvait non plus manquer de s'apercevoir que, dans cette galerie des Batailles, pratiquement rien des batailles proprement dites n'était montré, ce qui n'alla d'ailleurs pas sans susciter des commentaires ironiques de la part de certains critiques perspicaces. La grande majorité des tableaux obéissent à un schéma de composition selon lequel le souverain, ou le général, représenté donne des ordres au premier plan, tandis que la bataille est repoussée à l'arrière-plan, quand elle n'est pas carrément omise. Très peu d'œuvres dérogent à ce principe et, si c'est le cas, ce n'est pas au point de ne pas représenter malgré tout, au centre de la scène, un personnage principal bien reconnaissable. De cette façon, un général révolutionnaire pouvait être mis sur le même plan qu'un roi du Moyen Âge. Dans leur signification historique ils étaient égaux, tel était manifestement le message que le fondateur de la galerie voulait transmettre.

L'accent est en outre constamment mis sur le fait que ces hauts personnages ont pour ainsi dire été portés par la participation de tous à ces événements nationaux. Un souverain sans peuple est aussi démuni qu'un général sans armée. Le prestige d'un prince, ou d'un général, représenté au cœur même du combat, s'en trouve d'autant rehaussé. Mais il s'agissait en même temps de montrer que le général participait à la bataille comme n'importe quel simple soldat. Les rangées de bustes disposées devant les tableaux et les tablettes avec les noms de ceux qui étaient tombés au combat sont là pour rappeler le lourd tribut que la noblesse tout particulièrement a versé pour la cause de la nation.

Le musée historique de Versailles

De même que l'issue de chaque bataille dépend de l'engagement de tous, de même l'histoire prouve comment, dans les siècles passés, l'engagement commun a œuvré à la grandeur de la nation. Tel est bien le message de la galerie des Batailles.

8.

Le contenu pictural de la galerie des Batailles ne porte manifestement que sur la représentation d'événements de l'histoire passée. L'initiateur du projet, Louis-Philippe, semble avoir été laissé pour compte. En cela, la galerie des Batailles se distingue fondamentalement de la galerie des Glaces qui magnifie exclusivement les faits et gestes du Roi-Soleil.
Cette différence pourrait s'expliquer par le fait que la galerie des Glaces est située au cœur même de la résidence baroque. Elle était le centre représentatif, le lieu où l'on était convié par le roi à l'occasion de fêtes, de cérémonies et lors de réceptions officielles de délégations étrangères. Du fait qu'il avait transformé le château en musée et n'y demeurait pas, on pouvait s'attendre que Louis-Philippe renonçât à faire représenter sa personne et son règne. C'était méconnaître le dessein que poursuivait le Roi-Citoyen en réalisant ce projet. Louis-Philippe n'a nullement renoncé à figurer lui-même dans son musée. Bien au contraire, le parcours à l'intérieur du musée historique se termine par l'évocation picturale de l'apogée politique du présent immédiat.
Soulignons cependant, avant même de nous intéresser à cette salle, le fait que la galerie des Batailles contient, par-delà le programme ci-dessus mentionné, des allusions précises au souverain régnant. À travers toute l'histoire de France, les tableaux de la galerie rappellent constamment les liens étroits qui unissent le monarque à son peuple, ce qui revient pratiquement à citer les précédents historiques sur lesquels le présent se fonde. C'est ce lien auquel il est fait allusion avec une particulière netteté dans la représentation de la scène qui se déroule juste avant la bataille de Bouvines. Le monarque est confirmé dans son rôle par l'armée et par le peuple qui voit en lui le seul garant possible de l'unité de la nation. Voilà une scène en présence de laquelle, sous la monarchie de Juillet, le spectateur ne pouvait manquer d'établir un parallèle avec le souverain régnant. Mais *L'Entrée d'Henri IV à Paris* évoque aussi, au travers de l'accueil enthousiaste que les Parisiens réservent au monarque, la parfaite entente qui règne entre le roi et le peuple. Louis-Philippe devait sa couronne à la Révolution et il l'accepta pour préserver l'unité de la nation, au-delà des luttes partisanes. C'est en montrant des précédents historiques à l'appui de son programme politique qu'il légitimait ce pouvoir dont il n'avait pas hérité par succession au trône. L'ordre dans

lequel étaient disposés les tableaux de la galerie des Batailles révèle qu'il ne s'agit pas essentiellement d'évoquer, avec toute la distance voulue, les hauts faits du passé, mais plutôt de montrer sous un jour caractéristique un certain nombre d'événements passés susceptibles de justifier la situation politique du moment. La galerie des Batailles devenait ainsi le symbole d'un programme politique dont le roi ne cessait d'ailleurs de se faire l'interprète dans ses discours :

> Le but constant des efforts d'un souverain doit être de maintenir l'union la plus intime entre tous les pouvoirs de l'État. C'est dans cette union que nous pouvons trouver cette force dont tous les fonctionnaires publics, tous les dépositaires de l'autorité ont besoin pour remplir la mission qu'ils sont appelés à exercer. Ce n'est que de cette union que peut surgir cette force morale qui, en garantissant la stabilité des institutions, inspire à la nation cette confiance en son avenir, premier gage de son repos, de son bonheur et du maintien de ses libertés[11].

9.

Mais l'aile sud du musée laisse aussi transparaître les vues du fondateur. Avant la galerie des Batailles, se trouve la salle de 1792 qui est consacrée à la campagne de 1792 au cours de laquelle la Révolution a résisté à la coalition des maisons régnantes. Le programme de cette salle apparaît tout entier dans une peinture de Léon Cogniet intitulée : *Le Départ des volontaires* et qui montre les Français partant à la guerre pour défendre la patrie. Dépassant leurs divergences quant aux buts de la Révolution, les volontaires se montrent patriotes avant tout. Parmi eux se trouve également Louis-Philippe. Tout jeune officier, il a participé de manière décisive aux batailles de Jemmapes et de Valmy auxquelles deux tableaux de grand format sont d'ailleurs consacrés. Une autre toile représentant Louis-Philippe est placée en évidence sous les portraits des officiers qui s'illustrèrent dans cette campagne. Aux yeux des contemporains de la monarchie de Juillet, la salle de 1792 faisait ostensiblement référence à une campagne pour les besoins de laquelle, pour l'amour de la liberté et de la patrie, on vit se battre côte à côte tous ceux qui étaient contre l'Ancien Régime. Le fondateur du musée historique avait pris part à la lutte. Lui aussi avait défendu la liberté et la patrie. Cet engagement devait le mettre en situation de prendre en main les rênes du gouvernement après la révolution de 1830. Il en était d'ailleurs largement fait mention dans la proclamation de juillet 1830 qui se prononçait en faveur du duc d'Orléans :

Le musée historique de Versailles

GÉRARD, L'ENTRÉE D'HENRI IV À PARIS (DÉTAIL).

Le duc d'Orléans est un prince dévoué à la cause de la Révolution. Le duc d'Orléans ne s'est jamais battu contre nous. Le duc d'Orléans était à Jemmapes. Le duc d'Orléans a porté au feu les couleurs tricolores, le duc d'Orléans peut seul les porter encore, nous n'en voulons pas d'autres. Le duc d'Orléans s'est prononcé ; il accepte la Charte comme nous l'avons toujours voulue et entendue. C'est du peuple français qu'il tiendra la couronne[12].

10.

Ayant franchi la galerie des Batailles, le visiteur du musée historique pénètre dans la salle de 1830, la dernière du gigantesque musée de Louis-Philippe. Plus que tout autre, le programme pictural de cette salle révèle le dessein du roi : rassembler à Versailles une multitude d'œuvres d'art destinées à cautionner une certaine vision de l'histoire tendant à présenter le gouvernement en place comme la conséquence à la fois heureuse et logique d'événements antérieurs attestés par l'histoire. Dans la salle de 1830, le roi est au centre de cinq tableaux. Ces œuvres évoquent les principales étapes de l'accession au pouvoir du Roi-Citoyen : *Le duc d'Orléans, Lieutenant général du royaume, arrive à l'Hôtel de Ville – La Lecture de la déclaration des députés – Le Lieutenant général reçoit à la barrière du Trône le 1er régiment de hussards – Le Roi prête serment en présence des Chambres – Le Roi donne les drapeaux à la garde nationale.* À ces tableaux qui illustrent des actes de chef d'État viennent s'ajouter les fresques du plafond, le tout concourant à exprimer les principes fondamentaux du gouvernement, Liberté et Ordre public. En reconnaissant la Charte, en s'engageant à la défendre, Louis-Philippe se faisait le porte-drapeau de l'union nationale, au-dessus des luttes partisanes.

Par leur ordre de succession et par leur organisation thématique, les trois salles – salle de 1792, galerie des Batailles, salle de 1830 – offrent de remarquables analogies avec le corps central du château. Pour ce qui est de la disposition des lieux et de l'iconographie, le salon de la Guerre, la galerie des Glaces et le salon de la Paix correspondent au programme du XIXe siècle.

Il y a cependant une différence essentielle entre le XVIIe et le XIXe siècle. Alors que le programme pictural baroque vise à magnifier le souverain légitime, dont le faste est l'expression même de son pouvoir absolu, c'est la nation, en revanche, qui occupe la place centrale dans l'aile sud. Dans la salle de 1792, la nation s'est fixé son propre objectif, lequel ne sera véritablement atteint – comme le montre la salle de 1830 – qu'au moment où l'on fera appel au duc d'Orléans. C'est pour cette raison que le programme pictural de la galerie des Batailles devait être consacré non plus uniquement au monarque mais à tous

Le musée historique de Versailles

Louis-Philippe prête le serment de maintenir la Charte, 1830 (détail).

ceux qui, au fil de l'histoire, avaient contribué au prestige et à la grandeur du pays. Ce n'étaient plus les victoires d'un seul homme que l'on célébrait mais la gloire de tous, car c'était l'union de tous que l'on espérait réaliser dans le présent en citant en exemple les hauts faits du passé.

11.

L'interprétation du programme pictural de la galerie des Batailles et des pièces avoisinantes mériterait d'être complétée par une analyse scrupuleuse des autres salles du musée historique. Cependant, l'interprétation de la seule aile sud – réalisée au prix de travaux de construction et de décoration fort coûteux – nous permet déjà d'entrevoir à quels desseins obéissait le musée historique conçu par le Roi-Citoyen. De toute évidence, le musée fournissait des références à la politique royale. En rendant accessible au peuple l'histoire du pays, Louis-Philippe cherchait à présenter des arguments en faveur de sa propre action. Le rappel des hauts faits du passé devait servir à réaliser l'union entre les partis ennemis. Le programme de «réconciliation nationale» exhortait les citoyens à faire passer le bien de la nation avant l'intérêt personnel.

Le caractère politique du musée historique n'échappa pas aux contemporains de Louis-Philippe et prêta du reste à commentaires. Ainsi exprimait-on l'espoir, dans le *Journal des débats*, que le roi réussirait à inscrire le programme du musée historique dans la réalité politique et sociale du pays:

> … toutes les grandes familles de France, celles qui datent glorieusement de notre révolution de 1789, et celles dont l'origine se perd dans la nuit des temps, celles qui sont groupées autour du trône de juillet et celles que d'honorables regrets ou d'intraitables passions condamnent à la retraite, est-ce qu'elles n'ont pas toutes leurs représentants, leurs écussons, leurs titres, leurs trophées, leur histoire, dans ce vaste Panthéon de tous les exploits et de tous les héros de la patrie? Non, le Roi n'a oublié personne! Il a rassemblé la grande famille française dans le passé, il a réuni tous les âges, réconcilié toutes les origines. Puisse-t-il, avec le même succès, rallier aux véritables intérêts de la France toutes les opinions honnêtes et sincères! Puisse-t-il, en relevant les ruines de Versailles pour la gloire du pays, avoir aussi élevé un temple à la Paix et à la Concorde[14]!

C'est ainsi que Versailles devint, comme il est dit dans ce même article, un «vaste Panthéon de tous les exploits et de tous les héros». Le musée historique était le lieu de rencontre d'une multitude d'événements dont le souve-

Le musée historique de Versailles

nir méritait d'être conservé. De par sa conception même, le musée fondé par Louis-Philippe à Versailles est très éloigné de l'idée que nous nous faisons aujourd'hui de cette sorte d'institution. L'objectif du roi ne consistait pas uniquement à rendre accessibles au public, en les rassemblant dans ce musée, toutes sortes d'objets d'une valeur extraordinaire. Il s'agissait bien davantage, pour le Roi-Citoyen, de collectionner des événements. Quant au choix de ceux-ci et de leur mode de représentation, il était évidemment déterminé par son dessein politique.

Le musée historique de Versailles devenait ainsi le lieu d'une mémoire, où des héros et des hauts faits choisis dans le passé devaient contribuer à l'élaboration d'un programme politique pour le présent. De la même manière qu'il voulait rassembler les Français de tous bords, Louis-Philippe rallia à sa cause, en les réunissant à Versailles, les événements historiques les plus importants ainsi que leurs protagonistes.

Le fait que le lieu lui-même était tout spécialement chargé d'histoire ne pouvait qu'arranger Louis-Philippe. Le parallèle entre la disposition des salles dans le corps central et dans l'aile sud atteste que le Roi-Citoyen voulait que sa conception des choses apparût en quelque sorte en regard de celle de l'âge baroque. *Versailles ancien et moderne*, tel est le titre d'un ouvrage abondamment illustré d'Alexandre de Laborde qui présentait le musée salle par salle[15]. Et la médaille qui fut frappée en 1837 à l'occasion de l'ouverture des galeries historiques confronte les effigies de Louis XIV et de Louis-Philippe. Hommage était ainsi rendu simultanément à l'initiateur de l'œuvre et à celui qui venait de la mener à son achèvement. Louis-Philippe pouvait, au XIXe siècle, exploiter le «caractère sacré du lieu». On peut même dire que c'est précisément à cause du rayonnement de Versailles qu'il réussit dans son entreprise. Versailles, l'une des plus prestigieuses résidences européennes des XVIIe et XVIIIe siècles, se trouva finalement transformé, à la suite de la Révolution, en monument du féodalisme. En faisant du château un musée d'histoire, en y exhibant toute une collection de hauts faits accomplis par des héros de tous les temps, Louis-Philippe convertit la mémoire d'une époque en un monument définitif de la grandeur de la nation.

12.

La gigantesque et coûteuse entreprise de Louis-Philippe à Versailles était le fruit d'un dessein illusoire. Ce n'était pas en faisant appel à la notion de grandeur nationale, au sentiment d'appartenance à la communauté, que l'on pouvait régler les problèmes de société ni neutraliser les dissensions sociales. L'espoir que le roi nourrissait de faire de Versailles un lieu de pèlerinage national échoua. Certes, les visiteurs vinrent au musée par milliers, surtout en fin de semaine, mais l'effet didactique attendu ne se produisit pas. La politique du jour débordait largement le cadre conceptuel du musée et, par ailleurs, la recherche historique au XIXe siècle tendait à mettre de plus en plus fortement en doute la valeur de ces représentations picturales d'événements historiques. Si l'on visite Versailles aujourd'hui, c'est pour se faire une idée du style de vie du Roi-Soleil et de ses successeurs. Le prestige du monarque qui rendit célèbre le lieu s'est révélé plus fort que la tentative de l'exploiter pour résoudre les problèmes politiques de l'heure. Une nation a quantité de « lieux de mémoire ». De même qu'une politique qui prétend neutraliser les antagonismes politiques en faisant appel au sens de la communauté nationale est vouée à l'échec, de même une représentation de l'histoire soumise à l'ordre du jour politique ne peut que passer de mode.

Cet échec était prévisible et, d'ailleurs, des jugements aussi contradictoires que ceux de Victor Hugo et du commentateur du *Siècle* de l'année 1837 l'annoncent déjà. Victor Hugo salua l'entreprise en laquelle il voyait une œuvre nationale : « Ce que le roi Louis-Philippe a fait à Versailles est bien. Avoir accompli cette œuvre, c'est avoir été grand comme roi et impartial comme philosophe ; c'est avoir fait un monument national d'un monument monarchique ; c'est avoir mis une idée immense dans un immense édifice ; c'est avoir installé le présent dans le passé, 1789 vis-à-vis de 1688, l'empereur chez le roi, Napoléon chez Louis XIV ; en un mot, c'est avoir donné à ce livre magnifique qu'est l'histoire de France cette magnifique reliure qu'on appelle Versailles[16]. » Dans *Le Siècle*, en revanche, on pouvait lire que le peuple ne se sentait pas représenté : « Le gouvernement de juillet, qui a invité tant de monde à ses fêtes de Versailles, a oublié d'y inviter le peuple auquel il doit son existence et sa fortune... Enthousiasme de commande, paroles vides, prédictions fanfaronnes qui n'ont manqué ni aux fêtes de l'ère républicaine, ni aux solennités de l'Empire, ni aux anniversaires de la Restauration, et qui n'ont assuré à aucun de ces divers régimes une heure d'existence de plus[17] ! » Ces jugements contradictoires ne sont plus de mise à l'heure actuelle. Versailles tire sa force de l'histoire qui s'est incarnée là. Les œuvres rassemblées par Louis-Philippe en ce lieu ne sont plus aujourd'hui que des documents permettant de mieux situer la monarchie de Juillet dans son contexte historique. Leur signification, le programme auquel elles obéissent n'apparaissent plus qu'à la faveur d'une restitution du passé assortie de commentaires historiques en bonne et due forme. Ce chapitre de l'histoire de Versailles n'enlève rien à la présence historique de Louis XIV en ce lieu.

Traduit de l'allemand par Bernard Kreis.

Le musée historique de Versailles

1. Thomas W. Gaehtgens, *Versailles, de la Résidence royale au musée historique*, Paris, 1984. Un vaste panorama et une analyse détaillée de la galerie des Batailles, avec indication des sources et une abondante bibliographie.

2. P. de Nolhac, *L'Art à Versailles*, Paris, 1930, pp. 205-281 ; Th. W. Gaehtgens, *op. cit.*, pp. 47-50.

3. Comte E.-A. Las Cases, *Mémorial de Sainte-Hélène*, Paris, 1823, t. V, pp. 189-190 ; Th. W. Gaehtgens, *op. cit.*, p. 55.

4. E. Cazes, « Napoléon à Versailles et Trianon », *Revue des études napoléoniennes*, 2e année, t. IV, 1913, p. 169.

5. Th. W. Gaehtgens, *op. cit.*, pp. 56-57.

6. Id., *ibid.*, p. 391.

7. J. Vatout, *Souvenirs historiques des résidences royales de France, palais de Versailles*, Paris, 1837, p. 22.

8. Th. W. Gaehtgens, *op. cit.*, pp. 87-111.

9. F. E. de Mézeray, *Histoire de France*, Paris, 1830, t. III, pp. 236-237 ; Th. W. Gaehtgens, *op. cit.*, p. 139.

10. Voir le projet de Frédéric Nepveu, 1833, Th. W. Gaehtgens, *ibid.*, p. 101.

11. G. Boissy, *Les Pensées des rois de France*, Paris, 1949, pp. 372-373.

12. Catalogue *Louis-Philippe, l'homme et le roi, 1773-1850*, Paris, Archives nationales, p. 78, n° 300.

13. Th. W. Gaehtgens, *op. cit.*, pp. 320-322.

14. *Journal des débats*, 10 juin 1837.

15. A. de Laborde, *Versailles ancien et moderne*, Paris, 1839, 2e éd., Paris, 1841.

16. Victor Hugo, *Choses vues, 1830-1846*, Paris, 1972, t. I, p. 133.

17. *Le Siècle*, 16 juin 1837.

JEAN-PIERRE BABELON

Le Louvre

Demeure des rois, temple des arts

Ouvre-moi donc, grand Roy, ce prodige des arts,
Que n'égala jamais la pompe des Césars ;
Ce merveilleux sallon où ta magnificence
Fait briller un rayon de sa toute-puissance,
Et, peut-être animé par tes yeux de plus près,
J'y ferai plus encor que je ne te promets.

Par cette supplique un peu pesante[1], Pierre Corneille postulait un logement au Louvre en 1663. À cette date, l'auteur du *Cid* bénéficie de l'hospitalité du duc de Guise, le brillant organisateur du Carrousel de 1662, mais il voudrait davantage : profiter du mécénat royal. Louis XIV est encore un habitant du Louvre, mais pour peu d'années, Versailles va l'accaparer, et tous les quémandeurs pourront occuper à qui mieux mieux, avec ou sans titre, les chambres, les cabinets, les couloirs du palais délaissé par le souverain. Ainsi, les vers du vieux dramaturge expriment à merveille la réalité complexe du Louvre. L'immense renommée attachée à son nom n'est pas liée au séjour continu des rois de France. Si elle a pris naissance avec leur venue dans le palais de la Renaissance bâti par Pierre Lescot, elle s'est bientôt nourrie de considérations très différentes qui tiennent à l'affectation de l'immense édifice : connotations culturelles dont on trouve un premier écho dans les vers de Corneille et qui vont s'affirmer davantage dès le départ définitif du roi. C'est finalement le Louvre des académies et des salons qui introduit dans la mémoire collective un *Louvre des arts*, celui que les foules venues des cinq continents envahissent chaque jour.

Deux images se juxtaposent donc, mais, comme dans une vision stéréoscopique, elles doivent se pénétrer l'une l'autre pour donner la vraie perspective. D'ailleurs, le Louvre des Valois avait bien été conçu au départ comme un « prodige des arts » et l'architecture palatiale, le « grand style » royal, ne cessera d'être pratiquée par des générations d'architectes pour habiller les volumes fonctionnels requis par le musée. La permanence du bâti donne de ce fait à l'évolution du concept une solide cohérence. Elle tient aux liens privilégiés qui existent, quoi qu'on veuille, entre le pouvoir de l'État et l'œuvre d'art. Tout commence par la vie du prince dans le cadre de ses collections et dans l'exercice d'un mécénat de caractère presque domestique, au vrai sens du mot. Tout se poursuit par une politique culturelle anonyme et l'ouverture à tous les citoyens des patrimoines nationaux.

À la Renaissance, c'est à partir des modèles élaborés en Italie que les princes européens ont fait construire leurs résidences les plus signifiantes. La *domus regia* suscite l'émulation chez les plus grands d'entre eux, le pape, l'empereur, les rois de France et d'Angleterre[2]. Conseillés par des cercles d'humanistes, ils ont cherché, parfois longuement, la forme la plus adéquate à leur destinée. La demeure du prince est en effet bien davantage qu'un simple volume architectural, si subtil soit-il, elle est le lieu d'habitation de sa gloire, comme il est dit dans le psaume à propos de l'Éternel, elle est la matérialisation symbolique de ce qui constitue le mythe privilégié de la société d'ordres : la monarchie de droit divin. En un temps où les gestes du roi et le système de ses relations avec son entourage obéissent à un code de type liturgique de plus en plus contraignant, l'artiste qui est appelé à projeter, à bâtir, à décorer le palais royal est invité à exprimer au plus haut niveau de son art les rites du cérémonial et la dialectique politique du maître ; et cela au détriment, parfois, des simples critères d'habitabilité. Cette architecture de la représentation régnera en s'alourdissant jusqu'à la mort de Louis XIV, comme elle régnait depuis les origines dans l'architecture religieuse. Louis XV, surgi d'un siècle davantage tourné vers l'homme et ses besoins individuels, se trouvera frileusement isolé dans des volumes glacés faits pour un demi-dieu qui offrait sa vie et sa mort au public.

Le mépris du confort, c'est bien évident, facilite le primat de la symbolique. Le Louvre en fut imprégné dès son renouveau. On a récemment démontré qu'une iconologie «impériale» avait dicté à deux reprises le programme de sculpture de ses façades, une première fois du temps d'Henri II sur la façade du logis du couchant[3], une seconde fois du temps d'Henri IV sur celles de la Petite Galerie[4]. Les deux monarques rêvaient en effet de ceindre la couronne du Saint Empire romain germanique – comme l'avait rêvé François Ier – et croyaient aux vagues promesses que leur prodiguaient les princes allemands pour faire enrager les Habsbourg. Comme un portail de cathédrale, le livre de pierre était donc écrit, pour qui savait le lire ; dans le cas du Louvre, pour une poignée de lettrés peut-on croire, ceux à qui François Ier avait réservé la compréhension des arcanes de la galerie de Fontainebleau. Nous ne déchiffrons aujourd'hui ces messages qu'avec difficulté, en ayant oublié la syntaxe et le vocabulaire ; mais négliger cette dimension de l'architecture classique, ce serait regarder l'horizon avec des lunettes de myope. D'ailleurs, l'architecture expressive s'est poursuivie longtemps, jusqu'à la dernière Guerre mon-

Le Louvre

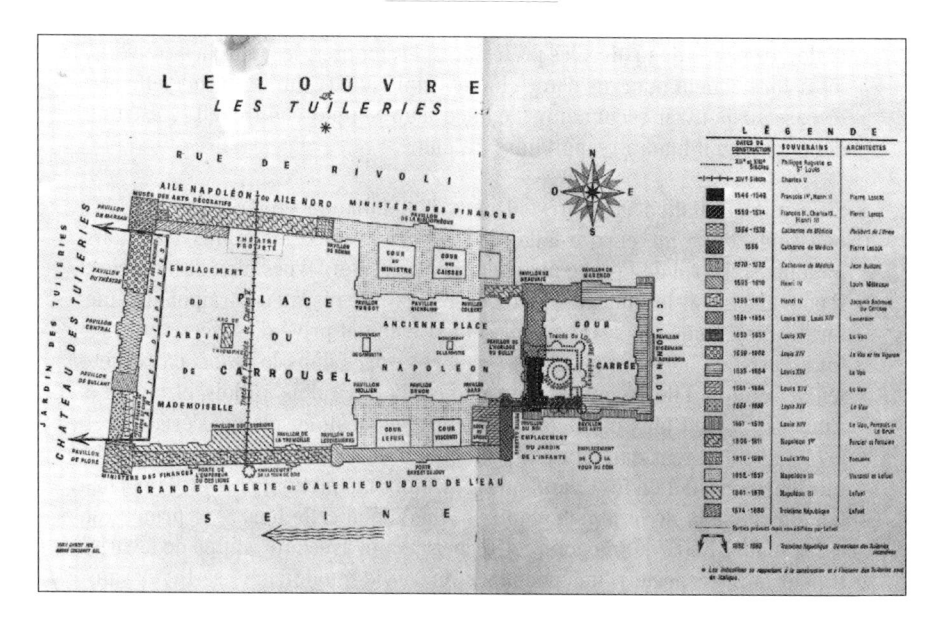

Le Louvre et les Tuileries, plan d'Yvan Christ.

1805

diale : les palais de justice, les préfectures, les mairies, les marchés couverts, les usines étaient pourvus d'une charge signifiante (volume, décor) telle que le passant pouvait reconnaître l'édifice d'un simple coup d'œil. C'est une démarche qu'il faudra réapprendre un jour.

Si le modèle italien était présent dans l'imagination créatrice de tous les bâtisseurs de *regia*, encore fallait-il l'adapter aux usages et aux traditions nationales. Le roi de France pouvait opter pour deux types bien différenciés. Il pouvait choisir le château en ville, inséré dans le réseau contraignant d'une fortification, gêné dans son accroissement vital, et privé d'espaces verts ; ce fut à Paris le choix des premiers Capétiens, logés dans le *Palais* par excellence, celui de l'île de la Cité ; ce fut le choix des Valois à Blois, et même à Amboise. Il était plus novateur d'adopter le château en plaine, s'érigeant et évoluant librement dans un environnement de nature aménagé autour de lui : le type parfait en fut Chambord. Une autre distinction, plus brutale, portait sur le choix de la région, choix tout politique cette fois. Si le prince est assez maître du royaume pour gouverner de loin avec une équipe de favoris, il peut faire respecter l'indépendance de sa vie quotidienne, se livrer sans restriction au plaisir de la chasse et – pour employer un terme volontairement anachronique – couler ses jours «en vacances» : c'est la résidence champêtre, loin de la capitale. Que viennent les temps difficiles, qu'un lien personnel se révèle nécessaire avec les contribuables pour se faire obéir, qu'il faille calmer les esprits échauffés et dissiper l'image reçue du prince lointain livré à ses plaisirs : la *regia* parisienne s'impose. La nécessité de se faire voir de la foule peut être pressante. Elle dicte depuis longtemps le fastueux cérémonial des grandes entrées royales. Le roi doit, en quelque sorte, la vue de sa personne à ses sujets.
Les hésitations entre des partis différents remplissent le règne de François Ier. Elles accompagnent tout naturellement les étapes de la mutation qui affecte alors le pouvoir politique en engendrant le prince moderne. La voie tracée par François est ondoyante, d'abord de Blois à Chambord et aux projets de ville-château à Romorantin ; puis de Fontainebleau, «Madrid» et Saint-Germain-en-Laye au Louvre. Cet itinéraire obéit au moins à une poussée inéluctable : l'abandon du Val-de-Loire. Cette contrée avait l'avantage de se situer au centre du pays, entre langue d'oïl et langue d'oc, mais le séjour des rois n'était qu'un épisode, lié à la guerre de Cent Ans, tout comme la papauté d'Avignon s'était installée trop longtemps hors du territoire romain. L'histoire ramène le pouvoir français dans le Bassin parisien, d'où il était sorti sous la pression d'une opinion publique qui verra pourtant dans les exils du pouvoir républicain à Tours, à Bordeaux ou à Vichy d'affligeantes dérobades.

Le Louvre

Ces considérations permettent d'expliquer certains caractères paradoxaux que présente aujourd'hui le Louvre, et qui sont: la dualité abolie de deux palais, l'abandon déjà ancien du premier par le souverain et sa progressive ouverture au «public» sans que sa structure palatiale ait été modifiée, enfin l'uniformité mensongère du Grand Louvre de Lefuel.

Un palais double

On ne saurait comprendre les bizarres dispositions du Louvre en ignorant l'existence, abolie, des Tuileries. Par comparaison, la clarté conceptuelle de Versailles est si aveuglante qu'elle rend inutile tout commentaire préalable, tandis que Fontainebleau, toujours visité à l'envers, reste pour l'immense majorité du public une incompréhensible énigme.
Rappelons les faits à grands traits[5]. Aux origines, Philippe Auguste veut assurer la défense de Paris. L'ennemi numéro un, c'est le Plantagenêt, maître de la Normandie si proche. À l'enceinte nouvelle dont il dote sa capitale, le Capétien décide d'ajouter à l'ouest un dispositif supplémentaire. Sur l'extrémité du monceau Saint-Germain-l'Auxerrois, inaccessible aux crues de la rivière, il fait construire un fort donjon rond de trente mètres de haut, cerné d'un fossé annulaire. En guise de «chemise» à ce donjon, on élève un château de plan carré, flanqué de tours demi-rondes adossées. L'ensemble forme ouvrage avancé immédiatement à l'extérieur de la muraille de la ville, et commande la sécurité de la basse Seine. C'est l'*arx*, la citadelle de Paris. On peut y mettre en sûreté tout ce qui compte: les deniers de l'État, les armes, les prisonniers, éventuellement la personne royale. L'accès principal, défendu par une forte barbacane, est au midi, du côté de la Seine. Le roi peut donc s'y rendre sans passer par la ville; mais une entrée secondaire, la «fausse porte», s'ouvre aussi au levant, et communique directement avec une porte de l'enceinte urbaine[6].
Saint Louis, Philippe le Bel viennent au Louvre et y font exécuter des travaux, mais le château conserve sa fonction première d'ouvrage fortifié. Tout change avec Charles V. L'accroissement de la population parisienne a justifié sous son règne la construction d'une nouvelle enceinte autour des quartiers neufs de la rive droite. Sur le front du couchant, cette enceinte s'érige à trois cent cinquante mètres au-delà de la précédente. Du coup, le Louvre se trouve enfermé dans la ville; il ne recevra donc pas le choc de l'assaillant venu de l'extérieur. Le roi l'organise alors pour sa résidence occasionnelle. Deux logis nouveaux sont adossés aux courtines du nord et de l'est. Les logis plus anciens du sud et de l'ouest sont surélevés, comme les tours, de deux étages de superstructures à la silhouette dentelée: un deuxième château juché sur

le premier, en quelque sorte, bien reconnaissable sur l'une des miniatures des *Très Riches Heures du duc de Berry*. Dans la cour, l'architecte Raymond du Temple a dressé un escalier monumental dans une tour saillant au centre du logis nord, juchée en porte-à-faux au-dessus du fossé du donjon. Des jardins sont plantés à l'extérieur, du côté nord, accessibles par une passerelle jetée sur le fossé quadrangulaire du château[7].

C'est ce Louvre style «Mehun-sur-Yèvre» que François Ier trouve dans l'héritage de la couronne. Après le désastre de Pavie, la captivité de Madrid, la crise financière et les difficultés de toute nature qui l'assaillent, il importe d'annoncer un *new deal* à la population mécontente. C'est l'objet de la déclaration du 15 mars 1528 : «Très chers et bienamés, pour ce que notre intention est de dorénavant faire la plupart de notre demeure et séjour en notre bonne ville et cité de Paris et alentour plus qu'en autre lieu du royaume, connaissant notre châtel du Louvre être un lieu plus commode et à propos pour nous loger, à cette cause avons délibéré faire réparer et mettre en ordre ledit châtel.»

À Paris, François résidera à proximité du Parlement, de la Chambre des comptes et de la municipalité parisienne, qui pourront lui faire toutes les remontrances que ces grands corps jugeront nécessaires. Il n'est pas question, il l'a dit lui-même, de s'enfermer sa vie durant dans une demeure de ville, mais d'y faire de fréquents séjours, en alternance avec Fontainebleau, Madrid au bois de Boulogne, Saint-Germain-en-Laye et Villers-Cotterêts. Dans son patrimoine, le roi a le palais de la Cité, mais il est occupé en totalité par les cours de justice et de finance ; il a l'hôtel Saint-Paul et quantité d'anciens hôtels des grands apanagistes capétiens, mais ils sont ruineux et hors d'usage et il les aliénera bientôt en les faisant lotir ; il a l'hôtel des Tournelles, plaisant logis et grand parc, mais sans dispositif de sécurité, sans vraie structure architecturale, et sous le vent nauséabond de l'égout qui longe notre rue de Turenne. Tout cela ne permet pas l'accomplissement d'un grand dessein. Seule la forteresse du Louvre, toute gothique qu'elle soit, est un vrai château royal.

Le Louvre est donc choisi. Des travaux sont entrepris immédiatement pour parer au plus pressé et le rendre plus logeable et plus aimable. Malgré sa charge symbolique – c'est de lui que relèvent tous les fiefs du royaume – le donjon est jeté bas et son fossé comblé, ce qui libère et agrémente sensiblement la cour Carrée qu'il offusquait de son énorme masse. L'entrée du château par le midi, qui gênait le bon usage du corps de logis le mieux situé, est supprimée au profit de l'entrée du levant. François fait encore aménager la berge de la Seine ; le chemin de halage que l'ancienne barbacane interrompait devient un quai maçonné continu, d'un côté jusqu'au pont au Change, de l'autre jusqu'à l'enceinte de Charles V où est alors percée la «porte Neuve». Ainsi est tracé le chemin royal qui permettra d'aller directement du Louvre au château du bois de Boulogne ou à celui de Saint-Germain. Tout un sys-

Le Louvre

tème résidentiel est défini en quelques années. Dans le château même, quelques aménagements intérieurs et un décor adventice suffisent pour un temps. Charles Quint est reçu dans ce Louvre arrangé à moindres frais.

Pour le roi, cette première tranche préfigure une vraie reconstruction. Des architectes italiens ont été alors consultés, Serlio et Vignole vraisemblablement, pour définir ce que serait le nouveau palais[8]. Pourtant, les années passent, le monarque réserve ses crédits à ses séjours préférés, ceux où il est libre d'aller et de venir, ceux où il peut chasser tout son soûl. Finalement, c'est quelques mois seulement avant sa mort, en 1546, qu'il prend son parti. Il a fait choix d'un clerc lettré, et non d'un homme de bâtiment. Pierre Lescot donne ses dessins pour reconstruire le corps de logis du couchant, désigné comme logis principal pour la raison déterminante qu'il est situé à l'opposé de l'entrée du château, percée au centre de l'aile du levant. Succédant au corps de logis médiéval sur les mêmes fondations, le bâtiment neuf prévu par Lescot abritera l'escalier d'honneur et les grandes salles d'apparat qui manquent cruellement à la monarchie lorsqu'elle est parisienne. Le plan de leur disposition nous indique que le roi conservait son appartement dans l'aile du midi dont la reconstruction ne semble pas avoir été envisagée du vivant de François Ier.

Les murs du bâtiment neuf s'élevaient à la hauteur du premier étage lorsque le roi mourut. Son successeur, Henri II, a des idées différentes sur le Louvre. Dès 1549, il demande un nouveau dessin à Lescot : un parti plus ambitieux en ce qui concerne d'abord la dimension des salles haute et basse, puis la capacité accrue du second étage, abrité sous un comble brisé, le premier en France[9]. Les façades sont reprises. L'ensemble s'achève en quelques années, pourvu par Jean Goujon et son équipe d'un admirable décor sculpté chargé d'un message symbolique qu'on a rappelé plus haut. Le nouveau Louvre est salué comme un chef-d'œuvre. Brillant connaisseur et grand créateur, Lescot a su définir la nouvelle architecture royale, par une originale synthèse des maîtres italiens, des inventions françaises récentes (Philibert de l'Orme) et de l'amalgame proposé par Serlio. L'ordonnance à la fois libre et rigoureuse s'exprime dans une « grammaire des styles » qui fera date. On y a reconnu la première grande page du classicisme français, sans souligner suffisamment, à notre sens, le souffle maniériste qui l'anime et la fait vibrer, au vent de Michel-Ange et de Jules Romain.

Sur cette lancée, Lescot est bientôt chargé de bâtir en saillie vers la Seine, à la place de l'une des tours d'angle, le pavillon du Roi. Là, le parti délibéré de ne pas user des ordres antiques, réservés aux façades internes, permet à l'architecte une écriture plus franchement maniériste, mais qui reste d'une superbe monumentalité. Puis vient la décision de reconstruire le corps de logis du midi, à l'identique de celui du couchant. À cette date, mais seulement à cette date, on peut conjecturer qu'un parti global de reconstruction a été arrêté, une cour aux trois ailes uniformes, fermée à l'est par un corps d'entrée, probablement différent ; soit le système d'Écouen. Aucune preuve sérieuse cependant ne peut laisser croire qu'Henri II a imaginé le quadruplement du palais, qui aurait entraîné le prolongement des deux corps de logis que l'on venait d'achever ou d'entreprendre, et la destruction de tout un quartier d'habitation. Ce projet gigantesque est si contraire aux habitudes de construire du milieu du XVIe siècle, si peu compatible avec les contraintes économiques, et plus encore si étranger à la trame de façade imaginée par Lescot qu'il semble totalement anachronique à cette date.

En revanche, l'évolution des esprits et du goût et la parisianisation de la cour de France vont conduire lentement à ce parti à compter des années 1560. Veuve, maîtresse de son sort et du royaume, Catherine de Médicis entend améliorer les conditions d'habitation au Louvre. La Florentine étouffe sans doute dans ce château de taille moyenne cerné de fossés. Lescot est appelé pour organiser le premier franchissement hors du quadrilatère si contraignant. L'espace occupé anciennement par la barbacane de Philippe Auguste, au long de la Seine, accueille un jardin nouveau qui forme un agréable point de vue pour les usagers des appartements de l'aile du midi. Pour s'y rendre, le fossé est enjambé par un étroit corridor greffé sur le pavillon du Roi, et qui mène à une construction plantée à la perpendiculaire sur le côté occidental du parterre. Celle-ci est une architecture de jardin, faite d'un péristyle ajouré de sept arcades communiquant avec l'appartement bas, celui de la reine mère, et couvert d'une terrasse communiquant avec l'appartement haut, celui de Charles IX. Ainsi se présentait la Petite Galerie dans sa forme originelle[10].

Pourtant, Catherine, une fois son fils déclaré majeur, ne se satisfait pas de son appartement du Louvre. La fille des Médicis est habitée par la passion de construire et le souci de laisser de grandes choses. Elle décide de bâtir « aux champs » à son usage personnel, mais le plus près possible du Louvre. Ce faisant, elle suit les traces de Louise de Savoie, que son fils François Ier avait déjà logée au lieu-dit les Tuileries, immédiatement hors de l'enceinte de Charles V. Catherine y fait planter un immense parc d'agrément disposé le long de la Seine, et le château des Tuileries est demandé au génie de Philibert de l'Orme, alors à la fin de sa carrière. Pour satisfaire la reine mère, il met en œuvre un style fleuri et chargé, un style déjà « Impératrice ». Nous ne savons si les dessins d'Androuet Du Cerceau qui représentent le futur palais pour ses *Plus Excellents Bâtiments de France* sont bien conformes au projet de De l'Orme ou s'ils reflètent la pensée de Du Cerceau lui-même et son goût du colossal[11]. Ses projets pour le Charleval de Charles IX témoignent de cette surprenante esthétique de la démesure à caractère répétitif qui saisit alors les architectes et leur clientèle princière. On observe d'autre part sur ces dessins que les Tuileries de la reine mère sont composées comme une résidence

Le Louvre

autonome, sans lien aucun avec le Louvre. Personne, pensons-nous, n'a encore imaginé les galeries qui permettront d'aller de l'un à l'autre, et l'abandon du chantier des Tuileries par la reine versatile n'en fera pas sentir la nécessité avant quelque temps.

C'est la décision d'Henri IV qui modifie brusquement toutes les données du problème. «Bon ménagier» du patrimoine qu'il a recueilli en conquérant la couronne, le premier Bourbon va s'attacher en premier lieu à remettre en état, voire à achever, les châteaux de ses prédécesseurs. Les chantiers du Vieux Louvre et des Tuileries sont repris. Le roi, maintenant, n'entend plus traiter chacune de ces maisons royales individuellement. Il imagine, ou on lui propose comme une idée héritée des derniers Valois, d'intégrer les deux maisons dans un seul ensemble palatial, d'une ampleur jamais vue. Cette fois, le projet s'accorde bien avec le goût du nouveau souverain pour les architectures démesurées, goût puisé dans les productions gravées de Du Cerceau et renforcé par le désir de faire mieux que ses prédécesseurs et de rendre manifeste aux yeux de tous la miraculeuse restauration du royaume des lis[12].

Le projet Louvre-Tuileries répond à trois objectifs : 1° Créer un vaste quartier royal résidentiel excédant les dimensions de la cour Carrée primitive : on veut quadrupler cet espace pour loger dans les ailes, outre le roi et sa nombreuse famille, tous ses familiers. 2° Réunir Louvre et Tuileries, ce qui suppose d'une part l'allongement des Tuileries aux proportions du Grand Louvre quadruplé, d'autre part la construction d'immenses galeries de liaison symétriques, l'une au nord, l'autre au midi, réunissant les deux extrémités des Tuileries aux extrémités de la Petite Galerie et de son homologue que l'on prévoit au nord. 3° Raser enfin le quartier d'habitation qui depuis le Moyen Âge se développe à l'ouest du Louvre, et y aménager une succession de grandes cours – analogues à celle que l'on construira à Fontainebleau à la fin du règne – pour magnifier l'entrée du palais déplacée de ce côté, loger les écuries et tous les services, peut-être aussi offrir des espaces commodes aux évolutions équestres et militaires.

Ces projets sont connus par deux plans sur parchemin qui préfigurent tout ce qu'on allait réaliser trois siècles plus tard. La réunion Louvre-Tuileries par deux galeries s'inspirait évidemment des exemples italiens plus ou moins récents : la jonction par Bramante du palais du Vatican avec la villa du Belvédère, à Rome, et à Florence celle du Palazzo Vecchio avec le Pitti au moyen des Offices et du corridor de Vasari traversant l'Arno. En fait, Henri IV ne réalisa qu'une partie de son «grand dessein», l'allongement des Tuileries vers le sud, la surélévation de la Petite Galerie et la construction de la Grande Galerie du Bord-de-l'Eau, longue de plus de quatre cent cinquante mètres. Toutefois, le principe était posé, et nul, jusqu'à Napoléon III compris, n'allait le remettre en cause.

Chacun de ses successeurs se heurtera aux problèmes qui n'auraient pas manqué de se poser au Béarnais s'il avait vécu plus longtemps. Louis XIII amorce le quadruplement de la cour Carrée. L'architecte Le Mercier résout la difficulté du doublement de l'aile Lescot en interposant en motif central un pavillon à dôme qui reprend les proportions du pavillon du Roi du même Lescot. Ce faisant, il crée la trame pavillon-aile qui va être reprise au début du règne de Louis XIV par Le Vau pour l'achèvement de la cour et restera le schéma volumétrique particulier au Louvre, scrupuleusement appliqué au second Empire par Visconti et Lefuel.

L'achèvement de la cour Carrée pose l'épineuse question des façades extérieures, donc de l'insertion du palais dans la ville. La sobre ordonnance externe de Lescot ne suffit plus. Le Vau dresse au centre de l'aile du midi un pavillon orné de colonnes et sommé d'un dôme qui donne la réplique à celui dont il couronne au même moment le collège des Quatre-Nations, de l'autre côté de la Seine. L'architecte rêve encore vers 1659 d'exproprier tout le quartier occidental pour aménager des cours, mais il doit y renoncer. On continuera donc à aborder le palais par l'est, face à Saint-Germain-l'Auxerrois. Cette façade prend de ce fait une importance exceptionnelle. Un concours d'idées est provoqué, car il faut élever là les véritables «propylées» de la monarchie, créer un frontispice triomphal, le plier pourtant aux froides nécessités de la sécurité (problème des fossés et des fenêtres), régner en largeur et en hauteur avec les façades internes, et abriter enfin sans trop d'incommodité de grandes salles. On connaît le débat qui s'instaure, les projets des Français, notamment la fiévreuse série des dessins de François Mansart qui y voit le couronnement de sa carrière[13], l'appel à l'Italien Bernin, l'incompréhension réciproque, enfin la tâche confiée à une commission réunie par Colbert. Surgit la *colonnade de Perrault*, «morceau de concours» par excellence, inspirée par un homme de goût et non par un architecte, qui donnait ainsi la main à Lescot[14].

L'aménagement des appartements d'Anne d'Autriche autour de la Petite Galerie et la reconstruction de celle-ci après l'incendie de 1661, les grands travaux de Le Vau aux Tuileries, qui visent à donner au palais les dimensions que lui voulait Henri IV (deux cent soixante mètres) mais aussi une volumétrie plus importante, ne sont finalement que des épisodes secondaires. L'Ancien Régime peut faire cela, mais il ne peut faire davantage, et toute une agglomération de maisons, parfois misérables, subsiste, non seulement à l'ouest du Louvre mais en pleine cour Carrée, et pour longtemps. L'opinion publique, Voltaire en tête, s'indigne de cet abandon. D'une certaine manière, le Louvre appartient déjà à la nation.

Avec de nouveaux moyens et une volonté plus exigeante, Napoléon reprend le grand dessein du Béarnais, dont il confie la poursuite à Percier et Fontaine :

Le Louvre

quelques constructions nouvelles (la galerie nord, l'arc du Carrousel), mais aussi la reprise et l'achèvement de la cour Carrée, et un début de dégagement du palais dans toutes les directions. Les plans ne manquèrent pas alors pour aménager l'espace entre les deux palais, mais l'Empire sombra trop tôt. Durant les monarchies qui viennent ensuite le vieux quartier de la rue Saint-Thomas-du-Louvre subsiste donc. Balzac l'a décrit dans *La Cousine Bette*.
Le 24 mai 1848, le gouvernement de la IIe République décidait d'achever le Louvre devenu le palais du Peuple. Les travaux étaient engagés lorsque Napoléon III confisqua le pouvoir. Il activa aussitôt l'opération et osa ordonner ce qu'aucun de ses prédécesseurs n'avait pu faire : raser tout un quartier. Les nouvelles procédures d'expropriation et l'euphorie des milieux financiers permettaient ce miracle. Visconti puis Lefuel dressèrent à la place le *Nouveau Louvre* en appliquant les idées d'Henri IV et celles de Percier et Fontaine, avec d'heureuses variantes. Plutôt que de fragmenter le grand espace en une série de cours, ils le laissèrent entièrement dégagé, quitte à le resserrer au nord et au sud pour éviter la monotonie des trop longues lignes droites, pour créer des effets de perspective et masquer le désaxement. En 1867, le palais achevé brillait comme un sou neuf aux yeux émerveillés des visiteurs de l'Exposition universelle. Tout le programme du Béarnais était réalisé, et la vue se portait sans obstacle d'un palais à l'autre, ou plutôt à l'intérieur d'un palais unique et gigantesque. L'immense cour du Carrousel était de nature complexe, comme son homologue la cour Carrée[15]. Toutes deux reliées à la voirie parisienne par des guichets sous arcades – seul le Carrousel était accessible aux voitures –, toutes deux munies de squares, de bancs, de réverbères, elles participaient à l'espace public de la ville. En même temps, le Carrousel servait de cour d'entrée du musée (par la cour Napoléon) et de cour d'entrée du palais impérial des Tuileries.
Par une tragique ironie du sort, ce but si longtemps poursuivi, réalisé par l'effort conjugué des générations, allait révéler sa fragilité de château de cartes. Des siècles employés pour assurer une existence de trois années ! Dès qu'il n'y eut plus à Paris de tête couronnée, la demeure souveraine fut anéantie, comme sous les coups de l'Anangké, en mai 1871. L'histoire avait décidé de se débarrasser du dernier palais royal à l'heure même où le grand dessein monarchique d'Henri IV se dissolvait. À quoi bon réunir le Louvre et les Tuileries lorsqu'il n'y avait plus de roi ni dans l'un ni dans l'autre palais ?
Dans la vision du site, une fois la logique du système emportée par la tourmente révolutionnaire, tout bascule. Derrière le palais des Tuileries évanoui dans un nuage de fumée, le jardin apparaît soudain, avec ses frondaisons, son allée centrale, ses bassins. Les galeries de jonction nord et sud, qui perdaient leur signification d'organes de liaison, en gagnent du coup une valeur absolue : deux grands bras jetés à partir du Louvre pour étreindre le vide, c'est-à-dire

pour canaliser le regard, depuis la cour jusqu'au jardin. Ainsi la structure générale change violemment de caractère. Elle avait été voulue fermée, systématiquement close, et l'événement historique lui donnait fortuitement les caractères d'un site ouvert. L'incendie de 1871 intégrait involontairement au grand axe générateur de l'Ouest parisien le complexe du Louvre qui lui était jusque-là étranger. Et il paraissait, tout compte fait, naturel que l'espace du Carrousel se continuât sans rupture par le jardin des Tuileries, par la place de la Concorde – autre structure urbaine ouverte –, par l'avenue des Champs-Élysées, et jusqu'à la Défense. On pouvait même trouver une satisfaisante logique du destin à aligner les deux monuments de la gloire impériale dans une même visée, le petit arc du Carrousel – simple porte du palais des Tuileries – sur le grand arc de l'Étoile. Une fois de plus, comme aux Invalides, comme à la place Vendôme, comme à Fontainebleau, le Corse aux cheveux plats l'emportait sur la vieille monarchie dans le «mémorial» des peuples.

Les Tuileries, palais des rois.
Le Louvre, palais de la nation

Si l'on demandait aux hommes de l'art : «Voici le Louvre, palais royal, conduisez-moi à la chambre du roi», combien sauraient répondre ? Les plus avisés répliqueraient que la question est sans objet, que le roi est absent du Louvre depuis tant de siècles que sa présence en a été purement et simplement éliminée. De fait, il faut beaucoup d'imagination pour isoler par la pensée un quart du grand volume de la «salle des Sept Cheminées» et y planter les lambris et les plafonds exilés dans les salles de la Colonnade dès le temps de Charles X.

Il n'existe aujourd'hui qu'une chambre du roi à Paris, c'est la «première chambre» au Palais de Justice, et pourtant Charles V a quitté le Palais depuis bien plus longtemps que Louis XIV n'a quitté le Louvre. L'un a laissé sa demeure à ses conseillers de justice qui ont respecté la fiction de la Chambre royale, siège de la justice retenue ; l'autre l'a abandonnée à la foule des quémandeurs, et essentiellement aux académies qui préluderont à l'affectation muséologique.

Il n'est pas inutile de dresser un rapide tableau du séjour des rois. Le Louvre est sous les Capétiens directs une résidence très occasionnelle. Il est l'un des séjours favoris de Charles V, il abrite parfois Charles VI et Isabeau de Bavière, puis il cesse pratiquement de recevoir la visite du roi. Après la grande absence, François Ier y fait quelques incursions très épisodiques. Henri II y vient plus souvent, davantage encore Charles IX, et Henri III fait du Louvre son séjour habituel, pour la première fois dans l'histoire. Malgré ses itinérances et son

Le Louvre

goût pour Fontainebleau, Henri IV y descend régulièrement chaque année, souvent pour l'hiver, Louis XIII suit son exemple. La régente Anne d'Autriche préfère habiter avec son jeune fils Louis XIV une demeure plus aimable, le Palais-Cardinal, légué par Richelieu et qui prend dès lors le nom de «Palais-Royal». Cette dernière demeure est difficile à défendre en cas d'émotion populaire. Après la fuite de la nuit des Rois et les malheurs de la Fronde, la Cour préfère réintégrer le Louvre qui offre de meilleures garanties (1652).

Alors les travaux vont bon train, au Louvre comme aux Tuileries. La réfection du palais de Catherine s'achève en 1666, la Colonnade en 1670. Le roi partage son existence entre les deux palais. Colbert tente désespérément d'organiser les nouveaux espaces pour le séjour habituel de son maître. Il n'ignore pas que, traumatisé par ses souvenirs d'enfance, Louis XIV éprouve pour la capitale beaucoup d'éloignement et de rancune. Dès 1666, le roi n'habite plus le Louvre et son attirance pour Versailles va grandissant. Il fait des séjours sans cesse plus longs, il projette la création de la ville nouvelle en 1671, il s'y fixe en 1678, il y installe officiellement le siège de l'autorité de l'État en 1682. Si l'on trouve à Versailles les «ailes des Ministres», c'est bien la preuve que le pouvoir monarchique a délibérément abandonné Paris. Le Louvre n'est désormais royal que par une fiction, il l'est moins que le palais de la Cité, où le souverain vient encore pour les «lits de justice».

Le Louvre royal a terminé alors sa carrière. Il n'en est pas de même pour les Tuileries qui offrent au moins une habitation en réserve, pourrait-on dire. Elles servent ainsi une première fois après la mort de Louis XIV. Le petit Louis XV, fragile, doit être élevé au bon air, mais loin du palais où est mort son bisaïeul. On aménage pour lui les Tuileries, on dispose dans le jardin des statues arrachées au parc de Marly, on loge la petite infante d'Espagne, sa fiancée, dans le Vieux Louvre. De ce bref épisode nous avons gardé le nom du «jardin de l'Infante». Dès 1722, le petit roi retourne vivre à Versailles. Quant à l'infante, remerciée, elle a regagné Madrid. Tout annonce que le primat de Versailles s'impose à nouveau, et pour longtemps. Louis XV puis Louis XVI règnent dans la ville-château qui forme autour d'eux comme un fallacieux cocon protecteur. Cela dure jusqu'au grand déchirement.

La prise de la Bastille ramène la monarchie aux réalités de l'après-Pavie, en bien pire. Par la force, les Parisiens viennent s'assurer de la personne du roi; par la force, ils l'obligent à réintégrer la capitale pour y régner sous le contrôle permanent de la population. Les Tuileries, tout naturellement, serviront à loger Monsieur Veto et sa famille. Cette fois, le palais de Catherine prend du service pour longtemps, presque un siècle quasi ininterrompu. Il abrite les ultimes années du règne de Louis XVI, d'octobre 1789 à août 1792. Il sert ensuite au gouvernement républicain révolutionnaire, à la Convention et au Comité de salut public; puis il abrite le Conseil des Anciens et sert de résidence à partir de 1799 au Premier consul. Avec l'avènement de Napoléon I‍er, les Tuileries accèdent à la dignité de palais impérial. Le chassé-croisé des sorties et des entrées de Napoléon et de Louis XVIII en 1814-1815 a pour principal décor l'escalier des Tuileries, premier témoin de la grande péripétie qui bouleverse la France. Successivement, Louis XVIII et Charles X règnent ici et y font leur résidence constante. Une fois Charles X détrôné, son cousin Louis-Philippe prend sa place, échangeant sans aucun plaisir son «Palais-Orléans» (le Palais-Royal) pour ces Tuileries qui lui semblent de mauvais augure. 1848 l'en chasse effectivement. Un temps très court, le palais perd son rôle politique. Le prince-président s'installe à l'Élysée, mais dans sa formidable ambition il voit dans l'occupation du palais des rois et du premier empereur un gage décisif pour sa destinée. Il s'y installe en février 1852, et y tiendra la dernière Cour que la France ait connue, jusqu'au sinistre départ pour le front de l'Est. Ainsi les Tuileries ont supplanté le Louvre. L'événement était prévisible dès le règne d'Henri IV, il se lit en filigrane dans les années 1660. Épisodique en 1715, ce rôle est définitivement assumé en 1789, pour s'achever en 1870.

Par voie de conséquence, la fureur populaire qui s'est tournée contre Versailles en octobre 1789 s'en prend désormais aux Tuileries. Siège du pouvoir à l'ère des révolutions, le palais devient le lieu historique des «journées». Cinq fois, les vagues populaires s'élancent à l'assaut du palais pour abattre les régimes successifs qui y sont logés: le 20 juin 1792, le 10 août 1792, le 2 juin 1793, le 29 juillet 1830 (avec un autre assaut sur la colonnade du Louvre), le 24 février 1848. C'est devenu le palais des départs précipités: Henri III fuyant les ligueurs, Louis XVI tentant l'échappée de Varennes puis fuyant l'insurrection pour se mettre sous la protection de l'Assemblée législative, l'impératrice Marie-Louise et le roi de Rome fuyant devant les Alliés, Napoléon et Louis XVIII aux Cent-Jours, Charles X partant lentement pour les ports de la Manche et Louis-Philippe un peu plus vite pour le même itinéraire. En 1870, le régime impérial s'est écroulé sans violence; l'impératrice Eugénie s'est enfuie en traversant le musée, le 4 septembre. Une fois Paris assiégé par les Prussiens et investi par la Commune révolutionnaire, le désir de vengeance de la population ouvrière contre l'Empire effondré s'enfle avec l'énergie du désespoir. Les révolutionnaires ne s'en prennent pas seulement au passé abhorré mais déjà révolu, ils veulent déterminer l'avenir, leur avenir, celui d'une France républicaine démocratique, et ils accomplissent dans ce but des gestes sans retour: la destruction des édifices-symboles du régime détesté. «Plus jamais ça» pourrait être le cri des incendiaires de la nuit du 23 au 24 mai 1871 lorsque, apprenant les progrès des Versaillais, ils arrosent de pétrole le palais des Tuileries: ces hommes veulent forcer le destin. Identifié avec le pouvoir qu'il a abrité, le palais disparaît précisément parce qu'il est reconnu comme un lieu de la mémoire. Or, il est resté, depuis la nuit tra-

Le Louvre

gique, dans la mémoire des peuples, mais à l'état d'espace vacant, tout comme le Champ-de-Mars dont Michelet disait que c'était le principal monument que nous ait laissé la Révolution française. On a retenu le souvenir d'un édifice à la destinée maléfique, à l'instar de la tour de Nesles, palais des révolutions, palais des rois en fuite. Peu de passants sauraient dire aujourd'hui où il s'élevait exactement, depuis que ses murs calcinés, récupérables, ont été condamnés une nouvelle fois par le vote républicain de 1882. Le monument historique a laissé la place, dans la mémoire collective, à un palais fantôme[16].

Le musée

Le Louvre, lui, a échappé à la malédiction parce que depuis longtemps il a pris ses distances avec la royauté. C'est l'un des exemples les plus illustres de la réutilisation d'un monument historique pour un usage très différent de celui pour lequel il avait été créé; thème banal à notre époque où tout est bon pour faire un musée: église, gare ou usine. Ici, c'est l'habitation royale qui sert de musée, mais le glissement a été si progressif que le vocabulaire même de l'habitation va passer au musée: salon, galerie, cabinet.

La vocation du Louvre à recevoir des œuvres d'art remonte fort loin: à la constitution des collections royales. Charles V eut ici sa célèbre «librairie», dans la tour qui portait ce nom. Les derniers Valois et Henri IV y eurent leurs cabinets de peintures, d'objets d'art, d'armes. Le premier Bourbon a voulu faire plus, il a logé au palais une cité d'artistes. Ainsi les niveaux inférieurs de la Grande Galerie ont-ils été, dès leur construction, découpés en logements mis à la disposition des peintres, tapissiers, ébénistes, armuriers, dont le roi appréciait les talents et utilisait les productions. Sous Louis XIII, on y ajoute les monnaies et médailles, et l'imprimerie du Louvre. Le plus grand peintre français, Nicolas Poussin, est appelé pour décorer la Grande Galerie. Sous Louis XIV, les plus belles peintures sont accrochées dans le Cabinet du roi, les antiques et les moulages disposés dans la salle des Cariatides et à proximité. Les plans en relief des villes fortifiées de France sont placés au même moment dans la Grande Galerie. L'Académie royale de peinture et de sculpture est déjà dans la place, l'Académie française obtient en 1672 la salle des gardes de la reine pour tenir ses séances, puis une salle de l'aile Le Mercier où elle voisine avec l'Académie des inscriptions et belles-lettres. On y trouvait aussi l'Académie des sciences et l'Académie d'architecture.

Pourtant, les collections royales formaient encore une galerie de caractère privé, accessible aux seuls amateurs éclairés qui en faisaient la demande. Peintures, sculptures et objets d'art, manuscrits, médailles et gemmes contribuaient à l'environnement de beauté, de savoir et de richesse qui servait normalement de cadre à la vie du souverain. Dans ce domaine comme dans celui de la « présence réelle » de Louis XIV, pourrait-on dire, Versailles et le Louvre s'affrontèrent ; et déjà le Louvre n'avait fait que succéder à Fontainebleau. Car c'est là que le noyau des collections royales encore visibles dans notre musée national avait été constitué, comme chacun sait, par François Ier. Des chefs-d'œuvre des grands maîtres italiens contemporains furent alors acquis et placés dans l'appartement des bains – dont le degré hygrométrique ne devait pas être très favorable à leur bonne conservation. En 1642, le père Dan énumère par exemple les Léonard de Vinci : « Notre Dame avec un petit Jésus qu'un ange appuie, le tout dans un paysage fort agréable ; saint Jean-Baptiste dans le désert ; portrait de Mona Lisa », etc.[17] Le roi voulait aussi des antiques, il chargea Primatice de lui en chercher en Italie et de faire exécuter des fontes des statues qu'il ne pourrait acheter.

Les acquisitions d'œuvres majeures ne furent poursuivies ni par les derniers Valois ni par les premiers Bourbons. À l'avènement de Louis XIV, le Cabinet du roi de France ne comportait pas deux cents tableaux ; à sa mort, il en comptait plus de deux mille. Colbert avait été chargé de proposer les achats au roi, et le peintre Charles Le Brun reçut la charge de les conserver[18]. L'acquisition de la collection de Mazarin et celle du banquier Jabach, qui contenaient toutes deux des pièces fameuses de la galerie de Charles Ier d'Angleterre, puis l'achat des Poussin du duc de Richelieu vinrent remplir les salles du Louvre qui jouxtaient l'appartement royal. Mais, entre-temps, Louis XIV s'était fixé à Versailles. Les trésors rassemblés devaient accompagner sa gloire, c'est dans cette pensée qu'il se rendit au Louvre le 5 décembre 1681. Le *Mercure galant* a décrit la visite du roi venu « voir son cabinet de tableaux. Il est dans un appartement neuf, à côté de la superbe galerie appelée la galerie d'Apollon […] Ce que l'on appelle le cabinet de tableaux de Sa Majesté dans le vieux Louvre contient sept grandes salles fort hautes, et dont quelques-unes ont plus de cinquante pieds de longueur. Outre cela, il y en a encore quatre au vieil hôtel de Gramont qui joint le Louvre ». Les tableaux étaient accrochés en superposition jusqu'aux corniches, certains montés, en plus, sur des volets mobiles. Le roi admira l'ordre dans lequel son cabinet était tenu et en fit ôter quinze tableaux pour orner ses appartements de Versailles, œuvres de Véronèse, du Guide, de Poussin et de Le Brun.

La confrontation des peintres modernes avec les œuvres des grands maîtres italiens était un principe sacré du mécénat royal. Elle était évidemment facilitée par le voisinage dans le palais du Cabinet royal – même amputé – et de l'Académie de peinture. Ainsi naquit le *Salon*. Dès 1699, l'Académie décidait d'exposer publiquement les productions de ses membres. À compter de 1725, ces présentations très courues du public parisien se tinrent dans le salon Carré, une grande salle d'exposition que Le Vau avait créée en surélevant les pre-

Le Louvre

mières travées de la Grande Galerie d'un étage percé de fenêtres ; cet éclairage oblique venu de haut était propice à l'accrochage des tableaux. Le nom de *Salon* allait rester à ces manifestations, popularisé par les livrets descriptifs, puis par la critique d'art qui allait bientôt trouver à s'y exercer[19].

L'accès au public de manifestations temporaires n'allait pas tarder à faire souhaiter l'ouverture permanente des collections royales. Le siècle des Lumières réclame la publicité des chefs-d'œuvre de l'art au profit de tous les citoyens. Les papes donnent l'exemple. Clément XII et Benoît XIV installent à grands frais le musée du Capitole à Rome. L'un des premiers à avoir appelé de ses vœux l'ouverture d'un Muséum français est La Font de Saint-Yenne, dans plusieurs essais publiés de 1747 à 1756. Dans l'un d'eux[20], il s'adressait directement à l'ombre de Colbert : « Vous vous souvenez sans doute, ô grand ministre, de l'immense et précieuse collection de tableaux que vous engageâtes Louis XIV de faire enlever à l'Italie et aux pays étrangers... Vous pensez (eh! qui ne le penserait comme vous!) que ces richesses sont exposées à l'admiration et à la joie des Français de posséder de si rares trésors, ou à la curiosité des étrangers, ou enfin à l'étude et à l'émulation de notre école ? Sachez, ô grand Colbert, que ces beaux ouvrages n'ont pas revu la lumière et qu'ils ont passé, des places honorables qu'ils occupaient dans les cabinets de leurs possesseurs, à une obscure prison de Versailles, où ils périssent depuis plus de cinquante ans. » Et de proposer l'installation d'une galerie d'exposition dans le Louvre. L'idée fit son chemin. En 1750, Louis XV autorisa l'envoi au Louvre des tableaux enfermés à la surintendance de Versailles.

Le marquis de Marigny, nommé directeur des Bâtiments à la mort de M. de Tournehem qui en avait eu la première idée, inaugure le 14 octobre de cette année l'ouverture régulière d'un choix de peintures du Cabinet du roi, disposées au Louvre dans l'ancien appartement de l'infante d'Espagne. L'accrochage avait été confié au garde des tableaux du roi, Bailly. Le public y était admis les mercredis et les samedis de chaque semaine, et la galerie de Médicis, œuvre célèbre de Rubens, pouvait être visitée au palais du Luxembourg aux mêmes jours. Au Louvre, on pouvait admirer notamment la *Sainte Famille* de Raphaël et la *Charité* d'Andrea del Sarto, récemment transposée de bois sur toile.

En 1776, le successeur de Marigny, le comte d'Angiviller, prenait l'initiative d'une réalisation plus ambitieuse, qui avait été déjà soumise, il est vrai, à Louis XV en 1768. La Grande Galerie tout entière, occupée jusque-là par les plans en relief des villes de France, devait devenir le Muséum français et réunir les chefs-d'œuvre des écoles anciennes et modernes. Le projet répondait enfin au souhait des amateurs, de Bachaumont, de La Condamine, de Diderot. L'architecte Soufflot fut chargé des aménagements nécessaires, un escalier fut même construit sur ses plans en 1781 pour l'accès du public. La difficulté majeure était d'adapter l'immense galerie à son nouvel usage. On ne se contentait plus alors de juxtaposer sur plusieurs niveaux des peintures accrochées cadre à cadre sous un mauvais jour. L'expérience du salon Carré avait montré l'excellence de la lumière par fenêtres hautes. On ne pouvait songer pourtant à surélever toute la galerie d'un étage de fenêtres, aussi l'architecte proposa-t-il de percer des verrières dans la couverture et d'installer ainsi ce que nous appelons l'éclairage zénithal.

C'était une idée audacieuse, elle suscita des oppositions. Un comité fut constitué pour l'étudier, qui comptait Hubert Robert parmi ses membres[21]. Soufflot mort en 1780, on continua à élever des objections et à proposer mille solutions nouvelles. Entre-temps, les collections s'étaient encore enrichies, des aménagements secondaires avaient été entrepris, mais le Muséum n'était toujours pas ouvert.

Dès le début, la Révolution allait prouver qu'elle était bien la fille des Lumières : elle mit le musée à l'ordre du jour[22]. Ce que la monarchie n'avait pas su faire, le nouveau régime entendait le réaliser au plus vite. Sur le rapport de Barrère, l'Assemblée législative décrétait le 26 mai 1791 : « Le Louvre et les Tuileries réunis seront le palais national destiné à l'habitation du roi et à la réunion de tous les monuments des sciences et des arts, et aux principaux établissements de l'instruction publique. » Un an plus tard, au lendemain de la prise des Tuileries, le 14 août 1792, une commission était nommée pour rassembler les chefs-d'œuvre épars dans les maisons royales ; elle fut bientôt fondue avec la commission des monuments chargée d'assurer la conservation des objets utiles à la mémoire de la nation. Le ministre de l'Intérieur Roland en assurait la présidence. L'objectif fixé était d'installer enfin au Louvre le Muséum national groupant des œuvres de toutes provenances, collections royales, biens d'émigrés, biens d'Église.

La chute de la royauté, décidément, était montrée du doigt comme le début de l'ère nouvelle pour la culture du peuple, puisque l'ouverture du musée fut fixée au 10 août 1793 par un décret du 27 juillet, lequel prévoyait déjà sagement un copieux budget annuel d'acquisitions (cent mille livres). Il y eut trois mois de retard, c'est bien peu. Le 18 brumaire an II (8 novembre 1793), date capitale, les citoyens étaient admis à parcourir librement le salon Carré et la Grande Galerie où les tableaux étaient classés par école, les objets d'art disposés en épine centrale. Le *Musée central des arts* était ouvert durant les cinq premiers jours de chaque décade aux artistes seulement, les deux suivants, il était fermé pour nettoyage et aménagements divers, les trois derniers il était ouvert au public. Un catalogue fut aussitôt édité. L'année suivante, en février, on modifia le règlement et le musée fut ouvert tous les jours aux citoyens. Il était géré par un conservatoire de dix membres nommé sur la proposition du peintre Louis David.

Le Louvre

L'expansion militaire de la République n'allait pas tarder à donner au musée une ampleur et une coloration nouvelles. À l'exemple des Romains occupant la Grèce, les généraux français victorieux hors des frontières jetèrent des regards sur les collections d'œuvres d'art des pays vaincus, regards empreints d'une noble concupiscence. Et les convois commencèrent d'affluer. Le Louvre, jeune conservatoire de la nation, apparaissait tout indiqué pour accueillir ces dépouilles. Elles prenaient de ce fait une double signification : c'était les chefs-d'œuvre de l'humanité dignes d'être réunis en une collection prestigieuse, celle de la République française ; c'était les glorieux trophées abandonnés par les peuples opprimés à leurs libérateurs, et traînés en un long triomphe à la romaine vers la capitale du vainqueur. Les citoyens étaient conviés à admirer le tribut qu'ils devaient au mâle courage de leurs fils. En octobre 1794 arrivèrent les tableaux enlevés à la Belgique, puis de 1796 à 1798 les œuvres emportées d'Italie, et cette fois cédées officiellement par les clauses précises des traités conclus avec le pape et les autres puissances de la péninsule : peintures et statues antiques qui firent l'objet d'une pompe triomphale à travers les rues de Paris le 28 juillet 1798.
Pour trouver de la place, on expédia toutes les œuvres de l'école française à Versailles, dont la municipalité réclamait depuis 1792 l'ouverture d'un grand musée, seule capable de conjurer l'effroyable abandon dans lequel la ville royale risquait de sombrer. Au Louvre, les grands Italiens furent installés dans le salon Carré, puis en 1802 dans la Grande Galerie. Une section des antiques fut créée, et logée dans l'appartement d'été d'Anne d'Autriche. Cette fois, on estima que le décor des salles consacrées aux sculptures romaines devait, comme dans le musée du pape à Rome, refléter leur destination par une iconographie adéquate, traitée encore dans le style noble des palais des rois. Plafonds, tympans, voussures des portes furent couverts de peintures et de reliefs sur des sujets appropriés : *Le Génie des arts*, *L'Union de la peinture, de la sculpture et de l'architecture*, *L'Homme formé par Prométhée et animé par Minerve*, *Les Germains demandant la paix à Marc Aurèle*, *La Construction des aqueducs par Trajan*, *L'Hercule français*[25]... Deux œuvres majeures considérées unanimement comme les chefs-d'œuvre de la sculpture antique, le Laocoon et l'Apollon du Belvédère, avaient fait l'objet d'une habile mise en scène propre à émouvoir les esprits sensibles.
L'ouverture du musée enrichi avec cet éclat, le 18 brumaire an IX, anniversaire d'une journée mémorable, fut un événement majeur. Bonaparte et Joséphine inauguraient ce sanctuaire votif dressé à la gloire des armées d'Italie. La pensée et la culture du Premier consul trouvaient là une occasion exceptionnelle pour se manifester. Aussi, dès 1803, le Muséum prenait-il le nom de « musée Napoléon ». Des hommes de qualité furent choisis pour présider à ses destinées : l'archéologue italien Ennio Quirino Visconti et Vivant

Denon. Dans le même temps, des envois étaient faits dans les départements pour enrichir les musées locaux.

L'empereur poursuivit la tâche du Premier consul, il ordonna l'installation au Louvre de la Bibliothèque impériale et fit entrer de nouveaux convois remplis des collections allemandes et autrichiennes (1807); puis ce fut l'achat de la collection Borghèse. Après avoir pris la couronne, cependant, Napoléon ne tarda pas à modifier son optique républicaine et à nouer tout naturellement avec les collections conservées au Louvre les liens de propriété individuelle caractéristiques du monde monarchique de ses prédécesseurs. Cette appropriation s'exprime à merveille dans la repartie que s'attira Duroc, un jour où il montrait à l'empereur les déplorables masures qui s'adossaient encore au revers nord de la Grande Galerie: «Qu'on fasse partir tous ces bougres-là! Ils finiraient par brûler mes conquêtes, mon musée.» Bien que visité par les citoyens, le Louvre n'en est pas moins palais impérial, sans cloison étanche entre les galeries du musée et les appartements du souverain. Napoléon, dans les ordres donnés pour la distribution du Louvre, fait prévoir au voisinage direct des salles ouvertes au public l'installation de «deux logements de princes avec leurs dépendances» (1809) puis ses propres appartements (1812-1813). Le cérémonial choisi pour son mariage avec Marie-Louise est plus révélateur encore (1810). Le cortège nuptial se déroule sur toute la longueur de la Grande Galerie, au milieu des chefs-d'œuvre de la peinture, et la bénédiction est donnée dans le Salon carré, érigé pour la circonstance en chapelle.

Les souverains de la Restauration eurent à cœur de poursuivre l'œuvre entreprise par l'Usurpateur. En 1814, Louis XVIII se préoccupa de faire garantir à la France par le traité de Paris la cession diplomatique des œuvres d'art étrangères: «Les chefs-d'œuvre des arts nous appartiennent désormais par des droits plus stables que ceux de la Victoire» déclarait-il. En 1815, les Alliés furent plus exigeants et il fallut se résigner à voir repartir la majeure partie des conquêtes napoléoniennes. Les salles du musée et les escaliers ouverts au public continuent de recevoir des décors peints allégoriques demandés aux peintres d'histoire: *La France protégeant les arts, Le Triomphe de la peinture française...* Avec les résidus du musée des Monuments français d'Alexandre Lenoir laissés après sa dispersion, un nouveau département est créé, qui groupe les sculptures de l'école française sous le nom de «galerie d'Angoulême». En 1821, la Vénus de Milo est donnée au roi par son ambassadeur à Constantinople, le marquis de Rivière. Sous Charles X, l'effort est plus important encore. Un Musée naval est fondé en 1827. Tout le premier étage de l'aile du midi voit l'installation du Musée Charles X qui accueille le tout nouveau département égyptien confié à Champollion, auréolé par sa jeune découverte, ainsi que la collection des vases grecs achetés à Tôchon et à Durand; la décoration de ses salles a été programmée avec un souci péda-

Le Louvre

gogique plus affirmé encore que précédemment. Les plafonds peints et le décor des murs évoquent le plus précisément possible le monde gréco-romain, avec l'*Homère déifié* de Monsieur Ingres et *Cybèle protégeant les villes mortes de Pompei, d'Herculanum et de Stabies* par Picot, ou la civilisation égyptienne mise à l'honneur par l'expédition de Buonaparte: *L'Étude et le Génie dévoilant l'antique Égypte à la Grèce*, par Abel de Pujol. Le long de la Seine, les plafonds rappellent au contraire les heures les plus glorieuses de l'art français, et particulièrement la Renaissance.

Sous Louis-Philippe, qui a puisé dans les traditions de la famille d'Orléans et dans sa propre formation au Palais-Royal un goût très vif pour l'art et pour l'histoire, l'amalgame entre les collections «publiques» de l'État monarchique et les collections privées du souverain se fait encore plus étroit. Presque quotidiennement, le roi aime à se délasser en ouvrant la porte qui mène de ses appartements des Tuileries aux galeries de peintures qu'il arpente en connaisseur. Acquéreur très avisé, il réunit pour sa collection personnelle un magnifique ensemble qui est libéralement ouvert au public dans les salles du Louvre: les tableaux de l'amateur anglais Standish et surtout la superbe collection de peintures espagnoles réunies pour le Roi-Citoyen lors d'une mission dans la péninsule confiée au baron Taylor. Pendant une petite dizaine d'années, les Parisiens purent admirer onze Goya, dix-neuf Vélasquez, des Ribera, des Murillo, des Zurbarán, qui devaient être malheureusement dispersés en vente publique à Londres lorsque le roi fut parti pour l'exil. Édouard Manet en garda un souvenir ébloui, qui inspira profondément son œuvre. Sous la monarchie bourgeoise, le Louvre s'enrichit encore d'un nouveau département, les antiquités assyriennes, grâce aux figures colossales rapportées de son expédition par Botta, consul à Mossoul.

Les travaux de Napoléon III donnèrent au musée du Louvre une extension fantastique. Les constructions de Lefuel, décorées avec une profusion allégorique qui surpassait toutes celles qu'on avait connues, abritèrent les départements de l'immense palais des arts placé sous la direction d'un nouveau directeur des Musées, le comte de Nieuwerkerke. On y trouvait toutes les collections traditionnelles d'art ancien, la peinture enrichie de la collection Sauvageot, de la collection Lacaze et de la collection Campana, la sculpture, les antiques, mais encore un musée des souverains composé par le comte Horace de Viel-Castel. L'étonnant ensemble échappa de peu aux flammes de l'incendie de 1871. La présence d'esprit du conservateur des objets d'art, Barbet de Jouy, n'y fut pas étrangère.

Depuis ce temps, l'immense cité n'a cessé de s'agrandir et de s'enrichir. L'art du XIXe siècle, les antiquités orientales et égyptiennes, les dessins ont nécessité durant la IIIe République des aménagements nouveaux gagnés peu à peu sur les administrations étrangères au musée, et sur les anciens locaux affectés sous le second Empire à des usages palatiaux, les écuries par exemple. En 1900, le pavillon de Marsan et l'aile voisine accueillaient le musée des Arts décoratifs. Les derniers bouchons à faire sauter étaient alors le pavillon de Flore attribué à la Loterie nationale, et récupéré par le musée en 1961, et le ministère des Finances, dont le départ vient d'être décidé. Entre-temps, le Louvre s'était approprié comme annexes deux bâtiments fonctionnels construits sur les terrasses du jardin des Tuileries, le Jeu de paume et l'Orangerie. Henri Verne, directeur du Louvre, amorça en 1927 une nouvelle structuration des espaces et des collections qui donna finalement au Louvre l'aspect général que nous connaissons aujourd'hui. La pièce maîtresse du dispositif était l'escalier Daru, superbe mise en scène pour la *Victoire* de Samothrace. Il était prévu probablement dès le second Empire, et avait reçu une première réalisation, avec des mosaïques dessinées par Lenepveu, du temps de l'architecte Guillaume (1882). Pour Henri Verne, l'architecte Ferrand supprima le décor et habilla l'arcade monumentale de pierre.

Cette conquête fulgurante du palais des rois par l'œuvre d'art arrivera prochainement à son terme. Il n'y aura bientôt plus rien à espérer pour les conservateurs, maîtres en outre de l'ancienne gare d'Orsay. L'immensité des collections accumulées et sans cesse enrichies et la véritable boulimie muséale qui a saisi nos contemporains, français ou étrangers, explique l'ampleur du phénomène. Plusieurs kilomètres de cimaises et de vitrines attendent chaque jour l'incessant piétinement des curieux de toutes races qui se pressent en foule aux portes avant l'ouverture. Ce phénomène planétaire dépasse évidemment la seule destinée du palais parisien, il remplit au-delà de leurs espérances les souhaits des idéologues de la Révolution. Mais comment préserver dans ces conditions les «chefs-d'œuvre» de la création humaine d'une «consommation» dévorante qui pourrait aller jusqu'à les faire disparaître, et comment préserver la ville qui recule sans cesse devant le musée ?

L'éternel palais

Toutes les «maisons des siècles», pour reprendre la définition donnée autrefois par Napoléon de Fontainebleau, ont posé à leurs constructeurs successifs la même interrogation. Le nouveau venu qui accroît l'édifice se pliera-t-il au dessein primitif, à l'ordonnance, au style, à l'échelle des bâtiments antérieurs, ou imposera-t-il sa nouvelle vision, son esthétique, son temps, ses besoins nouveaux ? Jusqu'au grand débat qui agite l'opinion depuis 1984, le Louvre offrait en apparence une bien surprenante unité, une fallacieuse unité faut-il ajouter. Au bout du compte, l'ampleur des travaux de Lefuel et la volonté impérialiste de Napoléon III ont tellement façonné le palais tout

Le Louvre

entier aux normes du style composite du second Empire qu'il paraît jailli d'un seul jet au tournant du XIXe siècle, avec ses colonnes et ses frontons, sa population de grands hommes et de génies joufflus, son pesant répertoire d'emblèmes – où les miracles de l'âge industriel ne sont pas absents, locomotives comprises – et, par-dessus le tout, ses hautes toitures boursouflées d'ornements de plomb, que copia Lalou à la gare d'Orsay.

À nouveau, et pour la dernière fois, nous reviendrons en arrière. Comme on pouvait s'y attendre, Lescot abolit la forteresse médiévale sur les ordres de François Ier et d'Henri II. Le Louvre qu'il commence à bâtir recueille l'admiration des contemporains, certes, mais il s'impose aussi à celle des générations classiques ultérieures. Henri IV respecte son ordonnance et la poursuit. Ses architectes, Louis Metezeau et Jacques II Androuet Du Cerceau, confrontés à la construction de l'immense galerie du Bord-de-l'Eau, n'en adoptent pas moins un style nouveau, qui se rattache davantage aux Tuileries de De l'Orme et surtout de Jean Bullant qu'à l'art de Lescot ; la première moitié de la galerie comporte trois niveaux, une profusion de pilastres bagués, de frises sculptées, de niches, de frontons ; la seconde moitié était pourvue d'un ordre colossal plus mâle. Pour Louis XIII, Le Mercier commence à quadrupler la cour Carrée, il reproduit scrupuleusement l'aile Lescot – dont il dénature ainsi les proportions – et prend avec le style du XVIe siècle d'importantes libertés en dressant le pavillon de l'Horloge. Au moins garde-t-il l'ancienne manière française, caractérisée par des combles très élevés.

Louis Le Vau poursuit d'abord dans cette voie, au Louvre comme aux Tuileries, mais la bataille de la Colonnade fait entrevoir d'autres horizons. La petite trame décorative du temps d'Henri II paraît désuète, les grands combles aussi. Sous l'influence de l'Italie, on adopte une échelle colossale : un soubassement robuste de caractère quasi militaire, supportant un péristyle gigantesque à l'antique, fait de colonnes accouplées. Au-dessus, l'horizontale inexorable d'une balustrade, et le ciel. Rien n'est plus contraire à l'art de Lescot. L'élévation extérieure entraîne, paradoxalement, la modification de l'élévation intérieure. Le second étage de l'ordonnance de Lescot en fait les frais. Il était composé d'un rythme très musical d'avant-corps à frontons séparés par de fausses lucarnes ; on le remplace partiellement aux XVIIe et XVIIIe siècles par un étage carré à colonnes, porteur d'une balustrade, lui aussi.

L'achèvement des façades de la cour Carrée abandonnées par l'Ancien Régime provoquera pourtant un conflit au siècle suivant entre Napoléon et ses architectes. Percier et Fontaine voudraient uniformiser la cour sur le second type de façade, pratiqué par Le Vau et Gabriel. L'empereur, au contraire, qui a un sens aigu de l'histoire, s'oppose à l'opération qui gommerait les caractères spécifiques du Louvre du XVIe siècle : « Les architectes voudraient adopter un seul ordre et, dit-on, tout changer, écrit-il à Champagny le

6 février 1805. L'économie, le bon sens et le bon goût sont d'un avis différent ; il faut laisser à chacune des parties qui existent le caractère de son siècle et adopter pour les nouveaux travaux le genre le plus économique.» On transigea donc. Toute l'aile occidentale fut laissée dans l'ordonnance de Lescot, le reste fut modifié, ce qui explique que les sculptures des frontons détruits à l'aile sud soient aujourd'hui reléguées dans le jardin de l'École des beaux-arts. Ailleurs, l'empereur agit avec la même prudence. Quand on en vint à commencer sous son règne la construction de la galerie de liaison du nord, on copia fort soigneusement l'ordonnance de l'aile Du Cerceau qui lui faisait face, avec ses pilastres colossaux et ses grands frontons, et on se permit sur sa face nord, vers la rue de Rivoli, une architecture franchement «contemporaine», celle qui porte les statues des généraux dans des niches. Et quel plus bel exemple de style Empire que l'arc de triomphe du Carrousel !

Le débat se rouvrit bien entendu au second Empire. Duban, dès la IIe République, avait entrepris la restauration du «Vieux Louvre», qui en avait bien besoin. Il le fit avec un scrupule remarquable, que les attachements de sculpture décorative attestent encore dans nos archives[24]. Visconti, qui lui succéda pour l'érection du «Nouveau Louvre», était habité par un même respect que Duban pour l'architecture ancienne. «Le caractère de la nouvelle architecture sera, déclarait-il, emprunté religieusement au vieux Louvre. Tous les détails sont déjà moulés et l'architecte fera abnégation de tout amour-propre pour conserver à ce monument le caractère que ses devanciers lui ont imprimé.» Sur la cour du Carrousel, il prévoyait des portiques continus qui auraient, à l'exemple du «forum des Anciens», abrité des statues de grands hommes, mais il pensait les interrompre au droit de la façade Lescot-Le Mercier pour en respecter l'ordonnance. À la réflexion, pourtant, il se décida à y continuer le portique, dans un souci d'unité.

Dès décembre 1853, la mort de cet homme respectueux laissait le champ libre à un nouveau venu, Hector Lefuel. Il emprunta le plan de Visconti mais modifia profondément les façades et les volumes[25]. La face externe de la cour Carrée, que Visconti voulait préserver, fut entièrement reprise dans ses percements, sa décoration, son élévation. Ainsi métamorphosé, le pavillon de l'Horloge devait servir de prototype aux grands pavillons à combles alternativement bombés et tronconiques qui rythmèrent les ailes à portiques dressées le long du Carrousel. Bientôt, la fièvre bâtisseuse porta l'architecte, peut-être sur l'injonction de l'empereur, à s'attaquer aux constructions anciennes. La moitié Du Cerceau de la Grande Galerie fut impitoyablement détruite, ainsi que l'ancien pavillon de Flore, et reconstruite dans un style qui singeait celui de Metezeau. Un immense porche à guichets, que les exigences de la circulation urbaine nord-sud rendaient certes nécessaire, fut dressé à la jonction de l'aile ancienne et de l'aile nouvelle. Au nord, il entreprit de même de masquer

Le Louvre

La pyramide du Louvre de I.M. Peï.

par une surépaisseur la galerie nord de Napoléon Ier. Compte tenu de transformations aussi catégoriques imposées au palais des Tuileries, on ne devait plus voir sur toutes les faces de la cour du Carrousel que les seules productions de Lefuel. Le style Napoléon III avait triomphé de tous les autres.

L'usage a parfaitement ratifié cette vision simplificatrice, toute glorieuse pour l'homme du 2-Décembre. Malgré ses nouveaux fossés tout neufs et sa grande esplanade, la colonnade de Perrault n'attire pas les foules, et la cour Carrée est un espace clos presque confidentiel où les visiteurs du musée ne s'aventurent guère. Il s'ensuit que, pour nos contemporains, le Louvre, c'est le Carrousel, que l'on peut traverser en voiture et d'où l'on accède à l'entrée du musée ; le Louvre, c'est donc un palais Napoléon III. Toute diachronie y semble abolie. L'édifice est un donné immuable, donc un site inaltérable parce que parfait dans son unité.

On comprend dès lors que la fameuse pyramide proposée par l'architecte sino-américain I. M. Peï et adoptée par le gouvernement de la Ve République suscite tant d'opposition[26]. Nécessitée par le gigantisme muséographique caractéristique de notre époque, elle va surgir au cœur d'un ensemble qu'on voulait croire définitivement achevé, pourvu de toutes les finitions d'un style triomphal et pompeux. Car nous avons finalement adopté la vision de Napoléon III sur un site qui, avant lui, n'avait cessé d'évoluer. Cette vision est légitime, mais elle ne rend pas compte de l'histoire. Quant à la pyramide, comparée aux audaces et aux respects mêlés de Le Vau, de Le Mercier, de Percier et Fontaine, elle se pare des reflets changeants de l'ambiguïté. Sa forme géométrique est éternelle, incontestablement ; la pyramide est probablement la plus ancienne création architecturale de l'humanité, plus ancienne certainement que les colonnes et les frontons de l'Antiquité classique qui ont inspiré les ordonnances du Louvre. Mais l'insertion de son volume brutalement simple dans ce site surchargé de décor est une audace, presque une impertinence de moderniste. Pourtant, elle est en verre, elle va servir de miroir aux trames de Lefuel, et depuis la grande salle des pas perdus souterraine qu'elle coiffera, elle offrira du palais de Napoléon III une vision inédite et poétisée !

Quel que soit le jugement personnel de chacun, il est permis de penser que l'ampleur de la querelle permet au moins une constatation unanime. À la veille du XXIe siècle, le Louvre n'a pas cessé d'appartenir à la mémoire collective.

Le Louvre

1. Pierre Corneille, « Remerciement présenté au Roi », 25 septembre 1663, *Œuvres*, Paris, éd. des Grands Écrivains, t. X, pp. 175-181.

2. André Chastel, « La demeure royale au XVIe siècle et le nouveau Louvre », 1967, article réédité *in Fables, formes, figures*, Paris, Flammarion, 1978, t. I, pp. 441-453.

3. Verner Hoffmann, « Le Louvre d'Henri II : un palais impérial », *Bulletin de la Société de l'histoire de l'art français*, 1982, pp. 7-15.

4. Jean-Pierre Babelon, « Les travaux d'Henri IV au Louvre et aux Tuileries », *in Paris et Ile-de-France, Mémoires*, t. XXIX, 1978, pp. 55-130.

5. L'histoire la plus complète du Louvre a été donnée par Louis Hautecœur, *Histoire du Louvre. Le château. Le palais. Le musée des origines à nos jours. 1200-1928*, Paris, L'Illustration, 1928. Nous nous y référons à maintes reprises. Signalons encore la synthèse très utile d'Yvan Christ, *Le Louvre et les Tuileries*, Paris, Tel, 1949, et les volumes de Christiane Aulanier, *Histoire du palais et du musée du Louvre*, Paris, Éd. des Musées nationaux, 1950-1964, 9 vol.

6. Toutes ces dispositions ont été reconnues et précisées en 1984 lors des fouilles menées par M. Michel Fleury. Elles reprennent et corrigent les résultats des fouilles menées en 1867 par Adolphe Berty, exposés dans les deux volumes de la *Topographie historique du Vieux Paris, Le Louvre et les Tuileries*, Paris, Imprimerie nationale, Collection de l'Histoire générale de Paris, 1866-1885, 2 vol.

7. Son existence vient d'être révélée par les fouilles.

8. André Chastel, « La demeure royale au XVIe siècle et le nouveau Louvre », *op. cit.*

9. Jean-Marie Pérouse de Montclos, « Du toit brisé et de quelques autres gallicanismes de l'aile Lescot du Louvre », *Bulletin de la Société de l'histoire de l'art français*, 1980, pp. 44-51, et Catherine Grodecki, « Les marchés de construction pour l'aile Henri II du Louvre, 1546-1558 », *Archives de l'art français*, t. XXVI, 1984, pp. 19-38.

10. Jean-Pierre Babelon, « Les travaux d'Henri IV au Louvre et aux Tuileries », *op. cit.*, pp. 86-87.

11. Le doute a été émis pour la première fois par Antony Blunt, *Philibert de L'Orme*, Londres, Zwemmer, 1958.

12. Jean-Pierre Babelon, « Les travaux d'Henri IV au Louvre et aux Tuileries », *op. cit.*, et *Henri IV*, Paris, Fayard, 1982, pp. 814-817.

13. Allan Braham et Peter Smith, *François Mansart*, Londres, Zwemmer, 1973, pp. 120-149.

14. Dans l'abondante littérature sur ce sujet, citons les deux articles d'Alain Erlande-Brandenburg, « Les fouilles du Louvre et les projets de Le Vau », *La Vie urbaine*, 1964, 1, pp. 12-22, et 1964, 4, pp. 241-263 ; et celui de Mary Whiteley et Allan Braham, « Louis Le Vau's projects for the Louvre and the colonnade », *Gazette des beaux-arts*, novembre 1964, pp. 285-296.

15. Jean-Pierre Babelon, « La cour Carrée du Louvre. Les tentatives des siècles pour maîtriser un espace urbain mal défini », *Bulletin monumental*, 1984, 1, pp. 41-81.

16. La récente exposition *Le Château des Tuileries, 1564-1883*, Paris, 1983, a permis de présenter un utile regroupement des photographies anciennes du palais. Elle faisait suite à une première exposition sur *Le Louvre et son quartier. Huit cents ans d'histoire architecturale*, Paris, Mairie du Ier arrondissement, 1982, dont le catalogue est une commode synthèse des projets et des réalisations.

17. Le père Pierre Dan, *Le Trésor des merveilles de la maison royale de Fontainebleau*, Paris, Séb. Cramoisy, 1642.

18. Frédéric Villot, *Notice des tableaux exposés dans les galeries du musée national du Louvre*, Paris, Ch. de Mourgues, éd. de 1876.

19. Denis Diderot, *Salons*, texte établi et présenté par Jean Seznec et Jean Adhémar, Oxford, Clarendon Press, 1957-1959, 4 vol.

20. Les titres mêmes des ouvrages de La Font de Saint-Yenne sont bien caractéristiques de ses préoccupations : *Réflexions sur quelques causes de l'état présent de la peinture en France, avec un examen des principaux ouvrages exposés au Louvre le mois d'août 1746*, La Haye, 1747 ; *L'Ombre du Grand Colbert*, La Haye, 1749 ; *Remerciement des habitants de la ville de Paris à Sa Majesté au sujet de l'achèvement du Louvre*, 1749 ; *Le Génie du Louvre aux Champs-Élysées, dialogue entre le Louvre, la Ville de Paris, l'Ombre de Colbert et Perrault*, 1756.

21. Catalogue de l'exposition *Le Louvre d'Hubert Robert*, Paris, Louvre, Les dossiers du département des peintures, n° 18, 1979.

22. Yveline Cantarel-Besson, *La Naissance du musée du Louvre. La politique muséologique sous la Révolution d'après les archives des musées nationaux*, Paris, Éditions de la Réunion des musées nationaux, 1981, 2 vol.

23. Nicole Munich, « Les plafonds peints du Musée du Louvre », dans *Archives de l'art français*, t. 26, 1984, pp. 107-163.

24. Jacques de Caso, « Duban et l'achèvement de la Galerie du Bord-de-l'Eau : la frise des frères Lheureux », *Bulletin de la Société de l'histoire de l'art français*, 1973, pp. 333-343 ; Jean-Pierre Babelon, « Les photographies des estampages pris sur les façades de la Grande Galerie... », *Revue de l'art*, 1982-1983, 58-59, pp. 41-52.

25. Ludovic Vitet, *Le Nouveau Louvre et les nouvelles Tuileries*, Paris, 1853, 1866 et 1882 ; A. Normand, *H.-M. Lefuel, sa vie, ses œuvres*, Paris, 1881 ; Carl de Vinck, *La Place du Carrousel*, Paris, Société d'iconographie parisienne, 1931.

26. x.x.x., « La grande illusion du Grand Louvre », *Commentaire*, été 1984, vol. 7, 26, pp. 323-332.

JEAN-CLAUDE BONNET

Les morts illustres
Oraison funèbre, éloge académique, nécrologie

Dans l'évaluation sélective de l'histoire littéraire, l'oraison funèbre et l'éloge apparaissent comme des genres désuets qui n'intéressent plus aujourd'hui. Pourtant, le fait que l'un ait supplanté l'autre au cours du XVIIIe siècle a correspondu à une profonde subversion symbolique dans notre culture. À relire ces textes illustrant une évolution décisive, on redécouvre, au-delà de l'oubli, ce qu'ils avaient de vif pour les contemporains, et leur rôle capital dans la constitution de la Nation et de la République. D'eux vient aussi cette dimension nécrologique, si particulière à notre culture, et qui s'exprime dans une sorte de mélancolie française. De l'oraison funèbre à l'éloge dont les échos résonnent encore en nous, même à notre insu, s'impose l'évidence que tout discours sur les morts fonde les vivants.
Le déclin patent de l'oraison funèbre au XVIIIe siècle est accéléré par la critique des philosophes qui y voient un genre suspect, surtout parce qu'il est plutôt réservé à la naissance qu'au mérite, comme l'attestent les dictionnaires: Furetière (1690), repris très exactement par le *Dictionnaire de Trévoux* de 1704, note qu'on « prononce des oraisons funèbres aux obsèques des grands, qui contiennent leurs éloges » et, selon l'*Encyclopédie*, c'est « un discours prononcé, ou imprimé, à l'hommage funèbre d'un prince, d'une princesse ou d'une personne éminente par la naissance, le rang ou la dignité dont elle jouissait pendant la vie ». L'oraison funèbre « qui n'est pas exempte du reproche de corruption », comme le remarque Marmontel dans ses *Éléments de littérature* (t. XII), risque fort d'être « servile et adulatrice », et d'avilir les lettres de la même façon que l'épître dédicatoire souvent contestée. À ce discrédit s'ajoute le rejet d'une forme anachronique. Dans son éloge de Fléchier, d'Alembert constate que celui-ci pille les « vieux sermonnaires » et fouille « dans ces masures où l'éloquence de la chaire s'était quelquefois cachée[1] ». Voltaire décrète l'extinction d'un genre ayant cessé

d'inspirer les nouveaux orateurs, et qui est devenu exsangue et répétitif, au point, dit-il, que les oraisons funèbres « de nos jours ne sont que d'ennuyeuses déclamations de sophistes, et ce qui est pis encore, de bas éloges, où l'on n'a point de honte de trahir indignement la vérité[2] ». C'est tout l'appareil social, symbolique et intellectuel de l'oraison funèbre qui est mis en question. Si, dans son *Discours sur l'histoire universelle*, Bossuet est contraint (par la crise de la théologie de l'histoire) de reconnaître dans le cours des choses une causalité naturelle et une certaine rationalité, le domaine de l'oraison funèbre reste celui d'une geste extraordinaire qui manifeste le caractère arbitraire de la providence. Le propre de cette éloquence religieuse, d'après Thomas dans son important *Essai sur les éloges* de 1773, est de « nous montrer toujours Dieu présent au haut des cieux ». Ce genre lugubre est destiné à faire trembler les humains par le rappel pressant du *memento mori*. Qu'il s'agisse de l'oraison funèbre de Turenne par Mascaron et Fléchier, ou de celle de Condé par Bossuet et Bourdaloue, il apparaît que la plus grande vertu du héros est de se soumettre finalement à l'ordre de Dieu. Dans ce grand spectacle tragique qui dévoile des vérités terribles, où les retournements soudains illustrent les desseins insondables de Dieu, où le merveilleux rappelle parfois l'espace spirituel de la vie de saint, où le plus grand gaspillage annonce l'intervention de la grâce la plus pure, les brillants éclats d'une vie glorieuse sont effacés par l'« onction » d'une mort exemplaire. Bossuet désigne en Condé le grand homme « qui a honoré la maison de France, tout le nom français, son siècle, et pour ainsi dire l'humanité tout entière », mais il préfère s'attarder sur les moment édifiants qui inspirent la contrition et montrer le peu qui reste de toute grandeur afin d'humilier la vanité humaine. L'oraison funèbre obéit nécessairement aux contraintes de l'éloquence sacrée, dont le prestige se ternit et qui devient progressivement inerte au cours du XVIIIe siècle. Dans son éloge de Bossuet, d'Alembert déplore que celui-ci soit plus orateur qu'historien, plus théologien que philosophe, et que son génie naissant ait été « enchaîné par les entraves où la religion le retenait captif ».
L'homme du XVIIIe siècle est devenu moins sensible à ces magnifiques témoignages de notre néant où tout apparaît comme dégradé dans les mains de la mort et abîmé dans l'éternité. Tous ces accessoires de lits d'agonie et de fins dernières, qui devaient préparer à la mort en décrivant l'heure de Dieu, toute cette rêverie apocalyptique sur la vanité de tout semblent soudain périmés à des auditeurs attentifs à un nouveau discours sur les morts, plus commémoratif qu'eschatologique. Aussi considère-t-on l'oraison funèbre comme une forme archaïque, dont on se moque généralement. *La Correspondance littéraire* ne manque pas une occasion de persifler cette éloquence religieuse, que ce soit à la mort de Louis XV, ou en novembre 1785 quand disparaît le duc

d'Orléans (on critique le «tableau aussi vague que pompeux de la bienfaisance et de la bonté du prince» fait par l'abbé Maury, et le fatras inutile et emphatique de l'abbé Fauchet). À la mort du dauphin, en avril 1766, on censure les «pitoyables amplifications rhétoriques» et les efforts ridicules à «s'escrimer» sur un aussi plat sujet, de même qu'on rappelle vigoureusement à l'ordre Thomas, le grand spécialiste du genre, pour avoir prostitué sa voix dans un «éloge du dauphin» où l'on ne voit qu'une oraison funèbre déguisée, indigne de la fonction sacrée que s'est acquise l'homme de lettres de louer les grands hommes :

> M. Thomas, orateur profane, a cru devoir confondre sa voix avec celle de tant d'orateurs sacrés et prononcer un éloge du Dauphin qui pût satisfaire les philosophes, les citoyens, les gens de goût auxquels il est difficile de digérer cette foule de passages de mauvais latin et de pauvreté déclamatoire, dont les productions de nos prélats abondent...

L'opinion fait un partage clair entre deux formes concurrentes d'éloquence, qu'elle oppose de façon polémique. Ce débat est encore très vif sous la Révolution, puisque à la mort de Mirabeau, sacré par de nombreux éloges et panthéonisé, Marat dans *L'Ami du peuple* tient au contraire et par dérision, dans une inversion satirique qui se veut insultante, à le saluer par une «oraison funèbre de Riquetti».

Genre à la mode absolument approprié à la situation nouvelle, l'éloge avait été lancé et développé par l'institution académique, puisque les différents secrétaires perpétuels étaient tenus de faire celui des académiciens disparus. Ainsi disposons-nous de recueils de Fontenelle, Dortous de Mairan, Lalande, Vicq d'Azyr, Condorcet pour les Académies des sciences, de médecine, de chirurgie, de d'Alembert pour l'Académie française, de De Boze pour celle des inscriptions et belles-lettres, mais la véritable vogue du genre est marquée par une innovation de l'année 1758, quand l'Académie française, pour les concours, et inspirée en cela par l'abbé de Saint-Pierre, invite les orateurs à «louer de grands hommes». Événement capital qui ouvre une nouvelle carrière à l'éloquence comme le soulignent Marmontel et Thomas, et dont d'Alembert indique très précisément la portée. Jusque-là, d'après les vœux de Guez de Balzac, fondateur du prix d'éloquence (et qui voulait former des orateurs chrétiens), les concurrents étaient astreints à ne traiter que de «matières édifiantes et morales». L'Académie ne s'est arrêtée, selon d'Alembert, que «lorsqu'elle a cru que cinq ou six volumes de sermons donnés au public étaient plus que suffisants [...] pour remplir le désir du fondateur [...] et que la nation était rassasiée de ces sortes de discours» :

Elle a donc pris le parti, sur la proposition de feu M. Duclos à qui il est juste d'en faire honneur, de proposer désormais pour sujet du prix d'éloquence, l'éloge des hommes célèbres de la Nation. Le public a fort applaudi à cette idée et les ouvrages qu'elle a fait naître sont d'un mérite bien préférable aux lieux communs de rhétorique et de piété que la compagnie avait couronnés jusqu'alors[3].

Il est vrai que le genre de l'éloge opère une rupture claire, car il se présente comme un système complet de substitution dans la subversion de cet imaginaire millénaire illustré par l'oraison funèbre et la vie de saint.
C'est un processus de laïcisation réglée, et d'abord parce qu'il exorcise la mort qu'il nie et dont il écarte le scandale. De même qu'à Athènes, le poète écrivant des catalogues d'exploits a dû céder la place aux orateurs, l'orateur chrétien est ici dépossédé de son ancien magistère, au profit d'une parole civique institutionnelle qui développe une forme d'exemplarité inconnue jusque-là, où n'agit plus la grâce qui inspirait jadis le héros et le saint, mais l'enthousiasme du génie qui en est une forme beaucoup plus nettement temporelle. Dans l'article « Oraison funèbre » de ses *Éléments de littérature* (t. XII), Marmontel se réfère au discours aux morts athénien et à la *laudatio funebris* romaine pour définir une autre forme d'oraison funèbre qui se confond absolument avec le genre de l'éloge. Elle devrait, en effet, « préconiser la vertu » et « serait réservée aux qualités et aux actions qui auraient le plus contribué au bien public et au bonheur des hommes ». Partout s'impose un nouveau récit édifiant adressé à une communauté qui, au-delà de la République des lettres, est celle des citoyens, fondé sur une éthique sociale de l'utilité, et qui remplace par une mémoire capitalisatrice l'ancienne lamentation sur la ruine fatale de toute entreprise humaine. Ainsi se précise l'idée de la postérité dont Diderot explique à Falconet qu'elle seule est sainte et sacrée, car elle apprécie le vrai mérite et voit tout. Rémunératrice et vengeresse, elle équivaut à « l'autre monde de l'homme religieux » et accrédite la notion d'un temps linéaire et cumulatif. À la répétition cyclique des ravages guerriers s'oppose la durée de la cité, car l'optimisme des Lumières se fonde symboliquement sur la certitude que l'incendie de la bibliothèque d'Alexandrie ne saurait plus jamais avoir lieu. L'invention de l'imprimerie et de la poste, de quoi s'autorise particulièrement l'assurance de l'homme de lettres comme l'illustre la correspondance avec Falconet, assure la conservation et la destination de tous les messages, si bien que le temps travaille pour le grand homme. Au discours-tombeau se refermant sur la promesse d'un éternel oubli fait suite un discours-stèle qui propose une autre scène et un autre spectacle. L'action oratoire n'imite plus ici la convulsion terroriste de la mort baroque liée à la rhétorique fatale des obsèques. Elle a une dis-

position plus sereine et assurée. Les dernières paroles des grands hommes qui meurent ne vont plus à Dieu, mais en appellent au jugement des hommes, comme celles rapportées par la jeune baronne de Staël dans son éloge de Guibert : « Ils me rendront justice, ma conscience est pure, ils me rendront justice. » C'est que la fille de Necker, dans son rôle d'officiante laïque institué par l'éloge, n'est pas un intercesseur vis-à-vis de Dieu, mais de l'opinion publique, ce que Laclos marque très bien, dans *La Correspondance littéraire* de mai 1786, quand il suggère l'éloge de Vauban pour le prix d'éloquence, en indiquant que « le tribut d'un éloge est acquitté au nom du public », et c'est pourquoi, dit-il, « il doit être généralement consenti, et sans doute chacun a le droit de discuter le mérite de celui qu'on offre à l'admiration de tous ». Par l'épreuve du concours et (une fois imprimé) de l'accueil public, l'éloge devient une sorte de thermomètre du succès et de la cote des grands hommes plus ou moins accordés au goût et aux besoins du moment, comme l'indique d'Alembert dans son éloge de Bossuet : « Henri IV et Charles V ont acquis des partisans nombreux, tandis que d'autres monarques, fort exaltés de leur vivant, et dignes de l'être à plusieurs égards ont sensiblement baissé dans l'opinion publique. »
Alors que Rollin, dans son *Traité des études* de 1727, décrète encore qu'« il n'y a à proprement parler que l'Évangile et la parole de Dieu qui puissent nous prescrire des règles sûres et invariables [...] pour bien discerner en quoi consiste la solide gloire et la véritable grandeur », se mettent en place de nouvelles instances et de nouveaux critères d'évaluation. Thomas remarque que, depuis un demi-siècle, « on apprécie mieux la gloire » (*Essai sur les éloges*, chap. XXXVIII), et précise dans son discours de réception à l'Académie que « l'homme de génie est devenu réellement l'arbitre des pensées, des opinions et des préjugés publics », ce qui exaspère Palissot, inquiet de voir les philosophes s'imposer comme les seuls « dispensateurs de l'immortalité[4] ». L'homme de lettres s'approprie le monopole de la désignation des valeurs et de l'attribution du sens social, c'est-à-dire qu'il s'empare de la domination symbolique et s'institue le porte-parole d'une classe dirigeante non encore advenue, comme l'a superbement analysé Tocqueville. De Rousseau à Bernardin de Saint-Pierre qui réclame un tribunal du mérite posthume dans lequel le roi, avec l'aide de l'homme de lettres, fixerait les mérites de chaque disparu, s'annonce une société laïque de la distribution des prix et du palmarès, dont l'idée remonte à la Renaissance avec, par exemple, du Bellay qui souhaite auprès des rois des « interprètes de mémoire » ou de Monluc qui rêve d'un « livre d'honneur », c'est-à-dire d'une réglementation de la distribution des dignités, qui met en cause l'hérédité de l'honneur[5]. La réflexion de Rousseau sur le duel, dans la *Lettre à d'Alembert*, se termine sur la suggestion d'une cour d'honneur devant laquelle on pourrait faire appel et qui

décernerait des prix de modération, juridiction à laquelle «le roi même eût été cité», car «il est certain que quant à l'honneur, les rois eux-mêmes sont soumis plus que personne au jugement public».

Maîtres des signes, les hommes de lettres imposent leur nouveau système de valeurs au théâtre et dans le roman, mais surtout à travers le genre plus institutionnel de l'éloge qui devient le plus remarquable instrument d'une redistribution générale des critères de distinction. La fin du règne des guerriers est annoncée et hâtée par une critique aiguë et sans relâche. Le théâtre noble qui, jusque-là, donnait son sens à la société tout entière est dénoncé comme désuet et ridicule: irrationnel de tragédie, fantaisie bizarre d'un peuple en enfance, vaine parade, archaïque inflation de signes, gloire insensée, à quoi la «philosophie», qui prétend n'avoir pas besoin de tant d'éclat, oppose les vertus placides de la raison. La turbulence virile, glorieusement mise en scène par l'oraison funèbre, cède à des qualités plus domestiques et à cette nouvelle forme de virilité civique qu'incarne le personnage du philosophe. La valeur déserte à ce point le noble, dans cet imaginaire du discours, que Duclos évoque, par comparaison avec le grand homme, «les princes qui ne sont que princes[6]», ce qui devient un lieu commun de l'éloge (Thomas déclare au sujet de Dugay-Trouin, que le ciel lui accorda «la faveur de naître sans aïeux»). Inspirée par l'*Encyclopédie* et l'*Essai sur les mœurs*, une autre histoire commence à s'écrire, plus «intéressante pour nous [dit d'Alembert dans ses *Réflexions sur les éloges académiques*] que celle d'une foule de souverains qui n'ont fait que du mal aux hommes». On y rend hommage à la vertu sociale et pacifique de l'utilité, qui ne se donne pas en spectacle sur une scène inaccessible, si bien qu'au cours du siècle, dans les abrégés historiques et les dictionnaires d'hommes illustres, les héros guerriers déclinent au profit de la nouvelle image du grand homme. La *sapientia* de l'*orator* prétend désormais régir la distribution du mérite.

Au crible de l'éloge, les rois et les militaires ne sont pas véritablement rejetés, mais (ce qui est plus exemplaire et plus éclairant) sélectionnés pour d'autres qualités que celles dont ils étaient jusque-là parés. On retient les rois savants qui aiment les livres (Charles V), ou éclairés et tolérants (Louis XII, Henri IV), ou pères des lettres et des arts (François Ier, Louis XIV). Quant aux héros strictement militaires, ils sont en quelque sorte pacifiés et leur gloire tient à autre chose qu'à leurs exploits. Les éloges de Catinat proposés pour le prix d'éloquence de l'Académie française de 1775 illustrent bien l'étonnant travail idéologique qui transforme tous les repères et métamorphose toutes les marques au cours du XVIIIe siècle. La compétition entre Guibert et La Harpe, qui finit par triompher, produit un véritable «schisme dans la République des lettres» selon l'expression de *La Correspondance littéraire* qui préfère le premier candidat pour sa «chaleur» et parce qu'il sait montrer le héros «à la fois comme guerrier, comme citoyen, comme philosophe, et comme ami de l'humanité». Dans l'éloge de La Harpe, Catinat est un parfait exemple de la nouvelle image du militaire revue et corrigée par l'esprit du temps. Voici en effet un homme de guerre bien surprenant, prudent et réfléchi, et surnommé pour cette raison le Père la Pensée. Lui qui «ne voyait dans la guerre qu'un crime public», refuse, comme on le lui ordonnait, de ravager la Savoie. Voltaire a exprimé son admiration pour les éloges de Catinat où les orateurs se montrèrent dignes, selon lui, de la philosophie, car il avait lui-même (scandalisé par l'infamie des rapines et des brigandages) dénoncé inversement les exactions de Condé et surtout de Turenne dans sa dernière campagne de 1675[7]. Au contraire de ces grands guerriers impulsifs qui risquent leur gloire dans le carnage et le malheur des peuples, qui sont en proie aux passions et aux variations de leur humeur, Catinat, d'après La Harpe, modeste et désintéressé, donne l'image d'une gloire plus sublimée: «Autour de lui, le bruit, l'ostentation, l'esprit de rivalité [...] seul il semble pour ainsi dire éteindre sa gloire.» C'est qu'il portait dans la guerre «toutes les vertus de la paix». La Harpe évoque, dans une vignette émouvante, le militaire entouré d'enfants et bienfaisant pour ses soldats, car il veille à la subsistance des armées et au secours des blessés. Il n'était «pas né grand seigneur», et valait surtout par «la raison douce [...] la supériorité modeste [...] l'ascendant de ses lumières». Ce destin illustre d'autre part un point particulier du canon de l'éloge, qui veut que le grand homme soit persécuté. Catinat connaît l'injustice du maître. «Disgracié par des intrigues et sacrifié à des favoris», selon l'expression de d'Alembert, il refuse le cordon bleu, car «il ne se croit pas dédommagé par une vaine décoration de courtisan et ne se console pas comme un enfant avec des hochets[8]». En cela, le maréchal rejoint Bélisaire, accusé injustement de conspiration et châtié par Justinien, sujet dont le succès fut immense avec le *Bélisaire* de Marmontel de 1767 et que David traita au Salon de 1781. La Harpe ne rate pas la fin de son héros dans sa glorieuse retraite volontaire de Saint-Gratien, où l'on voit le grand homme «opprimé», auquel on reproche «la modestie de son habillement» et le fait qu'il ne porte pas l'épée. Avec Catinat s'impose le type très curieux du militaire pacifique et dépouillé de ses anciennes vertus. Ce changement de costume est le symptôme qu'à travers l'éloge se répand une éthique universaliste qui prétend remplacer la hiérarchie des ordres par une société plus homogène et plus égalitaire, ce dont l'institution académique, dans son périmètre restreint, donne déjà clairement l'idée et comme l'anticipation utopique.

De même que l'action de l'oraison funèbre est inséparable du déroulement du rite dans l'architecture religieuse (comme par exemple la chapelle de Versailles), l'éloge, qui est le discours fondateur de l'Académie, est en homologie complète par sa structure avec l'espace concret et symbolique de la séance académique, à la ville. Il ne cesse d'en rappeler et d'en afficher la tradition et l'esprit égalitaires, qui firent l'objet de longs débats. D'Alembert s'insurge, dans son *Éloge des académiciens*, contre cette « imputation si fastidieusement rebattue contre les Gens de lettres qu'ils prêchent l'égalité des conditions » (préface, p. XXXI), mais il ne manque jamais l'occasion de rendre hommage à Richelieu sur ce point précis de l'« égalité précieuse » qu'il a voulu instituer : « Il voulut que dans l'Académie française l'esprit marchât sur la même ligne à côté du rang et de la noblesse, et que tous les titres y cédassent à celui de l'homme de lettres[9]. » L'enceinte académique, avec trois tribunes (une pour le récipiendaire, une pour le directeur tiré au sort tous les trois mois et une pour le secrétaire perpétuel), annonce et définit clairement une société du mérite qui implique l'effacement des rangs au profit du seul savoir. Pourtant, il y eut plusieurs tentatives aristocratiques de réintroduire dans l'Académie des distinctions et surtout par le dessein d'y instituer une classe d'honoraires. Duclos, le secrétaire perpétuel que d'Alembert remplaça, rappelle à l'article « Honoraires » de l'*Encyclopédie* ce projet d'instaurer une classe d'académiens « première pour le rang sans être obligée de concourir au travail », mais le marquis et l'abbé de Dangeau « eurent assez d'amour propre pour s'y opposer ». L'auteur en appelle à Charlemagne comme garant de la tradition égalitaire dans les sociétés littéraires[10]. D'Alembert rapporte le détail de cet épisode, dans son éloge de l'abbé de Dangeau, et explique que cette idée vint à des « hommes qui déploraient amèrement (nous employons ici leurs propres termes) l'esprit républicain qui selon eux, avait perdu l'Académie Française ». Cette discussion, qui peut paraître aujourd'hui oiseuse (et frivole comme dira Chamfort), importait suffisamment à d'Alembert pour qu'il y fasse écho à la fin de son *Histoire des membres de l'Académie Française morts, depuis 1700 jusqu'en 1771*, dans un « Article à Louis de Bourbon Condé Comte de Clermont », lu le 19 juillet 1781, en hommage à un « prince qui a bien voulu se soumettre à l'égalité académique, qui a paru même s'en honorer ; sachant oublier l'éclat de ses titres ». Avant d'être candidat, rappelle d'Alembert, il s'informa des statuts et fit une enquête auprès de l'Académie qui lui donna comme réponse, que « le seul privilège dont soient jaloux les gens de lettres qui sont véritablement l'Académie, c'est l'égalité extérieure qui règne dans nos assemblées », et que « Son Altesse Sérénissime jouira d'un plaisir qu'elle trouve bien rarement, celui d'avoir des égaux, qui d'ailleurs ne sont que fictifs, et elle consacrera à jamais la gloire des Lettres ». Sur tous ces points litigieux vis-à-vis de ses pairs, il obtint l'agrément du roi qui lui « promit le secret ». Cependant des « officiers » de sa propre maison « prétendirent qu'il ne convenait pas à un prince du sang d'entrer dans aucun corps sans y avoir de rang distingué, une préséance marquée», et que «les princes sont faits pour des honneurs d'un tout autre genre que les distinctions littéraires». Pourtant, poursuit d'Alembert, le «prince» de Clermont vint à l'Académie «en simple académicien; combla de politesses et de témoignages d'amitié tous ses nouveaux confrères, ne les nommant jamais autrement». Ayant reçu les jetons de présence, «il dit qu'il voudrait toujours porter sur lui un de ces jetons, d'une manière ostensible, comme la marque distinctive d'un titre dont il se trouvait infiniment flatté et qu'il serait comme sa "Croix de St Louis d'Académicien"». D'Alembert ajoute qu'il ne voulut pas occuper la place du récipiendaire dans une séance publique, et qu'il ne vint qu'une seule fois à l'Académie, «redoutant les reproches de la Cour», ce qui contredit son analyse et correspond plutôt à l'interprétation de *La Correspondance littéraire*[11].

Quoi qu'il en soit, ces différents incidents illustrent les problèmes de l'institution académique, quand elle prétend astreindre les grands à sa règle. Cela explique son goût pour les princes étrangers qui, eux, savent honorer la partie utile de la nation, et qui sont tout prêts à lui rendre hommage dans des visites dont l'étiquette concurrence celle de Versailles, et auxquelles la plus grande publicité est faite, comme pour celle du tsar Pierre Ier à l'Académie des sciences en 1717, ou du roi du Danemark en 1768, ou du prince de Suède à l'Académie française en 1770, devant lequel d'Alembert évoque «la gloire de la nation dont les lettres sont le plus solide fondement». Quand Frédéric II prie d'Alembert de fixer le montant de sa souscription pour la statue de Voltaire, la réponse de celui-ci («un écu Sire, et votre nom») doit explicitement permettre, comme l'indique *La Correspondance littéraire* d'août 1770, que le nom du roi «soit confondu avec celui de simples citoyens dans un hommage rendu à l'homme du siècle qui a le mieux mérité de l'humanité[12]». Le jeton et l'écu sont de semblables symboles égalitaires, remplaçant la hiérarchie traditionnelle des distinctions. Dans l'espace initiatique de l'Académie annonçant précisément celui de l'Assemblée nationale qui n'a plus comme centre que la tribune vide de la rotation des charges, sont évoqués, par le genre consacré de l'éloge qui est une sorte d'adresse à la postérité, tous les grands hommes dont le cortège doit représenter le corps homogène de la nation, doublant et disqualifiant celui qui s'assemble par ordres autour du roi. Aussi, convier le noble à l'Académie, c'est l'inviter à siéger dans une démocratie imaginaire où il doit sacrifier son rôle de représentation, abdiquer toute préséance et oublier son obsession archaïque des différences. C'est cette grave invite que Rousseau a génialement indiquée dans l'épisode du duel de *La Nouvelle Héloïse*, quand le personnage du noble, Milord Édouard, s'agenouille et, abjurant une agressivité ancienne, se convertit à la douceur de la raison, épisode intitulé «L'héroïsme de la valeur», scène capitale dont l'auteur a voulu qu'elle soit illustrée par une estampe. De même que le saint va au désert, le noble doit ici se dépouiller de ses origines et des artifices de la cour, gagnant ainsi une tout autre vertu accomplie. Certes, il ne s'agit, comme le précise d'Alembert, que d'une « égalité si peu dangereuse, si métaphysique pour ainsi dire[13] », pour une communauté encore invisible et céleste, mais c'est tout de même demander au noble de se fondre dans le corps de la nation et de retrouver la nature, en lui proposant une toute nouvelle façon de mourir pour la patrie.

D'après la très belle analyse de Nicole Loraux[14], l'oraison funèbre athénienne a permis « la constitution discursive d'une *polis* exemplaire ». Il en va de même pour l'éloge au XVIIIe siècle, qui par l'effet massif de la série et du répertoire, compose peu à peu un stock de discours où s'inventent la nation et la république[15]. Ce genre d'éloquence, complètement oublié, surtout parce qu'il est trop stéréotypé et répétitif, a pu, pour cette raison même, élaborer un système typique de représentations et un outillage mental efficace, fondant ainsi un nouveau catéchisme à propos duquel s'exprime un fort consensus des élites. Excepté quelques ridicules incidents comme celui des jeux Floraux de Toulouse où l'éloge de Bayle est remplacé en 1772 par celui de saint Exupère (qui en avait beaucoup plus besoin, selon *La Correspondance littéraire*!), ou la supplique des curés de Paris en août 1778 pour interdire l'éloge de Voltaire, partout est réservé un accueil enthousiaste à la mode et au nouveau rituel de l'éloge. C'est que par sa typologie précieuse, ce genre propose une double téléologie des origines, très acceptable et réconfortante. À travers les récits de plus en plus biographiques et individualisés de destins exemplaires, s'écrit le grand roman de la nation. Les gisants qui se lèvent à l'appel des orateurs ne témoignent pas tant de la pérennité de la monarchie que de la fondation de l'État : voici, par exemple, Michel de L'Hospital illustrant la prééminence des magistrats sur les hommes de guerre, d'Aguessau réformateur du droit, l'abbé Suger qui concourt à l'unification nationale, et le cortège des bons ministres comme Sully et Colbert. De même que le discours aux morts à Athènes suscita les sépultures du Céramique, et que la vie de saint est inscrite dans le paysage et la géographie du pèlerinage, l'éloge tend à fonder un maraboutisme laïc dont l'organe principal est le réseau provincial et européen des académies[16]. La consécration du lieu légendaire étant postérieure à la légende, l'imaginaire du Panthéon, qu'illustrent et entretiennent les éloges, a de beaucoup précédé l'affectation de l'église Sainte-Geneviève aux grands hommes par la « patrie reconnaissante[17] ». L'idée en avait cheminé très tôt. Titon du Tillet publie en 1734 un *Essai sur les honneurs et les monuments accordés aux illustres savants pendant la suite des siècles*. Caylus, Baudeau, le marquis de Marigny, Mercier souhaitent un édifice pour « placer nos grands hommes », et Louis XV accepte en 1768 le principe d'une galerie au Louvre avec un muséum pour les bustes des génies de la nation. Nouveaux interces-

Les morts illustres

seurs, visités de leur vivant comme gages de postérité et de continuité civique, les grands hommes après leur mort sont pieusement honorés par un esprit de commémoration qui leur consacre des mausolées, des médaillons dans les églises, des bustes et des nécropoles dans les parcs, dont les plus célèbres sont la chapelle de Buffon à Montbard et le tombeau de Rousseau dans l'île des Peupliers à Ermenonville[18]. Cette monumentalisation d'un discours est la preuve de son succès.

L'éloge répond au vif souci pédagoqique de vulgarisation qui intéresse les hommes des Lumières. Il transpose les acquis philosophiques et symboliques des grandes œuvres de l'époque, dans un langage simple et imagé. Or, les images «prêchent» selon la formule de Diderot dans l'*Essai sur les règnes de Claude et de Néron*. De là viennent les gravures du Panthéon scolaire de la IIIe République et les illustrations du «Petit Lavisse», comme les scènes historiques qui hantent notre mémoire profonde. Non seulement les éloges du XVIIIe siècle ont été beaucoup diffusés dans le réseau de la librairie et de la presse qui en donne des extraits, mais ils ont inspiré tous les beaux-arts réunis, prompts à traiter les sujets proposés par la rhétorique. Dans la peinture d'histoire et la sculpture[19], le théâtre et surtout l'estampe, revient la même galerie chiffrée de grands personnages. L'orateur, le sculpteur, le peintre, le poète fondent une imagerie de reconnaissance perçue par tous, parce qu'elle est à la fois docte et d'une grande capacité légendaire. Par sa structure de vignette inscrite dans un scénario global, l'éloge rappelle les fresques de Giotto pour la vie du Christ ou de saint François d'Assise. Même s'il semble un peu pâli à nos yeux, il est le vitrail vivant du XVIIIe siècle.

Cette vogue de l'éloge académique et son extension générale le font cependant dériver vers d'autres genres en le déstabilisant, et le mettent en crise. Dans l'article «Oraison funèbre» de l'*Encyclopédie*, le chevalier de Jaucourt reprend le propos du *Ménexène*, dont il fait une lecture sérieuse, parce que c'est son rôle généralement dans le monument encyclopédique de mettre pierre sur pierre et d'asseoir les positivités. Platon, selon lui, nous «présente l'image d'un discours parfait dans le genre dont il s'agit», c'est-à-dire l'oraison funèbre grecque: «Chaque citoyen s'appliquait en particulier les louanges qu'on donnait à tous les corps des citoyens, et se croyant tout à coup transformé en un autre homme, il se paraissait à lui-même plus grand, plus respectable.» Cette traduction presque littérale est en effet une réception tout à fait recevable pour un lecteur du XVIIIe siècle, qui peut l'appliquer immédiatement à la fonction de l'éloge à son époque, mais Nicole Loraux a montré, au contraire, que ce dialogue est une démystification du genre de l'oraison funèbre qui fait d'Athènes un «simulacre divinisé». Quand Socrate, sous l'effet pathogène de l'éloge, sombre dans une extase narcissique et se croit soudain supérieur, ce n'est qu'une mise en scène parodique pour «exorciser le fantasme civique[20]» et manifester une exigence de vérité vis-à-vis d'une parole monotone et indifférenciée. Cette critique qui rompt avec un mol abandon à une certaine puissance d'oubli de l'éloge, a lieu aussi au XVIIIe siècle, mais c'est le privilège des plus grands écrivains qui savent toujours garder leurs distances par rapport à un processus de vulgarisation auquel ils sont, par ailleurs ici, en principe acquis. Si Voltaire, dans son *Éloge funèbre des officiers morts dans la guerre de 1741*, s'inspire clairement du fameux discours aux morts de Périclès chez Thucydide, s'il s'intéresse au rite académique et à sa règle égalitaire, il n'a pas trop d'estime pour Thomas, le grand spécialiste de l'éloge, au point de substituer couramment le mot « galithomas » à galimatias. Diderot surtout, écartelé entre une attitude critique et le nouveau sérieux de la culture des Lumières, en vient à une position socratique, qui n'a rien de commun avec l'ancienne diatribe d'Aristophane, car l'auteur comique, en faisant la satire des funérailles officielles dans *Les Oiseaux*, s'attaquait à la démocratie. En utilisant l'arme de la satire, Diderot met seulement en question un genre endormeur, car il ne s'agit pas de « ronfler comme un grand homme » selon la formule du *Neveu de Rameau*, ou que le moindre écrivain s'imagine trop vite élu pour la postérité. Seul un sursaut de silène peut (chez Diderot comme autrefois chez Socrate) réveiller la vigilance. Le doute vient parfois aux hommes des Lumières sur cet ensemble de textes trop mécaniquement façonnés à partir d'un même patron, si bien qu'ils refusent de se laisser envoûter par ce triste ressassement de sophiste et son pouvoir d'illusion. Après la démystification de l'oraison funèbre du grand siècle, il y a risque soudain que l'éloge académique se vide de sa substance et sonne creux.

Le parti philosophique hésite à faire lui-même explicitement cette critique de l'éloge puisque les antiphilosophes s'en chargent, et particulièrement Palissot, que Diderot appelle une « espèce d'Aristophane », et qui dans ce libelle que sont les *Petites Lettres sur de grands philosophes*, se moque de « cette navette de louanges » entre les encyclopédistes et de « ces listes d'éloges de leurs associés qu'ils impriment à la tête de chacun de leurs volumes[21] ». Plus intéressantes sont les incertitudes de d'Alembert. Il note partout la malignité de la critique et surtout chez les journalistes qui « élèvent à la médiocrité puissante des statues d'argile » et « font de vains efforts pour mutiler les statues d'or des grands hommes ». Son éloge de Boileau lui donne l'occasion de faire le procès en règle de la satire, « ce dangereux genre d'écrire[22] ». Pourtant, consacré auteur d'éloges par sa charge de secrétaire perpétuel de l'Académie, d'Alembert a expérimenté que ce genre n'était pas exempt de satire, et d'abord parce qu'il n'y a pas que des immortels parmi les immortels qui viennent à mourir. Mais, plus généralement, même l'éloge des grands hommes du passé, parce qu'il ne se fonde ni sur la tradition religieuse, ni véritablement sur une parole de pouvoir, n'est pas spontanément légitime. Il est en cela incertain et flottant. À lire les éloges de d'Alembert, on découvre (de même que l'épitaphe se retourne facilement en épigramme) un curieux mélange de sel et d'encens. Ce peut être un vrai persiflage, comme l'« Apologie de Clermont-Tonnerrre » (« un titre bien moins flatteur » que l'éloge, car ce prélat, par sa vanité ridicule, a besoin que sa mémoire soit spécialement défendue), ou comme l'éloge de Dubois avec en annexe un mémoire sur les années de collège du cardinal, témoignant déjà de ses emportements cruels et de son penchant servile à l'intrigue. Souvent, l'éloge se réduit à des notes biographiques et rejoint la tradition des ana et des historiettes[25].

Apparaissent des sortes d'éloges non académiques (proches des formes de compilation comme les « Abrégés », « Esprits », « Bibliothèques », « Nouvelles de la République des lettres », « Histoires des savants ») qui s'abâtardissent et se banalisent dans la notice bio-bibliographique. De 1764 à 1782, Palissot (et quelques hommes de lettres) publie son *Nécrologe des hommes célèbres* qui paraît une fois l'an. L'auteur maintient à la fin de chaque volume sa *Gazette des deuils* qui paraissait auparavant, et qui fait étrangement contraste. L'annonce de « l'ordre chronologique et de la table des deuils portés à la Cour » s'accommode bien mal, dans un compromis impossible, de la liste de « tous ceux qui auront mérité pendant leur vie l'attention de leur siècle ». Palissot crée ainsi la notice nécrologique, car n'existait auparavant dans les journaux que la simple annonce des décès, comme dans la rubrique « Morts » du *Mercure de France*. À l'article « Van Loo », il donne la liste des tableaux avec l'année, le sujet, la destination. Il prétend fournir une des « principales sources » pour l'histoire littéraire sans tomber dans l'excès biographique, afin de ne pas troubler la cendre des morts « par des vérités inutiles à dire ». Pourtant, il fait constamment appel à la contribution des proches et présente des listes d'illustres inconnus (danseurs, actrices, astronomes, médecins, professeurs, etc.) en utilisant des Mémoires de parents ou d'amis, des compilations de notices historiques, des extraits d'éloges dans les académies. Curieux genre bâtard, le *Nécrologe* devient surtout, par besoin de « papiers », un bureau d'enregistrement nécrologique ouvert à qui le veut. Ainsi s'affirme cette démonétisation de l'éloge redoutée par les philosophes, accrue par la provincialisation du phénomène académique, et qui promet une absurde survie aux plus médiocres. Dans son *Almanach de nos grands hommes pour l'année 1790*, Rivarol s'est gaiement moqué de cette évolution. L'ouvrage est présenté comme « un monument à l'honneur de tous les écrivains inconnus ». Le rédacteur, armé d'un microscope, cherche la trace des « poètes fugitifs » et « avares d'écrits », avec la « promesse que l'homme le plus inconnu recevra un brevet d'immortalité » : « Un vers, un seul hémistiche suffira, pourvu qu'il soit signé ; un compliment, un placet seront de grands titres à nos yeux. »

Malgré ces phénomènes secondaires de flottement, le genre de l'éloge conserve son pouvoir d'attraction. La vogue du concours académique ne fait que croître dans la seconde partie du siècle. C'est en effet le principal moyen d'entrer dans la carrière des lettres en prenant l'illustre exemple de Rousseau qui avait remporté le concours de l'académie de Dijon en 1750. À cette promesse d'ascension sociale et d'intronisation s'ajoute que le concours est un pur genre d'apprentissage, car il s'agit bien, pour le candidat littérateur, de forcer le destin, et il y a souvent quelque chose de magique à s'identifier à un grand modèle à travers le scénario biographique de l'éloge. Pour ces générations nourries du *De viris illustribus* de Lhomond, c'est une habitude scolaire, et surtout l'occasion de côtoyer la gloire, de se mesurer à elle, et d'en capter les prestiges. Un profond «fantasme» du grand homme fait qu'on veut l'approcher dans des visites et déjà des «interviews[24]». En faire l'éloge permet, beaucoup plus directement, de le plagier et de lui ravir son rôle, en tâchant ainsi de se placer sur la scène de l'institution littéraire. La génération d'après l'*Encyclopédie*, celle qui verra la Révolution, sacrifie nécessairement à la mode de l'éloge: Robespierre fait celui de Gresset, Marat celui de Montesquieu, Laclos de Vauban, Mirabeau de Quesnay, Mme de Staël de Guibert, Hérault de Séchelles de Suger. Chamfort, Joubert et bien d'autres donnent aussi leurs contributions célébratives. Opérant le même type de classement que dans le genre des «Vies parallèles» ou des «Dialogues des morts» (aux Enfers ou aux champs Élysées), l'éloge présente une chaîne de relais, d'antithèses, de substituts, c'est-à-dire un système de repères et de clefs absolument clair pour tous. Mme de Staël voit son père tantôt en Cincinnatus, en Cicéron, en Michel de L'Hospital. En septembre 1773, Necker prend soin de se placer lui-même sur la scène historique, à travers l'éloge de Colbert que d'Alembert lit à l'Académie française. Il y décrit les qualités du bon ministre (compétence, sensibilité) et le montre dans le «recueillement de la solitude et le silence de la nuit», travaillant au bonheur du peuple. Quelques années plus tard, toutes les estampes du culte (de courte durée, mais immense) dont Necker bénéficia, ont comme légende: «Français, vous regrettiez Colbert? Vous le retrouvez en Necker.» Au théâtre, de même, le public reconnaît spontanément, dans les personnages historiques dont il sait déchiffrer le code, des allusions contemporaines. L'actualité fait un usage immédiat des grands morts.

Genre à la mode, devenu progressivement un véritable organe des Lumières au XVIIIᵉ siècle, l'éloge subit à partir de 1789 une évolution radicale, illustrant exemplairement le type de métamorphose et d'adaptation que la Révolution impose à la culture de l'Ancien Régime. La mort de Franklin, en 1790, donne à Mirabeau l'occasion de définir une autre fonction de l'hommage funèbre. Le deuil de trois jours qu'il propose dans un discours à l'Assemblée nationale a un caractère tout à fait nouveau:

Les morts illustres

> Assez longtemps les cabinets politiques ont notifié la mort de ceux qui ne furent grands que dans leur éloge funèbre. Assez longtemps l'étiquette des cours a proclamé des deuils hypocrites. Les nations ne doivent porter que le deuil de leurs bienfaiteurs. Les représentants des nations ne doivent recommander à leurs hommages que les héros de l'humanité[25].

Quelques mots suffisent à indiquer un extraordinaire changement de scène. La gloire de la nation ne repose manifestement plus sur les seuls hommes de lettres, anciens représentants de l'élite des gens instruits. D'autres porte-parole, parlant au nom de l'humanité, sont revêtus d'un nouvel ascendant et ont pour charge à leur tour de définir la valeur, dont la forme la plus pure apparaît alors dans le mérite civique. L'effondrement de l'ancien dispositif symbolique, fondé sur la gloire du roi et l'équilibre des ordres, favorise l'avènement d'une autre légitimité, en fonction de laquelle sont évaluées et critiquées toutes les institutions anciennes. Les académies, depuis quelques années en déclin et impuissantes à répondre en corps aux appels à la régénération, sont mises en cause dans leur ancienne fonction. On ne voit plus en elles et dans le rite de l'éloge qui leur est associé qu'un instrument illusoire de compromis au service de la monarchie. On démystifie cette communauté imaginaire trop timide sur le point de l'égalité et de la liberté réelles, et dont la prudence conciliatrice apparaît hors de saison à ceux qui vivent des temps d'irrémédiable rupture. En 1791, Marat écrit son pamphlet sur le «charlatanisme académique», et s'en prend spécialement aux hommes de sciences qui l'ont repoussé de leur sein. L'abbé Grégoire proclame que «le fauteuil académique doit être renversé» comme institution parasite. Chamfort, qui avait remporté en 1767 le prix de l'académie de Marseille (sur le sujet: «Combien le génie des grands écrivains influe sur l'esprit de leur siècle»), présente un *Rapport sur les académies* que Mirabeau devait lire à l'Assemblée. Il critique cette «prétendue liberté académique», «ces vanités disparates et désassorties entre lettrés, titrés, mitrés», le fait que le blason y côtoie le génie et que l'Académie des inscriptions et belles-lettres soit chargée d'éterniser la gloire du roi par les médailles, alors que les plus grands écrivains (Rousseau, Diderot, Helvétius, Mably, Raynal) n'ont jamais été même candidats. La gloire des grands hommes ne peut plus être la propriété de ce cercle périmé, quand l'hommage de la nation peut s'exprimer plus largement et fortement à l'Assemblée nationale. Les orateurs qui y discutent les «grands intérêts de la France» n'ambitionnent plus cette «frivole distinction». Un intervalle immense s'est créé entre «ces compagnies et la nation». Mais surtout, conclut-il, que «doit-on penser de l'éloquence académique […] auprès de l'éloquence vivante et animée dont vous avez mis l'école dans le sanctuaire de la liberté publique[26] » ? Dénoncées comme anciennes écoles de flatterie et de servilité, comme institutions trop sclérosées pour être amendables, les académies présentent effectivement tous les signes de la décrépitude, avant même d'être dissoutes par un décret de 1793. Cependant, le genre de l'éloge, dont se moque manifestement Chamfort quand il évoque le « ridicule usé » et le « verbiage » académiques, ne disparaît pas vraiment et conserve toute sa validité typique et symbolique, mais c'est dans un tout autre espace, où surgit un cortège bien différent, et où le roman lointain des origines de la nation est remplacé par une légende immédiate.

Les hommes de 1789 et de la Convention s'approprient l'éloge dans les nouvelles instances plus vivantes et passionnées de la représentation nationale. Ce genre est mis alors au service d'une communication plus large et de la propagande souhaitée par tous ceux (comme Rabaut Saint-Étienne, Cloots, Mirabeau) qui veulent s'emparer de l'imagination et trouver des moyens de toucher tous les Français à la fois. Au lieu du réseau pacifique et bénin des académies, l'éloge est alors lu dans les circuits plus militants des sociétés de pensée qui lui confèrent une légitimité plus sombre et sacrale. Il est mis aux voix, et quand il obtient l'imprimatur devant l'Assemblée nationale, est publié dans tous les journaux et distribué dans les départements. On y célèbre d'abord les grands hommes de la Révolution en entretenant le culte des martyrs (Chalier, Lepelletier, Marat) ainsi que des actions simples et vertueuses comme pour le prix Montyon créé en 1792 (Joubert prononce à Montignac-sur-Vézère en 1791 un éloge à propos d'un « trait de courage » de deux citoyens qui ont sauvé un enfant de la noyade). Le ton de ces éloges, qui se chiffrent par milliers, n'est plus celui de l'onction fénelonienne mais plutôt d'une fougue rappelant Démosthène. Le style devient plus délibératif que démonstratif, pour cimenter les énergies dans un état de guerre, si bien que le genre si calme de l'éloge inspiré auparavant par la patience de la postérité, se fait plus inquiet de persuader et d'accéder à la vigueur performative du discours sacré. Cependant il y a une continuité profonde, car, dans l'improvisation révolutionnaire, les orateurs qui ont été formés par la culture académique et les exercices scolaires du milieu du siècle, utilisent le répertoire d'images et de thèmes constitué depuis longtemps. Ils redéploient les mêmes accessoires sur une scène plus publique et avec d'autres moyens. Au lieu du confinement des académies et du théâtre (à l'occasion de l'apothéose de Voltaire, par exemple), ce sont des fêtes pour l'hommage d'une nation. Ce parcours initiatique et ce grand spectacle, qui, selon Thomas, composent la rhétorique de l'éloge, sont effectivement mis en scène et visualisés dans les grandes fêtes dont le cortège, avec ses stations inscrites dans un panorama, forme un tableau mouvant. La fracture constitutive du genre de l'éloge et le doute qui lui est attaché comme discours distributeur de la gloire et du sens, ne font que s'accentuer pendant la Révolution. Ce répertoire, qui était un opérateur de concorde et de prise de conscience nationale, devient référence incertaine et troublée. Malgré la prudence et les scrupules de la procédure de panthéonisation, on institue fatalement comme une nouvelle classe d'« honoraires », pour récompenser le seul mérite patriotique et civique : gloires trop rapides et vite effacées, qui paraîtront plus tard indues auprès des grands hommes incontestables. Dans son attitude de vigilance qui paraît accomplir le propos socratique du *Ménexène*, Marat critique l'éloge soporifique et l'imaginaire de consensus autour des figures exécrées de Mirabeau, La Fayette, Necker, Simonneau, mais paradoxalement, il sera, lui-même, à sa mort[27], l'acteur de la Révolution le plus gratifié d'éloges innombrables sur tout le territoire. Dans les vicissitudes de l'arène révolutionnaire, il semble que l'ancien monument de tous les éloges du siècle soit destiné soudain à être pulvérisé et définitivement discrédité.

Or, de même que les figures évanescentes et la riche élaboration du cinéma muet ne furent pas complètement abolies par le parlant dans lequel elles continuent leur mystérieux travail souterrain, l'imaginaire du Panthéon qui paraissait en ruine, mais qui ne s'était pas consumé dans l'épreuve de la Révolution, connut un regain de vigueur. Ce jeu d'ombres qu'on aurait pu croire aboli, comme si les anciens fantômes s'étaient desséchés dans le cruel manège du tourment révolutionnaire, reprit son mouvement fantasmagorique qui passionna le XIXe siècle, aussi bien dans un esprit de commémoration élevant des statues sur tout le territoire (« Ce ne sont partout qu'inaugurations patriotiques et pieuses, et images ressuscitées des grands hommes », écrit Sainte-Beuve en 1853) que dans les sommes du savoir comme les grands dictionnaires biographiques et dans la conception du magistère de l'historien où Michelet, surtout, reprend de si près la fonction de l'éloge (venger les grands hommes et inventer la nation à travers eux).

La multiplication des *Histoires* et la prolifération d'une archive infinie, l'inflation biographique dont témoignent aussi bien les notices scolaires et les nécrologies journalistiques que la *Biographie universelle* de Michaud n'ont pas produit alors une simple compilation inerte. De même qu'au XVIIIe siècle l'émiettement encyclopédique lié à la forme dictionnaire avait pulvérisé les anciens critères d'évaluation pour promouvoir d'autres valeurs, l'accumulation positiviste des petits faits au XIXe siècle, loin d'aboutir à la pla tude et à la banalisation des classements, propose de nombreux répertoires qui fondent, eux aussi, la mémoire collective. Sous l'apparent éparpillement des notices, le *Grand Dictionnaire* de Pierre Larousse[28] présente un palmarès des figures de l'histoire, et des monographies de toutes sortes composent une galerie de silhouettes qui consacre les grands modèles. Les fameux portraits littéraires de Sainte-Beuve ont une suite dans la série des « Grands Écrivains français» (Hachette à partir de 1887), où paraît en 1906 le *Voltaire* de Lanson. Le manuel de Lavisse[29], dont le succès est considérable, identifie progressivement (dans ses éditions successives) la patrie et la République, et contribue à ce que Maurice Barrès appelle le «sacre des hommes nationaux», alors que les fascicules de la collection intitulée «Les Célébrités contemporaines» désignent au public (à travers des biographies courtes accompagnées d'un «portrait à l'eau-forte»), les grands hommes du moment. Cette volonté unanime et partout attestée de fixer des repères pour la conscience collective culmine dans le grand rite des funérailles nationales ou des panthéonisations, et s'inscrit visuellement dans les mémoriaux et les monuments. Les statues[30] dont le goût si vif ne cesse de s'affirmer saturent la ville de marques symboliques qui font de tout parcours un pèlerinage et un chemin de mémoire. Ainsi s'accomplit le projet éducatif du XVIIIe siècle, qui tendait à régir l'opinion publique dans tous ses aspects et particulièrement en ce qui concerne la perception du passé. C'est au prix parfois d'une vulgarisation pesante et d'une imagerie dégradée qui confine au bric-à-brac, mais, quand le portrait de Victor Hugo vient à la place de celui du roi sur un simple jeu de cartes, il s'agit bien toujours de cette subversion capitale de la valeur et des critères de distinction, inaugurée au XVIIIe siècle.

Le genre de l'éloge dont la tradition académique se maintient au siècle suivant, continue de jouer un rôle décisif dans l'invention d'un récit légendaire dont la IIIe République surtout tient sa formidable consistance civique. Par sa passion de faire tourner les tables et son don exceptionnel d'évocation, Victor Hugo était destiné à faire l'appel des grands morts. Il va sur les tombes prononcer l'éloge funèbre de Balzac, d'Edgar Quinet, de Ledru-Rollin, de Louis Blanc, et fait ceux de Voltaire et de Rousseau en 1878 pour le centenaire de leur mort[31]. À cette occasion, le nécromancien visionnaire consolide l'institution républicaine dont il rappelle l'origine et la fin dernière. Il réconcilie le Panthéon des Lumières et celui de la Révolution dans un amalgame œcuménique. C'est pourquoi sans doute sa propre mort en 1885[32] donne lieu à la première grande célébration nationale qui soit l'occasion et l'objet d'un consensus républicain. En témoignent la vingtaine d'orateurs qui se succèdent le jour des funérailles triomphales, et la plupart des commentateurs. Nietzsche ou les Goncourt font exception, quand ils se moquent du mauvais goût et de l'indigence de cette liturgie laïque, pour laquelle Paul Claudel aura plus d'égards en 1935 («Eh bien! je crois que malgré tout l'instinct populaire ne s'est pas trompé[33]»), et dont Maurice Barrès fait une étonnante description en 1886 dans *Les Déracinés*. Alors que Mgr Dupanloup et la presse catholique s'indignent que l'église Sainte-Geneviève soit à nouveau désaffectée et que les obsèques civiles marquent le retour du culte païen des morts, Maurice Barrès (de même que Gambetta voulait réconcilier dans une seule mémoire natio-

Les morts illustres

nale le souvenir de Jeanne d'Arc et celui de Voltaire) apprécie l'enthousiasme unificateur qu'inspire le grand homme investi de « la plus haute magistrature nationale », et admire l'hommage « pareil aux grandes divinisations impériales romaines » qui « prit l'intensité des fêtes funéraires d'Orient ». Que de chemin parcouru dans la constitution d'une mémoire commune, depuis que les seuls sans-culottes avaient réservé au cadavre blanchi de Marat (autre grande relique totémisée), de sombres cérémonies archaïques qui se référaient déjà, à propos du Panthéon, au même symbolisme syncrétique de la « montagne sainte ». Cependant, de Marat à Victor Hugo, la « vertu sociale d'un cadavre » (pour reprendre l'expression de Barrès) a changé de qualité et de proportion, et l'auteur des *Déracinés* décrit ainsi le parcours qui conduit Hugo de l'Étoile au Panthéon : « De l'orgueil de la France, il va au cœur de la France. » C'est le signe qu'on reconnaît enfin comme légitimes la communauté républicaine et une forme de mémoire désacralisée, et qu'il a été pris acte, une fois pour toutes, dans sa positivité, de ce mouvement essentiel de laïcisation de la mentalité collective, qui s'annonça d'abord, discrètement mais de façon irréversible, dans le passage de l'oraison funèbre à l'éloge.

Que reste-t-il aujourd'hui de cette longue tradition du discours sur les morts, parvenue jusqu'à nous depuis Athènes à travers de multiples métamorphoses historiques ? Un des relais les plus éclatants en est l'œuvre d'André Malraux et particulièrement ses *Oraisons funèbres*. Parmi ces discours du grand écrivain, composés alors qu'il était ministre, quatre sont des hommages funèbres au sens strict (« Funérailles de Georges Braque », « Funérailles de Le Corbusier », « Commémoration de la mort de Jeanne d'Arc », « Transfert des cendres de Jean Moulin au Panthéon »), mais les autres sont aussi « liés à la mort », car ils honorent des héros et des martyrs (de la guerre et de la Libération), ou de grandes civilisations disparues (comme la Grèce et l'Égypte). L'auteur justifie le titre d'*Oraisons funèbres*, parce que ces discours furent prononcés « pour une foule », comme ceux de Bossuet à Versailles, de Jaurès à l'Assemblée nationale, comme ceux de Démosthène et de Saint-Just. Ces références diverses annoncent l'ambition de fondre ces différentes formes de discours dans le creuset d'une seule mémoire. Par une recherche gaullienne du consensus, l'orateur veut ignorer les contradictions polémiques attachées à toute évaluation du passé et parvient à conjurer un moment les fractures de la conscience nationale, par un geste de compromis énergique et de fulgurant brassage syncrétique. Avec Michelet, il proclame que Jeanne d'Arc et la République sont « toutes deux la France[34] ». Il convoque toutes les composantes historiques de la nation, faisant surgir de la nuit différents cortèges, ceux de la « vieille chevalerie morte », comme l'« immense cortège des ombres » de la Résistance et des « témoins de la continuité nationale ». Par la force médiumnique de sa voix (« qui sait évoquer les mânes» pour reprendre une expression de Diderot à propos de Thomas), par un sens de l'adresse solennelle (à la jeunesse et aux générations futures), par une mise en scène oratoire puissante et visionnaire, André Malraux restitue à l'éloge funèbre toute sa capacité légendaire et fondatrice de la cité. Convaincu que l'histoire a depuis deux siècles remplacé la tradition religieuse[35], il donne à ses *Oraisons funèbres* une tonalité sombre et un caractère rituel, retrouvant ainsi quelque chose d'élémentaire.

À part cette inspiration épique qui réunit Périclès et Michelet, le discours consacré aux morts se maintient principalement aujourd'hui grâce au petit genre de la notice nécrologique qui, depuis le lointain *Nécrologe* de Palissot, s'est répandu dans la presse. L'Angleterre l'a développé dans un sens critique qui reproduit le style anecdotique propre aux ana et l'ancienne veine satirique de l'épitaphe. Un ton de dérision douce inspire souvent les *obituaries* du *Times*, alors que les journaux français ont plutôt cultivé la sécheresse informative et préféré une écriture neutre à l'insolence polémique. Un sérieux universitaire et académique caractérise la plupart des nécrologies du journal *Le Monde*, comme si tout ce qui touche à la mémoire était affecté en France d'une particulière gravité qui tolère difficilement le jeu. Plus intéressantes, par leur fil continu et leur contrainte spécifique, sont les notices nécrologiques recueillies dans les bulletins et annuaires d'anciens élèves des lycées et surtout des grandes écoles. Elles ont pour modèle l'éloge académique dont elles conservent la tradition rhétorique, et sont lues à l'occasion d'assemblées annuelles. Curieux mélange éclectique empruntant à la légende ou à l'historiette, cette forme de notice n'entretient pas seulement une petite mémoire scolaire à travers des portraits pieux, élégiaques et familiers, qui sont autant de témoignages adolescents. Indistinctement individuelle et générique, elle fait série, consacrant ainsi une institution à travers le souvenir solidaire des promotions et des générations successives. On aurait pu croire que les formes célébratives de l'hommage funèbre, si vivantes au XIXe siècle, se résorberaient complètement dans ce petit genre restrictif et que l'intérêt biographique lui-même s'éteindrait progressivement, en même temps que toute dimension légendaire, dans une société déritualisée. La mort de Jean-Paul Sartre, par exemple, a récemment prouvé le contraire par les manifestations diverses qu'elle a suscitées, que ce soit le petit éloge funèbre prononcé à la rue d'Ulm par Jean Baillou et publié dans l'annuaire des anciens élèves en 1981, ou le grand cortège spontané des funérailles, ou l'hommage particulier de *Libération* dans un numéro spécial-mausolée, comme l'avaient été autrefois ceux de la *N.R.F.* à la mort de Gide ou de la revue *Europe* pour le soixantième anniversaire de Romain Rolland[36].

L'imagerie que fonde le genre de l'éloge et qui se perpétue dans les vignettes du panthéon scolaire de la IIIe République, survit au XXe siècle grâce à de nouveaux supports. Les nombreuses gravures représentant des «Galeries de

Les morts illustres

grands hommes» (comme par exemple en 1854 le cortège du *Panthéon Nadar*), sont progressivement remplacées par une mémoire photographique, cinématographique, audiovisuelle. Comme jadis la peinture d'histoire, la sculpture, le théâtre, l'estampe, mais avec des moyens immenses, le cinéma s'empare du grand récit national, constitué depuis plus de deux siècles comme nouveau catéchisme civique. Avec le *Napoléon* de 1927, extraordinaire épopée hugolienne qui met en scène les «géants de la Révolution», Abel Gance veut s'imposer comme le poète officiel de la République et prouver que le cinéma peut devenir un formidable instrument de mémoire. Dans une perspective plus humaniste et universaliste, Roberto Rossellini donne à la dernière partie de son œuvre la forme d'un panthéon cinématographique, composé exclusivement de monographies sur les grands hommes (Louis XIV, Jésus, Socrate, Pascal, etc.). Ce petit genre historique conçu pour la télévision et qui ne prétend pas à la monumentalité rappelle plus directement la tradition de l'éloge et son scénario pédagogique. Par sa fonction documentaire, surtout, le cinéma a produit de nouveaux modes d'hommages et de célébrations. En utilisant spontanément le film pour enregistrer le souvenir de leurs proches ou des grands contemporains, les frères Lumière ont inventé une forme d'archive toute nouvelle et qui tend à remplacer ces anciens monuments qu'étaient les discours funèbres, les bustes et les mausolées. À l'étrange institution de la chambre du cœur de Voltaire à Ferney qui, selon le vœu du marquis de Villette, réunissait une quarantaine de portraits autour du cœur embaumé du grand homme, correspond et succède aujourd'hui le cinéma comme organe privilégié de la dévotion et de la commémoration, car il peut indéfiniment, dans une précieuse anthologie de lanterne magique, faire revivre les absents. Dans son petit film de 1915 *(Ceux de chez nous)*, composé de documents sur de célèbres disparus, Sacha Guitry montre que le cinéma est destiné à construire un musée national et qu'il a un lien particulier avec la mémoire. C'est le thème d'un curieux film funèbre de François Truffaut (*La Chambre verte*, de 1978), où le cinéaste incarne un journaliste de province spécialisé dans la notice nécrologique. Celui-ci remplit sa tâche comme un magistère sacré du souvenir et consacre aux êtres chers une chapelle ardente où sont recueillies, comme principales reliques, leurs photographies. Parce qu'il montre la mort au travail, selon l'expression de Jean Cocteau, le cinéma a une dimension fatalement posthume. Le XXe siècle inaugure une forme de nécrologie audiovisuelle dont le propre est d'anticiper sur la mort, car tout entretien avec un personnage célèbre (surtout quand celui-ci touche au terme de sa vie), du fait que tout est conservé par le son et l'image, prend l'aspect d'une mise en scène testamentaire et d'une scénographie funèbre, comme si le grand vivant n'était déjà plus là que pour une adresse à la postérité. C'est ainsi que le film d'Alexandre Astruc et de Michel Contat (*Sartre par lui-même*, de 1975), où l'écrivain entouré de ses proches détaille le parcours de son existence, renoue avec la geste antique du *Phédon* et de l'*Apologie de Socrate*.

Nous ne savons pas quelles seront à l'avenir les nouvelles formes de l'hommage aux morts dans cette culture audiovisuelle qui conserve les images et le vif des voix chères, et qui par son accélération médiatique risque de banaliser et de perturber les anciens rites, mais on ne doit pas oublier que cet hommage a toujours fondé un monument capital. Qu'elle soit spectaculaire ou modeste, cette construction rhétorique fragile et perpétuellement remaniée, qui se vide et reprend vigueur sur d'autres modes, a produit à chaque instant des repères essentiels. Le discours consacré aux morts, dans ses métamorphoses, est toujours d'abord le sacre des vivants.

1. *Histoire des membres de l'Académie française, morts depuis 1700 jusqu'à 1771*, Paris, 1787, t. II, «Éloge de Fléchier», n. 3.

2. Dernière phrase de l'article «Oraison funèbre» de l'*Encyclopédie* par le chevalier de Jaucourt qui cite Voltaire (*Histoire universelle*, t. VII).

3. D'Alembert, *op. cit.*, t. V, «Éloge de Mongin», n. 1. Voir à propos de l'Académie des inscriptions et belles-lettres, Henri Duranton, «L'Académicien au miroir», *in L'Histoire au XVIIIe siècle*, Paris, Édisud, 1980, et, pour l'Académie des sciences, Charles B. Paul, *Science and Immortality. The Eloges of the Paris Academy of Sciences (1699-1791)*, Berkeley, University of California Press, 1980.

4. Charles Palissot de Montenoy, *Petites Lettres sur de grands philosophes, in Œuvres complètes*, Paris, 1779, t. II, lettre première, p. 119.

5. Voir à ce sujet Arlette Jouanna, *Ordre social, mythes et hiérarchie dans la France du XVIe siècle*, Paris, Hachette, 1977, p. 70.

6. Charles Duclos, *Considérations sur les mœurs de ce siècle*, Paris, 1751, chap. V.

7. «Après la bataille de Sintzheim, il mit à feu et à sang le Palatinat [...] il permit ensuite à sa cavalerie de ravager la Lorraine [...] Tout le mal qu'il faisait paraissait nécessaire ; sa gloire couvrait tout [...] Il faut avouer que ceux qui ont plus d'humanité que d'estime pour les exploits de guerre gémirent de cette campagne si glorieuse», *Le Siècle de Louis XIV*, Paris 1751, chap. XII.

8. D'Alembert, *op. cit.*, t. II, «Apologie de Clermont-Tonnerre», n. 1.

9. D'Alembert, *Essais sur la Société des Gens de Lettres et des Grands* (1752), *in Mélanges de littérature, d'histoire et de philosophie*, nouvelle édition, Paris, 1770, t. I, p. 404. Dans ce débat, l'attitude de d'Alembert est assurément complexe et ambiguë, comme le remarque Robert Darnton, qui en retient peut-être trop exclusivement l'aspect «conservateur». Voir *Bohème et révolution*, Paris, Gallimard-Éd. du Seuil, 1983, p. 16.

10. «Charlemagne ayant formé dans son palais une Société littéraire dont il était membre, voulut que dans les assemblées chacun prît un nom académique, et lui-même en adopta un pour faire disparaître tous les titres étrangers». *Encyclopédie*, article «Honoraires».

11. «... M. d'Alembert a terminé la séance par la lecture d'une espèce d'Éloge de M. le Comte de Clermont. Le fonds de ce panégyrique n'était pas infiniment riche. Le plus grand service que monseigneur le comte de Clermont ait rendu aux lettres et à l'Académie fut de n'avoir été qu'à

une seule assemblée de MM. les Quarante, d'y avoir reçu son jeton comme tous les autres et de n'y être pas retourné depuis. Quelque stérile que puisse paraître cette anecdote, notre philosophe en a su tirer les conséquences les plus importantes, les leçons les plus instructives sur l'égalité qu'il convient de maintenir dans les sociétés littéraires entre les grands et les gens de lettres. On n'avait engagé M. le comte de Clermont à entrer à l'Académie que dans l'espérance de lui faire obtenir dans ce corps immortel des marques de distinction qui eussent bientôt servi d'excuse aux autres seigneurs de la cour pour en demander à leur tour, manœuvre perfide qui menaçait l'illustre sénat de se voir dépouillé tôt ou tard du privilège auguste de sa première institution et des droits communs à tous ses membres.» *La Correspondance littéraire*, juillet 1781.

12. Dans son *Essai sur la Société des Gens de Lettres et des Grands, op. cit.*, p. 375, d'Alembert note que «parmi les grands seigneurs les plus affables, il en est peu qui se dépouillent avec les Gens de lettres de leur grandeur vraie ou prétendue jusqu'au point de l'oublier tout à fait». Voltaire, dans son discours de réception à l'Académie du 9 mai 1746, rend hommage au fondateur sur un aspect bien précis de son projet («Il voulut que vous fussiez toujours libres et égaux»).

13. *Éloges lus dans les séances publiques de l'Académie française*, Paris, 1779, préface, p. XXXI.

14. Voir Nicole Loraux, *L'Invention d'Athènes, histoire de l'oraison funèbre dans la cité classique*, Paris, Mouton, 1981, p. 334.

15. Pour comprendre l'institution du Panthéon sous la Révolution, il faut remonter aux phénomènes de célébration antérieurs dans l'encyclopédisme et le circuit académique. C'est ce que j'ai indiqué d'abord dans «Naissance du Panthéon» (*Poétique*, n° 33, 1978) et dans une série d'articles (par exemple «Le musée staëlien», *Littérature*, n° 42, 1981, «Le fantasme de l'écrivain», *Poétique*, n° 63, 1985). Du genre de l'éloge est issu cet imaginaire du Panthéon encore vivant aujourd'hui, et qui a eu des effets depuis deux siècles aussi bien sur l'institution littéraire et l'apparition de l'histoire littéraire que sur la constitution d'une histoire nationale.

16. Voir l'ouvrage fondamental de Daniel Roche, *Le Siècle des Lumières en province, académies et académiciens provinciaux, 1680-1789*, Paris, Mouton, 1978.

17. Voir le très bel article de Mona Ozouf, «Le Panthéon» *in* Quarto I, *La République*.

18. Voir le grand ouvrage de Robert Favre, *La Mort au siècle des Lumières*, Lyon, Presses universitaires de Lyon, 1978, pp. 517-518.

19. Dans la politique culturelle menée, au nom du roi, par d'Angivillier, dominent les commandes de tableaux d'histoire et de statues de grands hommes. L'éloge et le buste vont de pair. De la même façon qu'elle rend compte des célébrations académiques, *La Correspondance littéraire* annonce les statues nouvelles: «Les quatre statues en marbre ordonnées cette année pour le roi sont Bossuet, Daguessau, Corneille et Montesquieu. La statue de Bossuet nous a paru réunir le plus grand nombre de suffrages» (septembre 1779).

20. Nicole Loraux, *op. cit.*, p. 316.

21. Ch. Palissot, *op. cit.*, t. II, p. 19.

22. Sur ce point, un commentaire de *La Correspondance littéraire* illustre le grand débat, au cœur du XVIIIe siècle, sur les vertus respectives, et à première vue contradictoires, de la satire et de l'éloge: «Les *Éloges de Boileau* et *de Fénelon*, lus par M. d'Alembert à la séance publique de l'Académie française, le 25 août, ont été fort applaudis. On a trouvé cependant quelques longueurs dans le premier. Le genre de la satire y est fort déprimé. Cette critique, juste ou non, pouvait, ce me semble, être mieux placée. Quelque froid, quelque facile que ce genre de poésie paraisse à M. d'Alembert, Juvénal, Perse, Horace, Boileau lui-même ont-ils trouvé beaucoup d'imitateurs, et le succès de leurs écrits ne s'est-il pas soutenu assez longtemps? On aime mieux aujourd'hui l'éloge que la satire. Ne disputons pas des goûts; chaque siècle a le sien. Cependant c'est dans le siècle où l'on appréciait si ridiculement le mérite de la satire que nous allons chercher presque tous les sujets de nos éloges. N'y a-t-il pas lieu de craindre que notre indigne postérité ne s'avise quelque jour de chercher dans le siècle des éloges l'objet de ses satires?» (septembre 1774).

23. Fontenelle a particulièrement illustré cette veine. D'Alembert retrouve parfois lui aussi le ton de Tallemant des Réaux, et par exemple à propos du fantasque abbé de Choisy.
Il rapporte une réprimande du sévère précepteur qu'était le duc de Montausier, au sujet des « habits de femme de l'abbé » : « Allez vous cacher, Monsieur le Dauphin vous trouve très mal ainsi... Pardonnez-moi, Monsieur, répondit le jeune prince, je la trouve belle comme un ange... » (D'Alembert, *Histoire des membres de l'Académie française...*, *op. cit*, t. IV, « Éloge de l'abbé de Choisy », n. 3).

24. Voir plus bas Olivier Nora, « La visite au grand écrivain ».

25. « Discours du Comte de Mirabeau dans la séance de ce matin 11 juin, sur la mort de Benjamin Franklin », *La Correspondance littéraire*, juin 1790.

26. Dans son *Mémoire pour les académies* de 1800, Delisle de Sales revient sur ce débat. Il prétend avoir assisté à un entretien entre Malesherbes et Chamfort, qu'il met en scène dramatiquement en le situant dans l'orageuse nuit du 4 août. Malesherbes note « l'hétérogénéité inévitable des corps politiques », et que « quand la France était graduée en hiérarchie, l'égalité républicaine existait seule à l'Académie française ». Pour Delisle de Sales, la République des lettres doit survivre à toutes les révolutions.

27. Voir à ce sujet *La Mort de Marat*, Paris, Flammarion, 1986, ouvrage collectif. J'ai consacré un chapitre à l'étude du culte de Marat.

28. *Cf.* « Le *Grand Dictionnaire* de Pierre Larousse » par Pascal Ory *in* Quarto 1, *La République*, pp. 227-238.

29. *Cf.* « Lavisse, instituteur national » par Pierre Nora *in ibid.*, pp. 239-278.

30. *Cf.* Maurice Agulhon, *Marianne au combat, l'imagerie et la symbolique républicaine de 1789 à 1880*, Paris, Flammarion, 1979, et Michel Vovelle, *La Mort et l'Occident de 1300 à nos jours*, Paris, Gallimard, 1983 (p. 645) ; ainsi que, plus bas, June Hargrove, « Les statues de Paris », et Daniel Milo, « Le nom des rues ».

31. *Cf.* « Les centenaires de Voltaire et de Rousseau » par Jean-Marie Goulemot et Éric Walter *in* Quarto 1, *La République*, pp. 351-382.

32. Voir le très intéressant *Tombeau de Victor Hugo*, Paris, Édition Quintette, 1985, ainsi qu'Avner Ben-Amos, « Les funérailles de Victor Hugo » in Quarto 1, *La République*, pp. 425-464.

33. *Accompagnements, Œuvres en prose*, Paris, Gallimard, Bibliothèque de la Pléiade, 1965, p. 472.

34. « Lors de l'inauguration de Brasilia, il y a quatre ans, les enfants représentèrent quelques scènes de l'histoire de France. Apparut Jeanne d'Arc, une petite fille de quinze ans, sur un joli bûcher de feu de Bengale, avec sa bannière, un grand bouclier tricolore et un bonnet phrygien. J'imaginais, devant cette petite République, le souvenir bouleversé de Michelet ou de Victor Hugo. Dans le grand bruit de forge où se forgeait la ville, Jeanne et la République étaient toutes deux la France, parce qu'elles étaient toutes deux l'incarnation de l'éternel appel à la justice. Comme les déesses antiques, comme toutes les figures qui leur ont succédé, Jeanne incarne et magnifie désormais les grands rêves contradictoires des hommes. Sa touchante image tricolore au pied des gratte-ciel où venaient se percher les rapaces, c'était la sainte de bois dressée sur les routes où les tombes des chevaliers français voisinent avec celles des soldats de l'an II... » (« Commémoration de la mort de Jeanne d'Arc », le 31 mai 1964, *Oraisons funèbres*, Paris, Gallimard, 1971, p. 98).

35. « En somme l'histoire est née chez nous comme grande histoire à partir du moment où elle s'est mise à remplacer la religion », cité par Roger Stéphane in *André Malraux, entretiens et précisions*, Paris, Gallimard, 1984, p. 121.

36. *La Nouvelle Revue française*, « Hommage à André Gide 1869-1951 » (novembre 1951), et *Europe*, « Numéro spécial consacré à Romain Rolland à l'occasion de son soixantième anniversaire », 1926.

JUNE HARGROVE

Les statues de Paris

> *Quant à la place Louis-XV, elle était nue;*
> *elle avait le délabrement, l'air mélancolique*
> *et abandonné d'un vieil amphithéâtre;*
> *on y passait vite.*
> *Chateaubriand[1].*

Lorsque le rideau se leva sur le XIXe siècle, âge d'or des monuments aux hommes célèbres, la scène, en effet, était vide. La Révolution avait bouleversé les objets autant que les mentalités. La destruction des effigies royales, le 10 août 1792, avait précédé de cinq mois seulement l'exécution de Louis XVI, qui fut guillotiné sur la place même choisie pour sa statue équestre – monument dont le piédestal, orné de quatre figures allégoriques illustrant les vertus du monarque, avait fait naître la fameuse épigramme: «Les vertus sont à pied, le vice est à cheval.» Le vide laissé par la disparition des statues pourrait servir de métaphore au traumatisme sous l'effet duquel les Français redéfinirent leur avenir national. Car l'essor de la statuaire au cours du siècle témoigne de la diffusion des nouveaux idéaux égalitaires. Et son déclin, qui coïncide à peu près avec la Première Guerre mondiale, traduit une mutation de l'esprit collectif au XXe siècle. Sans compter avec un phénomène de lassitude: les statues des hommes célèbres furent en quelque sorte victimes de leur succès.

Jusqu'à la fin de l'Ancien Régime, le droit à l'effigie publique était resté la prérogative incontestée du souverain. Les statues équestres colossales en bronze d'Henri IV, de Louis XIII, de Louis XIV et de Louis XV étaient les substituts du roi dans la capitale. Érigées chacune au centre d'une somptueuse place royale dessinée dans ce but, elles se dressaient sur des piédestaux en forme d'autel, hors d'atteinte des sujets, icônes de la religion dynastique dans une monarchie absolue de droit divin.

Les honneurs mêmes que l'on se proposait de rendre aux Français illustres étaient dédiés et subordonnés à la gloire du souverain. Quand Titon du Tillet conçoit entre 1708 et 1718 son *Parnasse françois* comme un panégyrique du règne de Louis XIV, il dresse Apollon, prête-nom du Roi-Soleil, sur les hauteurs du Parnasse, et l'entoure des «neuf muses» – les grands hommes des Lettres françaises – et des «trois Grâces» – les poétesses. L'ensemble devait mesurer près de vingt mètres de haut, avec des figures de bronze se détachant sur un tertre de pierre.

La philosophie des Lumières, qui présuppose que le perfectionnement de l'humanité est possible et s'accomplit grâce à l'éducation, fait des hommes de lettres et de science les prophètes d'une nouvelle terre promise, des *exempla virtutis* en remplacement des saints et ouvre une nouvelle carrière à la statuaire. L'art acquiert une mission pédagogique que Diderot définit comme le devoir de «rendre la vertu aimable, le vice odieux[2]»: un portrait sculpté ne constitue plus seulement un hommage à un grand homme, il signale aussi un modèle de conduite.

De cette évolution Voltaire est l'incarnation. L'adulation dont il était l'objet de la part de ses contemporains inspira en 1770 à la Société des gens de lettres la commande d'une statue en pied qui devait être exposée en un lieu public du vivant même de l'écrivain. Afin de pérenniser le génie de Voltaire, Pigalle représenta le philosophe nu, allusion à Sénèque. Dans cet appareil, les chairs flasques du corps du vieillard, associées au célèbre visage, produisaient un effet incongru, sinon ridicule; Pigalle, commenta ironiquement Voltaire, l'avait sculpté «en Vénus». La Société des gens de lettres rejeta ce portrait en faveur de celui de Houdon, qui montrait un philosophe au sourire séducteur assis dans un fauteuil et vêtu d'une robe de chambre opportunément drapée à la manière d'une toge.

Mais la Cour elle-même était devenue accessible à l'idée que le mérite personnel pût prévaloir sur le sang. Louis XVI refusa d'autoriser la ville de Marseille à lui élever une statue, avec cet argument: «Je n'ai rien fait qui ait mérité cet honneur[3].» En 1775, le comte d'Angiviller, intendant des Beaux-Arts, fit commencer pour la Grande Galerie du Louvre, que l'on voulait alors transformer en musée, une suite de statues dédiées aux grands hommes de la France.

La Révolution avait déjà ramené Louis XVI à Paris quand l'ingénieur Mopinot proposa de placer seize de ces statues sur le pont, futur pont de la Concorde, qu'avait construit Perronet en 1787. «Là, l'étranger apprendra à les connoitre; là, les citoyens apprendront ce qu'ils doivent être[4].» La migration vers les lieux publics commençait.

Élevés dans l'esprit sensualiste des Lumières, les chefs révolutionnaires en avaient gardé l'idée du pouvoir de propagande de la sculpture. La suppression des effigies royales était un préalable de l'élimination de la monarchie; son

Les statues de Paris

Le Voltaire nu, de Pigalle, qui fit scandale, 1770-1776.

souvenir devait être perpétué par un *Monument au peuple français* « élevé sur les débris amoncelés des idoles de la tyrannie et de la superstition[5] ». Et dès 1789, on se préoccupa d'ériger des statues en l'honneur des grands hommes porteurs de grands exemples. Anxieuse de transformer les places royales en espaces révolutionnaires, la Convention tenta d'utiliser la sculpture comme un instrument de réforme civique, mais ses projets restèrent pour la plupart sur le papier. Les monuments qui rehaussaient les fêtes furent aussi éphémères que les pouvoirs qui les avaient ordonnés et leurs projets moins périssables durent être abandonnés en raison des nécessités du moment.
Premier consul, puis Empereur, Napoléon voulut faire de Paris une nouvelle Rome surpassant en splendeur la ville impériale de l'Antiquité, mais, avant son accession au pouvoir, Napoléon avait vu tomber trop de statues pour ne pas être réticent à l'idée d'élever la sienne. Il avait « formellement désapprouvé l'érection de sa statue sur le char » couronnant l'arc du Carrousel[6]. Un *Charlemagne*, allusion transparente au nouvel Empereur, était destiné à orner la place Vendôme jusqu'à ce que Napoléon, au lendemain d'Austerlitz, se fût laissé convaincre de placer sa propre effigie au sommet de la colonne de la Grande Armée. Homme de son temps, il n'en appréciait pas moins le pouvoir didactique de l'art officiel. Il refusa un projet pour les Halles centrales en ces termes : « Mettre des choux et des carottes sur les quais de Paris serait insulter à ces voies magistrales. Je veux faire de nos quais des voies splendides, avec deux rangées de statues dédiées aux hommes illustres de l'Europe[7]. »
Le goût manifesté par l'Empereur pour les leçons de civisme illustrées le long des voies publiques se traduisit donc, en janvier 1810, par un décret ordonnant de placer sur le pont de la Concorde les statues des généraux morts au champ d'honneur. Sans nul doute influencé par le projet de Mopinot, Napoléon chassait les hommes de lettres au profit des héros militaires, mais l'Empire tomba avant qu'une seule des statues achevées n'eût été mise en place. Elles n'en sont pas moins intéressantes à considérer, le culte porté aux armées impériales dictant désormais le choix des sujets à commémorer. Car les monuments élevés aux généraux tués en défendant la patrie glorifiaient Napoléon par association d'idées. Le Premier consul envisagea un projet complexe associant Desaix et Kléber, morts le même jour, en un groupe qui devait remplacer le monument aux martyrs du 10-Août, place des Victoires. Mais après le couronnement, la gloire du jacobin Kléber sombra, et Desaix fut privé de son compagnon d'Égypte. Une tête d'Isis et les hiéroglyphes d'un obélisque authentique restèrent seuls présents pour immortaliser l'expédition[8].
Claude Dejoux avait représenté Desaix dans une nudité idéalisée, allusion à la tradition héroïque de l'*athleta virtutis* selon laquelle la beauté du corps reflète la grandeur de l'âme. Le néo-classicisme, style adapté à la nouvelle Rome,

appelait une sculpture imitée de l'Antiquité, et le *Napoléon en Mars* exécuté à la même époque par Canova aurait pu encourager encore Dejoux dans cette voie. Quand le bronze colossal fut dévoilé, le 15 août 1810, il ne recueillit guère plus de suffrages que le *Voltaire* de Pigalle. « Recouverte de toiles et cachée derrière des planches pour voiler sa nudité aux yeux des pudiques bourgeois du quartier », l'effigie du guerrier était déjà au rebut quand la Restauration l'envoya à la fonte pour couler le bronze de la statue d'Henri IV[9].

Car après les Cent-Jours, c'est un *Henri IV* fantomatique en plâtre, dressé sur le Pont-Neuf, qui accueillit Louis XVIII à son retour dans la capitale[10]. L'héritier tardif de la Couronne, pathétiquement étranger à la France postrévolutionnaire, imaginait qu'il pourrait rétablir l'autorité royale aussi aisément qu'il en ressuscitait les images. Chaque Bourbon devait regagner son piédestal. Comme l'ancêtre de la dynastie, *Louis XIII* et *Louis XIV* rejoignirent leur emplacement d'origine. Mais Louis XV et Louis XVI revendiquaient la même place fatale, la Concorde, et l'hésitation entre les deux postulants fut fatale aussi aux statues de l'un et de l'autre.

L'ordonnance de juillet 1816 rétablit la prérogative royale : « Le droit de décerner des récompenses publiques est un des droits inhérents à notre Couronne. » Aussi les projets de monuments ne furent-ils guère nombreux à cette époque, à Paris en tout cas, que la Cour surveillait attentivement[11]. Le désir de rendre honneur au mérite personnel avait néanmoins pris racine dans les esprits. On le sent dans un projet de monument à Malesherbes[12], en qui l'on chérissait le défenseur de Louis XVI. On le sent aussi dans l'aménagement du pont de la Concorde, pour lequel Louis XVIII reprit les idées de son prédécesseur. Après avoir envisagé de placer sur ce pont Louis-XVI les *Grands Hommes* sculptés pour Angiviller, ce furent finalement douze statues neuves que l'on commanda pour couronner les parapets. S'écartant délibérément du néo-classicisme impérial, les commandes royales s'orientèrent vers un art rétrospectif ; elles ratifiaient ainsi l'éclectisme caractérisant tant de monuments sculptés du XIXe siècle.

On sait qu'en essayant de remettre à l'heure la pendule de l'Ancien Régime, les Bourbons de la Restauration se coupèrent si bien de leur époque que trois jours suffirent pour les évincer. Leur incapacité à se faire accepter de la France postrévolutionnaire convainquit Louis-Philippe qu'il était indispensable, pour le salut de la monarchie de Juillet, de choisir, dans le domaine esthétique aussi, une politique conciliatrice. Plus d'iconoclasme donc. Plutôt que de détruire, on préféra prendre des voies détournées. On ne remit pas en cause les statues royales déjà en place, mais on suspendit tous les projets. Un Napoléon plus discret – le petit caporal – fut rendu à la colonne Vendôme. À l'Étoile, l'Arc de Triomphe enfin achevé, qui comptait parmi les groupes sculptés l'enthousiaste *Marseillaise* de Rude, fut inauguré en 1836. Pour le seul monument dont il eut l'entière responsabilité, la colonne de Juillet de la Bastille, Louis-Philippe tira parti du site pour resserrer les liens entre 1789 et 1830.

Trois fontaines parisiennes furent dédiées aux hommes illustres : celle de Cuvier, où le zoologiste n'apparaissait qu'en nom ; celle de Saint-Sulpice avec *Bossuet, Fénelon, Massillon* et *Fléchier*; celle de Molière. Cette dernière fut réalisée par l'architecte Visconti avec la collaboration de Seurre pour l'effigie et celle de Pradier pour les figures féminines placées au-dessous, la *Comédie bouffe* et la *Comédie sérieuse*. Payé par une souscription publique, l'ensemble fut inauguré en 1844.

Quand le roi des Français rétablit le Panthéon, David d'Angers fut chargé de sculpter le relief *Aux grands hommes la patrie reconnaissante* ornant le fronton. Plus qu'aucun autre artiste de son temps, David d'Angers était obsédé par les visages de ses contemporains illustres. Et pourtant, jusqu'au milieu du siècle, aucun de ses portraits grandeur nature n'était visible à Paris, à l'exception de son *Grand Condé* temporairement installé sur le pont de la Concorde. Dans les années 1840, on projeta de placer une réplique de son *Gutenberg* de Strasbourg dans la cour de l'Imprimerie nationale, mais le projet n'aboutit qu'en 1851. Les artistes de la génération suivante imiteront l'emploi fait par David d'attributs réalistes permettant d'identifier le personnage, comme la presse de *Gutenberg* et la feuille de papier portant les premiers mots imprimés : « Et la lumière fut. »

Les statues d'hommes célèbres érigées durant la première moitié du siècle à Paris furent si rares que l'on peut être surpris par la croissance rapide de leur nombre en province. Cela malgré des opposants qui ne désarmaient pas. « La manie des statues se propage comme une épidémie » : c'est le commentaire de Louis Veuillot en 1842, cité par Maurice Agulhon.

La IIe République fut trop brève pour laisser aux statues le temps de voir le jour ; ses héros durent attendre des heures plus sereines pour recueillir leurs lauriers. La commémoration tardive du maréchal Ney, décrétée par le gouvernement provisoire de 1848, se voulait un affront aux Bourbons qui avaient refusé leur grâce au récidiviste des Cent-Jours, mais le monument devint une leçon de fidélité positive quand Louis Napoléon s'empara de l'idée. Rude avait vu Ney en martyr offrant sa poitrine aux feux du peloton ; le nouvel empereur préféra un maréchal plus énergique, frayant son chemin vers l'immortalité[15].

Napoléon III prouva qu'il était bien le « neveu de son oncle », non seulement par son coup d'État, mais par ses vues sur la capitale. Il autorisa Haussmann à entreprendre immédiatement une rénovation urbaine considérable. Outre ces travaux utilitaires, l'empereur entreprit deux constructions d'envergure : l'achèvement du Louvre et l'Opéra, qui s'accompagnaient d'importants programmes sculptés où les hommes illustres figuraient en bonne place. La

Les statues de Paris

décoration extérieure du « Nouveau Louvre » comprit une suite de grands hommes inspirée de celle qu'avait commencée Angiviller. Tout en transférant le thème à l'extérieur, l'empereur restait fidèle à l'idée originale de présenter à la fois le monde de la pensée et celui de l'action. Bien que les militaires eussent envahi en force les façades de la rue de Rivoli, les célébrités culturelles trouvèrent aussi, de par la volonté impériale, leurs places dans l'ensemble : « À la façade d'un palais qui est non seulement un musée [...] mais aussi l'un des symboles du pouvoir politique, le second Empire a voulu affirmer l'image d'une France lettrée, savante et pacifique et enraciner son prestige dans l'histoire nationale[14] ». Une sélection judicieuse de génies musicaux vint pareillement orner le somptueux opéra de Garnier.

Mais les gestes commémoratifs indépendants restèrent peu nombreux. Le ministre de l'Intérieur encourageait localement, au nom de l'impératrice, les récompenses symboliques décernées aux personnalités respectées pour leurs services rendus à la communauté[15]. À Paris cependant, tous les hommages furent réservés aux gloires sacrées du premier Empire. Joséphine recouvra même sa couronne pour accueillir les passants sur l'avenue portant son nom. Le gigantesque *Napoléon* nu avec l'aigle du jeune sculpteur Mathieu Meusnier, dont le plâtre fut érigé en 1850 dans le square de Vintimille, étonne par l'audace du traitement.

D'évidence inspiré par le marbre célèbre de Canova, ce *Napoléon* souffrit de l'incompréhension qui avait jadis entouré *Desaix* : « Les *ladies* qui s'aventuraient dans ces parages pressaient le pas et détournaient la tête avec des *shocking!* éplorés. » Au cours d'un carnaval, la statue de l'Empereur fut « badigeonnée d'enluminures grossières par des loustics irrévérencieux. Le malheureux statuaire fit retirer sans bruit le héros maculé et, de dépit, brisa son œuvre dans son atelier[16] ». C'est un Napoléon III plus discret que Barye, reprenant la vieille tradition des reliefs équestres royaux, sculpta sur l'arc qui surmonte les nouveaux guichets du Carrousel au Louvre.

Après Ney, un deuxième maréchal d'Empire reçut la récompense posthume de son héroïsme : mise au concours en 1863 par la Ville de Paris, la *Défense de la barrière de Clichy par le maréchal Moncey* fut achevée prophétiquement en 1869. Pour marquer le lieu de la bataille de 1814, Doublemard imagina un groupe de bronze à trois personnages : Moncey protège une femme symbolisant Paris aux pieds de laquelle s'écroule un jeune polytechnicien blessé. La composition allait servir de modèle à de nombreux monuments aux morts de la guerre franco-prussienne, en particulier à la *Défense de Paris* de Barrias. À ces exceptions près, les statues des hommes illustres – *Larrey, Bichat, Parmentier, Vauquelin* – furent timidement installées derrière les grilles de leurs institutions de tutelle.

La Nation *La gloire*

C'est avec la IIIe République que l'art commémoratif devait atteindre son apogée. L'avènement d'un gouvernement républicain, laïc et bourgeois procurait le champ d'application idéal d'une idée déjà parvenue à maturité. Après un siècle de panégyriques, la société comprenait la nécessité des hommages rendus aux grands hommes. Vingt ans toutefois allaient encore passer – plus longtemps que n'avaient duré tous les régimes depuis 1789 – avant que la «statuomanie» ne se manifeste pleinement.

La IIIe République était née dans la tourmente: la chute du second Empire, la défaite, les violences de la Commune. Le jeune gouvernement, qui devait lutter contre les factions en conflit, pensa d'abord à sa survie. Pendant dix ans, on s'occupa à Paris d'effacer les traces des combats. Les vestiges les plus visibles du règne de Napoléon III furent démantelés tandis que l'on relevait une relique du patrimoine, la colonne Vendôme.

La République hérita de la «mise en scène» réglée par les deux régimes précédents. Toute pragmatique qu'elle ait été, l'urbanisation conçue par Rambuteau et développée par Haussmann reposait sur l'idée utopique qu'une ville est un lieu agréable à habiter. Riche, cosmopolite, éblouissante, la ville de Paris croissait à vue d'œil. Les foules se répandaient sur les boulevards à peine ceux-ci étaient pavés. Il fallait voir et être vu, ainsi que le résume cette phrase mélancolique: «Chacun de nous a, dans un coin de la ville, le cimetière de sa jeunesse. Nos aïeux vouaient un culte au Palais-Royal, nos pères aux boulevards[17].»

Témoin de la vigueur intellectuelle et de l'énergie créative de la capitale, le décor de cette vie tout extérieure se déploya avec opulence: les places, squares et jardins, dénués de tout ornement, réclamaient des sculptures. L'insertion de statues au hasard des espaces déjà aménagés différait totalement de l'ordonnance établie dans les places conçues en fonction d'un monument. Elle s'inspirait des jardins anglais, fort à la mode d'ailleurs, où des objets de méditation étaient disséminés sur les pelouses dans un pittoresque abandon.

La décoration de l'Hôtel de Ville souligne la passion de l'époque pour les embellissements éducatifs. Les façades, couvertes de statues représentant les Parisiens illustres, évoquent une cathédrale laïque, ou plus exactement un panthéon à ciel ouvert. Les quelques statues auxquelles, durant les années 1870, on accorda un espace extérieur, représentaient toutes des personnages historiques: dans un climat politique aussi explosif, on hésitait à présenter en plein air les bronzes de personnalités contemporaines. La ferveur dont fut l'objet Jeanne d'Arc, sainte et royaliste, mais aussi patriote et martyre, vient de ce que la jeune Lorraine parvint à symboliser à la fois les tendances des deux partis en conflit. Son succès, qui marque le début d'une nouvelle ère de monuments commémoratifs, n'a donc rien de surprenant. Sa statue équestre place des Pyramides, œuvre de Frémiet, fut inaugurée en 1874.

C'est en revanche dans la suspicion générale que *Charlemagne avec Roland et Olivier* se glissa subrepticement sur le parvis de Notre-Dame. Ancêtre de la monarchie française, défenseur de l'Église, Charlemagne faisait, en outre, une allusion désagréable à l'Empire napoléonien. Salué comme un chef-d'œuvre aux Expositions universelles de 1867 et 1878, le groupe fut offert à la Ville au nom de son sculpteur disparu, Louis Rochet, sous condition de payer la fonte exécutée par Thiébaut. Après de houleux débats, le conseil municipal autorisa en 1879 l'installation provisoire du groupe sur le parvis, mais sans régler l'addition. Le temps passant, il finit par faire partie du décor ; si bien que la Ville, qui le paya en 1896, lui accorda un socle convenable en 1908.

Deux grandioses proclamations de civisme, *La République* et *La Défense de Paris*, magnifient l'installation d'un gouvernement enfin stable après les élections décisives de 1877. La reconnaissance générale de la République n'effaça pas les tensions entre l'État et la Ville, comme le montrent deux monuments importants inaugurés en 1888 à deux jours de distance.

En 1882, le conseil municipal mit au concours une statue équestre d'Étienne Marcel destinée à l'Hôtel de Ville. Le prévôt des marchands, en qui l'on voyait le champion d'un gouvernement fondé sur la liberté du peuple, avait été assassiné en 1358 lors du soulèvement de la capitale : l'allusion à l'autonomie municipale était transparente.

Sans avoir fait l'objet d'une commande officielle de l'État, le monument à Gambetta fut patronné par une association aux tendances gouvernementales nettement affirmées, le «Comité des Alsaciens-Lorrains pour l'érection d'un monument à la Mémoire de Gambetta[18]» ; son président d'honneur était Le Royer, président du Sénat, son président Scheurer-Kestner. Durant sa vie, Gambetta n'avait pas été un allié de tout repos pour les républicains conservateurs qu'il avait aidés à parvenir au pouvoir. Sa mort prématurée à quarante-quatre ans offrait un prétexte pour glorifier la défense nationale et le *statu quo* de la République. Implicitement, on affirmait ainsi l'autorité de l'État sur les communes, sur la Commune.

Le projet présenté par l'architecte Boileau avec la collaboration du sculpteur Aubé gagna le concours de 1884 : conglomérat de bronze et de marbre rassemblé autour d'un lourd obélisque que couronnait une Démocratie triomphante juchée sur un lion ailé. Gambetta était représenté sur le relief principal qui s'inspirait délibérément de *La Marseillaise* de Rude. L'allusion à la défense de la terre des aïeux était encore soulignée par le site : le jardin du Carrousel, face à l'arc de triomphe de l'Étoile.

Ce qui montre le mieux qu'à la fin des années 1870 la plupart des obstacles qui s'étaient opposés aux reconnaissances publiques avaient disparu, c'est une circulaire de souscription pour le monument à Béranger : «Derrière le gouvernement de droit, un tortueux pouvoir de fait gênait toute manifestation

démocratique. Nous dûmes nous borner à préparer les voies pour l'heure attendue des libertés réelles. Cette heure est venue. Le triomphe définitif de la République rend opportune, nécessaire, la glorification des esprits lumineux par qui le règne de la justice est advenu : la statue de *Béranger* va se faire[19]. »
L'habitude de former des comités de patronage indépendants se confirma dans les années 1880. Paul Marmottan se réjouit de cette « initiative privée » qui « représente avec d'autant plus d'éloquence [...] les vrais sentiments de Paris[20] ». Désormais, les comités impriment brochures et circulaires, réunissent les fonds par des souscriptions publiques, engagent les artistes, traversent les arcanes bureaucratiques pour présider enfin à l'inauguration de la statue. Les hommes politiques tiennent naturellement une place éminente parmi les personnalités qui prêtent à l'entreprise le prestige de leur nom et leur appui était indispensable. L'administration n'a généralement qu'un rôle passif et se contente le plus souvent d'autoriser l'érection des statues. Néanmoins, la plupart des projets possèdent des ramifications politiques, s'imbriquent dans les luttes divisant droite et gauche, croyants et libres penseurs, nationalistes et socialistes, et doivent franchir une série d'obstacles[21].

Une fois ouvertes les portes des écluses, les statues se répandirent dans tous les lieux publics. Dans sa *Statuomanie parisienne. Étude critique sur l'abus des statues*, Pessard écrit : « ne tenant compte [...] que des 3 335 et quelques statues [...] mythologiques [...] ou diverses [...] des 328 "Parisiens ou Parisiennes de marque" [...] comme ornement des façades de notre Hôtel de Ville [...] en y ajoutant les 180 autres monuments consacrés à la mémoire des individus [...] sans omettre non plus les 72 statues actuellement à l'état de "projet" [...] nous nous trouvons en face du chiffre fantastique de plus de NEUF CENTS et quelques [...] statues[22] ». Nous voilà convaincus. Pour mieux plaider sa cause, Pessard a toutefois joué sur les chiffres : dans sa thèse, Jacques Lanfranchi a calculé que cent cinquante statues furent élevées à Paris entre 1870 et 1914, pour vingt-six seulement entre 1815 et 1870[23].

Le mot déjà courant de « statuomanie » décrit parfaitement la vogue qui entraîna l'installation de sculptures monumentales dans tous les lieux imaginables. En dehors des statues aux hommes illustres, cette sculpture proliférante comprenait des ensembles dédiés à des idées, à des événements, à des groupes d'hommes, ainsi que des œuvres purement décoratives. Paris fut le lieu d'un phénomène qui touchait aussi les autres villes françaises et, du reste, tous les pays d'Occident.

La multiplication des œuvres coïncide avec un élargissement des thèmes traités. Lanfranchi, en regroupant les représentations par sujet, a dénombré pour les lettres soixante-sept monuments, pour les « hommes de progrès » soixante-cinq, pour la politique cinquante-six et pour les arts quarante-cinq[24]. Avant 1870, la catégorie vedette des statues élevées en France en dehors des

Les statues de Paris

*Monument à Gambetta, place du Carrousel, par Jean-Paul Aubé et Louis Boileau.
Le bronze fut détruit en 1943 et la pierre démontée en 1954.*

1865

effigies des souverains était celle des héros militaires. Après 1870, elle disparut pratiquement de Paris jusqu'en 1918. L'amertume qui entourait les événements de 1870-1871 et la crainte d'un coup d'État, ravivée par l'épisode de Boulanger, expliquent en partie ce revirement, mais la position dominante des artistes, hommes de lettres et de science révèle aussi un changement dans l'attitude de la société.

Le triomphe des héros culturels témoigne de la diffusion des idéaux du XVIIIe siècle dans les mœurs populaires. La connotation humanitaire que les esprits éclairés donnaient au progrès attirait logiquement le respect sur ceux qui s'efforçaient d'améliorer la condition humaine. Une société certaine que l'émulation conduit à la perfection cherche naturellement ses modèles parmi les «hommes de progrès» contemporains.

La valeur accordée à l'éducation, pierre de fondation des sociétés démocratiques, rehaussait encore le statut des artistes et des savants. Fait significatif, les beaux-arts étaient placés sous la tutelle du ministre de l'Instruction publique. Le sentiment de la cohésion nationale renforçait la fierté qu'éprouvaient les Français pour leur héritage collectif à une époque où ils étaient particulièrement conscients de l'éclat de leur civilisation : la célébration des grands hommes glorifiait implicitement le peuple français.

Bien entendu, comme le montre Lanfranchi, on ne peut séparer nettement les héros politiques et les héros «culturels». Où classer Arago, Raspail, Lamartine? C'est une spécialité française de posséder ce que nous appelons aujourd'hui des intellectuels engagés. Ainsi de Diderot: Paul Déroulède refusa d'assister à l'inauguration du monument pour marquer son désaccord[25]. Car les statues incarnent aussi des idées, et les discours inauguraux permettent de proclamer des opinions à travers l'éloge d'un homme. Bien des cérémonies se transformèrent ainsi en tribunes publiques.

C'est pourquoi, à se contenter de l'analyse statistique, on risquerait de passer sous silence des facteurs déterminants. Les statues élevées aux peintres de batailles – Meissonier, Raffet, Charlet, Neuville – pouvaient-elles être exemptes de toute connotation politique quand les avocats de la Revanche soufflaient sur les braises de 1870? Les fonds réunis pour le monument de Neuville furent «en partie principale fournis par l'armée et des anciens soldats patriotes[26]». Les inaugurations où l'on célébrait les peintres qui avaient contribué à la gloire des armées françaises fournissaient un prétexte aux nationalistes militants. L'inauguration de la statue de Meissonier s'acheva sur ces vers d'Aicard :

> *Et l'effort renaîtra dans notre âme abattue.*
> *Voilà pourquoi, devant cet artiste vainqueur,*
> *La France, consacrant sa gloire et sa statue,*
> *Lève trois fois l'épée en saluant du cœur*[27].

Les statues de Paris

À l'inverse, le rôle de martyr de l'humanisme libéral que l'on accorda à Étienne Dolet dépassait la portée réelle des livres «prohibés et damnés» qui le firent condamner au bûcher en 1546[28]. Fait exceptionnel, la statue du philosophe fut payée par la Ville[29]. L'inscription: «Victime de l'intolérance religieuse et de la royauté», était une provocation délibérée à l'adresse des conservateurs[30]. Le monument fut inauguré en 1889, année du centenaire, et la cérémonie, où la Société des libres penseurs occupait les premiers rangs, fut ressentie comme un coup porté à la coalition des forces monarchistes et cléricales qui devaient la même année ébranler sérieusement la République.

Rien n'illustre mieux les tensions que produit l'exposition dans un lieu public d'une image controversée que les vicissitudes de la statue de Marat. Après que la Ville de Paris eut acheté à Baffier le plâtre du *Marat*, une réplique de bronze fut placée parc Montsouris, «le Monceau de la rive extrême-gauche[31]», où elle demeura pendant quatre ans, perdue dans l'indifférence générale jusqu'à ce que le sénateur Fresneau l'y découvrît au hasard d'une promenade en 1891. Une polémique forcenée s'ensuivit. On fit disparaître dans un dépôt l'objet du scandale. Très embarrassé, le conseil municipal se défendit en déclarant que la statue était une œuvre d'art, qu'il fallait l'apprécier comme telle, non comme un manifeste en faveur d'un individu. L'artiste outragé ajouta qu'il avait sculpté une «figure de caractère», non une apologie de la tyrannie (ce qui ne l'empêcha pas, dans le temps où il travaillait à sa statue de Saint-Just, de prendre à son compte les idées de son héros et d'attenter à la vie du «traître» Casse, député de la Seine).

La subtile distinction établie entre une «statue de jardin» et un «hommage public» échappait, on le comprend, aux Parisiens. Les défenseurs de *Marat* eurent beau dire que personne ne s'opposait à la présence du chef-d'œuvre de David à Versailles, un jardin n'était pas un musée et l'on ne pouvait nier l'importance du contexte. L'idée que les portraits sculptés exposés à l'extérieur représentaient des parangons de vertu était trop ancrée dans les esprits pour que de tels errements fussent tolérés. Pendant seize ans, la querelle se raviva périodiquement; en 1906 enfin, l'«ami du peuple» put sortir de sa réclusion pour aller respirer l'air des Buttes-Chaumont.

Il y avait aussi la question du site: parfois de simples éléments de convenance topographique pouvaient guider le choix: *Pinel* fut ainsi placé face à cette Salpêtrière où il avait institué un traitement plus humain des aliénés. La tour Saint-Jacques reçut *Pascal* qui y avait fait des expériences sur les lois de la pesanteur. *Dumas fils* fut placé près de *Dumas père*, et le *Général Dumas* n'aurait jamais eu droit au piédestal sans son illustre progéniture. En oubliant Malesherbes, on aurait pu parler de la «place des Trois-Dumas».

Mais un site pouvait aussi être à lui seul la raison d'être d'un monument: la souscription lancée pour élever «en face du Sacré-Cœur de Montmartre» une statue au chevalier de La Barre « supplicié en 1766 pour n'avoir pas salué une procession » était une pure provocation dictée par les implacables rancunes qui accompagnèrent la séparation de l'Église et de l'État[32]. À l'inverse, le site pouvait être dissuasif : autorisée dès 1907, la statue de Zola sauta virtuellement d'un piédestal sur l'autre pendant dix-sept ans pour des raisons « de caractère exclusivement politique » : « Tout le monde réclame une statue de Zola et personne n'en veut dans son quartier. » Finalement, *Zola* trouva refuge dans l'avenue qui porte son nom[33].

Toute personne connaissant la topographie sociale de Paris aurait pu prédire la répartition des monuments suivant leur « étiquette » politique – radicale à l'est, conservatrice à l'ouest. *Lamartine* aurait été aussi mal à l'aise au faubourg Saint-Antoine que *Baudin* à Passy. L'idée de placer *Marat* en « ornement de jardin » dans le bois de Boulogne paraîtrait aujourd'hui encore des plus incongrues. C'est à l'ombre de la Madeleine, et non de la basilique de Saint-Denis, que vint s'abriter *Lavoisier*. Les bienfaiteurs de l'humanité, eux, saints laïques, sont chez eux partout. Toutefois, alors que *Jean-Edme Leclaire* qui améliorait le sort des peintres en bâtiment qu'il employait trouva sa place au square des Épinettes en compagnie de *Maria Deraismes*, fondatrice du « Droit humain », *Mesdames Boucicaut et de Hirsch* eurent droit de faire la charité en face du Bon Marché.

La ruée des comités sur les emplacements de premier choix fit monter les enchères. Le comité du monument à *La Tour d'Auvergne* se désespéra en découvrant que la place Victor-Hugo, celles du Palais-Royal et du Carrousel étaient déjà promises et que celle de Rennes serait très difficile à obtenir[34]. Quant à la place Vauban, qui était quasiment le seul carrefour inoccupé de Paris, elle resta libre en raison des querelles qui divisèrent les partisans de ses affectataires éventuels[35].

Dans la mesure où le site connote la statue au moins autant que la statue connote le site, le voyage des monuments devient une forme civilisée d'iconoclasme. L'une des œuvres les plus itinérantes de Paris, le *Napoléon Ier* de Seurre, passa ainsi de la colonne Vendôme à Courbevoie, d'où il fut chassé par *La Défense de Paris* ; relégué dans un dépôt, il réapparut en fin de compte aux Invalides[36]. Le piédestal placé devant la mairie du XIe arrondissement porta successivement les statues du *Prince Eugène de Beauharnais* (qui devait par la suite rejoindre son beau-père aux Invalides), de *Voltaire* (transféré place Monge) et de *Ledru-Rollin* avant d'être condamné à la solitude par le régime de Vichy. La fontaine Desaix fut la première victime de la circulation ; la statue du maréchal Ney la plus prestigieuse. À l'orée du XXe siècle, le dépôt d'Auteuil, rempli de colossales carcasses de marbre et de bronze, ressemblait à un cimetière d'éléphants[37].

Les sculpteurs n'avaient jamais été aussi prolifiques. Depuis que les Salons avaient fait accepter l'idée que les moulages de plâtre constituaient de légitimes substituts à des matériaux plus coûteux et plus durables, la sculpture avait gagné en popularité, ce qui facilitait les débuts des jeunes artistes. La révolution industrielle et la prospérité qui l'accompagna favorisèrent l'édification des monuments : les progrès des techniques de la fonte, de la taille, de la manipulation et du transport réduisaient le poids financier de l'entreprise et les difficultés de l'exécution. La multiplication des commandes permit de nourrir une légion d'artistes formés sous le second Empire.

Comme une statue commémorative est avant tout un portrait, que la valeur morale attachée à la vérité par les néo-classiques rend la ressemblance encore plus indispensable, les monuments aux grands hommes subirent avec une rigueur particulière les lois du réalisme alors en vogue : toute tentative d'écart par rapport à la stricte réalité aurait eu un parfum de blasphème.

La tâche des sculpteurs, qui devaient représenter fidèlement des dizaines de personnages en costume contemporain sans tomber dans la monotonie, était délicate. Le souci du décorum imposait des règles contraignantes : plus le personnage était conventionnel, plus restreinte la liberté de l'artiste. Les thèmes historiques, eux, autorisaient une certaine fantaisie ; d'où le lieu commun que les costumes d'époque étaient plus faciles à traiter. Grâce à leur réputation bohème, les artistes pouvaient être représentés de manière moins formaliste. Le port de la robe de chambre, cautionné par le *Voltaire* de Houdon, était autorisé aux hommes de lettres ; la tradition se prolongea, à travers *Dumas père*, jusqu'au *Balzac* de Rodin qui a fait un chef-d'œuvre de la formule sans l'avoir inventée, comme on l'en crédite à tort. Rodin, certes, avait su donner à la nudité de *Hugo* une dignité olympienne ; mais cela ne l'autorisait pourtant pas à déshabiller Ledru-Rollin pour évoquer métaphoriquement le suffrage universel. Malgré les plaintes amères des artistes et des critiques, il y avait ici peu de chance d'échapper à la redingote de rigueur.

Pour traduire la modernité des sujets, les artistes devaient donc inventer un nouveau vocabulaire sculptural : les attributs qui avaient fait figure de néologismes audacieux à l'époque de David d'Angers paraissaient timorés en face du télégraphe de *Chappe*. Mais le langage des attributs «réels» présentait ses pièges de *Lamartine*, emprunt à la symbolique médiévale, signifiait que le poète aimait les hommes avec le plus «admirable désintéressement». En représentant *Sedaine* entouré d'outils, on donnait une importance démesurée au fugitif passage de l'écrivain dans le monde ouvrier comme tailleur de pierre. Par ailleurs, le recours à l'environnement réaliste continuait à rencontrer des oppositions. Pour son groupe représentant *Pinel* libérant de ses chaînes un aliéné, Durant avait imaginé de placer au piédestal «une folle berçant une bûche coiffée d'un bonnet d'enfant». Sur ordre de la Société médico-physiologique, qui trouvait que le sculpteur «péchait par excès de naturalisme, ou même d'originalité», la folle fut remplacée par deux allégories «à l'antique[58]».

Les inventions iconographiques les plus audacieuses furent des figures allégoriques que l'on pourrait grossièrement répartir en deux catégories : les personnes auxquelles s'adressent les actions. Parmi les premières, citons l'*Abandonné*, orphelin qui dort sous le buste protecteur d'Ernest Rousselle, ou les trois lecteurs que Doré a placés aux pieds de *Dumas père*. Parmi les secondes, l'élégante héroïne de *Fort comme la mort*, qui rêve, un livre entrouvert, sur le socle du buste de *Maupassant*. Le choix d'une création comme sujet d'un monument entraîna, du reste, de curieuses ambiguïtés. Le *Monument à Gérome* d'Aimé Morot représente l'artiste sculptant ses deux *Gladiateurs romains*, composition empruntée à l'un de ses tableaux, le célèbre *Pollice verso*. Mais bien que Morot ait juxtaposé les statues de statues inspirées d'une peinture et un portrait d'après nature (il avait bien connu Gérome), les trois figures paraissent également réalistes au spectateur.

La recherche d'une iconographie plus aisément déchiffrable allait s'accompagner d'une cohérence renforcée de la composition, de la recherche des liens visuels entre la figure principale, les composantes auxiliaires et le spectateur. L'iconographie du *Pasteur* ne demande, pour être comprise, qu'une connaissance sommaire de la vie du biologiste : une mère implore Pasteur du regard afin qu'il sauve la fille qu'elle soutient dans ses bras, tandis que, tenu en échec, le spectre de la mort ne peut troubler les scènes bucoliques qui se déroulent tout autour du piédestal. *Mesdames Boucicaut et de Hirsch* font pleuvoir leurs bienfaits sur un petit garçon du sommet d'un haut piédestal précédé de marches descendant vers nous ; l'effet, accentué par le regroupement de la mère et de l'enfant à une extrémité du socle, nous transforme implicitement en bénéficiaires, ou même, en définitive, en bienfaiteurs.

Le monument à *Jean-Charles Adolphe Alphand*, directeur des travaux de la Ville de Paris qui contribua aux aménagements des parcs et jardins dont les Parisiens profitent encore aujourd'hui, montre combien le traitement particulier des volumes et de l'espace est lié à la diffusion de certains types de sujets. Le dévoué bureaucrate qui, chapeau et parapluie à la main, assume ses responsabilités au-delà des limites de son bureau, discute avec quatre collaborateurs ; l'un d'eux est d'ailleurs le sculpteur Dalou. Quatre portraits qui sont presque consciemment l'image inversée des quatre vertus de la statue équestre de Louis XV : lors de l'inauguration, le 14 décembre 1899, Gustave Larroumet loua Alphand pour avoir « fait du Paris des rois [...] le Paris de la démocratie française[39] ». Deux bas-reliefs, qui représentent des manœuvres travaillant à l'amélioration de l'environnement, prolongent l'action jusqu'aux spectateurs. Ces derniers peuvent, d'une autre manière encore, partager « l'espace » d'*Alphand* grâce au banc placé sur la face externe de l'exèdre entourant le monument. Ainsi les statues commencèrent-elles, au propre comme au figuré, à descendre de leur piédestal.

Les statues de Paris

MONUMENT ÉLEVÉ À LA MÉMOIRE D'ALPHAND, AVENUE FOCH,
MARBRE DE JULES DALOU, 1899.

1871

Plus se multipliaient les monuments, plus ils devenaient indispensables : leur absence équivalait à une insulte. Dans une brochure adressée à « tous les Français », on lit : « Carhaix, sa ville natale, a rempli son devoir envers La Tour d'Auvergne. Le pays n'a pas fait assez [...] C'est à Paris que sa statue doit s'élever [...] Ne soyons pas ingrats. Ne marchandons pas quelques livres de bronze[40]. »

Le monument urbain était devenu une duplication laïque du monument funéraire. Les innombrables statues de Sadi-Carnot dressées aux quatre coins de la France en témoignent ; quant au monument parisien, les projets en furent si grandioses qu'il ne vit jamais le jour. « Nos jardins, nos places publiques, nos squares seraient donc destinés à devenir les succursales des nécropoles ? » se demandaient les Parisiens[41].

Non seulement chaque ville de France s'empressait de faire justice à ses enfants, mais Paris devait donner l'ultime accolade. On l'a vu pour La Tour d'Auvergne ; de même : « Un monument a été élevé il y a quelques années à Parmentier dans sa ville natale à Montdidier, mais nous voudrions pour lui un hommage plus éclatant, véritablement national[42]. » Le directeur du *Moniteur d'horticulture* ignorait-il qu'une statue du promoteur de la pomme de terre ornait déjà l'école de pharmacie ?

L'attribution de plusieurs statues au même personnage aggravait l'inflation. Il y eut ainsi deux *Watteau*, trois *Alfred de Musset*, et même sept statues en pied de *Voltaire*, phénomène qui résulte de la diversité des voies par lesquelles les monuments se frayaient leur place au soleil. Dans le cas des *Voltaire*, vinrent s'ajouter aux deux marbres du XVIIIe siècle une copie en bronze déjà mentionnée ; une statue à l'Hôtel de Ville ; un bronze de Caillée donné par la veuve du sculpteur ; un autre bronze offert à la mairie du IXe arrondissement par son sculpteur, également propriétaire du château de Ferney ; enfin une mystérieuse statue du parc Montsouris, œuvre d'un non moins mystérieux La Vallée[43]. Le nom de Voltaire fut en outre accordé à un boulevard, à une impasse, à une place, à un quai et à un lycée.

Aujourd'hui, les statues ont perdu le rôle qu'elles jouaient dans la vie parisienne : elles servaient de point de ralliement à diverses cérémonies et manifestations. Elles avaient leur public populaire ; on leur dédia poèmes, médailles, caricatures et chansons, telle l'espiègle romance des *Statues en goguette*. La *memorabilia* se fixait autant, sinon plus, sur l'œuvre d'art que sur le personnage. Un grand assortiment de reproductions – allant des réductions chryséléphantines aux cartes postales à deux sous – permettait de répondre à tous les budgets : prodigieuse démocratisation de l'hommage public.

Cette démocratisation devait pourtant prendre en quelque sorte à son propre piège la IIIe République. En un peu plus d'un siècle, les hommages, d'abord déterminés par la naissance, puis par le mérite exceptionnel du destinataire, finirent par être mesurés à la persévérance du solliciteur. En supprimant toutes les conditions d'admission, on laissa un nombre sans cesse croissant de candidats plus ou moins médiocres tenter leur chance. Peu à peu, les élèves assidus remplacèrent les génies. La prolifération sur la voie publique de notables dénués d'intérêt souleva de vigoureuses protestations : « L'engouement pour la glorification de la médiocrité, qui caractérise notre fin de siècle, est chose malsaine dont il faut nous délivrer au plus tôt[44]. »

Cette conception égalitaire, louable en principe, laissait en pratique le soin de la sélection au hasard de circonstances incontrôlables. En fait, il n'existait aucun processus cohérent de décision ; telles étaient les procédures à l'égard des pétitions qu'un « laisser faire » s'était officieusement instauré. Le Corbeiller fulmine : « Les comités se sont jetés sur nos parcs, nos places et nos chaussées de la façon la plus indiscrète, et les pouvoirs compétents [les] ont accueillis avec la plus inexcusable indulgence[45]. »

La violence de l'attaque prit l'administration au dépourvu. Le principe d'accéder à toutes les requêtes raisonnables ayant été adopté avant que le nombre des demandes ne grandît démesurément, il était difficile, une fois le précédent créé, d'établir des barrages sélectifs. Les approbations étaient l'objet de tractations dans le sein même du gouvernement, auxquelles s'ajoutaient les pressions exercées de l'extérieur par les comités. Les refus allaient à l'encontre des vœux de la population, et les hommes politiques, vulnérables sur ce point, hésitaient à prendre des mesures sévères. Pourtant, chacun s'accordait avec René Bazin à penser qu'il en était des statues « comme de l'encre, on en coule trop[46] ».

Qu'en pensaient au juste les Français ? Leur opinion à l'égard des monuments est difficile à analyser, faute de documents. Les statues étaient considérées comme des composantes essentielles de l'instruction publique. Si leur prolifération prouve d'elle-même la popularité du concept, et la durée du phénomène la foi dans son efficacité, la surabondance allait à l'encontre de la « mission éducatrice » dans la mesure où, comme le déplorait Paul Escudier, chaque œuvre devenait une « image confuse qui se mêle avec d'autres et à laquelle le passant ne peut plus attacher aucun nom ». L'auteur concluait en citant Diderot : « Il ne faut pas qu'il y ait beaucoup de statues dans un jardin, il faut regarder les statues comme des êtres qui aiment la solitude et qui la cherchent[47]. » Les débats du conseil municipal et l'espace que la presse quotidienne accordait au sujet dans ses colonnes attestent l'anxiété grandissante du public à l'égard de la multiplication des monuments.

L'animosité née de la prolifération rendit plus nombreuses les contestations d'ordre artistique. Indéniablement, la quantité s'était accompagnée d'une baisse qualitative ; Escudier déplore sans ménagement « l'envahissement de nos voies et de nos promenades par des statues et des monuments sans beauté[48] ».

À mesure que le virus commémoratif gagnait les personnalités de second plan, on sacrifiait les ambitions artistiques aux réalités économiques. Si l'argent n'est jamais garant de qualité, son absence freine indéniablement la création. Toute statue occasionne des frais substantiels et un ensemble important peut atteindre un prix considérable. À l'exception des commandes officielles, la charge financière incombait à des comités dépendant eux-mêmes de leurs souscripteurs pour la majeure partie du montant. Grâce à son grand nom, *Victor Hugo* recueillit aisément les trois cent mille francs requis par le projet de Barrias, mais peu d'hommes célèbres eurent cette chance.

Plus d'un comité apprit à ses dépens qu'il était dangereux de prendre ses désirs pour des réalités. Séduit par le charme d'une esquisse de Dumilâtre pour un monument à La Fontaine exposée au Salon de 1884, un certain M. Teste voulut faire don de la statue au jardin du Ranelagh. Il y fut encouragé par le sculpteur qui offrit gracieusement son concours pour l'exécution de l'œuvre définitive. Les problèmes se multiplièrent à mesure qu'avançaient les négociations, des dépenses imprévues surgirent et les souscriptions ne couvrirent pas les frais. Malgré les aides de la Ville et de l'État, M. Teste dut tirer soixante mille francs de sa poche pour voir le monument inauguré en 1891[49]. La plupart des comités avaient impérativement besoin des subventions accordées par l'administration.

Les subventions votées par le conseil municipal pouvaient varier de deux cents à soixante mille francs, et ce sur le seul critère de l'importance du personnage à représenter. Ce procédé privait la commission des Beaux-Arts du meilleur moyen de contrôler la qualité artistique de l'œuvre. La hausse brutale et inexpliquée de certaines subventions laisse supposer bien des tractations en coulisse. La statue de Jean Macé, pour laquelle le conseil municipal n'avait voté que deux cents francs, en reçut par la suite trente mille, prélevés sur des fonds spéciaux. On peut penser que Félix Faure, membre influent de la Ligue française de l'enseignement qui patronnait le projet, eut un rôle décisif dans cette affaire[50].

Les subsides accordés par la Direction des beaux-arts s'inscrivaient dans le cadre d'une politique nationale d'encouragement des arts. Après une période d'hésitation, où l'administration faisait parfois don du marbre ou du bronze, les subventions, fixées au cinquième du coût total du monument, puis au dixième, enfin au vingtième, évoluèrent de manière inversement proportionnelle au nombre des demandes.

Les inspecteurs des Beaux-Arts, chargés de garantir que l'intérêt artistique de l'œuvre justifiait la participation de l'État, ne cessaient de déplorer leur impuissance à résister aux pressions politiques. En dépit de leurs protestations, des œuvres d'une « honnête médiocrité », comme *Pelletier et Cavendou*, recevaient des subsides pour des raisons qui n'avaient rien à voir avec l'art[51].

Les statues de Paris

*Monument à Victor Hugo, place Victor Hugo,
bronze par Ernest Barrias, 1902, refondu vers 1943.*

1875

Quand ils n'étaient pas consultés trop tard, les inspecteurs pouvaient tout au plus atténuer les bévues les plus graves. L'un d'eux, consulté pour *Raspail*, regrettait que «le modèle n'ait pas été présenté avant sa remise au fondeur»; il n'y avait donc plus d'autre choix que de laisser procéder à l'exécution «en admettant que l'on fermât les yeux[52]».

Les déconvenues n'étaient pas réservées à l'administration. Créés dans l'enthousiasme, les comités n'étaient pas préparés à mener à bien une entreprise longue, coûteuse, et surtout imprévisible. L'histoire du *Balzac* offre un exemple significatif. En 1888, la Société des gens de lettres engagea Henri Chapu; mais le sculpteur mourut trois ans plus tard, laissant une esquisse inachevée. Le comité, que présidait alors Zola, se tourna vers Rodin et lui donna officiellement carte blanche. La lenteur de l'exécution – les artistes ne «pointent» pas – ne fut qu'un désagrément mineur en comparaison de la consternation causée par l'accueil houleux du plâtre définitif au Salon de 1898. La violente campagne de presse menée par les détracteurs conduisit la Société à refuser le monument. Les ardents supporters de Rodin, notamment Jean Aicard, président en exercice, et Arsène Alexandre, durent démissionner. Un nouveau comité fut formé, qui s'adressa à Falguière, artiste plus conservateur, mais d'un réel talent. Celui-ci mourut en 1900, laissant à Paul Dubois le soin d'achever le marbre[53]. L'esquisse de Falguière promettait un portrait vigoureux que la version définitive a considérablement affadi. Pendant ce temps, on se disputait âprement au sujet des différents emplacements proposés au Palais-Royal. De guerre lasse, on finit par accepter un emplacement avenue de Friedland qui n'avait rien d'idéal.

L'absence d'harmonie entre la sculpture et ses entours est le résultat le plus grave d'un tel processus de décision. Trop souvent, l'artiste avait fini son projet quand le comité obtenait un emplacement. Aussi, «très souvent des monuments ou des statues parfaitement satisfaisants en eux-mêmes jurent avec le cadre dans lequel on les a installés[54]». Le conseil municipal recevait constamment des protestations à propos d'«emplacements qui n'ont aucun rapport avec le mouvement et gênent la perspective de vos places[55]». Pour remédier à cet inconvénient, on envisagea de demander l'installation provisoire sur le site d'une maquette à vraie grandeur afin de pouvoir juger si l'on avait bien mis «*the right man in the right place*».

Paris souffrait de congestion. À cause de la densité croissante de la population, passants, voitures, commerçants se bousculaient pour obtenir leur espace vital. Les statues aussi: l'intersection du boulevard Saint-Germain et du boulevard Raspail était «un des points de Paris les plus encombrés et les plus dangereux. Les personnes qui descendent des omnibus et des tramways, très nombreux autour de la statue de Chappe, sont exposées à être enlevées par les automobiles qui passent rapidement en frôlant les voitures publiques[56]».

« L'horreur du vide » qui caractérise les salons bourgeois du XIXᵉ siècle était aussi un trait distinctif du « mobilier » urbain. Au début du XXᵉ siècle, la lutte contre l'invasion des places publiques par les monuments trouva un renfort imprévu dans la réaction de l'avant-garde qui entraîna une révolution du goût. Peu à peu, une architecture plus sobre remplaça les pièces montées de l'éclectisme, mais les Parisiens à la mode pouvaient se débarrasser de leurs bibelots plus aisément que les édiles municipaux des leurs.
Confronté à l'explosion démographique de sa population de bronze, le conseil réagit avec une sévérité accrue. Les Champs-Élysées, le Cours-la-Reine, le parc Monceau et le bois de Boulogne furent fermés aux comités[57]. Désormais, « en aucun cas, une statue, un buste ou un monument ne pourrait être élevé sur une voie publique, si un délai de dix ans ne s'était écoulé depuis le décès de la personne à glorifier[58] ». On songea sérieusement à transporter toutes les statues dans les parcs que l'on voulait créer sur le terrain des anciennes fortifications, solution toujours envisagée en 1937[59]. On adopta des mesures énergiques, afin « non de faire supprimer des statues, ce qui est malheureusement impossible, mais de rendre plus difficile l'érection de monuments nouveaux[60] ».

En définitive, ce fut la Première Guerre mondiale qui brisa l'élan. La paix revenue, le mouvement reprit sur un rythme plus lent : les quatre années écoulées avaient donné naissance à une réaction hostile contre une statuomanie qui avait accompagné la genèse de la tragédie. L'incapacité des pouvoirs établis à résoudre une crise internationale sans sacrifier des millions de vies humaines avait jeté le discrédit sur les valeurs traditionnelles et terni la gloire des héros révérés ; ce fut peut-être la plus grave conséquence de la guerre. Aux yeux des cyniques de l'après-guerre, les statues des hommes célèbres étaient devenues des anachronismes.
Entre 1914 et 1940, on inaugura soixante-quatre statues, trois fois moins que pendant la première phase de la IIIᵉ République[61]. Beaucoup ne faisaient d'ailleurs que concrétiser des projets interrompus par les hostilités ; d'autres en étaient le fruit. Toutefois, malgré le nombre décroissant des demandes, le problème continua de tourmenter le conseil municipal. En 1937, la commission du Vieux Paris présenta un long rapport motivé par la crainte que « la tyrannie de la statuaire commémorative pèse de tout son poids sur les plans et les projets qui pourraient être élaborés par tant de fonctionnaires de goût et d'artistes de talent[62] ». Aussi réclamait-elle des « mesures plus rigoureuses », souhait que rendit superflu l'occupation allemande.
À l'instigation du *Militärbefehlshaber in Frankreich*, le gouvernement de Vichy décréta le 11 octobre 1941 : « Il sera procédé à l'enlèvement des statues et monuments en alliages cuivreux sis dans les lieux publics et les locaux admi-

nistratifs, afin de remettre les métaux constituants dans le circuit de la production industrielle[63]. » La commission chargée d'établir la liste des bronzes destinés à la refonte définit lors de sa séance inaugurale du 8 novembre suivant les principes de son action : « Seules les œuvres d'un caractère historique ou artistique incontestable, dont la commission établira la liste, seront donc sauvegardées. Celles dont la médiocrité est évidente et dont la proscription est appelée depuis longtemps par les gens de goût vont disparaître les premières : l'esthétique et la production gagneront[64]. » La commission établit son classement à partir de listes répertoriant par arrondissement l'ensemble de la sculpture publique parisienne, non les seules statues commémoratives. Les œuvres à sauver à tout prix furent isolées ; les autres furent réparties en quatre groupes définissant probablement l'ordre dans lequel on envisageait de les envoyer à la fonte. On prévoyait d'exécuter la première tranche de l'opération avant le 1er octobre 1941[65]. La deuxième était en cours durant l'été de 1943. L'administration prévoyait dès l'origine « le remplacement ultérieur des monuments métalliques enlevés par des monuments en pierre » que l'on espérait pouvoir entreprendre immédiatement[66]. La situation s'aggravant à mesure que la guerre se prolongeait, les listes furent révisées dans un sens plus rigoureux eu égard au « caractère impérieux des nécessités ». La grâce accordée à telle ou telle statue condamnée n'aurait en rien suffi à « apaiser l'émoi légitime et touchant des populations qui voient disparaître le monument renommé qui leur est cher[67] ».

On décida de protéger certains piédestaux en raison de leur valeur artistique ou historique ; d'autres furent sauvés par les répliques de pierre que l'on se proposait d'y replacer. L'administration déclara qu'il n'était « pas inutile de rappeler par ces socles sans statues que les sacrifices dus à la guerre sont répartis sur tous ». C'était là un pénible détournement de leur sens pédagogique originel[68]. La plupart des socles durent en fait leur salut à la pénurie de la main-d'œuvre.

L'enlèvement des statues ne paraît pas avoir soulevé à Paris l'hostilité à laquelle les autorités durent faire face en province[69]. Même en admettant que la population locale, plus conservatrice, ait été plus attachée aux symboles de la tradition, il faut faire intervenir pour Paris un autre facteur : l'encombrement des voies publiques causé par la pléthore des statues dut tempérer les réactions du conseil municipal, même si celui-ci n'avait jamais envisagé de résoudre le problème d'une manière aussi radicale.

Confrontés à l'inévitable, les responsables municipaux durent passer aux actes. Les statues d'une valeur indiscutée, comme le *Balzac* de Rodin, furent épargnées tandis que le sort des plus contestées – *Pelletier et Cavendou* par exemple – fut rapidement décidé. Quelques éléments de bronze subsistèrent (les bas-reliefs du *Raspail*), et l'on ne toucha pas à la sculpture en pierre

(*Gambetta*). La politique influença fortement les choix. Comme le conclut Lanfranchi : « L'occasion était trop belle pour ne pas régler quelques comptes avec la France "de gauche" dont le Front populaire avait été la plus récente manifestation[70]. » On comprend ainsi pourquoi aucune des grandes figures de la IIIe République ne survécut. Quand la tourmente fut passée, soixante-quinze « hommages publics » avaient disparu des rues de Paris[71].

Le dépeuplement ne s'arrêta pas avec la guerre. Seules les figures allégoriques en bronze du monument à *Gambetta* avaient été envoyées à la fonte ; le groupe principal et son support ne furent supprimés qu'en 1954[72]. En 1964, Malraux fit enlever de nombreuses statues du jardin du Carrousel ainsi que, les deux années suivantes, toutes celles qui restaient encore dans le jardin de l'Infant[73]. En 1947, *Diderot* se déplaça de quelques mètres pour libérer le carrefour encombré de Saint-Germain-des-Prés. En 1964, l'*Alfred de Musset* de Mercié, sacrifié à la circulation, disparut de l'angle du Théâtre-Français[74].

La perte des statues reste un souvenir toujours vivace de la guerre. Débarrassés de cet encombrant patrimoine, les Parisiens se sentirent privés d'un bien. Yvon Bizardel, ancien conservateur du musée Galliéra, l'a bien perçu : « Lorsque l'occupant porta la main sur le plus contestable de nos bronzes, ce geste suffit à nous le rendre cher[75]. » Le vent de l'opinion avait tourné. Les statues avaient acquis la vénérable patine de l'histoire. Elles étaient devenues parties intégrantes de la ville, et les socles vides faisaient douloureusement ressentir leur disparition.

À partir de 1945, on s'efforça de remplacer les statues détruites, mais les implications financières mirent dans l'embarras la Ville et l'État. Les remplaçants de pierre se révélèrent si médiocres que le programme fut abandonné[76]. Les « doublures » ont causé préjudice aux anciens titulaires dans la mesure où, le temps ayant fait oublier leur provenance, on les a souvent confondues avec les œuvres originales. La comparaison des *Béranger* de Doublemard (1885) et de Lagriffoul (1953) est à cet égard très significative. Plus récemment, les bronzes que l'on s'est efforcé d'exécuter quand cela était possible, comme pour *Maria Deraismes*, d'après les plâtres originaux, ont apporté d'heureux résultats. On a parfois choisi, comme pour le *La Fontaine* de 1984, un original moderne ; mais il est resté bien des socles vides dont la protestation mérite d'être conservée.

Depuis une dizaine d'années, on assiste à un regain de faveur de la statuaire. Les réglementations concernant les statues commémoratives n'ayant guère changé depuis 1913, la défaillance de la production ne peut refléter qu'un changement d'attitude à l'égard de ce type de monuments[77]. Le renouveau constaté aujourd'hui pourrait témoigner de la réapparition d'une volonté d'honorer les héros. La réaction « antistatuaire », aussi excessive que la mode qui l'avait provoquée, constitua peut-être un contrepoids nécessaire pour établir un nouvel équilibre.

Les événements politiques postérieurs à 1914 s'associent à la décadence de la «statuomanie»; ils expliquent en partie les chocs psychologiques ayant ébranlé le respect que la société portait aux «statues d'hommage public». Pour comprendre le schisme qui, au milieu du siècle, discrédita le culte rendu aux grands hommes, on doit faire retour à la période d'apogée, où les deux tendances commencèrent à se dissocier.

La cause fondamentale du déclin a résidé dans la contradiction inhérente à la philosophie qui avait fait naître le culte. Si le désir de distinguer les hommes en raison de leur mérite, non de leur naissance, est profondément démocratique, le fait de les honorer est indéniablement élitiste. L'antagonisme des notions «unique» et «collectif» donna naissance à des interprétations monumentales diamétralement opposées. La multiplication des images ayant amoindri la force de celles-ci, une simple statue devint insuffisante pour distinguer un grand homme véritable. Pour immortaliser Victor Hugo, il fallut un panégyrique digne du «poète national». Barrias fit appel à toute la rhétorique sculpturale à sa disposition pour créer un grandiose descendant du *Parnasse françois* de Titon du Tillet. *Hugo* se dresse, solitaire, sur des blocs de pierre figurant les rochers de l'île de Guernesey où viennent se briser les vagues d'une mer charriant les objets les plus divers (des trophées, notamment) au milieu des méduses. La Poésie lyrique accompagnée du Drame, de la Satire et de l'Épopée font sonner le nom de Hugo aux quatre points cardinaux, tandis que des bas-reliefs mêlent la vie et les œuvres du grand homme. Achevé en 1902, le monument constitue une sorte d'apothéose de l'art commémoratif comme ses *alter ego* de Berlin, Rome, New York et Londres. Il glorifie les valeurs d'une société passée sans établir de lien avec l'avenir. On pourrait dire, sans faire injure au talent réel de Barrias, que de tels monuments s'apparentent par leur démesure à la race des dinosaures que le gigantisme voua à l'extinction.

Les premières esquisses que Rodin exécuta à partir de 1889 pour la statue de *Hugo* destinée au Panthéon possèdent la prodigalité baroque du monument de Barrias. Sa réalisation finale, placée vingt ans plus tard dans le jardin du Palais-Royal, rejette toute opulence. La pose s'inspire de la représentation traditionnelle de la Mélancolie – immortalisée en particulier par la gravure de Dürer – que le XIXe siècle associait au génie créatif[78]. Rodin a représenté Hugo nu, dépouillant ainsi au propre comme au figuré la statue d'un siècle d'accessoires accumulés. L'auteur de *La Légende des siècles* est enserré dans un rocher placé près du sol, ce qui force le spectateur à contempler le grand homme face à face.

Tandis que Rodin introduisait Hugo dans notre espace, il élevait au Panthéon son *Penseur* au-dessus de nos têtes. Commandé par une souscription

Les statues de Paris

«*Un essai artistique : le "Penseur" de Rodin devant le Panthéon.*»
*Auguste Rodin et ses amis discutent de l'effet produit par le monument,
dont la maquette vient d'être mise en place devant le Panthéon, 1904.
Le monument, inauguré en 1906, fut installé au musée Rodin en 1922.*

1881

publique patronnée par un groupe d'admirateurs, notamment Aicard et Alexandre, le bronze fut inauguré en 1906. Il déchaîna une controverse dont la violence dépassa la tempête soulevée par l'effigie de Balzac.

Le nu de Rodin rappelle et détruit tout à la fois l'idéal néo-classique du génie: la nudité qui avait porté *Desaix* hors du temps élevait le *Penseur* au-dessus des classes sociales. Antithèse de l'*athleta virtutis*, il fut considéré par les contemporains de Rodin comme un tribut subversivement offert au prolétariat: « Cet athlète tout nu, ce désespéré de la vie qui se ronge les mains, que le remords ou la rage courbe sur lui-même [...] n'a rien à faire devant le monument consacré aux hommes illustres[79]. »

Du haut de son socle de marbre, le *Penseur* tournait en dérision un concept vénéré: qui donc avait-on « hissé sur un piédestal » ? Dans une plainte adressée au préfet, « un instituteur public » déclare: « J'ai été très frappé de la répulsion qu'éprouvent les visiteurs qui vont visiter notre Panthéon, à la vue de l'horrible statue dite le Penseur de Roddin [*sic*] placée comme épouvantail [...] à l'entrée de notre monument. Le conseil municipal [doit faire] disparaître [...] cette affreuse statue, qui représente plutôt une brute ou un ivrogne qu'un penseur intelligent[80]. » Les détracteurs de Rodin avaient peut-être mieux compris que ses partisans la signification de l'emplacement: le plébéien anonyme rejoignait les hommes célèbres. Nos héros, non contents de sortir du Panthéon, nous coudoyaient désormais à chaque coin de rue: Paris tout entier était devenu un Panthéon à ciel ouvert.

Traduit de l'anglais par Monique Chatenet

La thèse de Jacques Lanfranchi, *Les Statues de Paris*, thèse multigraphiée, Paris I, 1979, 250 p., et catalogue photographique, m'a été d'une aide particulièrement précieuse pour la rédaction de ce travail. J'ai eu également recours à plusieurs études d'ensemble sur les monuments publics français du xixe siècle, notamment:
– Maurice Agulhon, « La "statuomanie" et l'histoire », *Ethnologie française*, t. VIII, 1978, pp. 145-172.
– H. W. Janson, *The Rise and Fall of the Public Monument*, Tulane University, 1976.
– Ruth Butler-Mirolli, *Nineteenth-Century French Sculpture: Monuments for the Middle Class*, Louisville, Kentucky, J. B. Speed Art Museum, 1971.
– Mechthild Schneider, *Künstlerdenkmäler in Frankreich* (J. W. Goethe Universität, Frankfurt am Main, 1975), Friedberg, 1977.
Que Mme Roxanne Debuisson, qui m'a gracieusement ouvert ses collections, ainsi que le Département des sculptures du musée d'Orsay, qui m'a apporté une documentation indispensable, trouvent ici l'expression de ma gratitude.

Les statues de Paris

Ma reconnaissance s'adresse également à Thérèse Burollet, conservateur en chef du Petit Palais, qui a joué un rôle important dans la sauvegarde de cette partie du patrimoine parisien, ainsi qu'à Anne Pingeot, conservateur du Département des sculptures au musée d'Orsay, pour leurs suggestions et leur lecture de mon manuscrit.

1. François René de Chateaubriand, *Mémoires d'outre-tombe*, Paris, Gallimard, Bibliothèque de la Pléiade, 1951, t. I, p. 438.
2. Denis Diderot, «Essai sur la peinture», in *Œuvres esthétiques*, Paris, Garnier, 1959, p. 718.
3. Chevalier de Mopinot, *Observations et propositions sur l'emplacement des Statues exécutées à la mémoire des Français qui se sont illustrés par leurs actions*, Paris, 1792, p. 4.
4. Id., *ibid.*, pp. 5 et 11.
5. *Décrets de la Convention nationale*, 27 brumaire an II, n° 1892. Le monument devait se composer d'un Hercule gaulois dressé sur les débris des statues des rois provenant de Notre-Dame.
6. Marie-Louise Biver, *Paris de Napoléon*, Paris, Plon, 1963, p. 181. L'auteur a tiré sa documentation des archives du Louvre.
7. Robert Hénard, *Les Jardins et les squares*, Paris, H. Laurens, 1911, p. 5.
8. *Description de la Colonne de la Grande Armée et de la statue du général Desaix*, Paris, 1810, p. 4.
9. Ch. J. Lafolié, *Mémoires historiques relatifs à la fonte et à l'élévation de la statue équestre de Henri IV*, Paris, Lenormant, 1819, p. 91. Le plâtre fut exécuté par Roguier suivant le projet de l'architecte Bellanger.
10. Id., *ibid.*
11. *Bulletin des lois*, 2e semestre 1816, Ordonnance n° 898, pp. 43-44.
12. Archives nationales, F^{21} 4859, dossier Malesherbes.
13. *Ibid.*, F^{21} 583. Pour un résumé des rapports entre la politique et les statues, voir Ruth Butler, «Long Live the Revolution, the Republic, and Especially the Emperor! The Political Sculpture of Rude», in *Art and Architecture in the Service of Politics*, Henry Millon, éd., Cambridge, Mass., M.I.T. Press, 1978, pp. 92-107.
14. Marie-France Lemoine-Molimard, «Le décor extérieur du Nouveau Louvre sous Napoléon III: la série des Hommes illustres», dans *Revue du Louvre*, t. XXVIII, 1978, p. 375.
15. Archives nationales, F^{1c}I 196, dossier général.
16. L. Greder, «Le "Nu héroïque" à Montmartre. La sculpture de Napoléon du square de Vintimille», in *Le Vieux Montmartre*, 3e sér., t. III, 1901-1905, p. 234. Le square de Vintimille a été rebaptisé square Berlioz.
17. Albert Mousset, *Petite histoire des grands monuments*, Paris, 1950, p. 15.
18. Archives nationales, F^{1c}I, 169, dossier Gambetta.
19. *Ibid.*, F^{21}4855, dossier Béranger.
20. Paul Marmottan, *Statues de Paris*, Paris, 1886, p. 192. Marmottan précise qu'il fait allusion aux sentiments de l'«élite», mais ceux-ci devaient être partagés par toutes les classes de la société parisienne.
21. Il fallait obtenir l'autorisation du ministre de l'Intérieur, sur avis favorable du préfet, pour qu'un décret présidentiel donnât droit à l'«hommage public». L'acceptation du site par un vote du conseil municipal engageait alors formellement la Ville envers le comité. Les troisième (Voirie) et quatrième commissions (Enseignement et Beaux-Arts) étaient responsables à titre consultatif du choix de l'emplacement et certifiaient la qualité artistique du projet. Dans les

jardins des Tuileries et du Luxembourg, les emplacements étaient négociés avec l'État. Le monument érigé devenait la propriété du possesseur du sol.

22. Gustave Pessard, *Statuomanie parisienne. Étude critique sur l'abus des statues*, Paris, Daragon, 1912, pp. 13-14.

23. J. Lanfranchi, *op. cit.*, p. 9, note que si l'on compte seulement deux statues pour la décennie 1870 : *Charlemagne* et *Jeanne d'Arc*, les cent quarante-huit autres se partagent les trente années suivantes. Toutes ces statues sont mentionnées dans *L'Illustration*, n° 3692, 29 novembre 1913, pp. 414-418.

24. J. Lanfranchi, *op. cit.*, p. 11. L'auteur donne à la catégorie des « hommes de progrès » un sens plus précis que celui que nous lui avons donné ici.

25. Léon Marot, *Le Parti de la guerre et la Ligue des patriotes*, Paris, Guérin, p. 113.

26. Archives nationales, F^{1c}I 169, dossier de Neuville.

27. *Ibid.*, F^{21}4853, dossier Meissonier.

28. Édouard Drumont, *Vieux Paris*, Paris, 1893, p. 122.

29. Archives nationales, F^{1c}I 169, dossier Dolet.

30. F. G. Dumas, *Paris. Ses rues, places, monuments, théâtres...*, Paris, 1889, p. 76.

31. Citation tirée d'une coupure de journal non identifiée, conservée à la Bibliothèque historique de la Ville de Paris, Act. 30. Baffier a donné sa version de cette histoire qui complète le rapport officiel conservé aux Archives nationales (F^{1c}I 169, dossier Marat). Au moment où la tempête soulevée par cette affaire atteignait son point culminant, on interdit à quatre communes de donner à leurs rues le nom de Marat (Archives nationales, F^{1c}I 196). Un monument représentant *Marat à la tribune* fut proposé peu après l'installation de la statue de Baffier aux Buttes-Chaumont. On fit encore une proposition au lendemain de la Seconde Guerre mondiale pour installer un *Marat* place Gambetta (*Bulletin municipal officiel*, 24 juillet 1946, p. 440).

32. Archives nationales, F^{21}4855, dossier Barre.

33. Archives de Paris, VM 92 (3). Les deux citations sont tirées du *Bulletin municipal officiel*, séance du 19 juillet 1907, p. 3200.

34. Archives nationales, F^{21}4856, dossier La Tour d'Auvergne.

35. *Ibid.*, F^{1c}I 169, dossier Monument du Souvenir français.

36. *La perspective de la Défense dans l'art et l'histoire*, Archives départementales des Hauts-de-Seine, Nanterre, 1983, pp. 123-129.

37. Thérèse Burollet, « Le dépôt des sculptures de la Ville de Paris ou la survie de la statuaire parisienne », *Gazette des beaux-arts*. t. XCIV, octobre 1979, pp. 113-124.

38. Archives nationales, F^{21}4856, dossier Pinel.

39. John Hunisak, « Images of workers... », *in Romantics to Rodin*, Los Angeles County Museum of Art, 1979, p. 57.

40. Archives nationales, F^{21}4856.

41. *L'Éclair*, 29 février 1905.

42. Archives nationales, F^{21}4856, dossier Parmentier.

43. Gustave Pessard, *Nouveau dictionnaire historique de Paris*, Paris, E. Rey, 1904, p. 1621, cite cette statue par ailleurs inconnue.

44. Archives de Paris, VM 92 (1). Le dossier contient une copie du *Procès verbal du conseil municipal*, séance du 23 mars 1900, p. 261.

45. *Bulletin municipal officiel*, séance du 13 juillet 1910, p. 2759. Je remercie le personnel de la bibliothèque administrative de la Ville de Paris qui m'a aidée à retrouver ces références.

Les statues de Paris

46. Collection Debuisson, *Le Gaulois*, 9 juillet 1911, p. 10.

47. *Bulletin municipal officiel*, séance du 9 avril 1906, p. 1350. Paul Escudier présidait la troisième commission (Voirie).

48. *Ibid.*, séance du 31 décembre 1910, p. 161.

49. Archives nationales, $F^{21}4856$, dossier La Fontaine.

50. Archives de Paris, VR 74.

51. Archives nationales, $F^{21}4856$, dossier Pelletier et Cavendou.

52. *Ibid.*, dossier Raspail.

53. Jacques de Caso, «Rodin and the Cult of Balzac», *Burlington Magazine*, juin 1964, pp. 279-284.

54. *Bulletin municipal officiel*, séance du 14 juin 1911, p. 2320.

55. *Ibid.*, séance du 9 avril 1906, p. 1350.

56. *Ibid.*, séance du 13 juillet 1910, p. 2758.

57. *Ibid.*, séance du 9 avril 1906, p. 1351, et du 13 décembre 1909, p. 4730.

58. *Ibid.*, séance du 14 juin 1911, p. 2323.

59. *Ibid.*, séance du 13 juillet 1910, p. 2759 ; et Archives de Paris VM 92 (1), note du directeur du Plan de Paris au Service d'architecture, 2 novembre 1937.

60. *Bulletin municipal officiel*, séance du 17 mars 1913, p. 1588. Trente autres projets étaient alors en suspens.

61. J. Lanfranchi, *op. cit.*, p. 9.

62. *Bulletin municipal officiel*, 1938, 1 *bis*, Commission du Vieux Paris, 13 mars 1937, p. 19.

63. *Journal officiel*, 15 octobre 1941, p. 4440.

64. *Bulletin municipal officiel*, séance du 8 novembre 1941, p. 1018.

65. Archives nationales, 68 AJ 312, circulaire du Secrétaire d'État, 3 novembre 1941.

66. *Ibid.*, circulaire interministérielle, 19 novembre 1941.

67. *Ibid.* ; les deux citations sont tirées d'une note du Secrétaire d'État de l'Éducation nationale du 11 février 1944.

68. *Ibid.* Note du Secrétaire d'État, 23 février 1943.

69. J. Lanfranchi, *op. cit.*, p. 170, et n. 1.

70. *Ibid.*, p. 166.

71. *Ibid.*, p. 168. Cette destruction représente 31,25 % de l'ensemble des monuments commémoratifs antérieurs à 1940, dont plus de la moitié datait d'avant 1914.

72. Bibliothèque historique de la Ville de Paris, Actualités, 36, Place du Carrousel : la décision fut prise le 27 octobre 1953. Anne Pingeot, conservateur du Département des sculptures au musée d'Orsay, m'a informée qu'un fragment du monument avait été remis en place square Édouard-Vaillant en 1982.

73. Sur l'histoire détaillée des statues des Tuileries voir Geneviève Bresc, Anne Pingeot et Antoinette Lenormand-Romain, *Catalogue raisonné des sculptures des Jardins du Carrousel et des Tuileries*, Paris, Réunion des musées nationaux. Je remercie vivement Anne Pingeot de m'avoir fait part de ses connaissances sur ce sujet.

74. M. Guerra, responsable du Bureau des monuments de la Ville, m'a communiqué la date du déplacement du *Diderot*; selon lui, ce déplacement était prévu depuis 1936. Pour le déplacement du *Musset*, voir Bibliothèque historique de la Ville de Paris, Actualités, 30 : Musset.

75. Yvon Bizardel, «Les statues parisiennes fondues sous l'occupation 1940-1944», *Gazette des beaux-arts*, t. LXXXIII, 1974, p. 131.

76. Pour les problèmes financiers, voir Archives de Paris, VM 92 (1), VD⁶ ; *Bulletin municipal officiel*, séances des 27-28 décembre 1948, p. 775 ; et Mémoires du préfet, n° 651-652. M. Guerra m'a confirmé que ce sont des raisons esthétiques qui entraînèrent l'abandon de l'entreprise.

77. M. Guerra a bien voulu me confirmer également cette hypothèse.

78. M. Schneider, *op. cit.*, p. 246.

79. *Le Soleil*, 12 août 1905.

80. Archives de Paris, 10624/72/1, liasse 165.

Le nom des rues

Le nom des rues est indéniablement ce qu'on appelle un «beau sujet». Comment résister, en effet, au charme des chaînes dénominatives? Certaines suscitent le rire: ainsi lorsque la médiévale rue de Poil-au-Cue devient en 1792 la rue Purgée, puis la rue de la Barrière-des-Sergeants en 1800, enfin la rue du Pélican en 1806; ou la rue Brenneuse (XIIIe siècle) qui se transforme successivement en Merderet, Verderet, Verdelet, avant d'être absorbée par la rue Étienne-Marcel (1880); ou encore la rue Tire-Vit devenue Tire-Boudin (1420) et, tardivement, Marie-Stuart (1809)[1].
Comment ne pas être sensible à l'ingéniosité des révolutionnaires rémois qui, de la rue Tire-Vit, fait la rue de Foi-Conjugale[2]; ou à celle du conseil municipal de Saint-Étienne qui rebaptise la rue Saint-Honoré Honoré-de-Balzac en 1905, puis Balzac tout court en 1907[3]. Les révolutionnaires parisiens ont tout particulièrement excellé dans cet exercice: la rue Mont-Martre devient Mont-Marat; la rue Madame – la rue des Citoyennes (1793), et la liste est longue... Il arrive que l'anecdotique frôle l'absurde: ainsi les rues Marie-Louise et Marie-Antoinette, commémorant respectivement les filles et la femme de deux propriétaires parisiens, sont débaptisées en 1879 Marie-et-Louise et Marie-et-Antoinette; République oblige.
Tous ceux qui ont écrit sur les noms de rues ont succombé à ces aspects anecdotiques, les auteurs accumulant les cas «intéressants» sans trop s'occuper de leur signification ni de leur représentativité. Mais, le charme dissipé, on a droit de se demander si le Rapport au Conseil de Paris du 17 nivôse an II n'a pas raison d'affirmer: «En général [les noms de rues de Paris] sont insignifiants et leur ensemble ne présente aucun intérêt[4].»
Afin de contourner l'anecdote, les auteurs ont toujours fait simultanément appel à une démarche qui se veut son contraire: la *classification*. C'est encore la nomenclature médiévale qui est ici la cible privilégiée. Tous prennent en effet un inlassable plaisir à classer et reclasser les noms médiévaux selon

cinq (Quentin), six (Grégoire, Vallet et Hillairet), huit (Cousin et Lacombe) ou neuf (Heid) catégories[5] qui se répètent ou qui se recoupent selon que ces noms évoquent des édifices religieux, des édifices publics, des métiers, des lieux géographiques, des groupes sociaux et ethniques, des enseignes, etc. Nos auteurs accumulent les exemples, mais sans jamais aller jusqu'à analyser ce matériel historique. On aurait pu attribuer cette attitude à l'absence d'une documentation contemporaine : archives, protocoles municipaux, rapports. Mais lorsque l'on traite des noms de rues modernes, on continue à pratiquer la même approche, en substituant les hommes d'État, les militaires et les écrivains aux édifices et aux enseignes[6].

On retrouve le même esprit dans la partie proprement historique des études. Au lieu de compiler et de classer les noms, nos auteurs recueillent et ordonnent, cette fois, les dates clefs du phénomène : 1600 (Sully), 1728 (plaques), 1779 (place de l'Odéon), Révolution, Empire, 1815, 1830, 1848, 1853, 1860 (la grande annexion haussmannienne), 1871. Il va de soi que cette liste de séquences n'est pas fausse. Mais, outre qu'elle est largement tautologique, nous verrons par la suite qu'elle dissimule une réalité historique beaucoup plus complexe, parfois même en pure et simple contradiction avec elle. La première date avancée est peut-être la plus significative à cet égard : il est vrai que Sully a eu le premier l'idée d'institutionnaliser la nomenclature et d'honorer les grands du royaume en inscrivant leurs noms sur le plan de Paris. Mais, comme le dit très bien J. Cousin, ce n'est qu'avec la place de l'Odéon, construite en 1779, que «nous assistons à l'inauguration d'un nouveau système» qui est vraiment différent de l'ancienne nomenclature médiévale[7]. Un siècle et demi sépare donc l'idée et son application; or, c'est le moment où une innovation est reçue qui nous importe.

S'il est toujours recommandable de raffiner, voire de renouveler en profondeur les travaux déjà existants, une question initiale doit être posée : à quoi sert l'étude des noms de rues? En quoi sont-ils importants? Bref, sont-ils aussi un «bon sujet» pour l'historien?

L'absence totale de documents et de références prouve que les auteurs médiévaux ont ignoré le thème qui ne les intéressait guère. L'Ancien Régime ne l'évoque que très rarement. Il a fasciné les révolutionnaires de l'an II, intéressé Napoléon, mais, depuis, ce domaine public est la chasse gardée des seuls conseillers municipaux – et de quelques érudits de la seconde moitié du XIXe siècle et savants locaux.

Une curiosité aussi intermittente fait bien voir que les noms de rues sont en eux-mêmes d'un intérêt limité. Leur étude n'a de sens qu'à condition de s'interroger, au-delà, sur les sociétés qui les ont produits, utilisés – et ignorés. Pour qui s'intéresse à la constitution des lieux de mémoire, les noms de rues pourraient peut-être servir d'indices, et ce à un double titre : comme mani-

Le nom des rues

festations de la mémoire collective d'une communauté, et comme signes extérieurs de notoriété. Cette notoriété est à son tour perpétuée par le fait que des noms de rues la cautionnent[8].
L'idée que les noms de rues reflètent et conservent la mémoire collective est chère aux défenseurs des noms médiévaux : «Tel est le système de nomenclature primitif, le seul vrai, le seul logique et significatif, car il tient à la nature même des choses et représente tout simplement l'affirmation d'un fait dont plus tard, quand le fait lui-même a disparu, le souvenir ainsi conservé a bien encore son importance et son intérêt[9]» (J. Cousin).
Mais quelle est la valeur de ce souvenir que seule l'érudition permet *parfois* de reconstituer (alors que plus souvent son sens originel est perdu pour toujours)? Plus nombreux sont, désormais, ceux qui considèrent que les noms de rues *doivent* représenter la mémoire collective – nationale cette fois. Il ne s'agit plus, dans ce cas, d'un fonds populaire qu'il faudrait sauvegarder, mais d'un répertoire officiel qu'il faudrait promouvoir. Un court texte de Louis-Sébastien Mercier, dans son *Tableau de Paris*, à l'occasion de l'inauguration de la rue Marivaux (vers 1784), illustre bien cette tendance :

> Crispin a bien raison de dire qu'il y a des pendards de noms de rues qui ne sont pas faits pour *meubler la mémoire*. À peine dans toute cette multitude de rues qui sortent journellement de dessous terre, en voyez-vous une qui rappelle un nom cher à la nation. Vous chercheriez en vain ceux de Duguesclin [la rue Duguesclin date de 1816], de Turenne [1811], d'Amboise, de Sully [1807]. Croit-on que les noms de La Fontaine [1865], de Massillon [1804], de Fénelon [1804] et de tant d'autres ne rappelleraient pas des idées bien plus gracieuses et ne se fixeroient pas bien autrement dans la mémoire que celui de Croulebarbe [une famille de meuniers du XIIIe siècle][10]?

Et pourtant, l'optimisme affiché par ceux qui voudraient faire des noms de rues les conservateurs de la mémoire ou les promoteurs de la renommée n'est pas évident, loin de là. Pour s'en rendre compte, il suffit de s'interroger et de questionner ses voisins. Chez les habitants du quartier Latin, le fait que Royer-Collard, Le Goff, Paillet et Malebranche aient chacun bénéficié d'une rue n'a pas beaucoup contribué à leur notoriété publique, même localement. Ce scepticisme n'est pas nouveau. Il est déjà présent dans les propos inquiets de Raoul Morand au début du siècle : «Tout cela est très bien d'honorer ces génies et ces faits; mais faut-il aussi chercher le moyen de faire subsister cet honneur dans la mémoire trop souvent ingrate et éphémère des humains.»
Qu'un nom de rue ne soit pas suffisant – ni, d'ailleurs, nécessaire – à la renommée paraît relever de l'évidence; mais quel est son poids réel dans la

perpétuation d'un nom? Le titre de l'opuscule de R. Morand indique qu'il y croyait beaucoup pourtant: *De l'instruction des masses par les choses les plus utiles: les plaques des rues* (1906), pourvu que ces plaques informent de «ce qu'était cet homme et à quelle époque il vivait». Et Morand n'est pas un isolé: «Quelques plaques de marbre ou de bronze, à l'angle de nos rues, écrit à propos de Rouen Léon de Duranville en 1864, formeraient pour l'enfant, pour l'ouvrier qui passe, pour l'étranger, une sorte de dictionnaire biographique[11].» Les rapports présentés au conseil municipal de Paris et qui vont dans le même sens sont innombrables[12].

Entre l'optimisme excessif et le doute radical, il y a pourtant place pour une voie moyenne et prudente. Car, même si la leçon des noms de rues sur la mémoire collective et sur les renommées reste ambiguë, elle nous renseigne sans nul doute sur les représentations que l'*establishment* a eues de la mémoire nationale et des grands hommes, ainsi que sur les moyens de promouvoir ces représentations.

Évoquons un dernier piège, le plus dangereux, derrière l'étude des noms de rues. Je veux parler de l'étude de cas, le cas en question étant toujours le même: Paris. J'avoue m'être lancé sur la même (fausse) piste. Or, Paris est un cas exceptionnel. Pour généraliser les conclusions qu'il suggère, il faudrait avant toute chose commencer par s'interroger sur le statut de Paris dans l'ensemble des villes françaises. On reste frappé par le fait qu'aucun de nos auteurs ne semble avoir pris conscience du caractère problématique d'une étude exclusivement consacrée à la capitale[13]. Paris offre évidemment un terrain privilégié pour qui veut connaître l'attitude gouvernementale dans le domaine dénominatif. Mais c'est précisément pourquoi l'exemple est le moins représentatif pour l'historien qui s'attache à reconstituer la mémoire collective, la mémoire non officielle. Paris n'est pas non plus l'idéal pour suivre le destin historique des renommées, tant à cause de l'intervention institutionnelle dans la nomenclature urbaine qu'à cause du nombre même des rues parisiennes: plus de cinq mille en 1950. La renommée, c'est avant tout le résultat d'une sélection. Or, à Paris, on trouve tout et trop. Reste que la capitale est le cas le plus riche, le plus spectaculaire; il en sera donc, malgré tout, longuement question dans cette analyse.

De l'initiative populaire au monopole étatique

Des études consacrées aux noms de rues se dégage un long Moyen Âge qui laisse l'initiative dénominative aux «usagers», c'est-à-dire aux habitants. Ce sont ces rapports directs entre la communauté et les noms qui ont incité les admirateurs du système médiéval à le considérer comme un système «naturel», un conservateur idéal de la mémoire populaire. La nomenclature médiévale nous paraît aujourd'hui d'une autre planète : qui, parmi nous, imaginerait vivre dans une rue de l'Enfant-qui-Pisse (cette rue lyonnaise a existé jusqu'au début du XIXe siècle) ou Merderet ? Pour déchiffrer cette sémiologie étrange, il faudrait pouvoir la situer dans son contexte historique ; il faudrait aussi la mettre en rapport avec d'autres systèmes dénominatifs contemporains : les noms de lieux, par exemple[14], ou les sobriquets médiévaux, voire les noms de famille.

Ce n'est pas seulement l'étrangeté de cette nomenclature qui pose problème, c'est aussi sa logique constitutive. Comment ne pas être étonné que parmi toutes ses catégories maintes fois énumérées, une fasse totalement défaut : l'*histoire* ? En effet, on y chercherait en vain les deux composantes de base de la mémoire collective moderne : les événements et les héros. La mémoire collective médiévale, telle que la traduisent les noms de rues, était-elle donc a-historique (dans le sens moderne du terme) ? Laissons cette question ouverte pour passer à l'ère institutionnelle, qui constitue le véritable objet de nos recherches.

«Ce fut seulement au commencement du XVIIe siècle, sous le règne d'Henri IV, que Sully, en sa qualité de Grand-Voyer de France, eut l'idée, de concert avec les prévôts des marchands et les échevins, d'adopter des noms qui n'eussent pas de rapport direct avec le lieu auquel ils étaient imposés[15].» Tous les auteurs acceptent la date de 1600 comme la ligne de démarcation entre deux périodes opposées. En deçà, l'initiative privée ; au-delà, le monopole public. Reste à expliquer cette transformation. Mais là-dessus nos auteurs sont muets.

Il ne s'agit pourtant pas d'un accident, ni d'un simple coup de génie de la part de Sully. La nationalisation du droit dénominatif fait en effet partie d'une évolution beaucoup plus large, mise en évidence par Norbert Elias dans *Le Processus de civilisation*[16]. Elias a montré que l'histoire de la France est celle de la monopolisation par l'État et le monarque des pouvoirs stratégiques, en particulier de la violence et du fisc. Selon Elias, le règne d'Henri IV représente le triomphe définitif de cette monopolisation, qui aboutit à l'absolutisme. Le pouvoir royal s'est, dans le même temps, emparé du monopole dénominatif. La thèse principale d'Elias est que cet accaparement de la violence a fait naître la société de cour – et avec elle la civilité : le corollaire de cette nouvelle création est le raffinement des mœurs et du langage. Cela explique qu'en 1600 commence un long processus d'épuration de la nomenclature parisienne. Les bizarreries et, surtout, les obscénités médiévales cèdent la place à des noms plus respectables : Pute-Y-Muse devient Petit-

Musse puis Petit-Musc ; Pied-de-Biche devient Fossoyeurs (1620) et enfin Servandoni (1806) ; Pet-au-Diable laisse sa place à Tourniquet (?) puis à Washington (1810), etc.

Le monopole dénominatif est bien contemporain des monopoles militaires et fiscaux ; mais alors que ces derniers font sentir tout de suite et pleinement leurs effets, le premier devait rester plus ou moins lettre morte pendant près de deux siècles. Paris compte vers 1760 quelque huit cents voies publiques ; et, sur ce nombre impressionnant pour l'époque, trois seulement rendent hommage aux grands hommes de la Nation : Richelieu, Mazarin et Colbert (toutes trois datent des années 1640-1680). Si l'on prend en compte la famille royale et les grandes maisons nobles, les chiffres sont évidemment plus importants. Ils ne sont pas imposants pour autant : une dizaine en 1636 (sur un total de cinq cent cinquante)[17], une soixantaine vers 1760. Et J. Cousin a raison de remarquer que si « les rois et princes ne peuvent pas être considérés comme absolument étrangers aux rues dont ils ont ordonné la création, c'est plutôt une reconnaissance de paternité qu'un hommage pur et simple qu'on inscrit ainsi à l'angle des voies nouvelles, et cela entre à la rigueur dans la série origine de l'ancienne nomenclature[18] ». C'est d'ailleurs le cas des trois célébrités citées plus haut : la rue Richelieu longe le Palais-Cardinal, la rue Colbert est ouverte presque en face de l'hôtel Colbert, et la rue Mazarine doit son nom au collège des Quatre-Nations fondé par le cardinal.

Tout change à partir de 1765, quand « la rue circulaire qui contourne la nouvelle Halle de blé reçut le nom de Viarmes en l'honneur de M. Camus de Pontcarré, seigneur de Viarmes, prévôt des marchands, et les rues rayonnantes, les noms de MM. Sartine, lieutenant de police, Babille, Devarenne, Mercier, échevins, Vannes, procureur du roi et de la ville, et Oblin, l'entrepreneur des constructions [...] Le privilège ne tardera pas à être admis en principe [et] sous Louis XVI, cela deviendra la règle[19] ». Une cohorte de fonctionnaires envahit la ville pendant une vingtaine d'années, mettant en place ce qu'il faut appeler un *système honorifique local*, promis à un grand avenir. Ce qui distingue cette pratique du système que Louis-Sébastien Mercier développe quant au rôle représentatif des dénominations, c'est avant tout le fait qu'il s'agit toujours de personnalités vivantes, qui se consacrent elles-mêmes, sans attendre le verdict de la postérité. Mercier ne trouve d'ailleurs pas de mots assez forts pour condamner ce système : « Bon Dieu ! quel genre d'esprit préside donc à la dénomination de toutes ces rues ? Ne dirait-on pas que c'est toujours le même qui fut parrain des rues du Pet-au-Diable, des Rats, du Foin, des Marmouzets, de celle de Pierre-au-Lard ou Jean-Pain-Mollet[20] ? »

Mercier se trompe : un nouvel esprit est à l'origine de ces noms, l'esprit du XVIIIe siècle. Le même qui a fait la gloire de ce genre assez étrange qu'est l'éloge, étudié par Jean-Claude Bonnet[21]. Car les noms de rues participent pleinement de l'obsession de l'honneur et de la glorification individuels, signes de la reconfirmation de l'individualité. L'on s'accorde sur l'importance de la date 1779, année de la construction de l'Odéon : pour la première fois, les honneurs dénominatifs ne vont pas à des contemporains, mais aux «vraies» gloires de la Nation. Et Louis-Sébastien Mercier de s'en féliciter dans un passage souvent cité :

> On verra à la place de la nouvelle salle de la Comédie-Française les rues de Corneille, de Racine, de Molière, de Voltaire, de Crébillon, de Regnard, ce qui scandalisera d'abord les Échevins (il faut s'y attendre) comme une dépossession de la glorieuse et antique prérogative de donner seuls leurs illustres noms à des rues. Mais peu à peu, ils s'accoutumeront à cette innovation et à regarder Corneille, Molière et Voltaire comme les compagnons de leur gloire. Enfin, la rue Racine figurera à côté de la rue Babille, sans trop étonner les quarteniers, les dizeniers et autres officiers de l'Hôtel de Ville[22].

C'est donc en 1779 qu'il faut situer l'acte de naissance du système honorifique moderne. L'Ancien Régime l'a découvert extrêmement tard, et l'a fort peu utilisé : en tout et pour tout en cinq occasions : la place de l'Odéon, la construction de la Comédie-Italienne (entourée en 1784 par les rues Marivaux, Grétry et Favart), la place Vauban et l'avenue de Saxe (qui datent de 1780), et l'avenue de Matignon (1787). Encore faut-il limiter l'importance de ces nouveautés. Après l'expérience de Corneille, Racine et Molière, les honneurs reviennent à des gloires presque contemporaines : Marivaux est mort en 1763, le maréchal de Saxe en 1770, Favart et Grétry sont toujours vivants en 1784, et seuls Vauban et Matignon (morts en 1707 et en 1729) sont de vraies gloires anciennes. Mais ces exceptions confirment la règle. Il est clair que la découverte du système honorifique national n'a pas bouleversé le paysage de Paris, loin de là. L'outil existait ; c'est la conscience de l'utiliser qui manquait.

Le contre-exemple :
la province avant 1789

Entre le Paris d'avant 1600 et les villes de province contemporaines, aucune différence fondamentale. On y retrouve les mêmes types de noms, évoquant édifices religieux (un tiers du répertoire au moins), métiers, enseignes, etc. Voici renforcée la thèse selon laquelle le système médiéval est un système «naturel», ou, du moins, «spontané» – les nomenclatures urbaines de Londres et de Bruxelles obéissent d'ailleurs aux mêmes principes[23].

LA NATION *La gloire*

La France, voire l'Europe, d'avant 1600 offre donc au voyageur un paysage urbain fortement homogénéisé. Survient Sully, et voici que cette harmonie est rompue. Ce divorce ressort de l'étude comparative des plans de dix villes de province vers la fin de l'Ancien Régime[24]. On aboutit à une conclusion sans équivoque : la province a totalement ignoré le système honorifique national, comme l'indique ce tableau récapitulatif :

Noms de voies qui relèvent du système honorifique national dans des villes de province entre 1770 et 1790

Ville	Date du plan	Noms « honorifiques »	Remarques
Toulouse	1770	rues Royale et des Nobles	dizaines de rues à noms religieux
Lille	1784	rues Royale, Dauphine, Princesse, d'Anjou	sur un total de 200 voies
Metz	1784	pont Royal	rues qui portent les noms de 14 églises, 32 couvents et 4 institutions bénédictines
Rennes	1787	place et rue Royale, rue Dauphine	
Rouen	1789	cours Dauphine	hors des murailles...
Reims	1790	place et rue Royale	
Lyon	1789	places Louis-XV et Louis-le-Grand, place et rue Dauphine	sur 230 noms, 59 noms religieux
Bordeaux	1791	places Louis-XVI, Royale, Dauphine, Berry[25], rues de la Porte-de-Richelieu, de Berry	

Le nom des rues

À Marseille (plans de 1787 et 1790), le système est plus avancé : des neuf quais marseillais, cinq portent des noms « modernes » : Dauphin, Monsieur, Marquisat, Calonne et Breteuil ; et parmi les dix-sept places, on trouve les noms de Dauphine et Noailles. Le tout ne représente pas plus de 3 % des voies publiques de la ville. Mais l'important, c'est le mouvement ; un mouvement qui vient, bien entendu, de Paris, comme en témoigne la place de la Comédie, entourée par les rues de Molière, Corneille et Rameau.

Mais c'est à Nantes que le nouvel esprit a gagné le plus de terrain. La ville a fait l'objet d'énormes travaux publics depuis 1760, et surtout après 1780 : « À la veille de la Révolution, Nantes est un immense chantier. On travaille partout[26]. » Et l'on discute, bien sûr, des nouvelles dénominations. Ce débat concerne surtout le quartier Graslin, l'un des projets d'urbanisme les plus prestigieux et les plus originaux de la France de l'époque. L.-F. de Graslin, économiste fameux et receveur des fermes de Nantes depuis 1758, et M. Crucy, disciple de Boullée et architecte voyer de Nantes depuis 1780, adoptent pour leur nouvelle création le modèle parisien de la place de l'Odéon. Le théâtre et la place Graslin sont entourés par les rues Crébillon, Corneille, Molière, Racine, Voltaire, Jean-Jacques-Rousseau, Gresset, Piron et Regnard. La réalisation rencontre de nombreux obstacles ; en 1788, pourtant, le quartier est devenu une réalité urbaine, comme l'indique Arthur Young, le grand voyageur anglais : « Le quartier de la *Comédie* est magnifique ; toutes les rues se coupent à angles droits et leurs maisons sont bâties en pierre blanche » ; sans parler du nouveau théâtre, qui laisse Young ébloui[27].

Que le XVIIIe siècle ait vu l'essor de Nantes, quatrième ville et deuxième port du royaume, la chose est bien connue. Mais comment expliquer son « avance dénominative » par rapport aux autres villes de province ? Les spécialistes n'en disent mot. La ville était-elle plus « moderne », plus éclairée que d'autres villes ? Rien ne permet de l'affirmer. On pourrait attribuer les innovations en matière de noms à des esprits proches des Lumières, tel Graslin. Ce qui suggère une piste, celle du théâtre[28]. Le Théâtre-Français et l'Opéra-Comique à Paris, la Comédie à Marseille et le théâtre Graslin ont tous donné lieu à des dénominations « nationales ». Comme si la gloire et le consensus de la Nation ne pouvaient alors passer autrement que par la république des Lettres et par son organe le plus populaire. Hypothèse que vient renforcer la construction du quartier des Grands-Hommes à Bordeaux, où le Théâtre-Français est entouré par les rues Montesquieu, Montaigne, Jean-Jacques-Rousseau, Voltaire, Buffon, Mably et Condillac. Mais ce quartier date déjà de l'Empire (vers 1806), alors que le Grand Théâtre de Bordeaux, inauguré en 1780, n'a pas suscité de dénominations « modernes ». Le « cas » Nantes demeure.

La Nation *La gloire*

L'irruption révolutionnaire

« Quand on reconstruit un gouvernement à neuf, aucun abus ne doit échapper à la faux réformatrice ; on doit tout républicaniser [...] Le patriotisme commande un changement de dénominations », déclare l'abbé Grégoire dans son rapport de l'an II à la Convention nationale[29]. Mais au moment où il s'exprime, la « faux réformatrice » est déjà passée[30]. Dès le 22 juin 1790, en effet, l'Assemblée constituante s'est penchée sur la question des dénominations des quarante-huit sections de Paris : « Le comité avait d'abord été tenté de donner à chacune des 48 sections les noms propres des hommes célèbres dont les cendres reposent dans leur enceinte » ; mais il a fini par opter pour le système médiéval : « Il s'est arrêté aux dénominations tirées des places, des fontaines ou des grandes rues[31]. » Pas pour longtemps, pourtant. L'idée est bientôt lancée, la conscience se fait jour de la nécessité d'un nouveau cours. Le jour même des obsèques de Mirabeau, le 4 avril 1791, le marquis de Villette adresse aux Jacobins la lettre suivante :

> Frères et Amis,
> J'ai pris la liberté d'effacer à l'angle de ma maison cette inscription : quai des Théatins, et je viens d'y substituer : quai de *Voltaire* [...] Nous aurons toujours un Voltaire et nous n'aurons plus jamais des théatins. J'invite les bons patriotes de la rue Plâtrière à mettre le nom de *Jean-Jacques-Rousseau* aux encoignures de leurs maisons. Il importe aux cœurs sensibles, aux âmes ardentes de songer en traversant cette rue que Rousseau y habitait au troisième étage, et il n'importe guère de savoir que jadis on y faisait du plâtre[32].

Ces initiatives sont approuvées par le Conseil général de Paris, qui montre sa bonne volonté en substituant aussitôt le nom de Mirabeau à la rue de la Chaussée-d'Antin « où est située la maison dans laquelle il est mort[33] ».
Une troisième étape importante dans l'œuvre dénominative de la Révolution date d'octobre 1792, quand Ph.-A. Grouvelle demande l'attribution de la rue Sainte-Anne à Helvetius, et propose de supprimer tous les noms de saints de la nomenclature, car « les saints ont fait autant de mal que les princes[34] ». Cette proposition annonce la grande vague de débaptisations des années 1792-1794, les noms rappelant la monarchie et l'Église sont effacés du plan et remplacés par des noms révolutionnaires. La place Louis-XV devint la place de la Révolution, le quai Conti le quai de l'Unité, le pont Notre-Dame le pont de la Raison, la place de la Sorbonne la place Chalier. Le mouvement entraîna aussi quelques absurdités, telle cette rue Honoré-Chevalier, le nom d'un boulanger de la fin du XVIe siècle, qui devient la rue Honoré-Égalité en

Le nom des rues

1793. On pourrait d'ailleurs multiplier les exemples. Mais il y a mieux à faire. La Révolution a sans doute écrit les pages les plus spectaculaires de l'histoire des noms de rues. Jamais on n'eut une conscience aussi aiguë du rôle idéologique et surtout pédagogique de ces dénominations. D'une indifférence massive, au mieux de timides velléités, on passe sans transition à un militantisme agressif. Pour les révolutionnaires, les noms de rues servent de moyens de propagande, d'instruments de vengeance, d'armes de punition.
Mais quelle a été l'ampleur réelle du phénomène ? M. Heid affirme, chiffres à l'appui, que sur les quelque neuf cents *rues* de la capitale vers 1794, cinquante-trois seulement, soit 6 %, ont été débaptisées : « On est donc loin de pouvoir parler d'un "bouleversement général", comme l'a fait Jules Cousin[35]. » M. Heid minimise le phénomène : même d'après la liste (très incomplète) d'A. Franklin[36], le nombre de rues débaptisées s'élève à soixante-treize ; mais il a surtout choisi d'ignorer, et pour des raisons non précisées, les axes centraux de Paris. Or, il s'avère que la Révolution a débaptisé seize places sur un total de vingt-six, neuf quais sur trente, cinq ponts sur douze, deux carrefours et un boulevard, soit 47 %. En plus, elle a républicanisé en 1793 trente-deux des quarante-huit noms de sections (revenant ainsi sur la décision « médiévale » de 1790).
Jules Cousin a donc raison de parler de « bouleversement général » ; mais il a tort de parler de « manie » (tout comme M. Heid, alors qu'A. Franklin emploie le terme « vent de folie »). Car, malgré ses « excès » et ses « absurdités » occasionnelles, la Révolution dénominative s'est montrée tout à fait cohérente ; il faut seulement dégager sa propre logique. Cette logique réside dans l'ampleur, mais surtout dans l'orientation du phénomène. Nos auteurs ne sont sensibles qu'à l'accélération du rythme : « Nous voici en 1792, écrit P. Lacombe ; on commence à pousser jusqu'à des limites extrêmes la manie de débaptisation et de bouleversement général[37]. » Mais cette vérité en cache une autre, beaucoup plus profonde : plus encore que quantitative, l'évolution révolutionnaire est qualitative. Pour la résumer, nous dirons que *la Révolution passe de l'ère honorifique à l'ère idéologique*. La première phase, des années 1791-1792, consacre Mirabeau, Voltaire, Rousseau, Cassini, Buffon, Franklin, Cerutti, Helvetius, Catinat, Mably et La Fayette, la seconde, les Droits de l'homme, la Réunion, la Loi, la Raison, les Sans-culottes. Entre la fin 1792 et 1794 on n'inscrit que deux noms propres, ceux de Marat et de Chalier, les martyrs de la Révolution ; en outre, la rue Mirabeau devient la rue du Mont-Blanc et la rue de La-Fayette, la rue du Contrat-Social (décembre 1792). Cette orientation est renforcée dès le début 1793 par l'ordonnance de la Commune de Paris qui supprime « les inscriptions des rues qui portent des noms proscrits, des noms de saints [et] des noms d'hommes vivants[38] » – mesure unique dans l'histoire des dénominations jusqu'au XXe siècle[39]. Bref, la Révolution dit non aux noms, oui aux idéaux.

En 1790, *Le Moniteur universel* pouvait encore écrire : « Le nom des grands hommes donné aux rues de Paris serait un monument de gloire et un sujet d'émulation pour les autres citoyens[40]. » C'était le temps de la réforme dans la continuité. Mais avec la radicalisation de la Révolution, tout ce qui appartient au passé devient suspect : les grands hommes, les précurseurs eux-mêmes portent nécessairement l'empreinte de l'Ancien Régime. C'est l'idéal de la table rase, « la représentation de la Révolution comme point zéro de l'histoire[41] ». La seule mémoire qui importe est celle de l'Avenir, des objectifs et des missions à accomplir. Ce qui pourrait expliquer pourquoi la Révolution n'a même pas commémoré ses propres hauts faits, tels Valmy et Jemmapes ; c'est la « révolution » de 1830, la nostalgique, qui s'en chargera plus tard. Ainsi une promenade dans le Paris de 1793-1794 ne ressemblait pas à un cours d'histoire, mais à un cours d'instruction civique.

Une telle entreprise ne pouvait se borner à Paris sans se contredire : la Révolution affecte, en effet, les nomenclatures de presque toutes les villes de France. Quant aux proportions du renouvellement, elles y sont encore plus impressionnantes qu'à Paris : Marseille débaptisa un tiers de ses voies (deux cents sur six cents ; vingt-sept de ses quarante-six places, et deux quais sur quatre)[42] ; Rouen « donna dans les premiers jours de 1794 des noms révolutionnaires et ridicules à la majeure partie des rues et places », écrit P. Peraux en 1819[43] ; à Reims, « la Révolution de 1789 bouleverse la carte des dénominations[44] » ; le conseil municipal de Toulon débaptisa soixante-dix rues en une seule séance, le 2 vendémiaire an II[45] ; Bordeaux en débaptisa au moins quatre-vingt-dix[46] ; « le 29 décembre 1793, les noms de la plupart des rues et places » de Saint-Étienne furent changés[47] ; et c'est une ville complètement « épurée » que reflète le plan de Nantes en 1795[48]. Rien n'est, d'ailleurs, plus éloquent que la rupture entre le titre du seul traité dénominatif conçu par l'Ancien Régime, celui que publie l'abbé Teisserenc en 1754 : *Géographie parisienne en forme de dictionnaire contenant l'explication de Paris mis en carte géographique du royaume de France*, et le titre du projet de l'abbé Grégoire en 1794 : *Système de dénominations topographiques pour les places, rues, quais, etc., de toutes les communes de la République*[49].

« Aucun abus ne doit échapper à la faux réformatrice » était sans doute le sentiment que partageaient avec l'abbé Grégoire les quelque trois mille deux cents communes françaises qui ont républicanisé leurs propres noms, selon l'inventaire établi par R. de Figuères dans *Les Noms révolutionnaires des communes de France*. Cent vingt de ces communes incluent « Montagne » dans leurs nouveaux noms, soixante « Union » et « Unité », vingt « Égalité » et vingt et une « Marat » (ces chiffres sont très sous-estimés[50]) – contre une « Voltaire »

Le nom des rues

et une « Rousseau ». Ainsi Port-Louis devient Port-Liberté, Condé, Nord-Libre, Saint-Laurent, Main-Libre, Neuvy-le-Roi, Neuvy-la-Loi, Saint-Amard, Libre-Val. Sans oublier les hommages calqués sur les noms de rues, tel Mont-de-Marsan qui devient Mont-de-Marat...

On aimerait pouvoir mieux situer cette énorme vague populaire dans le contexte chronologique et idéologique de la Révolution. L'inventaire de Figuères ne le permet malheureusement pas, car il ne donne ni les dates des débaptisations ni celles de la restauration éventuelle des noms anciens. Trois indices permettent néanmoins de la rattacher à l'ère « idéologique » des années 1793-1794. D'abord le type de noms adoptés par les communes, qui est idéologique plutôt qu'héroïque – à l'exception de Marat. Viennent ensuite les dates précises pour quatre-vingts débaptisations communales, que nous possédons grâce à James Legendre, historien de la poste[51]. Des quatre-vingts cachets cités dans son livre, trois datent de 1792, et tous les autres de 1793-1794. L'« hypothèse jacobine » est enfin corroborée par les dates des débaptisations de rues dans les villes de province : en effet, il n'y a aucune vague de débaptisation en province avant 1793. Quant aux nouveaux noms, parmi les vingt-deux recensés à Reims, un seul bénéficie à une personnalité : Jean-Jacques Rousseau ; à Marseille, on trouve une quinzaine de noms propres sur deux cents : à Saint-Étienne, six sur dix-huit ; et ce n'est qu'à Nantes que les grands hommes dominent le nouveau paysage urbain : dix peintres, vingt écrivains, sept savants, un musicien et dix héros antiques (ce qui rend le Nantes de 1795 la plus « moderne », c'est-à-dire la plus proche du système actuel, de toutes les villes de France, voire du monde).

C'est bien à la Révolution française que revient l'une des grandes découvertes du monde contemporain : toute sémantique est politique ; le milieu linguistique dans lequel nous évoluons a des effets idéologiques incalculables ; plus encore, ce milieu est manipulable. Elle a ainsi inventé jusqu'aux fondements de la communication de masse et de la propagande ; le 18 août 1792 fut même instituée une section du ministère de l'Intérieur chargée de la propagande : « le Bureau d'Esprit[52] ».

Et les noms de rues et de lieux ne sont qu'un aspect de la rééducation par le langage. A. Franklin a tort de ridiculiser « les hommes qui se nomment Leroi, Leduc, Lecomte [et] qui se font appeler le citoyen Dix-Août, le citoyen Égalité, le citoyen La-Montagne, etc. » ou « les cartes de restaurants [où] les poires de *bon-chrétiens* s'appellent poires de *bon-républicains*[53] ». Tout comme se trompe P. Lacombe[54] quand il raille « le Prussien Jean-Baptiste Cloots [qui] se croyait un sage, parce qu'il avait pris le nom d'*Anacharsis*[55] ; François-Noël Babeuf [qui] se croyait un grand politique, parce qu'il s'était donné celui de *Caius Gracchus* ; l'immonde Chaumette, pour avoir pris le surnom d'*Anaxagoras* [et le] savant Millin [qui] n'ajouta rien à sa science ni à sa philosophie en troquant ses prénoms contre celui d'*Éleuthérophile*». Ces auteurs plaquent, en effet, un point de vue qui est celui de la IIIe République, une «révolution tranquille», sur une réalité tout autre :

> On s'abuse sur la portée du symbolisme révolutionnaire si l'on n'y voit qu'un décor dans lequel on cherche à situer on ne sait quelle Révolution, être aussi pur que transparent. L'invention et la diffusion du répertoire symbolique révolutionnaire, l'implantation de ces symboles nouveaux, ainsi que la guerre livrée aux anciens, sont autant de *faits* révolutionnaires[56].

De l'indifférence à la Contre-Révolution nationaliste (1794-1815)

Michelet conclut son *Histoire de la Révolution française* avec Thermidor ; il ne pouvait pas frapper plus juste en ce qui concerne l'histoire de la Révolution dénominative. Avec l'an III disparaît, en effet, toute initiative dénominative et, surtout, toute vision globale du symbolisme idéologique. Le hasard, produit de l'indifférence, s'impose à nouveau. Pourtant l'héritage révolutionnaire résiste ; et il faudra trois «réactions» successives : l'indifférence thermidorienne, la Contre-Révolution napoléonienne et le formalisme de la Restauration, pour l'effacer complètement.

La Révolution a fasciné les auteurs qui ont écrit sur les noms de rues – et pour cause. Le Directoire les a laissés dans une indifférence totale – et à tort[57]. Le système idéologique a vécu : on ne trouve plus que très rarement, et hors du contexte révolutionnaire, des rues de l'Égalité, du Contrat-Social, de la Raison, de la Haine-des-Tyrans (Bordeaux, 1793) dans les villes françaises d'aujourd'hui. Résultat : en 1985, le nom même de la Révolution n'est célébré par une rue que dans six préfectures françaises sur quatre-vingt-quinze – alors que le président Kennedy est présent dans quarante-neuf... Au crédit de la Révolution demeure une seule contribution durable : la débaptisation politique, inventée en 1791 et généralisée en 1793-1794. Pour le reste, l'ère contemporaine ne commence pas avec, mais après la Révolution, c'est-à-dire avec Thermidor.

Après la tempête, l'accalmie. L'apathie. À Paris on note très peu d'initiatives en matière de dénomination : la Concorde remplace la Révolution en 1795 (le même décret abolit la peine de mort[58]...), Quiberon et Hoche apparaissent en 1796, quelques autres encore. Quand la presse de l'époque parle de «rues», ce ne sont guère leurs noms qui la préoccupent, mais la circulation, la sécurité, l'hygiène[59].

Mais cette accalmie parisienne est trompeuse, car elle dissimule un phénomène décisif pour la suite : l'effondrement du système national. La France,

Le nom des rues

qui a retrouvé une homogénéité dénominative grâce aux Jacobins, la perd à nouveau avec les Thermidoriens, chaque commune redevenant libre de ses initiatives. À Rouen, « pendant le cours de cette année 1795 on rendit aux rues et aux places publiques leurs anciens noms, sauf quelques exceptions[60] ». À Marseille, la séance du conseil municipal du 26 floréal an III (mai 1795) arrête des « mesures pour restituer aux rues leurs anciens noms » – mesures incomplètes, car dix ans plus tard on décide « la nomination d'une commission chargée de faire disparaître les inscriptions des noms de rues et monuments données pendant la Révolution[61] ». À Toulon, les noms révolutionnaires disparaissent entre 1795 et 1797[62]. À Bordeaux, en revanche, un plan de 1804 figure la ville avec ses noms révolutionnaires (mais Bernadau prétend que ceux-là sont effacés dès 1801)[63]. Paris, enfin, garde pratiquement tous ses noms révolutionnaires au long du Directoire. Ajoutons que cette anarchie n'épargne pas davantage les communes : certaines rétablissent leurs anciens noms dès 1796-1797 ; d'autres le font plus tard, comme nous le verrons. Le manque de cohésion dénominative, caractéristique de l'Ancien Régime, est de retour – et pour longtemps.

Les historiens résument allégrement la période qui suit : « L'Empire célébra ses victoires avec les rues d'Austerlitz, d'Iéna et d'Ulm » (J. Hillairet[64]) ; il « s'attacha à substituer des noms de victoires et d'officiers morts » aux noms politiques (J. Cousin[65]). Il est vrai que l'aspect le plus visible de l'époque est l'invasion de Paris par les noms d'officiers et de batailles. Mais ce n'est pas la somme de la politique dénominative de Napoléon Bonaparte, loin de là.

Dès 1798, on note un regain d'intérêt pour les noms de rues. Ainsi, une décision du Département de la Seine en date du 9 nivôse an VII (nouvel an 1798) arrête que « la rue Chantereine, dans laquelle se trouve la maison du vainqueur d'Italie, sera désormais appelée *rue de la Victoire* [...] ainsi désormais l'adresse de Bonaparte sera rue de la Victoire[66] ». On retrouve cet esprit de la République conquérante dans les nouvelles rues de la même année : Mantoue, Cysalpine, Batave, Alpes et Hoche. Mais on n'en reste pas là. *La Clef du Cabinet* du 12 pluviôse an VII (31 janvier 1799) voit « la nécessité de changer la dénomination d'un grand nombre de rues de Paris » ; et le Bureau central propose au Département en juin 1799 « comme mesure utile au public, de changer les noms des rues qui ont la même dénomination, et d'y substituer ceux qui rappelleraient le souvenir de nos victoires et des grands hommes qui illustrèrent la République[67] ».

Les débaptisations sont de retour. Et pourtant, leur motivation – « l'amour du bien public », c'est-à-dire l'efficacité gestionnaire – et leur conception idéologique – renforcer la République plutôt que d'effacer l'Ancien Régime – les éloignent définitivement de leurs « ancêtres » révolutionnaires.

La Nation *La gloire*

Se présenter comme gestionnaire mais surtout comme continuateur de la Révolution sont, précisément, les deux idées-forces de la politique de Bonaparte dans sa première phase. L'ambiguïté de ses rapports avec l'héritage révolutionnaire l'oblige à avancer avec une prudence extrême. Il accepte donc ces contraintes, mais sans abandonner ses propres idées. Sa tactique est simple : renouveler la politique révolutionnaire, mais dans une seule de ses dimensions : le nationalisme. Ce faisant, il semble continuer l'entreprise de ses prédécesseurs, qui ont tant glorifié le Peuple, la Nation, l'Unité, le Patriotisme, bref, la France. En réalité, c'est presque le contraire qu'il choisit. D'abord parce que pour les hommes de 1793-1794, le national n'était pas séparable du social. Surtout, le nationalisme révolutionnaire était a-historique, car toute glorification des grands hommes et des grandes dates de la Nation risquait de glorifier le contexte qui les a fait, ou du moins vu, naître, par exemple l'Ancien Régime. C'est donc un nationalisme *quasi abstrait* qu'ont adopté les révolutionnaires.
Pour Napoléon Bonaparte un tel nationalisme est inconcevable, la Nation et son histoire sont inséparables. Il a parfaitement bien compris que la glorification du présent, le sien en l'occurrence, passait inévitablement par la commémoration du passé. Le passé, c'est la lignée, le foyer par excellence de la légitimation nationale. Certes, il a mis au premier plan ses hommes et ses propres exploits ; mais pour qu'ils aient une signification historique, il se souciait de leur donner ceux du passé pour toile de fond. C'est donc une erreur que de réduire l'œuvre dénominative du Consul puis de l'Empereur à la seule exaltation de ses propres généraux et de ses triomphes.
Commençons pourtant par le domaine militaire et par les batailles. Le Paris d'avant Bonaparte n'avait que la place de Fontenoy (1770) pour commémorer les gloires militaires de la France. Le Consulat et l'Empire ont largement comblé cette lacune, avec une vingtaine de places, de quais, de rues commémorant Fleurus, Helder, Lodi, Mondovi et Marengo (le tout entre 1798 et 1800), d'autres encore ; mais aussi une rue de Port-Mahon qui célèbre la victoire du duc de Richelieu sur les Anglais en 1750... Cette juxtaposition du présent et du passé est encore plus patente dans le cas des hommes de guerre. Aux six honorés par Paris avant 1798 – Suffren, Vauban, Matignon, La Motte-Picquet et Hoche –, Napoléon en ajoute une trentaine : les deux tiers d'entre eux sont ses compagnons d'armes, mais un tiers est issu de l'Ancien Régime, dont Chevet, Lowendal, Tourville, Villars, Assas !
Ainsi, l'idée d'un système honorifique national, lancée en 1779 mais sans vraie suite, adoptée un court instant en 1791, n'est définitivement instaurée que par Napoléon. Mais son appréhension de l'histoire de France est toujours sélective ; témoin les six écrivains qu'il inscrit sur les rues de Paris : Descartes, Montesquieu – et surtout les quatre grands prédicateurs, Bossuet, Fénelon, Massillon et Bourdaloue (vers 1805).

Le nom des rues

Aussi surprenant que cela puisse paraître, l'œuvre dénominative de Bonaparte et celle de la Révolution obéissent à la même logique. Mais alors que les révolutionnaires ont simultanément détruit l'ancien et construit le nouveau, Bonaparte est obligé de mettre en place son propre système, qu'il présente comme une «continuation» de la tradition révolutionnaire, avant de se lancer dans le travail de destruction. Il attend donc quatre ans, chargés de dénominations nationalistes/militaristes, avant de faire le premier acte franchement réactionnaire: il restaure l'épithète «saint/sainte» aux noms anciens, suite au Concordat signé en juillet 1801. Restauration qui est pourtant menée tout en douceur, Bonaparte s'attaquant là à l'une des innovations révolutionnaires les moins bien acceptées par les Français, et cela surtout pour des raisons pratiques: «On prétendait que les cochers de fiacre, peu familiers avec le livre de l'"Esprit" et trompés par la désinence latine, parlaient couramment de la rue Saint-Helvetius [l'ancienne rue Sainte-Anne][68].» *La Gazette de France* du 24 germinal an X (14 avril 1802) est plus ironique encore:

> On présume que les rues de Paris dont le nom se trouvait précédé du mot *saint* vont rentrer en possession de leur ancienne dénomination. Cette circonstance rappelle une anecdote bonne à recueillir. Un habitant de la rue *Saint-Denis* s'étant trouvé, à l'époque de l'exil des saints, arrêté par une patrouille qui lui demanda où il demeurait, répondit: «Je demeure dans la rue Saint... – Pas de *Saint*, lui repliqua-t-on brusquement. – Je demeure dans la rue De... – Pas de *De*! – Eh bien, je demeure dans la rue *Nis*.» Encore une observation et la rue Saint-Denis se trouvait supprimée[69].

Dans les villes de province, les noms mutilés de «saints» ont d'ailleurs suscité des réactions semblables, ce qui explique qu'à Saint-Étienne ils ne furent jamais usités[70], alors que Rouen et Toulon ont rétabli les «saints» dès 1795. Ainsi l'initiative de Bonaparte pouvait être présentée non comme un défi idéologique, mais plutôt comme une mesure administrative de bon gestionnaire.

Napoléon attend encore quatre ans supplémentaires pour frapper le coup décisif. C'est en réalité un coup de grâce. Le système révolutionnaire est alors devenu une sorte d'anachronisme dans une ville dominée par les noms des maréchaux et des batailles. 1806 constitue ainsi l'année de la disparition tant du calendrier révolutionnaire que de tous les slogans révolutionnaires. Frimaire, Germinal, Liberté, Égalité, Droits-de-l'Homme, Sans-Culottes, Bonnet-Rouge, cèdent la place à Mars, Avril, Béthune (en souvenir de Sully, qui le méritait certainement), Reine-de-Hongrie, Roi-de-Sicile, Guisarde,

Croix-Rouge. Seuls les noms historiques – et acceptables – tels Voltaire, Rousseau, Catinat sont épargnés à l'occasion de cette grande purge (suivie, quelque temps plus tard, du rétablissement des noms prérévolutionnaires des sections de Paris[71]).
Rois, princes, nobles sont les premiers à bénéficier de ce nouveau remaniement. Mais tous n'y ont pas également droit. Le tri napoléonien est on ne peut plus clair : sont repris les noms «historiques», c'est-à-dire antérieurs à Louis XIII – Clovis, Clotilde, Clotaire (qui entourent le nouveau lycée Napoléon...), Chilpéric, Reine-de-Hongrie, Roi-de-Sicile, Marie-Stuart, Anjou, Condé, Orléans, Monsieur-le-Prince (Condé), Dauphine (le futur Louis XIII), Sully – alors que les noms plus «politiques» – Louis-le-Grand, Louis-XV, Louis-XVI, Bourbon, Enghien, Roi, Royale, Monsieur, Dauphin – devront attendre 1815[72].

Rien donc n'est laissé au hasard. Sauf la province. Sur les plans de Reims (1810), de Lyon (1810), de Bordeaux (1804, 1808), aucune trace de la politique impériale. À Reims et à Lyon, on restitue les noms «religieux», à Bordeaux on laisse les noms révolutionnaires, et à Toulon, dès 1798, on donne à des rues les noms du 13-Vendémiaire, d'Arcole et de la Victoire[73]. Comment expliquer que l'entreprise napoléonienne s'arrête à Paris ? D'où survient ce clivage entre la politique nationale de la Révolution et une politique exclusivement parisienne de l'Empire ? Deux types de réponses s'imposent, l'un pratique, l'autre symbolique.
Contrairement aux hommes de la Révolution, Napoléon n'est pas un grand partisan de la débaptisation. À cette démarche agressive, il préfère la restauration de noms anciens – ou la construction de rues nouvelles. Seules exceptions dans les restaurations : les noms qui risqueraient d'évoquer une royauté trop récente. Or, ces noms «dangereux» n'existaient pratiquement pas dans les villes de province. L'Ancien Régime y est représenté par les noms religieux, qui, on l'a vu, ne dérangent point l'Empereur. Il se contente donc de rebaptiser les places et rues Royales en Impériales, de substituer à Louis, Napoléon, et de laisser le reste aux habitants – qui demeurent passifs. La même logique prévaut pour la restauration des noms de communes. La plupart des noms religieux sont rétablis à partir de 1798, de même que les noms «nobles» mais inoffensifs[74], alors que Mont-Dauphin demeure Mont-Lyon et Dun-le-Roi, Dun-Saint-Aurun de 1793 à 1815, Nogent-le-Roi, Nogent-Roulebois de 1794 à 1815[75].
Ce n'est donc pas dans la débaptisation qu'excelle Napoléon, mais dans la construction de rues, de places, de quais, de boulevards qui glorifient son nom et commémorent ses hommes et ses exploits. Le plan de Marseille en 1810 figure un nouveau quartier qui compte des rues d'Arcole, d'Iéna, de Marengo, de Friedland ; et la légende du plan de Lyon de 1810 indique parmi

Le nom des rues

les nouveaux projets les rues d'Iéna, d'Eylau, d'Austerlitz, de Lodi, de Marengo, de Königsberg, ainsi qu'un cours Impérial.
Cette explication ne vaut pourtant qu'à moitié car – faut-il le rappeler? – l'œuvre urbanistique de l'Empire s'est limitée à Paris. Pour Napoléon, comme pour les Bourbons et, soixante ans plus tard, pour son neveu – autre grand urbaniste – Paris sert de métaphore du pouvoir. La ville est le lieu géographique, mais aussi le lieu symbolique de l'absolutisme. Tant qu'il s'agit d'administration, Napoléon est sans nul doute un grand novateur à l'échelle nationale. Mais en matière de symbolisme idéologique, c'est Paris qui le préoccupe avant toute autre chose.

Avec la Restauration : de la chirurgie à la cosmétique

Une des constantes de l'histoire des noms de rues est la débaptisation massive par éclairs. C'est une séance, située vers décembre 1793, qui républicanise les noms de rues de Rouen, de Saint-Étienne, de Lille, une autre le fait, en octobre 1794, à Toulon. De même, le «retour des saints» en 1802 et l'effacement des slogans révolutionnaires en 1806 se font par un seul décret. On pourrait continuer ainsi jusqu'à la Libération, quand furent effacées d'un coup les traces de Vichy. La crise est toujours brève. Ce qui varie, c'est la durée qui précède cette crise – et son ampleur.

À peine rétabli sur le trône, Louis XVIII ordonne de restaurer les noms prérévolutionnaires de quarante-neuf rues, quais, places et ponts parisiens[76]. Nous sommes en juillet 1815, moins d'un mois après Waterloo, et le nouveau ton est déjà donné.

En examinant de près cette ordonnance, on remarque qu'elle ne vise que la couche napoléonienne de la nomenclature urbaine, pour la bonne raison que la couche révolutionnaire a déjà disparu vers 1806, l'Empire ayant mieux effacé la Révolution que la Révolution, l'Ancien Régime. L'ordonnance frappe les noms qui évoquent la *famille* impériale. Curieusement, des vingt-cinq batailles et vingt officiers que Napoléon a attribués aux rues de Paris, elle n'en supprime respectivement que douze et deux! Comment expliquer cette contradiction?

Nul besoin d'invoquer la générosité des Bourbons. La raison est bien plus simple: Louis XVIII n'efface pas Napoléon, il restaure l'Ancien Régime. Malheureusement pour lui, l'arme qu'il choisit est le formulaire administratif. Or tout se passe comme s'il ignorait le fait que Napoléon, le grand urbaniste, a fait construire quelque deux cents rues, et ce sont elles qui continuent et glorifient son nom et son œuvre. Les Parisiens vont donc continuer à évoluer dans une ville fortement «napoléonisée»: Rivoli, Ulm, les Pyramides, Kléber, Desaix, Montebello sont toujours là pour leur rappeler la gloire de l'Empire.

À cet esprit de revanche, beaucoup trop formaliste pour être efficace, vient s'ajouter l'éclectisme de la Restauration. Parmi ses quelque cent noms nouveaux, cette période dégage trois «spécialités»: les bénédictins historiens de Paris (dont sept sont commémorés en 1817), les villes européennes (vingt en 1826) et les fonctionnaires et hommes de droit (au moins quinze noms dont trois des défenseurs de Louis XVI et de Marie-Antoinette). Les autres se répartissent entre toutes les catégories possibles: écrivains (La Bruyère, Byron, Chateaubriand, Pascal), compositeurs (Dalayrac, Marsollier, Méhul et Monsigny, tous en 1829), quatre architectes, sept savants mais un seul homme d'État (Malesherbes), trois militaires vivants, Bayard (mort en 1504) et Du Guesclin (enfin!), et pas une seule bataille[77]. Avouons que ce sont là des moyens bien curieux pour frapper l'imagination des Parisiens et éclipser les deux périodes précédentes.

On a beau ironiser sur la Restauration, son formalisme revanchard et son éclectisme encyclopédique, ce sont pourtant les deux caractéristiques principales de l'ère dénominative contemporaine. La monarchie de Juillet efface les Bourbons (récents), impose les siens, ajoute deux écrivains (Beaumarchais et Grégoire de Tours), quatre architectes, un musicien, quatre hommes politiques (dont trois venaient juste de mourir), ses grands exploits militaires (Alger, Constantine, Mogador...) et surtout des médecins et des scientifiques, de Newton à Fulton en passant par Lavoisier et Jussieu – et se retire de la scène. La Révolution de 1848 s'acharne sur les noms de la *dernière* monarchie et commémore Lamartine, 24-Février, Réforme, Fraternité, et cela dès le mois de mars 1848: un mouvement qui ne concerne pas plus de cinquante rues[78]... Et la roue tourne: 1851, 1871, 1940, 1944-1945[79], de simples traitements cosmétiques qui ne touchent que la (dernière) surface.

Ce processus cumulatif s'accentue d'ailleurs à chaque étape. Dans une ville dont la nomenclature est uniforme, la cible pour le nouveau régime est théoriquement claire. Mais lorsque Louis-Philippe s'installe à Paris, ce n'est pas une ville «restaurée» homogène qu'il rencontre, mais un mélange idéologiquement très peu marqué (seule la couche révolutionnaire y est absente). Le coup décisif porté à toute tentative de remodeler complètement le paysage dénominatif parisien, c'est, bien évidemment, la grande annexion de 1860, où le nombre des voies publiques passe de mille quatre cent soixante-quatorze à trois mille sept cent cinquante! Il faut donc trouver des noms, beaucoup de noms, et les trouver vite; on va les chercher partout. La tendance encyclopédique devient alors irréversible[80].

Paris avait été clérical et royal; il devint républicain et révolutionnaire; nationaliste et guerrier, puis, à la fois, républicain et royaliste, clérical et socialiste, bref, un petit compendium scolaire de l'histoire de France. Après 1815, on ne récrit plus l'histoire sur les plaques des rues de la capitale; tout au plus chaque régime se contente-t-il d'ajouter au trésor constitué son humble chapitre. Et le symbole de ces temps nouveaux, c'est peut-être l'ouverture en 1889 de trois rues minuscules, tout au bout de Paris, et qui se voient respectivement baptisées Liberté, Égalité, Fraternité...

Paris et la province : le décalage

1830: les rues de Paris portent les noms de quinze écrivains, de onze architectes et sculpteurs, de sept compositeurs, de quatorze hommes de science, de seize hommes d'État, de cinquante officiers, de trente batailles, de douze juristes ainsi que d'une centaine de princes, nobles et évêques[81]. Le Nantes de 1832 fait proportionnellement mieux, avec ses dix-sept écrivains, quatre savants, cinq peintres (on n'en compte pas un seul alors à Paris!), des officiers, des hommes d'État, etc. Ajoutons au crédit de Nantes que son système dénominatif est encore plus ouvert que celui de la capitale aux gloires internationales, en leur offrant quinze noms contre cinq à Paris[82].

Mais Nantes est une exception parmi les villes de province: Le Havre n'honore en 1827 que quatre «grands hommes»: Fontenelle, Corneille (deux Normands de Rouen), Molière et Richelieu[83]. À Rouen, ils ne sont que six en 1819 (Le Nôtre, Racine, Socrate, Buffon, Fontenelle et Jouvenet – un autre Rouennais), dix-sept (pour un total de quatre cents rues) en 1869[84]. Lille compte déjà cinquante-six «personnages et faits historiques» (selon la classification de Bertrand, établie en 1880) pour un total de quatre cents rues, mais rares sont ceux qui datent d'avant 1860[85]. À Marseille, en 1820, ils ne sont que deux – Corneille et Molière –, mais en 1868 la ville a rattrapé en partie son retard. L'évolution du paysage urbain de Lyon et de Bordeaux est identique: très peu de noms d'envergure nationale vers 1830, quelques dizaines vers la fin du second Empire[86].

Le système honorifique *national* a donc été extrêmement lent à gagner la province. Et ce n'est pas la résistance du système médiéval qui a freiné l'expansion du modèle parisien. Tout prouve au contraire que les pouvoirs publics ont, partout en France, acquis le monopole dénominatif, et cela dès le XVIIIe siècle. Comme à Paris, les conseils municipaux se sont emparés de ce monopole pour immortaliser leurs membres. Mais le système honorifique *local*, qui n'a duré dans la capitale qu'une vingtaine d'années, de 1765 à 1785 environ, persiste en province au moins un siècle. Le cas de Saint-Étienne,

longuement étudié par A. Vallet, est à cet égard tout à fait représentatif. Ses rues portent en 1870 les noms de quinze «personnalités politiques locales» contre trois «célébrités», Vaucanson, Foy et Franklin. Il faudra attendre 1885 pour que les gloires nationales rivalisent avec les gloires locales: quatre-vingt-dix nouvelles dénominations de part et d'autre entre 1870 et 1918; les premières finissent par l'emporter – de peu – entre 1918 et 1950: cent vingt-neuf «nationales» contre cent vingt «locales»[87].
Le décalage de fait entre Paris et la province est d'autant plus surprenant que, depuis 1816, l'État s'est attribué le monopole dénominatif pour toute la France: «À l'avenir aucun don, aucun hommage, aucune récompense ne pourront être votés, offerts ou décernés comme témoignage de la reconnaissance publique par les conseils municipaux, gardes nationales ou tout autre corps civil ou militaire, sans notre autorisation préalable» (ordonnance du 10 juillet 1816)[88]. En principe; en réalité, le pouvoir central se désintéressait complètement de ce qui se passait hors de Paris. D'ailleurs, seul le conseil municipal de Paris se révolte contre l'intervention de l'État dans ce qu'il considère comme un domaine purement local. Ce différend dénominatif donne lieu à toute une série de rapports adressés à ce conseil dans la seconde moitié du XIXe siècle[89]. Rien de comparable dans les autres villes de France, où l'invervention de l'État demeure inexistante.
Cette indifférence pourrait expliquer la longue survie du système honorifique local en province. Elle a sans doute encouragé le patriotisme local dont fait preuve le Rouennais Léon de Duranville qui déclare en 1869: «Racine, malgré son très grand mérite, occupe une place où nous aimerions voir un Normand[90]»; ou bien L. Maynard qui s'indigne encore en 1922: «Les rapports entre Lyon et le philosophe de Genève sont assez minces», à propos du quai Jean-Jacques-Rousseau[91]. Le même patriotisme local explique que, lors d'une vague de débaptisations en 1842, la ville de Bordeaux ajoute treize personnalités locales, et efface trois célébrités: Voltaire, Rousseau, Franklin[92].
Mais ce ne sont là que combats d'arrière-garde. La logique historique, qui veut que le centre impose ses modèles à la périphérie, en vient toujours à être respectée. Du système médiéval au système royal, du système local au système national, les villes finissent par suivre la capitale avec une docilité exemplaire. Et comme pour préserver le décalage, ce sont les années 1860 – où le système national est définitivement instauré en province – qui voient, à Paris, l'adoption d'un système *international*: Mozart et Léonard-de-Vinci, Beethoven et Rubens, les noms étrangers envahissent la ville, à la faveur de l'annexion haussmannienne, cette dévoreuse de noms. Ce nouveau système, les villes de province attendront encore un demi-siècle et plus pour l'adopter[93].

Le nom des rues

La III*e* République : recouvrement de l'homogénéité nationale

La maison Fayard publie, entre 1880 et 1900, une collection de cent soixante plans de villes françaises qui permettent de faire le point sur les effets immédiats de l'adoption du système honorifique national sur la province[94]. Trois constatations en ressortent :

1. Ce sont toujours les appellations médiévales qui dominent le paysage, surtout dans le centre des villes (les quartiers anciens).

2. Ce qui caractérise les axes centraux des villes de province, c'est surtout leur neutralité dénominative : avenues, boulevards, quais, places portent le plus souvent le nom de l'Hôtel-de-Ville, de la Gare, de l'Hôpital, du Lycée. Quant aux noms historiques, ils sont en fin de compte relativement rares.

3. Quatre noms sont attestés partout, qui annoncent une ère nouvelle : Thiers – dont la carrière dénominative fut assez brève – Gambetta, Hugo – qui vient de mourir et surtout *République*, qui vient de naître et est déjà glorifiée par les trois quarts des villes françaises.

Qu'en est-il aujourd'hui ? En 1978, paraît l'*Index-Atlas de France* qui contient les plans et les légendes de toutes les préfectures. Le traitement de ces sources nous a permis de parvenir à des résultats grossièrement satisfaisants, statistiquement parlant[95], et qui figurent dans le tableau ci-après.
Une analyse tout à fait élémentaire de ce tableau révèle déjà les deux tris dénominatifs majeurs effectués par les villes de France. Le premier est « professionnel », le deuxième historique. « Les *personnalités politiques* représentent une fraction importante des dénominations, écrit G. Quentin à propos de Reims. La part faite aux autres noms de personne est réduite et les voies qui leur sont affectées sont souvent modestes : savants [...] artistes, les écrivains même sont ignorés sauf quand on leur prête une attitude politique (Victor Hugo, Anatole France, Émile Zola). Sans doute trouvons-nous Jean de La Fontaine, mais comment admettre que Racine n'ait pas sa rue à Reims[96] ? »
La politisation du système nous paraît naturelle. Et, pourtant, il fut inauguré en 1779 par les rues Corneille, Racine, Molière, Regnard, Voltaire et Crébillon. Que sont devenus dans nos rues les grands génies de l'intelligence et de l'art ? Rassurons-nous : la Patrie ne les a pas oubliés. Ils sont tous là, ou presque. Mais ils sont discrets, et l'on dirait cachés, comme l'atteste le tableau suivant :

La Nation *La gloire*

Nom	Total	Grands axes	Fréquences doubles
Rabelais	39	4	2
Racine	38	2	–
Montaigne	35	6	1
Corneille	35	3	–
Montesquieu	35	5	3
La Fontaine	32	2	2
Descartes	30	1	–
Fénelon	21	2	1
Bossuet	20	3	1
Claude-Monet	17	2	–
Poussin	5	–	–
Claude-Bernard	30	3	–

Ces résultats sont largement confirmés par l'étude récente de l'Allemand R. Posthaus, « Les auteurs français et les noms de rues : Paris, Montreuil, Saint-Étienne, Perpignan[97] ». Même en incluant sous la rubrique « auteurs », comme il l'a fait, des historiens, des journalistes et des scientifiques, ceux-ci ne comptent que pour 7,6 % des noms de rues à Paris, 7,9 % à Perpignan, 8,2 % à Saint-Étienne et 9,9 % à Montreuil. Encore s'agit-il en général de voies modestes, secondaires. Tout se passe comme si les conseils municipaux français s'acquittaient sans trop de conviction de leur devoir « culturel », pour passer ensuite aux choses vraiment sérieuses : aux hommes (politiques, cela va sans dire) qui ont fait la France. Qui viennent de la faire, pour être plus précis.

Ce qui nous ramène au deuxième tri majeur, d'ordre historique. Des treize grands hommes qu'on trouve dans deux tiers des villes au moins, neuf se rattachent à la IIIe République, entre 1882 (Gambetta) et 1932 (Aristide Briand)[98]. Et ce ne sont plus les rues périphériques, au bout de la ville, qu'on leur accorde, mais les boulevards, les places, les quais. Face à cette élite massive, les autres époques de l'histoire de France font bien piètre figure : le Moyen Âge n'est représenté que par Jeanne d'Arc (dixième de notre hiérarchie), les Lumières par Voltaire (treizième), le siècle de Louis XIV par Molière (dix-septième), le premier XIXe siècle par Michelet (mort d'ailleurs en 1874).

La France paraît avoir enfin retrouvé son unité dénominative, perdue vers 1795-1796, et cela dans le panthéon de la IIIe République (et de la Libération). Contrairement à l'homogénéité révolutionnaire, l'homogénéité républicaine semble inscrite dans la longue durée. Mais ce constat est insuffisant. Car si la province manifeste ainsi son retour à l'unité, Paris fait encore une fois figure d'exception.

*Les noms les plus fréquents
sur les plans des 95 préfectures françaises en 1978*

Nom	Total	Grands axes[a]	Fréquence double[b]	Nom	Total	Grands axes[a]	Fréquence double[b]
				Moyen Âge et Ancien Régime			
				Saint-Louis	34	16	8
République	81	tous	nombreux	Henri-IV	18	5	1
1. Victor-Hugo	81	38	12	Louis (s[d])	12	–	–
2. Gambetta	78	45	8	Charlemagne	10	–	–
3. Jean-Jaurès	78	39	11	Clovis	8	–	–
4. Pasteur	78	26	11	Colbert	28	3	2
5. Général-Leclerc	76	48	5	Sully	24	4	4
6. Clemenceau	73	43	2	Richelieu	16	–	–
7. Maréchal-Foch	72	45	2	*Révolution*			
8. Général-de-Gaulle	68	61	–				
9. Carnot	66	41	11	Mirabeau	25	3	–
10. Jeanne-d'Arc	63	15	8	Danton	24	1	–
11. Pierre-[et-Marie-]Curie[c]	63	10	2	Robespierre	12	1	1
				Révolution	6	6	–
12. Aristide-Briand	60	38	5				
13. Voltaire	60	13	3	Hoche	37		–
14. Anatole-France	56	19	2	Marceau	37	16[e]	–
15. Jules-Ferry	55	14	7	Kléber	35		–
16. Émile-Zola	55	11	5	*Empire*			
17. Molière	52	5	2				
18. Kennedy	49	28	–	Bonaparte/Napoléon	10	–	–
19. Michelet	49	10	1	Iéna	14[f]	–	–
20. Saint-Exupéry	48	8	2	Austerlitz	11[f]	–	–
21. Lamartine	48	5	4				
22. Jean-Jacques-Rousseau	47	3	–	Isly	12	–	–
23. Lavoisier	45	5	2	Thiers	39	12	2
24. Claude-Debussy	45	3	2				
25. Balzac	43	3	2	*Fin de la III[e] République*			
26. La Fayette	42	5	5	Henri-Barbusse	34	9	2
27. Hector-Berlioz	42	1	2	Léon-Blum	27	10	1
				Résistance	37	26	4

a. Grands axes : avenues, boulevards, quais, ponts, places ; *b. Fréquence double* : le nom apparaît au moins deux fois sur le plan de la ville ; *c.* Dont trente-six Pierre-Curie (sans Marie) ; *d.* Trois Louis-XI, trois Louis-XIV (ou Le-Grand), et un pour Louis-VI, Louis-VIII, Louis-XII, Louis-XIII, Louis-XVI et Louis-XVIII ; *e.* Un axe central pour au moins un des trois généraux ; *f.* Dont huit villes qui honorent les deux batailles.

Sans doute, la capitale a ses avenues Foch, Jaurès, Hugo, Zola. Mais cela ne veut pas dire grand-chose: à Paris on trouve de tout; et parmi quelque cinq mille quatre cents noms de rues, il était plutôt difficile d'éviter ces noms-là. Ce n'est pas leur simple présence qui compte, mais leur visibilité dans la texture parisienne. Or, il faut beaucoup s'éloigner du centre pour les trouver: Pasteur dans les XIe et XVe arrondissements, Gambetta dans le XXe, Carnot dans les XIIe et XVIIe, Jean Jaurès dans le XIXe: tous sont donc attestés dans des espaces récemment intégrés dans la capitale; seuls Clemenceau et Foch sont mieux lotis. Car Paris n'est pas une ville «IIIe République», c'est toujours une ville «impériale»! Des avenues de l'Étoile, à l'avenue des Invalides, aux boulevards extérieurs, tout en témoigne (l'Ancien Régime est d'ailleurs, lui aussi, bien mieux représenté dans le centre que la IIIe République).
Les rôles seraient-ils inversés, la périphérie provinciale devançant pour une fois le centre parisien? L'hypothèse est attrayante, mais l'explication se trouve ailleurs, dans l'hypothèse urbanistique. Le nombre des voies parisiennes est passé de 1 070 en 1789 à 3 750 en 1860 et à 5 218 en 1957 (la superficie de la ville a évolué dans le même temps de 3 370 hectares en 1789 à 7 802 en 1860 et à 10 450 en 1959)[99]. Étant donné l'importance des réaménagements effectués par les deux Empires, on peut affirmer à bon droit que le Paris d'aujourd'hui est à moitié *napoléonien*, surtout pour ce qui est des noms de rues. La croissance des villes de province n'a pas été moins spectaculaire pendant le XIXe siècle, le grand siècle de l'urbanisation. Mais contrairement à ce qui se passait à Paris, cette croissance s'est encore accélérée *après* 1870. Si le cas de Saint-Étienne, qui a triplé le nombre de ses rues entre 1870 (deux cent soixante rues) et 1950 (plus de sept cents rues)[100], est quelque peu radical, il reflète néanmoins une tendance générale de la majorité des villes françaises (dont celles de la région parisienne, qui profitaient de la stagnation relative de Paris).
Une conjoncture extrêmement favorable a permis ainsi au panthéon de la IIIe République d'envahir la scène urbaine française, la croissance spectaculaire des villes coïncidant avec l'adoption définitive du système honorifique national. Elle a bénéficié, en outre, de la longévité d'un régime qui a duré autant que le Consulat et l'Empire, la Restauration, la monarchie de Juillet, la IIe République et le second Empire additionnés.
Mais une conjoncture qui dure soixante-dix ans ne devient-elle pas une quasi-structure, surtout dans ces temps d'«accélération de l'histoire»? Un sondage de la revue *L'Histoire* – publié en avril 1981, et consacré aux «Héros de l'histoire de France» – suscite des réponses suggestives à cet égard[101] (voir le tableau ci-contre).
Ce tableau dégage une opposition très nette entre deux ensembles: d'une part les héros indiscutés du passé lointain, jusqu'à Henri IV, et de la IIIe République, jusqu'à de Gaulle; et, de l'autre, les héros contestés ou détestés, de Ravaillac

Le nom des rues

à Thiers (Catherine de Médicis et Louis XI constituant des exceptions faciles à expliquer[104]). Ainsi, les deux siècles et demi du classicisme, des Lumières, de la Révolution et de l'Empire posent toujours problème aux Français. Ce tri en rappelle curieusement un autre, celui effectué par Napoléon lors de son entreprise dénominative : les personnages historiques antérieurs à Louis XIII sont admis, les «politiques» de Richelieu à Robespierre, exclus. Napoléon n'est-il pas après coup victime des critères qu'il a lui-même arrêtés ?

Héros incontestés	*Héros très contestés*
Vercingétorix	Napoléon Ier
Saint Louis	Louis XIV
Jeanne d'Arc	Richelieu
Hugo	
Pasteur	*Mauvaises réputations*
Jaurès	
Clemenceau	Louis XI
Blum	Catherine de Médicis
	Ravaillac
Héros peu contestés	Louis XV
	Louis XVI
De Gaulle	Danton, Marat, Robespierre
Henri IV	Talleyrand
Charlemagne	Napoléon III
Marie Curie	Thiers

Notre «conjoncture urbaine» coïnciderait donc avec une «conjoncture des mentalités», l'une consolidant sans aucun doute le travail en profondeur de l'autre. Et si les noms de rues s'avéraient, en fin de compte, un «*bon* sujet»?

Le parcours que nous venons de tracer nous a conduit d'un système spontané, organique, que pratiquait le Moyen Âge, à un système semi-étatique, qui privilégie histoire et Nation. Pour reprendre une hypothèse que la problématique de cet ouvrage a rendue familière, les noms des rues nous ont mené de l'ère de la mémoire «naturelle» à l'ère de la mémoire d'une histoire officielle. Mais combien de milliers de noms «immortalisés» par les rues de France appartiennent encore à la mémoire vivante?
Un pas de plus et nous débouchons sur le cas des villes nouvelles. Neuf villes sont nées dans les années soixante de la fusion de plusieurs bourgs et vil-

lages, et leur existence urbaine partait alors de zéro. Or, quels noms ont-elles adoptés pour leurs rues? Épargnons au lecteur de nouvelles statistiques et restons-en à ce constat lapidaire: des noms *neutres*[105]. Ici, quartier des « impressionnistes », un autre des « musiciens », un troisième des « classiques », des rues Kléber, Champollion, Jean-Jaurès : c'est Villeneuve-d'Ascq. D'autres villes sont plus prudentes encore : elles s'inspirent surtout de la nature... Prenons comme échantillon le premier nom des listes de leurs rues dans l'ordre alphabétique : Acacias, Barrois, Cambraisis, Dauphiné, Échoppes (Plessis-le-Roi et Plessis-la-Forêt), Falaises, Garance, Kiosque, Lacs (Le Vaudreuil), Maïs, Nénuphars, Orée-de-Nandy, Palombes, Renardière, Sablons (Nandy), Terrasses, Vieux-Village, Abreuvoir, Belle-Herbe, Canal (Bondoufle-Évry), Dames, Églantier, Féculerie, Gaboulets (Cergy), Hôtel-de-Ville, Lac, Malacombe, Oiseaux, Pépinière (Saint-Quentin-Fallavier). Ce que laissent entrevoir ces noms nouveaux, n'est-ce pas l'avènement d'une après-histoire et d'une anti-mémoire ?

---

1. Les renseignements concernant les chaînes dénominatives parisiennes sont tirés en général de Jacques Hillairet, *Dictionnaire historique des rues de Paris*, Paris, Éd. de Minuit, 1963, « Supplément », 1972.

2. G. Quentin, « Les noms de rues de Reims », *Revue internationale d'onomastique*, t. II, septembre 1950, pp. 177-192.

3. A. Vallet, *Les Noms de rues et toponymes divers de la commune de Saint-Étienne*, Lyon, 1961.

4. « Sur quelques mesures à prendre en changeant les noms de rues », *Rapport au Conseil général de la Commune de Paris* du 17 nivôse an II.

5. Abbé H. Grégoire, *Système de dénominations topographiques pour les places, rues, quais... de toutes les communes de la République*, Rapport de la Convention nationale de l'an II, Paris ; Jules Cousin, « De la nomenclature des rues de Paris », *Mémoires de la Société de l'histoire de Paris*, vol. XXVI, 1899, pp. 2-4 (l'article date de 1877) ; P. Lacombe, « Les noms des rues de Paris sous la Révolution », *Revue de la Révolution*, vol. VII, 1er semestre 1886, pp. 101-102 ; M. Heid, *Les Noms des rues de Paris à travers l'histoire. Problèmes linguistiques et sociologiques*, thèse, Tübingen, 1972, pp. 14-151.

6. Voir A. Vallet, *op. cit.* ; M. Heid, *op. cit.* ; P.P. Clark, « Lire la rue : pour une sémiotique de l'espace », 1984 (en manuscrit).

7. J. Cousin, *op. cit.*, p. 4.

8. Pour la problématique exposée très brièvement ici, voir D. Milo, *Aspects de la survie culturelle*, thèse, École des hautes études en sciences sociales, Paris, 1985.

9. J. Cousin, *op. cit.*, p. 4, de même que P. Lacombe, *op. cit.*, p. 102, et G. Quentin, *op. cit.*, p. 192.

10. L.-S. Mercier, « Marivaux », *Tableau de Paris*, t. XI, Amsterdam, 1789, p. 150.

11. L. de Duranville, « Quelques observations sur les noms des rues et places de Rouen », *Revue de la Normandie*, juin 1869, p. 10.

12. Citons les rapports de Beudant (1872), de Mesurier (1885) et de Fleurot (1912), dans *Rapports et documents du conseil municipal de Paris*, publication annuelle.

13. Même les auteurs qui écrivent sur les rues de leur ville de province ne s'intéressent qu'à leur propre ville ; comme si le comparatisme n'avait jamais existé.

14. J. Cousin a déjà remarqué la parenté entre les noms de rues médiévaux et les noms géographiques, mais ne l'a guère exploitée.

15. P. Lacombe, *op. cit.*, p. 102.

16. Et plus particulièrement «La sociogenèse de l'État», dans *La Dynamique de l'Occident*, Paris, Calmann-Lévy, 1975, traduction de la seconde partie de *Über den Prozess der Zivilisation*, Bâle, 1939.

17. L'estimation est de M. Heid, *op. cit.*, p. 165.

18. J. Cousin, *op. cit.*, p. 7.

19. Id., *ibid.*, pp. 6-7.

20. L.-S. Mercier, «Marivaux», *op. cit.*

21. J.-Cl. Bonnet, «Naissance du Panthéon», *Poétique*, n° 33, 1978, pp. 46-66, qui étudie en particulier l'œuvre de Thomas, le maître du genre.

22. L.-S. Mercier, *Tableau de Paris*, t. II, p. 202.

23. Pour Londres, voir E. Ekwall, *Street-Names of the City of London*, Oxford, 1954 ; et H. A. Harben, *A Dictionary of London*, Londres, 1918. Pour Bruxelles, nous avons consulté le *Plan routier de Bruxelles*, 1792, Département des cartes et plans de la Bibliothèque nationale, Paris. Signalons qu'on y trouve moins de noms «religieux» qu'à Paris et à Londres, mais beaucoup plus de noms de métiers.

24. Marseille, Lyon, Bordeaux, Nantes, Toulouse, Lille, Metz, Rennes, Rouen et Reims nous semblaient constituer un échantillon statistique satisfaisant. Le choix des dates a été dicté par les documents disponibles à Paris. Tous les plans consultés sont dans le Département des cartes et plans de la Bibliothèque nationale, Paris, sauf ceux de Nantes.

25. F.-G. Pariset, *Bordeaux au XVIIIe siècle*, Bordeaux, 1968, p. 565 (t. V de l'*Histoire de Bordeaux*, sous la direction de C. Higounet), prétend que les porte et rue de Berry portent le nom du fils du dauphin. Signalons toutefois que, d'une part, ce projet, de 1754, n'a jamais été réalisé ; et que, d'autre part, Tourny, qui fut à l'origine de ce projet, affectionnait les noms des provinces de France pour ses nouvelles constructions (renseignements que je dois à l'amabilité de Christian Jouhaud).

26. P. Lelièvre, *L'Urbanisme et l'architecture à Nantes au XVIIIe siècle*, thèse, Université de Paris, Nantes, 1942, p. 61. On y ajoutera D. Rabreau, *Le Théâtre et l'embellissement des villes de France au XVIIIe siècle*, thèse, Paris IV, 1977, ainsi que l'*Histoire de Nantes*, sous la direction de P. Bois, Toulouse, Privat, 1977.

27. A. Young, *Voyages en France en 1787, 1788 et 1789* (1792), trad. franç. H. Sée, Paris, 1931, p. 245 (22 septembre 1788). Pour le théâtre, voir la veille, pp. 243-244.

28. Je remercie B. Lepetit de me l'avoir suggérée.

29. Abbé Grégoire, *op. cit.*, p. 3.

30. Pour ce qui est du Paris révolutionnaire, nous avons surtout consulté P. Lacombe, d'une érudition exemplaire, «Les noms de rues de Paris sous la Révolution», *Revue de la Révolution*, VIIe vol., 1er semestre 1886, pp. 101-111, 223-233, 280-291.

31. Id., *ibid.*, p. 103.

32. *Ibid.*, p. 104.

33. *Ibid.*, p. 105.

34. *Le Moniteur universel*, 8 octobre 1792, cité par M. Heid, *op. cit.*, p. 198.

35. M. Heid, *op. cit.*, p. 201 ; J. Cousin, *op. cit.*, p. 8.

36. A. Franklin, « Les rues », *in La Vie privée d'autrefois*, Paris, 1901, t. XXV, pp. 71-80.

37. P. Lacombe, *op. cit.*, p. 105.

38. Id., *ibid.*, p. 229.

39. Le conseil municipal de Paris arrête en 1904 qu'« il ne sera donné aux rues de Paris aucun nom appartenant à des personnages morts depuis moins de cinq ans », cela avec l'objectif d'empêcher l'attribution d'une rue à Zola (M. Heid, *op. cit.*, p. 220). Mais la ville continue à célébrer des hommes vivants, tels le président Wilson (1918) et le maréchal Pétain (1929). C'est cet échec qu'enregistre l'ordonnance du ministre de l'Intérieur, le 12 avril 1948 : « Il sera statué par arrêté du ministre de l'Intérieur sur la dénomination des rues et places lorsque cette dénomination constitue un hommage public décerné à une personnalité étrangère ou à une personnalité française vivante » (*ibid.*, p. 221).

40. *Le Moniteur universel*, 27 juin 1790, cité par P. Fleurot, « Rapport concernant la dénomination de quelques voies de Paris », *Rapports et documents du conseil municipal de Paris*, n° 50, 1912.

41. Bronislaw Baczko, *Les Imaginaires sociaux : mémoires et espoirs collectifs*, Paris, Payot, 1984, p. 118.

42. *Tableau des noms anciens et nouveaux des promenades... de la ville de Marseille*, Marseille, 1820.

43. P. Peraux, *Dictionnaire indicateur des rues et places de Rouen*, Rouen, 1819 (la date explique le ton), p. x.

44. G. Quentin, *op. cit.*, p. 184.

45. Archives municipales de Toulon, D 10 (f° 136 v°).

46. M. Bernadau, *Le Viographe bordelais*, Bordeaux, 1844, pp. 42-46.

47. A. Vallet, *op. cit.*, p. 146.

48. Coulon, « Plan de la ville de Nantes », an III.

49. Le cas de Parthenay prouve qu'il s'agissait en effet de « toutes les communes de la République ». Cette petite ville vendéenne changea le 21 février 1794 trente-neuf noms de rues, places, portes et cantons (P. Arches, « Noms de rues et vie politique à Parthenay, 1794-1941 », *Bulletin de la société historique et archéologique « Les Amis des antiquités de Parthenay »*, 1980, pp. 26-27).

50. Paris, 1901. Il s'agit de sous-estimations, car ne sont pris en compte que les noms qui *commencent* par « Union », « Égalité », « Voltaire ».

51. Dont le titre de l'étude est éloquent : *Les Noms révolutionnaires : histoire postale des localités débaptisées sous l'influence jacobine*, Paris, 1974.

52. Br. Baczko, *op. cit.*, p. 54.

53. A. Franklin, *op. cit.*, p. 65.

54. P. Lacombe, *op. cit.*, p. 291.

55. C'est d'ailleurs sous ce nouveau nom que Cloots prononça ces formidables paroles : « Il faudrait assurer à la République le commerce exclusif des matières premières dont se fabrique l'opinion publique. » Cité par Br. Baczko, *op. cit.*, p. 54.

56. Id., *ibid.*, p. 47. Il est d'ailleurs intéressant de voir qu'une autre révolution culturelle qui voulait tout effacer, à savoir celle du peuple juif devenu État d'Israël, continue d'employer des démarches analogues. Des dizaines de milliers de personnes ont ainsi *hébraïsé* leurs noms jugés trop marqués par la diaspora, et cela sous l'impulsion du gouvernement aussi bien que spontanément.

57. Seul M. Heid consacre au Directoire dix lignes (*op. cit.*, p. 205).

Le nom des rues

58. P. Lacombe, *op. cit.*, p. 288.
59. Selon le répertoire établi par A. Aulard, *Paris pendant la réaction thermidorienne*, Paris, 1902.
60. P. Peraux, *op. cit.*, p. x.
61. Archives communales de la ville de Marseille, série 1 D, f° 125, série 30, ff^{bs} 54 à 65.
62. Archives municipales de la ville de Toulon, série D 14, f° 213.
63. M. Bernadau, *op. cit.*, p. 42.
64. J. Hillairet, *op. cit.*, p. 38.
65. J. Cousin, *op. cit.*, p. 9.
66. P. Lacombe, *op. cit.*, p. 289.
67. A. Aulard, *op. cit.*
68. L. de Lanzac de Laborie, *Paris sous Napoléon*, Paris, 1914, p. 108, cité par M. Heid, *op. cit.*, p. 202.
69. Cité par A. Aulard, *op. cit.* Il fallait être en effet assez naïf pour s'exclamer avec *Le Patriote français* qu'«il est bien temps que nos rues ne portent nulle part le nom ridicule de quelques pénitents canonisés» (le 8 frimaire an VII, 28 novembre 1798); le vent soufflait ailleurs.
70. A. Vallet, *op. cit.*, p. 147.
71. Ou plus exactement les noms adoptés en 1790, suivant les propositions de Necker. *Tableau des changements à faire dans les dénominations des subdivisions de Paris*, s.d., Archives de la Seine, Vd⁶ 8 n³. Ces changements ont eu lieu avant 1812, comme l'indique la liste qui se trouve dans J. de La Tynna, *Dictionnaire topographique, historique et étymologique des rues de Paris*, Paris, 1812.
72. Seule exception: la rue Madame, rétablie dès 1812, on ne sait pas trop pourquoi.
73. Archives municipales de la ville de Toulon, série D 14, f° 213.
74. Ainsi Saint-Florent-le-Vieil s'appelait Mont-Glone jusqu'en 1798, Libre-Val est redevenu Saint-Amand en 1800 de même que Port-Malo, Saint-Malo; alors que Fontenay-le-Peuple a retrouvé son ancien nom, Fontenay-le-Comte, en 1802.
75. Seule exception, toujours inexplicable: Legendre prétend que Bourg-Égalité est redevenu Bourg-la-Reine dès 1812, et cela par décret impérial daté de Moscou...
76. Pour ces changements, voir N.-M. Maire, *Nomenclature des rues de Paris*, Paris, 1816.
77. Cette analyse de même que celles qui concernent 1830, 1848 et 1851 partent des listes proposées par les frères L. et F. Lazare, *Dictionnaire administratif et historique des rues de Paris* (1844), Paris, 1855, p. 14.
78. *Le Moniteur universel* du 22 février 1849 donne une liste de trente-cinq noms. Voir aussi A. Mousset, «Paris raconté par ses rues», *La Revue de Paris*, 44ᵉ année, t. IV (juillet-août 1937), pp. 115-136. Pour un résumé de ces revanches successives, voir J. Cousin, *op. cit.*, pp. 9-11.
79. Pour Vichy et la Libération, voir un aperçu chez M. Heid, *op. cit.*, p. 224.
80. Le «Rapport sur la nomenclature des rues» de Charles Merruau (Conseil municipal de Paris, *Rapports et documents*, 1863) donne une idée de cette soif inextinguible de noms. Merruau n'y parle point de noms, il se contente de traiter de catégories et quantités: vingt-trois victoires et traités, soixante-dix-huit maréchaux, quarante hommes politiques et juristes, quarante-neuf peintres et architectes, dix-huit musiciens, trente-cinq gens de lettres et cent hommes de science.
81. Chiffres établis à partir des listes des frères Lazare, *op. cit.*
82. *Tableau des rues, places... de la ville de Nantes*, Nantes, 1832. À Paris: Franklin,

Washington, Newton, Byron; à Nantes : Copernic, Franklin, Newton, Pétrarque, Rubens; Bacon, Carrache, Colomb, Galilée, Gutenberg, Linné, Milton, Pope, Raphaël, Rembrandt, Le Tasse, Tintoret et Van Dyck ont été effacés par la Restauration...

83. *Guide du voyageur au Havre*, Le Havre, 1827.

84. P. Peraux pour 1819, L. de Duranville pour 1869.

85. A. Bertrand, *Les Rues de Lille : leurs origines, transformations et dénominations*, Lille, 1880 (Marseille, 1976).

86. A. Vallet, *op. cit.*, pp. 132-150 ; voir surtout le tableau récapitulatif, p. 132.

87. Id., *ibid.*

88. Citée par M. Heid, *op. cit.*, p. 209.

89. Pour un résumé du conflit sur le droit de dénomination qui opposait l'État et la ville de Paris, voir le rapport Mesureur, Conseil de Paris, *Rapports et documents*, 1885, n° 11, pp. 3-7.

90. L. de Duranville, *op. cit.*, p. 10.

91. L. Maynard, *Histoires, légendes et anecdotes à propos des rues de Lyon* (1922), Lyon, 1980.

92. M. Bernadau, *op. cit.*, p. 120.

93. À Saint-Étienne, contre un seul nom étranger adopté entre 1870 et 1918 (Garibaldi), on en trouve déjà sept entre 1918 et 1950 (A. Vallet, *op. cit.*, pp. 142-143).

94. *Collection unique :* Deux cent cinquante – devenus cent soixante – plans de villes françaises et étrangères, Paris, 1880-1900. Les dates précises ne sont pas connues, les plans étant non datés et les Éditions Fayard ayant détruit leurs archives. Autre handicap : ces plans manquent de légendes, ce qui nous a obligé de faire un travail quelque peu artisanal.

95. Quoique notre enquête fût effectuée sans ordinateur...

96. G. Quentin, *op. cit.*, p. 188.

97. R. Posthaus, *Französiche Autoren in Strassenverzeichnissen (Paris, Montreuil, Saint-Étienne und Perpignan)*, mémoire, Düsseldorf, 1975.

98. Sans oublier Marie Curie, morte en 1934.

99. J. Hillairet, *op. cit.*, pp. 36-37.

100. A. Vallet, *op. cit.*, p. 132.

101. « Les héros de l'histoire de France », *L'Histoire*, n° 33, avril 1981, pp. 102-112, et plus particulièrement « L'amour et la haine », p. 110.

102. Il est d'ailleurs assez probable que l'énorme succès du *Louis XI* de Murray-Kendall le réhabilitera aux yeux des Français.

103. L'idée est de Pierre-Yves Mauguen. Quant aux sources consultées, il s'agit des plans les plus récents des villes citées. Donner leurs références *in extenso* nous semble donc superflu.

LA NATION

3. L'IDÉEL
Les mots

Quels autres lieux de mémoire pour les mots que les mots eux-mêmes ? Quels hauts lieux pour les hommes qui en font profession – l'orateur, l'écrivain, le professeur et le lexicographe, sinon la page ou la formule, la citation ou les morceaux choisis ?
Mais sous les mots, qui ne vivent que de leur propre éclat, il y a tout le système des institutions qui les portent, et qui en entretiennent la technique, la discipline, l'enseignement, la célébration, l'enregistrement. L'institution qui en a été la dépositaire officielle et dont le poids a commandé les formes et les hiérarchies littéraires : l'Académie française. Celles qui en ont fait rayonner le pouvoir de conviction : la chaire, la tribune, le barreau. Celle qui, plus encore que l'Université, en a fait une science et l'objet de son savoir : le Collège de France. Celles qui en apprennent le maniement et en dispensent le culte : les classiques scolaires, la khâgne, la visite au grand écrivain. Celles enfin qui en organisent le lexique : les Trésors de la langue française.
Un trait ressort de l'exploration croisée de ces différents lieux : l'exceptionnelle implication civique des faits de culture dans la tradition nationale, le commandement politique de la langue. C'est lui qu'on a voulu mettre en lumière. Dans quel autre pays aurait-on pu décrire le « sacre de l'écrivain » ? Où trouverait-on la liberté de la parole et du savoir garanti par le prince contre le prince lui-même ? Quelle nation aurait fait de l'esthétique de l'expression le fondement ultime et la légitimité supérieure de la parole d'autorité ? Où l'État s'est-il soucié de confier à une compagnie académique la mission exclusive de confectionner un dictionnaire de la langue ?
« Honneur des hommes, saint langage ! » (Saint-John Perse). « En étrange pays dans mon pays lui-même... » (Aragon). Au poète, le dernier mot.

Pierre Nora 1986

La Coupole

1.

Moi, bonheur ou fortune, après avoir campé sur la butte des Iroquois, et sous la tente de l'Arabe, après avoir revêtu la casaque du sauvage et le cafetan du Mameluck, je me suis assis à la table des rois, pour retomber dans l'indigence. Je me suis mêlé de la paix et de la guerre, j'ai signé des traités et des protocoles, j'ai assisté à des sièges, à des conclaves, à la réédification et à la démolition des trônes, j'ai fait de l'histoire, et je la pouvais écrire ; et ma vie silencieuse et solitaire marchait au milieu du tumulte et du bruit avec les filles de mon imagination, Atala, Amélie, Blanca, Velléda, sans parler de ce que je pourrais appeler les réalités de mes jours, si elles n'avaient elles-mêmes la séduction des chimères. J'ai peur d'avoir eu une âme de l'espèce de celles qu'un philosophe ancien appelait une maladie sacrée[1].

Dans cette page de péroraison des *Mémoires d'outre-tombe*, Chateaubriand énonce, en résumant l'ensemble de l'œuvre, le *curriculum vitæ* qu'il souhaite voir inscrit à jamais dans le marbre du panthéon idéal de la France. De précises préséances, respectées avec toute la minutie d'un homme de cour d'Ancien Régime, règlent cette inscription funéraire. En tête, la carrière de l'homme public, tour à tour exilé politique, conseiller du Prince, homme d'État, diplomate. Puis, à plusieurs lignes en retrait, les différents moments d'une carrière d'homme de lettres. Encore celle-ci est-elle soigneusement établie dans une dépendance étroite de la première, qui garantit son œuvre contre tout soupçon de sophistique vulgaire ou vénale. Acteur de l'Histoire de France, c'est à ce titre qu'il a pu en être l'aède, et, ajoutant aux faits leur récit, contribuer pleinement à parachever l'épopée française. Acteur de l'Histoire et historien, il a aussi pratiqué un sous-genre de l'historiographie, fondé comme celle-ci sur l'expérience directe : le récit de voyage, variante du récit historique, à laquelle s'est livré le grand témoin dans ses exils. À cet étage noble, il s'est donc illustré dans les genres suprêmes : l'Histoire-*Iliade* et l'Histoire-*Odyssée*. On descend encore de quelques degrés, et Chateaubriand cite son œuvre de poète lyrique, auteur d'idylles en prose : *Atala, Les Martyrs*. Éloquence et Histoire, Poésie : Homère, Bossuet, Fénelon. La musique de l'élégie se fait alors entendre, avec l'allusion à la fuyante Daphné qui, sous tant de visages aimés, s'est toujours dérobée, avec l'aveu de ce tempérament mélancolique qu'Aristote réservait aux héros et aux génies. Et l'on comprend que les *Mémoires d'outre-tombe* eux-mêmes sont *L'Énéide* d'un Énée qui aurait été son propre Virgile. En quelques lignes, Chateaubriand a dessiné autour de lui-même la mise en scène allégorique de l'*Inspiration du poète* de son cher Nicolas Poussin. Il a résumé du même coup tout l'idéal académique d'Ancien Régime, et l'a traduit, en l'énonçant à la première personne, pour le XIXe siècle romantique français. Cette traduction moderne n'eût pas été possible sans le « je » des *Confessions* de Rousseau. Mais à quelle métamorphose ce « je » n'a-t-il pas été soumis ! D'insondable et indomptable, il est devenu le ressort d'une triple carrière publique, qu'il a parée de son mystère : une carrière d'État, une carrière de Lettres, et une carrière que l'on n'ose dire privée, tant sa légende est depuis longtemps publique, et trouve justement son expression « définitive » dans les *Mémoires* : ce qu'il appelle « les réalités de mes jours », et qui, de liaison célèbre en liaison célèbre, donnent aussi à son œuvre idyllique et élégiaque la garantie de l'autobiographie. C'est Rousseau revu et corrigé par la *Lettre à l'Académie*. Et par un jeu de miroirs prodigieux, le plus vaste et magnifique éloge funèbre d'académicien de toute notre histoire littéraire est prononcé par celui-là même qui en est le sujet.

Mais pour réussir un tel tour de force, et seulement pour s'y risquer, encore faut-il être intimement et calmement assuré qu'il sera compris et même avidement goûté. À créer cette attente, ni la vie ni l'œuvre antérieure de Chateaubriand n'auraient suffi. Il fallait se savoir porté par une hiérarchie de valeurs et par un univers canonique de formes bénéficiant d'une adhésion générale, et dont la maîtrise valut à leur « Enchanteur » une reconnaissance immanquable : le grand style, les grands genres, les grands garants, Homère et Virgile, le Tasse et Fénelon, Poussin, et tout cela orchestré par un personnage qui alliât les dignités d'État, incontestables, aux séductions des Lettres, qui à elles seules eussent pu passer pour suspectes. Toutes ces conditions implicites du succès ne pouvaient être créées par un seul homme, par une seule œuvre : Chateaubriand se sait soutenu par une majestueuse tradition nationale que révère son public ; bien antérieure à lui-même, elle lui survivra. Cette tradition, qui n'est pas sans analogie avec celle qui porte l'Ingres de l'*Apothéose d'Homère*, c'est celle qui s'articule en France, pour les gens de lettres, à

La Coupole

l'Académie française, à ses normes sociales et esthétiques, à l'ordre de culture qu'elle autorise comme le *lieu commun* de la grandeur et de la gloire nationales. Et cette tradition, ravivée plutôt qu'ébranlée par la Révolution et par l'Empire, Chateaubriand, au centre et au sommet du XIXe siècle français, en a perçu et réinterprété ses données fondamentales, comme Ingres le fit pour celles dont l'Académie des beaux-arts avait le dépôt. Rien ne témoigne mieux de sa vitalité que la virtuosité avec laquelle, du moi singulier et séparé de Rousseau, Chateaubriand réussit à faire, pour son propre compte et pour celui des lettres françaises, un cas classique de mélancolique inspiré, ayant vocation naturelle, depuis Aristote, aux *grands* rôles tragiques, sur un théâtre qu'abominait Rousseau, mais qui, dans les *Mémoires d'outre-tombe*, est bien la *scène tragique* de l'Antiquité et de la Renaissance, au centre de la Cité ou de la Cour: un théâtre où l'admiration l'emporte sur la terreur et la pitié, et dont les emplois relativement peu nombreux et récurrents s'exercent selon les règles de la dramaturgie classique, contemporaine de la fondation de l'Académie: unité de lieu (Paris, où tous les chemins ramènent), unité de temps (un «siècle»), unité d'action (une carrière d'État et de Lettres). L'amour – mais l'amour selon Pétrarque, cet ingrédient obligé que notre tragédie classique a ajouté à ses modèles gréco-latins –, Chateaubriand l'ajoute à son tour, explicitant la tradition, aux normes de la biographie littéraire d'Ancien Régime: après lui, académicien de droit ou de fait, le «grand écrivain» à la française reçoit le droit d'incarner publiquement sa Muse dans «les réalités de ses jours»: Hugo et Juliette, bien sûr, mais, avant Hugo, Lamartine et Elvire, et, après Lamartine, Barrès et la comtesse de Noailles, Lemaître et la comtesse de Loynes, France et Mme Arman de Caillavet, et, plus récemment encore, Malraux et Louise de Vilmorin, Aragon et Elsa, Sartre et Simone de Beauvoir. Homme public, le «grand écrivain» à la française l'est encore, comme le furent nos rois, avec leurs maîtresses officielles, jusque dans sa vie privée, qui se stylise en légende selon des modèles consacrés.

2.

La postérité de Rousseau – il est vrai, fascinée entre-temps par la carrière héroïque de Napoléon – a eu beau se proclamer étrangère au monde et à ses voies philistines, elle a fait ou laissé se jouer, avec une intensité inconnue de l'Ancien Régime, les mécanismes de reconnaissance publique et d'anoblissement que celui-ci, avec modération, avait mis à la disposition de l'homme de lettres. Racine, Boileau et La Fontaine ne sont que des «hommes illustres» parmi beaucoup d'autres, de professions diverses, dans l'académie idéale de «Modernes» réunie par Perrault. Les «génies» du romantisme ont voulu conquérir une tout autre grandeur, un magistère spirituel que Malraux a traduit sur le tard en langage technocratique en se faisant nommer ministre des Affaires culturelles, et en dédaignant l'Académie. Il est probable que la première apparition d'un magistère de ce type date en France de la cour des Valois. Déjà l'académie du Palais patronnée en personne par Henri III, et dont le secrétaire perpétuel avant la lettre furent Pibrac, puis Davy Du Perron, avait joué un rôle dans la reconnaissance officielle de Ronsard comme poète-orateur du royaume; elle avait bien servi Du Perron lui-même dans sa brillante carrière littéraire puis ecclésiastique. Et le premier *Discours de réception* de l'histoire française est à coup sûr l'*Oraison funèbre* de Ronsard prononcée au collège de Boncourt par Du Perron, en 1585[2]. Mais c'est évidemment la fondation de l'Académie française par Richelieu qui fixa définitivement les rites de passage de la vocation littéraire à la reconnaissance d'utilité publique et à l'entrée dans une sorte de panthéon national. Sur le théâtre de la cour, et selon une étiquette qui se précisera peu à peu, un Parnasse est ménagé où les gens de lettres ont leur place, et qui leur donne le droit, avec les honneurs de la cour, de participer à l'immortalité et à l'autorité de la monarchie. Ce n'est pas le magistère du génie, c'est du moins, pour la réputation littéraire, en elle-même fuyante et suspecte, un statut légitime, qui lui donne rang aux côtés des offices et des charges dispensés par l'État. Elle est arrachée au caprice des mécènes, à la faveur changeante du public, au préjugé qui frappe les professionnels de la plume, et qui n'est guère moins humiliant que la malédiction dont sont affligés les saltimbanques. Cette légitimation est en son principe fort modeste. Appartenir à l'Académie française sous l'Ancien Régime ne préserve un homme de lettres de la condition commune que dans la mesure où là, et là seulement, il peut frayer de confrère à confrère avec des ministres d'État, de grands seigneurs, de hauts dignitaires de la cour qui donnent son véritable éclat à la Compagnie. Mais c'est une compagnie royale, et les gens de lettres vont retirer de leurs représentants en son sein assez d'éclat pour conférer à leur propre groupe social l'autorité dont il va jouer sous Louis XV et Louis XVI, et qui rivalisera en effet avec celle des autorités traditionnelles : magistrature, clergé, noblesse, cour. Et cette «royauté» des gens de lettres au temps des Lumières prépare le terrain à ce que Paul Bénichou a nommé le «sacre de l'écrivain» romantique[5] : sacre «napoléonien», où l'écrivain, acclamé par la *vox populi*, n'entend bien recevoir sa couronne que de sa propre main, et non pas d'une quelconque autorité établie. Mais le sacre de Napoléon n'en a pas moins eu lieu à Notre-Dame, et en présence du pontife romain. Chateaubriand lui-même, si soucieux par ailleurs de remplir de grands emplois diplomatiques et politiques, considéra comme allant de soi d'occuper un siège académique, qui traduise en langage officiel sa gloire littéraire.

La Coupole

Et de fait, réapparue par étapes après sa suppression en 1793, l'Académie postrévolutionnaire est plus que jamais une institution d'État, un grand corps qui atteste et assure que la littérature, en France, est d'utilité publique. Tous les grands romantiques, de Lamartine à Musset, finiront par y entrer, et Baudelaire lui-même considérera comme naturel d'y être candidat. Cela n'ira pas, nous le verrons, sans une tension croissante entre la notabilité littéraire de type académique et le subjectivisme centrifuge des poétiques romantiques et postromantiques. Reste que même le subjectivisme ou le gnosticisme littéraires, à Paris, ne résistent pas à la tentation de se forger un personnage public et d'exercer une forme de magistrature. Le lien établi par l'Académie française entre le magistère éloquent et la participation de plain-pied à la vie publique est devenu une postulation native de l'écrivain, même révolté. Si bien que lorsque l'Académie elle-même a été rejetée, dénigrée, combattue, ses adversaires avaient assez intériorisé son principe pour le transporter dans leur camp. Les cénacles regroupés autour d'une revue, d'une maison d'édition, d'un manifeste, d'un grand homme ne sont pas seulement tentés de reconstituer dans leurs rangs quelque chose des rites académiques: ils aspirent à occuper une place centrale, légitime, universelle dans la vie de l'esprit, et bientôt dans la vie publique. Ce que nous appelons aujourd'hui la vie littéraire a beau s'être considérablement rétréci, avec ses prix et ses jurys saisonniers, elle est toujours l'image multipliée et éphémère du modèle solennel imprimé dans la mémoire nationale depuis 1671, date à laquelle fut décerné pour la première fois un prix d'éloquence par l'Académie française[4]. Le roi et sa cour, dont l'Académie française reflétait et réfractait le prestige sur les gens de lettres, ont disparu: l'État et le Tout-Paris n'en trouvent pas moins dans l'Académie et ses nombreux satellites des médiateurs et échangeurs par où l'art de bien écrire fait accéder à la notoriété, à la visibilité, sinon au magistère.

3.

Dans les fragments publiés sous le titre *Contre Sainte-Beuve*[5], on voit Proust dissocier ce que Chateaubriand, dans notre citation liminaire, saisissait d'un seul mouvement de synthèse: le «génie» et les diverses carrières hiérarchisées qui ont projeté ce génie sur le théâtre de l'Histoire. Selon Proust, c'est l'œuvre littéraire de génie, et cette œuvre seule, qui doit nous importer: elle a son secret en elle-même, et l'homme social, public et privé, que Chateaubriand lui-même prenait grand soin de donner pour garantie à la sienne, ne nous aide en rien au déchiffrement de ce secret. Le génie littéraire ne renvoie qu'à l'œuvre qui le manifeste, l'Art ne renvoie qu'à l'Art. Le monde historique et social ? Autant d'obstacles que le génie a dû surmonter, autant de poncifs et d'illusions qu'il a dû dissiper. Dès lors, la méthode critique de Sainte-Beuve, à tant d'égards l'émanation de l'esprit académique du XIXe siècle, est entièrement récusée : elle va systématiquement de l'homme social, de l'homme public à l'œuvre, ce qui la condamne à manquer la rencontre avec le génie que l'œuvre seule révèle. En revanche, elle s'attarde irrésistiblement à une foule de médiocrités qui ont rang et figure dans le monde et pour qui la littérature n'est qu'un ornement, même s'il est le plus précieux, de leur « distinction ». Dans les *Lundis*, Vicq d'Azyr recueille autant d'attention que Hugo, Daru que Stendhal, Molé que Baudelaire, Mérimée que Balzac, et beaucoup plus de sympathie. Les *Lundis* sont pour Proust ce que l'Académie était pour Arsène Houssaye : il leur manque toujours un « quarante et unième fauteuil[6] », le seul qui compte. Il n'empêche que le fils d'Arsène Houssaye, Henry, sera des Quarante. Et Maurice Martin du Gard, dans ses *Mémorables*[7], rapportant un récit que lui fit Barrès, nous montre Proust en visite chez l'auteur de *Colette Baudoche*, vers minuit, et sollicitant son avis pour une éventuelle candidature académique. Une telle élection eût été la revanche, en la personne d'un de ses admirateurs les plus fervents, de l'échec de la candidature de Baudelaire, à qui « l'oncle Beuve » avait adressé ce féroce *satisfecit* :

> Quand on a lu [à la séance de l'Académie] votre dernière phrase de remerciement, conçue en termes si modestes et si polis, on a dit tout haut : Très bien. Ainsi vous avez laissé de vous une bonne impression. N'est-ce donc rien[8] ?

Proust n'avait pas tort de voir en Sainte-Beuve l'ennemi capital de la gnose de l'Art élaborée tout au long du XIXe siècle, en dissidence contre les conventions académiques. Mais pour avoir refusé de s'enfermer dans la littérature au sens gnostique, Sainte-Beuve avait-il trahi les Lettres ? Inlassablement, contre la pente qui emportait son siècle et ses amis, il a rappelé que les Lettres n'étaient pas une secte, même de génies, mais un Port-Royal catholique où ont accès toutes sortes de talents, pourvu qu'ils fassent preuve, dans leur ordre propre, de l'amour de la langue et de la sagesse « classiques », en quoi il voyait le lieu commun français. Aussi les *Lundis*, au grand dépit de Proust, sont-ils une vaste extension de l'Académie française du XIXe siècle, accueillante aux « génies » consacrés, mais difficile d'accès aux « génies » contemporains et controversés, plus accueillante encore aux seconds rôles, à ceux dont le talent probe fait la force et la durée des institutions. Proust n'a pas voulu voir que, pour Sainte-Beuve, la littérature française est une institution nationale, et sa chronique du *Constitutionnel* une contribution vigilante à la santé de l'institution[9]. Celle-ci doit être, entre autres, préservée des caprices et improvisations orgueilleuses des «génies» singuliers. Et si la France, pour Sainte-Beuve, est la nation littéraire par excellence – comme elle était, pour Diderot, ou pour Delescluze, la nation par excellence de la peinture – elle le restera moins par les éclats d'exception que par l'abondance de ses talents réguliers, par leur variété, par leur solidité de bon aloi, et par l'appétit de bonne qualité littéraire que cette abondance même fait naître hors des rangs des écrivains professionnels. La doctrine de Proust – en germe chez Flaubert et les Goncourt – fait en somme le désespoir du laïcat. Et dans la mesure où la tête et l'exemple de la nation littéraire est l'Académie française, il est naturel que celle-ci soit une troupe – au sens où l'est la Comédie-Française –, c'est-à-dire non pas une addition d'étoiles, mais la réunion d'une gamme étendue d'emplois, y compris les seconds rôles. La Société des gens de lettres peut bien défendre les intérêts corporatifs et les droits d'auteur des clercs de métier. C'est encore autre chose. Sainte-Beuve avait une conception plus «noble» et moins pure que celle de Proust de son magistère critique et de celui de l'Académie française : l'un et l'autre préservent le caractère de lieu commun national de la littérature, où les talents de divers ordres, et pas seulement les écrivains qui ne sont que *cela*, puissent venir se faire reconnaître et consacrer publiquement.

Les historiens de l'art ont étudié, et cela en se libérant des préjugés du modernisme, le rôle central de l'Académie de peinture, de ses prix de Rome, de son Salon, dans l'extraordinaire développement de l'art de peindre en France, du XVIIe au XIXe siècle[10]. Même le privilège que cette Académie a durablement imposé de la «peinture d'histoire», et les édifices institutionnels et théoriques qui ont été bâtis sur ce privilège ont suscité par réaction une série innombrable d'hérésies heureuses qui ont fait la fortune de la peinture française. Il en allait de même à Rome au XVIIe siècle, où les modèles monumentaux et canonisés de la haute Renaissance suscitèrent autant de réactions que d'émulation. Il y a moins d'évidence à établir le rôle analogue qu'a pu jouer l'Académie française dans l'histoire littéraire. Pourtant, dès que la question est posée, on entrevoit que cette Académie a occupé une position ininterrompue et centrale dans l'économie symbolique qui régit le sort des Lettres en France, aussi bien dans l'imaginaire national que dans les rangs et les motifs de la société française. Les anecdotes, les chapelets biographiques, les narrations «événementielles» à quoi se réduisent trop souvent les *Histoires* de l'Académie, voilent ce que Paul Valéry a nommé le «mystère» de l'Académie française. Ce «mystère», que d'autres pourraient appeler l'«esprit de corps» de l'institution, n'a rien à faire avec le «génie» littéraire ou avec la «création» littéraire : il est conscience collégiale de veiller à ce que Paul Valéry appelle encore la «fonction» de l'Académie, qui est de résumer l'inscription des Lettres dans la fabrique de l'État et de la société française.

Inscription si profonde, si coutumière, qu'elle échappe à l'attention, sauf aux yeux du « corps » qui en détient l'arcane. La France est le premier – et, en définitive, le seul – pays qui se voie doté d'un « corps littéraire » d'État, et qui ait fait de l'adoption par ce « corps littéraire » l'honneur suprême qui puisse être réservé à une carrière, et pas seulement à une carrière littéraire, puisque l'Armée, l'Église, l'Administration, la Magistrature, la Diplomatie, le Barreau, l'Université, mais aussi les Sciences, le « Monde » et, plus récemment, le Cinéma et la Télévision ont vocation à ce corps singulier, qui, après avoir déversé sur les gens de lettres le prestige des « grandeurs d'établissement », a fini par donner à celles-ci pour idéal la gloire littéraire. Toute analyse un peu sérieuse de la situation de la littérature dans l'État-nation, à ses différentes époques, ne peut sans dommage faire l'économie du « mystère » et de la « fonction » académiques.

4.

Or, l'histoire littéraire universitaire, oscillant entre le positivisme des méthodes et le romantisme des idéaux, s'est désintéressée des institutions : très attachée à établir la biographie des écrivains, elle n'accorde qu'une attention distraite à leur éventuelle ambition académique, ou à leur position vis-à-vis de la norme académique. Elle a abandonné l'histoire de l'Académie française à un genre spécialisé, l'histoire de l'Institut. Et celle-ci, à l'exception d'un intéressant essai de Paul Mesnard (1857 !)[11], de remarques « de l'intérieur » formulées par Sainte-Beuve[12] ou de la belle thèse prélansonienne de Lucien Brunel[13], s'est trop enfermée dans son sujet pour entrevoir seulement le rôle qu'a pu jouer l'Académie dans la conjoncture française entre littérature, État et société, dans les avatars de la *persona* publique de l'écrivain, ou dans l'histoire des genres littéraires. Les quelques remarques liminaires auxquelles je me suis livré suffisent-elles à laisser entrevoir le bénéfice que peut trouver l'historien à adopter le point de vue central et panoramique qu'offre l'Académie française ? Loin de borner le regard à la microsociété académique et à sa frange immédiate, qui en elles-mêmes, d'ailleurs, méritent plus d'attention, ce point de vue révèle que la négation même du paradigme littéraire académique est constitutive de l'idée de littérature qui prévaut en France. Dans *Les Mandarins* de Simone de Beauvoir, où les seuls noms d'Académie et d'académicien sont des injures[14], la coterie de journalistes et de romanciers « engagés » qui est le sujet du roman vit d'une idée française de la littérature, implicite pour eux-mêmes et évidente pour leur public, et cette idée qui fait leur force est au fond une rente silencieusement perçue sur le capital de prestige dont l'Académie est la Banque de France. Spontanément et sans

La Coupole

résistance de la part de leur public, ils se comportent comme si leurs dons d'écrivain leur conféraient une autorité nationale, un magistère moral et politique universel qui les porte d'emblée à égalité d'audience avec les chefs politiques ou les représentants de l'État. Il se passe ici ce qui a été observé par les historiens de l'art chez les peintres qui ont construit leur œuvre et leur carrière au rebours du circuit plus ou moins contrôlé par l'Académie des beaux-arts : ils se hissent spontanément dans la niche du « grand peintre » que l'Académie depuis sa fondation a patiemment imposée à l'imaginaire national ; ils élèvent invinciblement leurs œuvres au rang des « grands genres » dont l'Académie a établi pour des siècles la suprématie, et l'on voit Picasso peindre avec *Guernica*, de loin son tableau le plus célèbre, une grande « peinture d'histoire » qui en d'autres temps lui eût permis de concourir à l'Académie de peinture, aussi bien que Watteau avec l'*Embarquement pour Cythère* et Greuze avec *Severus et Caracalla*. Il n'est pas, d'ailleurs, jusqu'au genre de l'éloge académique, clef de voûte de tout l'édifice, qui ne se réfléchisse dans le miroir déformant opposé par les cénacles rebelles à l'autorité littéraire établie : l'idée d'Académie repousse en France partout, et peut-être surtout là où l'on s'emploie à supplanter son incarnation officielle. Pour les habitués du cénacle de la rue de Rome[15], les « éloges » de Mallarmé (modèles pour la future éloquence proprement académique de Valéry et de Claudel) revivifient, aux dimensions d'une chapelle littéraire, les rites de la cathédrale du quai Conti. Et pour la coterie surréaliste, comme plus tard pour la coterie existentialiste, l'éloge (privilège souvent réservé au chef de file) se lie spontanément au culte des ancêtres, aux rites d'adoption du groupe. Les « discours de réception » du « secrétaire perpétuel » André Breton sont aussi célèbres que ses anathèmes contre les exclus. Et dans l'œuvre de Sartre, devenu lui aussi secrétaire perpétuel de l'Académie des *Temps modernes*, les gigantesques éloges consacrés à l'ancêtre ambigu, Flaubert, ou au marginal adopté, Genet, peuvent être considérés comme des excroissances un peu monstrueuses, mais tout aussi officielles, du genre national du panégyrique de séance solennelle, ou de séance de réception !

C'est que le genre panégyrique – si décrié par les demi-habiles – ne se contente pas de renouer constamment avec les origines mêmes de la littérature comme lien social, suture symbolique entre les vivants et les morts, entre les diverses classes d'âge et les diverses fonctions de la « tribu ». Miroir sorcière de tous les grands genres oraux – hymne, épopée, oraison funèbre –, il est au centre de toute fête qui rend une société présente à elle-même, et la rassemble autour d'une patrie et d'un patrimoine commun et sacré. Or, le panégyrique est le genre institutionnel de l'Académie française, il y joue un rôle public qui n'est pas de circonstance, mais de fondation, il y rythme depuis trois siècles l'année académique. Il ne se contente pas d'y être l'« ostensoir » de la langue nationale, dont l'Académie a le dépôt et dont elle vérifie le bon usage. Il réaffirme la prééminence du grand style et des grands genres de l'Éloquence, de l'Histoire et de la Poésie dont l'Académie depuis trois siècles garantit l'exemplarité dans nos Lettres, car il a vocation à la fois à l'éloquence, à l'histoire et à la poésie épique-lyrique-élégiaque. L'effet de ce genre central sur notre littérature, serait-ce par réaction ironique ou furieuse, est immense. On en a eu un aperçu avec la citation liminaire des *Mémoires d'outre-tombe*. On aurait aussi bien pu en saisir la réfraction lointaine et satirique dans le discours des comices agricoles de *Madame Bovary*, dans les parodies pataphysiques de Jarry ou canularesques de Jules Romains.

5.

Ainsi, à double titre, sociopolitique et littéraire, la considération de l'Académie française devrait être un préalable à toute histoire de la culture littéraire française moderne et contemporaine. Impossible ici de faire mieux que de poser quelques jalons en ce sens, de proposer quelques suggestions d'analyse. Mais même dans ces limites nécessairement très modestes, comment éviter une réflexion sur la fondation de l'Académie, contemporaine du premier essor et de l'État et de la littérature modernes en France?
La première remarque qu'il convient de faire, c'est que, cardinal de la Sainte Église romaine, Richelieu devait tenir pour convenable à son état d'avoir auprès de lui une académie privée. Cela faisait partie, au même titre que l'édifice de palais et châteaux, de la constitution de bibliothèques et de collections, de l'exercice d'une vertu propre à un prince qui était en même temps un clerc: la magnificence[16]. Les cardinaux romains et français, et, entre autres, le cardinal Du Perron, à tant d'égards son modèle, l'avaient précédé sur cette voie. Aussi, dès 1624, voit-on Richelieu grouper autour de lui des lettrés qui, jusqu'à sa mort, avec des disgrâces et des adoptions nouvelles, forment autour de lui une «académie de campagne». Celle-ci a les deux finalités propres à toutes les académies privées: plaire et instruire. Ce qui suppose l'art de louer le maître et éventuellement de polémiquer en sa faveur. Mais le fait qu'un fort contingent de cette académie privée soit entré, du vivant du cardinal, à l'Académie française (Sirmond, Silhon, Boisrobert, Hay du Chastelet, Desmarets, La Mothe le Vayer, Chapelain) ne peut masquer le fait essentiel: l'Académie, établie en 1635, par lettres patentes signées de Louis XIII, est une fondation royale, instituant un corps de l'État, dont le statut est radicalement distinct de celui d'une académie privée: les membres de celle-ci sont des individus isolés, liés à leur maître par une domesticité toute personnelle et qui peut à tout instant être révoquée. Les membres de l'Académie appartiennent à un «corps», et même si leur élec-

La Coupole

tion est soumise à l'approbation du cardinal, voire à sa suggestion préalable, une fois élus, ils participent comme dans les autres corps analogues, de la pérennité de la monarchie, et ils échappent à la volonté éphémère d'un ministre, même lorsque ce ministre s'appelle Richelieu. Boisrobert, disgracié, fut exclu en 1641 de l'académie «de campagne» du cardinal : il n'en demeura pas moins membre de l'Académie française jusqu'à sa mort en 1661. La devise adoptée par l'Académie, *À l'immortalité*, se réfère, autant qu'à la gloire littéraire, à cette transcendance des corporations par rapport à toute vie individuelle, transcendance qui a été conceptualisée par les juristes médiévaux sur le modèle du corps mystique de l'Église[17]. En dépit de son étatisme, dérivé de celui de Jean Bodin, et en dépit des allures cavalières qu'il adopta envers l'Académie, Richelieu respecta autant qu'il était en lui l'autonomie du corps qu'il avait suscité. On peut interpréter ainsi le soin qu'il prit de ne jamais apparaître dans les séances académiques, marquant de la sorte tout ce qui séparait un établissement royal de sa propre académie privée.

Mais pourquoi prendre le risque, à long terme, et c'est ce qui advint, de doter les gens de lettres d'une compagnie autonome, et de donner ainsi à la littérature française à la fois la dignité d'une institution, et l'indépendance, sur le modèle de cette institution, d'un véritable «corps mystique»? La philosophie des Lumières, le sacre romantique de l'écrivain, phénomènes spécifiquement français, sont inconcevables ailleurs que dans un pays où, *par principe*, au sens de Montesquieu, la littérature a été pourvue d'un «corps» transcendant et immortel. À quoi l'on peut répondre de deux façons. Pour rattacher les gens de lettres à l'État, Richelieu ne disposait pas d'autre instrument juridique que l'ancien concept de corporation, que Jean Bodin avait tenté de limiter, mais qu'il n'avait pu remplacer[18]. Pour le remplacer, il fallait anéantir le concept même de monarchie. Et, d'autre part, même si, comme on peut le croire, il a perçu la difficulté, les gens de lettres qu'il avait sous les yeux pouvaient bien éveiller sa suspicion : ils ne suscitaient pas son inquiétude immédiate. Il s'agissait en effet de gens de lettres en langue vulgaire, dont le prestige et l'influence étaient encore vacillants, et dont il savait s'attacher la reconnaissance en faisant le geste qui leur attribuait un statut d'utilité publique. Un geste qui, dans les termes de la culture européenne à cette époque, n'était pas sans analogie avec l'ordonnance de 1641 accordant un statut civil d'honorabilité aux comédiens, jusque-là marginaux, tantôt fêtés, tantôt traités en vils histrions[19]. La soif d'honorabilité des lettrés en langue vulgaire, regardés de haut par les magistrats humanistes, et souvent suspendus aux caprices d'un grand seigneur, était trop vive alors pour que l'esprit de corps, à peine naissant, ne jouât pas en faveur de son fondateur.

Au surplus, les lettrés en langue vulgaire que Richelieu juge bon d'attacher à l'État en les dotant d'un collège honorable et durable avaient en commun avec les lettrés de son propre entourage l'adhésion à la doctrine de Malherbe[20]. Et cette doctrine, que Richelieu avait connue de première main, de Malherbe lui-même, qui fréquenta avec lui chez le cardinal Du Perron, avait de quoi rassurer l'homme d'État. La «doctrine de Malherbe» n'a pas bonne presse aujourd'hui. On a beaucoup daubé sur l'étroitesse de son purisme, et à plus forte raison sur l'«Enfin Malherbe vint» de Boileau. En fait, il n'est pas un écrivain français, après 1630, qui ne soit rallié à cette doctrine, qui se prêtait d'ailleurs à une gamme d'interprétations variées. Tous ont admis la justesse stratégique des vues du poète: pour «défendre et illustrer» efficacement la langue vulgaire, il fallait moins se soucier d'*inventer*, comme les gens de la Pléiade, que de se préoccuper de stabiliser l'*élocution* de la langue, en la pliant à des conventions admises par tous. La méthode de la Pléiade n'avait pas réussi, bien au contraire, à déloger le latin humaniste de sa majesté de langue savante et de langue de l'immortalité. La méthode de Malherbe, plus modeste, méthode de grammairien, de métricien, de gourmet des mots, réussit à mettre le français littéraire sur la voie qui allait faire de lui un latin vivant. Cela n'allait pas sans sacrifice: à se concentrer sur le travail sur la langue, l'écrivain malherbien est porté à se contenter de lieux communs, les mieux propres à faire valoir l'élégance du style. Il y est d'autant mieux porté que le référent vivant du «bon usage» selon lequel il travaille à *fixer* la langue est la conversation des gens de cour et du «grand monde», dont le «naturel» oral s'accommode mal de l'*invention* érudite ou d'une singularité trop affichée. Sur ces deux points, un homme d'État tel que Richelieu ne pouvait que sympathiser avec la méthode nouvelle pour «illustrer» la langue nationale. Cette méthode, et l'ascèse proprement littéraire qu'elle impliquait, éloignait les gens de lettres de cet enthousiasme inventif et inquiet qui va souvent de pair avec l'hérésie ou avec le non-conformisme politique. Et l'arrimage de la langue littéraire à la parole vive de la Cour garantissait à celle-ci une prépondérance de principe sur les gens de lettres.

Enfin, l'exemple de Malherbe lui-même établissait que sa méthode se prêtait admirablement à l'éloge officiel, justement parce que celui-ci aspirait, plus que tout autre genre littéraire, à cette «immortalité», à cette «éternité» royales que la langue malherbienne prétendait avoir conquises. Le poète qui pouvait écrire:

Ce que Malherbe écrit dure éternellement,

avait vocation à célébrer de préférence les rois, les ministres, dont la gloire souhaitait ne point être éphémère. Richelieu avait été lui-même, en 1624-1628, l'objet de trois poèmes panégyriques de Malherbe[21]: et les poètes malherbiens, avant même la fondation de l'Académie, n'avaient pas été avares à son égard d'odes lyriques[22]. La prose « malherbienne » avait, par ailleurs, fait ses preuves, sous la plume de Silhon, Sirmond ou Faret, dans la polémique ou l'apologétique au service du cardinal[23]. La fondation de l'Académie honore et officialise non seulement un type bien précis de lettrés, mais une idée historiquement très datée de la littérature, l'un et l'autre semblant offrir toutes sortes de garanties de loyalisme à l'État.

Le projet soumis au cardinal le 22 mars 1634 tendait à faire de l'Académie la dépositaire officielle de la doctrine de Malherbe : on pouvait en effet y lire que les « conférences » de la future compagnie devaient faire en sorte que la langue française succédât à la latine, et cela en prenant « plus de soin que l'on n'avait fait jusqu'ici de l'élocution, qui n'était pas à la vérité toute l'éloquence, mais qui en faisait une fort bonne et fort considérable partie[24] ». On comprend mieux pourquoi l'Académie, qui songea un instant à se nommer Académie d'Éloquence, préféra le titre d'Académie française : comme le poète selon Malherbe, spécialiste du meilleur style en français, la Compagnie est spécialisée dans cette partie de l'éloquence qui regarde les mots, et leur confère le poids de choses.

6.

On peut se demander pourquoi Richelieu n'a pas confié cette tâche de vérification des mots français à un corps de spécialistes, grammairiens et professionnels de la prose et de la poésie. Dès les premières années de l'Académie, on voit siéger dans ses rangs, avec évidemment l'approbation du cardinal, un mathématicien, Claude Bachet de Méziriac, un médecin, Marin Cureau de la Chambre, des diplomates, Bautru et Servien, un magistrat homme d'État, Séguier : les prélats, les grands seigneurs, les chefs militaires prendront place au cours du règne de Louis XIV, et cela ne surprendra alors plus personne. La coexistence dans un même corps de gens de lettres et de dignitaires de l'État, de l'Église, de l'Armée, de l'Université est demeurée la singularité la plus constante et frappante de l'Académie française : elle honorait les Lettres, et à long terme les Lettres purent prendre appui sur cet honneur pour regarder de haut la Cour. Ce refus de la spécialisation, dès l'origine, peut paraître contradictoire avec la finalité apparemment très spécialisée que Richelieu avait fait reconnaître à son Académie. En réalité, cette spécialité n'en était une qu'au regard de l'idéal humaniste d'*Eloquentia* pour lequel les « choses », entendues dans un sens encyclopédique, prévalaient sur les « mots », sur l'art de faire goûter les « choses ». La distinction toute tactique proposée par Malherbe entre les « choses » (laissées en suspens, et comme entre parenthèses) et les « mots » français qu'il s'agissait, prioritairement, de rendre aussi stables, clairs et élégants que ceux du latin, avait un sens proprement *universel*, mais cette fois au regard du « royaume des lys » et de son unité autour de la cour royale. La langue réformée selon la « doctrine de Malherbe », puis selon les principes de Vaugelas, se proposait d'être le *dénominateur commun* du royaume, sa place Royale où les divers ordres, professions, corps, provinces et disciplines intellectuelles pourraient s'entendre et dialoguer dans la conscience d'une patrie commune, et cela grâce au lieu et lien commun d'une convention langagière admise par tous. Et ces « mots », cette *élocution*, ayant pour référent le langage tel qu'il est parlé autour du roi dans la « plus saine partie » de la Cour, rendait indispensable, à l'Académie française, la présence de *locuteurs* de Cour, témoins vivants du *bon usage* de la langue royale, aux côtés des lettrés professionnels. Cette présence garantissait la dépendance des gens de lettres, dans leur art même, vis-à-vis de la Cour, dépositaire en dernière analyse de l'orthodoxie langagière du royaume. Vaugelas, grammairien et linguiste amateur, est avant tout un interprète attentif et docile du « bon usage » qui fait foi à la Cour[25]. En revanche, un linguiste professionnel, tel Ménage, un lexicologue de trop vaste savoir, tel Furetière, auront maille à partir avec l'Académie. La langue de l'Académie n'exclut pas que savants, philosophes, théologiens puissent accorder leurs « choses » à ses « mots ». Mais à condition, justement, de plier leur science spécialisée aux exigences d'un style que l'honnête homme de cour puisse d'abord entendre sans effort, et, après lui, tous les spécialistes, l'Académie est apparue d'emblée comme un corps intermédiaire entre les lettrés et la Cour, chargé d'établir avec celle-ci le moyen terme langagier acceptable pour tout le royaume, puisque la Cour était devenue depuis les Valois le résumé et le carrefour de tout le royaume.

Le dialogue, à l'intérieur de ce corps intermédiaire, entre gens de cour et gens de lettres, n'a pas pour seul objet d'honorer ceux-ci. Il institutionnalise un des traits essentiels de la doctrine de Malherbe, qui est de voiler l'écart entre la langue littéraire *écrite* et la langue que l'on parle dans le « meilleur monde » de la Cour. Cela suppose l'exclusion de tout le lexique des mots techniques, mais surtout, cela interdit aux gens de lettres de se constituer, comme l'avaient fait les poètes du XVIe siècle, en caste savante dont les œuvres, en définitive, ne peuvent être pleinement comprises et goûtées que par des pairs, détenteurs des arcanes du grec et du latin, virtuoses des tours de force rhétoriques et poétiques. Les gens de cour sont à l'Académie pour vérifier que les gens de lettres ne suivent pas abusivement leur pente professionnelle, et que leur art demeure dans l'aire de clarté et d'élégance qui le rend immédiatement accessible, dans la pensée comme dans l'expression, à l'ensemble des « honnêtes gens ». On a accusé la langue classique d'être une langue d'élite. Elle l'est beaucoup moins que celle de Scève ou même de Ronsard, filles des langues savantes et écrites. Elle ne l'est même plus du tout si l'on admet que les « hon-

La Coupole

nestes gens» qui en sont la pierre de touche sont tenus pour les représentants de ce «bon sens» qui, selon Descartes, est la chose du monde la mieux partagée. Malherbe ne disait pas autre chose quand il prétendait vouloir être entendu des «crocheteurs du Port-au-Foin». La langue dont l'Académie a le dépôt et la vérification se veut la langue royale, commune à tout le royaume : sa principale supériorité sur les différents sociolectes – populaires ou nobiliaires, provinciaux ou professionnels –, c'est justement sa vocation à servir de lien social à tous les groupes qui composent, et qui doivent cesser d'émietter, le royaume. C'est le remède à Babel : et une langue littéraire qui ne voudrait être que littéraire serait elle-même un des technolectes de Babel. Ce que le latin avait été pour les différents peuples de l'Europe – chacun avec ses langues vernaculaires –, un lien de chrétienté, puis un lien de diplomatie et d'échanges savants, le français réformé selon la méthode de Malherbe devait l'être pour la mosaïque d'ordres, de provinces, de corporations spécialisées dont le royaume était formé. Ce *logos* n'a rien de celui qui émane du Pantocrator des absides byzantines ou des portails de cathédrales. C'est la langue «douce», «claire», «élégante» qui, filtrée par le goût de cour, vérifiée par l'Académie, se veut le carrefour et la norme de toute communication française ; elle véhicule, éventuellement avec grâce et esprit, le système des lieux communs acceptable par l'ensemble de la Cour, et donc par le royaume entier. Mais cette *doxa* que les «Anciens» de l'Académie voudront maintenir arrimée à la *philosophia perennis* fixée par les *Adages* d'Érasme, les *Emblèmes* d'Alciat, les *Essais* de Montaigne se trouve désormais flottante par rapport à la tradition savante : l'opinion des «Modernes» va y introduire un ferment de mode et de «nouveauté» que la mondanité de la Cour, imitée par celle de la Ville, puis l'imitant à son tour, fera ardemment travailler dès la fin du règne de Louis XIV.

La langue «malherbienne», accordée à une culture mondaine, rejetait dans l'archaïsme l'héritage poétique de la Pléiade. Mais ce n'était pas tout. L'idéal que l'Académie française s'était fixé portait directement atteinte à l'autorité plus ancienne en ces matières d'une autre institution de la monarchie : les parlements, et notamment le premier d'entre eux, celui de Paris[26]. Depuis la Renaissance, ce «corps» prestigieux, s'estimant le détenteur de la continuité monarchique, avait affirmé hautement son magistère sur la culture savante française, comme sur la langue nationale. Guillaume Du Vair, le premier théoricien de l'éloquence française «à l'antique», avait légiféré en vue du «Sénat» parisien. Longtemps encore, les recueils de *Remonstrances* des magistrats, de *Plaidoyers* des avocats, rivaliseront avec les recueils de *Harangues* de l'Académie. Le milieu robin est celui où s'était recrutée l'élite de l'humanisme érudit français, philologues et antiquaires du calibre de J.-A. de Thou, des frères Dupuy, de Peiresc, tous réduits au rang de «pédants» latineurs par l'« honnêteté » aulique et académique. Et, surtout, c'était du monde du Palais qu'étaient issus les grands philologues de la langue française, les Étienne Pasquier, les Claude Fauchet, ancêtres directs des Gilles Ménage et des Furetière. Articulé à la culture érudite néo-latine, le Parlement l'était aussi à une conception civique de l'éloquence, et à une conception de la langue vulgaire héritée de Varron et de Pline l'Ancien, curieuse d'archaïsmes, de lexiques professionnels, de tournures savoureuses. Tout cet univers de juristes doctes et de bourgeois plus solides que brillants était rejeté dans le ridicule, attaché désormais à toute pédanterie professionnelle par l'élégance de cour, son « honnêteté qui ne se pique de rien », son langage officialisé par l'Académie française. Richelieu n'avait sans doute pas été fâché de jouer ce tour cruel aux parlements, aux robins, qui furent, avec les Grands, l'âme de la résistance à la Raison d'État. Mais les conséquences à longue portée du sceau royal apposé sur l'« usage de cour » de la langue française dépassaient malgré tout ses capacités de prévision.

7.

Ce qui est vrai pour la langue et le style l'est aussi pour les genres. Les statuts de l'Académie ne lui prescrivent pas seulement de mettre au point une grammaire et un dictionnaire, mais une rhétorique et une poétique. Sagement, elle n'a jamais poussé si loin un esprit doctrinaire qui était très éloigné et de Malherbe, en dépit des apparences cassantes du personnage, et, surtout, de Vaugelas. Toutefois, de son recrutement, de ses exclusions, on peut discerner un fil conducteur dans la conduite de l'Académie relativement aux genres littéraires. Elle est née au moment où s'établit la « doctrine classique », celle que Boileau résumera à sa manière en 1674, dans son *Art poétique* – alors qu'il n'était pas encore académicien. Il est clair que l'Académie a fait sienne la tripartition que les rhéteurs antiques et humanistes faisaient de la littérature : Éloquence, Histoire, Poésie. Les trois genres de l'éloquence profane : politique, avec les polémistes au service de Richelieu ; judiciaire, avec un avocat, tel qu'Olivier Patru ; épidictique ou panégyrique, avec l'ensemble des académiciens, sont représentés dès la première génération. S'y ajoutera bientôt l'éloquence sacrée, avec Bossuet et Fénelon. L'Histoire a sa place marquée à l'Académie, dont feront partie presque automatiquement les historiographes royaux, à commencer par Eudes de Mézeray, bientôt suivi par Racine et Boileau.

Mais cette éloquence, cette histoire sont infléchies par le souci de les ajuster aux besoins de la Cour, devenue la référence centrale, en lieu et place du Parlement, du meilleur style à la française. La poésie a elle aussi trouvé sa

La Coupole

place à l'Académie : mais c'est selon la tradition d'éloge aulique inaugurée par Malherbe. L'épopée, avec Chapelain, les genres lyriques avec Saint-Amant et Malleville, le théâtre tragique et comique avec Desmarets et Boisrobert, bientôt suivis de Corneille, portent l'estampille de l'ordre et de la *doxa* auliques. Les genres légers, eux-mêmes liés au divertissement de cour, ne sont pas du tout ostracisés par l'Académie naissante, qui redoute l'air « gourmé » et « pédant », et qui se garde de s'enfermer dans la gravité du grand style. Voiture, Benserade sont les premiers talents dans le genre galant, entendons spirituel et gai, et qui réussit auprès des femmes, à être reçus parmi les Quarante. Il est probable que si La Fontaine finit par entrer à l'Académie, c'est moins comme l'auteur génial des *Fables*, tel que nous le voyons, qu'au titre de virtuose du style galant et plaisant, et dans la « section » implicite qui a toujours depuis été réservée à ce genre dans les rangs de l'Académie. De Collin d'Harleville à Labiche, même au plus fort de l'empesage victorien, l'Académie a fait bon accueil au rire et au sourire, lien social par excellence, et particulièrement prisé dans le meilleur monde de tous les temps.

En revanche, malgré sa popularité dès le XVIIe siècle, et malgré ses efforts pour s'aligner sur l'épopée et l'histoire, le roman n'est pas à sa place à l'Académie dès l'époque de Richelieu. Des académiciens, comme ce sera encore le cas au XIXe siècle, peuvent avoir écrit des fictions en prose : mais ils ne sont pas là à ce titre. Un Gomberville, romancier prolixe, est d'abord un moraliste et un historien[27]. Desmarets, auteur d'une *Ariane* qui se vendit bien, est d'abord le collaborateur de Richelieu pour le théâtre[28]. Tristan L'Hermite, auteur du *Page disgracié*, doit son honorabilité à son théâtre et à son œuvre lyrique. Et Georges de Scudéry, qui publie sous son nom des romans fleuves écrits par sa sœur ou en collaboration avec elle, entre à l'Académie comme dramaturge[29]. Il écrira par la suite une épopée, *Alaric*[30]. Le destin du roman à l'Académie est scellé dès le XVIIe siècle, et cela jusqu'à la fin du XIXe siècle. En revanche, les moralistes, les Prévost-Paradol du classicisme, sont d'entrée chez eux à l'Académie : un Nicolas Faret, un Jacques Esprit inaugurent une longue lignée. Et les traducteurs, qui depuis ont vu leur statut tomber si bas, furent alors honorés en la personne de Jean Baudoin et de Nicolas Perrot d'Ablancourt[31]. Il est vrai qu'ils traduisaient les chefs-d'œuvre latins et grecs, et qu'ils coopéraient par là éminemment à la tâche académique, celle de « perfectionner » la langue en la portant à égalité des langues classiques, celle aussi d'opérer la médiation entre lettrés et gens du monde.

Impérieuse et informulée, l'attitude de l'Académie envers les genres n'en a pas moins marqué définitivement la perception nationale moyenne de la littérature jusqu'à la fin du XIXe siècle, jusqu'au triomphe insolent du genre romanesque et à la défaite de l'alexandrin. Elle privilégie, au fond, les genres d'intérêt général pour la formation d'un « bon goût », d'une solide culture moyenne et d'un fonds moral de bonne qualité. Elle fait sa place au trait du « caractère national » le plus unanimement reconnu dans l'Europe d'Ancien Régime : la gaieté. C'est le levain qui, jeté à dose raisonnable dans l'honnête froment, a fait le bon pain de la France traditionnelle et littéraire. Dans son *Discours de réception*, Paul Valéry persiflera en l'œuvre d'Anatole France l'« émanation très composée », produit d'une civilisation « à l'extrême de son âge », de cette « culture prolongée » dont l'Académie avait été pendant trois siècles le tenace vecteur. « Nos grands écrivains, ajoutait-il, ne sont pas chez nous de grands isolés, comme il arrive en d'autres contrées ; mais il existe en France une sorte d'atmosphère pour les Lettres qui ne se trouve pas ailleurs et qui fut toute favorable à votre confrère[32]. » Le disciple de Mallarmé, une fois à l'Académie, y vengeait rétrospectivement son maître. Mais, avec les yeux de l'ironie, il voyait juste.

8.

Cette « atmosphère » pour les Lettres, le règne archétypal de Louis XIV acheva d'y accoutumer la France, et de lui faire voir définitivement le mont Parnasse sous l'aspect de « coteaux modérés ». L'Académie française avait fait la preuve de sa solidité de corps en traversant sans encombre la régence d'Anne d'Autriche et la Fronde. Elle eût pu souffrir de la victoire du surintendant Foucquet, dont le mécénat s'accommodait mal de la régularité académique. Elle bénéficia pleinement de la sympathie de Colbert[33]. En 1672, celui-ci persuade le roi de se proclamer en personne le Protecteur de l'Académie. Le Parnasse français a trouvé son Apollon. Celui-ci lui accorde une hospitalité définitive au Louvre. En échange d'un tribut abondant de louanges, l'Académie acquiert un supplément considérable d'autorité. Ses séances deviennent publiques, et le rite du discours de réception se met en place. Elle distribue désormais chaque année un prix d'éloquence et, à partir de 1701, un prix de poésie dont le caractère de « norme », sans atteindre les proportions des prix de Rome, va avoir une puissante influence sur le XVIIe siècle classique et le XVIIIe siècle néo-classique. Colbert lui-même avait fait l'honneur à l'Académie de venir siéger dans ses rangs en 1667. Désormais, l'élection académique devient de règle pour les précepteurs des enfants de France, comme pour les historiographes royaux (Voltaire bénéficiera de cette loi tacite). De très grands seigneurs, des prélats titrés aspirent à y siéger. La pompe académique s'accorde à la majesté de son Protecteur. Les séances de réception, les messes anniversaires de Saint Louis dans la chapelle du Louvre, les messes d'obsèques d'académiciens deviennent des événements notables de la vie de cour. Tous les grands écrivains du règne – sauf Molière,

La Coupole

comédien, et Saint-Évremond, exilé politique – furent de l'Académie, ce qui suppose un accord, étonnant pour nous, entre le « mérite personnel » et la norme académique. Un fonds commun de modèles antiques, une poétique et une rhétorique implicites mais unanimement acceptées – d'autant qu'elles se prêtent à l'exégèse et à la jurisprudence –, un accord général sur la langue et le style « réformés » par Malherbe expliquent cette rencontre « providentielle » entre un règne, le génie, et le goût officiel.

Corneille et Racine, Bossuet et Fénelon, La Fontaine et Boileau, La Bruyère et Fontenelle siégèrent aux côtés de hauts dignitaires de la noblesse et de l'État, mais aussi d'écrivains mondains et à la mode, Quinault et Benserade, ou encore d'abbés galants, Cassagne et Cotin. La partition de l'ancienne encyclopédie humaniste, encore à l'état d'esquisse sous Louis XIII, est consacrée officiellement sous Louis XIV : l'Académie des sciences a été fondée par Colbert en 1666, et la Petite Académie, qui deviendra en 1701 l'Académie des inscriptions, a fait son apparition en 1663. Celle-ci regroupe d'abord au service de la gloire du monarque des académiciens français versés en grec et en latin. Cette spécialisation des *Litterae* traditionnelles dans une académie particulière, qui d'abord se consacrait à résumer dans un langage d'éternité les hauts faits du roi, donna lieu à un conflit de compétences avec l'Académie française. C'est la traduction en termes institutionnels du drame apparu avec la Renaissance et qui avait mis en rivalité les langues savantes et la langue vernaculaire. Il se consomme et il se résout sous Louis XIV, avec la Querelle dite des inscriptions, qui fait la preuve de la fonction centrale, et pas seulement idéale, qu'occupe désormais l'Académie française dans l'économie littéraire de l'Ancien Régime.

La première passe d'armes de cette querelle a lieu aux abords de l'Académie. Elle oppose au poète néo-latin Charles Du Périer le magistrat Louis Le Laboureur[34]. Mais celui-ci, répliquant à une ode de Du Périer au Dauphin, où celui-ci recommandait que l'éducation du futur roi commençât en latin, dédie son traité des *Avantages de la langue française* en 1667 à Habert de Montmor, membre des deux Académies littéraires. Alliant des arguments tirés de Vaugelas à d'autres qu'il emprunte au cartésien Cordemoy, Le Laboureur rassemble la première topique d'où va surgir une longue suite, jusqu'à Rivarol, d'apologies de la langue française et de son universalité[35]. Son enthousiasme pour la langue « malherbienne » se fonde avant tout sur le caractère qu'il lui attribue de pouvoir être partagée aussi bien par les enfants et les femmes que par les adultes et les doctes, par les hommes que par les anges. Elle est le lien et le lieu commun *vivant*, par opposition au latin, réservé à des spécialistes et figé dans une funèbre immobilité. Ce bonheur d'avoir, avec le français, une place Royale où tous puissent se retrouver est certainement lié au sentiment de sécurité et de paix civiles que le nouveau règne a fait éclore.

De 1667 à 1676, la querelle envahit les rangs académiques, opposant l'abbé de Bourzeis et François Charpentier, tous deux membres de l'Académie française et de la Petite Académie[36]. Charpentier attendit la mort de l'abbé de Bourzeis, en 1672, pour écrire et publier, en 1676, une *Défense de la langue française pour l'inscription de l'arc de triomphe, dédié au roi*[37]; il l'amplifiera en un vaste ouvrage en deux volumes, *De l'excellence de la langue française*, publié en 1683, peu de temps avant l'offensive «moderne» de Perrault[38]. En 1676 encore, l'abbé Tallemant réplique publiquement au cours d'une séance de l'Académie à un discours latin du jésuite Lucas, prononcé au cours d'une fête du collège de Clermont, en présence du roi, de la Cour et d'une délégation de l'Académie. La thèse du R.P. Lucas était que «les monuments publics doivent avoir des inscriptions latines». Elle était tout à fait dans les vues du roi, et à plus forte raison de Colbert, qui, académicien français lui-même, avait cependant créé la Petite Académie, entre autres pour rédiger de telles inscriptions latines. Le R.P. Lucas était au surplus en entier accord sur ce point avec le défunt abbé de Bourzeis, fort docte, et qui avait été un des premiers académiciens français avant d'être appelé par Colbert à la Petite Académie. L'abbé Tallemant s'écrie:

> D'où vient qu'une langue est plus universelle et plus commune qu'une autre? C'est qu'elle a été dans un certain siècle la langue du plus florissant empire. D'où vient qu'on en fait plus de cas et qu'on y trouve des grâces qu'on ne rencontre point dans les autres? C'est que la victoire, l'abondance, et la paix ont amené plus de politesse dans un royaume et ont donné aux Arts le moyen de s'accroître. D'où vient enfin qu'une langue demeure dans un certain degré de beauté et semble avoir atteint sa dernière perfection? C'est que de grands génies l'ont consacrée par des ouvrages immortels, qui demeurent les modèles desquels sans faillir on ne peut s'écarter; et quoi qu'elle ne laisse pas de changer par la suite, ce changement s'appelle corruption; et on estime qu'elle a été parfaite dans le temps où elle a le plus fleury [...] Il n'est pas malaisé, Messieurs, de tirer de tout ce que je viens de dire, une conséquence infaillible pour la beauté et la durée de notre langue...[39].

C'est que François Charpentier et l'abbé Tallemant, qui ont exercé les charges de directeur ou de secrétaire perpétuel, s'estiment tenus de défendre, avec l'acharnement des corps d'Ancien Régime, les intérêts de la Compagnie qu'ils représentent, aux dépens de ceux de la plus récente Petite Académie dont Charpentier n'est qu'un membre parmi d'autres. On voit ici poindre l'esprit de corps de l'Académie française, et, cela, au plus fort de l'absolutisme. La tactique, habile, est déjà celle que reprendra de façon impressionnante

La Coupole

Charles Perrault, élargissant le débat sur la langue à un débat de civilisation. On combat vivement une thèse admise officiellement par le roi, mais on couvre cette attaque d'encens redoublé à l'adresse du roi. Celui-ci ne peut s'émouvoir, puisque l'idée mise en cause coexiste dans la pensée officielle avec l'idée contraire : Colbert, en créant la Petite Académie, a implicitement reconnu la vocation du latin à dire l'immortalité ; mais en faisant du roi le Protecteur de l'Académie française, en entrant lui-même à l'Académie, il a reconnu tout aussi bien l'excellence du français, et sa vocation à célébrer la gloire du roi. Le roi ne peut même que se sentir flatté du zèle de l'Académie française qui réclame l'exclusivité, pour la langue dont elle a le dépôt, de chanter ses louanges. Simple émulation entre gens de lettres sur un point au fond indifférent. Mais sous cette apparence anodine, et même vaine, un enjeu autrement grave se dissimule. En renvoyant la langue latine – et la Petite Académie – au second rang, en identifiant l'honneur du roi à celui de la seule langue française et donc, à celui de l'Académie française, les porte-parole de celle-ci travaillent à discréditer l'Antiquité. Et, avec l'Antiquité, tout l'ordre de culture qui était fondé sur l'idée que les révélations, celle de la foi et celle de la sagesse, avaient eu lieu à l'origine, et avaient pour canal privilégié la langue des doctes, le latin. L'esprit de corps académique, par cette apologétique ardente des privilèges du français, et donc des siens propres, compromet le prestige de l'humanisme parlementaire, voire de la théologie traditionnelle : elle fait un signe de connivence aux nouveaux maîtres de l'opinion : la société mondaine, de culture toute française et moderne, les femmes, les « honnestes gens ». L'autorité de l'Académie découlait de la mission qui lui avait été confiée relativement à la langue de la nation : au cours de cette querelle en faveur de la langue, l'Académie découvre que la logique de sa mission l'associe naturellement au public dont le « bien parler français » est l'une des raisons d'être et dont le « sens commun » tranche désormais souverainement dans tous les débats de l'esprit. Ainsi naît une alliance bien française qui, pour trois siècles, va rejeter dans le néant du pédantisme l'ancienne magistrature des clercs et des doctes.

9.

Lorsque Charles Perrault en 1687 lit à l'Académie, non sans scandale de la part de Boileau, son poème *Le Siècle de Louis le Grand* qui ouvre la querelle des Anciens et des Modernes, la cause est déjà entendue, car elle se confond avec l'esprit de corps de l'Académie.
Perrault se borne à porter à ses dernières conséquences logiques l'apologétique de la langue et de l'éloquence françaises esquissée par Le Laboureur, et

reprise par Tallemant et par Charpentier. On a pu montrer sans peine que, depuis la Renaissance, la supériorité des Modernes sur les Anciens était un thème récurrent de dispute *in utramque partem* entre humanistes. Si Perrault, en ranimant cette vieille controverse, a rencontré un tel écho, ce n'est pas pour son audace intellectuelle. Pour la première fois la thèse polémique et scolaire des Modernes, sortant des collèges et des bibliothèques, se trouvait évoquée publiquement, sur le théâtre de l'Académie protégée par « le plus grand roi du monde », dans le paysage héroïque et monumental de la monarchie la plus peuplée et la plus puissante des Temps modernes. Formulée dans la langue royale, et à la gloire du roi vivant, cette thèse prenait le sens d'une véritable rédemption pour tout le public mondain et moderne qui, jusque-là, était encore intimidé par le sentiment de la propre « ignorance », et par le respect des doctes, seuls initiés aux arcanes de l'Antiquité. Perrault est allé au-devant d'un sentiment général déjà très répandu, parmi les mondains, mais à qui il manquait une formulation éloquente, du haut d'une tribune officielle, pour accéder au rang de tranquille certitude. L'Académie française elle-même, en dépit des objections, d'ailleurs remarquablement discrètes, d'un Boileau et d'un Huet, trouvait dans cette thèse sa plus profonde justification, face à des « corps » plus anciens et traditionnellement plus autorisés qu'elle-même, tels que le Parlement de Paris, qui, depuis la Renaissance, avait lié sa propre éloquence à l'érudition humaniste, à l'évocation des antiques précédents. La Sorbonne reste à l'écart de la querelle, qui semble circonscrite à l'ordre profane. À long terme, elle sera elle-même atteinte par le privilège accordé à l'actualité sur l'Antiquité. Les ouvrages par lesquels Perrault va amplifier sa thèse – les *Parallèles des Anciens et des Modernes*, les *Hommes illustres qui ont paru en France pendant ce siècle*[40] –, sont autant de prolongements du genre académique par excellence, le panégyrique et, cette fois, le panégyrique des illustres contemporains de la naissance et du développement de cette compagnie récente, moderne, qu'est l'Académie. De l'Académie française, et d'elle seule, pouvait jaillir une voix qui osât qualifier de « sans exemple », parce que « moderne », la réussite historique du royaume très chrétien, qui ne s'était pas jusqu'alors situé consciemment « au centre des Temps ». Seule l'Académie avait intérêt, pour son propre prestige, à pousser jusque-là l'éloge hyperbolique de son Protecteur, de son règne tout entier, des hommes qui avaient le bonheur d'être ses sujets et ses contemporains, de parler sa langue, de participer de sa lumière. La galerie d'*Hommes illustres* rassemblée par Perrault est une étape décisive vers le panthéon des Grands Hommes que le siècle des Lumières substituera ouvertement aux *Vies* de Plutarque et aux *Vies* des saints et des docteurs. Désormais une langue vivante se sait capable de transformer sa propre actualité en immortalité glorieuse, sans recourir à la médiation d'une

La Coupole

langue morte et de ses modèles littéraires. La «conscience française», et, bientôt, «européenne», n'a plus à faire un long voyage dans le temps: son actualité est le lieu même où peuvent éclore la vérité et la grandeur. Et cette coïncidence avec soi-même, qui semble d'abord bénéficier au seul Soleil royal, exalte d'un même mouvement l'Académie française, la société mondaine et les gens de lettres dont l'éloquence toute française est capable d'accorder au Présent cette dimension d'épiphanie auparavant réservée à l'Autrefois[41].

Le prix à payer, à long terme, est l'évanouissement de la ténèbre sacrale qui voilait les mystères de la foi et de la sagesse, et où seuls pouvaient pénétrer les doctes initiés à la tradition savante. À court terme, et dès le règne dévot du Grand Roi, c'est la dévaluation de l'humanisme profane, des Lettres fondées sur l'anamnèse érudite, des lettrés qui dans la sphère du Parlement et de l'Université, cherchaient leurs modèles, leurs méthodes de la vérité dans la leçon des Anciens.

10.

Ici encore, une Querelle, dite des dictionnaires, va enregistrer publiquement la rupture entre l'ordre littéraire purement français, dont l'Académie est la clef de voûte, et l'ancien ordre littéraire érudit et européen. Cette querelle, qui éclate en 1684, et dont Furetière, académicien depuis 1662, est la victime, éclaire remarquablement la manière dont l'institution académique, sous l'Ancien Régime, *traduit*, dramatise et tranche des disputes qui, sans elle, sans ce lieu allégorique du Parnasse français, seraient restées indécises.

Furetière est l'un des grands érudits du règne de Louis XIV, l'héritier d'Etienne Pasquier et de Claude Fauchet, l'ancêtre de Littré. Ce n'est pas à ce titre, cependant, qu'il avait été élu à l'Académie, mais pour son œuvre mineure de poète et de critique mondain. En 1684, il avait obtenu un privilège pour l'impression de l'œuvre de sa vie, le *Dictionnaire contenant tous les mots français tant vieux que modernes et les termes de toutes les sciences et de tous les arts*. C'était un monumental chef-d'œuvre, à la fine pointe de la recherche lexicographique, linguistique et érudite du temps. Un dangereux rival pour le *Dictionnaire de l'Académie* dont Furetière savait mieux que quiconque, pour avoir collaboré à ses travaux alors inachevés, qu'il répondait à d'autres desseins, selon d'autres principes. C'est justement sur cette différence radicale entre les deux ouvrages qu'il croyait pouvoir appuyer son droit à publier le sien. Malheureusement pour lui, le secrétaire perpétuel de l'Académie, Régnier-Desmarais, ne l'entendit pas de cette oreille, et, arguant d'un privilège exclusif obtenu par l'Académie en 1674 pour son *Dictionnaire* (Perrault s'était alors entremis), fit interdire la publication de l'ouvrage de Furetière, qui ne fut en effet publié à La Haye qu'en 1690, deux ans après la mort de l'auteur, aux acclamations unanimes de tout le monde savant de l'Europe. Bien mieux, Régnier-Desmarais fit voter par ses confrères l'exclusion de Furetière, qui, jusqu'à sa mort, se débattit à coups de factums et de pamphlets pour défendre sa cause. Avec la franchise amère de qui n'a plus rien à perdre, le grand philologue, pugnace jusqu'au bout, fit éclater un certain nombre de vérités qui, sans cet incident, seraient restées couvertes. Dépouillant les oripeaux de l'«auteur» français qu'il avait gardés sur lui jusque-là par égard pour l'Académie, il parle désormais en citoyen de la république des Lettres. Il souligne la distance incommensurable qui sépare son *Dictionnaire*, véritable somme de la langue et de la culture françaises, et celui de l'Académie, qui se bornera, le jour où il sera achevé, à enregistrer le «bon usage» restreint et tout moderne de la langue des «honnestes gens», en d'autres termes des «beaux esprits» et du «grand monde». Un idiolecte, en somme, et un «instantané» de celui-ci, au lieu d'un tableau exhaustif de la langue dans sa longue durée et dans toutes ses richesses, techniques et savantes autant que populaires. Et, par là, cette Querelle des dictionnaires rejoint celle des Anciens et des Modernes. Furetière fait remarquer que l'Académie, depuis la fin de la Fronde, s'est agrégé un grand nombre de ces «beaux esprits» superficiels et modernes que le «monde» à la mode et ignorant aime à voir à ses pieds : l'abbé Cotin, Claude Boyer, Michel Le Clerc, l'abbé Cassagne, François et Paul Tallemant, Ballesdens, Quinault, Benserade, Charpentier, Barbier d'Aucour, et, *last but not least*, le secrétaire perpétuel, Régnier-Desmarais. Aux yeux de Furetière, les Corneille, les Bossuet, les Racine, les Boileau (il exclut La Fontaine qu'il tient pour un traître) étaient mal à l'aise dans une Compagnie dominée par les petits marquis des belles-lettres :

> Enfin je puis dire hardiment que les ouvriers qui travaillent à cet incomparable Dictionnaire savent faire des sonnets, des rondeaux, des bouts rimés, des madrigaux, et des vers de coquetterie, mais qu'ils n'ont aucune teinture des sciences et, au lieu d'y pénétrer fort avant, ils ne les ont pas seulement effleurées. Ils s'appellent gens de Belles Lettres quand ils ont lu quelques poètes français et par hasard quelques latins. Ils croient tout savoir quand ils savent les mots de leur langue nécessaires à leur vie et à leur entretien familier. Ils sont ennemis de toute érudition et donnent la chasse aux mots et aux phrases qui en contiennent quelque apparence[42].

Cette tyrannie exercée par les «beaux esprits de second ordre», portés par un «monde» étranger aux arcanes du véritable savoir, n'est pas seulement dom-

La Coupole

mageable aux érudits : elle fait ombre aux « beaux esprits du premier ordre » dont le génie d'invention est à sa manière érudit, et suscite la jalousie de leurs pairs d'apparence à l'Académie : « Ce qui me fait le plus de peine, écrit Furetière au chancelier d'Aligre, c'est, Monseigneur, que je n'ai pu vous faire entendre que je n'ai point l'Académie entière pour partie, mais seulement une petite cabale de ses membres, qui sont envieux de la bonté de mon livre et confus des défectuosités du leur[45]. » Il rend en effet hommage à la « profonde érudition » de son ex-confrère Pierre-Daniel Huet, un des derniers « encyclopédistes » de la Renaissance, mais aussi à « M. Racine », qui, par contraste avec ses indignes rivaux Boyer et Leclerc, « a honoré tant de héros du caractère qu'il leur a donné », à Bossuet, à Boileau. Le vrai savoir est fraternel du vrai talent. L'un et l'autre, par des voies différentes et incompréhensibles au vulgaire, se mesurent non au succès de mode, mais en comparaison avec les maîtres de l'Antiquité. Ce critère n'a évidemment rien de national, ni de « moderne ». Et Furetière de regretter que ces « esprits sublimes » eussent à l'Académie la compagnie de petits-maîtres, mais non pas de « Du Cange, de Ménage, du Président Cousin, de Thévenot, de Varillas, de Baillet, d'Amelot de la Houssaye », bref des Varron et des Pline dont les ignorants ne peuvent comprendre le prix. Le nom de Ménage, qui apparaît ici comme candidat au « quarante et unième fauteuil » est particulièrement à propos. Auteur des *Origines de la langue française* (1650), des *Observations sur la langue française* (1675) et de tant d'autres chefs-d'œuvre qui font de lui à la fois le Brunot et le Wartburg du XVIIe siècle, il semblait avoir sa place désignée dans une compagnie chargée de veiller sur la langue. De plus, il avait réussi à rendre son immense savoir de romaniste acceptable et souhaité, sinon compris, par la société mondaine la plus choisie : il fut l'ami intime de Mme de La Fayette, de Mme de Sévigné, de Mlle de Scudéry. Évidemment, la satire intitulée *La requête des Dictionnaires à Messieurs de l'Académie pour la réformation de la langue française* (mise en circulation, en dépit de son auteur, en 1649) avait rendu son ironie de vrai savant suspecte à la même « petite cabale » qui eut plus tard raison de Furetière. Il avait osé rappeler que les belles-lettres françaises n'étaient que des émanations affadies des lettres antiques, dont seuls les érudits de sa trempe détenaient les clefs :

> *Ils sont les Docteurs des docteurs,*
> *Les Précepteurs des précepteurs,*
> *Les Maîtres des maîtres de classe*
> *Et tels, qu'on a cru savantasses*
> *À la faveur de leurs bons mots,*
> *Sans eux n'étaient que des sots,*

> *Mais sans parler ici des autres,*
> *Vous savez que parmi les vôtres,*
> *Les plus renommés traducteurs,*
> *Et les plus célèbres auteurs,*
> *Qui s'en font maintenant accroire,*
> *Nous sont obligés de leur gloire.*
> *Et cependant, ô temps, ô mœurs !*
> *Ce sont eux qui, par leurs clameurs,*
> *Aujourd'hui dans l'Académie,*
> *Nous traitent avec infamie.*
> *Il est pourtant véritable*
> *Que ce qu'ils savent de la Fable*
> *Ils l'ont appris des versions*
> *Qu'à l'aide de nos dictions*
> *Il fut autrefois nécessaire*
> *De leur faire en langue vulgaire*[44].

Mais, en définitive, même si Ménage s'était mieux contrôlé, il n'aurait pas eu sa place dans une institution qui s'était édifiée en quelque sorte *contre* la république des Lettres savantes, et au service des seules lettres de la cour de France. L'évolution de la Petite Académie en Académie des inscriptions et belles-lettres fera au XVIIIe siècle ouvrir les portes de celle-ci à des hommes de sa trempe et de son savoir. Sous Louis XIV, seul le titre d'évêque pouvait faire pardonner à Bossuet, à Fénelon, à Huet leur érudition supérieure. Au XVIIIe siècle, ce sera leur titre épiscopal que les prélats «philosophes» s'efforceront de faire oublier pour bien figurer à l'Académie. Et il faut aussi admettre que seuls les genres accessibles à tous les «honnestes gens», et où ils excellèrent, firent excuser un Racine, un Boileau, un La Fontaine, un La Bruyère, pour tout ce qu'ils devaient à la méditation de la tradition littéraire antique et européenne, à leur formation scolaire et même savante.

Les protestations de Furetière ne changent rien – et ne changeront rien, même et surtout lorsque l'Académie des inscriptions aura pris sa physionomie définitive – au fait que l'Académie française, injustement peut-être, détient désormais les clefs de la littérature nationale : le critère de ses choix relève d'une *doxa* à la fois officielle et mondaine ne coïncidant plus avec le savoir spécialisé d'une infime minorité d'érudits, de France ou d'Europe. Jamais sans doute cette convention n'aura été plus scrupuleusement et continûment illustrée que par la «petite cabale» qui, sous Louis XIV, est chez elle à l'Académie, et qui en nourrit la surabondante production de panégyriques à la gloire du monarque. Dans son *Essai sur les éloges* (1773), œuvre charnière sur laquelle nous allons revenir, l'académicien Antoine-Léonard Thomas écrira du «siècle de Louis le Grand» :

La Coupole

> On l'appellerait avec autant de vérité le siècle des éloges. Jamais on ne loua tant : ce fut pour ainsi dire la maladie de la nation [...] Louis XIV a été plus loué pendant son règne que tous les rois ensemble pendant douze siècles [...] Ce fut une ivresse de quarante ans. Le style avait pris partout un je ne sais quel ton de panégyrique [Thomas montre que la satire, la tragédie, l'épopée, les comédies ballets, la fable elle-même se rattachent alors plus ou moins au genre central]. Enfin on peut y joindre cette foule de compliments et de panégyriques prononcés devant l'Académie française qui fut, pendant soixante ans, une espèce de temple consacré à ce culte[45].

Dans cet extraordinaire chœur d'éloges au Protecteur de la Compagnie, et dont les harmonieuses partitions dorment aujourd'hui dans les épais *Recueils de harangues* de l'Académie, même les « savants » et les « esprits sublimes », mis à part dans les pamphlets de Furetière, tiennent leur partie. Leurs lieux communs relèvent de la nature de la langue telle que la conçoit, après Vaugelas, le *Dictionnaire de l'Académie*. Ils sont comme elle le commun dénominateur des sujets de Louis XIV, ils traduisent dans les mots français des « honnestes gens » et adaptent à la gloire contemporaine du roi de France les antiques poncifs du panégyrique princier : polis, et comme patinés par le temps, mais ravivés par la langue des Modernes, ils prennent dans l'éloquence académique l'éclat pompeux et apaisant des *Concerti grossi* de Haendel. Le *Siècle de Louis le Grand* de Perrault n'est qu'une version, plus *vivace*, de ce perpétuel *largo maestoso*. Ces éloges fixent un long moment d'unanimité nationale autour du roi et des notions communes qui se résument dans sa divine légitimité. L'Académie chante la louange du roi, mais c'est aussi elle-même qu'elle reconnaît en lui. En 1671, le jésuite Bouhours avait pu écrire de Louis XIV : « Enfin, pour tout dire en un mot, il parle si bien que son langage peut donner une véritable idée de la perfection de notre langue[46]. » Désormais, l'épiphanie de la parole royale va se multiplier dans les éloges académiques. Citons l'abbé Tallemant qui, en 1673, dira à ses confrères :

> Comme c'est principalement à la pureté de la langue que s'applique cette Compagnie, l'éloquence naturelle de Louis, l'heureuse facilité qu'il a à s'expliquer, le choix et la pureté des paroles dont il se sert, et ce charme inexplicable qu'il répand dans toutes les choses qu'il dit l'ont fait à juste titre Protecteur de l'Académie[47]...

Sous la généralité incontestable du propos, perce l'esprit de corps : premier « honnête homme » de France, archétype de l'académicien, le roi apparaît ici

également comme le représentant le plus éminent du public dont l'Académie a pris la tête, le public «central» du royaume, qui rejette dans sa périphérie les «pédants»: le «monde» des «honnestes gens».
Les chefs-d'œuvre de Molière, Racine, Boileau, La Fontaine peuvent sembler à bon droit échapper à la généralité monotone de l'éloquence académique, et se rattacher à une vérité plus essentielle, plus universelle. Mais, par une autre voie, ils participent de la même recherche de ce qui est unanimement acceptable par les «honnestes gens», de ce qui les réunit. Et Port-Royal même, le bien nommé, est guidé, suivant encore d'autres principes, par le même souci: nul ne l'a mieux formulé que Pascal, dans un texte où pourtant il se sépare de l'enflure tout extérieure et de l'unanimité de surface qui caractérisent l'encomiastique académique:

> Rien n'est plus commun que les bonnes choses: il n'est question que de les discerner, et il est certain qu'elles sont toutes naturelles et à notre portée, et même connues de tout le monde. Mais on ne sait pas les distinguer. Ceci est universel. Ce n'est pas dans les choses extraordinaires et bizarres que l'on trouve l'excellence en quelque genre que ce soit. On s'élève pour y arriver, et on s'en éloigne: il faut le plus souvent s'abaisser. Les meilleurs livres sont ceux que ceux qui les lisent croient qu'ils auraient pu faire. La nature seule est bonne, est toute familière et commune [...] Il ne faut pas se guinder l'esprit: les manières tendues et pénibles le remplissent d'une sotte présomption par une élévation étrangère et par une enflure vaine et ridicule, au lieu d'une nourriture solide et vigoureuse. Et l'une des raisons principales qui éloignent autant ceux qui entrent dans ces connaissances du véritable chemin qu'ils doivent suivre est l'imagination qu'on prend d'abord que les bonnes choses sont inaccessibles, en leur donnant le nom de grandes, élevées, sublimes. Cela perd tout. Je voudrais les nommer basses, communes, familières, ces noms-là leur conviennent mieux. Je hais ces mots d'enflure[48]...

Sainte-Beuve fera de cette sagesse de Port-Royal un des principes de sa critique d'académicien, une des fondations de son idée de la littérature: chemin ouvert à tous, mais caché aux chercheurs d'extraordinaire et de bizarre, vers la vérité morale qui est le bien commun de tous, sous une forme heureuse et pour cela même reconnue de tous. Sous l'encens de l'Académie classique, il faut savoir estimer ce goût invincible du sens commun, que le roi Louis XIV, dans son ordre, possédait lui-même au suprême degré.

La Coupole

11.

Le sens commun n'est pas la raison du métaphysicien. Il prend appui, avant de la vérifier, sur l'opinion moyenne généralement admise par une société, en vertu de ses traditions mais aussi des circonstances, de la conjoncture des esprits. La fonction de la cour, de la société de cour au XVIIe siècle, est régulatrice du sens commun du royaume, et des notions communes dont il se nourrit. Et l'Académie, dépositaire du sens commun de la langue du royaume, vérificatrice de l'usage de cour, le devient aussi de ces lieux communs qui font en principe l'unanimité du royaume. La Querelle des Anciens et des Modernes va faire apparaître cette fonction non écrite de l'Académie. À la faveur de la Querelle dont l'Académie est le théâtre, l'opinion commune adopta et l'enthousiasme des Modernes et leur ironie à l'égard de l'autorité des Anciens. La victoire des Modernes crée les conditions d'une réception aisée pour la philosophie des Lumières : celle-ci suppose en effet que tout a commencé non dans l'Antiquité, ni à plus forte raison à la Renaissance, mais au siècle de Louis le Grand. Voltaire peut devenir «roi» là où Perrault et Fontenelle ont fait de Louis XIV et de son «siècle» l'origine du progrès des Arts et des Lettres. Ce glissement des présupposés généralement admis s'accélère et se répand au cours du XVIIIe siècle. Et là encore, c'est à l'Académie française qu'il va revenir de l'enregistrer, de le stabiliser, de lui donner ce caractère canonique et respectable qu'elle était seule à pouvoir communiquer à des nouveautés. Dans leur combat contre les vieilles certitudes véhiculées par l'Église, la Sorbonne, les collèges, les encyclopédistes ont très bien perçu cette fonction légitimatrice de l'Académie, dont ils vont faire dans la seconde moitié du siècle la traductrice officielle de leurs propres idées en notions communes généralement admises. La société mondaine, dont le centre de gravité est passé de la Cour à la Ville, accompagne volontiers ce déplacement du sens commun; elle fera fête à une Académie transformée en Sacré Collège de l'*Encyclopédie.*
Ce déplacement sera d'autant plus insensible et irrésistible au XVIIIe siècle qu'il intervient dans un contexte esthétique remarquablement unanime et paisible : de J.B. Rousseau à Delille, de Fontenelle à Chamfort, le canon esthétique profane fixé sous Louis XIV par Boileau demeure, avec des variantes peu perçues, la norme littéraire du siècle. C'est justement parce que cette norme *va de soi* que l'Académie qui en est la garante suprême, et qui a été assez prudente pour ne jamais la formuler explicitement, n'a pas besoin de la réaffirmer. On s'indigne de sa paresse, de son inutilité. Elle se borne en effet, mais c'est un effet massif, à régner sur ce qui n'est pas remis en question : la primauté des belles-lettres classiques sur tous les ordres spécialisés du savoir. Le combat entre «philosophes» et «dévots» interdit à ceux-ci de

recourir à d'autres formes que celles reconnues par l'Académie : le peu de théologie dont les dévots peuvent faire état doit lui-même emprunter l'expression littéraire, et Montesquieu doit faire « de l'esprit sur les lois ». La force des philosophes, et la relative aisance avec laquelle ils firent passer l'autorité académique de leur côté, est due pour une bonne part à leur fidélité sincère – Diderot et Rousseau exceptés – à la grammaire, à la poétique et à la rhétorique nationales dont l'Académie détenait la loi non écrite. Cette loi, toute profane, ne les gênait pas. Elle jouait en revanche contre la foi savante de l'Église, en conformité avec le principe même énoncé par Boileau, et dont il ne mesurait pas toutes les conséquences :

> *De la foi du chrétien les mystères terribles*
> *D'ornements égayés ne sont pas susceptibles.*

Les règles du jeu sont donc admises par tous, mais elles sont favorables aux gens de lettres et défavorables à la Sorbonne, voire à l'Église en général dont les meilleures têtes tournent aux belles-lettres et à la mondanité « moderne ». L'enjeu est l'opinion française. La Cour arbitre et oscille. L'Académie est une pièce maîtresse du jeu : elle détient la légitimité royale des belles-lettres, elle est à même de consacrer une *doxa*, et elle constitue un corps qui, si lié soit-il par ses origines et sa tradition, à la Cour, jouit de l'indépendance réelle des corps d'Ancien Régime. Entre la Cour et la Ville, elle finit par rallier invinciblement la Ville, et fronder la Cour.
La géographie favorise cette évolution. L'Académie, installée au Louvre par Colbert en 1672, y a ouvert ses séances solennelles au public ; elle n'a pas suivi la Cour à Versailles, ni en 1682, lorsque Louis XIV s'y installe à demeure, ni à la fin de la Régence, quand Louis XV y revient. Elle a eu le temps de devenir un des « lieux » de la Ville, un de ses pôles d'attraction propres. Les salons et les cénacles parisiens, qui font et défont les réputations littéraires, pèsent d'un poids croissant sur les élections. Ils n'ont pas, d'ailleurs, faute d'anoblissement possible des gens de lettres – erreur majeure de la Cour – d'autre moyen de faire consacrer leurs « vedettes ». Mme de Lambert, Mme de Tencin, Mme du Deffand, Mme Geoffrin, Mme Necker, Mlle de Lespinasse, efficaces « agents littéraires », sont tout naturellement « grandes électrices ». Elles jouent au plus fin avec la Cour où elles ont, d'ailleurs, leurs alliés, et qui s'incline, après quelques manifestations d'humeur, devant leurs choix. Le succès même de l'osmose souhaitée par Richelieu et Louis XIV entre les mœurs, les manières, les goûts de la Cour et ceux de la Ville, osmose dont l'Académie a été l'un des canaux, a réussi au point que la Ville dicte sa loi à la Cour, et se fait l'interprète d'une opinion publique frondeuse dont l'Académie française, parisienne, doit tenir compte.

La Coupole

12.

Elle mit du temps à en tenir compte. Jusqu'à l'élection de Voltaire, et surtout celle de Duclos, l'année suivante, en 1747, l'Académie dans l'ensemble reste un organe de cour: prélats, grands seigneurs, grands commis de l'État s'y pressent, aux dépens des gens de lettres. Le cardinal Fleury veille jalousement à son orthodoxie religieuse, et l'abbé d'Olivet[49] interprète l'esprit de corps dans le sens d'une fidélité étroite au classicisme dévot à la Bossuet. Le culte de Louis XIV, célébré chaque année lors de la messe de Saint Louis, et lors de la lecture du prix Clermont-Tonnerre de poésie fondé en 1701, porte la marque pieuse de la fin du grand règne. Le Régent lui-même ne put s'opposer à l'exclusion de l'abbé de Saint-Pierre, coupable dans sa *Polysynodie* de crime de lèse-majesté solaire[50]. Aussi Montesquieu (*Lettres persanes*, 1721) et Voltaire (*Lettres philosophiques*, 1734) persiflent-ils une institution qu'ils jugent figée, mais dont l'autorité latente vient justement de ce qu'elle perpétue la doctrine monarchique et catholique du règne de Louis le Grand. Chef-d'œuvre de Mme de Lambert, l'élection de Montesquieu en 1727, chef-d'œuvre de Mme de Tencin, celle de Marivaux en 1742 n'entamèrent guère la ligne de conduite de l'institution. Et pour être élu en 1746, après deux échecs en 1731 et 1743, Voltaire dut se livrer à des capucinades qui ne lui coûtèrent guère, qui ne trompèrent personne, mais sans lesquelles l'appui de Mme de Pompadour et du marquis d'Argenson serait demeuré sans effet. Cette fois, cependant, l'Académie du XVIIe siècle touchait à sa fin. Quand Duclos devint secrétaire perpétuel, en 1755, ce fut la confirmation d'un *aggiornamento* qui déjà s'accélérait. La Cour réagit, mais trop tard. L'esprit de corps joue désormais contre elle et contre l'Église. Le 10 mars 1760, Le Franc de Pompignan prononce son discours de réception. Il se livre à une violente mercuriale contre l'esprit philosophique et, à mots à peine couverts, contre Voltaire. Il somme l'Académie de rentrer dans le respect du trône et de l'autel. Aussitôt, une série de plaquettes meurtrières, émanant de Ferney, mais aussi de l'abbé Morellet, le «théologien de l'*Encyclopédie*» viennent jeter le ridicule et l'odieux sur l'agent de Versailles. Celui-ci crut pouvoir compter sur le succès du scandale remporté par la comédie de Palissot, *Les Philosophes*, opportunément représentée en mai au Théâtre-Français. Morellet déjoua le péril en publiant le pamphlet *La Vision de Palissot* qui le conduisit à la Bastille, mais qui mit les rieurs de la Ville, entraînant ceux de la Cour, du côté de l'*Encyclopédie*. Pompignan, fin mai, publie un *Mémoire justificatif* adressé au roi, et qui le sollicite d'épurer l'Académie. En juin, Voltaire monte en première ligne: il lance trois satires: *Le Pauvre Diable, Le Russe à Paris*, et *La Vanité*, qui écrasent Pompignan, réduit à se retirer dans son Sud-Ouest d'où il n'osa jamais revenir siéger à l'Académie. La partie avait été rude, mais la victoire fut complète. Duclos, dont l'influence à l'Académie était grande dès avant 1755, va contribuer avec l'aide des salons, à l'élection d'une majorité d'encyclopédistes.

Désormais, l'Académie heureuse en corps de se sentir portée par l'opinion, rajeunie par un afflux de talents incontestés, jouit de ce qu'elle nomme elle-même sa «liberté».

Si bien que, après 1760, la nouvelle doctrine symbolisée et enregistrée par l'*Encyclopédie* devient, par la légitimation qu'elle reçoit de la majorité «philosophique» de l'Académie, l'axe même du sens commun français. Tout ce qui s'en écarte s'expose à être fustigé du même rire dont Molière avait frappé tout ce qui s'écartait de la doctrine généralement acceptée par les «honnêtes gens» de la cour de Louis XIV. Et inversement, pour s'être mise, selon l'expression de Sainte-Beuve, «de niveau avec l'opinion littéraire extérieure», l'Académie avait gagné une vitalité et un éclat comparables à ceux dont elle avait joui aux moments les plus radieux du grand règne.

13.

Telle est cette vitalité que les genres académiques eux-mêmes en sont rafraîchis. L'oreille enthousiaste du public leur est rendue, ou donnée. Maupeou sous Louis XV, Maurepas sous Louis XVI, irrités de cette indépendance imprévue par Richelieu, songeront à supprimer l'Académie, ou à la fondre avec l'Académie des inscriptions. Cette emprise sur le public parisien, qu'on lui reprochait, la protégea ; ainsi, d'ailleurs, que la prudence et le respect que l'Ancien Régime gardait toujours vis-à-vis de ses «corps» récalcitrants. Objet des intrigues de salons parisiens, récompense de leurs vedettes littéraires, l'Académie se découvre une vocation pour l'éloquence du forum, bannie de la monarchie comme contraire à son principe. À l'encens de cour et de chapelle royale qui avait été sa règle jusqu'en 1755, succède une éloquence civique, à parfum de fronde, qui fait des séances solennelles de l'Académie des événements politico-mondains. Les discours de réception, ranimés par l'enthousiasme philosophique, soulèvent à leur tour celui du public. Les éloges annuels pour la messe de Saint Louis, dans la bouche d'abbés académiciens ralliés aux idées nouvelles, appellent eux-mêmes les sourires complices et les applaudissements du public. Le prix d'éloquence, fondé par Guez de Balzac dans un esprit de contrition dévote, le prix Clermont-Tonnerre de poésie, fondé pour célébrer Louis XIV très chrétien, sont refondus par Duclos en 1759, et font désormais porter le concours sur l'éloge tout profane et civique des «hommes célèbres de la nation[51]». Antoine-Léonard Thomas, le premier à remporter le prix, fixa les règles et le style du genre nouveau qu'on peut qualifier d'homélie philosophique. Il fut le lauréat fort applaudi encore plusieurs années consécutives, et cela le conduisit même à l'Académie en 1767. La nouveauté du style déclamatoire de Thomas, qui enchanta d'abord Voltaire et tout le parti philosophique, était très relative. Elle répondait en fait à la nostalgie très ancienne de l'humanisme français pour une éloquence «républicaine», qui ranimerait, pour les Modernes, celle de Démosthène et de Cicéron. Elle correspondait aux exercices de prosopopée pratiqués dans les collèges du XVIIIe siècle. Encore faut-il se garder d'y voir une percée du côté du genre délibératif, et donc ouvertement politique. Les *Éloges* de Thomas, avec tout leur pathos «patriotique» restent à *l'intérieur* du genre panégyrique propre à l'Académie : ils en sont la variante laïcisée. Dans son *Essai sur les éloges*[52] Thomas se fera l'historien et le théoricien du genre qu'il avait lui-même si brillamment mis en honneur, et le titre même de l'*Essai* montre bien que, s'il est sorti, à la sollicitation de Duclos, de la variante homélitique et para-ecclésiastique du genre, il ne s'est pas aventuré hors de l'épidictique, dont il se contente d'offrir une variante civique. C'est néanmoins un pas vers l'éloquence politique des assemblées et des clubs révolutionnaires, mais c'est un pas sans préméditation et qui croit se borner à ranimer l'art des panégyriques des antiques républiques, du Plutarque exalté par la véhémence vertueuse de Cicéron. Reste que le civisme déclamatoire de Thomas est au service de la réforme de l'État et illustre donc, à sa manière, la *doxa* et l'*Encyclopédie*. «S'il y avait un pays, s'écrie Thomas dans son *Éloge de Sully*, où les désordres et les malheurs fussent les mêmes, où les abus fussent changés en loi, les mœurs corrompues par l'avilissement, les ressorts de l'État relâchés par la mollesse, ce serait pour ce pays que j'écrirais[53].»

Les deux secrétaires perpétuels, dans les décennies qui précèdent la Révolution, sont l'un et l'autre auteurs d'essais où le statut des «gens de lettres» dans la société française – problème auquel l'Académie est liée par définition – se trouve discuté, avec modération chez Duclos, avec une hauteur vindicative chez d'Alembert. Dans ses *Considérations sur les mœurs de ce siècle* (1751), Duclos enregistre le déclin des «gens d'étude», et l'extension du «goût pour les Lettres, les Sciences et les Arts». Il constate les bénéfices, pour la douceur des mœurs, de l'osmose entre «ceux qui cultivent les Lettres» et le «Monde» qui trouve agrément et profit dans leur commerce. Si le «Monde» ignore volontiers les érudits, trop spécialisés et trop retirés, s'il reconnaît volontiers les ouvrages des gens de talent, mais s'éloigne vite de leurs auteurs, trop singuliers à son gré, il fait fête aux gens d'esprit, les adopte pour siens et oublie même en leur faveur la distinction des rangs. Dans la tradition des moralistes du XVIIe siècle, Duclos tente de définir l'indéfinissable : la vraie supériorité d'esprit dans une société mondaine qui s'est accoutumée à reconnaître l'esprit pour un principe de distinction sociale, mais qui le confond aisément avec le «bel esprit». Cette leçon de tact adressée aux gens du monde est complétée par une leçon de modération réciproque adressée aux gens de lettres, trop aisément entre eux en proie à l'envie et au fiel : « Des ouvrages travaillés avec soin, écrit Duclos, des critiques sensées, sévères, mais justes et honnêtes, où l'on marque les beautés en relevant les défauts pour donner des vues nouvelles : voilà ce qu'on est en droit d'attendre des gens de lettres[54]. »

14.

Il n'est pas surprenant que l'Académie ait connu une de ses périodes les plus fastes sous la conduite d'un secrétaire perpétuel aussi ferme sur les intérêts de son « corps » qu'averti des tendances les plus vivaces de son temps et de son pays. Son successeur, d'Alembert, était d'une nature moins heureuse, et avait un sens moins serein de ses fonctions. C'était à prévoir à la seule lecture de son *Essai sur la Société des gens de lettres et les Grands* (1751), où l'affectation de brièveté stoïcienne à la Tacite exsude le fiel de l'esprit de ressentiment et de parti. D'Alembert s'y présente ambitieusement lui-même comme un « écrivain sans manège, sans intrigue, sans appui, et par conséquent sans espérance, mais aussi sans soins et sans désirs ». Cette figure de modestie excessive est déjà alarmante. Les lieux communs tournés à l'aigre que ce parangon de droiture dévide ensuite confirment cette impression néfaste. Prétendant que le but de Richelieu, en fondant l'Académie, avait été d'établir un modèle d'*égalité*, l'Académicien appelle à la solidarité de parti entre « gens de lettres » : « Heureux au moins, écrit-il, les gens de lettres s'ils reconnaissent enfin que le moyen le plus sûr de se faire respecter est de vivre unis et presque renfermés entre eux : que par cette union ils parviendront sans peine à donner la loi au reste de la nation sur les matières de goût et de philosophie[55]. » En 1753, un an avant son élection à l'Académie, il écrivait à Mme du Deffand, alors sa fervente protectrice :

> Voilà comme il faut traiter ces gens-là. On n'est point de l'Académie mais on est quaker, et on passe le chapeau sur la tête devant l'Académie et devant ceux qui en font être[56].

Il n'en fut pas moins élu, et même, en dépit d'une résistance de pur principe de la part de la Cour, il devint à son tour secrétaire perpétuel en succession de Duclos, en 1771.
Avec de telles vues, il n'est pas surprenant que d'Alembert ait tendu à faire de l'Académie brillante et respectée, qu'il héritait de Duclos, la première des « sociétés de pensée » dont Augustin Cochin a dénoncé le rôle dans la prépa-

La Coupole

ration de la tragédie révolutionnaire. Au lieu du rôle de médiation centrale que lui avait rendu Duclos, l'Académie selon d'Alembert se «renferme» sur l'esprit encyclopédiste, desséché en esprit de secte. Sénac de Meilhan, dans son essai *Du gouvernement des mœurs et des conditions en France avant la Révolution* (1814), a pu écrire sans excès qu'après la mort de Voltaire d'Alembert tint en France le «sceptre de la littérature», qu'il devint «dictateur des Lettres» justement parce qu'il «disposait de toutes les places à l'Académie». Donnant le ton des séances publiques, il les transforme par sa voix en tribune d'un nouveau Juvénal. Même Voltaire, avant sa mort, s'inquiéta de ce tour agressif donné à une conquête qu'il eût préférée plus paisible et plus magnanime. Pourtant, nul plus que l'auteur du *Dictionnaire philosophique* n'avait travaillé à assurer le triomphe définitif des «philosophes» à l'Académie, et n'avait mieux veillé à ce que celle-ci apparût sans faille comme l'antithèse de la Sorbonne, le fer de lance du combat contre l'Infâme. Entre autres témoignages de cette vigilance, on peut citer la lettre que, de Ferney, il envoya à Palissot le 13 février 1767 :

> Quel dommage, ai-je dit, qu'un homme qui pense et qui écrit si bien se soit fait des ennemis irréconciliables de gens d'un extrême mérite, qui pensent et qui écrivent comme lui. Si vous aviez tourné vos talents d'un autre côté, j'aurais eu le plaisir de vous avoir avant ma mort pour confrère à l'Académie française[57].

Et Palissot de répondre, un peu plus tard :

> Je ne serai point de l'Académie française, je le crois, mais si je mérite d'en être, c'est tant pis pour elle ; et les regrets obligeants que vous voulez bien me témoigner pour cette petite disgrâce sont plus que suffisants pour m'en consoler[58].

C'est donc à bon droit que l'Académie fit à Voltaire, le jour même de son apothéose à la Comédie-Française, une réception de pontife. Mais, justement, Voltaire se comporta alors en pontife, et non en chef de parti. Héritier légitime de Boileau et de Racine – d'Alembert, qui l'accueillait, le décrivit supérieur à ces deux maîtres d'autrefois –, il se révéla alors, dans un ultime et admirable sursaut de vitalité, pour ce qu'il était et avait au fond toujours été : l'incarnation de l'esprit académique français sous sa forme la plus spirituelle, la plus entraînante, la plus rayonnante. Il voulut, quoique mourant, mettre à exécution son vieux projet de refonte du *Dictionnaire de l'Académie*, pressant ses confrères, distribuant des lettres, n'hésitant pas à prendre pour lui la lettre *A*! Il mourut le 30 mai, et son projet fut enterré avec lui. Celui-ci était d'ailleurs contraire à la tradition de Vaugelas: il établissait les écrivains en arbitres de la langue, alors que, pour Vaugelas, l'usage du grand monde était la règle d'or, corroborée par une Académie où les «auteurs» n'avaient qu'une voix consultative. Reste que, dans cet élan ultime et quasi testamentaire d'amour pour la langue, Voltaire manifestait sa vocation pour ce qui réunit: à la catholicité de l'Église, il n'avait cessé d'opposer une catholicité des Lumières, et c'est à elle, autour d'elle, qu'il appela l'Académie par un suprême *Sursum corda*. C'était une belle utopie. Le siècle d'or de l'*Encyclopédie* s'éteignait avec lui. D'Alembert se chargea de parachever la mutation de la mystique en politique. L'élan retombé sous sa férule, seule la querelle musicale des gluckistes et des puccinistes sembla amuser l'Académie dans les années qui précédèrent la Révolution.

15.

Les Lumières avaient opposé leur église philosophique à l'Église des ténèbres, et l'Académie française avait, soleil d'un réseau d'académies qui s'était répandu en France et en Europe[59], fini par servir de sacré collège à la Raison en marche. Que l'Ancien Régime ait pu laisser une de ses institutions de cour devenir l'autorité garantissant la métamorphose des «gens de lettres» en militants de sa propre réforme donne la mesure moins de son aveuglement que de sa modération. Le décret de la Convention du 8 août 1793, qui fit disparaître d'un coup toute la constellation des académies d'Ancien Régime, fait mieux comprendre rétrospectivement la nature de cette modération. Richelieu avait pu nourrir l'intention d'attacher par la vanité les gens de lettres à l'État: il avait dû pour les honorer recourir au vieux moule corporatif de l'ancienne France, que les critiques de Jean Bodin, dès le XVIe siècle, n'avaient pas suffi à périmer. Après la mort de son fondateur, le «corps littéraire» de l'Académie développa un esprit propre, que la collégialité et l'inamovibilité de ses membres mettaient à l'abri des atteintes de la Cour. L'Académie conquise à l'éloquence des Lumières devint ainsi une pièce de plus dans le fragile et complexe «équilibre des pouvoirs» qui limitait, et même ligotait, l'exercice de la puissance publique dans la vieille monarchie. Et c'est justement à ce genre de «corps» intermédiaires, respectés si soigneusement par le gouvernement royal, que la Révolution s'est attaquée sans retard. La Constituante abolit tous les grands corps qui détenaient une parcelle de pouvoir politique: parlements, états provinciaux, assemblées du clergé. La Convention abolit le reste: congrégations ecclésiastiques, universités et collèges, corporations. Les académies subirent le même sort. Cette logique était celle de la foi des Lumières dans un droit naturel qui, ne connaissant que des individus «libres et égaux en droit», et une volonté géné-

La Coupole

rale qui est leur seul lieu commun, illégitimise les médiations qui s'interposent entre la subjectivité des uns et l'objectivité de l'autre. Les académies relevaient justement d'un autre droit, médiéval, coutumier, catholique, qui voyait dans la monarchie, à l'image de l'Église la somme de «corps» particuliers dont l'identité collégiale, les privilèges, la finalité s'étaient peu à peu révélés dans le temps, et dans chaque particulier la somme de ses appartenances à ces «corps», «ordres», «collèges», «congrégations», «corporations» qui lui donnaient une forme et un «état» dans l'État. En militant pour les réformes, en posant à la Contre-Église, la philosophie des Lumières n'en était pas moins entrée dans ce moule, et en conquérant l'Académie, elle avait par là même accepté la règle du jeu. L'homme de lettres «philosophe» du XVIIIe siècle, à commencer par Voltaire, tire de l'Académie la certitude qu'il a un «état» dans la société réelle, ne serait-ce que celui de la réfléchir et réformer. On ne le lui conteste pas. Si bien que, pour avoir fait de l'Académie son Sacré Collège, l'Église des Lumières reste en quelque manière «catholique»: elle est ancrée dans une cité terrestre, qui porte la marque du péché des siècles obscurs, et elle travaille à la transfigurer en cité de la Raison. Mais dans cet entre-deux, qu'aucune hâte apocalyptique ne tourmente, ses clercs ont une fonction régénératrice à proprement parler universelle, et cela les installe dans un vif sentiment d'appartenance, et d'appartenance heureuse.

Rousseau introduit l'hérésie dans cette Contre-Église qui, à tant d'égards, était fille de la Contre-Réforme: pour ce piétiste, toute médiation entre le cœur et son Dieu, tout compromis attentiste ou diplomatique avec ce qui fait obstacle à la pureté du droit naturel, toute limite qui retient l'expansion infinie de son moi intime, témoin unique de l'état de grâce originel, tous ces détours relèvent du Mal. Seule aurait le droit de se faire obéir et respecter *perinde ac cadaver* une utopique Volonté générale, fruit d'un contrat entre cœurs révélés à eux-mêmes tels que le sien. Tout le subjectivisme littéraire de l'artiste du XIXe siècle, de René à Ménalque, relève de l'hérésie rousseauiste, que les héritiers des Lumières combattront souvent avec plus de conviction que les héritiers du *Génie du christianisme*. La ligne de partage se situe entre migrants du réel, et tous ceux qui, réactionnaires ou progressistes, travaillent d'abord à honorer le donné historique, une société qui a sa réalité propre et présente, perfectible tantôt sur d'anciens modèles, tantôt sur des modèles meilleurs, mais où, en attendant, il soit possible de prendre forme, figure, état. L'hérésie romantique et ses innombrables sectes vont s'efforcer de faire de la littérature – et des arts – le «bateau ivre» où s'embarquent les purs, les exilés, les maudits, coupant leurs amarres avec la société établie. L'Académie française va retrouver, dans ce contexte nouveau, une fonction symbolique plus exposée, plus dramatique que sous l'Ancien Régime: car, cette fois, c'est le principe même d'une place naturelle de la littérature au centre de la société qui est violemment mis en

1959

doute, et au nom même d'une littérature plus pure, dégagée de sa gangue charnelle, initiatrice d'un autre royaume. Rétabli de fait par le Consulat et l'Empire, rendu à sa prééminence et à son titre ancien par la Restauration, le « corps littéraire » que la Convention avait aboli va demeurer jusqu'à nos jours tantôt le temple où se célèbre la grand-messe de la dernière religion nationale, tantôt le lieu spectral où les Lettres, asservies à leurs bourreaux, sacrifient au culte impie des honneurs, de la vanité, du mensonge. Le pathos du roman noir que les frères Goncourt répandront sur le Vatican et Saint-Pierre de Rome, dans leur roman *Madame Gervaisais*, est exactement du même ordre que celui qu'ils déversent, dans leur *Journal*, sur l'Académie française et sur son pape littéraire, Sainte-Beuve. Parallèle au drame politique du XIXe siècle, et le déterminant en profondeur, le drame littéraire du siècle ne peut se comprendre sans cette Arlésienne sourdement obsédante, l'Académie française. Barbey d'Aurevilly est l'interprète de toute la révolte romantique lorsqu'il écrit en 1863 :

> Il est bon que la jeunesse prenne dégoût des Académies et de leur esprit, en voyant comme elles ratatinent le talent des hommes de talent[60].

Il pensait aussi à l'Académie des beaux-arts, dont les historiens de l'art savent le rôle central qu'elle a joué à la fois dans le maintien d'une haute tradition de métier, et dans l'acharnement des « refusés » à inventer une autre légitimité de l'Art. Le rôle de l'Académie française, moins visible, moins immédiatement saisissable, n'a pas été moindre dans la sociopsychologie littéraire de la France au XIXe siècle.

16.

L'abolition des académies, le 8 août 1793, sur rapport de l'abbé Grégoire, avait été précédée par une polémique dont l'enjeu était principalement l'Académie française, la plus ancienne, la plus exposée par sa composition aux sophismes de l'esprit de géométrie et aux violences du ressentiment. Dès 1791, Chamfort, qui avait pourtant été lauréat, puis membre de l'Académie, publia une diatribe où il concluait à sa suppression pour inutilité. L'abbé Morellet, lui-même adepte des Lumières, très attaché à la compagnie qui l'avait élu, répliqua à son confrère, mais dans une plaquette quasi clandestine, distribuée parcimonieusement à quelques amis sûrs, ou vendue sous le manteau. C'est encore l'abbé Morellet qui, sauvant les archives de l'Académie du vandalisme révolutionnaire, fut avec Suard l'artisan inlassable, une fois la Convention dissoute, de la lente et difficile réapparition de l'Académie française[61].

La Coupole

Celle-ci, par ses attaches avec la Cour, la haute noblesse et la haute Église, était la plus «ci-devant» de toutes. Mais la constellation d'académies créée peu à peu autour d'elle par l'Ancien Régime apparut intolérable à la raison encyclopédique sitôt qu'elle eut appris la hâte, à la faveur des premiers événements révolutionnaires. Talleyrand et Condorcet conçurent de beaux programmes d'Instruction publique, dont l'édifice était couronné par un Institut national où toutes les recherches seraient coordonnées et progresseraient de concert[62]. Cet organe nouveau, dont la Convention avait entériné par deux fois le principe, fut créé par un décret du Directoire le 25 octobre 1795[63]. Des trois classes de l'Institut – Sciences physiques et mathématiques, Sciences morales et politiques, Littérature et Beaux-Arts –, seule la première correspondait à l'une des anciennes Académies, celle des sciences. Les ci-devant «gens de lettres», qui avaient dû leur lustre d'Ancien Régime à l'Académie française, et qui avaient tant fait pour préparer les esprits au règne de la Raison, se retrouvaient dans l'institution nouvelle réduits à une portion très incongrue: seules deux sections de la «troisième classe», soit douze membres, sur les cent quarante que comptait l'Institut, étaient en mesure de recueillir, sous le nom de «grammaire» et de «poésie» les restes des belles-lettres. Bien peu de chose, à vrai dire, puisque le mode de recrutement prévu était l'élection par l'assemblée générale, toutes «classes» et toutes «sections» confondues. Au lieu du «corps» illustre, où ils traitaient de confrère à confrère avec ducs, maréchaux et cardinaux, les gens de lettres survivants se voyaient, perdus dans la masse, traités comme les autres employés de l'État, à qui était alloué un traitement «qui puisse également convenir à la modestie du vrai savant et avec la sévère économie du gouvernement républicain». C'en était bien fini des privilèges de cour dont avait joui d'Académie française. Rentrés dans le rang, les gens de lettres devaient eux aussi, selon l'expression de Daunou, s'avancer vers le «centre commun» auquel devait conduire «par une pente naturelle et nécessaire tout ce que chaque année voit éclore de grand, de fertile et de beau sur le sol fertile de la France[64]». Cette encyclopédie en marche fut néanmoins profondément remaniée en 1803 par le Consulat. La classe des Sciences morales et politiques, qui rassemblait tous ceux que Bonaparte appelait les Idéologues, fut supprimée: deux classes nouvelles, Langue et Littérature françaises, Histoire et Littératures anciennes, reconstituèrent sans le dire l'Académie française et l'Académie des inscriptions. L'institution des secrétaires perpétuels réapparaissait. L'élection devait avoir lieu par classe, et non par tête. S'il est vrai que ces remaniements successifs et autoritaires pouvaient faire craindre pour l'Institut un avenir d'incessantes «réformes», au gré de régimes politiques successifs, cette réforme napoléonienne limitait d'avance le péril en créant les conditions de la renaissance d'un «esprit de corps», capable à long terme de ne pas céder aux caprices administratifs et politiques. Par ailleurs, les belles-lettres et les hautes études érudites, qui avaient connu leur âge d'or sous l'Ancien Régime et qui étaient liées à la politesse de ses mœurs, retrouvaient une place que le Directoire leur avait déniée. Une des sources de leur recrutement était néanmoins, et définitivement, tarie : les ecclésiastiques, privés désormais et de la formation qu'ils devaient à l'ancienne université et des bénéfices en tous genres qui leur avaient, sous l'Ancien Régime, garanti les loisirs et l'indépendance matérielle indispensable aux travaux de l'esprit.

Dès 1801, le Premier consul, très fier d'appartenir à la première classe de l'Institut, avait fait pourvoir ses confrères d'un costume officiel dessiné par David, le fameux « habit vert » orné de feuillage d'olivier brodé, et qui, sauf modifications mineures, n'a plus cessé depuis de manifester la magistrature académique. Devenu empereur, Napoléon Ier, par décret du 20 mars 1805, assignait pour demeure à l'Institut, à l'étroit dans un « Grand Louvre » où s'accumulaient les trésors d'art apportés de tous les cantons de l'Empire, l'édifice de l'ancien collège des Quatre-Nations. L'Institut s'y installa en août 1806.

17.

C'était beaucoup mieux, au moins en apparence, que n'avait fait l'Ancien Régime pour ses académies. En installant celles-ci au Louvre, Louis XIV les avait fait voisiner avec les artistes et artisans travaillant pour la Cour qui y logeaient depuis le règne d'Henri IV. En transportant l'Institut de l'autre côté de la Seine, et dans un édifice où il sera – au moins à la longue – chez lui, Napoléon avait voulu lui conférer une sublimité nouvelle. Son choix ne pouvait être plus approprié : le collège et la chapelle des Quatre-Nations, désaffectés par la Révolution, avaient été conçus par Colbert pour faire face dignement au Nouveau Louvre[65]. L'architecte Le Vau avait dessiné un édifice qui, soit hommage à Mazarin et à ses racines romaines, soit défi au Saint-Siège, peut passer pour une variation élégante, à petite échelle, sur le thème de Saint-Pierre de Rome. La façade en demi-lune évoque, sur le mode mineur, la colonnade du Bernin. Et la coupole – sur tambour elliptique – qui surmonte la croisée de la chapelle s'élance au-dessus de la façade, comme eût dû le faire celle de Michel-Ange si l'adjonction d'une nef latine et du massif portique de Maderno ne l'avait repoussée loin à l'arrière-plan. L'État français établit ainsi son Sacré Collège de la Raison dans un décor et sous une voûte qui rivalisent avec ceux de la Basilique des pontifes romains. À l'inscription *Tu es Petrus* qui court en majuscules d'or sur la face intérieure du tambour de la coupole de Michel-Ange, répond sous la coupole de Le Vau une citation d'Ézéchiel (XXXI, 17) : *Sedebit sub umbraculo ejus in medio nationum*.

La Coupole

La coupole des Quatre-Nations fut, il est vrai, masquée sous le Consulat par une autre, en trompe l'œil, conçue par Vaudoyer. Mais l'inscription prophétique, longtemps masquée, brille de nouveau de tous ses feux au-dessus de l'amphithéâtre académique depuis les travaux exécutés sous le ministère d'André Malraux. Au modeste Parnasse du Louvre d'Ancien Régime, l'État postrévolutionnaire a ainsi substitué un empyrée qui, avec la coupole, hérite en les laïcisant des sacralités de la symbolique néo-platonicienne et chrétienne. Par les croisées de la fausse coupole de Vaudoyer, ou par les hautes fenêtres et le lanternon retrouvés de Le Vau, tombe sur les assemblées académiques la lumière du Logos français, dont elles sont seules désormais dépositaires, depuis la mort du Roi-pontife, la disparition du Parlement et de l'ancienne Sorbonne.
Cette assomption ne va pas toutefois sans contrepartie. L'État, qui a créé de toutes pièces l'Institut, qui lui a dispensé sa majesté officielle, et même, avec l'épée, quelque chose de sa pompe militaire, entend bien que son œuvre soit entièrement et étroitement à son service. C'est le cas sous le Directoire, sous le Consulat, et plus encore, si possible, sous l'Empire, où l'Institut chaque année vient «au rapport» devant Napoléon Ier. Le 27 février 1808, une députation conduite par Marie-Joseph Chénier, président de la deuxième classe de l'Institut (Langue et Littérature françaises) présente à S.M. L'Empereur et Roi, en son Conseil d'État, un *Rapport historique sur l'état et les progrès de la littérature*. On y voit la revanche de la *Logique* d'Arnauld et Nicole sur les *Remarques* de Vaugelas, le triomphe de «cette école de Port-Royal, source inépuisable autant qu'elle est pure, où vont remonter toute saine doctrine et toute littérature classique[66]», sur la tradition de l'ancienne Académie française. En dépit de la méfiance de Napoléon envers les Idéologues, c'est à Condillac et à ses héritiers, Destutt de Tracy, Cabanis, que le rapport de la deuxième classe attribue l'honneur de continuer Port-Royal et de résumer l'éclat de la littérature française. Le néo-classicisme impérial se veut dans la continuité intellectuelle de la Contre-Réforme gallicane sous sa forme la plus radicale, celle des Messieurs de Port-Royal, et reconnaît en eux, non sans justesse historique, les pères involontaires de la philosophie des Lumières française. Lorsque Sainte-Beuve érigera un monument de science et de piété à *Port-Royal*, il se révélera fidèle à l'inspiration première de l'Institut, et le plus profond interprète de cette création révolutionnaire[67].
En 1808, toutefois, le *Génie du christianisme* a paru déjà depuis six ans. Il n'en est pas fait mention dans le rapport, et il n'a reçu aucun prix de l'Institut. Chateaubriand n'y sera élu que sur ordre, en 1809. Mais il n'y sera pas reçu avant la Restauration : son discours contenait un éloge de la liberté qu'il n'accepta pas de censurer. Le plus grand écrivain du siècle dut, comme Rousseau, sa gloire littéraire à son seul génie, et, comme Napoléon lui-

même, son sacre de héros à sa seule volonté. C'était de mauvais augure pour les rapports futurs de l'Académie et de la littérature.

La Restauration aura beau rétablir les académies dans leurs titres d'autrefois, et rendre à l'Académie française ses anciennes prérogatives, l'épuration qu'elle décida en 1816 mettait une fois de plus en évidence le peu d'indépendance de l'Institut vis-à-vis du gouvernement. Mais l'utopie d'un corps encyclopédique dont tous les organes eussent travaillé de concert, à un rythme incessant, comme les Messieurs de Port-Royal ou les collaborateurs de Diderot, s'était déjà évanouie sous l'Empire. Et le péril de voir un corps de fonctionnaires aux ordres changeant de couleur politique sous chaque ministère s'écarta bientôt. Stendhal pouvait écrire en 1825 :

> Au fait, dans un pays où il y a une opposition, il ne peut plus y avoir d'Académie française ; jamais le ministère ne souffrira qu'on y reçoive les grands talents de l'opposition et toujours le public s'obstinera à être injuste envers les nobles écrivains payés par les ministres, et dont l'Académie sera les Invalides[68].

Le 19 avril 1827, l'Académie française élut Royer-Collard, l'orateur le plus écouté de l'opposition. L'esprit de corps l'emporte sur la tentation du fonctionnariat. Désormais, l'Académie ne se départira plus d'une couleur politique libérale qui l'accordera avec la monarchie de Juillet, la placera dans l'opposition sous le second Empire, et la maintiendra sous la IIIe République dans une sorte de juste milieu sénatorial. Elle ne représentait pas un enjeu politique assez grave pour que les gouvernements successifs eussent à se gendarmer pour s'assurer de son loyalisme. Mais, surtout, à la faveur de la réforme de l'Institut sous le Consulat, elle va pouvoir se peupler de ces «notables» qui ont assuré la stabilité relative et l'équilibre de la société française au XIXe siècle[69]. Quelle que fût leur naissance, noble ou roturière, quelle que fût leur profession, les membres de cette nouvelle aristocratie dans laquelle l'Académie française va recruter – et à laquelle elle agrège ou achève d'agréger journalistes, orateurs politiques, dramaturges, poètes, historiens et critiques universitaires – héritent quelque chose de la magistrature d'Ancien Régime : la stabilité, la pondération, le sens dynastique, le goût de la propriété terrienne, et une idée des Lettres liée à une forte bibliothèque. Cette Notabilité des Lettres, les «grands romantiques», un Lamartine, un Hugo, un Vigny, pourront d'autant plus aisément la revêtir qu'elle n'est pour eux qu'un aspect, certes fort important, de leur personnage public, qui sait par ailleurs agrémenter leur uniforme académique de drapés plus seyants à l'imagination. Mais le dénominateur commun entre un Hugo et un Guizot, un Lamartine et un Mignet, un Vigny et un Montalembert, suppose chez les poètes un *habitus*

La Coupole

social qui n'est pas à la portée d'écrivains moins bien nés et qui ne sont qu'écrivains. Entre notables et sénateurs de la littérature, au XIXe siècle, et les fils nerveux de la bourgeoisie ayant vocation aux Lettres, l'écart se creuse au fur et à mesure que le siècle avance : le modèle du notable, variante noble du type bourgeois, suscite chez les petits romantiques et chez leurs héritiers une allergie qui accroît les rangs de l'hérésie littéraire. Cette allergie, qui joue autant sur un style de vie que sur les idées esthétiques ou politiques, est d'ailleurs réciproque : les notables des Lettres méprisent la « Bohème » de tout poil qui se multiplie à l'écart de l'Institut, et qui affecte ostensiblement d'ignorer jusqu'à son existence. Mieux que les « artistes », les universitaires se coulent dans le moule du notable académique : ils feront une entrée en nombre dans l'Académie française de la IIIe République, mais leur place avait été marquée par Victor Cousin dès la monarchie de Juillet. Gaston Boissier (1876), Ernest Renan (1878), Hippolyte Taine (1878), Ernest Lavisse (1892), Ferdinand Brunetière (1893), Émile Faguet (1899) parachèvent avec leur science austère, mais éloquente, l'idée « victorienne » de l'académicien français, que les pairs de Louis-Philippe avaient dessinée en ses traits essentiels.

18.

« Le havre de vieux hérons moroses », pour reprendre une formule de Barbey[70], le nid de Burgraves où le même Barbey s'indignait de voir Hugo, et Musset (« sous le caparaçon académique : c'était un bât sur le dos d'Ariel »), est en effet marqué par l'âge moyen élevé de ses membres, qui « entrent » plus tard qu'il n'était souvent admis au XVIIIe siècle. Ce vieillissement relatif du « corps académique[71] » qui ne lui aurait pas nui dans une société traditionnelle, où le grand âge est respecté pour son expérience et sa sagesse, prend un sens nouveau dans une société où le conflit des générations est aigu, où la jeunesse, avec le futur, est en train de devenir une des valeurs suprêmes. Et les rites de passage de l'adolescence à l'âge adulte, surtout dans les milieux privilégiés et éduqués, sont beaucoup moins efficaces au XIXe siècle qu'ils ne l'étaient sous l'Ancien Régime. La jeunesse des écoles, formée à une rhétorique qui prépare aux diverses professions, s'enflamme volontiers pour une littérature qui, depuis Rousseau, se réclame de l'enthousiasme, du rêve, du désir contre le pédantisme scolaire et académique. Or, Villemain et Saint-Marc Girardin associent l'Académie à l'université, Barbey traitera Sainte-Beuve de « professeur », et, sous la IIIe République, l'École normale entrera en nombre à l'Académie française.

L'Académie ne se contente pas d'être un sénat de vieillards, une assemblée de notables et le siège d'une orthodoxie littéraire par principe odieuse à la révolte des jeunes générations. Le prix Montyon et les nombreux prix de vertu et de bienfaisance que décerne l'Académie, tout en accordant celle-ci à l'esprit social et charitable qui est largement partagé au XIXe siècle, et dont *Les Misérables* de Hugo sont le durable monument, achèvent d'irriter les « artistes ». L'ironique « Assommons les pauvres » de Baudelaire, qu'un Manet, un Degas pouvaient reprendre à leur compte, prend à rebrousse-poil le sentimentalisme romantico-victorien. La bohème, dans ses diverses versions plus ou moins démunies, a pour trait commun l'alliance des écrivains et des peintres pour mieux fronder leurs académies respectives. Ses mœurs, qui se ressentent de la vie d'atelier plutôt que de celle de salon, favorisent la promiscuité avec le demi-monde et le goût du plein air, dans une campagne qui n'est pas celle des châteaux. Les romans de Champfleury, ceux des Goncourt, surtout *Charles Demailly*, font percevoir le décalage entre le style de vie de la bohème (entendue au sens large) et celui des notables officiels.

Ces témoignages datent du second Empire : mais, depuis les « Jeune France », le Paris du XIXe siècle a vu se multiplier les groupes et les cénacles qui s'efforcent de tenir tête aux goûts officiels et d'inventer des moyens inédits de parvenir, hors du monopole des notables.

Si cette polarisation de la vie des Arts et des Lettres – abusivement confondue avec le « front » du progrès dans les sciences et en politique – a pu prendre en France un caractère quasi archétypal, et devenir aujourd'hui la légende dorée de la culture officielle, c'est justement parce que l'existence de prestigieuses institutions académiques y porte le débat jusqu'à l'épure, et l'attise jusqu'à la névrose créatrice. Les académies tiennent-elles lieu de père terrible ou de mère castratrice ? Elles introduisent en tout cas dans ce « roman familial » qu'est devenue la vie des Arts et des Lettres au XIXe siècle une instance œdipienne si forte que la phratrie des fils doit déployer des trésors de talent, d'imagination, de séduction, d'ironie pour la défier et même, éventuellement, pour l'intérioriser.

La querelle entre « classiques » et « romantiques » dessine dès la Restauration certains traits récurrents de la dramaturgie littéraire du XIXe siècle français, et place d'emblée l'Académie dans la position difficile, mais centrale, celle du « père noble ». À bien des égards, par les deux versions successives de son pamphlet *Racine et Shakespeare*, Stendhal fixe dès lors les linéaments de l'intrigue.

Il anticipe même sur le ton violent que prendra le conflit sous le second Empire. C'est que sa propre position littéraire est par excellence en porte à faux, ce qui à long terme fait de lui le précurseur de tous les malaises et de toutes les insolences. Stendhal, héritier des Lumières, admirateur de Bonaparte, est un ironiste que le pathos de Chateaubriand n'émeut pas ; mais il est aussi le lecteur de Rousseau, l'admirateur de la peinture et de la musique italiennes, et le néo-classicisme de La Harpe l'ennuie. Le premier *Racine et*

La Coupole

Shakespeare (1823) oppose un académicien et un romantique : le seul fait d'appartenir à l'Académie suffit pour désigner le tenant d'un goût convenu et morne, qui survit machinalement à l'Ancien Régime. En avril 1824, Auger, alors directeur de l'Académie française, répond indirectement à ce pamphlet, en prononçant en séance plénière de l'Institut une attaque en règle contre le romantisme. Le débat porte essentiellement sur l'art dramatique. Piqué au jeu, Stendhal répond par le second *Racine et Shakespeare*, où l'ironie porte cette fois directement contre l'institution académique elle-même. Sur deux colonnes, H. B. énumère parallèlement les nullités qui, selon lui, siègent à l'Académie « réformée » par la Restauration, et les talents de l'époque, qui n'y siègent pas. La vivacité de la réplique ne sera pas immédiatement imitée, d'autant que les grands ténors du romantisme, à commencer par Lamartine en 1829, pratiqueront, oublieux du voltigeur qui leur avait ouvert la voie, l'entrisme académique, et feront tomber l'objection la plus sanglante de Stendhal. Mais, sous Napoléon III, le thème sera amplifié par Arsène Houssaye, et, après l'échec de Baudelaire, c'est toute une génération littéraire qui, redécouvrant peu à peu Stendhal, lui reprendra son mépris pour le conformisme stérile dont l'Académie française est à leurs yeux le symbole.

19.

Le malentendu entre l'Académie française du XIXe siècle et ce qui est devenu pour nous, de façon à la longue dérisoirement restrictive, la littérature, s'aggrave singulièrement à partir du second Empire. Peuplée d'historiens, d'orateurs politiques, de poètes éloquents et de critiques, l'Académie en corps oppose un olympien mépris pour le genre romanesque. C'est le genre à grands tirages, le seul qui puisse faire vivre un homme de la plume. C'est le genre populaire par excellence, et que la diffusion par « feuilleton » répand auprès d'un public qui en est affamé[72]. C'est enfin un genre où les femmes – ses lectrices de prédilection – excellent comme auteurs. Mme de Staël, Mme de Krüdener, Mme de Duras, et surtout George Sand ont tenu et tiennent le haut du pavé. Cela achève de précipiter la fiction en prose dans le mépris des notables. Si le romantisme s'est fait accepter à l'Académie dans les grands genres lyriques et même au théâtre, sa version romanesque – un dragon à mille têtes – inspire le mépris. Ce mépris, qui se condense et se manifeste de façon publique et officielle dans l'interdit académique, n'a pas été sans conséquences sur l'évolution du roman français. Le combat de Balzac pour accéder, avec le genre romanesque, à la notabilité académique, est un des plus puissants ressorts de sa biographie autant que de sa stratégie proprement littéraire.

La Comédie humaine, avec ses références à Dante et à Molière, cherche manifestement par tous les moyens à échapper à la malédiction du roman. Le mot même est soigneusement évité par Balzac, qui qualifie les divers segments de son épopée sociale «Études» ou «Scènes», et qui assaisonne ses narrations de digressions propres à lui conférer la stature d'historien, d'économiste, de philosophe, de théoricien des sciences morales et politiques. Cette aspiration passionnée du romancier à la notabilité officielle n'est nullement contradictoire avec le souci généreux qui lui avait fait publier en 1834, dans la *Revue de Paris*, une «lettre aux écrivains du XIXe siècle», où il appelait à la création d'une Société des gens de lettres, qui fut légalement constituée en 1838 pour veiller à la situation matérielle et morale des écrivains[75]. Balzac avait bien vu que la perception des droits d'auteur, auxquels la Convention avait donné un contenu juridique, pouvait devenir l'instrument d'émancipation économique des gens de lettres, et fournir les ressources d'une assistance mutuelle. Cela était sans doute profondément étranger à la tradition académique, qui tenait à ignorer les préoccupations corporatives des écrivains, et plus encore leurs soucis économiques. La Compagnie, il faut toujours le rappeler, n'est pas et n'a jamais été un club de purs écrivains. Son honneur de corps l'incite même à écarter de ses rangs, où figurent tant de notables, des écrivains dont la position sociale et financière n'est pas fortement assurée et attestée. Elle ne peut courir le risque de voir un de ses membres aux abois ou en prison pour dettes. Mais, justement, c'est à cette forme de notabilité sûre et durable que visait Honoré de Balzac, pour elle-même et comme préalable nécessaire, sinon suffisant, à la consécration académique.

Dans l'admirable chapitre de *Choses vues* où il raconte sa visite le 18 août 1850, avenue Fortunée, à Balzac mourant, l'académicien Hugo observe un désastre. Candidat malheureux par deux fois à l'Académie, Balzac vient de renforcer son statut de notable en épousant Mme Hanska, et en s'installant dans un luxueux hôtel, meublé avec un goût d'antiquaire. Il meurt sans avoir eu le temps d'éprouver si cet ultime effort pouvait emporter les résistances de l'Académie. Au-dessus de son cercueil, dont Hugo et Dumas tiennent le cordon du poêle, Hugo entend le ministre Baroche rendre trop tard la sentence: «C'était un homme distingué.» Douze ans après, l'Académie élit Octave Feuillet, auteur à succès du *Roman d'un jeune homme pauvre*: c'est moins le romancier qui est reçu, et qui s'en excuse dans son discours de réception, que le rival de George Sand, le héraut de la *doxa* morale victorienne dans l'arène où Sand prêche pour la bohème.

En 1844, Mérimée avait été élu à l'Académie: mais ce n'était pas pour *Clara Gazul* ni pour ses nouvelles. Membre des Inscriptions depuis 1843, il présentait toutes les garanties de l'historien érudit, et c'est d'ailleurs à son œuvre

La Coupole

admirable d'inspecteur des Monuments historiques, à sa carrière d'homme politique et d'homme de cour sous le second Empire qu'il sacrifiera désormais ses dons pour la fiction. Ensuite, il faudra attendre 1894 pour voir un romancier, Paul Bourget, accueilli à l'Académie. Cette impavidité académique – constatée non sans satisfaction par Sainte-Beuve dans un article de 1862[74] – ne faiblit pas, au contraire, tandis que les romanciers au défi recherchaient un autre anoblissement dans l'ironie esthétique : Flaubert se livre aux travaux forcés pour orner d'un style somptueux, aussi dense que la plus haute poésie, des sujets ostensiblement «vulgaires» et «scandaleux» ; Edmond de Goncourt se convaincra que son frère Jules est mort d'avoir porté à sa perfection le style de *Madame Gervaisais*, un roman que Sainte-Beuve, impitoyable, quoique mourant lui-même, aura le temps encore de cribler de flèches atroces. D'autant que la réhabilitation littéraire du roman, chez Flaubert, chez les Goncourt, puis chez les «naturalistes», fait appel à l'art de la description, et renonce à l'alibi de la digression d'idées, chère à Balzac. C'était indirectement resserrer la vieille alliance entre les écrivains et les peintres, alliance qui scelle depuis la monarchie de Juillet l'exil volontaire de la «bohème», ennemie jurée des deux Académies, la française et celle des beaux-arts. Les romanciers «refusés» peuvent bien croître dans un art de plus en plus raffiné, à un même rythme que les peintres «refusés» qui eux aussi confèrent à des sujets dédaignés par les prix de Rome l'éclat des grands genres ; les uns et les autres ont beau appartenir à une excellente bourgeoisie et même, dans le cas de Flaubert et des Goncourt, fréquenter assidûment chez la princesse Mathilde et dans le meilleur monde : pour les notables des Lettres, celles-ci consistent toujours dans la traditionnelle trilogie : éloquence, histoire et poésie. En réhabilitant les grands genres poétiques, épopée, lyrisme, idylle, les Lamartine, Hugo, Vigny, Musset s'étaient acquis le droit de siéger sous la Coupole. L'éloquence des libéraux, l'historiographie, le journalisme même, perçu comme l'un des genres de l'éloquence, tout cela était à sa place et dans son ordre à l'Académie. Mais le roman était une menace inacceptable pour l'équilibre des genres et, de fait, son appétit révélait clairement, dès lors, sa vocation à occuper, ce qui est advenu depuis, une place centrale, envahissante et finalement sans partage dans la littérature. Sainte-Beuve a parfaitement perçu le péril. Et il ne raisonnait pas autrement en poésie : en qualifiant *Les Fleurs du mal* de «Kamchatka» ou encore de «Folie», il avait dans l'esprit une géographie et un jardin paysager qui ont un centre, un point de vue privilégié, et le prix de ce *lieu commun*, référence pour tous, était trop grand pour courir le risque de la sacrifier ou de l'affaiblir en considération de mérites trop singuliers, trop périphériques. En quoi il se montrait le Sage académicien du XIXe siècle par excellence, dépositaire d'une tradition sans laquelle il n'est pas d'Église. Il faut remarquer que Paul Valéry, l'un de ceux qui ont plus tard le mieux compris la «fonction» et le «mystère» de l'Académie française, partagea d'avance la vieille aversion de l'Institut pour le roman, contre lequel il décocha, devant André Breton ravi, la fameuse épigramme: «La marquise sortit à cinq heures...» Le roman a bien pris sa revanche depuis, mais victime de son écrasante victoire, seul survivant dans l'arène des genres, il s'émiette, à chaque saison des «Prix», devenus innombrables, en milliers de «sonnets d'Oronte».

20.

Cette revanche du roman était prévisible dès la fin du XIXe siècle: il avait pour lui les tirages, le nombre[75] et même des lettres de noblesse acquises par des martyrs du travail, Balzac et Flaubert, puis par le désinvolte Stendhal, que l'on redécouvre opportunément dans les années 1880 comme le grand ancêtre de la famille. Manifestes et débats littéraires, qui, au temps du romantisme, tournaient autour du drame, se concentrent de plus en plus autour du roman. En 1888, Alphonse Daudet résuma tous les griefs de trois générations de romanciers dédaignés par les notables des Lettres: il publia *L'Immortel*. L'intrigue de cette fiction-pamphlet est construite sur l'antithèse entre l'académicien type, Laurent Astier-Réhu, et l'artiste, Védrine. Habilement, Daudet s'est gardé d'introduire un romancier dans cette allégorie: il a préféré donner le rôle positif à l'artiste, rebelle d'une autre Académie, et d'ailleurs plus pittoresque. Ami du plein air, enthousiaste, généreux, humoriste, et doté d'un génie protéique, Védrine est aussi grand peintre que grand sculpteur et grand architecte. Il est avec tout cela modeste, et heureux. Quant au sinistre et pitoyable Astier-Réhu, il caricature la longue lignée d'historiens qui, de Guizot à Taine, de Mignet à Sainte-Beuve, de Thiers à Montalembert, ont opposé impavidement l'éloquence des faits à l'envahissement de la fiction, amie de la bohème. Sa déroute et son suicide, qui s'inspirent d'un fait divers célèbre, punissent justement sa confiance naïve, fanatique, dans le document d'archives: il s'avère que son œuvre était construite sur de faux autographes payés à prix d'or, comme sa vie était fondée sur l'ambition de faux honneurs. Tout le pathos mélodramatique de Daudet s'est fané. Le roman n'en fait pas moins affleurer autre chose qu'un pur et simple ressentiment social: un vrai débat, ouvert dès le début du siècle avec la vogue de Walter Scott, trouve ici sa conclusion vengeresse. Son enjeu est la valeur cognitive de la fiction, que conteste l'éloquence académique attachée à la probité du Vrai, du Beau, du Bien.
Émile Zola aura beau se donner l'alibi scientifique de la méthode de Claude Bernard et des théories de Tarde sur l'hérédité, il pourra bien donner à ses

La Coupole

Rougon-Macquart, sur le modèle de *La Comédie humaine*, l'allure d'une « Histoire sociale de second Empire », ses titres d'historien et de savant n'impressionnèrent pas l'Académie, devant laquelle il se présenta vingt-quatre fois, en vain. Il faudra que Paul Bourget fasse de ses *Essais de psychologie contemporaine* et de ses romans les véhicules d'une réflexion à la fois catholique, aristocratique et pathétique sur le monde moderne pour qu'un romancier puisse entrer à ce titre à l'Académie. Par la brèche s'engouffreront André Theuriet et Anatole France (1896), René Bazin (1903) et surtout Maurice Barrès (1906). La preuve, croyait-on, avait été faite que le roman était enfin entré dans le cercle de hautes préoccupations morales, politiques et spirituelles qui caractérisaient la magistrature académique.
En revanche, le théâtre, et surtout la comédie de boulevard, avait trouvé une hospitalité généreuse dans l'Académie du XIXe siècle, qui y vit un des « lieux communs » classiques de la société française, parfaitement à sa place dans le canon des genres littéraires. Tour à tour Scribe (1834), Émile Augier (1857), Alexandre Dumas fils (1874), Eugène Labiche (1880) siégèrent sous la Coupole. Il n'était que justice, pour les dramaturges de la gaieté parisienne, de laver l'offense de l'Immortel : *L'Habit vert*, de Robert de Flers et Georges de Caillavet, procédera en 1912, sous couleur de « mise en boîte » spirituelle, à la purification par le rire des derniers miasmes de l'ire naturaliste. Caillavet était enfant de la balle, sa mère la célèbre Mme Arman, était à la tête d'un des plus influents salons académiques, égérie et imprésario d'Anatole France. Mais c'est le marquis Robert de Flers, survivant à son complice, qui fut élu à l'Académie, en 1920. Celle-ci pouvait lui être reconnaissante : *L'Habit vert* avait en effet annoncé une des périodes les plus brillantes et heureuses de l'Académie française. Entre 1918 et 1939, la gloire militaire, la gloire littéraire et une jeunesse relative des récipiendaires confèrent aux séances publiques de l'Académie un éclat comparable à celui qu'elle avait connu à la fin du règne de Louis XV. Le roi Valéry semblait pouvoir exercer un empire comparable à celui du roi Voltaire. Et Gide pouvait apparaître, en dissidence, comme une réincarnation, avec variantes, de Rousseau l'enchanteur !
Dans ces années heureuses, les disciples du cénacle de Mallarmé, les disciples de Barrès, les convertis même de Rimbaud vinrent rajeunir et vivifier l'image proprement littéraire de l'institution qui, par ailleurs, trouvait dans l'Église et l'Armée victorieuse d'incontestables et prestigieuses illustrations. L'Académie pouvait calmement tenir tête aux nombreuses chapelles hérétiques qui prétendaient, loin d'elle, explorer de nouveaux « Kamchatka » littéraires.
L'académie Goncourt, et le prix annuel, fondés par le testament d'Edmond, entrèrent dans les mœurs en 1903. Les membres désignés par Edmond de Goncourt étaient tous romanciers : Daudet, Huysmans, Hennique, Mirbeau, Rosny, aîné et cadet, Geffroy, Margueritte. C'était manifestement une entre-

prise promotionnelle du roman dans sa tradition naturaliste. Le succès du prix Goncourt incita l'Académie à fonder, en 1914, son propre grand prix du roman, destiné à couronner une «œuvre d'imagination d'inspiration élevée». La querelle prenait fin, mais sur la victoire du genre si longtemps ostracisé. Le prix Nobel de littérature, décerné à Oslo depuis 1901, avait quelque chose d'un prix Montyon pour écrivains internationalement connus. Il lançait à long terme un défi dans la mesure où il opposait implicitement un «sens commun» international, défini à Oslo, au «sens commun» national représenté à Paris par l'Académie française. Mais celui-ci était depuis trop longtemps accoutumé à se donner une dimension universelle pour s'émouvoir d'une prétention qui, au surplus, se révéla à l'usage marquée par un philistinisme provincial.

21.

En revanche, le phénomène des cénacles et des revues, qui avait au cours du XIXe siècle rivalisé avec la formule vénérable des salons, pour lancer et soutenir une «carrière», ou, tout simplement, pour offrir un «milieu vital» à l'écrivain, a fini par engendrer une véritable institution, dont l'ascendant n'a pas de précédent dans l'histoire littéraire française, même dans l'*Encyclopédie* de d'Alembert et Diderot.

Genève contre Rome, c'est, au fond, une «Académie» réformée, se voulant d'abord pure de toute compromission avec les honneurs, la mondanité, les notables, qui se groupe dès 1904 autour d'André Gide, de Jean Schlumberger, et de Jacques Copeau, et qui agrège à la *N.R.F.* une première génération d'écrivains: Jean Giraudoux, Valery Larbaud, Jacques Rivière, Alain-Fournier, Alexis Léger.

D'autres ont analysé ou analyseront les stades de développement de cette Genève toute «littéraire», que Claudel et Maritain, nouveaux François de Sales, tenteront, parfois avec succès, de convertir. À bon droit on s'efforcera de dissocier ce qui relève de l'inspiration initiale, et ce qu'a fait apparaître après la guerre la puissante maison d'édition Gallimard, plus œcuménique, mais qui donna à la *N.R.F.*, à ses livres à couverture blanche, les clefs d'un royaume. Qu'il nous suffise ici de faire remarquer le trait qui, de 1904 à nos jours, oppose la Genève *N.R.F.* à la Rome académique: la littérature, à l'Académie, est le lieu commun de toute la société française, représentée non seulement par des écrivains professionnels, mais par des notables venus du grand monde, de l'Église, des grands corps de l'État; le «mouvement *N.R.F.*» obéit à un schéma exactement inverse: au départ et en principe, comme chez les Goncourt, la littérature est un privilège d'homme de lettres, voire de

La Coupole

romancier, mais elle n'en renonce pas pour autant à exercer sur l'ensemble du monde de l'esprit un magistère moral, et même politique, qui surclasse l'autorité des notables traditionnels. À la *N.R.F.*, le type de l'écrivain forgé au cours des luttes antiacadémiques du XIXe siècle vient se fondre avec le type de l'«intellectuel» apparu avec l'Affaire Dreyfus. Le roman, que l'Académie a si longtemps mis à l'écart, et que les Goncourt ont voulu, sous sa forme naturaliste, porter au rang de genre majeur, est à la *N.R.F.* aussi le genre pivot : mais il y est conçu comme un exercice spirituel public, s'adressant à la conscience morale. Gide, avec *Les Cahiers d'André Walter*, *L'Immoraliste*, *Si le grain ne meurt*, a fixé un canon que Roger Martin du Gard, Jacques Rivière, Marcel Jouhandeau, Albert Camus, Jean Genet et Jean-Paul Sartre, chacun à sa manière, ont respecté. Mais à partir de ces fictions-méditations, les écrivains-intellectuels de la *N.R.F.* sont partis à la conquête du théâtre, de la critique d'art, de la philosophie, de la politique, sans que jamais le genre de la maison fût perdu de vue. De Gide à Sartre, l'autorité croissante de la «couverture blanche» s'est fondée sur l'alternance entre l'essai et le roman, les idées et la fiction, avec, dans les deux cas, une pente marquée pour l'oraison autobiographique, de saveur rousseauiste. L'œcuménisme qui caractérisa le «mécénat» éditorial de Gaston Gallimard a peut-être, moins qu'on a pu le croire, perdu de vue la logique initiale de la *N.R.F.*

Si différents que soient les témoignages de Jean Delay *(La Jeunesse d'André Gide)*, d'Auguste Anglès *(André Gide et le premier groupe de la* N.R.F.*)*, de Simone de Beauvoir *(Les Mandarins)*, il s'en dégage un «type» d'intellectuel «littéraire», anxieux de soi, et livrant au public les fruits d'une pensée pathétique. Une touche de bohème s'est ajoutée, dans les années vingt et après la Seconde Guerre mondiale, au style quelque peu austère que les fondateurs tenaient de leur milieu bourgeois et puritain. Surréalistes affranchis de la tutelle d'André Breton, puis normaliens défroqués affranchis de l'université ont fait de la brasserie – Dôme ou Coupole de Montparnasse, Deux-Magots ou Flore de Saint-Germain-des-Prés – le tenant-lieu de la bibliothèque et du salon, tandis que le guéridon de fonte à tablette de marbre, avec café-crème et cendrier, servait de table de travail. Il ne faudrait pas négliger, pour interpréter les mœurs non conformistes que les existentialistes ont rendues légendaires, l'exemple des romanciers américains qui, à Paris, vivaient de souvenirs de la bohème romantique : Hemingway, tel qu'il se raconte dans *A Moveable Feast*, était déjà lui-même une légende pour Sartre, Beauvoir et ses amis. Tous étaient d'ailleurs édités chez Gallimard.

La *N.R.F.*, amplifiée par la Maison Gallimard, s'est donc constituée en Contre-Académie, conquérante et à visée universelle. Ses ambitions morales l'ont conduite, à partir des années trente, sur les voies de la politique, qu'elle fût d'extrême gauche avec un certain Gide, Aragon et Malraux, ou d'extrême

droite avec Drieu la Rochelle, et, après 1945, Céline. Mais cette littérature
« réformée » n'a cessé de s'interroger sur elle-même, et de tenter de ressaisir
sa pure essence. La mondanité ne la menaçait pas trop, mais la prédication
morale et politique était sa tentation. Il y eut donc des « réformes » de la
Réforme.
Avec Maurice Blanchot, la *N.R.F.* fit retour aux sources mallarméennes, vite
troublées, de Gide: l'«espace littéraire», remontant au-delà des méditations
bibliques d'André Walter, enfermait l'écrivain dans un mélancolique et
sublime cachot: l'écriture érigée en absolu. Ironistes, un Jean Paulhan[76] un
Raymond Queneau se sont au contraire attachés à rappeler tout ce que l'« originalité » subjective de l'écrivain devait, quoi qu'elle en eût, et sitôt qu'elle
voulait s'exprimer, aux lieux communs et cadres préétablis que la rhétorique
ancienne s'était gardée d'occulter. Pour autant, la « couverture blanche » ne
crut pas déchoir en prêtant son autorité au roman, au théâtre, à l'essai idéologiques, où la pensée et le pathos se mêlaient tumultueusement. Si
l'Académie française est bien le paradigme sur lequel se sont déclinés, au XIXe
siècle, les « cénacles » se proposant de légitimer un « manifeste » littéraire, on
peut suggérer que la réussite éclatante de la *N.R.F.* a suscité, à son tour et
dans son ordre, des projets analogues ou des imitateurs. Autour de la revue
Esprit, les Éditions du Seuil ont joué elles aussi, depuis la Libération, de l'alternance gidienne entre le roman et l'essai doctrinal; elles aussi ont fait naturellement accueil aux sciences humaines, dans la mesure où celles-ci
ajoutaient aux genres littéraires connus toute une série d'hybrides entre l'autobiographie intellectuelle, le morceau de bravoure et le traité philosophique.
Autre chapelle, imitant à moindre échelle Gallimard et le Seuil: les Éditions
de Minuit, académie tout à la fois du nouveau roman et des « sciences
humaines » dures.

22.

Dans un monde de spécialistes, où la littérature elle-même est devenue une
spécialité, une compétence parmi tant d'autres, et tellement plus importantes, ou convaincues de l'être, quel rôle, quel avenir peut-il être réservé à
l'Académie française? Dans un monde érodé par une langue d'usage et une
sous-culture transnationales, dans une conjoncture où chaque groupe,
fuyant cette universalité de pacotille, cherche une réalité, peut-être tout imaginaire elle-même, dans ses propres « racines » singulières, quel avenir pour
l'idée « française » elle-même trop difficile pour être traduite dans la langue
de bois universelle, trop universelle pour devenir un patois parmi d'autres?
Ces questions doivent rester sans réponse. Mais le seul fait qu'elles puissent

La Coupole

être posées éclaire rétrospectivement l'esprit sur la fonction de l'Académie française dans une tradition nationale qui s'est toujours voulue *aussi* exemplaire et universelle. C'est son inutilité apparente, sa faible fécondité en tant que «corps», sa monumentale et relative immobilité qui, en définitive, ont préservé la fonction centrale et vitale de l'Académie à la fois au plus visible et au plus enfoui de la conscience nationale.

Elle est liée à l'invention du mythe fondateur de la France moderne, celui de Louis le Grand, qui, sans la Querelle des Anciens et des Modernes, sans le Voltaire académicien du *Siècle de Louis XIV*, n'aurait pas occupé, résumant Saint Louis, François Ier, Henri IV, Richelieu et Colbert en un seul symbole, la place invincible qu'il occupe dans l'imaginaire comme dans la réflexion française. Elle est liée à un autre mythe national, qu'on a confondu trop souvent avec celui de la Révolution, le mythe de l'*Encyclopédie*; sans la consécration officielle que l'Académie a conférée à la synthèse encyclopédique, sans la majesté institutionnelle que la Compagnie a communiquée à tous ses rédacteurs, le magnifique effort de la France d'Ancien Régime pour rester à la tête des nations modernes n'eût pas connu le rayonnement mondial qui, par la suite, et abusivement, a pu servir d'alibi intellectuel à la Révolution. Elle est liée encore au mythe français de la belle langue, des belles-lettres, voire de la littérature, au sens de magistère moral et spirituel que le romantisme a donné jusqu'à nos jours à ce mot. Et si l'Académie française a pu exercer par sa seule présence cette fonction véritablement et continûment royale, en dépit des changements de régime politique, social, culturel, en dépit même de la contestation croissante dont était l'objet son apparente fixité, elle ne l'a pas dû aux passions basses dont Daudet a fait d'elle le carrefour. Une idée implicite s'est incarnée dans ce corps, assez profondément pour avoir jamais besoin d'être formulée, sinon de biais et comme avec une pudeur révérencielle. Cette idée est cicéronienne et romaine, et l'on comprend qu'elle ait rencontré une résistance croissante au fur et à mesure que triomphait la modernité technicienne. Elle consiste à croire que la vérité du savant, du docteur, et du politique, bref du spécialiste, est incapable de devenir la vérité de tous si elle se contente de son exposé technique. Pour atteindre le lieu où elle est unanimement perçue, la vérité doit savoir renoncer à l'orgueil de sa spécialité pour se faire *éloquence*. Ce qui suppose le choix de mots attestés et trempés par un usage reconnu de tous, une élégance et une clarté heureuse qui rendent la vérité séduisante et transparente à tous, un pathétique et une force d'imagination qui sache faire aller la vérité jusqu'au cœur de tous.

C'est à ce prix que la vérité devient politiquement *religieuse*, et en ce sens véritablement royale. L'histoire de l'Académie française, saisie par son grand côté, le seul qui importe au sage, est une méditation continue, s'adaptant aux méandres de l'histoire, sur ce *tao* de la parole dont elle a fait, à le bien prendre, un arcane national, mais à vocation universelle. La justification la plus haute de la littérature est dans cette fonction d'échangeur qui permet à toutes les spécialités d'accéder à l'éloquence, de s'élever depuis leurs laboratoires jusqu'au forum des esprits. Mais cette justification que l'Académie n'a cessé de conférer à la littérature implique les limites mêmes que celle-ci ne saurait transgresser sans se perdre. Rien n'est plus significatif, lorsqu'on étudie dans la longue durée l'esprit de corps de l'Académie française, que la répulsion instinctive qu'a exercée sur celui-ci toute tentation manifestée par la littérature de se replier sur elle-même, de se constituer en spécialité, en idéologie, en gnose. Si cette ancienne exigence française de la parole élève la littérature au point royal et central de la convergence des esprits, ce n'est pas seulement pour conjurer l'émiettement des particularités du social, du politique, du savoir, c'est aussi pour la retenir elle-même sur la pente où elle est tentée de suivre Narcisse, et où elle se perd dans l'admiration confidentielle de sa propre beauté, de sa propre séduction, de son propre pouvoir de se faire aimer. La norme académique ne se contente pas, pas plus que la norme rhétorique, de relier les vérités à la beauté et à l'élan vital du discours, elle prend soin de les rattacher à ces notions communes, à ce bon sens que les spécialistes dédaignent, et que les purs littérateurs haïssent. La mission de l'éloquence – et en ce sens la poésie des grands romantiques français est éloquence – est justement de se faire médiation entre la vérité et les notions communes, de les rapprocher dans la même lumière reconnue de tous qui est beauté et enthousiasme, en d'autres termes *esprit*. Les maîtres du *tao* français peuvent sembler avoir été trop sévères, ou trop obstinément silencieux et cruellement étroits, comme peuvent l'être, jusqu'à l'apparente injustice, les maîtres spirituels orientaux qu'admirait Jean Paulhan: dans l'ensemble, et en tant que corps, ils n'ont jamais dévié de la tâche d'indiquer la juste mesure: ni art sans vérité ni vérité sans art. Les panégyristes de Louis XIV, les encyclopédistes, les notables irréconciliables avec le naturalisme et le symbolisme ont, continûment, en tenant compte des temps et des idéaux différents, maintenu l'*orientation* de la littérature nationale dans le sens qui lui assurait une vocation universelle de forum éloquent des esprits.

---

1. *Mémoires d'outre-tombe*, éd. Levaillant, Paris, Flammarion, 1949, t. V, p. 602.
2. Jacques Davy Du Perron, *Oraison funèbre sur la mort de Monsieur de Ronsard*, (1586), éd. critique par Michel Simonin, Genève, Droz, 1985. Sur les académies dans la France des Valois, voir F. Yates, *French Academies in the XVIth century*, Londres, Warburg Institute, 1960.
3. Paul Bénichou, *Le Sacre de l'écrivain*, Paris, Corti, 1973 et «Bibliothèque des idées», Gallimard, 1996.

La Coupole

4. Sur le prix Balzac d'éloquence, décerné pour la première fois en 1671, voir Bernard Beugnot, *Guez de Balzac, bibliographie générale*, Montréal, Presses universitaires de Montréal, pp. 27, 84, 118, 148 et *Supplément, ibid.*, 1969, p. 71.

5. Marcel Proust, *Contre Sainte-Beuve*, préface de Bernard de Fallois, Paris, Gallimard, coll. «Idées», 1954.

6. Arsène Houssaye, *Histoire du quarante et unième fauteuil de l'Académie française*, Paris, Hachette, 1856. Houssaye fut surtout un romancier. Son fils Henry, qui entra à l'Académie, fut un historien. D'une génération à l'autre, la famille a changé de «monde».

7. Maurice Martin du Gard, *Mémorables*, Paris, Flammarion, 1957, t. I, p. 277. Voir aussi *Correspondance Marcel Proust-Jacques Rivière (1914-1922)*, Paris, Plon, 1955, pp. 105-107 (mai 1920). Voir encore lettre à Maurice Barrès (juin 1921): «Je ne vous parle pas, après un si grand sujet, de mes petites ambitions académiques. Vous m'aviez conseillé à la première vacance de déclarer aussitôt ma candidature, pour qu'on n'ait pas son siège fait. Mais j'ignore sous quelle forme se fait une déclaration de candidature; puis le fauteuil de M. Aicard n'est même peut-être pas encore déclaré vacant. Enfin, on m'a vaguement dit que Claudel se présenterait. Je ne le connais pas et n'ai aucune raison de m'effacer devant lui. Mais sa notoriété si grande, et aussi ses amitiés politiques m'ôteraient sans doute toute chance.» Rappelons que Proust avait obtenu le prix Goncourt en novembre 1919, et la Légion d'honneur le 29 septembre 1920.

8. Cité par Proust, dans *Contre Sainte-Beuve*, éd. cit., p. 202.

9. Voir surtout, dans les *Nouveaux Lundis* (lundi 20 janvier 1862), «Des prochaines élections à l'Académie», consacrée aux spéculations relatives à la succession de Scribe et de Lacordaire. Sainte-Beuve s'y pose en interprète de la tradition académique, «combinant» les «inspirations et influences» de l'Ancien Régime, de la Révolution et de la Restauration. C'est dans cet article qu'il décrit la «Folie Baudelaire», candidat possible à la succession de... Scribe. C'est finalement Octave Feuillet qui sera élu.

10. Voir, entre autres, la préface de J. Thuillier au recueil *Les Grands Prix de Rome au XIXe siècle*, Paris, 1982 et Donald D. Egbert (publié par David Van Zanten: *The Beaux-Arts Tradition in French Architecture, as illustrated by the Grand Prix de Rome*, Princeton University Press, 1980.

11. Paul Mesnard, *Histoire de l'Académie française depuis sa fondation jusque 1830*, Paris, Charpentier, 1857. On lira avec profit le très utile ouvrage du duc de Castries, *La Vieille Dame du quai Conti, une histoire de l'Académie française*, Paris, Librairie Académique Perrin, 1978.

12. Voir ci-dessus, n. 9.

13. Lucien Brunel, *Les Philosophes et l'Académie française au XVIIIe siècle*, Paris, Hachette, 1884.

14. Simone de Beauvoir, *Les Mandarins*, Paris, Gallimard, coll. «Folio», 1972 (1re éd., couronnée du prix Goncourt, 1954), t. I, p. 190.

15. Sur le cercle de la rue de Rome, qui se réunit tous les mercredis autour de Mallarmé, à partir de 1885, voir Henri Mondor, *Vie de Mallarmé*, Paris, Gallimard, 1946, et les souvenirs d'Édouard Dujardin, *Mallarmé par l'un des siens*, Paris, 1936, qui cite les souvenirs de Bernard Lazare, d'Albert Mockel, d'Henri de Régnier, de Camille Mauclair. Valéry, dans *Variété* (*Œuvres*, Gallimard, Bibliothèque de la Pléiade, 1957, t. I, pp. 619-706), a donné lui aussi une version de ces conférences «académiques» autour de celui que Dujardin comparait à Socrate.

16. C'était la vertu aristotélicienne et thomiste qui légitimait le mécénat et qui faisait du luxe, même ostentatoire, la manifestation pour le vulgaire de la grandeur d'âme.

17. Bien qu'il faille distinguer entre les «corps» dont l'origine se perd dans la nuit des temps, et «compagnies» de fondation royale il reste que les «compagnies» tendent à se penser en termes de «corps». Et sur ces termes, renvoyons au livre d'Ernst Kantorowicz, *Les Deux corps*

du roi. Essai sur la théologie politique au Moyen Âge, Gallimard, 1989, qui a montré la dette de toute la théorie médiévale des « corps » envers la théologie du « corps mystique » de l'Église.

18. Voir Jean Bodin, *Les Six Livres de la république*, 1. III, chap. VII (« Des corps, collèges, états et communautés ») : « Par ainsi nous pouvons dire que tout corps ou collège est un droit de communauté légitime sous la puissance souveraine. » Bodin, tout en admettant que les « corps » contribuent à entretenir l'amitié (au sens aristotélicien) et donc la santé politique d'une société, et qu'ils ne peuvent être supprimés que pour des raisons très justes et très fortes, s'applique néanmoins à énumérer les cas où l'État est en droit de les réprimer ou de les abolir, sitôt qu'ils trahissent leur finalité en se mêlant des discordes publiques, ou en les aggravant. Les jurisconsultes d'Ancien Régime, développant les vues de Bodin dans un sens encore plus favorable à la puissance de l'État, en viendront à admettre que l'État est libre de supprimer les corps pour de simples raisons d'opportunité, et non plus par mesure de justice. Ce qui préparait la « table rase » révolutionnaire.

19. 1641 vit à la fois l'ouverture de la salle de théâtre du Palais-Cardinal et la promulgation d'une ordonnance royale équivalant à un brevet d'honorabilité civile pour les comédiens. Il n'en demeurait pas moins que plus d'un évêque et plus d'un théologien maintinrent la doctrine « sévère » selon laquelle tout comédien était, de par sa seule profession, excommunié. Molière ne put de ce fait briguer l'Académie. Mais au cours de la querelle Balzac-Goulu (1626-1630), il était apparu que pour beaucoup de clercs, d'Église et de Parlement, les écrivains en langue vulgaire, surtout s'ils avaient un souci d'art, n'étaient que des sophistes, et, à la limite, des libertins, dangereux pour les bonnes mœurs.

20. On se reportera aux travaux classiques de Ferdinand Brunot sur ce sujet : son *Histoire de la langue française* et sa thèse, *La Doctrine de Malherbe d'après son commentaire de Desportes*, Paris, 1901.

21. Malherbe, *Œuvres*, éd. A. Adam, Paris, Gallimard, Bibliothèque de la Pléiade, 1971, pp. 156-157.

22. Gombauld, Chapelain et Godeau, trois poètes appartenant au cercle de Conrart dès avant sa « découverte » par Boisrobert et par Richelieu, avaient dès cette époque « sacrifié » à la louange poétique du cardinal. Boisrobert publiera, en 1634, *Le Sacrifice des Muses au grand cardinal*, recueil de poèmes « malherbiens » célébrant Richelieu.

23. Voir Maximin Deloche, *Autour de la plume du cardinal de Richelieu*, Paris, 1920 (B.N. 8° Ln[27] 81157).

24. Paul Pellisson-Fontanier, *Relation contenant l'histoire de l'Académie françoise*, Paris, P. Le Petit, 1653.

25. Voir Zygmunt Marzys, « Pour une édition critique des *Remarques sur la langue française* de Vaugelas », *Vox Romanica*, n° 34, 1975, pp. 124-139.

26. Sur cette victoire de la Cour et cet échec du Parlement, voir notre *Âge de l'éloquence*, Genève, Droz, 1980, IIIe partie, *passim*.

27. Marin Le Roy de Gomberville, *Tableau du bonheur de la vieillesse, opposé au malheur de la jeunesse*, Paris, Lacquehoy, 1614.

28. Voir G. Hall, éd. critique des *Visionnaires*, de Desmarets de Saint-Sorlin, Paris, S.T.F.M., 1963.

29. Il avait été en effet le rival de Corneille dans la querelle du *Cid*, et l'auteur de plusieurs tragédies goûtées de Richelieu.

30. G. de Scudéry, *Alaric ou la Rome vaincue*, poème héroïque, Leyde, 1656.

31. Voir R. Zuber, *Les Belles Infidèles ou la formation du goût classique*, Paris, Armand Colin, 1968.

32. Paul Valéry, *Œuvres*, Paris, Gallimard, Bibliothèque de la Pléiade, t. I, 1957, « Remerciement à l'Académie française », p. 728. Tout le discours est à lire, tant il résume

La Coupole

à la fois le goût «mallarméiste», le goût «*N.R.F.*», et le goût académique en un tour de force diplomatique de haute volée.

33. Sur Colbert et les académies, voir le catalogue de l'exposition *Colbert*, Hôtel de la Monnaie, 1983, pp. 355-363 et 447-480. Il est clair que Colbert, en contraste avec le style personnel, grand seigneur, de Foucquet, a une conception institutionnelle du mécénat proprement royal. Voir également, dans les *Actes* du colloque «Un nouveau Colbert», Paris, S.E.D.E.S., 1985, l'étude de J. Thuillier, «Réflexions sur la politique artistique de Colbert» pp. 275-286.

34. Charles Du Périer (Aix [?] – Paris, 1692), ode *Ad Delphinum*, Paris, s.d. (B.N. Yc 2770). Il eut un commerce de traduction de fables (entre autres de La Fontaine) avec Charles Perrault et le père Commire.

35. Le fameux *Discours* de Rivarol, lui aussi lié à une académie à la française, celle de Berlin, a été étudié par Baldensperger, *Comment le XVIIIe siècle voyait l'universalité de la langue française*, dans ses sources et dans sa réception immédiate. Toute l'histoire du mythe célébrant la langue est indissociable de l'histoire des Académies.

36. Sur Amable de Bourzeis (1606-1672), voir O. H. de Bourzeis, *Un académicien oublié, l'abbé de Bourzeis*, Paris, 1879.
Sur François Charpentier (1620-1702), voir «Éloge de M. Charpentier», *Journal des Savans*, 1702, pp. 506-508 et d'Alembert, «Éloge de François Charpentier», *Histoire des membres de l'Académie française*, Paris, 1787, t. II, pp. 127-159.

37. François Charpentier, *Défense de la langue françoise pour l'inscription de l'arc de triomphe...*, Paris, 1676. L'infatigable Charpentier est aussi l'auteur d'un *Discours de l'utilité et de l'excellence des exercices académiques*, 1695.

38. Id., 1683, 2 vol. in 16°. Sur toute cette querelle, voir notre étude «L'apologétique de la langue française classique», *Rhetorica*, II, n° 2, 1984, pp. 139-161.

39. «Discours prononcé par M. l'abbé Tallemant le jeune le 23 décembre 1676, pour servir de réponse à celui du R. P. Lucas, jésuite», dans *Recueil des harangues prononcées par Messieurs de l'Académie françoise dans leurs réceptions*, Paris, Coignard, 1698, pp. 295-307. L'abbé Tallemant fait l'historique des débats sur cette question à l'intérieur de la Petite Académie, et il révèle que, si l'on s'y était mis d'accord pour exclure tout «déguisement à l'antique» du roi et de sa famille, la langue des inscriptions fit difficulté, et le débat fut très animé entre Bourzeis et Charpentier.

40. Sur les origines de la querelle et sur la contribution décisive que lui apporta Charles Perrault, voir, outre Hubert Gillot, *La Querelle des Anciens et des Modernes en France, de la Défense et illustration de la langue française aux Parallèles des Anciens et des Modernes*, Paris, Champion, 1914, les articles de P. Bonnefon dans la *Revue d'histoire littéraire de la France*, 1904, 1905, 1906.

41. Je suis contraint, faute de place, de ne pas faire justice à la *querelle d'Homère*, qui pousse à ses dernières conséquences la querelle des Anciens et des Modernes. On ne trouvera une admirable analyse dans Noémi Hepp, *Homère en France au XVIIe siècle*, Paris, Klincksieck, 1968, pp. 629-754. Sur le renversement au cours du XVIIe siècle de l'antique rapport entre temps et savoir (renversement réduit souvent au déclin de l'argument d'autorité), on pourra se reporter aux études réunies dans *XVIIe siècle*, n° 131, 1981. Krzysztof Pomian a publié récemment, dans une perspective légèrement différente, un ouvrage essentiel pour quiconque s'intéresse au sujet : *L'Ordre du temps*, Paris, Gallimard, coll. «Bibliothèque des Histoires», 1984.

42. Antoine Furetière, *Second Factum par Messire Antoine Furetière, abbé de Furetière, abbé de Chalevoy, contre quelques-uns de l'Académie française*, À Amsterdam, chez Henry Desbordes, 1686, pp. 26-27.

43. Id., *Second Placet et très humble remonstrance à Mgr Le Chancelier*, s.l. ni d. (B.N.X 2551[5-8]).

44. Ménage, *Requête...*, Paris, s.d. (1649), non paginé.

45. Antoine-Léonard Thomas, *Essai sur les éloges*, Paris, 1773, chap. XXXVII. Voir ses *Œuvres complètes*, Paris, Belin, 1819, 2 vol., t. II, p. 207.

46. Dominique Bouhours, *Entretiens d'Ariste et d'Eugène*, Paris, 1671, cit. d'après l'éd. de Paris, Éd. de 1947, p. 92.

47. *Panégyrique du roi prononcé le 25 août 1673 par M. l'abbé Tallemant le jeune*, Paris, Coignard, 1693, p. 48. Il n'est pas surprenant que l'abbé Tallemant, partisan du français dans la querelle des inscriptions, panégyriste enthousiaste et infatigable de Louis XIV, ait été l'auteur du *Panégyrique funèbre de Charles Perrault*, prononcé à l'Académie française, Paris, 1704.

48. Pascal, *Pensées*, éd. Lafuma, Paris, Éd. du Seuil, 1963, «De l'esprit géométrique et l'art de persuader», pp. 358-359.

49. L'abbé d'Olivet (Pierre-Joseph Thoulier, 1682-1723) est le continuateur de Pellisson, dans son *Histoire de l'Académie française depuis 1652 jusqu'à 1720*, Paris, 1729. Voir l'éd. Charles-L. Livet des deux *Histoires*, Paris, 1858. Il existe, dans les *Portraits intimes du XVIIIe siècle* d'Edmond et Jules de Goncourt (Paris, 1858), un portrait de l'abbé d'Olivet tout à fait succulent (t. I, pp. 237-287).

50. Sur l'exclusion de l'abbé de Saint-Pierre, voir, outre les diverses *Histoires de l'Académie française*, les *Chroniques des élections à l'Académie française*, Paris, Firmin-Didot, 1886, pp. 66-67 (l'abbé de Saint-Pierre, par son élection en 1695, avait symbolisé la victoire des Modernes); pp. 88-89 (son éviction marque le début de l'influence du cardinal Fleury, élu en 1717, sur la Compagnie).

51. Sur cette réforme de Duclos, voir Paul Mesnard, *op. cit.*, pp. 80-81, et L. Brunel, *op. cit.*, p. 58.

52. Publié en 1773, cet essai est une justification *a posteriori* de la réforme de Duclos. Mais c'est aussi une étude de qualité sur le *genre* panégyrique.

53. Cité par Paul Mesnard, *op. cit.*, p. 83.

54. *Considérations sur les mœurs de ce siècle...*, Paris, Perrault, 1751, p. 229.

55. *Mélanges de littérature, d'histoire et de philosophie*, t. II, Berlin, p. 156 («Éloge de Richelieu»), p. 162 («Exhortation aux gens de lettres»).

56. Cité par Lucien Brunel, *op. cit.*, p. 41.

57. Lettre du 13 février 1767, de Ferney (éd. Besterman des *Œuvres complètes* «définitive», D 13951).

58. Réponse de Palissot, vers le 20 février, *ibid.*, D 13984.

59. Sur le réseau des académies au XVIIIe siècle en France, on se reportera à l'ouvrage fondamental de Daniel Roche, *Le Siècle des Lumières en province. Académies et académiciens provinciaux, 1680-1789*, Paris, Mouton, 1978, 2 vol.

60. Barbey d'Aurevilly, *Le XIXe siècle, des œuvres et des hommes*, éd. J. Petit, Paris, Mercure de France, 1966, t. II, p. 38 («Médaillon de Sainte-Beuve»).

61. Sur la querelle Chamfort-Morellet, et sur le rôle de Morellet et de Suard dans le salut des archives, et dans la résurrection de l'Académie, voir les *Mémoires inédits de l'abbé Morellet sur le dix-huitième siècle et sur la Révolution*, éd. Lemontey, Paris, Ladvocat, 1921, 2 vol.

62. Sur les projets de réforme de l'enseignement conçus par Talleyrand et Condorcet, voir *Une éducation pour la démocratie, textes et projets de l'époque révolutionnaire*, présenté par Bronislaw Baczko, Paris, Garnier, coll. «Les classiques de la politique», dirigée par Claude Nicolet, 1982.

63. Sur l'abolition des académies et la création de l'Institut, voir *Varii auctores*, *L'Institut de France*, Paris, H. Laurens, 1907, Georges Perrot, «L'Institut», pp. 37-94.

La Coupole

64. Voir dans la série Le 38 de la Bibliothèque nationale les textes de Daunou relatifs à la réforme de l'enseignement et à la création de l'Institut. Par exemple son rapport au comité de Salut public (1793, B.N. 8° Le 38 2371).

65. Sur l'histoire du collège des Quatre-Nations, voir Alfred Franklin, *Histoire de la bibliothèque Mazarine et du palais de l'Institut*, Paris, Welter, 1901.

66. Institut de France, Classe de Langue et de Littérature française, *Présentation à S.M. l'Empereur et Roi, en son Conseil d'État, du rapport historique sur l'état et les progrès de la littérature, le 27 février 1808*, Paris, 1808 (la députation était composée de MM. Chénier, président, Volney, vice-président, Suard, secrétaire perpétuel, MM. Morellet, Boufflers, Bernardin de Saint-Pierre, Andrieux, Arnauld, Villars, Cailhava, Domergue, Lacretelle, Layon, Raynouard et Picard).

67. Voir l'article cité ci-dessus, n. 9, où Sainte-Beuve assume pleinement la différence entre l'Institut fondé par la Révolution, et l'Académie française d'Ancien Régime.

68. Stendhal, *Racine et Shakespeare*, éd. Fayolle, Paris, Garnier Flammarion, 1970, p. 82 («Avertissement» à *Racine et Shakespeare*, II, publié en 1825).

69. Voir l'ouvrage essentiel d'André Tudesq, *Les Grands Notables de France, étude historique d'une psychologie sociale*, Paris, P.U.F., 1964, et Daniel Halévy, *La Fin des notables*, Paris, 1880.

70. Barbey d'Aurevilly, *op. cit.*, p. 35.

71. Voir Jacques Véron, «L'Académie française et la circulation des élites, une approche démographique», *Population*, n° 3, mai-juin 1985, pp. 454-471.

72. Sur la diffusion du genre romanesque au XIXe siècle, on se reportera à *L'Histoire de l'édition française*, Paris, Promodis, t. II (1660-1830). Sur la querelle que l'Académie du XIXe siècle fit au genre romanesque, voir les remarques de Paul Bourget, «Le roman à l'Académie», dans *Trois siècles de l'Académie française par les Quarante*, Paris, Didot, 1935, pp. 213-221.

73. Sur la situation matérielle de l'écrivain au XIXe siècle, voir in *L'Histoire de l'édition française*, *op. cit.*, Bernard Vouillot, «La Révolution et l'Empire: une nouvelle réglementation», pp. 526-535. La Convention avait dissous la Communauté des libraires et imprimeurs de Paris en 1791. Elle avait aboli aussi bien le privilège d'auteur que le privilège de libraire. En revanche, en 1793, sur rapport de Lakanal, elle prend un décret (21 juillet) qui définit la propriété littéraire. C'est là-dessus que va s'établir la réglementation des droits d'auteur au cours du XIXe siècle, et que peut se fonder Balzac pour appeler à la création d'une Société des gens de lettres, chargée de défendre leurs droits et d'assurer leurs intérêts.

74. Voir Sainte-Beuve, art. cit., p. 399: Octave Feuillet est cité pour ses doubles succès «à la lecture et au théâtre»: le mot «lecture», qui renvoie à cette institution du XIXe siècle que fut le «cabinet de lecture», est un euphémisme pour ne pas prononcer le mot obscène de «roman». Dans les sections que Sainte-Beuve, à la fin de son article, imagine – à l'exemple de son cher Daunou – dans une Académie française idéale, on trouve I. Langue et Grammaire; II. Théâtre; III. Poésie lyrique, épique, didactique; IV. Histoire; V. Éloquence; VI. Éloquence et art d'écrire. Et Sainte-Beuve d'ajouter en queue de liste, *cum grano salis*, une VIIe section, *Roman, nouvelles, etc.* avec le commentaire suivant: «Ce genre si moderne et auquel l'Académie a jusqu'ici accordé si peu de place.»

75. Sur cette «ascension sociale» du roman et du romancier, qui suit lentement le triomphe *économique* du roman (et de romanciers comme Dumas, Sue, Féval), les études manquent. Hugo, manifestement, demandait du prestige à la poésie, et des revenus au roman, de style populaire, où il excella. Dans les romans de Paul Féval, les digressions consacrées à l'injustice des critiques et des romanciers «mondains» sont fréquentes. Paul Bourget a le premier réussi à vivre en homme du grand monde et à se déclarer romancier. L'Académie a montré un flair social et littéraire parfait en l'élisant en 1892. Sans la vindicte d'*artiste* d'Edmond de Goncourt contre l'Académie, mais aussi, sans l'anoblissement du roman et son

académisation par Bourget, point de Proust. On se reportera avec intérêt – mais non sans précautions – à l'article de Priscilla P. Clark, «Stratégies d'auteurs au XIX⁰ siècle», Romantisme, n° 17-8, 1977, pp. 92-103.

76. Auteur des *Fleurs de Tarbes ou la Terreur dans les lettres* (1941), où il réhabilitait avec humour la rhétorique contre la «terreur», Jean Paulhan fut élu à l'Académie le 27 février 1964, ce qui refroidit ses relations avec les Gallimard. Dans son discours de réception, Paulhan opposa, de façon prophétique, la sagesse grammaticale de l'Académie aux prétentions de la linguistique ancienne et moderne.

CHRISTOPHE CHARLE
Le Collège de France

Ampère, Langevin, Berthelot, Cuvier, Laënnec, Claude Bernard, Frédéric Joliot en sciences, Bergson, Michelet, Marcel Mauss, Renan, Burnouf, Champollion, Edgar Quinet, Lucien Febvre en lettres et sciences humaines, ces savants, ces érudits des XIXe et XXe siècles dont la renommée a dépassé le cercle des spécialistes forment un palmarès imaginaire de la culture passée et présente. Ils ont tous un point commun, ils furent professeurs au Collège de France. L'autre côté de la rue Saint-Jacques.
Ce n'est pourtant pas le nombre des esprits originaux qu'il a abrités qui suffit à caractériser le Collège de France comme lieu de mémoire. Tous les professeurs du Collège n'ont pas inventé, comme les précédents, une science ou inauguré une nouvelle manière d'appréhender la physique, la chimie, les sciences naturelles, la médecine, la philosophie, l'histoire, les langues, l'ethnologie ou la littérature. Mais c'est le lot de toutes les académies, de tous les panthéons, de tous les corps. Or, si le Collège de France participe par son histoire et son fonctionnement de ces divers types d'institution, il ne se ramène à aucune d'entre elles. Voué à l'enseignement comme la Sorbonne, le Collège de France est fondé sur des principes opposés à ceux de l'Université médiévale. Rompant avec le corporatisme des clercs, le culte de la tradition, ses fondateurs le consacrent à l'ouverture sur la nouveauté culturelle et à la diversité interne, au prix d'une certaine dépendance à l'égard du pouvoir. Ce trait qui l'apparente aux académies instituées à partir du XVIIe siècle pour contrôler la culture et enrôler les gens de lettres et les savants au service de la gloire royale ne l'a pas néanmoins aligné sur ces dernières. Même dans ses périodes de déclin, le Collège de France n'est pas devenu une nécropole du savoir.
Le pari, pour l'essentiel tenu, du Collège, être un lieu de culture créatrice, « la science en train de se faire » selon un mot célèbre d'un de ses plus célèbres professeurs, Renan. À ce titre il est le plus bel exemple de cette dimension particulière du pouvoir en France, le mécénat culturel. À plusieurs reprises,

le souverain et plus tard l'État ont su et voulu créer un espace de liberté intellectuelle, y compris contre l'autorité de l'État. Le Collège de France, en tant que lieu de mémoire, est ainsi la première pierre de l'édification d'un contre-pouvoir intellectuel, le premier endroit où s'est jouée cette longue partie d'échecs entre le savant et le politique qui forme l'argument de l'histoire culturelle française.

Espace de liberté créé par le pouvoir central, lieu de l'innovation appuyé sur une tradition quadriséculaire, abri des érudits coupés du monde et terre d'asile des prophètes qui attirent les foules, établissement d'enseignement supérieur sans étudiants officiels et presque sans professeurs au sens classique, toutes ces définitions possibles expliquent sans aucun doute la fascination toujours mêlée d'une pointe de scandale que suscite ce lieu de mémoire intellectuelle. On a d'autant plus de difficulté à reconstituer et à expliquer la genèse de ces représentations que, comme l'histoire de France d'autrefois, elles sont illustrées par une série de héros ou d'épisodes dramatiques, légende dorée qui occulte les véritables ressorts de l'évolution de cet établissement.

I. Histoire d'une représentation

Une création continuée

Au commencement, Guillaume Budé arrache au bon roi François Ier, touché par la grâce humaniste, une «dot» pour la philologie et les mathématiques sous forme de six pensions à des lecteurs royaux[1]. En 1551, Henri II élargit le champ de l'enseignement à la philosophie en confiant une chaire à Ramus, ce qui accentue l'opposition entre le collège des lecteurs royaux et la vieille Sorbonne. Le nouvel enseignement empiète en effet, à la différence des précédents, sur le domaine de l'Université et lui conteste son monopole, d'autant plus que Ramus est connu pour ses attaques contre Aristote, si en honneur rue Saint-Jacques. Ce même Ramus résume à lui tout seul par sa biographie quelques-uns des paradoxes énoncés ci-dessus. Sympathisant de la Réforme, il draine pour sa première leçon un auditoire immense (près de deux mille personnes) mais ne se contente pas de ce succès puisque ses cours de philosophie sont une occasion de passer en revue toutes les branches du savoir. Il fonde même à titre privé, premier d'une longue série, une chaire nouvelle de mathématiques, pourvue par concours à la différence des chaires royales. Obligé de s'éloigner en raison de son hétérodoxie, il devient le premier martyr du Collège de France, puisqu'il est assassiné au lendemain de la Saint-Barthélemy[2].

Le Collège de France

Ainsi, dès la période fondatrice, toutes les données qui caractérisent le Collège de France sont en place : le mécénat princier ou privé, la marginalité par rapport à la culture officielle, la liberté toujours susceptible d'être restreinte, l'innovation alternativement encouragée par le pouvoir ou tenue en lisière au gré des opportunités politiques, l'encyclopédisme allié à la spécialisation qui brise les cadres scolaires habituels, l'appel à des individualités qui échappent en partie aux moules traditionnels ou les contestent. Parmi les premiers professeurs nommés, on rencontre par exemple un Luxembourgeois, quatre Italiens, un Flamand, un juif converti[3].

Mais si les principales composantes de l'image du Collège de France sont présentes dès le XVIe siècle, il s'en faut que l'institution se maintienne à ce niveau par la suite. Création du prince, suspecte à la Sorbonne, elle subit très vite les contrecoups de l'affaiblissement du pouvoir royal dans la seconde partie du siècle, du ralliement de la royauté à la nouvelle orthodoxie catholique issue du Concile de Trente, qui décourage l'innovation culturelle née de l'humanisme, et surtout de l'émergence de la science moderne au XVIIe siècle. À cette époque, le mécénat royal passe par d'autres canaux, en premier lieu par les académies et les pensions. Le recrutement du Collège aux dires mêmes de son historien le plus enthousiaste, Abel Lefranc, tend à suivre les normes douteuses de l'ancienne Université : usage des suppléants, vénalité des chaires, enseignement épisodique. Gabriel Monod, dans sa leçon inaugurale, évoque même les professeurs mal payés de la seconde moitié du XVIIIe siècle qui « faisaient leur possible pour écarter les élèves afin d'avoir des loisirs à défaut de traitement[4] ». Dotés de huit cents à neuf cents livres, les professeurs faisaient en effet pâle figure face aux professeurs des collèges qui jouissaient de quinze cents à dix-huit cents livres payées régulièrement grâce aux assises foncières et rentières de l'Université. Les lecteurs royaux, eux, étaient victimes des aléas de la prospérité toujours fragile des finances royales. Quant aux locaux, leur histoire résume à elle toute seule la fortune pour le moins changeante de la fondation de François Ier. La première pierre est posée par le jeune Louis XIII et l'achèvement n'est acquis, après de multiples épisodes et disputes avec l'Université, propriétaire d'une partie des terrains, que sous Louis XV. L'anti-institution a longtemps été une « non-institution ». Plus grave encore, des établissements concurrents comme le jardin des Plantes se posaient en rivaux dans le domaine scientifique. Par souci de rationalité, les constituants envisagèrent même une redistribution des chaires scientifiques du Collège de France à son profit, de même que vingt ans auparavant on avait tenté de résoudre les problèmes d'argent et de locaux du Collège royal par son intégration partielle au sein de l'Université[5].

Pourtant, malgré les menaces internes et externes, cette institution minimale a réussi à défendre son autonomie et son originalité, alors que l'ancienne

Université sombrait corps et biens dans la tourmente révolutionnaire. Mieux, de contre-modèle, le Collège de France s'est mué en modèle pour la plupart des révolutionnaires chargés de recréer un nouveau système d'enseignement secondaire et supérieur. Alors que toutes les institutions françaises ont subi la fracture des années 1790, le Collège de France – avec le jardin des Plantes qui du moins a changé de nom – est le seul endroit où l'histoire de ces années n'a presque rien altéré[6]. Ce paradoxe s'explique une fois encore par l'habileté avec laquelle les professeurs ont su cultiver et mettre en avant l'image séculaire de leur établissement, l'enrichissant et l'adaptant en fonction des menaces successives. Le pacte initial entre le pouvoir et les « gens de lettres » a été en quelque sorte réactualisé. Deux cent quarante et un ans après Guillaume Budé, les professeurs, dans cet extrait d'un mémoire de 1770, dénoncent les abus dont ils sont victimes et reprennent l'argumentation qui sous-tendait la « demande en mariage » présentée par l'humaniste au roi de France en faveur de la philologie, que nous avons évoquée plus haut : « Le Collège royal attire encore les regards de toute l'Europe savante et l'homme public qui aura la noble ambition d'en devenir le restaurateur doit être bien assuré de transmettre son nom à la postérité la plus reculée[7]. » Cette rhétorique répétait presque mot pour mot les attendus de l'arrêt pris en Conseil d'État par le roi Louis XV, l'année précédente, manière de prendre au mot le royal protecteur et indice d'une vision communément acceptée par les deux parties : « Le Roi s'étant fait rendre compte de l'objet pour lequel son Collège Royal a été établi et de l'état actuel des chaires qui y ont été fondées et Sa Majesté ayant reconnu que le roi François Ier, voulant faire germer l'émulation et l'amour des lettres dans le cœur de ses sujets, forma, sous le nom de Collège Royal en France, une société de gens de lettres, qu'il attacha au service de sa personne sous le nom de lecteurs ordinaires, et qu'il destina en même temps à l'enseignement public en qualité de professeurs ; que le principal objet du fondateur était que l'on trouvât dans ledit Collège Royal des secours sur toutes les branches des connaissances humaines qui ne s'enseigneraient point ou qui ne s'enseigneraient qu'imparfaitement dans l'Université ; que les deux chaires d'hébreu fondées dans ledit Collège Royal sont aujourd'hui peu fréquentées ; qu'une chaire serait suffisante pour cette langue et qu'il serait expédient d'appliquer les fonds de l'autre chaire d'hébreu à un objet d'utilité publique ; que l'Histoire étant l'une des branches des connaissances humaines les plus nécessaires à tous les ordres de citoyens, il serait à désirer que cette profession ne fût pas entièrement abandonnée à quelques mercenaires, et qu'en changeant l'une desdites deux chaires d'hébreu, ce serait se conformer au premier vœu du roi François Ier [...][8]. »
Ces longues citations montrent combien l'image sociale du Collège de France est dès cette époque fixée non seulement pour les professeurs qui défendent

leur institution mais aussi pour le pouvoir censé la protéger. Surtout cet arrêt, en transformant deux chaires traditionnelles en chaires nouvelles liées à l'évolution intellectuelle, instaure le mécanisme d'auto-adaptation du Collège qui rend compte de l'ascension continue de celui-ci dans l'échelle du prestige au siècle suivant. Entre 1768 et 1787, pas moins de onze chaires sont créées ou changent d'intitulé. Toutes ces modifications obéissent à la nouvelle configuration culturelle issue des Lumières : percée des sciences (physique, chimie, astronomie), avènement des disciplines littéraires (histoire, littérature française, langues orientales, droit de la nature et des gens), recul de la philologie humaniste et des matières liées à la tradition cléricale (hébreu, droit canon). Cette réforme avant la Révolution explique l'économie faite par le Collège de France d'une révolution et s'inscrit dans la conjoncture réformatrice plus large de la fin du XVIIIe siècle, dont la fondation des écoles techniques (Ponts et chaussées, Mines...) et les projets de réforme des collèges consécutifs à l'expulsion des jésuites sont d'autres manifestations contemporaines[9]. Mais le plus important est la réussite de cette évolution en douceur là où – écoles techniques mises à part – les autres velléités innovatrices de la monarchie éclairée déclinante se sont perdues dans les sables ou heurtées aux intérêts corporatifs. Cette période finale de l'Ancien Régime enrichit la représentation du Collège de France : il devient la preuve d'un despotisme éclairé possible dans le domaine intellectuel pour peu que les savants et le pouvoir y aient intérêt, dont l'histoire de la culture française offre bien d'autres exemples, de l'expédition d'Égypte à la création du C.N.R.S. en passant par l'École pratique des hautes études de Victor Duruy. La plupart des promoteurs des nouvelles disciplines exclues des cadres universitaires traditionnels tenteront aux XIXe et XXe siècles d'utiliser cette brèche du système d'enseignement supérieur français en passant une alliance avec leurs collègues déjà en place ou même directement avec le pouvoir.

Entre le pouvoir et la Sorbonne nouvelle

L'époque contemporaine est donc pour le Collège de France dans le droit fil de la tradition. La nouveauté qu'introduit le XIXe siècle tient à la lutte permanente pour l'autonomie qui oppose le pouvoir intellectuel au pouvoir tout court dont l'enseignement supérieur en général et le Collège de France en particulier sont un des enjeux principaux. Cette phase historique va pour nous de soi parce qu'elle a, comme la période fondatrice, son légendaire. Sous chaque régime, le Collège a eu ses martyrs volontaires ou non, prudents ou provocateurs, courageux ou prêts aux palinodies : Tissot et Lefèvre-Gineau trop libéraux sous la Restauration en 1823, Mickiewicz, Quinet et Michelet trop révolutionnaires et anticléricaux sous la monarchie de Juillet,

Tissot, Michel Chevalier, Xavier des Portets, Alix Desgranges et Lerminier, victimes provisoires de la fondation de l'École d'administration par le gouvernement provisoire de 1848, de nouveau Mickiewicz, Quinet, Michelet et Barthélemy-Saint-Hilaire, rebelles au régime issu du 2 Décembre; Renan, enfin, sacrifié aux pressions cléricales sous l'Empire libéral, clôt cette liste et inaugure une nouvelle ère. La République advenant, et mis à part l'épisode de Vichy, le pouvoir spirituel l'emporte définitivement sur le pouvoir temporel, puisque l'un des premiers actes du gouvernement de Défense nationale est de redonner sa chaire à l'auteur de la *Vie de Jésus*[10].

Au temps des prophètes succède le temps des maîtres à penser, au pouvoir sûr de lui et dominateur des monarchies et de l'Empire le pouvoir protecteur de la République athénienne de Gambetta. Mais si les salles trop étroites du Collège de France ont été l'un des lieux du combat pour la liberté qui domine le XIXe siècle, s'en tenir à cette image d'Épinal serait réduire la mémoire du Collège de France à un poème de *La Légende des siècles* ou à des chapitres de l'*Histoire de France* selon Michelet. Significatifs d'un climat en raison de la résonance symbolique de ces actes arbitraires et du prestige de ceux qui en furent victimes, ces épisodes doivent être ramenés à leurs justes proportions. Une demi-douzaine de cas sur près de deux cents professeurs en fonction entre 1800 et 1900, c'est peu comparé aux épurations dont ont été victimes d'autres corps de fonctionnaires même sous la République, et même protégés par une inamovibilité théorique comme les magistrats. La majorité des professeurs resta en dehors de l'arène politique ou fut conformiste et la solidarité ne dépassa pas la déclaration de principe[11]. Il se trouva sans peine des candidats pour remplacer les professeurs destitués ou mal en cour. Comparés aux rapports entre la Sorbonne et le pouvoir, ceux du Collège de France ne se signalent pas par une originalité particulière[12]. Au trio des martyrs de la monarchie de Juillet répond, à la faculté des lettres, le trio des destitués de la Restauration, Cousin, Villemain, Guizot; le refus de serment de Barthélemy-Saint-Hilaire en 1852 répond à celui de Jules Simon, agrégé près la faculté des lettres; aux chahuts libéraux des cours de Saint-Beuve au Collège de France correspondent les tentatives de sabotage de ceux de Nisard à la Sorbonne; la mise à l'écart de Renan sous l'Empire libéral reproduit le scénario de celle de Cousin au lendemain du coup d'État.

Ce jeu d'analogies sur les mêmes points sensibles (la philosophie, la religion, l'histoire) prouve que, sur le plan des luttes politiques, la Sorbonne littéraire et le Collège de France ont rempli les mêmes fonctions face au despotisme toujours menaçant. Le souvenir en a laissé pourtant plus de traces dans la représentation qu'on se fait du doyen des deux établissements sans doute parce que les héros de ces épisodes sont restés – Barthélemy-Saint-Hilaire mis à part et plus oublié peut-être pour cette raison – du même côté de la barricade, celui de l'esprit : « C'est l'âme qui a vaincu », s'écrie Michelet lors de sa rentrée au Collège de France le 6 mars 1848[15]. En revanche les héros du légendaire politique de la Sorbonne ont fini par exercer le pouvoir tandis que les prophètes du Collège de France ne sont jamais passés de la chaire aux responsabilités ministérielles, ce qui implique toujours une part de renoncement à l'idéal.

Cette confrontation sur le plan politique est loin d'épuiser cependant la courbe des rapports du Collège de France, du pouvoir et de l'Université traditionnelle. Dans le domaine purement intellectuel, le prestige relatif des deux types de professorat, leur autonomie vis-à-vis des demandes sociales extérieures sont passés par des phases constrastées dont la sédimentation progressive a contribué à fixer le jeu des rôles final entre les côtés pair et impair de la rue Saint-Jacques.

Jusque vers 1800 la division du travail est claire. Le Collège de France cultive surtout les marges de la culture classique dominante à la Sorbonne avec toute la série des chaires consacrées aux langues rares : hébreu, arabe, turc, persan, sanscrit, chinois. Dans le domaine classique ou scientifique, en revanche, la confusion des rôles est profonde. La meilleure preuve en est le cumul relativement fréquent des chaires par les mêmes professeurs, voire le passage en cours de carrière de l'une à l'autre tribune. Dans ces disciplines, nous ne sommes pas encore à l'heure des spécialistes ni toujours des cours de haut niveau : Boissonade enseigne la littérature grecque au Collège de France et à la faculté des lettres, l'abbé Delille est théoriquement professeur de poésie latine dans les deux établissements, tout comme Guéroult pour l'éloquence latine, Guigniaut pour l'histoire ancienne, Jouffroy pour la philosophie grecque et latine. En sciences, on relève les noms de Claude Bernard, Balard, Binet, Biot, Libri, Liouville, Serret, Thenard sur les listes de professeurs des deux institutions.

Sur le plan des prestiges relatifs, le tableau n'est pas plus univoque. Les chaires du Collège de France ne sont pas, la plupart du temps, occupées par des individualités qui sortent du commun, si l'on excepte les années 1840. En philosophie, jusqu'à l'élection de Bergson, on trouve des disciples mais pas de maîtres : Jouffroy, Barthélemy-Saint-Hilaire et non Victor Cousin. Caro fait venir plus de monde à la Sorbonne que l'obscur Charles Lévêque, son contemporain. La chaire de littérature française n'est guère mieux partagée, qui recrute des professeurs à contre-emploi alors qu'à la Sorbonne c'est l'ère des brillants causeurs : Villemain, Saint-Marc Girardin, Saint-René Taillandier, Faguet[14]. L'éclat du Collège de France vient donc de ses spécialistes, de ses savants, absents de la Sorbonne sauf en sciences exactes. Mais pour l'opinion commune de l'époque, encore réfractaire à l'érudition de type allemand et pour laquelle la valeur d'un professeur se mesure au nombre de ses auditeurs, cela ne va pas sans une part de ridicule ou d'incompréhension. Les années 1860 sont de ce point de vue une période charnière que résument les trois noms symboliques de Claude Bernard, Renan et Berthelot. Élus ou nommés au Collège de France en raison de leurs titres scientifiques et non, comme certains de leurs collègues, de leurs appuis sociaux ou politiques, ils ont réussi, portés par la vague scientiste et la conjoncture de réforme intellectuelle et morale postérieure à la défaite de 1871, à transgresser la division des rôles entre savants et érudits d'un côté, littérateurs ou penseurs de l'autre. Inattaquables sur le plan purement scientifique, ils parvinrent à fonder un message idéologique universel sur les conclusions tirées de leurs recherches les plus ardues et ce message rencontra d'autant plus d'écho qu'il battait en brèche la tradition catholique enfermée dans ses dogmes et remplissait le vide d'une culture humaniste à bout de souffle.

Cette période qui va des années 1860 aux années 1880 peut être considérée comme un des apogées de l'histoire du Collège de France, une de celles où « il a compté en son sein les chefs du mouvement intellectue[15] ». Dans le même temps, la Sorbonne vouée aux épigones et aux suppléants s'enfonçait dans la routine de ses douze chaires sacramentelles. Pourtant, comme souvent en histoire intellectuelle, cette période prépare un retournement de situation au profit de la Sorbonne, ou plutôt de la nouvelle Sorbonne, comme on disait alors. Ce nouvel idéal universitaire incarné par les professeurs les plus illustres du Collège de France s'est peu à peu diffusé avec leur soutien dans le reste de l'enseignement supérieur. Comme l'a démontré George Weisz, la réforme de l'Université traditionnelle mise en place dans les années 1880 et 1890 et dont le point d'aboutissement est la nouvelle Sorbonne de la Belle Époque a été défendue et mise en œuvre par un groupe de pression, la Société pour l'étude des questions d'enseignement supérieur, où se retrouvaient les gloires du Collège de France et la jeune génération universitaire[16]. Celle-ci était intéressée au premier chef à l'accroissement du nombre de chaires disponibles et acquise à ce nouveau modèle qui implique une spécialisation de l'enseignement, la mise en œuvre d'une recherche originale dans une perspective de compétition avec l'Allemagne. Cette argumentation patriotique illustrée par l'exemple de ces précurseurs du Collège de France qui partageaient la même idéologie scientiste que les dirigeants républicains (Berthelot en tant que député, sénateur puis ministre combinait les deux rôles dans sa personne) servait à justifier aux yeux du grand public les nouveaux enseignements tout en allant dans le sens des intérêts et des croyances de la corporation universitaire. Mais la réussite même de cette entreprise de rénovation contribua à un retournement des rôles entre les deux côtés de la rue Saint-Jacques. Tandis que le Collège de France perdait peu à peu ses gloires par décès (Renan meurt en 1892, Claude Bernard dès 1878), ou par

Le Collège de France

départ vers d'autres activités académiques ou politiques (Berthelot devient sénateur inamovible, secrétaire perpétuel de l'Académie des sciences, etc.), la Sorbonne, rajeunie par les créations de chaires, acquiert un corps professoral à la fois innovateur et à la large audience: Fustel de Coulanges, Lavisse, Aulard, Ferdinand Brunot, Vidal de La Blache, Lanson, Durkheim, Seignobos, Boutroux, Charles Andler, en lettres, Pasteur, Poincaré, Paul Appell, Émile Picard, Saint-Claire Deville, Pierre et Marie Curie en sciences. Les créations de chaires au Collège de France vont dans le sens d'une spécialisation de plus en plus érudite qui éloigne les professeurs du contact avec le grand public ou obéissent à des considérations sociales et politiques qui ne font pas toujours choisir des titulaires du meilleur aloi. On peut prendre comme exemples de l'évolution du premier type la transformation de la chaire d'éloquence latine en chaire de philologie latine en 1885, la création d'une chaire de langue et littérature celtiques en 1882 ou le passage de la chaire d'histoire et morale jadis illustrée par Michelet à une chaire de géographie historique de la France pour Longnon.

Du second ordre de faits relèvent la création de la chaire d'histoire des religions pour le pasteur libéral Albert Réville en 1880, celle d'histoire des sciences pour l'exécuteur testamentaire d'Auguste Comte, le vieux Pierre Laffitte, en 1892, celle, en 1897, de philosophie sociale confiée à l'obscur Izoulet, bien en cour au point de vue politique, au détriment de Durkheim. Ce sont autant d'exemples de la dépendance du Collège de France à l'égard de son protecteur, l'État républicain, qui l'utilise pour institutionnaliser des enseignements qui vont dans le sens de sa politique anticléricale ou antisocialiste. Ces cas, symptomatiques d'une nouvelle conjoncture défavorable au Collège de France en période de rénovation universitaire, ne doivent pas faire oublier la valeur d'ensemble du reste des professeurs, notamment en sciences ou en langues rares. Mais la plupart sont inconnus du public et ne peuvent donc rehausser l'image sociale de leur établissement vis-à-vis de l'extérieur. La Sorbonne acquiert en outre à cette époque grâce à la réforme universitaire un dernier avantage sur son rival. Elle dispose à présent d'un public stable de véritables étudiants qui ne fréquentent plus les cours en dilettantes comme c'était le cas dans le passé et comme c'est encore par définition le cas au Collège de France. Alors que les professeurs de la Sorbonne peuvent prétendre allier nouveauté, prestige extra-universitaire et sérieux professionnel, presque aucun professeur du Collège de France ne dispose de ces trois atouts jusqu'à l'élection de Bergson en 1900 ou celle plus tardive de Gabriel Monod en 1905. La position de ces deux derniers est d'ailleurs ambiguë au sein du Collège de France. La gloire postérieure du premier ne doit pas faire oublier que son entrée au Collège n'a pas été des plus faciles puisqu'il a échoué pour la chaire de philosophie moderne devant Gabriel de Tarde, dont l'œuvre n'est pourtant pas celle d'un philosophe, avant d'être élu à la chaire de philosophie ancienne. Son succès mondain relevait en partie d'un malentendu et d'une manifestation d'opposition au positivisme régnant à la Sorbonne. Quant à la consécration finale de Gabriel Monod, l'un des chefs du mouvement de réforme universitaire et de la nouvelle histoire des années 1880, elle est due à une fondation privée et temporaire de la marquise Arconati-Visconti, bien dans la tradition de l'établissement, mais ne relève nullement d'un mouvement spontané de l'assemblée des professeurs.

Le Collège de France et la hiérarchie universitaire

Quelque brève qu'ait été la période d'enseignement du fondateur de la *Revue historique* au sein du Collège de France, on peut faire de cet épisode le symbole de la nouvelle position acquise par celui-ci dans le système universitaire du XXe siècle. Comme le Collège de France vingt ans auparavant, la nouvelle Sorbonne a été victime de son propre succès. La multiplication des chaires, l'accroissement continu de la population étudiante, la montée des préoccupations pédagogiques au détriment de la recherche, toutes ces tendances engendrées par la réforme vont à l'encontre de l'audience des professeurs. Ceux-ci sont de plus en plus accaparés par les tâches scolaires et leur situation se dégrade par rapport à leurs collègues « d'en face ». La génération portée au sommet par les créations de chaires de la fin du XIXe siècle s'éternise et l'ancienneté, facteur de sclérose intellectuelle, devient, dans les disciplines installées, un des principaux critères pour départager les postulants. Le Collège de France, à l'inverse, libéré de toutes ces servitudes, fait figure de havre de grâce, de fin de carrière enviable par rapport à la Sorbonne, même si c'est au prix d'une moindre audience sociale dans la jeunesse. La nomination de Charles Andler, maître des études germaniques pendant vingt-deux ans à la Sorbonne, à quelques années de la retraite, en 1926, peut être prise comme le symptôme de cette nouvelle fonction – paradoxale – du Collège de France, récompense suprême d'une carrière bien remplie. Quant à l'opposition entre les pesanteurs pédagogiques et les difficultés pour faire de la recherche dans une université de « masse », elle sous-tend le témoignage de Paul Hazard dans une interview accordée au lendemain de son élection au Collège : « Nous sommes accablés de corvées de toute espèce, dont la moindre n'est pas le baccalauréat. Croiriez-vous qu'on emploie les professeurs de la Sorbonne non seulement à corriger les compositions mais à surveiller les séances du baccalauréat ? La Sorbonne a compté cette année quatre mille cent étudiants en lettres ; elle a fait passer, rien qu'à la session de juillet, près de deux mille certificats de licence et de sept mille baccalauréats [...] Quand

nous arrivons à grande fatigue à dérober du temps pour nos travaux personnels, nous publions des livres qui sont condamnés à demeurer ignorés du grand public [...]. » « Mes travaux en cours ? Il y a quelques mois je commençais à désespérer de pouvoir les mener à bien faute de temps, écrasé que j'étais par la besogne scolaire. Mais voici qu'un événement important se produit dans ma vie : le Collège de France veut bien m'ouvrir ses portes ; et je vais retourner joyeusement vers le chantier que j'avais dû délaisser[17]. »
Cette nouvelle fonction du Collège de France, consécration suprême des diverses filières universitaires possibles, de moins en moins à côté et de plus en plus au-dessus de la Sorbonne, a d'importantes conséquences qui ne font que se développer à mesure que l'ensemble du système universitaire croît en volume au cours du XXe siècle. Alors qu'au XIXe siècle il existait un équilibre relatif entre le nombre de chaires cumulé de la faculté des lettres et de la faculté des sciences et celui des chaires du Collège de France, l'écart se creuse à partir de l'entre-deux-guerres. La faculté des lettres à elle seule compte plus de chaires que le Collège de France, qui rassemble l'ensemble des disciplines littéraires et scientifiques. La rareté relative d'une chaire du Collège de France s'en trouve augmentée. Si l'on y ajoute le nombre croissant des postulants possibles issus des institutions péri-universitaires (Langues orientales, École de pharmacie, École des chartes, École pratique des hautes études, écoles d'ingénieurs, laboratoires, Bibliothèque nationale, etc.), la concurrence pour l'accès à la consécration – la seule possible pour bien des professeurs des établissements marginaux – devient très vive d'autant que cette issue peut, comme on vient de le voir, tenter de plus en plus les universitaires de la filière traditionnelle. Un dernier élément enfin, inexistant à la Sorbonne, contribue à fonder cette position « sommitale » analogue à ce que pouvait être au XIXe siècle une élection à l'Institut ou mieux encore à l'Académie française, la nomination de personnalités extérieures à la carrière professorale qui, par leur prestige emprunté au champ intellectuel, voire à d'autres champs, rehaussent encore cette image du Collège de France comme sixième Académie ou club intellectuel : quelques noms sont à citer, peu nombreux quantitativement mais symboliquement capitaux : André Siegfried, politologue globe-trotter, Paul Valéry, poète-penseur, Alfred Sauvy, démographe-essayiste, Pierre Boulez, théoricien et musicien, Raymond Aron, aux multiples raisons sociales...
Ce survol de l'évolution de la représentation et de la fonction intellectuelle du Collège de France de sa fondation à nos jours indique que sans doute, aujourd'hui, par une ruse de l'histoire, il remplit le mieux la fonction qui lui était assignée dans les projets les plus ambitieux de ses promoteurs. Établi aux marges de l'Université faute de pouvoir la réformer à l'époque moderne, doublet et complément de la Sorbonne au XIXe siècle, il tend à l'époque de la mas-

sification universitaire à remplir un rôle que l'Université ne peut plus assurer, même dans les disciplines traditionnelles, la consécration de l'innovation. Mais la disproportion entre les effectifs des postulants du XXe siècle et le nombre des chaires resté à l'échelle du XIXe siècle ne peut, rareté oblige, qu'en faire une espérance tardive de fin de carrière...

II. « Basty en hommes »

S'en tenir aux grandes célébrités et aux périodes marquantes de l'histoire du Collège ne serait qu'appréhender le sommet de l'iceberg. Ces faits importants sur le plan symbolique et externe ne rendent pas compte de la fonction sociale interne et quotidienne du Collège de France. Alors que, dans une université ordinaire, celle-ci peut être saisie à travers les caractéristiques des étudiants, au Collège de France ce sont celles des professeurs qui importent avant tout, en l'absence d'un auditoire formellement défini. Le Collège de France est «basty en hommes » selon le mot d'Étienne Pasquier, rappelé par Abel Lefranc[18]. Aussi, l'enseignement, les fonctions intellectuelles et les assistants aux cours dépendent du profil des professeurs (origines, trajectoires, activités professionnelles, horizon intellectuel, idéal professoral).

Mais l'historien est loin de posséder complètement cette clé essentielle. Les professeurs de l'Ancien Régime, mis à part quelques célébrités, sont très mal connus et on ne commence à disposer de données systématiques que sur les XIXe et XXe siècles sur lesquels nous fonderons l'essentiel de nos analyses[19]. La seconde difficulté de cette sociologie réside dans la diversité même de la population concernée. Le Collège de France *omnia docet*, selon sa devise. Enseignent donc côte à côte, en des proportions variables, des scientifiques, des médecins, des juristes, des érudits, des professeurs classiques et des hommes inclassables venus d'autres horizons. Additionner leurs caractéristiques pour établir des statistiques revient ainsi, peu ou prou, à faire un tableau de l'ensemble des universitaires, mais, on peut le supposer, du fait des particularités propres des disciplines représentées, décalé vers les marges de l'enseignement supérieur. Plus utile pour notre objet est de définir et si possible d'expliquer l'originalité des professeurs du Collège de France en tant qu'ils contribuent à fonder l'originalité de l'institution où ils professent. Mesurer cette originalité consiste donc à évaluer l'écart à la moyenne des professeurs par rapport aux catégories correspondantes présentes dans le reste de l'Université ou dans le milieu intellectuel. Cet écart est fonction de deux variables : la rareté relative de la discipline enseignée, d'une part, et la position, changeante selon les époques, du Collège de France dans le champ universitaire, d'autre part.

Le Collège de France

Essai de sociologie

Les traits principaux de la sociologie des professeurs tiennent comme l'institution en une série de paradoxes. Au Collège de France, les extrêmes sociaux se touchent. Le Collège de France est le seul établissement universitaire où l'on trouve conjointement et parfois simultanément des descendants de vieille noblesse ou de la grande bourgeoisie et d'authentiques fils du peuple. Citons, pour le début du XIXe siècle, le marquis de Pastoret, d'une vieille famille parlementaire provençale, et Nicolas Vauquelin, fils d'ouvriers agricoles normands. De même à la fin du siècle, vers 1900, figurent sur la même affiche Henri d'Arbois de Jubainville, d'une noble famille lorraine, et Paul Langevin, fils d'ouvriers parisiens, dans les années trente, André Siegfried, fils d'un ministre et homme d'affaires, et Émile Coornaert, fils d'ouvrier agricole. On notera, ce n'est pas seulement le hasard des exemples mais une donnée statistiquement fondée que l'ancienneté et la tradition sociale vont de pair avec les disciplines littéraires et juridiques (droit des gens, littérature celtique, science politique), tandis que l'ouverture sociale est plutôt le fait des sciences physiques, chimiques ou sociales. Vieille opposition de l'esprit et de la matière qui se moule sur les étages de la société.

La même diversité caractérise l'origine géographique des professeurs du Collège de France. Les étrangers sont beaucoup plus nombreux que dans le reste de l'Université (8,5 % au XIXe siècle contre 1 à 2 % à la Faculté des lettres de Paris) et les Parisiens maintiennent leur sur-représentation jusqu'au XXe siècle tandis qu'ils déclinent dans les facultés. C'est la conséquence de la sélectivité particulière de l'institution. Pour enseigner certaines disciplines très rares, notamment dans les débuts d'instauration de celles-ci, il a fallu souvent faire appel à des spécialistes étrangers ou à des Français élevés à l'étranger, ainsi Salomon Munck, professeur d'hébreu, Jules Mohl, professeur de persan, Jules Oppert, professeur d'archéologie assyrienne, tous trois juifs allemands interdits d'enseignement dans leur pays. De même la sur-représentation des Parisiens tient au sous-développement scientifique de la province. Pour mener le type de recherches impliquées par une carrière au Collège de France, il convenait d'être le plus tôt possible en contact avec le milieu intellectuel et scientifique parisien, les professeurs au Collège sont souvent d'anciens élèves du Collège.

La seconde originalité sociale des professeurs pris dans leur ensemble est la présence relativement forte parmi eux (plus de 10 %) de descendants de hauts fonctionnaires (principalement officiers et ingénieurs). Leur vocation intellectuelle (surtout scientifique) était sans doute portée par un milieu favorable mais qui d'une certaine manière aurait pu les détourner de la recherche. Ces fils de fonctionnaires ont choisi la difficulté au lieu de se contenter de marcher sur les traces de leur père; citons parmi eux Henry Le Chatelier et Camille Jordan, fils d'ingénieurs de l'État, ou Paul Leroy-Beaulieu, fils d'un préfet. Mais ce choix à contre-courant des potentialités de leur milieu social caractérise en général les professeurs d'origine modeste. Contrairement à une idée reçue, la proportion de ceux-ci dans le total n'évolue guère entre le XIXe et le XXe siècle, alors que l'accroissement des effectifs universitaires devrait favoriser les promotions sociales. Cette part pour les professeurs nommés avant 1815, 1860, 1914 ou 1939 reste comprise entre 20 et 30 %. Si les études universitaires sont plus accessibles au XXe siècle qu'au XIXe, la sélection est aussi plus rude à mesure qu'une chaire au Collège de France devient un enjeu plus prestigieux. Surtout, les particularités des disciplines représentées impliquent plus encore que dans le cursus universitaire traditionnel une sur-sélection des postulants. Certaines orientations intellectuelles vers les matières spéciales du Collège de France supposent une série de hasards, de conversions ou de reconversions tels que les individus d'origine modeste qui en ont bénéficié peuvent faire figure de véritables miraculés sociaux. Que ce soit Vauquelin déjà cité, patronné par les châtelains de son village natal pour faire des études mais obligé de travailler dès l'âge de quatorze ans avant de bénéficier de la protection de son maître Fourcroy, Jean-Louis Burnouf, fils d'un tisserand, à qui est accordée une bourse dans un collège parisien, Ernest Babelon, fils d'agriculteur, élève du séminaire de Langres, Salomon Munck, fils d'un bedeau de synagogue orienté d'abord vers le rabbinat qui finira sa carrière comme successeur de Renan. Ce dernier, orphelin de père, fils d'une épicière, est lui-même l'exemple du passage, comme on sait, d'une vocation religieuse à une vocation de savant.

Mais ces trajectoires sociales hors du commun, si elles sont un peu plus nombreuses que dans le reste de l'Université, car les carrières qui mènent au Collège de France n'ont pas le même caractère contraignant qu'ailleurs, ne doivent pas cacher que – conformément à l'évolution d'ensemble déjà évoquée – le gros des professeurs est de plus en plus souvent issu, comme les autres universitaires, de la moyenne bourgeoisie liée à l'institution scolaire et universitaire. À côté des hommes sans qualités, on rencontre de plus en plus fréquemment des enfants du sérail proche ou lointain. Ainsi, la part des fils de médecins ou de professeurs passe d'un sixième avant 1860 à un quart environ sous la IIIe République. Les liens peuvent même être très étroits avec le Collège de France ou l'enseignement supérieur: au XIXe siècle, sept professeurs du Collège de France sont fils de professeurs du Collège: citons les Burnouf, les Ampère, les Paris, les Havet, les Réville, les Maspéro, les Brillouin auxquels on peut ajouter des fils de professeurs à la Sorbonne, Pierre Boutroux, Jacques Duclaux, Guillaume Guizot, etc.[20]. Ces parentés internes à l'institution sont certes très minoritaires mais moins qu'à la

Le Collège de France

Sorbonne et surtout sont plus constantes dans le temps, comme si le milieu *sui generis* du Collège les favorisait. Dans la première moitié du XIXe siècle, elles sont l'expression d'un certain népotisme sans aucun doute mais par la suite aussi l'indice que l'innovation intellectuelle naît surtout dans un milieu « béni des muses » : É. Fauré-Frémiet n'est-il pas, par exemple, fils de Gabriel Fauré, petit-fils du sculpteur Frémiet et gendre du professeur au Collège Henneguy, lui-même gendre de Proudhon et fils d'un publiciste[21] ? La science est de plus en plus fréquemment le fruit d'une lente accumulation portée par un milieu favorable et de moins en moins le coup de génie romantique d'un Champollion, fils d'un petit libraire de Figeac, ou l'intuition miraculeuse d'un Balard, petit préparateur de province qui découvre le brome à l'âge de vingt-deux ans, ce qui lui ouvre les portes des milieux scientifiques parisiens[22].

Les voies de la réussite

Par-delà la diversité de leurs origines, le point commun de tous les professeurs est une passion impérieuse pour l'objet de leurs recherches. Alors qu'à la Sorbonne l'éminence intellectuelle, notamment en lettres, peut cultiver des qualités plus mondaines, la plupart des professeurs – sauf ceux nommés sur des critères impurs – pratiquent une ascèse intellectuelle de plus en plus exigeante. Se passionner pour des langues parlées par quatre ou cinq personnes en France – voire par aucune –, passer des années dans les laboratoires qui, jusqu'au début du XXe siècle, relèvent de l'insalubrité et du bricolage, partir à la recherche d'inscriptions ou de documents difficiles d'accès, se battre avec des textes obscurs ou mutilés, voilà autant d'activités qui, dans un pays comme la France où la littérature et le brillant sont surtout en honneur, ne vont pas de soi. Ces goûts hors du commun permettent, il est vrai, surtout dans les deux premiers tiers du XIXe siècle, des carrières particulièrement rapides. Près de 20 % des professeurs nommés entre 1789 et 1830 le sont avant 35 ans et cette proportion ne tombe en dessous de 10 % qu'après 1860. Jusqu'à cette date presque la majorité des professeurs est nommée au Collège avant 40 ans. Mais à mesure qu'on se rapproche du XXe siècle et que le prestige du Collège de France s'accroît, l'âge moyen de nomination passe de 43,7 ans avant 1830 à 48,1 ans pour la période 1891-1914[23].

Ce ralentissement des carrières lié à l'allongement de la période de formation et à la rareté des créations de chaire se retrouve à la Sorbonne mais ne revêt pas le même sens dans la mesure où, du fait des particularités du renouvellement du corps professoral, la possibilité de cursus aberrants subsiste aux deux extrêmes. Citons parmi les jeunes professeurs du XXe siècle Frédéric Joliot et Paul Langevin nommés à trente-sept ans, ou Paul Pelliot nommé dès trente-trois ans au lendemain d'une fructueuse mission en Asie. À l'autre bout, le professorat rue des Écoles prend le sens d'une deuxième carrière : ainsi pour Charles Gide, professeur à soixante-quatorze ans dans une chaire de coopération créée pour lui au lendemain de sa retraite comme professeur d'économie politique à la Faculté de droit, Charles Nicolle, professeur dans la chaire de médecine à soixante-six ans après une longue présence à l'Institut Pasteur[24]. Des cas identiques se rencontrent déjà au XIXe siècle et prouvent la constance de cette double fonction du Collège de France, pari sur de jeunes et brillants savants ou reconnaissance tardive de prophètes restés longtemps dans l'ombre : citons, les plus éloignés, Gaston Maspéro et Michel Bréal nommés respectivement à vingt-huit et trente-deux ans, Émile Deschanel et Charles Brown-Séquard professeurs à soixante-trois et soixante et un ans[25].

Ces « miracles » initiaux ou finaux toujours possibles, tout comme la sélectivité croissante des critères de choix tempérée par les créations de nouvelles chaires, brouillent en partie les stratégies de carrière en vigueur ailleurs. Les choix sont en quelque sorte, toujours les paradoxes, à la fois plus et moins exclusifs que dans les facultés. Moins exclusifs parce qu'on n'exige pas comme à la Sorbonne le passage par une série de grades ou un noviciat prolongé dans des fonctions de rang moins élevé ; plus exclusifs aussi parce que, nouvelles chaires exclues, les professeurs en place contrôlent d'une façon presque totale le processus d'agrégation des impétrants. Ils peuvent en effet changer l'intitulé d'une chaire et influer ainsi sur le profil des candidats possibles. Il est difficile, chaque cas étant particulier, de donner une vision générale de ces élections. La documentation écrite est souvent insuffisante pour comprendre le détail du processus. Les élections se répartissent *grosso modo* entre deux cas de figures extrêmes : les scrutins sur mesure sans surprise et les ballottages difficiles.

Le premier type peut être symbolisé par l'élection d'Auguste Longnon à la chaire de géographie historique de la France, ancienne chaire d'histoire et morale transformée en 1892. Renan, administrateur du Collège à l'époque et inspirateur de la mesure, livre avec sa bonhomie sceptique le « secret de la comédie » à un journaliste venu l'interroger : « Nous avons voulu substituer au titre vague d'"histoire et morale", un titre précis. Maintenant pourquoi avons-nous choisi celui de "géographie historique de la France" ? Mon Dieu, c'est tout simplement que nous destinions cette chaire à Longnon. Ceci c'est le secret de la comédie. D'après les règlements, nous nous réunissons dans un mois en assemblée des professeurs pour choisir deux candidats. L'Académie des inscriptions et belles-lettres sera consultée, et le ministre de l'Instruction publique nommera. Mais, bien entendu, notre choix est toujours ratifié, et dans l'espèce il est déjà fait. Nous n'avons demandé une chaire de géographie historique de la France que parce que nous désirons y placer

… Le Collège de France

Longnon. M. Longnon, mon collègue de l'Académie des inscriptions[26]…» Cette élection sur mesure n'est donc en fait que la consécration d'un savant déjà consacré. Du même type relèvent certaines élections de disciples de professeurs qui remplacent leurs maîtres dès avant leur retraite et lui succèdent tout naturellement. Ainsi Théodule Ribot, professeur de psychologie expérimentale et appliquée, se fait suppléer par son disciple Pierre Janet et s'efface volontairement au témoignage de celui-ci: «Puis-je rappeler ici le scrupule si délicat de Ribot qui craignait de m'imposer trop longtemps la suppléance de son cours et qui préféra se retirer pour laisser à un plus jeune la place tout entière[27].» D'autres font ainsi leurs premières armes officieusement avant que l'assemblée des professeurs ne ratifie le choix de leur collègue: Bergson, suppléant de Lévêque, Langevin suppléant de Mascart, etc.

Le second type d'élections est plus intéressant pour l'historien car elles livrent mieux les tensions et les ressorts cachés de la communauté enseignante que l'unanimité apparente du cas précédent. Dans ces scrutins serrés, deux candidats de mérite presque identique s'affrontent et la décision n'est souvent emportée que par des considérations subsidiaires ou une ardente campagne préalable. Ces élections concernent en général des chaires stratégiques soit par leur prestige ou leur ancienneté, soit par le sujet délicat qu'elles ont en charge, prétexte à des surinvestissements symboliques et politiques selon la conjoncture d'une époque. Il s'agit surtout des chaires littéraires mais les chaires scientifiques n'en sont pas exemptes. Ainsi, selon le témoignage de Joseph Bédier, une lutte serrée opposa, le 1er juillet 1900, Marcel Brillouin, suppléant de Mascart, à Marcel Deprez, membre de l'Académie des sciences et suppléant de Joseph Bertrand, titulaire décédé de la chaire de physique générale et mathématique. La situation était d'autant plus complexe que sur les vingt-huit professeurs présents, huit seulement étaient des scientifiques contre vingt littéraires. Ces derniers détenaient donc la clé du scrutin et pouvaient moins juger sur le contenu des recherches des candidats que sur le type d'esprit ou de savant qu'ils incarnaient. L'un (Brillouin), plus théoricien et divers dans ses intérêts scientifiques, l'autre (Deprez), plus âgé, plus titré mais à la carrière moins universitaire[28]. Brillouin l'emporta d'une courte tête (quinze voix contre treize), grâce à l'appoint des voix littéraires. Bédier conclut sa relation en citant Renan: «Étrange maison où règne une loi aussi constante qu'une loi de nature, celle que Renan exprimait par cette formule: "Quand il s'agit au Collège de choisir entre des candidats scientifiques, ce sont les littéraires qui votent le mieux, et inversement en cas de compétition entre littéraires, ce sont les scientifiques qui votent le mieux"[29].» Indépendamment de la flagornerie présente dans un texte commémoratif comme celui-ci, il est probable en effet que ce qui a joué dans l'esprit des votants c'est l'image sociale des deux savants.

Maurice Lévy, chargé de défendre les titres de Brillouin, avait habilement porté son argumentation sur ce point : « Extrêmement érudit, il possède à un haut degré cette qualité que l'on doit, entre toutes, rechercher au Collège de France, de faire porter ses travaux sur les sujets les plus neufs et les plus ardus[30]. » L'argumentation consiste en quelque sorte à identifier le profil du candidat au profil idéal de l'institution pour que les professeurs qui y sont le plus attachés le préfèrent au détriment de l'autre savant, orienté plutôt vers la recherche appliquée, moins estimée au Collège, et donc moins conforme à l'esprit de la maison.

Pour les chaires littéraires, les élections disputées sont plus fréquentes et font intervenir encore plus souvent des considérations extra-scientifiques pour peu que le sujet s'y prête. Le meilleur exemple et sur lequel la documentation est très riche est fourni par l'élection d'Alfred Loisy à la chaire d'histoire des religions le 2 mars 1909. Plusieurs circonstances compliquaient particulièrement les données du scrutin. En premier lieu, le titulaire précédent, Jean Réville, était mort brusquement après un an seulement de professorat. Il avait succédé « naturellement » à son père Albert pour qui, comme on l'a vu, la chaire avait été créée en 1880 par Jules Ferry en plein contexte anticlérical. Jean Réville n'avait donc pas eu le temps d'imprimer sa marque ni de former de disciples ou des successeurs naturels. Se trouvaient ainsi en compétition des universitaires aux titres assez équivalents et particulièrement nombreux : pas moins de sept candidats s'opposent, ce qui ne peut que disperser les voix et rendre la recherche d'une majorité difficile. Quatre d'entre eux enseignaient à l'E.P.H.E. (quatrième et cinquième section), Maurice Vernes, Marcel Mauss, Jules Toutain et Émile Amelineau. Deux enseignaient dans des facultés de province, Georges Foucart, fils de Paul Foucart, professeur au Collège à l'époque, à Aix et Albert Dufourcq à Bordeaux. Enfin la candidature du septième, suscitée par Louis Havet, Alfred Loisy, ancien prêtre dont les thèses au centre de la controverse moderniste avaient été condamnées à Rome, introduisait l'écho des luttes religieuses et politiques particulièrement âpres des années précédentes, marquées par la séparation de l'Église et de l'État. Cet afflux de candidatures de l'École pratique des hautes études s'explique par le fait que cette chaire est le seul débouché pour la plupart de ces professeurs spécialisés sur des questions exotiques sans enseignement en faculté. Tous sont, en outre, sauf Vernes et Loisy plus âgés, de la même génération. Celui qui l'emportera occupera la chaire pour un laps de temps tel qu'à sa retraite ses compétiteurs seront trop vieux pour se représenter. Pour presque tous, c'est une élection de la dernière chance, ce qui rend la lutte particulièrement âpre. Similaires sur le plan des titres (sauf Loisy mais qui dispose d'un groupe d'amis influents au Collège dirigé par Louis Havet dont l'ancienneté au Collège et le rôle dans l'affaire

Le Collège de France

Dreyfus sont des atouts pour agir sur ses collègues), les candidats prônent chacun une conception différente de l'histoire des religions liée chaque fois à des présupposés idéologiques. Aussi s'agit-il pour trouver une majorité de fédérer des sympathies et des antipathies de divers ordres. Loisy, en tant que fauteur de scandale dans l'Église, est haï des catholiques présents au Collège et victime d'une campagne dans les journaux. Vernes est d'origine protestante, Mauss est juif et marqué par ses orientations sociologiques dans la mouvance de son oncle Durkheim et ses sympathies socialistes. Foucart peut donc compter sur l'appui des catholiques et des amis de son père professeur, en particulier Maspéro, son maître en égyptologie. Loisy, par là même, est le candidat des anticléricaux, mais il peut être tenu en échec par la présence des petits candidats. On fait en effet courir le bruit qu'il n'a pas vraiment rompu avec l'Église et qu'il risque d'être un cheval de Troie du cléricalisme, ce qui peut détourner la gauche avancée du Collège de se rallier à lui. Il fallut cinq tours pour dégager une majorité. Au premier tour Foucart arrive en tête (douze voix contre neuf à Loisy, sept à Mauss, cinq à Toutain, deux à Vernes, une à Amelineau). Au fil des tours la majorité s'est renversée par le ralliement des petits candidats à Loisy pour faire barrage au candidat de droite. Les candidats les plus marqués (Mauss et Vernes) perdent leurs partisans au profit de l'ancien prêtre. Se crée ainsi un nouveau bloc anticlérical qui rappelle la majorité du défunt ministère Combes. Aux deuxième, troisième et quatrième tours, Loisy gagne deux voix, puis six voix, puis encore deux voix. Au quatrième tour, Loisy et Foucart sont presque à égalité (dix-sept contre seize). Au cinquième tour, Loisy l'emporte avec trois voix d'avance. L'Institut plus conservateur adopta un ordre de présentation inverse mais le ministre Gaston Doumergue suivit le Collège conformément à la tradition, pas mécontent de nommer l'adversaire de l'Église, l'ennemie du régime[31].

Les cours : de l'ermite au messie

Cette diversité des profils, cette hétérogénéité des carrières, cette multiplicité des élections déterminent à leur tour une profonde différenciation des styles de cours professés. Au long du XIXe siècle, l'Université a vu la mise en place d'un couple antithétique: le cours public souvent mondain ou destiné aux étudiants de base, de plus en plus nombreux, et la conférence ou séminaire à l'allemande, petit groupe spécialisé d'apprentissage à la recherche ou à la méthode. Cette opposition a pris même la forme institutionnalisée de l'École pratique des hautes études d'un côté et de la Sorbonne de l'autre. Mais progressivement les facultés, avec la création des maîtres de conférences, ont pratiqué à leur tour les deux genres de pédagogie. Le Collège de France, sans public défini *a priori*, offre toute la gamme comprise entre ces deux extrêmes, selon la discipline et surtout la personnalité du professeur ; certains professeurs pratiquent même concurremment les deux genres selon les jours de la semaine : grande leçon et petite leçon. Pour essayer de fixer la typologie des cours, il nous a paru commode d'employer des métaphores religieuses, car le vocabulaire pédagogique est trop pauvre pour saisir la nuance des relations qui s'instaurent selon les auditoires, les professeurs, les époques et les sujets. Au vu des témoignages disponibles on peut distinguer l'ermite à l'auditoire problématique qui souvent ne dialogue qu'avec lui-même, le chef de secte souvent présent en science dans le cadre du laboratoire, les grands prêtres, objets d'un culte de la part de leurs élèves, et les messies qui par-delà leur auditoire enthousiaste adressent en fait leur message au monde.

– *L'ermite :* Bien qu'il se prête à la caricature facile et réponde aux stéréotypes du vieil érudit coupé du monde, il n'en reste pas moins que le professeur ermite exposant sa science à quelques rares auditeurs, voire à aucun, n'est pas un cas limite ou une curiosité historique. La plupart des cours professés dans les domaines spécialisés qui forment le gros des enseignements du Collège l'ont probablement été dans ces conditions jusqu'à ce que le public étudiant potentiel devienne massif même en langues rares. Pour certains professeurs, ce qui aurait été une tare à la Sorbonne était plutôt un titre de gloire, l'indice d'un bon niveau théorique : « Il était bien porté au Collège de France de n'avoir pas d'auditeurs. Nous disions entre nous en matière de plaisanterie : "Je fais un cours sérieux, je n'ai pas d'auditeurs[32]". » En physique, par exemple, Joseph Bertrand n'avait que cinq auditeurs et si Berthelot enseignait à vingt personnes, dix seulement étaient sérieuses[33]. Pour les disciplines d'érudition littéraire sans presque aucun débouché professionnel et sans l'attrait de la culture générale, la situation est plus grave encore. Ainsi Renan, au bout de quelques mois en 1846, se retrouve seul assistant au cours d'hébreu de Quatremère : « Il est désolé de parler dans le désert, mais n'est-ce pas un peu par sa faute ? Ah ! si j'étais à sa place, j'en jure par…, je saurais parler et mieux que cela[34]. » Renan tint parole comme on sait. Ce qui caractérise le mieux ces cours, c'est moins la taille de l'auditoire que la forme. Selon ce même Renan : « Le vrai professeur au Collège de France ne prépare pas son cours[35]. » Lui-même appliqua ce principe, si l'on en croit son disciple Loisy : « Il ne préparait que peu ou point. En ce temps, il étudiait le texte des *Psaumes*. Il prenait un verset, le lisait, le traduisait, lisait la version grecque des Septante pour la comparaison, citait la conjecture de l'oratorien Houbigant ou de quelque critique moderne pour la correction du texte, pesant chaque mot, pour ainsi dire, et ne s'interdisant ni les digressions, ni les répétitions. Son avis était qu'un professeur du Collège de France doit tra-

vailler devant ses auditeurs, et il travaillait en effet devant nous, un peu plus lentement je suppose que dans son cabinet[36]. »
– *Le chef de secte :* Avec les disciplines scientifiques d'ordre expérimental nous quittons cet exercice solitaire de la parole pour le travail collectif du laboratoire qui de plus en plus devient le cadre véritable des cours au Collège de France. Le professeur dirige les travaux des élèves, inspire les directions de recherche, mais la relation n'est plus aussi unilatérale. La découverte de chacun enrichit la problématique de tous en fonction de la méthode élaborée en commun. L'action de modelage des disciples est beaucoup plus complète et une véritable communauté humaine se forme avec ses rites, ses habitudes, ses options, sa division du travail, ses tensions aussi. Le professeur est un patron, un chef d'équipe auquel les élèves doivent non seulement leur savoir mais aussi leur avenir. La description, par un de ses disciples et successeurs, du laboratoire de Ranvier, ancien préparateur lui-même de Claude Bernard et à ce titre sectateur fidèle de la méthode expérimentale, restitue cette atmosphère si particulière d'une pédagogie de la recherche collective : « Ranvier dès le début de son travail personnel, avait formé un milieu. Il comprenait ce que les autres ne comprenaient pas ; on s'était groupé autour de lui et rapidement un atelier s'était formé. Ses collaborateurs et ses élèves sont séduits par son imagination, la rigueur de sa technique, sa passion de la recherche et ses découvertes continuelles qu'ils attendent avec impatience et curiosité. Ranvier était "le patron". Les apprentis participaient à son œuvre et s'y intéressaient comme à leur œuvre propre ; et ces débutants lui étaient utiles aussi. Sa pensée s'essayait sur eux, et dans leurs travaux imparfaits, il trouvait des éléments de comparaison et de contrôle [...] L'enseignement de Ranvier se donne surtout au laboratoire. Son cours est peu suivi. N'y assistent en général que quelques personnes, ses élèves immédiats, ses collaborateurs, quelques amis. C'est qu'en effet il ne donne à ses auditeurs ni un ensemble, ni une synthèse[37]. » L'originalité de cette sociabilité peut se mesurer par différence avec ce qui se fait en faculté notamment en médecine où prévalent les méthodes dogmatiques, l'enseignement par grandes masses ou la pratique hospitalière. Or, la révolution médicale du XIXe siècle s'est faite non au sein de cette religion établie mais grâce à ces petites sectes de francs-tireurs qu'étaient les laboratoires de Claude Bernard et de Ranvier au Collège de France ou de Pasteur à l'École normale. Avec ce modèle nous passons de la marginalité subie de l'ermite de la science à la marginalité revendiquée du chef d'école qui attend que ses thèses réussissent à être reconnues.
– *Les prophètes :* Les prophètes qui ont réussi se trouvent au Collège de France sous deux formes, les grands prêtres et les messies. À la différence des précédents, ils ont un auditoire de masse mais ils sont l'objet de sa part de surinvestissements différents. Les grands prêtres attirent un surinvestis-

sement intellectuel, les messies un surinvestissement politique. Les premiers sont donc plus fréquents que les seconds mais la césure est parfois difficile à tracer. Les meilleurs exemples du premier type sont Bergson et Valéry. Ce type de cours engendre chez les intéressés un malaise du fait du malentendu à la base de la relation pédagogique. Valéry explique ainsi à l'une de ses correspondantes : les cours ne sont que « des heures à remplir de mots », « Moi je me perds en moi du haut de ma chaire ! – Ah ! si je n'avais que cinq auditeurs comme Renan. Ça irait tout seul ! Mais une salle pleine d'on ne sait qui, c'est très fatigant. On se demande qui viser, quel degré de culture, de désir, de tension, il faut songer à satisfaire[38] ». Le poète chargé du cours de poétique en est réduit à essayer de faire cours pour lui seul en tentant d'oublier la salle. Le théoricien de la rigueur intellectuelle, l'ennemi du laisser-aller verbal, le prosateur de l'idée fixe donne ainsi un enseignement à l'opposé de son œuvre : « En ces cours, où la genèse des diverses productions de l'esprit était sévèrement analysée, où s'écroulaient tant de flatteuses illusions, où l'importance attachée à des formes dessinait une sorte de rhétorique généralisée, la liberté, l'intransigeance des jugements comme la discrétion du ton, les hésitations, les retours, le balbutiement du phrasé chez un homme capable d'éblouissantes improvisations, – enseignaient éloquemment les avantages d'une forme souple aux difficultés imprévues, indépendante du suffrage du public, résistant aux tentations du verbe ainsi qu'au goût de la continuité et de la symétrie ; d'une forme en somme aussi favorable que possible à l'honnêteté intellectuelle : celle d'un discours adressé à soi-même[39]. » Si les auditeurs de Valéry viennent moins assister à un cours qu'à la naissance de la poésie – au sens valéryen de création en acte –, ceux de Bergson venaient rendre un culte à la philosophie, selon Étienne Gilson : « Aujourd'hui, quand j'étudie les philosophes morts depuis plusieurs siècles, j'évoque, pour m'aider à les mieux comprendre, l'exemple de Bergson vivant devant nous sa philosophie. Ah ! c'est un grand malheur qu'il n'enseigne plus ! Il fallait l'entendre inventer ses idées devant le public. La présence de ce philosophe parmi les jeunes gens nous faisait mieux comprendre ce qu'avait dû être la vie de Socrate ou de Platon au milieu de leurs disciples[40]. » Le paradoxe du cours de Bergson, comme celui de Valéry, est que cette ferveur des disciples n'est nullement voulue et souvent mal supportée par le maître en raison des incidents que l'excès de presse ne manque pas de créer[41]. L'affluence, contrairement à une légende, ne fut pas tout de suite mondaine. Ce sont des étudiants déçus par l'enseignement de la Sorbonne qui viennent d'abord, bref des hérétiques de la religion officielle comme pour le type précédent. Puis la renommée de Bergson grandit (il devient membre de l'Institut puis de l'Académie française) et la publicité que lui font certains écrivains qui se servent de lui contre le positivisme universitaire élargit le public en direction du grand public un peu snob. Bergson, esprit universitaire plutôt traditionnel, supporta difficilement cette dérive. Grand prêtre malgré lui d'une religion mal interprétée, il demanda sa mise à la retraite anticipée pour retrouver la quiétude nécessaire à l'achèvement de son œuvre[42].

Les véritables cours prophétiques dont le meilleur exemple est fourni par la trilogie romantique, Michelet, Quinet, Mickiewicz, relèvent non d'une mode liée à l'air du temps mais d'une entreprise délibérée et pour tout dire politique qui cherche à traduire les aspirations sociales et intellectuelles de la jeunesse inquiète devant l'immobilisme ambiant. Le cours justement célèbre de Michelet de 1847-1848 ou ceux antérieurs de Quinet et de Mickiewicz quittent volontairement le terrain du savoir pour se transformer en meeting improvisé où le professeur énonce tout haut la crise sociale et dessine les lignes de force de l'avenir. La réaction du pouvoir face à ce réquisitoire n'est donc guère étonnante. Un passage de la huitième leçon de Michelet résume la philosophie romantique qui sous-tend ce discours interrompu, poursuivi sous forme écrite et en quelque sorte réalisé dans les faits par la révolution de 1848 quelques semaines après : « Que peut le savant sans le peuple, ou le peuple sans le savant ? Rien. Il faut que tous coopèrent à l'action sociale ; bien plus il faut qu'ils alternent et échangent leurs rôles, que le peuple monte à la science et que l'homme de science se fasse peuple, se refasse et se ranime aux sources de l'instinct et de la vie[43]. » Nous sommes ici aux antipodes du premier type de cours où le savant refusait le monde. Image révolue ? L'époque plus contemporaine a vu renaître au Collège de France ou ailleurs ces prophéties inspirées. Lieu de mémoire, le Collège de France peut aussi être un lieu où s'élabore l'avenir.

Le Collège de France offre en définitive un dernier paradoxe. À la différence de toutes les autres institutions culturelles françaises, on ne lui compte pas vraiment d'ennemis. En mai 1968, les étudiants ont « pris » la Sorbonne et l'Odéon, pas le Collège. Il est vrai qu'il avait traversé sans dommage bien d'autres révolutions. Poussons le raisonnement. Il n'est pas exclu que les rédacteurs de la loi d'orientation d'Edgar Faure, à l'instar des hommes de l'an III, aient puisé leur inspiration dans le modèle du Collège de France. Qu'est-ce que Vincennes première manière, sinon une extension à l'âge de l'université de masse du modèle pédagogique fondé par François Ier : admission d'étudiants non bacheliers, recrutement de professeurs marginaux, redécoupage des disciplines traditionnelles, refus de la rentabilité professionnelle à court terme ? La vénérable institution l'a d'ailleurs reconnu en élisant au cours des années suivantes quelques hérétiques dont les contestataires avaient fait leurs héros : Michel Foucault, Roland Barthes...

Le pouvoir non plus n'a pas oublié son ancien protégé. À deux reprises, ces dernières années, il a renouvelé le pacte solennel de François Ier. L'ancien président Giscard d'Estaing a rendu visite aux professeurs pour le quatre cent cinquantième anniversaire de la fondation. Son successeur, François Mitterrand, dans une lettre du 13 février 1984, leur a demandé une réflexion sur « les principes fondamentaux de l'enseignement de l'avenir[44] ».

Réussir quatre cent cinquante ans après sa fondation à inspirer, voire à abriter d'une certaine manière la contestation culturelle tout en recueillant l'hommage de nos monarques républicains, être l'hérésie orthodoxe, l'académie sans académiciens, jouir d'un privilège d'exterritorialité – seuls les professeurs du Collège ne sont pas visés par les nouvelles dispositions sur la limite d'âge – prouve combien le Collège de France a réussi à faire coïncider son mythe fondateur et son histoire réelle. Bien qu'il ait refusé des universitaires de haut niveau et accueilli quelques médiocres notoires, il n'a pas subi comme l'Académie française et son quarante et unième fauteuil la litanie de ses erreurs de jugement. Il a eu, comme on l'a vu, ainsi que la Sorbonne, ses heures de gloire et ses périodes moins fastes. Si on se souvient des deux à la Sorbonne, en traversant la rue Saint-Jacques on ne retient plus que le côté positif. Valéry trouva peut-être un jour la clé de l'énigme. À un officier allemand qui l'aborda à la porte du Collège pour lui demander : « Qu'enseigne-t-on à cette école ? », il répondit : « C'est là un endroit où la parole est libre[45]. »

---

1. « Nous vous avons représenté la philologie comme une fille pauvre qui était à marier et nous vous avons prié de lui faire une dot. » Lettre de Guillaume Budé à François Ier (1529), citée in Abel Lefranc *Histoire du Collège de France depuis ses origines jusqu'à la fin du premier Empire*, Paris, Hachette, 1893, p. 105.

2. « Ce grand homme est mort martyr de la cause du Collège de France », id., *ibid.*, p. 221. Sur Ramus voir Charles Waddington, *Ramus, sa vie, ses écrits et ses opinions*, Paris, Meyrueis, 1855.

3. Abel Lefranc, *op. cit.*, p. 132.

4. Gabriel Monod, « La Chaire d'histoire du Collège de France », *La Revue bleue*, 1905 (extrait), p. 10.

5. Abel Lefranc, *op. cit.*, p. 261 sq.

6. Id., p. 288 sq. : même pendant la Terreur les cours continuèrent.

7. Cité in A. Lefranc, *op. cit.*, p. 255.

8. Cité in G. Monod, *op. cit.*, pp. 8-9.

9. *Cf.* Dominique Julia, « Une réforme impossible. Le changement de cursus dans la France du XVIIIe siècle », *Actes de la recherche en sciences sociales*, 1983, 47-48, pp. 53-76 ; Roger Chartier, Marie-Madeleine Compère et Dominique Julia, *L'Éducation en France du XVIe au XVIIIe siècle*, Paris, S.E.D.E.S., 1976, chap. VII.

10. Paul Hazard, « Michelet, Quinet, Mickiewicz et la vie intérieure du Collège de 1838 à

Le Collège de France

1852», in *Le Collège de France (1530-1930), livre jubilaire composé à l'occasion de son quatrième centenaire*, Paris, P.U.F., 1932, pp. 263-276 ; Jean Pommier, *Renan d'après des documents inédits*, Paris, Perrin, 1923, p. 228.

11. Paul Hazard, *op. cit.*, p. 273.

12. *Cf.* notre communication : « La faculté des lettres de Paris et le pouvoir au XIXe siècle », Actes du colloque *Le Personnel de l'enseignement supérieur en France aux XIXe et XXe siècles*, Paris, Éd. du C.N.R.S., 1985, pp. 151-166.

13. « Une année du Collège de France », in *Œuvres complètes*, éd. définitive, Paris, Flammarion, 1877, p. 592.

14. Voir l'article très critique de Ferdinand Brunetière, « Revue littéraire », *Revue des Deux Mondes*, 1er avril 1885, pp. 694-695. À cette époque ont été nommés successivement Paul Albert, maître de conférences de littérature latine, puis Émile Deschanel, ancien professeur de rhétorique, dont l'élection est plutôt une compensation aux persécutions politiques dont il a été victime sous le second Empire qu'une conséquence de ses mérites universitaires.

15. Ernest Renan, *Questions contemporaines*, p. 142, cité *in* Abel Lefranc, *op. cit.*, pp. VII-VIII.

16. George Weisz, *The Emergence of Modern Universities in France (1863-1914)*, Princeton, Princeton U.P., 1983.

17. Frédéric Lefèvre, *Une heure avec...*, Paris, N.R.F., 1925, t. III, pp. 271 et 276.

18. Abel Lefranc, *op. cit.*, p. 236.

19. Voir la thèse en cours de C. Delangle sur les professeurs du Collège de France aux XVIIIe et XIXe siècles et le mémoire de maîtrise dactylographié d'Agnès Lechat, *Les Professeurs du Collège de France de 1800 à 1914*, Paris, IV, 1984. Nous poursuivons avec sa collaboration des recherches sur les professeurs du XXe siècle (jusqu'en 1939). On trouvera dans notre article « Le champ universitaire parisien à la fin du XIXe siècle », *Actes de la recherche en sciences sociales*, 1983, 47-48, pp. 77-89, une étude comparée des professeurs du Collège de France et des autres universitaires parisiens. Sur la période la plus contemporaine, voir Pierre Bourdieu, *Homo academicus*, Paris, Éd. de Minuit, 1984, notamment pp. 140-144.

20. Agnès Lechat, *op. cit.*, p. 14.

21. Archives du Collège de France, CXII, dossier É. Fauré-Frémiet ; Archives nationales, F17 26756, dossier Henneguy ; *Qui êtes-vous ?*, Paris, Delagrave, 1908.

22. Camille Matignon, « La chimie générale au Collège de France », in *Le Collège de France* [...], *op. cit.*, p. 95.

23. Agnès Lechat, *op. cit.*, p. 97.

24. Louis Renou, « Notice sur la vie et les travaux de Paul Pelliot », *Recueil de l'Institut*, 1950 ; André Langevin, *Paul Langevin, mon père*, Paris, E.F.R., 1971, p. 66 ; sur Charles Gide, Archives nationales, F17 13556 ; Paul Giroud « Charles Nicolle », *Bulletin de l'Académie de médecine*, 5 décembre 1961, pp. 714-722.

25. Archives nationales, F17 21967 (Bréal), 25852 (Maspéro), 25756 (Deschanel), 20293 (Brown-Séquard).

26. Archives nationales, F17 13556 ; interview du *Temps* du 23 avril 1892.

27. Pierre Janet, « Nécrologie de Théodule Ribot », *Annuaire de l'Association amicale des anciens élèves de l'École normale supérieure*, Paris, Hachette, 1919, p. 22.

28. L'un, Brillouin, né en 1854, ancien élève de l'École normale supérieure, était maître de conférences à cette école, l'autre, Deprez, né an 1843, ancien élève de l'École des mines, était professeur au Conservatoire national des arts et métiers, spécialiste du transport de l'énergie électrique.

29. *Jubilé scientifique de Marcel Brillouin*, Paris, Gauthier-Villars, 1936, pp. 4-5.

30. *Ibid.*, p. 4.

31. Archives nationales, F17 13556 et Albert Houtin et Félix Sartiaux, *Alfred Loisy, sa vie, son œuvre*, publié par Émile Poulat, Paris, éd. du C.N.R.S., 1960, pp. 162-169.

32. Propos d'Henry Le Chatelier rapporté dans François Le Chatelier, *Henry Le Chatelier*, Paris, chez l'auteur, 1968, p. 189.

33. Id. *ibid.*, p. 188.

34. Jean Pommier, *op. cit.*, p. 60.

35. Id. *ibid.*, pp. 322-323.

36. Frédéric Lefèvre, *Une heure avec...*, *op. cit.*, t. I, p. 194.

37. Justin Jolly, «Ranvier et la méthode expérimentale», *in Le Collège de France* […], *op. cit.*, pp. 216-217.

38. *Entretiens sur Paul Valéry*, Paris, P.U.F., 1972, extraits d'une lettre à Mme Roth-Mascagni, p. 75.

39. Berne-Joffroy, «Souvenirs et digressions», in *Paul Valéry vivant*, n° spécial des *Cahiers du Sud*, 1946, p. 185.

40. Frédéric Lefèvre, *op. cit.*, t. 3, p. 65.

41. Rose Mossé-Bastide, *Bergson éducateur*, Paris, P.U.F., 1955. L'auteur rappelle les principaux (pp. 69-71), notamment la pétition des étudiants qui se plaignent de l'envahissement de la salle à l'avance par les oisifs et la véritable émeute au lendemain de l'élection de Bergson à l'Académie française en janvier 1914. On dut même laisser les fenêtres ouvertes (en février!), ce dont témoigne une photo du journal *L'Excelsior* du 14 février.

42. Id. *ibid.*, p. 73 et Archives nationales, F17 22552; Bergson se fit suppléer à partir de 1914 et demanda sa retraite en 1921 alors qu'il aurait pu enseigner jusqu'en 1929 au moins. Il devint une sorte de grand prêtre de la culture internationale en tant que président de la Commission de coopération intellectuelle de la S.D.N.

43. Jules Michelet, *op. cit.*, p. 535 (Leçon du 3 février 1848).

44. *450e anniversaire de la fondation du Collège de France, 1530-1980*, Collège de France, 1981; dans sa péroraison le président parle de «foyer de l'intelligence française» (p. 50). Sur la mission de réflexion, *Annuaire du Collège de France*, 1983-1984 et *Propositions pour l'enseignement de l'avenir élaborées à la demande de M. le Président de la République par les professeurs du Collège de France*, Paris, Collège de France, 1985.

45. *Paul Valéry vivant*, *op. cit.*, p. 19.

JEAN STAROBINSKI

La chaire, la tribune, le barreau

Le pouvoir, s'il renonce à s'imposer par la force, passe par les circuits du langage. Dans un état de droit, les forces de l'ordre détiennent le « monopole de la violence » – au service de l'ordre défini par les lois. Or, les lois auront dû être *édictées* par le législateur; dans le litige sur les cas d'application, il appartiendra aux magistrats de « *dire* la loi », aux avocats d'approuver ou de contredire telle application. Et dans les États occidentaux modernes, où les lois civiles sont distinctes des prescriptions religieuses, celles-ci, consignées en d'antiques « livres sacrés », mises à jour par de plus récentes décisions ecclésiastiques, doivent être rappelées par la *prédication*. Mais, dans tous les cas, le dire qui s'énonce par la loi est précédé par un dire qui énonce la loi même. *Qui* est autorisé à dire la loi? *Quelle loi* (plutôt qu'une autre) doit être énoncée? De cela, il faut que quelqu'un décide, ou que tous décident. La décision est matière à débat. Ce débat offre à la parole l'occasion d'exercer toute sa puissance, puisqu'elle s'applique alors à dire et faire dire ce que dira la loi.

On conçoit que l'éloquence, c'est-à-dire l'« art de persuader », ait pu être considérée comme l'action par excellence. Si elle est efficace, elle précède et détermine l'action pratique (les armes prises ou déposées), elle précède et détermine la teneur de la loi, qui réglera les activités quotidiennes des individus; elle entraîne la conviction du juge; elle façonne les consciences.

Il y va d'une maîtrise. Les Anciens l'avaient su. Les classiques l'ont répété en France. Ainsi, parmi d'autres, La Bruyère, définissant l'éloquence: « C'est un don de l'âme qui nous rend maîtres du cœur et de l'esprit des autres; qui fait que nous leur inspirons ou que nous leur persuadons tout ce qui nous plaît[1]. » L'accord, sur ce point, est presque unanime au XVIIIe siècle: « L'effet de l'éloquence est de faire passer dans l'âme des autres le mouvement qui nous anime[2] », assure d'Alembert. On perçoit, à travers les siècles, à propos de l'éloquence, un rêve persistant de toute-puissance. Et ce n'est pas chez les déten-

teurs héréditaires du pouvoir politique ou militaire qu'on le distingue, mais chez les clercs, chez les humanistes, chez les gens de lettres, chez ceux dont la parole et le droit de parole sont les seules armes et dont ils attendent tout. Mais, sitôt les pouvoirs reconnus (ou imaginés), leur efficacité même donne lieu à un soupçon : à quels abus ne peuvent-ils pas servir ? Quels dangers ne font-ils pas courir aux hommes, si l'orateur, ayant prise sur les esprits, ne poursuit pas le bien commun ? Quand celui qui détient le pouvoir de la parole n'est pas lui-même le serviteur de la vertu *(vir bonus dicendi peritus)*, il pervertit les foules, séduit les princes, porte la ruine dans les cités.
Telle est, de tout âge, l'ambivalence qui s'attache à l'éloquence : à la fois source et moyen d'un vaste pouvoir, fondatrice d'autorité, mais ayant elle-même besoin d'être fondée et confirmée par la valeur morale de celui qui l'exerce, sous peine de se dévaluer comme « spécieuse éloquence », « déclamation de rhéteur », « discours sophistique ».
La chaire, le barreau, la tribune furent les lieux institutionnels où s'exerça ce pouvoir, bientôt diffusé par le livre et la presse ; ce furent aussi les lieux qui purent être dénoncés comme suspects, quand ceux qui s'y faisaient entendre ont été déconsidérés, par le moyen d'une contre-propagande qui pouvait elle-même passer par les mêmes lieux, ou par les relais du livre, de la caricature, du persiflage théâtral ou journalistique.
Chaire, tribune et barreau : ces mots subsistent, ils servent toujours à désigner collectivement, par métonymie, les prédicateurs, les avocats et les officiers de justice, les parlementaires. Ces noms de lieux ponctuels facilitent, en quelque sorte, un classement professionnel. Mais l'emploi de ces termes, qui définissent des lieux où s'exerce un type spécifique de discours, n'est pas exempt d'archaïsme ; une mémoire du passé les grève de solennité un peu vieillotte. Il est évident que, dans les échanges sociaux modernes, ce n'est pas par ces lieux que passe la plus grande quantité d'action verbale efficace, dussent la prédication et le discours politique se déployer dans les espaces élargis et sonorisés où les foules se rassemblent en « meetings ». D'autres types de messages s'y surajoutent : dans les rues, l'affiche, le cortège, le calicot, les slogans scandés ; dans l'univers des « médias », l'interview, les débats réglés par un « modérateur », la conférence de presse, l'intervention radiotélévisée : assurément, l'emploi des ressources de l'ancienne rhétorique, ou de la poétique, reste aisément discernable, là même où plus rien ne paraît avoir été appris en classe de rhétorique. L'art de la persuasion, qui n'a fait que multiplier les moyens de parvenir à ses fins, ne renie aucune de ses anciennes ressources. Et la suspicion qui lui donnait la réplique trouve encore plus de raisons pour ne pas désarmer. La différence qui marque la situation nouvelle, c'est que l'orateur n'est plus assigné à son lieu traditionnel et que, de surcroît, il évite assez fréquemment de se montrer en posture d'orateur. La figure

La chaire, la tribune, le barreau

ancienne – qu'on peut se remémorer avec un certain regret – est celle d'un individu qui, d'un lieu consacré, rend publics ses convictions, ses arguments, ses sentiments. De la «publication» orale à la publication imprimée puis à la «publicité» polymorphe et apparemment anonyme de l'âge contemporain, l'évolution des moyens immédiats de la persuasion va dans le sens d'un accroissement, mais aussi d'un décentrement: de tant de messages qui circulent, il en est peu qui soient rattachables à un locuteur qui a lui-même médité et formulé son message. La technique des agences de relations publiques s'est interposée. Et la défiance d'aujourd'hui ne concerne plus seulement l'hypocrisie possible de l'orateur, mais l'impersonnalité que les «persuadeurs cachés» mettent à leur service: les idées-images-impératifs, générateurs de sentiments, se *diffusent* comme de pseudo-faits, évinçant la présence d'un locuteur-émetteur déterminé, face à un auditoire déterminé, mais fort souvent afin de mieux préparer les circonstances dans lesquelles, le moment venu, le «chef» ou le «candidat» s'adresseront aux groupes et collectivités dont ils attendent l'approbation... La persuasion passe par des canaux multiples parmi lesquels, certes, l'on discerne des voix et des visages identifiables, qui se désignent comme source de l'intention persuasive: mais ce n'est plus là qu'une des composantes de l'information massive et mouvante mise en circulation. Dans une situation où la puissance technique des médias, multiplicateurs d'influence, assure la densité, le renouvellement des messages, leur caractère épuisable et indéfiniment renouvelable, on peut considérer l'orateur à la tribune, à la barre, en chaire comme une figure anachronique, asservie à un emplacement symbolique à partir duquel le rayon d'action de la parole et son pouvoir de pénétration – fussent-ils relayés comme ils peuvent l'être aujourd'hui – apparaissent relativement limités. Le charisme des «grandes voix» n'a certes pas disparu. Mais l'autorité, la séduction connaissent d'autres moyens de s'imposer.

Ces différences dûment marquées, reste que *persuader*, qui fut la fin de l'éloquence, constitue celle de nos «propagandes». Et reste aussi que, dans les pays d'ancienne culture rhétorique, toute circonstance exceptionnelle suscite un réveil de la rhétorique, ne fût-ce que parce qu'une circonstance ne prend sa dimension exceptionnelle que si une parole la déclare telle. Je ne pense pas seulement aux périodes de crise historique, où l'appel doit trouver les mots qui se fassent entendre. Il va de soi, également, que la cérémonie ne se conçoit pas en terre française, ou en des lieux illustres, sans que reparaisse, d'un fond singulièrement préservé, le désir du haut langage, de la diction «sublime»: discours sur l'Acropole, remerciement pour le Nobel, ou, parfois, réception à l'Académie. Plus fréquemment, chaque fois que s'échauffe le débat politique, qu'il faut gagner des électeurs, soutenir un programme de parti ou sauver un inculpé qui a «fait la une», un savoir-dire – pathétique, sentencieux, agressif ou malicieux –

s'active sans dissimuler qu'un plaisir de bien-dire (et de se faire écouter) est poursuivi par surcroît. La rhétorique semi-spontanée de la repartie se donne beau jeu dans les «petites phrases» du week-end, et va de pair, elle aussi, avec une jouissance linguistique. Sans doute s'approche-t-on ici de l'éloquence «spontanée», que les théoriciens du XVIIIe siècle accordaient aux bons esprits de toutes les classes et de tous les peuples de la terre. Or, le bien-dire, sans qu'il s'en réclame ouvertement, est soutenu par les glorieuses images d'une longue «galerie des grands orateurs», doublée du vaste répertoire des mots illustres, des reparties célèbres, des *ultima verba* qui ponctuent, comme des statues au long d'une avenue, la «mémoire collective» de la nation française.

Le système des belles-lettres, tel qu'il était assez généralement conçu au XVIIIe siècle et durant une assez longue partie du XIXe, se subdivisait en trois genres principaux : la poésie, l'éloquence et l'histoire. Mais la rhétorique, dans les termes où elle avait été codifiée aux XVIe et XVIIe siècles, incluait la poétique[3] : elle avait droit de regard sur toute invention et sur toute diction ; les formes proprement oratoires n'étaient que des cas d'espèce ; ce qui faisait que les discours attribués à leurs héros par les poètes épiques, les dramaturges et les historiens appartenaient de droit à l'éloquence. De l'époque où celle-ci régnait sur toutes les productions langagières (l'art de la conversation inclus) à l'émergence de la notion moderne de littérature, une mue décisive s'est produite – dont l'histoire a été retracée par Marc Fumaroli[4] et Paul Bénichou[5]. L'éloquence nous paraît appartenir à un monde antérieur, et, à de rares exceptions près, les ouvrages dans lesquels elle s'est pleinement manifestée nous paraissent situés hors du domaine de la littérature proprement dite. Et si l'Église, la cour d'assises, la Chambre sont toujours pour nous des lieux symboliques dont la fonction reste entière dans le réseau social, il n'en va pas de même, à l'intérieur de chacun d'eux, pour le prestige des emplacements préétablis – chaire, barre, tribune – réservés à l'exercice de la parole : comme si cette parole devait nécessairement, du fait même de son lieu d'origine, rester captive de formes déchues et ne valoir que par l'importance de la décision qu'elle infléchit. Cela est loin d'exclure la nostalgie pour les époques où la parole publique trouvait une écoute plus passionnée. Et, selon le bonheur variable avec lequel il se laisse gagner par cette nostalgie, l'orateur d'aujourd'hui verra peut-être son public s'émouvoir – ou sourire.

L'Hercule gaulois

Cette nostalgie n'est pas nouvelle. Au long des siècles chrétiens, toute prédication, venant après les Prophètes, les Apôtres et les Pères de l'Église, s'est sentie précédée par un insurpassable passé, qui constituait l'exemple, et d'où devait être emprunté le «texte» fort que le sermon allait commenter et développer. Tout discours ne peut être que l'exégèse de la Parole antécédente. Lorsque, à la Renaissance, les lettrés français se sont donné pour but de produire de grandes œuvres en langue vulgaire, ils en ont appelé à l'émulation avec les Latins et les Italiens, mais ils se sont réclamés surtout de l'antique et courageuse éloquence gauloise. Dans la *Défense et illustration*, Du Bellay donne libre cours à l'espoir novateur, mais sans perdre de vue le grand paysage gréco-latin; et l'invitation aux poètes et orateurs futurs prend appui sur des mythes d'origine, à partir de l'image des Gaulois transmise par ces Romains qui les vainquirent[6]. Ainsi, Du Bellay peut-il tout ensemble prédire un surpassement victorieux, un perfectionnement libérateur et faire appel aux plus anciennes vertus «nationales»:

> Nous avons échappé du milieu des Grecs, et par les scadrons romains pénétré jusques au sein de la tant désirée France. Là doncques, Français, marchez courageusement vers cette superbe cité romaine: et des serves despouilles d'elle (comme vous avez fait plus d'une fois) *ornez* vos temples et vos autels [...] Vous *souvienne* de vostre ancienne Marseille, seconde Athènes et de vostre Hercule gallique, tirant les peuples après luy par leurs oreilles, avecques une chaîne attachée à sa langue[7].

Rome, supposée vaincue, survivrait par ses dépouilles au titre d'ornement. La parole nouvelle ferait *revivre* l'Herakles Ogmios (dont avait parlé Lucien), qui savait lier les peuples par le pouvoir de la seule parole. L'Hercule gaulois, enchaînant les peuples, efface l'image humiliante des Gaulois vaincus traînés à la suite du triomphateur romain.

Le désir d'un nouveau langage vise au premier chef à l'invention d'une *poésie* et d'une *éloquence* françaises «pour ce que le poète et l'orateur sont comme les deux piliers qui soutiennent l'édifice de chacune langue[8]». Assurément les images mêmes du poète et de l'orateur sont des images anciennes, véhiculées par la tradition, si bien que l'on peut oser dire qu'au cœur même du désir novateur le futur de la parole à naître est soutenu et doublé par le passé de l'exemplarité, où la parole exerçait souverainement ses pouvoirs. On serait tenté de généraliser (mais ce serait tomber dans le piège du système) en prétendant que tout projet de parole forte recourt au mythe d'un passé où le langage possédait une puissance supérieure, qu'il s'agit désormais de reconquérir: une première poésie, une première éloquence subirent oubli et corruption, dont il faut sauver la parole qui aujourd'hui s'invente. Le modèle antérieur ne s'impose qu'en raison du déficit, du manque, de l'affaiblissement, interposés entre ce temps-là et le moment présent. L'énergie rénovatrice trouve en ce défaut son aliment. Elle espère se libérer, sortir de servitude.

Et l'on ajoutera que, parmi les conditions mêmes d'une ambition d'éloquence efficace et juste, prime la fin de non-recevoir que l'on oppose – par le rire ou le mépris – au bavardage, au jargon, à la sophistique, c'est-à-dire aux formes aberrantes ou fallacieuses du discours : paroles brouillées, paroles sans rapport avec le vrai. Le XVIe siècle nous en apporte, chez Rabelais, un exemple parfaitement illustratif : au terme de son éducation par les « mateologiens » Gargantua ne sait qu'ânonner. En revanche, le jeune page Eudemon, élevé par les humanistes « de maintenant », sait prononcer un éloge de Gargantua parfaitement articulé, mais flatteur à l'excès puisqu'il lui attribue des vertus dont il n'a pas su faire preuve.

> ... Alors Eudemon [...] le bonnet au poing, la face ouverte, la bouche vermeille, les yeulx asseurez et le regard assis suz Gargantua avecques modestie juvénile, se tint sur ses pieds et commença à le louer et magnifier [...] Le tout fut par icelluy proféré avecques gestes tant propres, prononciation tant distincte, voix tant eloquente et languaige tant aorné et bien latin, que mieux ressembloit un Gracchus, un Ciceron ou un Emilius du temps passé qu'un jouvenceau de ce siecle[9].

La perfection des « jeunes gens de maintenant » consiste, on le voit, à ressembler aux grands orateurs romains « du temps passé » : elle éveille une mémoire, pour aussitôt s'égaler aux figures illustres remémorées. À ces grands modèles humains ainsi actualisés par Eudemon, Gargantua, humilié, ne sait répondre que par le défaut de parole et par les bruits de l'animalité :

> Mais toute la contenance de Gargantua fut qu'il se print à plorer comme une vache et se cachoit le visaige de son bonnet, et ne fut possible de tirer de luy une parole non plus qu'un pet d'un asne mort[10].

Une infériorité si évidente entraîne le congé des mauvais pédagogues, et le début d'une nouvelle éducation, qui fera de Gargantua un jeune seigneur lettré, bien-disant, pieux et dispos. Il aura appris à écouter d'utiles lectures (et d'abord celle de l'Évangile), à commenter les textes, à deviser à leur propos, à mémoriser, à réciter « clerement et eloquentement quelques sentences retenues de la leçon. » Par les jours de mauvais temps, au lieu des exercices en plein air, Gargantua se familiarise avec toutes les activités de la capitale : la visite aux artisans se prolonge par d'autres utiles spectacles :

Alloient ouïr les leçons publicques, les actes solennelz, les repetitions, les declamations, les plaidoyerz des gentilz advocatz, les concions des prescheurs evangeliques[11].

Gargantua, qui apprend son métier de prince, ne s'adonne pas à la pratique oratoire (les circonstances viendront assez tôt pour lui faire tenir des discours princiers); mais il se mêle à l'auditoire de tous les types d'éloquence, il écoute tous les discoureurs. Nous découvrons ici qu'un public d'amateurs pouvait, par goût et curiosité, se joindre à ceux qui, professionnellement, écoutaient pour apprendre, ou pour exercer la justice; nous devinons que l'éloquence religieuse – du moins jusqu'à l'affaire des placards (1534) – n'était pas liée aux cérémonies du culte, et s'adressait à tout venant. S'il ne rivalise pas d'éloquence avec les orateurs, Gargantua, en revanche, «essayoit de tous bastons» chez les maîtres d'escrime: la transition est singulière, dans notre texte, entre l'écoute du message évangélique et les exercices guerriers. Puis l'on passe chez les «drogueurs, herbiers et apothecaires»; l'on apprend comme s'adultèrent les drogues: la compétence langagière, l'agilité combative et la connaissance des propriétés médicinales des produits naturels constituent un savoir d'un seul tenant, où l'appréciation de la parole efficace, l'estoc ou la parade infaillibles, la connaissance du remède authentique et de ses contrefaçons seraient les applications diversifiées d'une même faculté de jugement. Le dernier spectacle est celui du jeu et de la parodie bouffonne, où reparaissent, caricaturées, les activités dont l'emploi sérieux avait été passé en revue:

> Alloit veoir les basteleurs, trejectaires et theriacleurs, et consideroit leurs gestes, leurs ruses, leurs sobressaulx et beau parler[12]...

Du registre grave des «plaidoyez» et «concions», l'on s'est transporté à l'autre extrême, où la parole, le geste, le boniment se dépensent pour provoquer l'hilarité: l'éloquence est donc escortée de près par sa «carnavalisation».
Quelle que soit chez Rabelais l'oscillation de la parole entre le sérieux et la bouffonnerie, on aperçoit, dans quelques chapitres du *Gargantua*, et par la vertu même de l'exagération hyperbolique, une image parfaitement nette de la plus haute éloquence *en acte* telle que pouvait l'imaginer une rêverie humaniste «magnifiante». Quand survient la guerre picrocholine, la vertu d'éloquence se déploie en belles périodes cicéroniennes dans la lettre de Grandgousier appelant Gargantua à la rescousse; la même solennité érudite anime le discours du «maistre des requestes» Ulrich Gallet envoyé en ambassade auprès de Picrochole, la réponse de Grandgousier à Toucquedillon prisonnier, puis, surtout, la «contion» faite aux vaincus par Gargantua.

Les recommandations qu'Érasme énonce dans l'*Institutio principis christiani* (livre III) sont ainsi abondamment illustrées et amplifiées. Nous écoutons la voix d'un locuteur souverain – parole juste, magnanime, mesurée, porteuse de paix – adressée au violent qui n'écoute que son désir illimité, et qu'il faudra réduire par la contre-violence légitime, c'est-à-dire par la guerre juste. La parole éloquente est la réponse appropriée à la «cholere» impulsive de l'ambitieux déloyal, qu'on abattra par la force, si les moyens pacifiques échouent. Grandgousier, écrivant à son fils, lui fait part de sa *deliberation*, qui «n'est de provocquer, ains apaiser...». Décision prise de façon monarchique, sans débat préalable. Picrochole a inexcusablement porté atteinte à une *liberté* qui doit être sauvegardée: Picrochole «de jour en jour poursuit sa furieuse entreprise avecques excès non tolerables *à personnes liberes*». L'éloquence est la première défense que la sagesse politique oppose à une «cholere *tyrannique*». Et l'on ne tardera pas à comprendre que la liberté qui demande à être défendue est une *liberté selon le droit*, c'est-à-dire une liberté raisonnable. Car la «cholere tyrannique» de Picrochole, de son côté, est l'expression d'une tout autre liberté: liberté de la passion et de l'excès, liberté de la créature abandonnée à ses instincts naturels: «... J'ay congneu que Dieu eternel l'a laissé au gouvernail de son franc arbitre et propre sens qui ne peut estre que meschant sy par grâce divine n'est continuellement guidé[13]»... Le message est communiqué à Picrochole par l'ambassadeur: «Rien n'est sainct ny sacré à ceulx qui se sont emancipez de Dieu et Raison pour suyvre leurs affections perverses[14].» La parole solennelle tente de faire obstacle à la mauvaise liberté, au nom de la foi, de la loi, de la raison, de la crainte de Dieu qui devraient inciter à préserver les liens d'une ancienne *alliance*. L'ambassadeur s'efforce de ramener le méchant à la «craincte de Dieu». Ce faisant, il remplit la fonction religieuse fondamentale que l'antique coutume romaine assignait à l'*oratio* et à l'*orator*[15]. Quant au roi, parlant éloquemment pour la sauvegarde de la plus haute liberté, il atteste par là même sa qualité princière et sa pleine autorité. Conjointement à ses beaux discours, il fait acte de libéralité: tout au long du récit, il ne cesse de donner largement: il remplace les cinq douzaines de fouaces par cinq charretées, il y joint des intérêts généreux pour le dédommagement du «grand bâtonnier Marquet»; lorsqu'il rend la liberté à Touquedillon prisonnier, non seulement il renonce à toute rançon mais le comble de cadeaux («Puis luy donna une belle espée de Vienne, avecques le fourreau d'or faict à belles vignettes d'orfeverie et un collier d'or pesant septs cens deux mille marcz[16]»...). Grandgousier n'est donc pas seulement (avec Gargantua et Frère Jean et la joyeuse troupe juvénile) le libérateur de son pays, le prince magnanime qui libère son prisonnier; ses largesses matérielles sont à la mesure de l'abondance généreuse de ses discours. Dans sa forme imaginaire superlative, l'éloquence princière *répand* grâce, justice et richesses. L'utopie de Thélème n'est que le dernier *fiat* d'une éloquence elle-même tout utopique. Ce sera le rôle du Fils – de l'héritier mâle – d'adresser aux ennemis vaincus la «contion» finale (chap. L). En bon fils, il célèbre les louanges du père: qu'a-t-il fait, ce père généreux, lorsqu'il a capturé le roi de Canarre venu piller ses terres? Au lieu de l'emprisonner et de le rançonner, «il le traita courtoisement, amiablement, le logea avecques soy en son palays et par incroyable debonnaireté le renvoya en saufconduyt, chargé de dons, chargé de grâces, chargé de toutes offices d'amytié». Ce traitement si débonnaire a suscité, parmi les Canarriens, un retour de générosité. Au don qui leur était fait, ils ont tenu à répondre par un contre-don, «en façon que le monde y eust exemple, comme avoit jà en nous de gracieuseté honeste, aussi en eulx de honesteté gracieuse». Ils décident, par conséquent, de se soumettre entièrement à Grandgousier, de se donner à lui, avec terres et biens. Une grande flotte amène à Grandgousier tous les trésors du pays canarrien. «Chacun à la foulle gettoit dedans icelle or, argent, bagues, joyaux, espiceries, drogues et odeurs aromatiques, papegays, pelicans, guenons, civettes, genettes, porcs espics. Poinct n'estoit filz de bonne mere reputé qui dedans ne gettast ce que avoit de singulier»... Les largesses de Grandgousier ont constitué un «don contraignant». Il aura beau jeu de ne pas accepter tout ce qu'on lui offre, car on lui offre la servitude de tout un pays («se donna mancipe et serf voluntaire, soy et sa postérité; ce ne feut accepté par ne sembler equitable»). Grandgousier, à nouveau, octroie la liberté; mais la «transaction» ne lui est pas défavorable et ses propos modestes provoquent une surenchère de reconnaissance:

> La fin feut que mon dict pere commença lamenter de pitié et pleurer copieusement, considerant le franc vouloir et simplicité des Canarriens, et par motz exquis et sentences congrues diminuoit le bon tour qu'il leur avoit faict [...] Quelle feut l'yssue? En lieu que pour sa rançon, prinze à toute extremité, eussions peu tyrannicquement exiger vingt foys cent mille escutz et retenir pour houstaigers ses enfans aisnez, ils se sont faictz tributaires perpetuelz et obligez nous bailler par chacun an deux millions d'or affiné à vingt quatre karatz.

La générosité de Grandgousier n'a donc pas desservi ses intérêts, et les nobles paroles qui affranchissent l'ennemi ont amplement été payées de retour... Gargantua, qui ne veut «degenerer de la debonnaireté hereditaire de ses parents», prononce à son tour les paroles de grâce:

> ... Maintenant je vous absoluz et delivre et vous rend francs et liberes comme par avant. D'abondant, serez à l'yssue des portes payez, chascun pour troys moys, pour vous pouvoir retirer en vos maisons et familles...

Mais à la parole qui donne la liberté s'ajoute la parole qui juge et discrimine – *crisis* et sentence portée contre les responsables de la guerre. Gargantua, comme César, fait le partage entre ceux qui seront sauvés et pardonnés, et « les aucteurs de rebellion » qui sont destinés à être punis. Or, à quelle peine condamner les coupables, après une si solennelle « contion » ? « Autre mal ne leur feist Gargantua, sinon qu'il les ordonna pour tirer les presses à son imprimerie, laquelle il avoit nouvellement instituée ». Les violents devront consacrer leurs forces captives au service de la parole écrite ; ils seront les esclaves du livre – mais les livres que fait imprimer Gargantua ne peuvent être que libérateurs. Et, déjà dans le livre même de Rabelais, se tracent les voies par lesquelles le livre relaie le discours parlé... Déjà se préparent les « librairies » de Thélème, où se rencontreront des « gens liberes ». À Thélème, on ne discourt pas : on converse, on devise. À l'égard de la parole, Rabelais donne, comme par jeu, la mesure de la plus haute attente. Il propose un « discours du trône » exemplaire ; cette parole, nous venons de le voir, est essentiellement libératrice et donatrice ; simultanément, elle départage, elle attribue, parce qu'elle dit souverainement la justice. C'est à cette parole imaginaire, exaltée en la personne du prince, qu'il faut confronter toutes les pratiques éloquentes – lesquelles ne s'exercent pas à partir du siège princier, mais en face de lui, pour avertir le souverain ou ses représentants : parole du peuple au roi, parole de l'Église au peuple et au roi ; parole de l'homme de loi adressée au juge qui décide au nom du roi. L'histoire de l'éloquence, en France, garde en mémoire, plus ou moins fidèlement, quelques grands *mots* du discours souverain, mais les grands *textes* dont la rumeur persiste sont ceux qui argumentent ou protestent face aux détenteurs du pouvoir souverain, ceux qui défendent la cause de la paix publique.

L'éloquence entravée

La mémoire nationale n'a retenu, des paroles attribuées à ses anciens souverains, que des bribes d'éloquence militaire, proclamations et mots du champ de bataille ; ou des formules brèves qui signifient l'excès du pouvoir monarchique (« L'État, c'est moi »), à moins qu'elles ne contiennent l'aveu de la précarité de ce même pouvoir (« J'ai trop aimé la guerre » ; « Après moi, le déluge »).
Non que certains monarques n'aient tenu à faire admirer leur éloquence. Ainsi que Marc Fumaroli le rappelle, ce fut le cas d'Henri III, qui « céda à la tentation d'une monarchie éloquente », tandis qu'« Henri IV et plus encore Louis XIII, qui faisait savoir que les harangues l'ennuyaient, se gardèrent bien de se départir d'une *imperatoria brevitas*, conforme à l'autorité monarchique[17] ». La bouche qui prononce le *Nous* souverain n'a pas besoin de le

prononcer elle-même en public. Elle marque la supériorité en *faisant lire* édits et rescrits. Le «bon plaisir» ou la «pleine puissance» n'argumentent pas. La période qui, à travers troubles et désordres, voit monter la monarchie absolue voit aussi s'exaspérer les dissensions entre humanistes et entre mouvements religieux. Les modèles antiques, les cautions théologiques prennent une importance accrue, alors même qu'ils n'assurent pas la concorde. On se rapporte à eux, soit pour plaider la cause du pouvoir royal, garant de la paix publique s'il est lui-même tolérant, soit pour leur emprunter la parole forte qui attaque les princes au nom de la liberté des peuples : des paradigmes héroïques disculpent l'appel à la rébellion et au tyrannicide. L'histoire a conservé le souvenir – mais non vraiment les textes – des «politiques» (Pibrac et surtout l'admirable Michel de L'Hospital) qui tentèrent de prouver à leurs concitoyens que la discussion, donc le recours à la persuasion, valait mieux que la guerre civile. Un grand érudit, Pierre Pithou, embrasse leur cause et insère, dans la *Satire Ménippée*, sa «Harangue de Monsieur d'Aubray pour le Tiers État» : C'est un discours *écrit*, mêlé de vers, et son éloquence coïncide significativement avec une vacance du pouvoir, dans une situation d'interrègne.

Pithou, qui discourt de manière si véhémente des misères du peuple parisien, est loin d'avoir rompu avec les garants antiques. Pour justifier les amours d'Henri de Navarre, il évoque Mars et Vénus, Titus et Bérénice... L'éloquence française ne dénouera que bien rarement, jusqu'à la IIIe République, ce lien avec le passé classique – interprété, allégué, imité, réfuté, dangereusement exposé à la parodie. (Deux prétextes à parodie : l'érudition, la sublimité solennelle. Le harangueur ridicule, dont quelques spécimens entrent en scène dans d'autres parties de la *Satire Ménippée*, est l'une des grandes ressources du comique : sermons joyeux du Moyen Âge, harangue de Janotus de Bragmardo, tirades de Sganarelle, plaidoyer de Petit-Jean sont les variantes inoubliables du raté langagier qui amuse toujours le public sous ses avatars modernes : il faut beaucoup d'art pour simuler l'échec de l'art.)

Ceux-là même qui, comme Montaigne, se méfient de l'éloquence politique, la combattent encore avec des arguments empruntés aux anciens :

> C'est un util inventé pour manier et agiter une tourbe et une commune desreiglée, et est util qui ne s'emploie qu'aux estats malades, comme la medecine ; en ceux où le vulgaire, où les ignorants, où tous ont tout peu, comme celuy d'Athenes, de Rhodes et de Rome, et où les choses ont été en perpétuelle tempeste, là ont afflué les orateurs [...] L'éloquence a fleury le plus à Rome, lors que les affaires ont esté en plus mauvais estat, et que l'orage des guerres civiles les agitoit ; comme un champ libre et indompté porte les herbes plus gaillardes. Il semble par là que les polices qui despendent d'un monarque, en ont moins de besoin que les autres[18]...

De fait, Montaigne reprend ici, sans avouer sa source évidente, les propos que tient Maternus dans le *Dialogue des orateurs* de Tacite[19] : Maternus sait que la tranquillité imposée par le pouvoir impérial n'est pas favorable à la grande éloquence politique, ni à la gloire qui l'accompagne ; il s'est retiré dans la vie privée pour y composer des tragédies, comme Montaigne le fera pour se vouer à ses *Essais*. La tragédie de *Caton*, qui contenait des « hardiesses dangereuses » et qui avait « blessé les puissances », pouvait être, pour Maternus, une méthode d'action indirecte sur l'esprit public ; ainsi de la leçon développée par les *Essais*, en lieu et place de l'action politique ouverte dans laquelle Montaigne, bien que parlementaire, n'a voulu, ni pu, s'engager tout entier. Devenu poète, Maternus déclare qu'il cultive désormais une « autre éloquence plus sainte et plus auguste » ; Montaigne, cherchant refuge « dans le sein des doctes muses », est animé de la même conviction. Mais, chez Maternus, la conversion à la poésie n'est pas exempte d'un accent de nostalgie, jusque dans la condamnation portée contre les désordres de l'âge républicain :

> L'éloquence vraiment grande, vraiment frappante, est fille de cette licence qu'on appelait follement liberté. C'est la compagne des séditions, l'aiguillon des fureurs populaires. Incapable d'obéissance et de subordination, opiniâtre, téméraire, arrogante, ce n'est pas dans une société bien constitué qu'elle peut prendre naissance[20].

Le lieu que désigne ce texte, en nous invitant à remonter jusqu'à l'âge héroïque de la parole publique, c'est le Forum de l'*Urbs* républicaine ou, plus lointainement, l'Agora de l'Athènes démocratique. Dès le XVIe siècle, au travers, souvent, du texte de Tacite ou dans une référence plus directe à Cicéron, à Démosthène, à la cohorte tumultueuse des orateurs antiques, nous retrouverons le Forum, lieu unique, cœur idéalisé de la cité antique, au point de fuite d'innombrables discours prononcés en France en des lieux multiples. États généraux tenus en diverses villes, lits de justice en la Sainte-Chapelle, séances du Parlement de Paris, etc. Quelle que fût la différence des institutions, la poursuite d'une éloquence politique, si souvent tentée par les hauts magistrats, se voulait digne de celle qui avait retenti au Forum ou devant le Sénat. Cette ambition trouva à se manifester entre l'époque des premières luttes religieuses et la fin de la Fronde (avant d'obtenir le champ libre dans les assemblées révolutionnaires, puis, après l'intervalle napoléonien, à la Chambre). Mais cette ambition fut une ambition contrariée. Et l'on a pu justement dire que le traité de Guillaume Du Vair, *De l'éloquence française et des raisons pourquoi elle est demeurée si basse* (1595), formulait un programme qui n'était pas destiné à se réaliser. La « magistrature oratoire[21] » de Du Vair est restée sans postérité. Il avait pourtant déployé toutes les ressources de l'invention et de l'élocution persuasives pour plaider la cause de l'éloquence. Il avait cité l'exemple d'Athènes et de Rome : « Ces villes-là ont porté d'admirables orateurs principalement es temps que l'estat populaire y regnoit. La liberté nourrissoit les esprits en une grandeur de courage et leur donnoit moyen de s'estendre[22]. » Tout en louant la tradition monarchique de la France, il lui avait reproché de n'avoir pas favorisé la formation de véritables hommes d'État :

> Nostre estat François a dès sa naissance esté gouverné par les Roys, la puissance souveraine desquels nous a à la verité deslivré des misères, calamités et confusions qui sont ordinaire es estats populaires, mais aussi nous a privé de l'exercice que pouvaient avoir les braves esprits et des moyens de paroistre au maniement des affaires.

Si la noblesse a négligé les lettres, c'est là une faute excusable, et d'autant plus excusable qu'elle se renverse en une vertu louée par les anciens eux-mêmes : faire prévaloir les actes sur les paroles, le *faire* sur le *dire* : « ... Contents du rang que leur donnoit leur naissance ou vaillance, ils ne cherchoient point d'autre honneur que celuy des armes et du mesnage en la paix. » Mais il suffirait que la noblesse, convaincue des avantages qu'elle retirerait de l'éloquence, se tourne vers « les muses » ; l'éloquence alors redeviendrait elle-même glorieuse ; elle cesserait d'être obscurément maniée « soit es barreaux des Parlements, soit es chaires publiques », par des « personnes abjectes », par les « plus bas et servils esprits ». Du Vair en appelait à l'orgueil nobiliaire, pour gagner ses lecteurs à la cause de l'éloquence publique. Il n'en fut rien. Tant qu'ils se voulurent héroïques et tant qu'ils n'avaient pu accéder à des titres qui les récompensaient substantiellement, les nobles, tout en manifestant leur vertu sur le champ de bataille, marchandaient leur soutien aux grands ministres royaux ou se retournaient contre eux. Quand ils se voulurent lettrés, ce fut pour pratiquer dans les salons l'art du portrait et de la maxime, ou pour rédiger des Mémoires où leurs défaites devant la reine et Mazarin devenaient, après coup, matière à réflexion politique. Aux ambitieux restait la seule ressource du « discours de la flatterie » : se montrer à la Cour, plaire au roi, à ses maîtresses ou à ses grands commis. Mais à Versailles, l'art même de la conversation est fondé sur un profond silence. Le code complexe que respecte et perfectionne, bon gré malgré, la fraction de la noblesse ralliée à la Cour, comporte comme premier et fondamental article l'interdiction de contredire la parole royale. L'impératif est d'agréer. Les moralistes nous font entendre que tout le mérite se réduit à s'y faire voir avec régularité, indépendamment des qualités personnelles[25]. En fait de signes de dévouement, les

« manières » comptent plus que les discours.

L'étiquette, en conférant une signification à l'insignifiant, occupe l'espace d'où s'absente la dangereuse éloquence. Hobbes, théoricien de l'absolutisme, avait condamné l'éloquence en raison de ses effets destructeurs. À travers séditions et factions, elle déchire l'État et ramène les individus à la guerre de tous contre tous... « Car la folie et l'Éloquence concourent à la subversion des États, de la même façon que les filles de Pelée *(sic)* [...] conspirèrent autrefois dans la fable avec cette fameuse Médée contre leur propre père. Ces mal avisées, voulant faire rajeunir ce vieillard décrépit le mirent en pièces[24]. » Gianluigi Goggi rappelle opportunément que pour Diderot le dépeçage du vieil Éson par sa fille Médée est, au contraire, l'image emblématique de la manière dont on rend « la vigueur à une nation », ou dont on rend « les mœurs à un peuple corrompu[25] ».

Il n'y eut de *tribune*, au sens moderne, il faut bien le reconnaître, qu'à partir de la Révolution française, qui dressa ces « quatre planches » pour le péril et la gloire des orateurs. Mais l'histoire de l'éloquence politique en France, quoi qu'en dise Reinach[26], n'est pas une page blanche avant la Révolution. Ce fut parfois une éloquence écrite et semi-clandestine (dont le meilleur exemple est la *Servitude volontaire* d'Étienne de La Boétie) ; ce fut aussi une éloquence de harangues, ou de « remontrances ». Mais la « remontrance », quand un parlementaire l'adresse au roi, se prononce « genou en terre » : en cette humble posture, l'action oratoire ne peut être celle, plus avantageuse, que favorisera la tribune (laquelle n'a au-dessus d'elle que le banc du président). Dans son *Histoire de la littérature française*, Lanson rendait pleine justice à L'Hospital et à Du Vair. Mais il voyait fort bien que leur éloquence, en dernier ressort, tendait à établir l'absence d'éloquence, en conférant au roi la puissance nécessaire au rétablissement de l'ordre public. « Qu'en pleine crise, L'Hospital parle au roi, Du Vair au Parlement, et tous deux parlent fortement, simplement, efficacement. Ce qui tua l'éloquence, ce fut le triomphe de la cause que ces deux hommes servaient : ce fut le triomphe de la royauté. Auguste avait supprimé l'éloquence romaine [...] Henri IV, en pacifiant le royaume, ferma la bouche aux orateurs, qu'à peine on avait eu le temps d'entendre[27]. » Ce fut en effet la politique constante de la Cour que de réduire le Parlement à sa fonction d'enregistrement, en réduisant ses droits de remontrance. Admirons les termes dans lesquels le premier président Mathieu Molé, selon ses *Mémoires*, s'est adressé à la reine régente Anne d'Autriche en juin 1648 :

> On peut dire à Votre Majesté que le plus grand avantage que le souverain puisse posséder en terre, consiste à régner toujours par amour pour ses sujets, qu'il ne peut exercer un plus funeste empire que de se faire continuellement obéir par terreur [...]

Ces fidèles officiers, ces lumières établies pour donner jour et crédit aux volontés de leur souverain, ces dépositaires des lois et des ordres publics, et surtout ce Parlement de France pouvoient bien se promettre que le temps qui cicatrise les plaies et apporte les remèdes à tous les maux, en serviroit aussi pour ceux qu'ils avaient soufferts jusques à maintenant. Mais, par un malheur extrême, ils se succèdent l'un l'autre, ainsi ils augmentent de jour en jour, et voit-on, par une infortunée rencontre, que cette main si puissante et si favorable à un chacun employe trop souvent sa force pour les affoiblir, ou plutôt les porter au néant, puisque le seul nom de Votre Majesté donne crédit à tout ce qu'on leur fait endurer.

On n'ôte pas les charges à ceux qui en sont pourvus, mais on les réduit à tel point [...] que la liberté des suffrages leur étant ôtée et la cognoissance de ce qui leur appartient, ils demeurent quasi sans fonction[28].

L'avocat général Omer Talon avait tenu, lors du lit de justice du 15 janvier 1648, des propos à peu près semblables, avec, par moments, un accent plus vif (mais en d'autres parties, un excès d'ornements érudits):

Vous êtes, Sire, notre souverain seigneur; la puissance de votre Majesté vient d'en haut: elle ne doit compte de ses actions, après Dieu, qu'à sa conscience; mais il importe à sa gloire que nous soyons des hommes libres et non pas des esclaves; la grandeur de son État et la dignité de sa couronne se mesurent par la qualité de ceux qui lui obéissent [...]
Il y a, Sire, dix ans que la campagne est ruinée; les paysans, réduits à coucher sur la paille, voient leurs meubles vendus pour le paiement des impositions auxquelles ils sont hors d'état de satisfaire. Pour entretenir le luxe de Paris, des millions d'âmes innocentes sont obligées de vivre de pain, de son et d'avoine [...]
Faites, Madame, s'il vous plaît, dans le fond de votre cœur, quelque sorte de réflexion sur la misère publique. Le soir, dans la solitude de votre oratoire considérez quelle peut être la douleur, l'amertume et la consternation de tous les officiers du royaume, qui voyent aujourd'hui confisquer tous leurs biens, sans avoir commis aucun crime[29].

On voit la «très humble remontrance» parlementaire adopter le ton de l'exhortation religieuse. La transition possible de la parole politique à l'éloquence de la prédication se trouve indiquée; elle se réalisera d'autant plus facilement que l'éloquence politique, réduite au silence, laissera à l'Église la tâche entière de la dénonciation des misères et des inégalités, et le rappel de l'«éminente dignité des pauvres». On en appellera à la responsabilité des grands devant Dieu, puisqu'on ne peut suffisamment leur dire qu'ils sont redevables envers leur peuple. Talon ajoute dans ses papiers : «Mon discours [...] toucha l'esprit de la Reine et déplut aux ministres ; la Reine, dans son carrosse, en retournant au Louvre, en parla en bonne part»... Nous avons un témoignage très précieux – celui de Mme de Motteville en ses *Mémoires* – sur la façon dont l'effet du même discours, d'abord impressionnant, fut annulé dans l'esprit de la reine :

> Le soir, [Mazarin] fit la guerre à la Reine de ce que Talon l'avoit renvoyée dans son oratoire. Il fut secondé par les serviteurs familiers de cette princesse, qui trouvoient qu'elle n'y demeuroit que trop longtemps, et qui, par l'intérêt de leur plaisir, lui en faisoient de continuels reproches [...] Les princes rencontrent rarement des gens qui leur parlent fortement, et ces gens-là sont le plus souvent traités de ridicules par leurs courtisans.

Et c'est par une réflexion de moraliste que Mme de Motteville explique l'inefficacité de la remontrance adressée à la conscience princière : la «raison» des princes «étant affaiblie par le soin qu'on a de leur déguiser la vérité, ils ne s'appliquent point à discerner le vrai d'avec le faux ; et, laissant aller leur esprit à la paresse, et passant légèrement sur le bien et sur le mal, ils vont toujours où il plaît à leurs ministres de les mener[30]». Pour véhémente et pressante qu'ait été la remontrance, elle a été combattue, elle n'a pu faire impression de façon durable sur une âme faible, incapable de l'effort nécessaire pour *discriminer* le bien d'avec le mal, et pour agir en conséquence. Ce que Mme de Motteville indique avec finesse, et qui ne concerne pas seulement la psychologie des grands, c'est qu'à la parole éloquente doivent correspondre, de la part de l'auditeur, jugement et volonté, indépendance *critique* et esprit de décision – résistance, enfin, à l'insidieuse flatterie[31].

La Cour, le théâtre, la prédication

De l'absence d'une éloquence délibérative au XVIIe siècle, on ne peut conclure à l'absence d'un art oratoire. C'est le contraire qui est vrai, comme si les voies fermées à l'expression publique du dissentiment politique avaient forcé la parole, le désir de parler, à se distribuer par d'autres canaux. Marc Fumaroli écrit très justement que «l'élaboration progressive d'une rhétorique française au XVIIe siècle» a été «fonction de la prise de conscience par les écrivains et par les auteurs de rhétorique eux-mêmes des différences entre le Forum antique et la Cour de France[32] ». Cette nouvelle rhétorique allait régir toute une « littérature ».

Thibaudet, reprenant d'un trait accentué une idée chère à Brunetière, brosse un tableau du XVIIe siècle ou l'éloquence religieuse tient la place prédominante :

> Pourquoi le XVIIe siècle, seul de nos quatre grands siècles littéraires, emporte-t-il une puissante littérature cléricale, celle que préside Bossuet [...] ? C'est que des quatre le XVIIe siècle est le moins livresque, le plus oratoire, celui qui implique la prédominance du parlé sur l'écrit [...] Le XVIIe siècle est celui des genres parlés : théâtre, éloquence religieuse – et surtout valeur unique, à la cour et à la ville, du bon parler – siècle de Racine, de Molière, de Bossuet, parce que siècle de Vaugelas. Or l'Église catholique est le lieu du parler. Il n'y a pas besoin qu'un prêtre sache écrire à son évêque. Il est nécessaire qu'il sache parler à son troupeau. Dans un monde où les grandes valeurs appartiennent à la parole il prend tous ses avantages. Songeons que Louis XIV n'ouvrait jamais un livre (un lecteur, qui était parfois Racine, lui faisait un peu de lecture quand il ne pouvait pas s'endormir), ne lisait pas les papiers d'État, dont les secrétaires lui donnaient des résumés ou des extraits [...] Corneille, Racine, Molière, lui parlaient par leurs acteurs, et l'Église par ses sermonnaires[33].

Dans cette formule qui peut paraître simplifiée, mais qui vise juste, Thibaudet fait du roi le destinataire ultime de la parole prononcée sur scène, comme du discours proféré du haut de la chaire. Pourquoi, en effet, ne pas inclure dans le territoire de l'éloquence – mais en tant que sa représentation fabulée – l'action théâtrale et les situations dramatiques qui donnent prétexte aux grandes tirades construites comme des discours ? Ce qui ne peut être dit dans la vie publique accède ainsi à l'expression indirecte ; les interdits sont partiellement tournés par le biais de la fiction ; on dénonce ostensiblement les mauvais conseillers, qui, en flattant les plaisirs des princes, les mènent à leur perte. Les passions de la tragédie, mélange instable d'amour et d'ambition, doivent à tout moment composer avec la raison d'État. Quant à la comédie, quand elle est commandée par Versailles, il faut bien qu'elle célèbre dans ses prologues et ses intermèdes la gloire du roi ; mais les vices et les ridicules qu'elle poursuit tiennent presque toujours à quelque travers d'imagination, à quelque consentement à l'illusion, dont il n'est pas sûr que le monarque, en son infatuation de gloire, soit lui-même exempt. Sans méconnaître tout ce que cette littérature comporte de compromis avec l'hommage courtisan, il n'est pas injustifié de la considérer comme une remontrance feutrée, offrant au monarque les modèles de la vraie gloire et de la générosité mais lui mettant sous les yeux la déchéance comique ou monstrueuse réservée à ceux qui se détournent de la raison, ou que la grâce abandonne. Le théâtre remplit la fonction réservée, au sein du discours, à l'*exemplum* et à la narration oratoire ; et, puisque les voix y sont multipliées, il est apte à mettre en jeu tout ensemble une rhétorique de l'adresse et une rhétorique de la réplique, il sait faire entendre concrètement, dans la bouche même des personnages, les tons si différents de l'épanchement sincère et de l'insinuation hypocrite : pour parler au roi, pour interpeller «la cour et la ville», il met en scène des harangueurs, dans des situations oratoires bien définies : ce qui explique que les histoires de l'éloquence[34], assez communément, mêleront parmi leurs exemples les textes empruntés aux orateurs et les scènes fournies par les auteurs dramatiques. Lorsque les orateurs de la Révolution chercheront leurs effets les plus énergiques, ils n'emprunteront pas toujours directement à l'éloquence des anciens[35] ; les pièces de Corneille ou de Voltaire les ont aussi pourvus de modèles. Il y a des voies de passage entre l'éloquence du théâtre classique et la future éloquence de la tribune. (*Vice versa*, le public de l'époque révolutionnaire acclamera au théâtre les répliques dont il peut faire l'application à la situation présente.)

À distance, les conflits s'estompent. Un critique du XXe siècle, nous l'avons vu, peut associer, comme s'ils combattaient pour une même cause (la littérature *parlée*), dans une même leçon adressée au roi, les noms des grands dramaturges du XVIIe siècle et celui de Bossuet. De fait, l'éloquence de la chaire voulait régner seule, ou au-dessus de toutes les autres. Bossuet fit la guerre à la «comédie». Il lui en voulait d'«émouvoir les passions flatteuses». Il en voulait aux héros de théâtre de capter notre sympathie, de provoquer notre identification. En quoi nous étions détournés du seul modèle, du seul spectacle qui eût droit de nous retenir : «S'il faut, pour nous émouvoir, des spectacles, du sang répandu, de l'amour, que peut-on voir de plus beau ni de plus touchant que la mort sanglante de Jésus-Christ et de ses martyrs[36] ?» Car il convient de faire prévaloir, par-dessus toutes les puissances de ce monde, l'autorité suprême de l'Écriture, du Christ et de son Église. Les moyens de la persuasion ont pour mission première de rappeler la voix de cette autorité, de raviver, dans l'esprit du chrétien, les scènes d'une Passion qui donne sens à l'histoire entière, et qui concerne chaque existence particulière. Dans l'énoncé du dogme et du symbole, l'Église fait entendre aux grands et aux rois les conditions auxquelles le pouvoir politique et les supériorités du «rang» peuvent s'inscrire dans un ordre plus vaste qui les soutient et les garantit. Elle les avertit qu'ils ne sont rien, et que s'ils sont légitimes maîtres de leurs peuples, ce n'est qu'en vertu d'une élection spéciale qui les rend responsables devant leur conscience et devant Dieu. Le sermonnaire est lui-même en situation *déléguées :* il rappelle une parole antécédente, qui seule a valeur authentique ; il interprète, pour des auditoires exigeants ou pour des âmes simples, une Vérité et un Saint Mystère dont il ne doit être lui-même, selon saint Augustin, que l'humble serviteur. Et c'est là qu'éclate toute l'ambiguïté de l'éloquence chrétienne, qui fut matière à débat pour les Pères de l'Église déjà, et qui alimente de nouvelles querelles, au moment où les diverses Réformes et Contre-Réformes cherchèrent à définir la meilleure manière d'annoncer l'Écriture. Parler d'un « *art* de la prédication », n'est-ce pas introduire une contradiction dans les termes ? Les premiers versets de la Bible (comme l'affirme le pseudo-Longin) sont sublimes ; la parole du Christ, celle des Apôtres sont la simplicité même. Ce sont là les mots mêmes dictés par l'Esprit-Saint. Faut-il dire davantage, faut-il dire autrement ? Le sermon, qui prend appui sur quelques phrases de l'Écriture, et qui les répète de proche en proche, peut-il être autre chose qu'une invitation à mieux entendre la parole sainte, à travers les applications sensibles qu'en fait le prédicateur, selon la nature de l'occasion et la qualité de l'assistance ? Il est des moments où les prédicateurs, inspirés par leurs exemples, reçoivent un don quasi prophétique. Touchés par la grâce, ils peuvent changer les dispositions intérieures de leur auditoire. Mais combien rarement ! Et combien plus fréquemment leur art – c'est-à-dire leurs habiletés, leurs « couleurs rhétoriques », leurs tableaux, fussent-ils celui de la Passion – les empêchent de transmettre le message qu'ils devraient faire entendre dans toute sa pureté. Certes, nous le savons, l'éloquence est l'art de se rendre maître des sentiments et des convictions de ceux qui nous écoutent. Lorsqu'il s'agit de convertir, d'ouvrir les yeux aux ignorants, ou de ramener les égarés ; lorsqu'il s'agit d'encourager la foi et les œuvres, la sainteté du but justifie les grands moyens du langage : la chaleur, l'onction du prédicateur gagnent les cœurs et instruisent les esprits, en les rendant aptes à recevoir une vérité dont l'homme qui parle en chaire n'est que le « truchement[37] ». Mais voici le moment venu où sermonnaires et prédicateurs commencent à être écoutés et lus pour l'agrément. Quel péril pour celui qui, dans l'intention la plus pure, veut commencer par *plaire* à son auditoire ! Ce péril consiste à fixer sur sa propre personne, sur sa propre parole les sentiments qui auraient dû se porter sur des objets plus « éminents ». Lorsque, par la bouche de Bossuet[38], l'éloquence de la chaire définit ses vrais pouvoirs, elle ne manque jamais d'évoquer les perversions qui la menacent et auxquelles elle souhaite échapper victorieusement. Oui, « la foi commence par l'ouïe ». Oui, dans l'Évangile même, le mystère de l'incarnation se donne un « second corps » ; la Sagesse éternelle s'est rendue sensible dans l'écriture après « s'être rendue sensible en la chair qu'elle a prise au sein de Marie ». Mais Dieu s'est fait humble par son incarnation, et « la prédication des apôtres ne doit rien avoir qui éclate ». La vraie force de saint Paul réside dans la faiblesse qu'il avouait. « N'attendez donc pas de l'Apôtre ni qu'il vienne flatter les oreilles par des cadences harmonieuses, ni qu'il veuille flatter les esprits par de vaines curiosités [...] Son discours, bien loin de couler avec cette douceur agréable, avec cette égalité tempérée que nous admirons dans les orateurs, paraît inégal et sans suite à ceux qui ne l'ont pas assez pénétré ; et les délicats de la terre, qui ont, disent-ils, les oreilles fines, sont offensés de la dureté de son style irrégulier. » En célébrant les mérites du père Bourgoing dans la prédication, Bossuet récuse les « prédicateurs infidèles, qui ravilissent leur dignité jusqu'à faire servir au désir de plaire le ministère d'instruire[39] ». Bossuet, qui parle ici à des ecclésiastiques, les met en garde contre l'abus de confiance et le détournement dont ils se rendent coupables quand ils « ne rougissent pas d'acheter des acclamations par des instructions, des paroles de flatterie, par la parole de vérité, des louanges, vains aliments d'un esprit léger, par la nourriture solide et substantielle que Dieu a préparée à ses enfants ! ». Que font les mauvais prédicateurs ? Précisément ce que font les dramaturges, les poètes, les auteurs de roman : ils émeuvent les passions, pour le plaisir qu'elles procurent et non pour élever les âmes, ils en appellent à l'imagination sans aspirer à surmonter ses enchantements. Dans un monde où les « grands selon la chair » n'ont que trop tendance à la « vaine ostentation », voici que ceux qui auraient dû les en détourner les imitent. Au lieu d'enseigner et d'admonester, ils cherchent à parader. La Bruyère, qui pense sur ce point comme Bossuet, croit que le divertissement a désormais prévalu sur la « noble simplicité » et sur le sérieux de l'exhortation religieuse. C'était bien la peine de condamner la comédie, si « le discours chrétien lui-même est devenu un spectacle[40] ». Il n'en subsiste plus que les apparences sensibles, les agréments – un jeu esthétique : plus de « tristesse évangélique » : elle est « suppléée par les avantages de la mine, par les inflexions de la voix, par la régularité du geste, par le choix des mots, et par les longues énumérations. On n'écoute plus sérieusement la parole sainte : c'est une sorte d'amusement entre mille autres, c'est un jeu où il y a de l'émulation et des pariers [...] L'on fait assaut d'éloquence jusqu'au pied de l'autel et en la présence des mystères. Celui qui écoute s'établit juge de celui qui prêche, pour condamner ou pour applaudir, et n'est pas plus converti par le discours qu'il favorise que par celui auquel il est contraire[41] »... Il est de notoriété publique, et La Bruyère s'en fait l'écho, qu'à ce jeu on ne gagne pas seulement de la gloire littéraire, mais des évêchés. La chaire, d'où l'on dénonce les vanités du monde, est un lieu de passage pour les ambitieux (« ... Un homme dit en son cœur : "Je prêcherai", et il prêche, le voilà en chaire, sans autre talent ni vocation que le besoin d'un bénéfice[42] »).

Qu'au lieu du spectacle de la Passion, le prédicateur nous offre celui de sa propre action oratoire, de sa mise en scène artificieuse, il y a matière à répréhension pour une morale sévère, qui fait découler du respect de l'orthodoxie religieuse tout l'ordre de la vie publique et privée. Si, dans l'antique édifice de la société chrétienne, l'ordre profane s'étayait sur l'ordre religieux, voici que cède l'un des maîtres piliers. Mais en période transitoire, en regard de l'amateur de belles-lettres, l'éloquence religieuse pourra être comptabilisée parmi les illustrations du siècle de Louis XIV. Bossuet, jusque dans ses éloges de la *rude* parole de saint Paul, n'a-t-il pas un rythme, un style, une harmonie, un coloris admirables ? Ne cherche-t-il pas à plaire, alors même qu'il dénonce les prédicateurs trop soucieux d'agréments ? Le système des belles-lettres comporte l'éloquence, profane et religieuse, à côté de la poésie (épique, lyrique, dramatique) et de l'histoire (sacrée ou profane). Pour les défenseurs des Modernes, comme Perrault, les grands orateurs religieux font mieux que de compenser l'absence d'une éloquence politique et la part assez modeste qui revient à l'éloquence du barreau (essentiellement représentée par le sobre, terne et bien-disant Patru). Mieux, l'argument du lien de l'éloquence avec la liberté, de leur solidarité foncière, sera repris au bénéfice de l'éloquence religieuse, en alléguant la préférence qu'il faut donner à la liberté intérieure, c'est-à-dire à notre libération du péché. Les défenseurs des Modernes affirment que la fonction libératrice de l'éloquence, loin d'avoir été perdue, a été déplacée sur le plan spirituel : elle porte sur des intérêts plus importants :

> Au lieu des séditions qu'il fallait émouvoir ou apaiser du temps des républiques anciennes, nos prédicateurs n'ont-ils pas lieu d'employer les mêmes figures de rhétorique, ou à exciter les pêcheurs à secouer le joug de leurs passions tyranniques, ou à clamer les troubles que ces mêmes passions élèvent continuellement dans le fond de leurs âmes ? Jamais les matières n'ont été plus heureuses pour l'éloquence puisqu'elles ne sont pas de moindre importance que le salut et la vie éternelle[45].

Voltaire, au chapitre XXXII du *Siècle de Louis XIV*, crédite Bossuet d'un génie qui, s'épanouissant dans l'oraison funèbre, « tient un peu de la poésie » et, ô scandale ! intéresse de la même façon que le théâtre : « Les sujets de ces pièces d'éloquence sont heureux à proportion des malheurs que les morts ont éprouvés. C'est en quelque sorte *comme dans les tragédies*, où les grandes infortunes des principaux personnages sont ce qui intéresse davantage. » Mais Voltaire, comment s'en étonner ? fait bon marché de l'Évangile. Admirateur de Bourdaloue, il ne peut s'empêcher de lui reprocher d'être resté attaché à « la coutume de prêcher sur un texte ». Dans l'article « Éloquence » qu'il écrit pour l'*Encyclopédie*, Voltaire évoque Massillon – le plus moraliste, le moins théologien et dogmatique des prédicateurs, celui que préféreront les philosophes – et il le loue pour la réussite d'un «tableau» qui a fait impression sur le public comme grand moment théâtral ; voici «ce qui arriva lorsque M. Massillon prêcha son fameux sermon du *petit nombre des élus*»:

> Il y eut un endroit où un transport de saisissement s'empara de tout l'auditoire : presque tout le monde se leva à moitié par un mouvement involontaire ; le murmure d'acclamation et de surprise fut si fort qu'il troubla l'orateur, et ce trouble ne servit qu'à augmenter le pathétique de ce morceau ; le voici : «Je suppose que ce soit ici notre dernière heure à tous, que les cieux vont s'ouvrir sur nos têtes, que le temps est passé, et que l'éternité commence, que Jésus-Christ va paraître pour nous juger selon nos œuvres, et que nous sommes tous ici pour attendre de lui l'arrêt de la vie ou de la mort éternelles [...]»
> Cette figure, la plus hardie qu'on ait jamais employée, est un des plus beaux traits d'éloquence qu'on puisse lire chez les nations anciennes et modernes.

Ainsi récupérée par la littérature, l'œuvre du prédicateur cesse d'appartenir au corpus de l'édification pour entrer dans celui de la séduction. Nulle merveille si l'éclosion de la sensualité, dans l'adolescence de Chateaubriand, a trouvé son climat littéraire dans Massillon, lu à côté de Virgile, Lucrèce et Tibulle : «Les volumes de Massillon qui contenaient les sermons de la *Pécheresse* et de l'*Enfant prodigue* ne me quittaient plus. On me les laissait feuilleter, car on ne se doutait guère de ce que j'y trouvais[44].»

Prolégomènes de la Révolution

En schématisant beaucoup (et en oubliant la France des campagnes, où parfois s'impose un Bridaine[45]), les écrits plus ou moins clandestins des philosophes supplantent, à partir de 1715, la parole des prédicateurs dans la formation de l'esprit public – tout au moins pour ce qui touche à la «classe éclairée». Mais le débat sur l'éloquence n'en tarit pas pour autant. Et, ajoutons-le, la pensée philosophique ne se fera pas faute de chercher les secours de l'éloquence, sous la forme du discours écrit, de l'éloge académique, du «mémoire à consulter» pour une juste cause, de la lettre ostensible, etc.
Le débat sur l'éloquence comporte, à partir de Descartes, un argument de poids : celui du rationalisme qui prétend substituer, comme moyen de persuasion, la *méthode* à la rhétorique : l'art de parler doit se résorber dans l'art de raisonner sans inutile ornement ; il n'est point de matière importante où

les preuves ne puissent faire l'objet d'une démonstration rationnelle[46]. L'argument, repris par Malebranche, tend à évincer le recours artificieux à l'imagination et aux «passions» (exception faite en faveur des poètes, dont c'est le métier que de décevoir agréablement). La rhétorique, réduite tout entière à n'être que sophistique, n'a pas accès au royaume des idées claires et distinctes. Il en résultera une querelle entre Arnauld et Malebranche, où Arnauld prendra la défense du rôle des sens et de l'imagination dans l'approche des vérités de la foi[47]. Un disciple de Malebranche, l'oratorien Bernard Lamy, dans ses *Entretiens sur les sciences*, commence par condamner l'éloquence par la voix d'Aminte : elle est aussi dangereuse que la poésie pour les personnes «qui ont peu de jugement[48]»; «nous ne sommes sages et raisonnables qu'en écoutant les avis de ces vérités que Dieu a gravées dans notre cœur pour être la règle de nos actions et de nos paroles». Mais à cet argument, qui demande à chacun d'ouvrir au-dedans de soi «les yeux de l'esprit», répond (par la voix de Théodose) le rappel de la pédagogie nécessaire : «Peu de personnes sont capables d'apprendre par eux-mêmes ce que la vérité nous dit dans l'intérieur de l'âme [...] Une sagesse muette ne sert de rien.» Il faut instruire, et il faut savoir plaire pour instruire : «L'Éloquence est donc nécessaire, puisque c'est par son moyen que ceux qui ont des pensées et des sentiments raisonnables, forment dans l'esprit de ceux qui les écoutent les mêmes pensées, et inspirent les mêmes sentiments.» Certes, il faut éviter les «faux brillants», les «grands mots», les «cadences trop étudiées» : la bonne éloquence sera une magie bienfaisante, qui donne à *voir* (comme une évidence intérieure) ce qu'elle a fait *écouter* :

> Celui-là est Éloquent qui enchante ses auditeurs, de sorte qu'ils ne s'aperçoivent pas, pour ainsi dire, qu'ils écoutent des paroles, mais qu'ils s'imaginent voir ce qu'il leur dit, tant l'image qui se forme dans leur esprit est vive. Il n'y a pas de plus riche talent que celui-là et d'une plus grande utilité dans les principaux emplois de la République...

Or, de même que «le bon sens est la chose du monde la mieux partagée», l'éloquence est virtuellement universelle : elle ne suppose, chez celui qui parle, qu'une forte persuasion ; c'est assez pour communiquer, sans art, nos idées et nos sentiments. Puisque la parole de Dieu est «gravée dans notre âme», l'autorité que nous devons suivre est cette vérité que nous *lisons* en nous pour la *montrer* à d'autres en la leur disant...

Il n'y a point d'homme en qui Dieu n'ait «gravé» ses préceptes, donc il n'y a point d'homme qui ne puisse, s'il est suffisamment pénétré d'une vérité, la transmettre éloquemment. N'est-ce pas en finir avec l'idée embarrassante que la grande éloquence était l'apanage de la Grèce et de Rome, et qu'elle n'était possible que sous un gouvernement libre? Le père Rapin, dès 1672, assure que «l'éloquence peut régner partout, quand elle est véritable, et qu'elle a de quoi se faire écouter[49]». Turgot, dans un texte de jeunesse (1748) semble faire écho: «... Chez tous les peuples et dans tous les temps, les passions et les affaires ont produit des hommes vraiment éloquents. Les histoires sont remplies d'une éloquence forte et persuasive dans le sein de la barbarie[50].» La dictée du cœur ou de la raison intérieure, l'enthousiasme valent mieux que tous les maîtres de rhétorique. Les plus éloquents parmi les représentants des Lumières font fi des manuels du bien-dire. Rousseau déclare qu'une «vive persuasion» lui a toujours «tenu lieu d'éloquence[51]». Voltaire en appelle aux Lumière avant tout, et au génie: «Dans un siècle éclairé, le génie aidé des exemples en sait plus que n'en disent tous les maîtres[52].»

Autant d'excellentes raisons, pour les «hommes de lettres» de prétendre à l'éloquence sans y être habilités par une fonction publique ou religieuse. C'est là une attitude égalitaire (sous réserve de génie) qui annonce et prépare l'égalitarisme politique. Ceux qu'éclaire la raison naturelle, ceux qu'elle «échauffe» devraient-ils se taire? Voltaire, pourfendeur de «l'Infâme», construit une église à Ferney *(Deo erexit Voltaire)*; il y prêche. Il écrit des prières; celle, notamment, qui forme la conclusion du *Traité sur la tolérance*. Dans les morceaux qu'il fournit à Raynal pour l'*Histoire des deux Indes*, Diderot ne cesse d'accentuer le ton oratoire et de multiplier les apostrophes pathétiques; c'est sa manière de suivre l'exemple de Socrate. Quant à Rousseau, lorsqu'il écrit son *Discours sur les sciences et les arts* (pour le prix offert en 1750 par l'académie de Dijon), il reprend aux prédicateurs quelques-uns de leurs thèmes – critique du luxe, critique des spectacles, critique de la vaine curiosité – mais son livre paraît nouveau et scandaleux parce qu'à ces activités coupables il n'oppose pas le salut réservé aux âmes pieuses: il dénonce les maux de la société sans proposer d'autre contrepartie que l'image des grandes vertus civiques, perdues peut-être irrémédiablement dans les pays corrompus. Le poids de la faute est porté par la société, et la conversion, que la prédication demandait à la conscience individuelle, devient exigible (s'il en est encore temps) sur le plan des institutions politiques ou des méthodes d'éducation. Les hommes de lettres s'emparent ainsi de l'éloquence pour exercer un «ministère» substitutif. Les hommes destinés aux «places» et aux «emplois» avaient beau avoir reçu une éducation rhétorique assez complète, ils ne savaient pas en faire usage. L'écrivain, plus libre, moins tenu par les convenances, allait être éloquent à leur place, parfois pour les gagner à sa propre cause; plus tard, après 1789, pour les supplanter et accéder lui-même aux responsabilités politiques.

La chaire, la tribune, le barreau

L'éloquence, trouvant son lieu pour quelques décennies dans la prose des Lumières, n'est jamais aussi véhémente que lorsqu'elle évoque sa grandeur passée, lorsqu'elle déplore dans des livres l'absence des assemblées du peuple, et lorsqu'elle porte l'accusation contre la corruption de la langue elle-même. En relisant les paroles de Maternus, dans Tacite, on n'y perçoit plus la réflexion résignée qui accepte de nouvelles circonstances historiques et qui consent à reporter sur un autre art les énergies de langage désormais inemployées : c'est une condamnation voilée du despotisme qu'on veut y reconnaître. Le traducteur et préfacier du *Dialogue*, Morabin, déclare en 1732 que, dans cette œuvre, le débat sur la supériorité des Anciens ou des Modernes est accessoire : « Outre le dessein apparent, l'auteur en avait un particulier [...] et qui était de faire voir que si les Modernes avaient dégénéré ; ce fut moins leur faute que celle du temps ou plutôt du Prince qui gouvernait alors » (pp. XIII-XIV). C'est donc l'intention critique qui, au début d'un âge de critique à outrance, est perçue comme l'idée prédominante du texte de Tacite. Dès lors, le lieu commun de la connexion entre éloquence et liberté démocratique se ravive. Et la critique peut s'appuyer sur une autorité supplémentaire. Le *Traité du sublime* attribué à Longin, tel que Boileau l'a traduit en français, est entre toutes les mains. On y lit, au chapitre XLIV :

> ... D'où vient qu'en notre siècle il se trouve assez d'orateurs qui savent manier un raisonnement, et qui ont même le style oratoire [...] mais qu'il s'en rencontre si peu qui puissent s'élever fort haut dans le sublime [...] N'est-ce point [...] ce qu'on dit ordinairement, que c'est le gouvernement populaire qui nourrit et forme les grands génies : puisqu'enfin jusqu'ici tout ce qu'il y a presque eu d'orateurs habiles ont fleuri et sont morts avec lui ? En effet, [...] il n'y a peut-être rien qui élève davantage l'âme des grands hommes que la liberté, ni qui excite et réveille plus puissamment en nous ce sentiment naturel qui nous porte à l'émulation, et cette noble ardeur de se voir élevé au-dessus des autres. Ajoutez que les prix qui se proposent dans les Républiques, aiguisent, pour ainsi dire, et achèvent de polir l'esprit des Orateurs, leur faisant cultiver avec soin les talents qu'ils ont reçus de la nature. Tellement qu'on sent briller dans leurs discours la liberté de leur pays.
> Mais nous [...] qui avons appris à souffrir dès nos premières années le joug d'une domination légitime, qui avons été comme enveloppés par les coutumes et les façons de faire de la monarchie, lorsque nous avions encore l'imagination tendre et capable de toutes sortes d'impressions ; en un mot, qui n'avons jamais goûté de cette vive et féconde source de l'éloquence, je veux dire de la liberté ; ce qui arrive ordinairement de nous, c'est que nous nous rendons de grands et magnifiques flatteurs...

Comme chez Tacite, mais de façon plus accentuée, on voit l'amour de la liberté, l'espoir de la gloire, et, plus matériellement, l'attente des «prix» et des «récompenses», conjuguer leurs incitations, pour peu que le «gouvernement populaire» leur permette d'entrer en jeu. Un pareil texte (parmi d'autres, assurément) explique la fascination que l'idée républicaine a pu exercer sur les hommes de lettres – souvent besogneux – de l'Ancien Régime, mais tout aussi bien sur ceux des privilégiés qui avaient reçu une bonne éducation rhétorique. La notion qui était déjà courante *(to thruloumenon)* au temps de Longin connaît, bien que rebattue, un regain de faveur au XVIIIe siècle. Avant d'assurer que «dans un siècle éclairé», le génie peut s'élever à l'éloquence sans autre maître que les «exemples», Voltaire avait endossé le propos général; l'article «Éloquence» comportait ces lignes:

> L'éloquence sublime n'appartient, dit-on, qu'à la liberté, c'est qu'elle consiste à dire des vérités hardies, à étaler des raisons et des peintures fortes. Souvent un maître n'aime pas la vérité, craint les raisons, et aime mieux un compliment que de grands traits [...] La grande éloquence n'a guère pu en France être connue au barreau parce qu'elle ne conduit pas aux honneurs comme dans Athènes ou Rome, et comme aujourd'hui dans Londres, et n'a point pour objet de grands intérêts publics...

Dans son *Essai sur la société des gens de lettres et les grands* (1752)[55], d'Alembert s'inquiète de la corruption de la langue. Il n'y va pas seulement de l'éloquence, «fille du génie et de la liberté», mais de l'esprit de la nation tout entière, tel qu'il est déposé dans cette institution essentielle qu'est le langage. La corruption de la langue est à la fois cause et conséquence de la corruption morale. C'est pourquoi, tout en récusant les «chaleurs» suspectes de l'éloquence, d'Alembert insiste sur la nécessité de préserver la pureté et la propriété des termes, la simplicité et la clarté de l'expression: les enjeux sont éthiques et politiques. Il s'agit de protéger la nation contre un poison mortel; il s'agit aussi de conserver des armes pour la cause de la liberté. (On voit que, dans une stratégie analogue à celle que Jean Paulhan dénonce dans *Les Fleurs de Tarbes*, d'Alembert propose et pratique une rhétorique austère, sous couvert d'une critique des rhéteurs.) Le conseil que d'Alembert donne aux gens de lettres, c'est de «vivre unis», et de prononcer le vœu de «liberté, vérité, pauvreté». À ce prix, peut-être redresseront-ils le cours des événements, peut-être parviendront-ils même à «donner la loi au reste de la nation sur les matières de goût et de philosophie». En sauvegardant leur indépendance, en mettant leur parole au service d'une logique précise, en ne se laissant pas gagner par la frivolité, les gens de lettres sauraient devenir les

La chaire, la tribune, le barreau

maîtres de l'opinion collective, et par conséquent les maîtres de la nation. Un espoir conditionnel s'affirme ici : la menace de la décadence, l'image angoissante du déclin de Rome n'étaient peut-être qu'une ruse rhétorique pour rendre plus impérieux l'appel à l'union des « gens de lettres ». L'appel ne restera pas sans réponse. Unis ou en ordre dispersé, bon nombre de ceux qui, avant 1789, avaient tenté de vivre à Paris d'emplois littéraires, de brochures, de journalisme plus ou moins bien rémunéré – roturiers, provinciaux qui se prennent pour Jean-Jacques, enfants perdus de la noblesse – verront dans les États généraux, dans les feuilles révolutionnaires, dans les clubs et les assemblées l'occasion enfin venue de se faire entendre, d'arriver à la gloire, ou d'effacer les humiliations de leur jeunesse[54]... « Parler au peuple assemblé » : c'est désormais, de l'avis de Rousseau, une impossibilité, par la faute même d'une langue raffinée et dégénérée. Dans le *Contrat social* (1762), il reproche sans indulgence : « Vos langues sourdes ne peuvent se faire entendre en plein air, vous donnez plus à votre gain qu'à votre liberté, et vous craignez bien moins l'esclavage que la misère[55]. »

On ne s'étonne pas qu'en 1789 il se soit trouvé, pour relever le défi, des membres du clergé et des praticiens du barreau : le moment étant venu de régénérer la nation, l'heure n'était-elle pas propice à la renaissance, ou plutôt à la naissance d'une éloquence politique française ? Et par qui cette éloquence pouvait-elle être mieux représentée, sinon par des hommes qui avaient appris le métier oratoire – par des avocats et des prêtres – mais qui n'avaient jamais pu l'exercer à la tribune, pour la bonne raison qu'en les confinant dans la chaire ou le barreau les institutions ne leur offraient aucun *lieu* assimilable à une tribune ? Dès le début du XVIIe siècle, des « remontrances d'ouverture » ou des plaidoyers remarquables avaient été publiés avec assez de soin[56] : leur réputation ne durait guère plus d'une génération, même parmi les gens de robe. Ils ne parvenaient pas à s'inscrire dans la mémoire longue, qui est « littéraire » et surtout scolaire. En 1768, l'avocat P.-L. Gin, dans un livre sur *L'Éloquence du barreau*, comptait pour nulle toute l'éloquence judiciaire antérieure au siècle de Louis XIV[57]. Dans son *Traité des études* (1726), Rollin, bien que généralement soucieux de fournir des exemples français, déclarait que « l'excessive modestie de nos orateurs » (il parlait des plus récents, qu'il louait par ailleurs) le contraignait de « recourir à la source même » et d'aller chercher ses modèles « dans Athènes et dans Rome ». Mais il y avait là matière à confusion ; Marmontel, dans son article « Barreau » de l'*Encyclopédie*, remet les choses au point : les Modernes, parmi lesquels il ne mentionne que Le Maître, Patru et Daguesseau, n'ont rien qui ressemble à l'éloquence du *forum* ; les causes qu'ils ont à défendre ne requièrent qu'un usage discret du pathétique : « Le principe de l'éloquence du barreau est [...] que le juge a besoin d'être éclairé, non d'être ému. » La confusion tient à ce que, contrairement aux Anciens, les Modernes ne plaident jamais devant le peuple. Marmontel (comme tous les «philosophes» que nous venons de mentionner) fait du peuple le destinataire obligé de la plus haute éloquence, car le peuple, qui peut changer la loi, constitue l'autorité souveraine dont l'orateur doit entraîner les décisions : si l'intervention de l'orateur est couronnée de succès, celui-ci aura été, pour un jour tout au moins, le maître des maîtres, le conseiller des législateurs :

> On a souvent confondu, en parlant des anciens, le barreau avec la tribune, et les avocats avec les orateurs, sans doute à cause que l'un de ces emplois menait à l'autre, et que bien souvent le même homme les exerçoit à la fois.
> Il y avait à Athènes trois sortes de tribunaux, celui de l'aréopage, qui ne jugeait qu'au criminel, et d'où l'éloquence pathétique était bannie ; celui des juges particuliers, devant lesquels se plaidaient les causes qui n'étaient pas capitales ; et celui du peuple, auquel on déférait une loi qu'on croyait injuste, et qui avait droit de l'abroger. Les deux premiers de ces tribunaux correspondaient à notre barreau, le dernier répondait au forum ou à la tribune romaine.
> Tant que Rome fut libre, le forum, où le peuple était juge, fut le tribunal suprême. Le tribunal des préteurs, celui des censeurs, celui des chevaliers, celui du sénat même était subordonné à celui du peuple ; mais depuis César et sous les empereurs, toutes les grandes causes furent attribuées au sénat ; l'autorité des préteurs s'accrut ; celui du peuple fut anéanti et l'éloquence de la tribune périt avec la liberté.

Un texte comme celui-ci explique la «révolution des avocats», c'est-à-dire la présence d'un nombre considérable de jeunes légistes aux États généraux, puis dans les Assemblées et parmi le personnel de la Révolution ; et il explique aussi, parmi bien d'autres «sources», pourquoi ces avocats adoptèrent le ton romain. On peut douter que le peuple des campagnes ait eu une mémoire précise des jacqueries, ou que le peuple parisien se soit souvenu avec netteté des temps de la Ligue ou de la Fronde, même si des analogies frappantes rapprochent, au fil des âges, les «émotions populaires». Les avocats, en revanche, gens instruits, imbus de belles-lettres, liseurs de pamphlets et de gazettes, connaissent mieux les antécédents auxquels ils peuvent tenter de s'identifier : les révolutionnaires d'Amérique, les parlementaires d'Angleterre et, surtout, puisque l'heure est venue de remonter aux principes, les orateurs du Forum antique, avant que le despotisme impérial et la décadence ne les aient réduits au silence ; enfin les champs de mars «carlovingiens» dont Mably et les «germanistes» avaient fait l'un des éléments de la première constitution ; ces orateurs parlaient au peuple, parce que le salut de la patrie dépendait de la décision populaire. Revendiqué par l'éloquence écrite des philosophes et des publicistes, l'avènement du tiers état souverain, dès l'été 1789, inaugure les chances d'une parole politique fondatrice. Si la souveraineté populaire est une et indivisible, cette parole devrait être unanime et sans équivoque, comme est simple et sans équivoque la volonté générale (que Rousseau, pour la sauver du risque de fragmentation, avait soigneusement distinguée de la « volonté de tous », laquelle, au décompte des voix individuelles, se fractionne toujours). Ce n'est que dans une mise en scène spectaculaire – serment collectif, ovations ou hymnes chantés par un peuple entier, grandes fêtes décorées d'emblèmes – qu'il sera possible de *figurer* la source unique de la nouvelle souveraineté[58]. C'est alors seulement que paraissent fusionner la parole persuasive de l'orateur et la manifestation du désir populaire dans sa vérité. Manifestation supposée libre et spontanée, même lorsqu'il est évident que la fusion est une illusion, et que la voix populaire est sollicitée, qu'elle répond à un appel, presque à une dictée ; c'est le rôle ingrat de l'opposant que de laisser entendre que l'hypothétique volonté du peuple est une fiction créée par l'orateur qui s'en déclare l'interprète. Dans un *Discours sur l'éloquence*, écrit très probablement avant la réunion des États généraux, un auteur anonyme, qui souhaite que l'éloquence moderne rejoigne celle des « deux premiers peuples de l'univers », en appelle à l'imagination et au patriotisme. Mais, dans son éloge même, il ne peut s'empêcher d'introduire les idées et les termes qui contribueront à rendre suspects les discours de la Révolution :

> La Nation en corps est à la fois le juge le plus ardent et le plus flexible : elle aime à être fortement émue et préfère les clartés éblouissantes de l'imagination à la douce et paisible lumière de la raison. La liberté de l'orateur *flatte* la sienne[59]...

Ainsi l'orateur peut-il satisfaire « une multitude de citoyens qui [...] veulent voir tout à découvert ; qui souhaitent passionnément la vérité, qui la demandent à grands cris, et qui la reçoivent avec d'autant plus de chaleur qu'elle est présentée avec plus de lumière ». Ce projet d'une éloquence *dévoilante*, qui livre à tous les regards une vérité « éblouissante », exprime à merveille l'attente d'un règne de la lumière, et préfigure déjà certaines interprétations romantiques de l'éloquence révolutionnaire. Mais ce peuple « flexible », cette imagination qui l'emporte sur la raison, cette liberté qui en *flatte* une autre : ce sont là autant d'arguments que l'on pourra retourner contre l'éloquence de la tribune révolutionnaire, réduite à n'être que « démagogie ». On pourra dénoncer les « flatteurs du peuple » comme on avait dénoncé les flatteurs du prince.

LA NATION *Les mots*

La tribune révolutionnaire

L'historiographie récente de la Révolution française, portant son intérêt sur tous les aspects d'un vaste remaniement sociopolitique, n'en reste pas moins intéressée par le rôle du fait oratoire. 1789 est la date de la naissance du parlementarisme en France. Et la parole, sitôt libre, fut libre de médire de la parole. Telle est la première constatation ; la tribune (celle des Assemblées et celle des clubs) comme la presse furent le lieu d'un discours dont les premiers acteurs eux-mêmes savaient qu'il n'était pas toujours univoque. On discourut sur le bien de l'État ; on fut soupçonné de conspirer *sourdement* contre la Révolution, et l'on conspira en dénonçant *bruyamment* les comploteurs. Les historiens, au moins depuis Tocqueville, relisent les discours révolutionnaires en s'efforçant de démêler les motifs affichés (l'innovation radicale, le patriotisme, la dénonciation des complots, la sagesse, la vertu) et les conséquences inaperçues (le parachèvement de l'action centralisatrice de la monarchie) ou les mobiles implicites (l'élimination d'une équipe rivale, l'accession aux emplois, la surenchère idéologique). Qu'il faille prêter attention à ce qui s'est dit et écrit publiquement, c'est ce qu'il faut bien admettre, même et surtout s'il n'y a pas de corrélation directement lisible entre la conjoncture complexe (crises des subsistances, crises des prix, guerre, etc.) et les opinions exprimées, les motions et proclamations. L'éloquence révolutionnaire est de lecture difficile, car cette éloquence est à la fois l'interprétation d'une situation donnée, et la création verbale d'une situation nouvelle. Comme le dit fort justement François Furet : « La révolution, ce n'est pas seulement le "saut" d'une société à une autre ; c'est aussi l'ensemble des modalités par lesquelles une société civile, subitement "ouverte" par la crise du pouvoir, libère toutes les paroles dont elle est porteuse[60]. » Il est nécessaire, pour l'historien lui-même, de se faire, à l'occasion, lexicographe et linguiste ; d'examiner dans leur fonctionnement les divers systèmes d'argumentation, d'appel ou de mise en accusation ; d'analyser non seulement le style propre des discours, mais leurs effets sur l'auditoire (applaudissements, protestation, riposte, etc.). On tire profit à étudier avec les ressources de la pragmatique, les discours et leurs destinataires (H. U. Gumbrecht[61]) ou une journée de séance de la Convention (Peter France[62]). On peut rêver, de surcroît, à la somme, jamais totalisable, des paroles en circulation à un moment donné : brochures et gazettes, cris de la rue, conciliabules relatés par les mémorialistes, débats publics des clubs ou de l'Assemblée, avec leurs interruptions et l'entrée des diverses députations... Toute cette rumeur a une structure, qui se laisserait sans doute transcrire, comme une polyphonie, sur plusieurs portées – après quoi se renouvellerait la tâche de l'interprétation. Tâche inachevable, car ce qui s'est dit n'est pas certain : les discours ont été diversement transcrits, et souvent remaniés par ceux qui les publiaient ; les paroles remémorées tiennent de la fiction...

Reste que notre intérêt va à ces paroles plurielles, tandis qu'au XIXe siècle l'attention se portait plus volontiers sur des individus singuliers, admirés ou détestés, et dont l'éloquence, fascinante ou répulsive, induisait les tours de langage de leurs historiens. La Révolution, et son mythe oratoire, provoquait des imitateurs ou des adversaires, eux-mêmes stimulés par l'ambition de manifester par une même (ou une meilleure) éloquence leur personnalité parlementaire : Constant et Chateaubriand, qui furent quasiment parties prenantes avant que Napoléon ne fasse taire les «métaphysiciens»; Lamartine, Hugo, Thiers, Jaurès, eux-mêmes parlementaires, et qui, historiens ou mythographes de la Révolution, y écoutaient se former les discours qu'ils voulaient prolonger ou réfuter par leur propre parole : tous allaient chercher dans le paradigme révolutionnaire les braises de leurs enthousiasmes ou les recettes de leur stratégie oratoire. Et tant que l'université fut elle-même le lieu d'un sacerdoce oratoire, les professeurs qui faisaient cours sur la Révolution pouvaient à bon droit privilégier les grandes voix qui protestaient, au nom des «talents», contre les privilèges de la naissance ou les abus de la richesse : Michelet, Taine, Aulard, en des sens fort divers, avaient toutes les raisons de faire de l'éloquence sur une éloquence antécédente qui pour eux restait source de chaleur, ou motif d'un échauffement vengeur. Ces approches nous paraissent dépassées : elles donnent souvent une importance exagérée à la «magie du verbe», au volume de la voix, à l'invention, à l'effet d'orage; ce n'était que la crête de la vague et nous sommes plus curieux des courants profonds. Reste que les hommes de la Révolution étaient entrés délibérément, pour la plupart, dans un rôle d'orateur, pour faire valoir leurs talents «dans un vaste théâtre». Quand les premières Assemblées, soutenues par le peuple, et ne trouvant devant elles qu'une autorité irrésolue, décidaient des nouvelles structures politiques, de la guerre, de la mort du roi, il n'y avait pas lieu de tenir l'éloquence pour un épiphénomène. Elle portait l'action – jusqu'au moment où les armées rassemblées par l'enthousiasme oratoire devinrent elles-mêmes la puissance prépondérante.

À la mort de Mirabeau, Marie-Joseph Chénier écrit une ode sans grand souffle, où sont évoqués d'abord les débuts de Mirabeau dans le Midi, puis son rôle aux États généraux, et sa légendaire réponse au marquis de Dreux-Brézé :

> *Par son éloquence puissante,*
> *De notre liberté naissante,*
> *Je vois les ennemis vaincus :*
> *Le despotisme en vain conspire,*
> *Le peuple ressaisit l'empire,*
> *Aux accents d'un nouveau Gracchus.*

> *Sur une scène encore plus belle,*
> *Au nom du peuple et de sa loi,*
> *Je l'entends, plein du même zèle*
> *Répondre à l'esclave d'un Roi.*

Et, deux strophes plus loin, le poète n'hésitera pas à apostropher la tribune elle-même :

> *Couvre-toi d'un voile funèbre,*
> *Témoin de ses brillants succès,*
> *Tribune que rendit célèbre*
> *Le Démosthène des Français*[65].

Marie-Joseph Chénier n'oublie ni Rome ni la Grèce, au moment où il peut affirmer qu'elles ont revécu toutes deux dans Mirabeau-Gracchus, dans Mirabeau-Démosthène. On pourrait, au fil des textes de mémorialistes ou d'historiens, suivre le trajet des images de Mirabeau, héros emblématique de la tribune : dès l'époque de la première révolution, « tout le monde sait par cœur » ses paroles de la séance royale (Rabaut Saint-Étienne, 1791) ; Barnave aurait dit de lui qu'il était le Shakespeare de l'éloquence. Mirabeau est le premier « grand homme » de la Révolution que l'on panthéonise[64] ; c'est pour l'accueillir que l'on aura aménagé l'ancienne église Sainte-Geneviève : « C'était la première fois en France qu'un homme célèbre par ses écrits et par son éloquence recevait les honneurs qu'on n'accordait jadis qu'aux grands seigneurs, ou aux guerriers[65]. » D'autant plus humiliante, après la découverte de ses liens avec la Cour, sera la *damnatio memoriae*, la dépanthéonisation. Mais viendront les plumes célèbres : « Quand il secouait sa crinière en regardant le peuple, il l'arrêtait ; quand il levait sa patte et montrait ses ongles, la plèbe courait furieuse. Au milieu de l'effroyable désordre d'une séance, je l'ai vu à la tribune, sombre, laid et immobile : il rappelait le chaos de Milton, impassible et sans forme au centre de sa confusion » (Chateaubriand, *Mémoires d'outre-tombe*, I, V, 12). Michelet, qui tient le peuple pour le seul héros de la Révolution, ne peut s'empêcher de dresser Mirabeau seul, dans la foule anonyme du tiers état défilant : « C'était un homme, celui-là, visiblement, et les autres étaient des ombres [...] Ah ! personne ne devait saluer avec plus d'ardeur cette aurore de la liberté, le renouvellement de l'âme, il le disait à ses amis. Il allait renaître jeune avec la France, jeter son vieux manteau taché [...] Qu'il soit plus d'une fois tombé dans l'impopularité, et qu'il ait pu remonter toujours, c'est ce qui donne une idée bien grande du pouvoir de l'éloquence sur cette nation, sensible entre toutes au génie de la parole » (*Histoire de la Révolution française*, 1. I, chap. II et III). Tandis que Louis-

La chaire, la tribune, le barreau

Napoléon s'en prend au « parlementarisme » et fait détruire sous ses yeux la tribune du Palais-Bourbon, Victor Hugo s'empare du personnage de Mirabeau et le fait surgir comme le héros fondateur de la libre parole des temps nouveaux :

> On choisit une vaste salle qu'on entoura de gradins, puis on prit des planches, et avec ces planches on construisit au milieu de la salle une espèce d'estrade. Quand l'estrade fut faite, ce qu'en ce temps-là on appelait la nation, c'est-à-dire le clergé en soutanes rouges et violettes, la noblesse empanachée de blanc et l'épée au côté, et la bourgeoisie vêtue de noir, vinrent s'asseoir sur les gradins. À peine fut-on assis, qu'on vit monter sur l'estrade et s'y dresser une figure extraordinaire. – Quel est ce monstre? dirent les uns; quel est ce géant? dirent les autres. C'était un être singulier, inattendu, inconnu, brusquement sorti de l'ombre, qui faisait peur et qui fascinait; une maladie hideuse lui avait fait une sorte de tête de tigre; toutes les laideurs semblaient avoir été déposées sur ce masque par tous les vices; il était, comme la bourgeoisie, vêtu de noir, c'est-à-dire de deuil. Son œil fauve jetait sur l'Assemblée des éblouissements; il ressemblait au reproche et à la menace; tous le considéraient avec une sorte de curiosité où se mêlait l'horreur. Il éleva la main, on fit silence.
> Alors on entendit sortir de cette face difforme une parole sublime. C'était la voix du monde nouveau qui parlait par la bouche du vieux monde; c'était 89 rayonnant et splendide qui se levait debout et qui interpellait, et qui accusait, et qui dénonçait à Dieu et aux hommes toutes les dates fatales de la monarchie; c'était le passé, spectacle auguste, le passé meurtri de liens, marqué à l'épaule, vieil esclave, vieux forçat, le passé infortuné, qui appelait à grands cris l'avenir, l'avenir libérateur! voilà ce que c'était que cet inconnu, voilà ce qu'il faisait sur cette estrade. À sa parole, qui par moments était un tonnerre, préjugés, fictions, abus, superstitions, erreurs, intolérance, ignorance, fiscalités infâmes, pénalités barbares, autorités caduques, magistratures vermoulues, codes décrépits, lois pourries, tout ce qui devait périr eut un tremblement, et l'écroulement de ces choses commença. Cette apparition formidable a laissé un nom dans la mémoire des hommes; on devait l'appeler la Révolution, on l'appelle Mirabeau. Du jour où cet homme mit le pied sur cette estrade, cette estrade se transfigura. Ce n'était qu'un tréteau, ce fut un trépied, ce fut un autel; la tribune française fut fondée.
> La tribune française! Il faudrait un livre pour dire ce que contient ce mot. La tribune française, c'est, depuis soixante ans, la bouche

ouverte de l'esprit humain. De l'esprit humain disant tout, mêlant tout, combinant tout, fécondant tout, le bien, le mal, le vrai, le faux, le juste, l'injuste, le haut, le bas, l'horrible, le beau, le rêve, le fait, la passion, la raison, l'amour, la haine, la matière, l'idéal ; mais en somme, car c'est là son travail sublime et éternel, faisant la nuit pour en tirer le jour, faisant le chaos pour en tirer la vie, faisant la Révolution pour en tirer la République[66].

La mythisation est ici à son comble. La colère lyrique de Hugo invente un homme-révolution, et une tribune qui ressemble au trépied de la Pythie. Son Mirabeau, c'est déjà le Gwynplaine défiguré de la fiction romanesque, le saltimbanque issu d'un lord, qui défie au nom du peuple la Chambre des lords assemblée. Dans *Quatrevingt-treize*, la Convention, « lieu immense », prendra les proportions d'un « Himalaya », peuplé d'« esprits en proie au vent » ; et les emblèmes de l'éloquence antique se mêlant aux images d'une épopée cosmique : « Camp retranché du genre humain attaqué par toutes les ténèbres à la fois, feux nocturnes d'une armée d'idées assiégée, immense bivouac d'esprits sur un versant d'abîme. Rien dans l'histoire n'est comparable à ce groupe, à la fois sénat et populace, conclave et carrefour, aréopage et place publique, tribunal et accusé » (l. III, chap. I, 2). Ce n'est plus seulement l'esprit humain qui parle. Une autre parole traverse ce lieu : « La Convention a toujours ployé au vent ; mais ce vent sortait de la bouche du peuple et était le souffle de Dieu » *(ibid.)*. Avec pareille caution, comment s'étonner que sous la IIIe République, après l'intermède impérial, Joseph Reinach propose aux lecteurs (et surtout aux étudiants) de 1894 une *Anthologie de l'éloquence française* dont la préface s'intitule « Le conciones français », et dont le parcours, dans le domaine de l'éloquence politique, part de Mirabeau pour aboutir à Jules Ferry, en incluant, bien entendu, un discours de Victor Hugo à l'Assemblée législative de 1850, sur la liberté de l'enseignement ? Un tel livre, recueil d'exemples et champ d'exercice, montre bien que la IIIe République a de qui tenir, et que la grande filiation commence avec Mirabeau. Il concurrence, dans la tradition laïque, et selon un choix axé sur la gauche libérale, les historiens et les anthologies qui maintiennent une formation oratoire, à dominante religieuse et monarchiste, dans les instituts catholiques (A. Henry, *Histoire de l'éloquence*, 3e éd., à La Marche, 1855, 5 vol. ; le père Mestre, *Préceptes de rhétorique*[67]). Le jugement de Reinach sur Mirabeau est cependant nuancé : ses répliques, ses improvisations valent mieux que ses discours préparés, où « l'expression de la pensée [...] manque souvent de relief », où « l'idée se dégage péniblement de la phrase lourde » ; en revanche, « chacune de ses ripostes a été une victoire » (p. XV). Le mythe, s'il tient encore, n'est pas intact. Lanson ne le ménage pas davantage. Il est définitivement liquidé pour

La chaire, la tribune, le barreau

Albert Thibaudet dans l'*Histoire de la littérature française de 1789 à nos jours*, ouvrage qui paraît en 1936, c'est-à-dire à une époque de dévaluation de l'éloquence parlementaire : tout en affirmant que ce sont Mirabeau et Robespierre qui nous ont «laissé le plus de pages oratoires dignes d'être lues» (p. 15), Thibaudet ne nous engage pas à les lire avec beaucoup d'empressement. Il contribue du moins à écarter les reproches le plus communément formulés par la tradition antirévolutionnaire : «L'éloquence de la Constituante n'est pas une éloquence populaire. Chez Mirabeau, les célèbres apostrophes, adjurations, mouvements pathétiques, lave répandue, hure secouée ne tiennent qu'une très petite place dans l'ensemble de ses discours, et même [...] peuvent coïncider avec les vacances de son bon sens, dont il avait par ailleurs à revendre. Les discours de Mirabeau, de Barnave, de Cazalès, de Maury, de Robespierre constituant sont généralement des discours d'idées et d'affaires, où le pathos n'est qu'une écume, et qui sont soutenus par l'acquis, la logique de l'expérience et de la culture.» Vergniaud, l'orateur de la législative, parle «moins pour l'Assemblée que pour les tribunes», avec «le romanesque généreux et vaniteux où l'on croit sentir déjà les élans lyriques de son futur historien Lamartine[68]».

On sait comment, après les révélations de «l'armoire de fer», Mirabeau fut dépanthéonisé. De fait la critique de l'éloquence commence dès la Révolution. L'adversaire est toujours un esclave de la tyrannie, ou un démagogue. Nulle parole n'est à l'abri du soupçon. Laharpe, en écrivant sous le régime thermidorien sur «le fanatisme dans la langue révolutionnaire», formule des arguments dont se servira l'antiparlementarisme sous l'Empire et sous la Restauration[69]. Mais, bien souvent, les critiques de la «déclamation», une fois dénoncées ses utilisations factieuses ou séductrices, réservent une place importante, dans la machine politique, à l'éloquence présumée légitime et à la discussion parlementaire. Condorcet, dans son rapport sur l'instruction publique (1792), marque très nettement la différence entre l'éloquence publique des Anciens et le débat entre représentants dans les Assemblées des états constitutionnels modernes :

> Si une éloquence entraînante, passionnée, séductrice peut égarer quelquefois les assemblées populaires, ceux qu'elle trompe n'ont à prononcer que sur leurs propres intérêts. Leurs fautes ne retombent que sur eux-mêmes ; mais des représentants d'un peuple, qui, séduits par un orateur, céderaient à une autre force qu'à celle de leur raison, prononçant sur les intérêts d'autrui, trahiraient leur devoir, et perdraient bientôt la confiance publique, sur laquelle toute constitution représentative est appuyée. Ainsi cette même éloquence, nécessaire aux constitutions anciennes, serait dans la nôtre le germe d'une corruption destructrice[70].

C'est renoncer au mirage qui permettait de confondre le Forum antique et la salle de la Convention, où le peuple aux tribunes encourageait l'illusion de l'adresse directe. La liberté des Modernes ne peut ressembler à celle des Anciens. L'argumentation sera reprise par Benjamin Constant. Dans l'*Esprit de conquête*, il a parfaitement analysé la perversion terroriste du langage, et le travestissement des intérêts dans la *langue convenue*, qui utilise en toute occasion les formules du «républicanisme austère de l'antiquité[71]». Mais le programme qu'établit Mme de Staël, en 1800, dans *De la littérature*, fait une place considérable à l'émulation éloquente dans l'enceinte des assemblées représentatives. Elle a en vue, assurément, le rôle que Benjamin Constant aspirait à jouer au Tribunat, et qu'il jouera effectivement à la Chambre des députés, dès 1819 et jusqu'en 1830. La monarchie libérale, selon ses vues, peut se concilier avec la promotion du mérite et avec la perfectibilité, à la condition que tous les talents soient appelés à se manifester, et qu'ils puissent, par leur succès de tribune, prouver qu'ils sont aptes à occuper les grandes places de l'État. Cette conquête du pouvoir passe par un stage dans l'opposition, où l'homme supérieur se met mieux en valeur, attirant l'estime en dépit de la faiblesse numérique de son groupe. En théorie, la course aux places, les qualités intellectuelles et les progrès de la société n'ont rien de contradictoire. Ce qui va sans dire, chez Benjamin Constant et chez Mme de Staël, c'est que l'exercice de la parole parlementaire doit sauvegarder les libertés individuelles contre toute inutile intervention de l'État. D'où l'importance de la liberté de la presse, qui doit permettre à l'opinion de se former, et de faire élire des représentants, lesquels, à la moindre menace d'arbitraire, réclameront la parole à la Chambre. Le constitutionnalisme libéral cherche à limiter le pouvoir ministériel en renforçant l'influence conjuguée de la tribune et de la presse.

La Chambre et ses acteurs

C'est par le rétablissement de la tribune que la royauté restaurée cherche à gagner un plus large soutien: «Nous avons, dit le préambule de la Charte de 1814, remplacé par la Chambre des députés, ces anciennes assemblées des champs de mars et de mai»... Et Benjamin Constant, subitement rallié à l'Empereur durant les Cent-Jours, s'en excuse parce qu'il s'est entendu dire par Napoléon: «Voyez donc ce qui vous semble possible; apportez-moi vos idées. Des discussions publiques, des élections libres, je veux tout cela... La liberté de la presse surtout, l'étouffer est absurde. Je suis convaincu sur cet article... Je suis l'homme du peuple; si le peuple veut réellement la liberté, je la lui dois. J'ai reconnu sa souveraineté[72]...»

La chaire, la tribune, le barreau

Quand elle aura la possibilité de s'exercer, cette éloquence libérale ou constitutionnelle (chez Constant, Foy, Manuel ou Royer-Collard) ne manquera pas d'accent, bien que contrainte à la défensive. Les fleurets n'y sont pas mouchetés, même lorsque l'occasion du débat est une attribution de crédits... Le champ de bataille se distribue à nouveau entre «droite» et «gauche», selon le clivage inauguré à la Constituante. Certes, il y a des périodes, avant 1848, où la Chambre paraît s'endormir. Il convient de feuilleter le *Livre des orateurs* (de Louis de Cormenin[73], qui signe Timon); ce fut l'un des grands succès de librairie du XIXe siècle, et il atteste l'intérêt que le public portait au talent oratoire en général (sujet de la première partie de l'ouvrage) et aux plus écoutés des orateurs parlementaires, depuis Mirabeau jusqu'à Lamartine, Guizot, Thiers, Jaubert (galerie de portraits qui constitue la seconde partie du livre). Contemplant «une assemblée d'hommes riches», Cormenin évoque ces parlementaires «blasés sur les émotions de l'âme aussi bien que sur les jouissances de l'esprit et des sens»:

> La plupart ont servi sous plusieurs gouvernements, prêté plusieurs serments et traversé plusieurs fortunes, véritables malheureux qui n'ont plus les illusions de la jeunesse, de la vertu et de la liberté! [...] Ceux qui ont beaucoup de biens et d'or sont tourmentés, moins du désir de gagner que de la peur de perdre. Ceux qui ont des emplois veulent les garder; ceux qui n'en ont pas veulent qu'on leur en donne. Dans cette disposition d'esprit, les ministres n'ont que trois ressorts à faire jouer: l'égoïsme, la cupidité et la peur [...] Dans leur comédie parlementaire, tous les rôles sont convenus et distribués, et le souffleur est à son poste. On sait d'avance qui montera sur les tréteaux, et ce qui sera éludé, et même ce qui sera décidé[74]...

Cormenin, sous la monarchie de Juillet, voir grandir la presse au détriment de la tribune, et par la faute de celle-ci; les recueils de discours n'ont pas de lecteurs: «Qui achète, qui feuillette aujourd'hui les discours tant prônés du général Foy? Et y a-t-il, depuis la révolution de Juillet, un seul discours de nos meilleurs orateurs qui puisse soutenir l'épreuve de la lecture[75]?» Daumier, dénonciateur du «ventre parlementaire», est ici l'illustrateur approprié...
Et pourtant, lors des crises (et elles ne manquent pas) l'intérêt se réchauffe. La Chambre attire les intellectuels ambitieux, les poètes que leur «sacre» d'écrivain[76] ne satisfait que s'il se double d'une gloire d'orateur, et d'une consécration politique. Hugo veut être mage et procréateur à la tribune. Il le dira, durant l'exil, dans *Napoléon-le-Petit*: «Une fois monté sur cette tribune, l'homme qui y était n'était plus un homme. C'était cet ouvrier mystérieux

qu'on voit le soir, au crépuscule, marchant à grands pas dans les sillons et lançant dans l'espace, avec un geste d'empire, les germes, les semences, la moisson future, la richesse de l'été prochain, le pain, la vie» (l. V, chap. VI). Lamartine et Lamennais (transfuge de la chaire) brillent de façon éphémère lors des événements de 1848. Cormenin ironise sur Lamartine : « Si, avec vos phrases mélodieuses vous ne voulez faire que de la musique, nous aimons autant aller entendre Rossini[77].» Balzac prélève chez Lamartine de quoi faire vivre le personnage de Canalis, qu'il met en scène, dans un salon, débitant des idées reçues (les «lieux communs modernes») :

> «... Ah! mademoiselle, aujourd'hui la tribune est le plus grand théâtre du monde, elle a remplacé le champ clos de la chevalerie ; elle sera le rendez-vous de toutes les intelligences, comme l'armée était naguère celui de tous les courages.»
> Canalis enfourcha son cheval de bataille, il parla pendant dix minutes sur la vie politique : – la poésie était la préface de l'homme d'État. – Aujourd'hui, l'orateur devenait un généralisateur sublime, le pasteur des idées. – Quand le poète pouvait indiquer à son pays le chemin de l'avenir, cessait-il donc d'être lui-même[78] ?

Balzac n'est pourtant pas hostile par principe à l'éloquence parlementaire. Assurément, François Keller, banquier et «grand orateur de la gauche», est campé en fantoche. Mais Albert Savarus, autoportrait fictif du romancier, possède la «voix de l'orateur», et entreprend de se faire élire député, comme Balzac s'était rêvé lui-même «dominant la Chambre», dans ses lettres de janvier 1842 à Mme Hanska[79]. Il ne faut donc pas compter sur Balzac pour une liquidation littéraire de l'éloquence politique. C'est bien plutôt Flaubert, dans *Madame Bovary* (réglant son compte à l'éloquence «démonstrative» des comices), ou dans *L'Éducation* (féroce sur le pathos de 1848), qui prendra la plus grande distance d'ironie – au moment où le *livre* et son style écrit, fût-il mis à l'épreuve du «gueuloir», deviennent le lieu où l'écrivain cumule toute sa mise. On sait que l'épilepsie, de connivence avec son désir d'écrire, l'a providentiellement dispensé d'achever son droit !

Les avocats

Savarus est le portrait de Balzac en avocat. Comme est aussi avocat, mais sans fortune, donc inéligible, ce Z. Marcas dont le génie est celui d'un «grand orateur» – «orateur concis, grave et néanmoins d'une éloquence pénétrante : il tenait de Berryer pour la chaleur, pour les mouvements sympathiques aux masses; il tenait de M. Thiers pour la finesse, pour l'habileté[80] ». S'il avait été élu, Savarus eût été, à la Chambre, un puissant renfort pour Berryer, avocat célèbre, mais que sa carrière de chef de l'opposition légitimiste rendait plus célèbre encore. Balzac nous le laisse entendre: l'homme de loi, au Palais, n'est pas en mesure de faire valoir tous ses talents; il lui faut passer dans le monde politique:

> L'éloquence n'est pas au barreau. Rarement l'avocat y déploie les forces réelles de l'âme, autrement il y périrait en quelques années. L'éloquence est rarement dans la chaire aujourd'hui; mais elle est dans certaines séances de la Chambre des députés où l'ambitieux joue le tout pour le tout, où piqué de mille flèches il éclate à un moment donné[81].

Cormenin dit plaisamment: « L'Avocat est la matrice la plus commune de l'orateur parlementaire[82]. » Bien qu'à la Chambre les jeux soient souvent faits d'avance, son intérêt dépasse celui du barreau, pour la « foule oisive et lettrée ». Celle-ci, « lorsque la presse était esclave », allait « ouïr des plaids et des sermons ». « Mais depuis que le public a les émotions à la fois violentes et positives de la tribune et de la presse, il a déserté les églises, les théâtres et le barreau. » Le diagnostic est-il exact? Il y aura foule à Notre-Dame pour écouter Lacordaire! Reste le sentiment, probablement assez répandu sous Louis-Philippe, que le barreau doit mener à de plus hautes destinées et que l'événement parisien se produit ailleurs qu'au Palais de Justice. Le Palais n'étant que le terrain d'exercice préparatoire de l'homme politique, il voit affluer les candidats (« autant d'avocats que de causes[83] ») et refluer un public jusque-là plus fidèle. Cormenin déplore une époque de basses eaux et d'arrivisme:

> Aujourd'hui, nous ne rencontrerions peut-être pas un seul avocat qui sût rédiger une consultation [...] On ne monte le premier degré de l'échelle que pour arriver au second qui conduit au troisième, et ainsi de suite [...] L'avocat, beau parleur, vise de prime vue au ministère, non pas de la justice, allons donc! mais de la marine ou des affaires étrangères. Un homme comme lui! ne peut traiter qu'avec des ambassadeurs ou des Princes[84].

Quel avocat, n'en déplaise à Cormenin, ne tenterait à tout le moins la carrière parlementaire? Qui ne voudrait entendre dire de soi ce que le sévère Cormenin, lui-même juriste, dit de Berryer? – « Berryer est, depuis Mirabeau, le plus grand des orateurs français[85]. » Et puis, tout ne va pas si mal pour l'éloquence du barreau, sitôt que l'on passe aux causes criminelles. Le président d'assises a un grand rôle à jouer (et il sait qu'il le joue); il a de surcroît un public devant lequel se camper. L'éloquence, revenue au galop, se fait grandiloquence dans la bouche de l'avocat de la défense: «Piqué au jeu», il «ne voudra pas être en reste d'éloquence. À son tour, il va battre l'air de ses paroles[86]»... Paroles improvisées, ou discours écrits: il en reste trace, dans *La Gazette des tribunaux*, pour un public certes moins large que pour les débats de la Chambre, mais qui ne se limitera pas aux seuls professionnels du barreau, de même qu'au siècle précédent les *Causes célèbres* n'appartiennent pas aux seules bibliothèques des gens de robe.

Les poursuites judiciaires pour délit de publication contre l'État ont pour conséquence d'établir, sous Louis-Philippe, entre la tribune, la presse et le barreau, des communications étroites. Preuve en soit, entre cent, cette affaire Ledru-Rollin, aux assises de Maine-et-Loire, dont *La Gazette des tribunaux* publie le procès-verbal le 25 novembre 1841: l'accusation porte contre le *Courrier de la Sarthe*, qui a imprimé un virulent discours électoral de Ledru-Rollin. Celui-ci, défendu par les avocats Berryer, Odilon Barrot, Marie, assistés d'Arago, plaide énergiquement sa cause. Le tribunal ordonne néanmoins la saisie de la brochure (laquelle, depuis juillet, a eu le temps d'être largement diffusée). Le lecteur de *La Gazette des tribunaux* se voit offrir ainsi les nouveaux discours de Ledru-Rollin et d'Arago, en plus des trois plaidoiries.

Le barreau, au XIXe siècle, a conservé l'ancien esprit de corps; de surcroît, il a acquis une nouvelle conscience de soi. L'ordre des avocats, partageant le sort des anciens parlements, avait été aboli par la Révolution; il renaîtra, mais les avocats restent sous surveillance à l'époque du premier Empire. Et Berryer, légitimiste, ne manquait pas de rappeler «les colères du despote contre les franchises du barreau». L'indépendance du barreau devient un «principe sacré[87]». Il ne doit pas souffrir les empiètements du pouvoir, il doit tenir tête au ministère public. En 1860, sous un second régime impérial, Berryer ne cache pas ses inquiétudes et sa volonté de résistance; le légiste, non sans raison, se considère comme le dernier défenseur de la liberté:

> Quand la tribune est muette ou que sa voix ne retentit que par échos incomplets;
> Quand la censure de la presse, mal déguisée, s'exerce par des avertissements officieux;
> Quand les journaux sont rédigés sous la crainte d'être suspendus ou supprimés sans jugement; Quand il n'existe aucune responsabilité ministérielle, et qu'ainsi la critique des actes du pouvoir risque d'être facilement travestie en outrage envers le chef de l'État [...]
> L'indépendance du barreau est encore pour chaque citoyen un rempart contre les colères et les atteintes du pouvoir, contre la violation

des droits, contre les persécutions injustes. Tout est à craindre si elle est mutilée ; rien n'est désespéré si elle se maintient et se fait respecter[88].

L'avocat – en la circonstance – se sent mis au défi, et consent à jouer un rôle difficile. Une aura d'héroïsme entoure l'avocat impartial et impavide. Elle entoure même des hommes en place : préfaçant les *Discours et plaidoyers* de Chaix d'Est-Ange, en 1862, Edmond Rousse écrit élégamment : « Je publie des discours dans un temps où la parole a subi quelques disgrâces, et des plaidoiries quand on assure que le règne des avocats est enfin passé » (p. I). Chaix d'Est-Ange n'a rien à craindre : il est procureur général près la cour impériale de Paris, nous le savons dès la page de titre. Et son préfacier, pour expliquer le ralliement à Napoléon III, ne manque pas de s'inspirer ouvertement de Tacite : « La République s'éteignit presque à jour marqué, sous cette loi immuable et sans cesse oubliée, qui fait succéder le silence aux abus de la parole, et l'autorité d'un seul homme aux excès de la liberté. La tribune allait disparaître pour longtemps sous une discipline plus sévère. "L'éloquence, comme tout le reste, se pacifia sous une main souveraine" » (p. XLIII). Le barreau, on le voit, ne fait pas exception à la règle qui lie à la liberté toute parole publique dont l'auteur veut garder la pleine maîtrise. Or, la revendication de liberté n'est pas seulement un appel implicite à la force de caractère ; elle éveille une conscience historique. Les vues un peu larges de l'histoire du barreau ne manquent pas au XIXe siècle. Il appartenait à un légitimiste, Berryer, sous la monarchie de Juillet, de dresser un tableau et un choix de textes remontant aux appels en champs clos et à Gerson, dans un large recueil de *Leçons et modèles d'éloquence judiciaire* (1838). Il est d'usage que les galeries de portraits d'orateurs ou d'avocats contemporains (Timon-Cormenin ; Oscar Pinard, 1843 ; Maurice Joly, 1862) invoquent le passé français et peignent, à larges traits, une toile de fond historique derrière leur défilé de notables.
Mais cette mémoire est mal assurée. Le lecteur d'aujourd'hui, si vous lui demandez ce qu'il sait des avocats du XIXe siècle, vous renverra aux gesticulations de Daumier. De la galerie d'Oscar Pinard, il ne connaît pas une seule page des gloires du barreau dont le portrait en pied lui est proposé, à moins que leurs noms ne soient liés à l'histoire politique ; je retiens au hasard : Bellart ? Ferrère ? Odilon Barrot ? Teste ? Barthe ? Dupin Aîné ? Marie ? Romiguière ? Et Pinard lui-même ? Peut-être se rappellera-t-on qu'un Ernest Pinard prononça les réquisitoires contre *Les Fleurs du mal* et *Madame Bovary*. Mais ce n'est pas l'auteur du livre (*Le Barreau*, 1843) où figurent ces portraits : celui-ci se prénomme Oscar. Peut-être le nom de Chaix d'Est-Ange a-t-il éveillé aussi quelque association avec le procès des *Fleurs*, où la cause du poète fut défendue par Gustave Chaix d'Est-Ange. Mais celui dont nous avons cité quelques phrases

est son père, Gustave-Louis Chaix d'Est-Ange. Apparemment, c'est par voie détournée, à travers les affaires qu'ont suscitées les grands livres scandaleux, qu'une mémoire nous reste des maîtres du barreau du siècle dernier. Gustave Chaix d'Est-Ange n'était pas trop mal inspiré lorsqu'il discernait, dans *Les Fleurs du mal*, l'écho du langage de la «chaire chrétienne», ou des «homélies de quelque rude et sévère père de l'Église». Mais ce qui, de Baudelaire, a prévalu, c'est le sarcasme ironique dirigé contre les «bavards» incapables de chérir la solitude; leur «suprême plaisir consiste à parler du haut d'une chaire ou d'une tribune[89]»... L'anathème a porté. Nous chercherions désespérément, dans un livre d'aujourd'hui, l'écho du langage de Berryer ou de Chaix d'Est-Ange: plus personne – hormis ceux qui ont l'excuse de la recherche professionnelle – ne prend en main le recueil de leurs discours. Rousse, le préfacier perspicace des *Discours* de Chaix d'Est-Ange père, le savait d'avance, et le disait dans des termes un peu trop ornés (que j'émonde); il prévoyait l'oubli:

> Quant à la postérité [...] les avocats et les orateurs y prétendent rarement [...] L'écrivain [...] a du côté de l'avenir de trop sensibles avantages [...]
> L'éloquence ne connaît ni la méditation ni le repos. C'est une puissance inquiète et troublée qui, dans la mêlée de nos passions et de nos affaires d'un jour, trace en courant des ébauches incorrectes et rapides. D'un mot inachevé, d'un geste involontaire, d'un cri, d'un regard, elle agite, éclaire, entraîne les esprits et les cœurs. Mais son pouvoir souverain n'a que la portée de la voix qui tombe, la durée de la parole qui s'enfuit [...] Quand l'orateur arrive devant la postérité, il s'y présente comme un roi détrôné, sans cortège, sans éclat, dépouillé de ses splendeurs fragiles, seul avec le vain bruit de sa renommée, et quelques pâles écrits qui sont les témoins impuissants de son génie[90].

L'égalité que le système des belles-lettres du XVIIIe siècle avait établie entre le poète, l'orateur et l'historien, la voici qui se démantèle. L'orateur cède le pas à l'écrivain, «qui contemple sa pensée en silence, qui la polit, l'arrange et la compose à son gré, puis en creuse enfin l'image dans une forme lentement cherchée[91]»... Rousse écrit ces lignes en lecteur de *La Maison du berger* (qui contient, dans sa seconde partie, une sévère critique de l'éloquence) et en contemporain des parnassiens et du poète qui écrira: «Prends l'éloquence et tords-lui son cou» – «Non, ajoute Rousse, les orateurs ne sauraient disputer cette immortalité tranquille que le génie des lettres peut donner[92].»
La mémoire, donc, se détache des «praticiens» du barreau, dont le rôle est moins de s'illustrer eux-mêmes que de prouver dans les faits, et de génération en génération, que l'institution juridique est inséparable de la société

civile, et qu'elle est viable. Il arrive, mais de façon inconstante, que la mémoire collective retienne le nom des législateurs ou plutôt de ceux qui ont donné leur aval au travail des légistes (le Code Napoléon!), ou celui des théoriciens du droit (Montesquieu). Dans la mémoire culturelle se presse la foule des caricatures, de Pathelin à Bridoye, à Perrin Dandin et à cent autres. L'institution, elle, indépendamment des talents qu'elle suscite, reste l'une des grandes fonctions sociales liées à l'existence d'une légalité, d'un État de droit, et d'une discussion réglée sur l'application des lois: on ne saurait la dissocier des méthodes de formation, des règles d'admission et d'avancement, du rituel de la distribution des rôles et de la marche des séances. D'où il résulte qu'on ne saurait faire du barreau un lieu de mémoire abstrait. Il n'est *lieu* que pour accueillir un litige, substituer à la violence naturelle la parole réglée, encadrer une décision. Comme la chaire, le barreau impose un vêtement qui, distinct du vêtement commun, devient signe supplémentaire d'une sacralité institutionnelle, laquelle peut se réduire à des «effets de manche». Mais cette différence n'est marquée que pour légitimer un droit d'intervention dans les conflits du moment, dans le temps des «affaires».

À partir de la seconde moitié du XIXe siècle, l'éloquence, solidement installée dans la vie publique, ne revendique d'autre maîtrise que celle du moment vivant, de l'«heure présente», où s'imposent les choix décisifs: «La vie est son empire», déclare Rousse. Entendons que dans son domaine séparé, pourtant promis à la mémoire, l'artiste qui «polit sa pensée» s'est écarté de la «vie» (sécession revendiquée par maint poète). Soumise à l'autorité exclusive du beau, la *poétique* du livre n'est plus réductible à la *rhétorique* de la persuasion, à l'«art de parler» qui s'épanche parmi la «foule» comme circule la pièce de monnaie. Mallarmé, constatant cette divergence, écrira: «Un désir indéniable à mon temps est de séparer, comme en vue d'attributions différentes, le double état de la parole, brut ou immédiat ici, là essentiel[93].» Ce qui n'empêche que persiste en Mallarmé, à l'état de rêve, l'image de la lecture publique, du rituel scénique, de la «déclaration foraine»; ce qui n'empêche que Breton intitule *Discours*, avec toute l'ironie qu'on voudra bien lui attribuer, ce qu'il tient à écrire sur le «peu de réalité».

« Parler à la nation, au nom de la nation. »

Alexis de Tocqueville, en juin 1850, faisant réflexion sur lui-même, et sur sa situation après la Révolution de février 1848, met en balance le succès de son livre sur l'Amérique et les déceptions de sa carrière parlementaire. Assurément, il n'est pas fait pour «ce misérable monde parlementaire[94]». Il s'y était toujours senti «comprimé et opprimé»:

> Je n'avais pas tardé à découvrir que je n'y possédais pas ce qu'il fallait pour jouer là le rôle brillant que j'avais rêvé [...] J'avais cru à tort que je retrouverais à la tribune le succès rencontré dans mon livre. Le métier d'écrivain et celui d'orateur se nuisent plus qu'ils ne s'aident. Il n'y a rien qui ressemble moins à un bon discours qu'un bon chapitre. Je m'en aperçus bientôt, et je vis bien que j'étais rangé parmi les parleurs corrects, ingénieux, quelquefois profonds, mais toujours froids et par conséquent sans puissance [...] La discussion sur les points qui m'intéressent peu m'est incommode, et sur ceux qui m'intéressent vivement, douloureuse ; la vérité est pour moi une chose si précieuse et si rare, que je n'aime point à la mettre au hasard d'un débat quand une fois je l'ai trouvée ; c'est une lumière que je crains d'éteindre en l'agitant[95]...

Mauvais manœuvrier, peu doué « pour grouper et mener ensemble beaucoup d'hommes », incertain « sur ce qu'il y avait de mieux à faire chaque jour » (p. 104), va-t-il désormais consacrer sa vie à écrire des livres ? À l'en croire, tout l'y poussait : le mépris dans lequel était tombée « la classe qui gouvernait » ; les allures de comédie des émeutiers qui s'étaient rendus maîtres de la Chambre le 24 février : « Il me semblait qu'on fût occupé à jouer la Révolution française plus encore qu'à la continuer [...] On cherchait à se réchauffer aux passions de nos pères, sans pouvoir y parvenir ; on imitait leurs gestes et leurs poses, tels qu'on les avait vus sur le théâtre, ne pouvant imiter leur enthousiasme ou ressentir leur fureur [...] Le tout me parut une vilaine tragédie jouée par des histrions de province. » Devant ce que l'on nomme aujourd'hui une « prise de parole[96] », Tocqueville est attentif, mais nullement partie prenante :

> Je revins dans la salle et fus reprendre ma place ; presque tous les députés s'étaient retirés. Les bancs étaient occupés par des hommes du peuple ; Lamartine, toujours à la tribune entre les deux drapeaux, continuait à haranguer la foule ou plutôt à converser avec elle ; car il me parut qu'il y avait autant d'orateurs que d'assistants. La confusion était au comble...

Une page comme celle-là donne la mesure de l'attrait exercé sur la conscience populaire par l'intervention oratoire, surtout quand elle supplante les détenteurs institutionnels de la parole, et qu'elle peut s'exercer dans les lieux mêmes où avaient siégé des propriétaires – une Assemblée censitaire. Cette fièvre de parole se propagera dans la ville entière, essaimant les utopies : « Chacun proposait son plan ; celui-ci le produisait dans les journaux; celui-là dans des placards, qui bientôt couvrirent les murs; cet autre en plein vent par la parole [...] On faisait parler dans la langue de 93 les passions tièdes du temps» (p. 95). Tocqueville, dans les «mille systèmes étranges» qui composent le «socialisme» du moment, ne découvre que la parodie de la Terreur. Ce constat, singulièrement proche de celui de Marx[97], ne va pourtant pas mettre fin à la carrière parlementaire de Tocqueville. Bien au contraire. Une raison plus forte le détermine: le «salut du pays», le «bien public». Au moment des élections à la Constituante, il fait campagne, rédige et signe une circulaire, trouve le moyen d'improviser, devant ses électeurs, un «petit pathos oratoire» qui réussit assez bien. C'est l'occasion, pour le mémorialiste, de rappeler que «les discours sont faits pour être écoutés et non point pour être lus, et les seuls bons sont ceux qui émeuvent[98]». Il estime que ses embarras oratoires le gêneront moins dans la nouvelle assemblée, où «le caractère» est plus important que «l'art de bien dire ou de manier les hommes» (p. 105). Les activités qu'il rappelle dans ses *Souvenirs* sont législatives et ministérielles: la commission de constitution, où il a pour collègues, entre autres, Cormenin et Lamennais; le ministère des Affaires étrangères...

Il conviendrait assurément d'expliciter des notions aussi générales que le «salut du pays» et le «bien public». On se bornera à constater que, pour Tocqueville, ce sont des raisons suffisantes pour rentrer «dans l'arène», et que ce sont en même temps les critères éthiques selon lesquels tout homme politique doit être évalué. À cet égard, le jugement porté sur Lamartine est significatif. Tocqueville lui reconnaît bien des qualités: éducation, courage, «mœurs». Lamartine parle d'une «manière brillante» (p. 128), mais «devant une assemblée plus soumise qu'aucune autre aux tromperies de l'éloquence» (pp. 128-129). Voici le blâme capital: «Il est le seul, je crois, qui m'ait semblé toujours prêt à bouleverser le monde pour se distraire.» En d'autres termes, qu'on emprunterait à Kierkegaard, Lamartine est toujours prêt à faire prévaloir l'«intéressant», l'esthétique, sur la morale politique. Réduit à perdre le pouvoir, il ne se résout pas à «le perdre avec gloire, en sauvant le pays». Et Tocqueville de poursuivre: «Lamartine n'était assurément pas homme à se sacrifier de cette manière ni d'une autre. Je ne sais si j'ai rencontré, dans ce monde d'ambitions égoïstes dans lequel j'ai vécu, un esprit plus vide de la pensée du bien public que le sien [...] Je n'ai jamais connu non plus d'esprit moins sincère, ni qui eût un mépris plus complet de la vérité» (p. 126). Par ses qualités oratoires et par ses défauts moraux, Lamartine, tel que le décrit Tocqueville, est une image inversée du mémorialiste.

L'analyse politique, dans cette page de Tocqueville, prend appui sur des normes morales. Ailleurs, il en appelle à des lois qui semblent avoir la préséance sur toute loi positive: il est candidat à la Constituante parce qu'il a résolu de se vouer à « la défense, non pas de tel gouvernement, mais des lois qui constituent la société même » (p. 105). Certes, ces propos expriment l'esprit du conservatisme, lequel, chez Tocqueville, s'allie à l'exigence de liberté. Mais leur intérêt, pour nous, c'est qu'ils définissent des raisons de parler, des raisons de siéger dans une assemblée délibérante. On voit se préciser une cause finale de la parole politique. Il y va d'un « salut », il y va de la société elle-même. Il ne faut pas accuser l'excessive généralité des concepts, puisque c'est cette généralité même qui légitime la parole politique. Ces concepts ont une fonction régulatrice : ils doivent conduire à des actes concrets, mais sans jamais cesser d'imposer leur régulation, qui vise à l'universalité. Tocqueville, défenseur de la propriété, est persuadé (à tort ou à raison) qu'il intervient en faveur du « bien public », et non dans l'intérêt de la seule classe possédante. Pour le problème qui nous occupe, on voit nettement s'imposer un principe, dont Tocqueville n'est certes pas l'inventeur mais qu'il a le mérite de mettre en pleine évidence. Il suffit, pour le confirmer, de relire quelques lignes de la *Démocratie en Amérique*. Bien qu'antérieur aux désillusions de la carrière parlementaire, et bien que précédé de remarques fort sévères sur « le petit côté des discussions politiques », ce texte peut être considéré comme le schéma d'une théorie des rapports entre l'éloquence politique et la nation, le cas français étant ici pris à témoin. Tocqueville, on le remarquera, part de l'hypothèse selon laquelle l'abolition des « privilèges » et des « droits inhérents à certains corps » supprime la division de la société en « classes » distinctes ; la démocratie réalise dans l'ordre politique ce que l'Église avait réalisé dans l'ordre religieux, en s'adressant à tous les hommes, à titre égal, comme constituant le peuple de Dieu :

> Je ne vois rien de plus admirable ni de plus puissant qu'un grand orateur discutant de grandes affaires dans le sein d'une assemblée démocratique. Comme il n'y a jamais de classe qui y ait ses représentants chargés de soutenir ses intérêts, c'est toujours à la nation tout entière, et au nom de la nation tout entière que l'on parle. Cela agrandit la pensée et relève le langage.
> Comme les précédents y ont peu d'empire ; qu'il n'y a plus de privilèges attachés à certains biens, ni de droits inhérents à certains corps ou à certains hommes, l'esprit est obligé de remonter jusqu'à des vérités générales puisées dans la nature humaine, pour traiter l'affaire particulière qui l'occupe. De là naît dans les discussions politiques d'un peuple démocratique, quelque petit qu'il soit, un caractère de généralité qui les rend souvent attachantes pour le genre humain. Tous les hommes s'y intéressent, parce qu'il s'agit de l'homme, qui est partout le même...

C'est à cette cause autant qu'à la grandeur de la nation française, et aux dispositions favorables des peuples qui l'écoutent, qu'il faut attribuer le grand effet que nos discussions politiques produisent quelquefois dans le monde.
Nos orateurs parlent souvent à tous les hommes, alors même qu'ils ne s'adressent qu'à leurs concitoyens[99].

Plus sobrement que Hugo, mais en le rejoignant sur ce point, Tocqueville assigne à l'éloquence démocratique une portée universelle. Idéalement, elle s'adresse à la nation tout entière et, par-delà, elle rejoint tous les hommes. Mais par qui le «grand orateur» est-il mandaté? Par la nation, que nous retrouvons cette fois à l'origine de l'«acte de parole». C'est par la nation qu'il est autorisé à parler, qu'il a autorité pour exprimer les «vérités générales»; elle lui assure son droit légitime à se faire écouter. Singulière circularité! Mais cette circularité définit le discours démocratique; le texte de Tocqueville le dit de manière simple et forte: «parler *à* la nation tout entière» (destinataire), et en même temps «*au nom de* la nation tout entière» (garante). La nation est à la fois l'instance interpellée et l'instance légitimante. Cette circularité ne se viciera pas, tant que l'orateur restera lui-même attaché aux grands principes régulateurs, sans jamais interposer et préférer ses intérêts propres. Le péril, c'est la tentation démagogique: en ce cas, le gouvernement par le peuple se réduit au «despotisme exercé au nom du peuple[100]».
Une expression telle que «parler au nom de» est issue en droite ligne du discours religieux (au sens le plus large du terme). Car «celui» au nom de qui l'on parle occupe une position transcendante, et détient une autorité supérieure à celle du locuteur. Il en reste, jusque dans le discours profane, des formules d'adjuration. Et, précisément, Tocqueville y recourt, dans la péroraison pathétique de son discours prononcé à la veille de la révolution de février: «*Pour Dieu*, changez l'esprit du gouvernement»... Dieu, à ce moment, dans la bouche d'un orateur laïc, était l'ultime et peu efficace instance de légitimation. Mais les prêtres, nombreux à l'Assemblée constituante, n'étaient pas mieux écoutés. Tocqueville nous apprend qu'ils «ne purent jamais apprendre la langue de la politique; ils l'avaient oubliée depuis longtemps; tous leurs discours tournaient insensiblement en homélies».
Il est toutefois inévitable que se projette et se rabatte, dans le discours tenu au nom du peuple, une insistante mémoire du discours tenu au nom de Dieu, sous l'Ancien Régime. Mandatée par Dieu, autorisée par la Révélation dont elle était la dépositaire, l'Église, par ses orateurs sacrés, parlait aux princes au nom d'une suprême instance de légitimation, dont elle leur transmettait la puissance efficace. Elle leur déléguait la tâche du gouvernement des choses humaines; mais elle se réservait le droit de les ramener à leurs

devoirs, et de leur rappeler qu'ils n'étaient absolus qu'à la condition de rester soumis à l'instance légitimante, et de se considérer comme les dépositaires – et non les détenteurs inconditionnels – des biens et des intérêts de la nation. Le principal effet de l'éloquence des Lumières a été de faire tenir ce système de légitimation pour une fiction. Et quand la nation a supplanté Dieu comme source de légitimité, il s'est moins agi d'une laïcisation de l'autorité théologique que d'un persistant besoin d'en appeler à une légitimation. Dans le système « moderne », il faut que s'affirme un « sujet universel » (la Nation, la Raison, la *vox populi*, les travailleurs, etc.) pour exercer le rôle légitimant que les théoriciens religieux de l'absolutisme avaient attribué à Dieu et à sa Providence.

Une parole sans lieu ?

Trois corps collectifs : le clergé, les députés, les hommes de loi. Trois enceintes, ou temples, pour les accueillir : l'Église, la salle de l'Assemblée, le Palais de Justice. À l'intérieur de ces enceintes, trois emplacements réservés à ceux qui montent pour y discourir : la chaire, la tribune, le barreau. Ces trois lieux, réservés à trois rituels de langage furent le plus souvent décorés d'emblèmes : sur le dais de la chaire, l'Esprit-Saint ; autour de la tribune, les couleurs du drapeau, les faisceaux romains, le bonnet phrygien, ou une plus complète image de la Liberté ; sur les murs du prétoire, la Justice aux yeux bandés, avec sa balance. Les emblèmes allégorisent trois autorités : Dieu, la Nation, la Loi. Trois autorités auxquelles, s'il le faut, on peut en appeler contre les hommes qui gouvernent. Pouvons-nous les dire transcendantes ? Dieu, assurément. Mais la Nation, la Loi ? Nous les avons nommées instances de légitimation. Quelque chose, dans leur antécédence supposée, dans leur normativité, leur donne un air de transcendance.

Comment parler en ces trois lieux ? La Rhétorique l'enseignait, non sans prévenir que, pour les trois types de discours, des vertus de langage différentes devaient être développées, et que l'orateur devait avoir acquis des connaissances spéciales, avoir reçu des dons naturels appropriés. Car persuader est un acte différent selon que l'on parle aux fidèles au nom de la divinité ; ou que l'on s'adresse aux représentants de la nation au nom du bien supérieur de la Nation elle-même ; ou selon que, devant le juge, l'on invoque la Loi au nom d'une « partie » en litige. Il s'agit, en effet, d'obtenir trois types de décision : la conversion (ou la contrition) du fidèle ; le vote des représentants de la nation ; l'arrêt des juges qui décident de l'interprétation, par la loi, de la cause portée devant leur tribunal. Décisions qui marquent l'instant et ouvrent un futur.

La chaire, la tribune, le barreau

Nous l'avons vu, le poète, mis par Du Bellay et par l'humanisme sur pied d'égalité avec l'orateur, a résilié cette association qui les soumettait tous deux aux lois d'une même rhétorique. Il s'est affranchi (ou a cru s'affranchir) des préceptes qui définissaient trop étroitement, à son gré, les conditions de la communication. La liberté qu'il a revendiquée n'était plus celle qui avait son lieu dans le Forum. Il la découvrait au fond de soi, dans le sentiment, rebelle à toute autorité constituée mais désireux de coïncider avec la force constitutive du monde, toujours à l'œuvre à travers l'univers, et qui, dans la série infinie de ses manifestations, emprunte au passage la voix du poète. C'en est fait des «lieux» trop stables que la rhétorique d'autrefois proposait à la mémoire pour soutenir le travail d'invention. La parole, désormais, se veut tellement novatrice, que la page qui l'a recueillie est déjà le lieu d'une absence, la trace d'une migration, tandis que la force qui avait habité la parole se propage ailleurs, en d'autres lieux de passage, en d'autres formes où elle se dépose pour les quitter à nouveau. «Rien n'aura eu lieu que le lieu excepté peut-être une constellation» sont les mots déposés en grandes majuscules à travers les pages de l'un des grands textes poétiques de la modernité, où le hasard est déclaré indestructible. Mais de ce lieu vacant et constellé, la poésie plus récente est revenue, avec le souci du «vrai lieu» (Yves Bonnefoy) – d'un lieu terrestre habitable, où les objets les plus simples seraient nommés selon l'exigence d'une vérité partageable.

Dieu, la Nation, la Loi : sont-ce les plus hautes instances de légitimation ? Nous l'avons vu, contre le pouvoir de droit divin l'on a pu invoquer la Nation (en réservant à Dieu le domaine des convictions privées). Contre les lois surannées, l'on a pu faire appel à de nouveaux législateurs. Et, plus généralement, dès le XVIIIe siècle, l'on a soupçonné qu'à l'instar du droit les autres instances de légitimation étaient elles-mêmes l'œuvre des hommes. C'était destituer Dieu. Mais non forcément la nation, héritage des ancêtres, produit du travail et de la foi des générations qui ont habité le même sol. À la nation pourra s'ajouter, sans forcément la supplanter, le «sens de l'histoire», le progrès humain, le dieu futur des historiosophies. Leurs prédicateurs n'occupent pas les lieux que le Pouvoir reconnaît. Ils prêchent en plein vent, ils font circuler des journaux clandestins, ils militent obscurément. À les en croire, la tribune, la chaire, le barreau officiels sont les lieux qui permettent à une société de se dissimuler sa vraie nature : lieux de la conscience mystifiée, lieux où ne viennent jamais à leur complète expression les rapports humains créés par le travail et les transactions matérielles. En ces lieux mensongers et séparés, la parole accaparée par une fraction dominante n'est pas la vraie parole ; elle est bien plutôt celle qui empêche que s'accomplisse, dans la vie de la communauté, l'échange authentique. Il faut que la parole naisse partout, dans toutes les bouches, au nom, cette fois, de l'échange lui-même :

alors l'absence ou, ce qui revient au même, la généralisation de l'autorité constitueraient la seule légitimité possible. Nous avons assisté au fourvoiement de ce rêve. Sans doute parce qu'une parole diffuse se transforme en une rumeur sans origine et sans destinataire, jusqu'à ce que s'impose une voix plus forte. Or, des questions ne tardent pas à s'éveiller. Qui parle ? À qui est-il parlé ? De quels intérêts ? À quelles fins ? La question « d'où parlez-vous ? » qui naguère courait avec insistance, marquait bien l'importance du lieu d'où l'on parle, ce lieu fût-il, hors de tout édifice consacré, celui d'une science réputée dernière, ou d'un groupe social réputé universel. Avec ces questions, toutefois, la rhétorique renaît de ses cendres. Car toutes ces questions, elle avait souhaité que l'orateur se les pose, préalablement à tout discours qui se veut persuasif. Se les posent-ils clairement, ceux qui aujourd'hui veulent retrouver ou recréer l'autorité qui fut Dieu, la communauté qui fut la nation, les règles de coexistence non violente qui définissent la loi ? À titre défensif, la philosophie, dans son débat séculaire avec les rhéteurs, invitait les auditeurs à se poser à leur tour les mêmes questions, afin de n'accepter que ce qui aura été démontré raisonnablement, et de ne croire que ce qui mérite confiance.

---

1. La Bruyère, *Les Caractères*, « Des ouvrages de l'esprit », LV. L'idée est formulée presque dans les mêmes termes par l'abbé Fleury, en 1686, dans son *Traité du choix et de la méthode des études*.

2. D'Alembert, *Mélanges de littérature, d'histoire et de philosophie*, Amsterdam, 1763, 5 vol., « Réflexions sur l'élocution oratoire et sur le style en général », t. II, p. 325. Cet effet n'appartient qu'à la parole vive : « L'éloquence dans les livres est à peu près comme la musique sur le papier, muette, nulle et sans vie ; elle y perd du moins sa plus grande force, et elle a besoin de l'action pour se déployer », p. 322. En parlant d'action, d'Alembert désigne, bien entendu, le déploiement vocal et gestuel de l'« action oratoire ».

3. Ainsi Du Bellay, dans la *Défense et illustration de la langue française*, s'adressant au lecteur : « Ne t'esbahis, si je parle de l'orateur comme du poète. Car [...] les vertus de l'un sont pour la plus grand'part communes à l'autre » (l. I, chap. XII).

4. Marc Fumaroli, *L'Âge de l'éloquence. Rhétorique et* res literaria *de la Renaissance au seuil de l'âge classique*, Genève, Droz, 1980.

5. Paul Bénichou, *Le Sacre de l'écrivain, 1750-1830. Essai sur l'avènement d'un pouvoir spirituel dans la France moderne*, Paris, José Corti, 1973.

6. On en trouvera un bon exposé dans l'ouvrage de Charles Aubertin, *L'Éloquence politique et parlementaire en France avant 1789 d'après des documents manuscrits*, Paris, 1882, Ire partie, chap. I, pp. 9-40.

7. Du Bellay, *Défense et illustration de la langue française*, « Conclusion de tout l'œuvre ».

8. Id., *ibid.*, l. II, chap. I.

9. *Gargantua*, chap. XV.
10. *Ibid.*
11. *Ibid.*, chap. XXIV.
12. *Ibid.*
13. *Ibid.*, chap. XXIX.
14. *Ibid.*, chap. XXXI.
15. *Cf.* Alain Michel, *Rhétorique et philosophie chez Cicéron*, Paris, 1960, pp. 6-9.
16. *Gargantua*, chap. XLVI.
17. M. Fumaroli, *op. cit.*, p. 494.
18. Montaigne, *Essais*, l. I, chap LI, « De la vanité des paroles ».
19. Tacite, *Dialogus de oratoribus*, éd. par Alain Michel, Paris, 1962, pp. 113-132. *Cf.* Alain Michel, *Le* Dialogue des orateurs *de Tacite et la philosophie de Cicéron*, Paris, 1962.
20. Je cite d'après l'ancienne traduction de J.-L. Burnouf, Paris, 1858, p. 707.
21. M. Fumaroli, *op. cit.*, p. 475 *sq.*
22. Guillaume Du Vair, *De l'éloquence française*, éd. R. Radouant, Paris, 1907, p. 150 *sq.*
23. *Cf.* La Bruyère, *op. cit.*, « De la Cour », IV.
24. Thomas Hobbes, *De cive*, XII, § 3.
25. Gianluigi Goggi, « Diderot et Médée dépeçant le vieil Éson ». *Denis Diderot. Colloque international*, éd. par A.-M. Chouillet, Paris, 1985, pp. 173-183.
26. Joseph Reinach, *Le « Conciones » français. L'Éloquence française depuis la Révolution jusqu'à nos jours*, Paris, 1894. Signalons qu'un *Conciones français, ou Discours choisis tirés des historiens et orateurs français*, par J.-A. Amar, avait déjà paru au début du siècle. J.-A. Amar-Durivier est l'auteur d'un *Cours complet de rhétorique*, qui prit de l'ampleur au long de ses rééditions.
27. Gustave Lanson, *Histoire de la littérature française*, 12ᵉ éd., Paris, 1912, p. 313.
28. Mathieu Molé, *Mémoires*, éd. par A. Champollion-Figeac, Paris, 1856-1857, 4 vol., t. III, p. 225 *sq.*
29. *Œuvres d'Omer et de Denis Talon*, éd. par D.-B. Rives, 2 vol., Paris, 1821, t. I, p. 126 *sq.*
30. Mme de Motteville, *Mémoires...*, Amsterdam, 1723, 5 vol., t. II, p. 15.
31. *Cf.* Jean Starobinski, « Sur la flatterie », *Nouvelle Revue de psychanalyse*, n° 4, automne 1971, pp. 131-151.
32. M. Fumaroli, *op. cit.*, p. 5.
33. Albert Thibaudet, *Réflexions sur le roman*, Paris, 1938, pp. 224-225.
34. Ainsi G. L. Ferri, *De l'éloquence des orateurs anciens et modernes*, Paris, 1789.
35. À la lecture directe de Cicéron, de Démosthène ou de Plutarque, il faut ajouter les divers exercices de collège, l'histoire mise en récits et truffée de discours. Ainsi « le bon Rollin », dont l'*Histoire romaine*, selon Lanson, « est un cours de morale républicaine » (*op. cit.*, p. 728).
36. Bossuet, *Maximes et réflexions sur la comédie.*
37. Je résume un débat qu'illustreraient les beaux *Dialogues sur l'éloquence* de Fénelon, parmi bien d'autres textes. On pourrait aussi citer, à titre complémentaire, un auteur mineur, le père B. Gisbert, S.J., qui écrit : « Il en coûte à un prédicateur de faire de toutes ses pensées les plus brillantes un généreux sacrifice au salut de ses auditeurs. Nous sommes naturellement amoureux de nos pensées, et plus amoureux de nos pensées brillantes que de toutes les autres. Aux yeux de notre vanité, ce sont nos plus beaux enfants » (*De l'éloquence chrétienne dans l'idée et dans la pratique*, Lyon, 1715).

38. Bossuet, *Panégyrique de saint Paul*, in *Œuvres oratoires*, éd. Lebarq, 7 vol., t. II, Paris, 1891, p. 296 sq. *Cf.* J. Truchet, *La Prédication de Bossuet*, Paris, 1960, 2 vol.

39. Bossuet, *Oraisons funèbres*, éd. par J. Truchet, Paris, 1961, p. 49.

40. La Bruyère, *op. cit.*, «De la chaire», I.

41. Id., *ibid*, II.

42. *Ibid.*, XXIII.

43. Charles Perrault, *Parallèle des Anciens et des Modernes*, éd. par H.-R. Jauss et M. Imdahl, Munich, 1964. L'argument est repris en Angleterre par Z. Pearce, dans le *Spectator*, n° 633, 15 décembre 1714.

44. Chateaubriand, *Mémoires d'outre-tombe*, Ire partie, l. IIe, chap. II.

45. Jacques Bridaine (1701-1767), prêtre missionnaire, sans grande formation littéraire, connut d'immenses succès, grâce à ce que Maury nomme «sa vigueur agreste», et «ses comparaisons populaires et frappantes». *Cf.* J.-S. Maury, *Essai sur l'éloquence de la chaire*, Paris, 1810, 2 vol., t. I, pp. 135-151.

46. Sur ces problèmes, *cf.* Peter France, *Rhetoric and Truth in France. Descartes to Diderot*, Oxford, 1972.

47. *Cf.* U. Ricken, *Grammaire et philosophie au siècle des Lumières*, Lille, 1978, notamment p. 78 sq.

48. Bernard Lamy, *Entretiens sur les sciences*, Lyon 1694, p. 121 *sq.* C'est l'une des lectures de J.-J. Rousseau aux Charmettes.

49. René Rapin, *Œuvres*, La Haye, 1725, 2 vol., t. II, pp. 2-3 («Réflexions sur l'usage de l'éloquence»).

50. Turgot, *Œuvres*, éd. G. Schelle, Paris, Alcan, 1913, t. I, p. 129.

51. Jean-Jacques Rousseau, *Deuxième lettre à Malesherbes*, *Œuvres*, Paris, Gallimard, Bibliothèque de la Pléiade, t. I, p. 1136.

52. Voltaire, article «Éloquence» de l'*Encyclopédie*.

53. Je cite d'après les *Mélanges de littérature, d'histoire et de philosophie*, Amsterdam, 1763, 5 vol., t. II, p. 325 sq.

54. *Cf.* R. Darnton, *Bohème littéraire et Révolution...*, Paris, Hautes Études, Gallimard, Éd. du Seuil, 1983.

55. Jean-Jacques Rousseau, *Du contrat social*, l. III, XV. Même accusation au chapitre XX de l'*Essai sur l'origine des langues*.

56. *Cf.* M. Fumaroli, *op. cit.*, p. 475.

57. P.-L. Gin, *De l'éloquence du barreau*, Paris, 1768. Le plus ancien texte mentionné est le *Traité des droits de la Reine* (1663), et non un recueil de plaidoyers.

58. Mona Ozouf, *La Fête révolutionnaire*, Paris, Gallimard, 1976.

59. [Sautreau de Marsy], *Tablettes d'un curieux*, Paris-Bruxelles 1789, 2 vol., t. I, p. 252. Le texte sur l'éloquence est attribué à «M. C.».

60. François Furet, *Penser la Révolution française*, Paris, Gallimard, 1978, pp. 170-171. Les diverses études d'A. Aulard sur l'éloquence et les orateurs de la Révolution restent utiles : elles proposent surtout des portraits et des jugements.

61. Hans Ulrich Gumbrecht, *Funktionen der parlamentarischen Rhetorik in der Französischen Revolution*, Munich, 1978. Les *Réflexions sur la déclamation* de Hérault de Séchelles indiquent le très haut degré d'attention que l'on portait à la technique de l'élocution et de l'action. L'avocat s'inspire ouvertement des comédiens. *Cf. Œuvres littéraires*, éd. par E. Dard, Paris, 1907, pp. 157-180.

La chaire, la tribune, le barreau

62. Peter France, «Éloquence révolutionnaire et rhétorique traditionnelle. Étude d'une séance de la Convention», *Studi francesi*, vol. XXIV, Rome, 1985, pp. 143-176.

63. *Œuvres choisies de M.-J. Chénier*, Paris, 1822, t. I, pp. 71-77.

64. Mona Ozouf, «Le Panthéon», *in Les Lieux de mémoire, La République*, Quarto 1, pp. 155-178.

65. Mme de Staël, *Considérations sur la Révolution française*, l. II, chap. XX.

66. Victor Hugo, *Napoléon-le-Petit*, l. V, chap. II-III.

67. Les *Préceptes* du père Mestre ont connu douze éditions entre 1883 et 1922.

68. Albert Thibaudet, *Histoire de la littérature française de 1789 à nos jours*, Paris, 1936, pp. 15-16.

69. On ne citera qu'un ouvrage typique: P. S. Laurentie, *De l'éloquence politique et de son influence dans les gouvernements populaires et représentatifs*, Paris, 1819.

70. Condorcet, *Rapport et projet de décret sur l'organisation générale de l'instruction publique*, Paris, 1792, pp. 19-20. *Cf. Une éducation pour la démocratie. Textes et projets de l'époque révolutionnaire*, présentés par Br. Baczko, Paris, Garnier, 1982. On y trouvera le *Rapport* de Condorcet (pp. 177-261). On y trouve également, entre autres, les textes de Saint-Just, *Fragments d'institutions républicaines*, où l'on voit prévaloir un modèle d'éloquence spartiate et guerrier: «Les lycées distribueront des prix d'éloquence. Le concours pour les prix d'éloquence n'auront jamais lieu par des discours d'appareil. Le prix de l'éloquence sera donné au laconisme, à celui qui aura prononcé une parole sublime dans un péril, qui par une harangue sage aura sauvé la patrie, rappelé le peuple aux mœurs, rallié les soldats» (p. 386).

71. Benjamin Constant, *De l'esprit de conquête et de l'usurpation*, II, chap. VIII, *in De la liberté chez les modernes* éd. par Marcel Gauchet, Paris, Hachette, coll. «Pluriel», 1980, pp. 191-195. *Cf.* Jean Starobinski, «Benjamin Constant et l'éloquence», *in Benjamin Constant, Madame de Staël et le groupe de Coppet*, éd. par E. Hofmann, Oxford-Lausanne, 1982, pp. 319-330.

72. Benjamin Constant, *Mémoires sur les Cent-Jours*, 2ᵉ éd., Paris, 1829, IIᵉ partie, p. 24.

73. Louis de Cormenin (1788-1868), juriste, député de l'opposition sous Charles X et Louis-Philippe, représentant à la Constituante. *Cf.* Alexis de Tocqueville, *Souvenirs*, éd. par Luc Monnier. Paris, 1964, et Paul Bastid, *Un juriste pamphlétaire, Cormenin...*, Paris, 1948.

74. Timon (Louis de Cormenin), *Le Livre des orateurs*, 11ᵉ éd. Paris, 1842, p. 9. Selon le catalogue de la Bibliothèque nationale, la première édition est de 1836; la dix-huitième, en deux volumes, de 1869.

75. Id., *ibid.*, p. 75.

76. *Cf.* Paul Bénichou, *op. cit.*

77. L. de Cormenin, *op. cit.*, p. 494.

78. Honoré de Balzac, *Modeste Mignon*, *in La Comédie humaine*, éd. sous la direction de P.-G. Castex, Paris, Gallimard, Bibliothèque de la Pléiade, 1977-1981, 12 vol., t. I, p. 628.

79. Id., *Albert Savarus*, éd. cit., t. I, p. 894. *Cf.* l'introduction et les notes d'A.-M. Meininger.

80. Id., *Z. Marcas*, éd. cit., t. VIII, pp. 841-842.

81. Id., *Albert Savarus*, *op. cit.*, p. 997.

82. Louis de Cormenin, *op. cit.*, p. 117.

83. H. de Balzac, *Z. Marcas*, *op. cit.*, p. 832. Et Balzac ajoute: «L'avocat est rejeté sur le journalisme, sur la politique, sur la littérature.»

84. L. de Cormenin, *op. cit.*, pp. 119-120.

85. Id., *ibid.*, p. 475.

86. *Ibid.*, p. 128.

87. Antoine Berryer, *Œuvres*, Paris, 1878, 4 vol., t. IV, p. 443 (lettre à l'éditeur Lecoffre sur l'ouvrage anonyme d'Henry Moreau, *Le Ministère public et le barreau*).

88. Id., *ibid.*, p. 451.

89. Charles Baudelaire, *Le Spleen de Paris*, XXIII, «La Solitude».

90. Gustave Chaix d'Est-Ange, *Discours et plaidoyers*, éd. par Éd. Rousse, Paris, 1862, 2 vol., p. XLVI.

91. Id., *ibid.*

92. *Ibid.*

93. Stéphane Mallarmé, *Œuvres complètes*, éd. par Henri Mondor, Paris, 1945, p. 368. Rousse avait écrit, au contraire, pour adoucir le contraste entre l'orateur et l'écrivain : «Entre la littérature et l'éloquence d'une époque – fût-ce l'éloquence des procès – il y a des conformités saisissantes, beaucoup d'emprunts mutuels, beaucoup d'échanges involontaires, des traits communs et un air de famille frappant»... (*Op. cit.*, p. XLVII.)

94. Alexis de Tocqueville, *Souvenirs*, éd. par Luc Monnier, Paris, Gallimard, 1964, p. 98.

95. Id., *ibid.*, pp. 102-103.

96. *Ibid.*, p. 75 sq.

97. *Cf.* François Furet, *Marx et la Révolution française. Textes de Marx présentés, réunis, traduits, par Lucien Calvié.* Paris, Flammarion, 1986, pp. 244-251.

98. A. de Tocqueville, *Souvenirs, op. cit.*, p. 112. Le discours de Lamartine sur le drapeau tricolore – morceau d'anthologie pendant des décennies – constitue un bon exemple de ce qu'avance Tocqueville.

99. Id., *De la démocratie en Amérique*, éd. M. Laski, Paris, 1951, 2 vol., t. II, p. 96 (II, I, 21).

100. Id., *Souvenirs, op. cit.*, p. 182.

JEAN-PIERRE RIOUX

Le Palais-Bourbon
De Gambetta à de Gaulle

*E*ngrangeons d'abord, sous bénéfice d'inventaire, ce jugement balancé mais flatteur d'un républicain de bonne souche, Joseph Reinach. L'ancien chef de cabinet de Gambetta, devenu le gardien vigilant de la mémoire de l'«orateur-monstre», le directeur de *La République française* qui pourfendit Boulanger, le parlementaire, le futur accusateur d'Henry et le grand historien de l'Affaire Dreyfus, ouvrait ainsi en 1894 sa méditation sur les *conciones*, en préface à son histoire de *L'Éloquence française* : « L'éloquence française a rempli le monde de son bruit. Elle a renversé des trônes et failli sauver des monarchies; elle a été, à la fois, l'épée et le bouclier de la liberté; on ne citerait pas une réforme, politique ou sociale, qui ne soit née de la tribune; elle a donné des ailes à toutes les idées généreuses et doublé la puissance de séduction des chimères; chaque fois qu'elle s'est tue, l'humanité a paru sans voix; une aurore d'espérance a salué chacun de ses réveils; pour dire le bien qu'elle a fait et aussi le mal, il faudrait raconter l'histoire de la France depuis un siècle[1]. » Cet éloge tout bruissant de mémoire active, on le voit, immortalise déjà, malgré les crises d'une fin de siècle agitée, la parole républicaine sur le lieu même de ses exploits nationaux, là où elle s'est imposée : à la tribune.

En chaire ou à la barre, dans l'intimité des sociétés de pensée ou des académies, mais aussi sur une caisse retournée en plein vent ou au coin de quelque estrade plus policée, de tréteaux improvisés en meetings colorés, loin des complicités éloquentes mais feutrées du cercle bourgeois, s'aérant après avoir longtemps hanté les arrière-salles des marchands de vin, une éloquence de civisme n'avait certes jamais manqué d'assises depuis 1789. Et là, dans un mélange assez fort de curiosité, d'ardeur et de grands sentiments adolescents, des citoyens assemblés avaient appris à peser le poids et le prix des mots, les plus plébéiens ou les plus châtiés : clubs et complots, harangues de foules en marche et barricades sonores firent le reste, dans une troublante filiation de la rhétorique à la révolution. Ces tribunes-là, toutefois, sont trop baroques pour accéder jamais au classicisme du lieu de mémoire de la Nation. Matériau, sans doute; monument, nullement. Car elles sont trop enfiévrées par la seule soif de l'événement, trop dédaigneuses du perdurable et de l'ordonnancé, trop soumises à l'immédiateté enivrante du Verbe. Lieux de circonstance ou lieux détournés de leur destination première, grondeuses et comme primitives, échos de Barbares sans Athènes : mnémotechniques, toujours ; inoubliables pour le groupe qu'elles ont ébranlé ; mais de mémorabilité nationale douteuse.

Nous ne les oublierons pas. Mais nous privilégierons ici la seule tribune où fut pleinement assumé le meilleur critère distinctif d'une mémoire vive et partagée : la représentation consciente d'elle-même. Ce lieu mémorable par vocation, cette tribune modèle, c'est à l'évidence celle des Assemblées délibératives et représentatives, là où cohabitèrent, au prix de mille tensions et malgré quelques hiatus, dans une longue continuité de la délégation populaire, les vertus électives du suffrage, la capacité consensuelle de la loi et l'efficacité du contrôle et de l'exercice du pouvoir. Là, parce que l'éloquence politique est en acte, de législation, de budget ou de gouvernement, de salut public ou de lâche soulagement, une mémoire se forge, qui n'est jamais pâle reflet mais plutôt médiation, alchimie et invocation réglementée du passé à l'avenir. Épicentre d'une République offerte à la vénération de ses fils, carrée, massive, lieu clos – croit-on longtemps – des seuls combats qui engagent le pays, si menacée pourtant et bientôt si isolée, voici la tribune parlementaire. Comme lieu de mémoire d'un âge d'or de la Nation démocratisée. C'est-à-dire après l'onction du suffrage universel en 1848, quand sont mis en place les grands équilibres de la IIIe République, avant les crises fatales et jusqu'aux concurrences sauvages et aux abaissements plébiscités, dans ses splendeurs et ses misères, de Gambetta à de Gaulle.

La Renommée et l'Histoire

Prenons le risque de chagriner un peu les hôtes du palais du Luxembourg et leurs nombreux amis dispersés dans la France profonde des notabilités, en affirmant que leur tribune eut son destin scellé le 24 février 1875, quand fut votée la loi constitutionnelle créant un Sénat à peu près protégé de l'« omnipotence du nombre » et de l'« action démocratique des villes ». Gambetta avait su convaincre les républicains d'admettre cette entorse à la souveraineté du suffrage universel en plaidant pour ce « Grand Conseil des communes françaises » qui ancrerait le nouveau régime au cœur du pays : bien lui en prit. Mais l'opprobre perdura, sanctionné par le mécanisme impitoyable des

Le Palais-Bourbon

« navettes » : la Chambre des députés puis l'Assemblée nationale auront le dernier mot, au moins jusqu'au retournement de situation de 1962. Au reste – et sous réserve d'une démonstration qui n'a jamais été scientifiquement avancée, sur ce point comme sur tant d'autres qui jalonnent cette histoire de la tribune – rien ne prouve que l'éloquence des pères conscrits se distingue sensiblement de celle de leurs cadets des bords de Seine : plus apaisée et plus fleurie peut-être, plus proche des terroirs sages et des humanités pérennes, mais communiant aux mêmes idéaux et révélant les mêmes travers. C'est donc au Palais-Bourbon qu'il nous faut découvrir la tribune souveraine.

Elle est au cœur de l'édifice et de sa salle des séances. Les lambris qui avaient abrité le Conseil des Cinq-Cents en 1795 menaçant ruine, l'architecture de Gisors et Lecomte fut reprise par Jules de Joly : la nouvelle salle, achevée en 1832, ne subira plus de retouches, hormis sa sonorisation électrique inaugurée avec la IVe République. Les deux vastes pièces qui la flanquent, celle des Pas perdus et celle des Conférences, sacrifient dans leur décoration aux cultes de la paix et de la guerre, aux génies de la vapeur, du progrès scientifique et des grands corps sociaux de la Nation. Mais l'éloquence plénière méritait d'autres symboles de mémoire. Au-dessus des vingt colonnes de l'hémicycle et dans l'attique se mêlent la Raison et la Justice, la Prudence et l'Éloquence. Surmontant l'estrade présidentielle, une *École d'Athènes* d'après Raphaël souligne la vigilance qu'exercent sur les débats tous les orateurs antiques ; à sa gauche et à sa droite, les statues de la Liberté et de l'Ordre public bornent la compétence oratoire du législateur. Enfin, sous le fauteuil du président, la tribune elle-même, en acajou et bronze doré, arbore dès 1798 un bas-relief de Lemot représentant la Renommée et l'Histoire, destins promis aux plus persuasifs représentants du Peuple. Loin des bergeries, des antiquailleries et des allégories nationales qui jalonnent les murs et les plafonds du Palais-Bourbon, cet autel rouge sombre est à l'épicentre, gardé par les seules divinités tutélaires qui vaillent. Battu par le flot populaire le 24 février 1848 et le 4 septembre 1870, déporté à Versailles en 1871, triomphant des vicissitudes de l'histoire, il s'est immobilisé dans sa gloire du front de Seine. Des générations de parlementaires ont tenu à rappeler combien cette tribune était de pratique difficile, au point de se transmettre fraternellement, toutes couleurs politiques confondues, les anecdotes qui soulignent les dangers et les « trucs » qui y parent : il y a comme une constante de géographie physique dans cette mémoire. Observons d'abord que le Parlement français est un des rares au monde qui laisse à l'orateur le choix du terrain : il peut parler indifféremment de sa place ou de la tribune et il opte naturellement pour cette dernière dès que son propos prend quelque importance décisive à ses yeux ou à ceux de ses amis politiques. La tradition française rompt ainsi avec la vieille pratique anglo-saxonne qui fait des Communes ou du Congrès un club de conversation suivie contrôlée par le *speaker*; elle refuse aussi de considérer que la tribune puisse être lieu d'exercice de quelque dictature, ce qui lui donne, par exemple et pour en rester à l'aire latine, une parenté avec les Cortes d'Espagne mais la distingue radicalement de la Chambre italienne où, après les effets de voix d'un Mussolini du haut de promontoires divers, il fut imposé aux députés de rester sagement à leur place[2]. Par contre, en interdisant la lecture du discours – et aujourd'hui encore, malgré les apparences troublantes que nous révèlent les reportages de la télévision –, en tolérant l'interruption et en ne décourageant pas l'intervention rapide depuis les bancs ou dans une travée de l'hémicycle, elle pimente l'exercice de la parole et brise la monotonie du discours en majesté.

L'orateur qui a choisi de monter à la tribune s'avance donc, guetté déjà par la meute ou perdu dans le brouhaha des conversations distraites. Il contourne le petit personnel qui se presse alentour et gravit les quelques marches d'accès. Gare à celui qui hésite! Mais quelques murmures flatteurs peuvent saluer le sportif ou le passionné qui les escalade vivement: le 4 octobre 1962, au crépuscule d'une certaine tradition parlementaire française, un sémillant quasi-nonagénaire, Paul Reynaud, fit frissonner d'aise ses collègues, tant semblait belle déjà sa hâte à jouer au Mirabeau résistant à Pompidou-Brézé. Le nonchalant prometteur qui s'échauffe l'organe à pas comptés, le boute-en-train qui sourit à l'avance ou le grand ténor emprunté et glacé peuvent aussi à leur manière réussir dès l'ascension la *captatio benevolentiae*. Voici notre orateur installé, notes déployées pour la bataille, voix éclaircie et pose prise: les difficultés commencent.

Car la tribune est une sorte de nacelle suspendue flottant au gré des vents[3]. Au cœur d'une salle immense où la voix porte assez mal, elle met l'orateur en situation inconfortable. Son auditoire, réparti sur le mur incurvé des gradins, se dérobe au face à face qui peut s'établir dans une salle ordinaire. Il est plus bas que lui au banc des ministres ou des commissions et aux premières travées. Quelques privilégiés lui font face, au ras de la ligne de flottaison. Mais les places du haut l'écrasent: la Montagne veille, surmontée elle-même par les autres tribunes, en principe muettes mais souvent rivales, qui abritent le public et la presse. L'en bas peut faire la sourde oreille ou méditer à loisir la réplique assassine. L'en haut, héritier des tricoteuses et des sectionnaires de l'an II, exerce son droit de regard démocratique. Sans même parler des excitations criminelles, dont la bombe lâchée dans la salle par Vaillant en 1893 fut la plus tragique illustration, le rôle des tribunes du public dans les grands débats n'est jamais négligeable. C'est l'opinion populaire triée sur le volet qui y joue au scrutateur ou au provocateur: ainsi, ce 18 mars 1955, quand Pierre Poujade en tombant la veste donna le signal du tumulte pour la défense des petits commerçants et des artisans. L'œil cruel de la caméra de

Le Palais-Bourbon

télévision, glissé dans l'hémicycle dans les années 1960, portera au point de non-retour cette surveillance des citoyens sur le débat de leurs élus. Désorienté par cette montée-descente, l'orateur peut sans doute reprendre force dans l'exercice de l'horizontalité, sur l'axe droite-gauche qui lui est si familier : il guette les applaudissements du chœur bien groupé de ses amis politiques, il enregistre sans surprise les mouvements divers de ses adversaires à géographie stable. Mais, si rassuré soit-il par la latéralité partisane, la surprise peut aussi venir de dos : le président qui le surplombe surveille son flot de paroles, refoule ou non ses interrupteurs dont l'irruption a été accueillie par le « volontiers » de rigueur, encourage ou perturbe lui-même à discrétion. Dans les années 1950, Édouard Herriot, de son « perchoir », coupait ainsi systématiquement le micro d'un certain Quilici, qui un jour avait osé rappeler l'attitude du maire de Lyon en 1940 face au maréchal Pétain...
Bien d'autres contraintes pèsent sur notre orateur. La classe est souvent dissipée : les collègues entrent et sortent, passant distraitement au pied de l'autel, avant de se plonger dans leur courrier ou dans leur quotidien du soir ; les huissiers et les secrétaires entretiennent une agitation ouatée ; un murmure s'installe, indifférent et anonyme, qui rend plus poignant le silence des heures graves. Cet auditoire rompu aux exercices de l'art oratoire doit donc être rappelé à l'attention avec persévérance. Mais les ruses rhétoriques peuvent faire long feu, les « cuirs » et les lapsus sont aussitôt accueillis avec fracas et l'interruption, qui distrait l'assemblée, bouscule les ordonnancements les plus médités et ruine les effets. Le plébéien Martin Nadaud au langage empêtré fut impitoyablement raillé par les humanistes de l'assistance[4]. Un Waldeck-Rousseau qui poussait la minutie jusqu'à griffonner quelque « ici, sourire » en marge de ses notes, fut souvent cantonné dans sa gravité originelle par la vigilance de ses collègues. Et il est un art d'être interrompu. Waldeck-Rousseau encore, sentant un jour de 1900 l'extrême agitation de Méline sur son banc, « s'arrêta net. Sa phrase faite de chaînons rigoureusement articulés, est comme brisée par le coup de frein de la mâchoire brutalement refermée. Cela donne au dernier mot tombé du haut de la tribune l'éclat d'une cassure fraîche. Waldeck-Rousseau observe d'un œil glacé ce qui sort de la bouche de Méline. Et il dit : "Je continue"[5] ». Mais, à l'inverse, tel autre orateur, qui croit habile de provoquer l'interruption qui le stimulerait, prend le risque de revivre la mésaventure restée célèbre d'un familier de cette tactique, l'abbé Maury, fort surpris, et du coup bégayant, quand l'Assemblée écouta en silence le 27 novembre 1790 son discours sur la Constitution civile du clergé. Entre ces deux écueils, perdre le fil de la démonstration ou accepter le corps-à-corps, la plupart des parlementaires ont opté pour un prudent « je ne vous ai pas interrompu dans vos magnifiques envolées ; rendez-moi la pareille pour ma modeste intervention ». Seuls les

moins ambitieux ont accepté la sollicitude paterne du président, sur le mode : « Écoutons notre collègue, quand ce ne serait que pour rendre hommage au courage qu'il lui a fallu pour surmonter son malaise. »

La tribune requiert aussi des qualités physiques : la logique du mot qui fait mouche, celle du long balancement argumenté, en supposant que le trac banal ait disparu aux premiers mots, impliquent que le corps ne trahit pas, que l'attitude et la gestuelle sont toujours proportionnées à l'ampleur du propos. Pour le courant, une gymnique minimale suffit : la jaquette ou le veston hermétiquement boutonnés pour saluer la solennité du lieu et du moment, un poing posé sur la tribune et froissant les feuillets, un bras replié dans le dos et prompt à pointer du doigt l'interrupteur, un léger roulis du tronc et les mimiques les plus triviales. Tout en sachant que la tribune du Palais-Bourbon favorise indiscutablement les parlementaires de taille moyenne. Les hautes carcasses étirées dans leur costume serré doivent de temps à autre effectuer en effet un plongeon disgracieux vers la tablette trop basse où gisent les notes indispensables : de Gaulle détestait l'exercice, qu'il pratiqua fort peu, mais un René Pleven souffrit ainsi le martyre ; à l'inverse, les petits, avantagés il est vrai pour la consultation de leurs notes, sur la pointe des pieds, agrippés des deux mains au rebord, émergent difficilement de l'acajou et distinguent mal le gouvernement – ce fut le cas pour Jacques Duclos, qui fustigeait ainsi à tâtons les ministres bourgeois. Mais dans le feu de l'action les meilleurs savent surmonter ces handicaps et usent habilement de l'avantage de la station debout : faux départs et feintes de corps comme à l'escrime, drapés vertueux à la romaine, gestes amples du désespoir, tout est possible, jusqu'au signal de détresse pour Frères ∴, jusqu'à ces deux mains tendues de Jaurès prêt à passer par-dessus bord pour mieux convaincre, que la presse parlementaire a si souvent croquées. Avec en ultime recours l'usage habile de l'organe, tonnerre de voix pour apaiser le tumulte, pause prémonitoire, formule sifflante qui part comme une flèche. Et les mille ressources de l'intonation qui peut faire scintiller le propos le plus plat et dont l'art fut porté à l'extrême par Jules Simon en 1876 lorsqu'il se dit devant la Chambre « *profondément républicain* et profondément conservateur », avant d'affirmer au Sénat qu'il n'en était pas moins « profondément républicain et *profondément conservateur*[6] ».

Encore faut-il choisir son heure pour montrer sa vaillance. Les rares séances en fin de matinée, fort désertées, ne peuvent convenir qu'aux débutants ou aux discrets, séduits par le moindre risque de leur intimité. L'après-midi, quand la lumière presque blafarde grandit la majesté du lieu et que les tribunes du public sont garnies, est plus glorieuse, pour peu qu'un grand sujet soit en débat. En revanche, après le temps fort du 18-21 heures, la guerre de tranchées de la séance de nuit, qui force à rameuter à la buvette ou dans les

Le Palais-Bourbon

fauteuils profonds de la salle des Conférences, dispense les avantages d'une chaleur dorée par six cent cinquante lampes et les désagréments de la fatigue. Les plus fins ténors savent ainsi ruser pour intervenir à leur heure, mais sans heurter les us et coutumes : ici, pas de pause sacrée pour le thé, mais des rendez-vous fixes avec la presse, les quémandeurs ou le vermouth qu'il ne faut jamais troubler ; et même quelques maniaqueries tolérées par le président, comme celle d'un élu d'extrême gauche fort tenu par sa femme et qui ne manquait jamais d'interrompre le débat à 12 heures d'un très sonore « À demain ! » auquel Deschanel obtempérait souvent.

Mais, au bout du compte, les dangers d'une tribune où l'exercice de l'éloquence est si réglementé et si aléatoire ne doivent pas être indéfiniment majorés. Car bien souvent l'orateur parle moins pour convaincre son auditoire que pour exporter à bon compte ses propositions politiques. À ses pieds et sur ses flancs, la revanche de l'écrit est déjà en marche : dans un État de droit, dans une démocratie du suffrage universel, les tablettes de l'Histoire sont plus gratifiantes que la trompette de la Renommée. Sous la tribune, sur une table amarante, adossés au bas-relief de Lemot, les secrétaires « rouleurs » se relaient en effet toutes les deux minutes, puis portent leur « prise » aux « réviseurs » qui mettent en forme le compte rendu sténographique : revu par l'orateur, c'est ce texte-là qui paraîtra moins de quarante-huit heures plus tard au *Journal officiel* dans son édition *Débats parlementaires*. Par ailleurs, le petit bataillon lettré des « secrétaires des débats » – recrutés par un difficile concours qui favorise les écrivains – prend des notes qui, reconstituées, malaxées et réécrites, alimenteront des documents plus flatteurs encore, le compte rendu sommaire au style indirect, qu'on répand dans les couloirs de quart d'heure en quart d'heure, et l'excellent compte rendu analytique, matériau précieux pour l'éditorial que l'élu livrera le lendemain à son journal local ou pour la confection de futurs Mémoires. La parole imprimée vole ainsi dans les circonscriptions et les rédactions, dans un élan fort démocratique qui démultiplie et rectifie l'effet oratoire. Avant l'instauration du suffrage universel, une Assemblée enthousiaste pouvait voter l'impression d'un discours et son affichage dans les hauts lieux publics : depuis 1848, *Le Moniteur* puis l'*Officiel* ont déjà médiatisé la tribune.

Et jusqu'en ses travers. Les joies du compte rendu et le recueil des perles du *J.O.* ont été intégrés à la culture politique minimale, par le canal des chansonniers et des innombrables anthologies où les publicistes et les curieux font provision de ces bons mots à travers lesquels le peuple s'est familiarisé avec l'institution parlementaire : fait significatif, le ton de ces publications d'humour involontaire ne se fera grinçant qu'après 1930[7]. *Topos* de la démocratie gauloise, ce florilège mêle sans peine les absurdités, les cocasseries et les images hardies que les auditeurs peuvent ne pas avoir relevées en séance, mais qui ne passent pas l'examen écrit. Quelques-unes ont gardé le classicisme de l'anonymat, en hommage détourné à la tribune d'un peuple frondeur. Déroutantes : « Il y en a qui répondent présent et qui ne sont pas ici. » En forme de vérité première : « Ce n'est pas la première fois aujourd'hui que nous allons assister à ce qui va se passer tout à l'heure. » D'un humour douteux : « Protéger le porc, c'est nous protéger nous-mêmes » ou « Dès mon arrivée au ministère, je me suis complu à faire fonctionner l'organe essentiel de la reproduction chevaline. J'entends : le Conseil supérieur des haras ». Inépuisables de hardiesse : « C'est dans les vieilles culottes de peau que battent les cœurs des braves », « Le cœur qui bat sous la blouse de l'ouvrier est souvent aussi vaillant que celui qui bat sous le haut-de-forme du bourgeois » ou « Le sous-préfet est une verrue de la République qui bourgeonne dans la direction du soleil levant et qui évolue dans les coups de force ». Il suffit : « J'affirme qu'un cri d'horreur s'échapperait de toutes les banquettes si j'entrais dans le détail[8]. »

La « virginité de la raison »

Les truismes et les lieux communs, répétons-le, pendant longtemps n'ont pas tiré à conséquence. Car la majesté de la tribune parlementaire était tempérée par la bienveillance ou la fureur de l'opinion publique : le verdict des urnes ennoblissait chaque envolée, même médiocre. Et le dernier des élus ânonnant d'humbles sottises participait d'un exercice réglé de la souveraineté nationale où l'on savait depuis Pascal que « la vraie éloquence se moque de l'éloquence » : l'acte de législation ou de gouvernement transcendait la parole. Au Parlement, au moins jusqu'en 1918, les républicains triomphants eurent ainsi toute latitude pour se poser en héritiers et en fondateurs.
Dans leur quête d'une légitimité historique, il surent allier la révérence à l'Antiquité mère et la reconnaissance militante de la rupture de 1789. Le drapé noble d'une éloquence « souveraine des âmes et bienfaitrice du genre humain », ils l'ont appris presque tous chez les bons pères ou au lycée : chacun déroule à l'envi ses souvenirs scolaires, cite Aristote, Cicéron ou Quintilien, évoque le héraut qui parcourait l'agora en criant bien haut « Qui veut parler ? », en rivalisant dans un amour de la référence qui dépasse les clivages partisans. Les droites et l'opportunisme se meuvent à l'aise dans le jardin des orateurs anciens. Mais la gauche la plus extrême n'a de cesse de lui avoir disputé ce monopole : l'exceptionnelle érudition d'un Jaurès s'y emploie[9] et bien plus tard l'Assemblée de la Ve République entendra toujours avec plaisir les plaidoyers de son doyen d'âge, le communiste Virgile Barel, en faveur des humanités classiques. Mais ce consensus est fondé sur des

enjeux présents, dont le plus lisible est bien entendu la sainte Revanche de 1871 à 1914. À l'exception des derniers monarchistes vaincus, le Parlement est unanime à considérer que son éloquence est fille de la Révolution. Les grands anciens de la Constituante ou de la Convention ayant toutefois donné leur préférence aux prosopopées ou aux hypotyposes romaines de seconde zone, dans une belle fidélité au *De viris* plus qu'au *De oratore*, leurs fils reconnaissants préfèrent les *Philippiques*. Au soir de sa vie, en reconstruisant largement, il est vrai, son personnage, Clemenceau, le «Père la Victoire», rassembla les vertus de l'orateur républicain en nouant un bel hommage à Démosthène. Le devoir patriotique de la Revanche fait que «toute parole ne peut être que vain bruit sans l'action»: l'orateur est un homme de guerre. «D'un mot, poursuit Clemenceau, il déchire le voile des choses, il porte la pointe du fer au fond de la plaie vive, il ramasse les volontés éparses en des faisceaux de métal acéré, il fait apparaître aux yeux égarés l'horreur vivante de ce qui est. Ainsi feront plus tard Cicéron, Mirabeau, débridant la blessure à l'heure des suprêmes périls [...] Orateur et héros, l'homme entraîne tous ces lambeaux d'existence manquée à la plénitude des réalisations des grands jours[10].» Le verbe est acte, la tribune catapulte: Démosthène ne faisait pas de polémique, il canonnait. Eschine, agent macédonien, sera démasqué et Philippe, l'ennemi héréditaire, sera vaincu.

Ce salut systématique à l'Antiquité, cependant, ne suffisait pas. Il participait même, pour les travées de gauche passées aux Barbares, de ce «despotisme de la langue» qu'avait jadis dénoncé un Danton: la réaction s'abrite volontiers derrière sa propre rhétorique, elle mêle à la tribune éloquence, philosophie et sophistique. Ce sont donc de bons ancêtres nationaux qu'il faut mobiliser au service de la République. Ceux de la tribune révolutionnaire, il va de soi, avec ou sans répétition générale du discours aux Jacobins, avec ou sans accusateurs publics sachant trop bien tourner l'énoncé d'une sentence fatale. Chacun s'accorde donc pour penser, avec Charles Aubertin, le premier historien républicain de la tribune, qui fréquentait assidûment l'École normale de la rue d'Ulm où se formaient de nouveaux rhéteurs, que «l'âge viril de l'éloquence politique commence chez nous en 1789; de cette époque datent sa gloire et sa puissance, car c'est alors seulement que la nation française, maîtresse d'elle-même, a pu élever la voix avec autorité, exprimer librement toute sa pensée et déclarer ses volontés à la tribune[11]». Voici mobilisés Philippe Pot et L'Hospital, les députés des États généraux de 1302 à 1614 et les parlementaires du XVIIIe siècle: leur éloquence ancienne est déjà gouvernement de l'agitation populaire, affirmation ou consentement éclairé de la Nation, résistance à l'arbitraire fiscal, illustration de la tolérance et défense de l'État de droit contre tous les despotes et tous les ultramontains. «Voici les vrais Romains, les pères de la Patrie», dévoués à la cause des libertés publiques et du progrès

national : les hommes de 89 ont mis leurs pas dans leurs pas en osant rompre avec l'ordre établi tout en assurant la continuité d'un Parlement de libre remontrance.
Ainsi stabilisée par l'événement fondateur, la tribune déroule une histoire rectiligne aux yeux des républicains de 1875 : celle d'une conquête du gouvernement représentatif. Après le long silence de l'Empire, pensent-ils, le style noble des Chambres de la monarchie constitutionnelle s'épure avec les progrès du suffrage : le régime de Juillet rode les techniques parlementaires, modernise l'intervention et installe la tribune au cœur des enjeux de pouvoir. Déjà un Lamartine peut lancer à Guizot, en pesant soigneusement l'ordre des termes : « Nous nous levons pour vous dire : nous ne laisserons pas dilapider le pouvoir, rabaisser la tribune, dégrader le gouvernement représentatif[12]. » Déjà, aussi, les ministres affectionnent une éloquence plus technique, abandonnant les effets oratoires aux hommes de l'opposition qui ne maîtrisent pas les dossiers : Villèle ou Martignac étaient moins grandiloquents que Manuel ou Foy ; Périer, Thiers ou de Broglie seront plus précis encore que Montalembert et Ledru-Rollin. Désormais, un atticisme du pouvoir se distingue d'une surabondance latine de l'opposition : Démosthène, toujours lui, tient Brutus en lisière[13]. Ce travers, semble-t-il, ne disparaîtra plus de la gestion de la République. Sans doute, sur ce point, la révolution de 1848 a marqué une parenthèse, ou une rechute de la grandiloquence. Mais la IIe République apprit surtout à la IIIe l'irruption de la foule et l'assaut du suffrage universel au pied de la tribune : la nouveauté relativise le déballage oratoire dont elle fut le théâtre. Il avait fallu aussi apprendre à « parler par la fenêtre », c'est-à-dire sortir du Palais-Bourbon, dès 1847 avec la campagne des banquets. Et les foules de février préféraient les actes aux mots et se donnèrent leurs propres tribunes, révolutionnaires : la leçon, reprise par les nouveaux sans-culottes qui firent la Commune, ne sera pas oubliée. Face à ces déferlements d'impatience populaire criant à pleine voix, les républicains préférèrent saluer leur propre jeunesse, au temps de la glorieuse phalange des opposants à Badinguet. Baudin ayant épuisé les vertus de l'emphase quarante-huitarde, leurs préférences allèrent au Thiers adjurant l'Empire de ne pas seconder les ambitions prussiennes le 3 mai 1866, à la veille de Sadowa, ou se dressant contre Émile Ollivier le 15 juillet 1870, au fort d'un enthousiasme guerrier qui conduisit à Sedan. Gambetta, le 4 septembre 1870, assume, dans le fracas des vitres brisées du Palais-Bourbon envahi par la foule, le triomphe d'une génération qui n'ignorait pas l'émotion mais qui, à l'image de Burke et de Gladstone, s'anglicisait volontiers en atticisant son éloquence, réduite en précision et en clarté à la narration et désireuse de convaincre d'abord le pays réel.
Son triomphe dut attendre, de 1871 à 1877, que les républicains aient pris la République. Entre-temps, une éloquence de notables, « à favoris ou à côte-

lettes[14] », une rhétorique de ducs ou les formules lapidaires d'un Mac-Mahon ont envahi la tribune. Mais la force d'un Gambetta fut alors, dans le plein exercice de sa mission de commis voyageur du régime nouveau, d'avoir convaincu adversaires et amis que le Parlement ne devait être, selon la formule de Victor Hugo, que l'« écho sonore » des couches nouvelles, que l'Assemblée s'honorerait à jamais en acceptant d'être à la fois débitrice et créditrice de l'opinion[15]. Le débraillé lyrique du Génois de Cahors non seulement séduit les Pères fondateurs, les Scheurer-Kestner, les Challemel-Lacour, les Spüller, les Floquet et les Hanotaux, mais se met à l'école d'une formidable ambition des classes moyennes avides de promotion et de progrès. Dans le long débat constitutionnel, jusqu'en 1875, les grands orateurs avaient fait montre d'une prudence extrême, tant ils étaient à l'écoute du pays, de pétitions en élections partielles. Seuls Thiers et Gambetta, chacun dans son style, avaient exprimé leur foi dans l'avenir de la tribune parlementaire. À l'heure décisive, pour les élections de janvier et février 1876, c'est au grand air de la démocratie que Gambetta installe la parole. « Ce sont bien là, écrit-il de Carpentras et d'Orange où il mène campagne, les auditoires que j'aime : des travailleurs, des paysans, des humbles, chez lesquels le contact de la civilisation n'a en rien altéré la générosité native, la virginité de la raison. C'est pour eux que je combats, que je vais devant moi, c'est pour eux que je parle avec toute mon âme, sans souci du dehors, de la presse, de la sténographie. Quel amour mutuel ! [...] Qu'Apollon me pardonne, c'est le climat qui en est responsable, mais je ne peux me contenir dans cette admirable nature. Il me semble que tout ce pays n'est qu'une énorme tribune aux harangues[16]. »

Une République des harangues, en s'inclinant devant la loi du suffrage universel, achève ainsi ses mutations et arrive au port de l'Histoire, de la toge à la redingote, de l'habit au paletot et à la blouse. La démultiplication des effets de la tribune et le contrôle de ses envolées s'organisent, bien vite garantis par les grandes lois qui installent les libertés publiques. Une presse foisonnante publie des discours dans le dernier chef-lieu de canton. Au café, dans les loges maçonniques, dans les sociétés de lecture ou d'instruction populaire, au « cercle », au comité électoral, on commente assidûment[17]. Bientôt la mairie, la salle de classe et l'assemblée départementale enracineront davantage encore le propos : le « parti républicain » informe et éduque, écoute et prend acte. Mais sans jamais organiser vraiment la médiation ou le compromis qui menaceraient la souveraineté parlementaire. La loi sur la liberté d'association sera votée *in extremis*, en 1901, et l'autonomie civique des corps intermédiaires ne sera jamais encouragée : la politique s'identifie à des hommes et à leur seule voix, avec l'élection pour seule sanction. Ainsi, forte de cette « virginité de la raison », la tribune affiche son isolement théâtral et exerce la prérogative parlementaire. L'élection qui la fournit en orateurs n'est qu'un exercice pédagogique de la souveraineté populaire pensent les fondateurs de la République, et il serait contraire au bon équilibre d'une Nation qui fait l'apprentissage de la raison que l'impatience populaire ou l'impulsion électorale puissent remonter jusqu'au corps parlementaire, ou prétendent régenter le cours du politique[18]. La prépondérance des Chambres est la pierre angulaire du système constitutionnel de 1875 et la conscience de chaque parlementaire, dira le juriste Carré de Malberg, est «le seul tribunal de la constitutionnalité des lois[19]».

Autrement dit, non seulement la tribune du Parlement exerce sa souveraineté sur son domaine hérité, le vote des lois et du budget, mais elle élargit son audience à la pratique et au contrôle du gouvernement : ainsi sera maintenue la démarcation entre l'ordre de la raison et le désordre de l'intérêt particulier ou de la démocratie directe enrégimentant les masses. La tribune républicaine sera gouvernementale et vouée au maintien de l'État, dans une continuité qui tient plus de l'absolutisme que du libéralisme[20]. En exerçant jalousement son droit d'interpeller à tout moment les ministres, en recrutant en son sein le personnel de gouvernement, en faisant et défaisant les cabinets, en surveillant étroitement l'administration napoléonienne, le Parlement est victorieusement souverain. La soumission du président de la République écarte le danger d'un exercice trop solitaire du pouvoir, la résistance du Sénat prévient celui du régime d'assemblée : la place est libre pour une gestion d'ordre séculaire où la raison mûrira. Thiers et Gambetta, Ferry et Waldeck-Rousseau ont ainsi mis la tribune au service de l'exécutif, ont préservé une continuité nationale de conservation et d'autorité : les radicaux eux-mêmes, pourtant fils de l'extrémisme populaire, entendront la leçon au temps de Clemenceau. Un État solide, une hiérarchie, une discipline, l'ordre dans les finances et dans les esprits, un équilibre entre la réaction et la démagogie : les valeurs de l'opportunisme de gouvernement s'expriment à la tribune[21]. C'est là que sera discutée l'œuvre de diffusion des libertés publiques et que seront proposées les mesures de défense républicaine, au besoin par le recours à quelques «lois scélérates[22]». Une toute-puissance s'y exprime, mais guidée par la raison.

Cette majesté écarte derechef de la tribune les inconséquents ou les timorés et l'on comprend qu'elle ait été surtout hantée par des humbles ou des glorieux que n'avait jamais abandonnés l'ambition d'être un jour ministrables. Mieux : la réussite oratoire mise au service du bien public est l'antichambre du gouvernement, dès lors que le maigre État libéral réclame encore peu de techniciens et qu'une solide administration encadre les possesseurs de maroquins. On savait qu'à l'Assemblée constituante, jadis, moins d'un député sur trois avait pris la parole[23] ; on retrouve encore 37 % d'élus obstinément silencieux à la Chambre des députés en 1837-1839[24]. En l'absence de toute étude sérieuse pour la IIIe République, il serait bien hardi de conclure à une inflexion significative de ces proportions anciennes. Mais de multiples témoignages de parlementaires il ressort, on l'a vu, que la tribune était fort redoutée et qu'un jeune élu se devait d'observer en silence un long moment d'apprentissage: «Tous les députés, note Robert de Jouvenel, qui dès la première année de leur entrée au Palais-Bourbon ont abordé la tribune sous le vain prétexte qu'ils avaient quelque chose à dire, ont subi de ce fait une grande déconsidération. Pendant la première année de législature un député doit se taire. Pendant les années qui suivent, il ne doit aborder que des questions spéciales. La politique générale ne lui sera permise que très longtemps plus tard[25].» Et les meilleurs se plient à cette règle tacite: Jaurès lui-même, jeune élu du Tarn le 4 octobre 1885, n'interviendra que deux fois, timidement, avant l'été de 1887 et réserve ses quatorze interventions qui suivent, jusqu'à l'automne 1889, à des questions techniques, apprivoisant ainsi le succès avant de se lancer dans la mêlée des idées générales. Cette gradation s'explique à la fois par le rôle immense que se réservent les ministrables, qui se relaient au pouvoir, dans tous les débats importants et par l'anarchie incoercible du travail parlementaire. Jusqu'en 1910, en effet, il n'existe ni ordre du jour prioritaire, ni conférence des présidents fixant l'ordre des travaux, ni limitation du temps de parole, ni séances particulières pour les questions d'actualité et les questions orales: en bref, il n'y a pas de débat organisé. L'interpellation aux ministres fuse à tout propos, verrouillée par quelques spécialistes, hachant des séances déjà trop courtes (vers 1900, la Chambre siège moins de quatre cent cinquante heures par an, soit deux fois moins qu'en 1950). Ainsi Méline dut répondre à deux cent dix-huit interpellations impromptues d'avril 1896 à juin 1898[26]... Et aux heures graves, l'Assemblée abandonne moins que jamais son droit légitime à avoir le dernier mot: dès qu'un ministre ou un chef de gouvernement est mis en minorité, l'accès à la tribune lui est interdit à la minute même. Outrepasser cette règle est aussitôt assimilé à du bonapartisme, du boulangisme ou, plus tard, du fascisme. Lorsque, le 30 mars 1885, emporté par le «désastre» de Lang Son, Jules Ferry veut ajouter quelques mots après sa chute, Paul de Cassagnac l'arrête: «Non et non. La tribune n'est pas devenue un gibet!» Soixante-dix ans plus tard, le 5 février 1955, les républicains populaires et les communistes, encouragés par toutes les droites, huent copieusement Pierre Mendès France qui tente de s'adresser directement au pays après que l'Assemblée lui eut refusé la confiance: l'homme de Genève et de Carthage doit dicter sa déclaration aux seuls sténographes, dans un vacarme assourdissant.

Un usage de la tribune si tempéré pour le fond mais si débridé dans la forme requiert donc le plus souvent l'intervention de spécialistes de la parole capables de frayer leur chemin dans la mêlée et de viser juste. Le don oratoire ignore les sociologismes simples, mais il faut convenir que l'exercice régulier de la parole dans la profession d'origine de l'élu n'est pas un mince atout. La grande stabilité du personnel politique de la IIIe République[27] enregistre les lents glissements réglés par la tribune. L'éloquence nobiliaire régresse (35 % des parlementaires en 1871, 10 % en 1919), les chefs d'entreprise et les propriétaires font piètre visage, la haute fonction publique s'abstient largement jusqu'en 1945, tandis que les «couches nouvelles» plus loquaces partent à l'assaut du Parlement. Sans doute la professionnalisation de l'exercice du mandat, encouragée par l'indemnité de quinze mille francs votée en 1906, a-t-elle accéléré l'évolution. Mais l'élan est antérieur et réglé par la forme républicaine du pouvoir : les robins peuplaient pour un bon tiers les Assemblées de la Révolution, tandis que les professions libérales et les hommes de loi ne fournissaient plus que 20 % des membres du Corps législatif sous Napoléon III. Par contre, dès 1871 un député sur trois est avocat et un sur quatre sera toujours inscrit au barreau dans l'entre-deux-guerres, pendant que les professeurs, anciens «boursiers» ou non, prennent le relais dans ce magistère de la profession d'éloquence. Ainsi, de 1898 à 1940, 34 % des parlementaires étaient à l'origine avocats, professeurs ou instituteurs. Et le mécanisme sélectif de la tribune joue à plein, en accroissant parmi eux la proportion de candidats honorables à la charge de l'exécutif : de 1871 à 1914, 45 % des ministres de la République sont choisis parmi eux[28]. En ratissant large dans toutes les professions où l'usage de la parole est un atout, on rassemblerait même, de 1898 à 1940, 56 % des parlementaires et, fait significatif, sans que telle ou telle appartenance politique ne vienne battre en brèche leur hégémonie de corps : ces catégories regroupent 50 % des socialistes, 54 % des modérés et 68 % des radicaux.

Notre tribune fut donc bien souvent l'accomplissement civique de l'exercice du prétoire ou de la chaire laïque. À preuve, l'attendrissement avec lequel les ténors évoquent leurs années de jeunesse, quand les premiers discours déjà les distinguaient. Aux origines, rappellent-ils, quand les juristes l'emportaient sans peine sur les professeurs, les conférences du stage pour les jeunes avocats ou telle association parisienne pour les frais licenciés en droit excitaient les appétits et procédaient aux premiers tris. Ainsi la conférence Molé, fondée en 1832, qui fusionne avec la conférence Tocqueville en 1876 et dont les travaux oratoires se calquent sur le programme des Chambres, vit défiler près de mille postulants aux honneurs parlementaires jusqu'en 1914 : elle fut, note Gambetta, «la véritable école de la tribune[29]». Les «turnes» de la rue d'Ulm, les «écuries» de l'École libre des sciences politiques, mille cercles pour jeunes diplômés des classes moyennes prendront le relais, mais sans bousculer ce modèle pédagogique où droit et rhétorique peuplent la tribune[30].

Le Palais-Bourbon

Il serait injuste d'achever cette description sans évoquer brièvement des heures de gloire et de grands noms qui fourniront d'utiles repères de mémoire. Lieu de raison prête à s'isoler dans le rêve d'une «République absolue», cette tribune si difficile à maîtriser et d'apprentissage si lent, ce haut lieu d'agitation vaine et d'activisme satisfait, fut, en effet, souvent à l'unisson de la France. L'enlisement rituel des discussions budgétaires, la guérilla monotone des factions rivales, la bassesse même furent oubliés en quelques occasions, dans de grands débats dont nous vivons encore[31]. Voici, le 30 janvier 1875, Henri Wallon revenant à la charge pour la troisième fois contre le monarchiste Chenelong: il fait adopter à une voix de majorité son amendement qui installe la République avec cet argument péremptoire: «Je ne vous dis pas: Proclamez la République! Je vous dis: Constituez le gouvernement qui se trouve maintenant établi et qui est le gouvernement de la République.» Voici Gambetta, omniprésent, le veston ouvert, qui explique sans trêve avant de conclure pour l'action: «Ce n'est pas du français, dira Grévy, c'est du cheval[32].» Voici Ferry le 30 mars 1885 face à la Chambre qui déchire déjà «le Tonkinois», accablé par Clemenceau qui le fustige d'un «Il a ri! [...] La France entière saura que vous avez ri!», et qui se tait alors qu'il pouvait tout arrêter d'un mot en révélant les secrets des préliminaires de paix avec la Chine. Puis le 21 novembre 1892, en pleine affaire de Panama, quand, note Barrès, «en un magnifique jeu de scène, Delahaye désignait du doigt les concessionnaires. Son doigt, que six cents parlementaires suivaient, cherchait sur leurs bancs les criminels épars[33]». Puis Waldeck-Rousseau, l'«émaillé» à la parole sèche, Poincaré en juriste froid à la voix aigrelette; et Jaurès tout au long, rentré au Palais-Bourbon en 1893 par la «porte socialiste», représentant les Barbares capables de citer Homère, qui fut de toutes les grandes empoignades[34]. Interrompons là le parcours de ce tableau d'honneur. Et transportons-nous au jour du 11 novembre 1918 où la tribune parlementaire fut au zénith, à la hauteur d'un pays exsangue et vainqueur, dans une apothéose en forme de harangue antique. Le vieux Clemenceau, le terrible bretteur, l'ancien opposant à Badinguet et qui fut lui aussi de tous les débats, l'homme du «il est temps de parler net», parvient encore à s'écrier devant la Chambre puis le Sénat dressés: «Dernier survivant des "protestataires de Bordeaux", je vous avais promis l'Alsace et la Lorraine: les voici[35]!...»

Une souveraineté impuissante

«On n'est pas digne de gravir cet escalier et de frapper ce marbre de la main si l'on n'évoque pas en soi, avec une crainte pieuse et presque religieuse, la gravité, souvent tragique, des grands souvenirs», notait, déjà un peu nostalgique, Louis Barthou en 1923[36]. Et aussitôt la Grande Guerre achevée, Léon Blum méditant sur l'irruption de la technique dans le monde moderne et sur l'efficacité des gouvernements d'Union sacrée où tant de comités d'urgence avaient contourné la tribune, ironisait sur ces «habits de gala» qui «font disparate avec la vie quotidienne», sur ces discours brillants qui n'ont plus de «relation naturelle avec les dons actifs, avec les dons gouvernementaux». Et de conclure férocement: «Cette procédure purement orale substitue à l'étude directe de la cause une habileté toute factice d'exposition, une ingéniosité d'amplification impersonnelle. Ce vice du barreau est devenu peu à peu le vice de nos Chambres[37].» Tandis qu'une nouvelle élite civique, les anciens combattants, apprend le langage de la dérision pour désigner les parlementaires futiles et bavards[38], les lendemains de guerre accablent la tribune. Les conseils badins de Barthou aux jeunes orateurs, qui résument la sagesse acquise, sont à peine entendus: «Ne pas abuser des citations et ne pas s'en excuser. Ne pas affirmer trop fréquemment sa loyauté. Ne pas dire qu'on ne veut pas être ministre. N'interrompre que nécessairement, discrètement et prudemment. N'entendre les interruptions et n'y répondre que dans la mesure où on peut en tirer parti. Ne jamais forcer sa voix pour forcer le silence: attendre[39].» Désormais, l'opinion, énervée par les bouleversements d'un monde nouveau né de la guerre, bientôt frappée par la crise et sollicitée par des forces politiques extra-parlementaires, condamne volontiers et met en chansons les travers grandiloquents du discours et les «tics» de tribune[40]. «Sérions la question», «élevons le débat» et «disons la vérité au pays» excitent la verve de la presse satirique avant de mobiliser des manifestants sur le pont de la Concorde. N'en concluons pas trop vite, cependant, que la tribune serait déjà condamnée. Au contraire: les spécialistes de la «réforme gouvernementale» se penchent à son chevet et quelques grands noms l'illustrent encore avec éclat, de Briand à Daladier, d'Herriot à Kérilis, de Blum à Mendès France. Après les silences des «années noires», la IVe et la Ve République offriront même de beaux restes, jusqu'à la séance mémorable de 1962 déjà citée, où Reynaud, dans un dernier sursaut d'orgueil parlementaire, remit tout un passé en mémoire; jusqu'à ce 10 octobre 1968 où M. Edgar Faure fut, dit-on, une sorte de Gambetta de la loi d'orientation de l'enseignement supérieur.

Il n'empêche qu'on enregistre après 1918 un lent affaissement de la tribune. Et que l'évolution même du travail parlementaire la dessert. Il avait bien fallu dès avant 1914 faire face à la complication et à la multiplication des problèmes posés à la sagacité des élus par l'évolution d'une société modernisée. Dès 1894, Joseph Reinach observait que «notre éloquence, comme notre politique même menace de s'américaniser. Quand la politique devient un métier, la parole cesse d'être un art[41]». Plus gestionnaire, membre plus discipliné de son groupe, happé par son parti et serré de près par ses électeurs dans sa circonscription, le député courant contre la montre se fait moins éloquent. Sa spécialisation s'impose : alors qu'à l'origine la ventilation des élus dans les commissions de travail s'opérait par tirage au sort, il fut décidé le 1er juillet 1910 que les groupes s'y répartiraient les places en fonction de leur importance numérique. L'évolution, sanctionnée par une modification du règlement de la Chambre du 8 novembre 1911, entérine une forme de discipline politique que les socialistes avaient introduite après 1893, que les radicaux avaient à peu près reprise et que les droites et le centre individualistes devront admettre tant bien que mal. Dans les commissions désormais plus représentatives, l'élu apprend une éloquence plus intime, discute sur les dossiers et ménage ses effets de voix. Et les groupes imposent peu à peu leur droit de regard sur la vie courante. Le 22 juin 1914, il est acquis qu'ils surveilleront la ventilation géographique de leurs membres dans la salle des séances, qu'ils se répartiront les honneurs du bureau et des commissions : matérialisée en début de session par le dépôt d'une déclaration politique qui double les proclamations électorales des députés enregistrées depuis des lustres au «Barodet», leur force donne enfin vie à la conférence des Présidents – ceux des grandes commissions et ceux des groupes – qu'on avait installée à tout hasard en 1911. Mais cette évolution ne sera officialisée qu'en 1932, par une résolution du 20 juin. La constitution de la IVe République la couronne le 27 octobre 1946, puisque ses articles 11 et 15 institutionnalisent les commissions et les groupes. Dans le même temps, la vie quotidienne du débat gagne en confort. En 1909 a été adoptée la procédure des questions écrites, auxquelles le gouvernement répond scrupuleusement lui aussi par écrit, que le parlementaire diffusera systématiquement dans sa circonscription et qui a débarrassé les séances publiques de multiples thèmes mineurs. En 1926, il est décidé par la conférence des Présidents de limiter le temps de parole des orateurs : les groupes saisissent aussitôt l'occasion pour disposer leurs troupes en ordre de bataille. Chacun désormais, montre en main, exposera tel ou tel point sélectionné en réunion de groupe, avant que les leaders lient la gerbe en fin de discussion. En 1927 enfin, devant le flot montant des interpellations qui bousculent à tout moment le travail de la Chambre, il est prévu sagement de réserver à leur discussion le vendredi de chaque semaine. Ainsi progressent de concert la discipline collective, l'encadrement individuel, la politisation partisane du discours et l'éclatement de la parole.

À dire vrai, à cette évolution interne s'ajoute une pression extérieure autrement dangereuse pour l'avenir de la tribune. Les groupes, qui veillent jalousement désormais sur leurs prérogatives, deviennent le plus souvent les succursales parlementaires de partis politiques qui dispensent ailleurs leurs bonnes paroles. Le solide optimisme de la «République des comités[42]» a enhardi les radicaux à fonder dès 1901 le premier parti de notre histoire politique. D'autres suivront, jusqu'à recouvrir tout l'éventail des opinions et des idéologies. Le discours indigène de la Chambre s'en trouve gravement affecté. Il vivait du rêve d'une adéquation parfaite entre l'élu et la Nation : voici que les stratégies particulières d'un discours typé envahissent la tribune, en font le réceptacle vulgaire d'ambitions exprimées en dehors d'elle. Herriot lui-même parlait mieux en fin de banquet qu'au «perchoir» et Blum en 1936 pleurait plus sincèrement à Luna-Park qu'à la Chambre. À gauche, où le ciment partisan a plus précocement figé les attitudes, l'envolée de tribune sera bien vite, sauf exception heureuse, encadrée par les délibérations d'un comité directeur ou d'un comité central, par les résolutions de congrès et les argumentaires autosatisfaits : la logique de la «langue de bois» du parti communiste a longtemps dévoilé ce penchant, étirant à l'extrême une ardeur tribunicienne qui, même après 1935, dépossédait le Parlement[45].

Mais la nouvelle prégnance des partis n'est qu'un signe parmi d'autres de l'assaut généralisé contre la tribune auquel concourent tant de forces inouïes du XXe siècle. Dans l'élan des ligues depuis l'Affaire Dreyfus, dans le foisonnement des syndicats et des associations depuis 1884 et 1901, dans les tentations révolutionnaires comme dans les activismes de réaction, c'est tout un populisme à la française qui s'exprime et qui balbutie l'espoir de revanche d'une démocratie directe ou semi-directe. De meetings orchestrés en manifestations de rues, des groupes plus informels en fusion prétendent exprimer le désarroi et l'espoir d'un Peuple sous-représenté et muet, auquel des classes moyennes déstabilisées dicteraient volontiers un discours neuf. Contre le régime des parleurs et des idéologues partisans, ils prônent le retour à l'autorité, celle de l'État modernisé capable d'assumer ses tâches nouvelles, ou celle du Chef. Un puissant désir d'une dictature de l'action sans phrases motive ainsi pêle-mêle chansonniers, plumitifs, groupuscules fascisants et ligues «bonapartistes» comme les Croix-de-Feu. Et l'antiparlementarisme peut ravager le Parlement lui-même aux alentours du 6 février 1934 : un André Tardieu en est un bel exemple, qui renoncera à son mandat de député en mars 1936 pour mieux lancer son appel au peuple et organiser son projet de réforme de l'État.

Dans cette désaffection des groupes sociaux dont le suffrage avait jusqu'alors assis la République parlementaire, la tribune est réduite davantage encore au rôle passif de porte-voix ou d'écho des temps nouveaux : sa raison légiférante épuise ses vertus, son langage de médiation souveraine exaspère l'activisme de ses contempteurs, ses marches sont à prendre d'assaut. D'autant qu'ailleurs d'autres voix expérimentent d'autres supports et inaugurent d'autres lieux, dans un croisement des messages qui favorise la cacophonie. Une tradition se meurt quand un Duce vocifère au balcon du palais de Venise, quand Hitler sonorise les rues des villes allemandes nazifiées, quand s'organise le viol des

Le Palais-Bourbon

foules par la propagande politique de Moscou à Madrid[44]. En 1939, le discours châtié de Giraudoux révélant son impuissance face à celui de Goebbels, Daladier doit oublier Clemenceau et empoigner un micro radiophonique pour tenter vainement de prévenir le désastre. En 1940, la dépossession de la tribune est accomplie dans les palinodies parlementaires du 10 juillet à Vichy et dans l'assaut entre de Gaulle et Pétain qui parcourt les ondes.
Face au déchaînement des formes totalitaires du pouvoir, qui sacralisent la voix du seul chef et théâtralisent l'adhésion des foules à l'idéologie proclamée, dans le réflexe défensif aussi des démocraties contraintes d'user des moyens modernes de la persuasion – la radio entre en campagne électorale dès 1932 –, le Parlement doit réduire ses prétentions nationales, par nécessité ou par peur. La montée des extrêmes désavoue ses solutions moyennes; l'ascendant des partis sur la vie politique banalise ses propositions; les catastrophes civiles et internationales, grande crise et guerres, décolonisation et affrontements idéologiques, lui cassent la voix. Depuis 1918, sa souveraineté est bien souvent battue en brèche. L'État moderne, dans le même temps, tout gonflé d'importance par sa gestion de la Grande Guerre puis par l'édification de sa protection sociale après le second conflit mondial, a révélé son empire: la tribune ne peut couvrir cette extension sociétale du pouvoir qu'en technicisant son propos, en parlant économie et finances, santé et population, mieux-être et information. Peu à peu, la haute fonction publique qui vogue vers la technocratie ne dédaigne plus de gravir ses marches, tout en tenant en lisière le Parlement sur quelques questions vitales de l'après 1945, comme le lancement de l'Europe ou celui de la planification. Puis, insensiblement, l'État-spectacle fait à son tour valoir ses droits: les meilleurs tribuns parlementaires de la IVe République passent à la radio, les députés parlent de leur «papier» pour signaler leur discours, les médiations inédites déconcertent les orateurs. À peine la Ve République avait-elle enregistré cette évolution que nous venait en 1960 d'Amérique la forme la plus sophistiquée de la personnalisation du pouvoir, que Kennedy et Nixon avaient expérimentée dans un face-à-face télévisé qui fit date. Le général de Gaulle avait dès longtemps compris que l'effet national du micro ou de la conférence de presse était plus assuré que celui du meilleur discours au Palais-Bourbon: il poussera très loin l'avantage. Au fil des ans, sous sa Ve République, la voix de l'Élysée et celle de Matignon parviendront régulièrement au domicile du citoyen par les «étranges lucarnes». Référendums et élections du président de la République accoutumeront le peuple à une délégation nouvelle de son pouvoir souverain. Partis majoritaires et sondages d'opinion canaliseront tous les débats. La réactivation parlementaire du Verbe de 1789 perdra ainsi peu à peu tout intérêt: les insurgés de Mai 68 investiront la Bourse, l'Odéon ou l'O.R.T.F. mais dédaigneront superbement une Assemblée silencieuse.

L'année 1958 clôt ainsi une ère de souveraineté, absolue ou contestée, de la tribune. La nouvelle constitution, dans son article 48, dépossède l'Assemblée de la fixation de son ordre du jour au profit du seul gouvernement. Il y est dit aussi que la compétence des Chambres procède de la constitution : les parlementaires n'ont plus le privilège de la représentation, que leur dispute un exécutif qui saura dissoudre. Seul souverain, le suffrage universel court-circuite la tribune par la procédure référendaire et bientôt, après 1962, par l'élection directe du président de la République. D'ordonnances en votes bloqués, d'article 16 en rappels au règlement par le Conseil d'État les 17, 18 et 24 juin 1959, le Parlement devra apprendre les règles d'un nouvel ordre du discours[45]. Longtemps sa tribune avait régenté la démocratie au nom d'une République minimale, où la raison du peuple trouverait à se fortifier, où le suffrage serait pédagogie plus qu'exigence de pouvoir. Gambetta et Ferry eux-mêmes s'étaient inquiétés à l'occasion de cette confiscation de la souveraineté par le seul Parlement. Mais les Freycinet, les Spüller et les Méline l'avaient emporté parce qu'ils avaient jugé qu'un peuple enfant s'élèverait en goûtant avec mesure à l'artifice suprême de la démocratie, la parole, et à son théâtre le plus ouvert, la tribune. Un certain gaullisme constitutionnel a fièrement placé l'édifice de la Ve République sous le patronage de Gambetta et de Waldeck-Rousseau : depuis 1962, dit-il, un peuple adulte donne enfin raison à Carré de Malberg et gère sa souveraineté par les délégations directes qu'attendait la démocratie du XXe siècle.

Encore faudrait-il s'entendre sur le sens du mot « peuple ». La modernité constitutionnelle qu'il a ratifiée et qui a dénié au parlementarisme l'exclusivité du système représentatif, dissimule peut-être une très perverse dictature de l'opinion, réglée par les sondages et les artifices télévisés de l'État-spectacle[46]. Si la tribune déchue du Palais-Bourbon hante aujourd'hui nos mémoires, serait-ce par nostalgie et manque ? Et si la démocratie était d'abord un art de persuader qui s'attache en propre au seul orateur ? Seule la parole, disait le bon Alain, gagne du temps sur l'humeur des foules, connaît l'homme par culture plus que par conviction, et nous apprend à être sages par « sophistique jugée[47] ». À l'âge des médiations tyranniques de l'image et du chiffre, a-t-elle encore sa chance, cette sagesse que les Dieux apprirent à Démos ?

1. Joseph Reinach, *L'Éloquence française depuis la Révolution jusqu'à nos jours*, Paris, Ch. Delagrave, 1894, p. I.
2. On trouvera une étude de tous les dispositifs oratoires actuels dans Union interparlementaire, *Les Parlements dans le monde. Recueil de données comparatives*, Paris, P.U.F., 1977.

Le Palais-Bourbon

3. L'expression est de Jacques Isorni, *Le Silence est d'or, ou la parole au Palais-Bourbon*, Paris, Flammarion, 1957, p. 40.

4. Voir, *passim*, ses *Mémoires de Léonard, ancien garçon maçon*, Bourganeuf, 1895 et rééditions Paris, Maspero, et Hachette, 1976.

5. Paul Lombard, *À la tribune! Manuel satirique d'éloquence parlementaire à l'usage des électeurs et candidats*, Paris, Les Éditions de France, 1928, p. 45.

6. Signalée par Daniel Halévy, *La République des ducs*, Paris, Grasset, 1937 et Le Livre de Poche, 1972, pp. 236-237.

7. Elles mériteraient une étude, qui pourrait être plaisante. Le genre s'épuise avec la Ve République : voir le dernier succès, Saint-Germain, *Les Gaietés de l'Officiel, ou le Français tel qu'on le député*, Paris, Les Quatre Fils Aymon, 1958.

8. Charges et pastiches de l'éloquence parlementaire n'ont, elles aussi, jamais été systématiquement étudiées. On se souvient de la cruauté de Georges Darien dans *Le Voleur* de 1897. Et, sur Jaurès, de l'étonnant *À la manière de...* de Paul Reboux et Charles Muller en 1913. Nos citations sont extraites de François Muselier, *Regards neufs sur le Parlement*, Paris, Éd. du Seuil, 1956, pp. 116-117.

9. On en trouvera de nombreux exemples dans le recueil commode *Les Plus Beaux Discours de Jaurès*, Paris, Éd. du Centaure, s.d., collection «Les grands orateurs républicains». Par exemple à propos du monopole sur l'importation des blés les 17-20 février 1894, p. 44 *sq*.

10. Georges Clemenceau, *Démosthène*, Paris, Plon, 1926, p. 86.

11. Charles Aubertin, *L'Éloquence politique et parlementaire en France avant 1789*, Paris, Eugène Belin, 1882, p. 1.

12. Cité par Henry Bergasse, *Histoire de l'Assemblée*, Paris, Payot, 1967, p. 196.

13. Voir Joseph Reinach, *op. cit.*, p. XXII.

14. Le mot est d'Anatole de Monzie, *Mémoires de la tribune*, Paris, Corrêa, 1943, p. 21, en préface à sa subtile anthologie.

15. Jean-François Kahn, *Ainsi parlait la France, les heures chaudes de l'Assemblée nationale*, Paris, Jean-Claude Simoën, 1978, p. 7.

16. Cité par Daniel Halévy, *op. cit.*, éd. de 1972, pp. 203-205.

17. Voir Jean-Marie Mayeur, *La Vie politique sous la Troisième République, 1870-1940*, Paris, Éd. du Seuil, 1984, chap. II, et Raymond Huard, *Le Mouvement républicain en Bas-Languedoc, 1848-1881*, Paris, Presses de la Fondation nationale des sciences politiques, 1982, chap. VII et VIII.

18. Odile Rudelle, *La République absolue, 1870-1889*, Paris, Publications de la Sorbonne, 1982, p. 285.

19. Jean-Marie Mayeur, *op. cit.*, pp. 105-107.

20. Odile Rudelle, *op. cit.*, p. 289.

21. Voir la postface d'André Siegfried au livre de Roger Priouret, *La République des députés*, Paris, Grasset, 1959, pp. 259-267.

22. Voir Jean-Pierre Machelon, *La République contre les libertés? Les restrictions aux libertés publiques de 1879 à 1914*, Paris, Presses de la Fondation nationale des sciences politiques, 1976.

23. Edna-Hindie Lemay, «La composition de l'Assemblée nationale constituante : les hommes de la continuité?», *Revue d'histoire moderne et contemporaine*, juillet-septembre 1977, p. 363.

24. Voir la remarquable analyse statistique de Louis Girard, William Serman, Édouard Cadet et Rémi Gossez, *La Chambre des députés en 1837-1839*, Paris, Publications de la Sorbonne, 1976, IIe partie. Quand affrontera-t-on aussi rigoureusement nos Assemblées contemporaines?

25. Robert de Jouvenel, *La République des camarades*, Paris, Grasset, 1914, pp. 29-30.
26. Pierre Guiral et Guy Thuillier, *La Vie quotidienne des députés de 1871 à 1914*, Paris, Hachette, 1980, p. 245.
27. Matei Dogan, « La stabilité du personnel parlementaire sous la IIIe République », *Revue française de science politique*, avril-juin 1953.
28. Voir Jean Estèbe, *Les Ministres de la République, 1871-1914*, Paris, Presses de la Fondation nationale des sciences politiques, 1982, chap. IV.
29. Id., *ibid.*, p. 111.
30. Voir Yves-Henri Gaudemet, *Les Juristes et la vie politique de la IIIe République*, Paris, P.U.F., 1970 et l'essai d'Albert Thibaudet, *La République des professeurs*, Paris, Grasset, 1927.
31. Outre les ouvrages d'Anatole de Monzie, d'Henry Bergasse et de Jean-François Kahn déjà cités, voir dans le lot des anthologies inégales Camille Lacroix, *Chefs-d'œuvre de l'éloquence parlementaire*, Paris, Paul Dupont, 1893 et Louis Rambaud, *L'Éloquence française. La chaire, le barreau, la tribune*, Lyon et Paris, Emmanuel Vitte, 1949, t. II.
32. Voir Léon Gambetta lui-même, *Discours et plaidoyers*, Paris, Fasquelle, 1901 et l'étude de Joseph Reinach dans ses *Essais de politique et d'histoire*, Paris, 1899.
33. Maurice Barrès, *Leurs figures*, Paris, Félix Juven, 1902, p. 107. Les *Cahiers* fourmillent de notations utiles.
34. L'éloquence de Jaurès n'a fait l'objet d'aucune étude systématique. Voir cependant Daniel Ligou, « Jaurès au Parlement », dans *Jean Jaurès*, ouvrage collectif présenté par Vincent Auriol, Paris, P.U.F., 1962.
35. Georges Clemenceau, *Discours de guerre*, Paris, P.U.F., 1968, et Henry Bergasse, *op. cit.*, p. 286.
36. Louis Barthou, *Le Politique*, Paris, Hachette, 1923.
37. Léon Blum, *Lettres sur la Réforme gouvernementale*, Paris, Grasset, 1918, reprises dans *L'Œuvre de Léon Blum*, Paris, Albin Michel, vol. III (1914-1928), 1972, pp. 545 et 570-571.
38. Voir Antoine Prost, « Les anciens combattants et la politique, 1919-1939 », *Le Mouvement social*, n° 85, octobre-décembre 1973.
39. Louis Barthou, cité par François Muselier, *op. cit.*, p. 112.
40. Paul Lombard, *op. cit.*
41. Joseph Reinach, *op. cit.*, p. XXXIII.
42. Voir Daniel Halévy, *La République des comités*, Paris, Grasset, 1934.
43. Voir Annie Kriegel, *Communismes au miroir français*, Paris, Gallimard, 1974, chap. IV et Dominique Labbé, *Le Discours communiste*, Paris, Presses de la Fondation nationale des sciences politiques, 1977.
44. Voir Serge Moscovici, *L'Âge des foules*, Paris, Fayard, 1981, et le classique Serge Tchakhotine, *Le Viol des foules par la propagande politique*, Paris, Gallimard, 1939.
45. Voir Jean-Claude Masclet, *Un député pour quoi faire ?*, Paris, P.U.F., 1982 et le numéro 34, 1985, sur « L'Assemblée » de la revue *Pouvoirs*.
46. Voir Jacques Julliard, *La Faute à Rousseau*, Paris, Éd. du Seuil, 1985, IIIe partie.
47. Alain, *Propos de politique*, Paris, Rieder, 1934, p. 155.

DANIEL MILO

Les classiques scolaires

« Classiques : qu'on enseigne dans les classes[1]. »

L'École. Qu'elle ait un statut privilégié dans l'histoire de la culture relève du lieu commun. Faire partie du cursus scolaire, qu'il soit antique, juif, chrétien, moderne, représente la consécration suprême, l'existence posthume la plus convoitée et surtout la plus « payante ». Témoin les classiques de l'Antiquité, témoin la Bible, qui devaient leur survie bimillénaire aux écoles, leurs lieux de culte. C'est le rôle du système scolaire dans la formation, puis dans la diffusion du canon artistique qui est au centre de cette étude.

Notons pourtant que l'emploi du terme « canon » est largement métaphorique. Le canon, dans le sens religieux – son sens initial – a cela de singulier qu'il est hermétiquement fermé. Ce n'est, à la vérité, pas le cas des programmes scolaires de l'Antiquité, non plus que des périodes plus récentes. Les historiens de l'éducation antique pèchent par anachronisme, lorsqu'ils avancent l'hypothèse d'une stabilisation d'un canon grec ou latin. Les listes peu concordantes qu'ils établissent le confirment et parfois leurs propres hésitations[2]. Le « canon » classique fut en effet relativement ouvert.

L'opposition entre le canon antique et le canon juif, puis chrétien, entre un canon flexible et un canon figé conduit à avancer l'hypothèse majeure de cette étude : la canonisation est en corrélation avec la centralisation du système scolaire. Plus ce système est centralisé, plus le canon se stabilise et s'universalise. La civilisation hellénistique n'a jamais connu de centre culturel hégémonique ; Alexandrie, Pergame, Antioche et Athènes se partageaient le pouvoir (avec d'autres centres secondaires). À Rome, la stabilisation due à Quintilien a coïncidé avec une certaine reprise en main de l'éducation impériale par Vespasien, puis par Domitien[3]. Elle n'alla néanmoins jamais très loin, cette stabilisation, et l'étatisation de l'enseignement romain resta tout à fait limitée. Et, fait paradoxal, mais en apparence seulement, ce fut l'Église qui établit réellement le canon latin. Car seule l'Église avait l'intérêt de contrôler le répertoire littéraire, et seule elle disposait de l'appareil nécessaire pour le faire. Dès lors, tout comme dans le judaïsme, tous ceux qui divergeraient de ces canons deviendraient des dissidents, des hérétiques.

Il reste que c'est bien la formation d'un canon littéraire scolaire qui nous intéresse ici, quel que soit le rôle qu'y ait joué, à certains moments, l'institution ecclésiastique. Or, la constitution d'un répertoire classique n'est jamais inscrite parmi les objectifs déclarés de l'École. C'est après coup que l'on se rend compte qu'un tel répertoire a pris forme. Reste alors à savoir quelle est l'attitude de l'École envers ce produit non recherché.

Étudier le système scolaire sous l'angle du canon classique condamne ainsi à tenir un «discours extérieur» à l'École (le terme est de Dominique Julia). L'École a des objectifs et des stratégies pédagogiques. C'est pour servir ces objectifs que s'est constitué un répertoire d'auteurs, modèles d'écriture et d'éloquence. Il serait donc hasardeux de les prendre pour ce à quoi ils ne sont pas toujours destinés, à savoir le bagage littéraire d'un homme cultivé. Il serait surtout trop partiel de les étudier en ignorant la logique pédagogique qui les a introduits dans les programmes. C'est pourtant l'attitude adoptée ici: car ce répertoire, quelle que soit sa logique initiale, développe sa propre autonomie face à l'École: il devient «classique» dans le sens non scolaire du terme: «auteur classique = grand auteur». Ce relais quasi automatique entre «classique scolaire» et «classique culturel» légitime la démarche qui consiste à étudier le premier à travers la grille du second.

Cette étude part d'un lieu commun: l'École a un pouvoir culturel. Mais quelle est la nature de ce pouvoir, quelles en sont, surtout, les limites? Car les deux «classiques», scolaire et culturel, ne sont pas équivalents (malgré leur convergence): on peut être enseigné sans être considéré comme un grand auteur; on peut être considéré comme un grand auteur sans être enseigné. Ce décalage renvoie au conservatisme du système scolaire; à sa répugnance «naturelle» à se séparer de valeurs anciennes, à introduire des nouveautés. C'est ainsi que des auteurs comme Bourdaloue, Massillon, Fléchier ont bénéficié, très longtemps, d'une survie purement scolaire. C'est ainsi qu'un auteur comme Balzac, mort en 1850, a dû attendre presque un siècle pour être cité, pour la première fois, dans les programmes officiels de français (tableau I).

Mais les vraies limites du pouvoir culturel de l'École se situent ailleurs: la culture scolaire était, et elle est toujours, presque exclusivement littéraire. On dessinait à l'école, on y jouait de la musique, on y montait des pièces de théâtre, et cela depuis l'Antiquité. Mais on y chercherait en vain l'histoire des autres arts, ou l'étude systématique des peintres, des compositeurs. Michel-Ange, Rembrandt, Mozart, Berlioz, Rodin, Chaplin, Eisenstein doivent en effet leur gloire à d'autres formes de diffusion culturelle.

Les classiques scolaires

Tableau I :
La «carrière scolaire» d'Honoré de Balzac, écrivain (1799-1850)

I.	1850	mort de Balzac (Stendhal : † 1842, Mérimée : † 1870, George Sand : † 1876, Flaubert : † 1880).
II.	1880-1885	Balzac fait son entrée dans les manuels scolaires, histoires de la littérature et morceaux choisis. Il y est mieux et plus représenté que Flaubert et Stendhal, mais moins que Mérimée et, surtout, George Sand.
	1910-1920	les rapports de forces entre les prosateurs du XIXe siècle se renversent au sein des manuels, au profit de Balzac d'abord, et dans une moindre mesure, de Flaubert et de Stendhal. George Sand et Mérimée y sont en baisse considérable.
III.	1927	Programmes de l'enseignement secondaire[4] : «Une grande œuvre en prose du XIXe siècle»; et la note en bas de page d'expliquer : «Par une grande œuvre [on entend] par exemple, Jocelyn, *La Légende des siècles*, Eugénie Grandet, *Les Récits des temps mérovingiens*.
	1942	Programme de la classe de seconde[5] : «Extraits des romanciers du XIXe et du XXe siècle, notamment Balzac» (1942, classe de quatrième : George Sand, *La Mare au Diable*, Prosper Mérimée, *Nouvelles choisies*).
	1965	Classe de quatrième[6] : «Balzac : un roman (extraits).» (George Sand : un roman champêtre; Mérimée : récits tirés des Nouvelles.) Troisième : «Extraits suivis d'un grand roman du XIXe siècle (Balzac, George Sand, Flaubert, Victor Hugo, etc.).» Première : «Une grande œuvre de Balzac, Stendhal ou Flaubert.»
	1967	Programme de seconde[7] : «Balzac : *Le Médecin de campagne* ou *Les Paysans*» (et Stendhal : *Le Rouge et le Noir* ou *La Chartreuse de Parme*).
IV.	1978	... Baccalauréat : Balzac, Stendhal, Flaubert, Zola[8].

Le fait que des gloires artistiques se font et se défont sans que l'École intervienne prouve que ce n'est pas un monopole culturel qu'elle détient, mais un rôle qui lui est spécifique. Son rôle n'est pas la création des réputations, mais leur diffusion. Si l'École n'est jamais au départ d'une renommée, elle est souvent présente à l'arrivée.

Revenons au cas Balzac. Il est mort en 1850 ; aussitôt la ville de Paris a donné son nom à l'une de ses rues. Pas d'intervention de l'École à ce stade. Mais en regardant ce dossier de plus près, on s'aperçoit que, sauf à Paris et dans deux ou trois autres villes, les rues Balzac en France ne datent que des années 1920-1930 : à cette date, Balzac est déjà omniprésent dans les manuels scolaires depuis une trentaine d'années. Même logique dans le domaine des traductions étrangères : on traduisait Balzac dès son vivant, et dans les quatre premières décennies qui ont suivi sa mort : il existait dès 1842 déjà une édition américaine de ses œuvres qui comptait seize volumes ! Mais il s'agissait alors d'une production extrêmement modeste, d'une vingtaine de traductions en tout et pour tout. C'est à partir des années 1895, quand Balzac est devenu auteur scolaire universel, que sa traduction devient massive, avec plusieurs dizaines de titres par an[9]. Et c'est aussi à sa diffusion scolaire – à travers les traductions – que Balzac doit les quelque cent dix adaptations cinématographiques de ses œuvres, de 1900 à nos jours[10]. Conclusion : on peut exister dans la culture sans le support de l'École ; on y existe mieux, et plus longtemps, quand on devient « auteur scolaire ».

Les études sont nombreuses qui, depuis une vingtaine d'années, se sont intéressées aux manuels et aux programmes scolaires[11]. L'étude proposée ici doit beaucoup à ces recherches, cela va de soi. Elles relèvent néanmoins d'une problématique très différente de la nôtre, puisque centrée sur les rapports *école-société*. Ce n'est pas l'histoire de la culture en tant que telle qui les intéresse, mais l'histoire sociale de la pédagogie, d'une part, l'histoire des idéologies, de l'autre. Les manuels y sont traités comme instruments de pouvoir politique, alors qu'ici ils sont utilisés dans leur fonction « purement » culturelle. La différence de perspective explique la différence de méthodologie. Roger Fayolle, par exemple, fait appel à une analyse thématique, une analyse du contenu, alors que nous choisissons de compter des occurrences. Pour Fayolle, le fait brut que Rousseau fasse partie des programmes importe moins que de savoir que Rousseau est scolarisé : quelle œuvre, quels extraits ? Pour nous, en revanche, le nom « Rousseau » se suffit à lui-même, nous ne cherchons pas à aller au-delà de sa présence dans les programmes et manuels. Voltaire, pour prendre un autre exemple, n'a longtemps existé à l'école qu'en tant qu'historien, l'auteur du *Siècle de Louis XIV* et de l'*Histoire de Charles XII*. Présence très marginale par rapport à l'ensemble de son œuvre, objectera-t-on, mais qui suffit à prouver que les auteurs des programmes ne pouvaient plus ignorer le nom de Voltaire (ce qui ne fut pas le cas de Diderot, littéralement inexistant dans les programmes de français jusqu'en 1895 !)

Notre étude reste donc volontairement à l'écart des thèmes qui intéressent habituellement les historiens de l'école : pédagogie, thématique des œuvres enseignées, fonctions sociales et politiques, fonctions distinctives mais aussi fonctions intégrationnistes de l'institution scolaire. Autre absence: les coulisses du système scolaire. L'École, faut-il le rappeler, est aussi au centre d'un réseau de groupes sociaux et d'individus (dont ceux qui rédigent les programmes et les manuels). Notre hypothèse est pourtant que l'anonymat du système fait sa force dans le domaine des «classiques». Nous y reviendrons plus loin. Seuls, donc, seront considérés ici les noms des auteurs et des œuvres qui figurent dans les programmes et dans les manuels. On estime souvent que la survie d'un nom est artificielle, qu'elle est superficielle, qu'elle relève d'une culture très moyenne. On peut en discuter. Mais ces noms constituent en tout cas la survie élémentaire, et souvent unique, dans l'histoire de la culture.

«Classiques : auteurs de l'Antiquité.»

500 av. J.-C.-1800: c'est la domination absolue des Grecs puis des Latins. Les Anciens régnaient seuls sur les écoles européennes, sans que personne puisse inquiéter leur illustre solitude. Il y a là un type de longévité que l'histoire réserve aux seuls phénomènes naturels, ceux de la très longue durée, à la limite de l'immobilité, dans la géologie historique de Braudel. L'abbé Sicard constate en 1887 encore «combien il est difficile de substituer sûrement la littérature nationale à la littérature antique comme base de l'éducation. Malgré la légitime insistance avec laquelle les réformateurs du XVIIIe siècle réclamaient la lecture de nos modèles, peut-être le moment n'était-il pas encore venu, peut-être était-il réservé à notre siècle de donner aux chefs-d'œuvre de notre langue l'importance et le rang que leur confirmera la postérité[12]».

Et pourtant, le règne des Anciens a paru menacé dès le XVIe siècle, le temps de leur intronisation. Car le siècle humaniste, celui de la renaissance des classiques, a aussi été le siècle de la naissance des cultures nationales. Les statistiques de l'édition humaniste dégagent simultanément une poussée des impressions de textes grecs et latins et une poussée – c'est une première – de textes vernaculaires. On l'a d'ailleurs souvent remarqué: «Le retour aux lettres antiques contribue à faire du latin une langue morte[15].» Le nationalisme culturel est né. La chance des classiques est alors l'existence de l'École (chrétienne). Des acquis humanistes, elle n'a retenu que les textes antiques. Les quelques écoles municipales ayant tenté d'introduire le français dans les programmes ont été reprises par les congrégations; elles y ont restauré le latin. Cette réaction, notons-le, n'a nullement été l'apanage de la Réforme catholique: les écoles réformées, elles aussi, n'admettaient que le latin et le grec.

Il n'est pas question de retracer ici la fabuleuse carrière scolaire des classiques antiques dans la culture européenne. Elle est inséparable, nous venons de le rappeler, de l'histoire de la lente pénétration des langues nationales dans les écoles[14]. Cette double entreprise dépasserait largement le cadre de cette étude, qui se limite au seul panthéon littéraire. Elle n'est surtout pas réalisable tant qu'on s'obstine, comme c'est le cas ici, à ignorer les enjeux politiques, sociaux et religieux qu'impliquait la tension entre langues mortes et langues vivantes. Il est toutefois évident que, sans cette histoire, notre étude n'a pas grand sens. Nous tenterons donc d'en dégager les grandes lignes, les temps forts et les noms clefs, tout en étant conscient de l'insuffisance et du caractère schématique de notre présentation (qui a, en outre, le défaut majeur de ne pas être comparative). Pour ce faire, nous proposons de distinguer puis d'examiner trois thèmes pourtant étroitement liés : 1) la mise en place du canon scolaire antique ; 2) la pénétration du français dans l'enseignement ; 3) la cristallisation d'un canon scolaire moderne. Ces trois thèmes sont bien distincts d'un quatrième, dont il ne sera guère question ici : la conscience générale de la grandeur de la langue et de la littérature françaises, de l'excellence des écrivains du siècle de Louis XIV. Le décalage entre les hiérarchies purement culturelles et les doctrines pédagogiques est tel qu'elles suivent souvent des chemins très différents.

1. La mise en place du canon antique. Trois raisons appellent à commencer cet exposé avec la *Ratio studiorum* des jésuites (1599) : son caractère normatif, son universalité, et sa durée. Normatif : selon ce code, seules les langues et les littératures antiques sont admises dans les collèges, le français étant littéralement exclu des programmes. « Aucun auteur français n'était lu, expliqué dans les classes [...] Il n'existait pas d'enseignement de la grammaire française. Il était même interdit aux élèves de parler français entre eux non seulement en classe, mais même dans leur chambrée[15]. » Ce code est en outre universel : rédigé par un comité international qui comprenait un représentant de chacun des pays où la Compagnie était établie, la *Ratio studiorum* fut suivie à la lettre par ses centaines de collèges à travers le monde. Il est enfin appelé à durer puisqu'il est observé dans les établissements de la Compagnie jusqu'au premier tiers du XIXe siècle.

Normativité, universalité, durée, trois aspects qui nous ramènent à notre hypothèse de départ : la canonisation est en corrélation avec la centralisation du système scolaire. C'est aux jésuites qu'est revenu l'honneur d'instaurer le canon classique antique, devenu véritable « canon », au sens religieux – et figé – du terme, grâce aux structures mêmes de leur ordre et de leur réseau scolaire. Le contraste entre le classicisme humaniste, ouvert et antidogmatique, et le classicisme jésuite est ici flagrant.

2. *La pénétration du français dans l'enseignement* est située, selon les historiens de l'éducation, entre 1720 et 1770. Ceux-ci tendent néanmoins à identifier langue et littérature, ce qui permet à Alain Viala d'affirmer que la littérature française fit «son entrée dans le cursus proprement dit [...] au début du XVIIIe siècle[16]»; tandis que Lantoine, Mornet, Snyders, Chartier, Compère et Julia penchent plutôt vers la seconde moitié du siècle[17] (l'expulsion des jésuites du royaume en 1762, acte explicatif ou acte révélateur du changement, n'est évidemment pas étrangère à cette hypothèse).

Des précurseurs ont pourtant existé dès le XVIIe siècle. Citons-en deux: l'Académie de Richelieu, qui disposait du monopole de l'enseignement *en* français pour vingt ans. L'expérience eut un succès retentissant; elle ne dura toutefois que deux ans, 1641 et 1642, avant d'être interrompue par la mort de son fondateur. Quinze ans plus tard, les écoles de Port-Royal font elles aussi sa place au français: Antoine Arnauld préconise dans son *Règlement des études dans les lettres humaines* (vers 1658)[18], une lecture de «livres choisis des poètes nouveaux». Mais il ne s'agit que d'un quart d'heure par jour («l'après-midi»), l'innovation intéressant la seule classe de rhétorique; le régime des autres classes reste à base de classiques, et de classiques uniquement. La tentative n'a pas d'avenir immédiat: les écoles jansénistes de Port-Royal ont été détruites en 1660. Et, plus important, le *Règlement* restera plutôt confidentiel jusqu'au XIXe siècle.

Le siècle de Louis XIV ne dégage aucune initiative de ce genre. On aurait pu en attendre à l'occasion de la Querelle des Anciens et des Modernes; il n'en est rien. Il faut attendre l'après-Régence pour rencontrer de nouveaux signes de réforme: Alain Viala accorde une grande importance à un manuel d'*Institutiones oratoriae* (1729) qui fait place à Bossuet, Brébeuf, Corneille et Racine; il en conclut que «les oratoriens donnaient des auteurs modernes comme références essentielles[19]». Mais rien ne prouve que ce texte a été suivi, ni dans quelle mesure. La politique des congrégations non jésuites fut complexe, en effet, en ce qui concerne le français. Daniel Mornet signale ainsi qu'au collège de Sorèze «on peut apprendre la flûte et la fortification sans jamais faire un mot de latin[20]». Ferdinand Brunot nous enseigne qu'une classe sans latin y fut créée par les bénédictins en 1759; mais, précise-t-il, «il ne s'agissait pas bien entendu d'abolir l'ancien ordre d'études, mais de supprimer un monopole. La nouvelle classe était une sorte de classe à côté, destinée à ceux qui n'avaient pas pu, pour des raisons diverses, suivre le cours régulier des études[21]».

La question pédagogique est à l'ordre du jour tout au long du XVIIIe siècle français, à tel point que le *Plan d'études* en est devenu un genre «classique». Il faut néanmoins se garder de confondre écrits théoriques et pratiques scolaires. Il faut aussi s'interroger sur le statut des producteurs de ces plans de réforme.

Quatre projets reviennent constamment dans les histoires de l'éducation au XVIIIe siècle: ceux de Rollin, de La Chalotais, de Guyton de Morveau et de Rolland d'Erceville. Sans prétendre offrir de ces textes une nouvelle interprétation, examinons-les de plus près, sous l'angle de la langue française et du canon littéraire.
Première constatation: la question du canon y est, somme toute, secondaire. Les plans insistent tous sur l'enseignement du français; mais leurs préoccupations majeures, si l'on en juge quantitativement, sont ailleurs: prix, bourses et boursiers, ordre du jour, pratiques religieuses, discipline («police» selon la terminologie de l'époque) sont traités beaucoup plus que le français. Reste à déterminer le contenu de leurs propositions en la matière – et leur impact réel. Le *Traité des études* de Rollin[22], publié en 1726, a eu une influence considérable (on en compte vingt-six éditions jusqu'en 1845). Et pour ses contemporains et sa postérité immédiate, le premier chapitre du livre II du *Traité*, intitulé «De l'étude de la langue française», a servi de référence majeure – ce jusqu'à la fin de l'Ancien Régime. «Langue», écrit Rollin, et non pas «littérature»: les livres préconisés le montrent assez; il ne s'agit point de textes à fonction esthétique, mais plutôt de ceux qui permettent de dégager les règles de la langue au profit des élèves[23]. Il suffit de comparer cette liste avec les listes d'auteurs grecs et latins en vigueur à cette époque pour voir que le souci de Rollin n'était guère de proposer un «canon» concurrent ni même parallèle.
Passons sur des textes beaucoup moins influents de l'époque, tels ceux de Gaullyer et Gédoyn[24] pour venir à la floraison pédagogique des années 1760. C'est en 1763 que La Chalotais dépose au parlement de Rennes son *Essai d'éducation nationale*. Ce plan d'études va très loin: «Dans toute institution il faut donner le pas à la langue maternelle: elle est la plus nécessaire dans tout le cours de la vie.» Reste à déterminer l'impact de l'essai. L'influence de La Chalotais semble avoir été surtout locale, et limitée, en outre, par les turbulences politiques de la crise parlementaire[25]. Le *Mémoire sur l'éducation publique* de Guyton de Morveau présente les mêmes caractéristiques. Présenté au parlement de Bourgogne en 1764, il va aussi loin que son homologue rennais en matière de français, et reste comme lui confiné au seul milieu parlementaire. Quant à son impact sur les pratiques pédagogiques de l'époque, il est difficile à déterminer.
Le *Plan d'étude* du président Rolland d'Erceville est le texte le plus souvent cité et commenté par les historiens modernes. Nous voici derechef dans le milieu parlementaire, mais parisien cette fois. Rolland d'Erceville (1734-1794), président de la Chambre de requêtes, fut surtout l'un des quatre commissaires nommés par le Parlement de Paris le 6 août 1762 pour examiner la situation financière des collèges jésuites, puis pour établir un plan d'études

uniforme dans le ressort de la cour. Brunot va jusqu'à le considérer avec quelque exagération comme «une sorte de Directeur de l'Enseignement secondaire dans le ressort du Parlement de Paris». Pourtant, Rolland n'est pas le Rollin des années 1760. Sans doute tous deux produisent leurs discours novateurs à partir d'une position d'autorité. Mais le *Traité* du second a eu une influence réelle et durable, alors que le *Plan* du premier est resté plutôt confidentiel (il n'a eu qu'une édition, d'ailleurs, en 1783). C'est que le *Traité* avait un caractère purement pédagogique, malgré le jansénisme de son auteur, alors que le *Plan* était très marqué politiquement: lié aux «traditions politiques et culturelles» du milieu parlementaire (D. Julia), il devait en suivre les vicissitudes dans le court terme, c'est-à-dire un rapide effacement dans les années 1770. Alors, l'Église et l'Université reprirent les choses en main. Reste à déterminer l'effet de ces projets, le degré réel de pénétration du français dans l'enseignement. D. Mornet: «Le latin cesse de régner en maître tyrannique entre 1750 et 1770; on fait au français non pas la plus grande part, mais une part, dans un très grand nombre de collèges[26].» D. Julia: «À l'intérieur des collèges, trois disciplines ont acquis droit de cité dans le cursus des humanités classiques, le français, l'histoire et la géographie[27].» Ces affirmations sont essentiellement fondées sur le tableau établi par Brunot à partir de l'enquête de l'an IX sur l'état de l'enseignement (tout en soulignant avec Brunot le caractère incomplet de cette enquête)[28]. Et pourtant, une deuxième analyse de ce tableau tend à les nuancer: sur les trois cent dix établissements cités, «un enseignement du français est expressément mentionné comme ayant existé dans les collèges» dans cent vingt-neuf, alors que dans cent quatre-vingt-un «il n'est fait aucune mention de l'enseignement du français». Et il ne s'agit là que de mention du français, non de son institutionnalisation à part entière. Brunot a donc probablement raison de conclure: «Dans l'exposé qui précède, nous avons surtout noté le progrès. Il ne doit pas tromper sur l'état réel des études. Les résistances étaient loin d'être vaincues. Une opposition entêtée maintenait que l'enseignement secondaire, c'est avant tout l'enseignement du latin[29].»

3. Un canon scolaire français. Le terrain scolaire n'était donc pas encore mûr pour dégager un canon français universellement adopté et enseigné. Il vaut néanmoins la peine de regarder de plus près les suggestions des «apôtres» du français, de Rollin à Rolland. Pour devenir canonique, un corpus doit remplir trois conditions: il doit être relativement ancien, il doit être stable et il doit être exclusif. Ce sont du moins les trois caractéristiques et du canon religieux, et du canon classique antique, les deux références en la matière. Les listes d'auteurs préconisés par les divers plans, ainsi que les auteurs réellement enseignés, obéissent-ils à ces trois conditions?

Le statut de Pélisson, de Boze, de Fontenelle, dont les ouvrages sont recommandés par Rollin, n'est pas «classique» : ils ont plutôt une fonction instrumentale. Il en va de même pour les livres indiqués par l'Université en 1763[30]. Y sont cités pêle-mêle La Fontaine, Vertot, Saint-Réal, Boileau, Pélisson, Montesquieu, Rollin, Bossuet; seuls les auteurs de la classe de rhétorique présentent une certaine cohérence classicisante : Bossuet, Fléchier, Mascaron, Fénelon, J.-B. Rousseau. Mais une liste qui contient six prédicateurs sur onze noms est représentative d'une tendance importante, certes, mais guère exclusive. C'est ainsi que dans les *Exercices publics* de l'école de Sorèze on évoque, en 1774, «aussi bien *Mérope, Zaïre, La Henriade* de Voltaire que les tragédies de Crébillon, les comédies de Regnard, les poésies lyriques de Jean-Baptiste Rousseau ou l'opéra *Le Devin de village* de Jean-Jacques Rousseau[31].» La *Dissertation sur la question des Inscriptions* de Rolland[32] présente une plus grande hétérogénéité encore : pour prouver l'excellence de la langue française, il procède à une «Analyse succincte & raisonnée de la plupart des Auteurs des siècles de Louis XIV & de Louis XV». Y sont traités cinquante-quatre écrivains, de Mme de Sévigné à Buffon et Lenfant. Fevret, Domat et Montesquieu sont analysés et longuement louangés (de même que Voltaire et J.-J. Rousseau, dont «on ne peut trop louer le style mais qui sont des modèles trop dangereux»).

Terminons cet inventaire de propositions avec deux plans d'études qui datent tous les deux de 1763, l'un de La Chalotais, déjà cité, et l'autre anonyme, publié à Amsterdam, et que La Chalotais a cru bon de rééditer avec le sien. Ce traité, intitulé *De l'éducation publique*, est attribué à Jean-Baptise-Louis Crévier, disciple de Rollin et auteur d'une grande *Histoire de l'Université avant 1600*. L'auteur y propose un programme détaillé de livres pour les huit années du collège ; les auteurs français cités sont les suivants :

1re classe : Fleury, Vernet, Fénelon et La Fontaine ;
2e classe : Fleury, Bouhours, Massuet, Fénelon ;
3e classe : Pluche, Fontenelle, Algarotte ;
4e classe : Dom Calmet, Dullard ;
5e classe : Duguet, Fleury, Nieuwentit, Javenel de Carlencas, La Bruyère ;
6e classe : Fontenelle, Perrault *(Hommes illustres)*, Voltaire *(La Henriade)* ;
7e classe : Bossuet, L. Racine, Pascal, Pope, Regnault, Locke, Condillac ;
8e classe : Bourdaloue, Fléchier, André, Boileau et quelques pièces de théâtre...

La Chalotais ne va pas jusqu'à proposer un projet aussi détaillé ; mais les longues pages qu'il consacre à l'éducation des enfants de plus de dix ans citent, entre autres, Racine, Corneille, Fénelon, J.-B. Rousseau, Voltaire, de Marsais, Rollin Dubois, Gillet, Dolivet, Condillac, Saint-Réal, Fontenelle, Fleury, et même l'*Encyclopédie* (dont plusieurs articles sur les arts « sont des chefs-d'œuvre »). Signalons toutefois que l'*Essai d'éducation nationale* n'est pas dépourvu de toute intention classicisante : « Vers l'âge de dix ans, il seroit temps de commencer le cours de Littératures Françoise et Latine [...] Je joins ensemble l'étude des Langues Françoise et Latine : Ciceron conseilloit à son fils de réunir l'étude du Grec et du Latin » ; et plus loin il suggère « de joindre les Auteurs François et Latins, comme Phèdre et La Fontaine, Horace et Boileau, Homère et Virgile, avec le Tasse et *La Henriade*, etc.[33] ».

On pourrait multiplier les exemples en cette fin du XVIIIe siècle[34]. Certaines expériences apparaissent résolument novatrices, d'autres sont plus traditionnelles et pourtant elles laissent une place non négligeable aux auteurs français. Mais tous ces programmes ont en commun de ne connaître qu'une application limitée, soit à cause de leur diffusion, soit parce qu'ils n'intéressent que des effectifs scolaires relativement restreints[35].

Extrême diversité de formes d'enseignement, préoccupations contradictoires des différentes autorités scolaires, fossé presque insurmontable entre théories réformatrices et pratiques conservatrices, absence surtout de toute politique éducative centralisatrice : les systèmes scolaires de l'Ancien Régime ne pouvaient pas (n'essayaient pas, même) d'instaurer un canon littéraire moderne ; tout au plus esquissaient-ils, au moins certains d'entre eux, les grandes lignes d'un tel canon. Il était réservé à d'autres de l'imposer. Car, pour l'historien, la date qui compte n'est pas celle de l'invention, mais celle de la diffusion[36]. Dans le domaine scolaire, il y a même lieu d'ajouter la « diffusion institutionnalisée ». C'est ce qui nous autorise à affirmer que c'est en 1800, pas avant, que l'École est devenue l'autorité culturelle en matière de « canon » moderne. Tout ce qui précédait cette date la « préparait », certes, mais était de nature différente de cette École moderne.

« *Classiques : auteurs du siècle de Louis XIV.* »

Pour qu'un canon se cristallise, puis s'universalise, il faut qu'il bénéficie d'une promotion institutionnelle. Le canon antique, a-national, avait l'Église universelle comme autorité ; le canon moderne, national, avait besoin de l'État.

L'idée d'une éducation nationale remonte, on le sait, aux débats parlementaires des années 1760, à Rolland et à La Chalotais, à l'occasion du vide laissé par l'expulsion des jésuites. Son application, en revanche, devait attendre le Nouveau Régime. Mais lequel ? La Révolution, affirment la plupart des auteurs ; plus probablement le Consulat, puis l'Empire.

Ils nous est difficile de proposer une analyse satisfaisante des systèmes éducatifs autour de 1800. Cette période est, en effet, fort peu étudiée par les historiens de l'éducation en France, qui privilégient l'Ancien Régime et la IIIe République. Les données en notre possession permettent néanmoins d'avancer quelques hypothèses.

On a souvent dénoncé le caractère réactionnaire de la politique de Napoléon, dans le domaine scolaire comme dans tous les autres. Si l'on entend par là que l'Empire a réagi aux changements révolutionnaires, cela va de soi : le lycée a remplacé les écoles centrales. Mais si on veut dire par là que le lycée a voulu rétablir le système scolaire prérévolutionnaire, on commet une grave erreur ; car c'est une conception étatique qui commande le lycée (tout comme une conception républicaine commandait l'école centrale) : une préoccupation qui était quasi absente avant 1789.

La Révolution, puis le Directoire, et le Consulat, ont offert tour à tour une éducation nationale à la France. Ces systèmes successifs divergeaient sur trois points qui ont eu des conséquences capitales sur la formation du canon « classique » français : l'efficacité nationale, la durée, les priorités pédagogiques.

La question du succès des écoles centrales est loin d'être tranchée. Une chose est sûre : elles n'avaient pas fait l'unanimité nationale. Le système scolaire mis en place par la Révolution n'est donc pas celui que la France a adopté pour modèle. Ce rôle était réservé au système impérial, suffisamment neutre, semble-t-il, pour que tous les régimes à venir en retiennent les grandes lignes (notamment le lycée et le baccalauréat).

Quant aux priorités pédagogiques, celles de la Révolution étaient claires : l'apprentissage du français dans le primaire, l'enseignement scientifique dans le secondaire, l'étude des belles-lettres étant de ce fait négligée[37]. Il eut été d'ailleurs contraire à l'essence révolutionnaire de constituer et de diffuser un canon littéraire national, dont pratiquement tous les textes auraient inévitablement été imprégnés d'Ancien Régime. En outre, le premier souci des pédagogues révolutionnaires fut celui des livres élémentaires, question qui monopolisait les débats à la Convention ainsi que les différents comités et commissions spécialisés. L'Empire, en revanche, se désintéressa complètement du primaire, qu'il laissa aux communes ; il donna une prime aux humanités dans le secondaire et le supérieur, ce qui le conduisit à établir, pour la première fois dans l'histoire scolaire française, une *liste nationale et obligatoire d'auteurs français*[38]. La date : *1802*.

Les classiques scolaires

1802, année clef, année symbole. Et pourtant, les apôtres du français l'ont retenue comme une année d'ignominie, l'année de «la réaction latine», de «l'intolérance latine», où l'«on sacrifie le français»; ce sont les titres des chapitres consacrés à cette période dans l'*Histoire de la langue française*[39]. De la part de Brunot, toujours si prudent, si nuancé, ces mots ont d'autant plus de poids. Les faits sont d'ailleurs là pour lui donner raison; l'article 1 de la création des lycées le dit en clair: on y enseignera essentiellement le latin et les mathématiques[40].

Le retour du latin est indiscutable, tant il est affiché par les textes officiels. Reste à déterminer la situation nouvelle du français. Pour ce faire, il faut encore une fois dissocier les deux aspects du problème: langue et littérature. Dans l'enseignement de la langue, une certaine régression semble se marquer par rapport à la période précédente – encore que cette affirmation doive être nuancée, textes légaux et pratiques n'étant pas forcément concordants. Dans les belles-lettres, en revanche, le français a fait un bond en avant. Trois faits qui illustrent cette promotion:

1) Le rapport de la *Commission des livres classiques*, déposé début 1803, fait une place aux auteurs français, et elle est loin d'être négligeable[41]:

> On voit que les écoles modernes ne méritoient pas les reproches faits quelquefois aux anciennes université; on ne dira plus que l'étude du français est sacrifiée à celle du latin: les chefs-d'œuvre français, dans ce nouveau plan, se trouvent à chaque instant rapprochés des chefs-d'œuvre antiques, et l'honneur de la langue maternelle est bien vengé.

C'est ainsi que les auteurs proposent la fameuse méthode du *parallélisme*, déjà rencontrée chez La Chalotais, et que Brunot a bien tort de stigmatiser, tant son effet de légitimation culturelle est évident. La liste est tout à fait «honorable» pour les Modernes: on y trouve Salluste et Saint-Réal, Tite-live, Vertot et Bossuet *(Histoire universelle)*, Pline le Jeune et Mme de Sévigné, Horace et Boileau, Tacite et Montesquieu, *L'Énéide* et *La Henriade*, Térence et Molière, Sénèque et Lucain confrontés à Fontenelle et à Thomas; ailleurs ils confrontent Phèdre et La Fontaine, Quinte-Curce et Voltaire, et même *L'Odyssée* avec les *Mœurs des Israélites* de Fleury. Un seul auteur n'a pas besoin de recommandation antique: c'est Fénelon.

Pour mieux apprécier l'importance de ce rapport, rappelons que le texte légal qui le précède et qui parle d'auteurs français ne concerne qu'un seul établissement: c'est le «Règlement général du Prytanée français[42]» (le collège Louis-le-Grand entre 1797 et 1802). En revanche, à partir de 1802, les textes seront toujours destinés au réseau national. On note aussi une évo-

lution dans la terminologie employée : si en 1803 il s'agissait d'un rapport, en 1809 on en est déjà à une «Liste des livres *recommandés*[43]», et en 1811 un «Arrêté relatif aux livres classiques qui *doivent* être mis à l'usage des lycées et des collèges[44]».
2) En décembre 1802, le Consulat publie une «liste chronologique et officielle des Ouvrages d'enseignement supérieur et secondaire[45]». Il est tout à fait dans la logique des choses que l'unification des programmes soit accompagnée par un contrôle étatique des livres secondaires. La composition de cette liste est tout aussi instructive : sur les cinq cent vingt-six textes cités, cent quarante-deux sont des classiques anciens – mais cinquante-quatre sont des œuvres littéraires françaises : priorité, donc, aux Anciens, mais place aux Modernes ! Et parmi ces cinquante-quatre mentions, on trouve déjà presque tous les noms qui monopoliseront les programmes tout au long du XIXe siècle : Corneille, Pascal (deux fois), Racine, Molière, Boileau (deux fois), La Fontaine (deux fois), Bossuet, Fénelon (quatre fois), Massillon, J.-B. Rousseau et Voltaire (Descartes et Montesquieu seront cités en 1809). Les jeux sont pratiquement faits, alors que nous ne sommes qu'en 1802.
3) C'est alors que le terme «classique» se voit assigner la double référence qu'il gardera tout au long du XIXe siècle. D'une part, «sont réputés classiques les livres qui auront été prescrits pour l'enseignement dans les écoles des divers degrés[46]». Est classique, d'autre part, ce «qui appartient aux grands auteurs du XVIIe siècle» (par opposition à romantique) – sens que *Le Robert* date de 1802. Il conviendrait plutôt de parler ici des auteurs du «siècle de Louis XIV», siècle qui commence, selon Voltaire, vers 1635, avec la fondation de l'Académie française, et se termine, cent ans plus tard, avec le Voltaire «classique», de *La Henriade* (1723) à *Mérope* (1743)[47].
Nous voici donc au point de rencontre, unique, entre un mouvement intellectuel, idéologico-culturel, et *la* politique scolaire de l'État. Rencontre «unique», mais surtout extrêmement payante pour la carrière posthume des auteurs devenus «classiques d'État». Le nouveau système leur garantira, en effet, toutes les conditions qui définissent, nous l'avons vu, un véritable canon – l'ancienneté : le corpus est déjà vieux de plus d'un siècle en moyenne ; la stabilité : les programmes entre 1802 et 1860 se succèdent et se ressemblent ; la progressive restriction : la sélection est d'abord chronologique ; on procède ensuite à une deuxième sélection, au sein du corpus, pour dégager une dizaine de noms qui constitueront le noyau dur du canon scolaire.
Ce qui rend ce mouvement plus efficace encore, c'est le fait qu'il s'intègre dans une politique «classiciste» d'ensemble. Rappelons la complicité entre Napoléon et David et son école. Évoquons aussi la politique impériale en matière de dénomination de rues à Paris : les rues Clovis, Clotilde, mais aussi

les rues Fénelon, Bossuet, Descartes datent des années 1800-1808[48]. Et la même politique impériale dans la redéfinition du répertoire de la Comédie-Française. C'est en effet l'époque de la remontée en force d'un grand nombre d'auteurs «classiques» dont la courbe avait été descendante vers la fin de l'Ancien Régime.
L'année 1802, sur laquelle nous avons tant insisté, a une valeur symbolique incontestable. C'est pourtant une autre année qui a réellement déclenché le mécanisme. Le rapport de Fourcroy, en 1806, fait voir que le système mis en place n'est pas encore devenu national : c'est toujours le réseau scolaire privé qui continue d'attirer les familles bourgeoises. La réaction de Napoléon ne se fait pas attendre : un décret du 17 mars 1808 institue l'Université impériale – et le baccalauréat. Le monopole de l'État sur l'enseignement secondaire devient un fait, car, pour se présenter aux examens, il faut désormais passer deux ans au moins dans un lycée (article 5 du décret). Et sans le diplôme, tout avancement dans la fonction publique est dorénavant impossible. La suite apportera de nombreuses mesures dérogatoires à ces dispositifs, qui permettent de contourner les écoles publiques. Un principe, pourtant, ne sera plus jamais remis en cause : le baccalauréat, ce *sine qua non* de toute carrière, est un monopole de l'État. Figurer dans ses programmes devient, pour un auteur et pour une œuvre, alors, la consécration ultime, l'apothéose.
Si le début du XIXe siècle est celui de l'instauration du canon scolaire français, les décennies qui suivent sont celles de sa consolidation. Sa place était déjà acquise dans les programmes des différentes classes, mais il lui restait à entrer dans les programmes du baccalauréat. Le Statut de 1808 se contente de termes assez vagues : «... tout ce qu'on enseigne dans les hautes classes des lycées» ; celui de 1820 est plus clair, en revanche ; alors que l'arrêté de 1830 stipule que «l'examen de philosophie pour le baccalauréat ès lettres sera fait en français». Il faut, en fait, attendre la grande réforme du 14 juillet 1840 pour trouver dans le programme officiel du baccalauréat «les classiques français, à côté des classiques de l'antiquité». Au règlement pour le baccalauréat ès lettres est annexée, pour la première fois, une *Liste des auteurs grecs, latins et français... pour l'épreuve de l'explication*[49]. Le corpus français est tout à fait canonique ; il ne compte que treize noms (cités plus haut, p. 2098) ; il reflète la hiérarchie établie dès 1802 ; et la date moyenne des textes mentionnés est 1685, ce qui constitue une ancienneté plus que respectable.
Rien ne semble mieux refléter la classification des auteurs français que la courbe des éditions de leurs œuvres, telle qu'elle apparaît dans le catalogue de la Bibliothèque nationale :

Tableau II: les Classiques et l'Édition

Œuvres (première édition)	1600-1700	1701-1750	1751-1800	1801-1825	1826-1850	1851-1875	1876-1900
Le Cid (1637)	11	1	3	3	13	22	
Polyeucte (1643)	9	1	3	8	25	32	
Le Misanthrope (1667)	3	2	0	3	17	27	
Les Plaideurs (1669)[50]	5	0	2	1	2	5	(46)
Athalie (1691)	5	2	3	5	17	43	
Télémaque (1699)	15	26	31	70	152	123	

Les rapports de l'École et de l'Édition, pour ne point parler de complicité, mériteraient une recherche à eux seuls (où Louis Hachette occuperait, sans doute, une position éminente)[51]. Retenons-en ici un seul aspect: l'émergence des collections classiques dans les années 1825-1850. Il semble que ce soit à J.-J. Lefèvre (1779-1858) que revienne la paternité de cette institution, vouée à la prospérité que l'on sait. Cet apprenti de Didot dès 1786, libraire indépendant en 1803, lance en 1824 sa *Collection des Classiques français;* elle comptera soixante-treize volumes – ce qui n'a d'ailleurs pas empêché Lefèvre de mourir ruiné. La faute en est peut-être au caractère proprement génial d'une idée si facilement imitable. En 1825, Castel de Curval lance sa *Collection des Français*; Dufour sa collection des *Classiques en miniatures* en 1827; Lecointe, une *Nouvelle Bibliothèque des Classiques français* vers 1829; Treuttel et Würtz leur *Théâtre classique des Français* vers 1831; puis une *Nouvelle Bibliothèque classique; Morale et Philosophie* en 1836; et ainsi de suite, un éditeur lançant en moyenne une collection tous les deux ans[52].
La même évolution, mais avec un léger décalage, se confirme dans un autre domaine important: les thèses de doctorat. Les premières thèses qui traitent d'écrivains français se limitent à des études qui comparent Eschyle, Sophocle et Euripide à Voltaire et Crébillon (1817), Euripide et Sénèque à Racine (1818)[53]. La première thèse exclusivement consacrée à un écrivain français l'est à Massillon (1820), la deuxième à Racine (1829), la troisième au *Roman de Roncevaux* (1833). Ce sont là des signes précurseurs, puis vient le «boom»: la Bruyère (1844), Honoré d'Urfé (1846), Bossuet et Fénelon (1850), Pascal (1850), Corneille (1853), La Fontaine (1853 – c'est la fameuse thèse de Taine), François Villon (1859), Molière (1862) entrent dans le corpus doctoral.

Les classiques scolaires

*Tableau III: sujets de thèses de doctorat ès lettres
1829-1901*

Années	Total	Classiques	Français Histoire	Auteurs	Étrangers Histoire	Auteurs
1829-1831	40[54]	14	0	1	0	2
1839-1841	54	29	3	2	4	4
1849-1851	65	29	6	10	2	7
1859-1861	68	31	5	12	1	8
1869-1871	43	15	3	8	5	4
1879-1881	74	21	22	5	1	8
1889-1891	85	19	13	19	7	12
1899-1901	90	13	24	21	2	9

Si nous insistons sur les années 1840-1860, c'est aussi parce qu'elles ont marqué un tournant analogue dans le système scolaire anglais (et américain)[55]. Comme en France, les classiques (antiques) y détenaient le monopole jusqu'au XIXe siècle, tandis que l'anglais était banni (sauf dans les écoles de pauvres, où l'on se contentait d'aller au plus utile). Plusieurs signes annoncent le changement, au cours de la première moitié du siècle: la polémique autour de la *Leeds Grammar School*, qui voulait introduire des auteurs anglais en 1805; la fondation du *College of London* en 1828, qui, en réaction contre la politique exclusivement classique d'Oxford et de Cambridge, introduit dans ses programmes de la littérature moderne; aux États-Unis, la réforme de 1824 va dans le même sens dans certaines écoles en Nouvelle-Angleterre. Ici encore, il s'agit de signes précurseurs qui se concrétisent vers 1850, quand les grandes universités anglaises commencent à exiger une connaissance de la littérature nationale dans leurs examens d'entrée; les termes restent vagues pendant un certain temps (à Londres jusqu'en 1890)[56]; mais, dès 1864, les programmes communs d'Oxford et de Cambridge donnent une liste d'auteurs modernes comme c'était l'usage pour les classiques[57]. De même, l'anglais s'établit comme discipline majeure aux États-Unis dès la mise en place des premiers examens d'entrée américains, à Harvard en 1873[58].

La parenté entre les systèmes français et anglo-saxons est surprenante car tout sépare l'école française et les écoles anglo-saxonnes au XIXe siècle. La première appartient à un système centralisé, où tout dépend de l'État, budgets aussi bien que programmes. Les secondes, en revanche, font partie d'un système décentralisé : peut-on, d'ailleurs, parler de ce monde peu structuré comme d'un «système»? Que des institutions aussi différentes aient évolué de façon semblable prouve que cette évolution était due à des forces qui dépassent le contexte purement scolaire. Elle était au reste inévitable, tant la tension était forte dans les écoles européennes entre leurs programmes universalistes et un contexte politique et social de plus en plus fragmenté et différencié. Partout, la Révolution et, surtout, les guerres napoléoniennes n'ont fait qu'aggraver cette tension, devenue insoutenable. Puis tout un ensemble de tendances, dominantes dans la première moitié du XIXe siècle, ont précipité le mouvement : le nationalisme grandissant, qui culmine en 1848 ; la prise du pouvoir de la bourgeoisie libérale, l'urbanisation, la montée du socialisme : tous facteurs importants d'une démocratisation relative de l'enseignement et de sa diversification. La percée des auteurs nationaux était ainsi inéluctable[59]. Notons pourtant que ce dernier processus s'est déroulé prudemment : les modernes sont d'abord admis *à côté* (et au-dessous) des classiques ; la vraie relève est pour beaucoup plus tard : elle est acquise au XXe siècle. L'École, rappelons-le, ne crée pas les réputations, elle les gère.

L'élargissement de la communauté classique

> Le Conseil de l'Instruction publique a décidé que par le mot «classique» il ne fallait pas entendre seulement les auteurs du XVIIe siècle, mais aussi les écrivains du XVIIIe et du XIXe siècle (*Plan d'études*, 1896)[60].

Parmi les treize auteurs du baccalauréat de 1849, dix ont écrit leurs œuvres citées entre 1661 et 1740, Corneille et Pascal un peu plus tôt, Buffon plus tard. La primauté du destin collectif sur le destin individuel est déjà instaurée. Hors du groupe, point de salut.
Que ce soit le cas en 1849, rien n'est plus naturel : pour contrebalancer les classiques, il fallait tout un groupe ; un seul génie n'aurait pas fait le poids. Moins naturel paraît le fait que le principe des «blocs» ait dominé les programmes scolaires jusqu'au milieu du XXe siècle. Car l'histoire de ces programmes est, en effet, celle d'une série d'oppositions qui se succèdent : le XVIIe siècle face au reste ; les XVIIe, XVIIIe, et le XIXe siècle ; les XVIe et XIXe siècle, et le XVIIIe, etc. On croit ce principe inévitable ; il ne l'est pas, puisque le système scolaire anglais l'évite, comme on le verra.
Si la primauté du collectif sur l'individuel n'est pas inévitable, elle n'est pas pour autant inexplicable. Elle est étroitement liée à la logique même du système, une logique que l'on peut résumer par la séparation et la hiérarchisa-

tion des instances (que le système anglo-saxon ne connaît d'ailleurs pas non plus). C'est là que se jouent les « guerres des écoles et des époques ».

En bas de l'échelle se trouvent les deux types de manuels : *Les Histoires de la littérature française* et les *Morceaux choisis*. Ce sont les instances inférieures dont l'accès est relativement facile pour un auteur ou pour une œuvre : une histoire parle en général de plusieurs centaines d'écrivains, les morceaux choisis d'une centaine. Il faut passer par là pour progresser dans la hiérarchie, mais le fait d'y apparaître ne signifie pas grand-chose en soi.

Viennent ensuite les *Programmes officiels*, qui précisent les auteurs et les textes obligatoires dans chaque classe. Ce sont des instances intermédiaires qui comportent une trentaine de noms. On peut y végéter des années, avant de retomber dans les oubliettes des morceaux choisis. On peut aussi entrer, un jour, en terre promise, c'est-à-dire au *Programme du baccalauréat*, la plus haute instance, la plus fermée, la plus prestigieuse. Les membres de ce club sont treize en 1840 ; ils ne seront jamais plus nombreux avant 1978. Les treize ont été choisis parmi les dizaines cités dans la liste de 1802. Depuis, les obstacles se sont encore multipliés ; ce qui leur a permis de monopoliser le programme pendant plus d'un siècle : le programme de 1977 cite *nommément* neuf auteurs : Montaigne, Racine, Molière, Pascal, Boileau, Voltaire, Rousseau et Diderot ; le XIXe siècle est évoqué en des termes vagues (« une grande œuvre en prose [...] en poésie ») ; le Moyen Âge et la première moitié du XVIe siècle sont purement et simplement ignorés. Les instances et le choix des époques retenues sont toujours associés.

Soulignons que cette hiérarchie est inscrite dans les statuts mêmes du baccalauréat, qui précisent, dès 1808, « ce qu'on enseigne dans les hautes classes des Lycées ». En 1864, le baccalauréat concerne ce qu'on enseigne dans les classes de rhétorique et de philosophie ; en 1880, en troisième, seconde et rhétorique ; en 1902, en seconde et première ; en 1927, en rhétorique[61]. Ce qui n'est pas défini officiellement, c'est le monopole des classiques ; il n'est jamais pourtant remis en question.

Si le club du baccalauréat reste comme figé pendant un siècle et demi, ce n'est pas la stabilité qui caractérise les instances inférieures du système. Jusqu'aux années 1870, on note une concordance quasi parfaite entre manuels, programmes et baccalauréat. À partir de cette date, les écarts, voire les tensions, entre ce qu'on enseigne couramment et ce qui relève du baccalauréat ne cessent de s'accroître. Reprenons les étapes de cette évolution complexe.

Dans les années 1860, le baccalauréat accueille les treize de 1840. Les programmes officiels de 1865 ajoutent Descartes (mais les programmes de l'enseignement spécial vont beaucoup plus loin[62]). Les morceaux choisis de l'époque ne connaissent que les XVIIe et XVIIIe siècles : Lebaigue ouvre les siens, en 1863, avec Guez de Balzac et Malherbe, et les achève sur André Chénier († 1794) et Barthélemy († 1795); Feugère (1869) s'arrête avec Chénier et Bernardin de Saint-Pierre. Et dans ce florilège restreint, le XVIIe siècle se taille la meilleure part avec 60 % des textes (voir graphique I). Quant aux histoires littéraires, celle de Nisard (1861) s'arrête avec Chateaubriand. L'auteur s'en justifie : « La pousser plus loin, dire ce que durera de tout ce que les deux premiers tiers du XIXe siècle ont vu naître d'ouvrages d'esprit, je ne m'en sens pas l'autorité[65]. » Un autre texte, plus influent encore, *Le Lycée, ou Cours de littérature ancienne et moderne* (1797-1808), de Jean-François de La Harpe, se terminait évidemment avec Buffon et Beaumarchais. Ce qui était moins évident, c'est qu'il consacra soixante pages aux quinze siècles qui séparent le siècle d'Auguste de celui de Louis XIV – et douze volumes aux XVIIe et XVIIIe siècles ! Or, il s'agit là d'un ouvrage qui a connu des dizaines d'éditions, d'abrégés et d'extraits entre 1813 et 1880.

Toutes les instances du système s'accordent ainsi à exclure ce qui est trop récent – le XIXe siècle – ou trop ancien – le Moyen Âge et le XVIe siècle. Exclusion d'autant plus frappante qu'elle est en contraste total avec ce qui se passe outre-Manche : en 1865, les programmes d'Oxford et de Cambridge vont de Chaucer à Boswell (mort en 1795) ; et les morceaux choisis anglais de 1849 accordent autant de place au XVIe et au XIXe qu'aux XVIIe et XVIIIe siècles (voir plus loin le tableau V).

Les années 1875-1900 sont celles de la grande percée des exclus d'hier – dans les manuels d'abord, dans les programmes officiels ensuite. Soit un exemple significatif : en 1883, la nouvelle édition des morceaux choisis de Lebaigue a pour titre : *Morceaux choisis de la littérature française, XVIIe-XIXe siècle, précédés d'extraits des XIe-XVIe siècles*. Ce volume est contemporain, faut-il le rappeler, de l'histoire littéraire de Brunetière, *Études critiques sur l'histoire de la littérature française* (1880-1892) et *Essais et Nouveaux Essais sur la littérature contemporaine* (1892-1895) ; et surtout de Lanson : *Histoire de la littérature française* (1894) – et du lansonisme. Les rapports entre les différentes époques dans ce dernier ouvrage montrent que la « redécouverte » du Moyen Âge et du XVIe siècle, entreprise par les romantiques, est enfin récupérée alors par les milieux universitaires, puis scolaires : au Moyen Âge est consacré 19 %, de l'espace ; au XVIe siècle, 12 % ; au XVIIe siècle, 23 % ; au XVIIIe siècle, 19 % ; au XIXe siècle (« époque contemporaine »), 26 %. On est bien loin de l'*Histoire de la littérature française* de Désiré Nisard, pourtant vieille de trente ans à peine ; voire de la toute récente *Histoire de la littérature française* de René Doumic (1888, 1894), où la primauté du XVIIe siècle allait encore de soi[65].

La poussée du XIXe siècle est encore plus étonnante dans les manuels littéraires de l'enseignement primaire, comme le montre E. Fraisse[66] : sur 758 auteurs et 6 011 occurrences répertoriés dans les manuels entre 1871 et 1923,

Les classiques scolaires

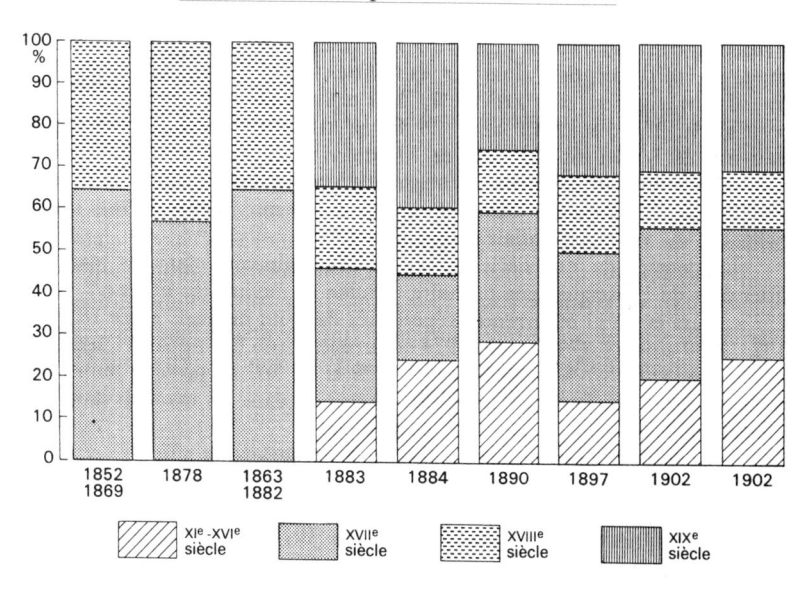

Ce graphique révèle l'hétérogénéité relative de l'enseignement quotidien, fondé sur les manuels. Quoique obéissant aux normes établies d'en haut, les éditeurs suivent leurs propres goûts. Ces idiosyncrasies peuvent expliquer le fossé de prestige qui se marque entre les manels – instances inférieures – et les programmes officiels. Non seulement ces derniers relèvent de l'État, mais ils n'ont pas d'auteurs, et cet anonymat ajoute à leur autorité institutionnelle : comme s'ils représentaient immédiatement le consensus national.

599 auteurs (79 %) et 3 974 occurrences (66 %) appartiennent au XIXe siècle (XVIIIe : 7 % et 14 % ; XVIIe : 4 % et 16 %) ! Et presque toutes ces références récentes font leur première apparition dans les manuels dans les années 1875-1890.
Cette évolution ne tarde pas à secouer les programmes officiels : ceux de 1880[67] citent déjà *La Chanson de Roland*, Joinville et Montaigne. Mais c'est la réforme de 1895 qui officialise la nouvelle donne : elle cite Villehardouin, Joinville, Froissart, Commynes, Marot, Du Bellay, d'Aubigné, Régnier ; Chateaubriand, Michelet, Hugo, Lamartine. Toutes proportions gardées, précisons-le : sur les trente-sept rubriques, vingt-neuf sont toujours réservées aux classiques, de Montaigne à Rousseau. Point capital : cette situation restera *grosso modo* inchangée jusqu'en 1965 !

L'ascension est plutôt collective ; le déclin l'est moins

Tant que deux siècles, le XVIIe et le XVIIIe, se partageaient manuels et programmes, de nombreux écrivains, considérés aujourd'hui comme « mineurs », en ont largement profité. Mais voici que devant la poussée du XIXe siècle, le bloc « classique » se faille : d'un côté les années 1600-1730, de l'autre les deux derniers tiers du XVIIIe siècle. C'est cette dernière période qui va être en partie sacrifiée au nouveau rapport de forces. D'abord, la poésie : ainsi ne cesse de décroître la part réservée dans les manuels à J.-B. Rousseau, à Le Franc de Pompignan, à Voltaire poète[68]. Ensuite, la prose et le drame : Buffon, Regnard, Lesage, Mirabeau perdent du terrain d'un recueil à l'autre. C'est exactement le sort que réservera le XXe siècle aux satellites des classiques : Guez de Balzac, Voiture, Rotrou, Nicole, Bourdaloue, Fléchier, Sévigné, Maintenon, Cyrano de Bergerac – et la liste est longue[69].
Cette règle vaut aussi pour des courants littéraires comme le montre l'étude d'Odile Paradis sur le drame romantique[70]. L'auteur retrace la « carrière scolaire » des drames de Vigny, de Musset, de Dumas père et de Hugo, qu'elle confronte avec la carrière scolaire du théâtre « bourgeois », contemporain des romantiques, et du théâtre de la seconde moitié du XIXe siècle : Augier, Dumas fils, Rostand. La carrière des romantiques s'effectue en trois temps : entre 1880 et 1910, leurs drames sont inexistants dans les morceaux choisis ; et ce sont les deux autres théâtres qui se partagent les recueils. Notons toutefois que, dans les histoires littéraires, le drame occupe déjà entre 18 % et 42 % des pages consacrées au romantisme, ce qui annonce la phase suivante. Vers 1910-1920, en effet, le drame contemporain disparaît, celui de la seconde moitié du XIXe siècle recule sensiblement (pour disparaître quarante années

plus tard), et ce sont les romantiques qui occupent le devant de la scène scolaire. Dans ces deux premiers temps les quatre « grands » partagent à peu près le même sort. Mais quand leur statut se stabilise vers le bas, dans les années 1950, un tri se fait au sein de cette école : Dumas et Vigny disparaissent comme dramaturges, les extraits des drames de Hugo sont rattachés à son œuvre poétique, et Musset surgit comme *le* représentant du genre (notons en passant qu'un tri analogue a redessiné le répertoire de la Comédie-Française, quelques dizaines d'années plus tôt[71]).

Ce processus montre qu'en règle générale, il ne faut pas se fier à la hiérarchie que dégage un groupe en ascension ; pour affirmer avec certitude qu'un artiste a survécu, il faut attendre que le statut collectif de son groupe se normalise, voire décline. C'est alors, et rétrospectivement, qu'on découvre les vraies « locomotives » qui ont tiré les autres vers le haut, et qui les ont lâchés quand l'ascension s'est ralentie. Bref, il faut attendre que se dissipe le brouillard du combat pour séparer les vainqueurs des vaincus.

On a souvent dénoncé les critères des manuels de la fin du XIXe siècle, qui ont permis à des auteurs comme Eugène Manuel, médiocre poète académique mais inspecteur général de l'Instruction publique[72], d'y être mieux représenté que Baudelaire ou Verlaine. Le tableau IV fait apparaître de telles distorsions.

L'accusation n'est que trop juste. Et la présence de Manuel n'est pas seule à provoquer aujourd'hui notre indignation. Mais regardons ce tableau autrement. Les années 1880-1920 sont les « années folles » du XIXe siècle qui y démarre en trombe, ce qui profite à *tous* ses poètes ; de quarante et un cités entre 1880-1900, on passe à quarante-neuf entre 1900-1920. Pourtant, jusqu'à cette date, seuls Hugo et Lamartine sont passés des manuels aux programmes officiels ; Manuel, Béranger, Brizeux, Barbier ont donc été tenus très loin de la vraie consécration. Et quand le canon se dégage, dans les années 1920 – Vigny et Musset sont admis aux programmes en 1925 –, les présences erratiques disparaissent, et le nombre des auteurs cités diminue : trente-six entre 1920 et 1940, vingt-trois après 1940, seize entre 1960 et 1970. Il y a eu reclassement après une phase d'expansion.

Soit un autre exemple : le XXe siècle s'est souvent étonné que le goût académique ait réservé à George Sand et à Mérimée un meilleur accueil qu'à Balzac, Stendhal et Flaubert. Cette préférence est bien attestée par les manuels du XIXe siècle : dans ses morceaux choisis de 1883, Lebaigue n'accueille que Sand et Mérimée ; Bernardin donne sept pages à Sand, six à Mérimée, cinq à Balzac, quatre à Flaubert et il ignore Stendhal ; Petit de Julleville ne parle que de Sand[73]. À partir des années 1910, les manuels vont renverser ces distributions[74]. Sans doute, grâce au décalage entre les diverses instances du système, ce sont George Sand et Mérimée qui entrent les pre-

miers dans les programmes officiels (en 1942). Mais à cette date leur déclin dans les manuels est déjà consommé, et c'est le verdict de la base qui l'emporte. Les deux auteurs disparaissent des programmes sans s'être vraiment approchés de la consécration ultime; et seuls Balzac, Stendhal et Flaubert (avec Zola) sont parvenus jusqu'au prestigieux baccalauréat (en 1978).
Pour employer le langage du sport, nous dirons que les épreuves éliminatoires sont ouvertes à tous ; elles favorisent parfois les plus faibles ; mais dans les finales on ne trouve que des champions incontestables ; ou bien encore que le fait d'avoir accédé à la finale les rend incontestables à long terme, ce qui revient à peu près au même, tout en accentuant le pouvoir de l'École.
C'est tout un monde qui sépare le va-et-vient d'en bas et les sommets figés, inaccessibles, les centaines d'auteurs qui s'agitent entre morceaux choisis et programmes, et cette douzaine de noms qui ne changent pratiquement jamais. Car le prestige d'un club repose sur son exclusivité et sur son attraction sur les exclus. C'est là l'essence même du classicisme scolaire à la française. Tous les vingt ou trente ans, il ouvre ses portes, laisse entrer un ou deux noms, se sépare d'un ou deux autres, et retrouve son impassibilité d'immortels, que personne n'ose véritablement perturber. Les gardiens de la cité classique sont là pour y veiller. Voici les propos d'un de leurs porteparole, Gustave Merlet, qui écrit dans la préface à ses *Études sur les classiques français de la rhétorique et du baccalauréat ès lettres* (Paris, 1880) :

> Il y a quelques années déjà, nous introduisions pour la première fois les grands écrivains contemporains dans un recueil exclusivement classique [les *Extraits des Classiques français*, Paris, 1871]. Quelque temps après, notre ouvrage sur les *Origines de la littérature française* [1873] donnait le signal des études qui font maintenant partie de nos programmes officiels. Mais, tout en contribuant à provoquer une réforme qu'appelaient les vœux de l'opinion, nous disions, alors même, que le Moyen Âge et le XIXe siècle, l'un trop lointain, l'autre trop voisin de nous, ne pouvaient être le quartier général de l'enseignement [lire « du baccalauréat »...] S'il est bon d'y faire des excursions, il serait périlleux d'y séjourner [...] En attendant l'heure de l'impartialité, il convient donc que la jeunesse s'en tienne de préférence aux modèles incontestables [...] du Siècle de Louis XIV.

Voici le système parfaitement résumé par l'un de ceux qui ont assuré son fonctionnement : Gustave Merlet (1828-1891), normalien (promotion d'About et de Taine), professeur influent de rhétorique à Louis-le-Grand, était membre du Conseil supérieur de l'Instruction publique où « il fut un des plus ardents défenseurs des études littéraires[75] ».

Les classiques scolaires

Les siens et les autres

Primauté du collectif sur l'individu, hiérarchisation extrême des instances, exclusivité d'un siècle, tous traits qui se traduisent par un ultra-conservatisme: tels sont les éléments constitutifs de l'enseignement du français en France. On les chercherait en vain ailleurs.

En commençant par les programmes de l'anglais et de l'allemand scolaires en France même! Dès l'introduction systématique de ces deux langues, vers 1800, le contraste est immense. La liste des ouvrages approuvés en 1802, axée comme nous l'avons vu sur les classiques français, cite, du côté allemand, Gellert (mort en 1769), Haller (1777), Gessner (1788), Schiller (1805), Goethe (1832) et Schlegel (1845); du côté anglais, Pope, «Ossian», Sheridan (mort en 1816), et fort peu d'écrivains d'avant 1700.

Les recueils de morceaux choisis étrangers destinés aux écoles françaises vont plus loin encore: les *Elegant Extracts from the Most Celebrated British Prose Writers* (1830) et le volume de *British Poets* (1831), par D. O'Sullivan, publiés à Paris et aussitôt approuvés par la liste accordent une place fort importante aux «modernes, la plupart vivants». Un autre recueil, que publie J.-P. Thommerel à Paris en 1843, consacre aux auteurs du XIXe siècle (dont moins de la moitié est alors écoulée) presque autant de pages qu'à ceux du XVIIIe et deux fois plus qu'au XVIe et au XVIIe siècle réunis[76]. Dans les recueils allemands[77], la prédominance des contemporains est encore plus écrasante. Politique d'autant plus surprenante si l'on songe que le XIXe siècle français n'a pénétré dans les morceaux choisis que vers 1870, que les premiers auteurs vivants n'y font apparition qu'en 1883.

Un écart encore plus impressionnant se dégage des programmes officiels. Ceux de 1880, par exemple, s'arrêtent pour le français avec Buffon (mort en 1791), mais continuent jusqu'à Washington Irving et Macaulay (mort en 1859) et Dickens (mort en 1870). En français, l'élève de rhétorique de 1896-1897 étudiait un seul auteur du XVIe siècle, neuf du XVIIe, cinq du XVIIIe et deux (Hugo et Lamartine) du XIXe siècle; en anglais, il étudiait Shakespeare et quatre auteurs du XIXe siècle, dont George Eliot (morte en 1880) et Tennyson (mort en 1892). Et le programme de 1903 ira jusqu'à introduire Kipling, mort en 1936[78].

Il est important de souligner qu'en Angleterre les programmes connaissent à la même époque un écart analogue. Les *syllabus* des examens d'entrée d'Oxford et de Cambridge[79] citent entre 1874 et 1895 des auteurs anglais d'avant 1800, de Chaucer et Bacon à Boswell et à Burke. Mais pour les examens de français, ils livrent une liste surprenante: on commence solidement par Pascal, Molière, Boileau et Montesquieu (1876-1877); mais on continue avec la comtesse de Ségur (morte en 1873) qui y apparaît en 1876; Tocqueville

*Tableau IV : Les poètes français du XIXe siècle
dans les manuels du secondaire, 1880-1970 (d'après Roger Fayolle)* [80]

1. 1880-1900 (enquête sur 10 recueils)		2. 1900-1920 (enquête sur 9 recueils)		3. 1920-1940 (enquête sur 8 recueils)	
	%		%		%
1. Hugo	15,8	1. Hugo	14	1. Hugo	11,75
2. Lamartine	12	2. Lamartine	8,7	2. Musset	8,25
3. Musset	6,3	3. Leconte de Lisle	6,7	3. Lamartine	8
4. Laprade	5	4. Musset	6,6	4. Baudelaire	6,4
5. Béranger	5	5. Gautier	5,7	5. Sully Prudhomme	5,6
6. Gautier	4,2	6. Vigny	5,5	– Verlaine	5,6
7. Delavigne	3,9	7. Sully Prudhomme	5	7. Leconte de Lisle	5,5
8. Vigny	3,2	8. Laprade	3,5	8. Vigny	5
9. Brizeux	2,6	9. Béranger	3,4	9. Coppée	4,8
– Leconte de Lisle	2,6	10. Brizeux	3,5	10. Gautier	4,7
11. Guiraud	2,2	11. Coppée	3,1	11. Heredia	3,8
12. Hégésippe Moreau	1,8	12. Manuel	2,8	12. Banville	3,7
13. Barbier	1,6	13. Banville	2,5	13. Jammes	2,7
– Aicard	1,6	14. Barbier	2,2	14. Mallarmé	2,5
15. Autran	1,5	– Delavigne	2,2	15. Henri de Régnier	2,25
16. Désaugiers	1,4	16. Mme Desbordes-Valmore	–	16. Samain	2
– Sainte-Beuve	1,4	17. Heredia	1,8	17. Mme de Noailles	1,9
18. Manuel	1,3	18. Verlaine	1,7	18. Rimbaud	1,6
– Mme Desbordes-Valmore	1,3	19. Sainte-Beuve	1,4	19. Béranger	1,5
– Sully Prudhomme	1,3	20. Baudelaire	1,2	20. Laprade	1,3
21. Richepin	1,2	– Hégésippe Moreau	1,2	21. Barbier	1,2
22. Banville	1 %	22. Millevoye	1	22. Rostand	1,1
– Coppée	1 %	23. Bouilhet	0,9	– Nerval	1,1
24. Soumet	0,9	24. Richepin	0,8	24. Sainte-Beuve	1
25. Pierre Dupont	0,7	25. Nerval	0,7	– Mme Desbordes-Valmore	1
– Ponsard	0,7	26. Lebrun	0,7	– Richepin	1
27. Lemoyne	0,6	– Ponsard	0,7	27. Brizeux	0,9
– Mme Testu	0,6	28. Samain	0,6	28. Verhaeren	0,8
29. Silvestre	0,5	29. Henri de Régnier	0,6	29. Laforgue	0,7
– Émile Deschamps	–	– Theuriet	0,6	30. Manuel	0,6
– P. Lebrun	–	31. Désaugiers	0,5	31. Delavigne	0,5
– Nodier	–	– Émile Deschamps	–	32. Bouilhet	0,4

4. depuis 1940 (enquête sur 6 recueils)		Enquête complémentaire 1960-1970 (9 recueils)		
	%		%	
1. Hugo	10,25	1. Hugo	13	(9)*
2. Baudelaire	9,3	2. Musset	13	(9)
3. Lamartine	7,6	3. Lamartine	11	(9)
4. Verlaine	6,3	4. Vigny	10,5	(9)
5. Musset	5,6	5. Verlaine	9	(9)
6. Vigny	5	6. Baudelaire	8,5	(9)
7. Mallarmé	4,3	-----		
8. Rimbaud	4	7. Heredia	4	(8)
9. Gautier	3,5	8. Leconte de Lisle	4	(7)
10. Nerval	2,7	9. Nerval	4	(6)
11. Leconte de Lisle	2,6			
12. Heredia	2	10. Gautier	2,5	(5)
13. Sully Prudhomme	1,7	– Rimbaud	2,5	(5)
14. Henri de Régnier	1,6	– Mallarmé	2,5	(5)
15. Banville	1,4	·13. Laforgue	0,9	(4)
– Moréas	1,4	14. Régnier	0,8	(3)
		15. Samain	0,7	(3)
17. Coppée	0,8	16. Verhaeren	0,4	(2)
18. Mme Desbordes-Valmore	0,7	-----		
19. Laforgue	0,7	Sully Prudhomme, Coppée, Moréas, Banville et Jammes : 1 recueil sur 9.		
20. Mme de Noailles	0,6			
21. Corbière	0,4	* *Nombre de recueils.*		
22. Sainte-Beuve	0,4			
23. Samain	0,1			
– Jammes	–			
– Lautréamont	–			
– Cros	–			
– Verhaeren	–			

1. 1880-1900 (enquête sur 10 recueils)		2. 1900-1920 (enquête sur 9 recueils)		3. 1920-1940 (enquête sur 8 recueils)	
	%		%		%
– Soulary	–	– Pierre Dupont	–	– H. de Bornier	0,4
34. Millevoye	0,4	– Rostand	–	– Moréas	0,4
– Theuriet	–	35. H. de Bornier	0,4	– Ponsard	0,4
36. Baudelaire	0,3	– Autran	–	36. Millevoye	0,3
– Déroulède	–	– Déroulède	–	37. Nodier	0,2
		– Nodier	–		
38. Mme Ackermann	0,2	– Soulary	–		
39. Augier	0,1	40. Aicard	0,3		
– Bouilhet	–	– Augier	–		
– Nerval	–	– Moréas	–		
		– Verhaeren	–		
		44. Mme Ackermann	0,2		
		– Jammes	–		
		– Mallarmé	–		
		– Rimbaud	–		
		48. Soumet	0,1		
		49. Guirard	0,05		

Les classiques scolaires

(mort en 1859) et Thiers (mort en 1877) en 1879; Guizot (mort en 1874) en 1881; Hugo (vivant) en 1883, Ponsard (mort en 1867) en 1891, Erckmann-Chatrian (morts en 1899 et 1890) en 1886, Scribe (mort en 1861) en 1891 et Saintine (mort en 1865) en 1893. Une liste très contemporaine donc et, vue de 1985, fort étrange.

Moins étrange pourtant que celle des auteurs français cités dans les premiers programmes américains de 1901[81]. Auprès de Shakespeare, de Pope et d'autres grands écrivains anglais, on y trouve, et dans l'ordre alphabétique: About, Augier et Sandeau, Béranger, Corneille, Coppée, Daudet, La Brète, Sévigné, Hugo, Labiche, Loti, Mignet, Molière, Racine, George Sand, Scribe, Thierry, Thiers, Vigny et Voltaire (pour ses «écrits historiques»).

Il n'est peut-être pas inintéressant de noter qu'on rencontre le même décalage dans le domaine des thèses de doctorat. Les docteurs français du XIXe siècle n'allaient jamais au-delà de Montesquieu. Mais, au même moment, ils écrivaient des thèses sur Kant (en 1841), Schiller et Hegel (1845), Goethe (1856), Samuel Johnson (1856), Lessing (1863), Laurence Sterne (1870), David Hume (1873), Herder (1875), Hebel (mort en 1826; en 1878), Leopardi (mort en 1837; 1877), et Darwin (mort en 1882; 1878). Semblablement, Gide (1921), Proust (1931), Thomas Mann (1932) et Mauriac (1936) précèdent Joyce (1941), T. S. Eliot (1941), Faulkner (1946) et Virginia Woolf (1949) dans les thèses américaines[82].

On pourrait avancer que cette dissymétrie s'explique facilement par le dicton: «Nul n'est prophète dans son pays», c'est-à-dire que trop souvent le pays d'origine importe de l'étranger la gloire des siens. Mais c'est l'inverse qui se passe: en enseignant Dickens en 1880, le système français ne prend aucun risque, car ce n'est pas à Paris que se décide la place de Dickens devant la postérité, c'est à Londres. Le mot clef est ici responsabilité: l'École française n'est ni la garante, ni la gérante du patrimoine culturel anglais; elle a donc le droit à l'erreur, voire au ridicule (les programmes du français aux États-Unis donnent ainsi un exemple parfait de l'«irresponsabilité»).

On a développé jusqu'ici un seul type de raisonnement, celui qui met en corrélation l'institution et la constitution du canon littéraire. Il y a lieu de souligner qu'il existe d'autres séries qui contribuent à rendre compte de l'écart entre programmes autochtones et programmes étrangers. Et tout d'abord l'explication fonctionnelle pédagogique: les objectifs de l'enseignement de la langue nationale sont tout à fait autre que ceux de l'enseignement des langues étrangères. Le premier implique un investissement idéologique, culturel et tout un mode de vie, alors que le second se limite à une destination «utilitaire». Notons toutefois que les deux motivations, culturelle et instrumentale, ne sont qu'artificiellement dissociables. Mais il existe, à coup sûr, deux pédagogies différentes, une de la langue nationale, l'autre des langues étrangères, qui font appel à des corpus de textes différents. N'est-ce pas dire autrement ce que nous avons avancé plus haut : l'enjeu détermine les choix ?

Un problème en appelle un autre : comment expliquer, dès lors, qu'en France on enseigne des contemporains « respectables » – Dickens, Tennyson –, tandis qu'en Angleterre et aux États-Unis on enseigne About et Erckmann-Chatrian ? Est-ce une question de sensibilité littéraire ? L'hypothèse est séduisante (pour les uns), mais au total peu convaincante. C'est plutôt à des divergences structurales que nous sommes tenté d'attribuer cet écart.

Une autre logique :
la décentralisation, scolaire et littéraire

Le système scolaire français est centralisé, alors que les systèmes anglo-saxons ne le sont pas. La littérature scolaire française est centralisée autour des classiques, alors que la littérature scolaire anglo-américaine connaît Shakespeare – et les autres.

La centralisation de l'École française tout comme la non-centralisation des écoles anglo-saxonnes ont, certes, des origines historiques qui remontent assez loin. Au XIXe siècle, elles reflètent surtout l'importance diverse accordée à l'école en France, en Angleterre et aux États-Unis. Pour schématiser, nous dirons qu'il s'agit là d'une opposition entre une société qui prime l'École et une autre qui prime l'Université. En France l'École est au cœur des débats idéologiques dès avant, et plus encore depuis la Révolution ; elle devient le Temple de la Nation et de la République après 1880 ; et c'est autour d'elle que se constitue la nouvelle élite intellectuelle et politique du pays – d'où l'immense intérêt des historiens français pour l'École. En Angleterre et aux États-Unis, rien de semblable : c'est sur Oxford et Cambridge, Harvard et Yale que se portent tous les regards (les regards de ceux qui comptent dans la société). L'école – car il n'y a qu'en France que l'école s'écrit avec une majuscule – est pour les pauvres, ou, pour les riches, le vestibule des grandes universités. Elle n'a pas d'autres fonctions, donc point de prestige ; d'où le désintérêt relatif des historiens anglo-saxons à son égard.

Le symbole de l'École française, c'est le baccalauréat, l'épreuve ultime, le diplôme par excellence. En Angleterre et aux États-Unis, il n'existe au XIXe siècle aucun diplôme de fin d'études secondaires ; le seul certificat qui intéresse les élèves est donné par l'université ou le *college*. Ainsi, les écoles anglo-saxonnes n'ont elles-mêmes pas de programmes qui leur soient propres ; les seules directives qui y soient suivies sont les *syllabus* des examens d'entrée aux universités.

Les classiques scolaires

La différence du statut de l'école dans les trois pays a des conséquences inévitables, car le prestige va de pair avec la responsabilité : plus grand est le prestige, plus lourdes sont les responsabilités. Nous venons de voir ce que cela implique dans le cas français : prudence et conservatisme. Il n'est donc pas surprenant de découvrir que les écoles anglo-saxonnes s'autorisent une politique plus audacieuse, plus moderne. C'est vrai surtout à partir de la grande réforme anglaise de 1903[83], lorsque Oxford et Cambridge perdent leur monopole (c'est-à-dire une partie de leur prestige et de leur responsabilité). Aussitôt, les auteurs du XIXᵉ siècle envahissent les programmes suivis d'assez près par les auteurs du XXᵉ siècle. Les programmes américains sont encore plus modernistes : les premiers, qui datent de 1901, citent quatorze auteurs : Shakespeare, Milton, trois écrivains du XVIIIᵉ siècle, et neuf (!) du XIXᵉ siècle. La date moyenne des textes est 1785, alors que celle des programmes français de 1904 est 1709 : les programmes américains sont plus «jeunes» de près d'un siècle !

Le statut de l'école anglo-saxonne expliquerait l'absence d'exclusion et de hiérarchisation des instances à la française, partant de son modernisme. Mais c'est à la «décentralisation culturelle» que nous attribuerons le caractère démocratique ou égalitaire des programmes ; le tableau V le montre clairement.

Tableau V : Représentation des époques littéraires dans les morceaux choisis anglo-saxons, 1847-1887[84] (pourcentages calculés d'après le nombre de pages)

Époque	1847 (É.-U.) %	1849 %	1852 %	1873 (É.-U.) %	1882 %	1887 %
XVIᵉ siècle	18	20	36	25	28	23
XVIIᵉ siècle	29	16	30	24	18	27
XVIIIᵉ siècle	23	31	31	28	30	24
XIXᵉ siècle	30	33	35	23	24	26

Toutes les époques et toutes les écoles, du Moyen Âge au XIXᵉ siècle, ont déjà leur place dans le recueil de 1847. Les manuels anglais ne connaissent ni le monopole, ni les exclusions, ni les parents pauvres. Il suffit d'ailleurs de comparer la «carrière scolaire» de Chaucer à celle de *La Chanson de Roland*, Spenser et Ronsard ou Samuel Johnson à Diderot pour se rendre compte de la différence des deux régimes. De même, les programmes ne tournent pas autour d'un

noyau dur et exclusif. Ils obéissent à une tout autre logique, qui veut que seul Shakespeare soit «intouchable», les autres devenant de ce fait interchangeables ou presque. Sans doute, on rencontre dans les programmes certains noms plus souvent que d'autres; ils ne sont pas pour autant indispensables. D'un programme et d'une université à l'autre, les noms et les époques s'échangent. Et cette politique est si évidente qu'elle est appliquée aux littératures étrangères, dont la littérature française, qui, d'ailleurs, s'y prête à merveille[85].
L'histoire de la culture française est avant tout l'histoire des écoles et de leurs luttes, alors que l'histoire de la culture anglaise semble être plus individualisée. Cette généralisation connaît, certes, des exceptions de part et d'autre; elle exprime néanmoins quelque chose d'essentiel, et qui se rattache aux deux modèles, aux deux mythes fondateurs, peut-on dire, de chacune de ces cultures. En France, c'est par l'Âge classique, gloire collective, que commence la vraie histoire de la culture; alors qu'en Angleterre c'est à *Shakespeare*, gloire individuelle et sans école ni époque que se réfère toute l'histoire de la culture[86].

« Classiques » : *l'éclatement*

«La postérité tranchera», croit-on depuis le XVIe siècle, le jugement des contemporains est trop partiel pour compter. Entre la vie d'un artiste ou d'un personnage historique et sa consécration finale, c'est le temps d'un purgatoire[87]. Qu'est-il devenu, ce fameux recul, au cours de notre XXe siècle?
Les programmes d'histoire moderne d'Oxford et de Cambridge sont assez instructifs à cet égard: jusqu'en 1874, l'enseignement de l'histoire d'Angleterre s'arrêtait en 1702 (et celui d'histoire de l'Europe en 1815); en 1875 il s'avança d'un règne et parvint jusqu'en 1715; en 1878 il fit un bond énorme jusqu'en 1832; en 1917, il sauta encore un demi-siècle d'histoire; en 1920 il s'avança d'un quart de siècle, pour arriver à 1905, alors que l'histoire de l'Europe s'achevait en 1914! En moins de cinquante ans donc le purgatoire était passé de plus d'un siècle et demi à une décennie et demie... L'histoire et le présent ne sont plus séparés[88].
L'histoire de l'enseignement littéraire a suivi un parcours analogue – et c'est le modèle américain qui a fini par l'emporter partout. Ce modèle, c'est d'abord l'extrême modernisme; en 1901 déjà, le XIXe siècle est majoritaire dans les programmes américains d'anglais[89]. C'est surtout le refus de tout canon: les programmes de 1915 citent Shakespeare, vingt et un prosateurs, vingt essayistes et vingt-cinq poètes; ceux de 1931 vont plus loin encore: trente-huit dramaturges, quarante-huit poètes, quarante-trois essayistes (et divers), quatre-vingt-huit prosateurs... À la même date, les programmes français proposent en tout et pour tout vingt-trois noms, dont onze figurent au florilège du baccalauréat[90].

Faut-il évoquer l'esprit démocratique, anti-aristocratique des Américains ? Leur manque de tradition ou plutôt d'un canon ? Leur vénération de la nouveauté ? Ou toutes ces raisons à la fois, et d'autres encore ? L'important, dans cette histoire, c'est le fait que des systèmes scolaires, moins démocratiques, plus traditionalistes, ont fini par adopter le même modèle, par céder au même mouvement.
En Angleterre, d'abord, ce qui ne doit pas trop nous étonner, compte tenu de la tendance moderniste des programmes anglais. Et pourtant ceux-ci présentaient toujours des corpus assez restreints et équilibrés. Mais depuis les années 1960, le canon y a littéralement éclaté. Le nombre des auteurs cités s'est multiplié, le XXe siècle devient omniprésent, et avec lui les genres populaires : le roman policier, la science-fiction, la littérature de guerre, d'espionnage, de voyages, tout y est. Les programmes récents des différents *boards* donneraient l'impression que leurs auteurs se disputent les noms les plus originaux, qu'ils soient médiévaux ou de 1980. Ainsi s'établit une sorte de kaléidoscope culturel, où les noms qui reviennent toujours – les constantes – se comptent sur les doigts d'une main.
Mais la même évolution est avérée en France, ce qui est plus surprenant. Car rien, absolument, *dans* les programmes de 1900, de 1930, voire de 1960, ne laissait présager l'explosion des années 1970. Depuis plus d'un siècle, tout allait au rebours des programmes : la lecture, le prêt et les ventes de livres, les études, le prestige auprès des intellectuels. Le canon scolaire tenait bon, envers et contre tout.
Raoul Aubry interrogeait en 1913 les grands intellectuels du début du siècle : quels étaient les trois auteurs qu'ils auraient emportés avec eux pour un mois à la campagne ? Les réponses des académiciens (parmi lesquels Barrès, Lavisse, Loti et Prévost), de P. Adam et de D'Annunzio, de Bergson, de Maeterlinck, de Romain Rolland, de Clemenceau, d'autres encore, ne sont guère orthodoxes du point de vue du baccalauréat (et cela dans un sondage qui invite l'hypocrisie culturelle, comme l'a remarqué la presse contemporaine) :

Tableau VI : Les auteurs favoris des intellectuels, 1913 (d'après R. Aubry)[91].

Répartition des voix par auteurs

1. Montaigne   9
2. Flaubert   7
3. Voltaire   6
4. Hugo   5
5. Racine, Pascal, La Bruyère et Musset   4
6. Homère, La Rochefoucauld, Balzac, Baudelaire et Gyp   3

Répartition des voix par périodes (+ étrangers)

Antiquité	7
Sacrés	4
Étrangers	5
XVIe siècle français	11
XVIIe siècle	14
XVIIIe siècle	11
XIXe et XXe siècle	37 !

Les sujets des thèses d'Université, ancêtres des thèses de troisième cycle, entre 1899 et 1965 peuvent à bon droit sembler plus fiables, plus révélateurs des intérêts réels des intellectuels. Ils sont encore plus éloignés des programmes scolaires :

Tableau VII : Les auteurs dans les thèses de doctorat de l'Université 1899-1965[92].

1. Proust (première thèse en 1932) et Flaubert (1933)	13 thèses
2. Balzac (1924) et Claudel (1942, 1952)	12
5. Rousseau (1919) et Stendhal (1908)	11
7. Voltaire (1916), Vigny (1903), Zola (1928) et Rolland (1931)	10
11. Shakespeare (1903) et Pascal (1925)	9
13. Molière (1907), Chateaubriand (1905), Hugo (1926) et Baudelaire (1904)	8
17. Mallarmé, Loti, Gide et Valéry (+ Kant et Bergson)	7

Par période : XVIe siècle : 1 auteur ; XVIIe siècle : 2 ; XVIIIe siècle : 2 ; XIXe siècle : 9 ; XXe siècle : 7 ; étrangers : 2.

L'élite intellectuelle n'accepte donc ni le monopole, ni même la suprématie des classiques. Faut-il insister sur le fait qu'à la base les lecteurs du grand public ont préféré, et depuis toujours, les auteurs contemporains ? Selon F. Parent-Lardeur, les auteurs qui ont eu la faveur des clients des cabinets de lecture de Paris entre 1815 et 1830 sont Mme de Genlis, Walter Scott, Mme de Montolieu et autres auteurs « populaires » du temps[93]. Et voici vingt-cinq ans, une liste des *Best-sellers du siècle* donnait, dans l'ordre des ventes, Saint-Exupéry, Daninos, A.-M. Desmartes et P. Géraldy[94].

Tableau VIII : *La notoriété des écrivains chez les jeunes recrues*
(d'après une enquête du Centre de sociologie des faits littéraires
au Centre de sélection militaire de Limoges, décembre 1962-janvier 1963).

Études supérieures		Niveau baccalauréat		Secondaires incomplètes		Certificat d'études		Primaires incomplètes		Ensemble de la population	
Camus	42	Zola	8	Hugo	184	Hugo	1307	Hugo	428	Hugo	196,3
Saint-Exupéry	39	Camus	8	Dumas	108	La Fontaine	947	La Fontaine	407	La Fontaine	1418
Hugo	34	Sartre	7	Saint-Exupéry	87	Dumas	636	Dumas	162	Dumas	920
Malraux	26	Hugo	6	Voltaire	72	Daudet	428	Molière	162	Molière	629
Balzac	24	Saint-Exupéry	6	Molière	62	Molière	393	Daudet	130	Daudet	601
Mauriac	21	Hemingway	6	Molière	61	Voltaire	379	Voltaire	125	Voltaire	594
Zola	19	Hervé Bazin	5	Sartre	57	Daudet	287	Lamartine	99	Saint-Exupéry	444
Sartre	18	Molière	3	La Fontaine	55	Saint-Exupéry	273	Racine	87	Racine	436
Hervé Bazin	18	Françoise Sagan	3	Zola	53	Racine	252	Jules Verne	53	Lamartine	391
Hemingway	17	Mauriac	3	Racine	52	Lamartine	210	Mme de Sévigné	50	Mme de Sévigné	288
Dumas	16	Baudelaire	3	Balzac	50	Mme de Sévigné	188	Rousseau	44	Rousseau	267
Stendhal	15	Maurois	3	Daudet	46	Jules Verne	179	Jean Bruce*	43	Jules Verne	263
Gide	14	Gide	3	Corneille	37	Rousseau	166	Saint-Exupéry	39	Paul Kenny*	234
Maurois	13	Stendhal	3	Lamartine	36	Jean Bruce*	144	Paul Kenny*	37	Balzac	222
Montherlant	13	Claudel	3	Hemingway	36	Boileau	132	Zola	35	Zola	220

4 716 jeunes recrues ont été interrogées. La question était : « Nommez cinq auteurs que vous connaissez ». 13 874 réponses exploitables ont été obtenues, soit environ 3 noms par recrue. Sur 270 écrivains cités au moins deux fois, 125 étaient morts depuis plus de vingt ans au moment de l'enquête.

* Paul Kenny et Jean Bruce sont des auteurs de romans d'espionnage contemporains.

Source : Robert Escarpit, *Le littéraire et le social*, Paris, 1970, p. 297.

1912		1922		1940		1953	
Rousseau	10	Molière	16	Molière	15	Hugo	14
Molière	8	Racine	15	Corneille	11	Molière	9
Racine	6	Voltaire	14	Hugo	10	Corneille	8
La Fontaine	5	Corneille	10	Racine	9	Racine	7
Voltaire	4	Rousseau	9	La Bruyère	9	Rousseau	7
Hugo	4	Hugo	8	Rousseau	9	Voltaire	5
Boileau	3	La Fontaine	7	La Fontaine	8	La Fontaine	5
Beaumarchais	3	La Bruyère	7	Voltaire	8	La Bruyère	5
Pascal	2	Boileau	4	Chateaubriand	5	Montaigne	3
Corneille	2	Michelet	4	Lamartine	5	Chateaubriand	3
La Bruyère	2	Montesquieu	3	Sainte-Beuve	5	Baudelaire	3
Montesquieu	2	Lamartine	3	Boileau	4	Boileau	2
Lamartine	2	Bossuet	2	Bossuet	3	Vauvenargues	2
		Diderot	2	Renan	3	Vigny	2
		Chateaubriand	2	Musset	3	Diderot	2
		Musset	2	Fénelon	2	Renan	2
		Du Bellay	2	La Rochefoucauld	2	Pascal	2
		De Staël	2	Mme de Sévigné	2	D'Alembert	2
		Lavisse	2	Pascal	2	Montesquieu	2
		Pasteur	2	Vigny	2	Sully Prudhomme	2
				Ronsard	2	Sainte-Beuve	2
				Fontenelle	2	Gide	2
				Chénier	2	Rabelais	2
				Vauvenargues	2		

- 12   + 27   + 14   + 22

Les classiques scolaires

Tableau IX : Auteurs cités par les sujets du baccalauréat : composition française (+ = nombre de citations).

1980		1981		1982		1983		1984	
Flaubert	10	Hugo	8	Hugo	7	Hugo	8	Tournier	4
Proust	8	Gide	6	Flaubert	7	Flaubert	6	Hugo	3
Valéry	8	Sartre	5	Tournier	6	Proust	4	Giono	3
Gide	4	Valéry	5	Valéry	5	Caillois	4	Gracq	3
Yourcenar	4	Baudelaire	4	Proust	4	Gaussen	4	Ionesco	3
Maupassant	3	Mauriac	4	Voltaire	3	Rousseau	3	Fr. Jacob	3
Aragon	3	Zola	4	Camus	3	Gide	3	Malraux	3
Joubert	3	Supervielle	4	Gaussen	3	Tournier	3	Alain	2
Leiris	3	Bettelheim	4	Giono	3	Gracq	3	Aymé	2
Zola	3	Giono	3	Gracq	3	Beauvoir	3	Beauvoir	2
Baudelaire	2	Camus	3	Baudelaire	2	Stendhal	2	Caillois	2
Cabanis	2	Verlaine	3	Zola	2	Balzac	2	Claudel	2
Caillois	2	Balzac	3	Gautier	2	Chateaubriand	2	Flaubert	2
Camus	2	Maupassant	2	Gide	2	Baudelaire	2	Guéhenno	2
Giono	2	Maurois	2	Maupassant	2	Zola	2	Michelet	2
Gracq	2	Proust	2	A. Cohen	2	Mauriac	2	Marthe Robert	2
Ionesco	2	Barthes	2	Fr. Jacob	2	Maurois	2	Romains	2
Malraux	2	Yourcenar	2	Laforgue	2	Colette	2	Saint-Exupéry	2
Onimus	2	Touchard	2	H. Miller	2	Valéry	2	Supervielle	2
Renan	2	Rousseau	2	Queneau	2	Sartre	2	Voltaire	2
Reverdy	2	Cl. Roy	2	Cl. Roy	2	Aragon	2	Yourcenar	2
Cl. Roy	2	Chateaubriand	2	P.-H. Simon	2	Berger	2		
Saint-Exupéry	2	Caillois	2	Supervielle	2	Desnos	2		
Supervielle	2	Butor	2	Yourcenar	2	Yourcenar	2		
Verlaine	2	Guéhenno	2			Giono	2		
Eluard	2	Benda	2			Guéhenno	2		
		Berger	2			La Fontaine	2		
						Poirot-Delpech	2		
						Rosnay	2		
+ 84		+ 93		+ 101		+ 79.		+ 79	

Contestés en haut, contestés en bas, qu'importe, pourvu que le centre soit acquis ; et le centre, c'est l'École républicaine. Tant que celle-ci consacre les classiques, leur avenir est largement assuré. Une analyse des résultats de l'enquête que Robert Escarpit[95] a menée en 1962-1963 auprès des jeunes recrues le montre clairement (*cf.* tableau VIII, p. 2117). L'auteur a demandé à 4 716 jeunes gens de nommer « cinq auteurs que vous connaissez », sans autres précisions. L'élite bachelière réfute les classiques, et cite seulement des auteurs modernes. Mais ceux qui n'ont qu'une culture élémentaire leur apportent pleinement leurs voix, à eux et aux auteurs « populaires » – et ils constituent la grande majorité des Français. C'est donc une entité hybride qu'est la mémoire culturelle de la quasi-totalité des Français. Elle mêle Molière et Paul Kenny, Boileau et Jean Bruce, comme le montre le tableau VIII.

Ce tableau est l'expression d'une anomalie culturelle qui n'est pas sans rappeler la tension qui régnait sous l'Ancien Régime entre les classiques antiques et les cultures nationales. Le XIXe siècle a résolu cette tension grâce surtout au mouvement profond de démocratisation qui s'est traduit par une expansion scolaire sans précédent. Quoi, donc, de plus naturel que la nouvelle vague « démocratique », celle des années 1960, ait à son tour fait éclater le canon des classiques nationaux ? Le « boom » scolaire de l'après-guerre a assuré à l'école un triomphe complet et probablement définitif. Mais c'est en quelque sorte une victoire à la Pyrrhus, accompagnée d'une irréparable perte de prestige. La loi du marché n'est que trop connue : ce que tout le monde possède est automatiquement dévalorisé. 80 % des élèves français en restaient en 1950 au niveau du primaire ; ils ne sont plus que 15 % en 1980. Résultat inévitable : le primaire ne compte plus. 3,5 % des élèves du primaire allaient en 1950 jusqu'aux études supérieures ; ils sont 23 % en 1980. Conséquence : le secondaire ne compte, pour « ceux qui comptent », que dans la mesure où il les a bien préparés aux études supérieures. Le baccalauréat n'est plus ce diplôme tant recherché pour lui-même ; il est seulement le moyen indispensable pour poursuivre des études. L'école devient ainsi une étape préparatoire, exactement comme elle l'est aux États-Unis et en Angleterre. À partir des années 1960, seule l'université compte. Et encore...

Cette perte de prestige a des répercussions inéluctables, tant sur le pouvoir culturel de l'École, que sur sa politique. Jusqu'en 1960, elle était chargée d'équiper les Français de leur bagage culturel, et elle le faisait pour la vie. Depuis, elle tend à n'avoir plus qu'une fonction instrumentale et intermédiaire. Quant au bagage culturel, le citoyen le constitue ailleurs. Et les pessimistes de dire que sans l'école, c'est-à-dire sans les moyens de contrainte dont elle dispose, il n'est point de bagage culturel durable. Mais ce sont là des réflexions qui relèvent d'un tout autre débat.

Les classiques scolaires

Soulagée de ses lourdes responsabilités, n'étant plus la garante ni la gérante du patrimoine culturel, l'école peut s'ouvrir davantage au temps présent. Cette ouverture a eu une conséquence dramatique : l'éclatement du canon scolaire, canon caractérisé par l'ancienneté, la stabilité et l'exclusivité de ses membres. La dislocation est flagrante dans les listes récentes d'auteurs cités pour la préparation de l'épreuve du français du baccalauréat (voir tableau IX)[96] :
Ces listes n'ont qu'une valeur relative, d'abord parce qu'il y a diverses formes et statuts de citations, ensuite parce que l'épreuve elle-même a changé depuis 1912. Il n'empêche qu'elles dégagent un contraste indiscutable. Ancienneté : les premières listes ont en moyenne deux siècles et demi de profondeur historique, les dernières un quart de siècle. Stabilité et exclusivité : la liste de 1912 ressemble plus à celle de 1953 que la liste de 1980 à celle de 1981 ; ce sont toujours les mêmes noms qu'on retrouve dans les premières, et la population canonique est strictement limitée (aux programmes officiels, semble-t-il). En 1980, les noms de tous les écrivains plus ou moins reconnus – de Georges Simenon à Jacques Brel – sont devenus interchangeables. Le canon scolaire a vécu.

On accusait l'École de conservatisme : rien n'était plus vrai. On prétendait qu'elle devait se moderniser pour jouer un rôle actif dans la société : rien n'était plus faux, du moins pour ce qui est de la gestion du patrimoine culturel. Tant que l'École refusa de se prononcer sur les contemporains, son jugement sur le passé eut force de loi. Mais dès qu'elle abandonna un attentisme si vigoureusement dénoncé, son rôle d'arbitre suprême, de représentante de la postérité lui échappa pour toujours.

Ce texte doit beaucoup à Dominique Julia et à Jacques Revel – qui a autant travaillé sur ces « classiques scolaires » que sur « Le nom des rues ». Je leur exprime ici toute ma reconnaissance.

1. Les définitions qui servent de sous-titres sont tirées des dictionnaires courants *(Le Robert, Littré, Larousse, Trésor de la langue française).*

2. Comparez les listes « canoniques » proposées par Henri Irénée Marrou, *Histoire de l'éducation dans l'Antiquité*, Paris, Éd. du Seuil, 1981, t. II, pp. 79-81 et par S. F. Bonner, *Education in Ancien Rome from the Elder Cato to the Younger Pliny*, Oxford, 1964, pp. 213-226.

3. H. I. Marrou, *op. cit.*, t. II, pp. 107-126.

4. *Plan d'études et programmes de l'enseignement secondaire*, Paris, 1927.

5. *Le Nouveau Statut des lycées et collèges* (R. et M. Ozouf), Paris, 1942.

6. *Nouveaux Horaires et programmes de l'Enseignement secondaire, classique et moderne,* Paris, 1965.

7. *Nouveaux Horaires et programmes de l'Enseignement secondaire, classique et moderne,* Paris, 1967.

8. *Guide du candidat au baccalauréat,* Paris, 1978.

9. Évolution qui se dégage nettement des catalogues de la Bibliothèque nationale, Paris, du British Museum, Londres, et surtout du *National Union Catalog of the United States.*

10. Dont plus de trente-cinq adaptations jusqu'en 1930! Nous sommes en train d'effectuer une large étude sur les rapports entre traductions, adaptations et best-sellers.

11. Les programmes et les manuels ne sont pas un champ de recherche vierge. Citons, entre autres, les travaux de Pierre Nora («Ernest Lavisse: son rôle dans la formation du sentiment national», *Revue historique,* juillet-septembre 1962, repris *in* Pierre Nora, éd., *Les Lieux de mémoire,* Quarto 1, ceux de Mona et Jacques Ozouf («Le thème du patriotisme dans les manuels primaires», *Le Mouvement social,* n° 49, octobre-décembre, 1964, repris *in* Mona Ozouf, *L'École de la France,* Paris, Gallimard, 1984, pp. 185-213) et l'enquête de Marc Ferro, *Comment on raconte l'Histoire aux enfants à travers le monde* (Paris, Payot, 1981). Dans une toute autre optique, mentionnons le gigantesque projet d'inventaire des manuels scolaires du XIXe siècle (Emmanuelle: *Banque de données informatisées sur les manuels scolaires français de la Révolution à nos jours,* I.N.R.P.); et l'inventaire des auteurs dans les programmes, 1800-1985, que J. Chervel est en train de terminer, et dont il a mis une partie à ma disposition. Dans le domaine de la littérature, c'est autour de Roger Fayolle que s'est faite, pour l'essentiel, la recherche récente. *Cf.* Roger Fayolle, «La poésie dans l'enseignement de la littérature: le cas Baudelaire», *Littérature,* n° 7, octobre 1972, pp. 48-72 et «Les *Confessions* dans les manuels scolaires de 1890 à nos jours», *Œuvres et critiques,* t. III, n° 1, 1978, pp. 63-86; R. Nataf, *Les Manuels de littérature à l'usage du deuxième cycle secondaire,* thèse, Paris III, 1975; Odile Paradis, *Le drame romantique dans les manuels scolaires,* mémoire, 1973. Voir aussi A. Mareul, «Les programmes de français dans l'enseignement secondaire depuis un siècle», *Revue française de pédagogie,* n° 7, 1969, pp. 31-45.
Dans une perspective différente, *cf.* E. Fraisse, «L'invention d'une "littérature scolaire": les manuels de morceaux choisis de 1872 à 1923», *Études de linguistique appliquée,* n° 59, juillet-septembre 1985, pp. 102-108.

12. A. Sicard, *Les Études classiques avant la Révolution,* Paris, 1887, pp. 155-156.

13. Lucien Febvre et H.-J. Martin, *L'Apparition du livre,* Paris, 1958, p. 441. De même Erwin Panofsky, *Renaissance and Renascences in Western Art,* New York, 1960 (tr. fr. *La Renaissance et ses avant-courriers dans l'art d'occident,* Paris, 1976), qui développe longuement ce thème.

14. Le thème a été magistralement traité par Ferdinand Brunot dans son *Histoire de la langue française,* neuf tomes en treize volumes, Paris, 1912-1938.

15. Émile Durkheim, *L'Évolution pédagogique en France,* Paris, 1969, (1938, posthume, d'après les cours de Durkheim en 1904-1905), p. 280.

16. Alain Viala, *Naissance de l'écrivain,* Paris, Éd. de Minuit, 1985, p. 140.

17. Daniel Mornet, *Les Origines intellectuelles de la Révolution française (1715-1787),* Paris, 1954 (1933), pp. 319-342; G. Snyders, *La Pédagogie en France aux* XVIIe *et* XVIIIe *siècles,* Paris, 1965, pp. 106 et *passim. passim.* Roger Chartier, Marie-Madeleine Compère, Dominique Julia, *L'Éducation en France du* XVIe *au* XVIIIe *siècle,* Paris, 1976.

18. Publié dans *La Revue internationale de l'enseignement,* 1886, pp. 65-74 et 131-142. Notons pourtant que le père Adry, qui a préparé l'édition érudite du texte, l'a comparé à divers textes pédagogiques de l'Ancien Régime, tels celui de l'Oratoire, la *Ratio* jésuite, le *Traité des études* de Charles Rollin; et il s'avère qu'en matière d'auteurs étudiés, la différence est minime.

19. A. Viala, *op. cit.,* p. 140.

Les classiques scolaires

20. D. Mornet, *op. cit.*, p. 325.

21. Ferdinand Brunot, *Histoire de la langue française*, Paris, 1926, t. VII, p. 89.

22. Charles Rollin, *De la manière d'enseigner et d'étudier les belles-lettres par rapport à l'esprit et au cœur*, Paris, 1740 (1726).

23. Les livres cités par Rollin: les *Vies* de Fléchier, l'*Histoire abrégée* de Bossuet, l'*Histoire de l'Académie française* de Pélisson, celle de *L'Académie des inscriptions* par de Boze, celle du *Renouvellement de l'Académie des sciences* par Fontenelle; «*Esther* et *Athalie*, et différentes pièces de vers de M. Despréaux, pourront suffire pour leur donner quelques idées de notre poésie» (p. 75).

24. F. Brunot, *op. cit.*, t. VII, pp. 81-83.

25. Id., *ibid.*, p. 96, n. 1; pour la non-représentativité de La Chalotais, voir D. Julia, «Une réforme impossible: le changement des cursus dans la France du XVIIIe siècle», *Actes de la recherche en sciences sociales*, n° 47-48, juin 1983, pp. 56-57.

26. D. Mornet, *op. cit.*, pp. 323-324.

27. D. Julia, «Une réforme impossible...», *op. cit.*, p. 75.

28. F. Brunot, *op. cit.*, t. VII, pp. 106-107.

29. Id., *ibid.*, p. 130.

30. Cités par Rolland, *Plan d'études*, Paris, 1783, pp. 103-105, n. 145.

31. D. Julia, «Une réforme impossible...», *op. cit.*, p. 67.

32. Curieusement, c'est là, dans une sorte d'annexe, que Rolland développe ses idées concernant les auteurs français; Rolland, *op. cit.*, pp. 146-153.

33. Id., *ibid.*, pp. 70 et 77.

34. Pour d'autres plans, voir L. Liard, *Histoire de l'enseignement supérieur en France, 1789-1889*, Paris, 1888, t. I, pp. 325-343: un plan de direction d'études d'Orléans reproduit la liste de Rollin, en y ajoutant Pascal; alors qu'à Lyon on préconise vers 1770 M. de Meaux, Bossuet, Fléchier, d'Aguesseau, Bourdaloue, Massillon et Nicole (p. 325).

35. On aurait pu prolonger cet inventaire en invoquant par exemple les pièces du répertoire français montées dans les collèges de la fin de l'Ancien Régime (à Saint-Gaudens on joue *La Mort de César* et *Le Malade imaginaire* en 1753; à Sainte-Barbe *Le Bourgeois Gentilhomme* en 1785); mais cette activité reste «artisanale», comparée aux représentations massives de théâtre latin dans les collèges jésuites (*cf.* F. de Dainville, «Le théâtre jésuite», in *L'Éducation des jésuites* XVIe-XVIIIe *siècles*, textes réunis et présentés par M.-M. Compère, Paris, 1978, pp. 473-518). On aurait pu insister sur le caractère novateur des douze écoles militaires, fondées en 1776. C'est l'abbé Charles Batteux, auteur du fameux *Cours de Belles-Lettres distribué par exercices*, qui édite les cours destinés à ces écoles. Des cours qui révèlent un véritable effort de classicisation scolaire institutionnalisée du siècle de Louis XIV: «Auteurs François. Quand on fonda en France les premiers établissements pour les Sciences et les Lettres, on n'avoit d'autre voie pour sortir de la barbarie, que les Auteurs anciens. Aujourd'hui que le siècle de Louis XIV va de pair avec ceux d'Auguste et d'Alexandre [c'est ici un écho évident de l'introduction du *Siècle de Louis XIV* de Voltaire], le bon sens veut que nos jeunes gens prennent possession des richesses que nous avons dans notre Langue. Il convient donc de *joindre les Auteurs classiques François à ceux des Latins et des Grecs*. [et de citer] La Fontaine, Despréaux, Corneille, Racine, Molière [J.-B.] Rousseau, Malherbe, Bossuet, Fénélon, Descartes, Malesbranche, etc.» Cf. son «Plan général d'études», pp. XXVII-XXVIII; notons que Batteux justifie sa démarche en disant: «Si l'on y ajoute des morceaux de nos auteurs français, on le fait aujourd'hui dans la plupart des Collèges de Paris» (p. VII), ce qui confirme l'hypothèse de Mornet et de Julia. Programme novateur, sans nul doute, mais qui intéresse au mieux les élèves des écoles militaires, soit à peine 6 % de la population scolaire française à la fin de l'Ancien Régime (selon Chartier, Compère et Julia, *L'Éducation*...,

op. cit., p. 221). Dernière réserve : la multiplicité des méthodes pédagogiques. Car la grande majorité des collégiens n'apprenaient pas toujours le français comme l'indique l'enquête de l'an IX : d'autres suivaient le programme de l'université, si l'on en croit une enquête de 1783, d'autres encore suivaient le programme établi par leur propre collège – et nul doute que les programmes provinciaux aient varié d'un établissement à l'autre. Sans parler des établissements qui se tenaient à l'écart du système «normal», comme le Lycée, fondé par Jean-François de La Harpe en 1786, où le français occupait le devant de la scène. La Harpe mettait surtout l'accent sur la littérature du XVIIIe siècle, de Voltaire à Buffon et à Beaumarchais, dans son célèbre *Lycée, ou Cours de littérature ancienne et moderne* (Paris, 1797-1808), qui consacre quatre volumes aux Anciens, trois au siècle de Louis XIV, et neuf (!) au XVIIIe siècle.

36. Jacques Le Goff, *La Civilisation de l'Occident médiéval*, Paris, 1982 (1964), p. 170.

37. Pour une analyse, voir É. Durkheim, *op. cit.*, pp. 342-343.

38. «Ouvrages d'enseignement supérieur et secondaire approuvés», voir pp. 189-190.

39. F. Brunot, *op. cit.*, t. IX, p. 423 ; p. 442 ; p. 442.

40. L'honnêteté de Brunot qui lui fait écrire : «Le texte dit "essentiellement", il ne dit pas "exclusivement".» *Cf.* F. Brunot, *ibid.*, p. 441.

41. «Rapport de la commission pour le choix des livres classiques des lycées, dans les classes de latin et de belles-lettres», 25 floréal an II (15 mars 1803), *Recueil des lois et règlements concernant l'Instruction publique*, t. II, pp. 378-398.
Il n'est peut-être pas inintéressant de dire un mot des trois membres de la commission des livres classiques. Son président, Louis de Fontanes, n'était certainement pas un latiniste ; il penchait plutôt du côté des classicistes, français s'entend. J.-F. Champagne (1751-1813) a passé toute sa vie professionnelle à Louis-le-Grand devenu des Boursiers, Égalité puis Prytanée ; il en était même le principal depuis 1791 ; et nous avons déjà vu que cet établissement était le «bastion» du président Rolland. Quant à L. Domairon (1745-1807), il était professeur de l'École militaire avant la Révolution ; c'est pour les cadets qu'il a composé ses *principes généraux de belles-lettres* (1785) où ils ont «appris les principes de notre langue et de notre littérature». De là ont été tirées *La Rhétorique française* (première année du cours des belles-lettres, réédité six fois entre 1804 et 1826), et *La Poésie française* (deuxième année du même cours). Des ouvrages que la commission ne se prive d'ailleurs pas de recommander...

42. «Règlement du 16 juillet 1801», *in Recueil des lois...*, t. II, pp. 9-35 ; n'y sont d'ailleurs cités que Delille (traducteur de Virgile), Fléchier, Bossuet et Boileau.

43. «Règlement sur l'enseignement dans les lycées ; IV. Des livres classiques : Liste des livres recommandés pour les classes», 19 septembre 1809, *Recueil des lois...*, t. V, pp. 34-41.

44. Arrêté du 17 septembre 1811, *Recueil des lois...*, t. V, pp. 283-288.

45. *Bulletin administratif de l'Instruction publique*, année 1851, t. II, pp. 69-166.
La publication s'est en effet poursuivie jusqu'en 1853.

46. «Arrêté relatif aux livres classiques», 1811, *Recueil des lois...*, t. V, p. 188.

47. Autre signe révélateur de cette évolution : en 1810, le français fait pour la première fois partie du concours de l'agrégation de belles-lettres (instauré dès 1766 !). Voir L. Liard, *op. cit.*, t. I, pp. 55-56, et surtout D. Julia, «La naissance du corps professoral», *Actes de la recherche en sciences sociales*, n° 39, septembre 1981, pp. 71-86.

48. Voir dans ce volume mon étude sur «Le nom des rues».

49. Tous ces textes réglementaires d'après J.-B. Piobetta, *Le baccalauréat de l'enseignement secondaire*, thèse, Paris, 1937.

50. *Les Plaideurs* ont été introduits au programme du baccalauréat en 1880, alors qu'*Athalie*, *Esther* et *Britannicus* y figuraient depuis longtemps.

51. Ce sont eux qui expliquent la présence de Fénelon, de Fleury et de La Fontaine dans

Les classiques scolaires

toutes les listes de best-sellers des années 1810-1850 (*cf.* M. Lyons, «Les best-sellers», *in* H.-J. Martin et R. Chartier, éd., *Histoire de l'édition française*, Paris, 1985, t. III, pp. 368-397).

52. *Nouvelle Bibliothèque des Classiques français*, Pougin, 1837; *Magasin théâtral*, Morchant, 1839; *Théâtre classique*, Dezobry, 1841; *Chefs-d'œuvre de la scène française*, Piaud, 1844; *Panthéon populaire*, Barba, 1850; *Panthéon populaire illustré*, Plon, 1851; *Les Classiques français*, Lecou, 1853; *Collection des Classiques français du XVIe siècle*, Didot frères, 1854, etc.

53. Ath. Mourier et F. Delton, *Notice sur le Doctorat ès Lettres suivie de Catalogue et de l'analyse des thèses françaises et latines. 1810-1902*, Paris, 4 vol.; A. Maire, *Répertoire des thèses de Doctorat ès lettres 1810-1900*, Paris, 1903; Ministère de l'Instruction publique, *Catalogue des thèses et écrits académiques*, 1884-1894, 1894-1901.

54. Jusqu'aux années 1835 la majorité des «thèses» portait sur des sujets abstraits et théoriques, tels la Comédie, l'Ode, le Beau.

55. Pour l'histoire de l'éducation en Angleterre, nous avons consulté les ouvrages suivants: R. L. Archer, *Secondary Education in the XIXth Century*, Cambridge, 1921; I. Morrish, *Education since 1800*, Londres, 1970; D. Lawton, *Class, Culture and Curriculum*, Londres, 1975; P. Gordon et D. Lawton, *Curriculum Changes in the 19th and the 20th Centuries*, Londres, 1978; J. Roach, *Public Examination in England. 1850-1900*, Cambridge, 1971; Pour les États-Unis: R. Freeman Butts et L. A. Cremin, *A History of Education in American Culture*, New York, 1953.

56. L'*Arts Matriculation Examination* publié par *The London University Calendar* à partir de 1844 fait place à l'anglais, mais sans donner de liste d'auteurs, et cela jusqu'aux années 1890; alors que pour le latin et le grec, puis pour le français et l'allemand (en 1860), le programme en précise toujours la liste.

57. *Oxford and Cambridge Schools Examinations Board*, 1874.

58. G. L. Piché, *Revision and Reform in the Secondary School English Curriculum. 1870-1900*, Ph. D., University of Minnesota, 1967.

59. C'est aussi l'époque où le latin cesse d'être la langue internationale de la science, cédant la place aux langues nationales: anglais, français et allemand.

60. *Plan d'études et programmes de l'enseignement secondaire classique dans les lycées et dans les collèges*, Paris, 1896-1897.

61. Dates que Jacques Chervel, de l'I.N.R.P., a eu l'obligeance de me fournir.

62. Les *Programmes officiels de l'enseignement secondaire spécial*, Paris, 1866, citent, dans une rubrique spéciale, des poètes et prosateurs depuis 1815 (dont Hugo, Musset, Lamartine, Béranger). Ces écoles sans grand prestige ou marginales ont-elles servi de laboratoire pédagogique? La question mériterait d'être étudiée.

63. Désiré Nisard, *Histoire de la littérature française ancienne et moderne*, Paris, 1861, préface.

64. Tableau fondé sur les ouvrages suivants:

    1852 (= 1869): L. Feugère, *Morceaux choisis (M.C.) des classiques français*.
    1878: L. Étienne, *Recueil nouveau de M.C. classiques français*.
    1863 (= 1882): Ch. Lebaigue, *M.C. de littérature française*.
    1883: Ch. Lebaigue. *M.C. de la littérature française XVIIe-XIXe siècles*, précédés d'extraits des XIe-XVIe siècles.
    1884: A. Cahen, *M.C. des auteurs français*.
    1890: L. Ducrois, *M.C. prose et poésie françaises*.
    1897: F. G.-M., *M.C. de littérature française, Moyen Âge-XIXe siècle*.
    1902: D. Sauvageot et P. Glanchart, *M.C. des classiques français*.
    1902: G. Pellisier, *Précis de l'histoire de la littérature française*.

65. Deux cent vingt-quatre pages sur les cinq cent quatre-vingt-trois que contient l'ouvrage (soixante-seize pages pour le XIXe siècle).

66. E. Fraisse, *op. cit.*, ci-dessus, n. 11.

67. *Nouveau Plan d'études des lycées; programmes de l'enseignement secondaire classique, classes des lettres*, Paris, 1880.

68. Effritement rendu visible par la comparaison des éditions successives du même ouvrage. Ainsi les *Morceaux choisis* d'A. Cahen : on note entre 1894 et 1909 une régression importante des poètes du XVIIIe siècle : J.-B. Rousseau passe de quatre morceaux à un, Crébillon de deux à un, Le Franc de Pompignan de deux à un, Delille de trois à deux, etc.

69. Entre l'édition de 1935 et celle de 1952 des *Morceaux choisis des auteurs français* de Des Granges, quatre écrivains du XVIIe siècle voient leur part s'accroître : Corneille, Pascal, Mme de La Fayette et Molière, contre vingt dont la part décroît (parmi lesquels La Rochefoucauld, La Bruyère, Fénelon).

70. Odile Paradis, *Le Drame romantique...*, *op. cit.*

71. Vigny n'a jamais été un *«hit»*, Dumas père n'est pratiquement plus joué après 1915, et, entre Hugo et Musset, c'est le dernier qui l'emporte largement : 6 475 représentations entre 1847 et 1978, contre 2 685 à Hugo (1830-1978) – 1 822 à Dumas; *cf.* S. Chevalley, *La Comédie-Française hier et aujourd'hui*, Paris, 1979, p. 83.

72. Voir son contemporain, F. Vandérem, «Les lettres et la vie : nos manuels d'histoire littéraire», *La Revue de France*, 2e Année, t. IV et V, août, septembre, octobre 1922, pour qui le traitement réservé à E. Manuel symbolise tout le mal des manuels de littérature ; et R. Fayolle, «... le cas Baudelaire», *op. cit.*, pp. 51 (notice biographique), 69.

73. M.-M. Bernardin, *Morceaux choisis... des classiques français du XIXe siècle*, Paris, 1886, L. Petit de Julleville, *Morceaux choisis des auteurs français*, Paris, 1886.

74. Pellissier (1902) : Balzac et Flaubert, cinq pages, Sand quatre, Mérimée et Stendhal une page ; Des Granges (1917) : Balzac treize pages, Sand douze, Flaubert dix, Stendhal huit, Mérimée sept ; Chevallier et Audiot, *Les Textes français : XIXe siècle*, Paris, 1927 : Balzac vingt et une pages, Flaubert vingt-quatre, Stendhal douze, Mérimée dix et Sand huit.

75. *Cf.* «Gustave Merlet», *Larousse du XIXe siècle*.

76. J.-P. Thommerel, *British Prose-Writers or Selected Specimen of Prose*, Paris, 1843 ; de même que M. Cruice, *The English Narrator*, Paris, 1840.

77. Le Bas et Régnier, *Cours de littérature allemande*, Paris, 1833 ; F. Braun, *Choix de lecture allemande*, Paris, 1843.

78. «Liste d'auteurs pour l'enseignement des langues vivantes dans les lycées et collèges de garçons», arrêté du 3 août 1903, *Horaires et programmes*. Le programme de l'allemand propose deux écrivains vivants, Wildenbuch et Keller, alors que celui de 1927 cite onze vivants sur vingt noms !

79. *Oxford and Cambridge Schools Examination Board*, 1874-1895.

80. R. Fayolle, *ibid.*, pp. 48-72. J'ai complété ce tableau en étudiant neuf manuels des années 1960-1970. Je remercie vivement Roger Fayolle qui m'a permis de reproduire son tableau ; il a tenu à préciser que son enquête était «préscientifique» et qu'il faudrait la rendre plus satisfaisante d'un point de vue statistique.

81. *College Entrance Examination Board of the Middle States and Maryland*, New York, 1901. Ce sont les premiers programmes unifiés aux États-Unis, répandus rapidement dans tout le pays par *The National Conference on Uniform Entrance Requirements*.

82. *Comprehensive Dissertation Index 1861-1972*, vol. XXIX et XXX : *Language and Literature*, Ann Harbor, Michigan, 1973.

83. La mise en place du *Joint Matriculation Board* ; voir J. A. Petch, *Fifty Years of Examining : The Joint Matriculation Board 1903-1953*, Londres, 1953.

84. Références pour le tableau :

Les classiques scolaires

1847 : C. D. Cleveland, *A Compendium of English Literature*, Philadelphie.
1849 : T.B. Shaw, *Outlines of English Literature*, Londres.
1852 : C. L. Balfour, *Sketches of English Literature from the XIVth Century to the Present Day*, Londres.
1873 : R. M. Johnston et W. H. Browne, *English Literature*, New York.
1882 : T. Arnold, *English Poetry and Prose*, Londres.
1887 : J. A. Jennings, *Readings from British Authors*, Dublin.
Presque tous les auteurs précisent que leurs ouvrages sont destinés aux étudiants.

85. Ainsi les programmes de français d'Oxford et de Cambridge de 1917 permettent de choisir entre le siècle de Louis XIV et la période 1789-1870 ; ceux de Londres de 1929 offrent 1636-1691 et 1800-1850, alors qu'en 1917 ils ne proposaient guère que le XVIIe siècle.

86. L'opposition entre les «canons» anglais et français n'est pas sans rappeler l'opposition entre les «canons» grecs et romains. Que le siècle de Louis XIV se soit conçu plus proche de celui d'Auguste que de celui de Périclès, cela est bien connu. « Le nom de "classique" appartient particulièrement aux auteurs qui ont vécu du temps de la République et [...] d'Auguste » enregistre le *Dictionnaire de Trévoux* en 1794 – tout comme le *Dictionnaire universel* de Furetière en 1690. On l'a aussi souvent remarqué : les Grecs furent pour les Romains ce que les Anciens, et surtout les Latins, furent pour les Français : deux cas de «néo-classicisme», en quelque sorte. Le rapprochement touche la composition même des «canons» respectifs : le canon grec, tout comme l'anglais, fut dès son origine d'une ouverture exemplaire, et cela malgré l'existence d'un âge d'or grec ; c'est ainsi qu'on y trouve côte à côte des écrivains étalés sur sept siècles (!), d'Homère, Sappho et Pindare à Démosthène et Ménandre. Le canon romain, en revanche, est constitué presque exclusivement d'auteurs du premier siècle av. J.-C., Térence étant la seule exception à cette règle. Nous serions, bien évidemment, tenté d'attribuer ce contraste à l'«effet Homère». *Cf.* H. I. Marrou, *op. cit.*, t. I, p. 33.

87. «Hier encore, la littérature du XIXe siècle, et jusqu'à un certain point du XVIIIe, était *tabou* dans nos lycées [...] C'était une sorte d'axiome qu'une civilisation n'acquiert de valeur éducative qu'à condition de s'être un peu éloignée dans le temps et d'avoir pris, à quelque degré, un caractère archaïque. Le présent était tenu en suspicion.» É. Durkheim, *op. cit.*, p. 283.

88. Le programme d'histoire moderne du baccalauréat de 1840 va jusqu'au traité de Vienne (1738) et l'indépendance des États-Unis ; celui de 1852 s'arrête avec l'Empire ; et celui de 1865 rejoint le présent. Un arrêté du 10 octobre 1871 freine cette hâte : «Le programme de l'histoire contemporaine, enseigné dans les classes de philosophie, s'arrêterait à la révolution de 1848 et le temps employé jusqu'ici à la dernière partie de ce programme sera réservé à la géographie administrative, industrielle et commerciale contemporaine» ; le programme de 1877 ramène le présent (1875) dans la classe de philosophie ; mais celui de 1905 précise : «En ce qui concerne l'histoire interne de la France, le cours doit s'arrêter au vote des lois constitutionnelles de 1875 [alors que pour l'étranger on va jusqu'en 1889].» (Circulaire du 23 février 1901.) Ajoutons que le programme d'histoire de France du *Cours d'études* des Écoles militaires de 1777 allait jusqu'en 1750 ! C. Batteux, *Cours d'études*, «Plan général», p. XXX.

89. «Definitions of Requirements : English», *College Entrance Examination Board*, 1901, 1915, 1931.

90. *Horaires et programmes de l'enseignement secondaire des garçons*, Paris, 1931.

91. Raoul Aubry, *Une enquête sur les trois livres préférés*, Paris, 1913 (l'enquête a d'abord paru dans *Le Temps*).

92. Source : *Bibliographie analytique des thèses de doctorat de l'Université. 1899-1965*, in *Annuaire des Docteurs (Lettres) de l'Université*, Paris, 1967.

93. «De quelques auteurs en faveur dans les cabinets de lecture», in F. Parent-Lardeur. *Lire à Paris au temps de Balzac. Les cabinets de lecture à Paris 1815-1830*, Paris, Payot, 1981, pp. 172-181.

94. « Les best-sellers du siècle », *Bulletin du livre*, n° 65, 15 octobre 1961, pp. 32-34, et n° 81, 15 juin 1962, pp. 16-17.

95. Robert Escarpit, *Le Livre et le conscrit*, Bordeaux 1966 ; résultats repris *in* R. Escarpit, *Le Littéraire et le social*, Paris, 1970, p. 297.

96. Fondé sur les *Annales Vuibert (du Baccalauréat), Composition française*, dont les premières livraisons « littéraires » datent de 1911. Voir aussi l'opuscule : *Éditions Vuibert. Cent ans d'examens ou le naufrage des lettres*, Paris, janvier 1980.

OLIVIER NORA

La visite au grand écrivain

Huit jours chez M. Renan : le court chef-d'œuvre de Barrès relatant avec un irrespect calculé la visite imaginaire à Ernest Renan est sans doute tenu pour le texte majeur d'un genre mineur. Et s'il n'était que l'une des pièces constitutives d'un ensemble primordial ? Le centre nerveux d'un réseau qui se ramifie avec, en amont, la *Visite à Buffon* (ou : *Voyage à Montbar*) de Hérault de Séchelles ; en aval, les *Visites à Maurice Barrès* (dites aussi *La Noce massacrée*) par Cocteau ou encore la *Première visite de Marcel Proust* par Paul Morand – pour ne prendre que quelques exemples significatifs ? Éternelles représentations d'une vaste scène transhistorique qui se joue de Rousseau à Sartre, de Voltaire à Malraux, sur le théâtre de notre mémoire collective. Encore cette expression à la fois manifeste et confidentielle de la publication en brochure séparée n'épuise-t-elle pas la veine de cette grande geste méconnue : la plaquette rare et l'opuscule précieux ne sont que la partie émergée de l'iceberg.

C'est en deçà de la surface que se joue le véritable signe de piste. S'attache-t-on particulièrement aux témoignages en chaîne ? Il n'est que de suivre pas à pas la relève des générations qui conduit de Barrès chez Renan – *Huit jours chez M. Renan* – à Cocteau chez Barrès – *La Noce massacrée* – puis à Maurice Sachs chez Cocteau – *La Décade de l'illusion.* S'intéresse-t-on davantage aux témoignages comparés ? C'est Proust visité par Paul Morand – *Journal d'un attaché d'ambassade* et *Première visite de Marcel Proust* –, par Mauriac – *Du côté de chez Proust* – et par Emmanuel Berl – *Sylvia.* C'est encore Barrès visité par Cocteau, par Henri Franck – *Huit jours chez M. Barrès* – et par Jérôme et Jean Tharaud – *Mes années chez Barrès.* Se concentre-t-on plutôt sur les témoignages confrontés ? Il est loisible en ce cas de lire en parallèle le *Journal* de Gide et les *Notes sur André Gide* de Roger Martin du Gard, ou le *Journal* de Julien Green et celui de Gide...

Bref, la mise en résonance des innombrables comptes rendus de visite dévoile autant de combinatoires, dessine d'inépuisables arabesques au gré desquelles se recompose un véritable corps de texte, un corpus à part entière. «Comment l'auteur s'est individualisé dans une culture comme la nôtre, quel statut on lui a donné [...] dans quel système de valorisation l'auteur a été pris, à quel moment on a commencé à raconter la vie non plus des héros mais des auteurs – tout cela mérite à coup sûr d'être analysé», suggérait Michel Foucault il y a près de vingt ans[1]. Nombre d'approches actuelles du champ littéraire s'inscrivent précisément dans cette vaste perspective, au confluent de la critique littéraire et des sciences humaines.

Au moment où l'inépuisable cortège des rituels de la sociabilité littéraire bénéficie d'un regain de curiosité – académies, théâtres, cafés, cercles, compagnies, promenoirs, salons... –, il est surprenant que la visite au grand écrivain, épiphénomène si révélateur, soit aussi étrangement délaissée.

La visite n'a jamais été envisagée que comme source inessentielle dans le cadre de la «petite histoire» littéraire : détail piquant d'une monographie, point d'intersection de biographies comparées ou témoignage d'érudition pure, elle reste confinée dans sa vocation anecdotique. Pourtant, si l'on en croit les nombreux témoignages, les écrivains célèbres qui ont été visités chez eux par de jeunes admirateurs en quête de reconnaissance ou en mal d'identification sont légions. Le cérémonial est suffisamment généralisé pour pouvoir n'être pas lu *seulement* comme une démarche singulière dans l'écheveau de rapports interpersonnels : son caractère sériel et sa codification donnent à penser que tous ces cas d'espèce composent la loi d'un genre.

Le compte rendu de visite, possible morceau d'anthologie, serait-il un passage obligé pour l'apprenti écrivain, son droit d'entrée dans le panthéon littéraire sous forme de «cotisation de plume», son sésame pour accéder au sanctuaire ? Mieux : ce rituel initiatique d'autocélébration conviviale ne suppose-t-il pas préalablement une promotion de l'homme de lettres à la législation des valeurs et au gouvernement de l'opinion ? Ne participe-t-il pas d'une cristallisation de l'identité nationale autour des Grandes Consciences qu'elle s'est choisies et dans lesquelles elle s'est incarnée ? C'est finalement cette entrée subreptice mais décisive de la figure de l'écrivain dans l'imposante histoire de la gloire que la France s'est forgée au cours des siècles pour se raconter son propre avènement que la pratique de la visite invite à mettre en lumière.

Étudier la visite au grand écrivain et son récit comme deux étapes conjointes d'un même cérémonial, ce n'est donc pas seulement exhumer les vestiges d'un genre littéraire tombé en désuétude : c'est interroger surtout une tradition révélatrice du rapport que la nation française a noué avec les ancêtres de ses intellectuels et qui perdure dans les tréfonds de notre imaginaire social.

La visite au grand écrivain

La visite, ou la France au miroir de ses grands écrivains : il y a là sans conteste le lieu déjà déserté d'une mémoire encore vivante.

Naissance de la visite : archéologie d'une pratique sociale

Pas de visite, bien sûr, avant l'apparition d'un écrivain autonome. Cette autonomie suppose à la fois la reconnaissance juridique des droits de l'auteur qui fait de lui un homme libre et indépendant, maître incontesté de son œuvre, et la reconnaissance sociale de l'état d'homme de lettres, conférant légitimité au nouveau rôle d'incarnation de l'opinion publique qui lui est dévolu. Ce n'est qu'à partir du moment où cette longue marche vers la « dignité d'homme de lettres » parvient à son terme, au cours du XVIIIe siècle, que peut se constituer le rite européen de la visite[2].

Le propos n'est pas ici de retracer minutieusement l'histoire érudite des avatars de la propriété littéraire et des effets induits de la naissance imprimerie[3]. Il suffit de rappeler à grands traits la manière dont l'homme de lettres finit par obtenir gain de cause d'un point de vue juridique, au terme d'une progressive émancipation qui se dessine dès l'Âge classique. Si l'autonomie et le prestige d'un statut fondé en droit ne sont définitivement acquis que dans le dernier quart du XVIIIe siècle, l'étude des stratégies d'auteur révèle, dès le XVIIe siècle, un paysage mouvant et contrasté où s'expérimentent *de facto* les solutions adoptées institutionnellement un siècle plus tard[4].
Tant que l'imprimerie n'existe pas, la revendication d'une propriété littéraire est matériellement inconcevable et la cause des droits d'auteur de ce fait irrecevable. Il suffit pour s'en persuader de se représenter les contraintes et les failles du système de fabrication. Le copiste du Moyen Âge, ne disposant pas du monopole d'un texte qui peut par conséquent être reproduit par tous, n'est à l'évidence pas en mesure de rémunérer le créateur. C'est cette précarité de la condition d'auteur qui explique le recours à un grand seigneur « ami des lettres ». L'illustre protecteur garantit à la fois le « droit moral » de la propriété littéraire et le « droit utile » de la rétribution financière : la longue tradition du clientélisme est née... La révolution de l'imprimerie ne bouleverse pas radicalement la situation dans un premier temps, puisque les imprimeurs à leurs débuts ne jouissent pas davantage que leurs ancêtres les copistes d'une situation de monopole.
Lorsque le pouvoir royal leur octroie les « privilèges » garantissant le monopole de l'édition et de la vente, les imprimeurs ne risquent plus la raréfaction des inédits et la prolifération des contrefaçons : trop faibles hier pour pouvoir payer

les auteurs, ils deviennent désormais trop puissants pour les vouloir convenablement rémunérer. Nuançons le tableau : certains créateurs tentent bien, dès la fin du XVIe siècle (Saint-Amand, Cyrano), de se faire imprimer à leur compte ; nombreux même sont ceux qui y parviennent dans le courant du XVIIe siècle (Chapelain, La Calprenède, Corneille, Molière, Quinault, Racine, pour ne citer que certains des plus gros «cachets» de l'époque) – mais tous demeurent tributaires du libraire que l'usage répandu des «prolongations de privilège» rend tout-puissant tant que les droits d'auteur ne sont pas juridiquement reconnus. Ne touchant le plus fréquemment que des «réimpressions» (sommes forfaitaires payées d'avance par le libraire), n'ayant aucun droit de regard sur la publication, l'auteur qui tente d'échapper au mécénat royal de type colbertien ou au protecteur privé retrouve le pouvoir censorial d'État au stade de l'imprimerie (les privilèges royaux sanctionnent la «conformité» des manuscrits) et la tutelle de la dépendance financière au moment de la vente directe au libraire. Bref, la servitude change de nature, mais le principe de la double allégeance (matérielle et idéologique) demeure.

Livré dans un premier temps au protecteur pour se protéger des contrefaçons et recevoir des gratifications, inféodé dans un second temps au mécène ou parfois, pour s'émanciper de lui, au libraire, l'homme de lettres reste donc condamné à l'immaturité sociale. Immaturité d'autant plus durable qu'elle est stratégiquement reconduite. Si l'asservissement au protecteur mécène reste plus fréquente que la dépendance à l'égard du libraire exploitant, ou si la seconde posture ne périme pas la première, c'est que le mécénat royal institué traduit jusqu'à la fin du règne de Louis XIV une politique volontariste de récupération, d'encadrement et d'annexion du champ littéraire par la monarchie. Les principes édictés par le pouvoir régalien perdureront jusqu'aux règlements de 1723, et surtout de 1777 – où le transfert possible du privilège de publication à l'auteur désireux d'exploiter lui-même ses œuvres est stipulé.

De l'«affaire Muret» (1586), à l'occasion de laquelle la question de la propriété littéraire entre dans la jurisprudence, à la création par Beaumarchais de la «Société des auteurs dramatiques», avec la loi de 1791 qui tranche juridiquement le débat en faveur du créateur, il aura fallu deux siècles de conflits et d'expérimentations ponctuelles avant que les dispositions légales ne finissent par codifier et sanctifier les pratiques occasionnelles. À cette reconnaissance juridique (obtenue dès le XVIIe siècle en Angleterre) est liée l'apparition de l'édition, comprise comme entreprise industrielle intermédiaire entre l'imprimeur (versant technique) et le libraire (versant commercial). Définitivement affranchi de la tutelle absolutiste, le champ littéraire se déploie dans sa configuration moderne en même temps que l'auteur, confronté désormais à la suprême sanction du public, s'extirpe de la bâtardise sociale.

La visite au grand écrivain

En se libérant de toute emprise, en secouant l'humilité dans laquelle il avait été jusqu'alors relégué, l'écrivain devient susceptible d'incarner une opinion publique elle-même en voie de constitution. Comme le dit Rulhierre dans son discours de réception à l'Académie française le 4 juin 1787 : « Ce fut alors que s'éleva parmi nous ce que nous avons nommé l'empire de l'opinion publique ; les hommes de lettres eurent l'ambition d'en être les organes et presque les arbitres [...] La *dignité d'homme de lettres*, expression juste et nouvelle, ne tarda pas à devenir une expression avouée et d'un usage reçu. » Évacuons pour l'heure la question mécaniste de l'antériorité, le problème stérile d'un ordre des causalités. L'écrivain n'a pas plus « créé » l'opinion publique que l'opinion n'a, à proprement parler, « créé » le statut de l'écrivain. L'un et l'autre se sont prêté réciproquement leurs forces. La conjonction historique d'un phénomène de société en maturation et d'un groupe social parvenu à maturité est très probablement à l'origine du lien tout à fait singulier noué par la nation française avec ses « intellectuels ».

« Quand le premier tiers du siècle fut passé se constitua un milieu nouveau où l'égalité de culture précéda l'égalité politique et où les esprits, à tous les étages, étaient occupés des mêmes objets généraux. Et c'est alors que, par une suite naturelle, l'opinion publique naquit et se développa », explique Maurice Pellisson[5]. L'apparition de cette puissance nouvellement consciente d'elle-même correspond au moment où les anciens pouvoirs sociaux, atteints de langueur, ont compromis leur prestige. Ils se montrent incapables d'endiguer le courant, sous la pression duquel ils achèvent de se déliter. Le pouvoir royal n'a plus la capacité ni la volonté de jouer un rôle d'impulsion ; les ordres constitués restent pétrifiés dans une distribution qui les rend inaptes à intégrer un mouvement d'une telle amplitude. Comme le montre bien Paul Bénichou, on peut expliquer par une égale insuffisance des deux « castes » – noblesse obsolète et bourgeoisie demeurée inférieure – la constitution au-dessus d'elles d'une vision de l'homme qui les dépasse et leur fait violence à toutes deux, et d'une « classe » intellectuelle porteuse de cette vision. Cette vacance des pouvoirs temporels est surdéterminée par celle, décisive, du pouvoir spirituel de la religion. Bernard Groethuysen invite à mettre en relation la profonde désaffection religieuse et la naissance de l'« homme nouveau » au XVIIIe siècle : l'« appauvrissement émotif » lui semble le trait caractéristique du siècle[6]. Précisément : les écrivains ne sont-ils pas les grands prêtres de l'émotivité laïque ? De fait, la propulsion du champ littéraire repose bien sur un « transfert de sacralité » (Mona Ozouf) qui dépossède à la fois le pouvoir régalien et le pouvoir religieux au profit du seul pouvoir intellectuel. L'écrivain trône dans la conscience collective comme hypostase en lieu et place de la divinité ; la plume triomphante se substitue au sceptre et au goupillon défaillants. Au terme de cette subreptice transfusion de sens, le centre de gravité du sacré s'est déplacé au cœur même de la littérature, autorité laïque inédite devenue « le sacerdoce d'un temps qui ne croit plus aux prêtres[7] ».

L'impuissance conjuguée des instances politiques, sociales et spirituelles, au moment où l'opinion publique surgissante appelle une force de représentation, n'explique pas seulement la montée en puissance des hommes de lettres au cours du siècle : à cette triple vacuité ils doivent aussi la prise de conscience de leur spécificité. Les écrivains se mettent en effet d'un même mouvement à incarner l'opinion publique et à se constituer en corporation socialement représentative.

Sans tomber dans les travers du nominalisme, on peut néanmoins consulter ici le précieux baromètre lexicologique. La formule « homme de lettres », qui ne désignait jusqu'alors qu'une qualité s'appliquant à tout homme « lettré », commence à se spécialiser pour caractériser ceux qui font profession d'écrire et de publier. Le trait personnel devient fonction et raison sociale. L'évolution sémantique de cette expression en voie de lexicalisation et celle du couple « auteur »/« écrivain » d'une part, du mot « littérature » d'autre part, sont contemporaines[8] : toute une séquence de notre univers culturel émerge là dans sa configuration moderne.

Au-delà du critère sémantique, la nature et la fréquence des débats d'époque sur la question controversée de l'« état » social conféré à l'homme de lettres par ses fonctions sont tout à fait significatives. Si, pour Rémond de Saint-Sauveur, « être Auteur, c'est un état aujourd'hui, comme d'être militaire, magistrat, ecclésiastique ou financier[9] », pour Duclos, en revanche, « les lettres ne donnent pas précisément un état, mais elles en tiennent lieu à ceux qui n'en ont pas d'autres[10] ». De telles divergences permettent de comprendre la situation à la fois marginale et privilégiée des écrivains. La corporation est socialement légitimée à proportion de ce qu'elle demeure légalement indéfinissable. C'est précisément parce qu'ils sont hors des affaires et hors des castes, échappant aux normes de la typologie sociale, que ces « classeurs inclassables[11] » bénéficient d'une telle autorité. Pour s'être le plus souvent arrachés à la bourgeoisie sans avoir été pour autant intégrés à l'aristocratie ; pour s'être en tout état de cause, quelle qu'ait été leur origine, objectivement et subjectivement *déclassés*, les écrivains passent de la domesticité littéraire à l'égalité sociale en devenant les porte-drapeaux de la société civile contre l'État. Ainsi Antoine-Léonard Thomas peut-il s'exclamer : « Ce Voltaire n'a point d'état ; soit, mais il a celui d'être un grand homme ; il a celui d'être, pour le moins, l'égal des rois[12]. » Le mot est lâché ! En définitive, l'absence d'état vaut en l'occurrence pour un coup d'État : la méritocratie, dispositif puissamment subversif, s'introduit comme une bombe à retardement en plein cœur du système absolutiste[13]. Le porteur du flambeau des Lumières est

La visite au grand écrivain

aussi voleur de feu... Laissons Tocqueville résumer la situation : « La littérature était ainsi devenue ce terrain neutre sur lequel s'était réfugiée l'égalité. L'homme de lettres et le grand seigneur s'y rencontraient sans se rechercher ni se craindre, et l'on y voyait régner en dehors du monde réel une sorte de démocratie imaginaire[14]. »

Certains auteurs sont déjà conscients des effets pervers que risque de causer ce pouvoir prométhéen de subversion et de libération. Ils redoutent notamment la constitution d'une caste nouvelle où l'on s'imposerait trop facilement par le seul titre d'« homme de lettres ». Ainsi Grimm proteste-t-il dès 1759 : « S'il y a un état au monde dont il soit difficile de tirer vanité, c'est celui d'homme de lettres : tout est personnel dans cette vocation[15]. » Ils craignent également que la pression du public sur les plus indépendants d'entre eux ne devienne analogue à celle du pouvoir, jadis, par le truchement du mécénat : la « liaison qui s'est établie entre les gens de lettres et les gens du monde » est donc dénoncée avec des accents tout jansénistes par Grimm, selon lequel « si quelques gens de lettres d'un mérite médiocre y ont gagné quelque chose [...], il y a tout à perdre pour l'homme de génie à dissiper son temps dans l'oisiveté de nos cercles[16] ». En effet, il ne suffit pas que l'opinion publique ait reconnu l'écrivain : encore faut-il que ce dernier reconnaisse l'opinion, soit en figurant dans les salons... soit en acceptant d'en recevoir les représentants. On entre là dans la sphère de la consécration mutuelle par la visite.

Distinguons ici la naissance historique de la visite comme pratique sociale et l'éclosion du récit de visite comme esthétique littéraire. L'une et l'autre s'enracinent dans des traditions qu'elles prolongent en les dénaturant : celle de la visite du souverain éclairé dans un cas ; celle de l'exercice académique de l'Éloge dans l'autre.

La visite du souverain étranger à la Cour de France est de tradition. Mais l'usage en est peu à peu subverti au cours du siècle. À partir du moment où les écrivains deviennent la seule représentation nationale crédible de la France des Lumières, ce sont eux que les princes étrangers viennent consulter pour « prendre le pouls » de l'opinion. Les pèlerinages se succèdent à Paris entre 1766 et 1782[17]. Le prince Brunswick-Wolfenbuttel et le prince de Saxe-Cobourg-Gotha rendent tous deux visite à Diderot. Les princes de Suède, Joseph II, le grand-duc héritier de Russie et le prince Henri de Prusse : tous cherchent à rencontrer les philosophes, tous rendent un hommage signalé à l'Académie française. La plupart d'entre eux viennent certes en visite officieuse pour ne pas se compromettre vis-à-vis de la Cour ; certains se présentent même *incognito* ; mais le geste n'en reste pas moins capital : « L'usage d'accueillir les gens de lettres y a reçu force de loi ou du moins d'étiquette[18]. » La démarche crée un précédent : on peut désormais se prévaloir de cette coutume pour ne pas encourir les foudres du pouvoir. Le roi de Danemark, désireux de rencontrer des écrivains que Louis XV méconnaît ou redoute, ne s'abrite-t-il pas ainsi derrière l'exemple de son illustre prédécesseur le roi de Prusse, qui lui est une caution? La visite des souverains étrangers vaut pour un rite d'intronisation. Il n'y a plus guère que la Cour pour mésestimer cette progressive dérive du pouvoir symbolique au terme de laquelle s'organise «une communauté religieuse qui voit la très grande société européenne avec ses modèles vivants, Frédéric et Catherine; son lieu de culte, Paris; ses officiants, les philosophes[19]...» La société française, elle, ne s'y trompe pas: visitant les hommes de lettres parce qu'ils sont devenus le seul étendard prestigieux de l'identité nationale, les princes étrangers confortent le sentiment que l'opinion avait de leur pouvoir. Cette légitimation extérieure transmue l'intuition en certitude. Visités parce que représentatifs, nos grands hommes deviennent encore plus représentatifs parce que visités – on ne prête qu'aux riches... Puisque l'écrivain incarne désormais la France pour l'étranger, il se doit d'incarner les Français pour eux-mêmes. La visite du citoyen n'est de ce point de vue que le prolongement naturel d'une tradition graduellement dévoyée.

Autre tradition, qui nourrit elle aussi la visite: l'éloge des grands hommes, genre littéraire qu'on voit fleurir à partir du milieu du siècle, lorsque l'Académie commence à en imposer l'exercice à la place des sujets de dissertation traditionnels, au concours pour le prix d'éloquence. Les contributions décisives de Jean-Claude Bonnet sur cette question[20] épargnent ici de longs développements. Soulignons seulement la double filiation entre l'éloge et la visite. Filiation d'esprit d'abord: «L'opposition polémique de la Cour et de la Ville est constitutive de l'éloge[21]», puisque le grand homme incarne toujours le triomphe du mérite et des talents contre la naissance («à la différence du roi, le grand homme n'est jamais un héritier[22]»). De ce point de vue, la visite participe du même processus subversif en orchestrant par une mise en scène solennelle la reconnaissance des méconnus. Mais aussi filiation logique: par glissements successifs, l'éloge des grandes figures légendaires et des académiciens défunts génère celui des écrivains disparus; l'hommage rendu aux auteurs du passé détermine le culte des lieux sous forme de pèlerinages; la curiosité des lieux appelle celle des caractères et finalement des écrivains vivants[23]. La rhétorique de la *laudatio funebris* est ainsi dénaturée de proche en proche, le discours d'outre-tombe prononcé par un grand héros disparu (procédé de la *retractatio*) débouchant sur la conversation de ce monde entretenue avec un grand écrivain de chair et d'os. Bref, l'éloquence ne maquille plus les cadavres, elle embaume les vivants.

Mais cet embaumement comporte son ambiguïté: pour être bien l'héritier immédiat de l'éloge, le récit de visite n'en est pas moins contrepoint dérisoire de la sacralité. Dès son éclosion, il apparaît comme un genre composite, mixte de la révérence hagiographique de son ancêtre immédiat (éloge) et de la parodie burlesque de ses descendants éloignés (caricatures). «La force créative des Lumières est faite assurément de cette indécision, ou de cette pirouette entre la malice et le sérieux par quoi une perpétuelle distance critique vient creuser les formations positives», explique bien Jean-Claude Bonnet. Si «le clivage du rire et des larmes devient au XVIIIe siècle totalement idéologique[24]», n'est-ce pas dans la mesure où le retournement perpétuel de la gravité en légèreté est une ruse de la raison démocratique contre l'irrationnel absolutiste?

Espace de la visite : morphologie d'un genre littéraire

La visite marque le passage spectaculaire de l'espace littéraire à l'espace humain, de la médiation du texte à l'immédiateté, du rapport imaginaire avec une œuvre à la rencontre réelle avec un homme. Intrusion du spectaculaire, bouleversement de la corporalité : cette révélation se devait d'être codifiée en un cérémonial. Le compte rendu de visite renoue dans un second temps avec l'écriture ; aboutissement de la fascination littéraire, l'écrivain devient prétexte à la création littéraire. On a donc affaire, dans la démarche de la visite et de son récit, à un espace circulaire où le texte – origine et terme – renoue avec lui-même de part et d'autre de la figure du grand écrivain.
Penser ensemble un fragment des *Chroniques* de Maupassant, un passage de *L'Éducation sentimentale* de Flaubert, l'intégralité des *Huit jours chez M. Renan* de Barrès et tel extrait du *Mercure de France* semble quelque peu acrobatique au regard des traditionnelles frontières de genre littéraire, mais une telle coupe transversale peut tout au moins s'autoriser d'une grossière contemporanéité qui la rend possible. Lire en parallèle tel chapitre des *Mémoires* de Mme de Genlis, telles pages des *Choses vues* de Hugo et tels passages du *Journal* de Gide paraît arbitraire du point de vue de la segmentation classique de l'histoire littéraire en siècles, mais cette traversée verticale peut se prévaloir d'une unité formelle qui en fait la cohérence. En revanche, associer en un même corpus la *Visite à Buffon* de Hérault de Séchelles, un morceau choisi du *Journal* des Goncourt, l'article de Pierre Louÿs «Paroles de Verlaine» publié en 1910 dans la revue *Vers et Prose* et un extrait de *La Décade de l'illusion* de Maurice Sachs, pour prendre quelques exemples significatifs, relève de la gageure : les genres sont mélangés, les époques amalgamées, les textes mis à plat. Si le récit de visite est assez structuré pour subsumer les distinctions admises, c'est parce qu'il constitue une somme d'invariants qui composent une même *topique*, une réserve de choix. Tous ne sont pas actua-

lisés en même temps ni de la même manière, mais tous concourent à esquisser la morphologie d'un exercice de style unique.

Visite : « Recherche, perquisition dans un lieu pour retrouver quelque chose ou quelqu'un » (Littré). Cette acception du mot est révélatrice : la visite au grand écrivain ne se dépare jamais de la dimension topographique d'une visite domiciliaire. Dans le cas présent, il ne s'agit pas seulement de « retrouver quelque chose ou quelqu'un », mais de déceler quelque chose d'indicible dans quelque chose de prosaïque – le génie dans le cadre familier – ou de surprendre quelqu'un de prosaïque dans quelque chose de sacré – l'homme nu dans le sanctuaire. Selon que le visiteur vient admirer l'écrivain dans un lieu où il cherche les indices d'une confirmation du génie, ou bien surprendre l'homme dans un cadre où il quête les signes d'une infirmation du mythe, les descriptions n'ont rien de semblable. Dans le premier cas, l'option « fétichiste » vise à cultiver la différence ; dans le second, l'option « voyeuriste » tend à réfuter la distinction.
Certaines descriptions des lieux tiennent de l'incantation. Les scrupules de fidélité du peintre ne suffisent plus à motiver de telles évocations. Chaque objet est dépeint comme s'il était doté du pouvoir de révéler l'Illustre. L'espace est comme magnétisé, hanté par l'écrivain. Faire sourdre le génie des profondeurs du cadre, le faire suinter des pores de l'espace, c'est espérer secrètement que le virus de la renommée soit contagieux : la visite exposerait à cette contamination rêvée ! Hérault de Séchelles donne la mesure de cette option fétichiste : « Je vis enfin ce que j'avais tant désiré de connaître, le cabinet où travaille ce grand homme [...] ne trouvez-vous pas que cette nudité a quelque chose de frappant ? On la revêt des belles pages de Buffon, de la magnificence de son style et de l'admiration qu'il inspire[25]. » Ce n'est pas un hasard si les récits de visite où se confirme l'image rêvée du grand écrivain parviennent à la description du cabinet de travail au terme d'une progression qui conduit ailleurs à la chambre à coucher ou autres pièces d'intimité : dans l'opposition des deux lieux symboliques se joue celle de deux perceptions du grand homme. Le fétichisme conduit logiquement au voyeurisme : traquer l'essence du génie dans le cabinet de travail, humer la trace de l'écrivain et y relever ses empreintes incitent à tenter de le surprendre en chair et en os. Ainsi, « le grand poète Gabriele D'Annunzio, une petite minute par jour, se laissait-il visionner en pleine inspiration par les plus fidèles de ses admiratrices, à travers le cadre étroit, obscène, d'une petite ouverture pratiquée dans la porte de son cabinet [de travail] ![26] ». Ce passage à l'acte dévoile une thématique sous-jacente que Hérault de Séchelles analysait déjà en ces termes : « Un grand écrivain s'assied à sa table d'étude, comme pour paraître dans nos actions solennelles, nous produisons nos plus belles parures. Il est seul, mais

La visite au grand écrivain

il a devant lui l'univers et la postérité[27]. » Dans le cas présent, l'univers et la postérité, incarnés par de fidèles admiratrices, guettent par le trou de la serrure...

Encore ce voyeurisme « positif », qui participe de la notoriété et concourt à la sacralisation, vise-t-il à entretenir la distance. Le voyeurisme dépréciatif, lui, orchestre perfidement la déchéance : il aiguille la curiosité sur l'intimité personnelle et non plus professionnelle, pour y surprendre l'homme et non plus l'écrivain[28]. Arthur Cravan en offre un exemple, au détriment de Gide : « Des vitraux, que je trouvais toc, laissaient tomber le jour sur un écritoire où s'ouvraient des feuilles fraîchement mouillées d'encre. Naturellement, je ne me fis pas faute de commettre la petite indiscrétion que vous devinez. C'est ainsi que je puis vous apprendre que M. Gide châtie terriblement sa prose et qu'il ne doit guère livrer aux typographes que le quatrième jet[29]. » Le plaisir change de nature : il réside ici dans le sentiment de transgression d'un interdit, alors qu'il tenait auparavant dans la sensation privilégiée de l'élection. La visite, de perquisition, devient inquisition. La chasse au détail hagiographique prend l'allure d'une traque humoristique des petits défauts : il s'agit de dégonfler les baudruches...

L'insistance dans la description, qu'elle soit exaltante ou dégradante, joue en tout état de cause le rôle rhétorique qui lui est assigné. Prolongation de l'entrée en matière, elle diffère le moment fatidique de l'apparition : « Je me sentais si refroidie, si embarrassée, je craignais tellement l'apparition du maître de la maison, que j'étais charmée de m'échapper un moment afin de retarder un peu une terrible entrevue », confie Mme de Genlis dans le récit de sa visite à Voltaire[30]. La minutie des relevés topologiques traduit l'état psychologique et restitue le sentiment de l'attente tel qu'il est vécu : un temps à la fois trop long – le désir presse – et trop court – l'appréhension tenaille. La salle d'attente où le visiteur se perd en conjectures est donc un motif récurrent : « Après attente, nous sommes introduits dans la chambre à coucher » (Morand chez Proust)... « L'on me fit monter au premier étage et l'on me pria d'attendre dans une petite cellule » (Cravan chez Gide). L'apparition qui succède à ce préambule peut être relatée sur le mode sacré, ou parodique : la dimension religieuse prolonge l'option fétichiste, le choix de la dérision la tendance voyeuriste.

En terme de théologie, la « visite » peut être châtiment céleste ou grâce prévenante. Le mot est alors à rapprocher de « visitation », lui aussi fortement connoté : le premier sens, « action de visiter » s'est majoritairement spécialisé dans le second, « visitation de la Sainte Vierge ». Les deux mots véhiculent un sémantisme religieux propre à éclairer certaines constantes de la visite au grand écrivain.

La halte méditative devant le portrait du maître des lieux est à la majorité des récits ce que l'agenouillement pieux devant les icônes est à certaines cérémonies religieuses : un passage obligé, systématisé dans les écrits parce que ritualisé dans les pratiques. Les textes, par-delà thèmes et genres, auteurs et siècles, se font singulièrement écho à cet égard. Prosternations et génuflexions sont de mise : « M. Ott vit, à l'autre extrémité du salon, un grand tableau à l'huile [...] représentant M. de Voltaire dans une gloire, tout entouré de rayons comme un saint[31] »... « Je montais le large et clair escalier qui menait au premier étage, et mes yeux remarquaient, en passant [...] une toile de Jacques-Émile Blanche représentant Barrès, jeune dandy habillé de gris, une fleur à la boutonnière, avec cet air d'esthète anglais très en faveur aux environs de 1890[32] »... « ... le portrait de Proust par J.-É. Blanche, orchidée à la boutonnière[33] »..., « au mur pendait un grand portrait de Cocteau jeune par Jacques-Émile Blanche[34] »[35]... La symbolique religieuse du portrait est parfois mise en relief de façon explicite : « Cocteau était dans cette unique position d'être idolâtré. J'ai connu au moins un garçon qui priait devant son image. La tension de la foi, l'exaltation du cœur, l'admiration enthousiaste étaient si ferventes qu'il en naissait un état religieux[36]. » La valeur emblématique du motif se double d'une nécessité rhétorique. Ici encore, l'icône diffère la Révélation, prélude dans sa fixité à la description vivante qui va être faite de l'idole dont il retarde l'apparition.

Le choc de l'apparition physique du grand homme est à la mesure de ce qu'elle a d'improbable : c'est le miracle d'une idée qui se matérialise, d'un concept qui s'incarne, d'une œuvre qui se fait chair. Comme l'écrit avec humour Paul Morand visitant Proust, « un classique, pour moi, jusque-là, c'était un défunt illustre : or, voilà que devant mes yeux se tenait un classique [...] Et par un miracle inouï, ce classique respirait, remuait, riait ; ce classique n'était pas *relié*[37] ». Rien d'étonnant donc à ce que cette Apparition miraculeuse soit mise en scène dans les textes comme une déflagration : « Émotion. Choc. Je m'étais fait une image du poète d'après ses œuvres et son portrait. J'avais devant moi l'homme vivant[38]. » « Le nom de Bergotte me fit tressauter comme le bruit d'un revolver qu'on aurait déchargé sur moi[39]. » « Jamais je ne pourrais rendre ce qui se passa en moi[40]. » Révélation dans laquelle jouent décisivement la voix et le regard.

La lecture des œuvres, substituts des Saintes Écritures, est un des motifs constants du rituel. Il permet de faire répondre au culte de l'écrit celui de la voix. Voltaire « avait une voix sépulcrale qui lui donnait un ton singulier[41] » ; Verlaine « prend une voix d'archiprêtre » pour prononcer une parole importante[42] ; chez Gide, la voix est « admirablement timbrée, chaude, basse et grave...[43] » ; la voix de Maritain est « douce, mais claire et vive, sans être trop rapide[44] ». La voix a en tout état de cause des vertus de « révélateur » chimique: «Tout cela dit d'une voix grave, avec je ne sais quoi d'effroyablement satanique et d'adorablement enfantin», écrit Anatole France à propos de Barbey d'Aurevilly[45], tandis que Paul Morand prête à Claudel une voix si brusque que «quand il vous parle, on a l'impression qu'il vous gifle[46]». Au couple voix-texte correspond le doublet regard-image. Les yeux circulent d'un texte à l'autre, marquent, hantent, obsèdent. Le plus souvent, ils inquiètent – comme les «yeux de faune, très obliques» de Verlaine (Pierre Louÿs) ou «l'œil nocturne»[47] de Proust –, dérangent – c'est «l'œil perçant de philosophe» de Taine ou encore ce «regard noir, myope, pénétrant» de Zola[48] –, fascinent et hypnotisent – «je verrai toujours cet œil, cet œil de cyclope qui flambait derrière son carreau[49]»... «La chaleureuse bonté des regards dont il m'enveloppe, car il ne me quitte plus des yeux. Visiblement, il cherche la réciprocité[50]...»

Les exemples sont inépuisables: l'important, ici, c'est ce redoublement du culte de la voix par celui du regard. Le regard et la voix sont les deux suppléments d'âme qui insufflent vie et énergie, respectivement, au portrait figé et au texte mort auxquels ils sont référés. La réduction métonymique de l'écrivain en un regard et une voix souligne l'isomorphie entre l'entreprise du compte rendu de visite et le spectacle son et lumière de l'exhibition audiovisuelle.

Il faudrait encore détailler de nombreux motifs secondaires du sacré comme le repas et la promenade. Le modèle du banquet eucharistique de la Cène est souvent dégradé en repas familial, d'où l'écrivain sort paradoxalement magnifié par ses petitesses. Voltaire «malmenant ses gens» et «criant à tue-tête» ou la «conversation négligée» de Buffon produisent le même effet: les petits travers qui se dévoilent à l'occasion de cette cérémonie privée, dans la mesure où ils témoignent du caractère humain – donc faillible – des grands hommes, viennent plaider *a contrario* pour l'exceptionnalité d'un talent qui ne doit plus rien au modèle antique du génie divin. Il y a donc perfectionnement d'une grandeur qui passe désormais par l'imperfection[51]. Être différent de son visiteur au point de lui ressembler tout en restant le grand homme que chacun sait: c'est le luxe que s'offrent la plupart de nos «olympiens» dans leur tactique de séduction, au moment du repas ou de la promenade. «Voltaire est plus grand là que dans ses livres», dit Mme de Genlis au moment de la promenade au village, «car on y voit partout une ingénieuse bonté». La promenade rappelle le voyage initiatique comme le repas fait écho à la Cène: la progression qui conduit de l'intérieur de la demeure (homme privé) à l'extérieur (homme public) mime les étapes du voyage légendaire dans un contexte dégradé. Corriger l'image qu'une perception intimiste de l'homme en privé eût pu donner de l'écrivain par une saisie extérieure du citoyen «en situation», l'hermétisme élitiste et la tentation ésotérique de la création par l'ouverture altruiste et les tentatives exotériques de la participation, c'est finalement confirmer, sous prétexte de promenade-détente, la légitimité du culte laïque du grand écrivain. On reste bien dans l'esprit de vénération que la perspective fétichiste avait inauguré : seule la parodie du mythe, résultant de l'approche voyeuriste, casse par un jeu ludique les conventions hagiographiques en marquant la métamorphose du contemplateur en contempteur.

Il plane souvent sur nos textes un peu de cette ironie qui « s'installe dans l'erreur, non pour la comprendre, mais pour la perdre » et qui est en ce sens « la mauvaise conscience de l'hypocrisie » (Vladimir Jankélévitch). La dérision est cette composante originelle du récit de visite qui fait de lui un intermédiaire entre la prose hagiographique de l'éloge et le trait sarcastique du pamphlet. Jean-Claude Bonnet, qui a montré comment Hérault de Séchelles reprend un à un les motifs convenus de l'éloge pour les parodier tous, voit en lui « le représentant de ce retournement critique permanent dans le siècle contre les images qu'il produit[52] ». En réalité, cette tradition parodique perdure bien au-delà du XVIIIe siècle, l'irrévérence originelle devenant de plus en plus manifeste.
« Fût-il jamais divertissement plus intellectuel ? » interroge Barrès à propos de son dialogue imaginaire avec Renan[53]. Un certain ton, tour à tour polémique, pamphlétaire, satirique ou léger, mixte d'irrévérence faussement révérencieuse et de déférence insolente, est en effet à décrypter partout. La tentation sacrilège est proportionnelle à la vénération, l'iconoclastie à l'idolâtrie : « Je n'excuse plus aujourd'hui cette sorte d'ivresse que me donnait la pensée renanienne et qui me poussait, explique qui pourra, à bâtonner lyriquement mon maître[54]. »
La vanité des écrivains fait le plus souvent les frais de cette ironie : « Un des premiers traits de son caractère, c'est sa vanité ; elle est complète mais franche et de bonne foi [...] Je lui disais qu'en venant le voir j'avais beaucoup lu ses ouvrages. Que lisiez-vous, me dit-il. Je répondis : "Les vues sur la nature." Il y a là, répliqua-t-il à l'instant, des morceaux de la plus haute éloquence[55]. » L'appelle-t-on « jeune créateur » ou « esprit sublime » ? La réaction ne se fait pas attendre : « "Eh ! Eh !" disait-il avec complaisance, "il y a de l'idée, il y a quelque chose, là[56]"... »
Pour parodier l'éloge de la moralité et de la respectabilité du grand homme, le visiteur n'hésite pas à donner en passant, comme *négligemment*, dans la délation pure et simple : « À Montbar, après son travail, il faisait venir une petite fille, car il les a toujours beaucoup aimées, mais il se relevait exactement à cinq heures[57]... »
Ce sont probablement les pages de Mme de Genlis sur sa « première entrevue avec J.-J. Rousseau[58] » qui dénoncent avec le plus d'éclat la théâtralité de la

visite sous l'apparence innocente d'un vaudeville sans conséquence. Prévenue d'un «tour» que veut lui jouer son mari en lui présentant le comédien Préville «déguisé en J.-J. Rousseau», la comtesse voit huit semaines plus tard le véritable Rousseau qu'elle prend pour Préville. Le grand homme est vécu pendant toute la scène comme un comédien et plus il est lui-même, plus il lui est reconnu de talents pour la contrefaçon. Cette condamnation à la méprise démontre magistralement, sous couvert de quiproquo anecdotique, le caractère conventionnel et théâtral de la rencontre avec le Grand Écrivain, cabot par essence.

La variante de la provocation caractérise les textes ironiques de la modernité : de la familiarité désobligeante à la vulgarité dégradante, l'éventail des possibles n'emprunte les chemins convenus que pour les rendre inconvenants. La première transgression spectaculaire est celle du dialogue : «Monsieur Gide [...] je dois vous déclarer tout de go que je préfère de beaucoup, par exemple, la boxe à la littérature[59].» L'hypocrisie des visiteurs est ramenée à un numéro de prostitution : «La littérature revenant sur le tapis, j'en profitai pour dire du mal d'au moins deux cents auteurs vivants, des écrivains juifs et de Charles-Henri Hirsh en particulier [...] mon hôte me récompensait de rires étouffés[60].» La satire du dialogue s'accompagne d'une perversion systématique des scènes obligées. Ainsi les objets du culte sont-ils parodiés : «L'auteur de La Débâcle se laissait refiler, par les antiquaires, tous les rossignols de leurs magasins, toutes les tiares de Saïtapharnès, tous les urinaux de Néron, tous les lacrymatoires de Cléopâtre, que vous pouvez imaginer [...] Que c'était laid, bon Dieu, que c'était laid[61]!» Le repère immuable du portrait vivant est également malmené avec une jouissance tout iconoclaste : la marche de Gide «trahit un prosateur qui ne pourra jamais faire un vers. Avec ça l'artiste montre un visage maladif d'où se détachent, vers les tempes, de petites feuilles de peau plus grandes que des pellicules [...] il pèle![62]». Le cérémonial du repas enfin est perverti : satirisé par Cravan, il dégénère en beuverie lors de sa visite imaginaire à Oscar Wilde. Au terme d'un crescendo de complicités grivoises, c'est l'explosion paroxystique, dont l'éthylisme n'explique que partiellement la frénésie sacrilège : «... "Ta gueule, vieux soûlard!" hurlai-je, en reversant à boire [...] Et l'insultant entre ses rots abominables : "Eh! va donc! figure de coin de rue, propre à rien, face moche, raclure de pelle à crottin, cresson de pissotière, feignasse, vieille tante, immense vache!" J'ignore si Wilde goûta cette énorme plaisanterie[63].»

«Bâtonner lyriquement» son maître ou injurier copieusement son hôte : le dosage et les modes d'expression diffèrent selon les époques, mais non l'insolence de principe qui, dégradant le modèle, promeut le peintre. Dans cette entreprise de promotion par dénégation frondeuse, certains versent jusqu'au pamphlet, comme Daudet visitant Zola : «Mais il n'y avait pas de doute : nous venions de voir Voltaire s'embarquant pour l'affaire Calas, Hugo en pleine effervescence des *Châtiments*, Moïse attaquant de ses petites cornes le dur Sinaï, et il était clair que le grand tuyau de la pot-bouille naturaliste allait crever sur le pays [...] Je dis en sortant à Georges [Hugo] qui riait de bon cœur : "Ce n'est pas Eugène Sue. C'est Eugène qui fait suer[64]"...» Il y a bien dans ces parodies comme une manière de meurtre symbolique. L'indifférence n'eût-elle pas suffi ? Dans les sarcasmes ne peut-on lire la revendication autant que la dénonciation, la quête passionnée de reconnaissance autant que le jeu désinvolte de dérision ? L'espace parodique ne confine-t-il pas souterrainement à l'espace psychologique ?

En définitive, toute la visite repose sur la séduction. C'est de l'équilibre instable entre deux tentatives de séduction que dépend la réussite de cette éphémère alchimie. Chacun, à sa façon, sacre l'autre : le grand écrivain n'est reconnu tel qu'en vertu d'une réputation que le visiteur, par sa démarche, entérine et à laquelle, par son témoignage, il rend hommage ; le prétendant n'est de son côté admis dans la sphère prestigieuse que s'il est agréé par le rituel archaïque du parrainage. Cercle vicieux de l'intronisation mutuelle, sur lequel plane le risque du chantage réciproque : balance de la menace – je ne vous consacre que si vous me confirmez – et de la promesse – je vous confirmerai si vous me consacrez. Système électif insidieux où le scrutin par la visite reproduit spectaculairement la sanction par la lecture, nos «grands électeurs» devenant les gardiens du temple de la mémoire.

La visite, lieu de mémoire : le rituel revisité

Ce n'est pas seulement parce que le document du récit de visite vaut pour un monument du passé dans le présent que le rituel constitue un lieu de mémoire. C'est surtout parce que ce mode singulier de transmission du patrimoine a cessé de nous être familier, lors même que nous continuons d'alimenter le même patrimoine par d'autres moyens archivistiques. Nous ne visitons plus de la même manière ; nous ne visitons plus les mêmes ; mais nous ne cessons pas pour autant de révérer : l'exception de l'Illustre renforce le sentiment que partagent tous les autres d'appartenir à l'espèce. «C'est sur la perte des différences que se fonde le culte de la différence» (Baudrillard), comme c'est sur la perte de la mémoire vécue que se fonde la mémoire voulue.

«Recevoir, célébrer, transmettre» (Levinas) : la réception tient dans la démarche de la visite, la célébration dans l'écriture de son récit, la transmission dans la lecture. La jeunesse se prosterne devant la vieillesse et la rupture des générations est manifeste dans chaque texte. «J'essaie un dialogue dans la manière qu'a imaginée Platon pour prendre mieux, chez son maître Socrate, l'attache des idées et de l'homme», prévient Barrès en avertissement de son essai. Somme d'instituteur et de grand sorcier, cumulant un modèle pédagogique et un modèle initiatique, l'écrivain est également mis en scène comme père. Le visiteur devient fils spirituel, descendant légitime : il assiste le vieillard dans ses derniers moments. La déchéance physique figure avec trop d'insistance dans les récits pour ne pas jouer dans la configuration du genre un rôle majeur. Elle est l'indice même de la fonction testimoniale dévolue au visiteur, lequel devient agent de propagation de la mémoire en péril. Il y a quelque chose d'ultime dans ces visites parce que la disparition menace. C'est elle qui confère aux propos leur valeur testamentaire – derniers mots d'un homme qui s'éteint, paroles urgentes pressées par le grand silence : «Peu de jours avant sa mort, il m'a dit le sens, l'intérêt qu'il fallait trouver à son livre[65].» Retardant et sublimant la mort, la visite est conjuration du néant. Elle fait de la maladie une immortalité en sursis. Le «grand écrivain» n'est pas mort tant que le récit ne s'achève pas : l'écriture est ici tentative pour cautériser la plaie du temps hémorragique. Désir cathartique de suspendre la vie à la parole, d'exorciser le néant par le verbe, l'ineffable par la fable, jusqu'au dernier soupir : «Je soulevai la couverture et pris la main de Balzac. Elle était couverte de sueur. Je la pressai. Il ne répondit pas à la pression[66].» Lorsque, enfin, la mort fige le temps de l'agonie, le récit sert à sublimer ce qu'il n'a pu différer à jamais : «Je redescendis, emportant dans ma pensée cette figure livide [...] et je comparai la mort à l'immortalité[67].» Le mythe du vivant se pérennise en légende ; le «grand écrivain» entre dans l'épopée tel un héros grec : «Un grand écrivain est un martyr qui ne mourra pas, voilà tout[68].» Et l'œuvre prend le relais de l'enveloppe humaine – «... en ce jour de deuil corporel, je ne puis me détacher de vos livres. J'en oublie votre mort. Ils ne me la rappellent pas. Ils ne me parlent que de vie[69]». La visite comme «rite de passage» vaut donc également pour une passation de flambeau, une transmission du relais des générations. Nos nouveaux initiés consomment sous forme rituelle cet événement anthropologique des sociétés primitives, réactualisé comme référence implicite.

Aujourd'hui, c'est sur la visite elle-même que peut être porté un regard d'ethnologue : redoublement spéculaire de la mémoire. L'évolution du journalisme, les nouvelles techniques du son et de l'image ont imposé au rituel traditionnel un renouvellement de son mode d'expression.
La première tentative d'application de l'interview à l'information littéraire date de 1891 : sous le titre *Enquête sur l'évolution littéraire*, Jules Huret compile en un même volume une série de soixante-quatre interviews d'écrivains.

L'extension de cette pratique aux journaux du début du siècle – *Comœdia* en 1907, *Les Nouvelles littéraires* en 1922 – s'accompagne d'un perfectionnement de l'interview qui ampute la visite de certaines de ses prérogatives – portrait, enquête, polémique... La fameuse série des « Une heure avec... » qu'inaugure Frédéric Lefèvre à partir de 1922 colonise *de facto* le champ propre de la visite, puisqu'elle devient, elle aussi, une « enquête d'identité[70] ». Si la nouvelle technique ne fait que concurrencer l'ancienne pratique, sans pour autant l'exclure – les deux systèmes coexistent à la même époque –, c'est qu'elle s'attache moins à décrire l'homme qu'à traduire l'œuvre. La première fonctionne comme caméra subjective, la seconde comme caméra panoramique ; l'une retranscrit un discours, l'autre met en scène une parole et une image. L'interview écrite, dans ce qu'elle a de capital – la traduction d'une pensée –, a donc rendu périmé ce que la visite a de plus marginal, lui laissant l'apanage du portrait vivant en situation. C'est cette spécificité que lui confisquera justement l'audiovisuel, qui donne à entendre et à voir de façon immédiate cet écrivain fantôme dont la visite tentait de restituer la voix et de reconstruire l'image.

L'entretien radiophonique redouble, inverse et reconduit la visite. Il la redouble en ce sens qu'il la frappe de caducité sur tous les points qui leur sont communs : identité des échantillons (écrivains), des invariants (rupture des générations et codage du cérémonial), des présupposés (on écoute l'écriture dans la parole) et des situations de communication (recherche de l'homme au naturel). De 1944 – première expérience d'enregistrement d'une conversation intime par Pierre Schaeffer et Jacques Madaule avec Claudel – à 1949 – la pratique commence à être systématisée dans des séries radiophoniques –, les écrivains restent bien les grands hommes les plus sollicités. Mais une inversion notable s'opère : le public ne visite plus l'auteur, c'est l'auteur qui fait désormais intrusion dans l'espace familier du public. Le désir de la communication réciproque relance alors la vogue des visites : « Je constate que c'est surtout depuis mes émissions à la radio que la jeunesse vient me voir », explique ainsi Léautaud[71].

L'entretien télévisé en direct, dans des émissions culturelles comme « Lecture pour tous » (Pierre Desgraupes et Pierre Dumayet), a encore amplifié les conséquences de l'entretien radiophonique : redoublant la visite en confirmant le présupposé de la notoriété ; l'inversant en faisant de l'écrivain un visiteur à part entière ; la reconduisant parfois en donnant à certains l'envie de tenter leur « droit de poursuite » dialogué. Mais si le son et l'image ont pu avoir pour effet de prolonger la pratique de la visite, ils en ont court-circuité le compte rendu écrit. Pour expliquer l'effacement du rituel dans son intégralité, ce ne sont plus les conséquences directes de l'usage des techniques de communication modernes qu'il faut incriminer, mais leurs effets indirects qu'il convient d'interroger.

La visite au grand écrivain

La visite se raréfie en définitive pour deux raisons, qui tiennent toutes deux à la spectacularisation et à la démocratisation de la littérature consécutives à son exploitation par les media : soit l'écrivain devient un homme de spectacle auquel on rend hommage de manière spectaculaire ; soit il se banalise par sa multiplication et disparaît même complètement, dans sa version démiurgique, des catégories de la critique littéraire, et ne mérite plus de ce fait aucun hommage.

Comme l'explique Philippe Lejeune avec limpidité, on consomme aujourd'hui la voix et l'image de l'auteur sans avoir souvent lu une seule ligne de lui : l'effet charismatique propre à l'écriture ne repose plus sur la lecture, mais sur l'audition et la vision. L'ordre des priorités entre existence et écriture est interchangé : selon la jolie formule de Lejeune, nous sommes passés de l'« effet Bergotte » (Ah, vous existez ?) à l'« effet Pivot » (Ah, vous écrivez ?). N'y a-t-il là qu'une différence d'articulation, ou une différence de nature ? Les uns n'y voient que « le passage de la vraie naïveté à la fausse » dans la mesure où « l'écriture reste le fondement de la gloire[72] » ; les autres considèrent qu'il y a là, « plus qu'un changement d'orientation du marché culturel [...] le changement d'une culture sous l'effet de son propre marché[73] ». Les deux analyses sont en fait complémentaires : si la machine à gloire qu'est l'écriture n'a effectivement pas été concurrencée par le développement des media modernes, mais s'y est intégrée et démultipliée, il n'en reste pas moins que leur capacité à créer une notoriété *ex nihilo* relègue l'écriture au second plan. Il est vrai que l'écriture peut être davantage sacralisée, mais il est vrai également que l'on peut désormais se passer de la lecture... Le nouveau système sacre donc l'écrivain au détriment de l'écriture ; le simulacre télévisuel résout le texte en spectre. Les présupposés de la gloire de l'écrivain reposent toujours sur le choix qu'il avait fait d'écrire, mais les raisons de sa célébrité résident désormais dans le devoir qui lui est fait de parler... Nous sommes entrés dans l'ère de la « media-biographie » (Philippe Lejeune).

Le culte spectaculaire de la personnalité de l'écrivain coexiste contradictoirement avec l'effacement de sa personne. Dans le même temps où l'auteur forge son image sur les cendres de l'écriture par son entrée fracassante dans la société de spectacle, les effets induits des techniques audiovisuelles le banalisent, dans la pratique, en démocratisant l'accès à la culture, et la critique littéraire le détrône, dans la théorie, en privilégiant l'étude formelle des textes. La grande tribu des auteurs dont la visite signalait la « cohésion totémique » (Régis Debray) se morcelle de plus en plus ; ses membres viennent grossir la masse confuse des « intellectuels » et partagent indistinctement avec elle le privilège d'être pour le public image d'identification[74]. Cette dislocation des groupes entraîne la raréfaction des rites communautaires, non seulement parce que la puissante vague des sciences humaines sacre dorénavant l'intellectuel composite, mais aussi parce que les grands noms du spectacle, ou tel individu anonyme, contestent désormais à l'écrivain le pouvoir charismatique lié à l'écriture[75]. Cette écriture qui avait été délaissée lorsqu'elle n'avait été que le présupposé d'une consommation outrancière de l'image de l'écrivain est à son tour promue, dès lors qu'elle devient l'aboutissement de la notoriété des «écrivants» (Roland Barthes). Avec le système du livre entretien «ethno-biographique» (Philippe Lejeune) – *Gaston Lucas, serrurier*, etc. –, on visite des méconnus pour en faire des reconnus. Le vedettariat banalise certes la célébrité, mais il a pour corollaire la célébration de la banalité.

Dans le même temps, la théorie littéraire s'emploie à «tuer» symboliquement l'Auteur: «Il appartient à un langage que personne ne parle, qui ne s'adresse à personne, qui n'a pas de centre, qui ne révèle rien[76].» Du Blanchot des années cinquante au Barthes des années soixante-dix, la critique textuelle prise de vertiges structuralistes ressasse cette même idée: «L'une des fonctions du langage, et de la littérature comme langage, est de détruire son locuteur et de le désigner comme absent[77].» Il n'est pas question de retracer ici le cheminement de la «mort de l'Auteur[78]», mais de rappeler seulement la thèse centrale à laquelle cette théorie a temporairement souscrit: «L'artiste comme personnalité créative, le littérateur comme existence d'exception, le poète comme génie – le héros – n'ont heureusement plus de place même dans nos mythes [...] on parle encore des grands écrivains, des grands artistes. Personne n'y attache d'importance[79].» Est-ce à dire que «le thème de l'immortalité, l'espérance de la postérité et le mot de gloire dont le désir d'être connu de tous et toujours n'était déjà que la dégradation[80]» sont désormais chimères d'un autre âge? C'est aller un peu vite en besogne: la brèche dans la citadelle des croyances a vite été colmatée. Dans le va-et-vient dialectique entre l'illustration audiovisuelle de la gloire des grands hommes et la théorisation conceptuelle de l'effacement du sujet, la balance semble avoir penché irréversiblement du côté de la notoriété. Mais il ne s'agit simplement plus de la même notoriété... Bref, la visite et son récit dépérissent à la fois parce que l'écrivain n'est plus un grand homme et parce que le grand homme n'est plus écrivain. Entre une gloire médiatique qui ne sacre plus les littérateurs et une écriture prioritaire qui ne confère plus la gloire, la visite n'a plus de raison d'être.

La seule sphère où elle pourrait virtuellement survivre est celle de nos illustres absents. Le grand écrivain contemporain qui suscite encore le désir de visite est celui qui a su rester étranger à tous les lieux de consécration. Les fantômes de cette société secrète dont les mystères ont été depuis longtemps éventés sont d'autant plus pourchassés qu'ils se sont eux-mêmes interdits d'antenne: on ne possède que ce qu'on renonce... Beckett, Blanchot, Char, Cioran, Gracq, Leiris, Levinas, Claude Simon hier encore: tous ceux qu'on désire visiter parce qu'ils sont invisitables, dont on reste curieux parce qu'ils renouent – quoi qu'ils en aient – avec les grandes silhouettes d'ombre du passé.

En conduisant de la production irrationnelle des images à l'histoire des idées, la visite dévoile toute une nébuleuse idéologique. À travers ce rituel se joue la généalogie d'une formation culturelle. La visite est ce fil à partir duquel toute une trame de notre mémoire nationale se reconstitue : elle se tisse en même temps que la littérature et l'écrivain – dans leur conception moderne – et se défait en même temps que s'épuise la littérature et que disparaît le grand écrivain comme conscience morale et mythe d'identification. Cette coalescence fait d'elle le symptôme et l'emblème d'un grand cycle dont la crise des représentations explique au moins autant que la langueur de la création l'essoufflement crépusculaire. Du coup, le lieu de transmission du patrimoine devient à son tour patrimoine, dans un processus de redoublement en abîme où se perpétue, comme pour ruser avec l'histoire, la mémoire de nos continents engloutis.

---

1. « Qu'est-ce qu'un auteur ? », paru dans le *Bulletin de la Société française de philosophie*, 22 février 1969, p. 77.

2. « C'est en effet au cours du XVIIIe siècle que la figure idéale de l'homme de lettres se compose dans tout son prestige, cependant que le groupe humain qu'elle est censée représenter prend fortement conscience de lui-même », explique Paul Bénichou dans son ouvrage décisif fréquemment utilisé ici : *Le Sacre de l'écrivain*, Paris, José Corti, 1973, p. 25.

3. Sur cette question, consulter Lucien Febvre et Henri-Jean Martin, *Livre, pouvoirs et société à Paris au XVIIIe siècle*, Paris, Droz, 1969 ; Maurice Pellisson, *Les Hommes de lettres au XVIIIe siècle*, Paris, Armand Colin, 1911 ; Alain Viala, *Naissance de l'écrivain*, Paris, Éditions de Minuit, 1985 ; Éric Walter, « Les auteurs et le champ littéraire » in *Histoire de l'édition française* sous la direction de Roger Chartier et Henri-Jean Martin, Paris, Promodis, 1985, t. II.

4. Rendons hommage sur ce point au précieux travail d'Alain Viala, *op. cit.*, chap. III, pp. 85-122. A. Viala s'inscrit en faux contre une tradition qui ne voyait tout uniment dans le XVIIe siècle qu'une « préhistoire du droit d'auteur » (H.-J. Martin) : rappelant que la rétribution au pourcentage ou l'attribution directe du « privilège d'édition » aux auteurs sont déjà entrées dans la pratique, il s'attache à démontrer que, si la propriété littéraire n'est pas encore une loi, elle est déjà néanmoins d'un usage courant : « Le *jus* de la propriété littéraire a existé dès que l'imprimé s'est répandu, et [...] commençait à passer dans la *lex* » (p. 96).
Mais il est clair, d'autre part, que, pour notre propos, c'est justement l'assise institutionnelle conférée à l'auteur par l'universalité de la loi qui est décisive.

5. *Les Hommes de lettres au XVIIIe siècle, op. cit.*, p. 241.

6. *Cf.* Bernard Groethuysen, *Origines de l'esprit bourgeois en France*, Paris, Gallimard, coll. « Bibliothèque des idées », 1927, p. 49.

7. Formule de Paul Bénichou, *op. cit.*, p. 473.

8. Rappelons d'un mot que l'«auteur» désigne à l'époque notre concept actuel d'«écrivain». L'«écrivain» d'alors est celui qui écrit – au sens graphique du terme (*cf.* le *Dictionnaire de Trévoux* de 1743). Dans l'*Encyclopédie* de 1755, l'«écrivain» représente à la fois celui qui «écrit pour le public» et «une espèce de peintre qui avec de la plume et de l'encre peut tracer sur le papier toutes sortes de beaux traits ou caractères». À l'intersection sémantique des deux termes concurrents, il semble que le substantif «écrivain» ait rapidement supplanté le mot «auteur» dans tout contexte à connotation laudative et prestigieuse. La polysémie du nom «écrivain» cessera à la fin du XVIIIe siècle, où le sens que nous lui connaissons aujourd'hui devient d'un usage courant. Les spécialistes s'accordent à penser, d'autre part, que le mot «littérature» revêt son sens actuel vers 1750.

9. Rémond de Saint-Sauveur, *Agenda des Auteurs*, 1755 (cité par M. Pellisson, *op. cit.*, p. 245).

10. Duclos, *Considérations sur les mœurs de ce siècle*, Paris, 1751, p. 231 (cité par Paul Bénichou, *op. cit.*, p. 39).

11. Expression de Pierre Bourdieu dans *La Distinction*, Paris, Éd. de Minuit, 1979. Notons par parenthèse que l'analyse de Bourdieu sur les groupes intellectuels «protégés contre l'objectivation» (p. 181 sq.) demeure en grande partie pertinente comme grille de lecture appliquée au milieu des «auteurs» du XVIIIe siècle.

12. Lettre de Thomas du 8 mai 1760 citée par E. Micard, *Un écrivain académique au XVIIIe siècle : Antoine-Léonard Thomas*, Paris, 1924, p. 209.

13. À cet égard, il est révélateur que les écrivains soient devenus des cibles privilégiées de la contre-révolution : le déni de l'homme de lettres au XIXe siècle n'est-il pas une preuve rétrospective du rôle primordial qu'il s'était vu attribuer au XVIIIe ? Qu'on en juge par ces quelques extraits : «Dans le XVIIIe siècle, les gens de lettres en France avaient quelque chose du rang des lettres de la Chine ; ils étaient le grand corps, le corps dominant...», Villemain, *Cours de littérature française*, «Tableau du XVIIIe siècle», Paris, 1828, p. 14.
«Il faut des maîtres au public ; ceux que leur rang désignait pour l'être n'en avaient plus la force ; il en trouva parmi les auteurs. Et, comme il a la manie de vanter et d'encenser ceux qui le dirigent, il fit de l'état d'homme de lettres le premier état de l'ordre social», Guizot, «Tableau philosophique et littéraire de l'an 1807» in *Archives littéraires de l'Europe*, t. XVII, pp. 247-248.
«Peu à peu le sort des hommes de lettres a changé [...] Forts de l'opinion publique et de l'accueil de l'Europe entière, ils se réunissent et forment une sorte de secte...», Barante, *De la littérature française pendant le XVIIIe siècle*, Paris, 1809, pp. 262-263.

14. Tocqueville, *État social et politique de la France avant et depuis 1789*, in *Œuvres*, éd. Mayer, Paris, 1952, pp. 48-49.

15. Grimm, cité par Suzanne Fiette, «La correspondance de Grimm et la condition des écrivains dans la seconde moitié du XVIIIe siècle», *Revue d'histoire économique et sociale*, vol. XLVII, 1969, p. 505.

16. Id., *ibid.*, p. 504.

17. Pour de plus amples informations sur ce point, consulter le texte de Suzanne Fiette, *ibid.*, notamment p. 274 *sq.*

18. Expression de Grimm, *in ibid.*, p. 274.

19. *Ibid.*, p. 480.

20. *Cf.* «Les morts illustres», contribution *supra* dans le présent volume, ainsi que son article «Naissance du Panthéon», *Poétique*, n° 33, février 1978.

21. J.-Cl. Bonnet, *Poétique, op. cit.*, p. 50.

22. Mona Ozouf, «Le Panthéon» in *Les Lieux de mémoire*, Quarto 1, *La République*.

23. *Cf.* Diderot, *Essai sur les règnes de Claude et de Néron*, t. II, paragr. I : «Une sorte de

La visite au grand écrivain

reconnaissance délicate s'unit à une curiosité digne d'éloge, pour nous intéresser à l'histoire privée de ceux dont nous admirons les ouvrages. Le lieu de leur naissance, leur éducation, leur caractère [...] leurs penchants, leurs goûts honnêtes ou malhonnêtes, leurs activités, leurs fantaisies, leurs travers, leur forme extérieure, les traits de leur visage, tout ce qui les concerne arrête l'attention de la postérité. Nous aimons à visiter leurs demeures; nous éprouverions une douce émotion à l'ombre d'un arbre sous lequel ils se seraient reposés. » Cet extrait montre bien combien les indices biographiques propres à constituer la future « histoire littéraire » et la fébrilité hagiographique sont associés dans un même mouvement : le fétichisme le plus débridé est alors paré des vertus de l'enquête.

24. J.-Cl. Bonnet, *Poétique, op. cit.*, pp. 62-63.

25. *Cf. Voyage à Montbar*, Paris, Solvet, an IX, 1785, p. 12 *sq.*

26. Jean-Marie Geng, *L'Illustre Inconnu*, Paris, U.G.E., coll. « 10/18 », 1978, p. 103.

27. *Cf.* Hérault de Séchelles, *op. cit.*, p. 48.

28. Vigny oppose à ce voyeurisme un véritable plaidoyer dans une « réflexion sur les perfidies de l'intimité » : « ... Et ils croient connaître l'homme mieux que qui que ce soit ? Eh non ! Ils le connaissent comme son valet de chambre pour qui personne n'est grand. Ils ont vu et surpris ce qu'il y a en nous de semblable à l'animal [...] La familiarité si grossière est myope. Elle ne saurait comprendre un certain idéal, une certaine grâce qui fait la célébrité, qui est le vrai jour, la vraie prose, la vraie nature d'une vie quelque peu célèbre. Cet idéal qui n'a son éclat que contemplé à distance... » *Mémoires inédits*, Paris, Gallimard, 1958, pp. 196-197.

29. Arthur Cravan, « André Gide ». Article paru en juillet 1913 dans la revue *Maintenant*. Repris dans l'*Anthologie de l'humour noir* d'André Breton publiée en 1950 par les éditions Le Sagittaire et en 1966 par les éditions J.-J. Pauvert, ainsi que dans *Trois suicidés de la société*, Paris, U.G.E., coll. « 10/18 », 1974.

30. Comtesse de Genlis, *Mémoires*, Paris, Librairie Firmin-Didot et Cie, 1928, t. I, p. 150.

31. Id., *ibid.*

32. Jérôme et Jean Tharaud, *Mes années chez Barrès*, Paris, Plon, 1928, p. 60.

33. Paul Morand, *Journal d'un attaché d'ambassade*, Paris, Gallimard, 1963, p. 104.

34. La récurrence du nom de J.-É. Blanche s'explique aisément par le milieu mondain de l'époque, qui avait fait de lui le portraitiste de l'aristocratie parisienne. Willy parle à son sujet de « peintre infecté de snobisme » et Daudet lui prête des « propos mondains d'une atrocité insignifiante ». *Cf.* Émilien Carassus, *Le Snobisme et les lettres françaises*, Paris, Armand Colin, 1966, p. 264.

35. Maurice Sachs, *La Décade de l'illusion*, Paris, Gallimard, 1950, p. 169.

36. Id., *ibid.*, p. 179.

37. Paul Morand, *Première visite de Marcel Proust*, Genève, Éd. du Cheval ailé, 1948, pp. 24-25.

38. Pierre Louÿs, « Paroles de Verlaine ». Article paru dans la revue *Vers et Prose*, octobre-décembre 1910, p. 3.

39. Marcel Proust, *À la recherche du temps perdu : À l'ombre des jeunes filles en fleurs*, Paris, Gallimard, Bibliothèque de la Pléiade, 1954, t. I, p. 547.

40. Hérault de Séchelles, *op. cit.*, p. 5.

41. Comtesse de Genlis, *op. cit.*, p. 154.

42. Pierre Louÿs, *op. cit.*, p. 5.

43. Roger Martin du Gard, « Notes sur André Gide » *in Œuvres complètes*, Paris, Gallimard, Bibliothèque de la Pléiade, 1955, t. II, p. 1361.

44. Maurice Sachs, *op. cit.*, p. 181.

45. Anatole France, *La Vie littéraire*, Paris, Calmann-Lévy, 1921, t. III, pp. 41-42.

46. Paul Morand, *Journal...*, *op. cit.*, p. 48.
47. François Mauriac, *Du côté de chez Proust*, Paris, La Table ronde, 1947, p. 19.
48. Guy de Maupassant, *Chroniques*, Paris, U.G.E., coll. « 10/18 », 1980, t. III, pp. 120 et 121.
49. Jacques à propos de Jalicourt *in* R. Martin du Gard, *Les Thibault*, Paris, Gallimard, coll. « Folio », t. II, p. 238.
50. À propos de Gide, *cf.* R. Martin du Gard, « Notes... », *op. cit.*, p. 1362.
51. Voir à ce propos les considérations de Roland Barthes : « Rien n'expose mieux la singularité d'une vocation que d'être contredite par le prosaïsme de son incarnation : c'est une vieille ficelle de toutes les hagiographies », *Mythologies*, Paris, Éd. du Seuil, coll. « Points », pp. 30-33.
52. *Cf.* J.-Cl. Bonnet, *Poétique*, *op. cit.*, p. 62.
53. Maurice Barrès, dans le texte matriciel du genre *Huit jours chez M. Renan*, Paris, Émile-Paul frères, 1913, p. VI.
54. Id., *ibid.*, p. XIII.
55. Hérault de Séchelles, *op. cit.*, p. 8 *sq.*
56. Id., *Ibid.*, p. 40.
57. *Ibid.*, p. 14.
58. *Cf. op. cit.*, p. 96 sq.
59. A. Cravan, *op. cit.* in *Anthologie...*, p. 261.
60. Id., *ibid.*, p. 261.
61. Léon Daudet, *Au temps de Judas*, Paris, Nouvelle Librairie nationale, 1920, pp. 59-60.
62. A. Cravan, *op. cit.*, p. 179.
63. *Ibid.*, « Oscar Wilde est vivant », *Maintenant*, n° 3, octobre-novembre 1913, repris in *Trois suicidés de la société*, *op. cit.*, pp. 84-91.
64. L. Daudet, *op. cit.*, p. 60.
65. Maurice Barrès, « Dernier entretien avec Jean Moréas », article paru en septembre 1910 dans la revue *Vers et prose*, p. 35.
66. Victor Hugo, *Choses vues*, Paris, Librairie Jules Tallandier, coll. « Les trésors des lettres françaises », 1973, p. 237.
67. Id., *ibid.*, p. 237.
68. Honoré de Balzac, *Illusions perdues*, Paris, Gallimard, Bibliothèque de la Pléiade, 1976, p. 311.
69. Legrand Chabrier, « Hommage à Jules Renard », article paru dans la livraison numéro 21 de la revue *Vers et Prose*, p. 11.
70. Formule de Philippe Lejeune dans *Je est un autre*, Paris, Éd. du Seuil, coll. « Poétique », 1980, p. 108. Rendons hommage à ce travail considérable, d'où sont tirés les renseignements exploités ici.
71. *Cf.* « Le micro chez les écrivains », enquête des *Nouvelles littéraires*, 8 février 1951.
72. Ph. Lejeune, *op. cit.*, p. 103.
73. Régis Debray, *Le Pouvoir intellectuel en France*, Paris, Ramsay, 1979, p. 241.
74. Détrôné de son statut spécifique pour devenir un « intellectuel » parmi les intellectuels, l'écrivain ne tarde pas à être contesté comme intellectuel : « C'est sans doute un fait nouveau en France que les écrivains ne soient plus considérés comme appartenant de droit à la gent intellectuelle. » (Régis Debray, « Et la planète, bordel ! », *Le Débat*, n° 8, janvier 1981.)
75. Voir sur ce point Ph. Lejeune, *op. cit.* : « L'autobiographie de ceux qui n'écrivent pas », pp. 229-316.

76. Maurice Blanchot, *L'Espace littéraire*, Paris, Gallimard, coll. «Idées», 1968, p. 17.

77. Gérard Genette, «Raisons de la critique pure», *in Figures II*, Paris, Éd. du Seuil, coll. «Tel Quel», 1969, p. 13.

78. Roland Barthes le fait avec talent et concision dans son article peu connu, «La mort de l'auteur», paru dans la revue *Mantéia*, n° 5, en 1969.

79. Emmanuel Levinas, *Sur Maurice Blanchot*, Montpellier, Éd. Bruno Ray-Fata Morgana, 1975, p. 15.

80. Maurice Blanchot, *L'Entretien infini*, Paris, Gallimard, 1969, pp. 583-584.

JEAN-FRANÇOIS SIRINELLI

La khâgne

À la fin de l'été 1922, André Gide évoque dans son *Journal* la «décade» qui s'est tenue à Pontigny quelques semaines plus tôt: «Je doute que l'on parvienne à jamais réunir des éléments plus représentatifs et mieux choisis.» Et de signaler la présence parmi les participants, aux côtés de valeurs littéraires montantes ou déjà établies comme Jacques Rivière, André Maurois ou Roger Martin du Gard, de «trois jeunes gens préparant Normale». Deux républiques plus tard, François Mauriac écrit dans son *Bloc-notes*, à propos de la «commission du Dictionnaire»: «[Elle] ne s'ouvrait qu'aux anciens khâgneux, ou à ceux qui avaient une compétence reconnue en matière de langage[1].» Ainsi, deux écrivains gravitant pourtant dans des mouvances éloignées s'accordaient pour placer la khâgne au cœur de la société intellectuelle. Place, du reste, apparemment attribuée par la corporation tout entière: un an après la mort de l'ancien khâgneux Jean-Paul Sartre, un «référendum» consacrait «premiers intellectuels français» vivants, par ordre de mérite, Claude Lévi-Strauss, Raymond Aron, qui furent l'un et l'autre, à quelques années de distance, élèves de la khâgne de Condorcet après le premier conflit mondial, et Michel Foucault, membre éminent de la génération khâgneuse du second après-guerre[2].
Indices isolés sans réelle signification, ou faisceau de preuves attestant une importance culturelle déterminante de cette classe préparatoire sise entre enseignement secondaire et enseignement supérieur? En fait, depuis un siècle, la khâgne a bien joué un rôle essentiel d'autel et de conservatoire, tout à la fois, d'une certaine forme de culture: autel où ont été célébrées, des décennies durant, les Humanités, et conservatoire qui en préserva la tradition et l'influence intellectuelles. Car ce purgatoire n'était pas seulement un lieu d'expiation pour les produits imparfaits de l'enseignement secondaire, avant l'accès à la félicité des plus hautes couches du supérieur. Il a constitué également un sas vers la littérature, en modelant ainsi de

larges pans à son image, à tel point qu'il est possible de parler d'une littérature de khâgneux.
Telle est bien, en définitive, l'originalité de l'institution khâgnale : le conservatoire n'a pas été seulement une sorte de musée des Arts et Traditions intellectuels, un simple parc naturel où auraient été abritées quelques essences culturelles, ou une réserve dans laquelle auraient été parqués, au fil des générations, les derniers représentants, préservés tant bien que mal, d'une ère culturelle révolue. Il a, au contraire, fonctionné comme une matrice où s'est reproduite une culture qui affronta le fil des années sans dommage apparent. C'est donc moins à la recherche du temps perdu qu'à celle du temps arrêté qu'il faut ici se lancer, pour tenter de retrouver les formules de cette alchimie intellectuelle qui a longtemps fabriqué ses produits selon le même moule et, au moins en apparence, s'est fortifiée de se prolonger.
Ces formules, en fait, ne sont pas à découvrir sur le seul versant culturel de la khâgne. Cette classe a été aussi un caravansérail pour des boursiers conquérants, avant l'étape enviée de la rue d'Ulm, une institution en osmose étroite avec l'idéologie d'un régime, la IIIe République[3], et une structure d'accueil pour plusieurs grandes générations intellectuelles qui ont compté par la suite[4]. C'est, du reste, aussi à ces titres qu'elle entretient avec la mémoire des rapports étroits et complexes. Si l'empreinte laissée dans le souvenir des khâgneux est, on le verra, globalement favorable, le rôle socialement typé et politiquement marqué de l'institution khâgnale a rendu dans un premier temps sa représentation au miroir national très contrastée, et si cette représentation est devenue par la suite peu à peu consensuelle, le prestige que la khâgne en a tiré en fait encore aujourd'hui, d'une certaine manière, un enjeu de mémoire.

État civil

Rien, apparemment, ni dans l'étymologie du mot ni dans l'apparition de la classe, ne semblait prédisposer la khâgne à ce rôle de premier plan. Étymologie bien peu flatteuse, en vérité. À l'origine était le mot cagneux. Son usage, dans cette acception universitaire, est traditionnellement attribué à la guerre d'épithètes qui opposait les candidats de la section littéraire de l'École normale supérieure à leurs camarades scientifiques. Les premiers ne pouvaient être aux yeux des seconds que des êtres mal proportionnés et disgraciés, d'où le terme – déjà vieux de deux siècles au moment où le folklore étudiant s'en empare, et signifiant jusque-là « qui a les genoux tournés en dedans » – dont ils furent affublés. Le « taupin » préparant Polytechnique ou le « cornichon » se destinant à Saint-Cyr, l'un et l'autre soucieux de cette prestance sans laquelle il n'est pas de carrière militaire, contemplaient, en effet, avec commisération

La khâgne

ces littéraires apparemment peu exercés aux activités corporelles et inaptes, à leurs yeux, au métier d'officier[5].

Les khâgneux reprendront à leur compte cette étymologie en baptisant la chouette, qui est à la fois leur emblème et leur déesse tutélaire, Vara, du latin *varus* qui signifie cagneux, au premier sens du terme. Par extension, un rassemblement de cagneux fut appelé une cagne. Là encore, l'étymologie manque de noblesse. L'édition de 1960 du *Grand Larousse encyclopédique* donne, en effet, au mot, avant d'en signaler l'acception scolaire, ce sens peu bienveillant: «n.f. (anc. provenç. *canha*, chienne, du latin *canis*): femme, personne fainéante et méprisable.» C'était déjà la définition qu'en proposait un siècle plus tôt, en 1866, Alfred Delvau dans son *Dictionnaire de la langue verte*, tandis qu'en 1881 Louis Rigaud dans son *Dictionnaire de l'argot moderne* signalait l'expression «avoir la cagne» comme synonyme d'être paresseux. Aucun de ces deux auteurs ne relevait à ces dates le sens scolaire du mot cagne, pas plus que Pierre Larousse en 1867 dans le tome III de son *Grand Dictionnaire universel du XIXe siècle*. Selon Gaston Esnault, ce n'est qu'en 1888, en effet, que ce terme apparaît[6], et jusqu'au premier conflit mondial le mot cagne servira, dès lors, à désigner, en argot scolaire, les classes de rhétorique supérieure puis de première supérieure.

Entre-temps, toutefois, dans les années qui précèdent immédiatement 1914, l'orthographe de cagne s'était modifiée. Le mot comportera désormais un k et un h suivis d'un a chapeauté d'un accent circonflexe et parfois, quoique plus rarement, accompagné d'un iota souscrit: le mot khâgne était né. Cette orthographe «sçavante» s'explique sans doute par la volonté de rendre plus solennel le vocabulaire des rites normaliens et khâgneux. Cette propension à la boursouflure syntaxique va, en effet, se généraliser à cette époque dans le vocabulaire de certaines khâgnes, découlant elle-même, la plupart du temps, du rituel normalien. Et le mot khâgne s'imposera définitivement tout au long de la décennie qui suit la Première Guerre mondiale. Son usage est, par exemple, attesté dans la plus grande khâgne du pays, celle du lycée Louis-le-Grand. Seuls les Lyonnais traîneront encore quelque temps des pieds, revendiquant ainsi indirectement pour leur classe préparatoire le rang de khâgne provinciale la plus importante et la plus réputée.

Au commencement était le concours

Les circonstances de la naissance de la khâgne ne sont guère plus glorieuses que son patronyme. Aucun signe annonciateur, en effet, dans l'histoire de l'apparition de cette classe, d'un si brillant destin: ni une création dans une période de fracture révolutionnaire, comme l'École à laquelle elle préparera, ni un rôle de premier plan ou même de simple figuration dans une grande vague de réformes de l'Instruction publique, comme la France en connut plusieurs de grande envergure au cours de son histoire. La gestation, en fait, fut beaucoup plus prosaïque : les khâgnes sont nées un peu par hasard. Ou, plus précisément, elles apparaissent à la suite d'un processus, bien peu prestigieux, de décantation. Les dispositions de 1826 et 1830, qui précisaient les modalités du concours de l'École normale supérieure, imposaient seulement aux candidats d'être bacheliers. Mais, devant la nature des épreuves écrites qui, à part la philosophie, étaient proches du programme et de la formation de la classe de rhétorique, et devant le haut niveau de ces épreuves et la concurrence rencontrée par les candidats, la tradition s'instaura rapidement de se préparer au concours en revenant, après le baccalauréat de philosophie, passer une ou deux années en rhétorique. Au retour dans cette classe s'ajoutait le plus souvent, pour que la préparation fût complète, la présence aux cours de philosophie de la classe du même nom. Et, pendant près d'un demi-siècle, le système fonctionna ainsi, de manière totalement empirique et sans que l'on songeât à créer des classes préparatoires autonomes.

C'est Numa-Denis Fustel de Coulanges, directeur de l'École normale supérieure de 1880 à 1883, qui, le premier, préconisa la création de telles classes, qu'il souhaitait semblables aux classes scientifiques déjà existantes. Leur constitution se révéla lente, le délai atteignant, pour certains lycées, plusieurs lustres. Il fallut attendre, par exemple, la dernière décennie du XIXe siècle pour que de ces classes apparaissent dans la capitale, à Henri-IV et Louis-le-Grand, ou 1901 pour que naisse la khâgne lyonnaise, qui deviendra leur principale rivale provinciale. Peu après, devant l'afflux des candidats en « rhétorique supérieure », les deux lycées parisiens créèrent des « rhétoriques vétérans », ou hypokhâgnes.

À partir de la rentrée de 1903, le nom de première remplaça dans l'enseignement secondaire celui de rhétorique et, tout naturellement, les rhétoriques supérieures devinrent les « premières supérieures ». À la veille du premier conflit mondial, un peu plus d'une dizaine de lycées seulement possédaient une khâgne, mais il s'agissait désormais, dans la plupart des cas, de classes autonomes, bien dégagées du second cycle.

Un ergastule ?

Une naissance sans panache et un patronyme douteux n'empêchèrent pas la khâgne de devenir rapidement une institution prestigieuse. Ce crédit se mesure, entre autres, à l'empreinte laissée dans la mémoire des générations successives d'anciens élèves. Cette empreinte n'est pas pour autant à porter à

La khâgne

la seule colonne «actif» et certaines traces gardées restent comme des cicatrices au flanc de la mémoire khâgneuse. Principaux griefs : l'ampleur de la tâche, pour un résultat incertain.
En tête du martyrologe figurent sans conteste Alain-Fournier et Jacques Rivière, dont la *Correspondance* pourrait nourrir à elle seule un acte d'accusation contre la khâgne. En juin 1905, Jacques Rivière, recalé pour quatre places au concours de la rue d'Ulm, abandonne Lakanal, où Alain-Fournier retourne au début d'octobre suivant. Dès le 4 du même mois, ce dernier écrit à son ami : «Depuis que je suis ici, j'ai comme quelque chose qui m'étouffe.» Et son malaise ne se dissipera pas au long de cette dure année scolaire, durant laquelle il fait «crise de toutes parts» (25 avril) ; à tel point que, le 6 juin 1906, il s'interroge : «Je me demande si cette horrible compression intellectuelle ne va pas m'avoir fatigué à tout jamais[7].» Ce qui ne l'empêchera pas de s'inscrire à nouveau, et sans succès, en khâgne – à Louis-le-Grand cette fois – à la rentrée d'octobre.
Et même quand la réussite vient récompenser le travail de plusieurs années, l'impression initiale demeure parfois ancrée pour la vie : «ergastule» pour Jean Guitton, qui a gardé plus d'un demi-siècle après le «souvenir d'une période inhumaine», où il était «obligé de [se] gaver ou d'être gavé au-delà de toutes [ses] possibilités», «forcerie» pour Maurice Le Lannou, auquel répond en écho un autre géographe, Raoul Blanchard, qui le précéda trente ans plus tôt à Louis-le-Grand : «Je commençais là, écrit-il en 1961, les deux années qui ont été les plus dures de ma vie[8].»
La cause semble entendue : «Jamais, dans la vie, on ne travaille autant que dans une khâgne» et ces années d'apprentissage sont des «années d'enfer[9]». À tel point que des caractères aussi trempés que Charles Péguy ou Jean Prévost manquent de renoncer. Le premier, interne à Lakanal, écrit à sa mère, peu après la rentrée : «Viens me chercher ou je saute par-dessus les murs.» Chez le second, en cette année 1918-1919 pourtant riche en drames humains d'une autre intensité, un cri : «j'en ai assez de leurs niaiseries» et une obsession : «être reçu, être reçu cette année[10]».

Un autre sommet de littérature antikhâgnale est la description de la khâgne du lycée Henri-IV en 1883-1885, brossée cinquante ans plus tard par le normalien Louis Bertrand dans *Hippolyte porte-couronnes*. Certes, cette description est probablement forcée : le héros du livre, Jean Perbal, y baigne pendant deux ans dans une atmosphère de morne tristesse ; les enseignants sont pitoyables, les amis n'en sont pas, l'angoisse du concours est omniprésente, le dortoir et l'étude sont misérables et la nourriture insuffisante[11]. Il reste que l'auteur présente le roman comme «quelque chose qui tiendrait à la fois du journal intime et de l'histoire[12]» et qu'André Bellessort, qui fut son condisciple

en khâgne, écrira en 1941, bien qu'en désaccord avec cette description d'une accablante tristesse : « C'est l'histoire intellectuelle de la jeunesse des grandes écoles dans les années quatre-vingt. Je n'en connais pas d'autres témoignages et celui-ci nous est admirablement présenté[13]. »
Même dans les premières décennies du siècle suivant, quand les conditions de l'internat se seront peu à peu adoucies, le passage brutal des classes secondaires à la dure compétition de la khâgne, sans le « jardin d'acclimatation » (Paul Guth) de l'hypokhâgne, classe qui ne se généralisera qu'à partir des années 1930, a souvent été mal vécu par les jeunes khâgneux. D'autant qu'à ce contraste s'ajoutait, pour les internes venus de province vers les khâgnes de la région parisienne – qui a attiré jusqu'à la Seconde Guerre mondiale plus des deux tiers des candidats –, le déracinement géographique. Le premier contact avec la capitale de nombre de ces khâgneux provinciaux, le dernier dimanche de septembre, consista, du reste, souvent en une image fugitive : un parcours entre une gare et l'internat d'un grand lycée parisien, dans une ville mouillée, comme il se doit, par les averses de l'automne commençant. Par la suite, selon les tempéraments, le temps consacré aux loisirs et l'argent dont ils disposaient – ou, le plus souvent, dont ils ne disposaient pas –, les khâgneux entretiendront avec Paris des rapports qui auront tendance à se diversifier : certains, durant leurs années de khâgne, lui resteront totalement étrangers, d'autres en arpenteront les rues et en découvriront les richesses culturelles, avec toute une gamme d'attitudes intermédiaires. Mais, pour l'instant, au moment où ils débarquent du train, ils ne sont que des provinciaux gardant l'accent de leur terroir et qui, pour la plupart, n'ont jamais vu Paris, ou Lyon.
Dans son *Introduction à l'histoire universelle*, Jules Michelet notait en 1830[14] :

> À l'École Normale [...] les élèves qui nous venaient de toutes les provinces, et qui en représentaient si naïvement les types, offraient dans leur réunion un abrégé de la France. C'est alors que j'ai commencé à mieux comprendre les nationalités diverses dont se compose celle de mon pays.

Suit l'appel de ces « nationalités diverses », depuis les « races ingénieuses du Midi » jusqu'à l'« absence de caractère indigène » de « Paris, la tête et la pensée de la France ». Que l'origine géographique des lauréats d'un concours national soit diverse est, à vrai dire, une constatation sans surprise. L'intérêt des remarques de Michelet – outre, bien sûr, leur puissance d'évocation – réside plutôt dans le fait qu'elles pourraient aussi bien s'appliquer, en amont du concours national, aux grandes khâgnes parisiennes, confirmant d'ailleurs le rôle de « tête » et de « pensée de la France » de la capitale. Et cela au XIXe comme au XXe siècle. Au reste, plus d'un siècle après Michelet, Jean

La khâgne

Guéhenno, professeur de khâgne successivement à Lakanal, Henri-IV et Louis-le-Grand, formulera les mêmes remarques, frappé qu'il était par l'extrême diversité des élèves de sa classe : « Ils arrivent du fond de leurs provinces avec tous leurs accents, le picard, le breton, le poitevin, le languedocien, le provençal, patoisant encore un peu quelquefois[15]... » Plusieurs années de khâgne ne feront pas toujours disparaître cet accent, ainsi que le suggère en 1929 cet extrait du rapport des examinateurs de l'oral de français du concours de la rue d'Ulm : « La prononciation est défectueuse chez un trop grand nombre de candidats : les uns ne se sont pas assez dégagés de l'accent particulier aux régions dont ils sont originaires ; d'autres parlent du nez, chuintent ou zézayent[16]. »

Il n'est pas difficile d'imaginer le désarroi qui, de surcroît, étreignait ces excellents élèves des établissements de province, pour la plupart prix d'excellence, parfois primés au Concours général, soudainement confrontés à leurs pairs, dans des conditions psychologiques que le déracinement et le poids des espérances familiales rendaient pour le moins défavorables. D'autant que la fréquentation de certains professeurs n'offrait rien, apparemment, qui puisse dissiper ce vague à l'âme. L'inspecteur général Jules Isaac a, par exemple, raconté comment, en khâgne à Henri-IV en 1896-1897, Henri Bergson était écouté avec ferveur tandis que le professeur de latin, Paul Monceaux, qui, comme son collègue de philosophie, finira pourtant lui aussi sa carrière au Collège de France, n'arrivait guère à dompter son auditoire et était, de ce fait, durement malmené :

> À peine Monceaux entrait-il en classe, prenait-il place en chaire que toute la cagne – où abondaient pourtant les plus sérieux garçons, travailleurs acharnés, un Maurice Halbwachs, un Daniel Mornet, futurs professeurs de Sorbonne – se déchaînait, les quolibets fusant de toutes parts [...] Pour mieux jouer leur farce, les cagneux se massaient le plus loin possible de la chaire magistrale, sur les bancs supérieurs de la salle qui, rectangulaire, tenait de l'amphithéâtre par sa disposition en gradins. Une exception pourtant : dans le large espace vide au pied de la chaire, totalement indifférents au tapage, deux élèves isolés s'appliquaient au jeu de dames [...] j'étais l'un des deux[17].

On s'ennuie donc parfois en khâgne et l'ennui étant père de tous les vices lycéens, il engendre le chahut ou, le plus souvent, l'indifférence d'une classe exigeante qui ne tolère que le brio intellectuel et – ou ? – la préparation efficace au concours. Et l'ennui suinte, aussi, de certains rites de la classe. Ainsi ce couplet pour se donner chaud au cœur lors des épreuves écrites ne devait-il guère contribuer à hausser le niveau intellectuel des populations khâgneuses[18] :

Boum, boum, boum atchik, aboum
Boum Atchikara'k atchikara'k
Atchik aboum
Ra! Ra'! Dzim Boum Bà!
Ouest! Ouest! Ra! Ra! Ra!

Sur cet univers de haute culture où soufflait l'esprit, de jeunes intellectuels en herbe restaient donc aussi des potaches dont le rituel, transmis par des générations successives d'internes, n'échappait pas toujours à l'infantilisme inhérent à certaines formes de sociabilité des classes préparatoires et des casernes. Combien de futurs grands clercs ont commencé leur long cheminement au sein de l'Alma Mater par un « cirage » administré par des « carrés » dépositaires de la mémoire khâgneuse ? Et combien d'entre eux, leur vie durant, continueront, dans les conversations privées, à traiter de « culal » – le dernier d'une promotion ulmienne – tel collègue tenu en piètre estime, ou, « caïmans » rue d'Ulm, resteront au fil des décennies de vieux khâgneux « chiadant » leur œuvre philosophique à portée du « bassin des Ernests » ?
Sans compter qu'une Carte du Tendre délicatement khâgneuse favorisera, dans des cas extrêmes, la transformation de l'univers de jeunesse en un univers définitivement clos. Non que tout mariage avec la sœur d'un camarade de promotion ou avec une sévrienne[19] ait placé pour la vie la demeure conjugale sous la protection de Vara. Mais cette forme de sociabilité strictement endogène, sans être du reste propre au seul milieu des classes préparatoires littéraires, a pu favoriser, là encore, la survie de l'espèce des vieux khâgneux... et khâgneuses. Et ce n'est nullement une coïncidence que l'un des représentants les plus typiques, avec Paul Guth, de la littérature khâgneuse, Roger Ikor, ait consacré son *Tourniquet des innocents* à l'histoire d'un couple formé, au début des années trente, dans la khâgne de Louis-le-Grand.

L'« Académie du début de la vie »

Si, au moins, d'un investissement apparemment aussi pénible, nos jeunes gens en blouses grises de quincaillier, formés par deux ou trois années de « compos », intellectuellement musclés dans des disciplines à fort coefficient afin d'« assurer », touchaient forcément les dividendes, en « intégrant » Normale ! Hélas, « chaque année, en khâgne, se terminait par un drame scolaire, sinon humain. L'écrit, puis l'oral du concours taillaient dans la masse et, séparant les élèves entre heureux et malheureux, bouleversaient le paysage de la camaraderie[20] ».

La khâgne

À s'arrêter à cette sombre revue des servitudes et incertitudes khâgneuses, il n'y aurait guère de raison de faire de l'antichambre de Normale un site privilégié de la mémoire intellectuelle. Et pourtant site il y a bien, pour entreprendre l'archéologie d'une certaine culture, et, à ce titre, les «Grands d'ex-khâgne» ne sont pas des anciens «prépas» comme les autres!
D'abord, tout compte fait, «la khâgne n'est pas triste». Le journal étudiant de l'Action française, mouvement qui n'était guère pourtant en odeur de sainteté dans les classes préparatoires littéraires des années trente, publia, par exemple, en 1936 un article de défense et illustration de la khâgne répondant à une attaque en règle contre cette classe et résumant bien l'opinion courante des khâgneux: «Certes, il existe, en khâgne, des "types" haïssables [...] Mais là ne sont point les khâgneux, les vrais... Ces derniers ont une grande supériorité sur l'ensemble des autres étudiants: ils apprennent à réfléchir. Et voilà pourquoi la khâgne n'est pas triste[21].»
Apprendre à réfléchir! Sur ce registre, l'alchimie de la mémoire aidant, la colonne «actif» s'enrichit d'une gerbe de témoignages impressionnante. Raoul Blanchard lui-même, après avoir évoqué ces «années les plus dures» de sa vie, précise: «C'est là que j'ai vraiment acquis ce qu'on appelle la culture.» Jean Guitton, lui aussi balancé sur la khâgne, y localise «le laboratoire de la France» et «la cuve bouillante d'où sort son esprit», tandis que Pierre-Henri Simon y distingue un «milieu d'intelligence». Assurant, selon Jean Giraudoux, «l'ouverture complète et sans retenue, faite à un esprit jeune, du domaine spirituel», la khâgne serait en somme «l'académie, la vraie, celle de Platon, celle du début de la vie et non celle de la fin[22]». Normaliens, dira-t-on, prompts à magnifier la mouvance dont la rue d'Ulm serait la brillante quintessence? Peut-être. Mais, outre que les témoins à charge cités plus haut étaient aussi, pour la plupart, élèves de «l'École», nombre de non-normaliens ont dressé le même bilan positif, par exemple Léopold Sédar Senghor, qui conserva de son passage à Louis-le-Grand «l'esprit de méthode», c'est-à-dire «une volonté de clarté, d'objectivité, d'efficacité[23]».
En fait, le plus souvent, les anciens khâgneux ont décrit leurs années de formation comme des années denses, pleines, plus proches de l'ascèse que de l'enseignement: un noviciat laïque, en quelque sorte. Et, en même temps, un secondaire au carré: le concours d'entrée à l'École normale supérieure, on l'a vu, ne sanctionnait pas un cycle de connaissances particulier mais visait une sorte de niveau idéal de la culture que l'enseignement secondaire était censé délivrer. Il y a là comme un rêve d'inspecteur général: obtenir, après coup, une sorte de bachelier modèle, de bachelier tel qu'il devrait être, tel qu'auraient dû le former les disciplines conjuguées de l'éducation lycéenne. Les noms mêmes sont ici révélateurs: «premières supérieures» ou «rhétoriques vétérans», il s'agit d'un accomplissement qui serait gratuit s'il ne débouchait pas sur un concours.

C'est pourquoi il n'est pas tout à fait exact de parler du khâgneux comme d'un produit de gavage ou de suralimentation. C'est bien plutôt le produit d'une sorte de gymnastique répétitive : sur des figures imposées – la « mystique du plan[24] » ! –, dans des matières connues, le khâgneux doit porter ses exercices à une sorte de perfection scolaire. D'où d'autres attaques, dénonçant ce piétinement comme un bégaiement pédagogique, au caractère stérilisant. En d'autres termes, ces adversaires des khâgnes déploraient le temps perdu sur des sentiers battus et préconisaient d'ouvrir l'esprit des jeunes gens sur des territoires nouveaux. À quoi les défenseurs du système rétorquaient en célébrant la perfection atteinte dans l'analyse, la discussion, la composition et l'expression, et en arguant que l'athlète ainsi formé affronterait ensuite sans risque n'importe quelle aventure.

Il n'est pas interdit de trouver dans cette querelle la trace des controverses dont bruissaient les écoles de rhétorique du passé lointain ou plus récent et dont la khâgne est à bien des égards l'héritière. Ce n'est pas le lieu ici de porter un jugement de valeur. On se bornera à constater qu'à travers ses khâgnes l'Université républicaine a cherché à prolonger la tradition antérieure et à former à son tour des champions du bien-penser et du bien-dire, à la fois produits et gardiens d'une culture modèle, si profondément différents de leurs homologues germaniques et anglo-saxons.

Un couvent laïque pour des boursiers conquérants

La khâgne n'est donc pas seulement l'ombre portée de l'École normale supérieure. Elle a son existence propre. Et quand, sous un pseudonyme, le normalien Jean Trichet examine l'« esprit de Normale », le diagnostic est catégorique : « La formation normalienne, mais c'est en "khâgne" qu'il faut la chercher ! » Et son préfacier, Jean Giraudoux, de surenchérir : « L'esprit normalien n'est pas réservé à ceux que les hasards du concours ont amenés rue d'Ulm[25]. »

L'observation est, somme toute, logique : l'essence de Normale et son concours d'entrée ne sont-ils pas consubstantiels, et, de ce fait, l'effort et l'apprentissage n'ont-ils pas lieu surtout en amont, dans les khâgnes précisément. Dès lors, même si l'écluse de la rue d'Ulm ne laisse le passage chaque année qu'à trois dizaines d'heureux élus, les classes préparatoires littéraires ne peuvent être assimilées à de simples bassins de radoub. C'est en khâgne qu'a lieu l'essentiel de la formation intellectuelle, que s'exercent, pour cette raison, les influences décisives et que se nouent les amitiés les plus vivaces. C'est donc plusieurs centaines de jeunes gens qui sont ainsi touchés, à

La khâgne

chaque rentrée scolaire. La rue d'Ulm est peut-être le cloître évoqué par Romain Rolland, mais c'est bien la khâgne qui a été une sorte de couvent laïque.

Et ce couvent n'a pas été qu'un lieu d'apprentissage intellectuel. Des décennies durant, il a constitué une filière de promotion sociale, soudant la khâgne à un régime auquel elle n'a pas seulement fourni une partie de son personnel et surtout de ses intellectuels mais avec lequel elle s'est, en fait, identifiée, sur le plan des représentations collectives.

Vers 1930, par exemple, c'est-à-dire à la bissectrice de la période 1890-1970 qui fut la grande période des khâgnes, son rôle sociologique est indéniable. À cette date, la fiche signalétique du khâgneux tient en quelques données. D'abord, un apprenti normalien sur trois est fils d'enseignant. Or, le milieu universitaire ne représente à cette date, du primaire au supérieur, que 140 000 personnes, soit à peu près 1 % de la population active française. Parmi ces enseignants, les instituteurs occupent une place importante : un khâgneux sur cinq est alors issu du monde des maîtres d'école. L'image de khâgnes et d'une École normale supérieure essentiellement peuplées de fils d'instituteurs tient assurément du mythe. Demeure pourtant une réalité incontestable : ces fils d'instituteurs y représentent sous la IIIe République le groupe le plus nombreux et le plus homogène.

Plus largement, ce sont les fils de petits et moyens fonctionnaires qui sont sur-représentés parmi les impétrants du concours de la rue d'Ulm. Fils d'enseignants, on l'a dit, mais aussi, quoique en proportion moindre, fils d'officiers, d'employés des P.T.T., ou d'autres catégories d'agents de l'État. Statistiquement, un khâgneux sur deux est fils de fonctionnaire, en une époque où, au recensement de mars 1926, la Statistique générale de la France dénombrait 1 059 000 actifs dans les « services publics », y compris l'armée, soit 4,9 % de la population active totale. Cette observation est essentielle : par-delà le poids des fils de fonctionnaires, ce sont, en fait, les enfants des classes moyennes qui ont ainsi largement peuplé les khâgnes. Comme ils ont, du reste, peuplé l'École normale supérieure : les jeunes gens admis au concours littéraire présentent, en effet, les mêmes caractéristiques sociales que l'ensemble des candidats à ce concours, qui est donc socialement neutre – tout au moins par rapport à ce qui se trouve immédiatement en amont, c'est-à-dire la clientèle des classes préparatoires.

Cette neutralité sociale d'un concours qui vient lui-même puiser dans une masse de candidats globalement plus modestes que ceux qui constituent à la même époque la clientèle de l'enseignement secondaire français confirme bien la vision déjà proposée naguère par Albert Thibaudet d'une École normale supérieure accueillant avant tout des « boursiers ». Bien plus, une analyse plus fine des origines sociales des candidats faite sur deux générations ratifie, en l'amplifiant, ce rôle d'instrument de promotion sociale joué par la rue d'Ulm. La fiche signalétique du khâgneux ainsi mise en perspective indique, en effet, un profil social type : les grands-parents étaient petits fonctionnaires ou paysans ; les parents n'ont plus guère d'attaches avec le terroir et ceux qui étaient déjà employés de l'État ont gravi quelques barreaux dans l'échelle de la fonction publique ; les uns comme les autres ont rejoint en nombre les classes moyennes.

Si les fils d'ouvriers ou de paysans sont très rares dans les khâgnes, celles-ci constituent donc une rampe d'ascension sociale pour des lycéens issus des classes moyennes. Cette filière, bien que n'accueillant chaque année que quelques centaines de khâgneux et ne distillant que trois dizaines de normaliens, existe bel et bien. D'autant que les autres voies d'accès vers les classes dirigeantes, et notamment vers la haute fonction publique, semblent avoir été alors moins ouvertes à ces classes moyennes. En 1901, par exemple, les membres du Conseil d'État et de la Cour des comptes, les inspecteurs des Finances, les directeurs de ministères, les préfets, les généraux de division et les inspecteurs généraux des Mines et des Ponts et Chaussées ne se recrutent que pour 10,7 % d'entre eux dans « la petite bourgeoisie ou les classes populaires[26] ». Ces catégories sociales sont bien davantage représentées, on l'a vu, chez les khâgneux, dont certains, et pas seulement parmi les normaliens, accéderont aux chaires de l'enseignement supérieur ou aux postes élevés de l'Instruction publique (administration centrale, recteurs d'académie, inspecteurs généraux).

La filière constituée par les khâgnes dépasse, en définitive, les dimensions de sa seule base statistique et revêt une importance certes symbolique, mais dont les retombées sont loin d'être négligeables : que des instituteurs ou des postiers puissent envoyer leurs enfants dans des classes préparatoires à l'une des écoles les plus prestigieuses de la République, avec, en prime, l'espoir de la réussite et, de toute façon, l'entrée dans une filière de promotion, concourt sans doute à leur donner l'image d'une société française fluide, où l'ascension reste possible. Cette représentation est sans doute, pour cette raison et à son échelle, un des aspects de la « synthèse républicaine » chère à Stanley Hoffmann, et constitue donc un des facteurs du consensus qui a assuré la solidité et la longévité de la IIIe République[27].

Dans les premières décennies de ce régime, les uns et les autres ne s'y sont d'ailleurs pas trompés. Le normalien issu d'un milieu modeste et qui s'élève par ses mérites scolaires est présenté par certains écrivains nationalistes comme un agent de perversion sociale et de dissolution nationale. Pour Paul Bourget, le professeur Joseph Monneron faisait son malheur et celui de sa famille en sautant *L'Étape*. Et pour Maurice Barrès, dans *Le Roman de l'énergie nationale*, Paul Bouteiller « déracine » ses élèves et, entré en politique, porte atteinte à l'intérêt national : devenu député puis ministre, il sera éclaboussé par

La khâgne

les scandales du début des années 1890. Or, pour brosser le profil social de Bouteiller, Maurice Barrès s'est inspiré du personnage d'Auguste Burdeau, orphelin pauvre qui, «découvert» par un inspecteur général, montera de Lyon au lycée Louis-le-Grand préparer le concours de l'École normale supérieure, auquel il sera reçu en 1870. Agrégé de philosophie en 1874, il obliquera dix ans plus tard vers la politique et sera élu en 1885 député du Rhône, sur la liste républicaine opportuniste. Plusieurs fois ministre, il deviendra en juillet 1894 président de la Chambre des députés. Alors que le modeste boursier lyonnais semblait désormais promis aux rôles de tout premier plan, la mort mit brutalement fin à ce parcours brillant, le 12 décembre 1894, à l'âge de quarante-trois ans. Exceptionnelle en elle-même, cette vie l'est également par les représentations divergentes qu'elle a suscitées et elle est citée à la fois à charge et à décharge du système scolaire de la IIIe République: «Enfant du peuple» dont la «vie restera l'orgueil de la démocratie» pour les uns, Burdeau est au contraire pour Maurice Barrès un «déraciné supérieur» et, à travers lui, l'écrivain lorrain dépeint et exécute, en fait, nombre de khâgneux de la fin du XIXe siècle:

> Enlevé si jeune à son milieu naturel et passant ses vacances mêmes au lycée, orphelin et réduit pour toute satisfaction sentimentale à l'estime de ses maîtres, il est un produit pédagogique, un fils de la raison, étranger à nos habitudes traditionnelles, locales ou de famille, tout abstrait, et vraiment suspendu dans le vide[28].

Incontestable filière de promotion sociale, la khâgne a donc été, en ses premières décennies d'existence, un lieu suspect aux yeux des adversaires de la IIIe République. Ce régime intégrera rapidement, de son côté, les classes préparatoires littéraires dans le patrimoine républicain. Que de similitudes, par exemple, entre les récits – vite entrés dans la légende – des aiguillages respectifs de Jean Jaurès et d'Édouard Herriot vers les khâgnes parisiennes et l'École normale supérieure. Le premier est remarqué, puis aidé, par l'inspecteur général Nicolas-Félix Deltour qui, de passage dans la classe de rhétorique du collège de Castres, tombe, en feuilletant une édition d'*Athalie*, sur le brouillon d'une composition latine rédigée par le jeune élève. Dès lors, le sort de ce dernier est scellé: après son baccalauréat, ayant obtenu une bourse grâce à l'appui de l'inspecteur général, il s'inscrit en khâgne à Louis-le-Grand, tout en étant interne au collège Sainte-Barbe. Une douzaine d'années plus tard, c'est au tour d'Édouard Herriot d'être ainsi dirigé vers la rue d'Ulm. En 1887, en effet, le futur dirigeant radical est en classe de rhétorique au lycée de La Roche-sur-Yon. Son père, officier de carrière, souhaite lui faire préparer Saint-Cyr. Lors de la venue de l'inspecteur général Glachant – celui-là même qui avait remarqué Auguste Burdeau à Lyon dix-huit ans plus tôt[29] –, il est désigné par son professeur pour expliquer un passage du *Pro Milone*. À partir de là, tout s'enchaîne :

> L'explication terminée, M. Glachant m'offrit une bourse au collège Sainte-Barbe pour me préparer à l'École normale supérieure [...] Mon père me conduisait au Cercle des officiers, consultait avec moi le dictionnaire Larousse [pour se renseigner sur Normale]... [il] renonçait à ses projets militaires, songeait que la carrière du professorat permettrait mieux à son fils aîné d'aider la famille au cas où ses blessures de guerre abrégeraient sa vie[30].

Les khâgnes de la fin du XIXe siècle constituent donc, pour l'historien, un site privilégié. Agissant à cette époque comme un réactif puissant, elles permettent, rétrospectivement, par l'analyse des jugements fortement teintés qu'elles suscitèrent alors, de mettre en lumière des champs idéologiques contrastés.
Cette image dualiste s'est pourtant progressivement estompée et, d'institution idéologiquement typée et politiquement marquée, la khâgne est devenue, avec le temps, objet et instrument de consensus, à mesure que la « synthèse républicaine » a gagné du terrain. Dans l'entre-deux-guerres elle est même unanimement reconnue comme un élément important du patrimoine intellectuel national, et non plus seulement républicain. Jusqu'au journal étudiant de l'Action française qui publie, on l'a vu, des lettres magnifiant une classe dont Robert Brasillach se proclamera le pur produit dans *Notre avant-guerre*. Ce qui, du reste, ne signifie pas que la khâgne soit devenue pour autant politiquement polychrome : Robert Brasillach et ses amis maurrassiens restent des oiseaux rares au sein d'une institution qui pense et penche à gauche.

Des lieux de perdition ?

La perception unanime de ces classes comme hauts lieux d'apprentissage intellectuel ne se cantonne pas au seul domaine de la transmission culturelle. Aux khâgnes est aussi reconnu un rôle de formation spirituelle. Et c'est dans ce domaine que resurgissent les différences de sensibilité : l'institution jouit de l'estime générale, mais elle apparaît, dans le même temps, en raison même de son importance, comme un possible lieu de perdition, avec une acception du terme variant d'un prédicateur à l'autre. Pour René Maublanc à la Libération, par exemple, la rue d'Ulm a été manipulée au lendemain de la guerre précédente par le Comité des Forges :

La khâgne

... l'occasion était tentante pour les puissances capitalistes de corrompre certains de ces hommes du peuple, récemment embourgeoisés, et d'écrémer ainsi le peuple en prenant à leur service les plus faibles ou les plus ambitieux d'entre eux: le Comité des Forges le tenta après l'autre guerre et le réussit en une certaine mesure. Quelques-uns des plus dangereux agents des trusts, qui furent aussi les plus abjects des vichyssois (voyez Pucheu) furent ainsi des normaliens dévoyés[31].

Et la khâgne fut tout aussi responsable que la rue d'Ulm, s'il faut en croire Marc Soriano:

La culture reçue en cagne, puis à la faculté et à l'École, reste la culture bourgeoise. Le normalien y adhère d'autant plus profondément qu'il s'estime libre par rapport à elle [...] Mais ce qu'on pourrait appeler l'esprit normalien entre les deux guerres n'est en fait qu'une variété juvénile, estudiantine, raffinée de l'esprit bourgeois; l'habitude de tout, le culte du canular, l'indépendance d'esprit n'est souvent qu'un «libéralisme» critique; l'originalité superficielle cache un conformisme profond; croyance à l'indépendance de l'intellectuel, légère angoisse, ironie qui n'est qu'incapacité de poser correctement un problème, paresse, indifférence [...] Ainsi s'explique, pour la période considérée, qu'un bon nombre de normaliens aient été amenés par l'esprit «d'indépendance» au défaitisme de Munich, à la collaboration et à la trahison[32].

La possible perdition n'était assurément pas la même pour celui qui croyait au ciel et pour celui qui n'y croyait pas. Pour le futur cardinal de Lubac, à la même date que René Maublanc ou Marc Soriano, la khâgne est une terre de mission:

Tout le monde peut constater que l'incroyance et l'indifférence, malgré quelques vents contraires, se répandent un peu partout. Parmi les causes d'un tel fait, songe-t-on souvent que chaque année, par une série de drames obscurs, au fond des khâgnes de province ou de Paris, ou dans tels milieux analogues, une part importante de l'élite de notre jeunesse perd la foi en découvrant un univers où le christianisme semble n'avoir point de place? Demain, ce seront les éducateurs de la jeunesse, les maîtres de l'opinion, les écrivains favoris du public. Alors on tentera contre eux, tardivement, maladroitement, timidement, quelques essais de réfutation; on sollicitera quelques interventions du Saint-Office ; on improvisera contre eux une apologétique à visées de vulgarisation, comme il le faudra bien, puisque c'est la masse qui subira leur action corrosive. Cependant qu'au fond de khâgnes semblables, la même histoire recommencera[33]...

Un second âge d'or

Dans les trois textes qui précèdent il y a en fait l'hommage de la vertu au vice : la khâgne est un éventuel lieu de damnation en raison même de l'importance acquise au fil des décennies. Cela ne fait donc aucun doute : d'institution contestée, la khâgne est bien devenue à cette date une institution sacralisée. Et si Robert Brasillach écrit en 1941 : « Sans doute peut-on décrire ce qu'était une classe préparatoire aux Grandes Écoles en 1925 : c'est déjà de l'histoire[34] », l'institution, en fait, rebondira sans difficulté apparente à la Libération.
En août 1944, la Commission pour la réforme de l'enseignement, créée quelques mois plus tôt à Alger par René Capitant, commissaire à l'Éducation nationale et à la Jeunesse, avait publié son rapport, présenté par le normalien Marcel Durry. L'une des rubriques était consacrée aux Grandes Écoles et concluait à la nécessité de les supprimer, parce qu'elles faisaient double emploi avec les facultés, et à cause de « l'esprit de caste qui anime les élèves de certaines de ces maisons, et qui naît dès les classes préparatoires incorporées aux lycées (spéciales, premières supérieures, etc.) ». Le rapport ajoutait toutefois : « Mais ces Écoles ont un passé si glorieux qu'il sera malaisé de faire admettre à l'opinion leur suppression : on hésite à proposer la disparition de l'École polytechnique ou même de l'École normale supérieure. Alors, il faut que ces Écoles s'en tiennent à leur caractère d'écoles professionnelles[35]. »
Les khâgnes et la rue d'Ulm avaient donc senti le souffle du boulet. Sans trop d'émoi, apparemment, et sans envisager de réels amendements. Deux ans plus tard, en 1946, l'École qui fête, dans l'éclat d'une cérémonie solennelle dans le grand amphithéâtre de la Sorbonne, son cent cinquantième anniversaire, ne diffère guère, en effet, de celle de l'entre-deux-guerres. Et, en amont, les seuls modifications du concours d'entrée ne vont pas précisément dans le sens d'un *aggiornamento*. Depuis le début du siècle, le concours littéraire comportait trois options : à un tronc commun de français, de latin, d'histoire et de philosophie venaient s'ajouter, au choix, une version grecque (section A), une composition de langue vivante (section B) ou une épreuve de science (section C). Un décret du 12 octobre 1930 supprima, à partir du concours de 1934, l'option C. Dès lors, ne subsistèrent que deux sections, rebaptisées latin-grec et latin-langues. Bien plus, une réforme, décidée en 1941, prévoyait de rendre le grec obligatoire pour tous. Cette réforme n'eut pas le temps d'en-

La khâgne

trer en vigueur et fut abandonnée à la Libération. Les deux options demeurèrent donc, mais la section C des premières décennies du siècle ne fut pas rétablie pour autant. Elle avait pourtant donné à l'École certains de ses meilleurs philosophes (Cavaillès, Vignaux, Friedmann, Canguilhem, Hyppolite, Borne) et historiens (Marrou, Dupront).

Les khâgnes se figèrent donc dans la patine des institutions pérennes. Certes, de nouveaux enseignants accédèrent à cette époque aux chaires des classes préparatoires (Debidour et Pillard à Lyon, Pons et Borne à Louis-le-Grand, par exemple), mais une partie des professeurs des khâgnes de la Libération y enseignaient déjà dans les années 1930 – ainsi Jean Lacroix et Joseph Hours à Lyon –, voire dans les années vingt : l'historien André Alba, nommé à Henri-IV en 1927, y demeura jusqu'en 1959. Et malgré la multiplication des khâgnes intervenue entre-temps, la géographie de la réussite au concours n'avait guère connu de modification d'un après-guerre à l'autre. En 1948, sur les trente normaliens qui entrent rue d'Ulm, quinze proviennent de Louis-le-Grand, dix d'Henri-IV, trois de Lyon, un de Marseille et un de Montpellier. Deux décennies plus tôt, en 1927, les trente et un reçus se répartissaient ainsi : Louis-le-Grand, quatorze ; Henri-IV, sept ; Lyon, six ; Condorcet, un ; Marseille, deux ; Bordeaux, un. Ainsi, plus des quatre cinquièmes des normaliens sont, dans les deux cas, issus des khâgnes de Louis-le-Grand, Henri-IV et du lycée du Parc à Lyon : Paris, Lyon et le désert français.

Pourquoi, dans ces conditions, cette nouvelle période faste pour les khâgnes, qui accueilleront, pendant encore un quart de siècle, une large part des meilleurs élèves des classes de philosophie et resteront pendant cette période la matrice de nouvelles générations intellectuelles ? Par un phénomène quasi mécanique, en fait : tant que le prestige de la rue d'Ulm restera au zénith, les khâgnes conserveront leur place primordiale. Or, ce prestige demeure intact à la Libération, le « passé glorieux » évoqué par le rapport Durry nimbant encore à cette date l'établissement de la rue d'Ulm. Et le présent semble alors justifier une telle représentation. Pour un jeune homme souhaitant se diriger vers le professorat, le passage par l'École normale supérieure, et donc par la khâgne, apparaît toujours comme la voie royale, vers l'agrégation puis vers les carrières de l'enseignement supérieur. Les normaliens, en effet, continuent comme par le passé à s'adjuger une part importante des postes de certaines agrégations, et le plus souvent aux meilleures places. Ainsi, en 1950, à l'agrégation des lettres, ils monopolisent seize postes sur vingt-sept. Bien plus, il faut attendre la treizième place pour trouver un agrégé non normalien : sur les seize élèves de la rue d'Ulm reçus, douze occupent donc les douze premières places et quatorze figurent dans les quinze premières places. Certes, chaque année n'apporte pas semblable moisson. Bien plus, la pondération des différentes matières du concours d'entrée privilégie un aiguillage, à la sortie, vers l'agrégation des lettres, et les autres agrégations ne connaissent pas une telle affluence ni des succès quantitativement aussi spectaculaires. Il n'en demeure pas moins, par exemple, que dans une agrégation aussi malthusienne que l'agrégation de philosophie, le poids des normaliens reste grand : ainsi, neuf reçus sur vingt et un en 1949, cinq sur seize en 1950, cinq sur quatorze en 1951 et six sur quatorze en 1952, généralement très bien classés[36].

Certes, tous les normaliens candidats ne sont pas reçus du premier coup au concours de l'agrégation, mais des échecs successifs sont rares et la plus grande partie des élèves de la rue d'Ulm se retrouvent, après le service militaire, dans les lycées et collèges français. Et quelques années plus tard, certains d'entre eux investiront une partie des chaires de l'enseignement supérieur. Même si l'on doit noter une certaine érosion de leurs positions universitaires – érosion relative, due à la stabilité du nombre de reçus par promotion, en des décennies qui voient l'augmentation du nombre des chaires universitaires –, ces normaliens occupent encore à cette date de solides bastions dans les facultés des lettres provinciales et à Paris : un tiers des chaires provinciales et un peu moins de la moitié des chaires littéraires de la Sorbonne[37].

De part et d'autre de la Seconde Guerre mondiale, le décor est donc resté apparemment immuable : mêmes filières de recrutement, sur les mêmes matières et dans les mêmes classes préparatoires, mêmes débouchés vers l'enseignement, dans les mêmes disciplines, mêmes positions dominantes dans les mêmes secteurs. Les fastes du cent-cinquantième anniversaire semblent devoir perpétuer une institution drapée dans les plis de son « passé glorieux ».

L'honneur perdu des khâgnes

Ce nouvel âge d'or des khâgnes dura un peu plus d'une vingtaine d'années et plusieurs générations vinrent encore s'y former. Insensiblement, pourtant, leur statut se dégrada. Leur multiplication après 1945 ne pouvait qu'entraîner, à moyen terme, une banalisation de l'institution, peu propice au maintien de sa magie. Surtout, son débouché, l'École normale supérieure de la rue d'Ulm, perdit peu à peu le profil sociologique qui avait été le sien jusque-là. Les statistiques utilisées au début des années 1960 par Pierre Bourdieu et Jean-Claude Passeron dans *Les Héritiers* attestent en tout cas qu'à cette date le recrutement s'y était modifié, par le haut. D'une certaine manière, c'est l'École de Saint-Cloud qui jouait désormais le rôle de sas d'ascension sociale pour les enfants des classes moyennes. Certes,

La khâgne

entre-temps, la société française avait changé. Il reste qu'à partir de cette époque Normale ne sera plus – ou plus autant – cette École de boursiers conquérants, image qui avait fait sa gloire. Et elle ne sera plus non plus l'école des cadres de la République, rôle que l'opinion publique des républiques précédentes lui avait – statistiquement, en partie à tort – reconnu. Dans ce domaine, l'E.N.A. avait pris progressivement le pas sur l'E.N.S., à la bourse des valeurs nationales.

Les effets en amont étaient inévitables. Les khâgnes cessèrent d'être la seule filière non scientifique noble: la rue Saint-Guillaume, antichambre de l'E.N.A., devenait une manière de khâgne des nouvelles Humanités. Si l'on ajoute que la baisse sensible du nombre des latinistes dans l'enseignement secondaire avait peu à peu singulièrement érodé la mouvance dans laquelle puisaient les khâgnes, ces classes connurent dès lors une dégradation de leur statut. Leur image au miroir français en fut incontestablement ternie. Comme cette image demeure tributaire, pour le meilleur et pour le pire, de celle de l'École normale supérieure, tout, à cette date, reste ouvert.

Mais, entre-temps, signe connexe du déclin, la khâgne, d'institution sacralisée, était devenue insensiblement une institution regrettée et, donc, cette nostalgie n'étant pas toujours dénuée d'arrière-pensées, un enjeu de mémoire. Restée longtemps la clé de voûte de l'enseignement secondaire littéraire, son ébranlement réel ou supposé devenait, pour certains observateurs, le signe avant-coureur de l'effondrement général.

Du temps même de la gloire de la khâgne, tout bulletin de santé de l'enseignement secondaire passait par la prise, inquiète, du pouls de cette classe préparatoire. En 1957, par exemple, lors de la distribution des prix du Concours général, le discours de l'ancien khâgneux René Billères, devenu ministre de l'Éducation nationale, de la Jeunesse et des Sports, tourne vite au plaidoyer en faveur de la khâgne, qui, déclare-t-il, «constitue toujours, je l'espère bien, une sorte de cité, une manière de petite république[38]». Et le plaidoyer n'était-il pas le reflet d'une inquiétude? La khâgne devenait une espèce en péril à protéger avec d'autant plus de vigilance et de fermeté qu'elle apparaissait à ses défenseurs comme «une institution spécifiquement française, sans équivalent dans les autres pays d'Occident[39]» et, de ce fait, «unique en son genre[40]».

Bien plus, elle avait été «l'honneur de l'enseignement secondaire[41]». Dès lors que celui-ci sembla entrer dans une phase de turbulence et de crise d'identité, l'honneur perdu des khâgnes apparut comme le symptôme de l'irrémédiable déclin, puisque ces classes étaient un «exemple accompli» de l'«armature de l'esprit» et des «jalons du cœur[42]» que donnait la formation littéraire classique.

Générations intellectuelles

De fait, cette formation a été, plus d'un siècle durant, celle de «générations incessamment renouvelées[43]». Et cette noria rend la khâgne encore plus présente dans le champ de la mémoire intellectuelle, en tant que lieu de passage de relais entre gerbes de classes d'âge. S'y sont en effet éveillées tour à tour les grandes générations intellectuelles de la France depuis une douzaine de décennies – ou plus précisément une part importance de chacune de ces générations. Pour s'en tenir ici aux seules cuvées du XXe siècle, plusieurs millésimes ont fait date : ainsi la génération née vers 1905, qui eut vingt ans à l'époque du Cartel des gauches et «parvint» vingt ans après ses vingt ans, occupa-t-elle à partir de 1945 le devant de la scène intellectuelle. Sans même évoquer les «petits camarades» Sartre et Aron, dont l'étude comparée ne serait pourtant pas un simple exercice de style – tant ils ont incarné, depuis la Libération, les deux versants opposés de la classe intellectuelle, Aron en ayant été longtemps l'ubac –, il suffit de scruter les comités de rédaction, à leur naissance, et les sommaires, pour leurs premiers numéros, de revues aussi éloignées que *Les Temps modernes* ou *La Liberté de l'esprit*. La revue de Sartre et Merleau-Ponty, à ses débuts, accueillit Aron. Mais pour peu de temps : l'ancien khâgneux de Condorcet collaborera, quelques années plus tard, à la revue gaulliste, tout comme les anciens khâgneux Soustelle et Monnerot. Et quarante ans après leurs quarante ans, au seuil des années 1980, les khâgneux de 1925 brilleront des derniers feux d'une gloire vespérale : avec les obsèques d'un Jean-Paul Sartre, le rayonnement et les honneurs académiques d'un Claude Lévi-Strauss, le retour de flamme de la pensée libérale et la reconnaissance subséquente, sur le tard, de la place d'un Raymond Aron, la génération khâgneuse née vers 1905 finit sa trajectoire en apothéose.

Au temps où elle connaissait ses premiers succès, dans les années qui suivirent la Libération, une nouvelle classe d'âge s'ébrouait. Lors de leur «expédition en Haute Intelligentsia» en 1981, Hervé Hamon et Patrick Rotman ont, en effet, localisé en amont la «matrice initiale» où, trente à trente-cinq ans plus tôt, la «fine fleur» des «intellocrates» quinquagénaires s'était formée : la khâgne, bien sûr. Et d'énumérer, entre autres brillants surgeons, Alain Besançon, Pierre Bourdieu, Jean Cau, Jacques Le Goff, Jean-François Lyotard, Bertrand Poirot-Delpech et Alain Touraine pour Louis-le-Grand, Gilles Deleuze, Michel Foucault, François Furet, René Girard, Emmanuel Le Roy Ladurie pour Henri-IV, Pierre Nora ayant circulé entre les deux lycées[44].

Et le rebond de 1945 ayant assuré à l'institution vingt-cinq nouvelles années d'hégémonie intellectuelle, cette génération ne fut pas la dernière qui apprit à penser sous le signe de la khâgne. Le mendésisme et la lutte contre la

La khâgne

guerre d'Algérie serviront, par exemple, de ciel de lit au berceau d'une nouvelle génération khâgneuse, née entre 1935 et 1940, au temps des classes creuses de la fin de la IIIe République[45]. De même, 1968 eut sa génération khâgneuse, qui elle aussi a fait souche, dans un premier temps dans le mouvement «gauchiste», ensuite dans les différents secteurs investis progressivement et sur les différents claviers où elle joue maintenant sa partition. Ainsi, dès 1977, la «nouvelle philosophie» se présentait comme issue d'un «lieu élu», la khâgne[46].

Le passage par cette classe ne servit-il pas, d'une certaine façon, de garde-fou à une partie de cette génération? Si certains «gauchistes» n'ont pas basculé à cette époque dans l'action terroriste, à la différence de nombre de leurs homologues allemands et italiens, c'est peut-être, entre autres facteurs, en raison d'un environnement intellectuel différent. Bertrand Poirot-Delpech avait proposé naguère d'analyser le phénomène «en termes de culture». Et d'invoquer la présence, supposée apaisante, de Jean-Paul Sartre auprès des leaders maoïstes, et le rôle, indirect, de paratonnerre joué par Jacques Lacan, persuadant certains des jeunes intellectuels de la vanité de la libération collective, toujours entravée par un «Maître».

De fait, il est probable que la très forte imprégnation culturelle du «gauchisme» français l'a fait déboucher sur le terrain éthique bien plus que sur celui de l'activisme. Et la khâgne aurait tenu sa place dans ce processus de mise en dérivation de l'extrême gauche intellectuelle française par rapport à la tentation de l'action directe. Il suffit, pour s'en convaincre, de citer à la barre l'un des anciens dirigeants de la Nouvelle Résistance populaire, qui, sous le pseudonyme d'Antoine Liniers, analyse en 1985 son refus, une douzaine d'années plus tôt, du recours au terrorisme dans les termes suivants:

> Je pense que nous avions été formés, plus que nous ne le voulions bien nous l'avouer, par l'Université française. D'ailleurs, pour pas mal d'entre nous, il s'agissait, plutôt que de la Sorbonne, de la khâgne, la préparation à Normale supérieure... On n'y étudiait pas Nietzsche, à peine Marx et Freud, on n'y lisait ni les surréalistes, ni Artaud ou Bataille, ou Sade... Ce dont nous étions universitairement nourris, c'était bien plutôt de Platon, de Montaigne ou de Kant. Cela eut-il des conséquences? Je le crois volontiers[47].

Effets de mémoire, jeux de miroirs

La khâgne, il est vrai, apparaît comme un lieu de condensation. Ce centre d'apprentissage de générations successives a été pour elles, de ce fait, un creuset de reproduction culturelle. L'immuabilité – ou presque – du concours de la rue d'Ulm et la formation endogène des professeurs ont probablement joué un rôle essentiel dans ce phénomène de rétention des mots.

Le concours de la rue d'Ulm, et donc les programmes de la khâgne, n'ont guère évolué au fil du siècle. Même la fracture de la Libération n'a pas été, on l'a vu, l'occasion d'une notable évolution. En fait, depuis sa naissance, la khâgne a davantage été, dans ce domaine, un conservatoire qu'un laboratoire d'innovation culturelle. Il y a même eu constant décalage par rapport à l'évolution du contenu de l'enseignement secondaire. Ainsi, lors de la réforme que connut celui-ci en 1880, les vers latins devinrent facultatifs, le discours latin fut supprimé au Concours général et la composition disparut au baccalauréat. Or, si l'épreuve des vers latins fut retirée six ans plus tard, à l'initiative de Numa-Denis Fustel de Coulanges, du concours de l'École normale supérieure, le discours latin, au contraire, y subsista.

Les professeurs de khâgne, surtout, ont été, d'une certaine façon, les instruments de cette rétention. Il est possible, en effet, dans certains cas, d'établir de véritables généalogies enseignantes sur un siècle. L'exemple le plus spectaculaire est celui de la descendance de Jules Lagneau, professeur de khâgne au lycée Michelet, mort en 1894 à l'âge de quarante-deux ans. Régis Debray, khâgneux de la fin des années 1950, peut légitimement relever dans *Le Pouvoir intellectuel en France* « un engendrement des classes, des khâgnes et des thurnes, qui permettait encore à un grimaud des années 1960, grâce à un professeur de Louis-le-Grand (Maurice Savin), ancien élève d'un professeur à Henri-IV (Émile Chartier, dit Alain), lui-même ancien d'un professeur à Michelet (Jules Lagneau), d'avoir sous les yeux l'ombre portée d'un saint laïc né au lendemain de 1848...[48] ». André Bridoux, élève d'Alain, professeur de khâgne à Henri-IV, puis inspecteur général de 1941 à 1963, se présentait d'ailleurs comme l'un des maillons de cette « chaîne de fidélité » :

> Alain a gardé le souvenir de Jules Lagneau toute sa vie et s'est toujours référé à lui. J'ai gardé le souvenir d'Alain toute ma vie et je me suis toujours référé à lui. Lagneau était né en 1851. La chaîne de fidélité est déjà longue de plus d'un siècle[49].

Certes, cette influence intellectuelle plus que séculaire est exceptionnelle, et la nature de la discipline enseignée n'est sans doute pas totalement étrangère à l'ampleur de ce phénomène de résonance. Il reste que d'autres filiations de même nature peuvent être relevées et qu'elles ont parfois débouché sur un véritable mimétisme, ces effets de mémoire culturelle devenant alors des jeux de miroirs. Les cas d'André Bellessort et d'Henri Chantavoine en sont un exemple éclairant, presque jusqu'à la caricature. Le célèbre portrait esquissé

La khâgne

par Robert Brasillach dans *Notre avant-guerre* a fixé pour la postérité les traits du premier[50]. Ses accès de paresse et ses faiblesses en latin auraient sans doute conduit une khâgne au désastre, au concours de Normale. Mais en kypokhâgne à Louis-le-Grand, pendant vingt ans (1906-1926), dans une classe où venaient s'entasser de jeunes provinciaux frais émoulus du baccalauréat, certains de ses défauts devenaient presque des atouts et cet enseignement délibérément dégagé des contraintes du programme a indéniablement exercé une influence bénéfique sur beaucoup de ses élèves. D'autant qu'il se nourrissait à la source d'une carrière parallèle de conférencier et de critique, habitué des cénacles littéraires, et ces deux activités se vivifiaient l'une l'autre. Ce professeur non conformiste a contribué à aiguiser l'esprit critique de ses élèves et à leur ouvrir des horizons nouveaux, en les débarrassant des alluvions d'une culture jusque-là essentiellement scolaire.

En 1921, un rapport d'inspection générale signalait qu'André Bellessort était « le disciple le plus brillant de Chantavoine[51] ». De fait, la similitude est frappante entre le professeur de l'hypokhâgne de Louis-le-Grand et celui qu'il avait eu lui-même pour maître en khâgne à Henri-IV, entre 1884 et 1886. Henri Chantavoine était alors âgé de trente-cinq ans. Né en 1850, normalien en 1869, premier à l'agrégation des lettres en 1873, il fut pendant plus de trente ans le titulaire de la chaire de rhétorique – puis de rhétorique supérieure – du lycée Henri-IV. Il collabora à partir de 1881 au *Journal des débats* et publia plusieurs volumes de vers. Henri Chantavoine et André Bellessort sont, du reste, associés, comme poètes contemporains aux « vers exquis », dans le *Précis de l'histoire des lettres françaises* publié en 1904 par Édouard Herriot.

Il existe une description de Chantavoine, par Pierre Gaxotte, qui semble reproduire trait pour trait le portrait que les hypokhâgneux de Bellessort ont brossé de leur professeur :

> Chantavoine était collaborateur des *Débats*, critique littéraire, poète, conférencier, candidat intermittent à l'Académie française, et fort répandu dans le monde [...] Il nous appelait « Mes chers petits », nous apportait chaque jour cinq ou six journaux et, hors les compositions, ne corrigeait jamais les devoirs [...] Dans ses bons jours, il était éblouissant. Il lisait avec un art exquis, aimait la poésie, nous donnait le sens de la phrase bien faite, du mot propre, de la tournure elliptique, de la composition ingénieuse[52].

Suivait le récit de l'impertinence affichée par Henri Chantavoine à l'égard d'un inspecteur général de passage, récit auquel répondent en écho maints témoignages sur le même registre concernant André Bellessort. Il est possible, d'ailleurs, que, par une interférence des mémoires khâgneuses, la des-

cription, dans *Notre avant-guerre* publié en 1941, du plus jeune ait influencé le portrait de l'aîné, brossé par Pierre Gaxotte en 1975. On peut également imaginer les évocations qu'ont dû faire, au début des années 1930, Brasillach et Gaxotte de leurs maîtres respectifs, dans les bureaux de *Je suis partout*, et les ressemblances qu'ils ont pu ainsi établir entre les deux hommes.
Ces derniers ont d'ailleurs poursuivi leur dialogue amorcé dans l'«académie du début de la vie», la khâgne, jusqu'à la véritable institution du quai Conti, et par-delà la mort de l'un d'entre eux. À André Chaumeix, son élève à Henri-IV, Henri Chantavoine avait déclaré un jour, en effet, en lui rendant une copie : «Je ne puis faire mieux que de vous dire ceci : vous me rappelez un autre André, vous me rappelez Bellessort[53].» Quatre décennies plus tard, le fantôme de Chantavoine plane sur la réception de Bellessort à l'Académie française, un Chantavoine qui fut plusieurs fois candidat malheureux à la Coupole et qu'André Chaumeix, recevant André Bellessort, ne manque pas d'évoquer dans son discours[54].

Des « éveilleurs » ?

Robert Brasillach, quelques années après être passé par l'hypokhâgne de Bellessort, avait qualifié celui-ci d'«excellent éveilleur»[55]. Et Julien Gracq, qui fut entre 1928 et 1930 l'élève d'Alain à Henri-IV, emploie, à son sujet le même terme – «admirable éveilleur» – dans *En lisant, en écrivant*[56]. Le terme nous paraît, de fait, bien convenir pour définir une catégorie d'hommes et de femmes qui, sans être eux-mêmes connus ou sans avoir acquis une réputation en rapport avec leur rôle réel, ont été, dans différents secteurs de la vie intellectuelle française, un levain pour les générations suivantes. Rares sont les professeurs de khâgne qui jouèrent un tel rôle. La plupart n'ont été que des «entraîneurs» ou des «maîtres[57]».
Les plus nombreux, en effet, se sont avant tout consacrés à la préparation de leurs élèves et, comme l'a noté Pierre Bourdieu, «toute la logique d'un système dominé par le concours» en a fait des «sorte[s] d'entraîneur[s][58]». Dès lors, ils ont mobilisé la plus grande part de leur énergie pour la préparation de leurs cours et la correction des copies. Cette dernière tâche, dans les khâgnes aux effectifs les plus lourds, fut assurément fastidieuse et stérilisante. Il s'est trouvé, d'ailleurs, au moins l'un de ces enseignants pour laisser affleurer, au fil de quelques vers, l'impression de fardeau qui parfois le tenaillait :

> *Bien souvent, à ma tâche obsédante infidèle,*
> *Je détourne mes yeux songeurs vers l'horizon :*
> *D'abord un terrain vague, ensuite une ruelle*

La khâgne

Qu'enferme de deux murs l'insipide cloison.
Je vois sans voir, je rêve et goûte avec délice
Un charme d'indolence où mon esprit s'endort,
Jusqu'à ce que soudain je renaisse au supplice
Du travail de manœuvre où m'a rivé le Sort[59].

Certains professeurs ne se sont pas bornés à cette tâche – assumée parfois avec talent et la plupart du temps au moins avec dévouement – explicitement revendiquée : permettre au plus grand nombre de leurs élèves d'entrer rue d'Ulm. Ils ont été de surcroît des « maîtres ». Non pas au seul sens de l'épithète que la coutume khâgnale leur avait à tous généreusement accordée. Il s'agit, plus étroitement, de la catégorie de ceux qui ont, en tant que professeurs, profondément marqué leurs élèves, et à qui ces derniers ont, du reste, volontiers attribué non seulement leurs succès universitaires mais aussi le choix d'une discipline et la formation acquise en son sein. Par leur exemple et par l'enseignement qu'ils dispensaient, par leur respect, aussi, des jeunes esprits, ils furent, en effet, à l'origine de bien des vocations. Le légendaire des khâgnes est nourri du souvenir de ces enseignants, véritables instituteurs de la haute culture, qui assuraient la réputation d'une classe. Quelques « entraîneurs » solides et un « maître » d'envergure, telle a bien été, en définitive, au fil des décennies, la meilleure recette des khâgnes qui comptèrent.
À leur manière, ces « maîtres » ont donc été d'incontestables « éveilleurs ». Conservons pourtant cette dernière appellation pour ceux d'entre eux dont l'influence a dépassé la simple transmission, même décisive, d'une discipline, pour déboucher plus largement sur une influence intellectuelle, avec, parfois, des incidences politiques. Et, indéniablement, le cercle se resserre, de ceux qui répondent à un tel signalement. À ce club très fermé appartiennent, par exemple, dans les années 1920, les seuls André Bellessort et Alain. Au cours de la décennie suivante, Jean Guéhenno et Jean Lacroix commenceront à imprimer leur empreinte.

Microclimats

Dans ces serres à l'abri des modes que furent les khâgnes, le microclimat a fini toutefois par évoluer, sous l'effet de la circulation des grandes zones idéologiques. Le passage de l'ère littéraire à l'ère philosophique y est même assez précisément datable : les lendemains du second conflit mondial.
Peu avant ce conflit, André Gide demeurait le maître à penser de la khâgne d'Henri-IV, où Jean Touchard[60] et Maurice Clavel, parmi d'autres, préparaient Normale. Et durant l'Occupation, dans leur khâgne ludovicienne, Jean-François

Lyotard et Alain Touraine débattaient interminablement des mérites comparés de Montherlant et de Gide[61]. Dans les khâgnes de l'après-guerre, l'univers des khâgneux, jusque-là placé avant tout sous le signe de la littérature, connaît une manière de révolution copernicienne. C'est la philosophie qui, désormais, va constituer la voûte intellectuelle et fournir les points de repère culturels. Parmi les «maîtres» et les «éveilleurs», du reste, les philosophes vont insensiblement ravir la première place aux littéraires : un Jean Hyppolite, un Ferdinand Alquié, un Étienne Borne ou un Jean Beaufret exerceront ainsi un magistère moral sur certains de leurs khâgneux. Et, la relève d'âge aidant, peu à peu Husserl, Heidegger, Hegel et Marx investiront des khâgnes qui devaient peu jusque-là – Kant exclu – à la philosophie d'outre-Rhin.
Ces khâgnes continueront pourtant à assurer leur fonction de conservatoire. L'influence de leurs enseignants en fera, en effet, un archipel philosophique au moment où le reste de la société culturelle française – et notamment une partie de l'Université – entrera dans les «années» Lévi-Strauss, Lacan et bientôt Foucault.

Les gardiens de la mémoire des mots

Destin singulier, somme toute, que celui de la khâgne. La solidité de l'institution, sa cohérence ont été à l'égal de celles des écoles de rhétorique d'autrefois. Des décennies durant, elle a traversé les réformes sans atteinte sensible et la suppression du discours latin l'a rajeunie sans la modifier. Elle a surmonté sans préjudice apparent les crises politiques comme les crises intellectuelles, les absorbant ou les dédaignant. Individuellement, les khâgneux ou leurs professeurs ont pu être touchés par les turbulences de l'actualité et s'y engager, le système, lui, a continué à fonctionner selon sa logique propre, n'enregistrant de ces apports extérieurs que ce qui lui convenait, après un savant travail de digestion. Circonspect sans être totalement fermé, ce noviciat a longtemps coulé ses produits dans le même moule, avec la même conviction et surtout au milieu de l'approbation générale, les participants se félicitant, même s'ils rechignaient parfois, de cette fidélité à une tradition qui sut si bien durer. Tous les participants ou presque, car les révoltes, en somme, ont été rares, comme furent rares les emballements pour des mouvements d'avant-garde. Un Nizan, un Richepin ont été des exceptions, et pas toujours durables. Il n'y eut guère de khâgneux dans le surréalisme ou dans le nouveau roman. Et Julien Gracq, après les audaces toutes relatives du *Beau Ténébreux* et du *Château d'Argol*, retrouva les chemins assagis du *Rivage des Syrtes*. L'esprit de la khâgne n'était ni anesthésié ni indifférent, mais toujours préoccupé de fabriquer des équilibres successifs

La khâgne

grâce à une alchimie éprouvée où se combinent le sentiment de l'unité de la culture, le respect de la tradition et une grande activité d'analyse et de synthèse qui fait son miel de tout apport.

On ne s'étonnera donc pas de rarement trouver parmi les écrivains sortis de la khâgne des auteurs subversifs ou épris de fantastique. C'est sur des coteaux plus modérés qu'ils ont fait leurs armes, et un Céline khâgneux, par exemple, est difficilement imaginable : son univers fut bien peu compatible avec l'ordonnance raisonnable du monde selon Vara. Le comique un peu laborieux de Jules Romains, la verve un peu appliquée d'Edmont About donnent la mesure d'une fantaisie qui ne saurait perdre de vue le réel.

De fait, c'est une imagination très maîtrisée qui attire au sortir des disciplines de la khâgne les plus fantaisistes d'entre les khâgneux : les contrôleurs des hypothèques, certes, y deviennent magiciens, les héros tragiques maîtres de ballet diserts, la sorcellerie germanique y déploie ses prestiges, mais le monde de Giraudoux demeure celui de La Fontaine : celui des enfants sages aux lectures fécondes. Et Jean d'Ormesson reconstruit, avec un clin d'œil, la gloire d'un empire aussi faux que vraisemblable. Tout n'est pas pour autant livresque dans ces imaginations : il demeure bien de la fraîcheur dans les évocations de jeunesse de Maurice Genevoix ou de Jean Mistler, et on ne peut que saluer avec émotion la poésie du *Grand Meaulnes*.

Il reste que ces anciens khâgneux à la fantaisie à la fois débridée et studieuse empruntent surtout au charme de l'école buissonnière. L'effet propre et le plus général de la khâgne sur la littérature française depuis plus d'un siècle est ailleurs : c'est lui qui donne à des œuvres fort différentes comme un air de famille et permet de reconnaître – ou de croire reconnaître – un khâgneux comme on croit reconnaître un militaire sous l'habit civil. Cette empreinte, Thibaudet l'avait décelée quand il parlait à propos de Taine des « Régents ». Elle est le résultat, on l'a vu, d'une sorte de dressage consenti, d'une pratique conjuguée de la rhétorique et de la philosophie ; elle consiste dans une démarche qui se veut, avant toute chose, démonstrative et ordonnée. C'est celle de Taine, celle de Faguet, celle que Brunetière puis Lanson inculquèrent à leurs élèves. Une prose abondante mais contrôlée qui porte avec discipline la pensée. Cette sorte d'écriture, quel que soit son sujet, se laisse reconnaître à la limpidité de sa logique, à l'organisation de ses paragraphes, à la clarté de ses articulations. À lire d'affilée Taine, Bergson, Sartre, Aron, Althusser, Foucault, on ne peut échapper au sentiment que s'ils ne constituent pas une famille d'esprit, ils sont entre eux apparentés par leur mode de raisonnement ou d'expression, conséquence d'une gymnastique assidue en leurs khâgneuses années. On peut priser ou non ce type de littérature qui s'apparente à la littérature de thèse, en dénoncer le côté vite démodé, le caractère systématique ou le moralisme implicite, on doit y reconnaître un territoire important de nos lettres, à peu près totalement colonisé par les khâgneux dans un esprit qui rappelle celui des Encyclopédistes.

De surcroît, toutes les familles d'esprit issues de la khâgne, dogmatiques ou fantaisistes, ont un point commun : une révérence absolue pour le langage, le respect du mot allant jusqu'à la préciosité, la coquetterie du style malicieux ou de la formule bien frappée[62]. Et dans la mise en question du discours qui agita le monde des lettres depuis le dernier conflit, il faut noter la mesure dont fit preuve le peuple des khâgnes, même parmi ceux qui prirent part à la controverse, à l'égard de ce malheureux langage contesté et sommé de révéler ses niveaux comme ses non-dits. Qu'il s'agisse de Genette, de Barthes ou d'autres, c'est avec sollicitude et non avec une rage de dissection qu'ils se sont penchés à son chevet.

S'il reste difficile, malgré tout, de cerner l'ancien khâgneux en littérature, c'est peut-être justement parce qu'il doit à sa formation de ne jamais accuser les angles, de vulgariser plutôt que d'inventer, de réintégrer dans un ensemble plutôt que de souligner les originalités. Autant de traits qui ont fait des anciens élèves des premières supérieures les gardiens de la mémoire des mots et des tournures, et de ces classes à la fois la matrice, le concentré et le miroir d'une certaine forme de culture.

---

1. André Gide, *Journal, 1889-1939*, Paris, Gallimard, Bibliothèque de la Pléiade, 1948, p. 741 ; François Mauriac, *Le Nouveau Bloc-notes (1958-1960)*, Paris, Flammarion, 1961, p. 343.

2. *Lire*, n° 68, avril 1981, pp. 38 *sq.*

3. Robert J. Smith, *The Ecole Normale Supérieure and the Third Republic*, Albany, State University of New York Press, 1982.

4. Ce sont ces aspects sociaux, politiques et intellectuels des khâgnes des années 1920 que nous avons étudiés dans la première partie de notre thèse de doctorat d'État d'histoire contemporaine (*Khâgneux et normaliens des années vingt. Histoire politique d'une génération d'intellectuels [1919-1945]*, dact., Université de Paris X, 1986, Fayard, 1988). Les deux autres parties sont consacrées à l'éveil puis aux itinéraires politiques de la génération des khâgneux nés aux alentours de 1905, la génération de Sartre et Aron.

5. Ces invectives entre élèves des classes préparatoires s'inscrivent elles-mêmes dans une tradition littéraire qui fait du normalien, et par extension de l'apprenti normalien, un être chétif et ridicule. On pourrait, sur ce thème, multiplier les citations. D'un tel florilège, retenons ici quelques vers du sonnet de Louis Veuillot intitulé *Nos païens*:

> Ces païens enragés que l'on voit par essaims
> S'envoler tous les ans de l'École normale,
> Ces grands adorateurs de Vénus animale,
> Qui parlent de reins forts et de robustes seins,
> Regardez-les un peu : la plupart sont malsains...

La khâgne

6. Gaston Esnault, *Dictionnaire historique des argots français*, Paris, Larousse, 1965, p. 104.

7. Jacques Rivière et Alain-Fournier, *Correspondance, 1905-1914*, Paris, Gallimard, 1926, t. I, p. 142, t. II, pp. 83 et 128.

8. Jean Guitton, *Écrire comme on se souvient*, Paris, Fayard, 1974, pp. 101, 118 et 120 ; Maurice Le Lannou, *Un bleu de Bretagne. Souvenirs d'un fils d'instituteur de la Troisième République*, Paris, Hachette, 1979, p. 176 ; Raoul Blanchard, *Ma jeunesse sous l'aile de Péguy*, Paris, Fayard, 1961, p. 133.

9. Maurice Baumont in *Louis-le-Grand 1563-1963. Études, souvenirs, documents*, Paris, 1963, p. 241 ; Paul Guth, *Jeanne la Mince et l'amour*, Paris, Flammarion, 1962, p. 220.

10. Jules Isaac, *Expériences de ma vie*, I, *Péguy*, Paris, Calmann-Lévy, 1959, p. 45 ; Jean Prévost, « Dix-huitième année », *Nouvelle Revue française*, t. XXXI, 1928, p. 816.

11. Louis Bertrand, *Hippolyte porte-couronnes*, Paris, Fayard, 1932, pp. 47-125.

12. Id., *ibid.*, p. XII.

13. André Bellessort, *Le Collège et le monde*, Paris, Gallimard, 1941, p. 70.

14. Jules Michelet, *Introduction à l'histoire universelle*, dans *Œuvres complètes*, II, 1828-1831, éditées par Paul Viallaneix, Flammarion, 1972, pp. 290-291. L'*Introduction à l'histoire universelle*, publiée en 1831, a été écrite en 1830 (*ibid.*, pp. 10-11).

15. Jean Guéhenno, *La Foi difficile*, Paris, Grasset, 1957, p. 74.

16. Oral de français de 1928, rapport des examinateurs Gaiffe et Ascoli (*Revue universitaire*, n° 1, 1929, p. 197).

17. Jules Isaac, *op. cit.*, pp. 94-95.

18. Etiemble, *Peaux de couleuvre*, t. I, Paris, Gallimard, 1948, p. 192.

19. Sur ces mariages endogènes, *cf.* les chiffres donnés par Pierre Bourdieu et Monique de Saint-Martin, à partir de l'étude de six promotions ulmiennes de 1948 à 1953 («Les catégories de l'entendement professoral», *Actes de la recherche en sciences sociales*, n° 3, mai 1975, pp. 68-93, plus précisément p. 87).
Nous avons, pour notre part, étudié le cas historiquement daté des «archicubesses» qui furent admises rue d'Ulm de 1927 à 1939 : vingt-cinq exactement. Sur les quinze qui prirent mari, dix le choisirent dans le vivier de la rue d'Ulm.

20. Henri Quefellec, *Un Breton bien tranquille*, Paris, Stock, 1978, p. 114.

21. « À propos de la triste khâgne ; réponse à un iconoclaste », *L'Étudiant français*, 25 janvier 1936, p. 3.

22. Raoul Blanchard, *op. cit.*, p. 134 ; Jean Guitton, *op. cit.*, p. 118 ; Pierre-Henri Simon, *Ce que je crois*, Paris, Grasset, 1966, p. 29 ; Jean Giraudoux, *Le Figaro*, 19 décembre 1934, et préface à l'ouvrage de J. Reignup, *L'Esprit de Normale*, Paris, Éditions Spes, 1935, p. 8.

23. Léopold Sédar Senghor, *Liberté, I*, Paris, Éd. du Seuil, 1964, p. 404, et *Louis-le-Grand 1563-1963, op. cit.*, p. 248.

24. «C'est dans les classes de khâgne ou dans les cours d'agrégation des écoles normales supérieures que se développe de la façon la plus caractéristique l'esprit de la nouvelle rhétorique, ou encore, pour emprunter une expression qui fit fortune dans un tout autre domaine, la *mystique du plan*» (Gérard Genette, «Enseignement et rhétorique au XXe siècle», *Annales E.S.C.*, 21e année, n° 2, mars-avril 1966, pp. 292-305).

25. J. Reignup, *op. cit.*, pp. 2 et 15.

26. Christophe Charle, «Le recrutement des hauts fonctionnaires en 1901», *Annales E.S.C.*, 35e année, n° 2, mars-avril 1980, pp. 380-409, citation p. 382.

27. Nous avons déjà proposé une telle analyse dans «The École Normale Supérieure and elite formation and selection during the Third Republic», *Elites in France*, éd. J. Howorth et

P. G. Cerny, Londres, Frances Pinter, 1981 ; *cf.* également notre article « Khâgneux et normaliens des années vingt : contribution à l'histoire des intellectuels français », *Bulletin de la Société d'histoire moderne*, n° 1, 1984, et surtout, plus longuement, notre thèse signalée ci-dessus note 4, pp. 284-362 et 1388-1453.

28. Maurice Barrès, *Les Déracinés*, Paris, E. Fasquelle, 1897, p. 19. Sur Auguste Burdeau, *cf.* Jean-François Sirinelli, « Littérature et politique : le cas Burdeau-Bouteiller », *Revue historique*, t. CCLXXII, 1984, pp. 91-111.

29. Charles Glachant, « cacique » de l'École normale supérieure en 1845, fut nommé en 1866 directeur du personnel au ministère de l'Instruction publique puis, deux ans plus tard, inspecteur général ; il occupa ce poste pendant vingt-trois ans, jusqu'à sa mort en 1889. Et c'est en 1869 qu'il avait « découvert » Auguste Burdeau. Il n'y a donc pas, semble-t-il, en ce qui concerne l'aiguillage de l'élite des boursiers par les inspecteurs en tournée, et contrairement à ce qu'écriront certains contemporains, de solution de continuité entre la fin du second Empire et la IIIe République.

30. Édouard Herriot, *Jadis*, I, Paris, Flammarion, 1948, pp. 38-39.

31. René Maublanc, *Front national*, 4 juillet 1946.

32. Marc Soriano, « Trois livres de l'autre monde », *Europe*, n° 59, novembre 1950, p. 129.

33. Henri de Lubac, *Paradoxes*, Paris, Le Caillou blanc, Éditions du livre français, 1946, pp. 50-51.

34. Robert Brasillach, *Notre avant-guerre*, Paris, Plon, 1941, p. 7.

35. *Bulletin officiel du ministère de l'Éducation nationale*, numéro hors série, 16 novembre 1944, « Rapport général sur les travaux de la Commission pour la réforme de l'enseignement, présenté par Marcel Durry, Alger, août 1944 », rubrique n° 20, p. 26, « Les Grandes Écoles ».

36. La tradition est ainsi maintenue par rapport à l'avant-guerre. En 1929 également, il y avait eu six reçus sur quatorze, dont quatre dans les cinq premiers : Jean-Paul Sartre, Pierre Boivin, Jean Hyppolite et Paul Nizan, parmi lesquels s'intercalait un seul non-normalien, ou plus précisément une non-normalienne, Simone de Beauvoir, classée deuxième. Et en histoire aussi, la rue d'Ulm distille chaque année une pincée d'agrégés, généralement placés en tête : trois reçus sur vingt et un en 1949, dont les deux premiers, quatre sur vingt en 1951, dont le premier et le quatrième. En 1950, les normaliens Maurice Agulhon, Pierre Jeannin, Jacques Le Goff et Alain Touraine sont reçus respectivement premier, deuxième et quatrièmes *ex aequo*, un seul non-normalien, Robert Mandrou, adjoint d'enseignement à Paris, s'intercalant à la troisième place. En 1929, à cette même agrégation d'histoire, cinq reçus sur dix-huit étaient normaliens, dont les trois premiers : Alphonse Dupront, Henri Marrou et Jean Bruhat.

37. 54 % précisément en 1946 contre 40,8 % en 1930 pour les chaires provinciales et 44 % et 58 % aux mêmes dates pour les chaires littéraires de la Sorbonne (d'après Victor Karady, « Recherches sur la morphologie du corps universitaire littéraire sous la Troisième République », *Le Mouvement social*, n° 96, juillet-septembre 1976, pp. 47-49 et p. 57).

38. *Revue universitaire*, 1957, n° 4, juillet-octobre 1957, p. 202 (discours prononcé au lycée Henri-IV le 27 juin 1957).

39. André François-Poncet, à la réunion annuelle de l'Association amicale de secours des anciens élèves de l'École normale supérieure (14 janvier 1962, *Annuaire* de l'Association, 1962, p. 17).

40. Pierre Gaxotte, *Les Autres et moi*, Paris, Flammarion, 1975, p. 17.

41. Id., *ibid.*

42. Jacqueline de Romilly, *L'Enseignement en détresse*, Paris, Julliard, 1984, p. 136.

43. Jules Michelet, *loc. cit.*

44. Hervé Hamon et Patrick Rotman, *Les Intellocrates*, Paris, Ramsay, 1981, pp. 226 *sq.* Parmi

La khâgne

les témoignages sur les khâgnes parisiennes de cette époque, citons, par exemple, Emmanuel Le Roy Ladurie, *Paris-Montpellier*, Paris, Gallimard, 1982, pp. 25 *sq.*; XXX (en fait Pierre Nora), «Khâgne 1950», *Le Débat*, n° 3, juillet-août 1980, pp. 88-101; Jean Cau, *Croquis de mémoire*, Paris, Julliard, 1985, pp. 72-79. Cette génération fut, pour une part notable, attirée à cette époque par le communisme (sur ce sujet, *cf.* notre article «Les normaliens de la rue d'Ulm après 1945: une génération communiste?», dans la *Revue d'histoire moderne et contemporaine*).

45. Sur cette génération, cf. notre étude *Les Intellectuels et Pierre Mendès France: un phénomène de génération?* (colloque organisé par l'Institut d'histoire du temps présent [C.N.R.S.] en 1984 sur «l'expérience Mendès France (1954-1955) et le mendésisme», Paris, Fayard, 1985) et, plus largement, notre chapitre «À la recherche de la France contemporaine» de la nouvelle édition du tome II de l'*Histoire de la civilisation française* de Georges Duby et Robert Mandrou (Paris, Armand Colin, 1984).

46. «C'est une question de génération, explique Bernard-Henri Lévy. Tous les auteurs que je publie sont à peu près du même âge que moi et sont devenus mes amis. Il y a, d'une certaine manière, des lieux élus: la khâgne de Louis-le-Grand, l'École normale supérieure, ou encore le groupe formé par les dissidents de l'Union des étudiants communistes au milieu des années 60» (Claude Sales, «L'intelligentsia», *Le Monde de l'éducation*, février 1977, p. 10).

47. François Furet, Antoine Liniers et Philippe Raynaud, *Terrorisme et démocratie*, Fondation Saint-Simon, Paris, Fayard, 1985, pp. 197-198.

48. Régis Debray, *Le Pouvoir intellectuel en France*, Paris, Ramsay, 1979, p. 62.

49. Extrait de la préface d'André Bridoux à l'un des volumes de la Pléiade consacrés à Alain (*Les Passions et la Sagesse*, Paris, Gallimard, Bibliothèque de la Pléiade, 1960, p. XIII).

50. Robert Brasillach, *op. cit.*, pp. 11-13. Sur André Bellessort, cf. notre article «Biographie et histoire des intellectuels: le cas des "éveilleurs" et l'exemple d'André Bellessort», *Sources. Travaux historiques*, n° 3-4, 1985.

51. Arch. nat. F 17 23814.

52. Pierre Gaxotte, *Les Autres et moi, op. cit.*, p. 12.

53. André Chaumeix, *Le Lycée Henri-IV*, Paris, Gallimard, 1936, p. 99.

54. «Ce brillant professeur de rhétorique, ce lettré qui faisait de sa classe une conversation à la fois instructive et séduisante» (*Discours de réception de M. André Bellessort. Réponse de M. André Chaumeix*, Paris, Librairie académique Perrin, 1936, pp. 60-61).

55. *L'Action française*, 4 juin 1931.

56. Paris, José Corti éditeur, 1980, p. 187.

57. Nous avons plus longuement exposé cette distinction entre «entraîneurs», «maîtres» et «éveilleurs» lors du colloque sur le personnel de l'enseignement supérieur en France aux XIXe et XXe siècles organisé en juin 1984 à la Maison des sciences de l'homme par l'Institut d'histoire moderne et contemporaine, *Aux lisières de l'enseignement supérieur: les professeurs de khâgne vers 1925* (Actes publiés par Christophe Charle et Régine Ferré, Éditions du C.N.R.S., 1985, pp. 111-129). Sur la notion d'«éveilleurs», cf. aussi notre article signalé ci-dessus à la note 50.

58. Pierre Bourdieu, «Épreuve scolaire et consécration sociale. Les classes préparatoires aux Grandes Écoles», *Actes de la recherche en sciences sociales*, n° 39, septembre 1981, pp. 3-70, citation p. 14. L'expression avait déjà été utilisée, à propos de ces mêmes professeurs de khâgne, par Jules Isaac (*Expériences de ma vie, I, Péguy, op. cit.*, p. 51).

59. Vers de Charles Lafont, normalien de la promotion de 1870 qui enseigna le thème latin et la version grecque aux khâgneux de Louis-le-Grand de 1902 à 1919, reproduits dans la notice que lui consacra son ancien élève Albert Thomas – qui suivit ses cours dans la khâgne de Michelet à la fin du XIXe siècle – dans l'*Annuaire* de l'École (1932, p. 21).

60. Jean Touchard, *Littérature et politique*, Institut d'Études politiques de Paris, t. II, dact., p. 43.
61. Alain Touraine, *Un désir d'histoire*, Paris, Stock, 1977, p. 21.
62. Comme le souligne à juste titre Gérard Genette (*op. cit.*, p. 303), «la seule valeur proprement esthétique que l'on puisse encore y (*i.e.* dans le style dissertatif) rencontrer, c'est le *brillant*, c'est-à-dire l'art de la "formule". En un certain sens, la *formule brillante* (et l'on sait combien le style essayiste de notre époque honore et pratique cette valeur) est tout simplement une figure de rhétorique».

ALAIN REY

Les Trésors de la langue

> *Un excellent homme de l'Antiquité nous enseigne, que ce n'est pas estre peu heureux que de pouvoir donner la nouveauté aux choses vieillies, la lumière aux obscures, l'agrément à celles qui ont déplû, et en un mot de ressusciter, s'il faut ainsi dire, celles qui estoient comme ensevelies dans les tenebres de l'oubli.*
>
> Pierre Borel, Epistre à Conrart
> (Tresor de recherches et antiquitez gauloises et françoises reduites en ordre alphabetique).

La mémoire de la tribu

Les procédés qui confèrent à la parole humaine une durée, ceux qui donnent au signe tracé – aussi primitif que la voix, sans doute – valeur de message fondent la rencontre du langage et de la mémoire. L'écriture, puis l'enregistrement permettent de conserver, de reproduire, donc de produire, du sens. Parmi les recueils où nos civilisations graphiques rangent leurs «paroles gelées», le plus significatif est peut-être le dictionnaire. Par son découpage selon les signes du lexique, il est plus et mieux qu'un conservatoire, car il distribue le discours d'une culture en profondeur, en utilisant la nature même de sa langue. Les mots, les noms forment alors un cadre où l'on peut répartir la vision du monde, l'appréhension du réel telles qu'elles se sont incarnées en un code, le français par exemple, ou plutôt dans ses états successifs, les usages de cette langue.

Le trésor des mots est fait de la richesse des formes et des significations, liées par des relations très complexes, très souples, mais suffisamment régulières pour qu'une communauté puisse s'y exprimer, y communiquer – et se souvenir. Certes, les traditions orales assument ces fonctions, mais par d'autres procédés. Chez elles, l'ordre du récit, qui est celui du temps, domine toute mémoire. Le dictionnaire, appuyé sur l'écrit, casse cet ordre pour y substituer une raison, une *ratio* semi-consciente, collective. Cette raison-dans-le-langage est aussi une déraison et cet ordre un désordre. Le temps, qui met en perspective le chaos des faits et le bruissement du discours, l'histoire, qui cherche à circonscrire et à réduire le hasard, alimentent et utilisent cette singulière faculté, le souvenir.

Trésor de mots, le dictionnaire mémorise les signes pour analyser leur action, plus encore que leur nature. Miroir brisé, il reflète l'image temporelle d'une fonction sociale élémentaire, celle qui, articulant par le langage la pensée et l'affect, aboutit au sentiment communautaire.

L'histoire commence avec les textes ; la préhistoire avec cette faculté de pensée-parole, nommée d'un terme unique par les Grecs : *logos*. L'écriture, lentement élaborée, est la plus puissante machine à souvenirs, à vérités et à mensonges conservés. Des signes hors langage, monuments et institutions, des actes mêmes, qui s'évaporent avec le temps, il a fallu, il faut parler d'eux pour qu'ils vivent au présent, pour nous. Et l'histoire tout entière, par une tension contrariée, va de l'exégèse sacrée à la philologie, entendue au sens où Renan la transfigure, dans *L'Avenir de la science*.

L'historien s'adresse à ce que le linguiste nomme « discours », et cet ouvrage même en est le témoin. En deçà, règne ce pouvoir inépuisable, ce dynamisme qu'est la « langue », système de règles apte à produire des phrases ; c'est un ensemble très complexe, évolutif, lié au monde par la désignation et par la signification, lié à l'imaginaire et aux projets collectifs, et dont la monnaie innombrable est faite de mots.

Le premier « trésor » de toute langue est là, et chaque dictionnaire est une tentative, infirme et engluée dans une pratique sociale immédiate, pour en énumérer les richesses. La mémoire intime de chaque culture, avant ses monuments et ses textes, est déjà enfouie dans son lexique ; l'étymologie et la sémantique historique, parfois, vont la retrouver. La valeur de chaque mot, de chaque locution est à chaque instant, de manière vague et mouvante, fixée par ce dictateur sans visage, ce tyran débile : l'usage. Un effort constant de régulation garantit une communication sociale acceptable, faite de quiproquos limités, d'à-peu-près tolérables, de contresens parfois déjoués ; seules quelques activités sociales et de savoir échappent, par la construction plus formelle et plus immédiate de terminologies, à ce désordre subtil, souvent inaperçu, que véhicule toute langue « naturelle ».

Riche désordre ; désordre de la richesse : car la dimension « diachronique » (comme une saine méthodologie se doit de dire après son grand rénovateur,

Les Trésors de la langue

Saussure) ajoute aux infinies et menues variations de l'échange immédiat les grandes évolutions qui conduisent les signes du langage.

La prise de conscience de ces trajets coïncide avec celle d'une histoire ; y échappent – y échappaient –, dans la fictive éternité du mythe, bien des civilisations orales.

Les dictionnaires français et la métaphore du « trésor »

Constituer pour chaque langue un ensemble de textes qui l'identifient, l'illustrent et peuvent la défendre, donner à ce ruban de paroles conservées un lieu commun où les retrouver et les confronter, tel fut le rêve et le projet de bien des cultures. Bibliothèques, anthologies, dictionnaires, enfin «trésors», à côté des recueils encyclopédiques, cernent un vaste territoire où se projettent les signes nécessaires au savoir, à l'expression des identités, à la communication entre les membres du groupe.

Après les bibliothèques antiques et les scriptoria médiévaux, coïncidant à peu près et non par hasard avec l'apparition de l'imprimerie, le phénomène lexicographique, en Occident, appartient à la Renaissance.

C'est en effet au XVIe siècle qu'apparaissent en Europe occidentale et notamment en France de véritables dictionnaires – après les glossaires du Moyen Âge. Ces dictionnaires sont bilingues ou plurilingues ; succédant aux *Catholicons* du XVe siècle, le premier ouvrage consacré à l'éclaircissement du vocabulaire latin est le *Thesaurus* de Robert Estienne (1523), auquel succéda seize ans plus tard un *Dictionnaire français-latin*. Ainsi, le premier «trésor» de langue rédigé et publié en France ne concerne pas le français ; il épure la description du latin de ses scories tardives et de ses références douteuses (c'est-à-dire médiévales et modernes) ; en outre, il élimine les aspects encyclopédiques, tous éléments que mêlaient les recueils antérieurs. Un tel dictionnaire était devenu nécessaire avec le développement de la pédagogie humaniste ; en milieu français, la glose systématique des mots et expressions du latin préludait à la description de notre langue. De fait, après une série de remaniements qui l'enrichissent, le dictionnaire français-latin d'Estienne donne naissance au premier recueil décrivant assez complètement le lexique français. C'est, lui aussi, un «trésor» ; celui de Jean Nicot, qui voit le jour à l'aube du XVIIe siècle (1606). Formellement, c'est encore un dictionnaire latin-français ; mais le latin n'y joue plus qu'un rôle de repère et la «richesse» du français s'y révèle avec éclat. D'ailleurs, ce repérage latin restera fréquent dans nos dictionnaires, pendant toute la période classique, manifestant que la grande civilisation antique, dans son expression même, reste un *organum* indispensable à l'apprentissage, une référence obligée, un passé inoublié, un héritage. Un trésor à demi caché et toujours disponible.

La métaphore du «trésor», en matière de savoir et de noms, ne date pas de la Renaissance; elle qualifie d'abord, en français, l'accumulation d'un savoir précieux. L'atteste clairement le texte d'ouverture de la plus remarquable encyclopédie médiévale en langue vulgaire, œuvre du Florentin Brunetto Latini (né vers 1230, mort en 1294):

> Cist livres est apelés Tresors; car si come li Sires qui veut en petit leu amasser chose de grandisme vaillance [valeur] seulement, mais pour acroiste son pooir [pouvoir] [...] i met les plus chieres choses et les plus precieux joiaux que il puet, selonc sa bone entencion, tout autressi est li cors de cest livre compilez de sapience [...].

Latini compare les trois parties de son ouvrage, de manière hiérarchique, à de l'argent de poche, aux «deniers contans» – et c'est le savoir théorique –, aux pierres précieuses «qui donent à home delit et vertu» – c'est à savoir la philosophie pratique (la morale) et la logique; enfin au «fin or» que constituent l'art de parler aux hommes (la rhétorique) et celui de les gouverner «meesmement selon les us as [aux] Ytaliens».

Ainsi, à côté de *Speculum* ou de *Miroir*, image traditionnelle du signe-reflet du monde, lié aux grands réseaux allégoriques de la pensée médiévale, la référence aux fondements économiques du pouvoir est, bien avant l'épanouissement humaniste et les «Temps modernes», clairement mise en scène. Latini élimine le savoir théologique – non certes par incrédulité ou obscure volonté polémique – et subordonne la morale même (allégorisée par les pierres précieuses, dont la valeur marchande est pénétrée de pouvoir symbolique) à la force *politique* du langage et d'un sage gouvernement.

L'histoire même du mot *trésor*, dans cet emploi, manifeste un esprit de pragmatisme bien éloigné du désintéressement scientifique. Les humanistes du XVIe siècle n'ont pas pu oublier cette tendance; la vogue des «trésors» depuis Pasquier (Nicot, on l'a vu, mais aussi le *Tresor de recherches et antiquitez gauloises et françoises* de Pierre Borel [1655]) et bien d'autres jusque vers la fin du XVIIe siècle[1] doit en témoigner.

Cependant, dès le XVIe siècle, les recueils systématiques décrivant plusieurs langues ou une seule se nomment plus souvent «dictionnaires» (du latin *dictio*) ou «vocabulaires». Vers la fin du XVIIe siècle, la métaphore du trésor se trouve presque totalement éliminée pour plus de deux siècles[2]. À vrai dire, les titres sont sans invention et sans surprise. On est loin de l'imagination métaphorique de la grande tradition médiévale occidentale, et surtout de celle des

Les Trésors de la langue

Arabes et des Chinois – où se retrouve d'ailleurs, appliquée à la mise en mémoire du langage, l'image de la richesse et des choses précieuses[3].

Mais, on l'a vu, l'encyclopédie-trésor n'était nullement fondée sur l'idée de thésaurisation. Jusqu'à la période classique, il s'agit encore de suggérer une mise à l'abri volontaire et délibérée de valeurs menacées, sinon pour un usage aussi précis que le gouvernement des hommes, du moins pour une maîtrise efficace des relations entre cultures, par la connaissance de langues étrangères, mortes ou vives, ou pour une maîtrise du discours social par la rhétorique (ainsi le *Trésor de l'éloquence* de Behourt), fins pratiques et non contemplatives. Comme il est normal, les langues anciennes sont surtout les bénéficiaires de ce conservatoire. Si le dictionnaire de Nicot, dans lequel la langue française alors moderne est le principal objet, porte un tel titre, c'est parce qu'il procède du dictionnaire français-latin d'Estienne, revers du *Thesaurus* latin.

Au-delà des désignations, un courant constant emporte les dictionnaires français de la pédagogie du «bon usage» et du réglage de la norme – reflet dans les mots d'une politique centralisatrice – à la maîtrise des choses. Tel est du moins le mouvement général, de la Renaissance à l'âge des Lumières. Cependant, entre Nicot et le dictionnaire de Pierre-César Richelet (1680) ou celui que l'Académie française achève en 1694, répondant à la volonté de Richelieu avec d'infinis retards, une mutation s'est accomplie. L'abandon du latin, même à titre de repère, s'achève alors; à l'instar du pédagogue Richelet, les Académiciens conçoivent leurs recueils comme des guides du bien dire, non pas comme des lieux de mémoire. Ce sont les étymologistes, aux premiers rangs desquels figure Ménage, et des chercheurs comme Pierre Borel qui récupèrent alors le passé des mots. Depuis le règne de Louis XIV jusqu'à nous, un travail immense, souvent discret, d'abord maladroit faute de connaissances et de doctrine, est sans cesse repris aux fins de réunir et d'expliquer les traces conservées (au nom du style marotique, par exemple), de retrouver les traces perdues des usages anciens de la langue et de l'origine des mots.

Sont à l'œuvre, dès le XVIIe siècle, deux formes de mises en mémoire concernant le matériel de la langue: celle des récits et des poèmes du passé, à demi compréhensibles, à peu près oubliés, et dont l'identité langagière est à vrai dire douteuse: cette «vieille langue» est-elle encore du français? Celle des sources lointaines et vénérables qui rapprochent les mots, devenus opaques, de leur raison perdue: l'étymologie. Dictionnaires d'ancien français[4] et recueils étymologiques constituent avant le XIXe siècle un monde à part, une tentative première pour rassembler et thésauriser un capital. En outre, les dictionnaires généraux, Furetière, l'Académie, les «Trévoux», le dictionnaire critique du jésuite marseillais Féraud, n'omettent pas les archaïsmes, pour des raisons essentiellement stylistiques.

Après l'*Encyclopédie* et ses suites, après la Révolution et l'Empire, le paysage change. La lexicographie française produit une série d'ouvrages pratiques, mêlant langue courante et terminologies, description des signes et informations sur le monde. Ces dictionnaires, dont les plus notables sont ceux de Boiste (depuis 1800), de Laveaux (1820 et 1828), de Raymond (1832), de Napoléon Landais (1834), de Maurice Lachâtre, de Bescherelle (1845) ou de Poitevin, sont des compilations sans grande originalité : mais ils manifestent un besoin mémoriel profond, au-delà de leurs intentions didactiques explicites. L'intérêt de Nodier pour le travail de Boiste, la belle préface de Villemain pour l'édition de 1835 du dictionnaire académique, le riche complément de Barré (1842) pour ce même ouvrage, l'apparition de citations littéraires chez Poitevin marquent plus explicitement la double finalité : répertorier et fixer les vocabulaires nécessaires pour nommer les choses ; mais aussi, rassembler un trésor culturel.

Cependant, l'érudition française classique avait donné un remarquable exemple de sa vitalité avec Du Cange (1610-1688), qui fit redécouvrir le bas latin et une bonne partie de l'univers mental du Moyen Âge[5]. Son *Glossarium ad scriptores mediae et infimae latinitatis*, augmenté par les bénédictins (1733, puis 1766 – dom Carpentier), rassemble une somme impressionnante concernant un temps méconnu et un état de langue jusqu'alors méprisé.

Entreprises un siècle plus tard, les recherches de Lacurne de Saint-Palaye (1697-1781) portent sur le français et l'occitan médiévaux. Mais Lacurne ne put éditer de son vivant qu'une infime partie de son *Glossaire français* dont les matériaux emplissaient cent in-folio manuscrits, répertoriés après sa mort. Publiée trop tard, entre 1875 et 1882, sous le nom de *Dictionnaire historique de l'ancien langage français*, cette somme philologique fut éclipsée par le travail d'un quasi-contemporain de Littré, Frédéric Godefroy ; il n'en reste pas moins qu'elle témoigne de l'importance extrême de la mémorisation du langage à l'époque classique. Lacombe, auteur d'un plus modeste glossaire, écrivait en 1767 : « Monsieur de Saint-Palaye [a] bien voulu me communiquer le recueil immense de tous nos Poëtes Provençaux, tresor precieux où brille également l'érudition la plus vaste, le goût le plus vrai, le discernement le plus exquis. »

Ces travaux, qui réunissent en un vaste corpus le bas latin lentement redécouvert, l'occitan et le français du Moyen Âge avec leurs variétés, ouvrent sans aucun doute la voie aux « trésors » langagiers du XIXe siècle.

Parmi ceux-ci, le plus célèbre est évidemment le *Littré*, qui ne doit cependant pas éclipser le *Dictionnaire de l'ancienne langue française et de tous ses dialectes, du IXe au XVe siècle*, par Frédéric Godefroy. Le premier volume de cette somme parut en 1881, l'année même de la mort de Littré, le « cher et vénéré maître » auquel Godefroy dédiait son œuvre. De nature différente – l'un s'adressant à un public large, sinon vaste, l'autre destiné aux seuls érudits ; l'un consacré à une langue vive, l'autre à un passé révolu –, ces deux « monuments » sont de fidèles reflets d'un « esprit du temps », en linguistique. Cet esprit se résume en un mot : *philologie*, et implique une immense accumulation de données par le retour aux textes, une mise en perspective historique. Ce sont ces aspects mémoriels qui prévalent, bien plus que le souci analytique et sémantique propre à la lexicographie moderne.

Cependant, de ces superbes tombeaux de la langue, le seul à se prétendre source de vie est bien le *Littré*[6]. Avec lui, s'incarne la réconciliation de la science et du poétique, précisément de Renan et de Mallarmé – alors que la référence idéologique revendiquée en est Auguste Comte. Les discours du passé ne sont pas seulement pour Littré une richesse accumulée ; ils garantissent la force vitale et la qualité pérenne de *notre* langue, de la parole des humbles vivants dans l'ombre des grands morts. Socialement, ces vivants sont les bourgeois français cultivés et libéraux qui président à la naissance de la IIIe République. C'est toute la notion du langage qu'Émile Littré enveloppe dans cette mémoire des textes. Rapidement devenu l'oracle du bon usage, parce qu'il se donnait pour le simple témoin de l'histoire – encore que ses choix trahissent une forte volonté –, Littré éliminait du témoignage ses contemporains. Hors de toute actualité – sauf dans son *Supplément* (1877) où un repentir sociologique le tourmente –, il dessinait pour l'avenir une image cumulative, étant respectueux des valeurs mêmes qu'il contestait. Ainsi cet agnostique, ce positiviste se réfère sans cesse aux grands prédicateurs de la fin du XVIIe siècle, qu'il juxtapose aux philosophes des Lumières. Ces rapprochements, cette intertextualité, cette communion dans l'atmosphère blanche et pure du « bon usage » a des effets intellectuels et poétiques inattendus. Souvenirs et amnésies composent une marqueterie, un vaste collage où se dessinent des figures nouvelles, un labyrinthe où deviennent possibles toutes sortes de trajets. De grands artisans en langage – tel Francis Ponge – ne s'y sont pas trompés.

Aux antipodes de Littré, que soutenait et publiait Louis Hachette, et malgré une philosophie politique et morale voisine, voici son contemporain Pierre Larousse, dont le *Dictionnaire universel* se veut moins un trésor qu'un outil. Encyclopédiste et pédagogue, politiquement présent à son temps, soucieux de donner aux idées qu'il défend l'expression la plus riche, Larousse n'est ni un philologue, ni un poète, ni vraiment un linguiste : l'image de son œuvre, avec celles de Lavisse, de Ferdinand Buisson, d'Augustine Fouillée[7], c'est bien celle d'un lieu mémoriel spécifique, qui nous transmet le grand projet didactique républicain, avec cette nostalgie propre aux entreprises avalées par l'histoire.

La saveur du dictionnaire d'Émile Littré, aussi enivrante, est d'un autre ordre. S'il témoigne pour son époque, c'est indirectement, par des choix et des mises en perspectives. Son œuvre coupe en deux le passé de la langue :

d'une part, les terres de l'oubli, l'ancien et le moyen français, parcourues dans des «historiques» sans autre ordonnance que le temps. De l'autre, le passé-présent, la mémoire vivante érigée en intemporel d'une «langue française» indiscutée: celle qui devrait être la nôtre (une norme) et qui le fut naguère (une somme de textes). Dans cette matière noble et active, faite de proses admirables (Pascal, Bossuet, Saint-Simon, Voltaire, Diderot...) et de la musique du vers (de Malherbe, Racine et La Fontaine au jeune Hugo, en passant, pour notre désillusion, par Delille et les tragédies de Voltaire), Littré découpe ses images, mot par mot, acception par acception, contexte par contexte. Ce découpage semble aujourd'hui insuffisant et incertain aux spécialistes, mais l'essentiel, l'effet poétique et culturel, demeure. Préludant à la lexicographie plus scientifique qu'instaureront Hatzfeld, Darmesteter et Thomas avec leur *Dictionnaire général* (1900), au-delà de la philologie, qui se périme à chaque génération, le génie de Littré fut de proposer à la France une mémoire active de son langage, un temps plus que retrouvé, immobilisé et comme intemporalisé dans une notion quasi pédagogique du «classicisme». Son message sera reçu et mécompris jusqu'à servir de caution à un conservatisme qu'il eût désapprouvé.

Depuis Littré, le dictionnaire – ce type de dictionnaire, littéraire ou du moins culturel, historique et thésaurisant – est devenu l'un des hauts lieux de l'imaginaire collectif. Peut-être plus en France que dans d'autres cultures, cependant pourvues de «trésors», parfois plus parfaits (l'«Oxford»), mais non pas aussi actifs. Cette aventure a ses conditions et ses lois: des épistémologies successives y organisent des passions, parfois des formes de délires, tel le purisme. C'est dans cet espace d'un *imaginaire* travaillé par le projet systématique que la métaphore du «trésor», quasi abandonnée depuis le XVIIe siècle, va réapparaître. On l'a vu, à l'exception de Pougens, les historiens du lexique signent tout simplement des «dictionnaires». Une exception très notable est celle de Frédéric Mistral, admirable lexicographe dans son *Trésor du félibrige*, voué à la renaissance d'une langue en déclin.

Alors, les valeurs précises du terme *trésor*, dans ses usages anciens, de Latini à Estienne et à Borel, semblent avoir été oubliées. Seules les notions de «richesse» et de «valeur culturelle» y sont lisibles. Il ne s'agit plus de récupérer des valeurs en danger ou d'innover dans la mise en rapport de deux langues, mais de continuer l'œuvre littréenne en modifiant son esprit et ses fondements scientifiques.

On notera avec intérêt deux avatars de la métaphore thésaurisante, celle du dictionnaire conceptuel systématique (depuis le *Thesaurus of English Words and Phrases* de Peter Mark Roget, 1832, et tel est le sens de *thesaurus* en anglais) et celle du recueil documentaire de mots clés (on dit alors, en français aussi, *thesaurus*). En 1957, les participants au colloque «Lexicologie et lexicographie française et romane», soucieux de promouvoir un Littré pour notre siècle, parlent en philologues de *Thesaurus*, très probablement selon l'usage allemand, qui emploie le mot à propos des grands dictionnaires de langues mortes, grec et latin[8]. C'est Bruno Migliorini qui leur conseille (p. 200) d'abandonner le latin comme il l'a fait en Italie (*«per un* tesoro *della lingua italiana»*), et d'employer le mot français «trésor». Le conseil fut suivi, et un *Trésor de la langue française des* XIXe *et* XXe *siècles*, dont il sera question plus loin, allait être mis en chantier.

Si cette métaphore du trésor peut resurgir sous des formes différentes, c'est que sa source présente plusieurs possibilités : un trésor est une accumulation, il a une valeur non seulement concrète, mais symbolique, il est conservation, mais aussi (et c'était l'essentiel pour Latini) moyen d'action ; ajoutons qu'après la révolution économique du capitalisme, qui commence fort tôt, il s'oppose à la «banque» comme une accumulation de biens s'oppose à un capital productif. En outre, dans notre imaginaire, un trésor est souvent perdu, enfoui, caché ; éblouissant, mais désordonné : les pièces, les objets d'art, les pierreries y sont mêlés dans des coffres. Le trésor est lointain – l'île... –, inaccessible, souterrain – la caverne... –, c'est la récompense ultime d'une quête ; il est gardé ou interdit, et son accès est dangereux, voire mortel ; sa provenance est inconnue : il est l'objet d'un décryptage ; souvent, son existence et sa conservation sont l'effet d'une catastrophe : naufrage ou tuerie. Ces éléments peuvent être réactivés en une vaste allégorie potentielle. Certes, la métaphore aux trois quarts effacée qui produit un modeste sens figuré a perdu dans l'usage la plupart de ses pouvoirs. Mais c'est précisément le «blanchissement» de cette «mythologie» (pour paraphraser Anatole France et sa «mythologie blanche») qui masque et recèle les valeurs transmises par les signes du lexique ; cette discrétion transmet en secret la mémoire culturelle dans la langue.

Aussi bien, le poids exact du mot *trésor* appliqué aux livres de mots est dans l'harmonie établie entre la description et son objet majeur. Accumulation de richesses cachées ou visibles, un lexique mérite d'être recueilli, exposé, présenté. Il est – comme les trésors de nos églises – musée, exposition et sauvegarde. Recueil dont les seules limites sont pratiques, le dictionnaire-trésor doit répudier tout purisme ; sa conception de la norme est cumulative et les tabous, quand ils s'exercent, y sont inassumés. Ces trésors doivent neutraliser le fonctionnalisme immédiat d'une abstraction synchronique, et s'adonner, sans oublier de décrire le fonctionnement de la langue, à une mise en perspective «diachronique» – plus archéologique, au sens de Foucault, qu'historique –, en contradiction apparente avec la méthodologie linguistique depuis Saussure.

Chasse au trésor

Mais une opposition profonde se dessine, rattachée à une question cruciale : où se situe la mémoire langagière d'une culture nationale ? Où se cache l'essentiel du trésor lexical ?

On pense d'abord, et c'est normal, à l'inscription dans le discours des richesses culturelles – savoir, attitudes, affects, créativité esthétique. Une langue – telle que le français – est dans le souvenir collectif un immense ruban textuel dont la notoriété détache des fragments plus ou moins prestigieux, lambeaux de pourpre ou de bure. Ce grand rouleau littéraire constitue la bande du magnétophone histoire, ou sinon la bandelette d'un cadavre momifié. Or, ces discours sans cesse réutilisés, cités, compris et décompris sont pour partie faits de mots saillants qui les articulent. Dans notre mémoire collective, « liberté » – l'un de ces signes qui agaçaient tant Valéry, l'un de ces « perroquets » multicolores et bruyants, au babil quasi vide de sens à force d'en requérir – n'est plus tout à fait le même depuis certain poème d'Éluard. « Éternité », « azur » ou « bibelot » se ressentent de Mallarmé, comme « joujou » de Baudelaire, ou « assassin » de Rimbaud. Le trésor de la langue et est d'abord cette mémoire-là, qui, à l'appel d'un nom, d'un verbe, d'un adjectif même, fait remonter à la surface, à la mémoire, ces actes de langage encore actifs. Certains mots clés sont ainsi des catalyseurs de textes et condensent ou cristallisent des constellations.

Mémoire anthologique s'il le peut, le dictionnaire ne doit pas s'en tenir au discours littéraire. Mais hors de ce courant essentiellement « poïétique » (créateur et langagier – le signifiant ne s'y laissant jamais dissoudre), les ennuis historiques commencent. En effet, la parole du savant, du penseur, du journaliste, du professeur est engluée dans l'idée, dans le temps de l'idée. Échappant à la forme, qui est garantie de durée, elle connaît de multiples morts. Que Descartes physicien, Fermat, Buffon, Cuvier même écrivent mieux que bien, nul n'en doute. Mais ils n'écrivent pas – ou pas seulement – dans le langage ; ils ne tiennent pas leur réalité de l'inévitable lien entre expérience et mots. Ils se servent des mots plus qu'ils ne les servent. Ils en font des outils pour le savoir et pour l'idée.

Or, les savoirs et les idées vieillissent autrement et plus vite que leurs signes. La vertu poétique, qui fait du langage un miroir pour lui-même, ne les protège plus. Leur expression est instable. La mémoire de la pensée s'estompe vite, et ses relais – histoire des idées, des sciences – sont très lentement, très incomplètement édifiés. Pour une *Histoire de la folie à l'âge classique*, admirable, combien de zones obscures... Aux remarques de Bachelard, de Koyré, de Canguilhem ne correspond aucune synthèse qui soit comparable à l'*Histoire de la langue française* de Ferdinand Brunot, ou aux plus ambitieux

Les Trésors de la langue

dictionnaires. Alors que le trésor de la langue est aussi, souvent sans le vouloir, un trésor de pensées et de sentiments, on ne peut thésauriser si aisément le savoir scientifique et technique, soumis à une destruction, à une «falsification» inlassable. Aussi, la référence à Buffon, à Lamarck, à Cuvier – et peut-être même à Montesquieu, à Michelet – implique, au-delà d'un texte, avec ses valeurs expressives et parfois esthétiques, une construction de concepts précisément datée, qui exigerait des analyses à chaque fois renouvelées, des coupes multiples, bien plus fines et fréquentes que celles qu'exige la description historique de la langue.

Le langage induit plusieurs mémoires et des temps inégalement perdus. Mémoire brève des idées et des savoirs, exigeant cette archéologie prônée par Foucault et que, peut-être, d'autres dictionnaires à peine pensés assumeront un jour. Mémoire plus durable des usages, des discours, enchâssant le pouvoir sans cesse perdu et repris des mots les plus neutres, les plus fréquents, les plus indispensables; celle-ci, partiellement manipulée par les grands dictionnaires.

Mémoire profonde enfin, mémoire enfouie (requête d'anamnèse), portée secrètement par les formes du langage et que fouille et parfois révèle une science ambiguë, l'étymologie. On se souvient de Paulhan, caustique: «L'étymologie fait sa propre réclame.» En grec, il est vrai, et donc assez discrètement. *Etumos logos*: la «parole vraie». De quelle vérité? Les avatars du cratylisme n'obèrent pas cette obscure richesse, cette profondeur dans les plus humbles, les plus enracinés de nos vocables: par le latin, le grec ou d'autres langues, un passé qui embrasse un long segment d'histoire humaine, vers un énigmatique proto-indo-européen.

De tous côtés, mais toujours incomplètement, le passé de la langue est ainsi mis en scène. Non seulement par des recherches et des travaux qui renouvellent les perspectives, mais encore par la réédition ou l'étude trop rare des anciennes recherches. Trésors à double fond, que cette résurgence des commentaires sur la langue et les usages du passé. À côté des écrivains de la seconde moitié du XVIIe siècle, le dictionnaire de Furetière (1690) et celui de l'Académie (1694; jamais réédité); à côté de ceux du XVIIIe siècle l'*Encyclopédie* certes, mais aussi le *Dictionnaire critique* de Féraud, en partie inédit. La liste des «oublis» de notre mémoire collective, en matière de langue, est impressionnante. Dictionnaires et encyclopédies sont traités en produits périssables: on les requiert, on les produit, on les consomme, on les remplace, on les oublie. Pourtant, quiconque s'est donné la peine de les étudier y découvre le jugement d'une époque sur ses conditions d'expression, sur sa propre mémoire, immédiate ou lointaine, inscrite dans les textes ou dans les formes mêmes du langage. La vision étymologique de Ménage, celle de Littré sur l'accumulation des textes-témoins du génie de la langue marquent, à deux siècles de distance, la durée d'un besoin diversement ressenti. On critique les dictionnaires, accusés de se recopier. Mais – à ma connaissance – nulle culture n'a réussi la description de sa langue sans le long développement d'une tradition, sans d'innombrables essais suivis d'erreurs et de leurs corrections, sans un lent ajustement aux besoins, depuis les plus pratiques (comprendre, traduire...) jusqu'aux plus désintéressés. Parmi ceux-ci, la mémoire des mots, la mémoire dans les mots, et jusque dans les sons et dans les caractères graphiques. Car les graphies du français, si souvent aberrantes pour l'apprentissage, véhiculent de nombreuses traces – véritables ou fictives – des origines latines et des voix médiévales.

La machine de la langue produit une infinité de sens nouveaux – ce qui importe au linguiste théoricien. S'il est question de mémoire, il s'agit d'une autre notion de la langue, d'une inscription des significations et des signes de l'échange social, par l'intermédiaire des usages et des énonciations. Le pouvoir de dire et d'écrire – la sociologie y insiste, et notamment Pierre Bourdieu – se répartit dans le groupe humain de manière hautement significative. Il est sûr que les «trésors de la langue» en donnent une image très travaillée, peu innocente et forcément trompeuse. L'idéologie des dictionnaires filtre et élimine, choisit et hiérarchise, classe et normalise selon des critères à déchiffrer. Furetière, par exemple, illustrait innocemment par ses analyses de sens la doctrine monarchique du droit divin : l'article «Roi» de son dictionnaire «descend» du «Roi des rois» biblique à Louis XIV.

Ces signes incontrôlés font eux aussi partie de cet espace de souvenir que construisent les dictionnaires et en augmentent encore la valeur.

Le temps retrouvé du langage

C'est vers le milieu de ce siècle que surgit l'idée d'une mémoire active du langage, au-delà du manuscrit, du livre imprimé et des bibliothèques, dans ce lieu abstrait et technique que régissent les flux d'électrons. L'imaginaire collectif et le réchauffement des paroles gelées – alors revit le génial mythe rabelaisien – va s'abriter dans les mémoires obtuses, fidèles et fulgurantes de ce monstre, l'ordinateur. L'aventure qui aboutit aux gigantesques relevés de textes de l'*Institut national de la langue française* (C.N.R.S.), à Nancy, prend place dans un projet thésaurisant déjà vénérable, on l'a vu. Mais aussi dans un paysage mental : celui que composent dictionnaires et encyclopédies dans la société française contemporaine.

Ce paysage, on peut le brosser assez simplement, avec des lacunes et des injustices, car la conscience collective est injuste et lacunaire : elle ne retient que les grands succès d'édition ou les valeurs symboliques assurées. Notre langue, maintenant, a ses lieux mémoriels actifs : ce ne sont pas les grands travaux savants, les recueils d'ancien français, le vaste panorama étymologique de von Wartburg, la monumentale histoire de la langue de Ferdinand Brunot, les monographies documentées... Mais bien quelques bouquins omniprésents, héritiers d'une double tradition : celle de Littré, littéraire, culturelle et philosophique ; celle de Pierre Larousse, didactique et encyclopédique. Cette confrontation entre le monde des signes incarnés dans les textes et celui des noms et des notions (la tendance « encyclopédique ») est caractéristique de la culture française. L'un de ses symboles les plus actifs est sans doute le *Petit Larousse*, succès commercial séculaire[9], bible fragmentée et fragmentaire du savoir laïque, manuel d'orthographe et aide-mémoire populaire, tableau illustré des connaissances que l'école républicaine a jugé indispensables. Malgré ses remaniements soigneux et périodiques, cet ouvrage conserve une image stable où se concilient l'école et la nation. Conçu pour répondre à toutes questions (sur les noms propres comme sur les mots de la langue, et même sur les locutions et citations empruntées : les fameuses « pages roses »), le *Petit Larousse* s'adresse sans précision à l'enfant et à l'adulte, homme ou femme de toutes classes sociales. Dans la masse des références où la langue est traitée à la fois pour elle-même – notamment dans l'obsession orthographique – et comme accès au savoir, ce livre, jusqu'aux années soixante, détenait un quasi-monopole auprès du grand public, alors que les « Larousse » en plusieurs volumes étaient parfois concurrencés : l'« autodidactisme » d'Aristide Quillet marque les années trente.

Dans une aura mystérieuse, se tenait aussi, au cours de cette première moitié du siècle, le *Dictionnaire de l'Académie française*, figure solennelle du bon usage. Rarement consulté, moins diffusé encore que le majestueux *Littré*, le dictionnaire académique incarne la mise au point patiente – environ deux éditions par siècle, depuis la fin du XVIIe – de la correction langagière. La précarité même de son rapport au public fonde sa réputation : lointaine, abstraite, vénérable. Les secrets de son élaboration, par une commission close et restreinte d'Immortels hebdomadairement réunis, ajoutent à sa valeur symbolique de refuge. Refuge et résistance devant les scories, les immondices de la modernité. Mais cette image presque fixe d'un langage toujours mouvant, cette image unique d'un langage infiniment varié, cette image pauvre et pure est décalée, de plus en plus, par rapport aux exigences de la « tribu ».

Aussi un renouvellement devait-il s'inscrire dans une autre conception de la norme, plus acceptante, plus généreuse, fondée sur le désir inassouvi de représenter le trésor des usages. C'est cette conception, renouant avec l'optique littréenne et intégrant l'apport saussurien, qui donne naissance aux modernes trésors.

Dans la circulation sociale, l'un des effets de ce renouvellement fut, à côté du *Petit Larousse*, l'existence d'un dictionnaire de langue bien diffusé et jouissant d'une image à la fois didactique et culturelle, *Le Petit Robert*. Si le premier demeure la référence massive d'un univers du savoir en français, le second est devenu en quelques années un point de repère quant à l'usage de cette langue. Dictionnaire apprécié par les classes montantes et par certaines communautés francophones hors de France – par exemple au Québec –, il accompagne, références historiques et littéraires à l'appui, les apprentissages et les intégrations aux rôles sociaux; son image de modernité et de léger humour modifie quelque peu l'image du «trésor» didactique, auparavant perçu comme sévère et froid.

Cependant, de grands recueils culturels, réunissant la description du vocabulaire à celle des notions nécessaires et des textes les plus reconnus – notamment littéraires – assument directement l'héritage de Littré. Un long silence de près d'un siècle ne fut interrompu que par un seul ouvrage de valeur, ce clair *Dictionnaire général* paru en 1900, œuvre d'un logicien, Adolphe Hatzfeld, et de deux philologues, Arsène Darmesteter et Antoine Thomas et où le grand médiéviste Gaston Paris a su reconnaître une étape majeure. Puis, vers 1950, un homme d'abord seul, Paul Robert, réussit à imposer dans le corps social l'idée brillamment défendue par Littré au XIXe siècle: celle d'un recueil représentatif de notre culture à travers le kaléidoscope des mots. Le *Dictionnaire alphabétique et analogique de la langue française*, récemment enrichi et réorganisé[10], intègre certaines données de la linguistique structurale – notamment celle du «champ sémantique», nommée «analogie». Par rapport au *Trésor de la langue française* qui le suivit, il représente l'aventure passionnée face à l'entreprise nationale. Paradoxalement et malgré une relative faiblesse de moyens – ceux d'une moyenne entreprise privée –, il jouit d'une diffusion sociale beaucoup plus large, notamment dans le milieu des enseignants et aux côtés d'ouvrages de nature différente, plus encyclopédique. Car le «trésor» publié par le C.N.R.S., vaste dictionnaire comparable à ses concurrents, mais plus extensif (dix volumes publiés pour aller de *A* à *L*, en 1985), plus limitatif dans son champ historique (de 1789 à 1965 environ), plus strictement philologique (tout exemple y est puisé à une source observée), est probablement moins significatif que le lieu mémoriel dont il procède: un «laboratoire» de mots où sont prélevées, stockées, classées des millions d'occurrences extraites de nos grands textes littéraires, et aussi d'ouvrages didactiques, scientifiques ou techniques. Cette énorme base de données est exploitable de mille façons, et son reflet appauvri sous forme de dictionnaire ne représente qu'une de ses utilisations virtuelles, non la plus fascinante. Des rayons interminables de la Bibliothèque nationale («toute la mémoire du monde...») à la console et à

Les Trésors de la langue

l'écran du terminal, les itinéraires de la recherche vont d'ailleurs accélérer leurs parcours; explorées par de souples logiciels, les richesses des grands corpus de dictionnaires, aujourd'hui informatisées, pourront donner lieu à de nouveaux chemins de lecture.

Car la mémoire du langage, comme celle de tous les savoirs, est en train de changer de nature : rompue par l'analyste, la linéarité du discours produit des unités – mots, locutions, sens... – que le dictionnaire commente et illustre par des fragments cités ; aujourd'hui, ces faits de langue peuvent être brassés, classés, consultés selon des parcours extraordinairement variés. Ainsi, la constitution de fichiers permettra d'obtenir une réponse rapide à des questions aujourd'hui inutilement posées : « Quels mots familiers désignant l'argent sont entrés en usage entre 1850 et 1900 ? » ; ou bien : « Quels écrivains emploient, au XVIIIe siècle, le mot *cœur*, le mot *haine* avec telle fréquence ? dans tels types de contextes ? », etc. La possibilité même de poser ces questions engendrera sans doute des champs d'étude inexplorés. Enfin, le texte des dictionnaires[11] ou celui des anthologies pourront faire l'objet d'interrogations nombreuses, simples ou perverses, informatives ou poétiques. Traditionnellement immobiles, ces lieux de la mémoire langagière vont être parcourus de fulgurations raisonnées. Le « trésor » redeviendra instrument actif, non plus accumulation inerte. Mais l'apport des techniques ne vaudra rien sans un esprit pour l'animer : selon l'inventivité du questionnement, la conception même des réseaux interrogeables engendrera ou non une créativité nouvelle dans l'usage du matériel accumulé.

Ainsi renouvelés par d'autres possibilités de consultation, les trésors de mots constituent le réservoir précieux où puiser les souvenirs de la culture. Ils interdisent les plus communes et commodes amnésies. Auxiliaires obligés de l'historien, archives de l'intelligence, de la connaissance et de la créativité, ils rassemblent les innombrables fragments d'une image éparse : celle de la civilisation. En elle, les images de la nation et de la patrie, des patries – car une langue franchit des frontières. L'amour d'une langue est la voie obligée des identités collectives.

Nul hasard si, parmi les représentants symboliques de la nation et de ses valeurs, figurent au premier plan les hérauts du verbe. La poétique au sens le plus large, l'imaginaire même, qui règle l'appartenance profonde des humains à leur milieu social, qui exalte leur personnalité d'animal politique, réclament des signes, et notamment ceux du langage. Il a fallu rassembler ces signes, incessamment produits dans l'histoire. Parmi leurs lieux d'engrangement, les dictionnaires et trésors réunissent la textualité d'une culture et d'une époque en la distribuant selon un ordre mémorisé par tous, car il dépend de la connaissance partagée d'une écriture. Sans attendre l'interrogation souple que permet aujourd'hui l'informatique, des créateurs ont vu leur pouvoir, bien au-delà de la transmission didactique de connaissances immobilisées. Valéry avant Barthes, les surréalistes avant Ponge, avant Queneau et les oulipiens ont adressé au dictionnaire des questions, l'ont parcouru et perverti, en ont démasqué la vertu proprement poétique. Cette vertu n'est pas toujours maîtrisée, et les juxtapositions hasardeuses de la chronologie, celles de l'ordre alphabétique – reflet de l'inconscient du langage – produisent des effets imprévisibles.

La volonté mémorielle, la réunion des références en un lieu matériel (bibliothèque), livresque ou technique (l'ordinateur) confère aux grands ensembles philologiques et à leur analyse systématique cette valeur de trésor.

Ce langage sanctifié, « honneur des hommes », contient dans la célébration de ses vertus les rameaux et les racines d'une vérité collective et complexe. S'y reflète l'identité, superficielle et profonde, voulue et inconsciente, de la Nation, dans sa parole, dans ses mots. Projet neuf dans une tradition têtue, le *Trésor de la langue* aménage sagement un vertige, tisse le fil d'Ariane du grand labyrinthe, nous permet enfin de lire notre part dans la Bibliothèque de Babel.

---

1. – G. Mael, *Thesaurus vocum omnium lat., graec., gall.*, Lyon, 1573.
– G. Plantin Trésor du langage bas allemand, françois, latin, Anvers, 1573.
– C. Oudin, *Thresor des deux langues françoise et espagnole*, Lyon, 1575 (nombreuses rééditions au XVIe et au XVIIe siècle).
Sainbens, *Treasorie of the french langue*, Londres, 1580.
– H. Decimator, *Thesaurus linguarum* (latin, grec, hébreux, français, italien, allemand), Magdebourg, vers 1600.
– J. Mesiger, *Thesaurus polyglottus*, Francfort, 1603.
– J. Nicot, *Thresor de la langue françoise*, 1606.
– Ph. Garnier, *Thesaurus adagiorum gallicum-latinum*, Francfort, 1612.
– G. Meunier, *Thresor des sentences dorées et argentées*, Genève, 1617.
– C. Oudin, *Thresor des trois langues espagnole, françoise, italienne*, Genève, 1617.
– J. Behourt, *Thresor de l'éloquence françoise*, Rouen, 1619.
– C. Oudin, *Grand dictionnaire et thresor des III langues françoise, flamande, espagnole*, Anvers, 1639.
– Anonyme, *Thresor des III langues françoise, espagnole, basque*, Bayonne, 1642.
– F. Meninsky, *Thesaurus linguarium orientalium*, Vienne, 1680.
– Th. Burnel, *Thresor de la pratique de la medecine ou Dict. medical*, Lyon, 1691.
D'après la bibliographie de B. Quemada, *Les Dictionnaires du français moderne*, Paris, Didier, 1968.

2. La riche bibliographie de Quemada mentionne cependant encore le *Petit Trésor de la belle latinité* de P. A. Alletz en 1755, et, un siècle plus tard, un dictionnaire encyclopédique nommé *Vrai Trésor du peuple*, par V. Doublet (Paris, 1859). Quant au *Trésor des origines* de Pougens (1819), il renoue romantiquement avec un intitulé ancien.

3. Voir Alain Rey, *Encyclopédies et dictionnaires*, Paris, P.U.F., 1984, pp. 12-16.

… Les Trésors de la langue

4. Après le *Trésor des Recherches* de Pierre Borel (1655), on peut mentionner le *Dictionnaire du vieux langage françois* de Lacombe (1765-1767), l'*Archéologie française* de Pougens (1794), le *Glossaire de la langue romane* de Roquefort (1808) ; *Supplément* en 1820), le *Lexique roman* de Raynouard. Ces ouvrages préparent la voie aux travaux de Godefroy.

5. À noter que l'expression *moyen âge*, calquée sur le latin de la Renaissance *media aetas* ou *medium aevum*, apparaît chez Du Cange en 1657, d'ailleurs bien après l'anglais *middle age* attesté dès 1605.

6. *Cf.* Alain Rey, *Littré, l'humaniste et les mots*, Paris, Gallimard, 1970 ainsi que *Actes du colloque Émile Littré* (Paris, 7-9 octobre 1981), Centre international de synthèse, Éd. Albin Michel, s.d.

7. Voir dans le tome I de cette série, «la République», les textes de Pascal Ory sur Pierre Larousse, de Pierre Nora sur Lavisse et sur le *Dictionnaire de pédagogie* de Buisson, de Jacques et Mona Ozouf sur *Le Tour de la France par deux enfants*. Ces derniers évoquent très bien le «tremblé», la «succulence» de ces témoignages du temps perdu.

8. Il s'agissait notamment de Paul Imbs, futur responsable du *Trésor de la langue française*, de Kurt Baldinger, de M. Vidos et de Pierre Guiraud, tous philologues et linguistes, rompus aux disciplines romanistes.

9. Le *Petit Larousse illustré* (1905) succède à un *Dictionnaire complet illustré* réalisé en 1889 sous la direction de Claude Augé. À cette époque, le marché français du dictionnaire en un volume à vocation scolaire se partage entre plusieurs ouvrages : celui d'Augustin Gazier, illustré lui aussi, paru en 1887 et auquel le *Larousse* semble devoir beaucoup, celui de Benard (Belin) et le «Larive et Fleury», sans parler de l'abrégé de Littré par Beaujan (Hachette), d'une nature différente. Le dictionnaire illustré d'Augé procédait chez Larousse d'un *Dictionnaire complet de la langue française* (1879), lui-même héritier du bref *Nouveau Dictionnaire de la langue française* publié par Pierre Larousse dès 1856. Après 1905, des remaniements importants (les plus significatifs étant ceux de 1924, 1959, 1968 et 1981) adaptaient l'ouvrage sans en changer la nature.

10. *Le Grand Robert de la langue française*, édition revue et enrichie par Alain Rey, Le Robert, 9 vol., 1985.

11. Le texte du *Grand Robert de la langue française* est entièrement mis en mémoire ; celui du *New English Dictionary on Historical Principles* (l'«Oxford») doit l'être, avec ses suppléments intégrés, dans un proche avenir.

PIERRE NORA

La nation-mémoire

Si l'on voulait maintenant, à la lumière de ces quarante-huit éclairages ponctuels – auxquels il faut joindre les dix-huit de *La République* –, se livrer à la recomposition qu'ils permettent, on verrait aisément se dessiner quatre types de mémoire nationale.
Le premier correspond à la monarchie féodale et à la période de définition et d'affirmation de l'État. Longue genèse, obsédée par ses origines, qu'elles soient troyennes, franques ou gauloises ; et qui mêle intimement l'affirmation de la légitimité à la revendication de son illustre antiquité. Mémoire essentiellement *royale*, parce que liée à la personne du roi dont il s'agit d'assurer la prééminence et de fixer la sacralité. D'où le caractère religieux, politique, symbolique, historiographique et généalogique de tous les lieux où elle se cristallise. Si l'on en trouve regroupés les principaux aspects sous le signe de l'« héritage », c'est qu'à l'époque même où elle se déploie, elle se soucie de se présenter elle-même comme un rituel sans âge, et entend confirmer son inscription temporelle par la sanction de l'intemporel ou du surnaturel. En elle s'enracine une sacralité nationale encore sans nation, qu'elle léguera à toutes les formes suivantes de mémoire nationale, et qui lui donne la permanence de sa validité. Tous les mécanismes par lesquels la mémoire laïque et républicaine cherchera à capter à son profit cet héritage de sacralité emprunteront quelque chose de ceux par lesquels les théologiens de la monarchie, les historiographes du roi et les officiers de la couronne sont parvenus à fixer sur l'institution monarchique, sur le corps du roi, quelque chose du divin qui s'attachait à l'Église et au corps du Christ. Mémoire fondatrice, donc, qu'expriment dans son acception chrétienne et dynastique les *Grandes Chroniques de France*, et dans son acception gallicane et parlementaire, *Les Recherches de la France* d'Étienne Pasquier. Mais on la retrouve encore ici même dans la formation du territoire, des limites féodales aux frontières politiques, dans la symbolique de l'État des premiers Valois à Louis XIV, comme dans les

La Nation

Mémoires d'épée qui, de Commynes et Monluc au cardinal de Retz, constituent la première tradition des Mémoires d'État.

Le deuxième type est l'expression pure de la *mémoire-État*, monumentale et spectaculaire, tout absorbée dans l'image de sa propre représentation. Versailles en offre l'illustration la plus éclatante, grandeur incarnatrice et séparée, qui s'inscrit dans la pierre comme elle se frappe dans les médailles de l'Académie des inscriptions, fondée tout exprès par Colbert en 1663 ; mais qu'expriment tout autant la nature domestiquée, le rituel de cour, l'héroïsation iconographique du Souverain, le code de la sociabilité. Mémoire de l'immuable qui se fête, se célèbre en panégyriques, s'affirme dans la splendeur de sa puissance et de son rayonnement. Mémoire non pas coercitive et imposée, mais tout officielle, protectrice et mécène, et qu'exprime bien, dans sa double vocation politique et artistique, le Louvre, « demeure des rois et temple des arts », dont la Révolution fera le premier musée national ouvert au public le 10 août 1794, jour anniversaire de la chute de la monarchie. Mémoire donc puissamment unitaire et affirmative, mais qui crée elle-même, avec le Collège de France et l'Académie française, ses espaces de liberté garantis par l'État ; et que le XVIIIe siècle va subvertir de l'intérieur en en gardant le formalisme extérieur. Le passage est ici nettement marqué, par exemple, dans le traitement des morts illustres, de l'oraison funèbre à l'éloge académique, ou dans la naissance du grand écrivain chez qui commence le rituel de la visite. On saisirait l'expression ultime de ce retournement dans les *Mémoires* de Saint-Simon, véritable contre mouvement secret de la mémoire monarchique d'État.

Troisième type, la *mémoire-nation*. C'est le moment capital de la mémoire proprement nationale, la nation prenant conscience d'elle-même comme Nation, se décrétant pendant la Révolution, se concevant sous la Restauration pour s'établir sous la monarchie de Juillet. Indépendamment même de la constitution du « patrimoine », le rapprochement d'une quantité d'articles serait ici nécessaire pour en cerner l'émergence et en saisir la mise en valeur : depuis le Code civil, son soubassement et sa condition première et la Statistique générale de la France, qui suppose l'enregistrement de quantités comparables et d'unités égales, jusqu'à cette première partie des Mémoires d'État qui montre la capitalisation des mémoires, en passant par les *Lettres sur l'histoire de France* d'Augustin Thierry, qui en définissent centralement l'intention. Mémoire nationale dilatée dans toutes ses dimensions, juridique, historique, économique, géographique. C'est la Nation se récupérant comme passé à travers toute l'historiographie romantique et libérale ; se découvrant dans la profondeur de son vécu à travers le roman historique ; s'éprouvant dans l'unité de son être géographique que chante le *Tableau de la France* de Michelet ; s'explorant avec la création des Guides-Joanne ; se reflétant dans la peinture nouvelle de ses paysages. C'est la nation surtout comme projet uni-

La nation mémoire

fié créant décisivement les instruments d'exploration et de conservation de sa propre mémoire, musée, sociétés savantes, École des chartes, Comité des travaux historiques, Archives et Bibliothèque nationales. Et même, en cette période de paix, s'exaltant aux souvenirs de sa grandeur militaire, avec les tableaux de bataille de la galerie historique du musée de Versailles, avec le retour des cendres de Napoléon. Avec, surtout, ce mythe du Soldat-laboureur qui s'incarne dans le mythique soldat Chauvin. Moment historiquement pâle et creux de la vie nationale, où même la Révolution de 1830 paraît une réduction miniature de celle de 1789, et comme coincé entre les expressions fortes de l'aventure nationale : entre Napoléon le Grand et Napoléon le Petit, entre les Lumières et le socialisme, entre l'épique révolutionnaire et l'épique républicain. Mais moment cependant le plus plein de la mémoire nationale, dont l'épicentre oscille de Guizot, personnage le plus déterminant de cette mobilisation mémorielle au point de vue des institutions, à Michelet, qui n'est nulle part ici individuellement localisé parce qu'il est partout. Michelet, qui transcende tout lieu de mémoire possible parce que de tous il est le lieu géométrique et le dénominateur commun, l'âme de ces *Lieux de mémoire*.

Quatrième type de mémoire, que mettaient déjà en lumière les lieux propres de *La République*, la *mémoire citoyen*, retombée active de la mémoire-nation, son enracinement social et militant. Mémoire de masse, puissamment démocratisée, dont on ne s'étonnera pas qu'elle s'exprime le plus généralement par ses monuments éducatifs : dans l'historiographie scientifique, par le « Grand Lavisse » et son effort initial pour convertir l'intuitif du paysage dans le langage de la géographie humaine, avec Vidal de La Blache. Elle s'éprouve dans le membre fantôme de l'Alsace ; elle s'impose aux regards par les cartes scolaires et la figure géométrique de l'Hexagone ; elle se visualise dans les statues de Paris, se diffuse dans le répertoire éclaté des noms de rues, se verbalise dans l'éloquence parlementaire du Palais-Bourbon. Elle se fixe et se fige dans le canon culturel des classiques scolaires, dont il n'est pas abusif de voir dans la khâgne et son Saint-Esprit Alain, le philosophe des *Éléments pour une doctrine radicale*, le parangon quintessencié. Cette mémoire-citoyen constitue un butoir, la synthèse indépassable d'une société et d'un État conciliés sous le signe de la nation. C'est la raison qui nous avait poussé à commencer par elle, même si ce massif unitaire de la mémoire nationale consolidée a subi depuis Verdun la corrosion des âges.

Mémoire royale, mémoire-État, mémoire-nation, mémoire-citoyen ; on retrouve, en définitive, les quatre moments forts de l'identification nationale : la monarchie féodale, la monarchie absolue, la consolidation de la Révolution et la synthèse républicaine. Résultat rassurant, mais décevant. Ce vaste détour était-il alors bien nécessaire ? S'il ne s'agissait, en bout de course, que de déboucher sur les distinctions classiques de l'histoire poli-

La Nation

tique la plus traditionnelle, à quoi bon ce jeu de piste et cette traque de mémoire ? Et qu'ajoute-t-elle en dehors de l'exploration symbolique, sinon du vague et du flou – au mieux du pittoresque – aux bonnes vieilles distinctions, nettes et démonstratives, de l'histoire de l'État français ? C'est que ces quatre types de mémoire ne prennent eux-mêmes leur sens qu'à travers un cinquième qui les fait apparaître, le nôtre : une *mémoire-patrimoine*.

Par mémoire-patrimoine, il ne faut pas se contenter d'entendre l'élargissement brutal de la notion et sa dilatation récente et problématique à tous les objets témoins du passé national, mais, beaucoup plus profondément, la transformation en bien commun et en héritage collectif des enjeux traditionnels de la mémoire elle-même. Ce métabolisme se traduit au premier chef par l'épuisement des oppositions classiques qui, au moins depuis la Révolution, avaient sous-tendu l'organisation de la mémoire nationale : France nouvelle contre France ancienne, France laïque contre France religieuse, France de gauche contre France de droite. Épuisement qui n'entraîne pas la disparition des filiations et des fidélités ; et, au moins en ce qui concerne le dernier clivage, n'empêche pas les divisions nécessaires à l'organisation démocratique, mais sans mettre en cause le principe même de cette démocratie. Cette transformation patrimoniale de la mémoire s'exprime aussi par la remontée du refoulé national et le retour libéré sur les épisodes les plus douloureux à la conscience collective, depuis la guerre des Albigeois jusqu'à la collaboration en passant par la Saint-Barthélemy et la guerre de Vendée. Ou encore par le ralliement minimal sur des valeurs-refuges comme la République (voir la conclusion du tome Ier, « De la république à la Nation »). Elle se manifeste surtout par une revitalisation de plus en plus nette du sentiment d'appartenance à la nation, non plus vécu sur le mode affirmatif du nationalisme traditionnel – même s'il en alimente des poussées –, mais sur le mode d'une sensibilité renouvelée à la singularité nationale, combinée d'une adaptation nécessaire aux conditions nouvelles que font à la nation son insertion européenne, la généralisation des modes de vie modernes, l'aspiration décentralisatrice, les formes contemporaines de l'intervention étatique, la présence forte d'une population immigrée peu réductible aux normes de la francité coutumière, la réduction de la francophonie.

Transformation décisive. C'est elle qui porte le renouvellement partout en cours de l'approche historique de la France par la mémoire, dont cette entreprise des *Lieux de mémoire* voudrait consacrer la centralité.

La mémoire est en effet aujourd'hui le seul tremplin qui permette de retrouver à « la France », comme volonté et comme représentation, l'unité et la légitimité qu'elle n'avait pu connaître que par son identification à l'État,

La nation mémoire

expression d'une grande puissance, dans sa longue période de grandeur. Cette ancienne et prégnante assimilation de la puissance, de la nation et de l'État dans l'image de la France s'est progressivement défaite devant l'évolution du monde et le rapport des forces. Et protestent contre elle, depuis plus d'un demi-siècle, tant la science que la conscience.

Le déclin français a commencé aux lendemains de la Première Guerre ; mais, englobé dans celui de l'Europe entière, il n'a été orchestré, à l'intérieur, que par des voix réactionnaires qui en ont, du même coup, disqualifié le bien-fondé dans le ressentiment nationaliste et l'illusion restauratrice. Mais il est de fait que la France, qui pouvait jusque là se targuer d'avoir été le laboratoire historique de toutes les grandes expériences européennes – de la féodalité à la république en passant par l'absolutisme, des Croisades au colonialisme en passant par la Réforme et les Lumières –, n'a plus subi, depuis la guerre, que le contrecoup des grands phénomènes venus d'ailleurs : la Révolution de 1917 et le fascisme, la crise économique ou l'expansion des «Trente Glorieuses». La franche défaite de 1940 a été masquée par la victoire des alliés auxquels s'est jointe la France libre. De Gaulle, à qui l'on doit le rétablissement de la République, a effacé le sentiment de la faillite où elle sombrait à nouveau devant le problème colonial et la paralysie des intuitions. Croissance aidant, il a su draper d'un langage de victoire le repli du drapeau en Algérie ; et bientôt même, le faire oublier par l'entrée de la France dans le cercle des puissances nucléaires. La date de 1962 n'en a pas moins été le début d'une prise de conscience décisive que la fin de l'âge gaullien et la crise économique ont rendue générale. La stabilisation définitive de la France au rang des puissances moyennes et au sein de l'Europe appelle sur elle-même et sur son passé un ajustement du regard. C'est l'heure d'une mémoire-patrimoine et des retrouvailles de la France avec une nation sans nationalisme.

D'autant que, pendant le même temps, tout l'effort des historiens a précisément consisté (voir ici même, «L'heure des *Annales*») à se détourner du phénomène national dans son identification traditionnelle à l'État pour descendre du ciel des proclamations unitaires au ras de terre des réalités. Que ces réalités se situent à un niveau d'analyse inférieur à celui de l'entité nationale, la région par exemple, le département ou le village ; ou qu'elles se situent à un niveau supérieur, comme les grands cycles économiques, les courants démographiques, les pratiques culturelles, etc., elles sont, en tout cas, à une autre échelle, et obligent à en redéfinir la spécificité. Le parallélisme est d'ailleurs frappant, et ne peut manquer de valeur significative, entre les dates clefs du destin de la nation et les avancées méthodologiques de l'historiographie française. La dépression de 1930 coïncide avec la création des *Annales*, l'après-Seconde Guerre mondiale avec la belle période de l'histoire démographique, économique et sociale, les années qui ont suivi la fin de la guerre d'Algérie avec la poussée de l'histoire des mentalités. Comme si marchaient du même pas la science et la conscience nationales, les deux enregistrant le même phénomène, mais la science récupérant en universalité de la méthode ce que la conscience perdait en universalité de la présence. Quelle que soit la justesse de cette hypothèse, le résultat a été le même. Au regard de l'analyse historienne telle qu'elle a été pratiquée jusqu'à maintenant, l'objet France n'est plus une unité de travail opératoire et convaincante. Qu'on examine les facteurs économiques, les pratiques culturelles ou les évolutions mentales, une appartenance d'ensemble n'a plus rien d'évident et l'existence d'« une France » est devenue purement problématique. L'incertitude sur le contenu du message éducatif en matière nationale est là pour l'illustrer. Une « histoire de France » ne va plus de soi comme au temps de Lavisse. Et il n'est pas sûr que toutes celles qui s'écrivent aujourd'hui, et qui synthétisent trente ans d'analyses partielles, puissent le faire sur un autre mode qu'interrogatif.

C'est au regard de la mémoire et de la mémoire seule que la « Nation », dans son acception unitaire, garde sa pertinence et sa légitimité. Qu'une capitalisation s'opère et qu'une profondeur s'impose, que l'évidence même d'une continuité étatique conserve et reprend tout son sens, non comme un sujet d'orgueil susceptible d'inspirer une politique de grande puissance ou de justifier un langage de supériorité, mais comme un fait.

Car la France est bien, de toutes les vieilles nations européennes, celle chez qui la détermination étatique a été le plus précoce, le plus constante et le plus constitutive, jusqu'à devenir, pour la conscience commune, presque immémoriale et ininterrompue. Celle chez qui, à la différence de toutes ses voisines, la continuité géographique et territoriale, n'a pas cessé de trouver ses enroulements et ses relais. Celle chez qui la volonté continuiste et l'affirmation unitaire sont venues d'en haut, entretenues et proférées d'autant plus énergiquement, et même parfois désespérément, que les forces de disruption étaient plus vigoureuses, les ensembles à dominer moins homogènes, l'éclatement plus menaçant. La construction autoritaire de la mémoire historique qui a fait la force de la France et l'instrument de sa « grandeur » est sans doute en même temps l'expression de sa congénitale faiblesse. La France est une nation « stato-centrée ». Elle n'a maintenu sa conscience d'elle-même que par la politique. Ni par l'économie, imprégnée de volontarisme mercantiliste, et qui est restée, même au plus fort de la Révolution industrielle et du capitalisme flamboyant, une préoccupation subordonnée. Ni par la culture, de rationnement pourtant mondial, mais qui n'a pu irriguer le tissu social qu'à travers les canaux que l'État lui traçait. Ni par la société, qui a été maintenue en tutelle. Ni par la langue qui s'est imposée de manière coercitive. D'où le rôle directeur et protecteur, unificateur et éducateur de l'État dans ces quatre domaines, qui ont suffi à cristalliser ailleurs la conscience de la communauté et le sentiment de la nation. C'est

La nation mémoire

l'État, en France, qui a orienté tant la pratique que les conceptions de l'économie, même libérales, et les a péniblement et incomplètement fait pénétrer; l'État qui a créé les grandes institutions universitaires et académiques, quitte à leur octroyer les instruments de leur autonomie; l'État qui a répandu les codes langagiers tenus pour bons, et supprimé les patois; l'État qui a civilisé la société. Aucun pays n'a établi une adéquation aussi étroite entre l'État national, son économie, sa culture, sa langue et sa société. Et aucun pays n'a connu aussi nettement, par deux fois, l'expérience d'un radicalisme d'État, la première avec; l'absolutisme louis-quatorzien, la seconde avec la Révolution. Chacune de ces expériences étant grosse d'une réinterprétation obligatoire et intégrale de la mémoire historique de la nation. Le paradoxe de l'histoire nationale française a été de localiser sa continuité essentielle dans ce qui, par nature, est le moins continu, la politique. La mémoire nationale française s'est ainsi développée sur un mode plus conflictuel que d'autres, celui de la radicalité exclusive ou de la sédimentation forcenée.

Mais de cette sédimentation nationale de la mémoire, qui s'est nouée autour de l'État, une histoire entièrement déroulée sous l'horizon de l'État-nation n'est plus capable de rendre compte. Elle postulait une unité naturelle que toutes nos connaissances démentent. Elle proposait une histoire exemplaire, quand le monde n'a plus guère de leçons à recevoir de la France. Elle correspondait à une vision conquérante et universaliste de la nation, que le repli sur l'hexagone a rendue naïve ou dérisoire. Elle occultait ce que la nation avait en propre, tout en le proposant comme modèle au monde, voire en l'imposant. L'histoire a balayé ce modèle impérial et militaire. Ce n'est que dans la mémoire que l'histoire nationale comprend sa propre continuité. « La France » est sa propre mémoire, ou n'est pas. Si Nation il y a, elle ne relève pas de la causalité linéaire et de la finalité providentialiste qui régissait l'histoire de l'État-nation, mais de la permanence actualisatrice qui régit l'économie de la mémoire et procède par alluvions cumulatives et compatibilité combinatoire. L'intérêt même des quatre types de mémoire que l'on a pu faire apparaître, dans leur simplicité schématique, n'est pas de retomber mécaniquement sur les quatre étapes de la formation nationale, mais de transcender ces découpages établis pour les recouvrir des nappes d'une autre histoire. Ce qu'ils montrent clairement, au contraire d'une succession progressive, est une permanence de mémoire dont les strates antérieures ont intégré la continuité d'une histoire, même la plus révolue. Elles s'articulent et s'enroulent sur elles-mêmes, se chevauchent et fusionnent, de telle sorte qu'aucune n'est complètement perdue. Leur démaillotage même est l'effet d'une mémoire. Il y a un « tocquevillisme » de la mémoire – et c'est lui qui donne à ces quarante-huit coups de projecteurs plongeants et rayonnants ce qu'on ne craint pas d'appeler leur capacité révélatrice.

La Nation

Elle tient tout entière dans l'exhumation d'une *continuité*, dans la mise en valeur d'une *singularité* et dans l'apparition d'une *chronologie*. Une continuité propre à inspirer au citoyen qui la ressent, à l'historien qui l'explore une inépuisable passion et une insondable fascination pour la grandeur unique du phénomène – et tous ceux qui ont participé notamment à ces *Lieux de mémoire* en ont été saisis, moi le premier –, mais en aucun cas une identification parodique à cette grandeur perdue ou la moindre des nostalgies. Une singularité dont ces trois forts volumes, déjà trop épais, ne prétendent nullement épuiser la totalité des méandres ni épouser la finesse des contours ; mais dont ils ont l'ambition de définir assez précisément le style pour permettre, avec d'autres types de formation nationale, les comparaisons qui s'imposent et qui, seules, lui donneraient son véritable relief. La France n'a pas le monopole de l'État-nation, mais elle a tissé cette expérience à un développement de l'État, à un enracinement territorial et à un mode d'expression culturelle qui fait d'elle une « nation-mémoire », au sens où les Juifs, longtemps sans terre et sans État, ont traversé l'histoire en « peuple-mémoire ». La mémoire de l'État national s'est solidifiée dans une tradition historique, une historiographie, des paysages, des institutions, des monuments et des discours qu'un choix judicieux permet de quadriller, et que la dissection historienne permet de retrouver. Ce livre n'a pas d'autre objet.

Le moindre des résultats auxquels il aboutit n'est cependant pas, chemin faisant, la mise en évidence d'une autre chronologie que celles qui nous sont familières, en particulier cette émergence massive de mémoire nationale entre 1820 et 1840 que tant d'articles sont amenés à souligner si fortement, comme tant d'articles de *La République* l'avaient fait pour les années 1880-1890. Si on la rappelle pour finir, c'est d'abord parce que la sanction de toute nouvelle approche historique a toujours été de parvenir à l'établissement d'une chronologie, base de départ ou acquis définitif, qui zèbre l'histoire nationale du crible d'un nouvel éclairage temporel. L'histoire politique de la France a sa chronologie, le plus richement dotée, parce que le plus immédiatement fournie par le sentiment des contemporains. Mais l'histoire économique ou démographique, l'histoire sociale ont aussi les leurs, de portée plus large et sur courbes de plus longues durée. L'histoire culturelle et celle des mentalités en ont imposé d'autres. Qu'un premier et approximatif balisage général de la mémoire, matière par définition rebelle à toute scansion temporelle précise, accouche immédiatement de séquences propres et susceptibles d'être rapprochées d'autres séquences significatives dans des registres différents, suffirait à prouver, s'il en était besoin, sa fécondité opératoire et sa validité « scientifique ».

Là n'est pourtant pas la principale raison de cette insistance. Il y a sans doute, entre ce premier XIXe siècle saisi d'un besoin d'histoire, inventant la notion de patrimoine, découvrant le gothique et se grisant de «national» et notre dernier XXe siècle, dévoré d'un besoin de mémoire, généralisant la notion de patrimoine, passionné de Moyen Âge et se dégrisant du nationalisme triomphant, des échanges en profondeur et des affinités de sensibilité qui contribuent à caractériser notre moment national dans le mouvement même qui fait resurgir celui qu'une solide réputation de grisaille a recouvert d'indifférence et de mépris : période culturellement riche du romantisme, mais de moindre éclat historique que le premier Empire, de moindre éclat économique que le second et enfermée dans l'absence complète de séduction politique de sa monarchie bourgeoise, comme nous le sommes dans le post-gaullisme. Guizot a payé de sa réputation dans la postérité l'étroitesse médiocre de ce libéralisme conservateur; Guizot qui reprend ici sa figure centrale de grand organisateur de la mémoire.

Les deux époques ont en commun un trait fondamental : l'arrachement brutal au passé traditionnel et le besoin éperdu de le retrouver. Ces retrouvailles se sont faites, aux lendemains de la Révolution et de l'Empire, par l'histoire et à travers une interprétation «nationale» du passé monarchique de l'ancienne France. Aux lendemains de l'épopée gaullienne, de la guerre d'Algérie et de la plus forte révolution économique que la France ait jamais connue, cette récupération s'opère au contraire pour nous à travers la mémoire, et par une déprise de la version nationaliste de la nation, gallocentrique, impériale et universaliste. De cette déprise essentielle, l'évidence des choses n'est pas seule responsable. Deux phénomènes de grande ampleur y ont largement contribué : d'une part l'œcuménisme gaullien, qui a joué pour ancrer à droite l'acceptation définitive de la nation sous sa forme démocratique et républicaine; d'autre part l'exténuation récente de l'idée révolutionnaire, qui a fortement joué à gauche pour détacher la nation de l'équation où la Révolution l'avait enfermée et en réactiver la dynamique. Nous voici devant elle, mais devenue une autre, installée dans un espace pluriel et pacifié; sortie de son éternité artificielle et basculant déjà vers un imprévisible avenir. Nous voici devant sa réalité retournée, pour découvrir la profondeur et l'intensité de ses résonances, et son étrangeté. Pendant un siècle, le nationalisme nous avait caché la Nation. N'est-ce-pas le moment de redire avec Chateaubriand : «La France doit recomposer ses annales pour les mettre en accord avec les progrès de l'intelligence»? Dans le trouble que connaît actuellement l'identité nationale et l'ébranlement de ses repères, la mise en valeur de son patrimoine mémoriel est la condition première du réajustement de son image et de sa redéfinition dans l'ensemble européen.

La Nation

La nation guerrière, impérialiste et messianique est derrière nous. L'ouverture de la nation sur le monde extérieur passe aujourd'hui par la pleine maîtrise de son héritage. Son avenir international, par ce que nous avons tenté ici : une exacte mesure du particulier.

1986

LES FRANCE

PIERRE NORA

Comment écrire l'histoire de France ?

Avec ces trois volumes des *France*, s'achève l'entreprise des *Lieux de mémoire*. Mais les quatre volumes annoncés au départ sont devenus sept. Mais ce qui, avec les dix-huit coups de phare de *La République* (1984), n'était qu'un florilège, est devenu un Meccano géant de plus de cent trente pièces à l'agencement médité, mais complexe, un monument cathédralesque et labyrinthique aux multiples traversées possibles, à focale infiniment variable, de maniement improbable et problématique : un « lieu de mémoire » à soi seul, diront certains, à traiter et à étudier comme tel. Une expression inusitée, forgée pour les besoins de la cause, a échappé à son inventeur pour devenir, à une vitesse record, une locution du vocabulaire commun. En même temps, la notion, théorisée voici huit ans en tête du premier volume[1], générait, en France comme à l'étranger, de multiples chantiers, et à côté de copies plus ou moins conformes et d'utilisations abusives, des applications souvent fécondes. Sur toutes ces extensions, sur ces débordements, le moment est venu de s'expliquer.

La réalisation du projet porte, en effet, comme impliqué dans sa définition même, le poids de sa propre histoire. L'idée générale de départ reposait, au rebours de l'histoire habituelle, sur l'exploration sélective et savante des points de cristallisation de notre héritage collectif, l'inventaire des principaux « lieux », à tous les sens du mot, où s'était ancrée la mémoire nationale, une vaste topologie de la symbolique française. Quatre volumes étaient donc prévus : un pour *La République*, deux pour *La Nation*, un pour *Les France*, dont étaient annoncées les entrées : régionales, religieuses, sociales et politiques. En cours de route, et après *La République*, les deux volumes de *La Nation* sont devenus trois (1986). Non par incontinence des auteurs ou par incontrôle du maître d'œuvre, mais par une logique interne qui n'a cessé de gouverner tout le développement de l'entreprise. *La République* pouvait en effet se contenter d'échantillons assez démonstratifs pour tester la validité de la notion, en suggérer la variété des applications possibles et concentrer le tir sur son moment le plus central et indivisible, la synthèse créatrice des débuts de la IIIe République. *La Nation* avait obligé à changer de registre. C'est qu'il ne s'agissait plus d'un criblage sélectif de prélèvements ponctuels sur le fonds commun de l'héritage collectif, mais d'une vaste tentative pour faire apparaître et reconstituer, sous la chair de l'histoire vécue, l'ossature de cette histoire. Le démonstratif ne résidait plus seulement dans le choix des cibles, des plus évidentes aux moins visibles – du drapeau tricolore aux funérailles de Victor Hugo et à la bibliothèque des Amis de l'instruction du IIIe arrondissement –, mais dans la mise en évidence de leur organisation secrète, dans leur architecture panoramique et hiérarchisée. La priorité ne revenait plus seulement aux sujets, mais à leur articulation ; plus seulement à l'intérêt de leur analyse interne, mais à leur agencement. D'où la tripartition à laquelle j'avais finalement abouti : d'abord le stock de l'*immatériel*, avec l'« Héritage », l'« Historiographie », les « Paysages » ; puis le *matériel* avec « Le territoire », « L'État », « Le patrimoine » ; l'*idéel* enfin, avec « La gloire » et « Les mots ». Il n'empêche que ce second étage de la fusée, ainsi lesté, a déporté la trajectoire initialement prévue et obligé à en revoir tout le programme final.

Or, entre-temps, plusieurs données nouvelles étaient venues interférer. Il y avait eu la masse même de ces quatre volumes qui paraissaient, au moins par leur nombre, avoir rempli le programme annoncé. Il y avait eu la diffusion intensive de la notion et son usage qui, pour en réduire la portée aux seuls lieux matériels et monumentaux, n'en était pas moins ce que l'expression, à vocation publique, était devenue pour le public[2]. Et en cette matière, *vox populi, vox Dei*. Il n'y avait qu'à s'incliner, trop heureux d'avoir ajouté un mot au dictionnaire. Mais n'allait-on pas, par un étrange retour des choses, paraître interminablement exploiter une idée et un mot qui, de surcroît, traînaient partout ? Utiliser un titre devenu si banal que peu indicatif ? Tomber de nom commun en lieu commun ? Il y avait, enfin et surtout, le retour en force à l'historiographie nationale, annoncé dans la conclusion de *La République* comme un des traits marquants de la discipline, et qui se cristallisait par un déferlement de publications[3].

Fallait-il encore en rajouter ? Tout n'était-il pas dit ? Un seul volume avait-il le moindre sens dans ce concert ? Sans doute aucune de ces histoires de France n'obéissait-elle à la formule des « lieux ». Mais si, précisément fidèle à cette formule et au dynamisme multiplicateur qu'elle recelait, le troisième étage de la fusée allait au contraire déboucher – 1, 3, 6… – sur un résultat franchement insupportable au lecteur comme à l'éditeur ? Allongement d'autant moins justifié que, circonstances aggravantes, le bicentenaire de la Révolution, qui intervenait sur ces entrefaites, ou l'année De Gaulle, qui se préparait, privaient de pans entiers le projet des *France*, l'amputaient de sujets essentiels qui auraient dû y prendre place[4]. Ne valait-il pas mieux en rester là ?

D'autant que poursuivre impliquait à tous égards de doubler la mise en risquant l'enjeu initial. La même logique, en effet, qui avait présidé au déploiement imprévu de *La Nation* répétait ses contraintes et intensifiait ses applications, qu'il s'agisse du choix des sujets ou de leur traitement.

Très rares avaient été ainsi, pour les précédents volumes, les sujets obligatoires et les obligations en série. Il avait fallu au contraire isoler le bon angle d'attaque, détecter les points sensibles, inattendus, révélateurs : le soldat Chauvin à côté de Verdun, la khâgne à côté de la Coupole, les *Guides-Joanne* à côté du *Tableau de la géographie de la France*. C'étaient ces rapprochements qui devenaient tout à coup parlants. S'attaquer aux France, c'était en revanche accepter que les sujets s'imposent, incontournables, et s'appellent inévitablement les uns les autres. Classiques, donc, foisonnants, et en séries. Impossible de ne pas traiter « La cour », par exemple, ou « Le département », Jeanne d'Arc ou la tour Eiffel ; le lecteur s'étonnerait de ne pas les trouver. Mais chacun de ces sujets appartenant à une catégorie de lieux de mémoire – modèle social, division de l'espace-temps, figure emblématique, haut lieu –, il était impensable de ne pas prendre en compte les autres représentations majeures, sinon la totalité. « L'Ancien Régime et la Révolution » est, lui aussi, un des lieux capitaux de la division de la mémoire politique. Mais le retenir supposait de couvrir toutes les divisions capitales de la mémoire politique, depuis « Francs et Gaulois » jusqu'à « La droite et la gauche ». Impossible, par définition, de traiter tous les lieux de mémoire de la France : il ne s'agissait pas d'une encyclopédie, ni d'un dictionnaire. Mais, dans le cadre retenu, il s'imposait d'être systématique et cohérent. Il n'y avait guère eu, pour *La Nation*, que la section consacrée à l'« Historiographie » pour obliger à sa stratigraphie méthodique. La nomenclature serait ici la règle presque générale ; elle laissait peu de place à la fantaisie ou à l'arbitraire. Il fallait donc, sans être complet, accepter d'être long, d'autant que la presque totalité des sujets relevait de la synthèse : le médiéviste à qui était revenu de présenter, par exemple, dans *La Nation*, « Les *Grandes Chroniques de France* » pouvait se contenter de l'équivalent d'une préface. Le médiéviste qui se verrait confier cette fois « La cathédrale », miroir du monde, foyer de culture et incarnation de la France chrétienne, ne pouvait se contenter de vingt-cinq feuillets.

Bien pis : la plupart des sujets s'étaient offerts, jusque-là, comme des « lieux de mémoire » évidents ; il suffisait de les repérer et de les faire apparaître comme tels, de les relier entre eux. Cette fois, il s'agirait de les élaborer[5].

Le radar des « lieux » avait été nécessaire, mais suffisant, pour faire apparaître, dans son champ, le Panthéon, le *Dictionnaire pédagogique* de Ferdinand Buisson, les musées de province, les noms de rue, le calendrier révolutionnaire, l'Hexagone et tant d'autres objets dont les commentateurs se sont plu à reconnaître la nouveauté. La rentabilité de la notion s'était immédiatement imposée. Mais ici on ne nous avait pas attendus pour écrire des bibliothèques entières sur Vichy, la génération, Vézelay ou la vigne et le vin. La tentative trébuchait sur les thèmes et sur les sujets pour lesquels elle avait été pourtant spontanément conçue. Il n'y aurait pratiquement aucun sujet en soi-même neuf. L'enjeu était radicalement ailleurs, interne au sujet lui-même, dans la construction qu'on lui ferait activement subir, et la signification qui s'en dégagerait. Il ne serait lieu de mémoire que dans la mesure où l'historien saurait, si j'ose dire, le « lieu-de-mémoiriser ». Sur les rapports de Paris et de la province, sur les proverbes, les contes et les chansons, sur la généalogie ou l'archéologie industrielle, sur les rapports des communistes et des gaullistes ou sur les châteaux de la Loire, on sait tout. La question était de savoir si le fait de les constituer en « lieux de mémoire » permettait de faire dire à ces *topoi* autre chose, qu'ils n'auraient pu exprimer sans cette opération.

Ce sont ces contraintes et ces obligations qui m'ont, intellectuellement, provoqué. Pas tant les sujets eux-mêmes, malgré tous ceux qui tendaient les bras, pas tant les engagements pris et les programmes annoncés, que cette énigme et ce défi : il fallait aller jusqu'au bout pour expérimenter si la notion, spontanément adaptée aux instruments de la mémorisation, à des lieux-refuges du souvenir, à des symboles identitaires de groupes particuliers, née tout entière du sentiment de la perte et par là empreinte de la nostalgie des choses défuntes, gardait sa validité heuristique, sa capacité opératoire, sa dynamique de délivrance dans les cas difficiles où elle devait se retourner sur elle-même, trouver son second souffle, revitaliser des lieux devenus communs. Si, quand elle passait au mode majeur et se projetait sur le grand écran de nos identités collectives, elle se diluait dans la métaphore, perdait ses contours et ses tranchants, se banalisait dans les « lieux d'histoire » ; ou si, au contraire, empiriquement expérimentée sur des structures élémentaires, elle se révélait capable de devenir une catégorie de l'intelligibilité historique contemporaine. Prendre à bras-le-corps Descartes ou la *Recherche du temps perdu*, le coq gaulois ou le front de mer, s'attaquer aux France, c'était imposer à la notion l'épreuve du feu, le passage de la ligne. C'est cette question qui me taraudait.

Une solution de sagesse, qui paraissait avoir pour elle la rigueur et l'économie, aurait consisté, en tirant la notion vers ce qu'elle a de plus symbolique, à concentrer l'analyse sur ce que la France elle-même avait de plus

Comment écrire l'histoire de France ?

symbolique : ses dates (89, 48, 14, 40, 68), ses événements, ses figures, ses lieux et ses institutions. La formule avait pour elle de tenir en un seul volume et d'achever élégamment l'entreprise. Je m'y suis un moment rallié. Mais c'était, en fait, l'aveu de faiblesse. Non, c'était la solution la plus coûteuse, celle qui mobilisait une masse critique de sujets suffisante pour faire basculer la notion jusqu'aux frontières du discutable, qui, je m'en suis convaincu, était dans la droite ligne du projet. Tant pis si l'entreprise prenait du retard et du poids. Tant pis si certains des articles manquaient partiellement leur but ; l'essentiel était que, pour la majorité, la démonstration soit faite et le pari gagné. Tant pis si une modeste expérience commencée dans le tâtonnement de séminaire paraissait s'achever dans un étalage un brin mégalomaniaque ; les entreprises d'envergure ne sont pas de nos jours si fréquentes. Tant pis, ou tant mieux si, dans son bourgeonnement, la notion prenait de la complexité supplémentaire jusqu'à s'entourer d'un halo d'incertitude. N'en va-t-il pas de même de tous les instruments conceptuels dont les historiens se sont emparés : la notion de mentalité était-elle, par exemple, si claire et nette, pour ne pas parler de fait, d'événement, de cause, de document ? Leur indécision ne les a pas empêchées d'être fécondes ; c'est à leur usage qu'elles se jugent et c'est leur flou qui fait leur force. Les vérifications scientifiques sont à ce prix. Je me décidai donc à me lancer derechef et entraînai à nouveau dans cette joyeuse galère plus de soixante historiens, à qui je ne dirai jamais assez ma reconnaissance. Trois volumes : leur nombre équilibrerait celui de *La Nation*. Leur plan obéirait à la spécificité de la mémoire en se calquant sur ses organisations naturelles : autour de ses fractures d'abord, ensuite de ses continuités vraies ou fausses, enfin de ses fixations symboliques. Leur épaisseur doublerait la masse déjà publiée. C'était le seul moyen d'en avoir le cœur net.

Les France, donc. Quelle différence avec *La Nation* ? Pourquoi le pluriel ? Et qu'est devenue au juste la notion de « lieu de mémoire » ?
Il faut reconnaître que tout ce livre repose sur une contradiction apparente que les commentateurs ont parfois pressentie sans la faire clairement apparaître, parce que ce n'est qu'ici qu'elle devient patente, ici en même temps que ses enseignements deviennent éclairants. La contradiction réside entre la méthode et le projet. L'ambition hautement proclamée dans la présentation générale était bien d'échapper, par la technique des « lieux », au cercle dans lequel s'était jusqu'alors enfermée toute histoire nationale, et qui consistait à expliquer en permanence la nation par la nation, la France par la France. Or, à travers ces mille et un objets où vous cherchez la France, vous la postulez

sans jamais vous interroger sur elle, sans la définir. Vous vous enfermez dans le sujet dont votre méthode prétendait vous sortir. Et vous retrouvez en fin de course ce que vous vous êtes donné au départ. Votre découpage même est typiquement français : République, Nation, France, à quel autre pays pourrait-on l'appliquer ? Et pourquoi isoler la France comme si la République n'était pas française, comme si la France n'était pas une nation ? Reste alors une mosaïque de France, au pluriel parce que en miettes. Votre instrument ne paraît opératoire que parce que lui-même purement français. La preuve : comment le traduiriez-vous en anglais, en allemand, en espagnol ? La tautologie à laquelle vous prétendiez fièrement échapper vous a, en définitive, rattrapé. Dès lors, fouiller les plis du drapeau tricolore, typologiser les monuments aux morts, ressusciter Étienne Pasquier et ses *Recherches de la France*, rappeler qu'Hexagone est une expression plus récente qu'on ne croyait, faire la généalogie de l'expression «mourir pour la patrie», etc., tout cela ne manque ni d'intérêt ni de charme ; mais cette savante et capricieuse promenade dans le jardin public de notre passé national, trop longue pour un essai, trop courte pour un répertoire, pour imposante qu'elle soit, et même théâtralement mise en scène, ne modifie en rien l'idée générale qu'on se faisait de la France.

Allons plus loin : le résultat à quoi vous condamne la contradiction dont vous vous êtes fait prisonnier, décelable dès *La République*, relevée par de bons esprits après *La Nation*, éclatante avec ce dernier tome, c'est une France dépouillée de dynamisme moteur. Ce dynamisme pouvait être d'ordre national : vous vous en privez par votre découpage même – puisque vous ne faites de la nation qu'un élément du tout – et vous en défendez par refus de dérapage nationaliste. Il pouvait être d'ordre économique et social : vous l'écartez par insouci profond des leçons du marxisme. À quoi bon dès lors multiplier les angles d'attaque si c'est pour aboutir à une France sans angles et sans attaque, œcuménique et pacifiée ? Le ver était dans le fruit, l'échec dans le principe même. Opérer la France à coups de «lieux de mémoire», c'était faire de la France tout entière un «lieu de mémoire».

Cette contradiction, pour tout dire, était au cœur de votre notion. «Lieu de mémoire», l'expression est jolie, elle a fait fortune en rencontrant un besoin actuel de la sensibilité collective, elle fait penser à Chateaubriand, à Proust, à Michelet, vos trois auteurs de prédilection dont on sent bien la référence tutélaire. Mais elle n'a, scientifiquement, de sens, appliquée à l'exploration d'un si grand sujet, que si elle consiste à mettre sur le même plan les accomplissements les plus aboutis de l'expérience et de la mythologie nationale et les instruments de formation de cette expérience et de cette mythologie. C'est d'ailleurs ce que vous faites, avec des réussites et des effets qu'on vous accordera. Il est touchant de mettre *Le Tour de la France par deux enfants* à

Comment écrire l'histoire de France ?

côté du 14 Juillet, il est heureux de rapprocher le *Trésor de la langue française* du palais de Versailles. Et c'est peut-être vrai qu'en frappant « génération » et « lieu de mémoire » comme deux cailloux, il finit par surgir quelques étincelles inattendues. Mais le procédé même, destiné à faire chanter jusqu'à la Statistique générale de la France ou les musées de province – c'est une gageure ! –, est, en soi, aplatissant. Reims ou Verdun, Saint-Denis, Jeanne d'Arc ou de Gaulle ne relèvent pas du même registre que le comité des Travaux historiques ou le dictionnaire Larousse. C'est drôle, original, un peu lassant, mais quand vous l'appliquez à des sujets aussi cruciaux que l'immigration, les juifs en France, l'armée, l'État, le monde ouvrier, vous aboutissez inévitablement, à côté d'une France molle, à une notion molle. Lieux de mémoire vraiment le front de mer ou la forêt ? Lieu de mémoire la conversation ? Lieu de mémoire la droite et la gauche ? À vouloir être tout, le lieu de mémoire n'est plus rien. À preuve, ce qui manque. Il n'y a notamment dans votre France ni foyer extérieur, ni regard de l'étranger, ni tout ce que la France refoule et ne veut pas savoir d'elle-même, ses troubles et ses trous de mémoire. On ne voit que trop où vous voulez en venir. Et en tous les cas où vous en êtes venu : au mieux, un Inventaire à la Prévert, au pire un Tombeau pour la France.

C'est à ce réquisitoire qu'il faut répondre ; cette contradiction qu'il faut lever. L'entreprise a été, il est vrai, tiraillée dès le départ par deux projets intimement mêlés qui se sont fait, progressivement, une concurrence interne. Non pas un projet purement épistémologique et théorique d'un côté, et un projet résolument descriptif et analytique de l'autre. Mais une conception étroite et restrictive du lieu de mémoire, qui concentrait la démonstration sur les mémoriaux vrais et apparentés (des monuments aux morts aux musées, des archives à la devise et aux commémorations) et une conception large et extensive qui tendait au quadrillage systématique et au décorticage des blocs massifs de nos représentations et de notre mythologie nationales. Le plan lui-même, dans son ensemble comme dans ses détails, comportait cette double vocation. Et c'est pourquoi je n'ai pas hésité à mettre, par exemple, à côté de *La Marseillaise*, le *Dictionnaire pédagogique* de Ferdinand Buisson ou, à côté de la Coupole, la visite au grand écrivain. S'en tenir à l'acception étroite pouvait paraître plus prudent, plus éloquent, plus rigoureux. Mais c'était privilégier une catégorie d'objets et réduire l'expression à des lieux trop souvent matériels, tendance qui n'est déjà que trop celle de son utilisation publique. Lieux de mémoire devenaient la piscine Molitor et le Fouquet's des Champs-Élysées, ou l'hôtel du Nord. Ce n'était pas pour la préservation de ces vénérables édifices, dont aucun n'est à proprement parler ce qu'il faut appeler « lieu de mémoire », qu'on avait éprouvé le besoin de mobiliser cent trente historiens sur dix ans !

Cette double vocation, si l'on a cru devoir lui donner toute son extension, c'est qu'elle est au principe même de l'expression. La formule n'est pas faite pour donner une dignité et un supplément d'âme à des mémoriaux qui mémoriaux sont, et n'ont qu'à le rester. Elle n'est pas faite non plus pour étendre simplement à des objets, des lieux, des événements dignes de mémoire ou à des monuments qui méritent ou non d'être préservés, en une époque de destruction parfois sauvage des paysages et des patrimoines, un peu du pathétique funéraire qui s'attache à tous les mémoriaux. Je ne me suis pas emparé d'une notion existante dans le vocabulaire pour la détourner, la déplacer, en étendre la signification. Le lieu de mémoire n'a jamais été à mes yeux un objet purement physique, palpable et visible. Si j'ai cru pouvoir couvrir certains objets matériels d'une expression qui en faisait ce que j'ai proposé d'appeler «lieu de mémoire», c'est parce qu'un rapprochement était possible entre la nature de ces mémoriaux et un type d'objets extraordinairement variés qui n'ont en commun que leur signification symbolique et leur contenu de mémoire.

Le lieu de mémoire suppose, d'entrée de jeu, l'enfourchement de deux ordres de réalités : une réalité tangible et saisissable, parfois matérielle, parfois moins, inscrite dans l'espace, le temps, le langage, la tradition, et une réalité purement symbolique, porteuse d'une histoire. La notion est faite pour englober à la fois des objets physiques et des objets symboliques, sur la base qu'ils ont «quelque chose» en commun. C'est ce quelque chose qui fait toute l'affaire. Il est spontanément et plus ou moins confusément ressenti par tout un chacun. À l'historien de l'analyser, ce quelque chose, d'en démonter le mécanisme, d'en établir les strates, d'en distinguer les sédimentations et les coulées, d'en isoler le noyau dur, d'en dénoncer les faux semblants et les illusions d'optique, de le mettre en lumière, d'en dire le non-dit. Le repérage n'est pas indifférent quand il tient de l'exhumation, mais n'est pas le principal du travail de l'historien. Ce qui compte pour lui n'est pas l'identification du lieu, mais le dépli de ce dont ce lieu est la mémoire. Considérer un monument comme un lieu de mémoire n'est nullement se contenter de faire son histoire. Lieu de mémoire, donc : toute unité significative, d'ordre matériel ou idéel, dont la volonté des hommes ou le travail du temps a fait un élément symbolique du patrimoine mémoriel d'une quelconque communauté.

Communauté ici française et nationale. C'est la double face dont le lieu de mémoire est par principe constitué, le double règne auquel il appartient qui oblige impérativement, si l'on veut être fidèle à son principe et développer toutes ses virtualités, à renvoyer, d'un côté, aux mémoriaux vrais et apparentés (du Panthéon ou de la devise républicaine, par exemple) et de l'autre, à toutes les entités dont le déploiement symbolique exprime un élément

Comment écrire l'histoire de France ?

essentiel et significatif de la mémoire nationale, en parcourant tout l'entre-deux. Décrire le front de mer ou la forêt en géographe ou décrire ce que la façade maritime de la France et sa surface boisée, la plus grande d'Europe, incarnent encore, l'une, de sa vocation historique manquée, l'autre, de son foyer profond d'imaginaire ne relèvent pas du même travail. Faire l'histoire de Vézelay et décrire, en historien, ce que, à sa façon, le poète exprimait en disant «Vézelay, c'est de la mémoire», ne sont pas la même chose. Étudier Descartes comme le plus grand philosophe français ou même déclarer «Descartes, c'est la France» et montrer comment la philosophie française s'est constituée autour de Descartes en constituant Descartes en modèle du philosophe français n'aboutissent pas au même résultat. Faire d'un côté l'histoire politique ou idéologique de la droite et la gauche, tenter de les définir, retracer les continuités et les métamorphoses de ces deux familles politiques et montrer, d'autre part, comment ce couple de mots, que la France a rendu universel et qui nous est devenu si familier, s'est historiquement constitué comme la catégorie de base de la confrontation démocratique des sociétés contemporaines ne poussent pas aux mêmes questionnements. Raconter le tour de France et montrer comment ce circuit initiatique, qui renouvelle le circuit des compagnons, inaugure, sur un cheval démocratique, une connaissance physique des plaines et des pentes l'année même où Vidal de La Blache publiait son *Tableau de la géographie de la France* (1903) s'inscrivent dans des registres sans rapport. Et de chacun de ces soixante-huit essais, on pourrait dire autant.

C'est ce principe à la fois concret et abstrait qui a tout commandé: le plan, les sujets, leur place et leur traitement. Que l'opération active et la constitution du sujet en lieu de mémoire l'aient emporté, dans ce dernier volet, sur le repérage, que l'identification interne ait prévalu sur l'identification externe, ne tient ni n'aboutit à une métaphorisation de la formule. Le renversement tient au sujet.

Le sujet: la francité, explorée sous ses différentes espèces. *La Nation* était le principe recteur et directeur, le modèle et le patron sur lesquels s'était construite la France, le moteur de sa continuité. Nation et mémoire étaient donc intrinsèquement liées: la nation-mémoire. À consulter la table des matières, aucun des sujets des trois volumes précédents, à la manière dont on a voulu qu'ils soient traités, n'aurait eu sa place dans ces *France*. C'est qu'ils n'étaient que les instruments de sa construction, les points d'appui de sa représentation, les fondements enfouis de son édification. La France est tout entière du côté de la réalité symbolique; elle n'a de sens, à travers les multiples péripéties de son histoire et de ses formes d'existence, que symbolique. C'est un principe d'appartenance. Que Nation et France aient pu paraître synonymes et relever d'une même approche unitaire est une des

particularités de la France, incarnation du modèle national; et c'est une des vertus de la formule des « lieux de mémoire » de permettre, précisément, de bien les distinguer.
D'où, par l'application du même et éternel principe, les France. Le pluriel ne renvoie nullement à la fameuse « diversité » française; ni aux différentes France qu'on avait imprudemment annoncées, régionales, religieuses, politiques ou sociales. Il ne signifie pas les différentes conceptions qu'on peut avoir de la France, en les renvoyant dos à dos. Il n'exprime pas non plus, comme on l'avait aussi trop rapidement annoncé, le trouble d'une identité devenue aujourd'hui douteuse. Il n'est pas là pour sauver des sujets rebattus par une afféterie de style. Il est là parce que c'est le seul et unique moyen d'exprimer d'un mot, d'une lettre, le principe de décomposition qui est au fondement de l'entreprise, au cœur du « lieu de mémoire », et d'en suivre la descente capillaire jusque dans les méandres inépuisables de chacun des sujets qui l'illustrent. C'est là que les enroulements et les déroulements propres à la notion livrent leurs circonvolutions les plus spirifiées, leur vérité moléculaire. Chacune de ces monographies est une plongée profonde, un regard de la France œil de mouche, une boule de cristal, un fragment symbolique d'un ensemble symbolique. Il y a bien une France unitaire, mais à aucun de ces sujets, à aucun de ces objets, de ces « lieux », n'aurait pu faire droit une histoire de France unitaire. Chacun est toute la France, à sa manière. Parce que chacun reproduit en son sein, réellement ou virtuellement, si l'on pouvait en développer toutes les implications, toutes les complexités internes qu'aurait inévitablement gommées et rognées tout encadrement global, toute forme de « définition ». Ces lieux, quand ils sont réussis, ont un effet tantôt de poupées russes, tantôt de boîte de Pandore. Ce qu'exprime le pluriel de la France, c'est, en définitive, la pluralité de ses déterminismes.

Le vrai problème que posent, à travers ce dernier volet, *Les Lieux de mémoire* est de savoir – il serait vain de le dissimuler – comment écrire aujourd'hui l'histoire de France. Et l'on ne dissimulera pas davantage la volonté de rupture dont s'inspire cette vaste entreprise, et sur quoi, on l'espère, elle débouche.
Allons à l'essentiel, parce qu'il tient, en fin de compte, en peu de mots.
Toutes les histoires de France ont pour point commun, sans exception, de supposer que la totalité organique, l'entité France, est constituée d'un ensemble de réalités qu'il revient à l'historien d'établir, d'analyser, de mettre en rapport, de pondérer. Que ces réalités soient d'ordre historique (les dates, les personnages, les événements); d'ordre géographique ou

Comment écrire l'histoire de France ?

géo-historique ; d'ordre politique : l'État, les pouvoirs, le gouvernement, l'administration ; d'ordre économique ou social ; d'ordre matériel ou institutionnel ; d'ordre spirituel ou idéologique. Mais toujours de réalités, si complexes soient-elles, qui instituent autour d'elles un déterminisme hiérarchisateur, si complexe fût-il, et quelles que soient les parts respectives que l'on attribue aux hasards ou aux nécessités. Les grands modèles matriciels sur quoi se sont écrites ces histoires de France sont d'ailleurs beaucoup moins nombreux que ne pourrait le faire croire le flot continu des histoires de France. On a tenté ici même de le montrer[6]. Pour ne prendre que ceux qui comptent encore et agissent directement sur nous, il y a eu le modèle romantique, le modèle positiviste et le modèle annaliste. Pour dire vite : Michelet, Lavisse et Braudel. Le modèle micheletien a cherché à intégrer dans une unité vivante la totalité des éléments matériels et spirituels, Michelet se voulant le premier à pénétrer « dans l'infini détail des développements divers de son activité religieuse, économique, artistique, etc. », le premier à voir la France « comme une âme et une personne[7] ». Le deuxième a fait passer au crible de la vérification scientifique l'entièreté de la tradition nationale[8]. Le troisième – pour autant que permet d'en juger un monument resté malheureusement inachevé – a cherché à individualiser les étapes de la durée, intégré la géo-histoire vidalienne, extrapolé à partir des cycles des économistes une synthèse, la seule à avoir appliqué, en France, en les modulant, les concepts marxistes ; et l'unique partie publiée manipule un ensemble impressionnant de réalités géographiques matérielles, démographiques et économiques. Mais dans les trois cas, il s'agit bien d'expliquer le présent par ce qui s'est réellement passé, de rétablir une chaîne cohérente, même à des niveaux très différents d'interférences et de portée.

Loin de moi l'idée que ces réalités n'existent pas, et la France ici présentée n'a rien d'imaginaire. Mais de la minute où l'on se refuse à cantonner le symbolique à un domaine particulier pour définir la France comme une réalité elle-même symbolique – c'est-à-dire, en fait, à lui refuser toute définition possible qui la réduirait à des réalités assignables –, la voie est ouverte à une tout autre histoire : non plus les déterminants, mais leurs effets ; non plus les actions mémorisées ni même commémorées, mais la trace de ces actions et le jeu de ces commémorations ; pas les événements pour eux-mêmes, mais leur construction dans le temps, l'effacement et la résurgence de leurs significations ; non le passé tel qu'il s'est passé, mais ses réemplois permanents, ses usages et ses mésusages, sa prégnance sur les présents successifs ; pas la tradition, mais la manière dont elle s'est constituée et transmise. Bref, ni résurrection, ni reconstruction, ni même représentation ; une remémoration. Mémoire : pas le souvenir, mais l'économie générale et l'administration du passé dans le présent. Une histoire de France, donc, mais au second degré.

Privilégier ainsi la dimension historiographique, ou plutôt se soumettre à ses impératifs, ne relève en aucune manière d'une stratégie de contournement pour biaiser avec les difficultés ou pour tirer les conséquences des impossibilités scientifiques, morales ou civiques d'une synthèse plausible de l'incertaine histoire d'une France incertaine. C'est au contraire, oserai-je dire, s'inscrire très étroitement, très docilement, dans le processus d'approfondissement du mouvement historique lui-même, tel qu'il s'est accéléré depuis plus d'un siècle, tel que l'avènement même d'une discipline scientifique de l'histoire en a marqué les débuts. L'histoire comme science et comme conscience a toujours consisté, dans ses avancées successives et ses renouvellements décisifs, à établir un partage net, une discontinuité contrôlée, entre ce que les contemporains croyaient vivre et avoir vécu et l'évaluation scientifique aussi précise que possible de ce stock de croyances ; chacune de ces avancées étant liée au choc d'un grand bouleversement qui amenait un déplacement général des sources, des méthodes et des centres d'intérêt. Ainsi le traumatisme de la défaite de 1870 et la rivalité avec l'Allemagne ont-ils amené, dans des conditions que l'on a décrites ici même en détail, à ériger en impératif catégorique et discriminatoire l'établissement ou la vérification critique, par le recours aux sources écrites et elles-mêmes vérifiées, de l'ensemble de la tradition nationale transmise, ce qui impliquait le partage net et définitif entre les sources narratives et les sources archivistiques. À cette discontinuité *critique*, la guerre de 1914 et la crise économique de 1929, dont la date coïncide symboliquement avec la création des *Annales*, a succédé, par les progrès de l'économie et de la démographie statistiques, la mise en évidence d'une discontinuité *structurale* qui a consisté à opposer, au vécu de la conscience individuelle ou collective, l'irrécusable vérité des déterminations à long ou moyen terme, dont les moyennes enserraient la vie des sociétés et des individus, dictaient leur rythme de renouvellement, leur durée de vie, la date de leur mariage, leurs chances d'échapper aux épidémies ou de s'enrichir, leur manière d'aimer, de lire et de parler. C'est à ce type de discontinuité qu'appartiennent les célèbres durées braudéliennes, qui ont contribué considérablement à casser l'illusoire homogénéité du temps historique. Par le même mouvement d'approfondissement et d'élargissement historique, le choc de la décolonisation et le décollage de la croissance – qui ont à la fois coupé les filiations verticales avec « ce monde que nous avons perdu », comme dit un démographe anglais, et brutalement établi des solidarités horizontales avec ce monde des « cannibales » à la Montaigne, nos semblables à qui nous ne ressemblions pas – ont amené la conscience et la science d'une distance de nous-même à nous-même, d'une

Comment écrire l'histoire de France ?

discontinuité de notre identité dans le temps, que la diffusion publique de la psychanalyse contribuait en même temps à nous rendre intelligible et familière. Appelons-la discontinuité *ethnologique*. C'est elle qui a provoqué en particulier l'émergence d'une histoire des «mentalités», l'intérêt pour les groupes marginaux – nos propres colonisés –, l'historisation en force de thèmes d'apparente intemporalité, comme le climat, le corps, le mythe, la fête, ou d'apparente trivialité, comme la cuisine, l'hygiène, les odeurs, ou encore, media aidant, l'intérêt critique nouveau pour l'opinion, l'image, l'événement. Ici encore, on rapprochera au passage – autre correspondance symbolique de la chronologie – la fin de la guerre d'Algérie, en 1962, et l'apparition du livre phare de cette étape, l'*Histoire de la folie*, de Michel Foucault. Au mot «Origines de...», qui avait marqué tant de titres du premier moment de la faille, au mot «Structures de...» qui l'avait suivi, succédait l'hégémonie du titre «Naissance de...», qui marque bien l'établissement d'une séquence, une histoire de soi comme d'un autre. C'est l'époque où les historiens – nous-mêmes[9] – commencèrent de parler d'«objet» au lieu de sujet, pour dire à peu près la même chose. La discontinuité que nous vivons aujourd'hui s'inscrit dans le même et incessant retour de l'histoire sur elle-même, dans la suite et la poursuite du même décalage encore élargi, à cette différence près qu'il ne s'agit rien de moins que d'une déprise et d'une reprise générale de la tradition historique d'ensemble.

Cette discontinuité, qu'on ne peut appeler autrement qu'*historiographique*, est à la fois plus diffuse et plus radicale que les autres. Plus diffuse, parce qu'elle tient au croisement de plusieurs phénomènes qui sont chacun en eux-mêmes complexes et de longue portée : les retombées politiques et nationales de l'après-de Gaulle, les contrecoups de l'épuisement de l'idée révolutionnaire et les effets de choc de la crise économique. Mais plus radicale, parce que les trois phénomènes se sont combinés pour, entre les débuts d'une «seconde révolution française[10]» et les approches fin de siècle du troisième millénaire, disposer les éléments d'une constellation nouvelle qui modifie profondément le rapport au passé et les formes traditionnelles du sentiment national.

L'histoire, et plus précisément l'histoire nationale, s'est toujours écrite du point de vue de l'avenir. C'est en fonction de l'idée implicite, et parfois explicite, de ce que devait être ou serait cet avenir que s'opérait, dans l'indétermination foisonnante de tous les passés dépassés, la récollection de ce que la collectivité avait besoin de sauver d'elle-même pour affronter ce qui l'attendait, et qu'elle devait préparer. C'est ce qui faisait du présent une simple et permanente transition, et de l'historien, un passeur, moitié notaire et moitié prophète. Cette anticipation de l'avenir et cette récollection du passé s'est faite, pour dire les choses abruptement, selon trois grands schémas d'intelligibilité : celui d'une restauration possible (d'un ancien régime, d'une stabilité terrienne, d'une France très chrétienne); celui d'un progrès possible (de la maîtrise de l'homme sur la nature et sur lui-même, de l'organisation des choses); celui d'une révolution souhaitable et d'un recommencement de l'histoire. De ces trois schémas, les rigueurs du siècle ont successivement épuisé les espoirs et les illusions. Et entre l'oppressante imprévisibilité d'un futur infiniment ouvert et pourtant sans avenir, et l'encombrante multiplicité d'un passé retourné à son opacité, le présent est devenu la catégorie de notre compréhension de nous-mêmes. Mais un présent dilaté, où c'est le changement qui est devenu continu, et qui ne se saisit lui-même qu'au travers d'un passé doté d'un charme et d'un mystère nouveaux, un passé refuge et plus que jamais censé détenir les secrets de ce qui n'est plus seulement notre «histoire», mais notre «identité».

Curieux moment, d'arrachement et de ressourcement, où les Français ne sont plus prêts à «mourir pour la patrie», mais unanimes à se découvrir pour elle de l'intérêt et de l'attachement. Où ce n'est plus seulement l'histoire de la France, sa politique, son économie, sa société, mais aussi et surtout ses paysages, son patrimoine archéologique et matériel, ses traditions, ses arts et presque les plus menus témoignages de son être qui se trouvent promus à la dignité de l'amour, aux honneurs de la conservation, à l'intérêt de la connaissance, solennisés comme un héritage dont on ne sait plus très bien de qui on le tient, ni à quoi il sert, mais qui n'en est que plus précieux. Où les sondages indiquent une tendance au consensus, où la majorité paraît pour la première fois depuis la Révolution assez largement d'accord sur l'essentiel des institutions, quitte à les adapter; où les partis, même d'extrême droite, se réclament de la République. Où les oppositions classiques – France nouvelle contre ancienne France, France laïque contre France religieuse et, mieux, France de gauche contre France de droite – ont perdu de leur tranchant exclusiviste, puisque même le parti communiste croupion et le Front national en plein essor affirment, au moins verbalement, leur ralliement au principe de la démocratie.

Mais moment aussi où une incertitude complètement nouvelle plane sur le contenu du message éducatif; où la revendication de la liberté pour l'école religieuse provoque la plus grande manifestation de rue depuis la guerre; où le discours politique épuise son crédit à rôder autour des non-dits; où la moindre réforme du système de l'État-providence met en cause les principes sacro-saints; où la réforme de l'orthographe provoque des transes; où le code de la nationalité, qui a fait l'objet d'incessants remaniements au gré des besoins de la démographie, suffit cette fois à déclencher, vu l'importance de

Comment écrire l'histoire de France ?

l'immigration maghrébine, la grande querelle de la définition nationale ; où toute évocation du passé, même lointain, réveille à tout coup de vieux démons qu'on croyait endormis.

Oui, curieux moment, qui voit d'un côté l'effacement d'une France « dominatrice et sûre d'elle-même », même si profondément divisée, et de l'autre l'émergence, par-delà les réflexes d'un nationalisme flamboyant comme ceux d'un jacobinisme épuisé, d'un sentiment tout nouveau : l'attachement à une singularité française, la découverte de l'enracinement et de la profondeur du phénomène national, une curiosité pluraliste et presque indifférenciée pour la richesse et la diversité de ses expressions. Comme si la France cessait d'être une histoire qui nous divise pour devenir une culture qui nous rassemble, une propriété dont on relève le titre indivis comme un bien de famille. Nous passons d'un modèle de nation à un autre.

J'ai tenté de définir ce passage à la fin du tome précédent[11]. Résumons-le. Le modèle classique, providentialiste, universaliste et messianique, s'est progressivement délité, des lendemains de la guerre de 1914 à la fin de la guerre d'Algérie, qui, en dépit de l'accession de la France au rang des puissances nucléaires, a scellé la conscience définitive du déclin. Jusque-là, l'idée nationale s'était solidifiée dans une identification à la puissance d'État, que même les épreuves où il aurait pu sombrer n'avaient fait que confirmer dans l'évidence d'une grandeur incessamment renouvelée. État fondé sur la terre et sur un territoire, garant militaire des frontières contre les voisins étrangers. Mais État porteur, protecteur, vecteur, opérateur de la dynamique nationale. D'autres pays ont pu devoir à l'économie, à la religion, à la langue, à la communauté sociale ou ethnique, à la culture même le nerf de leur cohésion et le secret de leur être-ensemble. La France les a dus à l'action volontaire et continue de l'État, dont, à la différence de ses voisins, elle a connu deux formes d'expériences extrêmes : l'absolutisme et la Révolution. À la première, se rattache l'alternative toujours vivante qui remet le centre de la gravité nationale aux mains du pouvoir central ou la confie au contraire au foyer de la société civile. De la seconde sont nées les deux conceptions françaises de l'idée nationale, qui nous paraissent rétrospectivement plus complémentaires que contradictoires, la France de la devise républicaine et des droits de l'homme, la France « de la terre et des morts ».

Le remaniement profond de la conscience nationale auquel nous assistons aujourd'hui suppose un tout autre modèle de nation. Il correspond à la stabilisation de la France au rang des puissances moyennes et à son insertion dans un ensemble européen, conflictuel, mais pluriel et pacifié. Il correspond, à l'intérieur, à la généralisation des modes de vie modernes, à la poussée décentralisatrice, aux formes contemporaines de l'intervention étatique, à la présence forte d'une population immigrée, difficile à intégrer aux formes traditionnelles de l'assimilation. Il correspond surtout, du point de vue politique, à l'évanouissement du nationalisme auquel nous étions habitués depuis un siècle, tel que l'établissement de la République, comme forme enfin définitive de la nation, l'avait cristallisé, soit dans sa version de gauche, jacobine et patriotique, soit dans sa version de droite, conservatrice, réactionnaire et barréso-maurrassienne. À cette mutation majeure, les deux phénomènes parallèles politiques les plus importants du XXe siècle, le gaullisme et le communisme, ont puissamment contribué ensemble et séparément, en représentant, dans des conditions longuement décrites ici même[12], à la fois l'apogée de la France nationale-révolutionnaire, et son chant du cygne.

Cette grande sortie du nationalisme traditionnel, bien loin d'amener une exténuation du sentiment national, en a au contraire, c'est le point qu'il faut souligner, libéré la dynamique. Elle se traduit par le retour en force et en profondeur, jusqu'à l'obsessionnel, de ce par quoi la France garde un accès à la grandeur : toutes les formes de son histoire. Mesuré à ses critères traditionnels, le sentiment national peut paraître en diminution. Mais il a sans doute moins changé d'intensité que d'échelle, et de mode d'expression. Le cadre unitaire de l'Empire est mort, celui de l'Hexagone où il s'était fixé, et figé, a éclaté vers le haut et vers le bas, au niveau supérieur de l'Europe, de l'Occident, des démocraties, au niveau inférieur des réalités locales comme la région, la famille, le pays. D'affirmatif, le sentiment national est devenu interrogatif. D'agressif et militaire, il est devenu compétitif, tout investi dans le culte des performances industrielles et des records sportifs. De sacrificiel, funèbre et défensif, il s'est fait jouissif, curieux et, dirait-on, touristique. De pédagogique, le voilà médiatique ; et de collectif, individuel, et même individualiste. Une France à la carte, carte menu et carte Michelin. Le sentiment national était puissamment civique ; le voilà affectif et presque sentimental. Il était universaliste ; on le retrouve particularisant. Il s'éprouvait charnel, il se vit désormais symbolique. La France devenue comme le dénominateur commun de toutes les France possibles ?

C'est à ce vaste remaniement que les historiens de la France sont aujourd'hui sommés de s'adapter. C'est lui qui dicte ici impérativement le retour sur le national. Non par je ne sais quelle dévotion prosternatrice où s'infiltreraient, sous couvert scientifique, les relents d'un nationalisme préférentiel et pestilentiel ; mais parce que le cadre national s'est révélé le plus stable et le plus permanent. C'est ce remaniement qui nous courbe au devoir de mémoire. Non par nostalgie passéiste ou délire muséographique, mais parce que, dans un pays dont la continuité incomparable impose le poids du temps long, la légitimation de chaque rupture par le rappel de la fidélité au passé passe elle-même et toujours par la reconstruction de ce passé, sa permanente refabrication. Les Anglais ont la tradition, nous avons la mémoire. C'est encore ce remaniement qui nous impose la dispersion atomique des objets. Non par papillonnage de fleur en fleur et d'objet en objet, mais à cause de l'éclatement du moteur central et du rayonnement lointain de ses particules. C'est lui qui nous contraint au souci historiographique. Non par goût du bricolage ou curiosité perverse pour l'envers des choses, mais parce que la manière dont ces blocs tout constitués ont été charriés jusqu'à nous, sont apparus, disparus, partis à la casse et réutilisés, est la matière même dont est fait ce qui nous a faits. Lui enfin qui nous suggère la pesée, dans les mêmes plateaux de la même balance, des expressions les plus hautes de la tradition de l'universalisme français et des plus modestes outils de sa fabrication, puisque ce qu'il s'agit de comprendre et de rendre sensible, au plus près, est précisément le pourquoi et le comment d'une propension à l'universel qui est ce que la France a peut-être eu de plus particulier. Il n'y a dans ce livre et dans sa technique qu'une place bien réduite, hélas! pour la fantaisie personnelle et la promenade buissonnière. C'est la réponse impérativement appelée par les exigences de l'heure, la seule qui corresponde aujourd'hui à l'état de la science et à l'état de la conscience. Dieu est dans les détails, la France aussi.

Mais cette saisie générale de l'unité symbolique et patrimoniale implique, en retour, une véhémente appropriation individuelle de ses expressions, un commerce avec elles, intime et tout personnel, une communion privée où s'éprouve le rôle également nouveau de l'historien dans la cité. Tous ceux qui ont participé à cette entreprise ont dû puissamment le ressentir. Ni notaire ni prophète. Interprète et intermédiaire. Toujours passeur, mais non plus entre le passé et l'avenir: entre la demande aveugle et la réponse éclairée, entre la pression publique et la solitaire patience du laboratoire, entre ce qu'il sent et ce qu'il sait. Échange, partage et va-et-vient dont se dégage un sens et où s'exprime encore une mission.

Que reste-t-il de la République quand on lui enlève le jacobinisme centralisateur, «la liberté ou la mort», le «pas de liberté pour les ennemis de la liberté»? Que reste-t-il de la Nation quand on lui enlève le nationalisme, l'impérialisme et la toute-puissance de l'État? Que reste-t-il de la France quand on lui enlève l'universalisme? Un apprentissage de soi.

Un long apprentissage, qui fait de ces *Lieux de mémoire*, du même élan et du même pas, ma France et la France, celle de chacun et celle de tous.

1992

Les Lieux de mémoire

1. Voir, en tête du Quarto I, « Entre mémoire et histoire, la problématique des lieux ». Le lecteur est instamment prié de s'y reporter.

2. Pour le public et pour le droit. La notion est en effet en passe d'entrer dans l'appareil juridique, la loi de 1913 sur les monuments historiques admettant désormais des classements possibles au titre des « lieux de mémoire ».

3. Fernand Braudel avec *L'Identité de la France* (Paris, Flammarion, 1986, 3 vol.); Jean Favier qui dirigeait six volumes d'une *Histoire de France* (Paris, Fayard, 1984-1988), l'*Histoire de France illustrée* où se succédaient Georges Duby, Emmanuel Le Roy Ladurie, François Furet et Maurice Agulhon (Paris, Hachette, 1987-1991), Pierre Goubert et Daniel Roche, *Les Français et l'Ancien Régime*, Paris, Armand Colin, 1984, 2 vol., suivis d'Yves Lequin avec une *Histoire des Français, XIXe-XXe siècles*, en trois volumes (Paris, Armand Colin, 1984) et pour couronner le tout, sous la direction d'André Burguière et Jacques Revel, les quatre volumes d'une *Histoire de la France* (Paris, Éd. du Seuil, 1989-1992).

4. Ainsi « Les droits de l'homme », que Marcel Gauchet publiait dans le *Dictionnaire critique de la Révolution française* sous la direction de François Furet et Mona Ozouf (Paris, Flammarion, 1988) et qu'il développait dans *La Révolution des droits de l'homme* (Paris, Gallimard, 1989). Ainsi « De Gaulle, homme-mémoire », que Jean-Pierre Rioux traitait assez largement avec « Le souverain en mémoire », synthèse d'un travail de séminaire destiné à *De Gaulle en son siècle*, Actes des Journées internationales de l'Unesco, Paris, La Documentation française, 1991, t. I.

5. Dès la présentation de l'ensemble, j'avais indiqué que « le vrai problème de cette dernière partie n'est d'ailleurs pas dans l'ouverture indéfinie du sujet, mais dans l'élaboration supplémentaire qu'elle exige de la notion même de lieu de mémoire ».

6. Voir dans Quarto I, *La Nation*, section « Historiographie ».

7. Michelet, Préface de 1869 à l'*Histoire de France*.

8. Voir Quarto I, *La Nation*, « L'*Histoire de France* de Lavisse ».

9. Voir *Faire de l'histoire*, en codirection avec Jacques Le Goff, Paris, Gallimard, 1974, dont les trois volumes étaient sous-titrés : « Nouveaux problèmes », « Nouvelles approches », « Nouveaux objets ».

10. Voir Henri Mendras, *La Seconde Révolution française*, Paris, Gallimard, 1988.

11. Voir Quarto I, *La Nation*, « La nation-mémoire ».

12. Voir Quarto II, *Les France*, « Gaullistes et communistes ».

LES FRANCE
1. CONFLITS ET PARTAGES

PIERRE NORA

Présentation

Sous le signe de la mémoire, la France ne s'appelle pas diversité, elle s'appelle division. L'insistance sur la diversité, à la fois problématique et providentielle, correspondait à l'époque d'une synthèse nationale étatique qui faisait de l'invocation permanente à l'unité la contrepartie obligatoire à la nécessité, plus contraignante en France qu'ailleurs, de maîtriser des ensembles puissamment hétérogènes et contradictoires par un effort géant de centralisme organisateur. La France de la République, une et indivisible, celle de Michelet et de Vidal de La Blache, mais aussi bien celle de De Gaulle et de Braudel : une « histoire-mémoire » pleine de bruit, de fureur et de couleur, où l'infinie diversité des pays, des peuples et des langues n'était que l'autre face, visible et sensible, de l'unité tenacement poursuivie dans la construction temporelle de la politique et de l'histoire. Unité, diversité : c'est ce couple antithétique et complémentaire qui s'est dissocié sous nos yeux, ce mode général d'appréhension de la France qui a perdu son caractère opératoire et pertinent.

Quand la synthèse tertio-républicaine s'efface, c'est un tout autre système d'intelligibilité qui commence d'apparaître, où l'unité organique d'ensemble ne repose plus sur la continuité d'une histoire et l'harmonie conquise d'un territoire, mais sur le sentiment d'une identité qui se nourrit continûment de ses propres fractures, des polarisations fortes sur lesquelles elle s'est construite : polarisations politiques, mais aussi religieuses, voire géo-historiques. D'où les trois sections de ce volume.

D'abord les divisions politiques. Si nombreux soient les conflits, batailles, clivages et péripéties de l'histoire politique française, le système mythologico-politique sur lequel s'est historiquement constituée notre idée de la France s'appuie, en définitive, sur un nombre limité de foyers d'oppositions majeures, qui s'appellent et se commandent les uns les autres. Il n'y aurait eu aucun sens à retenir ceux-ci plutôt que ceux-là. Il fallait tous les prendre en compte, ou

aucun, à la fois dans la réalité de leur déploiement chronologique et dans la spécificité des instruments conceptuels qu'ils ont sécrétés pour se penser eux-mêmes. Il y a le grand partage originaire de la Révolution, lui-même générateur d'une série d'oppositions religieuses, politiques, sociales et nationales hautement connotées et constamment rechargées. Et parmi elles, centrale la notion de « peuple », fondement même de la souveraineté nationale, principe à soi seul rayonnant de rassemblement séparateur, auquel il eût donc été réducteur d'opposer un seul de ses contraires, puisqu'il est à la fois le tiers état contre les privilégiés, le prolétaire contre les bourgeois, le pauvre contre les riches, la masse contre les élites, la majorité contre la minorité. Il y a, ensuite, les grands foyers de division que le XXe siècle a superposés à cette strate et qui, tous les trois issus de la conjoncture, sont venus remanier la vieille équation nationale-révolutionnaire : l'antinomie de fond sur quoi repose, dans ce pays à l'immigration plus ancienne et plus continue que ses voisins, l'afflux périodique d'un fort contingent d'étrangers que les principes de l'idéologie et la réalité de la société à la fois appellent et refusent ; Vichy, né de la défaite et de l'occupation, mais dont le seul nom, qui exprime la remontée de tout le passé contre-révolutionnaire, est à soi seul, comme le mot peuple, son propre principe de division ; et ce grand moment de partage hégémonique de mémoire nationale qu'a représenté la bipolarisation des gaullistes et des communistes.
Mais cette succession de coupures archétypiques n'aurait eu elle-même aucun sens autre que descriptif si l'histoire intrinsèquement conflictuelle de la France qui en faisait, pour Marx, le modèle d'une histoire classique ne trouvait son répondant, sa garantie, son principe constitutif, pour ne pas dire sa preuve, aux deux bouts de la chaîne, à la fois dans son mythe d'origine, qui constitue comme la préhistoire du modèle, et dans la formule intellectuelle des temps démocratiques qui en fournit la clé de voûte et le retraverse tout entier. Double mythe d'origine des Francs et des Gaulois qui s'est mis en place au XVIe siècle et qui, dans ses réutilisations contradictoires au XVIIIe siècle, avec Boulainvilliers, puis au XIXe, avec Augustin Thierry et Guizot, a enraciné dans le substrat plus ou moins imaginaire l'idée-force d'une histoire de France comme celle d'un éternel conflit entre vainqueurs et vaincus. Double notion de la droite et de la gauche, qui structure l'espace politique de la France contemporaine et lui donne à la fois sa dynamique motrice et son cadre interprétatif d'ensemble. Ce n'est pas seulement le rapprochement à distance qui est frappant. C'est le fait que, dans les deux cas, la polarisation originaire relève à la fois de ce que la France a de plus particulier et ce plus exemplaire, de plus spécifique et de plus universel, puisque la lutte de classes a trouvé sa source dans la lutte de races et que la division gauche-droite, empiriquement née de la première assemblée révolutionnaire, s'est faite partage reconnu de toute organisation démocratique. On touche là du doigt la fécondité de l'histoire symbolique.

Présentation

Le même mécanisme est à l'œuvre avec les minorités religieuses. Bien des pays ont eu de fortes populations juives, plus nombreuses ailleurs qu'en France même; aucun cependant n'a lié son identité révolutionnaire à l'émancipation, et à une version assimilatrice de cette émancipation, qui a donné d'autant plus de relief dramatique au débat national autour de la discrimination et de l'exclusion de cette minorité, de Dreyfus au statue pétainiste de 1940. Tous les pays européens ont été inégalement touchés par la Réforme, et plusieurs ont connu les guerres de religion; aucun n'a intégré ce conflit dans la définition de son identité durable, ni fait de sa signification un drame aussi emblématique de conscience entre tolérance et persécution. Et aucun non plus n'a connu, avec le jansénisme, à l'intérieur même du catholicisme, un prolongement aussi généralisé des luttes doctrinales du XVIe siècle.

C'est encore et toujours le même principe de partages, le même type de conflits et de tensions, qui régit la construction de l'espace-temps, sa perception et sa représentation. Mais à la différence de ceux qui sous-tendent l'imaginaire politique et religieux, ceux-là s'individualisent puissamment. Aucun des plus importants ne manque à l'appel, mais le traitement n'exige pas d'être complet. Démonstratif, en revanche, et éclairant. Quelles divisions plus fortes que celles dictée par la nature: façade maritime contre façade continentale, qui ont imposé deux destins rivaux, surface boisée contre pays nu, qui a maintenu jusqu'à nous une économie et un légendaire forestiers, Nord contre Midi? Quels partages plus indispensables à saisir que ceux-là même qui avaient servi à appréhender et à maîtriser la fameuse diversité: longue dualité Paris-province, rapport du centre à la périphérie, et ces deux cadres contradictoires et simultanément découverts et expérimentés dans le même élan révolutionnaire, l'introuvable et rebelle région, le volontariste département, d'inspiration géométrique? Et quelle scansion temporelle plus significative à préciser que celle qui, de tout temps et de tout pays, a pourtant, précisément en France, donné au remplacement des vieux par les jeunes cette énergie mobilisatrice que, de l'époque romantique à mai 1968, a trouvée la génération?

On a communément le sentiment que c'est l'ébranlement de ces grandes lignes de fracture qui nourrit la crise d'une France qui s'interroge et ne se reconnaît pas. Entrer dans la logique de leur constitution historique et de leur trajectoire permet de déboucher sur une vue moins sommaire. On mesure les épuisements, on saisit les principes de renouvellement. Et dans le brouillage même des signes et des repères, se dessine la continuité d'un mouvement, la permanence d'une figure en pleine recomposition.

1992

LES FRANCE

1. CONFLITS ET PARTAGES
Divisions politiques

KRZYSZTOF POMIAN

Francs et Gaulois

> Problèmes du temps. *Le système du* bloc *(«la Révolution est un bloc», etc.) cher aux politiciens, funeste aux historiens; le devoir des historiens est de «débloquer» ou, suivant le mot des paléontologues, de «stratifier».*
>
> Camille Jullian

*L*eurs souvenirs héroïques sont évoqués par des monuments, tels le *Vercingétorix* de Clermont ou, à Paris, le *Gaulois* du pont d'Iéna; par des noms de rues – Alésia, Gergovie, Vercingétorix sont parmi les plus répandus; par des enseignes. Un restaurant parisien s'appelle même carrément *Nos ancêtres les Gaulois*. Avec *Astérix*, ils triomphent dans la bande dessinée. Et les livres qui en traitent ne manquent pas en éditions de poche depuis *La Guerre des Gaules* de César, en passant par le *Vercingétorix* de Camille Jullian et *Les Gaulois* d'Albert Grenier, jusqu'aux *Dieux de la Gaule* de Paul-Marie Duval et à nombre d'autres. Quiconque souhaite en savoir plus trouvera sans peine dans une bonne librairie de quoi satisfaire sa première curiosité; aux plus exigeants, les bibliothèques offrent, articles compris, plusieurs dizaines de milliers de titres consacrés à tous les aspects concevables du sujet. Mais il n'y a pas que des écrits. Des stations de fouilles, tantôt célèbres et visitées par les foules, tantôt modestes et d'importance purement locale, donnent à voir des vestiges des Gaulois et des Gallo-Romains: de leurs *oppida*, de leurs cités, de leurs *villae*, cependant que les musées archéologiques alignent les effigies de leurs divinités, de leurs outils et de leurs ustensiles, de leurs armes, monnaies, œuvres d'art et objets d'usage quotidien, et que les musées des Beaux-Arts montrent les tableaux, statues, gravures et dessins qui les représentent tels qu'on les imaginait au siècle passé et au début du nôtre. Complètent ce dispositif des expositions temporaires ainsi que des panneaux explicatifs, guides, catalogues, dépliants, plans, moulages, photos et cartes postales – toute une littérature et toute une imagerie. Censées orienter le regard des visiteurs, leur permettre de préserver un souvenir objectivé de choses vues et éveiller des intérêts plus profonds et plus durables, elles inculquent en même temps certaines croyances, dont celle en l'origine gauloise des Français, et certaines valeurs, d'abord et surtout le patriotisme.

Tous ces faits sont avérés. Mais, mis les uns à la suite des autres, ainsi qu'on vient de les voir, ils créent l'impression que la mémoire nationale française réserve aux Gaulois une place exceptionnellement étendue. Or, l'expérience ne le confirme pas. Les monuments, noms des rues et enseignes qui y font référence ne sont qu'une infime fraction du total. Et il en va semblablement des livres qui en parlent, bandes dessinées et éditions de poche incluses. Même les sites gaulois et les pièces de cette provenance dans les musées ne sont qu'une petite partie de l'ensemble des vestiges et des objets exposés en France où, depuis l'art pariétal et les stations paléolithiques jusqu'aux usines d'il y a un siècle, maintenant désaffectées, de si nombreuses populations ont laissé leurs traces. Et pourtant l'importance accordée aux Gaulois par les Français est plus grande que celle dont ils créditent les autres peuples ayant habité jadis le territoire de la France, y compris les Francs mêmes. Il y a là un trait qui singularise la mémoire française parmi celle des autres nations européennes, tout autant que l'importance accordée aux Germains singularise la mémoire allemande et l'importance accordée à Rome la mémoire italienne.

À en juger par les publications à l'usage du grand public, le statut privilégié des Gaulois tient de nos jours à la conjonction de trois images dont il est impossible d'évaluer le poids relatif. La première, c'est celle de la magnificence, de l'or des Celtes ou des trésors des princes celtes, l'opinion commune ne faisant pas la distinction entre les Celtes préhistoriques et les Gaulois[1]. La deuxième, c'est celle d'un puissant savoir ésotérique que sont supposés avoir détenu les druides, qui l'auraient transmis de génération en génération au cours de cérémonies secrètes et nocturnes ; certains courants de l'occultisme contemporain prétendent en avoir recueilli l'héritage[2]. La troisième image, c'est celle de «nos ancêtres les Gaulois». Objet d'un important colloque qui en a étudié, il y a quelques années, l'histoire et les manifestations, avec une insistance particulière sur son caractère mythique[3], cette image trouve toujours des défenseurs prêts à déplorer le discrédit où elle leur semble être tombée[4]. Or, «nos ancêtres les Gaulois» ont été de vaillants combattants qu'on montre triomphants ou mourants, mais presque jamais autrement que casqués, l'épée au côté – surtout quand ils entrent en conquérants dans un temple de leurs ennemis où les attendent, effroi aux yeux, de belles captives nues. Dans les représentations que les Gaulois suscitent de nos jours, se

Francs et Gaulois

retrouvent ainsi curieusement les trois fonctions qui structurent, selon Georges Dumézil, l'idéologie des Indo-Européens : la royauté sacrée sous son double aspect lumineux et sombre, mitraïque et varunien, les guerriers avec leurs heurs et leurs malheurs, la fécondité, enfin, qui a permis d'assurer jusqu'aujourd'hui la continuité de la race et à laquelle ne demandent qu'à être rattachés le symbole du coq et la gauloiserie[5]. Trop facile pour être prise tout à fait au sérieux, une analyse en ces termes ne nous paraît pas déboucher sur une compréhension satisfaisante de la présence gauloise dans la mémoire nationale française, mais il valait la peine d'en signaler la possibilité.

Dans la bataille idéologique : Vichy

Mis à part l'utilisation de la « croix celtique » par un groupuscule d'extrême droite et de rares références dans des discours officiels, les Gaulois sont aujourd'hui les grands absents de la vie politique française. Mais il n'en est ainsi que depuis la fin de la guerre ; moins de cinquante ans nous séparent, en effet, de la dernière tentative importante de les embrigader. Le 30 août 1942, la Légion, une organisation d'anciens combattants créée par Vichy et devenue plus tard la Milice de Darnand, célébrait en grande pompe son deuxième anniversaire, placé sous le signe de la Terre de France et de l'unité française. Les préparatifs ont commencé une semaine avant dans la métropole et encore plus tôt dans l'Empire. Le chef local de la Légion prélevait solennellement une parcelle de terre de chaque commune pour l'envoyer, cousue dans un sachet, à Gergovie où, le 30 août, au cours d'une cérémonie avec la participation de plusieurs milliers de légionnaires, toutes ces Terres – la majuscule est d'époque – devaient être déposées dans un cénotaphe de marbre scellé par le maréchal Pétain en personne[6]. Ainsi fut fait.

Les accompagnait un document dû à la plume de René Giscard d'Estaing et transcrit sur parchemin enluminé, qui établissait plusieurs correspondances entre le passé le plus ancien et le présent le plus récent : deux ans de la « Légion française des combattants et des volontaires de la Révolution nationale » et vingt siècles depuis l'éveil du sentiment national en Gaule ; chef arverne, Vercingétorix, et chef de l'État français, le maréchal Philippe Pétain ; monument élevé en 1901 et crypte édifiée pour abriter la terre française « recueillie dans la métropole et dans les colonies, sur tous les lieux où souffle l'esprit de la France et où se garde le souvenir de ceux qui en ont fait la grandeur[7] ». Le régime de Vichy se posait ainsi à Gergovie à la fois en garant de l'intégralité du territoire national et en héritier du passé entier de la France y compris, bien qu'avec de très fortes réticences, la IIIe République[8]. Mais il se posait en même temps comme celui qui fait renaître la France. Car la

France, selon les paroles du général Campet, «date du jour où nos pères se sont unis pour accepter la discipline d'un seul chef[9]». Et cet événement fondateur s'est produit d'abord à Gergovie, dont Vichy prend maintenant la relève.

Qualifiée à juste titre par Maurice Schumann de «comédie ou sacrilège[10]», la fête de Gergovie semble avoir mis fin aux essais du régime vichyste de mobiliser les ancêtres gaulois au service de la «révolution nationale». Essais inaugurés par la création, en septembre 1940, de la «francisque gallique», symbole de l'«unité française aux ordres de son chef» et signe du ralliement au Maréchal, qui, selon son créateur, réunissait le bâton étoilé du maréchal de France à «l'arme à deux tranchants que portaient les Gaulois et leur chef Vercingétorix à l'époque de la première épreuve d'où devait sortir notre pays[11]»; c'est cette formule qui fait de Pétain presque une réincarnation de Vercingétorix, qu'on réutilisera à Gergovie.

La récupération des Gaulois par la propagande de Vichy se caractérise par un double mouvement. D'abord on rend hommage à leur lutte héroïque contre les légions de César; d'où le choix de la francisque et de Gergovie. Mais, après avoir ainsi flatté l'honneur, on insiste lourdement sur le réalisme qui a conduit les Gaulois, une fois les batailles perdues, à reconnaître la supériorité de Rome. La Gaule «accepta sa défaite: Jules César apporta la paix romaine; vainqueurs et vaincus s'entendirent et de ce grand choc naquit la civilisation gallo-romaine qui nous a faits ce que nous sommes. Nous nous retrouvons après deux millénaires dans la même position que les Gaulois nos pères, et nous souhaitons de tout cœur que, de l'accord des vainqueurs et des vaincus, naisse enfin la paix européenne qui seule peut sauver le monde[12]».

La dernière partie de cet article dégagera les racines de l'idée qu'il était nécessaire que les Gaulois acceptassent la défaite et la soumission à Rome, et de l'idée que c'est cette défaite qui, en donnant naissance à la civilisation gallo-romaine, «nous a faits ce que nous sommes». Ici, qu'il suffise de constater que cette idée a servi, de 1870 à 1914, à souligner la différence irréductible entre la France gallo-romaine et l'Allemagne germanique et, en 1914-1918, à conférer à leur guerre la dimension spirituelle d'un affrontement de la civilisation avec la barbarie cachée derrière le masque de la *Kultur*[13]. La tentative vichyste de s'enraciner dans le passé gaulois détourne ainsi un thème originellement anti-allemand de manière qu'il justifie désormais la collaboration avec les nazis au nom de l'avènement futur d'une nouvelle civilisation européenne.

Dans la propagande de Vichy tout cela n'occupait, à ce qu'il semble, qu'une place fort réduite, voire marginale. Le réflexe de se tourner vers les Gaulois afin de rendre plus crédible la prétention de créer autour de soi et de repré-

senter l'unité française n'en est pas moins significatif. Ce faisant, Vichy répétait, en effet, un geste traditionnel depuis le second Empire et entré après la chute de celui-ci dans le rituel républicain : l'appel à la communauté d'ancêtres, identifiés en l'occurrence aux Gaulois, qui fait de tous les Français des consanguins, membres d'une même famille et différents à ce titre de ceux qui ne peuvent prétendre avoir la même ascendance. Certes, le discours officiel de la IIIe République donnait aux origines gauloises une signification plus culturelle que biologique, plus spirituelle que raciale ; mais cette dernière n'était jamais loin et c'est elle, et elle seule, que reconnaissaient les politiciens et les pamphlétaires d'extrême droite[14].
Qui est français ? En quoi consiste et où réside l'identité nationale française ? Conformément aux lois et coutumes de la République, pour être français, il suffit d'être citoyen français et de s'imprégner de la culture française ou, mieux : de l'esprit français qui porte l'identité de la France. Selon l'extrême droite, par contre, on n'est français que quand on a le sang français, car c'est le sang qui, avec la terre, est un substrat de l'identité nationale. L'idéologie républicaine sépare les Français des Allemands mais aussi des Anglais, des Italiens et de toutes les autres nations. L'extrême droite accepte évidemment ces séparations mais ce qui l'intéresse surtout, c'est de tracer une frontière bien visible entre les «vrais Français», les Français de sang, et ceux qui se font passer pour des Français sans en être, car ils ont un sang étranger, ce qu'est censée manifester, mais pas toujours, leur apparence externe : la forme de leur nez, la teinte de leur peau ou les boucles de leurs cheveux. Sur ce point comme sur nombre d'autres, le discours prétendument unificateur de Vichy s'inspire, comme on sait, directement des idées de l'extrême droite et il accompagne une politique d'exclusion par la violence et la mort de nombreuses catégories de Français.
Mais l'exploitation du thème gaulois par Vichy à la suite de l'extrême droite n'était que la dernière bataille d'un conflit commencé au début du XVIIIe siècle. D'un conflit autour des ancêtres : ce titre appartient-il aux Francs seulement, ou seulement aux Gaulois, ou aux deux ? D'un conflit, aussi, autour de la France : quand commence-t-elle ? Avec l'arrivée des premiers ou avec les seconds ? Et si c'est avec les premiers, leur arrivée a-t-elle été une conquête violente, sanglante et spoliatrice ou, au contraire, une installation pacifique suivie d'une fusion de deux peuples ? D'un conflit enfin qui portait du même coup sur la prétention de certains Français d'être plus français que les autres, justifiée par l'affirmation que leurs ancêtres furent les vrais fondateurs de la nation, et censée leur conférer des droits auxquels les autres ne sauraient légitimement aspirer. Ce dernier conflit se présente d'abord comme un affrontement des ordres : de la noblesse et du tiers état. Il se présente plus tard comme une lutte des classes : de l'aristocratie et de la bourgeoisie. Tout

comme l'idée de nation, l'idée de classe sociale et celle de lutte des classes interviennent ainsi dans la controverse autour de «nos ancêtres les Gaulois». La référence à ceux-ci est donc placée à la croisée de polémiques et de conflits au travers desquels se réalisait en France l'intégration nationale. Intégration verticale qui a abouti à reconnaître les mêmes droits à tous les Français et à accorder la qualité de Français à tout citoyen de la République française (supposé, au demeurant, avoir assimilé la culture française). Intégration horizontale qui a tracé une frontière nette entre les Français et les non-Français. Dans la longue guerre franco-française et franco-étrangère à la fois autour de l'identité et de la mémoire nationales, la référence aux Gaulois a joué un rôle bien plus grand que celui qu'en laissent deviner les invocations explicites.

Or, ce rôle, elle n'a pu le jouer que parce que de bonnes raisons portaient l'opinion publique à croire que les Gaulois ne sont pas une invention fabuleuse, comme les précédents détenteurs du titre d'ancêtres, les Troyens, mais qu'ils ont laissé dans le sol de France des traces qui permettent d'affirmer avec une vraisemblance proche de la certitude qu'ils y ont vécu, bâti, cultivé la terre, enseveli leurs morts, prié leurs dieux et lutté contre leurs ennemis. Et que tout cela se passait non dans des temps mythiques et immémoriaux, mais à une époque à laquelle on peut assigner des dates. Le conflit autour des Gaulois est donc indissociable des résultats de la recherche dont ils ont fait l'objet et qui a alimenté en arguments les partis en présence, tout en recevant de ce conflit, par un effet en retour, une importance, un cadre et des idées permettant de conférer aux trouvailles et aux découvertes une signification non seulement cognitive, mais aussi très souvent politique, voire culturelle. C'est ce jeu entre la recherche historique et le conflit idéologique qui retiendra ici principalement notre attention.

Images et reliques

L'ensemble de textes, images et reliques, qui, d'une façon ou d'une autre, renvoient aux Gaulois, est composé d'alluvions d'époques différentes. La bande dessinée les découvre à la fin des années quarante mais le succès n'arrive qu'avec *Astérix*, plus de dix ans après, pour se maintenir jusqu'aujourd'hui et aboutir à l'entrée dans la bande dessinée de l'histoire de France tout entière[15]. C'est là la strate la plus récente de l'imagerie qui met en scène les Gaulois. Quelques tableaux précurseurs mis à part, la strate la plus ancienne commence à se former à la fin des années vingt du XIXe siècle avec un *Vercingétorix* de Lacroix dans le volume consacré à l'Auvergne des V*oyages pittoresques* de Nodier, Taylor et Cailleux[16]. Dès sa première édition, l'*Histoire*

Francs et Gaulois

de France d'Henri Martin comporte deux gravures : *Les Druides recueillant le gui sacré* et *Vercingétorix devant le tribunal de César*[17]. Tout au long du siècle, ces thèmes sont repris par les illustrateurs des livres consacrés aux Gaulois à côté de la *Fondation de Marseille*, de *Brenn qui met son sabre dans la balance* ou de la *Bataille du Rhône*[18]. Les peintres suivent. Au Salon de 1831, on a pu voir un *Épisode de la révolte des Gaulois contre les Romains au III{}e siècle* et, dès les années trente, Delacroix pense à une *Prise de Rome par les Gaulois*, qu'il n'exécutera jamais[19].

Les tableaux représentant les Gaulois et en particulier Vercingétorix se multiplient au cours des années cinquante – rappelons *La Défense des Gaules* de Chassériau – et plus encore à partir de 1870 : Luminais s'en est presque fait une spécialité mais les peintres sont nombreux qui cherchent inspiration dans l'Antiquité nationale[20]. La sculpture évolue au même rythme[21]. Au total, la période comprise entre 1870 et 1914 semble avoir produit plus d'œuvres consacrées aux Gaulois que toutes les autres époques de l'art français prises ensemble. À quoi il faut ajouter les gravures vendues à part qui reprenaient les thèmes des illustrations des livres, les moulages de vestiges des Gaulois mis au jour par les fouilles, les cartes postales ; entre 1906 et 1914, on pouvait en acheter, à Alésia seulement, une bonne centaine[22].

Les images représentant les Gaulois apparaissent donc d'abord en liaison avec les textes : elles s'en émancipent dans la seconde moitié du XIX{}e siècle, comme si l'histoire de la Gaule et ses héros étaient alors supposés connus de tous ; et elles retrouvent de nos jours l'accompagnement des textes mais sur un mode qui n'est plus celui de l'illustration : celle-ci dépendait du texte qui, de son côté, pouvait s'en passer, tandis que dans la bande dessinée c'est, au contraire, le texte qui est inséparable de l'image à laquelle il est subordonné et sans laquelle il n'aurait très souvent aucun sens. Parallèlement, après avoir appartenu à un genre mineur, ces images sont entrées dans la haute culture placée sous le patronage de l'État et célébrée dans les Salons et les musées des Beaux-Arts ; puis, après des années d'éclipse, elles sont reparues dans la culture des jeunes, longtemps étrangère à la culture officielle, avant que la valorisation esthétique n'en soit opérée aux États-Unis par le pop art et la promotion politique, en France par l'intelligentsia de gauche.

On notera que la période où les images représentent les Gaulois ne sont accompagnées que de textes réduits au minimum – titre des tableaux, inscriptions sur les monuments – est aussi celle où ces images font partie de la haute culture officielle. Voilà qui montre son imprégnation par le thème gaulois au point qu'il suffit d'une évocation pour que le sens d'une scène peinte ou d'une figure sculptée soit immédiatement intelligible – imprégnation qui disparaît après la Première Guerre mondiale. De toutes les institutions officielles, seule l'école maintiendra jusqu'à nos jours, dans les manuels d'histoire, la référence aux Gaulois devenus des Gallo-Romains avant de se muer en Français[25]. Aussi est-ce principalement à l'enseignement ou à des souvenirs qu'on en a gardés que fait allusion la bande dessinée, pour la plus grande joie de ses lecteurs.

Tous ces changements de statut de l'image des Gaulois sont allés de pair avec les changements de son contenu et de son style. Les images les plus répandues et les plus symptomatiques de leur époque montraient, au XIXe siècle, sinon des personnages historiques du moins des scènes, en général pathétiques, attestées par des documents et rendues avec un souci d'exactitude archéologique, tout en utilisant les ressources d'un langage artistique élevé. Aujourd'hui, elles représentent principalement des êtres fictifs qui, dans un décor souvent anachronique, voire fantaisiste, participent à des épisodes comiques; et elles les représentent d'une manière irrévérencieuse, à la limite de la dérision. En l'espace d'un siècle, les Gaulois tels qu'on les met en image ont changé de registre: de l'épique au burlesque[24]. Face à la tradition gauloise, *Astérix* adopte la même attitude que *La Belle Hélène* face à la tradition classique.

De la strate la plus récente – divisée à son tour en plusieurs couches –, celle des représentations des Gaulois par ceux qui se croyaient leurs descendants ou qui jouent avec cette croyance, passons à la strate apparemment la plus ancienne, celle des reliques laissées par les Gaulois eux-mêmes: ruines et traces *in situ*, pièces exposées dans des musées archéologiques. Apparemment la plus ancienne, avons-nous dit, car si les objets dans leur matérialité viennent en effet de l'époque gauloise, ce n'est qu'assez récemment qu'ils ont acquis le statut de reliques. Auparavant, pendant des siècles et des siècles, les vestiges gaulois, comme ceux des autres peuples anciens, étaient tout simplement des déchets, ensevelis dans la terre, oubliés et compris de travers quand on les trouvait par hasard; ainsi les voies romaines étaient-elles attribuées, encore récemment, à la reine Brunehaut devenue personnage de légende[25].

Un nouvel intérêt pour les monuments anciens commence à se manifester à partir du XVIe siècle. Il est vrai que les antiquaires et les amateurs d'histoire sont attirés surtout par des objets romains, grecs et égyptiens. Mais ils ne dédaignent pas pour autant ceux qui leur paraissent susceptibles d'illustrer le passé local ou national, ni les simples curiosités qui frappent par leur caractère étrange et énigmatique. Quelques trouvailles spectaculaires montrent la voie à suivre. En 1653, on découvre à Tournai le tombeau de Childéric qui, certes, n'était pas gaulois mais dont les richesses ont orienté l'attention des antiquaires vers les sépultures[26]. En 1685, on exhume l'ossuaire de Cocherel dont la description ne sera publiée que bien plus tard et qui sera interprété en tant que « sépulture gauloise[27] ». En 1711, pendant les travaux à Notre-Dame de Paris, on met au jour l'autel des nautes parisiens avec ses inscriptions, son arbre d'Ésus et son taureau aux trois grues[28]. Les pièces gauloises ou prétendues telles entrent dans les cabinets des antiquaires; Montfaucon, qui les collectionnait lui-même, en donne des reproductions dans *L'Antiquité expliquée*[29]. Ici et là, on procède même à des fouilles méthodiques: Nicolas-Joseph Foucault, intendant de la Normandie, en fait faire, en 1691, à Valogne[30]; au XVIIIe siècle, le président de Robien (de Rennes) n'était certainement pas le seul parlementaire à pratiquer des fouilles sur ses terres[31]. Mentionnons aussi les fouilles de Gergovie en 1755, à l'initiative de la Société littéraire de Clermont[32], et les fouilles du mont Auxois en 1784, peut-être à l'instigation des élus généraux de Bourgogne[33].

Dans cette constitution d'un corpus de vestiges gaulois et gallo-romains, une date importante est celle de 1759, quand Caylus, dans le troisième tome de son *Recueil*, ajoute les antiquités gauloises aux égyptiennes, étrusques, grecques et romaines; il n'est pas exclu que l'idée lui en ait été suggérée par la lecture d'un ouvrage de Maffei sur les antiquités de la Gaule[34]. Quoi qu'il en soit, c'est dans le volume où il discute certaines opinions de Maffei que Caylus publie des antiquités gauloises. Il ne leur accorde aucune valeur artistique: «J'ai fait graver les ouvrages des Aborigènes, des premiers Étrusques et des Sardes, dont le mérite peut être inférieur, à quelques égards, à celui des Gaulois; je serais donc en droit de rapporter les anciennes productions de mon pays, quand elles seraient encore de plus mauvais goût, et quand elles ne confirmeraient pas une idée sur la divinité, qui prouve une grande justesse et une grande étendue dans l'esprit[35].» Sur ce point Caylus n'a jamais varié: «Qu'ai-je dit et que peut-on dire des Gaulois? – se demande-t-il dans la conclusion du dernier volume publié de son vivant. Ils ne savaient que se battre. On entrevoit, il est vrai, quelques réminiscences grossières acquises par le commerce avec la Grèce; mais après avoir fait la guerre en braves gens, ils paraissent, pour ce qui concerne les arts, fort inférieurs à ceux qui les ont vaincus par les armes» (t. VI, p. 406).

La motivation de l'intérêt de Caylus pour les Gaulois est donc exclusivement patriotique: «Je crois pouvoir me flatter d'avoir plus qu'aucun autre détaillé la partie des Gaules, quant à l'antiquité. J'ai rendu ce petit service à mon pays» (t. VII, p. 238). Aussi reproduit-il en majorité les monuments de la Gaule romaine qui répondent à son goût et à celui de ses correspondants. Mais il ne laisse passer aucune occasion d'en présenter qui soient «sensiblement» gaulois[36]. Il appelle de ses vœux la publication d'une *Gaule antique* (t. III, p. 323), loue l'*Histoire des Celtes* de Pelloutier, se tient au courant des recherches sur les antiquités septentrionales et critique dom Martin pour avoir attribué un monument étrusque à des druides[37]. Il consacre trois planches à Gergovie, résume le débat sur son emplacement et donne les résultats des fouilles qui y ont été faites (t. V, pl. CI-CIII et pp. 281-289). Il reproduit des « médailles gauloises », tout en les tenant pour de simples curiosités « car elles ne peuvent instruire sur l'histoire et il est impossible de rien conjecturer sur les temps et les lieux de leur fabrique » (t. VI, p. 328 et pl. CIV), en quoi elles ne diffèrent pas des autres monuments gaulois « en général très difficiles à expliquer » et plus difficiles encore à dater (t. V, p. 325). Enfin, il s'intéresse à la pierre levée de Poitiers et aux autres monuments mégalithiques.

Ces derniers, aussi étrange que cela paraisse, ne commencent à attirer l'attention qu'à partir de la seconde moitié du XVIe siècle[38]. Et c'est seulement un siècle plus tard qu'on en vient à les aborder avec une curiosité d'archéologue. Les fouilles de Cocherel sont la plus ancienne tentative connue d'établir ce que cache une colline sur laquelle étaient plantées deux pierres ; pour Montfaucon, nous l'avons vu, il s'agit là d'une « sépulture gauloise » et c'est encore aux Gaulois qu'il attribue les objets en pierre trouvés dans différents endroits et qu'il tient pour des armes[39]. S'agissant de la pierre levée de Poitiers, Caylus dit qu'« il est vraisemblable que les ouvrages de ce genre et de cette nature sont du temps des Gaulois et que leur construction doit avoir précédé de plusieurs siècles les guerres de César » ; il suppose, avec prudence, avoir, dans ce cas, affaire à un tombeau[40].

Mais il adopte une position différente à propos des mégalithes de Bretagne dont il doit la connaissance à La Sauvagère et au président de Robien qui lui a envoyé les cartes et les dessins de son père[41]. Tout en s'opposant à Deslandes qui voyait dans les alignements de Carnac « une suite des révolutions arrivées à la surface de la terre » et à La Sauvagère pour qui c'étaient des traces des anciens camps romains, Caylus refuse d'attribuer ces monuments aux anciens Gaulois. Ceux-ci les auraient édifiés, selon lui, « en plusieurs endroits du continent » ; or, « l'on n'en a jamais trouvé que dans quelques provinces situées sur le bord de la mer, ou du moins qui n'en sont pas éloignées ». D'autre part, ce que l'on sait des mœurs et de la religion des Gaulois n'autorise pas à leur imputer l'« espèce de superstition » dont semblent témoigner les mégalithes. C'est pourquoi, après avoir constaté « le silence absolu que la tradition même a gardé sur un usage si répété », Caylus conclut qu'« on peut en inférer une antiquité d'autant plus reculée, que du temps des Romains la trace en était perdue » (t. VI, pp. 384-387).

Caylus inaugure vraiment l'archéologie gauloise. Des recueils, dont certains se donnent pour le prolongement du sien[42], ajoutent ensuite à son apport les renseignements sur de nouvelles trouvailles et sur les résultats de nouvelles fouilles. Loin d'interrompre ces recherches, la Révolution les stimule car elle crée une conjoncture qui met en valeur les antiquités nationales et donc, en premier lieu, celles des Gaulois. De cette conjoncture dont on reparlera, un seul élément nous importe ici : la publication par Legrand d'Aussy d'un important mémoire sur les sépultures nationales, qui, à l'insu de l'auteur, a fourni une assise archéologique aux extravagances de la celtomanie. Le but de ce mémoire qui fait date dans l'histoire de l'archéologie française était scientifiquement inattaquable : classer les sépultures depuis les plus anciennes jusqu'à celles de la Renaissance, en donner une typologie et en établir, pour les plus anciennes, une chronologie relative, tout en attirant l'attention sur les renseignements utiles à l'histoire qu'elles peuvent fournir et en proposant au gouvernement d'en organiser les fouilles à Paris et dans les départements[43].

Dans ce cadre, Legrand s'intéresse évidemment aux « tombeaux gaulois » qu'il identifie, contre l'avis de Caylus, aux monuments mégalithiques. Il est le premier à en distinguer nettement les différents types et à leur donner les noms qui, depuis, sont presque tous entrés dans la langue usuelle. Il a introduit ainsi le mot « menhir » : « On m'a dit qu'en bas-breton ces obélisques bruts s'appellent *ar-men-ir*. J'adopte d'autant plus volontiers cette expression, qu'avec l'avantage de m'épargner des périphrases, elle m'offre celui d'appartenir à la France, et de présenter à l'esprit un sens précis et un mot dont la prononciation n'est pas trop désagréable[44]. » Il a emprunté à Deslandes le mot « lécavène » qui n'a pas fait carrière. Et il a lancé le mot « dolmen » qu'il écrit « dolmine » : « M. Coret, parlant d'une de ces tables que je ferai connaître bientôt, et qu'on voit à Lockmariaker, dit qu'en bas-breton on l'appelle *dolmin*. Je saisis de nouveau cette expression qui, comme les deux précédentes, m'est nécessaire. Dans un sujet totalement neuf, et dont par conséquent le vocabulaire n'existe pas, je suis forcé de m'en faire un ; et quoique, par mon droit, je fusse autorisé à créer des mots, je préfère néanmoins d'adopter ceux que je trouve existants, surtout quand ils me donnent, comme le bas-breton, l'espoir de représenter les anciennes dénominations gauloises. J'adopte donc le mot de *dolmine* et je vais l'employer pour désigner ces tables dont je parle[45]. »

À chaque type de monument mégalithique, Legrand consacre une section de son mémoire. Il en consacre une aussi à des buttes tumulaires qui « sont aujourd'hui pour la France ce que sont pour l'Égypte ses pyramides » (p. 251). Tout son travail crée ainsi, pas à pas, un objet qui avant lui n'existait pas ; ce faisant, il modifie le regard même posé sur le paysage. De cette nouveauté de ses recherches, Legrand est pleinement conscient : « Qui le croira que des objets exposés en pleine campagne à tous les yeux, faits par leur masse pour attirer et fixer la vue, sont cependant aussi inconnus que s'ils n'existaient pas ? Pendant le seizième siècle et même pendant une grande partie du dix-septième, nos savants, à l'exception d'un très petit nombre, ne cherchaient en France que des antiquités romaines ; ils ne prisaient, n'accueillaient que ce qui était romain. Ce n'est que depuis que Montfaucon et Caylus, ayant entrepris des traités généraux d'antiquités, furent obligés de s'occuper de celles des Gaulois, qu'on parut sentir combien devait nous intéresser tout ce qui tenait à l'histoire primitive de nos pères » (p. 225). Encore n'a-t-on pas réussi à faire des monuments qu'ils ont laissés l'objet d'une science et d'une curiosité générale : « Pour rendre intéressants nos différents genres de tombeaux gaulois, il fallait les considérer à la fois et sous les rapports moraux, et sous ceux de l'art. Fruit d'une croyance à une autre vie fort étrange, ils nous représentent des opinions religieuses et des mœurs qu'il était utile de peindre, et dont on a oublié entièrement de s'occuper » (p. 226). Résultat : « Nous ne savons rien, absolument rien, concernant les monuments qui appartiennent de plus près à notre archéologie, à l'histoire primitive de notre nation, de notre pays et de nos arts » (p. 227).

L'appel de Legrand a été entendu. Fondée à Paris, en 1804, l'Académie celtique se propose : « 1° De faire des recherches sur la langue celtique, de donner les étymologies de toutes les langues qui en dérivent, et spécialement de la langue française ; – 2° de décrire, d'expliquer et de faire graver les monuments anciens des Gaules[46]. » Des activités de cette Académie, on ne retient le plus souvent que le premier volet et on insiste sur le délire étymologique dont portent trace les écrits de quelques-uns de ses fondateurs. Ce faisant, on a tendance à oublier que le celtisme flamboyant n'y faisait pas l'unanimité[47] et que les divergences concernant les divagations linguistiques et autres « écarts de l'imagination » ont abouti, en 1813, à l'initiative de membres de l'Académie, au changement de son nom en celui de Société des antiquaires de France, modèle des sociétés d'antiquaires qui se sont mises à proliférer dans les provinces à partir de 1824[48]. Ce changement a affecté non seulement le nom mais aussi l'orientation même des travaux. Ceux-ci, au départ, portaient parallèlement sur la linguistique, les monuments et l'ethnographie[49]. À partir de 1813, c'est l'archéologie qui devient la préoccupation exclusive – archéologie médiévale et gallo-romaine, mais aussi gauloise.

Cette dernière était fondée sur un axiome énoncé par Henri Martin au tout début de son *Histoire de France* mais admis déjà bien avant : « Les premiers hommes qui peuplèrent l'ouest de l'Europe à une époque antérieure à toutes les traditions historiques, furent les Gaulois, nos véritables ancêtres, car leur sang prédomine dans le mélange successif de races diverses, qui a formé les modernes Français[50]. » Et elle attribuait les monuments mégalithiques ainsi que les objets en pierre et en os mis au jour par les fouilles, aux Celtes qu'elle identifiait aux Gaulois[51]. Autour de tous ces vestiges pouvaient ainsi cristalliser des rêveries patriotico-mythologiques et des reconstructions imaginaires d'un culte religieux, qui transportaient parmi les menhirs et les dolmens les renseignements glanés dans César, Strabon, Pline et les autres. Le livre de Cambry sur les monuments celtiques illustre, dans ses extravagances mêmes, cette démarche[52].

Il est vrai que d'autres interprétations étaient plus sobres[55]. Mais les attributions celtiques et gauloises, tout comme les représentations chronologiques qui les sous-tendaient, n'en restaient pas moins complètement erronées. Et, pourtant, les recherches sur les monuments mégalithiques sont loin de n'avoir produit que des effets négligeables ou négatifs. Bien au contraire, elles ont abouti à une très grande découverte, si grande que personne n'y avait même songé. On est parti à la recherche des Celtes et on a trouvé l'homme fossile; l'archéologie, qui se croyait gauloise, était devenue préhistoire. Le titre du livre pionnier de Boucher de Perthes, *Antiquités celtiques et antédiluviennes*, garde le souvenir de la transition de la première à la seconde. Comme elle allait de pair avec un allongement de la durée de l'homme sur la terre, il a fallu abandonner l'idée selon laquelle les Celtes, seuls ou avec les Ligures et les Ibères, avaient été les plus anciens habitants de la Gaule[54]. Et il a fallu réviser l'attribution des dolmens et des menhirs.

En 1861, l'Académie des inscriptions avait mis au concours la question des monuments celtiques. Dans les conclusions du mémoire couronné, Alexandre Bertrand énonçait les «hypothèses à combattre» sur ce sujet. Les voici: «Hypothèses générales: 1° les menhirs, dolmens, tumulus, cromlechs sont des monuments élevés par les Celtes; 2° ces monuments couvrirent autrefois, inégalement sans doute, mais presque sans exception, toute la surface de la Gaule. Si l'on n'en trouve pas aujourd'hui partout, c'est qu'ils ont été détruits. – Hypothèses particulières: 1° les menhirs sont des idoles; 2° les menhirs sont des pierres commémoratives élevées sur des tombeaux; 3° les menhirs sont des autels; 4° les pierres branlantes sont des pierres druidiques; 5° les pierres à bassins sont des pierres à sacrifices; 6° les dolmens sont des autels où l'on a sacrifié les victimes humaines [...][55].» Il y eut, certes, des polémiques et des résistances. Mais, en 1867, le Congrès international d'anthropologie et d'archéologie préhistoriques a définitivement introduit le terme «mégalithiques» pour désigner les monuments attribués auparavant aux Celtes ou aux druides[56]. De cette ancienne attribution, il reste néanmoins des traces: si Obélix est «livreur de menhirs de son état», c'est à cause de Legrand d'Aussy.

Pour un musée d'Antiquités nationales

Parallèlement aux progrès de l'archéologie gauloise au cours du XIXe siècle, ses adeptes, avec une insistance croissante, demandent aux autorités de créer un musée des Antiquités nationales. C'est encore Legrand d'Aussy qui commence. Son mémoire sur les sépultures comporte un «Projet pour le Musée des Monuments français» où, après avoir souligné l'importance et le mérite de cet établissement, Legrand exprime le regret de n'y voir que les monuments de l'âge le plus récent, «l'âge des mausolées» de sa périodisation à lui. En effet, l'époque antérieure à l'arrivée des Francs semble avoir été représentée dans le musée d'Alexandre Lenoir uniquement par l'autel des nautes parisiens[57]; les Gaulois d'avant la conquête romaine en étaient absents. Or, ce sont eux que Legrand aimerait y voir: «J'y veux menhirs, lécavènes, dolmines, dolmines en galerie, colonnades. Essayons dans Paris cette décoration sauvage, la première de son genre qu'on y aura vue encore. Cherchons même à rendre son effet plus frappant et son impression plus forte, en donnant à tous ces détails de la vérité, c'est-à-dire en la composant de tombeaux véritables, qu'on choisira parmi les plus beaux des départements voisins et qui, transportés au jardin du musée, y seront placés scrupuleusement comme ils l'étaient auparavant.» Quant à ceux dont le coût de transport serait trop élevé, «on les figurerait ici le plus exactement qu'il serait possible», de même que les «collines tumulaires» qui, hélas! ne se laissent pas transporter. «C'est alors vraiment qu'il [le musée de Lenoir] aura le droit de se dire le *musée des monuments français*, puisqu'alors seulement sa collection sera complète et qu'à remonter aux temps les plus reculés, aucune espèce ne lui manquera. Quel autre en Europe présentera un spectacle aussi singulier, aussi piquant et aussi nouveau[58]?»

Le projet de Legrand avec son programme de fouilles est repris par Grivaud de la Vincelle, lui-même collectionneur d'objets gaulois et gallo-romains, en liaison avec tous ceux qui, à l'époque, manifestaient la même curiosité. Mais les objectifs se modifient ici, cependant que la terminologie se précise. Ce que propose Grivaud, c'est «l'établissement d'un Musée véritablement national, c'est-à-dire uniquement composé de monuments antiques recueillis en France». D'un musée, donc, qui serait différent de celui de Lenoir car, au lieu de privilégier les œuvres d'art et de mettre en valeur le Moyen Âge, il s'ouvrirait à tous les vestiges de l'époque la plus ancienne de l'histoire de France:

> S'il y avait dans la Capitale un endroit spécialement destiné à recueillir tous les monuments antiques trouvés en France, on verrait chaque jour, avec quelque soin et très peu de dépense, cette collection s'augmenter et s'enrichir. Chaque objet y étant classé, avec la date et le lieu de sa découverte, les Savants qui s'occupent des recherches sur l'ancienne Gaule, trouveraient dans ces monuments des documents qui appuieraient leurs conjectures; ils fourniraient la matière de dissertations curieuses, et feraient certainement renaître partout le goût de l'antiquité, presqu'éteint aujourd'hui. On pourrait fouiller, avec la certitude d'y faire une ample récolte, le plateau du Châtelet, dont les deux tiers n'ont pas été touchés, le *Mons Seleucus*, dont on a à peine

effleuré l'ancien sol, et tant d'autres endroits, où jadis ont existé des établissement considérables, dont la terre recèle des restes précieux, qui en sortiraient pour devenir, dans le Musée français, les témoins irrécusables de l'antique splendeur de la France[59].

Dans la même année 1807, Quatremère de Quincy, qui s'intéressait depuis l'an II au palais des Thermes, a proposé, de son côté, la création d'un musée gallo-romain. Quand, dix ans plus tard, dans une nouvelle conjoncture politique et après le décret qui liquidait le musée des Monuments français, Grivaud est revenu à la charge, Quatremère a rendu compte de son recueil, tout en revendiquant l'initiative d'un musée gallo-romain dont les premiers promoteurs ont été en réalité Maffei et Caylus[60]. Tout comme eux, Quatremère propose en effet la création d'un musée de la sculpture ancienne importée ou produite en France ; quant aux monuments celtiques, il avait pour eux aussi peu de sympathie que pour ceux du Moyen Âge. En 1819, son projet faillit se réaliser ; profitant d'une visite du duc d'Angoulême au palais des Thermes, il a réussi à obtenir des crédits pour la conservation de cet édifice et à faire nommer le conservateur du futur musée gallo-romain. Mais en 1820, après la chute du ministère Decazes, les travaux furent interrompus[61].

L'idée d'un musée national ne resurgit qu'à la suite de la révolution de Juillet. En 1831, la ville de Paris achète le palais des Thermes. Mais la mode est maintenant au Moyen Âge ; les écrivains, les artistes, les gens du monde visitent la collection Du Sommerard installée à l'hôtel de Cluny. Rien d'étonnant alors que parmi les projets d'un musée des monuments nationaux, qui se multiplient, l'opinion soutienne celui d'Albert Lenoir, dont l'idée centrale est la réunion de deux édifices contigus, l'ancien et le médiéval, afin d'offrir au public une « chronologie complète » et d'exposer « les monuments de notre histoire dans les salles d'une architecture successivement contemporaine des grandes époques qui nous les ont légués ».

Or, Lenoir propose de faire précéder les monuments de l'époque romaine, qui seraient regroupés tout naturellement dans le palais des Thermes, par les « monuments druidiques », réunis dans une « cour gauloise » où l'on entrerait par des ponts fabriqués « à la manière des dolmens, c'est-à-dire avec une énorme pierre jetée sur le fossé ». « Les fragments druidiques que Paris possède, ces cippes d'un intérêt local, que les fouilles faites en 1711 à Notre-Dame, ont mis au jour, ainsi que ceux trouvés en 1829 à Saint-Landry, fourniraient amplement à l'époque gauloise qui doit conduire au monument romain. On y joindrait la statue de la Vénus de Quinipily, et celle de Vercingétorix, général célèbre, découverte dans le siècle dernier en Auvergne, et qui gît sans doute dans quelque lieu obscur d'où il est à souhaiter qu'elle soit retirée[62]. »

On connaît la suite. En 1843, l'Assemblée nationale et le Sénat ont voté les crédits pour l'achat de la collection Du Sommerard. François Arago, rapporteur de la loi à la Chambre, n'a pas manqué d'évoquer ses souvenirs du musée des Monuments français et de faire appel à l'argument patriotique : « Nous trouvons, Messieurs, dans l'ensemble des établissements de Paris, des collections grecques, romaines, égyptiennes ; les sauvages de l'Océanie eux-mêmes n'ont pas été oubliés ; il est temps de penser quelque peu à nos ancêtres ; faisons que la capitale de la France renferme aussi un musée historique français[63]. » Son appel a été suivi. Le musée de Cluny, inauguré le 17 mars 1844, était conforme au projet de Lenoir mais amputé de sa partie gauloise. Le Moyen Âge s'y taillait la part du lion[64]. Bien que très populaire, il ne pouvait donc satisfaire tous ceux qui souhaitaient la création d'un établissement consacré aux antiquités nationales. Or, ils étaient de plus en plus nombreux.

Un peu partout en France, se multiplient, à partir des années 1820, les fouilles organisées par les sociétés locales, les personnes privées, les pouvoirs publics ; elles alimentent les collections particulières et les musées archéologiques dont se dotent les villes de province[65]. Introduits par Chateaubriand dans la littérature dès le début du siècle, mis en musique dans plusieurs opéras consacrés à *Velléda*, dans la *Norma* de Bellini, dans la cantate *Gallia* de Gounod[66], les Gaulois, à partir des années trente, font aussi l'objet d'un nombre croissant de travaux historiques – nous y reviendrons –, dont les rééditions, tout comme, après 1850, les œuvres évoquées déjà de peintres et de sculpteurs attestent l'intérêt de l'opinion pour la période la plus ancienne du passé national. Intérêt intense dont témoignent aussi la quantité et la température des publications sur l'emplacement d'Alésia : Alise-Sainte-Reine en Bourgogne ou, nouvelle prétendante depuis 1855, Alaise en Franche-Comté ? Besançon contre Semur-en-Auxois, Quicherat, intervenu à lui seul presque vingt fois dans ce débat, contre la plupart de sommités de l'archéologie française – bref, une polémique de plusieurs années, avec la participation d'une cinquantaine d'auteurs, qui a suscité la curiosité de la presse et du grand public et qu'ont émaillée les allusions politiques et les gros mots[67].

En 1861, Henri Martin, un des champions les plus dévoués de la cause gauloise, a résumé en ces termes, qui font écho au discours d'Arago, ses impressions de la visite à la galerie celtique du British Museum : « L'aspect d'une si belle collection nationale dans un pays dépourvu de la centralisation, reporte forcément la pensée de l'archéologue français sur ce Louvre dont les galeries cosmopolites s'ouvrent aux antiquités du monde entier, excepté à celles de nos pères, de même que nos établissements de haut enseignement ont des classes de toutes les langues, même de javanais et de mantchou, ce que nous approuvons fort, mais pas une chaire de celtique[68]. » La fin de cet état des choses était imminente. Napoléon III qui, en 1858, en pleine bataille d'Alésia, a créé la

commission de la Topographie des Gaules, décida en 1860 de mettre à exécution son projet d'une *Histoire de Jules César*. En 1861, il fit donc demander à Ludwig Lindenschmidt, directeur du musée de Mayence fondé en 1852, des reproductions d'armes germaniques et romaines[69]. C'est dans ces circonstances, semble-t-il, que la vieille idée de Legrand d'Aussy, revue et corrigée pour satisfaire aux exigences du temps, passa enfin au stade de réalisation.
Le 8 novembre 1862, un décret affecta le château de Saint-Germain-en-Laye à «un musée d'antiquités celtiques et gallo-romaines dépendant du musée des Antiques», c'est-à-dire du Louvre, et qui a reçu le nom de Musée gallo-romain changé plus tard en celui de musée des Antiquités nationales, qu'il garde jusqu'aujourd'hui. Enrichi par les collections Boucher de Pertes – dont Cluny en 1858 n'a pas voulu – et par Napoléon III présent vingt-cinq fois sur la liste de donateurs et qui a offert surtout des objets gaulois et gallo-romains, le nouvel établissement fut inauguré le 12 mai 1867[70]. Au début, il gardait bien visibles les traces de son lien originaire avec une histoire de César, au point que les visiteurs s'étonnaient de «voir un Musée français d'archéologie nationale débuter par des monuments qui se trouvent en Italie, et qui célèbrent les victoires remportées par un empereur romain sur les Daces[71]». Sous la IIIe République, le musée de Saint-Germain a accentué son caractère à la fois scientifique et patriotique; c'est ce que symbolise le changement de dénomination de la «salle provisoire de César ou de la conquête» devenue «salle d'Alésia[72]». En 1881, Gaston Boissier constatait à l'issue d'une visite: «On peut dire que le musée des antiquités nationales existe, et que celui qui parcourt les quinze ou vingt salles dont il se compose fait une revue rapide et complète de notre ancienne histoire depuis les temps les plus reculés jusqu'au commencement du moyen âge[73].»
Pendant les cent ans passés depuis, les musées archéologiques français ont vécu des modifications et restructurations, d'envergure variable selon les cas, mais qui ont affecté à terme tous les aspects qui conditionnent la perception du visiteur et donc l'image qu'il garde en mémoire. En particulier, on n'essaie plus aujourd'hui, comme il y a cent ans, de restaurer et d'exposer les objets de manière à en effacer l'histoire, à créer l'illusion d'un face à face entre le spectateur et le passé censé avoir été ressuscité conformément aux idées de Guizot, de Michel et de Viollet-le-Duc. Au contraire, on insiste maintenant sur l'histoire qui s'interpose entre notre présent et le passé dont nous admirons les vestiges: on met en évidence les parties restaurées des objets, on montre l'état dans lequel ils furent trouvés *in situ*, on décrit les opérations qu'ils ont subies au laboratoire. D'autre part les objets sont exposés autrement qu'il y a un siècle, car on les groupe ou les sépare en fonction de nouvelles interprétations qui déterminent aussi le contenu des commentaires et, partant, les significations dont les objets sont investis.

Tributaires des découvertes récentes sur le terrain, telle en France celle de la tombe princière de Vix (1953), les interprétations le sont aussi de nouvelles techniques de datation, notamment au Carbone 14, et des analyses palynologiques, métallurgiques, chimiques, physiques, etc. Mais elles dépendent aussi des progrès de la linguistique celtique et indo-européenne, depuis la *Grammatica celtica* de Zeuss (1853) et les travaux de d'Arbois de Jubainville, en passant par ceux de Vendryes jusqu'à Benveniste et au-delà, et du renouvellement de l'étude des croyances, mythes et religions dû surtout à Georges Dumézil et à ses continuateurs. Les objets appartenant à la strate la plus ancienne des représentations des Gaulois, les seuls objets qui nous viennent de leur époque, relèvent donc, en même temps, de toutes les strates de représentations qu'ils ont traversées depuis le jour où ils ont cessé d'être des déchets, pour autant que leur signification et parfois même leur apparence physique gardent la trace de découvertes, techniques et théories, qui se sont succédé entre Montfaucon ou Caylus et les archéologues d'aujourd'hui.

De César à Louis XIV

Le nombre de textes anciens qui nous renseignent sur la Gaule jusqu'au milieu du Ve siècle de notre ère est impressionnant. Selon Paul-Marie Duval, qui en a établi le relevé le plus complet, « vers 460, on peut considérer qu'environ trois cent cinquante auteurs ou œuvres anonymes ou collectives nous ont livré quelque mention de la Gaule propre ou de ses habitants, et parfois bien davantage. Plus de cent quatre-vingt-dix sont de langue latine, les autres de langue grecque ; environ deux cent soixante-quinze de tradition païenne, soixante-quinze d'inspiration chrétienne[74] ». Le fonctionnement historique de ces textes fut très différent : certains n'ont été exhumés que récemment, d'autres sont connus et utilisés de longue date. Mais il n'en est qu'un et un seul à n'avoir jamais été oublié, un seul qui, continuellement depuis sa parution, a été lu, cité, copié, traduit, imprimé et réimprimé, paraphrasé, glosé et discuté : les *Commentaires* de Jules César.

Les manuscrits en sont très nombreux : trente-trois à la Bibliothèque du Vatican, vingt-cinq à la Bibliothèque nationale, dix-sept à Florence[75]. Et les éditions imprimées se succèdent à un rythme rapide : dix au XVe siècle, trente-neuf au XVIe siècle, vingt au XVIIe, vingt-deux au XVIIIe, deux cent quatorze au XIXe, si l'on additionne les *Œuvres complètes* et les *Commentaires* publiés isolément et si l'on compte les réimpressions[76]. Les traductions françaises, d'autant plus significatives que les lettrés connaissaient le latin et qu'elles témoignent donc de la diffusion dans le large public, sont, elles aussi, nombreuses. La première date du début du XIIIe siècle ; elle forme la seconde partie du *Fait des Romains*, compilation de plusieurs ouvrages anciens, qui a été un énorme succès[77]. De deux suivantes, rédigées dans les dernières décennies du XVe siècle, une, celle de Robert Gaguin, a été, elle aussi, très lue[78]. Puis viennent les éditions imprimées : dix aux XVe et XVIe siècles, dix-neuf au XVIIe, neuf au XVIIIe, soixante et une au XIXe siècle[79]. Enfin, pour que l'image soit complète, ajoutons les biographies de César, commentaires de son ouvrage, discussions de points de détail ; en 1880, il y en avait soixante-dix dont cinquante-cinq ont paru au cours des trente années précédentes, et nous sommes ici certainement loin du compte[80].

Les Gaulois et les Romains sont très peu présents dans les traditions orales françaises et encore est-il hautement probable que les mentions où ils figurent soient d'origine livresque[81]. Le nom de la Gaule a été préservé d'abord par l'Église ; tout au long du Moyen Âge, elle parle de *Gallia* pour désigner le territoire de la primatie de Lyon, tandis que les noms *Francia* ou *regnum Francorum* sont donnés à l'entité profane. Le mot *Gallia* qui, chez de nombreux écrivains, fait partie de la terminologie géographique, acquiert aussi, à partir du XIIe siècle, une signification politique quand il apparaît dans des expressions telles que *regnum Galliae* pour désigner le royaume de France ou quand les rois de France sont qualifiés de rois des Gaules (ainsi *Lodoycus rex Galliarum*) ou des Gaulois (ainsi *Philippus rex Gallorum*)[82].

Mais cela ne concerne que le nom. Quant aux peuples ayant jadis habité les Gaules, aux épisodes de leur histoire, à leurs coutumes, institutions et croyances, quant aux personnages aussi avec leurs faits et leurs gestes, le souvenir ne s'en est maintenu, pendant les seize siècles qui séparent la conquête romaine de la découverte par les élites françaises que les Gaulois étaient leurs ancêtres, que grâce à quelques auteurs anciens – d'abord et surtout à César. Il a conquis la Gaule avec une brutalité et une cruauté implacables. Mais il lui a édifié aussi un monument *aere perennius*. Imaginons que les œuvres de divers auteurs ayant traité de la Gaule et des Gaulois dans l'Antiquité aient disparu au Ve siècle : c'eût été un désastre. Il aurait suffi toutefois que l'œuvre de César restât entière pour que l'essentiel de nos connaissances fût sauvé. S'il fallait donc ne retenir qu'un seul lieu – un lieu matriciel – où s'est conservée et se conserve encore la mémoire des choses gauloises, ce serait certainement ce lieu démultiplié que constituent tous les volumes existants de la *Guerre des Gaules*.

Lecteurs des auteurs anciens et en premier lieu de César, les historiens et les chroniqueurs du Moyen Âge intégraient dans leurs ouvrages ce qu'ils avaient appris sur la Gaule et ses habitants. Héri, bénédictin d'Auxerre, embellit ainsi son poème consacré à la vie de saint Germain en évoquant César, la Gaule et le siège d'Alésia identifiée clairement à Alise en Auxois ; son opinion sur ce sujet, reprise par les moines de l'abbaye voisine de Flavigny, qui, eux aussi, ont lu César, a été inscrite dans leur martyrologe[83]. C'est là un bon exemple de l'utilisation d'un savoir puisé chez les anciens dans une histoire locale et sacrée. Un exemple de son utilisation dans une histoire nationale et profane est fourni par la préface d'Aimoin de Fleury à son *Historia Francorum*. Sur la foi de Pline, César, Salluste et Orose, il y compare la Gaule à la Germanie et rappelle notamment que les Gaulois ont pris Rome et semé l'épouvante en Italie[84]. C'est de cette préface que s'est inspirée l'introduction des *Grandes Chroniques de France* : « Mais pour ce que avons ci fait mencion de II provinces de Galles, qui or est apellée France, avenant chose est que ci endroit soit mise la description de toute Galle en la manière que Jules Cesar la descrist qui en X ans la conquist ; a li s'accorde Plines et maint autre philosophe[85]. » Implicite chez Aimoin, évidente dans les *Grandes Chroniques*, l'idée que ce qui fut appelé Gaule porte maintenant le nom de France semble avoir été assez répandue dès le XIIe siècle.

> *France aveit nun Galle a cel jur.*
> *Si n'i aveit rei ne seinnur.*
> *Romain en demainne l'aveient,*

lit-on dans le *Roman de Brut*, de Wace (1155) ; des formules analogues se trouvent aussi ailleurs et la même opinion s'exprime dans *Li Fait des Romains* dont nous avons déjà souligné la diffusion[86]. Bref, selon l'opinion commune des lettrés depuis le XIIe siècle au moins, la France a pris la succession de la Gaule. Mais cela n'empêchait nullement les chroniqueurs et les historiens de suivre Aimoin et les *Grandes Chroniques* et de tenir les Français pour les descendants non des Gaulois mais des Francs, en commençant l'histoire de France par les premiers rois de ce peuple et en laissant la Gaule au-dehors : dans les introductions et les préfaces. Au demeurant, cela permettait d'expliquer comment, pourquoi et dans quelles circonstances la Gaule avait changé de nom, tout en assurant aux Français une place privilégiée dans l'histoire universelle.

Car les Français, qui sont des Francs, sont en réalité des Troyens et par conséquent frères cadets des Romains. À partir du VIIe siècle, c'est ce que répètent avec un bel ensemble les historiens français, évidemment, mais aussi allemands, espagnols, italiens, belges, polonais, scandinaves. Seuls quelques Anglais restent sceptiques à l'égard de ces prétentions des Francs, tout en attribuant une origine troyenne aux habitants de *Britannia* ou à la dynastie qui y règne[87]. Cette quasi-unanimité européenne entre en crise au XVe siècle, quand les humanistes italiens commencent à refuser l'origine troyenne à des peuples issus des Barbares, pour la réserver aux seuls Romains et à leurs héritiers légitimes, les habitants de l'Italie[88]. À cette « italianisation » des

Francs et Gaulois

Troyens – Anténor n'est-il pas mort à Padoue? –, correspond, chez tous les peuples d'Europe, la recherche d'un passé à la fois purement national et glorieux, facilitée par la remise en circulation d'un grand nombre de textes anciens longtemps oubliés ou peu connus : de Tite-Live, d'abord, qui fait un retour en force à partir du XIVe siècle, de *La Germanie* de Tacite, des géographes latins et grecs et, surtout, de Strabon. Sur un total de trente-quatre manuscrits de cet auteur, vingt datent du XVe siècle qui voit aussi cinq éditions de la traduction latine ; l'édition princeps en grec ne paraîtra qu'en 1516[89].

Se met ainsi à changer le cadre même de l'histoire universelle profane à l'intérieur duquel acquièrent un sens différentes histoires ethniques ou nationales. La dignité d'un peuple historique dont les gestes ont une portée pour l'humanité entière tiendra désormais de plus en plus non pas tant à l'origine troyenne qu'à l'ancienneté attestée par des auteurs ayant écrit à l'aube des temps et à des exploits militaires, surtout contre les Romains. Aussi, les Allemands peuvent-ils tirer gloire de leurs ancêtres germains, les Espagnols des Ibères, les Polonais des Sarmates et les Suédois des Goths, même si ces derniers avaient ailleurs une réputation plutôt détestable. La promotion de la Gaule et des Gaulois, qui, à partir du XIVe siècle, occupent une place croissante dans l'histoire de France, de même que la promotion de Brennus[90] – et d'Arminius en Allemagne comme ailleurs de divers vainqueurs légendaires des Romains – participent de ce mouvement européen et s'accélèrent avec lui après 1450. « En 1480, un Français a, à coup sûr, des ancêtres gaulois qu'il ne possédait pas en 1400[91]. » Certes, ces nouveaux ancêtres ne sont pas encore en mesure de supplanter les Troyens auxquels les Français se sentent attachés par une longue habitude et qui, durant tout le XVIe siècle, cohabitent avec les Gaulois, résistant aux tentatives réitérées de les éliminer de l'histoire de France. Encore une guerre que les Troyens auront perdue ; au XVIIe siècle, il n'en restera que le souvenir[92].

Mais l'histoire universelle a aussi son versant sacré, incomparablement plus important que le profane car il apporte, dans la Genèse, la réponse ultime à la question de l'origine des peuples : tableau de la descendance des fils de Noé et récit de la dispersion consécutive à l'échec de Babel. Dans ce tableau, les Troyens avaient leur place depuis plus de mille ans : ils y étaient rattachés à Japhet. Les ancêtres que les peuples européens se sont reconnus au XVe siècle, tous ces Germains, Sarmates et Gaulois, devaient donc, pour être légitimés, produire leurs généalogies, allant jusqu'à ce fondateur de la lignée. Il fallait remonter, génération après génération, des ancêtres nationaux jusqu'à ce père commun des Européens. Et il fallait authentifier cette chaîne, en lui apportant la caution d'une autorité suffisante pour la rendre acceptable. Le coup de génie d'Annius de Viterbe, qui a assuré à son ouvrage une diffusion dans tous les pays européens, était d'avoir résolu ce double problème. Il prétendait publier, pour la première fois, des textes retrouvés des plus anciens historiens, entre autres Manethon et Bérose, cités et hautement estimés dans l'Antiquité mais dont les œuvres avaient disparu ; cela n'avait *a priori* rien d'impossible. Or ces textes, surtout celui de Bérose, contenaient des généalogies des peuples, qui les faisaient descendre de Japhet. S'agissant des Gaulois, le prétendu Bérose donnait ainsi une liste nominative de leurs vingt-cinq premiers rois[93]. Annius a été assez vite traité de faussaire mais la controverse sur l'authenticité des textes qu'il a publiés a duré presque deux siècles[94].

Le XVIe siècle est, dans la culture française, le grand siècle des Gaulois. Les livres qui en traitent jouissent visiblement des faveurs du public ; entre 1509 et 1599, ils ont au moins une soixantaine d'éditions[95], sans compter les œuvres de César, d'autres textes anciens, authentiques ou apocryphes en rapport avec l'histoire de la Gaule et tous les écrits, fort nombreux, qui lui étaient partiellement consacrés. On publie et republie Bérose, avec ou sans les commentaires de son prétendu éditeur, et la liste des rois gaulois qui s'y trouve est reprise par Jean Lemaire de Belges dans son livre influent *Les Illustrations de la Gaule et les singularitez de Troye* dont le titre montre bien la coexistence de deux légendes ethno-génétiques. Ces rois deviennent même des figures suffisamment connues pour qu'un chanoine de la cathédrale de Beauvais commande, vers 1530, cinq tapisseries avec Samothès, premier roi des Gaules et Jupiter celte ; Hercule de Lybie, dixième roi des Gaules, fondateur d'Alésia ; Galathès, fils d'Hercule, onzième roi des Gaules, et Lugdus, fondateur de Lyon ; Belgius, quatorzième roi des Gaules, Jasius et Paris, fondateur de Paris ; Francus et Remus, vingt-troisième et vingt-quatrième rois des Gaules. C'est là, à un détail près, la liste de Lemaire[96].

L'entrée des Gaulois dans l'histoire de France pose d'emblée un problème, celui de leurs rapports avec les Francs. Avec les Francs sous l'espèce des Troyens, d'abord ; énoncé de la sorte, le problème trouve des solutions dans les généalogies légendaires[97]. Avec les Francs qui ne sont plus des Troyens, les choses se compliquent. Car ce qu'il faut absolument éviter, c'est une invasion et une conquête placées à l'origine de la monarchie française. Pour des raisons tant philosophiques que politiques, au départ doit toujours se trouver l'unité. Deux types de solutions se dessinent alors. Celle de François Hotman qui voit dans les Francs les Germains alliés depuis toujours aux Gaulois dans leur lutte contre Rome et venus dans la Gaule en libérateurs : les deux peuples unis ont formé une nation et élu leur premier roi[98]. La diversité ethnique s'estompe donc chez Hotman au sein d'une communauté politique. La solution introduite par Bodin et qu'illustrent, parmi d'autres, les opinions de Claude Fauchet, admet par contre que « les Francs se sont aisément remeslez et unis avec les Gaulois estans de mesme origine et mœurs approchans les uns des autres[99] ». Les Francs étant ici des Gaulois émigrés outre-Rhin, à une communauté initiale succèdent une séparation et une divergence résorbées en fin de compte dans le cadre de la nation. Qu'en parlant des Gaulois et des Francs Hotman ait pensé aussi aux catholiques et aux protestants ne fait aucun doute ; il le dit lui-même dans sa préface. Tout porte à croire que Fauchet y a pensé, lui aussi, de même que d'autres historiens proches du milieu des «politiques»[100].

Entre la fin des guerres de Religion et la Révolution française, l'idée d'identifier l'ancêtre des Gaulois parmi les descendants de Noé garde toujours un certain attrait. Le livre du Père Pezron, nullement isolé dans l'Europe des XVIIe-XVIIIe siècles, est un bon exemple de la survivance de la problématique et des techniques intellectuelles venues parfois du haut Moyen Âge et qui coexistaient avec des apports plus récents : un regard par moment ethnographique, un intérêt pour la langue que parle le peuple, la comparaison des langues vivantes[101]. Dans les recherches sur le passé le plus ancien des peuples d'Europe, de telles survivances se sont maintenues bien plus longtemps que dans d'autres domaines de l'histoire. Aussi la distance n'est-elle pas très grande des spéculations biblico-étymologiques, dans le style du Père Pezron, à des travaux d'apparence plus moderne : histoires des Gaulois ou des Celtes, études de leurs croyances, mœurs et coutumes. Fondées sur des textes anciens tenus plutôt pour des autorités que pour des sources et donc reçus sans critique suffisante, prise dans l'étau de la chronologie biblique et tenant compte, consciemment ou pas, du récit de la Genèse, imprégnées d'un patriotisme rétrospectif, des tentatives de ce genre étaient condamnées d'avance à rajeunir de vieilles légendes et à en ajouter de nouvelles. On le voit chez dom Jacques Martin[102] et plus tard chez Simon Pelloutier[103]. Malgré les attaques de Leibniz et de Fréret, les Francs pouvaient donc toujours passer pour des Gaulois revenus dans leur patrie[104]. Même les travaux ponctuels et purement érudits restaient souvent enfermés dans le cadre légendaire, à l'exception seulement de la géographie historique d'Adrien de Valois au XVIIe siècle et de d'Anville au XVIIIe siècle[105], et de l'archéologie de Caylus, dont il a déjà été parlé.

Francs contre Gaulois

Ajoutons, pour ne rien oublier, les recherches des érudits locaux, les références de l'*Encyclopédie*, les allusions littéraires : la récolte reste assez maigre. Entre la fin des guerres de Religion et la Révolution française, les Gaulois n'éveillent qu'un intérêt limité[106]. Marginaux de l'histoire de France, qui ne commence vraiment qu'avec les Francs, ils ne soulèvent pas de grandes passions. Et pourtant c'est précisément une redéfinition des rapports entre les uns et les autres qui, à partir de la fin du règne de Louis XIV, va entraîner un renouvellement de la problématique de l'histoire de France dans son ensemble et notamment des questions posées à la période gauloise. Impossible de présenter ici le contexte politique, idéologique et social de ce tournant qui s'est fait sentir très vite dans le débat autour de la constitution française[107], pour donner un siècle plus tard ses pleins effets dans la recherche historique et la présentation globale de l'histoire de France, et qui consistait à l'appréhender non dans la perspective traditionnelle de l'unité et de l'harmonie, interrompue seulement par des accidents, mais en tant que lieu d'un antagonisme séculaire, d'un affrontement entre les descendants des Gaulois et les héritiers des Francs. Il suffit de rappeler les principales thèses du comte de Boulainvilliers, premier à avoir posé ce nouveau regard sur le passé national[108].

Le point de départ de l'histoire de France selon Boulainvilliers, c'est la conquête de la Gaule par les Francs avec le partage des terres des Gaulois et l'asservissement de ces derniers par les nouveaux maîtres. Or, au moment de la conquête, les Francs n'étaient pas sujets d'un roi. Tous nobles, ils vivaient dans un régime aristocratique, sous une royauté élective, et leur seule obligation était le service militaire[109]. Aussi les Gaulois asservis l'étaient-ils non par le roi mais par les propriétaires des terres : « Cette vérité est si certaine que dans l'usage de la Monarchie, le tiers État n'a commencé de faire corps que lorsqu'après avoir été affranchi par les Seigneurs, il est entré sous la protection des Rois et a prétendu se faire le sujet immédiat ; entreprise dans laquelle il a été soutenu contre le droit évident des Propriétaires des terres et contre la loi fondamentale du Gouvernement » (*Histoire de l'ancien gouvernement*, t. I, pp. 34-35).

Dès les temps de Clovis, les rois se sont efforcés de priver les Francs de leur liberté et de leurs privilèges, en s'appuyant au besoin sur les Gaulois et en les aidant dans leur lutte contre leurs maîtres. Clovis, eût-il vécu plus longtemps, aurait réussi à imposer aux Francs la servitude (t. I, p. 55). On y est arrivé sous le règne de Pépin mais Charlemagne a rétabli l'harmonie entre le roi et les Francs. « Ce grand Prince conçut que le gouvernement despotique et arbitraire, tel que son ayeul Charles Martel avait voulu l'établir, étant absolument contraire au génie de la Nation et à son droit certain et évident, il était impossible qu'il fût durable, ce qui le détermina à faire aux Français la justice qui leur était due, en remettant sur pied l'ancienne forme du gouvernement[110]. »

C'est Charlemagne qui a consacré le droit féodal et qui a introduit les fiefs « sans trop violenter les lois[111] ». Et c'est lui encore qui a fait revivre les assemblées nationales dans leur rôle de tribunaux suprêmes et d'instances décidant tout en matière d'impôt, guerre et armée, alliances, différends entre les seigneurs laïcs et ecclésiastiques. De ces assemblées, ne faisaient partie que le clergé et la noblesse parce que « les Français, après avoir conquis les

Gaules sous le règne de Clovis premier, y établirent leur gouvernement tout-à-fait séparé de la Nation assujettie laquelle, demeurant dans un état moyen entre la servitude romaine et une espèce de liberté, fut toujours regardée par les Conquérants comme destinée au travail et à la culture des terres et non pas à partager les honneurs de l'administration souveraine[112]».

Pour Boulainvilliers, l'axe central de l'histoire de France depuis Charlemagne jusqu'à son époque, c'est l'érosion du droit féodal et du droit de pairie, qui en est une conséquence nécessaire, c'est-à-dire une dégradation de la noblesse, dont l'une des causes était «la politique de la famille capétienne», et une montée concomitante du tiers état, composé de serfs affranchis, avec l'appui de cette dernière[113]. À long terme, les Francs perdent et les Gaulois gagnent. On dira que, des Gaulois, il ne reste ici que le nom qui désigne de surcroît non les habitants de la Gaule indépendante mais les Gallo-Romains et qui renvoie au seul fait de leur asservissement. Il est vrai. Mais c'est une vérité superficielle. Car, d'abord, il ne s'agit pas de n'importe quel nom. Il s'agit du nom d'un peuple réputé, depuis plus de deux siècles, avoir été, fût-ce par l'intermédiaire des Francs, l'ancêtre de la nation française. C'est de ce peuple que Boulainvilliers fait descendre une partie de la nation seulement: les roturiers; ce faisant, il présente la noblesse comme un corps étranger. Certes, il sait que les mariages mixtes et d'autres facteurs ont abouti à ce qu'«à l'avènement de Hugues Capet les deux peuples se trouvèrent confondus dans le même droit et dans un seul corps de Nation[114]». Et pourtant, c'est sur le droit de conquête qu'il fonde les privilèges nobiliaires qui apparaissent ainsi comme une perpétuation de l'antagonisme originaire des Francs et des Gaulois. Un lien direct se trouve établi du même coup entre l'histoire de ces derniers, ancêtres du tiers état, et l'histoire du gouvernement de la France: de la monarchie, des assemblées législatives, du droit municipal et du droit féodal.

C'est ce qu'a rendu flagrant, dès sa parution, le livre de l'abbé Dubos, réfutation méthodique de l'idée de l'histoire de France proposée par Boulainvilliers. Idée fausse car, au Ve siècle, il n'y avait pas de Gaulois dans les Gaules; ils se sont tous «métamorphosés[115]» en Romains. Quant aux Francs, ce n'étaient pas des sauvages entrant pour la première fois en contact avec une civilisation: depuis des siècles, ils commerçaient et s'alliaient avec Rome, et entraient nombreux à son service. Aussi étaient-ils «la nation la plus civilisée qui fût parmi les peuples barbares» (t. I, p. 204). Point de conquête, donc, si l'on excepte le territoire tenu par Syagrius, mais plutôt la soumission volontaire (*cf.* t. I, p. 12) des Romains à des rois francs, ratifiée par l'Empire qui a conféré à leur pouvoir la légitimité et qui leur a cédé, dans des formes juridiquement valables, ses droits sur la Gaule (*cf.* t. III, pp. 210-211). C'est pourquoi les effets de l'installation des Francs y ont été au départ

négligeables : « L'idée générale qu'on doit se faire de l'état des Gaules sous Clovis et sous le règne de ses fils et de ses petits-fils, c'est qu'au premier coup d'œil cet état paraissait à peu près le même qu'il avait été sous Honorius et sous Valentinien troisième. » Certes, les officiers barbares exerçaient des fonctions qu'auparavant ils n'exerçaient pas et un prince étranger était préfet de prétoire. « Quant au reste, la face du pays était la même. Les évêques gouvernaient leurs diocèses avec la même autorité qu'ils avaient eue avant que les Francs fussent maîtres des Gaules. Tous les Romains continuaient à vivre sous le droit romain. On y voyait les mêmes officiers qu'auparavant dans chaque cité. On y levait les mêmes impositions ; on y donnait les mêmes spectacles ; en un mot les mœurs et les usages y étaient les mêmes que dans le temps où l'on obéissait aux souverains de Rome » (t. III, pp. 375-376).
Mais Dubos ne se limite pas à opposer à la vision d'une conquête violente et sanglante celle d'un établissement pacifique. Il conteste l'ensemble des thèses de Boulainvilliers concernant le régime des Francs avant et après leur entrée dans la Gaule. Il souligne le caractère dès l'origine héréditaire de la monarchie franque et rejette l'idée d'une élection du roi par les grands (*cf.* t. III, pp. 260 *sq.*, 264). Il montre que les Francs payaient les impôts sous les fils de Clovis (*cf.* t. III, pp. 504-505) et que les rois mérovingiens détenaient une autorité absolue sur leurs sujets (*cf.* t. III, pp. 533-534). Il affirme que les Francs étaient divisés en libres et en esclaves, les premiers formant un seul ordre (*cf.* t. III, p. 294 *sq.*) sans qu'il soit vrai toutefois qu'ils ne fissent d'autre profession que celle des armes et qu'ils fussent les seuls à le faire ; les Romains la pratiquaient eux aussi (*cf.* t. III, p. 329 *sq.*) Tout cela apporte des justifications supplémentaires à la thèse de Dubos : les Francs n'ont pas asservi les Romains mais ces derniers sont devenus des sujets de la monarchie française, en gardant le droit d'occuper tous les emplois, en s'alliant par mariage avec les Francs qui ont vite et bien appris le latin, en maintenant leur division en trois ordres et en restant propriétaires de leurs terres (*cf.* t. III, pp. 340 *sq.*, 370-371, 408 *sq.*).
Dubos abolit ainsi l'identité établie par Boulainvilliers entre la noblesse et les Francs, d'un côté, et entre le tiers état et les Gaulois, de l'autre. Selon lui, les Francs libres se sont intégrés dans la noblesse déjà existante, sans que la structure sociale propre à la société romaine dans les Gaules en ait été bouleversée. De même que le droit romain, et notamment le droit municipal, elle a survécu à l'entrée des Francs. Par contre, les origines du droit féodal ne remontent pas à cette époque ; aussi n'a-t-il pas pu avoir été consacré par Charlemagne. Bien postérieur, ce prétendu droit n'est au demeurant qu'une vaste usurpation, les seigneurs à qui le prince a confié l'administration des territoires en son pouvoir ayant saisi l'occasion offerte par l'affaiblissement de la monarchie pour s'emparer des droits qu'elle était la seule à détenir légale-

ment, pour modifier les lois à leur profit de façon arbitraire et pour dépouiller le peuple de sa liberté. «Les tribunaux anciens eurent le même sort que les anciennes lois. Nos usurpateurs se réservaient à eux-mêmes ou du moins ils ne voulaient confier qu'à des officiers qu'ils installaient ou qu'ils destituaient à leur bon plaisir, l'administration de la justice. Enfin, ils se mirent sur le pied d'imposer à leur gré les taxes tant personnelles que réelles. Ce fut alors que les Gaules devinrent véritablement un pays de conquête» (t. III, p. 442).
Le conflit ne réapparaît donc pas chez Dubos en tant qu'effet de la conquête. Il fait suite à l'établissement de la féodalité par la noblesse tyrannique et arbitraire, agissant au détriment à la fois de la monarchie et du peuple. Et ce conflit, tel que le voit Dubos, est un conflit social, dépourvu de toute coloration ethnique car les deux nations se sont fondues en une seule; elles se sont mises à parler une même langue issue du latin, à s'habiller de la même façon, à avoir le même droit (*cf.* t. III, p. 543 *sq.*). C'est néanmoins un conflit dangereux pour la France. Car «l'expérience même ne saurait corriger les habitants des Gaules de ceux de leurs vices qui sont les plus opposés au maintien de la société, et surtout de leur légèreté naturelle, de leur précipitation à recourir aux armes, et à en venir aux voies de fait, laquelle a si souvent été cause qu'ils se sont battus sans avoir de querelle véritable. Ces vices qui ont ouvert l'entrée des Gaules aux Romains et qui dans la suite les ont livrées aux Barbares, y causeront toujours les maux les plus funestes, toutes les fois que leurs peuples ne seront point sous un souverain assez autorisé pour les empêcher de se détruire et pour les forcer à vivre heureux dans le plus beau pays de l'Europe» (t. III, p. 460).
Introduite par Boulainvilliers dans l'histoire de France, l'idée d'un antagonisme séculaire entre les héritiers des Francs et les descendants des Gaulois n'en a pas été éliminée sous l'influence des arguments de Dubos. La réputation de celui-ci a pâti des critiques de Montesquieu[116]; elle a souffert encore plus de son insistance sur le besoin de l'unité quand l'heure était au conflit entre la noblesse et le tiers état. Or, ce conflit, c'est la perspective ouverte par Boulainvilliers qui permettait de le penser, et cela dans les deux registres, historico-juridique et politico-polémique, parfois dissociés, souvent coïncidents. Dans le registre historico-juridique, en construisant des «systèmes» qui, de celui de Boulainvilliers lui-même à celui de Montlosier, en passant par Montesquieu et Mably, proposent des solutions, supposées conformes à l'état originaire, au problème des rapports de la monarchie et des institutions représentatives, définissent le rôle des Parlements, contestent ou réaffirment la légitimité des privilèges nobiliaires[117]. Dans le registre politico-polémique, en utilisant les Gaulois et les Francs en tant qu'emblèmes du tiers état, d'un côté, et de la noblesse, de l'autre, ce qui permet aux représentants du premier de l'assimiler à la nation entière et de se demander, comme le fit Sieyès,

pourquoi il ne renvoie pas « dans les forêts de la Franconie toutes ces familles qui conservent la folle prétention d'être issues de la race des conquérants et d'avoir succédé à des droits de conquête ? La Nation, alors épurée, pourra se consoler, ajoute Sieyès, d'être réduite à ne se plus croire composée que des descendants des Gaulois et des Romains ». Le principe d'exclusion de la vie politique, qui, chez Boulainvilliers, jouait contre la robe et le tiers, se retourne ici contre la noblesse[118]. C'est au service de ce principe ainsi compris que l'idée d'un antagonisme séculaire prolongeant la conquête franque fonctionne tout au long de la Révolution. Désormais, on n'est français qu'à condition d'avoir pour ancêtres les Gaulois[119].

Autour d'Amédée Thierry

Les écrivains intéressés avant tout par les Gaulois ou les Celtes restent, sauf de rares exceptions, étrangers à la controverse suscitée par Boulainvilliers. Avant la Révolution, Pelloutier la passe sous silence. De même, plus tard, La Tour d'Auvergne Corret. Il n'oublie pourtant ni les bardes, ni les druides, ni Ossian, ni les paysans bretons aux coutumes inchangées depuis vingt siècles, ni les étymologies qui reconduisent les mots de diverses langues au « celto-breton de l'Armorique ». Sur les rapports entre les Gaulois et les Francs, la conjecture la plus vraisemblable, selon lui, c'est celle qui fait descendre ces derniers « d'une des colonies nombreuses que Sigovèse implanta en Germanie » : s'il en était ainsi, précise-t-il, « les Francs en chassant les Romains des Gaules n'auraient fait que rentrer dans l'ancien héritage de leurs ancêtres, dans leur patrie primitive[120] ». Nous voilà revenus au XVIe siècle.
Le livre de Jean Picot est écrit d'une autre encre. L'auteur, qui s'est efforcé de ne pas céder à la « crédulité des historiens anciens » et qui prend Gibbon pour modèle dans l'art de la critique, essaie effectivement d'écarter les « fables » traditionnelles[121]. Il s'intéresse non seulement aux événements mais aussi au climat, au sol et aux productions de la Gaule, au caractère physique et moral des Gaulois, à leur nourriture, vêtement, éducation, à leurs mariages, à leurs funérailles, à la chasse et à la guerre, au gouvernement, à la religion, à la population et aux richesses. Conformément à l'intitulé de son enseignement, il fait de l'histoire et de la statistique. Si le livre de La Tour d'Auvergne correspond à la sensibilité préromantique, celui de Picot est proche de l'idéologie[122]. Quant aux rapports entre les Gaulois et les Francs, il les présente dans l'esprit de l'Empire, en insistant sur la réconciliation de deux peuples initialement ennemis. Certes, les Gaulois « furent contraints d'adopter quelques-unes des lois des Francs ; mais leur propre influence fut bien plus considérable qu'on n'aurait pu le croire. L'avantage du nombre et des lumières se fit sentir ; il leur

fit exercer un ascendant glorieux pour des vaincus. Les Francs, sans s'en douter, adoptèrent en grande partie leurs mœurs et leurs usages ; bientôt, devenus réellement Gaulois, ils ne conservèrent presque, des anciens Francs habitants de la Germanie, que le nom et les conquêtes[123] ».

Sensible dans la Charte de 1814, cet esprit de réconciliation est attaqué par les ultras dès le début de la Restauration – en témoigne, dans notre domaine, le livre de Montlosier[124] – et régresse rapidement après 1820. La réponse libérale ne se fait pas attendre. Elle consiste à réaffirmer la centralité, dans le passé et le présent de la France, du conflit entre les héritiers des Francs et les descendants des Gaulois. Après avoir invoqué Boulainvilliers, Montlosier et autres « écrivains nobles », Augustin Thierry énonce « cette vérité sombre et terrible qu'il y a deux camps ennemis sur le sol de la France » et, contre les nobles qui se rattachent « aux Sicambres de Chlodowig », il revendique sa descendance : « Nous sommes les fils des hommes du tiers état ; le tiers état sortit des communes, les communes furent l'asile des serfs ; les serfs étaient les vaincus de la conquête[125]. » De son côté, Guizot affirme fortement « que, depuis l'origine de notre monarchie, la lutte de deux peuples agite la France, et que la révolution n'a été que le triomphe de vainqueurs nouveaux sur les anciens maîtres du pouvoir et du sol » ; ces deux peuples, ce sont « Francs et Gaulois, seigneurs et paysans, nobles et roturiers[126] ».

Quelques années ont suffi à Guizot et à Augustin Thierry pour découvrir que, généralisée, cette idée permet de rendre intelligible le déroulement de l'histoire, que ce soit celle de la France depuis l'arrivée des Francs ou celle de l'Angleterre depuis la conquête normande. Tant Guizot que Thierry posent que l'histoire est orientée. Elle va dans le sens d'un passage de la barbarie à la civilisation et d'un perfectionnement de celle-ci ; dans le domaine politique, elle tend à remplacer le chaos par l'ordre, la force par la justice, l'arbitraire par le droit, la servitude par la liberté, la volonté privée par le pouvoir public. L'un et l'autre voient le moteur de ce mouvement ascendant dans le conflit des « conditions sociales » ou des « classes », qui incarnent, chacune, une autre manière d'exercer le pouvoir et un autre principe de légitimité. Ce sont, selon eux, la royauté, le clergé, la noblesse, la bourgeoisie et le peuple paysan. L'idée de nation, sujet et objet de l'histoire non en tant qu'entité unitaire et homogène, personnifiée par son roi et sa cour, mais en tant que composé de groupes différents qui s'affrontent et dont la coexistence conflictuelle est source du progrès – telle fut l'innovation majeure introduite par Guizot et Thierry dans l'étude de la vie politique du passé[127].

Certes, les deux auteurs ne sont pas unanimes. Enclin à voir le conflit social à la lumière de la lutte des Grecs pour l'indépendance, Augustin Thierry en souligne plus fortement la dimension ethnique, tandis que Guizot insiste surtout sur la « lutte des classes[128] ». Reste qu'ils étudient, l'un et l'autre, la formation d'une nation une, tout en étant intrinsèquement conflictuelle, à partir de groupes différenciés notamment par leur appartenance ethnique. Dans un tel cadre, la conquête trouve facilement sa place ; elle est toujours à l'origine d'une domination assise sur la force seule, arbitraire et exercée au nom d'un intérêt privé – de la domination de la noblesse à son état primitif. La révolution y trouve sa place, elle aussi, qui consiste en l'accession à une position dominante d'une classe auparavant subordonnée, avec le changement concomitant du mode d'exercice du pouvoir et du principe de légitimité. Il devient donc possible, comme Guizot l'a montré dans ses cours, d'avoir une vision synthétique de l'histoire française ou européenne depuis la chute de l'Empire romain jusqu'à la Révolution française, d'en identifier les vrais acteurs et de saisir, derrière les événements, le dispositif caché qui les produit[129].

Publiée en 1828, l'Histoire des Gaulois d'Amédée Thierry, frère d'Augustin, a eu dix éditions jusqu'à 1877 dont une, celle de 1857, a été quatre fois réimprimée, malgré les critiques que, depuis les années soixante, lui faisaient les archéologues[130]. Sa description de la vie gauloise est entrée dans l'enseignement. Elle a été reprise par tous les auteurs qui traitaient du sujet, et ils furent légion, notamment par Henri Martin et Théophile Lavallée dans leurs compilations très largement répandues[131]. Et c'est de là que semblent venir, dans leur majorité, les représentations graphiques, picturales ou sculptées des Gaulois, avec leurs casques cornus ou ailés, surmontés de panaches hauts et touffus, leurs boucliers quadrangulaires et bariolés. « Une cuirasse en métal battu, à la manière grecque et romaine, ou une cotte de mailles de fer, d'invention gauloise ; un énorme sabre pendant sur la cuisse droite à des chaînes de fer ou de cuivre, quelquefois à un baudrier tout brillant d'or, d'argent et de corail ; avec cela le collier, les bracelets, les anneaux d'or autour du bras et du doigt médian ; le pantalon, la saie à carreaux éclatants ou magnifiquement brodée ; enfin, de longues moustaches rousses : tel on peut se figurer l'accoutrement militaire du noble arverne, éduen ou biturige au deuxième siècle avant notre ère[132]. »

S'agissant de la période la plus ancienne de l'histoire nationale, le livre d'Amédée Thierry est donc, au XIXe siècle, un ouvrage de référence. Or, ce sont les idées d'Augustin Thierry et de Guizot qui structurent l'histoire qu'il raconte. Dans la Gaule transalpine et cisalpine, dans la Thrace, dans l'Asie Mineure, les Gaulois passent ainsi de la vie nomade à la vie sédentaire. Ils se trouvent exposés alors à l'influence de la civilisation grecque qui ramollit la dureté et corrompt la pureté de leurs mœurs (*cf.* t. I, pp. XIV-XV) mais qui les pousse aussi à abandonner leurs coutumes sauvages, telle l'utilisation de crânes humains pour boire, pendant les festins, « à la gloire du vainqueur et au triomphe de la patrie ». « Ces mœurs brutales et féroces régnèrent longtemps sur toute la Gaule ; la civilisation dans sa marche graduelle les abolit petit à petit et de proche en proche ; au commencement du second siècle, elles étaient reléguées chez les plus farouches tribus du nord et de l'ouest. C'est là que Posidonius les trouva encore en vigueur [...] Avant le milieu du premier siècle, il ne restait pas, dans toute la Gaule, trace de cette barbarie » (t. II, pp. 52-53).

Dans la Gaule transalpine où l'influence de la civilisation grecque s'exerce à partir de Marseille, les Gaulois ont connu deux grandes révolutions politiques. Au départ, ils vivaient sous le règne des prêtres. Cette théocratie (t. II, p. 65) fut abolie par les chefs des tribus, qui, après avoir privé les druides du pouvoir politique, le confisquèrent à leur bénéfice. Mais « si la révolution aristocratique apporta quelque avantage à la Gaule, c'est qu'elle y développa le germe d'une autre révolution plus salutaire. Les villes, en s'étendant et se multipliant, avaient créé un peuple à part, heureusement placé pour comprendre et pour vouloir l'indépendance. Il la voulut ; et, favorisé par les dissensions des chefs de l'aristocratie, il parvint peu à peu à la conquérir. Un principe nouveau et des formes nouvelles de gouvernement prirent naissance dans l'enceinte des villes : l'élection populaire remplaça l'antique privilège de l'hérédité » (t. II, pp. 103-104). Et il en a été ainsi dans toutes les cités, même si « les constitutions sorties de la révolution populaire » variaient en fonction de « circonstances particulières et locales ». Ce mouvement partit de l'Est et du Midi où l'on était le plus exposé à l'influence de la civilisation grecque ; « au milieu du premier siècle, il avait déjà parcouru la Gaule entière » (t. II, p. 107). Les analogies sautent aux yeux entre cette présentation de l'histoire sociale des Gaulois et l'histoire du Moyen Âge telle qu'on la voyait au temps d'Amédée Thierry et où la guerre des investitures et l'émancipation des communes étaient des épisodes essentiels.

Les Romains interviennent donc dans une Gaule dont le centre de gravité se déplace des villages vers les villes et qui élabore sa propre civilisation[133]. De cette Gaule, dans quelle mesure les habitants sont les ancêtres des Français ? En termes de généalogie, « dix-neuf vingtièmes » de ceux-ci en descendent (t. I, p. x). Mais, pour Amédée Thierry, le lien entre les uns et les autres est bien plus fort. Il le définit comme l'appartenance à une même « race », mot qui désigne chez lui un tempérament, un caractère psychique, un « type moral ». Certes, le glissement était facile du moral au somatique, comme le montre un opuscule sur les « caractères physiologiques des races humaines » suscité par le livre d'Amédée Thierry[134]. Mais celui-ci, pour sa part, ne s'est intéressé qu'au « type moral » dont il a essayé de restituer les « traits saillants », ceux qui définissent la « famille gauloise » et qu'il résume ainsi : « Une bravoure personnelle que rien n'égale chez les peuples anciens ; un esprit franc, impétueux, ouvert à toutes les impressions, éminemment intelligent ; mais, à côté de cela, une mobilité extrême, point de constance, une répugnance marquée aux idées de discipline et d'ordre si puissantes chez les races germaniques, beaucoup d'ostentation, enfin une désunion perpétuelle, fruit d'excessive vanité » (t. I, p. XII). C'est la permanence de ces traits qui, à ce qu'il semble, établit, selon Amédée Thierry, une sorte de continuité psychique entre les Gaulois et les Français : les premiers sont les ancêtres des seconds aussi au sens où ils leur ont légué leur constitution intime, ce qui crée en retour entre les seconds et les premiers un sentiment de solidarité et une sympathie spontanée.

Aussi, Amédée Thierry présente-t-il la conquête romaine du point de vue des Gaulois. Il souligne les effets néfastes de la politique massaliote couronnée par l'alliance des Éduens avec Rome qui leur a attribué le titre d'amis et d'alliés. « Ainsi furent prononcés, pour la première fois, au milieu des nations gauloises, les mots d'alliés, d'amis, de frères du peuple romain ; mots de discorde et de ruine, puissances fatales qui devaient, durant un siècle entier, isoler, opposer, affaiblir ces nations, pour les réunir enfin toutes, sans exception, sous une commune servitude » (t. II, p. 155). Ce ton d'indignation et d'engagement patriotique est particulièrement sensible dans les pages consacrées à Vercingétorix dont le parti est qualifié de « parti national » et dont l'armée est une « armée nationale » au service de la « cause nationale », « cause de la liberté » (t. III, pp. 88, 90, 99, 140, 141, 148, 167). Quant à Vercingétorix lui-même, il apparaît, pour la première fois de façon aussi claire et univoque, comme le défenseur de l'« indépendance de la Gaule », héros indiscutable de la lutte contre les envahisseurs romains, dont les paroles, quand il a envoyé d'Alésia la cavalerie pour qu'elle ramène l'aide, retentissent « comme le cri de détresse de la patrie elle-même » (t. III, p. 161). N'eût-il pas été isolé dans ses efforts, il serait capable de remporter la victoire. « Si Comm l'Atrébate, Virdumar, Éporédorix avaient secondé les efforts opiniâtres de Vergesilaun ; si la ligne extérieure vers la plaine avait été attaquée avec autant d'audace que la ligne intérieure par Vercingétorix, la Gaule était sauvée ; et le nom de César, devenu si dangereux à la liberté et au repos des nations, aurait été inscrit dans l'histoire à côté des noms de Crassus et de Varus, pour l'encouragement des peuples et l'éternel effroi des conquérants » (t. III, p. 174).

Le jugement d'Amédée Thierry sur la conquête romaine ne fait donc aucun doute. Reste pourtant un problème. Car César, en soumettant la Gaule, y apportait non seulement la domination romaine mais aussi la civilisation dont Thierry reconnaît la supériorité sur celle des Gaulois. Le point de vue patriotique entre donc en conflit avec le point de vue philosophique. Lequel des deux choisir ou, si l'on ne choisit pas, comment les concilier ? Guizot n'a pas hésité ; dans une phrase digne de Hegel, il a donné sa préférence au second : « Quand l'administration impériale prévalut dans la Gaule, quelque amers et légitimes que pussent être les ressentiments et les regrets patriotiques, elle fut, à coup sûr, plus éclairée, plus impartiale, plus préoccupée de vues générales et d'intérêts vraiment publics que n'avaient été les anciens gouvernements nationaux[155]». Amédée Thierry, on l'a vu, opte pour le point de vue patriotique. Mais, une fois les Gaulois vaincus, il insiste sur les efforts de César et de ses successeurs pour se les attacher, et sur «le goût de l'étude dans les classes élevées, celui de l'agriculture dans le peuple», qui, «encouragés par le gouvernement absorbèrent l'activité inquiète du caractère gaulois, et servirent merveilleusement de passage aux institutions de la conquête» (t. III, p. 255). Et s'il décrit avec sympathie toutes les manifestations de la résistance gauloise, il ne condamne pas pour autant la participation des Gaulois à la vie culturelle et politique de Rome. Selon lui, sans être une valeur supérieure à l'indépendance nationale, la civilisation romaine en compense, à ce qu'il semble, la perte. Pour la Gaule, placée entre les Romains et les Germains (*cf.* t. II, p. 5), elle valait certainement mieux qu'une rechute dans la barbarie.

Les Gaulois entre les Romains et les Germains

Les quatre-vingts ans qui séparent l'*Histoire des Gaulois* d'Amédée Thierry de l'*Histoire de la Gaule* de Camille Jullian, voient les époques gauloise et gallo-romaine susciter un intérêt général dont nous avons déjà évoqué quelques symptômes. Le traduit notamment un accroissement rapide des connaissances. Pour le mesurer, il suffit de comparer les trois volumes de la première de ces histoires avec les quatre volumes de la seconde, qui couvrent à peu près la même période, en tenant compte non seulement de leur longueur, multipliée par trois environ, mais aussi du nombre de renvois aux textes, cartes, inscriptions, monnaies, monuments figurés, multiplié au moins par dix. Rien d'étonnant. L'archéologie est en plein essor, qui dispose depuis 1844 de sa revue et que Jules Quicherat enseigne, depuis 1847, à l'École des chartes[136]; on fouille un peu partout, notamment au mont Beuvray (Bibracte) sous la direction de Bulliot et de Déchelette[137] et à Alésia, d'abord de 1861 à 1865, sous le patronage de Napoléon III, puis, à partir de 1906, à l'initiative de la Société des sciences historiques et naturelles de Semur[138]; les publications importantes se succèdent dont le *Dictionnaire archéologique de la Gaule* (1875-1878), œuvre de la commission créée en 1858 par Napoléon III, et le manuel de Joseph Déchelette, utilisé jusqu'aujourd'hui[139].
D'autres «sciences auxiliaires de l'histoire» ne sont pas en reste: la géographie historique avec la somme de Desjardins[140], l'épigraphie avec les volumes consacrés à la Gaule du *Corpus Inscriptionum Latinarum* (à partir de 1888), la numismatique avec Blanchet[141], l'étude des monuments figurés avec le

recueil d'Espérandieu[142], la philologie et la linguistique avec notamment la création par Henri Gaidoz de la *Revue celtique* (1870)[145]. Les matériaux devenus ainsi accessibles se réfèrent principalement à la période de la domination romaine. Mais bien plus nombreux qu'auparavant sont aussi ceux qui projettent une nouvelle lumière sur la Gaule indépendante.

Même dans l'enseignement supérieur la situation change, en rendant enfin sans objet les remarques amères d'Henri Martin citées plus haut sur l'abandon dont souffre le passé le plus ancien de la France. En la seule année 1882, Alexandre Bertrand commence ses cours d'archéologie nationale à l'École du Louvre et Héron de Villefosse les siens à l'École pratique des hautes études où il consacre à la Gaule l'essentiel de son enseignement d'épigraphie et d'antiquités romaines, tandis que d'Arbois de Jubainville est élu au Collège de France à la chaire de littérature celtique[144]. En décembre 1905, Camille Jullian fait au Collège de France la leçon inaugurale de la chaire d'histoire et antiquités nationales, appel fervent à une coopération des historiens avec les archéologues, à une étude parallèle du texte et de la pierre, du document et du monument : « La véritable histoire nationale doit prendre sans cesse le contact du sol qui a nourri les hommes et des pierres qu'ils y ont dressées. Parler du passé sans étudier ce sol et ces pierres, c'est proprement déraciner notre histoire[145]. »

Pendant les huit décennies dont il est question, la période gauloise et gallo-romaine occupe aussi une place croissante dans les présentations d'ensemble de l'histoire de France. Une cinquantaine de pages chez Michelet (1834), une centaine dans la première édition d'Henri Martin (1833), plus de trois cents dans la troisième (1844) et la quatrième (1855), un fort volume de Gustave Bloch (1911) dans l'*Histoire* de Lavisse. Mais si tout le monde s'accorde qu'il faut absolument tenir compte de la Gaule dans une histoire de France, plusieurs questions n'en restent pas moins controversées. Celle, d'abord, qui concerne la réalité même d'un lien entre les deux. Celle, ensuite, qui concerne sa nature. Celles, enfin, de l'état de la Gaule à la veille de la conquête romaine, des effets de cette conquête, des invasions germaniques. Énoncé maintenant en des termes différents de ceux d'il y a un siècle, le vieux problème des rapports entre les Francs et les Gaulois ou les Gallo-Romains reste toujours d'actualité et avec lui la vieille division en « germanistes » et « romanistes ».

C'est Sismondi qui semble être allé le plus loin dans la négation d'un lien entre l'histoire de France et celle de la Gaule. « Deux nations dont le caractère est dissemblable, dont les institutions sont absolument différentes, la Gauloise et la Française, se sont succédé dans la belle contrée qui s'étend des Alpes et du Rhin aux Pyrénées et aux deux mers ; l'histoire de l'une est indépendante de celle de l'autre, chacune est complète par soi-même. » Certes, nombre de

Francs et Gaulois

Français descendent des Gaulois et la «race» n'a pas été entièrement renouvelée. Mais l'histoire des premiers ne continue pas celle des seconds; elles sont séparées par «un intervalle de quatre siècles [...] pendant lequel les Gaules ne furent qu'une province de l'Empire romain, sans esprit national, sans gouvernement propre, sans volonté et sans vie». Aussi, la «vraie origine du peuple français», c'est l'invasion finale des Barbares le 31 décembre 406[146].

Il fallait rappeler cette position à laquelle réagit, sans le dire, Amédée Thierry et qui détermine un pôle de la controverse dont le pôle opposé est occupé par Henri Martin. Nous avons déjà cité la phrase qui ouvre son histoire en 1833. Voici ce qu'elle est devenue onze ans plus tard: «Les premiers hommes qui peuplèrent le centre et l'ouest de l'Europe furent les Gaulois, nos véritables ancêtres; car leur sang prédomine de beaucoup dans ce mélange successif de peuples divers qui a formé notre nation, et leur esprit est toujours en nous. Leurs vertus et leurs vices, conservés au cœur du peuple français, et les traits essentiels de leur type physique, reconnaissable sous la dégénération amenée par le changement des mœurs et par le croisement des populations, attestent encore cette antique origine[147].» Pour Henri Martin, les Français sont donc effectivement des Gaulois tant au moral qu'au physique. Mais pas pour ce qui est du politique car les Français sont une nation, tandis que les Gaulois, après l'avoir été, se sont trouvés emprisonnés dans l'Empire. Aussi était-il nécessaire que les barbares germaniques vinssent les libérer, réveiller la personnalité et les vertus guerrières de ce peuple ramolli, «apporter enfin le ciment qui reliera les matériaux de la nationalité française» (p. 333). Reste à savoir comment Henri Martin conciliait le constat d'une dégénérescence causée par le croisement des populations, lié à l'idée empruntée à Amédée Thierry de la continuité de la race, avec la croyance en un progrès de la nationalité française.

Croyance puisée certainement chez Michelet[148] dont l'œuvre a exercé aussi une influence sur d'autres historiens et archéologues qui ont étudié la Gaule: sur Jules Quicherat, peut-être sur Fustel de Coulanges, sans aucun doute sur Camille Jullian[149]. Chez Michelet, ennemi de ce «tyran» qu'était à ses yeux «le point de vue exclusif, systématique de la perpétuité de la race» adopté par les frères Thierry[150], mais qui n'accepte pas pour autant l'idée opposée d'une coupure radicale entre la Gaule et la France. Les Français sont pour lui des «Celtes mixtes» (p. 82), issus des Gaulois mais aussi des Grecs, des Romains, des Germains. Toutes ces races qui se sont succédé, accumulées, superposées sur le sol de la Gaule ne furent toutefois que des «éléments», des «matériaux vivants», nécessaires pour que la nation française pût devenir ce qu'elle est, mais incapables de la constituer par eux-mêmes. Il fallait pour cela qu'ils fussent soumis à un «travail intérieur», travail de la France sur elle-même. «Ce travail, ces modifications successives, par lesquelles notre patrie va en se transformant, c'est le sujet de l'histoire de France» (p. 79).

Continuité donc, celle de la France, virtuellement présente dès les origines et qui intériorise les apports de l'extérieur, les assimile, en construit son propre corps. Mais aussi des ruptures car, ce faisant, la France déploie ses potentialités latentes, se transforme, modifie son identité sans la perdre, comme un gland modifie la sienne tout en la préservant au fur et à mesure qu'il devient chêne, conformément à la métaphore hégélienne - et par ailleurs bien gauloise - utilisée par Michelet (p. 79). Au départ se trouvent donc les Celtes avec leur esprit de clan, leur « indisciplinabilité guerrière », leurs particularismes et leurs divisions, bref, leurs « chaos barbare et belliqueux » que les druides ou « hommes des chênes » n'ont jamais réussi à dompter (p. 51). Pour arracher la Gaule au « flux et reflux de la barbarie », il fallait un élément venu du dehors, grec d'abord, romain ensuite (p. 35). C'est Rome qui a apporté sur le sol gaulois l'organisation, l'administration, la cité. Et si l'élément celtique survit dans la langue française et par conséquent aussi « dans les mœurs comme dans le langage, dans l'action comme dans la pensée » (p. 82), il n'a survécu qu'englobé dans l'organisation romaine dont la force s'est avérée telle qu'alors même « que les barbares sembleront près de la détruire, ils la subiront malgré eux. Il leur faudra, bon gré mal gré, habiter sous ces voûtes invincibles qu'ils ne peuvent ébranler ; ils courberont la tête et recevront encore, tout vainqueurs qu'ils sont, la loi de Rome vaincue ». Et notamment, déposée par Rome sur la terre de France, l'« idée de l'égalité sous un monarque, si opposée au principe aristocratique de la Germanie ». Idée qui, reprise par l'Église, préservée dans les traditions populaires, ravivée par Charlemagne et par Saint Louis, aboutira peu à peu « à l'anéantissement de l'aristocratie, à l'égalité, à l'équité des Temps modernes » (p. 72).
La conquête romaine instaure dans la Gaule l'ordre et l'unité, « extérieurs », il est vrai, et « matériels », ne surmontant que par la force « la discorde obstinée d'éléments hétérogènes » (p. 182), mais dont les effets se sont inscrits de façon durable dans les institutions comme les traditions celtiques se sont inscrites dans les individus. Autant dire que, selon Michelet et contrairement à ce qu'affirmait Amédée Thierry, avant la conquête romaine, les Gaulois ne formaient pas de nation. Sur ce point, Fustel de Coulanges est d'accord avec Michelet : « Les Gaulois n'étaient pas une nation ; ils n'avaient pas plus l'unité politique que l'unité de race. Ils ne possédaient pas un système d'institutions et de mœurs publiques qui fût de nature de former d'eux un seul corps. Ils étaient environ soixante peuples que n'unissait ni le lien fédéral, ni une autorité supérieure, ni même l'idée nettement conçue d'une commune patrie. La seule espèce de patriotisme qu'ils pussent connaître était l'amour du petit État dont chacun d'eux faisait partie[151]. »
L'héritage des Gaulois, selon Fustel, se manifeste d'ailleurs jusqu'aujourd'hui dans l'occupation du sol, la répartition du territoire, la localisation de centres

urbains et la persistance de petites patries rurales: «les trois quarts de nos villes de France sont d'anciennes villes gauloises. Plus que cela, les *civitates* elles-mêmes ont conservé jusqu'à une époque assez voisine de nous leurs anciennes limites. Les *pagi* ou *pays* subsistent encore; les souvenirs et les affections du peuple des campagnes y restent obstinément attachés. Ni les Romains ni les Germains, ni la féodalité n'ont détruit ces unités vivaces, dont les noms mêmes ont traversé les âges jusqu'à nous» (p. 12). Seulement, au temps des Gaulois, ces particularismes ont débouché sur les divisions et les conflits entre les différents peuples et à l'intérieur de chacun, qui furent la source principale du désordre responsable de la faiblesse de la Gaule, de son incapacité à résister aux Cimbres, d'abord, et plus tard aux Germains d'Arioviste. Car, insiste Fustel, pour tenir tête aux invasions, le courage des individus ne suffit pas; seules défendent les nations la force des institutions publiques et la discipline sociale (p. 84). Fustel parle de la Gaule d'avant la conquête romaine. Mais il pense à la France d'après 1871, où la menace de divisions et de conflits reste, selon lui, toujours présente.

Rappelons la divergence, pour ne pas dire l'incompatibilité, des points de vue patriotique et philosophique, évoquée plus haut à propos d'Amédée Thierry. En cette matière, Michelet suit Guizot avec toutefois une identification encore plus prononcée que chez ce dernier du progrès de la civilisation avec la formation de la nation française, ce qui conduit à tenir la conquête romaine pour, à la fois, une épreuve et une bénédiction: violente et cruelle, elle n'en était pas moins nécessaire pour que le progrès pût entrer dans une phase supérieure et reprendre sa marche vers cette fin dernière de l'histoire qu'est la France, l'incarnation de l'universel. À l'opposé d'Amédée Thierry pour qui la Gaule indépendante est presque une fin en soi, Michelet n'y voit qu'une étape sur le chemin vers la France, en absolvant ainsi la conquête romaine au nom de la raison, même si son cœur reste celtique. Et il applique le même traitement à la Gaule romaine; dès qu'avec l'ensemble de l'Empire elle tombe en décadence, il devient nécessaire que les invasions des barbares la régénèrent avec leur sang frais, fût-ce au prix de destructions, de brutalités, de régression temporaire de la civilisation.

Méfiants à l'égard des mythologies et des visions romantiques, les historiens nés vers 1830 avaient de bonne raison d'accorder, à propos de la Gaule entre autres, plus de confiance à l'archéologie qu'à la poésie, et de rompre avec la fascination exercée par les Barbares sur les esprits de leurs aînés[152]. La défaite de 1871 a accentué encore cette tendance à tenir la conquête romaine et les invasions germaniques pour des épisodes qualitativement différents. Ainsi, selon Fustel, en y apportant l'ordre et la discipline, les Romains ont littéralement sauvé la Gaule d'une rechute dans la barbarie, qu'aurait entraînée la domination d'Arioviste et des siens. Ils en ont fait «un corps constitué et solide» et ils ont permis à ses habitants d'accéder à la civilisation et en ce sens de devenir Romains eux-mêmes, sans renier pour autant leur identité gauloise ; ces habitants ont été assez intelligents pour profiter de cette opportunité. C'est pourquoi «il ne faut pas dire : les Romains civilisèrent la Gaule, la mirent en culture, défrichèrent les forêts, assainirent les marais, construisirent des routes, élevèrent des temples et des écoles. - Mais il faut dire : sous la domination romaine, par la paix et la sécurité établies, les Gaulois devinrent cultivateurs, firent des routes, travaillèrent et, avec le travail, connurent la richesse et le luxe. Sous la direction de l'esprit romain et par l'imitation louable du mieux, ils élevèrent des temples et des écoles[155]».

Contrairement à la conquête romaine, les invasions germaniques telles que les voit Fustel se sont étalées sur plusieurs siècles, se sont faites de plusieurs manières, «par l'arrivée lente et successive de séries d'individus ou de petits groupes» et elles n'ont pas d'emblée transformé le pays ni fondé quoi que ce soit du premier coup[154]. Fustel est proche ici de Dubos et plus encore de Guizot pour qui «les invasions étaient des événements essentiellement partiels, locaux et momentanés». Mais, affirme Guizot en reprenant un topos de Montesquieu, «les Germains nous ont donné l'esprit de la liberté[155]», ce que Fustel récuse ; selon lui, les Germains en tant que Germains n'ont rien apporté du tout : ni sang nouveau, ni nouvelle langue, ni nouvelle religion, ni droit particulier, ni institutions originales. L'invasion germanique a eu des effets qu'aurait eus l'invasion de tout autre peuple ; elle a perturbé le fonctionnement normal de la société et infléchi son évolution mais «elle n'a pas substitué, sur la terre gauloise, un caractère et un esprit germanique au caractère et à l'esprit gallo-romains[156]». Aussi Fustel n'y voit-il qu'une péripétie, très importance, certes, mais comparable à d'autres, tandis que la conquête romaine, qui a opéré la synthèse de l'esprit romain avec l'esprit gaulois, a été un acte unique, vrai acte fondateur de l'histoire de France et dont les effets se font sentir jusqu'à l'époque moderne.

Cette vision des choses n'a jamais fait l'unanimité. Non seulement du fait de la résistance des «germanistes» mais aussi parce que la Gaule indépendante a toujours gardé des défenseurs qui considéraient la conquête romaine comme ayant imposé par la violence une domination étrangère[157]. Entre 1871 et 1914, une telle position semble toutefois avoir été minoritaire. Elle s'exprime dans les écrits à l'usage du large public et, surtout, à l'occasion des festivités où l'on célébrait Vercingétorix et où les nuances n'était pas de mise, mais elle semble absente de l'historiographie universitaire. Cette dernière est portée plutôt à affirmer que la victoire romaine sur les défenseurs de l'indépendance gauloise était non seulement un moindre mal, ce que laissait entendre Amédée Thierry, mais carrément un bienfait pour la Gaule et qu'il n'y a donc pas lieu de s'en affliger : «Quand je vois tout ce que nous devons à

Rome [...], quand je songe que cette langue que je parle est à peu près la sienne[...], que j'ai pris d'elle tant de sentiments, tant d'idée, un tour d'esprit particulier et la façon dont je juge les choses, des qualités dont je suis fier, des défauts auxquels je tiens autant qu'à mes qualités, qu'enfin je suis presque aussi Romain que Gaulois, j'avoue [...] qu'il ne m'est pas possible de m'irriter contre César et que la défaite de nos aïeux ne me paraît pas être de celles qu'on doit beaucoup déplorer[158]. »

À ces propos de Gaston Boissier, fait écho cinq ans plus tard le verdict de Camille Jullian : « La Gaule n'avait plus que le choix entre les deux dominations. En la débarrassant des Germains, même au prix de sa liberté, Rome l'a préservée de la barbarie et a peut-être sauvé sa race et son existence historique[159]. » Rien d'étonnant alors qu'en 1915 *Pro Alesia*, « revue des fouilles d'Alise et des questions relatives à Alesia » qui tout en s'efforçant de garder un ton de neutralité scientifique, était aussi l'organe du culte de Vercingétorix, célébré en ce « lieu saint de la Gaule » (Salomon Reinach)[160], change d'orientation pour devenir une « revue gallo-romaine ». Voici le passage crucial de la justification de ce tournant : « Entre Vercingétorix et César, l'enjeu de la lutte était l'avenir même de la Gaule. Que la victoire se fût prononcée en faveur des Gaulois, peut-être que la Gaule serait restée, comme la Germanie après le désastre de Varus, étrangère à l'empire romain, pendant plusieurs siècles encore. La défaite de Vercingétorix fut poignante et douloureuse ; mais les conséquences en ont été incalculables. C'est d'elle qu'est née la Gaule romaine[161]. » Moins d'un siècle plus tôt, mû par des mobiles patriotiques, Amédée Thierry envisageait, lui aussi, les conséquences d'une éventuelle victoire gauloise ; ç'aurait été, selon lui, celle de la liberté des peuples. Toujours au nom du patriotisme, on en était venu, par la haine de l'Allemagne, à croire que les effets d'une telle victoire ne sauraient être que négatifs, à se réjouir du fait qu'elle n'ait pas eu lieu et à unir dans une même admiration Vercingétorix, l'âme et la conscience de la Gaule, et César qui en a forgé le corps et la force.

Camille Jullian et son Histoire de la Gaule

Parue entre 1907 et 1926, l'*Histoire de la Gaule* de Camille Jullian matérialise l'idée conçue par l'auteur en 1873 quand, élève de seconde, après avoir lu l'*Histoire des Gaulois* d'Amédée Thierry, reçue en prix, il s'était dit qu'il voulait la refaire à sa manière[162]. Et il a donc fait de son livre l'aboutissement de toutes les recherches, de toutes les réflexions et de toutes les controverses dont la Gaule et ses habitants avaient été l'objet non seulement depuis le livre de Thierry mais depuis leur apparition dans l'histoire. La prodigieuse érudition de Jullian déployée dans les notes, donne l'impression qu'il a lu, décortiqué, soupesé chaque ligne écrite sur son sujet dans l'Antiquité, au Moyen Âge et par les Modernes. Impossible de présenter ici comme elle le mérite cette somme insurpassée dans l'ensemble jusqu'aujourd'hui, même si, sur plusieurs points, ses affirmations doivent être récusées, corrigées ou révisées à la lumière des travaux plus récents[163]. On se limitera à quelques remarques ayant trait à la position de Jullian face aux problèmes controversés qui viennent d'être passés en revue.

Au préalable, il faut souligner toutefois l'originalité saisissante de l'*Histoire de la Gaule* par rapport à la littérature historique de son temps. Jullian est en effet le premier historien français à contester, dans ses professions de foi comme dans sa pratique, le dogme selon lequel l'histoire se fait avec les textes, interprété comme s'il disait qu'elle se fait avec les textes seulement. Car l'histoire de Jullian se fait aussi avec le sol et les pierres. Frappé d'emblée par le *Tableau de la France* de Vidal de La Blache, auquel il a consacré ses cours de 1905-1906 et de 1906-1907[164], Jullian commence son grand livre par une sorte de tableau de la Gaule: description de sa structure, de sa situation dans le monde ancien, de la nature et de l'aspect du sol. De tels chapitres, imprégnés par l'esprit vidalien, se retrouvent aussi dans d'autres volumes[165]. L'histoire de Jullian s'allie donc à la géographie. Et aussi à l'archéologie et notamment à la préhistoire, dans les limites de la documentation disponible. Elle accorde une priorité à l'écrit: textes, inscriptions, légendes monétaires. Mais elle s'applique à tirer des renseignements des monuments figurés et des objets quotidiens, des instruments, des produits et des armes[166]. Enfin, et on sent ici l'influence de Fustel, Jullian pose des questions sociologiques: il s'intéresse à la tribu et à la peuplade, aux institutions politiques et à l'organisation sociale, à la famille, à la nation. Bref, son histoire vise à reconstruire le passé dans tous les domaines que les sources rendent accessibles. « Car l'histoire, écrit-il, c'est le tableau ou le récit de ce que produisent les actions humaines. Tout ce qui émane de l'homme, de sa volonté, de son intelligence, de ses sentiments, est du domaine de l'historien [...] Donc, tout monument, quel qu'il soit, si petit qu'il soit, toute chose que l'homme a préparée de sa pensée et façonnée de sa main, tout ce qu'il a posé sur le sol de France, doit trouver sa place dans un chapitre de notre histoire nationale. Et dès l'époque où apparaît sur un morceau de silex la marque de cette pensée et de cette main, l'historien a le devoir d'intervenir. La flèche, le dolmen et la grotte peinte lui appartiennent au même titre que l'Acropole, Notre-Dame de Paris ou la Maison Carrée[167]. »

L'*Histoire de la Gaule* est une mise en œuvre de ce programme. Mais, nullement exceptionnelle à cet égard, elle est aussi l'œuvre d'un patriote et, indirectement, d'une conjoncture idéologique et politique, facteurs dont on ne

saurait faire abstraction surtout quand il s'agit de sujets aussi délicats et controversés que l'état de la Gaule avant la conquête romaine et les effets de celle-ci. Sur l'un et l'autre, Jullian adopte une position originale. L'axe central de l'histoire de la Gaule pendant le demi-millénaire compris entre l'arrivée des Celtes et celle de César, c'est, selon lui, la formation de la nation gauloise, qui la conduit à se donner une organisation politique. Les Gaulois, affirme Jullian, avaient l'idée d'une patrie commune et ils se donnaient le même nom. Les peuples en lesquels ils se divisaient étaient liés par la langue et par les échanges commerciaux, par les alliances et les rapports de domination, par «une communauté de traditions, d'institutions, d'enseignements et d'espérances» ravivée au cours des «rassemblements périodiques autour de dieux, de prêtres et des sanctuaires communs[168]». Tous les éléments sont donc là qui constituent une «fraternité nationale». Le destin dicté à la Gaule par la configuration de son sol et les rêves de ses habitants, c'était de former «un seul empire, semblable à ceux qui avaient pris naissance dans les grandes régions naturelles du monde oriental» (t. II, p. 448).
Jullian ne néglige point les forces qui contrecarraient cette tendance à l'unité; il leur consacre une longue analyse géographico-politique (t. II, p. 449 *sq.*). Mais cette analyse même montre, selon lui, que les Arvernes occupaient une place privilégiée pour entreprendre une unification de la Gaule. Elle explique donc l'apparition de l'«Empire arverne» au temps des guerres d'Hannibal, à la fin du IIIe siècle avant Jésus-Christ. Durant le siècle qui suivit ces guerres, «les Arvernes acquièrent le principal de la Gaule entière, Celtique et Belgique ensemble». Ce n'était certes pas un «État compact, aux parties homogènes, obéissant à une souveraineté très forte»; les liens qui unissaient à lui les peuples de la Gaule «devaient être divers et flottants» (t. II, p. 547). L'«Empire arverne» n'en représentait pas moins la première incarnation de l'unité gauloise apparue dans l'histoire et qui comportait «les germes d'une entente féconde et d'une fusion progressive» (t. II, p. 550).
Tout cela fut détruit par les Romains soixante ans avant César. Détruit d'abord par les armes quand les légions venues défendre Marseille vainquirent le roi arverne Bituit, ce qui eut pour effet la colonisation par Rome d'une partie de la Gaule devenue province. Détruit ensuite par la politique romaine qui, en supprimant chez les Arvernes la royauté au bénéfice de la noblesse municipale, provoqua l'effondrement de leur domination sur la Gaule et qui, en accordant à certains peuples un traitement de faveur, s'arrangea pour maintenir et attiser l'anarchie qu'elle avait créée elle-même. «C'est ainsi que Rome, par des faveurs plus pernicieuses encore que la violence, acheva de détruire l'unité gauloise» (t. III, p. 29). Le déclin de la civilisation gauloise, la «misère morale» de la Gaule au moment de l'arrivée de César étaient donc œuvre des Romains eux-mêmes, comme l'était l'incapacité des Gaulois à se

défendre contre les Cimbres et les Teutons d'abord et plus tard contre les Germains d'Arioviste, incapacité invoquée par les Romains pour justifier leur conquête (t. III, pp. 32-33).

Contrairement à Amédée Thierry, Jullian nie l'existence d'une nation gauloise à la veille de l'arrivée de César et, dans ce que le premier qualifiait de «révolution populaire», il ne voit qu'une machination romaine. Mais, contrairement à Michelet et à Fustel, il tient l'anarchie dont la Gaule donne alors le spectacle non pour le résultat du caractère gaulois, mais pour un fait récent et dû à l'influence délétère de l'extérieur. Sa vision de la conquête romaine et le jugement qu'il porte sur son déroulement et ses effets renvoient à ce qui est, pour lui, essentiel dans l'histoire de la Gaule indépendante: à sa constitution inachevée en nation. C'est l'interruption violente de ce développement national par les Romains qui signe le début de la conquête. Plus que le début, même: après la défaite de Bituit et la création de la province, elle était déjà à moitié accomplie (t. III, p. 30). Il ne restait à César qu'à la mener à son terme. Mais, pour y arriver, il lui fallait se mesurer avec ce qui restait encore chez les Gaulois de sentiment national nourri par les souvenirs de l'unité perdue. La conjuration générale de peuples de la Gaule et le choix de Vercingétorix en tant que chef suprême n'étaient possibles que grâce à ce sentiment et à ces souvenirs. «Dans cette crise qui déciderait de son avenir, la Gaule revenait aux vieilles formes de sa vie nationale; et, de même qu'au siècle précédent, c'était le roi des Arvernes qui se présentait comme le champion de son nom devant le peuple romain» (t. III, p. 421).

Pour Jullian, les choses sont donc claires: Vercingétorix représente le souvenir et le rêve d'une patrie gauloise «libre, unie et puissante» (t. III, p. 487), et c'est lui seul qui, dans l'affrontement avec César, mérite sympathie et admiration. Jullian le dit sans détour («Entre César et lui, je n'hésite pas, il était le véritable héros», t. III, p. 535) et sans s'inquiéter à la pensée que son héros aurait pu gagner car il récuse maintenant, on vient de le voir, son ancien argument selon lequel les Romains ont sauvé la Gaule de la barbarie germanique. Il évite le conditionnel mais il croit probablement que si Vercingétorix remportait la victoire, la Gaule «libre, unie et puissante» serait en état de se défendre contre tous ses ennemis. Bref, en parlant de cet épisode de son histoire, Jullian est du côté des Gaulois d'une manière franche et univoque. Les Romains n'ont à ses yeux aucune circonstance atténuante, fût-ce la supériorité de leur civilisation, quant à César, il n'incarne selon lui qu'une double oppression, des Romains eux-mêmes et des peuples qu'il a conquis en leur nom; c'est ce que symbolise la mort, à trois mois d'intervalle, de Caton et de Vercingétorix (t. III, pp. 539-540). Plus tard, dans les volumes sur la civilisation gallo-romaine, Jullian soulignera les aspects positifs de l'œuvre de Rome dans les Gaules mais son jugement deviendra plus critique quand il aura à traiter du Bas-Empire ; dans le bilan général, il insiste sur les conséquences nuisibles pour la Gaule de la conquête romaine (t. VI, p. 528 *sq.*, surtout p. 533 : «Si Domitien et César n'étaient point venus, une grande patrie aurait achevé de se former sur la terre, et elle y aurait une noble figure»). À partir d'une fascination pour Rome et sa civilisation, si sensible dans *Gallia*, Jullian en est arrivé ainsi, dans l'*Histoire de la Gaule*, à prendre pour critère exclusif l'intérêt national des Gaulois. Seule une analyse plus fine permettrait de faire dans cette évolution la part de l'objet même – on parle autrement des temps d'Auguste que de l'Empire en déclin –, celle des opinions de Jullian et celle de l'environnement idéologique et politique dans lequel il écrivait, d'abord et surtout de la Première Guerre mondiale.

De l'enjeu généalogique à l'objet de mémoire

L'*Histoire de la Gaule* marque un terme. À partir des années vingt, les Gaulois cessent, en effet, d'être présents dans la culture générale : dans l'imagerie, la littérature, les publications à l'usage du grand public. Même l'archéologie les abandonne : les fouilles de Bibracte, arrêtées après le départ de Déchelette en 1907, ne seront reprises qu'en 1984 et *Pro Alesia* interrompt sa parution en 1932, bien que Toutain poursuive contre vents et marées l'exploration du site. La politique, elle aussi, s'en détourne, mis à part quelques rares références, surtout chez les ténors de l'extrême droite, et la tentative avortée de Vichy de les remettre dans le circuit. Seule l'école leur reste fidèle. Et cette éclipse aura duré jusqu'à l'avènement d'Astérix et de ses compagnons. Mais la nature de l'intérêt que les Gaulois suscitent maintenant semble avoir profondément changé : ce n'est pas à leur propos que se posent aujourd'hui les grands problèmes de l'identité nationale, qui étaient au cœur de presque tous les écrits dont ils ont fait l'objet depuis le XVIe siècle jusques et y compris Camille Jullian. Les Gaulois n'y sont pour rien. C'est la notion même d'identité nationale, qui diffère aujourd'hui dans son principe de ce qu'elle fut encore au début du siècle.

On la croyait alors fondée sur un caractère national héréditaire supposé souvent aller de pair avec certaines particularités corporelles, héréditaires elles aussi – sur la «race» dans sa double acception psychique et somatique. Les problèmes de l'identité nationale s'énonçaient par conséquent en termes de rapports de parenté et donc d'hérédité entre une nation donnée et les autres ; ils concernaient l'ancienneté de son installation sur le sol présentement occupé et censé avoir contribué à en modeler la conscience et les comportements collectifs ; ils concernaient aussi la place de ses ancêtres dans l'histoire de l'Europe et du monde, et les droits qu'elle était supposée justifier. Certes, l'idéologie nationale qui fait appel au sang et au sol, même si elle évite de telles expressions, resurgit encore à intervalles irréguliers sous forme de bouffées de racisme et de xénophobie. Elle n'en est pas moins devenue marginale. L'identité nationale est tenue aujourd'hui pour avoir son fondement dans la continuité de la culture, culture comprise comme un fait à la fois sémiotique et matériel, dont la continuité est assurée par la transmission des œuvres du passé au sens le plus large de cette expression, des modèles et des exemples qu'elles véhiculent, ainsi que des savoir-faire nécessaires pour pouvoir les comprendre, les conserver, les reproduire et en enrichir le répertoire. Les problèmes qui se posent à propos de l'identité nationale s'énoncent donc désormais non en termes de généalogie, mais en termes de mémoire.

D'où une distance plus ou moins ironique à l'égard de «nos ancêtres les Gaulois». D'où l'intérêt dont témoigne aussi ce parcours, non pour les liens de descendance entre les Français d'aujourd'hui et les habitants de la Gaule préromaine, mais pour la présence de l'idée d'une origine gauloise des Français dans leurs traditions nationales, pour les effets qu'elle a induits, pour les rôles qu'elle a joués. D'où enfin un nouveau regard posé sur les Gaulois eux-mêmes et dont procèdent les travaux archéologiques en cours qui étudient leurs sanctuaires et leurs rites, mesurent l'importance dans leur vie de la chasse et de l'élevage, de la guerre et de l'armement, des échanges, du travail des métaux et de l'agriculture, essayent de comprendre leurs divisions spatiales et leur organisation sociale, afin de démythifier leur image et les faire entrer de plain-pied dans l'histoire de France, une histoire économique et sociale, mais aussi religieuse et culturelle[169]. Le «retour des Gaulois» auquel on assiste, paraît-il, depuis quelque temps[170] est donc très différent des retours antérieurs. Car ce ne sont pas tant les Gaulois eux-mêmes qui reviennent que la mémoire gauloise de la France qui devient un objet d'histoire et de réflexion. C'est elle dont il importe ici de comprendre la nature et la fonction.

La mémoire gauloise de la France est une mémoire longue. Avec une existence continue depuis la publication par César de la *Guerre des Gaules*, c'est même la plus longue des mémoires historiques françaises, les traces laissées par les peuples qui ont précédé les Gaulois ne permettant pas de percer leur anonymat. Pendant quinze siècles environ, la *Guerre des Gaules* et quelques écrits de moindre importance sont les seuls à préserver le souvenir des Gaulois, à leur assurer une place dans l'histoire. À partir du XVIe siècle, les récits sur leur sujet se multiplient et s'enrichissent de divers apports provenant de témoignages des Anciens et des fabulations des Modernes. Au XVIIe siècle en tâtonnant, au XVIIIe siècle systématiquement et à une plus grande échelle, commence la recherche des reliques des Gaulois; au XIXe siècle, on se met à les représenter en images, à les mettre en musique et en scène, à les introduire dans des poèmes et des romans. Telles sont les grandes strates de la mémoire gauloise française qui se superposent les unes aux autres au fur et à mesure qu'elles apparaissent, et dont les postérieures exercent un effet en retour sur les antérieures : sous l'influence de la critique historique et de l'archéologie, notre lecture de César est différente de ce qu'elle fut il y a un siècle comme sont différentes de ce qu'elles furent alors les représentations visuelles des Gaulois que nous sommes prêts à reconnaître exactes[171].

Prise sur cinq siècles, l'histoire de la mémoire gauloise de la France est d'abord celle de la croissance du nombre de textes et d'objets censés en être les porteurs, et cela malgré l'élimination par la critique de tous ceux qui ne passent pas ses examens, toujours plus exigeants. C'est, parallèlement, celle d'une diversification qualitative de l'ensemble de textes et d'objets ayant trait aux Gaulois, de leurs classements successifs et de différentes hiérarchisations, tout cela allant de pair avec une spécialisation de plus en plus poussée des préposés à la conservation des textes et des objets, et des chargés de leur étude. C'est encore celle d'une diffusion de plus en plus large d'un savoir historique et légendaire portant sur les Gaulois, mis à la portée de l'ensemble de la population par la scolarité obligatoire et les livres à bon marché. Et c'est enfin, sinon surtout, une histoire des changements de fonction et de statut du thème gaulois dans la mémoire nationale française.

Un regard attentif montre que cela ne s'est pas fait par un mouvement uniforme, et distingue quatre périodes d'un intérêt particulièrement intense porté aux Gaulois, que séparent les plages d'une relative indifférence. Ce sont : la fin du XVe et le début du XVIe siècle ; la seconde moitié du XVIe siècle ; la fin du XVIIIe et le début du XIXe siècle ; les huit décennies qui s'étendent depuis la fin des années vingt du XIXe siècle jusqu'à 1914, avec deux poussées dont les effets s'additionnent, la première vers le milieu du siècle et la seconde après 1870. Or, toutes ces périodes correspondent dans l'histoire de France à des moments d'une singulière gravité : à la sortie de la lutte entre les Armagnacs et les Bourguignons, qu'accompagnait et dont se nourrissait la guerre franco-anglaise ; aux guerres de Religion sur lesquelles se greffait la guerre avec l'Espagne ; aux dernières années de la Révolution et à l'Empire où le conflit entre les partisans de l'Ancien et du Nouveau Régime n'est nullement apaisé, cependant que la France est en guerre avec l'Europe entière ; aux luttes sociales de 1848 et de la Commune et aux deux guerres avec l'Allemagne. Seule la dernière trentaine d'années, placée sous le signe d'Astérix, semble ne pas entrer dans ce schéma, ce qui probablement est lié au fait que le thème gaulois est traité désormais au second degré : soit dans le registre burlesque, soit sur le mode réflexif.

C'est en traversant ces périodes l'une après l'autre que l'on voit le thème gaulois changer de fonction et de statut. Au départ, il s'agit d'une légende ethnogénétique qui s'ajoute à la légende troyenne, avant de se substituer à celle-ci, et qui joue un rôle unificateur. Les Francs et les Gaulois sont tenus pour deux rameaux d'une même famille et l'entrée des Francs en Gaule pour un retour au bercail. Dans cette grande famille, le roi de France occupe la place du père et les nobles celle des aînés dont la supériorité n'a pas à être justifiée puisqu'elle est perçue d'emblée comme naturelle. Au fur et à mesure que la société française se transforme d'une société des ordres en une société des classes – le mot même de «classe» commence sa carrière à la fin du XVIIe siècle –, la légitimité des privilèges nobiliaires devient objet de controverse. Mais ces privilèges ne se laissent légitimer que de deux manières: en tant que récompense pour les services rendus à la monarchie ou en tant que venus d'un passé ancien où ils furent conquis de haute lutte.

Or, la tentative de les fonder sur la conquête en identifiant les Francs aux nobles et les Gaulois aux roturiers change le rôle du thème gaulois dès qu'il se présente dans ce contexte: à la légende ethnogénétique unificatrice se substitue peu à peu une idéologie qui exprime et justifie le conflit social. Malgré les tentatives de redonner à ce thème sa fonction originaire, l'opposition des Gaulois et des Francs, des conquis et des conquérants, sert, depuis le début du XVIIIe siècle jusqu'au second Empire, voire plus longtemps, à penser l'affrontement, au sein de la société française, de la noblesse et du tiers état, de l'aristocratie et de la bourgeoisie. «Elle est née avec l'antagonisme des classes, et elle a grandi avec cet antagonisme[172].»

Mais les Gaulois ne s'opposent pas seulement aux Francs. Ils sont engagés aussi dans une lutte contre les Romains, d'un côté, et les Germains, de l'autre. C'est d'abord sous cet aspect qu'ils apparaissent aux antiquaires, lecteurs de textes anciens et collectionneurs d'anciens vestiges; plus tard aussi aux archéologues qui font du passé national l'objet d'une science et aux historiens qui, de plus en plus, prennent appui sur les résultats de celle-ci. Or, contrairement au conflit entre les Gaulois et les Francs, conflit de classes, la lutte triangulaire entre les Gaulois, les Romains et les Germains fait s'entrechoquer les nations. Au XVIIIe siècle, on ne distingue pas clairement entre les deux. C'est seulement après la Révolution que les rapports entre les Francs et les Gaulois, dans le cadre d'une même société issue des invasions, seront définitivement dissociés des rapports entre deux sociétés différentes et ennemies, la gauloise et la romaine, la gauloise et la germanique. À partir de la moitié du XIXe siècle et surtout après 1870, c'est le thème de l'antagonisme entre les Gaulois et les Germains qui devient dominant, ce qui va de pair avec un nouveau changement de statut et de fonction.

De statut, car, désormais, c'est la science historique qui est censée démontrer que ces deux nations ont toujours été hostiles l'une à l'autre. De fonction, car, désormais, et jusqu'à 1914, l'idée d'un antagonisme éternel gallo-germanique sert à unifier les Français face à la menace extérieure. Le thème gaulois retrouve ainsi son tout premier rôle, avec cette différence toutefois qu'il s'agit maintenant non d'une unification monarchique mais d'une unification nationale. Certes, le lien national est réduit par certains à celui de «race» – terme dangereusement ambivalent, avant de devenir sinistrement univoque – ou à celui de «sang», qui, l'un et l'autre, ouvrent la voie à tous les abus et, notamment, à l'exclusion de certains Français de la nation sous prétexte qu'ils ne sont français qu'en apparence et non dans leur être véritable que constituent précisément la «race» et le «sang». Il n'en reste pas moins que ce lien est désormais tenu par tous comme indissociable de l'appartenance à une même culture et que c'est l'identification du lien national à une communauté de culture, qui sortira victorieuse de la Seconde Guerre mondiale.

Engagés d'abord dans la lutte des classes, puis dans celle des nations, et ayant servi de la sorte dans toutes les guerres où les Français affrontaient d'autres Français ou des peuples ennemis, les Gaulois peuvent devenir maintenant ce qu'ils sont : de l'autodérision mythologique à l'objet de recherche, ce lieu de mémoire central et originaire de la nation France.

Alain Duval et Henry Rousso ont bien voulu me renseigner et me conseiller, le premier pour ce qui est de l'archéologie gauloise et de ses résultats récents, le second s'agissant du thème gaulois sous Vichy. Qu'ils trouvent ici l'expression de ma gratitude.

1. *Cf.* C. Éluère, *L'Or des Celtes*, Fribourg, 1987 ; *Trésors des princes celtes*, catalogue de l'exposition, Galeries nationales du Grand Palais, 20 octobre 1987-15 février 1988, Paris, 1987.

2. Voir, par exemple, R. Amberlin, *Les Traditions celtiques. Doctrine initiatique de l'Occident* (1945), Saint-Jean-de-Braye, 1977, et, pour les antécédents du celtisme occultiste, A. Mercier, *Édouard Schuré et le renouveau idéaliste en Europe*, Lille, 1980. De l'intérêt du public témoigne notamment la nouvelle édition du livre qui fait la synthèse de nos connaissances du sujet : F. Le Roux et C. J. Guyonvarc'h, *Les Druides*, Rennes 1987 (1re éd. : 1978).

3. *Cf. Nos ancêtres les Gaulois*, Clermont-Ferrand, 1982 (indiqué désormais par le sigle N.A.G.) – et sur le colloque lui-même, M. Ozouf, «Les Gaulois à Clermont», *Le Débat*, n° 6, 1980, pp. 93-103 ; J.-P. Rioux, «Autopsie de nos ancêtres les Gaulois», *L'Histoire*, n° 27, 1980, p. 85.

4. *Cf.* les articles de 1980-1984 cités par Chr. Amalvi, «De Vercingétorix à Astérix, de la Gaule à de Gaulle ou les métamorphoses idéologiques et culturelles de nos origines nationales», *Dialogues d'histoire ancienne*, n° 10, 1984, pp. 310-312 ; P.-M. Duval, *Pourquoi «Nos ancêtres les Gaulois»*, Paris, 1982 ; P. Quentel, «Et nos ancêtres les Gaulois», *Le Monde*, 10 octobre 1987 ; M. Duverger, «Rendez-nous Clovis et Charlemagne», *Le Monde*, 13 novembre 1987, avec cet appel final : «Ne coupez pas l'arbre de nos racines. Rendez-nous nos ancêtres les Gaulois. Rendez-nous Vercingétorix. Rendez-nous Ausone et Sidoine Apollinaire. Rendez-nous Clovis et Charlemagne.»

5. Le coq gaulois est entré dans le langage au point de figurer même dans l'article «Gaulois» du *Petit Robert*. *Cf.* ici même, Quarto 3, l'essai de Michel Pastoureau.

6. *Cf.* parmi d'autres *Paris-Soir*, 24 et 25 août 1942, *L'Œuvre*, 24 août 1942 ; *La Renaissance nationale*, 27 août 1942 ; *L'Avenir du Plateau central*, 27 août 1942 avec le programme des manifestations de Gergovie.

7. Le document est cité dans *L'Avenir du Plateau central*, 31 août 1942. Ce ne sont pas les seules références aux Gaulois. Le *Journal des débats politiques et littéraires*, par exemple, publie dans son numéro du 29-30 août 1942 un article sur Vercingétorix, «l'expression la plus pure du mysticisme national» et un article sur Gergovie ; ce dernier sujet a déjà été traité dans le même journal le 6 décembre 1941.

8. *Cf.* A. Ehrard, «Vercingétorix contre Gergovie ?», *in N.A.G.*, pp. 313-315.

9. *L'Avenir du Plateau central*, 24 août 1942.

10. Émission de Radio Londres du 29 août 1942, *in Les Voix de la liberté. Ici Londres 1940-1944*, sous la direction de J.-L. Crémieux-Brilhac, Paris, 1975, t. II, pp. 200-201.

11. Cité d'après F. Gaspard, G. Grunberg, «Les titulaires de la francisque gallique», *in Le Gouvernement de Vichy et la Révolution nationale 1940-1942*, sous la direction de J. Bourdin et R. Rémond, Paris, 1972, p. 72.

12. Discours de P. Gaziot, ministre de l'Agriculture de Vichy, le 19 janvier 1941, cité d'après C. Faure, *Folklore et Révolution nationale. Doctrine et action sous Vichy (1940-1944)*, thèse, Université de Lyon-II, 1986, t. I, p. 241 *ter.*

13. *Cf.* C. Jullian, *Aimons la France, conférences: 1914-1919*, Paris, 1919 et Id., *Au seuil de notre histoire*, t. II : 1914-1923, Paris, 1931, p. 268.

14. *Cf.* P. Birnbaum, *Un mythe politique. «La République juive»*, Paris, 1988.

15. *Cf.* A. Chante, «Les Gaulois dans l'hebdomadaire Tintin», D. et P. Cogny, «La "rhétorix" d'Astérix le Gaulois» et D.-H. Pageaux, «De l'imagerie culturelle au mythe politique : Astérix le Gaulois», tous les trois *in N.A.G.*, pp. 421-426, 429-435, 437-444 ; A. Simon, «Les Gaulois dans la B.D.», *Le Débat*, n° 16, 1981, pp. 96-108.

16. *Cf. Nos ancêtres les Gaulois*, sous la direction de J. Ehrard et L.-L. Hollopeau, Catalogue de l'exposition, Musée Bargoin, 25 juin-30 septembre 1980, Clermont-Ferrand, 1980.

17. *Cf.* H. Martin, *Histoire de France depuis les temps les plus réculés jusqu'en juillet 1830*, Paris, 1834, t. I, pp. 52 et 107.

18. *Cf.*, par exemple, H. Martin, *Les Origines de la France depuis les premières migrations jusqu'aux maires du Palais*, Paris, 1891, pp. 8, 17, 49, 73.

19. *Cf.* A. Ehrard et L.-L. Hollopeau, *op. cit.*, p. 6 et E. Delacroix, *Journal, 1822-1853*, Paris, 1980, p. 831.

20. *Cf.* L. Dimier, *Histoire de la peinture française au* XIXe *siècle (1793-1903)*, Paris, 1914, pp. 224-225 ; P. Vaisse, «Les Gaulois dans la peinture officielle (1870-1914)», *in N.A.G.*, pp. 321-326.

21. *Cf.* A. Pingeot, «Les Gaulois sculptés (1850-1914)», *in N.A.G.*, pp. 255-275.

22. *Cf.* le placard publicitaire des éditions Furne avec l'annonce de la 4e édition de l'*Histoire de France* d'Henri Martin, qui propose aussi une *Collection de portraits et vignettes pour l'Histoire de France de Henri Martin*, Bibl. nat., 8° L 35. 202 C ; S. Reinach, *Album de moulages et modèles en vente au musée des Antiquités nationales à Saint-Germain-en-Laye*, t. I, Paris, s.d. (après 1908) ; pour les objets gaulois, planches XVIII et suiv. ; en août 1907, il y avait en vente huit séries et en août 1914, quatorze séries de dix cartes postales sur des sujets se rapportant à Alésia. On vendait aussi des moulages «Pro Alesia». La publicité s'en trouve sur la dernière page de la couverture de chaque année de la revue *Pro Alesia* dont la première série est parue de 1906 à 1914.

23. *Cf.* Chr. Amalvi, « Vercingétorix dans l'enseignement primaire : 1830-1940 », A. Gérard, « La vision de la défaite gauloise dans l'enseignement secondaire (particulièrement entre 1870 et 1914) » et S. Citron, « De la cohérence historiographique au bric-à-brac. Les Gaulois dans quelques manuels récents », tous les trois *in N.A.G.*, pp. 349-355, 357-365, 403-409..

24. *Cf.* A. Stoll, *Astérix, l'épopée burlesque de la France*, Paris, 1978.

25. *Cf.* A. Grenier, *Manuel d'archéologie gallo-romaine*, t. I, Paris, 1931, p. 20 (« chaussées Brunehaut »).

26. *Cf.* S. Reinach, « Esquisse d'une histoire de l'archéologie gauloise (préhistorique, celtique, gallo-romaine et franque) », *Revue celtique*, t. XIX, 1898, pp. 101-117 et 292-307.

27. *Cf.* B. de Montfaucon, *L'Antiquité expliquée et représentée en figures*, Paris, 1719, t. V, 2ᵉ partie, pp. 194-196.

28. *Cf.* Ch.-C. Baudelot de Dairval, *Description des bas-reliefs anciens trouvés depuis peu dans l'église cathédrale de Paris*, Paris, 1711, et, pour l'état présent de l'interprétation : P.-M. Duval, « Le groupe des bas-reliefs des nautae Parisiaci », *in Monuments et mémoires de la fondation Eugène Piot*, 48, 2 (1956), pp. 63-90, fig. 1-14.

29. *Cf.* H. Omont, *Le Cabinet d'antiquités de Saint-Germain-des-Prés au XVIII*ᵉ *siècle*, extrait de : *Recueil de Mémoires publiés par la Société des Antiquaires de France à l'occasion de son Centenaire*, Paris, 1904, pp. 2, 8 (n° 104), 11 (nᵒˢ 222-225) ; B. de Montfaucon, *L'Antiquité expliquée, loc. cit.* Les erreurs de Montfaucon dans la publication des objets gaulois sont signalées et rectifiées par S. Reinach, « Esquisse d'une histoire de l'archéologie gauloise », *op. cit. Cf.* aussi A. Laming-Emperaire, *Les Origines de l'archéologie préhistorique en France*, Paris, 1964, pp. 77 *sq.*, 91 *sq.*

30. *Cf.* N.-J. Foucault, *Mémoires*, éd. F. Bauchy, Paris, 1862, p. XXXVIII.

31. *Cf.* A. Laming-Emperaire, *op. cit.*, p. 97 ; J.-Y. Veillard, *Catalogue des objets d'archéologie armoricaine (Préhistoire, Protohistoire et Époque gallo-romaine) de la collection du président de Robien*, Rennes, 1972. Le *Recueil* de Caylus cite plusieurs noms de parlementaires intéressés par l'archéologie.

32. *Cf.* P.-J. Fournier, « Historique de fouilles sur l'emplacement de Gergovie (1755-1934) », *Revue d'Auvergne*, t. XLIX, 1935, pp. 154-155.

33. *Cf.* G. Testart, « Les anciennes fouilles du mont Auxois : II. – Fouilles de 1784 », *Pro Alesia*, t. II (1907), pp. 230-236.

34. *Cf.* S. Maffei, *Galliae antiquitates quaedam selectae atque in pluribus epistolas distributae*, Paris, 1733 et sur la réaction de Caylus à l'interprétation d'un monument ancien par Maffei : K. Pomian, *Collectionneurs, amateurs et curieux. Paris, Venise : XVIᵉ-XVIIIᵉ siècle*, Paris, 1987, pp. 195-211.

35. Comte de Caylus, *Recueil d'Antiquités égyptiennes, étrusques, grecques et romaines*, Paris, 1752-1767, 7 vol. ; ici, t. III, p. 324.

36. « Ces figures m'ont paru si sensiblement gauloises que j'ai voulu les rapporter », *ibid.*, t. III, p. 375.

37. *Cf. ibid.*, t. VI, pp. 75, 82-83.

38. Le plus ancien dessin représentant la pierre levée date de 1561. *Cf. Poitiers : archéologues d'hier, archéologie d'aujourd'hui*, Musée Sainte-Croix, 19 décembre 1980-2 mars 1981, Poitiers, 1980, p. 11 ; pour les mégalithes *cf.* Dubuisson Aubenay, *Itinéraire de Bretagne (1636)*, Nantes, 1892-1895, 2 vol., d'après P. Sébillot, *Le Folk-lore de France*, Paris, 1968, t. IV, p. 4.

39. *Cf.* E.-T. Hamy, « Mémoire inédit de Montfaucon sur les armes des anciens Gaulois et des nations voisines », *Revue archéologique*, nlle série, t. VII et VIII (1906), pp. 37-48.

40. Caylus, *Recueil, op. cit.*, t. IV, pl. CXI et pp. 370-373 ; ici, p. 371.

41. *Cf. ibid.*, t. VI, pl. CXV, CXVII, CXVIII-CXXI et pp. 361-363, 367-369, 369-388.

42. *Cf.* F. Le Royer d'Artezet de La Sauvagère, *Recueil d'antiquités dans les Gaules*, Paris, 1770 ; Grivaud de la Vincelle, *Recueil de monuments antiques la plupart inédits et découverts dans l'ancienne Gaule. Ouvrage enrichi de cartes et planches en taille douce qui peut faire suite aux Recueils du Comte de Caylus et de La Sauvagère*, Paris, 1817, 2 vol.

43. *Cf.* P.-J.-B. Legrand d'Aussy, *Mémoire sur les anciennes sépultures nationales et les ornemens extérieurs qui y furent employés, sur les embaumemens, sur les tombeaux des rois francs dans la ci-devant église de Saint-Germain-des-Prés et sur un projet de fouilles à faire dans nos départemens*, Paris, an VII (1798). – Je cite l'édition : *Des sépultures nationales et particulièrement de celles des Rois de France*, Paris, 1824 ; *cf.* aussi A. Laming-Emperaire, *op. cit.*, p. 99 sq.

44. Legrand d'Aussy, *op. cit.*, pp. 181-182.

45. *Ibid.*, pp. 206-207, 208. «M. Coret», c'est La Tour d'Auvergne Corret. *Cf.*, sur lui, J. Balcou, «La Tour d'Auvergne, théoricien breton du mythe gaulois», *in N.A.G.*, pp. 107-113 et *infra* n. 120.

46. J. Cambry, *Monumens celtiques, ou Recherches sur le culte des pierres, Précédées d'une Notice sur les Celtes et sur les Druides, et suivies d'Étymologies celtiques*, Paris, an XIII (1805), p. XXVII. Sur l'Académie celtique, voir ici même au vol. 2, l'article de J.-Y. Guiomar, «Le Barzaz-Breiz».

47. Ainsi Saint-Morys demande dès 1807 que l'Académie celtique devienne «une société d'Antiquités nationales». *Cf.* F. Arquié-Bruley, «Un précurseur : le comte de Saint-Morys (1782-1817) collectionneur d'"Antiquités nationales"», *Gazette des Beaux-Arts*, t. XCVI (1980), pp. 109-118 et t. XCVII (1981), pp. 61-77.

48. *Cf.* Fr. Bercé, «Arcisse de Caumont et les sociétés savantes», *in Les Lieux de mémoire*, Quarto I, *La Nation*, vol. 2, pp. 533-557.

49. *Cf.* M. Ozouf, «L'invention de l'ethnographie française : le questionnaire de l'Académie celtique», *Annales E.S.C.*, 1981, pp. 210-230.

50. H. Martin, *Histoire de France...*, *op. cit.*, t. I, p. 15.

51. *Cf.* A. Laming-Emperaire, *op. cit.*, pp. 119-121. La distinction des Celtes et des Gaulois semble avoir été introduite par Alexandre Bertrand. *Cf.* son mémoire «Les Galates ou Gaulois» (1875), *in* Id., *Archéologie celtique et gauloise. Mémoires et documents relatifs aux premiers temps de notre histoire nationale*, Paris, 1876, pp. 384-421, surtout pp. 413-414.

52. *Cf.* J. Cambry, *Monumens celtiques, op. cit.* et A. de Laborde, *Les monumens de France classés chronologiquement et considérés sous le rapport des faits historiques et des études des arts*, t. I, Paris, 1816, pl. V et VI et commentaire pp. 61-62.

53. *Cf.*, par exemple, Arcisse de Caumont, *Cours d'antiquités monumentales*, t. I, Ire partie : *Ère celtique*, Paris, 1830.

54. Déjà, pour Boucher de Perthes, le mot «celtique» signifie «anté-historique». *Cf. Antiquités celtiques et antédiluviennes. Mémoire sur l'industrie primitive et les arts à leur origine*, t. III, Paris, 1864, pp. 345-346 et 390, n.

55. A. Bertrand, «Les monuments dits celtiques», *in Archéologie celtique et gauloise, op. cit.*, pp. 82-131 ; ici, pp. 87-88.

56. *Cf.* S. Reinach, «Terminologie régionale et scientifique des monuments mégalithiques» (1903), *in* Id., *Cultes, mythes et religions*, t. III, Paris, 1913, pp. 434-448.

57. *Cf.* Alexandre Lenoir, *Description historique et chronologique des monumens de sculpture réunis au Musée des Monumens Français*, 7e éd., Paris, an V (1797), pp. 41-55. Sur Lenoir, voir aussi D. Poulot, «Alexandre Lenoir et les musées des Monuments français», *in Les Lieux de mémoire*, Quarto 1, *La Nation*, pp. 1515-1544.

58. Legrand d'Aussy, *op. cit.*, pp. 355-359.

59. Grivaud de la Vincelle, *Antiquités gauloises et romaines recueillies dans les jardins du Palais du Sénat pendant les travaux d'embellissement qui y ont été exécutés depuis l'An IX jusqu'à ce jour*, Paris, 1807, p. 239. Grivaud reviendra à la charge dix ans plus tard. *Cf.* Recueil de monumens antiques, *op. cit.*, t. II, p. I.

60. *Cf.* K. Pomian, *op. cit.*, pp. 206-210.

61. *Cf.* R. Schneider, *Quatremère de Quincy et son intervention dans les arts (1788-1830)*, Paris, 1910, pp. 85-90.

62. Albert Lenoir, *Projet d'un musée historique formé par la réunion du Palais des Thermes et de l'Hôtel de Cluny, exposé dans les salles du Louvre sous le n° 1546*, Paris, 1833, pp. 4-6.

63. Fr. Arago, «Rapport sur le projet de loi relatif à un crédit extraordinaire de 590 000 francs pour l'acquisition de l'hôtel de Cluny et de la Collection Du Sommerard», *in* Id., *Œuvres complètes*, t. III, Paris-Leipzig, 1856, p. 522.

64. *Cf.* P. Marot, «Les origines d'un musée d'"Antiquités Nationales". De la protection du "Palais des Thermes" à l'institution du "Musée de Cluny"», *Mémoires de la Société nationale des antiquaires de France*, 9ᵉ série, t. IV (1968), pp. 259-327.

65. *Cf.* A. de Caumont, *Cours d'antiquités monumentales*, *op. cit.*, t. I, pp. 209, 211, 214-216, 225, 227, 229, 230, 234, 238, 252-254 (références à des collections particulières, cabinets d'antiquités ou musées dans l'ouest de la France). *Cf.* aussi la lettre du ministre de l'Intérieur au préfet de département de la Seine, comte de Rambuteau, du 6 mai 1839, *in* Albert Lenoir, *Le Musée des Thermes et l'Hôtel de Cluny. Documents sur la création du Musée d'Antiquités Nationales suivant le projet exposé au Louvre en 1833 sous le n° 1546*, Paris, 1862, pp. 63-64 ; A. Lemaître, *Des musées archéologiques et numismatiques en France*, Paris, 1867.

66. *Cf.* J.-M. Gautier, «L'épisode de Velléda dans *Les Martyrs* de Chateaubriand», et J. Joly, «"Oltre ogni humana idea": le mythe, la tragédie, l'opéra dans la *Norma* de Bellini», *in N.A.G*, pp. 153-161, surtout 156-157, et 165-176 ; le 15 février 1852, Delacroix a écouté le chœur de Gaulois par Gounod, «qui a tout l'air d'une belle chose». La cantate *Gallia* date de 1871. E. Delacroix, *Journal*, *op. cit.*, p. 289.

67. *Cf.* E. Desjardins, *Alesia (septième campagne de Jules César). Résumé du débat, réponse à l'article de la* Revue des Deux Mondes *du 1ᵉʳ mai 1858, conclusion suivie d'un appendice renfermant des notes inédites écrites de la main de Napoléon Iᵉʳ sur les* Commentaires de Jules César, Paris, 1859 ; A. Castan, «Jules Quicherat, défenseur d'Alaise», *in* J. Quicherat, *Mélanges d'archéologie et d'histoire. Antiquités celtiques, romaines et gallo-romaines*, éd. A. Giry et A. Castan, Paris, 1885, pp. 468-474. *Cf.* aussi J. Le Gall, *Alésia. Archéologie et histoire*, Paris, 1980, p. 38 *sq.*; ainsi que, ici même, Quarto 3, O. Buchsenschutz et A. Schnapp, «Alésia».

68. H. Martin, *Études d'archéologie celtique. Notes de voyage dans les pays celtiques et scandinaves*, Paris, 1872, pp. 26-27.

69. *Cf.* R. Lantier, «Aux origines du musée des Antiquités nationales», *in* M. Renard, éd., *Hommages à Albert Grenier*, Bruxelles-Berchem, 1962, pp. 940-947.

70. *Cf.* S. Reinach, *Antiquités nationales. Description raisonnée du Musée de Saint-Germain-en-Laye*, Paris, s.d. (1889?), t. I, pp. 16, 21 *sq.*

71. *Cf.* G. De Mortillet, *Promenades au Musée de Saint-Germain*, Paris, 1869, p. 22.

72. *Cf.* ibid., pp. 40-56 et F. de Saulcy, «La salle d'Alésia au musée de Saint-Germain-en-Laye», *Journal des savants*, 1880, pp. 558-565 et 622-630. *Cf.* aussi S. Reinach, *Catalogue illustré du Musée des Antiquités nationales au Château de Saint-Germain-en-Laye*, Paris, 1917-1921, 2 vol., t. II, pp. 107-125.

73. G. Boissier, «Le Musée de Saint-Germain», *Revue des Deux Mondes*, t. XLVI (1881), pp. 721-749 ; ici, p. 723.

74. P.-M. Duval, *La Gaule jusqu'au milieu du Ve siècle*, Paris, 1971, 2 vol., t. I, p. 49.
75. *Cf.* Jules César, *Guerre des Gaules*, éd. L.-A. Constans (Collection des Universités de France), Paris, 1972, Introduction, p. XX, n.
76. Calculé d'après le *Catalogue de la Bibliothèque nationale*, t. XXV, col. 873-916.
77. *Cf.* L.F. Flutre et K. Sneyders de Vogel, éd., *Li Fet des Romains compilé ensemble de Saluste et de Suetoine et de Lucan*, Paris et Groningue, 1938, 2 vol.; L.F. Flutre, *Li Fait des Romains dans les littératures françaises et italiennes du* XIIe *au* XVIe *siècle*, Paris, 1932.
78. *Cf.* M. Schmidt-Chazan, « Les traductions de la Guerre des Gaules et le sentiment national au Moyen Âge », *Annales de Bretagne et des Pays de l'Ouest*, t. LXXXVII (1980), pp. 387-407.
79. Calculé d'après le *Catalogue de la Bibliothèque nationale*, loc. cit.
80. *Cf.* Ch.-E. Ruelle, *Bibliographie des Gaules*, Paris, 1880, 2 vol., n°s 412-483.
81. *Cf.* P. Sébillot, *Le Folk-lore en France*, op. cit., t. IV, p. 319 sq.
82. *Cf.* M. Lugge, *« Gallia » und « Francia » im Mittelalter*, Bonn, 1960, notamment p. 180 sq.
83. *Cf. Alésia*, textes littéraires antiques par J. Le Gall, E. de Saint-Denis et R. Weil; textes médiévaux par M. le chanoine J. Marilier, 2e éd., Paris, 1980, pp. 139-141 et 162-163.
84. *Cf.* Aimoin, *Historia Francorum, praef.*, P.L., t. CXXXIX, col. 627 et C. Jullian, « En lisant la préface d'Aimoin » (Notes gallo-romaines, LXVII), *Revue des études anciennes*, t. XVII (1915), pp. 186-192.
85. *Les Grandes Chroniques de France*, éd. J. Viard, Paris, Société de l'histoire de France, 1920, t. I, p. 22. Voir ici même, au t. II, *La Nation*, vol. 1, « Les Grandes Chroniques de France », de Bernard Guenée, pp. 189-214.
86. *Cf.* A. Vincent, « Gallia et Gaule », *Revue belge de philologie et d'histoire*, t. XXVII (1949), pp. 712-726, ici p. 721.
87. *Cf.* K. Pomian, *Przeszłość jako przedmiot wiary. Historia i filozofia w myśli średniowiecza* (*Le Passé, objet de foi. Histoire et philosophie dans la pensée du Moyen Âge*), Varsovie, 1968, pp. 13 sq., 239 sq. Et C. Beaune, « L'utilisation politique du mythe des origines troyennes en France à la fin du Moyen Âge », *in Lectures médiévales de Virgile. Actes du Colloque organisé par l'École française de Rome* (Rome, 25-28 octobre 1982), Rome, 1985, pp. 331-355.
88. Ainsi Polidore Virgile, pour l'histoire anglaise, ou Paul Émile, pour l'histoire de France. *Cf.* T.D. Kendrick, *British Antiquity*, Londres, 1950, p. 78 sq.; C. Vivanti, « Paulus Aemilius Gallis condidit historias? », *Annales E.S.C.*, XIX (1964), pp. 1117-1124.
89. *Cf.* Strabon, *Géographie*, éd. G. Aujac (Collection des Universités de France), t. I, 1re partie, Paris, 1969 p. LXVIII sq.
90. *Cf.* C. Beaune, « L'image du fondateur : Vercingétorix et Brennus de 1450 à 1550 », *in La Monarchie absolutiste et l'histoire en France*, Paris, 1986, pp. 29-50.
91. C. Beaune, *Naissance de la nation France*, Paris, 1985, p. 19 sq.; ici p. 33.
92. *Cf.* G. Huppert, *L'Idée de l'histoire parfaite*, Paris, 1973, p. 77 sq.
93. *Cf.* Annius de Viterbe (Giovanni Nanni), *Commentarii fratris Joannis Annii Viterbiensis super opera diversorum auctorum de antiquitatibus loquentium*, Rome, 1498, et nombreuses éditions postérieures.
94. *Cf.* R. Weiss, « Traccia per una biografia di Annio da Viterbo », *Italia medievale e umanistica*, t. V (1962), pp. 425-441; C.R. Ligota, « Annius of Viterbo and historical method », *Journal of the Warburg and Courtauld Institute*, n° 50, 1987, pp. 44-56.
95. *Cf.* C.-G. Dubois, *Celtes et Gaulois au* XVIe *siècle. Le développement littéraire d'un mythe nationaliste*, Paris, 1972, en particulier, pp. 177-182.
96. *Cf. Les Trésors des églises de France. Catalogue de l'exposition du Musée des Arts Décoratifs*, Paris, 1965, p. 39, n° 87.

Francs et Gaulois

97. *Cf.* H. Duranton, «Le mythe de la continuité monarchique chez les historiens français du XVIIIe siècle», *in Modèles et moyens de réflexion politique au XVIIIe siècle*, Lille, 1979, t. III, pp. 203-226.

98. *Cf.* Fr. Hotman, *Franco-Gallia*, Genève, 1573,

99. Cl. Fauchet, *Recueil des antiquitez gauloises et françoises*, Paris, 1579, l. II, chap. II, p. 3.

100. *Cf.* sur ces historiens C. Vivanti, *Lotta politica e pace religiosa in Francia fra Cinque e Seicento*, 2e éd., Turin, 1974, et Id., «Les Recherches de la France d'Étienne Pasquier», *in Les Lieux de mémoire*, Quarto 2, *La Nation*.

101. *Cf.* P. Pezron, *Antiquité de la religion et de la langue des Celtes, autrement appelés Gaulois*, Paris, 1703, et J. Solé, «Le mythe gaulois sous Louis XIV : Paul Pezron et son *Antiquité des Celtes* de 1703», *in N.A.G.*, pp. 37-40.

102. *Cf.* J. Martin, *La Religion des Gaulois, tirée des plus pures sources de l'Antiquité*, Paris, 1727, 2 vol., et R. Mas, «Dom Jacques Martin, historien des Gaulois (1684-1751)», *in N.A.G.*, pp. 41-50.

103. S. Pelloutier, *Histoire des Celtes, et particulièrement des Gaulois et des Germains*, Paris, 3 éd. successives, 1741-1750 et 1770-1771, 2 vol.

104. *Cf.* G. G. Leibniz, *De origine Francorum disquisitio*, Hanovre, 1715, avec la réplique du Père Tournemine, *Journal de Trévoux*, t. XVI (1716), pp. 10-22 et la réponse de Leibniz *in* Id., *Opera omnia*, éd. Dutens, t. IV, IIe partie, pp. 167-173. – *Cf.* aussi H. Duranton, «"Nos ancêtres, les Gaulois". Genèse et avatars d'un cliché historique», *Cahiers d'histoire*, 1969 (4), pp. 340-370, surtout pp. 343-347.

105. *Cf.* A. de Valois, *Notitia Galliarum, ordine litterarum digesta [...]*, Paris, 1675; d'Anville, *Éclaircissements géographiques sur l'ancienne Gaule, précédés d'un traité des mesures itinéraires des Romains et de la lieue Gauloise*, Paris, 1741; Id., *Notice de l'ancienne Gaule, tirée des monuments romains*, Paris, 1760.

106. Pour avoir une idée de toute cette production *Cf.* J. Le Long, *Bibliothèque historique de la France*, éd. Fevret de Fontette, Paris, 1768, n°s 23 à 389 (Géographie ancienne des Gaules) et 3730 à 3952 (Histoire des anciens Gaulois). – *Cf.* aussi H. Duranton, «La recherche historique à l'Académie des inscriptions : l'exemple de l'histoire de France», *in* K. Hammer et J. Voss, éd., *Historische Forschung im 18. Jahrhundert*, Bonn, 1976, pp. 207-235 et *N.A.G.*, pp. 75-140.

107. *Cf.* E. Carcassonne, *Montesquieu et le problème de la constitution française au XVIIIe siècle* (1927), Genève, 1978.

108. Sur Boulainvilliers, *Cf.* R. Simon, *Henry de Boulainviller* [sic !]. *Historien, politique, philosophe, astrologue*, Gap, 1940, p. 46 *sq.*, et, sur Le Laboureur qui a anticipé certaines idées développées par Boulainvilliers, *Cf.* E. Carcassonne, *op. cit.*, pp. 11-14.

109. *Cf.* H. de Boulainvilliers, *Abrégé chronologique de l'histoire de France*, La Haye, 1733, pp. 40-44; Id., *Histoire de l'ancien gouvernement de la France. Avec XIV Lettres Historiques sur les Parlemens ou États-Généraux*, La Haye-Amsterdam, 1727, t. I, pp. 29, 39 *sq.*

110. Id., *Lettres historiques, op. cit.*, 2e lettre, p. 218.

111. Id., *Histoire de l'ancien gouvernement, op. cit.*, pp. 149-150 et *Lettres historiques, op. cit.*, 3e lettre, p. 289.

112. *Lettres historiques*, 2e lettre, pp. 241-242.

113. *Ibid.*, p. 325 *sq.* et p. 304. *Cf.* aussi Id., *Essais sur la noblesse de France, contenans une dissertation sur son origine et abaissement*, Amsterdam, 1732, p. 230 *sq.*

114. *Ibid.*, pp. 66-67.

115. J.-B. Dubos, *Histoire critique de l'établissement de la monarchie françoise dans les Gaules*, Paris, 1734, t. I, p. 14.

116. *Cf.* Montesquieu, *De l'esprit des lois*, l. XXVIII, chap. III; l. XXX, chap. XII, XV, XVII.

117. « M. le comte de Boulainvilliers et M. l'abbé Dubos ont fait chacun un système, dont l'un semble être une conjuration contre le tiers-état, et l'autre une conjuration contre la noblesse », Id., *ibid.*, l. XXX, chap. X et *Cf.* Augustin Thierry, *Considérations sur l'histoire de France, in Œuvres complètes*, t. IV, Paris, 1879, et E. Carcassonne, *op. cit.*, pp. 87 sq., 179 sq.

118. Sieyès, *Qu'est-ce que le tiers état?*, éd. R. Zapperi, Genève, 1970, p. 128.

119. *Cf.* H. Duranton, « "Nos ancêtres, les Gaulois" », *op. cit.*, pp. 361-363.

120. *Cf.* La Tour d'Auvergne Corret, *Nouvelles Recherches sur la langue, l'origine et l'antiquité des Bretons pour servir à l'histoire de ce peuple*, Bayonne, 1792 ; Id., *Origines gauloises, celles des plus anciens peuples de l'Europe puisées dans leur vraie source, ou Recherches sur la langue, l'origine et les Antiquités des Celto-Bretons de l'Armorique, pour servir à l'Histoire de ce Peuple et à celle des Français*, Paris, an V (1796), citation pp. 211-213 (note). Le *Moniteur* du 15 germinal an V (4 avril 1797) a consacré à ce livre un article élogieux de P.-L. David.

121. J. Picot, *Histoire des Gaulois depuis leur origine jusqu'à leur mélange avec les Francs et jusqu'aux commencements de la Monarchie Française*, Genève, an XI (1804), 3 vol. ; ici t. I, pp. XVIII et 9 *sq.*

122. La *Décade philosophique* du 20 messidor an XII, pp. 82-89, a publié un extrait du livre de Picot fait par Ginguené. Le 10 du même mois, elle a publié un extrait anonyme du livre de Serieys, *Éléments de l'Histoire des Gaules*. Ce furent les deux seuls livres sur ce sujet auxquels la *Décade* a réagi. *Cf.* M. Regaldo, *Un milieu intellectuel : la* Décade philosophique *(1794-1807)*, Lille-Paris, 1976, t. IV, p. 173.

123. J. Picot, *op. cit.*, t. III, p.187.

124. *Cf.* F.-D. de Reynaud, comte de Montlosier, *De la Monarchie française, depuis son établissement jusqu'à nos jours, ou Recherches sur les anciennes institutions françaises et sur les causes qui ont amené la Révolution...*, Paris, 1814, 3 vol.

125. Augustin Thierry, S*ur l'antipathie de race qui divise la nation française (1820), in Œuvres complètes*, Paris, 1866, t. III, pp. 482-487 ; ici p. 486.

126. Fr. Guizot, *Du gouvernement de la France depuis la Restauration et du ministère actuel*, Paris, 1820, pp. LII et 2.

127. *Cf.* M. Gauchet, « Les Lettres sur l'Histoire de France d'Augustin Thierry », i*n Les Lieux de mémoire*, Quarto 1, *La Nation*, pp. 787-850.

128. Chez Thierry, cela se voit le mieux dans son *Histoire de la conquête de l'Angleterre par les Normands* (1825). Chez Guizot, dans l'*Histoire de la civilisation en Europe* (1828).

129. *Cf.* Fr. Guizot, *Cours d'histoire moderne. Histoire de la civilisation en France depuis la chute de l'Empire Romain jusqu'en 1789*, Paris, 1829, 4 vol.

130. *Cf.*, par exemple, A. Bertrand, *Nos origines. La Gaule avant les Gaulois d'après les monuments et les textes*, Paris, 1891, pp. 5, 233, 254-255.

131. Sur la popularité des ouvrages d'Henri Martin, *Cf.* R. Mallet, « Henri Martin et les Gaulois : histoire et mythe », *in N.A.G.*, pp. 231-244 – sa réputation ne semble pas avoir beaucoup souffert de la critique d'H. d'Arbois de Jubainville, *Quelques observations sur les six premiers volumes (4ᵉ édition) de l*'Histoire de France *de M. Henri Martin*, Troyes-Paris, 1857. – *Cf.* d'autre part Th. Lavallée, *Histoire des Français depuis le temps des Gaulois jusqu'en 1830*, Paris, 1838 ; en tout vingt éditions dont la dernière en 1876.

132. *Cf.* Amédée Thierry, *Histoire des Gaulois depuis les temps les plus reculés jusqu'à l'entière soumission de la Gaule à la domination romaine*, 3ᵉ éd., Paris, 1844, t. II, p. 42.

133. Amédée Thierry parle de la « civilisation » gauloise. *Cf.*, par exemple, *ibid.*, t. I, p. XIV et XVII et *cf.* aussi C. Lacoste, « Les Gaulois d'Amédée Thierry », *in N.A.G.*, pp. 203-209.

134. *Cf.* W.F. Edwards, *Des caractères physiologiques des races humaines considérés dans leurs rapports avec l'histoire*, Paris, 1829.

135. Fr. Guizot, *Cours d'histoire moderne*, op. cit., t. II, pp. 61-62.

136. *Cf.* R. de Lasteyrie, «Jules Quicherat, sa vie et ses travaux», *in* J. Quicherat, *Mélanges...*, op. cit., p. 15.

137. *Cf.* D. Bertin et J.-P Guillaumet, *Bibracte (Saône-et-Loire). Une ville gauloise sur le mont Beuvray*, Paris, 1987, pp. 33 *sq.*, 45 *sq.*

138. *Cf.* J. Le Gall, Alésia, op. cit., pp. 53 *sq.*, 118 *sq.*

139. *Cf.* J. Déchelette, *Manuel d'archéologie préhistorique, celtique et gallo-romaine*, t. I, *Archéologie préhistorique*, Paris, 1908 sq.

140. *Cf.* E. Desjardins, *Géographie historique et administrative de la Gaule romaine*, Paris, 1876-1893, 4 vol.

141. *Cf.* A. Blanchet, *Traité des monnaies gauloises*, Paris, 1905.

142. *Cf.* E.-J. Espérandieu, *Recueil général des bas-reliefs de la Gaule romaine*, Paris, 1907 *sq.*

143. *Cf.* V. Tourneur, *Esquisse d'une histoire des études celtiques*, Liège, 1905, p. 212.

144. *Cf.* A. Bertrand, «Cours d'archéologie nationale», *in Nos origines*, op. cit., p. 1 *sq.*; J. Toutain, «A. Héron de Villefosse (1845-1919)», *Pro Alesia*, n.s., t. V (1919), p. 76 *sq.*, V. Tourneur, op. cit., p. 219.

145. C. Jullian, «La vie et l'étude des monuments français», *in* Id., *Au seuil de notre histoire*, Paris, 1930, t. I, p. 30.

146. J.C.L. Simonde de Sismondi, *Histoire des Français*, Paris, 1821, t. I, pp. 1, 8, 129.

147. H. Martin, *Histoire de France depuis les temps les plus reculés jusqu'en 1789*, 4e éd., Paris, 1855, t. I, p. 1.

148. H. Martin emprunte à Michelet ses formules mêmes. *Cf.* le passage *ibid.*, pp. 332-333 au passage de J. Michelet, *Histoire de France*, l. I (je cite d'après l'édition : Michelet, *Le Moyen Âge*, Paris, 1981 ; ici, p. 71). Sur les Gaulois de Michelet, *Cf.* C. Croisille, «Michelet et les Gaulois ou les séductions de la patrie celtique», *in N.A.G.*, pp. 211-219.

149. *Cf.* R. de Lasteyrie, «Jules Quicherat, sa vie et ses travaux», *in* J. Quicherat, Mélanges, op. cit., pp. 2, 5-6 ; C. Jullian, *Notes sur l'Histoire en France au 19e siècle (1897)*, Paris-Genève, 1979, surtout pp. LXXXIII, CII, CXXI; Id., «L'ancienneté de l'idée de nation» (1912), *in Au seuil de notre histoire*, op. cit., t. I, p. 166 sq.

150. J. Michelet, *Histoire de France*, Préface de 1869, éd. cit., p. 17.

151. Fustel de Coulanges, *Histoire des institutions politiques de l'ancienne France. La Gaule romaine*, Paris, 1891, p. 50.

152. *Cf.* P. Michel, *Un mythe romantique : les Barbares (1789-1848)*, Lyon, 1981, et Id., «Mythe barbare et mythe gaulois», *in N.A.G.*, pp. 221-229.

153. Fustel de Coulanges, op. cit., p. 137.

154. Id., *Histoire des institutions politiques de l'ancienne France. L'invasion germanique et la fin de l'Empire*, Paris, 1891, pp. 225-226.

155. Fr. Guizot, *Cours d'histoire moderne*, op. cit., t. II, pp. 288, 297.

156. Fustel de Coulanges, *L'Invasion germanique*, op. cit., p. 558.

157. *Cf.*, à titre d'exemple, un livre pour enfants de M. Moreau-Christophe, *Les Gaulois nos aïeux*, Tours, 1880, réédité en 1881, 1885, 1887, 1889.

158. G. Boissier, «Le Musée de Saint-Germain», op. cit., pp. 736-737.

159. C. Jullian, *Gallia. Tableau sommaire de la Gaule sous la domination romaine*, Paris, s.d. (préface datée du 1er juillet 1892), p. 5.

160. La revue publiait ainsi des poèmes, *Cf. Pro Alesia*, t. III (1908-1909), pp. 405-408 et t. V (1910-1914), pp. 750-752, 772-776, 827-832 ; des comptes rendus des visites des fouilles d'officiers, t. I (1905-1907), pp. 190-192 et de cinq cents lycéens ; pendant cette dernière on a lu une page du *Vercingétorix* de Camille Jullian et un poème de L. Matruchot, *Cf.* t. II (1907-1908), pp. 362-368. *Cf.* aussi L. Matruchot, « Alise, lieu de pèlerinage patriotique », t. III, p. 424.

161. Éditorial non signé, « Pro Alesia, revue gallo-romaine », *Pro Alesia*, n.s., t. II (1915-1916), p. 18.

162. *Cf.* lettres du 10 avril 1896 et du 26 octobre 1898 *in* M. Toussaint, éd., *Lettres de Camille Jullian à Henri d'Arbois de Jubainville*, Nancy, 1951, pp. 10-11 et 18, *Cf.* aussi A. Grenier, *Camille Jullian. Un demi-siècle de science historique et de progrès français 1880-1930*, Paris, 1944.

163. *Cf.* A. Grenier, *Camille Jullian, op. cit.*, p. 199 *sq.*, P.-M. Duval, *Introduction à C. Jullian, Histoire de la Gaule*, édition abrégée, Paris, 1971, pp. XVII-XXXIII.

164. *Cf.* les sujets de ce cours intitulé « Les conditions géographiques de l'histoire de France », *in* C. Jullian, *Au seuil de notre histoire, op. cit.*, t. I, pp. 231-233 ; sur Jullian et Vidal, *Cf.* A. Grenier, *op. cit.*, p. 19 et *passim*.

165. *Cf.* C. Jullian, *Histoire de la Gaule*, Paris, 1908-1926, 8 vol. ; ici t. I, chap. I-III et t. V.

166. *Cf.*, par exemple, t. I, p. 159 sq., t. V, pp. 174 *sq.*, 216 *sq.*, t. VI, p. 166 *sq.*

167. C. Jullian, « Plaidoyer pour la préhistoire » (1907), *in* Id, *Au seuil de notre histoire, op. cit.*, t. I, pp. 57-58. En comparant, dans un passage célèbre, l'historien à « l'ogre de la légende », Marc Bloch s'est probablement souvenu de ce passage de Jullian.

168. C. Jullian, *Histoire de la Gaule, op. cit.*, t. II, pp. 443-444.

169. *Cf.*, par exemple, J.-L. Brunaux, *Les Gaulois, sanctuaires et rites*, Paris, 1986 ; P. Méniel, *Chasse et élevage chez les Gaulois*, Paris, 1987 ; J.-L. Brunaux et B. Lambot, *Guerre et armement chez les Gaulois*, Paris, 1988 ; A. Duval, « Autour de Vercingétorix : de l'archéologie à l'histoire économique et sociale », *in Le Deuxième Âge du fer en Auvergne et en Forez*, Sheffield-Saint-Étienne, 1982, pp. 298-335 ; Id., « Économies et sociétés en Gaule non méditerranéenne, IIIe-Ier siècle avant notre ère, d'après les données archéologiques », *in Archéologie et rapports sociaux en Gaule*, sous la direction d'A. Daubigney, *Annales littéraires de l'université de Besançon*, Besançon, 1984, pp. 55-68 ; P.-M. Duval, *Travaux sur la Gaule (1946-1986)*, Rome, 1990, 2 vol. ; Chr. Goudineau, *César et la Gaule*, Paris, 1990.

170. *Cf.* P. Vidal-Naquet, « Gaulois à tout faire », et M. Fischer, J.-L. Brunaux et O. Buchsenschutz, « L'éternel retour des Gaulois », *L'Histoire*, n° 109 (mars 1988), pp. 7 et 28-37, *Cf.* aussi *Revue historique des armées*, n° 167 (juin 1987) avec un important dossier consacré à Alésia.

171. *Cf.* M. Rambaud, *L'Art de la déformation historique dans les Commentaires de César*, 2e éd., Paris, 1966 et M.-Th. Moisset, « L'iconographie de Vercingétorix à travers les manuels d'histoire », *Antiquités nationales*, n° 8, 1976, pp. 84-90.

172. Fustel de Coulanges, *L'Invasion germanique, op. cit.*, p. 533.

FRANÇOIS FURET

L'Ancien Régime et la Révolution

Si la Révolution française est à l'origine de la civilisation politique où nous vivons encore, deux cents ans après qu'elle a paru sur la scène de l'histoire, c'est d'abord qu'elle l'a voulu. À travers la voix de ses principaux acteurs, et le geste d'un peuple, elle s'est pensée elle-même comme un événement fondateur, mémorable par excellence : régénération de l'humanité par la liberté de l'individu enfin conquise sur les puissances séculaires de l'oppression. Avant elle, le passé n'est plus qu'un « Ancien Régime », définition lapidaire qui efface de la mémoire nationale tout ce qui l'a précédée, féodalité et monarchie ensemble. C'est donc elle qui vient occuper tout l'espace de l'histoire comme l'instrument nécessaire de son rachat. Il n'y a plus qu'elle à remémorer, à fêter, à célébrer, comme pour conjurer sans cesse le retour de ce qu'elle a aboli.
Pour mesurer l'ébranlement provoqué par cette ambition – Burke en offre le commentaire le plus profond –, il faut restituer à celle-ci son étrangeté, qui est d'unir l'histoire à la raison : la Révolution veut réinstituer la société à la manière de Rousseau, c'est-à-dire régénérer l'homme par un véritable contrat social. Ambition universelle dont l'abstraction s'apparente à celle du message des religions, mais qui s'en différencie par son contenu, puisque cette régénération n'a plus aucun fondement transcendant, et qu'elle prétend au contraire se substituer à toute transcendance. Avec la Révolution française, le religieux n'est pas seulement séparé du politique ; il s'opère un transfert de fonction de l'un à l'autre. L'Église avait mis sa main dans celle de la monarchie, et elle en paye le prix. Mais plus profondément, au-delà de ce qui arrive aux institutions, la Révolution délivre l'action des hommes de toute subordination et lui donne souveraineté entière sur les fins dernières de l'histoire : l'investissement politique révolutionnaire envahit par là le domaine du religieux, en substituant son offre terrestre à celle de Dieu. Inversement, la tradition catholique constitue le môle de la Contre-

Révolution. C'est cette radicalité philosophique qui est le caractère le plus profond de la Révolution française, son trait distinctif par rapport aux Révolutions anglaise et américaine.

Au milieu du XVIIe siècle, la Révolution anglaise a arraché l'histoire nationale à la corruption monarchique, mais c'est au nom de l'Écriture sainte et des libertés saxonnes; finalement, en 1688, la substitution d'une nouvelle dynastie à l'ancienne fonde un régime durable sur une religion et une tradition retrouvées. Un siècle après, et tout juste avant le tremblement de terre français, la Révolution américaine figure bien le commencement d'une nation, mais l'indépendance est acquise au nom des valeurs inséparablement religieuses et politiques dont les premiers immigrants étaient porteurs, et comme la reprise fidèle de leurs volontés.

Pour comprendre *a contrario* le caractère unique dans l'histoire de la «table rase» française, on peut encore suivre l'inspiration tocquevillienne et repartir de l'événement américain. Considérons par exemple comment les insurgés des Treize Colonies pensent leur propre passé, à partir de deux textes relativement précoces dans l'histoire de la Révolution américaine, puisqu'ils datent de 1765 et de 1776 : *A Dissertation on the Canon and the Feudal Law*, et *The Common Sense*. John Adams et Thomas Paine[1] : les deux noms balisent assez bien la scène politique de l'époque, de la droite à la gauche.

Adams part d'un schéma de l'histoire humaine appris dans la philosophie écossaise : l'homme passe, selon le progrès de ses lumières, d'un état social barbare à la soumission à un pouvoir arbitraire avant de parvenir à un gouvernement où s'épanouit sa liberté. Cette progression, que manifeste par excellence l'histoire anglaise, est conforme à la nature humaine et à la raison, telle que Dieu les a constituées. Ainsi sont unis dans la pensée d'Adams le thème des libertés anglaises et celui d'un modèle providentiel de l'histoire, réconciliation à travers Dieu du particulier et de l'universel. D'entrée de jeu, la version américaine de l'histoire anglaise est plus universaliste que l'original.

En effet, il existe un «ancien régime» anglais. Le mot n'existe pas chez John Adams, mais la chose, oui : elle tient précisément à cette superposition du droit canon et du droit féodal qui a caractérisé l'Angleterre médiévale. Car il a existé beaucoup de systèmes de tyrannie dans l'âge intermédiaire qui sépare la barbarie de la liberté, mais aucun n'a été si funeste que la combinaison de l'oppression spirituelle et temporelle, cléricale et aristocratique ensemble. La première s'est servie du nom de Dieu pour instaurer le pouvoir absolu du clergé romain sur un obscurantisme soigneusement entretenu. La seconde est issue de la domination des guerriers et de leurs chefs sur les populations barbares; elle a produit la dépendance vassalique entre seigneurs, et la servitude du peuple. Cette période noire, qui foule aux pieds à la fois la liberté, les

Lumières et la vertu, ne prend fin qu'avec la Réforme : « De la Réforme au premier établissement américain, les Lumières se sont peu à peu étendues en Europe, spécialement en Angleterre ; et au fur et à mesure de ce progrès, la tyrannie ecclésiastique et civile, c'est-à-dire le droit canon et le droit féodal, semblent avoir perdu leur force et leur poids[2]. » D'où la révolte contre la double tyrannie, sous le règne des « exécrables » Stuarts.

Or, c'est cette révolte, ce combat, qui a peuplé l'Amérique. Les puritains qui ont traversé l'Atlantique, persécutés pour leur amour des Lumières et leur esprit de libre examen, sont venus fonder dans le nouveau monde une société civile et religieuse exactement inverse à celle de la tyrannie cléricale et aristocratique : une société dirigée par les hommes du savoir, fidèle à la fois aux grands législateurs de l'Antiquité et à l'enseignement du Christ, conforme à la raison et à la Révolution tout ensemble. Sur le plan ecclésiastique, ils ont détruit la hiérarchie épiscopale, liquidé les superstitions ridicules dont elle entourait son pouvoir, et fondé ainsi un clergé éclairé, vertueux, indépendant du pouvoir temporel. Sur le plan civil, ils savaient que « le gouvernement est une chose sans mystère, simple et compréhensible, fondée en nature et en raison, à la portée du sens commun[3] ». Ils ont voulu rompre avec la dépendance des individus, telle qu'elle avait existé même dans les démocraties antiques, mais surtout sous le régime féodal ; ils ont instauré le gouvernement des hommes libres, ce qui ne veut pas dire, pour Adams, la république : car le pouvoir d'un roi, comme celui des prêtres, est l'indispensable frein à celui du peuple. Et de même que la fondation des colonies américaines a été le produit d'un progrès des Lumières, de même celle-ci, en retour, a été à l'origine d'un essor extraordinaire de l'éducation du peuple, condition de la préservation des libertés publiques comme de celles des individus.

Quant au conflit avec l'Angleterre, qui forme le contexte du pamphlet d'Adams, il s'explique précisément par la dénivellation politique et culturelle entre l'ancienne mère patrie et les colons américains. L'Angleterre du XVIIe siècle a bien été le théâtre de la grande lutte historique entre l'« ancien régime » et la liberté, mais elle n'a pas su, ou pas pu, aller jusqu'au bout de cette lutte. Sur les ruines du catholicisme, elle a réinstauré une Église hiérarchique, commandée par un archevêque, liée à l'État. À la dynastie Stuart, elle a bien substitué une autre famille régnante, d'abord fidèle au contrat de 1688 ; mais les rois hanovriens font paraître au contraire l'intention de ramener leurs sujets – et d'abord les Américains – à l'esclavage ancien. Pourquoi ? C'est que les systèmes du droit canon et du droit féodal, « bien que largement entamés en Angleterre, ne sont pas pourtant détruits ». Il en reste des traces, et même plus : l'esprit de domination qu'ils manifestaient n'a pas disparu. À preuve, la tentation de Georges III de réintroduire celui-ci en Amérique.

Ainsi, non seulement l'Amérique anglaise n'a pas d'«ancien régime», mais elle doit se battre pour n'en pas être contaminée. Car cette absence est par excellence ce qui la constitue, son identité même. Dans les faits, la Révolution anglaise du XVIIe siècle n'avait eu non plus d'«ancien régime» à la française, puisqu'elle avait été partagée entre l'esprit biblique ou la nostalgie de la Magna Carta. Mais John Adams lui en construit un, pour offrir à l'Amérique le privilège révolutionnaire de la *tabula rasa*. Car l'Amérique est née comme une surenchère sur la liberté anglaise, une pure patrie des droits de l'homme et de la nature humaine fondée sur un territoire vierge, privé de toute tradition antérieure. Elle est le meilleur fragment de la société anglaise transplanté sous d'autres cieux, sur une terre neuve, et purifiée par le voyage, comme l'a bien vu Louis Hartz[4], de toute contamination avec l'esprit ancien : sans passé autre que la passion pour la liberté religieuse et politique. L'Amérique n'a pas d'autre histoire que celle d'une idée. Née en Europe, cette idée n'a trouvé qu'en traversant l'Atlantique la *tabula rasa* où s'épanouir sans adversaires. Elle s'est incarnée en une société nouvelle qui, pour cette raison même, n'est pas une nation à l'européenne, peu à peu formée au hasard des circonstances et des ambitions princières, mais une communauté postérieure à la découverte de la liberté, et qui s'est choisie et recrutée sur ce principe. En 1765, John Adams ne propose à ses compatriotes rien de radicalement neuf. Tout juste, contre la tyrannie anglaise, le redoublement du choix originel des Américains.

L'«ancien régime» anglais de John Adams est fait de la féodalité et de l'Église catholique. De ce duo, Thomas Paine fait un trio, en y joignant la monarchie. C'est sur l'ensemble de la Constitution anglaise qu'il porte condamnation : non que celle-ci ait été néfaste de toute éternité – Thomas Paine pense, comme Sieyès, qu'elle a été bonne par rapport à l'époque de ténèbres où elle a été élaborée –, mais parce qu'elle comporte des éléments oppressifs, comme un roi héréditaire et une Chambre aristocratique, tous deux contradictoires avec l'égalité des hommes (au même titre que la hiérarchie sacerdotale). La composante républicaine que représente la Chambre des communes n'est jamais assez forte pour pallier les vices d'un système trop compliqué.

Thomas Paine n'attaque donc pas le régime anglais comme potentiellement corrupteur, par l'influence qu'offre encore celui-ci aux principes qu'il a vaincus, mais non complètement liquidés, entre la Réforme et la «glorieuse révolution». Il le condamne en bloc comme incompatible avec les droits de l'humanité. Ce trait l'éloigne de John Adams et le rapproche en un sens de la Révolution française, puisqu'il coupe – ou veut couper – radicalement la Révolution américaine de l'héritage des «libertés anglaises», et constitue justement la révolte des colons en révolution, c'est-à-dire en époque nouvelle de l'histoire du monde. Thomas Paine pousse l'idée de rupture jusqu'à nier la filiation anglo-américaine, et à écrire que «l'Europe, et non l'Angleterre, est la mère patrie de l'Amérique». Il veut dire par là que l'Angleterre n'est pas meilleure que l'Europe, puisqu'elle a exporté en Amérique, elle aussi, tout comme l'Europe, ses persécutés de la liberté civile et religieuse.

Mais si la nouveauté révolutionnaire de l'Amérique n'a pas de précédent, aucun ancêtre, l'obstacle qu'elle a à vaincre n'est pas, comme en France, à l'intérieur d'elle-même, lovée en son sanctuaire le plus intime pour en combattre la réalisation. L'Angleterre est un pouvoir étranger au sens le plus fort du terme : étranger parce que lointain, étranger parce que d'une autre nature, étranger parce que hostile. Il n'est que de s'en séparer pour donner ses chances au projet américain. Ainsi le pamphlet de Paine débouche-t-il sur la même conclusion que le traité de John Adams : la guerre de 1776 n'est qu'un redoublement de l'acte de fondation des colonies, une conséquence naturelle de l'émigration hors d'Europe, une réaffirmation solennelle de la rupture. Le transfert spatial du XVIIe siècle et l'indépendance de la fin du XVIIIe sont des événements jumeaux, et le second n'a plus de ce fait d'«ancien régime» à liquider, mais seulement une puissance étrangère à vaincre.

Par rapport à la France de 1789, l'Amérique possède donc cette chance de pouvoir associer sans peine le radicalisme de la *tabula rasa* avec les circonstances de son histoire. Dès l'origine, elle a laissé derrière elle, en dehors d'elle, en Angleterre, ce fantôme de l'«ancien régime» qui hante toute la culture révolutionnaire et toute la politique française depuis deux cents ans. Elle peut être tout entière tournée vers l'avenir, sans avoir à opérer de règlement de compte avec son passé. Elle ignore l'angoisse et les conflits inséparables d'une histoire coupée en deux, tout en bénéficiant des avantages révolutionnaires que lui vaut son acte de naissance.

Il n'y a pas, en effet, dans le cas américain, de contradiction entre l'existence d'un passé et la volonté de recommencer la société sur des bases absolument neuves. La «révolution» de 1776 redouble celle de Mayflower. L'histoire américaine et la table rase, loin d'être incompatibles, sont une seule et même chose, puisque l'histoire américaine, dont les origines sont encore, à la fin du XVIIIe siècle, dans toutes les mémoires, a comme origine repérable une séparation spatiale d'avec la mère patrie et la fondation d'une société nouvelle sur un territoire vierge (ou supposé tel). L'aventure historique concrète des Américains, et elle seule, à l'exclusion d'aucune autre, remplit ainsi les conditions abstraites de la philosophie démocratique : l'institution du social par la volonté libre des contractants. Du coup, la table rase américaine n'est pas, comme la française, une abstraction ; c'est au contraire son historicité même, le cœur de son identité, ce qui distingue l'Amérique de l'Europe comme société et comme nation.

Il arrive aux intellectuels européens de ne voir dans ce caractère paradoxal des États-Unis que le produit de la brièveté de leur histoire : les Américains manqueraient de sens historique parce qu'ils ont une histoire récente. En réalité, la question n'est pas là. Car des histoires «récentes» peuvent être très lourdes à porter, et incliner les esprits et les peuples à la rumination du passé : il suffit par exemple de penser à l'obsession de la Révolution française dans la France du XIXe siècle. Le trait unique de l'expérience américaine, c'est qu'elle a comme code génétique, pour ainsi parler, une vraie *tabula rasa*, un vrai recommencement social, expérience unique dans l'histoire, succès presque miraculeux de la négativité. L'obsession américaine n'est pas le passé, mais la «frontière», c'est-à-dire le futur.

De là vient aussi que l'Amérique offre une histoire exceptionnellement ajustée à la fondation conventionnelle d'une société, à travers un contrat librement consenti et garanti par le droit. En France, une fondation de ce type, voulue par les hommes de 1789 aussi ardemment que par leurs prédécesseurs américains de 1776 ou de 1787, s'est heurtée au formidable poids du passé national. Au contraire, les colons américains n'ont eu d'histoire que par le contrat volontaire passé entre eux et celui qui les a liés à la monarchie anglaise, avant que celle-ci le rompe. En s'émancipant d'un roi qui a trahi leur confiance, ils retrouvent les conditions primitives de leur association : il n'est que d'en formaliser les termes. Ce sera le but de la Constitution.

Dans la France de 1789, comme dans les colonies américaines, l'idée d'instituer la société *ab novo* est également au centre de ce qui va s'intituler très vite, dès l'automne, la Révolution. Le caractère le plus spectaculaire de l'événement, celui qui a le plus frappé les contemporains, est en effet l'ambition de s'élever au-dessus des modalités de son apparition, de s'abstraire d'elles, pour atteindre à l'universel. Les hommes de 1789 veulent émanciper non plus les Français mais l'homme en général. Il y a dans leur tentative quelque chose qui s'apparente à la récusation chez Descartes de tout ce qui a été pensé avant lui : une négation de ce qui les a précédés dans l'histoire de France, tout marqué d'irrationnel et de particulier. L'idée que la société est à reprendre de fond en comble, littéralement à reconstruire, est d'ailleurs si liée au rationalisme philosophique français qu'elle est antérieure à la Révolution française. On la trouve dans l'administration royale avant qu'elle soit en 1789 l'arme de ses ennemis : par exemple, chez les physiocrates, et dans l'expérience de ce qu'on appelle le ministère Turgot (1774-1776)[5].

Par rapport à l'Amérique, l'idée française de *tabula rasa* présente donc ce premier trait distinctif d'être une vue philosophique au lieu d'une expérience. Les colons américains avaient inventé de toutes pièces une société, qui n'avait eu d'existence que par leur arrivée et leur installation. Les révolutionnaires français de 1789 veulent passionnément créer un monde neuf, mais sur les ruines d'une longue histoire qui a façonné leur territoire en vieille nation et leur communauté en monarchie. Leur projet suppose la négation de leur passé, dans ce qu'il a d'irrationnel et de particulier, et la naissance d'un homme régénéré par l'action de la nouvelle puissance publique. Au lieu d'être un redoublement des origines, c'est un arrachement aux malédictions du passé. Au lieu d'un événement à reprendre, conformément à l'esprit qui l'avait caractérisé déjà, toute une histoire à rejeter, pour fonder un esprit neuf. Si les deux révolutions ont en commun le culte de la volonté, au service d'une ambition universaliste, si elles cherchent toutes les deux à inventer une société inédite à partir du libre consentement des contractants, le projet français comporte d'emblée une formidable tension entre les circonstances historiques de sa formation et l'abstraction inséparable de sa nature même.

L'idée d'une rupture radicale avec le passé, au profit d'une reconstruction rationnelle du social, est présente tout de suite dans la Révolution française, avant même qu'elle éclate, dans la fameuse brochure de Sieyès, par exemple, *Qu'est-ce que le tiers-état?*, en janvier 1789. Elle coïncide avec l'effacement rapide de la référence à une ancienne «constitution» coutumière du royaume, encore si fréquente dans les pamphlets de la période 1787-1788; elle s'accompagne de la revendication d'une constitution écrite, complètement neuve, comportant noir sur blanc les règles de la formation et de l'exercice des pouvoirs publics. L'idée de la table rase n'est d'ailleurs pas seulement une idée savante, tirée du rationalisme des Lumières. Elle est aussi bien diffuse un peu partout dans la sensibilité de l'époque. On peut le voir par exemple au nombre de Français qui entreprennent de dater leurs lettres, à partir du printemps 1789, de «l'an premier de la liberté». Rien, à l'époque, ne les y contraint que leur perception des événements en cours, et l'entraînement collectif d'enthousiasme qui les emporte. Ils ébauchent spontanément un calendrier révolutionnaire quatre ans avant la décision de la Convention. Il n'est pas douteux qu'ils ont, de la rupture dans la chaîne du temps, un sentiment beaucoup plus vif encore que les Américains vingt ans auparavant: car c'est leur propre histoire qu'ils ressentent soudain comme séparée d'eux-mêmes, et non pas, comme les Américains de 1776, celle d'une métropole devenue peu à peu aussi lointaine que la géographie l'indique.

Ce sentiment si puissant d'une cassure dans la continuité du temps, qui va donner sa force particulière en France à l'idée d'Ancien Régime, n'est pas séparable du radicalisme rationaliste et volontariste des hommes de 1789. Ce qu'ils entreprennent de faire est de réinstaurer la société, par leur action, sur la raison. À cet égard, comme on l'a souvent noté, leur projet a moins de «prudence», au sens ancien du terme, que celui des pères fondateurs américains, puisqu'il se passe de la référence divine et ignore le pessimisme chrétien sur la nature de l'homme. Mais il se trouve privé, tout aussi bien, de l'ancrage juridique et constitutionnel que constitueraient pour les Américains la Common Law anglaise et l'héritage politique (contestation comprise) du whiggisme. Dans ce qui l'a précédée, la Révolution française ne trouve ni Coke, ni Bolingbroke, ni le goût, moins encore la pratique, du *balance of power*; elle trouve l'absolutisme.

Or, qu'est-ce que l'absolutisme en la matière? Une première subversion de la tradition «constitutionnelle» de la monarchie. Tocqueville est l'inoubliable historien du rapport pathologique qui unit la Révolution française à l'absolutisme. Comme il l'a montré, les deux derniers siècles de ce que la Révolution a appelé l'Ancien Régime sont caractérisés par la destruction de l'intérieur de la société traditionnelle. D'une part, le développement de l'État, la concentration du pouvoir non seulement politique mais administratif en un seul lieu ont privé de sens la hiérarchie féodale et dépossédé ses autorités. De l'autre, cette dépossession de la société par l'État s'accompagne d'un remodelage constant des statuts et des rangs hérités de la féodalité: l'État monarchique, par exemple, vend au plus offrant l'accès à la noblesse, qui n'est plus définie qu'en termes de privilèges. La croissance de la machine fiscale et administrative s'effectue au prix de la «castification» de la société en corps à la fois méticuleusement séparés les uns des autres et étrangers par nature à l'intérêt public.

Mais la monarchie absolue, pour occuper tout l'espace de l'autorité publique, doit obtenir de ses sujets une égale obéissance: c'est la condition de l'uniformité de ses lois. Son action tend donc à niveler la société, au moment même où elle s'ingénie, pour des raisons financières, à multiplier contre argent comptant les moindres différences de statut (qui, privées de contenu réel en termes de pouvoir, ont d'autant plus de valeur symbolique, en termes d'amour propre). Elle recrée sans cesse l'égalité et l'inégalité, et fortifie chacune des deux passions par ce qu'elle donne à l'autre. L'État absolutiste selon Tocqueville a déshonoré l'aristocratie sans ouvrir d'espace à la démocratie. Ainsi s'explique ce que Burke n'a pas compris: que l'ancienne monarchie n'a rien à léguer à la Révolution, rien sinon la négation pure de ce qu'elle a été. La table rase de 1789 est née de ce paradoxe: le refus passionné de l'histoire qu'ont manifesté les révolutionnaires français est le produit de leur histoire[6]. On peut d'ailleurs imaginer d'enrichir l'analyse de Tocqueville en la reprenant sous un autre angle, plus proche du symbolique que du sociologique. La monarchie s'est développée comme un pouvoir d'incarnation de la nation, tête d'un corps politique conçu à la fois comme immémorial, constitutif de l'être-ensemble, et représenté par le roi de France au vieux sens du mot «représenté», c'est-à-dire reproduit à l'identique. Or, c'est cet ensemble qui forme le fond de ce que la Révolution française baptise en quelques mois l'«Ancien Régime», et qu'elle brise irrévocablement dans le même intervalle de temps, entre mai et septembre 1789[7] : d'une part en liquidant le monde organiciste des corps, transformé en une nuit en société d'individus libres, d'autre part en séparant la nation du roi, devenu simplement son délégué. Ce sont les députés, les «représentants», comme le mot l'indique assez, qui ont à «incarner» la nation, mais à partir d'une société constituée désormais d'atomes doués d'autonomie. Exercice de toute façon difficile – d'autant plus qu'il est à l'époque tout neuf – mais en l'occurrence presque impossible à réussir, puisqu'il s'agit de mettre ensemble l'individualisme radical de 1789 et la conception non moins radicalement unitaire de la nation.

Cette difficulté illustre les ambiguïtés et les impasses où la négation du passé – aristocratie et monarchie mêlées – conduit les hommes de 1789. Plaçons-nous par exemple au moment du premier grand débat constitutionnel, fin août-début septembre 1789, au moment où les députés organisent la dévolution au peuple de la souveraineté absolue du roi – dévolution inscrite depuis le jour du 17 juin où l'assemblée du tiers état s'était rebaptisée tout simplement «Assemblée nationale», accomplissant là le premier acte, et le plus fondamental, de la Révolution. Dans ce débat capital, la partie droite du camp révolutionnaire, les premiers modérés de la Révolution, plaident la thèse d'une cosouveraineté à l'anglaise entre le roi et un Parlement composé de deux Chambres. Mais cette idée d'unir le passé national à la Révolution par un partage entre la vieille monarchie et la nouvelle représentation nationale se heurte à une double impossibilité : les «Monarchiens» font appel à une tradition, à une monarchie, qui n'existe pas, ou qui n'existe plus, si elle a jamais eu un commencement d'existence dans le passé français. Et la tentative de la «restaurer», accompagnée d'une deuxième Chambre qui ferait renaître le fantôme d'un pouvoir de l'aristocratie, après deux siècles d'absolutisme, est frappée d'irréalité supplémentaire par la condamnation radicale du principe «féodal» qui a survécu à la monarchie absolue après l'avoir précédée.

En ce sens, la partie radicale du camp révolutionnaire est sans le savoir plus traditionaliste que sa partie modérée : elle s'approprie la souveraineté produite par le travail de l'absolutisme, alors que les Monarchiens cherchent à la réinventer sous une forme que celle-ci n'a jamais eue. Elle livre à l'Assemblée constituante le pouvoir souverain de reconstruire le corps politique. Mais l'affirmation péremptoire de la discontinuité chronologique qui donne son nouveau sens au mot «révolution» est inséparable d'une reprise en compte, par le parti patriote, d'une conception de la souveraineté politique qui doit ses caractères à l'absolutisme : le peuple y a pris la place du roi, mais c'est la même place ; la démocratie pure s'est substituée à la monarchie absolue. Comme rien n'était laissé dans l'ancien pouvoir souverain à ce qui n'était pas le monarque, rien n'est consenti dans le nouveau à ce qui n'est pas le peuple, ou censé le représenter. Il y a ainsi dans l'idée d'«ancien régime», qui se forme très exactement en août-septembre 1789, un renversement symbolique et pratique du trône, masqué dans le réemploi du roi comme premier fonctionnaire du peuple, et pourtant proclamé comme tel par la grande majorité des constituants.

Ainsi la négation radicale de l'Ancien Régime montre-t-elle très tôt dans l'histoire de la Révolution française son extraordinaire puissance sur les esprits, en même temps que les héritages qu'elle masque. En rejetant la tyrannie des rois hanovriens, et même en dénonçant la monarchie dans son principe, les colons américains n'avaient eu aucune peine à rester fidèles aux libertés anglaises : même Thomas Paine y doit l'essentiel de ses conceptions politiques. Au contraire, c'est malgré eux et à leur insu, qu'en voulant oublier ou effacer les siècles précédents les Français de 1789 ne cessent d'en exhumer les contraintes, sous des formes nouvelles. Ils décident de faire table rase du passé alors qu'ils ne le peuvent. Ils sont les moins bien placés des hommes pour procéder à une fondation purement conventionnelle de la nouvelle société, en oubliant la substance de leur histoire. Ils liquident la société aristocratique le 4 août, mais cette liquidation même les conduit à réaffirmer avec d'autant plus d'intensité l'unité de la nouvelle souveraineté. De fait, le spectre de l'Ancien Régime ne cessera de hanter le cours de la Révolution, et de le pousser en avant. La monarchie survivante va le hanter comme son fantôme, qu'elle finira par exorciser le 10 août 1792, avant de guillotiner le roi. C'est alors, et alors seulement, que la Convention décide de commencer l'an I, en rejetant à l'Ancien Régime les quatre premières années de la Révolution. Comme si le passé national n'en finissait pas de contaminer le grand recommencement national.

Pour le comprendre, on peut commenter, exemple entre mille de la même farine et du même mois, une circulaire de Roland, ministre de l'Intérieur, adressée aux municipalités, et datée du 19 août 1792[8] ; il s'agit pour le ministre, à peine plus d'une semaine après la prise des Tuileries et la chute de la monarchie, d'expliquer aux autorités locales le sens de ce qui s'est passé à Paris : rien moins qu'une nouvelle révolution, rejetant au passé corrompu les années qui ont suivi 1789. Certes, concède Roland, « le despotisme fut détruit en 1789 ». Mais « 1792 sera l'époque du règne de l'*égalité* ». Si l'insurrection populaire du 10 août a été nécessaire, c'est que « nous étions généralement très corrompus, et la révolution, faite par les Lumières, avait à combattre les mœurs ». Ainsi les néfastes habitudes héritées de l'Ancien Régime avaient-elles compromis jusqu'à l'établissement du nouveau, par l'instauration de l'égalité citoyenne. Mais bizarrement ce thème de l'inertie des mœurs, appelé à un si vaste avenir, ne compromet pas la portée de la réaffirmation révolutionnaire du 10 août : « La révolution vient de s'achever, hâtons-nous d'assurer ses bienfaisants effets. Nos représentants ont juré la liberté, l'égalité, elles ne doivent plus être séparées désormais... » Pendant quelques semaines encore, *Le Moniteur* et les textes administratifs seront datés de «l'an quatrième de la liberté»; puis, brève transition, «de l'an quatrième de la liberté et de l'an premier de l'égalité»; avant de ne comporter, quand la Convention s'est réunie, à partir du 25 septembre, que «l'an premier de la République française».

À l'inverse de l'exemple américain, qui possède un texte fondateur durable, arche de la nouvelle nation. La Révolution française a plusieurs «an I» comme elle a plusieurs constitutions. Faite de commencements et de recommencements, œuvre indéfiniment achevée et reprise, elle offre à ceux qui la suivent l'idée d'une tradition fondée *ex nihilo*, et celle d'une bataille sans fin contre un passé sans cesse renaissant: l'Ancien Régime est ce qu'il lui faut encore et toujours vaincre pour réaliser ses promesses. Sans cesse tapi au sein de ce que les hommes de 1789 ont voulu inventer, malédiction cachée à ceux-là même qui veulent l'abolir, il résiste aux annonciations des temps nouveaux. Le paradoxe français est que le rejet solennel du passé est inséparable de l'obsession historique. Ce rejet n'affiche pas seulement la tendance de la démocratie moderne à construire l'avenir sur la volonté des hommes. Il trahit aussi l'incapacité de la révolution à jamais accomplir son dessein.

De là vient, dans la Révolution française, le fantôme constant du passé dans le présent, et la hantise de toucher à un port qui n'est jamais atteint. On n'en finirait pas d'énumérer les moments et les hommes qui ont eu pour thème ou pour ambition principale le projet d'arrêter la Révolution. Mounier, dès juillet 1789, puis Mirabeau, La Fayette, Barnave, les Girondins, Danton, Robespierre, chacun d'ailleurs à son profit, jusqu'à ce que Bonaparte y parvienne pour un temps mais, justement, seulement pour un temps (et en étendant à tout l'espace européen la dérive révolutionnaire): sans capacité réellement fondatrice du social. La succession même de ces tentatives dans un temps si extraordinairement court en souligne le caractère étroitement instrumental, et la vanité philosophique. Même la fête de l'Être suprême (juin 1794), qui est probablement l'effort le plus pathétique fait par la Révolution française pour dépasser l'éphémère et l'immanent, ne parvient pas un instant à apparaître comme autre chose qu'une tentative de manipulation de la part d'un pouvoir provisoire. L'ambition constitutive de la Révolution française, qui est de l'ordre du fondamental, ne cesse d'être le terrain des manœuvres et des soupçons, sans jamais parvenir à exister indépendamment d'eux, au-dessus d'eux, comme si la Révolution en tant qu'histoire ne pouvait dépasser sa propre contradiction interne, qui est d'être à la fois politique et le fondement de la politique.

En effet, la Révolution française ne cesse jamais d'être une succession d'événements et de régimes, une cascade de luttes pour le pouvoir: pour que le pouvoir soit au peuple, principe unique et incontesté, mais incarné dans des hommes et des équipes qui s'en approprient successivement la légitimité insaisissable et pourtant indestructible, sans cesse reconstruite après qu'elle a été détruite. Au lieu de fixer le temps, la Révolution française l'accélère et le morcelle. C'est qu'elle ne parvient jamais à créer d'institutions. Elle est un principe et une politique, une idée de la souveraineté autour de laquelle s'engendrent des conflits sans règles : rien entre l'idée et les luttes pour le pouvoir, ce qui est la meilleure formule de dérive historique. Pas de point de repère dans le passé, pas d'institutions dans le présent, tout juste un avenir incessamment possible et toujours reculé. La Révolution française oscille sans arrêt entre ce qui la fixe et ce qui la jette en avant. Elle légifère pour l'éternité et elle est étroitement soumise aux circonstances. C'est la Déclaration des droits de l'homme, mais aussi les journées de juillet et d'octobre 1789. C'est la monarchie constitutionnelle de 1790-1791, mais aussi le schisme dans l'Église, la résistance du roi, Varennes. C'est la République de septembre 1792, l'an I, la Constitution de 1793, mais aussi la dictature de fait et la Terreur. En sorte que sa vérité finit par être dite en 1793, dans la formule que le gouvernement de la Révolution est tout simplement «révolutionnaire». Tautologie qui exprime parfaitement bien l'incompatibilité entre l'idée révolutionnaire française et l'existence d'institutions fixes ou durables. Ce qui est fixe, ou durable, dans la Révolution, c'est son principe même, et l'ensemble des croyances et des passions collectives qui s'y rapportent : d'où l'élasticité indéfinie des enchères pour le pouvoir dans la politique qu'elle inaugure, et les tentatives pour y mettre un terme, toutes vaines, et toutes recommencées.

Le caractère de la Révolution française est donc d'arracher la France à son passé, condamné en bloc, et de l'identifier à un principe nouveau, sans pouvoir jamais enraciner ce principe dans des institutions. De là une double série d'antagonismes dont les Français vont entretenir soigneusement la mémoire : d'une part, autour du couple Révolution-Contre-Révolution, une opposition fondamentale, destinée à revêtir le sens d'une querelle religieuse autour de deux conceptions de l'histoire et du monde. Les Français du XIXe siècle sont ce peuple qui ne peut chérir ensemble ce que 1789 a séparé ; qui, s'il aime la Révolution, déteste l'Ancien Régime, et s'il aime l'Ancien Régime, déteste la Révolution. Mais à côté de ce clivage fondamental, par rapport auquel vont se définir la droite et la gauche, les combats qui se sont noués entre 1789 et l'Empire laissent une deuxième traînée de conflits, autour des hommes et des idées de la Révolution elle-même. Au lieu d'une solidarité d'hommage à une origine commune, la tradition révolutionnaire est faite de fidélités à des héritages non seulement divers mais contradictoires : la gauche est unie contre la droite, mais elle n'a rien d'autre en commun. Les hommes de 1789, ceux de 1793, et ceux du 18 Brumaire ont pu parcourir parfois la même carrière au

L'Ancien Régime et la Révolution

nom de la lutte contre le même adversaire. Mais ils lèguent à leurs successeurs des souvenirs et des idées qui, faute de l'excuse du salut public, s'avèrent incompatibles.

Toute l'histoire du siècle qui va de la Révolution française à la IIIe République témoigne de cette réalité. Il n'y a pas d'historien ou d'homme politique du XIXe siècle qui n'ait eu comme référence initiale, pour expliquer son temps, non seulement la Révolution française en elle-même, mais surtout le fait que celle-ci continuait à y répéter ses événements incontrôlables, autour d'une division des Français dont elle détenait les secrets. L'histoire de cette époque peut ainsi être structurée autour de deux cycles chronologiques[6]. Le premier va de 1789 à 1799 (ou à 1804, si l'on veut inclure la création de l'Empire) et constitue le répertoire des formes politiques inventées par la Révolution pour institutionnaliser la nouvelle souveraineté publique : c'est cette invention torrentielle qui est d'ailleurs sa marque par excellence.

Et un second cycle répétitif, par lequel les Français refont et par conséquent cristallisent sur de plus longues durées les mêmes formes politiques, renaissantes des mêmes révolutions : deux monarchies constitutionnelles après celle de 1789-1792, deux insurrections parisiennes victorieuses (juillet 1830, février 1848) et deux brisées (juin 1848, mars 1871), une IIe République sur l'exemple de la première, et même un deuxième Bonaparte, alors que le premier était passé pour un homme unique dans l'histoire, cette suite de répétitions n'a pas de précédent ; elle fait apparaître l'extraordinaire pouvoir de contrainte de la Révolution française sur la politique française du XIXe siècle. D'ailleurs, au milieu du siècle, le régime le plus marqué par le mimétisme révolutionnaire, la IIe République, reproduit à lui tout seul le grand cycle des dix dernières années du XVIIIe siècle, à cela près qu'il démarre avec la République et que sa phase jacobine est mort-née (les journées de Juin) ; mais tous les acteurs y sont, adossés aux grands ancêtres : la farce après la tragédie, disait Marx, la clôture de la pièce par un deuxième Bonaparte, le dernier facteur, exhibe comme une provocation le titre de propriété de la tradition révolutionnaire sur la politique française. Ce qui avait pu passer, dans la deuxième année du XIXe siècle, pour la rencontre aléatoire d'une conjoncture exceptionnelle et d'un homme incomparable, apparaît un demi-siècle après comme l'évolution fatale de la République révolutionnaire. La médiocrité du bénéficiaire révèle le jeu d'un déterminisme indépendant des hommes : Tocqueville, et Quinet, feront de cette évidence mystérieuse l'objet de leur recherche.

Il y a pourtant entre les deux grands cycles de la Révolution française, celui du XVIIIe siècle et celui du XIXe siècle, une différence essentielle. Le premier s'opère dans l'absence de structures administratives stables et fortes, puisque celles-ci ont disparu en 1787, avec la dernière grande réforme administrative de la monarchie. C'est ce qui explique sans doute pour une large part l'extraordinaire fluidité de la politique révolutionnaire, qui n'a jamais de point d'appui étatique fort. La Révolution, en 1789, s'est installée dans un espace abandonné par l'ancienne monarchie, espace qu'elle n'a jamais réussi à restructurer de façon durable et systématique, jusqu'au Consulat. Au contraire, le deuxième cycle de la Révolution française, celui du XIXe siècle, se déroule tout entier dans un cadre administratif fort et stable : celui de la centralisation napoléonienne, qui ne bouge pas tout au long du siècle, et qu'aucune révolution ne cherche même à transformer. La vie politique française est caractérisée au XIXe siècle par un consensus profond sur les structures de l'État, et par un conflit permanent sur les formes du même État.

Consensus sur le premier point, puisqu'il s'agit à la fois d'une tradition monarchique et d'un legs révolutionnaire. C'est la démonstration inoubliable de Tocqueville : il y a un Ancien Régime français que la Révolution n'a pas réussi à déraciner, en dépit de ses ambitions, et auquel elle a fini, elle aussi, par s'identifier. Mais, à la mémoire vivante des Français, elle n'a légué au contraire que des incertitudes de légitimité et des fidélités conflictuelles. Et c'est justement parce que la crise française est une crise de légitimité plus que de substance que sa solution est si difficile : le consensus sur l'État administratif rend les révolutions techniquement faciles, et le conflit sur la forme de l'État les rend inévitables. En outre, le consensus est ignoré y compris par les acteurs de la politique ; le conflit est ressassé, y compris par les plus indifférents à la politique. C'est qu'il se nourrit non seulement au souvenir de la Révolution, mais aussi à la croyance que celle-ci a léguée aux Français, à tous les Français, droite et gauche ensemble : à savoir, que le pouvoir politique détient les clés du changement de la société. Cette double réalité explique le paradoxe, si souvent noté, d'un peuple à la fois conservateur et révolutionnaire. À travers la Révolution française, les Français aiment une tradition bien plus ancienne qu'elle, puisque c'est celle de la royauté ; ils y investissent d'autant plus facilement l'égalité que l'État administratif de la monarchie en a préparé les voies depuis des siècles. Mais par la Révolution, aussi, ils sont ce peuple qui ne peut aimer ensemble les deux parties de son histoire et qui ne cesse, depuis 1789, d'être obsédé par la réinstitution du social. Impuissant à fixer une légitimité nouvelle, puisque celle de droit est un passé, dans le réassemblage permanent des fragments de son histoire récente, qui lui offre des matériaux contradictoires.

Depuis deux cents ans, l'exemple classique de ce redoublement de l'affrontement politique à l'intérieur de la tradition révolutionnaire est celui qui met aux prises 1789 et 1793, « quatre-vingt-neuvistes » et « quatre-vingt-treizistes ». D'un côté, il s'agit de fixer 1789, d'enraciner les nouveaux principes dans des institutions stables : bref, et toujours, de finir la Révolution. C'est déjà le but de

L'Ancien Régime et la Révolution

Constant en 1797. C'est celui de Guizot et de Thiers, une génération plus tard ; et de Gambetta et Jules Ferry, à la fin du siècle. De l'autre, il s'agit au contraire de nier et de dépasser 1789 au nom de 1793, de récuser 1789 comme fondation et de célébrer 1793 comme une anticipation dont il reste encore à réaliser la promesse. En ce sens, la Révolution française fournit deux références exemplaires à l'alternative qu'elle ne cesse d'offrir à ceux qui s'en réclament. Il faut ou bien la finir, ou bien la continuer, signe que dans les deux cas elle est toujours ouverte. Pour la finir, le seul point d'arrêt disponible est 1789, date de la citoyenneté politique et de l'égalité civile, parce que c'est le point du consensus national. Reste à trouver un gouvernement définitif à cette société nouvelle. Mais à ceux qui veulent la continuer, la Révolution offre aussi un point de départ, pour peu qu'on accepte de considérer 1793 non plus comme une dictature provisoire de détresse, mais comme une tentative avortée d'aller au-delà de l'individualisme bourgeois, et de refaire une vraie communauté sur le dépassement des principes de 1789.

En effet, la Révolution française présente à l'observateur ce caractère extraordinaire de concrétiser dans la suite de ses événements et de ses périodes la critique théorique du libéralisme imaginée trente ans auparavant par Rousseau. Elle fait descendre dans l'histoire réelle le problème philosophique par excellence du XVIIIe siècle : qu'est-ce qu'une société, si nous sommes des individus ? De cette impasse, la philosophie libérale classique – «à l'anglaise» – se tirait par une pétition de principe sur le caractère social de l'individu naturel : c'est le secret de l'ordre final qui naît du jeu des passions ou des intérêts. Mais toute l'œuvre politique de Rousseau, presque un siècle avant Marx, est une critique de cette pétition de principe : pour passer de l'homme naturel à l'homme social, il faut «instituer» la société par dénaturation de l'individu naturel, effacer l'individu des intérêts et des passions égoïstes au profit du citoyen abstrait, seul acteur convenable du Contrat social. Il est facile de comprendre comment ce schème conceptuel peut servir de cadre de référence à 1793 par rapport à 1789, aussitôt qu'on cesse de lier 1793 uniquement à une conjoncture exceptionnelle. D'ailleurs, les Jacobins eux-mêmes avaient montré l'exemple, en isolant Rousseau du reste des philosophes du siècle, comme le seul penseur de l'égalité et de la citoyenneté. Pour installer 1793 en référence centrale de la Révolution, dépassement-négation de l'individualisme libéral de 1789, les hommes du XIXe siècle n'ont pas grand chemin à faire : tout juste relire Robespierre, et Rousseau d'après Robespierre. En remontant de la Révolution à la philosophie, ils peuvent tout interpréter à travers l'affrontement de deux principes contradictoires et successifs dans la Révolution.

Finir ou continuer la Révolution. Très tôt, dans le XIXe siècle, ces deux objectifs, ces deux représentations, engendrent deux histoires de la Révolution française admirablement opposées et complémentaires. C'est autour des années 1830 et de la révolution de Juillet que s'opère la cristallisation.

Car la génération libérale des années 1820 est exemplaire, parce qu'elle médite et même écrit l'histoire de la Révolution française avant de passer aux travaux pratiques avec Juillet 1830. Thiers, Mignet, Guizot inventent le déterminisme historique, la lutte des classes comme moteur de ce déterminisme, 1789 et la victoire de ce qu'ils appellent la classe moyenne en guise de couronnement de cette dialectique historique. 1793 n'est qu'un épisode passager, et d'ailleurs déplorable, de cette histoire de la bourgeoisie, épisode imputable à des circonstances exceptionnelles, et dont il s'agit d'éviter le retour : le «gouvernement de la multitude», pour reprendre le vocabulaire de Mignet, ne fait pas partie de l'inévitable. L'essentiel, en effet, le sens de l'histoire, reste le passage de l'aristocratie à la démocratie, de la monarchie absolue à des institutions libres. La France offre de ce point de vue une des deux histoires constitutives de l'identité européenne, c'est-à-dire de la civilisation, avec l'histoire anglaise. Elle possède sur celle-ci la supériorité que la victoire de la démocratie y est plus nette, mais aussi ce handicap que les institutions libres y sont plus longues à venir.

La référence anglaise exprime une parenté profonde de valeurs et de conceptions, particulièrement évidente chez Guizot[10] : conception comparable de l'individualisme libéral, fondé sur les intérêts et la propriété, méfiance identique de la démocratie politique, désir d'emprunter aux Anglais l'exemple d'un gouvernement libre prenant appui sur l'histoire et sur des élites possédantes, la tradition anglaise offre à cette génération de Français libéraux bien des éléments de leur philosophie et de leurs convictions. Mais elle leur présente également, au XVIIe siècle, le modèle d'une révolution maîtrisée : 1688 après 1648. Celui d'un peuple qui, comme les Français, a exécuté son roi, connu la surenchère égalitaire, la dictature d'un homme, enfin le retour de l'«ancien régime», et qui pourtant a su trouver, après quarante ans, la voie médiane d'une révolution conservatrice, fondatrice du régime parlementaire modéré. Terminer la Révolution est aussi une stratégie à l'anglaise.

1830 est à cet égard une date, un point tournant, Guizot, Thiers et leurs amis sont à pied d'œuvre. Les Trois Glorieuses doivent fonder un nouveau 1789, mais l'avènement d'un Orléans doit éviter un nouveau 1793. Le quatre-vingt-neuvisme intellectuel des historiens libéraux de la Restauration n'était pas radical, puisqu'il faisait sa place, à titre de nécessité secondaire, et déplorable, à la dictature de l'an II. Mais leur quatre-vingt-neuvisme politique, lui, l'est. Il s'agit d'éviter à tout prix le renouvellement de 1793, en arrêtant la Révolution à son stade initial par le recours à Louis-Philippe. Bref, de refaire un 1789 amélioré, sur le modèle du 1688 anglais, en osant ce devant quoi les hommes de 1789 avaient reculé : changer la famille régnante, mettre un

L'Ancien Régime et la Révolution

Orléans sur le trône, fonder une royauté de la Révolution. Stratégie politique apparemment couronnée de succès sur le terrain, puisqu'elle instaure la monarchie de Juillet, mais qui recouvre pourtant, en profondeur, l'inconsistance de l'interprétation libérale de 1793 chez les hommes de 1830.

D'abord dans l'ordre des idées. Si, pour éviter la dictature terroriste, il n'est que de changer la dynastie, c'est donc dans le conflit avec Louis XVI que s'enracine la surenchère révolutionnaire, et non pas dans les «circonstances». Mais cette idée même ne résiste pas à l'ordre des réalités. Car l'avènement de Louis-Philippe, comme on peut le voir dans les événements qui suivent, ne supprime pas cette surenchère. Il est suivi par quatre années de batailles très dures entre le nouveau pouvoir et la rue républicaine et populaire, frustrée de «sa» révolution. Ces batailles, finalement gagnées par les hommes de Juillet, peuvent bien témoigner, en un sens, en faveur du réalisme politique des hommes de Juillet; leur 1789 réussi n'a ouvert la voie qu'à un 1793 avorté. Mais dans l'ordre de l'analyse intellectuelle, il reste que ce nouveau 1789 «canonique» n'a pas du tout empêché la résurrection conjointe du jacobinisme de rue. Il fournit au contraire la preuve que son roi d'Ancien Régime, sans aristocrates, sans guerre extérieure ou civile, sans «circonstances» pour tout dire, ce jacobinisme sort de la révolution de Juillet comme la rivière de sa source. S'il peut exister un quatre-vingt-neuvisme radical en politique, il ne peut y en avoir en histoire: il y a du 1793 dans tout 1789. C'est cette vérité incontournable que l'écrasement des barricades de la rue Transnonain veut exorciser, mais comment le pourrait-il? La bourgeoisie de Juillet a refait dans la rue le travail de la mémoire: l'expérience que la révolution est une dynamique incontrôlable, au moins pour un temps. Par rapport à ses ancêtres de la Grande Révolution, cette bourgeoisie a l'avantage des souvenirs: plus de conscience de classe, plus d'expérience politique, et moins de scrupules humanitaires; mais avec les mêmes incertitudes, elle redécouvre et traite exactement le même problème que Mirabeau, Brissot, Danton ou Robespierre, à savoir: comment arrêter la Révolution.

Or, au même moment, et pour des raisons symétriquement inverses, ce quatre-vingt-neuvisme radical provoque la cristallisation de la croyance contraire, selon laquelle la Révolution ne peut aboutir que si elle reste fidèle à sa propre dynamique, et ne court pas de plus grand risque que celui d'être trahie à mi-chemin. La confiscation des Trois Glorieuses par l'orléanisme crée un affrontement dramatique et décisif à l'intérieur de la tradition révolutionnaire nationale. Affrontement qui se réinvestit comme naturellement autour de la chute de Robespierre et de la signification du 9 Thermidor. En effet, la seule date disponible, pour figurer une première fin prématurée de la Révolution, est bien celle-là. Elle a d'ailleurs été élaborée dès avant 1830 par la tradition babouviste et le livre de Buonarroti, selon lesquels une bour-

LES FRANCE *Divisions politiques*

*Ah! Ah! C'est l'histoire de France depuis le 21 janvier 1793
jusqu'au 20 novembre 1815. Voyons ça! Gravure anonyme de 1815.*

EXPLICATION. *La Révolution n'a commencé réellement que le 21 janvier 1793, époque
de la mort de l'infortuné Louis XVI. Depuis lors, divers gouvernements essayèrent de monter
en haut du* Mât de l'État, *le prix réservé au vainqueur était la paix générale et le bonheur
de la France.*
1er *Mât :* après la mort du roi, malgré la convention établie dès le 21 septembre 1792,
la terreur monta avec furie. Mais frappée le 28 juillet 1795 [sic, lire 1794] par la foudre céleste,
elle tomba sur ce sol qu'elle avait désolé couvert d'ossements humains et disparut
à jamais dans la rivière des larmes ou de sang qui coule dans un site sauvage, où l'on ne voit
d'autre verdure que celle d'un arbre de la Liberté et de quelques soucis. Elle se jette dans
une mer orageuse pleine de gouffres et de brisants. Un ruban noir attache au mât une branche
de cyprès, symbole du deuil qui couvrit la France à cette époque. Au haut du mât, on voit les
emblèmes du Gouvernement révolutionnaire auquel la convention ne survécut que jusqu'au 26
octobre 1795.

L'Ancien Régime et la Révolution

2ᵉ Mât : le Drapeau tricolore de la république française flotte à l'extrémité de ce mât au pied duquel coule rapidement la rivière des Conquêtes qui se jette dans une mer orageuse, le 26 octobre 1795. Le Directoire exécutif commence à y monter, la couronne de chênes et de lauriers attachée au mât est l'emblème des victoires remportées sous ce Gouvernement qui s'affaiblit et tombe le 18 brumaire an VIII (9 novembre 1799), un Gouvernement provisoire le remplace jusqu'à l'établissement du Consulat, le pays environnant le mât est moins sauvage, on y voit de nombreux camps.

3ᵉ Mât : le 13 décembre 1799, le Gouvernement consulaire est institué et commence à monter, le 18 mai 1804, il cède la place au Gouvernement impérial qui monte avec vigueur. Le 11 mai 1810, il prend de nouvelles forces par l'alliance qu'il contracte avec l'Autriche, une rose *que l'on aperçoit entre des lauriers en est le symbole. Près de là s'élève le chêne des guerriers et un olivier, emblème de la paix de Lunéville, d'Amiens, de 1805 et 1807. Le 20 mars 1812 éclôt un bouton* près de la rose autrichienne, le Gouvernement impérial allait saisir le prix mais, engourdi par le vent de Moscou qui souffle le froid à 18 degrés, il est obligé de descendre (cette catastrophe ne flétrit pas les lauriers français. Au contraire, ce froid cruel et ses suites funestes en fait éclore de nouveaux). Le 11 avril 1814, il renonce à l'espoir d'obtenir la paix désirée. Le 4 mai, il passe les écueils qui se trouvent à l'embouchure de la rivière de Gloire qui coulait majestueusement au pied du mât et se retire à l'île d'Elbe. Des camps, des fortifications, des villes embrasées se font remarquer dans les environs. Le mât est surmonté de l'aigle
impériale couronnée et tenant dans ses serres la foudre et l'épée consulaire.

4ᵉ Mât : le 3 mai 1814 paraît le génie de la France chargé des attributs de la religion, de la justice et de l'antique étendard français. Il monte et espère atteindre le but. Malgré les emblèmes honorables dont il s'est chargé et qui gênent sa marche, il allait réussir, déjà les lys fleurissaient, mais la Discorde et la Trahison jettent au pied du mât l'une son serpent l'autre son flambeau incendiaire. La rivière d'Espérance qui coulait près de là se dessèche, la fleur de lys qui paraissait à l'extrémité du mât est entourée de nuages précurseurs d'un orage terrible mais passager. Le 1ᵉʳ mars réapparaît le Gouvernement impérial. Le génie avait assez de cœurs pour le combattre, mais le sang eût coulé et, pour éviter les malheurs qu'il prévoit, il descend le 20 mars mais laisse l'espérance dans les cœurs qui lui sont dévoués. Le pays qui commençait à reprendre sa fertilité se dessèche de nouveau.

5ᵉ Mât : l'aigle qui le surmonte n'est plus couronnée, tous les attributs du pouvoir suprême sont suspendus près du prix. C'est un double but qu'il faut atteindre. Le 1ᵉʳ mars, le chef de l'ancien Gouvernement impérial recommence à monter et paraît ne trouver nul obstacle. De nouveaux lauriers (cependant baignés de larmes) sont attachés au mât par un ruban tricolore, le torrent de cannes roule ses eaux au pied du mât. Sur ses bords, on voit quelques violettes mais *la rose et le bouton* ne paraissent pas. Le but ne lui paraissait plus éloigné. Mal à propos il fait un effort le 17 juin (bataille de Waterloo) qui anéantit ses forces. Obligé de descendre, il veut faire monter son fils à sa place, mais ainsi que lui ce faible enfant ne saurait résister aux vents du nord, du sud, de l'est et de l'ouest, qui soufflent avec violence, la nation ne permet pas cette nouvelle tentative et, le 22 juin 1815, l'athlète vaincu renonce à son projet, descend et se retire à l'île Sainte-Hélène. Le torrent de cannes roule encore cependant quelque temps avec fracas et tombe enfin dans la Loire.

6ᵉ Mât : le 28 juillet 1815, le génie de France se présente de nouveau avec de nouvelles forces. Rien ne s'oppose plus à l'accomplissement de nos désirs et, le 20 novembre 1815, il obtient enfin la Paix générale, Bonheur des Français. Les lys brillent et fleurissent alors avec éclat et majesté. Avec un ruban blanc le génie attache au mât une branche d'olivier, symbole de la paix, le Léthé ou fleuve d'Oubli coule dans une riche campagne couverte de moissons et de vergers, un soleil levant promet de beaux jours, un arc-en-ciel annonce que l'orage est passé. La mer où se jette le fleuve d'oubli est la mer Pacifique, on ne voit pas de lauriers près le dernier mât mais chacun sait que, depuis près de 1 400 ans que la monarchie française existe, les lauriers prospèrent près des lys. Malgré la moisson abondante faite depuis 22 ans, les Français sauraient en cueillir pour l'honneur du trône de Louis XVIII si ce monarque les appelait au champ d'honneur.

geoisie thermidorienne de nantis a renversé ce jour-là le héros d'une république égalitaire et favorable à la cause du peuple. Le régime juste-milieu de 1830, succédant à une insurrection parisienne, figure le deuxième épisode de cette trahison récurrente. Il orne après coup le 9 Thermidor du ressentiment historique de 1830 et de l'interprétation dans laquelle celui-ci s'enveloppe : la lutte de classes, empruntée aux historiens libéraux, mais située, cette fois, entre la bourgeoisie et le peuple.

Ainsi se fixe *a contrario* dans l'historiographie et la tradition révolutionnaires un jacobinisme complètement indépendant des circonstances qui sont censées lui avoir donné naissance, puisqu'il traverse tout le XIXe siècle et qu'il y constitue beaucoup plus qu'un souvenir : un ensemble de convictions intellectuelles politiques, une interprétation, une mémoire cristallisée en doctrine. Mais laquelle?

Elle opère d'abord un déplacement chronologique capital dans et par l'histoire de la Révolution. Les libéraux avaient jeté l'ancre en 1789. Les Jacobins ont leur source en 1793. De la Révolution française, ils retiennent en position dominante justement cette période que Mignet avait marginalisée comme le règne provisoire de la multitude, en l'attribuant à des circonstances exceptionnelles. Ce qu'il avait excusé, eux le célèbrent : dans la nécessité de la Révolution, 1793 possède à leurs yeux une place non plus seconde et comme dérivée, mais centrale et décisive. C'est la période pendant laquelle la Révolution se sauve elle-même, en brisant ses adversaires intérieurs et extérieurs, en même temps qu'elle dessine une image vraiment égalitaire du contrat social.

Derrière la célébration du salut public, il y a non seulement l'investissement patriotique, et l'amour rétrospectif de la France menacée et sauvée, mais plus simplement le culte de l'État, sous toutes ses formes, qu'il s'agisse de son rôle militaire, économique, politique, pédagogique, et même religieux. Il est significatif à cet égard que les grands historiens jacobins de la Révolution soient des partisans encore plus systématiques de la monarchie absolue (jusqu'à Louis XIV inclus) que leurs prédécesseurs libéraux, dont ils utilisent d'ailleurs largement les travaux. Dans l'ancienne royauté, ils admirent comme eux l'instrument de formation de la nation, l'intérêt public constitué, représenté et défendu au-dessus des classes, au nom du peuple tout entier ; mais ils y voient aussi une garantie pour les masses populaires contre l'individualisme bourgeois, l'égoïsme des intérêts, la cruauté du marché. Ils retravaillent tout l'« Ancien Régime » pour l'ajuster à 1793. Sous leur plume, l'État jacobin reprend et magnifie une tradition que Louis Blanc célèbre aussi dans Sully, Colbert ou Necker. Guizot, Mignet, Thierry aimaient dans la monarchie ce qui préparait 1789 : l'alliance du Tiers et des rois de France pour faire une nation moderne. Buchez et Louis Blanc n'y admirent que ce qui préfigure

1793 : l'incarnation, le salut public, le gouvernement des âmes, la protection des petits. C'est que, chez les historiens jacobins, le quatre-vingt-treizisme aussi est absolu. Prenant appui sur une négation de 1789 (redoublée et radicalisée par la négation de 1830), il rejette toute l'œuvre de la Constituante comme marquée par l'individualisme bourgeois, et destructive de la collectivité nationale.

La Déclaration des droits de l'homme est pour la mémoire libérale l'événement capital, la charte du citoyen moderne, l'acte fondateur de la nouvelle civilisation politique. Même – le Michelet de l'*Histoire de la Révolution française* –, qui n'est pas un libéral, moins encore un orléaniste, y voit le sens par excellence de la Révolution, le texte inaugural du monde du droit par opposition au monde de la grâce. Au contraire, aux yeux de Buchez, les Droits de l'homme sont la grande erreur de la Révolution, par l'inaptitude d'un pareil principe à reconstituer une communauté. C'est le jacobinisme qui constitue la nouvelle annonciation de cette eschatologie inséparablement socialiste et catholique. Pour Louis Blanc, la Constituante réalise le programme de Voltaire, qui est celui des possédants ; la Convention est fille de Rousseau, travaille pour les masses populaires, prépare le troisième âge de l'humanité, après l'autorité et l'individualisme : l'âge de la fraternité. La Révolution cesse d'être un combat entre le tiers état et les privilégiés pour devenir un affrontement entre la bourgeoisie et le peuple, qui traverse même 1793. Les Montagnards d'Esquiros sont le parti du prolétariat en face des Girondins prisonniers ou interprètes des intérêts bourgeois. Le jacobinisme est devenu l'annonce du socialisme.

Dans cette historiographie, l'invocation des « circonstances » ne sert donc plus, comme chez Thiers ou chez Mignet, à excuser la dictature de 1793 par ce qu'elle a de provisoirement indispensable, puisque cette dictature doit être au contraire célébrée comme fondamentalement libératrice. Elle n'est utilisée que pour dissocier la Terreur, pur produit de la situation exceptionnelle, et le jacobinisme, ou, selon le cas, le robespierrisme, qui, eux, incarnent le sens même de la Révolution. Ainsi, le critère qui met à part l'historiographie jacobine, au XIXe siècle, n'est pas la théorie des circonstances, sous-produit de celle de la nécessité, puisque les Jacobins l'ont en commun avec les libéraux. Ce qui la caractérise est de mettre au centre de la Révolution 1793, comme sa période la plus importante, en tout cas la plus décisive pour l'avenir. Il s'agit d'arracher à la bourgeoisie ses titres au patrimoine révolutionnaire, qu'elle a irrémédiablement renié par le tour de passe-passe de juillet-août 1830. 1789 n'a fait que clore l'Ancien Régime, c'est 1793 qui invente le futur (Quinet dira tout juste l'inverse). L'historiographie jacobine qui naît dans le régime de Juillet est faite d'un déplacement chronologique qui noue deux idées puissantes : la Révolution comme pouvoir du peuple, culminant sous Robespierre, et brisé le 9 thermidor ; la Révolution comme rupture, dans la trame du temps, avènement, préfiguration de l'avenir. Le quatre-vingt-neuvisme des hommes de Juillet était l'acceptation d'une société, et la recherche d'un gouvernement conforme à cette société. Le quatre-vingt-treizisme des vaincus de Juillet est l'inventaire d'une promesse avortée et d'une société à refaire.

Le régime de Juillet apparaît ainsi comme l'époque où se cristallisent les mémoires nationales de la Révolution française, souvenirs, passions et idées mêlées, et d'ailleurs difficiles à démêler. Les journées de Juillet créent le légitimisme avec le parti vaincu, donnant à la contre-Révolution une appellation contrôlée qui ne perdra ses droits qu'avec la mort du duc de Bordeaux. Avec le parti vainqueur, elles fabriquent l'orléanisme, mais les héritiers de 1789 retrouvent aussitôt la situation de leurs prédécesseurs : divisés sur le type de gouvernement qui offre le plus de stabilité aux fameux principes, et menacés par la surenchère républicaine. En effet, non seulement la substitution de Louis-Philippe à la dynamique républicaine des Trois Glorieuses a laissé une traîne de plusieurs années de troubles civils, mais après la courte stabilisation politique des années 1835-1840, l'agitation révolutionnaire reprend de plus belle dans les huit dernières années du règne. L'idée républicaine et l'idée socialiste y trouvent alors leurs plus brillants interprètes, Michelet et Quinet, Louis Blanc, Proudhon et Buchez. Suivant la pente française, les œuvres de l'histoire et de la littérature précèdent et annoncent la chute du régime.

Février 1848 sonne le glas de la monarchie de juillet 1830, et met fin par là même à ce qui a constitué le premier effort systématique pour fermer le gouffre qui s'était ouvert en 1789 entre l'Ancien Régime et la Révolution. Avant d'en être le chef, Guizot avait été le théoricien du régime, dont il avait quasiment couché par écrit la doctrine. Du coup, la révolution de 1848 a tué non seulement une monarchie, mais les idées qui avaient entouré son berceau. Elle fait revivre avec d'autant plus de force tout ce que ces idées avaient tenté de conjurer. Par les scènes parisienne de février, elle se réapproprie l'héritage fondamental de la politique française, son acte de naissance même, qui tient dans l'ambition de recommencer la société à frais nouveaux, sur les ruines de son passé. De fait, jamais peut-être l'artificialisme démocratique n'a connu d'aussi beaux jours que ceux de cette fin d'hiver 1848 à Paris : l'utopisme socialiste additionnant ses effets à ceux de la tradition révolutionnaire, presque tout ce qui pense tient boutique de la meilleure des sociétés possibles. Spectacle soit risible soit touchant, selon les dispositions d'esprit de chacun. Dans le premier registre, Flaubert est sans rival, mais on peut être aussi sensible à l'imagination sociale libérée par l'abolition imaginaire du passé et la pensée abstraite du futur. Sous ce rapport, non seulement février 1848 redouble 1789, mais il le diversifie à l'extrême, il en multiplie à l'infini les avènements providentiels et les combinaisons heureuses. Grande différence avec 1789 : les bonheurs de l'avenir l'emportent sur les malédictions du passé. C'est que l'« Ancien Régime » de 1789, déjà vaincu à nouveau en 1830, ne peut resservir indéfiniment ; plutôt qu'une présence, ou une menace, c'est désormais un souvenir. Par contre, l'avenir, plus que jamais, est à réinventer, puisque la « question sociale » est à résoudre plus encore que celle du gouvernement.

En effet, ce que la révolution de 1848 a de particulièrement fort dans l'histoire nationale ne vient ni de l'originalité de son cours, ni du talent de ses chefs politiques, ni de l'éclat de son bilan, mais de ce qu'elle fait réapparaître avec une force renouvelée la grande scène fondatrice de la politique française : celle de la rupture révolutionnaire. Juillet 1830 avait fini par n'être, rétrospectivement, qu'un bricolage de politiciens. Février 1848 s'est voulu la réincarnation des grands ancêtres. À preuve, d'ailleurs, la comparaison des grands historiens vainqueurs de 1830 et vainqueurs de 1848. Les premiers, Guizot avant tout, mais aussi Thierry, Mignet, Barante, ont voulu refaire un 1789 qui pût couronner à la fois l'Ancien Régime et la Révolution. Les seconds, Michelet d'abord, mais aussi Quinet, Louis Blanc, même Lamartine, ont eu en tête de recommencer la Révolution.

Il s'en faut que l'obsession française de la table rase se termine avec le nouveau cycle révolutionnaire de 1848-1851, clos, comme le premier, par un Bonaparte. Il est vrai que les républicains positivistes qui ont grandi sous le second Empire ont tiré les leçons des espoirs utopiques de leurs pères ; ils fonderont la République, dans les années 1870, à la fois par une alliance avec les orléanistes et sur une reprise en compte de toute l'histoire de France, monarchie et démocratie, attelés successivement à la promotion du tiers état et à l'éducation du peuple. Mais à partir de cette époque, c'est dans le mouvement socialiste qu'émigre et prospère le rêve du recommencement absolu : « du passé faisons table rase... », selon le fameux couplet de *L'Internationale*. Non que ce rêve soit nécessairement inséparable de l'idée socialiste : il suffit pour s'en convaincre de considérer par exemple l'acharnement qu'a mis Marx à se distinguer des inventeurs d'utopies. L'appropriation collective des moyens de production, dans son œuvre, est déterminée par ce qui l'a précédée, et avant tout par la formidable croissance économique qui caractérise la société bourgeoise. Pourtant, Marx joint à son concept de lois objectives du développement historique un messianisme révolutionnaire qui met au contraire en relief le rôle de l'initiative humaine dans l'histoire : réconciliation de la science et de la volonté qui, faute de cohérence intellectuelle, exerce au moins une extraordinaire séduction sur les esprits. Quand les bolcheviks prennent le pouvoir, en octobre 1917, ils donnent à cette synthèse fragile une force immense, en associant marxisme et révolution ; en faisant renaître, sous un habit neuf, et parée cette fois des ornements de la science, l'idée française de régénération des hommes par leur volonté libre. Personne ne peut comprendre le rayonnement qu'a eu l'idée communiste en France, à partir de 1920, sans prendre en compte ce qu'il doit au précédent jacobin. De sorte que, par l'intermédiaire des communistes, renaît à gauche l'idée de la table rase sous la forme d'un recommencement d'une première tentative avortée, mais remémorée comme une promesse. Paradoxalement, c'est quand le parti communiste français se veut l'héritier fidèle de l'histoire révolutionnaire qu'il redonne vie à ce qui est par définition non historique dans cet héritage : la fiction d'une refondation purement conventionnelle de la société. La gauche française est révolutionnaire par ce qu'elle a de conservateur.

L'idée d'« Ancien Régime » survit même un moment au déclin du communisme, puisque le parti socialiste de François Mitterrand, dans les années 1970, ne retrouve une situation prépondérante à gauche qu'au prix d'une reprise de l'héritage révolutionnaire. Non seulement l'idée de rupture avec le capitalisme et la société bourgeoise sert de fil conducteur au Programme commun mais nous nous souvenons tous d'avoir entendu en 1981 les vainqueurs de la présidentielle parler de l'« Ancien Régime », pour désigner les années Giscard d'Estaing. La farce après la tragédie, pour reprendre Marx : cette farce ultime signalait l'épuisement de la formule, devenue une conjuration presque magique des problèmes que la gauche allait avoir à affronter. L'Ancien Régime et la Révolution étaient morts dans l'indifférence et la prospérité de la nation.

---

1. L'ouvrage de John Adams n'a pas, à ma connaissance, été traduit en français. Celui de Thomas Paine est en revanche publié en français aux Éditions bilingues Aubier-Montaigne, Paris, 1983. Introduction et traduction de Bernard Vincent.
2. *Canon and Feudal Law*, Ire partie.
3. *Ibid.*
4. Louis Hartz est dans les auteurs récents le commentateur le plus profond du caractère exceptionnel de la fondation des États-Unis d'Amérique. *Cf.* ses deux ouvrages : *The Liberal Tradition in America, an interpretation of American political thought since the Revolution*, New York, Harvest/H.B.J. Book, 1955 ; *The Founding of New Societies*, New York, Harvest/H.B.J. Book, 1964.
5. Voir notamment, sur ce sujet classique depuis Tocqueville et Taine, le livre de Keith Baker consacré à *Condorcet* (University of Chicago Press, 1975, trad. franç., Paris, Hermann, 1988), notamment le chapitre IV.

6. *Cf.* mon article sur Tocqueville *in Dictionnaire critique de la Révolution française*, sous la direction de François Furet et Mona Ozouf, Paris, Flammarion, 1988.

7. Sur l'apparition de la formule «Ancien Régime» en 1789, je reprends ici des analyses présentées dans l'article «Ancien Régime» du *Dictionnaire critique de la Révolution française*, *ibid.* Voir aussi: Diego Venturino, «La formulation de l'idée d'"Ancien Régime"», *in* Colin Lucas éd., *The French Revolution and the Creation of Modern Political Culture*, t. II, *The Political Culture of the French Revolution*, Oxford, Pergamon Press, 1988.

8. *Cf. Le Moniteur*, t. XIII (juillet-septembre 1792), pp. 441-442.

9. C'est le fil directeur de mon livre paru chez Hachette en 1988: *La Révolution, de Turgot à Jules Ferry.*

10. Sur Guizot, deux ouvrages récents: Pierre Rosanvallon, *Le Moment Guizot*, Paris, Gallimard, 1985. Sous la direction de Marina Valensise, *François Guizot et la culture politique de son temps*, colloque de la Fondation Guizot-Val Richer, Hautes Études, Paris, Gallimard – Éd. du Seuil, 1991.

Catholiques et laïcs

Le 5 juillet 1904, est votée la loi interdisant tout enseignement congréganiste. Le camp laïc enfin triomphe à l'issue d'un long combat dont *L'Assiette au beurre* du 19 mars, avec sa férocité coutumière, avait montré crûment les enjeux. Grandjouan et Roubille[1], dans un numéro qui a pour titre *La Liberté de l'enseignement*, dressent face à face les deux modèles éducatifs qui s'opposent, symbole contre symbole, slogan contre slogan. Comme dans un miroir, chaque scène est symétriquement reproduite. Le même adulte de noir vêtu domine l'enfant de toute sa masse pesante et lui intime un ordre identique, même si l'idole à adorer n'est pas la même : « À genoux devant ton sauveur ! » – « Découvre-toi devant la Patrie ! » Crucifix ou drapeau, manuel du *Parfait Chrétien* ou texte des droits de l'homme, l'alternative n'est guère réjouissante. « Choisis... Tu es libre... », clament en chœur deux vieillardes peu ragoûtantes, Église desséchée, Marianne boursouflée. Il n'y a plus d'enfer ni de paradis[2], plus de voie large menant à la perdition ni de voie étroite conduisant au salut. Les deux chemins sont identiques, tous deux montent durement, mais vers le même enfer capitaliste représenté l'un par l'église, l'autre par la caserne.

Lutte entre les congréganistes et les laïcs ? Pure apparence ! Leur connivence, en fait, est totale ; les enseignants de l'un et l'autre bord s'entendent comme larrons en foire : « Au revoir, mon cher collègue, espérons que les enfants ne s'apercevront pas du changement. » Un cercle parfait, au centre duquel deux mains se serrent, comme de maquignons de foire, et l'enfant restera prisonnier. « Le grand séminaire est mort, vive l'École normale. Le programme n'est pas changé. » Vaine révolution. La morale de l'État remplace celle de l'Église, la vérité du gouvernement, celle du Vatican. La République n'a pas brisé les idoles, elle en propose d'autres. En deux caricatures juxtaposées, d'un didactisme féroce, Grandjouan pointe avec sûreté les modalités d'une consolidation de la nouvelle mémoire républicaine : le culte des grands capitaines, de

Jeanne d'Arc à Carnot; la continuité du passé national depuis les rois de France jusqu'à la République contrastant avec la fracture de l'espace français qui porte le deuil de l'Alsace-Lorraine; la nouvelle trinité, enfin, des valeurs laïques, morale de Kant, immortels principes de 1789, et patrie; le tout sur fond d'hugolâtrie généralisée.

La liberté n'est plus, là où l'on s'arrache sordidement l'avenir des enfants. Grandjouan, comme d'instinct, retrouve le souffle des caricatures de 1789[3] et oppose au dérisoire théâtre politique où des adversaires-compères se donnent en spectacle une nouvelle version du *Réveil du peuple* des débuts de la Révolution. La liberté, toujours femme, éternellement jeune, revue à travers Swift et le livre des Juges, est devenue un géant qui chasse les Lilliputiens, laïcs comme calotins; Samson femelle, elle fait s'écrouler les temples et se briser les idoles, mais sans subir pour elle aucun dommage. La liberté viendra du socialisme, du moins le fait-il espérer.

Pour *L'Assiette au beurre*, de tonalité anarcho-syndicaliste, c'en est assez des incessantes querelles de ce couple décrépit – catholique et laïc – qui ne veut pas céder la place; assez de ces «querelles de sacristie» qui permettent, comme antérieurement l'affaire Dreyfus, de masquer l'essentiel, la lutte des classes. L'apparente connivence de vieux ennemis, figés dans des rôles rejoués mille fois, ne peut cependant convaincre entièrement qu'il n'est là que théâtre d'ombres. Car durant tout le XIXe siècle, l'excès de la polémique, la démesure même dans l'injure, l'obsession fantasmatique révèlent, par-delà la désignation rituelle des adversaires – le jésuite sous la Restauration ou le franc-maçon sous la IIIe République[4] –, des enjeux bien réels, des camps bien marqués. Des «affaires» jalonnent cette histoire, identiques d'un siècle à l'autre: des enfants Mortora (1858) aux enfants Finaly (1953), du curé Mingrat (1823) au curé d'Uruffe (1956)[5], baptêmes contraints d'enfants juifs, crimes sexuels commis par des ecclésiastiques. À ces attaques venues du camp laïc correspondent les violentes campagnes menées par les catholiques: dénonciation de l'Université qui culmine sous la monarchie de Juillet, de la République, après 1880. Et la «grande» histoire elle-même est traversée de cet antagonisme mémorable: l'alliance du Trône et de l'Autel durant la Restauration aboutit à la violence anticléricale de 1830; les faveurs compromettantes que l'Empire autoritaire prodigue à l'Église catholique trouvent leur dramatique sanction dans les exécutions d'otages de la Commune. Et l'on pourrait continuer: les lois laïques, l'affaire Dreyfus, les lois anticongréganistes – affrontement bien réel –, la Séparation... Les «Deux France» existent bien, que Dom Besse, après tant d'autres, voit, en 1907, comme naturellement affrontées: «La France royaliste et catholique, et la France révolutionnaire et athée[6].»

En fait, *L'Assiette au beurre*, par-delà son aveuglement volontaire, n'en oblige pas moins à revenir à l'essentiel car la revue pose à sa manière plusieurs questions dérangeantes qui peuvent introduire à une meilleure compréhension de cet affrontement majeur de notre histoire : sur quel terrain, idéologique ou pratique, se place réellement le conflit : contrôle des esprits ou lutte pour le pouvoir ? Quel lien unit effectivement les protagonistes ? Les laïcs existent, assurément, mais la laïcité a-t-elle la même consistance ? Comment interpréter enfin l'excessive visibilité des débats ? Même posée autrement, l'interrogation brutale de *L'Assiette au beurre* – « que cache tout cela ? » – reste pertinente.

Le temps des historiens

Des historiens, au lendemain de la Première Guerre mondiale, au moment où le conflit perd de son acuité, après un demi-siècle d'affrontements incessants, tentent d'apporter une première gerbe de réponses. À dix ans d'intervalle, voient le jour trois ouvrages, différents dans leurs perspectives, mais consacrés au même sujet, la laïcité. Le premier paraît en 1925, à l'époque du « second ralliement » des catholiques, au lendemain même de l'échec d'Herriot qui croyait encore pouvoir faire prendre le Cartel des gauches avec le bon vieux ciment de l'anticléricalisme d'avant-guerre : Georges Weill, dans un ouvrage impeccable d'intelligence érudite et de distanciation maîtrisée, prolongeant une *Histoire du catholicisme libéral en France* (1909) et anticipant son *Histoire du parti républicain en France* (1928), écrit l'*Histoire de l'idée laïque en France au XIXᵉ siècle*[7], histoire d'un combat qui a cessé véritablement avec l'armistice de 1905 et la paix de l'Union sacrée. *L'Invasion laïque*, du moins irénique chanoine Capéran, professeur au grand séminaire de Toulouse[8], inaugure, dix ans plus tard, une série qui, à terme, entend faire connaître l'*Histoire contemporaine de la laïcité française*. Un an plus tôt, en 1934, Georges de Lagarde publiait le premier volume[9] de sa monumentale *Naissance de l'esprit laïque au déclin du Moyen Âge*. Avec une volonté inégale de prendre ses distances, chacun des auteurs se donne un objet différent et un temps inégalement ample pour en traiter : laïcisation de la pensée, qui commence avec la philosophie nominaliste, au lendemain de l'âge scolastique, laïcisation de l'État, inaugurée par la Révolution ; laïcisation de l'école, accompagnant les premières décennies de la IIIᵉ République.

La spécificité même du sujet oblige chacun à garder conjointes deux approches complémentaires, l'une structurale, l'autre généalogique. « Né du christianisme, rappelle Lagarde, le mot *laïque* le suit comme son ombre ; il colle à lui au moment même où il croit s'en détacher. Il le rappelle inévitablement, même lorsqu'il prétend le supprimer. Comme l'anneau du forçat, le mot de ralliement qu'il a choisi le rive à la chaîne qu'il avait prétendu briser[10]. »

Mais ce couple, qui n'existe que dans l'opposition et la dépendance de chacun des deux protagonistes, a cependant une histoire, donc une origine: XIVe siècle ou XVIIIe siècle, mais non XVIe; il est instructif de voir le chanoine Capéran, en 1957, mobiliser[11] à la fois Jean Jaurès – «Notre génie français s'est réservé devant la Réforme afin de se conserver tout entier pour la Révolution» – et Ferdinand Buisson – «La France n'est pas protestante, elle est laïque» – pour tenir la Réforme, malgré les reproches dont le catholicisme traditionnellement l'accable, à l'écart d'une inévitable recherche de paternité et partager plutôt les vues classiques de ses adversaires sur les origines nécessairement philosophiques de la Révolution, donc de l'idée laïque.

La prise de conscience historiographique entre les deux guerres correspond à un moment d'assouplissement des conflits. La situation politique nouvelle en 1945 paraît en prolonger durablement la perspective: la naissance du M.R.P. ne signifie-t-elle pas la véritable réintégration des catholiques dans la vie politique nationale? Mais la question scolaire, gelée pendant près de quarante ans, a été réveillée par les initiatives de Vichy. En 1951, elle permet à la droite qui refait surface d'enfoncer un coin durable entre M.R.P. et socialistes, catholiques et laïcs, alliés dans la Troisième Force. 1984: la loi Savary souhaite apporter la paix scolaire. Elle reforme les camps: l'énorme manifestation du 24 juin 1984 oblige le président de la République à retirer le projet de loi et contraint le gouvernement Mauroy à la démission.

Mais quel sens donner à cet ultime affrontement? Archaïsme, serait-on tenté de dire, au regard des débats nouveaux qui ont accompagné les «trente glorieuses»: démocratisation de l'enseignement et changements culturels de l'après-1968[12]. Archaïsme ou retour du refoulé? Une parenthèse de trente ans donne l'impression de s'être refermée: les anciens combats reprennent là où ils s'étaient momentanément arrêtés. Pour une ultime fois, en tout cas, gauche et droite jouent à s'opposer, laïcs contre catholiques, sur un vieux terrain, l'enseignement, mais largement transformé depuis l'avènement de la démocratie sociale: l'enjeu n'est plus, comme en 1881, la constitution d'une école publique laïque, non plus, comme en 1904, le droit d'enseigner pour des catégories spécifiques de personnes, mais l'autonomie effective d'établissements privés reconnus, catholiques pour leur grande majorité, que l'État subventionne largement.

Tout, certes, s'explique: il faut tenir compte, en premier lieu, des changements survenus à l'intérieur du catholicisme. En trente ans, des années cinquante aux années quatre-vingt, la situation s'est profondément modifiée: la hiérarchie catholique n'encadre plus, faute de prêtres, de frères ou de sœurs, son réseau d'écoles libres, maintenant sous le contrôle plus étroit des utilisateurs, les parents d'élèves. Mais, par ailleurs, les catholiques pratiquants, en moindre nombre, sont de plus en plus solidement ancrés à droite, alors que les «militants», plus à gauche[15], sont sur le déclin. Le problème scolaire est demeuré une question politique. Seul changement – de taille, il est vrai – en un siècle : le combat de la laïcité, voilà plus de cent ans, servait à consolider la fragile unité républicaine ; le combat pour l'école libre, sous la IVe et la Ve République, permet de reconstituer la droite en difficulté. Pourtant, cet affrontement trop visible ne suffit pas à justifier la permanence des antagonismes ou la résurgence d'identités conflictuelles enfouies dans les mémoires mais non abolies véritablement. Si l'on considère qu'il n'est de laïcité vigoureuse et structurée que face à un catholicisme solide et intransigeant, force est de constater que la diminution de l'emprise de la religion sur la société et le triomphe au moins momentané du catholicisme conciliaire ont contribué à réduire considérablement les antagonismes traditionnels[14].

En fait, nous vivons un véritable changement, mais celui-ci vient sans doute d'ailleurs. L'antagonisme durable et spécifique laïcs-catholiques reflète la domination exclusive du catholicisme, acquise définitivement au lendemain de la révocation de l'édit de Nantes. Or, la proclamation de la liberté religieuse sous la Révolution et l'organisation des cultes non catholiques sous le Consulat et l'Empire ne modifient pas les rapports de force. Le catholicisme demeure, au XIXe et au XXe siècle, en situation de quasi-monopole parce qu'il est la religion de la très grande majorité des Français (plus de quatre-vingt-quinze pour cent)[15] et parce qu'il manifeste constamment sa visibilité, tant institutionnelle que monumentale. Ni le protestantisme ni le judaïsme n'ont pu – ou voulu – profiter du régime d'organisation des cultes pour renforcer leur stature religieuse face au catholicisme. Au contraire, l'un et l'autre ont été traversés au XIXe siècle par des courants libéraux, beaucoup plus importants que ceux qui ont touché le catholicisme, qui ont conduit nombre de protestants et de juifs à investir la société civile et à devenir les soutiens les plus fermes de la nouvelle République.

On pouvait estimer qu'à partir des années soixante le catholicisme français lui-même, par la vertu conjuguée de Vatican II et de mai 68, tendrait à se séculariser comme diverses théologies nouvelles lui en suggéraient les modalités. Mais, en fait, plusieurs phénomènes ont joué en sens inverse. Et d'abord le réveil d'une conscience identitaire, suscitée pour partie par la domination incontestée de l'histoire universitaire et la «laïcisation» de l'histoire religieuse[16] qui en résulte. Mais, tandis que les protestants trouvent, par quatre fois au moins depuis 1980, dans le hasard du calendrier le moyen de répéter[17] la célébration de leur histoire originelle, les catholiques tentent d'écrire plus difficilement de nouvelles «histoires de l'Église» pour assumer à nouveaux frais un lourd passé de deux mille ans.

Pourtant, la modification essentielle vient d'ailleurs. Mgr Lustiger, lors du rassemblement du 24 avril 1982 pour la liberté d'enseignement, organisé porte de Pantin par les Associations de parents d'élèves de l'enseignement libre d'Île-de-France, évoquant l'histoire scolaire dont il fallait se souvenir, avait eu cette formule : « Cet état de chose n'est pas toujours très cohérent. Il forme le délicat et difficile équilibre de l'institution scolaire française. Mais à tout prendre on peut estimer que notre culture a su donner finalement leur place aux trois confessions que l'empereur Napoléon Ier avait reconnues : le Catholicisme, l'Église protestante et le Judaïsme. Mais quel difficile problème est d'ores et déjà posé par l'arrivée massive d'une population francophone inattendue : la jeunesse d'origine islamique[18]. » En réalité le changement est bien antérieur : la décolonisation du Maghreb, d'abord, la fin de la prospérité des économies occidentales, ensuite, vont amener en deux temps une mutation sans précédent du paysage religieux français.

La décolonisation et surtout l'issue dramatique de la guerre d'Algérie sont d'abord l'occasion d'une émigration durable de deux cent cinquante à trois cent mille juifs[19] venus du Maghreb qui s'installent en France entre 1950 et 1970 : ce qui entraîne immédiatement le doublement de la population juive métropolitaine, mais surtout, à terme, la rénovation profonde du judaïsme français sous l'influence des séfarades nord-africains beaucoup plus attachés aux manifestations religieuses traditionnelles.

Mais ce phénomène important passe inaperçu pour une opinion publique beaucoup plus sensibilisée par la nouvelle présence de l'islam. Gilles Kepel[20] lie la naissance d'une nouvelle religion en France à la sédentarisation irréversible des migrants d'origine maghrébine, au lendemain de la crise économique qui secoue l'économie capitaliste. Même si d'autres causes doivent sans doute être prises en considération, la multiplication des lieux de culte musulmans à partir de 1975 témoigne de la volonté d'une minorité de croyants résolus à répondre aux exigences de leur religion là où ils vivent et élèvent leurs enfants. Statistiquement, l'islam est devenu la deuxième religion, par le nombre des personnes présentes sur le sol français – trois ou quatre millions – qui se réclament de sa tradition. Le fait est nouveau même si, depuis la conquête de l'Algérie – pour ne pas remonter plus avant –, la France a pris l'habitude de traiter avec l'islam. Mais, justement, les rapports actuels ne peuvent plus demeurer de type colonial, extérieurs et inégaux. L'islam exige de n'être plus en France une religion de seconde zone.

Or, la nouvelle visibilité du judaïsme et la présence effective d'un islam qui est loin d'avoir manifesté toutes ses virtualités en France[21] constituent sans aucun doute un fait entièrement nouveau. De même que le couple laïcs-catholiques a pu se constituer à partir de l'échec du protestantisme à s'imposer durablement en France et donc sur l'absence effective d'un véritable pluralisme religieux, de même il est peut-être en voie de se défaire face à la recomposition du paysage religieux qui s'opère sous nos yeux. La « nouvelle laïcité » dont certains sont en quête, après le traumatisme de 1984, ne risque-t-elle pas d'être morte avant d'avoir vu le jour si elle est envisagée seulement comme le règlement d'un conflit ancien négocié entre les seuls chrétiens et laïcs ?

« L'islam aux mille mosquées » est assurément un fantasme par la confusion – plus ou moins volontaire – entretenue entre le minaret qui se dresserait dans la ville à la place du clocher et le lieu de culte banalisé. Mais un fantasme révélateur d'une mémoire soudain menacée, puisque l'érection des minarets mettrait fin au durable monopole monumental du catholicisme. Lui seul, en effet, se présente comme l'héritier légitime du christianisme médiéval, lui seul s'en constitue, au XIXe siècle, le continuateur, à grand renfort d'églises néo-romanes et surtout néo-gothiques, lui seul a su, au XXe siècle, mobiliser la technique architecturale moderne pour promouvoir un nouvel art sacré. La leçon des monuments est claire. L'espace français est ou catholique ou laïc. Il n'y a point d'autre branche à l'alternative.

La constitution des camps

Or, c'est au moment où les Marianne[22] des places républicaines s'opposent aux Vierges intronisées sur les hauteurs dominant la ville que le camp laïc affirme véritablement son existence. Deux moments ont valeur de symbole ; un texte et une formule, d'étendard. Les propos sont de Sainte-Beuve, orateur écouté du Sénat bonapartiste, qui intervient en 1868 contre des catholiques osant mettre en cause le matérialisme des facultés de médecine et demander, en conséquence, la liberté de l'enseignement supérieur. Face aux menaces d'un parti clérical il dresse les contours d'un monde laïc en gestation :

> Il est aussi un grand diocèse, messieurs, celui-là sans circonscription fixe, qui s'étend par toute la France, par tout le monde, qui a ses ramifications et ses enclaves jusque dans les diocèses de messeigneurs les prélats […], qui comprend […] des esprits émancipés à divers degrés, mais tous d'accord sur ce point qu'il est besoin avant tout d'être affranchi d'une autorité absolue et d'une soumission aveugle ; d'un diocèse immense (ou, si vous aimez mieux, une province indéterminée, illimitée) ; qui compte par milliers des déistes, des spiritualistes et disciples de la religion dite naturelle, des panthéistes, des positivistes, des réalistes […] des sceptiques et chercheurs de toute sorte, des adeptes du sens commun et des sectateurs de la science pure, ce diocèse […] cette grande province intellectuelle et rationnelle, n'a pas de pasteur ni d'évêques, il est vrai, de président de consistoire, de chef qualifié qui soit autorisé de parler en son nom, mais chaque membre

à son tour a ce devoir lorsque l'occasion s'en présente et il est tenu par conscience à remettre la vérité, la science, la libre recherche et ses droits sous les yeux de quiconque serait tenté de les oublier et de les méconnaître[23].

Étonnante définition : Sainte-Beuve récuse globalement le catholicisme comme un bloc pour lui opposer l'autonomie individuelle de la libre raison mais en même temps il projette sur le camp laïc qu'il tente de définir deux caricatures empruntées au débat religieux traditionnel, celle d'un catholicisme identifié à une Compagnie de Jésus aux ramifications multiples, et celle d'un protestantisme défini, à la manière de Bossuet, par une continuelle prolifération sectaire.

À cette autodéfinition singulière, s'oppose, pour désigner l'adversaire, la formule brutale que Gambetta reprend à Peyrat, moins de dix ans plus tard, « Le cléricalisme, voilà l'ennemi[24] ». Déjà, sous le second Empire, clérical et laïc sortent de leur technicité ; les adjectifs se lient, s'opposent, font souche : rapidement apparaissent cléricalisme et laïcité. En 1876, il n'est encore que d'esprit, de parti ou de politique clérical(e) ; en 1877, le 4 mai, Gambetta lance à la tribune le nouveau cri de guerre républicain. Il faut relire les discours du grand tribun pour comprendre ce qui constitue encore, avec plus de cent ans de recul, un objet d'étonnement : c'est bien la dénonciation du cléricalisme qui a servi de ciment au camp républicain ; c'est bien ce terrain que Gambetta a choisi pour lui donner, avec la victoire électorale, le sacre populaire indispensable. Et surtout, pour lui, le cléricalisme n'est point seulement une résurgence épisodique d'un péril lointain, c'est un mal nouveau et dangereux qui tout à la fois affaiblit l'État, désagrège la société, menace l'unité nationale. Que l'emporte le parti clérical, ce serait immédiatement l'aventure militaire, le péril social et la contre-révolution.

Fiction, pour partie. La dénonciation du cléricalisme est pour les républicains une manière commode d'invoquer l'histoire, celle avouable de 1789, celle inavouable de 1870 et de 1871, d'agiter tout à la fois le spectre du retour à l'Ancien Régime et celui d'un renouveau du socialisme. D'évoquer plus encore la nation meurtrie. Erckmann-Chatrian[25] est un bon témoin de ces fantasmes belliqueux. Le retour de Chambord, selon lui, entraînerait un conflit avec l'Italie si la France cherchait à rétablir le pape en ses États. « Ce serait donc une guerre de religion que les jésuites nous mettraient sur les bras », à la fois guerre des Cévennes et guerre de Trente Ans. L'apocalypse s'ensuivait : une France dévastée, dépeuplée, exsangue ; une France livrée de nouveau au Prussien qui cette fois demanderait le prix fort, dix milliards et la Champagne ; une France éclatée, où le Sud se séparerait du Nord, une France morcelée en quatre ou cinq parties, où le comte de Chambord pourrait jouer au roi de Bourges en régnant sur la capitale et sur un territoire « grand comme un jardin ». Or, ce cauchemar – du Lavisse déjà, mais l'image inversée de la France construite par l'histoire – demeure présent chez Gambetta qui ne manque jamais, sur un registre plus mesuré, d'évoquer le bellicisme de ses adversaires et leur esprit antinational.

Fiction, oui ; mais réalité, assurément, si l'on regarde la manière dont la République s'est effectivement installée après l'échec des solutions dynastiques, mais aussi après la guerre et la Commune. Les républicains, pour s'imposer, prennent à leur compte le pacifisme et le conservatisme que Thiers a su si bien incarner, mais aussi avalisent la tradition parlementaire orléaniste : il leur est difficile de désigner leurs adversaires comme la résurrection d'un « parti de l'ordre » qu'ils veulent, eux, durablement incarner. Il n'est plus, par ailleurs, de péril dynastique immédiat, royalistes et impériaux sont au moins pour un temps hors de combat. Un seul point unit des adversaires profondément séparés par les solutions politiques proposées, la politique religieuse : l'Empire autoritaire a ostensiblement soutenu le catholicisme ; le gouvernement d'Ordre moral, à défaut de donner un roi à la France, a renchéri encore sur ce point. L'ennemi, le voilà bien, le cléricalisme.

Mais celui-ci n'est pas seulement le substitut commode d'une opposition politique absente ; il désigne aussi un catholicisme renouvelé en profondeur sous la monarchie de Juillet, qui se transforme de nouveau à partir des années soixante : affronté à des mutations de tous ordres[26] qui mettent en cause et sa place dans la société et la crédibilité de ses fondements doctrinaux, il répond en faisant sien l'esprit contre-révolutionnaire et ultramontain du *Syllabus*. Le gallicanisme se meurt, et avec lui ce qu'il en était demeuré de l'esprit et de la pratique concordataires. Le catholicisme français, qui se révèle en fait incapable de donner naissance à un parti spécifique à l'instar du Zentrum allemand[27], n'en multiplie pas moins ses organisations de clercs et de laïcs, susceptibles d'une emprise de plus en plus importante sur la société, et par là même sur l'État.

La République, en effet, se met en place alors que disparaissent définitivement les vieilles solidarités locales : la fin des notables[28] coïncide avec la fin des terroirs[29], le désenclavement de la France avec la chute des dynasties locales et l'effacement du souvenir vivant qu'elles représentaient ; alors qu'ont échoué une à une les expériences monarchiques ou impériales, l'histoire, ancienne ou nouvelle, qu'elles entendaient assumer et les configurations politiques et sociales qu'elles incarnaient ; alors, enfin, qu'ont été réprimées les organisations ouvrières qui s'étaient constituées dans les dernières années de l'Empire comme la mémoire légitime du prolétariat naissant. Les républicains triomphants se retrouvent sur le terrain idéal de 1789[30], l'individu seul, isolé, sans passé – de fait, la table rase –, mais, en face, une Église catholique, adossée à son histoire, forte de l'appui que l'État apporte à son clergé paroissial, du dynamisme de ses congrégations d'hommes et plus encore de femmes, et enfin de la mobilisation des laïcs organisés, dont la majorité lui vient du légitimisme. Or, l'État perd dans le même temps son contrôle sur le clergé séculier devenu ultramontain. Resurgit alors sans peine la figure familière de la « congrégation », grosse des souvenirs des moines ligueurs ou des jésuites régentant les élites. Apparaît enfin un nouveau venu, laïc Janus, légitimiste convaincu et homme d'œuvre dévoué[31], « jésuite en robe courte », susceptible de mener à bien une nouvelle « cabale des dévots ». Ce qui naît de cette conjoncture singulière et de cette conjonction spécifique n'est donc point une chimère.

Or, les républicains ne peuvent stabiliser leur régime sans enracinement véritable dans le pays. Ils rencontrent sur leur chemin le catholicisme, et comme modèle idéologique et comme force sociale. Ce qu'ils nomment cléricalisme, c'est la mobilisation d'un imposant appareil d'emprise sur la société et la dénonciation simultanée des voies de la modernité dans lesquelles cette nouvelle société veut s'engager. On comprend comment l'école devient, dans cette perspective, le terrain idéal de l'affrontement.

Le conflit s'étend à toute la société puisqu'il met en cause le contrôle des élites, par la lutte des républicains contre les collèges jésuites et par la création d'un enseignement secondaire des jeunes filles, et celui des masses, tant urbaines que rurales, par l'instauration de l'école primaire laïque. Il n'en est pas moins prioritairement idéologique : révolution ou contre-révolution. Chaque camp se prête facilement à ces identifications. Si le *Syllabus* a renforcé l'aspect contre-révolutionnaire du catholicisme français, la répression de la Commune a, par compensation, conduit les républicains à exalter l'héritage révolutionnaire. Comme l'a bien vu Claude Nicolet, le combat laïc met en évidence, chez les républicains, « la liaison fondamentale et inéluctable entre le fait politique et le fait spirituel ». Pour eux, la lutte anticléricale est le préalable à toute action politique, c'est « à la lettre, comme le *moteur* de l'histoire[32] ».

D'où l'importance du processus de laïcisation de l'école, tant des programmes que du personnel, que Jules Ferry[33] et les opportunistes mettent en œuvre. La laïcisation porte immédiatement sur les matières enseignées : elle est marquée par la disparition du catéchisme des programmes scolaires et, sous la pression des radicaux, par le rejet de cet enseignement à l'extérieur de l'école. On en connaît la conséquence : le jeudi – plus tard le mercredi – est réservé à l'enseignement religieux ; aussi les tribunaux, jusqu'à ce jour (1991), ont donné raison aux évêques quand ils demandent, contre les tenants du « week-end », le maintien du statu quo, faute de renégociation globale.

Les conséquences immédiates de cette laïcisation des programmes furent contradictoires. Par souci d'apaisement, par désir de ne pas donner prise aux adversaires de la nouvelle école, par logique aussi, la neutralité s'est trouvée érigée en règle cardinale de comportement. L'instituteur, rappelle Ferry dans un texte célèbre[34], doit faire en sorte que rien dans son enseignement ne puisse choquer le père de famille qui lui confie ses enfants. Ce qui n'empêche pas, par ailleurs, l'école de véhiculer les nouvelles valeurs de la République : la patrie, le travail, la science et, en conséquence, la bataille des manuels de rebondir périodiquement.

Mais là n'est peut-être pas l'essentiel : de même que l'obligation scolaire couronne l'alphabétisation effective de la presque totalité des Français[35], de même la loi de laïcité sanctionne une évolution aussi irréversible de l'école primaire marquée par le remplacement des livres de lecture religieux traditionnels comme la *Bible de Royaumont* ou *Les Devoirs du chrétien* par de nouveaux, plus « fonctionnels », tels *Francinet* ou *Simon de Nantua* ; par la substitution à l'histoire sainte (« Au commencement Dieu créa le ciel et la terre »)[36] de l'histoire profane (« Nos ancêtres les Gaulois ») ; et enfin par l'apparition de nouvelles disciplines comme la géographie ou les leçons de choses, où les curiosités de l'ici-bas remplacent celles de l'au-delà. Le fameux *Tour de la France par deux enfants* de G. Bruno – au pseudonyme provocant – témoigne, avec tout le génie pédagogique de son auteur, de cette irréversible évolution, où les programmes scolaires nouveaux prennent la place d'une mémoire religieuse traditionnelle devenue obsolète.

La laïcisation du personnel s'opéra un peu plus tard par la substitution d'instituteurs laïcs, formés dans les nouvelles écoles normales, aux frères, depuis longtemps minoritaires, et aux sœurs, en revanche majoritaires, dans les écoles publiques. En fait, pour les garçons, le remplacement des instituteurs, commencé parfois dès 1860, le plus souvent dans la décennie qui a précédé la nouvelle loi (1886), put s'opérer immédiatement. Pour les filles, la pénurie d'institutrices laïques obligea à envisager un changement progressif en fonction du décès ou du départ des congréganistes. Dans un cas comme dans l'autre, la nouvelle législation conduisait à renforcer les antagonismes scolaires en dressant, dans certaines régions de chrétienté, école contre école, celle de l'instituteur contre celle du curé.

L'histoire, on le sait, nuance. Sur le terrain, combien de familles Sandre[37] poursuivirent, presque insensibles au changement de la loi, leur vocation de maître ou de maîtresse d'école ? Combien de régions aussi où la guerre scolaire n'eut point lieu, faute le plus souvent de véritable opposition ou par refus effectif du conflit ? Y eut-il beaucoup de changement, par exemple, dans le Doubs[38], où les institutrices *laïques* – c'est-à-dire non congréganistes – sont majoritaires avant 1880, mais où elles étaient – et demeureront ultérieurement – en très grande majorité catholiques ? Mais enfin les « hussards noirs » de la République ont bien existé, l'instituteur chantre, bedeau et sacristain du premier XXe siècle a bien cédé la place au secrétaire de mairie, bibliothécaire et directeur de fanfare de la fin du siècle. Si l'on veut prendre la mesure du changement, il n'est qu'à regarder où va maintenant l'argent de l'État. Pour les années 1875-1879, les Cultes (cinquante-cinq millions par an) l'emportent encore sur l'Instruction publique (quarante-six millions), en 1885-1889, les Cultes ont régressé (quarante-huit millions) et l'Instruction publique commence à s'envoler (cent trente millions). Il n'est qu'à relire les débats parlementaires, ceux de 1883[39] notamment, pour voir comment toute diminution du budget des Cultes doit, dans l'esprit des républicains, contribuer aussitôt au progrès de l'Instruction publique.

La laïcité de l'école se retrouve à tous les niveaux : les responsables religieux disparaissent bientôt du Conseil supérieur de l'enseignement public et les facultés de théologie, exsangues il est vrai, n'ont bientôt plus leur place dans l'Université[40]. La laïcisation gagne d'autres secteurs : les religieuses quittent la plupart des prisons de femmes où l'administration les avait systématiquement introduites au lendemain de la réforme de 1839[41]; elles demeurent, en revanche, dans les hôpitaux de province, mais non dans l'Assistance publique de Paris où des infirmières laïques remplacent les sœurs de charité. La vague laïcisatrice touche aussi, selon des modalités spécifiques, les cimetières et les tribunaux. En 1880, le repos dominical – progrès politique, régression sociale ? – cesse d'être obligatoire ; en 1884, il n'est plus nécessaire de demander «dans les églises et dans les temples», pour les nouveaux travaux des Assemblées, le «secours» d'un Dieu que l'on met discrètement hors la loi à la faveur d'un léger époussetage de la Constitution[42]. La même année, avec la restauration du divorce, c'est le modèle catholique du mariage qui cesse de s'imposer à tous. Mais certains symboles touchent davantage. Le nouveau quotidien que les assomptionnistes[43] lancent en 1883 s'appelle sans équivoque *La Croix* parce que les crucifix viennent d'être retirés, au grand scandale des catholiques, des écoles et des hôpitaux.

Science catholique et morale laïque

Mais si l'École se trouve au centre du dispositif républicain, c'est non seulement parce qu'elle constitue un terrain stratégique qu'il convient de disputer aux cléricaux, mais aussi parce qu'elle touche directement à deux domaines où catholiques et laïcs sont appelés à s'affronter sans cesse, la science et la morale. Or, le vocabulaire courant a ici valeur d'exemple, qui retient la science catholique et la morale laïque, comme si chacun des adversaires, sur ces deux terrains différents, devait d'abord faire ses preuves.

La première expression[44] prend naissance dans la postérité mennaisienne. Elle n'anticipe pas vraiment sur la conception stalinienne de la science *pro-*

létarienne. Elle correspond plutôt à une volonté de restaurer un discours théologique unificateur susceptible d'intégrer une pratique scientifique autonomisée dès le XVIIe siècle, et, plus encore, laïcisée dans la seconde moitié du XVIIIe siècle et durant la Révolution. Elle tend aussi dans le détail à mettre en valeur la conception « scientifique » la plus conforme à la philosophie traditionnelle (vitalisme/matérialisme en médecine) ou aux vérités révélées (monogénisme/polygénisme en anthropologie). Après 1860 et plus encore 1870, les acquis de la science, de la philologie allemande au transformisme darwinien, mettent plus directement en cause la vérité biblique tandis que les savants, Berthelot en tête, paraissent se ranger bientôt sous la bannière de la République. Les catholiques se retrouvent en situation défensive, repliés sur les toutes jeunes facultés des sciences des Instituts catholiques et contraints de recenser les savants croyants – heureusement, il y a Pasteur ! – pour montrer que la science n'est pas athée. Ils doivent aussi lutter sur le terrain de l'histoire où leurs adversaires les entraînent volontiers pour refaire cent fois le procès de Galilée. Le hasard des anniversaires offre heureusement des occasions plus inédites d'affrontement. Que célèbre-t-on en 1892, à l'occasion du quatrième centenaire de la découverte de l'Amérique par Christophe Colomb : « Le triomphe de la science positive sur la science chimérique de la théologie » ou l'apparition d'un nouveau missionnaire animé d'un « désir quasi surnaturel de porter le Christ [...] aux peuples inconnus qui l'attendaient depuis si longtemps assis dans l'ombre de la mort[45] » ?

Sur le terrain aussi les combats se poursuivent, pittoresques parfois, comme en témoigne ce curieux cours d'hygiène donné en 1910 par l'instituteur de Blajan (Haute-Garonne). Il dicte : « Les populations cléricales ne pratiquent guère les bains parce que leur religion leur apprend une sale pudeur : ne pas se regarder, ne pas se toucher certaines parties du corps, les parties sexuelles par exemple [...] Un grand médecin s'est occupé de savoir quelle est la religion où il y a le plus de malades et de maladies de cette espèce surtout [maladies sexuelles]. Il a trouvé que c'est la religion catholique et cela se comprend puisque cette religion n'enseigne aucun principe d'hygiène ou presque pas [...] Je vous parle *scientifiquement*, honnêtement et poliment, surtout très utilement[46]. » Or, à cette date tardive, les patronages catholiques, à leur apogée, accordent une particulière attention au corps des garçons qui lui sont confiés : ce sont eux qui acclimatent en France le football, plus tard le basket-ball, et qui multiplient partout les groupes de gymnastique sportive.

Si, au plan scientifique, ce sont les catholiques qui doivent faire leurs preuves, au plan moral, ce sont aux laïcs de montrer leur excellence. Certes, les anticléricaux ont pris l'habitude de se défendre par la contre-attaque en épinglant les frères condamnés par les tribunaux ; mais, si l'on réédite volontiers *La Religieuse*, on sait qu'il est impossible de porter sur le terrain des mœurs l'attaque contre les « bonnes sœurs », au-dessus de tout soupçon ; l'institutrice laïque, souvent isolée et célibataire, n'en sera, en comparaison, que plus vulnérable – ou seulement plus soupçonnable –, comme le montrent et le roman de Léon Frapié, *L'Institutrice de province*, et la brassée de témoignages que suscite l'ouvrage, recueillis par Francisque Sarcey[47]. C'est pourquoi, ainsi que Françoise Mayeur l'a souligné, les responsables des Écoles normales supérieures de Sèvres et de Fontenay, destinées à former directrices d'établissement et enseignantes, voulaient que leurs élèves soient irréprochables sur ce plan. Aussi, dans le « doux couvent laïque » de Fontenay, apporte-t-on un soin particulier à l'« éducation de la conscience » ; à Sèvres, la première directrice, Mme Favre, fille d'un pasteur alsacien et veuve du républicain Jules Favre, inculque aux jeunes filles qui lui sont confiées un sens rigoureux du devoir en s'appuyant sur la morale d'Épictète, de Kant et d'Emerson[48].

Au plus haut dans la seconde moitié du XIX siècle (1860-1910), l'antagonisme entre laïcs et catholiques a trouvé sa transcription visible, dans chaque village où se dresse bientôt, après 1880, la mairie-école face au complexe clérical rénové sous le second Empire, l'église-presbytère, dans chaque ville où les Républiques de pierre et les grands hommes des places principales contrebalancent les croix des clochers et les vierges couronnées des hauts lieux, où encore les municipalités de style Renaissance font concurrence aux grandes églises néo-gothiques bâties un peu plus tôt.

Paris ne pouvait échapper à cette bataille des architectures symboliques. On s'y arracha durablement, pendant près d'un siècle, la construction néo-classique de Soufflot – église ou panthéon ? – jusqu'à ce que la mort de Victor Hugo, survenue au bon moment (1885), fasse pencher de manière irrémédiable pour le second. Une laïcisation de plus ! Mais bientôt chacun disposera d'un emblème plus moderne, Sacré-Cœur ici, tour Eiffel là. Non sans remous dans l'un et l'autre camp. On sait le tintamarre qu'occasionna la seconde. Mais le Sacré-Cœur eut aussi, dans le camp catholique, ses détracteurs. Le romano-byzantin – en fait une extrapolation du roman du Sud-Ouest – passait mal. « L'église du Sacré-Cœur à Montmartre sera-t-elle de notre style national ou sera-t-elle d'un style étranger ? » Angoissante question. Restons français, restons gothiques, répondaient comme un seul homme les signataires d'un manifeste qui ne voulait pas de la « mosquée » (*sic*) d'Abadie[49].

Mais, bientôt, ces querelles initiales le cédèrent à un franc antagonisme entre les laïcs et les cléricaux. L'érection du Sacré-Cœur, comme église du « vœu national », avait été décidée par l'Assemblée le 24 juillet 1873, en pleine réaction. Peu importe si ceux qui prenaient l'initiative de vouer la France au Sacré-Cœur avaient dénoncé la fête impériale et réagi au choc de la défaite –

deux motivations que les républicains auraient pu partager –, cette ombre cléricale qui progressivement s'étendait sur Paris était intolérable. En 1881, les radicaux sonnent la charge à l'Assemblée :

> CLEMENCEAU. – Nous ne demandons qu'une seule chose, c'est de répudier l'œuvre de la réaction cléricale de l'Assemblée nationale, de la désavouer publiquement !
> L'AMIRAL DE LA RONCIÈRE DE NOURY. – Non à l'esprit révolutionnaire !
> LE MARQUIS DE BELCASTEL. – Le catholicisme est de tous les temps...
> M. CORDON. – Je vous demande pardon, le catholicisme n'existait pas avant d'exister et n'existera plus quand il aura cessé d'être.
> LE MARQUIS DE BELCASTEL. – Il a existé depuis le premier jour du monde et existera toujours[50]...

Et ce n'est pas fini. Bientôt le Sacré-Cœur sera accusé d'avoir été élevé en expiation des crimes de la Commune. Ce n'était pas l'intention initiale, mais le choix du lieu suggérait cette interprétation que nombre de catholiques ne manquèrent pas d'avancer comme justification.

Avec la tour Eiffel, on aurait pu se contenter de querelles esthétiques. Mais la Tour fut construite sur le Champ-de-Mars, le seul monument de la Révolution, selon Michelet, à l'occasion de la célébration du centenaire de 1789. C'en était trop. Pour nombre de catholiques offusqués, la nouvelle tour de Babel tournera à la confusion de ceux qui l'ont orgueilleusement dressée dans le ciel, « squelette hideux », « môle horrible » face au Sacré-Cœur, « bastion de Dieu », « blanche citadelle ». Les *Semaines religieuses* bretonnes, à qui l'on doit ces aménités, pastichent même Victor Hugo pour railler :

> *Nains de quatre-vingt-neuf, singez les grandes choses,*
> *Multipliez l'énorme, artisans, apprentis :*
> *Créez des tours de fer pour vos apothéoses,*
> *Mais vos rêves sont laids et vous êtes petits*[51].

Arrêtons la démonstration. Personne ne nie, au moment où s'installe la République, l'ampleur de l'antagonisme. Protestants et juifs, de gré ou de force, sont contraints d'entrer dans ce lit de Procuste. Les événements, il est vrai, y prêtent la main. Les protestants se comptent nombreux parmi les personnalités républicaines et leur militantisme pédagogique fait merveille[52]. Et que dire de la malheureuse banque catholique de l'Union générale, dont le krach ne peut être dû qu'au complot de ses adversaires protestants et juifs ? En tout cas, cet antagonisme réel, après les principales mesures de la laïcisation des années quatre-vingt, dicte des positions politiques, mais ne structure durablement ni toutes les droites, puisque orléanistes et bonapartistes ne sont cléricaux que par intermittence, ni toutes les gauches, où l'anticléricalisme occupe chez les opportunistes assagis ou chez certains socialistes une place plutôt modérée. Il n'empêche ni des regroupements momentanés quand légitimistes et radicaux se retrouvent côte à côte, comme dans le boulangisme, ni des ralliements plus durables d'une fraction des catholiques à la République. Mais la présence dans les deux camps d'activistes bruyants, écoutés de clientèles fidèles, comme les assomptionnistes de *La Bonne Presse* ou les responsables de *La Libre Pensée*, empêche toute tentative d'apaisement véritable.

La Croix, pour passer un moment dans l'autre camp, est très significative du nouvel état d'esprit catholique aux débuts de la République. Lancé dans le sillage du *Pèlerin* par le père Vincent de Paul Bailly, en 1883, le journal, qui vise un public populaire et multiplie les *Croix* locales pour mieux s'enraciner en province, sacrifie avec une évidente allégresse à la polémique: ses amabilités vont aux francs-maçons bien sûr, aux juifs tout particulièrement et aux instituteurs, «les forçats de la République enseignante»; *La Croix* s'en prend à l'État laïc («le dieu État qui expulse Dieu et ne vit que par le suffrage universel»), au Parlement («une chambre de désordre») et par-dessus tout à l'université – «le mal mortel» – qui a «trouvé le secret inconnu à l'humanité avant elle: multiplier les suicides au milieu des enfants». Mais, passé la polémique, le combat politique tourne court: on conçoit que le temps n'est plus du «bon» combat royaliste, mais on refuse fermement le ralliement, malgré l'injonction de Léon XIII, et la formation d'un véritable parti conservateur. On poursuit la chimère d'un rassemblement autour des seuls intérêts catholiques, et l'on échoue régulièrement d'élection en élection. Une capacité d'invective d'autant plus forte que la capacité d'organisation est faible, tel est, jusqu'à l'affaire Dreyfus, le visage déconcertant montré par le quotidien assomptionniste[53].

Ainsi la «séparation de l'Église et de l'École[54]» a conduit un catholicisme batailleur à mener un combat idéologique sans prise sur la nouvelle réalité politique. Mais, au moins sur le terrain scolaire, il a maintenu ses positions. Dans les dernières années du XIXe siècle, chaque camp peut mettre en avant ses motifs de satisfaction. L'école laïque existe: elle instruit même près de trois enfants sur quatre; les lycées et collèges de jeunes filles se sont imposés; l'université, renouvelée, n'a pas vu véritablement son monopole entamé par la création de cinq Instituts catholiques. Mais l'école catholique – qui s'identifie de plus en plus au secteur privé – a conservé ses trois points forts: des bastions géographiques comme l'Ouest où sa rivale s'implante difficilement; une clientèle féminine qui demeure fidèle à l'Église: 40 % des filles sont scolarisées par des congréganistes et ce chiffre brut sous-évalue l'influence catholique aussi bien dans les milieux populaires que dans les classes moyennes; un réseau de collèges libres, enfin, tenus par des prêtres et des religieux, qui draine, de 1887 à 1898, des effectifs chaque année plus importants (de 32 à 42 % du total des élèves de l'enseignement secondaire)[55]. Sur ce terrain la bataille a conforté les camps, elle n'a pas désigné de vainqueur.

Il faudra donc trancher. Au détriment des principes libéraux, par les mesures anticongréganistes, prises dans la foulée de la fameuse loi de 1901: liberté d'association enfin pour tous, à l'exception des congrégations, qui jusqu'alors en jouissaient seules légalement. On transforme le privilège en discrimination, le statut d'exception demeure. Au détriment aussi du Concordat: la République dorénavant ne reconnaît et ne salarie aucun culte. Le combat s'est déplacé sur un autre terrain, plus délicat. Non plus l'école, mais la religion elle-même. La République radicale va-t-elle renouer avec la Révolution? Les catholiques voient revenir 1790, avec les lois anticongréganistes, 1795, avec la séparation de l'Église et de l'État. Mais malgré les bruyantes incitations des extrémistes de l'un et l'autre camp, la République ne rejouera ni 1791 ni 1793. Elle ne cherchera ni le schisme ni la déchristianisation. Que les inventaires[56] tournent à l'affrontement avec mort d'homme, et Clemenceau les fera arrêter; pas de nouvelles persécutions pour quelques chandeliers! Que le pape interdise les «cultuels», et d'autres procédures de dévolution des biens seront ultérieurement négociées. La séparation de l'Église et de l'État offre une situation paradoxale: effectuée sous les feux de l'histoire qui rendent obsédant le précédent révolutionnaire, elle aboutit à une rupture à l'amiable qui en évite les affrontements dramatiques. La «leçon de la Terreur» récitée durant tout le XIXe siècle n'a pas été oubliée alors que les protagonistes se délectent des combats héroïques des grands ancêtres.

Vient la guerre qui ne change rien, mais vérifie tout: les catholiques, comme les socialistes, se feront tuer pour défendre la France et, accessoirement, la République; pas la moindre Vendée en vue, au contraire les «émigrés» – en fait des religieux expulsés – rentreront pour participer à la guerre; les catholiques monteront au feu, drapeau tricolore déployé, tout au plus souhaiteront-ils le voir frappé de l'image du Sacré-Cœur. Pour tous, la même mort en bleu, blanc, rouge. Pour la plupart même, l'indignation, hautement affirmée, quand le pape, en 1917, envisage une paix sans vainqueur ni vaincu. Quelques fausses notes pourtant quand fut lancée, à la fin de 1915, la «rumeur infâme», la dénonciation de «15 580 curés embusqués». Et le dérapage verbal n'est pas loin, quand la violence révolutionnaire, même déniée, revient spontanément aux lèvres: «Nous n'avons jamais demandé, affirme *Le Bonnet rouge* qui lança la polémique, la mort des curés mobilisés. Nous n'avons jamais voulu réinaugurer les bateaux à soupape de Carrier[57]... »

Cette bavure n'empêcha pas la réconciliation des tranchées. Après la guerre, l'histoire paraît bégayer, les protagonistes être devenus incapables de trouver de nouvelles partitions. Le Cartel des gauches l'apprendra à ses dépens quand il désirera relancer le combat en 1924. La réponse des religieux s'affiche sur les murs[58], «Nous ne partirons pas»: l'uniforme endossé, le sang versé rendent impensable le nouvel exil des combattants. Tout a été dit et, pourtant, tout n'est pas terminé. L'entre-deux-guerres marque sans doute le moment où le camp laïc est le mieux structuré; et les affrontements, au moins verbaux, reprennent de plus belle. Pièce de choix, Jeanne d'Arc. En 1920, Rome la canonise et la Chambre bleu horizon l'honore comme la «sainte de la patrie»; en 1929, le cinquième centenaire des débuts de son épopée ranime son culte. Gaston Clémendot riposte en 1930, dans *L'École libératrice*, organe du Syndicat national des instituteurs, par une série de dix articles destinés à déboulonner l'«idole de Domrémy[59]».

C'est au lendemain de 1945, après la suppression de la législation de Vichy en faveur de l'école catholique, que les partisans de l'école libre s'organisent; en face *La Calotte*, *La Raison*, et *Les Cahiers rationalistes* reprennent du service. Les curés bretons dénoncent allégrement l'école du diable; les laïcs ripostent par l'imparable slogan, «École publique, fonds publics». Elle n'a donc duré que le temps d'une Résistance, l'entente entre «celui qui croyait au ciel et celui qui n'y croyait pas»? En tout cas une bien belle arrière-saison pour des adversaires qui refusent de désarmer!

La Révolution, matrice ?

Mais d'où nous vient cette grande querelle de famille? Interroger sur ce sujet les protagonistes ne conduirait qu'à avaliser des généalogies, non à fournir une explication. *La Calotte*, quand elle reprend en 1945, reste fidèle au calendrier républicain. Un signe! Mais d'autres voix laïques évoquent les prédécesseurs de 1789: les légistes de Philippe le Bel, les «libres penseurs» de la Renaissance, les philosophes du XVIIIe. Sans proposer le même parcours, leurs adversaires parviendraient au même terme, mais en changeant les héros et les martyrs. Il n'est qu'à feuilleter, sous la IIIe République, les manuels d'histoire des écoles catholique[60] et des écoles laïques pour s'en convaincre.

Tous renvoient à la Révolution. Faut-il pour autant en faire le point de départ de l'antagonisme catholiques-laïcs? La matrice plutôt. Mais comment? Les deux camps n'existent pas alors comme tels, et le vocabulaire n'est pas encore fixé. Pas le noble du moins, car le roturier est là: la dérision par l'image est immédiate, la charge féroce – la caricature politique s'invente, littéralement, sur le dos du clergé, moine débauché, évêque gros et gras[61].

Catholiques et laïcs

L'injure aussi est précoce, il pleut des « calotins à la lanterne » quand les patriotes sortent du théâtre où Talma fait frémir les foules par l'évocation, dans le *Charles IX* de Marie Joseph Chénier, des massacres de la Saint-Barthélemy. Camille Desmoulins inaugure, en novembre 1789, ses fameuses *Révolutions de France et de Brabant* par cette revue d'effectifs lapidaire : « Le roi est au Louvre, l'Assemblée nationale aux Tuileries [...] les moulins tournent, les traîtres fuient, la calotte est par terre, l'aristocratie expire. » Et lui puise allégrement dans la polémique voltairienne – slogan « écrasons l'infâme » compris – pour mener le combat quotidien contre les « bonzes fourbes et stupides ». Quand arrivent les premières tensions religieuses, au printemps 1790, il a cette formule, la première d'une longue série : « Il semble qu'il y ait un combat à mort entre la calotte et l'écharpe tricolore[62]. »

On ne peut négliger la férocité des images, l'impertinence des propos. On ne peut ignorer les antagonismes essentiels, patriotes contre aristocrates[63]. L'historien, de son côté, dans son effort pour comprendre ce qui se passe en 1789 et en 1790, peut avancer d'autres formules et suggérer que la Révolution met en œuvre un double processus de laïcisation, que le premier réussit, mais que le second échoue. D'abord une tentative immédiate, irréversible, presque consensuelle, de laïcisation de l'espace politique. Le catholicisme disparaît aussi bien comme premier ordre de la vieille tripartition médiévale, que comme premier propriétaire du royaume et comme première instance de légitimation du pouvoir. Le roi de droit divin le cède à la souveraineté populaire. La dimension religieuse n'a plus, dans le nouveau paysage politique qui s'instaure, aucune pertinence. Il n'est plus en théorie, dans la France régénérée, ni catholiques, ni protestants, ni juifs, mais seulement des citoyens libres et égaux en droit. Le catholicisme ne sert plus de référence mais, au contraire, il se trouve banalisé puisqu'il est inclus dans le cercle des opinions dont la discussion publique est la condition de la liberté pour chacun de se situer comme il l'entend par rapport à elles[64].

Cette laïcisation sans précédent du champ politique – une des manières de désigner la « table rase » chère aux révolutionnaires – ne rencontre pas d'obstacles immédiats parmi les députés du clergé, mais le progrès de la Révolution suscite rapidement une opposition qui prend pour objectif la défense conjointe des droits du catholicisme et de la royauté et, à l'opposé, une avant-garde cléricale davantage prête à explorer les voies d'un réel égalitarisme social qu'à tirer les conséquences de la nouvelle définition de la liberté[65]. En tout cas, le clergé voit concrètement comment l'instauration du nouvel ordre politique s'opère, de fait, à son détriment : nationalisation de ses biens pour financer la Révolution, suppression des vœux de religion au nom de la liberté individuelle et de l'utilité publique, refus, enfin, de reconnaître le catholicisme comme religion nationale en vertu de la liberté toute neuve des croyances[66].

Mais la Révolution, après avoir autonomisé l'espace politique par l'exclusion d'un catholicisme partie prenante de l'Ancien Régime, tente en même temps de laïciser ce même catholicisme par son inclusion dans la nouvelle organisation administrative qui se met en place dès la fin de 1789. *Laïciser l'Église*: Jaurès[67] avançait déjà cette formule insolite. Entendons-la ici comme l'imposition à l'Église catholique des nouvelles «normes» définies pour l'ensemble de la nation : redistribution de l'espace, par la création des départements, auxquels les nouveaux diocèses sont identifiés, et remodelage des paroisses, notamment urbaines, qui tienne davantage compte de la population ; nouvelle modalité de désignation des responsables religieux, évêques et curés principalement, selon les pratiques électorales à degrés qui viennent d'être définies pour choisir les autorités administratives. Par ailleurs, la Constitution civile du clergé règle aussi, comme il se devait, le financement du culte catholique, en proposant à l'ensemble du clergé paroissial une rémunération plus équitable et plus généreuse et en introduisant dans le fonctionnement de l'Église des réformes souhaitées par une majorité, assorties d'une pincée de presbytérianisme et d'une pelletée de gallicanisme.

De là vint la rupture. Ceux qui refusèrent la Constitution civile du clergé écartaient une nouvelle organisation de l'Église selon des normes trop «laïques», alors que celle-ci remplaçait un système qui, avec des collateurs non clercs, laissait aussi bien à désirer. Le refus concernait tout autant la manière : la hiérarchie catholique tout particulièrement ne pouvait accepter une réforme sans y consentir elle-même, comme le voulait la tradition gallicane, ou sans que ces modifications aient fait l'objet d'une négociation avec Rome, selon l'habitude. Mais, en face, l'Assemblée constituante, forte de sa jeune souveraineté, ne pouvait accepter un concile national qui ressusciterait l'Église de France et ne voulait rien attendre de Pie VI, mal disposé par la révolte avignonnaise, hostile à la Révolution, mais pour l'heure attentiste. Devant les troubles qui gagnaient, notamment en province, l'Assemblée prit les devants, imposa à tous les prêtres concernés – des évêques aux vicaires – le serment, commun depuis février 1790, d'accepter une Constitution qui incluait maintenant la nouvelle loi contestée par nombre de clercs.

Et l'on eut alors ce spectacle paradoxal d'un serment[68], geste sacral de l'unanimité nationale, devenu le signe de la division de la nation, au travers de l'acceptation ou du refus de quelque cent soixante évêques et coadjuteurs et de cinquante mille curés et vicaires. La Constitution civile, qui avait posé le principe implicite que le catholicisme était coextensif à l'espace français – religion dans l'État, mais non religion de la nation –, produit, par serment du clergé interposé, la première division perceptible à l'échelle nationale dans la mesure où l'acceptation ou le refus du serment impliquaient, d'une

Catholiques et laïcs

manière ou d'une autre, les populations dans les choix effectués par le clergé. La première laïcisation définissait un espace politique hors du catholicisme, la seconde remettait le religieux au cœur du débat politique : l'opposition jusqu'alors n'avait d'existence que sous la figure relativement vague de l'aristocratie, elle existe maintenant sous la forme précise du catholicisme. Le Tiers, on le sait, fonda la Révolution sur le refus de maintenir la distinction des trois ordres. Mais celle-ci ne sut trouver de «figures» pour définir ceux qu'elle excluait qu'en transformant le noble en *aristocrate* et le prêtre en *calotin* : cette dernière dénomination superpose trois images distinctes mais que la postérité ne dissociera plus : le prédicateur fanatique d'une religion intolérante et superstitieuse, le représentant de l'Ancien Régime dépouillé de ses biens et de ses privilèges, le réfractaire, enfin, qui, en refusant de prêter serment, se met en dehors de la cité nouvelle[69]. De la «calotte» révolutionnaire au «cléricalisme» républicain, la filiation est directe.

La Révolution, on le sait, ne parvint pas à gérer ce conflit qui introduisait une rupture déterminante dans son histoire. On connaît la suite : relance de la laïcisation étendue à la société comme au clergé; déchristianisation aussi – à son terme terroriste, la Révolution de l'an II est vigoureusement antireligieuse. Mais la mémoire collective, spontanée ou le plus souvent réactivée, retiendra, plus que l'hostilité globale, la manière fort différente dont ont été traitées les deux Églises rivales, réfractaire et constitutionnelle, qui se sont constituées sur l'acceptation ou sur le refus de la Constitution civile : le prêtre martyr ici, le curé défroqué et marié là. L'auréole et le stigmate. Elle en retiendra aussi la Vendée, la manière dont un peuple de ruraux s'est constitué dans l'opposition armée, pour défendre sa foi et son roi.

La crise du serment va immédiatement poser un autre problème connexe mais distinct. La rupture ne s'opère pas seulement entre les réfractaires et la Constituante, mais bien entre le catholicisme et la Révolution; celle-ci cherche dorénavant à mettre en œuvre une sacralité spécifique hors de la liturgie catholique, ainsi qu'en témoignent, en 1791, trois «gestes» à forte portée symbolique : la transformation de Sainte-Geneviève en Panthéon, la fête toute «laïque» en l'honneur de Voltaire et l'exposition du dessin de David magnifiant, dans le Jeu de paume, le serment fondateur et unanime, pur de toute souillure cléricale. Le jeune Mathiez, dans la conclusion de sa thèse de 1903, expose bien la nouveauté de la situation. Les républicains actuellement, explique-t-il, «ne songent plus à imaginer de nouveaux cultes. Ils n'ont aucune envie de fonder une Église mais ils n'ont pas renoncé à résoudre le problème de la démocratie. Pour imprimer aux jeunes générations la marque républicaine, nous avons aujourd'hui l'instruction laïque, gratuite et obligatoire [...]. Nos ancêtres de la Révolution, eux, croyaient accomplir la même besogne d'éducation républicaine en organisant un culte[70]».

Pourquoi vouloir ici évoquer la religion révolutionnaire ? Parce que son élaboration fait apparaître l'autre type de tension entre catholicisme et Révolution : en contrepartie de la laïcisation, le transfert de sacralité. Parce que, aussi, notamment au travers d'utopiques plans d'éducation, est posée, au-delà des questions pratiques que Jules Ferry se chargea de faire aboutir un siècle plus tard – quels enseignants et quels programmes pour la République ? –, l'interrogation centrale, qui est au cœur du débat de la laïcité, et qui se pose dans les termes mêmes énoncés par le jeune Mathiez : par quels moyens attacher le peuple au nouveau cours politique ? Comment faire adhérer des citoyens libres au nouveau système fondé sur la raison ?

Ceux qui participent à cette réflexion sont unanimes pour chercher un substitut au catholicisme disqualifié. Mais les modèles proposés sont variés ; deux toutefois prédominent. Le premier, plutôt rousseauiste d'inspiration, trouvera un début de réalisation dans le projet robespierriste de culte de l'Être suprême. Il faut un fondement religieux commun, seul garant d'une morale sociale : « La religion est donc le premier point sur lequel je veux qu'on appuie dans l'éducation primaire [...] Ce qu'il faut inspirer aux enfants dans les écoles primaires, c'est un principe religieux, l'essence et la base de tous les cultes, c'est une religion simple et grande comme la nature[71]. »

Ce premier modèle restait théorique, le second se veut avant tout opératoire. Il part d'un constat : la très forte capacité de « mobilisation » du catholicisme qui disposait, grâce à sa liturgie impressionnante et à sa théologie à la fois culpabilisante et rassurante, d'un indéniable moyen d'inculcation collective de la doctrine et de la morale[72]. Qu'il s'agisse donc de préparer demain des républicains ou de former des patriotes aujourd'hui, il convient, pour susciter un véritable enthousiasme révolutionnaire, d'utiliser les mêmes « ressorts » que le catholicisme. « L'éducation nationale », selon un texte fameux du pasteur Rabaut Saint-Étienne, « consiste à s'emparer de l'homme dès le berceau et même avant sa naissance car l'enfant qui n'est pas né appartient déjà à la patrie. Elle s'empare de tout l'homme sans le quitter jamais en sorte que l'éducation nationale n'est pas une institution pour l'enfant mais pour la vie tout entière[73] ». Il faut inculquer dès la naissance le nouveau catéchisme nécessaire au salut du futur républicain.

Or, ces positions dominantes – religion comme fondement social, transfert de la formalité catholique au bénéfice du régime républicain – trouvent en Condorcet un critique radical. « Le fanatisme avait un temple dans chacune des communes. Que ces temples deviennent ceux de la liberté, de l'instruction[74] », proposait Bouquier après Rabaut. Non, rétorque Condorcet, « si vous appelez une école, un temple national », vous introduisez dans l'éducation le principe d'autorité qui est à la base du fanatisme[75] – « Ni la constitution française ni la déclaration des droits ne seront présentées à aucune classe de

Catholiques et laïcs

citoyens comme des tables descendues du ciel, qu'il faut adorer et croire [...] Tant qu'il y aura des hommes qui n'obéiront pas à leur raison seule, qui recevront leurs opinions d'une opinion étrangère, en vain toutes les chaînes auraient été brisées, ces opinions de commande seraient d'utiles vérités : le genre humain n'en resterait pas moins partagé en deux classes, celle des hommes qui raisonnent et celle des hommes qui croient, celle des maîtres et celle des esclaves[76] ». Entre les lumières de la raison et les ténèbres de la croyance, nul compromis n'est possible.

Et dans ses *Mémoires*, Condorcet condamne encore plus violemment l'« enthousiasme révolutionnaire ». Parle-t-on d'apprendre le texte de la Constitution ? « Si l'on entend qu'il faut l'enseigner comme une doctrine conforme aux principes de la raison universelle ou exciter en sa faveur un aveugle enthousiasme qui rend les citoyens incapables de la juger; si on leur dit : Voilà ce que vous devez adorer et croire, alors c'est une espèce de religion politique que l'on veut créer. » Répondant directement à Rabaut Saint-Étienne et à ceux qui veulent former des citoyens en contrôlant l'éducation de la jeunesse, il dénonce vigoureusement ceux qui « proposent de s'emparer des premiers moments de l'homme pour le frapper d'images que le temps ne puisse détruire, de l'attacher aux lois, à la constitution de son pays par un sentiment aveugle et de ne conduire à la raison qu'au milieu des prestiges de l'imagination et du trouble des passions ». Ceux-là, s'interroge encore Condorcet, sont-ils « plus certains des vérités politiques que les fanatiques de toutes les sectes croient l'être de toutes leurs chimères religieuses ? [...] Permettre d'éblouir les hommes au lieu de les éclairer, de les séduire pour la vérité [...] c'est consacrer toutes les folies de l'enthousiasme, toutes les ruses du prosélytisme[77] ».

Pourquoi s'attarder sur les textes d'un isolé ? C'est parce qu'ils mettent à nu, avec une grande vigueur, l'un des fondements idéologiques de la relation catholicisme-laïcité. Si Religion et Raison sont antinomiques, une critique raisonnée de la religion ne peut, sans se contredire, faire place à une gestion religieuse du savoir et du pouvoir. Or, ces propos de Condorcet ont valeur non seulement pour eux-mêmes, mais encore à cause de la position stratégique que l'homme occupe entre la génération des philosophes et celle des idéologues : il a transmis, soit directement par ses écrits pédagogiques, soit indirectement par la réactualisation de l'héritage des Lumières dans le scientisme, aux « laïcs » de la IIIe République un message qui sera entendu[78], même si les tentations renaîtront toujours – baptêmes et mariages civiques[79] par exemple – de combattre le catholicisme en utilisant ses propres armes. Condorcet explicite ce qu'avait montré la Révolution en ses débuts : l'autonomisation complète du champ politique sur un fondement rationnel ne peut s'accompagner d'une prise en charge directe du fait religieux, sous une forme ou sous une autre. La critique de Condorcet explicite ainsi le déséquilibre que l'on trouve ultérieurement dans la liaison entre laïcité et religion : le rapport est davantage de dépossession (laïcisation) que d'appropriation (religion séculière).

Médiations

Il va sans dire que le passage des expériences fondatrices de la Révolution au couple constitué laïcs-catholiques suppose différentes médiations ultérieures. On peut en retenir trois principales. La première est constituée par la stabilisation sociale et institutionnelle napoléonienne. Elle détermine les nouvelles modalités de régulation dans la perspective postrévolutionnaire : laïcisation effective de l'État et de la société par le Code civil ; reconnaissance de la pluralité des cultes et aussi d'une place spécifique faite au catholicisme majoritaire et romain tel que le Concordat l'a défini ; mise en place, enfin, d'une institution nouvelle pour gérer l'instruction publique sous le contrôle de l'État, l'Université. Le couple catholiques-laïcs ne pourra plus tard déployer son antagonisme que dans un cadre contraignant d'institutions qui, prenant acte à la fois de la laïcisation opérée par la Révolution et de la spécificité religieuse française, ont fourni une stabilisation sociale durable. Les catholiques pourront chercher à contrôler l'Université ou à la concurrencer, l'investissement de l'État dans l'enseignement est irréversible ; les laïcs pourront obtenir la suppression du Concordat, le catholicisme n'en restera pas moins sociologiquement majoritaire et constitutivement romain. La stabilisation impériale visait à la fusion utopique des traditions antagonistes selon la belle formule de Portalis : « Philosophe sans impiété et religieux sans fanatisme. » Elle échouera sur la voie de cet œcuménisme irréalisable ; mais elle contribuera à rendre possible – et d'une certaine manière légitime – l'émergence de deux traditions s'enracinant dans deux mémoires antagonistes telles que Michelet, par exemple, les transfigurera dans l'Introduction de son *Histoire de la Révolution française* : « Donc, malgré les développements que les théories ont pu prendre, malgré les formes nouvelles et les mots nouveaux, je ne vois encore sur la scène que deux grands faits, deux principes, deux acteurs et deux personnes, le Christianisme et la Révolution[80]. »

La seconde médiation n'est pas de l'ordre de l'institution mais de l'enracinement. La Révolution, dit-on justement, a créé la Vendée comme région bâtie sur l'histoire meurtrière et la gestion de son souvenir[81]. C'est en réalité toute la France qui reste marquée par les partages de la Révolution. Or, celui qui paraît le plus durable, le plus visible et donc le plus profond est d'ordre religieux. En effet, la carte du serment de 1791, qui montre la partition contrastée entre assermentés et réfractaires, anticipe de manière frappante la carte de la pratique religieuse établie au lendemain de la Seconde Guerre mondiale. Les zones réfractaires sont devenues pays de chrétienté, les régions constitutionnelles des terroirs déchristianisés. Évitons deux erreurs d'interprétation. La carte du serment, comme Timothy Tackett[82] en a fait la démonstration, est déjà récapitulation et donc la similitude constatée renvoie pour partie à une histoire de plus longue portée. Par ailleurs, les contrastes de la pratique peuvent se repérer dès le milieu du XIXe siècle, grâce aux enquêtes épiscopales menées à partir de la monarchie de Juillet. (Voir plus loin, l'article de Jean-Louis Ormières.)

Mais l'essentiel est ce qui se passe sur le terrain dans les trois décennies déterminantes qui font suite au serment de 1791. Au départ, on peut estimer que la crise du serment met en évidence deux modèles religieux différents. L'un traditionnel, dans les régions réfractaires, l'autre nouveau, dans les régions où dominent les constitutionnels. Là où le clergé, en accord avec les fidèles, a accepté l'autonomie du politique et une certaine laïcisation de l'Église, il aura à l'avenir des difficultés pour maintenir inchangée son hégémonie spirituelle, par la prédication et la confession notamment, auprès des hommes qui se sont largement engagés dans le processus révolutionnaire ou simplement en ont été bénéficiaires. À cette difficulté de fond, s'en ajoute une autre plus immédiate : la destruction systématique de l'Église constitutionnelle, commencée avec grande efficacité par l'abdication forcée de l'an II, se poursuit par les débauchages de la part de sa concurrente durant le Directoire, sa marginalisation lors de la reconstruction concordataire, enfin les exclusions de ses derniers survivants sous la Restauration. Les conséquences de ce laminage systématique du clergé constitutionnel sont multiples, n'en retenons que deux : localement, les régions où les constitutionnels dominaient se retrouvent, au pire, sans prêtre, au mieux, sans « leurs » prêtres. On supprime donc les paroisses, jusqu'à 30 à 40 % dans certains diocèses particulièrement touchés. Que ces terroirs « sinistrés » soient aussi des régions précocement déchristianisées s'explique aisément, d'autant plus que, sur le plan national cette fois, la destruction de l'Église constitutionnelle a eu comme conséquence le triomphe total de l'Église réfractaire, dont le catholicisme qui reprend vigueur au XIXe siècle est l'héritier direct. Il est aisé de comprendre qu'une telle situation de monopole contribue davantage à figer les antagonismes qu'à les atténuer[83].

Il résulte de ce « schisme » oublié, étouffé par le silence sur une Église détruite par tant de complicités, l'enfouissement de la différence dans la mémoire des gestes de la pratique religieuse. Pratiquant d'un côté, non-pratiquant de l'autre ? En réalité le partage est différent, car chacun a sa « version » de la religion. D'un côté un catholicisme où, comme par le passé, le clergé contrôle les croyances et impose les pratiques par le catéchisme, la liturgie, les sacrements et particulièrement la confession, un catholicisme plus romain, ultramontain, davantage intransigeant aussi, et intégraliste ; de l'autre un catholicisme de tradition où prédomine la volonté des fidèles de recourir aux ministres du culte pour sacraliser les grandes saisons de la vie familiale, de la naissance à la mort, et où s'affirme le désir de pouvoir entrer directement en contact avec les saints thérapeutes pour faire face aux malheurs de la vie. Le premier modèle est clérical, le second franchement laïc. Ainsi c'est au sein même du catholicisme que la vieille distinction médiévale, du fait de la Révolution, retrouve vigueur ; c'est aussi cette dissociation des pratiques qui sert de matrice à une opposition de type politico-religieux entre laïcs et cléricaux.

Aux deux premières médiations repérées, l'institutionnalisation des rapports de force au lendemain de la Révolution et l'inscription du partage révolutionnaire dans les gestes contrastés de la pratique religieuse, s'en ajoute une troisième, le retour à une vie politique normalisée, qui s'opère à partir de deux ruptures : celle de 1814-1815, qui marque l'ouverture des débats publics dans un cadre constitutionnel ; celle de 1848, qui conduit à une démocratisation irréversible.

La Restauration introduit la possibilité d'affrontements politiques sans violence, mais dans un cadre étroit. En effet, il était nécessaire de ne pas toucher aux grands équilibres postrévolutionnaires, de tenir compte des contraintes extérieures imposées par les alliés après la défaite de Napoléon et, enfin, de maintenir la fragile légitimité du nouveau régime. Dans ces conditions, la marge de manœuvre de chaque camp reste très limitée. En revanche, il est loisible de débattre de la Révolution, par le biais de l'histoire et de la philosophie politique, de la religion, en évoquant les jésuites ou la Congrégation et, surtout, de s'empoigner sur les questions d'enseignement. La part voyante prise par des catholiques influents dans le fonctionnement du nouveau régime et la volonté affichée des missionnaires d'imposer en même temps restauration politique et reconquête religieuse fournissent autant de prétextes immédiatement saisis par leurs adversaires. Ainsi, l'étroitesse du cadre des débats se conjugue avec le surinvestissement idéologique et symbolique – le sacre, la loi sur le sacrilège – et avec la volonté de retour à l'Ancien Régime, pour réintroduire la religion comme élément discriminant de choix politiques contrastés. Libéraux/ultras : situation qui, à tous égards, n'est pas sans préfigurer ce qui se passe dans les premières années de la IIIe République.

En témoigne notamment l'importance nouvelle prise par les débats sur l'enseignement : rôle des jésuites et des congrégations enseignantes, querelle pédagogique sur l'enseignement mutuel, qui tourne au conflit doctrinal, mise en œuvre d'une législation sur l'école primaire[84]. Tout est occasion de conflit. On voit même apparaître un thème promis à une longue postérité, celui de la division de la société provenant de l'éducation donnée par deux systèmes scolaires différents. Mais tandis que Destutt de Tracy, en l'an IX, au sortir de la Révolution, faisait encore coïncider la dualité scolaire avec la division sociale[85] – classe ouvrière (au sens de classe laborieuse) et classe savante (les notables) –, en 1816, au début de la Restauration, le recteur de l'académie de Rennes change de registre et insiste sur la division idéologique au sein de l'élite : « Aujourd'hui, écrit-il à un ami, les études faites séparément et dans des établissements dont l'esprit n'est pas entièrement le même sont une source de division dans la société. Les jeunes gens en sortant des collèges et des écoles ecclésiastiques entrent dans le monde imbus de graves préjugés les uns contre les autres ; ils s'accusent mutuellement d'ignorance et d'irréligion, ils se méprisent et se haïssent sans se connaître[86]. » De tels propos sont communs sous la IIIe République, ils sont nouveaux sous la Restauration où il faut attendre encore six ans pour que le général Foy, député libéral, lance la polémique sur la place publique[87]. Or, ces expressions se trouvent sous la plume d'un prêtre jansénisant qui a commencé sa carrière, à la veille de la Révolution, comme principal du collège de Vannes, après l'expulsion des jésuites. On trouverait un semblable enjambement de la Révolution dans la dénonciation en 1826 du « parti prêtre » par Montlosier[88], un gallican égaré dans l'Ancien Régime, qui établit dans ses pamphlets une première description clinique du cléricalisme en puisant dans la littérature antijésuite du XVIIIe siècle. Curieux fonctionnement de la mémoire : alors que la Révolution reste présente mais surtout sur un mode historique, la vie politique quotidienne se nourrit des querelles du siècle passé. Jamais on n'avait tant publié d'œuvres de Voltaire et de Rousseau. Il n'est point de laïcs encore et de cléricaux, mais deux camps déjà qui leur ressemblent étrangement.

Les débats, cependant, demeurent circonscrits dans un cercle étroit. Ils vont, après 1830 et surtout 1848, se populariser, toucher les petits notables de province, comme le pharmacien Homais, gagner l'élite ouvrière urbaine, tel Proudhon, se diffuser enfin dans les campagnes ; et au terme, par le suffrage universel, le peuple tranche, une fois la question ouvertement posée. Comme en 1877. Mais pour parvenir à ce résultat, il a fallu la réunion de deux facteurs : l'introduction du suffrage universel et une nouvelle politisation du catholicisme. On sait comment les républicains sont parvenus à apprivoiser le premier ; on connaît moins bien le processus qui conduit au second. Dans l'Ain, selon Philippe Boutry, le clergé, surtout à partir de 1860, se met à intervenir davantage dans le débat public : il s'exprime sur l'affaire romaine, les congrégations, l'école, mais aussi le roi et la République. Vers 1880, « un processus de politisation est achevé, qui unit dans un même ensemble cohérent d'opinions, foi catholique, attachement au Saint-Siège et soutien aux partis conservateurs[89] ». Alors se constituent, face à face, dans le village, parti clérical et parti laïc. Le curé des années soixante-dix quitte la réserve où le confinait le système concordataire ; il prend aussi la relève des notables sur le déclin. De toute manière, « les curés ont toutes les sciences que suppose la politique : sciences historiques, philosophiques et théologiques. Ce sont donc les curés qui sont le mieux à même de traiter les questions qui regardent la société civile[90] ». Le cléricalisme est aussi cela : la volonté de mobiliser un type de savoir archaïque pour intervenir dans la vie politique et, en conséquence, se référer à une autre mémoire pour agir efficacement.

On a coutume de présenter l'antagonisme entre laïcs et catholiques comme une spécialité bien française, au même titre que la variété des fromages ou le goût immodéré pour l'histoire. On trouverait assurément ailleurs, dans les pays latins notamment, d'Europe ou d'Amérique, des antagonismes aussi prononcés et des flambées anticléricales plus violentes. Mais le mélange durable de laïcité radicale et de catholicisme dominant est sans aucun doute spécifique. On serait toutefois en droit de se demander si cette singularité patrimoniale pourra survivre à la mondialisation des modèles et à la régionalisation des solidarités.

A-t-on finalement percé la signification profonde de ce duo insolite ? On pourrait être tenté d'y voir comme le symptôme d'un déséquilibre structurel, la trace à la fois d'une modernité et d'un archaïsme. Modernité incontestable, l'affirmation de l'autonomie de l'individu et de la laïcité de l'État, du pluralisme cultuel et de la privatisation de la religion ; archaïsme, sans doute, cette intériorisation de la guerre civile, cette « théologisation » incessante du débat politique, ce soupçon continuel porté sur la légitimité de l'adversaire. Conflit récurrent, intériorisé, mais aussi, heureusement, exorcisé. Fondé sur le partage du serment de 1791, exacerbé par la violence révolutionnaire, il s'institutionnalise rapidement, il se civilise bientôt. Il nous vaut cette spécificité bien française du partage des libertés – aux laïcs celles de 1789, aux cléricaux, celle de la religion et de l'enseignement. On pourrait sans doute porter au débit de ce couple trop envahissant l'incapacité de cette République « absolue[91] » à s'accepter une opposition légitime et, à son crédit, son allergie ultérieure au virus fasciste...

Laïcs-catholiques : un couple en voie de disparition ? Le charme désuet d'une France qui n'est plus ? Voire ! L'événement toujours sollicite l'histoire. Et l'on trouvera facilement une voix – mais point nécessairement celle que l'on attendait – pour crier « Émile Combes, réveille-toi ![92] ».

Catholiques et laïcs

1. *L'Assiette au beurre*, 19 mars 1904, *in* Élisabeth Dixmier et Michel Dixmier, *L'Assiette au beurre*, Paris, Maspero, 1974.
Cette étude croise en passant nombre d'autres, déjà publiées dans *Les Lieux de mémoire*. Privilège – ou risque inévitable – lié à une parution échelonnée ? Pour partie seulement. Le premier volume, notamment, consacré à *La République*, montre, sous des angles divers, l'émergence d'une mémoire « laïcisée » ou laïque. On y renvoie globalement pour n'avoir point à le faire en détail. On s'est autorisé encore de ces voies si bien tracées pour prendre des chemins de traverse, pour tenter aussi de chercher davantage à nouer la gerbe, dans la voie de l'explication plus que de la remémoration.

2. Voir en comparaison la permanence des représentations du ciel et de l'enfer dans l'iconographie des missions bretonnes, Fanch Roudaut, Alain Croix, Fanch Broudic, *Les Chemins du paradis, Taolennou ar Barradoz*, Douarnenez, Éd. de l'Estran, 1988.

3. Antoine de Baecque, *La Caricature révolutionnaire*, Paris, Presses du C.N.R.S., 1988.

4. Voir en particulier Eugen Weber, S*atan franc-maçon. La mystification de Léo Taxil*, Paris, Julliard, collection « Archives », 1964.

5. René Rémond, *L'Anticléricalisme en France de 1815 à nos jours*, 2ᵉ éd., Bruxelles, Éd. Complexe, 1985.

6. *Veillons sur notre histoire*, 1907, p. 10. Cité in Georges Weill, *Histoire de l'idée laïque en France au* XIXᵉ *siècle*, Paris, Félix Alcan, 1925, p. 359.

7. Id., *ibid.*

8. Paris, Desclée de Brouwer. En fait l'auteur poursuit avec un second ouvrage intitulé *L'Anticléricalisme et l'affaire Dreyfus*, Toulouse, Imprimerie régionale, 1948, puis par une *Histoire contemporaine de la laïcité républicaine* en trois tomes dont les deux premiers sont publiés en 1957 et 1960 par la Librairie Marcel Rivière, le troisième en 1961 par les Nouvelles Éditions latines.

9. Levallois-Perret, Société industrielle d'imprimerie, 1934, t. I, en 2 vol. (rééd., Paris, P.U.F., 1948).

10. T. I. Avant-propos.

11. Chanoine Capéran, *Histoire contemporaine, op. cit.*, t. I, p. IX.

12. Antoine Prost, *L'École et la famille dans une société en mutation*, Paris, G.V. Labat, 1982.

13. À titre d'exemple, le sondage I.F.O.P. du 10-12 février 1973 *(La Vie catholique)*. Le vote des militants catholiques pour le P.S. (24 %) et pour le P.C. (18 %) est le même que celui de l'ensemble des Français (respectivement 24 % et 19 %). Celui des pratiquants réguliers tombe à 10 % pour le P.S. et à 1 % pour le P.C.

14. Pour une perspective de plus longue durée, voir Émile Pourlat, *Liberté, laïcité. La guerre des deux France et le principe de la modernité*, Paris, Cerf-Cujas, 1987.

15. La vérification peut se faire, pour le XIXᵉ siècle, aussi bien grâce aux statistiques démographiques du second Empire qui font mention de l'appartenance religieuse qu'au vu de la répartition du budget des Cultes par confession.

16. Claude Langlois, « Trente ans d'histoire religieuse. Suggestions pour une future enquête », *Archives de sciences sociales des religions*, vol. LXIII, n° 1, 1987, pp. 85-114.

17. Voir particulièrement, de Jean Baubérot, l'ouvrage au titre significatif publié pour le tricentenaire de la révocation de l'édit de Nantes, *Le Retour des Huguenots*, Paris, Cerf-Labor et Fides, 1985. Id., *Le Protestantisme doit-il mourir ?*, Paris, Éd. du Seuil, 1988.

18. Cité par Marcel Launay, *L'Église et l'école en France*, XIXᵉ-XXᵉ *siècles*, Paris, Desclée, p. 156.

19. Doris Bensimon, *Les Juifs de France et leurs relations avec Israël (1945-1966)*, Paris, L'Harmattan, 1989, pp. 25-40.

20. Gilles Kepel, *Les Banlieues de l'Islam. Naissance d'une religion en France*, Paris, Éd. du Seuil, 1987.

21. Voir certains éléments de prospective dans l'ouvrage de Bruno Étienne, *La France et l'Islam*, Paris, Hachette, 1989.

22. Maurice Agulhon, *Marianne au pouvoir*, Paris, Flammarion, 1989.

23. R. Rémond, *op. cit.*, pp. 164-166. Sainte-Beuve parle seulement de «parti clérical».

24. Id., *ibid.*, pp. 175-186.

25. *Lettre d'un électeur à son député*, Paris, 1873, p. 11 *sq.*

26. Sous la direction de François Lebrun, *Histoire des catholiques en France*, Paris, Privat, collection «Pluriel», 1985, pp. 384-392.

27. Jean-Marie Mayeur, *Des partis catholiques à la démocratie chrétienne*, Paris, Armand Colin, 1980. Selon Jean-Marie Mayeur, l'impossibilité d'implanter un parti catholique tient à la hantise du cléricalisme, que refusent les conservateurs aussi bien que les républicains : «Cette attitude s'explique par une conception du catholicisme qui distingue fortement le spirituel du temporel et se défie de la confusion des genres» (p. 89).

28. Selon le titre du livre fameux de Daniel Halévy, réédité en 1972.

29. Eugen Weber, *La Fin des terroirs. La modernisation de la France rurale (1870-1914)*, trad. franç., Paris, Fayard, 1983.

30. Sur ce thème, on renvoie aux contributions rassemblées par François Furet et Mona Ozouf, *Dictionnaire critique de la Révolution française*, Paris, Flammarion, 1988.

31. L'archétype en est Albert de Mun. Voir Philippe Levillain, *Albert de Mun. Catholicisme français et catholicisme romain du Syllabus au ralliement*, École française de Rome, 1983.

32. Claude Nicolet, *L'Idée républicaine en France (1789-1924). Essai d'histoire critique*, Paris, Gallimard, 1982, p. 273.

33. Sous la direction de François Furet, *Jules Ferry, fondateur de la République*, Paris, Éd. de l'E.H.E.S.S., 1985.

34. Sa lettre aux instituteurs du 17 novembre 1883. On peut la lire dans l'ouvrage de M. Launay, *L'École et l'Église en France*, *op. cit.*, p. 81.

35. François Furet et Jacques Ozouf, *Lire et écrire. L'alphabétisation des Français de Calvin à Jules Ferry*, Paris, Éd. de Minuit, 1977.

36. Pierre Zind, *L'Enseignement religieux dans l'Instruction publique en France (1850-1873)*, Lyon, Centre d'histoire du catholicisme, 1971. Sait-on, par exemple, que Victor Duruy est l'auteur d'une *Histoire sainte d'après la Bible*, qui commence par les célèbres versets de la Genèse? L'ouvrage est toujours réédité au début du XXe siècle.

37. Mona Ozouf, *La Classe ininterrompue. Cahiers de la famille Sandre, enseignants, 1789-1960*, Paris, Hachette, 1979.

38. Jacques Gavoille, *L'École publique dans le département du Doubs, 1870-1960*, Paris, les Belles Lettres, 1981.

39. Michel Leniaud, *L'Administration des Cultes pendant la période concordataire*, Paris, Nouvelles Éditions latines, 1988, pp. 305-364.

40. É. Poulat, *Liberté, laïcité...*, *op. cit.*, pp. 294-304.

41. Claude Langlois, «L'introduction des congrégations féminines dans le système pénitentiaire français, 1839-1880», *in La Prison, le bagne et l'histoire*, sous la direction d e Jacques G. Petit, Genève, Médecine et Hygiène, 1984, pp. 129-140.

42. La loi du 14 août 1884 abroge le paragraphe 3 de l'article premier de la loi constitutionnelle du 16 juillet 1875 («le dimanche qui suivra la rentrée, des prières publiques seront adressées à Dieu dans les églises et dans les temples pour appeler son secours sur les travaux des Assemblées»).

43. Charles Monsch, « La naissance de La Croix », *in Cent Ans d'histoire de « La Croix »*, sous la direction de René Rémond et Émile Poulat, Paris, Le Centurion, 1988, pp. 21-34.

44. François Laplanche, « La notion de "science catholique" : ses origines au début du XIXe siècle », *Revue d'histoire de l'Église de France*, n° 192, janvier-juin 1988, pp. 63-90.

45. Jacqueline Lalouette, « Science et foi dans l'idéologie libre-penseuse (1866-1914) », *Christianisme et science*, Paris, Vrin, 1989, pp. 21-54.

46. Id., *ibid.*, p. 32.

47. Danielle Delorme, Nicole Gault et Josiane Gonthier, *Les Premières Institutrices laïques*, Paris, Mercure de France, 1980.

48. Françoise Mayeur, *L'Éducation des filles en France au XIXe siècle*, Paris, Hachette, 1979, p. 152.

49. *Paul Abadie, architecte, 1812-1884*, Musée d'Angoulême, catalogue de l'exposition 1984-1985, p. 143. Voir ici même, Quarto 3, « Le Sacré-Cœur », de François Loyer.

50. *Ibid.*, p. 134.

51. Michel Lagrée, « 1889, premier centenaire de la Révolution en Bretagne », *Annales de Bretagne et des pays de l'Ouest*, n° 3, 1984, p. 255. *Cf.* « La tour Eiffel », d'Henri Loyrette, ici même, Quarto 3.

52. En dehors de Ferdinand Buisson, il faut mentionner Jules Steeg, mais aussi Pauline Kergomard, directrice des écoles maternelles, et encore Félix Pécaut et Mme Jules Favre, qui assurent l'encadrement spirituel et moral des Écoles normales supérieures de Fontenay-aux-Roses et de Sèvres.

53. Yves Marchasson, « La Croix et le ralliement », *in* R. Rémond et É. Poulat, *op. cit.*, pp. 69-106.

54. Pour reprendre le titre de l'ouvrage que Pierre Chevallier a consacré aux rapports entre Jules Ferry et Léon XIII (*La Séparation de l'Église et de l'École*, Paris, Fayard, 1981).

55. Les statistiques sont accessibles dans l'ouvrage classique d'Antoine Prost, *L'Enseignement en France, 1800-1967*, Paris, Armand Colin, 1968, p. 45.

56. Jean-Marie Mayeur, *La Séparation des Églises et de l'État*, Paris, Julliard, 1966.

57. *Le Bonnet rouge* du 23 décembre 1915, *in* R. Rémond, *op. cit.*, p. 233.

58. À la fameuse lettre du père Doncœur placardée sur les murs, « Nous ne partirons pas », il faut adjoindre les affiches de la Ligue des droits du religieux ancien combattant, vite connue sous le nom de D.R.A.C. Voir par exemple Rémi Paillart, *Affiches 14-18*, Reims, 1986, chez l'auteur, p. 297.

59. *L'École libératrice*, 6 décembre 1930, récapitulation de l'argumentaire.

60. Jacqueline Freyssinet-Dominjon, *Les Manuels d'histoire de l'école libre, 1882-1959*, Paris, Armand Colin, 1969.

61. Yan Fauchois, *Religion et France révolutionnaire*, Paris, Herscher, 1989.

62. N° 23, t. II, p. 454.

63. François Furet, *Penser la Révolution française*, Paris, Gallimard, 1978, p. 77 *sq.*, sur le complot aristocratique.

64. Claude Langlois, « Religion, culte et opinion religieuse : la politique des révolutionnaires », *Revue française de sociologie*, n° 3-4, 1989, pp. 471-496.

65. Figure emblématique de ce courant dominant, l'abbé Fauchet sur lequel nous ne possédons que des études anciennes ou partielles. Voir Henry Cros, *Claude Fauchet, 1744-1793, ses idées politiques, économiques et sociales*, Paris, E. Larose, 1912, et Gary Kates, *The Cercle social, the Girondins and the French Revolution*, Princeton, Princeton University Press, 1985.

66. Bernard Cousin, Monique Cubells, René Moulinas, *La Pique et la Croix. Histoire religieuse de la Révolution française*, Paris, Le Centurion, 1989.

67. *Histoire socialiste de la Révolution*, Paris, Éditions sociales, 1968, t. I, p. 791 : « La Constitution civile du clergé laïcisait à certains égards l'Église elle-même. »

68. Timothy Tackett, *La Révolution, l'Église, la France. Le serment de 1791*, Paris, Éd. du Cerf, 1986.

69. Claude Langlois, « Crise du serment et retour de l'antichristianisme des Lumières (1791) », *Mélanges Gadille*, à paraître. La crise du serment est l'occasion d'une réactualisation de la critique des Lumières et d'une accentuation de la présentation du clergé comme élément constitutif de l'Ancien Régime.

70. Albert Mathiez, *La Théophilanthropie et le culte décadaire*, Paris, Alcan, 1903, p. 707.

71. Dominique Julia, *Les Trois Couleurs du tableau noir. La Révolution*, Paris, Belin, 1981, p. 199. Formule du député de Seine-et-Marne à la Convention, Opoix (1793).

72. Il faut lire le long développement de M.-E. Petit (1er octobre 1793) qui insiste longuement sur la supériorité du christianisme. D. Julia, *op. cit.*, pp. 200-201.

73. Bronislaw Baczko, *Une éducation pour la démocratie. Textes et projets de l'époque révolutionnaire*, Paris, Éd. Garnier, 1982, pp. 297-298.

74. Rapport du 24 germinal an II, B. Baczko, *op. cit.*, p. 423.

75. Id., *Ibid.*, p. 250. Notes de Condorcet.

76. *Ibid.*, p. 185, rapport de Condorcet des 20 et 21 avril 1792.

77. *Ibid.*, p. 259.

78. Cl. Nicolet, *op. cit.*, pp. 76-80.

79. Étienne Fouilloux et Claude Langlois, « Les parrainages civils à Ivry-sur-Seine au XXe siècle », *Libre Pensée et religion laïque en France*, Strasbourg, C.E.R.D.I.C., 1980, pp. 193-210.

80. Jules Michelet, *Histoire de la Révolution française*, Paris, Gallimard, Bibl. de la Pléiade, 1952, t. I, p. 21.

81. Jean-Clément Martin, *La Vendée de la mémoire (1800-1980)*, Paris, Éd. du Seuil, 1989.

82. T. Tackett, *op. cit.*, pp. 251-318.

83. Claude Langlois, « La déchirure », postface à l'ouvrage cité de Timothy Tackett, pp. 319-337.

84. On renvoie aux thèses connues de Maurice Gontard sur *L'Enseignement primaire en France, de la Révolution à la loi Guizot* (Paris, Les Belles Lettres, 1959) et de Pierre Zind, sur *Les Nouvelles Congrégations de frères enseignants en France de 1800 à 1830* (Saint-Genis-Laval, 1969).

85. A. Prost, *L'Enseignement en France..., op. cit.*, p. 13.

86. Claude Langlois, Le Diocèse de Vannes au XIXe siècle. 1800-1830, Paris, Klincksieck, 1974, p. 405.

87. R. Rémond, *op. cit.*, pp. 113-114.

88. Robert Casanova, *Montlosier et le parti prêtre*, Paris, Robert Laffont, 1970.

89. Philippe Boutry, *Prêtres et paroisses au pays du curé d'Ars*, Paris, Éd. du Cerf, 1986, p. 641 ; voir aussi p. 644.

90. Id., *Ibid.*, p. 641. Propos du très officiel Messager du dimanche en 1875, en réponse à l'affirmation que le clergé ne doit pas faire de politique.

91. Odile Rudelle, *La République absolue, 1870-1889*, Paris, Publications de la Sorbonne, 2e éd., 1986.

92. Titre d'un article de Christian Lahalle publié dans le numéro consacré au « droit au blasphème » de la revue Éléments, septembre-octobre 1989, publication de la « nouvelle droite » (G.R.E.C.E.).

Le peuple

Le peuple ? « Un mot qui se prête à tout », nous avertit Mirabeau, orfèvre entre les orfèvres. Du jour où l'institution royale perdit son fondement divin, c'est-à-dire depuis la Révolution française, il fallut bien que la métaphysique trouvât refuge quelque part à l'intérieur de l'univers politique, sous peine de voir celui-ci se défaire et s'effondrer. Faute d'un appui sûr et incontestable, le pouvoir était soudainement privé de toute légitimité, réduit à une pure contingence, limité à l'arbitraire et à l'éphémère de sa force matérielle. Sur quoi, dès lors, fonder le consentement des gouvernés ? Le peuple est bien le *deus ex machina* de la politique moderne, à la fois agent historique et principe spirituel de la démocratie.

Comme *agent historique*, « le peuple » est un *concept social discriminant*, dont l'acception est certes très étendue, nous allons le voir, mais aussi fort ambiguë puisque, selon les moments, il inclut ou exclut telle ou telle catégorie de la population, telle ou telle classe sociale. Ce sera un des enjeux permanents de la bataille idéologique française, avant Marx et, bien entendu, à la suite de Marx, de décider qui a le droit de se réclamer du peuple, qui a le droit d'en faire partie. En ce sens, le peuple se pose en s'opposant. Il se manifeste et se définit contre tout ce qui n'est pas lui. Si les catégories de l'« ami » et de l'« ennemi » sont bien, comme l'affirme Carl Schmitt, le critère distinctif de l'univers politique au sens le plus large, alors le peuple est d'emblée signe de contradiction. La bataille politique révolutionnaire opposera donc les « amis du peuple » – on a reconnu le nom du journal de Marat – et les « ennemis du peuple », ceux que Robespierre poursuivra d'une haine inlassable.

Comme *principe spirituel de la démocratie*, au contraire, le peuple est un *concept politique englobant*, destiné à transcender toutes les distinctions sociales, d'aucuns diront à les escamoter. D'où l'extraordinaire ambivalence de l'avènement révolutionnaire du peuple. Il présuppose l'identité substantielle du politique et du social. Les Jacobins inaugurent une tradition politique qui deviendra plus tard celle des socialistes. De toutes les grandes nations modernes, la France est le pays qui a poussé le plus loin cette identification et qui, de ce fait, a installé la division sociale au cœur même du combat politique. Dans la tradition française, des Jacobins aux Pères fondateurs de la IIIe République, il n'y aura jamais traitement à part du social. Cela permettra aux uns d'affirmer que la République sera nécessairement sociale – tel fut, par exemple, le point de vue de Jaurès – et aux autres de prétendre que cette République fut *justement* le régime idéal pour escamoter la question sociale : ainsi pensèrent au début du siècle les tenants du syndicalisme d'action directe. Du fait de cette ambivalence, on verra que les classes laborieuses en France pourront bénéficier d'une intégration politique sans équivalent sur le continent européen, et pâtir d'une exclusion sociale non moins spectaculaire. Voilà aussi pourquoi il existe du point de vue marxiste une *exception française permanente* : c'est en France que les luttes des classes connaîtront leur traduction politique la plus directe et la plus lisible, dans la configuration des partis comme dans leur affrontement ; mais c'est aussi en France que les luttes de classes ne parviennent jamais à déboucher sur une confrontation sociale généralisée, en raison de la préexistence de la synthèse politique républicaine : paradoxe irritant qui fait de ce pays l'enfant chéri des révolutionnaires du XIXe siècle et le lieu d'une déception systématique. En France, la République a déminé la lutte des classes. Depuis deux siècles le peuple français ne se lasse pas de rejouer cette pièce dont il est le héros et l'acteur ; il est le seul à ne pas s'étonner qu'une histoire aussi sanglante repousse indéfiniment un dénouement tragique.

1. De Mirabeau à Sieyès

Mais revenons au texte de Mirabeau, qu'il faut citer longuement, parce que, à l'aube de l'ère nouvelle, il saisissait avec lucidité et pragmatisme comment la fortune du peuple – le mot et la chose – repose sans conteste sur son ambiguïté sémantique.

> On a cru m'opposer le plus terrible dilemme en me disant que le mot peuple signifie nécessairement ou trop ou trop peu, que si on l'explique dans le même sens que le latin *populus*, il signifie nation [...], que si on l'entend dans un sens plus restreint comme le latin *plebs*, alors il suppose des ordres, des différences d'ordre et que c'est là ce que nous voulons prévenir. On a même été jusqu'à craindre que ce mot ne signifiât ce que les Latins appelaient *vulgus*, ce que les aristocrates tant nobles que roturiers appellent insolemment la canaille. À

Le peuple

cet argument je n'ai que ceci à répondre. C'est qu'il est infiniment heureux que notre langue dans sa stérilité nous ait fourni un mot que les autres langues n'auraient pas donné dans leur abondance [...] un mot qui ne puisse nous être contesté et qui dans son exquise simplicité nous rende chers à nos commettants sans effrayer ceux dont nous avons à combattre la hauteur et les prétentions, un mot qui se prête à tout et qui, modeste aujourd'hui, puisse grandir notre existence à mesure que les circonstances le rendront nécessaire, à mesure que, par leur obstination, par leur faute, les classes privilégiées nous forceront à prendre en main la défense des droits nationaux et de la liberté du peuple[1].

Ici, Mirabeau ne se contentait pas de répondre à Mounier qui proposait de définir la souveraineté nationale à partir des «représentants de la majorité de la nation», ni de réfuter les arguments de juristes éminents comme Thouret, de Rouen, et Target, de Paris, qui dénonçaient l'ambiguïté entre le peuple-*populus* et le peuple-*plebs*; au-delà du débat de droit constitutionnel, l'habile marquis proposait en somme à la bourgeoisie progressiste de son temps, celle qui avait joué un rôle décisif dans les premiers moments de la Révolution, de se constituer en tiers parti de gouvernement, entre l'égoïsme à courtes vues des privilégiés et l'impatience du populaire. Le moyen? Il s'agissait, au moment même de l'avènement politique du grand nombre, de consacrer ce principe tout en rusant avec; d'instituer l'ambivalence en maxime de gouvernement et, sans jamais s'écarter du dogme de la souveraineté populaire, d'opposer le *populus* aux menées subversives de la plèbe, et la menace de la *plebs* à l'immobilisme des privilégiés. Ce sera, un quart de siècle plus tard, le programme effectif de Guizot et des doctrinaires de la monarchie selon la Charte.

Car la distinction, ou plutôt la confusion entre *populus* et *plebs*, voilà bien, si loin que l'on remonte dans l'emploi du mot peuple, la formule infaillible de son succès. Cette particularité française est-elle due seulement, comme le suggère Mirabeau, à la pauvreté de notre vocabulaire? On en doute. Après tout, selon les auteurs et selon les moments, *people* en anglais et *Volk* en allemand jouissent de la même ambivalence. Quelle que soit, en effet, la formule politique en usage, monarchie, oligarchie ou république, quelle que soit la philosophie qui la sous-tend, droit divin, souveraineté populaire ou primat de la raison, quelle que soit, enfin, l'organisation sociale qui prévaut, ordres, classes ou même castes, le peuple est la réalité politico-sociale la moins contournable, la figure sociale par excellence.

Ainsi, l'ambiguïté irréductible du mot peuple, celle qui en fait tout le prix aux yeux de Mirabeau, est qu'il désigne tantôt le tout, tantôt l'une de ses parties.

Mais nous ne sommes pas au bout de nos peines. Que recouvre en fait la totalité ? Et qu'inclure dans la partie la plus nombreuse ? Plus précisément : le peuple-*populus*, c'est-à-dire la nation, inclut-il les ordres privilégiés ? Inversement, suffit-il de ne pas appartenir à ces dernières pour être *ipso facto* partie prenante du peuple-*plebs* ? Deux questions qui se posent successivement, au fur et à mesure du déroulement de la Révolution française.
À la première, la réponse de Mirabeau n'est pas douteuse : l'ambiguïté du mot peuple permet justement de n'exclure personne. La noblesse et le clergé font bel et bien partie de la nation. Et cela, en dépit de leur égoïsme et de leurs maladresses. Il faudra que la partie éclairée de la société les y maintienne, en quelque sorte, malgré eux. Toujours l'ambiguïté.
À l'inverse, la position de l'abbé Sieyès est d'une effrayante brutalité. Avant même le déclenchement de la Révolution, il prend partie sans équivoque. On a souvent sous-estimé la radicalité de sa célèbre brochure *Qu'est-ce que le tiers état ?* en ramenant sa pensée et son programme à la dernière proposition de son célèbre triptyque :

1. Qu'est-ce que le tiers état ? – Tout.
2. Qu'a-t-il été jusqu'à présent dans l'ordre politique ? – Rien.
3. Que demande-t-il ? – À être quelque chose.

Ce «quelque chose» a paru bien modeste et bien raisonnable. N'est-ce pas le moins, quand on est tout, de prétendre à être reconnu pour quelque chose ? On a trop oublié la première proposition qui est sans concession : le tiers état est tout. En bonne logique, cela veut dire que les deux autres ordres ne sont rien. Et, du reste, le célèbre libelle entreprend de justifier cette proposition, dès le premier chapitre : «Le tiers état est une nation complète.» Autant dire que les privilégiés ne font pas partie de la nation. Passe encore pour le clergé : Sieyès, qui se souvient peut-être qu'il est lui-même ecclésiastique, indique dans une note qu'après tout le clergé est une *profession* plutôt qu'un *ordre* ; et qu'à ce titre il a droit à l'existence sociale, au sein même de la nation. Mais la noblesse ? Ce corps parasite n'est occupé que de ses intérêts particuliers, alors que la nation tend à réaliser l'intérêt général. Il ne suffit donc pas d'affirmer que les castes privilégiées sont débilitantes et nuisibles. Il faut aller jusqu'à démontrer que l'ordre noble «n'entre point dans l'organisation sociale».
On n'ira jamais plus loin dans la dénégation de toute utilité sociale des ordres privilégiés. Adieu le fonctionnalisme cher au Moyen Âge, qui distingue, à côté de la fonction économique exercée par le tiers état, une fonction militaire incombant professionnellement à la noblesse et une fonction religieuse et intellectuelle qui est l'apanage du clergé[2]. Nous sommes plus près de la fameuse parabole de Saint-Simon, qui conclut à la parfaite inutilité sociale

Le peuple

des classes dirigeantes et des professionnels du verbe. Et l'on sait aussi qu'en période révolutionnaire proclamer l'inexistence sociale d'un groupe donné équivaut à vouer ses membres à l'extermination physique: ainsi en est-il allé des koulaks sous la dictature de Staline ou des paysans propriétaires dans la Chine de Mao. Dans un système fondé sur la reconnaissance et même l'exacerbation des luttes de classes, il n'y a pas de sociologie innocente et, cinq années à peine avant la Terreur, celle de Sieyès l'est moins que toute autre. Ce n'est pas de constructivisme social qu'il faut parler ici, à la façon de Hayek, mais bien de *destructivisme*: les parties jugées inutiles ou périmées n'ont qu'une vocation, disparaître. Le choix entre la pensée de Mirabeau, respectueuse de la réalité sociale, et celle de Sieyès, qui vise à la remodeler, est la première grande épreuve de la Révolution française. Après avoir poussé la doctrine de Sieyès jusqu'à ses dernières conséquences, on la sent reculer, comme effrayée par ce qu'elle était en train de faire, et revenir, à partir de Thermidor, à celle de Mirabeau.

Mais le choix entre maximalistes (le peuple-*populus*) et minimalistes (le peuple-*plebs*) ne recouvre pas la totalité du débat social. Le second volet du diptyque porte sur le contenu même de la plèbe. Ici, c'est le marquis qui se révèle meilleur prophète que l'abbé. Dès lors qu'il faut prouver ses quartiers de roture pour appartenir au peuple, le processus réducteur ne s'arrête pas là. Le tiers état est gros en somme d'un «quart état», lequel contient le noyau dur du peuple. Ici, il ne convient pas de parler de *plebs*, mais de *vulgus*, c'est-à-dire de foule, de multitude destructurée : le *lumpenpopulus*, si l'on peut dire.

Ainsi, la Révolution française nous a offert, au fur et à mesure de son déroulement, le spectre complet des diverses acceptions du mot peuple et des figures sociales qui leur correspondent. Ce sont, par ordre d'extension décroissante :

– *le peuple-nation*, englobant la population tout entière, au-delà des clivages d'ordre ou de classe qui le traversent. C'est en dernière analyse le peuple de Mirabeau, comme nous l'avons vu. En amont, c'était déjà le peuple de Rousseau. En aval, c'est celui qui émerge de la tempête révolutionnaire ;

– *le peuple-tiers état*, tel que le décrit Sieyès, par élimination des ordres privilégiés, spécialement de la noblesse. C'est la réunion des classes populaires autour de la bourgeoisie, spécialement de la bourgeoisie intellectuelle. C'est, nous le verrons, la formule dans laquelle se reconnaît avec prédilection la gauche française, depuis les élections aux États généraux de 1789 jusqu'au programme commun de 1972 : l'alliance le plus large possible contre «une poignée de privilégiés» ;

– *le peuple des travailleurs* est une version restreinte du cas précédent, moins juridique et plus sociale. Ici la notion de privilège englobe la richesse : les riches bourgeois sont rejetés du côté des classes dominantes. Le pivot de la société est constitué par les citoyens des quartiers populaires, commerçants,

artisans, ouvriers et manœuvres, tous ceux qui fournissent les troupes de la sans-culotterie parisienne. Le jacobinisme de Robespierre et de Saint-Just ne cesse d'hésiter, selon les problèmes et les moments, entre la conception précédente, où le tiers état forme bloc, et celle dans laquelle travailleurs manuels et petite-bourgeoisie apparaissent au premier plan. Encore une trentaine d'années et le clivage qui s'esquisse ici provisoirement, dans le sillage de Robespierre, et plus encore de Babeuf, deviendra la fracture sociale majeure, le front principal des luttes de classes en France, telles que les a décrites Marx ;
– *le peuple des bras nus et des miséreux*, celui que tentent de mobiliser Jacques Roux et les Enragés, est d'une tout autre nature que les précédents. C'est un peuple résiduel, qui ne saurait à lui seul prétendre à constituer une société, fût-ce à l'état embryonnaire. Il n'annonce pas non plus une étape nouvelle de l'histoire, mais témoigne au contraire, par-delà les changements politiques et économiques, de la permanence d'une couche d'exclus et de laissés-pour-compte. Il ne se limite pas aux «classes dangereuses» dont a parlé Louis Chevalier ; et pourtant il fait peur. Son apparition comme acteur social dans les situations extrêmes, révolutions politiques ou émeutes de la faim, signifie l'émergence d'un non-dit : comme elle est opaque à elle-même, cette société, et combien fragile !

On l'a déjà compris : le peuple, à l'aube de l'ère démocratique, apparaît comme acteur historique majeur et se situe à l'entrecroisement des quatre figures que l'on a distinguées : comme incarnation vivante de la Nation, il a pour antagoniste le Roi ; représenté par le Tiers, il s'oppose aux Grands ; identifié aux Travailleurs, il s'oppose aux Gros ; réduit aux pauvres et aux miséreux, c'est l'ordre social lui-même qu'il paraît menacer.

Le premier de ces conflits, celui qui met face à face, dès juin 1789, le peuple au roi, se confond avec l'essence de la Révolution française. Il pourra s'en trouver par la suite, en 1793-1794, de plus violents et surtout de plus sanglants, mais pas de plus radicaux. On ne fait pas ici allusion aux divers épisodes qui, de la proclamation de l'Assemblée nationale constituante (9 juillet 1789) jusqu'à la chute de la royauté (10 août 1792) en passant par la fuite à Varennes (juin 1791), ont mis face à face Louis XVI et les députés ; on veut parler de cette question essentielle qu'est la dévolution de la souveraineté légitime. Une analyse un peu courte, de type marxiste, nous avait longtemps habitués à voir dans la période de la Terreur le cœur même de la Révolution française, parce que, par certains aspects, elle annonçait les conflits sociaux de l'avenir. Mais plus récemment, cette analyse a été remise en cause, notamment par François Furet et ses disciples. Ils ont souligné à juste titre que c'est en 1789 qu'a été opérée la grande rupture avec l'Ancien Régime, autrement dit le passage de la souveraineté royale – et, en dernière analyse, divine – à la souveraineté populaire. Il est à peine besoin de souligner ce qu'une telle révolution doit à Rousseau, même si elle n'a pas été faite *Le Contrat social* à la main.

Le peuple

Le caractère inédit et proprement révolutionnaire de cet ouvrage incomplet et par certains aspects énigmatique («un texte à refaire», disait l'auteur) ne tient pas à l'affirmation de la souveraineté populaire comme *ultima ratio* de la politique. D'autres avant lui ont opéré la substitution du peuple au monarque lieutenant de Dieu: Pufendorf, Jurieu, Hobbes surtout et avant lui toute une pensée laïcisante, de Dante à Machiavel, qui s'efforce de libérer le monarque de toute dette, de toute obédience à l'égard de Dieu. Si le monarque ne tient pas son pouvoir de Dieu, de qui le tiendra-t-il, sinon du peuple?

Le coup de force théorique de Rousseau n'est donc pas dans la proclamation du principe de la souveraineté populaire, mais dans cette proposition inouïe, qui est restée jusqu'aujourd'hui objet de scandale: que non seulement le peuple est souverain, mais qu'il doit *lui-même* exercer sa souveraineté, sans jamais la déléguer. Comme l'a bien montré Robert Derathé, l'innovation radicale de Jean-Jacques consiste à attribuer au peuple non seulement l'origine, mais l'exercice de la souveraineté[3].

Une bonne partie du reste de l'œuvre politique de Rousseau sera consacrée à tenter de sortir de la difficulté dans laquelle il s'est lui-même plongé: comment donner le pouvoir au grand nombre? Comment l'exercice de la souveraineté, qui suppose la concentration en un petit nombre de mains, peut-il effectivement être l'œuvre de tous? On n'entrera pas dans l'analyse des subtilités, mais aussi des contradictions de l'auteur du *Contrat social* sur ce point. Plus important est de signaler que, ce faisant, il a plongé la Révolution française dans le même embarras. Il n'est pour s'en convaincre, que de relire l'article 6 de la Déclaration des droits de l'homme et du citoyen de 1789: «La loi est l'expression de la volonté générale. Tous les citoyens ont droit de concourir personnellement, ou par leurs représentants, à sa formation... »

Qu'en est-il dans les faits de ce droit reconnu au citoyen d'être *personnellement* législateur? Peut-il à chaque instant s'en prévaloir? Et par quels moyens? Le référendum? La démocratie directe? Le débat rebondira avec la Constitution de 1793 qui s'efforce de donner un contenu concret à ce droit. Mais elle ne fut pas appliquée, et sans doute n'était-elle pas applicable.

Voici pourtant le peuple investi de la prérogative qui, jadis, fut celle des rois: celle de conférer la légitimité à tous les actes de la politique. Devenu sujet de l'histoire sans cesser d'en être l'objet, souverain autocéphale ou prétendu tel par ses adorateurs, le peuple commence avec la Révolution son irrésistible ascension en trompe l'œil: quand il est censé gouverner, il est absent des affaires; mais quand on prétendra en finir avec la démocratie, c'est encore au nom du peuple qu'on le fera.

2. De Bonald à Louis Blanc

Comment s'en débarrasser ? C'est la question que se sont posée la plupart des penseurs politiques du XIXe siècle. L'apparition du peuple sur la scène politique, son irruption révolutionnaire dans les lieux où se règle sa destinée, selon l'expression de Trotski, a bouleversé de fond en comble un art millénaire : celui du gouvernement. Traditionnellement, celui-ci avait été conçu comme le moyen de répondre à cette question capitale : « Comment faire pour que le grand nombre obéisse au petit ? » Les réponses, on les eût dites sorties tout droit du discours du Grand Inquisiteur de Dostoïevski : le miracle, le mystère, l'autorité. Désormais, la question est autre. Elle est double : « Comment le grand nombre peut-il se commander à lui-même ? », et aussi : « Comment le grand nombre peut-il s'obéir à lui-même ? » La réponse théorique, Rousseau l'a donnée dans *Le Contrat social*. Pour ce faire, il faut et il suffit que la souveraineté populaire ne puisse pas se tromper, ne puisse pas se diviser, ne puisse pas se déléguer. Trois postulats démentis par l'expérience la plus courante, et qui pourtant sont indispensables à l'équilibre de l'édifice. Il faudrait pour les respecter bannir de la scène publique les débats d'opinion, le pluralisme des partis et le système parlementaire. Tout cela qui s'annonce en ce début du XIXe siècle et qui, à nos yeux encore, s'identifie avec l'exercice même de la démocratie. Jamais peut-être dans l'histoire des régimes politiques, on ne s'était avancé vers un nouveau système armé de principes aussi incompatibles avec son existence même. En attendant, c'est l'intelligence politique du XIXe siècle, son ingéniosité aussi, qui, toutes opinions confondues, se mobilisent contre le principe de la souveraineté populaire.

Pour les grands réactionnaires du début du siècle, comme Bonald et Maistre, partisans de la restauration de l'Ancien Régime, ce principe radicalement mauvais se confond avec l'essence diabolique de la Révolution française. Face aux droits de l'homme, il convient donc de restaurer les droits de Dieu et rendre à celui-ci la souveraineté politique. Solution qui paraît aberrante, hors de saison et hors de raison et qui, pourtant, comporte un énorme avantage et véhicule une grande leçon : c'est que la notion de souveraineté est de celles qui irradient et brûlent tous ceux qui l'approchent : la renvoyer dans les espaces interstellaires doit permettre, en principe, d'en débarrasser la terre et d'y faire régner des maximes de gouvernement plus pragmatiques. Ce n'est pas pour rien que l'« empirisme organisateur » de Maurras au tournant du XXe siècle, allégé du substrat métaphysique de Bonald, se réclame néanmoins de lui contre les « nuées » de la politique républicaine et humaniste.

Tout comme les grands réacteurs, ses contemporains, Guizot repousse énergiquement le principe de la souveraineté populaire. Mais il se distingue d'eux de façon radicale à propos des conséquences à tirer de la Révolution fran-

Le peuple

çaise. Quelque jugement que l'on porte sur elle, on ne saurait faire qu'elle n'ait pas eu lieu. Et ce qu'elle interdit désormais, c'est justement de recourir à la fiction de la souveraineté divine. Celle-ci est impossible; l'autre, la souveraineté populaire, impraticable. Alors? N'est-ce pas la notion même de souveraineté qu'il convient de mettre en cause? Du reste, observe-t-il, cette notion de souveraineté populaire a fait faillite dès ses premiers pas, en se résignant à n'être que la loi de la majorité. Le principe transcendant destiné à se substituer à la souveraineté divine se réduit piteusement à une version non violente de la loi du plus fort; substitution d'autant plus discutable qu'elle prétend régler, non seulement des rapports de force, mais aussi des débats de nature intellectuelle. Au nom de quoi l'opinion de la majorité serait-elle infaillible? En quoi serait-elle conforme à «la raison, la justice, qui sont la vraie loi et confèrent seules la souveraineté légitime[4]»?

Voilà qui est dit. Voilà tranché le nœud gordien de la souveraineté. Puisque ni celle de Dieu ni celle du peuple ne sont praticables, et qu'on ne saurait en imaginer d'autres titulaires personnels, c'est tout justement le principe de souveraineté qu'il s'agit de remettre en cause, en le renvoyant à d'autres valeurs. Qui ne voit qu'en attribuant la souveraineté à la raison et à la justice, Guizot se déleste en fait d'un concept incommode, facteur d'arbitraire et d'imprévisible dans la conduite des affaires publiques? Le peuple est désormais un des acteurs de la vie politique; il ne saurait pour autant en être le souverain arbitre.

D'où la critique très vive du suffrage universel qui, en attribuant à chacun la même part de souveraineté, fait abstraction à la fois des inégalités naturelles et des inégalités acquises. Dans le système du suffrage universel, le droit de vote est garanti à chaque individu en quelque sorte de naissance. En cela, il se rapproche du système aristocratique, fondé lui aussi sur la naissance, non sur la capacité. La conséquence, c'est le «despotisme du nombre, la domination des infériorités sur les supériorités».

Ce n'est pas de cette façon que procède le gouvernement représentatif, caractérisé justement, au dire de Guizot, par la prise en compte, pour la sélection des gouvernants, du principe de capacité. Ce n'est qu'ensuite qu'on cherchera la majorité parmi les capables. Ainsi, loin d'être synonymes, ou à tout le moins complémentaires, souveraineté populaire et gouvernement représentatif procèdent de principes opposés; la première fait venir le pouvoir d'en bas, le second d'en haut. Certes, il peut arriver qu'on fasse appel à la souveraineté du peuple pour briser une inégalité excessive ou pour en finir avec un pouvoir tyrannique; mais il ne s'agit là que d'un recours provisoire, non d'un principe de gouvernement. «La souveraineté du peuple est pleine à la fois d'orgueil et d'envie, le gouvernement représentatif rend hommage à la dignité de notre nature sans en méconnaître la faiblesse.»

LES FRANCE *Divisions politiques*

*MANIFESTATION PACIFIQUE ET FRATERNELLE DU 17 MARS 1848,
OÙ SE MÉLANGENT INTELLECTUELS, BOURGEOIS, PRÊTRES, MILITAIRES, OUVRIERS.
DESSIN ET LITHOGRAPHIE D'A. COLLETTE.*

Le peuple

Le Suffrage universel, allégorie dédiée à Ledru-Rollin (debout au centre près de l'arbre de la Liberté). On reconnaît à droite Garnier-Pagès et Thiers ; le peuple arrive en deux grandes colonnes par les modernes moyens de transport, le bateau à vapeur et le chemin de fer. Lithographie de Sorrieu d'après une composition de la citoyenne Goldsmid, 1850.

C'est à un expédient analogue que fait appel Benjamin Constant. Mais au fur et à mesure que l'on se déplace de la droite vers la gauche, l'hommage rendu à la souveraineté populaire est plus appuyé. Comme il n'est plus question de la refuser, on se contentera de la limiter. La célèbre distinction entre la liberté chez les anciens et la liberté chez les modernes[5] a pour effet de soustraire à l'emprise de la souveraineté populaire tout le domaine de la vie privée. Certes, le peuple est souverain, mais seulement dans les affaires publiques. Dans les affaires privées, c'est l'individu qui doit avoir le dernier mot. Et comme, en matière politique, Benjamin Constant est un partisan résolu du système représentatif, on peut dire qu'il ne fait qu'ajouter un verrou de sécurité à celui qu'a établi Guizot – la capacité – pour la défense de l'individualisme moderne.

Gouvernement représentatif : ce sera tout au long du siècle la barrière de sécurité imaginée par la classe gouvernante à l'égard des débordements possibles de la souveraineté populaire. Pas question de refermer la boîte de Pandore de la démocratie. Mieux vaudra la transformer en miroir aux alouettes. En veut-on deux autres exemples, empruntés aux ailes marchantes de la démocratie ? Le premier a pour cadre la Révolution de 1848, le second les débuts de la IIIe République.

Il était inévitable que la révolution de Février, qui a sacralisé le peuple, posât à nouveau les questions soulevées par Rousseau et que la grande Révolution avait eu tant de mal à escamoter : comment rendre effective la souveraineté reconnue au peuple ? Par le gouvernement direct de celui-ci, répondent alors les démocrates les plus avancés, les plus sincères. C'est le cas de Victor Considérant, représentant autorisé du fouriérisme, de Rittinghausen, ancien député au Parlement de Francfort, ou encore, de façon plus surprenante, d'Émile de Girardin. C'est encore, à la manière qui lui est propre, le cas de Proudhon. C'est enfin le cas de Ledru-Rollin, figure centrale de la gauche « démoc-soc » et principal rival de Louis Napoléon Bonaparte lors de l'élection présidentielle de décembre 1848. Il est notamment l'auteur de deux articles, plus tard repris en brochures, dont le titre dit assez le contenu. Ce sont : « Du gouvernement direct par le peuple » et « Plus de président, plus de représentants ». Il est piquant de voir les deux principaux protagonistes de l'élection présidentielle de décembre 1848, Louis Napoléon Bonaparte et Ledru-Rollin, professer en somme les mêmes principes et se réclamer l'un et l'autre du gouvernement direct : question d'époque, et preuve que le débat autour du *Contrat social* n'est pas terminé.

Les solutions imaginées par les partisans du gouvernement direct sont variées. Elles vont du classique référendum jusqu'à l'organisation du vote direct des lois par communes ou par secteurs de mille citoyens. Si les moyens diffèrent, le but est toujours le même : en finir avec la délégation de la souveraineté.

Le peuple

Un homme se lève pour crier aux chimères. Ce n'est ni un réactionnaire ni un conservateur; c'est au contraire la personnalité la plus en vue du mouvement socialiste de l'époque, celui dont Février a fait l'un des porte-parole du peuple au sein du gouvernement provisoire : c'est Louis Blanc, l'auteur de *L'Organisation du travail*, le père putatif des Ateliers nationaux. Que dit Louis Blanc? Que le recours à la démocratie directe, sans une éducation politique préalable du peuple, consacrerait «l'autorité de l'ignorance sur l'instruction, des préjugés sur les vérités nouvelles, de l'esprit de routine sur l'esprit de progrès, des ténèbres sur la lumière». Pas moins. Les partisans du recours au peuple ne sont pas, comme on pourrait croire, des ultra-démocrates; ce sont tout bonnement des Girondins, à l'image de ceux qui, jadis, pour sauver Louis XVI, avaient proposé démagogiquement l'«appel au peuple». En vérité, dit Louis Blanc, le verdict du peuple ne serait valable que s'il était unanime! Et voilà la surenchère rousseauiste mise au service de la démocratie indirecte. À l'instar de son maître Robespierre, Louis Blanc ne conçoit la démocratie que sous les espèces du gouvernement représentatif. Et à qui lui ferait remarquer qu'il accepte des assemblées parlementaires ce qu'il refuse au peuple, c'est-à-dire le système de majorité simple, Louis Blanc se récrie que ce sont là deux choses différentes. Car, dans l'état actuel des choses, le peuple est abruti, moutonnier, ignorant de ses intérêts, aveugle, tandis que les assemblées réunissent des personnes compétentes. Nous voici, phraséologie mise à part, tout près de la théorie des capacités de Guizot. Et comme dans toutes ces discussions Rousseau est décidément un allié peu sûr, voici le socialiste Louis Blanc invoquant le libéral Montesquieu :

> Le peuple est admirable pour choisir ceux à qui il doit confier quelque partie de son autorité [...] mais saura-t-il conduire une affaire, connaître les lieux, les occasions, les moments, en profiter? Non il ne le saura pas[6].

Même attitude de la part des notables de la IIIe République commençante. Les principaux leaders parlementaires, Thiers, Gambetta, Jules Ferry, Clemenceau, Rouvier, auront beau tour à tour s'inquiéter de la confiscation à peu près totale de la souveraineté populaire par le Parlement, rien n'y fait : ce sont les Grévy, les Freycinet, les Méline qui traduisent le mieux la méfiance des Assemblées à l'égard du peuple, que renforce le souvenir de l'expérience plébiscitaire du second Empire : tout au long de la IIIe République, le mot d'ordre sera de ne jamais donner la parole au peuple, d'aucune façon, en dehors des élections proprement dites. Montesquieu avait d'ailleurs prévu : sauf à désigner des représentants qualifiés, le peuple n'entend rien à ses intérêts. Tout au long de la IIIe, les tentatives seront nombreuses pour arracher le peuple au confinement dans lequel la République entend le tenir. La tentative boulangiste est la plus connue, mais elle n'est pas la seule. L'écho qu'elle a éveillé dans les milieux populaires est la preuve qu'elle ne saurait se réduire à une aventure factieuse ou réactionnaire[7]. Périodiquement, d'ailleurs, le problème se reposera : Tardieu, Blum à la veille de la Seconde Guerre mondiale partagent l'inquiétude de leurs aînés, avant que de Gaulle, à l'un et l'autre bout de la IVe République, pose publiquement le problème.

Le grand juriste Carré de Malberg[8] n'hésite pas à considérer que le pouvoir discrétionnaire que s'attribuent les Assemblées parlementaires entre deux consultations électorales aboutit à une véritable confiscation de la souveraineté populaire au profit de ses représentants. On peut comparer cette usurpation à celle par laquelle le monarque, qui n'est en principe que le représentant de la volonté de Dieu sur terre, son «ministre», disait Bonald, accapare en réalité l'essentiel du pouvoir. Dans le système parlementaire, le dogme de la souveraineté populaire est aussi métaphysique, aussi abstrait que celui de la souveraineté divine dans la monarchie traditionnelle. Il y a autant de différence entre le peuple, au sens constitutionnel du terme, et la réalité des classes populaires qu'entre la constellation du Chien et l'animal aboyant qui porte le même nom. Le dessaisissement du peuple aura été la grande affaire au XIXe siècle, pour rendre la nouvelle théologie démocratique compatible avec l'art millénaire du gouvernement.

3. De Michelet à Marx

Les hommes dont il vient d'être question ici sont des politiques ou des juristes. Ils ont en commun, qu'ils y adhèrent ou non, de partir de la problématique de Rousseau : à quelles conditions peut-on refonder les institutions politiques que la Révolution française a détruites ? Comment s'arranger de la nouvelle légitimité qu'elle a proclamée ?

À ce point de vue somme toute «constructiviste», au sens de Hayek, Michelet oppose une autre forme de la légitimité, historique celle-là. Le peuple ne tient pas son pouvoir d'on ne sait quel sacre ; il est souverain parce qu'il est l'acteur historique par excellence, et cela bien avant que la Révolution le consacre.

« À mesure que je suis entré profondément dans cette étude, écrit Michelet dans la Préface de 1847 à son *Histoire de la Révolution française*, j'ai vu que les chefs de parti, les héros de l'histoire convenue, n'ont ni prévu, ni préparé, qu'ils n'ont eu l'initiative d'aucune des grandes choses, d'aucune spécialement de celles qui furent l'œuvre unanime du peuple du début de la

Le peuple

Révolution. Laissé à lui-même, dans ces moments décisifs, par ses prétendus meneurs, il a trouvé ce qu'il fallait faire et l'a accompli[9]. »
Et parlant de son histoire, il déclare : « De la première à la dernière page, elle n'a eu qu'un héros : le peuple[10]. »
En termes tocquevilliens, on dirait volontiers que la véritable continuité entre l'Ancien Régime et la Révolution, c'est le peuple qui l'incarne. Il y a une profonde différence entre Rousseau qui, dans son entreprise de fondateur de la cité, « commence par écarter tous les faits » et Michelet qui part de ceux que l'Histoire lui offre. La force de l'homme qui finit par incarner à travers son livre tout le volontarisme de la Révolution française est de ne rien laisser échapper de la tradition. « Tout ce qui est national est nôtre », eût-il pu dire le premier. De même, aucune des acceptions du mot peuple ne lui est étrangère. Le peuple de Michelet n'exclut personne. C'est à la fois le corps social tout entier, au sens de Mirabeau, mais c'est aussi le tiers état de Sieyès, plus peut-être que chez Sieyès lui-même. En tout cas, plus charnellement. C'est évidemment l'univers des travailleurs, comme chez Marx, avant Marx, et aussi, disons-le, mieux que Marx. C'est enfin le monde des misérables, au sens de Victor Hugo, c'est-à-dire de tous ceux qui appellent notre compassion, miséreux, marginaux, exclus, victimes de l'injustice, mais aussi criminels. Le grand roman du peuple de Victor Hugo ne devait-il pas primitivement s'appeler « Les misères » ? La pitié suprême : concept hugolien par excellence, mais qui s'applique autant à Michelet, jusque dans leur sentiment commun de l'immense injustice que l'homme fait à l'animal.
Il n'y a pas de peuple pour Michelet sans ce sentiment profond d'une communion des êtres. La civilisation industrielle détruit le populaire non parce qu'elle le fait évoluer, mais parce qu'elle crée une collaboration technique fondée sur la division du travail sans la moindre communication spirituelle. Les machines ont cette malheureuse faculté « d'unir les forces sans avoir besoin d'unir les cœurs, de coopérer sans aimer, d'agir et vivre ensemble sans se connaître[11] ».
Oui, il faut descendre jusqu'aux plus petits, aux plus déshérités, aux plus *misérables* pour atteindre le peuple. Mieux : c'est d'eux qu'il faut remonter.
« Ces impuissants, ces incapables, *miserabiles personae*, qui ne peuvent rien pour eux-mêmes, ils peuvent beaucoup pour nous. Ils ont en eux un mystère de puissance inconnue, une fécondité cachée, des sources vives au fond de leur nature[12]. » Voilà ce qui oppose Michelet et Victor Hugo à Marx. Alors que ce dernier ne veut considérer que les classes, c'est-à-dire les groupements d'êtres humains déterminés par leur place dans le processus de production, les deux écrivains, eux, valorisent l'unité vivante, organique, affective de toutes les couches populaires, en deçà, mais aussi au-delà de la Révolution industrielle. Marx rejette le *Lumpenproletariat* dans les ténèbres extérieures

de l'histoire. Chez lui, les miséreux n'ont ni famille, ni avenir, ni fonction sociale. Au fond, il reprend à son compte l'exclusion sociale que leur a infligée la bourgeoisie. Michelet et Hugo, qui écrivent « dans l'entraînement de leur cœur », voient en eux le noyau irremplaçable de toute politique populaire. Est-il permis de faire remarquer que cette sociologie sentimentale est en définitive plus rigoureuse que celle qui se réclame de la science ? Car le peuple est constitué avant tout par les travailleurs. « Le vrai nom de l'homme moderne, celui de travailleur », écrit Michelet en tête de son livre, dans sa lettre à Edgar Quinet[13]. Mais tous les travailleurs : ouvriers, bien sûr, artisans, mais aussi paysans, qui sont en France le noyau historique du peuple, et enfin, si l'on peut dire, les sans-travail.

Encore une étape, et le peuple des travailleurs trouve place dans un ensemble plus vaste : celui du Tiers. On ne saurait reprocher à Michelet de sous-estimer le rôle de la bourgeoisie, depuis les communes médiévales, dans la constitution du sentiment national et dans la formation de l'unité de la nation. À propos des États généraux convoqués par Philippe le Bel, le voici qui s'écrie : « Ces bourgeois, maires, échevins, consuls des villes, sous quelque forme humble et servile qu'ils viennent, d'abord, répéter les paroles des rois et des nobles, ils n'en sont pas moins la première apparition du peuple[14]. »

En opérant une dissociation totale entre bourgeois et travailleurs manuels, sur la base de leurs intérêts opposés dans la société industrielle, Marx a fait l'impasse sur leur histoire commune, base d'une sensibilité partagée. Eh oui ! Les prolétaires, nous allons le voir, ont une patrie ! Ils ont même, *horresco referens*, l'instinct de propriété. Car le dernier pays du monde où la propriété sera abolie, assure Michelet, c'est la France ! Et si « la propriété, c'est le vol », alors il y a en France vingt-cinq millions de voleurs ! Là encore, l'intuition psycho-historique du grand romantique donne du peuple français une vision plus juste que la rigueur scientifique du sociologue allemand. La conclusion est nette, qui ferait rugir de plaisir tous les conservateurs du pays ; elle sonne comme l'appel à la constitution d'un grand front antirévolutionnaire : « Propriétaires, savez-vous bien celui qui ne bougera point, pas plus que la terre même ? [...] C'est le peuple. Appuyez-vous sur lui[15]. »

Est-ce là tout ? Sommes-nous au bout de nos efforts, avons-nous terminé cette démarche régressive d'où devra surgir *in fine* le peuple constitué, c'est-à-dire la nation ? Pas encore ! Il y faut le non-peuple ; il y faut les privilégiés eux-mêmes. Il ne sera pas dit que la France exclura un seul de ses enfants, ni pour cause de misère, ni pour cause de fortune. On songe au mot de la vieille femme, que le service d'ordre empêche à Colombey d'assister à l'enterrement du général de Gaulle : « Il a dit tout le monde ! » Et voici Michelet : « *Tout-le-monde*, ignorant sans doute dans les choses de la nature [...] n'en est pas moins un juste juge dans les choses de l'homme. Il est souverain maître en

Le peuple

droit[16]. » Michelet est celui qui a dit « tout le monde ». Le peuple français n'appartient à personne, pas même à ceux qui, de son propre aveu, en constituent le cœur : les travailleurs. Si prévenu qu'il soit en faveur de ces derniers, Michelet n'en est pas moins résolument opposé à la notion de lutte des classes. Non qu'il n'y ait des antagonismes, des heurts d'intérêts ; des injustices, des monstruosités même. Mais la « question sociale » n'est pas dominante à ses yeux :

> C'est à tort que les auteurs de l'*Histoire parlementaire* [Buchez et Roux] et ceux qui la suivent de près ou de loin, ont placé en première ligne, dans l'histoire de la Révolution, les questions qu'on appelle sociales, questions éternelles entre le propriétaire et le non-propriétaire, entre le riche et le pauvre, questions formulées aujourd'hui, mais qui dans la révolution apparaissent sous d'autres formes, vagues encore, obscures, dans une place secondaire[17].

La nation est une, parce que, au-delà des individus et des groupes, elle habite un pays, et ce pays c'est la France. Ici éclate vraiment le génie de Michelet qui prend en compte tous les déterminismes et démontre qu'ils sont facteurs de liberté. Un moment, dans les débuts de son enseignement, il a été tenté par la pensée d'Augustin Thierry sur la permanence des races. Mais, bien vite, il se reprend. Dans ses leçons de 1832 à l'École normale supérieure, il formule cette hypothèse qui le met définitivement à l'abri de tout déterminisme racial : « Il faudrait montrer […] que certaines classes d'idées ont été le patrimoine de certaines races, de sorte que l'histoire des races et celle des idées se rencontrent[18]. »
Autre déterminisme qu'il faut assumer : celui du sol, présent notamment dans le *Tableau de la France*. L'harmonie de la géographie nationale est telle qu'ici le déterminisme se fait prédestination, qu'elle se confond avec l'âme immatérielle de la patrie et qu'à la fin Michelet s'écrie : « Oui, l'homme fait la terre. » Ainsi le principe fondamental, à l'œuvre dans l'histoire et notamment dans l'histoire de France, est donc celui d'une assimilation continue des races, des hommes et des paysages pour parvenir à ce précipité unique : le peuple français, la France ! Contre les tenants de l'Ancien Régime, qui mettent en avant le principe monarchique, mais aussi contre ceux du socialisme qui rêvent d'une humanité sans racines et sans frontières, Michelet est inébranlable : le rendez-vous du particulier et de l'universel s'appelle la patrie. Aussi bien, le véritable inventeur du concept rénanien de nation (« non, ce n'est pas la terre plus que la race qui fait la nature […] une nature est un principe spirituel »), on aurait pu s'en douter, c'est Michelet lui-même. Nous ne sommes pas loin des penseurs spiritualistes russes comme Vladimir

Soloviev que citait récemment Soljenitsyne et d'ajouter: «Chaque peuple, y compris le plus petit, est une facette irremplaçable du dessein de Dieu[19].» Quand Michelet dit que la France est une personne, et même une religion, il ne veut pas dire autre chose.

Il fallait refaire une à une les étapes de la pensée de Michelet pour en percevoir la visée profonde. Certes, comme chez Rousseau, le peuple est un, mais cette unité n'est pas donnée au départ. Elle est le résultat d'une longue sédimentation historique, intégrant des éléments singuliers, uniques ; de plus c'est une unité en perpétuel devenir, toujours menacée, qui n'appartient à personne, à aucune de ses parties, et que le génie est mieux à même que quiconque d'incarner. En somme, Rousseau avait doté le peuple d'un corps. Michelet lui a donné une âme.

Et pourtant – qui pourrait en douter ? – le grand schisme s'est accompli. Michelet a vu sous ses yeux s'opérer la scission entre les ouvriers et le reste de la nation. L'Ancien Régime pouvait donner l'impression d'un tissu social continu, des plus privilégiés aux plus déshérités, dès lors que les coupures étaient multiples, tantôt sociales, tantôt juridiques, et qu'aucune ne l'emportait sur l'autre. La grande force du marxisme est d'avoir choisi un clivage – celui qui correspondait le mieux à la nature économique des temps nouveaux –, de l'avoir approfondi, élargi, jusqu'à en faire la *summa divisio* de la société, celle qui résume et couronne toutes les autres. Ce n'est pas pour rien qu'il règne, d'un bout à l'autre du *Peuple*, une atmosphère désenchantée et nostalgique. La charge furieuse de Michelet contre la technique et la société industrielle, qui l'apparente parfois aux auteurs les plus réactionnaires de ce siècle de progrès, s'explique par la crainte, justifiée, de voir se déchirer la tunique sans couture du peuple français. La lutte des classes introduit dans le tissu social une solution de continuité que la destruction des ordres, dans son arbitraire et son injustice, n'avait jamais suscitée. Mieux ou pis : au regard de la tradition marxiste, l'opposition introduite par le capitalisme n'est pas seulement un moment de l'histoire. Elle a en quelque sorte valeur redistributrice et projette ses effets jusque sur les périodes qui l'ont précédée. Non seulement elle incite à voir dans les conflits du travail des périodes anticapitalistes les symptômes avant-coureurs de la lutte grandiose qui est celle des temps modernes et qui culminera avec l'éradication du capitalisme ; mais elle va plus loin, elle propose comme le font Marx et Engels, dans le *Manifeste communiste*, de voir dans les luttes de classes le moteur de l'histoire de toutes les époques. Il est clair que nous avons encore affaire ici à un mécanisme de causalité régressive, de sorte que ce n'est pas le peuple des époques anciennes qui donne sa dignité philosophique au prolétariat comme agent capital, mais l'inverse. À la lumière des luttes de classes modernes, Spartacus, les Gracques et les compagnonnages d'Ancien Régime deviennent

Le peuple

des acteurs sociaux majeurs, plus sans doute que ne l'ont éprouvé leurs contemporains. Cette réorganisation rétrospective de l'histoire où se combinent la sociologie de Marx, l'histoire de Michelet, parfois aussi le romantisme de Victor Hugo dans ses grandes œuvres romanesques (*Les Misérables, Notre-Dame de Paris*), est la marque propre du XIXe siècle français; elle contribue à institutionnaliser la division sociale entre le peuple et le non-peuple, et à en faire une catégorie stable de notre univers idéologique et culturel.

Ainsi, il y a bien une question sociale. Marx l'a théorisée, mais bien avant lui, ou en même temps, la plupart des observateurs sociaux que la France compte – et Dieu sait si alors naissent des vocations – l'ont décrite. Et pas seulement les Vuillermé, les Guépin, les Villeneuve-Bargemont. Pas seulement Louis Blanc ou Proudhon. Mais Chateaubriand, mais Guizot, ou encore Casimir Perier. Le « peuple » y résistera-t-il ? Avec le recul, posons la question : Le « peuple » y a-t-il résisté ?

Oui, répondent Michelet et Hugo. Non, répond Marx. Près d'un demi-siècle plus tard, même partage des opinions avec des témoins majeurs. Oui, répond Jaurès, avec quelques réserves. Non, répond Sorel avec quelques scrupules. Encore une vingtaine d'années, et le mouvement ouvrier connaîtra, à son tour, sa scission majeure. N'est-ce pas en somme une manière possible – peut-être la meilleure – de décrire l'affrontement entre sociaux-démocrates et communistes ? Les premiers sont ceux qui pensent qu'en dépit de tous les conflits qui la traversent la société reste un continuum vivant, un tout organique, et que l'histoire de toute société n'est pas seulement, comme le pensaient Marx et Engels, l'histoire des luttes de classes; c'est aussi l'histoire des compromis de classes en son sein. À l'inverse, les communistes pensent que la révolution industrielle et capitaliste a introduit dans l'histoire sociale un avant et un après; que la coupure entre bourgeois et prolétaires est définitive; que le mouvement centrifuge qui emporte chacun des deux blocs loin de l'autre est irréversible.

Et l'historien, que répond-il ? Il répond que l'histoire politique de la France depuis la Révolution a donné raison à Michelet, à Jaurès et à Blum; et que son histoire sociale, au moins jusqu'à une date récente, a donné raison à Marx, à Sorel et à Thorez[20]. Au regard de la nation, la situation de la classe ouvrière est, tout au long du XIXe et d'une grande partie du XXe siècle, contradictoire : elle est tout à la fois politiquement intégrée et socialement exclue. Depuis qu'elle existe, et même, si l'on ose dire, avant d'exister en tant que corps social repérable, on trouve les travailleurs des villes englobés dans des coalitions politiques qui regroupent l'ensemble des classes populaires et des fractions importantes de la bourgeoisie; mais, déjà sous l'Ancien Régime, quand domine le compagnonnage, ils se retrouvent isolés dès qu'il s'agit de défendre leurs intérêts économiques.

Où situer la paysannerie? Le problème est complexe, et l'on se contente ici de le mentionner. À lui seul, le monde paysan reproduit en son sein les contradictions du peuple tout entier: tantôt unique et solidaire, tantôt divisé, et même déchiré entre des coalitions antagonistes. Le paradoxe paysan, c'est qu'il est historiquement le berceau historique du peuple français, le lieu où l'indistinction des classes est la plus évidente, tant les traits anthropologiques et culturels l'emportent sur les intérêts économiques; mais en raison de cela, le peuple ne se sépare vraiment de la nation que lorsque, de rural, il devient urbain.

4. Intégration politique et exclusion sociale

Cette ambivalence du peuple français, faite d'intégration politique et d'exclusion sociale, nous est si familière qu'elle nous paraît aller de soi et que l'on a cessé depuis longtemps de s'en étonner; mais il suffit de regarder vers l'étranger pour s'apercevoir qu'elle est singulière. Ainsi, l'Allemagne présente un schéma exactement inverse du nôtre. Intégrés socialement de façon précoce – ici l'Allemagne de Bismarck est en avance sur la IIIe République –, les couches populaires et ouvrières ont dû lutter jusqu'au début de ce siècle pour se faire reconnaître l'égalité politique, notamment sous la forme du suffrage universel. Revenons un instant à Sieyès. Qu'est-ce que son tiers état? C'est le peuple organisé en ordre de bataille pour la conquête de nouveaux droits politiques. Des droits sociaux, il n'est guère question, sauf à souligner que le peuple est constitué de tous ceux qui sont économiquement utiles. Saint-simonien avant la lettre, il suppose que la distinction entre producteur et oisif est la plus importante. Rappelons-nous qu'à l'origine le mot «industriel» désigne à la fois chez Saint-Simon, qui l'a créé, les chefs d'entreprise et leurs salariés. Défini au départ de façon purement juridique et négative – c'est-à-dire l'ensemble des non-privilégiés –, le Tiers n'a pas tardé à devenir une formule politique. Plus d'une fois, sous l'Ancien Régime, il est le parti du roi contre les grands. Sous la Révolution, il prend sa forme quasi définitive: celui d'une alliance entre l'ensemble des classes populaires et les fractions progressistes de la bourgeoisie contre les privilégiés et leurs alliés roturiers. Voilà la formule enfin trouvée d'une coalition qui va désormais traverser deux siècles d'histoire de France pour venir dépérir lentement sous nos yeux. Car enfin, du tiers état de 1789 jusqu'au Front populaire de 1936 en passant par le parti du *National* de 1830, les «démoc-soc» de 1849, le Bloc des gauches sous la IIIe République, la recette est toujours la même: union du peuple de France contre les privilégiés, sous la direction des bourgeois «avancés». La fameuse barricade de Delacroix ne dit pas autre chose.

Le peuple

À quoi l'on opposera les phases de fission et même de dissolution du bloc démocratique. On citera notamment les journées de juin 1848, la Commune de Paris et, de façon moins dramatique, la tentative du syndicalisme révolutionnaire au tournant du siècle. C'est l'évidence même, et Marx, de façon significative, s'est saisi des deux premiers de ces épisodes pour établir la réalité des « luttes de classes » en France. Mais pour le moment, on ne veut retenir que leur conclusion : c'est qu'en dépit de la déchirure et du sang versé la plaie finit par se refermer, le bloc se reconstitue obstinément. Cavaignac en 1848, Thiers en 1871 sont des bourgeois avancés qui comptent parmi les plus grands fusilleurs d'ouvriers de l'histoire de France. Et pourtant, Thiers a ses avenues dans nos grandes villes, à côté de La Fayette et de Jaurès. Si la connotation affective diffère, la signification politique n'est pas si différente : il faut que le peuple soit uni.

Quels sont les ingrédients de ce cocktail typiquement français dont la persistance à travers au moins deux siècles d'histoire est l'obstacle le plus massif à l'exercice classique de la lutte des classes, telle qu'elle ressort des canons du marxisme ?

– D'abord et avant tout, l'existence d'une bourgeoisie révolutionnaire, décidée à briser l'alliance naturelle des privilégiés de la naissance et de ceux de la fortune. Sans cette circonstance sociologique, le schéma français s'écroule, et nous sommes renvoyés progressivement à l'affrontement entre la coalition des privilégiés et celle des déshérités. Cette singularité française, nul ne l'a mieux soulignée que Jaurès, dans son débat avec le dirigeant socialiste allemand Bebel au cours du congrès socialiste international d'Amsterdam (1904). À propos du « cas Millerand », c'est-à-dire de la participation d'un socialiste au gouvernement bourgeois de Waldeck-Rousseau, contraire à l'orthodoxie marxiste, Jaurès dénonça l'impuissance de la « social-démocratie allemande » : propos qui ne pouvaient que faire scandale quand on sait le prestige immense dont jouissait alors cette dernière. À cette impuissance il opposa les conquêtes révolutionnaires de la classe ouvrière française (démocratie politique, suffrage universel, libertés civiques) dans le cadre de coalitions interclassistes.

Comme il arrive souvent, les divergences de tactique cachaient une différence de situation. Ce n'est pas un hasard si, au sein de l'Internationale socialiste, les socialistes français ont été parmi les plus ardents défenseurs des coalitions de type « front populaire », et l'on sait que Maurice Thorez, après avoir condamné les prises de position en ce sens de Jacques Doriot (1934), ne tarda pas à les reprendre à son compte. Un peu plus tard, à la Libération, il se montra ministre sans complexes, et avocat convaincu de la collaboration avec les partis bourgeois, jusqu'à la condamnation de celle-ci par le Kominform. Parti révolutionnaire ou aile gauche du parti républicain : cette

alternative s'est posée à plusieurs reprises au socialisme français; ses dirigeants n'ont pas pu ignorer que les classes populaires, les ouvriers en particulier, ont presque toujours été partisans de l'Union. C'est pour avoir bien étudié cette tendance que François Mitterrand se prononça en 1971 pour un «programme commun de gouvernement» avec les communistes, et l'on sait comment cette tactique, d'abord mise en avant par ces derniers, ne tarda pas à devenir un piège qui se referma sur leurs ambitions.
– Deuxième caractéristique de cette figure privilégiée de la gauche française: le rôle particulier qu'y jouent les intellectuels. Il suffit de citer les noms de Sieyès en 1789, de Thiers ou de Mignet en 1830, de Lamartine en 1848, de Jaurès au tournant du siècle, d'Alain, de Paul Rivet et de Paul Langevin lors du Front populaire, sans parler du Syndicat des instituteurs, pour se convaincre que la coalition socialement hétéroclite de la gauche a besoin d'un ciment à forte teneur idéologique et morale. De là peut-être cette prédilection pour les grands principes et pour l'abstraction, qui frappe tellement les étrangers. La conviction que le peuple est aveugle, voire impuissant sans le concours des intellectuels est certes aussi vieille que le socialisme. Elle en est même constitutive au dire d'un Makhaïski qui a vu dans le marxisme l'idéologie de classe spécifique des intellectuels dans leur entreprise de domination du mouvement ouvrier[21]. Mais c'est en France que cette emprise est la plus forte et qu'elle paraît la plus naturelle. Faute de passerelles, notamment syndicales, entre le monde ouvrier et le microcosme parlementaire, ce sont les intellectuels, professeurs, journalistes, avocats, écrivains, qui ont traditionnellement fourni les cadres du mouvement populaire en France. Et l'anti-intellectualisme d'un Georges Sorel, proche sur ce point de Makhaïski, procède de la conviction que les intellectuels sont des parasites sociaux et politiques, qui prolifèrent sur le dos du prolétariat pour lui confisquer sa puissance.
– Le troisième trait, c'est la permanence programmatique. Que l'on rapproche le programme des «démoc-soc» de Ledru-Rollin (1849) et le programme commun de la gauche (1972): on y verra triompher les mêmes principes et les mêmes orientations: confiance dans l'intervention de l'État pour créer des emplois, notamment par le moyen d'entreprises nationalisées; création d'offices publics destinés à animer des secteurs sensibles de la vie sociale; multiplication du nombre des fonctionnaires; relance de l'économie par la consommation (augmentation des salaires); politique étrangère pacifique fondée sur le désarmement contrôlé; extension des droits de l'homme (suppression de la peine de mort), etc. À de tels signes, on mesure combien la valse des étiquettes politiques affecte peu la nature de la marchandise. Le communisme lui-même, qui semble article d'importation, ne s'est développé en France que grâce à l'ancienneté de la tradition étatique et jacobine au sein du mouvement ouvrier français.

Le peuple

Au total, les partis ouvriers, lors même qu'ils se proclament révolutionnaires, nous apparaissent comme des instruments de socialisation et même d'intégration des milieux populaires à la communauté nationale. La raison en est simple. Le système parlementaire est un instrument de brassage des élites, mais aussi d'alignement des politiques des classes sur un projet unique : le gouvernement du pays. À cela s'ajoute la vocation interclassiste du suffrage universel. Quoi qu'on en dise, l'expression des suffrages est largement indépendante des déterminations de classe. L'adoption précoce du suffrage universel, d'abord pour les élections aux États généraux, puis, de façon définitive, à partir de 1848, a associé les couches populaires à la politique de la nation. Certes, on n'a pas manqué de crier au piège, de dénoncer le caractère fallacieux, décevant, de cette collaboration de classe. En politique, l'important, n'est-ce pas de participer ?
Et pourtant, tout au long des deux siècles de l'histoire que nous appelons contemporaine, le peuple est loin d'avoir été payé de sa contribution. Sa participation politique ne s'est pas accompagnée, au sein de la société civile, d'une intégration sociale poussée. Jusqu'aux années soixante, qui marquent l'avènement de la société de consommation, le monde des travailleurs est resté séparé du reste de la société.
Cette contradiction n'est qu'apparente. À y bien réfléchir, la tradition jacobine n'est pas seulement centralisatrice, elle est simplificatrice et oublieuse des singularités. Elle ignore autant qu'elle le peut les particularités ethniques, linguistiques, religieuses et sociales. Et cela, au détriment des plus faibles. Les plus déshérités n'ont pas besoin d'égalitarisme, mais au contraire de discrimination positive. Seuls les traitements particuliers peuvent leur permettre de rattraper leur retard. On commence à l'admettre en pédagogie ; mais la tradition républicaine a feint de l'ignorer en matière sociale. Plus elle insistait sur l'organicité de la présence ouvrière à l'intérieur de la communauté politique nationale, plus elle s'estimait autorisée à refuser aux ouvriers la législation particulière exigée par leur fragilité économique et sociale. Toute l'histoire du droit du travail reflète la difficulté à faire admettre une législation adaptée à des circonstances particulières. Ainsi les débats sur l'indemnisation des accidents du travail opposaient les partisans de la responsabilité individuelle, conforme au droit commun, aux tenants de la responsabilité sociale de l'employeur. Une nouvelle fois, c'était Rousseau contre Marx, le dogme égalitaire comme paravent des inégalités réelles.
L'histoire de cette hypocrisie bourgeoise est trop connue pour être rapportée ici en détail. Elle prend la forme d'un refus obstiné de reconnaître les individus autrement que comme citoyens. De la loi Le Chapelier (1791), qui interdit les associations, jusqu'à la loi Waldeck-Rousseau (1884), c'est presque un siècle de bannissement social dont sont victimes les ouvriers en tant que

groupe. Le prix à payer pour leur intégration politique est lourd. Il est à noter d'ailleurs que le droit de grève a été reconnu aux ouvriers (par le second Empire, 1864) vingt ans avant le droit syndical. C'est que le premier ne remet pas en cause, au moins théoriquement, la réduction de la société à une collection d'individus isolés. La «coalition», nom significatif pour désigner la grève, peut être le résultat d'une rencontre fortuite; le droit syndical, au contraire, c'est l'introduction délibérée de sections permanentes à l'intérieur du corps des citoyens. Mais plus généralement, le pouvoir ne se presse guère de récompenser les travailleurs, qui ont pourtant figuré, dans les moments difficiles, parmi ses plus fermes soutiens. Certes, au tournant du siècle, nombre de lois (sur les accidents du travail, 1898; la durée du travail, 1900; le repos hebdomadaire, 1906; les retraites ouvrières, 1910) viennent combler le retard que la République opportuniste, puis radicale, a pris sur l'Allemagne impériale et bismarckienne. Il faudra attendre l'entre-deux-guerres et les lendemains de la Libération pour que la France se dote, en matière d'assurances sociales, d'un système de protection qui comptera alors, il est vrai, parmi les plus complets du monde.

Au début du XXe siècle encore, les ouvriers continuent de constituer une population à part: vêtement, alimentation, logement, mode de vie, mentalités. Étudiant la grève à la fin du XIXe siècle, Michelle Perrot a montré un monde ouvrier possédant ses modes d'action et sa culture propre[22]. Avant d'être une doctrine, élaborée par des responsables et des penseurs, l'autonomisme ouvrier est d'abord une manière d'être, qui traduit un isolement. Tout l'apport du syndicalisme d'action directe, dominant pendant le quart de siècle qui précède la guerre de 1914, fut de transformer une exclusion vécue en scission volontaire. Tentative héroïque et désespérée, dans laquelle Georges Sorel, sociologue de la classe ouvrière de son temps, a vu la plus haute tentative de moralisation de la lutte sociale. Ce qu'il a appelé, de façon ambiguë, une morale de la violence n'était dans son esprit rien d'autre que la tentative du monde ouvrier de résister aux transformations imposées par le milieu ambiant: la synthèse républicaine est à la fois politique et sociale; elle reste conforme à l'idéal jacobin d'indistinction des citoyens. Et comme la révolution est nécessairement porteuse d'un nouveau modèle social, donc d'une nouvelle synthèse – Proudhon l'avait déjà bien vu de celle de 1789, et pour cette raison, l'abhorrait –, les dirigeants du syndicalisme révolutionnaire ont préféré la formule mythique de la grève générale, qui préservait l'idéal de la sécession sociale au cœur de l'acte insurrectionnel. La grève générale, sorte de sécession de toute la plèbe sur l'Aventin, était destinée à décourager toute tentation de reconstituer la société diluée avec son commandement, ses hiérarchies, son exigence unificatrice au sein de la révolte en cours! Il n'est pas besoin de souligner à quel point une telle démarche avait valeur symbolique,

Le peuple

plutôt que programmatique. Aussi bien les leaders de la C.G.T. du début du siècle abandonnèrent-ils rapidement le «romantisme révolutionnaire» (Victor Griffuelhes) au profit de l'exercice quotidien de la sécession sociale, qu'ils qualifièrent d'«action directe». Entendons par là une action des travailleurs sur les lieux de leur travail, en référence à leur instrument de travail, sans médiation intellectuelle ou parlementaire. La grève, c'était l'exclusion ouvrière consentie et transformée en autonomie positive.
Ainsi, tandis que les partis politiques, même révolutionnaires, nous sont apparus comme des agents essentiels de la socialisation politique du peuple ouvrier et de son intégration à la communauté nationale, les syndicats, même réformistes, jouent longtemps le rôle inverse: ils exaltent les valeurs culturelles et politiques de l'autonomie ouvrière. C'est l'inverse de ce qui se passe à la même époque en Allemagne et, plus généralement, dans tous les pays de la social-démocratie. Cette situation française un peu paradoxale n'était pas faite pour durer. Et pourtant, son souvenir est resté vivant. Aussi bien ne sert-il à rien de se demander qui traduit le mieux la situation et la mentalité ouvrière, de la synthèse jaurésienne ou de l'autonomisme griffuelhien: il faut affirmer que dans le monde ouvrier de l'époque, et jusque dans les consciences individuelles, cette double postulation demeurait présente, avec les contradictions qu'elle entraînait. Elle explique, au moins pour partie, l'attitude ambivalente de la classe ouvrière face à «la guerre qui vient»: tentée par la résistance et par le pacifisme pendant toute la période de montée des périls, elle finit par se rallier à l'Union sacrée (1914), en raison de son profond enracinement dans la communauté nationale. Mais, dès 1917, l'apparition à l'est d'une patrie du socialisme modifie à nouveau les données. Désormais, c'est le communisme qui prend à son compte la tradition d'autonomie prolétarienne incarnée précédemment par le syndicalisme. Et le double schisme, politique et syndical, qui s'ensuit finit par traduire en termes de rivalité d'organisation ce qui avait naguère coexisté de façon conflictuelle dans la conscience ouvrière: autonomie et intégration.

5. Apogée et déclin

On peut dire que l'apogée de la civilisation ouvrière en France se situe dans ce court laps de temps qui va de la constitution du Front populaire (1935) à l'éclatement de la coalition socialo-communiste au gouvernement (1947). Encore, cette période de douze ans comprend-elle la guerre (1939-1945), marquée par l'arrêt des activités syndicales et la régression sociale (Charte du travail, 1941). C'est dans les grands moments fondateurs du Front populaire (14 juillet 1935 et 1936, occupation des usines en grève, mai-juin 1936, signature des accords Matignon, juin 1936) que la notion de peuple prend un sens concret, charnel. Le peuple est visible dans la rue, dans les usines occupées, les bureaux, les ministères. Il s'étale dans les titres de journaux, il inspire les romanciers et les cinéastes. Courte parenthèse pendant laquelle le système de valeurs en vigueur dans les lettres françaises cesse d'être le modèle aristocratique. Aragon, Nizan, qui n'ont cessé d'osciller entre le talon rouge et le bonnet rouge, penchent alors nettement pour le second et Gide lui-même connaît une brève période populiste. On ne saurait dire que son œuvre précédente permettait de pronostiquer cette conversion provisoire.

1935-1947 : ces deux dates délimitent parfaitement la période où le nom de « peuple » et sa forme adjective, « populaire », font l'objet d'une lutte entre les formations politiques pour se les approprier. Avant même la création du Rassemblement, puis du Front populaire par la gauche, les démocrates chrétiens, à l'instar de leurs homologues italiens (Don Sturzo), se nomment démocrates populaires. Passé de l'extrême gauche à l'extrême droite, Jacques Doriot crée un Parti populaire français (P.P.F.) pour indiquer sa filiation et la continuité de sa pensée. Et il est vrai qu'en cette période d'intense mobilisation politique, fascisme et communisme se disputent le vocable et rivalisent d'initiatives pour apparaître comme le véritable parti des masses populaires. Les services d'ordre en uniforme, milices, mouvements de jeunes se multiplient non seulement dans les dictatures, mais dans les démocraties qui s'efforcent de les singer. Pendant l'occupation, Marcel Déat crée à son tour un Rassemblement national populaire (R.N.P.) pour faire pièce au parti de Jacques Doriot. À la Libération, la mode du peuple n'est pas passée, bien au contraire. Tandis que Maurice Thorez et le Parti communiste ne cessent de faire référence au « peuple de France », les démocrates chrétiens s'organisent en un Mouvement républicain populaire (M.R.P.) ; en 1947 encore, le général de Gaulle organise son mouvement : ce sera le Rassemblement du peuple français (R.P.F.). Plus tard, les gaullistes qui aiment à changer de sigle tous les quatre ou cinq ans éviteront la référence au « peuple », dont la connotation commence décidément à vieillir. Une nouvelle époque s'ouvre, marquée par l'essor de la consommation et le développement presque infini des possibilités individuelles au détriment des activités collectives.

Que devient alors le peuple dans une civilisation où l'individu est en train de devenir roi ? Est-il encore l'acteur principal de l'histoire, le sujet souverain de la politique ?

Au début, rien ne fait présager le changement qui est en train de se produire. Bien au contraire. Une révolution étant en général un événement trop soudain pour sécréter son vocabulaire, elle a tendance à l'emprunter à celle qui l'a précédée. On a vu les révolutionnaires de 1789 se déguiser en Gracques, et les bolcheviks aller chercher leur imaginaire dans la France de la fin du

Le peuple

XVIIIe siècle. De la même façon, les libéraux-libertaires de 1968 s'imaginent qu'ils sont marxistes, et même pis : maoïstes. Leur dessein est de « servir le peuple ». À la veille de la grande révolution qui se prépare, qui verra l'effondrement du communisme et le triomphe de l'économie de marché, la jeunesse occidentale, toutes classes confondues, s'offre le luxe raffiné d'une brève crise populiste, sorte de roman d'éducation à personnages multiples, d'où ils ressortiront adultes, c'est-à-dire pragmatiques toujours et cyniques assez souvent. L'illusion du début des années soixante-dix se communique même à toute la société. On ne donne pas cher alors de la politique parlementaire et de la social-démocratie. En revanche, les syndicats paraissent promis à un grand avenir, tandis que les plus hardis ou les plus cultivés rêvent d'un second printemps pour les conseils ouvriers. Les intellectuels proches de Jean-Paul Sartre et de *Libération*, à propos de l'assassinat d'une jeune fille sortie des corons de Bruay-en-Artois, préconisent une justice « populaire », c'est-à-dire politique, sommaire, anonyme et dénuée de tout principe juridique. Peu de temps plus tard, ils découvriront l'État de droit. En outre, dans le sillage des revendications de Mai 68, le mouvement social se traduit au début des années soixante-dix par de grandes revendications égalitaires : réduction de l'éventail hiérarchique, attribution de primes égales pour tous, refus de la notation individuelle et de la notion de concours.
Cet égalitarisme utopique précède de peu une acceptation généralisée, y compris dans les milieux syndicaux ou naguère gauchistes, des règles de l'économie libérale et du paiement des services en fonction de la loi de l'offre et de la demande. Enfin, la dénonciation de l'économie capitaliste fondée sur le profit sert de prologue ironique à un consentement quasi général au règne de l'argent, jusque dans les secteurs traditionnellement non mercantiles de la société : enseignement, art, science, religion. Cette brutale inversion des valeurs (*Umwertung der Werte*, au sens de Nietzsche) a profondément ébranlé, dans un pays comme la France, le système des croyances populaires et nationales. Un fossé s'est creusé entre les milieux dirigeants et les classes laborieuses, que le système politique est désormais incapable de combler. Élitisme d'un côté, populisme de l'autre sont le résultat le plus clair de ce divorce.
1991 : au milieu du second septennat de François Mitterrand, tandis que l'effondrement du système communiste continue de produire ses effets à retardement à travers le monde, la « forteresse ouvrière » se vide de ses défenseurs ; ses assaillants s'en détournent et dédaignent même de la conquérir. La décision symbolique de la direction de la Régie Renault de fermer les usines de Billancourt, haut lieu de l'âme ouvrière depuis 1936, a été annoncée dans l'indifférence générale, en dépit des protestations de la C.G.T. Un monde s'efface : celui où la présence ouvrière – d'aucuns eussent dit la

menace – était sensible à la porte des villes et notamment de la capitale, et où Saint-Germain-des-Prés conservait le souci de ne pas désespérer Billancourt.

La même année, un président de la République socialiste, héritier de la tradition révolutionnaire et jacobine, ne craignait pas, pour tenter d'apaiser les menées d'une poignée de nationalistes, de faire entériner par le Parlement la notion d'un «peuple corse, composante du peuple français». La confusion entre l'acception ethnique et l'acception politique du mot peuple était flagrante, conduisant à une monstruosité juridique, que le Conseil constitutionnel se hâta d'écarter. Il n'empêche : le peuple selon Marx et le peuple selon Rousseau avaient été remis en cause simultanément, et par qui ? Par le représentant le plus autorisé de la famille sociale-jacobine en ce pays.

Loin de conforter la tradition populaire, l'affirmation, au sein même du parti socialiste, de tendances nettement populistes traduisait bien plutôt sa dégénérescence. Dès son affirmation au milieu du XIXe siècle, le socialisme se présentait comme la volonté de construire une société nouvelle, à partir d'une analyse critique de celle qu'avait engendrée le capitalisme. Qu'il prît la forme d'une utopie, d'un réformisme social-démocrate ou de la révolution communiste, il prétendait être à la fois révolution et programme. D'une certaine manière, il y parvint, au moins tant qu'il n'accéda pas au pouvoir. Dans la tradition marxiste, le peuple, nous l'avons dit, n'existait pas : sous ce vocable fourre-tout, on trouvait en effet des groupes situés diversement dans le processus de production : petits patrons, artisans, commerçants, ouvriers, journaliers sans travail. Alors que, chez Michelet, le peuple était l'acteur principal, seules les classes sociales chez Marx pouvaient prétendre à ce statut. On y voyait les marginaux du *Lumpenproletariat* prêter main-forte à la bourgeoisie contre les ouvriers et les petits-bourgeois républicains lors du coup d'État de Louis Napoléon Bonaparte en décembre 1851. Chez Marx, les classes n'ont pas de psychologie, elles n'ont que des intérêts ; elles ne sont en principe ni morales ni immorales ; ni coupables ni innocentes : elles obéissent à leur vocation sociale.

Il n'en va pas de même dans la tradition populiste où le peuple englobe les individus de toutes origines, de toutes classes ou presque. C'est une réalité concrète, affective, charnelle. Alors que personne n'a jamais vu une classe se promener dans la rue, le peuple est justement l'ensemble de ces passants qui flânent ou défilent, s'arrêtent, saisis par la curiosité, la joie, la peur ou la colère. Le peuple est alors la foule, décrite par Gustave Le Bon[25] comme un être humain, de préférence une femme ou un enfant, dominé par ses instincts et ses réactions. Le peuple ne se définit en vérité que par ceux qui l'excluent ; il est le nombre immense, eux ne sont qu'une poignée d'individus. Le peuple se montre au soleil, ses ennemis complotent dans l'ombre. Le peuple

Le peuple

travaille, ses ennemis jouissent, spéculent et exploitent. Le peuple est composé de tous les petits; les autres, ce sont les gros[24]. Toute l'histoire de la tradition populiste s'identifie à la recherche du bouc émissaire: accapareurs, spéculateurs, brigands, juifs, trusts, exploiteurs, apatrides, Yankees, la liste est interminable de ceux qui, à un moment donné, sont susceptibles d'endosser le poids de la colère populaire contre « ce qui ne va pas ».

D'où l'extrême ambiguïté politique autant que sociale du populisme: il comporte une version de droite, une autre d'extrême gauche, qui se confondent parfois dans l'ambivalence d'une même aventure. Ainsi celle du général Boulanger où d'anciens communards comme Rochefort voisinent avec la fine fleur du royalisme, où le bonapartisme coudoie le socialisme blanquiste, et le juif Naquet côtoie Barrès l'antisémite. Pierre Birnbaum souligne à juste titre le caractère récurrent de l'antisémitisme dans la tradition populiste, qui permet de vouer à la même indignation le capitalisme apatride et le bolchevisme juif, comme les deux rameaux opposés d'un même tronc: la société industrielle. De Dorgères à Nicoud, de Poujade à Le Pen, ce sont les mêmes obsessions qui remontent plus tard, confondant la crainte du changement avec la haine de l'étranger, la phobie du complot avec l'appel au « coup de balai » régénérateur.

Il s'agit là, il est vrai, de déclassés de l'action sociale et politique qui, après une ascension souvent tumultueuse, retombent assez vite à un niveau très bas. Seulement, les partis de gauche eux-mêmes, ceux-là qui se proclament détenteurs de la double tradition, républicaine et scientifique, ne sont pas exempts de ce populisme. On a dit plus haut que le Front populaire pouvait être tenu pour l'apogée de la civilisation ouvrière dans la France contemporaine. C'est justement avec ce Front et sous l'autorité de ses leaders que le populisme français connaît à son tour une sorte d'apogée, dont le mythe des deux cents familles est le symbole. D'où vient ce stéréotype? Du privilège, accordé par Napoléon aux deux cents plus gros actionnaires de la Banque de France, de former l'assemblée générale de cette institution et d'en désigner les douze régents. Banque, judaïsme, influence occulte de discrètes assemblées: il y a là réunis les principaux ingrédients de la phobie populaire contre les gros. Et qui a lancé le mythe? Nul autre qu'Édouard Daladier au congrès radical de 1934, ce Daladier qui sera la figure de proue du radicalisme au sein du Rassemblement populaire. Tout au long de son histoire, le parti radical s'est voulu avec passion le défenseur des « petits » contre les « gros ». Et cela notamment dans ses congrès; car sa pratique gouvernementale fut toujours plus nuancée et plus compréhensive à l'égard des contraintes de l'économie. Le mythe des deux cents familles a l'avantage de réduire l'adversaire à un nombre ridiculement faible; à ce titre, il est compatible avec la notion d'union du peuple de France, qui est commune aux radicaux et aux communistes. Point n'est besoin, dès lors, de songer à un compromis social, c'est-à-dire à une répartition négociée des fruits de la croissance entre les diverses catégories sociales. Seule la S.F.I.O. de Léon Blum a ce schéma en tête. Or il est infiniment plus facile de diriger le mécontentement populaire contre une «poignée» de privilégiés ou d'exploiteurs.

Au fur et à mesure que la Banque paraît céder le pas à l'Industrie dans la création et le contrôle de la richesse nationale, on voit le mythe des deux cents familles céder le pas à celui des vingt-cinq groupes industriels les plus puissants, aux trusts apatrides des sociétés multinationales, stéréotype commun à Pierre Poujade et au parti communiste.

Non seulement ce dernier n'a jamais extirpé cette fibre populiste de son patrimoine affectif, mais il a même tenté de lui donner une expression scientifique, inspirée du marxisme, avec le concept de «capitalisme monopoliste d'État[25]». Formulé en 1966, officialisé dans le *Traité marxiste d'économie politique* (1971), ce concept permet de passer d'une analyse anticapitaliste classique, inspirée par le schéma de la lutte des classes, à une analyse antimonopoliste, fondée précisément sur l'opposition des «petits» et des «gros», des «monopoles» et de leurs victimes, y compris à l'intérieur du capitalisme. Cette analyse a l'avantage de constituer le P.C.F. en parti de tous les mécontents, en parti «attrape tout», agent actif de l'union du peuple de France contre un tout petit nombre de «barons», de «féodalistes»: le vocabulaire lui-même est significatif et renvoie à la grande coalition de 1789 contre les privilégiés.

On peut se demander si, au moins dans sa pratique, et à l'exception de courtes périodes de dogmatisme stalinien qui lui furent souvent imposées de l'extérieur, le Parti communiste français fut jamais autre chose qu'un grand rassemblement populiste sous la bannière usurpée du marxisme. Il ne fait pas de doute en tout cas que telle fut presque toujours sa pratique électorale, qui procédait elle-même du tempérament de ses militants, de leur implantation dans les milieux populaires des villes et des campagnes et d'un parfait mépris de la théorie. Qu'au gré de la politique politicienne, le même Charles de Gaulle ait pu être présenté à son retour au pouvoir en 1958 comme le représentant par excellence du grand capital international et quelques années plus tard comme le champion de l'économie nationale en dit long sur le cynisme doctrinal des communistes français. Ainsi s'explique en outre la facilité avec laquelle le Front national avec ses militants a pu prendre la place laissée vide par la défaillance communiste.

Le parti socialiste, de son côté, n'est pas resté exempt de cette dégénérescence intellectuelle. Lors de sa rénovation, en 1971, il avait mis en avant la notion de front de classes[26], variante domestique du «capitalisme monopoliste d'État» de son rival et partenaire, le P.C.F. Le tournant libéral et modéré de 1983 a fait voler en éclats cette construction fragile, qui, du reste, ne correspondait ni à la

Le peuple

composition des organes dirigeants du parti ni à sa pratique de gouvernement. L'absence de tout schéma explicatif de la société et de méthode d'intervention a ramené à la surface le populisme, équilibré et tempéré par l'idéologie des droits de l'homme. Au cours de l'année 1991, plus d'un observateur a noté, dans le langage d'Édith Cresson, qui a succédé à Michel Rocard au poste de Premier ministre, une complaisance délibérée au vieux fonds populiste agrémentée de propositions sur l'immigration qui puisaient à la même source, et qui paraissaient vouloir concurrencer la droite nationaliste sur son propre terrain. Faute d'un schéma plus élaboré de l'évolution économique et sociale, le recours à l'opposition entre les châteaux et les chaumières, entre les « gros » et les « petits » finissait par tenir lieu d'idéologie.

Idéologie d'autant plus dérisoire qu'elle va de pair avec l'approfondissement du fossé qui, traditionnellement en France, sépare les élites dirigeantes du reste de la population.

Dans les années soixante, un débat venu des États-Unis agitait fort les milieux de la science politique : faut-il parler d'une élite ou de plusieurs élites, qu'il s'agisse du gouvernement d'une ville ou d'une nation ? Dans un essai devenu un classique[27], Robert Dahl montrait à propos d'une petite ville américaine comment les élites coexistaient, coopéraient, se combattaient, sans jamais se confondre. À Middletown, les leaders politiques municipaux, ceux de la culture, ceux de l'économie restent distincts ; leur pouvoir aboutit à un équilibre pluraliste, qui est au principe de la démocratie elle-même. À l'inverse, Wright Mills[28] estime à la même époque que les élites issues des divers milieux et des diverses professions se rencontrent, se conjuguent, s'influencent et s'assimilent au point de composer une élite de l'élite, en quoi réside le vrai pouvoir dans la société. Qui a raison ? Ce n'est pas le lieu d'en décider. Mais une chose est certaine : du fait de sa structure centralisée, la France est de longue date un exemple classique d'interpénétration des élites. Quiconque a vécu aux États-Unis sait, par exemple, qu'il y existe un milieu universitaire, avec son pouvoir propre. Celui-ci, tout en côtoyant à l'occasion l'élite de la politique, celle de l'économie ou celle de la télévision, ne se confond jamais avec elles. Chacun chez soi.

Il en va tout autrement en France. Ce que l'on nomme le « Tout-Paris », expression générique et originale, désigne un firmament de la célébrité, du pouvoir, de l'influence, de l'argent, où la politique, la banque, le cinéma, les affaires, l'aristocratie, le grand banditisme, la spiritualité, la littérature, la presse, la chanson, la publicité, l'université, la science se rencontrent, échangent des impressions, des politesses, des idées, des adresses, des services, des femmes, des positions sociales.

Car le ballet de la célébrité ne se limite pas à la fricarelle des premières, des colloques, des cocktails, des dîners ou des plateaux de télévision. Il constitue un tissu continu de complicité, formé d'un dense entrecroisement de réseaux, reliant entre elles et dominant les pyramides contiguës des hiérarchies professionnelles, une sorte de péplum sans couture recouvrant l'ensemble du grand cirque social. Cette constitution d'une super-élite a pour conséquence la modification de l'échelle des références. À l'intérieur d'un milieu professionnel homogène, l'échelle hiérarchique est naturellement professionnelle : c'est une échelle de l'excellence. Au contraire, à l'intérieur d'un milieu hétérogène, le seul point commun, la seule échelle possible est celle de la notoriété. D'où le rôle des media, distributeurs et arbitres de la célébrité. À l'intérieur du système élitiste contemporain, les journalistes de télévision jouent un rôle comparable à celui que nous avons vu jouer aux intellectuels dans les coalitions populaires : celui d'agent de circulation des idées et des hommes. Un trait commun à la France d'Ancien Régime et à la France postrévolutionnaire, c'est la lenteur et la faiblesse de la circulation des élites. Le caractère endogène de ces dernières empêche leur renouvellement et fige le pays dans le conservatisme.

Avec le recul dont nous disposons, il est permis de se demander si la notion de peuple, telle qu'elle nous est apparue ici, comme le conservatoire d'une certaine manière de penser le social, mais aussi le politique, n'est pas en train de disparaître doucement de notre horizon. Le peuple, pour l'essentiel, est antérieur à la société industrielle et démocratique, qui ne connaît plus que les individus et les masses. Certes, les aventures totalitaires du XXe siècle, nazisme, stalinisme et maoïsme, lui ont donné, jusque dans nos pays qui se tenaient à l'écart du mouvement, une jeunesse artificielle et redoutable. Faut-il rappeler qu'en allemand *völkisch*, c'est-à-dire populaire, a fini, dans le vocabulaire hitlérien, par prendre la signification de raciste ?

En France, nous avons beau continuer d'avoir des riches, des pauvres et même des misérables, les conflits ont beau occuper à intervalles irréguliers le devant de la scène, le peuple, cette fragile synthèse de la démocratie et de la tradition sociale de l'Ancien Régime, le peuple s'éloigne.

« Quand on dit le peuple, aujourd'hui, écrit Péguy au début de ce siècle[29], on fait de la littérature, et même une des plus basses, de la littérature électorale, politique, parlementaire. Il n'y a plus de peuple. Tout le monde est bourgeois. Puisque tout le monde lit son journal. Le peu qui restait de l'ancienne ou plutôt des anciennes aristocraties est devenu une basse bourgeoisie. L'ancienne aristocratie est devenue comme les autres une bourgeoisie d'argent. L'ancienne bourgeoisie est devenue une basse bourgeoisie, une bourgeoisie d'argent. Quant aux ouvriers, ils n'ont qu'une idée, c'est de devenir des bourgeois. C'est même ce qu'ils nomment devenir socialistes. Il n'y a guère que les paysans qui soient restés profondément paysans. » Trois quarts de siècle avant Valéry Giscard d'Estaing qui annonce la naissance d'une immense classe

Le peuple

centrale et en tire la conséquence que la France veut être gouvernée au centre, Péguy décrit à sa manière, qui est à la fois prophétique et spirituelle, la fin d'un monde dont le peuple était le centre.

Avec le peuple, c'est une certaine manière typiquement française de penser à la fois l'unité de la société et la division sociale qui tend à disparaître. Peut-être ce que l'on a appelé la fin de l'exception française tient-il pour partie à l'effacement d'un concept qui installait le social au cœur même du politique. Deux siècles après la Révolution française, on peut dire avec assurance que l'Ancien Régime n'est plus. Non à cause de la disparition des privilèges : ceux-là se survivent assez bien sous d'autres formes, qui permettent à la société française de rester l'une des plus fermées dans le concert des nations industrielles. Non : c'est au contraire à cause de la disparition du peuple lui-même. Comme ces couples historiques rivaux et inséparables dont parle Marx, l'Ancien Régime et la Révolution disparaissent en même temps de notre horizon. Ce qu'il en reste ? On l'a bien vu lors des fêtes du Bicentenaire. Un folklore si loin de nos contemporains qu'on a préféré l'oublier complètement au profit d'un spectacle qui n'était pas populaire, mais seulement «pop». C'est-à-dire moderne...

La notion de peuple, telle que l'entendaient Michelet, Péguy et la tradition républicaine[30], n'impliquait ni l'égalité des conditions ni l'abolition des distinctions sociales. Bien au contraire. Une population socialement unifiée, c'est-à-dire déstructurée, est bonne, au dire de Hannah Arendt, pour le totalitarisme. Cette notion impliquait seulement que, d'une situation sociale à l'autre, la barrière ne fût jamais infranchissable. En ce sens, l'idéal de la démocratie est d'être «populaire» c'est-à-dire de constituer la nation en un tout cohérent.

Elle impliquait enfin, la notion de peuple, que la société eût une mémoire. Du peuple on peut dire ce qu'Auguste Comte disait de l'humanité : qu'elle est constituée de plus de morts que de vivants. La solidarité populaire n'est pas seulement une notion socio-spatiale ; mais bien une notion socio-temporelle. Celle-ci n'existe plus guère, dès lors que l'essentiel du progrès, en termes de connaissances comme de techniques, repose sur l'innovation, et non sur la reproduction ; sur la rupture et non sur la continuité.

Fin du peuple. Tronçonné par les lignes de partage invisibles qui quadrillent la société française et qui ne doivent plus guère au passé ; miné de l'intérieur par l'individualisme des jouissances, il quitte doucement la scène sans fracas ni scandale, accompagné de la considération de chacun et de l'indifférence de tous. Le monde moderne est sans pitié pour ses accoucheurs.

1. Cité par Jean-Pierre Rioux, «De Michelet à Jaurès», *in Le Peuple, H-Histoire*, avril-juin 1981, pp. 41-42. *Cf.* Jules Michelet, *Histoire de la Révolution française*, livre I, chap. III, Paris, Gallimard, Bibl. de la Pléiade, 1939, t. I, pp. 103-104. (*Le Moniteur*, vol. I, pp. 76-82.)
2. Georges Duby, *Les Trois Ordres ou l'Imaginaire du féodalisme*, Paris, Gallimard, 1978.
3. Robert Derathé, *Jean-Jacques Rousseau et la science politique de son temps*, 2ᵉ éd., Paris, Vrin, 1970, p. 49.
4. *Histoire des origines du gouvernement représentatif en Europe*, Paris, 1820, 2 vol.
5. «De la liberté des anciens comparée à celle des modernes», discours prononcé à l'Athénée royal de Paris en 1819. *In* Benjamin Constant, *De la liberté chez les modernes*, textes choisis, présentés et annotés par Marcel Gauchet, Paris, Hachette, coll. «Pluriel», 1980, pp. 491-515.
6. *L'Esprit des lois*, Iʳᵉ partie, II, 2.
7. Sur la démophobie de la IIIᵉ commençante et les efforts de quelques leaders pour lui échapper, on se reportera à Odile Rudelle, *La République absolue, aux origines de l'instabilité constitutionnelle de la France républicaine, 1870-1889*, Paris, Publications de la Sorbonne, 1982.
8. *La Loi, expression de la volonté générale*, Paris, Sirey, 1931, nlle éd., *Economica*, 1984, préface de Georges Burdeau.
9. *Histoire de la Révolution française, éd. citée*, t. I, pp. 7-8.
10. *Ibid.*, Conclusion, t. II, p. 1149.
11. *Le Peuple*, Paris, Julliard, collection «Littérature», 1965, p. 163.
12. *Ibid.*, pp. 225-226.
13. *Ibid.*, p. 53.
14. *Histoire de France*, livre V, chap. II; t. I, p. 247. Cité *in* Paul Viallaneix, *La Voie royale, essai sur l'idée du peuple dans l'œuvre de Michelet*, nlle éd., Paris, Flammarion, 1971, p. 291.
15. *Le Peuple, op. cit.*, p. 154.
16. *Histoire de la Révolution française, op. cit.*, livre III, «De la méthode et de l'esprit de ce livre», p. 285.
17. *Ibid.*, p. 291.
18. Cours de 1832, 18ᵉ leçon, d'après les notes inédites de Germain, Bibliothèque de l'École normale supérieure. Cité par P. Viallaneix, *op. cit.*, p. 247.
19. *Comment réaménager notre Russie*, Paris, Fayard, 1990, p. 26.
20. Je reprends ici une analyse que j'ai développée dans *Autonomie ouvrière, études sur le syndicalisme d'action directe*, Paris, Gallimard/Éd. du Seuil, collection «Hautes Études», 1988. Voir notamment l'introduction, pp. 23-40. Voir aussi Stéphane Courtois, «Le peuple et le parti», in Le Peuple, H histoire, op. cit., pp. 123-135.
21. Jan Waclav Makhaïski, *Le Socialisme des intellectuels*, textes choisis, traduits et présentés par Alexandre Skirda, Paris, Éd. du Seuil, collection «Politique», 1979.
22. *Les Ouvriers en grève. France 1871-1890*, Paris, La Haye, Mouton, 1974, 2 vol., et ici même, au vol. 3, «Les vies ouvrières».
23. Dans l'ensemble de son œuvre, et notamment *La Psychologie des foules*, Paris, 1895. Voir la critique de la notion de foule chez Suzanne Barrows, *Miroirs déformants, réflexions sur la foule en France à la fin du XIXᵉ siècle (1981)*, trad. franç., Paris, Aubier, 1990.
24. C'est le thème de l'essai de Pierre Birnbaum, *Le Peuple et les Gros, histoire d'un mythe*, Paris, Fayard, 1979.
25. Voir sur ce point l'analyse de P. Birnbaum, *ibid.*, p. 134 *sq*. Lire aussi, de Nicos Poulantzas, *Classes sociales et pouvoir politique*, Paris, Maspero, 1968.

26. Ou de classe, au singulier, qui se voulait plus orthodoxe. L'hésitation a persisté entre la tendance «anticapitaliste», traduite par le «front de classe», et la tendance «antimonopoliste», traduite par le «front de classes».

27. *Qui gouverne?* (1961), trad. franç., Paris, Armand Colin, 1971.

28. *L'Élite du pouvoir* (1956), trad. franç., Paris, Maspero, 1969.

29. *L'Argent* (1913), Paris, Gallimard, éd. de 1947, p. 9.

30. *Cf.* Alain Pessin, *Le Mythe du peuple et la société française du* XIXe *siècle*, Paris, P.U.F., 1992.

JEAN-LOUIS ORMIÈRES
Les rouges et les blancs

Le drapeau blanc contre le drapeau rouge
Le vieux monde contre le nouveau
Jules Vallès, Le Cri du peuple, 6 avril 1871

Périodiquement, il se trouve en France des hommes publics pour clamer haut et fort que l'opposition droite-gauche est révolue[1]. Invariablement le terrain politique qu'ils cherchent à ouvrir entre les deux blocs – qu'on le situe au «centre» ou «ailleurs» – est victorieusement reconquis et réabsorbé par les partisans, affrontés mais complices, de la dichotomie. Nulle part la division droite-gauche ne suscite une telle ferveur[2], nulle part on n'attache autant d'importance au vote[3]. Si le citoyen américain peut se dire républicain ou démocrate sans jamais prendre part aux élections, en France, le bulletin de vote est le minimum exigible de la sympathie partisane. L'école française de sociologie électorale, dont la paternité revient à André Siegfried, n'a guère d'équivalent dans les autres pays européens. Est-ce bien un hasard ? Comment ne pas admettre que le caractère exceptionnel et si singulier de la politique française rend amplement compte du plein épanouissement de cette discipline dans notre pays. L'histoire du suffrage, restreint puis universel, est suffisamment ancienne pour que les votes puissent être interprétés comme les traces profondes inscrites par les tempéraments politiques. Incidents, émeutes, révoltes peuvent être de brusques révélateurs des mentalités politiques, mais les bulletins de vote, à l'échelon local ou national, jalonnent régulièrement la mémoire politique. Les scrutins deviennent alors pour l'historien des cultures politiques ce que sont pour les géologues les couches de sédiments.

Les affrontements politiques ne sauraient se réduire à la seule expression du suffrage. Bien des conflits sont nés en dehors des urnes. Pourtant, rares sont ceux qui n'y ont laissé aucune trace : qu'on l'attribue à la simplification du discours politique ou à la brutalité du système électoral, la plupart de ces conflits (républicains-royalistes, dreyfusards-antidreyfusards, cléricalisme-anticléricalisme, etc.) se sont très vite laissé enfermer dans ce véritable système qu'est devenue (comme le montre ici même Marcel Gauchet) l'opposition gauche-droite.

On comprend ainsi que, dans nombre de régions et de villages de l'Hexagone, le politique se peint le plus souvent en couleurs politiques contrastées, bleu contre blanc, devenu rouge contre blanc. Ce que dit Edgar Morin de Plozévet (Finistère) peut être étendu à bien d'autres communes, de Bretagne ou d'ailleurs : « L'identité politique se définit encore à Plozévet avant toute autre appartenance, gauche ou droite, communiste, socialiste, radicale, M.R.P., gaulliste, par le Rouge et le Blanc[4]. » Edgar Morin ajoute que ce contraste traduit moins l'affrontement de deux opinions que l'affrontement de deux traditions, une « filiation autant qu'une affiliation ». On reçoit donc cet héritage sans avoir à le questionner et cela explique le ton d'évidence avec lequel un vieil instituteur des Deux-Sèvres rend compte de la bipartition de la politique locale :

> Toutes les consultations électorales auxquelles j'ai pris part pendant plus de trente ans ne nous imposaient aucune réflexion : on ne pouvait voter que blanc ou bleu. En 1936 sortirent pour la première fois trois candidats de gauche ; vieux radical ordinaire, jeune radical pelletaniste, socialiste. Mais au ballottage, le bloc des bleus se retrouvait sans fissures[5].

Source inépuisable de divisions françaises, l'antagonisme politique atteint par endroits une force telle qu'il se soumet l'ensemble de la vie sociale :

> La violence et l'intransigeance du duel furent telles qu'au moment de la séparation de l'Église et l'État, Plozévet-la-Blanche et Plozévet-la-Rouge tentèrent le divorce et constituèrent deux sociétés en une – c'est-à-dire une société siamoise. La bipartition opposa les deux pouvoirs superposés, mairie et église, deux appareils militants, deux blocs de familles et de villages, deux réseaux de mariages, d'entraide, de solidarités, de fournisseurs, de clients, de commerçants, d'artisans, de buvettes ; il y eut même, l'un pour les blancs, l'autre pour les rouges, deux médecins, deux garagistes, deux hôteliers[6].

Une frontière politique qui traverse ainsi l'espace social en son entier semble ne pouvoir se franchir : nul ne peut penser se soustraire à l'implacable dualité de la vie locale, telle que la décrit un instituteur du bas Poitou :

Les rouges et les blancs

> La population marchait sur deux voies parallèles : deux enseignements, deux musiques, deux bibliothèques populaires, deux sociétés à allure sportive (la gymnastique à droite, le tir à gauche), deux sociétés de secours mutuel, deux salles des fêtes, deux comités (le Républicain et les Hommes catholiques du Poitou) ; deux groupes séparaient les conscrits pour les festivités annuelles, un seul, celui des républicains, avait le drapeau tricolore [...] La division était étendue à la vie économique. On voyait avec des opinions très marquées deux médecins, deux pharmaciens, deux hôtels, deux marchands de journaux : le républicain et la bonne presse. Les cafés, les maisons de commerce, les artisans étaient tous également catalogués et certains n'avaient guère que la clientèle de leur parti[7].

Division qui, dans les pays de passion comme le Midi, peut prendre des accents de férocité mais qui partout est vécue comme une contrainte.

Toutes les communes de France n'ont pas connu également cette façon totalisante de concevoir, ou plutôt de vivre la politique. Mais le phénomène est très largement répandu ; et, surtout, il a montré, au fil des scrutins, sa résistance aux changements. Les travaux de sociologie historique et de géographie électorale ont depuis longtemps attiré l'attention vers l'inscription durable des comportements politiques sur le sol français et vers l'extraordinaire continuité des options idéologiques. Au point qu'il n'y a nul risque à annoncer à l'avance qu'aux prochaines élections législatives, la commune du Cloître-Saint-Thégonnec (Finistère) votera à gauche alors que la commune de Saint-Thégonnec, à huit kilomètres de là, votera à droite. L'acte de déposer dans l'urne un bulletin, qui paraît à la fois si capricieux et si fugace, constituerait le lieu de mémoire le plus résistant et le plus durable.

Or, le partage inusable qu'il opère dans l'espace est l'une des énigmes de l'histoire française. C'est d'abord l'énigme de la chronologie. À quelle date faire remonter le clivage ? C'est ensuite l'énigme du devenir de ce partage, qui juxtapose de longues fidélités à de brusques infidélités et, à l'intérieur même des infidélités, enrichit, remanie et déplace les souvenirs. Enfin, c'est l'énigme de la nature du partage : est-il économique, social, topographique, religieux ?

Trois précautions préliminaires : d'abord, peut-on résumer cet affrontement séculaire en termes de couleurs ? Il peut en effet apparaître excessif de procéder avec cette palette simplifiée, qui évoque une partition politique aujourd'hui en voie de marginalisation. D'autant que, si la distinction gauche-droite date de la Révolution, elle a mis plus longtemps à choisir ses emblèmes contrastés : les drapeaux rouge et blanc comme signes d'appartenance politique et idéologique. Il faut donc se garder de l'anachronisme. Alors que la cocarde blanche est choisie comme signe de ralliement par les premiers émigrés en 1790[8], ce n'est guère avant la IIe République que le drapeau rouge devient l'emblème des républicains avancés. Dans la crainte d'effrayer les républicains modérés, le gouvernement provisoire se garde pourtant d'adopter ce drapeau dont seul Louis Blanc, semble-t-il, s'était fait l'ardent défenseur. Afin de ne pas reprendre tel quel le drapeau de la monarchie de Juillet, les républicains se contentèrent de changer l'ordre des couleurs[9].

Il faut ensuite garder en mémoire le fait qu'une grande partie de l'espace français échappe à cette dichotomie des rouges et des blancs[10] ; on pense à ce Loir-et-Cher dont Georges Dupeux a pu montrer qu'on entrait là au cœur de la France moyenne, d'une France invertébrée : « L'antagonisme droite-gauche, la réduction à deux tendances demeure exceptionnelle, nous ne l'avons rencontrée que dans neuf consultations électorales sur la trentaine qui a été étudiée[11]. » Même si l'auteur a eu tendance à gonfler les comportements de type centriste dans ce département bien tempéré, affadissant quelque peu les tempéraments politiques de ses habitants, il faut bien reconnaître qu'il serait vain d'y retrouver une permanence des affrontements entre rouges et blancs. Et ce département n'est pas, tant s'en faut, un cas isolé ; on pourrait certainement en dire autant de plusieurs autres, notamment dans le nord de la France, dans certains départements normands, comme le Calvados[12], voire en Aquitaine.

L'opposition brutale dont nous sommes partis ne doit donc pas faire oublier l'existence, sur le sol français, de régions politiques plus indécises. Mais, quelle que soit l'extension de ce « marais » ou de cette « plaine » dans notre paysage politique hexagonal, ce sont bien entendu les « montagnes » qui captent le plus immédiatement le regard, même si leur érosion est aujourd'hui largement entamée. Pourtant, contre toute évidence, ce ne sont pas toujours les massifs les plus anciens qui se révèlent les plus usés.

Enfin, reste le problème de l'échelle. Quel espace géopolitique retenir pour juger du poids de la mémoire politique ? C'est en saisissant les données électorales dans l'espace communal que nous avons les plus grandes chances d'affiner l'analyse politique[13]. Car, à la différence du canton, habituellement choisi comme unité de référence par les politologues, la commune est une institution façonnée par l'histoire. Espace matrimonial (elle limite le choix du conjoint), espace religieux (paroisse), la commune est l'espace politique minimal (pouvoir municipal), alors que, création administrative, le canton revêt un caractère artificiel. Mais, surtout, le décompte des résultats électoraux au niveau communal permet d'obtenir un échantillon suffisamment large pour que le croisement de la variable politique avec d'autres données puisse être envisagé. Il est par ailleurs évident que le choix du canton aboutit au nivellement des différences de tempérament politique, qui, d'une commune à l'autre, peuvent être parfois considérables.

Les rouges et les blancs

1. Les fixations de la mémoire électorale

Ces clivages, pouvons-nous les rapporter à de grands moments fondateurs de notre histoire? En Bretagne, par exemple, on serait tenté de faire remonter l'opposition rouges-blancs au XVIIe siècle, à cette révolte des Bonnets rouges (1675) que provoque l'introduction de nouveaux impôts royaux et qui secoue violemment de larges secteurs de la basse Bretagne, la région de Quimper à Châteaulin et le pays de Carhaix. On retrouve là, à quelques variantes près, les pays où les taux d'acceptation du serment à la Constitution civile du clergé ont été le plus élevés et qui se sont montrés le moins accueillants à l'égard des bandes de chouans. À l'inverse, le reste de la Bretagne s'est généralement dérobé à la levée contre la Vendée et s'est refusé avec une mauvaise grâce obstinée à fournir les renseignements que l'administration exigeait des suspects. L'exemple de l'Ille-et-Vilaine montre qu'il est parfois nécessaire de rebrousser davantage encore le chemin des siècles pour rencontrer l'événement fondateur des personnalités collectives: deux siècles avant de s'opposer à la Révolution sous forme de chouannerie, les communes de la région de Vitré s'étaient singularisées par un soutien actif aux ligueurs[14]. La révolution prend ici place dans une très longue durée et ne fait que réactiver et réenraciner des positions plus anciennes. Une anecdote relevée par Pierre-Jakez Hélias, sous d'autres cieux bretons, semble elle aussi confirmer, tout du moins dans les représentations, la filiation des blancs aux ligueurs[15]. En admettant que la concordance des paroisses ligueuses et des communes chouannes ne soit pas le produit d'un artefact, il reste néanmoins à savoir comment une telle longévité des tempéraments politico-culturels a été possible et quels ont été les agents et les acteurs de la transmission de ces tempéraments.

Dans certains départements du Midi (Gard, Lot-et-Garonne), on sent bien que le conflit des rouges et des blancs recouvre largement les divisions confessionnelles, les protestants ayant pour la plupart épousé la cause de la République alors que les catholiques formaient le gros des troupes de choc du parti blanc. Ailleurs, dans le Tarn, ce conflit, qui se ramène le plus souvent à une lutte entre cléricaux et anticléricaux, se réfère à une affaire vieille de six siècles, celle des albigeois. La dénonciation du cléricalisme fanatique du XIIIe siècle et de l'Inquisition devient ainsi rituelle dans l'anticléricalisme de la fin du XIXe et, à l'inverse, les cléricaux ne se privent pas d'établir une filiation directe entre l'hérésie du XIIIe siècle et l'impiété née de la Révolution et entretenue par la République[16].

Si fascinante que soit la remontée vers des origines aussi lointaines pour expliquer les fractures contemporaines, force est de reconnaître qu'en définitive deux grands moments ont modelé ou remodelé le paysage politique français, la Révolution de 1789 et la IIe République. Toutes les études consacrées aux régions de l'Ouest ont montré le rôle décisif joué par la Révolution française dans la fixation, la dramatisation et parfois même la surgie des attitudes politiques. Car de toutes les régions de France, le territoire qu'il est convenu d'appeler la «Vendée militaire» (et plus généralement les départements de l'Ouest) forme l'espace où les affrontements politico-idéologiques et militaires nés de la Révolution ont laissé les stigmates les plus profonds. Nulle part l'épisode révolutionnaire ne s'est révélé être un événement aussi structurant. On sait que, dans ces régions, les paysans du bocage se sont soulevés en mars 1793 contre le nouveau régime et ont combattu pendant plusieurs mois les armées bleues et leurs alliés des villes. Là où la guerre civile oppose partisans et adversaires de la Révolution, les luttes électorales consécutives à l'instauration du suffrage universel mettront aux prises républicains et anti-républicains. En accordant un soutien massif aux candidats monarchistes, l'électorat vendéen ou chouan marquera sa volonté de poursuivre le combat de ses aïeux contre la Révolution et la République qui s'en réclame. Tel est l'acte de baptême du parti blanc et même si, ici ou là, on peut lui trouver des antécédents au XVIe (Ligue), voire au XIIIe siècle, c'est bien la Ire République qui en rédige les termes.

Ce n'est, par contre, que sous la IIe République que le parti rouge se voit offrir son premier baptême. La force du mouvement étonne plus d'un observateur, mais c'est surtout son extension dans le monde rural qui crée la véritable surprise. Les élections de mai 1849, dont Engels et dans une moindre mesure Marx semblent avoir ignoré les résultats[17], révèlent en effet un extrémisme rural chez des paysans acquis aux idées sociales les plus avancées.

À lire les nombreuses brochures et professions de foi des candidats, l'année 1849 est le point d'incandescence de l'affrontement entre les rouges et les blancs. Cet affrontement est déjà pourvu d'un riche arrière-plan mémoriel tant du côté des rouges (qui se baptisent eux-mêmes Montagnards)[18], que des blancs (qui les dénoncent comme les héritiers directs des hommes de 93 : «C'est dans le sang de Louis XVI qu'a été teintée la livrée des hommes que nous appelons les rouges [...] Les blancs, hommes rétrogrades, veulent nous ramener à 1814 disent les rouges mais ils ne disent pas, ces hommes de progrès, qu'ils veulent nous ramener à 93[19]»).

Les scrutins de la IIe République ont donc un intérêt tout particulier. D'une part, pour la première fois, ils offrent une appréciation chiffrée des tempéraments politiques, qu'il s'agisse de sensibilités qu'on retrouve (l'Ouest) ou qu'on découvre (le Limousin). D'autre part, le paysage politique qu'ils dessinent annonce, dans ses grandes lignes, celui qui est encore le nôtre aujourd'hui. La révolution de 1848 accouche de nouvelles stabilités politiques et en consolide d'autres. À la légende d'une Vendée toute blanche, elle ajoute la légende d'un Limousin tout rouge. Mais il s'agit d'une légende que corrige et

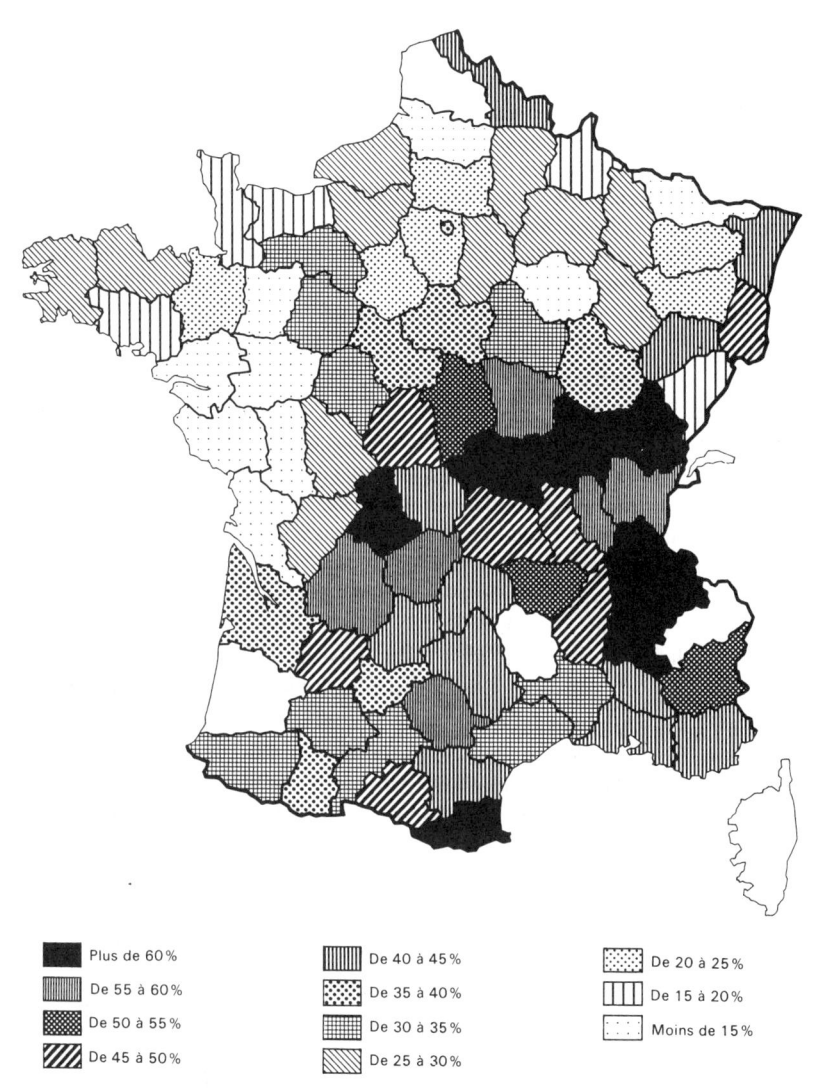

■ Plus de 60 %	▤ De 40 à 45 %	⋮ De 20 à 25 %
▥ De 55 à 60 %	▦ De 35 à 40 %	▦ De 15 à 20 %
▩ De 50 à 55 %	▤ De 30 à 35 %	⋯ Moins de 15 %
▨ De 45 à 50 %	▨ De 25 à 30 %	

(Absence de listes démocrates-socialistes dans les Landes, la Lozère, les Hautes-Alpes et la Corse.)

ÉLECTIONS LÉGISLATIVES DU 13 MAI 1849.
SUFFRAGES OBTENUS PAR LES CANDIDATS DÉMOCRATES-SOCIALISTES.
CES ÉLECTIONS RÉVÈLENT L'EXISTENCE DE DEUX BASTIONS ROUGES EN MILIEU RURAL : LE SUD-EST
(EN PARTICULIER LA PROVENCE) ET LE MASSIF CENTRAL (BERRY, BOURGOGNE ET SURTOUT LIMOUSIN).
D'APRÈS JACQUES BOUILLON, « LES DÉMOCRATES-SOCIALISTES AUX ÉLECTIONS DE 1849 »,
REVUE FRANÇAISE DE SCIENCES POLITIQUES, 1956).

nuance la réalité, la Vendée n'est pas aussi blanche sous la IIe République que sous la première, et de son côté l'adhésion du paysan limousin aux idées avancées n'est le plus souvent qu'une demi-surprise. Quant à l'Ouest, il répète moins la situation révolutionnaire qu'il ne l'interprète. Les populations de l'Ouest ne font certes pas mystère de leur allégeance au parti des blancs et le manifestent parfois publiquement comme ces habitants de Bouillé-Ménard, dans le Segréen (Maine-et-Loire), qui, à peine sortis de la messe dominicale, s'écrient : « Vive les chouans. À bas la République[20]. »

Mais, d'une part, l'administration locale reste très attentive aux réunions que tiennent les légitimistes dans leurs fiefs, guettant ici ou là le moindre signe d'agitation. D'autre part, dans les campagnes environnantes de Cholet, si traditionnellement et massivement hostiles à tout ce qui rappelle de près ou de loin la République, il est surprenant de constater que certains républicains parviennent à rassembler malgré tout un nombre non négligeable de suffrages[21]. Il faut dire qu'à la différence de la révolution de Juillet les journées de février 1848 ne provoquent aucune poussée d'anticléricalisme.

L'Église sourit à la révolution. Sur les barricades, les prêtres viennent donner l'extrême-onction aux mourants. En province, la bénédiction des arbres de la liberté symbolise l'union de l'Église et du nouveau régime. À ses débuts, tout du moins, la révolution de 1848 semble sceller l'union du peuple et du monde ecclésiastique. Mais sans même évoquer la discrétion du clergé au cours des luttes électorales de la IIe République[22], on doit constater que les professions de foi des candidats, ou des comités qui les soutiennent, ne font que très exceptionnellement mention du conflit de 93. Tout en affichant leur foi républicaine, les candidats du parti démocrate s'abstiennent de raviver le souvenir de la guerre civile, si ce n'est pour la condamner (« La guerre civile serait le plus grand fléau qui pourrait affliger notre patrie ») ou pour l'exorciser (« Le retour des mauvais jours est devenu tout à fait impossible »). Partisans de la liberté des cultes, certains vont même jusqu'à se proclamer enfants de Dieu, comme ce candidat républicain de l'arrondissement de Beaupréau (Vendée angevine) : « J'étais, je suis républicain, cela veut dire je crois à la fraternité de tous les hommes, enfants d'un même Dieu. » Pas le moindre anathème contre les chouans du côté républicain, pas la plus petite attaque contre les bleus de la part des représentants de l'Ordre.

Pourtant, volontairement passé sous silence ou discrètement condamné, le douloureux épisode de 93 n'en continue pas moins de produire ses effets dans les consciences. Endormie chez les uns, conservée chez les autres, la mémoire témoigne. En avril 1848 et plus largement encore en mai 1849, la Vendée et l'ensemble des pays blancs de 93 vont, en effet, majoritairement refuser de cautionner ceux qui soutiennent un régime, contre lequel ils se sont soulevés avec tant d'acharnement et de conviction un demi-siècle auparavant.

En Anjou, comme dans le bas Poitou ou le Maine, les seules régions qui donnent un nombre de suffrages honorable, voire la majorité, aux représentants, modérés ou avancés, de la République, sont celles-là même qui s'étaient montrées loyalistes en 1793 (Baugeois et Saumurois en Maine-et-Loire, le sud de la Vendée, la région de Thouars et la moitié sud des Deux-Sèvres et les cantons du sud-est de la Sarthe). De la même façon, la conversion de certains départements aux idées de la démocratie socialiste n'est pas sans rapport avec le passé, et en particulier avec les attitudes adoptées sous la Révolution. Dans les régions qu'ils connaissent bien, Alain Corbin et Maurice Agulhon laissent à penser que 1849 entérine des appartenances plus anciennes. Voici la vallée de l'Argens inférieur acquise aux rouges en 1849: «Il y a là une portion de basse Provence, note Maurice Agulhon, où l'on a été bon révolutionnaire et où, chose plus rare, le souvenir de la Révolution ne s'est pas complètement éclipsé», et il observe par ailleurs que la société populaire de La Garde-Freinet, à la pointe du combat sous la IIe République, était «remarquable par son zèle et sa vitalité[23]». Dans le Gard, le cœur de la culture politique populaire de 1848 est constitué du souvenir de la Révolution française: on ressort les reliques de la Révolution (drapeaux, écharpes de maire), les vocables (le «citoyen»), les grands hommes (Robespierre, Marat, Couthon, Saint-Just) dont on dresse les bustes ou les portraits dans les clubs et les banquets[24]. Michel Vovelle a par ailleurs fort justement souligné que succès et échecs de la toponymie révolutionnaire dans le changement des noms de lieu de l'an II préfigurent les heurs et malheurs de la Montagne de 1849. La victoire des rouges est en effet particulièrement sensible dans les départements qui ont formé «cet étonnant fer à cheval du jacobinisme rural qui enserre le Massif central et sa bordure, du Morvan jusqu'au Nivernais, du Berry au Limousin[25]».
En définitive, il semble bien que la tradition naissante émerge le plus fréquemment d'une tradition plus ancienne, surgie d'un conflit dont les protagonistes ont disparu ou beaucoup perdu de leur ascendant:

> L'ennemi principal c'est encore toujours les nobles et les prêtres. L'anticléricalisme, ce n'est finalement rien d'autre que la trace dans le présent des luttes d'antan. Alors que l'ennemi héréditaire de nos cultivateurs avait à jamais disparu, c'est contre son ombre que ceux-ci se dressent encore[26].

Dans d'autres pays rouges, comme à Apt (Vaucluse), l'approche généalogique a permis de mettre en évidence le lien entre les clans politiques de la Ire et de la IIIe République et de dégager pour chacun des deux camps, rouge et blanc, de véritables dynasties[27]. Qu'il s'agisse de familles, de villages ou de régions, qu'il s'agisse du centre de la France ou du Midi, l'origine des sympathies pour la « Montagne » remonte bien souvent à la grande Révolution.

Là où les quarante-huitards obtiennent des positions relativement hégémoniques, Limousin ou Bourbonnais, l'adversaire fait souvent preuve de la plus grande discrétion ; les heurts politiques mettent alors aux prises les rouges et les forces de répression (gendarmerie). En Limousin comme en Vendée, le parti adverse, faute de combattants, évite la bataille politique. Mais là où le parti blanc est plus consistant et mieux organisé, comme dans le Midi, la couleur politique trouve d'autres formes d'expression. Les mœurs politiques locales, telles qu'elles nous sont dépeintes dans le *Voyage aux pays des rouges*, s'apparentent à celles d'une population exotique qui manifeste de façon à la fois exhibitoire et énigmatique son adhésion au parti du mouvement : « Tantôt on plante un arbre de liberté en grande pompe, on tire des serpenteaux, on fait parler des boîtes, on allume des pétards, tantôt on danse devant un drapeau disposé assez adroitement pour que la couleur paraisse ou encore on promène de café en café une pauvre servante que l'on a coiffée du bonnet phrygien et habillée de rouge[28]. » La scène se passe en 1872, mais des manifestations de ce genre sont signalées à diverses reprises, sous la IIe République, par les procureurs généraux de Nîmes et de Montpellier dans plusieurs points de leur ressort comme à Saint-Gervais (Hérault) où des inscriptions : « Vive la République, Vive les Rouges, À bas les Blancs », ont été écrites avec du sang de bœuf sur les portes d'un café et sur la statue qui surmonte la fontaine de la place durant la nuit du 16 au 17 août 1850 pendant laquelle des crochets de boucher ont été suspendus au-dessus de la porte du couvent des religieuses de l'ordre de Saint-Joseph. À Collioures, une « exhibition démagogique » est à l'origine d'incidents graves :

> Une femme, percluse de mœurs, la fille Delcassu, s'est rendue, entièrement vêtue de rouge et accompagnée d'un nommé Olive vêtu comme elle, sur la place publique où s'exécutaient les danses des derniers jours du Carnaval. Le lendemain, une autre prostituée, la fille Cortade, déguisée en déesse de la liberté, costume entièrement rouge aussi, la tête couverte d'un bonnet phrygien, les bras nus, un poignard à la main, s'est présentée avec un sieur Carbonneil portant également des vêtements rouges sur la place publique. Là le couple étrange a trouvé, fidèle au rendez-vous, qui probablement lui avait été donné, un individu couvert d'ajustements blancs de la tête aux pieds sur lequel s'est élancée la fille Cortade feignant de le poignarder[29].

Le Carnaval, qui inverse les rôles pour un jour et offre les facilités du déguisement, est souvent l'occasion de manifester contre l'ennemi :

Les rouges et les blancs

Le 19 février 1849, jour de Carnaval, l'adjoint du maire s'est masqué en s'affublant d'un burnous rouge dont le capuchon était serré autour de la tête de manière à figurer un bonnet phrygien. Sur sa poitrine pendait une médaille à l'effigie de Barbès qu'il donnait à baiser. Il s'écriait en maniant un trident de pêcheur : Je vais à la pêche aux rouges[30].

Dans ce Midi où folklore et politique se prêtent réciproquement main forte et qui, de la Provence au Roussillon en passant par le Languedoc, est le terrain de prédilection de l'affrontement des rouges et des blancs, il arrive que la mascarade et la violence symbolique tournent en affrontement physique, voire en meurtre ; à Pieusic (arrondissement de Limoux, Aude), « quelques individus firent une mascarade. L'un d'eux, habillé de blanc, en conduisait un autre vêtu de rouge qui avait une corde au cou et qui portait sur le dos un écriteau sur lequel on lisait : "Maintenant que nous triomphons, Peuple, nous te faisons marcher" ». Le parti rouge se sentant insulté, il s'ensuivit une rixe violente. À Arles-sur-Tech (Pyrénées-Orientales), une « collision violente et sanglante » entre rouges et blancs se solde par un grand nombre de blessés, dont plusieurs très grièvement. À Perpignan, Julien Daspère, du parti rouge, tire sur deux blancs et les tue. Le procureur général de Montpellier résume ainsi la situation politique dans son ressort : « Les populations à très peu d'exceptions près y sont parquées en deux camps ennemis : les Rouges et les Blancs. Les opinions intermédiaires n'y forment qu'un imperceptible noyau. Après la révolution de février, on s'y est classé, non point immédiatement mais progressivement à droite ou à gauche[31]. »

La violence du face à face entre les deux forces ennemies est donc loin d'être seulement verbale : son exaspération ne relève pas seulement de l'exiguïté du territoire où elle se déploie car elle affecte aussi les villes. À Perpignan, où chacun des deux camps dispose de son territoire, « les rouges et les blancs sont continuellement en présence. Le quartier Saint-Mathieu est spécialement habité par les rouges, le quartier Saint-Jacques par les blancs[32] ». Rouges et blancs utilisent leur quartier comme base d'agression ou camp retranché. Ainsi, le 10 août 1850, « les rouges plus nombreux et plus audacieux sont allés dans le quartier Saint-Jacques provoquer et frapper les blancs en faisant entendre des chansons qui se terminaient par ce refrain : "Guerre à mort à l'adresse des Blancs"[33] ». Suit évidemment une riposte blanche qui nécessite l'intervention des forces de répression.

S'il n'est nullement question d'assimiler le mouvement quarante-huitard à une révolte de type millénariste, certaines des revendications proférées par les militants n'en sont pas toujours éloignées[34]. Les rouges prônent souvent l'élimination sociale ou physique des riches : les premiers seront les derniers.

À Maillé (Vienne), les élections municipales des 30 et 31 juillet 1848 sont troublées par plusieurs individus qui crient: «Les redingotes ont été les plus fortes, bientôt ce sera le tour des blouses[35].» À Castelnaudary (Aude), au cours d'un bal, les rouges ont improvisé une chanson contre les blancs: «Sachez jeunes lions de belle race, que nous prendrons votre place, quand nous aurons entre les mains le drapeau rouge et le bonnet phrygien[36].» Les Montagnards espèrent en un monde qui serait purgé de tous les grands, de tous les puissants, au sens matériel et spirituel, des nobles et des bourgeois, mais aussi des curés et des préfets. Tel est le sens des propos tenus par un huissier devant un propriétaire des Deux-Sèvres: «Vous avez tort de vous alarmer. À la première révolution nous serons bien plus heureux: d'abord on coupera le cou à tous les nobles, à tous les calotins, il n'en faut pas laisser un seul. Plus de châteaux et après les châteaux nous passerons aux maisons bourgeoises[37].» Les fonctionnaires ne se sentent guère mieux protégés de la passion «niveleuse» des Montagnards comme en témoigne ce rapport inquiet du procureur de la cour d'appel de Poitiers: «La ville de Niort est engagée sur une pente qui l'entraîne rapidement dans la voie des formidables conflagrations. Le génie tutélaire et anarchique a implanté ses racines au fond des esprits incultes. Le mal est quasi incurable, les indigènes et les ignares de tout âge crient publiquement: "oui nous sommes égaux au préfet, aux maires, aux curés et aux riches[38]".» À Issoire, le Carnaval de 1849 offre l'occasion d'une mascarade allégorique, qui fait marcher trois personnages (un jésuite, un bourgeois, un fonctionnaire) derrière le char de la Liberté et les montre s'évertuant, à l'aide de chaînes de fer, à entraver son élan[39]. Et parfois même, comme à Joué-sur-Erdre (Loire-Atlantique), le rouge vire au noir, l'égalitarisme tourne au nihilisme. Les cris hostiles proférés à plusieurs reprises pendant le carême n'épargnent plus rien ni personne. Même les astres sont maudits: «À bas le bon Dieu, Vive l'enfer, Vive la guillotine, À bas le bâtard, À bas la calotte, À bas la religion, À bas les prêtres, À bas le commerce, À bas le soleil, À bas la lune, À bas les étoiles, À bas tout[40]!»

À l'encontre des vainqueurs de février 48 dont l'une des toutes premières proclamations avait consisté à abolir la peine de mort, les rouges réclament la guillotine pour les blancs et pour les riches. Durcissement et radicalisation des républicains ou décalage entre les dirigeants et les sympathisants du parti de la Montagne? Toujours est-il que les manifestations au cours desquelles on revendique le rétablissement du couperet sont fréquentes. Le procureur de Pau rapporte que dans une auberge de Tournay (Hautes-Pyrénées) on a tenu des propos allant dans ce sens: «À bas les nobles et ceux qui les soutiennent. Il faut dresser la guillotine [...] et la faire jouer[41].» À Orsonnette (Puy-de-Dôme), où la population est divisée en deux camps politiques, la municipalité, aux mains des rouges, imagine même «une guillotine à neuf têtes pour tuer la moitié des villageois[42]». Le plus souvent, les procureurs signalent que les manifestants crient: «Vive la guillotine!» Une fois encore l'affrontement ancien leste de ses souvenirs l'affrontement nouveau. À Arboussol (arrondissement de Prades, Pyrénées-Orientales), où dans la nuit du 19 mars 1849 bandes blanches et bandes rouges se ruent l'une sur l'autre, on crie d'un côté «Vive Henri V» et de l'autre «Vive la République[43]».

2. Les permanences des traditions politiques

Quelle que soit l'époque où se crée la «sécession» politique, quel que soit le moment qui fonde le partage idéologique, le plus remarquable dans cette division c'est qu'elle perdure si longtemps après. Le célèbre *Tableau politique de la France de l'Ouest* s'achève sur cet étonnement:

> Plus d'un siècle après la grande guerre de 93, les vieux quartiers de la chouannerie et de la Vendée se retrouvent canton par canton pour s'opposer à toute pénétration, à toute affirmation de l'esprit vendéen symbolisé par la Révolution et la république[44].

Aujourd'hui, alors que plus de six générations se sont succédé depuis l'événement traumatique qui opposa violemment les blancs aux bleus, les contrastes politiques entre pays fidèles et pays rebelles, certes en voie d'atténuation, demeurent toujours vivaces. Dans les régions de la Vendée militaire comme dans plusieurs départements de l'Ouest, la droite a perdu son hégémonie. Depuis le début des années soixante-dix (élections législatives de 1973 et présidentielles de 1974), une part croissante de l'électorat, traditionnellement orienté à droite, se met en effet à voter «rouge», ou plutôt «rose». L'Ouest est ainsi devenu la région de France où le parti socialiste a réalisé les gains les plus conséquents. La présence de la gauche y était cependant si insignifiante que la droite conserve malgré tout une position qui paraît encore inexpugnable: dans la circonscription de Montaigu, par exemple, au cœur de la zone insurgée, la gauche ne passe que de 21 % en 1974 à 29 % en 1981.

Choisir d'observer le comportement électoral au niveau de la commune permet d'apprécier à plein l'exceptionnelle fidélité des populations jadis insurgées au parti blanc. Ainsi, dans les Mauges, sur trente-huit communes dont nous avons étudié le comportement électoral, aucune n'a donné plus de deux fois la majorité de ses suffrages aux différents candidats qui se sont succédé de 1877 à 1978 (vingt-huit scrutins) pour représenter la gauche[45]. Les élections de 1893 et 1898 sont les seules occasions où quelques communes ont osé s'écarter de l'allégeance au parti blanc. Ce sont précisément des périodes de détente entre l'Église et l'État ou d'«apaisement», comme dit André Siegfried. Dans les moments de crise aiguë, 1889 ou 1902, les royalistes ou bien ne se voient opposer aucun concurrent, ou bien remportent une victoire écrasante sur les candidats que d'aventure leur ont opposés leurs adversaires. Non seulement les communautés vendéennes ne se sont que très exceptionnellement départies de leur attachement au parti réactionnaire, mais cette fidélité se signale par son caractère massif. Dans quatre communes sur cinq, le parti blanc l'emporte le plus souvent avec plus de 80 % des voix. Les rouges réalisent des scores très modestes, voire insignifiants, dans la plupart des communes. La popularité du parti blanc est telle parmi les descendants des communautés qui ont fourni les bataillons de l'Armée catholique et royale que les affrontements avec l'adversaire y sont toujours demeurés rares. L'hégémonie des blancs interdit aux rouges de porter la contradiction : «La gauche reste donc exclue de la vie politique à Chanzeaux comme elle l'a toujours été depuis cent ans.» Ce que dit Laurence Wylie de cette commune des Mauges est valable pour toute autre commune de cette région et pour le reste des pays de la Vendée militaire[46]. Si le souvenir vendéen[47] a été largement entretenu tout au long du XIXe siècle par les élites aristocratiques et cléricales (érection de monuments, pèlerinages, etc.), rares pourtant sont les campagnes électorales au cours desquelles les candidats conservateurs invoquent 93 pour mobiliser leurs troupes. En définitive, l'ennemi est ici extérieur et abstrait, il s'agit essentiellement du gouvernement républicain et de ses agents. Seules certaines de ses initiatives qui impliquent une intervention directe de l'État et sont perçues comme de véritables intrusions raniment les combats du passé, comme ce fut le cas lors de la loi de séparation de l'Église et de l'État[48]. En Vendée comme en Anjou, presse et brochures politiques ont alors eu largement recours au vocabulaire de 93 pour commenter la résistance aux inventaires. La gauche a retrouvé sous les cléricaux des chouans, la droite a vu dans les partisans du gouvernement de nouveaux Jacobins et l'on a vu fleurir les parallèles entre la confiscation des biens du clergé en 1790 et la loi de séparation dite «loi de spoliation»[49].

Dans ces pays de bocage où l'Église est mieux que respectée, le prolétariat, dont le poids démographique est très important dans plusieurs communes du Choletais[50], se refuse à rejoindre, comme il fait ailleurs, les partis rouges (socialiste et communiste), objets permanents de la réprobation, voire de la condamnation des curés. Dans les ateliers comme dans les fermes, à l'usine comme au champ, c'est donc la même idéologie, celle des blancs, qui prédomine.

S'agit-il d'une continuité monocolore exceptionnelle, due à l'exceptionnelle férocité de la répression et du minutieux entretien des souvenirs de l'horreur ? Il s'en faut, car dans les pays de chouannerie, au nord de la Loire entre

Les rouges et les blancs

Nantes et Le Mans, on retrouve le même rapport de l'événement à la structure, comme l'illustre si parfaitement l'exemple de la Sarthe, depuis les analyses de Paul Bois : il a montré que le bipartisme sarthois (Sud-Ouest ancré à droite et Sud-Est favorable à la gauche) s'était maintenu sur près de deux siècles. De tous les départements de l'Ouest, c'est assurément dans cette région que la transition des « bleus » aux « rouges » s'est accomplie avec le plus de réussite : bastions du parti communiste depuis la Libération, les bocages du Sud-Est, fidèles à la République en 93, avaient dès 1849 voté pour les Montagnards. En face, les anciens cantons chouans du Sud-Ouest ont toujours fait preuve d'une solidarité sans faille avec la droite[51].

Dans la moitié septentrionale du Maine-et-Loire, Segréen à l'ouest et Baugeois à l'est affichent eux aussi avec une égale constance leur couleur politique. Dans cet ancien pays chouan qu'est le Segréen, soumis à l'influence du comte de Falloux sous le second Empire, la droite l'emporte régulièrement, que son candidat soit monarchiste, conservateur, M.R.P. ou bien gaulliste. L'assise dont elle dispose est ici tout aussi solide que dans le Choletais. Au cours de la plupart des scrutins législatifs qui ont eu lieu depuis plus d'un siècle, la droite a recueilli au moins 80 % des suffrages exprimés dans plus de la moitié des communes. Mis à part deux ou trois communes où réside une population ouvrière importante (Noyant-La Gravoyère ou Bécon-les-Granits), les rouges sont, comme dans le Choletais, pratiquement toujours absents du débat politique.

À l'est d'Angers, autour de Baugé, règne une tout autre atmosphère politique. La chouannerie n'y était jamais parvenue à faire de nombreux adeptes et presque toutes les élections de la IIIe République ont été remportées par la gauche[52]. À l'inverse de ce qui se passe dans l'ouest du département (Segréen et Choletais), la candidature unique est automatiquement de gauche. Afin d'éviter des défaites trop sévères (les royalistes n'ont ici aucune chance et disparaissent très vite de la scène politique), la droite est très tôt contrainte de se présenter comme « républicaine ».

Rémanence non toujours dépourvue d'un certain folklore, l'opposition blanc-bleu, rendue ailleurs caduque par l'apparition des rouges, conserve toute sa force dans ces régions de l'Ouest. L'antagonisme droite-gauche fait encore figure d'une version nouvelle du conflit de l'Ancien Régime et de la Révolution. La gauche anticapitaliste a toutes les peines du monde à prendre la place occupée par la gauche traditionnelle, républicaine et laïque, dans le combat contre l'adversaire. En Anjou comme dans les régions voisines, le problème scolaire détermine la position sur l'échiquier politique. Il suffit de prôner la laïcité de l'école pour être un rouge : « Dans nos campagnes angevines deux seuls partis : les amis et les adversaires de l'école laïque, les rouges et les blancs, la gauche et la droite[53]. »

LES FRANCE *Divisions politiques*

LIMITES DE L'OUEST POLITIQUE DANS LE MAINE ET L'ANJOU AU XIXe SIÈCLE.
LA FRONTIÈRE QUI SÉPARE LES PAYS BLANCS (OUEST) DES PAYS BLEUS (EST) EN 1793 PERDURE AU XIXe SIÈCLE.
(D'APRÈS ANDRÉ SIEGFRIED, TABLEAU POLITIQUE DE LA FRANCE DE L'OUEST, PARIS, ARMAND COLIN, 1964.)

Les rouges et les blancs

Tout l'ouest de la France est concerné par cette pérennité des tempéraments politiques. Pourtant, à suivre les options idéologiques des populations bretonnes, de la Révolution à nos jours, on observe par endroits une évolution quelque peu capricieuse de ces tempéraments. Ainsi une grande partie des communes du Trégor ont connu un parcours pour le moins sinueux. Considérées comme profondément aristocratiques au début de la Révolution (1791-1792)[54], elles se sont prononcées en majorité pour les représentants du Comité démocratique aux élections du 13 mai 1849, puis ont été aisément reconquises par les partis blancs sous la IIIe République[55]. En 1902, *L'Ouest Éclair*, un des organes locaux de l'Action libérale, pouvait s'enorgueillir du fait que la première circonscription de Lannion (région de Tréguier) fût l'une des quarante circonscriptions de France demeurées invariablement attachées à l'idée royaliste. Deux décennies plus tard, les électeurs de la région jetaient l'ancre dans les eaux du camp opposé et s'amarraient successivement au radicalisme, au socialisme et même au communisme.

Dans cette Bretagne moins monolithique que la Vendée, ce qui frappe, cependant, c'est la brutalité des termes de l'affrontement gauche-droite, lisible dans les professions de foi qui s'achèvent le plus souvent en coup de clairon : « Tous les bleus contre tous les blancs. En avant ! » Mouvement et réaction sont ici en tête à tête permanent. Malgré sa situation minoritaire, et contrairement au schéma vendéen, l'adversaire existe et se mobilise constamment pour la bataille électorale : « Dès l'ouverture de la campagne électorale, les passions s'échauffent, les regards se font moins francs, les conversations plus brèves entre voisins et alliés. On en arrive même à se dépasser sur la route sans se saluer, chacun feignant de regarder par-dessus le talus qui est de son côté. Et puis on fait des détours pour éviter de passer devant la maison ou les terres de l'ennemi. On s'interdit d'aller boire dans les débits dont les tenanciers sont d'une autre couleur[56]. » La vivacité du combat n'a d'égale que sa longévité. À Saint-Jean-Trolimon (Finistère sud), rouges et blancs se disputent âprement le pouvoir municipal depuis que celui-ci est soumis à élection[57]. Paysanne native du Trégor, Angèle Duval relate qu'« il y a toujours eu deux partis : les Rouges et les Blancs[58] ». Les enquêtes réalisées à Plozévet, en pays bigouden, laissaient transparaître, il y a quelques années, une tiédeur nouvelle mais pas au point de brouiller la frontière essentielle de la vie locale : « Le Plozévétien hésite longtemps avant de vous donner son point de vue sur tel ou tel problème politique de l'heure. Mais vous savez très vite s'il est rouge ou blanc, c'est-à-dire s'il est pour la république et l'école laïque ou s'il est pour l'Église[59]. » L'empire du parti rouge ici remonte à 1791 ; Plozévet est une des rares communes de la région qui se sont permis d'accueillir deux prêtres constitutionnels, refusant, à l'inverse, de fournir le moindre effort pour cacher son clergé réfractaire. Ces choix, qui trahissent de vieux réflexes anticléricaux, vont déterminer pour longtemps les orientations politiques des habitants. En réaction à cette situation de monopole, un parti blanc se forme peu à peu[60] et, tout au long de la IIIe République, les rouges, conduits par le clan des Le Bail, vont se trouver régulièrement confrontés pour les élections municipales à une liste dirigée par un Le Guellec. Celle-ci tourne autour de 35 % des voix, sans jamais parvenir à ébranler la suprématie des rouges. Sans jamais décourager non plus la division de la commune en deux camps. Qu'il soit breton ou vendéen, l'électeur serait souvent bien en peine de justifier son vote en fonction des considérations historiques locales : « En dépit de toutes les reliques du passé et des monuments élevés à la gloire de ses héros, Chanzeaux, de l'avis général, "ne s'intéresse plus à toutes ces vieilles histoires"[61]. » Pourtant, et bien que les votants n'en aient pas toujours conscience, les résultats électoraux trahissent le maintien d'une tradition vivante, la présence d'une mémoire en acte. Même si les principaux acteurs de la vie politique locale se soucient peu d'entretenir la mémoire politique – mais le bulletin de vote n'est-il pas, en lui-même, l'un des rouages fondamentaux du mécanisme de reproduction des survivances ? –, des influences extérieures ou la résurgence de certains événements (franc-maçonnerie, laïcisation de l'école, séparation de l'Église et de l'État, etc.) peuvent toujours réanimer une mémoire qu'on croyait engourdie[62]. Et il arrive, du reste, que les candidats ou les personnalités locales ne se privent pas de revivifier les combats d'antan. De Brest au Mans, de Fontenay-le-Comte à Saint-Malo, on voit ainsi le passé révolutionnaire resurgir au détour des joutes électorales. « Candidat du Bloc des droites reconstitué à nouveau », aux élections de 1928 (deuxième circonscription de Saint-Brieuc), M. Le Guen est considéré par *La Dépêche de Brest et de l'Ouest* comme « le représentant de ce qu'on appelle en Bretagne le Parti chouan ». Aux élections sénatoriales de janvier 1897, en Mayenne, un candidat républicain déclarait, dans sa profession de foi : « Méfiez-vous des manœuvres royalistes. Les chouans sont battus mais ils tentent tous les moyens pour tromper votre bonne foi[63]. » Dans ce même département, le curé d'Avenières, mécontent de la loi de juillet 1901, faisait explicitement référence au passé tout en prenant tristement acte de l'impossibilité de le ressusciter : « Que faire devant le couperet ? Sinon de susciter de nouveaux Jean Chouan. Mais le peuple français est trop ramolli pour être capable d'énergie. Nous sommes mûrs pour l'esclavage[64]. »

À la différence des conflits nés de la grande Révolution, les luttes de la IIe République ne sont pas l'objet d'un rappel historique. Pourtant, à quelques exceptions près, les zones conquises par les Montagnards en 1849 vont persister et signer. À la fin du XIXe siècle, la géographie n'avait guère bougé dans le Tarn ; les blancs prédominaient toujours dans le nord et le nord-ouest du département, les rouges dans le sud et le sud-est exactement comme cinquante ans avant[65]. En Haute-Vienne, la comparaison du scrutin de 1919 avec celui de mai 1849 montre qu'à soixante-dix ans d'intervalle ce sont les mêmes cantons qui donnent la majorité aux démocrates-socialistes et aux socialistes unifiés[66]. Si l'on suit d'élection en élection le comportement d'un échantillon de cent une communes du Limousin, entre Limoges et Ussel, on est frappé par la fidélité rouge depuis un siècle : sur vingt-huit scrutins, les trois quarts des communes (soixante-treize exactement) ont donné plus de vingt-quatre fois la majorité à la gauche[67]. François Goguel pour le Gers[68], Maurice Agulhon pour le Var soulignent des continuités comparables : là aussi l'implantation du parti rouge reste pratiquement identique d'un scrutin à l'autre[69].

Arrêtons-nous à deux cas particuliers : la Vendée pour l'exemplarité de sa stabilité biséculaire, le Var pour la formidable mutation que cette permanence a nécessitée.

Inscrite avec une continuité légendaire dans le camp de la droite, la Vendée est demeurée pendant longtemps prisonnière d'un langage dont les références étaient empruntées à l'époque révolutionnaire et au souvenir indissoluble de la guerre contre les bleus. En 1885 encore, les candidats légitimistes qui obtiennent un large aval des populations font mentionner « Dieu et le Roi » sur les affiches et dans leurs professions de foi[70]. Comme l'a fort bien démontré Jean-Clément Martin, la réalité est cependant plus complexe qu'une simple fidélité reconduite. Le souvenir se modifie et se réorganise périodiquement. La Vendée de la première Restauration doit encore son identité aux anciens combattants, celle du demi-siècle s'organise autour d'un apprentissage clérical alors qu'à la fin du XIXe siècle la Vendée devient une région symbole.

Le comportement politique lui-même n'est pas aussi uniforme ni aussi immobile qu'il peut paraître. Les résultats d'ensemble révèlent une victoire blanche si impressionnante qu'on en oublie les communes du pays insurgé qui ne se sont pas toujours rangées dans le camp monarchiste ; l'étude de sept cantons vendéens atteste la présence avant 1914 de communes bleues ou rouges en plein bocage blanc[71]. En définitive, les populations ne craignent pas tant le régime républicain que ses orientations et ses dérives anticléricales. Les grands notables monarchistes du pays l'ont très bien compris, comme en témoigne cette affiche électorale de Baudry d'Asson pour le scrutin de 1889 : « Dieu et le pouvoir chrétien ou bien la chute dans la plus redoutable catastrophe[72]. » On peut dès lors comprendre que, à mesure que s'affirme le régime républicain en France, l'accentuation de l'orientation religieuse du souvenir vendéen s'accélère. Si l'opposition à la République n'est pas uniquement le fait des Vendéens, car d'autres départements votent pour des monarchistes ou des bonapartistes en 1877 et aux élections qui suivent, seule la Vendée établit avec tant d'entêtement un lien étroit avec la situation de 1793. En ce tournant de siècle, les luttes religieuses et scolaires sont constamment investies du souvenir des luttes de la période révolutionnaire[73]. Entre 1879 et 1882, la législation laïque soulève une vive opposition dans ces pays d'école chrétienne, les instituteurs laïcs sont vilipendés comme le furent un siècle auparavant les curés constitutionnels, les «intrus de 93». Et si la politique de Combes provoque des conflits dans toute la France, ici la résistance aux inventaires[74] ressuscite la géographie politique de 93. Deux siècles, enfin, après les événements qui ont ensanglanté et mis à feu la région, si les socialistes et l'ensemble de la gauche, grâce notamment aux mouvements catholiques tels que la J.A.C. et la J.O.C., progressent très fortement en voix depuis les années soixante-dix, la droite continue néanmoins d'attirer régulièrement à elle une majorité d'électeurs qui font de la Vendée l'emblème de la fidélité politique.

À l'inverse, voici une région où se sont brutalement retournées les orientations politiques: le Var, exemple unique et désormais classique. Eugène Ténot avait le premier mis en lumière cette spécificité du Midi provençal, blanc en 1815 et 1830, et qui subit un revirement politique prodigieux, basculant du côté du parti démocratique au moment de la IIe République. Le mérite de Maurice Agulhon est d'avoir montré précisément comment s'est opéré ce renversement et d'avoir suivi les cheminements du processus de prise de conscience dans les classes populaires des villes et des villages-bourgs de la basse Provence intérieure[75].

Contrairement aux bocages de l'Ouest, où la structure sociopolitique verticale, fondée sur le clientélisme, favorise le conservatisme et la pérennité des partis blancs, dans ces pays d'habitat groupé, où prédominent les structures de type horizontal, artisans et petits bourgeois intellectuels servent d'intermédiaires entre la bourgeoisie et les «masses». Bien plus, la présence d'une élite acquise au parti rouge rend plus aisée la descente de la politique vers les classes populaires[76]. À ce retournement d'opinion ont contribué aussi des phénomènes contingents: conflits entre le paysan varois, d'une part, les détenteurs de capitaux et les meuniers, d'autre part; tensions suscitées par la privatisation ou l'usurpation des terrains communaux; lutte, passive ou active, contre l'État fiscal (l'impôt des boissons déclenche à diverses reprises de véritables émeutes). De la haine contre le fisc, l'habitant passe aisément à la haine contre l'État et contre le riche, coupable à ses yeux d'être relativement moins frappé par l'impôt. Dès lors, toutes ces rancœurs s'additionnent pour créer «un climat qu'il faut bien appeler de lutte de classes[77]».

Ces antagonismes d'ordre socio-économique sont intervenus alors que de profondes transformations étaient en cours dans la vie socioculturelle. Une

Les rouges et les blancs

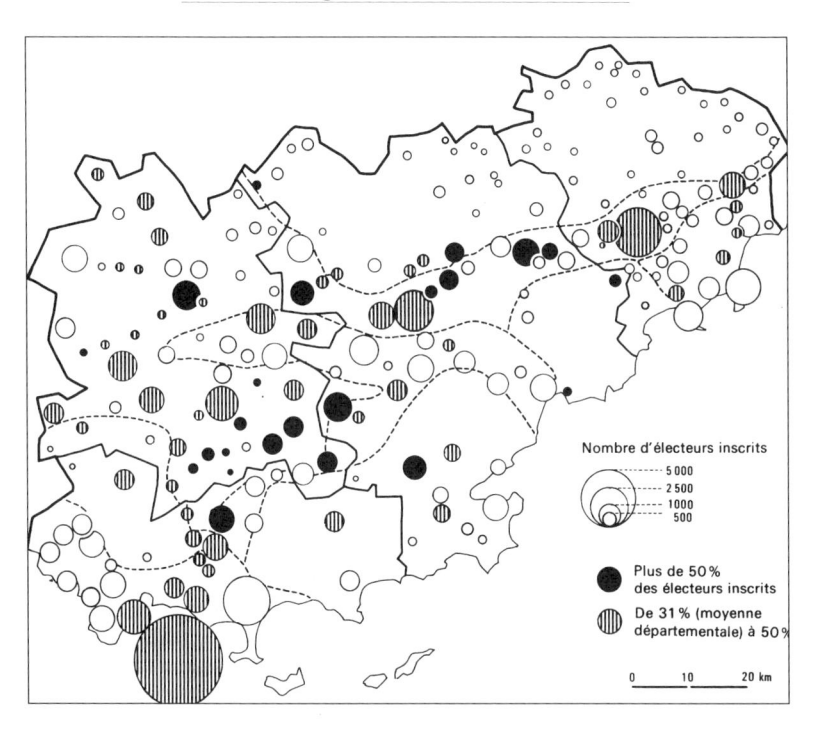

L'ÉLECTORAT DÉMOCRATE DANS LE VAR. ÉLECTION PARTIELLE DU 10 MARS 1850.
LES SCRUTINS DE LA IIe RÉPUBLIQUE TÉMOIGNENT DE LA SINGULIÈRE MUTATION DES POPULATIONS DU VAR
QUI BASCULENT DE L'EXTRÉMISME « BLANC » À L'EXTRÉMISME « ROUGE ».
(D'APRÈS MAURICE AGULHON, LA RÉPUBLIQUE AU VILLAGE, PARIS, ÉD. DU SEUIL, 1979.)

activité folklorique (fêtes patronales, carnavals, charivaris) alors à son apogée[78] ; une Église de plus en plus délaissée, voire combattue ; un peuple dont l'horizon culturel ne cesse de s'élargir, tel est le contexte au sein duquel s'est aiguisée la politisation des classes populaires. Enfin, artisans et ouvriers, forts de l'expérience des cercles bourgeois auxquels ils ont beaucoup emprunté, vont user des chambrées comme autant de centres d'apprentissage des idées démocratiques.

C'est en définitive un double processus, l'essor de la sociabilité populaire du village provençal et l'influence grandissante de la petite bourgeoisie intellectuelle locale, qui fait «descendre» la politique démocratique vers les masses renouvelant totalement, et pour longtemps, le tempérament politique dominant dans le pays.

3. *Les raisons d'une continuité*

D'où vient cet enracinement des idéologies politiques et quel sens peut-on lui donner ? Comment s'explique la continuité des allégeances à tel ou tel camp ? Tout en reconnaissant la puissance de certaines traditions politiques, on peut être conduit comme Eugen Weber à en contester le sens. Blanche ou rouge, l'unanimité politique serait, selon cet historien anglo-saxon, révélatrice d'un rapport archaïque à l'action politique. À l'encontre de Pierre Barral, Maurice Agulhon et André Siegfried, il refuse de considérer le vote à gauche comme un signe de politisation[79]. Quiconque connaît un peu la vie des communautés rurales est d'emblée convaincu, en effet, que les haines politiques se nourrissent des intrigues locales et des divisions familiales. Mais si elles sont suffisantes pour expliquer l'âpreté des conflits, les rivalités de personnes, de familles ou de clans sont assurément insuffisantes pour en expliquer la longévité. Eugen Weber a, semble-t-il, quelque réticence à concevoir l'originalité du modèle politique français, l'idée qu'il se fait de la «politisation» est toute anglo-saxonne : «La politisation, c'est non pas de voter à droite ou à gauche mais de penser que l'alternative est possible[80].» On ne peut également le suivre lorsqu'il affirme que c'est seulement vers la fin du XIXe siècle que les Français s'éveillent aux grands problèmes nationaux et que l'intérêt pour les idées générales et abstraites supplante les disputes et les enjeux locaux[81]. Si éveil il y eut, nous pensons avoir montré qu'il était bien antérieur. Par ailleurs, si l'on exclut les toutes dernières années, les bastions de droite comme de gauche sont restés identiques de part et d'autre de la date qu'il suggère, le tournant du siècle. Dès lors, le problème reste entier et l'on comprend que politologues, sociologues et historiens continuent de vouloir trouver la clé de la permanence des comportements politiques.

Les rouges et les blancs

En pays rouge, c'est en grande partie par un phénomène d'inertie que les études les plus récentes tentent d'expliquer la continuité des comportements. Ainsi, selon Alain Corbin, l'hostilité à l'égard des villes, traditionnelle dans les populations limousines de 1845 à 1880, renvoie à quelque chose de plus profond, la haine et la peur de toute innovation[82]. Prolongeant l'étude dans le temps, Pierre Vallin estime que le vote rouge dans ces régions est en premier lieu un vote négatif; reconduit jusqu'en 1900-1910, il traduit l'hostilité envers l'État, la méfiance à l'égard de la ville, la haine des riches et le refus du changement. À quelques variantes près, pourtant, on pourrait en dire autant des pays de l'Ouest qui ont adopté, on vient de le voir, des comportements politiques radicalement contraires[83]. On peut difficilement soupçonner les populations de l'Ouest de désinvolture ou d'irrespect envers la tradition. Pourtant, et ce n'est pas là le moindre des paradoxes, tout conservateur qu'il fût, le paysan ou l'ouvrier vendéen a pu faire preuve, à plusieurs reprises, d'une réceptivité certaine à l'innovation, au point que l'on serait tenté de dire qu'il y a de l'archaïque dans le vote révolutionnaire et du moderne dans le vote conservateur. Ce type de mémoire, propre aux pays rouges, suppose en somme que le milieu ne subisse aucune transformation susceptible de venir troubler la reproduction des choix politiques. À la différence de ce qui se passe dans la France de l'Ouest, le rappel de l'événement fondateur n'intervient pratiquement jamais dans les pays rouges. En Limousin comme en basse Provence, la mémoire suit un même cours paisible; en Vendée, elle est alimentée d'affluents divers, sur sa rive droite comme sur sa rive gauche, provoquant par endroits une agitation effrénée de ses eaux.

D'une fidélité plus ancienne et plus massive, les pays blancs ont tout particulièrement retenu l'attention des chercheurs. Jusqu'aux travaux de Paul Bois, les hypothèses d'André Siegfried faisaient autorité: les pays favorables aux blancs sont les pays de bocage, de grande propriété et de tradition catholique; à l'inverse, les plaines et l'habitat groupé, la petite propriété et les pays indifférents leur sont hostiles[84]. Fortement ébranlée par les conclusions de Paul Bois[85], qui en a réfuté point par point la pertinence, cette analyse est loin d'être abandonnée dans sa totalité. Les historiens actuels, tout en s'accordant pour dénoncer les dangers d'une explication monocausale des comportements politiques, continuent de lui être redevables.

De toutes les variables explicatives du politique, celles qui ont trait à l'ordre économique sont les plus délicates, sinon les moins convaincantes. Ainsi l'idée développée par Leo A. Loubere[86] selon laquelle la crise économique engendre la victoire des quarante-huitards dans le Midi a été mise en pièces par William Brustein: la crise a également touché l'Ouest qui ne s'est pas tourné pour autant vers la gauche. Au terme de sa réflexion sur les orientations politiques des populations de l'Ouest et du Midi, Brustein propose des modèles qui prennent en compte plusieurs indicateurs socio-économiques et socioculturels. Il en tire la liaison entre le vote blanc et l'agriculture de subsistance (dominante dans les pays de l'Ouest), alors que le Midi, favorable aux rouges, est principalement tourné vers une agriculture de marché[87]. Il n'est pourtant pas difficile de faire observer que les deux types d'agriculture se rencontrent dans nombre de départements de l'Ouest et sans doute également dans le Midi.

Si le vote rouge des paysans du Limousin ou du Bourbonnais comporte une dimension traditionaliste, il en va différemment des révoltes contre le coup d'État de Louis Napoléon. Tony Judt a soutenu que la politisation paysanne de ces régions se réduit à une protestation rurale de type ancien, émeute des grains et rébellion contre l'impôt[88]. Mais Ted Margadant lui fait observer que les paysans qui se soulèvent en 1851 sont les plus avancés économiquement et, plutôt que d'attaquer les collecteurs d'impôts et les marchands de grains, ils ont cherché à conquérir les centres locaux du pouvoir politique[89]. De même, lorsqu'on se place à l'échelle de la commune, la lutte entre les blancs et les rouges ne recouvre pas toujours, comme l'exemple de Plozévet pourrait le laisser supposer, celle des gros et des petits : « La bipartition blanc-rouge a son origine dans l'antagonisme entre les possédants et la plèbe agricole. Les gros détenaient le pouvoir économique et politique, disposaient du soutien et de la justification de l'Église, formaient une société close. Les petits ont mené contre les gros une lutte de libération économique, d'émancipation politique, de promotion sociale[90]. » L'existence d'une certaine concordance entre attitudes politiques et structures sociales (pays pauvres-pays bleus, pays riches-pays blancs) vaut sans doute pour la Sarthe mais non pour l'ensemble des départements de l'Ouest. L'exemple des paysans du Vaucluse montre encore qu'il est vain d'imaginer que la relation entre situation matérielle et comportement politique s'exerce dans un seul sens. Ainsi, alors qu'en d'autres lieux l'enrichissement de la paysannerie infléchit ses choix politiques vers la droite, dans le Vaucluse, il en va tout autrement : « Une paysannerie individualiste et aisée maintient son engagement politique à gauche comme elle persiste dans son détachement religieux[91]. »

Si l'économique est impuissant à rendre compte de certaines immobilités politiques, n'est-ce pas que celles-ci se cachent là où l'on s'est toujours refusé à les chercher ? De récents travaux orientent en effet la recherche soit vers la dimension anthropologique, soit vers la dimension religieuse du phénomène[92]. Qu'il s'agisse de l'origine de la fracture entre rouges et blancs et de sa consolidation, de la constitution d'un territoire monocolore ou d'une région-mémoire comme la Vendée, l'attitude religieuse des populations concernées apparaît fondamentale.

Au niveau régional ou départemental, dans le Midi comme dans l'Ouest, on la retrouve encore. Pour la région du Languedoc-Roussillon-Rouergue,

Gérard Cholvy souligne que les cartes de pratique religieuse et de comportement politique se superposent presque exactement[93]. Les pratiquants se rangent dans le camp de la réaction, les autres votent républicain; ainsi, « en 1941, dans telle paroisse du Lodévois (Hérault), le prêtre est considéré comme l'aumônier du parti blanc [...] La religion est le monopole d'un parti qui exclut les républicains[94] ». De même, dans un de ses rapports du 9 mai 1888, le préfet de l'Aude fait état d'une opposition brutale entre « d'un côté une réaction outrée affichant un cléricalisme militant, de l'autre des républicains, la plupart très avancés, vivant éloignés de toute pratique religieuse[95] ». Ailleurs, en particulier dans le Gard, l'affrontement rouges-blancs est étroitement associé aux vieilles rivalités entre les communautés protestantes et catholiques. Dès le début de la grande Révolution, les unes et les autres s'étaient rangées dans des camps irréconciliables : alors que le gros des catholiques épouse très vite les thèses de la contre-révolution, c'est parmi les réformés que la Révolution avait trouvé ses plus fidèles soutiens[96]. Or, sous la IIIᵉ République, les républicains l'emportent là où les protestants sont majoritaires. En milieu catholique, au contraire, les républicains sont battus[97]. Dans le Tarn, Jean Faury constate une concordance très large entre la carte du légitimisme en 1848 et celle de la pratique religieuse de 1835 : « C'est le Nord-Ouest déjà peu pratiquant en 1835 qui vote le plus républicain et qui donne peu de voix aux légitimistes avérés, surtout si l'un d'entre eux est prêtre. Et de même c'est la montagne du sud-est, la région la plus pratiquante qui est la plus favorable aux légitimistes[98]. » En Aveyron, où l'éventail politique est ramené à son expression la plus réduite, celle de l'affrontement de deux blocs, le poids de la question religieuse est tout aussi décisif :

> Les deux tendances se signalaient toujours et en tous lieux; il y avait d'une part les blancs qui allaient à la messe, qui portaient le présent (en plus du denier du culte bien sûr) au curé, qui envoyaient au moins la fille (sinon le garçon et la fille) à l'école libre, et d'autre part les rouges qui suivaient sans enthousiasme (quand ils y allaient) la procession dominicale, qui envoyaient leurs enfants à la laïque, qui ne manquaient pas de rouspéter auprès du curé sur la vénalité de la religion en réglant la note des obsèques de la grand-mère[99].

Dans l'Ouest, il n'est guère besoin d'insister longuement sur la dimension religieuse du soulèvement vendéen et de la chouannerie. Tout en concédant que d'autres facteurs (socio-économiques notamment) aient pu avoir une incidence sur le comportement politique, Timothy Tackett a décisivement montré que les caractères spécifiques du monde clérical – clergé relativement aisé, en grande partie d'origine autochtone et paysanne – de l'Ouest

■ Plus de 55 %
▓ De 50 à 55 %
▨ De 45 à 50 %
⋯ Moins de 45 %

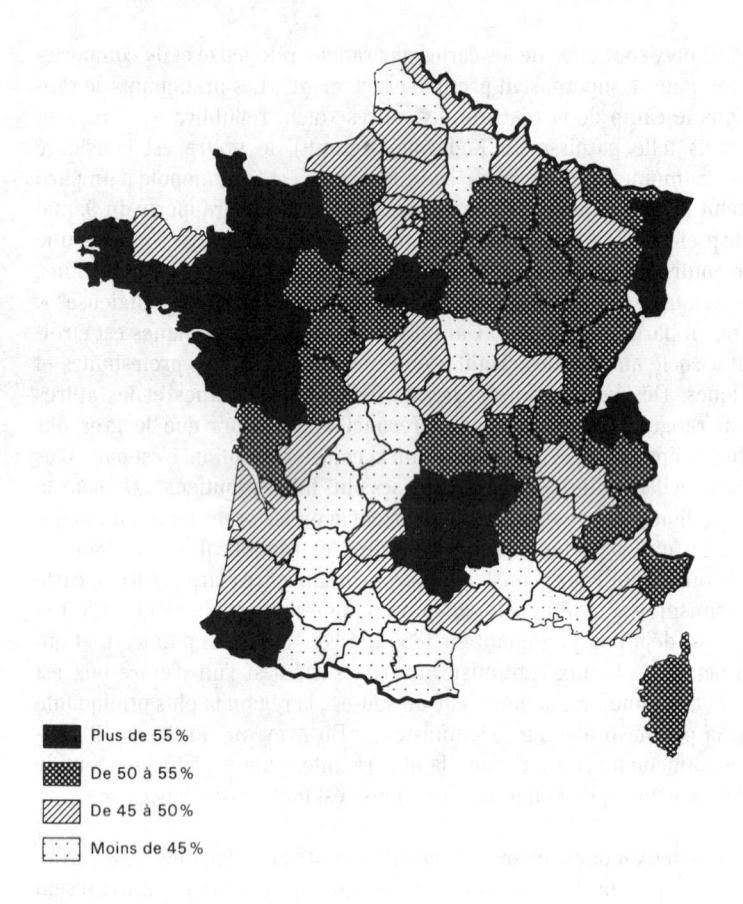

Proportion de suffrages
exprimés en faveur de
Valéry Giscard d'Estaing
en 1974.

*Élection présidentielle de mai 1974. Vote Giscard au deuxième tour (19 mai).
Les zones de force de la droite traditionnelle concordent presque parfaitement avec les pays
chrétiens (forte proportion de la population faisant ses pâques, voir carte en bas à droite).
(D'après Hervé Le Bras et Emmanuel Todd,
L'Invention de la France, Paris, Hachette, coll. « Pluriel », 1981.)*

*Religion. La géographie du serment de 1791 (carte en haut à droit
anticipe la géographie moderne de la pratique religieuse reste encore dominante.
(D'après Timothy Tackett, La Révolution,
L'Église, La France. Le serment de 1791, Paris, Éd. du Cerf, 1986.)*

■ Moins de 34 %
▨ De 35 à 54 %
▨ De 55 à 74 %
⋯ Plus de 75 %

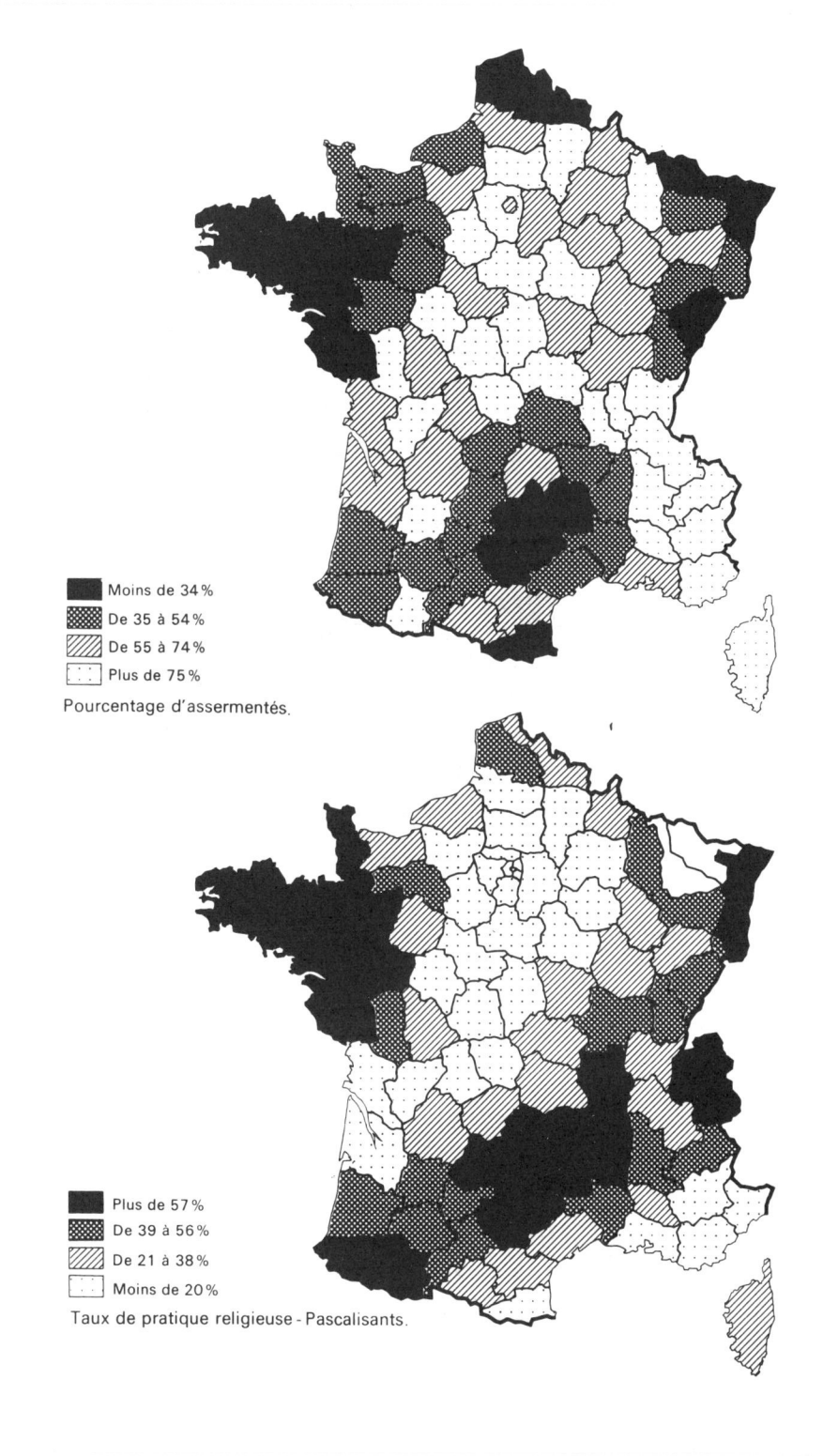

Pourcentage d'assermentés.

■ Plus de 57 %
▨ De 39 à 56 %
▨ De 21 à 38 %
⋯ Moins de 20 %

Taux de pratique religieuse - Pascalisants.

CHIRAC
MITTERRAND

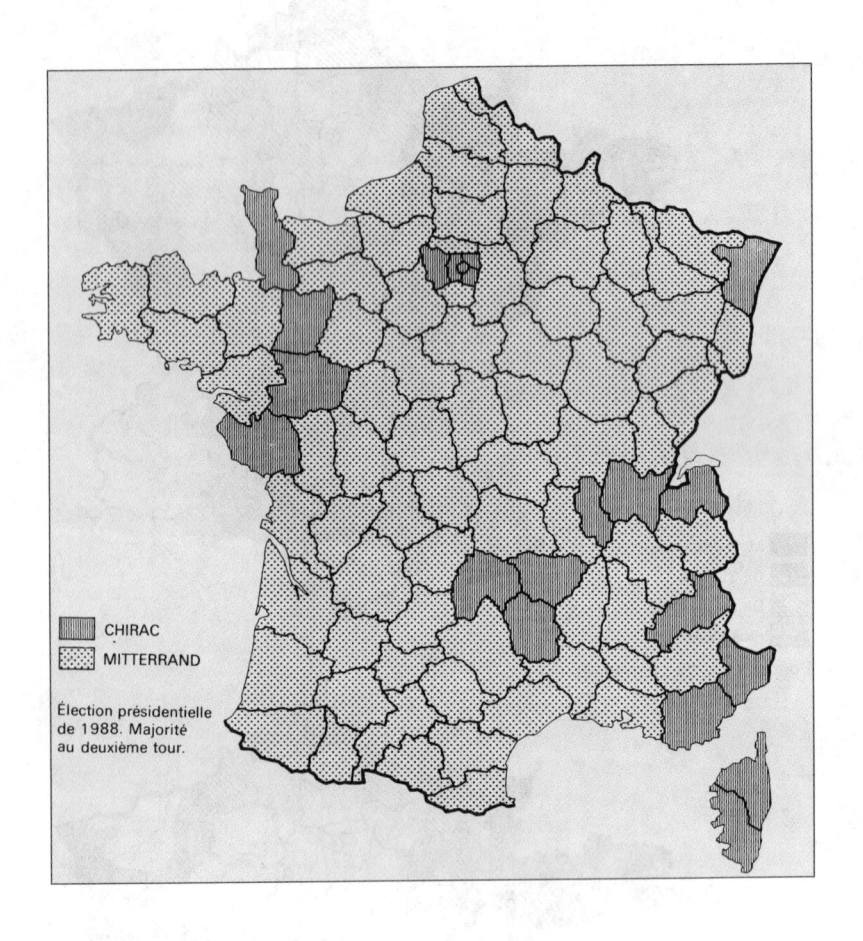

Élection présidentielle de 1988. Majorité au deuxième tour.

Élection présidentielle de 1988. Majorité au deuxième tour.
Homogénéisation du paysage politique français. Les contrastes géographiques s'atténuent.
Les écarts par rapport à la moyenne nationale s'amenuisent.
François Mitterrand obtient la majorité absolue dans tous les départements sauf dix-neuf.
Les bastions blancs de l'Ouest sont érodés
Ceux du sud-est du Massif central résistent mais la droite prend de l'importance
dans la Région Rhône-Alpes et dans la Région Provence-Côte d'Azur.
(D'après Frédéric Bon, Jean-Paul Cheylan, La France qui vote, Paris, Hachette,
coll. «Pluriel», 1988.)

ÉLECTIONS PRÉSIDENTIELLES DE 1995. MAJORITÉ AU DEUXIÈME TOUR.
JACQUES CHIRAC (R.P.R.) EST ÉLU AVEC 52,64 % DES SUFFRAGES CONTRE 47,64 % À LIONEL JOSPIN (P.S.).
LA Ve RÉPUBLIQUE 1958-1995, CHRONOLOGIE, LE MONDE, 1996.

avaient permis que les divers sujets de mécontentement (taxation, recrutement, etc.) viennent se cristalliser sur les questions religieuses, une façon comme une autre de mettre l'accent sur le rôle déterminant de la religion dans les insurrections de l'Ouest[100]. Les cartes de pratique religieuse établies vers 1960 par le chanoine Boulard ne sont pas sans rappeler celles du serment de 1791[101], mais surtout les liens entre religion et comportement politique continuent d'être visibles. Les pays de mission restent ancrés à gauche, alors que les populations dévotes font preuve le plus souvent d'une fidélité inébranlable aux partis de droite[102].

Observée à une échelle plus réduite encore, celle du canton, par exemple, l'attitude vis-à-vis de l'Église est étroitement solidaire du comportement politique. Dans sa monographie sur Chanzeaux, Laurence Wylie affirme que « c'est sur le plan religieux que se produit le clivage à Chanzeaux. Quelles que puissent être ses options sur d'autres plans, le parti qui se déclare en faveur de l'école libre et des intérêts de l'Église catholique est aussitôt marqué "de droite" et le parti qui professe des opinions anticléricales est aussitôt marqué "de gauche" [...] C'est ce clivage religieux qui explique également la continuité historique des choix électoraux à Chanzeaux ». Le partage des eaux entre les deux familles politiques à Plozévet peut difficilement se comprendre sans qu'on se réfère aux attitudes à l'égard de l'Église, comme l'ont souligné Edgar Morin et André Burguière.

Enfin, même si l'on fait abstraction du contexte historique et géographique, en étudiant le comportement politique au niveau individuel, les conclusions auxquelles aboutissent Guy Michelat et Michel Simon achèvent de nous convaincre de l'importance décisive de la variable religieuse[103]. La lente érosion des spécificités électorales régionales achèverait d'en apporter la confirmation. Plus la continuité de la vie chrétienne se brise, plus l'imprégnation de la vie chrétienne se dilue, et plus les attitudes électorales s'homogénéisent et se banalisent de région à région.

L'affrontement des rouges et des blancs dans notre vie politique est-elle en train de perdre son lest mémoriel et son tranchant ? On pourrait en relever bien des indices. L'un d'eux est l'érosion des môles autrefois monocolores : même dans les contours de l'Ouest intérieur, le temps n'est plus où près de 80 % des électeurs se prononçaient pour les partis de droite, et la gauche ne s'y sent plus en pays de mission. Autre indice, l'autonomie croissante de la vie politique à l'égard de la vie sociale globale : même à Plozévet, rouges et blancs consentent désormais à se fournir chez les commerçants de l'autre « côté ». À cette atténuation des conflits, bien des facteurs ont pu concourir : la disparition progressive des agriculteurs, détenteurs et gardiens privilégiés des traditions politiques ; l'accroissement corrélatif du poids des salariés, le recul ou la modification de l'influence cléricale et la baisse concomitante de la pratique religieuse. L'urbanisation, mais surtout la « citadinisation » des modes de vie en milieu rural signent la mort des cultures paysannes. Cette crise s'inscrit à même le sol : « La campagne fait peau neuve ; le bocage aux chemins creux de Jean Chouan s'en va par plaques[104]. » Avec la suppression des haies, c'est un peu de l'esprit chouan qui s'en est allé.

Fin des paysans, fin de l'affrontement mémoriel et politique des Français ? On ne saurait pourtant conclure de l'une à l'autre, ni parier sur la disparition prochaine des traditions politiques. La bipartition « veille chez les militants, constate Julien Gracq[105]. Elle se réveille aux saisons d'élections, surtout municipales. Alors, la vieille frontière se hérisse à nouveau. Les vieilles fissures se creusent ici et là et, en 1965, un boulanger rouge renvoie au meunier catholique qui s'est porté candidat sa farine trop "blanche". Mais une fois la saison politique passée, tout s'apaise à nouveau ». Résurgence ici presque mécanique, mais qui peut retrouver toute sa vigueur passionnelle au gré de la circonstance politique. La querelle provoquée par la loi Savary en a donné un récent exemple. Certes, les élections de 1981 ont confirmé les positions acquises par la gauche là où elle était si faible il y a encore vingt ans, mais elles ont aussi permis de mesurer les limites de l'homogénéisation tant au niveau national que régional. Un moment gommés ou recouverts par la victoire de François Mitterrand (mai 1981), les massifs anciens de la droite (grand Ouest, sud-est du Massif central et Alsace-Lorraine) ont à nouveau émergé aux législatives qui ont suivi (juin 1981), renvoyant à une date toujours repoussée l'arasement définitif de leur sommet.

Tout comme elle éprouve quelques difficultés à terminer la Révolution, la France ne parviendra pas aisément à dépasser la division en deux blocs qui anime encore sa vie politique.

---

1. Est-il besoin de rappeler les propos tenus par l'un de ceux qui se montraient le plus convaincus du caractère archaïque de cette opposition : « À part les parlementaires, plus personne ne comprend ce que cela veut dire. En vérité, c'est une langue morte » (J.-J. Servan-Schreiber), cité par René Rémond, *Les Droites en France*, Paris, Aubier-Montaigne, 1982 (nlle éd.), p. 360.

2. Les mouvements idéologiques qui se voulaient rassembleurs ou interclassistes ont eux-mêmes succombé à l'éclatement. C'est ainsi que l'on a très vite été amené à distinguer un bonapartisme rouge et un bonapartisme blanc, un gaullisme de gauche et un gaullisme de droite.

3. Pour les préadolescents français, voter est le critère majeur de l'identité nationale : il est en effet plus important de voter aux élections que d'être né en France ou d'avoir des parents français. Voir les travaux d'Annick Percheron, *L'Univers politique des enfants*, Paris, F.N.S.P., Colin, 1974.

4. Edgar Morin, *Commune en France: la métamorphose de Plodémet*, Paris, Fayard, 1967, p. 182.
5. Jacques Ozouf, *Nous les maîtres d'écoles*, Paris, Julliard, collection «Archives», 1966, p. 138.
6. Ed. Morin, *op. cit.*, p. 254. Parlant de son village natal, Plouha, au cœur du Trégor, le géographe Maurice Le Lannou évoque lui aussi cette scission politique : « Plouha disposait en permanence de deux âmes, que le langage populaire appelait des "côtés". On était selon les familles, du bon côté [...] ou de l'autre. La coupure était fort précise dans les faits : il y avait un boulanger, un boucher, un charcutier, un notaire de chaque côté et personne ne s'y trompait. En gros cependant, bien que les termes ne fussent pas employés [...] il y avait la droite et la gauche, ceux qui épousaient les causes du presbytère et ceux qui se méfiaient des curés. » M. Le Lannou, *Un bleu de Bretagne*, Paris, Hachette, 1979, p. 153.
7. J. Ozouf, *op. cit.*, p. 136. À Castelnayran (Tarn-et-Garonne), « les républicains et les cléricaux gardent leur distance et se vouent une haine éternelle. Les uns fréquentent le café Bayron, les autres le café Bouche ; la jeunesse de gauche se réunit dans une salle de bal qui lui est réservée ; celle de droite a la sienne aussi. De même chaque clan a son épicier, son boucher [...] chacun ici est classé, étiqueté, on ne fréquente que ceux de son bord, on fuit les autres ». *Ibid.*, p. 138.
8. Louis XVI se sent même contraint de proclamer, le 22 mai 1790, qu'il fait « défense à tous ses fidèles sujets, et dans toute l'étendue du royaume, de faire usage d'aucune autre cocarde que la cocarde nationale ».
9. Dans une circulaire du 5 mars 1848, François Arago, ministre de la Marine, précisait que le pavillon de la République serait bleu à la hampe, rouge au milieu et blanc au battant.
10. Loin de nous également l'idée que la droite ou la gauche sont une. Depuis les travaux de René Rémond, plus personne ne songe à mettre en doute l'existence de plusieurs droites. Quant à la gauche, la pluralité des courants qui l'animent est tellement évidente qu'il n'est guère besoin de la démontrer.
11. Georges Dupeux, *Aspects de l'histoire sociale et politique du Loir-et-Cher, 1848-1914*, Paris, Mouton, 1962.
12. Jean Quellien, *Bleus, blancs, rouges : politique et élections dans le Calvados, 1870-1939*, Caen, Annales de Normandie, 1986.
13. C'est notamment le niveau choisi par le groupe de recherche qui s'est engagé, sous la direction de François Furet et de Jacques Ozouf, dans une grande enquête sur les rouges et les blancs portant au départ sur un échantillon de plus de trois mille communes réparties dans plusieurs régions de l'Hexagone.
14. Michel Lagrée, « Structures pérennes, événement et histoire en Bretagne orientale, XVe-XIXe siècle », *Revue d'histoire moderne et contemporaine*, 1976, pp. 394-407.
15. En Cornouaille, comme en témoignent les récits recueillis par Pierre-Jakez Hélias, l'opposition rouges et blancs remonte aux conflits nés au temps de la Ligue : « Dans un village du côté de Landudec qui comprend deux fermes, l'une blanche, l'autre rouge, autour de la même cour, les gens manquent de peu d'en venir aux mains pour la moindre vétille, une barrière mal fermée, un coq qui chante trop tôt. Resurgissent de vieilles injures inexplicables, insolites, auxquelles on n'a recours qu'aux limites de l'exaspération. Les républicains se font traiter de "Saxons rouges" et n'hésitent pas à qualifier leurs adversaires de "graines de Fontenelle", ni les uns ni les autres ne sachant plus très bien qui sont les uns et qui était l'autre [en breton, nous dit P.-J. Hélias, les Anglais sont les Saxons et La Fontenelle est un bandit du temps de la Ligue qui ravagea la Cornouaille]. Mais cela vient de loin, du temps où les Anglais en habits rouges faisaient des incursions dans le pays, tuant, brûlant et pillant, tandis que leurs flottes croisaient au large de nos côtes, du temps où Guy Éder de Beaumanoir, capitaine La Fontenelle, mettait à profit des désordres de guerre de la Ligue pour tuer, brûler et piller à son seul bénéfice. Quand je demande autour de moi qui est La Fontenelle, on répond, sans plus, c'est un loup de l'ancien temps. Ne parle-t-on pas d'une

Les rouges et les blancs

femme de Plogastel qui fut traduite en justice par une de ses voisines à qui elle avait dit en public "Vous et les vôtres vous êtes de la race de Fontenelle". Les grandes injures, conclut P.-J. Hélias, sont le déchet de la mémoire», *in Le Cheval d'orgueil*, Paris, Plon, 1975, p. 246.

16. En 1878, on pouvait lire dans la *Semaine religieuse* du diocèse d'Albi : «Les francs-maçons hypocrites continuent de nos jours l'œuvre des albigeois hypocrites», cité par Jean Faury, *Cléricalisme et anticléricalisme dans le Tarn (1848-1900)*, Publications de l'Université de Toulouse-Le Mirail, 1980, pp. 256-257.

17. Pour Engels, les paysans ne peuvent rien comprendre aux problèmes politiques : «Barbares au milieu de la civilisation, prisonniers d'un horizon réduit aux frontières les plus étroites, les paysans, écrit Engels, ne comprirent absolument rien lorsqu'en février pour la première fois le prolétariat fit valoir ses revendications.» Moins sévère, Marx voit chez une partie au moins des petits paysans français un tournant favorable à la révolution. Mais tous deux pensent la paysannerie incapable d'une motivation révolutionnaire propre. Voir Fernando Claudin, *Marx, Engels et la Révolution de 1848*, Paris, Maspero, 1980, p. 235.

18. On n'aurait garde d'oublier que, dans certains départements du Midi (notamment le Gard et l'Hérault), il existe également une «Montagne blanche» animée par des légitimistes radicaux. Ces «Jacobins enfarinés» comme les surnomment les légitimistes traditionnels sont partisans de l'Appel au peuple et du suffrage universel. Le couple Montagne rouge-Montagne blanche recoupe malgré tout le diptyque droite-gauche, ne serait-ce que parce que ces «démocrates blancs» sont fermement attachés au régime monarchique.

19. Manifeste légitimiste de 1849.

20. Archives nationales, BB 30 359, Rapport du procureur général de la cour d'appel d'Angers, le 19 août 1849.

21. Il ne s'agit pas, bien entendu, des plus avancés, comme David d'Angers ou Le François qui vont se rallier quelques mois plus tard aux démocrates, mais de candidats bleus comme Freslon ou Joulnaux qui figurent sur près d'un quart, voire plus d'un tiers, des listes dans les cantons de Beaupréau, Saint-Florent-le-Vieil ou Champtoceaux, au cœur du pays blanc.

22. Si les catholiques intransigeants condamnent les idées «catholiques sociales» du père Lacordaire et du journal *L'Ère nouvelle*, l'organe du premier mouvement français de caractère «démocrate-chrétien», le clergé, quel que soit son sentiment sur cette question, se garde bien de toute ingérence dans le scrutin.

23. Maurice Agulhon, *La République au village*, Paris, Éd. du Seuil, 1979. Voir aussi Alain Corbin, *Archaïsme et modernité en Limousin au XIXe siècle, 1845-1880*, Paris, Marcel Rivière, 1975, 2 vol.

24. Raymond Huard, *Le Mouvement républicain en bas Languedoc, 1848-1881*, Paris, Presses de la F.N.S.P., 1982.

25. Michel Vovelle, *Idéologies et mentalités*, Paris, Maspero, 1982, p. 243.

26. Pierre Vallin, *Paysans rouges du Limousin. Mentalités et comportement politique à Comprégnac et dans le nord de la Haute-Vienne, 1870-1914*, Paris, L'Harmattan, 1985. Opérant une «plongée dans le passé», l'auteur montre les multiples conflits qui opposent les paysans limousins à leurs seigneurs.

27. Pierre Simoni, «Dynasties blanches, dynasties rouges : essai sur la mémoire révolutionnaire sous la IIIe République à Apt», «Midi rouge et Midi blanc», colloque d'Avignon, 1986, *Provence historique*, 1987, t. XXXVI, fasc. 148, pp. 229-240.

28. François Beslay, *Voyage aux pays des rouges*, Paris, H. Plon, 1873.

29. Archives nationales, BB 30 380, Rapport du procureur général de la cour d'appel de Montpellier, 24 août 1850.

30. *Ibid.*

31. *Ibid.*

32. *Ibid.*

33. *Ibid.* Voir également Horace Chauvet, *Histoire du parti républicain dans les Pyrénées-Orientales (1830-1877)*, Perpignan, 1909. «... La démarcation est bien nette entre Rouges et Blancs, chacun portant dans la rue l'œillet à sa couleur, prêt à le faire respecter en toute circonstance ; à Saint-Jacques, on arbore de préférence l'œillet blanc, à Saint-Mathieu l'œillet rouge », p. 77.

34. Aussi archaïque soit-il, le mouvement montagnard reste étranger au millénarisme : le paradis pour lequel on milite ne comporte aucun attribut sacré et ne repose jamais sur l'attente d'un émissaire divin.

35. Archives nationales, BB 30 364, Rapport du procureur général de la cour d'appel de Poitiers.

36. *Ibid.*, Rapport du procureur général de la cour d'appel de Montpellier. Dans l'Hérault, la commune de Paulhan fut pendant longtemps le théâtre de nombreux désordres dirigés contre les riches : « Depuis plusieurs mois des perturbateurs secondés de l'appui de la municipalité maintiennent une intimidation violente dans la commune. Aux dernières élections, armés de fusils et de bâtons, ils se sont emparés de la salle pour n'y admettre que qui ils voulaient. Le soir, c'était habituellement les mêmes scènes. Ils sortaient du Club portant des torches et, précédés du tambour communal, allaient aux cris de Vive la république, Vive Barbès, À bas les riches, lancer des pierres contre les fenêtres de quelques notables », *ibid.* Une des deux chansons les plus populaires chez les quarante-huitards s'en prend aux privilèges des riches qui habitent des « palais » et échappent toujours à la prison : « Le propriétaire récolte la fleur. Pour le vigneron il n'a que le gros son. Tu construis des palais pour les riches. Tu construis aussi des prisons pour t'y mettre car les gros n'y vont jamais », *ibid.*

37. *Ibid.*, Rapport du procureur général de la cour d'appel de Poitiers.

38. *Ibid.*

39. Archives nationales, BB 30 365, Rapport du procureur général de la cour d'appel de Riom.

40. Archives nationales, BB 30 364, Rapport du procureur général de la cour d'appel de Rennes.

41. *Ibid.* Rapport du procureur général de la cour de Pau.

42. Archives nationales, BB 30 365, Rapport du procureur général de la cour d'appel de Riom.

43. Archives nationales, BB 30 364, Rapport du procureur général de la cour d'appel de Montpellier.

44. André Siegfried, *Tableau politique de la France de l'Ouest*, Paris, Armand Colin, 1964, p. 497.

45. Les étiquettes des candidats de droite sont : légitimiste, conservateur et démocrate populaire pour la IIIe République, M.R.P., C.N.I. et poujadiste pour la IVe République, gaulliste, giscardien et « lepeniste » pour la Ve République. Dans cette région, la gauche fut longtemps uniquement représentée par les républicains. Socialistes et communistes ne font leur apparition que très tardivement dans les bocages et encore celle-ci reste-t-elle bien timide.

46. Laurence Wylie, *Chanzeaux, village d'Anjou*, Paris, Gallimard, 1970. Dans la région de Château-Gontier (Mayenne), où le parti chouan exerce un empire comparable, la situation de la gauche n'est guère plus enviable, un siècle après la Révolution : « À Cossé-le-Vivien, au comice, on ne met même pas de drapeau tricolore et les quelques personnes qui peuvent se dire républicaines grâce à leur indépendance sociale sont considérées comme des parias », rapport du sous-préfet (1891), cité par Michel Denis, *Les Royalistes de la Mayenne et le monde moderne, XIXe-XXe siècles*, Paris, Klincksieck, 1977, p. 483.

47. Voir Jean-Clément Martin, « La Vendée, région-mémoire », *in Les Lieux de mémoire*, Quarto 1, *La République*, et *La Vendée de la mémoire (1800-1980)*, Paris, Éd. du Seuil, 1989.

Les rouges et les blancs

48. Voir Claude Petitfrère, « Angers, 1906, la presse et les inventaires », *Annales de Bretagne et des Pays de l'Ouest*, n° 86, 1979, pp. 59-82.

49. Aux élections de 1902, un tract distribué à domicile dans la ville de Fontenay-le-Comte (Vendée) suggère explicitement l'existence d'une filiation directe entre la Constitution civile du clergé et la loi de juillet 1901 sur les associations et les congrégations : « Debout Vendéennes ! Déjà nos religieux et nos religieuses sont sur le chemin de l'exil. Demain ce sera le tour de nos prêtres. Vendéennes, au nom du sang de nos aïeux, debout et à l'œuvre. Vive Dieu, vive la liberté, vive la France. » Archives nationales, F7 12 541.

50. Les célèbres mouchoirs de Cholet étaient fabriqués depuis le début du XVIIIe siècle par quelques milliers de tisserands domiciliés dans les communes rurales de la région. Lorsque survient la crise du textile du XIXe siècle qui met au chômage une grande partie de ces ouvriers, le clergé local, refusant de voir partir ses ouailles, s'empresse de trouver des industries de substitution. Plusieurs ecclésiastiques sont ainsi à l'origine de l'ouverture d'ateliers de fabrication de chaussures.

51. En 1956, vingt communes situées dans le Sud-Est ont accordé de 33 à 49 % des suffrages au parti communiste. Voir Paul Bois, *Paysans de l'Ouest*, Paris, Flammarion, 1971 (version abrégée de la thèse publiée en 1960).

52. À la veille des législatives de 1889, le préfet de Baugé pouvait écrire : « Toutes les élections qui ont eu lieu depuis 1875, sous le régime du scrutin d'arrondissement, ont donné la victoire aux républicains. » Archives départementales, Maine-et-Loire, 3 M 298.

53. In *L'Amicale laïque du Maine-et-Loire*, mai 1954.

54. Roger Dupuy, *De la Révolution à la chouannerie*, Paris, Flammarion, 1988.

55. Commentant les résultats des élections de 1889, le préfet de Lannion écrit : « En résumé, dans cette partie de Bretagne où la lutte entre les bleus et les chouans est toujours vive, ces derniers l'ont emporté presque partout grâce à leur influence territoriale. » Archives départementales, Côtes-d'Armor.

56. P.-J. Hélias, *op. cit.*, p. 244.

57. Martine Segalen, « Le déplacement du pouvoir : crise d'une société bretonne », *Études rurales*, n° 63-64, 1976, pp. 253-260.

58. Propos recueillis par Christian Brunel, in *Changer le monde*, Rennes, Éd. Sociétés bretonnes, p. 31.

59. André Burguière, *Bretons de Plozévet*, Paris, Flammarion, 1977, p. 207.

60. Plozévet est sans doute l'une des rares communes de l'Ouest où le parti blanc se constitue si tardivement : « Le parti blanc est le fruit d'une rupture à retardement. Il n'est pas né sous l'orage des années révolutionnaires en même temps que le drame politico-religieux dont Plozévet allait tirer son identité, mais cinquante ans plus tard, pour faire pièce à un parti bailliste déjà solidement installé », *ibid.*, p. 238.

61. L. Wylie, *op. cit.*, p. 339.

62. P. Bois, *op. cit.*, p. 363.

63. Cité par Michel Denis, *L'Église et la République en Mayenne, 1896-1906*, Paris, Klincksieck, s. d., p. 117.

64. Id., *ibid.*, n. 33, p. 123.

65. J. Faury, *op. cit.* Dans une région de Haute-Loire, la fidélité à la gauche ne s'est pas démentie depuis la IIe République. La quasi-totalité des communes de l'arrondissement de Brioude a constamment voté pour la gauche entre 1848 et 1974. Voir Antoine Rivet, *La Vie politique dans le département de la Haute-Loire de 1815 à 1974*, thèse, Le Puy-en-Velay, 1979.

66. P. Vallin, *op. cit.*

67. Ces données sont extraites d'un travail non publié réalisé dans le cadre de l'enquête Rouges et Blancs.

68. François Goguel, *La Politique des partis sous la IIIe République*, Paris, Éd. du Seuil, 1946, 2 vol.

69. M. Agulhon, *op. cit.*

70. Ce passage sur la Vendée doit beaucoup aux travaux de J.-Cl. Martin, *La Vendée de la mémoire... op. cit.*

71. Ces remarques de J.-Cl. Martin sont faites à partir des résultats de l'enquête Rouges et Blancs. Il ne faut également pas oublier ce que nous avons souligné plus haut : sous la IIe République, les candidats républicains ont obtenu en Vendée des scores qui n'ont rien à envier à d'autres régions françaises.

72. Cité par Jean-Clément Martin dans sa thèse *Le Souvenir de la guerre de Vendée (1800-1980)*, Paris, 1987.

73. On retrouve, semble-t-il, le même phénomène en Bretagne où les inventaires offrent au clergé l'occasion d'exalter la révolte des chouans : « Plus de cinquante mille prêtres furent volés, envoyés en exil, les autres se cachèrent dans les campagnes pour administrer les sacrements aux fidèles. Ils furent poursuivis par les Bleus, traqués comme des bêtes fauves ; ils virent leur église profanée, brûlée et eux-mêmes périrent pour la plupart dans les camps des révolutionnaires, des sans-culottes. Eh bien, les paysans se soulevèrent en masse en Vendée et en Bretagne pour défendre la religion, leurs prêtres, leurs églises », *Bulletin paroissial de Limerzel*, juin 1911, cité par Yves Lambert, *Dieu change en Bretagne*, Paris, Éd. du Cerf, 1985, p. 155.

74. Voir Jean-Marie Mayeur, « Carte de la résistance aux Inventaires de 1906 », *Annales E.S.C.*, 1966, pp. 1259-1272.

75. M. Agulhon, *op. cit.*

76. Pourtant toute la Provence n'a pas basculé, bien des villes et des villages se sont refusés à quitter le camp conservateur. Ce phénomène serait lié, selon M. Agulhon, au maintien de l'influence des anciennes aristocraties (notamment à Lorgnes, Hyères, etc.). Inversement, dans les secteurs blancs en 1815, puis rouges en 1848, « la mutation démocratique de l'opinion populaire traduirait alors indirectement la dislocation de cette influence ou son recul au profit d'influences nouvelles », *ibid.*, p. 296.

77. *Ibid.*

78. *Ibid.*

79. Eugen Weber, *La Fin des terroirs*, trad. franç., Paris, Fayard, 1989. La thèse de l'auteur a suscité de vives réactions. Charles Tilly lui a en particulier reproché de donner une vision « autarcique » de la paysannerie du XIXe siècle. La société immobile, isolée, que décrit E. Weber n'a pu disparaître avec ce siècle pour la bonne et simple raison qu'elle n'a jamais existé. À la question : « Did the cake of custom break ? », Ch. Tilly répond : « There was no solid cake of custom to break. » « Did the cake of custom break ? » *in Consciousness and class experience in nineteenth century Europe*, éd. par J.-M. Merriman, New York-Londres, 1979, pp. 17-44. Bien que la question du sens politique paysan mérite une plus large discussion, remarquons cependant qu'E. Weber sous-estime la capacité de ce groupe social à gérer ses propres affaires. Ainsi, pour ne prendre que le cas du « clientélisme », celui-ci n'est nullement assimilable à une complète soumission. Il suffit pour cela de rappeler la déconvenue d'Alexis de Tocqueville dans la Manche : régulièrement élu depuis 1839, il obtint encore près de 90 % des suffrages comme candidat de l'Ordre en 1849. Ses électeurs ne le suivront pourtant pas dans son opposition résolue au coup d'État du 2 décembre puisque, en 1851, le prince-président recueillera plus de 95 % des voix dans sa circonscription.

80. Eugen Weber, « Comment la politique vint aux paysans : a second look at peasant politicization », *American Historical Review*, vol. 87, n° 2, 1982, pp. 357-389.

81. E. Weber, *La Fin des terroirs, op. cit.*
C'est un raisonnement semblable que tient Peter M. Jones. Il remarque en effet que, jusque

Les rouges et les blancs

sous la IIIe République, la politique dans les communes rurales au sud du Massif central (Ardèche, Aveyron, Lozère et Haute-Loire) continue d'être une affaire de famille. Dans ces départements, préfets et sous-préfets de la Restauration considèrent que l'esprit de « localité » y est prononcé. En 1865, le sous-préfet de Saint-Affrique écrit à propos de deux communautés aveyronnaises : « Il est de notoriété publique que quand Saint-Jean vote blanc, Saint-Paul vote noir », in « An improbable democracy : nineteenth century elections in the Massif central », *English Historical Review*, vol. XCVII, n° 384, 1982, pp. 530-557.
Theodore Zeldin n'est pas loin non plus de partager ce sentiment : « Au niveau du village, la politique apparaît parfois comme un simple passe-temps qui distrait de l'ennui, surtout lorsqu'il existe une classe rurale moyenne, ayant certaines prétentions et disposant de certains loisirs. » Il s'éloigne cependant d'E. Weber dans la mesure où il considère que la formation politique des villageois est plus précoce : « Après 1851, ils [les paysans] apprirent à utiliser les partis politiques. » Voir Th. Zeldin, *Histoire des passions françaises, 1848-1945*, t. IV, *Colère et politique*, Paris, Éd. du Seuil, 1979, pp. 43 et 141.

82. Alain Corbin, *Archaïsme et modernité en Limousin au XIXe siècle, 1845-1880*, Paris, Marcel Rivière, 1975.

83. Cela n'a d'ailleurs pas échappé à Alain Corbin : « Il convient de souligner que l'hostilité à l'égard des agents de l'administration et des bouleversements apportés par les membres de la société urbaine a conduit les paysans vendéens sous la Révolution et les paysans limousins sous la IIe République à adopter des attitudes politiques radicalement différentes », *ibid.*, p. 1001.

84. A. Siegfried, *op. cit.*

85. P. Bois, *op. cit.*

86. Leo A. Loubere, *Radicalism in a Mediterranean France*, Albany, State University of New York Press, 1974.

87. William Brustein, « A regional mode of production analysis of political behavior : the cases of western and mediterranean France », *Politics and Society*, n° 4, 1981, pp. 355-398. Les modèles construits par l'auteur font également apparaître d'autres points à partir desquels les deux ensembles régionaux se distinguent : les bocages de l'Ouest se caractérisent par de faibles relations ville-campagne, une population dispersée, une élite puissante et des fermes de taille moyenne ; les principaux traits du Midi sont l'habitat concentré, la petite propriété, l'interaction intense ville-campagne et l'absence d'une élite. L'auteur fait remarquer par ailleurs que l'on a quelque peu exagéré le poids du parti blanc dans les campagnes du Midi avant 1848. La terreur blanche de 1814-1815 est avant tout urbaine (Toulouse, Montpellier, Nîmes, Avignon et Marseille).
Au XIXe comme au XXe siècle, les villes ont toujours voté plus à droite que les campagnes.

88. Tony Judt, *Socialism in Provence, 1871-1914. A study in the Origins of the Modern French Left, Cambridge*, Londres, New York, Cambridge University Press, 1979.

89. Ted Margadant, *French Peasants in Revolt : The Insurection of 1851*, Princeton, Princeton University Press, 1979.

90. Ed. Morin, *op. cit.*, p. 254. P.-J. Hélias confirme la nature socio-économique de l'antagonisme politique : « Les Blancs sont plutôt riches que pauvres ici, c'est flagrant [...] Les Blancs ont de quoi occuper plus tard leurs enfants dans leurs fermes ou leurs commerces, les Rouges savent bien que les leurs, à part quelques-uns, devront s'en aller... », *op. cit.*, p. 197.

91. Claude Mesliand, « Paysans de Vaucluse (1860-1939) », *Provence historique*, fasc. 130, octobre-décembre 1982, pp. 379-389.

92. La mémoire politique ne serait que l'expression ou la traduction d'un système de parenté : « Le lien entre structures familiales et systèmes idéologiques est le déterminant le mieux enfoui mais le plus puissant. » Ainsi les bastions ruraux du vote rouge (aujourd'hui communiste) correspondent aux anciennes régions de famille élargie. À l'inverse, la droite s'installe durablement là où prédomine la famille de type nucléaire. Voir sur cette question Hervé Le Bras

et Emmanuel Todd, L'Invention de la France, Paris, Hachette, 1981 et Emmanuel Todd, *La Nouvelle France*, Paris, Éd. du Seuil, 1988.

93. Gérard Cholvy, « Religion et politique en Languedoc méditerranéen et Roussillon à l'époque contemporaine », *in Droite et gauche de 1789 à nos jours*, Actes du colloque de Montpellier, 9-10 juin 1973, C.N.R.S., Montpellier, 1975, pp. 33-74.

94. Id., *ibid.*

95. Cité par G. Cholvy, *ibid.*

96. Voir à ce sujet Gwynne Lewis, *The Second Vendée, The Continuity of Counter-Revolution in the Department of the Gard, 1788-1815*, Oxford, Clarendon Press, 1978.

97. À l'exception des cantons d'Aranou et Beaucaire, mais il faut souligner que ce sont là deux cantons déchristianisés en 1950. Voir Stuart R. Schramm, « Traditions religieuses et réalités politiques dans le département du Gard. Une étude de sociologie électorale (campagnes de 1877, 1902, 1946 et 1951) », *Christianisme social*, n° 45, 1953, pp. 195-254.

98. J. Faury, *op. cit.*, pp. 256-257.

99. Roger Lajoie-Mazène, *Marianne d'Aveyron*, Villefranche-de-Rouergue, Éd. Salingardes, 1970.

100. Timothy Tackett, *La Révolution, l'Église et la France*, Paris, Éd. du Cerf, 1986.

101. Une géographie des réactions des populations françaises face au serment serait sur ce point certainement plus éclairante et plus suggestive, mais sans aucun doute extrêmement délicate, voire impossible à réaliser. L'entreprise est réalisable pour le département ou la région. Voir, à ce sujet, notre article « Politique et religion dans l'Ouest », *Annales. E.S.C.*, n° 5, 1985, pp. 1041-1066. Voir aussi Fernand Boulard, *Premiers Itinéraires en sociologie religieuse*, Paris, Éd. Ouvrières, 1956 ; Fernand Boulard et Jean Remy, *Pratique religieuse et régions culturelles*, Paris, Éd. Ouvrières, 1968 ; Fernand Boulard, *Matériaux pour l'histoire religieuse du peuple français, XIXe-XXe siècle*, t. I, *Région de Paris, Haute-Normandie, Pays de Loire, Centre*, Paris, Éd. de l'E.H.E.S.S. et du C.N.R.S., 1982.

102. On ne manquera pas de nous opposer des exemples allant à contresens. Telle région de Bretagne, comme le Trégor, ne votait-elle pas déjà à gauche alors qu'une majorité de paroissiens assistait à la messe dominicale ? À y regarder de plus près, on s'apercevrait cependant que les deux variables évoluent dans le même sens ; les communes les plus à gauche sont celles où la pratique apparaît minoritaire ; inversement, c'est là où la fréquentation des églises a été la moins profondément entamée que la droite résiste le mieux.

103. Les travaux de Guy Michelat et Michel Simon, menés de façon très convaincante, ont permis de constater l'existence d'une « relation extrêmement étroite entre variable religieuse et variable politique » : *Classe, religion et comportement politique*, Paris, Presses de la F.N.S.P., et Éd. sociales, Paris, 1977.

104. Ed. Morin, *op. cit.*, p. 307.

105. Julien Gracq, *Lettrines*, Paris, José Corti, 1967, p. 189.

Français et étrangers

Les rumeurs des manifestations concernant les «étrangers» qui ont agité ces dernières années la scène politique résonnent encore dans les rues des grandes villes du pays. «La France aux Français!» Au vieux slogan nationaliste dont l'extrême droite a fait son chant de guerre, les mouvements antiracistes opposent un mot d'ordre inédit jusque-là: «Nous sommes tous des immigrés de la première, deuxième, troisième, quatrième génération[1]... » Dans la bataille de l'immigration, un nouveau front est désormais ouvert: celui de la mémoire.

1. Les raisons d'un refoulement.

«Les peuples se ressentent toujours de leur origine. Les circonstances qui ont accompagné leur naissance et servi à leur développement influent sur tout le reste de leur carrière[2].» Cette réflexion de Tocqueville éclaire bien les rôles contraires qu'a joués l'immigration, dès le départ, dans l'histoire de la France et des États-Unis. Comme le souligne Jeanine Brun, du fait même que la nation américaine s'est constituée à partir des migrations de colons européens, «les États-Unis ont pris en compte la réalité immigrante dès la fondation de leur histoire nationale[3]». Jusqu'aujourd'hui, le modèle américain d'immigration a conservé des aspects de sa fonction initiale de peuplement. Par exemple, c'est dans les années de genèse nationale que le mythe de l'«homme nouveau» américain, produit de la fusion des peuples, a été élaboré par Crèvecœur. D'où, pendant longtemps, l'idée que tout immigrant était un futur citoyen américain. D'où le sentiment largement partagé que les États-Unis d'aujourd'hui sont encore une «*unfinished country*», selon l'expression de Nathan Glazer qui voit dans cette permanence l'une des principales causes des difficultés que le pays rencontre actuellement pour enrayer l'immigration clandestine[4].

C'est aussi parce que l'immigration est constitutive du mythe américain des origines qu'elle a toujours occupé une bonne place dans les livres d'histoire, et que pour beaucoup l'exemple américain est le principal, voire le seul, modèle historique d'immigration dans le monde. Pourtant, il suffit d'examiner les statistiques pour voir que, depuis le début du siècle, proportionnellement, l'impact de l'immigration a été plus important en France qu'aux États-Unis. Après l'afflux massif des années 1900-1910, l'Amérique ferme ses frontières aux immigrants en adoptant une rigoureuse politique de quotas ethniques. La France devient alors le principal pays d'immigration du monde avec un taux d'accroissement de sa population étrangère de 515 pour 100 000 contre 492 pour les États-Unis en 1930. Quarante ans plus tard, lorsque les économies occidentales appellent à nouveau en masse les immigrants, la population d'origine étrangère vivant en France atteint 11 à 12 % contre moins de 6 % aux États-Unis.

Si, en dépit de ces chiffres, la France n'a jamais été vue, jusqu'à ces dernières années, comme un pays historique d'immigration, c'est parce que, dans le cas français, il ne s'agit pas d'un phénomène contemporain de la construction nationale. Au contraire, la principale originalité du modèle français, par rapport au modèle américain, tient au fait que l'afflux des immigrants n'a jamais eu à l'époque contemporaine une fonction de peuplement. Au moment de la Révolution, la France est le pays le plus peuplé d'Europe et ses dirigeants sont surtout préoccupés de l'émigration de ses ressortissants vers d'autres contrées. De même, plusieurs siècles de centralisation administrative ont favorisé l'unification ethnique et linguistique du pays ; ce qui a facilité la mise en place des cadres rigides du pouvoir révolutionnaire. Ce n'est que dans la seconde moitié du XIXe siècle que débute l'immigration de masse. Celle-ci apparaît dès cette époque étroitement liée à l'industrialisation, comme le prouvent, d'une part, la comparaison des courbes de l'activité industrielle et du nombre des étrangers en France et, d'autre part, les zones où se regroupent la plus grande partie des immigrants. Cela explique pourquoi les immigrés ont d'abord été vus en France non comme de futurs citoyens mais comme une main-d'œuvre temporaire et d'appoint. Ce statut de force de travail qu'on leur assigne explique aussi l'ampleur des contraintes administratives et policières pesant traditionnellement sur les immigrés et qui contraste avec le libéralisme américain, fondé sur la logique de l'offre et de la demande. En effet, tout le système des cartes d'identité et des contrats de travail accordés par l'administration a pour but d'orienter les flux d'immigrants vers les zones industrielles où la main-d'œuvre fait cruellement défaut (l'industrie lourde et l'agriculture). Par ailleurs, la gestion administrative assure la flexibilité de cette catégorie de salariés en organisant un double marché du travail : ouvriers français (qualifiés et stables)-ouvriers immigrés (déqualifiés et mobiles). Comme le montre Gary Cross, la France invente par là le modèle «moderne» d'immigration que les autres pays industrialisés adopteront à leur tour après la Seconde Guerre mondiale[5].

Subordonné aux nécessités de la grande industrie, le modèle français d'immigration est aussi le produit de la démocratisation précoce du système politique. Car si l'économie française n'a pu trouver le prolétariat indispensable à son expansion – alors même que la France était le pays le plus peuplé d'Europe au début du XIXe siècle –, c'est parce que les classes populaires non seulement ont été dans l'ensemble peu sensibles aux charmes de la grande industrie, mais en plus parce qu'elles ont trouvé des moyens efficaces d'y échapper. Il y a là, semble-t-il, une conséquence de la Révolution française qu'on ne souligne pas assez d'ordinaire. En diffusant jusqu'au fond des campagnes la «passion de l'égalité» et le goût de la propriété, la Révolution a joué un rôle considérable à la fois dans les comportements malthusiens qui touchent massivement la France un siècle avant les autres pays d'Europe et dans la faiblesse chronique de l'exode rural des paysans vers les villes. La démocratie parlementaire, qui aboutit à l'adoption du suffrage universel en 1848, fournit aux classes populaires l'outil politique qui leur manquait pour s'opposer à la prolétarisation que Marx a décrite pour l'Angleterre[6]. Dans ces conditions seul le recours à l'immigration pouvait permettre à la grande industrie de trouver les bras qui lui faisaient défaut. Et ce n'est sans doute pas un hasard si l'appel massif aux travailleurs étrangers dans les autres grands pays européens après la Seconde Guerre mondiale illustre la même corrélation entre industrialisation, malthusianisme et démocratie politique[7].

L'importance de la Révolution pour le modèle français d'immigration apparaît dans bien d'autres domaines. Du point de vue juridique, deux actes essentiels établissent le droit moderne des étrangers. Comme le remarque Jean Portemer, la nuit du 4 Août, en supprimant les privilèges, fonde du même coup une communauté nationale avec une constitution et un droit unique. «La nationalité sera désormais le critère grâce auquel on distinguera l'étranger[8].» L'autre événement majeur, datant lui aussi de l'été 1789, est la Déclaration des droits de l'homme et du citoyen. Elle permet en effet de comprendre ce qui fonde les différences radicales entre les conceptions française et américaine de l'immigration. Dès le début de la Révolution, que ce soit lors des débats concernant les protestants, les juifs ou les «hommes de couleur» (selon l'expression de l'époque), l'universalité des «droits de l'homme» est constamment mise en avant par les représentants des groupes qui, sous l'Ancien Régime, étaient confinés dans un statut d'infériorité. Le 23 août, Rabaut Saint-Étienne justifie toute son argumentation en faveur des protestants à partir de ce point de vue: «Vous ne vous exposerez donc pas, Messieurs, au reproche de vous être contredits, d'avoir déclaré il y a quelques jours que les hommes sont égaux en droits et de déclarer aujourd'hui qu'ils sont inégaux en droits; d'avoir déclaré qu'ils sont libres de faire tout ce qui ne peut nuire à autrui et de déclarer aujourd'hui que deux millions de vos concitoyens ne sont pas libres de célébrer un culte qui ne fait aucun tort à autrui[9].» Quelques semaines plus tard, c'est au nom de la même logique que les «hommes de couleur des îles et des colonies françaises» déposent une motion qui leur vaut cette réponse du président Fréteau: «Aucune partie de la nation ne réclamera vainement ses droits auprès de l'Assemblée de ses représentants; ceux que l'intervalle des mers ou les préjugés relatifs à la différence d'origine semblent placer plus loin de ses regards en seront rapprochés par ces sentiments d'humanité qui caractérisent toutes ses délibérations et qui animent tous ses efforts[10].» Néanmoins, si l'égalité des droits est reconnue à tous les individus, c'est à la condition d'une séparation rigoureuse entre le domaine des pratiques religieuses ou ethniques (relevant de la sphère «privée» sur laquelle l'individu règne en maître) et la scène politique sur laquelle le citoyen arrive dépouillé de toutes ses marques d'origine. Comme le dit clairement Clermont-Tonnerre dans son plaidoyer en faveur de l'admission des juifs aux fonctions municipales et provinciales, «il faut refuser tout aux juifs comme nation et accorder tout aux juifs comme individus. Il faut qu'ils ne fassent dans l'État ni un corps politique, ni un ordre; il faut qu'ils soient individuellement citoyens [...]. S'ils ne veulent pas l'être qu'ils le disent et alors qu'on les bannisse[11]».

Ces quelques extraits des débats parlementaires de 1789 suffisent à mettre en relief un élément essentiel et permanent de la manière française de concevoir l'immigration. Alors qu'aux États-Unis cette question est indissolublement liée, dans les textes, dans les pratiques, dans les structures mentales, au problème racial et à l'«ethnicité», en France, la Déclaration des droits de l'homme marque le triomphe (au moins juridique) du refus de toute ségrégation fondée sur la race, la religion, l'origine ethnique. Mais, en contrepartie, toutes les pratiques culturelles ou religieuses sont confinées dans la sphère «privée». Toute forme de groupement politique fondée sur ce type de critères est interdite. Nous avons là une caractéristique essentielle de la politique d'immigration en France jusqu'aujourd'hui. Même quand les pouvoirs publics seront hantés (comme dans l'entre-deux-guerres) par l'idée d'opérer une sélection parmi les immigrés recrutés – pour écarter ceux qui apparaissent comme les plus éloignés des normes culturelles françaises –, à chaque fois ils viendront buter sur la «tradition républicaine» qui interdit toute politique de quotas ethniques comme aux États-Unis[12]. De même, la hantise des «noyaux allogènes», des groupements ethniques risquant de poursuivre des fins politiques, se rencontre continuellement depuis deux siècles dans l'administration. Déjà sous la monarchie de Juillet, si l'on accueille les réfugiés, si l'on accepte même de leur verser des subsides, c'est à la condition qu'ils soient dispersés sur l'ensemble du territoire. Un siècle et demi plus tard, on pratique encore la même politique d'atomisation à l'égard des réfugiés d'Asie du Sud-Est[15].

Un problème passionnant pour l'histoire sociale serait d'étudier les modalités concrètes grâce auxquelles se sont transmises ces traditions issues de la Révolution française. Trop souvent les philosophes s'en tiennent à l'analyse des textes, comme si, par eux-mêmes, les mots suffisaient à façonner des traditions séculaires. Comme les polémiques récentes l'illustrent abondamment, en se limitant à l'étude des discours, on peut mettre en relief une France «patrie des libertés», ou, à l'inverse (en utilisant d'autres textes), on peut défendre l'idée d'une France laboratoire de l'idéologie nationale-socialiste. Il y a un siècle, Émile Durkheim avait pourtant montré que l'étude des discours ne suffisait pas pour comprendre les traditions politiques. «Hier, écrit-il en pleine affaire Dreyfus, on était tout au cosmopolitisme; aujourd'hui, c'est le patriotisme qui l'emporte. Et tous ces remous, tous ces flux et tous ces reflux ont lieu sans que les préceptes cardinaux du droit et de la morale, *immobilisés par leur forme hiératique*, soient seulement modifiés[14].» Ainsi, pour Durkheim, les discours ne se transforment en tradition que s'ils parviennent à se fixer dans des règles juridiques, dans des codes ou des institutions. Les nombreuses Déclarations des droits de l'homme depuis 1789, les grands principes constitutionnels de la République sont les véritables supports de la tradition française.

Mais, pour comprendre comment ces grands principes marquent la conscience collective, il ne suffit pas d'invoquer les textes juridiques. Il faut éclairer les mille et un canaux matériels qui tous les jours, inconsciemment, donc d'autant plus efficacement, orientent notre perception du monde social. L'exemple de l'appareil statistique est sans doute l'un des meilleurs que l'on puisse trouver pour illustrer ce point. On dit souvent, à juste titre, que les statistiques sont, en quelque sorte, les lunettes avec lesquelles l'homme moderne observe la société dans laquelle il vit. Il suffit de comparer les statistiques de l'immigration en France et aux États-Unis pour prendre conscience une fois de plus de l'importance de l'acte fondateur que constitue la Révolution. Jusque dans les années 1960, les nomenclatures des recensements américains ont été structurées à partir des critères raciaux (Noirs-Blancs) et ethniques (religion, langue, origine des parents). En France, dès le XIXe siècle, les recensements intègrent les principes de 89; d'où l'interdiction des questions sur la religion, sur l'origine des parents et la force de l'élément juridique (Français-étranger) comme critère de classification. Une étude comparative approfondie montrerait les conséquences décisives de ces différences initiales de nomenclatures dans la manière dont Français et

Américains ont appréhendé depuis un siècle et appréhendent toujours les phénomènes d'immigration, vus comme un problème «ethnique» d'un côté et comme le problème des «étrangers» de l'autre.

Souligner l'importance de la Déclaration des droits de l'homme ne doit pas empêcher d'en montrer les limites. Dans le débat qui suivit la déclaration de Clermont-Tonnerre en faveur de l'émancipation des juifs, citée plus haut, une intervention mérite d'être rappelée parce qu'elle met l'accent sur une contradiction fondamentale de l'idéologie des droits de l'homme. L'abbé Maury justifie son opposition à Clermont-Tonnerre à partir d'une argumentation qui n'est pas fondée sur une logique «raciste» ou «ethnique», mais qui se place sur le même terrain «national» que les révolutionnaires. C'est, dit-il, parce que les juifs forment une nation et qu'ils sont par conséquent des étrangers sur le sol de France qu'ils ne peuvent être citoyens à part entière : «Appeler les juifs des citoyens, ce serait comme si l'on disait que sans lettres de naturalisation et sans cesser d'être Anglais et Danois, les Anglais et les Danois pouvaient devenir Français.» On le voit, cette intervention met l'accent sur une inconséquence fondamentale de la Déclaration de 1789 qui n'a cessé, nous allons y revenir, de peser sur la façon dont seront traités les immigrés en France. En effet, comme le fait remarquer Tzvetan Todorov, la Déclaration des droits de l'*homme* et du *citoyen* est une contradiction dans les termes. Si la logique universaliste des révolutionnaires français est en mesure de concilier l'appartenance religieuse ou ethnique et la citoyenneté fondée sur l'appartenance à la nation, elle ne peut que buter sur la question de l'étranger, puisque celui-ci est justement celui qui est hors de la nation. La cécité des acteurs de 1789 sur ce point est d'autant plus surprenante que cette contradiction n'avait pas échappé à Rousseau quelques décennies plus tôt. Rousseau qui affirmait dans l'*Émile*: «il faut opter entre faire un homme et faire un citoyen, car on ne peut faire à la fois l'un et l'autre», et qui précisait plus loin : «Tout patriote est dur aux étrangers ; ils ne sont qu'hommes, ils ne sont rien à ses yeux[15].»

Les événements révolutionnaires allaient montrer, de façon dramatique, toute la pertinence de ce constat. Comme le souligne Albert Mathiez[16], dans les premières années de la Révolution, l'enthousiasme universaliste l'emporte sur toute autre considération. En vertu de la logique décrite plus haut à propos des minorités religieuses, l'étranger vivant en France est vu avant tout comme un homme ; il est donc lui aussi directement concerné par la Déclaration des droits. En août 1790, le droit d'aubaine est aboli à l'unanimité car les députés considèrent qu'il est «contraire aux principes de fraternité qui doivent lier tous les hommes quel que soit leur pays et leur gouvernement ; que ce droit établi dans des temps barbares doit être proscrit chez un peuple qui a fondé sa constitution sur *les droits de l'homme et du citoyen* et que la

France libre doit ouvrir son sein à tous les peuples de la terre en les invitant à jouir sous un gouvernement libre des droits sacrés et inaliénables de l'humanité[17] ». Dans les années suivantes, cette générosité des révolutionnaires à l'égard des étrangers ne se dément pas. En 1792, alors même que la France est en guerre et que ses ennemis multiplient les mesures de rétorsion contre les Français présents sur leur territoire, les étrangers occupent, comme sous l'Ancien Régime, des postes importants dans les affaires, dans l'administration de l'État et même aux grades de commandement de l'armée. En août de cette même année, est voté le fameux décret qui déclare français les philosophes et les combattants de la liberté du monde entier (comme Paine, Bentham, Washington...). En novembre, la France offre « fraternité et secours à tous les peuples qui voudraient recouvrer la liberté ». Pour Mathiez, ce n'est qu'au milieu de 1793, suite aux revers militaires, aux troubles intérieurs et à la crise économique, que l'attitude vis-à-vis des étrangers se retourne complètement. En quelques mois, comme s'il ne pouvait y avoir de demi-mesure, une logique en remplace une autre. C'est à ce moment que sont inventés la plupart des éléments que l'on retrouvera ensuite dans toutes les grandes crises xénophobes : la question des étrangers devient un argument privilégié dans la lutte politique franco-française ; chaque parti accusant l'autre d'être à la solde de l'ennemi. Toutes les difficultés de l'heure sont « expliquées » par la thèse du complot de l'étranger ; complot politique : les étrangers sont des espions qui déstabilisent le pays ; complot économique : l'or étranger cause la ruine de l'économie nationale. Ces arguments légitiment des mesures de plus en plus autoritaires : les clubs révolutionnaires regroupant des étrangers sont interdits, les non-citoyens sont exclus des fonctions publiques et de l'armée. Les étrangers sont ainsi parmi les premières victimes de la Terreur. Les contrôles policiers se multiplient ; des listes de suspects circulent et beaucoup sont finalement guillotinés en dépit de leur rôle dans les premières années de la Révolution. Le plus grand défenseur des valeurs universelles, Anacharsis Cloots, est exécuté comme agent prussien, Thomas Paine est mis en prison. Même si la plupart de ces mesures sont abandonnées après la Terreur, elles démontrent la logique implacable des formes d'exclusion propres aux sociétés construites sur une base nationale.

Le dernier aspect essentiel du modèle français d'immigration que l'on peut expliquer par la Révolution réside dans l'amnésie de l'histoire. Le fait même que le droit républicain et les nomenclatures statistiques qui en découlent aient effacé toute trace de l'origine dans la définition de l'individu est important pour comprendre que l'historicité de l'immigration ait été invisible en France. Mais, plus généralement, le mythe des origines qui s'est construit à partir des événements révolutionnaires excluait que l'« étranger » pût avoir une place dans la mémoire collective de la nation. S'il existe, aux États-Unis, de nombreux manuels célébrant les apports à la nation américaine des diverses communautés installées au cours du temps, en France l'immigration est toujours abordée comme une question extérieure à l'histoire du pays ; elle est vue comme un phénomène temporaire, passager, marginal. De même, alors que, aux États-Unis, Ellis Island, l'île par où sont passés des millions d'immigrants européens, est devenue un musée, en France, des lieux comparables – comme le centre de sélection de Toul qui a recruté la plus grande partie des immigrants d'Europe centrale dans l'entre-deux-guerres – ont été rasés, comme s'il avait fallu effacer magiquement une histoire qui s'accordait si mal avec la mythologie du terroir[18]. Rien d'étonnant à ce que cette histoire refoulée ait mal vécu des grands affrontements.

2. Les grands moments de la bataille

Albert Mathiez introduisait son livre consacré à la Révolution et aux étrangers, en affirmant que «si l'histoire présente quelque autre utilité que de satisfaire la curiosité, ce doit être de retrouver, sous le flot changeant des apparences, ce qui est permanent, ce qui demeure, pour le distinguer de ce qui passe, de ce qui est accidentel[19].» Le but qu'il se proposait dans cet ouvrage – montrer les points communs dans l'attitude française envers les étrangers en temps de guerre – peut être repris à une échelle plus large, en mettant en valeur les constantes de la xénophobie à chaque période de crise économique. En effet, étant donné l'étroite relation, propre au «modèle français», entre immigration et industrialisation, chaque période d'expansion (la phase A du cycle de Simiand) provoque un afflux massif d'immigrés et le retournement de conjoncture (phase B) entraîne du chômage, donc l'arrêt du recrutement, mais aussi un début d'intégration des travailleurs étrangers récemment installés. La concurrence sur le marché du travail intensifie l'hostilité des Français pour les étrangers ; cette xénophobie se répercute au niveau politique. La question de l'immigration devient alors un problème national.

C'est à la fin du XIXe siècle que ce schéma apparaît pour la première fois. L'expansion industrielle du second Empire entraîne en une dizaine d'années le doublement du nombre des étrangers en France, environ un million au début des années 1880. La majorité d'entre eux viennent des pays voisins, notamment de Belgique (40 % du total) et d'Italie, et se cantonnent dans les départements frontaliers, Nord, Bouches-du-Rhône[20]. Dès cette époque, l'importance de l'immigration pour l'économie française est soulignée par Paul Leroy-Beaulieu : «La France, écrit-il en 1886, est un pays d'immigration comme la république d'Argentine ou l'Australie. En moyenne quarante à cinquante mille étrangers viennent ici chaque année pour s'installer et prendre racine[21]. » La Grande Dépression, qui touche la France avec une force particulière, provoque une stabilisation de la population étrangère autour du million de personnes. La concurrence est particulièrement vive dans les mines et dans le bâtiment où les travailleurs immigrés ont été appelés en nombre sous le second Empire mais où les chômeurs français tentent de se placer pendant la crise. Pour la période 1867-1893, Michelle Perrot relève quatre-vingt-neuf incidents opposant ouvriers français et étrangers et souligne combien les arguments xénophobes sont efficaces pour mobiliser dans des grèves, des pétitions, des manifestations, les travailleurs français[22]. Ce sont les Belges flamands qui sont les premières victimes de ces affrontements. Dans le Nord, au moins depuis la monarchie de Juillet, chaque période de crise économique entraîne des manifestations d'hostilité à leur égard. À la fin du siècle, on assiste à de véritables soulèvements populaires anti-belges. En 1892, aux mines de Drocourt (Pas-de-Calais), les Belges, qui forment les trois quarts de l'effectif des mineurs locaux, sont contraints de fuir précipitamment la commune devant les menaces de la population française. « Leur retour qui était à peu près terminé le 31 août s'effectua dans des conditions difficiles. Les trains de France arrivaient bondés de familles nombreuses et misérables portant leurs pauvres bagages. Dès l'arrivée, les problèmes de logement se posaient. Il fallait de plus se procurer du mobilier pour remplacer celui qui avait dû être détruit par les mineurs français. » Une enquête officielle belge évaluera à quarante, voire cinquante francs par famille l'ampleur du préjudice causé par ces actes de vandalisme[23].

À la fin du siècle, la xénophobie se tourne de plus en plus vers ceux qui sont alors les derniers venus, les Italiens. À Marseille, en 1881, de véritables scènes d'émeute se déroulent pendant plusieurs jours dans les rues de la ville. « Dès quatre heures du matin, note un journaliste du *Petit Marseillais*, des rixes commençaient à se produire entre Français et Italiens sur différents points de la ville [...]. À cinq heures et demie, au moment où les ouvriers se réunissaient sur le cours Belsunce pour être embauchés, une troupe de jeunes gens ont commencé à faire une chasse beaucoup plus active aux Italiens qu'ils rencontraient, les huant et leur administrant des coups plus ou moins forts. Ainsi accueillis, les Piémontais s'enfuyaient effarés pendant qu'on les poursuivait en leur ordonnant, comme dans les rues de la Couronne et de l'Échelle, de crier : "Vive la République !". » En quelques jours des centaines d'Italiens quittent la ville[24]. Le paroxysme de la haine contre les Italiens est atteint en 1893, à Aigues-Mortes. Suite à des rixes entre ouvriers des salines, trois cents personnes munies de bâtons, pelles et branches d'arbre s'en prennent aux travailleurs transalpins. Un convoi de quatre-vingts Italiens conduit hors de la ville par les gendarmes est attaqué par les émeutiers faisant de nombreux morts; les blessés sont même achevés à coups de bâton. Le bilan officiel est de huit morts et cinquante blessés; mais, selon le *Times,* cet acte de folie meurtrière a fait cinquante morts et cent cinquante blessés[25].

Fait nouveau par rapport aux périodes précédentes, à la fin du XIXe siècle les actes de violence populaire contre les étrangers sont de plus en plus étroitement liés à la conjoncture politique. Alors que sous la monarchie de Juillet les rixes populaires présentaient surtout des caractéristiques «ethniques» (hostilité aux Piémontais, aux Auvergnats, aux Flamands...), indépendantes des relations politiques internationales, la haine de l'étranger est désormais le plus souvent justifiée par le contexte international. Par exemple, la chasse à l'Italien dans les rues de Marseille en 1881 a pour cause immédiate les rivalités coloniales entre France et Italie au sujet de la Tunisie[26]. Inversement, ces violences entre travailleurs français et étrangers trouvent un écho immédiat au Parlement. Nous avons là une autre illustration du lien mentionné plus haut entre immigration de masse et démocratie politique. En effet, ce n'est qu'avec l'épanouissement du système parlementaire et des partis, au début de la IIIe République, que l'immigration devient réellement un «problème» politique. Selon une logique dont la Révolution avait fourni les premiers balbutiements et qui a atteint son apogée dans les années 1880, l'immigré qui n'a pas voix au chapitre devient un enjeu des polémiques entre la droite et la gauche. Le boulangisme représente ainsi le premier grand courant politique qui ait systématiquement utilisé l'hostilité populaire aux étrangers à des fins électorales. C'est l'une des raisons de son succès initial dans les rangs socialistes, la défense de l'emploi national se combinant avec une dénonciation du grand patronat qui utilise cette main-d'œuvre et s'oppose aux mesures d'expulsion ou de rétorsion à son encontre[27]. Il faudra la diffusion du marxisme dans le mouvement ouvrier, l'intensification des liens avec la IIe Internationale, la création de la Ligue des droits de l'homme et la clarification politique qui conclut l'affaire Dreyfus pour que les positions politiques de la droite et de la gauche sur l'immigration se stabilisent: les partis de droite, jouant plutôt sur la corde sécuritaire (qui séduit particulièrement les groupes les plus touchés par la crise), mettent en avant l'«intérêt national» et proposent des mesures énergiques contre les immigrés. La gauche invoque plus volontiers les «droits de l'homme» pour exiger un traitement égal des travailleurs français et étrangers mais aussi des mesures strictes pour empêcher l'afflux de nouveaux immigrants[28].

Le formidable développement de l'industrie française dans les années 1920 liée à la reconstruction du pays, l'ampleur de l'hécatombe provoquée par la Grande Guerre entraînent un afflux sans précédent de travailleurs immigrés; à tel point qu'ils sont plus de trois millions en 1930, trois fois le chiffre

Français et étrangers

de 1920. L'appel de main-d'œuvre se fait par un élargissement considérable des aires de recrutement. Les Belges ne sont plus qu'une composante parmi d'autres et si les Italiens sont les plus nombreux, ce sont d'autres nationalités, comme les Polonais, qui connaissent l'expansion la plus brutale de leurs effectifs[29]. Une nouvelle fois, la crise économique qui touche la France au début des années trente provoque un arrêt du recrutement et un renouveau des actes et des discours xénophobes. Circonstance aggravante par rapport à l'avant-guerre, une partie des nouveaux immigrés sont en fait des réfugiés : Arméniens, Russes ou juifs allemands. Beaucoup d'entre eux sont issus des professions libérales et cherchent à retrouver en France une position comparable à celle qu'eux ou leurs parents occupaient avant l'exil. La concurrence étrangère sur le marché du travail ne se limite donc plus au monde ouvrier. C'est l'une des raisons qui explique l'intensité des campagnes nationalistes dans les années trente, soutenues par de larges fractions de l'opinion publique. Si, comme le montre Jean-Charles Bonnet[30], au début des années trente, « la droite est (à nouveau) beaucoup plus encline que la gauche à faire du thème de la protection de la main-d'œuvre nationale un cheval de bataille électoral », la pression nationaliste fait que, dans les années suivantes – mis à part le parti communiste qui reste globalement fidèle à ses positions internationalistes jusqu'au Front populaire –, ce thème devient de plus en plus populaire, même à gauche.

De nombreuses mesures juridiques et administratives, qu'on ne peut détailler ici, sont adoptées au détriment des étrangers qui annoncent la politique du gouvernement de Vichy. Sous la pression des avocats et des médecins, un projet de loi révisant le Code de la nationalité de 1927 est déposé le 22 juin 1934. Examiné tambour battant quelques semaines plus tard, il est voté par la Chambre, y compris par les socialistes, et la loi est promulguée le 19 juillet 1934 ; moins d'un mois plus tard ! Désireux d'écarter les étrangers naturalisés des professions libérales, les députés imposent aux nouveaux naturalisés un stage de dix ans avant d'accéder à tout emploi considéré comme appartenant à la fonction publique. Mieux ! En contradiction avec toute la tradition républicaine française, le Conseil de l'ordre des avocats rejette les candidatures des individus naturalisés avant 1934, donnant ainsi une interprétation rétroactive à la loi, confirmée par la Cour d'appel de Paris[31].

Le troisième grand moment dans l'histoire de la xénophobie française est contemporain de la troisième grande crise économique que le pays a connue depuis un siècle. Dans les années 1960, l'expansion industrielle se fait par un nouvel appel massif aux ouvriers étrangers et par un nouvel élargissement des zones de recrutement. Pour la première fois, la majorité des nouveaux immigrants ne sont plus des Européens, mais proviennent de l'ancien monde colonial français, avant tout des pays maghrébins. La crise mondiale qui se généralise au milieu des années 1970 provoque les mêmes effets que les précédentes : arrêt du recrutement, stabilisation des dernières vagues migratoires ; hostilité d'une partie des travailleurs français qui demandent leur renvoi dans leur pays d'origine. Les attentats racistes se multiplient surtout à l'encontre des Maghrébins, atteignant un paroxysme dans la violence avec l'été rouge de 1977 qui fait quinze morts à Marseille. Depuis les «circulaires Fontanet» en 1974, qui suspendent l'immigration, jusqu'au projet Chalandon de 1986-1987 de révision du Code de la nationalité, en passant par la loi Bonnet de 1980, qui permet l'expulsion immédiate des étrangers en situation irrégulière, la question de l'immigration suscite une multitude de mesures administratives ou juridiques ; qui elles-mêmes donnent lieu à d'incessantes polémiques entre partis de droite et partis de gauche selon des lignes de clivage globalement identiques à celles des précédentes périodes. Le fait le plus marquant est certainement que ces polémiques sur l'immigration favorisent la renaissance de l'extrême droite française au début des années 1980.

On peut trouver inquiétant, ou incompréhensible, que l'année même où l'on célèbre le bicentenaire de la Déclaration des droits de l'homme et du citoyen, les thèmes démagogiques éculés sur la «préférence nationale» dans l'emploi, le logement, la santé, sur le renvoi des immigrés comme solution miracle du chômage, puissent encore susciter l'adhésion d'une fraction non négligeable de l'électorat. Mais lorsque Jean-Marie Le Pen justifie ce programme d'exclusion en affirmant : «Les citoyens sont égaux en droit, pas les hommes[32]», il ne fait que mettre le doigt sur l'une des plaies les plus profondes et les plus anciennes de la République ; ce qui prouve que nous ne sommes pas encore véritablement sortis de la contradiction initiale entre droits de l'homme et droits du citoyen[33].

Au-delà du «flot changeant des apparences», l'histoire de l'immigration illustre une autre constante séculaire : la manière proprement française d'aborder la question de l'«intégration» des derniers venus[34]. Toute l'argumentation développée ces dernières années au sujet des immigrés maghrébins part du présupposé que les problèmes d'aujourd'hui sont des problèmes nouveaux[35]. Pour certains, le côté inédit de la situation actuelle réside dans la brutalité et l'ampleur de l'immigration depuis les années soixante. Le projet de révision du Code de la nationalité était explicitement présenté par le garde des sceaux comme un moyen de préserver l'«identité française» face à ces flux destructeurs. «La France, c'est bien connu, est faite d'étrangers, mais ce processus s'est organisé au fil des siècles. Aujourd'hui nous devons faire face à un mouvement qui se précipite[36].» Un argument plus fréquent visant à souligner la spécificité des problèmes actuels est celui de la «distance culturelle» qui séparerait les communautés française et maghrébine. Il n'y avait pas de problème dans les périodes antérieures parce que les étrangers étaient le plus souvent européens, donc proches de la culture française : « La France est une nation européenne, c'est-à-dire un territoire situé en Europe, peuplé par des Européens, et qui est restée toujours ouverte à ses voisins européens [...] Or, l'immigration d'aujourd'hui, contrairement à celle du XIXe siècle ou des années 1930, est extra-européenne. Elle est majoritairement composée de Maghrébins, d'Africains noirs, de Turcs, d'Indo-Pakistanais. Par leur origine, comme par leurs référents culturels, ces étrangers n'ont aucun lien avec les temps forts de l'histoire européenne : Antiquité, Moyen Âge chrétien, Renaissance, siècle des Lumières[37]. »

Reportons-nous à présent un siècle en arrière. Déjà les commentateurs évoquent la « nouveauté » de la situation migratoire, et déjà celle-ci est expliquée par l'argument de l'afflux brutal des étrangers mettant en péril l'« identité nationale » et par celui de la « distance culturelle » qui sépare les nouveaux venus des Français « de souche ». Sans doute, affirme Jean Laumonier, en usant des métaphores organicistes à la mode, depuis la préhistoire, la France a connu de nombreuses invasions, « mais notre nationalité se trouvait alors en formation. Ces invasions étaient nécessaires au développement et à la constitution définitive de l'organisme social, elles tenaient en effet le rôle que remplit l'accroissement d'un jeune être, une alimentation abondante et substantielle ». Mais aujourd'hui que la nation française est adulte, l'afflux de tous ces immigrants ne peut plus être « digéré ». On risque « un trouble social analogue au trouble physiologique de l'empoisonnement[38] ».

Les craintes pour l'avenir s'énoncent souvent plus explicitement. En 1883, un médecin affirme : « Si le chiffre de notre population se maintient, s'il s'accroît même encore dans une très faible proportion, cela tient à l'immigration étrangère. C'est l'étranger qui comble nos vides et cette introduction parmi nous d'éléments le plus souvent hostiles, c'est une invasion déguisée, c'est une menace pour l'avenir. Un peuple qui se recrute à l'étranger perd vite, dans ce commerce, son caractère, ses mœurs, ses forces propres ; il y perd avec le temps ce qu'il a de plus précieux, sa nationalité[39]. » Vingt ans plus tard, Vacher de Lapouge confirme : « La population française telle que je viens de la représenter, ne durera en effet pas toujours. L'immigration a introduit depuis un demi-siècle plus d'éléments étrangers que toutes les invasions barbares [...] Arrive un peu de sang jaune pour achever le travail et la population française serait un peuple de vrais Mongols. *Quod Dii omen avertant*[40] ! »

Bien évidemment, à cette époque, le discours sur la « distance culturelle », c'est-à-dire sur les critères permettant de mesurer l'étrangeté de l'étranger, ne met pas en avant la « culture européenne » comme critère de proximité. Au contraire, c'est parce que l'« ennemi » est à nos portes que le problème est grave. Certains auteurs s'en prennent aux naturalisations d'immigrés allemands dans l'est de la France : « La naturalisation d'une famille demande pour être complète, définitive, en outre des métissages, deux ou trois générations. La présence dans l'Est de ces naturalisés de fraîche date, encore attachés par mille liens inconscients à leur ancienne patrie, constitue donc un danger sur la gravité duquel il serait puéril de s'étendre davantage[41]. » Maurice Barrès joue un rôle essentiel dans le processus de construction de la différence, en développant les formules de Jules Soury à propos des parents dont « nous ne sommes tous que la continuité substantielle, la pensée et le verbe encore vivant avec leur cortège de gestes, d'habitudes et de réactions héréditaires qui font que le mort tient le vif et que les caractères propres, ethniques et nationaux, nés de variations séculaires, qui différencient le Français de France de l'étranger, ne sont point des métaphores, mais des phénomènes aussi réels que la matière des éléments anatomiques de nos centres nerveux [...] Là est le fondement de notre culte des morts et de la terre où ils ont vécu et souffert, de la religion de la patrie[42] ». Dans ces conditions le concept même de « civilisation européenne » est dépourvu de sens. « Tout étranger, installé sur notre territoire alors même qu'il croit nous chérir hait naturellement la France éternelle, notre tradition qu'il ne possède pas, qu'il ne peut comprendre et qui constitue précisément la nationalité[43]. » C'est cette « distance culturelle » irrémédiable qui explique pour Barrès que Zola soit « prédestiné pour le dreyfusisme ». « Parce que son père et la série de ses ancêtres sont des Vénitiens, Émile Zola pense tout naturellement en Vénitien déraciné. »

Les discours de l'entre-deux-guerres sont fabriqués dans le même moule, sauf que désormais dans l'opposition entre un aujourd'hui angoissant et un hier idéalisé, ce sont les immigrés de la fin du XIXe siècle qui sont devenus la référence positive. Charles Seignobos affirme ainsi que les étrangers d'avant 1914 n'ont pas modifié les caractères anthropologiques de la population française car ils étaient « nos voisins ». En revanche, il souligne que l'afflux des Polonais pour remplacer les soldats morts au front a donné naissance à un problème « nouveau[44] ». « Avant la guerre – note Georges Mauco en des termes repris presque mot pour mot cinquante ans plus tard par Albin Chalandon –, l'émigration était libre et se faisait individuellement par une lente pénétration qui permettait une rapide fusion dans la population. La venue de masses nombreuses, homogènes, en un temps court et dans des espaces restreints a considérablement favorisé depuis la guerre la tendance nationale des émigrés à se grouper en terre d'exil, à se reconstituer des cadres et une vie collective[45]. » Quelques années plus tard, un autre spécialiste surenchérit : « Notre pouvoir de résorption très grand encore en 1910 [...] n'est plus le même en 1940 ; il est presque anéanti parce qu'il ne s'agit plus d'une immigration provoquée mais d'une inondation subie qui menace de noyer tout ce qui reste de la race française[46]. »

Français et étrangers

L'angoisse sur l'avenir s'exprime jusque dans les thèses de «science politique» soutenues dans l'entre-deux-guerres. «Au point de vue du maintien des libertés politiques, s'interroge Jean Pluyette, que vaut cette immigration de 1,5 million de méditerranéens ? Cette invasion massive ne risque-t-elle pas de rompre l'équilibre ethnique national, en faveur d'un certain élément; par suite de rendre prédominantes et d'imposer aux mœurs publiques les tendances de ces éléments[47]?» Les inquiétudes sur la difficulté de l'assimilation des nouveaux venus, qu'ils soient Russes[48], Arméniens, Polonais, sont nombreuses. Les spécialistes les plus autorisés dressent même la liste des inassimilables, qui «portent en eux, dans leurs coutumes, dans leur tournure d'esprit, des goûts, des passions et le poids d'habitudes séculaires qui contredisent l'orientation profonde de notre civilisation[49]».

3. La mémoire des origines : une bataille controversée

«Secrétaire au conseil général de Meurthe-et-Moselle, Maria Liberatore-Lefebvre, qui a passé toute sa jeunesse à Pont-à-Mousson, vient de faire paraître, à compte d'auteur, l'histoire de sa famille. Intitulé *Le Passé simple*, son livre narre avec une naïveté touchante l'arrivée de ses parents de leur Italie natale à Dieulouard en 1958, la naissance et l'éducation de leurs cinq filles, les rapports qui s'établissent entre les enfants et leur environnement. Le rythme est plaisant et les situations souvent croustillantes. L'auteur, âgée de vingt-neuf ans, s'est lancée dans cette aventure littéraire pour offrir un cadeau original à son père et à sa mère qui fêteront leurs trente ans de mariage le 22 janvier[50].»

Du fait que l'immigration n'a pas été jusqu'ici un objet légitime de la mémoire nationale, tout un pan de l'histoire collective des Français est resté confiné dans le cadre des souvenirs de leur vie privée. Depuis quelques années cependant, un grand nombre de signes montrent que, parmi les Français venus d'ailleurs, le souci grandit de rendre publique cette histoire officiellement inconnue. L'exemple de l'ouvrage autobiographique publié à compte d'auteur cité ci-dessus est loin d'être exceptionnel. Dans toutes les régions de France, et pour tous les groupes d'immigrants arrivés avant la Seconde Guerre mondiale, on observe le même effort pour tirer de l'oubli et réhabiliter des destins ignorés. Cette lutte pour sauver les siens du néant peut prendre des formes variées; elles mériteraient d'être recensées de façon exhaustive. On note ainsi que, bien souvent, les thèses d'histoire consacrées à l'immigration sont entreprises à l'initiative de descendants d'immigrés et sont présentées explicitement comme une marque de fidélité aux origines[51]. On note également la multiplication des associations dont le but proclamé est de maintenir vivace la culture d'origine. Parmi les Français d'origine arménienne, on voit apparaître, tout particulièrement dans les localités de forte implantation, de nouveaux journaux[52] et de nouvelles associations qui tendent à se substituer aux anciennes, à base villageoise : voir, par exemple, le Centre de recherche et de documentation arménienne et l'Association audiovisuelle arménienne à Issy-les-Moulineaux[53]. La même volonté de réappropriation de la mémoire des origines se rencontre chez les descendants des réfugiés espagnols dans le sud de la France. À Bédarieux, par exemple, élèves et enseignants du lycée retracent leur histoire dans une publication préfacée par le maire communiste, Antoine Martinez, qui n'hésite pas à intituler sa présentation « L'Espagne au cœur », ni à affirmer que sa commune porte « l'empreinte indélébile » de l'immigration espagnole[54]. Les Italiens, qui représentent, si l'on se situe sur le plan de l'ascendance, la principale communauté d'origine étrangère en France, semblent être à l'avant-garde de ce mouvement de réappropriation. La création du C.E.D.E.I. (Centre d'étude et de documentation de l'émigration italienne) en 1983 a permis d'impulser, notamment grâce au dynamisme de son président Pierre Milza, toute une série de recherches, colloques, expositions, sur le sujet. Au début des années 1980, le ministère des Affaires étrangères a recensé plus de 325 associations italiennes en France ; les deux tiers créés à partir des années 1970. Les 258 sociétés dont les effectifs sont connus comptent environ 52 000 membres. La moitié des adhérents à ces associations sont de nationalité française (beaucoup étant naturalisés). Pour les participants, ce n'est pas la nationalité qui prime, mais le fait d'être « originaire de ». Une étude sur les liens maintenus depuis un siècle entre quelques localités du Val-de-Marne et la commune italienne de Casalvieri, dans le Latium, illustre le renforcement de ce phénomène associatif chez les descendants d'immigrés et insiste sur la « bilatéralité des références » pour les Français d'origine italienne[55].

Cette revitalisation du souvenir ne signifie pas pour autant qu'une vie communautaire fondée sur une « culture » ou une « ethnicité » d'origine serait parvenue à se maintenir, et à se reproduire sur plusieurs générations, même en marge de la mémoire nationale dominante. Le temps est venu de sortir du débat piégé qui oppose ceux qui, épousant un peu trop vite le point de vue national républicain, ne cessent de glorifier l'assimilation réussie des vagues successives d'immigrants sans jamais poser la question ni du prix payé pour cette intégration, ni de sa nature, à ceux qui enferment la discussion dans une dénonciation sommaire de l'État jacobin en exaltant une mémoire ou une identité, refuge mythique de toutes les résistances à l'oppression. Pour cela, il faut commencer par prendre un peu de recul par rapport à des discussions où tant de passions sont engagées, en renonçant à défendre une cause pour mieux dresser un état des lieux.

L'étude d'un siècle d'immigration en France illustre la permanence d'un processus qui doit être ici le point de départ. Chaque groupe d'immigrants, en provenance de pays proches ou lointains, s'efforce de se protéger contre les effets destructeurs du déracinement, en reconstituant une vie collective. La langue, la culture, les habitudes qui témoignent jour après jour de l'«étrangeté» du groupe sont les plus puissants instruments de conservation de cette mémoire des origines. Le plus souvent stigmatisés par les Français «de souche»: «ils ne sont pas comme nous», les immigrants de première génération considèrent en général l'intégration complète comme un objectif inaccessible, tout au moins dans les premières années d'exil, ce qui renforce la propension au repli sur l'entre soi communautaire et au culte nostalgique du pays d'avant. L'entretien de la mémoire du pays d'origine, dans lequel on espère presque toujours pouvoir retourner un jour, est l'une des préoccupations essentielles de la vie du groupe. Depuis les sociétés belges flamandes des quartiers populaires de Lille à la fin du second Empire jusqu'aux associations portugaises d'aujourd'hui, en passant par la multitude d'institutions créées par les diverses communautés d'immigrants dans l'entre-deux-guerres, on retrouve ce même souci de regroupement et de lutte quotidienne pour cultiver le souvenir. Nous n'avons pas d'ailleurs d'étude exhaustive du phénomène: le nombre et la nature des associations, des publications, des fêtes et manifestations immigrées restent un point obscur de l'histoire de la culture populaire[56]. Les mieux connues, grâce aux travaux de Janine Ponty, sont les associations polonaises, particulièrement dynamiques dans l'entre-deux- guerres et qui multiplient les fêtes collectives, comme autant de batailles joyeuses pour protéger la mémoire du groupe. «La pratique festive joue un grand rôle dans la vie des associations. Toutes y participent et se regroupent pour défiler avec bannières et drapeaux, hommes, femmes et enfants en costumes régionaux marchant vers l'église pour la messe, puis avançant dans les rues de la localité, musique en tête; la journée peut se prolonger par une représentation théâtrale ou sportive[57].» Bien sûr, le développement de la vie associative répond pour les immigrés à des préoccupations immédiates d'entraide et de solidarité, seul moyen dont disposent les plus démunis pour assurer leur survie. Néanmoins, nombre de témoignages prouvent que le souci de reconstituer durablement en exil une «petite patrie», semblable à celle du pays d'origine, est une préoccupation tenace. Cette hantise de la mémoire apparaît bien, par exemple, dans ces propos d'Arnam Turabian, fondateur de l'Office national arménien chargé de secourir les nouveaux réfugiés après la Première Guerre mondiale: «À l'avenir, quand ma fille aura l'âge de raison, elle pourra dire avec une certaine fierté à la vue d'une grande colonie arménienne florissante: "Tout de même, c'est l'œuvre de mon père."[58]»

Comme toutes les formes de mémoire collective, la mémoire de l'immigration a besoin, pour se concrétiser, de susciter des formes matérielles chargées de pérenniser la charge affective, souvent intense en situation d'exil, qui accompagne l'acte de commémoration. Ils n'ont jamais été recensés non plus, et, pourtant, les lieux de la mémoire construite et entretenue par les groupes d'immigrants successifs sont nombreux dans les différentes régions de France. Citons, à titre d'exemple, les églises (russes à Paris et à Nice, arméniennes à Paris et Marseille), les cimetières ou les simples tombes (russes à Sainte-Geneviève-des-Bois, polonais à Troyes), les monuments (comme celui qui a été inauguré à Lille en 1979, sur lequel on peut lire cette inscription : « Aux Polonaises et aux Polonais, la région Nord-Pas-de-Calais reconnaissante »). Mais l'essentiel des traces objectivées de l'histoire de l'immigration se rencontre à des niveaux beaucoup plus modestes, celui des simples particuliers : archives personnelles, meubles et souvenirs des parents ou grands-parents, photographies.

Dans cette lutte des immigrés de première génération pour que ne se perde pas le souvenir des origines, l'écriture est bien souvent un instrument indispensable, en particulier pour ceux qui ont dû fuir pour des raisons politiques. Écrire pour que les autres n'oublient pas. Telle est la justification le plus fréquemment invoquée par ceux qui n'ont pas l'habitude de manier la plume, mais qu'une force irrépressible pousse, souvent au soir de leur existence, à témoigner de la singularité de leur destin. Tel cet exilé polonais sous la monarchie de Juillet, auteur d'un almanach historique qui commence par ces mots :

> Plusieurs mille Polonais végètent dans l'exil. Un jour l'histoire et la prospérité *(sic)* demanderont leurs noms. Aujourd'hui même, nos compatriotes restés sur le sol natal veulent savoir les noms de ces exilés qui n'ont pas reculé devant ce sacrifice. Arracher à l'oubli ces martyrs de la cause la plus sainte, offrir leurs noms à l'estime des nations et à l'espoir de la patrie, tel est le but que je me suis proposé en publiant cet *Almanach historique, souvenir de l'émigration polonaise*, qui renferme la liste des Polonais répandus à l'étranger et surtout en France, de cette noble France qui au milieu de nos désastres s'est souvenue de sa vieille amitié et a tendu vers nous ses bras protecteurs[59].

Cent cinquante ans plus tard, c'est le même désir de rester fidèle aux siens en sauvant leur souvenir qui pousse Khoren Margossian, orphelin du génocide arménien, graveur sur cuivre, à publier à compte d'auteur l'histoire de sa vie : « Lorsque j'écrivis ce petit livre, mon unique pensée était ma sœur. Elle désirait absolument que je raconte au monde nos malheurs. Voilà qui est fait[60]. »

Néanmoins, dès la première génération, la mémoire des origines est minée par de profondes contradictions. Les militant actuels de la «mémoire plurielle» qui incriminent sans cesse l'État jacobin oublient qu'un grand nombre de ceux au nom desquels ils parlent, ont eux-mêmes tout fait pour qu'on cesse de leur rappeler le passé. «Je n'ai pas peur de vivre si seulement je ne dois pas trop me souvenir», affirmait déjà en 1912 Mary Antin, immigrée aux États-Unis[61]. Attitude que l'on retrouve en France dans l'entre-deux-guerres, surtout parmi les réfugiés échappés des génocides juif ou arménien, s'efforçant d'oublier les traumatismes de leur vie d'avant. C'est cette attitude qu'illustre Simone Signoret dans son dernier roman, en évoquant le refus tenace des parents juifs ukrainiens de raconter à leurs enfants les traumatismes des pogromes[62].

Un autre facteur d'affaiblissement de la mémoire des origines tient au fait que tous les membres d'un même «groupe ethnique» ne partagent pas nécessairement des souvenirs communs. L'une des manifestations les plus constantes de la xénophobie (que l'on retrouve même parfois chez ceux qui pourtant luttent pour la «bonne cause») est d'unifier sans examen préalable sous une même étiquette des individus dont les histoires singulières sont parfois extrêmement différentes et qui n'ont pas eux-mêmes le sentiment d'appartenir à un même groupe. Les sociologues de Chicago ont constaté il y a fort longtemps déjà que les Siciliens émigrés aux États-Unis ne se découvraient Italiens qu'en exil, quand le regard américain et la propagande xénophobe les désignaient comme tels[63]. Quel sens peut bien avoir dans ces conditions une mémoire italienne en pays d'immigration? De même, le terme «Polonais» désigne, au sens étroit, le groupe ethnique de ceux qui partagent une même langue, une même religion (catholique) et le sentiment d'appartenir à une nation martyre; mais au sens large et juridique du terme, les Polonais sont tous les citoyens du pays, y compris le tiers de la population qui, selon Janine Ponty, appartient en 1919 à des minorités, notamment ukrainienne, juive, biélorusse. On peut certes décomposer ces entités juridiques pour évoquer une mémoire des groupes ethniques; mais on se heurte alors à d'autres problèmes, liés à l'origine socioprofessionnelle. Dans ses souvenirs, Giorgio Amendola, dirigeant du parti communiste italien en exil à Paris, fils du ministre du parti libéral assassiné en 1926, évoque les travailleurs immigrés italiens de la sidérurgie lorraine pour montrer qu'il n'avait rien de commun avec eux: «D'une manière générale, ils n'avaient pas de culture italienne, ils parlaient et écrivaient un italien francisé, un jargon italo-français ponctué de mots d'emprunts tels quels à la langue française. La plupart étaient partis d'Italie analphabètes. Entre eux, ils parlaient plus le dialecte que l'italien[64].» À ces différences d'origine sociale s'ajoutent les clivages politiques. Pratiquement toutes les «communautés immigrées» ont une vie associative marquée par les affrontements droite-gauche qui affaiblit encore le sentiment d'appartenance à un même groupe d'origine et qui fragmente toujours plus la « mémoire collective » car celle-ci ne dispose plus, en exil, du support de l'État-nation. Au contraire de ceux qui sont « chez eux », les célébrations ne sont pas pour les immigrants une façon de cultiver l'enracinement dans un « ici » et de conforter le « toujours déjà-là » du groupe, puisque leur rôle essentiel est d'entretenir l'espoir collectif du retour dans un « ailleurs » et un « autrefois ».

À l'encontre des approches de type culturaliste qui isolent la « culture » de ses conditions concrètes de réalisation, il faut aussi souligner que la vie quotidienne, les efforts d'adaptation que l'immigré est bien forcé d'accomplir pour survivre constituent en eux-mêmes un début de « trahison » des origines. Il y a déjà soixante-dix ans, Robert Park signalait que les institutions sur lesquelles repose la vie culturelle des communautés immigrées « ne sont pas de purs héritages, mais le produit des efforts des immigrés pour adapter leur passé aux conditions américaines[65] ». C'est ce qui explique que la reconstitution d'une vie culturelle fidèle au pays d'origine est dès le départ marquée par le conflit entre les normes (dominées) du pays natal et les normes (dominantes) du pays d'accueil. Par ailleurs, les milliers d'éléments qui, sans qu'ils s'en doutent, composent pour les individus le cadre familier de leur « mémoire collective » font défaut ou sont mal adaptés dans le nouveau contexte d'immigration. Le costume traditionnel n'est pas pratique pour les nouvelles tâches qu'il faut accomplir ; on ne trouve pas les ingrédients nécessaires pour faire la cuisine « du pays » ; l'individualisation propre aux sociétés modernes, qui exerce son emprise sur les emplois du temps aussi bien que dans la structure de l'habitat, s'oppose à maintes pratiques collectives traditionnelles.

Avant même d'envisager le rôle propre à l'État dans l'affaiblissement des cultures d'immigration, il faut donc invoquer une multitude de facteurs qui participent à des degrés divers au processus de dissolution de la mémoire collective du groupe : le désir d'oubli, la pression des normes dominantes et la nécessité de s'adapter à un cadre étranger étant les principaux d'entre eux. Des études faites au début des années cinquante indiquent la rapidité des transformations. Par exemple, en Haute-Garonne, dans les milieux d'immigrés paysans en provenance d'Italie, après plusieurs années de séjour, malgré l'isolement fréquent des fermiers et des métayers, le chapeau à larges bords est abandonné par les hommes, de même que le fichu pour les femmes ; la nourriture française remplace peu à peu la polenta ; des mots du vocabulaire français s'immiscent toujours davantage dans les propos quotidiens. L'enquête dirigée par Alain Girard et Jean Stoetzel, à la même époque, auprès d'immigrés italiens et polonais installés dans diverses régions de

France depuis l'entre-deux-guerres, confirme statistiquement les effets destructeurs de l'adaptation. Pour les Italiens, 97 % des ouvriers du bâtiment de la Seine ont un costume entièrement français ; 94 % des commerçants habitant la même région et 86 % des agriculteurs du Lot-et-Garonne ont eux aussi adopté les normes vestimentaires du pays d'accueil. La proportion est de 96 % pour les mineurs polonais du Nord. De même, on note une importante francisation des habitudes culinaires. Le pourcentage des personnes dont l'alimentation est totalement française varie entre 15 % pour les ouvriers italiens du bâtiment et 82 % pour les ouvriers agricoles polonais de l'Aisne. La même tendance au détachement par rapport au pays d'origine se constate en ce qui concerne la lecture des journaux du pays. Si elle reste assez forte pour les Polonais (38 % pour les ouvriers agricoles de l'Aisne et 30 % pour les mineurs du Nord), elle est faible chez les Italiens de la Seine (1 % pour les commerçants et 9 % pour les ouvriers du bâtiment mais encore 28 % pour les agriculteurs italiens du Lot-et-Garonne). L'adoption des normes françaises s'illustre aussi de façon spectaculaire en ce qui concerne la fécondité. « On ne saurait manquer d'être frappés, notent les auteurs, par le tarissement démographique qui se manifeste à Paris dans les deux milieux italiens observés, ouvriers aussi bien que commerçants. La fécondité y est tombée à un niveau très voisin de celui de la population parisienne française. » Mais l'affirmation la plus ostensible d'un renoncement au pays d'origine se marque dans l'attitude vis-à-vis de la naturalisation. Parmi les immigrants de première génération interrogés, on note, chez les Italiens, que déjà 13 % des maçons et 41 % des commerçants de la Seine et 18 % des agriculteurs du Sud-Ouest sont devenus français. Pour les Polonais, la proportion est de 5 % pour les ouvriers agricoles et de 23 % pour les mineurs du Nord. Comme on le voit, après vingt ans de présence en France, c'est déjà beaucoup plus le milieu d'intégration que l'origine nationale qui constitue le facteur déterminant des comportements[66]. Les études sur le sujet soulignent néanmoins que, pour les immigrés de première génération, tous les éléments rappelant le pays d'origine ne peuvent jamais être complètement effacés. Il y a déjà fort longtemps que les sociologues de Chicago avaient observé ce phénomène. « L'individu ne peut pas perdre complètement les marques de l'appartenance à son groupe d'origine. Il est trahi par quelque signe, parole, geste ou sentiment[67]. » C'est ce qui explique la tendance des immigrants, observée aussi bien aux États-Unis qu'en France, à établir une coupure très rigide entre leur vie publique, où ils s'efforcent de se conformer aux normes du pays d'accueil, et leur vie privée (dans le cadre familial ou du groupe de pairs) où ils peuvent, à l'abri des regards indiscrets, satisfaire à leur devoir de fidélité envers leur milieu d'origine. La psychologie sociale permet d'expliquer pourquoi les immigrés de première génération restent marqués toute leur vie par leur culture d'origine.

C'est en effet dans leurs premières années que les individus acquièrent les dispositions déterminantes (souvent inconscientes) qui structureront leur personnalité future : apprentissage de la langue maternelle, familiarité initiale avec le monde, premières expériences vécues qui nourriront la vie durant la nostalgie des souvenirs d'enfance. Or, cet ensemble de dispositions, fondement du sentiment d'appartenance, a pour cadre la terre natale, le pays d'origine, qu'il n'est jamais possible d'oublier tout à fait.

La mémoire collective des communautés d'immigrants peut donc être analysée comme une lutte sans fin entre les «dispositions natives» (Émile Durkheim) qui poussent l'individu à se tourner vers ses origines et la vie quotidienne en pays étranger qui exige une adaptation, c'est-à-dire un sacrifice du passé au profit du présent et de l'avenir.

Si l'on étudie maintenant la question de la mémoire collective à la deuxième génération, force est de constater que l'affaiblissement du sentiment communautaire est encore beaucoup plus prononcé que dans la génération des parents. On pourrait multiplier les citations illustrant cette déperdition. Trois exemples empruntés à des groupes considérés comme profondément particularistes suffiront. «En ce qui concerne la population des jeunes Français musulmans, nés et éduqués en France», affirment les auteurs de l'enquête récente déjà citée, la recherche confirme «les résultats d'autres travaux : une acculturation et une laïcisation, beaucoup plus rapides que l'opinion publique ne l'imagine[68]». Les rares études publiées sur la deuxième génération arménienne aboutissaient, il y a quinze ou vingt ans déjà, aux mêmes conclusions. On décrit notamment les lamentations des parents face à l'indifférence des enfants pour les fêtes, les commémorations, les monuments rappelant le génocide et la culture d'origine. Et l'on explique cette attitude par la «force irrépressible qui pousse les fils et les petits-fils des immigrés à se fondre dans l'ensemble français», en précisant que «seul le nom patronymique indiquera bientôt leur origine lointaine[69]». Dans les années trente, alors même que, comme nous l'avons vu, les enquêteurs français considéraient que les Russes ne parvenaient pas à s'assimiler, les études publiées par des Russes se lamentaient, quant à elles, de l'impossible transmission de la culture d'origine à la deuxième génération. «Les enfants parlent mal le russe ; ils ne savent d'habitude ni le lire, ni l'écrire. Les parents, au travail toute la journée, et les écoles du jeudi n'y peuvent rien[70].»

Cette indifférence, souvent même ce rejet, pour la culture des parents, s'explique au fond par les mêmes causes que celles motivant l'attachement de la première génération à ses origines. Pour les membres de la deuxième génération, les moments décisifs de la première socialisation s'effectuent dans le pays où ils sont nés, dans le pays où ils ont grandi ; c'est-à-dire dans le pays d'accueil. Pour eux, la mémoire des origines familiales ne peut plus se nour-

Français et étrangers

rir des souvenirs liés à l'expérience vécue. Les enfants d'immigrants n'ont une connaissance du pays d'origine que par procuration, par l'intermédiaire de la parole parentale. Si, pour la première génération, le «conflit de mémoire» oppose deux moments de l'existence, pour leurs enfants le conflit se déroule essentiellement dans le premier âge, car deux instances de socialisation, deux systèmes de valeurs s'affrontent en eux. Par leur langage, leurs habitudes, leurs gestes, leurs souvenirs, les parents transmettent les normes du pays d'origine, avec lesquelles les enfants sont familiarisés dans les premières années de leur vie, mais ces normes sont déjà, comme nous l'avons vu, en voie de décomposition à cause du déracinement. Très vite, d'ailleurs, la deuxième génération découvre les normes dominantes, celles que la société d'accueil véhicule de mille et une manières, notamment par le système scolaire, et qui contredisent, voire dévalorisent, toute la culture du groupe d'origine. Cette situation spécifique est souvent la cause de conflits intérieurs qui perturbent les enfants d'immigrés. Parmi les nombreux témoignages qui évoquent ces difficultés, nous en citerons deux, choisis dans des communautés et des époques différentes, pour insister sur le fait qu'il s'agit là d'un processus général, qui n'est pas particulier à un groupe d'individus, même si on peut considérer que plus l'individu appartient à une communauté sur laquelle s'acharne la xénophobie, plus les effets de la stigmatisation sont forts. Dans l'un de ses romans, Benigno Cacérès décrit un enfant espagnol de la région toulousaine avant 1939 que ses camarades de classe traitent d'«étranger» et qui va lui-même à la mairie demander un extrait de son acte de naissance prouvant qu'il est français: «Comment, dans ces conditions, pouvait-il être étranger? Emmanuel se regardait dans une glace pour essayer de découvrir quelques signes qui pourraient le différencier de nous. Il ne trouvait rien. Quand il se couchait, il observait attentivement la couleur de sa peau. Elle ne présentait aucun signe particulier.» Il finit alors par demander à l'instituteur: «Pourquoi suis-je un étranger[71]?» Plus récemment, les souvenirs d'enfance évoqués par un architecte d'origine maghrébine et de nationalité française illustrent la même expérience traumatisante consécutive à la «découverte d'une différence avec les autres enfants» et à la prise de conscience de «la façon dont les autres enfants voyaient nos propres parents. Et comme cette image était souvent négative, c'est pour ça que nous-mêmes on repoussait nos propres parents, et on essayait de se mettre copains avec les autres. Ces problèmes ont continué pendant tout le temps de la scolarité pour atteindre un point assez culminant et assez dur vers l'âge de quatorze quinze ans, à l'adolescence, là disons que c'était pour moi, à la limite de la folie[72]».

Ces traumatismes initiaux – qui se déroulent à un âge où, comme l'ont souvent montré les psychanalystes, l'enfant a un profond désir de s'identifier aux «autres», c'est-à-dire aux normes dominantes – constituent un facteur extrêmement puissant d'intériorisation de la culture nationale. Le terme d'intériorisation est essentiel car il indique qu'il ne s'agit pas là d'un processus pédagogique, d'une acceptation consciente d'un certain nombre de règles, mais d'un mécanisme qui se déroule sur la scène du vécu psychique, en bonne partie inconscient, mais dont l'efficacité est souvent extraordinaire comme en témoigne la facilité de l'apprentissage de la langue française par tous ces enfants dont les parents n'en connaissent parfois que quelques mots. Le fait qu'on lui conteste la légitimité de son appartenance à ce qui est – au même titre que pour les Français « de souche » – sa terre natale renforce chez l'enfant d'immigré le processus d'identification aux modèles les plus valorisés du milieu dans lequel il grandit. Cette lutte, parfois désespérée, pour être pleinement reconnu comme membre du groupe national explique la fréquence du rejet de la culture parentale, car celle-ci représente les modèles dévalorisés qu'il faut absolument tenir à distance.

Il est donc légitime dans ce cas de parler d'assimilation – au sens d'une appropriation de la culture dominante[73]. Comme le note Étienne Balibar à propos de l'acquisition de la langue, mais on peut généraliser, « l'immigrant de la "seconde génération" [...] habite la langue nationale (et à travers elle la nation elle-même) d'une façon aussi spontanée, aussi "héréditaire", aussi impérieuse pour l'affectivité et l'imaginaire, que le fils d'un de ces "terroirs" qu'on dit bien de chez nous (et dont la plupart, naguère encore, ne parlaient pas la langue nationale au quotidien)[74] ». Il faut toutefois préciser que la transmission de la culture nationale s'effectue grâce à la médiation du milieu local dans lequel les immigrés évoluent, milieu qui est le plus souvent celui des classes populaires. Les souvenirs communs, les goûts, les manières d'être et de faire, jusqu'aux façons de parler la langue française (la gouaille du « titi » parisien, les intonations de l'accent lorrain ou provençal), intériorisés par les représentants de la deuxième génération, illustrent leur profonde identification aux modèles locaux. En se désignant lui-même comme un juif polonais de la butte Montmartre, le cardinal Lustiger condense, en une formule frappante, l'importance du cadre local dans l'assimilation de ceux qui portent encore quelque part en eux le souvenir du déracinement.

Le fait même que, pour les enfants d'immigrés, le « chez nous » soit en France, dans un coin de France, explique le désinvestissement par rapport à la mémoire du groupe d'origine. Mais d'autres facteurs renforcent cette tendance. En particulier, l'éclatement de la « communauté » consécutif à la mobilité sociale, qui, même modeste, est très fréquente dès la deuxième génération. Le changement de milieu social s'accompagne souvent aussi d'un déplacement géographique, d'un abandon du « ghetto » où se concentraient la plupart des instruments de la ferveur communautaire. Les mariages mixtes exercent certainement une influence dissolvante encore plus considérable car, comme des études l'ont montré, le conjoint d'origine étrangère et a fortiori les enfants adoptent, la plupart du temps, les habitudes et les pratiques culturelles du conjoint français «de souche». Rares à la première génération, les mariages mixtes sont de plus en plus nombreux à la deuxième, comme l'indique le tableau ci-dessous:

	1re génération	2e génération
ITALIENS		
Seine (ouvriers)	27 %	56 %
Seine (à leur compte)	44 %	84 %
Lot-et-Garonne	7 %	51 %
POLONAIS		
Aisne (ouvriers agricoles)	4,5 %	55 %
Nord-Pas-de-Calais (mineurs)	9 %	24 %

Proportion des mariages mixtes chez les Italiens et les Polonais au début des années 1950[75].

Les chiffres montrent que les endroits les plus propices aux mariages mixtes sont soit les grandes villes, comme Paris – où les occasions de rencontre sont plus nombreuses et plus diversifiées –, soit les villages, où les immigrés sont en trop petit nombre pour constituer une «communauté». À l'opposé, la présence d'un groupe dense (comme les Polonais dans le Nord) favorise les mariages endogames.

Si l'on poursuit l'analyse on constate que c'est surtout entre la deuxième et la troisième génération que s'effondrent les critères objectifs d'appartenance à la communauté d'origine. Parmi la population arménienne de Décines, la proportion de mariages mixtes était de 1,4 % entre 1925 et 1929 ; elle passe à 6,4 % dans les années trente, à près de 52 % dans les années 1960 et atteint les trois quarts en 1970-1971[76]. Un sondage effectué dans la population d'origine polonaise montre de même qu'à la troisième génération moins de 10 % parlent le polonais et moins de 7 % le lisent[77].

4. Le problème de « l'intégration des immigrés »

Dans le débat actuel sur l'intégration des immigrés, l'historien peut apporter sa contribution en analysant les facteurs qui ont favorisé l'insertion des précédentes vagues d'immigrés et en montrant en quoi ceux-ci continuent à agir, ou au contraire sont périmés, dans le monde d'aujourd'hui. Le premier point sur lequel il convient de faire porter l'étude comparative est celui du marché du travail. En effet, une mobilité sociale ascendante (par rapport à la situation des parents) constitue un puissant facteur d'intégration à la société d'accueil. L'étude d'Alain Girard et Jean Stoetzel, citée plus haut, montre qu'au début des années 1950 les enfants des immigrés italiens et polonais arrivés en France une vingtaine d'années auparavant ont connu, en moyenne, une trajectoire plutôt favorable. Par exemple, parmi les ouvriers italiens de la Seine, la moitié des enfants en âge de travailler se sont détournés des professions manuelles. De même, 50 % des fils d'ouvriers agricoles polonais de l'Aisne ont une qualification supérieure à celle de leur père. Le constat majeur de cette enquête est que, dans le cas français, le facteur d'intégration n'est pas l'origine ethnique ou nationale, mais le secteur professionnel et le lieu géographique d'intégration. Quelle que soit leur nationalité, les enfants des immigrés installés en Région parisienne ont, à cette époque, des probabilités beaucoup plus grandes d'améliorer leur statut social que ceux qui se sont fixés dans les campagnes ou dans les régions mono-industrielles du Nord et de l'Est[78].

Une enquête récente publiée par l'I.N.S.E.E. (l'une des rares études quantitatives dont nous disposons sur le sujet) permet d'esquisser une comparaison entre l'intégration de la deuxième génération dans les années 1950 et aujourd'hui. Effectuée auprès d'immigrés installés en France depuis une vingtaine d'années, l'étude conclut : « Ni la mobilité sociale des immigrés ni celle de leurs enfants ne correspondent aux idées reçues. » En effet, « après dix-huit années de présence en France, les immigrés, dans leur majorité, ont connu une destinée ouvrière et vivent dans une aisance financière moyenne. Leurs enfants nés sur le territoire français avant 1968, en devenant en majorité cols blancs, connaissent pour la plupart d'entre eux, une trajectoire sociale ascendante ». Une autre conclusion essentielle de cette étude, qui surprendra sans doute tous ceux qui pensent que les immigrés maghrébins ne s'intègrent pas, mérite d'être citée : parmi les enfants d'immigrés, « ceux qui ont le moins bien réussi avaient un père originaire d'Europe de l'Est, peut-être parce que résidant dans des régions fortement atteintes par la crise (Nord-Pas-de-Calais, Lorraine). Tous les autres ont connu en majorité des cheminements ascendants, y compris les Beurs. De ceux-ci on peut dire toutefois qu'ils constituent une communauté éclatée dans la mesure où c'est celle qui comprend à la fois beaucoup de personnes ayant suivi des trajectoires ascendantes et de pauvreté[79] ». D'autres études seraient nécessaires pour autoriser des conclusions définitives. Néanmoins, l'hypothèse qui apparaît le plus probable lorsqu'on compare les modalités d'intégration socioprofessionnelle des immigrés à quarante ans d'intervalle est celle de la permanence du « modèle français ».

Français et étrangers

Pas plus hier qu'aujourd'hui, le marché du travail ne crée de ghetto où seraient confinés les Français issus de l'immigration en raison de leur origine. De même, aujourd'hui encore, c'est plus le lieu professionnel et géographique d'intégration des parents que l'origine nationale ou ethnique qui constitue le facteur statistiquement décisif pour rendre compte de la destinée sociale de la génération suivante (comme l'illustre le cas des enfants d'immigrés du Nord ou de l'Est, en provenance d'Europe de l'Est).

Si la plupart des enquêtes récentes montrent qu'il n'y a pas aujourd'hui une crise globale du modèle français d'intégration des immigrés[80], il serait vain de nier que l'immigration récente a donné naissance à des problèmes qui n'existaient pas dans les décennies antérieures. L'enquête de l'I.N.S.E.E. citée plus haut prouve que ce qui fait la spécificité du problème des «Beurs», ce n'est pas une difficulté d'intégration propre à leur «communauté», mais l'éclatement de celle-ci entre deux groupes opposés: l'un formé par les individus dont l'ascension sociale est importante et l'autre qui, à l'inverse, rassemble les individus connaissant un déclassement marqué. Comment rendre compte *à la fois* de ces trajectoires contradictoires? Tel est le véritable problème que pose l'immigration aujourd'hui. Par rapport aux années trente ou aux années cinquante, le changement essentiel réside, me semble-t-il, dans la mutation qu'ont connue les représentations de l'immigration.

Jusqu'ici, la xénophobie et plus largement le discours politique sur les immigrés se concentraient sur les étrangers, c'est-à-dire sur un groupe d'individus défini par un critère juridique qui n'était pas héréditaire (puisque les membres de la deuxième génération deviennent français de façon quasi automatique à leur majorité). Aujourd'hui, pour la première fois dans l'histoire de la République française, tout le débat sur l'immigration se focalise sur la deuxième génération, soit sur des individus citoyens français, mais stigmatisés à cause de leur origine «ethnique». Depuis trente ans, de nombreux facteurs se sont conjugués pour permettre cette évolution. Une nouvelle catégorie sociale, les «jeunes», dont l'existence même brouille le vieux schéma antérieur des classes sociales, est apparue à partir des années soixante, alors qu'auparavant, les fils d'immigrés passaient sans transition de l'enfance à l'âge adulte en devenant le plus souvent ouvriers. L'extraordinaire développement urbain que la France a connu depuis trente ans a accentué considérablement la visibilité de ce groupe spécifique. En développant l'anonymat, en affaiblissant le contrôle familial, la ville génère sa propre pathologie. La délinquance de la jeunesse immigrée, au centre des études sociologiques de Chicago dès l'entre-deux-guerres, est devenue un problème de société en France avec la construction des Z.U.P. et des grandes cités de l'après-guerre. La visibilité du phénomène a été fortement accrue par la place de plus en plus grande occupée par les questions sociales dans les media. Les actes de violence contre les immigrés étaient beaucoup plus fréquents dans les années trente qu'aujourd'hui, mais leur visibilité était faible ; l'information ne dépassait guère la rubrique des faits divers dans la presse locale. Aujourd'hui, ces actes font fréquemment la une de l'actualité politique nationale ; ce qui accrédite encore un peu plus l'idée que l'immigration est un « problème » fondamental. Le développement considérable de l'État social aboutit à des résultats semblables ; avec la multiplication des sociologues, des travailleurs sociaux, etc., dont la fonction est de prendre en charge les intérêts des immigrés.

Cette nouvelle vision de la société française a été consolidée par un autre élément essentiel : l'affaiblissement du mouvement ouvrier. Les enfants d'immigrés qui auparavant étaient vus et se voyaient eux-mêmes avant tout comme des « ouvriers », sont vus et se voient de plus en plus aujourd'hui comme des « Beurs », c'est-à-dire non plus en fonction de ce qu'ils sont ou ce qu'ils font, mais en fonction de leur origine. On peut penser que cette rupture majeure avec les principes de base de l'idéologie républicaine, même si elle n'affecte pas encore le droit ni les règles administratives, est l'une des causes principales de la bipolarisation des trajectoires socioprofessionnelles évoquée plus haut. D'une part, étant donné l'enjeu politique que représente « l'intégration des immigrés maghrébins », des moyens considérables en termes d'aide sociale, de création de postes d'éducateurs... leur sont attribués ; ce qui assure aux plus privilégiés d'entre eux, qui se présentent volontiers comme les porte-parole de la « communauté », une ascension sociale supérieure à celle des jeunes issus des autres groupes d'immigrés. Mais, d'autre part, les discours sur l'identité ethnique contribuent à fixer le stéréotype sur « l'Arabe = problème » qui est au fondement du racisme actuel[81]. Enfermés, qu'ils le veuillent ou non, dans cette définition d'eux-mêmes, les individus des classes populaires issus de cette immigration, parfaitement assimilés[82] mais sans travail ou déclassés, ne peuvent que puiser dans le lexique auquel ils ont accès pour dénoncer le sort qui leur est fait. Dans les années 1950, c'est le discours communiste qui fournissait le vocabulaire, les arguments et le raisonnement justifiant les résistances populaires. Aujourd'hui, les laissés-pour-compte de la société ont tendance à expliquer leur malheur non pas par l'argument de l'exploitation capitaliste, mais par le racisme (« les Français n'aiment pas les Arabes »). En vertu de cette logique, ils peuvent trouver dans l'Islam (tel qu'ils le connaissent) les ressources qui leur permettent, à eux aussi, de crier leur révolte. Si ce phénomène reste malgré tout marginal, c'est sans doute parce que les possibilités de mobiliser massivement des individus à partir de données ethniques ou religieuses sont infiniment plus faibles que celles fournies par la culture de classe (socioprofessionnelle), du moins dans nos sociétés laïques et désenchantées.

Français et étrangers

1. Comme l'affirmaient, par exemple, les jeunes marcheurs maghrébins lors de leur tour de France en décembre 1983 ; cité par Françoise Gaspard et Claude Servan-Schreiber, *La Fin des immigrés*, Paris, Éd. du Seuil, collection « Point », 1985, p. 184. De tels propos sont bien sûr exagérés et témoignent d'une confusion sur la définition même du terme « immigration ». Certaines sources statistiques (officielles ou officieuses) permettent de considérer comme plausible l'affirmation selon laquelle actuellement, en France, un habitant sur trois a des « ancêtres » immigrés (en remontant jusqu'aux arrière-grands-parents) ; *cf.* Gérard Noiriel, *Le Creuset français, histoire de l'immigration (XIXe-XXe siècles)*, Paris, Éd. du Seuil, collection « L'univers historique », 1988. Rappelons cependant qu'il s'agit là d'un chiffre symbolique, destiné à souligner l'importance historique du problème de l'immigration, plus que d'une statistique précise. Fidèles à la logique républicaine de pensée, les classifications juridiques et administratives françaises ont écarté, dès le XIXe siècle, tout renseignement sur l'origine ethnique ou nationale des citoyens. Les résultats obtenus à partir des rares enquêtes d'opinion qui se sont intéressées à cette question ne sont pas fiables pour les souvenirs remontant au-delà des grands-parents. Belle illustration de la pauvreté de la mémoire généalogique des individus modernes, un sondage récent montre que 24 % des Français sont incapables de citer le nom de l'un au moins de leurs huit arrière-grands-parents, 13 % en connaissent deux ; 18 % quatre, et 4 % seulement peuvent citer le nom de leurs huit ancêtres ; *cf.* François Decaris, « Les Français et leurs racines », *Géo-Magazine*, n° 1, novembre 1982. Un dernier argument qui doit inciter à relativiser la statistique ci-dessus, tient à la complexité de la définition du terme « immigré ». Nous y reviendrons plus loin. Précisons simplement ici que l'on ne peut confondre ce mot ni avec le vocable de « migrant » (car dans ce cas, effectivement, tous les Français ont des « ancêtres » immigrés) ni avec le terme juridique d'« étranger » (les habitants de la Savoie et de l'Alsace-Lorraine, même quand leur territoire ne relevait pas de la souveraineté française, n'étaient pas des « immigrés »).

2. Alexis de Tocqueville, *De la démocratie en Amérique* (1re éd., 1835-1840), Paris, Flammarion, 1981, t. I, p. 26.

3. Le terme même d'« immigrant » est une invention américaine ; il apparaît pour la première fois, l'année où est élaborée la Constitution ; *cf.* Jeanine Brun, *America ! America ! Trois siècles d'émigration aux États-Unis*, Paris, Julliard-Gallimard, collection « Archives », 1980.

4. Nathan Glazer, éd., *Clamor at the Gates ; the New American Immigration*, San Francisco, I.C.S. Press, 1985, p. 3.

5. Gary Cross, *Immigrant Workers in Industrial France (The Making of a New Laboring Class)*, Philadelphia, Temple University Press, 1983.

6. J'ai développé cette question *in* Gérard Noiriel, *Les Ouvriers dans la société française*, Paris, Éd. du Seuil, coll. « Points », 1986.

7. L'hypothèse d'un lien étroit entre résistance paysanne à l'industrialisation, démocratie politique et immigration est avancée par Don Dignan, « Europe's melting pot : a century of large-scale immigration into France », *Ethnic and Racial Studies*, avril 1981.

8. Jean Portemer, « L'étranger dans le droit de la Révolution française », *in L'Étranger. Recueil de la Société Jean-Bodin*, Paris, 1959, p. 535 sq.

9. *Archives parlementaires* (cité ci-dessous *A.P.*), t. VIII, p. 479.

10. *A.P.*, t. IX, p. 478.

11. *A.P.*, t. X, p. 756.

12. Adolphe Landry, dans le projet de loi sur l'immigration qu'il défend au début de la Première Guerre mondiale, est le premier à souligner que cette tradition républicaine des droits de l'homme empêche la mise en place d'une véritable politique de recrutement « scientifique » des immigrés ; *cf.* Archives nationales, C 7725. De nombreux ouvrages reprendront ce thème par la suite.

13. Comme le montrent Jean-Pierre Hassoun et Yinh Phong Tan, *Les Réfugiés de l'Asie du Sud-Est de langue chinoise*, Rapport de recherche à la Mission du patrimoine ethnologique, 1986, dactylographié.
14. Émile Durkheim, *Le Suicide* (1897), Paris, P.U.F., collection «Quadrige», 1983, p. 356.
15. Jean-Jacques Rousseau, *Émile, in Œuvres complètes*, Paris, Gallimard, Bibl. de la Pléiade, 1959-1969, 4 vol., t. I, pp. 248-249; cité par Tzvetan Todorov, *Nous et les autres; la réflexion française sur la diversité humaine*, Paris, Éd. du Seuil, 1989, pp. 207 et 209.
16. Albert Mathiez, *La Révolution et les étrangers. Cosmopolitisme et défense nationale*, Paris, La Renaissance du livre, 1918.
17. *A.P.*, t. XVII, p. 629, souligné dans le texte. Notons néanmoins l'aspect «moderne» des réserves émises par le député Andrieu qui souhaite que des «bornes soient mises à la loi» pour éviter que tous les étrangers n'accourent en masse «pour acquérir dans notre patrie des biens nationaux dont ils consommeront les revenus dans la leur».
18. On trouvera l'ensemble du dossier juridique actuel et son arrière-fond historique dans le Rapport de la Commission de la nationalité présenté par M. Marceau Long, président, au Premier ministre, *Être français aujourd'hui*, Paris, U.G.E., 1988, 2 vol.
19. A. Mathiez, *op. cit.*, p. 1.
20. Sur cette période, voir notamment Pierre Milza, *Français et Italiens à la fin du XIXe siècle*, Rome, Publications de l'École française, 1981; Judy Reardon, *Belgian Workers in Roubaix, France, in the 19th Century*, thèse, Université du Maryland, 1977, dactylographié; Nancy Green, *Les Travailleurs immigrés juifs à la Belle Époque*, Paris, Fayard, 1985; d'une manière plus générale, cf. aussi la synthèse d'Yves Lequin, éd., *La Mosaïque France. Histoire des étrangers et de l'immigration en France*, Paris, Larousse, 1988.
21. Cité par Anne-Marie Faidutti-Rudolph, *L'Immigration italienne dans le sud-est de la France*, thèse de géographie, Gap, Louis Jean, 1964, p. 96.
22. Michelle Perrot, «Les rapports entre ouvriers français et étrangers (1871-1893)», *Bulletin de la Société d'histoire moderne*, 1960.
23. Alain Dantoing, «Une manifestation de défense ouvrière contre le travail étranger dans les mines du Pas-de-Calais en 1892», *Revue d'histoire belge contemporaine*, 1974.
24. *Le Petit Marseillais*, 19 juin 1881.
25. Sur cet épisode, voir notamment l'article de Teodosio Vertone, *L'Emigrazione italiana in Francia prima del 1914*, sous la direction de Jean-Baptiste Duroselle et Emilio Serra, Milan, Franco Angeli, 1978.
26. Les premiers travailleurs italiens pris à partie sont des membres du Club Nazionale Italiano qui ont sifflé au passage des soldats français de la brigade Vincendon de retour de Tunisie.
27. Depuis un siècle, c'est une constante que le grand patronat industriel et les «agrariens» qui ont le plus besoin de la main-d'œuvre étrangère ont été plutôt enclins à la défendre contre la xénophobie. Nous avons là un motif d'opposition avec les petites entreprises et le commerce.
28. La revendication d'une égalité de traitement entre ouvriers français et étrangers est d'autant plus défendue par les syndicats que toute pénalisation des immigrés au point de vue des salaires ou des droits sociaux se retourne finalement contre les Français (car les patrons ont intérêt à embaucher les salariés qui leur coûtent le moins cher). En revanche, avant 1914, l'attitude de la gauche est beaucoup plus ambiguë pour ce qui concerne l'emploi. Les décrets Millerand en 1899 interdisent que le nombre des ouvriers étrangers travaillant sur les chantiers de travaux publics dépasse 10 % du total. Les syndicats obtiennent d'ailleurs dès cette époque un droit de contrôle sur l'embauche des immigrés, en participant à la gestion des Offices de placement.

Français et étrangers

29. *Cf.* la thèse de Janine Ponty, *Polonais méconnus*, Paris, Publications de la Sorbonne, 1988.

30. Jean-Charles Bonnet, *Les Pouvoirs publics et l'immigration dans l'entre-deux-guerres*, thèse de troisième cycle, Publications du Centre Pierre-Léon, Université de Lyon, 1974, p. 206 *sq.*

31. Sur ce sujet, *cf.* notamment la thèse de Ralph Schor, *L'Opinion française et les étrangers, 1919-1939*, Paris, Publications de la Sorbonne, 1985.

32. Jean-Marie Le Pen, *Les Français d'abord*, Paris, Carrère-Lafon, p. 167, cité par Pierre Milza, *Fascisme français. Passé et présent*, Paris, Flammarion, 1987, p. 423.

33. Cette constante hostilité vis-à-vis des étrangers s'explique aussi par les nombreuses guerres qui depuis plusieurs siècles ont ensanglanté le pays et qui ont ainsi créé dans les mentalités un terrain propice à ce type d'arguments. Zone de passage, la France a conservé une «mémoire longue» des invasions transmise de génération en génération, parfois sur plusieurs siècles, du fait de la «longue durée» des enracinements paysans. Une anecdote d'Ernest Lavisse évoquant dans ses souvenirs un bal dans un village voisin de son Nouvion natal en témoigne : «Un garçon, furieux de me voir donner le bras à sa maîtresse – j'étais alors un monsieur de quinze ans – me traita de Paulac. Je dis le nom comme il le prononça. Il ne se doutait pas, ni moi non plus, qu'il évoquait le souvenir des Polonais, appelés Pollaques au XVIIe siècle, qui guerroyèrent en Picardie au service de l'empereur», Ernest Lavisse, *Souvenirs* (1912), Paris, Calmann-Lévy, 1988, p. 40.

34. *Cf.* Dominique Schnapper, *La France de l'intégration*, Paris, Gallimard, 1991.

35. Il n'est pas possible de discuter ici le bien-fondé de cet *a priori*. Notons seulement que les travaux scientifiques actuels sont loin de le confirmer. La spécificité du problème maghrébin (que beaucoup identifient au problème musulman) est contestée par des études récentes. Analysant un grand nombre de travaux concernant la question scolaire, Michel Oriol note : «Les études conduites sur ce sujet convergent pour montrer que les performances des jeunes Portugais y sont communément inférieures à celles des Algériens.» De même, à propos des musulmans en France, Rémi Leveau et Dominique Schnapper affirment qu'il est temps de «remettre en question l'idée souvent exprimée […] que la faculté d'assimilation française est aujourd'hui faible» ; *cf.* Michel Oriol, «L'identité des invisibles : un million de Portugais en France», *Bilan des études sur les aspects culturels et humains des migrations internationales (1918-1979)*, Strasbourg, Fondation européenne des sciences, 1981, dactylographié ; R. Leveau et D. Schnapper, «Religion et politique : juifs et musulmans maghrébins en France», *in Les Musulmans dans la société française*, sous la direction de Rémi Leveau et Gilles Keppel, Paris, Presses de la Fondation nationale des sciences politiques, 1988, p. 137.

36. Albin Chalandon, «La nationalité française doit être un objet de fierté», *L'Événement du jeudi*, 20-26 novembre 1986.

37. Jean-Yves Le Gallou, «Identité nationale et préférence nationale», *in Le Club de l'horloge, L'Identité de la France*, Paris, Albin Michel, 1985, p. 246.

38. Jean Laumonier, *La Nationalité française*, t. II, *Les Hommes*, Paris, Chamuel, 1892, p. 350 *sq.*

39. Jules Rochard, *Bulletin de l'Académie de médecine*, 1883, p. 281.

40. Georges Vacher de Lapouge, *Race et milieu social*, Paris, Marcel Rivière, 1909, p. 69.

41. J. Laumonier, *op. cit.*, p. 371.

42. Jules Soury, cité par Zeev Sternhell, *Maurice Barrès et le nationalisme français* (1972), Bruxelles, Éd. Complexe, 1985, p. 259.

43. Maurice Barrès, *L'Appel au soldat*, cité par Z. Sternhell, *op. cit.*, p. 265.

44. Charles Seignobos, *Histoire sincère de la nation française* (1933), Paris, P.U.F., collection «Quadrige», 1982, p. 337.

45. Georges Mauco, *Mémoire sur l'assimilation des étrangers en France*, Genève, Institut international de coopération intellectuelle, 1937, p. 23, dactylographié.

46. René Martial, *Les Métis*, Paris, Flammarion, 1942, p. 26.

47. Jean Pluyette, *La Sélection de l'immigration en France et la doctrine des races*, Paris, Pierre Bosseret, 1930, p. 138.

48. Au lendemain de la Seconde Guerre mondiale, juste avant que les projecteurs se braquent sur les Maghrébins, une étude de l'I.N.E.D. affirme encore : « La résistance des Russes à l'assimilation est telle que les Françaises mariées à des Russes semblent bien plutôt s'adapter à la vie russe que constituer un agent assimilateur » ; plus loin : « Les enfants russes restent russes en dépit de l'école. » De savants calculs autorisent même l'auteur à affirmer que la proportion d'immigrés russes assimilés a régressé de 27,8 % à 24,4 % entre 1930 et 1936 ; *cf.* Madeleine Doré, « Enquête sur l'immigration russe », I.N.E.D., *Documents sur l'immigration*, sous la direction de Louis Chevalier, Paris, P.U.F., 1947, pp. 154-158.

49. G. Mauco, *op. cit.*, p. 42.

50. Extrait du *Républicain lorrain*, 18 novembre 1988 ; *cf.* Maria Liberatore-Lefebvre, *Le Passé simple*, Maxéville, Imprimerie Rubrecht, 1988.

51. *Cf.*, par exemple, pour les Espagnols, C. Azas, *Migrants espagnols dans le Biterrois (1886-1934)*, thèse de troisième cycle, Université de Paris-V, 1981, dactylographié ; pour les Italiens, A. Sportiello, *Les Pêcheurs du Vieux Port. Fêtes et traditions*, Marseille, Jeanne Laffite, 1981 ; pour les Polonais, Danielle Ducellier, « L'immigration polonaise dans le bassin de Blanzy dans l'entre-deux-guerres », *Revue périodique de la « Physiophyle »*, Montceau-les-Mines, 1981 et 1982 ; pour les Arméniens, Martine Hovanessian, *Les Arméniens en Région parisienne*, rapport de recherche effectuée pour la M.I.R.E. (ministère des Affaires sociales), 1988, dactylographié.

52. *Cf. Le Monde* du 13-14 avril 1986.

53. *Cf.* M. Hovanessian, *op. cit.*

54. Une seconde préface signée par le proviseur du lycée, Jean-Paul Llinares, renchérit sur ce thème, en affirmant que les habitants de la ville « ont gardé des coutumes et des modes de vie spécifiques. C'est cette diversité qui fait l'originalité et la richesse de la population bédarienne » ; *cf.* Office départemental d'action culturelle de l'Hérault, *Paroles. Histoires d'une migration ; des Espagnols racontent...*, Montpellier, s.d.

55. Maurizio Catani, *in Les Réseaux associatifs des immigrés en Europe occidentale*, sous la direction de Michel Oriol et Marie-Claire Hily, Université de Nice, I.D.E.R.I.C., 1985, dactylographié ; voir aussi dans la même étude la contribution de G. Campani.

56. Outre les différentes études mentionnées plus haut, qui fournissent des indications partielles sur cet aspect de l'histoire de l'immigration, *cf.* notre présentation d'ensemble, Laurence Bertoïa et Gérard Noiriel, « Aperçu sur l'histoire du mouvement associatif chez les immigrés en France », *in Le Rôle du mouvement associatif dans l'évolution des communautés immigrées*, sous la direction de Maurizio Catani et Salvatore Palidda, rapport réalisé pour le Fonds d'action sociale et le ministère des Affaires sociales, février 1987, dactylographié, pp. 66-81.

57. J. Ponty, *op. cit.*, p. 167.

58. Arnam Turabian, *Trente Ans en France. Ma vie*, Marseille, L'Aiguillon, 1928, p. 20.

59. Alexandre de Kronowski, *Almanach historique ou Souvenir de l'émigration polonaise*, Paris, Bourgogne et Martinet, 1837-1838, préface.

60. Khoren Margossian, *Odyssée d'un enfant arménien*, Paris, La Pensée universelle, 1975, p. 13. La problématique de l'écriture en tant que trace, ou traque, des origines, peut aller jusqu'à constituer le cœur d'un projet littéraire comme dans le cas de Georges Perec, fils de juif polonais immigré en France, dont le père est mort au front en 1940 et la mère morte en déportation ; *cf.* à ce sujet, C. Burgelin, *Georges Perec*, Paris, Éd. du Seuil, 1988.

61. Mary Antin, *The Promised Land*, Boston, 1912.

Français et étrangers

62. Simone Signoret, *Adieu Volodia*, Paris, Fayard, 1985.

63. *Cf.* Robert Park et Herbert Miller, *Old World Traits Transplanted (1921)*, Americanization Studies, New York, Paterson-Smith, 1969.

64. Giorgio Amendola, *L'Île* (1981), Paris, Messinger, 1983, p. 225.

65. Robert Park, «The immigrant press and its control», cité par Ralph Turner, *Robert Park : On Social Control and Collective Behavior*, Chicago University Press, 1967, p. 119.

66. *Français et immigrés*, sous la direction d'Alain Girard et Jean Stoetzel, I.N.E.D., *Travaux et documents*, cahiers n°s 19 et 20, Paris, P.U.F., 1953 et 1954, 2 vol. Étant donné la faiblesse de l'échantillon (un peu plus de cinq cents personnes en tout), les chiffres de cette enquête sont plus des indications que des preuves.

67. R. Park, cité par R. Turner, *op. cit.*, p. 143.

68. R. Leveau et D. Schnapper, *op. cit.*, p. 137.

69. Geneviève Bardakdjian, «La communauté arménienne de Décines (1925-1971)», *Bulletin du Centre d'histoire économique et sociale de l'Université de Lyon-II*, 1973 ; voir aussi sur ce sujet, Aznive Keuroghlian, Les Arméniens dans la région Rhône-Alpes, thèse de troisième cycle, Université de Lyon, 1975, dactylographié.

70. K. Partchevsky, «Statistique générale et situation légale des émigrés en France», Russie et Chrétienté, janvier-mars 1937, n° 1.

71. Benigno Cacérès, *La Solitude des autres*, Paris, Éd. du Seuil, 1970, p. 74.

72. R. Leveau et D. Schnapper, *op. cit.*, p. 132.

73. Précisons que ce n'est pas un problème spécifique aux immigrés. Norbert Elias estime que l'assimilation par inculcation des normes dominantes dans des cercles de plus en plus larges de la société est un aspect central du processus civilisateur en Europe depuis la Renaissance ; *cf.* Norbert Elias, *La Civilisation des mœurs* (1939), Paris, Calmann-Lévy, collection «Pluriel», 1982.

74. Étienne Balibar, «La forme nation : histoire et idéologie», *in* Étienne Balibar et Immanuel Wallerstein, *Race, nation, classe. Les identités ambiguës*, Paris, La Découverte, 1988, p. 135.

75. D'après l'enquête d'A. Girard, et J. Stoetzel, *op. cit.*

76. D'après G. Bardakdjian, *op. cit.*

77. Jan Gruszynski, *La Communauté polonaise en France de 1919 à 1975 ; problèmes d'intégration de trois générations*, thèse de troisième cycle en sociologie, Université de Paris-V, 1977, dactylographié.

78. «En milieu urbain, concluent les auteurs, les enfants poussent plus avant leur instruction» ; *cf.* A. Girard et J. Stoetzel, *op. cit.*, p. 80.

79. Jean-Louis Borkowski, «L'insertion sociale des immigrés et de leurs enfants», *Données sociales*, I.N.S.E.E., 1990, pp. 310-314. (Les chiffres utilisés pour cette étude ont été tirés de l'enquête sur les conditions de vie des Français en 1986-1987.)

80. *Cf.* notamment Dominique Schnapper, *La France de l'intégration, op. cit.*

81. Sur les enjeux du langage, *cf.* Simone Bonnafous, *L'Immigration prise aux mots*, Paris, Kimé, 1991.

82. L'assimilation est ici définie comme le processus par lequel un individu acquiert dans l'enfance les codes culturels de la société dominante et en premier lieu la langue ; *cf.* sur ce point, Stéphane Beaud et Gérard Noiriel, «L'assimilation, un concept en panne», *in* Pierre-André Taguieff, *Face au racisme*, Paris, La Découverte, 1991, t. II, pp. 261-282.

Vichy

Vichy : nom symbole d'un régime qui dura à peine quatre ans et dont le souvenir s'est pourtant incrusté dans la mémoire des Français. Est-il besoin de documenter cette évidence qu'attestent tant de sources, qu'il s'agisse du cinéma, de la littérature, du débat politique, de l'historiographie ? Cinquante ans plus tard, l'air se charge encore de passion dès que la conversation aborde cette période ; il n'est jusqu'aux appels à clore enfin le débat qui ne témoignent de la persistance de ce souvenir.

À cette difficulté d'oublier, il y a d'évidentes raisons. Vichy fut un régime d'exception, comme le rappelle d'emblée sa localisation. Le Paris de la monarchie et des révolutions se trouva détrôné par une ville d'eaux, plus durablement qu'il ne l'avait été par le gouvernement de la Défense nationale en 1870-1871. Sans doute le déplacement fut-il involontaire : Pétain voulait rentrer à Paris, les Allemands y firent obstacle. Ce campement forcé s'accordait admirablement à l'inspiration ruraliste, « France profonde », du nouveau régime.

Vichy est aussi remémoré, bien évidemment, parce qu'il sortit de la défaite et qu'il épousa le temps de l'occupation, avec les divisions et les souffrances qui lui firent escorte. Or, ce souvenir garde un ancrage existentiel chez nombre de Français qui ont connu la période et sont encore aujourd'hui en position de marquer le débat public et la production intellectuelle.

Enfin, plus au fond, Vichy vit dans les esprits parce qu'il constitue un régime repoussoir. La IVe République prit racine dans la résistance à l'occupation allemande et dans le refus de l'« État français ». La Ve République fut une réaction contre sa devancière, mais tout autant qu'elle, sinon davantage en raison de la personne de son fondateur, elle participait de la condamnation du régime de Vichy. Le rappel de ce passé sert toujours à délégitimer les opposants à la République et aussi, parfois, à discréditer les adversaires politiques, à quelque camp qu'ils appartiennent.

Du même coup, l'historien peut se demander s'il y a là quelque chose de spécifique. Vichy est vivant aujourd'hui, mais ne serait-ce pas de la même façon, et pour les mêmes raisons, que le second Empire était vivant dans la conscience des républicains de la IIIe République, ou la monarchie de Juillet dans celle des hommes de 1848 ? Et d'ailleurs, l'État français ne s'était-il pas lui-même défini contre son prédécesseur, la République troisième, qui en avait fait autant vis-à-vis du régime précédent, le second Empire ?

Il est aisé de remonter ainsi les maillons de cette chaîne de régimes, jusqu'au point de départ. La Révolution fut la grande rupture et la grande matrice : dans l'intervalle de quelques années, presque toutes les formes possibles de gouvernement furent tentées. Cette expérience allait faire de la culture politique française une culture historiquement conflictuelle, c'est-à-dire pensant historiquement ses conflits et conflictuellement son histoire. Elle allait, du même coup, faire de la mémoire un dispositif central dans la définition de tous les régimes qui se succédèrent dans la quête vacillante d'un équilibre durable.

Chacun d'eux devait se situer par rapport au grand événement fondateur, à ce qui l'avait précédé et à ce qui en était sorti ; chacun portait la mémoire d'un prédécesseur, modèle ou repoussoir. La Révolution, animée par l'ambition prométhéenne d'une nouvelle société et d'un homme nouveau, aboutit à charger l'avenir d'un poids énorme, le passé devenant l'agent dynamique de divisions sans cesse rejouées et faisant de tous les régimes français peu ou prou des régimes-mémoire, républiques y compris.

La IIIe République, qui regardait vers l'avenir, se fabriqua, elle aussi, une tradition et se préoccupa d'y intégrer le passé prérépublicain du pays. Mais la part de la mémoire est, à l'évidence, plus importante, et plus centrale, dans les régimes réactionnaires proprement dits. La Restauration, le second Empire, Vichy furent autant de tentatives, chacune avec ses particularités, de faire retour en arrière, de mettre le présent à l'heure du passé, même si ces tentatives passèrent toutes des compromis avec des évolutions tenues pour irréversibles. Elles eurent d'ailleurs un succès historiquement décroissant, comme le montre leur durée de plus en plus brève (1815-1848, 1851-1870, 1940-1944) à proportion de l'enracinement de la République.

Dans cette famille de régimes réactionnaires, Vichy tient, malgré tout, une place à part, qui le qualifie à la désignation de régime-mémoire par excellence. Car s'il voulait lui aussi tailler l'avenir sur le patron du passé, il ne chercha pas, à la différence de ses prédécesseurs, à rétablir un régime antérieur, à remettre en selle d'anciennes équipes politiques ou d'anciens corps sociaux, à faire revivre les gloires d'un Empire défunt.

Vichy fut, on y reviendra, la mémoire de pures représentations, dont la quintessence était la « France », une France qui n'était plus liée à Dieu par une monarchie de droit divin, et plus davantage associée à l'humanité par le tru-

Vichy

chement d'une forme universelle comme la république. Vichy, ce fut l'effort délibéré, persistant et vain d'ordonner la réalité selon cette mémoire, de reconstruire un esprit national dans lequel la mémoire d'un passé mythifié moulerait la perception du présent dans une manière unitaire d'éprouver, de penser et d'agir.

Un passé ambigu et mouvant

Avant d'en venir à ce projet de Vichy, il n'est sans doute pas inutile de rappeler brièvement ce que fut l'«État français» et la manière dont les contemporains le perçurent. On appréciera mieux, alors, le travail ultérieur de la mémoire, la façon dont elle ordonna, à son tour, la réalité d'une période dont l'expérience vécue fut ambiguë, mouvante, divisée.

Il y eut beaucoup de diversité dans le régime de Vichy ; et la chronologie n'est pas à cet égard une dimension dont on puisse se dispenser. Les historiens ont aujourd'hui enrichi et nuancé le tableau d'un Vichy uniformément noir, monolithique dans son abaissement devant l'occupant et dans sa politique d'oppression des Français, qu'avait peint au sortir de la guerre le milieu résistant, en particulier le parti communiste.

On a, depuis, montré la pluralité des courants qui se côtoyaient dans le régime, au point de parler d'une dictature pluraliste (Stanley Hoffmann). On a aussi marqué des phases d'évolution dans sa piteuse carrière, un tournant se produisant en avril 1942 lors du rappel de Laval, un autre en novembre de la même année quand l'occupation totale du pays aboutit à concentrer l'essentiel du pouvoir entre les mains du même Laval. On a, enfin, relevé les lignes de continuité qui relient Vichy à l'avant-guerre et à l'après-guerre, qu'il s'agisse de la xénophobie en amont ou de l'interventionnisme étatique en aval[1].

À l'évidence, Vichy ne fut pas d'une pièce. Il est justifié, pourtant, d'affirmer l'unité du régime, malgré sa diversité interne et son évolution dans le temps. Comme il arrive souvent, les résultats et les conséquences ne répondirent pas aux calculs et aux intentions de départ. Mais s'il y eut distorsions et dérapages, ce ne fut pas sous le seul effet de contraintes imprévisibles, l'occupation se prolongeant quatre années durant et les exigences de l'occupant durcissant avec l'évolution défavorable de la guerre ; ce fut bien plutôt parce que ces contraintes activèrent une logique contenue dans le choix et les projets initiaux du régime.

Pour le dire schématiquement, tout se noua lorsque Vichy ajouta à l'acceptation de la défaite une entreprise de rénovation nationale. La guerre était tenue pour définitivement perdue, il ne s'agissait plus que de sauver ce qui pouvait l'être. En annonçant que l'heure était venue de mener une politique purement française, Pétain tirait de l'expérience de l'entre-deux-guerres un bilan qui pouvait trouver écho : la sécurité mutuelle avait échoué, les alliances s'étaient révélées décevantes, sinon dangereuses. La France demeurait « seule face à son destin », affirmait-il ; elle devait « se libérer de ces amitiés ou de ces inimitiés dites "traditionnelles" »[2].

Dans l'immédiat, la défaite permettait d'entamer la nécessaire rénovation des institutions, seule garantie d'un redressement futur. Les nouveaux dirigeants français s'étaient convaincus de cette nécessité dès l'avant-guerre ; ils n'en furent que davantage enclins à penser que le sort des armes avait définitivement tranché. En lançant leur entreprise de rénovation nationale, ils établissaient, du même coup, un ordre de priorités que nul n'a formulé mieux que Maurras, malgré sa marginalité à Vichy.

Dans *La Seule France*, paru en 1941, Maurras faisait le parallèle suivant : en 1429, Jeanne d'Arc préféra aller à Reims couronner le roi, alors qu'en continuant sa marche militaire, elle aurait « abrégé de vingt ans, qui sait ? la campagne qui devait mettre l'Anglais hors de France ». Mais le point de vue militaire, alors « comme aujourd'hui », n'était qu'un élément de la situation. « Si dure que fût la conquête anglaise, ce n'était que l'effet de causes plus profondes qui n'auraient pas disparu avec elle ; la conquête tenait à la division, à l'émiettement, à l'affaiblissement et à l'anarchie de l'État [...] La guerre eût pu finir : mais non pas sans renaître tout aussitôt, de divisions nouvelles dans lesquelles la France se fût débattue faute de Chef[3]. »

Maurras reléguait la lutte militaire contre l'occupant à la deuxième place ; la réfection en profondeur de la nation recevait priorité sur le recouvrement de l'intégrité territoriale et de la pleine souveraineté. Les dirigeants de Vichy, dont les vues étaient loin d'être uniformes, ne définissaient probablement pas leur tâche avec autant de clarté et de rigueur. Mais leur action se conforma à cette ligne de pensée ; et c'est le lien établi entre l'acceptation de la défaite et la réforme du pays qui allait se révéler redoutable en conséquence de l'évolution imprévue prise par le conflit.

Vichy escomptait une conclusion rapide de la paix qui permettrait, à la tête d'un pays certes mutilé et bridé, de se concentrer sur la refonte de la France. Mais, contrairement aux prévisions, la guerre ne prit pas fin : l'Angleterre refusa de s'incliner et l'Allemagne se montra incapable de l'y contraindre. Les dirigeants français allaient devoir s'accommoder d'une occupation qui se prolongeait, les exposant aux pressions quotidiennes de l'occupant. Au lieu d'être le régime qui aurait signé une paix de *Diktat*, Vichy allait devenir le régime de la collaboration avec l'Allemagne nazie.

Pour préserver ce que l'armistice lui avait laissé, avant tout sauvegarder contre Londres et de Gaulle l'Empire qui était, avec la flotte, sa principale garantie d'autonomie, pour préparer aussi la meilleure paix possible, Vichy

Vichy

fit le choix stratégique d'une politique de collaboration, un choix qui découlait logiquement de l'armistice qu'il avait sollicité. Cette collaboration devait porter avant tout sur le terrain économique, éviter un conflit ouvert avec Londres et le basculement dans le camp allemand ; elle n'en reposait pas moins sur le pari d'une victoire finale du *Reich*, à tout le moins d'une non-victoire britannique.

Cette politique d'État, les dirigeants de Vichy la prétendaient fondée sur le seul «réalisme». Mais ce réalisme était miné par leur choix de politique intérieure, un choix que la guerre qui se prolongeait n'amena pas à modifier et qui faisait aboutir le régime dans une impasse. Rompre avec la politique de collaboration, c'était risquer de perdre toute autonomie et s'exposer à la rétribution allemande ; partir en Afrique du Nord rejoindre les Alliés, c'était devoir renoncer, à plus ou moins longue échéance, à une réforme autoritaire du pays.

Les événements de novembre 1942 montrèrent que les dirigeants de Vichy, Pétain en tête, refusaient d'assumer la faillite de leurs choix initiaux. En lieu et place, ils s'accrochèrent à leur politique, manifestant, il est vrai, réticences et tergiversations, mais qui n'allèrent jamais au-delà de velléités de changement. La collaboration continua d'être affirmée et pratiquée, et si la part de marchandage s'accrut, Vichy n'en prit pas moins sur lui l'exécution de mesures comme le S.T.O. et la déportation des juifs.

Quant à la Révolution nationale, elle était maintenue à l'ordre du jour, même si elle perdait de plus en plus ses couleurs de haute saison. Pétain et Laval eux-mêmes cherchèrent à partir de l'automne 1943, chacun de son côté, à retrouver une légitimité du côté de l'Assemblée nationale. Au même moment, ils s'en remettaient à la Milice pour maintenir l'ordre ; ils couvriraient ses exactions pratiquement jusqu'à la dernière heure. Ayant accepté de rester au pouvoir après novembre 1942, ayant fait par là même le choix de devoir au vainqueur leur survie politique, ils finirent dans la figure de partenaires et de complices de l'infamie nazie. Il ne restait plus à Pétain qu'à affirmer qu'il avait voulu être le bouclier des Français, lamentable aboutissement d'une politique qui avait eu de tout autres ambitions.

La trajectoire de Vichy, si elle ne fut nullement fatale, suivit des lignes de force présentes au départ. Mais c'est au terme d'une analyse rétrospective que le régime est ainsi qualifié d'unitaire, tout comme c'est dans la vision rétrospective des résistants et d'une grande partie de la population française qu'il apparut unitaire au lendemain de la Libération. Vichy entrait pour lors dans l'histoire comme l'antithèse de la tradition républicaine, comme l'anti-République. Du coup, s'estompait le fait que ce passé devenu noir avait été dans les années précédentes, en 1940 et 1941 surtout, un présent ambigu aux yeux de nombreux contemporains pour qui le futur restait encore opaque.

À vrai dire, la naissance même du régime fut ambiguë ; la rupture se fit dans la continuité. Pétain n'accéda pas au pouvoir comme Louis Bonaparte, mis en selle par le vote populaire, puis sortant de la légalité ; et pas non plus par un acte de proclamation comme cela se fit en 1870 au milieu de la débâcle militaire. En juillet 1940, la transition se fit dans la plus apparente légalité, l'Assemblée nationale déléguant les pleins pouvoirs constituants à Pétain[4].

Après la guerre, on s'employa de divers côtés à contester que ce vote ait été émis librement ou délibérément. La réalité est pourtant qu'il fut consenti en toute connaissance de cause par des parlementaires dont aucun ne s'éleva contre l'armistice et qui étaient prêts, dans leur grande majorité, à s'abandonner à l'homme providentiel, à se décharger sur lui de la responsabilité de la suite des événements. Crise de volonté ou sentiment intime de responsabilité et de faillite, ce fut en tout cas l'expression d'une désagrégation des valeurs démocratiques chez ceux qui auraient dû en être les gardiens.

Vichy fut bien autre chose qu'un complot contre la République mené par une bande de factieux qui auraient mis à profit la défaite et le déboussolement de leurs compatriotes pour imposer leurs principes contre-révolutionnaires. Vichy fut, d'abord et avant tout, l'expression de la dégénérescence autoritaire d'une grande partie de l'*establishment* républicain. Plus exactement, il naquit au croisement d'un projet autoritaire porté par de petites équipes et d'une notable désagrégation des valeurs démocratiques, une désagrégation entamée dès les années 1930, activée par le choc de la défaite, et qui, à un degré ou à un autre, toucha non seulement la presque totalité des élites mais aussi une grande partie de la population.

Le nouveau régime fut, il est vrai, dans une assez large mesure, la revanche des adversaires mortels de la République, comme de tous ceux qui en avaient seulement professé les principes du bout des lèvres. L'extrême droite ne pouvait qu'applaudir au renversement de la « gueuse » et elle fonça vers la brèche ; mais elle ne parvint pas à y faire passer ses têtes de file. Maurras fut tenu à l'écart, les aspirants-chefs, les Déat, Doriot ou Bucard, partirent tenter leur chance à Paris. Il fallut attendre le début de 1944 pour voir entrer au gouvernement, sous la pression des Allemands, Déat, Henriot et Darnand, signalant non pas que Vichy était devenu un régime fasciste, mais qu'il contenait à présent une composante fasciste notable.

L'Église catholique, qui s'était ralliée à la République à contrecœur, apporta au régime, en particulier dans les deux premières années, un appui enthousiaste et un ralliement gonflé d'espoir. Mais Vichy ne se laisse pas définir sur la seule base de ce soutien. Tout en lui accordant une place qu'elle avait perdue depuis longtemps, tout en faisant résonner l'antienne qu'on croyait oubliée de la « France chrétienne », Pétain et Darlan préférèrent, au bout du compte, limiter les concessions pour ne pas relancer le conflit confessionnel.

Vichy

À la vérité, Vichy réunit des équipes fort bigarrées et trouva des appuis dans un large éventail politique, y compris dans les franges dissidentes de la gauche. Autour d'un solide noyau de réactionnaires et d'hommes qui avaient frayé avec l'extrême droite fascisante des années trente (Benoist-Méchin ou Marion), vinrent s'agréger des personnalités diverses par l'origine et la mentalité, mais toutes converties, après la double expérience du Front populaire et de la défaite, aux vertus de l'autorité : d'anciens libéraux comme Flandin ou Barthélemy, des technocrates comme Bichelonne, sans oublier un René Belin, l'ancien dirigeant de l'aile anticommuniste de la C.G.T., qui était censé apporter une caution «sociale» au nouveau régime en même temps qu'illustrer sa volonté de rassemblement national.
Les bonnes volontés, même affluant en grand nombre comme elles le faisaient en été quarante, n'auraient pas suffi, cependant, s'il n'y avait eu pour donner des pieds et des mains au régime des forces plus modestes mais autrement décisives. Les cadres de l'État et toute la fonction publique s'installèrent, sans états d'âme apparents, dans le vide laissé par la démission du Parlement, assumant avec zèle le commandement d'un État enfin remis aux «compétences»; les défections allaient être rares dans les deux premières années, y compris dans le corps diplomatique[5].
L'armée ne resta pas en arrière; après quelques flottements au moment de l'armistice, elle fit bloc avec le nouveau pouvoir, le peuplant de ses officiers. L'armée de la République aida à porter en terre la République : Pétain n'avait pas été, comme Hindenburg, un monarchiste acceptant contre ses sentiments intimes de servir la République. Il l'avait servie, et elle seule, pendant toute sa longue carrière; il en avait été l'illustration, tout comme Pierre Laval l'avait été dans le registre civil.
Ce divorce de l'armée et de la République, on le voit d'ailleurs se refléter également, pour des motifs diamétralement opposés, dans le comportement de celui qui, le premier, défia l'autorité de Pétain. Lorsque de Gaulle rallia l'Angleterre et lança le 18 juin son appel à continuer le combat, il rompait avec un gouvernement, le gouvernement Pétain, qui avait été régulièrement investi et qui constituait encore, à ce moment-là, le gouvernement de la République. Le vote des pleins pouvoirs, qui eut lieu trois semaines plus tard, et la naissance de l'«État français» qui s'ensuivit changèrent sa situation d'une manière qu'il aurait été bien en peine de prévoir au moment où il se rebellait. Le gaullisme eut son ressort principal dans le refus de l'armistice, non dans celui de la Révolution nationale.
Les élites et l'administration de la République ne furent pas les seules à faire bon accueil au nouveau régime. Dans la plus grande partie de la population, les circonstances de l'été quarante activèrent des tendances à l'acceptation d'une autorité forte. Le désarroi produit par la défaite, une désaffection rela-

tivement répandue envers la démocratie parlementaire, enfin et surtout le soulagement de voir les combats prendre fin inclinèrent à accueillir favorablement une équipe qui affirmait sa volonté de reprendre les choses en main. Pendant de longs mois, la résistance allait tâtonner dans le noir.

Pétain fut le grand bénéficiaire de ce mouvement d'opinion, comme le montrèrent les voyages triomphaux qu'il effectua à travers la zone libre à partir de l'automne 1940. À se fier aux indications données par les archives du contrôle postal, les ministres et le gouvernement en général ne jouirent jamais que d'une popularité très limitée. Quant à la Révolution nationale, elle ne provoqua ni enthousiasme ni même intérêt soutenu; les Français en jugèrent avant tout sur le critère du ravitaillement, qui était, avec les prisonniers de guerre, leur préoccupation majeure. Darlan et surtout Laval prirent sur eux le poids d'un mécontentement que Pétain évoqua publiquement dès le printemps de 1941, mais dont lui-même se trouva exempté pendant assez longtemps encore[6].

Pourtant, au lendemain de Montoire, il avait revendiqué comme sienne («C'est moi seul que l'Histoire jugera») une politique de collaboration qui avait rapidement rencontré une large hostilité. Passée la réaction d'anglophobie provoquée par le massacre de Mers el-Kébir, la majorité des Français souhaita clairement la victoire de l'Angleterre, refusant une collaboration dont les contreparties étaient rien moins qu'évidentes, alors qu'elle faisait courir le risque d'une désastreuse confrontation avec l'ancienne alliée.

Comme en Allemagne nazie, la population française opérait une remarquable dissociation entre le chef et ses acolytes, redonnant vie au mythe ancestral du bon roi mal entouré[7]. Pétain, il est vrai, favorisa cette confusion à la fois par ses actes – dans le renvoi de Laval en décembre 1940 beaucoup voulurent voir, bien à tort, une répudiation de Montoire – et par la figure qu'il projetait de lui-même dans ses discours et interventions publiques.

Ainsi n'usait-il que rarement du registre du commandement, de l'intimidation ou de la menace. Une intéressante exception se trouve dans le message du 12 août 1941, où, dénonçant le «véritable malaise» qui atteignait le peuple français, il annonçait des mesures qui marquaient un net durcissement d'attitude. Évoquant son «devoir de défendre» la France, il déclarait: «En 1917, j'ai mis fin aux mutineries; en 1940, j'ai mis un terme à la déroute. Aujourd'hui, c'est de vous-mêmes que je veux vous sauver[8].» Avec la désintégration du consentement, la veine répressive du régime venait au premier plan; la Milice était ici en germe.

D'ordinaire, Pétain utilisait un registre tout autre, celui de la persuasion, de l'exhortation et du prêche, endossant un rôle saturé de références christiques auxquelles ne pouvait qu'être sensible une population encore largement imprégnée de culture chrétienne. «Mes amis», «mes chers amis», et même «mes enfants»[9]: voilà le père, le bon pasteur. Il y avait d'abord eu l'homme

Vichy

providentiel, le sauveur en gloire, mais un sauveur qui se sacrifiait : Pétain avait « fait don de sa personne » à la France dans l'heure de son pire désastre. Plus tard, le père prendrait les accents d'un grand-père, le sauveur deviendrait martyr. Six mois après le discours du « vent mauvais », le 1er janvier 1942, Pétain montrait ses chaînes pour réclamer l'aide de ses compatriotes : « Dans l'exil partiel auquel je suis astreint, dans la demi-liberté qui m'est laissée, j'essaie de faire tout mon devoir. Chaque jour, je tente d'arracher ce pays à l'asphyxie qui le menace, aux troubles qui le guettent. Aidez-moi[10]. »

Pétain offrait aux Français un foyer de perceptions et de projections variées. Les uns – une forte minorité – adhéraient au programme de Révolution nationale qu'il avait énoncé ; l'évolution des événements allait les amener à se replier dans la passivité ou à s'engager dans la Milice. Les autres – sans doute beaucoup plus nombreux – considéraient Pétain avec l'attachement, ou du moins le respect, que leur semblaient mériter son passé glorieux et son âge avancé, sa figure de sauveur-martyr, le symbole qu'il offrait de la continuité nationale. Avec le temps, l'admiration et la dévotion tournèrent en compassion et en pitié, plus souvent qu'en haine.

Pétain ne se confondait pas avec Vichy aux yeux de nombreux Français. À travers leur attitude à son égard, ils se liaient pourtant d'une certaine façon au régime dont il était la tête. Sans doute faut-il voir dans cette implication, issue de motivations et d'attentes diverses, lentement érodées sans disparaître complètement, un facteur crucial qui explique les troubles ultérieurs de la mémoire. En septembre 1944, une majorité de Français (58 %) estimait qu'il fallait acquitter Pétain ; en été 1945, après la découverte des camps nazis, ils n'étaient plus que 17 % : mais dans les années 1970 et 1980, leur pourcentage était remonté à plus de 30 % (35 % en 1976, 31 % en 1983)[11]. Pétain ne se confond toujours pas avec un Vichy condamné en bloc.

La divergence est ici considérable avec le jugement des historiens, pour lesquels il ne fait pas de doute que Pétain dirigea le régime jusqu'à l'automne de 1942 et qu'il en eut la responsabilité ultime jusqu'à la fin. À l'époque même, il était patent que le gouvernement de Vichy visait à être autre chose qu'une dictature à la romaine pour temps d'exception. Par-delà l'épuration administrative et l'étouffement de la vie politique, les mesures adoptées à jet continu dès les premiers mois annonçaient une volonté de réforme globale.

Le statut des juifs d'octobre 1940, pour ne parler que de lui, pouvait difficilement passer pour une loi d'occasion. Il semble d'ailleurs avoir été accueilli avec satisfaction par une partie de la population, avec indifférence par la majorité, en tout cas sans opposition perceptible, contrairement à ce qui allait se passer en été 1942 lorsque commencèrent les rafles et la déportation massive de juifs ; alors, la compassion pour les victimes se mêla à une haine de l'occupant désormais profondément chevillée pour susciter de larges réactions[12].

Pétain lui-même, enfin, ne cessait de répandre messages et proclamations pour faire connaître ses ambitions et ses objectifs, jouant un rôle central dans l'articulation et la formulation du projet vichyssois au point qu'on ne voit comment, sur ce plan, dissocier Vichy de sa personne.

La « recomposition de l'âme nationale »

Rassembler les énergies et rénover la nation : de cette rénovation, Pétain, et lui seul, fixa les lignes, celles d'une utopie radicale. Peu importent, ici, la manière et la mesure dans lesquelles ce projet fut réalisé. La diversité des tendances au sein du régime tout comme les contraintes nées de la poursuite de la guerre et de l'occupation amenèrent à des corrections, des déviations, des amplifications. Au fondement du nouvel ordre se trouvaient les fameuses communautés naturelles : la famille, la commune, la profession, la région. Revitalisées, elles feraient à nouveau une armature au pays. La famille, « cellule essentielle », « assise même de l'édifice social », devait retrouver sa place par le retour de la femme au foyer et la reprise de la natalité, et aussi par une jeunesse mieux formée et plus disciplinée grâce au concours de l'école. La profession, elle, devait être organisée, la coopération des différentes catégories de producteurs étant gage de concorde sociale. Parmi les producteurs, une place toute particulière devait être réservée, à côté des artisans, à la paysannerie, promise à redevenir la colonne vertébrale du pays.

Ainsi serait combattu et abattu le principal ennemi, l'individualisme dissolvant et parasite ; ainsi serait retrouvée la réalité « concrète » des corps intermédiaires, seuls cadres réels de la liberté des personnes. L'État, quant à lui, devait couronner l'étagement des communautés naturelles, sans les écraser. Un État fort était nécessaire, mais Pétain repoussait l'étatisme, y compris et surtout dans son débridement totalitaire. « Le droit des familles, affirmait-il, est [...] antérieur et supérieur à celui de l'État comme à celui des individus[13]. » L'État fort devait être un État « ramené à ses attributions véritables[14] » et fondé sur les principes d'autorité et de hiérarchie, selon un modèle tout militaire. Un tel État avait besoin d'élites, qu'il faudrait susciter et former sans considération de l'origine sociale. Au sommet, un homme gouvernerait, en s'aidant des conseils d'un petit nombre et en cherchant l'assentiment du grand nombre. Nulle place, dans ce système, pour des partis, encore moins pour un parti unique ; on sait que Pétain en refusa l'idée, optant pour une organisation unique des anciens combattants qui devait assurer le lien entre le gouvernement et l'opinion.

L'objectif de toute l'entreprise était de rénover la nation. Pétain insistait à cet égard sur le rôle de l'école, comme sur celui des organisations de jeunesse,

Vichy

qui devaient de concert inculquer aux jeunes Français l'esprit d'équipe, la solidarité, le sens du service à la communauté et de l'obéissance aux autorités. À la place d'une France minée et divisée par la lutte des partis et des groupes d'intérêts, et plus profondément par l'individualisme et le matérialisme, devait surgir une nouvelle France, aux forces rassemblées par un « esprit nouveau », par « un esprit de communion sociale et nationale[15] ».

Pétain définissait son projet comme le « remembrement organique de la société française[16] ». Il s'agissait de ressouder les membres disloqués du corps national, de réinclure dans la communauté nationale les éléments égarés par de « mauvais bergers ». L'inclusion s'accompagnerait – mais Pétain n'évoquait pas ce thème publiquement – de l'exclusion des éléments trop fraîchement arrivés dans le pays et jugés inassimilables, comme les juifs. Le rassemblement national se ferait par la persuasion, sans renoncer à la force : l'on ferait, au besoin, le bien du peuple contre sa volonté. Comme il en va de tout projet fondé sur l'obsession de l'unité, le projet de rassemblement de Vichy contenait dès le départ exclusion et répression, des tendances qui s'affirmeraient à mesure que se déferait l'unité du peuple et de ses dirigeants.

Ce projet, on le qualifie souvent de contre-révolutionnaire, Vichy passant même pour le triomphe de Maurras[17]. Le recoupement des valeurs et des objectifs ne doit pas être pris pour une identité. Pétain ne songeait pas à restaurer la monarchie ; il n'était pas non plus occupé du souci de rayer la Révolution française de l'histoire pour faire revivre ce qu'elle avait éliminé.

Il est clair que sa philosophie de l'homme et de la société – l'individu subordonné à la communauté et nécessitant une autorité tutélaire – dérive de la contre-révolution. Mais cette dérivation contre-révolutionnaire est celle qu'avait déjà opérée le nationalisme de la fin du XIXe siècle, en faisant de surcroît sa paix avec une Révolution désormais intégrée dans le passé national. Pétain lui aussi acceptait la Révolution, en la relisant selon ses valeurs[18]. Gardant le 14 Juillet et le drapeau tricolore, il remplaçait le triptyque républicain par un autre (Travail-Famille-Patrie), sans le condamner absolument : la liberté, l'égalité, la fraternité étaient des valeurs à limiter et à compléter, affirmait-il, même si ce qu'il disait et faisait revenait à en nier l'essentiel[19].

Pour le nationalisme fin de siècle, la monarchie ne pouvait plus être et la République était décidément inégale à la tâche. En lieu et place avait été inventée la « France », personne incréée, intemporelle, éternelle, substance qui avait trouvé une expression imparfaite dans des régimes divers. Pétain était l'héritier plat et fidèle de ce courant de pensée. Au centre de son projet ne se trouvait pas un problème de régime, mais le problème de la « France ». L'« État français » visait la protection et la rénovation de la substance française, manifestant la volonté de rompre avec tout ce qui n'était pas elle, ou prétendait la dépasser.

Mais la « France » ne revivrait pas grâce à la seule réforme des institutions, en étant dotée d'un autre État. Il est frappant de constater la discrétion de Pétain sur son projet constitutionnel, dont il se bornait à énoncer les principes ; une discrétion qui n'était pas que circonstancielle, la promulgation de la constitution devant attendre la conclusion de la paix. En réalité, et c'est un point rarement souligné, l'organisation précise de l'État lui importait moins que la réforme de la société et de la nation, les seules réalités profondes. Son ambition, déclara-t-il, était de « recomposer un corps social » et de « recomposer l'âme nationale[20] ».

Cette tâche immense reposait sur la conviction qu'il existait une « France éternelle », un socle intemporel qui pouvait être retrouvé et où résidait le salut. Pour y accéder, il existait une occasion unique : la défaite ; et un moyen privilégié : le retour à la terre. En 1938, Pétain déclarait que « chez nous, la prospérité comme la victoire endort », alors que « la défaite réveille toujours les Français[21] ». Il érigeait en philosophie de l'histoire et en guide politique l'expérience de sa génération entre 1870 et 1940. La défaite ne lui ferait pas peur, il était prêt à l'accepter pour ses vertus.

Il reprenait, ce faisant, le sillon ouvert par Ernest Renan qui écrivait, après 1870 : la France va-t-elle « se remettre sur la pente d'affaiblissement national et de matérialisme politique où elle était engagée » ou bien « répondre à l'aiguillon qui l'a piquée au vif et, comme l'Allemagne de 1807, prendre dans sa défaite le point de départ d'une ère de rénovation » ? La comparaison avec la Prusse de 1807 serait un topos de la conversation vichyssoise, avec la même idée que la guerre pourrait être « plus utile au vaincu qu'au vainqueur[22] ».

La défaite comme occasion de recueillement, de rassemblement des énergies, de ressourcement au plus profond de l'être national : c'est de ce mythologème que Vichy était d'abord la mémoire, une conception qui n'avait pu naître qu'après la double expérience napoléonienne des limites de la puissance nationale ; une conception très française dont on peut voir une expression exemplaire dans le mythe de Vercingétorix[23], tout à l'opposé du terreau dans lequel s'enracinaient les projets de l'Italie fasciste et de l'Allemagne nazie. Un peuple qui célèbre en héros des vaincus – Vercingétorix, Jeanne d'Arc – peut-il s'enflammer pour un « Reich de mille ans » ?

Pour retrouver la « France éternelle », une voie d'accès s'offrait, qui était en même temps une garantie de permanence : le retour à la terre – la terre qui ne ment pas, qui « demeure votre recours », qui « est la patrie elle-même[24] ». La restauration de la substance française demandait de « réenraciner, autant que faire se pourra, l'homme français dans la terre de France », en empêchant que « les meilleurs éléments de chaque classe » continuent d'être « déracinés » et condamnés au « nomadisme administratif[25] ».

La terre constituait dans la vision pétainiste une catégorie centrale, qui était

Vichy

bien davantage que l'expression d'une nostalgie passéiste. Évoquant l'avenir de la France, redevenant «ce qu'elle n'aurait jamais dû cesser d'être, une nation essentiellement agricole», Pétain ajoutait: «Comme le géant de la fable, elle retrouvera toutes ses forces en reprenant contact avec la terre[26].» La terre avait une valeur proprement magique, qui garantissait le ressourcement de l'identité et des forces de la nation.

L'histoire elle-même, enfin, témoignait de l'existence d'une «France éternelle» et apportait son lot de réconfort. Que montrait-elle, en effet, sinon une succession de malheurs et de grandeurs et, à chaque fois, la grandeur sortant du malheur? Le moralisme sentencieux de Pétain, avec ses formules au présent intemporel, son goût pour les métaphores naturelles rendent bien la croyance qu'il avait en l'existence de «certitudes éternelles».

«Il arrive qu'un paysan de chez nous voit son champ dévasté par la grêle. Il ne désespère pas de la moisson prochaine. Il creuse avec la même foi le même sillon pour le grain futur[27].» C'est de la défaite qu'il était ici question, une défaite réduite à une catastrophe naturelle que vont surmonter l'obstination, l'opiniâtreté, le courage de «supporter l'inévitable, fermement et patiemment[28]». La souffrance conduisait à une rédemption doublement assurée: la France était éternelle à travers le cycle même de ses grandeurs et de ses défaites.

Le projet de Vichy était un projet radical, au sens propre du mot, une recherche de racines ayant force d'éternité. Dira-t-on que c'était un projet flou? Les lignes ne sont guère précises dans le détail, mais la vision centrale est clairement dessinée. Si flou il y a, c'est celui que produit le tremblement des rêves de retour à l'âge d'or.

Tout dans la vision pétainiste exprime une formidable aspiration à sortir du temps: utopie réactionnaire d'une nation mise au défi par un changement socio-économique qui la bouleverse et par des peuples dynamiques qui l'agressent. Vichy est, tout au fond, un régime qui ne veut plus faire face à l'histoire, qui ne veut plus d'une histoire qui soit création continue. La «France» est destinée aux malheurs et à la grandeur: que pèsent Hitler et le nazisme au regard de cette «certitude éternelle»? La politique de Vichy n'est que volonté de durer d'un pays replié dans son pré carré.

La mémoire de cette «France» immémoriale que Vichy voulait actualiser et transformer en conscience vivante était pourtant bien datée: elle avait l'âge de Pétain. C'est la mémoire, exhaussée en mythe, d'un homme et d'une génération: la mémoire d'un monde social en voie de disparition (l'artisanat, la paysannerie), de valeurs morales et politiques contestées (service, sacrifice), d'une expérience historique exaltée en schéma intemporel (le cycle 1870-1918-1940). C'est aussi, et surtout, la mémoire du stock de représentations légué par le nationalisme fin de siècle, l'imaginaire d'une communauté nationale transfigurée en réalité éternelle.

C'est par cette mémoire réactionnaire que Vichy révèle paradoxalement sa modernité : d'ex-républicains cherchent à restaurer, non pas un régime, mais une substance, qui est au-delà, ou en deçà, de la monarchie et de la République. Benjamin Constant l'avait déjà dit en 1814 : l'autorité qui voudrait rétablir l'Ancien Régime, « cette autorité dirait en vain qu'elle se borne à rappeler les institutions antiques. Ces antiques institutions ne seraient que d'absurdes et funestes nouveautés[29] ». Le jugement s'applique d'autant plus à Vichy qu'il ambitionnait, en premier lieu, de recomposer un corps social et une âme nationale.

Vichy ne poussait pas, néanmoins, la modernité jusqu'à penser son projet en termes totalitaires, comme le faisaient les régimes fascistes. La « recomposition de l'âme nationale » impliquait, certes, le recours à un certain volontarisme social et pédagogique. Il n'est que de voir l'importance majeure accordée par Pétain à l'école et aux valeurs qu'elle était censée inculquer aux petits Français. En témoigne aussi l'encouragement donné au folklore et aux traditions populaires[30] : l'exaltation et la renaissance de coutumes et de modes d'expression anciens devaient revivifier dans la population les fibres de l'expérience communautaire d'antan. Mais, fondamentalement, Vichy faisait l'acte de foi que l'« ancien » serait retrouvé s'il était permis aux institutions traditionnelles d'exercer à nouveau pleinement leur influence sur le corps social.

Les Français ont-ils perçu toute l'utopie de ce projet ? Ont-ils même aperçu qu'il y avait un projet global et cohérent ? À vrai dire, il était facile d'y entendre l'écho de croyances familières ou d'en faire une lecture banale appropriée aux circonstances. La célébration de la terre à une époque de privations, l'éloge de la famille en temps de séparation, l'appel à l'autorité en pleine guerre : l'horizon radical du projet pétainiste pouvait s'en trouver oblitéré, ce projet réduit à une panacée de période d'épreuves, à un acte de foi en la survie du pays, à une protestation de l'identité nationale dans ce qu'elle avait de plus replié, mais aussi peut-être de plus réconfortant. La continuation de la guerre qui empêcha Pétain de réaliser son programme lui fournit une popularité, sur fond de malentendus et d'ambivalence, qu'il lui aurait été difficile d'obtenir en temps de paix.

Une mémoire vive

Le régime de Vichy n'a pas rénové la France comme il l'ambitionnait, il ne lui a pas non plus rendu son indépendance et sa grandeur. Au contraire, après l'avoir divisée, il l'a unie contre lui par sa politique de répression et de collaboration qui servait avant tout les intérêts de l'occupant. Au lieu de « recomposer l'âme nationale » en la chargeant de la mémoire d'une « France » inventée, il a laissé la mémoire vive d'une France bien réelle qui continue de gêner et d'indigner. Lors du procès de Pétain, le procureur Mornet parla de « quatre ans à rayer de notre histoire ». L'idée était singulière, et frappante par le violent désir d'oubli qui s'y exprimait ; mais un passé qu'on veut oublier sait toujours se rappeler à votre mauvais souvenir.

L'histoire de la mémoire de Vichy – du moins de sa mémoire publique – l'illustre bien, comme l'a montré Henry Rousso dans un ouvrage remarquablement novateur[31]. Il n'est pas nécessaire de reprendre ici en détail sa riche démonstration sur les phases de refoulement et d'activation ou sur les vecteurs de transmission du « syndrome ». Il suffira de marquer la courbe générale d'évolution, en insistant sur le tournant apparu dans les années 1970, avant de s'interroger sur les déplacements de thèmes et de perspectives, et aussi sur ce que le travail de la mémoire a oublié ou voilé.

L'après-guerre consacra, comme il est bien connu, le discrédit de Vichy et, du même mouvement, celui de toutes les droites, sommairement identifiées au régime. Le procès de ses dirigeants, l'exécution de Laval, l'emprisonnement de Pétain – ce qui reflétait son statut particulier chez de nombreux Français et le confirmait pour l'avenir – montrèrent dans quelle direction était orientée la mémoire publique du passé récent. Le procès comportait deux chefs d'accusation : celui de complot contre la République, dont l'aboutissement aurait été le vote des pleins pouvoirs le 10 juillet 1940 ; celui d'intelligence avec l'ennemi, la politique de collaboration ayant été menée en temps de guerre puisque l'armistice ne faisait que suspendre les hostilités.

Une histoire complexe était réduite à des schémas primaires – une conjuration souterraine, la trahison nationale – dont le seul avantage était de circonscrire le cercle des responsables. Tout le monde trouvait son compte dans une interprétation qui enfermait Vichy, pour le définir tout entier, dans l'armistice et le 10 juillet. La gauche soulignait plus volontiers le second thème, avec ses prolongements de Révolution nationale. De Gaulle, lui, se concentrait sur le premier : régime « nul et non avenu », Vichy avait été impuissant à égarer un peuple français entré tout entier en résistance.

Les années de guerre s'éloignant, les Français tournèrent ailleurs leurs préoccupations. Dans la vie politique, de nouveaux clivages venaient brouiller les anciens, ouvrant la voie aux amnisties de 1951-1953. L'anticommunisme de la guerre froide incitait même à réembaucher des notables que Vichy n'avait pas effarouchés. De Gaulle lui-même ne se montra pas en reste dans cette récupération[32]. Quant aux pétainistes, ils se coalisaient après la mort de leur idole pour défendre sa mémoire, réviser son procès, obtenir le transfert de ses cendres à Verdun : le héros de la Grande Guerre devait racheter le chef d'État marqué d'indignité.

Dans la première moitié des années 1950, les résistants n'étaient plus seuls sur la scène politique; ils n'étaient plus à l'honneur comme au sortir du combat. Mais la résistance, elle, demeurait une référence centrale qui ne pouvait être jetée aux orties; le retour au pouvoir de De Gaulle lui donna une seconde vie. Le discours gaulliste allait projeter avec autorité l'image d'une France identifiée à la «France libre», une France dont s'étaient exclus eux-mêmes une poignée de traîtres, avant de recevoir un châtiment mérité à la Libération. France, résistance, de Gaulle: ce trinôme remplaçait par un passé glorieux et mythique un passé historique complexe, mouvant, divisé.

Le mythe, à vrai dire, jetait déjà ses derniers feux. Le départ de De Gaulle en 1969, sa mort l'année suivante déterminèrent, directement et indirectement, un changement majeur dans la mémoire publique de Vichy. C'est qu'avec sa disparition, c'était, d'une certaine façon, Vichy qui mourait enfin. Non pas seulement l'interprétation que le gaullisme avait imposée de Vichy, mais encore le monde des valeurs auquel il avait puisé tout comme Vichy. De Gaulle avait été imprégné par le même nationalisme fin de siècle; lui aussi croyait en une «France éternelle», une «France» dont l'histoire était une suite de malheurs et de grandeurs, mais qui n'était vraiment elle-même que dans la grandeur[35].

Nourri des mêmes valeurs, il avait tiré de la situation de l'été 1940 une conclusion opposée à celle de Pétain. La grandeur et l'honneur de la «France» exigeaient que la priorité fût donnée à la poursuite du combat sur une rénovation nationale qu'il jugeait, lui aussi, indispensable, mais dont l'heure viendrait après la victoire. De Gaulle ne partageait pas le goût de Pétain pour la valeur rédemptrice de la souffrance; ni sa mystique terrienne, avec la méconnaissance de la technique qui l'accompagnait; ni enfin son autoritarisme dogmatique: la République, à condition qu'elle soit forte, lui était acceptable. Pour le reste, c'était le même substantialisme de la nation, la même importance accordée à la mémoire créatrice d'avenir. En proposant son interprétation de la guerre et de Vichy, de Gaulle voulait rassembler et souder la nation autour d'une mémoire unitaire et unificatrice.

Après 1970, le miroir est brisé, comme l'a bien dit Henry Rousso. Réaction à la chape idéologique du gaullisme, séquelle de la contestation soixante-huitarde, mais aussi relève générationnelle: des gens nés sous l'occupation, ou immédiatement après, veulent en savoir davantage sur le monde de leurs parents. Du coup, le passé remonte, hétérogène et problématique; chacun tend son fragment de miroir, ajoutant un reflet à une mémoire devenue kaléidoscopique; les anciens vaincus eux-mêmes donnent le leur, rançon d'une prise de parole libératrice.

La mémoire gaulliste de Vichy avait été une mémoire d'État; elle plaçait en son centre un événement qui n'était d'ailleurs pas vichyssois à strictement parler, l'armistice. Et de cet armistice, elle tirait une condamnation du

Vichy

régime en termes de déshonneur et de trahison ; la Révolution nationale s'en trouvait quelque peu poussée sur les côtés. De Gaulle disparu, la mémoire publique de Vichy s'élargit à la politique intérieure du régime et à l'attitude des Français sous ce régime.

Le film *Le Chagrin et la Pitié* symbolise parfaitement le changement qui s'amorçait. Réalisé en 1969 et projeté en salle en 1971, après avoir été interdit d'antenne (il ne passa finalement à la télévision qu'en 1981), ce documentaire présentait de l'occupation une vision décapante : à un peuple résistant en bloc succédait l'image de Français qui furent nombreux à demeurer passifs, sinon à se compromettre avec l'occupant, bref une France sans grandeur, préoccupée avant tout de survivre.

Le reste de la décennie vit monter au jour en rangs serrés des versions longtemps rentrées du passé[34]. Des enfants de collaborateurs, comme Marie Chaix, racontaient leur expérience. Des romanciers se penchaient sur l'époque et en renvoyaient une image éclatée. Une sorte de retour de la part maudite du passé, une fascination, pas toujours innocente, à l'égard des intellectuels de la collaboration (Drieu, Brasillach) concouraient enfin à faire voler en éclats le légendaire gaulliste. Le temps de l'occupation est désormais devenu l'objet de lectures multiples, attentives à la diversité des situations individuelles, et n'évitant pas toujours l'excès inverse, la stylisation de destins de paumés (ainsi le film *Lacombe Lucien* de Louis Malle).

Parallèlement s'affirmait le réveil d'une mémoire juive, centrée sur le rôle joué par Vichy dans la persécution et la déportation des juifs de France. Les honneurs rendus au lendemain de la guerre à la seule déportation politique, la confusion opérée entre camps de concentration et camps d'extermination, le désintérêt massif de l'opinion et, subsidiairement, le silence accablé de beaucoup de survivants avaient fait descendre un voile qui mit longtemps à se déchirer. Les historiens français firent preuve eux-mêmes d'une grande retenue ; jusqu'à il y a peu, les études disponibles étaient dues à des survivants ou à des étrangers.

L'interview de Darquier de Pellepoix, en 1978, puis l'affaire Faurisson, l'année suivante, portèrent la négation de l'extermination sur la place publique, ce qui, par contrecoup, contribua à mobiliser l'opinion (la diffusion du film *Holocauste* y eut sa part) et à faire bouger les pouvoirs publics. L'arrivée des socialistes au pouvoir en 1981 et la réémergence de l'extrême droite derrière Le Pen accélérèrent le mouvement, qui trouva son point culminant dans l'arrestation et le procès de Klaus Barbie.

Mais le plus important est sans doute que des instructions judiciaires ont été ouvertes contre des Français, d'anciens hauts fonctionnaires de Vichy, en raison de leur participation à la persécution antisémite (Leguay, Papon, Bousquet). Il est difficile de savoir quelle issue auront ces inculpations ; elles n'en signalent pas moins un changement d'attitude fondamental de la part des pouvoirs publics.

Jusqu'alors, la ligne avait été soigneusement tirée entre Français et Allemands. Les dirigeants de Vichy condamnés, les fonctionnaires qui avaient exécuté leurs directives avaient été couverts par le fameux devoir d'obéissance. C'était vouloir oublier que la Seconde Guerre mondiale n'avait pas été qu'une guerre classique, qu'elle fut aussi une guerre internationale, menée par l'occupant et par certains occupés, contre des ennemis communs. La persécution des juifs, si centrale dans la remémoration actuelle de Vichy, fonctionne comme un redoutable révélateur du passé.

Vichy, ce ne peut plus être seulement Pétain et Laval, ou les collabos parisiens. C'est aussi, désormais, une administration qui fit «normalement» son devoir en élaborant, en commentant, en appliquant le statut des juifs. C'est aussi une population dont l'attitude fut tissée d'ambivalences, d'accord partiel, actif ou passif, avec certains aspects du régime. Peu de Français ont souhaité ou approuvé la déportation des juifs; ils furent nombreux à acclamer Pétain, qui discrimina les juifs et en livra une partie à l'occupant.

Ce regard critique peut faire verser dans l'autre extrême. Comme il en était allé en Italie à propos du fascisme, Vichy, longtemps considéré comme une parenthèse dans l'histoire nationale, s'est trouvé soudain retourné en expression la plus authentique de cette histoire nationale[35]; et le fascisme, longtemps tenu pour étranger à la France et à ses traditions démocratiques, présenté comme la plus française des inventions[36].

Vichy est aujourd'hui plus actuel qu'il ne l'a jamais été depuis la Libération. La raison principale en est évidemment à chercher dans l'existence du Front national, dont les succès récents ont, en retour, contribué à faire percevoir et définir l'«État français» avant tout comme le régime de la xénophobie et de l'exclusion.

La situation a ceci de paradoxal que Le Pen est, quant à lui, privé de tout recours public à la mémoire: il ne peut se réclamer de Vichy ou de Pétain, sauf à accepter le repli forcé sur un petit cercle de nostalgiques, qui ont déjà trouvé le chemin de son parti. Aussi est-il conduit à mener une politique de l'oubli, ou bien, s'il ne peut se dérober, à jouer sur les mots et à pratiquer la minimisation. Dans les deux cas, ses adversaires sont tout naturellement portés à convoquer le passé pour illuminer le présent.

Depuis la Libération, la mémoire de Vichy est demeurée une mémoire noire; mais les perspectives et les accents se sont déplacés. Aujourd'hui, Vichy est remémoré et dénoncé pour sa politique de répression et de persécution à l'encontre d'individus ou de minorités bien davantage que pour la signature de l'armistice. La collaboration avec le vainqueur allemand frappe désormais moins que la coopération avec le vainqueur nazi et la contribution apportée à sa guerre idéologique. On est passé en quelque sorte d'un régime coupable d'avoir lésé une personne collective, la «France», à un régime coupable d'avoir lésé les droits de l'homme.

La perspective a changé, mais la nouvelle et l'ancienne perspective gardent deux points en commun. Elles se focalisent toutes deux, d'abord, sur des aspects de Vichy (l'armistice, la répression, la persécution) et gomment ou éliminent l'utopie radicale qui était au fond du projet pétainiste.

La perspective gaulliste en dépréciait l'importance pour mettre en avant son propre projet de mémoire: celui d'une France redressée à travers la lutte et repartant vers la grandeur. La perspective d'aujourd'hui, solidaire du discrédit des grandes idéologies et de la diffusion d'un certain relativisme, l'ignore parce que le projet de Vichy n'a plus guère de sens sur l'horizon mental d'une société urbanisée et individualisée (cela vaut aussi pour le Front national, sauf peut-être dans sa frange de survivants pétainistes). Comment se souvenir de la mémoire que portait le projet de Vichy quand a disparu le soubassement social qui l'inspirait? Il ne reste qu'une image datée et quelque peu exotique d'un régime ruraliste, une image qui provoque sourires ou sarcasmes.

Les deux perspectives ont aussi en commun de saisir et de présenter Vichy comme un régime sans racines ni origines, un bloc dont les malfaisances sont énumérées et dénoncées mais qui semble tombé du ciel. Il est bon, pourtant, de rappeler que ce régime autoritaire est issu de la République, qu'il sortit de la crise des valeurs démocratiques des années trente au moins autant que du choc de la défaite.

L'évolution de la société française a rendu périmé le projet global de Vichy et l'a fait oublier. L'effritement du nationalisme et la construction européenne ont érodé la pertinence de l'armistice comme chef d'accusation principal. Il est douteux qu'il en aille de même pour les aspects qui sont actuellement au centre de la mémoire publique de ce régime. Car ils attentent aux principes fondamentaux de la démocratie, à la dignité de l'homme et à ses droits imprescriptibles. La mémoire de Vichy promet donc de vivre tant que vivra la démocratie; elle aura d'autant plus de valeur critique que l'on se souviendra, sur son témoignage, que la pire menace pour une démocratie est celle qui lui vient de la perte de confiance en elle-même.

LES FRANCE *Divisions politiques*

1. *Cf.* avant tout Jean-Pierre Azéma, *De Munich à la Libération 1938-1944*, Paris, Éd. du Seuil, 1979; Robert O. Paxton, *La France de Vichy 1940-1944*, Paris, Éd. du Seuil, 1973; Stanley Hoffmann, *Essais sur la France*, Paris, Éd. du Seuil, 1974.

2. Philippe Pétain, *Discours aux Français*, édité par J.-C. Barbas, Paris, Albin Michel, 1989 (message du 11 juillet 1940, p. 68; message du 10 octobre 1940, p. 88).

3. Charles Maurras, *La Seule France. Chronique des jours d'épreuve*, Lyon, Lardanchet, 1941, pp. 32-34.

4. Les juristes de la France libre estimèrent que l'Assemblée nationale avait outrepassé ses pouvoirs en déléguant une compétence qui lui appartenait à titre exclusif; l'essentiel, pour mon propos, est la réalité de ce vote.

5. *Cf.* Jean-Baptiste Duroselle, *L'Abîme 1939-1945*, Paris, Imprimerie nationale, 1982, p. 449.

6. *Cf.* Denis Peschanski, «Gouvernants et gouvernés dans la France de Vichy. Juillet 1940-avril 1942», *in Vichy 1940-1944, Archives de guerre d'Angelo Tasca*, Paris-Milan, C.N.R.S./Feltrinelli, 1986, p. 41 *sq.*; du même, «Vichy au singulier, Vichy au pluriel. Une tentative avortée d'encadrement de la société (1941-1942)», *Annales E.S.C.*, mai-juin 1988, pp. 639-661; *cf.* aussi et surtout l'ouvrage récent de Pierre Laborie, *L'Opinion française sous Vichy*, Paris, Éd. du Seuil, 1990.

7. *Cf.* Ian Kershaw, *The «Hitler Myth». Image and Reality in the Third Reich*, Oxford University Press, 1987.

8. *Discours aux Français, op. cit.*, p. 172.

9. Par exemple, *ibid.*, p. 78 (appel du 13 août 1940), p. 85 (appel du 9 octobre 1940); p. 103 (message du 24 décembre 1940).

10. *Ibid.*, p. 216.

11. Henry Rousso, *Le Syndrome de Vichy, 1944-198...*, Paris, Éd. du Seuil, 1987, p. 304.

12. *Cf.* Robert O. Paxton et Michael Marrus, *Vichy et les Juifs*, Paris, Calmann-Lévy, 1981; Serge Klarsfeld, *Vichy-Auschwitz*, Paris, Fayard, 1983-1985, 2 vol.

13. Article paru dans *La Revue des Deux Mondes* du 15 septembre 1940, reproduit dans Jean Thouvenin, *D'ordre du Maréchal Pétain (La France Nouvelle, II)*, Paris, Sequana, 1940, p. 90.

14. *Id., ibid.*, p. 89.

15. Philippe Pétain, «Individualisme et nation», *Revue universelle*, 1er janvier 1941, reproduit *in Paroles aux Français*, Lyon, Lardanchet, 1941, p. 184.

16. *Discours aux Français, op. cit.*, p. 153 (discours du 8 juillet 1941).

17. *Cf.* Olivier Wormser, *Les Origines doctrinales de la «Révolution nationale»*, Paris, 1971.

18. Pétain faisait ainsi référence de façon approbatrice à la Convention qui, comme Henri IV et Richelieu, avait respecté «la loi sacrée de l'unité de la patrie» en écrasant «sans faiblesse les menées qui tendaient à diviser la patrie contre elle-même» (*Discours aux Français, op. cit.*, p. 120, discours du 7 avril 1941).

19. *Cf.* l'article paru dans *La Revue des Deux Mondes* du 15 septembre 1940, *op. cit.*, pp. 91-92.

20. *Discours aux Français, op. cit.*, pp. 150-151 (discours du 8 juillet 1941).

21. *Paroles aux Français, op. cit.*, pp. 14 et 16 (discours de 1938 au congrès de l'Union nationale des anciens combattants).

22. Ernest Renan, *La Réforme intellectuelle et morale de la France, in Œuvres complètes*, Paris, Calmann-Lévy, 1947, t. I., pp. 369 et 401.

23. *Cf.* André Simon, *Vercingétorix et l'idéologie française*, Paris, Imago, 1989.

24. *Discours aux Français, op. cit.*, p. 66 (appel du 25 juin 1940).

25. Article paru dans *La Revue des Deux Mondes, op. cit.*, p. 10.

26. J. Thouvenin, *op. cit.*, p. 56 (déclaration de Pétain à des journalistes américains le 24 août 1940).

27. *Discours aux Français, op. cit.*, p. 62 (appel du 23 juin 1940).

28. *Ibid.*, p. 78 (allocution du 13 août 1940).

29. Benjamin Constant, *De l'esprit de conquête et de l'usurpation*, in *De la liberté chez les modernes*, éd. par Marcel Gauchet, Paris, Pluriel, 1980, p. 252.

30. *Cf.* Christian Faure, *Le Projet culturel de Vichy. Folklore et Révolution nationale, 1940-1944*, Lyon, Presses universitaires de Lyon, Éd. du C.N.R.S., 1989.

31. Henry Rousso, *Le Syndrome de Vichy..., op. cit.* (nouvelle édition revue et mise à jour, Éd. du Seuil, collection «Points», 1990). Pour la mémoire de la guerre telle que la reflète le roman, *cf.* notamment les contributions de Michael Kelly et Colin Nettelbeck *in Collaboration in France. Politics and Culture during the Nazi Occupation, 1940-1944*, G. Hirschfeld et P. Marsch, éd., Oxford-New York-Munich, Berg, 1989.

32. *Cf.* notamment l'affaire Rémy *in* H. Rousso, *op. cit.*, p. 43 *sq.*

33. Il suffit de rappeler quelques phrases tirées de la première page de ses *Mémoires*: «Toute ma vie, je me suis fait une certaine idée de la France [...] J'ai, d'instinct, l'impression que la Providence l'a créée pour des succès achevés ou des malheurs exemplaires.» Mais «la France ne peut être la France sans la grandeur» (*Mémoires de guerre. L'Appel 1940-1942*, Paris, Plon, 1954, p. 1.).

34. Voir le bilan qu'en a fait Pascal Ory en 1981, «Comme de l'an quarante. Dix années de "retro satanas"», *Le Débat*, n° 16, novembre 1981, pp. 109-117.

35. Bernard-Henri Lévy, *L'Idéologie française*, Paris, Grasset, 1981.

36. Zeev Sternhell, *La Droite révolutionnaire (1885-1914). Les origines françaises du fascisme*, Paris, Éd. du Seuil, 1978; Id., *Ni droite ni gauche. L'idéologie fasciste en France*, Paris, Éd. du Seuil, 1983.

Gaullistes et communistes

I. Le travail du temps

« Il y a nous, les communistes et rien. » Quelle fortune n'a pas eue la célèbre formule de Malraux, aux Assises nationales du R.P.F., en 1949, où c'est le « rien » qui compte ? Les deux forces politiques qui, pendant trente ans, de la Libération au milieu des années soixante-dix, ont dominé la vie politique française de leur énergie polarisante n'ont pourtant pas eu, dans le souvenir, le même sort. La liquéfaction du communisme s'est accompagnée de sa malédiction, de sa diabolisation rétrospective ; le gaullisme, qui a connu une érosion parallèle, s'est au contraire trouvé nimbé par la sacralisation de son fondateur.
Prodigieuse métamorphose. À qui veut explorer aujourd'hui en quoi l'opposition des deux phénomènes s'est faite, avec le temps, lieu de mémoire, il est impossible de ne pas prendre la mesure de ce renversement d'image qui s'est opéré en moins de vingt ans, pour précipiter dans ce moment de vérité, peut-être provisoire, qui a vu simultanément – 1989, 1990 – le naufrage historique du communisme et, à l'occasion du centenaire de sa naissance, la consécration historique du général de Gaulle. Et même d'un double renversement, puisque la sacralisation de la personne du général s'est faite au prix, il faut le souligner, d'un retournement complet de sa propre image.
Nous en sommes là. L'homme d'État de son vivant le plus contesté est devenu pour tous les sondages[1], vingt ans après sa mort, le plus incontestable, champion toutes catégories de la mémoire collective des Français. Le plus grand diviseur national s'est transformé en dernier symbole de l'unité et du rassemblement. L'homme du *Coup d'État permanent* est maintenant celui auquel on doit les institutions le plus largement approuvées depuis deux siècles. Le militaire toujours suspect de césarisme boulangiste devance Hugo, Jules Ferry, Clemenceau, au Panthéon de la République. L'apôtre des nationalités du XIXe siècle et le plus hostile à une organisation supranationale de l'Europe est salué comme le meilleur artisan de sa

construction. Le contemporain en esprit de Barrès et de Péguy grandit en visionnaire du XXIe siècle. L'homme de la différence, glacial et taciturne Commandeur, est devenu, par la grâce des media, par la sympathie de la caricature, par la vertu d'un interminable commentaire, l'image d'Épinal la plus consommable de l'imagination populaire, le grand Charles, notre Astérix national et notre tour Eiffel. Et c'est l'idée communiste, hier encore jeunesse du monde et promesse des lendemains qui chantent, c'est le stalinisme, injure retournée en titre de gloire, vécu par ses apôtres comme la chaleur et presque le lait de la tendresse humaine, qui, frappés de l'infamie bureaucratique et totalitaire, stigmatisés par le goulag, dénoncés par ses anciens partisans, restent marqués du signe du mensonge et de la perversion. De l'interprétation toujours possible en termes de nationalisme autoritaire classique dont ne s'était jamais complètement affranchi le général de Gaulle, il ne reste plus rien : le phénomène a pris les dimensions que lui voulait le général. Et du fond d'humanisme radicalisé, même si provisoirement dévoyé, qui, encore après Soljenitsyne, faisait le crédit apparemment inépuisable du communisme, il ne reste plus rien non plus : la comparaison avec le nazisme est à l'ordre du jour, et elle n'est pas loin de s'opérer au bénéfice de ce dernier, qui aurait eu au moins pour lui de ne pas s'avancer derrière le masque émancipateur du marxisme et paré des colombes de la paix. Dans les deux cas, le souvenir a gommé le pas à pas des réalités vécues de l'histoire. C'est le credo communiste qui est devenu une énigme, même et surtout pour ses anciens croyants qui n'arrêtent pas d'essayer de le comprendre ; et l'antigaullisme qui éprouve rétrospectivement le besoin de se justifier[2].

Résultat d'autant plus surprenant que, d'une pesée globale, c'est incontestablement le communisme qui pouvait paraître le phénomène le plus lourd, le moins lié aux circonstances et à une personnalité exceptionnelle, le plus tourné vers l'avenir, le plus chargé d'histoire, en logique et en raison, dans l'espace et dans le temps. Eschatologie laïque qui entraînait avec elle sa politique, sa morale, sa philosophie, sa science, son esthétique, sa manière de vivre et son comportement quotidien ; *praxis* qui possédait sa Bible – Marx, Engels, Lénine –, son Histoire sainte – celle du Parti –, sa Terre promise – la Révolution mondiale –, son peuple élu – le prolétariat –, comment comparer sa grandeur à un gaullisme frappé dès le départ d'un nationalisme étroitement passéiste, lié par définition à une aventure purement individuelle et politique? On peut comparer et opposer ce que, du point de vue politique, de Gaulle et le P.C.F., les communistes et les gaullistes, dans les péripéties mouvementées de leurs affrontements[3], dans leur duel-duo compère et complice, avaient d'intimes polarisations négatives. L'aversion mutuelle qui, de ce général à particule, ne pouvait faire aux yeux des communistes, et selon les époques, qu'un réactionnaire, un dictateur et un fasciste en puissance ; et des communistes, pour ce champion du nationalisme, que des moscoutaires, des séparatistes et des totalitaires. La parenté profonde, aussi, que leur donnait le partage des traits les plus enracinés dans la culture politique et dans la tradition française: un patriotisme jacobin, un nationalisme sourcilleux, un volontarisme héroïque et sacrificiel, le sens de l'État, une compréhension tragique de l'histoire, la même hostilité à la modernité américaine et au monde du capitalisme et de l'argent. On ne peut pas comparer, en charge de mémoire historique et en espérance d'avenir, une grande religion séculière des temps démocratiques qui enracinait la dynamique de la lutte des classes jusque dans les sociétés primitives et dont l'Église, incarnée par le Parti, Section française de l'Internationale communiste, projetait son action dans le cadre d'une stratégie mondiale, avec une simple «idée de la France» qui s'épuise dans sa propre répétition et le maintien du «rang», appelée à disparaître avec son grand incarnateur. C'est pourtant l'idée communiste, cette totalité organique, qui, en dépit de la survie d'un parti croupion, s'est volatilisée au point de faire paraître la riche mémoire dont elle était porteuse comme la plus artificielle et la plus pauvre; et c'est le gaullisme, complètement détaché de la famille politique qui s'en réclame encore, dont la mémoire, par le miracle gaullien, s'est enracinée dans la conscience française pour y éveiller les échos les plus profonds et devenir, empreinte indélébile et cadre incontournable, la référence majeure de notre actuelle mémoire collective et nationale.

Jusqu'où ira cette dénivellation? L'avenir la confirmera-t-il dans son état actuel ou en modifiera-t-il les données? L'image gaullienne reviendra-t-elle à des proportions moins envahissantes ou se fixera-t-elle définitivement, dans l'histoire et dans la légende, comme la dernière figure d'une grandeur à tout jamais perdue? Et la saga communiste verra-t-elle quelque chose sortir de son purgatoire ou sombrera-t-elle dans un enfer définitif comme le trou noir du siècle? Questions auxquelles il est impossible de répondre, mais aussi d'échapper, et qui imposent ici, du point de vue qui nous occupe, la précision des plans et niveaux d'analyse.

Qui dit mémoire gaulliste et communiste, ou communisme et gaullisme comme lieu de mémoire, dit en effet plusieurs choses. Il y a le souvenir que ces deux mouvements ont laissé, dont nous ne venons que d'enregistrer grossièrement le bilan, mais dont les filières et les traces restent à définir[4]. Il y a l'histoire imbriquée de ces deux forces politiques majeures, leurs stratégies réciproques, leurs images en miroir, leurs vies parallèles et leurs romans croisés, dont les rebondissements perpétuels relèvent d'une histoire politique largement faite et bien faite; elle ne nous concerne ici qu'indirectement. Mais il se trouve aussi, aspect tout différent, que les deux phénomènes politiques ont été à fort constituant de mémoire. C'est-à-dire que la mémoire, dimension capitale de leur identité, joue pour eux un rôle et tient dans leur orchestration une place sans commune mesure avec toute autre famille ou mouvement politique. Tous deux sont nourris d'histoire et en font un usage intensif. Tous deux ont eu un soin scrupuleux de leur propre histoire. Tous deux ont joué, puissamment, sur la mémoire. À ce titre, on peut et on doit explorer les mémoires gaulliste et communiste dans leur richesse et dans leur spécificité propres. Chacune a son bagage et sa structure, ses techniques et son registre, chacune possède sa symbolique, ses formes de pédagogie, ses rituels, ses instruments et son histoire[5]. Ce n'est cependant pas elles qui nous intéressent ici principalement. Il y a enfin et surtout le fait que le gaullisme et le communisme ont été, en soi, des phénomènes de mémoire. Ils y puisent leur existence même. Leur force d'appel et leur séduction mobilisatrice, de Gaulle et le P.C.F. les ont en effet beaucoup moins tirées de leur cohérence idéologique, du nombre de leurs adhérents ou de leur rapport au pouvoir que de la légitimité historique qu'ils prétendaient incarner, de leur aptitude à représenter la France, toute la France, la vraie France[6]. Chacun a réalisé à sa façon la synthèse des deux thèmes majeurs sur lesquels s'est nouée l'histoire de la France contemporaine, Nation et Révolution. Deux versions de la légitimité nationale, syncrétiques, rivales et complémentaires, dont l'opposition structure la mémoire historique de la France contemporaine, dans un paroxysme qui illustre d'une manière particulièrement éclatante, et peut-être ultime, le rôle moteur que jouent dans la politique, en France, l'appel aux grands souvenirs et la manipulation émotive du passé. C'est à ce titre et dans ce sens, même si et parce que toutes les autres raisons se cumulent pour les renforcer, que gaullisme et communisme se constituent, à proprement parler, en «lieu de mémoire».

Ces précisions sont d'autant plus nécessaires que les deux phénomènes offrent l'exemple, sans doute unique, de deux cheminements de mémoire opposés.
Toute une série de circonstances et de relais sont en effet intervenus pour que la mémoire gaullienne du gaullisme se reconduise elle-même et se solidifie comme telle dans les termes de la célébration. Il y a d'abord eu, élément essentiel, l'ordre des successions présidentielles dont le jeu subtil et inattendu a grandement favorisé l'épanouissement progressif de la dernière des images fortes de l'identité nationale : le banquier louis-philippard et industrialiste, le plus proche mais le plus lointain, le jeune économiste technocrate à volonté «décrispatrice», à l'image flottante et peu enracinée dans le terroir des familles, l'arrivée enfin du plus irréductible des adversaires, mais à qui l'on doit, en fait, l'essentiel de l'implantation. D'abord parce que l'adoption des institutions gaulliennes par leur permanent détracteur et leur mise à

Gaullistes et communistes

l'épreuve par l'expérience de la cohabitation les ont pour toujours exonérées de tout soupçon partisan pour leur donner une onction nationale[7]: César et Sylla sont devenus Solon. Ensuite parce que François Mitterrand s'est fait l'artisan d'une consécration en miroir, instaurant avec son rival défunt un de ces dialogues au sommet à références politico-littéraires dont les Français sont si friands, appelé par la notion même d'«alternance» et prêtant à tous les exercices de symétrie – la «marque» et la «trace»[8]. Enfin et surtout parce que cette opération a autorisé et par avance sanctionné le ralliement posthume de la gauche, qui est le fait le plus marquant et le plus décisif de l'enracinement de l'image gaullienne[9]. «Sommes-nous tous devenus gaullistes?» se demande Max Gallo avant même l'arrivée de la gauche au pouvoir[10]. Ce vaste mouvement s'est renforcé d'un autre, qui n'a pas peu contribué à recentrer la figure du grand homme. C'est qu'au moment où l'effondrement de l'internationalisme prolétarien revitalisait l'idée nationale pour donner une nouvelle jeunesse à ce qui apparaissait comme la vieille loi du monde, la renaissance, en France, d'un nationalisme d'extrême droite, que l'on croyait mort depuis la guerre, venait épurer par opposition le nationalisme gaullien de ses traits les plus caricaturaux, pour l'ouvrir, le patriotiser davantage encore, le parer d'un œcuménisme assez indifférencié pour que toutes les familles politiques et toutes les sensibilités s'y reconnaissent – celle de Barrès comme celle de Péguy, celle de Michelet comme celle de Renan –, et en faire une bannière dont l'invocation, somme toute bien platonique et peu engageante, devient très honorable. D'autant que, circonstance supplémentaire, la réduction de l'éthique révolutionnaire à la philosophie des droits de l'homme, sur laquelle allait se concentrer le bicentenaire de 1789, devait permettre à l'image du général de se gonfler, chemin faisant, de tout l'héritage de la Révolution française. Triple élargissement, donc, de l'assiette de la mémoire gaullienne: de l'aventure individuelle à l'inscription constitutionnelle, de la droite à la gauche, du rationalisme de rétraction à l'œcuménisme républicain. Triple transgression de son espace historique naturel qui, intelligemment gérée par les officiants du souvenir, après avoir été lancée par l'intéressé lui-même[11] et servie par la dérive droitière de l'héritage purement politique du gaullisme, a arraché le général du cercle des opinions partisanes pour l'installer très vite au cœur de la mythologie nationale.

Très vite. Car si la mythologisation du général de Gaulle est un processus de longue haleine, qui fait partie intégrante de son histoire et débute avec son apparition sur la scène publique, on ne se tromperait pas en datant sa prise rapide et sa cristallisation irréversible des dix-huit mois qui vont de son désaveu par les Français au référendum du 28 avril 1969 à l'apothéose planétaire des funérailles du 12 novembre 1970[12]. Orchestration proprement magique des thèmes et des actes: il y eut la Retraite, thème majeur et triplement modulé – dans sa signification historique et politique, depuis le communiqué laconique du 28 avril : « Je cesse d'exercer mes fonctions de président de la République. Cette décision prend effet aujourd'hui à midi », jusqu'au non moins laconique et définitif : « Je ne dirai plus rien. » Dans sa signification privée, par l'enfermement prémortel de La Boisserie, déjà devenue pèlerinage des intimes et des super-fidèles du chêne qu'on abat. Dans sa signification imaginative et quasi métaphysique par cette retraite dans la retraite, cette retraite en abîme dans l'Elseneur du Connemara d'où sont surgies ces images de menhir en deuil qui ont fait le tour du monde. Puis la tonitruante sortie du premier volume des *Mémoires d'espoir. Le Renouveau* : cent soixante-quinze mille exemplaires enlevés en trois jours, du 7 au 10 octobre, succès fabuleux. Et un mois après, la mort, au milieu de cette réussite, occupation triviale et pourtant si lourde de symboles, la mort presque instantanée, comme d'un saint rappelé tout vif à Dieu. Et enfin, dans la stricte application des clauses testamentaires qui dataient de 1952, avant donc tout retour au pouvoir, le double et solennel ordonnancement des funérailles, celles de Notre-Dame avec le cercueil vide autour duquel ne manquaient, pour sa plus grande gloire, que l'Afrique de l'apartheid et la Grèce des colonels, celles de Colombey avec « la paroisse, la famille, l'Ordre ; les funérailles des chevaliers[13] » ; double cérémonie, intime et planétaire[14], complétée par l'hommage spontané de la foule anonyme qui, toute la soirée, sous la pluie, remonte ces Champs-Élysées qu'il avait descendus avec elle dans la lumière du 26 août 1944. Là s'est jouée, dans un jeu du hasard et de la volonté, à l'articulation de la présence et de l'absence, entre ce qui n'était déjà plus la vie et pas encore la mort, une séquence symbolique, un extraordinaire théâtre de mémoire dont l'ordonnancement miraculeux et la gestuelle précise paraissaient, sans que l'on en fût bien conscient sur le moment, répondre en contrepoint à cette autre mise en scène de mémoire qu'avait été, dans le registre inverse, l'explosion émotionnelle de mai 1968. Là, les barricades symboliques qui rappelaient le Paris de 1848 et de la Commune, les drapeaux noirs de l'anarchisme mêlés aux drapeaux rouges de la Révolution, et bientôt les accords de Grenelle qui répétaient les accords Matignon du Front populaire ; là, la mémoire communiste arrachée aux pontifes du communisme par le déchaînement juvénile, étudiant et ouvrier. Ici, la grande échappée de l'homme seul, la réémergence d'un autre de Gaulle qu'avaient fait oublier dix ans d'homme d'État : l'insurgé du 18 juin, le solitaire de la traversée du désert, l'écrivain des *Mémoires de guerre* auquel le temps avait offert, *in fine*, la reviviscence de son vrai destin.

Ce triomphe de mémoire offre avec le chemin de croix des communistes un saisissant contraste. Le premier coup de tonnerre date pour eux du Rapport Khrouchtchev, au XXe Congrès du P.C.U.S., en février 1956, au lendemain de la reconnaissance du schisme yougoslave et à la veille de l'écrasement de la révolte de Budapest par les chars soviétiques[15]. Les dénonciations de la mémoire officielle et l'analyse de ses manipulations n'avaient pas manqué jusque-là. Mais, pour la première fois, la dénonciation des «crimes» et des «erreurs» de Staline était proférée du haut de la tribune la plus officielle de la hiérarchie communiste et la boîte de Pandore n'allait plus jamais se refermer. Le charme était rompu, la mémoire communiste définitivement atteinte. Les efforts mêmes de Khrouchtchev pour circonscrire la mise en accusation du passé aux seuls méfaits du «culte de la personnalité» devaient se révéler d'autant plus ravageurs que le thorézo-stalinisme n'avait pas cessé de se construire et de se présenter comme la figure accomplie du marxisme-léninisme. L'atteinte à la clé de voûte menaçait donc l'édifice entier. C'était l'infaillibilité inhérente à la pratique du centralisme démocratique qui se trouvait, définitivement, mise en cause. Devant cette menace, cette fois centrale, à l'intégrité de sa mémoire, la réaction officielle du Parti a été typique, et fatale. Jamais de concession franche, de palinodie publique ou de reniement expiatoire auxquels l'identité du Parti n'aurait pas résisté. Mais dans cet univers de mots à double et triple sens, dans ce langage éternellement chiffré, derrière les dénégations tapageuses et les protestations permanentes de transparence et de continuité sans faille, des glissements insidieux, des éboulements internes aussitôt colmatés, des adaptations calculées au millimètre, le gommage progressif des formulations les moins tolérables et l'apparition subreptice de quelques mots clés, selon une technique éprouvée. Tandis que le choc de 1956 déclenchait la grande diaspora, surtout intellectuelle, qui devait porter à la visibilité historique la catégorie des «ex», le P.C. allait donc s'enfermer, pendant vingt ans, dans la formule du «soi-disant rapport attribué au camarade Khrouchtchev». Il a fallu attendre 1977, pour que, en plein élan de l'union de la gauche et de la tentation eurocommuniste, dans le contexte d'aggiornamento de façade du XXIIe Congrès, et à l'issue des sombres et confuses polémiques ouvertes par Jean Elleinstein dans *Le Monde* et à la télévision par la diffusion du film *L'Aveu* aux «Dossiers de l'écran[16]», le bureau politique publie dans *L'Humanité* du 13 janvier un de ces longs communiqués embarrassés d'explication qui ne sont déchiffrables que par les initiés: «Afin que dans la préparation du XIVe Congrès du Parti communiste français [au lendemain du rapport Khrouchtchev], tous les militants puissent discuter utilement des problèmes soulevés par le rapport du camarade Khrouchtchev, le bureau politique avait demandé au comité central du Parti communiste de l'Union soviétique le texte de ce rapport dont les adhérents de certains partis communistes et ouvriers ont eu connaissance.» Rideau. Le passage de la thèse des «retards», admis par Georges Marchais, dans la réévaluation de «certaines positions théoriques» des années 1955-

1960, à la problématique générale du « complexe et contradictoire » qui a prévalu dans ce que Roger Martelli, membre du comité central et historien du Parti, finit en 1982 par expliquer comme un « blocage stratégique[17] », ne modifie pas le fond de l'affaire. Il n'est pas dans la nature du P.C. de pouvoir affronter son passé en face.
La crispation stalinienne de l'appareil a eu pour effet de compromettre assez tout l'héritage fondateur pour le voir en définitive capté, concurrencé, acculé à la défensive, pris en tenaille sur deux fronts qui se sont émancipés de son hégémonie : l'un, côté socialiste et social-démocrate, en se débarrassant du discrédit que les communistes n'avaient cessé de faire peser sur lui ; l'autre, à l'ultra-gauche, en leur arrachant le monopole de la tradition révolutionnaire pour – le schisme sino-soviétique, Cuba et la guerre d'Algérie aidant – réinvestir l'héritage dans le maoïsme et le tiers-mondisme et déboucher sur la nébuleuse gauchiste. Double et vaste transfert de mémoire. Sur un front, pour que la renaissance socialiste devienne possible et que, sur l'épuisement de l'idée révolutionnaire, l'image de la gauche non communiste se lave du soupçon d'éternelles « trahisons » qu'avait précisément su faire peser sur elle une lecture léniniste de l'histoire, il a fallu cette grande mutation culturelle que fut – autre longue histoire que l'on ne peut ici qu'évoquer – la confluence, au cours des années soixante-dix, de l'Église catholique et du marxisme doctrinal. Une Église catholique qui avait amorcé son virage à partir du concile Vatican II et dont la hiérarchie, phénomène tout nouveau, s'est ouverte au « dialogue » avec l'espérance ouvrière[18]. Un marxisme multiforme qui a fleuri sur les ruines de l'orthodoxie léniniste et qui, nourri de la tradition requinquée de Jaurès et de Blum, revigoré par Gramsci, est devenu bon an mal an, jusqu'à la rupture politique avec les communistes en 1983, mais sans être jamais officiellement répudié[19], la philosophie molle et diffuse, la référence générale du socialisme à la française. Sur l'autre front, dans la foulée du militantisme gauchiste, trotskiste ou libertaire, se sont opérées, avant et après 1968, une vaste remise à jour et une redécouverte systématique de tous les mouvements révolutionnaires occultés par le bolchevisme léniniste, de Cronstadt aux spartakistes, de Makhno aux mouvements conseillistes et aux anarchistes de la C.N.T. espagnole. Réhabilitation tous azimuts des héros et victimes de la « révolution inconnue[20] », tous bons à ressusciter pour peu qu'ils mettent en difficulté la version historique du monolithisme officiel. Et monolithisme officiel lui-même assez engourdi, assez louvoyant, assez « réviso » pour se voir renvoyé aux classiques du bolchevisme par les tenants d'un retour à l'orthodoxie pure et dure, comme, par exemple[21], ces conférences qu'André Ferrat avait prononcées devant les cadres de 1930, restées longtemps la seule *Histoire du P.C.F.*[22] d'avant le Front populaire !
Décidément la mémoire noire du communisme était devenue presque sa

Gaullistes et communistes

vraie mémoire. Elle avait perdu sur tous les tableaux. Profanée, détournée, caricaturée jusque par ses plus vigilants gardiens. Quel chemin n'a-t-il pas fallu qu'elle parcoure depuis les temps héroïques pour que *L'Humanité* elle-même en arrive, dérision des valeurs les plus sacrées, à titrer sur quatre colonnes le dernier jour du *Mundial*: «C'est la lutte finale»!

Aboutissement de cette évolution contradictoire, deux types exemplaires de mémoire historique que l'historien du contemporain a rarement l'occasion de saisir dans leur pureté cristalline: une mémoire mythifiée, une mémoire historisée. Tout se passe en effet, dans le cas du gaullisme, comme si la postérité, généralement implacable, avait non seulement ratifié une politique et une intention individuelles de mémoire[23], souscrit d'une approbation massive à l'image que de Gaulle avait voulu forger de lui-même, mais s'était emparée des éléments de cette image pour la prolonger, l'enluminer, en enrichir la matière première et lui permettre de répondre à ses besoins propres, en la constituant à son tour en un «lieu de mémoire» autonome. Pour parodier la formule même du général en mai 1968, les fidèles n'ont pas cessé de fidéliser, les media de médiatiser et les historiens d'historier. Au rythme des commémorations[24] et des batteries de sondages[25], sous l'effet des vagues de livres[26], des sélections de photographies[27] et des séries télévisuelles[28], le personnage s'est transformé. Il s'est stylisé par une occultation progressive des périodes mémorialement douteuses: R.P.F., mai 1958, guerre d'Algérie, mai 1968. Il s'est épinalisé par l'adjonction d'éléments que ne comportait pas le modèle initial: bon père, bon fils, bon époux, bon chrétien. Il s'est scolarisé en sujets de baccalauréat[29], institutionnalisé par l'activité de l'Institut Charles-de-Gaulle[30]. De même que la publication du *Contre Sainte-Beuve* et de *Jean Santeuil* a donné un soubassement à l'apparition météorique de la *Recherche du temps perdu*, de même le premier des douze volumes de *Lettres, notes et carnets*[31] a fait apparaître un de Gaulle avant de Gaulle, préparé ou non au coup d'éclat du 18 juin, en même temps qu'il éclairait la partie soigneusement cachée de l'édifice, l'homme privé. Signe et sanction de la montée en puissance de la figure mythique: l'échec régulier des offensives de contre-mémoire suscitées par les remontées périodiques de l'affaire algérienne ou la question du vichysme de masse. Le personnage a pris ses dimensions de Père des Français, à la fois par son inscription dans la galerie des ancêtres et par le rapprochement de l'humour, l'intimité de la dérision, ce que Jean-Pierre Rioux appelle heureusement la «privatisation de la ferveur». *Aimer de Gaulle* (1978) dit bien le titre filial de Claude Mauriac[32], auquel fait écho douze ans plus tard celui, devenu fraternel, de Régis Debray, *À demain de Gaulle*[33].

Du même coup, et en dépit des presque trois mille titres (!) que compte la bibliographie qui lui est consacrée[34] (supérieure à celle de tout autre personnage de l'histoire de France, Napoléon compris), de Gaulle n'est pas encore entré dans son âge historien; il y a même peut-être pour toujours échappé. De l'énorme production de livres[35], venus surtout de témoins, journalistes, politologues, combien peuvent se donner vraiment pour historiques? Et comment faire l'histoire d'un mythe qui ne serait pas celle, non plus, d'un contre-mythe[36]? Tous les historiens, ou presque, qui se sont penchés sur tel ou tel aspect du gaullisme ou de l'action du général de Gaulle seraient sans doute d'accord pour concéder qu'il est plaidable dans les deux sens, en comptabilité à partie double. Et que chacun des gros dossiers, en particulier depuis 1958, à commencer par le retour au pouvoir et la guerre d'Algérie, mais aussi l'Allemagne et l'Europe, mais aussi la Constitution, ou l'attitude vis-à-vis des États-Unis, ou même le de Gaulle écrivain, est passible d'interprétations et de jugements contradictoires, y compris les interprétations d'ensemble, qui oscillent toutes entre deux pôles: le réaliste de l'action, dont François Goguel[37] s'est fait le défenseur, ou l'«artiste de l'histoire» qu'ont, les premiers, mis en valeur Stanley et Inge Hoffmann[38]. Et que le traitement historique, ici, ne peut pas consister à opposer à un de Gaulle un de Gaulle plus vrai, mais à inscrire au cœur de chacun des problèmes une ambiguïté indécidable. Entre toutes ces interprétations, cependant, la mémoire collective a tranché, dans le sens que voulait globalement lui donner le général; et c'est à partir d'elle que l'historien doit travailler. Quoi qu'il fasse, il est pris dans un dilemme de fond: ou accorder d'entrée de jeu au phénomène gaulliste et au personnage de Gaulle l'exceptionnalité absolue qu'ils revendiquent, et abandonner l'essentiel – qui consiste pour l'historien à se déprendre de ce qui, du sujet dont il parle, est encore ce sujet qui parle à travers lui – ; ou la leur refuser, au risque, dans ce cas-ci, de manquer l'essentiel, qui consiste précisément dans ce que le gaullisme et de Gaulle ont eu d'exceptionnel. Les meilleurs biographes n'y ont pas échappé – Jean Lacouture en particulier[39] –, en appliquant d'emblée à de Gaulle la grille d'interprétation et les critères de jugement sur lesquels il voulait lui-même être jugé: ceux du héros providentiel, du Hamlet de tous les défis. À partir de cette concession décisive, on peut toujours apporter toutes les restrictions et nuances qui s'imposent, l'essentiel de ce qui serait en question pour un historien est abandonné: le personnage est jaugé aux normes qu'il avait lui-même imposées. C'est lui qui a dicté les règles du jeu, comme dans une toile de La Tour ou de Vermeer où la lumière qu'on croit éclairer le tableau vient du tableau lui-même. Ce n'est pas de l'«ego-histoire», mais de l'«écho-histoire», qui prolifère et buissonne à partir d'un foyer central et constitutif, développant des genres de plus en plus raffinés et ramifiés qui s'appellent les uns les autres dans un rebondissement perpétuel, où le témoin appelle le contre-témoin et le témoin du témoin, où le commentaire officiel appelle la confidence, et la couverture du quotidien la tentation périodique de la synthèse ; la hiérarchie des proximités obligeant la parole des uns et le silence non moins éloquent des autres, l'étrangeté du modèle suscitant le portrait et l'analyse psychologique, sa noblesse provoquant la mobilisation générale des plumes nobles[40], sa solennité excitant la caricature et la publication des bons mots, son étrangeté tentant le regard des étrangers : l'escalade se nourrit d'elle-même. La gaullologie a ses lois et ses rythmes, ses grands prêtres et ses enfants de chœur ; il lui arrive même d'avoir ses historiens. Mais même alors, l'histoire du gaullisme et de De Gaulle ne peut s'écrire que du sein d'une histoire elle-même « gaullisée » ou « gaullifiée ». Preuve tangible que, contrairement aux apparences, le travail historique n'est pas toujours possible.

C'est au contraire sur le terrain de l'histoire, et de l'histoire la plus critique, celle qui s'attache à l'établissement et au rapprochement des faits, que la mémoire communiste a été attaquée, minée de l'intérieur et de l'extérieur, et finalement réduite[41].

Terrain d'autant plus sensible que, de l'histoire, le P.C. avait toujours fait un usage abusif et stratégique. Marxiste, comment échapperait-il au recours permanent à son explication ? « L'histoire nous apprend que... » Populaire et prolétarien, comment n'aurait-il pas fait droit à une pédagogie de la mémoire sur large échelle, écoles primaires du Parti, éditions de propagande, mémoires de révolutionnaires, rappel incessant des luttes ouvrières et des luttes clandestines contre l'occupant, déluge de littérature édifiante ? Des enquêtes ont même montré qu'à niveau d'instruction comparable les communistes savaient davantage d'histoire. Dès la fin 1938, le Parti se dotait d'une commission officielle et n'a jamais dédaigné de garnir d'historiens ses tribunes officielles. Mieux encore : aucun parti n'a été aussi constamment soucieux de sa mise en scène historique, de la présentation de sa propre histoire ; aucun n'a érigé à ce point le devoir de mémoire en élément clé de son identité. Mais une histoire très spéciale, une « histoire-mémoire » aux mécanismes parfaitement rodés et codés[42]. Jusqu'au début des années soixante-dix, aucun historien professionnel du Parti ; toute la production à prétention historique reste le monopole des responsables politiques, dominée par l'inégalable modèle du *Fils du peuple* (voir ici même, Quarto 3, l'analyse de Michelle Perrot) et des *Œuvres* de Maurice Thorez. Une histoire donc purement officielle et politisée qui, même quand elle n'émanait pas directement des autorités du Parti ou ne recourait pas à des historiens de métier pour en faire des instruments déshonorés de sa propagande (comme Jean Gacon et Jean Bouvier avec *La Vérité sur 1939*, en 1954), restait une « parole d'institution », écrite avec l'« esprit de Parti » dont se réclament encore explicitement, en 1964, les préfaciers du premier, très attendu et très décevant manuel d'*Histoire du P.C.F.*[45] : « Le principe de base de cette étude est l'esprit de Parti dans les sciences, le seul qui allie la vigueur et l'honnêteté scientifiques. » Une histoire d'autant plus pointilleuse qu'imitative, calquée sur un modèle de référence imposé de l'extérieur, le P.C. ne se souvenant jamais que l'œil fixé sur un registre qui n'est pas le sien, et dont l'*Histoire du P.C. (b) de l'U.R.S.S.*, de célèbre mémoire, avait, dès 1937, fixé la norme et le ton. Une histoire essentiellement interprétative, adaptative, dont la rhétorique emphatique et péremptoire obéissait à une économie interne proprement an-historique. Une histoire totalement linéaire et confirmatoire où il s'agissait toujours, comme tant de titres le martèlent, d'aller « De ... à ... »[44] ; une histoire aux éléments fixes, aux rôles attribués, à commencer par ceux de la bourgeoisie impérialiste d'un côté, du Parti héroïsé et de la classe ouvrière incarnatrice de la patrie réprouvée de l'autre. Une structure générale que l'on avait pu aller, comme Georges Lavau, jusqu'à analyser en termes de conte merveilleux, à l'instar du folkloriste Vladimir Propp, et dont fleurissent encore parfois d'ultimes échantillons, derniers fossiles d'une manière d'écrire l'histoire avec laquelle les communistes ont été progressivement obligés de rompre.

Car c'est précisément sa propre mémoire que le Parti s'est vu renvoyer à la face depuis vingt ans, à grands coups de démontages historiques plus meurtriers les uns que les autres. Dans ce travail de sape, les historiens ont trouvé le renfort de mémorialistes – ce furent parfois les mêmes. Témoignages, souvenirs[45], autobiographies d'anciens responsables ou simples militants sont devenus un genre, à étudier comme tel, un corpus scientifique d'une extraordinaire richesse et diversité, incessamment renouvelé par le caractère « passoire » du P.C., un lieu de mémoire à soi seul, l'instrument par lequel la mémoire officielle du communisme a passé, à tous les sens du verbe, dans la vérité vécue des souvenirs individuels, indépendamment de leur rapport avec le vrai. Globalement, le genre a peut-être moins contribué à la décomposition du phénomène qu'à sa fixité, mais il a eu parfois un véritable effet de choc – que l'on songe à l'*Autocritique* d'Edgar Morin en 1958 ou à *L'Aveu* d'Artur London en 1968[46] – et fourni aux spécialistes une mine inépuisable d'informations ponctuelles.

Tout y est donc passé. D'abord les conditions mêmes de sa naissance[47], ensuite la personne de Maurice Thorez[48], enfin et surtout la sombre période qui va du pacte germano-soviétique, en septembre 1939, à l'invasion allemande de l'Union soviétique, en juin 1941, et qui pose le problème crucial du défaitisme révolutionnaire et de la date d'entrée de la direction dans la Résistance[49]. Pas un recoin de la mémoire qui n'ait été passé au crible. Les communistes ont dû admettre le protocole secret ajouté au pacte germano-soviétique[50], la fabrication d'un numéro fantôme de *L'Humanité* daté du 10 juillet 1940[51], les démarches auprès de la Propagandastaffel pour faire reparaître le journal du Parti, la lettre de Billoux à Pétain pour faire libérer les communistes emprisonnés[52], tous points névralgiques demeurés longtemps un enjeu majeur à l'intérieur même de la direction[53] et sur lesquels, aujourd'hui encore, les historiens communistes se battent pied à pied[54]. Une historiographie de combat, dont le premier cadre global d'interprétation a été fourni par Annie Kriegel, s'est grossie d'un bataillon d'historiens où se côtoient la génération marquée par la guerre d'Algérie et 1968 et celle marquée par l'Union de la gauche et sa rupture. Elle a obligé les communistes à réagir. Une ligne de partage constamment mobile, appelée timidement par le comité central d'Argenteuil, en 1966, qui interdisait toute vérité officielle en contradiction avec l'« histoire réelle », s'est lentement élargie entre ce que Marie-Claire Lavabre et Denis Peschanski appellent heureusement l'« histoire-référence », c'est-à-dire la politique au passé, et l'« histoire-substance[55] », qui fait l'objet d'un développement relativement autonome depuis 1970. De « sujet » de l'histoire, le Parti est devenu « objet » de l'histoire[56]. Le *Manuel* de 1964 était entièrement contrôlé par la direction politique. *Étudier le P.C.F.*, en 1979, ainsi que *Le P.C.F., étapes et problèmes, 1920-1972*, en 1981, deux publications marquantes de l'Institut Maurice-Thorez[57], ne le sont plus. Mais même professionnels, les historiens communistes restent pénétrés des enjeux politiques de la recherche : « Le refus – même sincère –, précise l'un d'eux, d'une histoire essentiellement justificatrice ne peut conduire à une position simplement inversée qui verrait le P.C.F. quitter un terrain d'activité important pour lui-même et pour la bataille idéologique[58]. » C'est encore rester, et jusqu'à maintenant, dans le cadre et les limites que définissait Georges Marchais quand, au lendemain du XXIIe Congrès, protestant qu'il était désormais « impensable que nous ne disions pas la vérité sur tous les sujets », il rendait assez platonique son invitation aux historiens « à porter un jugement sur notre comportement passé » en enchaînant : « Nous sommes unanimes à considérer que, pour l'essentiel, la politique menée par notre Parti depuis sa fondation jusqu'au XXIIe Congrès a bien servi les intérêts du socialisme[59]. » Quels que soient cependant l'irrédentisme des historiens ou l'attachement à leur mécanisme d'interprétation, la bataille est virtuellement terminée, elle a perdu son enjeu polémique. La mémoire gaulliste a gagné contre son histoire, mais l'histoire du communisme a gagné contre sa mémoire.

Le travail du temps a donc abouti à deux situations diamétralement inverses. Le gaullisme présente le cas étrange d'une mémoire historique mythifiée, que l'analyse historienne ne peut cesser d'entretenir, même quand elle se veut scientifique et « objective », d'une histoire qui coexiste avec le mythe et ne peut se développer qu'à partir de lui. Le communisme, le cas non moins étrange d'une mémoire historique intégralement historisée, au point de ne devenir elle-même intelligible, en tant que mémoire, que par le biais d'une historiographie reconstitutive; autrement, on ne la comprendrait même plus. Deux «idéals-types» de mémoire qu'il était indispensable de mettre en place, si l'on veut maintenant revenir au parallèle.

II. Le double système de mémoire

Au départ, l'exorcisme et l'oubli : leur existence de mémoire et leur jumelage de fait et de nécessité, gaullisme et communisme les tiennent tous deux de l'onirisme historique qu'ils ont eu pour raison d'être d'assurer et de maintenir. Il est au principe même du capital commun qui les divise, l'inépuisable légitimité fondatrice que leur ont donnée la France libre et la Résistance.

Toute la guerre a été, autant qu'une opération militaire et diplomatique, une opération de mémoire. Il s'agissait bien de laver la honte, d'effacer l'humiliation sans précédent de l'«étrange défaite» et le traumatisme de l'effondrement national, de faire oublier la culpabilité générale de l'été 1940 et le poids de la botte allemande. À la Libération, de faire apprendre à un peuple d'attentistes, de prisonniers, de débrouillards, la leçon de son propre héroïsme ; de faire croire à une nation mutilée qu'elle s'était libérée elle-même et presque seule, par son combat de l'extérieur et de l'intérieur ; de lui faire retrouver son «rang» en l'associant, vaille que vaille, aux conciliabules des vainqueurs ; de la persuader, par une épuration sélective et contrôlée, qu'à part une infime minorité d'égarés et de traîtres, la masse immense des Français n'avait jamais voulu autre chose que le bien de la patrie. En pleine insurrection de Paris, les piliers des deux mythes fondateurs sont posés. Dans l'éditorial du premier numéro de *L'Humanité* reparue, le 24 août 1944, Marcel Cachin, n'évoquant le pacte germano-soviétique que par la périphrase pudique de «l'événement du 23 août 1939», se lance à la fois dans la justification de l'attitude pacifique de l'U.R.S.S. et de l'attitude patriotique des communistes injustement condamnés :

> On a supprimé *L'Humanité* parce qu'elle dénonçait Hitler, dénonçait les traîtres, les Munichois. C'est pour réaliser les promesses de Bonnet faites aux Allemands que *L'Humanité* a été supprimée [...] On avait menti à la France sur les causes et les circonstances du 23 août. À cette date, donc, l'Union soviétique déjoua une manifestation ourdie contre elle et contre la paix par les Munichois.

Et le lendemain 25 août, de Gaulle à l'Hôtel de Ville, ne faisant qu'une allusion tardive à «nos chers et admirables alliés» :

Paris outragé! Paris brisé! Paris martyrisé! Mais Paris libéré! Libéré par lui-même, libéré par son peuple avec le concours des armées de la France, avec l'appui et le concours de la France tout entière, de la France qui se bat, de la seule France, de la vraie France, de la France éternelle.

Très vite donc, les deux versions concurrentes du résistantialisme vont se mettre en place[60]. Celle de De Gaulle consiste à nier l'épisode vichyste pour insister sur la continuité de la légitimité républicaine; c'est le sens de la réponse à Georges Bidault, ce même jour en ce même lieu: «La République n'a jamais cessé d'être [...] Pourquoi irais-je la proclamer?» À rayer le contenu idéologique de la guerre et à insister sur sa signification nationale et militaire; c'est le sens du thème de «la guerre de trente ans». À minimiser d'un côté le poids de la Résistance intérieure, dominée par les communistes, de l'autre celui de la collaboration, confinée à sa définition juridique d'«intelligence avec l'ennemi» pour exalter l'unité de la France combattante et patriotique. Celle des communistes repose au contraire sur la priorité donnée à la lutte clandestine qui se déroulait sur le territoire français, d'où le mythe des «soixante-quinze mille fusillés»; sur le contenu antifasciste de la guerre, et d'une victoire dont l'armée rouge a été le principal artisan, donc les F.T.P.; sur le combat de classe qu'elle a représenté et qu'il faut poursuivre et intensifier dans l'«esprit de la Résistance» contre tous les éléments qui ont trahi. Ces deux versions ont connu, avec le temps, de multiples variantes, des rectifications de détail et des adaptations de circonstance. Elles ont connu, très tôt, de furieuses contestations internes et nourri d'incessantes polémiques, les dernières en date cristallisant encore la passion des anciens milieux de la Résistance autour de la figure de Jean Moulin[61], rendue emblématique par le transfert de ses cendres au Panthéon, en 1964[62]. Mais elles composent, à elles deux, la thématique de base d'une imagerie collective dont l'historiographie savante comme les politiques officielles de la mémoire n'ont pas cessé de conforter la mystique. Elle a régné pratiquement sans partage jusqu'au début des années soixante-dix. Ici encore, 1968 a marqué une coupure. Et si elle a volé en éclats depuis vingt ans dans la remontée compulsive et obsessionnelle de la mémoire noire de la guerre, où chaque année apporte son lot de «retro satanas[63]», on en mesurerait le poids d'enracinement mental et institutionnel dans le tir de barrage qu'ont déclenché ses premières mises en cause: le scandale soulevé par le premier roman de Patrick Modiano, *La Place de l'Étoile* (1968), les polémiques qui ont accompagné *La France de Vichy* de Robert Paxton (1973), l'interdiction de diffusion dont la télévision d'État a frappé pendant dix ans *Le Chagrin et la Pitié* (1971)[64].

Le mécanisme compensateur et la prestidigitation historique, intrinsèques aux deux phénomènes, sont loin de se réduire aux nécessités de la guerre. Que l'on mette l'accent sur le réalisme de la politique gaullienne ou sur son utilisation intensive des mythes, il n'en demeure pas moins que, sur trente ans de présence nationale, le génie historique de De Gaulle aura consisté à envelopper la diminution réelle de la puissance française dans le vocabulaire de la grandeur ; à transformer magiquement la plus cuisante des défaites militaires de la France en manière de victoire. À faire oublier le repli du drapeau en Algérie par l'entrée presque simultanée de la France dans le club des puissances nucléaires. À bercer d'une mystique de l'indépendance et d'une exploitation de l'antiaméricanisme populaire les contraintes nouvelles de la dépendance atlantique. À compenser d'une invocation sensible à la France éternelle l'arrivée brutale de la troisième révolution industrielle, les Français ne pouvant affronter les dures trivialités du capitalisme que si on leur tient un autre langage. L'illusionnisme passéiste aura même été le grand charme de la mémoire gaullienne. «La France n'est elle-même que quand elle rêve», dit Malraux pour de Gaulle ; manière oraculaire de dire que, dans ce vieux ménage, « ce dont les Français auront été le plus continûment reconnaissants à de Gaulle, c'est de leur avoir procuré les douceurs de l'amnésie[65] ».

Amnésie : le mot, en revanche, peut paraître incongru, appliqué à l'action du parti communiste qui se voulait si étroitement attaché au réalisme des luttes ouvrières. Il est pourtant devenu clair, plus on en sait et plus on en apprend, que tous les moments et tous les épisodes où s'est déployée la furia communiste, Front populaire, Libération, guerre froide, ont correspondu, en fait, aux moments où le Parti faisait, tant sur le plan de sa crédibilité à Moscou que de sa capacité d'intervention nationale réelle, la pénible expérience de ses limites et de sa résignation réelle à l'impuissance. L'année 1947, par exemple, à la regarder de près, serait particulièrement significative à cet égard[66]. Fort de son électorat à 25 %, de ses cinq ministres au gouvernement, de sa légende et de son prestige au zénith, jamais le «premier parti de France» n'a paru plus puissamment installé dans son incarnation nationale, aussi menaçant pour la IVe République fragile et naissante. Les grèves insurrectionnelles de novembre ont véritablement fait chanceler le régime sur ses bases. De l'éviction des ministres communistes en mai à la condamnation de la direction française par Jdanov en septembre pour «crétinisme parlementaire», l'année du plus grand fracas, dominée par le «chef d'orchestre clandestin» (*dixit* Paul Ramadier), n'est pourtant qu'une suite de déroutes, où le Parti ne cesse de battre en retraite et perd sur tous les tableaux, jusqu'à l'aveu public du «repli stratégique». Le P.C. n'a jamais déclenché la tempête qu'à la mesure de son attentisme obligé. C'est que, parti révolutionnaire, il a toujours dû vivre d'une révolution à venir, différée, promise et remise, dont les «conditions objectives» n'étaient jamais réunies, préférant toujours aux risques réels de l'engagement de sa mise le maintien de ses positions et le repli sur la cohérence de son identité interne. La vraie partie s'est jouée à la Libération, à l'étouffée ; et les historiens n'ont cessé

Gaullistes et communistes

de se demander si le Parti n'avait pas fait seulement semblant de vouloir l'engager[67]. C'est alors qu'elle a été perdue définitivement, et perdue contre de Gaulle. Enfermé ensuite dans une construction purement idéologique de la réalité – la crise générale du capitalisme, l'Union soviétique comme agent de la paix contre l'impérialisme américain, le gaullisme comme « régime présidentiel orienté vers la dictature personnelle et ouvrant la voie au fascisme », etc. –, le P.C. a dû déployer non seulement une langue, mais une logique et un comportement de bois qui font de son martèlement théorique, de son agressivité répétitive une forme de détournement de l'attention, un effacement subreptice du passé. Jusqu'à quel point ne faut-il pas interpréter les surenchères permanentes du stalinisme français, les outrances de ses déchaînements comme l'aveu de son incapacité à se plier au réel, la rançon de l'attentisme historique où il s'est vu contraint d'entretenir ses troupes? La question peut se poser.

Le mécanisme compensatoire n'a dans les deux cas, on le voit, ni le même sens ni la même fonction. Chez de Gaulle, le discours double une histoire qu'il contredit, en appelant de la prose de la réalité à la poésie de la légende, de ces « veaux » de Français à la France, de la « fatalité des suites » au volontarisme historique. D'où le registre qu'il couvre, de l'homme des tempêtes et de l'éternel défi aux petits ridicules du père Ubu. Pour le Parti, le maniement de l'oubli, longtemps servi par un rapide et puissant renouvellement des générations d'adhérents, est une technique de pouvoir et un instrument de mobilisation, un moyen de masquer ses erreurs et ses revirements, une forme de terreur et d'intimidation, une manière d'être « de plus en plus soi-même », en se faisant soi-même oublier. Dans le premier cas, il s'agit d'une projection dans laquelle tous les Français sont invités à se reconnaître – « tout le monde a été, est ou sera gaulliste » –, dans le second d'une manipulation, qui ne porte que sur ceux qui acceptent de s'y soumettre. Mais il y a bien, fatalité pour l'un, finalité pour l'autre, une fonction historique d'exorcisme au cœur des deux phénomènes qui, très au-delà de leurs idéologies et de leurs capacités politiques, explique leur séduction et leur emprise; très au-delà de la cohérence et de la consistance des réponses qu'ils offraient aux contingences de l'histoire, en fait ce qu'il faut appeler des « contre-histoire ».

Des mémoires donc, et toutes les deux charismatiques, combatives, stratégiques, arrimées à des référents qui leur donnent quelque chose de leur gravité transcendantale, « la France », « la Révolution ». Mais si radicalement étrangères l'une à l'autre derrière leurs affinités et si différentes dans leur organisation interne et leur économie vécue qu'on peut ici aller, sans forcer le balancement, jusqu'à les opposer terme à terme. La mémoire communiste est militante, anthropologique et sectaire; la mémoire gaulliste est au contraire contractuelle, symbolique, œcuménique. L'une est ouverte et l'autre, fermée sur elle-même. L'une est éternalisée et l'autre, immobilisée. S'il est en effet une mémoire vraie, faite d'une mise en condition physique et mentale de l'individu tout entier, c'est bien la mémoire communiste[68]. Monde clos et autosuffisant, avec ses enracinements territoriaux saturés d'habitudes et de souvenirs, ses rites, ses codes, ses traditions, ses symboles, son langage, ses rythmes répétitifs, sa liturgie du quotidien, ses réflexes mentaux, ses célébrations, et ses hauts lieux, à commencer par le siège du comité central que, dès 1933, chantait l'Aragon des *Enfants rouges*:

> *C'est rue La Fayette au 120*
> *Qu'à l'assaut des patrons résiste*
> *Le vaillant Parti communiste*
> *Qui défend ton père et ton pain.*

Aucun parti, aucune famille politique n'a sécrété un univers aussi balisé, nourrissant, peuplé de signes et de repères, chaleureux, protecteur, rassurant. Son principe: comme le bonheur, une histoire sans histoire[69], un temps suspendu, une réalité d'une intensité sans égale à l'abri des réalités. Toute l'activité militante était cette manière subtile et entraînante d'enfermer le temps dans un présent sans hiérarchie ni perspective[70]. La simple lecture de *L'Humanité*, comme celle de la *Pravda*[71], donne bien cette impression d'un temps cloisonné, tronçonné, détemporalisé, puisque à travers les mille nouvelles il s'agit tous les jours de donner la même, la bonne. Une campagne en efface une autre, puisque à chaque fois il s'agit, sur des objectifs fixés, de galvaniser l'ardeur des combattants, de leur donner, à coups de slogans, l'illusion de l'ultime bataille. À chaque fois, c'est l'avenir de la patrie du socialisme qui se joue et c'est l'ensemble des forces de progrès qui engage la bataille. Pas d'accumulation des faits dans cet univers clos de la bienheureuse répétition, puisque, pour le bon élève qu'est le bon militant absorbé dans ses tâches, chaque moment du présent est comme le résumé symbolique de tout le passé et l'espérance de l'avenir. Toute l'histoire même du Parti peut s'écrire – s'est écrite – sur cette dialectique de l'identité et du changement. «Le parti communiste a-t-il changé?» De cette question éternellement récurrente, on ferait une moisson qui commencerait presque en 1920. D'où le goût immodéré des communistes pour les fêtes[72], les commémorations, les funérailles[73], rituels de mémoire sans mémorisation vraie, apothéose de légende participative où se déploie l'essence de ce qui fait la mémoire communiste; où les lieux sont marqués – du Mur au Vel' d'hiv', du 1er mai à la station de métro – d'une appropriation visible et massive; où l'être-ensemble se gonfle de tous ceux qui ne sont plus; où l'emphase naturelle de la parole communiste et de la langue de bois[74] peut s'animer du «grand souffle» de la classe ouvrière.

Gaullistes et communistes

Telles sont la puissance d'imprégnation de cette mémoire, sa profondeur d'enracinement et sa force de diffusion que, comme les ondes d'une pierre dans l'eau, c'est par des éléments qui lui sont extérieurs – ses entours, ses effets – que l'on en prendrait la mesure. À ce qu'il en reste, par exemple, chez tant de ceux qui ne la partagent plus, mais qui en ont gardé le geste ou l'intonation. Mme de Maintenon avait inventé le «corps redressé»; Gambetta, une rhétorique de banquets républicains; Thorez, une gestuelle et un phrasé, un maintien stalinien spécial, fait de familiarité populaire, de pédagogie responsable et agressive, d'un «je-nous» porteur du passé révolutionnaire et de l'avenir du monde. Comme Proust décelait dans un bizarre gloussement du baron de Charlus l'hérédité inconsciente d'un arrière-grand-oncle qu'il n'avait pas connu, on étonnerait beaucoup d'anciens communistes de la grande époque en leur faisant remarquer telle intonation du discours, telle ampleur dans l'inspiration, telle raideur dans l'optimisme démonstratif, tel relent d'humanisme bêlant et de violence virile où passe encore, vingt ans après, le souvenir de leur ancienne allégeance. Mémoire véritablement incorporée. «La *grande* révolution russe», «notre *grand* enthousiasme», «le *flot immense* de la République sociale établie à Moscou», «*ce fait-là*, le premier de l'histoire du monde»: ce ne sont qu'à l'état naissant des germes relevés dans le discours de Marcel Cachin dès le congrès de Tours. Pour qu'avant de devenir les stéréotypes de la future langue de bois ils apparaissent dans la bouche d'un homme aussi marqué par le XIXe siècle, il faut que le bolchevisme ait trouvé de fortes prédispositions dans l'héritage laïque et républicain. Pas de *Fils du peuple* sans *Tour de la France par deux enfants*[75]. Pas de greffe bolchevique sans le redoublement, à l'intérieur du Parti qui s'en arroge le monopole et en durcit la signification à son usage, des traits les plus généraux et permanents d'une mentalité proprement nationale: la piété chrétienne réinvestie dans le patriotisme du «peuple de France», la soumission à l'autorité de l'État devenue le centralisme démocratique, l'humanisme rationaliste et laïque débouchant sur la logique révolutionnaire. C'est ce réinvestissement concentré qui a donné au manichéisme communiste, à l'intérieur de ses limites mais très au-delà de la sphère d'influence du Parti, sa capacité intimidatrice, son hégémonie sur la gauche tout entière et même au-delà: tout ce qui n'était pas frappé d'«anticommunisme primaire et viscéral» a intériorisé peu ou prou quelque chose du regard communiste; respecté sa logique de pensée, reconnu sa culture politique, admis implicitement ses cadres de référence et ses normes d'interprétation parce qu'il partageait quelque chose de son bagage. La mémoire communiste a sa généalogie toute nationale, mais la citadelle assiégée du socialisme en a fait une mémoire barricadée, hantée par un rapport constitutif à l'adversaire intérieur, régie par la loi de l'orthodoxie et de l'hérésie, de l'inclusion et de l'exclusion. C'est sur ce passage, entrée/sortie, conversion/abjuration, que sont

d'ailleurs construits les premiers « Mémoires » des anciens communistes[76], témoignages et récits de ce que Claude Roy appelle joliment « la longue saison aliénée de nos vies[77] ». À les relire, ces témoignages, jusqu'au dernier en date, *Ce que j'ai cru comprendre*, d'Annie Kriegel[78], à les voir aujourd'hui traqués sur le petit écran, comme *Les Mémoires d'ex*, de Mosco[79], un sentiment s'impose, étrange, de distance dans la proximité et de mystère dans l'évidence. Ils disent tout, sauf l'essentiel. Les faits, mais pas la foi, le comment, mais pas le pourquoi. La mémoire a emporté son secret avec elle.
L'univers du « compagnon » n'est pas celui du « camarade ». Fondé sur la notion de fidélité, il joue tout entier sur la durée. Il est fait de filiation et d'affiliation, d'une dialectique de l'unanimisme et de la solitude, de temps forts et de temps morts. « Tout le monde a été, est ou sera... » Une mémoire à éclipses, en dents de scie et en accordéon, dont la courbe de l'adhésion politique ne révèle que l'écorce[80]. Le principe qui l'habite est fait d'un étrange et peut-être unique exemple de télescopage d'ultra-personnification et d'absolue dépersonnalisation. C'est le secret du Commandeur – se faire symbole –, dont le parcours historique semble aller de l'affirmation individuelle de circonstance : « Moi, général de Gaulle, actuellement à Londres... », à l'anonymat du texte constitutionnel. Et que le dédoublement historique paraît marquer de la naissance – par quel hasard providentiel le père d'un homme appelé à un tel destin l'a-t-il prénommé Charles ? – à la mort, avec les doubles funérailles et l'hommage mondial de Notre-Dame. En passant par l'avènement à l'histoire : au 18 juin, d'un côté, c'est l'aventure solitaire d'un homme à quarante-neuf ans jeté « hors de toutes les séries[81] »; de l'autre, la France éternelle, la flamme de la Résistance qui ne s'éteindra pas. Jusque dans sa personne, se retrouve ce mélange troublant d'une individualité pour le moins peu banale et d'un confondant conformisme.
Ce contrepoint n'apparaîtrait nulle part ailleurs mieux que dans le face à face avec la nature, phénomène par définition le plus an-historique. De Gaulle en a joué puissamment, comme pour souligner le passage de la soumission à la « nature des choses » à la décision historique rapide, l'agitation de la tempête et la signification intemporelle de l'action. Janvier 1946 : « En méditant devant la mer, j'arrêtai la façon dont j'allais m'en aller. » De la Méditerranée d'Antibes à la côte ouest de l'Irlande, « dans un site sauvage et éloigné des agglomérations, ayant accès à une plage aussi déserte que possible [...], au bord ou à proximité d'une forêt », l'extraordinaire metteur en scène a toujours situé son rôle dans un accord profond avec les paysages, sur lequel s'achève le premier tome des *Mémoires de guerre*. « De la pièce d'angle où je passe la plupart des heures du jour, je découvre les lointains dans la direction du couchant [...] Vastes, frustes et tristes horizons ; bois, prés, cultures et friches mélancoliques ; reliefs d'anciennes montagnes très usées et résignées ; villages tranquilles et peu fortunés, dont rien, depuis des millénaires, n'a changé l'âme, ni

la place. Ainsi du mien... » Présence historique de l'immémorial : il y a toute une géographie affective du général[82], une culture spirituelle du pré carré qui en dit long sur le terreau où s'enracine la mémoire gaulliste.

Même plasticité syncrétique et récapitulatrice dans le registre historique. De Gaulle n'a pas eu seulement le don d'évoquer le souvenir des plus grands personnages de l'histoire de France, mais d'incarner tour à tour les plus contradictoires[83] : Jeanne d'Arc et Louis XIV, Saint Louis et Clemenceau, Napoléon et Gambetta. D'incorporer toutes les strates historiques de la formation nationale : la France chrétienne et médiévale, la France absolutiste, la France révolutionnaire et napoléonienne, la France républicaine. De faire, en sa personne, vibrer les cordes les plus sensibles de la tradition nationale, en lui réunies : la fibre militaire, la fibre politique et la fibre littéraire. Mémoire synthétique et carrefour, et, à ce titre, moins intéressante par son contenu, qui dit la France tout entière et ne dit qu'elle, que par les procédures et les modalités de sa construction[84]. Mémoire de projection – à la différence de la mémoire communiste, qui est d'introjection –, tout en actes, en expressions publiques et en démonstrations par le fait, peu soucieuse de prosélytisme pédagogique, et qui pourtant ne se déploie que sur le spectre moyen de l'imaginaire national.

Ce mixte permanent de personnel et d'impersonnel, de particulier et de général, d'individuel et de collectif, de circonstanciel et de transhistorique qui caractérise la mémoire gaulliste, rien ne le soulignerait mieux que l'incertitude qui plane sur la désignation possible de ses lieux. Les hauts lieux de la mémoire gaulliste ne manquent pas[85]. Leur cartographie sommaire pourrait aller des extra-métropolitains (Carlton Gardens, Alger, Saint-Pierre-et-Miquelon, Brazzaville, Dakar) jusqu'à ceux de la capitale (le mont Valérien, les Champs-Élysées, la rue de Solferino), en passant par les lieux côtiers et frontaliers (l'île de Sein, Bayeux, Bruneval, Lille, Strasbourg), souvent distingués dans l'ordre des compagnons de la Libération. Tous pourtant trop nombreux, précisément, pour n'être pas douteux et surtout fragmentaires. Les deux seuls vrais lieux de la mémoire gaulliste illustrent bien, comme tous les moments de la geste gaullienne, cette frappante bipolarisation : la Constitution de la Ve République, épicentre de legs, et La Boisserie, devenue le véritable foyer du culte mémoriel – « c'est ma demeure ».

Chacun de ces dispositifs de mémoire renvoie donc à la France, mais à deux types de France, aux deux formes les plus extrêmes de la mémoire historique et de l'identité nationale : l'une qui fait de la France la terre promise des révolutions, qui a projeté le rationalisme des Lumières dans l'universalisme révolutionnaire pour le projeter à son tour sur la Révolution soviétique idéalisée. L'autre qui ne cesse de se ressourcer aux profondeurs affectives d'un patriotisme filial et religieux, dans l'affirmation de sa permanence miraculeuse et de son essence intemporelle. La mémoire communiste comme la mémoire gaulliste, ou, pour mieux dire ici, gaullienne, opèrent dans le passé national un tri et fonctionnent sur un schéma dualiste, mais pas le même. Il y a pour les communistes une bonne France et une mauvaise qui, depuis les Francs et les Gaulois jusqu'aux multinationales contre le «peuple de France» en passant par les moments clés des communes, d'Étienne Marcel, de la prise de la Bastille, de la Commune et du Front populaire, organisent une vision manichéenne et simplificatrice de l'histoire. La frontière, dans la vision gaulliste, passe plutôt entre les Français et la France, entre les périodes étales et les grands sursauts salvateurs, entre les vicissitudes de l'histoire et le génie de la patrie. Une France linéaire et dynamique à partir de l'an I, d'un côté ; une France cyclique et éternellement renaissante de l'autre. Mais l'une et l'autre mémoire, à la fois révolutionnaire et nationale, communient dans la conviction de la singularité et de l'exceptionnalité du destin français, de ce qu'il y a en lui, par l'histoire ou par la Providence, d'unique, d'universel et de sacré. Le chant de l'Union des jeunesses révolutionnaires de France, *Nous continuons la France*, fait écho à la reprise gaullienne de «la France tombée en déshérence». «Prendre la suite de l'histoire», «répondre à quelque chose de profond qui est en ce peuple et que nous délivrons», «être nécessairement un moment de la France éternelle»: ces formules ne sont pas du général de Gaulle, mais d'un célèbre éditorial de Paul Vaillant-Couturier, dans *L'Humanité* du 11 juillet 1936, lorsque, dans l'enthousiasme du Front populaire, dans l'ivresse des défilés, des grèves avec occupation d'usine, dans la liesse des accords Matignon et du grand air des congés payés, quand le petit parti communiste de trente mille révolutionnaires se gonfle en quelques mois en parti de masse de trois cent mille adhérents, la direction se met tout à coup à célébrer les noces de Lénine et de Jeanne d'Arc aux accents mêlés de *L'Internationale* et de *La Marseillaise*. La grande différence étant que la rupture que le parti communiste souhaitait et représentait réellement dans la mémoire nationale et dans la tradition française s'enveloppait du thème de la continuité ; et qu'au contraire la continuité essentielle que voulait incarner et assurer de Gaulle ne pouvait se rendre sensible que par un geste de rupture. Mais les deux ont eu de la France et de son histoire une vision également messianique, d'autant plus exacerbée qu'il revenait au Parti d'accomplir et de révéler sa vérité révolutionnaire et à de Gaulle de se faire un moment de l'éternel retour.

D'où la force de ce que ces deux phénomènes, en tant que mémoire, ont eu en commun, et l'irréductible profondeur de ce qui les divise. Les deux ont été soulevés d'une même réaction antiallemande, les deux ont été spontanément antiaméricains, les deux ont été hostiles à la C.E.D., les deux se sont ligués contre la Troisième Force, les deux se sont retrouvés contre l'O.A.S. et les tenants de l'Algérie française, les deux ont été hostiles à une organisation supranationale de l'Europe, les deux se sont insurgés contre la poussée libertaire et la «chienlit» de mai 1968; mais jamais pour les mêmes raisons ni au nom d'une même idée de la France. C'est qu'en fait de mémoire chacune en mélange deux, entre lesquelles elle ne fait pas la différence, mais qui, aux yeux de l'autre, fait toute la différence. Sitôt pris le tournant du Front populaire, la mémoire communiste est assise sur la double assiette du jacobinisme et du bolchevisme et, comme dit Thorez, «chaque homme a deux patries, la France et l'Union soviétique». La mémoire gaulliste, parce que purement patriotique, est à la fois nationale et nationaliste. Sur cette double base, les deux ne peuvent que se rejoindre et s'empoigner. Se rejoindre, parce que si les communistes sont «le rêve de la justice sociale», «nous sommes, nous, dit encore Malraux, l'ensemble de la fidélité à la France dans sa part légendaire, c'est-à-dire dans sa part exemplaire[86]». Mais ne se rejoindre que dans l'empoignade permanente, dans la furieuse contestation de l'héritage et le conflit radical de légitimité[87]. «Les communistes ne sont ni à gauche, ni à droite, ils sont à l'est»: de Gaulle n'a jamais cessé d'exploiter cet argument neutralisateur et disqualificatif. Quant au parti communiste, indépendamment de sa stratégie mouvante au gré de ses intérêts, et dans son incapacité à faire entrer le gaullisme dans le cadre théorique de ses catégories mentales et à prendre – il n'est pas le seul dans son cas – la mesure du phénomène, il s'est absorbé, la IVe République durant, dans la démystification pied à pied du gaullisme des «temps héroïques» et il en est resté, ensuite, et jusqu'à la mort du général, à la définition que Maurice Thorez en donnait à l'été 1958, au moment où de Gaulle allait lui voler un million d'électeurs: «Ou le gaullisme n'est rien, ou il est un phénomène politique et social, et en ce cas de Gaulle est inséparable des forces sociales qui l'ont fait surgir et qui le meuvent[88].»

L'acrobatie à laquelle les communistes ont dû se livrer en permanence pour articuler leur double héritage et la symbiose naturelle que le gaullisme a pu en revanche réaliser entre ses deux composantes, qu'une mince frontière souvent sépare, ont installé en définitive leurs mémoires, à tous les sens que prend ici le mot, dans une dissymétrie de fond. La mémoire communiste a été faite de retouches et de ravaudages permanents. Dès le congrès de Tours, elle a été handicapée de vilaines affaires, de personnalités douteuses qu'il a fallu périodiquement maquiller, d'exclus, «traîtres» et «renégats[89]», fantômes ressortis du placard et vérités truquées; elle n'a cessé d'être obnubilée par sa recomposition interne et la fabrication de «bios» imaginaires, à commencer par celle de Maurice Thorez. Quels qu'aient pu être les arcanes de la raison d'État, chère au machiavélisme gaullien, ils n'ont rien d'aussi constitutif que les fameux «secrets de Parti». Jamais la mémoire communiste n'a été comptable que d'elle-même: elle a dû, constamment, adapter sa tactique à une stratégie internationale dont elle n'avait pas le contrôle et dont les dirigeants étaient, le plus souvent, les derniers informés : Front unique, bolchevisation, pacte germano-soviétique, rapport Khrouchtchev, rupture du Programme commun, pour ne rappeler que les plus grosses couleuvres. La mémoire gaullienne ne manque pas de points sombres, comme l'exécution de Pucheu[90] et de Brasillach, d'angles morts et de facettes peu avouables : rien à voir, cependant, avec le calvaire communiste, obligé au refoulement et au replâtrage permanents ; elle obéit à une sédimentation naturelle. Le Parti a fait main basse sur ses propres archives et ne les communique qu'au compte-gouttes, lorsqu'elles n'ont plus d'intérêt, autre qu'aseptisé[91]. Le général de Gaulle a régulièrement veillé au versement des siennes aux Archives nationales[92]. Les *Mémoires*, assortis de documents officiels ou privés, peuvent être discutés par des témoins ou contredits par les historiens[93] : si biaisés qu'ils soient, ils n'ont pas eu besoin de connaître les multiples éditions remaniées et progressivement expurgées des *Œuvres* de Maurice Thorez[94]. La mémoire communiste, quelle qu'ait été, aux moments du rayonnement le plus intense du Parti, son aire de diffusion, est restée confinée, sinon à une secte, du moins à un secteur d'opinion, toujours étrangère même à une large partie de la gauche. Le gaullisme, même aux pires moments du R.P.F. ou de la traversée du désert, a toujours bénéficié du prestige du « plus illustre des Français » et de son appartenance au corps le plus officiel de la représentation nationale, l'armée. Personne n'a protesté contre la couverture tricolore des *Mémoires de guerre*. Et rares, les indignations qui ont accueilli la formule de 1960 : « La légitimité nationale, que j'incarne depuis vingt ans[95]. » Et quelle que soit la profondeur des liens que le P.C. a noués avec le « peuple de France » aux plus forts moments de sa communion nationale, dans le juillet du Front populaire et la nuit de la Résistance, ils restent légers par rapport à une expérience historique dont les grandes heures et les grandes images appartiennent à l'album de famille de tous les Français, qui s'est identifiée à un long régime, cristallisée dans des institutions qui sont encore les nôtres, incorporée à notre propre mémoire. C'est cette dissymétrie qui a distribué la place, semblable et différente, qu'ont occupée le communisme et le gaullisme dans la mémoire historique de la France.

III. Dans la mémoire historique de la France

Nous sommes sortis du monde de guerre, de pauvreté économique et de révolutions qui avait donné à ces deux phénomènes leur sens et leur poids. Non seulement la guerre de trente ans, invoquée par de Gaulle à la Libération pour noyer le désastre de 1940, mais la guerre froide et la menace de l'apocalypse nucléaire attachée à la division bipolaire, les guerres colo-

Gaullistes et communistes

niales où se fixaient les enjeux matériels et symboliques de la puissance française. C'est la guerre, avec la revitalisation des enjeux révolutionnaires qu'elle portait, qui a donné à ces deux mémoires leur énergie mobilisatrice, leur grandeur lyrique et leur contingent de sacré. Et qui, des dates clés où elles ont trouvé leur intensité maximale, les irradient en amont et en aval: en amont jusqu'aux temps de l'affaire Dreyfus, de la Revanche et de l'avènement du socialisme international, en aval jusqu'aux lendemains de la guerre d'Algérie, jusqu'aux pleins effets de la croissance, jusqu'aux relances du gauchisme tiers-mondiste. Le plein âge du totalitarisme.

S'il fallait fixer un point de référence, ici encore on ne se tromperait sans doute pas en retenant rétrospectivement l'année 1965. Avec la mise en ballottage du général de Gaulle à la première élection du président de la République au suffrage universel, atteinte initiale à l'infaillibilité gaullienne, manière anticipatrice de clamer: «Dix ans, ça suffit!» Avec aussi, parallèle invisible mais indicateur non moins significatif, l'éclatement de l'Union des étudiants communistes, maillon le plus faible de la chaîne, micro-événement d'où allait naître la nébuleuse des groupuscules gauchistes qui apparaîtraient au grand jour trois ans plus tard[96]. Mais 1965, c'est aussi, symboliquement, le point de rencontre de toute une série de paramètres économiques, démographiques, sociaux et culturels où les sociologues, tel Henri Mendras, nous ont appris à lire les débuts d'une «seconde Révolution française[97]»: renversement du taux de natalité, décroissance de la durée hebdomadaire de travail, démarrage notable du travail féminin, rattrapage de la projection de courbe de croissance 1900-1914, fin du concile Vatican II, pour ne pas parler de la généralisation du livre de poche et des grandes surfaces ou – pourquoi pas? – de l'apparition du nu dans les magazines et au cinéma. La fin d'un monde et le commencement d'un autre, dont Mauriac pressentait les effets quand il écrivait, par exemple, dans son *De Gaulle* de 1964: «Le monde d'aujourd'hui que les adversaires de De Gaulle ne reconnaissent pas, qu'est-ce qui le rend si différent? [...] En fait la machine à laver, la télévision, la deux-chevaux sont devenus les signes visibles d'un paradis qui se manifeste pendant les trois semaines de congés payés [...] Ce n'est pas de Gaulle qui a inventé ce monde-là, lui le dernier paladin du monde ancien[98].»

Cette sortie de la «grande histoire», cet éloignement de la tragédie du siècle auraient dû frapper les deux phénomènes de la même obsolescence, et celle du paladin bien davantage encore. Sa chance historique aura été de participer de deux âges de l'histoire française, et de relever d'un double registre: un discours de grandeur nationale frappé sur le moment d'un porte-à-faux sur la réalité historique; et la genèse d'une société qui était le plus étrangère à ce discours, le mieux propre à le dissoudre et à le subvertir, une société faite d'enrichissement économique, d'individualisme hédoniste et d'euphorie consommatrice. Ruse et ironie de l'histoire : le dinosaure de la guerre ressorti du musée où il écrivait ses Mémoires, « jamais las de guetter dans la nuit la lueur de l'espérance » – c'en est le dernier mot –, a présidé par le miracle d'une autre guerre, tout aussi passéiste, à l'accouchement d'un monde qui l'éjecte, mais dans lequel nous nous reconnaissons encore et qu'il a doté d'institutions que ses successeurs ont rendues viables, même si incomplètement démocratiques. De Gaulle sauvé par les Trente Glorieuses de la croissance et l'industrialisme pompidolien ? L'hypothèse n'a rien d'absurde quand on sait le soin qu'a pris de Gaulle depuis 1958 d'abandonner à son Premier ministre la prose de la nécessité pour se réserver la poésie historique toute chargée des souvenirs de la grande aventure. Il faudrait même la retourner : de Gaulle appelé par les Trente Glorieuses, les Français ne supportant d'affronter la construction des autoroutes que si on leur tient le langage des croisades. En cristallisant l'héritage politique du gaullisme sur la droite modernisatrice et industrielle, le successeur, mi-approuvé, mi-renié, a permis au héros de « tomber à gauche », comme le préconisait la sagesse politique de la IIIe République, et facilité l'envolée immédiate du personnage vers son mythe. On a souvent invoqué, pour expliquer les rebondissements du communisme en dépit des coups que la réalité historique lui portait, le renouvellement des générations militantes pour l'opposer au gaullisme attaché à la geste d'un homme et destiné à disparaître avec lui. La noria des générations oublieuses n'a cependant empêché ni la décomposition idéologique du marxisme, ni l'amenuisement sociologique de sa base ouvrière, ni la désagrégation du mythe soviétique, ni la dislocation du système communiste international, responsables principaux de l'effondrement du Parti français. La clôture de la mémoire communiste sur elle-même s'est redoublée d'une clôture historique qui contribue à nous la rendre énigmatique. On ne comprend plus la flamme, la fureur de l'engagement, la logique de la violence, la passion qui l'habitait. L'ère de l'opulence l'a fait sombrer corps et biens ; c'est elle qui a donné, au contraire, à la mémoire gaulliste, emblématisée par de Gaulle, sa possibilité de survie.

La dynamique historique des deux phénomènes puise cependant à une source identique : la succession des crises où la France s'est enfermée depuis la guerre de 1914, dont le désastre de 1940 constitue l'apogée, et dont les séquelles rebondiront encore pendant près de vingt ans[99]. Saignée démocratique et morale durement vécue par le capitaine de Gaulle pour qui l'humiliation remonte au traité de Francfort, abaissement national qui explique en grande partie le choix du congrès de Tours pour l'affiliation à la IIIe Internationale. La crise des années trente se traduit par la crise politique de février 1934, moment où le parti communiste sort de sa marginalité pour s'engouffrer dans la brèche de l'antifascisme et où de Gaulle, en solitaire, écrit coup sur coup *Le Fil de l'épée*

(1932) et *Vers l'armée de métier* (1934). Elle débouche sur la crise nationale de la démission de Munich, en septembre 1938, préfiguration de l'effondrement de 1940 qui signe l'inadaptation économique, politique, morale de la France aux conditions du monde moderne. À cette crise de l'identité nationale, trois types de réponses paraissaient possibles, pour les indiquer schématiquement : celle de la droite nationale, adaptative et technocratique, celle de la droite attirée dans l'orbite de la révolution contre-révolutionnaire et fasciste, celle de la gauche révolutionnaire. C'est déjà l'heure des communistes, pas encore celle de De Gaulle. Mais passé le fort de la crise, la droite révolutionnaire s'est retrouvée disqualifiée par la défaite du nazisme, la droite réformiste disqualifiée par ses engagements vichystes ; seules se sont trouvées face à face les deux ailes marchantes issues de la Résistance. Au sentiment mal vécu du déclin national, auquel ne paraissait donner d'écho, avant guerre, que le lamento réactionnaire de la décadence, à l'urgence du rattrapage modernisateur, de Gaulle et les communistes ont offert des solutions de salut, les deux seules, tentatrices et inacceptables. Elles participaient du même volontarisme rénovateur, du même radicalisme, de la même foi dans la capacité révolutionnaire et universaliste de la France, mais pas la même révolution, pas la même France ni le même universel. Que la solution gaulliste l'ait emporté à l'usage sur la solution communiste ne tient sans doute pas tant à la supériorité intrinsèque que l'on peut y voir rétrospectivement, ni à la supériorité stratégique de l'une sur l'autre, qu'aux avatars historiques, qui en précipitant la chute de sa rivale, ont permis à l'autre d'occuper le terrain.

Le rapport des deux phénomènes et leurs chances d'enracinement mémoriel ne s'évaluent bien, cependant, que dans leur jeu autour de la centralité républicaine.
Car il est bien vrai que, de prime abord, et pour une part inaliénable de leur capital, le gaullisme et le communisme se sont présentés comme la reprise syncrétique et la dernière synthèse des trois grandes traditions cumulées les plus hostiles à la tradition républicaine, telle que l'avait elle-même consolidée la synthèse de la IIIe République : la mémoire monarchiste-bonapartiste-nationaliste d'un côté, la mémoire révolutionnaire de l'autre, dans sa version terroriste, socialiste et internationaliste. Ils en sont la revitalisation incarnée. De Gaulle, de famille monarchiste quoique non antidreyfusarde, a traîné longtemps une réputation maurrassienne[100]. Et juste avant l'abandon de la stratégie « classe contre classe », au VIIe Congrès de l'Internationale, le même Paul Vaillant-Couturier, dont on a cité les envolées cocardières aux plus grands moments du Front populaire, exprimait la position officielle du petit parti communiste d'agitateurs bolcheviques quand il écrivait dans *L'Humanité* du 19 février 1935 : « Défendre la République, dit Blum ? Comme

si le fascisme, ce n'était pas encore la République ! Comme si la République, ce n'était pas déjà le fascisme ! »

Mais pour avoir fait le plein de la mémoire antirépublicaine, gaullisme et communisme n'en ont pas moins entretenu des rapports ambigus et radicalement différents avec la tradition républicaine ; en même temps que contraires à toutes les apparences, puisque c'est l'homme qui portait toute la mémoire contre laquelle s'est construite la République qui l'a rétablie deux fois[101], et le parti qui s'en prétendait le fils naturel et l'ultime bouclier qui la menaçait le plus directement. Mais leurs héritages de mémoire, gaullisme et communisme les ont très contradictoirement assumés. Le général de Gaulle n'a jamais évoqué, jamais reconnu ses affiliations manifestes[102] ; il a laissé ses adversaires l'en taxer, établir entre elles une continuité qu'elles n'avaient certainement pas à ses yeux, et établir avec lui un amalgame qu'il n'a jamais daigné éclaircir explicitement. Refusant à Georges Bidault, le 24 août 1944, à l'Hôtel de Ville, la proclamation d'une République qui, pour lui, n'avait jamais cessé d'exister ; se contentant, dans la conférence de presse du 19 mai 1958, de la fameuse boutade : « Est-ce à soixante-huit ans qu'on devient dictateur ? » ; laissant, ici et là, courir le bruit d'une restauration possible, jouant, dans des messages il est vrai privés, de l'allusion à une succession dynastique[103]. Mais la souveraineté de l'Exécutif, de Gaulle n'a jamais prétendu que la source pût en venir d'ailleurs que du suffrage universel[104]. Napoléon n'appartient pas à son panthéon personnel, à la différence de Carnot, et ressort moins, de tous les chapitres et allusions qu'il lui consacre, en fondateur de régime qu'en consolidateur de la Révolution. Et au R.P.F., qui rappellerait le plus directement les relents du nationalisme fin de siècle, il ne consacre que quelques lignes dans ses Mémoires[105]. L'obsession décisive n'était pas la lutte contre la République, mais contre sa congénitale faiblesse, en « dotant l'État d'institutions qui lui rendent [...] la stabilité et la continuité dont il est privé depuis cent soixante-neuf ans[106] ».

Les communistes se sont au contraire agressivement drapés dans la revendication de l'héritage révolutionnaire en le réinterprétant doublement, d'une part autour de la Révolution française, d'autre part autour de la Révolution soviétique. Ils ont tout fait – voir les travaux de François Furet[107] –, pour plier 93 sur 89, vitupérer la démocratie formelle des droits de l'homme au nom de la vocation prolétarienne dont la Révolution était virtuellement porteuse mais dont l'a périodiquement frustrée la victoire de la bourgeoisie capitaliste, et réaligner toute l'histoire de France, depuis les Gaulois, sur ce fil à plomb[108]. Ils ont immédiatement accepté l'image de reprise et de continuité que les bolcheviques leur renvoyaient des Jacobins[109], au point que les vingt et une conditions imposées aux socialistes pour l'adhésion à la IIIe Internationale ont beaucoup moins pesé au congrès de Tours que la reconnaissance enthousiaste du passage de flambeau dont L.-O. Frossard, par exemple, devait leur transmettre l'appel dans son discours du Cirque de Paris : « Les représentants qualifiés des soviets, Lénine et Trotsky, nous chargent pour vous de leurs saluts de fraternité socialiste nous ont dit : "Il n'est pas possible à Paris que le prolétariat français, les fils des Jacobins de 93, des insurgés de 1830, des révolutionnaires de juin 1848, des combattants héroïques de mars 1871, ne comprennent pas que c'est nous les héritiers de toute leur tradition révolutionnaire[110]." »

Sur cette double base d'amalgame, déniée chez les gaullistes et volontairement assumée par les communistes, se sont installés, chez les uns et les autres, avec la démocratie et le régime de type républicain, des rapports incertains, ambigus, flottants, faits de moments d'identification passionnelle et d'un arc-en-ciel de suspicion, traversés d'une étrange dialectique de la continuité et de la rupture, selon que la « tradition républicaine » s'assimilait au « système » pour les uns, au « pouvoir bourgeois » pour les autres, ou s'identifiait à la défense nationale et au salut public. Communisme et gaullisme ont ainsi pu, tantôt ensemble, tantôt l'un contre l'autre, se faire les fossoyeurs ou les ultimes boucliers de la République, s'en partager et s'en disputer la vraie représentation. Comme en 1947, aux élections municipales, où le Parti avec 30 % des voix, le R.P.F. avec 40 % ont de concert acculé la légitimité républicaine à la décrue la plus basse de son histoire. Comme en 1958, où, sur la même place de la République, les communistes en mai et de Gaulle en septembre en appelaient les uns contre les autres à sa défense. Comme en 1961, où les bataillons communistes, à l'appel de l'Élysée, étaient prêts à ressusciter, contre la menace des parachutistes d'Alger, les taxis de la Marne. Comme en 1965, lors de la première élection du président de la République au suffrage universel, quand André Malraux s'écriait au Vel' d'hiv' à l'adresse de François Mitterrand, allié aux communistes : « Candidat unique des républicains, laissez dormir la République ! » Mais à tout moment, par et dans la rupture institutionnelle ou révolutionnaire, les deux ont pu et voulu représenter la continuité nécessaire, inéluctable, naturelle ; et les deux ont effectivement représenté la continuité plausible autant que l'alternative de la légitimité républicaine.

C'est que le refus, moins gaulliste que gaullien, de se reconnaître dans l'héritage qu'évoquaient le mouvement et son chef, comme au contraire l'attachement volontaire des communistes à la référence révolutionnaire ont été précisément la source de leur hégémonie mémorielle, le nerf de leur échappée possible à toute tentative de réductionnisme ici, de dilution là, la raison de leur impossible marginalisation aux extrêmes, même aux pires moments de leur commun déchaînement contre la centralité républicaine ou de leur mutuel ostracisme. Et plus encore que les services rendus à la patrie pendant la guerre, le motif de leur ancrage puissant dans la légitimité nationale. Car cet ancrage ne se mesure pas à l'ampleur de leur corps électoral ou aux scores changeants d'une consultation occasionnelle, mais à la nature du rôle effectif qu'ont occupé les deux phénomènes dans l'imaginaire national : le réinvestissement subtil de l'image monarchique dans le maintien du système démocratique, le réinvestissement brutal de l'idée révolutionnaire par sa projection sur la révolution mondiale provisoirement soviétique. C'est cette double place laissée vide qui a fait leur magistère de mémoire.

Un magistère de mémoire qui s'est exercé cependant dans des conditions bien différentes, puisque appuyé chez les uns sur le martèlement d'une fidélité à tout crin aux promesses révolutionnaires du passé national, chez les autres par l'affirmation d'une nouveauté politique radicalement originale, liée à un homme providentiel sans rapport avec les autres « hommes providentiels ». Le parti communiste s'est absorbé tout entier dans le maintien du dépôt sacré qui faisait de la terre d'élection des révolutions du XIXe siècle la fille aînée du communisme mondial et du marxisme intellectuel une cléricature laïque. Tâche rendue plus facile par la longue et continuelle existence légale dont, à la différence de tous les autres partis communistes européens – et sauf le bref intermède de la guerre –, le P.C. a bénéficié ; plus facile aussi par la longue cure d'opposition qui l'a préservé de toute compromission avec la République bourgeoise. Mais tâche qui, aux mains de l'appareil le plus sectaire et dogmatique, le plus fièrement stalinien, le plus dépendant aussi de son patrimoine de souvenirs et de traditions, l'a condamné au blocage. À tous les changements de l'histoire et de la société, le P.C. a opposé, précipitamment, la grille d'une interprétation toute faite, fondée sur le postulat de la crise générale du capitalisme, appelant nécessairement dans son stade suprême l'impérialisme et le fascisme[111]. Aux trois faits historiquement nouveaux qu'il a connus de son temps, à savoir le nazisme hitlérien, la croissance économique d'après-guerre et le phénomène gaulliste, il a opposé, impavide, les réflexes de guerre froide, la lutte classe contre classe, la thèse de la paupérisation absolue de la classe ouvrière, l'identification du gaullisme à un « régime de dictature personnelle et militaire imposé par la force et par la menace [...] des éléments les plus réactionnaires, les plus chauvins et les plus colonialistes de la grande bourgeoisie[112] ». Il a étouffé dans l'œuf toutes les velléités d'ouverture qui auraient pu se manifester, avec Waldeck-Rochet par exemple[115] ; et décrochant rapidement des réalités, il s'est enfermé précocement dans une mémoire sclérosée.

La revitalisation de la figure du souverain dans le système républicain relève d'un tout autre processus, nullement concerté, lié à deux faits, psychologique et institutionnel : la personnalité de Charles de Gaulle et la Constitution de la Ve République. Mais la prééminence de l'Exécutif dans la pensée politique et constitutionnelle du général ne s'accompagnait d'aucune restauration des prérogatives royales. Elle n'était que le remède – au reste périodiquement prôné par tous les réformateurs depuis la fin du XIXe siècle – aux faiblesses du régime d'assemblée, dans sa longue tradition d'abaissement du pouvoir présidentiel. La «monarchie présidentielle», dans le cadre de la Ve République, pouvait n'être qu'une expression métaphorique et presque folklorique[114]. Elle était si spontanément appelée par cet homme aux allures de roi sans royaume, personnellement sensible aux formes et aux fastes de style monarchique, que la Constitution de 1958 puis la loi de 1962 relative à l'élection du président au suffrage universel ont moins paru la source de ses pouvoirs, puis leur renforcement, qu'une construction sur mesure (dont la clé de voûte aurait été le fameux article 16, sur les pouvoirs spéciaux, qui ne fut jamais appliqué...), puis un don royal. Il n'en demeure pas moins que le déplacement du centre de gravité du système politique sur le chef de l'Exécutif a autorisé, appelé le développement de pratiques régaliennes dont il appartient à chacun des titulaires de la charge de définir le style, d'expérimenter les modalités et les limites (voir Quarto III, «La cour», de Jacques Revel). Car la figure et la place du roi dans le souvenir et l'imaginaire national sont ambiguës, purement fantomatiques, mélange de conjuration définitive et de secrètes nostalgies (comme le montre ici même Alain Boureau dans Quarto III, «Le roi»). Elles ne peuvent revivre que de réaccoutumances empiriques, de pratiques allusives, de symboles respectueux de frontières invisibles. Essentielles au système et périphériques, tout en nuances et presque en sourire. Ce qui a fait du général de Gaulle, dans le cadre constitutionnel, un «roi», a été d'occuper une place qu'un accord tacite et seulement sanctionné par le suffrage lui reconnaissait comme devant être la sienne; tant qu'il l'occupait, elle n'était à prendre par personne. C'est pourquoi la joute électorale avec François Mitterrand en 1965 a paru étrange, mais normale: David contre Goliath. Mais que les étudiants défilent en mai 1968 aux cris de «Dix ans, ça suffit!» et la Majesté royale perdait pied. Et que Georges Pompidou déclare à Rome le 17 janvier 1969 sa candidature à l'élection présidentielle «quand il y en aura une», voilà le sacrilège, et bientôt l'exil. Le «roi» gaullien a donc fonctionné comme un mécanisme à double détente: d'une part un violent retour de mémoire, moins menaçant que distrayant, tel que précocement emblématisé par la célèbre chronique du *Canard enchaîné*, «La cour»; et d'autre part la construction, bouclée par le point d'orgue du départ, d'une mémoire de référence avec laquelle tous ses successeurs doivent désormais compter, soit pour l'égaler, soit pour s'en distancer. Inachèvement perpétuel de la mémoire gaullienne qui, paradoxalement, et en jouant dans le sens contraire, a rempli le même rôle que la clôture sur soi de la mémoire communiste: de Gaulle a permis aux Français de refaire leur histoire à l'envers et les communistes au «peuple de France» de la vivre en avant.

Là est, en définitive, la portée à long terme des deux phénomènes : avoir contribué de façon symétrique et opposée à clore le grand cycle historique ouvert par la Révolution française. L'un, par l'acculturation en profondeur de la droite à l'idée républicaine, l'autre par l'intégration nationale de fait du monde ouvrier jusque-là séparé. Gaullisme : le chemin par lequel le patriotisme encore irréconcilié avec la France issue de la Révolution s'est ouvert à la démocratie. Communisme : le chemin par lequel les valeurs universelles de la Révolution incarnée dans le prolétariat se sont patriotisées. Parcours apparemment modestes, mais d'efficacité mémorielle puissante et de durable conséquence.

Aucune de ces deux opérations n'a été directement préméditée, mais le gaullisme et le communisme les ont provoquées, accompagnées, et parfois orchestrées. Le ralliement de la mémoire de droite, quatre circonstances de fond l'ont favorisé. La première a été la disparition des droites traditionnelles dans la trappe de la Libération, désastre sans précédent dont ne se relèvera précisément une partie d'entre elles que par le R.P.F.[115]. La deuxième tient aux mécanismes de la croissance et aux effets de la troisième révolution industrielle, effets et mécanismes politiquement neutres, mais qui ont cependant abouti à transférer sur la droite, refuge traditionnel des archaïsmes, les valeurs du réalisme et de la modernité que semblait déserter l'anticapitalisme impénitent de la gauche. La troisième est liée aux efforts de De Gaulle pour ramener les catholiques dans le giron de la République et assurer, avec la loi Debré de 1959, ce qu'il pensait devoir être la paix scolaire. La dernière et la plus importante revient, malgré la volonté du général de ne se comporter jamais qu'à contrecœur en chef de majorité hostile à d'autres forces politiques, malgré la multiplicité des composantes du gaullisme[116], dont celle de gauche, au rassemblement des droites et à leur alliance, sauf l'extrême, sous la bannière électorale des mouvements et des partis qui se réclamaient explicitement de son autorité. Le républicanisme gaullien a exonéré la droite de l'antirépublicanisme où l'avait fait sombrer Vichy (voir plus haut la démonstration de Philippe Burrin). La représentation par le parti communiste de la classe ouvrière et la symbiose qu'il a réalisée avec elle correspondent, elles aussi, schématiquement, à une période chronologiquement presque parallèle du développement économique et du monde du travail, solidement assis sur les places fortes de l'industrie lourde et demeuré relativement stable dans ses structures depuis le début des années trente jusqu'à la fin des années soixante. C'est le monde qui explose au Front populaire, quand les grèves avec occupation d'usine traduisent l'irruption dans la vie publique de ceux que Simone Weil décrit comme « des étrangers, des exilés, des déracinés » dans leur propre pays et que Léon Jouhaux et les représentants de la C.G.T.U. négocient pour la première fois, empruntés et ébahis, des accords paritaires

Gaullistes et communistes

avec un patronat de droit divin; quand se fixent les bastions rouges du Nord et de la région parisienne; quand l'élan unitaire donne au jeune et nouvel ouvrier issu de la deuxième révolution industrielle les instruments de sa propre représentation, politique, syndicale et symbolique; quand le «métallo» du *Jour se lève* et des films de René Clair devient l'objet de la sollicitude émerveillée des intellectuels et des artistes; quand débute l'épopée légendaire de Billancourt et que se constitue la généalogie fictive mais combien agissante d'une mémoire proprement ouvrière[117]. La «génération singulière», dit un de ses historiens[118]. Ou plutôt les deux générations: car c'est la même classe ouvrière, animée d'une violence combative aujourd'hui oubliée, fortement encadrée par la C.G.T. et le P.C.F., dont les revendications contrôlées savent habilement mêler les exigences matérielles aux objectifs politiques qui va perdurer pendant trente ans et constituer les bataillons de choc de la force communiste: le monde des F.T.P. de 1943, des nationalisations de 1945, des grèves insurrectionnelles de 1947, des manifs contre Ridgway la Peste en 1952[119], des défilés antigaullistes de la Bastille à la République en 1958 et même encore des accords de Grenelle en 1968. Avant de voler en éclats sous les coups de la désindustrialisation et des changements de ses repères collectifs, la candidature de Jacques Duclos à la présidence de la République, au premier tour des élections de 1969, au lendemain, précisément, du départ de De Gaulle, lui donnant comme un apogée de sa réinsertion symbolique.

Cette double et parallèle acculturation n'exprime nullement la fin des violences politiques et sociales, ni les divisions frontales, ni même les résurgences sournoises de luttes de classes qu'on aurait pu croire dépassées. Mais elle leur impose de tout autres formes et leur donne un cadre de référence, qu'on l'appelle démocratique ou républicain. Elle en transforme assez puissamment l'expression pour provoquer l'émergence d'une autre culture politique née du double dépérissement gaulliste et communiste comme du double mouvement d'éloignement et d'enracinement gaullien, et qui donne leur actualité neuve à des notions et à des mots jusqu'alors étrangers à la tradition française: consensus, pluralisme, contrôle de la constitutionnalité des lois[120]. Pour la joie des uns, qui y voient la fin d'une culture politique de guerre et d'exclusion, la fin d'un messianisme national dont le gaullisme et le communisme représentaient la figure exacerbée, parodies grandiloquentes d'une réalité historique déjà dépassée. Au désespoir des autres, pour qui ces formes ultimes de la grandeur, de la singularité et de l'universalisme français ne laisseraient derrière elles que deuil et mélancolie. Avec, chez tous, le sentiment d'un vide, la constatation rétrospective que le communisme et le gaullisme, sans occuper la totalité du champ politique, avaient réussi ce miracle d'occuper seuls le champ de l'imaginaire et le pressentiment que le temps n'est peut-être pas loin où cette bipartition par deux phénomènes pourtant parasites représenterait l'époque bénie d'une démocratie régulée. On songe à Michelet pour qui la Révolution-Révélation constituait le chant du cygne de l'*Histoire de France*[121], comme à cette page des *Mémoires d'outre-tombe* où Chateaubriand décrit la pâleur de la société politique de la Restauration après la chute de Napoléon : « Je rougis en pensant qu'il me faut nasillonner à cette heure d'une foule d'infimes créatures dont je fais partie, êtres douteux et nocturnes que nous fûmes d'une scène dont le large soleil avait disparu[122]. »

Pour l'historien, la métamorphose est peut-être d'un autre ordre. Communisme et gaullisme ont représenté les deux formules extrêmes et abouties du modèle historique et politique français, né d'une histoire plus longue et plus continue que celle de tout autre pays de l'Occident et qui s'est cru longtemps supérieur, parce que rationnel. Ce modèle a tout à la fois implosé et explosé. Fondamentalement étatique et national, il a explosé au contact de réalités neuves pour lesquelles il n'était pas fait : le passage de la grande puissance, à quoi il correspondait, à la puissance moyenne ; la fin de la conscience impériale ; la soumission à un contrôle du monde par deux systèmes qui lui échappaient ; l'aspiration régionale et décentralisatrice ; la normalisation imposée par son insertion dans un ensemble européen. Fondamentalement logique et rationnel, il a implosé dans la mesure où, devant ces provocations externes, les communistes ont répondu en poussant le rationalisme des lumières jusqu'à ce qu'il se retourne à l'absurde de la perversion intégrale ; et les gaullistes répondu par le recours à une France idéale, abstraite, imaginaire, princesse de rêve, perdue dans la forêt de l'histoire. Les deux ont fait vivre les Français sur une forte illusion, celle, pour les uns, d'une rupture et d'un recommencement possible, celle, pour les autres, d'une épiphanie périodique du salut. Ils se réveillent aujourd'hui pour découvrir rétrospectivement, nostalgiques et dégrisés, sur et par l'épuisement de ce double rêve, ce que ce modèle historique avait lui-même d'étrange et de spécial, de quel type de rationalité étaient précisément faits ce sentiment de la singularité et ce rapport particulier à l'universel. Ce moment impose à l'historien un renouvellement de son programme : un œil neuf sur l'histoire du siècle, un retour sur l'ensemble de nos traditions et de nos représentations politiques. Il exige de « penser » à nouveau la Révolution, suscite une nouvelle interrogation de l'« identité française ». Il appelle un vaste réaménagement de notre rapport au passé et un inventaire de notre mémoire, dont cette entreprise tout entière se voudrait, à sa façon, la formule et le lieu.

Gaullistes et communistes

1. Derniers en date, un sondage sur « Les années de Gaulle » du 14 juin 1990, réalisé par l'I.F.O.P. pour *Libération*-TF 1-France-Inter, et qui porte sur l'homme, le président et le gaullisme dont il ressort que pour 57 % des Français, il ne reste que « peu » ou « rien » ; et surtout, le sondage de la S.O.F.R.E.S. commandé par l'Institut Charles-de-Gaulle pour les Journées internationales organisées à l'Unesco du 19 au 24 novembre 1990 sur « De Gaulle en son siècle ». Il est dans *S.O.F.R.E.S. L'état de l'opinion 1991* (Paris, Éd. du Seuil, 1991), d'Olivier Duhamel et Jérôme Jaffré et commenté par Raymond Barre.
Trois sondages les avaient précédés en 1989 : l'un, I.P.S.O.S.-*Le Monde* du 4 janvier qui faisait apparaître de Gaulle comme « le meilleur continuateur de la Révolution » ; l'autre, Louis Harris-France pour *L'Histoire* de juillet-août (n° 124) qui le montrait le plus grand constructeur de l'Europe ; le dernier, Louis Harris-France pour *L'Express* du 10 novembre où son retour aux affaires en 1958 était l'événement « le plus faste depuis le début du siècle ». Cette coupe ne prend tout son sens que comparée aux sondages du dixième anniversaire de sa mort, en 1980. Il y en eut quatre principaux : I.F.O.P.-*VSD* du 12-18 février, où 53 % des personnes interrogées déclarent qu'elles auraient répondu à un nouvel appel du 18 juin (dont 61 % chez les 50-60 ans) ; S.O.F.R.E.S.-*Histoire Magazine* des 22-28 août (paru en novembre-décembre) où 81 % des Français estiment son action « très » ou « assez » positive ; Louis Harris-France pour *L'Histoire* des 12-17 décembre (paru en avril 1981, n° 33), où de Gaulle apparaît comme « le personnage de l'histoire de France avec lequel on préférerait s'entretenir une heure », avec 19,5 % contre 13 % à Napoléon ; un sondage enfin I.F.O.P.-*Les Nouvelles littéraires* des 26-31 janvier 1981 (paru le 16 février) où de Gaulle apparaît – en pleine campagne électorale – comme le président le plus à droite » de la Ve République. Pour les sondages précédents, *cf.* Jean Charlot, *Les Français et de Gaulle*, Paris, I.F.O.P., 1971.

2. À l'occasion des Journées internationales des 19-24 novembre 1990, l'Institut Charles-de-Gaulle avait demandé : « Où en êtes-vous avec de Gaulle ? » à un certain nombre de personnalités : François Bloch-Lainé, Claude Bourdet, Raymond Bourgine, Jean Cathala, Michel Crozier, Jean Daniel, Jacques Fauvet, Françoise Giroud, Alfred Grosser, André Jeanson, Alain Krivine, Jean Lacouture, Bertrand Renouvin, Jean-François Revel, Guy Sorman et Michel Winock. On consultera utilement leurs réponses *in De Gaulle en son siècle*, t. I, *Dans la mémoire des hommes et des peuples*, Paris, La Documentation française-Plon, 1991, pp. 483-525.

3. Pour un récit général de caractère journalistique, *cf.* Henri-Christian Giraud, *De Gaulle et les communistes*, Paris, Albin Michel, 1988 et 1989, 2 vol.

4. Elles viennent d'être largement dessinées *in Cinquante ans d'une passion française : de Gaulle et les communistes*, sous la direction de Stéphane Courtois et Marc Lazar, préface de René Rémond, Actes du colloque de Nanterre des 1er-3 octobre 1990, Paris, Balland, 1991. On s'y reportera souvent.

5. Deux exemples – celui de Marie-Claire Lavabre qui étudie les souvenirs écrits ou oraux des responsables et militants communistes, selon un programme annoncé dans « Mémoire et identité partisane : le cas du P.C.F. », Consortium européen de recherche politique, Salzbourg, 13-18 avril 1984, multigraphié, 16 p., opuscule introuvable que je la remercie de m'avoir communiqué ; celui de Nicole Racine-Furlaud, dont la communication aux Journées internationales a porté sur « La mémoire du 18 juin 1940 », *De Gaulle en son siècle, op. cit.*, t. I, pp. 549-563. On peut également croiser les deux regards comme font les mêmes auteurs dans *Cinquante ans d'une passion française, op. cit.*, quand la première étudie les « Souvenirs et images de De Gaulle chez les militants communistes » et que la seconde restitue la bataille symbolique « 18 juin 1940 ou 10 juillet 1940 ».
C'est le type de travail qu'avait initié Gérard Namer dans son ouvrage indispensable, *La Commémoration en France 1944-1982*, Paris, Papyrus, 1983.

6. J'avais esquissé le problème dans une conférence prononcée aux XXVIe Rencontres internationales de Genève consacrées au *Pouvoir* (Neuchâtel, Éd. de la Baconnière, 1978), publiée sous forme remaniée : « Quatre coins de la mémoire », *H-Histoire*, n° 2, juin 1979.

7. Sur l'ensemble du problème, on consultera Olivier Duhamel, *La Gauche et la Ve République*, Paris, P.U.F., 1980, ainsi que le colloque organisé pour le vingt-cinquième anniversaire de la Ve République, et publié sous la direction d'Olivier Duhamel et Jean-Luc Parodi, *La Constitution de la Ve République*, nlle éd., Paris, Presses de la F.N.S.P., 1988.

8. *Cf.* Alain Duhamel, *De Gaulle-Mitterrand, la marque et la trace*, Paris, Flammarion, 1991.

9. Sur les rapports de De Gaulle avec la gauche, leur connivence originelle, leurs fiançailles à répétition et leurs noces éternellement différées, rien de plus perspicace que le grand article de Jacques Ozouf au moment même de la mort du général, «Elle et lui», *Le Nouvel Observateur* du 16 novembre 1970.

10. Max Gallo dans *L'Express* du 8-14 novembre 1980.

11. Le général de Gaulle avait mis lui-même le thème en musique, en des occasions il est vrai exceptionnelles, comme son entretien avec Michel Droit du 16 décembre 1965, après sa mise en ballottage à l'élection présidentielle : «C'est pas la gauche, la France ! [...] C'est pas la droite, la France.» Les deux mots n'apparaissent guère dans sa bouche. *Cf.* Jean-Marie Cotteret et René Moreau, *Le Vocabulaire du général de Gaulle*, Paris, Armand Colin, 1969.

12. *Cf.* l'excellente communication de Jean-Pierre Rioux aux Journées internationales, «Le souverain en mémoire (1969-1990)» à laquelle il est indispensable de se reporter : *De Gaulle en son siècle, op. cit.*, t. I, pp. 303-315. Elle s'appuie sur un travail de séminaire qu'il a dirigé à l'I.E.P. en 1988-1989, et dont je le remercie de m'avoir spontanément communiqué les notes. La place et le temps m'ont manqué pour en faire l'usage qu'elles méritaient.

13. André Malraux, *Le Miroir des limbes*, Paris, Gallimard, Bibl. de la Pléiade, 1976, p. 729.

14. *Cf.* Bernard Rigaud, *Funérailles nationales, deuils internationaux, 1969-1970 : les obsèques de J. F. Kennedy, P. Togliatti, W. Churchill, Ch. de Gaulle*, Paris, thèse E.H.E.S.S., 1985, multigraphié. Voir aussi «Les réactions internationales à la mort du général de Gaulle», communication de Jacques Dupuy aux Journées internationales, *De Gaulle en son siècle*, *op. cit.*, t. I, pp. 607-611.

15. *Cf.* Branko Lazitch, *Le Rapport Khrouchtchev et son histoire*, Paris, Éd. du Seuil, 1976.

16. À la suite de la diffusion de *L'Aveu*, où Jean Kanapa avait déclaré que si les communistes avaient su, ils auraient réagi et que «dès qu'ils ont su, ils ont clamé leur réprobation», Jean Elleinstein avait écrit dans *Le Monde* du 29 décembre 1976 que les partis communistes étrangers, et en particulier le parti français, n'avaient été informés que le lendemain matin du Congrès par l'envoi du texte qui devait être rendu le soir avec promesse de n'en pas parler. Le lendemain, *L'Humanité* opposait un démenti catégorique à Elleinstein pour, quinze jours après, démentir par un communiqué son propre démenti.
Des propos de Jean Kanapa, on peut rapprocher ceux qu'il tenait lui-même vingt ans auparavant, au lendemain du Rapport Khrouchtchev, à la tribune du XIVe Congrès du P.C.F. : «Il paraît, à en croire certains, que nous devrions exprimer des regrets, demander des pardons. «De la révélation de certains des actes du camarade Staline et de certaines violations de la légalité socialiste, nous avons éprouvé sans doute une peine profonde [...] mais regretter ? Que devrions-nous regretter ? Notre défense acharnée et inconditionnelle de l'Union soviétique face à ses détracteurs systématiques ? D'avoir appliqué notre esprit de parti à ne pas laisser entamer le front solide de notre Parti communiste et de notre passé ? Ah non ! Quels qu'aient été les épreuves, les difficultés, les défauts, les tâtonnements, non, nous ne regretterons jamais cette belle et dure école du passé qui a été celle de notre Parti pendant toutes ces dernières années et à laquelle nous devons notre esprit combattant à la tête du mouvement révolutionnaire.»

17. Roger Martelli, *1956, le choc du XXe Congrès, textes et documents*, Paris, Messidor-Éd. sociales, 1982.

18. *Cf.* en particulier les deux documents de début juillet 1977, émanés du Conseil permanent de l'épiscopat français, qui devaient ouvrir un large débat : *Le Marxisme, l'Homme et la Foi*

Gaullistes et communistes

chrétienne; le Conseil affirmait : « Nous ne saurions aligner notre espérance chrétienne sur le matérialisme historique et la dialectique du parti communiste » ; *Foi et Marxisme en monde ouvrier*, issu de la Commission épiscopale du monde ouvrier, qui proposait « d'accueillir la philosophie marxiste pour la questionner » (Paris, Éd. du Centurion, 1977).

19. Il l'est implicitement dans le Projet socialiste adopté au congrès du P.S. des 13-15 décembre 1991, *cf. Un nouvel horizon*, Paris, Gallimard, 1992.

20. Voline, pseudonyme de V. M. Eichenbaum, *La Révolution inconnue, 1917-1921, documentation inédite sur la révolution russe*, Paris, Belfond, 1969, nlle éd. 1986.

21. Sans parler de Louis Althusser réclamant obstinément un retour au stalinisme. *Cf. Réponse à John Lewis*, Paris, Maspero, 1973 ; *Éléments d'autocritique (1964-1975)*, Paris, Maspero, 1976 ; *Ce qui ne peut pas durer dans le Parti communiste*, Paris, Maspero, 1978.

22. Paris, Bureau du mouvement ouvrier, 1931 ; rééd. Paris, Éd. Gît-le-Cœur, 1969. André Ferrat, membre du Bureau politique à vingt-cinq ans, en 1927, délégué avec Thorez au VIe Congrès de l'Internationale et représentant du P.C. à Moscou de 1924 à 1931, sera finalement exclu en 1937 pour opposition de gauche.

23. *Cf.* Odile Rudelle, « Politique de la mémoire ; politique de la postérité », *in De Gaulle en son siècle, op. cit.*, t. I, pp. 149-162.

24. Toutes précisions dans J.-P. Rioux, « Le souverain en mémoire », *op. cit.*

25. Les sondages qu'analyse André Guettard en 1980 *in La Légende gaulliste et le dixième anniversaire de la mort du général de Gaulle*, mémoire de D.E.A., sous la direction de Raoul Girardet, I.E.P., 1981, multigraphié, montrent bien que l'essentiel est déjà acquis.

26. De la mort du général à 1974, il est paru 132 livres et albums, soit une moyenne de 26 ouvrages par an. L'époque s'individualise nettement par rapport à celles qui l'encadrent : une moyenne de 17 ouvrages annuels de 1958 à 1969 et de 16 titres par an de 1975 à 1990.

27. Le rôle sélectif des photographies, qui a été important, apparaît bien dans l'ouvrage original de Jacques Borgé et Nicolas Viasnof, *De Gaulle et les photographes*, Paris, E.P.A.-Vilo, 1979.

28. Ici encore, les rythmes sont parlants : *Mon général*, d'Olivier Guichard, *Le Verbe et l'Image* de Pierre Lefranc et Pierre-André Boutang, marquent l'année 1980. – *Français si vous saviez*, d'André Harris et Alain de Sédouy, apparaît en 1982 comme un contre-feu. La grande série de Jean Lacouture, Roland Mehl et Jean Labib, *De Gaulle ou l'éternel défi*, diffusée sur TF1 en mai-juin 1988, accompagnée du livre qui en fut tiré sous le même titre, Paris, Éd. du Seuil, 1988, a dominé la préparation du centenaire. Du 21 novembre au 11 décembre 1990, la Vidéothèque de Paris a diffusé un imposant ensemble sur *De Gaulle à l'écran*.

29. Marie-Hélène Pradines (séminaire I.E.P. de Jean-Pierre Rioux) a, par exemple, dressé l'inventaire des 77 sujets de baccalauréat donnés sur de Gaulle de 1978 à 1988, faisant ainsi apparaître des Académies particulièrement « gaullistes », comme Nice, Lille et Montpellier, d'autres plus ou moins réfractaires, comme Limoges, Dijon, Poitiers ou Rennes.

30. L'Institut Charles-de-Gaulle, installé 5, rue de Solferino, dans l'immeuble où le général avait établi ses bureaux pendant onze ans, est une association privée dont le général avait eu l'initiative dès son départ et qui a été fondée le 20 février 1971 sous la présidence de Pierre Lefranc. Il a joué un rôle particulièrement important par ses commissions, son regroupement d'« amis », ses cycles de conférences, colloques, formations ; ses cercles d'études, ses expositions itinérantes, sa revue trimestrielle *Espoir* et la collection du même nom, la librairie *Notre siècle*, ses albums, ses publications savantes comme l'*Index des thèmes de l'œuvre du général de Gaulle*, Paris, Plon, 1978.
Son mélange de piété hagiographique et de souci scientifique, son organisation à la fois débonnaire et militant, son activité vigilante et sa discrète efficacité mériteraient une étude attentive.

31. La sélection et la présentation par l'amiral Philippe de Gaulle des *Lettres, notes et carnets* a aussitôt appelé la réaction critique des historiens, en particulier de Jean-Noël Jeanneney dans *Le Monde* (18 juin 1993).

32. L'ouvrage de Claude Mauriac, *Aimer de Gaulle*, Paris, Grasset, 1978, a été immédiatement suivi par la salve des grands officiants : Pierre Lefranc, *Avec qui vous savez*, Paris, Plon, 1979 ; Jacques Chaban-Delmas, *Charles de Gaulle*, Paris, Paris-Match/Éditions N° 1, 1980 ; Marcel Jullian, *L'Homme de 1940*, Paris, Robert Laffont, 1980 ; Maurice Schumann, *Un certain 18 juin*, Paris, Plon, 1980.

33. Le succès de Régis Debray, *À demain de Gaulle*, Paris, Gallimard, 1990, a été immédiat : quarante mille exemplaires.

34. Dont les deux tiers depuis dix ans. Une bibliographie internationale 1940-1981 a été publiée par l'Institut Charles-de-Gaulle. Une autre est en préparation.

35. Voir en particulier celle, bien ventilée et commentée, de Pierre Viansson-Ponté au lendemain de la mort du général, à la fin de *La République gaullienne*, Paris, Fayard, 1971.

36. J'ai abordé ce thème dans une contribution aux Journées internationales, *De Gaulle en son siècle, op. cit.*, t. I, pp. 172-178, dont je reprends ici des éléments.

37. Que rejoindrait paradoxalement sur ce point Jean-François Revel dans sa réponse à la question « Où en êtes-vous... ? » (voir ci-dessus note 2) et dont on lira avec intérêt « De la légende vivante au mythe posthume (1988) » publié en introduction à la réédition, aux Éditions Complexe, du *Style du Général*, Paris, Julliard, 1959.
Pour une présentation succincte de la position de François Goguel, *cf.* son dialogue avec Jean Lacouture, qui voit le « mythiculteur » là où son interlocuteur voit un empirique et un réaliste. « De Gaulle a-t-il inventé de Gaulle ? » *L'Histoire*, n° 134, juin 1990.

38. Stanley et Inge Hoffmann, *De Gaulle artiste de la politique*, Paris, Éd. du Seuil, 1973.

39. Jean Lacouture, *De Gaulle*, t. I, *Le Rebelle*, t. II, *Le Politique*, t. III, *Le Souverain*, Paris, Éd. du Seuil, 1984-1986, que la critique a unanimement salué.

40. Voir *De Gaulle et les écrivains*, Jean Serroy, éd., préface de Régis Debray, commentaires de Jean Lacouture, Grenoble, Presses universitaires de Grenoble, 1991.

41. Principales recensions historiographiques : Nicole Racine, « État des travaux sur le communisme en France », *in Le Communisme en France*, Paris, Armand Colin, 1969, pp. 305-346. Annie Kriegel, « L'historiographie du communisme français : premier bilan et orientations de recherches », en annexe de la première édition de son ouvrage classique, *Les Communistes français, essai d'ethnographie politique*, Paris, Éd. du Seuil, coll. « Politique », 1968 – reprise et complétée avec Guillaume Bourgeois dans l'édition refondue, *Les Communistes français dans leur premier demi-siècle*, Paris, Éd. du Seuil, 1985, Annexes I et II. Voir aussi Roger Martelli, « Bref aperçu des publications consacrées au P.C.F. depuis 1969 », *Étudier le P.C.F.*, n°s 29-30 des *Cahiers d'histoire de l'Institut Maurice-Thorez*, 1979, pp. 128-170. Complément d'information par Marie-Claire Lavabre et Denis Peschanski, « L'histoire pour boussole ? Note sur l'historiographie communiste, 1977-1981 », *Communisme*, n° 4, 1983, pp. 105-114 et Marie-Claire Lavabre, ibid., n° 7, 1985.
Pour un état de la question, *cf.* la discussion entre Stéphane Courtois et Roger Martelli, « Où en est l'histoire du P.C.F. ? Un échange », *Le Débat*, n° 31, septembre 1984, pp. 149-177.

42. *Cf.* Georges Lavau, « L'historiographie communiste : une pratique politique », *in* Pierre Birnbaum et Jean-Marie Vincent, *Critique des pratiques politiques*, Paris, Galilée, 1978, pp. 121-163.

43. *Histoire du Parti communiste français (manuel)*, sous la direction de Jacques Duclos et François Billoux, Paris, Éd. sociales, 1964, p. 10.

44. Par exemple Florimond Bonte, *De l'ombre à la lumière*, Paris, Éd. sociales, 1965.

45. Voir, par exemple, pour la seule période de la guerre froide, et sans les compléter par les

Gaullistes et communistes

ouvrages parus postérieurement, les quinze titres exploités par Francine Simon, *La Mémoire communiste, les dissidents français et la guerre froide*, D.E.A. de l'I.E.P., sous la direction de Raoul Girardet, 1978, multigraphié.
Ce sont, dans l'ordre chronologique : André Marty, *L'Affaire Marty*, Paris, Les Deux Rives, 1955 ; Pierre Hervé, *Ce que je crois*, Paris, Grasset, 1958 ; Edgar Morin, *Autocritique*, Paris, Les Lettres nouvelles, 1958 ; Auguste Lecœur, *Le Partisan*, Paris, Flammarion, 1963 ; Claude Roy, *Moi je, Nous, Somme toute*, Paris, Gallimard, 1969, 1972, 1976 ; Dominique Desanti, *Les Staliniens, 1944-1956*, Paris, Fayard, 1974 ; Simone Signoret, *La nostalgie n'est plus ce qu'elle était*, Paris, Éd. du Seuil, 1976 ; Pierre Daix, *J'ai cru au matin*, Paris, Robert Laffont, 1976 ; Jean Duvignaud, *Le Ça perché*, Paris, Stock, 1976 ; Jean-Pierre Chabrol, *La Folie des miens*, Paris, Gallimard, 1977 ; Raymond Lévy, *Schartzenmurtz ou l'esprit de parti*, Paris, Albin Michel, 1977 ; Philippe Robrieux, *Notre génération communiste*, Paris, Robert Laffont, 1977 ; Charles Tillon, *On chantait rouge*, Paris, Robert Laffont, 1977 ; Roger Pannequin, *Les Années sans suite*, Paris, Le Sagittaire, 1977, 2 vol. ; Jean Rony, *Trente ans de parti, un communiste s'interroge*, Paris, Christian Bourgois, 1978.
Encore cette liste ne tient-elle pas compte des Mémoires officiels des responsables communistes parus pendant la même période, les principaux étant : Virgile Barel, *Cinquante années de lutte*, Paris, Éd. sociales, 1966 ; Jacques Duclos, *Mémoires*, Paris, Fayard, 1968-1972, 6 vol. dont le quatrième volume, *Sur la brèche, 1945-1952*, et le cinquième, *Dans la mêlée, 1952-1958*, portent sur la période ; Léo Figuières, *Jeunesse militante*, Paris, Éd. sociales, 1971 ; Fernand Grenier, *Ce bonheur-là*, Paris, Éd. sociales, 1974 ; Raoul Culas, *Souvenirs d'un condamné à mort*, Paris, Éd. sociales, 1976 ; Étienne Fajon, *Ma vie s'appelle liberté*, Paris, Robert Laffont, 1976.

46. Ces deux livres événements, *Autocritique* d'Edgar Morin, Paris, Les Lettres nouvelles, 1958, rééd. Paris, Éd. du Seuil, 1975, et *L'Aveu*, d'Artur London, Paris, Gallimard, 1968, mériteraient à eux seuls une étude de réception. Pour le second, voir Annie Kriegel, *Les Grands Procès dans les systèmes communistes. La pédagogie infernale*, Paris, Gallimard, coll. « Idées », 1972.

47. *Cf.* la thèse d'Annie Kriegel, qui a marqué le coup d'envoi des travaux universitaires sur le communisme, *Aux origines du communisme français, 1914-1920*, Paris, Mouton, 1964, 2 vol. ; ainsi que, la même année, sa présentation du *Congrès de Tours*, Paris, Julliard, coll. « Archives ».

48. *Cf.* Philippe Robrieux, *Maurice Thorez, vie secrète et vie publique*, Paris, Fayard, 1975, ainsi que la vaste série qui a suivi sur l'*Histoire intérieure du Parti communiste*, Paris, Fayard, 1980-1984, 4 vol.

49. *Cf.* Stéphane Courtois, *Le P.C.F. dans la guerre, de Gaulle, la Résistance, Staline...*, Paris, Ramsay, 1980.
Les actes de l'important et tumultueux colloque sur le sujet tenu à l'École normale en octobre 1983 ont paru sous la direction de Jean-Pierre Azéma, Antoine Prost et Jean-Pierre Rioux en deux volumes différents : *Le Parti communiste des années sombres*, Paris, Éd. du Seuil, 1986 et *Les Communistes français de Munich à Châteaubriant, 1938-1941*, Paris, Presses de la F.N.S.P., 1987.

50. *Cf.* Yves Santamaria, *Le P.C.F. et son histoire : le pacte germano-soviétique. Étude de l'historiographie communiste (1943-1968)*, mémoire de maîtrise de l'université Paris-IV, 1983, multigraphié. Le protocole secret prévoyait le partage de la Pologne après la victoire commune.

51. L'appel du 10 juillet 1940 est un tract intitulé *Peuple de France* et signé de Maurice Thorez et Jacques Duclos, dont vingt-trois demi-lignes sur cinq cents peuvent être considérées comme un appel au « Front de la liberté, de l'indépendance et de la renaissance de la France ». Le reste affirmant en fait la position pacifiste et antibritannique du Parti. Dès 1948, A. Rossi dans sa *Physiologie du Parti communiste français* dénonça le « faux patriotique » et démontra également que le numéro de *L'Humanité* clandestine daté du 10 juillet 1940, sur

lequel figure la version entre-temps devenue officielle de l'«Appel» et dont *L'Humanité* du 12 décembre 1947 avait reproduit un fac-similé, était un faux.
Sur les enjeux politiques de cet «Appel» et son utilisation commémorative, *cf.* Nicole Racine-Furlaud, «18 juin 1940 ou 10 juillet 1940, bataille de mémoires», *in Cinquante ans d'une passion française, op. cit.*

52. Jacques Fauvet, en collaboration avec Alain Duhamel, en faisait déjà état dans son *Histoire du Parti communiste français*, Paris, Fayard, 1964, 1965, 2 vol.

53. *Cf.* l'important article de Stéphane Courtois, «Luttes politiques et élaboration d'une histoire : le P.C.F. historien du P.C.F. dans la Deuxième Guerre mondiale», *Communisme*, n° 4, 1983, pp. 5-26.

54. M.-Cl. Lavabre et D. Peschanski, *op. cit.*, notent ainsi que près d'un tiers des articles historiques parus dans les *Cahiers du communisme* de 1977 à 1982 est consacré aux années de guerre.
En 1990 encore, Roger Bourderon consacre un numéro entier des *Cahiers d'histoire* de l'Institut de recherches marxistes, n° 42, à *1940*, appuyé par un ensemble sur «L'année quarante» dans *La Pensée*, n° 275, mai-juin 1990.

55. *Cf.* Marie-Claire Lavabre et Denis Peschanski, «Histoire militante. La formation historique dans quatre organisations de gauche», notamment «Parti communiste, la ligne générale», *Espaces-Temps*, n° 9, 1978, pp. 50-69.

56. La distinction est de Danielle Tartakowsky dans sa contribution à *Étudier le P.C.F., op. cit.*, où elle écrit notamment : «L'histoire et le marxisme jouissent dans le marxisme et dès lors dans le P.C.F. d'un statut particulier. À la différence de la philosophie, l'histoire me paraît aujourd'hui avoir fini d'en payer le prix.» Du même auteur, *Une histoire du P.C.F.*, Paris, P.U.F., coll. «Politique aujourd'hui», 1982.

57. L'Institut Maurice-Thorez, fondé aussitôt après la mort du secrétaire général, en octobre 1964, publie des *Cahiers*, devenus *Cahiers d'histoire*, dont l'un des plus importants a été consacré à *Étudier le P.C.F.*, n°s 29-30, 1979, qui réunit toute la jeune équipe des historiens communistes – Roger Bourderon, Jean Burles, Jacques Girault, Roger Martelli, Jean-Louis Robert, Jean-Paul Scot, Danielle Tartakowsky, Germaine Willard, Serge Wolikow. Elle se retrouve dans *Le P.C.F. Étapes et problèmes, 1920-1972*, Paris, Éd. sociales, 1981.

58. *Cf.* J. Burles, *Étudier le P.C.F., op. cit.*, p. 21. Même son de cloche, par exemple, chez S. Wolikow : «Pour l'historien communiste, il ne s'agit pas d'ignorer les rapports entre la politique et l'histoire de son parti, mais il lui faut les définir tels qu'ils sont aujourd'hui [...], les penser dans leurs relations aux besoins nés de sa stratégie politique», *ibid.*, p. 30.

59. Georges Marchais, 25 janvier 1977, déclaration de presse devant des journalistes.

60. *Cf.* Henry Rousso, *Le Syndrome de Vichy*, Paris, Éd. du Seuil, 1987, qui n'hésite pas à définir la Libération comme «un souvenir écran», pp. 25 et 39.

61. Voir la polémique déclenchée par la publication des deux premiers volumes de la biographie monumentale de Daniel Cordier, *Jean Moulin, l'inconnu du Panthéon*, Paris, Jean-Claude Lattès, 1989 ; son ancien secrétaire mettant en cause Henri Frenay, chef du mouvement Combat, pour avoir écrit en novembre 1940 un «manifeste» sympathique à la Révolution nationale, et redistribuant les responsabilités de l'arrestation de Caluire, une des énigmes majeures de la Résistance.

62. L'oraison funèbre d'André Malraux à Jean Moulin constituant la version la plus aboutie du résistantialisme appropriatif et identificateur gaullien. Bonne analyse *in* H. Rousso, *op. cit.*, pp. 95-111.

63. *Cf.* Pascal Ory, «Comme de l'an quarante. Dix années de "retro satanas"», *Le Débat*, n° 16, novembre 1981, pp. 109-117 ; ainsi que, du même, *L'Entre-deux-Mai. Histoire culturelle de la France, mai 1968-mai 1981*, Paris, Éd. du Seuil, 1983, pp. 118-127.

64. La meilleure analyse du *Chagrin et la Pitié* est à mon sens celle de Stanley Hoffmann, dans les *Essais sur la France, déclin ou renouveau ?* Paris, Éd. du Seuil, 1974, pp. 67-87.

Gaullistes et communistes

65. *Cf.* Jacques Ozouf, « Un vieux ménage », *Le Nouvel Observateur*, 5 janvier 1972, commentant l'ensemble des sondages de l'I.F.O.P. présentés par Jean Charlot, *op. cit.*

66. Le contraste permanent entre l'apparence terrorisante du parti communiste et son infirmité réelle apparaît bien tout au long du *Journal du septennat* de Vincent Auriol, t. I, l'année *1947*, version intégrale, Paris, Armand Colin, 1970, quand Thorez, par exemple, avoue au président de la République stupéfait, en pleine crise de mai : « Je suis au bout de mon rouleau. » Voir mes commentaires dans l'Introduction générale.

67. *Cf.* la communication d'Annie Kriegel au colloque franco-italien de Naples en 1973, « Le Parti communiste français, la Résistance, la Libération et l'établissement de la IVe République (1944-1947) », reprise *in Communismes au miroir français*, Paris, Gallimard, 1974, pp. 160-176 ; et celle de Maurice Agulhon au colloque international de 1974 sur la Libération de la France, « Les communistes et la Libération de la France », reprise *in Histoire vagabonde*, Paris, Gallimard, 1988, t. II, pp. 177-208.

68. Outre les Mémoires, la sociabilité communiste a été richement décrite par Gérard Vincent, « Être communiste ? Une manière d'être », *in Histoire de la vie privée*, sous la direction de Philippe Ariès et Georges Duby, Paris, Éd. du Seuil, 1987, t. IV, pp. 427-458. Elle est bien exemplifiée par Jean-Pierre A. Bernard, *Paris rouge, 1944-1964, les communistes français dans la capitale*, Paris, Champvallon, 1991. La revue *Autrement* a consacré un numéro, avec une trentaine de contributions inégales, à *La Culture des camarades*, n° 78, 1986.

69. *Cf.* l'analyse anthropologique de Jacqueline Mer, *Le Parti de Maurice Thorez ou le bonheur communiste français*, Paris, Payot, 1977, trop peu connu.

70. Cette idée, que je ne fais que reprendre, a été bien développée par Jean-Marie Goulemot, *Le Clairon de Staline*, Paris, Le Sycomore, 1981, à propos du soixante-dixième anniversaire de Staline. Y ajouter : Serge Collet, « La manifestation de rue comme production culturelle militante », *Ethnologie française*, t. XII, n° 2, avril-juin 1982, pp. 167-176.

71. *Cf.* Gabor T. Rittersporn, « Qui lit la *Pravda*, comment et pourquoi ? » *Le Débat*, n° 2, juin 1980, pp. 82-92.

72. *Cf.* Noëlle Gérôme et Danielle Tartakowsky, *La Fête de L'Humanité*, Paris, Éd. sociales, 1988.

73. Jean-Pierre A. Bernard, « La liturgie funèbre des communistes (1924-1983) », *Vingtième Siècle, revue d'histoire*, n° 9, janvier-mars 1986, pp. 37-53, en fournit une riche analyse.

74. *Cf.* Françoise Thom, *La Langue de bois*, Paris, Julliard, coll. « Commentaire », 1987. Ainsi que le numéro spécial de *Mots*, n° 21, décembre 1989, « Langues de bois ? » explicitent en particulier les origines de l'expression.

75. C'est J.-M. Goulemot, *op. cit.*, qui fait ce rapprochement. Sur le *Tour de la France par deux enfants*, voir l'analyse de Mona Ozouf ici même, Quarto I, *La République*.

76. Annie Kriegel était venue en esquisser la thématique à mon séminaire de l'E.H.E.S.S., en 1979. Elle a été depuis précisée. *Cf.* par exemple Marie-Claire Lavabre et Marc Lazar, « Se ressembler à sa ressemblance, lecture de quelques récits autobiographiques, 1981-1983 », *Communisme*, n° 4, 1983, pp. 114-119.

77. Claude Roy, *Nous*, Paris, Gallimard, 1972, p. 396.

78. Annie Kriegel, *Ce que j'ai cru comprendre*, Paris, Robert Laffont, 1991.

79. Série diffusée en 1990 par FR3.

80. À comparer avec, sur le plan de la science politique, Jean Charlot, *Le Phénomène gaulliste*, Paris, Fayard, 1970.

81. L'expression est à remettre dans son contexte : « À mesure que s'envolaient les mots irrévocables, je sentais en moi-même se terminer une vie, celle que j'avais menée dans le cadre d'une France solide et d'une indivisible armée. À quarante-neuf ans, j'entrais dans l'aventure comme un homme que le destin jetait hors de toutes les séries. » *Mémoires de guerre*, t. I, *L'Appel*, Paris, Plon, 1954, p. 71.

82. Elle a été bien campée par Jean-Pierre Rioux, « Les paysages du général de Gaulle », *L'Histoire*, n° 134, juin 1990, pp. 24-29, où l'on trouvera beaucoup d'heureuses citations dont j'ai rappelé quelques-unes.

83. *Cf.* Alain Peyrefitte, « De Gaulle et les grands personnages de l'histoire de France », *in De Gaulle en son siècle, op. cit.*, t. I, pp. 107-115.

84. Jean Lacouture en a esquissé amicalement pour moi les strates, en traversant sa bibliothèque. Depuis la vague de la « révélation » (Philippe Barrès, Lucien Nachin, Madeleine Bainville, Georges Cattaui, Jean Gaulmier, Maurice Schumann, colonel Rémy, Jacques Soustelle, le François Mauriac du *Bâillon dénoué*) jusqu'à la phase du reflux après le retour au pouvoir (Jacques Soustelle seconde manière, Robert Mengin, Alfred Fabre-Luce, Jean-François Revel, colonel Argoud, colonel Trinquier, François Mitterrand) en passant par la première vague critique de la guerre, les Mémoires, mitigés, de la France libre et de la Résistance, etc.
Simples indications, mais qui suggèrent ce que pourrait apporter à l'étude de la construction du personnage une traversée fine de la sédimentation bibliographique, en fonction des époques, des genres, des thèmes et des auteurs.

85. Nicholas Wahl était venu également à mon séminaire de l'E.H.E.S.S. en 1979 en esquisser la typologie.

86. André Malraux dans son discours aux Assises nationales du R.P.F., le 12 février 1949. *Cf.* Jeanine Mossuz-Lavau, *Malraux et le gaullisme*, Paris, Presses de la F.N.S.P., 1982.

87. *Cf.* Stéphane Courtois, « De Gaulle et les communistes : confrontation de deux légitimités », communication aux Journées internationales.

88. Maurice Thorez, « Rapport à la conférence internationale du P.C.F., 17-18 juillet 1958 », *L'Humanité*, 18 juillet 1958, cité par Marc Lazar, « Le P.C.F. et le gaullisme, 1958-1969 », communication aux Journées internationales. À compléter par Marie-Claire Lavabre, « Les communistes et de Gaulle : une mémoire polémique », *De Gaulle en son siècle, op. cit*, t. I, pp. 564-573.

89. *Cf.* en particulier Pierre Daix, *Les Hérétiques du P.C.F.*, Paris, Robert Laffont, 1980.

90. Pierre Pucheu, patron de combat, membre du P.P.F. et ministre de l'Intérieur du gouvernement de Vichy jusqu'à l'arrivée de Laval, qu'il trouve trop proallemand, avait rejoint le Maroc au printemps 1942 sur encouragement de Giraud qui s'était déclaré prêt à « lui donner une place dans une unité combattante ». Arrêté, puis incarcéré, hâtivement jugé à Alger, il est, sur pression des communistes qui lui reprochaient d'avoir dressé la liste des quarante-sept otages exécutés à Châteaubriant le 21 octobre 1941, condamné à mort et fusillé. Le général de Gaulle lui avait refusé sa grâce par raison d'État, non sans lui avoir fait savoir son « estime » et son engagement personnel de veiller à l'éducation de ses enfants. C'est la première frontière de « sang » que le général de Gaulle franchit, douloureusement, avec Vichy.

91. Une expérience personnelle : en 1963, préparant la collection « Archives » chez Julliard, et connaissant l'existence de carnets de Marcel Cachin, j'ai tout fait auprès de sa fille, Marie-Louise Jacquier, qui les détenait, pour en avoir communication et en publier des extraits à côté de *L'Œil de Moscou à Paris* de Jules Humbert-Droz. Bien entendu, on me les refusa comme des secrets d'État. Aujourd'hui où ils sont livrés par Marcelle Hertzog aux Archives nationales pour publication, c'est l'éditeur qui se fait tirer l'oreille pour faire paraître ces gros volumes.

92. Encore que l'amiral de Gaulle en bloque la communication, même pour celles que la prescription des archives publiques ne couvrirait plus, au prétexte discutable qu'il s'agit d'archives privées.

93. *Cf.* leur analyse par Stanley Hoffmann, chap. VII et VIII des *Essais sur la France, op. cit.*

94. Le portrait de Léon Blum, par exemple, qui figure au cinquième tome et dont on peut rappeler, aujourd'hui, la violence et l'antisémitisme : « Il se nommait en réalité Lévy-Cœur. Il avait la parole câline, des manières élégantes, des mains fines et molles qui fondaient dans la

Gaullistes et communistes

main. Il s'attaquait à tout ce qu'il y avait de viril, de pur, de sain, de populaire, à toute foi dans les idées, dans les sentiments, dans les grands hommes, dans l'homme [...] Un instinct de ver [...] rusé politicien [...] Tartuffe immonde, reptile répugnant [...] Le chacal Blum, récidiviste de la trahison, auxiliaire de la police, le mouchard Blum [...] comme Lady Macbeth, il doit voir avec terreur le sang innocent qui tache à jamais ses mains aux doigts longs et crochus », etc.

95. Une exception toutefois, typique de l'antigaullisme de gauche de l'époque : Arthur Delcroix, « Vingt ans de légitimité », *Les Temps modernes*, n°s 167-169, février-mars 1960. « C'est le "c'est légal parce que je le veux" de Louis XVI en 1788, c'est la fiction de la "19e année de règne" en 1814, c'est l'appel maurrassien au "pays réel" contre le "pays légal". C'est l'aspect "droit divin" du gaullisme qui mêle d'ailleurs à cette tradition monarchique une pratique politique beaucoup plus proche du bonapartisme. La France bourgeoise le veut ainsi. » Article piquant à relever, parce que son auteur, Arthur Delcroix, dont c'était alors le pseudonyme journalistique, n'est autre que François Furet. L'historien de *La Révolution*, Paris, Hachette, 1989, ne le relira pas sans sourire.

96. Sur cet épisode, voir Hervé Hamon et Patrick Rotman, *Génération*, Paris, Éd. du Seuil, 1987, t. I, chap. IX, « États d'armes ».

97. Henri Mendras, *La Seconde Révolution française*, Paris, Gallimard, 1989.

98. François Mauriac, *De Gaulle*, Paris, Grasset, 1964, p. 339.

99. *Cf.* Stéphane Courtois, « Gaullisme et communisme : la double réponse à la crise de l'identité française », *in Cinquante ans d'une passion française, op. cit.*, pp. 305-332. Éclairante analyse, riche de citations, dont cette page ne fait que présenter l'introduction.

100. Pour qu'il s'en affranchisse, il a fallu en vérité le chapitre très neuf de Jean Lacouture sur les relations, dans les années vingt, de De Gaulle avec le très républicain colonel Émile Mayer, sur lesquelles Henri Lerner avait attiré l'attention, « Le général de Gaulle et le cercle du colonel Mayer », *Revue historique*, janvier-mars 1983.

101. Voir Jean-Paul Cointet, « De Gaulle et la République ou la double reconnaissance (1940-1944) » ; Jean-Pierre Rioux, « De Gaulle en République de Courseulles à Bayeux (1944-1946) » ; Jean Lacouture, « De Gaulle, une certaine idée de la République », dans les actes du colloque de Nice sur les Républiques françaises, édités par Paul Isoart et Christian Bidegaray, *Des Républiques françaises*, Paris, Economica, 1988, pp. 683-729. Voir aussi Maurice Agulhon, « La tradition républicaine et le général de Gaulle », et Dominique Colas, « Portrait de la République selon Charles de Gaulle », *in De Gaulle en son siècle, op. cit.*, t. I, pp. 188-202. On consultera également Odile Rudelle, *Mai 1958, De Gaulle et la République*, Paris, Plon, 1988, ainsi que, Id., « Le gaullisme et la crise de l'identité républicaine », *in La Guerre d'Algérie et les Français*, sous la direction de Jean-Pierre Rioux, Paris, Fayard, 1990, pp. 180-202. Pour une mise au point d'ensemble, *cf.* enfin Maurice Agulhon, *La République, de Jules Ferry à François Mitterrand, 1880 à nos jours*, Paris, Hachette, Histoire de France Hachette, 1990.

102. C'est cependant dans le bonapartisme que, tout bien pesé, René Rémond finit par le ranger. *Cf. Les Droites en France*, Paris, Aubier-Montaigne, 1982, pp. 313-350.

103. Voir notamment la lettre à son fils du 30 avril 1969 qui suscita quelque émotion quand parut le douzième tome des *Lettres, notes et carnets* : « Mon cher Philippe, s'il devait arriver que je disparaisse prochainement sans avoir directement fait connaître qui, dans les circonstances présentes, je souhaite que le peuple français élise pour mon successeur immédiat comme Président de la République, je te confie le soin de publier aussitôt la déclaration ci-jointe. Je dis : mon successeur immédiat parce que j'espère qu'ensuite c'est toi-même qui voudrais et pourrais assumer à ton tour la charge de la conduite de la France. »

104. Voir notamment la riche analyse de Lucien Jaume, « L'État républicain selon de Gaulle », *Commentaire*, n°s 51 et 52, automne et hiver 1990, pp. 523-532 et 749-757.

105. L'épisode est pourtant lourd de signification et de rebondissement. *Cf.* Jean Charlot, *Le Gaullisme d'opposition, 1946-1958*, Paris, Fayard, 1983.

106. *Mémoires d'espoir*, Paris, Plon, 1970, t. I, p. 23. Pour la référence de De Gaulle à la Révolution, *cf.* Odile Rudelle, «Lieux de mémoire révolutionnaire et communion républicaine», *Vingtième Siècle, revue d'histoire*, n° 24, octobre-décembre 1989.

107. En particulier, dans *Penser la Révolution française*, Paris, Gallimard, 1978, le chapitre sur «Le catéchisme révolutionnaire».

108. Se reporter notamment au gros ensemble «Communisme et Révolution française», *Communisme*, n°ˢ 20-21, 1988-1989.

109. Sur cet aller-retour idéologique, *cf.* Tamara Kondratieva, *Bolcheviks et Jacobins, itinéraire des analogies*, Paris, Payot, 1989.

110. L.-O. Frossard, *De Jaurès à Lénine*, Paris, 1930, p. 155. Ce dogme a été constamment réaffirmé. Par exemple, André Fréville: «Sa création (du Parti communiste) n'est due ni au hasard ni à une volonté arbitraire, elle résulte de l'évolution de tout le mouvement ouvrier français», *La Nuit finit à Tours*, Paris, Éd. sociales, 1950, p. 160. Ou encore, Georges Cogniot au colloque anniversaire de la Révolution d'octobre 1917 réuni par l'I.M.T.: «L'événement de décembre 1920 est le type même de l'événement historiquement nécessaire», *Cahiers de l'I.M.T.*, n° 78, novembre-décembre 1967.

111. Se reporter, dans le recueil malheureusement posthume des essais de Frédéric Bon, *Les Discours de la politique*, Paris, Economica, 1991, au chapitre III, «Le discours communiste: invariants et variantes».

112. Maurice Thorez, «Union et action de tous les Républicains pour le non au référendum plébiscité», *Cahiers du communisme*, vol. XXXIV, n° 8, août 1958, p. 1128.

113. Voir en particulier, sur la tentative de désoviétisation de Waldeck-Rochet, l'analyse que lui consacre Ph. Robrieux, dans son *Histoire intérieure du Parti communiste, op. cit.*, t. II, chap. VIII, «L'échec du Khrouchtchev français».

114. *Cf.* Pierre Viansson-Ponté, *Les Gaullistes, rituel et annuaire*, Paris, Éd. du Seuil, 1963.

115. Voir la phrase éloquente qui débute le chapitre que René Rémond, dans *Les Droites en France, op. cit.*, consacre à la IVᵉ République: «En 1945, l'heure semble effectivement venue d'écrire sur l'histoire de la droite le mot fin» (p. 238).

116. Dont la prise en compte, indispensable dans le cadre d'une analyse politique, n'entrait pas dans les besoins de cet essai.

117. Voir Michel Verret, «Mémoire ouvrière, mémoire communiste», *Revue française de science politique*, vol. XXXIV, n° 3, juin 1984.

118. Gérard Noiriel, *Les Ouvriers dans la société française, XIXᵉ-XXᵉ siècle*, Paris, Éd. du Seuil, coll. «Points Histoire», chap. VI. Voir aussi, Marc Lazar, «Le mineur de fond. Un exemple de l'identité du P.C.F.», *Revue française de science politique*, avril 1985, pp. 190-205.

119. L'importance historique de la manifestation du 28 mai 1952 contre le général Ridgway, successeur d'Eisenhower au commandement du S.H.A.P.E., a toujours été soulignée. Elle apparaît clairement dans l'essai que lui consacre Michel Pigenet, «De la démonstration "dure" à l'affrontement physique», *La Manifestation*, sous la direction de Pierre Favre, Paris, Presses de la F.N.S.P., 1990, pp. 245-268.

120. Voir François Furet, Jacques Julliard, Pierre Rosanvallon, *La République du centre*, Paris, Calmann-Lévy, 1989.

121. Voir Paul Viallaneix, «Michelet et la Révélation de 1789», *Romantisme*, n° 50, pp. 61-74.

122. Chateaubriand, *Mémoires d'outre-tombe*, Paris, Gallimard, Bibl. de la Pléiade, 1951, t. II, p. 4.

La droite et la gauche

Faut-il s'en étonner? On ne s'est guère interrogé sur l'histoire de ce couple de mots si solidement installé au cœur du fonctionnement intellectuel et symbolique des sociétés contemporaines. C'est qu'on ne réfléchit pas volontiers sur ce qui vous permet de penser. Innombrables sont les tentatives de définition. Il est de remarquables essais pour clarifier les termes de l'opposition. Une riche histoire politique nous a appris à reconnaître et à suivre les différentes composantes de la droite et de la gauche dans le cadre français. Tous ces travaux ont en commun de supposer les vocables eux-mêmes déjà accrédités et leur rôle classificatoire consacré. En guise de genèse, le renvoi rituel à leur naissance révolutionnaire est réputé suffire. Or il y a bien du chemin depuis l'emploi timide et irrégulier du partage entre «côté droit» et «côté gauche» sous la Révolution française jusqu'à leur intronisation dans la langue parlementaire au sein des assemblées de la Restauration. Et il faut un saut encore plus considérable pour passer du jargon des Chambres à ces emblèmes par excellence de l'identité politique, à ces catégories de base de la confrontation démocratique que *droite* et *gauche* nous sont devenus – usages qui ne s'établissent vraiment qu'à compter du début de ce siècle. Mais nous sommes tellement accoutumés à ordonner les familles d'opinion et leurs conflits selon cette dichotomie, que nous l'appliquons au passé sans trop nous soucier de son absence, sous la forme pleine où nous la pratiquons, dans le discours et dans les représentations des acteurs. D'autant, il est vrai, que c'est entre autres choses pour exprimer la continuité des luttes ouvertes en 1789 que les notions se sont imposées. Il y a dans droite et gauche un signe de permanence dans la division qui n'incite pas à se retourner sur l'origine du partage en son principe même. Il pousse en revanche à questionner les fluctuations et les métamorphoses de son contenu, domaine d'enquête, celui-là, couvert d'abondance. Au rebours de la pente d'oubli inscrite dans la terminologie constituée, c'est son processus de constitution que la présente étude voudrait contribuer à éclaircir. Elle n'ajoutera pas à la connaissance des réalités électorales, sociales, anthropologiques, culturelles ou géographiques que le partage recouvre. C'est sur le seul terrain du système de dénomination qu'elle entend se situer. Suivre au ras du lexique la mise en place de cette organisation dualiste de nos représentations politiques n'est peut-être pas la plus mauvaise voie pour s'introduire aux raisons qui la commandent. Des premiers pas du régime représentatif à l'ère des partis et des masses, le parcours condense à sa manière une mémoire complète du développement démocratique. Il pose en outre de façon frontale le problème troublant de la capacité d'universel de l'histoire de France. Car ce n'est pas le moindre mystère du destin de ces notions que la fortune mondiale qu'elles ont connue. Ce qu'il s'agit d'essayer de comprendre, autrement dit, c'est à la fois pourquoi elles se sont imposées là et pas ailleurs et comment leurs conditions spécifiques d'émergence ont pu dans le même temps mobiliser des ressorts suffisamment généraux pour provoquer pareil effet de reconnaissance. Droite et gauche : ou comment les Français, à la faveur d'une histoire à nulle autre pareille, ont produit cette symbolique simplificatrice dont l'extension oblige désormais à penser qu'elle enferme quelque chose du secret de la politique et de la citoyenneté modernes.

Les assemblées révolutionnaires ou le faux départ

On l'a suggéré, c'est aller vite en besogne que de faire surgir la droite et la gauche toutes armées de la matrice révolutionnaire. Elles y apparaissent, c'est vrai, elles y trouvent un premier crédit, mais leur emploi reste circonscrit et, loin de fonder une tradition, il eût pu rester sans lendemain.

Les termes sont attestés très antérieurement pour désigner les parties d'une assemblée, puisqu'on les relève dès 1672 dans une description des usages d'outre-Manche, comme il se doit, la traduction de *L'Estat présent de l'Angleterre*, de Chamberlayne. L'auteur dépeint la répartition des membres des Communes « à la main droite du Roy et à la main gauche du Roy[1] ». Il est douteux cependant qu'il y ait la moindre continuité avec l'emploi révolutionnaire qui semble plutôt procéder d'une réinvention. Non que l'exemple anglais ait forcément compté pour rien dans l'adoption de fait d'un classement spatial des députés au cours de ces semaines confuses de l'été 1789, qui voient l'installation de l'Assemblée nationale. L'appellation même de « Communes » est reprise, comme on sait, par les représentants du « tiers état » en lieu et place de ce dernier terme, avec ce qu'il est jugé comporter d'impropriété blessante. Et c'est autour des formes britanniques que l'on discute lorsqu'il s'agit de codifier l'organisation des débats. Mirabeau en propose expressément le modèle : il est rejeté[2]. Mais il est présent en filigrane dans des propositions antérieures, comme le « projet de règlement provisoire » du 6 juin, lorsqu'il stipule : « Ceux qui parleront ne pourront adresser la parole qu'au président[3]. » C'est une autre disposition qui prévaudra, où l'orateur, au lieu de parler de sa place, harangue l'Assemblée tout entière depuis une tribune – point de quelque conséquence pour notre sujet. De façon générale, s'il est intéressant d'évoquer le précédent anglais, c'est parce que l'essentiel, en un sens, se joue dans la divergence avec lui. Il est possible que ce soit le face à face du parti du gouvernement et de l'opposition qui ait inspiré la bipartition qui s'esquisse et se durcit peu à peu dans le courant de juillet et d'août 1789 parmi les représentants français. Mais c'est dans l'exacte mesure où ils s'écarteront de sa logique qu'ils deviendront « la droite et la gauche ».

La chose en tout cas met du temps à décanter et plus encore à être nommée. Elle pourrait avoir son origine très tôt, dès le début des États généraux, dans une forme de scrutin utilisée apparemment sans lendemain à l'intérieur de l'assemblée du Tiers. Le 8 mai, en effet, pour trancher entre les propositions rivales de Mirabeau et de Malouet sur le problème de la réunion des ordres, l'idée aurait prévalu de se compter « en invitant l'assemblée de se partager en sorte que ceux qui seraient de l'avis de Malouet passeraient à droite, et ceux qui préféreraient la motion de Mirabeau se rangeraient à gauche[4] ». Il y a fort loin, il est vrai, d'une procédure que sa lourdeur condamnait à rester exceptionnelle à la cristallisation d'une géographie stable. Sauf à imaginer que c'est l'occasion pour les gens de la minorité, en particulier – puisque « le plus grand nombre » passe à droite –, de se reconnaître et de se regrouper. Ce pourrait être ce qui s'est passé, si l'on se fie à un témoignage rétrospectif qui, sans mentionner l'épisode, fait remonter la division de l'assemblée en « deux sections séparées par le bureau du président » au temps de « la chambre même du tiers », dès avant la réunion des ordres. « Soit effet du hasard, nous est-il relaté, soit que l'identité de sentiment engageât les amis du peuple à se rapprocher entre eux et à s'éloigner de ceux qui ne partageaient pas leur opinions, on s'aperçut qu'ils affectionnaient le côté gauche de la salle et qu'ils ne manquaient jamais de s'y réunir[5]. » Faut-il y ajouter, postérieurement à la réunion des ordres, le retour du clergé à sa place d'origine dans les États généraux, qui aurait fourni au côté droit son noyau[6] ? Toujours est-il que c'est dans les derniers jours d'août, à la faveur du débat sur les droits de l'homme, puis de la discussion sur le veto royal, que le phénomène prend une consistance suffisamment nette pour être relevé par les observateurs. De manière significative, ainsi, c'est à propos de la séance du 23 août, marquée par l'affrontement autour de l'article de la Déclaration des droits relatifs à la liberté religieuse, que Duquesnoy l'enregistre. « Il est remarquable, note-t-il dans son *Journal*, que la salle est partagée de manière que, dans une partie, sont placés des hommes qui, quelquefois, sans doute, ont des opinions exagérées, mais qui, en général, ont de la liberté et de l'égalité une idée très élevée[7]... » Il ne désigne pas les parties, il est seulement frappé par le partage, et le premier relief qui lui saute aux yeux est celui de la « gauche » qu'il ne situe pas – « l'autre partie, écrit-il, est occupée par des hommes dont les idées moins élevées, les opinions moins prononcées, leur donnent un caractère de faiblesse, de pusillanimité très funeste dans les circonstances actuelles ». L'initiative du regroupement à gauche, repoussant progressivement ses adversaires à droite, paraît confirmée, quelques jours plus tard, le 29 août, au lendemain de l'ouverture de la discussion sur le veto, par un député de la droite, justement, le baron de Gauville. Il enregistre la consommation du processus : « Nous commencions à nous reconnaître : ceux qui étaient attachés à la religion et au roi s'étaient cantonnés à la droite du président, afin d'éviter les cris, les propos et les indécences qui se passaient dans la partie opposée. » Mais la partie la plus parlante de son témoignage tient dans le récit de son propre parcours : « J'avais essayé, rapporte-t-il, de me placer dans les différentes parties de la salle et de ne point adopter d'endroit marqué, afin d'être plus le maître de mon opinion, mais je fus obligé d'abandonner absolument la partie gauche ou bien j'étais condamné d'y voter toujours tout seul et par conséquent condamné aux huées des tribunes[8]. » On a là marqué, en même temps que le fait de la division, le motif qui empêchera de lui conférer un statut de droit, même tacite, durant toute la Révolution : la répugnance du député à l'embrigadement. Elle n'est pas personnelle. Elle participe de l'idéal politique fondamental en lequel restera enfermée jusqu'à l'obsession l'expérience révolutionnaire. Comme il ne doit y avoir que les intérêts particuliers et l'intérêt général, selon la formule célèbre de Le Chapelier, il ne doit exister en matière de délibération que des opinions rigoureusement individuelles afin qu'émerge de leur ensemble une volonté authentiquement générale. Point de « partis » ou de « factions » et de la diversité des points de vue naîtront naturellement l'unité et l'universalité de la représentation collective. À compter de cette fin août 1789, les assemblées révolutionnaires ne cesseront jamais plus d'être divisées. Elles s'en accommoderont en pratique sans jamais pour autant y reconnaître une dimension normale ou même significative de leur fonctionnement.

Encore s'écoule-t-il un certain délai entre la clarification du partage, telle que les participants l'observent, et sa désignation publique. Elle n'intervient pas avant le 12 septembre, conclut Pierre Rétat de son dépouillement de la presse. « La première mention claire mais isolée de la localisation des partis se trouve, nous apprend-il, dans les *Nouvelles politiques* de Berne, définissant

La droite et la gauche

le *coin du Palais-Royal* : "c'est ainsi qu'on appelle le côté gauche de la salle où ce parti se rassemble ordinairement"[9]. » Elle ne devient plus courante, précise-t-il encore, qu'à partir de décembre et c'est alors que Camille Desmoulins, pour la première fois, « substantifie les deux côtés de la salle ». Dans son compte rendu de la séance du 19 décembre qui voit la création des assignats gagés sur les biens de l'Église, ce n'est plus le côté droit, mais « *la droite* du président » que l'abbé Maury invite à se retirer, et ce n'est plus le côté gauche, mais *« la gauche »* qui bat des mains « comme elle fit lors de la démission de Mounier ». Sur quoi, poursuit Desmoulins, « *la droite* a mieux aimé ne pas désemparer, mais il s'est fait un sabbat d'enfer et les calotins criaient comme des damnés[10] ». Si l'historienne piété pour les commencements oblige à faire grand cas de cet usage, il faut aussitôt préciser qu'il restera relativement rare. On le trouve sous la plume de quelques auteurs, un Duquesnoy, par exemple, qui note début 1791 : « la conduite extraordinaire d'une partie des membres de *la droite* » ou bien relève un peu plus tard que « *la gauche* est divisée en deux partis très distincts, très opposés[11] ». Mais c'est l'association étroitement topographique au *côté* ou à la *partie* qui constituera la règle, y compris, trait remarquable, lorsque l'expression s'élève par synecdoque à la désignation des personnes. Chabot déclare ainsi aux Jacobins, en septembre 1792, « avoir vu tous *les côtés droits* de l'Assemblée nationale venir presque [le] flagorner[12] ». La pesanteur géographique continue d'être sensible, de même, quand la partie droite devient un peu plus abstraitement « *le parti droit*[13] ». Et on ne le quitte pas lorsqu'on suit en 1791, dans les derniers mois tendus de la Constituante, l'émergence de l'*extrémité gauche*, laquelle apparaît d'abord comme *extrémité gauche de la partie gauche* avant de s'alléger en *extrémité de la partie gauche* et de se simplifier encore[14]. L'essentiel des applications demeurera très descriptivement cantonné, de la sorte, à la sphère du compte rendu parlementaire.

En même temps, en termes de pratiques d'assemblée, le pli est pris, et profondément, la réunion de la Législative en fournit la preuve. La règle de non-rééligibilité posée par les Constituants provoque un renouvellement complet du personnel. C'en est fini d'autre part de l'hétérogénéité léguée à la Constituante par la structure primitive des ordres. On eût pu croire que les clivages coutumiers traversant cette dernière s'évanouiraient avec les porteurs de l'histoire très particulière dont ils avaient été le fruit. Or, à l'inverse, la répartition droite, gauche, centre se reforme immédiatement. « Les places qu'avaient occupées au côté gauche, dans l'assemblée constituante, les vrais défenseurs de la liberté, furent envahies, emportées d'assaut par les plus fougueux novateurs », raconte un protagoniste, le Feuillant Mathieu Dumas. « Un beaucoup plus grand nombre d'hommes éclairés et d'opinions modérées, prétendus sages, observateurs presque indifférents, se jetèrent dans le centre où leur masse et leurs rangs serrés pouvaient, par le poids et la force numérique, avoir à leurs propres yeux l'apparence d'une immense majorité et rassurer leur timidité. Il ne resta aux amis consciencieux de la constitution que les places qu'avaient occupées à la droite, dans l'assemblée précédente, les défenseurs de l'ancien régime.» C'est parmi ces «patriotes» transformés en «minorité aristocratique» aux yeux du peuple par la seule géographie, que se range, on l'a compris, notre témoin. «Ainsi fut coupée l'assemblée législative dès ses premières séances, conclut-il, et jusqu'à sa clôture, rien ne fut changé à cette disposition locale[15].» Comme si c'était une loi de composition qui se trouvait cette fois établie. Impossible de n'être pas frappé, en lisant ces lignes, par le sentiment d'assister à une répétition en accéléré du processus entrevu dans l'été 89. L'initiative à gauche et la droite comme reste réactif une fois affirmée l'importance du réflexe centriste. On n'a pas eu l'occasion de signaler ce dernier trait et il est pourtant crucial d'y appuyer. Duquesnoy ne relève pas seulement, par exemple, la polarisation de la salle dès le 23 août 1789. Il marque aussi la position significative de ceux qui «tiennent le milieu» – «ils désirent tout ce qui se fait, dit-il, mais ils voudraient que tout se fît plus lentement et avec de moindres secousses[16]». Les *Impartiaux* seront une pièce importante de l'organisation de la Constituante et de ce qui en elle préfigure confusément une tradition politique. La bipartition conceptuelle entre droite et gauche entretient d'étroits rapports avec une tripartition réelle articulée autour d'un centre.

Le même scénario se répète apparemment lorsque la Convention se réunit, en fonction d'un même décalage. C'est la gauche de la législative, scindée de son «extrémité gauche» qui est devenue cette fois le «côté droit». Durant quelques mois, la tension sera vive, souvent, entre les deux parties de l'Assemblée. À partir du coup d'État du 2 juin 1793 et de l'arrestation des Girondins, il se crée une situation inédite : la droite s'évanouit. «Le sommet de la Montagne, passant pour le plus haut degré du républicanisme, relate Thibaudeau, tout y refluait, le côté droit était désert depuis que la Gironde en avait été arrachée; ceux qui avaient siégé avec elle, ayant trop de conscience ou de pudeur pour se faire Montagnards, se réfugiaient dans le *ventre* toujours prêt à recevoir les hommes qui cherchaient leur salut dans sa complaisance ou sa nullité[17].» La place ainsi libérée sert carrément à accueillir les «envoyés du peuple» – un Montagnard propose, le 12 août, de «mettre le côté droit de la salle à la disposition des députés des assemblées primaires, ils le purifieront; et il n'y aura de délibérant que le côté gauche[18]». Thermidor rétablira la symétrie des forces en présence. Ce sera même un moment d'expectative à la faveur duquel la division de l'assemblée prendra une portée spécialement significative. Ce sera manifeste en particulier au moment de la crise de germinal et de prairial an III qui aboutira d'ailleurs à la mise hors jeu des représentants les plus voyants de l'«extrémité gauche». Selon un usage qui remonte au moins aux premiers temps de la Convention, l'affrontement des députés se double de celui des tribunes, où le public se distribue en fonction de leur clivage. Le 12 germinal, ainsi, les pétitionnaires qui ont envahi l'assemblée «défilent au milieu des applaudissements des membres et des tribunes de l'extrémité gauche[19]». Il n'en est que plus remarquable de constater qu'en dépit de cette polarisation, le vocabulaire qui la traduit ne suscite pas davantage à ce moment-là que dans les périodes précédentes d'effets d'identification. «Côté droit» et «côté gauche» correspondent à une pratique désormais parfaitement installée et rodée, mais au travers de laquelle on ne se définit pas. C'est que même dans l'enceinte parlementaire où l'opposition est devenue une règle de fait, elle n'est pas appréhendée comme l'expression inévitable de tendances profondes, mais comme le produit pathologique de discordes funestes qu'une saine organisation ne devrait pas tolérer. Aussi le dernier mot de la Convention sur le sujet sera-t-il pour la bannir. La Constitution de l'an III sera complétée par un règlement du travail des futures assemblées expressément destiné à «rompre ces groupes de partis qui présentent l'enceinte du corps législatif comme un champ de bataille où plusieurs armées sont en présence, et se disputent avec acharnement la victoire[20]». La Revellière-Lepeaux s'étend longuement, le 14 septembre 1795, sur les «inconvénients extrêmement graves», qui ont résulté d'une situation où les députés étaient acculés à émettre, au lieu de leur vœu propre, celui «que le public et les membres de l'assemblée eux-mêmes croyaient devoir sortir de la place que nous occupions[21]». Sur sa proposition, les places seront donc tirées au sort tous les mois, chaque membre devant se tenir au numéro qui lui est échu. Grâce à cette rotation fréquente, explique-t-il, les députés apprendront à mieux se connaître, tout en étant plus libre chacun d'influences, de sorte que ces opinions mieux individualisées «se fondront plus aisément en une opinion tout à fait générale[22]». Où l'on voit que si la Révolution française a en effet amené la droite et la gauche au langage politique, c'est à son corps défendant. Il est bien au même moment quelques voix inattendues, celle de Sieyès, par exemple, pour tirer une autre leçon de l'expérience en entérinant l'irréductibilité du phénomène – Sieyès n'avait-il pas été jusqu'à admettre, le 20 juillet, que «l'existence de deux partis semblables ou analogues à ceux que l'on connaît ailleurs sous les noms de parti ministériel et parti de l'opposition, est inséparable de toute espèce de système représentatif. Disons la vérité, ils se rencontrent partout, quelle que soit la forme du gouvernement[23]»? Peine inutile. Le courant dominant, en cette clôture thermidorienne, est à la consécration pratique de la philosophie fondamentale de l'unité qu'un Sieyès, justement, avait à son heure tant contribué à imposer. Il ne suffit pas de dire par conséquent que la Révolution a créé les catégories usuelles de notre mode de partage favori, il faut ajouter qu'elle ne s'est pas moins préoccupée de les abolir. En fait de naissance, c'est plutôt de faux départ qu'il convient de parler.

La Restauration : aux origines de la tradition parlementaire française

La vraie naissance date de la Restauration. En ce domaine, ce sont les pires ennemis de la Révolution qui parachèveront son œuvre. L'élément moteur, dans le contexte de 1815, viendra en effet des ultra-royalistes. C'est leur initiative impatiente qui provoque la résurgence des «partis» au sein de la Chambre introuvable. Ils se regroupent et s'organisent, non sans soulever l'inquiétude d'une opinion encore sous le coup du traumatisme révolutionnaire. «Peu de temps après que les chambres eurent commencé leurs séances, rapporte un observateur de l'époque, on avait répandu dans le public qu'il existait plusieurs réunions de députés connues sous le nom de clubs. On en désignait principalement deux [...] La seule idée de ces clubs jeta l'alarme parmi ceux qui se rappelaient de quelle funeste influence ils furent dans le cours et dès le commencement de la Révolution[24].» Il n'y a pas que le souvenir, il y a sur le fond le préjugé en faveur de la «noble indépendance qui doit être le premier caractère d'un député». «On se demanda, poursuit le même témoin, quel intérêt il pouvait résulter pour la chose publique qu'un député sacrifiât à un parti une opinion qui n'était plus la sienne propre.» La recherche de cohésion des uns suscite la réunion des autres. Les modérés se comptent en face des ultras. Deux mois après l'ouverture de la session, le 7 octobre 1815, la fracture paraît consommée. «La lutte était engagée, les partis étaient classés; il y avait dans les chambres une majorité et une minorité constituées[25].» Et, point capital pour ce qui nous intéresse ici, la majorité ultra, «un moment incertaine», selon Duvergier de Hauranne, «s'était définitivement fixée à droite[26]». La face du monde eût certes été changée si elle avait été se loger à gauche! Comme on sait, les dissensions de plus en plus affirmées au fil des mois entre le ministère, obligé à un réalisme élémentaire dans la conduite des affaires, et les suppôts trop zélés de la tradition monarchique, conduiront le Roi à prononcer la dissolution dès septembre 1816. Les ultras sont sévèrement défaits aux élections d'octobre. Le ministère s'appuiera désormais sur les tenants de l'esprit de compromis de la Charte, dénommés pour ce motif «constitutionnels», et qui deviendront bientôt le «centre». Ils le deviendront avec l'apparition au lendemain des élections de 1817 d'un groupe des «Indépendants» suffisamment étoffé pour constituer une opposition sur la gauche, opposition qui ne cessera de se renforcer aux élections de 1818 et surtout de 1819. C'en est définitivement fait, avec ce système d'un gouvernement du milieu confronté à une double opposition, de la belle simplicité d'un régime de bipartition à l'anglaise. Vitrolles, l'un des chefs de file ultra, peut encore évoquer en août 1816 l'adoption du système des partis sur le modèle britannique[27]. En 1820, il ne reste plus à Louis XVIII que la nostalgie désolée d'un idéal évanoui : « Ô tories, ô whigs, où êtes-vous[28] ? » La logique du fonctionnement parlementaire est en effet devenue très différente – et autrement difficile à manier, de par le jeu de bascule qu'elle implique. C'est en fonction de ce mode spécifique de distribution des forces politiques que les dénominations de droite et de gauche acquièrent sens et nécessité. À cet égard, les années 1815-1820 représentent la période véritablement matricielle où elles se fixent et s'accréditent de manière définitive.

L'établissement du couple, si l'on ose dire, passe par un ménage à trois. Il y a droite et gauche parce qu'il y a centre. C'est de l'anomalie par rapport à « l'état normal du gouvernement parlementaire, dont les ressorts jouent mieux s'il y a seulement deux partis en présence », comme dit Duvergier de Hauranne, qu'ils sont le produit. « Mais, poursuit le même, comment n'y aurait-il eu que deux partis quand un parti se montrait hostile à la Charte et un autre parti hostile à la Dynastie ? Nécessairement un ministère dévoué à la Charte et à la Dynastie devait se tenir éloigné de l'un et de l'autre et suivre entre eux une voie moyenne[29]. » Avec cette double sécession des irréductibles de l'ultracisme sur un bord et des libéraux intransigeants sur l'autre, on entre dans un système de positions fixes, excluant la rotation des places à l'occasion d'une alternance. Système donc où les positions deviennent intrinsèquement significatives à tout moment en regard de l'orientation du ministère qui se définit forcément par rapport à elles. En pratique, pour s'assurer d'une majorité, il lui faut le plus souvent gagner l'appui, au-delà de ses troupes centristes naturelles, d'une fraction au moins de l'un ou de l'autre côté. C'est ainsi que Decazes et de Serre essaient, fin 1818, de gouverner « dans le sens et avec l'appui de la gauche, sans que la gauche fût représentée dans le ministère », tandis qu'ils changent leurs batteries, fin 1819, pour gouverner « dans le sens et avec l'appui de la droite, sans que la droite eût part au pouvoir[30] ». Il y aura donc des constitutionnels favorables à l'alliance à droite et d'autres à l'alliance à gauche – entendons avec ces fractions de la droite ou de la gauche susceptibles de se démarquer de leurs « exagérés ». D'où, en fonction de cette double contrainte à se déterminer, au sein d'un jeu fluctuant, d'une part vis-à-vis d'extrêmes clairement identifiés, d'autre part vis-à-vis du point d'équilibre de l'action gouvernementale, un classement spatial extraordinairement raffiné des députés afin d'exprimer les nuances de leur position. Comme il constitue la clé du jeu politique, il devient une donnée publique. On voit apparaître une série de *Statistiques*, de *Tableaux* ou de *Plans* destinés à diffuser cette topographie parlante – contentons-nous de relever au long un titre assez éloquent pour se passer de commentaire : *Plan figuratif de la Chambre des députés indiquant avec exactitude la place qu'occupe chacun des membres*[31]. L'éditeur d'une de ces *Statistiques* (pour la session de 1819) prend la peine d'expliquer au lecteur qu'il ne faut pas se suffire des trois grandes divisions de l'hémicycle, car non seulement droite et gauche sont divisées chacune en deux « sections », mais encore chacune de ces sections présente-t-elle à son tour des différences significatives : « MM. les députés qui siègent dans la deuxième section de gauche, dans la deuxième section de droite et au centre sont placés de manière à indiquer la division de l'assemblée vers laquelle ils inclinent. » Et ce n'est pas tout : l'ordre horizontal se double d'un ordre vertical. « Les trois colonnes se divisent imperceptiblement à trois degrés[32]. » Il est besoin, pour décrire cet espace intégralement balisé, d'une terminologie capable d'en restituer la diaprure à l'intérieur et en plus de ses grandes coupures. C'est alors qu'émergent en sus de droite et gauche, *extrême droite* et *extrême gauche*, *centre droit* et *centre gauche*. « Mais ces classifications, commentera un peu plus tard un observateur, sont loin d'indiquer toutes les nuances des partis qui composent nos assemblées. Que de teintes diverses, depuis l'extrême droite du centre gauche jusqu'à l'extrême gauche du centre droit[33]. » Soit dit au passage, on touche sans doute ici à l'un des grands ressorts qui font la force cognitive de notre couple de notions : c'est qu'il permet de tenir ensemble l'idée d'un antagonisme radical et le dégradé continu d'un spectre indéfiniment décomposable.

La session 1819-1820 mérite d'être reconnue comme un moment fort de l'histoire du vocabulaire politique. Car c'est autour d'elle, apparemment, que s'opère la complète décantation et consécration du système lexical. Journaux, brochures et correspondances témoignent, au-delà d'occurrences isolées, de son entrée dans les mœurs sous une forme cohérente et régulière. Les circonstances se prêtent, il est vrai, à pareille cristallisation. La première phase de la session voit l'épanouissement du mécanisme de bascule des alliances parlementaires. À la suite du succès des libéraux aux élections de septembre 1819, Decazes change son fusil d'épaule, abandonne la politique à gauche et forme un ministère centre droit recherchant l'alliance à droite. Il se heurte, comme il se doit, à l'hostilité des irréductibles. Villèle, qui mène les tractations, constate, en décembre 1819, que « Fiévée et la Bourdonnaye voudraient bien lever un étendard à part à l'extrême droite[34] ». La logique du processus pousse à isoler les extrêmes. *Le Censeur européen* notait dans le même sens, deux mois auparavant, la dissociation entre « les éloges donnés à la gauche et le blâme porté sur l'extrême gauche[35] ». Mais elle crée du coup la possibilité d'une conjonction des extrêmes, phénomène important du point de vue de la coagulation de l'ensemble sémantique qui commence ici à poindre. Il est illustré dès les élections par la victoire du régicide Grégoire qui l'emporte grâce à l'appoint des voix ultra en soulevant un énorme scandale. Fidèle à la politique du pire, la très royaliste *Quotidienne* se demande si, « au lieu d'expulser le régicide, il ne vaudrait pas mieux le laisser s'asseoir au milieu de la gauche, se lever avec elle et servir ainsi par sa présence à éclairer les royalistes douteux sur les affreux projets de la Révolution[36] ». L'élection une fois cassée, la *Bibliothèque historique* s'indigne, en revanche, « qu'un vieillard honoré par soixante ans de vertus n'eût pas trouvé un défenseur dans la gauche[37] ». Mais au moment du vote du budget, la même *Quotidienne* ne craint pas d'en appeler à l'union des opposés : « Il faut que la gauche et la droite s'entendent afin de manifester leur indignation commune contre M. Decazes[38]. » À défaut d'accord, il y a au moins ce repoussoir commun, le parti ministériel, sur lequel les brocards pleuvent de tous les côtés. Le *centre*, suivant un jeu sur le mot hérité de la Révolution et qui connaît alors la fortune, est stigmatisé sous l'appellation méprisante de *ventre*. À propos toujours de la session de 1819, Béranger chansonne le « ventru », lourd des « dîners que les ministres lui ont donnés », pour avoir, « suivant sa leçon, pris place à dix pas de Villèle et quinze de d'Argenson » – indication intéressante, par parenthèse, quant à la familiarité avec les données de la topographie parlementaire que le chansonnier suppose chez son public[39]. Et puis survient l'assassinat du duc de Berry, en février 1820. La vague de réaction qu'il suscite bouscule les règles du jeu subtil en train de s'établir. Retour à la simplicité de l'antagonisme frontal. Le ministère s'unit aux ultras pour faire passer une série de restrictions aux libertés publiques. Les libéraux de toutes obédiences, ressoudés par l'adversité, mènent un combat de retardement qui offre à l'éloquence parlementaire l'une de ses grandes occasions de se déployer. Les débats sont suivis avec une attention passionnée par le public parisien, où la jeunesse des écoles fait une entrée remarquée comme acteur social. L'âpreté des discussions ne diminuera pas, au contraire, à la suite des élections de novembre 1820 qui donnent une majorité écrasante aux ministériels et à la droite. Les quatre-vingts libéraux rescapés dans la Chambre résistent becs et ongles aux assauts de la contre-révolution, durant une session que Duvergier de Hauranne qualifie de « session de guerre civile », tandis qu'une partie de leurs troupes se convertit à l'action clandestine. Cette polarisation des esprits n'est sûrement pas étrangère à l'apparition dans le public des premières identifications de sa propre position en termes de géographie d'assemblée. On relève la chose, par exemple, sous la plume de Paul-Louis Courier rendant compte des élections de la fin 1820. « Nous étions là, écrit-il, trois sortes de gens appelés par le préfet, gens de droite, aisés à compter, gens de gauche, aussi peu nombreux, et gens du milieu, à foison[40]... » Avec Stendhal, en 1824, un pas supplémentaire est franchi, lorsqu'il explique, à propos du Salon, que « ses opinions en peinture sont celles de l'extrême gauche », alors qu'en politique, elles sont « centre gauche, comme celles de l'immense majorité[41] ». Le langage de la prise de parti est émancipé de la perspective électorale qui le conditionne encore chez Courier; il a conquis une généralité expressive suffisante pour devenir à son tour le support d'une extension métaphorique. Mais ce n'est pas l'intensité à elle seule de ces joutes parlementaires qui peut expliquer leur substantification symbolique. Il y faut en plus la reconnaissance tacite de ce qu'elles expriment la réalité profonde d'une situation historique. De ce point de vue, le contexte offre une lumière optimale. Impossible de confondre l'opposition entre les libéraux et les ultras avec une lutte plus ou moins artificielle de factions pour le pouvoir. D'évidence publique, c'est le partage fondamental du pays, passé, présent et avenir tout ensemble, qui se réfracte en elle. Probablement d'ailleurs que l'une des grandes différences avec la période révolutionnaire réside dans cette parfaite lisibilité de l'affrontement, celle que créent justement l'héritage et la mémoire de 1789. Le recul rend limpides les enjeux d'une bataille traversée dans la confusion. Nul ici n'a le moindre doute : ce sont l'ancienne et la nouvelle France qui se trouvent face à face et la question est de savoir si le compromis est possible entre les « deux peuples ». Avec Montlosier du côté réactionnaire, avec Thierry et Guizot sur l'autre bord, le discours historien se déploie au même moment pour ancrer dans le temps long de la conquête cette dualité d'une France « condamnée par sa propre histoire à former deux camps rivaux et inconciliables[42] ». C'est dans la mesure où la division politique présente de la sorte aux yeux de tous des motifs majeurs, irréductibles, d'exister et de perdurer qu'il y a sens à s'y retrouver, à durcir en concept la distribution des forces parlementaires, à élever l'accident de leur disposition spatiale à l'essence. Droite et gauche s'enracinent ainsi grâce à la combinaison de deux facteurs, au croisement de la dramatisation historique et de la subtilité politicienne, telles que le tournant de 1820 les fait se télescoper à leur paroxysme. Intervient d'un côté, donc, cette reviviscence clarificatrice de la fracture révolutionnaire provoquée par le dessein même d'une restauration, qui leste l'identification des partis d'une formidable gravité. Mais elle n'est efficace que parce qu'il y a eu au préalable captation de cet antagonisme à l'intérieur d'un jeu d'assemblée extrêmement serré qui lui impose sa sémantique propre.

Peut-être faut-il mentionner encore l'année 1828 au titre du renforcement de l'acquis. Elle est en effet le théâtre d'un riche débat dans les différents partis et dans la presse sur la conduite à tenir à la suite des élections de novembre 1827; débat qui ramène au premier plan la langue des classements politiques. Celle-ci avait été quelque peu mise en sommeil depuis 1824 par l'écrasante domination de la droite au sein de la « Chambre retrouvée », encore que les talents de la quinzaine d'opposants cantonnés dans leur réduit d'extrême gauche et surtout les dissensions du camp majoritaire, tiraillé entre les indomptables de son extrême droite et les modérés de sa «gauche», eussent maintenu une vie parlementaire animée. En 1827, l'union sacrée contre le ministère fonctionne de nouveau, et l'on revient à la tripartition de l'époque Decazes. Le camp ministériel, ramené à cent quatre-vingts membres, se retrouve flanqué d'une double opposition, avec soixante-dix royalistes sur sa droite et cent quatre-vingts libéraux sur sa gauche. D'où le retour de la question des alliances susceptibles de déboucher sur une majorité. Faut-il un rapprochement du centre droit ministériel avec le centre gauche? Certains le plaident, en arguant, à l'instar de Stendhal quelques années plus tôt, que là réside «l'opinion générale de la France et l'esprit du siècle: *toute la France est centre gauche*[43]». Solution véhémentement critiquée à droite et à gauche, où l'on revendique chacun pour son propre compte une cohésion garante d'hégémonie. «Le cabinet doit marcher avec la gauche tout entière, proteste ainsi le *Journal des débats*... Ce serait une folie de vouloir par la réunion du centre droit et du centre gauche constituer un parti assez fort pour résister aux attaques des deux extrémités[44].» Benjamin Constant dénonce de même comme une utopie le détachement du centre gauche d'avec «ce qu'on nomme l'extrême gauche». «La gauche restera unie, dit-il, bien qu'il y ait dans ses rangs des impatients et des résignés[45].» Ce que les jeunes gens du *Globe* confirment, en renvoyant dédaigneusement dans le passé «ces distinctions de centre gauche et de gauche, souvenirs de 1819... Les véritables éléments de la majorité sont à gauche, sans distinction de centre ni d'extrémité[46]». Mais à droite, un publiciste influent, le vicomte de Saint-Chamans, s'efforce d'établir de façon tout à fait parallèle «que l'alliance entre le centre droit et le centre gauche est impossible, et qu'il y a plus loin de l'homme le plus modéré du centre droit à l'homme le plus modéré du centre gauche que de l'un ou de l'autre à l'homme le plus vif de son parti[47]». En conséquence de quoi, lui pousse en faveur de «l'alliance de la droite avec le centre droit[48]». Il a d'ailleurs, à l'appui de sa thèse, cet argument intéressant que «les quatre partis et leurs nuances délicates existent plus réellement dans les Chambres que dans la nation», où l'on ne trouve plus guère «que les opinions nettes de la droite et de la gauche qui aient quelque puissance[49]». En pratique, le ministère centre droit de Martignac s'efforcera, au cours de son année et demie d'existence, de maintenir une précaire ouverture à gauche, en vue d'une «fusion» improbable avec les libéraux modérés. Navigation périlleuse, le mettant à merci d'une convergence des oppositions qui finira en effet par l'emporter. Et ce sera la fatale fuite en avant dans «la folie d'un ministère d'extrême droite», comme avait prévenu Villèle[50]. L'épisode, en tout cas, de par la révision générale des dénominations et de la tactique qu'il entraîne, aura permis l'intronisation définitive des divisions parlementaires comme catégories de l'entendement politique.

L'ère des masses : de la topographie des chambres aux catégories de l'identité

Reste à comprendre le parcours qui en a fait les catégories primordiales de l'*identité* politique. Parcours celui-là fort sinueux et fort étiré, puisqu'il n'exige pas moins de trois quarts de siècle – c'est seulement dans les années 1900 qu'il aboutit. Il suppose un vrai retournement qui transforme la langue spécialisée de la cuisine parlementaire en idiome basique du suffrage universel. Car l'exemplaire clarté de la première Restauration n'a eu qu'un temps. Passé 1830, les mots subsistent, mais les cartes auxquelles ils devaient leur pouvoir se brouillent. Finie cette correspondance qui faisait du partage des assemblées l'exacte représentation de la question posée au pays – acquis de la Révolution ou contre-révolution ? – et qui donnait à sa désignation la plus élémentaire sa faculté d'évocation. Avec la victoire de l'orléanisme libéral, la scène se complique et le miroir se trouble. Les antagonismes se diluent avec l'explosion du royalisme extrême qui contribuait de manière déterminante à les durcir. « Depuis la révolution de juillet, note un publiciste en 1842, une douzaine d'honorables membres, débris de l'opinion légitimiste, se trouve éparpillée parmi les députés de toutes les nuances. En conséquence, le mot droite ou côté droit ne désigne plus un parti politique[51]. » Le jeu politique tend à se rétrécir aux proportions d'une affaire de professionnels où les querelles de personnes et les rivalités de clientèle prennent le pas sur les enjeux de doctrine. D'autant plus le débat officiel s'enfonce-t-il dans un certain ésotérisme que les deux grandes questions qui montent, la question de la République et la question sociale, sont tenues en lisière. La force de la tradition déjà acquise maintient l'organisation représentative sous le signe de la droite et de la gauche, mais elles s'y renferment, en perdant l'essentiel de la puissance d'appel, du rayonnement identificatoire que les mémorables batailles des années 1820 avaient pu un temps leur conférer.

Aussi, lorsque le suffrage universel advient en 1848, n'est-ce pas spontanément ce langage-là qu'il va parler. Les mots de droite et de gauche sont trop étroitement associés désormais à la pratique parlementaire dans ce qu'elle a de plus interne pour être ceux au travers desquels vont s'exprimer les grands clivages de l'opinion. Ils resteront les mots de l'institution, les mots du compte rendu d'assemblée, les mots de l'analyse politique. Mais quand Proudhon, par exemple, esquisse dans ses *Confessions d'un révolutionnaire* une typologie raisonnée des partis, il prend soin, après avoir établi qu'il y a la nécessité de deux partis moyens entre les deux partis extrêmes, de préciser en soulignant la dénivellation des registres du vocabulaire : « en termes parlementaires, un centre droit et un centre gauche[52] ». La compétition électorale et l'adhésion partisane vont emprunter en effet de tout autres chemins linguistiques. Les élections de mai 1849, point de cristallisation durable, comme on sait, de la carte des forces politiques en France, opposent, en langage populaire, les *démoc-soc* aux *réacs*. Surtout, elles sont l'occasion de la mise en place d'une symbolique de l'affrontement très puissante, dérivée de la guerre des drapeaux : les *rouges* contre les *blancs*. C'est par ce contraste de couleurs que passera pour plus d'un demi-siècle la reconnaissance des camps. Edgar Morin le trouve encore prioritaire sur toute autre marque d'appartenance dans les années 1960 à Plozévet, dans le Finistère[53]. Très avant dans ce siècle, alors que droite et gauche se sont déjà largement imposées, il continue d'être mobilisé dans les moments de tension, lorsqu'il s'agit justement de faire ressortir le caractère tranché du choix. « Je suis pour les forces de la révolution contre les forces de contre-révolution ; il y a des blancs et des rouges ; je suis avec les rouges ! », s'écrie ainsi le radical Malvy lors d'une manifestation préparant les voies du Cartel des gauches, fin 1923[54]. Et il est encore des candidats pour invoquer la « lutte éternelle » du « bloc des rouges » et du « bloc des blancs » aux élections de 1936[55]. Le fait est capital à considérer dans l'histoire qui nous occupe. Le suffrage universel crée d'un coup d'énormes besoins d'identification politique. Chacun est requis de se situer. Or c'est dans l'opposition du rouge et du blanc qu'ils ont primitivement trouvé à se satisfaire. C'est elle qui a fourni au départ cet instrument à la fois d'extrême simplification des termes du conflit et d'immédiate reconnaissance de sa propre position dans le conflit qu'appelait la participation politique de masse. Ce n'est que dans un second temps, tardivement et lentement, que la droite et la gauche l'ont supplantée dans le même emploi. C'est qu'elle a poussé de profondes racines, jusqu'à s'intégrer quasiment au folklore, dans certaines régions du Midi, en particulier. Costumes, mascarades, affrontements rituels des couleurs : toute une coutume se développe autour de cette bataille des emblèmes. Et il est vrai que le rouge et le blanc, riches chacun de résonances symboliques, étaient bien faits pour parler à l'imagination et au cœur. Voilà qui n'en rend que plus mystérieux en regard de cette profusion sensible, que la droite et la gauche auraient pu à leur tour, en dépit de leur froideur abstraite, se charger de la même palpitation affective, de la même chaleur d'adhésion et de répulsion.

Sans doute ce déplacement témoigne-t-il au premier chef de la réussite du régime parlementaire. L'institution, autour de 1900, est parvenue à s'imposer en profondeur. C'est par rapport à elle non seulement que la politique se pense, mais que les forces sociales se mesurent. Ce sont encore ses mots que ses pires détracteurs parlent. Il y a fallu trente ans, les trente années qui constituent proprement la période d'acclimatation de la démocratie en France. Peut-être qu'en retour les vicissitudes du lexique politique ne sont pas sans éclairer de l'intérieur quelques-unes des composantes de ce processus au plan des mentalités.

Droite et gauche resurgissent avec la libéralisation du second Empire, très exactement avec les élections législatives de 1869. Les quatre-vingt-dix députés de l'opposition, constate un journaliste, « vont contraindre l'assemblée à revenir aux anciennes délimitations, gauche, extrême gauche, centre gauche, centre droit, extrême droite[56] ». Juste prévision sur la dynamique enclenchée, puisqu'on voit Gambetta, quelques semaines plus tard, dans une retentissante *Lettre aux électeurs de la première circonscription du département de la Seine*, tenter d'opérer la décantation à gauche. « Il faudrait décomposer la gauche actuelle en deux parties », propose-t-il – en fait, bien qu'il n'emploie pas le mot, en centre gauche et en gauche véritable. Ce qu'il veut, c'est rendre au mot de gauche « son sens précis, déterminé, limité : il indique et définit un parti politique de composition homogène, d'origine identique, de principes communs », le parti regroupant tous ceux pour qui l'émancipation du suffrage universel exige de déboucher sur des institutions démocratiques[57]. Le texte est intéressant par son caractère charnière. Il anticipe par un côté l'idée de parti, avec son insistance sur la cohésion d'un groupe rassemblé autour d'une doctrine – « il faut organiser une gauche composée exclusivement de citoyens ralliés aux mêmes principes ». Mais son horizon de pensée, en même temps, reste essentiellement intraparlementaire, ainsi qu'en témoigne ce passage : « Une gauche bigarrée, hétérogène, formée de toutes sortes d'opinions, peut haranguer, critiquer, harceler en paroles l'adversaire commun, et c'est beaucoup ; mais elle restera toujours nulle pour l'action[58]. » Ce confinement restera la règle tout au long des années suivantes. La réactivation terminologique se produit comme annoncé, au milieu des convulsions de la guerre, de la chute de l'Empire et de la Commune, puis du retour à la normale du régime parlementaire que l'adoption de la République finit par couronner en 1875. À la suite des élections de février 1871, on voit officiellement apparaître à l'Assemblée nationale une Gauche républicaine, puis un Centre droit et un Centre gauche[59]. Il y aura une Extrême Gauche en 1876, une Gauche radicale en 1881. En 1885, c'est au Sénat que l'Extrême Gauche se constitue en groupe, avec ce manifeste qui dit assez le rodage des étiquettes : « La qualification d'extrême gauche indique d'une manière suffisante les motifs qui dictent la constitution du groupe[60]. » À la Chambre, cette fois, de nouveau, il se forme une Union des droites après les élections de 1885. L'année suivante, Raoul Duval prend l'initiative de créer une Droite républicaine. Dénomination reprise par Jacques Piou en 1893 pour son ex-Droite constitutionnelle. Dans le discours parlementaire, dans l'analyse politique, à laquelle le développement de la presse procure un puissant relais, droite, gauche et leurs dérivés prospèrent et font la loi. Il est deux configurations qui les appellent quasi nécessairement : d'un côté la polarisation à chaud du débat, de l'autre côté, l'analyse à froid du rapport des forces entre les camps, c'est-à-dire en particulier de l'état interne de leurs diverses composantes. En ce dernier domaine, les graves commentateurs du *Temps* sont une mine inépuisable. « Il n'est pas un avantage de la droite qui n'ait été préparé par une imprudence du radicalisme », déplorent-ils par exemple en 1873[61], pour constater l'année d'après que « la gauche et le centre gauche sont infiniment plus unis que ne le sont la droite et le centre droit[62] ». Du côté du langage de la tension, les attestations ne prolifèrent pas moins. « Nous avons à remercier l'intolérance républicaine d'avoir amené à droite la cohésion complète », s'écrie le bonapartiste Cassagnac en juillet 1876. Le radical Floquet en appelle, lui, à l'union des gauches en janvier 1879 – ce pourrait être l'un des actes de naissance de la formule : « Le salut de la République a été l'Union des gauches... L'Union des gauches, voilà la vérité[63]. » Place doit être faite, naturellement, au phénomène de la coalition des extrêmes qui vaut ainsi à Gambetta la présidence de la commission du budget en janvier 1877. « C'est la droite qui est venue départager les forces à peu près égales des gauches, commente un journal bonapartiste. Elle a voté presque unanimement et elle ne s'en cache pas pour les candidats radicaux qu'elle a eu le plaisir de voir triompher[64]. » Le mécanisme est assez rodé pour que Ferry le place au centre de sa campagne pour les élections de 1881, dont le véritable enjeu, dit-il, est l'élimination d'un nombre suffisant de monarchistes irréconciliables pour « mettre définitivement à l'abri des coalitions de droite et d'extrême gauche le ministère voulu par la majorité[65] ». C'est dans ce contexte de « concentration républicaine », à l'abri des minorités extrémistes, que s'impose l'une des formules les plus fameuses de l'opportunisme, abusivement prêtée à Ferry lui-même : « *Le péril est à gauche.* » Il s'est contenté en fait de la sous-entendre, en déclarant au Havre, le 14 octobre 1883, à propos des « succès partiels du parti intransigeant » : « Le péril monarchique n'existe plus, mais un autre lui succède et il nous faut le regarder en face[66]... » Ce sont ses adversaires qui se sont chargés de traduire et de populariser le slogan. À la veille des élections de 1885, le *Manifeste de la commission du congrès républicain radical socialiste* stigmatise ainsi « l'homme néfaste qui, oubliant nos éternels ennemis dans la haine des radicaux, n'a pas craint de dire au pays : le péril n'est plus à droite, il est à gauche[67] ». Et l'on pourrait indéfiniment multiplier les illustrations. Pour l'équilibre, donnons celle-ci encore, empruntée à Raoul Duval, au moment, déjà évoqué, où s'esquisse, en 1886-1887, le ralliement d'une partie des anciens bonapartistes et monarchistes à la république conservatrice : « Si je me tourne du côté de la gauche, déclare notre orateur devant la Chambre, j'y vois défiances et suspicions. Si je regarde du côté de la droite, j'y vois beaucoup de collègues qui, par crainte d'un mot [la République], ne font pas ouvertement la politique que, dans le fond du cœur, ils trouvent la plus raisonnable[68]. » De l'inadéquation des étiquettes toutes faites et des clivages reçus : autre thème promis à un grand avenir et dont l'amorce méritait d'être relevée.

Ce foisonnement d'occurrences ne doit pas tromper. Il demeure étroitement associé à la vie parlementaire dont il représente l'idiome spécialisé – un idiome auquel simplement la stabilité politique et les conditions nouvelles de publicité confèrent une diffusion plus large. Mais dès que l'on se tourne vers les élections, il se raréfie jusqu'à l'insignifiance. C'est sur d'autres catégories que s'opère la mobilisation militante et l'identification du suffrage – quitte à ce que droite et gauche resurgissent au lendemain de la consultation pour l'analyse de ses résultats. La Commune ramène et ravive les couleurs de 1848. Elle prête en particulier au *rouge* (et par contrecoup au blanc) un éclat pour longtemps ineffaçable, à la fois comme signe de reconnaissance et comme emblème répulsif. La révolution elle-même devient « la Rouge » pour ses tenants, tandis que « les rouges » donnent figure à l'épouvante bourgeoise[69]. L'épisode nourrira pour plusieurs décennies le langage de la dénonciation, si important dans le cadre de cette domestication du rapport ami-ennemi qu'accomplit le suffrage. En matière plus paisible d'étiquettes revendiquées par chacun des camps (et reconnues par l'autre), c'est l'affrontement entre *conservateurs* et *républicains* qui domine la période. C'est autour de lui que s'effectuent les regroupements du second tour rendus indispensables par le scrutin uninominal d'arrondissement adopté en 1875. C'est sur lui, typiquement, que se joue la consultation décisive d'octobre 1877 qui allait ouvrir les chemins du pouvoir aux républicains. Ce restera la loi des batailles électorales des années 1880 – le retour temporaire au scrutin de liste en 1885 n'y changera rien. Nous avons pour l'apprécier un instrument original, le Recueil des professions de foi des élus dont le radical Barodet fait adopter le principe en 1881, afin de mieux dégager les vœux du suffrage[70]. Il est à cet égard parfaitement éloquent. Jusque tard dans les années 1890, droite et gauche ne font pas partie du discours qu'un candidat adresse à ses électeurs. S'ils apparaissent au détour des programmes, appels ou proclamations, c'est dans une acception purement parlementaire, comme lorsque le général de Frescheville explique, en 1889, avoir fait « avec ses collègues de la droite tout ce qu'il était au pouvoir d'une minorité d'accomplir » ou comme lorsque de Montgolfier précise à ses électeurs de Tournon : « Le programme que je désire vous soumettre est le programme des droites[71]. » C'est un vocabulaire qui conserve une neutralité relative, au regard des anathèmes qui permettent de se différencier, du genre de « la réaction » ou des « rouges », comme au regard des dénominations qui permettent de se situer. Dénominations dont républicanisme et conservatisme fournissent l'axe cardinal en cette première phase de la IIIe République.

Les choses changent autour de 1900, au temps de la « défense républicaine » et du conflit majeur enclenché par l'affaire Dreyfus. Droite et gauche vont s'imposer alors comme les noms par excellence de ces deux France qui s'af-

La droite et la gauche

frontent passionnément sur l'essentiel, la vérité, la justice, la religion, la nation, la révolution. À la veille de la guerre de 1914, leur rôle de repères est définitivement consacré. La topographie parlementaire est devenue le moyen primordial par lequel les citoyens se pensent en politique. Le phénomène est patent dès les élections de 1902, qui voient la victoire, justement, du « Bloc des gauches ». Il prend toute son ampleur lors des élections de 1906, alors pourtant que la période de l'affrontement le plus aigu, « bloc contre bloc », sur la question religieuse s'est refermée avec la chute du ministère Combes l'année précédente. Il survivra de même aux vicissitudes de l'alliance entre socialistes et radicaux au cours des années suivantes. Il a pris son indépendance vis-à-vis de la conjoncture. Désormais, quoi qu'il en soit des rapports entre les composantes de la droite et de la gauche, c'est en termes de droite et de gauche que se joueront les compétitions devant le suffrage – car c'est la langue des électeurs, avant d'être celle de leurs représentants, la langue par conséquent que les candidats à la représentation doivent leur parler.

Reste à comprendre la petite révolution mentale que recouvre cette mutation lexicale. Elle correspond pour une bonne part, à notre sens, disons-le tout de suite, à l'entrée en démocratie dans l'acception contemporaine du terme, avec ce que celle-ci implique de changement en matière de *représentation*. Encore est-il que cette transformation profonde de l'ordre politique épouse les accidents d'une configuration historique très particulière. L'évolution des données de structure se mêle inextricablement ici à l'action des facteurs de conjoncture. C'est ce faisceau subtil d'interactions qu'il s'agit de démêler, à la lumière du symptôme linguistique en lequel il se traduit. En stylisant à l'extrême, on présentera l'adoption de masse de la droite et de la gauche comme la solution simultanée à trois problèmes principaux : la maîtrise du devenir, quand l'apparition de nouveaux partis ne cesse de déplacer l'axe de leur confrontation, le gouvernement des contradictions, quand le clivage passe à l'intérieur de chacun des camps autant qu'entre eux, la gestion de la réversibilité entre l'acteur et l'observateur, quand la représentation se fait objectivation des divisions de la société.

La conjoncture, c'est au premier chef, bien entendu, la guerre civile des esprits sur laquelle débouche, début 1898 (*J'accuse* de Zola, rappelons-le, paraît le 13 janvier), la polémique autour de la culpabilité du capitaine Dreyfus. S'ouvre là une période de sept années où, de la poussée nationaliste à la riposte républicaine, puis à l'offensive anticléricale du ministère Combes, les antagonismes d'opinion prennent un tour exceptionnel d'exaspération. C'est dans ce creuset de tensions, bien propice à l'affirmation de catégories dualistes, que se joue pour l'essentiel le transfert qui nous intéresse. Mais cette conflictualité paroxystique, en même temps, n'explique rien par elle-même. Il existe des catégories déjà en place pour nommer l'affrontement, et la situation eût pu aboutir à solidifier encore l'opposition entre républicains et conservateurs ou entre rouges et blancs. N'est-ce pas d'ailleurs sous le signe de la «défense de la République» que s'opèrent, en 1899, le rapprochement et la mobilisation de la gauche et de l'extrême gauche face à l'agitation nationaliste, de la manifestation du 11 juin à l'inauguration du *Triomphe de la République* de Dalou, le 18 novembre? Or, c'est pour finir, au lieu de ce possible renforcement, à une substitution que l'on assiste. Il faut pour l'éclaircir se tourner vers l'évolution des forces politiques, avec ce qu'elle entraîne d'usure et de remaniements des dénominations reçues. Le fait central à cet égard est l'apparition dans le paysage et la progressive montée en puissance des socialistes. «L'aurore de 1893», selon le mot de Jaurès, la percée accomplie à l'occasion d'élections centrées sur la question sociale, lui a conféré la pleine visibilité. En dépit des divisions qui affectent le nouveau partenaire, si limité que demeure son poids électoral et parlementaire, son irruption représente le paramètre décisif qui modifie la règle du jeu politique. C'est en fonction de lui que les autres changements prennent tout leur sens. Il exemplifie de façon saisissante, pour commencer, le glissement de gauche à droite de la politique française, ce double mouvement dont André Siegfried dégagera la loi en 1913, et qui «tend à tasser les partis, à les vider de leur énergie de gauche, pour les rejeter vers le centre, paradis des satisfaits», tout en suscitant l'émergence et le développement de nouvelles forces contestataires sur la gauche[72]. La relève des opportunistes par les radicaux en avait fourni une première illustration spectaculaire. L'arrivée des socialistes, en répétant le phénomène, lui confère l'allure de règle. Il en résultera, au lendemain des élections de mai 1914, ce singulier tableau d'une Chambre où «toute la moitié gauche de la salle était occupée par des groupes nés seulement depuis un tiers de siècle et portant l'épithète de socialistes (socialiste unifié, socialiste républicain, radical socialiste)», tandis que «tous les groupes qui gardaient le nom de gauche (gauche radicale, républicains de gauche, gauche démocratique), siégeaient dans la moitié de droite; les deux groupes progressistes formés des débris de l'ancienne majorité républicaine (de 1880 à 1898) étaient refoulés à l'extrême droite[73]». Le développement donne la mesure des effets de disqualification qui en résultent pour les étiquettes initialement reçues. Sur deux plans. Parlementaire d'abord, quand les partis qui s'intitulent «gauche» siègent en fait à droite, et que par contrecoup l'étiquette de «droite», primitivement réservée à des monarchistes en irrémédiable déclin, se trouve elle aussi brouillée. Une observation s'impose: l'appropriation de la droite et de la gauche par le public s'est effectuée parallèlement à la désaffection de leurs emplois d'assemblée fixés depuis 1871. Il n'y a pas eu simple transfert ou extension d'un registre à l'autre: c'est une réinvention qui s'est produite. Mais les étiquettes identitaires ne sont pas

La droite et la gauche

moins touchées par ce déplacement, celle de «républicain» en particulier. Elle est contestée par les socialistes pour son étroitesse politique. Elle est d'autre part ébranlée dans sa capacité identificatoire par le ralliement à la République d'une partie des anciens conservateurs. La gêne est sensible dans la littérature électorale de 1902, où la dénonciation du faux républicanisme tient une place non négligeable. «Unissez-vous contre tous les partis de droite qui s'affublent mensongèrement du nom de républicains», s'écrie de façon typique un candidat radical à Lyon[74]. À quoi il faut ajouter l'ouverture des mêmes conservateurs aux préoccupations sociales, telle que l'illustre par exemple la création, en 1902, justement, de l'Action libérale populaire de Piou, mais aussi la recomposition d'une autre fraction d'entre eux à l'enseigne du nationalisme – «mot nouveau qui ne trompe personne», proclame un anathème là encore récurrent[75] –, deux facteurs qui contribuent chacun à sa manière à troubler les repères d'origine. Tous processus d'érosion ou de déstabilisation qui finissent par créer un besoin d'identification : c'est le vide ainsi creusé que l'opposition entre droite et gauche va venir combler. On conçoit d'où elle peut tenir sa force : elle restitue à la confrontation une identité stable, moyennant une relativisation de ses termes[76]. Elle enregistre le déplacement intervenu, et elle lui répond en mettant le principe du partage à l'abri des évolutions futures. Au lieu en effet de remplacer les contenus doctrinaux devenus peu ou prou obsolètes par d'autres, elle abstrait le fait du conflit de sa teneur idéologique. Elle dissocie sa permanence de principe de la mobilité aléatoire de ses contenus. L'incomparable puissance de la droite et de la gauche, c'est d'être des notions indéfiniment ouvertes, toujours susceptibles d'enrichissement ou de renouvellement sémantique. D'où la recherche à la fois inévitable et vaine de leur essence ultime, quand c'est leur latitude qui les a imposées. Leur singularité, c'est de fonctionner en leur abstraction comme des *notions-mémoire* au travers desquelles se noue la continuité d'une histoire. Elles assurent de cette sorte d'identité du conflit politique à lui-même qui fait que des Girondins contre les Montagnards jusqu'aux nationalistes contre les socialistes, en passant par les libéraux contre les monarchistes, c'est toujours de la même histoire qu'il s'agit. C'est bien de là d'ailleurs que naît la difficulté à les situer comme des produits de l'histoire, tant elles y paraissent coextensives à force d'aider à s'y retrouver.

Il est une formule des années 1890 que l'on peut créditer d'un rôle certain dans l'imposition du nouveau système de repères : *pas d'ennemi à gauche*. C'est la formule des jeunes rénovateurs de la famille radicale qui se regroupent en 1894-1895 afin de pousser à son unification dans la perspective de l'alliance avec les socialistes[77]. Elle retourne expressément la formule ferryste de la décennie précédente. Elle est en effet le mot d'ordre, expose l'un de ses initiateurs, de ceux qui se refusent «à voir du côté gauche un péril ou une menace » et qui n'y rencontrent, tout à l'opposé, que « des amis, des frères de démocratie[78] ». C'est sous son signe qu'aura lieu le congrès constitutif du parti radical en 1901. La circulaire du Comité d'action pour les réformes républicaines qui le convoque en fait sa règle : « ... il écartera en face de l'ennemi commun tout ce qui peut diviser les républicains et, selon la formule du Comité, le congrès ne connaîtra pas d'ennemis à gauche[79]. » Le parcours de l'expression nous porte droit au cœur du second foyer de motifs qui ont pu précipiter l'adoption de la droite et de la gauche : les nécessités de l'unification symbolique de familles politiques très profondément divisées. Ce n'est certes pas que la division « à gauche » commence avec l'entrée en scène des socialistes. C'est plutôt que l'irruption des socialistes dramatise d'anciens clivages, forgés pour bon nombre dès la Révolution française et jamais oubliés, réinventés en 1848, relancés par la Commune, clivages auxquels le développement du mouvement ouvrier et le langage de classe confèrent une substantialité et une lisibilité sans précédent. Compris en termes de fracture et de lutte sociale, ils prennent une allure de fossé dont, fort concrètement, le refus de faire jouer la discipline républicaine au profit de candidats « bourgeois » vient à l'occasion souligner la profondeur (Clemenceau, comme on sait, en fait les frais en 1893). Plus que l'intransigeance de ses principes, c'est la nature même du parti de classe qui rend ses alliances problématiques. Or « à droite », et dans le camp catholique en particulier, les divisions ne sont pas moindres, si elles ne revêtent pas les mêmes caractères, les élections de 1898 et leurs suites l'ont mis en relief. Entre le ralliement à la République, l'intransigeance antilaïque et la recomposition nationaliste, les incertitudes sont aiguës et les tiraillements intenses. Ce sont ces contradictions internes qui donnent à la situation de conflit paroxystique dont la question religieuse devient l'enjeu sous Waldeck-Rousseau et Combes sa portée paradigmatique. Il ne faut pas seulement en retenir le resurgissement, une fois de plus, sous les espèces des cléricaux et des anticléricaux, de l'antagonisme fondamental entre l'Ancien Régime et la Révolution. Mérite autant d'attention le regroupement, à la faveur de la bataille, de deux camps partagés en fait comme ils l'ont rarement été. Irréductibilité frontale de l'opposition, diversité irréductible des forces qui s'affrontent, « dualité des tendances » et « multiplicité des partis et des groupes », comme résume François Goguel[80] : la combinaison des deux dimensions fait du moment un concentré exemplaire de la tradition ouverte en France par la Révolution, où la polarisation simplificatrice du conflit central n'a d'égale que l'hétérogénéité complexe des parties prenantes. Ce sont spécifiquement les besoins de cette unification sur fond de tension au sein de chaque camp que couvre le sacre de la droite et de la gauche. On retrouve ici sous un autre angle des déterminations déjà évoquées. On discerne en particulier comment la neutralité abstraite d'une distribution selon les pôles spatiaux s'adapte de manière élective à une configuration où nul partenaire n'est véritablement en mesure d'imposer son signifiant majeur à son propre camp. S'il n'y avait eu, en d'autres termes, que deux grands partis en France, ou deux courants principaux, il n'y aurait sans doute pas eu, lexicalement, de droite et de gauche. Elles l'emportent dans le verbe parce qu'il y a dans le fait *des* droites et *des* gauches. C'est bien ainsi d'ailleurs que l'entendent les dénominations officielles, qu'il s'agisse de la «délégation *des* gauches» constituée sous le ministère Waldeck-Rousseau pour coordonner l'action parlementaire ou du «Bloc *des* gauches» formé en vue des élections de 1902[81]. Et plus il y a pluralité réelle des gauches (et des droites), plus il y a besoin, idéalement, de *la* gauche et de *la* droite. Avec néanmoins, jusqu'au milieu de cette puissance unificatrice, la faculté d'évoquer les partages potentiels des familles unifiées, comme lorsque Vaillant déclare de façon typique, à la Chambre, en 1907 : «La droite commence pour nous beaucoup plus à gauche que vous ne le pensez.» Autre bénéfice d'une distribution purement formelle, et donc indéfiniment susceptible d'être redoublée : les mots de l'union y sont simultanément ceux de la division. Il est significatif que ce soit à l'occasion des élections de 1906 que la droite et la gauche, mobilisées comme signes identitaires, envahissent le «Barodet[82]». Il y a d'un côté l'acquis de longues années de luttes intenses, propice à coup sûr à la pénétration du nouveau lexique. Et puis il y a de l'autre côté le retour de la division à gauche. À la suite de la condamnation de la politique de collaboration de classes par le congrès d'Amsterdam de 1904, les socialistes, lors de leur unification l'année suivante, adoptent pour ligne du nouveau parti (la S.F.I.O.) le rejet de toute alliance «avec une portion quelconque de la classe capitaliste». Avertissement d'autant plus en situation que, depuis la chute du ministère Combes, l'axe gouvernemental s'est nettement déporté vers le centre. Cela n'empêche pas les élections de se dérouler sous le signe de la discipline républicaine. Mais ces craquements de mauvais augure ne sont sûrement pas sans rapport avec la fortune des catégories nouvelles du rassemblement dans l'affrontement. Quelques formules révélatrices : «Au bloc de droite, vous opposerez le bloc de gauche, plus compact, plus inébranlable que jamais»; «il est essentiel d'affirmer au premier tour la cohésion inébranlable des partis de gauche»; «c'est au milieu du bloc que je plante mon drapeau, avec ceux qui ne reconnaissent aucun adversaire à gauche et n'admettent aucune compromission à droite[85]». Nous sommes, il est vrai, au lendemain de la tempête soulevée, début 1906, par les Inventaires prévus dans la loi de séparation de l'Église et de l'État de l'année précédente – loi qui n'a pas tout uniment dressé contre elle l'opinion catholique, mais fait apparaître au contraire en son sein, de par sa relative modération au regard de l'«esprit combiste», hésitations, débats et partages. L'équation est idéale, en somme, du point de vue de l'épanouissement de notre système dualiste, par l'équilibre de la tension qui mobilise (c'est la plus forte participation électorale depuis 1877) et du relâchement qui laisse les divergences s'exprimer. La combinaison d'antagonisme bipolaire et de contradiction en chaque pôle peut jouer à plein.

La consécration de la droite et de la gauche comme catégories identitaires, relève enfin d'un troisième ordre de raisons qui touchent aux transformations très profondes que connaît alors le système politique. Elle participe de la mise en place d'une économie nouvelle de la représentation, mise en place qui marque l'avènement de la démocratie au sens contemporain du terme. Droite et gauche sont les mots par lesquels va passer le changement de fonction de la scène représentative et, avec lui, le changement dans la façon pour le citoyen de se situer au sein du champ politique.

Ici encore, l'entrée en jeu des partis socialistes fournit un bon fil conducteur. C'est avec eux que la nouveauté de la situation est la plus nette, sous ses deux aspects : naissance de véritables partis, associée dans leur cas à une exigence de représentation sociale qui donne toute sa portée au premier élément. Ils ne sont dans le cadre français ni les premiers ni les seuls. L'unification, on l'a vu, n'a lieu qu'en 1905, alors que le parti radical est constitué, de manière encore fort lâche, il est vrai, depuis 1901 (à droite, l'Action libérale populaire de Piou, qui cherche de manière intéressante à calquer son organisation sur celle du *Zentrum* allemand, naît en 1902). La S.F.I.O. sera, en revanche, dans l'avant-guerre, l'unique formation à pratiquer l'identification exclusive du groupe parlementaire et du parti. On sait surtout combien, dans tous les cas, le phénomène restera en France dérisoirement faible par rapport aux modèles allemand ou britannique. (Rappelons à ce sujet que les deux grands livres qui enregistrent à chaud la portée du mouvement, ceux d'Ostrogorski et de Michels, paraissent respectivement en 1903 et en 1911[84].) Mais son maigre poids réel ne doit pas tromper sur sa portée de rupture symbolique. Celle-ci n'en est pas moins très considérable par contraste, dans la mesure où la tradition française a développé depuis la Révolution un modèle antinomique, hostile aux partis pour des motifs puissamment articulés.

Le but de la représentation est le dégagement d'une volonté générale dont l'essence est l'unité. Il faut pour ce faire que le député reste un personnage absolument indépendant : c'est en opinant selon sa seule conscience qu'il exerce valablement sa fonction qui est de parler dans l'universel, pour l'ensemble du pays. La représentation, en d'autres termes, est le moyen de faire s'exprimer la Nation, laquelle, pour des raisons à la fois pratiques et «mystiques», ne saurait formuler ses volontés en personne. En retour, la Nation n'a de voix que par ses représentants, ils sont son organe exclusif. L'ambition de faire que la loi soit l'émanation du corps politique tout entier aboutit ainsi à une assimilation de la représentation à la Nation qui est en fait une substitution de l'une à l'autre. Substitution dans le cadre de laquelle l'élection est un acte de délégation de la puissance collective de vouloir à un individu qui, le transfert une fois opéré, est dans le principe entièrement libre vis-à-vis de ses mandants.

Avec les formes nouvelles d'organisation politique et d'encadrement du suffrage, c'est l'ensemble de ce système de pensée, formant le noyau de la tradition républicaine à la française, qui se trouve ébranlé – c'est l'originalité et l'intérêt du cas: en France, la démocratie a dû se constituer contre la République. La simple existence de partis signifie en effet, au rebours d'une vision identificatoire, l'organisation de la société en dehors de la représentation, et davantage, tendanciellement au moins, un renversement de la relation; la députation se bornant à transporter dans la sphère du pouvoir un système d'organisations qui lui préexiste et la détermine. L'idée du parti de classe, ou plus largement l'idée du parti comme expression organisée d'intérêts et de groupes spécifiques, ne font que renforcer cette dimension d'extériorité ou d'antériorité. L'image de la nature même de la représentation en sort transformée: de la figure moniste d'une révélation du collectif à lui-même en son unité de volonté, on passe à la figure dualiste d'une correspondance à ménager entre des sphères distinctes. Représenter voulait dire prêter visage et corps à une entité incapable de se manifester ailleurs et autrement, cela va vouloir dire désormais refléter adéquatement les réalités complexes d'une société structurée, y compris politiquement, par la libre initiative de ses membres – la sécession ouvrière ayant eu à cet égard, encore une fois, valeur décisive d'exemple. D'où le développement en parallèle de la revendication d'une juste représentation. Les vigoureuses campagnes en faveur de la proportionnelle qui se succèdent à partir de 1902, en faisant se rejoindre conservateurs et socialistes sur le même thème – elles échouent sur l'opposition des radicaux – en sont l'illustration la plus visible. Mais il faut ranger sous le même chef les projets de représentation professionnelle qui prennent également corps dans la période. Aussi bien l'antiparlementarisme déchaîné de la fin de la décennie témoigne-t-il des frustrations provoquées, non tant par l'instabilité gouvernementale qui succède aux années de cohérence du Bloc, que par ce qu'elle révèle d'un fonctionnement d'assemblée abandonné à ses combinaisons internes. Il faut y voir en négatif l'aspiration à une lisibilité de la vie parlementaire permettant de renvoyer au pays une image sûre et stable de ses partages et de ses propres débats – exigence de lisibilité qu'intègre timidement la réforme de 1910 officialisant les groupes et obligeant les députés à une affiliation exclusive et publique. C'est cette quête d'une correspondance fidèle entre la société saisie dans son mouvement effectif et le lieu de son identité politique qui fait la substance commune de ces protestations et de ces attentes. Ce qu'elles demandent, c'est un parlement qui ne soit plus une instance de substitution décidant pour le corps politique, mais au contraire une instance de restitution, capable de donner un reflet exact de la diversité des opinions comme de la pluralité des forces, voire de la division du travail à l'œuvre au sein du corps social. Non pas une instance qui se referme sur elle-même, à distance de la collectivité, afin de mieux parvenir à l'unité de la volonté générale, mais une instance de réflexion, dans tous les sens du mot, essentiellement ouverte sur la société, afin de lui rendre visibles et pensables les divergences et les divisions entre lesquelles doivent s'opérer arbitrages et compromis.

Dans ce cadre, l'acte du suffrage lui-même change de teneur. Il ne consiste pas seulement à déléguer un substitut pour faire prévaloir l'opinion à laquelle on adhère. Il est au moins autant un moyen de se penser soi-même, de s'identifier, de se situer dans un champ politique appréhendé et reconnu dans ses articulations objectives. L'électeur, en d'autres termes, n'est pas uniquement un protagoniste, mais aussi un analyste, fût-ce sur un mode élémentaire, et probablement est-ce là le secret de l'efficacité symbolique du vote. La démocratie, dans sa forme développée dont on voit les premiers linéaments se dessiner en ce début de siècle, ne se limite pas à la coexistence de fait et de droit de partis en lutte. Elle consiste surtout dans la représentation pacificatrice du rapport des forces en présence, tel justement que la structure parlementaire doit le résumer. Son cœur réside dans ce singulier processus d'objectivation compétitive qui fait de chacun un spectateur de la division dont il est d'autre part l'acteur. Le citoyen-suffragant est en réalité un être double chez qui l'engagement voisine avec le détachement de l'observateur, qui enregistre les résultats, apprécie les conséquences et s'oriente en fonction de la carte ainsi dressée.

Droite et gauche vont fournir les repères appropriés de ce double jeu, à la fois porteurs de passion et indicateurs neutres, moyens tout ensemble d'affirmer une identité partisane tranchée et d'apprécier sa position relative au milieu de la configuration politique globale. C'est leur aptitude à pareil dédoublement fonctionnel qui les assure d'un avantage décisif sur une opposition comme celle des rouges et des blancs. En leur intensité contrastée, le rouge et le blanc excellent à incarner l'idée de camps que tout sépare au sein de la société. Mais ce n'est pas seulement de se reconnaître et de se compter en vue de la bataille qu'il s'agit. C'est plus fondamentalement encore de pouvoir se figurer les raisons de cette bataille sur une scène où mesurer en permanence les uns par rapport aux autres les partis qu'elle met aux prises. Par où la correspondance entre le lexique de la répartition parlementaire et le lexique de l'affiliation identitaire prend tout son sens. Et par où, à côté et entre autres vertus, la souplesse unique de la droite et de la gauche dans la caractérisation de la relativité des positions, le mariage de la simplification radicale et de l'ouverture aux nuances qu'elles autorisent, font naturellement merveille. Que la guerre sociale, au lieu de développer ses propres catégories, en creusant de plus en plus la distance entre les signes spontanés de la division et le code en vigueur sur la scène politique, ait finalement adopté pour principal langage d'action le langage préformé de la représentation, voilà qui signale un pas déterminant dans l'installation mentale en démocratie. Une démocratie dorénavant conçue comme domestication du conflit par l'organisation de ses protagonistes à grande échelle et par la ritualisation, jusque dans les mots, de leur affrontement. Droite et gauche, à la place de rouges et blancs, c'est le consentement implicite à la réversibilité de l'adhérent en analyste substitué à l'unilatéralité du partisan.

Ce qui est vrai maintenant, c'est que cette entrée dans l'âge du conflit politique, permanent, irréductible, institutionnalisé, est d'autre part génératrice d'un traumatisme terrible dont les effets en chaîne seront la tragédie du siècle. C'est l'ambiguïté extrême de l'antiparlementarisme qu'on évoquait à l'instant : s'il relève par un côté de la quête confuse d'une adéquation représentative mal assurée par les formes classiques du régime d'assemblée, il participe de l'autre côté du grand refus soulevé par la perspective d'un espace public irrémédiablement fracturé. Mais c'est aussi que cette dernière signifie ni plus ni moins la ruine d'une culture doublement ou triplement enracinée, incapable de concevoir la vie en société autrement que sous le signe de l'unité. Culture traditionaliste de l'unité relayée de Comte à Durkheim par les fondateurs de la pensée sociologique, significativement réinventée par Maurras en ce début de siècle, voyant, dans la solidarité organique des communautés, des corporations et des rangs, le principe contraignant de toute cohésion collective. Culture jacobine de l'unité, faisant de l'identité en acte du peuple et du pouvoir le suprême idéal de la République. À quoi il faut ajouter la perte de la certitude d'un terme qu'entraîne l'installation dans le conflit. Quand les républicains se battaient avec les monarchistes, le but était clair, leur action s'inscrivait dans l'horizon d'une fin qui devait voir la pure et simple résorption de leurs adversaires. Voici le but atteint. La République l'emporte, irrésistiblement, fût-ce à contrecœur. Le gros des forces politiques s'y rallie et s'y insère. Et l'adversité demeure. Davantage, elle s'avère devoir rester la règle constitutive à l'intérieur de la République elle-même. Quoi qu'il arrive, il y aura partage et discorde entre une droite et une gauche – c'est l'assurance de cette irrévocable perpétuation de la division que les deux termes, au plus profond, se mettent à véhiculer. On a peine, rétrospectivement, à prendre la mesure de la désorientation dramatique qu'a pu susciter chez beaucoup la perspective de cette sorte d'emprisonnement dans le conflit, démenti aux évidences et aux croyances les mieux installées quant à la bonne forme de l'être-ensemble. Elle va provoquer un puissant mouvement de réaction auquel la catastrophe de

1914 et ses suites achèveront d'apporter son amplification passionnelle. Réaction double, selon deux voies absolument opposées, à l'extrême droite et à l'extrême gauche, l'une à base de rejet passéiste, l'autre à base de dépassement futuriste. D'un côté, l'idée que cette division des esprits et ce déchirement des intérêts correspondent à une déviation pathologique, contre laquelle il s'agit de retrouver l'organisation essentiellement solidaire dont les sociétés d'autrefois ont donné le modèle et dont la *Nation* représente le cadre naturel. De l'autre côté l'idée à l'inverse qu'il faut aller au bout de ces contradictions, non parce qu'elles sont bonnes en elles-mêmes, mais parce qu'elles promettent, grâce à la *Révolution*, l'avènement d'une société réconciliée. Mais avec tous les croisements possibles entre les deux : innombrables seront les hybrides, du modernisme réactionnaire au nationalisme révolutionnaire. À noter qu'on tient ici la clé, à partir des extrémismes, de la dissymétrie beaucoup plus large des attitudes, à droite et à gauche, à l'égard de la division entre droite et gauche. Il est clair qu'elle s'installe par la gauche et que c'est la gauche qui met l'accent sur elle, quand la droite ne l'affectionne guère, voire la refuse ou tend à la dénier. C'est que la gauche en général, si modérée qu'elle soit, y voit un moteur et l'espoir d'un avenir de concorde quand la droite, même sans nier son existence, y lit un phénomène dommageable, artificiel, détournant de l'essentiel, c'est-à-dire la recherche de la cohésion et de l'harmonie collectives. Deux façons très dissemblables en pratique de gérer un phénomène pour très semblablement en fait sur le fond en désamorcer le scandale. En raffinant et en reprenant la distinction de l'acteur et de l'observateur, on pourrait dire que la droite en vient à la division droite-gauche par les froides raisons de l'analyste, contre ses répugnances spontanées, quand la gauche l'épouse d'enthousiasme, à titre de protagoniste, avec davantage de peine à lui faire droit, intellectuellement, de dimension normale. Mais ce ne sont pas là des attitudes de toujours, relevant d'on ne sait quelle caractérologie politique. Ce sont les produits d'un moment historique bien déterminé, quand l'image libérale du processus représentatif cède la place à notre démocratie des partis et du conflit. Rien de plus éclairant à cet égard, d'ailleurs, que le changement d'attitude à droite vis-à-vis justement de la dénomination de «droite», aisément portée jusque dans les années 1890, généralement repoussée après 1900. Ce n'est pas la droite qui a muté, c'est le sens et la portée de la dénomination. Elle ne faisait pas difficulté tant qu'elle ne renvoyait qu'à une localisation parlementaire. Elle se met à soulever la résistance quand elle introduit avec elle, soudée à son antagoniste, la certitude d'une interminable discorde. C'est plusieurs décennies d'une histoire convulsive qu'il allait falloir pour apprendre à vivre avec cette redoutable vérité de la démocratie qui, lorsqu'elle s'introduit avec le siècle, fait figure pour la plupart, même parmi ceux qui l'accueillent, d'anomalie à surmonter.

La droite et la gauche

Le temps des extrémismes
et le sacre du partage

« Une mystique de la gauche pure, un caractère religieux attaché au mot "gauche" existent-ils aujourd'hui au sens où ils existaient au moment des luttes anticléricales et de la république militante ? » Il est intéressant de voir un bon observateur comme Thibaudet se poser pareille question en 1931. « Il ne me le semble pas », conclut-il, avant d'ajouter : « Attendons les élections de 1932[85]. » Saine prudence... L'interrogation est provoquée par une enquête fameuse lancée par le publiciste monarchiste Beau de Loménie sur le thème : *Qu'appelez-vous droite et gauche ?* C'est en réponse à la même enquête qu'Alain aura cette réplique promise à une belle fortune : « Lorsqu'on me demande si la coupure entre partis de droite et de gauche, hommes de droite et hommes de gauche, a encore un sens, la première idée qui me vient est que l'homme qui pose cette question n'est certainement pas un homme de gauche. » Un excellent témoin, d'ailleurs, de l'essentialisation de la droite et de la gauche que l'auteur des *Propos*, dès ses débuts dans l'avant-guerre. Il n'en paraît pas moins vrai, l'observation de Thibaudet à sa date sonne juste, que l'opposition a connu un certain flottement dans l'après-guerre. Solidement installée dans le paysage, elle a visiblement fait figure un temps d'héritage vieillot et encombrant dont entendaient ne pas s'encombrer les forces nouvelles. Le cartel de 1924 a quelque peu ranimé la flamme, après le formidable chamboulement des repères entraîné par la tourmente mondiale et la longue parenthèse de l'Union nationale. Mais il ne lui a pas redonné assez de chaleur pour venir à bout de la réserve et des contestations suscitées par ce poussiéreux symbole de la République radicale. Car ce n'est pas seulement qu'il ne soulève plus la fièvre et les passions de jadis, c'est qu'il fait l'objet de dénonciations en règle. À l'extrême gauche et à l'extrême droite, au nom de la révolution prolétarienne comme à l'enseigne de la restauration nationale. Ce qui n'était que tendance en germe dans les années 1900 a pris forme cette fois de doctrines constituées et de forces organisées pour lesquelles le premier impératif est d'en finir avec le jeu politique délétère et dérisoire à la fois symbolisé par la pseudo-rivalité de la droite et de la gauche. L'étonnant, c'est que pour finir, par un retournement assez remarquable, ce double rejet de l'opposition entre droite et gauche va conduire à son renforcement. Cinq ans après le diagnostic de Thibaudet, en 1936, elle est plus vivante, plus centrale, plus sacrée que jamais. Pour tout dire, elle est devenue inexpugnable. Les communistes qui l'ont initialement ébranlée à gauche au nom d'un rigoureux point de vue de classe ont achevé de la consacrer en s'y ralliant. L'insistance des idéologues et des mouvements fascisants à marteler leur proscription symétrique, *ni droite ni gauche*, n'a conduit qu'à les ériger en repères encore plus contraignants.

En fait, on voit se répéter avec les communistes le phénomène de contestation intégratrice qui s'était produit déjà avec les socialistes avant 1914. La séparation affirmée avec véhémence aboutit pour finir à renforcer le besoin d'unification. Le refus d'entrer dans le jeu «républicain» est posé, au départ, avec plus d'intransigeance encore. Le nouveau parti révolutionnaire issu de la scission de 1920 ne se contente pas de fustiger la collaboration de classe; il renvoie carrément dos à dos les camps traditionnellement en présence, assimilés à «deux fractions de la bourgeoisie[86]». Lors de la première grande consultation à laquelle il participe, en 1924, il n'aura pas de mots assez durs pour le «bloc des bourgeois arrivistes» qui, sous l'étiquette de «gauche», dispute les places au «bloc des bourgeois repus[87]». Face à la majorité sortante du Bloc national et à côté de l'«union de gauche» reconstituée entre radicaux et socialistes sous le nom de Cartel[88], après les mécomptes de 1919 où chacun avait été séparément devant les urnes, le P.C.F. présente un «Bloc ouvrier et paysan» dont toute la propagande est axée sur la dénonciation des fausses alternatives politiques, masque de la seule division qui compte, celle du capital et du travail. «Capitalistes de droite et capitalistes de gauche se valent[89].» La gauche n'est qu'un autre visage de la droite, «sous deux faces différentes, la tête reste la même»: «Le 11 mai, vous ne vous trouverez pas en présence d'un seul bloc national: vous en aurez deux, l'un de droite, l'autre de gauche[90].» D'où le slogan sans appel qui revient comme un leitmotiv: *Ni bloc national de droite, ni bloc national de gauche[91].*» Dans le même temps, force est de relever l'extraordinaire prégnance que manifestent ces catégories réprouvées dans la culture et dans la pratique même de la nouvelle formation. Au congrès de Tours, ainsi, c'est suivant la vieille répartition parlementaire entre droite, centre et gauche que s'organisent les délégués. Le procès-verbal enregistre les «applaudissements au centre», les «protestations à droite» ou le «tumulte à gauche» comme pour la plus routinièrement bourgeoise des assemblées. Au moment du vote décisif, y lit-on par exemple: «La gauche entonne *L'Internationale*. La droite reprend *L'Internationale*. Cris à droite: *Vive Jaurès!* Cris à gauche: *Vive Jaurès et Lénine!*[92].» Mieux, à l'intérieur du Parti, c'est encore sur ces partages que l'on dispute. En novembre 1924, Monatte, Rosmer et Delegarde publient une *Lettre aux membres du parti communiste* où ils protestent contre la qualification de «droite» qui leur est attribuée par la direction. «Nous sommes bien sûrs, écrivent-ils, de ne pas appartenir à la droite du parti.» Quant à être classés, ils réclament d'être rangés dans «une tendance qui s'appellerait la gauche ouvrière» au lieu de cette «droite pestiférée» en laquelle on cherche à les enfermer[93]. Et l'on sait les ressources que les directions successives tireront de la nécessaire lutte sur deux fronts, contre «l'opportunisme de droite», d'un côté, et contre «la pratique gauchiste soi-disant radicale», sur l'autre bord. Autant de signes qui attestent

La droite et la gauche

de la pénétration en profondeur de cette géographie organisatrice: même lorsqu'on la récuse sur la scène officielle, c'est au travers d'elle, invinciblement, que l'on s'oriente en politique et que l'on pense au quotidien la marche de son propre parti. Aussi ne faut-il pas s'étonner de voir le comité central en déplorer la force chez les électeurs à l'occasion des législatives suivantes, en 1928. C'est qu'entre-temps la loi électorale a été modifiée. Le système proportionnel en vigueur lors des suffrages de 1919 et de 1924 rendait relativement simple de faire cavalier seul. Le retour au scrutin uninominal d'arrondissement repose le délicat problème du maintien ou du désistement au second tour. Or, doivent constater les dirigeants, «le Parti apparaît encore aux yeux d'un grand nombre de travailleurs comme le parti le plus à gauche», de sorte qu'une «tactique mécanique de désistement pour le candidat de "gauche" placé avant le militant communiste laisse s'accréditer, en dépit de nos déclarations, l'apparence du parti communiste, aile extrême du cartel des gauches, ou élément participant d'un néo-cartel[94]». De la difficulté à faire ressortir l'originalité d'un parti qui, «par son essence même, s'oppose irréductiblement à toutes les formations politiques de la bourgeoisie», quand la mécanique mentale du suffrage, solidement implantée désormais dans les populations, tend invinciblement à l'absorber dans sa symbolique primordiale. C'est afin de briser cet encerclement par la coutume que le comité central met en avant «la formule prolétarienne *classe contre classe*» pour l'opposer à «la formule républicaine *les rouges contre les blancs*[95]». La tactique du maintien systématique au second tour entraîne une série de triangulaires dont profite la droite, bien qu'une fraction de l'électorat, rompant la consigne, ait joué le jeu de la discipline républicaine. La tradition sera finalement plus forte que la volonté de sécession. Aux élections de 1932, la stratégie «classe contre classe» révèle ses limites: le Parti recule (de 11,3 à 8,3 % des suffrages), il persiste néanmoins à maintenir ses candidats, mollement, mais cette fois cinq cent mille sur quelque huit cent mille de ses électeurs l'abandonnent et choisissent le report à gauche. C'en est fait de l'ultime grande tentative pour défaire les polarités établies au nom de l'altérité de classe. L'intégration dans l'espace des oppositions politiques constituées l'emporte sur le discours de la différence sociale. Les prolétaires «conscients» eux-mêmes se reconnaissent davantage, au total, dans une gauche englobante opposée à la droite qu'ils ne se sentent spécifiquement et exclusivement prolétaires contre les bourgeois.

On ne relatera pas une fois de plus les circonstances qui ont fait aller le Parti, pour finir, dans le même sens que la masse de ses électeurs. On ne retracera pas les cheminements obscurs qui ont conduit le même Thorez qui clouait ensemble au pilori, le 6 février 1934, «le choléra et la peste», les «bandes fascistes» et les «gouvernants et parlementaires de gauche[96]», à prononcer le 10 octobre de la même année les mots magiques de «front populaire». D'autant plus virulente avait été la volonté de sécession, d'autant plus puissante sera la mystique de ces noces nouvelles menant à «l'Union des gauches triomphante» de 1936. C'est à une régénération de la gauche par l'extrême gauche que l'on assiste – l'insistance des expressions associant «la gauche et l'extrême gauche», soit positivement, soit répulsivement, dans le Barodet de 1936 est déjà à elle seule digne de remarque. Emmanuel Berl relevait dans *Marianne*, en mars 1934, le contraste entre la «signification sentimentale forte» gardée dans le pays par les deux mots de droite et de gauche et leur peu d'efficacité, pour cause de flou, au plan politique[97]. Et il paraît vrai que leur double contestation par une extrême droite très minoritaire mais intellectuellement influente et par une extrême gauche très isolée mais socialement représentative, toutes deux volontairement exclues du jeu, les grevait d'une lourde incertitude dans l'application. Sur fond d'antifascisme, la recomposition à gauche, avec le reclassement des forces qui l'accompagne, opère une formidable clarification. C'est ce qui sonne juste dans le contraste qu'établit Thorez avec le Bloc d'avant-guerre et ses surgeons de l'immédiat après-guerre. «On lit ou on entend parfois, dit-il dans son rapport au congrès de Villeurbanne, début 1936, que le Front populaire n'est autre que l'ancien cartel des gauches, élargi aux communistes. Ce n'est pas exact.» Passons sur les motifs évidents qui lui imposent de se laver du soupçon de collaboration de classes qui aurait été le vice rédhibitoire des alliances antérieures: «Ce cartel des gauches, c'était une partie de la classe ouvrière entraînée derrière un clan de la bourgeoisie [...] Le Front populaire, c'est la classe ouvrière influençant par son activité les travailleurs des classes moyennes et les entraînant à la lutte contre la bourgeoisie, contre le capital et le fascisme[98].» N'empêche qu'au-delà des stéréotypes et de la langue de bois, une idée importante affleure ici. Il n'y a pas simple extension d'un système d'alliances parfaitement rodé. L'entrée des communistes entraîne la redéfinition du camp auquel ils viennent s'agréger et la refonte de cette identité de gauche transcendant la diversité de ses composantes concrètes – refonte à laquelle les événements apportent le lest d'une traduction pratique, avec le rééquilibrage effectif à gauche qu'entraînent l'accès, pour la première fois, en la personne de Blum, d'un socialiste à la présidence du conseil, et le quasi-doublement des voix communistes. Il y a répétition, en fait, du mécanisme fondateur, c'est-à-dire re-création d'une identité unitaire par intégration de ce qui présentait jusque-là comme inintégrable, et plus précisément encore, sur le fond, par métabolisation de la différence de classe en appartenance politique (différence vraie ou supposée: c'est de représentations et de symboles qu'il est question). De pourfendeur de la «gauche» entre guillemets qu'il était, le P.C.F. va devenir bientôt et pour longtemps le détenteur des clés de la «vraie» gauche. Il sera puissamment aidé en cela par le concours de la mémoire et de l'histoire. Dès l'époque du Front populaire, la réinscription dans l'espace national le met à même de pleinement bénéficier de la légitimité originelle attachée à l'héritage de la révolution jacobine – ce droit de primogéniture qui vous vient d'avoir «redonné à la *Marseillaise* son souffle populaire d'autrefois», comme dit la célèbre *Lettre à Daladier* d'octobre 1936[99]. À quoi la Seconde Guerre mondiale et la résistance ajouteront la défense de la patrie en danger. Au croisement du passé national et de l'avenir mondial, tel qu'incarné dans l'accomplissement par la révolution bolchevique des promesses de 1793, le parti du prolétariat sera devenu le pôle de référence en matière de valeurs de gauche, quelque réserve que puisse susciter par ailleurs sa pratique politique et en dépit de ses propres ambiguïtés à l'égard d'une notion cultivée pour autant qu'elle signale sa domination symbolique sur une famille large, en même temps que maniée toujours avec les réticences qu'appelle l'écart révolutionnaire[100]. Mais tout cela ne fait qu'amplifier et déployer les effets de l'opération constitutive de 1936, la dernière et définitive. La cohésion symbolique de la gauche joue au bénéfice du partenaire qui avait incarné quinze ans durant l'irréductible séparation. Plus précisément encore, elle transforme en maître symbolique de la situation celui par lequel s'effectue, mais peut aussi se défaire, l'inscription de la division sociale à l'intérieur de la division politique.

Encore une fois, l'initiative, dans ce processus, est à gauche. Il serait artificiel de procéder par symétrie avec la droite. C'est de la gauche que le partage entre droite et gauche est affirmé, souligné, dramatisé, corrélativement à la redéfinition de la gauche en tant que gauche. Sous la pression, la droite s'établit comme parti de la résistance. Sa réticence à l'égard de la dénomination même de droite couvre une répugnance plus vive encore pour cette dimension de l'antagonisme que la gauche lui oppose sous une forme exacerbée. Significativement, du reste, la dénonciation de la gauche revient beaucoup plus souvent au fil de son discours électoral que sa propre affirmation ou même sa simple identification sous l'étiquette de droite. Elle préfère la stigmatisation de l'enseigne d'en face et l'annonce du désastre «si les gauches triomphent» à la mise en avant de son nom[101]. Par où, sur le mode dénégateur, elle joue quand même le jeu de la division qu'elle tend à récuser. De façon paradoxale autant qu'instructive, c'est chez les militants de la droite extrême qui martèlent leur refus symétrique de la droite et de la gauche que l'appellation est utilisée avec le moins de complexe. Il est vrai que c'est au service, en général, d'une ferme prise de distance, à l'intérieur de l'aveu d'appartenance, vis-à-vis de piètres voisins et compagnons. Le trait est particulièrement net quand Brasillach apostrophe les «cocus de la droite», en mars

1936, pour avoir manifesté leur réprobation devant l'agression dont Léon Blum avait été victime de la part des militants de l'Action française : « Le grand scandale de ce qu'il faut bien appeler l'affaire Blum [...] c'est l'attitude des députés de la droite[102]... » Mais en langage plus mesuré, Thierry Maulnier ne se livre pas à une autre opération quand, quelques mois plus tard, il avertit « la droite traditionnelle » qu'elle ne doit pas compter sur « les braves jeunes gens espérés[103] ». Obliger la droite à se reconnaître comme telle, c'est déjà l'arracher à la torpeur où elle se laisse aller avec « la masse amorphe des modérés ». Ce sera donc le premier acte des gens qui, sur son bord, entendent réagir contre sa « faillite ». Aussi l'appellation n'est-elle assumée au titre de l'impératif de réalisme que pour être maniée avec une nuance dédaigneuse, quand ce n'est pas avec les pincettes des guillemets, comme finit par y arriver un Jean-Pierre Maxence, le fondateur de la revue fascisante *L'Insurgé*, après avoir relaté ses motifs de désespérer de la « droite organisée », « droite bourgeoise » ou « droite caporaliste ». *L'Insurgé*, expose-t-il, voulut être, « aux plus sombres semaines de décembre 1936 et de janvier 1937 », une réaction contre « l'abaissement, la solitude découragée, la rage impuissante des meilleurs devant l'effondrement de la "droite"[104] ». La différence est entre les modérés qui voudraient ignorer ce qui les dérange et les activistes décidés à regarder froidement la réalité parce qu'ils entendent la dépasser. Les uns souhaiteraient pouvoir faire abstraction de partages que les autres sont résolus à abolir et que dans cette mesure même ils n'ont aucun complexe à nommer. Sternhell situe l'apparition du mot d'ordre « ni de droite ni de gauche » autour de 1927. Valois aurait été l'un des premiers à le lancer dans son ouvrage sur *Le Fascisme*[105]. Il est largement postérieur, faut-il noter, au renvoi communiste des deux « blocs bourgeois » dos à dos, avec lequel il présente une évidente symétrie. Sauf que pour le P.C. il s'agit de dénoncer un faux clivage qui cache la vraie division, celle de classe, tandis que pour l'ultra-droite le rejet de l'opposition artificielle des partis vise à rendre à la Nation sa vérité de suprême principe d'unité. Sauf surtout que les communistes finiront par consacrer le partage en se l'appropriant et que leurs adversaires les plus déterminés trouveront dans ce ralliement un motif pour redoubler dans leur refus.

Cette phase des contestations extrémistes aura représenté un moment essentiel dans le trempage du couple droite et gauche. Elle en a sensiblement complexifié le statut, à la fois en le renforçant comme référence incontournable et en le relativisant dans son rapport à la réalité. Il est sorti plus vigoureux, au total, de ses remises en cause successives. Le revirement communiste l'a régénéré. Le refus fasciste l'a indirectement confirmé par son équivoque – la volonté d'en sortir établissant l'impossibilité d'y échapper. Récuser le partage entre droite et gauche, c'est encore s'y inscrire, fût-ce dans la perspective de son dépassement. En annonçant son dépérissement, on s'y enfonce. De façon générale, la promesse révolutionnaire du retour à l'unité, que ce soit sous la forme de la société sans classes ou de la Nation retrouvée dans sa cohésion organique, a puissamment contribué à faire reconnaître la division politique comme caractère du temps présent. Mais l'épreuve de la critique n'a pas été pour rien. Elle a même laissé une marque déterminante sur le jeu des termes. En obligeant, et avec quelle virulence, à considérer leur distance avec les données véritables de l'expérience sociale, elle leur a injecté une dose de convention qui ne compte pas pour peu dans leur souplesse adaptative. Il est entendu que la droite et la gauche ne recouvrent pas la scission entre prolétaires et bourgeois. Il est acquis qu'elles opposent des gens que par ailleurs la Nation rassemble. La division politique, autrement dit, est une dimension spécifique au travers de laquelle se représentent, dans un langage construit, des réalités d'un autre ordre. Et c'est justement parce qu'elle comporte cette part d'éloignement et d'artifice vis-à-vis des articulations primaires de la vie collective, qu'elle est indéfiniment susceptible de les absorber en se modulant. D'un côté, donc, dans une ambiance guerrière de révolutionnarisation du monde, l'opposition se charge de sens et d'enjeu, tandis que de l'autre côté, sous la pression des mêmes visions absolues du salut terrestre, c'est sa relativité politicienne qui prend du relief – à tel point que le soupçon, tantôt ironique et tantôt indigné, de fausse gauche ou de pseudo-droite devient dans les années trente partie intégrante de l'emploi des notions[106]. Les deux développements pourraient paraître contradictoires, si nous n'étions dûment avertis du dédoublement des fonctions de ces catégories identifiantes. Ils sont en réalité complémentaires : l'un correspond au registre de l'implication et l'autre au registre de l'observation. C'est tout le secret du couple droite et gauche que d'être capable de nourrir à la fois l'attraction militante et la distanciation analytique. Loin de se nuire, l'adhésion incantatoire aux noms sacrés du destin et la méfiance à l'égard du piège des mots ou de l'abstraction des étiquettes sont faits pour se renforcer de concert. Il y va du déploiement complet d'un système de définition permettant aux acteurs de gérer ensemble leurs convictions et leurs calculs.

La polarisation dramatique entre communisme et fascisme a finalement fonctionné, à bien y regarder, comme une réactivation récapitulative des facteurs de structure qui ont déterminé l'enracinement de la dichotomie droite-gauche au cœur de la vie politique française. Voilà ce qui fait de la décennie convulsive qui précède le déchaînement de la Seconde Guerre mondiale le point d'orgue d'une longue histoire. Les conditions ont radicalement changé ; on ne retrouve pas moins, à l'heure des masses et des passions totalitaires, le jeu de l'unité et des divisions, la dialectique du centre et des extrêmes qui formaient les ressorts de l'étroite politique parlementaire de la Restauration.

L'échelle, le contenu, les enjeux ne sont plus en 1935 ce qu'ils étaient en 1815 ; l'ordre de bataille, lui, reste formellement analogue, et c'est pourquoi, au lieu de la bousculer, il contribue à ancrer encore un peu plus cette opposition entre droite et gauche conçue pour le résumer. Le point primordial réside dans la combinaison d'une division radicale de l'opinion avec un jeu politique à plus de deux termes. S'il n'y a que deux partis, il n'y a aucun motif pour que des dénominations identitaires spécifiques viennent se superposer à leurs dénominations naturelles. On se définira « républicain » ou « démocrate », comme aux États-Unis. Pour qu'il y ait une droite et une gauche, il faut qu'il y ait au moins un troisième terme, le centre. Mais s'il y a un centre, c'est que chacun des partis latéraux est lui-même en proie à des tendances radicales qui font qu'il y a au moins deux droites, une droite droite et une droite extrême et semblablement deux gauches. Encore l'attraction des pôles clive-t-elle la force du milieu entre un centre droit et un centre gauche. La division des esprits, dans la mesure où elle rend problématique le gouvernement de chacun des camps en alternance, se résout au plan de la politique pratique en un tripartisme lui-même virtuellement divisé dans toutes ses parties : ainsi pourrait-on ramasser la configuration de base qui a déterminé l'adoption de la droite et de la gauche comme identifiants fondamentaux. Elle est le fruit d'une situation de bipolarité impossible, par son intensité même, à canaliser en bipartisme, qui multiplie les partis au lieu de les réduire. Or c'est cette logique matricielle que la situation historique remobilise avec une netteté particulière à l'heure de la révolution bolchevique triomphante et des victoires de Mussolini et de Hitler. Non qu'elle ait jamais disparu : le mélange de conflictualité et de fragmentation est resté une donnée permanente de la vie politique française, la définition de son style propre. Simplement, elle retrouve, sous l'effet des radicalisations du XXe siècle, une limpidité de jeu que les circonstances ne lui avaient pas toujours laissée.

Le facteur principal de cette lisibilité réside dans le relief sans précédent que la domination idéologique des extrêmes acquiert au cours de la période (le Larousse enregistre, significativement, l'apparition d'« extrémisme » en 1922). Nous disons bien *idéologique*, car si l'affrontement de la Révolution et d'une contre-révolution devenue révolutionnaire écrase l'espace public de son poids symbolique, il y a fort loin de cette omniprésence sur la scène sociale à la prépondérance politique. Le million et demi de voix obtenues par les communistes aux élections de 1936 en font, certes, quelque chose comme un troisième tiers de la gauche, légèrement devant les radicaux, encore loin derrière les socialistes. Mais ils restent à l'extérieur du jeu, et leur capacité d'influence sur leurs propres partenaires, en termes de politique effective, demeure très limitée, alors que c'est leur vision de la société future qui s'impose à tous les esprits comme l'horizon obsédant en fonction duquel se défi-

nir. La disproportion est beaucoup plus flagrante encore à l'extrême droite, où l'Action française ne parvient qu'à une très modeste existence électorale en dépit du magistère intellectuel et moral qu'elle exerce sur l'opinion bourgeoise – pour ne pas parler des organisations explicitement fascistes qui ne capitalisent que de manière marginale les sympathies de plus en plus marquées que gagnent à droite, et notamment dans la presse, les régimes dont ils se réclament. Tout est dans ce décalage, justement. C'est lui qui confère à la double dynamique de l'antagonisme frontal et de la démultiplication des camps en présence ses conditions de déploiement optimales. La suprématie des doctrines de combat achève de donner à la compétition des partis l'allure d'un partage inexpiable entre deux blocs que tout sépare et dont la divergence dessine l'alternative historique ultime offerte au genre humain. Mais dans les moments de plus grande tension, ce ne sont pas pour autant le communisme et le fascisme qui s'affrontent, ce sont toujours et plus que jamais la droite et la gauche. Cela parce que les deux camps sont aussi divisés intérieurement qu'ils apparaissent métaphysiquement soudés et que personne n'est en mesure d'y imposer son nom propre ou sa marque singulière. Ceux qui dominent symboliquement ne détiennent pas la puissance effective et ceux qui sont politiquement en position de force sont symboliquement en posture de subordination. De sorte que le partage est aussi indéterminé qu'il est fervent et tranché. Droite et gauche prévalent comme les catégories identificatoires par excellence sur fond d'impossibilité d'identifier les termes de la division politique à ses protagonistes concrets. Il faut des dénominations unifiantes pour rendre l'intensité de cette réduction à la dualité de l'ami et de l'ennemi ; elles ne sauraient être des dénominations de partis en particulier : où la neutralité abstraite, la capacité d'accueil indéfinie, en même temps que la simplicité drastique de l'opposition entre droite et gauche font merveille.
On relèvera que, au rebours de ce que suggérerait une vue superficielle, le manichéisme s'alimente en fait à la segmentation du jeu politique. Ce n'est pas dans un système à deux partis qu'il a lieu de se manifester – ils se battent en général au centre –, mais dans un système où les camps sont irréductiblement composites. Si la France a pu développer de ces oppositions dramatiques et claires qui lui ont valu sa réputation de terre classique du conflit politique, c'est dans la mesure même où elle a toujours connu une dispersion considérable des familles d'esprit, des courants d'opinion et des forces organisées. La chose est particulièrement nette dans une situation comme celle des années trente. On arrive alors à une véritable dissociation entre le plan des réalités et le plan des identités politiques, ou, si l'on veut, entre la politique pensée et la politique pratiquée. Il s'installe un partage des tâches tacite entre la conduite des affaires et la direction des esprits. En pratique, ce sont la collusion des modérés et l'alternance des centres qui conti-

nuent pour l'essentiel de commander – quand on s'en écarte, c'est pour très vite y retomber. Non seulement elles n'empêchent pas la prépondérance des doctrinaires d'extrême droite et d'extrême gauche, mais elles la nourrissent. Les compromissions des uns ne peuvent que faire valoir la rigueur des autres (en retour, c'est l'intransigeance de ces derniers qui justifie la souplesse sans gloire des premiers). Ce n'est pas en fonction des idéologues que l'on agit, mais c'est par rapport à eux que l'on se définit. Les identités politiques ne se déterminent pas primordialement à partir des choix prosaïques qu'appelle la gestion de l'état de choses existant, mais autour des options ultimes du salut social[107]. De par l'action de ces préposés à l'idéologie, à la fois désintéressés électoralement et symboliquement les maîtres, la scène politique devint bataille sans merci du bien et du mal, de l'ombre et de la lumière. Mais ce dualisme implacable et virulent, non seulement n'empêche pas la dissension et de non moins irrémédiables clivages au sein de chacune de ces armées pathétiquement aux prises : il en procède et il en vit. Il forme système, pourrait-on même dire, avec l'opposition interne, en chaque camp, entre un centrisme gouvernemental et un extrémisme utopique. Système qui sera d'autant plus actif et lisible que la conjoncture historique favorise les extrêmes.

Revenons plus précisément sur la distribution des forces et la composition des camps. L'âge totalitaire assigne un enjeu très précis à la tension entre centre et périphérie : c'est de l'acceptation ou du rejet de la coexistence démocratique qu'il y est question. Ce dont il s'agit à l'extrême droite et à l'extrême gauche, c'est du dépassement définitif de la déchirure du présent, que ce soit au sein de la Nation unanime ou dans la société sans classes. On aura donc, dans le cadre d'une démocratie vivant de la sorte de sa propre mise en cause, scission de principe sur chaque bord entre un parti faisant passer le maintien de la compétition démocratique avant toute autre considération et un parti ne s'engageant dans la compétition, avec une ardeur qui la lui fait d'ailleurs dominer, que dans le dessein de l'abolir. Et on aura presque nécessairement un parti intermédiaire, tentant la synthèse entre les aspirations idéologiques à une solution définitive et les réalités démocratiques. On aura, en d'autres termes, trois gauches et trois droites. Une gauche radicale, confiante en la seule République pour répondre à la question sociale ; une gauche communiste exclusivement dévouée à la révolution et à la socialisation de la propriété ; et entre les deux, une gauche socialiste entendant marier le collectivisme doctrinal et la pratique républicaine. Une droite libérale, fervente de l'entreprise individuelle et des libertés qui s'y attachent ; une droite traditionaliste, hantée par la nécessaire restauration de l'ordre hiérarchique contre les chimères dissolvantes de l'individu (courant en fait partagé lui-même entre anciens et modernes, entre réactionnaires classiques, nostalgiques du régime monarchique et fascistes plus confiants dans la Nation et

La droite et la gauche

dans le chef que dans le Roi pour retrouver la cohésion organique); et entre les deux, une droite autoritaire, soucieuse de concilier la souveraineté populaire avec les suprêmes impératifs du pouvoir.

On remarquera d'ailleurs au passage que les divisions sortent de cette répartition plus accusées, potentiellement, à droite qu'à gauche. Il circule parmi les gauches un même sens de la «position contre», une même foi dans la nécessité et la fécondité de la lutte, qui facilite les convergences. Le radical peut répugner au brutal langage de classe des communistes; mais il a sous la main la dénonciation du péril clérical qui lui permet de batailler tant bien que mal à l'unisson. Au lieu qu'à droite la répugnance pour la dimension même de l'antagonisme se traduit par une divergence marquée entre extrémistes et modérés. Force est bien, même pour les plus conciliants, de faire face à l'adversaire qui vous presse. Mais il sera dénoncé, justement, comme un fauteur de divisions qui n'auraient naturellement pas lieu d'être. Ce qu'exprime d'une autre façon le refus de s'assumer explicitement soi-même comme droite, même si l'hostilité déclarée à la gauche revient à se désigner comme telle *a contrario*: avouer le mot, ce serait reconnaître qu'il existe des motifs structurels de partage et de discorde au sein d'une collectivité qu'on souhaiterait harmonieuse ou d'une Nation qu'on voudrait d'essence solidaire. Or la même idée conduit, lorsqu'elle se durcit et se radicalise, à une démarche opposée. La dénégation se retourne en frénésie d'inculpation. De ce que l'existence de la communauté est impérativement suspendue à son étroite cohésion, l'esprit totalitaire tire l'identification d'une menace constitutive et d'un ennemi fatal, forcément rejetés du côté de l'étranger et de son travail de sape dans l'intérieur (puisqu'il ne saurait y avoir de motif interne de dissociation), et en particulier démasqués avec une angoisse élective dans cet inassimilable devenu semblable que figure le juif. Dans la mesure où il y a combat, l'inévitable combat qu'exige la survie de l'organisme national, il y a des camps où le militant convaincu de sa mission n'hésite pas à se situer. D'où la fascination souvent observée de l'extrême droite pour le discours et les méthodes de l'extrême gauche. Elle y trouve plus sûrement des modèles pour ses propres dispositions batailleuses que parmi ses alliés naturels. Quelque profond que soit à gauche le fossé créé par le débat sur les formes démocratiques, il existe à gauche une communication de culture, à base d'épousailles de la conflictualité, capable de gommer les distances politiques au profit d'un concours identitaire. Alors qu'entre la minimisation libérale des contradictions et la virulence fasciste, voire simplement autoritaire, dans le rejet de la démocratie du conflit, l'écart des dispositions, des langages et des styles, apparaît difficilement surmontable, même dans l'imaginaire. Il n'empêche pas d'ultimes connivences idéologiques, sous le signe précisément de la figure idéale d'une cité délivrée de ses pernicieux ferments de division. Mais il rend à peu près impossible, jusque dans une éventuelle coalition, l'oubli des lignes de fractures. S'il y a mythiquement *une* gauche, en bref, il y a pratiquement *des* droites. La dissymétrie entre les deux bords tient pour une part non négligeable à cette opposition entre une symbolique à propension unitaire et une identité irréductiblement plurielle[108].

La perspective adoptée permet peut-être d'aborder sous un autre angle, du reste, la difficile question de savoir s'il y a continuité, comme l'a fortement suggéré René Rémond, entre la pluralité des formes de droite au XIXe et la diversité de ses courants au XXe siècle[109]. Jusqu'où le légitimisme, le bonapartisme, l'orléanisme se prolongent-ils dans la distribution entre sensibilités ultra-nationalistes, autoritaires et libérales qui se recompose et s'épanouit après 1900 ? Mais la fréquence avec laquelle est affirmée, par exemple, la filiation du jacobinisme au communisme montre que la question n'a pas moins de raison d'être à gauche. À défaut de pouvoir prétendre la résoudre, on peut éclairer ce qui lui donne si profondément sens. Si continuité il y a, elle est d'abord un fait de structure. Ce qui se maintient relativement intangible, c'est la règle de distribution qui fait qu'il y a toujours plus ou moins trois types idéaux de droite et de gauche. Dans la mesure où l'avènement du régime représentatif en France s'est joué sous le signe de sa contestation radicale, ici de l'extérieur, au nom de la tradition à maintenir, là de l'intérieur, au nom du contenu social à lui donner, son déploiement politique concret a impliqué de manière à peu près permanente une partition entre ses partisans modérés (d'inclination monarchique ou d'inclination républicaine) et ses adversaires résolus (les uns par volonté d'effacement, les autres par ambition de dépassement), l'irréductibilité de cette opposition engendrant de part et d'autre des postures moyennes à visée réconciliatrice. Le régime napoléonien a tôt donné une expression saisissante de force et d'influence ô combien durable à ce besoin de synthèse, en fermant la Révolution par le mariage des nostalgies de l'autorité personnifiée avec l'acquis de la légitimité plébiscitaire. Mais des Girondins aux « démocs-socs » de la IIe République, Dieu sait que la quête d'une articulation équilibrée entre l'expansion des libertés et les réquisitions de la souveraineté collective en matière économique et sociale a occupé les esprits. Sans doute l'axe de la confrontation ne cesse-t-il de se déplacer. Entre 1815 et 1848, le retour du balancier dans le sens réactionnaire ramène le débat public autour de la question étroitement politique de la monarchie ou de la république. Ce n'en est pas moins là que le jeu régulier des institutions, si restrictif soit-il, laisse la distribution interne des camps prendre sa forme « classique », oserait-on dire, entre un centrisme gouvernemental et un extrémisme oppositionnel, séparés et liés par des mixtes entendant associer l'idéalisme doctrinaire et le réalisme du praticable. Chose très importante, l'héritage révolutionnaire a fixé une fois pour

La droite et la gauche

toutes la figure des extrêmes, qui demeurera étonnamment intangible sur presque deux siècles. De sorte que les libéraux avancés des années 1820, qui n'en sont pas même à s'avouer républicains, n'en portent pas moins la charge de l'identification au jacobinisme. Elle n'est pas que polémique : elle a une authentique valeur symbolique, en fonction de la scène d'origine où toute action politique doit être rapportée pour être lue. De sorte aussi que le développement du républicanisme, puis du socialisme à l'intérieur et à côté du républicanisme trouveront tout autant à leur tour à s'inscrire sur cette même scène. Ce restera vrai jusqu'aux communistes y inclus. Les réserves de la théorie à l'endroit des limites bourgeoises du robespierrisme ne les empêcheront pas de cultiver puissamment l'assimilation. Ainsi, au milieu du formidable «glissement à gauche» entraîné par le travail de concrétisation séculaire du principe démocratique, les bornes symboliques du champ politique, entre ultra-royalisme et ultra-jacobinisme, seront-elles restées remarquablement identiques. C'est un élément capital de continuité qu'il faut combiner, pour en mesurer toute la portée, avec la permanence dont fait montre, au fil du même déplacement, l'organisation tripartite du parti de l'ordre et du parti du mouvement.

À cet égard, la recomposition politique qui se dessine à partir du début de ce siècle est particulièrement exemplaire. Tout se passe, avec la reformulation en parallèle du projet révolutionnaire et du dessein contre-révolutionnaire, comme si le XXe siècle allait répéter ou répliquer le XIXe. On eût cru la démocratie définitivement entrée dans les mœurs. Et tel est bien le cas, en profondeur : son principe de légitimité est suffisamment ancré pour s'imposer jusqu'à ses adversaires. Il ne s'en recompose pas moins au sein de sa victoire deux forces de contestation utopiques, l'une passéiste et l'autre futuriste, qui vont la soumettre à un assaut d'ampleur inégalée. Et, sous leur pression, se reforme une distribution des familles d'esprit très analogue, structurellement parlant, à celle que la Révolution avait léguée à ses successeurs. Car, en termes de contenu, la continuité est illusoire, même lorsqu'elle est revendiquée. Charles Maurras n'a plus grand-chose à voir, quoi qu'il puisse croire, avec ses prédécesseurs royalistes du XIXe siècle. C'est qu'entre-temps il est intervenu un événement crucial, la conversion au nationalisme. En basculant depuis la gauche, celui-ci entraîne la droite à se redéfinir autour d'une figure de la puissance collective qui la projette, quoi qu'elle en ait, dans la modernité individualiste. C'est sur «l'époque des fascismes» que nous fait déboucher le recyclage ultra-nationaliste des nostalgies de l'Ancien Régime. Cela ne veut pas dire, d'ailleurs, que cette référence au passé n'est d'aucun rôle. Bien au contraire. Si l'on cherche à comprendre la différence qui sépare l'Action française, expression pionnière des fascismes, des expressions autrement virulentes qui lui ont succédé en Italie, puis en Allemagne, c'est vers cet ancrage passéiste qu'il faut se tourner. À tel point qu'on pourrait invoquer ici quelque chose comme une loi de proportion inverse entre l'intensité totalitaire et l'ampleur de la volonté de tradition. Plus les formes de la société rendue à l'indivision par l'autorité, qui constitue le commun objectif, sont explicitement empruntées au passé monarchique, hiérarchique, organique, moins le totalitarisme est cohérent et violent. L'élément réactionnaire tempère l'élément totalitaire. Moins en revanche la tradition fait foi, plus les besoins de puissance et la concurrence avec le bolchevisme imposent, comme ce sera notoirement le cas avec le nazisme, la réinvention d'une nation soudée pour la guerre autour du chef et de la race, plus le déchaînement totalitaire est promis à la démesure. Probablement est-ce à la vigueur conservée en France par l'esprit proprement contre-révolutionnaire, à la prégnance culturelle du modèle d'Ancien Régime, qu'il convient d'attribuer les limites qu'y ont trouvées l'implantation et le rayonnement des fascismes de type hitlérien ou même d'abord mussolinien.

Il n'est pas indifférent, en tout cas, du point de vue de la symbolique collective, que le nouveau se soit si fortement rattaché à l'ancien, jusqu'à couler l'inédit du siècle dans l'invariable conflit ouvert en 1789. C'est également vrai en face, on l'a déjà souligné, en dépit de la volonté de rupture, y compris avec les traditions du mouvement ouvrier, qui caractérise le bolchevisme. Et la rupture que représente le parti léniniste, comme instrument de conquête du pouvoir, mais aussi et surtout comme vecteur pratique vers la société sans classes, n'est pas douteuse. Pourtant, la figure de cette parfaite unité combattante des esprits, des volontés et des actes, de cette exacte subordination de chacun des rouages à la doctrine d'ensemble, destinées à s'étendre, avec l'absorption de l'État, à la collectivité tout entière, trouvera en France à s'insérer sans peine au milieu de la riche imagerie de 93, du Salut public, de l'unanimité populaire et de la Terreur nécessaire. Toujours est-il que l'âge des totalitarismes, en fonction de cet enracinement multiforme, va être, d'assez étrange manière, un âge de classicisme pour la scène politique française, ranimant la forme la plus canonique de répartition des forces en sus de revigorer les emblématiques fondatrices. Sous l'étreinte de ces adversaires implacables et systématiques de la démocratie, la division en chaque camp sur la question de la liberté retourne à sa simplicité élémentaire, compliquée par l'inévitable tentative d'échapper au dilemme. Il se trouve même qu'à gauche la distribution effective des partis correspond de façon presque exacte à cette triplicité idéale, les socialistes tenant la balance, donc, entre les adeptes sourcilleux des droits individuels que figurent les radicaux, et les dévots exclusifs du pouvoir social que représentent les communistes. Rien de tel à droite, pas même à l'extrême droite, où l'émiettement et le flou partisans constituent la règle. C'est là que la typologie des courants s'avère efficace pour dégager au milieu de cette nébuleuse trois grandes inspirations correspondant en effet, si l'on veut, au partage entre un « légitimisme » méthodiquement hostile à l'univers des individus, un « orléanisme » ouvert à une version conservatrice de la modernité matérielle et représentative, et un « bonapartisme » obsédé par la traduction de la souveraineté du peuple en autorité. Cela à condition de ne pas être trop regardant sur les filiations réelles dont la crédibilité, en l'occurrence, est entièrement suspendue à l'immuabilité apparente (et sur le fond trompeuse) du royalisme intransigeant.

Mais ce qui en vérité persiste et compte, c'est la structure qui commande ces tripartitions symétriques. Avec des contenus et des enjeux différents, c'est la question centrale qui reste identique, et avec elle la gamme formelle des options fondamentales qu'elle autorise. Ce qui se trouve de la sorte défini, ce ne sont bien sûr pas des partis, ni même des « familles d'esprit », au sens où l'entendait Thibaudet[110]. Ce sont des lignes de regroupement tendancielles de l'opinion, à la fois relativement indéterminées dans leur teneur et remarquablement stables dans leur organisation. Elles forment une sorte d'armature sous-jacente du champ politique sur fond de laquelle la pression des contextes, l'empreinte des expériences historiques, le poids des hommes modèlent des configurations partisanes plus ou moins complexes et plus ou moins mouvantes qui en donnent une image plus ou moins fidèle. Tout de la scène publique, au demeurant, ne se laisse pas ramener de manière simple à ce noyau organisateur. Il est d'authentiques familles d'esprit, nées d'une situation ou d'un souci spécifiques, qui ne s'y réduisent aucunement. Ainsi de l'industrialisme, isolé à bon droit par Thibaudet, et suscité par les difficultés particulières de la conversion du pays, à commencer par ses couches dirigeantes, à la modernité matérielle. Ainsi de la démocratie chrétienne, et de son effort tellement représentatif pourtant, pour inscrire la conscience religieuse dans l'univers de la liberté. C'est bien la preuve, justement, des insuffisances de cette notion de famille d'esprit, s'agissant de répondre au problème qui est le nôtre. Elle a le mérite d'introduire une distinction en effet essentielle entre le fluctuant et le durable qui permet de mettre en lumière la forte stabilité des courants de sensibilité et de pensée derrière le remaniement incessant des expressions partisanes. Mais toute à la poursuite de ces continuités historiques profondes, elle confond sous le même chef, en fonction de cet unique critère trop étroitement descriptif, des phénomènes de niveaux différents. Dans ce qui semblablement perdure, tout n'est pas du même ordre. Il existe des familles d'esprit, mais le mélange d'enracinement psychologique et d'inertie sémantique qui les caractérise ne rend pas compte de la puissance de permanence dont témoignent les clivages véritablement organisateurs du champ politique. Celle-là s'enracine dans la cohérence interne d'un système de positions. Elle tient à la logique d'un mode de définition de la dualité politique qui divise chacun des camps à leur tour en deux pour les recomposer finalement en trois. D'où la relative indépendance des lignes de force ainsi déterminées par rapport à des contenus historiquement très identifiés. Cela naturellement dans les limites de la question matricielle – *quid* de la liberté entre Révolution et Contre-Révolution ? – avec l'étonnante intangibilité des figures extrêmes qui accompagne son invariabilité. Mais la continuité des attitudes et des mentalités à travers le temps, si elle correspond pour une part à ce qu'on sait en général de la viscosité des représentations et des passions, est aussi pour une part, en l'occurrence, un effet d'optique. En réalité, c'est la règle de répartition qui ne varie pas, alors que, sous la langue figée des traditions, l'expression des différentes composantes se renouvelle profondément. Seulement, comme par ailleurs le cadre est immobile, on a l'impression, largement illusoire, d'assister aux métamorphoses du même. De là le débat promis à l'interminable, entre les partisans de la discontinuité, sensibles avant tout au formidable glissement du jeu politique sur cent vingt-cinq ans, et les tenants de la continuité, attentifs à la régularité des partages qui se perpétuent au milieu du mouvement. Il est vain de vouloir l'arbitrer. Mieux vaut essayer de comprendre le dispositif qui nous enferme dans ce dilemme, à l'intersection des contraintes d'une structure et de la prégnance d'une symbolique.

La centralité obsédante du couple droite et gauche, telle qu'on peut la faire culminer en 1939, n'est pas, comme on voit, le fruit du hasard : elle est le résumé d'une histoire. Ce n'est pas pour rien que ces deux vocables possèdent l'étonnante propriété de tout absorber et de tout réduire : c'est qu'en effet ils concentrent en leur manichéisme élémentaire les détours et les subtilités de toute une tradition politique. Ils ramassent en une formule sommaire l'algèbre complexe d'un système à multiples entrées. Leur dualisme simplificateur est la résultante d'au moins deux triplicités qui s'enchevêtrent : celle qui commande la dispersion interne du parti de l'ordre comme du parti du mouvement, et celle qui règle l'organisation de l'espace politique autour d'un centre gouvernemental flanqué de deux ailes oppositionnelles. Car tous ces traits qu'on est tenté de juger contradictoires au premier abord se tiennent étroitement en réalité. On peut trouver au moins étrange la coexistence d'une opposition aussi simplificatrice avec une pluralité aussi irréductible (et conflictuelle) de ces prétendues essences simples. On peut s'étonner, de même, du fossé entre le discours de l'affrontement qui domine la scène idéologique et la pratique des accommodements qui prévaut dans la politique effective. En fait, ce sont là les différentes faces d'un même système[111]. Le système engendré par les conditions originales qui ont présidé à l'incarnation du gouvernement représentatif en France. L'écartèlement de l'opinion est tel, au lendemain de la Révolution, que la mise en œuvre d'un pouvoir selon

La droite et la gauche

l'opinion ne pourra avoir lieu que moyennant le partage de chacun de ces camps inexplicablement affrontés entre ses extrémistes et ses modérés. Telle est la situation primordiale sur la base de laquelle va se déployer un système de définition politique trois fois singulier : 1) il loge, à la différence d'un système bi-partisan, la polarité gouvernement-opposition, à l'intérieur de chacun des camps ; 2) il introduit, à partir de là, une règle interne de distribution qui va se fixer sous forme d'une structure à trois termes ; 3) il dissocie ce faisant la politique pensée des pesanteurs de la politique pratiquée en laissant la maîtrise des identités et des partages aux extrêmes. Dans la mesure où la vie politique s'ordonne autour d'un pivot central fixe, au lieu de fonctionner selon une alternance des blocs au pouvoir, la terminologie latéralisatrice est celle qui tend naturellement à s'imposer. Dans la mesure où sur le fond c'est une division radicale qu'il s'agit de traduire et que c'est aux extrêmes qu'il revient de la faire vivre, une opposition drastiquement simplificatrice (mais non exclusive d'autres partages à l'intérieur d'elle-même) est la seule qui se puisse recevoir. Dans la mesure enfin où cette division ne peut prendre forme que de coalitions où personne ne domine absolument, la neutralité des dénominations est forcément la règle : loin des noms de partis, il faut qu'elles soient recevables par tous en même temps qu'inappropriables. Voilà comment la droite et la gauche ont pu s'élever, en leur sécheresse classificatoire, au rang de suprêmes catégories identificatoires, vibrantes d'affects et gorgées de souvenirs. Rarement autant de passions, d'événements et d'idées auront aussi nécessairement conflué vers deux pauvres mots pour définitivement s'y fondre. Ainsi enferment-ils l'âme et la mémoire d'une manière d'être en politique. Ils disent par leur omniprésence ce qu'elle a de plus paradoxal : le primat de l'identification sur l'adhésion. Parler le langage de la droite et de la gauche, c'est se reconnaître dans un camp sans appartenir à un parti – mais il est difficile d'appartenir à un parti dans un monde où les divisions mobilisatrices se divisent toujours contre elles-mêmes, et c'est de cette difficulté qu'est faite la fortune de l'opposition droite-gauche. Elle est le totem ô combien expressif d'une société dont ce n'est pas la moindre étrangeté que d'avoir combiné une politisation traditionnellement forte avec des organisations politiques chroniquement faibles.

Sur l'organisation dualiste des sociétés contemporaines

Il reste deux questions en suspens une fois de la sorte démonté l'enracinement historique de cette catégorisation de la politique. La première est de savoir ce qu'il en est au juste de son rôle, de son sens et de ses capacités de survie dans un monde profondément différent de celui qui l'a vue s'imposer. Elle n'est pas sans rapport avec la seconde. C'est qu'entre-temps, en effet, l'opposition droite-gauche est devenue un idiome universel, ce qui ne saurait être sans conséquence sur la solidité de son usage. Encore faut-il essayer de comprendre comment un produit aussi quintessenciellement attaché au plus singulier de l'histoire de France a pu devenir un langage mondial adaptable à tous les contextes. Est-ce au prix d'un détournement qui l'a en fait arraché à sa signification d'origine ? Ou bien est-ce que les particularités françaises ont eu pour effet d'amener au jour une dimension effectivement universelle de l'expérience politique moderne, comme telle partout appropriable avec les catégories où elle s'est électivement coulée ?

À vue superficielle, c'est de loin la persistance de la politique française dans son être traditionnel qui l'emporte depuis 1945. Elle poursuit sur son erre et la prévalence du partage droite-gauche avec elle. Sans doute l'extrême droite disparaît-elle à fort peu près, emportée par la défaite des fascismes. Sans doute la droite classique sort-elle de la tourmente frappée d'un profond discrédit. En face, en revanche, se dresse une gauche auréolée d'héroïsme victorieux, plus que jamais portée à s'affirmer comme gauche et plus dominée que jamais par l'extrême gauche communiste. Pour qu'il y ait une gauche, il faut qu'il y ait une droite. La domination symbolique et morale de la gauche se traduira donc normalement par le maintien du partage dans sa vigueur. Un partage, simplement, récusé avec plus de véhémence que jamais par la droite ainsi supposée, sa répugnance traditionnelle à s'avouer pour telle se trouvant redoublée par la volonté de se démarquer d'un passé infamant. Le courant gaulliste sera le héraut tout désigné de ce refus. Même le phénomène présidentiel, depuis 1962, n'est pas parvenu à entamer la bipartition. Il a pourtant altéré un des paramètres essentiels qui conspiraient à l'entretenir, en donnant à plusieurs reprises la majorité parlementaire absolue à un parti, le parti du président. En même temps, il a contribué à durcir plutôt la division droite-gauche en en faisant en réalité la base et la loi d'airain de l'élection suprême. D'autant que le maintien du scrutin majoritaire à deux tours continue par ailleurs à faire vivre les bonnes vieilles recettes de la dispersion initiale de chacun des camps et de leur regroupement manichéen. La pluralité partisane demeure et c'est le plein des voix de « droite » et des voix de « gauche » qu'exige l'élection du président. Par où, après l'ébranlement des années de Gaulle, quand la logique majoritaire attachée à l'exécutif plébiscitaire paraissait irrésistible et qu'« entre les communistes et nous », le « rien » semblait devoir s'installer, on a vu resurgir, avec le parti socialiste et l'Union de la gauche des années soixante-dix, une époque particulièrement faste pour la célébration de l'antagonisme fondamental. Le centre s'est politiquement presque évanoui. Mais l'insistance récurrente sur la nécessaire « ouver-

La droite et la gauche

ture» en direction de ses restes montre que le tropisme organisateur demeure. «La France veut être gouvernée au centre», comme l'a dit de façon très révélatrice un président de la République (Valéry Giscard d'Estaing), dans un moment lui aussi très intéressant. Un moment en effet où la renaissance des socialistes à gauche, la dissociation du parti du président du parti gaulliste à droite installent une structuration clairement quadripartite de l'univers politique français. À quatre partis, l'essentiel du mécanisme qu'on a dégagé est sauf: droite et gauche résultent de coalitions entre des partis voués à s'accorder sur fond de tension entre l'inconditionnalité gouvernementale de l'un et le tropisme oppositionnel de l'autre. Il est même complètement sauf, si l'on considère la place du président dans le dispositif. Il est celui qui, c'est vrai, de par les nécessités d'assurer l'assise de l'action gouvernementale, indique la place d'un centre qui n'a pas besoin d'être politiquement consistant pour être symboliquement très fort. De sorte qu'en fait, dans un cadre institutionnel en rupture profonde avec les traditions de la République depuis ses origines, c'est la formule de répartition des forces politiques la plus classiquement enracinée qu'on voit reparaître et se perpétuer. Une attestation de plus de l'invincible fidélité de ce pays à lui-même.

Et cependant, quelque chose s'est cassé en 1945. Quelque chose qui n'a cessé de cheminer à bas bruit, puis de s'amplifier dans la suite des événements pour éclater, enfin, aujourd'hui, dans toute l'ampleur de ses conséquences. Le repère est quelque peu arbitraire. Il est choisi pour contraster les deux après-guerres, à la fois dans leurs ambiances générales et dans leurs incidences directement politiques. 1918, est-il besoin de le rappeler, c'est, dans le sillage de la révolution bolchevique, l'apparition du mouvement communiste, avec ses effets de radicalisation et le reclassement complet qu'il entraîne à gauche. C'est aussi la radicalisation des extrêmes droites, même si leur thématique était déjà en germe avant 1914; la terrifiante expérience de la guerre totale en libérera les paroxysmes. 1945 marque en regard, on mettra longtemps à s'en apercevoir, le début d'une inversion de phase de portée séculaire. C'est la fin du glissement à gauche, du fameux «sinistrisme» orientant la vie politique française depuis 1815. Aucune force nouvelle n'apparaîtra à gauche des communistes pour repousser l'ensemble des pièces de l'échiquier d'un cran. On pourra croire un instant l'opération en passe de se réaliser, au lendemain de 1968, sous la pression des gauchismes. Cette poussée de l'extrême gauche ne sera qu'un feu de paille, annonciateur en réalité, en ses acteurs mêmes, d'un retournement radical de tendance. La critique gauchiste du communisme ne tardera pas, en effet, à se muer en critique libérale. Ce n'est plus seulement cette fois que la source à gauche est tarie. C'est qu'on entre dans un processus d'érosion, voire d'involution des extrêmes dont le spectaculaire affaiblissement des communistes au cours des années 1980, sur fond pour finir de déroute et de décomposition du système soviétique, fournira une illustration irrécusable. Mais ce serait une erreur que de s'en tenir à la crise la plus notoire sans voir ce que le phénomène a de général. Sous des formes beaucoup plus discrètes, son travail de désagrégation s'observe aussi à droite. Dislocation de l'isolat catholique, conversion aux valeurs de l'univers industriel et marchand, modernisation des mœurs : tout ce qui pouvait subsister de fidélités réactionnaires au sein de la droite, d'hostilité à la modernité égalitaire, capitaliste et démocratique, a subi un recul non moins irrémissible. L'exemplification la plus parlante en est apportée peut-être par l'adhésion de l'extrême droite xénophobe elle-même, telle qu'elle a repris vigueur au cours de ces dernières années, à un ultra-libéralisme d'importation américaine – doctrine qui n'emportait pas précisément la faveur de ses ancêtres. La crise de 1929 avait exacerbé la demande de pouvoir et les passions totalitaires. La longue crise qui s'engage autour de 1974, survenant il est vrai au bout de trois décennies de glorieuse croissance et d'expansion de l'État-providence, s'est traduite en sens inverse par un nouveau sacre de l'individu, par un retour offensif des principes libéraux, par une diffusion en profondeur de l'esprit pluraliste et par une désaffection marquée pour les pensées radicales à base de primat du collectif, aussi bien réactionnaires que progressistes. À tel point que la Révolution, comme le bicentenaire de 1989 a permis de le mesurer, a cessé de fonctionner comme scène primitive de la politique française. Il n'y a plus aucune famille ou force significatives pour se réclamer de l'héritage traditionaliste. Quant aux ultimes tenants de la dictature jacobine et du salut par l'irrésistibilité de la puissance publique, leur influence paraît en passe de devenir résiduelle. Pour la première fois depuis deux siècles, le régime de la liberté entre, en France, dans l'incontesté et se déploie à l'abri des remises en cause extrémistes. Il y a là un mouvement qui, s'il se confirmait, ne manquerait pas d'altérer essentiellement les emplois classiques de l'opposition droite-gauche. Car c'est à son principe constitutif qu'il porte directement atteinte. Faute d'extrêmes suffisamment consistants pour peser sur l'organisation d'ensemble de la scène publique, peut-être allons-nous glisser à notre tour dans la logique d'un système bi-partisan, faisant s'affronter au centre deux grandes forces sans arêtes idéologiques trop accusées. Droite et gauche ne seraient plus alors que des étiquettes vestigiales, désertées par l'esprit qui les fit surgir et vivre, par cet impérieux besoin de souder dans l'adversité des camps traversés eux-mêmes par d'irrémédiables fractures. Mais il faut ici compter sur la prégnance de la culture devenue une seconde nature. Tandis que d'un côté le jeu politique tend ainsi vers une simplification qui le réduirait à un parti du gouvernement et à un parti de l'opposition, ne voit-on pas émerger, de l'autre côté, de nouveaux partis extrêmes ? La résurgence nationaliste et xénophobe qu'on évoquait à l'instant devait n'être, au dire des analystes, qu'une flambée protestataire sans lendemain. Or voici qu'elle s'installe dans un paysage qu'elle risque de durablement marquer. Le courant écologiste paraissait, de même, promis à rester confiné dans une marginalité sympathique. Or il prend une vigueur qui lui confère d'ores et déjà les dimensions d'une véritable «famille d'esprit». Auquel cas nous serions seulement dans une phase de transition, dans un de ces moments-seuils, comme on en a croisé l'exemple autour de 1900, où la pénétration continuée du principe démocratique entraîne le remodelage général du débat autour de son incarnation; moment au terme duquel nous verrions finalement ressortir, sous un visage inédit, une distribution des forces politiques structurellement conforme à la tradition. Renouvellement ou rupture? L'hésitation est typique des incertitudes majeures qui affectent aujourd'hui l'identité française, tiraillée comme jamais entre la continuité de son histoire et la «fin d'une exception» par où son passé bascule dans la pure mémoire.

Quoi qu'il puisse arriver, cela dit, droite et gauche ont désormais une vie indépendante de la matrice où elles se sont primitivement développées. Elles ont conquis la planète. Elles sont devenues des catégories universelles de la politique. Elles font partie des notions de base qui informent le fonctionnement des sociétés contemporaines en général. C'est cette prodigieuse fortune que nous voudrions interroger pour finir. Pourquoi ces mots-là en particulier? Car il ne suffit pas de rendre compte de la réduction du choix démocratique à l'alternative entre deux termes, comme le font les explications les plus ordinairement alléguées. Encore faut-il expliquer pourquoi c'est précisément dans le langage de la droite et de la gauche que cette réduction s'expose et se symbolise le plus volontiers, même si c'est avec des énergies inégales selon les pays – davantage par exemple en Europe qu'en Amérique du Nord[112]. Le suffrage universel, nous dit-on, exige une simplification extrême des options offertes aux citoyens. Soit. Mais les oppositions binaires aptes à figurer semblables partages ne manquent pas, puisées dans l'histoire ou empruntées au répertoire symbolique général. On en a vu une belle illustration avec le règne et le déclin du *rouge* et du *blanc*. Pourquoi est-ce que, parmi toutes ces oppositions, c'est finalement celle de la droite et de la gauche qui l'a emporté, non pas tellement d'ailleurs en supplantant les autres, mais en s'imposant comme l'opposition en dernière instance, celle qui permet la conversion de toutes les autres, des républicains et des démocrates, des travaillistes et des conservateurs, des socialistes et des bourgeois, des libéraux et des progressistes? Il est inévitable, nous dit-on encore, que dans des sociétés explicitement historiques, orientées vers l'avenir, qui se savent en mouvement et qui débattent de leur propre transformation dans le temps, il apparaisse une grande division entre un parti du passé et un parti du futur. Sans doute. Proudhon formule l'idée avec une parfaite clarté dès au lendemain de 1848. «Puisque l'humanité est progressive, note-t-il, et qu'elle n'agit que sur des souvenirs et des prévisions, elle se divise naturellement en deux grandes classes: l'une qui, plus touchée de l'expérience des anciens, répugne à marcher en avant dans les incertitudes de l'inconnu; l'autre qui, impatiente du mal présent, incline davantage aux réformes[113].» Entre conservation et changement, la dualité des tendances représente une dimension constitutive, irréductible, des sociétés que leurs agents pensent en proie au devenir. Mais pourquoi pas alors, puisque tel est l'un des principaux enjeux, *l'ordre* et *le mouvement*, dont François Goguel a pu montrer, d'ailleurs, à partir de l'histoire de la IIIe République, qu'elle fournissait l'opposition la plus pertinente pour l'analyse du suffrage en France[114]? En dépit de son adéquation aux faits, en dépit de sa correspondance concrète à l'axe fondamental de la vie de nos sociétés, l'opposition de l'ordre et du mouvement est restée une opposition savante, dépourvue d'expressivité collective – tout au plus a-t-elle perfusé dans la sphère des représentations sociales sous la forme du couple d'identifications répulsives réaction-révolution. Et en dépit de son peu d'aptitude spontanée à exprimer la durée ou à rendre la tension temporelle, c'est l'opposition spatiale entre la droite et la gauche qui en est venue à subsumer aussi ce partage central entre l'amour de la tradition établie et l'espoir dans le nouveau. De quoi cette expressivité multiforme se nourrit-elle au juste?

Il y faudrait, pour être pleinement démonstratif, une patiente étude de la diffusion des notions, pays par pays. On devrait suivre, par exemple, les chemins très instructifs par lesquels la droite et la gauche s'introduisent en Grande-Bretagne à la faveur du tripartisme transitoire imposé, à partir des élections de 1906, par l'avènement et la montée en puissance du Labour Party, jusqu'à ce qu'il supplante les libéraux comme seconde grande force dans l'entre-deux-guerres. La multiplication comparative des cas devrait faire ressortir les facteurs d'efficacité qui ont permis chaque fois à la nouvelle division de se surimposer avec succès aux divisions nationalement en vigueur. L'entreprise dépasse de beaucoup l'échelle du présent essai. À défaut de pouvoir faire plus qu'en indiquer le programme, on formulera deux hypothèses, ou plutôt une hypothèse double sur les raisons de ce rayonnement universel. Le premier versant de l'hypothèse regarde l'ancrage subjectif de l'opposition entre droite et gauche; le second, son inscription objective dans le champ politique défini par les principes fondateurs de nos sociétés. Son premier motif majeur de succès, suggérera-t-on, est d'autoriser l'identification corporelle des acteurs à l'ensemble où ils s'insèrent. Par où la division droite-gauche représente en fait un substitut à l'immémoriale symbolique de l'organicité dans une société qui, à la différence de ses devancières, ne peut plus se représenter comme un corps. Le second motif procède d'une tout autre origine. Il résulte de la logique même de la légitimité démocratique et des antinomies qui en sont inséparables. Dans une société qui ne reconnaît pour fondement que les droits des individus, non seulement il y a nécessairement division sur la manière de les traduire en pratique, mais il n'est pas de position politique se réclamant de cette entreprise de traduction, essaiera-t-on de montrer, qui ne soit habitée et travaillée par la contradiction interne. Par où on est ramené à notre première raison. En plus de permettre de rassembler symboliquement le tout en soi, l'identification en termes de droite et de gauche a l'avantage de donner corps à ces partages intestins. C'est au point de rencontre de ces deux séries, l'exigence de figurabilité du social par l'individu et la possibilité d'incarner les contradictions qui déchirent notre univers du fait même des valeurs qu'il avoue pour sa source, que nous paraît se situer le ressort profond de cette latéralisation omnipotente et omnivore de la politique. C'est dire qu'elle participe dorénavant des quelques repères primordiaux grâce auxquels notre monde nous est habitable.

L'une des réquisitions de base de toute symbolique politique, en effet, c'est d'autoriser l'identification de l'individuel au collectif. Il faut que l'acteur singulier puisse se reconnaître dans le tout, il faut qu'il puisse y adhérer comme ensemble sensé en le ramenant à lui-même. Telle fut sur des millénaires la fonction des figurations du social comme *corps,* en leurs innombrables variantes et ramifications. Cette symbolique organique possède une architecture très précise. Elle est inséparable d'une organisation religieuse du monde. Sa clé de voûte, c'est l'union de la communauté tangible avec son fondement invisible, union dont découle la cohésion charnelle qui soude entre eux les membres de la communauté. Pour le dire autrement, elle est la symbolique obligée de ce que Louis Dumont désigne comme modèle holiste de l'organisation sociale. Lorsqu'il y a primauté du tout sur les parties, lorsqu'il y a antériorité et supériorité du principe d'ordre collectif sur les individus, c'est forcément en termes d'englobement au sein d'un corps que se trouve représenté cet impératif d'appartenance. Le lien entre les hommes a symboliquement figure de lien organique tout le temps où il est métaphysiquement posé au-dessus de leur volonté. Cette économie expressive a eu dans de nombreuses sociétés, et de façon particulièrement forte en Occident, un support privilégié en la personne du roi. L'incarnateur royal est exemplairement cet être en lequel le corps politique se concentre tout entier et qui met ses sujets en mesure, grâce au miroir qu'il leur tend, de se représenter la solidarité physique qui les tient ensemble sous les traits de son absorption dans une individualité matériellement et mystiquement définie. Il faut avoir cet enracinement à l'esprit si l'on veut comprendre les nostalgies inextinguibles dont la personnification monarchique a pu si longtemps faire l'objet. C'est qu'il y va au travers d'elle de bien plus que d'une conviction réfléchie : de la possibilité même, pour les individus, d'une figuration maîtrisable de leur société. Car l'entrée dans la modernité individualiste, historique et démocratique est aussi rupture dans l'ordre symbolique. Elle passe par la perte inéluctable de l'incorporation du social. De par la dissolution de toute dépendance envers une source divine, de toute attache sacrale, et le basculement dans le devenir. De par la déliaison des êtres, reconnus source de tout ordre en leur autonomie originaire. De par l'impersonnalité attribuée à un pouvoir qui émane de la volonté des citoyens. Les sociétés contemporaines cessent d'être concevables en corps en cessant de se définir à tous les niveaux sous le signe de l'unité. Par où elles s'avèrent bientôt des sociétés en proie à un problème majeur d'identité – entendons : d'identification pour leurs propres acteurs. Des sociétés qui ne vont pas être travaillées pour rien par une fièvre contestataire et des entreprises de subversion radicales tendant semblablement au fond, sous des visages opposés, au rétablissement de cette cohésion communautaire, de cette définition arrêtée de soi, de cette conscience en tant qu'ensemble et par là même de cette représentabilité du point de vue des individus auxquelles l'image du corps a prêté sur la plus longue durée des sociétés humaines son inépuisable et rassurante richesse sensible. Ce n'est pas pour rien non plus si les passions révolutionnaires (ou contre-révolutionnaires) ont culminé en ce siècle, quand il s'est irrécusablement avéré que le déploiement de l'univers démocratique passait par la division explicite de la société et l'institutionnalisation du conflit, quand spécifiquement il a commencé à devenir clair, autour de 1900, que le modèle tacite de la démocratie n'était plus le dégagement unitaire de la volonté générale, mais la mise en scène des discordes civiles. C'est à très juste titre que Claude Lefort a détecté au tréfonds du dessein totalitaire une ambition fantasmatique de réincorporation, de restauration de l'un social comme corps, où l'investissement sur l'égocrate, l'intense repersonnification du pouvoir jouent d'ailleurs un rôle déterminant. Si maintenant, dans l'autre sens, les sociétés démocratiques ont connu, après tant de trouble, un si remarquable apaisement depuis 1945, une stabilisation si frappante en regard de leur histoire antérieure, c'est pour une bonne partie à la mise en place d'un dispositif symbolique de nature à répondre à des besoins auparavant frustrés qu'elles les doivent. Est-ce l'oubli de l'ancienne organisation organique et sacrale qui a fini par venir, autorisant l'accoutumance à la distension des registres d'activité, à l'extériorité interne de l'État, à la conflictualité ? Est-ce à l'inverse parce que les moyens ont été trouvés de rendre vivables les dimensions de l'expérience collective qui soulevaient la révolte et le scandale que le modèle primordial auquel, consciemment ou inconsciemment, les esprits se raccrochaient de manière désespérée a vu sa séduction décroître et disparaître ? Toujours est-il que l'ère de la nostalgie paraît close, cette fois, et la rupture consommée. Pour la première fois, les sociétés démocratiques semblent avoir trouvé une assiette ferme leur permettant de vivre en accord avec elles-mêmes – un accord fait en particulier de consentement au discord. Dans cette évolution, le développement d'une série de réponses symboliques aux incertitudes constitutives d'une société d'individus joue un rôle capital. Ces réponses sont véhiculées par des dispositions pratiques dont on n'a pas manqué de souligner l'impact réformateur, sans mesurer le plus souvent leur portée dans le registre des représentations collectives. L'État-providence répond à des besoins concrets de protection. Mais il a aussi pour effet de rendre sensible la cohésion abstraite d'une société dépourvue de ces appartenances et de ces solidarités naturelles qui la rendaient autrefois immédiatement tangible. Davantage : il donne un visage à la loi cachée de notre monde, à savoir la responsabilité sociale de la production de l'individuel. Le renforcement de l'exécutif ne fait pas qu'améliorer la gouvernabilité des régimes représentatifs. Au travers de la personnalisation du pouvoir dont il s'accompagne, il remédie au vertige qu'appelle l'impensable figure du gouvernement anonyme ; il restitue aux citoyens une prise identifiable sur l'organe réputé matérialiser la volonté collective. De même le déploiement d'une société d'information, en même temps que d'un régime d'opinion, représente-t-il en fait, bien au-delà de ses réalités techniques, un embryon de mise en forme de ces réquisitions problématiques du fonctionnement démocratique, que sont la permanence du contrôle public et la continuité de la référence à une volonté générale clairement objectivée. L'universalisation de la droite et de la gauche participe de ce processus. Elle s'insère dans ce mouvement de création d'un système de repères qui a rendu l'ordre profond de nos sociétés mieux lisible, mieux intelligible, mieux supportable à leurs agents. Elle y tient une place éminente. Elle traduit l'adhésion à un monde dont la loi est la division. Elle fournit le vecteur symbolique qui rend possible cette chose hautement improbable qui est de s'identifier à un collectif écartelé – et pour cela pendant longtemps objet répulsif, rejetant toute saisie comme ensemble, tenable seulement par parties. Elle l'autorise en ce qu'elle ramène le partage à l'unité plus profonde d'un même corps. Là réside le secret du rayonnement exercé par le couple droite-gauche. Il offre le moyen de figurer l'intégration organique d'une dualité. Ce n'est pas pour cette raison qu'il a été lancé dans la circulation ; ce n'est pas principalement de cette façon qu'il a fonctionné dans la politique française jusqu'à date récente. Mais c'est pour ce motif qu'il a pu connaître une diffusion aussi large et devenir un cliché classificatoire universellement recevable. C'est qu'il apportait, au travers de cet autre aspect de la corporéité qu'est son dédoublement symétrique, de quoi opérer la réduction symbolique du clivage social à l'indivisibilité duelle qui nous caractérise dans notre individualité. Le corps avait millénairement servi à représenter l'insécable unité qui devait être celle de la communauté ; le voici mobilisé pour en représenter la division constitutive. Une division, simplement, en laquelle je puis me projeter sans peine et sans risque, puisqu'elle me traverse et me définit. Ce qui se donne comme éclaté dans l'espace public, je le porte en moi-même rassemblé. Si au regard de la scène politique je me range ou bien à droite ou bien à gauche, je puis par-devers moi-même être simultanément à droite et à gauche, passer immédiatement de l'un à l'autre, me rendre instantanément raison du partage. Ce qui fonde à dire, d'ailleurs, que l'expansion de nos catégories s'effectue dans un climat très différent de celui qui présida généralement à leur emploi dans la tradition française. Elles y véhiculèrent ordinairement le manichéisme et l'esprit d'exclusion. Ici, à l'opposé, c'est plutôt sous le signe du sentiment d'une ultime solidarité des termes opposés qu'elles se répandent. Je ne puis être que d'un bord, mais il est inévitable, voire nécessaire, qu'il y ait deux bords. C'est une autre des ressources de notre opposition que cette souplesse qui lui permet d'exprimer aussi bien l'antagonisme le plus radical que la co-appartenance réglée des parties en conflit. La droite et la gauche furent le drapeau des passions extrêmes en politique ; c'est une seconde carrière qui s'ouvre à présent pour elles, où elles seront l'emblème de la modération. En s'organicisant, elles ne peuvent que perdre en virulence. L'avenir le dira. Car il y a gros à parier qu'avec cette reconstitution symbolique d'une adhésion en corps des individus au principe constituant de leur société, nous n'en sommes qu'au début d'une très longue histoire.

Cette incarnation de la conflictualité ne prend tout son sens que si on la rapporte à l'expansion sous-jacente du sentiment que la contradiction appartient à la réalité sociale – à tel point justement qu'elle se réfracte en chacun de nous. On touche avec cette perception diffuse aux bases du changement de climat profond de nos sociétés au sortir de l'âge totalitaire, qui est pour une part considérable un changement dans la représentation spontanée que les acteurs se font de ce qu'est la forme normale d'une société. Le ressort totalitaire par excellence, ce fut le sentiment que la contradiction représentait un scandale fait pour être surmonté, refus doublé au plan subjectif par la méconnaissance de ses propres contradictions. Celles-ci sont particulièrement claires au pôle communiste, où l'extension du pouvoir collectif s'avère vite faire mauvais ménage avec l'émancipation de l'individu qu'elle est supposée servir. Mais elles ne sont pas moindres en réalité, pour être moins apparentes, au pôle fasciste, où une secrète affirmation de l'individu traverse et travaille la restauration du primat organique de la Nation. Les idéologies mettent en forme de théorie de l'histoire ce retour nécessaire à l'Un. S'il y a mouvement, ce ne peut être qu'en vue d'un dénouement. Il est pauvrement conçu ici comme simple

La droite et la gauche

rétablissement d'une vérité communautaire et raciale obscurcie par la conception matérialiste et révolutionnaire. Il est puissamment pensé là comme aboutissement réconciliateur d'une longue marche de l'espèce humaine vers la conscience dans sa production d'elle-même. Le sens du parcours qui mène du présent vers le futur n'en est pas moins foncièrement le même : l'avenir ne peut consister qu'en la fin des divisions intolérables d'aujourd'hui. N'oublions pas que c'est pour l'essentiel sur ce mode mythique d'un devenir porteur de toutes les solutions que l'idée de l'histoire a pénétré progressivement dans la conscience collective depuis le siècle dernier. On ne saurait accorder trop d'attention, en regard, à la «crise de l'avenir» qui a brutalement discrédité, sous le coup de la grande crise des années 1970 à laquelle on revient toujours, l'ensemble de ces figures de la réconciliation, passéistes ou futuristes, radicales ou modérées[115]. Ce qui s'est proprement dissous dans ce moment de crise, c'est la perspective d'une quelconque fin de l'histoire. Nous voici projetés devant un avenir indéfiniment ouvert. C'est par rapport à cette béance de l'inconnu qu'il faut comprendre le retour aux sources doctrinales et aux principes légitimants de notre monde, qu'ils aient pour nom droits de l'homme, libéralisme, individualisme... Ce qui fait le sens de cette reviviscence, c'est l'idée qu'il n'y a aucun dépassement à attendre, mais qu'à partir de ces données et de ces règles de base, un processus de création indéfini est possible. Elle s'accompagne de la prescience que c'est au sein de ces principes fondateurs eux-mêmes que se trouvent les racines des oppositions insurmontables auxquelles nos sociétés sont en proie. Oppositions qui ne font pas que partager l'esprit public, mais qui se réfractent en contradictions au sein de chacun d'entre nous. Comme à l'ordinaire, l'événement est le révélateur d'une gestation souterrainement à l'œuvre depuis longtemps. Ce n'est pas d'aujourd'hui que des esprits lucides et libres avaient observé sur eux-mêmes le travail de cet inconciliable intérieur. Valéry note ainsi dans ses *Cahiers* à une date particulièrement intéressante, en 1934 : «Ego – de *droite* par instinct ; de *gauche* par l'esprit ; de *droite* au milieu des gauches, et de *gauche* au milieu des droites. Ici les idées me répugnent et là le genre[116].» Et de préciser encore, dans une variation sur la même pensée : «Mon opinion politique ? Je n'en ai pas. Mais si j'interroge mon instinct – je trouve la contradiction qui est dans tous. Anarchie. Monarchie[117].» C'est dire que la chose cheminait depuis un bon moment. Mais c'est une autre affaire quand ce qui était éclair de conscience isolé tend à devenir pièce intégrante d'un dispositif de croyance et d'une mentalité commune. Car le constat cesse alors de relever du pur exercice de l'intelligence en marge de la réalité pour s'incorporer comme force transformatrice aux pratiques et se mettre à modifier insensiblement les attitudes, les comportements, les attentes – à générer, peut-être, une nouvelle manière d'habiter la politique.

L'erreur serait maintenant d'imputer à une disposition psychologique ce qui relève d'une logique sociale objective. La contradiction n'est pas d'abord dans les individus ; elle s'y répercute, mais c'est dans le système de définition même de nos sociétés qu'elle est primordialement inscrite. Elle est la contradiction native et indépassable de la société des individus, de cette société qui ne reconnaît pour fondement et source de tout droit que l'indépendance primitive de ses membres, que la liberté et l'égalité d'êtres originairement détachés. Pour en donner la formule la plus générale, on pourrait dire qu'elle est la contradiction inhérente au mode de composition d'une société qui tend à se méconnaître comme société et qui se trouve de ce fait écartelée entre les réquisitions de son idéologie explicite et les contraintes implicites de son fonctionnement d'ensemble. Elle est contradiction, si l'on veut encore, entre la face visible et la face cachée du principe individualiste de légitimité. La société qui se pense et se pose, avec les formidables effets que l'on sait, comme société produite par la volonté des individus est d'autre part en réalité société dont c'est la norme constitutive que d'avoir des individus pour membres et à laquelle il revient par conséquent de les produire. Seulement, dans le premier cas, c'est à chacun d'assumer ses propres responsabilités dans un cadre où la sphère publique doit être aussi limitée que possible, alors que, dans le second cas, il est attribué à la puissance collective la charge d'instituer et de protéger ses assujettis dans leur statut même d'individus, avec ce que cela exige d'élargissement de ses compétences et de ses moyens. C'est là le sens profond de ce qui éclatera comme « question sociale » avec la révolution industrielle mais qui surgit en fait dès au sein de la refondation politique entreprise par la Révolution française. Il n'y a pas un ordre libéral cohérent et complet par lui-même auquel les luttes ouvrières auraient imposé du dehors des infléchissements ou des correctifs sociaux. Il y a un dilemme interne à l'ordre libéral entre son endroit, où règne le point de vue exclusif de la liberté et de l'intérêt des personnes, et un envers qui appelle, au service des mêmes fins, l'extension du pouvoir social. Ce qui fait du compromis tant bien que mal trouvé entre les deux logiques dans le cadre de l'État-providence, n'en déplaise aux libéraux, le destin inévitable et normal des sociétés libérales. Il ne suffit donc pas de dire, après Louis Dumont, que la dimension holiste survit nécessairement, même si c'est de façon diffuse ou déniée, au milieu du remodelage opéré par l'idéologie individualiste. Elle ne se maintient pas seulement, elle se transforme et davantage, à de certains égards, elle se démultiplie. La redéfinition de l'ensemble à partir des volontés singulières est aussi source d'une dynamique de la puissance collective dont les retombées en termes d'appartenance contraignante pourront être ravageuses. L'exemple de la Nation est là pour en administrer la preuve. Reconnaître la liberté des individus pour suprême valeur signifie d'autre part

ouvrir une carrière illimitée à l'autorité sociale, l'indépendance de chacun ayant vocation à se convertir en un pouvoir de tous virtuellement étendu à tout. La société holiste répondait dans toutes ses parties à une seule et même logique, celle de la subordination. Le renversement individualiste entraîne une dissociation du point de vue individuel et du point de vue collectif, génératrice de deux logiques à la fois solidaires et antagonistes, une logique de l'émancipation et une logique de la socialisation. Elles sont intellectuellement exclusives l'une de l'autre tout en n'allant pas l'une sans l'autre. Fondamentalement, c'est en fonction de l'impossibilité de tenir ensemble ces dynamiques inséparables que va se déterminer le champ des contradictions politiques au sein de nos sociétés. On va les y trouver constamment opposées et constamment associées dans des versions symétriques et inverses.
S'il importe de préciser la teneur de cette articulation entre revendication d'indépendance et obligation d'appartenance par rapport à l'analyse qu'en donne Dumont, c'est parce que ce dernier en a tiré une interprétation extrêmement suggestive de la polarité droite-gauche[118]. Il propose en substance de regarder la gauche comme le parti par excellence de l'idéologie individualiste telle qu'elle s'affirme et s'épanouit dans le sillage de la Révolution française. Tandis que la droite représenterait en regard le parti de l'impératif holiste forcément maintenu. Ainsi la domination idéologique de la gauche serait-elle équilibrée par la réalité des pouvoirs conservés par la droite au sein de la société. De sorte qu'on aboutirait au total à une sorte d'expression conflictuelle de la complémentarité hiérarchique, par englobement des opposés, dont Dumont a par ailleurs dégagé la règle[119]. L'interprétation a le considérable mérite d'enraciner la division politique dans le principe de constitution même des sociétés contemporaines et d'éclairer fortement la tension essentielle qui les traverse. Elle conduit cependant, dans cette formulation trop globale, à donner une vue unilatérale aussi bien de la droite que de la gauche, en sous-estimant grandement leurs contradictions internes à chacune. Elle exige, pour être appropriée au matériau historique, d'être compliquée à l'intérieur de ses propres termes : c'est en chaque parti que se retrouve la tension des deux composantes. Elle correspond, en fait, au point de départ ; elle donne une image à peu près adéquate de la répartition des forces en 1815. La «gauche», pour autant qu'on puisse procéder à pareille substantification rétrospective, ce sont alors les principes de 1789, les libertés «bourgeoises», tandis que la «droite» incarne en face l'exigence de tradition, de hiérarchie, d'appartenance. Mais dès la seconde Restauration, le tableau évolue, et avec 1848 il change complètement. Apparaît avec le socialisme une gauche par-dessus tout soucieuse d'organisation collective et ne concevant plus l'émancipation individuelle que dans le cadre d'un primat clairement matérialisé de l'intérêt général. Surgit autrement dit une division de la gauche qui ne se refermera plus, entre la

priorité aux libertés politiques et l'absolue nécessité de l'autorité sociale. Division qui se retrouve sous forme de contradiction intestine au sein de la nouvelle extrême gauche, inexorablement partagée entre sa volonté de mener le désassujettissement individuel à son terme en défaisant l'aliénation du travail, et l'impossibilité d'en penser l'accomplissement hors d'une organisation par contrainte, comme Élie Halévy le diagnostiquait justement en 1936[120]. Mais à droite le mouvement de complexification est parallèle. L'expansion de l'univers industriel fait surgir une aile entrepreneuriale, gagnée aux valeurs de l'initiative et de la concurrence des individus, dont la coexistence avec les tenants d'un ordre hiérarchique stable s'avère, là aussi, fort problématique. Entre libéralisme et conservatisme, entre le langage des intérêts et l'attachement au spirituel, entre la puissance mobile de l'argent et l'idéal d'une communauté terrienne, soudée autour des fidélités ancestrales et des supériorités naturelles, la tension interne ne sera pas moindre à droite qu'on ne l'a vue se déployer à gauche[121]. Il n'y a donc plus en présence un parti de l'individu et un parti du tout. Il y a un parti qui a son origine en effet dans les droits de l'individu, mais auquel son parcours a fait retrouver de l'intérieur l'obsédante question de la primauté du collectif, et il y a un parti né sans doute sous le signe de la sauvegarde de l'autorité, mais que son développement a conduit à s'ouvrir aux réquisitions conquérantes de l'acteur économique. Se retrouvent face à face, pour finir, deux versions de la prééminence de l'individu et deux versions de la prépondérance de l'ordre d'ensemble. La gauche valorise l'autonomie des consciences et la libre disposition de soi, quand la droite promeut de préférence le juge de ses propres intérêts et l'entrepreneur efficace. C'est contre cette émancipation des initiatives égoïstes que la gauche réaffirme leur soumission nécessaire à la volonté de tous. Comme c'est contre l'anarchie des opinions et la dissolution atomistique du social que la droite mobilise l'indispensable autorité spirituelle, la contrainte morale, les liens de famille, la force des traditions ou les bienfaits de l'enracinement communautaire. Étant entendu encore une fois que les camps ne sont pas monolithiques, et que chacun de ces points y est à son tour source de clivage. Il y a une droite qui, au nom justement de l'hérédité, de la communauté, des hiérarchies vraies, déteste l'argent, l'industrie et le marché – une droite aussi que la logique libérale tend à éloigner en sens inverse de l'autoritarisme conservateur. Et il y a une gauche qui, dans son intransigeance collectiviste, n'a que mépris pour les pitoyables revendications du moi bourgeois – une gauche aussi que la pente individualiste rend très méfiante à l'égard des moyens de pouvoir. Si complémentarité conflictuelle il peut y avoir, c'est par ces dédoublements qu'elle passe.

C'est en fonction du déploiement de ce réseau de contradictions, tel que le mouvement de l'histoire ne fera que l'exacerber, dans chaque camp et entre

La droite et la gauche

eux, que le déchaînement totalitaire révèle une partie de son sens. Il est précisément tentative désespérée pour échapper à la contradiction au-dedans de soi, dont par la virulence exterminatrice à l'égard de l'adversaire. Il tient à quelque chose comme une confuse prise de conscience de l'intime écartèlement des exigences dont la morsure précipite la fuite en avant. L'autonomie achevée des individus par le collectivisme intégral; la fusion des êtres au sein de la Nation comme vecteur d'une authentique libération; l'antinomie érigée en solution, moyennant l'anéantissement de l'ennemi : voilà quel fut le ressort, historiquement situé, de la violence au réel et aux hommes qui a dominé le siècle. Le travail du devenir continue, la solidarité des opposés dans le modelage de notre monde finit par l'emporter sur leur intolérable déchirure : après la phase de révolte, voici venir le temps de la résignation apaisée, le moment où le système se découvre dans sa consistance de système aux yeux des acteurs. Nous commençons à nous rendre compte de la solidarité qui unit nos inéluctables contradictions avec l'inexorable opposition que nous sommes voués à rencontrer dans le champ politique – et de la solidarité supérieure qui tient ensemble ce faisceau de dissensions. Je ne peux pas ne pas être contradictoire, et je ne peux pas ne pas avoir de contradicteur. Impossible d'affirmer les prérogatives de l'individu par un côté sans revenir à l'exigence d'inscription collective par l'autre côté. Impossible dans cette mesure de ne pas trouver en face de soi un antagoniste qui vous tend en miroir la figure inverse de vos propres dilemmes. Les mêmes libéraux qui rêvent de dépérissement du rôle de l'État n'en réclament pas moins d'autre part un pouvoir fort, capable d'assurer la loi et l'ordre. Et la même gauche qui déteste la coercition et la répression n'en aspire pas moins à l'extension du contrôle public sur l'économie. Elle voudrait voir en revanche la liberté de circulation des personnes commander dans le domaine de l'immigration, quand la droite sera tentée de faire passer au premier plan l'impératif national. Nous ne pouvons pas ne pas vouloir l'un et l'autre ; et nous sommes voués cependant à viser l'un contre l'autre ; mais ce que nous sommes impuissants de la sorte à tenir ensemble prend cohérence globale au travers de la confrontation à des adversaires non moins dessaisis que nous. Ce qui donne sens à s'identifier à l'ensemble de ces positions destinées à s'échanger, tout en reconnaissant en soi-même le foyer de leur contradiction. Nous sommes droite *et* gauche dans la mesure même où simultanément nous ne pouvons que nous poser de droite contre la gauche, ou bien de gauche contre la droite.

Pendant plus d'un siècle, le combat politique a eu l'allure d'une bataille entre le passé et l'avenir, entre l'Ancien Régime et la Révolution, entre la monarchie, la hiérarchie, les privilèges et la République. Comment transiger entre deux systèmes de pensée et de valeurs rigoureusement incompatibles ? La

République l'a emporté, les réquisitions de contrainte d'ensemble et d'intégration sociale se sont complètement transformées, elles ont cessé d'emprunter leur langage à l'ancienne société, mais elles sont toujours là, et il devient impossible de méconnaître que c'est à l'univers même de la démocratie qu'elles appartiennent. Au fur et à mesure que le repoussoir de l'Ancien Régime s'est évanoui et que le principe du conflit s'est révélé toujours plus appartenir à l'organisation de la société, la croyance a grandi que nous entrions dans l'étape finale vers la délivrance de tout conflit. Elle a mobilisé de formidables énergies, ravagé le siècle, bouleversé le monde, et le conflit est toujours là, invariable, au milieu du changement de tous les repères, décidément intrinsèque à notre univers. Difficile d'en ignorer davantage le caractère constitutif. C'est ce processus de prise de conscience qui se concrétise exemplairement dans le nouveau statut, peu à peu conféré au couple droite et gauche. Nous sommes doublement solidaires de nos adversaires, en ceci d'abord que c'est au travers de l'opposition avec eux que la vérité d'ensemble de notre monde trouve à se manifester, elle dont c'est le propre que de ne pouvoir s'arrêter en une position unique. En ceci ensuite que ce qui nous divise d'avec eux est aussi, dans le principe, ce qui nous divise d'avec nous-mêmes. On comprend mieux, d'ailleurs, à partir de là, le possible chassé-croisé des thèmes d'un bord à l'autre, dont le glissement de la Nation de gauche à droite fournit l'illustration la plus fameuse[122]. Il plaide beaucoup moins pour la relativité, voire l'inconsistance de l'opposition, comme les sceptiques voudraient le croire, qu'il n'atteste de sa solidité : si les positions sur tel ou tel point sont susceptibles de s'échanger, l'écart, lui, demeure. Et c'est l'aptitude unique de l'opposition en termes de droite et de gauche que d'autoriser l'expression simultanée des deux dimensions. Elle donne forme à la solidarité dernière des antagonistes, tout en faisant écho à la division en chacun. Elle permet de figurer charnellement ce qui se présente éclaté au-dehors comme un tout que je puis ramener à moi-même ; mais parallèlement elle renvoie au partage intime qu'implique pour chacun l'appartenance à ce tout. Miracle du corps et de la conversion de l'espace objectif en espace subjectif qu'il opère, par la grâce du renversement indéfini de l'exclusion mutuelle (dans l'espace objectif) en intégration réciproque (dans l'espace subjectif), la droite et la gauche deviennent le véhicule de la réversibilité symbolique entre l'individuel et le collectif. L'outil cognitif au travers duquel l'organisation dualiste de nos sociétés et la mobilisation dissensuelle qu'elle nous impose nous deviennent organiquement appropriables et lisibles. Le repérage primordial grâce auquel la loi de contradiction du monde où je suis voué à vivre, à la fois se résume et se résout en moi, puisque je puis, au travers de lui, être la contradiction et la dépasser, me tenir au foyer de la division et m'égaler à l'ensemble.

La droite et la gauche

On voit l'illusion qu'il y a à conclure de l'apaisement de la vie politique au prochain dépérissement du clivage droite-gauche. C'est deux fois prendre la surface pour le fond, au plan du fonctionnement des symboles comme au plan du fonctionnement des sociétés. Il est vrai que le magnétisme manichéen des termes a perdu de son intensité mobilisatrice. Mais ce qui leur a été retiré en passion, ils l'ont gagné en fonction. La déflation guerrière est allée de pair avec l'enracinement anthropologique. Si l'éclat des emblèmes s'est terni, l'opposition est devenue le support d'une de ces identifications qui ouvrent aux acteurs la maîtrise symbolique de leur monde. Ce n'est plus à leur pouvoir d'attraction et de répulsion qu'il faut peser le rôle de la droite et de la gauche : elles ont pour vocation nouvelle de rendre représentable un univers structuré par la contradiction. Et de ce que ces contradictions se manifestent avec moins de violence, il ne suit aucunement qu'elles sont destinées à s'effacer. Une chose est la modération de leur expression, autre chose est l'irréductibilité de leur principe. Les enjeux peuvent paraître se diluer, le contenu des conflits se brouiller, le noyau logique qui commande la distribution antagoniste des positions n'en demeure pas moins intact. Il appartient au mode de composition même de notre société. Tout autant que nous serons dans un univers où l'individu est au fondement, la politique aura forme d'affrontements autour de l'articulation à jamais problématique entre pouvoirs du privé et puissance publique. Ce n'est pas demain que les contradictions qui en résultent et ne cessent d'en renaître seront levées. Et gageons, même si c'est au centre qu'elles se négocient, que c'est sous les auspices de la droite et de la gauche que nous continuerons, longtemps, à les penser.

La métamorphose est faite pour être particulièrement ressentie dans un pays qui a inventé ces identifications pour nommer l'inexpiable de ses discordes. Leur refroidissement y paraît, plus qu'ailleurs, annoncer leur relégation prochaine, quand il se borne à manifester, comme ailleurs, leur changement de rôle. Cet ultime avatar leur confère en tout cas un statut éminemment spécial au sein du paysage français, à la charnière du passé et du présent. Droite et gauche résument en elles l'époque où la politique française se concevait sous le signe de l'universel, en raison précisément de la clarté des alternatives dont elle offrait le théâtre. 1815, ou le choix de nouveau entre l'Ancien Régime et la Révolution ; 1900, ou le dilemme entre la Foi et les Lumières, les Droits de l'homme et la Nation ; 1935, ou l'affrontement entre fascisme et socialisme : les trois moments clés où l'opposition s'installe et cristallise, sur fond de l'immuable scène primitive de 1789, sont les moments par excellence de la dispute sur les options dernières et les enjeux fondamentaux. On a vu comment l'extrême particularité du dispositif assurant cette prépondérance de l'universalisme idéologique s'est traduite dans le primat des catégories de droite et de gauche. Et cet universalisme s'est en quelque sorte vérifié au travers de la fortune mondiale de ses mots fétiches. Sauf que le phénomène de diffusion s'insère dans un processus général de stabilisation des démocraties qui entraîne pour la France remise en cause de cette particularité qui l'induisait à se projeter dans l'universel. Si son idiome spécifique devient la langue de tout le monde, c'est moyennant un déplacement qui charge la droite et la gauche de signifier l'ordinaire et indépassable coexistence des contraires au lieu et place de l'antagonisme sans merci qui fut leur teneur d'origine. L'expansion de son vocabulaire accompagne, en réalité, le repli de son modèle. À mesure que ses mots gagnent, elle-même rentre dans le rang, se banalise, tend à devenir une démocratie comme les autres. Davantage, il lui faut apprendre, sous la pression de la comparaison, à regarder comme spécificité insulaire ce qui passait, de la commune croyance des acteurs, pour la généralité exemplaire d'un mode de fonctionnement. L'entrée dans l'universalité effective oblige à mesurer rétrospectivement la parfaite singularité de cette tradition qui se voulait universaliste. D'où la tension entre passé et présent qui habite désormais les notions de droite et de gauche et qui les constitue en notions-mémoire. Elles renvoient au passé de manière active justement parce qu'elles demeurent vivantes, mais dans une fonction qui rend chaque jour plus sensible la différence avec leur primitive raison d'être. Elles sont aujourd'hui le vecteur d'un désenclavement de l'originalité française. Mais l'inscription dans l'ordinaire ne peut que faire valoir par contraste le souvenir de l'exception. Plus leur usage s'alignera sur la nouvelle norme commune, plus il leur reviendra d'évoquer ce passé unique de divisions et de luttes qui fit, longtemps, de l'ancienne fille aînée de l'Église, la patrie d'élection de la politique.

---

1. Edward Chamberlayne, *L'Estat présent de l'Angleterre*, Amsterdam, 1672, t. II, p. 59. Cité par Fraser Mackensie, *Les Relations de la France et de l'Angleterre d'après le vocabulaire*, Paris, 1939, t. I.

2. D'après Étienne Dumont, *Souvenirs sur Mirabeau et sur les deux premières assemblées législatives*, Paris, P.U.F., 1951, pp. 107-108. Autre version dans son «Discours préliminaire» à la traduction de la *Tactique des assemblées législatives* de J. Bentham, Paris, 1822, t. I, p. x. De façon générale, voir l'Introduction de François Furet et Ran Halevi aux *Orateurs de la Révolution française*, Paris, Gallimard, Bibl. de la Pléiade, 1989, et Patrick Brasart, *Paroles de la Révolution. Les assemblées parlementaires, 1789-1791*, Paris, Minerve, 1988, en plus de l'ouvrage ancien de Gaston Dodu, *Le Parlementarisme et les parlementaires sous la Révolution (1789-1799)*, Paris, 1911.

3. P. Brasart, *Paroles de la Révolution, op. cit.*, p. 32.

4. *Journal* de Pierre-Paul Nairac, député de l'Eure, cité par Edna Hindie Lemay, *La Vie quotidienne des députés aux États généraux*, Paris, Hachette, 1988, p. 189.

La droite et la gauche

5. *Réimpression de l'ancien Moniteur*, Paris, 1850, t. I, p. 393. Il s'agit d'un de ces récits sur la base desquels les responsables de la réimpression du *Moniteur* en l'an IV ont confectionné les numéros manquants du 5 mai au 24 novembre 1789, date effective de parution du *Moniteur*, afin de lui faire couvrir toute la Révolution depuis l'ouverture des États généraux. Ils sont empruntés aux relations et aux premières histoires de l'événement qui commencent à paraître dès la fin de l'année 1789.

6. C'est ce que suggère Patrick Brasart sur la foi notamment d'une analyse de la célèbre gravure de Helmann relative à la nuit du 4 août (*Paroles de la Révolution, op. cit.*, p. 241). Nous sommes tentés de pencher, d'après nos quelques autres indices, pour un processus de décantation beaucoup plus progressif.

7. *Journal d'Adrien Duquesnoy, député du tiers état de Bar-le-Duc, sur l'Assemblée constituante (3 mai 1789-avril 1790)*, édité par Robert de Crèvecœur, Paris, 1894, t. I. p. 311. Pour l'analyse de la séance du 23 août, je me permets de renvoyer à *La Révolution des droits de l'homme*, Paris, Gallimard, 1989, en particulier pp. 167-174.

8. *Journal du baron de Gauville, député de la noblesse aux États généraux*, publié par E. de Barthélemy, Paris, 1864, p. 20.

9. Pierre Rétat, «Partis et factions en 1789. Émergence des désignants politiques», *Mots*, n° 16, 1988, pp. 69-89.

10. *Révolutions de France et de Brabant*, n° 5, 26 décembre 1789, pp. 194-195.

11. *L'Ami des patriotes*, n° 13, t. I, p. 371 n., et n° 21, t. II, p. 141: «Depuis longtemps, les membres de la droite de l'assemblée se sont réduits à une telle nullité qu'il est difficile de les compter pour beaucoup dans une spéculation politique; mais la gauche est divisée en deux partis très distincts, très opposés... » *Cf.* encore le n° 26, du 21 mai 1791, pp. 285-286, n.: Cazalès demande la parole, «toute la droite s'est levée pour la lui refuser, toute la gauche la lui a accordée». Parallèlement, en ce début 1791 troublé par les discussions autour de la Constitution civile du clergé, on trouve mention dans le *Moniteur* de l'intervention de «plusieurs membres de la droite» (t. VII, p. 44). Lors de la séance du 14 janvier, il nous est rapporté que «les applaudissements de la gauche étouffent les murmures et les cris de la droite» (t. VII, p. 135). Le 25 février, «la droite crie *non*! non! la gauche murmure» (*ibid.*, p. 184). Il est question de «voix de la gauche» et de «membres de la droite». Toutes occurrences, redisons-le, qui restent relativement exceptionnelles par rapport à la prépondérance d'une géographie du «côté» et de la «partie» dont elles se bornent, selon le principe de l'argot de métier, à fournir des variantes elliptiques.

12. Alphonse Aulard, *La Société des Jacobins. Recueil de documents*, Paris, 1889, t. IV, séance du 10 septembre 1792, p. 276.

13. Mme Roland, *Lettres*, Paris, 1902, t. II, lettre du 29 mars 1791, p. 252, citée par Ferdinand Brunot, *Histoire de la langue française*, t. IX, *La Révolution et l'Empire*, Paris, 1967, p. 769. (Occurrence exceptionnelle: Mme Roland parle en général du côté droit comme des «noirs».) *Cf.* également Max Frey, *Les Transformations du vocabulaire français à l'époque de la Révolution*, Paris, 1925, qui donne d'autres exemples.

14. La trajectoire est quelque peu idéalisée dans sa présentation. En réalité, dénominations simples et complexes se superposent et se chevauchent plus ou moins jusqu'à ce qu'*extrémité gauche* finisse par s'imposer. Pour s'en tenir au seul *Moniteur*, «l'extrémité du côté gauche» fait une apparition dans le compte rendu de la séance du 20 février 1791 (t. VII, p. 439), alors que «de grands cris partent de l'extrémité gauche» le 24 mars (t. VII, p. 732). Mais il est encore question de «l'extrémité gauche de la partie gauche» le 7 mai (t. VIII, p. 343). «L'extrémité de la partie droite» est mentionnée de concert avec «l'extrémité droite» dans le compte rendu de la séance du 26 mars 1791 (t. VII, p. 726). On trouve même «l'extrême droite» le 14 février, mais pour enregistrer la soudaine célérité d'un député qui vient rompre un silence de plusieurs minutes. «M. Foucault, de l'extrême droite, s'élance précipitamment à la tribune» (*ibid.*, p. 390).

15. Mathieu Dumas, *Souvenirs*, Paris, 1839, t. II, pp. 4-5.
16. *Journal de Duquesnoy...*, *op. cit.*, t. I, p. 312.
17. A.C. Thibaudeau, *Mémoires sur la Convention et le Directoire*, Paris, 1824, pp. 47-48.
18. *Moniteur*, t. XVII, p. 382. Autres exemples dans P. Brasart, *Paroles de la Révolution, op. cit.*, pp. 149-150.
19. *Moniteur*, t. XXIV, p. 115. Le compte rendu de la séance précise par ailleurs que, lors de l'entrée des pétitionnaires, « les membres qui siégeaient à l'extrémité gauche, ainsi que les personnes qui se trouvaient dans les tribunes au-dessus d'eux, leur ont donné de vifs applaudissements » (*ibid.*, p. 111). Les illustrations surabondent, durant la période, où l'extrémité gauche est particulièrement en relief, ainsi qu'en témoignent les diverses relations parlementaires.
20. La Revellière-Lepeaux, *Moniteur*, t. XXV, p. 748.
21. Id., *ibid.*
22. Ibid., p. 749.
23. *Moniteur*, t. XXV, p. 296. Citons dans un sens analogue Lezay-Marnesia : il distingue « le côté constitutionnel ou *conservateur* vulgairement nommé le côté droit et son opposition dans le côté révolutionnaire ou *destructeur* comme sous le nom de côté gauche... ».
« Ce sont les côtés gauches, ajoute-t-il, qui commencent les révolutions, les côtés droits qui les finissent et les partis moyens qui les entraînent », *De la faiblesse d'un gouvernement qui commence*, Paris, 1796, pp. 58-59.
24. *Annales historiques des sessions du corps législatif*, années 1814, 1815, 1816, par X... et Gautier du Var, Paris, 1817, t. II, pp. 392-393. En 1815, le président de la Chambre invite un député à s'abstenir d'expressions donnant à croire qu'il existe dans l'assemblée « non seulement la formation, mais la consolidation d'un parti », *Archives parlementaires*, 2e série, t. XVI, p. 594.
25. Prosper Duvergier de Hauranne, *Histoire du gouvernement parlementaire en France*, Paris, 1857, t. III, p. 293.
26. Id., *ibid.*, p. 348.
27. « Aperçu de la situation de la France au 15 août 1816 », *in Mémoires de Vitrolles*, Paris, Gallimard, 1951, t. II, p. 450. Les ministres se plaignent « des passions et de l'esprit des partis, dit Vitrolles ; mais ils ignorent donc que le gouvernement adopté n'est autre chose que la constitution régulière des partis » dont « la balance des Whigs et des Tories depuis cent quarante ans » fournit le modèle qu'il convient de suivre.
28. Lettre à Decazes du 10 octobre 1820, citée par Ernest Daudet, *Louis XVIII et le duc Decazes*, Paris, 1899, p. 74.
29. P. Duvergier de Hauranne, *op. cit.*, t. IV, p. 535.
30. Id., *ibid.*, t. V, p. 315.
31. Ces documents semblent apparaître à partir de la session de 1818. Ils sont rassemblés dans la série Le 55 à la Bibliothèque nationale.
32. *Statistique de la Chambre des députés*, 6 mai 1819 (B.N. Le 55 13).
33. Sous la direction d'Eugène Duclerc et Laurent Paguerre, *Dictionnaire politique* (1842), Paris, 1868, p. 207.
34. Lettre à sa femme du 18 décembre 1819, *in* J., comte de Villèle, *Mémoires et correspondance*, Paris, 1888, t. II, p. 248.
35. *Le Censeur européen* du 30 octobre 1819. Le même journal parle, le 15 janvier 1820, de « tous les députés de l'extrême gauche... ». Il mentionne, le 16 février 1820, « ...quatre autres membres de l'extrême droite... ». Nombreux matériaux dans Bernhard Mönch, *Der Politische Wortschatz der Französischen Restauration in Parlament und Presse*, thèse, Bonn, 1960.

La droite et la gauche

36. Cité par Duvergier de Hauranne, *op. cit.*, t. V, p. 287.

37. Id., *ibid.*, p. 306.

38. Cité par Paul Thureau-Dangin, *Le Parti libéral sous la Restauration*, Paris, 1888, p. 211.

39. «Le ventru, ou compte rendu de la session de 1818», *in Œuvres complètes*, Paris, 1839, t. II, p. 2. Villèle évoque la possible «coupure entre la droite et le centre droit» en 1821 (cité par Thureau-Dangin, *op. cit.*, p. 233). Rémusat voudrait, en 1819, «renforcer le centre gauche» (*Correspondance de M. de Rémusat pendant les premières années de la Restauration*, Paris, 1883, t. VI, p. 96). Du même, en 1818, une classification politique humoristique particulièrement féroce pour les «ventres» (*op. cit.*, t. IV, p. 157). Citons encore une brochure dénonciatrice de 1820, *Les Hommes du centre*, qui note: «il est remarquable que le centre se divise lui-même en trois parties: il a son côté droit, son côté gauche et son point du milieu» (p. 26).

40. *Lettres particulières, in Œuvres complètes*, Paris, Gallimard, Bibl. de la Pléiade, 1951, p. 63.

41. Stendhal, *Mélanges d'art*, Paris, 1932, p. 6, cité par Francis Haskell, «L'art et le langage de la politique», *in De l'art et du goût*, Paris, Gallimard, 1989, p. 152.

42. Augustin Thierry, *Considérations sur l'histoire de France, in Œuvres complètes*, Paris, 1858, t. IV, p. 117.

43. D'après le vicomte de Saint-Chamans, *De l'état des partis dans les chambres*, Paris, 1828, p. 43.

44. Cité par P. Thureau-Dangin, *Le Parti libéral...*, *op. cit.*, p. 408.

45. Id., *ibid.*, p. 408.

46. *Ibid.*, p. 409.

47. Saint-Chamans, *De l'état des partis...*, *op. cit.*, p. 41.

48. Id., *ibid.*, p. 177.

49. *Ibid.* p. 173.

50. Cité par P. Thureau-Dangin, *op. cit.*, p. 360.

51. *Dictionnaire politique de Duclerc et Paguerre*, *op. cit.*, p. 425. Bon témoignage de cet état de fait par exemple dans Joseph Tanski, *Voyage autour de la Chambre des députés*, Paris, 1845, qui note la différence avec la première Restauration en faisant ressortir l'«éparpillement» du personnel parlementaire et le «peu d'ensemble qui règne dans son action», ainsi que le brouillage des repères topographiques – Lamartine, ainsi, «qui a voté alternativement avec les centres, la gauche et l'extrême gauche est assis le premier au troisième banc de l'extrême droite» (p. 277).

52. *Œuvres complètes*, Paris, 1929, t. VIII, p. 77.

53. Edgar Morin, *Commune en France: la métamorphose de Plodémet*, Paris, Fayard, 1967.

54. Cité par Michel Soulié, *Le Cartel des gauches*, Paris, Dullis, 1975, p. 83.

55. Le socialiste H. Boulay à Mâcon, par exemple. *Cf.* le *Recueil des textes authentiques des programmes et professions de foi et engagements électoraux des députés proclamés élus pour les élections de 1936*, Paris, 1937, p. 1251. Un autre socialiste, R. Mauger, à Blois: «Rouges contre blancs, telle est une fois de plus la caractéristique de cette bataille» (*ibid.*, p. 662). Rappelons la devise des Croix de feu: «Ni blanc ni rouge, bleu, blanc, rouge.» Voir aussi, plus haut, l'article de Jean-Louis Ormières.

56. L. Ulbach, *La Cloche du 12 juin 1869*, cité par Jean Dubois, *Le Vocabulaire politique et social de la France de 1869 à 1872*, Paris, Larousse, 1962, p. 311.

57. *Discours et plaidoyers politiques de M. Gambetta*, Paris, 1881, t. I, p. 432.

58. *Ibid.* Une acception plus large, mais soulignée par l'auteur comme inhabituelle, sous la plume d'Eugène Aubry-Vitet l'année suivante: «...chose remarquable, c'est la *gauche*, c'est le parti avancé, c'est-à-dire la portion des électeurs qui devrait plus que toute autre se tenir pour satisfaite de la simple universalité du droit de vote... » («Le suffrage universel dans l'avenir», *La Revue des Deux Mondes*, 15 mai 1870, p. 387.)

59. La formation de ces groupes est minutieusement reconstituée par Rainer Hüdemann, *Fraktionsbildung im französischen Parlament. Zur Entwicklung des Parteiensystems in der Frühen Dritten Republik (1871-1875)*, Munich, Artemis Verlag, 1979. Pour les développements ultérieurs du phénomène, *cf.* M. Tournier, « Vers une grammaire des désignations sociopolitiques au début de la IIIe République, 1879-1905 », *Mots*, n° 2, 1981, pp. 51-71.

60. Manifeste du 28 février 1885, cité par Jacques Kayser, *Les Grandes Batailles du radicalisme, des origines aux portes du pouvoir*, Paris, Rivière, 1962, p. 125.

61. *Le Temps*, 27 avril 1873, à la suite de l'élection Barodet, cité par J. Kayser, *op. cit.*, p. 70.

62. *Le Temps*, 11 mars 1874, cité par François Caron, *La France des patriotes de 1851 à 1918*, Paris, Fayard, 1985, p. 256.

63. Cité par J. Kayser, *op. cit.*, p. 105. Un autre point de cristallisation pourrait être « l'union de la gauche » que Gambetta échoue à constituer en mars 1876.

64. Un journal bonapartiste cité par *L'Année politique*, Paris, 1877, pp. 5-6.

65. Discours d'Épinal, 19 juin 1881, *in Discours et opinions*, Paris, 1897, t. VI, p. 60.

66. Discours du Havre, 14 octobre 1883, *ibid.*, p. 172.

67. *Recueil des textes authentiques des programmes*, *op. cit.*, Paris, 1886, p. 79.

68. Le débat est analysé par Odile Rudelle, *La République absolue. Aux origines de l'instabilité constitutionnelle de la France républicaine*, Paris, Publications de la Sorbonne, 1982 (p. 177 pour la citation).

69. J. Dubois, *Le Vocabulaire politique et social...*, *op. cit.*, donne de nombreuses attestations de cette effervescence, *cf.* pp. 121-122 et 411-412.

70. *Recueil des textes authentiques des programmes et professions de foi et engagements électoraux des députés proclamés élus*, déjà cité. Ces volumes sont publiés par les soins de l'Assemblée, en général l'année suivant les élections. Nous citerons désormais la série sous le titre *Recueil Barodet*, en donnant l'année des élections. Elle a fait l'objet d'une exploitation méthodique, pour une période limitée, de la part d'Antoine Prost, *Le Vocabulaire des proclamations électorales de 1881, 1885 et 1889*, Paris, P.U.F., 1974.

71. *Recueil Barodet*, 1889, p. 587 et p. 59.

72. André Siegfried, *Tableau politique de la France de l'Ouest sous la IIIe République*, Paris, Armand Colin, 1913, pp. 496-497.

73. Charles Seignobos, dans le volume collectif intitulé *Politique républicaine*, Paris, 1924, p. 60.

74. Cazeneuve, 4e circonscription de Lyon, *Recueil Barodet*, p. 688. À Joigny, Loup parle semblablement des « vrais républicains » et plaisante sur les « républicains monarchistes » – « il doit y en avoir, sans quoi la série ne serait pas complète » (*ibid.*, p. 1001).

75. Renoult à Lure, *Recueil Barodet*, p. 713.

76. Soit très exactement, remarquons-le, l'identité que Siegfried rationalise et hypostasie au travers de sa théorie des *tempéraments politiques*, en ce livre qui vaut autant comme document sur l'installation de la droite et de la gauche que comme analyse. Les programmes, les partis, les étiquettes changent, les tempéraments, en revanche, demeurent, de sorte que Lamartine, Thiers ou Gambetta, s'ils revenaient, ne siégeraient pas à la place marquée par leurs *idées* d'hier, mais se reclasseraient d'instinct « au milieu des gens de même *tempérament* qu'eux, soit à gauche, soit au centre, soit au plafond ». Toute la page 497 du *Tableau* serait à cet égard à citer.

77. Sur l'histoire du Comité central d'action républicaine, devenu en 1895, par fusion avec l'Association pour les réformes républicaines, le Comité d'action pour les réformes républicaines, voir J. Kayser, *Les Grandes Batailles du radicalisme...*, *op. cit.*; Jean-Thomas Nordmann, *La France radicale*, Paris, Gallimard-Julliard, coll. « Archives », 1977 ; Serge Berstein, *Histoire du parti radical*, Paris, Presses de la F.N.S.P., 1980, t. I.

La droite et la gauche

78. René Renoult, le 24 février 1895, cité par J. Kayser, *op. cit.*, p. 226.

79. Actes du *Premier Congrès du Parti républicain, radical et radical socialiste*, 1901, p. 4. Répété dans le discours de Mesureur, p. 10.

80. François Goguel, *La Politique des partis sous la IIIe République*, Paris, Éd. du Seuil, 1958, p. 19.

81. Il est frappant de constater qu'un Combes, par exemple, n'emploie jamais d'autres expressions dans les discours de combat recueillis sous le titre *Une campagne laïque (1902-1903)*, Paris, 1904.

82. L'affirmation demanderait à être longuement détaillée. Une appréciation purement quantitative ne saurait suffire, même si l'on relève une évidente multiplication. Il faudrait une étude fine des occurrences significatives, celles qui permettent par exemple de saisir une substitution de vocabulaire (Empereur à Moutiers : «...son armée constitue le bloc de droite ou le bloc de la réaction. De l'autre côté est le bloc de gauche, le bloc républicain», *Recueil Barodet*, p. 808). Tous les cas de figure sont représentés.

83. Formules respectivement d'Isoard à Forcalquier (*Recueil Barodet*, p. 46), Chenavaz à Grenoble (p. 437), Dehove à Avesnes (p. 619).

84. Moisei Ostrogorski, *La Démocratie et l'Organisation des partis politiques*, Paris, 1903, 2 vol. ; Robert Michels, *Zur Soziologie des Parteiwesens in der modernen Demokratie. Untersuchungen über oligarchischen Tendenzen des Gruppenlebens*, Leipzig, 1911 (trad. franç. – partielle – en 1913).

85. En réponse à l'enquête menée par Emmanuel Beau de Loménie, *Qu'appelez-vous droite et gauche ?*, Paris, 1931, p. 77.

86. Renaud Jean, le 15 juin 1923, cité par Georges Bourgin, *Manuel des partis politiques en France*, Paris, 1928, p. 219.

87. Bloc ouvrier et paysan de Charente-Inférieure, *Recueil Barodet*, 1924, p. 169. Citons également le manifeste du Bloc ouvrier et paysan de Seine-et-Oise qui inaugure un usage de la «gauche» entre guillemets destiné à un riche avenir : «Contre le Bloc national, vous serez sans pitié. Contre les candidats "de gauche", vous serez sans ménagement.» (*Ibid.*, p. 846.)

88. La formule est celle de la Ligue de la République créée en octobre 1921 et de son manifeste : «Le but essentiel de la ligue est de préparer l'union de gauche.» Cité par G. Bourgin, *op. cit.*, p. 207.

89. Meurthe-et-Moselle, *Recueil Barodet*, p. 538.

90. Ardennes, *ibid.*, p. 71.

91. Allier, *ibid.*, p. 34.

92. Procès-verbaux du congrès de Tours, cités par Annie Kriegel, *Le Congrès de Tours (1920). Naissance du P.C.F.*, Paris, Julliard, coll. «Archives», 1964, p. 241. Langage repris par les orateurs eux-mêmes : Frossard, ainsi, dont l'arrivée à la tribune est saluée par «des applaudissements à gauche», parle de «nos amis de la droite et du centre» (*ibid.*, p. 159).

93. *Cahiers du bolchevisme*, 12 décembre 1924, texte *in* Louis Bodin et Nicole Racine, *Le Parti communiste français pendant l'entre-deux-guerres*, Paris, Armand Colin, 1972, p. 135.

94. Comité central, *Lettre ouverte aux membres du parti*, *in* L. Bodin et N. Racine, *op. cit.*, p. 96.

95. *Ibid.*

96. *Œuvres de Maurice Thorez*, Paris, 1950, livre II, t. V, p. 20, *in* L. Bodin et N. Racine, *op. cit.*, p. 228.

97. *Marianne*, 28 mars 1934, cité par Claude Estier, *La Gauche hebdomadaire (1914-1962)*, Paris, Armand Colin, coll. «Kiosque», 1962, p. 102.

98. *Œuvres de Maurice Thorez*, *op. cit.*, livre III, t. XI, p. 104, *in* L. Bodin et N. Racine, *op. cit.*, p. 243.

99. *Lettre du Comité central à Édouard Daladier*, 17 octobre 1936, *in* L. Bodin et N. Racine, *op. cit.*, p. 257.

100. Dans le genre, le témoignage indépassé reste le numéro des *Temps modernes* sur «La Gauche» de 1955 (n°s 112-113). Voir en particulier les articles de Jean Pouillon, Dyonis Mascolo et Jean-Toussaint Desanti, brillantes illustrations du flottement dont on essaie ici de dégager le principe. Sacralisation et suspicion vont de pair.

101. L'expression, parmi des dizaines d'autres possibles, est de Blaisot à Caen en 1936 (*Recueil Barodet*, p. 222). Voir au paroxysme de la même veine la proclamation de la liste républicaine et d'union nationale aux élections de 1924 : «...les partis de gauche au pouvoir, c'est l'étranger maître chez nous... » (*Recueil Barodet*, p. 31). Une illustration très intéressante est fournie par Abel Bonnard dans *Les Modérés*. Il parle abondamment de la gauche, mais pas de la droite, et il le motive : «...puisqu'il n'est qu'un parti en France, celui qui englobe la gauche et l'extrême gauche et que les modérés n'en sont pas un autre, que sont-ils donc?» (p. 75 de la rééd. de 1986, Paris, Livre-club du Labyrinthe. L'ouvrage est de 1936). «Il n'y a qu'un excès dans la politique française, dit ailleurs Bonnard, c'est celui de gauche : il existe sans contrepoids, il règne, il gouverne, et les modérés, dans leurs idées, leurs sentiments et leurs actes, en dépendent étroitement» (*ibid.*, p. 122).

102. «Lettre aux cocus de la droite», *Combat*, mars 1936. Cité par Louis Bodin et Jean Touchard, *Front Populaire, 1936*, Paris, Armand Colin, coll. «Kiosque», p. 35.

103. Cité par Zeev Sternhell, *Ni droite, ni gauche. L'idéologie fasciste en France*, nlle éd., Bruxelles, Complexe, 1987, p. 40. L'ouvrage de Sternhell fourmille d'exemples.

104. Jean-Pierre Maxence, *Histoire de dix ans*, Paris, 1939, pp. 328-329.

105. Z. Sternhell, *Ni droite, ni gauche, op. cit.*, p. 145 (Georges Valois, *Le Fascisme*, Paris, 1927, pp. 67 et 139).

106. On l'a vu avec les guillemets de Maxence. Un titre éloquent, dans la presse de l'époque : *La Droite, celle qui n'abdique pas* (1930-1937). Mentionnons dans l'autre camp, outre les variations «gauchistes» du genre *opposition de gauche, gauche révolutionnaire* ou *ultra-gauche*, l'apparition significative de l'ironie communiste à l'endroit des «intellectuels de "gauche"».

107. On trouve dans les *Cahiers* de Barrès une confidence à soi-même très révélatrice du choix que cette division du travail implique pour les individus engagés en politique : «J'aimerais mieux ce Mun, j'aimerais mieux ce Jaurès, mais il faut se résigner à l'ordre. Se résigner au centre, s'humilier au centre avec l'humanité moyenne qui ne veut que dormir, manger, multiplier» (cité par Michel Toda, *Henri Massis. Un témoin de la droite intellectuelle*, Paris, La Table ronde, 1987, p. 180). On trouve également chez Alain une expression remarquable de cette dialectique du centre et des extrêmes. D'un côté, dit-il, chaque camp se définit par ses extrêmes : «C'est l'anarchie, cet extrême de gauche, qui fait vivre toute la gauche. Et c'est l'esprit monastique, foudroyé d'obéissance, qui fait vivre toute la droite» (propos de 1935, *in Propos*, Paris, Gallimard, Bibl. de la Pléiade, 1956, t. I, pp. 1285-1286). Mais cela ne l'empêche pas de noter par ailleurs : «L'homme est moyen, l'homme est mélange, l'homme est du centre, et tous reviennent là, comme ces radicaux dont je ne suis pas sûr de ne pas être qui ont battu en retraite avec plus ou moins de dignité, quand ils ont vu le franc fondre dans leur bourse. Les hommes de droite ont aussi de ces mouvements naturels... » (propos de 1930, *ibid.*, p. 984).

108. Rebatet a un aperçu pénétrant sur ce point, au milieu de la rhétorique sommaire des *Décombres* : «La gauche tout entière avait reçu la même éducation de parti qui faisait selon les tempéraments des communistes, des socialistes durs, des mous ou des radicaux plus ou moins marxifiés [...] La droite, hormis quelques maurrassiens complets et les indépendants de notre sorte, respirait l'éducation libérale qui [...] préparait admirablement des lignées de modérés pétris d'un individualisme mesquin, tandis que les cervelles des plus intelligents se liquéfiaient dans d'interminables, anarchiques et stériles débats.» (*Les Mémoires d'un fasciste*, I, *Les Décombres*, 1938-1940, rééd., Paris, J.-J. Pauvert, 1976, p. 52).

La droite et la gauche

109. *La Droite en France de 1815 à nos jours. Continuité et diversité d'une tradition politique*, Paris, Aubier-Montaigne, 1954. (L'ouvrage est devenu *Les Droites en France* lors de sa réédition de 1982.)

110. Albert Thibaudet, *Les Idées politiques de la France*, Paris, 1932.

111. Nous nous retrouvons ici très près des analyses développées par Jacques Julliard dans sa contribution au troisième volume de l'*Histoire de la France* dirigée par André Burguière et Jacques Revel. Il distingue, au sein de la culture partidaire française, trois systèmes sur la durée : un système idéologique, un système électoral, un système gouvernemental. Ce que nous ajoutons, c'est qu'il y a un système de ces systèmes, qui les fait se tenir étroitement (*cf. L'État et les Conflits*, Paris, Éd. du Seuil, 1990, pp. 343-347 en particulier).

112. Matériaux dans J.A. Laponce, *Left and Right. The Topography of Political Perceptions*, Toronto, University of Toronto Press, 1981, ainsi que dans R. Inghehart et H.D. Klingemann, «Party Identification, Ideological Preference and the Left-Right Dimension among Western Mass Publics», *in Party Identification and Beyond. Representations of Voting and Party Competition*, I. Budge, I. Crewe, D. Farlie, éd., Londres-New York, Wiley, 1976, pp. 243-273.

113. *Confessions d'un révolutionnaire*, in *Œuvres complètes*, t. VIII, *op. cit.*, p. 71. Tout le texte est remarquable dans son effort pour construire une typologie rationnelle des partis. Particulièrement digne d'attention, ainsi, la manière dont Proudhon montre le surgissement de deux partis moyens entre les deux partis extrêmes (p. 77).

114. *La Politique des partis sous la IIIe République*, Paris, Éd. du Seuil, 1958.

115. Krzysztof Pomian, «La crise de l'avenir», *Le Débat*, n° 7, 1980.

116. Paul Valéry, *Cahiers*, Paris, Gallimard, Bibl. de la Pléiade, 1974, t. II, p. 1494.

117. Id., *ibid.*, t. II, pp. 1491-1492.

118. Louis Dumont, «Sur l'idéologie politique française. Une perspective comparative», *Le Débat*, n° 58, 1990.

119. *Cf.* en particulier la Postface à la réédition de *Homo Hierarchicus. Le système des castes et ses implications*, Paris, Gallimard, coll. «Tel», 1979, et «La valeur chez les modernes et chez les autres», *Essais sur l'individualisme*, Paris, Éd. du Seuil, 1983.

120. Élie Halévy, *L'Ère des tyrannies. Études sur le socialisme et la guerre*, Paris, Gallimard, 1938, nlle éd., coll. «Tel», 1990, p. 213 *sq.* Jean Labasse souligne les «dédoublements respectifs de la droite et de la gauche à partir du domaine économique où s'affrontent les intérêts de classe» (*Hommes de droite, hommes de gauche*, Paris, 1947, p. 51).

121. Il y a là-dessus de fortes pages de Raymond Aron dans *Espoir et peur du siècle. Essais non partisans*, Paris, Calmann-Lévy, coll. «Liberté de l'esprit», 1957, en particulier «De la droite», pp. 13-121. Il faut aussi mentionner une série de remarquables études d'Aurel Kornai, dont je dois la connaissance à l'amitié de Pierre Manent que je remercie vivement, «Konservatives und revolutionäres Ethos», *in Rekonstruktion des Konservatismus*, G.-K. Kaltenbrunner, éd., Fribourg-en-Brisgau, Verlag Rombach, 1973, pp. 95-136, et «The Moral Theme in Political Division», *Philosophy*, juillet 1960, pp. 234-254. Kornai va jusqu'à suggérer, dans une note inédite, «La dialectique de l'extrémisme et la dialectique de la modération», que le partage et le renversement des positions appartiennent à la nature même des choses. Impossible de ne pas choisir, impossible de se rendre maître de la dialectique du réel historique : «L'utopie, en se réalisant, se réfute», et «tout succès de la modération conserve un caractère d'accident heureux» qui la laisse à la merci d'un resurgissement de forces extrémistes.

122. C'est l'argument du livre de Guy Rossi-Landi, *Le Chassé-croisé. La droite et la gauche en France de 1789 à nos jours*, Paris, Éd. J.-Cl. Lattès, 1978. Pour l'enracinement du partage dans les «tempéraments» et la culture, on se reportera à Alain-Gérard Slama, *Les Chasseurs d'absolu. Genèse de la gauche et de la droite*, Paris, Grasset, 1980.

LES FRANCE

1. CONFLITS ET PARTAGES
Minorités religieuses

… CATHERINE MAIRE

Port-Royal

La fracture janséniste

Aux portes de Versailles, dans le fond d'un vallon marécageux entouré de bois, terre de «Porrois», les ruines de l'abbaye de Port-Royal des Champs offrent un étrange contraste avec la magnificence souveraine du palais et du parc voisins. N'ont échappé à la destruction commandée par Louis XIV en 1711 que le colombier, la grange et une partie du mur d'enceinte datant de la Fronde.

Même l'hôtel de la duchesse de Longueville, sœur du Grand Condé et âme de la première Fronde, qui aimait à se retirer près du monastère avec toute sa suite, a été entièrement rasé. Le «logement des Messieurs» élevé en 1653 par d'illustres amis de Port-Royal a subi le même sort.

Seule, ironie de l'histoire, l'impression de «solitude», de «désert», de «Thébaïde», qui frappait tant Mme de Sévigné n'a pu être atteinte. Les fondations de l'abbaye cistercienne, construite au début du XIIIe siècle par Robert de Luzarche, l'architecte de la cathédrale d'Amiens, demeurent béantes sur le ciel, quelques allées d'arbres suggèrent le contour du cloître.

Le cimetière est totalement vide. Sur les ordres du Roi, les cadavres furent exhumés lors de la destruction. Comme si, non content de démolir les bâtiments, le monarque absolu avait voulu éradiquer jusqu'aux racines invisibles du monastère, le culte de ses morts, le cercle de ses amis. Tout ce qui pouvait évoquer son esprit, son souvenir, fut extirpé avec acharnement.

Pourtant, aujourd'hui, non seulement la mémoire de Port-Royal est toujours bien vivante mais, phénomène plus étonnant encore, sa filiation n'a jamais été interrompue. Les archives du monastère, sauvées miraculeusement de la destruction, les ouvrages port-royalistes du XVIIe siècle et ceux du XVIIIe siècle destinés à faire vivre le souvenir de l'abbaye, l'ensemble de la littérature du long combat janséniste, soit près de cinquante mille volumes, ont été progressivement rassemblés dans un authentique «lieu de mémoire» sub-

stitué au lieu physique aboli : la bibliothèque de la Société de Port-Royal, propriétaire par ailleurs des ruines de Port-Royal des Champs[1].
Cette Société se veut en effet l'héritière directe de la « boîte à Perrette », caisse de secours fondée par Nicole lui-même. Tout au long du XVIIIe siècle, ce fonds, sans cesse alimenté, a été transmis par un ingénieux système de legs à plusieurs « amis de la vérité ». Ces derniers étaient tenus d'en faire bon usage dans la lutte contre la bulle romaine de 1713 et dans la défense des ecclésiastiques persécutés[2]. Après la Révolution, la caisse est reconstituée sous la forme d'une société tontinière, la « Réunion catholique ». Au cours du XIXe siècle, cette Société, qui prend le nom de Société Saint-Augustin en 1845, va devenir progressivement le centre de ralliement des archives jansénistes. Un de ses membres, Jean-Amable Pâris, secrétaire au Conseil d'État, lui lègue la bibliothèque de l'avocat janséniste Louis Adrien Le Paige (1712-1803) dont il était devenu l'héritier pendant la Révolution.
Pendant sa longue vie, Le Paige, bailli du Temple et conseiller du prince de Conti, s'était attaché à constituer la bibliothèque du « témoignage de la vérité » en réunissant toutes les attestations de la bataille menée par les adversaires de la Constitution *Unigenitus*, les « appelants » au « Concile de la Nation », mais également les convulsionnaires puis les parlementaires à leur suite. Il avait rassemblé quelque deux mille cinq cents volumes dont deux cent vingt-huit gros recueils contenant près de douze mille pièces imprimées et manuscrites. Au total, ce sont quelque quinze mille documents qui se trouvent ainsi réunis, couvrant plus de deux siècles d'histoire religieuse et parlementaire de la France, de Port-Royal à la Révolution. C'est lui également qui a récupéré la plupart des copies et des originaux des archives du monastère détruit, soit environ cent cinquante volumes.
Ce fonds exceptionnel constitue le noyau de la bibliothèque, élargie par l'adjonction progressive d'autres collections jansénistes, qui se trouve aujourd'hui au 169 de la rue Saint-Jacques. La bibliothèque de Port-Royal comporte notamment une grande partie des archives de l'abbé Grégoire, le continuateur de l'esprit de Port-Royal dans la Révolution. Avec le rachat des ruines en 1868, le patrimoine symbolique de Port-Royal est rassemblé sous les auspices de la Société Saint-Augustin, rebaptisée Société de Port-Royal en 1954.

Au cours du XIXe siècle, le combat janséniste s'est vidé peu à peu de sa substance à l'intérieur de l'Église. Il demeure une filiation et une sensibilité spirituelle. Mais ce qui vit surtout c'est une mémoire culturelle dont témoigne la création, au lendemain de la Seconde Guerre mondiale, d'une autre société plus large, la Société des amis de Port-Royal.
À y regarder de plus près, cette mémoire unifiée est formée de deux strates bien différentes. Il y a « Port-Royal », et puis il y a le « jansénisme ». Depuis Sainte-

Beuve, son grand consécrateur, Port-Royal est devenu l'épicentre du classicisme français. Avec Pascal, Saint-Cyran, Racine, Boileau, Philippe de Champaigne, Arnauld, Nicole, Duguet, Mme de Sévigné et Descartes sur toile de fond, Port-Royal est souvent brossé comme la rosace du classicisme, l'étoile dont les branches touchent tout le XVIIe siècle. Port-Royal est également célébré pour la pureté du français de ses traductions, la modernité de sa *Grammaire* et l'intelligence de la pédagogie appliquée dans les «Petites Écoles».

Le «jansénisme», c'est la résistance à l'absolutisme. Les images fortes sont restées dans les manuels d'histoire: l'opposition du directeur de conscience Saint-Cyran à la politique menée par Richelieu selon la raison d'État, le refus des religieuses de Port-Royal des Champs de signer le formulaire condamnant les cinq propositions tirées de l'*Augustinus* de Jansénius. À droite, les jansénistes sont suspectés d'être à l'origine de la Révolution française. À gauche, ils sont associés au développement des idées républicaines. Parfois, ils sont même considérés comme les précurseurs de «la conscience intense des droits de la personne, et surtout de la pensée personnelle, en face des absolutismes de l'autorité[3]».

Sous la différence des images se cache en réalité un jugement sur les époques. Ce que ces clichés laissent mal voir, c'est la différence des deux jansénismes, du XVIIe et du XVIIIe siècle. Autant le jansénisme du XVIIe siècle survit grâce à ses écrivains, autant le jansénisme politique du XVIIIe siècle a mauvaise ou faible presse. Port-Royal incarne le grand moment du jansénisme contre ses «mauvais» développements pendant la querelle de la bulle *Unigenitus* et l'affaire des convulsionnaires. Sainte-Beuve a largement contribué à forger ce divorce. Il a voulu sauvegarder la pureté mythique de l'âge d'or du monastère sous la direction de Saint-Cyran en l'opposant à l'envahissement progressif d'un esprit disputailleur et chicanier qui se manifeste en premier lieu chez Arnauld et qui finit par entraîner le mouvement vers sa complète décadence au siècle suivant. Le paradoxe est que ce sont pourtant les jansénistes politiques du XVIIIe siècle qui ont construit la mémoire de ce Port-Royal du Grand Siècle pour les besoins de leur cause. Sainte-Beuve a travaillé dans leurs pas et dans leurs livres. Il a repris leurs sources et achevé leur œuvre. Il les a expulsés de l'histoire, mais il a accompli leur dessein. L'une des originalités du jansénisme au siècle des Lumières réside en effet dans le rôle qu'y joue le combat pour l'histoire. Mais peut-être est-ce l'ensemble du mouvement janséniste qui peut être interprété sous l'angle d'une mise en mémoire.

1. L'énigme du jansénisme

Il existe une énigme du jansénisme. Rarement la question de la nature d'un courant religieux aura soulevé autant de thèses contradictoires. Cette dissidence à la française se déclarant à l'intérieur de l'Église catholique en plein âge moderne reste mystérieuse. Elle représente l'une des fractures majeures de l'histoire de France dont les développements sont au centre de la vie publique sur un siècle et demi et, cependant, sa teneur, ses tenants et aboutissants continuent à déconcerter, et alimentent une interminable querelle d'interprétations[4].

La difficulté de saisir le jansénisme tient probablement pour une grande part à la manière dont il fait corps avec l'ensemble théologico-politique de l'Ancien Régime français. Il accompagne l'absolutisme dans sa course, il en suit les phases, de son établissement à son effondrement. Il est son double puissamment révélateur, son miroir religieux, son fantôme. Il réfracte les difficultés de la conscience religieuse moderne dans le cadre de la construction absolutiste. À la religion politique de la raison d'État, le jansénisme oppose sa politique religieuse, celle de l'absolu de Dieu.

Au plan théologique, comme on sait, le mouvement est parti de Louvain. Il s'insère dans le contexte des discussions qui suivent le concile de Trente à propos de la liberté et de la grâce, en contrecoup de la fracture protestante. Les jésuites ont inventé son nom à partir de celui de l'évêque Jansénius qui donne en 1640 avec l'*Augustinus* l'expression développée de la doctrine destinée à déclencher la controverse. Contre Molina, la source théologique des jésuites, Jansénius rappelle la corruption fondamentale de l'homme et la toute-puissance de Dieu. Néanmoins, puisque le combat porte désormais sur deux fronts, contre la thèse protestante de la seule prédestination gratuite, il souligne également la nécessité des mérites du chrétien : une tension constante et une conversion totale sont indispensables dans le travail pour le salut. Au rebours de la tendance désacralisante à l'œuvre chez les protestants, les sacrements s'en trouvent réaffirmés, tout à fait dans l'esprit de la Contre-Réforme.

Mais c'est en France, au travers d'un grand ami de Jansénius, Duvergier de Hauranne, abbé de Saint-Cyran, que le mouvement janséniste proprement dit trouve sa véritable terre d'accueil. Le rigorisme théologique rencontre là le problème politique, sous les traits de la politique selon la raison d'État menée par Richelieu. Tout se noue vers 1635. Jansénius publie le *Mars Gallicus*, pamphlet explicitement dirigé contre la politique du cardinal qui ne recule pas devant l'alliance avec les pays protestants en fonction des nécessités de la guerre avec l'Espagne catholique. Saint-Cyran, qui cette même année 1635 est devenu le directeur de conscience de la mère Angélique, supérieure du couvent de Port-Royal, prend stature symbolique, dans ce contexte, de chef du parti dévot et de défenseur des droits de la conscience. Il devient, pour Richelieu, l'ennemi à écarter, et d'autant plus qu'il fait des prosélytes. Saint-Cyran avait en effet par ailleurs commencé à réunir sous sa direction spirituelle des « solitaires » décidés à se retirer du monde pour ne plus vivre que dans le souci de «gagner le ciel». Le premier d'entre eux est un avocat au Parlement de Paris, Antoine Le Maître, rejoint bientôt par plusieurs de ses frères, le prêtre Antoine Singlin et le grammairien Claude Lancelot. Ces «amis chrétiens» vivent en commun dans les dépendances du monastère des religieuses, provisoirement installé à l'hôtel de Clagny au faubourg Saint-Jacques. Les moniales ont leur histoire propre. La première réforme de Port-Royal des Champs décidée par la jeune mère Angélique en 1608, à l'âge de dix-sept ans, précède en fait le jansénisme. Elle se rattache à la règle cistercienne et à l'école de spiritualité française, dans la droite ligne de Bérulle et de saint François de Sales. Mais la rencontre avec Saint-Cyran, puis à sa suite l'influence des autres directeurs et confesseurs jansénistes, Singlin, Le Maître de Sacy, Arnauld, seront déterminantes pour l'évolution du monastère. Ce sont les religieuses qui seront le point de concentration, l'œil de la tempête et le foyer par excellence de la mémoire janséniste.

C'est en 1638 que Port-Royal des Champs devient le Port-Royal que nous connaissons. Saint-Cyran est arrêté. Les «Messieurs» rejoignent alors le site originel du monastère que les religieuses avaient abandonné depuis plus de dix ans en raison de son insalubrité pour gagner la capitale. Après les travaux d'assainissement menés par les solitaires, une partie des religieuses de Paris, devenues trop nombreuses pour le nouveau monastère du faubourg Saint-Jacques élevé en 1646 sur les dessins de Lepautre, réintégrera l'abbaye en 1648. Les solitaires, dont le nombre avait significativement augmenté après la publication-événement de la *Fréquente Communion* du grand Arnauld en 1643, se retireront alors dans la ferme des Granges, sur la colline. L'histoire des deux maisons, Port-Royal de Paris et Port-Royal des Champs, se dissociera à partir de 1665. C'est le moment dramatique où la répression royale s'abat sur les religieuses. Leur refus de signer le formulaire condamnant cinq propositions tirées de l'*Augustinus*, selon l'exigence posée par l'Assemblée du clergé en 1655 et réaffirmée par le Roi à deux reprises en 1664 et 1665, leur vaut d'être sanctionnées. Les têtes de l'opposition comme la mère Angélique de Saint-Jean, nièce de la fondatrice, la mère Angélique, morte en 1661, sont dispersées dans des couvents de Paris ou des environs. Le reste de la troupe est enfermé à Port-Royal des Champs. De 1665 à 1669, quatre-vingts religieuses «rebelles et désobéissantes» doivent vivre recluses sous la direction autoritaire des religieuses de la Visitation, coupées de tout et, plus grave encore, privées de sacrements. En 1666, Louis XIV sépare les biens des deux maisons et, pour consommer la rupture, il nomme abbesse de Port-Royal de Paris une des «jureuses» qui avaient accepté de signer le formulaire. La maison du faubourg Saint-Jacques s'écarte définitivement des destinées du jansénisme. Ici, l'opération royale a réussi: le lieu, devenu aujourd'hui une maternité, est vide de tout souvenir du parti dont il fut pendant trente ans l'âme et la forteresse.

Dès le début, les jansénistes ont été suspectés d'être, selon le mot fameux de Louis XIV rapporté par Saint-Simon, «un parti républicain dans l'Église comme dans l'État». Il est vrai que leur manière de prôner l'obéissance à l'autorité temporelle conduit à relativiser singulièrement la condition des grands et même à désacraliser, en un sens, le monarque en regard du seul absolu qui vaille, celui de Jésus-Christ. Dans un État dont l'affirmation a refoulé la Réforme, le jansénisme représente en quelque sorte la crise individualiste du catholicisme. Comment concilier le catholicisme, religion de la médiation, avec l'expérience religieuse moderne, la *devotio moderna*, ancrée dans la conscience individuelle? Voilà la question fondamentale dont la nature contradictoire du jansénisme procède. Il est sans cesse déchiré entre l'affirmation du principe d'autorité dans l'Église visible et le développement de la croyance personnelle invisible, induite par le processus individualisant de l'absolutisme de Dieu, autre visage du «droit divin» en regard de celui revendiqué par le monarque.

La théologie du Dieu caché exprime semblablement la recherche contradictoire d'un Dieu tout à la fois agissant parmi les hommes mais incompréhensible à l'homme. Le Dieu des jansénistes est donc tout à la fois présent et absent. Hors du monde comme chez les réformés, il continue néanmoins d'agir et de s'attester dans le monde en particulier sous l'aspect décisif du miracle.

C'est à propos de l'Église que les tensions internes sont les plus fortes. Le jansénisme aspire à la réforme de l'Église, mais à l'intérieur d'elle, au rebours de la mise en cause protestante. Chez les jansénistes, l'espace ecclésial absorbe la revendication de la foi avec toute la gamme de conflits qui ne peuvent que naître de l'intégration de ce que l'on oserait appeler l'«esprit du protestantisme» au sein de la structure catholique.

Les virtualités du conflit sont spécialement évidentes dans le domaine par lequel le «jansénisme» a sans doute exercé la plus profonde influence sur la vie religieuse et culturelle française, aspect qui curieusement a été le plus négligé par les études historiques jusqu'à présent : la traduction et la diffusion des Écritures. À partir de 1660, les Messieurs publient non seulement les ouvrages fondamentaux de la spiritualité chrétienne, *De l'imitation de Jésus-Christ* (1662), les *Psaumes de David* (1665), le *Nouveau Testament* de Mons (1667), l'*Histoire du Vieux et du Nouveau Testament*, dite la Bible de Royaumont (1670), la Bible de Sacy (1672-1708), mais également les textes qui mettent la liturgie à la portée de l'esprit des fidèles comme les offices, heures, missels ou bréviaires. À l'instar des réformés, les jansénistes encouragent la lecture des Écritures en langue vulgaire, dans le texte intégral et non par des paraphrases. La différence réside dans le rôle accordé au prêtre, dépositaire de la parole. C'est à lui qu'il revient d'en faire comprendre le sens.

Port-Royal

Et probablement est-ce au travers de cette sacralisation de la fonction du prêtre, très accentuée dans le *Nouveau Testament en français avec des réflexions morales*, de l'oratorien Quesnel[5], que cristallise la conscience du bas clergé qui explose au début du XVIIIe siècle. Le commentaire sur le Nouveau Testament qui fait la substance de ces *Réflexions* constitue en quelque sorte la somme et l'aboutissement de tout le travail port-royaliste de vulgarisation des Écritures. D'une manière très didactique, il porte en effet sur la traduction déjà élaborée par de Sacy, dite la Bible de Mons. C'est lui qui attire les foudres romaines et qui est condamné dans la bulle *Unigenitus* de 1713. Un dixième des propositions condamnées porte explicitement sur le droit à la lecture des Écritures en langue vulgaire pour tous les simples fidèles.

L'interdiction tombe ainsi au moment où la plupart des grandes traductions sont déjà massivement diffusées en France! On conçoit aisément l'indignation que nombre de curés durent éprouver pour une condamnation romaine qui les remettait en cause dans ce qu'ils avaient appris à considérer comme leur plus éminente dignité de prêtre: la pédagogie des Écritures, l'explicitation de la parole de Dieu.

2. Le sacrement de mémoire

Ni la trace laissée par les disputes jansénistes ni le souvenir de la persécution exercée contre les religieuses ne suffisent à rendre compte de la façon dont Port-Royal s'est imposé à la postérité. Sans rien vouloir enlever au courage et à la détermination d'Angélique Arnauld, la fameuse «journée du guichet» du 25 septembre 1609, transfigurée par Sainte-Beuve en premier acte d'une tragédie, n'est pas davantage un événement exceptionnel, créateur d'une empreinte ineffaçable. Le retour à l'ancienne règle cistercienne et le respect de la clôture décidés par la jeune abbesse font typiquement partie du large mouvement de renouveau catholique qui se produit au début du XVIIe siècle[6].

C'est bien plutôt du côté de l'insistance originale d'emblée portée sur la mise en mémoire à Port-Royal qu'il faut chercher. Les religieuses et les solitaires se considèrent comme une communauté de saints exemplaires en leur humanité, destinés par leur conduite charitable à édifier leur prochain. Cet exemple, il faut l'enregistrer et le diffuser[7]. S'y ajoute une mystique spécifique de l'eucharistie de nature à renforcer encore cette inclination commémorative. *Port-Royal du Saint-Sacrement*, voilà l'appellation que reçoivent les religieuses transférées dans le nouveau couvent édifié à Paris. Revêtues de leur magnifique scapulaire de serge blanche avec sa croix écarlate, elles ne s'adonnent pas simplement à une adoration fervente, mais extérieure, du corps eucharistique de Jésus-Christ. Elles deviennent littéralement des

« Porte-Christ », selon la formule de saint Cyrille reprise dans leurs *Constitutions*. Elles se conçoivent elles-mêmes en termes eucharistiques, « en portant Jésus-Christ dans leur cœur et en le portant comme exposé à la vue des autres ». L'expression est caractéristique de la théologie janséniste, et de la dialectique du visible et de l'invisible, de l'extérieur et de l'intérieur, du caché et du voilé qu'elle affectionne. On conçoit comment la dévotion des « filles de la passion du Christ » les prédestinait à se reconnaître et à s'épanouir dans la thématique du martyre. Mais on discerne surtout comment, dès avant la persécution, par le biais de la mystique eucharistique, toute personne de Port-Royal est rendue digne de mémoire. L'une des particularités remarquables du milieu spirituel port-royaliste réside dans la passion hagiographique qui l'anime.

C'est dans la volonté de sauver de l'oubli l'exemple de leurs guides spirituels disparus, Saint-Cyran, Le Maître de Sacy, Arnauld d'Andilly, que les solitaires comme Lancelot, Fontaine ou Du Fossé rédigent leurs mémoires. C'est dans le même dessein que des religieuses comme Marie de Sainte-Claire Arnauld, Catherine de Sainte-Agnès Arnauld d'Andilly, Catherine de Sainte-Suzanne Champaigne et plus tard Élisabeth de Sainte-Agnès Le Féron s'attachent pieusement à retranscrire les œuvres des illustres Messieurs. Du vivant même de la mère Angélique, on instruit pour ainsi dire son procès de canonisation[8]. Sous la direction de Singlin, la mère Angélique se voit imposer d'entreprendre sa propre relation autobiographique dès 1654, néanmoins « avec un tel dégoût qu'on ne pût obtenir qu'elle [l']achevât[9] ». Certaines de ses missives sont dérobées pour être copiées avant même d'être envoyées à leur destinataire, notamment ses lettres à la reine de Pologne.

Dans la création de la légende de la fondatrice, sa nièce et continuatrice, la mère Angélique de Saint-Jean, joue un rôle fondamental[10]. Tandis qu'Antoine Le Maître transcrit les conversations édifiantes qu'il a eues avec sa tante, elle commence à réunir avant même sa mort les souvenirs des religieuses les plus anciennes. Elle travaillera vingt ans, de 1652 à 1673, à collecter et revoir ces relations qu'elle fera mettre en sécurité à l'extérieur du monastère au moment des persécutions. Le calme revenu, c'est à partir de cette source et de ses souvenirs qu'elle entreprendra pour son propre compte une histoire de la vie et de l'œuvre de la fondatrice jusqu'à l'établissement de la maison de Paris[11].

Au cours de ce long et patient travail d'archivage et de rédaction, les circonstances extérieures relatives à l'obligation de signer le formulaire infléchissent l'objectif premier : l'apologie d'une réforme réussie et achevée. Les sanctions poussent Angélique de Saint-Jean à raconter l'histoire du martyre d'une réforme injustement persécutée. Comme dans les journaux et les relations de captivité, rédigés à la même époque par les religieuses dispersées ou enfermées à Port-Royal de 1665 à 1669, la mystique eucharistique évolue vers la thématique de la Passion. Une certaine uniformité de style dans les relations permet d'ailleurs de supposer qu'elles ont été revues par la plume d'Angélique de Saint-Jean. Sa propre *Relation de captivité* (1711) et ses *Réflexions sur la conformité de l'état des religieuses de Port-Royal avec celui de Jésus-Christ dans l'Eucharistie* (1710) contiennent en germe le mythe héroïque de Port-Royal, qui sera développé par une abondante postérité, de Quesnel à Montherlant.

Ce n'est pas que ce modèle d'apologie soit son invention personnelle. On le retrouve au même moment dans les écrits des autres solitaires, dans l'*Apologie pour les Religieuses* de 1665, par exemple, ou même dans une lettre prophétique de Lancelot, le 1er janvier 1665, à son maître Louis-Isaac Le Maître de Sacy. Elle illustre bien cette conviction port-royaliste de former une communauté de saints et de martyrs, destinée plus tard à édifier toute l'Église :

> La ruine de Port-Royal est sa gloire ; c'est le salut des âmes qu'il contient, c'est l'édification de l'Église dans tous les siècles, et c'est la protection de toutes les vierges que Dieu donnera dans la suite à son Église, que l'on n'osera plus attaquer de la sorte si l'on voit que celles-ci demeurent inébranlables jusques à la fin[12].

La persécution fonde la mémoire de Port-Royal parce qu'elle permet à la potentialité héroïque présente dans sa mystique eucharistique de s'accomplir. Elle lui apporte en outre le relais d'une fonction sociale en justifiant un appel à l'opinion publique. Elle lève les scrupules qui auraient pu s'opposer à la rédaction des relations de captivité, si peu conformes à la règle cistercienne de silence et de modestie. Arnauld s'en justifie d'ailleurs au début de l'*Apologie pour les religieuses du Saint-Sacrement* publiée en 1665 afin de contribuer à leur défense. Ainsi est-ce à cause de l'imminence de la destruction du monastère que Quesnel retire en 1711 les réserves qui empêchaient la publication de la *Relation de captivité* de la mère Angélique.

Deux ans plus tard, la condamnation de ses *Réflexions morales* par la bulle *Unigenitus* viendra donner au corpus des archives de Port-Royal un nouveau sens et une nouvelle destinée. C'est en effet sur la base de ce dépôt primordial, saisi en 1709 par le lieutenant de police d'Argenson et restitué en raison d'un mystérieux scrupule de conscience, que pourra s'édifier le monument de mémoire dressé par les jansénistes du XVIIIe siècle à la gloire de l'abbaye et de son entreprise spirituelle. Ce trésor hagiographique soigneusement enfoui et caché pendant plus d'un demi-siècle va passer à l'histoire dans le cadre du combat contre la Constitution romaine de 1713. Au milieu du XVIIIe siècle, les principaux documents du fonds de Port-Royal, lettres, mémoires, journaux, relations de captivité, notices nécrologiques, auront été presque tous publiés. C'est sur cette première strate d'édition que pourront s'édifier les grandes histoires de la seconde moitié du XVIIIe siècle.

La transmission des manuscrits relève presque du miracle étant donné la volonté d'anéantissement manifestée par le Roi. Elle sera l'œuvre de deux femmes, Françoise-Marguerite de Joncoux (1648-1715)[15] et Marie-Scholastique Le Sesne de Théméricourt. La première est le personnage clé de la réorganisation des jansénistes au début du XVIIIe siècle. Elle entretenait des relations aussi bien avec les théologiens du séminaire de Saint-Magloire qu'avec Quesnel, Fouillou et Petitpied en Hollande, les deux centres du «parti janséniste». D'apparence modeste, elle ne portait d'autre couleur que «celles d'écorces d'arbres très rembrunies» et une écharpe noire sans «falbalas autorisés alors par l'usage» mais elle avait ses entrées à l'archevêché, à la Cour et chez quelques hauts magistrats. Sonnant à toutes les portes, elle s'était déjà démenée pour la défense des religieuses avant leur enlèvement. C'est à elle que le lieutenant de police d'Argenson, qui l'appréciait beaucoup pour ses œuvres de charité, remet la totalité des manuscrits saisis. Elle s'empresse alors d'en faire tirer des copies qu'elle confie à plusieurs amis. Par ailleurs, elle s'efforce de rassembler les pièces éparses que plusieurs parents et amis des religieuses avaient pu recueillir. Par testament, elle lègue les originaux à la bibliothèque des bénédictins jansénisants de Saint-Germain-des-Prés, fonds qui sera probablement utilisé par le bénédictin Rivet de la Grange pour le *Nécrologe de Port-Royal* et par l'auteur de l'une des *Histoire de Port-Royal*, le bénédictin dom Clémencet[14]. Après la mort prématurée de Mlle de Joncoux en 1715, l'œuvre de copie et de rassemblement des pièces éparses sera poursuivie par une ancienne pensionnaire de Port-Royal expulsée lors de la deuxième grande persécution de 1679, Marie-Scholastique Le Sesne de Théméricourt, secondée dans sa tâche par plusieurs copistes anonymes[15]. Elle est la cousine germaine de Jean-Baptiste Le Sesne des Ménilles d'Étemare, le principal théologien de la lutte contre la bulle *Unigenitus*. Vers 1740, les mouches du lieutenant de police surveillent sa maison à l'hôtel du Petit-Luxembourg près de la montagne Sainte-Geneviève, «rebut de convulsionnaires», où déjà précédemment «les fabricateurs de miracles s'assemblaient», c'est-à-dire les principales têtes du parti janséniste[16]. C'est dans la bibliothèque de Le Paige, l'archiviste du combat pour l'Appel au concile, que se retrouveront la plupart des copies manuscrites issues de l'atelier de Théméricourt. Il est acquis qu'entre-temps elles ont beaucoup circulé au sein du réseau janséniste, notamment en Hollande, où plusieurs ont été éditées par les soins de certains exilés[17]. C'est dire la ferveur passionnée avec laquelle ces attestations de la Sainte Maison ont été conservées, complétées, copiées et transmises.

Port-Royal

3. L'emblème de résistance

Deux grandes phases scandent à partir des années 1720 la mise en lumière et l'exaltation de la mémoire de Port-Royal. Précédemment, il y a bien la publication d'une série de textes relatifs à l'expulsion des religieuses, à la destruction de l'abbaye et au souvenir de la grande figure de la fondatrice[18]. Mais l'opération reste circonscrite et son écho modeste. En revanche, quinze ans après la destruction de l'abbaye, dix ans après la promulgation de la bulle *Unigenitus*, c'est une publication massive et systématique du trésor hagiographique qui s'amorce. Elle se poursuivra sur une trentaine d'années, jusque vers les années 1750. Mémoires ou fragments, lettres, journaux, relations de captivité, notices nécrologiques, autobiographies sont pieusement et méthodiquement édités[19]. Autour du milieu du siècle, une seconde phase de cette entreprise commémorative s'engage : on ne se contente plus de publier des documents pour attester d'une mémoire ; on entreprend d'écrire et de fixer l'histoire du monastère selon les normes érudites du temps[20]. Dans le cours de ce travail d'exhumation, l'image de la destruction de Port-Royal change de sens. De simples reliques, les pièces du mémorial de sainteté vont acquérir le statut d'exemples pour la résistance contre la Constitution romaine. Autour d'une abbaye et de sa fondatrice dont on vénère les précieux restes, se construit progressivement l'emblème d'une nouvelle lutte. Sans la querelle de l'*Unigenitus* et les besoins du combat mené par les héritiers des dissidents du Grand Siècle, le reliquaire moral de Port-Royal serait sans doute resté enfoui dans le plus profond oubli.

Ce ne sont pas les quelques *Histoire du jansénisme* des dernières années du XVIIe siècle qui auraient suffi à maintenir vivante une mémoire en train de s'effriter[21]. Elles sont l'ultime queue de vieilles polémiques : leur grand objet est de démontrer que la prétendue hérésie janséniste n'est qu'un « fantôme » fabriqué par les jésuites. En réalité, avant les coups de pioche, Port-Royal n'est plus qu'une ombre. Les grands solitaires ont disparu, il ne reste qu'une vingtaine de religieuses très âgées mais toujours résolues. C'est d'ailleurs un dernier acte de résistance de leur part qui provoque la destruction du monastère. Elles refusent de signer le nouveau formulaire exigé par la bulle *Vineam Domini*. La sanction arrive brutalement, hors de proportion. Mais leur enlèvement puis la destruction des bâtiments et l'extirpation des corps entre 1709 et 1711 tombent dans une relative indifférence. Avant la bulle, on ne dénombre qu'une quinzaine de petits écrits en faveur des religieuses[22]. Ce n'est donc pas non plus la destruction qui aurait suffi à déclencher l'édification du monument de mémoire qui s'attachera bientôt à Port-Royal.

À défaut de grand retentissement, ces écrits jouent en revanche un rôle non négligeable dans la cristallisation d'une thématique nouvelle : au travers

2615

d'eux, l'attention se déplace de la généralité du mouvement janséniste au lieu de Port-Royal. Désormais, le rappel de l'existence de Port-Royal des Champs devient un impératif. Le défi des circonstances conduit les jansénistes à sortir de l'ombre certains textes inédits de la mère Angélique de Saint-Jean relatifs aux plus douloureux épisodes des «troubles passés[23]». En 1710, ce sont d'abord les *Réflexions sur la conformité de l'état des religieuses de Port-Royal avec celui de Jésus-Christ dans l'Eucharistie*, composées au temps de sa captivité chez les annonciades. L'année suivante, Quesnel lui-même préface le *Récit de captivité* et développe la thématique des «martyrs de la vérité et de la sincérité chrétienne» dont il s'agit de recueillir les actes. Les lieux deviennent reliques. Juste avant la démolition, dans sa petite *Histoire abrégée de l'abbaye de Port-Royal*, parue au lendemain de l'enlèvement des religieuses en 1710, Michel Tronchay, l'ancien secrétaire et biographe de Le Nain de Tillemont, annonce que «les ruines mêmes de ce lieu si digne de vénération, élèveront pour ainsi dire leur voix et serviront de témoignage éternel[24]». C'est dans cet esprit que les *Mémoires sur la destruction de l'abbaye de Port-Royal des Champs* publiés en Hollande par Fouillou en 1711 donnent la première description très détaillée «du dedans et du dehors de Port-Royal». Vendues en feuilles détachées, les petites estampes gravées par une amie de l'abbaye, Magdeleine Horthemels, veuve d'un libraire de la rue Saint-Jacques, représentent l'abbaye sous tous ses angles extérieurs et intérieurs. L'image du site est désormais sacrée.

Ainsi, les conditions de la transfiguration de Port-Royal comme emblème de la prochaine bataille sont-elles posées. Elles auraient pu ne pas jouer, et demeurer un dernier feu de paille avant le naufrage dans l'oubli d'une obscure querelle ecclésiale du siècle de Louis XIV. C'est la promulgation de la bulle *Unigenitus* contre les *Réflexions morales* de Quesnel en 1713 qui va leur permettre d'exprimer toutes leurs potentialités. La bulle suscite en effet littéralement une seconde vague janséniste, de beaucoup plus grande ampleur que la première. Car cette fois, la querelle, au lieu de rester confinée dans le cercle restreint des élites, se diffuse dans toutes les classes sociales. Le clergé parisien dans sa masse et celui de nombreux diocèses adhèrent aux Actes d'appel lancés par les évêques jansénistes. Les fidèles se passionnent pour les «affaires du temps». C'est au milieu de cette passion collective que les convulsionnaires iront jusqu'à exhiber l'agitation de leur corps pour témoigner en faveur de la vérité[25]. Les avocats et les parlementaires épouseront la cause des droits de Dieu sur terre. De 1713 à 1775, la dissidence janséniste fournira le théâtre religieux d'une confrontation protopolitique qui servira, du reste, de matrice à l'opposition, elle, carrément politique, des parlements. C'est au service de cette cause essentielle que la mémoire de Port-Royal va être mobilisée. Proposées comme règle de conduite dans les «temps de troubles », ceux d'une Constitution qui remet en cause les vérités fondamentales des Écritures, les vies soumises et pourtant libres intérieurement des solitaires et des religieuses de Port-Royal sont diffusées pour un grand public. Le *Nécrologe* publié à Amsterdam en 1723 et les Journaux de captivité des religieuses publiés clandestinement à Paris en 1725 exaltent en Port-Royal l'attitude exemplaire propre à une communauté élargie, composée par les religieuses, les solitaires mais aussi par les « amis du dehors ». Ces relations n'ont rien d'extraordinaire, elles offrent aux fidèles des formes de vie auxquelles s'identifier, des exemples réussis de résistance à l'intérieur de l'Église. Tout le monde peut s'y reconnaître sans distinction d'état ni de classe. Dans la préface du *Nécrologe*, le bénédictin Rivet de la Grange présente les notices comme des « règles sûres », « les actes sincères de personnes qui se sont sanctifiées de notre tems, qui ont vécu en quelque manière sous nos yeux et dans notre propre païs ». La communauté des saints est nationale. Port-Royal est loué pour avoir permis à la France d'avoir « l'avantage sur les autres païs de la Chrétienté » grâce à sa « foi plus pure, plus dégagée des traditions humaines et des superstitions », sa « piété plus éclairée », son « goût pour la lecture des Écritures et des livres de piété », « l'augmentation du niveau d'instruction du peuple et du Clergé ».

Cette littérature d'édification ne s'insère pas seulement dans l'abondante production de combat qui se multiplie contre la bulle *Unigenitus*. Elle procède d'une stratégie précise et délibérée de l'état-major du « parti janséniste » regroupé à Saint-Magloire. Au séminaire oratorien du faubourg Saint-Jacques s'était en effet formé, en parallèle au groupe hollandais reconstitué autour de Quesnel, un deuxième pôle de fidélité à Port-Royal autour de Duguet, l'autre dernier grand théologien janséniste. L'établissement ne servait pas qu'à l'instruction théologique et cléricale des membres de l'Oratoire ; il accueillait également d'autres prêtres, sujets d'élites, promis à de hautes fonctions. Parmi ceux-là, l'abbé Le Sesne des Ménilles d'Étemare allait devenir, avec le philosophe Boursier, son contemporain, le principal théologien et animateur du combat pour l'Appel au « concile national ».

Le milieu des théologiens de Saint-Magloire était particulièrement préparé à réagir dès l'arrivée de la Constitution romaine. En effet, Duguet et, à sa suite, son fidèle disciple d'Étemare avaient donné à partir de l'été 1712 une série de conférences sur la question exégétique de la nécessité du sens figuré pour le maintien de la concordance entre l'Ancien et le Nouveau Testament[26]. Duguet y avait hasardé une idée qui s'était chargée de lourdes conséquences chez son élève. Il l'avait avancée à propos de la prophétie de la conversion des juifs, dont l'accomplissement était traditionnellement renvoyé à la fin des temps. Elle peut survenir bien avant, avait-il suggéré. Peut-être le temps était-il venu. De là, d'Étemare, par généralisation et systématisation, allait tirer un système exégétique qualifié par ses adversaires de « figurisme ». Il consistait à lire les événements de l'histoire de l'Église, même les plus récents, à la lumière de leur figuration prophétique dans les livres saints. Rien de ce qui se produit aujourd'hui qui n'ait sa préfiguration biblique. La persécution contre les jansénistes et la Constitution romaine sont autant d'expressions du « complot d'iniquité » dont le développement précède le grand rétablissement général dans l'Église.

Dans ce système exégétique, Port-Royal va venir occuper une place de choix. À la lumière des Écritures, l'histoire de l'Église montre en effet qu'elle a toujours été divisée en deux camps opposés. Figure de Rébecca, elle porte en son propre sein deux peuples différents qui s'entre-déchirent : Ésaü et Jacob, saint Augustin et Pélage, Jansénius et Molina, Port-Royal et les jésuites. À l'intérieur de l'Église, il existe une tradition ininterrompue des dépositaires de la vérité, la communauté de saints selon saint Augustin. Elle passe en dernier lieu par Port-Royal et par sa cause qui peut faire « tige[27] ». Ainsi confortés dans l'idée qu'ils sont la seule branche vivante qui ait gardé la sève de l'élection du peuple de Dieu pendant les temps de troubles, on comprend pourquoi les « figuristes » de Saint-Magloire se lancent avec autant d'ardeur dans le *Témoignage de la Vérité*, selon l'ouvrage programmatique publié en 1714, de la plume de l'un des leurs, le père Vivien de la Borde. Héritiers de Port-Royal, ils sont les élus du saint combat.

L'originalité de leur stratégie s'inscrit dans la continuité de l'effort janséniste de diffusion des Écritures. Puisque la bulle remet en cause des vérités fondamentales des livres saints, il faut la faire connaître le plus largement possible. L'opinion publique est le meilleur tribunal pour juger de quel côté se trouve la parole de Dieu. L'appel au concile à l'intérieur du corps ecclésiastique, entièrement organisé par le groupe de Saint-Magloire, s'accompagne donc d'un travail d'information en direction des fidèles. Cette propagande va tout spécialement s'intensifier après l'échec du réappel en 1721, beaucoup moins suivi par les curés que les précédents actes des quatre évêques jansénistes[28]. Le recours à leurs ouailles en acquiert une nécessité redoublée. C'est de là que sort le coup d'envoi donné par le *Nécrologe* de Rivet de la Grange. De 1728 à 1735, une multitude d'écrits de vulgarisation, marqués par le souci d'être clairs et accessibles aux plus simples, sont diffusés[29]. La création des *Nouvelles ecclésiastiques* en février 1728, premier journal à grand écho social dont on estime le tirage à six mille exemplaires[30], est la meilleure illustration de cette volonté d'informer le public sur les origines et le développement de la querelle religieuse. Parallèlement, une série d'ouvrages figuristes[31] est publiée à destination des curés, afin qu'ils puissent propager à leur tour la théologie de l'histoire capable de les sauver du découragement en dépit de leur « petit nombre ». Ainsi, l'histoire et la doctrine de Port-Royal sont présen-

Port-Royal

tées au grand public dans le cadre figuriste de l'histoire sainte, celui de la résistance ininterrompue des défenseurs de la vérité dans l'Église. La cause de l'Appel se confond désormais avec celle de Port-Royal, l'opinion publique ne fera pas la différence. Mais cet effort didactique provoque des effets inattendus. Les «convulsionnaires» tirent à leur façon les conséquences pratiques des leçons figuristes qu'ils ont reçues dans plusieurs paroisses parisiennes. Ils s'imaginent figurer corporellement les martyrs de la vérité persécutée. L'apparition des «convulsions» et les cérémonies figuratives achèvent de diviser et de désorganiser le parti janséniste, déjà affaibli par les coups portés par le nouveau ministre Fleury[32]. Les jansénistes cherchent désormais à se démarquer du présent et à conserver intact dans le passé l'âge d'or de la sainte maison. Ce vent nostalgique va susciter une inflexion au sein de l'entreprise d'exhumation des grandes heures édifiantes de l'abbaye. Les principales pièces du fonds sortent à ce moment, de 1735 à 1750 environ. On ne peut le comprendre en dehors de ce contexte de défaite du parti janséniste. C'est lui qui explique l'intérêt que prennent ces attestations glorieuses en regard d'une actualité marquée par l'éclatement du parti sur la question des convulsions et du figurisme. C'est dans la même période, d'ailleurs, que les jansénistes commencent à penser à une histoire de Port-Royal ainsi qu'en témoignent les titres de plusieurs de ces publications : *Mémoires pour servir à l'histoire de Port-Royal*. Ce sont des membres du réseau qui ont organisé la précédente lutte pour l'Appel qui se chargent de faire imprimer les ouvrages sous le pseudonyme ironique, «Aux dépens de la Compagnie». La tâche est en effet essentiellement l'œuvre des jansénistes réfugiés en Hollande, à Utrecht, particulièrement de Nicolas Legros, l'auteur du *Renversement des libertés gallicanes* paru en 1716[33].
Outre les relations des religieuses, il s'agit pour l'essentiel de témoignages sur les grands solitaires et leurs itinéraires spirituels, rédigés à l'instigation des survivants pour leur édification. À Melun, lors de sa dernière retraite, de 1696 à 1700, Fontaine, le secrétaire de Sacy, avait brossé pour la postérité, à partir des papiers dont il était le dépositaire, le portrait du maître traducteur et ceux des autres solitaires. Il y avait même inséré des dialogues fictifs comme le célèbre «Entretien de Pascal et de Sacy» qui reposerait sur un texte de Pascal[34]. Précédemment, à l'incitation de Sacy lui-même, Lancelot, «le maître par excellence» selon l'expression de Sainte-Beuve, avait rassemblé ses souvenirs du directeur de conscience par excellence, Saint-Cyran. Il le vénérait au point de diviser Port-Royal en deux époques distinctes : ceux qui sont «du temps de M. du Verger» et ceux «qui n'ont point connu Joseph[35]». Cinq ou six mois avant sa mort, de 1697 à 1698, Du Fossé, le continuateur des explications des livres de l'Écriture commencées par de Sacy, obéissant au souhait de la famille janséniste des Thémericourt (dont nous avons déjà ren-

contré le fils, l'abbé d'Étemare, et sa cousine Mlle de Théméricourt), avait raconté son éducation à Port-Royal par Le Maître et la vie quotidienne et culturelle des hommes illustres qui avaient préféré la solitude au monde.

Comme les auteurs n'écrivaient pas pour être publiés, ils se contentaient d'assembler les divers événements, conversion, retraite, portraits, exercices de piété, voyages, travail intellectuel, ouvrages polémiques, vagues de répression, mariages et exils dans un ordre plus ou moins chronologique et selon la perspective étroite de leur propre parcours. Les éditeurs ont donc non seulement corrigé et remanié les textes mais ils ont rassemblé eux-mêmes des pièces éparses pour constituer des recueils supplémentaires. Tous ces ouvrages demeurent encore aujourd'hui la base des études port-royalistes. Le *Recueil d'Utrecht* de 1740, par exemple, est conçu pour servir de «supplément» aux précédents mémoires de Fontaine, Lancelot et Du Fossé. Il contient un grand nombre de documents divers concernant notamment plusieurs solitaires qui n'avaient pas été assez éclairés dans les précédentes relations, parmi lesquels le fameux «Mémoire sur la vie de M. Paschal» rédigé d'après les papiers de Marguerite Périer, sa nièce. La préface des *Mémoires* de Fontaine signale quelques changements «pour l'exactitude du stile et pour éviter les répétitions». Pour suppléer à l'absence d'ordre chronologique, particulièrement flagrante chez le secrétaire de Sacy, les éditeurs ont placé à la tête de l'ouvrage *L'Abrégé de l'histoire de Port-Royal* de Tronchay. Ils ont également indiqué au bas des pages ou dans le corps du texte la date des faits et ont établi «une table des personnes et des matières». En annexe, trois petites pièces ont été rajoutées pour compléter le récit de la vie quotidienne des Messieurs[36]. L'intégralité des relations des religieuses et toutes les pièces concernant la fondatrice sont finalement réunies en 1742 dans un ensemble de trois volumes dont le style a été unifié[37].

Tout ce travail manifeste une volonté de garder, de rendre plus nette et d'exalter la mémoire des grands acteurs de Port-Royal. Cette dernière est envisagée comme une sorte de «galerie de portraits» que l'on cherche à compléter et à mieux agencer. Conçu comme une unité indéfectible entre les religieuses, les solitaires et les «amis du dehors», Port-Royal devient synonyme de la vraie piété qu'il s'agit de sauver de l'oubli. Face au désarroi du mouvement, il y va de l'identité même des jansénistes dans cette transfiguration de Port-Royal. Comme l'exprime l'abbé Goujet, préfacier des premiers *Mémoires pour servir à l'histoire de Port-Royal* de 1734, «les hommes ont bien pu détruire le matériel de Port-Royal, en dissiper la société, en empêcher la continuation, détruire l'enceinte mais il n'est pas en leur pouvoir d'en retirer l'esprit, ni de dissiper l'odeur de vie qu'il a répandu, et c'est à cet esprit qu'il faut s'attacher».

Après avoir été utilisé comme emblème vivant au service du présent de la lutte, Port-Royal commence à être relégué dans un passé qui reste cependant

Port-Royal

encore très abstrait, presque atemporel, pris dans la chaîne des exemples qu'offre l'histoire sainte. Idéalisée dans un âge d'or qui rappelle la ferveur des premiers chrétiens, la vie exemplaire des religieuses et des solitaires doit assurer « le triomphe que la vérité remportera nécessairement tôt ou tard sur les erreurs qui ne s'accréditent que pour rendre leur défaite plus éclatante ». La mémoire de Port-Royal vient au secours de la défaite des appelants, elle leur permet de se raccrocher à un idéal de pureté qui n'a pas été atteint par les dérives de l'histoire de leur temps.

4. L'écriture de l'histoire

C'est le contexte du grand conflit entre la Royauté et le Parlement déclenché par la querelle des billets de confession qui donne aux auteurs jansénistes le point de vue et le fil conducteur indispensables à l'écriture d'une histoire continue et organisée de Port-Royal. La situation historique se répète étrangement : l'affaire des « refus de sacrement » au milieu du XVIIIe siècle rappelle en effet l'épisode des religieuses de Port-Royal privées de toute consolation vers 1664. La possibilité de comparer deux époques si éloignées, de mettre en perspective l'une par rapport à l'autre, se fait jour.

À nouveau, la mémoire de Port-Royal est imbriquée dans le présent de la lutte religieuse et politique. Mais, cette fois, elle en sort détachée de son contexte religieux, voire même quelque peu sécularisée, symétrique lumineux de la légende noire fabriquée par les auteurs jansénistes à la même époque : le complot des jésuites. Les vertus ou les vices des deux adversaires religieux tendent à être laïcisés dans le feu de la lutte parlementaire en laquelle ils sont partie prenante comme symboles. Parues entre 1752 et 1754, les trois grandes histoires de Port-Royal, celles de Clémencet, de Besoigne et de Guilbert, suivent exactement le développement de la nouvelle querelle, dernier rebondissement de celle de l'*Unigenitus*[38].

Afin de débusquer les fidèles jansénistes et les prêtres suspects, le nouvel archevêque de Paris, Christophe de Beaumont, introduit systématiquement, vers 1749, l'usage de billets de confession. Un malade en danger de mort était tenu de présenter au curé un billet de confession signé par un directeur de conscience non janséniste, faute de quoi ni le viatique, ni l'extrême-onction, ni la sépulture en terre chrétienne ne pouvaient lui être accordés.

Ces mesures déclenchent un énorme scandale au sein de la population parisienne. Pour le Parlement qui s'est déjà attaché à défendre les ecclésiastiques persécutés en raison de leur refus de la bulle, c'est l'occasion d'intervenir en force et de rappeler que la Constitution ne peut être une règle de foi puisque l'unanimité du concile n'a pas été obtenue. Les évêques constitutionnaires abusent donc de leur pouvoir. Des poursuites sont engagées dès 1750 par les tribunaux contre les auteurs des refus de sacrements, plusieurs véhémentes remontrances sont adressées au Roi. Dans les grandes remontrances d'avril 1753 qui vont entraîner l'exil du Parlement à Pontoise et la création d'un Parlement postiche – la Chambre royale –, les parlementaires (parmi lesquels le groupe des jansénistes conseillés par l'avocat Le Paige est très actif) recourent à une expression du grand Arnauld dans son *Apologie pour les Religieuses de Port-Royal* pour qualifier leur ennemi : l'hérésie de domination[39]. Les formes et les mots de la résistance des jansénistes du XVIIe siècle resurgissent au milieu de la lutte parlementaire.

Dans ce contexte, Port-Royal devient l'image de la sincérité, de l'attachement constant à la vérité malgré les persécutions, de la richesse culturelle nationale, de la valorisation de l'individu par la pédagogie à l'opposé du « parti du déguisement et de la dissimulation » comme le disent les *Nouvelles ecclésiastiques*[40]. En filigrane de ces *Histoire*, on peut lire le récit tragique d'une énorme injustice, d'un « viol des loix » selon l'expression de Guilbert. La machination politique a été montée, secrètement et de longue date, par les jésuites au mépris des lois fondamentales du Royaume. Jamais cependant, le Roi n'est désigné comme le responsable de la destruction de la sainte maison. C'est l'établissement d'une perspective chronologique qui donne leur sens principal à ces récits. Pour la première fois, on ose raconter l'histoire du monastère comme celle d'une longue persécution arbitraire, celle également d'une héroïque résistance. Trois grandes vagues de sanctions prises contre le monastère se succèdent jusqu'à sa complète destruction. « Rien aussi de plus étonnant que les vexations presque continuelles exercées contre cette sainte Maison, jusqu'à son entière destruction », expose Jérôme Besoigne (1680-1763), le premier historien de Port-Royal, docteur de Sorbonne et membre important du « parti janséniste ».

Le monastère possède désormais une histoire propre, indépendante du cadre de l'histoire sainte. Il s'agit d'en établir les données factuelles au moyen des règles de l'érudition bénédictine et non plus d'insérer l'exemple de Port-Royal dans le tableau atemporel des défenseurs de la vérité dans l'Église. Tous les auteurs citent soigneusement le corpus des sources imprimées. Guilbert (1697-1759), précepteur des pages de Louis XV, défenseur des convulsionnaires, va même jusqu'à s'en méfier et prôner le recours systématique aux manuscrits. Il critique la religiosité des personnes qui considèrent les archives de l'abbaye comme des reliques car elles contribuent à fragmenter et à éparpiller les précieux manuscrits. Sa passion d'érudit l'amène à déclencher une violente dispute entre les trois auteurs, pourtant tous du même bord, sur des questions de sources, de narration et d'interprétation. Il est le seul à pousser les conséquences chronologiques de l'autonomisation de son objet jusqu'au bout. Après avoir commencé comme tout le monde par raconter l'histoire de l'abbaye depuis la réforme de 1608 jusqu'à la destruction, il décide de remonter à l'origine même de la fondation de l'abbaye de 1204 à 1350, persuadé que l'esprit de l'abbaye se trouve jusque dans l'étymologie de la terre humide et fruste de «Porrois». La période intermédiaire (qui lui aurait sans doute posé de gros problèmes) ne verra jamais le jour.

L'entreprise d'écriture de l'histoire de Port-Royal n'est pas un phénomène isolé. Les jansénistes commencent parallèlement à s'occuper du passé de leur ennemi héréditaire, l'ordre des Jésuites, sur un autre mode que le recours au catalogue traditionnel des griefs accumulés au siècle précédent. Parmi d'autres, l'avocat Le Paige, en collaboration avec l'abbé Coudrette, un élève de Boursier, leur consacre une vaste histoire dont la seconde partie traite de leur théologie politique[41]. L'accusation de cabale, traditionnellement attribuée aux jansénistes depuis la Fronde, est retournée contre les jésuites, suspectés de cacher de sombres projets et de vouloir «s'ériger en Monarchie ou plutôt en Despotisme universel». L'image héroïque de résistance au nom de l'obéissance développée dans les *Histoire de Port-Royal* a pour pendant inverse la fable du «complot jésuite» que les auteurs jansénistes élaborent à la même époque. Dans son premier volume de 1758 consacré à la fondation de l'abbaye, Guilbert insère une longue digression sur l'attentat de Damiens qu'il compare aux horreurs de la Ligue. Ce sont les jésuites qui ont accusé Port-Royal de ligues, de factions et d'entreprises contre le souverain. «Les héritiers des sentiments de Port-Royal» ont toujours respecté le roi, préférant, «dans une parfaite fidélité, endurer les prisons et les exils, excédés de misère, privés de tous secours temporels pendant leur vie et de toute assistance spirituelle à la mort». Dom Clémencet (1703-1758), bénédictin de Saint-Maur, célèbre pour son *Art de vérifier les dates*, contribue de même simultanément à l'élaboration de la légende noire des jésuites et à la transfiguration de Port-Royal. Cette double perspective marque son *Histoire générale de Port-Royal* que l'on pourrait intituler «le siècle de Port-Royal». Au moment où «le siècle de Louis XIV» est en train de devenir un objet de culte sous la plume de Voltaire, Clémencet rappelle que c'est au monastère que son époque est redevable de sa véritable splendeur, des progrès de l'instruction et de la culture en général, de la critique, de l'histoire, de l'enrichissement de la langue. Des trois historiens jansénistes, c'est lui, auteur par ailleurs d'une «Histoire littéraire de Port-Royal» restée manuscrite, qui souligne le plus l'apport culturel central de Port-Royal, considéré à certains égards comme une sorte de précurseur spirituel des Lumières. Par exemple, il insiste particulièrement sur la prise en compte de l'individualité dans la pédagogie de Port-Royal, conception totalement opposée au précepte jésuite: *perinde ac cadaver*. Il fait, en outre, publier les *Conférences de la Mère Angélique de Saint-Jean* en 1760 à Utrecht, en manière de contrepoint aux *Constitutions* de la Compagnie de Jésus qui sont examinées de très près par les parlements à la même époque.

Alors que la Compagnie de Jésus est expulsée de France, Port-Royal, au terme de cette phase décisive de l'écriture de son histoire, est « officialisé » comme lieu de pèlerinage avec un itinéraire conseillé en plusieurs stations dans un *Manuel des pèlerins de Port-Royal des Champs,* publié en 1767 par le féroce adversaire des jésuites, l'abbé Jean-Antoine Gazaignes (1717-1802) connu sous le pseudonyme de Philibert[42]. Conçu sous forme d'un guide de poche, il contient également un office, un nécrologe, un abrégé chronologique de l'histoire de Port-Royal des Champs ainsi qu'une bibliographie des œuvres des solitaires. Ce que Gazaignes magnifie en plus de l'exemple de piété, ce sont des vertus bien laïques, « le témoignage d'une bonne conscience », « le berceau de notre attachement à la vérité, de notre courage et de notre fermeté à la défendre », « l'amour pour la Justice ». « Dans leur état de servitude », les saints de la Société de Port-Royal « ont trouvé le secret de devenir libres ».

Cette politisation de l'image des deux principaux groupes religieux antagoniques du XVIIe siècle a contribué activement à la tournure même des événements. Contre les jésuites, les parlements unis remportent leur première grande victoire qui met un terme à une dispute séculaire[43].

Les *Histoire de Port-Royal* sont bien plus que le simple reflet de la série des remontrances et des arrêts du Parlement, suivis de censures, d'évocation par le Conseil du Roi ou d'exils. Si la lutte parlementaire joue un tel rôle dans la construction de l'histoire de Port-Royal, c'est parce que les parlements ont déjà transféré dans le domaine politique le modèle religieux défendu par les jansénistes dans la sphère de l'Église. Comme les port-royalistes, les parlementaires prônent la résistance au nom de l'obéissance, non plus seulement à l'absolutisme de Dieu, mais « aux loix fondamentales du Royaume » qui transcendent la personne du roi. Les religieuses, les solitaires et les appelants étaient les « dépositaires de la vérité dans l'Église », les parlementaires se veulent « les défenseurs du dépôt des loix de l'État ». Pour bien comprendre l'originalité de la résistance contre la bulle *Unigenitus,* il ne suffit pas d'invoquer la tradition conciliaire ou celle des libertés de l'Église gallicane. C'est l'ecclésiologie augustinienne et figuriste du maintien du « dépôt de la foi » dans l'Église par la communauté des saints, tant ecclésiastiques que laïques, qui anime les premiers pas du projet de l'Appel au concile national et qui organise par la suite l'intervention des parlements. Non seulement la lutte religieuse se transpose sur la scène politique mais elle se laïcise dans le cadre de la théologie figuriste. Les parlements sont légitimés dans leur rôle de gardiens du corps des lois, comme, précédemment, les appelants étaient sacralisés parce qu'ils continuaient à la suite de Port-Royal le saint combat à

Port-Royal

l'intérieur de l'Église. C'est la même attitude intransigeante d'opposition au nom de l'obéissance à la vérité dans l'Église ou dans l'État que l'on retrouve chez les appelants ou chez les parlementaires. La référence à Port-Royal a structuré le cours de la politique parlementaire, comme si l'histoire du monastère avait préfiguré effectivement celle des parlements.

5. L'archiviste

Après la cause de l'Appel, la résistance des parlements s'intègre ainsi dans l'histoire même de Port-Royal comme l'un de ses développements. À leur tour, les archives du «combat pour la défense de la vérité» mené tant par les appelants et les convulsionnaires que par les magistrats deviennent aussi précieuses que le trésor moral de l'abbaye. À nouveau, elles sont collectées et publiées avec le même souci d'attester d'une conduite exemplaire.

Lorsque, au milieu du siècle, apparaissent les *Nécrologes*[44] destinés, sur le modèle de celui de Port-Royal, à magnifier le souvenir des grands appelants, certains parlementaires figurent à leurs côtés. En outre, les pièces importantes témoignant de la lutte parlementaire deviennent l'objet de publications pieuses. Le cinquième tome du *Supplément au Nécrologe* de Cerveau, le plus important des recueils des «défenseurs de la vérité», contient les principales remontrances du Parlement jusqu'en 1764. Ces dernières sont ainsi considérées comme les égales des grandes attestations ecclésiastiques de l'Appel. *Le Recueil général des actes d'appel interjettés au futur Concile général* de Nivelle, un élève de Boursier, comporte «des arrêts et autres actes du Parlement du Royaume qui ont rapport à ces objets». L'ouvrage clé de vulgarisation historique diffusé par les figuristes, le *Catéchisme historique et dogmatique* de l'abbé de Fourquevaux (l'un des disciples d'Étemare à Saint-Magloire) est prolongé par Troya d'Assigny (le premier rédacteur des feuilles jansénistes) pour incorporer en supplément les «progrès de la dispute» jusqu'en 1760[45]. Les *Nouvelles ecclésiastiques* rapportent avec force détails les principales discussions au sein des chambres du Parlement de Paris. La table de 1760 récapitule sur trois cent dix-huit colonnes d'une impression serrée toutes les «démarches du Parlement pour le bien public et des voies de fait employées pour opprimer cette illustre Compagnie». Régulièrement, les «éditoriaux» réinscrivent les nouveaux événements dans un cadre historique qui part de la destruction de Port-Royal, considérée ainsi comme la cause universelle de tous les maux de l'Église et de l'État. En 1790, la Révolution elle-même sera de la sorte interprétée comme la conséquence logique des persécutions contre l'abbaye et contre les appelants, premières portes ouvertes à l'esprit d'impiété des jésuites et des philosophes.

Un homme va consacrer sa vie à cette vaste œuvre d'enregistrement, avec une abnégation et un dévouement remarquables : l'avocat au Parlement Louis Adrien Le Paige (1712-1803). Comme la gazette du parti, il saluera et approuvera les réformes ecclésiastiques de la Constituante. Par lui, la longue histoire qui va de Port-Royal à la crise révolutionnaire aura son imposant dépôt d'archives, plus de quinze mille pièces imprimées et manuscrites, destinées à permettre de rétablir la vérité dans l'Église. Ce modeste personnage, cet inconnu de l'histoire est pourtant l'un des grands acteurs de la politique parlementaire au XVIIIe siècle. Caché par l'ombre des écrits polémiques et historiques de circonstance, Le Paige ne survit que par un livre, pointe émergée en réalité d'une énorme production le plus souvent anonyme, les *Lettres historiques sur les fonctions essentielles du Parlement*. Elles sont publiées en 1753 sous la même marque « Aux dépens de la Compagnie », utilisée précédemment pour la publication des *Mémoires pour servir à l'histoire de Port-Royal*. Animé par la conviction d'être le dépositaire de l'histoire d'une des affaires les plus importantes de l'Église et de l'État, le petit avocat s'est permis de tirer secrètement les ficelles du jeu parlementaire, avec succès.

Sa biographie fait le lien entre les figuristes du bureau théologique de Saint-Magloire et le groupe des jansénistes parlementaires. Sa carrière révèle en effet la possibilité du passage d'une conviction religieuse figuriste vers l'action politique. Sa période de formation se déroule au moment de l'apogée de la lutte contre la bulle *Unigenitus*, lorsque les avocats entrent en scène pour défendre l'évêque janséniste Soanen déposé par le concile d'Embrun en 1727. Trois de ses oncles, dont M. Hideux, syndic de la Sorbonne, sont de fervents appelants. Imprégné du message figuriste par la lecture des ouvrages de propagande janséniste, Le Paige s'enthousiasme aussitôt pour les miracles de Saint-Médard, dont il rédige quelques attestations. Avec une quarantaine de ses confrères, il se met à participer régulièrement aux cérémonies figuratives des convulsionnaires. Il restera un fidèle de l'« œuvre des convulsions » et des pratiques de crucifiement jusqu'à la Révolution.

C'est le sentiment d'être le défenseur dans le « procès de la cause de Dieu » qui donne à l'avocat le courage de se mêler des affaires publiques. À l'âge de vingt ans, en 1732, il ose déjà prendre la défense des *Nouvelles ecclésiastiques*, condamnées par un mandement de l'archevêque de Paris, Vintimille[46].

La grande chance de sa vie qui lui garantira l'impunité et une large liberté de manœuvre est sa nomination vers la fin de l'année 1756 à la fonction de bailli du Temple par le prince de Conti, grand prieur de Malte, qui, brouillé avec Louis XV, abandonne la direction du Secret du Roi et se met à la tête de l'opposition parlementaire. Sans doute choisit-il Le Paige comme son chef d'état-major parce que l'avocat avait déjà fait ses preuves pendant l'affaire des refus de sacrement[47]. De 1750 à 1774, dans le fort de la lutte du Parlement, Le Paige joue un rôle prépondérant de référence théorique au sein du groupe des magistrats jansénistes. Il est placé au centre du champ des forces politiques et entretient des relations avec les présidents Durey de Meinières et de Murard, chef du Conseil du prince de Conti, des théologiens du parti comme Gourlin, des canonistes comme Maultrot, les rédacteurs des *Nouvelles ecclésiastiques*, les évêques de Cambray et de Lyon, MM. de Harlay et de Montazet, ainsi que des parlementaires de province. Non seulement il est l'auteur d'ouvrages importants sur l'histoire et l'identité des parlements, mais il participe à l'élaboration de la « loi du silence » et de tous les projets qui tentent de donner la paix à l'Église et à l'État par la suppression de la bulle *Unigenitus* comme règle de foi[48]. C'est encore lui qui formule les principaux arguments politiques contre les jésuites et coordonne les arrêts des divers parlements lors de leur expulsion. Pendant la révolution Maupeou, on lui attribue de nombreux petits écrits qui arrêtèrent le chancelier dans sa marche vers une réforme de la monarchie. Suspecté d'avoir part au pamphlet intitulé *Correspondance [de] Maupeou avec son cœur Sorhouet* et de diriger une imprimerie clandestine dans l'enclos du Temple, il est obligé d'aller se cacher en 1772, pendant près de deux ans, en Beauce. Les magistrats apprécient l'étendue de ses connaissances historiques et surtout sa collection qui passe pour l'une des plus complètes de l'époque, ainsi qu'en témoigne l'article « Parlement » de l'*Encyclopédie*, attribué à Boucher d'Argis. C'est Le Paige qui fournit au comité de rédaction des grandes Remontrances du Parlement de 1753 plusieurs notes et des extraits d'arrêts des siècles passés. Il prête volontiers ses livres et ses archives, complète ou revoit souvent les écrits de certains magistrats. Il est le « secrétaire du Parlement[49] ».

Sans la théologie de l'histoire figuriste qui sous-tend l'entreprise, on ne peut comprendre ni la persévérance du collectionneur ni l'ampleur de la collection. Ses quinze mille pièces ne concernent que les « affaires du temps » relatives aux querelles jansénistes, à l'exclusion par exemple des ouvrages historiques de l'époque qui ne viennent pas de mains amies. Par sa collection, Le Paige se fait le dépositaire, le greffier, l'archiviste de la cause de Dieu. C'est le combat secret de toute une vie, la démonstration du « chevalier de Jérusalem », nom de guerre de l'avocat.

Il commence tout à la fois sa carrière et sa collection vers 1732, au moment charnière de la crise religieuse et politique, celui des grèves du Parlement de Paris et de l'apparition du mouvement des convulsionnaires, phénomènes concomitants. Dans une note rédigée en 1733 de sa minuscule écriture, il décrit sa méthode tout à la fois chronologique et thématique de classement. C'est avec la question des miracles, puis des convulsions qui déclenche une explosion de livres, de libelles et de discours manuscrits, qu'il constitue ses premiers dossiers. Il classe séparément les affaires des avocats et du

Parlement qui débutent en même temps mais il ne privilégie pas les écrits des parlementaires par rapport aux discours des convulsionnaires. Toutes ces pièces sont dignes d'être archivées au même titre parce qu'elles font partie de la même histoire. On décèle très clairement l'influence des *Nouvelles ecclésiastiques* et de la théologie de l'histoire figuriste sur l'avocat convulsionnaire qui suit avec attention les moindres développements de la querelle *Unigenitus* et scrute tous les événements comme autant de signes de la volonté divine.

> Ces sortes de recueils ne sont que des magazins où on trouve les pièces mentionnées suivant l'ordre de leur tems dans les *Nouvelles ecclésiastiques* qui forment un corps d'histoire, qui lient toutes ces pièces et qui leur auraient servi de table si j'avais suivi mon premier dessein[50].

Le Paige ne tient ni journal ni registre. Sa perspective n'est pas celle d'un auteur; au contraire, il se considère comme un modeste observateur immergé et roulé dans le cours providentiel de l'histoire. Ses notes personnelles, ses esquisses, ses projets, rédigés sur des feuilles volantes, sont parsemés et reliés à l'intérieur des recueils. Souvent, il couvre d'annotations les documents imprimés ou manuscrits qui ont servi à sa réflexion. Il ne porte pas de jugement, il cherche à comprendre, à compléter ses informations, comme si, en dernière analyse, le sens ultime de toutes ces données terrestres revenait au seul juge infaillible, qui, le jour venu, rendrait son verdict aux hommes.
À l'abri de la tour du Temple, Le Paige rassemble infatigablement les principales affaires religieuses et parlementaires jusqu'en 89. À partir de la mort de Conti, en 1776, ses gros recueils systématiques semblent toutefois s'amenuiser puis disparaissent mystérieusement vers 1785. En réalité, malgré une cécité de plus en plus prononcée, Le Paige amasse encore des imprimés. Il a dû certainement prêter, à l'époque, les derniers volumes relatifs aux édits de Turgot, aux troubles du Parlement de 1787 et 1788, aux assemblées de notables et aux États généraux de 1789 car les Archives nationales viennent de les récupérer. Pendant la Révolution, chassé du Temple, ruiné et presque complètement aveugle, il n'aura probablement ni l'argent ni la possibilité d'acheter des libelles mais il continuera malgré tout, chez lui, rue Charlot, en pleine Terreur, d'entretenir et d'annoter son œuvre, persuadé de travailler pour «l'avenir de l'Église».
La question de l'origine de la dispute janséniste ne pouvait que passionner l'avocat. En amont, il est remonté progressivement dans le passé, des brochures et des écrits de la première phase de l'Appel jusqu'à Port-Royal, les «petites

Port-Royal

lettres», les controverses sur la grâce et finalement les traités de Jansénius. C'est lui qui recueille une grande partie des manuscrits du fonds dit de Théméricourt, probablement par l'entremise de d'Étemare qui en avait hérité de sa cousine en 1745. Il parvient même à récupérer à la fin du XVIIIe siècle, dans une vente, l'exemplaire original de la *Vérité des miracles démontrée*, celui-là même que son auteur, le magistrat janséniste et convulsionnaire Carré de Montgeron, avait eu l'audace de remettre dans les propres mains du Roi en 1737, au mépris des règles de l'étiquette.

Grâce à son réseau d'influences et à la circulation des volumes et des références de sa bibliothèque, c'est toute la tradition port-royaliste de résistance, pieusement recueillie pièce après pièce, qui rayonne jusque dans les parlements. Elle alimente l'inspiration de divers écrits parlementaires qui viennent à leur tour rejoindre la collection. Cette dernière réunit ainsi tout le matériel dont l'image de Port-Royal vivra désormais. Même l'histoire parlementaire contemporaine est redevable du patient travail d'archivage puisque les volumes de la rue Saint-Jacques ont été utilisés pour l'édition critique des Remontrances du Parlement de Paris[51].

Opposition au nom de l'obéissance à la vérité, exigence de sincérité envers et contre tout, défense de la liberté intérieure malgré la contrainte extérieure, la référence à l'héroïsme de Port-Royal est omniprésente dans la conduite et dans les mots des acteurs, qu'ils soient appelants ou parlementaires. Ils se tiennent les uns et les autres pour les héritiers spirituels directs des religieuses et des solitaires. Cet engagement idéalisé de Port-Royal dans la controverse qui mobilise les esprits pendant les trois quarts de l'Ancien Régime va inévitablement soulever, au lendemain de 89, la question de la responsabilité du jansénisme dans la préparation de la Révolution.

6. Port-Royal et la Révolution

C'est pendant la période révolutionnaire que la légende des menées politiques subversives du parti janséniste prend sa forme achevée. En réalité, le jansénisme comme force agissante a pratiquement disparu à partir de 1774. De même, la publication des ouvrages de et sur Port-Royal a chuté sensiblement[52]. L'apparition de la thèse du «complot janséniste» ou de celle du «républicanisme» de Port-Royal tient donc moins à un rôle immédiatement visible qu'elle ne révèle à quel point l'imbrication des questions jansénistes avec les affaires politiques pendant la période précédente a laissé des marques profondes. Le dernier historiographe du Roi, Jacob-Nicolas Moreau, exprime très bien, dans ses *Souvenirs*, ce soupçon à propos du rôle que doivent avoir joué les affaires jansénistes dans les origines de la crise révolutionnaire.

> Quiconque a suivi la chaîne des événemens conviendra sans peine que ces démêlés sur la Constitution Unigenitus, dans lesquels le ministère prenait toujours un parti si déraisonnable et si maladroit, nous ont conduits, de proche en proche jusqu'aux terribles disputes sur notre Constitution politique[53].

C'est un acteur de la Révolution, religieux de surcroît, qui accrédite l'interprétation républicaine de la théologie politique janséniste : l'ami des Noirs et le partisan de la «régénération» des juifs, l'évêque constitutionnel de Blois, le défenseur de la liberté des cultes, Henri-Baptiste Grégoire. Dans ses *Ruines de Port-Royal*, composées en 1801 au lendemain du Concordat qui met fin à tous les espoirs de reconstruction de l'Église constitutionnelle, l'École de Port-Royal se met à incarner rétrospectivement la vraie tradition des principes révolutionnaires. Cette transfiguration républicaine de Port-Royal qui inclut désormais les solitaires parmi les théoriciens de la souveraineté populaire trouvera différents échos au XIXe siècle, notamment chez certains historiens de la Révolution, Michelet, Louis Blanc, Henri Martin et Jaurès.

Après le succès remporté par les jansénistes parlementaires qui ont contribué efficacement pendant la révolution Maupeou à enrayer la voie réformiste de la monarchie, leur mouvement d'opposition perd en quelque sorte sa raison d'être politique. Dix ans auparavant, il avait déjà détruit le principal fondement de son existence religieuse en expulsant les jésuites. Pendant la suppression des parlements par le chancelier en 1772, Le Paige, tout à la fois lucide et fataliste, prévoit les conséquences du blocage gouvernemental :

> L'État est parvenu à un tel degré de maux par les abus qui ont corrompu sa bonne constitution, que sa ruine est presque inévitable [...] Je le vois trop clairement, cette marche du gouvernement se terminera tôt ou tard ou à la ruine de l'État ou à une réforme éclatante, qui donnera peut-être dans l'excès[54].

Après le rétablissement des parlements, les *Nouvelles ecclésiastiques* ont de moins en moins d'ancrage dans l'actualité politique. Les feuilles se tournent nostalgiquement vers l'âge d'or de la lutte pour l'Appel et continuent d'incriminer inlassablement aussi bien les jésuites que les philosophes, dénoncés comme les grands responsables de la montée de l'impiété. La prise de la Bastille est simplement ignorée.

Faibles métaphysiciens contrairement à leurs prédécesseurs, les derniers théologiens du parti, Gourlin (mort en 1775), Bon-François Rivière, dit Pelvert (1714-1781), n'arrivent pas à répondre aux nouvelles questions de l'époque. Pour comble de malheur, ils finissent par se disputer entre eux sur la question la plus cruciale du christianisme, la nature du sacrifice eucharistique. Plus notable se révèle l'influence des savants canonistes jansénistes du parti, Mey (1712-1796), Jabineau (1724-1790) et Maultrot (1714-1803). Mais ils poursuivent une voie laïcisée qui s'écarte de plus en plus de la tradition port-royaliste en incorporant la pensée du droit naturel. Maultrot finira par critiquer ouvertement les positions d'Arnauld et de Nicole en faveur de la monarchie absolue après avoir affirmé dès 1775 le droit pour la Nation de convoquer les États généraux[55]. À l'opposé de ce que l'on pouvait attendre, c'est ce noyau considéré en général comme la faction éclairée, «progressiste», du parti qui s'oppose le plus violemment aux réformes religieuses tentées par l'Assemblée constituante.

Votée le 12 juillet 1790, cette constitution civile réduisait le clergé à la condition d'un corps de fonctionnaires étroitement soumis au peuple et aux autorités locales. Le système de l'élection par les citoyens désignait aussi bien les prélats que les curés. Le politique primait enfin entièrement sur le spirituel, Louis XIV n'en aurait pas espéré autant! Pour manifester leur désaccord, Maultrot, Jabineau et Mey créent des contre-nouvelles, sous le titre de *Nouvelles ecclésiastiques ou Mémoires pour servir à l'histoire de la Constitution prétendue civile du clergé*, qui paraissent de septembre 1791 jusqu'au 10 août 1792. Après avoir combattu férocement le «despotisme des évêques», ils réaffirment, en contradiction avec leurs précédents écrits, l'indépendance politique de l'autorité spirituelle. Après avoir légitimé les droits de la nation sur l'autorité du roi, ils condamnent la déposition du monarque[56]. Les jansénistes sont les premiers surpris par la Révolution qui achève de les diviser en les obligeant à prendre position. Les canonistes du parti, qui ont transféré explicitement le raisonnement religieux de la tradition gallicane et conciliaire au domaine politique, reculent, effrayés à l'idée d'enlever à l'Église toute juridiction coactive et de sortir du cadre de la représentation monarchique, à l'exception toutefois de l'avocat janséniste Camus qui assume pleinement la mort du roi. Par contre, la veine figuriste du parti, pourtant suspecte de «fanatisme», celle des *Nouvelles ecclésiastiques* continuées par des élèves directs de d'Étemare, adopte les transformations introduites dans l'Église gallicane par la *Constitution civile du clergé* comme le signe de la réforme, de la «régénération» de l'Église tant attendue. La puissance de l'Église n'est que spirituelle, il faut confisquer les biens des riches despotes ecclésiastiques pour réparer les abus. On est surpris par le ton subitement révolutionnaire des éditoriaux à partir de janvier 1790. Les premières mesures de la réorganisation de l'Église et de l'État trouvent à s'inscrire logiquement dans la théologie de l'histoire véhiculée par le périodique depuis sa création. Elles sont la conséquence de la destruction de Port-Royal, de la promulgation de la Constitution, des persécutions contre les appelants, de la montée de l'ignorance et de l'impiété, esprit commun aux jésuites et aux philosophes. Malgré leur opposition aux Lumières, les feuilles jansénistes ont bien à leur façon contribué à préparer l'émergence d'une certaine mentalité révolutionnaire.

Peut-être les contradictions inhérentes au mouvement pendant le XVIIIe siècle éclatent-elles à ce moment de crise révélateur. La veine «politique» du jansénisme, celle de la réflexion sur le droit public, prépare à son insu les bases de la souveraineté populaire mais, en dernière analyse, elle ne peut se concevoir en dehors du cadre de la représentation monarchique et de l'indépendance politique de l'Église. La branche plus «religieuse», celle de la théologie de l'histoire figuriste, combat les philosophes pendant tout l'Ancien Régime mais adopte sans difficulté la nouvelle constitution politique au nom du cours providentiel de l'histoire. Dans un cas comme dans l'autre mais de manière éclatante chez les jansénistes les plus religieux, l'augustinisme sous la forme de l'absolutisme de Dieu a exercé ses effets antihiérarchiques et sécularisants.

Il n'y a pas de fumée sans feu. La légende de la responsabilité spirituelle des jansénistes dans la nouvelle organisation ecclésiastique possède bien un fond de réalité, malgré la démonstration négative des historiens. Ces derniers ont prouvé en effet que les députés ne comptent qu'un nombre infime de jansénistes dans leurs rangs et que seuls quatre avocats parmi le comité ecclésiastique chargé d'élaborer la Constitution civile, Durand de Maillane, Martineau, Lanjuinais et Treilhard, peuvent être considérés comme jansénisants (seulement dans la mesure de leur formation à l'école du droit canon). Pourtant, le thème du complot janséniste court dès le lendemain du vote. Dans la *Découverte importante sur le vrai système de la Constitution du clergé décrétée par l'Assemblée nationale*, écrit paru en 1791 et attribué par les *Nouvelles ecclésiastiques* à l'abbé Barruel, la Constitution civile est dénoncée comme un amalgame de richérisme, de calvinisme et de jansénisme, suprême hérésie dans laquelle les deux premières se seraient fondues. Derrière le comité ecclésiastique les jansénistes se tiendraient cachés, «selon leur usage de se rendre toujours invisibles»[57]. Le comte d'Antraigues les accuse également d'avoir le projet commun avec les protestants et les philosophes de détruire le catholicisme en France[58]. Le 27 mai 1791, même Sieyès reproche à «certains» membres du comité ecclésiastique qu'il ne désigne pas plus précisément de n'avoir vu «dans la Révolution qu'une superbe occasion de faire l'apothéose des mânes de Port-Royal».

Ce n'est qu'au lendemain de la vague déchristianisatrice que l'abbaye retrouve une image politique positive. Port-Royal renaît comme référence de l'Église constitutionnelle qui tente de se reconstituer pendant Thermidor sous l'impulsion de Grégoire. C'est ainsi qu'à la Fête-Dieu de l'année 1796 les cinq évêques qui s'efforçaient de rétablir le culte en France[59] se rendent à

Saint-Médard, alors seule église paroissiale ouverte, pour réparer, par un hommage solennel, les injures faites à Jésus-Christ pendant la Révolution. Détail intéressant, les objets rituels de la cérémonie proviennent de Port-Royal des Champs[60].

De même, c'est sur les ruines de Port-Royal des Champs que les membres de la Société de philosophie chrétienne, «société religieuse et républicaine» fondée en 1797 par Grégoire, et qui comprend le nonagénaire Le Paige, font un pèlerinage chaque année au mois d'octobre[61].

Plus la situation se détériore pour le projet gallican des évêques constitutionnels, plus le recours au symbole de Port-Royal se renforce. Après la ratification du Concordat entre Bonaparte et Pie VII qui rétablit l'autorité du Saint-Siège sur l'ensemble des catholiques français en 1801, Grégoire se réfugie à Saint-Lambert pour méditer avant de donner sa démission. Il y compose une petite brochure intitulée *Les Ruines de Port-Royal*, sorte de guide pour les visiteurs[62]. La rêverie du promeneur dans le site dévasté de Port-Royal des Champs s'apparente beaucoup au courant préromantique de la poétique des ruines et des cimetières mais ses regrets sont plus politiques que religieux. Alors que Grégoire ne peut être clairement qualifié de janséniste dans aucune de ses initiatives au sein de l'Assemblée constituante et de la Convention, ni même dans ses œuvres pastorales à Blois, au sortir de la Révolution, il se rattache à un Port-Royal construit selon l'utopie qui, elle, a inspiré son action politique : l'alliance des idéaux révolutionnaires et chrétiens. Son Port-Royal, c'est celui de la bonne Révolution, celle de la tradition libérale, républicaine, morale et chrétienne. L'abbé ne se contente pas comme les éditoriaux des feuilles du parti de rattacher les événements révolutionnaires à l'histoire de la querelle janséniste. Les principes de la Révolution, il les découvre à l'intérieur même de la théologie politique de l'«École de Port-Royal». Tous ces théologiens ont opposé «une double barrière aux envahissements du despotisme politique et du despotisme ultramontain». Ce n'est plus seulement chez les auteurs du XVIIIe siècle, Maultrot, Legros ou d'Étemare, mais dans le premier écrit de Jansénius, le *Mars Gallicus*, que Grégoire admire les «fastes du républicanisme». Dans la *Question royale* de Saint-Cyran, il aperçoit «les principes de la souveraineté du peuple». Il parvient à en retrouver la trace chez Pascal et rappelle l'écrit d'Arnauld qui attaquait comme «tyran» le prince d'Orange Guillaume III, l'usurpateur[63]. Il doit cependant reconnaître que Maultrot a eu raison de combattre le reste des «idées moins libérales sur la royauté» du célèbre théologien. Par une erreur qui en dit long sur cette volonté de concevoir le jansénisme comme le précurseur du combat pour «la supériorité des états au Roi», Grégoire attribue les *Soupirs de la France esclave qui aspire à la liberté* du protestant Jurieu à un «adhérent de Port-Royal».

Port-Royal est devenu un foyer idéal des Lumières, il participe «à la marche de l'esprit humain» par ses travaux si utiles à l'éducation et ses ouvrages tels que la *Grammaire générale* et la *Logique* qui ont fait l'admiration des rédacteurs de l'*Encyclopédie*. L'organisation des *Nouvelles ecclésiastiques* peut encore servir de modèle pour tromper la vigilance de l'«inquisition française». Grégoire en vient à comparer l'histoire de Port-Royal à la situation présente, «où plusieurs gouvernements de l'Europe, conjurés contre la liberté de la presse s'efforcent de river plus fortement les fers des peuples, c'est-à-dire des souverains détrônés». Insensiblement, Grégoire en arrive à méditer sur les ruines de la Révolution. Il ne peut oublier la dérive terroriste et déchristianisatrice. Même si Port-Royal n'avait pas été détruit par Louis XIV, il aurait été assailli par les haches et les torches des «vandales». Grégoire aimerait souhaiter la renaissance d'une société organisée «sur le même plan que celle des enfants de Bérulle» mais il sait que son désir est «fantastique». Pour la première fois, la mémoire de Port-Royal qui a fonctionné jusqu'alors comme un emblème de combat, de consolation ou d'espoir n'ouvre pas de perspective sur l'avenir. Le texte s'achève sur une forte nostalgie. Port-Royal n'est plus qu'une utopie mais Grégoire l'a immortalisée, posant ainsi les bases d'une nouvelle filiation républicaine et laïque.

7. La quintessence du Grand Siècle

Au XIXe siècle, le jansénisme n'est plus qu'une survivance qui finit par s'éteindre à peu près complètement en 1870 au moment du concile du Vatican. La loi Falloux qui rétablit l'enseignement des jésuites puis la promulgation de l'infaillibilité du pape marquent la défaite des forces gallicanes. C'est au cours de la disparition des derniers restes de la sensibilité janséniste que l'image culturelle de Port-Royal connaît sa plus grande consécration. Au lieu de sombrer dans l'oubli, Port-Royal entre dans la sphère culturelle, magnifié comme la quintessence du Grand Siècle. Cette nouvelle transfiguration contient un jugement de valeur sur l'histoire du mouvement qui a porté la mémoire du monastère. Désormais, le «grand» jansénisme, c'est le Port-Royal littéraire et spirituel du XVIIe siècle. L'«autre» jansénisme du XVIIIe siècle avec ses développements politiques est discrédité et renvoyé aux oubliettes.

Les manifestations du courant janséniste au XIXe siècle sont diffuses. Elles passent notamment par les pèlerinages aux ruines de Port-Royal qui attirent une foule internationale de sympathisants, des jansénistes italiens du Risorgimento[64] aux féministes anglaises qui considéraient les religieuses comme leurs propres sœurs[65] et par la création d'une société philanthropique au lendemain de la Révolution. Elle y concentre les dernières forces et les revues jansénistes[66] mais son champ d'action se limite à des œuvres de charité et d'éducation ainsi qu'au culte du souvenir. Indépendante de ce dernier carré militant, une ultime poussée de fièvre monte, sous la Restauration, entre les gallicans et les ultramontains. Contre les ultramontains Bonald, Lamennais, et de Maistre, qui prônent le rétablissement des prérogatives du Saint-Siège et la hiérarchie ecclésiastique, les milieux libéraux et gallicans coalisés contre le ministère ultraroyaliste de Villèle dénoncent les manigances occultes des jésuites et du «parti prêtre[67]». On y compte quelques descendants de grandes familles jansénistes comme Royer-Collard, de Barante, Molé, Pasquier, Rémusat et Montlosier, mais il est impossible de repérer une quelconque cohérence doctrinale au sein de cette nébuleuse d'alliés occasionnels.

Dans cette atmosphère fantomatique de résurgence des vieilles disputes, l'adversaire par excellence de la Compagnie reprend le drapeau de la liberté et le fantasme du complot janséniste refait surface. Villemain invite à voir dans le combat d'Arnauld et de Pascal contre les jésuites une préfiguration des luttes du libéralisme de son temps dans son «Tableau du Grand Siècle[68]». À l'inverse, de Maistre complète le tableau des origines de la Révolution française dressé par Barruel en y ajoutant la «secte» au nombre des responsables du bouleversement et en posant Jansénius comme un disciple de Hobbes[69]. Lamennais surenchérit en dénonçant cette «faction dangereuse» qui ressemble si fort au calvinisme, «surtout par son génie remuant, incapable de se plier à l'obéissance et toujours prêt à la révolte[70]».

Mais ce dernier sursaut de jansénistes réduits au gallicanisme ne sera qu'une flambée sans lendemain. Sous Napoléon III, après la proclamation du dogme de l'Immaculée Conception, les idées ultramontaines, largement diffusées par *L'Univers* de Veuillot, triomphent définitivement. Désormais, les curés seront formés par de nouveaux livres qui présentent les auteurs jansénistes et même les bénédictins de Saint-Maur comme les disciples directs de Calvin et de Luther réunis[71].

À défaut de la perpétuation de son esprit, un Port-Royal idéal sera sauvé. À partir de 1830, à force d'études critiques et d'éditions savantes, un XVIIe siècle dont on n'avait pas pris jusqu'alors toute la mesure se constitue peu à peu. Cette construction du «classicisme» va inclure Port-Royal comme sa plus belle rosace. L'emblème sort de son cadre polémique et politique pour entrer dans la sphère culturelle. Le dramaturge central de ce transfert est sans aucun doute le critique littéraire Sainte-Beuve[72]. Pourtant, parmi les rêveurs monachiques, de Chateaubriand à George Sand, il est loin d'avoir été le seul à s'intéresser au sujet. Chez les historiens, l'histoire de Port-Royal suscite également de l'intérêt. Au Collège de France, Jean-Jacques Ampère fait cours sur le réveil religieux de la France au début du XVIIe siècle. Dans ses *Esquisses historiques* consacrées à l'histoire des religieuses et des solitaires, parues en 1834, Antoine Latour explique bien le mécanisme de cet engouement de son époque pour Port-Royal :

> Notre siècle qui est littéraire autant que politique, aime Port-Royal pour avoir rappelé les études nationales aux sources du génie antique[73].

Cependant, la mode ne rend pas compte de la fortune que va connaître l'interprétation de Sainte-Beuve. Jusqu'à lui, Port-Royal reste inséparable du jansénisme. Chez ses contemporains, l'abbaye tire sa grande notoriété des persécutions et de la prise de position des jansénistes en faveur des libertés gallicanes. L'originalité de Sainte-Beuve va tenir à la scission qu'il opère entre le jansénisme politique d'un côté et le Port-Royal spirituel et littéraire de l'autre. Le dégoût de l'auteur pour les contestations théologiques est déjà visible chez Amaury, le héros de *Volupté*. À Lausanne où, invité par le milieu du « réveil » protestant, il donne une vingtaine de cours intensifs de l'automne 1837 au printemps 1838, Sainte-Beuve ébauche un drame classique. Il s'ouvre par la « journée du guichet », se développe en actes consacrés à Saint-Cyran et à Pascal, à son milieu, puis à plusieurs figures singulières de solitaires pour se clore sur un couronnement avec *Athalie*. Le terme de la tragédie n'est qu'un long automne, un déclin, un dessèchement qui se manifeste déjà chez le trop disputailleur Arnauld. Les théologiens de Port-Royal sont plus traités comme des écrivains que comme des religieux engagés dans un combat pour la réforme intérieure de l'Église. Cet aspect central de l'activité du monastère cistercien fait singulièrement défaut. Sainte-Beuve se défend de composer une histoire de l'abbaye à l'instar de ses prédécesseurs. Il veut brosser un « portrait de Port-Royal » qui rende l'âme de ce « personnage ». Ce qui l'intéresse est de restituer l'apport spirituel et littéraire du monastère dans le contexte culturel du classicisme. La galerie des tableaux qui présentent les auteurs de Port-Royal est psychologique, coupée des querelles proprement jansénistes, tronquée de la plus grande partie de ses développements historiques au XVIIIe siècle.

> Ce que j'ai voulu faire, n'a pas été l'Histoire de Port-Royal mais l'Esprit de Port-Royal, cet esprit en ce qu'il a de pur, de rare, d'unique, d'éternellement digne de mémoire – cet esprit s'épanouissant par *Athalie* et non pas aboutissant au tombeau du diacre Pâris[74].

Le propos de l'auteur perd de son apparente originalité lorsqu'on entreprend d'examiner ses sources. Sa bibliothèque contient en effet toutes les *Histoire de*

Port-Royal, y compris, en manuscrit, celle littéraire de Clémencet ainsi que la compilation du bibliothécaire oratorien Adry (1749-1818), très riche en renseignements sur les Petites Écoles. Nous savons également que Sainte-Beuve a lu six volumes de procès-verbaux de cérémonies de convulsionnaires. Il paraît en avoir été épouvanté au point de ne plus parler que de l'«ignominie des convulsions» et d'arrêter son admiration au théologien Duguet. On ne trouve dans sa documentation presque aucun ouvrage de Quesnel ni aucune pièce de l'abondante littérature polémique contre la bulle *Unigenitus*[75]. En réalité, en utilisant l'œuvre de ses devanciers au premier degré, sans réflexion critique, Sainte-Beuve n'a fait qu'accomplir le dessein même de ces jansénistes du XVIIIe siècle sur lesquels il s'est appuyé, celui d'exalter l'exemple des hommes illustres de Port-Royal afin de faire oublier la déroute théologique, survenue depuis. Peut-être le succès de son ouvrage s'explique-t-il en partie par la réalisation de ce projet séculaire. Il n'est pas jusqu'à l'accent placé par Sainte-Beuve sur l'étude des caractères qui ne prolonge et ne répercute la préoccupation de l'exemplarité des hommes dans leur singularité, si caractéristique de la démarche des historiens jansénistes. Le succès des premiers volumes parus en 1840 et 1842 est modeste[76]. C'est à plus long terme que le *Port-Royal* comme mode nouveau d'aborder l'histoire religieuse, avec ce mélange de sympathie respectueuse et de détachement, exerce son influence, par exemple sur Renan ou sur Taine qui le qualifie de «grande province de psychologie humaine[77]». Ce n'est qu'en 1904, lors de la cérémonie du centenaire de Sainte-Beuve, que Brunetière consacre l'étude «chef-d'œuvre de la critique française[78]». Parallèlement à la montée du succès du livre de Sainte-Beuve qui accompagne l'établissement des études classiques en France, Pascal, cas unique dans toute l'histoire des lettres, devient l'homme de la modernité, la figure identificatoire par excellence. Cousin, qui lance la grande vague des études philologiques sur ses manuscrits par son célèbre rapport à l'Académie française de 1842 *Sur la nécessité d'une nouvelle édition des Pensées*, le formule d'une manière très éloquente. Lui aussi entend séparer la pureté de l'auteur des altérations apportées par les éditions jansénistes d'intention polémique :

> Notre scepticisme et notre exaltation, nos découragements et notre orgueil, notre besoin et notre difficulté de croire et d'aimer, il a senti tout cela[79].

Esprit de finesse, esprit de géométrie, misanthrope sublime, effrayant génie, pessimiste, ironique, précurseur de l'impiété, sceptique, apologète, scientifique, protestant, catholique, ascète, halluciné, rationaliste, moraliste, angoissé, existentialiste, la plasticité projective de Pascal est étonnante.

Rarement un seul auteur et les ellipses énigmatiques d'une œuvre inachevée auront suscité autant d'interprétations contradictoires.

8. L'héritage laïcisé

Vers 1850, les principales composantes de la mémoire sont posées. Par la suite, il n'y aura plus guère que des réactivations de l'une ou de l'autre de ses faces, la version politique républicaine ou l'image culturelle du classicisme. Nous vivons encore sur le double héritage laïcisé qui a été fixé définitivement lorsque l'étoile littéraire de Port-Royal s'est dégagée de son cocon janséniste. Non seulement Port-Royal sous sa forme culturelle entre à l'université, mais sa nouvelle représentation change la société janséniste elle-même. Sous l'influence d'un nouveau venu, Augustin Gazier, professeur de Sorbonne, la Société Saint-Augustin et la bibliothèque de la rue Saint-Jacques prennent une orientation plus scientifique et plus culturelle. C'est lui qui ouvre largement les ruines de Port-Royal au public, rédige une notice historique à l'usage des visiteurs qui présente l'histoire de Port-Royal comme celle du « catholicisme libéral et intelligent[80] », fait construire un oratoire-musée sur le site et y installe un buste de Racine en 1899 à l'occasion du deuxième centenaire de la mort de l'auteur.

En réalité, Augustin Gazier ne vient pas d'un milieu étranger à la tradition de Port-Royal. C'est sur la paroisse de Saint-Séverin que le bien nommé Augustin est né à l'ombre du clocher janséniste, en 1844. Son père, nommé à la présidence de la Société Saint-Augustin en 1863, avait été élève puis instituteur des Écoles jansénistes de charité au faubourg Saint-Antoine. Il avait épousé une ancienne élève des sœurs de Sainte-Marthe, fondées au XVIIIe siècle à l'imitation de Port-Royal, chez lesquelles sa propre sœur Louise était religieuse[81]. L'universitaire raconte dans ses « Souvenirs » que vers 1870, après la secousse de la Commune et de la guerre franco-allemande, la bibliothèque, qui avait cessé d'être le siège des réunions de la Société Saint-Augustin, était à peu près abandonnée, confiée aux seuls soins des demoiselles Sophie et Rachel Gillet. Ces filles d'un riche entrepreneur, membre de la Société janséniste, s'étaient dévouées entièrement au culte des ancêtres, publiant même vers 1860 (pour quel public?) des textes figuristes et eschatologiques inédits du XVIIIe siècle, de la plume de l'abbé d'Étemare. À partir de 1872, Augustin Gazier reprend la charge de la bibliothèque, avec toute la joie de l'érudit qui découvre une terre vierge, d'où il tirera la matière de ses diverses publications scientifiques. À l'opposé de l'école de Bremond, son grand concurrent de sensibilité jésuite, les travaux d'Augustin Gazier forment en quelque sorte un pôle janséniste savant au sein des études religieuses et littéraires du début du XXe siècle[82].

Port-Royal

Malgré la forte prégnance et la valorisation de l'aspect classique de Port-Royal, l'interprétation républicaine ne dépérit pas. Elle aussi a envahi les bancs de l'université et va jouer un rôle important dans le combat pédagogique de l'école républicaine sous la IIIe République. Plus avant dans le siècle, l'hostilité de grandes figures de l'université contre le «jésuitisme» avait préparé le terrain de la bataille prochaine pour l'enseignement laïque. L'«esprit de mort», le «machinisme moral», «l'esprit de police mis dans les choses de Dieu», «l'esprit de pieuse intrigue et de sainte délation», frappantes formules de Michelet dans son cours de 1843 au Collège de France entièrement consacré aux jésuites, l'«esprit de servitude» opposé à celui de «liberté et de démocratie», dénonciation de son collègue Quinet qui entreprend également le procès de la Compagnie la même année, perpétuent la tradition de l'antijésuitisme républicain. Sous la IIIe République, dans l'ambiance de foi laïque qui anime l'école de Jules Ferry, Port-Royal retrouve un certain enjeu symbolique. Le monastère permet en effet aux républicains d'empiéter sur le terrain de leurs adversaires catholiques. Port-Royal incarne le bon côté de l'éducation chrétienne, «la glorieuse conquête de l'esprit moderne, l'horreur de l'intolérance et le respect de la liberté[83]». Vers 1887 paraissent deux anthologies de textes des maîtres des Petites Écoles. Leurs responsables, Félix Cadet et Irénée Carré[84], tous deux inspecteurs généraux de l'Enseignement primaire, les élèvent au rang de véritables traités de pédagogie. Chez Nicole, Lancelot, Coustel, Guyot, Wallon de Beaupuis, ils applaudissent au développement de l'individu, de son indépendance, de sa conscience du droit et de son sens critique. La *Logique* «pose nettement et hardiment le droit de la raison humaine devant les prétentions de l'autorité». Ils essayent de ne retenir que l'aspect laïque du système éducatif de Port-Royal tout en rejetant sa théologie. Dans le *Dictionnaire de pédagogie* de Ferdinand Buisson, Irénée Carré rédige plusieurs articles concernant Port-Royal. Tout en exprimant des réserves vis-à-vis de la «doctrine sombre» de cette éducation «qui est un drame où se joue le salut», Carré admire «leur respect profond de la personne humaine et particulièrement de l'âme de l'enfant, leur saint tremblement en présence de cette énigme, l'enfant qui peut devenir un saint ou un démon[85]». De même, il relève l'élitisme et l'intimité de cet enseignement prodigué à un petit nombre d'élèves et le caractère exceptionnel des maîtres de Port-Royal, «sorte d'apôtres que tous les temps ne produisent pas». Néanmoins, c'est de Port-Royal comme «lieu d'essai» et non chez les jésuites qui n'encouragent pas «le sentiment de la dignité personnelle» qu'il convient de chercher la continuité d'une authentique inspiration formatrice.

En dépit de l'anticléricalisme des républicains, la référence à Port-Royal est fondamentale chez les fondateurs mêmes de l'école laïque, particulièrement chez les protestants libéraux comme Steeg, Pécaut et Buisson qui cherchent à fonder « une religion laïque de l'idéal moral sans dogme, sans morale et sans prêtre[86] ». Pécaut qui, selon Buisson, voulait être le « Saint-Cyran laïque et républicain », nommé directeur d'études à l'École normale supérieure de Fontenay-aux-Roses en 1880, emmenait ses élèves sur les ruines de Port-Royal[87]. On retrouve cette admiration athée dans l'union pour l'action morale fondée en 1892 par Paul Desjardins sur le programme de Jules Lagneau « pour travailler à la pacification sociale par l'éducation ». La société philanthropique se considère comme « un petit essai de Port-Royal purement raisonnable[88] ». Par la suite, tous les groupes fondés ou maintenus par Desjardins, de l'Union pour la vérité rebaptisée ainsi après l'affaire Dreyfus jusqu'au Foyer d'études et de repos de Pontigny, garderont quelque chose de l'amour de l'ombre et du souvenir de Port-Royal.

De l'entre-deux-guerres jusqu'autour de 1960, l'ouvrage de Sainte-Beuve demeure le soubassement implicite de toutes les études port-royalistes. Il continue de fixer une image et d'alimenter un rayonnement, mais, davantage que Port-Royal, c'est Pascal comme sa plus belle et sa plus forte incarnation qui appelle de plus en plus l'attention. Essais innombrables, de Péguy à Mauriac, en passant par Barrès, hommages fervents et prolifiques lors des tricentenaires de sa naissance et de sa mort en 1923 et 1962, thèses multipliées avec l'expansion universitaire de l'après-guerre : le géomètre hanté par le gouffre ramasse en lui l'intensité d'un croisement exceptionnel de la réussite esthétique et du souci spirituel[89]. En 1952, la vente du domaine des Granges, c'est-à-dire les « Petites Écoles » (que l'on considérait à tort au XIXe siècle comme la maison des solitaires avec la « cellule de Pascal » reproduite sur carte postale), provoque de tels remous dans la presse que l'État décide d'en faire un musée. Au milieu des années cinquante, les premières expositions consacrées à « Racine et Port-Royal », « Pascal et *Les Provinciales* », « Philippe de Champaigne et Port-Royal » reposent sur la conception du monastère littéraire et classique. Seul, Montherlant transgresse légèrement la frontière entre le « grand » jansénisme du XVIIe siècle et l'« autre » jansénisme politique dans sa pièce représentée pour la première fois au Théâtre-Français le 8 décembre 1954 et qui connaît un grand succès public. Fondée sur le *Récit de captivité de la Mère Angélique de Saint-Jean*, la tragédie représentait le problème tout à la fois politique et personnel du choix difficile entre la résistance et l'obéissance. Les années structuralistes et leur intérêt pour le discours ramèneront en pleine lumière un autre Port-Royal encore, mais du XVIIe siècle toujours, celui de la *Logique* et de la *Grammaire*, textes réédités et salués comme des jalons majeurs sur la route de la science reine, la linguistique[90].

Port-Royal

La référence s'exténue et se restreint de plus en plus à l'usage des doctes. Quelque chose pourtant de l'esprit de Port-Royal reste irréductiblement vivant même si c'est sous forme diffuse dans la sensibilité française, bien au-delà de son cadre religieux d'origine. Il faudrait suivre le filtrage sémantique qui a maintenu l'adjectif «janséniste» dans le vocabulaire psychologique et moral tout en le délestant peu à peu de ses attaches historiques et spirituelles. Non que celles-ci aient entièrement disparu. Toute ombre du «parti» évanouie, il a longtemps subsisté un courant distinctif empreint de son austérité d'indépendance au sein de la tradition dévote à la française. Il est un jansénisme de piété qui a survécu au jansénisme de doctrine. Marque assez puissante pour que la langue ait gardé mémoire de ce rigorisme exemplaire et en ait fait l'identifiant électif de l'exigence inflexible vis-à-vis de soi-même. Il s'associe volontiers à d'autres modèles de la sévérité à la fois intérieure et agissante, comme lorsque Leszek Kolakowski qualifie Georges Sorel de «marxiste janséniste»[91]. Le «jansénisme» fait ici se rejoindre l'intransigeance puritaine et l'activisme vertueux du Jacobin. Mais, autre signe de la formidable empreinte laissée sur la société française par cette protestation catholique, le jansénisme est également resté le nom d'une esthétique. Dans le sillage de la construction du Port-Royal classique s'est imposé l'idéal «janséniste» d'une épuration extrême du classicisme, la figure mythique d'un art concentré sur l'essentiel, tout de dépouillement des moyens et du style. C'est ainsi que, pour Paul Valéry, Mallarmé et Degas sont les «jansénistes de la peinture et de la poésie[92]» tandis que Blaise Cendrars parle de «l'esprit messianique et de la tenue janséniste de la N.R.F[93]» ou bien encore qu'André Bazin loue «le jansénisme de la mise en scène» du cinéaste William Wyler[94]. Mémoire des mots, destinée à épeler indéfiniment une histoire qu'on croirait sans plus de legs ni de suites.

Mais voici qu'aujourd'hui, à l'heure du bicentenaire de la Révolution française, la dimension politique de Port-Royal resurgit, réactualisée par la problématique tocquevillienne des origines de la Révolution à l'intérieur de la monarchie. Au centre de la configuration religieuse et politique si particulière à la France, de la vague des réformes et des contre-réformes jusqu'au déferlement révolutionnaire de la «déchristianisation», l'énigme de Port-Royal retrouve un intérêt essentiel[95]. Peut-être le combat janséniste est-il à la veille de reprendre aux yeux de la postérité toutes les dimensions de son histoire et la cohérence globale de son cours.

ANNEXE I

*Esquisse d'une bibliographie critique
des études sur le jansénisme français*

Le jansénisme a suscité une immense littérature et les interprétations les plus contradictoires, dont l'examen nous aurait amenée très loin. Aussi avons-nous choisi de donner à part une vue sommaire mais raisonnée des principaux développements de la recherche récente.
Il faut se souvenir que ceux qui se considéraient comme les « disciples de saint Augustin » ont toujours récusé la réalité du jansénisme. Il n'était qu'un « fantôme » pour ARNAULD (*Fantôme du jansénisme*, Cologne, 1686).
« Réforme ou Contre-Réforme ? », se demande Jean ORCIBAL à propos du premier Port-Royal (*Nouvelle Clio*, Bruxelles, 1950, pp. 238-280), soulignant ainsi l'équivoque du mouvement. Il s'agit du « Catholicisme sous sa forme la plus pure », selon Jean Laporte (« Le jansénisme », *Histoire générale des religions*, Paris, Quillet, 1947, vol. IV, pp. 195-218), tandis que le *Dictionnaire de théologie catholique* parle d'« hérésie singulière » ; « calvinisme rebouilli » avait un jour lancé Mazarin d'un mot destiné à la célébrité.
Dans un article que l'on peut considérer comme la première réflexion sur l'historiographie des études sur le jansénisme au début des années cinquante, « Qu'est-ce que le jansénisme ? », *Cahiers de l'Association internationale des études françaises*, n° 3-4-5, juillet 1953, pp. 39-53, Jean ORCIBAL en arrive à la conclusion qu'il faut abandonner l'idée d'une « unité substantielle » du jansénisme. Il est vrai que les tentatives de reconstruction de la doctrine depuis le début du siècle ont contribué à la faire éclater en plusieurs tendances selon les différentes personnalités jansénistes (Jules PAQUIER, *Qu'est-ce que le jansénisme ?* Paris, 1909 ; Albert DE MEYER, *Les Premières Controverses jansénistes en France*, Louvain, 1917 ; Jean LAPORTE, *La Doctrine de Port-Royal : Saint-Cyran*, Paris, 1923 ; *La Doctrine de Port-Royal : les vérités de la Grâce*, Paris, 1923 ; *La Doctrine de Port-Royal : la morale d'après Arnauld*, Paris, 1951-1952, 2 vol.). La publication des documents concernant l'histoire du mouvement janséniste par le père CEYSSENS a également conduit à fragmenter sa chronologie en plusieurs périodes (*Sources relatives aux débuts du jansénisme et de l'antijansénisme*, Louvain, 1957 ; *La Fin de la première période du jansénisme, sources des années 1654-1660*, Bruxelles, 1963 ; *Histoire du jansénisme et de l'antijansénisme des années 1661-1662*, Louvain, 1968 ; *La Seconde Période du jansénisme, les débuts, sources des années 1673-1676*, Bruxelles, 1968 ; *La Seconde Période, sources des années 1680-1682*, Bruxelles, 1974 ; *Autour de la bulle* Unigenitus, Louvain, 1987). Quant aux nombreuses monographies régionales, elles n'ont pas donné lieu à synthèse. Mais peut-être ne le permettaient-elles pas.
Pour leur répertoire, on peut consulter la bibliographie déjà ancienne de Préclin, « Les luttes politiques et doctrinales aux XVIIe et XVIIIe siècles », volume XIX de l'*Histoire de l'Église depuis les origines jusqu'à nos jours*, éditée par Jean-Baptiste DUROSELLE et Eugène JARRY, Paris, 1955-1956, 2 vol., t. I, pp. 235 et 236, ainsi que l'article d'Émile APPOLIS, « L'histoire provinciale du jansénisme au XVIIIe siècle », *Annales E.S.C.*, n° 7 (1952) pp. 87-92. L'ancienne mise au point de Jean CARREYRE dans l'*Introduction aux études d'histoire locale*, éditée par Victor CARRIÈRE, Paris, 1934-1940, 3 vol., t. III, pp. 513-635, ouvre encore d'intéressantes pistes de recherches.
Un des grands thèmes de controverse tourne autour de la question de la responsabilité ou non du jansénisme dans la disparition des mystiques, de l'esthétique baroque et plus généralement dans le phénomène de la « déchristianisation ». Alors que BREMOND, dans le quatrième tome de l'*Histoire littéraire du sentiment religieux*, Paris, 1932, juge sévèrement l'École de Port-Royal, responsable par la querelle qu'elle déclenche de la « retraite des mystiques », ORCIBAL réinscrit Duvergier de Hauranne, abbé de Saint-Cyran, dans la tradition mystique et dans la veine de la dévotion pratiquée par Bérulle et François de Sales (*Jean Duvergier de Hauranne, abbé de Saint-Cyran et son temps*, Paris, 1947-1948, 2 vol.). Pour Louis COGNET, c'est de la réformatrice même, la mère Angélique, que remonte le courant ascétique et antimystique (*La Réforme de*

Port-Royal

Port-Royal, Paris, 1951). Dans *Morales du Grand Siècle*, Paris, 1948, Paul BÉNICHOU souligne l'entreprise de « démolition du héros » à l'œuvre chez Pascal, La Rochefoucauld et Nicole, mais René TAVENEAUX rétablit « l'héroïsme de la sainteté », toute de pauvreté et de charité, à la base de la piété janséniste (*Héroïsme et création littéraire sous les règnes d'Henri IV et de Louis XIII*, Paris, 1974).
Dans ses *Études de sociologie religieuse*, Paris, 1955-1956, 2 vol., Gabriel LE BRAS a imputé aux jansénistes, en raison de leur forme de piété dépouillée, la responsabilité de la « déchristianisation » sensible dans plusieurs de leurs bastions : le Bassin parisien, Sens, Troyes, Châlons-sur-Marne, Reims, le Beauvaisis. Cependant, la monographie de René TAVENEAUX consacrée au jansénisme en Lorraine, *Le Jansénisme en Lorraine*, Paris, 1960, fait ressortir une exception de taille : le « jansénisme augustinien archaïque » reste au XVIIIe siècle aussi pur et aussi vivant qu'au XVIIe siècle en Lorraine. À ce propos, dans un compte rendu approfondi de son livre, « Jansénisme et frontière de la catholicité », *Revue historique*, n° 227, 1962, pp. 115-138, l'historien protestant Pierre CHAUNU lance une intéressante hypothèse qui dissocie les régions jansénistes « à la frontière de la catholicité » : Lorraine (peut-être la Normandie en raison d'une forte implantation réformée), Pays-Bas, Provinces-Unies, de celles abritées des conflits interconfessionnels qui finissent par se transformer en tendances politiques et presbytériennes au XVIIIe siècle. Dans la confrontation avec les protestants, le jansénisme pourrait exprimer sa vraie fonction, tout à la fois de convertisseur et d'augustinisme de substitution. Dominique DINET poursuit aujourd'hui la recherche sur l'influence sécularisante du jansénisme dans certaines régions de son implantation (« Le jansénisme et les origines de la déchristianisation au XVIIIe siècle, l'exemple des pays de l'Yonne », *Du jansénisme à la laïcité*, Entretiens d'Auxerre, 1983, Paris, 1987).
À la suite de SAINTE-BEUVE, le XVIIIe siècle marqué par « l'ignominie des convulsions » n'a pas été jugé digne de faire partie de l'histoire du jansénisme pendant très longtemps. La thèse d'Edmond PRÉCLIN, *Les Jansénistes du XVIIIe siècle et la Constitution civile du clergé*, Paris, 1929, a rendu à la lutte des « appelants » de la bulle *Unigenitus* toute sa portée historique dans la perspective de la genèse des réformes ecclésiastiques pendant la Révolution française. Très orientée par la démarche de l'histoire dite des idées, la démonstration repose sur une base fragile : le « richérisme ». Pourquoi et par quels canaux cette conception de l'Église développée par le syndic de l'Université Edmond RICHER, dans l'ambiance des luttes des gallicans contre les jésuites au début du XVIIe siècle, conçue comme une aristocratie tempérée par les pasteurs institués par le Christ, se serait-elle diffusée aussi subitement dans le clergé au début du XVIIIe siècle alors qu'elle était ignorée des jansénistes de la fin du XVIIe siècle ? La thèse de droit de Jacques PARGUEZ, *La Bulle* Unigenitus *et le jansénisme politique*, Paris, 1936, consacre la problématique du « jansénisme parlementaire ».
La seconde phase des études sur le jansénisme politique est fortement marquée par le modèle marxiste. *Le Dieu caché* de Lucien GOLDMANN, publié à Paris en 1956, salué comme un événement dans *Le Monde* du 25 septembre 1956, critiqué par les marxistes eux-mêmes (Michel CROUZET dans *La Nouvelle Critique*, n° 79, 1956), continue à faire couler de l'encre à l'heure actuelle (Gérard FERREYROLLES, « Un âge critique : les trente ans du Dieu caché », *Commentaires*, n° 34, été 1986). L'essai de GOLDMANN se situe dans une tradition historiographique allemande. Négligé par Max WEBER qui avait surtout retenu son aspect mystique et son refus du monde, le jansénisme a au contraire attiré l'attention des intellectuels marxistes allemands après la Première Guerre mondiale. Dans sa recherche des *Origines de l'esprit bourgeois en France*, traduit pour la première fois à Paris en 1927, Bernard GROETHUYSEN a utilisé la littérature janséniste du début du XVIIIe siècle provenant de la campagne contre la bulle *Unigenitus*. Le premier, il a repéré l'ambivalence de l'apologétique des jansénistes qui « en luttant pour la cause de Dieu ont contribué à la perdre ». Quant à son confrère Franz BORKENAU, dans son étude consacrée à l'« histoire de la philosophie de la période de la manufacture », *Der Übergang vom feudalen zum bürgerlichen Weltbild*, Paris, 1934, il attribue spécifiquement le jansénisme à ce qu'il nomme la « gentry » française, terme englobant mais anachronique selon Lucien FEBVRE (« Fondations économiques et superstructures philosophiques : une synthèse », *L'Esprit du mécanisme*, Cahiers S.T.S.-C.N.R.S., 1985, pp. 81-85). La noblesse française de robe jouerait un

rôle historique dans la genèse des conceptions modernes non pas simplement parce que ces dernières sont le produit du capitalisme mais au contraire la résultante de ses contradictions. Pascal est ainsi considéré comme le fondateur de la dialectique dans la philosophie moderne. L'échec du jansénisme et la victoire de l'esprit irreligieux au XVIIIe siècle s'expliquent par le renforcement de la bourgeoisie qui privilégierait désormais la rationalité capitaliste. Sur cette voie, mais d'une manière plus littéraire, Lucien GOLDMANN s'est attaché à reconstruire, au travers des œuvres de Pascal, Racine, Arnauld et Nicole, cette Weltanschauung janséniste paradoxale, vision tragique du monde qui ne serait que le reflet de la situation des officiers entravés dans leur ascension sociale par la bureaucratie des commissaires. Point aveugle de la démonstration, GOLDMANN n'a justement esquissé aucune sociologie détaillée des familles à sympathie janséniste ou jésuite. À très juste titre, Roland MOUSNIER remarque que, dans le milieu robin, les deux attitudes, les deux carrières étaient aussi répandues les unes que les autres : la sauvegarde de la conscience religieuse par le refus du monde ou au contraire l'engagement dans les affaires de l'État. Les objections sont retranscrites dans une note aux pages 115-116 de la thèse de Goldmann (voir également, de Roland MOUSNIER, «Le Conseil du Roi», *La Plume, la Faucille et le Marteau*, Paris, 1970 et le numéro spécial de la revue *Dix-septième Siècle*, n° 122, janvier-mars 1979). Le groupe janséniste était d'ailleurs loin d'être exclusivement pessimiste et fataliste à l'égard de l'action dans le monde puisqu'un disciple de Goldmann lui-même, Gérard NAMER, a montré qu'à partir de 1661 se mettent à coexister dans le réseau janséniste, à côté du tiers parti accommodant, du groupe barcosien et du centrisme d'Arnauld, des tendances intramondaines extrémistes autour de l'abbé Le Roy et de l'évêque d'Alet, Nicolas Pavillon, qui développaient un esprit de lutte sans concession (*L'Abbé Leroy et ses amis : Essai sur le jansénisme extrémiste intramondain*, Paris, 1964). Réfutation indirecte, l'étude de Paule JANSEN, *Le Cardinal Mazarin et le mouvement janséniste*, Paris, 1967, montre combien Mazarin lui-même a machiavéliquement contribué, pour les besoins de ses manœuvres diplomatiques avec le Saint-Siège, à forger et à utiliser l'image négative des jansénistes. Richard M. GOLDEN a également remis en cause la thèse marxiste en révélant le haut pourcentage de jansénistes parmi les curés parisiens dès le XVIIe siècle ainsi que leur engagement pour le cardinal de Retz et leur rôle dans la fronde religieuse vers 1650 (*The Godly Rebellion. Parisian Curés and the Religious Fronde*, 1652-1662, Chapel Hill, 1981). Même l'évidence que constituerait l'alliance entre le Parlement et le premier jansénisme a été relativisée par Albert N. HAMSCHER dans son article «The Parlement of Paris and the social interpretation of early french jansenism», *The Catholic Historical Review*, n° 69 (1977), n. 3-4.

Depuis ces dix dernières années, l'attention des historiens s'est recentrée sur le rôle du jansénisme dans la question mornétienne des origines de la Révolution. Pour Alexandre SEDGWICK, le premier jansénisme est déjà un mouvement d'opposition politique et doit être replacé dans le cadre de la Fronde (*Jansenism in Seventeenth Century France : Voices From the Wilderness*, Charlottesville, 1977). C'est également dans le contexte des grandes luttes religieuses et parlementaires contre la bulle *Unigenitus* dans le premier tiers du XVIIIe siècle que Robert KREISER situe l'épisode des miracles et des convulsions (*Miracles, Convulsions, and Ecclesiastical Politics in Early Eighteenth Century*, Princeton, 1978). Dale VAN KLEY repère l'influence du «parti janséniste» parlementaire dans la seconde moitié du XVIIIe siècle, lors de l'affaire de l'expulsion des jésuites (*The Jansenists and the Expulsion of the Jesuits from France, 1757-1765*, New Haven, 1975). À la suite de l'esquisse d'une problématique de la théologie politique du jansénisme proposée par l'anthologie de René TAVENEAUX, *Jansénisme et politique*, Paris, 1965, et l'essai d'Antoine ADAM, *Du mysticisme à la révolte*, Paris, 1968, l'historien américain s'attache à souligner l'héritage de la pensée conciliaire janséniste dans le cours de la politique prérévolutionnaire («The Jansenist Constitutional Legacy in the French Prerevolution, 1750-1789», *Historical Reflections/Réflexions historiques*, vol. XIII, n°s 2 et 3, 1986 ; «The Estate General as Ecumenical Council : the constitutionalism of corporate Consensus and the Parlement's Ruling of September 25, 1788», *Journal of Modern History*, n° 61 [mars 1989], pp. 1-52»). La théologie politique du jansénisme a également intéressé Monique COTTRET, «Aux origines du républicanisme janséniste : le mythe de l'Église primitive et le primitivisme des Lumières», *R.H.M.C.*, t. XXXI, janvier-mars 1984, pp. 99-115, et Yann FAUCHOIS, «Jansénisme et politique

au XVIII siècle: légitimation de l'État et délégitimation de la monarchie chez G.N. Maultrot», *R.H.M.C.*, t. XXXIV, juillet-septembre 1987, pp. 473-491.
Consacré au serment de 1791, l'ouvrage de Timothy TACKETT, *La Révolution, l'Église, la France*, Paris, 1986, a établi le recoupement de la cartographie des régions refuges jansénistes avec celles de l'accueil de la Constitution civile du clergé. La démonstration a mis ainsi en évidence l'influence structurelle de ce clivage religieux sur la société française jusqu'au XIX siècle et peut-être même au-delà.

Annexe II

les mémoriaux de Port-Royal au XVIII siècle

Le Nécrologe

Rivet de la GRANGE (1683-1749), *Nécrologe de l'abbaye de Notre-Dame de Port-Royal des Champs, ordre de Cîteaux, institut du Saint-Sacrement qui contient les éloges historiques avec les épitaphes des fondateurs et bienfaiteurs de ce monastère, et des autres personnes de distinction qui l'ont obligé par leurs services, honoré d'une affection particulière, illustré par la profession monastique, édifié par leur pénitence et leur piété, sanctifié par leur mort ou par leur sépulture*, Amsterdam, 1723.

Les journaux

Divers actes, lettres et relations des religieuses de Port-Royal du Saint-Sacrement, touchant la persécution et les violences qui leur ont été faites, 1725.

Sur la fondatrice et les religieuses

– Abbé GOUJET (1697-1767), *Mémoires pour servir à l'histoire de Port-Royal, 1734-1737*, 3 vol. (Contient des relations de religieuses de la famille Arnauld, «le recueil de la Mère Angélique de Saint-Jean Arnauld d'Andilly», les «Mémoires pour servir à la vie de la Révérende Mère Marie-Angélique de Sainte-Magdeleine Arnauld, réformatrice de Port-Royal».)
– *Mémoires pour servir à l'histoire de Port-Royal et à la vie de la Révérende Mère Angélique de Sainte-Magdeleine Arnauld, réformatrice de ce monastère, aux dépens de la Compagnie*, Utrecht, 1742, 3 vol.
– Angélique ARNAULD, *Extraits de Lettres*, 1re partie, Leyde, 1734.
– *Lettres de la Révérende Mère Marie-Angélique Arnauld, abbesse et réformatrice de Port-Royal*, Utrecht, 1742-1744, 3 vol.
– *Entretiens ou Conférences de la Révérende Mère Marie-Angélique Arnauld, abbesse et réformatrice de Port-Royal*, Bruxelles, 1757. *Discours de la Mère Angélique de Saint-Jean Arnauld d'Andilly*, appelés «Miséricordes ou Recommandations faites en chapitres de plusieurs personnes unies à Port-Royal des Champs», 1735.
– *Discours sur la Règle de Saint Benoît de leur Révérende Mère Angélique de Saint-Jean*, Abbesse de Port-Royal des Champs, s. 1., 1736.
– *Réflexions de la Mère Angélique de Saint-Jean pour préparer ses sœurs à la persécution, conformément aux avis laissés sur cette matière par la Mère Agnès*, 1737.
– *Relations sur la vie de la Révérende Mère Marie des Anges*, s. l., 1737, attribuées à la sœur Eustoquie de Brégis.

– Pierre LECLERC (sous-diacre du diocèse de Rouen, partisan des convulsions, réfugié en Hollande), *Vies intéressantes et édifiantes des religieuses de Port-Royal et de plusieurs personnes qui leur étaient attachées*, 1750-1751, 5 vol.
– ID., *Histoire des religieuses écrites par elles-mêmes*, Utrecht, 1753.

Sur les solitaires

– *Histoire de l'origine des Pénitens et solitaires de Port-Royal des Champs*, Mons, 1733.
– *Relation de la retraite de M. Arnauld en les Pays-Bas en 1769. Avec quelques anecdotes qui ont précédé son départ de France*, Mons, 1733.
– *Relation du voyage d'Aleth contenant des mémoires pour servir à l'histoire de la vie de messire Nicolas Pavillon, évêque d'Aleth, par Monsieur Lancelot, dédiée à Mgr l'évêque de Senez, exilé à la Chaise-Dieu* (probablement vers 1728).
– Abbé GOUJET, V*ie de Nicole, in Continuation des Essais de Morale*, t. XIX, Luxembourg, 1732.
– *Relation de plusieurs circonstances de la vie de M. Hamon, faite par lui-même sur le modèle des Confessions de Saint Augustin*, 1734, in-12.
– *Mémoires de Messire Robert Arnauld d'Andilly, écrits par lui-même*, Hambourg, 2 vol.
– LE FEBVRE DE SAINT-MARC, *Supplément au Nécrologe de l'abbaye de Notre-Dame de Port-Royal des Champs*, 1735.
– *Mémoires pour servir à l'histoire de Port-Royal par M. Fontaine*, Utrecht, 1736, 2 vol. (2ᵉ éd., Cologne, 1738).
– *Mémoires touchant la vie de M. de Saint-Cyran, par M. Lancelot, pour servir d'éclaircissement à l'histoire de Port-Royal*, Cologne, aux dépens de la Compagnie, 1738, 2 vol.
– *Mémoires pour servir à l'histoire de Port-Royal, par M. du Fossé*, à Utrecht, aux dépens de la Compagnie, 1739.
– *Recueil de plusieurs pièces pour servir à l'Histoire de Port-Royal ou Supplément aux Mémoires de MM. Fontaine, Lancelot et du Fossé*, dit le « Recueil d'Utrecht », Utrecht, 1740 (attribué à Barbeau de la Bruyère).
– Jean RACINE, *Abrégé de l'histoire de Port-Royal, par feu M. Racine, de l'Académie française*, Cologne, 1742 (première partie, l'ouvrage complet paraîtra à Paris en 1767 et 1770).

Les amis du dehors

– VILLEFORE, *La Vie de Madame la duchesse de Longueville*, première partie – Seconde partie, 1738, 2 vol.
– ID., *La Véritable Vie d'Anne Geneviève de Bourbon, duchesse de Longueville, par l'auteur des Anecdotes de la Constitution* Unigenitus, Amsterdam, 1739, 2 vol.
– LE FEBVRE DE SAINT-MARC, *Vie de Monsieur Pavillon, évêque d'Aleth, à Saint-Miel*, 1738, 3 vol.
– *La Vie de Messire Félix Vialart de Herse, évêque et comte de Châlons en Champagne, pair de France*, Cologne, 1738.
– Un essai de bibliographie port-royaliste est publié à la fin de l'édition de l'*Abrégé de l'histoire de Port-Royal*, Paris, 1908, par Augustin GAZIER.
– Sur l'histoire de l'édition complète d'Antoine Arnauld, *cf.* Émile JACQUES, « Un anniversaire [...] 1775-1783 », *Revue d'histoire ecclésiastique*, n° 70 (1975), pp. 705-730.
– Sur la destinée des recueils manuscrits et imprimés de Pascal et en particulier sur l'œuvre de Mlle de Théméricourt et du milieu janséniste, Jean MESNARD, « La tradition pascalienne », *in* PASCAL, *Œuvres complètes*, Paris, Desclée de Brouwer, 1964, vol. I, pp. 27-394.

… … … … … … … … … … … … … … … … … …
Port-Royal

NOTES

1. Cécile Gazier, *Histoire de la société et de la bibliothèque de Port-Royal*, Paris, 1966.

2. *Le Recueil de factum sur plusieurs questions importantes de droit civil*, Lyon, 1710 (Bibl. nat., F. 14 305) et le *Recueil de pièces et de mémoires concernant le testament de M. Rouillé des Filletières attaqué par ses héritiers et confirmé par arrêt de la Grande Chambre du Parlement de Paris le 5 avril 1781 après 8 audiences et sur les conclusions de M. Seguier, avocat général* (Bibl. nat., factum 28 446 in-4°) permettent de reconstituer le réseau des transmissions successives des fonds de Nicole jusqu'à la fin du XVIIIe siècle.

3. Louis Cognet, *Le Jansénisme*, Paris, P.U.F., coll. «Que sais-je?», 1975, pp. 124-125.

4. Notre esquisse de bibliographie en annexe I.

5. L'origine du *Nouveau Testament en français avec des réflexions morales* qui paraît pour la première fois dans sa version complète en 4 volumes en 1692 remonte aux premiers commentaires de Quesnel sur les Évangélistes imprimé en 1672 sous le titre *Abrégé de la morale de l'Évangile ou pensées chrétiennes*.

6. Geneviève Reynes, *Couvents de femmes. La vie des religieuses cloîtrées dans la France des* XVIIe *et* XVIIIe *siècles,* Paris, Fayard, 1987.

7. *Les Constitutions du Monastère de Port-Royal du Saint-Sacrement*, Mons, 1665, Bruxelles, 1674, Paris, 1721, et *L'Image d'une Religieuse Parfaite et d'une Imparfaite. Avec les Occupations Intérieures pour toute la Journée*, Mons, 1665, de Jeanne Catherine Arnauld (mère Agnès de Saint-Paul), ont été diffusées comme livres de piété.

8. Louis Cognet, *La Réforme de Port-Royal*, Paris, 1950, p. 263.

9. *Mémoires et relations sur ce qui s'est passé à Port-Royal des Champs,* 1716, p. 6.

10. F. Ellen Weaver, *The Evolution of the Reform of Port-Royal: From the Rule of Cîteaux to Jansenism*, Paris, 1970. Id., «Angélique de Saint-Jean, abbesse et mythographe de Port-Royal», *Chronique de Port-Royal*, 1985, pp. 93-108.

11. Elle s'en explique dans l'Avant-propos publié dans les *Mémoires pour servir à l'histoire de Port-Royal et à la Vie de la Révérende Mère Angélique*, Utrecht, 1742.

12. Bibliothèque de Port-Royal (citée dorénavant B.P.R.), PR 6, f° 129. Je remercie vivement Mlle Odette Barenne, responsable de la bibliothèque de Port-Royal et auteur d'une édition de l'inventaire de la bibliothèque de Louis-Isaac Le Maître de Sacy, *Une grande bibliothèque de Port-Royal*, Paris, Études augustiniennes, 1985, de m'avoir communiqué ce texte inédit.

13. *Cf.* la nécrologie de l'abbé de Sartre publiée sous la forme d'un *Mémoire* en 1784 et l'étude de Cécile Gazier, «Une amie des derniers jours de Port-Royal: Françoise-Marguerite de Joncoux (1668-1715)», *Revue de Paris*, n° 36, avril 1929.

14. Le fonds Saint-Germain a été transféré à la Bibliothèque nationale pendant la Révolution.

15. D'après le «Mémoire pour servir à la vie de M. Collard» placé à la tête de ses *Lettres spirituelles,* Avignon, MCCLXXXIV, p. 19, et *La Vie de Monsieur de Pâris*, diacre, 1731, p. 76, il semblerait qu'une petite communauté formée autour du diacre François de Pâris, de l'abbé Collard et des frères Desessarts sur la paroisse de Saint-Médard, rue de Bourgogne, entre 1724 et 1727, se soit chargée de nombreuses copies, notamment des mémoires de Lancelot et de Fontaine.

16. François Ravaisson, *Archives de la Bastille*, Paris, 1866-1904, 19 vol., t. XV, p. 55.

17. Il y en a également à la Bibliothèque nationale, à l'Arsenal, à Sainte-Geneviève, à la bibliothèque municipale de Troyes, ville refuge des jansénistes du XVIIIe siècle, ainsi qu'à la bibliothèque d'Utrecht.

18. Parmi les plus importants: Jean-Baptiste Le Sesne des Ménilles d'Étemare et Pierre Boyer, *Gémissements d'une âme vivement touchée de la destruction du Saint-Monastère de*

Port-Royal des Champs, 1710-1713, 3 vol. Il est suivi d'un *Quatrième Gémissement d'une âme vivement touchée de la Constitution de N.S.P. le Pape Clément XI*, 1714; Michel Tronchay, *Histoire abrégée de l'abbaye de Port-Royal depuis sa fondation en 1204 jusqu'à l'enlèvement des religieuses en 1709*, 1710; Jacques Fouillou, *Mémoires sur la destruction de Port-Royal des Champs*, 1711; Pasquier Quesnel, *Relation de captivité de la Mère Angélique de Saint-Jean*, 1711; *Mémoires et relations sur ce qui s'est passé à Port-Royal des Champs depuis le commencement de la réforme de cette abbaye*, 1714 (rééd. 1716).

19. Voir annexe II.

20. Abbé Pinault, *Histoire abrégée de la dernière persécution de Port-Royal*, 1750, 3 vol. (Mort en 1737, il a laissé une histoire qui est plus une anthologie de documents qu'une narration suivie.)

21. Françoise-Marguerite de Joncoux, Jacques Fouillou, Jean-Baptiste Louail, *Histoire abrégée du jansénisme avec des remarques sur l'ordonnance de M. l'Archevêque de Paris*, Cologne, 1698 (réponse à la condamnation de la publication de l'*Exposition de la foi* de Barcos en 1697). Gerberon, *Histoire générale du jansénisme*, Amsterdam, 1700, 3 vol. (dirigée contre «L'histoire générale du jansénisme», manuscrite, du père jésuite Rapin).

22. Abbé Pinault, *op. cit*, vol. II, p. 178.

23. Henri Schmitz Du Moulin, «L'édition de la *Relation de Captivité* de la mère Angélique de Saint-Jean (1711)», *Chroniques de Port-Royal*, 1985, p. 40.

24. M. Tronchay, *op. cit.*, p. 58.

25. Catherine-L. Maire, *Les Convulsionnaires de Saint-Médard*, Paris, Gallimard, coll. «Archives», 1985.

26. Jacques-Joseph Duguet, *Règles pour l'intelligence des Saintes Écritures*, Paris, 1716. *Cf.*, sur d'Étemare, Bruno Neveu, «Port-Royal à l'âge des Lumières», *Lias*, 1977, vol. IV, pp. 115-153, n. 1.

27. D'Étemare, *Quatrième Gémissement...*, *op. cit.*

28. À propos du pourcentage des signatures de soutien aux différentes interventions de jansénistes contre la bulle, les tableaux établis par Marie-José Michel, «Clergé et pastorale janséniste à Paris (1665-1730)», *Revue d'histoire moderne et contemporaine*, t. XXVII, avril-juin 1979, p. 182 puis par Dominique Minet et Marie-Claude Dinet-Leconte, «Les appelants contre la bulle *Unigenitus* d'après Gabriel-Nicolas Nivelle», *Histoire, Économie et Société*, n° 3 (1990), pp. 365-385.

29. En particulier: Jean-Baptiste Le Sesne des Ménilles d'Étemare, *La Quatrième Colonne des Hexaples*, 1723, 2 vol.; Jean-Baptiste Raymond de Pavie de Fourquevaux, *Catéchisme historique et dogmatique sur les contestations qui divisent maintenant l'Église*, 1729-1730, 2 vol.; Boursier, *L'Explication abrégée des principales questions qui ont rapport aux affaires présentes*, 1732; Nicolas Legros, *Abrégé chronologique des principaux événements qui ont précédé la Constitution* Unigenitus, Utrecht, 1730 (plusieurs versions ultérieures, prolongées jusqu'en 1762); Id., *Abrégé historique et chronologique dans lequel on démontre par les faits*, 1733; Id., *Étrennes jansénistes*, 1733; Louis Adrien Le Paige, *Annales pour servir d'étrennes aux amis de la vérité*, s. l. n. d. (probablement vers 1734); les trois *Vie du diacre Pâris* publiées en 1731 font partie de ce corpus.

30. Françoise Bontoux, «Paris janséniste au XVIIIe siècle: les *Nouvelles ecclésiastiques*», *Mémoires de la Fédération des sociétés historiques et archéologiques de Paris et de l'Île-de-France*, n° 7 (1955), pp. 205-220.

31. La bibliographie la plus complète sur les prophéties figuristes jansénistes est donnée par Alfred-Félix Vaucher, *Lacunziana. Essais sur les prophéties bibliques*, 2e série, Collonges-sous-Salèves, 1952.2

32. J. Dedieu, «L'agonie du jansénisme», *Revue d'histoire de l'Église de France*, n° 14 (1928), pp. 101-214.2

Port-Royal

33. René Cerveau, *Nécrologe des plus célèbres défenseurs et confesseurs de la vérité au* XVIIIe *siècle, 1760-1778*, nécrologe «Grillot», t. VI, p. 406.

34. Jean Mesnard, «Le Maistre de Sacy et son secrétaire Fontaine», *Chroniques de Port-Royal*, 1984.

35. Sainte-Beuve, *Port-Royal*, Paris, Gallimard, Bibl. de la Pléiade, 1953, t. I, p. 804, t. II, p. 104.

36. Le «Journal de Le Maître», le «Récit de la Conduite et des Exercices des illustres Solitaires», le «Mémoire des Écoles de Port-Royal».

37. *Mémoires pour servir à l'histoire de Port-Royal et à la vie de la Révérende Mère Angélique de Sainte-Magdeleine Arnauld, réformatrice du monastère*, Utrecht, 1742, 3 vol.

38. Jérôme Besoigne, *Histoire de l'Abbaye de Port-Royal : première partie : histoire des religieuses ; deuxième partie : histoire des Messieurs*, Cologne, 1752, 6 vol. ; Id., *Vie des quatre Évêques engagés dans la cause de Port-Royal, M. d'Aleth, M. d'Angers, M. de Beauvais, M. de Pamiers*, 1756, 2 vol. ; Charles Clémencet, *Histoire générale de Port-Royal, depuis la réforme de l'abbaye jusqu'à son entière destruction*, À Amsterdam, chez Jean Vanduren, 1755-1757, 10 vol. ; Id., restée manuscrite, *Histoire littéraire de Port-Royal ; Histoire de la vie et des ouvrages de Claude Lancelot* (B.S.H.P.F.) ; Pierre Guilbert, *Mémoires historiques et chronologiques sur l'abbaye de Port-Royal des Champs*, Utrecht, 1755-1756, 7 vol. ; Id., *Mémoires historiques et chronologiques sur l'abbaye de Port-Royal des Champs depuis sa fondation en 1204 jusqu'à la mort des dernières religieuses et amis de ce monastère, partie première*, Utrecht, 1758-1759, 2 vol.

39. *Les très humbles Remontrances au Roi*, 1753, p. 135.

40. *Nouvelles ecclésiastiques*, 1751, p. 94.

41. *Histoire générale de la naissance et des progrès de la Compagnie de Jésus et analyse de leurs Constitutions et privilèges*, Amsterdam, 1760, 5 vol. (réimp., s. l., 1784, 5 vol.).

42. Auteur des cinq volumes in-4° des *Annales des soi-disant Jésuites*, 1764.

43. Dale Van Kley, *The Jansenists and the Expulsion of the Jesuits from France*, New Haven, Yale University Press, 1975.

44. Pierre Barral (l'auteur du *Manuel des Souverains*, 1754), *Appelans célèbres*, 1754. Pierre-François Labelle (prêtre oratorien), *Nécrologe des appelans et des opposans à la Bulle Unigenitus*, 1755. René Cerveau (prêtre de la paroisse janséniste de Saint-Étienne du Mont), *Nécrologe des défenseurs de la Vérité*, 1760-1778, 7 vol.

45. J.-B.-M. de Pavie de Fourquevaux et Louis Troya d'Assigny, *Catéchisme historique et dogmatique*, Nancy, 1750-1768, 5 vol.

46. Louis Adrien Le Paige, *Lettre à un curé de Paris par les fidèles de sa paroisse au sujet du mandement de Mgr l'Archevêque de Paris contre les Nouvelles ecclésiastiques*, 1732.

47. Id., *Lettres pacifiques ou lettres adressées à MM. les Commissaires nommés par le Roi pour délibérer sur l'affaire présente du Parlement au sujet du refus des Sacrements*, 1752 (rééd. corrigée, 1753).

48. Parmi les principaux ouvrages de Le Paige, citons les *Lettres historiques sur les fonctions essentielles du Parlement*, 1753, 2 vol. ; *Mémoire au sujet d'un nouvel écrit contre le Parlement*, 1754 ; *La Légitimité et la nécessité de la loi du silence contre les réflexions d'un prétendu docteur en théologie sur la déclaration qui impose silence*, 1759 ; *Observations sur les actes de l'assemblée du clergé de 1765*, 1765 ; *Le Philosophe redressé*, Au Bois Valon, 1765 ; *Principes de la législation française prouvés par les monuments de cette Nation relatifs aux affaires du temps*, 1771.

49. Terme utilisé par certains correspondants parlementaires sur des lettres adressées à Le Paige, B.P.R., LP 541.

50. B.P.R., LP 480.

51. Jules Flammermont, *Remontrances du Parlement de Paris*, Paris, 1888 ; Id., *Le Chancelier Maupeou et les Parlements*, Paris, 1883.

52. Mlle Poulain, *Nouvelle Histoire abrégée de l'abbaye de Port-Royal* [...] On y trouvera tout à la fois de l'amusement, de l'édification et une grandeur d'âme qui frappe et qui ravit, Paris, 1786, 4 vol. ; *Exercices de piété à l'usage des religieuses de Port-Royal du Saint-Sacrement*, 1787 (livre d'édification écrit par la mère Angélique de Saint-Jean) ; Dupac de Bellegarde, *La Vie de Messire Antoine Arnauld Dr de la Maison et Société de Sorbonne*, Paris, Lausanne, 1775-1783, 43 vol. ; Noël Castera de Larrière, *La Vie de Messire Antoine Arnauld*, Paris, Lausanne, 1783.

53. Jacob-Nicolas Moreau, *Mes souvenirs*, Paris, 1898-1901, 2 vol., t. I, pp. 44 et 50.

54. Louis Adrien Le Paige, Lettre à de Murard, 20 mars 1772, B.P.R., 541.

55. Maultrot, Mey et al., *Maximes du droit public français*, Amsterdam, 1775, 2 vol. ; Maultrot, *Origine et étendue de la puissance royale suivant les livres saints et la tradition*, 1789-1790, 3 vol.

56. Yann Fauchois, « Jansénisme et politique au XVIIIe siècle », *Revue d'histoire moderne et contemporaine*, n° 34, juillet-septembre 1987, pp. 473-491.

57. Dans ses *Mémoires pour servir à l'histoire du jacobinisme* rédigés après la vague déchristianisatrice, Barruel n'inclut plus les jansénistes dans le tableau des comploteurs.

58. Emmanuel, comte d'Antraigues, *Dénonciation aux français catholiques des moyens employés par l'Assemblée nationale, pour détruire en France la religion catholique*, Londres, 1791.

59. Henri-Baptiste Grégoire, Jean-Baptiste Royer, Éléonore Marie Desbois de Rochefort, Jean-Pierre Saurine, Augustin Jean Charles Clément, Charles Saillant.

60. *Mémoires secrets sur la vie de M. Clément, Évêque de Versailles, pour servir à l'éclaircissement de l'histoire ecclésiastique du* XVIIIe *siècle*, 1812, pp. 53-54.

61. Elle regroupait d'anciens jansénistes dont certains avaient appartenu au clergé constitutionnel, Baillet, Girard, Cady, Varlet, Rondeau, Constantin, et publiait un périodique : les *Annales de la Religion*.

62. *Les Ruines* est publié en mai 1801 dans les *Annales de la Religion* puis sous la forme d'une petite brochure séparée.

63. Antoine Arnauld, *Le Véritable Portrait de Guillaume Henry de Nassau, nouvel Absalon, nouvel Hérode, nouveau Cromwel, nouveau Néron*, s. l. n. d.

64. Maurice Vaussard, *Jansénisme et gallicanisme, aux origines religieuses du Risorgimento*, Paris, 1959. Edmond Préclin, « L'influence du jansénisme français à l'étranger », *Revue historique*, n° 182, 1982.

65. Ruth Clark, *Strangers and Sejourners at Port-Royal*, Cambridge, 1932, cite notamment : Mary Anne Schimmelpennick (amie de Hannah More), *Select Memoirs of Port-Royal*, Londres, 1835 ; Frances Martin, *Angelique Arnauld, Abbess of Port-Royal*, Londres, 1876 ; Ethel Romanes, *The Story of Port-Royal*, Londres, 1907 ; M. E. Lowndes, *The Nuns of Port-Royal as Seen in their Own Narratives*, Oxford, 1909.

66. De 1818-1821, la *Chronique religieuse*, de 1838-1848, la *Revue ecclésiastique*, de 1855 à 1863, *L'Observateur catholique*. Sur ce sujet, René Taveneaux, « Permanences jansénistes au XIXe siècle », *Dix-huitième Siècle*, n° 129, 32e année, 1980, pp. 394-414.

67. René Rémond, *L'Anticléricalisme en France de 1615 à nos jours*, Paris, 1985.

68. Paru dans *Les Nouveaux Mélanges historiques et littéraires*, Paris, 1827.

69. Joseph de Maistre, *De l'Église gallicane*, Paris, 1821.

70. Félicité de Lamennais, *De la religion dans ses rapports avec l'ordre politique et civil*, Paris, 1826, p. 188.

Port-Royal

71. Austin Gough, *Paris and Rome, the Gallican Church and the Ultramontane Campaign, 1848-1853*, Oxford, 1986, p. 225.

72. Raphaël Molho, *L'Ordre et les Ténèbres ou la naissance d'un mythe du XVIIe siècle chez Sainte-Beuve*, Paris, Armand Colin, 1972, ouvrage sur lequel nous nous appuyons pour ce qui concerne Sainte-Beuve.

73. *Revue de Paris*, janvier-février 1834.

74. Cité par R. Molho: Collection Spooelberch de Lovenjoul, D 581, f° 57.

75. Sa bibliothèque janséniste, riche de 678 volumes, a été acquise par la Société d'histoire du protestantisme français en 1872. Sur cette question, cf. l'article de Cécile Gazier, «Les sources de Sainte-Beuve», *Revue bleue*, n° 17, juillet 1926, et «Une heure avec M. Royer-Collard», *in* Jean Pommier, *Dialogues avec le passé*, Paris, 1967.

76. Parmi deux articles insignifiants de Lerminier dans la *Revue des Deux Mondes* du 1er juin 1840 et de Frédéric Chavannes dans la *Revue suisse*, juillet 1840, un article franchement hostile voire assassin de Balzac dans la *Revue parisienne* du 25 août 1840, seul le pasteur protestant Vinet, dans deux articles du *Semeur* des 2 et 30 décembre 1840, exprime sa sincère admiration pour l'«esprit chrétien», l'«intelligence du vrai christianisme» et la «méthode morale» de l'étude.

77. *Histoire de la littérature anglaise*, t. I, pp. XII-XIV.

78. *Livre d'or de Sainte-Beuve*, Paris, 1904.

79. Victor Cousin, *Blaise Pascal*, Paris, 1842. Cousin s'est attaché également à rétablir les mérites des femmes de lettres, les «belles amies de Port-Royal», *Jacqueline Pascal*, Paris, 1842; *Madame de Longueville*, Paris, 1853; *Madame de Sablé*, Paris, 1854. À sa suite, Cécile Gazier, *Les Belles Amies de Port-Royal*, Paris, 1930.

80. *Port-Royal des Champs*, notice historique à l'usage des visiteurs, 1874, rééditée et augmentée en 1893 et en 1913.

81. Augustin Gazier, «Les écoles de charité du faubourg Saint-Antoine, école normale et groupes scolaires, 1713-1887», *Revue internationale de l'enseignement*, n° 51, 1906, pp. 217-237, 314-326. Cécile Gazier, *Après Port-Royal, l'ordre hospitalier des sœurs de Sainte-Marthe*, Paris, 1923.

82. Parmi ses principaux livres: *Études sur l'histoire religieuse de la Révolution française*, Paris, 1887; *Histoire générale du mouvement janséniste, depuis ses origines jusqu'à nos jours*, Paris, 1922; *Une suite à l'histoire de Port-Royal d'après des documents inédits: Jeanne De Boisignorel et Christophe de Beaumont* (1750-1782), Paris, 1906.

83. Félix Cadet, *L'Éducation à Port-Royal*, Paris, 1887, p. 79.

84. Irénée Carré, *Les Pédagogues de Port-Royal – Histoire des Petites Écoles*, Paris, 1887.

85. *Nouveau Dictionnaire de pédagogie*, 1911, article «Port-Royal (Petites Écoles)», p. 1663.

86. Discours de Ferdinand Buisson sur la tombe de Jules Steeg cité par Jean-Marie Mayeur, *Les Débuts de la IIIe République, 1871-1898*, Paris, Éd. du Seuil, 1973, p. 114.

87. Fait rapporté dans la brochure de *L'Union pour l'action morale*, n° 19, 1er août 1903, p. 899.

88. *Ibid.* p. 884.

89. Philippe Sellier, «Port-Royal ou le "génie" du christianisme», *Destin et enjeux du XVIIe siècle* (préface de Jean Mesnard), Paris, P.U.F., 1985.

90. *Grammaire générale et raisonnée* (introduction de Michel Foucault), Paris, 1969; Noam Chomsky, *La Linguistique cartésienne*, Paris, 1969; Arnauld et Nicole, *La Logique ou l'art de penser*, Lille, 1974; Paris, P.U.F., 1965; Genève, 1972; Paris, Flammarion, coll. «Champs», 1970 (préface de Louis Marin); Paris, Gallimard, coll. «Tel», 1992.

91. Leszek Kolakowski, «Georges Sorel, Jansenist Marxist», *Dissent*, n° 22, 1975.

92. Paul Valéry, *Degas*, Paris, 1936, p. 179.
93. Blaise Cendrars, *L'Homme foudroyé*, Paris, 1945, p. 135.
94. André Bazin, « William Wyler ou le jansénisme de la mise en scène », *Qu'est-ce que le cinéma ?*, Paris, 1958, t. I, pp. 149-173.
95. Colloque « Jansénisme et révolution », *Chroniques de Port-Royal*, Paris, Vrin, 1990 ; Catherine Maire, « L'Église et la Nation : du dépôt de la vérité au dépôt des lois. La trajectoire janséniste au XVIIIe siècle », *Annales E.S.C.*, n° 5, septembre-octobre 1991, pp. 177-205.

PHILIPPE JOUTARD

Le musée du désert

La minorité réformée

Le premier dimanche de septembre, depuis quatre-vingts ans, plusieurs milliers de protestants se retrouvent à quelques kilomètres de Mialet, au Mas-Soubeyran, lieu de naissance de l'un des deux grands chefs camisards, Roland Laporte. Disséminés dans la châtaigneraie, le matin, ils célèbrent des baptêmes puis assistent à un culte, comme au temps des assemblées clandestines du Désert, après la révocation de l'édit de Nantes : on y utilise d'ailleurs des objets de l'époque, coupes qui se démontent pour être mieux cachées ou grandes chaires. À la fin de la matinée, les fidèles visitent le musée du Désert, installé dans la maison même de Roland ; ils s'arrêtent longuement devant la liste des galériens et montrent à leurs enfants le nom de l'ancêtre ; ils achètent des croix huguenotes et des publications spirituelles ou historiques, puis chaque famille s'installe pour pique-niquer. L'après-midi est consacré à des conférences sur le thème choisi annuellement, anniversaire d'un grand événement, par exemple, en 1987, l'édit de tolérance, célébration d'une personnalité qui a illustré le protestantisme (ainsi Farel en 1965, Guizot en 1974, Cavalier en 1981), ou phénomènes plus collectifs, comme le culte familial au Désert (1973), le Refuge (1986), les femmes et la Bible (1982). La séance est entrecoupée des psaumes qu'affectionnaient les camisards comme le LXVIII :

*Que Dieu se montre seulement
Et l'on verra dans un moment
Les ennemis abandonner la place.*

On y chante aussi la *Complainte des prisonnières de la tour de Constance* et surtout *La Cévenole*, véritable hymne d'identité régionale. L'assemblée n'attire pas seulement les Cévenols ou les Languedociens, mais des protestants et même, au-delà, les descendants des huguenots réfugiés dans toute l'Europe.

Tout à la fois centre de la fête commémorative et de la réunion familiale, musée et, un moment, maison d'édition, Le Mas-Soubeyran est aujourd'hui un lieu privilégié de la mémoire du protestantisme français, ce qui est doublement paradoxal.

L'histoire au cœur de la culture protestante

Le premier paradoxe dépasse le choix du musée du Désert; il réside dans l'existence même de lieux de mémoire protestants. Le calvinisme, qui inspire la majeure partie du protestantisme français, présente la théologie chrétienne la moins favorable à l'existence d'une mémoire profane. Le seul événement historique digne d'être rappelé, c'est le sacrifice du Christ accompli une fois pour toutes et dont le sacrement de la Cène est précisément le mémorial. Les œuvres humaines, ne jouant aucun rôle dans le salut, ne méritent pas le souvenir. Le refus du culte des saints ne facilite pas non plus la mémorisation. L'emplacement de la tombe de Calvin est inconnu; le réformateur craignait que l'on y célébrât sa mémoire et l'on connaît la méfiance des protestants du XVIe siècle vis-à-vis des enterrements: «Les ministres ne feront prières ne prédications à l'enterrement des morts pour obvier toutes superstitions», précise la Discipline ecclésiastique des Églises reformées de France.

Pourtant, plus qu'un autre groupe religieux, les réformés français ont une mémoire de longue durée. Le nom même dont ils aiment à se désigner, huguenots, renvoie au XVIe siècle: il viendrait d'*eignossen*, confédérés, terme qui désignait les combattants réformés helvétiques et que les catholiques français appliquèrent à leurs adversaires protestants pendant les guerres de Religion. Une culture historique s'associe étroitement à leur culture religieuse. C'est ainsi que des pasteurs du début du XXe siècle croyaient utile de doubler les catéchismes de manuels d'histoire comme l'*Histoire abrégée des protestants de France, textes et récits à l'usage des cours d'instruction religieuse* de Jean Bastide. Visiblement inspiré du petit Lavisse, l'ouvrage se présente en leçons courtes divisées en paragraphes et accompagnées d'un récit et de questions. Le but en est d'ailleurs très proche, comme le précise la préface: «Notre Église réformée est, pour nous protestants, une seconde patrie: il faut la connaître, l'aimer et la servir comme vous le voulez faire pour la France[1].»

Mais avec les manuels, les protestants développent toute une littérature historique enfantine, comme *Les Contes et récits huguenots*, d'Henri Lauga, *Fleurs du Désert, Récits des guerres cévenoles*, de C. Duval, ou *Le Théâtre pour la jeunesse*, de Charles Bost[2]. Qu'un pasteur, initiateur d'une approche scientifique de l'histoire protestante, auteur d'un gros ouvrage sur Les Prédicants

Le musée du Désert

protestants, consacre cinq livres à la jeunesse marque bien l'enjeu de l'histoire pour la communauté huguenote[3]. Plus largement, toutes les maisons d'édition protestantes ayant pour but l'édification, comme la Société religieuse des livres de Toulouse, à la fin du XIXᵉ siècle, ou, plus récemment, La Cause, introduisent dans leur catalogue de nombreux livres sur les «héros» de l'épopée huguenote.

Mais cette imprégnation de l'histoire va bien au-delà d'une pédagogie religieuse; elle pénètre toute la culture protestante comme le prouve l'examen des légendes orales: la comparaison avec les catholiques est très significative à cet égard. Prenons le mont Lozère. Les Cévenols savent bien qu'il constitue une frontière religieuse majeure du sud du Massif central: sur le versant nord, habitent les «papistes», au sud, les huguenots. Les deux versants ont vécu évidemment la même histoire tourmentée du XVIᵉ au XXᵉ siècle: guerres de Religion du XVIᵉ siècle, troubles après la Révocation – c'est même au bord du Tarn, au Pont-de-Montvert, qu'a débuté la guerre des Camisards avec le meurtre de l'abbé du Chaila en 1702; l'autre versant, à la fin du siècle, fut le théâtre d'une Vendée cévenole; les inventaires de 1906, enfin, entraînaient les derniers incidents. Les paysans catholiques ont oublié: ils racontent des histoires de loup ou des récits de peur, qui peuvent intégrer des bribes de souvenirs, mais folklorisés et ayant perdu toute connotation historique; les protestants remémorent sans se lasser leur guerre. C'est la découverte qu'a faite la journaliste américaine Caroline Patterson lorsque, un siècle plus tard, pour le compte du *National Geographic Magazine*, elle refit le voyage de Stevenson à travers les Cévennes et qu'elle descendit le mont Lozère: «Nous sommes invités à pique-niquer dans le jardin de Mme Turc, veuve vénérable dont la maison de pierre enduite bénéficie d'une vue magnifique sur les montagnes d'en face, de l'autre côté de la rivière. Indiquant les sommets, les premiers mots qu'elle m'adresse sont "champs de bataille pendant la guerre", faisant allusion bien sûr à la guerre des Camisards[4].» Elle renouvelait l'expérience qu'un siècle plus tôt avait faite son modèle écossais qui, à Florac, s'étonnait de «constater combien restait vivace le souvenir des guerres de Religion». Et Stevenson ajoutait: «Ces Cévenols étaient fiers de leurs ancêtres [...] la guerre était leur thème favori; ces exploits leur servaient de lettres de noblesse [...] ils m'ont raconté que le pays regorgeait encore de légendes qui n'avaient pas encore été recueillies[5].»

On pourrait multiplier les témoignages dans d'autres lieux: André Siegfried, à propos du groupe ardéchois, signale qu'«en plein XXᵉ siècle, on y retrouve à peine atténué le courant des passions qui suscitèrent les guerres religieuses; on y respire encore l'air du XVIᵉ siècle[6]». Marc Bloch, à Montpellier, découvre la même réalité: «Avait-il si tort, mon brave proviseur qui, dans un lycée languedocien où je fis mes premières armes de professeur, m'avertissait de sa grosse voix de capitaine d'enseignement : "Ici le XIXe siècle, ce n'est pas bien dangereux. Mais quand vous touchez aux guerres de Religion, soyez très prudent"[7]. »

À partir de là, les protestants semblent avoir une capacité de mémorisation historique qui dépasse le strict cadre religieux ; c'est ainsi que, dans la Drôme, ils se souviennent et rappellent plus volontiers la résistance au coup d'État du 2 décembre 1851 que leurs compatriotes catholiques, même lorsque les ancêtres de ces derniers ont été plus actifs[8]. D'ailleurs, quand disparaissent chez les protestants français la pratique et même la foi religieuse, subsiste la culture historique. La tradition orale est aussi riche chez les incroyants que chez ceux qui fréquentent le culte. Elle définit une appartenance qui se veut aussi fidèle : « Je ne mets jamais les pieds au temple, mais si on voulait le démolir, je prendrais les armes. » Phrase classique, cent fois entendue et qui s'éclaire par cette autre formule souvent répétée : « Le temple, c'est un passé[9]. » C'est dire à quel point la culture huguenote a vocation à « sécréter » des lieux de mémoire particuliers, propres à une communauté, à l'instar de la structure ecclésiastique réformée qui s'appuie sur l'Église locale. Mais le choix d'un lieu privilégié pour l'ensemble des protestants français est d'une autre dimension ; ce fut une œuvre de longue haleine.

La création de lieux de mémoire institutionnels

Au commencement on trouve la Société de l'histoire du protestantisme français, fondée en 1852 par Charles Read, haut fonctionnaire, chef du service des cultes non catholiques. Auparavant, les dirigeants protestants étaient surtout occupés à restaurer leurs Églises, comme le leur reproche la première assemblée de la Société : « Si nous ne nous trompons pas, le protestantisme français, dans la première période de ce siècle, abusé par les intérêts d'une autre nature, n'a pas paru juger assez combien lui importait de bien connaître ses propres antécédents ; il a d'une certaine manière, sous ce rapport, encouru le reproche d'avoir négligé, sinon entièrement délaissé, cette bonne part qui lui est échue dans le patrimoine commun de l'histoire de notre patrie[10]. » Cette création n'est pas un phénomène isolé ; elle avait été précédée, six ans auparavant, par un grand recueil de biographies intitulé *La France protestante* et, en 1850, paraissait la première grande *Histoire des protestants de France* du pasteur de Félice.

Au temps où les discussions théologiques entre libéraux et orthodoxes faisaient rage, la jeune Société unit les tendances rivales dans une défense de l'histoire protestante, comme le montre la composition du premier comité où siègent

Le musée du Désert

côte à côte Félix Pécaut, le futur collaborateur de Ferry, représentant du libéralisme extrême, et Adolphe Monod, connu pour son orthodoxie intransigeante. Ce souci de réconciliation autour de l'histoire et d'équilibre entre les diverses sensibilités religieuses des réformés français va être une des constantes de l'action de la Société. Dès l'année de sa fondation, elle commence à éditer un *Bulletin*, vingt-quatre ans avant la *Revue historique* (1876), qui existe encore aujourd'hui. C'est elle qui lance la série des commémorations, d'abord par l'intermédiaire de son *Bulletin* qui évoque les divers anniversaires. La première, en 1859, rappelle le premier synode national en 1559, qui mit au point la doctrine théologique (Confession de foi) et l'organisation du protestantisme français (Discipline). Le comité propose en 1866 d'instaurer une fête de la Réformation à l'instar des Églises de la Confession d'Augsbourg qui, chaque année, célébraient le jour anniversaire où Luther avait affiché ses thèses à Wittemberg (31 octobre 1517); il suggère le 1er novembre, «jour férié déjà adopté par nos frères de la Confession d'Augsbourg. Chaque fraction de l'Église évangélique rattacherait à ce pieux anniversaire la commémoration de faits puisés dans sa propre histoire et de la variété des souvenirs se dégagerait l'unité de l'esprit[11]». Proposition aussi bien acceptée par les libéraux que par les orthodoxes et, dès novembre 1866, plusieurs Églises, surtout méridionales, organisent des fêtes de la Réformation où s'esquisse déjà la structure même de la cérémonie du Mas-Soubeyran, présence de plusieurs pasteurs, sermons sur les enseignements que l'on peut tirer de l'histoire des ancêtres, entrecoupés de psaumes et de chants comme celui entonné à Uzès:

> *À la mémoire de nos pères*
> *Nous venons consacrer ce jour.*
> *Seigneur exauce nos prières*
> *Rends-nous avec leurs mœurs austères,*
> *Leur foi vivante et leur amour.*

Parfois, même, l'affluence est telle que la fête se tient en plein air, rappelant ainsi directement les assemblées du Désert. Au Bréau, près du Vigan, où furent attestées de nombreuses réunions clandestines: «En quelques minutes, chaires, bancs, chaises ont été transportés ou improvisés dans une vaste et magnifique châtaigneraie séculaire, et c'est sous la voûte de ces arbres gigantesques que le Dieu de nos pères a parlé une fois de plus par la bouche de ses serviteurs[12].»

Une étape supplémentaire est franchie avec la première assemblée générale annuelle en province en 1883. Le comité, d'une façon significative, choisit Nîmes et les Cévennes et institue les lieux géographiques qui vont devenir les

supports de la mémoire. À Nîmes, les participants écoutent d'abord la *Complainte des prisonnières de la tour de Constance*, du félibre nîmois Bigot; le lendemain, ils se rendent à Aigues-Mortes et le surlendemain au Mas-Soubeyran, à la maison natale de Roland que la Société venait de racheter en viager au dernier membre de la famille. Ils y tiennent une assemblée en plein air, à la manière de celles du Désert: on y lit des textes dans la vieille Bible de Roland et un pasteur de tendance libérale, Viguié, célèbre le chef camisard. Le soir, c'est un pasteur de tendance orthodoxe, Bersier, qui exalte le souvenir de Coligny[13]. Le canevas des assemblées du premier dimanche de septembre est ainsi très exactement préfiguré. Mais il faut attendre encore une vingtaine d'années pour que le système se mette définitivement en place. Dans l'intervalle, se sont multipliées les commémorations, et d'abord le bicentenaire de la révocation de l'édit de Nantes. À Paris, c'est l'occasion pour les protestants d'affirmer haut et clair leur appartenance à la communauté nationale, dans ces temps de nationalisme exacerbé: sur les cinq allocutions prononcées au temple de l'Oratoire, quatre se terminent par une célébration de la France curieusement entremêlée d'une prière d'imploration et d'action de grâces. Deux exemples venant des deux bords théologiques les plus opposés, d'un côté, le libéral Viguié: «Nous sommes gardés de Dieu pour le Bien de la France», de l'autre, le sénateur de Pressensé, au nom des Églises indépendantes, regroupant les protestants les plus orthodoxes: «Manteau d'ignominie et de gloire, descends, descends sur nos épaules, afin que nous soyons prêts à tous les devoirs, à toutes les luttes partout où Dieu nous a placés pour glorifier le Christ, relever la patrie et sauver les âmes[14].»
En Cévennes, la commémoration se relie mieux à l'histoire protestante. C'est ainsi qu'à Saint-Roman-de-Tousque, les Églises évangéliques libres regroupent deux mille personnes le 23 août. Le lieu, situé sur une des grandes routes royales créées par Bâville pour surveiller les protestants, a été choisi pour sa place centrale, au cœur de la Cévenne camisarde; la date, veille de la Saint-Barthélemy, devait permettre de rappeler aussi les persécutions du siècle précédent. L'orateur principal «retraçait rapidement les principaux faits de la guerre des Camisards en montrant les endroits qui en avaient été le théâtre», puis l'on chanta pour la première fois *La Cévenole*, composée par un évangéliste de tendance baptiste, originaire de Saint-Jean-du-Gard, Ruben Saillens. Le texte avait été publié avec le titre significatif de «Chant patriotique et religieux» dans le premier numéro du journal des Églises évangéliques libres, *La Cévenole*, fondé «pour faire sortir de l'oubli du passé bien des faits instructifs de la glorieuse histoire de nos montagnes et de nos vallées» et pour être «la petite et discrète messagère entre tous les amis de l'évangélisation dans notre vieille et chère patrie camisarde[15]». C'est dire à quel point il est impossible de séparer l'attachement au pays et la fidélité reli-

Le musée du Désert

gieuse. On remarquera aussi que les initiateurs du mouvement en Cévennes sont les évangéliques les plus fidèles à la pensée calvinienne, dont on a déjà souligné les réserves à l'égard de l'exaltation des héros.
Les vers de *La Cévenole* confirment ces remarques : dès le premier couplet, l'auteur lie étroitement un paysage à une histoire :

> *Salut, montagnes bien-aimées,*
> *Pays sacré de nos aïeux,*
> *Vos vertes cimes sont semées*
> *De leur souvenir glorieux.*
> *Élevez vos têtes chenues,*
> *Espérou, Bougès, Aigoual*[16]*,*
> *De leurs gloires qui montent aux nues,*
> *Vous n'êtes que le piédestal.*

Les camisards et la résistance non violente, antérieure et postérieure, sont unis dans le même hommage :

> *Les uns, traqués de cime en cime,*
> *En vrais lions surent lutter ;*
> *D'autres, ceux-là furent sublimes,*
> *Surent mourir sans résister.*

Et la dernière strophe est une prédication :

> *Cévenols, le Dieu de nos pères*
> *N'est-il pas notre Dieu toujours ?*
> *Servons-le dans les jours prospères*
> *Comme ils firent aux mauvais jours ;*
> *Et, vaillants comme ils surent l'être,*
> *Nourris comme eux du pain des forts,*
> *Donnons notre vie à ce maître*
> *Pour lequel nos aïeux sont morts.*

L'hymne connut immédiatement un très grand succès ; il fut à nouveau publié en 1906 dans un recueil de cantiques très populaire, *Sous les ailes de la foi* : il n'est donc pas surprenant de le voir figurer dès la première assemblée du musée du Désert.
Deux ans plus tard, les libéraux, qui ne veulent pas être en reste, profitent du premier centenaire de l'édit de tolérance pour organiser à leur tour un grand rassemblement au plan de Fontmort, autre lieu élevé où se déroulèrent plu-

sieurs combats durant la guerre des Camisards. Ils y dressent un grand monolithe avec l'inscription suivante : « À l'occasion du centenaire de tolérance, les fils des Huguenots sur le théâtre des anciens combats, ont élevé ce monument à la paix religieuse et à la mémoire des martyrs[17]. » Évangéliques et libéraux s'interdisent, cependant, d'en faire des cérémonies partisanes : « Vous avez compris également que les grandes leçons du passé [...] s'adressaient non pas seulement à quelques personnes ou aux seuls membres d'une dénomination particulière », rappelle *La Cévenole* et, en écho, *Le Foyer protestant* : « Nous prions tous nos frères protestants d'oublier qu'ils appartiennent à telle ou telle tendance religieuse[18]. »

Le 25 septembre 1910, enfin, le président en exercice de la Société, l'historien Frank Puaux, était venu à Saint-Jean-du-Gard pour célébrer le trois cent cinquantième anniversaire de la fondation des Églises réformées cévenoles. Avec son ami de jeunesse, Edmond Hugues, il en profite pour visiter la maison de Roland où l'arrière-neveu du chef camisard avait terminé ses jours en 1891 :

> Tout était vide, délabré, abandonné. Était-il possible de laisser en cet état les pauvres pièces où subsistaient – rarement visités – le vieux lit, la maie [pétrin], la fourche et la Bible du chef indomptable ? Non, il importait de faire de ce lieu sacré un centre vivant et d'y créer une sorte de Musée où seraient rassemblés tous les souvenirs des temps où notre Église était « sous la Croix », jours de deuils et de souffrances d'une incomparable grandeur[19].

Les deux hommes réussissent en un an à mettre sur pied un premier musée à partir de leurs collections personnelles, mais aussi de dons de familles : quatre salles le composent, chacune portant le nom de héros symbolisant les quatre époques du Désert, Brousson, le temps des prédicants, Roland et Cavalier, la guerre des Camisards, Antoine Court, la reconstitution de l'Église après 1715 et, enfin, le Désert plus calme de Paul Rabaut. Le musée est inauguré le 24 septembre 1911 en présence de deux mille cinq cents personnes. Mais Frank Puaux et Edmond Hugues ne veulent pas en rester là. À la deuxième assemblée, Frank Puaux propose d'établir à côté de la maison-musée « un Mémorial des temps où nos Églises étaient sous la Croix ». Celui-ci est achevé après la guerre, en 1921. Le contraste avec le musée est brutal et voulu : à la maison cévenole traditionnelle s'oppose l'éclat du marbre d'un sanctuaire néo-classique où rien ne manque, pas même les vitraux. Chacune des quatre salles est dédiée à une catégorie de victimes, pasteurs et prédicants exécutés, exilés, galériens, prisonniers et prisonnières. Au centre, des listes de noms et de dates, qui donnent leur sens à ces salles. Une bibliothèque y est ajoutée et les familles prennent l'habitude de donner leurs archives religieuses, encore nombreuses, Bibles, psautiers, copies de complaintes et de prières.

Mais autant que le musée-mémorial, la réussite de Frank Puaux et d'Edmond Hugues réside dans l'institutionnalisation d'une commémoration annuelle. Hormis quelques années de guerre, 1914, 1916, 1917, 1939 et 1944, les protestants se retrouvent à la fin de chaque été pour célébrer leur histoire. À partir de 1928, ce fut le premier dimanche de septembre et, l'année suivante, les organisateurs décidèrent de choisir désormais un thème précis[20]. Le succès public a suivi cette évolution : dès les années 1920, il y avait déjà cinq à six mille personnes, après 1945, environ dix mille, et après 1960, de quinze à vingt mille[21]. Le musée du Désert est devenu le grand rendez-vous huguenot annuel.

À son tour, le musée du Désert, prenant son autonomie par rapport à la Société, devient créateur d'autres lieux de mémoire, par l'apposition de plaques commémoratives, chacune étant l'occasion de raviver un souvenir et d'organiser des assemblées de plein air sur le modèle de celle du premier dimanche de septembre. Dès 1921, Edmond Hugues préside la pose d'une plaque rappelant la tenue du premier synode du Désert en 1715 à Monoblet, celui qui restaure le protestantisme clandestin après la tourmente camisarde. Vingt-quatre autres cérémonies lui succèdent jusqu'en 1962 dans le bas Languedoc et le Vivarais avec, une fois, une incursion dans les Deux-Sèvres, commémorant en premier lieu le temps des camisards par douze inscriptions[22]. Autour de ces diverses manifestations, les retransmissions radiophoniques régulières, les émissions de télévision qui prennent le musée pour support amplifient son rôle.

Parallèlement, cependant, s'esquisse en complément un autre système commémoratif, autour de Marie Durand, qui fut emprisonnée trente-huit ans à la tour de Constance et qui serait l'auteur de la célèbre inscription dans la pierre de la prison, «Register, Résister». À travers elle, sont honorées à la fois les femmes huguenotes et la résistance non violente. La première expression est contemporaine de la redécouverte des lieux camisards en 1883 avec la visite d'Aigues-Mortes et la complainte de Bigot. En 1925, Edmond Hugues organise une cérémonie à la maison natale de Marie Durand et de son frère, le pasteur du Désert Pierre Durand, au Bouschet-de-Pranles en Ardèche. Deux pasteurs, en poste dans l'Ardèche, prennent ensuite l'initiative d'organiser une assemblée, chaque année, le lundi de Pentecôte, sur le lieu. En 1930, l'assemblée du Mas-Soubeyran évoque l'entrée de Marie Durand à la tour de Constance. Le couronnement de ce système est la commémoration en 1968 du deuxième centenaire de la libération des dernières prisonnières, au Bouschet-de-Pranles, d'abord, où est inauguré le musée du Vivarais protestant installé dans la maison même de la prisonnière, puis à Aigues-Mortes, et enfin au musée du Désert où l'assistance dépasse vingt-cinq mille personnes[25]. À partir de là, le musée entretient le souvenir avec une moyenne de quatre à cinq mille visiteurs par an. Cette mise en valeur de Marie Durand est un contrepoint à l'exaltation des camisards; elle se développe avec la montée du pacifisme, après la Première Guerre mondiale, et avec le succès de l'idée de non-violence après 1945.

D'autres lieux du souvenir protestant se sont récemment multipliés, chacun voulant célébrer l'histoire d'une communauté, ainsi pour le Dauphiné, Poet-Laval, pour la France de l'Ouest, Bois-Tiffrey, en Vendée. Mais aucun n'a réussi à concurrencer le musée du Désert, ni même à sortir de la confidentialité; malgré les efforts acharnés de bénévoles, ils ne reçoivent guère plus que trois à quatre mille visiteurs annuels, dix à douze fois moins que Le Mas-Soubeyran. Le cas le plus surprenant étant le musée Calvin, à Noyon, installé dans la maison natale du réformateur, qui n'a pas accueilli en 1988 plus de trois mille visiteurs[24]. La rue des Saints-Pères elle-même, où siège, depuis une centaine d'années, la Société de l'histoire du protestantisme, est certainement moins connue, même des protestants, que le musée du Désert. Il est vrai que le public visé n'est pas le même : d'un côté, des pasteurs, des érudits, des notables, de l'autre, la grande masse des protestants moyens et, plus largement, le grand public qui souvent prend connaissance pour la première fois des particularités historiques du protestantisme français. Au-delà d'une sociologie différente, le succès du musée du Désert exprime des choix dans le passé protestant qui constituent un deuxième paradoxe de la mémoire protestante française.

Un choix historique paradoxal ?

Initialement, en effet, le programme de la Société voulait embrasser toute l'histoire du protestantisme français, en donnant en particulier au XVIe siècle et aux origines du protestantisme une place au moins égale à celle des temps du Désert et de la clandestinité, comme le montre clairement le cadre des travaux suggérés dans les débuts de la Société; quand il fallait mettre en valeur les points forts de cette histoire, Charles Read évoquait en 1855, dans son troisième rapport, « la conduite et les actions des parlements à l'origine et à l'encontre de la Réformation [...], de nombreux incidents relatifs à la Saint-Barthélemy et à la révocation de l'édit de Nantes, ces deux grands faits qui sont comme la *question des questions* de notre histoire, puis l'abjuration de Henri IV, cet important problème, ce nœud de notre histoire moderne (on commence à le bien voir aujourd'hui), enfin les assemblées et les Synodes du

Le musée du Désert

Désert, ces nobles assises du protestantisme sous la Croix...[25] ». De fait, les premières tables récapitulatives du *Bulletin*, qui s'étendent de 1852 à 1902, font clairement apparaître ce souci d'équilibre. Les personnages qui ont suscité le plus d'intérêt se situent tous au XVIe siècle, de Calvin, largement détaché, à d'Aubigné, Court n'apparaissant qu'à la sixième place et Rabaut fils et père à la huitième et dixième place. Il est vrai que le relevé des thèmes permet de nuancer cette impression d'une prédominance du XVIe siècle avec la première place occupée par les assemblées clandestines, la troisième par les galériens et la cinquième par la Révocation, la Saint-Barthélemy et les synodes nationaux s'intercalant en deuxième et quatrième rang[26].

CLASSEMENT SELON LA PLACE TENUE DANS LES INDEX DU B.S.H.P.F.
(en pages et fractions de pages)

1. Personnages

1. Calvin	5,25		6. Duplessis-Mornay	1,50
2. Bèze	3,25		Court	-
3. Coligny	3		8. Rohan	1,40
4. Henri IV	2,5		Rabaut Saint-Étienne	-
5. D'Aubigné	1,60		10. Rabaut, Paul	1,30

2. Thèmes

1. Assemblées clandestines	4,20
2. Saint-Barthélemy	3,20
3. Galériens	2,60
4. Synodes	2,30
5. Révocation	2,20

Le musée, installé dans la salle de la bibliothèque de 1885 à 1923, exprime parfaitement cette volonté avec l'attention portée au XVIe siècle et à Henri IV et la place relativement réduite consacrée à la période de la Révocation : un huitième pour la place, un quart pour les documents[27].

Avec le musée du Désert et son installation dans la maison d'un chef camisard s'effectue un double choix, la période du Désert et, dans la période du Désert, les camisards, ces choix chronologiques s'accompagnant d'un déplacement géographique. L'équilibre permettait de mettre en valeur tant la France du Nord que celle du Midi ; Calvin était picard, le premier synode national comme la Saint-Barthélemy se déroulaient à Paris. Le Désert se situe pour l'essentiel au sud de la Loire et la guerre des Camisards limite encore plus le territoire de la mémoire aux Cévennes et au bas Languedoc. Certes, les commémorations du Mas-Soubeyran dépassent parfois la période du Désert, mais elles restent minoritaires. Il faut attendre 1930 pour voir la première d'entre elles consacrée à la mort d'Agrippa d'Aubigné et à la Confession d'Augsbourg. L'assemblée de 1959 ne commémore pas le quatrième centenaire du premier synode, pourtant véritable acte fondateur des Églises réformées de France, mais les enlèvements d'enfants et leur placement en couvent sous Louis XIV! Au total, les commémorations extérieures au Désert restent inférieures aux célébrations strictement camisardes; sur soixante-trois années répertoriées, douze contre seize[28]. L'affirmation régionale est claire quand le musée du Désert préfère choisir pour évoquer les débuts du protestantisme la date de 1960, qui commémore l'implantation de la Réforme en Cévennes et coïncide également avec le cinquantième anniversaire de la fondation de l'institution!

Le musée du Désert n'a pas été sans influence sur la mémoire même de la Société, d'après les préoccupations du *Bulletin*: si les personnalités du XVIe siècle, Calvin, Bèze, Coligny et Henri IV, sont toujours en tête, on voit apparaître, dans la liste les chefs camisards, Cavalier et Roland. Dans les thèmes, la Révocation est passée devant la Saint-Barthélemy. La première est, sans discussion possible, devenue, si l'on peut dire, l'événement fondateur du protestantisme français tout entier. Certes, la Société a consacré au quatrième centenaire du massacre de la Saint-Barthélemy un grand colloque international avec une publication importante, mais il n'y eut guère d'autre manifestation, en dehors de l'assemblée du Mas-Soubeyran. Quant à 1959, autre anniversaire important pour l'histoire protestante française, il est passé inaperçu, si l'on excepte des articles du *Bulletin*. En revanche, l'écho du tricentenaire a largement dépassé les professionnels de la mémoire que sont la S.H.P.F. et le musée du Désert et même le monde huguenot.

Au départ, il était simplement prévu un grand colloque scientifique organisé normalement par la S.H.P.F.; par souci d'œcuménisme, la Fédération protestante de France n'était pas favorable à d'autres manifestations. Mais certains ne se satisfaisaient point d'une simple approche scientifique d'autant moins que, dans les pays du Refuge, les descendants des huguenots préparaient activement cet anniversaire. Un universitaire, Jean Baubérot, appelle à une «commémoration actualisante» de la Révocation dans un article de l'hebdomadaire protestant *Réforme* en mars 1979: «Il me semble indispensable que ce rappel de l'atteinte à la liberté et à la justice, subie alors par une grande partie du protestantisme français, devienne l'occasion pour la communauté protestante de s'interroger et d'interroger le pays sur ce qu'il en est actuellement de la liberté et de la justice[29].» En 1982, il réussit à fonder avec diverses

Le musée du Désert

associations protestantes un comité « Protestantisme et liberté » qui finit par convaincre la Fédération protestante de France de l'utilité d'une commémoration solennelle. L'ampleur des manifestations dépasse les espérances des promoteurs : séance solennelle à l'Unesco le 11 octobre et, le lendemain, plus de six mille personnes suivent à la Mutualité les rencontres « Protestantisme et liberté », consacrées pendant deux jours à l'actualité de la Révocation ; en province, se multiplient colloques et expositions. Le foisonnement bibliographique est une autre preuve de l'intérêt porté à l'événement, plus d'une trentaine d'ouvrages, de la réédition de classiques (Michelet ou Vauban) aux catalogues d'exposition en passant par les publications de rencontres ou les livres de synthèse, tous les niveaux d'écriture étant représentés, de la grande vulgarisation à l'article scientifique[30].

Ces choix restent surprenants. Celui des camisards, tout d'abord : faut-il rappeler combien ils ont été longtemps méprisés et désavoués, à cause de leurs violences et du prophétisme ? Il est vrai que, depuis le milieu du XIXe siècle, le retournement est total et sans réserve[31]. Mais même le monopole du Désert pose problème au moins pour la conscience protestante telle qu'elle s'exprime à travers ses institutions et ses notables. N'oublions pas le lien originel qui unit le protestantisme à l'émergence des États nationaux. Le prince, en Allemagne comme en Angleterre, prend la place du pape et devient l'autorité spirituelle suprême ; partout, à la place du latin, les protestants utilisent la langue de l'État et non forcément celle du peuple contrairement à ce qui est affirmé : c'est ainsi que dans le midi de la France, le culte est célébré en français plus ou moins bien compris et non en occitan. La décision royale d'exclusion a donc été un traumatisme dont la communauté réformée française ne s'est remise que récemment, d'où la nostalgie du XVIe siècle et l'insistance mise sur la participation à la vie nationale et au gouvernement de la nation ; il est très significatif que lors de la commémoration du bicentenaire de la Révocation, le temple de l'Oratoire ait été orné de cartouches au nom des « huguenots les plus célèbres » parmi lesquels les hommes du Désert étaient très minoritaires (cinq sur quinze), les organisateurs leur préférant visiblement les artistes (Palissy, Goudimel et Goujon) et plus encore les hommes d'État et les chefs militaires (Coligny, Mornay, Rohan et Duquesne)[32]. Voilà pourquoi, aussi, le premier protestant statufié fut Coligny, près du Louvre, et l'on comprend mieux la formule de Charles Read selon laquelle l'abjuration d'Henri IV était le « nœud de l'histoire moderne ».

Alors, pourquoi s'obstiner à rappeler principalement la période de l'exclusion ? Fait d'autant plus étonnant que la tendance d'une mémoire est de chercher les événements fondateurs les plus anciens.

La mémoire, force d'identité

À plusieurs reprises, les commémorateurs ont conscience des contradictions entre la célébration des ancêtres et une théologie qui accorde la gloire à Dieu seul. Beaucoup se défendent en invoquant des justifications religieuses comme l'orthodoxe Babut, dès la première assemblée de 1911 : « Le souvenir des ancêtres doit mener à mesurer l'étendue de nos infidélités et la profondeur de notre déchéance. » Le baptiste Ruben Saillens signale bien les déviations possibles en 1922 : « Pour être en règle avec Dieu [...] il ne suffit pas d'être un dévot des pèlerinages huguenots, pour être vraiment enfant de Dieu, il faut avoir passé par cette révolution intérieure et personnelle que connaissaient nos ancêtres. » Et, plus clairement encore, Pierre Bourguet en 1954 : « Prenons garde, protestants ! Nous voilà pris entre les grandeurs d'un mémorial et la juste appréciation des actes en cause à la lumière de l'Évangile de Jésus-Christ ; entre les devoirs d'une légitime reconnaissance envers les martyrs et l'obligation de n'adorer que Dieu seul ! [...] Aucun serviteur, du reste, n'arrive à la cheville du divin maître. Et nous ne sommes pas ici à proprement parler en pèlerinage. Et nous n'avons pas le culte des "Saints"[33]. » Mais, celui qui exprime avec le plus de force la difficulté est le conservateur actuel du musée du Désert, le doyen Carbonnier, dans un article au titre significatif, « Le Désert, lieu de mémoire » : « Fils de la Réforme, la Réforme n'a-t-elle pas mis en nous l'oubli ? [...] Nos Églises ont rompu avec la succession apostolique et de chacun est attendue une nouvelle naissance. Le passé peut-il, doit-il avoir un sens pour les protestants ? Ne sont-ils pas théologiquement a-historiques ? [...] Les commémorations protestantes, nos Assemblées du Désert semblent être en péril constant d'hagiographie[34]. »

Ce sentiment a conduit quelques-uns à s'opposer à la création du musée du Désert lui-même, comme le rappelle le fils de Frank Puaux : « Glorifier des héros de la liberté de conscience ! Pourquoi pas les canoniser ? Vous voulez faire des saints protestants ! Que de réponses décourageantes aux premiers appels lancés[35] ! » Après la Seconde Guerre mondiale, de nombreux pasteurs, influencés par le barthisme, qui se veut un retour à l'inspiration originale du calvinisme, refusent de mettre en valeur l'héritage huguenot. Il est aussi l'une des raisons des hésitations initiales face aux projets sur le tricentenaire de la révocation de l'édit de Nantes.

Mais ces réserves n'ont pas réussi à limiter l'ampleur du phénomène commémoratif. Le vocabulaire employé dans les interventions des orateurs du Mas-Soubeyran ne trompe pas, au moins jusque dans les années soixante : géants, héros, épopée sont les qualificatifs les plus courants pour évoquer la résistance du Désert. Parfois même sont utilisés des termes relevant précisément du culte des saints, comme cette phrase du pasteur Trial, pourtant de

Le musée du Désert

tendance évangélique, en 1912 : « Tous ceux qui prendront ces vénérables reliques pour but de leur pieux pèlerinage seront comme transportés en plein Désert et vivront quelques instants la vie des héros du Désert[36]. » Les protestants, minorité infime, à peine deux pour cent dès la fin du XVIIIe siècle, pouvaient-ils se passer de la mémoire historique pour sauvegarder leur identité, et donc leur existence ? Certes, la doctrine de la prédestination, le petit troupeau d'élus, était déjà un fort appui, mais c'était insuffisant dans une société pour laquelle la notion d'unité supposait la fin des différences.

Le recours au passé est déjà puissant dans la controverse que, longtemps, doit mener tout protestant instruit, comme le signale Élisabeth Labrousse à propos des protestants du XVIIe siècle : « Les huguenots étaient à la fois si minoritaires et si constamment harcelés que tout homme instruit était parmi eux un controversiste en puissance [...] Or les exigences de la controverse avaient engagé les protestants depuis un siècle dans des discussions approfondies qui portaient non seulement sur l'exégèse des textes bibliques et patristiques, mais sur l'ensemble de l'histoire de l'Église et sur celle toute récente des guerres de Religion, si propre à une présentation susceptible de jeter l'opprobre sur la Réforme française. Tout huguenot cultivé était pour le moins un historien amateur[37]. » C'est aussi l'objectif affiché par Gaston de Félice, lorsqu'il publie la première grande *Histoire des protestants de France* : « Le protestantisme a subi devant l'opinion nationale, le sort des minorités et des minorités vaincues. Dès qu'on a cessé de le craindre, on n'a plus daigné le connaître et, à la faveur de cette indifférence, des préventions de toute nature se sont accréditées et maintenues contre lui. C'est un déni de justice qu'il ne doit pas accepter et un malheur dont il doit s'affranchir[38]. »

Mais cette utilisation de l'histoire paraissait bien abstraite à l'immense majorité des huguenots français. Beaucoup plus efficace est la mémoire personnalisée, familiale, de la lignée, celle qui rattache le plus modeste réformé à un ancêtre qui, autrefois, a su avoir le courage de faire le « choix juste » ; sentiment ancien que l'on peut déceler déjà au XVIIe siècle, y compris chez un homme comme Pierre Bayle. Celui-ci, lorsqu'il revient au calvinisme, après sa période catholique, n'invoque pas de motifs théologiques ni les arguments d'histoire générale qu'il a l'habitude d'employer dans ses discussions ; il note simplement dans son journal, le *Calendarium* : « *Ad paternam legem redit* (C'est à la religion de ses pères qu'il est revenu)[39]. » Trois siècles plus tard, on retrouve cette notion de fidélité à une tradition de famille dans cette réflexion d'un protestant du Luberon : « Si nos parents, nos arrière-grands-parents ont choisi cette idéologie, je pense que nous, si on est des descendants, on peut être fier de ce côté-là[40]. »

Une des raisons pour lesquelles les protestants français ont spontanément fondé leur mémoire sur le Désert du XVIIIe siècle plutôt que sur les guerres de Religion du XVIe siècle et privilégié la commémoration de la Révocation par rapport à la Saint-Barthélemy, c'est la possibilité d'enraciner une mémoire familiale. Les combattants des guerres de Religion, grands nobles, princes de sang, leur semblent extérieurs et leur participation à l'histoire nationale est un facteur supplémentaire d'éloignement. C'est exactement le sentiment qu'expriment Frank Puaux et Edmond Hugues dans leur appel aux souscripteurs pour le mémorial : « À Paris, en face du Louvre et à quelques pas de Saint-Germain-l'Auxerrois, se dresse, au chevet de l'Oratoire, la statue de Coligny. La foule obscure des martyrs inconnus qui, pendant un siècle, de la Révocation à l'édit de tolérance sont morts pour sauver et perpétuer la Réforme en France attend encore son monument[41]. » La répression de longue durée qui touche une population entière a engendré une masse importante de traditions orales pieusement transmises de génération en génération, si bien que chacun a le sentiment que ses ancêtres ont été acteurs d'histoire, à l'instar de cette paysanne des environs de Nîmes évoquant une lointaine aïeule : « On l'avait amenée à l'Église et lorsqu'elle fut sur le seuil de la porte, elle s'est cramponnée au bois de la porte, il paraît que ses ongles entrèrent dans le bois et que le gendarme qui la poussait fut tellement ému de ça qu'il a dit "après tout" et il l'a renvoyée. On pense que la dynastie a été sauvée par elle, parce que si elle avait été baptisée catholique, tous ceux qui seraient arrivés après elle auraient été catholiques [...] Cela nous a été dit, pourtant cela remonte à quelques générations, cela a été dit et redit [...] Ce que je sais, je l'ai dit à mes enfants, ils le savent encore, mes petits-enfants le savent, alors ça ira, ça ira, je ne sais pas où ça s'arrêtera[42]. » À partir de là, le plus modeste huguenot se sait l'héritier d'une lignée à laquelle il doit rester fidèle : le mot « dynastie », à cet égard, est significatif.

La force de cette mémoire vient de ce qu'elle est construite, comme le protestantisme réformé français lui-même, en réseau familial : certains utilisent l'image populaire du « tricot protestant », « quand on tire une maille, tout vient ». Une endogamie implicite a permis à ce groupe très minoritaire de subsister jusqu'à nos jours. Il est symbolique que le musée du Désert lui-même soit aussi le résultat d'une double tradition familiale. Celle de Frank Puaux est rappelée par son fils Gabriel, devenu ambassadeur de France, à l'assemblée du Désert de 1949 :

> C'est dans un sentiment de piété filiale que je suis venu aujourd'hui commémorer avec vous ce grand passé. Le nom de Frank Puaux demeure avec celui d'Edmond Hugues attaché à ce musée du Désert [...] Mon père s'était donné comme tâche de maintenir dans la pensée protestante l'attachement aux traditions historiques de cette Église [...] Cette lumière qu'il s'appliquait à projeter sur l'épopée huguenote,

c'était, à vrai dire, le reflet d'un flambeau qu'il avait reçu des mains de celui qui l'avait précédé dans la vie. Quand il prit la parole à l'assemblée inaugurale le 24 septembre 1911, ses premiers mots furent pour évoquer le souvenir de son père, François Puaux, l'historien populaire du protestantisme français aux temps du Réveil, qui sut donner à nos Églises un récit vivant et imagé de leur passé. Je revois dans ma mémoire d'enfant celui qu'Auguste Sabatier a appelé «le dernier et le plus authentique représentant du vieux type huguenot» [...] Quand je l'écoutais raconter à ses petits-enfants les récits de notre histoire [...] je cherchais à m'imaginer le visage et la démarche de ce Claude Puaux, notre ascendant direct qui en 1585 avait été le délégué de Vallon à l'assemblée protestante de Privas. Serai-je digne, me demandais-je, d'être un maillon de la chaîne[45]?

Edmond Hugues est lui-même fils d'un pasteur qui écrivit une histoire d'Anduze. Son fils, Pierre-Edmond, assura ensuite la conservation du musée et l'animation des assemblées; aujourd'hui son gendre, Jean Carbonnier, remplit une fonction identique même si, officiellement, la Société de l'histoire du protestantisme français est propriétaire de l'ensemble.
Les traditions peuvent d'autant mieux se fixer qu'elles s'inscrivent dans les paysages familiers encore présents aujourd'hui : grottes où s'est réfugié le pasteur clandestin, creux de vallée où se tenait l'assemblée clandestine, cachette de la Bible dans la grande maison, autant de repères de mémoire qui constituent la géographie personnelle de chaque famille protestante. Ils s'étendent sur un large espace géographique, même si les Cévennes et le bas Languedoc en concentrent une densité plus forte à cause du souvenir camisard. Le Vivarais, le Dauphiné, le haut Languedoc et le Poitou offrent aussi de multiples rappels de la période du Désert. Des formes plus structurées qui relèvent de la littérature orale, des complaintes se diffusent dans toutes ces régions, mettant en valeur prédicants et pasteurs martyrs du XVIIIe siècle, «héros» mais plus proches de simples protestants qu'un Coligny, cousins plus ou moins éloignés des simples fidèles. Le ton même de certains couplets ne laisse pas de doute sur le sentiment de proximité, comme dans les premiers vers de cette complainte, qui ne signalent même pas le caractère pastoral du héros Désubas, exécuté à vingt-six ans en 1745 :

>Chers protestants de France,
>Venez pour écouter,
>La sévère sentence
>Qu'on vient de prononcer
>Contre un de nos chers frères,

Dit Monsieur Désubas,
Qu'une main meurtrière
Vendit à nos soldats[44].

Quand la tradition orale faiblit ou disparaît, il existe d'autres supports pour nourrir un légendaire historique familial, à commencer par la vieille Bible où s'inscrivaient les naissances, les mariages et les morts, mais aussi les copies de prières, de catéchisme, ou les cahiers de complaintes qui ont été pieusement conservés jusqu'à nos jours[45]. L'intuition de Frank Puaux et d'Edmond Hugues est d'avoir prévu les cas où même ces supports feraient défaut, en créant le Mémorial du musée du Désert où chacun retrouve son «galérien» sur le mur. C'est un relais de plus en plus nécessaire dans un temps où les sociétés rurales, qui avaient abrité ces traditions, se disloquent. Mais l'intuition des fondateurs est plus profonde encore : en réunissant tous les protestants français dans un même lieu, ils transforment la mémoire familiale et lui font perdre son caractère parcellaire, comme l'a très bien noté Jean Carbonnier : «La commémoration fait d'eux un peuple, peuple protestant qui a une réalité dans l'espace et le temps[46].» L'érudition et l'institution de commémoration permettent ainsi à tous de continuer à se rattacher à une histoire glorieuse. Mémoire de groupe, mémoire familiale et mémoire de pays se confortent mutuellement.

La Révocation et le Désert, des significations multiples

Mais cette mémoire spécifique, de minorité, n'est plus pour autant en contradiction avec une mémoire nationale, à partir du XIXe siècle. Avec les historiens libéraux, puis républicains, la résistance protestante et, particulièrement, le combat camisard deviennent annonciateurs des luttes pour la liberté et des révolutionnaires de 1789 : ils s'insèrent parfaitement dans la tradition républicaine. Ainsi, pour Michelet, la Révocation n'est pas seulement un événement qui concerne les protestants, mais la France tout entière : «La place que la Révolution occupe dans le XVIIIe siècle, est remplie dans le XVIIe siècle par la Révocation de l'édit de Nantes [...] tout le siècle gravite vers la Révocation.» L'auteur de l'*Histoire de France* se désespère : «Désir de me retourner vers le grand amour, la grande pitié de la France.» C'est en effet le triomphe de l'anti-Révolution, de la fatalité. Et les camisards sont les premiers adeptes de la «nouvelle Église des Temps modernes», l'Église de la «Sainte Révolution fondée sur la justice et la liberté» : «La chose fut absolument démocratique et populaire [...] elle fut nationale [...] Nulle part, la France n'est plus grande et plus terrible[47].» Edgar Quinet va plus loin encore dans *La Révolution* (1865), ouvrage qui fit grand bruit à l'époque et suscita une violente polémique dans le camp républicain, à cause de sa condamnation de la dictature jacobine[48]. Non seulement l'intolérance de Louis XIV et 1685 préfigurent la Terreur et 1793, mais la Révolution est devenue infidèle à ses principes, parce que la France au XVIe siècle n'a pas su faire sa révolution religieuse. Le philosophe républicain est ainsi le chef de file de tous ceux qui voient dans le protestantisme la religion chrétienne adaptée aux Temps modernes et à 1789[49]; il lance aussi un thème promis à un certain avenir, celui d'une France qui n'a pas complètement réussi son entrée dans la modernité parce qu'elle n'est pas devenue protestante. Un siècle plus tard, Alain Peyrefitte reprend l'idée dans son livre *Le Mal français* (1971), devenu un best-seller.

En commémorant 1685 et en célébrant la résistance à la monarchie absolue, les protestants ne risquent plus de mettre en avant leur séparation d'avec la nation, ils rappellent leur rôle d'avant-garde; ils préfigurent la France contemporaine.

Cependant, avant 1914, cette intégration de l'histoire huguenote dans la mémoire nationale est loin de faire l'unanimité. Elle est le fait des républicains. Au contraire, les catholiques et les royalistes accusent les protestants d'être à la solde de l'étranger, comme ce prêtre languedocien, l'abbé Rouquette: «Toujours menteur, le protestantisme, parti essentiellement politique et antinational, a voulu se servir des cordes qui vibrent le plus au fond de l'âme humaine pour nous apitoyer sur les plus grands crimes. C'est au nom de la liberté de conscience qu'ils ont trahi la patrie et vendu nos ports aux Anglais[50].» La situation évolue lentement jusqu'en 1950. L'abbé Dedieu continue d'insister sur les relations entre les huguenots et l'étranger dans son gros livre publié en 1921 sur *Le Rôle politique des protestants français de 1685 à 1715*. Mais Agnès de La Gorce, en 1950, dans *Camisards et dragons du Roi*, ne cache ni la longueur des persécutions ni la dureté de la répression. Cinq ans plus tard, la célèbre *Histoire religieuse* de Fliche et Martin ne met pas en doute «le patriotisme foncier des huguenots[51]». Quant à l'historien catholique très connu Daniel-Rops, il écrit en 1965: «Dans ce qu'il a de plus fort, de plus noble, le protestantisme français est une religion de persécutés, de martyrs pour une foi[52].» Il devient alors de plus en plus difficile d'opposer une historiographie protestante à une historiographie catholique, dans la mesure où la première abandonne la perspective hagiographique et la seconde se refuse à justifier la politique de Louis XIV.

La commémoration du tricentenaire couronne cette évolution. Pas seulement parce que les périodiques dans la mouvance catholique, comme *La Vie*, *Témoignage chrétien*, *Notre histoire*, évoquent longuement les événements ou que des historiens catholiques connus participent massivement à la commémoration à travers des livres, des colloques ou des débats. La présence du cardinal-archevêque de Paris, Mgr Lustiger, à la cérémonie de l'Unesco est hautement symbolique, comme le texte signé en commun par le comité mixte catholique-protestant le 21 mars 1985. On y lit :

> Cette commémoration est pour nous l'occasion de réfléchir ensemble à une histoire qui, à la fois, nous est commune et nous sépare, et aux conflits qui l'ont marquée [...] Aux yeux de tous aujourd'hui, l'édit de Nantes de 1598 avait été la marque de la recherche d'une solution de paix et de progrès. Sa révocation fut un acte d'intolérance et l'occasion de persécutions [...] nous pensons avoir aujourd'hui un double devoir de vigilance sur le droit imprescriptible à la liberté religieuse des personnes et des communautés ; l'obligation pour tout groupe majoritaire de respecter en tout état de cause l'expression des minorités religieuses et culturelles[55].

Plus largement, cet anniversaire est pour la première fois une véritable commémoration nationale, à la différence des deux autres centenaires[54]. L'inscription dans la liste officielle des commémorations établies par le ministère de la Culture ne suffit pas à en donner la preuve, même si elle a pour conséquence la tenue d'une grande exposition aux Archives nationales qui attire un large public. Beaucoup plus significatif est l'écho dans la presse, du *Monde* au *Figaro* en passant par *Libération*, et de *L'Express* au *Point*, sans oublier *Télérama* ou *Le Nouvel Observateur*. « La petite musique protestante », « Le retour des huguenots », titrent les journaux qui redécouvrent le poids de cette minorité dans l'histoire française, infiniment supérieur à son nombre : « Les protestants pèsent lourd. Et leurs traditions, leurs valeurs marquent fortement la société d'aujourd'hui[55]. » Encore plus symbolique de la reconnaissance nationale est la participation du président de la République, François Mitterrand, à la soirée commémorative de l'Unesco. Autour de lui, plusieurs ministres et tous les représentants des autres cultes, mais aussi de nombreux descendants des réfugiés huguenots de divers pays du monde. Paradoxalement, c'est cette dimension internationale qui donne à l'anniversaire sa portée nationale, comme si la mémoire française n'acceptait d'événement fondateur qu'universel et reconnu au-delà des frontières.
Là encore, le tricentenaire marque le couronnement d'une évolution commencée au Mas-Soubeyran avant la fin de la Première Guerre mondiale. Edmond Hugues fait présider l'assemblée de juillet 1918 par le pasteur américain Mac Farland qui, sur la Bible de Roland, prête « serment de fidélité à la France huguenote », demandant à Dieu de le « choisir pour être son humble

Le musée du Désert

instrument dans l'œuvre de rapprochement spirituel des Églises françaises et américaines[56]». Visiblement, les promoteurs du musée du Désert ne craignent plus l'accusation de complicité avec l'étranger qui avait paralysé la commémoration de 1885 et interdit pratiquement la présence de délégations étrangères. Six ans plus tard, la Huguenot New Netherland Commission organise un «pèlerinage huguenot» en Europe pour le trois centième anniversaire de la fondation de La Nouvelle-Amsterdam (New York); les voyageurs associent la visite des champs de bataille récents à celle des lieux de résistance protestante – galériens de Marseille, prisonnières de la tour de Constance et maison de Roland où ils participent à la onzième assemblée du musée du Désert; l'habitude est désormais prise d'associer les descendants de huguenots réfugiés aux commémorations. Le mouvement prend de l'ampleur après la Seconde Guerre mondiale, en particulier à l'occasion de «pèlerinages des armées» où les protestants des diverses nations de l'O.T.A.N. se retrouvent.

Cette internationalisation se fonde sur l'idée que la résistance huguenote n'a pas seulement valeur d'avant-garde pour la France, mais pour l'humanité entière. À l'assemblée de 1924, le révérend Leete, de Boston, s'écrie: «Ces environs furent, il y a presque deux cent cinquante ans, le théâtre d'un des plus grands événements de l'histoire. Ici, vos parents sont morts pour laisser vivre leur conscience. Ici, ils ont fait la guerre pour vous, pour nous et pour tout le monde [...] Pour deux cents ans, vous avez été notre inspiration. Vous avez prêché d'exemple[57].» Le développement des totalitarismes et la Seconde Guerre mondiale alimentent ce thème: dès l'assemblée de 1935, qui commémore le deux cent cinquantième anniversaire de la Révocation, l'idée transparaît à travers plusieurs interventions: les persécutés pour la foi annoncent les premières victimes du nazisme. Après 1940, la commémoration se met délibérément au service du présent avec les thèmes choisis: en 1941, «Sous la Croix», en 1942, «La fidélité», en 1943, «La liberté», avec l'exaltation de son défenseur au temps de la Révolution, Rabaut Saint-Étienne, en 1945, «Résister» et en 1946, «Restaurer». Dans l'actualisation du passé, l'assemblée de 1942 va plus loin encore puisqu'elle est le prétexte pour faire échapper de Nîmes des juifs pourchassés et les cacher en Cévennes: l'Église réformée n'hésite pas à utiliser les cars affrétés pour l'assemblée du musée du Désert. Au cours de la cérémonie, le pasteur Boegner demande à tous les assistants d'être des «bons Samaritains» en faveur des juifs et, le soir, il est plus précis encore avec les pasteurs; il les informe des menaces mortelles qui pèsent sur les juifs et les encourage à tout faire pour les sauver[58]. Quant aux maquisards, très nombreux dans les Cévennes d'origine protestante, ils n'hésitent pas à se réclamer des camisards, comme ce jeune chef de groupe du maquis Aigoual-Cévennes, Jacques Poujol, qui avait composé un hymne:

*Les fiers enfants des Cévennes
Réfractaires et maquisards,
Montrent qu'ils ont dans les veines
Le sang pur des camisards[59].*

La mémoire est devenue créatrice d'histoire.
Après la guerre, la période du Désert permet d'évoquer d'autres formes de totalitarisme et de privation des libertés; en 1968, les orateurs du Mas-Soubeyran évoquent le Printemps de Prague et son écrasement par les chars soviétiques à l'occasion de la commémoration de la libération des prisonnières de la tour de Constance. Le thème est normalement placé au centre de la commémoration de 1685 à l'Unesco, comme le montre la conclusion du président de la République :

> Vieille histoire, les dragonnades, les galères, les camisards ? Non, histoire d'aujourd'hui à travers le monde entier. Vertige de l'exclusion, rejet des minorités, tentation de pousser vers l'exil – et vers quel refuge ? – une partie de ceux qui vivent chez nous ou avec nous [...] Dans le souvenir d'une persécution parmi les plus sanglantes de notre histoire de France, je le répète encore, nous pourrons puiser des leçons de fidélité et de courage. Il est une génération, la mienne, qui a vécu dans sa jeunesse un autre drame de l'exclusion : le choix de la mort contre la conscience ou de la mort avec sa conscience. Ce que l'on a vécu, comment pourrait-on l'oublier ? Il ne reste plus qu'un devoir : celui de l'enseigner à ceux qui nous suivront[60].

Mais la polysémie de la période du Désert est plus grande encore. Lorsque, à la fin des années 1960, se développe le sentiment des racines et l'exaltation des «patriotismes régionaux», ces résistances méridionales offrent beaucoup plus d'attrait que la Saint-Barthélemy parisienne. Quant aux guerres de Religion du XVIe siècle, elles paraissent beaucoup moins implantées dans le «terroir» que la guérilla camisarde où les nostalgiques de 1968 croient retrouver les mouvements de libération populaires, les adeptes de la résistance non violente préférant mettre en valeur Marie Durand, la prisonnière de la tour de Constance.
Toutes les conditions ont donc été réunies pour l'émergence et le succès durable d'une mémoire de la Révocation et du Désert au détriment d'une mémoire de la Saint-Barthélemy et des combattants du XVIe siècle. Cette dernière enfermait les huguenots dans la défaite et le malheur sans lendemain. Simples victimes en 1572, les protestants français ne pouvaient même pas

Le musée du Désert

s'accrocher à l'édit de Nantes, puisque 1685 effaçait 1598; c'était la Croix sans la Résurrection. La Révocation en faisait aussi des victimes, mais qui, par leur résistance, devenaient un «peuple vainqueur»: «Sous la Croix, le Triomphe.» Mais le Désert, même sous sa forme violente de la guerre des Camisards, offre un autre avantage sur les guerres de Religion, quant au lien avec la mémoire française: dans le dernier cas, les protestants constituent l'une des «factions» qui entretiennent la division et la guerre civile, dans le premier, la minorité persécutée et rejetée devient l'avant-garde de la liberté. Le message, national au XIXe siècle, devient international au XXe avec le développement des totalitarismes. Et la dimension européenne par l'intermédiaire du Refuge donne une actualité supplémentaire à l'événement. Dans ce contexte, s'inscrit la réussite du musée du Désert qui procure l'enracinement nécessaire au souvenir, fruit tout à la fois de la tradition orale, d'un siècle de littérature historique et du sentiment d'une communauté qui ne voudrait pas seulement être une fédération de familles et d'Églises, mais un peuple.

Au même moment, la conscience nationale parcourait un chemin parallèle. La Révocation, comme la Saint-Barthélemy, est une erreur de l'État, mais le Français se retrouve mieux dans ses victimes et leur résistance. En outre, depuis une vingtaine d'années, la culture française se veut moins unanimiste et plus diverse, sans pour autant se vouloir pluriculturelle. La minorité protestante lui offre ce qu'elle est capable d'accepter comme diversité.

---

1. Jean Bastide, *Histoire abrégée des protestants de France, textes et récits à l'usage des cours d'instruction religieuse*, Dieulefit, 1910, 2e éd., 1933, p. v. Autre exemple, Charles Bost, *Histoire des protestants de France en trente-cinq leçons pour les écoles*, qui connut un grand succès avec trois éditions, 1924, 1926 et 1931.

2. Respectivement 1927 et 1925.

3. Charles Bost abandonne complètement la perspective hagiographique, n'hésitant pas à montrer les violences camisardes (*cf.* Philippe Joutard, *La Légende des camisards*, Paris, Gallimard, 1977, pp. 252-258). Outre son *Histoire pour les écoles*, il a écrit quatre pièces d'inspiration historique.

4. Tiré à part du *National Geographic Magazine* avec traduction française incorporée, octobre 1978, p. 8.

5. Robert Louis Stevenson, *Journal de route en Cévennes*, Toulouse, Privat et Club Cévenol, 1978, p. 115.

6. *Protestantisme français*, ouvrage collectif, 1945, p. 23.

7. Marc Bloch, *Apologie pour l'histoire ou métier d'historien*, 4e éd., Paris, Armand Colin, 1961, p. 10.

8. *Cf.* Pierre Gaudin et Claire Reverchon, *Le Légendaire historique drômois*, thèse de troisième cycle dactylographiée, université de Provence, 1982.

9. Enquêtes orales conduites en Cévennes de 1967 à 1973.
10. *Bulletin de la Société de l'histoire du protestantisme français*, en abrégé *B.S.H.P.F.*, vol. I, 1853, p. 499.
11. Circulaire adressée au pasteur reproduite *in Notice sur la Société de l'histoire du protestantisme français*, 1852-1872, Paris, 1874, p. 80.
12. *B.S.H.P.F.*, vol. XVI, 1867, p. 571 et XVIII, 1869, p. 170.
13. *B.S.H.P.F.*, vol. XXXII, 1883, p. 435 sq.
14. *B.S.H.P.F.*, vol. XXXIV, 1885, pp. 547 et 558.
15. *Cf. La Cévenole*, n° 1, 1885, pp. 1 et 2; la cérémonie est décrite dans le numéro de septembre 1885.
16. En dehors du mont Lozère, les trois sommets les plus élevés des Cévennes.
17. *Cf. Le Foyer protestant*, août 1887.
18. *La Cévenole*, septembre 1885, p. 1, et *Le Foyer protestant*, 14 août 1887, p. 8.
19. *Musée du Désert*, 1685-1787, *Fondation Frank Puaux et Edmond Hugues – Guide du Visiteur, Notice historique et régionale*, En Cévennes, Le Mas-Soubeyran, Mialet (Gard), 1964, p. 5.
20. *Cf. ibid.*, pp. 71-73 : liste des invités et des thèmes de 1911 à 1962. Voir ensuite Florence Morillère, *Essai sur les assemblées commémoratives du musée du Désert*, diplôme de l'École pratique des hautes études, Histoire et sociologie du protestantisme, dactylogramme, 1981.
21. *Id., ibid.*
22. *Cf. Guide du Visiteur, op. cit.*, pp. 73-75.
23. *Cf. Quatre Dernières Assemblées*, 1924-1925, En Cévennes, 1924-1925, pp. 41 et 74 et *Deuxième centenaire de la libération des dernières prisonnières huguenotes de la tour de Constance, 1768-1968*, supplément au *Bulletin de la Société de l'histoire du protestantisme français*, t. CXV, janvier-mars 1969, Paris, 1969.
24. «Rapport de Jacques Bompaire présenté à l'Assemblée générale de la S.H.P.F. du 19 juin 1989», *B.S.H.P.F.*, vol. CXXXV, octobre-décembre 1989, p. 477.
25. Le cadre général du programme et l'intervention de Charles Read sont reproduits dans la *Notice sur la Société...*, op. cit., pp. 20-27 et 43.
26. Classement établi d'après la surface en pages et fractions de page occupée par les références dans les tables récapitulatives : cet indicateur, pour grossier qu'il soit, exprime bien l'importance relative de chaque centre d'intérêt.
27. Jacques Pannier, *Catalogue du Musée de la Société de l'histoire du protestantisme français – Une heure de promenade historique à travers quatre siècles, livret-guide du visiteur*, Paris, S.H.P.F., 1927.
28. Statistique établie à partir des tableaux de Fl. Morillère, *op. cit.*, pp. 258-267, complétée pour la période actuelle par mes soins à partir de comptes rendus du *B.S.H.P.F.*
29. Cité *in* «Protestantisme et liberté, rencontre des 12 et 13 octobre 1985 à la Mutualité, Paris», *Bulletin du C.P.E.D.*, juin-juillet 1986, n° 313, p. 209. Pour l'histoire de cette commémoration, outre ce numéro du *C.P.E.D.*, en particulier pp. 11-17, voir Jean Baubérot, *Le protestantisme doit-il mourir?*, Paris, Éd. du Seuil, 1988, pp. 142-145.
30. *Cf.* le bulletin critique de Remy Scheurer, «La Révocation de l'édit de Nantes et le Refuge huguenot», *Revue suisse d'histoire*, 1986, n° 3, pp. 346-367.
31. J'ai étudié ce renversement de perspective dans *La Légende des camisards, op. cit.*, pp. 188-212.
32. *Cf. B.S.H.P.F.*, vol. XXXV, 1885, p. 552.
33. Cités par Fl. Morillère, *op. cit.*, pp. 234-235.

Le musée du Désert

34. *Allocutions prononcées le dimanche 1ᵉʳ septembre 1935*, Musée du Désert, s. d., p. 16.

35. *Réforme*, 31 août 1985, p. 5.

36. Fl. Morillère, *op. cit.*, p. 231.

37. *Cf.* Élisabeth Labrousse, *Pierre Bayle et l'instrument critique*, Paris, Seghers, 1965, p. 46.

38. Gaston de Félice, *Histoire des protestants de France*, 1850, cité d'après la sixième édition publiée par la Société des livres religieux de Toulouse en 1874, p. 9.

39. Cité par É. Labrousse, *Pierre Bayle*, t. I, *Du pays de Foix à la cité d'Érasme*, La Haye-Paris, Mouton, 1963, p. 53.

40. *Cf.* l'enquête de Nicole Thévenet, reproduite in *Sensibilité protestante dans la vallée d'Aigues*, mémoire de maîtrise d'histoire, dactylographié, université de Provence, 1978, p. 32.

41. *Quatre Dernières Assemblées*, p. v.

42. Ph. Joutard, *La Légende des camisards*, *op. cit.*, p. 304.

43. *Prédication et allocutions de l'Assemblée du dimanche 4 septembre 1949*, Anduze, s. d., pp. 15-16. François Puaux a écrit successivement en 1863 une *Histoire de la Réformation française*, en 1868, une *Vie de Jean Cavalier* et, en 1872, une *Histoire des camisards*, qui connut un grand succès, puisqu'elle fut rééditée en 1878 et en 1898. On notera que son fils Frank publia en 1919 la première édition française des *Mémoires* de Cavalier.

44. *Vingt complaintes sur les prédicants des Cévennes martyrisés au XVIIIᵉ siècle*, En Cévennes, 1932, p. 152. Le titre ne rend pas exactement compte de la réalité, les complaintes ne concernent pas seulement des prédicants, c'est-à-dire des laïques, et nombre de ces victimes ne sont pas cévenoles. Désubas lui-même était originaire du Vivarais.

45. Le pasteur Manen et moi en avons montré un exemple avec la paroisse de La Pervenche, dans le Vivarais, *cf. Une foi enracinée, La Pervenche*, Valence, 1972.

46. *Réforme*, 31 août 1985.

47. Cité in Ph. Joutard, *La Légende des camisards*, *op. cit.*, pp. 206-207.

48. Cf. François Furet, *La Gauche et la Révolution française au milieu du XIXᵉ siècle, Edgar Quinet et la question du jacobinisme (1865-1870)*, Paris, Hachette, 1986.

49. Jean Baubérot donne d'autres exemples de ce courant dans *Le protestantisme doit-il mourir?*, *op. cit.*, pp. 53-61.

50. Ph. Joutard, *La Légende des camisards*, *op. cit.*, p. 230. Autres exemples pages suivantes.

51. Id., *ibid.*, pp. 262-263.

52. Cité par *Unité des chrétiens*, «Évangile et liberté, pour la commémoration du tricentenaire de l'édit de Nantes», juillet 1985, p. 8.

53. *Ibid.*, p. 22.

54. *Cf.* Philippe Joutard, «La révocation de l'édit de Nantes et le protestantisme français en 1685», *Actes du colloque de Paris (15-19 octobre 1985)*, réunis par Roger Zuber et Laurent Theis, Paris, 1986, pp. 299-311.

55. Voir la revue de presse de *Réforme*, 19 octobre 1985, p. 7. La citation est empruntée à *L'Express*.

56. *Quatre Dernières Assemblées*, p. 27.

57. *Ibid.*, pp. 24-25.

58. Ph. Joutard, Jacques Poujol et Patrick Cabanel, *Cévennes, Terre de Refuge, 1940-1944*, Montpellier, Presses du Languedoc, 1987, pp. 250-253.

59. Cité par Robert Poujol, *Aigoual 44*, Ganges, 1951, p. 52.

60. *Réforme*, 19 octobre 1985, p. 11.

PIERRE BIRNBAUM

Grégoire, Dreyfus, Drancy et Copernic

Les juifs au cœur de l'histoire de France

Au début des années quatre-vingt, à Paris, diverses autorités administratives et politiques refusaient les unes après les autres d'accorder un emplacement aux statues du capitaine Dreyfus, de Léon Blum et de Pierre Mendès France, trois juifs qui, à diverses périodes, se sont trouvés au cœur des guerres franco-françaises et qui ont, de ce fait, suscité à leur encontre les passions les plus vives. Il fut hors de question d'imposer à la direction de l'École militaire, lieu de la dégradation dramatique du capitaine, d'accueillir enfin un buste du déporté de l'île du Diable qui prendrait place dans la célèbre cour en reconnaissance d'une tardive réparation. Quant aux statues de Blum et de Mendès France, seuls les promeneurs doués d'une immense patience peuvent désormais les découvrir, cachées dans les recoins des jardins du Luxembourg, puis des Tuileries, où elles ont fini par être reléguées[1].

Dans un quartier plus éloigné du centre de Paris, les passants un peu obstinés peuvent apercevoir, entre deux immeubles modernes de grande taille, près d'une station d'essence, une petite stèle indiquant l'emplacement de l'ancien Vel'd'hiv', où eurent lieu tant d'exploits sportifs mais où furent aussi enfermés les juifs victimes de la grande rafle de juillet 1942, avant qu'y retentissent, durant la IVe République, les clameurs haineuses et antisémites des foules poujadistes. Ce lieu de la mémoire par excellence s'est tout simplement évanoui : pis encore, aucune photographie ne semble exister de la grande rafle de juillet 1942 qui en garderait un souvenir visuel. Et le camp de Drancy, par lequel transitèrent dans le dénuement absolu près de soixante-dix mille juifs en partance pour Auschwitz et tant d'autres lieux de mort, n'est aujourd'hui qu'une station du R.E.R. encerclée par de grandes barres récemment édifiées, parmi lesquelles subsistent encore quelques immeubles qui eurent jadis un usage concentrationnaire ; un étrange monument en porte bien témoignage, mais déjà, dans ce paysage si urbanisé, la mémoire s'estompe[2]. Il en va de même d'autres camps où, dès 1939, tant de juifs étrangers puis français vécurent dans des conditions épouvantables, avant d'être presque toujours déportés. Argelès et Saint-Cyprien sont de riantes stations estivales, « Rivesaltes a établi sa célébrité sur la saveur de son muscat et les vaches broutent près du château d'eau de Noé. Aucun panneau ne signale qu'il y eut là des camps[3] ». Beaune-la-Rolande ou Gurs constituent certes des exceptions, mais, de manière générale, ces camps où se déroulèrent les moments les plus tragiques de l'histoire contemporaine des juifs français ne sont pas l'objet d'une attention commémorative spéciale.

Bien rares sont en France les lieux physiques d'une mémoire juive ; ils apparaissent souvent comme des vestiges de temps anciens, qu'abritent ici ou là des salles de musée ou des bibliothèques où sont déposés manuscrits, archives, médailles et objets de culte. Dans plusieurs cimetières dépourvus eux aussi de toute visibilité, tels ceux de Haguenau, de Rosenwiller[4] ou de Carpentras, des stèles, datant parfois du XVe siècle, s'enfoncent peu à peu dans la terre et leurs inscriptions hébraïques, presque entièrement effacées, rappellent l'existence lointaine de nombreuses communautés juives désormais disparues. Dans d'autres cimetières, ceux-là plus récents, situés eux aussi à l'est, près des champs de bataille des deux grandes guerres mondiales, des étoiles de David se dressent sur des tombes de soldats juifs tombés mais, là encore, le temps a déjà commencé à faire son ouvrage, qui efface lentement ces signes d'une histoire tragique. Les rares synagogues anciennes comme celles de Mende (qui date du XIIe siècle), de Carpentras ou encore de Cavaillon, font elles aussi presque figure de simples monuments historiques pour visites guidées. La vie anime certes toujours les nombreuses rues de la Juiverie que le promeneur découvre surtout dans les petites villes de l'est de la France, mais ces voies commerçantes, désormais banalisées, sont souvent devenues de pimpantes et folkloriques rues de bourgades entièrement vouées au tourisme.

La mémoire juive ne s'inscrit donc qu'exceptionnellement dans le paysage d'une France profondément catholique parsemée d'abbayes et d'églises. La fleur de lis éloigne l'hérétique de même que le serpent, comme l'exprime le poète, dans « le royaume très chrétien, où la foi est enluminée, où n'habite ni juif ni païen[5] ». De nos jours encore, à la cathédrale de Strasbourg, la statue aisément identifiable représentant la Synagogue a toujours les yeux bandés, preuve s'il en faut, offerte à tous, de sa permanente cécité. Quant aux héros de la République triomphante qui limite l'emprise des valeurs proprement chrétiennes, ce sont ceux d'une Raison omnipotente. Aussi, les monuments qui leur sont consacrés évoquent-ils uniquement la foi dans la Patrie ou le Progrès. Sous ses diverses moutures, le mythe national se montre peu attentif aux représentations de tel ou tel groupe particulier, et celles qui ne peuvent se prévaloir d'un rapport privilégié avec un terroir spécifique, avec une terre où s'enracinent les souvenirs, sont a fortiori exclues de la scène nationale: nul lieu public de la mémoire ne leur donne corps. Et, lorsqu'en 1953 les juifs eux-mêmes, s'écartant d'une longue tradition hostile au monument et respectueuse seulement des livres, dressent dans le cœur de Paris un Mémorial du martyr juif inconnu, sa conception architecturale gomme presque toute allusion à une tradition spéciale et son inauguration se déroule dans le rituel sévère du « culte républicain des morts » et de la morale laïque[6]. Absents de la mémoire du Royaume comme de celle de la Nation, les juifs eux-mêmes paraissent le plus souvent comme frappés d'amnésie. Leur mémoire s'identifie presque entièrement à celle de la France. Ils ont oublié les événements de leur propre histoire. Leur passé se réfugie, au mieux, dans quelques livres de souvenirs. C'est dire qu'à l'époque contemporaine presque aucun juif ne se rappelle, jusqu'à sa toute récente et solennelle commémoration locale, la splendeur d'un Rachi qui, à Troyes, au XIe siècle, dans la langue du pays, en champenois, mais à l'aide de caractères hébraïques, commenta de manière quasi définitive la Bible et le Talmud; les massacres de juifs à Blois ou en Occitanie, à Toulouse comme à Verdun lorsqu'y passèrent, en juin 1320, les Pastoureaux[7]; ce que furent les Carrières en Avignon[8] et tant d'autres épisodes heureux ou funestes propres à l'histoire des diverses communautés juives qui se succédèrent des siècles durant sur le territoire national. Dans la perspective d'un Yosef Yerushalmi[9], seule la mémoire transhistorique demeure, celle de la sortie d'Égypte ou de la destruction du Temple, mémoire que véhiculent les rituels quotidiens, les fêtes annuelles, les moments de passage, de la naissance à la mort, durant lesquels les prières collectives font resurgir, l'espace d'un instant, l'illusion d'un temps continu indifférent à l'histoire. Cette mémoire atemporelle et ignorante des multiples épisodes qui façonnèrent le destin des juifs de France s'estompe pourtant, elle aussi, au fur et à mesure que progresse, sous la pression constante de l'État, la sécularisation générale d'une société dont la conscience collective tout entière se trouve depuis si longtemps affectée par la laïcisation des mœurs et des valeurs. Et cette lente érosion des pratiques rituelles affaiblit à coup sûr la faculté de se souvenir quand tout, ou presque, est déjà oublié.

1. L'imaginaire négatif

Depuis les temps les plus lointains, les juifs ont été l'objet de toutes les affabulations et, du Moyen Âge à l'époque contemporaine, la mémoire qu'en conserve la société française est lourdement chargée d'images caricaturales. Les paysans n'en finissent pas de redouter le juif errant qui, en haillons et mourant de faim, nerveux et fuyant sans cesse, hante leurs campagnes; à sa vue, les chiens aboient et les gamins se déchaînent. Maudit par le Christ, il court à travers les campagnes et, par exemple, dans l'est de la France, les paysans content inlassablement ses méfaits; accusé de chapardage, le colporteur juif symbolise aussi l'étranger, celui qui vient des pays lointains et menace de rompre, par sa seule présence fugitive, l'ordre et les traditions ancestrales. La France rurale et catholique voit en lui un démon, un diable dont on redoute les tours, un sorcier qui mériterait de brûler tant sa présence est corruptrice. Accueilli parfois avec courtoisie, le juif errant est le plus souvent chassé sans ménagement d'un terroir à l'autre. Il surgit ainsi à l'improviste à Beauvais, en 1604, hante, selon des contes locaux, la campagne bretonne ou encore les montagnes des Alpes, dévastant à chaque fois sur son passage les cultures et les richesses. Popularisé au début du XIXe siècle par la complainte de Béranger ainsi que par le théâtre de boulevard, il entre dans la légende avec Eugène Sue, qui inscrit ce personnage au plus profond de la conscience du peuple[10]. Ce magicien accusé d'être responsable de crimes rituels est sans cesse expulsé, à l'instar des juifs dans leur ensemble, et l'histoire des rois de France se confond souvent avec celle de leur impitoyable répression.

À l'époque moderne, Drumont pointe toujours un doigt accusateur contre «cette race de nomades» et, il y a à peine un demi-siècle, on dénonce sans relâche «les tribus d'Israël... Prends garde à toi Ahasverus, le Juif errant, le réveil du peuple sera terrible». Léon Blum incarne, pour toute une littérature, «ce Juif errant, Juif démolisseur» qu'il faut à nouveau expulser: pour Maurice Bedel, «M. le Président du Conseil venu d'une race errante, campe en Île-de-France par un hasard qui l'eût aussi bien mené à New York, au Caire ou à Vilna», et Marcel Jouhandeau, dans son livre *Le Péril juif*, déclare tout de go: «Bien que je n'éprouve aucune sympathie pour Hitler, Blum m'inspire une bien autrement profonde répugnance; le Führer est chez lui tandis que MM. Blum et Benda ne sont pas de chez nous.» Cette image sera sans cesse reprise pour être appliquée à Georges Mandel ou Pierre Mendès France, ce dernier étant supposé «camper présentement entre Atlantique et Pyrénées». Au mythe «Karfunkelstein», le vrai nom supposé de Léon Blum, repris encore, en 1960, par le *Petit Larousse*, succèdent les «Mendès Bessarabie», les «Mendès Jérusalem», les «Mendès Palestine» et autres «Mendès anti-France», avant que surgisse plus tard, dans le même registre, la «tribu Fabius».

Dépourvus de tout lien avec la terre qu'ils n'ont pas le droit de posséder, les juifs sont chargés des fonctions que l'Église réprouve: dans l'imagerie traditionnelle, leur nature s'identifie d'emblée à l'usure, la spéculation, avec les manœuvres les plus diverses que favorisent l'errance et la non-intégration définitive à des groupes sociaux étroitement soudés. Dans les légendes des

Grégoire, Dreyfus, Drancy et Copernic

campagnes alsaciennes d'autrefois comme dans les écrits de Balzac, les juifs font toujours figure de banquiers cupides se moquant sans vergogne de leurs pauvres victimes chrétiennes. Dans *L'Argent*, Zola fait frissonner le peuple en décrivant «la juiverie entière, cet obstiné et froid conquérant» devenant, grâce à l'or, «le maître de la terre[11]», tandis que Barrès, dans *Les Déracinés*, s'en prend lui aussi à l'argent corrupteur par l'entremise duquel les juifs achètent l'État, et que Drieu La Rochelle s'attarde avec complaisance, dans *Gilles*, sur la dégénérescence maladive de son beau-père, banquier et juif. De leur côté, Proudhon, Fourier ou Pierre Leroux, théoriciens du socialisme à la française, pères de l'anarchisme, bâtisseurs hardis d'utopies, diffusent eux aussi cette symbolique des juifs corrupteurs de la francité et du genre humain.

La littérature contre-révolutionnaire de même que les écrits socialistes vilipendent sans relâche Rothschild, incarnation du mal symbolisant à lui seul la domination de l'or juif. Parmi tant d'autres, Georges Dairnwaell raconte l'*Histoire édifiante et curieuse de Rothschild I*[r], *Roi des Juifs*, Jacques de Biez dénonce *Rothschild et le péril juif*, tandis que Jules Guesde, auteur d'un «À mort Rothschild», pourfend le «mauvais juif de Francfort installé depuis près d'un siècle comme une pieuvre gigantesque au cœur de la France dont il aspire le sang par tous ses suçoirs[12]». Le mythe des deux cents familles magnifie encore davantage ce complot mené par les grandes banques au profit surtout des juifs et, dans l'entre-deux-guerres, *La Flèche* comme *Gringoire* ou *L'Humanité* pointent un doigt accusateur contre Rothschild qui personnifie le grand capital juif et ses alliés de la grande banque protestante. Pour Paul Vaillant-Couturier, «des Capétiens aux communistes», la France, y compris une large partie de son patronat propre, doit se réunir à nouveau dans un refus identique des trusts. À leur tête on trouve, selon André Marty, Léon Blum, l'ami «intime des plus grands financiers cosmopolites». Maurice Thorez décrit pour sa part le dirigeant socialiste comme «un reptile répugnant, un chacal [...] aux doigts longs et crochus [...] étroitement lié au capitalisme monopolistique», et Florimond Bonte l'appelle tout simplement «le petit chéri de la bourgeoisie [...] le reptile qui relève la tête, courroucé, et crache son venin».

Les dirigeants du parti communiste, qui identifient souvent les juifs au capitalisme international, prennent plus tard pour cible privilégiée Pierre Mendès France ou François Bloch-Lainé. Leur langage se révèle étonnamment proche de celui d'un Hector Ghilini, auteur d'extrême droite, selon lequel «l'attrait du veau d'or explique le glissement de Blum vers le mur d'argent». Le mythe de la vaisselle d'argent du chef du Front populaire est vital dans l'imaginaire de l'entre-deux-guerres, l'Action française s'en prenant inlassablement au «petit Blum, juif d'argenterie et de Conseil d'État». Cette image de juif richissime complète souvent, dans une symbolique largement répandue, celle du juif éternel, révolutionnaire qui, de Léon Blum – toujours lui! – aux militants clandestins de la M.O.I. et jusqu'à Alain Krivine, suscite encore bien des frayeurs lorsqu'un Henri Krasucki se trouve à la tête de cortèges de la C.G.T. Image trouble d'une judéité révolutionnaire incarnée par un Pierre Goldman, tiers-mondiste et braqueur, qui attire à lui l'attention publique; menaçante quand, en hommage à Daniel Cohn-Bendit, défilent dans les rues de Paris des foules au cri de «Nous sommes tous des juifs allemands».

Dans l'imaginaire politique français, les juifs révolutionnaires coexistent par conséquent sans difficulté avec leurs coreligionnaires capitalistes: les uns et les autres, nouvelles figures de l'image du juif errant enfouie dans les profondeurs de la mémoire collective, renforcent la peur d'un complot externe brisant l'identité propre à la société française. Les juifs sont alors perçus comme des étrangers utilisant les stratégies les plus diverses pour parvenir à asseoir leur propre domination. On comprend dans ces conditions que les fameux *Protocoles des Sages de Sion* aient pu être rédigés dans le contexte français de la fin du XIXe siècle, tant ils se réfèrent à des traits qui lui sont propres. S'ils sont diffusés sans relâche à travers le monde entier et traduits dans toutes les langues, leur réception en France est d'autant plus rapide qu'ils viennent renforcer des croyances déjà solidement établies[15]. Et qu'on tente d'entretenir jusqu'à nos jours, en rééditant inlassablement les *Protocoles*: en 1990 encore, *Révision* et *Lectures françaises*, deux périodiques liés aux droites extrêmes, en donnent une présentation intégrale.

Étrangers à la France profonde, instruments du capitalisme corrupteur et maîtres de l'argent qui pervertit les mœurs, révolutionnaires dans l'âme et responsables de tous les bouleversements sociaux, les juifs sont presque toujours rejetés par la tradition catholique attachée à une conception organiciste et conservatrice de la société. De l'abbé Barruel au libéral et progressiste François Mauriac, le catholicisme, véhiculé par tant de pamphlets et de manuels, propage une image caricaturale de juif malfaisant et damné. Les juifs menacent de déchristianiser la France et, pour Bonald, par exemple, leur nécessaire punition, par-delà les errements de la Révolution française, annonce le retour rédempteur à la France d'autrefois. Dans l'imaginaire de nombreux catholiques, leur nouvelle Passion laisse présager le triomphe du Christ. Dans son *Journal* de 1892, Léon Bloy affiche son «mépris pour les youtres sordides et vénéneux dont l'univers est empoisonné». En 1901, Louis Veuillot s'exclame: «Moi, chrétien catholique de France, vieux comme les chênes et enraciné comme eux [...] je suis gouverné par des vagabonds d'esprit et de mœurs. Renégats ou étrangers, ils n'ont ni ma foi, ni ma prière, ni mes souvenirs, ni mes attentes. Je suis sujet de l'hérétique, du juif, de l'athée et d'un composé de toutes ces espèces qui n'est pas loin de ressembler à la brute.»

En dépit d'une attitude qui le mène finalement à reconnaître les valeurs juives, Claudel estime à son tour que les juifs, par leur refus de l'Évangile, se sont mis à l'écart de l'Humanité et préservent encore de nos jours des valeurs peu compatibles avec celles des Français; dans de nombreuses pièces de théâtre, il dresse des portraits très critiques de personnages juifs et souscrit souvent à des jugements violemment antisémites, déclarant par exemple à propos de la sortie des juifs d'Égypte: «Israël est sorti comme on dit de la petite vérole qu'elle sort.»

Des catholiques aux idées politiques tournées vers le libéralisme et qui se déclarent hostiles aux menées antisémites adhèrent néanmoins à nombre de clichés propagés par Drumont et ses héritiers. Un Anatole Leroy-Beaulieu, si favorable aux juifs et aux protestants, n'hésite pourtant pas à brosser de Gambetta un portrait en lequel un Drumont se reconnaîtrait aisément: «Prenez, dit-il, le profil de Gambetta à la courbe judaïque si marquée: la maigre face du juif s'y élargit en masque léonin.» Plus d'un demi-siècle plus tard, François Mauriac, tout aussi philosémite qu'Anatole Leroy-Beaulieu, remarque, en 1937, que, «pour un catholique, l'antisémitisme n'est pas seulement une faute contre la charité. Nous sommes liés à Israël, nous lui sommes unis, que nous le voulions ou non», avant d'ajouter que les juifs «ne peuvent pas accaparer la finance internationale sans donner aux peuples le sentiment d'être dominés par eux. Ils ne peuvent pas pulluler partout où l'un d'eux s'est introduit [le ministère Blum] sans éveiller la haine». D'une époque à l'autre, les catholiques les plus bienveillants reprennent des images antisémites qui leur viennent du fond de leur mémoire. Même Emmanuel Mounier, en 1939, tout en combattant courageusement l'antisémitisme de *Je suis partout* qu'il considère comme étant d'«origine étrangère», reconnaît qu'«il y a d'autres problèmes juifs dans la mesure où des juifs, ici ou là, ont tendance à s'agglomérer et, sinon à faire sécession, à former induration dans la communauté nationale. Le cinéma, c'est un fait, est envahi par une catégorie particulière de juifs véreux. L'enseignement supérieur a connu avant la guerre un certain monopole de cette catégorie particulière de juifs que sont les juifs rationalistes et sociologues. M. Blum a multiplié imprudemment dans son entourage cette sous-section des politiciens que sont les politiciens socialistes juifs». Dans cette même période qui précède Vichy et l'exclusion juridique des juifs de la communauté nationale, Bernanos, qui interviendra en leur faveur, semble néanmoins se souvenir du message de *La Croix* des années quatre-vingt. Célébrant encore la grande pensée politique de Drumont, il proclame toujours: «Le juif, c'est l'ennemi, tel est le cri chrétien depuis le Golgotha jusqu'à nos jours.» Et Jean Giraudoux, l'auteur d'une

étrange *Judith*, s'en prend – toujours en 1939 – à la « horde » de « centaines de mille askenasis échappés des ghettos », et se trouve chargé officiellement de défendre la Race française.
Même chez les auteurs qui affichent leur pacifisme et leur tolérance, le juif fait souvent figure de corrupteur affublé de tares physiologiques congénitales. Ainsi Romain Rolland, dans *Jean-Christophe*, attribue à des personnages juifs l'origine de « l'esprit d'ironie et de décomposition qui s'attaquait doucement [...] à la religion, à la patrie ». Pour Romain Rolland encore, « les juifs parisiens (et les chrétiens judaïsés), qui foisonnent au théâtre, y avaient introduit le micmac de sentiments qui est le trait distinctif d'un cosmopolitisme dégénéré ». Et il se moque de son personnage, Sylvain Kohn, « ce petit juif allemand, ce lourdaud [qui] s'était fait le chroniqueur et l'arbitre des élégances parisiennes ». De tels stéréotypes affectent également l'œuvre d'un Lacretelle, écrivain pourtant tout aussi bien intentionné que Romain Rolland : son héros, le jeune Silbermann, est « petit et d'extérieur chétif [...] Le teint était pâle, tirant sur le jaune ; les yeux et les sourcils étaient noirs, les lèvres charnues et d'une couleur froide ». Son « petit juif » se transforme parfois en « Messie » et finalement décide de partir pour l'Amérique « faire de l'argent », laissant le narrateur constater les dégâts : « C'est dans notre foyer que les ruines causées par Silbermann étaient le plus sensibles. Là, tous mes dieux étaient renversés. Les idées en l'honneur, nos petites lois domestiques, notre conception du beau, tout avait perdu son prestige[14]. » André Gide, lui-même, dans son *Journal* du 27 janvier 1914, écrit à propos de Blum, « les qualités de la race juive ne sont pas des qualités françaises ». Et il persiste, en 1925, en considérant que l'ouvrage de Blum, *Du mariage*, témoigne du fait que « les juifs sont passés maîtres dans l'art de désagréger nos institutions les plus respectées, les plus vénérables, celles mêmes qui sont le fondement et le soutien de notre civilisation occidentale, au profit de je ne sais quelle licence et quel relâchement des mœurs, à quoi répugne heureusement notre sensibilité, notre bon sens et notre instinct de sociabilité latine ». Douze ans plus tard, sur un autre registre il est vrai, Céline, dans *Bagatelles pour un massacre*, se répand en torrents d'injures scatologiques et sexuelles, accusant les juifs de pervertir les pures et naïves femmes françaises.
Équivalent féminin du juif déraciné et empoisonneur, la belle juive, sorcière et séductrice, menace de son côté de pervertir les hommes français. Judith symbolise, d'un siècle à l'autre, un danger auquel risque de succomber la France chrétienne. Et, de Balzac à Zola, Maupassant, Alphonse Daudet, Romain Rolland lui-même, ou Drieu La Rochelle, les belles juives n'hésitant pas à se prostituer pour parvenir à émasculer les Français peuplent la littérature et hantent par conséquent bien des consciences. Elles incarnent l'attraction mortelle, celle qui, selon Drumont, mène droit à « la circoncision de

Grégoire, Dreyfus, Drancy et Copernic

tous les Français», idée qui se trouve reformulée par Paul Lapeyre dans son livre *La Sociologie catholique* où il s'en prend aux «démons du Talmud avec leurs sécateurs». Pour Alfred Fabre-Luce, Proust comme Léon Blum sont des «courtisanes»; Léon Daudet surnomme «Fifille» le dirigeant du parti socialiste, l'«Adonis hébreu qui mouille son banc à la Chambre», tandis que Maurras se moque de «Fleur-Bleue, baptisée au sécateur», Pierre Gaxotte caricaturant pour sa part Léon Blum sous les traits d'une «vieille jument palestinienne qui geint tout le temps, gémit, se tortille, défaille». Inspiré par la figure de Léon Blum, Lucien Lévy-Cœur, l'un des personnages principaux de *Jean-Christophe*, est également supposé être attiré par la pornographie, étranger à «tout ce qu'il y avait de viril, de pur, de sain, de populaire», il s'entend «admirablement avec les ingénues perverties de la société bourgeoise, riche et fainéante». Et la presse lepéniste décrit Laurent Fabius comme une «bombe sexuelle» à «la bouche dessinée comme celle des grasses odalisques dans le harem de la Sublime Porte».

2. Le franco-judaïsme et la dissolution de la mémoire juive

La survie de ces stéréotypes qu'on vient de passer rapidement en revue ainsi que leur résurgence périodique semblent étonnantes au point d'être incompréhensibles. Car, s'il est un pays où l'assimilation des juifs a été réussie, c'est bien la France. Aucun autre n'a vu en effet se constituer une synthèse telle que le franco-judaïsme qui suppose une unification complète des valeurs et des destins, une osmose des visions du monde et une identité des comportements. Même dans le Reich allemand, où la symbiose fut si intime qu'elle produisit une culture quasi commune que le nazisme seul parvint à détruire, les juifs ne pouvaient s'identifier entièrement au cadre profondément chrétien de l'État et de la société tout entière; en désespoir de cause, les juifs se convertirent, poussèrent à l'extrême leur patriotisme, se révoltèrent en adhérant par exemple au marxisme, quittèrent l'Empire en se dirigeant vers la Palestine ou les États-Unis. Ceux qui demeurèrent, en gardant malgré tout foi dans l'Allemagne des Lumières et de la civilisation, connurent finalement l'horreur des camps. Malgré leur histoire tout à fait différente, les juifs français furent nombreux à la connaître, eux aussi. Et c'est leur identification à la France et plus précisément à la République qui, on le verra, les a placés au cœur même des guerres franco-françaises, a redonné une virulence originaire aux stéréotypes d'un antisémitisme archaïque et en a fait les ennemis absolus de toutes les forces antirépublicaines et antidémocratiques.
La véritable rencontre entre les juifs et la France date des événements de

1789 : vivant le plus souvent dans des communautés fortement solidaires de l'Est, les juifs s'autogouvernent presque et, soumis surtout aux vexations locales, n'entretiennent que peu de rapports avec le centre ; ceux, infiniment moins nombreux, qui demeurent à Bordeaux[15] ou à Bayonne, participent déjà individuellement aux activités de la société française, mais leur intégration entraîne bien souvent la perte de leur propre identité. C'est dire que les épousailles entre la France et ses juifs se produisent au moment même où les Lumières semblent l'emporter, la volonté toujours plus accentuée d'unifier le territoire supposant une citoyenneté égalitaire entièrement tournée vers l'État libérateur.

L'abbé Grégoire s'efforce de mener à son terme la « régénération » des juifs, il entend les tirer hors de leur « dépravation morale », de leur « cloaque » afin qu'ils quittent définitivement leur condition de « plantes parasites ». Homme des Lumières et adepte fidèle des pratiques jacobines centralisatrices, l'abbé Grégoire, de même que Robespierre, entend tout mettre en œuvre pour parvenir à « fondre les juifs dans la masse nationale » ; « emparons-nous de la génération qui vient de naître, propose-t-il, de celle qui court à la puberté et dirigeons-la vers les écoles de l'État », afin qu'elle puisse y acquérir des « idées saines » qui la détourneront de son attachement à « un esprit de corps[16] ».

De manière tout à fait explicite, le projet révolutionnaire se propose, par une stricte application d'un civisme linguistique et moral, d'effacer les particularismes dépassés. Car les juifs « sont hommes comme nous, souligne Grégoire, ils le sont avant d'être juifs » : quand ils mettront un terme à leur longue attente du Messie, ils accepteront même peut-être de se « convertir » à un catholicisme mâtiné de protestantisme compatible avec les idéaux de fraternisation de 1789.

L'étatisation révolutionnaire des juifs est désormais en marche au nom d'un messianisme libérateur, destructeur, certes, des institutions communautaires, des traditions et des valeurs qui s'y transmettent, mais soucieux néanmoins d'aller à la rencontre d'un autre messianisme, celui des juifs, à condition toutefois qu'il ne prétende pas s'enraciner dans des institutions propres. Si Mirabeau, pour sa part, souhaite le maintien, au sein de la nouvelle nation, des petites sociétés et de leur culture propre, le projet révolutionnaire qui instaure les bases du contrat sur lequel va dorénavant reposer le franco-judaïsme peut se reconnaître dans l'espoir messianique des juifs, à condition qu'il se transforme en un déisme rationaliste acceptable par l'ensemble des citoyens[17].

Tout au long de l'histoire de la France moderne, telles seront les bases normatives de la symbiose qui va susciter, d'une époque à l'autre, l'enthousiasme de très nombreux juifs. Déjà ceux du Paris révolutionnaire affirment sans détour : « Un objet unique domine et préoccupe nos âmes : le bien de la

Patrie et le désir de lui consacrer toutes nos forces»; une fois devenus citoyens, ils entendent se soumettre «à un plan uniforme de police et de jurisprudence». Comme eux et pendant les deux siècles suivants, d'Adolphe Crémieux à Joseph Reinach, Émile Durkheim, Marc Bloch ou encore Raymond Aron, l'adhésion sans réserve au franco-judaïsme ainsi défini ira de soi. Les juifs de France, laïcs ou religieux, vont être nombreux à se reconnaître dans le projet émancipateur de la Révolution. «La France, écrit l'un d'entre eux en 1791, au lendemain du vote de l'émancipation, qui a été la première à éteindre la honte de Yehoudah, est notre Palestine, ses montagnes sont notre Sion.»

Dans le même sens, Adolphe Crémieux, qui sera plusieurs fois ministre, associe lui aussi la mission de la France à une vision messianique: «Au Dieu d'Abraham, s'exclame-t-il, d'Isaac et de Jacob, notre adoration; à notre France de 1789, notre culte filial; à la République de 1870, notre dévouement absolu. C'est là notre grande Trinité[18].» Pour Crémieux qui est, en 1870, à l'origine de l'extension de la nationalité française aux juifs d'Algérie, la France de 1789 incarne véritablement «une flamme divine» qui exprime désormais le judaïsme lui-même. Lorsque le député Camille Dreyfus célèbre, en 1889, le centenaire de la Révolution, il retrouve lui aussi naturellement cette vision religieuse: pour lui, «les hommes des États généraux ont à coups de tonnerre anéanti la loi ancienne et fondé la loi nouvelle [...] Vous avez été les Christ de la nouvelle passion et les auteurs de la nouvelle humanité[19]». Dans le même sens, selon l'historien Marc Bloch, «les temps du Messie étaient venus avec la Révolution française». Et Théodore Reinach estime simplement que «tout juif d'aujourd'hui, ayant de la mémoire et du cœur, a pour seconde patrie, patrie morale, la France de 1791[20]». La «mémoire» des juifs trouve ainsi désormais son origine dans les événements de 1789.

Les rabbins eux-mêmes n'hésitent pas à considérer la Révolution française comme l'incarnation d'un message divin. Le discours patriotique des rabbins trace un parallèle entre la Révélation du Sinaï et la Révolution française, la France faisant figure d'un «second Moïse». Le rabbin Abraham Bloch souligne à quel point «les principes de 1789 nous protègent [...] nous vivons sur la terre de la justice et de l'égalité et nous avons conscience d'avoir répondu à tout ce qu'on attendait de nous». Le rabbin Kahn, de Nîmes, estime pour sa part que la Révolution, «c'est notre sortie d'Égypte [...] c'est notre Pâque moderne», tandis que le rabbin de Reims, Hermann, mène jusqu'à ses conséquences extrêmes ce rapprochement religieux, en déclarant que la France a été «désignée par Celui qui dirige les destinées de l'humanité pour travailler à l'émancipation de tous les opprimés, pour répandre dans le monde les grandes et belles idées de justice, d'égalité et de fraternité qui étaient naguère le patrimoine exclusif d'Israël».

« Israélites, écrit de son côté le grand rabbin Aron, de Strasbourg, en 1848, le drapeau qui flotte aujourd'hui sur le parvis national de la République française, c'est l'étendard sacré que l'Éternel confia à Moïse [...] c'est le symbole des droits de l'humanité que nos prophètes ont proclamés courageusement. » Les juifs s'identifient donc littéralement à la France, les mémoires se confondent en facilitant la création d'une sorte de syncrétisme religieux pouvant conduire, sans grande rupture, à la fréquente conversion des juifs à l'idéologie républicaine, mais aussi, de manière pourtant infiniment moins fréquente, au catholicisme, religion dominante de cette France émancipatrice tant adulée[21].

Sans mener nécessairement à de tels extrêmes, il n'en est pas moins vrai que c'est l'ensemble de la vie religieuse juive qui s'en trouve bouleversée. Après la réunion du Grand Sanhédrin, les consistoires deviennent des « appendices de l'État » et exercent un contrôle assez strict sur l'ensemble du territoire en liaison avec le ministère des Cultes : pour le Grand Sanhédrin, « il est du devoir religieux pour tout israélite né et élevé dans un État [...] à regarder ledit État comme sa patrie [...] Tout l'oblige à ne point isoler son intérêt de l'intérêt public ». Et le Code civil napoléonien l'emporte désormais sur les lois religieuses propres[22]. La francisation des rabbins se marque aussi par le choix de modèles pris dans l'histoire de France et non uniquement dans la Bible, par leur participation officielle aux événements qui règlent la vie nationale et leurs sermons enflammés à la patrie, leurs nouveaux habits qui les rapprochent des officiants catholiques, l'introduction de l'orgue dans les synagogues dont les façades ne présentent aucun signe particulier aux yeux des passants, la transformation des services, etc.

Au tournant du siècle, les tenants d'un judaïsme libéral envisageront même l'abandon du sabbat au bénéfice du dimanche, ainsi que celui des principaux rituels. Pour Théodore Reinach, « les coutumes religieuses des juifs [...] retardent leur fusion morale avec leurs compatriotes de religion différente[23] ». Et Benoît Fould déclare, à la Chambre des députés : « Au nom de ceux qui professent la religion à laquelle il a l'honneur d'appartenir, qu'ils sont prêts à sacrifier le repos sabbatique sur l'autel de la patrie[24]. » Plus attachés aux traditions, les rabbins de l'est de la France tentent de freiner une telle mutation du judaïsme mais, après le transfert de l'École rabbinique de Metz à Paris et la mise en œuvre d'un contrôle draconien des consistoires de province par le Consistoire central que l'on peut constater par la lecture de ses délibérations internes, rien ne paraissait pouvoir la contrecarrer.

L'extension progressive, plus tard, des lois instaurant la laïcité à laquelle de nombreux juifs, de Camille Dreyfus à Paul Grunebaum-Ballin, contribuent, sera combattue puis acceptée par le rabbinat ; elles renforcent encore ce laminage du particularisme religieux public qui ne renaîtra, au tournant du siècle, qu'avec l'arrivée des immigrants de l'est de l'Europe et avec celle, au lendemain des guerres de décolonisation, des juifs plus traditionalistes d'Afrique du Nord. Symbole même de la République triomphante dont l'ordre s'impose enfin à une société dominée par l'Église catholique, la laïcité, en rejetant le religieux hors de la sphère publique vers la seule vie privée, en transformant aussi un système scolaire dont les enseignants, formés aux doctrines rationalistes et positivistes, s'engagent dans le combat contre les forces religieuses, érode encore davantage, conformément aux craintes de certains rabbins, l'attachement aux structures communautaires et à la vie associative juive.

Le déclin du religieux[25], qui s'accélère dans le courant du XIXe siècle, entraîne aussi celui de la conscience collective propre aux juifs et ouvre davantage encore la voie à l'assimilation réductrice tant de la mémoire que de l'histoire. Cette assimilation, si intrinsèquement liée au cadre du franco-judaïsme, peut être pourtant paradoxalement considérée, elle aussi, comme une forme de messianisme juif à l'envers[26], la France devenant la nouvelle Sion. Elle mène, en Allemagne comme en France, à une science positiviste du judaïsme, qui, en l'historicisant, lui fait perdre la signification mythique de son destin particulier, constitutif d'une identité spécifique transmissible d'une génération à l'autre. La science du judaïsme qui l'appréhende purement en termes de valeurs morales lamine la mémoire : les juifs apparaissent comme porteurs de valeurs universelles qui les prédisposent à former une «communauté de l'esprit» bien plus qu'«une communauté de sang» ou même simplement un ensemble social spécifique.

À partir des années 1860, un certain nombre d'érudits juifs, issus parfois de l'École normale supérieure et ayant passé une agrégation, accèdent à des positions importantes dans les institutions universitaires, Collège de France ou École pratique des hautes études. Salomon Munk, Adolphe Franck, Joseph Derenbourg ont pourtant participé à diverses activités religieuses ou pédagogiques de la communauté juive. Mais, comme Derenbourg ou Munk, ils ont souvent aussi fréquenté les grandes universités allemandes et suivi par exemple les enseignements de Leopold Zuns. Ils vont, dès lors, importer en France les méthodes positivistes et rationalistes des savants allemands, créateurs de la nouvelle science du judaïsme. Franck a, de son côté, été formé en France par les méthodes comparables de Victor Cousin. Tous participent à la fondation et à l'animation de la Société des études juives, où ils rejoignent Théodore Reinach. Et tous appliquent une interprétation positiviste aux divers textes du judaïsme[27].

Joseph Salvador entreprend dans ce sens une analyse historique du judaïsme appréhendé comme une «religion positiviste», et considère son message comme inspiré par la Révolution française dont les institutions propices à l'instauration de l'égalité lui semblent proches de celles de la lointaine

République des Hébreux. Loin de toute pratique rituelle, James Darmesteter, qui enseigne au Collège de France, s'engage lui aussi dans une recherche historique rigoureuse des bases intellectuelles du judaïsme depuis l'émancipation, en soulignant d'emblée : « Je suis juif infiniment peu, je suis bibliste. » Récusant, comme Renan, la loi mosaïque, il estime qu'« il n'y a plus place à une histoire des juifs en France ; il n'y a plus qu'une histoire du judaïsme français comme il y a une histoire du calvinisme, du luthérianisme français, rien d'autre et rien de plus ». Pour lui, la France représente le but même que s'est toujours donné, dans sa vision prophétique et universaliste, le judaïsme, elle en est la conséquence logique. Paris est définitivement le lieu de l'épanouissement du judaïsme à travers une synthèse républicaine réconciliée ici avec le christianisme. Pour l'élite universitaire juive de l'époque, comme pour de nombreux rabbins, l'universalisme juif se confond avec l'universalisme républicain, et perd, dès lors, toute incarnation historique collective propre.

Dans ce sens, la création de l'Alliance israélite universelle, à laquelle participent nombre de ces savants ou de ces rabbins, renforce encore la symbiose dont la légitimité est telle qu'elle se trouve exportée au-delà des frontières, en Afrique du Nord, ou encore, par exemple, dans l'Empire ottoman ou dans les pays du Proche-Orient, afin d'y poursuivre l'œuvre de régénération des juifs non émancipés entreprise par la Révolution et l'abbé Grégoire : là aussi, l'universalisme à la française, qui fournit un moule à l'action pédagogique des juifs, vient laminer les cultures et les mémoires des diverses communautés attachées à des valeurs, des pratiques et des rituels estimés anachroniques.

Au nom de la lutte contre le « fanatisme » et les « superstitions », l'« obscurantisme » des rabbins, les enseignants de l'Alliance accélèrent rapidement, à partir de l'exemple français, la sécularisation de ces sociétés juives en combattant par exemple les « jargons » locaux : « Il faut absolument, déclare l'un d'entre eux, en 1898, à Casablanca, en reprenant inconsciemment la perspective du rapport jacobin de l'abbé Grégoire sur les patois, faire table rase du jargon, défendre les traductions et insister sur la forme française. » Dans son Manifeste fondateur, en 1860, l'Alliance déclare : « Israélites [...] si vous croyez [...] que l'influence des principes de 89 est toute-puissante dans le monde, qu'il est à souhaiter que partout son esprit pénètre [...] apportez-nous votre adhésion, votre concours. » L'Alliance perpétue de cette manière les idées de la Haskala, le mouvement juif des Lumières, dont s'inspirent aussi en partie les fondateurs de la science du judaïsme, pour dénoncer les cultures juives traditionnelles au nom d'une émancipation seule capable de donner naissance à de nouveaux citoyens[28].

3. Les juifs dans la République

L'attachement des juifs aux principes de la Révolution tels que les codifie la Déclaration des droits de l'homme et leur identification à la France ne se laissent pas séparer de leur intégration effective dans la société française où ils occupent de plus en plus souvent les premières places. À partir de la monarchie de Juillet, certains d'entre eux acquièrent une forte visibilité dans le domaine économique : très actifs dans l'entourage saint-simonien, les Pereire, par exemple, jouent un certain rôle dans la mise en place d'un système bancaire d'aide à l'industrialisation. Peu à peu, avec les d'Eichtal, les Fould, les Rothschild, Mirès et bien d'autres, leur participation, quoique limitée, au monde des affaires et à la classe dominante leur confère un rôle public. La presse décrit les réceptions, les fêtes, les bals auxquels ils participent en compagnie de la plus haute aristocratie et parfois, même, du roi ou, bientôt, de l'empereur. Leur visibilité est telle que la perception qu'on a d'eux s'en trouve changée. Les juifs n'apparaissent plus seulement comme des errants, à la limite de la mendicité, mais aussi – et à un degré croissant – comme faisant désormais partie des puissants. Leur image n'en est pas moins brouillée par leur conversion fréquente au christianisme ; d'une certaine manière, seuls les Rothschild font figure de «juifs de cour», tout à la fois proches du pouvoir et solidaires des autres juifs : longtemps, ils drainent du même coup vers eux toute l'animosité.

Avec la IIIe République triomphante, d'autres juifs occupent soudain la scène publique et bâtissent progressivement l'image du juif républicain attaché tout à la fois au nouvel idéal politique et au rationalisme qui en est le fondement. Adolphe Crémieux incarne le premier ce nouveau juif d'État : ministre de la Justice en 1848, il devient un bref moment chef du gouvernement et responsable de la Défense nationale après la chute de l'Empire ; Tocqueville, dans ses *Souvenirs*, le qualifie après d'autres de «pou éloquent» et note sa laideur, son air «débraillé», quelques lignes après avoir dit de Goudchaux qu'«il ne sentait point du tout son juif par la figure, quoiqu'il le fût de père et de mère[29]». Étroitement lié à Gambetta puisque celui-ci, alors jeune avocat, est venu travailler dans son propre cabinet, Crémieux joue involontairement un rôle crucial dans la naissance du mythe antisémite de la «République juive[30]» : au terme d'un complot savamment conduit, celle-ci, à l'ombre de Gambetta, s'emparerait de la France tout entière. Pour remplacer les élites anciennes, toujours hostiles à la République, le chef des opportunistes se tourne en effet vers de nouvelles catégories au sein desquelles figurent certains protestants et juifs ; et on trouve parmi ses amis intimes un Joseph Reinach qui deviendra secrétaire du gouvernement lors du «grand ministère» et à qui Gambetta confiera même la charge de publier ses écrits.

Associés au triomphe de la République, les juifs empruntent les canaux de la méritocratie, à travers l'École normale supérieure ou encore l'École polytechnique, pour se hisser vers les sommets de l'État. Désormais se profile dans la société française une nouvelle image du juif : celle d'une «bête à concours» se conformant aux principes d'une République rationaliste et positiviste. Théodore Reinach, le frère de Joseph, représente le mieux cette nouvelle image. Il est celui qui a remporté le plus grand nombre de prix au Concours général de sa génération, soit dix-huit à lui seul, celui qui peut jouer Sophocle dans le texte, le brillant numismate qui publie nombre d'ouvrages savants sur la Grèce ancienne et est élu à l'Académie des inscriptions et belles-lettres. Le juif «savant» est né, nouvelle caricature qui hante nombre de romans du tournant du siècle[31].

Reste que, désormais, des juifs se présentent avec succès aux concours de recrutement des fonctionnaires, entament des carrières militaires après être passés par l'École polytechnique ou Saint-Cyr, entrent dans la magistrature, dans le corps préfectoral, passent l'agrégation, accèdent à l'Université et même au Collège de France ou à l'Institut. Certains d'entre eux deviennent des figures de l'histoire de France : citons, en vrac, aussi bien Joseph Reinach qui anime la vie politique avant de devenir le chroniqueur des faits d'armes de l'armée française durant la Grande Guerre, qu'Abraham Bloch, le célèbre rabbin qui meurt durant cette même guerre en tendant un crucifix à un soldat mortellement blessé, soulevant l'enthousiasme de Barrès lui-même ; mentionnons aussi, parmi tant d'autres, David Raynal, l'ami intime du préfet Lépine, qui ordonne, au tournant du siècle, une traque impitoyable des anarchistes, ou Abraham Schrameck, préfet de Paris, qui devient lui aussi célèbre après avoir réprimé une manifestation, cette fois de l'Action française ; Georges Mandel imposant à son tour l'image d'un juif, homme à poigne, en remontrant même aux droites nationalistes à l'instar d'un Jules Moch qui, en pleine guerre froide, brise impitoyablement les grèves ouvrières. Loin d'Offenbach ou encore de Proust ou d'Henry Bernstein, de la littérature et des beaux-arts, ces juifs, parmi d'autres, bouleversent les représentations collectives puisqu'ils symbolisent dorénavant, aux côtés d'autres hommes d'État partisans des méthodes fortes, la quintessence de l'ordre républicain.

La figure de l'intellectuel juif tourné vers la Raison ou le Beau s'impose elle aussi dans la France de cette époque, en grande partie grâce à l'activité de Charles Péguy. C'est lui qui, dans les *Cahiers de la Quinzaine*, donne la parole à Edmond Fleg, Julien Benda ou André Spire, bâtissant un être juif quasi mystique aux antipodes de visions traditionnelles devenues anachroniques. L'élection d'Henri Bergson à l'Académie française, en février 1914, premier académicien d'origine juive, confère une reconnaissance institutionnelle à cette nouvelle figure du juif penseur ; elle sera suivie par quelques autres,

Grégoire, Dreyfus, Drancy et Copernic

d'André Maurois, au judaïsme tout aussi ambigu, jusqu'à, plus récemment, celle de Joseph Kessel, succédant au duc de La Force et déclarant, en 1962, face à ses adversaires menés par Pierre Gaxotte, l'ancien secrétaire de Maurras et l'animateur de toutes les campagnes antisémites : « Pour remplacer le compagnon dont le nom magnifique a résonné glorieusement pendant un millénaire dans les annales de la France, dont les ancêtres, grands soldats, grands seigneurs, grands dignitaires, amis des princes et des rois, ont fait partie de son histoire d'une manière éclatante, pour le remplacer, qui avez-vous désigné ? Un Russe de naissance, et juif de surcroît. Un juif d'Europe orientale. »

Avant que se produise la grande immigration en France des juifs d'Europe orientale qui brouille à nouveau, dans la société française, en cette fin du XIXe siècle, toutes les images reçues, le temps de la symbiose donne naissance à l'« israélite » dont les divers types de juif d'État sont les prototypes. Les préfets ou les généraux, mais aussi les grands professeurs du Collège de France tels James Darmesteter ou encore Jacques Hadamard, les membres de l'Institut comme Salomon Reinach, mais aussi la pléiade de professeurs à la Sorbonne comme Émile Durkheim, Lucien Lévy-Bruhl, Léon Brunschvicg ou Marc Bloch, transforment la perception des juifs dans les milieux intellectuels comme peut-être dans l'opinion publique elle-même. Certains font désormais figure de penseurs presque charismatiques, disposant d'une forte influence sur leurs contemporains ; et, plus tard, au Collège de France, de Marcel Mauss à Claude Lévi-Strauss et Raymond Aron, ils exercent un magistère moral sur des générations d'étudiants et de chercheurs, les deux derniers étant même supposés, dans les années 1980, se trouver à la tête des « maîtres penseurs » de l'époque.

Un Émile Durkheim, par exemple, impose l'image d'un juif d'aspect sévère, partisan acharné de la laïcité et du positivisme qui, par son enseignement, influence des générations d'instituteurs ; patriote sourcilleux et moraliste convaincu, ce fils de rabbin devient l'emblème de la République rationaliste tout en incarnant, dans nombre de pamphlets et jusque sous Vichy, l'exemple même de la « science juive » considérée comme responsable, par son culte de la Raison, de la décadence de la France organique. De Marc Bloch, le fondateur avec Lucien Febvre des *Annales*, l'histoire de la France contemporaine retient aussi son célèbre et poignant testament rédigé à la veille de son exécution par les Allemands pour fait de résistance, dans lequel il proclame une dernière fois son amour de la France et son refus, ayant uniquement été pétri de culture française, d'être enterré en présence d'un rabbin : « Je meurs, souligne-t-il, comme j'ai vécu, en bon Français. »

Un peu dans le même sens, plus tard, Lévi-Strauss et Raymond Aron apparaissent aux yeux de leurs concitoyens comme des intermédiaires indispensables pour aborder les cultures des sociétés primitives ou comprendre les problèmes les plus brûlants du monde contemporain ; hommes de rigueur et de savoir, ils diffusent à travers la télévision l'image de savants dont rien, à part leur nom peut-être, n'indique longtemps l'origine juive. Aboutissement ultime du franco-judaïsme, ces grandes figures neutralisent presque la perception d'une dimension particulariste dans l'imaginaire de leurs concitoyens. Et, dans le même sens, l'entrée au Panthéon de René Cassin aux côtés de l'abbé Grégoire ne représente-t-elle pas, elle aussi, la reconnaissance définitive par la République de ses juifs d'État qu'elle accueille maintenant dans son lieu le plus chargé de symboles, monument qui unifie l'imaginaire national, même si sa fonction soulève toujours l'indignation des droites extrêmes, en présentant aux citoyens la liste immortelle de ses Grands Hommes ?

Désormais, la mémoire nationale officielle efface presque les juifs de son histoire : leur assimilation à la nation est telle qu'ils semblent devoir disparaître. Le silence règne, par exemple, du côté des historiens de l'époque contemporaine qui ne leur jettent au mieux qu'un regard tout à fait distrait et oublieux. Ainsi, dans la seconde partie du XXe siècle, nombre de colloques ou de livres collectifs consacrés à l'identité de la société française les ignorent purement et simplement. Longtemps, même des livres universitaires traitant du Front populaire ou de Vichy font un pudique silence sur leur présence et leur rôle durant ces événements cruciaux de l'histoire française. Et la figure de Pierre Mendès France semble, aux yeux de nombreux historiens, ne prendre aucune dimension spécifiquement juive. L'assimilation des juifs à la République élimine de l'histoire officielle toute mention susceptible de rappeler leur origine qui revêt presque un aspect inconvenant.

Du coup, on risque de ne savoir jamais pourquoi, à la veille de la Seconde Guerre mondiale, la présence de juifs sur les listes de candidats aux agrégations du supérieur était plus que limitée, pourquoi le Quai d'Orsay ou encore l'Inspection des finances et la Cour des comptes leur ont si longtemps été fermés, pour quelles raisons tels ou tels clubs de la haute société ne leur sont toujours pas accessibles. Et c'est bien cette chape de plomb qui donne le champ libre à nombre d'universitaires étrangers, au tout premier rang desquels les historiens américains et israéliens. Dans l'Hexagone, l'histoire des juifs dans la France moderne ne passe pas pour un domaine reconnu. En dehors de l'Antiquité ou, au mieux, du Moyen Âge, les études juives n'ont encore guère de légitimité alors qu'elles s'épanouissent depuis longtemps dans plusieurs pays. Ce sont des historiens étrangers qui viennent consulter les archives propres à reconstituer, par exemple, l'histoire des juifs de Bordeaux ou d'Alsace, sur lesquels si peu de travaux universitaires français ont vu le jour. Curieusement, ce sont souvent eux aussi qui, jusqu'aux années récentes, se sont penchés, en professionnels, sur l'affaire Dreyfus, l'histoire des droites radicales si violemment antisémites, celle de

Vichy et même celle du mouvement poujadiste, autant d'étapes de l'histoire de France durant lesquelles des juifs se sont trouvés placés au cœur de l'événement.

4. Au cœur des guerres franco-françaises

La réussite éclatante de l'assimilation des juifs à la société française et leur intégration à l'État se trouvent paradoxalement comme fragilisées par leur étroite association au destin de la République. De manière presque matricielle, leur émancipation par la Révolution française instaure un lien indélébile entre leur destin et celui de la tradition révolutionnaire dont souhaite encore s'inspirer la IIIe République. Que la Déclaration des droits de l'homme et du citoyen paraisse, dans sa présentation, symboliser les tables de la Loi, en voilà assez pour considérer les événements de 1789 comme ayant été le résultat d'un complot associant les juifs aux protestants et aux francs-maçons, avides les uns et les autres de détruire l'âme catholique de la société française. De l'abbé Barruel aux diverses droites des XIXe et XXe siècles, les adversaires de la Révolution et de la République vont à chaque fois s'en prendre tout particulièrement aux juifs en dressant d'eux des portraits maléfiques dont le caractère répétitif modèle inévitablement la conscience de leurs concitoyens.

Du boulangisme au lepénisme, les multiples guerres franco-françaises attribuent à chaque fois aux juifs un rôle central, les adversaires successifs qui s'affrontent au cours de ces conflits n'hésitant pas à les mettre souvent, les uns et les autres, au cœur de leur propre argumentation, leur conférant, dès lors, une visibilité publique considérable propre à susciter bien des mythologies contradictoires. Comme l'observent avec beaucoup de perspicacité les *Archives israélites*, « le césarisme, le boulangisme, le nationalisme, en un mot, tous les mouvements hostiles à la République et contre lesquels elle a eu à se défendre, trouvèrent dans les ennemis d'Israël de chauds thuriféraires et de précieux et énergiques instruments. On trouve l'antisémitisme militant mêlé à toutes les conspirations qui avaient pour but d'escamoter le régime de liberté que la France s'était donné ». Et ce même journal d'ajouter encore, en 1914, « tout ce que l'antisémitisme a réussi à faire jusqu'à présent, grâce à son abominable campagne de calomnies, c'est la concentration républicaine et socialiste des électeurs israélites dont les voix, par un intérêt tout naturel, se portent du côté où ils ont le moins à redouter pour les conquêtes de 1789 ». La conclusion s'impose d'elle-même : « Le nationalisme, l'héritier et le succédané du boulangisme, ne saurait qu'inspirer les plus larges méfiances aux électeurs français[32]. »

Tous les juifs n'étaient certes pas de cet avis. Mais ceux qui ont milité activement en faveur des adversaires de la République demeurèrent néanmoins des figures exceptionnelles. En dehors d'Alfred Naquet, fidèle ami du général Boulanger, du journaliste Arthur Meyer, partisan des thèses royalistes, de l'avocat Edmond Bloch siégeant, dans l'entre-deux-guerres, aux côtés de Maurras ou de Doriot, de rares membres encore de la Ligue des patriotes ou des Faisceaux, de Pierre David qui adhère avec passion aux idées de l'Action française et meurt en rendant un dernier hommage à Charles Maurras, de Maurice Sachs dont les activités troubles durant la Seconde Guerre mondiale le portent aux confins de la collaboration, en dehors enfin de quelques partisans de Jean-Marie Le Pen, les juifs, dans leur quasi-totalité, s'engagent dans la défense de la République. C'est le cas des Reinach durant le scandale de Panama, de Bernard Lazare ou des Reinach à nouveau pendant l'affaire Dreyfus, de Léon Blum ou de Jules Moch durant le Front populaire, de Pierre Mendès France et de Jean-Jacques Servan-Schreiber pendant la guerre d'Algérie et le poujadisme, de Robert Badinter, Simone Veil ou encore Lionel Stoleru, pris de nos jours comme cibles favorites par les porte-parole du Front national.

Le nationalisme français qui prend ses traits définitifs au lendemain de la défaite de 1870 s'enracine dans un solide antisémitisme satisfaisant au fantasme du bouc émissaire. Édouard Drumont lui donne ses lettres de noblesse, le façonne avec soin, le renforce de manière si systématique qu'il réussit sans aucun doute à marquer la conscience nationale. Drumont, ce grand méconnu, sauf exception, des historiens français[35], parvient incontestablement à modifier la nature des guerres franco-françaises, en proposant la seule réponse aux inquiétudes de la société française, la clé de ses problèmes, la solution à tant de vains affrontements que se livrent entre eux les Français pour le meilleur profit de leurs véritables adversaires communs : les juifs ! Drumont et ses nombreux héritiers capturent l'imaginaire politique français jusqu'à lui imposer leur thématique inlassablement répétée. De Dreyfus à Vichy et jusqu'au mouvement lepéniste contemporain, un même leitmotiv se répète à satiété et, des droites extrêmes jusque, de temps à autre, aux gauches extrêmes, en passant par les droites modérées et parfois les gauches réformistes, une semblable antienne se fait jour dénonçant le complot juif responsable de la dégénérescence de la France, de son déclin, de ses malheurs, de ses défaites militaires. La place des juifs dans la mémoire française en est irrémédiablement affectée. Cela d'autant plus qu'un catholicisme intégriste de même parfois, sur un autre registre, qu'un catholicisme progressiste les vouent l'un comme l'autre, à des degrés divers, aux gémonies : les juifs ne sont-ils pas finalement responsables de tout ce qui peut corrompre la France chrétienne, porter atteinte à sa véritable identité, en imposant des valeurs rationalistes qui dénaturent son destin spirituel ?

Grégoire, Dreyfus, Drancy et Copernic

C'est bien *La France juive* de Drumont, le best-seller de l'époque, diffusé par millions d'exemplaires dans les campagnes françaises grâce à l'aide bienveillante de nombre de curés, qui fait figure de lieu privilégié où se combinent divers ingrédients du nouveau nationalisme travaillant les différents niveaux de la mémoire commune. Relayé par *La Libre Parole* et *La Croix*, journaux de grande diffusion aux thèses reprises jour après jour par plusieurs éditions régionales, le thème corrosif du complot juif sert de socle à un «national-catholicisme» en lutte contre l'émancipation étatique inaugurée par la Révolution française, et que rejoint un «national-populisme» de type socialisant. Le moment Barrès en est emblématique: le prince des lettres adulé par Proust lui-même estime que «la nationalité française est liée étroitement au catholicisme», celui-ci étant «l'expression de notre sang». L'image des juifs en est comme le négatif: non seulement ils ne peuvent comprendre *Bérénice* quels que soient leurs diplômes et leur culture, mais, de plus, cette «race» étrangère, en dépit de son assimilation, doit être repoussée car elle est fondamentalement porteuse de perversion[34]. Dans *Mes cahiers*, Barrès s'adresse à Drumont pour lui déclarer: «je vous aime surtout parce que je suis né nationaliste», et partout il rend hommage à son «génie véritable». Catholicisme intransigeant, nationalisme, populisme socialisant et antisémitisme se confondent en un prisme unique: la plupart des courants de la conscience historique française vont s'en trouver affectés. Comme le note Charles Maurras, «la formule nationaliste est née presque tout entière de Drumont, et Daudet, Barrès, nous tous, avons commencé notre ouvrage sur sa lumière». Le théoricien de l'Action française, le pourfendeur impitoyable des juifs aurait pu, sans mal, élargir la liste fortement hétérogène des héritiers de Drumont, retrouvant, aux palettes les plus contrastées de l'échiquier idéologique français.

L'alliance Drumont-Barrès-Maurras dessine les contours définitifs des modernes guerres franco-françaises, dressant face à face les puissantes Ligues et l'État républicain accusé d'être par trop l'esclave des juifs, des protestants et des francs-maçons, unis dans une même volonté de détruire l'identité française au bénéfice d'intérêts étrangers et cosmopolites. Pêle-mêle, de Barbey d'Aurevilly à Rodin, de Cézanne, Renoir, Toulouse-Lautrec, Degas à Céline, Rebatet ou Jouhandeau, Gaxotte, Montherlant, Massis, Morand, Drieu, ou Autant-Lara, les fidèles d'une France pure et populaire qu'incarnent Jeanne d'Arc, Bayard ou Pétain rejettent en enfer tous les démons pervertissant son âme; ils peuvent d'ailleurs alimenter leurs fantasmes à l'aide des délires des Bernanos et des Léon Bloy. Par bien des aspects, l'Académie française et l'Institut, les institutions les plus officielles de la culture légitime par excellence, en sont également souvent comme entachés; et une lecture un peu exigeante de nombre de grands écrivains français du XXe siècle mettrait au jour bien des pensées maladroites, bien des errements qui surprennent venant d'un Gide, d'un Valéry, d'un Blanchot, d'un Giraudoux, d'un Mounier, d'un Anatole France, d'un Romain Rolland, tant les stéréotypes fabriqués du côté des droites agissent inconsciemment là où on les attend le moins.

Prenons l'exemple, surprenant entre tous, d'Anatole France : dans *L'Orme du Mail*, celui-ci place au centre de son intrigue M. le préfet Worms-Clavelin qui a épousé Noémie Coblentz, dont le père est né Isaac. Recevant son ami l'abbé Guitrel, le préfet, dont Anatole France a souligné à plusieurs reprises la qualité d'israélite, « sentait confusément que, près de cet ecclésiastique de souche paysanne, aussi Français par le caractère sacerdotal et par le type que les pierres noircies de Saint-Exupère et que les vieux arbres du Mail, il se francisait lui-même, se naturalisait, dépouillait les restes pesants de son Allemagne et de son Asie. L'intimité d'un prêtre flattait le fonctionnaire israélite. Il y goûtait, sans bien s'en rendre compte, l'orgueil de la revanche. Asservir, protéger une de ces têtes à tonsure commises depuis dix-huit siècles, par le ciel et la terre, à l'excommunication et l'extermination des circoncis, c'était pour le juif un succès piquant et flatteur ». Ainsi l'aimable et libéral auteur de *La Rôtisserie de la reine Pédauque* et de *L'Île aux pingouins* signe-t-il un portrait d'un préfet juif qu'un Drumont, un Daudet ou un Gaxotte aurait pu sans difficulté faire sien. Et notre bon Anatole France d'alourdir encore son personnage : « Son nez vaste et charnu, ses lèvres épaisses [...] son front fuyant, sur de gros yeux pâles, trahissai[en]t la résistance à toute délicatesse morale. Il insista, poussa contre les dogmes chrétiens des arguments de loges maçonniques. » On le voit, Anatole France ne recule devant rien ; ajoutons enfin qu'il souligne que son préfet juif « n'avait hérité aucune croyance de ses parents étrangers à toutes les superstitions comme à tous les terroirs » et qu'il avait par-dessus tout « la religion de l'argent[35] ». Tout est dit et, à notre grand étonnement, Anatole France rejoint, l'espace d'un instant, le camp des Drumont, des Maurras et des Céline. Un peu comme un Jean Jaurès, le temps d'un article, peut écrire que « si Drumont avait eu la clairvoyance qu'il s'attribue tous les matins, il se serait borné à dénoncer dans l'action juive un cas particulièrement aigu de l'action capitaliste [...] Ce socialisme nuancé d'antisémitisme n'aurait guère soulevé d'objections chez les esprits libres[36] ».

Le krach de l'Union générale, en 1882, marque sans aucun doute l'avènement de l'antisémitisme économique radical plongeant ses racines dans des craintes déjà sensibles durant le Moyen Âge. Mais avec l'explosion du capitalisme financier, Shylock se trouve métamorphosé en un monstre omnipotent rongeant la fortune française. L'affaire est entendue : la banque juive manœuvre afin de porter un coup fatal à la banque catholique, menant délibérément au désespoir des millions de petits épargnants innocents. *La Croix* estime que « ce sont les banques juives qui ont triomphé sur le marché de Paris [...] Les juifs sont les Rois de la finance[37]». Le scandale de Panama impose quelques années plus tard l'image du juif agioteur, du «chéquard» sans scrupule; avec la naissance d'un capitalisme populaire, elle se répand dans toutes les chaumières. Cornélius Hertz et le baron Jacques de Reinach vont désormais hanter l'imaginaire; le surprenant suicide de ce dernier accentue encore la dimension sensationnelle du spectacle qui marque les esprits. *La Libre Parole* appelle quotidiennement au meurtre. *La Croix* crie vengeance contre les juifs, tandis qu'Henri Rochefort, le brillant pamphlétaire de *L'Intransigeant*, dénonce jour après jour les juifs, «traîtres et chéquards[38]».

Ces différentes catastrophes économiques heurtent de plein fouet une France traditionaliste et catholique: l'inquiétude, la panique qui s'instaurent à cette occasion, la perte de toutes références, la ruine des milliers d'épargnants déboussolés, liée à la chute d'une banque catholique, se produisent au moment même où les foules, présentées par Le Bon et Tarde comme émotives et folles, semblent envahir l'espace public[39]. Cette première crise économique d'envergure se produit donc au moment même où l'«âge des foules» fragilise les normes traditionnelles: l'image du juif supposé responsable de tous ces malheurs va se greffer d'autant plus facilement dans l'imaginaire qu'il est perçu comme étranger et soucieux uniquement de ses propres intérêts. «Mort aux juifs», crient les milliers d'épargnants lésés et tous ceux qui s'emparent avidement de leurs malheurs pour pousser leur propre avantage et tenter d'abattre la République. «Mort aux juifs», ce slogan n'a pas fini de retentir dans les rues de Paris, celles des grandes villes de province, mais aussi celles des petites bourgades perdues des campagnes. Panama ravive les peurs de la «France des terroirs», renforce l'identification des juifs à la modernité capitaliste, et, dans un contexte de faillites, de procès et de démissions, leur confère un rôle démoniaque.

Panama annonce l'affaire Dreyfus[40]. Mais c'est cette dernière qui porte un coup fatal à l'idée que nombre de non-juifs se font de leurs concitoyens juifs puisque c'est désormais du dedans de l'État qu'est supposée venir la menace. Les fondements mêmes de l'État-nation se voient mis en péril, si la méritocratie républicaine laisse pénétrer la trahison au sein de l'armée, garante de l'ordre et protectrice de toutes les traditions. Le fantasme du complot juif s'en trouve d'autant plus intensifié que l'État fait figure de puissant père tutélaire dont dépendent tous les citoyens. L'image quasi intemporelle et presque universelle du juif simiesque, oriental, lippu, cupide et grand amateur de sang chrétien, connaît alors une modification presque d'ordre structurel lorsqu'elle s'applique désormais aux serviteurs tout dévoués de l'État, juifs assimilés, passés par les grandes écoles, raides, disciplinés, imbus du sens du service public et devenus, dans ce cas précis, presque étrangers à toute

dimension particulariste. Ce sont désormais les juifs d'État qui sont désignés à la vindicte populaire, c'est vers eux que se tendent les poings vengeurs.
Les événements dramatiques qui scandent ce moment véritablement fondateur des guerres franco-françaises, de l'arrestation du capitaine jusqu'aux procès, la déportation et enfin la tardive réhabilitation, marquent exactement la décennie du tournant du siècle, l'entrée dans la modernité par les puissantes actions populaires antisémites que l'Affaire suscite à travers toute la France, par l'avalanche d'une littérature hostile dont témoignent même les feuilles locales des calmes provinces, par les appels au meurtre qu'elle provoque aussi bien chez la cuisinière la plus anonyme que chez Paul Valéry lui-même. L'affaire Dreyfus construit en France une nouvelle image des juifs qui mène comme logiquement à une nouvelle expiation, celle, cette fois, de la nation : d'où la « divine surprise » de Vichy.
Sous la pression constante et décidée de Drumont et de ses si nombreux émules, l'imaginaire politique de la France paraît basculer dans un affrontement d'idées nationalistes ou universalistes, dont les juifs sont les otages et, peut-être, les victimes. L'entrée en lice des intellectuels dont l'affaire Dreyfus marque le moment accentue encore cette symbolique des juifs, rejetés du côté des idées et considérés comme étrangers au sol, au terroir, à la nation dans sa dimension organiciste. Tout paraît relever d'une scène de boulevard, mais à la place de joyeux drilles comme Offenbach ou Halévy, ce sont Corneille et Racine, revus et corrigés par un Barrès superbe et prolixe, qui sont chargés de sa confection. La France paraît s'engager dans une nouvelle épopée avec ses traîtres et ses héros. À elle seule, la scène dramatique de la dégradation de la cour de l'École militaire enflamme l'imagination et, reproduite et caricaturée à l'infini, laisse pour longtemps de profondes traces dans la conscience collective. Pour beaucoup, peut-être, l'île du Diable où Dreyfus se trouve déporté porte un nom prédestiné qui évoque bien des associations et des réminiscences. Et pour accentuer encore le caractère figé et antique de cette moderne tragédie, le « J'accuse » de Zola, plaidoyer vibrant en faveur du capitaine, bouleverse davantage les esprits. Les drames se succèdent avec leur cortège de morts et de suicides inattendus et saisissants; avec aussi leurs côtés presque burlesques et mélodramatiques, tels la découverte du faux du colonel Henry, son suicide, les fuites de certains personnages, les duels, les gifles... L'affaire Dreyfus, ou le paradigme même du théâtre politique français.
Dans la mémoire des juifs de France, l'affaire Dreyfus demeure encore aujourd'hui le symbole même de la précarité toujours imaginable de leur statut de citoyen. Qu'un officier juif puisse être ainsi aisément jeté en pâture aux meutes antisémites hurlant sur tout le sol national comme en Algérie, lui qui a satisfait avec tant d'application à toutes les règles de l'intégration étatique, dont le

Grégoire, Dreyfus, Drancy et Copernic

dévouement absolu à l'armée est entier et dont les valeurs sont entièrement imprégnées d'un patriotisme sourcilleux, voilà qui dépasse l'entendement et fragilise du même coup le contrat de base du franco-judaïsme. La célèbre dégradation du capitaine Dreyfus demeure au plus profond de la mémoire des juifs, car, à travers elle, c'est l'État qui les renie publiquement, c'est l'armée qu'ils servent avec enthousiasme qui paraît tout entière les rejeter.

Les émeutes antisémites de 1898 sont de l'ordre de plusieurs centaines dans toute la France, de Paris aux villes d'importance la plus variable; une géographie politique traditionnelle ne peut véritablement en rendre compte dans la mesure où elles se déclenchent dans presque tous les départements. Des foules de plusieurs milliers de personnes, appartenant à toutes les classes sociales, se rassemblent, hurlent «Mort aux juifs», attaquent parfois les synagogues ou détruisent les maisons ou les magasins juifs. Des scènes d'une rare violence collective, frisant l'hystérie générale, éclatent ici ou là, dans une atmosphère que *La Libre Parole* ou *La Croix*, mais aussi des centaines de journaux locaux, empoisonnent chaque jour davantage. L'antisémitisme le plus sordide s'affiche dans les rues des villes, sur leurs murs, dans les écrits, les poèmes, les chansons, les cartes postales diffusées en grand nombre, et les artistes les plus connus n'hésitent pas à apporter leur contribution à ce mouvement de rejet. Degas, qui se régale à chaque déjeuner de la lecture faite à haute voix par sa bonne Zoé de *La Libre Parole*, s'engage sans retenue dans le camp antidreyfusard où il retrouve Cézanne, mais aussi Forain qui caricature férocement les partisans de Dreyfus, Toulouse-Lautrec qui illustre des journaux antisémites, Rodin et Renoir.

L'analyse des justifications présentées par les vingt-cinq mille personnes qui participent aux listes de la souscription organisée par *La Libre Parole* pour la construction du monument destiné à célébrer la mémoire du colonel Henry qui fabriqua le faux accusant Dreyfus et qui, une fois découvert, se suicida, témoigne elle aussi du caractère extrême que revêt désormais l'antisémitisme dans la société française: un garçon boucher «sortirait volontiers les boyaux à Reinach», un petit curé poitevin «chanterait avec plaisir le Requiem du dernier des youpins», d'autres s'en prennent à la «vermine juive», au «microbe juif», au «cancer», certains souhaitent le retour aux pratiques des noyades de Nantes, au supplice de la roue et les plus miséricordieux appellent simplement à l'expulsion rapide de ces non-citoyens du territoire national. Plus de quatre mille cinq cents membres des forces armées souscrivent à ces listes de même que de nombreux députés, professeurs d'université, élèves des grandes écoles et membres des professions libérales. Et parmi les gloires intellectuelles, Valéry verse aussi son obole; le poète aurait d'ailleurs déclaré à Paul Léautaud, en parlant du capitaine: «Qu'on le fusille et qu'on n'en parle plus[41].» Ce qui frappe également, c'est le caractère répétitif du souhait émis par tant d'associations professionnelles ou de partis politiques, visant à obtenir l'expulsion des juifs de l'armée, de l'administration, des professions d'avocat ou de médecin, etc. C'est là le début d'une longue série de protestations véhémentes qui aboutiront plus tard, sous Vichy, mais que la presse nationale et locale, de même que les tracts et les pamphlets vont répandre désormais en permanence. On pourrait en donner ici des centaines d'exemples : toutes, avec force précision nominale, exigent le rejet des juifs hors de l'État et de certaines professions, très nombreuses, qui doivent définitivement être réservées aux seuls Français d'origine.

Si les formes anciennes de l'antisémitisme, au fondement religieux, économique ou racial, se proposent d'exclure les juifs de la société, l'antisémitisme politique s'en prend, lui, à l'État républicain, mettant un terme à leur entrée sur une base égalitaire considérée comme incompatible avec le respect de l'identité organique nationale. Ce refus de toute méritocratie mène droit à l'idée d'un État « Judenrein », adapté enfin à une France restée catholique. Entre Dreyfus et Vichy, Léon Blum, surtout à l'époque du Front populaire, devient le bouc émissaire idéal de cet antisémitisme politique ; normalien, membre du Conseil d'État, brillant critique littéraire, il fait figure du juif assimilé par excellence. Objet d'une haine farouche et démentielle, sa présence au sommet du pouvoir politique va renforcer encore cette mobilisation antisémite, dont l'ampleur est telle qu'elle parvient presque à ébranler l'État républicain lui-même. Comme au temps de l'Affaire, deux légitimités s'affrontent à nouveau : celle de l'État rationnel, laïque et jacobin, ouvert à tous ses citoyens, et celle d'une francité vécue sur le mode de l'enracinement dans les terroirs, dans un ressourcement organiciste, producteur d'une virilité négatrice de la décadence humaniste, cosmopolite et efféminée. Inlassablement, de Barrès à Charles Maurras, Pierre Gaxotte, Léon Daudet ou Henri Béraud, les adeptes d'un retour « à la terre et aux morts » s'élèvent contre les juifs errants, nomades, ivres de sang chrétien, séducteurs pervers, graines d'homosexuels et révolutionnaires. Non, décidément, contrairement à ce que pense Marx Dormoy, un juif ne vaut pas un Breton qui porte naturellement en lui-même toute la mémoire de la France d'antan. Blum, mais aussi Jules Moch, Georges Mandel, Pierre Mendès France, de même que tant de préfets, de juges ou de généraux juifs, ne tardent pas à l'apprendre tant est immense la haine qui se déclenche contre la plupart d'entre eux. Elle jaillit toujours plus forte dans la société globale et fleurit dans nombre de journaux nationaux et locaux d'opinions politiques les plus diverses, mais aussi dans les chansons, les poèmes, les cris poussés dans d'innombrables meetings à travers toute la France, durant lesquels des foules immenses se rassemblent et défilent. Elle se manifeste aussi de manière rampante dans l'État lui-même comme en témoignent parfois les dossiers personnels des hauts fonctionnaires, dont la qualité de «juif», dans les années trente et longtemps après la séparation de l'Église et de l'État, figure toujours explicitement dans ces documents administratifs internes.

5. Vichy

La défaite de juin 1940 et l'instauration du régime de Vichy, cette «divine surprise», pour reprendre le mot de Maurras, marquent la fin de l'État républicain vers lequel les juifs maintenant assimilés, de même que les immigrés plus récents venant à leur tour d'Allemagne ou encore de l'est de l'Europe, tournent depuis toujours leurs regards émerveillés. Les histoires et les mémoires des juifs et celles de leurs concitoyens ne se confondent plus. Avant même la défaite, les juifs allemands, dont cinq mille enfants, sont, dès 1939-1940, enfermés dans des camps comme ceux de Saint-Cyprien, de Rieucros, de Gurs (où plus de mille juifs allemands meurent d'inanition, de dysenterie et de typhoïde) ou du Vernet, où les conditions de vie sont encore pires que celles qui règnent dans les camps allemands de l'époque.

Après Montoire, d'une zone à l'autre, la France se couvre de camps, de Beaune-la-Rolande à Pithiviers, Noé, Les Milles et surtout, à partir d'août 1941, Drancy. La police française remet des juifs allemands aux mains de la police allemande. Sous les ordres délibérés de Vichy, l'impitoyable chasse aux juifs français ou immigrés va se déclencher, menée presque exclusivement par la police française qui assure de plus l'ordre des camps eux-mêmes[42]. Exclus d'un trait de la fonction publique[43] par le statut des juifs d'octobre 1940, perdant toute garantie juridique, soumis à l'arbitraire le plus total, portant l'étoile jaune cousue sur leur vêtement, enregistrés, livrés aux Allemands et à la déportation, les juifs vivent dorénavant leur calvaire: près de soixante-dix mille d'entre eux, après des étapes diverses, aboutissent à Drancy où ils vivent, sous la garde de la police française, dans des conditions effroyables, avant d'être déportés vers les camps de la mort.

L'exclusion des juifs de l'espace public, les rafles successives dont la plus importante, celle, à Paris, des 16 et 17 juillet 1942, sont réalisées par la police française, les concours apportés à la Gestapo, dont les effectifs en France sont presque inexistants, par les diverses administrations dont le corps préfectoral, le rôle très actif joué par les membres des grands corps et, en particulier, ceux du Conseil d'État qui, aux côtés de célèbres professeurs des facultés de droit, comme Joseph-Barthélemy, Achille Mestre, Julien Laferrière, Georges Ripert et bien d'autres, donnent un fondement juridique aux mesures d'exclusion et de répression des juifs[44], la quasi-absence de démissions de l'ensemble des fonctionnaires chargés de l'application de cette politique hostile aux juifs, dont l'efficacité soulève l'admiration des représentants locaux de la Gestapo, sont autant de preuves de la fin de l'État républicain et de sa transformation en un système autoritaire. Le nouveau régime rêve de s'ancrer dans les terroirs immuables et de faire de la mémoire nationale uniquement celle des rois très chrétiens[45]. Indépendamment de l'occupation allemande et de sa politique de persécution raciale, les juifs n'ont désormais plus de place dans le devenir de la France. Vichy, c'est non seulement la fin du processus d'émancipation révolutionnaire des juifs, c'est la destruction brutale du franco-judaïsme.

Frappés dans leurs valeurs les plus intimes, les juifs d'État ne peuvent pourtant croire à la trahison de l'État auquel ils vouent une dévotion sans limites : ils rendent les nazis responsables de la politique d'ostracisme qui les frappe si durement. Ainsi Georges Wormser, l'ancien collaborateur de Clemenceau, s'adresse, le 1er août 1941, au maréchal Pétain dans les termes suivants :

> Le 7 décembre 1792, à Soultz, petite ville d'Alsace, mon bisaïeul Abraham Bloch, « préposé » des israélites comme l'avait été son père et son grand-père, prêtait solennellement, au nom de tous ceux qu'il représentait, le serment civique, première marque de l'émancipation qu'ils devaient aux efforts inlassables de l'abbé Grégoire ; un siècle et demi a passé ; j'ai dû subir hier l'humiliation de faire, ainsi que ma femme et mes quatre enfants, une déclaration qui nous distingue de la communauté française. Je manquerais de toute dignité si je ne vous criais ma protestation [...] Désavoués aujourd'hui, chargés en bloc d'opprobres que nous ne méritons pas, nous en appelons au Soldat, Chef de l'État. Parce que nous les élevons dans les croyances que nous avons reçues en pieux héritage, nos enfants, innocents, se verront-ils écartés de l'unique contentement durable qui soit, servir la Patrie[46] ?

René Cassin souligne lui aussi qu'« en France, soi-disant libre, l'œuvre de l'abbé Grégoire, la Déclaration des droits de l'homme sont foulés aux pieds », et, s'adressant aux juifs, il déclare qu'« aucun sacrifice, aucun, ne sera trop grand pour payer partiellement cette dette de l'émancipation, en aidant la France à recouvrer sa liberté et sa grandeur ». Dans le même sens, le député Pierre Massé qui, interné à Drancy, sera déporté à Auschwitz, écrit au maréchal Pétain au lendemain de la publication du décret chassant les juifs de l'armée :

> Je vous serais obligé de me dire si je dois retirer leurs galons à mon frère, sous-lieutenant au 36e régiment d'infanterie, tué à Douaumont en avril 1916, à mon gendre, sous-lieutenant au 14e régiment de dra-

gons portés, tué en Belgique en mai 1940, à mon neveu Jean-Pierre, tué à Rethel en mai 1940. Puis-je laisser à mon frère la médaille gagnée à Neuville-Saint-Vaast, avec laquelle je l'ai enseveli? Suis-je enfin assuré qu'on ne retirera pas la médaille de Sainte-Hélène à mon arrière-grand-père? Je tiens à me conformer aux lois de mon pays, même quand elles sont dictées par l'envahisseur.

Dans le même sens, une délégation de dix-huit anciens combattants, au premier rang desquels on trouve le général Boris, totalisant vingt-cinq blessures et cinquante-six citations, s'adresse, en 1941, à Xavier Vallat, alors commissaire aux Questions juives, dans les termes suivants :

> Parmi les israélites français, ceux qui ont donné leur vie, les blessés qui ont donné leur sang, les vivants qui portent leurs croix, ne croyaient pas l'avoir donné ou les avoir reçues pour un pays qui les renierait. Les pères et les descendants de nos morts, nos survivants, mutilés ou blessés, déclarent par notre voix que, loin de renier la France, malgré tout ce qu'ils en subissent, ils entendent ajouter leur sacrifice silencieux d'aujourd'hui à leurs sacrifices d'autrefois. Ils espèrent ainsi mériter doublement d'un avenir plus juste et plus libre, le titre de Français qu'ils n'abandonneront jamais dans leur cœur, même si on le leur arrache par la force.

Prenant connaissance des textes qui régissent leur prochaine exclusion de la communauté française, un autre groupe de juifs, parmi lesquels on trouve aussi bien Léon Lyon, conseiller honoraire à la Cour de cassation que Louis Halphen, membre de l'Institut, Robert Debré, membre de l'Académie de médecine ou encore Léon Rheims, général de brigade, écrivent en juin 1941 une lettre au maréchal Pétain :

> Israélites de religion ou descendants d'Israélites mais presque tous de vieille famille française, dont beaucoup peuvent se réclamer d'un passé séculaire, nous tenons à déclarer que, nés français, nous sommes français, et le resterons toujours. Nous ne formons ni une race, ni un peuplement, mais une partie intégrante de la nation dont rien ne saurait nous séparer. C'est pourquoi nous faisons appel, sans hésiter, au Chef vénéré, en qui s'incarne aujourd'hui l'idée de la patrie Une et Indivisible, et dans le déchirement de nos consciences, lui demandons d'intervenir pour éviter les conséquences tragiques d'une décision cruelle entre toutes.

Et le sénateur Moïse Lévy envoie en février 1941 à Pétain la lettre suivante : « J'élève contre la loi du 3 octobre 1940, importée de l'étranger, la protestation la plus énergique. Dans la Patrie de la Liberté, les Français retrouveront un jour la liberté de conscience[47]. » Obligé de s'enregistrer comme juif, Paul Grunebaum-Ballin, qui joua un rôle crucial dans l'élaboration des lois de la séparation de l'Église et de l'État et qui est devenu président de section honoraire du Conseil d'État, rétorque : « Nous refusons de nous regarder comme appartenant à la communauté religieuse juive, la seule communauté à laquelle nous appartenons étant la nation française. » Et s'adressant au préfet, il ajoute :

> Oui, monsieur le Préfet, pour tout cœur vraiment français, la violation des principes qui se sont progressivement dégagés de la noble tradition multiséculaire de ce pays, de ceux que la Révolution française a proclamés et répandus dans le monde, que la Charte royaliste de 1815 a maintenus intégralement, cause une douleur que rien ne peut apaiser [...] le seul réconfort qui nous soit permis est celui qui naît d'une confiance inébranlable dans un retour certain au véritable destin spirituel de cette « France éternelle », de cette Nation « porte-drapeau » pour la défense de laquelle tant des miens ont trouvé, sur les champs de bataille, la mort ou la captivité, et que, pour ma modeste part, j'ai servie pendant près d'un demi-siècle, avec un amour passionné[48].

Exclus, pourchassés et souvent exterminés, ces juifs d'État gardent confiance en la France et en son chef, attribuant de manière largement erronée à l'Allemagne hitlérienne la seule responsabilité des atrocités qu'eux-mêmes et tant d'autres juifs vont devoir subir en cette période noire. Et pourtant, non seulement Laval, comme l'écrit en juillet 1942 Dannecker à Eichmann, a proposé de lui-même de « déporter également les enfants de moins de seize ans », mais Pétain, acquis quant à lui à l'idéologie maurrassienne, s'associe directement, par sa collaboration « loyale », à la répression sanglante qui frappe les juifs ainsi que les résistants dans leur ensemble[49].
Et tandis que l'État tout entier fait sienne cette politique, allant même jusqu'à retirer à certains Français, dont près de la moitié de juifs, leur nationalité acquise dans le cadre de la loi de 1927, les mettant ainsi consciemment dans une situation beaucoup plus critique vis-à-vis de la déportation[50], que l'Église et ses porte-parole sanctifient en grande pompe le Maréchal et demeurent longtemps silencieux sur le sort réservé aux juifs, jusqu'aux courageuses interventions de Mgr Saliège, du cardinal Gerlier ou encore de Mgr Théas[51], que les écrivains les plus célèbres de même que les artistes poursuivent leurs activités qui les lient très souvent à l'occupant[52], que les éditeurs les plus connus accep-

Grégoire, Dreyfus, Drancy et Copernic

tent de diffuser plusieurs ouvrages violemment antisémites[53], que, pour le plus grand nombre, la vie continue paisiblement, troublée pendant de longues années, seulement ou presque, par les «terroristes» étrangers et souvent juifs de la M.O.I.[54], l'horreur se déchaîne sans retenue, dirigée de main ferme par les autorités administratives et policières régulières, avant de l'être directement par la Milice elle-même. Les camps voient s'accroître chaque jour leur contingent de juifs arrêtés et bientôt dirigés vers Drancy[55] puis vers la mort, sans que jamais rien n'entrave cette belle mécanique, qu'un sabotage ne cloue définitivement sur place un train en partance vers l'Allemagne ou encore qu'un attentat de la Résistance ne s'en prenne, une seule fois, intentionnellement, sur le sol national, à l'un de ces trains de la mort. En août 1942, quatre mille enfants juifs séparés de leurs parents sont ainsi déportés, en deux semaines, de Drancy vers l'Allemagne dans des trains que des gendarmes français accompagnent jusqu'à la frontière. Comment la mémoire des juifs ne se cristalliserait-elle pas sur ces moments dramatiques d'une histoire qui, par contrecoup, rejettent dans un lointain passé les temps bienheureux de l'émancipation?

Cette «deuxième Inquisition», cette Saint-Barthélemy tant souhaitée depuis l'affaire Dreyfus par nombre d'antisémites, n'ébranle pourtant pas, pour la plupart des juifs, le contrat du franco-judaïsme. La confiance en la France émancipatrice l'emporte presque, d'autant que peu à peu se révèle, loin de l'État et souvent des élites, le refus de cette politique annihilatrice qu'a exprimée, dès les rafles de 1942, une partie de la population française[56]. Comme au moment de l'affaire Dreyfus où, sous l'impulsion de Zola, de Bernard Lazare, de Clemenceau, de Péguy, de Lucien Herr et, assez rapidement, de Jean Jaurès, une France attachée à la République et à l'égalité des citoyens affronta l'autre France antidreyfusarde pour finalement rétablir la justice et donner toujours vie à des épousailles menacées, durant Vichy, où les élites politiques et intellectuelles se montrent nettement moins actives dans ce combat pour la liberté aux conséquences bien plus redoutables, même si l'opinion publique dans son ensemble adhère à une vision antisémite ou demeure, au mieux, indifférente, c'est souvent la population la plus modeste qui n'hésite pas à venir en aide aux juifs traqués. Ce sont parfois les simples policiers qui préviennent, les paysans ou les curés qui cachent, les communautés protestantes qui protègent. Avec les prises de position tardives mais cruciales des dignitaires de l'Église[57] et l'action d'une multitude d'associations civiles ou religieuses, c'est davantage du plus profond de la société française et non de l'État, qui a abandonné sa prétention à incarner les valeurs universelles, que surgit l'aide décisive rendant possible, au lendemain de la guerre, de nouvelles osmoses n'abolissant néanmoins pas les mémoires en partie, dorénavant, dissemblables.

6. Un « new deal » du franco-judaïsme ?

Malgré l'ampleur du traumatisme, rien n'a été changé sur le moment. La spécificité du sort qui avait été réservé aux juifs a été absorbée dans l'opprobre de Vichy. Auschwitz a mis près de quinze ans à se charger de sa symbolique. Il est significatif qu'il ait fallu attendre les travaux d'historiens francs-tireurs ou étrangers, au début des années soixante, pour que les responsabilités proprement françaises, dans la persécution, l'exclusion, le martyre de plus de soixante-dix mille Français juifs commencent de travailler la conscience publique. On peut même dire que, sur la révélation du génocide et par la proscription, sanctionnée par la loi, de toute forme d'incitation à la haine raciale, l'après-guerre a provisoirement reconduit, solidifié et peut-être définitivement enraciné dans la normalité française les termes du consensus franco-judaïque, au point d'en rendre les proclamations inutiles par évidence. Après la réhabilitation du capitaine Dreyfus, les *Archives israélites*, en juillet 1906, déclaraient : « L'affaire Dreyfus est finie pour les Israélites. La conclusion nous en ferait encore plus aimer, s'il était possible notre cher pays. » De même le sociologue Georges Friedmann, pour qui la rencontre avec Israël, en 1965, devait être le vrai choc, et dont la Résistance n'avait fait, disait-il, que renforcer ses racines dans le terroir français, constatait rétrospectivement : « Ce n'était pas la France qui me chassait de ses écoles, qui m'outrageait, c'était Hitler, Goebbels [...] *Civis gallicus sum*, je suis un citoyen français. Je le suis et je le demeurerai, quoi qu'il arrive[58]. » C'était comme si la plaie s'était refermée dans une volonté générale d'oubli. Les ultimes couinements de quelques rescapés de l'antisémitisme, ceux de *Rivarol* ou de Bardèche, n'étaient pas plus entendus que les premiers récits des déportés, inaperçus, malgré leur nombre. Nuit et brouillard sur ce qui devait être *Nuit et brouillard* (1956), silence sur l'Holocauste dont Claude Lanzmann devait faire la *Shoah* (1985). Leur parole de déportés, personne n'avait envie de l'écouter. La parenthèse refermée, il était établi que Vichy, qui ne représentait rien de la vraie France, n'avait été qu'un malheureux dérapage. Double et profond refoulement : celui de la culpabilité d'une majeure partie de la France, celui des juifs à qui un sort en définitive inexplicable avait été appliqué. Telle était la force de la symbiose et l'acquis du consensus dans la République triomphante, que dans ce pays, où le projet sioniste, qui y avait pourtant vu le jour, n'avait jamais suscité beaucoup de vocations ni d'enthousiasme autre qu'éthique et philanthropique à l'usage des persécutés de l'Europe de l'Est, même la création de l'État d'Israël, en 1949, n'a entraîné aucun bouleversement profond des valeurs résolument tournées vers l'intégration[59].

C'est au sein même de ce consensus que sont apparus les signes avant-coureurs de l'autonomie possible d'une mémoire propre. Le mot lui-même, «juif», qui remplace la pudique expression d'«israélite[60]», comme une injure retournée en forme d'auto-affirmation, exprime à lui seul la reprise soudaine et générale d'un lourd héritage d'identité. Une solidarité nouvelle se fait entre les juifs, français ou non, à qui le malheur avait brutalement rappelé, s'ils l'avaient oublié, qu'à défaut d'une communauté d'origine, d'histoire ou de croyance, une communauté de destin toujours possible les rapprochait de leurs coreligionnaires de toute origine ou nationalité qui, eux, étaient restés juifs. Les fracassantes *Réflexions* de Sartre ouvraient à l'identité juive un espace de légitimité extra-religieux : « Le juif est parfaitement assimilable par les nations modernes, mais il se définit comme celui que les nations ne veulent pas assimiler. Le juif est un homme que les autres hommes tiennent pour juif.» Thèse aujourd'hui largement dépassée, mais sur le moment puissamment libératrice : elle fournissait une première explication de ce qui venait d'arriver ; et si elle ne formulait encore aucune espèce de «droit à la différence», elle faisait de l'antisémitisme non pas ce qu'il revenait aux juifs de subir ou de désarmer, mais ce qu'il revenait aux non-juifs de surmonter en eux pour accéder à l'humanité. Or, cette nouvelle problématique devenait en quelque sorte officielle au moment où la disparition des dernières barrières, dites et non dites, favorisait l'intégration sociale et nationale des juifs. Au moment où les lois elles-mêmes venaient prohiber toute forme d'incitation à la haine et à la discrimination raciales. Au moment où l'Église abandonnait, notamment grâce à Jules Isaac, l'«enseignement du mépris», la thèse du peuple déicide, et entamait l'évolution que devait consacrer le concile de Vatican II. Au moment, enfin, où le jeune État d'Israël, avec ses *Kibboutzim* et ses soldats-laboureurs, balayait définitivement – aussi bien chez les juifs encore vaguement habités par ce que Heine avait appelé la «haine de soi» que chez les non-juifs imbibés des thèmes de la mythologie antisémite – toute espèce d'image négative du juif courbé, du juif errant, du juif d'argent. C'est le tout de cette sensibilité positive que va mobiliser André Schwarz-Bart avec *Le Dernier des Justes*, prix Goncourt 1959, premier roman juif à avoir donné à la France très chrétienne une dimension proprement juive de son histoire ; à avoir nourri de chair et de sang le squelette d'une mémoire.

Sur ces prédispositions, la guerre des Six Jours est intervenue pour cristalliser une relance. Le spectre d'une nouvelle et totale destruction soulève en quelques jours, quelques heures, une vague de fond de solidarité. D'un côté, une mémoire latente, que ni l'Affaire ni Vichy n'avaient véritablement réussi à ébranler, se met soudain à s'émouvoir, laissant place à des retrouvailles historiques ancrées dans un espace qui ne se limite plus au seul Hexagone. De l'autre, le général de Gaulle condamne sans ménagement l'offensive, proclame l'embargo sur l'approvisionnement militaire venu principalement de France et, dans un vocabulaire chargé de lourds symboles, stigmatise non pas seulement l'État hébreu, mais le «peuple d'élite, sûr de lui et dominateur». Formule d'autant plus provocatrice ou malheureuse que la fin de la guerre d'Algérie venait de ramener, dans le million de rapatriés, cent cinquante mille juifs qui n'avaient pas à ce moment-là de raisons de se sentir particulièrement sûrs d'eux-mêmes et dominateurs et chez qui le fantasme du rembarquement évoquait des souvenirs récents et précis. Une faille se creuse. Même un René Cassin, le gaulliste de la première heure et le juif d'État le plus consacré, estime tout à coup que «la France s'identifie à l'injustice[61]» et s'éloigne définitivement du général qu'il accuse de trahir la vision émancipatrice de l'abbé Grégoire. Même Raymond Aron, insoupçonnable interprète du judaïsme laïque le plus assimilé, s'inquiète et s'indigne, voyant s'ouvrir «une nouvelle période de l'histoire juive et peut-être de l'antisémitisme. Tout devient possible, tout recommence. Pas question, certes, de persécution: seulement de la malveillance. Pas le temps du mépris: le temps du soupçon[62]». Ce soupçon porte un nom: la double allégeance. Il exprime l'hypothèse d'une «mémoire» dont les repères et les points d'appui ne coïncideraient plus exactement avec ceux de la nation française et républicaine. D'autant que, plus tard, le lapsus étrange du Premier ministre Raymond Barre, au lendemain de Copernic, distinguant les victimes juives des «Français innocents» ravive encore le soupçon.

Une nouvelle période? En fait, les années qui vont de la guerre des Six Jours à la guerre du Kippour (1967-1973), ou de mai 1968 au choc pétrolier de 1974, ou du départ de De Gaulle à la présidence de Giscard d'Estaing, ont vu la naissance d'une série de phénomènes qui, sans remettre en cause les données de base du franco-judaïsme, ont mis à l'épreuve les présupposés qu'il impliquait et imposé trois déplacements de ses termes traditionnels.

Il est sans doute exagéré de prétendre que l'assimilation ait été vouée à entraîner à terme la fin du judaïsme. Mais il est vrai que, dans le cadre français, centralisateur et jacobin, ce judaïsme restait cantonné à une pratique religieuse et privée. Et quand il s'exprimait ailleurs, c'était soit dans les termes d'un humanisme laïque parfaitement compatible avec le kantisme positiviste de la morale républicaine, soit dans un messianisme révolutionnaire volontairement ou involontairement inconscient de sa dimension mosaïque. Or, cette frontière a explosé pour donner à la vie juive en France, à son histoire, à sa culture, à sa pratique, à ses lieux et à ses manifestations, une positivité et une visibilité qu'elle n'avait jamais connues auparavant. L'épuisement de l'utopie révolutionnaire sous sa forme communiste ou sous sa forme gauchiste, qui s'est précisément confirmé au cours des années soixante-dix, a entraîné deux générations de déçus du socialisme dans un réapprentissage du religieux, qui ne débouchait pas forcément sur une réanimation de la pratique et de la foi, mais sur la redécouverte d'un continent philosophique et culturel longuement

Grégoire, Dreyfus, Drancy et Copernic

oblitéré par la tradition du rationalisme laïque, à commencer par la Bible que le Congrès des intellectuels juifs de langue française inscrit, par exemple, pour la première fois au centre de son programme, en 1982[65]. Cette rejudaïsation a pris des formes multiples – de l'observance religieuse traditionnelle au rassemblement public, de l'explosion des écoles juives à l'épanouissement d'une vie associative et festive –, toutes exprimant, à leur façon, un ressourcement identitaire qui a fait sortir le judaïsme de son seul cadre synagogual et institutionnel.

Deuxième déplacement, lié à la recomposition interne de la population juive et à l'arrivée massive des juifs d'Afrique du Nord. Jusque-là, la présence juive en France s'était développée dans une tension entre juifs de souche française – avec ses stratifications alsacienne, bordelaise ou provençale – et juifs immigrés principalement venus de l'Est, à la fin du siècle dernier ou dans les années vingt et trente. Un nouveau clivage, cette fois intrafrançais, s'est installé avec la reprise en main d'un judaïsme ashkénaze, doloriste et discret, par un judaïsme séfarade actif et flamboyant. Celui-ci fait preuve d'un attachement traditionnel beaucoup plus fort aux observances de la Loi ; il se caractérise aussi par un manque de familiarité avec le consensus français, renforcé du ressentiment plus ou moins conscient de tous les rapatriés envers une métropole qui n'a pas su les défendre, des habitudes communautaires et une combativité décontractée nées d'un contact beaucoup plus quotidien avec l'antisémitisme. D'où une solidarité volontiers hautement proclamée avec Israël et une sacralisation particulièrement intense du génocide. À lui revient d'avoir donné son véritable sens de «communauté» à une collectivité sans identité communautaire. Au cours des années soixante-dix, la plupart des instances représentatives du judaïsme français, jusque-là plutôt fantomatiques, sont passées sous son influence pour connaître une activité nouvelle et exciper d'une représentativité plutôt contestable, étant donné le faible taux de participation et d'implication des juifs de France dans leur ensemble. Mais c'est la jeunesse séfarade qui, pour l'essentiel, a constitué le fer de lance de la rejudaïsation, ardente à susciter, lors des Douze Heures pour Israël (1980) ou en réaction à l'attentat de la synagogue de Copernic (1980) et du cimetière de Carpentras (1990), d'importantes manifestations de rue où le drapeau israélien est largement brandi. Communauté encore «imaginaire», comme l'était le juif «imaginaire», mais dont les manifestations, débordant dans la sphère publique, peuvent paraître, même si elles n'outrepassent pas les lois de la laïcité et de la citoyenneté républicaine, en bousculer les normes.

Le troisième déplacement du franco-judaïsme classique se ramène au soupçon de la double allégeance ; ou, si l'on préfère, du sionisme viscéral qui animerait, de manière ouverte ou larvée, les actes ou les opinions des juifs de France. Ici encore, tant qu'un sionisme de gauche a placé Israël dans le droit fil de l'émancipation nationale des peuples opprimés, conforme aux idéaux de la France révolutionnaire, le sionisme, d'ailleurs plutôt sentimental et platonique des juifs français, ne gênait nullement le philo-israélisme spontané de la majorité nationale. Mais les mêmes mouvements qui ont transformé le judaïsme français ont travaillé aussi Israël, au même moment, pour les mêmes raisons, mais avec des effets plus lourds en raison d'un milieu fermé sur lui-même et des menaces extérieures qui pesaient sur lui. Effacement du sionisme travailliste, affirmation d'un sionisme national et nationaliste, montée en puissance des partis religieux et poussée de la droite populiste, retournement de l'image d'Israël de pays émancipateur en puissance à certains égards oppressive : les eaux de la Seine et du Jourdain ne coulaient plus forcément dans le même sens.

Cette métamorphose des données classiques du franco-judaïsme est à la fois capitale et inessentielle. Capitale, parce que, n'ayant pas cessé de s'amplifier depuis quinze ans, elle peut déboucher sur une situation d'autant plus explosive qu'elle coïncide avec la fin de la mémoire vécue du génocide qui reste le trou noir autour duquel s'organise une mémoire particulière. La mémoire juive vit donc un moment de réaffirmation virulente, lié au besoin d'entretenir, de comprendre et surtout de transmettre un patrimoine menacé par l'érosion fatale du temps. À un moment où la levée de la culpabilité française, qui a été le principal instrument de sa reconnaissance, laisse craindre, sous des formes rajeunies ou éprouvées, le retour des démons censurés [64] ; ouvre la voie à des mises en question désacralisatrices d'une exceptionnalité de l'histoire juive ; et rend même possibles, à défaut de crédibles, des tentatives de négation de la réalité de l'extermination [65]. Inessentielle, parce que les déplacements qu'elle opère se situent désormais à l'intérieur du cadre définitivement établi de la République française. Une histoire longtemps évacuée ne l'est plus. Un consensus majoritaire existe sur lequel il serait d'autant plus difficile de revenir que le jacobinisme centralisateur s'est affaibli, et que l'Église catholique s'applique à redéfinir dans un sens positif ses rapports avec le judaïsme.

Un mouvement de fond est à l'œuvre, que la mémoire juive vit à la fois comme une reconnaissance de légitimité durement acquise et comme une forme menaçante de perte de soi. Situation paradoxale, mais qui illustre assez bien à la fois la place ambiguë que les juifs ont occupée et occupent toujours dans la mémoire française, minorité que l'histoire a placée au cœur de l'identité nationale ; et le rôle de laboratoire central que, de Grégoire à Vichy en passant par Dreyfus, la France a joué dans le destin juif.

Grégoire, Dreyfus, Drancy et Copernic

1. En juin 1991, la statue de Léon Blum a enfin trouvé sa place naturelle, place Léon-Blum, dans le XIe arrondissement de Paris.
2. Jacques Durin, *Drancy, 1941-1944*, Le Bourget, 1982.
3. Anne Grynberg, *Les Camps de la honte. Les internés juifs des camps français, 1939-1944*, Paris, La Découverte, 1991, p. 10.
4. Robert Weyl, *Le Cimetière juif de Rosenwiller*, Strasbourg, Éd. Salde, 1988. De manière plus générale, voir Vicki Caron, *Between France and Germany. The Jews of Alsace-Lorraine, 1871-1918*, Stanford, Stanford University Press, 1988.
5. Colette Beaune, *Naissance de la nation France*, Paris, Gallimard, 1985, p. 213. Sur la place des juifs dans la nation France, Frances Malino et Bernard Wassertein, *The Jews in Modern France*, Hanover, Brandeis University Press, 1985.
6. Annette Wieviorka, « Un lieu de mémoire. Le Mémorial du martyr juif inconnu », *Pardès*, 1982.
7. Georges Passerat, « L'émeute des Pastoureaux et le massacre de Verdun (1320) », *in Juifs et sources juives en Occitanie*, Albi, Vent Tarral, 1988.
8. René Moulinas, *Les Juifs du pape en France. Les communautés d'Avignon et du Comtat Venaissin aux XVIIe et XVIIIe siècles*, Toulouse, Privat, 1981.
9. Yosef Yerushalmi, *Zakhor*, Paris, La Découverte, 1984.
10. Roland Auguet, *Le Juif errant*, Paris, Payot, 1977, pp. 35, 117 et 139.
11. Émile Zola, *L'Argent*, Paris, Le Livre de poche, s.d., p. 438.
12. Georges Dairnwaell, *Histoire édifiante et curieuse de Rothschild Ier, Roi des Juifs*, Paris, 1846 ; Jacques de Biez, *Les Rothschild et le péril juif*, Paris, 1891 ; Jules Guesde, « À mort, Rothschild », *in État, politique et morale de classe*, Paris, Giard, 1901, p. 446. Sur cette légende et son influence en France, Jean Bouvier, *Les Rothschild*, Paris, Fayard, 1967.
13. Norman Cohn, *Histoire d'un mythe. La « Conspiration » juive et les Protocoles des Sages de Sion*, Paris, Gallimard, 1967 ; Pierre Nora, « 1898. Le thème du complot et la définition de l'identité juive », *in Le Racisme. Mythes et sciences. Pour Léon Poliakov*, Bruxelles, Éd. Complexe, 1981 ; Pierre Birnbaum, « Les Protocoles dans l'imaginaire politique français », *in Les Protocoles des Sages de Sion*, sous la direction de Pierre-André Taguieff, s.l., Berg, 1992.
14. Sur l'image des juifs dans la pensée catholique française, Pierre Sorlin, *La Croix et les Juifs*, Paris, Grasset, 1967 ; Pierre Pierrard, *Juifs et catholiques français*, Paris, Fayard, 1970 ; Jacques Petit, *Bernanos, Bloy, Claudel, Péguy : quatre écrivains catholiques face à Israël*, Paris, Calmann-Lévy, 1972 ; Charlotte Wardi, *Le Juif dans le roman français. 1933-1948*, Paris, Nizet, 1973 ; Béatrice Philippe, *Être juif dans la société française*, Paris, Pluriel, 1979 ; Lazare Landau, *De l'aversion à l'estime. Juifs et catholiques en France*, Paris, Le Centurion, 1980 ; Jeffrey Mehlman, *Legs de l'antisémitisme en France*, Paris, Denoël, 1984 ; Pierre Birnbaum, « Haines et préjugés. Catholiques intransigeants et refus de l'universalisme républicain », *in* Jean-François Sirinelli et Éric Vigne, *Les Droites en France*, Paris, Gallimard, 1992.
15. Frances Malino, *The Sephardic Jews of Bordeaux. Assimilation and Emancipation in Revolutionary and Napoleonic France*, University of Alabama Press, 1978.
16. Abbé Grégoire, *Essai sur la Régénération physique, morale et politique des Ju*, préface de Rita Hermont-Belot, Paris, Flammarion, 1989. Voir Paul Catrice, « L'abbé Grégoire, "Ami de tous les hommes", et la régénération des Juifs », *Mélanges de science religieuse*, n° 36, 1979 ; Pierre Birnbaum, « Sur l'étatisation révolutionnaire. L'abbé Grégoire et le destin de l'identité juive », *Le Débat*, n° 53, janvier-février 1989.
17. David Feuerwerker, *L'Émancipation des juifs en France, de l'Ancien Régime à la fin du second Empire*, Paris, Albin Michel, 1976 ; *Les Juifs et la Révolution française*, sous la direction de Bernhard Blumenkranz et Albert Soboul, Toulouse, Privat, 1976 ; Shmuel Trigano, *La République et les Juifs*, Paris, Les Presses d'aujourd'hui, 1982.

18. Cité par S. Posener, *Adolphe Crémieux*, Paris, F. Alcan, 1943, t. II, pp. 149 et 220 ; voir aussi Daniel Amson, *Adolphe Crémieux, L'oublié de la gloire*, Paris, Éd. du Seuil, 1988.

19. *La Nation*, 6 mai 1889.

20. Théodore Reinach, *Histoire des Israélites depuis l'époque de leur dispersion jusqu'à nos jours*, Paris, Hachette, 1885, p. 325.

21. Michael Marrus, *Les Juifs de France à l'époque de l'affaire Dreyfus*, Paris, Calmann-Lévy, 1972 ; Laurent Bensaïd, « Cent ans de fidélité à la République », *H Histoire*, n° 3, 1979 ; Jean-Marc Chouraqui, « De l'émancipation des juifs à l'émancipation du judaïsme. Le regard des rabbins français du XIXe siècle », *in Histoire politique des juifs de France*, sous la direction de Pierre Birnbaum, Paris, Presses de la Fondation nationale des sciences politiques, 1990.

22. Phyllis Albert Cohen. *The Modernization of French Jewry. Consistory and Community in the Nineteenth Century*, Hanover, Brandeis University Press, 1977 ; Éric Smilévitch, « Halakha et Code civil, questions sur le Grand Sanhédrin », *Pardès*, n° 3, 1986.

23. Th. Reinach, *Histoire des Israélites...*, op. cit., p. 384. Voir aussi, du même auteur, l'article « Juif » dans la *Grande Encyclopédie*, Paris, 1894, ou son allocution, *Ce que nous sommes*, Paris, Union libérale israélite, s.d.

24. Cité par Christine Piette, *Les Juifs de Paris (1808-1840). La marche vers l'assimilation*, Québec, Presses de l'Université du Québec, 1983, p. 137.

25. Doris Bensimon-Donath, *Socio-démographie des juifs de France et d'Algérie*, Paris, A.L.C., 1976.

26. Yosef Yerushalmi, « Un champ à Anathoth : vers une histoire de l'espoir juif », *in* collectif, *Mémoire et histoire*, Paris, Denoël, 1986, p. 106.

27. Pour tout ce développement, on s'inspire du livre de Michael Graetz, *Les Juifs en France au XIXe siècle. De la Révolution française à l'Alliance israélite universelle*, Paris, Éd. du Seuil, 1989, et de la thèse de doctorat de Perrine Simon-Nahum, *Contribution à l'étude de la bourgeoisie intellectuelle juive. 1830-1914*, Paris, E.H.E.S.S., 1989.

28. Aron Rodrigue, *De l'instruction à l'émancipation. Les enseignants de l'Alliance israélite universelle et les juifs d'Orient. 1860-1939*, Paris, Calmann-Lévy, 1989 ; Id., *French Jews, Turkish Jews. The Alliance Israélite Universelle and the Politics of Jewish Schooling in Turkey. 1860-1925*, Bloomington, Indiana University Press, 1990.

29. Alexis de Tocqueville, *Souvenirs*, Paris, Gallimard, 1964, pp. 163-165

30. Pierre Birnbaum, *Un mythe politique : « La République juive », de Léon Blum à Pierre Mendès France*, Paris, Fayard, 1988.

31. M. Marrus, *Les Juifs de France...*, op. cit. ; Paula Hyman, *De Dreyfus à Vichy*, Paris, Fayard, 1985.

32. *Archives Israélites*, successivement 11 juin 1908, 14 mai 1914, 24 avril 1902.

33. Sur Drumont, voir Robert Byrnes, *Antisemitism in Modern France*, New Brunswick, 1950 ; Stephen Wilson, *Ideology and Experience. Antisemitism in France at the Time of the Dreyfus Affair*, Londres, Associated Press, 1982 ; Michel Winock, *Édouard Drumont et Cie. Antisémitisme et fascisme en France*, Paris, Éd. du Seuil, 1982 ; Frederik Busi, *The Pope of Antisemitism. The Career and Legacy of Édouard Drumont*, New York, University Press of America, 1986.

34. Zeev Sternhell, *Maurice Barrès et le nationalisme français*, Paris, Armand Colin, 1972.

35. Anatole France, *L'Orme du Mail*, Paris, Calmann-Lévy, 1986, pp. 31, 67, 80 et 183.

36. *La Dépêche*, 5 février 1890.

37. *La Croix*, 28 janvier 1882. Voir Pierre Sorlin, « *La Croix* » *et les Juifs*, Paris, Grasset, 1967, et Jeanne Verdès-Leroux, *Scandale financier et antisémitisme catholique : le krach de l'Union nationale*, Paris, Le Centurion, 1969.

38. Jean-Yves Mollier, *Le Scandale de Panama*, Paris, Fayard, 1991.

39. Voir, par exemple, Robert Nye, *The Origins of Crowd Psychology: Gustave Le Bon and the Crisis of Mass Democracy in the Third Republic*, Londres, Sage, 1976; Suzanna Borrows, *Miroirs déformants. Réflexions sur la foule en France à la fin du XIX⁰ siècle*, Paris, Aubier, 1990.

40. Jean-Denis Bredin, *L'Affaire*, Paris, Julliard, 1983; rééd. refondue, Fayard-Julliard, 1993; et Michel Winock, «Les affaires Dreyfus», *Vingtième Siècle*, janvier-mars 1985.

41. Pierre Quillard, *Le Monument Henry*, Paris, 1889; Stephen Wilson, *Ideology and Experience, op. cit.*; Marcel Thomas, «Le cas Valéry», in *Les Écrivains et l'affaire Dreyfus*, Paris, P.U.F., 1983; Nelly Wilson, *Bernard-Lazare. L'antisémitisme, l'affaire Dreyfus et la recherche de l'identité juive*, Paris, Albin Michel, 1985; Pascal Ory et Jean-François Sirinelli, *Les Intellectuels en France. De l'affaire Dreyfus à nos jours*, Paris, Armand Colin, 1986; Norman Kleeblatt, éd., *The Dreyfus Affair. Art, Truth and Justice*, Berkeley, University of California Press, 1987.

42. Michael Marrus, «Vichy before Vichy: antisemitic currents in France during the 1930's», *Bulletin of the Wiener Library*, 1980, vol. III; Michael Marrus et Robert Paxton, *Vichy et les Juifs*, Paris, Calmann-Lévy, 1981; Georges Wellers, André Kaspi et Serge Klarsfeld, *La France et la question juive. 1940-1944*, Paris, Sylvie Messinger, 1981; Serge Klarsfeld, *Vichy-Auschwitz*, Paris, Fayard, 1985; Denis Peschanski, «La France, terre de camps?», *in* Karel Bartosek, René Gallisot et Denis Peschanski, *De l'exil à la résistance. Réfugiés et immigrés d'Europe centrale en France. 1933-1945*, Saint-Denis, Presses universitaires de Vincennes, 1989.

43. *Le Statut des juifs de Vichy. Documentation*, Centre de documentation juive contemporaine, Paris, 1990.

44. Voir Joseph-Barthélemy, *Ministre de la Justice. Vichy 1941-1943*, Paris, Pygmalion, 1989. L'appareil de notes est une mine de renseignements sur le rôle des hauts fonctionnaires sous Vichy.

45. Roderick Kedward et Roger Austin, éd., *Vichy, France and the Resistance. Culture and Ideology*, Londres, Croom Helm, 1985; Christian Faure, *Le Projet culturel de Vichy*, Lyon, Presses universitaires de Lyon, 1989.

46. Georges Wormser, *Français israélites*, Paris, Éd. de Minuit, 1963, pp. 11-14.

47. Archives du Consistoire central, boîtes 9 et 32.

48. Cité par Brigitte Bergmann, *Paul Grunebaum-Ballin, un siècle au service de la République, 1871-1969*, D.E.A. de l'Institut d'études politiques, Paris, 1988.

49. Marc Ferro, *Pétain*, Paris, Fayard, 1987.

50. Bernard Leguerre, «Les dénaturalisés de Vichy. 1940-1944», *Vingtième Siècle*, octobre-décembre 1988.

51. Pierre Pierrard, *Juifs et Catholiques français*, Paris, Fayard, 1970.

52. Gérard Loiseux, *La Littérature française de la défaite et de la collaboration*, Paris, Publications de la Sorbonne, 1984; François Garçon, *De Blum à Pétain*, Paris, Éd. du Cerf, 1984.

53. Pascal Fouché, *L'Édition française sous l'occupation. 1940-1944*, Paris, Bibliothèque de littérature française contemporaine de l'Université Paris-VII, 1987.

54. Stéphane Courtois, Denis Peschanski, Adam Rayski, *Le Sang des étrangers*, Paris, Fayard, 1989.

55. Jacques Derville et Simon Wichné, *Drancy la Juive ou la Deuxième Inquisition*, Cachan, Breger Frères, 1945; Georges Wellers, *L'Étoile jaune à l'heure de Vichy ou de Drancy à Auschwitz*, Paris, Fayard, 1973.

56. Pierre Laborie, *L'Opinion française sous Vichy*, Paris, Éd. du Seuil, 1990.

57. Henri de Lubac, *Résistance chrétienne à l'antisémitisme*, Paris, Fayard, 1988.

58. Georges Friedmann, *Fin du peuple juif?*, Paris, Gallimard, 1965, pp. 8-11.

59. Catherine Nicault, *La France et le sionisme*, thèse de doctorat, Université de Paris-I, 1985; Michel Abitbol, *Les Deux Terres promises. Les Juifs de France et le sionisme*, Paris, Olivier Orban, 1989. Et, plus généralement, Annie Kriegel, *Les Juifs et le monde moderne, essai sur les logiques d'émancipation*, Paris, Éd. du Seuil, 1977.

60. Dominique Schnapper, *Juifs et israélites*, Paris, Gallimard, 1980; Chantal Benayoun, *Les Juifs et la Politique*, Paris, Éd. du C.R.N.S., 1984.

61. Marc Agi, *René Cassin, fantassin des Droits de l'homme*, Paris, Plon, 1979, chap. XI.

62. Raymond Aron, *Essais sur la condition juive contemporaine*, textes réunis et annotés par Perrine Simon-Nahum, Paris, Éd. de Fallois, 1989, p. 51. Sur cette période, Henry Weinberg, *The Myth of the Jew in France.* 1967-1982, Oakville, Mosaic Press, 1987.

63. Judith Friedlander, *Vilna on the Seine. Jewish Intellectuals in France since 1968*, New Haven, Yale University Press, 1990.

64. Henry Rousso, *Le Syndrome de Vichy. 1944-198...*, Paris, Éd. du Seuil, 1987.

65. *Cf.* l'entreprise dite «révisionniste» de Robert Faurisson, dont l'affaire éclate en 1980 avec la publication de son *Mémoire en défense;* et son démontage par Pierre Vidal-Naquet, «Un Eichmann de papier», *Esprit*, septembre 1980, repris *in Les Juifs, la mémoire et le présent*, Paris, Maspero, 1981; et, Id., *Les Assassins de la mémoire*, Paris, La Découverte, 1987.

LES FRANCE

1. CONFLITS ET PARTAGES
Partages de l'espace-temps

MICHEL MOLLAT DU JOURDIN

Le front de mer

Que chaque année, le navire-école *Jeanne d'Arc*, sous grand pavois, visite quelques grands ports du monde, que le paquebot *Normandie* ait pu, en 1936, hisser la flamme du Ruban bleu lors d'une entrée triomphale en rade de New York, qu'une compétition transocéanique permette à des navigateurs français de faire honneur à leur patrie, chaque fois l'opinion réagit comme à une visite de la personne France. Tout navire arborant le pavillon tricolore est, juridiquement, territoire national; le *jus soli* s'y applique d'une manière qui n'est pas seulement symbolique. La personnalité nationale se manifeste, et se projette, avec toute la charge de son passé et de son être. Est-ce dire que le peuple français tout entier n'a pris conscience de ses liens avec la mer que par épisodes et sous l'influence d'une sentimentalité superficielle?

La mer, reconnaissons-le, semble hostile à beaucoup de formes du souvenir. Attaquant les rivages, les recouvrant de ses alluvions, elle en altère les traits. En ses fureurs, la «grande mangeuse» absorbe ce qu'elle arrache et noie ce qu'elle détruit; tel un monstre de proie, dont les hommes conservent la crainte, elle engloutit ses prises et, depuis peu seulement, les volontaires des plongées sous-marines lui arrachent, à grand-peine, des vestiges jusqu'alors voués au mystère. Même quand elle s'est calmée et s'étale, apparemment paisible à la surface, la mer paraît indéfinie, infinie, immuable, insensible à l'écoulement du temps.

La terre, au contraire, représente les lentes mutations d'un monde stable. Sans doute, elle change d'aspect au fil des ans, mais au rythme voulu par l'homme qui imprime sur elle la marque de sa présence et les étapes de son occupation. La terre enracine les sociétés dans leur passé. Elle est fondamentalement mémoire. Mais la mer? En une certaine mesure, les marins eux-mêmes souscrivent à cette vision. Ils s'embarquent, mais ce n'est pas pour errer en mer, mus par une pulsion rêveuse. Ils partent pour aller quelque part et revenir mettre sac à terre en leur pays. Jacques Bernard a très bien décrit la nostalgie du foyer chez les marins de la fin du Moyen Âge français. Quitte à reprendre la mer à la plus prochaine occasion. Gens instables, comme l'océan qui les porte ? D'ailleurs, n'est-ce pas sur ses rivages qu'un peuple laisse les souvenirs de son histoire maritime, par l'aménagement des côtes et la construction des ports ? Ainsi, c'est l'homme, particulièrement l'homme de mer, qui, plus que la mer, et à partir de la terre, construit les lieux de mémoire de leurs relations réciproques.

L'intimité de ces relations, en ce qui concerne la France, est étroite. Sur la carte du monde vu d'un satellite, notre pays se profile comme une presqu'île minuscule à l'extrémité de la masse eurasiatique, mais la France est trop soudée au continent pour que ses habitants aient, spontanément, prêté attention aux mers environnantes, dont l'influence pourtant pénètre profondément leur territoire. La mer semble encore à beaucoup accessible seulement aux aventureux. Ce n'est donc pas dans les guérets de la France profonde que nous trouverons le reflet de son image maritime.

L'incompréhension des terriens à l'égard des marins et de la mer y est ancienne et durable. Jadis elle fut la limite où s'amortit la dilatation du domaine capétien. Philippe Auguste trouvait les côtes du Poitou trop lointaines pour s'y aventurer[1]. Il fallut la guerre de Cent Ans et, comme l'on disait, les « insultes anglaises », pour que Froissart étende au littoral le mot « frontière », alors réservé aux confins terrestres du royaume[2]. Cependant, même à notre époque, le front de mer français développé sur plus de cinq mille kilomètres retient rarement l'attention des historiens des frontières. Vidal de La Blache conçoit son *Tableau géographique de la France* « en homme de la terre, non de la mer[3] ». Roger Dion circonscrit aux limites continentales son opuscule sur *Les Frontières de la France*[4]. À leur décharge, il est vrai, le regard de plusieurs générations s'attardait obstinément sur la « ligne bleue des Vosges[5] ». Au contraire il suffit de cinq pages à Fernand Braudel, au terme de sa vie, pour poser le problème et clamer le droit, pour la mer, de figurer dans la mémoire française : « Jusqu'où, écrit-il, ne va pas le prestige ou la superstition de la terre solide !... La mer existe ; les côtes existent ; les flottes existent. Et les frontières maritimes qui, celles-là, sont, sans conteste, naturelles, existent, elles aussi[6]. »

La fonction sélective de la mémoire est un fait reconnu et, même ainsi, elle n'est pas l'apanage de tous. On peut donc s'interroger d'abord sur la place de la mer dans la mentalité des Français ; puis, chercher en quels secteurs sociaux, en quels secteurs géographiques et en quelles circonstances historiques déterminées ont pu s'éveiller des souvenirs suffisamment marqués pour être intégrés à la conscience nationale. En bref, peut-on discerner une image maritime de la personnalité française ? Où ? Et quelles réalités traduit-elle ?

Le front de mer

I. Écrits et images

Écrivains et artistes de la mer

L'enquête sur la mémoire maritime des Français trouve des interlocuteurs dans les témoignages littéraires. Les plus authentiques viennent d'auteurs familiers avec la mer, étrangers aux clichés. Leurs visions du monde maritime expriment celles de leurs générations respectives. Le naufrage du *Saint-Gérand* est présenté par Bernardin de Saint-Pierre avec l'émotion propre au siècle des Lumières ; celui que connut Chateaubriand sur les côtes normandes est nourri des souvenirs vécus d'un Malouin ; celui de *La Sémillante* offrit au conteur provençal l'occasion de sublimer la vérité ; Alphonse Daudet connaissait l'île Lavezzi. La poésie est un lieu de mémoire plus complexe. Le talent compense rarement l'inexpérience de la mer. Même dans *L'Homme et la mer*, la puissance d'évocation de Baudelaire ne dissimule pas sa méconnaissance des réalités maritimes sous l'imprécision de formules telles que « scintillement des phares », « formes élancées » des navires, gréement « compliqué », oscillations « harmonieuses » de la houle. Rimbaud n'avait, paraît-il, jamais vu la mer quand il écrivit *Le Bateau ivre* ; une tempête, pourtant, aurait « béni ses éveils maritimes » et, dans les *Illuminations*, la présentation de la mer comme un « champ labouré » n'est pas sans intérêt ; néanmoins, Étiemble parle d'« exercices de style ». En revanche, il n'y a aucune ambiguïté avec Victor Hugo, soit dans *Les Voix intérieures*, soit dans *Les Rayons et les Ombres*, et encore moins dans *Oceano Nox*, où le souffle du poète répercute le grondement sauvage des déferlantes et l'étreinte mortelle des naufrages. Qu'on se souvienne, par exemple, de :

> Matelots ! Matelots ! Vous voguez joyeux parfois, mornes souvent.
> (........)
> On s'entretient de vous, parfois, dans les veillées,
> Tandis que vous dormez dans les goémons verts.
> Le corps se perd dans l'eau, le nom dans la mémoire.

Paul Valéry, dans *Le Cimetière marin*, retrouve lui aussi l'authentique et poignant souvenir des péris en mer et outre-mer. Les cimetières marins sont des réalités en Bretagne et en Saintonge, comme en Languedoc, de même que les lanternes des morts de nos côtes atlantiques. Les murs des péris en mer à Gruissan (Aude), à Cancale et à Ploubazlanec (Côtes-d'Armor) répètent les noms des mêmes familles en plusieurs générations, mais il s'y trouve des blancs, réservés à la mention des disparus dont on espère inlassablement que la mer restitue leur corps. Angoisses, espérances, nostalgies, souvenirs composent une sempiternelle litanie d'émotions plus souvent tues qu'exprimées.

La poésie a le mérite de la vraisemblance des sentiments. Une prose, soucieuse de traduire la réalité, peut en fausser l'image, même chez Michelet. La mer lui a fourni le thème, et le titre, d'un petit livre et il est revenu à ce sujet en son *Tableau de la France*[7]. Reconnaissons-lui le mérite d'avoir écrit qu'« il faut entrer dans la vraie intelligence de la mer et ne pas céder aux idées fausses que peut donner la terre voisine ». Comme à un prophète, on lui attribue d'avoir pressenti, un siècle avant l'océanographie des profondeurs, que « la mer est créatrice de vie ». S'il a contribué à éveiller l'intérêt des Français pour leurs souvenirs maritimes, il n'a pas satisfait toutes les curiosités, ni construit un mémorial. C'est en touriste continental qu'il a vu les côtes, la mer, les milieux marins, sans pénétrer leur âme.

L'éveil des écoliers fut l'intention, à cent ans de distance, de deux livres à eux destinés. Dans *Le Tour de la France par deux enfants*, G. Bruno (Mme Fouillée) fit des choix. Ses deux héros voient Marseille, mais pas Toulon. Un parcours en mer les fait passer à Nantes et à Brest. Les rappels historiques sont brefs, car le voyage est surtout une « leçon de choses ». Les enfants pouvaient retenir les noms de Jean Bart et de La Pérouse, non ceux de Richelieu et de Colbert, pas même (chose étonnante) l'épisode du *Vengeur*. Ils se souviendront d'une tempête affreuse.

En revanche, *Le Tour de France par Camille et Paul, deux enfants d'aujourd'hui* (1977) est plus attentif à la mer, mais le propos de l'auteur (Mme Pons) est moins spontané. Le parcours d'Yvetot à Bayonne, puis dans le golfe du Lion, unit des souvenirs anciens de la vie maritime à des faits récents (le débarquement de 1944 à Omaha-Beach) et aux problèmes techniques contemporains (l'usine marémotrice de la Rance, les navires modernes de la Marine, à Brest). « La France, écrit l'auteur, est en train de changer de mentalité. » Rappeler les origines en prospectant l'avenir, relier le futur au passé, c'est démontrer l'actualité des lieux de mémoire[8].

Toutefois, mieux que des pédagogues et des éducateurs, les familiers de la mer sont, évidemment, les plus compétents : les marins ou, du moins, des hommes dont l'esprit et le corps ont été imprégnés par l'air marin depuis leur jeune âge. Allier le talent littéraire et l'authenticité du témoignage dans la remontée aux sources n'est pas donné à tous. Dans la ligne de Chateaubriand[9], voici Eugène Sue et, plus près de nous, Loti, Farrère, La Varende, les chantres de l'épopée du cap Horn, du « grand métier » sur les bancs de Terre-Neuve et d'Islande, ou des navigations dans l'Antarctique[10].

La Marine compte des poètes actuels, mais la discrétion invite à ne pas nommer les vivants. Ceux-là savent et sentent ce dont ils parlent.

Le front de mer

Les mêmes remarques s'appliquent à la manière dont quelques artistes ont vu la mer. La peinture intimiste des Flamands a traité les paysages marins avec une sincérité absente des navigations mythologiques et mondaines qu'encadrent les «fabriques» du XVIII° siècle. Cependant, à la même époque, la fidélité d'un Joseph Vernet à une commande officielle nous vaut la représentation, remarquable par son exactitude, des grands ports de France. Mais le pathétique anime avec une fougue intense des scènes de mer réellement vécues : Géricault restitue *Le Radeau de la «Méduse»* tout en cherchant la précision ; des investigations récentes à l'aide d'appareils scientifiques perfectionnés ont confirmé la localisation du drame, sans relever l'épave disloquée[11].

Avec moins d'éclat, l'image d'Épinal joua au XIX° siècle le rôle de la bande dessinée aujourd'hui ; en fixant, par exemple, les souvenirs de la guerre de Crimée, de l'inauguration du canal de Suez, les campagnes de l'amiral Courbet en Extrême-Orient, sans oublier la grande pêche. En pleine guerre 1914-1918, la mémoire des enfants s'est imprégnée des récits et des dessins des «Petits Livres roses» retraçant l'héroïsme des fusiliers marins de l'amiral Ronarc'h en Flandre, le naufrage du *Gneisenau* et du *Scharnhorst*, en Atlantique, les actions du corsaire von Lückner dans l'océan Indien, le torpillage du *Lusitania*. On en dirait autant de la photographie et du cinéma, capables de livrer à la postérité les images des campagnes polaires d'un Charcot et le souvenir du *Casabianca*, le sous-marin évadé du sabordage de Toulon.

Sans être poètes, les marins auteurs d'ex-voto ont imprégné leurs œuvres d'une charge émotionnelle simple, mais vraie. Celles-ci sont, très souvent, des peintures de facture naïve, sur des supports très humbles, papier ou carton rustiques. Les auteurs sont, en quelques cas, les rescapés d'un naufrage. Mais le talent de certains les a rendus professionnels au service d'autres marins. Ils ont atteint la notoriété : Bommelaer à Dunkerque, Grandin à Fécamp, Adam à Honfleur, Pajot aux Sables-d'Olonne, et surtout les Roux à Marseille. L'ex-voto marin fut admis au Salon en 1831 avec le Dieppois Jugelet. La scène du naufrage a réduit, quelquefois, la place de l'intercesseur céleste, mais n'a pas occulté la convergence significative de son geste miséricordieux avec le regard suppliant de l'orant. Les autres types d'ex-voto (maquettes, figures de poissons, apparaux, bouées, décorations...), moins directement expressifs, sont aussi spécifiques de leur milieu originel. L'inventaire de ce patrimoine les localise par milliers dans les sanctuaires côtiers, leur place naturelle, où les donateurs les ont offerts à la Vierge Marie ou à un saint spécialisé dans les secours aux naufragés. Ces lieux s'échelonnent de Notre-Dame-des-Dunes à Dunkerque à Notre-Dame de Lavasina en Corse en passant par Notre-Dame-de-Grâce à Honfleur, Sainte-Anne d'Auray,

Notre-Dame-de-Consolation à Collioure, Notre-Dame-de-la-Garde à Marseille, et en combien d'autres lieux[12].

Les gens de mer ont laissé aussi le souvenir de leurs préoccupations en gravant sommairement dans la pierre ou le bois d'une église, d'un château, d'une maison, voire d'une prison, des graffitis représentant des navires, des ancres, des voiles; leur spécificité professionnelle, guidant leur poinçon ou leur couteau, donne à ces silhouettes une vérité technique, mais on ignore les sentiments qui les inspiraient. Les relevés pionniers d'Olivier de Prat et d'Henri Cahingt ont ouvert la voie à de fructueuses recherches en val de Seine, en Bretagne, à La Rochelle et à Tarascon[13].

Journaux de navigation. Cartes et plans

L'adage: «A beau mentir qui vient de loin», s'applique mal aux officiers et sous-officiers embarqués pour des voyages lointains; une tradition de l'Ancien Régime les astreint à la tenue d'un journal de campagne, assorti de profils de côtes, de plans de ports et de calculs de navigation, peu compatibles avec la fantaisie. Il en est résulté une prodigieuse abondance de récits dans les archives de la Marine, au Museum d'histoire naturelle, en beaucoup de nos bibliothèques et en quelques collections privées. Certains ont été publiés. En ceux de Bougainville, de La Pérouse, de Baudin, de Dumont d'Urville[14], de Pagès, on perçoit une attention aux êtres humains, aux rivages, aux sites portuaires, à l'environnement géographique, à la faune et à la flore.

Des collections d'espèces animales, végétales et minérales ont été rapportées des «mers du Sud» par les naturalistes dès le XVIIIe siècle: ces souvenirs, aseptisés, constituent le capital scientifique du Museum d'histoire naturelle de Paris et de plusieurs musées de province. L'étude, malheureusement, n'en est pas achevée après deux siècles, faute de moyens. En revanche, on a mieux exploité l'héritage des dessins, aquarelles, plans et cartes qui accompagnaient les récits. Entre autres, la collection Lesueur, au Havre, groupe l'abondante documentation rapportée par Baudin au début du XIXe siècle.

Enfin, contrairement à une opinion répandue, de tels souvenirs ne proviennent pas seulement de marins cultivés et de savants. La spontanéité de l'expression et la rusticité de l'orthographe d'un quartier-maître de Dumont d'Urville supportent la confrontation avec la science du «pacha[15]».

À la tradition des journaux de campagne se joint celle du dessin et de la peinture, solidement maintenue par le corps des peintres officiels de la Marine. Choisis, en nombre limité, par l'autorité ministérielle, ils exercent leur art à bord des bâtiments de la Marine nationale et, presque chaque année, exposent leurs œuvres au musée de la Marine.

Plus important encore est l'héritage reçu du Dépôt des cartes et plans, fondé

Le front de mer

en 1720. Que le Service hydrographique de la Marine ait, en 1947, confié au Département des cartes et plans de la Bibliothèque nationale la partie de cet héritage antérieure à 1800, cela n'a rien de choquant; mais il était aberrant qu'en l'occurrence les cartes aient été dissociées des journaux de navigation. Toutes les anciennes cartes contiennent une part importante de notre mémoire. En effet, sans l'avoir inventé, les navigateurs français ont, à l'école des Italiens et des Portugais, adopté le portulan. Dès le XVIe siècle, les cartographes de Dieppe et du Conquet jouissaient d'un renom international. Ils consignèrent ainsi, par un semis de pointillés aux abords de Terre-Neuve et de l'Islande, la situation des bancs de pêche fréquentés par leurs compatriotes. Peut-être aussi leur doit-on les premières esquisses de la côte australienne. Aux XVIIe et XVIIIe siècles, nos cartes marines soutenaient la rivalité de la production hollandaise et anglaise.

De leur côté, les anciens « routiers », transcriptions de consignes orales de navigation, ont légué à nos *Instructions nautiques* un héritage immémorial; les indications du *Grand Routtier* (XVIe siècle) sur les alignements à prendre ont pu servir de nos jours à une navigation entre Noirmoutier et Penmarc'h. De tels précédents, quoique relayés par des procédés évolués de relèvement des fonds marins et des profils côtiers, ne sont pourtant pas oubliés par l'actuel Service hydrographique et océanographique de la Marine (S.H.O.M.) dont l'établissement principal est implanté à Brest.

Archives, l'Académie de Marine

Les avatars de la mémoire archivistique de la Marine méritent la même attention. Il faut, en ce domaine comme en bien d'autres, remonter à Colbert. Celui-ci avait conservé à Saint-Germain-en-Laye sa correspondance relative à la marine et aux colonies. Pontchartrain la transporta, en 1699, à Paris, dans un pavillon du jardin des Petits-Pères augustins (aujourd'hui place des Victoires) et la garde en fut confiée à Clairambault, dont le nom rappelle à tout historien l'importance des manuscrits maritimes de la Bibliothèque nationale.

Ces archives de la Marine ont pâti de transferts successifs: de Paris à Versailles en 1763, puis de Versailles à Paris en 1837, où elles demeurèrent, rue Royale, intégralement jusqu'à leur répartition, en 1899, en un fonds ancien, déposé aux Archives nationales[16], et un fonds moderne conservé par la Marine. Celle-ci se dota, en 1919, d'un Service des archives et bibliothèques (aujourd'hui au château de Vincennes) comportant des annexes à Cherbourg, Brest, Lorient, Rochefort et Toulon[17]. Dans l'entre-temps, les archives de la Marine furent amputées des archives des Colonies, lors de la fondation du ministère de ce nom. De même, l'institution d'un organe ministériel pour la Marine marchande en 1913, et, plus près de nous, pour les Affaires de la mer en général (à l'exception de la Marine militaire), fut l'occasion de nouveaux sectionnements de la documentation.

Les distorsions administratives, quoique gênantes, n'altèrent pas la cohérence de la mémoire. L'émigration à Aix-en-Provence des archives de l'Outremer (ex-archives des Colonies) pose aux chercheurs un problème de transport, donc d'argent. Il en est de même pour un certain nombre de documents de l'administration centrale de la Marine, conservés en exemplaire unique à Brest et à Toulon. Beaucoup plus fâcheuses ont été quelques dérogations au principe, sacré pour les chartistes, du respect de l'intégrité des fonds. Au XIXe siècle, les archives de la Marine n'y ont pas échappé, et il fut nécessaire d'en pallier les inconvénients par l'établissement d'inventaires analytiques détaillés avec tables de renvois. Un jour peut-être l'informatisation des documents en facilitera l'accès. En tout cas, la coopération de la Marine nationale et de l'administration des Archives de France permet, aussi bien à Cherbourg, Brest, Rochefort et Toulon qu'à Paris, la conservation et la consultation, en de bonnes conditions, des documents essentiels de notre mémoire maritime. À cela, la Marine a ajouté, au cours des dernières décennies, à Ivry-sur-Seine, un Service de documentation photographique et cinématographique chargé, peut-on dire, de sa mémoire visuelle et auditive.

La Marine marchande a bénéficié, en plusieurs cas exemplaires, d'efforts analogues. Il suffirait de mentionner l'importance des collections des chambres de commerce, dont Marseille offre un cas remarquable. De grandes compagnies veillent à la conservation de leurs maquettes et de leurs archives : ainsi celle du canal de Suez ; l'actuelle Compagnie générale maritime est héritière de la documentation exceptionnelle de la Compagnie générale transatlantique et des Messageries maritimes. Il en est de même pour les Chargeurs Réunis et les sociétés Fabre, Paquet, Delmas-Vieljeux, Bordes et bien d'autres. On ne saurait, enfin, omettre la somme de renseignements contenus dans la documentation du Bureau Veritas, réplique du Lloyds londonien ; fondé à Anvers en 1828, il a fixé son siège à Paris cinq ans plus tard. Il classe tous les navires avec leurs caractères techniques et son centre de calcul électronique, créé en 1967, constitue une banque de données d'une souplesse et d'une fiabilité totales. La mémoire de la mer ne se fige pas[18].

En 1752, des marins ont constitué la première Académie de Marine pour promouvoir toutes les disciplines utiles à la navigation, c'est-à-dire les sciences naturelles, les mathématiques, l'astronomie, la physique, la géographie, l'architecture navale, sans oublier l'élaboration d'un dictionnaire de marine. Fondée à Brest, par Bigot de Morogues et Duhamel du Monceau, esprits très ouverts, elle compta d'abord trente-deux membres résidant à Rochefort, Toulon, Marseille, Dieppe et Paris ; elle était rattachée à l'Académie des sciences. En vingt-cinq ans, elle tint huit cents séances avant sa suppression au cours de la Révolution. Mais la Marine a la mémoire longue[19]. Elle obtint, en 1921, l'institution d'une nouvelle Académie de Marine, à Paris cette fois ; mais la très riche bibliothèque de son aînée (six mille volumes en 1793) demeure à Brest. Elle n'en entend pas moins constituer un organe vivant, formé de six sections : quatre techniques et scientifiques (incluant la Marine marchande) selon la tradition du XVIIIe siècle, une juridique et une consacrée aux lettres, aux arts et à l'histoire[20].

II. Des sites et des ports

Rivages et ports fantômes

Certains sites, autant, sinon mieux, que les œuvres des hommes, s'imposent à la méditation. Mais la vie maritime a privilégié les uns et déserté les autres. Attribuer aux côtes basses une activité marine est contesté, et contestable. Les éleveurs de moutons de pré-salé de la baie du Mont-Saint-Michel et de bovins en marais charentais ne peuvent pas être assimilés à des marins. Au contraire, le grand commerce, dès le Moyen Âge, incita les paludiers bretons, poitevins et saintongeais à construire, aux dépens de la mer, un paysage de levées et d'étiers encadrant les œillets producteurs du sel nécessaire aux pays du Nord ; leur aspect de damier, maintenant envahi par des plantes salicoles, rappelle un temps révolu. Non loin de là, à des profondeurs médiocres, d'autres souvenirs attendent les archéologues navals : quelques épaves et les lourdes pierres dont les hanséates lestaient leurs bâtiments[21]. Sur les côtes méditerranéennes, l'exploitation traditionnelle, mieux ensoleillée, trouve une chance de survie dans les débouchés de l'industrie chimique : sait-on que la Compagnie des Salins du Midi fonde ses titres de propriété sur des chartes de Louis IX[22] ?

Cet exemple parmi bien d'autres nous mène tout droit à Aigues-Mortes. Ce port construit par la seule volonté de Saint Louis, désireux de disposer en propre d'une base pour ses croisades, est un lieu de mémoire type auquel Maurice Barrès (*Le Jardin de Bérénice*) trouvait, comme à Venise, un aspect d'éternité. Maintenant, seuls, des souvenirs hantent ses remparts et sa vingtaine de tours. La mer ne les atteint plus ; on comprend donc qu'un Jacques Cœur ait, pour Marseille, déserté un port dont les archives conservent la mémoire[23]. Un bond de quatre siècles vers l'Océan conduit à Brouage : mêmes conditions naturelles, mêmes espoirs, même destin. Les excuses des hommes qui, jusqu'au XVIIe siècle, crurent à l'utilité de ce site, furent le renom du lieu, répandu jusqu'en Baltique sous l'appellation du sel produit dans les marais environnants, la position géographique de la côte saintongeaise sur les routes maritimes et, surtout, la volonté de faire pièce à l'insubordination de La Rochelle. Une fois celle-ci soumise, en 1628, Richelieu reconnut que «Brouage ne correspondait plus à sa première réputation»; enveloppe trop lâche d'une bourgade inachevée, la muraille n'a plus pour fonction que de limiter un inexorable envasement et de commémorer une illusion. Du moins, ce lieu rappelle, comme une projection outre-mer de ses ambitions, la tentative de Samuel de Champlain au Canada (1608) [24].

Les îles, conservatoires de traditions

Les îles méritent une attention particulière. En toutes, mais sur les côtes bretonnes en particulier, leurs habitants manifestent une volonté tenace de survie, malgré, parfois, la limitation de leurs ressources, l'hostilité de la nature et, surtout, l'éloignement du continent. Ces conditions constituent d'ailleurs les données du problème de la jonction de certaines d'entre elles au rivage par la construction de ponts (Oléron, Ré, Noirmoutier). Il ne fait pas de doute que, pour l'avenir, la personnalité de ces dernières en sera transformée.
En effet, isolats de par l'étymologie du terme, les îles sont prédisposées à un rôle conservatoire. Chaque cas est singulier, mais une comparaison devrait conduire à une (ou plusieurs) étude (s) synthétique (s). Quelles que soient les originalités des îles du nord et de l'ouest de la Bretagne, de l'espace entre Loire et Gironde, et de la Provence, la place des îles dans la mémoire nationale peut se ramener à deux circonstances.
En premier lieu, selon leur distance de la côte, elles restent marquées, à travers les avatars historiques, d'un rôle de protection ou de menace du littoral, et toujours de surveillance, soit de la côte, soit du large. C'est une fonction de tête de pont que l'histoire a confiée aux îles d'Hyères comme aux îles bretonnes, dès les origines de la France. Par là, pénétrèrent les premières influences monastiques, orientales en Provence, et celtiques, particulièrement irlandaises, sur les côtes bretonnes, dans la foulée des moines et ermites dont la toponymie atteste encore maintenant la migration, par exemple à Saint-Honorat, Saint-Malo, Locronan, Saint-Cado.
À la fin du Moyen Âge, un renouveau d'érémitisme a laissé ses traces, par exemple à Bréhat. Les souvenirs sont parfois plus rudes. Les îles d'Hyères, au cours du Moyen Âge, furent exposées aux razzias sarrasines et tout au long des siècles, notamment au cours des guerres de Louis XIV, de la Révolution et de l'Empire, elles ont été l'enjeu des flottes française et anglaise. Sur le versant atlantique, la guerre de Cent Ans a fait passer les îles tour à tour entre les mains françaises, anglaises, espagnoles. Celles-ci se sont appesanties en Bretagne à la fin des guerres de Religion; les autres, de

Le front de mer

1745 à 1815, ont fait d'Ouessant, de Sein, de Groix, de Belle-Île des enjeux dont dépendait la sécurité de Brest et de Lorient. Le sort des îles Anglo-Normandes, mis en cause par la confiscation des possessions de Jean sans Terre en 1204, a été résolu, en ce qui concerne les Minquiers, il y a une trentaine d'années seulement, par un arrêt, alors fortement discuté, de la Cour de justice internationale de La Haye au profit de l'Angleterre. Disputées, contestées, conquises, reprises, reconquises, ces îles ont gardé le souvenir de leurs vicissitudes. Peut-être a-t-il fallu l'évasion courageuse des insulaires de Sein et d'Ouessant vers l'Angleterre, au cours de la Seconde Guerre mondiale, pour que la nation prenne conscience et se souvienne du rôle des îles pour sa défense.

La raison de cette longue méconnaissance résulte d'une deuxième série de circonstances : l'isolement, dont la distance de la « grande terre » et surtout les difficultés de communication sont les composantes essentielles. Une originalité, plus ou moins marquée selon les cas, en est résultée aux points de vue ethnologique, sociologique, économique, culturel, religieux. La mémoire historique en chaque île possède des traits particuliers, parfois incompréhensibles pour les continentaux. Les cas les plus typiques sont, sans doute, à Sein et à Ouessant.

Ouessant a fait l'objet d'un gros livre[25]. « Île sentinelle », elle est moins séparée de la grande terre par une distance de vingt kilomètres seulement que par les écueils de l'Iroise et la violence (neuf nœuds aux vives eaux) des courants (le Fromveur et le Fromrust) qui l'environnent et dont la rencontre détermine des remous très dangereux. Il n'y eut pas de relations régulières avant la fin du XVIe siècle. Un propos qui la définissait alors comme un « lieu très difficile, périlleux et dangereux d'accès » demeure valable. Le premier courrier à vapeur ne fut inauguré qu'en 1880 et, encore maintenant, l'île est coupée du monde pendant plusieurs jours chaque année. Repliés sur quelque quinze cents hectares de sol rocheux balayés par le vent, les Ouessantins vivent entre eux, en microsociété où l'endogamie restait courante, il y a peu : univers clos, peu pénétrable à l'étranger. Sans doute, l'électrification a supprimé veillées et réunions nocturnes, introduit du confort dans la vie quotidienne. Les hommes embarquent sur les navires de l'État ou cherchent du travail à Brest ; mais les femmes qui, elles, restent, veillent sur les traditions. La mémoire de l'île ne s'attache pas à des monuments anciens (il n'en est guère), mais à des légendes tenaces et à des usages marqués par la domination de la mer. L'arrière-plan est fait d'un passé de naufrages, de mauvaises pêches, du refus de l'impôt autrefois féodal, maintenant national, de la présence de troupes du continent ; en revanche, les sacrifices ne se comptent pas, depuis la centaine et demie de morts des guerres de Sept Ans et de l'Indépendance américaine jusqu'à ceux de l'occupation nazie. Le souvenir des missions d'un Nobletz et d'un Maunoir, au XVIIe siècle, n'est pas totalement occulté, pas plus d'ailleurs que des relents de pratiques venues du fond des âges. Le rite du *proëlla* attesté en 1734 et célébré pour la dernière fois en 1962 comportait une cérémonie funèbre mobilisant la population de l'île dans la maison du péri en mer puis au cimetière pour un simulacre d'inhumation du corps représenté par une croix; l'usage est désuet, la nostalgie demeure. On n'efface pas la mort de la mémoire des hommes, même en l'épurant de ses légendes.

Ouessant est un exemple extrême. Il existait des usages analogues à Sein[26], à Groix et même dans les îles, moins isolées, du Morbihan. Vers le sud, l'isolement connut des atténuations, à Noirmoutier, à l'île d'Yeu. Cependant, dans toutes les îles, l'esprit d'insularité, conservateur, n'oublie rien[27].

Ports de pêche et de cabotage

Si nos ports pouvaient conter leur histoire, ce serait une cacophonie, tant ils sont nombreux. Mais l'histoire ne leur tient pas rigueur de cette diversité, au contraire.

Cette richesse résulte de la configuration des rivages qui a multiplié les sites, et de la faiblesse des tonnages qui s'accommodait autrefois de tirants d'eau modestes. Le cloisonnement des seigneuries, d'abord, des provinces, ensuite, fit que chaque région entretint ses ports pour la pêche et pour un cabotage limité. Si la mémoire française, en son ensemble, est fugace à propos de la mer, localement elle est plus fidèle.

Bien que l'histoire n'ait pas laissé un type standard de port côtier ou d'estuaire, de port océanique ou méditerranéen, quelques aspects caractéristiques ont été conservés. Certains ports ont la chance de présenter intact ou restauré l'aspect reçu des conditions géographiques et des circonstances historiques.

Indemne au pied de la «côte de Grâce», le vieux port de Honfleur s'insère dans le cadre de son enclos formé par son ancienne église dont la voûte en bois ressemble à une carène renversée, sa lieutenance, son grenier à sel, ses halles; le nom de ses rues bordées de maisons à colombage rappelle Jean de Vienne, l'amiral, et Gonneville, le «Brésilien[28]».

Vu à distance, Saint-Malo a retrouvé sa silhouette traditionnelle: remparts, hautes demeures en pierre des grandes familles d'armateurs (Duguay-Trouin, Surcouf), dominés par la flèche de la cathédrale où Jacques Cartier communia avant d'appareiller pour le Canada, en 1524, dix ans après l'expédition américaine de Verrazano[29].

Clio nous ménage parfois des rencontres inattendues. Chateaubriand, au Grand Bé, gît au milieu des vestiges hitlériens du mur de l'Atlantique, tandis qu'en amont la tour Solidor, hautaine sur les ruines de l'antique Alet, sur-

Le front de mer

veille imperturbablement le cours de la Rance. Les côtes bretonnes sont jalonnées de tours semblables et de châteaux, fidèles à leur mission de guet : le fort La Latte au cap Fréhel, le château du Taureau devant Morlaix, l'abbaye de Saint-Mathieu, Suscinio aux abords du Morbihan, le château de Pornic. Ils gardent l'accès des ports côtiers et des rivières où le flot, au terme de sa course, a niché des havres[30]. De ces derniers, la plupart ont conservé le visage, sinon la fonction, d'antan. L'histoire persévère au ralenti en ces lieux, comme en veilleuse. Il est impossible de les nommer tous : au hasard, voici Morlaix, Roscoff, Landerneau, Le Conquet, Quimper, Concarneau, Vannes, Redon, Le Croisic.

Un type achevé est, sans doute, La Rochelle, dont l'esprit d'indépendance égale celui de Saint-Malo. Sa position centrale à mi-chemin entre les pointes d'Espagne et de Bretagne explique la présence des marchands italiens au moment (1224) où la monarchie capétienne enleva aux Plantagenêts ce nœud essentiel des communications de l'Angleterre avec l'Aquitaine. Ce rôle n'échappa pas non plus à Richelieu lorsqu'en 1628 il empêcha la chute de cette place sous l'influence anglo-hollandaise, par l'intermédiaire des huguenots. Voilà ce dont témoignent les vestiges immergés de la fameuse digue, les murailles et les tours gardiennes d'une autonomie farouche et d'un esprit frondeur ; le souvenir du maire Guitton est présent, comme celui des Quatre Sergents dont le nom est resté à la tour qui fut leur prison. L'autre, celle de la Lanterne, n'évoque pas seulement un trafic séculaire de vin et de sel vers le nord, mais l'ouverture sur l'outre-mer. Rabelais, bien informé, n'a pas placé ici fortuitement la base des navigations de Pantagruel[31].

Ensuite, vers le sud, les ports du passé se sont nichés là où les indentations du relief côtier assuraient leur sécurité. D'abord de part et d'autre des Pyrénées : sur la côte basque, Bayonne et Saint-Jean-de-Luz ; sur la côte catalane, Port-Vendres et surtout Collioure où il suffit à Vauban de transformer le château médiéval en une puissante forteresse[32].

Ne revenons pas sur Aigues-Mortes rejoignant le port d'Arles dans l'archéologie, comme Narbonne, suppléé par Sète. Les cas de Marseille et Toulon nous occuperont plus loin. En revanche, les calanques provençales et la retombée alpine sur la côte ont préservé quelques sites. Les murs de Saint-Tropez protègent les bateaux de plaisance comme jadis les navires corsaires. Ceux d'Antibes, sur leurs bases romaines, au pied du rocher de La Garoupe, ont, jusqu'à la fin des voiliers, continué à garantir une escale sur la route des « rivières » de Gênes. Nice[33], Villefranche ; Calvi et surtout Bonifacio, retraite étroite et profonde, ont des passés semblables et conservent leur physionomie. Ailleurs, là où la guerre avait presque tout ruiné, la mémoire du passé a retrouvé ses droits. Les restaurations, même imparfaites, en traduisent le souci, louable à condition que les maladresses ou les anachronismes n'occultent pas les souvenirs. D'ailleurs, même la modernité des nouvelles constructions, sans mériter déjà le qualificatif historique, témoigne, à sa manière, des souffrances endurées, et d'une volonté de survie, surtout au voisinage des vestiges du passé.

À Boulogne-sur-Mer, par exemple, s'il n'était pas question de relever à l'entrée du port la tour d'Ordre, datant de Caligula (en 44) et effondrée de vieillesse au XVIIe siècle, on continue à représenter sur des médailles et des images Notre Dame naviguant sur un bateau sans mât ni voile. Le site urbain en tout cas offre toujours le contraste entre le château, intact, dans la haute ville, et la cité nouvelle, évocatrice d'une reconstruction douloureuse[34].

La même remarque vaut pour Dieppe. Une seule porte, du XVe siècle, a survécu aux ravages de la guerre de Cent Ans, à un bombardement anglais en 1694 et surtout aux combats livrés dès 1942 en son voisinage immédiat ; par bonheur, ont été préservés Saint-Remy et Saint-Jacques, la paroisse de Jean Ango. Le reste a été reconstruit, mais demeure l'emplacement de la maison d'Ango sur le quai d'où Verrazano partit en 1524 pour découvrir la rade de New York, qu'il appela Angoulême. En effet, à Dieppe, tout rappelle des souvenirs : par exemple la première expédition française dans l'océan Indien, celle des frères Parmentier en 1528 et, au XVIIe siècle, les départs pour le Canada[35].

La volonté de restaurer l'aspect physique des villes portuaires sur leur site ancestral, marqué par la nature, résulte aussi du souvenir des activités antérieures, souvent séculaires : la pêche, le commerce et la découverte. La force de la mémoire apparaît d'autant plus contraignante qu'elle livre combat à des circonstances hostiles. Les économistes déplorent le trop grand nombre de nos ports et se heurtent au conservatisme, légitime mais dépassé, de bien des chambres de commerce. L'histoire pèse lourd et pèsera encore davantage lorsque le poids de chaque port sera évalué à la mesure européenne. Déjà, le petit cabotage breton n'est pratiquement plus qu'un souvenir, sauf pour un trafic avec les ports anglais voisins. L'augmentation des tonnages unitaires des navires est moins responsable que les conditions du marché. Cela est encore plus vrai de la pêche, surtout depuis un demi-siècle.

La petite pêche traditionnelle se meurt. Disparue en Bretagne, la silhouette du thonier avec ses hauts tangons rejoint celle du sinagot du golfe du Morbihan parmi les images archéologiques. L'initiative de grouper à Douarnenez les anciens types de bateaux est aussi heureuse que la fondation d'un musée de la mer à Port-Louis. La structure coopérative de la pêche harenguière en Manche, de Dieppe à la Flandre, avait des racines médiévales ; ce qu'a écrit Lecat dans Marin-pêcheur a valeur de souvenir ethnologique. Même la pêche industrielle est menacée de verser dans le passé, là où la concentration est la moins poussée. Les quotas fixés par les instances

Le front de mer

internationales et les compétitions entre États achèvent de la faire basculer totalement dans l'histoire. Loti avait tracé un type classique des pêcheurs d'Islande ; le film *Le Crabe-tambour* a fixé les images de la pêche à Terre-Neuve ; J. Recher dans *Le Grand Métier* et L. Martin dans *Les Forçats de l'Océan* ont décrit les dangers du grand Nord et des mers australes, l'un sous l'aspect exaltant du risque, l'autre sous son jour asservissant. Chacun s'emploie à entretenir le souvenir d'un univers en déclin. Il est significatif qu'un spécialiste, Olivier Guyot-Jeannin, ait sauvé les archives de Saint-Pierre-et-Miquelon et qu'une mission archéologique cherche en leurs eaux froides des épaves fort nombreuses[36]. La Marine a parsemé ses souvenirs sous tous les rivages du monde, au rythme de l'expansion outre-mer.

Sanctuaire du grand négoce et grands paquebots

«Au commerce», selon la formule coutumière, les ravages subis de 1940 à 1945, n'ont pas obscurci, même dans les ports les plus touchés, la conscience d'un passé souvent prestigieux. Le contraire est peut-être vrai, car une coupure avec les racines incite souvent à les rechercher. Jean Bart, dont la statue restait solitaire au-dessus des ruines de Dunkerque, semblait, levant la main, inciter ses concitoyens à relever leur cité, à restaurer les tours du Beffroi, du Leughenaer et de l'Hôtel-de-Ville, l'église Saint-Éloi et la porte du Parc-de-la-Marine, édifiée par Vauban, et à reconstruire le port. Même l'aspect actuel, effet du malheur, en perpétuera le souvenir[37]. Au Havre, la ville nouvelle a conservé pour centre, en le débordant largement, l'espace prévu par François Ier, dont les Havrais, fidèles au souvenir de leur fondateur, ont donné le nom à la tour qui commandait jadis l'entrée du port, puis à un boulevard et, en 1970, à une écluse, alors la plus grande du monde. Deux monuments attestent l'union du passé et du présent : l'église Saint-François, devenue cathédrale en 1974, et la porte Océane, œuvre de l'architecte Perret, ouverte sur la mer et l'avenir[38].

Les autres grands ports sont aussi fidèles à leur passé. Quoique situés sur des fleuves, Rouen, Nantes, Bordeaux accumulent les souvenirs de leurs liens avec la mer, d'abord sur leurs quais. À Rouen, le front de Seine dont la reconstitution architecturale après 1945 semble discutable, à Nantes, les anciens hôtels des armateurs du XVIIIe siècle sur la Fosse et dans l'île Feydeau (autrement dit la «Petite Hollande» en raison de l'implantation de familles de ce pays qui y firent souche), enfin, à Bordeaux, les immeubles du quai des Chartrons, tous conservent grande allure. Rouen n'oublie pas son rôle intermédiaire entre les mers nordiques et les horizons océaniques et méridionaux. À Bordeaux, mais surtout à Nantes, les «îles» (Antilles et Mascareignes) ont conservé et conservent encore, jusqu'à un certain point, quelque force attractive[39]. Le musée dit des «Salorges» (au château des Ducs) en conserve les souvenirs. Il n'y a guère plus de cinquante ans, le canal de la Martinière, latéral à la Loire sur la rive gauche en aval de Nantes, constituait une sorte de cimetière où pourrissaient les navires à voiles du début du siècle ; la destruction absurde de ces bâtiments nous a privés de ce qui aurait pu être un musée flottant. On n'y a qu'incomplètement suppléé en ces dernières années par le rachat et la restauration du *Belem*, un trois-mâts barque construit à Nantes en 1896, passé depuis 1914 successivement sous pavillon anglais, puis italien ; un acte mécénal de la Caisse d'épargne Écureuil en 1985 a permis le retour de ce bâtiment en sa mère patrie[40]. Un effort se dessine donc en France pour rattraper le retard sur l'étranger[41].

En effet, les bâtiments de commerce sont des témoins de l'évolution de la technique navale. Ils ont acquis une valeur historique par leurs états de service. L'histoire des paquebots français de l'Atlantique nord vient d'être écrite ; elle attend d'être éditée. C'est un exemple, car notre mémoire maritime se projette loin du territoire maritime : en Afrique, en Extrême-Orient, sur les côtes du Chili[42]. Le cap Horn mérite plus que l'attention des romanciers, encore que l'un d'entre eux, marin il est vrai, Joseph Conrad, en ait, mieux que quiconque, évoqué la «sauvagerie échevelée[43]».

De la sauvegarde de son patrimoine maritime, Marseille, spécialement sa chambre de commerce, est un cas exemplaire, nous l'avons dit. Sans doute l'arsenal des Galères n'est plus qu'un souvenir bien localisé. Du moins, à lui seul, le Vieux-Port est un conservatoire[44], avec les deux forts qui défendent son accès ; le plus remarquable, l'ancien château Saint-Jean des Hospitaliers de Jérusalem, est le siège d'un organisme national de conservation du patrimoine national, la Direction des recherches archéologiques sous-marines (D.R.A.S.M.). En effet, la découverte des vestiges de l'ancien port de Massilia le faisant remonter bien avant l'ère chrétienne a confirmé les titres de la ville à devenir le centre français de la mémoire archéologique. Une sage collaboration associe la ville de Marseille, qui fournit les locaux, le C.N.R.S., qui procure le personnel scientifique et prête un bâtiment spécifiquement équipé, l'*Archéonaute*, la Marine nationale, enfin, qui en affecte l'équipage et coopère au travail par ses laboratoires toulonnais. Ainsi, l'exploration de notre patrimoine archéologique sous-marin a développé dans le temps et l'espace les fouilles d'épaves antiques. Commencée il y a un demi-siècle sur la côte méditerranéenne, elle a exploré l'épave du *Patriote* coulé devant Alexandrie lors de l'expédition d'Égypte, et elle gagne l'Océan et la Manche ; la recherche atteint le Pacifique en reprenant les recherches sur le site du naufrage de La Pérouse à Vanikoro[45].

Marseille conserve une collection unique, avec celle du musée de la Marine à Paris, de maquettes de navires de commerce. Objets spectaculaires aux

Le front de mer

yeux du grand public, ce sont des témoins techniques de premier ordre. Joints à des dessins et des photos, ils donnent vie à la documentation écrite, car celle-ci est capable seulement de noter les caractéristiques de quelques unités remarquables. Comment oublier la lignée des paquebots (*packet-boats*) née au XVIIIe siècle, illustrée par une descendance allant de l'*Impératrice-Eugénie* (108 mètres) en 1850 à l'*Île-de-France* (242 mètres) en 1927, au *Normandie* (313 mètres) en 1935, ou *France* (316 mètres) en 1960. Le destin de nos plus beaux et grands navires se passe de commentaires. Notre premier *France*[46], construit à Bordeaux en 1911, maintenait encore cinq mâts, vingt-neuf voiles carrées et douze latines, suppléées, le cas échéant, par deux moteurs auxiliaires de neuf cents chevaux; capable d'une vitesse de dix-huit nœuds, il desservit par le cap Horn la ligne de Nouméa pendant onze ans, avant de s'échouer le 5 juillet 1922 sur des récifs coralliens de la côte ouest de la Nouvelle-Calédonie. Cette fin honorable contraste avec le stupide incendie du *Normandie* dans le port de New York en 1942 et surtout avec l'humiliante cession en 1979, au terme de cinq ans de marasme dans les bassins du Havre, du *France* de 1960 à de meilleurs gestionnaires norvégiens: «Courir sur la mer était sa vocation, conclut non sans tristesse son ancien commandant, et nous serons nombreux à penser que *Norway* (son nouveau nom) libre vaut mieux que d'être *France* enchaîné[47]». On a qualifié ces grands bateaux de «survivances romantiques[48]» et constaté que le Ruban bleu ne signifiait plus rien. À leur tour, les super-pétroliers devenus désuets rejoignent les super-paquebots dans les «oubliettes» de l'Histoire. Mais est-ce bien d'oubliettes qu'il s'agit de parler, car l'Histoire, à moins de se renier, n'en connaît pas ou... ne devrait pas en connaître?

III. La Royale

Non sans difficultés, la Marine nationale maintient son patrimoine historique. Un épisode est significatif. En 1949, la Navy offrit à la France la restitution d'un trophée encombrant pour elle: le *Duguay-Trouin*, vaisseau de soixante-quatorze canons, rescapé de Trafalgar, capturé au cap Ortegal le 4 novembre 1805, ensuite utilisé par l'Angleterre sous le nom de Lion puis d'*Implacable*. Le gouvernement français déclina la proposition, alléguant ne pas disposer de fonds pour restaurer le bâtiment. Voilà pourquoi le navire, amputé de ses mâts et de son château arrière, fut canonné au large de Portsmouth, le 2 novembre 1949. Les honneurs militaires qui lui furent rendus ne compensèrent pas la frustration subie par notre Marine, privée d'un lieu de mémoire équivalent au *Victory*.

Ce n'est pas non plus une compensation que l'appellation «la Royale», couramment appliquée à la Marine nationale. Diverses hypothèses sont avancées pour en expliquer l'origine. L'Ancien Régime connaissait seulement les «vaisseaux du Roi». Actuellement, la Marine nationale n'use pas de la formule. Certains y voient une invention de terriens ignorants des choses de la mer et répandue par des journalistes en quête d'effet stylistique pour suppléer leurs ignorances historiques. Il serait moins vain d'attribuer l'origine de cette appellation aux cercles de la Marine marchande, au cours du XIXe siècle. Les «marins du commerce» auraient voulu se démarquer de ceux de l'État, s'affirmer à la faveur du renouveau du commerce maritime sous le second Empire; il s'y mêlerait peut-être une nuance d'admiration et d'envie du prestige de la flotte, avec une pointe d'ironie pour un traditionalisme jugé suranné ou excessif.

Peut-être, aussi, pourrait-on y voir un hommage, même inconscient, à la permanence de la Marine à travers les changements survenus depuis deux siècles. Alors «la Royale» apparaîtrait comme un symbole. Telle est l'interprétation donnée par l'amiral de Joybert en sa préface d'un livre intitulé *La Royale* par son auteur, un autre marin, de la Marine marchande, le commandant Randier.

En tout cas, il n'est pas imprudent de rapprocher l'emploi de cette expression par des terriens avec l'usage, celui-là habituel dans la Marine, de la formule «rue Royale» pour désigner naguère le ministère de la Marine, aujourd'hui son état-major, dont l'entrée se trouve précisément au numéro deux de la rue Royale, à Paris[49].

L'Hôtel de la Marine à Paris

Par cette porte, nous pénétrons dans le «saint des saints», l'Hôtel de la Marine. Depuis bientôt deux siècles, son organisme suprême, tour à tour secrétariat d'État et ministère, maintenant état-major, de la Marine, occupe l'un des hôtels édifiés, d'après des plans de Gabriel, sur l'actuelle place de la Concorde, dans les dernières années du règne de Louis XV.

Sans leur accorder une excessive signification, certaines coïncidences et certains rapprochements sont curieux. À Versailles, c'était dans l'hôtel affecté par Choiseul à la Marine qu'avait été signé le traité consacrant l'indépendance américaine au succès de laquelle la flotte française avait largement contribué. Ensuite, en prenant possession d'un des deux hôtels construits par Gabriel de part et d'autre de la rue Royale, la Marine devenait voisine de celui où avait été souscrite, en 1778, la reconnaissance de la même indépendance par la France. À supposer qu'une telle attention fût volontaire, elle eût pu passer pour un hommage rendu au rôle de la Marine en cette revanche de la

Le front de mer

guerre de Sept Ans. Jamais la flotte d'Ancien Régime n'avait connu un tel éclat. De plus, l'amateur de coïncidences pourrait épiloguer sur ce que les chefs de la Marine peuvent, sur leur balcon de la place de la Concorde, méditer sur le sort du seul roi, peut-être, qui ait prêté une sérieuse attention à ses flottes, et leur ait donné, avec les moyens de vaincre, la possibilité d'une présence sur toutes les mers, Louis XVI.

Le patrimoine maritime

Si le cerveau de la Marine cogite à Paris, son cœur bat sur le littoral, surtout à Brest et à Toulon. Le rythme est moins vif, maintenant, à Cherbourg, Lorient et Rochefort. Ces cinq lieux concentrent les principaux éléments du patrimoine maritime. Car il existe, ce patrimoine, même s'il est souvent omis dans la définition du patrimoine national; il en possède les caractères de «bien commun» et d'«héritage collectif des enjeux traditionnels de la mémoire[50]». Ses composantes, aisément discernables, consistent en la situation géographique et le site topographique des implantations matérielles de la Marine, la nature de ces implantations, leurs équipements techniques, incluant au premier chef les unités navales. Mais ce patrimoine n'est pas seulement matériel; également, sur le plan moral, entrent dans le patrimoine un équipement intellectuel, des traditions, un esprit, des missions à remplir. Bref, qui dit patrimoine pense capital matériel et moral, voire symbolique, accumulé et transmis par héritage et par tradition. À chacune de ses bases, la Marine a confié une partie de ce patrimoine.

Cherbourg et sa digue

Certains apports originaux de la Marine à la mémoire de la France sont d'ordre technique. L'histoire en présente des exemples d'abord à Cherbourg et à Rochefort sous des aspects et des circonstances contraires. Le premier fut une conquête sur la mer; celle-ci a boudé le second. À Cherbourg, exposé aux assauts de la mer et aux attaques de l'ennemi, s'oppose Rochefort engoncé dans ses marais. Mais avec des héritages différents, ils sont l'un et l'autre des témoins de ténacité technologique. Cherbourg a peu de monuments anciens, mais a dû son essor à l'audace des ingénieurs. Louis XVI, en 1787, avait inauguré la construction de la digue, menée contre vents et marées jusqu'à son achèvement sous Napoléon III. Une autre innovation technique, en notre temps, a fait de l'arsenal de Cherbourg le premier chantier de construction des sous-marins nucléaires: initiative d'avenir qui meuble une mémoire déjà bien remplie.

Rochefort : la Corderie et l'Hôpital

Les innovations qui marquèrent les débuts de Rochefort n'étaient pas moins remarquables de la part de leurs initiateurs au XVIIe siècle. Pour suppléer à la défaillance de Brouage envasé, il fallut créer un port de toutes pièces, à grands frais et au prix d'énormes difficultés, à vingt-quatre kilomètres de la mer par le cours sinueux de la Charente. Le XVIIe siècle aimait les sites de rivière. À l'initiative de Colbert, depuis 1666, les intendants, son neveu, Colbert de Terron, puis Arnoul et Bégon, ont aménagé quais, fosses pour les bois, postes de mouillage et d'abattage en carène, machine à mâter, menuiserie et atelier de sculpture, forge et fonderie, magasins pour les vivres et les équipements. Deux installations de cet « arsenal d'avant-garde » étaient particulièrement notables. L'une est la vieille forme de radoub maçonnée (58 mètres de long, 29 de large et 5,20 mètres de creux) construite de 1669 à 1671, antérieure à celle de Portsmouth (1690). L'autre installation est la Corderie royale, établissement industriel sans doute, mais édifice exceptionnel par l'harmonie de ses pavillons, courant sur une longueur de 374 mètres. Il fallut un énorme effort pour sauver ce témoignage important au point de vue artistique, industriel, militaire et, pour tout dire, historique. L'incendie allumé par l'occupant avant sa retraite en août 1944 avait tellement ravagé l'édifice que sa restauration demeura problématique jusqu'en 1967. Depuis lors, rien n'empêche de reconnaître l'exactitude minutieuse du tableau de Joseph Vernet (1762), jusque dans les détails, constructions, navires, travaux des hommes. Cette peinture est un document, et, à elle seule, un lieu de mémoire[51].

Autant que l'arsenal, la ville de Rochefort est un témoin privilégié de l'histoire maritime par l'homogénéité architecturale de son centre urbain. Sa disposition géométrique est fidèle au plan primitif ; le commandant de la Marine, les archives et la bibliothèque du port, les divers services de la Flotte occupent toujours des hôtels et des bâtiments anciens. Tout y rappelle les XVIIe et XVIIIe siècles.

L'hôpital maritime de Rochefort occupe une place notable dans le patrimoine de la Marine. L'édifice actuel, inauguré en 1788, a été conçu par Pierre Toufaire, l'ingénieur des bâtiments civils de la Marine qui construisit également la fonderie de canons d'Indret, en aval de Nantes. L'ensemble en est imposant. L'architecte a rompu avec la disposition en plusieurs cours conservée à l'hôtel des Invalides à Paris. Sa conception innove par des préoccupations fonctionnelles, distribuant en pavillons spécialisés selon leurs affections les quelque deux mille trois cents malades pour lesquels il était prévu. Il avait fallu remplacer le premier hôpital rochefortais mis en service en 1683, à peu près en même temps que celui de Toulon. Son insuffisance et le développement des études médicales l'exigeaient. L'intendant Bégon prit

Le front de mer

deux initiatives : la création du jardin botanique destiné à des recherches de pharmacopée ; il allait s'enrichir d'un grand nombre de plantes rapportées d'outre-mer par les explorateurs du XVIIIe siècle. Surtout, Bégon attira à Rochefort celui qui devait fonder la première école française de chirurgie, Jean Cochon-Dupuy, en 1722. Grâce à ce savant et à ses successeurs, son fils et son neveu, pendant un siècle, l'école de Rochefort connut une renommée dont l'expérimentalisme tranchait sur le dogmatisme persistant de la majorité du corps médical. L'hôpital traitait une grande variété de malades et disposait d'un amphithéâtre de dissection approvisionné en cadavres par un bagne établi de 1766 à 1855, d'un cabinet d'anatomie, d'un cabinet de sciences naturelles, d'un musée et d'une bibliothèque de deux mille cinq cents volumes. Les collections subsistent, typiques du genre au XVIIIe siècle, et leur conservation sur place, dans leur cadre originel, paraît indispensable. Ce foyer médical très vivant rayonnait dans la ville. L'exemple de la famille Viaud est à retenir : Gustave, médecin de la Marine, qui avait fait campagne en Extrême-Orient, exerça une forte influence sur son cadet, Julien, en qui on aura reconnu Pierre Loti, dont la maison, devenue musée, ajoute des évocations pittoresques aux souvenirs que possédait déjà Rochefort.

Rochefort, foyer endémique de malaria en raison de ses marécages, acquit au XVIIIe siècle la réputation durable de tombeau de la Marine. Vernet n'avait eu garde d'y amener sa famille et la fixa à La Rochelle, se réservant de faire le va-et-vient pour peindre Rochefort. Cette fâcheuse condition du lieu contribua sans doute à lui donner un rôle de pilote dans le développement du corps de santé naval. À son exemple, Brest eut son école de chirurgie en 1731 et celle de Toulon, fondée en 1740, fut officialisée en 1755. Les méthodes de travail rochefortaises furent adoptées ailleurs mais Brest prit l'avantage dès le XVIIIe siècle du fait de la guerre et d'épidémies violentes. Un courant était ainsi lancé vers une organisation structurée de la formation et de la carrière des chirurgiens-navigants ; celle-ci, mise en cause par la Révolution qui supprima les diplômes, fut réorganisée, après des tâtonnements, au terme du XIXe siècle. Par une sorte de retour aux sources, ou du moins en leur voisinage, l'École de santé de la Marine et des Colonies fut installée à Bordeaux en 1890, avec des annexes à Rochefort, Brest et Toulon. Les élèves de l'École de Bordeaux, soucieux de leurs traditions comme toute la Marine, n'oublièrent pas ce qu'ils devaient à Rochefort[52].

Lorient et l'héritage de la Compagnie des Indes

Mieux que Rochefort, le site de Lorient répondait aux conditions portuaires du type en honneur au XVIIe siècle. La conjonction de trois rivières, le Blavet, le Scorff et le Ter, détermine un vaste plan d'eau, dont l'accès resserré, et surveillé au large par l'île de Groix, est facile à contrôler. De mémoire d'homme, jusqu'à Richelieu, seuls deux noms étaient inscrits dans les documents et dans les annales. Le nom de Blavet s'appliquait, comme Morbihan, à l'ensemble des havres du secteur. Celui de Loc Péran désignait la pointe fermant la rade du côté sud ; là, au temps des guerres de Religion, les Espagnols de Philippe II, appelés par le duc de Mercœur, un ligueur, gouverneur de Bretagne, avaient construit le fort de l'Aigle. Ce lieu, recouvré par Henri IV, devait, sous le nom de son fils, devenir Port-Louis, et recevoir le siège de la première Compagnie des Indes Orientales. Celle-ci, réorganisée par Colbert en 1664, fut transférée par lui au fond de la rade, au débouché du Scorff. Le site s'appela désormais «l'Orient», mué plus tard (1793) en Lorient, à la suite des avatars des compagnies successives connues sous les noms de Law en 1719 et en 1785 de Calonne.

Malgré l'anéantissement, à quatre-vingt-quinze pour cent, de la ville, objectif de soixante mille bombes incendiaires, le 13 février 1943, Lorient ajoute au souvenir de ce martyre une mémoire vivace de la Compagnie que son nom évoque[55]. Sur place, bien des objets ont disparu, mais beaucoup se retrouvent à Nantes, où, jusqu'en 1733, la Compagnie effectua ses ventes d'épices, d'indiennes, de laques et de porcelaines. Les archives aussi conservent la trace de ce passé ; une bonne partie en est conservée à Nantes, à Paris et même à Lorient. La thèse doctorale de Philippe Haudrère sur la Compagnie en a exploité l'information à l'appui des travaux de Jean Boudriot.

La Compagnie avait beaucoup construit. Bernardin de Saint-Pierre, en partance pour les Mascareignes, a décrit la ville en 1768, deux ans avant que l'Orient ne devînt port de guerre et arsenal du roi (1770). Depuis ce temps, l'arsenal s'est totalement transformé ; s'il occupe toujours les deux rives du Scorff, les bâtiments nouveaux occupent la place des anciens. Du moins, la Préfecture maritime est un survivant des constructions de Louis de Saint-Pierre, architecte de la Compagnie, et de Jacques Charles Gabriel, premier architecte du Roi. L'ensemble demeure dominé par la tour de la Découverte, érigée en 1740. Non loin de là, le quai des Indes rappelle la vocation commerciale dont le siège s'est seulement déplacé.

La cohabitation de la Marine militaire et du commerce est constante dans l'histoire de la rade de Lorient. Jadis, la Compagnie des Indes posséda jusqu'à sept cent cinquante navires de six cents à sept cents tonneaux chacun en moyenne, entre 1720 et 1770; affectés au commerce, ils étaient cependant construits selon la technique des vaisseaux de guerre. D'ailleurs, la Compagnie projetait de se doter d'une force militaire propre pour la protection de ses bâtiments marchands. Mais en 1767 il était trop tard ; deux ans après, la Compagnie suspendait son activité. Lorient devenait définitivement port de guerre et, dans la rade, l'activité commerciale coexistait avec la fonc-

Le front de mer

tion militaire, sans se confondre. Même l'occupation allemande allait renforcer cette dualité, en creusant une puissante base sous-marine à proximité du port de pêche aménagé à Keroman entre les deux guerres mondiales.

Deux grands points d'ancrage : Brest et Toulon

À tout seigneur, tout honneur. Aucun port militaire ne peut, mieux que Brest et Toulon, représenter la mémoire de la Marine française. Il n'est nullement question ici de présenter leur aspect physique, ni leur histoire. Bornons-nous à décoder leur personnalité historique et à présenter ce qui les insère dans l'actualisation du passé[54].
Leur situation et leur site respectifs évoquent des rôles sans cesse renouvelés. Les différences sont cependant notables. Sans doute Brest et Toulon ont été mis à la disposition, donc au service, de la Marine, à peu près en même temps, grâce à l'union de la Provence et de la Bretagne au domaine royal. Mais les Brestois conservaient le souvenir d'avoir été l'enjeu de la compétition des Valois et des Plantagenêts pendant la guerre de Cent Ans, bien avant que Toulon serve de base pour les opérations navales des guerres d'Italie, à Naples en particulier (1494). Ces campagnes firent collaborer les marins du Ponant avec ceux du Levant, comme Antoine de Conflans en a témoigné dans ses *Faiz de Navigaige*[55].
Brest fut plus souvent vulnérable par mer que par terre; car l'étroitesse de son goulet, difficile à forcer de l'extérieur, peut en faire une souricière sujette à blocus de la part d'un ennemi. On avait vu, au cours de la guerre de Cent Ans, les Anglais s'établir au Conquet, à Saint-Mathieu, à Sein et à Ouessant, et finir par s'incruster à Brest, rendant vains les efforts de du Guesclin pour s'en emparer. Au cours de la guerre de Sept Ans et pendant la Révolution, le problème de la liberté de mouvement de la flotte de Brest se posa plusieurs fois. Il se posa encore, de 1941 à 1944, pour les sous-marins allemands, bloqués dans les abris de Laninon.
En revanche, à Toulon où, comme l'écrit Fernand Braudel, « la nature a fait grandement les choses[56] », entre le cap Brun et le cap Cépet, l'entrée est large vers la double rade. Toulon se souvient que plus d'une fois son sort a été décidé du côté de la terre : en 1536, lorsque Charles Quint voulut s'en emparer, en 1707, lors du siège conduit par Eugène de Savoie, en 1793, quand Bonaparte investit la ville de tous côtés sauf par mer; enfin, ne l'oublions pas, c'est également par terre que les Allemands effectuèrent leur coup de main sur Toulon le 27 novembre 1942.
Les sites chargés de souvenirs ne manquent donc pas de part et d'autre. Le siège de 1793 a rendu célèbres les redoutes du mont Faron, dominant Toulon, ainsi que le fort de l'Éguillette et la tour Balaguier à l'ouest, le fort Lamalgue

et la vieille tour Royale à l'est, de part et d'autre de la Grande et de la Petite Rade. À Brest, la topographie a joué un rôle plus compliqué, où les différences de niveaux et un modelé en creux compensent la faiblesse d'altitude. La Penfeld abrite les installations portuaires au creux de roches cristallines, alors qu'à Toulon elles s'étalent de la Petite Rade à La Seyne. Les sols sédimentaires au sud de la rade de Brest offrent de vastes espaces à l'établissement des écoles de la Marine au Poulmic et une zone favorable à l'isolement de la base sous-marine de l'île Longue ; au contraire, à Toulon il reste peu d'espace au pied des hauteurs du cap Cépet.

Dans les deux cas, l'histoire parle donc en tous lieux. À Toulon, on a récemment relevé les épaves de deux bateaux romains permettant de localiser les quais du port antique. La tour Royale au Mourillon atteste la volonté de Louis XII de fortifier le port. À Vauban est dû le dispositif général de la place, mais l'extension de la ville en a fait disparaître la majeure partie. La guerre a fait le reste. Du centre urbain, seuls subsistent, comme des témoins, les célèbres *Cariatides* de Pierre Puget qui ornaient le balcon de l'hôtel de ville, et la statue, non moins populaire, du *Génie de la Mer*, sur l'ex-quai de Cronstadt, souvenir de l'alliance franco-russe. Autre souvenir : la porte de l'arsenal et la corderie, sans commune mesure toutefois avec celle de Rochefort.

Brest a perdu beaucoup de ses souvenirs. La distinction entre le centre urbain et le quartier de Recouvrance s'est estompée. La rue de Siam, dont le nom évoque les campagnes d'Extrême-Orient, est méconnaissable. À une ruine quasi totale résultant de la guerre se sont ajoutées des démolitions regrettables, comme celle de l'ancien bagne, monument assez imposant et chargé de souvenirs. Subsistent du moins, à Recouvrance, l'église paroissiale Saint-Sauveur et la tour Tanguy au bord de la Penfeld, et, sur la rive opposée, la masse imposante du château. À lui seul, il évoque tout le passé de Brest, depuis ses assises romaines jusqu'à la résidence du préfet maritime édifiée de 1951 à 1953, après la remise du château à la Marine en 1945. Construit sur le roc même à l'aplomb direct de la Penfeld, flanqué de remparts et de tours dont la datation, au moins présumée, s'étale du VIe siècle au XVIIIe siècle, en passant par Vauban, le château est intimement mêlé à la vie maritime de Brest. En comparant une fois de plus Brest et Toulon, une remarque vient à l'esprit : il paraît naturel qu'en chacun de ces deux ports les préfets maritimes, du Ponant et du Levant, aient sous les yeux, de leurs résidences respectives, l'un au château de Brest, l'autre au cap Brun, la vision globale des rades dont les destinées, comme les souvenirs, leur sont confiées.

Le front de mer

IV. Tradition et modernité

La Marine n'a pas à gérer des panthéons. Les lieux de sa mémoire ne sont pas de simples conservatoires, mais des centres vivants. L'héritage y fructifie, s'enrichit avant d'être transmis. La tradition n'y est pas chose morte.

Le Borda, la Jeanne, le Jacques-Cartier

Quoi de commun apparemment entre le «midship» d'aujourd'hui et René de Chateaubriand ou Augustin Jal[57]? L'un un peu avant 1800, l'autre un peu après ont fait la découverte de Brest en une sorte de rêverie, le premier «assis sur quelque mât gisant sur le quai de Recouvrance», le second accoudé sur la murette du cours d'Ajot et ne pouvant détacher son regard de la vision immense de la rade. L'un avait respiré l'air salé dès son jeune âge; l'autre, lyonnais d'origine, n'avait encore jamais vu la mer. Depuis cette époque, la formation des jeunes officiers ne cède pas au romantisme; pourtant, à l'arrière-plan, les différences n'excluent pas des continuités.
Certaines expériences du XVIIIe siècle et tentées au début du XIXe siècle avaient prouvé la nécessité de joindre enseignement théorique à terre et stages d'application en mer. Autrefois, les navires de l'ordre de Malte en avaient été le lieu préféré. Pour y suppléer, on inventa le navire-école pour tous, le *Borda*[58]. Débaptiser un bâtiment en 1840 pour en faire un navire-école sous le nom de Borda traduisait la volonté de perpétuer dans la Marine l'héritage scientifique du XVIIIe siècle, dont cet officier du génie devenu navigateur sur les mers australes, puis directeur de l'École des constructions navales, membre de l'Académie de Marine et du Bureau des longitudes, était devenu le symbole. Pendant près d'un siècle, le *Borda* fut synonyme d'École navale. Le premier *Borda* servit vingt-quatre ans; son nom passa au *Valing* (1864), puis à l'Intrépide (1890), ensuite au *Duguay-Trouin* (1913), jusqu'à ce que le nom de *Jeanne-d'Arc*, affecté à deux navires consécutifs (1920, 1928), ne s'y substitue. L'emprunt du mot anglais *midship* n'occulte pas l'appellation traditionnelle du «bordache». La silhouette de ce dernier s'est alors dessinée et il n'est pas inutile de noter que la casquette introduite en 1836 a été rétablie par Georges Leygues. Le fait est que l'École navale a hérité de toutes les traditions. Transférée de Saint-Pierre-Quilbignon au Poulmic, sur l'autre rive de la rade de Brest, depuis la fin de la Seconde Guerre mondiale, elle poursuit en mer les formations des jeunes enseignes, d'abord sur ses deux goélettes à voiles, la *Belle-Poule* et l'*Étoile*, ensuite sur «la *Jeanne*». Rien n'est laissé de côté pour associer tradition et modernité. La première comporte l'initiation à l'«argot-baille», puisque tel est le nom familier de l'École; les sommets sont la fête dite du «grand C» et la remise du sabre aux «fistots».

La modernité se résume en peu de mots, lourds de signification : d'une part la prédominance des disciplines scientifiques, sans supprimer totalement la littérature et l'histoire, d'autre part le diplôme d'ingénieur de l'École navale décerné aux jeunes officiers. Certes, notre époque a diversifié les écoles de la Marine en les spécialisant et en les répartissant entre Brest, Toulon, Rochefort et Cherbourg, et en les ouvrant plus largement à un recrutement interne. La Marine n'oublie pas, pour autant, ses ascendances. Quiconque dépouille, par exemple, l'Annuaire des officiers d'active de la Marine (la « bible ») pour un large espace d'années est frappé de la persistance de certains patronymes à côté de l'émergence de noms sans lien héréditaire avec la vie maritime.

Sur un plan parallèle, mais différent, des écoles d'hydrographie sont destinées à la formation des officiers de la Marine marchande, d'abord en quinze centres à terre, puis sur un navire-école, le *Jacques-Cartier*. Leur originalité particulière n'en avait pas moins des traditions enracinées dans la vieille marine du commerce, jusqu'aux transformations des navires à l'époque contemporaine.

Du système des classes aux Affaires maritimes

De leur côté, les équipages ne sont pas insensibles aux pesanteurs de l'histoire. La disparition de l'Inscription maritime n'a pas tout supprimé du système des classes établi par Colbert. Les contraintes instituées par lui pour assurer, par des levées à tour de rôle, le recrutement des effectifs, étaient sans doute impopulaires, mais offraient des compensations dans les pensions versées aux intéressés et à leurs familles, et dans l'institution de la Caisse des invalides, embryon précoce d'une sorte de Sécurité sociale. Cela explique la rareté des doléances formulées à ce propos dans les *cahiers* de 1789, notamment en régions maritimes, où l'on demanda non la suppression, mais la stricte application du système. La conséquence est la survivance, aménagée évidemment, d'un régime particulier aux gens de mer. Depuis la loi de 1938, l'Établissement national des invalides de la Marine, tout différent du système originel, en conserva quelques principes. Les officiers des Affaires maritimes succèdent à leurs prédécesseurs de l'Inscription. Dans la Marine marchande, les conditions ont changé totalement à cause du recrutement international et du recours aux pavillons de complaisance[59].

La mémoire du bord

Les navires, par leur désignation, participent à la conservation des souvenirs. Comment expliquer autrement que par une tradition l'application des termes

Le front de mer

de «corvette» et de «frégate» à des navires sans rapport direct avec les types anciens de ce nom. En revanche, le choix des personnages ou des abstractions désignés par l'autorité centrale, seule qualifiée en la matière, pour servir d'éponymes aux navires de la Flotte propose, en soi, un idéal ou un exemple à la communauté humaine qui y embarque.

La mémoire du bord est étroitement liée à l'éponyme. Une chambre du souvenir, le carré du commandant conservent, comme un sanctuaire, le patrimoine de l'unité. Le patrimoine d'un navire, par exemple le *Tourville*, comporte un portrait du personnage, son blason, un tableau de ses états de service; il s'y ajoute la liste des bâtiments ayant porté son nom avec un historique. Une plaque gravée, en cuivre, contient la liste des officiers ayant eu successivement le commandement du bâtiment. Parmi les souvenirs, figurent les insignes, décorations ou plaques conférés au bâtiment par des autorités françaises ou étrangères. L'objectif est l'affirmation de la personnalité du navire dans un cadre historique, d'abord dans la conscience collective de la communauté du bord, mais aussi à l'extérieur. À cette dernière fin, l'usage est d'offrir aux visiteurs un objet, médaille, coupelle, écharpe portant la silhouette, le blason et le nom de l'éponyme, à qui le navire est assimilé.

Ces pratiques peuvent sembler inadaptées au modernisme technique de la Marine. Il n'en est rien. Les cadres officiers et officiers mariniers (les sous-officiers de la Marine) sont des ingénieurs et des techniciens, et les navires ressemblent à des laboratoires, voire à des usines. Pour le percevoir, il suffit d'une visite au centre d'opérations d'une unité, muni des appareils les plus récents de l'informatique, de la télévision, de l'acoustique et de la balistique. C'est l'équivalent, sur l'eau, de la complexité des centres directeurs des opérations dans les états-majors à terre. Le règne de la machine et du calcul ne dispense pas des exigences de perspicacité et d'esprit de synthèse indispensables à la rapidité d'une décision dont le sort du navire et de son personnel, voire d'une opération d'envergure, peut dépendre. La responsabilité ne s'exerce plus dans les conditions et avec les moyens de jadis, mais elle exige toujours lucidité et autorité.

Le cérémonial dans la Marine

On comprend donc la rigueur à laquelle est soumise la vie à bord. Les dispositions qui la règlent, loin d'être de désuètes survivances, correspondent à des nécessités. Mais qu'on ne s'y trompe pas. Sans doute, l'auteur de *L'Argot-Baille* justifiait son ouvrage par le besoin de maintenir des traditions ébranlées par la dernière guerre. De son côté aussi, un autre auteur estimait nécessaire le rappel de la civilité puérile et honnête à des hommes chargés de représenter le savoir-vivre français à l'étranger[60]. Là n'est pas l'essentiel. La récente *Instruction sur le cérémonial dans la Marine* (un volume de 562 pages)[61] actualise, sur la base d'une vraie recherche historique, un certain nombre de règles remontant parfois très haut. Un détail le montre : ainsi la tenue bleu marine date de 1665, elle contrastait avec la couleur vermillon de la redingote des chevaliers de l'ordre de Malte ; de là était venue la distinction entre officiers rouges et officiers bleus, qui fit couler des flots inconsidérés d'encre. L'esprit de l'*Instruction* correspond à ce qu'ailleurs on appelle « le dynamisme et la fécondité de l'histoire symbolique[62] ». Elle traite des honneurs à rendre aux officiers ou personnages de marque et personnalités franchissant la coupée ; elle règle le nombre de coups de sifflet pour les premiers, de canon pour les seconds, ainsi que pour saluer une terre étrangère. Elle réglemente les honneurs rendus au pavillon national, « symbole de la patrie et marque de la nationalité du navire ». Est prévu le rituel (musique, gestes, paroles...) des cérémonies de prise de commandement ou de premier armement du navire. Les préséances sont fixées. Pour éviter tout impair rien n'est laissé au hasard ou aux initiatives capricieuses des individus. Chaque prescription repose sur un précédent, parfois ancien. Sait-on par exemple que le hallebardier de faction devant le salon d'un amiral exerçant une haute fonction est le successeur des « gardes du pavillon amiral » du XVIIIe siècle ?

La Marine marchande connaît, de son côté, quelques usages hérités également des temps anciens, parce que, là aussi, la discipline et la hiérarchie sont des nécessités, parfois vitales, pour tous ceux qui sont embarqués.

Un rituel enfin fut en usage dans les deux marines pendant des siècles jusqu'aux transformations techniques récentes, pour la mise à l'eau de nouveaux navires. Les bâtiments de fort tonnage ne sont plus lancés, mais immergés en cale. Auparavant, une cérémonie, religieuse et profane, marquait l'événement. Les gestes sont anciens, sinon antiques, et christianisés au Moyen Âge, en Occident comme en Orient. Une liturgie prévoyait lectures scripturaires, bénédiction, imposition d'un nom en présence de parrains et marraines. Rites et symboles tendent à personnifier le navire et à le sacraliser, afin d'attirer la protection céleste sur l'équipage et les passagers. Ces actes symboliques sont porteurs d'une charge dont seul le passé peut exprimer le contenu[63].

Témoignages

Les événements de la carrière des navires et des marins n'ont pas paru moins mémorables que leurs débuts. Leur commémoration a donné lieu à l'érection de monuments, à l'apposition de plaques, à la frappe de médailles et de jetons et, depuis le XIXe siècle, à l'émission de timbres-poste. À titre d'exemple, rele-

Le front de mer

vons l'obélisque de marbre noir qui, jusqu'à la destruction de Brest, s'élevait au chevet de l'église Saint-Louis pour inviter la jeunesse à imiter le courage de Charles du Couédic, blessé mortellement à Ouessant en 1779[64]. Les plaques ne se comptent pas. Les médailles et les jetons non plus. Sous Louis XIV, on a frappé des médailles d'une rare qualité. Les unes illustrent le rôle de Brest à l'occasion de la résistance de Camaret à un coup de main anglais en 1694. La ville y est qualifiée: *Custos Orae Armoricae*. Une médaille de 1680 parle de Toulon, *Tholonii portus et navale*. La confiance du roi en la Marine ne fut pas ébranlée par l'échec de La Hougue; le souvenir de Bévéziers inspira en 1693 deux légendes encourageantes: *Emergunt meliora* et *Clarior emergit*. Au cours des années suivantes, la France apparaît sous les traits de Thétis, reine de la mer, et assise sur le char de Neptune, avec cette légende: *Splendor rei navalis*. Les motifs navals abondent sur les productions de la Monnaie, et mériteraient une étude systématique[65].

À ces exemples, la philatélie en ajoute de plus récents, non moins significatifs. Une exposition parisienne a tiré des réserves de l'administration des Postes et d'une collection privée la preuve de ce que, depuis un siècle et demi, le timbre-poste témoigne du rayonnement de la Marine dans le monde autant que de l'expansion outre-mer[66].

Il n'est pas jusqu'au langage des marins qui n'exprime, outre sa technicité propre, des formes de pensée originales, reflétant très souvent un passé lointain. Les transformations, notamment la disparition de la voile et les innovations de toute sorte, ont plus enrichi que périmé l'ancien parler. En témoigne la généalogie des dictionnaires de la marine, depuis le XVIIIe siècle. Parmi eux une place spéciale est due au *Glossaire* nautique d'Augustin Jal (actuellement en cours de refonte) [67]; le langage marin est fait d'apports successifs des langues les plus diverses au français, chacune avec son génie propre, en des secteurs spécialisés de la vie maritime, par strates successives, puis mêlées.

Dans un domaine voisin, le secteur juridique montre que le droit de la mer, actuel même, est tributaire du passé. Trois textes attestent les étapes de cette élaboration: les *Rôles d'Oleron*, recueil de jurisprudence remontant au XIIe siècle et compilé aux XIIIe et XIVe siècles[68], le *Guidon de la Mer*, sorte de code commercial, du XVIe siècle, enfin la grande *Ordonnance de la Marine*, de Colbert.

Enfin, à travers les textes, les mémoriaux, les rituels et les usages, transparaît un dénominateur commun de la mentalité des marins: leur solidarité devant le risque partagé. Déjà, à terre, dans le système des classes, le «quartier» était, au XVIIIe siècle, le lieu privilégié de la mémoire maritime et nourrissait le sentiment d'appartenance à une communauté; en quelques ports, Dunkerque, Dieppe, Brest, Les Sables-d'Olonne, certains quartiers «typés» entretenaient les souvenirs du groupe. Les périls encourus en mer ont enrichi la mémoire collective de faits inoubliables. Parmi ces souvenirs, glorieux, humiliants ou seulement tragiques, avec les périls partagés et surmontés, l'exemple le plus éprouvant vient des trop fameux pontons où l'Angleterre détint des milliers de captifs entre 1793 et 1815 : ces « sépulcres flottants » ont fixé chez les rescapés de sinistres souvenirs[69].

V. Marine et société

Du malentendu à des modes

Le malheureux sort des captifs des pontons anglais émut un moment l'opinion. Un moment seulement car, à l'égard des choses de la mer, la mémoire des Français est courte. Les esprits « éclairés » du XVIIIe siècle avaient laissé des exemples. Sans revenir sur le dédain de Voltaire pour « les arpents de neige du Canada », révélateur de son incompréhension des actions navales outre-mer, Rousseau et Diderot ont partagé ce dédain, sinon ce mépris. Le premier allait jusqu'à se demander si les marins étaient des hommes ou des brutes, alors qu'il exaltait la vertu native du « bon sauvage[70] ». Le second considérait leur pratique votive comme le comble de l'obscurantisme. Pourtant, il s'est trouvé dans les milieux scientifiques du XVIIIe siècle des esprits assez ouverts pour s'intéresser à la mer, aux mondes dont elle ouvre l'accès, et pour accepter, sinon rechercher, une participation personnelle aux voyages d'exploration. Nous avons rencontré Borda et l'Académie de Marine ; il faut se souvenir de la présence de savants auprès de Bougainville, de La Pérouse, d'Entrecasteaux et de Baudin. Un colloque a pu, en 1985, à Brest, centrer son attention sur *La Mer au siècle des Encyclopédies*[71]. Pour la première fois, le roi lui-même, Louis XVI, manifesta un intérêt averti pour la Marine.

À son exemple, il fut de bon ton, en effet, pendant quelques années, de s'intéresser à la mer. De Tahiti, Bougainville avait ramené Aotourou qui fut la coqueluche des salons parisiens. Cet aspect de la cause de la mer coïncidait avec l'esprit des Lumières, comme avec celle de liberté en Amérique. Franklin débarquait à Auray et les victoires navales se répercutaient dans la mode par la coiffure « à la Belle Poule » et « à la Frégate ». Plus tard, on s'émut un peu du sort de La Pérouse, pour l'oublier ensuite. La propagande célébra le combat du *Vengeur*, mais le « coup de Trafalgar » eut beaucoup plus d'écho que tous les succès réunis de la guerre d'Amérique.

Courte, et quelque peu masochiste, la mémoire des Français a toujours été sélective. Qu'avait-elle retenu de la guerre de Cent Ans ? Le désastre de Béhuchet à L'Écluse (1340), à peine le nom de Jean de Vienne. Des guerres d'Italie, on ne soupçonne pas que la Marine ait eu à ravitailler le royaume de Naples. Quant aux découvertes, si l'on se rappelle le nom de Jacques Cartier,

Le front de mer

c'est (sauf à Saint-Malo) pour noter son échec; et qu'un Florentin devenu français, Verrazano, ait été le premier explorateur de la côte orientale de l'Amérique du Nord, il faut aller à New York pour l'apprendre. On se souvient, sans doute, que Colbert fit construire des navires, mais surtout qu'ils ont été détruits à Barfleur, car on oublie que Tourville venait de vaincre à Bévéziers (1691). La liste des trous de mémoire serait longue.

Comment l'expliquer? Certes, les marins eux-mêmes ont une part de la responsabilité de l'incompréhension des terriens. Jusqu'à une époque récente, ils ont cantonné leurs souvenirs en un quant-à-soi collectif, sous l'effet d'un complexe de pudeur, d'une impression de marginalité, d'un sentiment de supériorité aussi à l'égard des «glaiseux» et des «biffins». Les terriens, pour leur part, ont éprouvé des sentiments également mêlés; en se demandant «comment peut-on être marin?», ils éprouvent étonnement, curiosité, un peu d'admiration et, peut-être, un début de respect. Tout cela doit être pris en compte pour tenter une appréciation de la place des choses de la mer dans notre mémoire nationale. Elle n'avait, jusqu'à présent, aucune mesure avec celle des Anglais.

Pour que les Français prennent conscience de la longueur des rivages de leur pays et de son passé maritime, il a fallu, sans doute, le développement des communications. Le déblocage des côtes bretonnes est récent; est-il même achevé? La part de l'information et de la mode est considérable.

La génération romantique s'est émue du naufrage de la *Méduse* grâce à Géricault, mais les réalités offertes par Vernet ne l'intéressaient plus guère. Du moins, a-t-elle découvert les plaisirs de la plage et les premiers bains de mer avec la duchesse de Berry sur la côte dieppoise vers 1825. On s'est préoccupé du sort des bagnards de Brest et de Toulon, tout en considérant les conditions de la grande pêche très normales parce qu'elles existaient depuis des siècles. Peut-être le principal mérite de Jules Verne est-il d'avoir, avec une authenticité héritée de son ascendance nantaise, éveillé l'attrait pour l'aventure maritime.

Était-ce suffisant? La vogue de la «plaisance» trouve là, sans doute, un de ses motifs originels. Portés à imiter les marins, les terriens leur ont emprunté certaines expressions. Ainsi, disent-ils couramment: veiller au grain, rester en rade, ou être en panne, louvoyer, s'affaler, embarquer, appareiller, débarquer. Ils font usage de formules locales, bretonnes notamment, par exemple, «être gréé comme une goélette par beau temps», pour dire qu'on a revêtu ses habits du dimanche, ou bien «être vent debout», c'est-à-dire de mauvaise humeur. Attribuer aux marins l'expression «dessaler» est impropre, et correspond à une autre mode. Le «véliplanchisme» est un sport, mais pas une navigation, en tout cas il est trop jeune et insuffisamment responsable pour avoir d'autres souvenirs que des jeux d'adresse et quelques accidents.

Imiter les marins sans expérience suffisante, ce qui veut dire sans mémoire, c'est s'exposer aux mêmes dangers, inconsidérément. Voilà comment d'inexcusables imprudences conduisent à attendre et même à exiger le secours des vrais marins. C'est alors qu'on apprécie l'équipement dont les côtes sont pourvues pour la sécurité en mer et une mission dont la Marine nationale s'acquitte sans compter.

La sécurité en mer, des anges gardiens permanents

Sons et lumières dans la brume : les phares et les balises.
Il faut avoir eu l'occasion, dans une crique bretonne, par temps bouché même en plein été, d'entendre l'appel des sirènes et des cornes de brume et de percevoir l'éclair intermittent et voilé d'un phare, pour comprendre la tension du navigateur anxieux de tenir sa route. Le radar et les procédés perfectionnés de transmission du son et de la lumière ne dispensent pas aujourd'hui d'une veille attentive. Les rivages de la France sont pourvus d'environ mille trois cents phares et trois mille sept cents balises, gérés par un service installé à Paris, dont l'organisation, pour dater de 1792, n'en avait pas moins recueilli un héritage chargé d'histoire. Si les phares pouvaient conter leur passé, ils se définiraient comme des jalons, au cours du temps, des vicissitudes militaires, des servitudes du trafic et, surtout, du progrès technique.

Les conditions naturelles et les besoins de la navigation avaient fixé le site des premiers phares dès l'époque romaine : celui de Fréjus, asphyxié ensuite par l'alluvionnement, et, à Boulogne, la célèbre tour d'Ordre. Le Moyen Âge n'allumait que des feux incertains, comme des lumignons au balcon de l'Europe. Louis le Pieux, au IXe siècle, en avait établi un à l'entrée de la Gironde sur le rocher de Cordouan, là où, quatre siècles plus tard, le Prince Noir fit construire le doyen des phares français ; au sommet de la tour, un feu de bois, stimulé par de la poix et du goudron, indiquait l'accès des vignobles aquitains ; la garde du foyer, service de charité envers les navigateurs, était assurée par des ermites[72]. Incontestablement utile, l'ouvrage est signalé sur les portulans et mentionné par les « routiers ». Il fut l'objet d'un entretien constant et, à la fin du XVIe siècle, la reconstruction en fut commencée par un architecte de renom, Louis de Foix, qui travailla à l'Escurial. En revanche, les « feux et fumées allumez ès costes » à Oleron, La Rochelle, sur les côtes bretonnes, à Guérande notamment, ainsi que les « foyers » allumés, dès le XIVe siècle, à l'entrée de la Seine, à Fécamp, à Dieppe, au Tréport, à Calais, comme aux abords de Marseille n'offraient que des lueurs fumeuses, de très faible portée. On s'aventurait peu de nuit en mer[73].

La mémoire maritime retient la fin du XVIIe siècle comme le point de départ

Le front de mer

d'un essor des phares de nos côtes atlantiques, en retard sur l'Angleterre, mais avec une certaine avance sur la Méditerranée. Vauban n'y est pas étranger, non plus que les nécessités commerciales et militaires[74]. Les souvenirs s'ordonnent, jusqu'à nos jours, autour des techniques de l'architecture, de la lumière et de l'optique. Il s'y ajoute les problèmes humains essentiels de la relève et du ravitaillement des gardiens. Quelques dates sont significatives : Chassiron à Oleron (1680), les Baleines à Ré (1682), le cap Fréhel (1695) et, dans les trois dernières décennies du XVIIIe siècle, le Planier à Marseille (1771), la Hève (1774), pointe d'Ailly et Gatteville (1775) sur la Manche, Eckmühl à la pointe de Bretagne (1757). Il y avait vingt-quatre phares en 1800, cent soixante-neuf en 1853, trois cent soixante et un trente ans plus tard et un siècle après (1984), mille trois cents. Cette progression a connu des épisodes mémorables dont les plus héroïques ne sont pas très éloignés de nous. Cordouan, le «phare-roi», fut visité par Michelet et par Fromentin en 1862[75] ; le lieu fut classé monument historique la même année que Notre-Dame de Paris. En son émotion, Michelet considère le phare comme «une personne». La tour avait été l'objet des soins attentifs de ses constructeurs et l'iconographie présente sa haute silhouette portée de trente-sept mètres à soixante-trois au XIXe siècle, pour répondre aux exigences techniques (les miroirs) de Teulère et de Borda[76]. Les étapes de ses aménagements sont celles de l'histoire de la «pharologie»: ainsi, la source d'énergie passa du charbon de terre au bois puis aux huiles végétales et minérales au XVIIIe siècle, ensuite au gaz de pétrole en 1907; et enfin en 1948, à des groupes électrogènes au fuel. La lentille de Fresnel a été introduite en 1823; en 1947, les occultations ont été groupées en faisceaux blancs, verts et rouges; la remise du phare en service après la période de guerre avait été facilitée par la conservation des appareils optiques cachés dans les grottes naturelles de Meschers. Cordouan est une sorte de pèlerinage, exposé au vandalisme des touristes. Leur curiosité est explicable car l'intérieur du phare est aménagé selon le goût du XVIIe siècle ; cela avait frappé Victor Hugo *(L'homme qui rit)*. À Cordouan, l'appartement dit du Roi, au premier étage, la chapelle, au second, ne le cèdent en rien par leur décoration baroque aux «fantaisies» qui, selon le poète, faisaient de son homologue anglais, près de Portland, aux Casquets, «un panache au bord de la mer».

Tel n'est pas le cas des émules de Cordouan. La silhouette classique du phare, tour de veille et signal, n'a guère changé, en gagnant en hauteur. Les transformations résident dans l'audace des entreprises et les perfectionnements fonctionnels destinés principalement à accroître la portée lumineuse. Le phare d'Antifer atteint cent vingt-huit mètres dès 1835. Pour n'en avoir que la moitié à peine (cinquante et un mètres) celui des Heaux de Bréhat (1836-1839) offre aux yeux de Michelet «la simplicité sublime d'une plante

marine». L'érection du phare de l'île de Sein, sur une «pierre» qui lui a donné son nom, «Ar Men», d'un diamètre de sept mètres vingt seulement, demanda quatorze ans (1867-1881), connut d'abord d'énormes difficultés (quatre cent quatre tentatives d'accostage, dont cent treize échecs), tant la roche est dure et le courant violent en un raz d'une largeur inférieure à un mille. «Épouvantail des gardiens», il tint l'un d'eux bloqué dix jours en 1923; mais il arriva pire aux deux gardiens du phare de la Vieille, sur la côte du Léon, isolés sans secours de la mi-décembre 1925 à la fin de février suivant. Certains, en pareil cas, devinrent fous. Mais comme le dit un ouvrage récent[77], «il faut vraiment du pathétique, [...] des veuves et des orphelins pour que les terriens s'intéressent aux gardiens de phares». Souhaitons que l'automatisation des phares rejette de tels faits dans le passé sans en effacer la mémoire.
Quoique moins anciens, les phares qui encadrent Ouessant ont autant de titres au souvenir des hommes[78]. Vauban avait édifié deux tours à la pointe du Stiff au nord-est. Il fallut attendre en 1863 la construction du phare de Creac'h au nord-ouest, en 1911 l'achèvement de celui de la Jument au sud-ouest, en 1916 celui de Kéréon, au sud-est, en 1936 celui de Nividic. Les Ouessantins – et les autres – se souviennent de la course contre la montre... et les courants de huit nœuds pour construire la Jument; un scaphandrier fut attaqué par un congre gigantesque et le phare à peine terminé fut battu par une tempête d'automne qui y retint cinq hommes prisonniers. Le plus puissant, Creac'h, haut de quarante-sept mètres, dispose d'une portée de trente-quatre milles; mais il était prévu de le doubler d'un phare géant de cent cinq mètres de haut, plus au large, destiné à guider et à contrôler plus de cinquante mille navires qui, entre l'Océan et la Manche, empruntent chaque année les voies du «R.A.I.L.» destiné à écarter des côtes bretonnes les risques de «marée noire». La Surveillance maritime (la «Sur-Mar») exercée par la Marine nationale de nuit comme de jour demeure indispensable en ces «lieux de mémoire» où les sinistres ne sont pas seulement des anecdotes du passé. Il n'est pas de saison où les sauveteurs n'aient à intervenir, par tous les temps.

Pilotage et sauvetage en mer

Une représentation cartographique des problèmes de sécurité en mer ne devrait pas indiquer seulement les phares et les balises, mais également les postes de pilotage et les stations de canots de sauvetage. La mention localisée et datée de quelques naufrages célèbres fixerait dans la mémoire les sites les plus dangereux et rappellerait utilement la dette de reconnaissance due aux sauveteurs[79].
Les risques de la navigation sont plus grands à l'approche des rivages et l'at-

Le front de mer

terrissement conseille le recours aux pilotes. Leurs services sont anciens et la distinction entre pilotes hauturiers (en haute mer) et lamaneurs (pour l'accès aux ports) apparaît au milieu du XVIe siècle (1551). Les opérations délicates, en tous temps, leur ont parfois coûté la vie. L'histoire retiendra particulièrement l'héroïsme des pilotes du nord de la France au cours de l'évacuation de 1940 et de la reconquête du littoral en 1945 sur des eaux pleines de mines, où le balisage était perturbé[80].

Avant d'être organisé, depuis un siècle et demi à peine, le secours aux naufragés était si précaire qu'il a contribué à la mauvaise réputation des populations côtières et, par contrecoup, des gens de mer et de la mer elle-même. Oserait-on appeler secours aux navigateurs en détresse la conduite des riverains qui, ayant attiré un navire à la côte par des signaux trompeurs, se récompensaient d'épargner la vie des rescapés en les dépouillant de tout et en pillant les épaves. Jacques Cœur revenant d'Orient en 1432 dut sans doute son salut aux gens de Calvi, mais ceux-ci rançonnèrent les voyageurs «jusqu'à leurs chemises» («*usque ad camisas*»). En Bretagne, le seigneur du Léon se vantait de posséder un écueil aux revenus profitables. La coutume médiévale rendait complices les riverains et les seigneurs côtiers. Pour diminuer le nombre des malheurs, les ducs de Bretagne instituèrent le «convoi de la mer», assurant aux navigateurs une escorte armée en automne et au printemps[81]. L'Ordonnance de Colbert en 1681 et le droit maritime ont défini les responsabilités et sanctionné les délits. En fait, la sécurité en mer, dans les zones dangereuses, ne pouvait progresser que grâce à une organisation permanente de secours immédiats, soutenue par un effort moral.

Ceux qu'on a longtemps stigmatisés du nom de naufrageurs ont, plus souvent qu'on ne croit, porté vraiment secours aux naufragés. À Ouessant, par exemple, où de nos jours encore, le «pense», c'est-à-dire ce que la mer rejette, est considéré comme une aubaine, les habitants méritèrent la gratitude de la reine Victoria pour avoir sauvé deux cent cinquante passagers du *Drummond Castle* dans le raz du Fromveur en juin 1896. Sept ans plus tard, une femme de la même île recevait en Sorbonne la grande médaille de la Société centrale des naufragés[82].

Une émulation mémorable avait, depuis 1825, suscité des initiatives d'abord locales puis nationales[83]. L'exemple anglais avait incité un précurseur, M. de Bernières, à doter Le Havre d'un bateau de sauvetage, dès 1775, et c'est encore du Havre que la Société humaine des naufragés (1825) donna un exemple suivi sur la côte jusqu'à Dunkerque. Le stimulant qui généralisa l'effort fut l'émotion provoquée par des naufrages retentissants: celui de la *Méduse* et, surtout, celui de la *Sémillante* où périrent plusieurs centaines de soldats en route vers la Crimée (15 février 1855). Les pouvoirs publics prirent la chose en main. Une enquête révéla qu'en trois ans (1862-1865) il y avait eu 986 naufrages et 6 328 victimes. Cette triste expérience prouva l'urgence de la création d'environ 75 stations de sauvetage, munies d'embarcations appropriées. Deux sociétés se chargèrent de la réalisation de ce programme : la Société centrale des naufragés dont le premier président fut l'amiral Rigault de Genouilly, qui s'était distingué en Crimée ; la Société des hospitaliers sauveteurs bretons (S.H.B.), fondée par un arrière-neveu de Buffon. Les deux sociétés, pour des motifs d'efficacité, fusionnèrent en 1967 sous le nom de Société nationale de sauvetage en mer (S.N.S.M.). À cette date, leur œuvre s'inscrit dans la mémoire maritime par une aide apportée à 61 000 navires et le sauvetage de 45 000 vies. En 1987, on recense sur le littoral français 255 stations, équipées de 461 canots pneumatiques, 36 canots insubmersibles, une soixantaine de vedettes, servies par 3 000 bénévoles.

Comme chacune de ces stations, réparties sur les côtes, chacun de ces bateaux de sauvetage rappelle beaucoup de souvenirs. La qualité des embarcations pose un constant problème dont les données sont la légèreté des coques, l'insubmersibilité et la vitesse, capable de dépasser vingt-cinq nœuds. Certains bateaux ont acquis leurs titres de noblesse. Ainsi, un canot construit en 1897 par les chantiers Augustin-Normand, au Havre, servit à la station de Roscoff pendant cinquante-six ans, avant d'appartenir à la Société des régates de Paimpol et de faire valoir ses droits à la retraite. Restauré, présenté au Salon nautique de 1976, il a trouvé place au musée de l'Atlantique, du Port-Louis. Son nom : *Commandant-de-Kerhallet*. Ce vétéran a bien gagné « ses Invalides ».

À plus forte raison, les sauveteurs, bénévoles, ont-ils droit au souvenir reconnaissant de leurs obligés. Beaucoup ont payé de leur vie leur action salvatrice. Un exemple suffit : à Penmarc'h, le 23 mai 1935, une seule tempête a englouti deux canots de sauvetage, deux barques de pêche, noyé vingt-sept hommes, laissé vingt-trois veuves et quarante-cinq orphelins.

Ne voilà-t-il pas de quoi faire réfléchir, en particulier, les imprudents qui, non contents de risquer leur propre existence, engagent, parfois à la légère, la vie des hommes de la Marine nationale et des sociétés de sauvetage (ce sont, en fait, souvent les mêmes) de qui ils attendent leur salut ? La mémoire devrait inciter à la prudence, à la discrétion et à la gratitude.

Il existe une France maritime. Le passé l'atteste ; le présent confirme. Mais une seule ? La réalité n'est pas simple. Ici, pas de marée, là des amplitudes de trente centimètres à un mètre trente. Le suroît n'a rien de commun avec le mistral. La sociabilité des pêches saisonnières du Nord contrastait avec la pêche artisanale bretonne et l'individualisme méditerranéen. Les réactions humaines sont diverses : violence nordique, colère bretonne, explosion méri-

Le front de mer

dionale. Le langage lui-même diffère et l'ancienne marine devait en tenir compte.
Diverse, la France maritime est une, cependant. Et elle le sent d'une conscience qui lui est propre, avec un patrimoine commun. D'abord, la mer, c'est la mer: partout. La communauté du bord est une solidarité partagée. De tout temps, une rixe avec des terriens, dans un mauvais lieu, rameute tous les matelots, quels qu'ils soient, oubliant différences et rivalités. Les intérêts du métier sont identiques, comme les passions et les souffrances personnelles. L'histoire a fait le reste: la confraternité des combats, l'inscription maritime. Un jumelage de fait existe entre Bretagne et Provence; l'annuaire du téléphone du Var contient beaucoup de noms bretons et les voitures immatriculées 83 sont aussi nombreuses à Brest et à Lorient que les 29 et les 56 à Toulon. Autre détail: la tentative, naguère, de réintroduire les dénominations Ponant et Levant pour désigner les flottes de l'Atlantique et de la Méditerranée semble avoir fait long feu.
Ce qui a pu – et peut – souder nos régions maritimes entre elles, c'est, avec la communauté d'une histoire partagée, le sentiment, plus ou moins fondé, d'être méconnues des terriens. Une autre conviction qu'elles partagent est d'avoir payé les frais des occasions manquées par la France pour réaliser pleinement sa vocation maritime. Des échecs, sur lesquels la mémoire s'est exagérément fixée, ont laissé le goût amer d'un destin qui est derrière nous. Il est grave qu'il ne s'agisse pas seulement de revers militaires sur mer, ressassés aux dépens d'épisodes plus heureux, mais aussi d'insuccès sur le plan de l'économie maritime. Celle-ci – commerce et pêche – et la force navale s'épaulent mutuellement et composent ce que les Anglo-Saxons appellent *sea-power*. Or, la puissance maritime n'est pas divisible; une erreur du passé est de ne l'avoir qu'incomplètement, tardivement ou fugitivement compris.
Les occasions perdues ont jalonné six siècles. La fin de la guerre de Cent Ans plaçait la France et l'Angleterre devant l'alternative de leurs destins. L'Angleterre, bon gré mal gré, fut acculée par la perte de ses territoires continentaux à s'orienter vers la mer. La France se trouva devant la sempiternelle difficulté d'un choix équilibré entre ses deux options, continentale et maritime. À ce moment déjà, certains semblent avoir perçu l'étendue des possibilités maritimes, militaires et économiques. Ainsi, l'auteur du *Débat des hérauts d'armes* met dans la bouche du héraut de France le propos suivant :

> Je dis qu'un prince qui veut être roi de la mer, il faut qu'il ait trois choses nécessairement: bons havres, profonds et assez forts pour garder navires; secondement, lui faut avoir largement de navires, des gros et des petits; troisièmement, lui faut avoir des marchandises de quoi il puisse exploiter son dit navire[84].

On sait ce qu'il advint des projets d'un Louis XI et d'un François Ier, puisque, finalement, les rêves italiens, la nécessité de réagir contre l'étau de la puissance de Charles Quint et le cancer des guerres religieuses ont détourné de la mer et concentré sur le continent des efforts d'ailleurs insuffisants.

Une nouvelle fois, dès le temps de Richelieu, on comprit la nécessaire coordination de l'économie maritime et de la puissance navale. Par exemple, en 1629, Leroux d'Infreville, au terme d'une inspection des côtes demandée par Richelieu, définissait ainsi les qualités du Havre : « Le lieu le plus commode de toute la France pour y trouver les choses nécessaires à un armement, à cause du grand commerce de la rivière de Seine[85]. » Tout l'effort renouvelé, depuis Colbert, aux XVIIe et XVIIIe siècles, est parti de là, constamment contrarié par le réveil des vieux démons terriens et continentaux. Pourtant, il s'en fallut de peu pour qu'au lendemain de la guerre d'Amérique le décollage réussisse. La déception consécutive aux bouleversements révolutionnaires et à vingt ans de guerre continentale à peu près ininterrompue s'est inscrite dans les mémoires françaises avec le nom de Trafalgar et le Blocus continental.

Nouveaux efforts, nouvelles déceptions depuis le milieu du XIXe siècle. Un effort portant la construction navale à la pointe du progrès technique, la restauration commerciale et l'ouverture des marchés coloniaux avaient fait espérer un développement maritime durable, malgré les contraintes épuisantes des conflits continentaux. Le désenchantement est venu. Ne reste-t-il plus que les yeux pour pleurer ?

À quoi donc peut servir la mémoire ? L'avenir n'est pas tout entier dans le passé. Les performances techniques de la Marine militaire sont coûteuses, le commerce manque de fret, la pêche ne supporte plus les concurrences ; les chantiers navals ferment les uns après les autres. Alors, certains escomptent une relève avec la vogue de la navigation de plaisance : soit ! Après tout, la planche à voile elle-même, à plus forte raison le « yachting » peuvent être des écoles de lucidité et de courage, ouvrir des yeux et des esprits vers la mer. À l'exploitation des océans, les Français peuvent prendre une large part ; de même il faudra de l'initiative pour affronter l'intégration européenne en 1992. En tout état de cause, la France peut, sans honte et utilement, faire appel à ses expériences, se souvenir qu'une partie d'elle-même est maritime, que la paix comme la guerre se gagnent en mer et que la chance est un plat qui ne passe pas deux fois.

Le front de mer

1. Henri.-F. Delaborde, *Rec. Actes de Philippe Auguste*, Paris, 1943, t. II, n° 926. Et Léopold Delisle, «Cartulaire normand», *in Mémoires de la Société des antiquaires de Normandie*, XVI, 1852, n° 1082.
2. «Quant li rois de France eut ensi ordonnet et fet pourveoir, rapareiller et rafrescir toutes les frontières de son royaume, tant sur mer comme par terre... », Froissart, *Chroniques*, éd. Siméon Luce, Paris 1869-1888, pp. 406-407.
3. Observations de Jean-Yves Guiomar, «*Le Tableau de la géographie de la France* de Vidal de La Blache». *in Les Lieux de mémoire, La Nation*, Quarto 1.
4. Roger Dion, *Les Frontières de la France*, Paris, 1947.
5. Pour reprendre une notation de Jean-Marie Mayeur à propos de l'Alsace, cf. «Une mémoire frontière: l'Alsace», *in Les Lieux de mémoire, La Nation*, Quarto 2.
6. Fernand Braudel, *L'Identité de la France, I. Espace et histoire*, Paris, 1986, pp. 292-296. On notera l'heureuse initiative réalisée en 1988 à l'École nationale d'administration par dix-sept groupes de séminaires pour l'étude des problèmes maritimes d'un point de vue français dans un cadre mondial; les rapports collectifs ont été publiés par l'IFREMER en deux forts volumes sous le titre *La Mer. Hommes. Richesses. Enjeux*, en 1989.
7. Jules Michelet, *La Mer*, Paris, 1861; *Tableau de la France*, éd. L. Refort, Paris, 1949.
8. Tel est l'objectif des guides touristiques dont la manière de présenter les aspects maritimes de la France est fort intéressante à considérer, en particulier depuis la première moitié du XIXe siècle.
9. René de Chateaubriand, *Mémoires d'outre-tombe*, éd. M. Levaillant, Paris, 1982. Bernard Chenot, *Chateaubriand et les bruits de la mer*, discours à l'Académie des sciences morales et politiques, 30 novembre 1987, Paris, 1987.
10. Jean Recher, *Le Grand Métier*, Paris, 1977; L. Martin, *Les Forçats de l'Océan*, Paris, 1977.
11. La peinture a fixé ainsi des souvenirs en les interprétant. L'étude de Françoise Cachin sur «Le paysage du peintre» (*Les Lieux de mémoire, La Nation*, Quarto 1) nous dispense de longs développements. On y ajoutera les deux références suivantes: *Joseph Vernet (1714-1789)*, Exposition du musée de la Marine, Paris, 1976-1977, présenté par Luc-Marie Bayle et Philippe Conisbée, Paris, 1976; Jean Bourgoin, «La localisation du naufrage de la *Méduse*», *Navigation*, XXIX, 1981, pp. 92-100; Yves Le Pichon, *La Mer sous le regard des peintres de la Marine*, Paris, 1988.
12. Les monographies et les expositions, ayant donné lieu à catalogues, se sont multipliées depuis une quinzaine d'années notamment sous l'impulsion de l'Association pour la sauvegarde et l'étude des ex-voto marins, maintenant fusionnée avec l'Association des amis du musée de l'Atlantique pour la protection du patrimoine maritime. On peut citer les expositions: *Ex-voto marins du Ponant* (1975); *Ex-voto marins de Méditerranée* (1978); *Ex-voto marins dans le monde* (1981), et les publications: François.-C. Boullet, *Ex-voto marins*, Genève, 1978, et Bernard Cousin, *Ex-voto de Provence*, Bourges, 1981.
13. M. Vincent, «Les graffiti de Brouage», *in Recueil de la commission Arts et Monuments*, XIX, 1913-1929, Saintes, 1930. Henri Cahingt, «Les graffiti dieppois», *in Colloque d'histoire maritime*, 1956, Paris, 1957, pp. 53-71. Lucien Bucherie, «Les graffiti de la Maison Henri II», *in Publications de la Société d'archéologie et d'histoire d'Aunis*, 1977 (2), pp. 1-5; «Les graffiti de la tour de la Lanterne à La Rochelle», *op. cit.*, 1978 (3), pp. 1-51. Les recherches en cours d'Anne-Sophie Auger ont donné lieu à des articles dans *Neptunia*, *Cols bleus*, et *Le Chasse-marée* en 1987, à la suite d'une exposition en 1985 au musée de la Marine. J. Peuziat, «1. Nefs de pierre dans les églises bretonnes»; «2. Navires de pierre (sculptures des églises bretonnes)», *Le Chasse-marée*, n° 8 (1983), pp. 9-21; n° 15 (1985), pp. 34-47.
14. La collection «Voyages et Découvertes» publiée par l'Imprimerie nationale a édité *Bougainville et ses compagnons autour du monde*, éd. d'Étienne Taillemite, Paris, 1977,

et Les *Voyages de La Pérouse*, éd. de Maurice de Brossard et John Dunmore, Paris, 1985, 2 vol. Elle prévoit l'édition des voyages de Baudin et de ceux de Dumont d'Urville.

15. À paraître l'édition du *Journal d'un quartier-maître de Dumont d'Urville* (1838), préparée par Catherine Mehaud et mise au point par Hélène Richard.

16. Sous la direction de Jean Favier, *Les Archives nationales. État général des fonds*, t. III, *Marine et Outre-mer*, Paris, 1980 ; É. Taillemite, *Les Archives de la Marine conservées aux Archives nationales*, Vincennes, 1980.

17. La plupart des fonds locaux ont fait l'objet d'inventaires ou de répertoires numériques, dont l'énumération est impossible.

18. Sous la direction de Pierre Blanc, *Bureau Veritas 1828-1978, cent cinquante ans d'histoire*, Paris, 1978 ; Id., « Le Bureau Veritas », *La Revue maritime*, 1979, pp. 482-488.

19. Philippe Henwood, « L'Académie de Marine à Brest au XVIIIe siècle », *in La Mer au siècle des Encyclopédies*, Genève, 1982, pp. 125-135.

20. Étienne Taillemite, *L'Histoire ignorée de la Marine française*, Paris, 1988, pp. 256-278.

21. Marcel Delafosse, *Le Commerce du sel de Brouage aux* XVIIe-XVIIIe *siècles*, Paris, 1960 ; J. Poisbeau-Hémery, « Le sel et les marais salants de la presqu'île guérandaise », *in* Colloque sur le Sel, *Actes du 99e Congrès national des Sociétés savantes*, 1974, Paris, 1976, pp. 101-110 ; Pierre Tardy, *Sel et sauniers d'hier et d'aujourd'hui*, Sainte-Marie-de-Ré, 1987.

22. Sous la direction de Michel Mollat, *Le Rôle du sel dans l'histoire*, Paris, 1968.

23. Georges Jehel, *Aigues-Mortes, un port pour un roi*, Roanne, 1985.

24. Charles de La Roncière, *Histoire de la Marine française*, Paris, 1923, t. III, pp. 615-616.

25. Françoise Péron, *Ouessant. L'île sentinelle*, Brest-Paris, 1985. Id., *Essai de géographie humaine sur le milieu insulaire : l'exemple de l'île d'Ouessant et les petites îles de l'Ouest français*, Paris, 1990.

26. Ph. Brémont, *Île de Sein. La médecine au péril de la mer*, thèse, Angers, 1979, résumée par le docteur D. Goett, *in Histoire de la médecine navale et d'outre-mer*, Séminaire Niaussat, cahier VIII (1986-1987), pp. 1-14. Charles Floquet, *Belle-Île, Houat et Hoedic au cours des siècles*, Loudéac, Yves Salmon, 1990.

27. Jean-François Henry, *Des marins au siècle du Roi-Soleil. L'île d'Yeu sous le règne de Louis XIV*, Janzé, 1982 ; D. Duviard, *Groix, l'île des thoniers ; chronique maritime d'une île bretonne (1840-1940)*, Grenoble, 1978.

28. Jean Mallon, *Un port normand au Moyen Âge : Honfleur, du* XIIIe *siècle à la fin du* XVe, thèse de l'École des Chartes, *Position des thèses de l'École des Chartes*, 1926.

29. Sous la direction d'André Lespagnol, *Histoire de Saint-Malo*, Toulouse, 1984.

30. Il faut espérer que le développement de la castellogie produise en France une étude spécifique des châteaux côtiers, analogue à ce que l'Angleterre a fait pour ses *Cliff Castles*. Des aperçus intéressants sont donnés par Alain Guillerm, *La Pierre et le Vent. Fortifications et marine en Occident*, Paris, 1985.

31. Sous la direction de Marcel Delafosse, *Histoire de La Rochelle*, Toulouse, 1985.

32. Étienne Cortade, *Le Château royal de Collioure*, Collioure, 1968.

33. Maurice Bordas, *Histoire de Nice et du pays niçois*, Toulouse, 1976.

34. Sous la direction d'Alain Lottin, *Histoire de Boulogne-sur-mer*, Lille, 1983.

35. Henri Cahingt, *L'Église Saint-Jacques de Dieppe*, Dieppe, 1983.

36. Jean Recher, *op. cit.* ; L. Martin, *op. cit.* ; voir aussi Thierry du Pasquier, *Les Baleiniers français au* XIXe *siècle (1814-1868)*, Grenoble, 1982 ; et, sous la direction de Michel Mollat, *Histoire des pêches maritimes en France*, Toulouse, 1987 (avec une bibliographie) ; Olivier Guyot-Jeannin, *Histoire de Saint-Pierre-et-Miquelon*, Paris, 1986 ; Éric Rieth, Jean Chapelot,

Le front de mer

Aliette Geistdorfer, *Recherches archéologiques, ethnologiques et historiques des îles Saint-Pierre-et-Miquelon*, ronéotypé, Paris, C.N.R.S., 1987.

37. Sous la direction d'Alain Cabantous, *Histoire de Dunkerque*, Toulouse, 1983.

38. Sous la direction d'André Corvisier, *Histoire du Havre*, Toulouse, 1983.

39. Sous la direction de Michel Mollat, *Histoire de Rouen*, Toulouse, 1978 ; sous la direction de Charles Higounet, *Histoire de Bordeaux*, Toulouse, 1980 ; sous la direction de Paul Bois, *Histoire de Nantes*, Toulouse, 1977.

40. Jean Randier, « Opération Belem », *La Nouvelle Revue maritime*, n° 365, 1981, pp. 28-33.

41. On notera l'activité de l'Association des amis du musée de l'Atlantique, de l'université francophone d'été d'Aunis-Saintonge (centre de Rochefort et du Château-d'Oleron), et du centre de Douarnenez, éditeur de la revue *Le Chasse-marée*.

42. Pierre Derolin, *Les Premiers Paquebots des Isles françaises d'Amérique (1762-1765)*, mémoire, E.P.H.E. (IV), 1975 ; *Les Paquebots du Havre à New York, (1814-1864)*, thèse, 1978, 1984, 2 vol., 4 t. « Le transport des émigrants aux États-Unis au temps des paquebots à voiles », in *Rec. Ass. des Amis du Vieux Havre*, 1985, pp. 57-76.
De son côté, Marthe Barbance a consacré ses recherches aux compagnies de commerce, notamment la Compagnie générale transatlantique et la compagnie Bordes. La Compagnie des Messageries Maritimes publiait ses articles fondés sur ses archives dans le *Courrier* qui lui servait d'organe périodique. Voir Marthe Barbance, *La Vie commerciale de la route du cap Horn au XIXe siècle*, Paris, 1969.

43. Joseph Conrad, *Typhon*, trad. André Gide, Paris, 1976, p. 105.

44. Sous la direction d'Édouard Baratier, *Histoire de Marseille*, Toulouse, 1973. La revue Marseille, éditée par la Chambre de commerce de cette ville, publie de bonnes études historiques.

45. Marc Guérout, « Comment l'épave du Patriote fut retrouvée dans les passes d'Alexandrie », *Chronique d'histoire maritime*, n° 15, 1987 (1), pp. 1-5. Au ponant, on peut citer, entre autres, les fouilles faites sur les épaves du *Juste* (baie de Quiberon), du *Maidstone* (près Noirmoutier), du *Goulimine* (goulet de Brest), d'un bateau médiéval à l'Aber-Vrac'h ; on explore l'*Alabama* (à Cherbourg). On a fouillé le site du naufrage de Paul et Virginie à Maurice, et continué à trouver des objets provenant des bâtiments perdus par La Pérouse à Vanikoro.

46. Anonyme, « Le défi de *France II* », Le Chasse-marée, n° 16, 1985, p. 37. Voir aussi : *Quid 1987*, s.v. « Paquebots ».

47. Georges Croisile, « C'était *France* dont la France était fière », *La Revue maritime*, n° 348, 1979, pp. 629-636.

48. Jean Randier, « À la conquête du "Ruban bleu" » *La Nouvelle Revue maritime*, n° 361, 1981, pp. 96-114.

49. L'expression « la Royale » fait couler de l'encre actuellement, notamment parmi les marins ; *cf.* Jacques Thibault, à propos de l'appellation de la Marine nationale (*Cols bleus*, 17 octobre 1987) et Olivier de Veyrac, « "La Royale", moi j'aime », *Bull.* A.E.N., n° 218 (1987). Le titre *La Royale* a été donné en 1972 par Jean Randier à une histoire de la Marine nationale (Éd. de la Cité). On pourrait noter aussi que La Varende (*L'École navale*, p. LXVI) interprétait les faits dans le sens de la permanence : « La marine, disait-on jadis, est chose royale, indiquant ainsi que son œuvre ne devait pas être abandonnée aux variations des ministères. » Ajoutons que la conclusion du troisième volume du tome II des *Lieux de mémoire*, « La nation-mémoire », évoque « la fonction d'assurer pérennance, prestige, vivre la sacralité de la Royauté en même temps celle de façon permanente ». On remarque l'absence de l'expression « la Royale » dans le répertoire du commandant Roger Coindreau, *L'Argot-Baille*, Paris, 1957. À signaler aussi un ouvrage intitulé *La Royale et le Roi*, de l'amiral Philippon (Paris, 1982) ; et *La Marine, place de la Concorde. Exposition 1789-1989*, Paris, 1989.

50. André Chastel, « La notion de patrimoine », *in Les Lieux de mémoire*, t. II, *La Nation*, Quarto 2 ; et Pierre Nora, « La nation-mémoire ».

51. Abondante littérature sur Rochefort, notamment : Roger Mémain, *La Marine de Louis XIV... Rochefort, arsenal modèle de Colbert*, Paris, 1937 ; Jean Boudriot, « *Le Port de Rochefort*, par Joseph Vernet », *Annales de l'Université francophone d'été Saintonge-Québec*, 1979, Saint-Jean-d'Angély, 1981, pp. 65-81 ; *Rochefort et la mer. Techniques et politique maritimes aux XVIIe-XVIIIe siècles, ibid.*, Jonzac, 1985 ; M. Acerra, « Rochefort. L'Arsenal, l'eau, les vaisseaux », *in* Martine Acerra, José Merino, Jean Meyer, *Les Marines de guerre européennes, XVIIe-XVIIIe siècles*, colloque, Sorbonne, Paris, 1985 ; M. Dupont et M. Fardet, *L'Arsenal de Colbert : Rochefort*, Rochefort, 1986 ; J. Gay, *La Fabrication des cordages au XVIIe siècle*, publication de l'Université francophone, Jonzac, 1987.
Le patrimoine maritime rochefortais comporte le dernier pont transbordeur subsistant en France ; construit en 1900, il a été classé monument historique en 1976.

52. Sur l'École de médecine navale de Rochefort, cf. une communication de Pierre Huard avec bibliographie, *in Histoire de la médecine navale*, séminaires du médecin général Niaussat, I, 1981-1982. Pour l'histoire de la médecine navale, on se reportera aux travaux du séminaire susdit, aux ouvrages de Pierre Niaussat, d'Adrien Carré, et de Jean-Pierre Kernéis, aux nombreux mémoires et thèses dirigés par J.-P. Kernéis à l'Université de Nantes, sans oublier le livre de Jacques Léonard, *Les Officiers de santé de la Marine française de 1814 à 1835*, Rennes, 1967 ; un ouvrage collectif, d'objet général, a été édité par Pierre Pluchon, sous le titre *Histoire des médecins et pharmaciens de Marine et des Colonies*, Toulouse, 1985.

53. *La Vie quotidienne à Nantes au temps de la Compagnie des Indes*, exposition « 1717-1967 », Nantes, 1967 ; *Lorient et la mer. Trois cents ans d'histoire, 1666-1966*, catalogue de l'exposition, Lorient, 1966 ; R. Picard, J.-P. Kernéis, V. Bruneau, *Les Compagnies des Indes*, Grenoble, 1966 ; Philippe Haudrère, *La Compagnie française des Indes au XVIIIe siècle (1719-1795)*, Paris, Librairie de l'Inde, 1989, 4 vol. Jean Boudriot, *Compagnies des Indes, vaisseaux, hommes, voyages, commerces*, Paris, 1983. Sous la direction de Claude Nieres, Histoire de Lorient, Toulouse, 1988.

54. Sous la direction d'Yves Le Gallo, *Histoire de Brest*, Toulouse, 1976 ; sous la direction de Maurice Agulhon, *Histoire de Toulon*, Toulouse, 1980 ; Philippe Henwood, *Les Bagnards de Brest*, Rennes, 1986 ; André Zysberg, *Les Galériens 1680-1748*, Paris, 1987 ; Anonyme, *Le Château de Brest*, ronéotypé, Brest, 1976 ; A. Boulaire, *Brest et la Marine royale de 1660 à 1790*, thèse, Université Paris-IV, 1988.

55. Michel Mollat et Françoise Toutée, « *Le Livre des Faiz de la Marine et Navigaiges* d'Antoine de Conflans (vers 1516-1520) », *in Actes du 107e Congrès national des Sociétés savantes*, Colloque d'histoire maritime, Brest, 1982, Paris, 1984, pp. 9-44.

56. F. Braudel, *Identité de la France. I, op. cit.*, p. 317.

57. Étienne Taillemite, *Dictionnaire des marins français*, Paris, 1982, s.v. « Borda », « Jal » ; à propos de Jal, *cf.* ses *Souvenirs d'un homme de lettres (1795-1873)*, Paris, 1877, pp. 127-130.

58. Pierre Sizaire, « Croquis oubliés du Vieux Borda », *Revue maritime*, 1975, p. 1128 *sq.* ; R. Coindreau, *L'Argot-Baille, op. cit.*

59. J. Captier, *Étude économique et sociale sur l'Inscription maritime*, thèse, Paris, 1907 ; F. Cordon, *Les Invalides de la Marine. Une institution sociale de Louis XIV. Son histoire de Colbert à nos jours*, Paris, 1950 ; Adrien Carré, *Origines et histoire des Invalides de la Marine*, Paris, 1975 ; Marc Perrichet, « L'Administration des classes de la Marine et ses archives dans les ports bretons », *Revue d'histoire économique et sociale*, XXXVII, 1959, pp. 89-112 ; Philippe Henwood, *La Bretagne maritime aux XVIIe et XVIIIe siècles, Administration et Archives*, in *Mémoires de la Société d'histoire et d'archéologie de Bretagne*, LXVI, 1987, pp. 65-113 (avec bibliographie) ; Alain Cabantous, *Les Populations maritimes de la mer du Nord et de la Manche orientale (vers 1680-1793) : essai d'histoire sociale comparative*, thèse, Université de Lille III, 1987, t. I, p. 259 *sq.*, t. III, pp. 776-777. Vue d'ensemble par Jacques Godechot, « la

Le front de mer

France et les problèmes de l'Atlantique à la veille de la Révolution», *Revue du Nord*, XXXVI (Mélanges Louis Jacob), 1954, pp. 231-244.

60. R. Coindreau, *op. cit.*; amiral Roger Vercken, *Marine et bons usages*, Brest, 1986.

61. «Instruction sur le cérémonial», *Bulletin des Officiers de Marine (B.O.M.)*, n° 143, 27 février 1986. Sur les pavillons de la marine, voir Pierre Charrié, *Drapeaux et étendards du Roi*, Paris, 1990.

62. Pierre Nora, *in Les Lieux de mémoire*, Quarto 1, p. 579.

63. Un exemple est analysé par F. Attoma, «Le rite du lancement des navires», *Bulletin technique du Bureau Veritas*, septembre 1981, pp. 417-125.

64. *Histoire de Brest, op. cit.*, pp. 137-138.

65. Marie-Josèphe Jacquiot, *Médailles et jetons de Louis XIV d'après le manuscrit de Londres (Add. mss 31 908)*, Paris, 1968, t. III, pp. 606-611; 684-692; Alfred Guichon de Granpont, *Notice sur les jetons de la Marine et des Galères*, Paris, 1854; *Histoire de Brest, op. cit.*, pp. 122, 130; *Histoire de Toulon, op. cit.*, p. 64; Anne-Marie Lecoq, «La symbolique de l'État. Les images de la Monarchie des Valois à Louis XIV», *in Les Lieux de mémoire*, t. II, *La Nation*, Quarto 2.

66. Exposition «Latitudes Sud», musée de la Poste, 19 février 1988.

67. Augustin Jal, *Glossaire nautique*, Paris, 1848; refonte en cours sous le titre de *Nouveau Glossaire nautique de Jal*, Paris depuis 1970, 5 fascicules parus (A-G).

68. Les Rôles d'Oleron viennent de faire l'objet d'une recherche exhaustive de la part de John W. Shephard, en vue d'une thèse (en français) devant l'université de Poitiers (ouvrage dactylographié, à paraître).

69. Philippe Masson, *Sépulcres flottants: Les prisonniers français en Angleterre sous l'Empire*, Rennes, 1987; A. Cabantous, *op. cit.*, t. I, p. 269 sq.; t. III, pp. 780-785; R. M. J. Guillemin, «Les pontons de Cadix», *Revue maritime*, 1978, p. 1523 sq.

70. É. Taillemite, *Histoire ignorée..., op. cit.*, p. 250.

71. *La Mer au siècle des Encyclopédies*, colloque, Brest 1985, Paris-Genève, 1987; Michel Vergé-Franceschi, *Les Officiers généraux de la marine royale, 1715-1774*, Paris, Librairie de l'Inde, 1990. Martine Acerra et Jean Meyer, *Marines et Révolution*, Rennes, 1988.

72. Jacques Bernard, *Navires et gens de mer à Bordeaux (vers 1400-vers 1550)*, Paris, 1968, t. I, pp. 93-94, 433-434.

73. J. Kerhervé, *op. cit.*, t. I, p. 336; J. Bernard, *op. cit.*; Édouard Baratier et Félix Reynaud, *Histoire du commerce de Marseille*, Paris, 1970 t. II, p. 33 sq.

74. R. Gast, J.-P. Dumontier *et al.*, *Des phares et des hommes*, Paris, 1985.

75. J. Michelet, *La Mer*, éd. citée, pp. 87-97.

76. René Faille, «Les phares et la signalisation au XVII⁰ siècle», *Dix-septième Siècle (La mer et la marine en France au XVII⁰ siècle)*, n° 86-87, 1970, pp. 39-82; Id., *Les Trois Plus Anciens Phares de France: Cordouan, les Baleines, Chassiron*, La Rochelle, 1974; Philippe Lafon, *Guide historique des phares de Chassiron*, La Rochelle, 1987.

77. R. Gast, J.-P. Dumontier *et al.*, *op. cit.*, p. 116.

78. Fr. Péron, *op. cit.*, pp. 359-369.

79. Une carte de ce genre avait été tracée en 1865, sur un type analogue à celui des *Wreck Charts* anglaises. Elle a été présentée à Brest en 1987 à l'occasion de l'exposition des objets trouvés sur l'épave du *Columbian*, naufragé à Molène en janvier 1865. Voir aussi: P. Lizé, *Répertoire des naufrages*, préface d'É. Taillemite, Dreux, 1977.

80. Jacques Messiaen (textes rassemblés par), *Pilotes maritimes*, Dunkerque, 1984 (l'ouvrage concerne toutes les côtes, sauf Collioure, Marseille et Toulon).

81. J. Kerhervé, *op. cit.*, t. II, pp. 682-686.
82. Fr. Péron, *op. cit.*, pp. 132-148.
83. J. Pillet, *Le Sauvetage en mer au temps des avirons et de la voile*, Douarnenez, 1986.
84. *Le Débat des hérauts d'armes de France et d'Angleterre*, éd. Léon Pannier, Paris, 1877, paragr. 68 et suiv.
85. Bibl. nat., ms fr. 8024.

ANDRÉE CORVOL

La forêt

À toutes les époques l'écart s'avère considérable entre les réalités de la forêt et leur perception. Elle constitue un espace cultivé, soumis à des règles précises que s'impose le propriétaire ou qui sont le fait des pouvoirs publics. En dépit de ces contraintes, demeure constante la vision plaçant dans l'espace boisé le dernier des territoires sauvages. L'urbanisation croissante a même accentué ce phénomène. Ce n'est pas que les anciens ruraux connussent parfaitement ce milieu. Si certains aspects des arbres et des bois leur étaient familiers, ils en ignoraient néanmoins beaucoup. Ils en ignorent davantage à présent. Il n'empêche que les vrais paysans, ceux élevés au contact des bois, détiennent sur ce chapitre un savoir infiniment plus vaste que celui des citadins.

L'attitude devant les coupes reflète cette différence. L'homme de la ville, pour n'aller qu'en promenade, remarque les bouleversements qu'entraîne tout abattage. L'homme des champs, qui représente la permanence, non pas tant par sa résidence que par les récits de ses parents, sait qu'il ne s'agit que du long cycle de la forêt. La coupe n'est pour lui qu'un épisode nécessaire au renouvellement. Aux yeux du passant, elle paraît gigantesque saccage. Les repères-temps dans les cités et à la campagne ne coïncident pas. Les souvenirs qui se lèvent à la vue des bois ne se ressemblent donc pas.

L'exode rural éclaircit les rangs de ceux qui portaient sur la forêt un regard éclairé par l'expérience des générations. Domine ainsi celui que conditionne l'existence contemporaine. Devant les atteintes portées à un paysage sylvestre postulé immuable, s'élève la voix des nouveaux consommateurs de cet espace. Une envie de garder des étendues intactes, c'est-à-dire vierges de l'action humaine. Une crainte de voir disparaître des peuplements qui ont comblé les besoins ancestraux et aident à surmonter les traumatismes modernes. Voilà ce qui motive les courants écologistes et, de manière plus générale, tous les amis de la forêt.

À les entendre, la Nature, menacée, ne trouve refuge que dans la profondeur des bois. Elle s'est jadis offerte à tous les hommes. Il convient maintenant de la défendre contre eux. Est-il besoin de rappeler que jamais la forêt n'a moins été menacée qu'à présent ? Les superficies boisées couvrent en effet 13,7 millions d'hectares – 25 % de l'hexagone ! – sans parler de 1 à 2 millions d'hectares en bosquets, boqueteaux et arbres d'alignement. Cela représente plus de 40 % de la forêt en C.E.E., et 0,3 % de la forêt mondiale, avec un volume sur pied de 1,6 milliard de mètres cubes.

Cette belle santé de la forêt ne l'empêche pas d'être confondue avec le sort funeste qui guette la nature dans son ensemble. Pareille assimilation n'a pas de quoi surprendre. Elle s'est faite depuis longtemps, parce que ses origines, nul ne les date, parce que son développement, nul ne l'accompagne. Celui qui l'entretient n'en récoltera pas les fruits. Celui qui y tente une expérience ne consultera pas les résultats. La forêt, parce qu'elle échappe aux normes du temps, semble terre de liberté. Elle seule peut de ce fait assumer certaines fonctions symboliques, lesquelles hantent encore la mémoire longtemps après leur disparition.

I. Le poids des mythes

C'est en musant « dans un beau bois qui touchait presque à la ferme » du même nom que le jeune Ourson rencontre la petite Violette « qui dormait aussi tranquillement qu'elle eût dormi dans un bon lit[1] ». C'est en croyant voir Uglyane que le prince Hjalmar croise Maleine, effrayée par « ce bois plus obscur que le soir[2] ». L'une est une enfant, l'autre presque une femme, toutes deux *charmantes*. Ourson et Hjalmar demeurent éblouis, *sous le charme*, leur charme. Les mots conservent quelquefois une innocence que leur dénie la conscience populaire. Ici, les taillis épais, où dominent les charmes, abritent jeunesse et pureté.

Et pourtant, l'ombre des grands arbres annonce aussi dangers imminents et punitions atroces. C'est à leur lisière que le grand méchant loup guette l'insouciant Chaperon rouge. C'est au sein de la futaie que s'égarent le Petit Poucet et ses frères, trop confiants dans les précautions prises. Au bois, l'erreur ne pardonne pas. C'est le lieu du châtiment. Le Chasseur y entraîne la pauvre Blanche-Neige pour complaire à sa rivale. Quant à l'ingrate Blondine, elle restera « trois mois avant de sortir de la forêt » afin d'expier sa faute et de rendre vie à ses compagnons. Ces contes qui nourrissent toujours les rêves lèguent de la forêt une image bien ambiguë, faisant d'elle à la fois le refuge des âmes limpides et une menace pour ceux qui osent s'y aventurer.

La forêt

Le chemin des bois

Peu importe que ces histoires se perdent dans la nuit des temps, que leurs formes en soient altérées par le mode de transmission, qu'elles aient fourni leur substance à plus d'un écrivain, de Charles Perrault à Michel Tournier en passant par la comtesse de Ségur, Gustave Flaubert ou Maurice Maeterlinck. L'élément primordial – la forêt – figure en bonne place dans chaque version au point que, sans sa présence, le récit ne pourrait commencer[3]. Le héros se fraie un chemin, saute par-dessus le fossé, réfléchit, assis sur quelque pierre : rideau écarté, dosse franchie, borne repérée, au-delà de ces limites s'ouvre la sylve. En les franchissant il laisse derrière lui la lisière et, avec elle, la terre des paysans, les gens ordinaires du monde ancien.

C'est donc par un déplacement physique que la rationalité s'efface devant le merveilleux. La féerie dispose d'un vaste théâtre mais, sur le plateau, on ne distingue pas côté cour et côté jardin. L'acteur tourne le dos au public. Il ne joue que s'il oublie les feux de la rampe pour aller vers les zones d'ombre, derrière les cintres. Exploration délicate car semée d'embûches. Sorcières et magiciennes, enchanteurs et génies, ermites et ogres, tous lui parlent, l'aident ou le repoussent. Les voilà héroïcisés. Chacun, isolé, n'est qu'un des masques qu'aime prendre la nature pour cacher son véritable visage. Regroupés, ils laissent deviner l'entité, ce que le langage moderne baptise « environnement ». Avec un changement capital pourtant car, en s'habillant de neuf, la notion adopte une tournure anthropomorphique qui n'était pas sienne autrefois. L'homme du XXe siècle veut modifier ce qui l'entoure – restaurer un site, utiliser des ressources – et ce, pour son bonheur. Le héros du conte, lui, ignore cette faculté. Il n'entre en contact avec ces puissances qui le dépassent que malgré lui et toujours pour l'autre – le père ou la bien-aimée se valent en l'occurrence. Ce sont ces forces naturelles qui vont le façonner, l'éduquer, bref, le rendre plus apte à affronter la vie. Il est bien incapable de leur imposer ses désirs, lui qui doit tout apprendre de cet étrange univers où triomphe le végétal.

Le récit emprunte les voies du fantastique mais ses péripéties ne font souvent que traduire des rituels enfouis dans l'inconscient collectif, prompts à renaître dès que s'y prête la conjoncture politique. L'histoire de France est riche de telles résurgences, que l'on songe aux complots de la contre-Révolution, aux sociétés antibonapartistes sous Napoléon III et aux concertations bûcheronnes à la veille des grandes grèves de 1891-1892. Toujours dans la forêt, cette quête d'un lieu retiré, donc discret, d'un lieu aussi d'où l'on entend venir l'adversaire. Nul regard sceptique ou hostile ne doit troubler les conjurés. Quel terrain garantit mieux la sécurité de tous que celui des sous-bois ? La brindille qui craque sous les pas de l'importun le dénonce. Les branches qui se referment derrière lui l'empêchent de s'orienter. Oui, la forêt protège les mystères qui s'y célèbrent, qu'ils se veuillent politiques ou religieux. Depuis toujours, les cérémonies au cours desquelles les initiés accèdent à un savoir précieux ont affectionné un vert écrin. Les participants répugnent à décliner leur identité : leurs buts, cachés, les rendent suspects aux autorités ; leurs projets, dévoilés, occasionneraient bien du désagrément. Pour œuvrer tranquilles, il leur faut posséder l'art du camouflage. Cela vaut du reste même si le prince et la société cautionnent ces réunions clandestines. Divulguer des paroles, des gestes, n'est-ce pas les banaliser ? La cérémonie perd alors son prestige. Pis : son pouvoir. De tant de soins, de tant de craintes, le conte porte l'empreinte. L'épicentre du récit se dérobe au tout-venant. Seul le héros s'y précipite. Là se noue le fil tragique qui tisse son destin.

La forêt du mystère

Le sentier mène au cœur des bois, théâtre de verdure toujours perçu de loin comme un havre de paix. Le Petit Chaperon rouge chemine gaiement, sa mère souffrante lui ayant trop bien décrit l'itinéraire. Hansel et Grethel, eux, se trompent pour la seconde fois lorsque, « vers midi, ils virent un bel oiseau, blanc comme neige et qui chantait si bien qu'ils s'arrêtèrent pour l'écouter [...] Ils le suivirent jusqu'à une petite maison sur le toit de laquelle il se posa » : le palais de Dame Tartine. Ils y courent, tenaillés par la faim[4]. Peau d'Asne, elle, n'aspire qu'au repos après une trop longue marche :

> *Elle alla donc bien loin, bien loin, encore plus loin.*
> *Enfin elle arriva dans une métairie*
> *Où la fermière avait besoin*
> *D'une souillon dont l'industrie*
> *Allast jusqu'à savoir bien laver le torchon*[5].

Parvenu au point stratégique, le héros entame un long tête à tête avec la forêt. Nul ne viendra troubler leur dialogue. Ce n'est pas que personne n'y songe, par inclination ou par nécessité. Ils échouent pourtant. Le Prince de *Peau d'Asne* frôle à plusieurs reprises le secret mais ne pressent pas le lien unissant la misérable servante à la radieuse beauté entrevue dans une loge de charbonnier. Les Paysans veulent occire le loup tueur d'enfants mais ne pensent pas que sa dernière victime respire encore. Le Prince ne trouvera la Belle qu'au château paternel où se fait l'essayage de l'anneau. Les manants n'affluent au logis de Mère Grand que sous l'influence des voix, qui, selon les versions, montent de la cheminée ou tombent des arbres. Seuls les héros ont l'initiative. En usant de cette faculté, ils échappent au drame.

La forêt

Un sursaut de courage et toute l'existence en est changée. Pour que la décision soit méritoire, il ne faut pas que d'autres viennent la souffler aux oreilles du héros. Le personnage doit survivre, privé de la chaleur de ses semblables. Ni distraction ni réconfort ne lui sont fournis. À perte de vue s'étendent les bois. Il s'y enfonce bravement sans l'assurance d'atteindre un jour l'orée. La sœur des *Six Cygnes* n'abdique jamais[6]. Elle « se mit à marcher tout droit dans la forêt. Elle alla ainsi toute la nuit et tout le jour, jusqu'à ce que la fatigue l'empêchât d'aller plus loin ». Ce n'est qu'après avoir mesuré ses forces que le héros touche au but.

La forêt mythique qu'il découvre échappe à la description. Ses arbres, leur âge, quelles essences, quelles formes, quelles hauteurs, rien ne lui apporte une quelconque matérialité. La concrétiser serait justement lui enlever son aura. Elle apparaît donc en tant qu'élément incommensurable : l'homme doit connaître ses limites, pas celles de la nature. Sombre, obscure, vaste, infinie, immense, telles sont les épithètes qui lui agréent. Elles conviendraient aussi à la mer, au ciel, à la terre. L'immersion de l'être y est totale. Uniformité des troncs, épaisseur des frondaisons – les repères s'abolissent, le soleil ne filtre plus. Sur la route merveilleuse, l'initié progresse, traversant des espaces où le temps devient insaisissable pour l'horloge des hommes. Il oublie la réalité des heures qui glissent pourtant. Il parcourt des lieues et des lieux sans croiser âme qui vive. Ne pas être distrait. Ne pas être pressé. La quête de soi exige que l'individu ne ménage pas son temps et maîtrise le caractère fugitif de la pensée. La forêt devient ainsi source d'enseignements : la connaissance de soi, des autres, de l'univers.

Le primat de l'instinct

Le héros pénètre dans la forêt – la forêt de ses pensées – pour s'éprouver, donc pour y subir une série d'épreuves dont la finalité est de le rendre meilleur. Rejeter l'accessoire et développer la volonté, voilà ce qu'il devra apprendre dans cet étrange périple, avant tout voyage intérieur. Les portes de l'école de vie s'ouvrent devant lui. En en franchissant le seuil, il se dépouille de l'attachement que suscite d'ordinaire la position sociale. La perte de l'être cher, son rapt, ses chagrins ne lui montrent-ils pas que ce malheur frappe également le riche et le pauvre, le misérable comme le puissant ? Ainsi, dans le conte de *La Belle et la Bête,* maintes variantes circulent sur le thème d'Andromède : le père qui, pour avoir offensé le monstre, doit lui livrer sa fille, appartient à toutes les catégories sociales, bien qu'il soit plus souvent homme de négoce que de grand renom ou de petite extrace. Le cœur bat de même sous les nippes du gagne-denier et l'habit de majesté. Universalité des sentiments qui rend vaines les apparences. Ni les biens possédés ni leur absence n'épargnent la souffrance. La condition sociale ne corrige pas la condition humaine. Il faut donc se résigner au monde tel qu'il va et espérer malgré tout qu'il ira s'améliorant, une contradiction qui se veut optimiste.

C'est cette ambivalence qui fait du conte en forêt l'histoire d'une métamorphose avortée, avortée car la mutation ne concerne pas le physique du héros et ne modifie que partiellement son caractère. La chenille devient papillon. Lui ne volera que la durée utile pour apprécier la sensation du vol. Aussi son état initial importe-t-il avant qu'un tourbillon fantastique ne s'empare de lui. Le moindre détail fourni sur sa personne acquiert une signification précise quant au comportement moral et à l'appartenance sociale. De cette minutie descriptive dépend en effet la qualité pédagogique du récit car, si le héros s'enfonce dans les délices de l'introspection, il convient de ne pas oublier qu'il entraîne à sa suite tout l'auditoire du conteur[7]. Le message ne sera compris qu'en fonction des repères semés.

Dès la lisière passée, le héros sait que les apparences sont vaines. Au profond des bois, il apprend à ses dépens qu'elles sont trompeuses. La forêt, terre de mirages, lui dévoile la fragilité des perceptions en le forçant à assumer les risques du déguisement.

– Homme sensuel, il s'enflamme pour une fille dont il ignore tout ou qu'il sait d'humble naissance. À l'ombre des grands arbres, la bergère ne plaît pas qu'à ses moutons. Pis encore : la mégère infecte et le laideron infâme y séduisent tout autant. Au fils de roi à répudier dans les deux cas les préjugés de caste pour conserver la femme. Il est léger, l'obstacle des conventions, quand souffle l'amour.

– Homme important, le voilà travesti en pauvre hère, parfois difforme (bosse ou pustules, c'est selon), voire ravalé au rang de brute ou de bête. Ces disgrâces extrêmes amenuisent fort son capital de séduction. En forêt, il peut aimer n'importe qui mais ne peut, lui, se faire aimer qu'avec difficulté. Quelle gageure pour lui d'obtenir les aveux les plus doux ! Et quelle chance s'il n'a pas à réclamer à la belle l'ultime sacrifice : endosser sa vilaine peau, ce qui suppose malgré tout une grande passion.

Les vertus du cœur sont les seules prisées. Pour celui qui n'a pas reculé à l'heure du choix, la récompense vient : la déshéritée se révèle princesse ; l'atroce gnome, beau comme un dieu. S'étant accommodé de sa déchéance, le héros retourne à son état initial. Tout est bien qui finit bien ? Oui, puisque l'harmonie antérieure au cycle se reconstruit à la dernière séquence : la liaison des contraires s'efface et l'ordre un moment renversé est rétabli. La grâce et la richesse marchent de concert et se reproduiront. Reste acquise l'égalité des hommes ballottés par les hasards de la vie.

La forêt

L'amour des autres

Le séjour en forêt s'apparente ainsi à un mauvais songe. Les frayeurs se dissipent au réveil. Et pourtant, au cours de son périple, le héros qui croit les arbres hostiles, derrière chacun d'eux, rencontre d'autres êtres prêts à l'aider s'il se montre digne d'intérêt. Il en a bien besoin, lui que n'habite que l'envie de quitter ce labyrinthe où il lui semble tourner depuis une éternité. Au demeurant, cela témoigne de son égarement dans une véritable forêt. Véritable, elle ne le serait pas si le visiteur ne craignait de s'y perdre. Lorsque Évelyne Chaussin interroge sur ce point une vieille dame de Lézinnes (Yonne), celle-ci lui avoue n'avoir jamais manqué, avant de s'enfoncer dans les taillis, de poser son panier auprès d'un gros arbre. Son chien découvrirait toujours la trace[8]. C'est qu'«on s'rend pas compte du ch'min qu'on fait dans les bois», dit-elle. En forêt, les distances comme les heures ne s'estiment pas comme en terrain découvert. Aussi, au début de son aventure, le héros ne sait-il comment se diriger. Les routes sont ou trop nombreuses – et il s'épuise à les arpenter –, ou trop ténues – et il se déchire à d'inextricables ronciers. Il a besoin qu'on lui montre la voie et s'enquiert de qui pourrait assumer ce rôle. La chose n'est pas facile, ce qu'illustrent les déboires du Petit Poucet: «Il vit une petite lueur comme d'une chandelle, mais qui estoit bien loin, par-delà la forest; il descendit de l'arbre et, lorsqu'il fut à terre, il ne vit plus rien. Cela le désola[9].» Il y avait de quoi.

Au cours de cette errance, il rencontre ceux qui *se veulent* prisonniers de la sylve. Qu'ils aient choisi de s'y consacrer à la prière ou que leur métier les astreigne à en vivre, l'orée ne les attire pas. Pour les travailleurs du bois, bûcherons, fagotiers et charbonniers, elle les expose au mépris et à la défiance. Quant aux saints hommes, elle signifie la tentation du monde. Tous ont leurs raisons de rompre avec la civilisation. La forêt représente pour eux un désert où ils sont libres d'assumer leur marginalité. Cela n'implique pas l'exercice de la liberté mais bien plutôt la soumission réconfortante à un ordre qui n'est pas celui des hommes. Ils ne désirent pas en explorer d'autres. Ainsi en va-t-il de cet ouvrier, interpellé en train de lier des rouettes. Il accepte de renseigner les trois frères en mal de leur sœur, que séquestre le seigneur des Ténèbres, au-delà de la mer noire[10]. Ses réticences envers un ailleurs problématique sont nettes: «Il y a dans la forêt [la mer noire] une allée que l'on appelle l'allée du château de Cristal. Peut-être conduit-elle au château dont vous parlez: mais je n'y suis jamais allé.» Une absence totale de curiosité? Non, le sentiment d'avoir trouvé dans la forêt tout ce qui lui convenait. Ils n'ont jamais atteint la forêt dans ses replis les plus secrets et pourtant ils ne contemplent qu'elle, ils n'aiment qu'elle. Les fruits empoisonnés de la connaissance ne sont pas pour eux, non plus que la recherche d'une fiancée, d'une mère, d'une sœur. La forêt, parce qu'elle est femme, comble

tous leurs désirs. Elle leur offre un refuge contre des valeurs qu'ils n'identifient plus comme leurs.
De vivre en rupture avec la société ne les a cependant pas aigris. Jamais ils ne repoussent le héros lorsque celui-ci les aborde à bout de force. Jamais ils ne le condamnent à errer sans fin. Les hôtes de ces bois merveilleux lui proposent au contraire de se reposer avant de le remettre sur la bonne route. Simple est le gîte, réduit le couvert. Un saint homme ne cache pas cette frugalité à l'invité impromptu : « Vous n'aurez ni moins ni pis que moi : quelques herbes et quelques racines – et la terre nue pour lit[11]. » C'est bien maigre. C'est considérable. Ce n'est pas la quantité qui compte, en effet, mais la manière de donner et de recevoir. Les portions sont rigoureusement égales. Et parce que ce pauvre d'entre les pauvres, en apercevant le jeune homme si humble et si reconnaissant, le recommande à un autre ermite, « plus vieux et plus savant » que lui, maître de la gent ailée[12]. La chaîne de solidarité court ainsi à travers bois. Carbonari et bûcherons au XIXe siècle ne renieront pas ce mouvement en évoquant leur « fraternité ».
Auprès de ces gens à tous égards exceptionnels, l'adolescent parfait son éducation. Il le faut bien puisqu'il n'est pas destiné à entrer dans leur confrérie. Le héros doit aller jusqu'au terme du voyage, cet au-delà allégorique, palais de cristal, royaume du soleil ou demeure de verre. La désignation évoque le séjour des âmes innocentes, c'est-à-dire pures – transparentes –, qui ne seront libres qu'après l'exécution du cerbère de service, dragon écumant, bête à sept têtes ou géant colossal. Il y a toujours du David chez ce jeune combattant, un lointain écho des écrits judaïques. Il aura donc à affronter seul l'instant suprême mais en étant moins démuni qu'avant sa rencontre avec les sages de la forêt. Eux savent que pour revenir de la terre des morts le courage, la volonté ne suffisent pas. Le cadeau qui transforme un temps l'adolescent en surhomme montre bien que ces généreux donateurs ne s'apparentent point à des êtres ordinaires. Au reste, arrivée silencieuse et disparition soudaine laissaient deviner la chose. Ces ermites si âgés qu'ils n'ont plus d'âge, ces charbonniers si noirs qu'ils n'ont plus d'expression, humains, le sont-ils encore ? La forêt constitue leur élément. Ils s'y meuvent comme le poisson dans l'eau et l'insecte dans l'air. Pareille aisance démontre combien est précieux le savoir transmis. N'est-ce pas lui qui réconcilie homme et nature ?

Le transfert des forces

Le héros est bien un homme en ce qu'il apparaît comme un perpétuel insatisfait. Il ne se détermine que par et dans l'action, récusant par avance les limites assignées à son existence : mortel, n'ose-t-il pas se rendre chez les

La forêt

morts ? Ses éducateurs ne l'accompagneront pas. Ils se bornent à le mettre en garde et ce qu'ils peuvent faire pour lui, ils le font. L'apprentissage en est accéléré. Au téméraire de décider s'il persiste dans sa folie. « Ah, mon Dieu, dit l'enfant, comment vais-je passer dans ce bois ? Et il a trouvé un vieillard là [...] et le vieillard lui a dit : "Pour passer le bois, il faut que vous appeliez un corbeau ! » Ce que le héros exécute sans discuter. Son mentor ne lui a pas fourni qu'une morale, mais aussi l'art d'employer à son service les puissances de l'air, de l'eau et de la terre.

Par l'ascèse que les sages – ses ancêtres symboliques – inculquent au jeune homme, tout ce qui lui importait jadis – le titre, la fortune, les loisirs, à commencer par la chasse s'il était noble, sa chaumière, sa besogne, sa famille s'il ne l'était point – cesse momentanément de le définir. Le contact avec la forêt a décapé les faux-semblants de la civilisation. Demeure l'essentiel, la vigueur du corps, l'agilité de l'esprit. Voilà le héros dans sa nudité mais il n'est pas l'Adam d'avant la faute. La peur, l'obscurité, la faim le talonnent. Lui qui avait tout devient le plus démuni des hommes, et en cela le héros du conte se différencie des héros modernes, bien que les auteurs aient beaucoup emprunté à la conception mythique de la vie en forêt. Ni le jeune Mowgli si cher à Rudyard Kipling ni le Tarzan bondissant de notre enfance n'endurent pareilles angoisses. Eux, les animaux les ont sevrés. Eux appartiennent à l'Éden et n'en bougent pas. Le héros du conte, en revanche, se hâte de le traverser pour revenir vers les siens. Et, en ce sens, il est plus humain que les produits de l'imagination des romanciers. Sa mission accomplie, les retrouvailles ne sont pas douteuses. L'Éden perd alors sa raison d'exister. Au reste, cet Éden, n'est-ce pas lui qui l'a créé ? S'il n'avait pas signé le pacte d'amitié avec les animaux, comment aurait-il pu triompher ?

Ce pacte apparaît comme d'autant plus nécessaire à sa victoire qu'il est plus contraire aux agissements primitifs du héros, et cela aux deux extrémités de l'échelle sociale. Princes et bûcherons hantent les étendues boisées, les uns pour avoir coursé trop avant le gibier, les autres pour n'avoir pas quitté le chantier alors que baisse le jour. Double sacrilège par conséquent : le viol d'un espace et le viol d'un temps, dévolus tous deux aux puissances naturelles. C'est souvent cet excès dans le plaisir comme dans le labeur qui referme les mâchoires du piège. Le héros ne les desserre qu'en se conciliant ces puissances insultées dans l'arrogance même de la jeunesse : Actéon qui irrita Artémis rejoint ici Hubert avant sa conversion. C'est hors de l'emprise sociale – encore la forêt-désert – et sous la houlette de ses mentors que le héros du conte, héritier des mythologies antiques et des dévotions populaires, renonce à des pratiques dont il rejette la barbarie. Une prise de conscience de la dignité animale ?

Mieux, puisque chez ces animaux qui échappent enfin à ses coups il reconnaît des frères, des frères à part entière et non des frères inférieurs. Expérience capitale qui lui rend compréhensible le langage des bêtes : sans la faculté de communiquer, l'amour est-il concevable ? Le héros ne songe donc pas à soumettre les bêtes fauves. Comment imaginer un rapport dominant-dominé alors qu'il n'est question que d'égalité entre toutes les créatures de Dieu ? Vision paradisiaque dans laquelle se profilent les modèles érémitiques de saint Antoine et de saint Paul, largement diffusés depuis le IVe siècle[13]. Eux aussi vivent reclus en un lieu isolé. Eux aussi dialoguent avec les bêtes. En Orient, le compagnon par excellence était le lion. L'adaptation occidentale de ce schéma recrutera les amis de l'homme parmi les loups, les renards, les ours, les cerfs. La présence de l'ermite au bois sécrète même un refuge dans le refuge, comme l'illustre la vie de saint Godric, mort en 1170 à Finchale, près de Durham. Lui attirait lièvres et lapins, fuyant la férocité des chasseurs. Car dans la perspective du monde à l'envers qui caractérise tout ce qui touche à la forêt, l'élan sanguinaire ne constitue plus la marque des fauves mais celle des hommes impies.

Le héros du conte n'essaie pas de domestiquer, ni même d'apprivoiser. Il veut bien par contre servir ces animaux prétendus sauvages – toujours ce thème de l'inversion inséparable du milieu sylvestre. Le petit Henri avertit ainsi le Loup, l'animal qui a la plus mauvaise réputation dans le bestiaire paysan, qu'il peut passer à table : « Voici, Monseigneur, tout le gibier de vos forêts. Je l'ai cuit comme vous me l'avez commandé. » Le nouveau maître ne sera pas ingrat envers ce gentil serviteur[14]. Il l'installe sur son échine et le transporte sur l'autre rive d'un terrifiant précipice. Il juge même ne pas avoir été assez généreux. Le salaire trop mesquin se voit complété d'un bout de bois : « Quand tu auras cueilli la plante de vie [...] monte à cheval sur ce bâton. » En forêt, l'objet dérisoire peut être providentiel – une autre manière d'exprimer le renversement des valeurs, propre à ce territoire.

Cette alliance entre le héros et l'animal permet la transfusion des spécificités. L'un acquiert les facultés qui lui manquaient, l'autre, le pouvoir des mots. Le pacte avantage les contractants : le héros parvient à l'exploit ; la bête sauve sa vie car celui qui sait ne saurait être tué par celui qui lui enseigne le langage. Ainsi se termine l'initiation des hommes. Ayant terrassé tous les obstacles, l'adolescent démontre au clan qu'il possède les vertus qui font l'homme. Dans la forêt sont restés défauts et défaillances. De la forêt il rapporte un trésor moral que ses enfants recevront quelque jour. L'espace boisé est centre d'acculturation précisément parce que l'initiation du jeune joue la nature contre la culture. Le garçon se livre en effet à une série d'actes sanglants atteignant son apogée avec l'estocade portée au monstre. Cela annonce de quoi sera pétrie son existence : la chasse et la guerre ; la chasse préparant à

La forêt

la guerre. Le maintien de toute espèce animale ne demande-t-il pas aux mâles de braver le danger pour la défense des petits et des femelles ? Mais la préservation du territoire ne signifie pas agressivité latente et massacre gratuit. Les hommes des bois apprennent au héros comment ne pas abuser de sa supériorité. Les animaux de la forêt lui font comprendre qu'abattre le gibier pour subsister est juste, pour se distraire, odieux. Vivre sous le couvert des grands arbres, c'est recourir aux instincts, certes, mais seulement à ceux qui font la noblesse de l'homme.

La table d'abondance

La course des femmes en forêt ne les prépare qu'au combat amoureux. Ne vont-elles pas s'offrir directement à la bête qui les réclame ? Ce faisant, ces héroïnes assument leur fonction. Dans toute société patriarcale, les filles n'intéressent que par leur place dans la stratégie du groupe : terres accrues, puissance affirmée, clientèle consolidée. Aussi, dans les récits, sauvent-elles toujours par leur sacrifice quelque parent menacé, généralement le père. Les intentions de ces charmantes sont pures, même si leur piété filiale engendre des rapports scabreux. Tout rentre dans l'ordre, cependant. Dès la nuit de noces, la Bête, désenchantée, émerge de l'enveloppe répugnante et devient prince d'une grande beauté. La Belle, par son obéissance, réussit un superbe doublé : elle reçoit un séduisant époux ; elle offre aux siens une prestigieuse alliance.

Il faut remarquer que durant tout le temps que sa liaison contre nature demeure secrète, aucun travail ne lui incombe. La vie dans les bois apparaît ainsi comme débarrassée de toutes les contraintes matérielles. Au menu de chaque conte figurent en effet variété et abondance culinaires. Même lorsque les débuts du repas sont modestes, la suite est toujours admirable. La table surgit, «magnifiquement servie», sans qu'il soit besoin d'en ordonner le service. Étonnant festin où les vœux des convives sont exaucés avant de s'exprimer : la nappe se couvre de mets et de boissons, les serviteurs traversent les murailles, des mains dépourvues de membres portent les plats. Nulle part il n'est soufflé mot du labeur ménager : allumer le fourneau, aller aux vivres, cuire le rôt, accommoder les restes – une absence totale de corvées, lesquelles pesaient lourd sur les épaules de la maîtresse du logis au temps où l'on se chauffait au bois.

Cela rappelle singulièrement les propos que tiennent ceux qui œuvraient au début du XXᵉ siècle. «Dans les bois, j'étais mon maître. C'était la belle vie et je la regrette», déclare l'un d'eux. Une vie sans obligation, sans épargne, l'opposé du rêve villageois. «On vivait sur soi. On ne faisait pas d'argent», précise l'autre[15]. Avoir de tout à satiété et ne pas se soucier du lendemain, voilà ce qui définissait leur liberté. Les villageois qui, à l'époque, travaillaient aux champs se souviennent du choc qu'avait été, pour eux, la visite de loges édifiées par les charbonniers. « Moi, raconte le premier, j'étais entré dans la baraque, je m'y étais bien plu. » Et le second de renchérir : « Oh ! Ils étaient heureux comme tout ! Ils n'avaient pas froid, ils n'avaient pas besoin de fuel [évidemment !]. Rien du tout. Ils étaient heureux... » Oui, ils l'étaient – en période faste, c'est-à-dire durant les longues soirées oisives de l'été commençant et au moment de la paye. Vu de l'extérieur, le métier paraît tellement agréable : pas de hiérarchie professionnelle, pas de souci d'approvisionnement, le bon air et les conversations passionnantes. La mémoire des acteurs comme des spectateurs n'en retient que le bonheur d'être au bois. Du coup, s'y installer, c'est revêtir la belle simplicité d'un Robinson laissant derrière lui le superflu des civilisés.

Dès lors, comment les enfants n'aimeraient-ils pas gambader dans la forêt ? Ils connaissent ces chemins merveilleux où s'enfoncent les héros légendaires. Ils veulent en faire autant, ne serait-ce que pour montrer à leurs parents qu'ils ont atteint l'âge de l'indépendance. L'aventure, c'est cela pour eux. Les bois deviennent ainsi une gigantesque aire de jeux. Le rocher est toboggan, l'arbre, escalade, les branchages, moyen de déguisement, les cavités, moyen de disparaître. Ils y circulent avec insouciance et en jouissent pleinement. La nature du peuplement, feuillus ou résineux, sa dominante, homogène ou hétérogène, ses essences, chêne, hêtre ou frêne, douglas, sapin ou épicéa, son traitement en taillis ou en futaie, tout cela leur est indifférent. D'ailleurs, ils savent mal nommer les espèces, lacune qui ne s'effacera pas lorsqu'ils atteindront l'âge adulte. L'ensemble de ces éléments – la forêt –, ce sont des arbres, gros ou minces, élancés ou trapus, dont la spécificité se résout dans l'usage ludique.

Ces chers petits raisonnent à peu près comme leurs parents. Pour la plupart des adultes, les bois d'aujourd'hui ne signifient plus qu'activités joyeuses. Ce n'est qu'après réflexion, et celle-ci n'est pas spontanée, qu'ils perçoivent que les bois ne sont pas qu'une aire de plaisirs mais représentent *aussi* une valeur monnayable. Précisément parce que ces bois livrent *du bois* et doivent donc appartenir à quelqu'un. La prise de conscience qu'il y a là une récolte vient avec l'avertissement du genre : « Y coupaient trop d'branches. Je leur ai dit d'arrêter[16] ! » L'espace forestier apparaît en fait comme une délicieuse retraite où il est interdit d'interdire. En témoigne la vivacité avec laquelle un des gamins lance : « Ce qu'il y a de bien dans l'bois, c'est que c'est à tout le monde. » Pas de propriétaire ! Ailleurs, il n'en va pas de même et il faut contrôler ses gestes, voire s'interroger sur le fait que l'on y entre, que l'on y marche : la bonne tenue ne justifie pas le droit de la présence... Rien de tel en forêt : aucune retenue dans le comportement, aucune retenue dans le verbe.

La forêt

Peut-être convient-il de chercher dans cette approche irréaliste de la forêt les motifs d'un engouement, celui pour le conte fantastique, que ne dément ni le XIXe ni le XXe siècle. Triomphe de la comtesse de Ségur (1799-1874), avec ses *Nouveaux Contes de fées*. Succès de Guillaume-Charles Grimm (1786-1863), avec les *Contes populaires de l'Allemagne*. Et avant eux, pour un autre public, il est vrai, Charles Perrault (1628-1708), publiant les *Contes de ma mère l'Oye*, redevenus très en vogue dès la Restauration. L'apprentissage mis en scène n'est pas exempt de peurs et de souffrances. L'intérêt n'en est que plus vif. Les petits enfants frissonnent comme leurs aïeux au même âge, ce qui prouve que les grand-mères actuelles valent bien par la lecture les diseurs d'autrefois. Cette réussite en librairie d'histoires enfin transcrites après avoir été colportées ne s'explique donc pas par la seule alchimie littéraire.

Il y a bien là un fait de société. Dans cette fin de siècle, l'agriculture bascule dans la crise, l'exode rural s'accélère et les érudits se hâtent de recueillir les traces d'un monde qui meurt: Cormay (1883), Bladé (1886), Lezel (1887), Pineau (1891), Sébillot (1895), d'autres encore engrangent ces souvenirs promis à une brillante réussite. C'est que regarder vers le passé évite de s'inquiéter pour l'avenir. Le progrès s'emballe, la ville grandit, les paysages se brouillent dans la mémoire. La forêt, elle, paraît indifférente à ces convulsions, hors du temps en quelque sorte, du moins le voudrait-on. Elle s'affirme comme l'antidote de la modernité. Et cela vaut avant 1914 comme pour l'après-1968. Cette même attitude s'était produite au lendemain du premier Empire mais, là, ce n'était pas le remède aux transformations économiques: les soubresauts politiques difficilement supportés depuis 1789 étaient seuls en cause. Dans tous les cas, il lui est demandé d'apporter le témoignage de sa stabilité dans une époque où tout bouge.

Mais, précisément, ce culte dont elle fait l'objet pour fournir des repères au temps des hommes, ce culte ne renvoie-t-il pas à une civilisation du bois, aujourd'hui enfouie sous les strates économiques et sociales de leur histoire? Cette civilisation semble très lointaine à ceux qui n'ont connu que l'eau courante, le chauffage central et la fée Électricité. Pourtant, à la ville comme à la campagne, bien des marques s'en voient encore. Lointaine, elle l'est certainement moins qu'on ne le croit. La mémoire d'aujourd'hui mêle ainsi la forêt des rêves et celle de la réalité. Il n'est pas dit que la puissance de l'imaginaire n'étouffe pas l'écho du vécu.

II. L'héritage d'une civilisation

La forêt n'a, en fait, jamais cessé d'être un univers à la fois familier et dérangeant. Familier, car hautement fréquenté: les gens de l'Hexagone appartiennent à, ou plutôt ont fait partie de cette aire culturelle dominante en Europe jusqu'à ce qu'elle rétrécisse, sans toutefois fondre complètement, par la faute de la maison en pierre et du charbon de terre. Dérangeant, car aucun des concepts, aucune des méthodes forgés et polis au village – la propriété, la servitude ; l'ensemencement, l'assolement – ne s'y applique parfaitement. Entre le monde des bois et celui des champs existent des interférences, mais de ressemblances, point. C'est du reste pourquoi la forêt peut être à la fois continent à explorer et lieu d'initiation. Tout conte dégage ainsi une morale qui ne prend corps que parce que la vie *cachée* dans les bois en démontre le bien-fondé sur la place *publique*. Oui, tout cela, les Français l'ont depuis longtemps assimilé, des ancêtres éloignés qui occupaient la Gaule chevelue aux proches parents, troquant la blouse rustique contre le veston citadin. Qu'il faille arracher à l'emprise des bois une étroite parcelle ou qu'à l'inverse on gémisse sur le sort des forêts rongées par les pollutions acides, toujours s'exprime le sentiment que l'arbre vit sur un rythme inaccessible au commun des mortels, et, par là, qu'il contemple son évolution et ses efforts pour maîtriser une nature rebelle.

Les legs du paysan

Le dicton «Charbonnier est maître chez soi» mérite attention, car il traduit très exactement ce que les villageois attendent des bois. En attribuant au mode de vie forestier ce caractère d'une totale autonomie, bien discutable pourtant, ils l'érigent en contraire – envié ! – de leur propre statut. Ce qu'ils décrivent en fait n'est pas tant leur situation que celle de leurs pères telle que ceux-ci la leur ont dépeinte.

Le paysan en veut aux pratiques communautaires qui freinent l'innovation – même si, classé dans les déshérités, il survit grâce aux droits collectifs. Le paysan déteste le régime seigneurial, synonyme de ponctions et vexations diverses – tant pis s'il en a profité, parce que laboureur aisé, comme fermier du domaine et receveur de redevances. Le discours peut être illogique. Il n'en montre pas moins que les habitants du bourg, dans leur grande majorité, sentent peser sur eux des contraintes qu'ignorent les gens du bois. Et lorsque ces entraves se sont faites plus légères, puis ont perdu de leur actualité, le fantasme ne s'est pas évanoui pour autant. On se plaît à penser à cet espace où chacun organise sa journée à sa guise et n'avance pas le dos cassé parce que le sol est trop bas. À la posture qu'impose la tâche à accomplir s'attache ainsi un jugement de valeur quant à l'attitude adoptée dans la société globale. Les littérateurs de toute plume, dès le deuxième tiers du XIXe siècle, utilisent donc le bûcheron comme symbole contestataire, alors que la passivité devant l'ordre immuable des champs et des hommes s'incarne dans le ramasseur de raves, penché sur le sillon.

La forêt

La mémoire de notre temps enregistre ce fort contraste. Voilà donc plusieurs générations qu'étendue forestière et étendue cultivée se conçoivent de manière antinomique. Cette perception ne s'efface même pas à l'heure où les meilleures pâtures sont colonisées par la friche et la broussaille pour diminuer le volume des excédents agricoles. La France ne renie pas son passé agraire où la minutieuse mise en valeur des terroirs semblait toujours demander son contrepoint : la libre disposition d'espaces vierges. Le lopin sur lequel transpire le manouvrier n'appelle-t-il pas une terre où la récolte lèverait seule ? Le lopin que le voisin convoite et qui se paie par tant de parcimonie quotidienne n'appelle-t-il pas une étendue dont on jouirait sans bourse délier ? Tout cela, la forêt peut l'être et, dans une certaine mesure, l'a été.

Cette conception, les anciens ruraux l'ont léguée avec leurs gènes. Une vraie forêt, aux yeux des descendants, qu'ils résident en ville ou à la campagne, ne saurait être un enclos privatisé, encore moins une usine ligneuse. La forêt paysanne se définit comme territoire ouvert, multifonctionnel et, par conséquent, d'aspect composite : bigarrure des essences, donc des couleurs ; mélange des âges, donc des formes. Aussi la régularité des peuplements, quelle qu'en soit l'origine, suscite-t-elle une vague répugnance. La greffe, toujours trop récente – dans la plupart des cas, depuis 1945, année où est créé le Fonds forestier national –, ne prend pas. On rejette ce corps étranger en le déclarant laid ou nocif, notamment d'un point de vue cynégétique. En fait, cette uniformité contre nature qui le dénonce comme tel tient à l'artifice des plantations et au monopole des conifères. Ces traits dérangent parce que correspondant aux exigences internes de la sylviculture contemporaine : accroître le rendement à l'hectare et aider à extraire grumes et marchandises façonnées. Il y a là amélioration, incontestablement, mais l'économie traditionnelle, parce que vivant en symbiose avec la forêt, n'en avait cure.

L'étonnant est que l'on songe toujours avec nostalgie à cette forêt alors que plus rien ne la justifie. Le rail, en désenclavant les régions, a instauré une spécialisation spéculative qui se passe fort bien de l'accès aux bois. Cultures vivrières et forêt nourricière, le couple ne saurait être dissocié. L'alliance a d'ailleurs résisté jusqu'à ce qu'un des partenaires puisse s'affranchir de l'autre. La forêt d'antan ne se consacrait-elle pas davantage à produire ce que réclamait l'exploitation agricole qu'à fabriquer du matériel ligneux ? Il n'est pas exagéré, en effet, de dire à son propos que le bois constituait une récolte secondaire au regard d'autres productions[17]. Elle livrait le combustible pour le foyer, l'engrais pour le jardin, l'aliment du bétail et les rations de sucre, fruits et miel, aux hommes. Bref, tout ce que procurent maintenant les circuits internationaux. Elle était alors avant tout une annexe de la ferme, l'annexe la plus précieuse, puisque conditionnant à la fois la valeur du bâtiment et la capacité de travail.

Des lambeaux subsistent encore de ces bois anciens. Ils régressent peu à peu, dévorés par les banlieues proliférantes, métamorphosés en parcs paysagers, laissés à l'abandon ou pris en charge par des propriétaires résolument engagés dans une sylviculture intensive. La seule empreinte des limites abolies reste parfois la toponymie. Par exemple, au sud de la forêt de Montmorency, l'extension de jadis se repère aux noms : Les Brosses près de Bessancourt, Le Chêne-Boquet près de Beauchamp, Les Charmilles près d'Ermont ou La Belle-Rachée près de Domont[18]. Il est vrai que les composantes de la forêt paysanne permettent de l'orienter aisément vers le loisir ou la production, voire de l'anéantir pour lui substituer, ici des vignes, là des pavillons, jusqu'au moment où le propriétaire cède son bien au promoteur. Cela ne gomme pas le souvenir de la première vocation. Le vocable demeure pour désigner l'endroit métamorphosé. La forêt, même détruite, attire encore. La nostalgie n'est peut-être plus ce qu'elle était mais sert à vendre le lotissement nouveau.

La fréquentation des bois

La forêt paysanne n'offre un massif touffu qu'en son centre, la *forest* médiévale, réserve à bois et à gibier, laquelle contient les sujets les plus beaux et les plus âgés. Les bergers veillent à ne pas y emmener le troupeau communal. Souvent les chartes usagères le leur interdisent et, même lorsqu'elles tolèrent cette intrusion, cette partie est trop éloignée du village pour que les bestiaux en reviennent à la nuit tombée. La cognée y passe rarement pour les mêmes raisons : la vidange sur une grande distance est difficile et les coupes ne doivent servir qu'à approvisionner le maître. Les portions exploitables de la forêt sont proches du village et cet avantage se change en inconvénient car il explique qu'elles soient excessivement sollicitées. Aussi leurs peuplements apparaissent nettement moins denses et plus jeunes que ceux de la réserve.
Les reins forestiers, c'est-à-dire les bordures de la forêt – combien de hameaux s'appellent Les Bordes, Les Bordières, La Borderie ? –, servent, au fond, d'espace à tout faire. La circulation des hommes et des bêtes s'y effectue journellement, ce qui implique à la fois des activités pour en éclaircir le couvert et des dégâts non négligeables renforçant cet effet. Tout ce qui peut y être récupéré sans trop nuire à la pousse des taillis l'est soigneusement. Les brindilles sèches servent au menu fagotage, les rejets traînant au ras du sol deviennent solides rouettes. Sont de même recyclées bruyères et fougères. Avec cela, pas besoin de bûches sèches pour allumer, de cordes en chanvre pour lier, et la plume comme le duvet seront vendus au marché. Le nettoyage régulier des sous-bois consomme effectivement pas mal d'heures de travail.

La forêt

Mais cette besogne ne prend que sur la morte-saison hivernale et apporte de substantielles économies.
Toute l'énergie disponible vise en effet la production de blé. Les cultures céréalières mobilisent donc toutes les terres disponibles, les plantes fourragères ne faisant pas parler d'elles avant la seconde moitié du XIXe siècle. Distraire quelques parcelles pour nourrir le bétail a longtemps été considéré comme un affreux gaspillage. Aussi, lorsque augmente la population, il n'est qu'une méthode pour rétablir l'équilibre entre le niveau des volumes récoltés et le nombre de bouches à nourrir, c'est d'accroître les superficies emblavées aux dépens des étendues boisées. C'est le cas au XIIIe siècle. Cela recommence durant le premier XVIe siècle. Au dernier tiers du XVIIIe siècle, cette bonne vieille habitude resurgit – l'élan s'arrête avec la monarchie de Juillet –, encore que, cette fois, ce soient surtout les landes et les boqueteaux rabougris qui en aient fait les frais. Les Essarts, Les Essartis, Le Brûlis, L'Effrichis, Essert, voilà des appellations qui conservent le souvenir des défricheurs obstinés, rognant la lisière et trouant la forêt de clairières.

Dans ces conditions d'extrême précarité – tout accroissement des densités compromet le système –, les animaux sont priés de quérir leur pitance hors de l'espace ensemencé. Ne leur restent que les haies des chemins, les chaumes délaissés – et les bois. Or, pour qu'ils ne maltraitent ni les écorces ni le recrû, il leur faut de l'herbe. Celle-ci ne pousse pas si une végétation adventice étouffe le terrain, d'où l'obligation de procéder à des expurgades de morts-bois, et pas davantage si l'éclairage ne lui suffit pas, d'où la nécessité de veiller à ce que l'espacement des arbres laisse passer les rayons du soleil. Le rendement fourrager d'un bois qui est de six cents kilogrammes à l'hectare lorsque les arbres n'ont pas cinq ans tombe au dixième vingt ans après, voilà des données chiffrées qui font réfléchir. Les abattages très rapprochés – l'intervalle peut être de cinq ans – s'imposent en fait tout autant que les nettoiements conduits avec brutalité. Il n'est pas d'autre moyen d'assurer la provende du bétail. La forêt brûlait moins et les animaux mangeaient mieux. Comment s'étonner alors que, dans la subdélégation de Fontenoy-le-Château (Meurthe-et-Moselle), les taillis n'ayant pas quinze ans d'âge occupent 46 % des surfaces boisées[19]? Ce n'est pas de l'inconscience mais du réalisme que d'agir de la sorte.

La forêt ainsi modelée, parce que sa conduite suppose des retouches constantes, parce que la transformation de ses produits multiplie sur place des ateliers de sabots, bardeaux, piques, échalats, etc., parce que les vacqueries profitent du moindre regain, ne s'apparente que de très loin à la forêt-désert des contes fantastiques. Elle est un lieu de passage et non de recueillement. Les femmes cherchent des simples, rassemblent du bois; les hommes s'activent aux coupes et aux façons; les garçons aident au transport;

les filles et les vieux gardent les bêtes à corne et les ovins. Bruits de cognée, éclats de voix : sans cesse on y croise âme qui vit. Les préposés savent le nom de tous les bûcherons et tout le monde y connaît tout le monde. Aucun contrevenant n'aurait l'idée de gager sa protection sur l'incognito : s'il n'y a ni menace ni complicité, les langues se délient vite et la délation va bon train. La violence, plus souvent verbale qu'effective, dissuade voisins bavards et forestiers curieux de renseigner et de fouiner !

C'est pourquoi ce milieu, bien que familier à chacun, fournissant généreusement le gîte et le couvert – comme dans les contes –, ne jouit pas de la réputation attendue. On le prétend peu sûr. On déplore un environnement hostile. Les gens du cru se méfient de l'étranger venant des bois et finissent par déclarer ceux-ci étouffants, malsains. Alors, manne bienfaisante ou lieu maudit ? Le paradoxe n'est qu'apparent, les expressions ne visant pas les mêmes parties de la forêt. Les appréhensions paysannes se comprennent. Les massifs forestiers d'alors, desservis par de vagues pistes de débardage, recèlent dans leurs profondeurs d'épais fourrés. S'y dissimulent tous ceux qui, pour quelque méfait, choisissent la fuite. Tous les hors-la-loi ne ressemblent pas à Robin des Bois et autres légendaires redresseurs de torts, dont l'existence redonne espoir à un populaire sceptique quant à l'impartialité judiciaire. Dans l'enceinte forestière, ces hommes rejettent les normes sociales – décliner son identité, gagner sa pitance, élever sa progéniture. Leur séjour représente bien une évasion. Les tabous volent en éclats, d'où le risque potentiel que contient toute rencontre avec un de ces solitaires. Ils vivent misérablement du produit de leur chasse et des vols commis, par précaution, à grande distance de leur retraite. Ainsi font les renards.

Sous le règne de Louis XIV encore les carrosses ne se hasardent pas sans escorte dans la forêt de Bondy, de sinistre mémoire. Ce qui explique que l'ordonnance de 1669 sur les eaux et forêts consacre cinq articles du titre XXVII aux « inutiles » et aux « vagabonds » pour leur enjoindre de quitter la forêt sans délai. Sinon, ils goûteront du carcan et de la prison, et, en cas de récidive, verront ce que sont les galères de Sa Majesté au bagne de Toulon. C'est même du fait de leurs brutalités – les gardes ne peuvent remplir leur fonction – que le roi autorise ceux portant sa bandoulière d'avoir « pistolets tant pour la conservation de nos bois que pour la sûreté de leurs personnes ». À chaque période où faiblit le pouvoir central, le brigandage renaît, associant bandits professionnels et réfractaires politiques dans l'imaginaire des riverains. Ce ne sont pourtant pas eux les principales victimes. Sous le Directoire comme à la Restauration, il ne fait pas bon pour les colporteurs et les marchands revenant des foires traverser la forêt la nuit. Les coupables ne sont pas toujours des coureurs de bois. Avec le premier Empire, le phénomène reflue quelque peu, grâce aux patrouilles de gendarmerie en quête de déserteurs. Il se résorbera

La forêt

totalement avec le programme routier que finance la loi du 25 mars 1860. De nos jours, les forêts semblent plus paisibles que certains trottoirs des villes. Et pourtant, les fantasmes et les peurs des ancêtres paysans, ce sont les citadins qui les revivent dans les contes et se les projettent, le dimanche venu. Ce jour-là, oui, ils iront au bois, pas en semaine. La solitude oppresse et les mauvaises rencontres sont redoutées. Une contradiction qui n'est résolue que par le récit merveilleux : la solitude s'y avère bénéfique, et les rencontres fructueuses.

La guerre des feux

Le brigandage est volontiers évoqué par les habitants car il leur attire la sympathie des autorités, ce qui peut alléger le prélèvement du fisc. À y regarder de près, cependant, il est clair que ce genre d'affaire est très exceptionnel. Les fonds judiciaires montrent que, là où les victimes décrivent de véritables razzias, il ne s'agit que de coups de main, tentés par deux ou trois individus en rupture de ban. L'exagération du propos ne fait pas de doute. Sa véracité même semble parfois contestable. Ainsi, en octobre 1758, lorsque les habitants de Varzy (Nièvre) se prétendent rançonnés par des rôdeurs, lesquels, rendus furieux un soir de débauche, seraient partis en brûlant trente-six maisons et granges, ils travestissent les faits. En réalité, le commando, constitué par une foule venue des hameaux voisins, Les Crisenons et Oudan, ne voulait que piller les bûchers[20]. Les échevins du lieu les empêchaient d'usager dans une forêt de l'évêque d'Auxerre, s'appuyant pour ce sur la charte fixant droits et redevances : n'a-t-elle pas été consentie à une date où le bourg n'avait aucun satellite ? Situation inacceptable pour ceux qui l'ont quitté, d'où les heurts fréquents opposant, dans cette paroisse, les gens du noyau à ceux de la périphérie. L'incident souligne le rôle capital que tiennent les bois dans la vie communautaire. Ils sont les pourvoyeurs du feu vital, et tout est bon pour maintenir stable la quantité de chauffage annuellement distribuée : l'affouage. Aussi n'est-il pas rare de trouver mention de rixes avec mort d'homme dans ces conflits quotidiens. Les tensions sont particulièrement fortes entre les habitants du pays et les saisonniers vivant dans les bois, car embauchés par les marchands pour fabriquer et évacuer les diverses marchandises destinées aux marchés locaux ou à la capitale régionale. L'exportation signifie forcément réduire la part distribuée. Gêner la sortie de ces produits revient donc à améliorer l'approvisionnement des foyers indigènes, et les appels à la résistance ne manquent pas. Mais les négociants paraissent peu sur les triages en cours d'exploitation, leurs facteurs se chargent de vérifier l'avancement du travail. Les autochtones passent donc leur colère sur les ouvriers présents du matin au soir. Lesquels ont de quoi se défendre, chaque outil – cognées, achurreaux, serpes – devenant une arme meurtrière.

Charbonniers et muletiers – les deux se confondent souvent – sont objet d'opprobre. Mépris et haine se résument dans le choix des sobriquets les accueillant quand ils entrent dans le village. On ne les aime guère, ces « hommes noirs », les « tourloupes », les « arruchos ». Mille raisons à cela : un visage maculé, que dissimule à demi le chapeau de cuir à bords plats pour protéger des escarbilles, leur indifférence aux jours chômés, y compris celui du Seigneur, à la nuit tombée aussi, car la besogne au feu couvant ne s'interrompt pas comme le sillon qu'on ouvre. Ils ont contre eux de vivre différemment et de gagner davantage que les bûcherons recrutés, eux, sur place. De plus, ils viennent d'ailleurs, descendant du haut Bourbonnais vers le Nivernais, se déplaçant du Pays basque aux monts du Couserans. Tout étranger représente un indésirable. Réflexe xénophobe ? Certainement. Mais pas seulement : les mauvais souvenirs qu'ils laissent derrière eux – on les dit hâbleurs, dépensiers et coureurs de jupons – ne s'évanouissent pas des mémoires. Les traces de leur activité s'inscrivent au sol et durent bien après que le métier a perdu toute actualité.

Certes, entre 1940 et 1945, les charbonniers ont resurgi. Eux utilisaient des fours démontables en forte tôle dont quelques carcasses rouillées traînent encore dans les taillis. Ce sont leurs ancêtres dont on se souvient. Ils effrayaient les enfants. Ils logeaient au bois. Ils y ont imprimé leur marque : l'emplacement où se dressait la meule. Leur travail commence en effet par le nettoyage de places circulaires et rigoureusement planes. Elles resservent à chaque exploitation et s'identifient aisément. Les goudrons s'écoulant pendant la lente carbonisation des bûches (la charbonnette) ne permettent plus ensuite, pour une très longue période, la reprise normale de la végétation. Elles se discernent d'autant mieux que le terrain est plus accidenté. Les charbonniers opèrent alors non plus sur la coupe même, mais en bordure de chemin ou sur un replat, créant ainsi un assez vaste atelier. Sur la route d'Arleuf (Nièvre), au Haut-Folin, l'un d'eux s'observe encore aux Montarnus, lieu dit... La Place-au-Charbon.

Après avoir apporté la charbonnette à pied d'œuvre, l'ouvrier, aidé des femmes et des enfants, entasse les brins en une meule hémisphérique d'environ quinze stères, la charbonnette étant presque à la verticale en couches successives. Au centre de la meule, un espace libre fait office de cheminée de tirage. La construction achevée, il la pare de mousse et de mottes de gazon, puis d'une couche de terre humide lissée à la pelle. Le feu une fois mis dans la cheminée, il lui faut régler l'arrivée d'air pour obtenir une combustion très lente et très régulière, en ménageant d'étroites prises d'air au ras du sol, en obturant toute fissure apparaissant sur la calotte de terre, en réduisant au maximum l'orifice de la cheminée. C'est peu de dire que la surveillance ne se relâche pas.

La forêt

Le temps de combustion, variable avec les conditions atmosphériques, couvre trois à six jours. L'ouvrier bouche alors toutes les sorties pour étouffer le feu. Il attend le refroidissement pour découvrir la meule, trier le charbon et le mettre en poches, vastes sacs d'une cinquantaine de kilos. Couramment, un charbonnier, avec un aide, possède cinq meules en train, soit en montage, soit en activité, soit en défournement. L'ensemble des opérations se remarque de loin : dans les bois, comme dit le proverbe, « il n'y a pas de fumée sans feu ». Les gestes qu'implique cette technique, peu d'hommes sauraient les refaire. Les fondations des édifices rappellent seules un mode de vie, une méthode de travail et l'importance de ce combustible, à la ville comme à l'usine, jusqu'à ce que la houille lui retire son monopole. C'était hier.

Il faut en effet patienter jusque dans les années 1840 pour que s'amorce la compétition entre la houille et le bois, corde de chauffage et charbon de bois. Certes, le passage s'est déjà fait pour les fours à chaux, tuileries, distilleries et brasseries. Il est loin d'être acquis dans la sidérurgie. Seules les usines bien situées par rapport aux voies d'eau peuvent recevoir de la houille à bon marché, ce qui ne suffit pas au transfert : la technologie ne suivant pas, la qualité du produit fini ne satisfait pas encore. Il soulève de vives répugnances en ce qui concerne les foyers domestiques. Lors de l'enquête conduite dans l'arrondissement de Toulouse, il est répondu qu'« une partie de la population qui employait le charbon de terre l'a abandonné, soit que ce combustible donnât une odeur désagréable, soit qu'on ne pût pas l'employer à la cuisson des aliments ». Doit-on rappeler qu'aujourd'hui aussi la grillade au feu de bois représente un atout pour n'importe quel restaurateur ? Le bois de chauffe, sous ses deux formes, conserve donc fort avant dans le XIXe siècle sa suprématie.

La montée des prix, continue, s'emballe dans le dernier tiers du XVIIIe siècle et les troubles révolutionnaires sont loin de calmer la fièvre. Tout ce qui touche à la production de métal a une importance stratégique en temps de paix, alors, en période de guerre ! Et, pourtant, il se révèle impossible de sacrifier aux exigences de Mars le ravitaillement urbain. Une disette de bois est au moins aussi grave dans la cité que celle en grains, ne serait-ce qu'en empêchant la cuisson des pains. Comment, dans ces circonstances, imaginer que les maîtres d'une ressource énergétique aussi essentielle n'en tirent pas le maximum ? Le raisonnement vaut pour l'État, héritier des possessions monarchiques et détenteur des bois nationaux, comme pour les grands propriétaires privés, aristocrates ou bourgeois. La recherche du profit implique d'éteindre progressivement l'usage paysan, favorable à des baux d'exploitation à long terme, seuls moyens de freiner la hausse excessive et imprévue. Les villageois gémissent devant pareille évolution. Ils peuvent molester les salariés qui travaillent à la production intensive de bois standardisé. Ils ne peuvent rien contre le triomphe du marché. Leurs plaintes iront en vain grossir le courant anti-industrialiste qui se développe en France dans la seconde moitié du XVIIIe siècle, promis à de multiples résurgences par la suite. S'ils n'ont plus la faculté d'acheter le bois dont ils se chauffent – et l'expression populaire prend ici tout son sens... –, qu'ils trouvent des ersatz à bas prix ! Dans toute la campagne, il en est question et les cahiers de doléances s'en font l'écho, mentionnant ici l'emploi de la tourbe, là celui des bouses de vache. À les en croire, la lutte pour la mainmise sur le feu oppose désormais la ville et l'usine, toutes deux déclarées ennemies des foyers ruraux.

Le partage du combustible

Les consommations urbaines et sidérurgiques parviennent à s'imposer aux yeux des autorités. Parties ensemble dans cette course à l'audience, elles ne paraissaient pas toutes deux promises à la victoire. Longtemps, en effet, les besoins de la ville retiennent seuls l'attention, ce qui handicape beaucoup la cause des métallurgistes. C'est que le bois rare et cher constitue un facteur d'émeute au moins aussi grave que la pénurie frumentaire. La première dénonciation de leurs méfaits date de l'ordonnance du 18 mai 1543, évoquant « le grand dégât et dépopulation qui se fait dans les bois et forêts de notre royaume pour entretenir et fournir le grand nombre de forges à fer, situées près lesdites forêts ». Et jusqu'en 1552 les forges seront d'installation prohibée dans les forêts royales. Le schéma dominant dans les élites sociales – et il sera d'un tenace préjugé dans l'opinion populaire – peut se résumer ainsi : la forge détériore la forêt si nécessaire à la ville. Il ne manque d'ailleurs pas aujourd'hui d'écologistes amateurs persuadés que cela s'applique tout à fait à l'industrie dans son ensemble.

Dans cette ordonnance de 1543, en fin de compte, qu'est-ce qui est visé, la protection de la forêt ou celle de la ville ? Jean-François Belhoste semble pencher pour cette dernière. La loi de 1543 se veut générale. Elle reprend en fait des mesures ponctuelles, souvent largement antérieures au XVIe siècle, et qui, toutes, portaient sur la défense du chauffage urbain. Dans le Dauphiné, en 1339, on démolit ainsi toutes les forges du Grésivaudan, de Bellecombe à Voreppe, afin d'assurer un monopole grenoblois sur les forêts qui les desservaient : « un fourneau à faire le charbon est un abîme de bois qui détruit les forêts et les extermine », voilà qui reflète nettement la position des autorités[21].

En fait, si les pouvoirs publics veillent à ce que la sidérurgie ne gêne pas la ville, il en va souvent ainsi dans la pratique. L'exclusion est économique. Elle ne requiert pas un arsenal législatif, contrairement à ce que pensent les habitants. En témoigne le cas de la minière de Beaumont, malencontreusement

La forêt

située dans le périmètre ravitaillant Caen. Bien que fournissant toutes les forges de la partie occidentale en basse Normandie, elle s'éteint entre 1465 et 1500. Le fer tiré de son minerai coûtait trop cher pour être concurrentiel. Les prix du combustible, le charbon de bois, en sont la cause. La cité de Caen, dévastée après la guerre de Cent Ans, et donc en pleine reconstruction, draine tout le bois des environs, à Cinglais et à Grimbosq. La demande excède l'offre, d'où le niveau des cours. La métallurgie du bocage se résigne à faire venir son fer d'une région plus excentrée mais proche du massif d'Halouze sur lequel ne pèse pas l'influence urbaine : le charbon de bois y est abordable. La mine de Beaumont ne rouvrira qu'en 1875 lorsque l'importation de houille anglaise effacera de la mémoire ce zonage commandé par l'hégémonie énergétique du bois.

La civilisation du bois engendre ainsi des alliances et des divorces que remettra en cause son déclin. Cela concerne la vie des entreprises. Car certaines solidarités interrégionales, construites justement afin de satisfaire aux exigences en combustible ligneux, survivront à celui-ci en grande partie. L'initiative appartient, en la matière, aux villes : un approvisionnement souvent fragile, en raison de la défectuosité des transports, oblige les échevinages à pratiquer une large prospection. C'est dans cet éclairage qu'il convient de placer les deux mesures obtenues par le Bureau de l'Hôtel de Ville de Paris. En 1416, interdire de décharger et d'entreposer toute marchandise destinée à la capitale avant l'arrivée au port. Cela doit éviter la spéculation sur des produits de première nécessité. En 1520, ôter aux propriétaires de bois distants de moins de six lieues des cours d'eau la libre disposition de ce bien. Cela doit empêcher des défrichements ou des exploitations abusifs qui réduiraient les réserves en bois de la capitale. Ces orientations ne risquent pas de passer ensuite de mode. Paris, qui avait cent cinquante mille habitants au temps d'Henri II, quadruple entre cette période et la fin de l'Ancien Régime. Et le sens accru du confort fait que l'on ne se contente plus de l'unique cheminée dans la salle commune. Les pièces secondaires sont aussi chauffées dans la seconde partie du XVIIIe siècle.

Aussi, dès les années 1720, le Bureau de la Ville essaie-t-il de compléter les livraisons en bois de chauffe venues de la zone sud, forêt d'Orléans incluse, et du grand axe bourguignon, avec ses ramifications nivernaises et morvandelles, par l'exploitation de cet Est lointain que représentent les plateaux de la Champagne profonde (Argonne, Barrois, Perthois), ce qui n'exclut pas quelques incursions dans les forêts de l'Eure et du val de Loire. Les municipalités des métropoles régionales ne se comportent pas autrement. Dans toutes les cités, la consommation énergétique se fait de plus en plus éclectique. Au début du XVIIIe siècle, on y brûlait essentiellement des bûches produites par un taillis composé aménagé à vingt-cinq ans. Un siècle plus tard, on utilise aussi du charbon de bois et beaucoup de petit bois sous forme de fagots et de cotrets, faits de bois de rebut et de bois blancs[22]. Cette évolution gomme les différences qui séparaient la demande urbaine de la demande sidérurgique : la forge accepte, elle, les tiges coupées entre quinze et dix-huit ans.

Peut-on dire alors que la compétition entre ces deux clients de la forêt va s'avivant ? Il est vrai que plus d'une fois se manifeste la volonté de s'y dérober. Les archives de Meurthe-et-Moselle témoignent de cette lutte sournoise, en 1787, entre Metz et la forge de Moyeuvre. La ville marque un point en étant autorisée à détourner pour son propre compte les baliveaux prévus pour l'affouage de cet établissement. Nancy en 1838 fera de même pour écarter la concurrence que représente pour ses foyers la forge de Chavigny. Les protestations en sens inverse ne manquent pas non plus. En 1809, ce sont les maîtres de forges de l'Aubois qui dénoncent l'appétit de la capitale. En 1812, celui d'Arc assure le relais. Et en 1820, devant un prélèvement parisien estimé à quarante mille stères, ceux du Rouvre préfèrent différer la mise en service d'un nouveau haut fourneau. Il faut pourtant reconnaître que ces récriminations, dans le premier tiers du XIXe siècle, sentent le combat d'arrière-garde.

En fait, le partage des récoltes ligneuses est acquis depuis au moins une cinquantaine d'années. Les tensions observées ne correspondent pas à un conflit permanent. Elles indiquent qu'épisodiquement deux plaques tectoniques se chevauchent. Lorsqu'il y a crise, l'un des deux consommateurs élargit son aire d'achat et empiète alors sur celle du rival en proposant des prix anormalement rémunérateurs. Cela ne se rencontre pas d'ordinaire. La plupart des grandes villes publient en effet un tarif des bois de feu, tarif qui échappe aux manipulations marchandes. En raison de cet incontournable butoir, le prix de vente est fixe. Les négociants préservent donc leur bénéfice en jouant sur le prix de revient. Les acquisitions s'effectueront à un taux d'autant plus bas que les coûts d'acheminement sont plus élevés du fait de la distance ou des difficultés de terrain. Les limites du périmètre de la cité sont atteintes dès que les frais de charroyage, de flottage et de batellerie deviennent tels que ses marchands ne sauraient offrir qu'en dessous des possibilités qu'ont les sidérurgistes du cru. Trop écartés de leur base, ils ont besoin de l'aide municipale : relèvement des tarifs ou amélioration de la voie d'eau.

Chasse gardée de part et d'autre. Dès les années 1760, les cartes sont distribuées. Certaines régions produisent pour la ville. D'autres, pour la forge. Il n'y a que dans la zone de frottement que coexistent deux systèmes métrologiques, la corde n'ayant pas la même longueur selon qu'elle mesure des bûches destinées aux foyers urbains ou aux bouches à feu. Partout ailleurs, il ne s'en trouve qu'un, marquant nettement la finalité de la production. La dissociation est bien de fait. Elle l'est d'autant plus que les sidérurgistes, conscients que la facture énergétique représentait au moins les deux tiers

La forêt

dans le coût de revient du métal, ont su tirer parti des opportunités nées de la grande braderie révolutionnaire : grâce aux biens nationaux récupérés, ils mettent leur source d'approvisionnement à l'abri des aléas du marché. Longtemps dans ce secteur les innovations ont visé l'économie de combustible. Voilà que le capital immobilisé dans la constitution d'un patrimoine forestier servira à en financer d'autres quand la houille rendra sa revente utile à l'entreprise.

Toute contrée riche de bois se trouve ainsi durablement captée. Pas ou peu d'industries lourdes dans l'obédience d'une métropole. L'essor économique y privilégie les entreprises de main-d'œuvre, textile, bâtiment – plus tard, les activités tertiaires. Là où s'estompe l'influence d'une grande cité, dès que la présence de l'eau et du minerai rend la chose possible, s'édifient en grappe des noyaux sidérurgiques, cristallisant autour d'eux toute la vie sociale et culturelle. Les grandes lignes de la géographie industrielle française s'esquissent avec cette partition qui remonte en gros au deuxième tiers du XVIIIe siècle. L'introduction de la houille n'en altère d'ailleurs guère les traits. La physionomie des implantations ne changera qu'avec le pari pétrolier et la constitution de fronts d'eau, liés aux matières premières importées.

C'est dire que le XXe siècle recueille en grande partie les legs de la protohistoire industrielle. Rayonnement urbain et poly-industries vont de pair. De même, hélas ! que la mono-industrie et ce que l'on a baptisé la civilisation du haut fourneau. On oublie que celle-ci était d'abord et avant tout celle du bois. S'en souvient-on encore dans les contrées ralliées au cours du XVIIIe siècle à l'option métallurgique, faute de pouvoir apporter leur concours à la capitale ? Cela vaut pour le territoire compris entre Bar-sur-Aube et Bar-le-Duc comme pour le sillon Sambre-et-Meuse, prolongé jusqu'au confluent avec l'actuelle frontière belge. Les friches industrielles d'à présent reflètent la carte forcée d'antan. La mémoire des grandes régions économiques croise aussi le destin de la forêt française. Celle des villes grandes ou petites porte en elle la marque du bois, non seulement parce que longtemps il fut le seul combustible connu, mais parce qu'il s'est affirmé comme le meilleur des matériaux de construction, aisément façonnable, relativement bon marché et permettant commodément l'évolution de la maison.

Le bois dans la ville

Le bois, source d'énergie et matériau de construction. En fait, celui qui flâne dans les centre-ville demeurés intacts en dépit des bombardements, des incendies, des rénovateurs et des promoteurs, constate surtout cette dernière fonction – fournir à la construction –, alors qu'il ne voit plus trace de la première – alimenter les foyers – qui impliquait pourtant d'énormes dépôts. Le caractère pon-

déreux du bois suppose en effet que la ville comme l'entreprise veillent à aménager pour le réceptionner le dessin de son parcellaire ou la distribution de ses bâtiments. Dans les deux cas, une organisation spatiale spécifique s'impose, tant pour l'arrivée des bois que pour leur conservation et utilisation. À la fin du XVIIIe siècle, il faut réaliser qu'un Parisien réclame pour se chauffer près d'une tonne de bois par an. Un haut fourneau engloutit, lui, au moins cinq mille stères. Ces volumes écrasants ne sauraient passer inaperçus dans le paysage. Il est vain aujourd'hui, sauf miracle réclamant un prompt classement, d'espérer contempler le hangar à bois d'une entreprise. Il était colossal. Les progrès techniques, les orientations nouvelles ont généralement rendu superflu son encombrement. Ledit hangar a donc été rasé. On s'attend en revanche à trouver dans chaque ville un marché au bois, à l'instar de ces halles édifiées pour abriter et vendre grains, draps, chevaux et bestiaux. Il n'en est rien. À Dijon, la place de la Sainte-Chapelle, à Orléans, le Martrois, à Angers, le Haut-du-Pilori ne font que rappeler l'endroit où s'entassaient bûches et fagots. Dans ces marchés on ne proposait que du bois neuf[23]. Cela signifiait qu'il n'avait pas souffert l'immersion, étant arrivé là par barque ou charrette. Le prix s'en ressentait. N'en prenaient donc que les gens à l'aise, par petites quantités et pour des usages bien définis. Les cinq ports au bois qui figurent sur les anciennes cartes de Paris, à savoir la Bûcherie, l'École, la Tournelle, les Quatre-Nations et Saint-Nicolas, ne vivent pas autrement, le cabotage justifiant seul l'appellation de port. Aussi leur superficie paraît-elle dérisoire : un demi-hectare pour celui en place de Grève ! Et les marchands concernés de déplorer cette exiguïté. Chaque entrepôt n'excède pas les quarante-cinq mètres carrés. En 1746, c'est l'abandon et le repli sur l'île Louvier, en face de l'Arsenal. Un gel de terrains qui permettra plus tard l'édification de la caserne des Célestins, rue de Sully, sur ce qui était la rive droite, et des services municipaux de la ville, près de la caserne Morland, sur le quai Henri-IV, dans ce qui était le sud de l'île.
En règle générale, l'architecture de ces marchés – lorsqu'ils étaient couverts – ne résiste pas au futur, qu'il y ait glissement dans la localisation comme ici, ou, à la fin du XIXe siècle, désaffection totale du lieu pour non-emploi. Le volume même la condamne : impossible de lui assigner un autre rôle. Au cœur de la cité, les surfaces disponibles, trop rares, imposent une démolition intégrale. Et le principe même des lotissements gomme alors jusqu'aux fondations. Seul demeure un vague souvenir, accolé non à l'emplacement même, mais aux rues qui y menaient : rue de la Huchette, rue de la Tonnellerie, rue de la Bûcherie. Ce n'est pas que leurs habitants relèvent tous du monde du bois, tant s'en faut. Ils voisinent avec gens de l'alimentation, artisans du cuir, membres de l'Université. La proportion de ceux qui le travaillent paraît cependant plus forte qu'aux alentours. En 1563, par exemple, sur la liste des contribuables, rue de la Bûcherie : côté nord, des revendeurs de bois de feu, côté sud, des charpen-

La forêt

tiers. Souvent, leur installation ne date que du jour où un petit office – juré-mouleur, vérificateur des poids, crieur à la moulée – exige une présence régulière sur le marché. Ce qui leur a permis de s'emparer de masures délabrées, *ipso facto* converties en chantiers !
La mobilité géographique de ces résidents explique aussi que nul ne se soit ingénié à conserver ces marchés. Leur étroitesse ne gênait pas trop quand les marchands de bois, comme leurs homologues blatiers, devaient écouler immédiatement la marchandise. Cela ne se conçoit plus à partir du XVIe siècle, avec l'extension du flottage, qui requiert des mois de séchage et attire vers Paris un nombre croissant de négociants étrangers. Les transactions se multiplient. Il n'est pas utile pour autant de déménager leur objet, lourd et volumineux !
Les marchands de bois approvisionnant la capitale se portent alors vers sa périphérie, à l'extérieur de ses fortifications, dans un espace encore semi-rural parce que mal irrigué par la route – mais proche de la voie d'eau et des marchés de chevaux, deux facteurs conditionnant le tirage des trains : au sud-est, le quai Saint-Bernard au faubourg Saint-Victor, au nord-ouest, le Roule dans le faubourg Saint-Honoré, au sud-ouest, le Gros-Caillou, dans le prolongement des Invalides. Dans ces places entourées de hautes palissades, gardées nuit et jour – les vols sont fréquents, les incendies, redoutables –, ils emmènent famille, ouvriers, vigiles – et le stock ! Ils y sont enfin à l'aise. Chaque chantier du quai Saint-Bernard ne couvre-t-il pas au moins cinq mille mètres carrés, davantage par conséquent que tout le port de la Tournelle ? Et la main-d'œuvre abonde. Celle des immigrés d'abord, gagne-deniers, portefaix, flotteurs de bois, tous misérables, ayant suivi la Seine et ses affluents jusqu'à Paris. Celle des pensionnaires qui vivent là, entassés dans les hospices et maisons charitables – le XVIIe siècle en a essaimé beaucoup. Pour améliorer leur ordinaire, que ne feraient-ils pas, les uns et les autres ?
Cette décision isole, pourtant, les marchands. Elle les coupe des masses populaires, promptes à s'énerver quand circulent des bruits de renchérissement. Elle dégrade encore un peu plus l'image des quartiers qui hébergent ces chantiers. On les dit déserts le soir, peu chalands et mal famés le jour, bref, à fuir. L'immobilier ne les colonisera que très tard, même si les implantations orientale et occidentale ne connaissent pas un sort identique : à l'ouest, immeubles de grande bourgeoisie, et à l'est, un arrondissement populaire, le XIIIe, toujours ouvert à la tradition migratoire avec son «Chinatown». Dans les deux cas, le tissu urbain offre, très avant dans le XIXe siècle, des lacunes considérables : dans les années 1920, toutes les parcelles du quai d'Orsay ne sont pas construites, dans les années 1950, le projet de départ des ateliers Panhard laisserait une énorme béance. En fait, la transformation de ce que l'on qualifiera longtemps de «VIIe des parvenus» – par opposition au VIIe du faubourg Saint-Germain – a commencé dans la seconde moitié du

XVIIIe siècle, grâce aux extensions militaires (le Champ-de-Mars, la caserne Dupleix), à la fin du XIXe siècle, avec des implantations officielles (les Affaires économiques et la Direction de la météorologie nationale, quai Branly). Elle s'effectue donc sur le modèle expérimenté avec le Roule dans la période hausmannienne. Paris, de ce point de vue, est l'exception qui confirme la règle dans le devenir des chantiers de bois.

La destinée du faubourg Saint-Victor, elle, obéit à cette règle : les chantiers de bois se font entrepôts à charbon, accueillent des usines à gaz, réceptionnent des hydrocarbures. Sous d'autres formes, la vocation énergétique se poursuit. On remarque le même phénomène aussi bien à Strasbourg qu'à Rouen, à Toulouse qu'à Toulon. Avec, entre la voie d'eau et ces installations, les ateliers de la S.N.C.F. et la zone de triage. L'espace libéré par la révolution énergétique ne l'est pas pour la construction mais pour tout ce qui assure le dynamisme d'une ville, d'une région.

III. La mémoire en défaut

La forêt, inestimable cadeau fait aux hommes, ne saurait être vendue ou confisquée, tout ce qui marque l'exercice de la propriété. Sur ce chapitre, l'usage social d'à présent vaut bien l'usage économique d'antan : les citadins au bois, en revendiquant une jouissance pleine et entière, ne diffèrent guère, au fond, de leurs aïeux paysans, qui entendaient y puiser à leur gré. D'une époque à l'autre, court ainsi l'idée que le besoin fonde le droit. Hier, c'était le chauffage du foyer et la nourriture du bétail. Maintenant, c'est le plaisir esthétique et l'entretien corporel. La certitude qu'aller au bois est un mouvement normal ne varie pas.

Et pourtant, la forêt appartient à quelqu'un, qu'il soit particulier, collectivité locale ou l'État. Et pourtant, la forêt produit une récolte que ce propriétaire oriente et cède, exploite et commercialise en personne, parfois, mais rarement. La protection qui, de tout temps, lui est accordée, avec des degrés dans la réussite, c'est précisément sur ces notions – la propriété du fonds, la possession des marchandises – qu'elle repose. Elles paraissent cependant aux antipodes de la nature forestière, peut-être justement parce que cette dernière est traditionnellement assimilée à la Nature, généreuse et féconde.

La maison des hommes

À l'ombre des arbres, l'individu ressent un bien-être qui marque qu'ici il est chez lui. Que pourrait-il lui survenir de pire que de s'en faire expulser ? Les proverbes répondent : « On ne coupe pas ses racines » ; « Le lierre meurt là où

La forêt

il s'attache». Comparaison n'est pas raison, mais il est difficile de mieux traduire les relations privilégiées qu'entretiennent l'homme et la forêt. Ces relations retentissent sur la manière de *voir* le bois. Lui aussi devient symbole d'intimité, de confort, de richesse. La publicité se sert largement de ces thèmes – le bois, «un matériau vivant»; le bois, «comme autrefois»; le bois, «la matière noble» – pour promouvoir la cire comme article d'entretien, le charme des cuisines rustiques, l'aspect aristocratique d'une bibliothèque lambrissée. Les slogans s'emparent des souvenirs qui s'attachent à la maison de bois. Toujours la nostalgie...

Encore faudrait-il savoir de quelle bâtisse il est question. Celle constituée de poutres horizontales, formant des caissons avec un vide intérieur ou empilées sur toute la hauteur et se croisant à mi-bois, consomme une très grande quantité d'arbres, lesquels doivent être en plus rectilignes et de longue taille. Cette technique se rencontre aux lisières de la taïga, modèle slave. Elle s'adapte également aux données sylvicoles de la montagne. Elle ne saurait s'appliquer aux sujets que livre en plaine la forêt d'Europe occidentale. Et cela, en remontant fort loin dans le temps. À l'époque carolingienne, les fouilles, entreprises à Douai, à Fécamp, à Tours, à Saint-Denis, au nord-est de la basilique, ne révèlent que des édifices partiellement en bois. Les murs sont un torchis avec clayonnage[24]. Une armature de poteaux raidit les parois et soutient la charpente, d'où l'appellation de «maison-cage».

Le procédé semble pourtant rapidement perdre du terrain. Dès le XIIe-XIIIe siècle, la maison de pierre se généralise. Certes, de nombreuses villes s'enorgueillissent de leurs anciennes demeures à pans de bois, volontiers dans les guides qualifiées de médiévales. Ne seraient-elles pas en fait réputées telles? Les plus vénérables datent rarement d'avant le XVe siècle, si bien qu'il est délicat de savoir si leur méthode de construction correspond au legs du haut Moyen Âge ou, au contraire, si elle n'est pas une renaissance, avec tout ce que cela implique de tâtonnements et d'innovations.

L'opinion publique ne l'entend pas ainsi. Elle veut y voir le premier habitat de l'homme, premier au sens primitif, rêvant à ces huttes sur pilotis qui figurent dans tout manuel des cours élémentaires – personne n'envisage que certaines contrées soient passées de l'âge des cavernes à la maison de pierre – et regrettant le chalet des vacances qui fleurait bon le sapin. La maison de bois est ainsi déclarée *antérieure* à la maison de pierre, plus *saine* que cette dernière, *meilleur marché* et plus *simple* à réparer comme à dresser. Autour d'elle, flotte la poésie des éclairages à la chandelle, des ruelles sombres parcourues par le guet et des larges réunions familiales devant l'âtre rougeoyant. Balzac, avec *La Maison du Chat qui pelote*, Zola, avec *Le Rêve*, en font le cadre romantique par excellence, tout droit sorti des gravures du haut bourg de Nuremberg, version Gustave Doré, culs de bouteille aux fenêtres et décors ardoisés en prime.

Rien n'est plus faux que cette conception, selon laquelle la maison de pierre, d'une technologie plus sophistiquée et d'un prix plus élevé, représenterait à la fois l'inévitable progrès et l'enrichissement bourgeois. Au XVIIIe siècle encore, la maison de bois reste d'actualité, et ceux qui en passent commande n'appartiennent pas aux couches populaires. Ils expriment un goût à contre-courant des modes, c'est tout. Pas une volonté d'économie: le bois d'œuvre coûte très cher et l'ajustement des différentes pièces demande une main-d'œuvre très qualifiée et maintes heures de travail. Contrairement à ce que l'on affirme communément, c'est le moellon et non le bois qui permet de réduire la facture. Il ne le remplace, cependant, ni partout ni au même moment. Il ne le remplace en tout cas jamais complètement.

Pareille imagerie n'a actuellement pour mérite que de financer la restauration des prétendues antiquités en bois, échappées de justesse aux catastrophes inhérentes aux milieux urbains. Les bombardements ont volatilisé 40 % du vieux Tours. La mémoire ne peut plus se rafraîchir. Elle n'a pour appui que d'imparfaites cartes postales, des photographies passées ou des croquis flatteurs. À Angers, quarante-six maisons demeurent visibles, cent douze à Orléans. Encore sont-elles incomplètes: les auvents, fragiles, ont disparu, laissant nus les trous corniers; les poteaux ornés de décors sculptés et datés, eux, furent burinés pour inesthétisme – la mode, encore! Quant aux encorbellements, ils ont sauté et, avec eux, le pilier de support, le jour où s'est concrétisé le plan d'alignement. Dans bien des villes, les années 1730-1830 n'ont pas ménagé ces maisons de bois. Actuellement, elles bénéficient au contraire de toute la sollicitude municipale, alors que voilà une trentaine d'années – le revirement est donc récent –, leur démolition pour cause d'insalubrité allait de soi. Il n'est que de se rappeler l'état pitoyable du patrimoine de Troyes au début des années 1970 pour mesurer le changement d'attitude. Ce qui était jugé comme une insulte à la modernité se trouve du coup investi de toutes les valeurs positives du passé.

Le bois, «matériau vivant»? Évidemment non d'un point de vue physique. Et pourtant bien vivant dans les mentalités contemporaines. Le zèle de certains rénovateurs en témoigne. Pour donner le sentiment de l'ancien – quelle autre expression utiliser? –, ils n'hésitent pas à tous les étages à mettre des poutres apparentes, soigneusement taraudées afin qu'elles aient l'air d'époque. Cette lointaine origine, elles ne sauraient y prétendre. Le plus souvent, en effet, seul l'étage noble, c'est-à-dire celui au-dessus de l'entresol, en était pourvu. Encore que, depuis la fin du XVIIe siècle, il soit fréquent de rencontrer des plafonds composés d'un lattis recouvert de plâtre, c'est tout. Une façon d'économiser les gros bois, devenus trop chers parce qu'insuffisamment fabriqués par la forêt française. L'histoire de celle-ci prend donc le bâtiment pour mémoire.

La forêt

Le module de bois

Alléger la part du bois d'œuvre dans la construction guide, par conséquent, les pratiques. Cela touche aussi bien la maison de bois, création de charpentier, que la maison de pierre et de maçonnerie dans laquelle la charpente de comble et de plancher représente 40 à 50 % de l'ensemble. Le XXe siècle reprend souvent ces pratiques, ce qui témoigne de leur ancrage dans les mentalités, mais en ignorant leur finalité, d'où le ridicule de certains emprunts ou l'incompréhension de certaines techniques. Ainsi, pour le pan de bois. Le procédé atteint sa maturité de bonne heure – début du XVIe siècle – et se fige ensuite, sa souplesse et sa résistance donnant toute satisfaction. Dans ce temps-là, le clayonnage à losanges constitue le haut de gamme en matière d'agencement, ce qui le réserve aux élites fortunées. Il n'orne d'ailleurs que la façade principale, au mieux, et, souvent, se rétrécit aux dimensions d'un demi-premier étage. Le XXe siècle en retient la façon, mais néglige le message social. Du coup, des bâtisses en béton, pour assurer la transition avec des demeures médiévales classées, se retrouvent affublées de ces fameux losanges : de la cave au grenier, leur fonction se limite au décor. Les pièces de bois s'insèrent après montage des panneaux précontraints, quand elles ne figurent pas en relief trompe-l'œil !

Les architectes contemporains réalisent en fait difficilement que toutes les innovations du passé apportées à la structure des charpentes dérivent de la nécessité d'éviter des transports de gros bois importants. Les résultats sont devant eux mais s'interprètent en termes de prouesse technique ou de changement esthétique. Illustre bien cette ambiguïté d'analyse la panne, apparue en France du Nord, dans le premier tiers du XVIe siècle[25]. Le dédoublement qu'elle autorise entraîne une notable diminution de la largeur du chevron, un gain important, donc. Va dans le même sens l'invention du plancher dit « tant plein que vide », au milieu du XVIIe siècle. Les solives sont rapprochées de sorte que leur espacement en égale l'épaisseur. Cela rend superflue la pose de la poutre centrale, très caractéristique du plancher « à la française ». Sur près de cent cinquante ans, la recherche sur ce chapitre ne désarme pas, s'efforçant de concilier l'inconciliable : accroître la solidité et ne pas recourir au fort bois.

C'est dire que peu de régions pouvaient dignement approvisionner les cités de leur territoire. Vu le réseau navigable – les grosses pièces circulent peu par voie de terre –, une insuffisance locale ne saurait en effet obtenir compensation par des apports limitrophes. Cela ne se fait que pour des constructions de prestige, palais princiers et hôtels particuliers. Ailleurs, les bâtisseurs se contentent de l'offre sur place. Cette solidarité entre la ville et la zone pourvoyeuse se reflète dans la spécificité des systèmes métropolitains.

Seul y échappe le volume des arbres sur pied, fruit d'un calcul complexe, rentré dans les mœurs marchandes seulement au siècle dernier. Lui emploie les unités nouvelles, le mètre cube et le stère. Cela ne concerne pas les arbres abattus, bois en grume (gisant non écorcé) ou bois empilé (façonné pour le chauffage).
L'administration des Eaux et Forêts a pourtant tenté d'uniformiser ces systèmes hétérogènes en leur substituant le mètre cube pour le bois de construction et le stère pour le bois de feu. Le parrainage révolutionnaire pour l'un, la loi du 4 juillet 1837 pour l'autre n'ont pas suffi. C'est que le négoce, dans une contrée définie par des habitudes de construction, n'envisage le peuplement ligneux qu'en fonction des marchandises qui seront taillées dans le matériau. Et la situation perdure car, dans la profession, circulent maints tarifs de cubage hérités des parents, et ne connaissant, dans un cas – le bois en grume –, que le pied cube, dans l'autre – les bûches empilées –, que la ou les cordes. Sans parler des unités à consonances encore plus étroitement locales, plus tôt disparues parce que source de confusion. Qui, hormis en Gironde, lisant le mot «tonneau» penserait à 3,636 stères de bois de chauffage, l'équivalent ou presque de la «brasse», qui se rencontre aussi en Auvergne sous l'appellation de «brassée», équivalant cette fois à 3,570 stères !
Tant de résistances pour si peu ? dira le Français actuel qui emploie encore les anciens francs pour exprimer la grandeur d'une somme. C'est vrai pourtant que la bonne tenue des unités ligneuses apparaît comme remarquable. L'aurait-elle été autant si le métier – marchand de bois – ne se signalait par un taux élevé d'endogamie et d'hérédité professionnelles? On parle et, par conséquent, on mesure comme le faisaient père et beau-père. Les enfants restent fidèles au langage des ascendants pour s'épargner les redites explicatives et les mouvements d'humeur. Ce qui s'avère outil de communication commun à différentes classes d'âge perdure forcément.
La mémoire d'une profession, ce n'est donc pas que l'apprentissage des gestes, la conservation d'un lieu. C'est aussi la transmission d'un système qui permet d'appréhender les choses, bref, de les mesurer.
On s'émerveille aujourd'hui de la subtile harmonie qu'offre cet habitat ancien. Peut-être l'apprécie-t-on d'autant mieux que l'immobilier contemporain semble plus disparate : les formes, les matériaux, les textures, les coloris – l'éventail des choix se mue en cacophonie trop souvent. Cette bigarrure qui prête à présent le flanc aux critiques ne se concevait pas hier. L'unité d'antan ne reflète pas seulement la faiblesse des possibilités dans les matériaux, mais aussi la répétition dans le rythme de leur emploi. La bûche sert de module en charpente comme la planchette en maçonnerie. Il y a donc amalgame volontaire entre l'unité de mesure et la marchandise qui aurait pu être

La forêt

fabriquée avec la quantité ligneuse correspondante, et cela pour tous les bois d'industrie ou de travail, façonnés sur la coupe même. Répondent à cette approche les sciages de chêne, de châtaignier et de sapin qu'effectuent les scieurs de long. Également les bois de fente, auxquels se consacrent les fendeurs professionnels, mais aussi, peu ou prou, tous les gens du pays. En Champagne, par exemple, le merrain (tout bois refendu et débité pour les ouvrages de tonnellerie) se vend à la treille[26]. Cette unité comporte un nombre déterminé de longailles, de foncailles et de traversins, car nécessaire à l'obtention de cinquante tonneaux de deux cents litres : soit, à peu près, quatre mètres cubes. La treille constitue, au fond, pour oser l'anachronisme, un «kit» standard. Le mécanisme est identique pour les bois d'œuvre. La panne, dans la région du val de Loire, a un diamètre médian de 0,18 mètre, aux deux extrémités, de 0,22 mètre et de 0,32 mètre pour une longueur de 12 mètres. La maison édifiée avec ce gabarit ne peut qu'imiter celle qui la jouxte, la décoration et l'enseigne faisant la différence. La panne apparaît donc comme unité de mesure et module de construction. Elle existe ailleurs, mais avec une autre valeur, en rapport avec d'autres traditions dans le bâtiment. Et cela a duré jusqu'à ce que le chemin de fer, en faisant circuler les matériaux, rende caduc un système de références fondé sur le bois.

L'arbitrage en cause

Du bois pour tous les foyers. Du bois pour les maisons. Du bois pour les usines. Du bois pour la marine. Comment les pouvoirs publics auraient-ils pu éviter de mettre sur pied une administration toute-puissante, capable d'encadrer des populations qui usent et abusent des forêts, capable aussi d'orienter leur production ? L'objectif prioritaire est bien évidemment d'augmenter les volumes récoltés en bois de fort calibre. Si la situation préoccupait, ce n'est cependant pas en raison d'une pénurie globale. Dans plus d'une région, en effet, les propriétaires ne savent quoi faire des arbres abattus. La création d'une forge valorise alors un peuplement qu'il faudrait, sinon, abandonner tout entier aux habitants au titre de droits d'usage. Il arrive même que des sujets splendides, marqués pour la marine, pourrissent sur place. Et pourtant, dans la contrée voisine, les gens se plaignent du prix du bois et de la difficulté de s'en procurer. Hélas ! impossible d'imaginer son transfert des zones de basse consommation vers celles de haute consommation : les carences en transport y font obstacle. Le problème se pose donc aux autorités en termes locaux.

À la veille de la Révolution, le taux de boisement s'élève à 10 %, soit 40 % du taux actuel seulement. Les forêts royales, avec 925 000 hectares, occupent une superficie inférieure à celle des bois ecclésiastiques (949 000 hectares), des bois communaux (1 024 000 hectares) et des bois particuliers (3 800 000 hectares). Incontestablement, avec près de sept millions d'hectares, le pays n'est pas exposé à la pénurie. Les visiteurs étrangers ne soulignent-ils pas à l'envi que cette France du XVIIIe siècle est bien l'héritière de la Gaule chevelue ? Reste à savoir ce que valent les arbres de futaie, voués en théorie à la production de bois d'œuvre.

Lorsque, au tout début du règne de Louis XIV, la paix se rétablit, l'administration des Eaux et Forêts renoue avec une gestion normale. Elle constate qu'au cœur des massifs, là où faiblit la pression usagère, laquelle ne s'exerce que sur des bois jeunes, traités en taillis, le peuplement semble surchargé en vieilles écorces (baliveaux plus que centenaires) dont il convient de se débarrasser. Dans les années 1670, sont ainsi jetés sur le marché des lots relevant du Domaine pour lesquels il est demandé à l'adjudicataire de faire table rase. L'apparition dans le circuit marchand d'importantes quantités de vieux bois, au cours de la seconde moitié du XVIIe siècle, accrédite l'idée d'un massacre sans distinction des futaies. D'où le raidissement des pouvoirs publics, affolés en pensant que les arsenaux risquent de ne plus pouvoir se ravitailler, et cela au moment où grandit l'ambition d'une politique navale de grande envergure. Le remède épouvante autant que la maladie. Cette angoisse, loin de s'apaiser par la suite, s'aggrave. Les déboires rencontrés dans la régénération naturelle des futaies conduisent à abaisser notablement la durée de leur révolution : faute d'obtenir un réensemencement, n'est-il pas préférable d'abattre les arbres reproducteurs, c'est-à-dire les semenciers, avant qu'ils aient perdu toute faculté de rejeter de souche ? Selon de Perthuis, les comptes rendus des grands maîtres indiqueraient que leur nombre, huit millions en 1669, ne serait plus que d'un million six cent mille en 1789. Soit une densité de cinq baliveaux à l'hectare !

Les communautés rurales et ecclésiastiques font les frais de ce rajeunissement dans l'âge d'exploitation[27]. Moins de futaies dans les bois du Domaine ? Il convient d'en marquer ailleurs et de les bien éduquer afin que la compensation soit effective. C'est aux collectivités, parce que largement possessionnées, de supporter les inconvénients d'un matériel qui devra vieillir coûte que coûte. Au XVIIe siècle comme au XVIIIe siècle, les spécialistes en sylviculture ne doutent pas que le volume progresse avec l'âge. Le postulat ne s'écroule que dans la seconde moitié du XIXe siècle, avec l'expertise de chênes bellifontains réputés contemporains de Saint Louis. Cette conception demeure tenace dans les esprits. Combien de chênes sont dits colbertiens, alors qu'ils ne remontent qu'à la Restauration ? C'est le cas d'une partie des réserves de Tronçais. Combien de tilleuls sont baptisés arbres de la Liberté, plantés en l'an II de la République, alors qu'ils n'ont été pieusement dressés qu'en 1848, justement pour célébrer l'avènement de... la IIe République !

La forêt

Quels que soient les défauts de cette coercition, il faut admettre que s'en passer paraissait difficile, compte tenu des données scientifiques de l'époque. Les forêts royales entrant dans un cycle raccourci, comment pallier la diminution des surfaces en futaie que cela implique? Les propriétaires particuliers sont bien contraints de garder des baliveaux dans leur peuplement mais ce n'est pas cette mesure qui peut apporter une solution: un aménagement en futaie signifie pour eux un capital immobilisé de façon insoutenable. Les communautés, elles, sont mieux à même de supporter pareil gel. C'est vrai que les exigences d'une mutation sylvicole ne les concernent pas encore: leurs bois sont en taillis à très courte rotation pour le chauffage et le pacage. C'est en revanche assez aventureux de parier sur leur absence de besoins financiers – la suite le prouvera: les bois constituent souvent l'unique ressource disponible pour acquitter l'impôt, éteindre les arriérés et engager des travaux d'utilité publique.

Le problème est donc transféré plutôt que résolu. Ses répercussions créent bien des remous dès le milieu du XVIIe siècle et la politique forestière actuelle n'en est pas encore dégagée.

La première conséquence porte sur ce que l'on nomme le régime forestier, qui se définit comme étant la tutelle qu'exerce l'administration des Eaux et Forêts sur l'ensemble des forêts domaniales, communales et d'intérêt public, telles que celles nées de la fixation des dunes ou du reboisement en montagne[28]. C'est là un écho assourdi des mesures prises au début du règne de Louis XIV: en qualité de mineures, les collectivités ne sauraient engager la moindre dépense sans en référer au Conseil du Roi. Cet édit de 1667 rend particulièrement contraignante l'ordonnance de 1669. Il leur est ainsi commandé de mettre en futaie le quart de leurs bois sans espoir d'en tirer profit en argent ou en nature. En 1912, dans les *Statistique et Atlas des forêts de France*, Lucien Daubrée évalue le total des forêts soumises à 3 148 071 hectares, dont 38 % en futaie. À cette date doivent encore passer sous contrôle de l'État 268 142 hectares, soit 9 % de ce qu'il domine déjà. C'est dire que l'essentiel est très largement acquis. D'où le titre de la thèse de Gérard Buttoud, *L'État forestier*.

La deuxième conséquence a trait à la concrétisation sur le terrain de ce régime. Toujours en 1912, la part des futaies dans les bois domaniaux est de 51 %, un pourcentage appréciable, lié à la conversion des taillis sous futaie qui démarre à la fin du second Empire. Celle des bois communaux et d'intérêt public, 30 %. L'administration des Eaux et Forêts s'est donc satisfaite des quarts en futaie, se bornant à enrichir, lorsque la valeur de la station le permettait, le taillis adjacent. En réservant ainsi quelques baliveaux durant deux, trois révolutions, guère plus au XIXe siècle, les officiers forestiers se montrent prévoyants. Quand le prix du bois de feu s'effondre sous la poussée de la houille, les acheteurs de taillis se font rares. Mieux vaut alors pouvoir y joindre du bois d'œuvre, voire un mauvais bois de fente. Certains de ces sujets se voient encore à la lisière des bois communaux, épargnés par les bûcherons car marquant la largeur d'un triage.

La troisième et dernière conséquence concerne l'image que les gens des Eaux et Forêts ont laissée derrière eux. Qu'ils aient profité de la distraction de la réserve pour régler le surplus, c'est-à-dire les coupes en taillis, destinées à l'alimentation des foyers, n'a absolument pas ému les habitants. Et pourtant, en visualisant la coupe de l'année, dite l'«ordinaire», la fourniture en combustible devenait régulière d'un an sur l'autre. Pas la moindre reconnaissance. Les villageois accusent le coup en réalisant que cette portion en futaie amenuise le combustible de chaque affouagiste et amoindrit d'un quart l'espace pâturé. L'instauration du régime forestier qui existe, au fond, depuis ce XVIIe siècle, limite le contentement des besoins et la liberté d'action. Or, il s'interprète de manière de plus en plus extensive à mesure que s'écoule le XIXe siècle. Ce qui ne touchait que les bois de plaine est demandé alors en montagne. Les communaux intégrés à un système agro-pastoral finissent même par être réquisitionnés au nom de l'intérêt général, afin d'enrayer l'érosion torrentielle et l'inondation en aval. L'ingérence étatique de plus en plus efficace soulève la colère des populations. Les débuts du XVIIIe siècle, la période révolutionnaire, les années 1830, la IIe République si éphémère, la IIIe République bien chancelante en son commencement, toutes ces époques de transition et d'incertitude enregistrent des flambées de violence. Lorsque le citadin admire à l'automne les pentes du Couserans, où le vert sombre des résineux se mêle aux teintes fauves du hêtre, sait-il bien que les épicéas n'étaient pas là au temps de son grand-père? Les sapins de l'administration, comme on disait dans les années 1880, n'avaient pas le temps de pousser: têtes déshonorées, troncs arrachés, tiges sectionnées, dents du bétail, mise à feu, tout était bon aux hommes du pays pour repousser leur verte colonisation. Oui, l'administration des Eaux et Forêts s'est rendue impopulaire, parce que tout programme de protection des peuplements et d'orientation des récoltes l'amenait à s'opposer aux paysans. Sans doute détestaient-ils ses agents plus encore que ceux du fisc.

Le refus du privé

Les années 1960 voient l'administration des Eaux et Forêts derechef clouée au pilori: «Les insuffisances de sa gestion actuelle apportent la preuve que les règles administratives ne conviennent pas à un service dont la mission essentielle est de gérer un domaine[29].» Rappelant les avantages conférés par le statut d'établissement public à caractère industriel et commercial aux entreprises nationales (E.D.F., Charbonnages de France, R.T.F.), le gouvernement de la Ve République envisage de confier à un grand service de gestion, doté de ce même statut, «la *production* dans les forêts de l'État et des collec-

La forêt

tivités publiques». La loi de finances du 23 décembre 1964 le met sur pied, lui accordant personnalité civile et autonomie financière. Et le 1er janvier 1966, l'Office national *des forêts* (O.N.F.) commence ses fonctions[30]. Vingt ans et plus se sont depuis ce jour écoulés – et il suffit d'assister à une réunion des amis et défenseurs de la forêt – le terme, par son caractère générique, est essentiel – pour comprendre que les rancœurs, accumulées sur près de trois siècles, ne sont toujours pas ensevelies.

Le malentendu existait entre les officiers de l'ancienne administration et le monde paysan. Il empoisonne encore les relations entre l'Office et les citadins en mal de nature. Tout ce qui ne paraît pas calqué sur leur définition d'une véritable forêt ne saurait à les en croire qu'être imputable à l'ennemi héréditaire, distributeur d'amendes et suppôt d'une sylviculture exclusive de tout autre moyen d'user des bois. L'exagération du discours éclate cependant aujourd'hui plus qu'hier. Les représentants de l'État forestier sont en effet loin d'être les seuls acteurs du changement en forêt, tant s'en faut. À la veille de 1914, déjà, les étendues soumises à leur puissance (3 148 071 hectares) ne représentaient pas le tiers (31 %) des superficies boisées, lesquelles avoisinent alors les dix millions d'hectares (9 886 701 hectares exactement). Cette évolution s'est poursuivie. Et pourtant l'État n'a pas cessé d'agrandir son territoire, rachetant des bois à la périphérie des villes, dans les zones dévastées en 14-18, créant des boisements là où les obus avaient labouré les champs, là aussi où il fallait se méfier des caprices de la nature. Le patrimoine forestier national récupère ainsi trois cent mille hectares, beaucoup plus que ce que lui avaient ôté les lois d'aliénation, votées au XIXe siècle, dans l'urgence de combler les gouffres budgétaires ouverts par l'occupation des vainqueurs en 1815.

La forêt privée avance pourtant plus vite que la forêt publique dans la conquête de l'Hexagone. Sur les seules soixante dernières années, les gains par rapport à une superficie déjà considérable au lendemain de la Grande Guerre peuvent être estimés à 28 % ! Elle s'étale à présent sur près de dix millions d'hectares, autant que la totalité des forêts françaises d'avant 1914. Bien que répartie de manière plus homogène qu'au début de ce siècle, elle reste spécifique du Centre et de l'Ouest. Elle couvre ainsi plus d'un million et demi d'hectares en Aquitaine (98 % de la surface forestière totale). Elle dépasse les trois quarts de la contenance boisée dans le Limousin (97 %), la Région parisienne (80 %), le Centre (79 %), l'Auvergne (77 %) et les pays de Loire (76 %). Dans cette France des plaines et plateaux, la grande propriété maintient fort bien ses positions, en dépit des droits successoraux qui poussent au démembrement[31]. Ce n'est en fait que dans la montagne, basse ou moyenne, qu'elle se laisse totalement éclipser par la petite propriété. Normal: le capital ne s'y est jamais intéressé, laissant en tête à tête l'État et le paysan.

C'est assurément à la Révolution française que la propriété privée forestière doit ce bel essor : ne s'est-elle pas construite sur la vente des biens de l'Église et des émigrés ? Que son dynamisme ne fléchisse pas au XIXe siècle s'explique. Les nobles ont beau gémir, ils n'ont pas tout perdu et récupèrent vite l'éclat d'antan. Quant aux grands bourgeois, eux aussi, ils veulent posséder bois et chasses, dans lesquels ils voient le couronnement d'une ascension sociale. Les rentiers plus modestes suivront cet exemple, profitant de la baisse des terres pour se constituer un peu de bien : on plante et on attend. Après tout, le placement dans l'or vert en vaut d'autres, plus hasardeux et moins agréables ! L'extraordinaire vient de ce que l'extension des bois particuliers résiste à tout. Quelle crise, pourtant ! Le bois de feu, qui se négociait sur les marchés parisiens à dix-huit francs le stère en 1871, et même, dans une conjoncture plus sereine, dix-neuf francs en 1881 – les deux pics dans la courbe 1860-1910 –, ne trouve plus preneur à moitié prix en 1895. Comme un malheur ne vient jamais seul, à la mévente s'ajoute le harcèlement social, bûcherons et flotteurs refusant de réviser à la baisse des salaires déjà misérables. Rien n'y fait. La forêt, que ses admirateurs voudraient offrir à tous, ne prolifère qu'en se cloisonnant de plus en plus. Barrières, fils de fer barbelé, pièges et pancartes délimitent ainsi les innombrables cellules qui forment le tissu forestier contemporain.

Une évolution à tous égards irrésistible : entre 1960 et 1980, plus d'un million d'hectares, ayant vocation agricole ou pastorale, rejoint l'univers du privé. La grande propriété forestière semble à peu près consolidée. La petite propriété, elle, croît très vite. Les moins de cinquante hectares – 57 % en 1910 de la surface forestière privée (3 420 000 hectares) – en occupent maintenant plus de 70 %, avec 5 500 000 hectares. L'exode rural l'attire. Elle s'est donc emparée des zones montagnardes, commençant par celles qui bénéficiaient déjà d'une tradition en la matière. Elle se répand aujourd'hui en plaine, touchant même les meilleures terres : les décisions émanées de Bruxelles pour résorber les excédents agricoles y sont pour quelque chose. La conversion en bois ne s'arrêtera donc pas de sitôt. Reste à savoir quel rôle peut remplir cette nouvelle forêt. Ses structures déplaisent aux amoureux de la nature. Son apparence ne leur convient pas davantage.

L'horreur du vert

En fait, le taillis simple et le taillis sous futaie ne conservent leurs positions – et encore ! – que dans les pays de grande propriété forestière. Les reboisements sont, dans leur quasi-totalité, effectués en résineux. Les plantations de conifères âgées de moins de dix ans concernent par exemple 40 % de la surface forestière privée dans le département de Meuse, 25 % dans celui de

La forêt

Moselle. La nouvelle forêt se veut résolument une forêt de production. Un objectif louable... si ses partisans se donnaient les moyens de le remplir. Chaque propriétaire détient un nombre incroyablement élevé de parcelles, lesquelles sont autant d'unités de gestion : comment obtenir, dans ces conditions, une récolte dont le volume soit susceptible de commercialisation ? Dans les Vosges et la Meurthe-et-Moselle, on compte ainsi 3,5 parcelles par propriété, et chaque parcelle mesure en moyenne... 0,8 hectare ! La forêt-jardin, en quelque sorte, mais un jardin inutile.

Parcellisation et morcellement affectent donc la mobilisation économique des bois privés. Aussi, l'Association technique pour la vulgarisation forestière (A.T.V.F.), née en 1960, financée par les cotisations de ses membres, les versements des caisses agricoles et, depuis 1964, par le Fonds forestier national (F.F.N.), s'efforce d'accroître leur performance. Le déficit de la balance commerciale en pâtes et papiers justifie son action : ce secteur industriel, pour être renforcé, doit disposer d'une abondante matière première. L'intensification des pratiques sylvicoles est à l'ordre du jour. Comme les effets s'en perçoivent mieux sur de jeunes peuplements, le projecteur est braqué sur les essences à croissance rapide. Dans les Landes de Gascogne, par exemple, où la filière bois dépend des papetiers, tous les soins favorisent le développement du pin maritime. Semis en ligne, placettes de fertilisation – rien ne rappelle dans cette nouvelle forêt la forêt agricole de naguère.

Pourtant, réalisés avec des densités excessives, les peuplements F.F.N. ne livrent pas autant de petits bois qu'ils le devraient. À cela, deux raisons : le manque de technicité de leurs propriétaires et la médiocrité des cours enregistrés pour les bois de trituration – cela n'encourage pas à dépresser les tiges (coupes d'amélioration), l'opération coûtant plus qu'elle ne rapporte dans l'immédiat. Afin de faire passer la récolte annuelle de six cent mille stères à un million de stères, les papetiers obtiennent en 1975, parce qu'ils contrôlent les ressources forestières du Limousin, du Nord-Est et de l'Aquitaine, que l'État subventionne de telles éclaircies dans dix-sept départements. Deux ans plus tard, cette aide est généralisée. Se crée de la sorte un paysage forestier parfaitement régulier : l'uniformité verte.

Quelle revanche pour les conifères, à commencer par le sapin ! Jadis persécuté par les ruraux qui lui préféraient la hêtraie-chênaie aux multiples usages, il finissait par se raréfier à mi-pente, repoussé qu'il était vers sa frontière altudinale. La descente triomphale des résineux vers les basses vallées accompagne la IIIe République. On admet enfin qu'au-delà de trois mille mètres les reboisements sont impossibles. Un constat tout neuf car, longtemps, l'homme a cru que là où il ne saurait vivre une végétation pérenne le pourrait, puisque non handicapée par le manque d'oxygène, la rigueur du froid et l'ensoleillement parcimonieux – tout ce qui définit le séjour des morts. On comprend pourquoi dans plus d'un pays très montagneux et très boisé, tel que l'est le Japon, le lieu où errent les défuntes âmes se situe dans cette zone de combat, là où l'arbre doit s'adapter pour survivre. Le vocabulaire des sylviculteurs et la symbolique des végétaux aident parfois la mémoire de bien étrange façon.

La solution de mise en sapin, expression globalisante, pleine de mépris, dérange parce qu'elle brouille les repères[32]. C'est qu'avec ces résineux, le douglas, l'épicéa, le nordmann ou le pin de Weymouth, la maturité arrive vers cinquante ans et, une fois l'abattage terminé, le canton se retrouve rasé, hirsute de débris, bientôt sali d'un épais fourré. Il n'y a guère, l'épreuve suprême était la disette. La connaître faisait d'autant plus souffrir que l'aisance l'avait précédée. Cela s'est imprimé de manière indélébile dans les mentalités. Les meilleures techniques ne doivent pas provoquer l'angoisse de la rupture, du vide ou du manque. Inversement, sont jugées détestables toutes celles qui paraissent induire un bouleversement conduisant vers l'inconnu. Or, ce traumatisme semble toujours consubstantiel à une sylviculture productiviste. Les bois que l'on visite et dont on goûte le spectacle d'un jour conservent un fantastique potentiel affectif. La vue du chaos y est insupportable, une attitude qui s'accommode mal d'un système où la récolte constitue une fin en soi, non la promesse d'un renouveau.

Aussi le regard ne s'attarde-t-il pas de la même façon sur les surfaces enrésinées et sur les friches forestières. Ces dernières ne soulèvent aucune protestation, à peine quelques commentaires devant le gaspillage que représentent des taillis dégradés, pourris, voués au dépérissement: «Si c'est pas malheureux, ce massacre! C'est pu bon à rien», avec cette nuance de détachement pour traduire la sérénité devant le temps enfui. L'enrésinement, au contraire, se vit comme une intrusion, qu'il soit le fruit des tyrans administratifs décrétant la conversion de communaux sous-exploités, ou qu'il résulte des étrangers au pays, achetant les terrains embroussaillés pour les planter. Que la vérité soit plus complexe importe peu, même si les plus critiques savent bien que bon nombre de boisements sont dus aux autochtones. Chacun aime mieux attribuer la marée verte aux gens d'ailleurs. «Le sapin, grommelle-t-on, ça touche [ressemble] à la forêt, mais ce n'est pas ça. Le gibier, il ne se plaît pas sous les sapins. C'est la nature qui va disparaître.» La forêt traditionnelle, elle, ne la violentait pas.

La conception ancienne des bois repose en effet sur la notion de cycle et non sur l'alternance[33]. C'est pourquoi les feuillus n'y ont pas de rivaux. Eux peuvent s'exploiter de manière à assurer un couvert permanent. À intervalles fixes, le bûcheron enlève donc les sujets martelés au préalable puisque ayant atteint les dimensions requises: l'heure de la récolte ne signifie pas déchirure. Estocs et souchons abandonnés sur une coupe blanche, cela, le régime furète l'exclut. Il

La forêt

a pourtant aussi ses contraintes, mais celles-ci conviennent au paysan déjà obligé de se plier aux exigences de sa terre. Pour que la repousse soit drue, les opérations successives, balivage, abattage, débardage, façonnage, se coulent dans un calendrier rigoureux. Mars n'est pas entamé que s'achève la besogne. La sève afflue dans les bourgeons : la nature s'est mise au travail et l'homme ne saurait le piétiner. Il la laisse donc. Agir autrement serait profanation. Les tiges qui s'écroulent sous la cognée, un jour, reviendront. Le recrû surgit, non de leurs cendres, comme le phénix, mais de l'entaille. Le sang qui goutte, le sol le boit et l'enfance fleurit : un grand mythe antique qui explique par l'image la reprise végétale. Comment la forêt ainsi traitée n'incarnerait-elle pas l'éternel retour ? À double titre, l'arbre résume la vie : celle qui transcende les saisons – dénudé l'hiver, il reverdit au printemps ; celle qui transcende la mort – abattu, il prépare la relève des générations. Cette volonté de recourir, dans la culture forestière traditionnelle, à la mère – le mot désigne la souche prolifique – explique l'accueil mitigé fait aux résineux. Leurs sombres ramures évoquent la tradition funèbre qui s'attache à eux : l'éternité au séjour des morts, la nuit la plus longue au solstice. Du sol où ils prennent appui ne sort ni rejet ni drageon. L'individu seul, puis rien. La stérilité jusqu'à ce que le propriétaire décide de planter ou de semer. La forêt d'antan était, elle, féconde. Elle existe toujours, mais la mutation des besoins, des techniques, et les choix pris en conséquence ont construit d'autres bois. La rentabilité condamne l'archaïsme et tourne parfois le dos au « naturel », lequel reflète souvent savoir et perception finement élaborés au cours des siècles. Cela vaut pour les entreprises. Cela vaut aussi pour la sylve. Les amoureux de l'arbre s'y résignent mal, et voient l'artifice des boisements quand l'innovation est là, enfin.

Les rêveries du promeneur

Dans la forêt des légendes, le temps ne coule plus. Dans celle des réalités paysannes, au contraire, il est omniprésent. C'est que la première ne supporte pas le poids des exigences économiques alors que la seconde colle à elles. Le passant d'aujourd'hui ressemble fort au héros imaginaire. Parce que la récolte lui indiffère, il va de surprises en colères, lui qui n'estime esthétique que ce que sa mémoire des temps reculés magnifie. Mais où sont les arbres d'antan, ceux qui formaient une forêt de feuillus, une forêt soumise au furetage – le mot, non sylvicole, de « butinage » conviendrait bien –, une forêt où les heures, soit ne comptent pas, soit comptent double.

Les nouveaux usagers que sont les citadins en mal de chlorophylle constituent pourtant une force qui ne saurait être refoulée. Dès les années 1960, la fréquentation des forêts parisiennes, en y incluant les bois de Boulogne et de

Vincennes et, aussi, la coulée de verdure qui borde l'Oise, avec Chantilly, Compiègne et Senlis, atteint des proportions respectables. Le nombre de visiteurs excède les quatre millions. Le total de leurs déplacements frôle les soixante millions[34]. Ce qui, sur l'année, représente presque autant de journées passées au bois que dans les salles obscures – et six fois plus d'heures consacrées au culte de l'arbre qu'aux monuments et curiosités de l'Île-de-France ! Cette faim de nature ne date pas des années 1960, même si elle ose alors revendiquer sa satisfaction pleine et entière. Pareille capacité contestataire ne marque pas l'aube d'un mouvement. Non, seulement l'inquiétude devant les transformations du couvert végétal, transformations qui s'accélèrent alors.

En fait, l'envie de nouer des liens, estimés distendus, avec la forêt, ce concentré de nature, apparaît vers 1850. Syndrome romantique ? Les premiers à fréquenter les bois sans y être forcés ne présentent pas les symptômes du « mal du siècle ». Ce sont au contraire des hyperactifs, appartenant à l'élite sociale, ayant donc les moyens de profiter de tous les progrès qui fleurissent dès le second Empire. Parce que leur mode de vie change vite, ces originaux – on l'est jusqu'à ce que la mode lancée tombe dans le domaine public – cherchent, à l'ombre des grands arbres, à récupérer un équilibre compromis. Une sérénité nouvelle, une énergie accrue, comme si le murmure des frondaisons leur apprenait à mieux dominer leur existence. Faire le vide dans son esprit, respirer à pleins poumons, redécouvrir la marche, la course : des gestes effectués consciemment et qui témoignent de la manière dont l'espace sauvage aide à la maîtrise de soi – hygiène de l'âme et du corps.

Au XIXe comme au XXe siècle, les motivations se ressemblent. À la base, toujours une réaction conservatrice, celle de figer un passé jugé plus harmonieux que le présent, qu'il s'agisse de la qualité de l'existence ou de la valeur du spectacle. Impossible donc d'ignorer cette demande. Chaque époque veille à faire de la forêt un conservatoire du souvenir. Celle de Marly illustre assez bien ce comportement. À la fin du XVIIIe siècle, ne subsistent que les ruines du village de Retz. Monville, fils d'un grand maître des Eaux et Forêts à Rouen, devenu propriétaire des lieux, y fait bâtir une étrange tour, colonne cannelée, large de treize mètres, volontairement inachevée : une fausse ruine à côté des vraies. Cette curieuse « folie » est ornée de deux cents pots de fleurs et voisine avec un pavillon chinois en teck. L'administration des Beaux-Arts classe en 1939 ce Désert de Retz pour « sa sauvage beauté ». Le ronronnement de l'autoroute s'entend à présent. Qu'importe ! Dans les spectacles de la nature, mis en scène par l'homme, l'ouïe compte moins que la vue.

Le visiteur, pour jouir de la pièce, doit disposer d'un minimum d'indications. Il doit aussi bénéficier de certaines commodités : les charmes d'une scène se savourent mieux avec le confort. Depuis le XIXe siècle, les autorités installent

La forêt

donc le mobilier qui lui semble le plus adapté à cette activité contemplative. Cela va des plaques signalant un lieu remarquable, une essence rare, l'âge d'un arbre, ou rappelant un épisode historique ou dramatique, jusqu'aux bancs distribués autour d'une placette, avec corbeilles pour le ramassage des papiers gras et tréteaux pour ceux qui veulent des déjeuners en plein air sans fourmis au menu. Ce mobilier est par conséquent d'une conception toute différente des superbes tables de grès qui figurent sur les plans de forêts royales. D'un coup d'œil, il est clair que les routes et chemins ne servaient qu'à faciliter l'exercice de la chasse à courre : les étoiles permettaient en effet de suivre les tours et détours de l'animal poursuivi, qu'il soit cerf, chevreuil, daim ou sanglier. À Marly, les carrefours de la Table-des-Princes et de la Tasse comportent de telles tables de vénerie, sur lesquelles étaient préparée la collation et exposés les trophées. Trois d'entre elles se dressent encore, l'une sur la dernière étoile traversée par la route des Princesses, avant son croisement avec la route Dauphine, l'autre à côté du carrefour Royal, et la dernière enfin au carrefour du Chêne.

Les pouvoirs publics répondent ainsi à l'attente des consommateurs d'espace forestier. Ils ne peuvent pas cependant aller trop loin dans leur sens. Car chaque amélioration dans l'accès aux zones vertes et dans les services offerts (aires de stationnement et de détente, parcours de santé et de grande randonnée) récolte ce qu'elle ne voulait pas semer : un accroissement exponentiel de la clientèle des bois. En quinze ans, de 1965 à 1985, rien qu'en Île-de-France, la fréquentation progresse au rythme de 14 % l'an. Or, depuis 1976, sur l'ensemble des forêts astreintes au régime forestier, moins du dixième (500 000 hectares à peine) se trouve concerné par l'instauration de programmes d'aménagements spéciaux, envisagés... depuis 1964 ! C'est en effet seulement cette année-là que l'instruction du 20 octobre intègre la demande des nouveaux usagers aux visées productivistes. Le texte constate que « des masses humaines, toujours plus nombreuses, recherchent chaque année davantage les bois et les forêts pour y trouver une distraction et une détente à l'occasion des heures de loisir ». Le verdict, en conclusion : « Les forêts soumises doivent *s'ouvrir* à un hôte, qui doit y être *accueilli*, et non plus seulement *toléré*. » Certes, mais jusqu'où aller dans les fastes de la réception ? La sagesse conseillant de juguler autant que faire se peut la pression humaine sur un patrimoine trop apprécié, les types d'équipement et leur implantation s'adaptent à l'afflux des visiteurs, d'une part en convenant à leurs besoins, lesquels reflètent en grande partie leur statut social, d'autre part en protégeant les bois d'un excès d'admiration. Le concept de « zone de silence » est en relation avec ce double impératif. Épargnée par le bruit, symbole à la fois du monde industriel et des intrus présents, la sylve se rapproche alors de ce que l'on croit à tort être son état originel. La notion convient donc tout à fait aux amoureux d'une nature vierge, les «essentialistes», comme les nomme Robert Ballion. Elle offre aussi l'avantage, au titre de la pollution sonore, d'expulser vers la périphérie forestière parkings et terrains de jeux. Elle plaît donc aux «instrumentalistes», ces individus sédentaires qui ne s'épanouissent qu'à moins de cent mètres de leur véhicule.

Le territoire ainsi ordonné absorbe donc la plupart des usagers venus de la ville. Il constitue une transition entre la métropole avec ses banlieues-appendices, et la nature, humanisée juste assez pour que s'y repérer soit facile. La facture à payer tient dans la perte localisée de l'identité sylvicole : soit 1 à 3 % dans les forêts de la grande couronne, situées à soixante-quatre-vingts kilomètres de la capitale; jusqu'à 10 % pour celles de la petite couronne. La dénaturation s'accentue avec le degré de proximité. L'atteinte à l'intégrité des massifs reste pour l'instant un phénomène marginal. Ce n'est pas parce que l'érosion est insidieuse qu'il faut refuser de la voir. Les «essentialistes» sont trop épris des bois pour tolérer pareille dérive. L'espace sauvage doit être à l'abri de toute concession, *a fortiori* ne saurait-il en être l'objet. C'est là le sens de la lutte engagée en 1983 contre le parc d'attractions Astérix : sa construction entame les bois de Plailly et risque de nuire aux forêts de l'Oise. Peu leur chaut la superficie effectivement rognée, l'argent englouti et les promesses faites dans le respect de l'environnement. Astérix insulte la nature. Ils n'ont pas tort de protester : des garanties, ça ne pèse pas toujours aussi lourd, une entreprise, ça peut déposer son bilan. Tout peut échouer, mais le parc, lui, demeurera inscrit dans un paysage balafré en vain. D'ailleurs, même si la réussite commerciale est au rendez-vous, ce parc continuera à être ce qu'il est : la marque qu'un bien collectif profite à des intérêts partisans, à savoir les financiers qui ont commandité l'opération et les curieux qui paient un droit d'entrée.

La mort des arbres ?

En fait, depuis le premier tiers du XIXe siècle, les Français s'épouvantent de l'éventualité d'un déboisement général. Bon nombre sont convaincus d'y assister. À les entendre, la forêt régresse, mangée par l'urbanisation, les aéroports, les autoroutes, engloutie par l'industrie papetière – comme si le secteur ne dépendait pas de ce qu'elle lui fournit! – ou ravagée par les feux de l'été. Le pessimisme est de rigueur, alors que jamais le patrimoine boisé n'a occupé d'aussi vastes surfaces, que jamais il n'a tant progressé : plus de quatorze millions d'hectares dans les années 1980 contre moins de onze avant 1914 – une croissance de 27 % sur seulement trois générations, le temps d'une famille en somme. La forêt gagne sur tous les fronts, excepté sur le pourtour méditerranéen où bientôt elle ne subsistera plus qu'au stade de «parc paysager», à

La forêt

l'exemple de celui de Valbonne-Vallauris (Alpes-Maritimes). Partout ailleurs elle affirme son dynamisme. Voilà la mémoire prise en flagrant délit. Comment une telle erreur d'appréciation est-elle concevable ? Les souvenirs indélébiles ne s'attachent qu'à ce qui «impressionne» l'esprit – au sens photographique du verbe. La rupture qu'occasionne l'enlèvement de tout matériel ligneux figure au rang de ceux-là. Est ainsi visionné le peuplement parvenu à maturité que l'on coupe à blanche taille, la régénération artificielle dispensant de garder quelques baliveaux. Est aussi concerné, mais à un moindre degré, celui qui les conserve juste le temps que soit assuré l'ensemencement naturel. Et, de façon générale, tous les bois qu'éventrent des travaux conséquents, avec leurs troncs couchés, les souches dénudées, un trou béant. Plus jamais, c'est vrai, le spectacle ne redeviendra ce qu'il était. Les arbres, d'autres les remplaceront, mais si lentement. Il y aura un pont en plus, un virage en moins, quelque chose d'irrémédiable s'est produit.
L'homme détient ainsi le redoutable pouvoir de bouleverser les données d'un paysage. Il lui faut une catastrophe pour imaginer que la nature puisse en faire autant. Sans doute parce qu'en parlant d'elle il ne l'évoque que dans ses composantes les plus douces. La marche de la végétation lui semble paisible, parce que régulière et continue, discrète aussi. Un champ abandonné. La friche s'installe, puis les ronces, quelques noisetiers en bordure. Le bouleau colonise l'ensemble. Ici, pourtant, se développent des semis d'*Abies grandis*: un choix du propriétaire que n'enregistre même pas l'œil du passant. Camouflés par le fourré, lorsque ces sapins le coifferont enfin, il sera trop tard pour isoler cet instant du reste. Le promeneur ne verra plus que leurs têtes vertes et jurera que, depuis des lustres, cette parcelle est en bois. Le succès du fait divers repose sur le fait que «divers», il ne l'est pas. Il est singulier. Et l'imaginaire ne brode que sur ce qui le déconcerte. Il se focalise donc sur la forêt violée, jamais sur celle que l'on plante ou qui se reconstitue.
Les chiffres n'infléchissent pas un tel sentiment. Même répétés, ils laissent l'auditeur sceptique. L'uniformité vert sombre qui oblitère les reliefs ne frappe l'attention que des gens du pays. Elle ne remonte pas jusqu'aux instances médiatiques. On réfléchit peu ou mal à la forêt. On s'y occupe ou on s'y distrait. Chacun sent qu'il en est à la fois l'enfant et le maître. Risquer de la perdre ou risquer d'en abuser forment les deux faces d'un divorce redouté. La sylve ne régresse plus mais elle le pourrait. Là sourd l'angoisse.
Les Occidentaux s'émeuvent ainsi presque autant des folles ponctions en zone intertropicale que des méfaits causés chez eux par les pollutions acides. En été, quel hebdomadaire ne fait pas de la copie en titrant sur un de ces deux thèmes : à quelles extrémités iront les gouvernements africains ? Comment respirer sans le poumon amazonien ? Les pollutions acides tiennent cependant la vedette dès le printemps : la mort des arbres, photographies de balais-

Moins de 13 %
De 14 à 24 %
De 25 à 34 %
De 35 à 44 %
Plus de 45 %

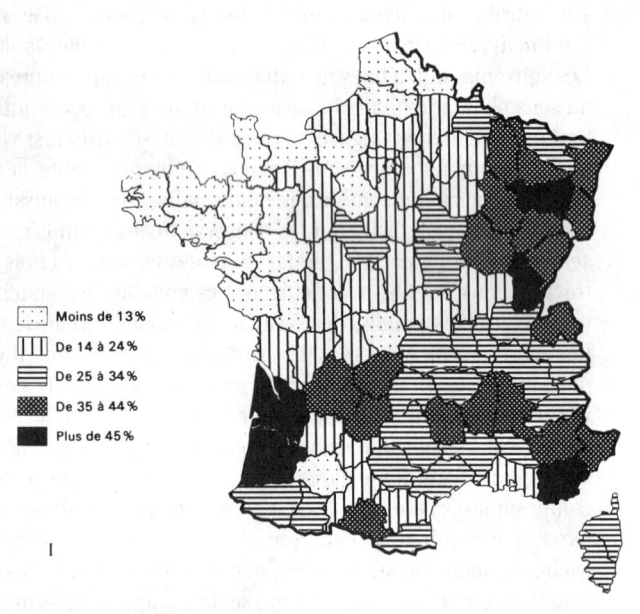

I

I. *Taux de boisement en 1986.* En France, le quart nord-ouest, faiblement boisé, s'oppose aux trois autres, très ou fortement boisés. Certains départements sont couverts de bois à 45 % et plus de leur surface totale. Trois môles où le taux de boisement est particulièrement élevé : le Sud-Est, excepté les Bouches-du-Rhône, l'Est, du haut Doubs jusqu'aux frontières belge et allemande, le Sud-Ouest, avec la vaste forêt landaise, premier massif européen de par son étendue. Cette répartition reflète l'héritage de la seconde moitié du XIXe siècle : boisements en montagne pour enrayer la torrentialité et création de forêts artificielles afin de produire térébenthine et cellulose.

II. *Variations du taux de boisement de 1945 à 1986.* Cette carte rectifie l'impression volontariste que laisse la précédente. Ainsi, on s'aperçoit que, depuis la Seconde Guerre mondiale, l'arbre, désiré ou non, colonise le champ abandonné, la pâture inutile. La Provence de l'intérieur, le Massif central et ses marges, l'ensemble pyrénéen avec, notamment, l'Ariège ont vu émigrer salariés agricoles et petits paysans, habitants isolés sur les hautes terres ou domiciliés dans un hameau. Ceux qui restent au pays ne maîtrisant plus l'espace rural, ils laissent la forêt s'en emparer.

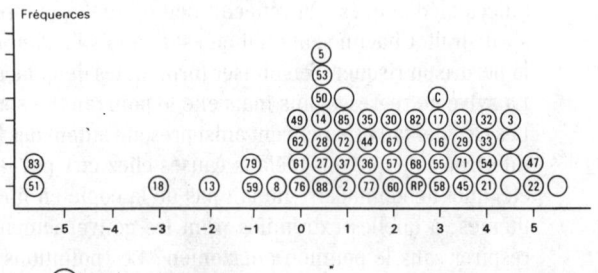

III   ⑥③ Numéros des départements   RP = Région Parisienne   C = Corse

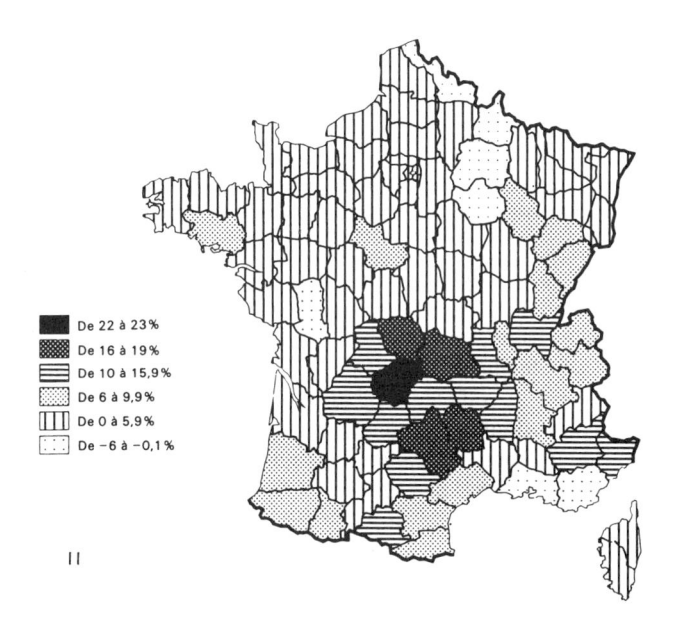

De 22 à 23 %
De 16 à 19 %
De 10 à 15,9 %
De 6 à 9,9 %
De 0 à 5,9 %
De −6 à −0,1 %

III. *Histogramme de fréquence de la variation du taux de boisement entre 1945 et 1986.* L'exode rural, interrompu durant les années de guerre, reprend, une tendance qu'encouragent les autorités pour moderniser les structures foncières et renforcer les secteurs secondaire et tertiaire. Aussi mettent-elles en place dès 1946 le Fonds forestier national qui aide, par l'octroi de plants et de semences ainsi que par l'apport de subventions, les propriétaires souhaitant boiser une ou plusieurs parcelles. Ce mouvement, qui a surtout bénéficié à la France des montagnes méridionales, ralentit fortement après 1955. L'enrésinement de terrains parfois minuscules ne rapporte pas comme on l'espérait : faute de dépressages et d'éclaircies, les arbres déçoivent ; faute de remembrement ou de regroupement, les lots, trop petits, se vendent mal. On reconnaît alors qu'il n'est pas si simple de faire du paysan un sylviculteur et qu'il est plus facile d'agir au niveau des communes que des particuliers...
D'après le *Grand Atlas de la forêt française*, Paris, Éd. De Monza, 1991. Cartes et histogramme ont été établis par l'Inventaire forestier national et le laboratoire de biogéographie-écologie de l'École normale supérieure de Fontenay-Saint-Cloud.

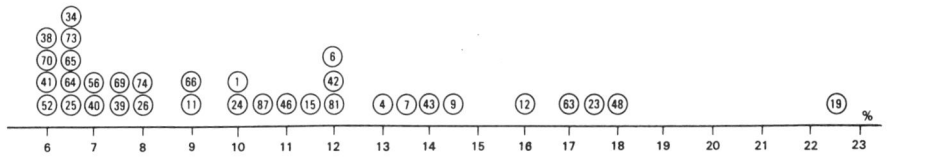

brosses à l'appui. Certes, dans une région forestière de quatre cent mille hectares (Vosges-Jura), en considérant qu'un peuplement est dépérissant dès que 50 % de ses sujets sont touchés, cela fait... 2,5 % de surfaces atteintes[35]! Les images oblitèrent l'approche objective du phénomène. L'explication journalistique cadre sur la culpabilité des usines et des véhicules. La caméra ignore l'acidification des terrains, en rapport avec les essences retenues pour les boisements depuis la fin du XIXe siècle. La perception «forêt-antidote», si chère aux nouveaux usagers, joue donc à plein. Elle balaie tout sur son passage, à commencer par la «forêt-espace cultivé». L'essentiel, il faut bien le dire, car une forêt que l'homme n'éduque pas n'est ni belle ni productive, quoi qu'on en pense.

Fûts énormes, racines aux serres puissantes, branches griffues, écorces crevassées, feuillages au savant dégradé, lumières blondes ou glauques, effets de contre-jour, voilà qui souligne la prodigieuse vitalité d'une nature en pleine décomposition, en perpétuel renouveau aussi. Cette forêt qui pourrait être celle des contes, cette forêt que ne récuseraient pas les paysans, c'est aussi celle des peintres de l'âge d'or flamand, au XVIIe siècle, de l'école de Barbizon, dans le premier XIXe siècle. Les parties mises en réserve à Fontainebleau ne correspondent-elles pas à la zone sous-exploitée, aux peuplements vieillissants? Théodore Rousseau faisait de ces chênes grandioses et tourmentés la marque même des passions humaines. Un rapprochement classique qui montre que pour le visiteur la forêt constitue plus qu'un décor: ne donne-t-elle pas la mesure de tout ce qui est éphémère ici-bas?

Ce rôle pédagogique, elle n'en détient cependant pas l'exclusivité. D'autres tableaux enferment le même message: coupe de fruits, éclatants mais déjà blets, livres aux somptueuses reliures qui, déjà, s'effeuillent, trophées de plume et de poil où la mouche, posée, déjà annonce le ver. La forêt relève de ce genre pictural, la vanité, avec, au premier plan, l'arbre mort et pourrissant. Son spectacle contient un enseignement encore plus fort que toutes ces représentations car, dans le chaos végétal, l'homme a sa place, infiniment petit. Ce n'est pas un hasard, en effet, si jamais l'artiste n'accorde aux personnages les proportions qu'ils méritent. N'incarnent-ils pas le caractère nécessairement précaire et laborieux de l'existence? Leçon spirituelle, certes, mais pratique: c'est bien ce Lilliputien qui apprivoise les forces tutélaires présentes dans chacun des arbres du moyen plan. Le moindre détail traduit son activité incessante: bûcheron et scieur, chasseur à l'affût, berger rentrant ses moutons, et le danger qui rôde: voleurs et assassins, soldats et déserteurs sont là, aussi.

Ce serait dommage de réduire cet apport à un leitmotiv philosophique. Le retournement de conjoncture, dès le deuxième tiers du XVIIIe siècle, rend aimable la nature morte et fait de la forêt un décor agreste, c'est vrai. Et pourtant la cote actuelle de ces petits maîtres du XVIIe siècle, de Vadder, d'Arthois,

La forêt

Huysmans, Baudewyns ou Coppens, suivant le long purgatoire des années 1730-1960, traduit bien plus que les jeux de l'argent. La leçon de la nature comble toujours les sens.

Pendant cette éclipse, la forêt se rappelle à l'individu par le langage de la sexualité et de la fécondité. Tous les littérateurs du XIXe et du premier XXe siècle exploitent le filon. Garçon et fille s'abandonnent ainsi dans un nid de verdure comme si la nature préparait elle-même les draps des amants. Une complicité d'entremetteuse qu'évoque par exemple l'Yvette de Guy de Maupassant[36]. Celle-ci manque de perdre la tête et sa vertu avec, en sentant «une fraîcheur de terre humide flotter sous les branches hautes et touffues, qui paraissaient porter autant de rossignols que de feuilles». Ses pareilles succombent en faisant moins de façons. N'est-ce pas au bois voisin que les jeunes gens du Châtillonnais, au soir du 30 avril, arrachent un charme et le déposent à la porte des jolies filles en mal de mari? L'intention n'est pas voilée puisque, après cette date, nul ne convole en justes noces: c'est le mois de Marie. Comme le note le père Blondeau, interviewé par la sociologue Évelyne Chaussin: «Bonne à marier la belle, bonne à baiser.» Sous les frondaisons, quand l'invite est acceptée, les galants espèrent tout.

L'arbre et le sexe, un couple indissoluble, en vérité. La coutume ne se perd pas si l'on en juge par les amours vénales qui trouvent refuge au bois de Boulogne et en forêt de Sénart. Chacun peut y consommer les fruits ailleurs interdits. La prostituée y recrute le client. L'épouse sombre dans l'adultère, à moins qu'imitant la *Belle de jour* de Luis Buñuel elle n'y place ses fantasmes les plus inavouables. «À dix-neuf et à vingt-neuf ans, observe le romancier Francis Scott Fitzgerald, dans *Tendre est la nuit*, la femme sait que les bois sont sûrs, qu'aucun loup n'y est aux aguets.» Passé le cap des fiançailles et de la maternité, elle est prête à l'aventure[37]. À l'ombre des arbres, les pulsions s'assouvissent. Aussi la tradition populaire associe-t-elle volontiers les bois au serpent. De nombreux lieux-dits en témoignent: Les Vipères, La Pierre-qui-siffle, La Couleuvrine, etc. C'est lui qui trace la voie: «Ben quoi, ça se fait tout seul, hein? Pas besoin d'apprendre pour savoir le faire.» On dit souvent qu'il faut fuir le bois entre mai et septembre, c'est-à-dire les mois où aucune besogne honnête – ramasser des champignons, remplir la hotte de petits bois – n'y appelle les filles. Plaisirs coupables ou plaisirs innocents, les vieux du pays se souviennent avec émotion et malice, comme cette grand-mère que son conjoint obligeait à taper sur la mousse: «Des vipères, je n'en ai jamais vu, ma foi!» Elle tapait quand même avant de s'allonger. L'aventure attend encore au coin du bois, bonne ou mauvaise, mais toujours nécessaire à l'accomplissement d'une vie.

La mémoire que l'on a des bois est en vérité bien étrange. S'y mêlent de manière inextricable les contes qui bercent l'enfant, les mythes antiques revus en classe de latin, le lent façonnement des mentalités par une civilisation qui en dépendait, les souvenirs plus ou moins déformés qu'aiment raconter les vieilles gens, sans parler des merveilleuses découvertes qui s'y font aux années d'apprentissage. Comment, dès lors, les regarder en écartant ces acquis culturels, stratifiés au fil de l'histoire – celle d'un pays, celle d'un individu ?

À toutes les époques, en effet, la forêt compte trop pour qu'une perception neutre soit possible. Sous Louis XV, le manant voulait que l'âge d'or fût celui de ses pères : d'économiser une ressource appauvrie, selon lui, nul ne parlait. C'était pourtant l'entrée en vigueur du Code colbertien. Sous Charles X, ses descendants rêvent aussi, mais voilà le paradis qui recule dans un passé que plus personne n'ose situer. La procédure des cantonnements fonctionnait pourtant bien avant le retour des Bourbons sur le trône.

Il en va de même à présent. Les habitants regrettent de voir cloisonnées pour la chasse des terres de parcours – ultime étape dans une évolution qui éteint peu à peu les pratiques communautaires, à commencer par l'affouage. Eux qui parlent avec émotion de son caractère convivial n'ont pas hésité à engager des mercenaires pour le travail au bois, jusqu'à ce que même cela devienne superflu. Les coupes sont désertes parce que la chauffe s'effectue au charbon ou au fuel. Eux qui critiquent les conifères introduits ne sont pas, non plus, les derniers dans la course aux clôtures, aux enrésinements. Idéalisation d'un passé de plus en plus lointain et contradictions vécues au quotidien, voilà la chaîne et la trame de tous ces comportements. La vraie permanence est là.

La mémoire consacre ces étendues terre de liberté, avec l'ambivalence du mot : la liberté des autres peut être une menace, la liberté que l'on exerce, une jouissance. En fait, même lorsque la récolte ligneuse n'était pas objet monnayable, elle faisait l'objet d'un contrôle de la part des autorités, contrôle parfois tout théorique, mais l'idée y était : empêcher que ce bien, capable de se reproduire, ne le puisse pour avoir été trop saigné. C'est d'ailleurs l'argument qu'allèguent les résidents contre tout étranger au pays : « Les gens du coin... ils savent encore ce qu'est la nature, ils sont relativement respectueux. » La nature ? Une référence implicite. À quoi ?

Cette nature n'est pas un concept. Elle s'offre à l'imaginaire, grande, généreuse, bonne, par conséquent sous une forme boisée. L'induction va de soi aujourd'hui. Cela vaut depuis moins de deux siècles. Car, auparavant, soit la question de son image ne se posait pas, Dieu occupant tout le paysage, soit la question n'attirait pas cette réponse, le couvert des grands arbres étant dénoncé comme oppressif et les douceurs de l'openfield comme traduisant le mieux sa sollicitude à l'égard de l'homme. La promotion de l'arbre doit beaucoup aux progrès de la science, qui, en bousculant les données de l'avenir, génèrent une anxiété – celle des lendemains – et un antidote – le végétal.

La forêt

Les élites intellectuelles au XIXe comme au XXe siècle semblent fascinées par l'inéluctable décadence qui guette une humanité saisie par la débauche industrielle. Absence de civilisation et mort d'une civilisation empruntent les mêmes signes pour exprimer le mal de vivre : plus trace de végétation. Le peintre pompier Cormon se tourne vers la préhistoire. Au centre d'une immense toile, une horde triste et farouche passe devant le spectateur, portant ses vieillards comme on exhibe le gibier. Cent ans plus tard, le cinéaste Luc Besson, confronté au même problème, conçoit un avenir qui n'est pas moins sinistre que la préhistoire de Cormon, avec un film, *Le Dernier Combat*, celui que se livrent les survivants. Devant leurs yeux aveugles, des étendues gelées, couvertes de poussière, où règne l'anthropophagie. Pas une plante non plus.

L'étude de la préhistoire s'ouvre au XIXe siècle. On n'imagine pas alors que l'homme ait pu connaître de luxuriantes forêts tropicales, ses origines ne paraissant pas excéder quatre à cinq mille ans. Il est curieux de constater que les auteurs de science-fiction conjuguent au futur cette conception d'un univers sans arbre pour dépeindre des mondes où l'homme n'a plus de place. Devant les bois, nature et civilisation se confondent enfin. Comment admettre qu'ils ne ressemblent plus au modèle que des générations ont créé ? Ce serait rompre avec les deux.

---

1. Comtesse de Ségur, *Ourson, Nouveaux Contes de fées*, Paris, Club français du livre, s. d., p. 189.
2. Maurice Maeterlinck, *Théâtre*, t. I, *La Princesse Maleine*, Bruxelles, 1903-1905, p. 59.
3. Guillaume-Charles Grimm, *Contes populaires de l'Allemagne...*, trad. franç. Max Buchon, Paris, s. d., *Hansel et Grethel*, p. 171.
4. Wladimir Propp, *Racines historiques du conte merveilleux*, Paris, Gallimard, 1983, chap. XVII.
5. Charles Perrault, *Contes de ma mère l'Oye, Peau d'Asne*, Paris, 1948, p. 89.
6. G. C. Grimm, *Les Six Cygnes, op. cit.*, p. 179.
7. Yvonne Verdier, « Chemins dans la forêt », *in Des arbres et des hommes, Actes du colloque Forêt et société, Lyon, 1979*, Arles, Actes Sud, s. d., pp. 344 à 350.
8. Évelyne Chaussin, « Les villageois et la forêt », *ibid.*, p. 313.
9. Ch. Perrault, *op. cit.*, p. 179.
10. F.M. Luzel, *Contes populaires de Basse-Bretagne*, Paris, 1887, t. I, « Le château de Cristal », p. 44.
11. Id., *ibid.*, « Le corps sans âme », p. 427.
12. L. Pineau, *Les Contes populaires du Poitou*, Paris, 1891, p. 19.

13. Jacques Le Goff, *Pour un autre Moyen Âge : temps, travail et culture en Occident*, «Le désert-forêt dans l'Occident médiéval», Paris, Gallimard, 1977, p. 67.

14. Comtesse de Ségur, *Le Petit Henri*, *op. cit.*, p. 88.

15. Cité par Tina Jolas, «Bois communaux à Minot (Côte-d'Or) », *in Des arbres et des hommes...*, *op. cit.*, p. 127.

16. É. Chaussin, *op. cit.*, p. 366.

17. Andrée Corvol, *L'Homme et l'arbre sous l'Ancien Régime*, Paris, Economica, 1984, p. 178.

18. Isabelle Flévet, *Les Forêts de Montmorency, Carnelle, L'Isle-Adam*, thèse de 3ᵉ cycle, géographie, Université de Paris-I, dactylogramme.

19. J.-P. Husson, *La Forêt lorraine, étude de géographie humaine*, thèse d'État, Université de Metz, 1989, dactylogramme.

20. Henri Megrot, *Petite Histoire de la forêt nivernaise*, Paris, Nouvelles Éditions latines, 1972, p. 109.

21. Jean-François Belhoste, *Une histoire des forges d'Allevard des origines à 1885*, thèse de 3ᵉ cycle, École pratique des hautes études en sciences sociales, dactylogramme.

22. J. Boissière, «La consommation parisienne de bois et les sidérurgies périphériques... », *in Forges et forêts*, Paris, L'Harmattan, 1990.

23. Id., *ibid.*

24. J.-M. Pesez, «Le bois dans les constructions médiévales. Questions», *Actes du colloque Le Bois et la ville du Moyen Âge au XXᵉ siècle*, E.N.S. de Saint-Cloud, 18-19 novembre 1988.

25. J.-M. Pérouse de Montclos, «Les difficultés d'approvisionnement en grands bois et l'innovation technique en charpente (XVIᵉ-XVIIIᵉ siècle) », *ibid.*

26. Andrée Corvol, «La métrologie forestière», *in Introduction à la métrologie historique*, Paris, Economica, 1989, pp. 302 à 346.

27. Id., «Le nouvel ordre sylvicole», *Histoire, économie, société*, 1984, pp. 53 à 65.

28. En fait l'expression «Régime forestier» n'apparaît que dans le Code de 1827, articles 1 à 90. Le fond n'en sera pas modifié par la loi du 30 décembre 1941 mais seulement la rédaction. La teneur en est toujours valable.

29. Collectif, *Les Eaux et Forêts du XIIᵉ au XXᵉ siècle*, Paris, Éd. du C.N.R.S., 1987, p. 640.

30. *Ibid.*, p. 709.

31. Gérard Buttoud, *Les Propriétaires forestiers privés*, Nancy, E.N.G.R.E.F., 1984, p. 86.

32. Andrée Corvol, *L'Homme aux Bois*, Paris, Fayard, 1987, pp. 300 à 318.

33. É. Chaussin, *op. cit.*, p. 313.

34. Journées de travail Deforpa, *Dépérissement des forêts attribué à la pollution atmosphérique*, Palais des Congrès, Nancy, 24-26 février 1988, 3 vol., dactylogramme.

35. *Ibid.*

36. Guy de Maupassant, *Yvette, Œuvres complètes*, Paris, Club français du livre, s. d., p. 47.

37. Francis Scott Fitzgerald, *Tendre est la nuit*, trad. franç. J. Tournier, Paris, Belfond, 1983, p. 356.

ROGER CHARTIER

La ligne Saint-Malo-Genève

Depuis trente ans, peu d'itinéraires ont été plus fréquentés par les historiens français que celui qui mène de Saint-Malo à Genève. L'emprunter est devenu une commodité pour repérer les contrastes majeurs qui rendent si dissemblables les deux France qui viennent là se rejoindre. De part et d'autre de la diagonale qui coupe en deux le territoire, tout semble différer, les paysages agraires comme les technologies, la densité des communications comme celle des manufactures, la taille des hommes comme leur aptitude à maîtriser l'écrit. Opiniâtrement enrichi, le dossier des disparités françaises a permis de reconnaître dans l'opposition entre les France du Nord et du Midi un phénomène de longue durée, encore souvent sensible[1]. La collecte et le croisement d'indicateurs nouveaux ou affinés constituent donc une tâche toujours nécessaire pour mieux étayer ou, tout récemment, révoquer en doute ce partage fondamental de l'espace national[2]. Pourtant, notre propos ici sera d'un autre ordre, visant à recueillir les perceptions anciennes de la France et à saisir comment, à divers moments, a pu être pensée une géographie différentielle du territoire. Le corpus, sans doute lacunaire, qui a été rassemblé a été questionné avec deux préoccupations. Tout d'abord, il s'agit d'élucider notre héritage: le motif des deux France, en effet, n'est point d'invention récente ni historienne. Il nous en faut donc établir la généalogie pour prendre plus claire conscience des investissements idéologiques qui ont favorisé son émergence et qu'il a portés avec lui. Car, et c'est un second point, le terrain des représentations géographiques apparaît privilégié pour percevoir l'articulation entre l'éclosion des sciences de la société et les débats, tant politiques qu'économiques, qui ont traversé le monde des élites de Louis XV à Louis-Philippe. Voir pourquoi et comment se fabrique une France coupée en deux autorise à mieux situer les enjeux et les définitions mêmes du progrès. De là, le choix d'une démarche régressive, qui met d'abord l'accent sur la période de la monarchie censitaire lorsque s'affirme le triomphe multiforme de la thématique des deux France, puis déplace l'attention sur la seconde moitié du XVIIIe siècle afin de repérer les différents ensembles où affleure la conscience d'une partition réglée de l'espace régnicole, afin de comprendre, aussi, pourquoi le motif reste alors cantonné dans d'étroites limites.

L'histoire des France différentes commence en 1822, enfouie dans les pages d'un des ouvrages du prolixe géographe italien Adrien Balbi. Dans le tome II de son *Essai statistique sur le royaume de Portugal et d'Algarve*, il consacre un développement aux établissements d'instruction publique de la monarchie française où il insère, sans le commenter, un tableau qui donne pour chaque circonscription académique le nombre d'élèves des collèges royaux et communaux, des institutions et pensions et des écoles primaires. Le total des élèves de chaque académie, incluant ceux des facultés, est mis en regard du chiffre de la population en 1821[3]. Il y a là, vingt ans avant Villemain[4], la publication d'un matériau statistique nouveau dont le mérite sera reconnu à Balbi, ainsi par Guerry en 1832 : « C'est dans cet ouvrage du savant géographe vénitien que se trouvent les premiers documents qui aient été publiés sur l'état de l'instruction publique[5]. » Publiés mais non exploités, c'est en effet Konrad Malte-Brun, géographe danois installé en France sous l'Empire, qui, dans son compte rendu du *Journal des débats*, sera le premier à utiliser les chiffres de Balbi pour réfléchir sur les partitions de l'espace français[6].

La distribution des données académiques en deux grands ensembles homogènes est ce qui rend possible une telle novation. Rapportant le nombre des garçons scolarisés dans les différents niveaux de l'enseignement au chiffre de la population masculine, Konrad Malte-Brun constate : « Si nous séparons la France en deux parties, l'une au nord et à l'est, l'autre au sud et à l'occident (en excluant, si l'on veut, Paris) nous aurons deux résultats très différents l'un de l'autre. » Dans le premier ensemble, qui regroupe douze académies, pour mille hommes, cent vingt-trois garçons vont aux écoles, dans le second, fort de treize académies, seulement quarante-neuf ; d'où le diagnostic fondamental : « L'instruction publique dans le midi et l'ouest de la France est donc à celle qui existe dans le Nord et l'Est comme 1 est à 2 1/2. » L'article ne désigne pas une claire frontière entre ces deux France si inégalement instruites dans la mesure même où le raisonnement sur les cadres académiques conduit Malte-Brun à placer dans la France du Nord et de l'Est les académies d'Orléans, Lyon et Grenoble, qui sont autant d'avancées vers le sud, mais il pose l'opération essentielle : ramener à une opposition dichotomique les inégalités provinciales ou régionales. Le constat des différences ne s'éparpille pas en de multiples et menus contrastes mais s'organise en un ordre clairement déchiffrable et susceptible de raison.

Aux marges de ce découpage fondateur, Konrad Malte-Brun esquisse plusieurs thèmes qui nourriront la réflexion ultérieure. Tout d'abord, il situe la France

La ligne Saint-Malo-Genève

sur l'espace européen : « Nous n'aurions jamais imaginé que plusieurs portions de la France méridionale et occidentale fussent placées au niveau des pays européens les plus dépourvus d'instruction, tandis que sous ce même rapport, le nord de la France marche à l'égal des contrées les plus civilisées du monde. » La ligne de partage qui divise l'Europe traverse donc le royaume, qui peut être dès lors considéré comme un microcosme où l'on retrouve à échelle réduite les contrastes visibles sur l'ensemble du continent. Par ailleurs, au détour d'une phrase concernant l'Autriche, est reprise la liaison établie par les Lumières entre les progrès de l'instruction et le recul de la criminalité : « Dans des rapports administratifs assez récents, on s'est félicité de voir le nombre de crimes diminuer dans la même proportion que le nombre des écoles primaires s'était accru. » Ce constat, qui deviendra plus tard un terrain d'affrontements, n'a pas pour Malte-Brun valeur décisive. Ce qui lui importe est plutôt le rapport entre l'instruction et l'« administration ». L'exercice du pouvoir suppose en effet, pour être efficace, l'homogénéité du corps social sur lequel il a prise, or les chiffres révèlent que la France n'est point uniforme et que d'immenses écarts culturels séparent ses provinces. Le politique se doit de tenir compte de ces différenciations qui ne se distribuent pas au hasard mais qu'une lecture attentive peut construire en des ensembles cohérents.

De cette France double reconnue par Malte-Brun, le baron Charles Dupin trace en 1826 la frontière intérieure. Ayant porté sur une carte le nombre d'habitants nécessaire dans chaque département pour scolariser un garçon à l'école primaire, il interpelle ainsi ses auditeurs du Conservatoire des arts et métiers :

> Remarquez, à partir de Genève jusqu'à Saint-Malo, une ligne tranchée et noirâtre qui sépare le nord et le midi de la France. Au nord se trouvent seulement trente-deux départements, et treize millions d'habitants ; au sud, cinquante-quatre départements, et dix-huit millions d'habitants. Les treize millions d'habitants du Nord envoient à l'école 740 846 jeunes gens ; les dix-huit millions d'habitants du Midi envoient à l'école 375 931 élèves. Il en résulte que, sur un million d'habitants, le Nord de la France envoie 56 988 enfants à l'école, et le Midi, 20 885. Ainsi, l'instruction primaire est trois fois plus étendue dans le Nord que dans le Midi[7].

Inventeur d'une ligne promise à un bel avenir, mais sous le nom d'un autre, Charles Dupin l'est aussi de la formule qui met au nord la « France éclairée[8] » et, plus tardivement, au midi, la « France obscure ». Ce texte, peut-être moins novateur qu'on ne l'a cru, invite à deux remarques complémentaires. D'abord, il déplace le débat sur l'éducation populaire du politique à l'économique. Pour Malte-Brun, en effet, le mérite de l'instruction élémentaire, considéré comme un « moyen de civilisation », dépend au fond de l'autorité du pouvoir : « Savoir lire, savoir marcher en ligne, savoir tirer juste un coup de fusil, sont des facultés également utiles, également dangereuses dans une monarchie ou une démocratie, selon que les gouvernements savent ou ne savent pas maîtriser l'esprit public. » Pour Dupin, le développement de l'enseignement populaire a une tout autre signification puisqu'il est la condition même d'un progrès global, économique et intellectuel. La « France éclairée » est en effet et la plus riche, comme l'attestent l'impôt foncier et la patente, et la plus fertile en talents, comme le montrent les brevets d'invention, les lauréats des collèges parisiens, les reçus à Polytechnique et les membres de l'Académie des sciences. La concordance des indices distribués par Dupin au nord et au sud de la césure décisive suffit à montrer les bienfaits de l'instruction populaire, posée comme facteur dominant dans une explication de l'inégal développement du royaume.

Systématisant l'opposition entre Nord et Midi, Dupin n'en propose pas moins dans ce discours une autre lecture spatiale, quelque peu oubliée dans les *Forces productives et commerciales*. En effet, la France du Sud et de l'Ouest n'est pas une : treize de ses départements, rhodaniens, languedociens et pyrénéens, en forment « la partie la plus industrieuse et la plus opulente » parce que l'instruction populaire y est « le moins arriérée[9] ». Ce constat désigne implicitement comme un espace du moindre développement économique et culturel une France bretonne, ligérienne et centrale, qui s'enfonce comme un coin dans les pays plus éclairés. Ce découpage, qui oppose une France orientale descendant en croissant de la Manche à la Méditerranée et une France atlantique pénétrant loin dans l'intérieur, aura moins de succès que celui qui tranche entre le Nord et le Midi. Pourtant, avant Edward Fox[10], Stendhal y sera sensible : « Un ministre de l'Intérieur qui voudrait faire son métier, au lieu d'intriguer auprès du roi et dans les Chambres, comme M. Guizot, devrait demander un crédit de deux millions par an pour amener au niveau de l'instruction des autres Français les peuples qui habitent dans le fatal triangle qui s'étend entre Bordeaux, Bayonne et Valence[11]. » Mais l'attention bientôt focalisée par Dupin sur les inégalités économiques fera s'estomper cette géographie plus subtile au profit de la lecture dualiste.

Dans son grand ouvrage paru en 1827, Charles Dupin consacre un livre, le sixième, à un « Parallèle de la France du Nord et de la France du Sud, avec toute la France » où il approche en termes de modèles de développement la différenciation interne du royaume[12]. Reprenant les statistiques publiées par Chaptal en 1819 ou celles des administrations (Contributions indirectes, Direction générale des forêts, Direction générale des mines), il les distribue entre les deux ensembles territoriaux reconnus sur le terrain scolaire et les enchâsse à l'intérieur du discours prononcé un an auparavant. Ce faisant, Dupin pose une question neuve, celle de l'organisation à grande échelle de l'espace écono-

La ligne Saint-Malo-Genève

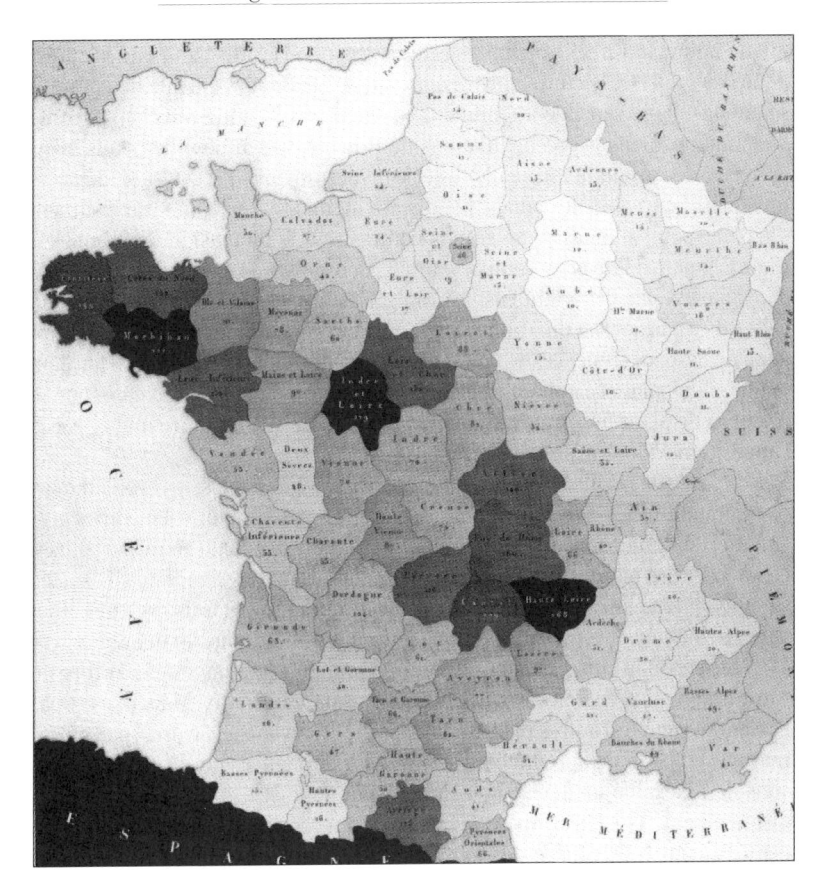

«REMARQUEZ, À PARTIR DE GENÈVE JUSQU'À SAINT-MALO, UNE LIGNE TRANCHÉE ET NOIRÂTRE QUI SÉPARE LE NORD ET LE MIDI DE LA FRANCE»: C'EST AINSI QU'EN 1826 LE BARON DUPIN TRACE LA FRONTIÈRE DES DEUX FRANCE, LA «FRANCE ÉCLAIRÉE», TOUTE DE BLANC SUR LA CARTE, ET LA «FRANCE OBSCURE», GRISE ET NOIRE. CARTE FIGURATIVE DE L'INSTRUCTION POPULAIRE DE LA FRANCE, 1826.

mique national. Chez les administrateurs impériaux, utilisateurs de la statistique des préfets[13], la conscience géographique était autre, faite de deux représentations, l'une sensible à l'infinie diversité du réel, l'autre attachée à l'unité de la nation. Dans les récapitulations de Peuchet, la synthèse des statistiques préfectorales prend la forme d'une série de descriptions juxtaposées, départementales ou régionales, mais jamais les données recueillies ne viennent s'agréger pour manifester de grands contrastes à la dimension de l'Empire[14]. Chez Chaptal, à l'inverse, l'emporte une vision unitaire : même si sont publiés des tableaux par départements, les catégories favorites de la description sont celles du « partout » et du « nulle part », qui renvoient à une conception homogène de l'espace français[15]. Entre la dispersion des différences dans le local ou le départemental et l'unité du pays, transférée du politique à l'économique, il n'est pas de place pour une réflexion intermédiaire[16]. On mesure mieux par là l'apport innovateur des « arithméticiens » de la Restauration.

Raisonnant sur la valeur des produits agricoles et industriels, le revenu moyen par habitant et les revenus publics, Charles Dupin conclut à l'incontestable supériorité de la France septentrionale : la ligne Saint-Malo (ou Cherbourg)-Genève sépare bien deux univers économiques. Entre les lignes de ce constat, s'esquissent les linéaments d'une explication qui joue sur trois registres. Tout d'abord peuvent être invoquées les facilités naturelles : ainsi au début du livre VII, consacré à la circulation intérieure, est souligné l'avantage de la France du Nord mieux pourvue en eaux naturelles, partant en canaux. Mais là n'est pas l'essentiel car sur d'autres plans le Midi prend sa revanche, favorisé par un climat qui autorise des productions agricoles interdites au nord[17]. D'autres raisons de l'inégalité de développement doivent donc être suggérées. L'une l'est discrètement : l'histoire. Abordant le problème des revenus paysans, Dupin écrit en effet : « Le salaire des agriculteurs du midi de la France suffit, à la rigueur, pour leur existence, aussi longtemps qu'ils conservent les forces et la santé mais dès qu'ils deviennent malades, infirmes, âgés, ils tombent dans la détresse, et ne peuvent plus subsister avec leur famille, sans avoir recours à la charité des particuliers, au refuge de l'hôpital, etc. *Telle était, partout dans le royaume, la situation déplorable des paysans avant la révolution* » (nous soulignons)[18]. Ici, un schéma historique organise le raisonnement, faisant passer du constat d'un écart au processus d'une différenciation. L'histoire s'est comme arrêtée sur la ligne Saint-Malo-Genève, et le non-développement du Sud est devenu, de par les progrès de la France du Nord, un moindre développement. La clé d'une telle évolution est d'ordre culturel : non seulement l'instruction élémentaire est plus répandue dans la France septentrionale mais la compétition scolaire y est plus âpre. Pour cent élèves qui entrent dans les collèges royaux, on compte 15 980 écoliers du primaire au nord, seulement 6 931 au sud, « les sujets tirés de la classe commune pour les élever dans les écoles supé-

La ligne Saint-Malo-Genève

rieures sont donc choisis sur un bien plus grand nombre de concurrents dans le nord que dans le midi. Telle est, selon moi, la source de la supériorité qu'obtiennent les Français du nord dans les lettres, les sciences et les arts[19]», et l'on peut ajouter, sans trahir Dupin, dans toutes les activités et tous les revenus qui dépendent «non de la fertilité de la terre, mais du savoir des habitants».

Ce darwinisme scolaire avant la lettre explique pour l'essentiel l'avance de cette France du Nord que Dupin propose à l'imitation de ses «compatriotes du Midi». Le sens des deux tomes des *Forces productives et commerciales* est là: fournir la description d'une France de référence aux oubliés et oublieux de la croissance. Le livre s'ouvre donc par un solennel exorde: «Compatriotes du Midi, c'est à vous que je dédie la description de la France du nord. Je présente à votre émulation généreuse, à votre imitation raisonnée, le modèle d'une partie du royaume[20]»; de là, l'inventaire, en forme de voyage imaginaire et circulaire, des trente-deux départements situés du bon côté de la frontière intérieure. Leur avantage se manifeste surtout par la supériorité de leurs forces industrielles, qui détermine l'inégalité des termes de l'échange entre les deux France:

> Il se fait, entre le nord et le sud de la France, un commerce considérable. Le sud envoie en grande quantité, des vins, des eaux-de-vie, des huiles, du bétail, des laines, des soies et des soieries, etc.; il reçoit en retour des fers travaillés sous mille formes, des objets d'orfèvrerie, de bijouterie, d'ébénisterie, des lainages de toute espèce, des cotons filés et tissés, des livres, des gravures et beaucoup de produits des arts. Nous voyons que le midi de la France envoie principalement des objets de consommation agricole. Le nord, au contraire, envoie principalement dans le sud, des objets manufacturés; ces objets même, comme les lainages, sont en partie fabriqués avec des matières premières du midi[21].

Dupin esquisse ici une possible analyse des inégalités françaises en termes de géographie du sous-développement dont il ne peut déduire tous les corollaires puisqu'il ne pose pas le déséquilibre dans la structure des échanges entre Nord et Midi comme constitutif mais seulement comme symptomatique de leur écart. Pour lui, l'important n'est pas dans les formes d'exploitation du Sud par le Nord mais dans l'exemple que donne ce dernier, dont on peut imputer l'avance au voisinage des nations industrielles de référence. La France septentrionale est «favorisée surtout par le voisinage des peuples très avancés en industrie, et très heureux en institutions, comme les peuples britanniques, helvétiques et bataves»; alors que la France du Midi n'a pour voisins que «ces peuples d'Espagne et de Portugal, de Sardaigne et d'Afrique, depuis longtemps retardés, dégradés par de mauvaises lois et de mauvais gouvernements[22]». Chez Dupin, le motif des deux France devient le support d'un vibrant plaidoyer qui réunit l'exaltation de la manufacture et la célébration des institutions parlementaires. Le modèle du développement est au nord, en Angleterre et en Écosse, où a été trouvé un équilibre nouveau et optimal entre les populations agricole et industrielle. À suivre cette leçon, la France du Nord progressera plus encore, et celle du Midi remettra l'histoire en route et comblera son retard. Grâce au transfert des agriculteurs trop nombreux vers l'industrie et à la généralisation de l'instruction populaire, la ligne Saint-Malo-Genève s'effacera, et la France tout entière, sans césure intérieure, goûtera les délices du bonheur anglais.

Aux deux couples d'opposition France éclairée/France obscure, France prospère/France pauvre, s'en ajoute un autre, qui fait basculer la géographie des valeurs. La publication en 1827 du premier *Compte général de l'Administration de la justice criminelle* introduit, en effet, un matériau statistique nouveau, et du même coup rend plus aigu le débat sur les «influences» diverses susceptibles de rendre compte des faits criminels[23]. Les informations statistiques qu'il contient sont rapidement vulgarisées, à preuve leur insertion dans la feuille publiée en 1828 par Adrien Balbi sous le titre *La Monarchie française comparée aux principaux États du monde*[24], et surtout elles sont utilisées comme fondement de la «statistique morale» que l'Académie des sciences placera en 1833 «au premier rang parmi les branches de la statistique générale». C'est dans cette perspective que se situent les recherches de l'avocat Guerry qui le premier reconnaît une géographie criminelle[25]. Pour agréger les données départementales du *Compte général*, Guerry construit son propre découpage dont il postule la neutralité : «Nous diviserons donc la France en cinq régions naturelles du nord, du sud, de l'est, de l'ouest et du centre, formées chacune par la réunion de dix-sept départements limitrophes. Cette division n'a rien d'arbitraire, et ne tend à favoriser aucun système, puisqu'elle est toute géométrique, et que l'arrondissement de chaque région est déterminé par celui des quatre autres[26].» L'opération de Guerry est doublement intéressante : tout d'abord, ses justifications veulent réconcilier la nature et la géométrie, et légitimer ainsi une division toute théorique de l'espace français, qui tranche en toute liberté sur une surface neutre, par une référence à un donné permanent, en l'occurrence l'évidence de «régions naturelles». On retrouve là le souci de Dupin d'identifier ses deux France avec celles que «nos ancêtres distinguaient en pays de langue d'oïl et de langue d'oc[27]», et sans doute aussi les tensions qui ont présidé en 1790 à la division départementale du pays[28]. Le volontarisme spatial, qu'il trace des limites sur le terrain ou définisse des ensembles sur une carte, s'accommode mal d'une absence de garanties puisées dans la nature ou l'histoire. Par ailleurs, en découpant la France en cinq, Guerry brise d'emblée la ligne Saint-Malo-Genève, et avec elle tout le système de valorisation qui l'accompagnait.

En effet, la géographie des faits criminels, établie d'après le *Compte général*

La ligne Saint-Malo-Genève

pour les années 1825 à 1830, n'obéit pas à une loi unique mais varie selon les crimes. Les crimes contre les personnes mettent le Sud au premier rang, l'Est au deuxième, le Nord au troisième, l'Ouest et le Centre au dernier; ceux contre les propriétés donnent un autre classement qui maintient l'Ouest et le Centre en dernières positions, l'Est en deuxième mais inverse le rang du Sud et du Nord qui devient ici la région la plus criminogène. Cette distribution peut rendre optimiste puisque «les parties du royaume qui offrent le plus d'attentats contre les personnes, n'en présentent que fort peu contre les propriétés[29]», mais elle pose une question essentielle, celle des rapports entre l'ignorance et le crime. Pour étayer cette discussion, Guerry a recours à de nouveaux indicateurs de l'instruction. Les chiffres de fréquentation scolaire sur lesquels ont raisonné Malte-Brun et Dupin ne suffisent pas, et il faut leur préférer les pourcentages, disponibles depuis 1827, des conscrits sachant lire et écrire. La géographie qu'ils donnent à lire divise la France en trois: le Nord et l'Est où près des trois quarts des jeunes gens sont alphabétisés, l'Ouest et le Centre où se rencontre le maximum d'ignorance, enfin le Sud situé en position médiane. Retrouvant la lecture ternaire de l'espace français profilée par Dupin en 1826, Guerry en use pour rejeter la liaison anciennement établie entre crimes et ignorance. Le Nord instruit est le plus délictueux contre les propriétés et le Sud violent n'est pas le plus ignorant. Il est donc démontré que «les départements où il y a le plus d'ignorance ne sont pas, comme on l'affirme tous les jours, ceux où il se commet le plus de crimes contre les personnes. Il serait inutile de parler ici des attentats contre les propriétés puisqu'ils ont lieu principalement dans les départements où il y a le plus d'instruction[30]».

Cette démonstration de Guerry paraît exemplaire, non parce qu'elle avance une idée neuve, mais par sa démarche même. En effet, la mise en doute d'une corrélation positive entre le progrès de l'instruction et le recul de la criminalité ne lui est pas propre. Parmi d'autres, Benoiston de Chateauneuf la formule en 1827:

> Si l'on observe les pays religieux, on ne les trouve pas moins féconds en crimes que les autres, tandis que ceux où règne l'ignorance en produisent souvent moins que ceux où brillent les lumières. On a reconnu depuis longtemps que, dans le Berry, le Poitou, l'Auvergne, la Savoie, pays que les académies et les sciences n'ont pas beaucoup éclairés, la justice avait rarement un criminel à punir, tandis que les vols et les assassinats étaient communs chez les Espagnols, peuple éminemment religieux, ainsi que chez les Anglais, nation éminemment éclairée[31].

Mais cet énoncé, à lui seul, ne suffit pas à détruire son contraire, ni à rompre le jeu sans fin des argumentations que rien ne permet de valider. C'est pourquoi, pour Guerry, le constat doit s'appuyer sur une manipulation statistique et géographique capable de lui donner force de fait. Le détour par le raisonnement spatial, donc le découpage du territoire national, est un élément obligé dans un dispositif qui vise à tester les opinions communes et les vérités vulgaires. L'espace français devient ainsi le lieu d'une expérimentation qui conduit Guerry à deux conclusions, l'une explicite, à savoir que l'école ne suffit pas à éviter la «démoralisation» des peuples, l'autre, en filigrane, qui place la moralité dans la France culturellement la plus attardée. Commence ainsi, discrètement, la revanche de la France déshéritée et analphabète.

Elle sera plus éclatante, et plus polémique, sur un autre terrain, celui du paupérisme. Avec Bigot de Morogues[32] ou Villeneuve-Bargemont[33], le raisonnement sur la France double devient une machine de guerre politique, tournée contre les thèses du baron Dupin. S'ils acceptent la ligne Saint-Malo-Genève, c'est pour en subvertir la signification. Chez Bigot de Morogues, elle trace une frontière du bonheur et de la morale qui donne tout l'avantage aux cinquante-quatre départements du Midi où les accusés en correctionnelle sont moins nombreux, les crimes contre les propriétés moins fréquents, les suicides plus rares. Comme il l'écrit joliment: «Ceux qui spéculent et calculent avec nos grands industriels du nord se jettent souvent dans la rivière, ceux qui rient et dansent avec nos villageoises du midi se gardent bien d'y tomber[34].» À ces données, qui célèbrent la sociabilité méridionale, Villeneuve-Bargemont en ajoute une autre, décisive, qui tient à la distribution de la pauvreté. D'après ses informations et calculs, on rencontre au nord un pauvre pour neuf habitants, au sud, seulement un pour vingt et un habitants. Et si l'on regarde avec soin le pourcentage des réformés pour infirmités et difformités, il devient clair que «l'état physique et sanitaire des classes ouvrières du midi est incomparablement meilleur que celui des mêmes classes dans le nord[35]». Les deux France ont donc échangé leur place sur l'échelle des valeurs puisque le développement industriel signifie tout ensemble la misère physique, matérielle et morale du plus grand nombre.

Cette leçon qui vaut pour la France vaut aussi pour l'Europe. Une étonnante carte graduée du paupérisme donne, en effet, le classement suivant: un pauvre pour six habitants en Angleterre, un pour sept aux Pays-Bas, un pour dix en Suisse, un pour vingt en Allemagne, un pour vingt-cinq en Autriche, au Danemark, en France, en Italie, au Portugal et en Suède, un pour trente en Prusse, un pour quarante en Turquie, enfin un pour cent en Russie. La logique de cette distribution est simple: «Partout on voit le nombre des pauvres s'accroître en raison de la multiplication et de l'agglomération de la population ouvrière, de la prédominance de l'industrie manufacturière sur l'industrie agricole, de l'application des doctrines anglaises de civilisation et d'économie politique, et de l'abandon du principe charitable et religieux[36].» En plaçant l'enfer en Angleterre, et le paradis en Russie, Villeneuve-Bargemont avoue son

La ligne Saint-Malo-Genève

idéologie, chrétienne, aristocratique et agrarienne, et désigne l'ennemi qui se nomme tout ensemble protestantisme, philosophie et industrie. Située en position moyenne sur l'échelle européenne du paupérisme, la France est traversée par le «front» qui sépare les deux économies politiques, l'anglaise et la chrétienne. Là où la première a déjà prévalu, c'est-à-dire au nord et à l'est du pays, l'industrie a imposé son cortège de misères : «Le système d'industrie et d'agriculture suivi dans cette partie de la France tend sans cesse, d'une part à accroître la population manufacturière; de l'autre à abaisser le taux des salaires, à concentrer les capitaux et les bénéfices de l'industrie, et à amener tous les éléments générateurs du paupérisme[37].» Cette loi d'airain doit être brisée, en prenant appui sur le modèle que donne la France méridionale où s'équilibrent charité et agriculture, en pourfendant sans relâche les vues de ceux qui, comme Dupin, voudraient imposer à l'ensemble du pays les «fruits amers de la civilisation matérielle moderne». Il faut gommer la ligne Saint-Malo-Genève, mais en refoulant les novations venues du nord.

Ce texte de Villeneuve-Bargemont, parfois naïvement réactionnaire, peut retenir l'attention à deux égards. D'une part, il atteste comment le motif des deux France a pu devenir un des supports de la lutte politique sous la monarchie de Juillet. Le choix des indicateurs statistiques, leur mise en relation, la valorisation de l'un ou l'autre espace n'ont, en effet, rien d'innocent et traduisent des programmes ou projets que tout oppose. Aux références fournies par l'histoire, s'ajoutent, ou se substituent, les leçons contradictoires des faits sociaux ; aux affrontements qui réactivent les thèmes du passé, se superposent les batailles de chiffres et de cartes. La politique prend ainsi un visage nouveau où la réflexion sur la distribution spatiale des acquis statistiques récents estompe pour un temps la force matricielle et fondatrice d'une histoire commencée avec la Révolution. D'autre part, l'*Économie politique chrétienne*, plus que les autres textes, inscrit la France dans l'espace européen. Chez Dupin, ou plus tard chez d'Angeville, l'espace français reste clos sur lui-même. Sans doute y a-t-il à cela des raisons administratives puisque les statistiques manipulées ne se raccordent pas sans mal à celles disponibles au-dehors du royaume. Mais l'essentiel est peut-être ailleurs: seule, en effet, la prise en compte d'une totalité fermée peut autoriser à penser et répartir les différences. Les découpages internes au royaume supposent une opération préalable, qui le déboîte de l'ensemble où il s'insère. Il faut tout le manichéisme idéologique de Villeneuve-Bargemont pour que la France prenne place dans un espace culturel qui la déborde et, en grande partie, l'explique. Au terme de ce premier itinéraire se situe le texte, mieux connu, d'Adolphe d'Angeville, publié en 1836[38]. De plusieurs points de vue, il peut être considéré comme un aboutissement, et tout d'abord par l'ampleur inhabituelle qu'y revêt la collecte statistique. Huit tableaux de chiffres rassemblent, en effet, quatre-vingt-dix-sept indicateurs différents ; trente-trois concernent la « statistique morale », vingt-sept les données de l'anthropologie physique et culturelle, dix-sept l'économie, seize les faits de population. Cette luxuriance autorise d'Angeville à multiplier les croisements et à essayer « toutes sortes de combinaisons » afin de tester les relations auparavant établies entre les faits sociaux, comme par exemple entre l'instruction et la criminalité (p. 69), l'industrie et le paupérisme (p. 80), l'industrie et la criminalité (pp. 102-103) ou d'en valider de nouvelles, ainsi entre l'esprit catholique et la moralité (p. 104) ou entre l'instruction et l'alimentation (p. 116). L'*Essai sur la statistique de la population française* constitue donc la somme de quinze années de travail et de discussions statistiques ; il n'innove ni dans l'usage du quantitatif ni dans le recours aux corrélations mais il les porte à une dimension jamais atteinte par les arithméticiens antérieurs.

D'autre part, on trouve chez lui, juxtaposées, les différentes échelles de la perception de l'espace français. Le treillis de base est donné par une « étude de la France départementale » qui prend la forme d'une série de notices individuelles, toujours semblablement présentées et classées par ordre alphabétique, ce qui évacue tant la fiction du voyage, qu'avait maintenue Dupin, que les regroupements régionaux, parfois présents dans les textes de l'Empire. Dans la multitude des indicateurs, seize sont cartographiés afin de rendre lisibles des « agglomérations » permettant de fragmenter l'espace français en quelques grands ensembles. Au-delà même, cartes et statistiques donnent à voir une cassure majeure, qui retrouve Dupin et sa partition du territoire : « Plus on étudie la statistique de l'homme, plus on trouve cette division rationnelle, sous le rapport des faits qui se rattachent à la population. On serait, en effet, tenté de croire que deux populations sont venues se heurter en France sur la ligne qui joindrait le port de Saint-Malo à la ville de Genève[39]. » Aux deux France de Dupin, d'Angeville n'apporte que deux légers correctifs : il fait glisser le Loiret dans la France du Nord et l'Ain dans celle du Midi, il exprime dans un langage géographique hérité de Buache la division fondamentale qui met d'un côté les « bassins » du Rhin, de la Seine et de la Saône, et d'un autre ceux du Rhône, de la Garonne et de la Loire. D'Angeville emboîte donc les unes dans les autres les différentes approches spatiales de la réalité française, et là encore il assume et systématise l'héritage de son temps.

L'embarras lui vient lorsqu'il s'agit de prononcer un jugement de valeur sur la meilleure France. Chez lui, le parallèle entre Nord et Midi ne tourne pas clairement à l'avantage de l'un ou l'autre protagoniste. Les cartes par départements suffisent à montrer les discordances entre les indicateurs : la taille et l'alimentation sont meilleurs au nord mais la durée de la vie est plus longue au midi et la constitution des habitants plus robuste, l'instruction est plus répandue au nord mais les crimes y sont plus nombreux, la richesse y est plus grande mais la moralité moindre. Le diagnostic final ne peut qu'enregistrer ce jeu de contradictions dans un discours de constat qui n'est plus de combat[40]. Avec d'Angeville, la réflexion spatiale perd sa force pédagogique et polémique dans la mesure où elle n'est plus habitée aussi fortement qu'auparavant par la référence à un modèle, qu'il soit manufacturier à l'anglaise ou agrarien traditionnel. Modernisateur agricole, ce conservateur politique plaide pourtant pour la manufacture : « Si la France entrait dans le système industriel, les parties si arriérées et si inertes au centre prendraient quelque prospérité ; le pays deviendrait plus homogène. » Toutefois, il connaît le prix et, depuis 1834, les risques, de l'industrialisation et, à la différence de Dupin, il veut en modérer l'allure : « Espérons qu'on ne confondra pas un développement régulier et désirable de l'industrie dans nos campagnes et dans nos villes de second ordre, avec cette centralisation industrielle qui accumule des masses de prolétaires dans les mêmes villes et des masses de capitaux dans les mêmes mains ; nous sommes loin d'envier à l'Angleterre ce prétendu avantage[41]. » « Théoricien du développement », d'Angeville l'est sans doute, mais averti par la leçon complexe des deux France, il le rêve disséminé.

1822-1836 : en quinze ans un motif émerge, s'impose et focalise toute une série de débats politiques ou scientifiques. On peut le quitter avec d'Angeville, dernier et exemplaire témoin de la période qui précède la *Statistique générale de la France*, mais il est tentant de remonter en amont afin de répertorier quelles sont au XVIIIe siècle les lectures proposées de l'espace français. Notre quête, forcément partielle, nous a conduit d'abord vers les physiocrates et les arithméticiens politiques qui, chacun à leur manière, profilent une perception globale de l'organisation spatiale du royaume. Chez les premiers, le principe de lecture est théorique, appuyé sur les distinctions opérées par Quesnay dans ses deux articles de *l'Encyclopédie*. L'article « Fermiers » énonce la première : « Les terres sont communément cultivées par des fermiers avec des chevaux, ou par des métayers avec des bœufs[42] », l'article « Grains » définit la seconde : « Nous avons déjà examiné l'état de l'agriculture en France, les deux sortes de culture qui sont en usage, la grande culture, ou celle qui se fait avec les chevaux, et la petite culture, ou celle qui se fait avec les bœufs[43]. » Ces deux catégories économiques, abstraites par définition et résultant d'un assemblage théorique où se lient technologie et mode d'exploitation, deviennent les outils d'analyse privilégiés de l'école physiocratique. À preuve, ce texte de De Butré où s'explicite l'opposition entre grande et petite culture :

> Il y a en France deux sortes de culture, la grande qui se fait par de riches Fermiers et qui s'exécute avec des chevaux ; la petite qui se fait par des Métayers qui n'emploient que des bœufs. Ces deux cultures sont très différentes dans l'emploi des terres, dans les frais et les produits[44].

Mais pour les physiocrates, ces deux catégories, utilisées comme concepts majeurs dans le raisonnement économique, ont également une possible traduction spatiale. Imposées sur le territoire du royaume, elles permettent le repérage géographique du contraste agricole essentiel. Chez Quesnay comme chez de Butré, il s'agit de tracer les limites des pays de grande culture, afin d'en montrer la désolante étroitesse et d'en proposer l'imitation raisonnée. Écoutons Quesnay : « La grande culture est actuellement bornée à environ six millions d'arpents de terre qui comprennent principalement les provinces de Normandie, de la Beauce, de l'Île-de-France, de la Picardie, de la Flandre française, du Hainaut et peu d'autres[45]. » De Butré reprend l'énumération en y ajoutant l'Artois et une partie de la Champagne mais en n'y laissant qu'une partie de la Normandie[46]. Six millions d'arpents sur les trente effectivement cultivés, cela laisse d'immenses terres pour la petite culture : « Presque toutes les provinces de l'intérieur sont tombées en petite culture[47]. » La France des physiocrates est donc, elle aussi, double, mais ses deux parts sont encore plus inégales qu'elles ne le seront chez Dupin et cela dans la mesure même où sa partition géographique renvoie à un passé où elle était autre, à une histoire qui est celle d'une décadence. Reconnaître la peau de chagrin des pays de grande culture est dire du même coup l'état dégradé de l'agriculture régnicole.

À l'intérieur de ce premier découpage, théorique et géographique, il en est d'autres qui permettent d'affiner l'analyse et le repérage. Pour de Butré, existent, en effet, trois catégories dans la grande culture, qui se hiérarchisent selon le rapport entre les avances et le produit net : l'opulente où les avances annuelles donnent cent pour cent de produit net, la moyenne où elles n'en donnent plus que soixante-dix pour cent, enfin la faible qui n'accorde qu'un produit restreint. Là encore, ces classes économiques, définies par le raisonnement, peuvent s'inscrire sur le territoire. La logique de leur distribution est fonction de la plus ou moins grande proximité de la ville. Par exemple, la grande culture opulente « n'est guère exercée que dans les provinces peu éloignées de la capitale ou de quelque autre grande ville qui favorise le débit, et qui assure le prix des productions nécessaires pour soutenir les frais de culture [48] ». Une même division en trois ordres et un même principe de localisation valent pour la petite culture. Ici les classes se définissent par l'importance du revenu des terres cultivables : dans la petite culture du premier ordre, il paie « 1° les frais ; 2° l'impôt ; 3° un très petit revenu aux propriétaires » ; dans celle du second ordre, « les terres ne donnent aucun revenu par elles-mêmes, la récolte paie à peine les frais et l'impôt ; ce qu'on appelle revenu est le produit du pâturage, et donne un peu moins que l'intérêt des capitaux en argent qu'ont coûté les troupeaux » ; enfin, dans la petite culture du troisième ordre, « les terres ne paient même pas les frais et l'impôt, mais il faut en prendre la majeure partie sur le produit du pâturage[49] ». Ces trois catégories de culture se

La ligne Saint-Malo-Genève

disposent en une série de cercles concentriques autour des villes. Le premier ordre «n'est pratiqué qu'aux environs des capitales et autres grandes villes des provinces de petite culture», le second apparaît «quand on a traversé la banlieue des capitales et autres grandes villes des provinces de petite culture, et qu'on s'est éloigné des rivages des rivières», le troisième est confiné «dans l'intérieur des provinces éloignées de la capitale [50]».

Ce texte fournit donc les fondements d'une économie spatiale, qui n'est pas sans préfigurer celle de von Thünen[51], en même temps qu'il donne un principe simple pour un repérage de l'espace ne devant rien ni à l'histoire ni au pittoresque. Et il n'est pas sans intérêt de constater que ce sont les villes, en particulier les capitales provinciales, qui jouent le rôle de pôles organisateurs de la distribution géographique; la partition majeure entre grande et petite culture étant elle-même dépendante de la position de la capitale, ville entre les villes. La force de la présence urbaine est telle qu'elle fait passer au second rang les données naturelles et modèle par elle-même les espaces de l'arrière-pays: «Les provinces moins à portée de la capitale, comparées avec celles de la grande culture, feraient penser que c'est une autre terre, et d'autres climats situés dans un nouveau monde[52].» Plus tard oubliées dans des divisions qui effacent leur rôle, les villes ont ici toute leur importance comme centres des espaces emboîtés et sécants qui structurent le royaume. Même dépouillée de toute la complexité qu'y mettait de Butré, la lecture physiocratique laissera des traces, et l'on peut noter que chez Chaptal, qui pense dans les catégories de l'unité, la seule division globale de l'espace français évoquée est justement celle venue de Quesnay[53].

Chez les démographes du XVIIIe siècle, les choses sont moins claires car les principes d'une lecture spatiale varient de l'un à l'autre et renvoient au facteur que chacun pose comme déterminant dans l'étude des faits de population. Pour Moheau, la clé des comportements démographiques, traduits en termes de densités, réside dans la nature des activités économiques. C'est pourquoi il propose une échelle des occupations agricoles selon leur caractère plus ou moins peuplant. En tête, viennent les côtes de la mer, «parce que le peuple y trouve dans le poisson un aliment facile à se procurer, et une solde assurée dans les emplois que le commerce procure à la main-d'œuvre», suivent les pays de vignoble puis, «à une grande distance», les pays de blé, enfin ceux de pâture et au dernier rang, les forêts et les landes[54]. Mais, confrontée à l'enchevêtrement des productions, cette échelle théorique des densités perd ses vertus opératoires: la vigne n'est jamais omniprésente, les blés jamais totalement absents, ce qui rend impossible un découpage clair et lisible du territoire du royaume sur la base des activités agricoles. De fait, victime de son point de départ, Moheau n'arrive pas à construire un partage spatial permettant de classer les faits démographiques. L'exemple est donc intéressant d'une distinction fondée en raison qui débouche sur une aporie quant à l'appréhension de la réalité géographique concrète.

Pourtant, chez d'autres arithméticiens politiques, les cadres de classement fonctionnent, recueillent les données statistiques, structurent le raisonnement. Des Pommelles, pour sa part, découpe la France en cinq lanières grossièrement parallèles qui sont fonction des degrés de latitude[55]. On voit là l'évidente influence des théories aéristes qui identifient, dans la nature de l'air, sa chaleur et son humidité, le facteur essentiel pour une explication des comportements humains. Le néo-hippocratisme de la médecine du XVIIIe siècle privilégie la position géographique et fournit ainsi des divisions toutes géométriques à l'espace national. Messance, lui, ramène à trois les bandes qui prennent en écharpe le territoire du royaume et définissent un nord, un milieu et un midi. Malgré les apparences, l'aérisme n'est point le fondement unique de ce découpage qui se justifie par la combinaison complexe de données naturelles, démographiques et économiques : « La justice voulant que le contingent à toutes les charges soit réglé entre les provinces suivant leurs forces respectives, en nombre d'habitants, en productions, en industrie, en commerce et en situation, et la raison voulant que l'on compare entre elles les provinces voisines parce que participant plus ou moins aux mêmes choses, l'analogie éclaire et fait continuer la comparaison de proche en proche, de sorte que la lumière s'étend d'une extrémité à l'autre[56]. » Ce qui est dire tout ensemble et l'irréductible racine fiscale de l'arithmétique politique et la possibilité de définir, par l'information et le raisonnement, des ensembles géographiques pouvant servir d'espaces d'analyse.

Pour tous les démographes, une logique simple organise l'ensemble des faits de population, à savoir l'évolution univoque et régulière des phénomènes du nord au midi. Il en va ainsi de la densité comme le constatent Messance : « pourquoi le nord de la France est-il plus peuplé que le midi, et pourquoi le midi est-il encore moins peuplé que le milieu ?[57] » et des Pommelles : « On verra que la population par lieue carrée diminue progressivement de deux en deux degrés en avançant du nord au midi[58]. » Rechercher la cause de cette diminution est, pour des Pommelles, l'occasion de compléter les schémas aéristes en évoquant, pour le Nord, « la nature du sol qui est moins hérissé de montagnes et qui, étant plus fertile, fournit plus amplement à la subsistance de ses habitants ». Pour Messance, la raison est autre : « C'est qu'il y a un plus grand nombre de villes dans le nord de la France que dans ses deux autres parties, et jusqu'à ce qu'on ait démontré que c'est à une autre cause que le nord de la France doit sa plus grande population, le grand nombre de villes qui existent et qui forment un grand nombre de consommateurs peuvent en être regardées comme une des causes principales, si elle n'est pas unique ; et dans ce cas, les villes peupleraient les campagnes, ce qui serait le contraire

La ligne Saint-Malo-Genève

de ce qu'on a dit[59].» Les différences démographiques apportent donc un argument dans un des débats majeurs du siècle, et l'identification de l'opposition entre le Nord et le Midi quant à la densité donne l'occasion de réfuter la thèse de la ville mouroir, dépeuplante et parasite.
Si la densité décroît du nord au midi, la fécondité, à l'inverse, augmente. Moheau et des Pommelles le soulignent tous deux. Le second trouve là une vérification, s'il en était besoin, des théories aéristes: la proportion des naissances par rapport aux mariages «augmente progressivement, en avançant du nord au midi, à l'exception des provinces où la grande quantité de bois et de pâturages y rendent l'air très humide (voyez La Rochelle, Poitiers, etc.) ; il me semble qu'on peut en conclure que lorsque de mauvaises mœurs, ou d'autres causes morales ne contrarient pas la marche de la nature, les mariages sont plus féconds dans les pays chauds, dont l'air est sec, et le site élevé, que dans ceux qui sont bas, marécageux, et où l'air est épais[60]». Dix ans plus tôt, Moheau acceptait le schéma, à une nuance près tenant aux habitudes alimentaires: «L'espèce des aliments n'a pas moins d'action et d'effet, et les personnes qui boivent du vin et qui consomment des denrées astringentes ou des boissons spiritueuses, ont plus que les autres vertus prolifiques[61].» Plus difficile à approcher est la mortalité, faute d'un indicateur statistique simple comme l'est le quotient naissances/mariages; d'où le déplacement des constats vers la durée de la vie. Là encore, la qualité de l'air est déterminante: «Dans le nord où le défaut de chaleur donne du développement de l'être une action moins vive, la période de la formation, de la perfection et de la décadence doit être plus longue[62].» Toutefois les données topographiques doivent nuancer cette affirmation première: «Il paraît que les pays où l'homme peut se permettre de plus longs jours sont ceux de collines et de montagnes. Ceux où la vie est plus abrégée sont les pays marécageux. Les plaines ou les vallons, suivant qu'ils sont orientés, peuvent conserver plus ou moins longtemps les jours des habitants[63].»
Organiser l'espace français en ensembles homogènes est, pour les arithméticiens politiques du XVIIIe siècle, source de tension. Tous, ou presque, se meuvent à l'intérieur d'un système de pensée qui habite le raisonnement quel que soit son objet. La médecine des aéristes donne la cause première puisque, comme l'écrit Moheau, «la loi impérieuse du climat agit sur tout ce qui végète et respire». Leur France est donc avant tout une France climatique où les appartenances sont réglées par la latitude et l'altitude qui, à elles deux, déterminent les propriétés de l'air. À chaque échelle, le principe est valide; il rend compte des contrastes régionaux tout comme il permet de partager le royaume en quelques grandes parts. Mais une fois opérée cette partition, qui divise la France en trois ou en cinq, la certitude originelle s'altère quelque peu. Il n'est pas aisé, en effet, de gommer radicalement les autres éléments qui, même s'ils dépendent en quelque façon du climat, peuvent jouer de

manière autonome sur les comportements démographiques; d'où la part concédée aux activités économiques, aux habitudes culturelles, aux attitudes morales. Le primat reconnu aux qualités de l'air guide la perception de l'espace qui est presque toujours, plus qu'une opposition, un déplacement du nord vers le sud. Mais sur ce canevas naissent d'autres dessins qui ne doivent plus rien à la tyrannie du climat, ainsi chez Messance où s'opposent une France urbanisée et une France qui ne l'est guère, et aussi une France centrale toute agricole et une France des périphéries, au nord, à l'ouest et au midi, où sont «les grandes fabriques et le grand commerce[64]». Ces esquisses contradictoires traduisent, au plan de la construction spatiale, des embarras logés au cœur même de l'épistémologie de la démographie ancienne.

Plus que par les faits de population, la position de la France sur la carte de l'Europe est livrée par les données de l'anthropologie physique, oubliée ensuite jusqu'à d'Angeville. Moheau puis Expilly font un sort à la taille des habitants pour constater qu'elle est en France moins élevée que dans d'autres pays telles l'Allemagne ou la Suisse. Comprendre ce phénomène peut renvoyer à l'histoire : «J'estime qu'en France, dont, selon le témoignage des Romains eux-mêmes, les anciens habitants étaient recommandables et par l'élévation de leur taille et par leur force, l'espèce peut avoir dégénéré principalement en raison de ce que la subsistance y est devenue plus difficile pour la masse du peuple[65].» Mais plus que par un procès de rapetissement, la taille des Français s'explique par la loi nord/sud qui gouverne tous les faits concernant la population. Tout d'abord, elle situe le royaume sur l'échelle européenne : «En France, et aussi dans les pays plus méridionaux, tels que l'Espagne, le Portugal, les états de Maroc, d'Alger, de Tunis, de Tripoli, etc., il se trouve des hommes de la plus riche, de la plus haute taille, et de la plus grande force, mais ils n'y sont pas en aussi grand nombre que dans les pays septentrionaux, tels que la Suisse et l'Allemagne[66].» D'autre part, c'est ce même principe qui rend compte des contrastes constatés à l'intérieur du royaume : «La France même diffère d'elle-même suivant les provinces, et on a observé que communément celles du nord donnent des tailles supérieures à celles du midi. Dépouillement fait des procès-verbaux dressés contre les déserteurs des diverses provinces avec leur signalement, ceux de Flandre ou de Picardie ont un avantage de taille marqué sur ceux de Provence[67].»

Cette dégradation continue de la taille des hommes du nord au midi n'interdit pas le sens d'une appartenance qui place la France, prise globalement, dans l'Europe méridionale. Expilly l'avoue au fil de la plume : «La France ne peut se vanter de la taille de ses habitants […] il en est de même des *autres pays méridionaux*»; de même, Moheau qui, en parlant de la plus grande fécondité des provinces du Midi, indique que le royaume semble avoir cet avantage «vis-à-vis du Nord de l'Europe». Le motif d'une France divisée

La ligne Saint-Malo-Genève

parce que écartelée entre deux Europe n'est point encore en place dans la mesure même où il suppose la reconnaissance d'une césure linéaire traversant le territoire national. Pour les démographes du XVIIIe siècle, et peut-être pour d'autres sous réserve d'inventaire, la France fait partie de la communauté des nations méridionales. Resterait à expliquer en termes de solidarités politiques, de relations économiques ou de partages culturels cette conscience d'appartenance.

Pour les physiocrates et les arithméticiens politiques, une organisation globale de l'espace français est donc pensable, qui permet d'identifier des ensembles plus ou moins accueillants à leurs projets respectifs, étendre la grande culture ou accroître la population. En dehors d'eux, une telle lecture spatiale n'apparaît guère et c'est cette absence qu'il s'agit maintenant de comprendre en questionnant plusieurs corpus parallèles. À se tourner vers les géographes de la seconde moitié du XVIIIe siècle, un fait semble clair: la primauté accordée à la monographie régionale, le plus souvent désignée comme «histoire naturelle[68]». Dans l'inventaire des titres, les provinces du Midi ont la part la plus belle, sans doute parce que leur équipement en institutions de savoir est plus dense, peut-être aussi parce que joue déjà la préférence préromantique pour les paysages montagneux. L'organisation interne de ces «histoires naturelles» révèle la tension entre l'administratif (puisque l'exposition des faits s'insère encore souvent dans les cadres du bailliage, de la sénéchaussée, du diocèse civil ou de la généralité) et le géographique dans la mesure où les plus novateurs empruntent à la théorie des bassins fluviaux de Buache les divisions de leur description. Cette pratique régionaliste sécrète ses propres légitimations théoriques. La première affirme le primat nécessaire de l'étude locale: «Ce n'est qu'après la description exacte des provinces, faite sur les lieux, par les savants qui y demeurent, qu'on peut espérer de voir une description générale et complète de la France[69]»; la seconde rapporte le genre à un service, non de curiosité, mais d'utilité: «L'histoire naturelle d'une province qui n'aurait pour objet que la simple énumération de ses fossiles, la description de ses montagnes, celle de son climat et de ses productions, ne pourrait servir tout au plus qu'à satisfaire la curiosité. Celle qui lierait au contraire toutes ces différentes parties entre elles, et tâcherait d'en tirer des inductions relatives à l'espèce humaine, et les rapporterait, autant qu'il est possible, à l'utilité publique serait beaucoup plus précieuse[70].» Parce qu'elle rend facilement lisibles les relations entre les phénomènes, et qu'elle peut se poser en écologie, la description régionale, opérée dans un espace plus ou moins vaste, constitue la tâche la plus urgente et la mieux fondée. La géographie des Philosophes, quand elle ne s'évade pas hors du royaume, en fait un genre majeur (bientôt appuyé sur les entreprises de cartographie provinciale) qui relègue au second plan les inventaires généraux du royaume où se perpétue la tradition quelque peu épuisée de Piganiol de La Force. Mais le corollaire de cette promotion est évidemment l'impossibilité de penser, dans un premier temps au moins, la totalité du royaume, partant de dessiner son organisation spatiale à grande échelle.

Une même affirmation régionaliste se retrouve dans les entreprises collectives menées par les académies de province[71]. Une sur deux s'est, en effet, attachée à écrire une histoire locale, qui soit celle de la ville ou de la province, et quelques-unes, comme Bordeaux, Clermont et Auxerre, ont eu le projet de dresser un inventaire des richesses et ressources de leur région. L'horizon de la petite patrie est ici privilégié pour d'évidentes raisons affectives mais aussi parce qu'il fournit un cadre à la mesure de l'observation. Avant les académiciens provinciaux, les bénédictins avaient eu une même pensée et défini le projet d'une série d'histoires régionales, quadrillant l'ensemble du royaume, finalement restées manuscrites à l'exception de celle consacrée au Languedoc[72]. Pour les «histoires naturelles et littéraires», l'espace se révèle, là encore, le plus maniable, autorisant l'exhaustivité de l'inventaire et le classement utile et raisonné des données collectées. Les académies provinciales disent donc à leur manière cette découverte de la province qui marque la seconde moitié du XVIIIe siècle et dont une autre expression est à chercher dans la littérature aux formes variées (comédies, romans, essais), qui oppose le monde de la capitale aux univers provinciaux[73]. Oubliée par les statisticiens cartographes de la monarchie censitaire, cette tension réapparaît parfois, ainsi chez Guerry dans la géographie du suicide: «En général, de quelque point de la France que l'on parle, le nombre des suicides s'accroît régulièrement à mesure que l'on s'avance vers la capitale[74].» On trouve dans ce rappel du rôle maléfique de la trop grande ville la trace d'une idée ancienne: Paris et la province constituent, elles aussi, deux France dont il faut explorer les différences. C'est sans doute cette opposition qui est la plus familière aux hommes du XVIIIe siècle[75], et comme la province n'est pas une, il faut pour la comprendre l'inventorier dans des espaces fragmentés par l'histoire ou la nature.

Les topographies médicales sont une bonne illustration de la démarche. Leur genèse, bien connue, se fait en trois temps: d'abord, en 1768 avec les initiatives de Lepecq de La Clôture qui organise, à partir de Rouen, un réseau de correspondants; ensuite, en août 1776, avec l'arrêt du Conseil qui crée la Société royale de médecine et ouvre une enquête nationale sur les épidémies et épizooties; enfin avec la séance d'octobre 1778 de la Société royale qui élabore un projet de description physico-médicale du royaume fondé sur la multiplication des monographies régionales[76]. À partir de là, se constitue un genre, qui se meut dans le local ou le provincial et qui connaît son apogée au XIXe siècle. L'inventaire de cet immense matériau reste à faire, mais l'exemple de la Normandie donne l'échelle des descriptions: la ville, seule ou avec son arrière-

La ligne Saint-Malo-Genève

pays, l'arrondissement, le département[77]. En 1778, la Société royale de médecine avait recommandé le «canton» ou la province. À travers les topographies médicales peut se lire l'affirmation d'une conscience régionale qui s'enferme volontairement dans les espaces restreints et qui est sans conteste au XVIIIe siècle l'obstacle principal à une perception macroscopique du royaume. La persistance au siècle suivant de cette représentation d'une France qui n'est ni double ni triple mais éclatée en de multiples unités, qui ont chacune leur irréductible originalité, indique que le motif des deux France, s'il organise les débats majeurs, n'a pas oblitéré cette reconnaissance perpétuée des petites patries.

La question essentielle que soulève cet inventaire, partiel dans son corpus et enfermé dans un siècle, est celle du rapport entre une réflexion statistique et spatiale et l'exercice d'un pouvoir. Longtemps, en effet, le politique paraît s'accommoder des disparités qui bigarrent l'espace du royaume. L'«agrégat de peuples désunis» est chose acceptée et, hors quelques gens à système, appréciée. Face à la capitale, la province existe comme une entité mais une entité aux multiples facettes. Avec délices, avec application, les hommes du XVIIIe siècle finissant s'engagent dans l'inventaire soigneux des passés et promesses des provinces. Et dans les derniers temps d'un absolutisme qui toujours avait dû composer avec cette fourmillante diversité, c'est dans la conscience régionaliste et provinciale que s'arriment les projets de réforme, que s'enracinent les rébellions. Ce rapport de coexistence entre un pouvoir qui se veut centralisateur et un pays fragmenté, le jacobinisme révolutionnaire et impérial va s'efforcer de le modifier. Peu importe ici la mesure des résultats, mais il est clair qu'à partir de là est posée une articulation nouvelle entre le pouvoir politique et le terrain de son exercice. L'homogénéité de l'espace national devient à la fois désir et projet, condition et gage d'une bonne politique. Il n'est donc pas étonnant de voir sous la monarchie censitaire les notables se faire arithméticiens. La reconnaissance de disparités perpétuées, qu'elles soient économiques, culturelles ou morales, leur apparaît comme un manque et un risque, qu'il faut maîtriser en réduisant à des lois simples ces différences que l'on aurait pu croire, et que l'on avait crues, aléatoires. Tout projet pour la société exige idéalement une surface lisse où s'imposer, ou à tout le moins une identification à large échelle des inégalités. Le thème des deux France, né de la nostalgie de l'unité, se fait alors porteur d'avenirs contradictoires. Il exprime, dans ses incertitudes mêmes, une manière nouvelle de penser la relation entre la société et le pouvoir.

La statistique sociale des commencements du XIXe siècle laisse donc la région à la curiosité archéologique des sociétés savantes et fonde sur des découpages spatiaux tout différents l'étude raisonnée des faits sociaux. Au début de ce siècle, le débat où s'affrontent rudement géographes et sociologues réactive l'opposition entre ces deux appréhensions de l'espace. Restituer les termes de ce débat, où la ligne Saint-Malo-Genève semble s'effacer, permet sans doute de mieux comprendre pourquoi, un demi-siècle plus tard, les historiens français focaliseront leur attention sur cette césure à large échelle, prenant ainsi quelque distance vis-à-vis de la tradition géographique dont ils furent les héritiers. Pour la géographie humaine de l'école de Vidal de La Blache, en effet, la région constitue le seul espace légitime où concevoir l'articulation entre les sollicitations du milieu naturel et l'action volontaire des groupes humains. C'est d'ailleurs ce primat donné à la monographie régionale qui distingue la géographie de l'école française de l'«anthropogéographie» de Ratzel qui, maniant les espaces à plus grande échelle, était plus tenté de croire au déterminisme des conditions naturelles. À travers les thèses qui se pressent en cinq ans – la Picardie de Demangeon en 1905, la Flandre de Blanchard en 1906, la basse Bretagne de Vallaux en 1907, la Normandie orientale de Sion en 1909[78] – s'affirme une manière propre de traiter les organisations sociales dans leur enracinement géographique. À son fondement, le découpage d'un espace ni démesuré ni menu, dont la cohérence soit clairement identifiable et puisse être reçue comme un donné d'évidence. Cet espace, quel est-il? La région, mais justement qu'est-ce que la région pour les géographes vidaliens? Le territoire qu'ils désignent ainsi ne peut être défini ni par l'histoire ni par la conscience d'appartenance des habitants, mais seulement par son individualité géographique. Il s'agit d'un espace à construire, à la fois homogène dans ses caractères fondamentaux et nettement distinct des pays qui l'environnent. Les régions naturelles des géographes vidaliens sont donc des espaces inscrits sur le sol même, mais dont l'existence et les contours n'ont été ni sanctionnés par les découpages politiques ni perçus par les sociétés qu'ils ont portées, et portent encore. C'est une opération intellectuelle, celle de l'identification géographique, qui, en retrouvant leur unité, les institue comme le cadre légitime d'une description scientifique.

Même quand la terminologie est identique, la région naturelle n'est pas superposable à l'espace historique; ainsi la Flandre définie par Blanchard, en contraste avec les régions voisines, comme le pays bas, le pays plat, le pays humide: «La contrée dont ces traits caractéristiques font une région naturelle ne correspond pas exactement à celle qu'on est accoutumé de prendre pour la Flandre historique; ses limites tantôt dépassent les frontières politiques, et tantôt restent en deçà» (Blanchard, p. 17). Dans d'autres sites, le géographe ne doit pas seulement identifier l'unité naturelle à partir de critères qui lui soient propres mais aussi la *nommer*. C'est le cas de la plaine picarde: «Toute cette terre se partage entre trois provinces de l'Ancienne France, la Picardie, l'Artois et le Cambrésis; mais de l'une à l'autre on passe sans éprouver le sentiment d'une différence; de chaque côté, ce sont les mêmes champs, les mêmes

La ligne Saint-Malo-Genève

rivières, les mêmes villages. Et pourtant, les hommes qui l'habitent ne semblent point avoir jamais eu la notion de cette unité; jamais dans l'histoire elle n'a porté un nom unique; il est impossible de trouver dans le langage un mot savant ou populaire, officiel ou familier qui l'embrasse et la définisse tout entière; aucune province, aucun État, aucun groupement humain ne lui doit l'existence, l'individualité [...] Mais si elle ne connut pas la personnalité historique, sa personnalité géographique éclate de toutes parts, fondée sur l'unité de sa nature physique et consolidée par les œuvres de ses habitants» (Demangeon, pp. 2-3). La Normandie orientale, elle aussi, est un découpage et une désignation qui n'ont d'autre fondement que l'observation géographique. Elle constitue «un ensemble organique de régions naturelles»: «La géographie physique ne les sépare point [...] La géographie humaine peut encore moins dissocier ces contrées qui ont eu la même histoire et, à de rares exceptions près, les mêmes règles juridiques. Elle remarque que la variété même de leurs produits les a mises depuis longtemps en relations suivies [...] Cette unité se manifeste aussi dans son état social» (Sion, p. 12).

Si, d'un texte à l'autre, l'opération qui identifie et désigne la région naturelle comme un espace purement géographique est semblable, les critères qui la fondent se déplacent quelque peu. La Flandre de Blanchard trouve son unité fondamentale dans la nature du sol, sa faible altitude, son horizontalité, son imperméabilité. C'est là le critère qui permet d'isoler un espace homogène et de dessiner une Flandre qui ne doit rien aux frontières politiques ou linguistiques. Chez Demangeon, la définition de départ n'est pas seulement naturelle puisque le sous-sol crayeux déborde les limites de la plaine picarde, entendue essentiellement comme un espace céréalier, distinct des forêts, des pâtures et des régions industrielles qui l'entourent: «La Plaine Picarde ne correspond donc exactement ni à l'étendue naturelle d'un terrain particulier, ni à la circonscription artificielle d'un territoire administratif. Dans un pays comme la France, anciennement civilisé et peuplé, il arrive souvent qu'une région géographique se définit plutôt par un ensemble de rapports entre l'homme et le milieu naturel [...] L'originalité d'une physionomie géographique provient donc d'une synthèse des données de la nature et des données de l'homme» (Demangeon, pp. 455-456). C'est donc la conception même des rapports, non nécessaires, qui existent entre les conditions naturelles et l'action des hommes en société qui fonde ici la reconnaissance de l'unité géographique. Pour définir l'espace de son étude, Jules Sion accentue plus encore le poids des facteurs humains. Malgré une (relative) unité naturelle, la Normandie orientale est en fait une agrégation de régions «diverses par le sol, et leurs cultures». Si on peut pourtant la constituer en espace homogène, c'est fondamentalement pour des raisons socio-économiques qui tiennent à la propriété et à l'exploitation du sol, à l'économie des échanges, au passé

industriel. D'où ce constat essentiel: «De l'homme plus que de la nature, lui vient son unité géographique» (Sion, p. 12).
Retourner aux géographes vidaliens autorise donc deux constats. Tout d'abord, il est clair que tous entendent inventer un découpage neuf de l'espace français. Leurs régions ne reposent ni sur les configurations historiques ni sur les sentiments d'appartenance; elles sont un donné objectif, le plus souvent oblitéré dans l'histoire et les consciences, que seule l'analyse géographique est à même de restituer en isolant un certain nombre de facteurs distinctifs. Mais – et c'est là une seconde donnée parfois oubliée – la nature de ces facteurs dominants varie fortement d'un auteur à l'autre. Même si rhétoriquement les formules équilibrent le naturel et l'humain, en fait les accentuations sont très différentes, de Blanchard, qui délimite une unité topographique, à Sion, qui constitue sa région sur une base essentiellement économique. Cet écart n'est d'ailleurs pas sans conduire à de symptomatiques inversions. Fortement unitaire dans sa définition physique, la Flandre de Blanchard se fragmente au fil de la description: «Il se découvre ainsi dans cette plaine flamande, en apparence uniforme et platement semblable à elle-même dans tous ses aspects, une variété de caractères inattendue, des *régions* dont les cultures, l'industrie, les mœurs, les intérêts diffèrent aussi bien que leur température, leur sol ou leurs cours d'eau. Ce sont là plus que des nuances, il s'agit de pays distincts, connus du peuple, auxquels il a donné des noms, et dont il s'explique les différences» (Blanchard, p. 117 [nous soulignons]). À l'inverse, la diversité des «régions naturelles» qui constituent la Normandie orientale de Sion (le Caux, le Bray, le Vexin, les bords de Seine, etc.) se change progressivement en unité dans l'analyse des structures qui leur sont communes. Le vocabulaire des géographes, qui use du mot *région* pour désigner des territoires d'échelles fort différentes, dit par son incertitude une hésitation fondamentale: comment articuler région et régions, comment individualiser des territoires dont la diversité interne ne détruise pas l'homogénéité, ou du moins, comme écrit Maximilien Sorre, «une certaine homogénéité des parties constituantes».
Finalement moins assurés et unanimes qu'il n'y pouvait paraître, les géographes vidaliens ont dû subir les coups critiques de la sociologie durkheimienne. Le texte fondamental est ici une brève recension des quatre livres de Blanchard, Demangeon, Vallaux et Sion donnée par François Simiand à *L'Année sociologique*[79]. Publiée dans la rubrique *Morphologie sociale*, elle en constitue, avec une critique de Halbwachs consacrée à un livre de Ratzel, la première partie: *Bases géographiques de la vie sociale*. Aux géographes, François Simiand adresse une triple critique: 1° ils étendent indûment la notion de fait géographique à l'ensemble des faits matériels ou mentaux, détruisant ainsi ce qui devrait être le domaine propre de la géographie (à savoir la seule étude des faits dont la localisation physique est un élément

constitutif ou explicatif)[80], 2° ils postulent l'existence d'une «action essentielle du milieu physique» sur les faits économiques ou les institutions sociales alors même que souvent leurs propres observations démentent une telle relation et que toujours «le fait vraiment explicatif est humain et psychologique, et le fait physique n'est, au plus, qu'une condition», 3° ils se condamnent à l'incertitude en s'enfermant dans le cadre étriqué de la description régionale. Pour Simiand, c'est sans doute là l'erreur majeure : peu lui importe la définition donnée de la région ; quels qu'en soient les critères, elle ne peut que masquer les vraies relations explicatives : «Se limiter à une région aussi étroite, c'est se fermer la seule voie qui permette de distinguer entre les coïncidences accidentelles ou non influentes et les corrélations véritables, puisque c'est se fermer la voie de la comparaison entre des ensembles différents assez nombreux ; en une matière aussi complexe, se limiter à un seul cas d'observation, c'est se condamner d'avance à ne pouvoir rien prouver.»

Les procédures qui doivent être celles d'une «science de la morphologie sociale» s'opposent terme à terme à la démarche fautive des géographes. Le découpage essentiel n'y est, en effet, point celui du territoire à considérer mais celui du phénomène à analyser. Dès lors, les espaces les plus conventionnels (ainsi la France ou l'Europe occidentale) sont des cadres légitimes puisque leur étendue même multiplie les sites où observer les relations entre le fait social retenu et les différentes données susceptibles de l'expliquer. La seule exigence spatiale de la morphologie sociale est celle de l'extension, partant la région se trouve totalement disqualifiée comme espace pertinent d'analyse. Le programme proposé à la science sociale définit donc comme tâche première l'étude analytique des différents faits sociaux. Les géographes y ont leur part à condition de renverser leur démarche et de renoncer à l'illusoire monographie régionale : «Imaginons qu'au lieu de s'attacher à un problème présentement (et pour longtemps encore sans doute) aussi insoluble, les mêmes hommes, avec leur conscience, leur faculté d'érudition, et leur souci de travail et de résultats de science se soient appliqués à étudier, par exemple, l'un les formes de l'habitation, un autre la localisation de telles ou telles industries, etc., chacun dans toute la France, ou même, s'il y a lieu, dans l'Europe occidentale, dans le présent et aussi, comme il serait sans doute nécessaire, dans le passé : croit-on qu'ils n'auraient pas abouti à apercevoir et même à dégager des relations plus concluantes, et pénétré plus vite et plus véritablement dans l'intelligence même des phénomènes qu'une science de la morphologie sociale peut légitimement se donner la tâche d'expliquer ? »

Une telle approche, qui postule implicitement que les conditions géographiques n'ont qu'une influence mineure sur les phénomènes sociaux, situe la description régionale comme le stade ultime de la connaissance, une fois établies les lois générales qui rendent compte de chacun des faits sociaux élémentaires : « À supposer que les régions considérées soient bien des unités à la fois géographiques et humaines (souvent, d'ailleurs, plus humaines que géographiques), commencer par étudier le tout de cette région, vouloir tout y saisir et tout y expliquer à la fois, c'est vouloir commencer par le plus difficile, par ce qu'on peut tout au plus concevoir comme le terme de la science : car c'est vouloir, en effet, expliquer un individu dans toute son individualité complexe et entière au lieu de débuter, comme dans toute science, par l'analyse des rapports généraux simples. » C'était là bousculer un credo que les géographes du XXe siècle avaient hérité de ceux du XVIIIe : le primat nécessaire des études locales dont seule l'accumulation peut autoriser une saisie d'ensemble des entités nationales. Pour Simiand, la description régionale n'est pas (ou pas encore) à l'ordre du jour ; seule une approche analytique et comparatiste, se mouvant dans des espaces dont la définition est sans importance pourvu qu'ils soient suffisamment vastes, est susceptible de cerner les lois générales qui règlent les formes de la vie sociale.

Critiquée radicalement par Simiand, la notion de région naturelle, telle qu'elle avait été maniée par Demangeon, Blanchard ou Sion, est aussi mise en cause de l'intérieur même de la géographie vidalienne. C'est comme cela qu'il faut comprendre la thèse de Maximilien Sorre, *Les Pyrénées méditerranéennes* (publiée en 1913)[81], qui n'est pas une étude de géographie régionale et qui, en aucun cas, ne peut être mise sur le même pied que les monographies qui la précèdent – ce que fait pourtant Febvre dans une énumération de *La Terre et l'évolution humaine* (p. 29). Sorre souligne, en effet, la double originalité de sa démarche. D'une part, le territoire qu'il étudie ne constitue aucunement une région naturelle : il s'agit d'une « réunion de petites régions plus ou moins fortement individualisées » (p. 2), sans homogénéité et sans nette originalité par rapport aux régions voisines. D'autre part, son propos ne vise pas à décrire l'ensemble des faits naturels et humains inscrits dans l'espace considéré mais à poser un problème : « Montrer comment les genres de vie se transforment sous l'influence des transformations du milieu végétal – et réciproquement – au contact de deux mondes et sous la dépendance des changements de climat » (p. 17). Le terrain choisi ne l'est donc pas pour son unité mais, tout au contraire, pour la diversité de ses sites, différenciés par l'altitude, la distance à la mer, le climat. Sorre découpe donc un espace-laboratoire qui ne correspond à aucune région naturelle et qu'il nomme d'une désignation quelque peu paradoxale : les Pyrénées méditerranéennes.

Inscrit dans la fidélité à Vidal de La Blache, le livre de Sorre place pourtant au cœur de sa problématique, sans le dire, peut-être sans le savoir, les préoccupations des sociologues. Dans l'exposé de ses motifs se retrouve, en effet, le propos de Simiand : par la multiplication des comparaisons et l'observation des répétitions, dégager des lois universelles. « Nous n'aurions pas volontiers écarté la notion de région naturelle, si nous n'avions cru que la perte était compensée par un bénéfice appréciable. Lorsqu'on étudie une région, on a pour préoccupation de marquer ce qu'il y a de singulier dans la combinaison des phénomènes qui s'y déroulent ; on étudie des individualités géographiques irréductibles aux individualités voisines ; on présente enfin les faits ou les groupements de faits sous leur *aspect d'opposition.* Or, il est aussi essentiel à la science de présenter les faits sous leur *aspect de répétition* [...] L'avantage du point de vue que nous avons adopté est précisément de permettre les comparaisons [...] En résumé, notre méthode a pour avantage de mettre en relief le caractère de généralité des phénomènes étudiés» (Sorre, pp. 12-13). Chez Sorre, la région est donc un artefact construit de manière à tester les possibles interactions entre milieux naturels et genres de vie. Son espace limité permet seul l'observation fine des différences (par exemple, dans les «Pyrénées méditerranéennes», l'étagement de quatre genres de vie contrastés) mais la finalité de la description est ailleurs, dans l'établissement des principes qui font que, en différents sites, des conditions naturelles équivalentes définissent des genres de vie comparables et qu'en retour ces derniers ont une même action transformatrice sur le milieu. À l'inverse des «régions naturelles», dont l'individualité se veut irréductible, celle découpée par Sorre doit par sa diversité même offrir une large gamme de combinaisons repérables ailleurs. La définition d'un cadre d'étude restreint n'est donc ici nullement contradictoire avec la généralisation des constats qu'elle permet : au contraire, elle en est la condition même. Sur le terrain de la géographie biologique, se trouvent ainsi croisées l'analyse morphologique et l'observation localisée.

Dans le débat noué entre «anthropogéographes» et sociologues, la préférence de Lucien Febvre est bien nette, et pour deux raisons fondamentales. La première tient à sa conception même du travail scientifique. Pour lui, la collecte d'informations multiples (qu'elles soient recueillies sur le terrain ou puisées dans les archives) n'est en effet possible que dans un cadre monographique taillé à la dimension d'une recherche individuelle. Seule cette restriction spatiale est garante de la validité des données rassemblées. Il est donc illusoire de prétendre établir des «rapports généraux simples» préalablement à la description des ensembles territoriaux. Tout à l'inverse, c'est seulement de l'accumulation des études localisées que pourra naître une problématique pertinente pour l'analyse des formes et des distributions des faits sociaux fondamentaux : «Lorsque nous posséderons encore quelques bonnes monographies régionales nouvelles – alors, mais alors seulement, en groupant leurs données, en les comparant, en les confrontant minutieusement, on pourra reprendre la question d'ensemble, lui faire faire un pas nouveau et décisif – aboutir. Procéder autrement, ce serait partir, muni de deux ou trois idées simples et grosses, pour une sorte de rapide excursion. Ce serait passer, dans la plupart des cas, à côté du particulier, de l'individuel, de l'irrégulier – c'est-à-dire somme toute du plus intéressant[82]. » On retrouve dans ce texte une idée déjà exprimée par Febvre dans l'Avant-propos de sa thèse, à savoir que toute démarche comparatiste ne peut se fonder que sur la mesure des écarts existant entre des situations régionales décrites dans leur totalité. C'est ainsi qu'en 1912 il plaidait pour la multiplication des descriptions historiques consacrées aux provinces tard ralliées au royaume qui sont « dans une certaine mesure, comme autant de champs d'expérience et de comparaison installés, maintenus aux frontières par la vie et par les siècles mêmes[83] ». Régions naturelles des géographes, individualités politiques des historiens, peu importe : la démarche est identique qui fait de la monographie la condition de la comparaison. D'autre part, le primat accordé à l'étude régionale est aussi sous-tendu par une conception de la description sociale plus attachée à la différence qu'à la répétition. Choisir un cadre limité n'est donc pas seulement affaire de commodité ou de possibilité mais aussi adapter l'échelle de l'observation à la nature même des faits de la vie sociale car les variations et les singularités y sont plus fréquentes que les relations stables et universelles. Dans le choix du régional s'investit en fait, subrepticement, une représentation des faits sociaux, de leurs raisons et de leurs rapports, tout à l'opposé de celle de Simiand.

Les recherches de Victor Karady permettent de suggérer quelques hypothèses sur les raisons qui fondent, au début du siècle, parmi d'autres différences méthodologiques, les conceptions contrastées de ce que sont les espaces légitimes et pertinents de la science sociale[84]. Au moment où s'affrontent géographes vidaliens et sociologues durkheimiens, la position des deux disciplines n'est point identique. La géographie, première parmi les sciences sociales à avoir brisé le monopole des disciplines classiques dans les facultés des lettres, bénéficie d'une légitimité institutionnelle déjà forte, d'autant mieux assurée qu'elle a su capter à son profit celle de l'histoire en attirant à elle des historiens normaliens et agrégés, donc situés au sommet de la hiérarchie scolaire. D'autre part, elle jouit d'une légitimité scientifique croissante qui se fonde sur la définition d'un objet propre (la région) et de nouvelles procédures d'enquête (l'analyse du paysage, le croisement des données naturelles et humaines, etc.) sans que pour autant soit abandonnée cette garantie essentielle de respectabilité qu'est le travail dans la dimension historique. Pour faire reconnaître cette légitimité grandissante, les géographes vidaliens utilisent différentes tactiques, d'ailleurs communes à toutes les disciplines nouvelles au début de ce siècle : la référence, mais distanciée, à la science allemande – ici l'anthropogéographie de Ratzel inspiratrice mais critiquée – ; la fondation d'une revue, les *Annales de géographie* créée en 1891, qui, à la fois, donne une image lisible de l'unité du groupe et permet de disqualifier les approches anciennes ou concurrentes ; une nouvelle présenta-

tion des résultats, certes moulée dans un genre traditionnel, la thèse de doctorat d'État, mais appuyée sur des signes neufs de scientificité, la carte utilisée non plus pour localiser mais pour donner à voir l'agencement des indices construits par l'observation, la photographie, non pas parce qu'elle illustre mais parce qu'elle définit l'objet qu'il faut comprendre, les croquis et graphiques empruntés aux sciences de la nature, etc.
Or, à la même époque, la sociologie de l'École sociologique apparaît comme doublement dominée. Certes, elle aussi recrute au plus haut du système scolaire, parmi les normaliens et les agrégés, mais elle arrive encore mal à s'ancrer dans le système universitaire et à faire accepter universellement sa légitimité scientifique. De là, une stratégie bien mise en évidence par Victor Karady :

> Pour garantir la légitimité scientifique de la sociologie et lui assurer une place équivalente à celle des disciplines classiques dans les programmes d'enseignement, notamment, il fallait mettre en œuvre une relation d'interdépendance avec les sciences de l'homme établies dans les facultés – l'histoire, la géographie et la philosophie surtout mais aussi la psychologie – au moyen d'offres de services tout autant que d'une efficace et radicale critique de leurs présupposés épistémologiques. Il s'agissait donc d'une stratégie d'alliance avec les disciplines légitimes qui comportait aussi un effort de substitution et d'occupation de domaines à conquérir sur celles-ci[85].

Appliquée au rapport spécifique entre sociologues et géographes et à la question du découpage de l'espace, cette proposition permet de comprendre la double signification du refus sociologique de la notion de région. D'une part, il autorisait à capter l'objet même de la géographie humaine tout en redéfinissant totalement les cadres de son traitement, et à détourner ainsi vers la «morphologie sociale» un acquis à la fois utilisé et dénié qui permettait de ne pas réduire les bases de la vie sociale à la seule infrastructure économique. D'autre part, ce refus permettait de jouer un des seuls atouts dont disposait la sociologie contre l'histoire ou la géographie, à savoir son enracinement philosophique, donc un statut de science théorique, abstraite, vouée aux généralisations et aux concepts alors que l'étude géographique demeurait parmi les sciences sociales – et sans doute plus encore avec le choix de la description régionale – la plus enfermée dans le concret, le terrain, l'observation locale, l'approche naturaliste. Revendiquer, contre la monographie régionale, le primat des analyses comparatistes et analytiques, seules susceptibles de dégager des lois générales, était traduire en termes de méthodologie disciplinaire une des propriétés les plus rémunératrices de la sociologie : sa proximité à la philosophie, voire sa prétention à être la philosophie. Périphérique sur l'échiquier universitaire, elle tente, comme par compensation, de définir sur le mode de l'universel et dans l'espace national ses objets d'étude, partant elle dénie toute légitimité aux approches disciplinaires qui, situées au cœur du système universitaire, traitent ou plutôt maltraitent ces mêmes objets en les fragmentant dans une lecture empirique et parcellisée.

Pour les historiens, le débat sur la région a eu une importance décisive. À la suite de Febvre, avec un temps de latence puisque les grandes thèses d'histoire «régionale» sont entreprises dans les années cinquante, ils consacrent leurs efforts à la saisie globale de territoires bien circonscrits. Certes, la région des géographes vidaliens n'est plus le module obligé puisque les espaces explorés sont de nature, de taille et de définition fort diverses: le «pays» (le Beauvaisis), la province (le Languedoc), la nation, même étouffée (la Catalogne), pour s'en tenir aux trois plus grandes réussites, souvent imitées ensuite. Mais si l'échelle varie, l'approche est globalement semblable qui porte l'attention sur les groupes majoritaires, s'installe dans le temps long (un siècle ou plus), s'attache à la description des structures les plus fondamentales, démographiques, économiques, sociales.

En ces vingt dernières années, la redécouverte de la ligne Saint-Malo-Genève comme principe organisateur des disparités françaises a sûrement été comme un contrepoint à l'attention longtemps donnée aux singularités régionales. Muant en un constat scientifique, étayée par la collecte de données nombreuses, une perception collective, spontanée et immédiate[86], la mise en évidence de la France duelle a aidé les historiens français à détacher leur discipline de la démarche d'inventaire qu'elle avait héritée de son cousinage ancien avec la géographie humaine. Longtemps, l'histoire s'était vouée à la cartographie indéfinie de particularités dont les raisons étaient à trouver dans la diversité éparpillée des conditions naturelles et des histoires propres. Le repérage d'une partition simple et macroscopique de l'espace national, fort dissemblable de part et d'autre de la diagonale qui le tranche, invitait à une autre tâche: la recherche des régularités massives et des corrélations majeures – ce qui était renouer avec la tradition, longtemps refusée, de la morphologie sociale telle que l'entendait la sociologie durkheimienne. Ainsi réinstallée au cœur même de la réflexion sur l'histoire de la France, la division, jadis découverte par les arithméticiens politiques de la Restauration, a pris une double signification: d'une part, en «dé-régionalisant» les descriptions du monde social produites par les historiens, elle a contribué à donner (ou redonner) à leur discipline le statut d'une science de la généralité; d'autre part, elle a fixé, au-delà du monde académique, une manière obligée d'appréhender et d'expliquer le développement inégal du territoire français. Certes, aujourd'hui, le seul écart entre les deux France du Nord et des Midis ne paraît plus suffisant pour rendre compte, dans la longue durée, des déni-

La ligne Saint-Malo-Genève

vellations et des déséquilibres qui caractérisent l'espace national. Il demeure pourtant l'un des motifs fondamentaux où s'expriment la conscience et la mémoire d'une France clivée.

Ce texte constitue une version corrigée et mise à jour de mes deux articles : « Les deux France. Histoire d'une géographie », *Cahiers d'histoire*, t. XXII, 1978, pp. 393-415, et « Science sociale et découpage régional. Note sur deux débats 1820-1920 », *Actes de la recherche en sciences sociales*, n° 35, 1980, pp. 27-36.

1. Pour la mise en série des indicateurs démographiques, économiques et anthropologiques, *cf.* les deux études d'Emmanuel Le Roy Ladurie, « Un théoricien du développement : Adolphe d'Angeville », Introduction à la réédition d'Adolphe d'Angeville, *Essai sur la statistique de la population française, considérée sous quelques-uns de ses rapports physiques et moraux*, La Haye, Mouton, 1969 (repris *in Le Territoire de l'historien*, Paris, Gallimard, 1973, pp. 349-392) et « Nord-Sud », *Les Lieux de mémoire*, Quarto 2, *La Nation*.

2. Pour deux discussions récentes sur la pertinence de la ligne Saint-Malo-Genève pour rendre compte des inégalités de développement de l'espace français, voir Bernard Lepetit, « Sur les dénivellations de l'espace économique en France, dans les années 1830 », *Annales E.S.C.*, 1986, pp. 1243-1272 et Marcel Roncayolo, « L'aménagement du territoire XVIIIe-XXe siècle », *Histoire de la France*, sous la direction d'André Burguière et Jacques Revel, *L'Espace français*, volume dirigé par J. Revel, Paris, Éd. du Seuil, 1989, pp. 539-551, « Découvertes des inégalités géographiques ».

3. Adrien Balbi, *Essai statistique sur le royaume de Portugal et d'Algarve comparé aux autres États de l'Europe*, Paris, 1822, t. II, pp. 134-149 (le tableau donnant le chiffre des populations scolaires pour chacune des vingt-six académies se trouve page 146). Je remercie Catherine Duprat pour m'avoir signalé ce texte et pour avoir répondu avec patience et savoir à mes questions.

4. Dominique Julia et Paul Pressly, « La population scolaire en 1789. Les extravagances statistiques du ministre Villemain », *Annales E.S.C.*, 1975, pp. 1516-1561.

5. A.M. Guerry, « Statistique comparée de l'état de l'instruction et du nombre des crimes », *Revue encyclopédique*, août 1832.

6. Konrad Malte-Brun, compte rendu du livre d'A. Balbi dans les livraisons du *Journal des débats* des 17 juin, 4 juillet et 21 juillet 1823 (les propos cités se trouvent dans la troisième partie de la recension).

7. Charles Dupin, *Effets de l'enseignement populaire de la lecture, de l'écriture et de l'arithmétique, de la géométrie et de la mécanique appliquées aux arts, sur les propriétés de la France*, discours prononcé dans la séance d'ouverture du cours normal de géométrie et de mécanique appliquées le 30 novembre 1826 au Conservatoire des arts et métiers, Paris, 1826, p. 27. La carte présentée lors de cette conférence sera insérée dans les *Forces productives et commerciales de la France*, Paris 1827, planche 1 (elle a été rééditée par Marie-Madeleine Compère *in* Roger Chartier, Marie-Madeleine Compère et Dominique Julia, *L'Éducation en France du XVIe au XVIIIe siècle*, Paris, S.E.D.E.S., 1976, p. 17).

8. Ch. Dupin, *Effets de l'enseignement populaire...*, *op. cit.*, p. 28.

9. Id. *ibid.*, pp. 34-35.

10. Edward W. Fox, *L'Autre France*, Paris, Flammarion, 1973.

11. Stendhal, *Vie de Henri Brulard*, publiée intégralement pour la première fois par Henry

Debraye, Paris, Champion, 1913, t. I, pp. 240-241 (ce texte est cité et commenté par François Furet et Jacques Ozouf, « Trois siècles de métissage culturel », *Annales E.S.C.*, 1977, pp. 500-501.

12. Ch. Dupin, *Forces...*, *op. cit.*, t. II, pp. 249-280.

13. Voir l'article de Jean-Claude Perrot, « L'âge d'or de la statistique régionale (an IV-1804) », *Annales historiques de la Révolution française*, avril-juin 1976, pp. 215-276 et le livre de Marie-Noëlle Bourguet, *Déchiffrer la France. La statistique départementale à l'époque napoléonienne*, Paris, Éd. des Archives contemporaines, 1988.

14. J. Peuchet, *Statistique élémentaire de la France*, Paris, 1805 et, avec P. Chanlaire, *Description topographique et statistique de la France*, Paris, 1810.

15. Jean-Antoine Chaptal, *De l'industrie française*, Paris, 1819. Soit deux exemples du mode de description utilisé : « Tout a été rendu à la culture, et les récoltes ont décuplé. Des exemples de ce genre se présentent sur toutes les parties de la France », p. 153, ou « Les bestiaux ne sont assez nombreux *nulle part*, à l'exception de deux ou trois provinces », p. 154 (nous soulignons).

16. Sur la tension entre le particulier et l'uniforme au sein des statistiques départementales des préfets, *cf.* M.-N. Bourguet, *op. cit.*, pp. 238-253, « Passion taxinomique et paresse de la distinction ».

17. Ch. Dupin, *Forces...*, *op. cit.*, t. II, p. 252.

18. *Id., ibid.*, t. II, p. 263.

19. *Ibid.*, t. II, pp. 273-274.

20. *Ibid.*, t. I, p. 1.

21. *Ibid.*, t. II, p. 267.

22. *Ibid.*, t. I, p. 1.

23. Sur ce document essentiel, voir Michelle Perrot, « Délinquance et système pénitentiaire en France au XIXe siècle », *Annales E.S.C.*, 1975, pp. 67-91.

24. Le titre complet de cette feuille (au strict sens typographique du terme), vendue six francs (huit francs collée sur toile) est révélateur tant des parties de la statistique que de son public : *La Monarchie Française comparée aux principaux États du Monde ou Essai sur la statistique de la France considérée sous les rapports géographique, moral et politique, offrant, dans un seul Tableau, le maximum, le minimum et le terme moyen de sa population, de la richesse, de l'industrie, du commerce, de l'instruction et de la moralité de ses habitants, comparés à leurs corrélatifs dans plusieurs pays de l'Ancien et du Nouveau Monde ; à l'usage des hommes d'état, des administrateurs, des banquiers, des négociants, des voyageurs, et spécialement de MM. les pairs de France et de MM. les députés*, Paris, 1828.

25. A.M. Guerry, *Essai sur la statistique morale de la France*, Paris, 1833 (un extrait de cet ouvrage avait été publié en août 1832 dans la Revue encyclopédique).

26. *Id., ibid.*, p. 9.

27. Ch. Dupin, *Forces...*, *op. cit.*, t. I, p. 1.

28. Marie-Vic Ozouf-Marignier, *La Formation des départements. La représentation du territoire français à la fin du XVIIIe siècle*, Paris, Éd. de l'E.H.E.S.S., 1989.

29. A.M. Guerry, *Essai sur la statistique morale...*, p. 42.

30. *Id., ibid.*, p. 47.

31. Benoiston de Chateauneuf, *De la colonisation des condamnés*, Paris, 1827, pp. 3-4.

32. P. Bigot de Morogues, *De la misère des ouvriers et de la marche à suivre pour y remédier*, Paris, 1832.

33. Villeneuve-Bargemont, *Économie politique chrétienne ou recherches sur la nature et les causes du paupérisme en France et en Europe*, Paris, 1834.

34. P. Bigot de Morogues, *op. cit.*, p. 120.
35. Villeneuve-Bargemont, *op. cit.*, t. II, p. 46.
36. Id., *ibid.*, t. II, p. 10.
37. *Ibid.*, t. II, p. 23.
38. Adolphe d'Angeville, E*ssai sur la statistique de la population française, considérée sous quelques-uns de ses rapports physiques et moraux*, Bourg-en-Bresse, 1836.
39. Id., *ibid.*, pp. 15-16.
40. *Ibid.*, pp. 125-126.
41. *Ibid.*, p. 124.
42. François Quesnay, article «Fermiers (Écon. polit.) », janvier 1756, *in François Quesnay et la physiocratie*, Paris, 1958, t. II, p. 428.
43. Id., article «Grains», novembre 1757, *ibid.*, t. II, p. 461.
44. De Butré, «Apologie pour la Science Économique sur la distinction entre la grande et la petite culture contre les critiques de M. de F.», *Éphémérides du Citoyen*, 1769, t. IX, X et XI (ici t. X, pp. 8-9). Je remercie Jean-Claude Perrot de m'avoir indiqué cette référence.
45. Fr. Quesnay, «Grains», *op. cit.*, t. II, p. 461.
46. De Butré, *op. cit.*, t. XI, pp. 87-88.
47. Le Trosne, *La Liberté du commerce des grains toujours utile et jamais nuisible*, 1765, pp. 28-29.
48. De Butré, *op. cit.*, t. IX, p. 21.
49. Id., *ibid.*, t. X, pp. 133-134.
50. *Ibid.*, t. X, pp. 78, 88 et 119.
51. Jean-Claude Perrot, *Genèse d'une ville moderne. Caen au XVIII siècle*, Paris-La Haye, Mouton, 1975, t. I, pp. 237-240.
52. De Butré, *op. cit.*, t. X, pp. 80-81.
53. J.-A. Chaptal, *op. cit.*, p. 140.
54. Moheau, *Recherches et considérations sur la population de la France*, Paris, 1778, pp. 67-69.
55. Des Pommelles, *Tableau de la population de toutes les provinces de France*, Paris, 1789, p. 55.
56. Messance, *Nouvelles Recherches sur la population de la France*, Lyon, 1788, p. 43.
57. Id., *ibid.*, p. 48.
58. Des Pommelles, *op. cit.*, p. 56.
59. Messance, *op. cit.*, p. 87.
60. Des Pommelles, *op. cit.*, p. 63.
61. Moheau, *op. cit.*, p. 139.
62. Id., *ibid.*, p. 191.
63. *Ibid.*, p. 202.
64. Messance, *op. cit.*, p. 87.
65. J.-J. Expilly, *Tableau de la population de la France*, Paris, 1780, p. 28.
66. Id., *ibid.*
67. Moheau, *op. cit.*, p. 118.
68. *Cf.* Numa Broc, *La Géographie des Philosophes. Géographes et voyageurs français au XVIII siècle*, Paris, 1975, pp. 406-419.

69. E. Beguillet et C. Courtepée, *Description générale et particulière du duché de Bourgogne*, Dijon, 1774-1785, Introduction, cité par N. Broc, *op. cit.*, p. 415.

70. M. Darluc, *Histoire naturelle de la Provence*, Avignon, 1782-1786, p. VII, cité par N. Broc, *op. cit.*, p. 407.

71. Daniel Roche, *Le Siècle des Lumières en Province. Académies et académiciens provinciaux (1680-1789)*, Paris-La Haye, Mouton, 1978, chapitre VI.

72. Blandine Barret-Kriegel, *Les Académies de l'histoire*, Paris, 1988, pp. 82-94 (qui prolonge l'étude de M. Lecomte, « Les bénédictins et l'histoire des provinces », *Revue Mabillon*, 1927-1928).

73. J.-Cl. Perrot, *Genèse d'une ville moderne*, *op. cit.*, t. II, annexe 28, p. 1028, fournit un début d'inventaire de la littérature consacrée au couple Paris-province, fort de vingt et un titres publiés entre 1737 et 1789. *Cf.* Roger Chartier, *Les Origines culturelles de la Révolution française*, Paris, Éd. du Seuil, 1990, pp. 220-225.

74. A.M. Guerry, *Essai sur la statistique morale...*, *op. cit.*, p. 65.

75. Un texte parmi d'autres, emprunté au livre cité de D. Roche. Il s'agit d'une lettre adressée par le secrétaire perpétuel de l'Académie de Marseille aux académiciens français le 12 janvier 1726 : « Vous avez déjà, Messieurs, assuré le bon goût dans le cœur du royaume, il ne s'agit plus que de pourvoir à la frontière. »

76. Jean-Pierre Peter, « Une enquête de la Société royale de médecine (1774-1794) : malades et maladies à la fin du XVIIIe siècle », *Annales E.S.C.*, 1967, pp. 711-751, et J.-Cl. Perrot, « L'âge d'or de la statistique régionale », art. cité, p. 222.

77. J.-Cl. Perrot, *Genèse d'une ville moderne*, *op. cit.*, t. II, p. 892, n. 168.

78. Albert Demangeon, *La Picardie et les régions voisines, Artois-Cambrésis-Beauvaisis*, Paris, 1905 ; Raoul Blanchard. *La Flandre. Étude géographique de la plaine flamande en France, Belgique et Hollande*, Lille, 1906 ; Camille Vallaux, *La Basse Bretagne. Étude de géographie humaine*, Paris, 1907 ; Jules Sion, *Les Paysans de la Normandie orientale. Pays de Caux, Bray, Vexin normand, vallée de la Seine*, Paris, 1909.

79. François Simiand, dans *L'Année sociologique*, t. XI, 1906-1909, pp. 723-732.

80. D'où, dans la recension de Simiand, l'éloge du livre de Vacher, *Le Berry*, publié en 1908, qui ne s'évade pas du domaine légitime de la géographie en centrant son attention sur des faits « vraiment » géographiques : le modelé du sol, l'hydrographie, le climat.

81. Maximilien Sorre, *Les Pyrénées méditerranéennes. Étude de géographie biologique*, Paris, 1913.

82. Lucien Febvre, *La Terre et l'évolution humaine. Introduction géographique à l'histoire*, Paris, 1922, rééd. Paris, Albin Michel, 1970, pp. 92-93.

83. Id., *Philippe II et la Franche-Comté. Étude d'histoire politique, religieuse et sociale*, Paris, 1912, rééd. Paris, Flammarion, 1970, p. 11.

84. Victor Karady, « Durkheim, les sciences sociales et l'Université : bilan d'un semi-échec », *Revue française de sociologie*, XV, 1976, pp. 267-311, et « Stratégies de réussite et modes de faire-valoir de la sociologie chez les durkheimiens », *Revue française de sociologie*, XX, 1979, pp. 49-82.

85. V. Karady, art. cité, 1976, p. 305.

86. Sur le rapport entre préconstruction d'un préjugé et formulation scientifique, cf. l'article de Pierre Bourdieu, « Le Nord et le Midi. Contribution à une analyse de l'effet Montesquieu », *Actes de la recherche en sciences sociales*, n° 35, 1980, pp. 21-25.

ALAIN CORBIN

Paris-Province

Le 27 novembre 1796, le Théâtre-Français donne *Les Héritiers* d'Alexandre Pineu Duval. L'un des personnages, le valet Alain, apprend qu'un officier, naguère disparu en mer, revient inopinément, au grand dam des siens, occupés à se partager son bien. La scène se passe dans un château du Finistère. À plusieurs reprises, le valet déclenche l'hilarité des spectateurs parisiens. Scène I: «Sa mort a fait du bruit dans Landerneau.» Scène II: «Il y en a au moins pour huit jours de conversation.» Scène XVIII: «Oh! Il y aura du scandale à Landerneau.» Scène XXIII: «Oh! Le bon tour, je ne dirai rien, mais *cela fera du bruit dans Landerneau*[1].» L'expression entre dans le langage commun.

L'acteur, Baptiste Cadet, très apprécié des spectateurs du vaudeville, sait admirablement jouer du comique de répétition. Mais cela ne saurait suffire à expliquer la force du trait. En cette fin du XVIIIe siècle, le texte sollicite une connivence déjà ancienne entre les auteurs et les spectateurs de la comédie. Un Landerneau imaginaire rejoint Pézenas, Carpentras, Brive-la-Gaillarde, Pontoise et Quimper-Corentin sur la liste déjà longue de ces villes dont le nom seul suffit à déclencher l'hilarité des Parisiens. Aucun de ces lieux dérisoires n'a été jusqu'alors véritablement décrit; ils se situent dans un espace imprécis: la province. Le lien établi entre ces villes ridicules et l'inanité des propos qui s'y tiennent constitue le ressort comique: Pineu Duval le souligne bien: «Il y en a au moins pour huit jours de conversation.»

À l'évidence, le partage qui justifie ici le rire parisien n'est pas à proprement parler géographique. En outre, la notion de province se fonde, non pas sur l'analyse d'une différence, voire d'une inégalité, mais sur la perception d'une carence, d'un éloignement, d'une privation, celle de la capitale. Plutôt que d'un partage comme celui qui sépare le Nord et le Sud, il s'agit ici d'un rapport[2]. Ainsi conçue, la province ne se confond ni avec la campagne ni avec les provinces, unités territoriales qui possèdent leur histoire, leurs privilèges, leurs institutions, leur administration et dont s'esquisse alors l'identité géographique. La province qui nous occupe n'est pas addition des provinces; elle se dessine comme une réalité socioculturelle fort complexe, souvent dédaigneuse des grandes ruptures qui scandent l'histoire politique. Faire l'histoire de la province c'est écrire une page des représentations du territoire autre que celle qui relate la fabrication des images provinciales.

La province littéraire émerge au milieu du XVIIe siècle, quand s'affaissent le goût de l'héroïsme et la mode du baroque; sa naissance accompagne «le resserrement extrême de l'espace idéal[3]», lequel tend peu à peu à se réduire à la scène parisienne. La province sémantique, liée à la centralisation des représentations et de la réalité du pouvoir, se fonde sur une exclusion; de ce fait, elle a d'emblée partie liée avec la dérision. La notion de province participe d'un comique de l'espace, qu'elle tend à monopoliser. «Au singulier, écrit le père Dominique Bouhours en 1692, on ne dit guère qu'en riant: c'est un provincial[4]» et la *vis comica* des lieux évoqués dans le roman de Scarron ne peut s'éprouver qu'en fonction de Paris[5].

Dès cette époque, la province est aussi expérience intensément vécue. Née de la curialisation, elle se définit alors comme l'espace de privation de la radieuse présence du roi; comme l'enfer de la disgrâce, le lieu de l'exil intérieur, hanté par la crainte de l'oubli. La province, c'est l'accablement, le risque de dépérissement, de la rouille (Bussy-Rabutin), de la moisissure (Mme de Sévigné). Elle s'identifie à la léthargie, à l'hibernation, pire, à la mort symbolique. On va s'enterrer en province. «Vous autres, gens de la cour, écrit Bussy-Rabutin à Benserade, comptez pour morts les gens de province»; et Mme de Sévigné qualifie les provinciaux de «gens de l'autre monde[6]».

Tout au plus, la province peut-elle se muer en «désert», en refuge voué à la contemplation; se faire le théâtre de l'épanouissement de la vie intérieure par-delà le «désabusement», la scène du triomphe d'un renoncement qui emprunte aux images stoïciennes de la retraite et qui anticipe sur la béatitude céleste.

Quand l'exil n'est pas volontaire, la coupure irrémédiable induite par la disgrâce suscite la métamorphose provinciale. De ce fait, le retour en grâce éventuel ne peut être que celui d'un individu ridicule ou d'un être brisé qui optera vite pour le renoncement. La souffrance puis la résignation de Bussy-Rabutin, auquel le roi n'a défendu que Paris et la cour, le périodique exil breton imposé à Mme de Sévigné par la sauvegarde de sa maigre fortune constituent des exemples bien connus de cette douloureuse expérience.

La province, éloignée de la société de la place Royale, des salons parisiens, du monde de l'Académie, impose la privation du bel usage et du beau langage. Elle est envers de la préciosité. Le provincial malgré lui se sait condamné à l'absence de conversation. Il doit supporter les patois. Il risque

Paris-province

d'y perdre sa langue, comme le redoute Mme de Sévigné, effrayée par la médiocrité des propos qui s'échangent à Vitré. Hormis les joies de l'hospitalité et la proximité chanceuse d'un grand seigneur qui séjourne sur ses terres, l'exilé en province pourra tout au plus nouer des relations avec les érudits de la grande ville voisine, hélas! peu au fait des dernières modes. Ce commerce savant, pas plus que la correspondance, relation de substitution alors essentielle dans le rapport qui s'établit entre les deux espaces, ne saurait suffire à préserver longtemps la langue du Parisien.

Le provincial installé à Paris, avide de reconnaissance, doit pour sa part se désolidariser du milieu dont il émane. La dépréciation de la province constitue une obligation pour qui veut obtenir l'adhésion de la Ville[7]. Molière lui-même s'excuse devant le roi d'avoir si longtemps exercé son art loin de Paris; il sait que l'évocation du provincial doit faire rire à la cour. La nécessité du reniement conforte une notion que l'on aurait tort de croire réservée aux Parisiens de souche.

Cette province, qui est alors éloignement tout à la fois de la cour et de la Ville[8], et dont l'étrangeté se dessine avec une intensité croissante, ne constitue pas un territoire bien défini. Racine ne nous décrit pas véritablement l'Uzès dans lequel il est condamné à séjourner et qui lui apparaît d'abord comme l'impossible séjour des Muses[9]. La province se dessine comme un entre-deux imprécis entre la scène centrale qui se tient à Paris et l'exotisme de la fantasmagorie. Toutefois, la totalité de l'espace français n'évoque pas le même degré de provincialité. Celle-ci s'approfondit avec l'éloignement. Caen, l'Athènes normande, foyer d'une académie prestigieuse, illustrée par Huet, par Segrais, par Moisant de Brieux, habitués de Paris, participe encore de la lumière de la Ville, qu'elle réfléchit[10]. En revanche, le sud de la Loire, le Midi surtout, figure une province exacerbée. Les personnages qui hantent ces lieux lointains illustrent l'extrême mauvais goût; leur langage n'est qu'un baragouin; peu à peu «carnavalisés», ils se font irréels, à l'image du Gascon, marionnette ridicule qui amuse un Paris désireux de prendre une revanche symbolique sur les hommes du Navarrais, naguère outrecuidants. En cet âge d'or de la gasconnade, la mise en scène des rodomontades, des jurements et du galimatias de ces pantins fait rire des spectateurs peu soucieux d'une fidèle peinture de mœurs[11].

Entre 1650 et 1670, le théâtre et, secondairement, le roman élaborent le catalogue des stéréotypes qui constituent le portrait du provincial, dont le ridicule découle de l'éloignement des sources du pouvoir, sinon du savoir[12].

Il importe à ce propos de se faire attentif; le provincial n'est pas le campagnard; il ne s'agit pas d'un de ces nombreux domestiques parisiens issus du peuple rural. Eux aussi font rire, mais pas comme représentants de la province. Ils ne s'essaient même pas au maniement du beau langage, et la langue artificielle qu'on leur prête mise sur d'autres ressorts comiques. La province ne saurait en outre se confondre avec ces lieux champêtres proches de Paris – Auteuil, Passy, Vincennes, Vaux, Fontainebleau – sur lesquels tend alors à se replier la campagne sémantique[13]. Par une sorte de privilège d'extraterritorialité, le château du seigneur bien en cour et la ville d'eaux, foyers temporaires de parisianité[14], ne participent pas davantage de la province. Les personnages des *Eaux de Bourbon*, de Florent Dancourt, ne souffrent pas du ridicule qui caractérise cet espace déprécié[15].

La petite noblesse provinciale, celle qui échappe encore à l'attraction de la cour, focalise pour l'heure la dérision parisienne. L'aristocratie curialisée vise à discréditer les mœurs de cette catégorie, ainsi que l'attachement qu'elle témoigne aux valeurs anciennes. Sur scène, le bailli et la baillive, madame l'élue, le prévôt, le tabellion, le collecteur d'impôts, le *magister* et autres petits notables ridicules constituent la province ciblée[16]. Les nobles sont affublés d'un nom qui écorche l'oreille et dont la connotation morale déclenche l'hilarité : M. de la Dandinière, de la Prudoterie, de Sotenville, de Pourceaugnac, le baron de la Crasse.

Tous se caractérisent par les mêmes traits fondamentaux ; tous sont habités du désir de la qualité ; ils brûlent de connaître, de comprendre et d'imiter Paris. Ils ont soif de reconnaissance ; ils ont hâte de manier le bel usage et le beau langage. Bien entendu, ils sont voués à l'échec. Abreuvés de déceptions, tel M. de Pourceaugnac, hantés par la crainte d'être dupés, ils se réfugient finalement dans une province qu'ils n'auraient jamais dû quitter.

Aux yeux du Parisien, le personnage se définit d'abord par son apparence, par son «air provincial». Cependant, le premier des désirs de cet être impatient est bien de se débarrasser de cette encombrante tunique et de «vivre à la parisienne». Rêve impossible.

Le provincial se caractérise encore par sa prétention outrancière. Dans tous les domaines, il se manifeste par l'excès, résultat d'une insuffisante maîtrise de soi, d'un mauvais maniement des codes, d'une méconnaissance de l'artifice discret. Contrefaire le monde, se faire passer pour ce qu'il n'est pas : tels sont les grands projets du provincial, que le Parisien saura aisément déjouer. Ne l'oublions pas, les précieuses ridicules sont des «pecques» de province.

Cette dernière se définit enfin par l'étroitesse et par le décalage. Le provincial vit dans un espace borné, son regard est étriqué, ses intérêts minuscules, ses relations confinées. Les péripéties qui scandent son existence se déroulent à l'intérieur d'un cercle restreint. Dans le Limoges de M. de Pourceaugnac, tout se sait, tout le monde se connaît ; et la Dorine de *Tartuffe* dresse de la province conjugale le tableau que l'on sait.

Tout en souffrant de la lenteur de l'information, la province vit au ralenti. Le retard de la nouvelle, l'impossibilité de la saisir près du lieu de son émergence engendrent la curiosité avide de ces gens condamnés au statut de lointains

Paris-province

spectateurs, privés d'être jamais acteurs sur la scène primordiale. Quels que soient les efforts de la provinciale, celle-ci sera toujours en retard d'une mode. Quant à l'homme, il continue de participer vaguement de la rusticité environnante. Il est inconvenant et incommode; sa grossièreté, son «épaisseur d'esprit», ses colères fatiguent le Parisien. La Bruyère, pour cette raison, ne manque pas de le fustiger.

Au fil des ans, le catalogue des stéréotypes s'allonge, la gamme des traits se diversifie, le dessin des ethnotypes se précise. Les images des provinces enrichissent celle de la province. Le néo-hippocratisme éperonne la constitution d'une galerie de provinciaux burinés par les climats, marqués jusque dans leur physionomie par l'empreinte des patois. Dès 1665, Raymond Poisson fait défiler, dans *L'Après-souper des auberges*, la série de ces ethnotypes, bientôt enrichie par Dancourt. Les noms du terroir confortent le ridicule du Banneret de Kergrohinizouarne, de M. de Kerbabillard, du Normand Vivien de la Chaponnardière ou du Gascon Fourbignac[17].

Fascinée par la Ville et par la cour, soumise au désir d'agrégation, figée dans l'attente de la correspondance parisienne, la province n'oppose pas de contre-image aux schèmes dévalorisants nés de la dérision. Elle supporte sans véritable rébellion la dépréciation de l'érudition, la dépossession de prestige qui s'effectue aux dépens des juristes, des savants et au profit de la société de cour. L'académisme provincial lui-même, impatient de l'octroi versaillais de lettres patentes, voit son essor régularisé, surveillé, son activité soumise par l'adoption de modèles parisiens. Au moins jusqu'en 1715, remarque Daniel Roche, l'expansion du mouvement pourrait «bien signifier le freinage d'un dynamisme provincial[18]». L'académisme proclame son ralliement aux usages de la capitale; il contribue à l'entreprise de diffusion du français, à la liquidation d'une culture baroque. Comme la dérision, il participe sans doute de la stratégie qui vise à la domestication de la noblesse provinciale[19].

En cette fin du Grand Siècle, frappe la réussite de l'image décrétée, puis assumée, sinon revendiquée, par ceux-là même que l'on vise à déprécier. Alors s'inaugure une attitude qui contribuera longtemps à ordonner le rapport Paris-province: la docilité, le consentement voire la soumission active à l'image de soi proposée par l'autre, la reconnaissance de son identité dans le miroir tendu par la Ville. Dès le XVIIe siècle, au dire des témoins, les Gascons subissent la tentation de faire coïncider leur attitude et l'image d'eux-mêmes qui leur est enjointe. En se faisant complices, ils espèrent se délivrer de leur condition; en fait, ils achèvent «l'institutionnalisation de la figure[20]». Philippe Joutard relève pour sa part chez les Marseillais l'étonnant désir d'incarner l'ethnotype enraciné dans la fiction. La simple volonté de se conformer qui se manifeste à la périphérie approfondit ainsi le partage, sans que le pouvoir central y soit consciemment pour quelque chose.

Cependant, une autre donnée vient vite compliquer la configuration de la provincialité. Dès 1666, Furetière, en son *Roman bourgeois*, invente une province romanesque et paradoxalement parisienne. Cantonnés dans les limites étroites du quartier, soumis au poids du voisinage, les habitants de la place Maubert qu'il décrit inaugurent le transfert du noble ridicule vers le petit-bourgeois borné, appelé à vite devenir la figure centrale de la société provinciale[21].

Dès la fin du XVIIe siècle, la notion de province, fermement dessinée quelques décennies plus tôt, perd de sa netteté. Aboutissement extrême du rétrécissement de l'espace : Paris ne s'intéresse plus guère qu'à Paris. Dans le droit fil de cette occultation, le XVIIIe siècle ne revêt pas la même importance fondatrice que la période médiane du Grand Siècle ; l'histoire sémantique de la province lui doit assez peu ; l'identité perçue, la gamme des sentiments éprouvés ne sont pas alors profondément modifiés. Paris, la campagne, le château constituent pour l'heure les scènes privilégiées. Certes, la notion de province survit, périodiquement réinterprétée ; ainsi, Marivaux, après Regnard, expose le personnage de la provinciale niaise, fascinée par la capitale et proie facile des Parisiens[22] ; mais la province ne se situe plus au centre des représentations. De plus en plus nettement, elle suggère l'espace menaçant d'une possible contagion de la noblesse par la mesquinerie des intérêts, des valeurs et des codes de la bourgeoisie ascendante.

Plusieurs phénomènes d'importance affectent toutefois cette figure somme toute récente. En premier lieu, le déplacement du centre de gravité de la société. Paris redevient le cœur de la mondanité. Force est d'ailleurs de souligner que l'on a probablement surestimé la dépossession inaugurée par l'installation du roi et de la cour à Saint-Germain puis à Versailles. Hélène Himelfarb[23] a montré la complexité des séjours royaux, même après 1682. Robert Mandrou remarque que la Ville, fertile fabrique de modes, riche de ses salons, de ses académies, de ses talents, s'était toujours posée en concurrente de la cour[24]. Au XVIIIe siècle, comme le souligne Marc Fumaroli[25], ce sont les cénacles parisiens qui décident des notoriétés, font les élections à l'Académie. Il convient de souligner ce primat de la Ville dans la mesure où c'est en ce milieu que s'opère jusqu'à la fin du XIXe siècle l'évolution du système de représentations et d'affects qui définit la province. C'est par la conversation mondaine et parisienne que, longtemps, se façonne et s'éprouve le partage, que se mesure le plus aisément la provincialité de l'individu.

Dès le début du XVIIIe siècle, s'inaugure en revanche un mouvement centrifuge qui se prolonge jusqu'à la chute de la monarchie. Peu à peu monte la critique de la capitale par elle-même ; dépréciation insinuante, déjà perceptible chez Lesage et chez Montesquieu, que la dénonciation de la pathologie urbaine, avivée par le néo-hippocratisme, viendra conforter, en attendant la diatribe hallucinée d'un Louis-Sébastien Mercier[26]. La dénonciation de la

Paris-province

Ville stimule le discours idyllique. C'est en effet la campagne[27], et non la province, qui profite avec évidence de la soif d'évasion[28].

L'ampleur du mouvement académique qui se déploie en dehors de Paris au siècle des Lumières pourrait suggérer une tentative réussie d'émancipation, voire un primat culturel de la province. Sans nier l'originalité d'un comportement qui révèle parfois une réelle initiative des acteurs provinciaux, la grande étude de Daniel Roche conduit à nuancer quelque peu cette valorisante lecture[29]. L'essor du mouvement académique continue en effet de s'effectuer en fonction d'un modèle de relations hérité du Grand Siècle. En outre, « tel qui fréquente l'académisme de sa province et les salons parisiens, relève plus de Paris, quel que soit son attachement pour sa ville, que de son académie provinciale[30] ». Révélateur à ce propos le cas de Montesquieu. S'il est vrai qu'entre 1715 et 1750 se manifeste en ce milieu une réelle volonté d'indépendance à l'égard de Paris, celle-ci s'affaisse durant la seconde partie du siècle, lorsque monte la soif de pouvoir local. L'accentuation de la conscience régionale qui en résulte accuse les contours de l'image des provinces. Or, tout ce qui favorise la fierté pour le petit pays conforte la différence parisienne, ancre la spécificité de l'image de cette ville qui transcende le régionalisme ; du même coup, tout ce qui contribue à promouvoir les provinces tend à dévaloriser la province.

Par toute une série de retouches, plus ou moins subtiles, la Révolution a redessiné le rapport imaginaire qui lie et oppose à la fois Paris et la province. Il convient d'abord de mesurer quelle fut, à ce propos, l'incidence de la création des départements et du réaménagement de l'espace qui en résulta[31]. À la veille de la réunion des États généraux, le concept de province, entité territoriale et administrative, demeure malgré tout incertain ; la nouvelle découpe du territoire effectuée par la Constituante a pour effet paradoxal d'éperonner la conscience de l'identité provinciale. Celle-ci trouve à s'approfondir dans l'effort de résistance opposé à son abolition. Sous la Constituante s'inaugure ainsi un processus dont il nous faudra reparler.
Dans le même temps, l'émergence d'une identité départementale puis son progressif affinement et son animation par une prolixe littérature suscitent un bouleversement profond du système de représentations du territoire. Il s'agit d'un épisode décisif de l'histoire de l'imaginaire de l'espace et des rapports que celui-ci entretient avec la nature.
Certes, l'élaboration de la nouvelle identité départementale n'a pas, par elle-même, radicalement transformé l'image de Paris et celle de la province. Au lendemain de la réforme, le qualificatif « départemental » hérite spontanément des stéréotypes qui dessinaient la figure du « provincial » ; avec sans doute une profondeur accrue. En effet, l'identité départementale s'impose avec tant de force qu'elle accentue la conscience d'appartenance. Contrairement aux

visées des promoteurs de la nouvelle carte administrative, qui entendaient faciliter l'arrachement aux figures de la territorialité, les individus, grâce au département, se sont, au fil des ans, localisés plus intensément.

La création de la nouvelle entité, la réflexion qu'elle a suscitée constituent une page importante de l'histoire de la « mise en relation du territoire et du pouvoir[32] ». Les débats qui ont accompagné la nouvelle découpe, effectuée tout à la fois en fonction des données de l'économie politique, de la géographie et de la biologie, ont mis en évidence l'hostilité à l'égard de Paris. Ils furent l'occasion d'une réaction affective de la province, du défoulement d'une acrimonie trop longtemps contenue.

Reste qu'il convient de bien mesurer la portée de cette diatribe. Marie-Vic Ozouf et Ted Margadant[33], qui se sont livrés à une analyse approfondie des discours alors produits par la province, montrent bien que cette hostilité initiale s'intègre à un parti pris anti-urbain, de portée plus générale ; elle constitue l'un des aspects de la polémique qui oppose alors les petites villes aux « capitales » et la campagne à la ville dévoratrice. L'établissement de la nouvelle carte administrative suscite ou réactive en outre de ces vieux conflits interurbains dont les historiens des réseaux et des hiérarchies citadines ont mis à nu les lointaines racines.

Mais il convient de ne pas s'en tenir au constat de cette résurgence. La réforme administrative provoque une brusque dilatation du rapport Paris-province, jusqu'alors cantonné dans le champ de l'histoire socioculturelle. Paris, devenu capitale, accroît son emprise dans la mesure où il en vient à se faire le symbole de l'accord des parties et du tout. Grâce à la nouvelle découpe, il acquiert une maîtrise plus nette sur la totalité du territoire ; il profite de la prégnance de la notion de centralité, de la volonté neuve de faire de la France un seul être, une seule nation dont la grandeur se mesure au prestige de sa capitale. Les réinterprétations de la carte administrative, effectuées par le pouvoir montagnard, puis par le Consulat et l'Empire, ne feront que traduire avec plus d'évidence une volonté centralisatrice déjà manifeste chez les constituants, durant le dernier trimestre de 1789. Ceux-ci ont d'ailleurs été conscients des nouveaux problèmes que risquait de poser cette prééminence accrue de la capitale ; en témoigne la lucidité de Target, rapporteur du Comité de constitution ; l'équilibre à établir, déclare-t-il à l'automne 1789, se situe non pas entre Paris et les provinces prises une à une mais entre Paris et la province dans son ensemble[34].

La création du département, les nouvelles figures de la centralité induites par la réforme n'épuisent pas, loin de là, le rôle exercé par la Révolution sur le dessin du rapport noué entre Paris et la province. Reste en effet à détecter les conséquences des péripéties de l'histoire politique. Force est ici, pour les bien percevoir, de garder les yeux fixés sur la chronologie. L'été 1789 fait de Paris la capitale de la Révolution[35]. Le centre des Lumières devient cité de la

Paris-province

Liberté. Le 14 Juillet confère à Paris un «rôle immédiatement central»; en prenant la Bastille, les Parisiens ont conquis le droit de prétendre guider la France en sa totalité. Alors, lit-on dans *Le Moniteur*, «tout le monde sentit que Paris devait être moins considéré comme une ville particulière que comme le rendez-vous général et la ville commune de tous les Français[36]». Le délai qui sépare les événements parisiens des réactions de la province atteste cette prééminence; de toute manière, c'est Paris qui, désormais, confère leur signification aux épisodes de révolution municipale, dispersés sur le territoire. La capitale, perçue comme source de l'opinion publique, tend à cantonner la province dans un rôle de réception. Le réseau des sociétés politiques, les procédures d'affiliation et de correspondance qu'il implique ancrent la figure d'une ville initiatrice. La presse de la capitale impose une image très parisienne de la province. Les journalistes de la grande ville s'érigent en sentinelles; ils se veulent éducateurs du reste de la France dont ils décrètent implicitement l'infériorité.

La fête de la Fédération du 14 juillet 1790 permet de bien percevoir les modalités du rapport qui, alors, se noue entre Paris et la province. Cette célébration confère à la capitale une «investiture nationale» et surtout une sacralité nouvelle. Le voyage des fédérés, note Mona Ozouf, se vit comme une «éducation nationale», comme un glorieux «pèlerinage fédératif» vers le «berceau sacré de la Révolution[37]».

À dire vrai, le dessin des représentations de Paris et de la province se révèle, à cette occasion, d'une assez grande complexité. Il résulte d'une tension entre deux figures qui relèvent de l'imaginaire de l'espace; au cours du va-et-vient accompli entre Paris et la province, les fédérés, précise Mona Ozouf, tiennent, par l'épreuve vécue d'un «égalitarisme topographique», à établir, tout à la fois, la «sacralité du centre» et la consacralité du territoire français[38].

1792 introduit un nouvel équilibre. À la différence du 14 juillet 1789, le 10 août 1792 ne constitue pas une journée proprement parisienne. Les provinciaux, notamment les Bretons et les Marseillais, ont participé à la prise des Tuileries. Le rapport imaginaire se complique à nouveau. L'essentiel n'est sans doute pas ici, comme on le répète, la centralisation accrue de la France jacobine; l'œuvre des Montagnards en ce domaine, répétons-le, s'inscrit dans un processus initié par la Constituante. Déterminante, en revanche, la manière dont s'organise le rapport de proximité instauré entre le peuple démocrate de Paris et la représentation nationale.

Aux yeux des patriotes de province qui reconnaissent la mission de surveillance, d'incitation, voire d'initiative, dont se sent investi le peuple parisien, la capitale demeure longtemps le centre et la sentinelle de la Révolution. Les thermidoriens eux-mêmes s'emploieront, initialement du moins, à légitimer leur action par la référence à cette figure d'un peuple apte à déjouer les complots.

Mais l'essentiel réside pour nous dans le dessin d'un nouveau système de représentations. Les Girondins élaborent alors un discours que les thermidoriens, une fois la victoire acquise, se contenteront bien souvent de réutiliser. À l'égard de Paris s'y lit, non plus une hostilité vague, qui participe de la méfiance nourrie à l'encontre de toute grande ville, mais une haine profonde et spécifique. De l'été 1792 à la mi-juin 1793, la diatribe est à son apogée. Le fédéralisme, construit sur une base départementale, dessine une gamme de stéréotypes qui pèseront longtemps sur les représentations politiques. Alan Forrest, Mona Ozouf et Raymonde Monnier[39] voient en ce système d'images une caricature qui vise à désacraliser Paris. Le rapport dialectique entre la capitale et la province se construit alors selon celui qui s'établit entre le mal et le bien. Paris n'est qu'une ville aveugle, rebelle, peuplée de factieux ; un centre d'intrigues et de complots, anarchique, turbulent, voire tumultueux, comme l'était la Rome des dernières années de la République ou, mieux encore, celle de l'Empire, obsédée par sa plèbe exigeante.

Paris se révèle aussi une ville arrogante, esclave et dominatrice tout à la fois. Les Girondins dénoncent la dictature de la ville despotique. Bien entendu, c'est ici le Paris de la Commune qui est visé. Marat, le Parisien par excellence, fait figure de symbole et de bouc émissaire.

Face à un tel monstre, la France désormais ne peut se fédérer que dans l'hostilité. La responsabilité de la crise fédéraliste n'incombe pas à la province ; aux yeux des Girondins, c'est Paris qui, depuis longtemps, tend à se séparer. Les Parisiens sont dépourvus du sens de la légitimité politique. « Détruisez ce fédéralisme impérieux des sections de Paris [...], lit-on dans une adresse de la Société républicaine de Champlitte, parvenue le 20 juin 1793. Nationalisez cette ville immense, qu'elle apprenne enfin à obéir à la volonté souveraine du peuple, à se niveler avec les départements[40]. » Et voilà que l'on souhaite la désignation d'un nouveau centre. Les sections de Bordeaux proposent que la ville de Bourges remplisse désormais ce rôle[41].

Néanmoins, l'été 93 correspond à l'apogée de l'influence politique du peuple parisien en armes ; c'est Thermidor – juillet 1794 – qui provoque l'affaissement du pouvoir de la capitale, bientôt privée de son administration municipale[42].

Quelle qu'ait été l'importance de ce processus, l'essentiel des modifications alors introduites dans le système des représentations qui nous occupe ne se résume donc pas dans l'accroissement progressif de la centralisation administrative. La période de la Révolution a instauré la sacralité de la ville capitale, berceau de la Liberté ; elle a ancré dans le souvenir les luttes qui ont opposé le peuple de Paris, fort de cette sacralité, et la représentation nationale, trop souvent désarmée. Les conflits de légitimité entretenus par cette dualité ordonneront longtemps l'imaginaire politique, la conscience identitaire et le dessin de la violence révolutionnaire.

Paris-province

La relation réelle et imaginaire, qui, tout à la fois, oppose et noue Paris à la province, se modifie profondément au cours du XIXe siècle. Cependant, la gamme des stéréotypes élaborés au lendemain de la Fronde continue de structurer en profondeur la nature du rapport. Tous les dictionnaires du temps, le Bescherelle, le Littré comme le Larousse, illustrent leurs définitions de citations de Molière, de La Bruyère et de Mme de Sévigné. La privation, la dévalorisation, le ridicule demeurent les éléments sémantiques décisifs ; tout au plus remarque-t-on qu'une pudeur nouvelle vient peu à peu atténuer la dépréciation, adoucir la diatribe.

À l'aube du siècle, s'impose toujours le primat de la dérision. Le vaudeville banalise les ressorts de la comédie classique et du roman bourgeois. Il vise à faire rire du provincial un large public populaire. L'extension sociale de la connivence parisienne caractérise alors l'histoire de la dépréciation du personnage. Désormais, le thème du provincial ridicule en visite dans la capitale semble l'emporter sur le comique de l'espace[43]. En 1802, Paris réserve un triomphe à la pièce de Picard, *Les Provinciaux à Paris*. L'auteur met en scène les membres de la famille Gaulard, de Ligny ; groupe de « bonnes gens qui se laissent toujours duper ». Le vaudeville, implicitement, sanctionne l'effacement de M. de Pourceaugnac ; le temps n'est plus où il importait de faire rire du hobereau[44].

Sous la monarchie censitaire, le provincial ridicule en visite à Paris poursuit sa déjà longue carrière. Au fil des ans, l'ethnotype s'enrichit. Perpétuellement berné, grugé, volé, victime de toutes les mystifications, pressé de tomber dans tous les guet-apens, le provincial vit une longue suite de « tribulations ». En 1842, Eugène Guinot, sous le pseudonyme de Pierre Durand, les énumère sur le mode plaisant dans sa *Physiologie du provincial à Paris*[45]. En 1844, Delphine Gay tente d'affiner encore le portrait ; elle nous décrit méticuleusement « les habitants de la province en proie aux émotions parisiennes ». La « figure écarlate », l'« air affairé[46] », le provincial se hâte, quand il ne court pas dans les rues. Ses gestes, ses manières, sa façon de marcher désignent sa maladresse. La provincialité constitue une réalité somatique, bien connue des truands[47]. En 1837, Balzac note pour sa part : « Ce en quoi la vie de province se signe le plus est le geste, la démarche, les mouvements, qui perdent cette agilité que Paris communique incessamment[48]. »

Cette « espèce » curieuse ignore la Ville, et les efforts qu'elle déploie en vue de satisfaire sa curiosité ne peuvent que se révéler totalement vains. Si Paris échappe aux provinciaux, si ceux-ci n'ont aucune chance de le découvrir, déclare Mme de Girardin, c'est qu'ils ne perçoivent que « ses plaisirs publics » et qu'« ils ne connaissent pas ses fêtes mondaines[49] ». Situés à la confluence du public et du privé, les lieux inaccessibles que fréquentent les deux mille individus qui composent le monde constituent le seul théâtre possible de la métamorphose; le reste n'est qu'illusion, fallacieuse intégration à la Ville. À en ignorer les codes, les provinciaux commettent des «erreurs effrayantes», qui surpassent le ridicule. À défaut de relations avec les véritables Parisiens, les voici qui se copient les uns les autres. «Une dame de Grenoble admire le mantelet d'une dame de Beauvais, qu'elle prend pour une lionne parisienne [...], un élégant de Cahors avise le gilet d'un merveilleux d'Abbeville [...]. Il serait par trop cruel pour eux de rapporter de la capitale des modes alsaciennes ou berrichonnes! [...] Après ce voyage, ils auront vu Paris, sans doute; mais qu'ils ne se fassent pas illusion, ils n'auront pas vu les Parisiens.» Comme jadis M. de Pourceaugnac et naguère les Gaulard de Ligny, ces provinciaux égarés n'ont, pour l'heure, d'autre solution que de retourner chez eux.

Aussi dérisoire soit-il, le séjour revêt toutefois une valeur initiatique. Le provincial qui a visité Paris conserve quelque part «la trace de son pèlerinage, l'indélébile cachet d'une expérience plus ou moins complète». En effet, selon le Parisien, «en touchant une fois le sol de la capitale, il a perdu son caractère primitif, sa naïveté départementale[50]».

Dans le même temps, on le sait, se déploie une conscience nouvelle de la primauté du centre, se réaménage le rapport que noue Paris avec les provinces. Michelet l'explicite dans son *Tableau de la France*; il n'est pas besoin d'insister, puisque ce processus a été analysé ici même par Marcel Roncayolo et par Jean-Yves Guiomar[51]. Rappelons seulement que cette nouvelle saisie d'un centre fondateur régit désormais le tableau de la nation. La quête du génie de chaque province suggère que la conscience de l'être français ne réside pas dans leur addition mais qu'il résulte du «dépassement des éléments constituants en son centre, Paris». Comme l'écrit Michelet: «le centre se sait lui-même et sait tout le reste», «les provinces se regardent en lui; en lui elles s'aiment et s'admirent sous une forme supérieure[52]». Cet impérialisme sémantique nous ramène au paradoxe fondamental qui s'impose à notre réflexion: tout ce qui approfondit la spécificité provinciale, tout ce qui relève du régionalisme, du localisme, alors enrichis par le polymathisme, creuse la différence et, par ignorance même du national, exalte implicitement Paris. La capitale, qui échappe à l'esprit de la localité, dont elle découvre avec étonnement les composantes, transcende les provinces; elle se dessine comme le lieu fondateur de l'unité de la France, comme l'espace exclusif de l'expression et de la consécration du national.

La saisie du territoire, la fabrication des images régionales qui s'opèrent alors s'effectuent en fonction de cette transcendance. Elles sont initialement ordonnées par la découverte de l'étrangeté des provinces. L'élite parisienne, étonnée, a soif de comprendre la résistance à la raison manifestée durant la Révolution, l'attachement insolite, agaçant ou tout simplement émouvant aux croyances, aux superstitions, aux préjugés, à l'antique calendrier, aux anciennes mesures, aux patois. L'enquête ordonnée aux préfets par Chaptal[55], les recherches de l'Académie celtique[54], l'entreprise de Nodier et du baron Taylor, les récits d'espace qui prolifèrent, et dont *L'Ermite en province* de Jouy constitue un significatif exemple, se construisent par implicite référence au centre. Les images régionales se dessinent de la capitale. Entre 1820 et 1835, les élites parisiennes imposent la vision tragique de la Bretagne armoricaine[55]. En 1829, Jules Janin popularise la figure plutonienne de la ville de Saint-Étienne[56]. Sous la monarchie de Juillet, les touristes venus de la capitale élaborent la silhouette du sauvage pyrénéen que Jean-François Soulet a démasqué[57]; et le portrait que l'on brosse alors du paysan de la montagne limousine doit beaucoup aux lecteurs parisiens du *Waverley* de Walter Scott. En 1842, trois des neuf tomes de l'importante série *Les Français peints par eux-mêmes* proposent, en forme de bilan provisoire, le tableau des ethnotypes provinciaux. Ceux-ci se dessinent en regard des Parisiens dépeints dans cinq autres volumes. L'importance du clivage qui nous retient s'impose avec éclat dans cette ambitieuse série.

Bientôt, nous y reviendrons, naissent les contre-images élaborées par les élites locales. Cette réponse se révèle précoce en Bretagne. Appuyée sur une bourgeoisie de talent, la noblesse autochtone s'efforce, au cœur de la monarchie de Juillet, d'imposer la figure de l'Arcoat arcadien, exalté par Brizeux. Mais ce n'est pas ici le lieu d'insister sur un ample processus qui ne nous intéresse que dans la mesure où il se déploie selon la complexe relation qui se noue entre Paris, les provinces et la province.

Plus importants sans doute pour notre propos, les balbutiements durant les années 1820, puis le brutal épanouissement au lendemain de la révolution de 1830, d'une nouvelle figure romanesque. La petite ville de province se constitue alors en objet littéraire. Nicole Mozet a fort bien analysé cette promotion qui sanctionne le primat de la petite bourgeoisie dans le dessin de l'imaginaire provincial[58].

La précision nouvelle de la description topographique de la petite ville accompagne l'essor de l'archéologie[59]. Tandis que s'efface temporairement la fascination de l'exotisme, la province se fait musée ; elle se mue en immense cabinet des antiques. Balzac, l'un des créateurs de la figure nouvelle, échafaude même le projet d'une archéologie morale et sociale, fondé sur l'étude de la petite ville de province[60]. Celle-ci propose au Parisien un double voyage, dans l'espace et dans le temps ; elle est vestige, fouille à ciel ouvert qui révèle le passé national. Mieux que Paris, surface sur laquelle peut aisément se lire un présent en perpétuelle création, mieux que la campagne qui continue de constituer une entité distincte de la province, les petites villes ont su conserver la trace. Chacune d'elles permet la reconstitution d'un siècle évanoui. Un itinéraire romanesque et provincial, réplique imaginaire des savants voyages de Mérimée, autorise la récapitulation du passé national, la saisie des étapes de la création de la France.

En fonction de cet ambitieux projet archéologique, l'image de la province se transforme. Celle-ci n'est plus tant espace comique à l'intérieur duquel se déploient les ridicules que lieu immobile « du vide, de l'ennui, du négatif[61], » de la « médiocrité des idées[62] », du dépérissement de la femme, de la « virginité éternelle », de la « non-vie[63] ». Elle constitue le piège ; elle suggère l'enfermement dans l'infiniment petit du quotidien. Le schème de la moisissure ou de la rouille évoquées par Bussy-Rabutin et Mme de Sévigné se trouve réinterprété à la lumière de ce projet archéologique qui sanctionne l'enrichissement de l'imaginaire social et les transferts opérés dans la détention du pouvoir.

Du même coup, la petite ville romanesque se perçoit comme le théâtre d'un tragique nouveau. En cet espace encore proche de la nature, l'artifice ne vient pas, comme à Paris, désamorcer la vigueur des passions. Ici, la violence du désir, encore exacerbée par la rareté des rencontres, par la médiocrité des partenaires et par la longueur de l'attente du choc amoureux, explique la vivacité du passage à l'acte[64], la ruée dans les affres du déshonneur[65]. C'est parce qu'il est un Breton de Guérande que Calyste du Guénic tente de précipiter sauvagement l'artificieuse Beatrix du haut de la falaise.

Dans ce monde sans père, au lendemain de l'exil du roi qui réactualise le régicide, la province imaginaire, théâtre vide de l'ennui et des amours « enterrées[66] », tend à se dessiner comme un lieu féminin. Entre Paris et la petite ville s'établit alors un clivage de sexe. Pour le reste du siècle, la province, par ailleurs jalouse d'une ville qui ne cherche qu'à l'exploiter, se trouve soumise à la séduction parisienne[67]. La capitale saura utiliser des tactiques multiformes pour attiser le désir qu'elle inspire. À l'image de l'Illustre Gaudissart, d'habiles fabricants d'images composent une cohorte de séducteurs avides de gruger ou simplement de conquérir la province. Cette visée inspire le voyageur de commerce, le journaliste, le créateur de modes, le romancier, l'homme politique ; nous y reviendrons. Dans la littérature romanesque, la femme de province simple, ardente et dédaignée, lorsqu'elle n'a pas encore acquis « son fonds des ridicules[68] » et renoncé à la coquetterie pour les confitures, apparaît une proie désignée pour le bellâtre ou le génie fatigué, habitués des âpres combats du monde parisien.

Cet enrichissement des images, qui réaménage le rapport établi entre Paris et la province dans les esprits du temps, se traduit encore – le fait est d'importance – par un renversement fondamental des figures de l'exil. La province n'évoque plus seulement la disgrâce, l'éloignement du centre et la moisissure de l'existence. Sa féminisation l'autorise à se faire « métaphore spatiale de la figure de la mère[69] ». L'obligation juvénile du séjour parisien constitue la province en refuge. En ce lieu de l'origine retrouvée peuvent se déployer les tactiques d'une régression en accord avec la sensibilité romantique ; d'autant plus que l'attente anxieuse des mères et des sœurs avive l'impatience du retour, fût-il temporaire. Les journaux intimes, les correspondances démontrent l'intensité de l'échange qui s'opère alors entre le Paris de la jeunesse des écoles et une douce province féminine[70]. Dans cet échange, la capitale trouve une autre occasion de modeler la femme, figée dans son attente ; ainsi, la relation épistolaire qui s'établit entre le frère et la sœur permet au jeune homme de jouer le Pygmalion[71]. Face à un Paris juvénile et masculin, bouillant d'idées révolutionnaires, impatient de barricades, la province, qui accède au statut de lieu initiatique, tend à concentrer les interprétations réactionnaires.

En tout cela se mêlent inextricablement le réel et l'imaginaire. Le roman propose un nouveau miroir à des lectrices de province, avides d'identité ; et nous savons que celles-ci étaient alors nombreuses. La littérature suggère une nouvelle conscience de la provincialité et sollicite le désir de conformation. Il ne s'agit plus d'incarnation d'un ethnotype, comme pour le Gascon de naguère, mais de simple adhésion à l'image[72] de soi produite par la capitale. L'insistance avec laquelle les romanciers s'appliquent à décrire la sphère privée lorsqu'ils évoquent la ville de province ne peut, à ce propos, que faciliter le ralliement des lectrices.

Dans le même temps évoluent les modalités de l'attraction parisienne. La désorganisation puis la reconstitution et la centralisation du système d'enseignement sous la Révolution ont imposé le séjour parisien à des cohortes de jeunes gens ambitieux qui, naguère, seraient probablement demeurés dans leur province natale. Nicole Mozet souligne à juste titre l'intensité de cette expérience du déracinement vécue par les hommes dont l'adolescence s'est achevée entre 1795 et 1810[73]. Le prestige des académies peu à peu rétablies, celui de la Sorbonne et des lycées du quartier Latin, la fondation des grandes écoles, en bref, la politique étatique de formation des élites, en attendant l'institution des « conférences » destinées aux jeunes gens désireux de jouer un rôle politique[74], institue pour longtemps le séjour parisien en étape indispensable de la formation.

Déracinement qui plaît à des individus impatients de se jeter dans la mêlée sociale et persuadés que la province n'est pas à la mesure de leur être profond. Les nouvelles procédures de la mobilité sociale, l'ascension de l'individualisme contribuent à réorienter les relations qui se nouent entre Paris et la province ; surtout, elles installent désormais un partage, sinon une fracture, au sein même de l'individu, tout à la fois avide de Paris et nostalgique du refuge provincial.

La capitale, plus que jamais, ordonne les ambitions; elle focalise les images de la réussite mondaine et sentimentale; elle constitue l'aboutissement des carrières. La province, naguère enfer de l'exil, se fait, de plus en plus nettement, stagnant théâtre de l'échec; lieu des épreuves transitoires, de l'attente anxieuse et douloureuse de la promotion parisienne, refuge de la déception et de la résignation. L'essentiel n'est plus la privation de la présence du roi mais la conscience de l'ascension stoppée, l'impression de vivre enfermé à l'intérieur d'une nasse.

Pour le jeune étudiant d'origine provinciale, qui ignore encore les affres de la déception, Paris se dessine comme le théâtre privilégié de l'éducation sentimentale. La multiplicité des liaisons éventuelles, la liberté de mœurs d'une jeunesse heureuse d'échapper au contrôle familial et provincial, une certaine désinvolture caractéristique du monde de la capitale, la possibilité de mener une vie de bohème et d'établir librement avec la grisette un ménage temporaire qui calme des sens irrités par l'attente de la maîtresse prestigieuse, la largeur du cercle de l'amicalité masculine font de Paris le lieu suprême de l'apprentissage des artificieux raffinements de la volupté et du commentaire des exploits masculins. Espace de liberté d'où l'on peut en outre, sans grand risque, provoquer le bourgeois, et qui procure parfois, au théâtre, voire dans la rue, l'ivresse du tumulte politique.

En ce Paris des tribulations juvéniles, tandis que se constitue la jeunesse des écoles[75] et que s'approfondit la notion de génération, s'allonge le martyrologe de la province exilée. Pour le jeune venu de Grenoble ou de La Côte-Saint-André, l'intégration est difficile. La misère guette; les plaisirs de la capitale sont sourdement minés par l'amère certitude de devoir un jour faire taire ses ambitions et revenir à la médiocrité tout à la fois bourgeoise et provinciale[76]. La littérature romanesque qui porte attention à la petite ville se délecte parallèlement des plaisirs et des tourments de l'apprentissage parisien. En 1829, *Ernest ou le Travers du siècle*, de Gustave Drouineau, connaît un immense succès. La fin misérable du héros, venu de La Rochelle faire du droit à Paris, attire l'attention sur les malheurs de la jeunesse provinciale et déracinée.

C'est que le simple séjour, répétons-le, ne suffit pas à la véritable initiation, à la métamorphose du provincial. L'apprentissage de la présentation de soi, la maîtrise des codes, la façon de les traiter avec désinvolture, la connaissance et la fréquentation des lieux à la mode, l'adoption du rythme de la vie parisienne, l'art de décrypter l'allusion, l'instantanéité du passage de l'énigme à son déchiffrement qui fonde la connivence constituent autant d'atouts indispensables. Ils ne peuvent s'acquérir que par les relations mondaines. Seule une telle proximité permet de prendre conscience des formes de la supériorité, de percevoir l'échelle suprême des positions, de discerner les itinéraires et les tactiques qui découlent de cette saisie; en bref, seule l'assidue fréquen-

Paris-province

tation du monde peut rendre clairs les images et les chemins de la réussite. En ce cercle, restreint mais bouillonnant, se décide la faveur, se déploie la recommandation[77], s'opèrent les rencontres, se nouent les liens nécessaires à la réussite d'une carrière, à la reconnaissance du talent, voire au sacre du génie. Il est peu pertinent de dissocier en ce domaine les raffinements de la civilité, les étapes de l'éducation sentimentale et le déploiement des ambitions, tant est grande l'intrication des apprentissages.

Il importe à ce propos de distinguer deux niveaux de provincialité et de ne pas confondre le personnage de vaudeville, perdu dans la tempête parisienne, héritier d'un ethnotype comique à l'histoire déjà longue, et cette provincialité subtile et discrète que seuls révèlent les pièges de la conversation mondaine. En revanche, il est une fois de plus malaisé d'opérer, à ce propos, le partage entre l'imaginaire et le réel, tant sont grandes la prégnance des modèles littéraires et l'acuité du regard des observateurs de la société. Entre les personnages de Rastignac, de Jérôme Paturot, de Prosper Chavigni[78] et les clés qu'on leur attribue, l'interaction s'opère instantanément.

Au total, il ne s'agit donc pas tant d'une dépossession des élites provinciales au profit de Paris que d'une négation. La province ne peut avoir d'élites puisque, par la métamorphose[79], le provincial de talent perd cette qualité tandis que, par privilège, le Parisien d'élite, loin de la capitale, échappe à la provincialité. L'aristocrate en son château, le grand bourgeois en sa campagne, à condition de ne pas prolonger exagérément leurs séjours, restent des Parisiens. Le haut fonctionnaire est un pion mû par Paris ; il ne risque guère la contagion ; pas plus que son épouse, la « femme administrative » que Balzac, pour sa part, distingue soigneusement de la « femme de province[80] ». Le génie, par une sorte d'immaculée conception, ne saurait être réduit au statut de provincial. Eugène Guinot se refuse même à reconnaître pour tel l'individu qui arrive à Paris en chaise de poste[81]. Quelques décennies plus tard, le *Grand Dictionnaire* de Pierre Larousse étendra, abusivement, ce privilège de citoyenneté parisienne à tous ceux qui arrivent par train express au cœur de la capitale[82].

C'est que le partage est moins géographique que jamais. La provincialité perçue comme un décalage, définie par l'immobilité, l'ennui que l'on refuse d'avouer[83], l'archaïsme des usages, la petitesse des intrigues, la timidité des voluptés, l'« horticulture des vulgarités[84] », est installée en plein centre de Paris. Dans la plupart des quartiers existent des sociétés étroites ; des bourgeois continuent de prendre leurs repas selon l'horaire ancien. Ainsi, « le Marais est une province à part qui n'a rien à voir avec Paris, et dont les habitants sont en général plus étrangers aux choses parisiennes, que les citoyens de Quimperlé ou de Castelnaudary[85] » ; conviction exprimée à nouveau un quart de siècle plus tard dans le *Grand Dictionnaire* de Pierre Larousse.

« L'habitant de la Chaussée d'Antin ne fait plus guère de différence entre un rentier du Marais et un parfait notaire de Carpentras ; le Marais, c'est maintenant la province en plein cœur de Paris[86]. »

Pour le véritable Parisien, le danger de contagion provinciale existe bien. Il convient de s'interroger sur l'intensité du risque. Ce qui nous renvoie à une pratique sociale enracinée dans la Préciosité. Le monde implique l'absence de tout retard, de tout décalage, l'harmonie permanente entre l'individu et le présent en gestation, la perception de la mode en devenir, la saisie d'un courant sans rupture. Le commerce social s'épanouit dans la conversation ; celle-ci se nourrit de l'effet produit par l'annonce de la nouvelle fraîche et par son commentaire. Or, ce dernier se trouve dépourvu de sens s'il ne se situe pas à proximité de la source de l'information. La province, qui en est éloignée, se trouve réduite à l'avidité de la nouvelle parisienne, à l'énonciation de lieux communs et « à la plaisanterie arriérée[87] ». Il est difficile, sinon impossible, d'avoir de l'esprit à Sancerre.

Delphine Gay consacre à ce sujet des pages fort alertes dans le « Courrier de Paris » qu'elle publie dans *La Presse* ; le but de cette rubrique est précisément de fournir au provincial frustré de brefs échos de la mode parisienne. Un séjour en province suffit, selon elle, à créer une dangereuse rupture. « Nous ne nous sentons plus en harmonie avec les idées du moment. Le monde paraît follement étrange quand on le revoit après une longue absence. » « Nous arrivons [...] et nous demandons bien vite ce qu'il faut faire, ce qu'il faut voir, ce qu'il faut dire ; car nous sommes dans la plus complète ignorance des intérêts parisiens. » « C'est que la vie parisienne est une étude qui demande des années entières » et qui implique l'« habitude du monde ». « D'où sortez-vous ? » demande-t-on au Parisien trop longtemps absent de la capitale : « *On ne peut plus causer avec vous*[88]. » Il faudra « bien des jours avant de retrouver cette activité infatigable, cette élasticité de caractère, cette agilité de jugement, cette présence d'esprit de tous les instants, ce menu courage de toutes les heures qui constituent l'intelligence parisienne ».

Ici s'impose une digression. En ce temps de la monarchie censitaire, le jeu parlementaire tend en effet à resserrer les contacts noués entre Paris et la province. Les doctrinaires, à l'image de Guizot, espèrent alors que la représentation va, par un travail de la nation sur elle-même, hâter la production des élites, permettre de les extraire de la masse enfouie dans les profondeurs de la province[89]. En fait, cette décantation de la supériorité présuppose, plus que jamais, la métamorphose du provincial.

Toutes convictions politiques mises à part, la Chambre se compose de trois types de députés. Le Parisien séducteur de la petite ville de province, chef-lieu d'une circonscription électorale, constitue le premier de ces personnages. Entre lui et ses mandants s'établit une incommensurable distance. Il

Paris-province

n'a pas, pour l'heure, à faire semblant de se couler dans le moule du provincial. Les électeurs des circonscriptions les plus déshéritées n'ont pas à être séduits. Ils ont décidé, par système, de se faire représenter par des députés qui appartiennent à l'élite nationale, qui sont proches du pouvoir et qui sont disposés à exercer la médiation due par les grands notables[90]. Saint-Marc-Girardin à Saint-Yrieix n'accomplit pas le moindre effort en vue de plaire à ses électeurs fidèles ; les préfets s'en plaignent amèrement. Émile de Girardin – pour nous en tenir à des exemples limousins[91] – semble fort étranger à Bourganeuf dont il est député[92].

Le rétablissement du suffrage universel en mars 1848 accentue la nécessité du travail de séduction. Nombre d'aristocrates, habitués du faubourg Saint-Germain, soumis naguère à un exil provincial souvent fallacieux, y trouvent l'occasion, à l'image d'Alexis de Tocqueville[93], de séduire les électeurs de la province environnante. Dans le même temps, les dirigeants du Club des Clubs, puis les Montagnards, instituent à nouveau la province en vaste pays de mission que parcourent d'éloquents délégués. Ce qui fournit bien vite au vaudeville parisien l'occasion de jouer une fois de plus du comique d'un espace provincial sur lequel se déploient, d'une façon qui ne peut être que dérisoire, les modes politiques et les débats parisiens[94].

Le député originaire de province mais talentueux constitue le deuxième de ces personnages. Bénéficiant d'une métamorphose quasi instantanée, il entre dans les états-majors, participe aux grands débats qui ordonnent le jeu politique, fait partie des réseaux de pouvoir, de recommandation et d'intrigue, peut au besoin diriger les élections. L'essentiel est alors pour lui de briller par son éloquence au sein d'une Chambre peuplée de provinciaux ridicules mais surplombée par des orateurs de talent. Peu importe qu'il s'agisse d'un Berryer, d'un Guizot ou d'un Lamartine, ceux-là instituent la Chambre en lieu mondain, l'un des plus fertiles en commentaires propres à alimenter la conversation. La fréquentation assidue d'un salon leur permettra de confirmer, le soir, leurs succès de tribune.

Reste la « notabilité de clocher », le député provincial, bourgeois et ridicule, qui dort à la Chambre sous l'œil féroce de Daumier et qui alimente ces « cohues » hilarantes qui font des Tuileries ou de l'hôtel de ville de la monarchie de Juillet des lieux peu fréquentables pour les femmes du monde[95]. Ensemble anonyme que viendront, sous la IIe République, grossir ces « candidats ambulants », orateurs de « tréteaux » raillés par Tocqueville[96], avant qu'en 1852 le prince-président et ses amis en réduisent le nombre, suppriment la tribune et la publicité des débats du Corps législatif.

Au cours de la première moitié du XIXe siècle, le rapport établi entre Paris et la province, intensément vécu par des cohortes d'individus, subtilement désigné et analysé par les romanciers, s'est tout à la fois affiné et approfondi. Un exemple particulièrement riche de cette expérience et de l'intrication du vécu et du romanesque nous est proposé par Marie Cappelle, à l'occasion de la rédaction de ses *Mémoires*.

La jeune femme, originaire de l'aristocratie de la Picardie, a déjà longuement fréquenté le monde parisien lorsqu'elle se trouve plongée à l'âge de vingt-trois ans dans la profondeur du Limousin. Orpheline cultivée mais sans grandes ressources, elle n'a qu'un réel mépris, parfois compatissant, pour le rustre Lafarge qu'on lui a donné pour époux. Accusée d'avoir empoisonné son mari à l'arsenic, condamnée à la prison à vie, elle relate sa triste expérience de la province.

Le cas n'est pas banal; il est très éloigné des procédures du tourisme. Par son mariage, Marie Lafarge se trouve intégrée à une parentèle provinciale. Il lui a fallu vivre l'expérience promise à Marianne par Dorine, fréquenter les petits-bourgeois de Tulle et d'Uzerche. Marie Lafarge, désireuse de se disculper, mise à l'évidence sur les stéréotypes de la petite ville romanesque et sur la connivence parisienne pour apitoyer ses lectrices. Tactique efficace car cette «pauvre fleur perdue au milieu des brutes limousines[97]» sut se gagner les sympathies du monde.

La province qu'elle décrit n'est pas la campagne. Marie Lafarge n'a que des accents idylliques pour dépeindre les paysans ou les forgerons du voisinage de son manoir, le sinistre Glandier. Elle évite de déprécier les rares châteaux de l'aristocratie; ceux-ci se présentent dans les Mémoires comme des oasis de parisianité, des lieux où s'épanouit le bel usage mondain, à l'intérieur desquels Marie a pu goûter le plaisir du «retour dans le monde civilisé[98]». Les quelques bourgeois de talent, tel le séduisant avocat Lachaud qui l'a brillamment défendue, échappent eux aussi à la diatribe. En revanche, les longues visites accomplies à Uzerche, au lendemain des noces, sont relatées comme un supplice sadien. Marie Lafarge éprouve un sentiment d'extrême étrangeté face à la bourgeoisie de la petite ville et à toutes les «incroyables nouveautés[99]» qui l'entourent.

C'est tout d'abord la découverte ébahie de la dégradation des codes et de l'archéologie des usages. «Je fus stupéfaite, écrit-elle, de tout ce qu'il me fallut voir et entendre.» Ce degré zéro des convenances, la réception à la cuisine, les embrassades, l'absence de thé, la tête de veau au naturel et les vins servis en guise de rafraîchissements l'étonnent cependant moins que le contenu de la conversation, ou plutôt de la «causerie corrézienne». Les femmes se livrent à l'évaluation sans fard de l'argent, la questionnent sur les gages de sa domestique, sur le prix de ses parures; elles interrogent sans vergogne son mari sur le montant de sa dot. Le soir, au bal dérisoire, les femmes écarlates «ne pouvaient, écrit Marie, évaluer ni comprendre ma simple robe de mousseline des Indes garnie de houblon».

Paris-province

Tulle, comme Uzerche, se caractérise par l'inexistence de la vie sociale. «Il n'y a pas de société; chacun vit chez soi et pour soi.» Le cadre tragique est ainsi subtilement brossé; par le sentiment d'enfermement, voire d'étouffement, communiqué au lecteur, il disculpe mieux qu'un long plaidoyer. Le texte réussit à faire éprouver le partage qui nous concerne; il révèle la vertigineuse distance qui sépare le monde parisien de la société des petites villes de province.

Le clivage est à nouveau réaménagé durant la seconde moitié du siècle. La restauration du suffrage universel masculin et son lent apprentissage modifient la configuration du partage, remettent en cause l'impérialisme parisien sur une province, définie comme le reste du territoire. Dès la formation du gouvernement provisoire, en février 1848, le problème se pose avec acuité. Lamartine, Garnier-Pagès, Marrast, Marie et Dupont de l'Eure estiment que l'instauration de la République doit être ratifiée par la province. Le premier a préparé une proclamation en ce sens. Louis Blanc, Ledru-Rollin, Albert et Flocon jugent au contraire que Paris est souverain en la matière et que le reste du pays, d'une moindre culture politique, n'a pas à recevoir le droit de défaire ce que le peuple de la capitale a décidé. Louis Blanc, à l'en croire[100], réussit à l'emporter grâce à la pression des révolutionnaires en armes.

Par la suite, et cela dès le mois d'avril, l'exercice du suffrage universel n'en confère pas moins la prédominance politique à la province. En juin, la répression de l'émeute parisienne s'adosse au désir d'ordre et de défense de la légitimité républicaine exprimé par le reste du pays, y compris par la banlieue. Le 10 décembre, l'élection de Louis Napoléon Bonaparte à la présidence de la République a pu, à juste titre, et par Marx lui-même, être lue comme la révélation du rôle nouveau joué en politique par la paysannerie[101]. En décembre 1851, tandis que des «gants jaunes» conspuent Louis Napoléon sur les boulevards, treize départements d'une province rouge s'insurgent à l'annonce du coup d'État, comme si le rapport de domination établi entre Paris et la province était à la veille de s'inverser. L'historien Ted Margadant a montré que le mouvement s'était joué au niveau de ces petites villes, parfois sous-préfectures, dont est alors friande la littérature romanesque: Béziers, Bédarieux, Clamecy, Marmande, Forcalquier[102]. Après le 4 septembre 1870, Paris ne saura plus faire et défaire les régimes politiques; grâce au suffrage universel, la province – ici définie comme le reste du territoire – s'impose, au fil des décennies, de plus en plus fortement à l'ensemble de la nation. Par la voie du bulletin de vote, le 8 février 1871, puis par l'aide apportée à l'armée à la fin du mois de mai, la province, gardienne de la légitimité du pouvoir[103], soumet les désirs révolutionnaires d'une large fraction de la société parisienne; épisodes qu'il serait, il est vrai, erroné d'analyser en fonction de la perception du clivage naguère instauré entre Paris et la province. En ces tumultueuses occurrences, le «monde» parisien et la province objet de sa dérision, tout en étant l'un et l'autre partagés, notamment en leurs jeunesses, se retrouvent majoritairement dans le même camp, unis par une même conscience de classe.

En revanche, nombre d'atouts nouveaux contribuent à renforcer la fascination exercée par la «vie parisienne» et donc à accroître la distance qui sépare les deux entités. La construction d'un réseau ferroviaire dessiné en fonction de la capitale, la rapidité accrue de l'information du pouvoir permise par le télégraphe, les nouvelles modalités du contrôle social et le fonctionnement d'une puissante police d'État, esquissée sous la IIe République, constituée sous le second Empire[104], renforcent la centralisation. L'urbanisme haussmannien impose le modèle parisien aux édiles provinciaux désireux de rénovation urbaine[105]. Paris, devenu la «ville des nourritures offertes[106]», immense et lumineuse vitrine, lieu des grandes expositions universelles de 1878, 1889 et 1900[107], s'adapte au règne de la marchandise. Il est le seul théâtre du sacre de la modernité.

L'exaltation du spectacle proposé par la capitale s'accroît des nouvelles modalités de la mise en scène du pouvoir. Durant le second Empire, se constitue une cour cosmopolite dont l'originalité mériterait d'amples analyses. Le souverain polarise à nouveau les manifestations de la vie mondaine. Le recrutement du Sénat consacre les nouvelles figures de la supériorité ; les revues, les défilés, les réceptions d'hôtes étrangers, la célébration des anniversaires assourdissent la rue. Cette extraversion, éperonnée par les artistes qui anticipent l'image de la ville moderne[108], conspuée par les républicains, austères contempteurs de la fête impériale, modifie la figure de la provincialité en même temps que l'image de la «vie parisienne» dont elle expose le mouvement. Le primat de la sphère privée le cède peu à peu à l'impudique ostentation des rites et des plaisirs.

Les provinciaux accourent par centaines de mille, à l'«Expo», au «caf'conç'» aux funérailles de Victor Hugo. Carnot puis Loubet convient la totalité des maires de France à d'immenses banquets fédérateurs. En ce temps fasciné par la découverte de la planète, faire le voyage de Paris, c'est aller à la rencontre de la terre entière. À l'évidence, les années 1860 constituent le tournant majeur de cette histoire du désir inspiré par la capitale. La visée pédagogique, triomphante durant les années 1880, ne fera que ralentir un temps la coïncidence de la ville et de l'hédonisme, avant les débordements d'une Belle Époque symboliquement perçue comme essentiellement parisienne.

Les procédures nouvelles de la fascination maintiennent le contraste. Face à l'hédonisme parisien, la province évoque, plus que jamais, le lieu de l'hibernation. On situe désormais ses villes sur une échelle de parisianité, selon

Paris-province

qu'on les considère comme plus ou moins «mortes». L'inspecteur Hippolyte Taine, qui parcourt la «grosse France», se délecte avec morosité de cette moisissure. Écoutons-le décrire Poitiers, qu'il connaît bien pour y avoir longuement séjourné : «De petites rues tortueuses, en pente, avec de vieux pavés, de l'herbe qui pousse, de loin en loin un réverbère qui meurt dans la nuit, des noirceurs lugubres, une solitude morne dès huit heures du soir et le plus souvent toute la journée [...] des portes cochères qui semblent n'avoir jamais tourné sur leurs gonds, des mousses entre les pierres, le silence et l'idée vague de je ne sais combien de vies moisies ou cloîtrées.» «On n'aurait pas l'impression d'une solitude plus grande dans une ville morte tout d'un coup, surprise et vidée d'habitants par quelque fléau subit.» «Le tempérament du pays est mollasse et inerte» et «cette espèce d'inertie morale se peint sur les visages[109]», même sur ceux des jeunes gens «nigauds et encroûtés». Aux yeux de Taine, la province, c'est l'«atténuation de l'individu[110]», condamné à «tuer le temps».

Le thème de la fragmentation sociale continuera de se faire stéréotype jusqu'au cœur du XXe siècle. En 1964, François Mauriac le triture encore: la province, selon lui, ignore le plaisir de la conversation, «l'enrichissement par l'approche des êtres[111]». Pour l'hôte de Malagar, elle se définit d'abord par la «privation amère du monde» et, de ce fait, par le repli obligé sur la famille et sur la maison bourgeoise. L'hypertrophie du privé, du secret, contraste ici avec l'extraversion de la capitale; autre topos incessamment repris par Mauriac, Maurois, Arland, jusqu'à son épuisement dans l'œuvre d'Hervé Bazin.

Dans le même temps, s'exacerbe la figure tragique de la province romanesque, lieu privilégié du «savoir haïr», de la vengeance rassise comme de la violence du désir; espace de lenteur au sein duquel l'individu «entend mieux crier sa chair[112]». Ainsi, dans l'œuvre de François Mauriac, entre Paris et la province, se dessine d'abord une fracture morale.

Autant de sentiments accentués par un phénomène d'ordre objectif: l'exode rural. Celui-ci, comme l'a fort bien montré Michel Denis à propos de la Mayenne[113], touche aussi l'aristocratie, minée par la crise de la rente. Nombre de nobles de la fin du siècle abandonnent définitivement leurs châteaux ; certains pour se lancer dans l'aventure coloniale ou simplement exotique, d'autres pour regagner la ville proche, d'autres pour tenter une carrière nationale dans l'armée ou la diplomatie, d'autres enfin pour faire flamber les restes de leur fortune dans le tourbillon de la vie parisienne. La bonne bourgeoisie installée à la campagne ou dans les petites villes, naguère cibles privilégiées du roman, est touchée, elle aussi. L'étude reste à faire de la mobilité d'une catégorie qui a de plus en plus de mal à vivre de son bien. La multiplicité des exodes appauvrit encore la province, fait dépérir les embryons de vie mondaine constitués çà et là, tarit l'activité théâtrale, gêne l'épanouissement des sociétés savantes, condamne plus durement que naguère les élites cultivées à la seule reproduction. René Bazin, qui parcourt la province en 1893 à la demande du *Journal des débats*, souligne, en ce milieu, la « décadence » des sociétés, le dépérissement de la « sociabilité vespérale » ainsi que, d'une manière plus générale, la raréfaction des auditoires[114]. Tandis que le village « fin de siècle », délesté de son trop-plein de pauvres hères, riche d'une cohésion nouvelle, voit gonfler ses activités associatives, festives et ludiques, nombre de petites villes de province languissent puis s'étiolent, en attendant que Poincaré ne les prive de leur sous-préfecture.

Cependant, l'extension de la villégiature, loin d'aplanir les barrières, approfondit la distance entre les deux milieux. La présence ostentatoire, en des espaces enkystés, d'une société parisienne avide de spectacle naturel mais toujours indifférente, voire méprisante à l'égard de la province, stimule les envies, accentue le dépit. La banalisation sociale des vacances ancre le clivage dans la profondeur sociale. Le cousin parisien introduit la distance jusqu'au cœur de la paysannerie. La campagne se provincialise. Les bonnes et les nourrices de retour au pays apportent la nostalgie et le rêve de la capitale. La femme de l'épicier du bourg rural imite l'épouse du médecin et recourt, elle aussi, au service de ces couturières qui prolifèrent depuis que la presse féminine diffuse les « patrons » de la mode parisienne. Naguère campagnarde, elle se métamorphose en provinciale.

Sur la scène parisienne, l'ethnotype se modifie. « L'antique et soupçonneux provincial, débarquant à Paris, une main sur sa montre, l'autre sur ses doubles poches, observant, en voiture ou au théâtre, ses voisins avec inquiétude, s'imaginant être signalé à quelque bande de voleurs depuis sa sortie de Faucigny-les-Oies, résolu à ne point dormir dans son lit d'auberge et prenant la fièvre et la colique le lendemain de son débarquement par les Messageries Laffitte et Caillard, n'osant ni se perdre dans la foule, ni s'arrêter devant les boutiques, ni pénétrer dans un restaurant et englouti dans la tempête parisienne sans rien y comprendre ; ce provincial-là n'existe plus guère que dans le souvenir des habitués du Palais-Royal ou des Variétés[115]. » Les provinciaux n'éprouvent plus la peur qui les poussait naguère à rédiger leur testament avant de partir pour la capitale.

Nombre d'entre eux, désireux de connaître Paris, se contentent désormais d'un simple voyage, conçu sur le modèle du pèlerinage. Leur désir est de voir la ville, brillante, extérieure ; ils n'espèrent plus, dans leur masse, comme naguère la jeunesse ambitieuse, d'en pénétrer le centre secret, si difficilement accessible ; ils ne visent pas à fréquenter le laboratoire d'où irradie la parisianité. Le voyage et le séjour sont souvent collectifs. Les provinciaux viennent en trains de plaisir. À Paris, « ils causent du pays tout en foulant le bitume, ils ont emporté Carpentras avec eux[116] ».

Paris-province

Cette touristification dérisoire des pratiques, fustigée par Labiche dans *La Cagnotte*, produit un nouveau personnage comique dont se repaît le Larousse, d'ordinaire si sérieux. La parisianité continue en effet de miser sur les mêmes tactiques afin de maintenir, voire d'approfondir la distance. Écoutons l'auteur du prestigieux dictionnaire décrire l'afflux nouveau. Le déversement provincial s'effectue désormais à la gare. Là débarque une *espèce* étrange, que symbolise bien le «bonhomme rougeaud qui arrive par le train de Bordeaux». Ivre des désirs inspirés par les récits du «cousin Michel», désireux d'avoir, lui aussi, à raconter au retour, il se précipite, le cœur battant, «les yeux écarquillés», rivés sur les bottines féminines. Pour lui, Paris, la Grande Babylone, évoque d'abord les «Fââmes» (*sic*). L'érotisation de l'image de la capitale s'accentue entre 1860 et 1900, tandis que se déploie la galanterie et que prolifère la prostitution clandestine. Pour le provincial en goguette, Paris devient le haut lieu de la fugue conjugale et sociale, le fascinant théâtre du délestage moral. Le rentier rêve de maison de rendez-vous[117]. Le Montmartre des plaisirs modèle l'hédonisme de la province. Les moins célèbres des chanteuses de caf'conç' parisiens diffusent jusque dans les beuglants de Carcassonne des airs à la mode qui font refluer les chants traditionnels des travailleurs de la vallée de l'Aude[118].

Le tourisme à Paris possède désormais son rituel. Celui-ci rassure le visiteur mais banalise l'aventure individuelle. L'emploi du temps et l'itinéraire du provincial tendent à se figer: dîner à quarante-cinq sous au Palais-Royal, visite des Invalides, de la colonne Vendôme, du jardin des Plantes, achats dans les bazars de La Belle Jardinière, «rencontres émaillées d'orphelines qui se laissent conduire à *L'Ambigu*[119]» contribuent à dégourdir le lourdaud hésitant. Le séjour parisien impose à celui-ci une nouvelle échelle des dimensions, des valeurs et des positions. Le provincial éprouve à Paris une «immense diminution de lui-même», lit-on encore dans notre dictionnaire; il connaît une «sorte d'anéantissement». La confrontation au national le conduit à relativiser les hiérarchies provinciales. C'est un être transformé qui, le jour du retour, «emporte à la semelle de ses souliers un peu de la crotte de notre civilisation avancée». En un mot, aux yeux de l'auteur du Larousse, le voyage à Paris n'a guère servi qu'à la prise de conscience d'une infinie distance.

Cependant, une riposte provinciale s'élabore dont il importe d'évoquer la nature et de mesurer l'efficacité. Elle profite d'une pudeur nouvelle à déprécier la province. Le (s) auteur (s) des rubriques du Larousse, qui se font analystes subtils du clivage qui nous occupe, s'emploient dans le même temps à en nier jusqu'à l'existence. À les entendre, la Révolution a fondé l'unité nationale et donc aboli les provinces; du même coup, la province a cessé d'être; elle ne constitue désormais qu'un archaïsme de langage. À l'évidence, les républicains, dont Paris constitue longtemps le plus solide bastion, ont, jusqu'au cœur de l'été 1871, des raisons de se montrer amers à l'égard d'une France rurale et provinciale qui conforte l'Empire, puis élit des conservateurs[120]; ils n'en éprouvent pas moins une certaine gêne à prendre à leur compte, autrement que comme un stéréotype désuet, amusant et somme toute dérisoire, un clivage jadis élaboré sous les feux de la royauté.

Cette sensibilité émerge tandis que s'épanouissent les contre-images fabriquées par les élites régionales, décidées à lutter contre l'impérialisme du regard parisien[121]. Arrêtons-nous un instant à un signe minuscule et tardif de cette volonté de réhabilitation. En 1874, J.F. Daniel, historien de Landerneau, s'en prend à l'expression entrée autrefois dans le langage commun. La ville, tente-t-il de démontrer, était, «dans les derniers siècles», la plus ancienne de la province, le lieu de réunion de toutes les notabilités de la région; déjà «abîmée dans le luxe et les plaisirs» au XVIIe siècle, elle faisait figure de «Sybaris de la Bretagne à la veille de la Révolution[122]». Rien ne pouvait donc avoir de célébrité, s'il n'y était connu. «En parlant d'une chose mémorable, on disait, comme on dit encore: cela fera du bruit à Landerneau, expression vulgaire qui n'a plus aucun sens propre[123].» Cette justification par l'histoire, cette fabrication erronée d'une origine prestigieuse visant à désamorcer la dérision, à retourner comme un gant l'interprétation disqualifiante, participe bien d'une tactique provinciale. Ne dit-on pas en Limousin que M. de Pourceaugnac, contraint d'émigrer durant la Révolution, n'a jamais reparu et qu'on s'en félicite? Significative aussi la référence au luxe et aux plaisirs dans l'argumentation implicite; J.F. Daniel emprunte à la capitale certains éléments de sa supériorité pour sauver Landerneau de la dérision.

Un peu plus tard, une fois venu le temps de l'enregistrement méticuleux du folklore, d'autres érudits attribuent l'expression vulgaire à l'intensité des charivaris qui, périodiquement, assourdissent la ville[124]. Le «dimanche de Quasimodo, après vêpres, on cassait sur les places publiques, à l'aide d'un bâton et les yeux bandés, toutes sortes de vieux pots de terre réformés, suspendus à une corde[125]». Jusque vers 1920, le maire et les notables parcouraient les rues au son du tambour et quêtaient en faveur des pauvres, en criant «*en guin an ed*». En bref, le bruit dans Landerneau ne serait que fidélité aux vieux usages.

Certains Parisiens malicieux, tel l'auteur de la rubrique du Larousse, suggèrent que l'intensité des charivaris était elle-même liée au grand nombre de cocus. Voilà réinstallée la dérision. Quoi qu'il en soit, le bruit de Landerneau se fait objet touristique. Charles Monselet avoue être venu de Paris visiter la cité bretonne à cause de l'expression populaire; il pense que la lune fixée sur le clocher de la vieille église a fondé la réputation comique de la ville[126]. En bref, la contre-image ne paraît pas, ici, d'une totale efficacité.

Paris-province

Il est une autre voie par laquelle aurait pu s'insinuer la réhabilitation. Après l'essor du roman rustique, très en vogue entre 1836 et 1856, le déploiement de l'idéologie agrarienne[127] stimule les recherches consacrées à l'identité des provinces et précise le dessin d'un village romanesque[128]. Cet agrarisme dont, on le sait, les temps forts se situent entre 1890 et 1899, durant le règne des progressistes, puis sous le régime de Vichy, ne concerne, il est vrai, que très indirectement notre propos. Qu'il s'agisse de Le Play, nostalgique de la famille-souche, de René Bazin, de Gustave Thibon ou de Pierre L'Ermite[129], la visée des chantres de la terre est de restaurer les structures et les valeurs traditionnelles, de faire triompher l'image noire de la Babylone parisienne. Bref, cette idéologie, qui exalte la proximité avec les forces de la nature, les liens qui se nouent entre le cosmique, l'animal, le végétal et l'humain, se réfère à l'idylle classique plus qu'à la provincialité.

Un tel mouvement, de par son ampleur et sa vigueur mêmes, a, une fois de plus, paradoxalement approfondi la distance entre Paris et la province. L'idéologie agrarienne ne remet pas en cause la transcendance parisienne. C'est la capitale qui trie dans cette cohorte de littérateurs les quelques individualités de talent et qui confère une dimension nationale à l'écrivain régionaliste[130]. Le mouvement agrarien, par essence nostalgique, conforte l'identification de la province au passé, au conservatisme; il ancre plus solidement encore l'idée d'une fidélité désuète aux valeurs, aux usages, aux affects. Il suscite une contre-image dont Zola, Maupassant, Huysmans surtout se font les propagateurs; une fois encore les vieux stéréotypes disqualificateurs sont réinterprétés. Loin de la capitale, le Parisien en rade s'ennuie, se détruit lentement[131].

À la fin du siècle, tandis qu'en province triomphe la littérature agrarienne, gonfle dans la capitale la dérision à l'égard du maire de village[132], du pompier[133], du « piou-piou[134] », bientôt de la servante Bécassine[135]. Si l'on s'en prend à ces personnages, c'est qu'ils incarnent, aux yeux des Parisiens, tout à la fois la balourdise et la rusticité. À partir des années 1880, les nouvelles normes de l'hygiène contribuent à déprécier l'image de l'homme de la terre[136]. En bref, tandis qu'elle se provincialise, c'est-à-dire qu'elle s'ouvre au rêve de parisianité, la campagne subit plus vivement que jamais les assauts de la dérision. Mais, encore une fois, nous nous écartons ici quelque peu de notre propos.

Les spécialistes de la IIIe République ont depuis longtemps souligné le poids croissant de la province sur la vie politique. L'épuisement progressif des procédures de la candidature officielle, souvent décidée à Paris, l'effacement de la médiation exercée par les grands notables[137] auraient conféré le pouvoir à de nouvelles couches enracinées en province et assuré ainsi la rénovation des élites politiques. De fait, Jean Estèbe montre bien que le nombre des ministres originaires de la province croît très fortement entre 1870 et 1914, aux dépens de l'effectif des Parisiens. Il met en évidence le grand rôle alors joué par les politiciens originaires du Midi et de l'Est sur les destinées de la République[138]. À la veille de la Première Guerre mondiale, Jules Lemaître, Jules Delafosse puis Maurice Colrat – originaire du Quercy – dénoncent la prépondérance politique du Midi[139]. La diatribe est avivée, dans les milieux parisiens, par le sentiment d'exclusion désormais éprouvé par les notabilités traditionnelles. Celles-ci s'en prennent vivement au député de la province qui, à la différence de l'ancien médiateur, a cessé, à leurs yeux, de participer à la parisianité.

Christophe Charle, pour sa part, démontre la provincialisation d'un « pôle administrativo-politique[140] », constitué des ministres, des préfets et des hauts magistrats ; en bref, de tous les corps de l'élite affectés par les épurations républicaines. L'obligation, pour le candidat, de se conformer avec plus de soin que naguère aux usages locaux, d'épouser les traits de l'ethnotype, de prouver sa provincialité ne saurait être niée en un temps où, du fait de l'inexistence de partis structurés, l'essentiel est pour le député de « tenir » sa circonscription grâce aux relations personnelles nouées avec les électeurs[141].

La configuration du rapport établi entre Paris et la province s'en trouve-t-elle pour autant profondément modifiée ? Il importe ici d'être nuancé. De nouvelles procédures maintiennent la parisianité des chemins du succès. L'École des sciences politiques, l'Inspection des finances, la Conférence du stage, les cabinets ministériels deviennent les voies royales de la réussite politique ; sans oublier l'emprise croissante des cercles parisiens ainsi que l'importance maintenue des salons et de la mondanité. Pour les héritiers des familles provinciales détentrices de mandats politiques, le détour parisien, note Gilles le Béguec, s'impose désormais ; il convient plus impérativement que naguère de légitimer sa future position par l'acquisition de mérites. Ainsi se constituent de subtils réseaux croisés « reposant sur un système complexe de solidarités provinciales et d'affinités parisiennes[142] ». En outre, la provincialisation de l'élite politique est contredite par la parisianisation des corps de hauts fonctionnaires (Conseil d'État, Cour des comptes, directeurs de ministères, corps des Ponts et Chaussées) et, plus nettement encore, par celle des élites économiques qui contribuent plus amplement qu'auparavant à l'animation de la vie mondaine[143]. Paris profite de la centralisation des grandes entreprises et du pantouflage d'anciens hauts fonctionnaires. Quant à l'élite intellectuelle, elle échappe globalement au processus de provincialisation. Dans tous les cas, Paris demeure le point d'aboutissement des carrières ; si les ingénieurs sortis des grandes écoles sont nombreux à se marier en province, c'est parce que les postes situés loin de la capitale, jugés peu attractifs, sont réservés aux débutants.

Paris-province

À l'aube du XXe siècle, comme par le passé, un débat de portée nationale ne peut s'inaugurer qu'à Paris. La province ne fait que réinterpréter ce qui s'invente dans la capitale; vus de Paris, les enjeux nationaux, ainsi soumis à la localité, paraissent dépréciés.

Au cœur de notre propos se situent ici les sociétés d'originaires installées dans la capitale. On découvre peu à peu l'importance de ces instances médiatrices, souvent interprétées comme une revanche de la province. Auvergnats, Limousins, Bretons, Rouergats constituent à la fin du siècle de véritables quartiers; ils tissent des réseaux de sociabilité; ils possèdent leurs journaux, leurs bureaux de placement; ils organisent fêtes et banquets; ils facilitent le déploiement des stratégies matrimoniales[144]. Le temps n'est plus où le provincial anonyme, installé dans la capitale, apparaissait comme la victime isolée d'une émigration exilaire. Il importe toutefois de ne pas confondre la quête de racines provinciales, la vague nostalgie, stimulée par l'extension de l'usage des vacances, qui caractérisent les membres de ces sociétés, et la provincialité naguère intensément éprouvée et vécue par l'immigré séjournant dans la capitale.

Un président des «Limousins de Paris» contribue certes à établir une médiation entre les deux milieux; les sociétés d'originaires désamorcent la dérision au profit de l'émotion; elles aident à la diffusion de nouvelles images provinciales. Mais, dans le même temps, ces sociétés confortent insidieusement l'emprise de la capitale et assurent le maintien de la dépossession des élites. Elles autorisent certains Parisiens à revendiquer la provincialité, au nom d'une lointaine origine; elles décident parfois des candidatures locales et favorisent les parachutages politiques. Gilles le Béguec montre ainsi de quel poids les Corréziens de Paris ont pesé sur la vie politique régionale[145]. Les sociétés d'originaires favorisent le brouillage, autorisent la provincialité revendiquée mais fallacieuse; face aux élites enracinées, elles instituent une concurrence souvent victorieuse. En 1964, François Mauriac ira jusqu'à dénier à la province la possibilité de prendre conscience d'elle-même en dehors de Paris[146].

L'immense recherche à laquelle s'est livré Gilles le Béguec prouve l'ascension du rôle politique des avocats parisiens durant l'entre-deux-guerres et le déclin de l'influence de leurs confrères provinciaux; d'une manière générale, elle révèle l'assèchement progressif de la notabilité locale face à un modèle nouveau de compétence politique, illustré par la brillante réussite des lauréats de la Conférence du stage du barreau parisien.

Cependant, faisant preuve de cécité à l'égard du rôle croissant de la capitale, nombre de publicistes, tel Jacques Fourcade, ancrent l'image de la *République de la province* et ressassent de vieux stéréotypes. Dans cette série d'essais accueillis par *Le Temps*, la province se dessine comme le lieu dérisoire de la pureté des opinions et de la force des convictions, une fois au

Parlement, écrit l'auteur, les « hommes de partis [...] abandonnent de leurs doctrines aux ronces du chemin, comme font les brebis, de leur laine » ; d'où la nécessité pour eux de venir périodiquement « se retremper dans leurs circonscriptions » et de se trouver à nouveau enserrés dans « l'étau des clientèles électorales[147] ». Par ce portrait ridicule de la vie politique telle qu'on la perçoit au café du Commerce de la petite ville, Jacques Fourcade contribue à établir encore plus solidement la prépondérance parisienne. Son ouvrage prolonge la satire qui, à la veille de la Première Guerre mondiale, raillait le député médiocre venu de sa province, fier de son accent méridional, tels le Claudius Pégomas des *Cabotins* d'Édouard Pailleron ou l'Arnaud Tripier du *Foyer* d'Octave Mirbeau.

Depuis quelque trente ans, la province se fait plus chatouilleuse et Paris plus pudique. L'allusion à toute différence dépréciative est moins bien tolérée au sein de la société française. La province bénéficie de cette délicatesse nouvelle. Le terme lui-même tend à devenir obsolète ; il disparaît peu à peu des boîtes à lettres installées dans les bureaux de postes. Le couple « Paris-province » le cède ici à la trilogie « Paris-banlieue-autres départements ».

Cependant, bien des traces subsistent des anciens stéréotypes. Ceux-ci sont fidèlement conservés par les dictionnaires les plus usuels. Reprenant à son compte une définition de l'Académie, datant de 1935, l'auteur du *Grand Larousse de la langue française* (édition de 1976) écrit : « *Province.* adj. invariable. Fam. et péjor. Se dit d'une personne ou d'une chose dont les caractères contrastent avec le raffinement, l'élégance ou la vivacité propres à la capitale. "Il a un air province ; il est très province." » « Provincial. nom (1640. Guez de Balzac), parfois péjor. [...] E. Triolet : "fatigués des provinciaux même quand ce sont des intellectuels." » Bref, le provincial ne fait plus rire, du moins ouvertement, mais on le décrit comme un être qui pense, agit, s'exprime sans aisance, sans véritable distinction, qui ennuie, fatigue le Parisien et qui suscite la pitié.

En fait, au-delà des susceptibilités nouvelles liées à une réorganisation du champ de la pudeur, s'opèrent de profondes transformations qui n'abolissent pas le clivage mais qui le réaménagent une fois de plus.

Sans pour autant participer à la provincialité fallacieuse des séjours de villégiature (Deauville, Avignon, Aix, Cannes), certaines villes – telles Grenoble, Lyon, Toulouse, Tours... –, avides de décentralisation culturelle, tentent, non sans succès, de fabriquer d'elles-mêmes une image capable de rivaliser avec celle de la capitale.

Le décalage temporel de l'information s'atténue ; or, il s'agissait d'une donnée fondamentale dans l'institution du partage établi entre Paris et la province. Les media, en assurant la simultanéité de l'apprentissage de la nouvelle, tendent à parisianiser la totalité de l'espace national ; ils permettent à une pro-

vince naguère figée dans l'attente de se livrer aux joies du commentaire immédiat. Ce qui n'abolit pas pour autant tout décalage de modes.
Parisianisation fallacieuse toutefois dans la mesure où l'information ne confère pas l'initiative, ne permet pas la participation aux cénacles à l'intérieur desquels s'élabore la novation. Jean Planchais, pour cette raison, détecte, non pas une identification de la province à Paris mais la fusion progressive de la notion de province dans le magma neutre des grandes banlieues[148]. Ce qui revient à enregistrer la concentration maintenue des élites dans une capitale désormais rapidement accessible d'une bonne moitié du territoire. Le personnage du «turbo-prof», l'impossible essor des universités de la province proche – Amiens, Reims, Orléans – illustrent ce nouveau mode de captation. La conscience de la spécificité parisienne demeure très forte ; le rythme de la vie dans la capitale conserve son tempo plus rapide ; la province et la banlieue continuent de se définir par un autre rapport au temps, par le besoin qu'ont leurs habitants de justifier le choix de leur résidence, en se référant désormais à des arguments de type écologique.
Tout compte fait, le bouleversement véritable du rapport résulte moins de la promotion de la province que de la mise en question du rôle et de la position de la capitale. L'amenuisement de l'impérialisme de Paris accompagne la réduction de l'importance de la France, l'internationalisation des canaux de l'information, la mondialisation des débats. Le *Grand Larousse*, en son édition de 1984, enregistre la manifestation de cette réduction dans le champ culturel : «Le Landerneau de quelque chose, se dit d'un milieu étroit et fermé sur lui-même, toujours agité de querelles mesquines : *le Landerneau de la littérature parisienne.*»

---

1. Alexandre Pineu Duval, *Les Héritiers ou le Naufrage*, Paris, J.N. Barba, 1820.
2. «La province n'existe pas par elle-même», écrira Balzac en 1841. («La Femme de province», *in Les Français peints par eux-mêmes*, Paris, L. Curmer, 1841, «Province», t. I, p. 8.)
3. Jean Émelina, «Comique et géographie au XVIIe siècle», *in Les Provinciaux sous Louis XIV*, 5e colloque de Marseille, *Revue de Marseille*, n° 101, 2e trimestre 1975, p. 198.
4. Cité par Isabelle Landy-Houillon, «Bussy-Rabutin et Mme de Sévigné, provinciaux malgré eux», *in Les Provinciaux...*, *op. cit.*, p. 16. Nous empruntons à ce bel article ce qui concerne les deux exilés en province et plusieurs notations sur l'émergence de la notion de province.
5. Jean Serroy, «*Le Roman comique et Le Roman bourgeois*, romans provinciaux ou romans parisiens ? », *in Les Provinciaux...*, *op. cit.*, p. 164.
6. Cités par I. Landy-Houillon, *op. cit.*, p. 11.
7. *Cf.* Jean-Pierre Collinet, «René le Pays, précieux de province», *in Les Provinciaux...*, *op. cit.*, p. 23.

8. «Province – se dit aussi des pays éloignés de la Cour, ou de la ville capitale. Il est allé demeurer en Province. C'est un homme de Province, qui n'a pas l'air du beau monde.» Antoine Furetière, *Dictionnaire universel*, 1690. La notion de province, il convient de ne pas l'oublier, se réfère aussi, implicitement, à la Rome antique, notamment à l'époque de Cicéron et d'Auguste.

9. *Cf.* J. Émelina, *op. cit.*, p. 198.

10. *Cf.* Jacques Bailbé, «Quelques écrivains provinciaux de l'Académie de Caen», in *Les Provinciaux...*, *op. cit.*, p. 30.

11. Sur ce qui précède, voir Fausta Garavini, «Les Gascons contre eux-mêmes?», in *Les Provinciaux...*, *op. cit.*, p. 189 *sq.*

12. En 1654, Quinault raille le provincial dans *L'Amant indiscret*. *Les Précieuses ridicules* datent de 1659. En 1662, Raymond Poisson force le trait dans *Le Baron de la Crasse*; quelques années plus tard, Molière fait représenter *Monsieur de Pourceaugnac* et *La Comtesse d'Escarbagnas*.

13. *Cf.* J. Émelina, *op. cit.*, p. 198.

14. Balzac, qui déplore l'absence d'un mot pour définir l'être parisien, propose, pour sa part, «parisiénisme». («La femme de province», *op. cit.*, p. 5.)

15. Jean-Louis Vissière, «Le Provincial chez Dancourt, 1661-1725», in *Les Provinciaux...*, *op. cit.*, p. 153.

16. *Cf.*, ainsi que pour ce qui suit, J.-L. Vissière, *ibid.*, p. 153, et Robert Mac Bride, «Le Provincial dans la comédie de Molière», in *Les Provinciaux...*, *op. cit.*, pp. 149-152.

17. *Cf.* J.-L. Vissière, *op. cit.*, p. 155.

18. Daniel Roche, «La fondation des premières académies provinciales», in *Les Provinciaux...*, *op. cit.*, p. 134; et présentation de Robert Mandrou, *ibid.*, p. 98.

19. Interprétation de Jean-Marie Goulemot, «Pouvoirs et savoirs provinciaux au XVIIIe siècle», *Critique*, n° 397-398, juin-juillet 1980, pp. 603-613.

20. *Cf.* F. Garavini, *op. cit.*, suivi d'une intervention de Philippe Joutard, *ibid.*, p. 195.

21. *Cf.* J. Serroy, *op. cit.*, p. 167.

22. Marivaux, *La Provinciale*, 1761.

23. Hélène Himelfarb, «Versailles, fonctions et légendes», in *Les Lieux de mémoire...*, Quarto 1, *La Nation*. À propos de l'installation de la cour à Versailles, elle écrit: «Pas de rupture déchirante, lourde de sens et d'avenir, avec Paris.»

24. Robert Mandrou, intervention au colloque *cité*, *Les Provinciaux...*, p. 33.

25. Marc Fumaroli, «La Coupole», *in* Quarto 2, *La Nation*, et Quarto 3, «La conversation».

26. *Cf.* notre développement sur ce sujet *in Le Miasme et la Jonquille. L'odorat et l'imaginaire social. XVIIIe-XIXe siècles*, Paris, Aubier, 1982, pp. 60-65.

27. En 1943, Édouard Estaunié souligne à ce propos l'importance de la publication de *La Nouvelle Héloïse*, œuvre fondatrice du roman provincial dont il s'efforce de retracer l'histoire (*Roman et province*, Paris, Robert Laffont, 1943, p. 55).

28. Plus révélateur encore, à cet égard, le cas anglais. On connaît la vogue des spas, l'amplification du désir du jardin, du rivage, de la montagne chez les sujets des premiers rois hanovriens; cependant, on ne peut ici parler pour autant d'exaltation de la province.

29. Daniel Roche, *Le Siècle des Lumières en province: académies et académiciens provinciaux*, Paris, La Haye, Mouton, 1979.

30. J.-M. Goulemot, *art. cité*, p. 604.

31. Pour ce faire, nous nous inspirons principalement de l'étude très précise de Marie-Vic Ozouf-Marignier, *La Formation des départements. La représentation du territoire*

Paris-province

*français à la fin du XVIII*ᵉ *siècle*, Paris, École des hautes études en sciences sociales, 1989. Voir aussi l'article consacré au département par Mona Ozouf, *in François Furet et Mona Ozouf, Dictionnaire de la Révolution*, Paris, Flammarion, 1988.

32. M.-V. Ozouf-Marignier, *La Formation des départements...*, *op. cit.*, p. 302.

33. Ted Margadant, « Urban Crisis, Bourgeois Ambition and Revolutionary Ideology in Provincial France, 1789-1790 », *Society for French Historical Studies*, 28ᵉ congrès annuel, 1982.

34. Cité par M.-V. Ozouf-Marignier, *La Formation des départements...*, *op. cit.*, p. 112.

35. Sur l'évolution de l'image de Paris durant la Révolution, voir l'article très documenté de Raymonde Monnier, auquel nous empruntons beaucoup : « L'image de Paris de 1789 à 1794 : Paris capitale de la Révolution », *in L'Image de la Révolution française*, sous la direction de Michel Vovelle, Paris, Pergamon Press, 1989, vol. I, pp. 73-82.

36. *Le Moniteur* (13 octobre 1789), II, p. 50 ; cité par R. Monnier, *op. cit.*, p. 74.

37. Mona Ozouf, « La Révolution française et la perception de l'espace national : fédérations, fédéralisme et stéréotypes régionaux », *in L'École de la France*, Paris, Gallimard, 1984, pp. 37 et 38.

38. Id., *ibid.*, p. 38.

39. *Cf.* l'article très documenté d'Alan Forrest, « Le fédéralisme et l'image de la Révolution parisienne », *in L'Image de la Révolution française*, *op. cit.*, vol. I, pp. 65-72 ; ainsi que M. Ozouf, « La Révolution française et la perception de l'espace national... », *op. cit.*, et l'article « Fédéralisme », *in* Fr. Furet et Mona Ozouf, *Dictionnaire de la Révolution*, *op. cit.*, p. 85 *sq.*

40. Cité par Mona Ozouf, « La Révolution française et la perception de l'espace national... », *op. cit.*, p. 44.

41. Alain Forrest, *op. cit.*, p. 70.

42. Pour ce qui concerne le rôle alors joué par Paris et les rapports que la capitale entretient avec la France révolutionnaire, voir *Paris et la Révolution*, sous la direction de Michel Vovelle, Paris, Publications de la Sorbonne, 1989.

43. Lequel subsiste toutefois. En 1801, Picard donne *La Petite Ville*, qui connaîtra le succès durant plus d'un siècle.

44. Bien au contraire ; en 1817, *Le Nouveau Pourceaugnac*, de Scribe, met en scène la revanche du Limousin Rouffignac. Pineu Duval, toutefois, s'inspire de Molière lorsqu'il crée son personnage de Vernissac, propriétaire près de Pézenas (*La Vieille Tante ou les Collatéraux*, 1811).

45. Pierre Durand (Eugène Guinot), *Physiologie du provincial à Paris*, Paris, 1842 (illustré par Gavarni).

46. Vicomte de Launay (pseudonyme de Delphine Gay, Mme de Girardin), *Lettres parisiennes*, Paris, Mercure de France, 1986, présenté et annoté par Anne Martin-Fugier, lettre IX, 18 mai 1844, t. II, pp. 259 et 264.

47. Notamment des « charrieurs », qui dépouillent le provincial « à figure bonasse ». *Mémoires de Canler*, Paris, Mercure de France, 1968, p. 121.

48. La Muse du département, Paris, *Le Club français du livre*, 1963, t. IX, p. 50.

49. Vicomte de Launay (Delphine Gay), lettre citée, p. 265 ; ainsi que les citations qui suivent.

50. P. Durand, *Physiologie du provincial...*, *op. cit.*, p. 7.

51. Marcel Roncayolo, « Le paysage du savant », *in Les Lieux de mémoire*, quarto 1, *La Nation*. Jean-Yves Guiomar, « Le Tableau de la géographie de la France de Vidal de La Blache », *ibid.*

52. Jules Michelet, *Tableau de la France*, pp. 156-157, cité par J.-Y. Guiomar, *op. cit.*, p. 575.

53. Voir Marie-Noëlle Bourguet, « Race et folklore. L'image officielle de la France en 1800 », *Annales E.S.C.*, juillet-août 1976, pp. 802-824.

54. Mona Ozouf, « L'invention de l'ethnographie française : le questionnaire de l'Académie celtique », *Annales E.S.C.*, mars-avril 1981, pp. 210-230.

55. *Cf.* Catherine Bertho, « L'invention de la Bretagne. Genèse sociale d'un stéréotype », *Actes de la recherche en sciences sociales*, n° 35, novembre 1980, « L'identité », et Denise Delouche, *Les Peintres de la Bretagne avant Gauguin*, thèse, université de Rennes-II, 1978.

56. Jules Janin, « La ville de Saint-Étienne », *Revue de Paris*, août 1829, pp. 319-331, notamment pp. 320-321 ; sur cette fabrication de l'image, voir Jean Lorcin, *La Région de Saint-Étienne de la grande dépression à la Seconde Guerre mondiale*, thèse de doctorat d'État, université de Paris-I, 1987.

57. Jean-François Soulet, *Les Pyrénées au XIXe siècle*, Toulouse, Eché, 1986, t. I, chap. I, « Les Indiens de la France », pp. 13-46.

58. Nicole Mozet, *La Ville de province dans l'œuvre de Balzac*, Paris, C.D.U.-S.E.D.E.S., 1982. Le développement qui suit doit beaucoup à cet ouvrage majeur.

59. Démarche qui, il est vrai, concerne aussi la capitale ; cf. le beau livre de Jeannine Guichardet, *Balzac « archéologue » de Paris*, Paris, S.E.D.E.S., 1986, dans lequel on trouve d'importants développements sur Balzac « archéologue moral ».

60. Projet exprimé dans l'introduction de *Beatrix*, dans l'avant-propos de *La Comédie humaine* et dans les premières pages de *La Recherche de l'Absolu*. Balzac écrit notamment dans *Beatrix* : « Qui voudrait voyager en archéologue moral et observer les hommes au lieu d'observer les pierres, pourrait retrouver une image du siècle de Louis XV dans quelque village de la Provence, celle du siècle de Louis XIV au fond du Poitou, celle des siècles encore plus anciens au fond de la Bretagne. » En effet, la province possède « quelques villes complètement en dehors du mouvement social qui donne au dix-neuvième siècle sa physionomie ». *Beatrix*, in Balzac, *La Comédie humaine*, Paris, Gallimard, Bibl. de la Pléiade, 1976, t. II, pp. 637-638.

61. N. Mozet, *op. cit.*, p. 23.

62. Balzac, *La Muse du département*, *op. cit.*, p. 46.

63. N. Mozet, *op. cit.*, p. 145.

64. Souligné par Balzac, « La femme de province », *op. cit.*, p. 8.

65. N. Mozet, *op. cit.*, p. 15.

66. Balzac, *La Muse du département*, *op. cit.*, p. 48.

67. Thème développé par Michel Butor in « Les Parisiens en Province », *Répertoires III*, Paris, Éd. de Minuit, 1968, p. 169 sq.

68. *Cf.* la définition de la « femme de province », in *La Muse du département*, *op. cit.*, p. 50.

69. N. Mozet, *op. cit.*, p. 37.

70. À titre d'exemple : Eugénie de Guérin ou Fanny Odoard (*cf.* Rambert George, *Chronique intime d'une famille de notables au XIXe siècle. Les Odoard de Mercurol*, Lyon, Presses universitaires de Lyon, 1981).

71. Gabrielle Houbre, *Frères et sœurs dans la première moitié du XIXe siècle*, mémoire de maîtrise, université de Tours, 1985.

72. N. Mozet, *op. cit.*, p. 10.

73. Id., *ibid.*, p. 34, n. 1.

74. Anne Martin-Fugier en a révélé l'importance. « La formation des élites : les "conférences" sous la Restauration et la monarchie de Juillet », *Revue d'histoire moderne et contemporaine*, t. XXXVI, avril-juin 1989, pp. 211-244.

75. Sur ce processus, Philippe Ariès, *Communications*, n° 35, et surtout les travaux en cours de Jean-Claude Caron.

Entre 1815 et 1848, les facultés et écoles parisiennes confèrent 32,6 % des baccalauréats ès

Paris-province

lettres, 51,72 % des baccalauréats ès sciences, les deux tiers des doctorats ès lettres et 70 % de l'ensemble des diplômes de pharmacie. La prédominance de Paris est aussi nette dans le domaine du droit. Sous la monarchie de Juillet, la capitale accueille près des deux tiers des étudiants de cette discipline ; 55,4 % des licences y sont conférées et 58 % des doctorats. Entre 1815 et 1848, Paris forme les deux tiers des médecins français. Durant la monarchie censitaire, 92 % des étudiants parisiens étaient d'origine provinciale.
Telles sont les données fournies par Jean-Claude Caron dans sa thèse, *La Jeunesse des écoles à Paris. 1815-1851*, préparée sous la direction de Maurice Agulhon et soutenue à l'université de Paris-I-Sorbonne en 1989.

76. On se souvient de l'évocation de ce sentiment par Victor Hugo, à propos des cruels jeunes gens de la partie de campagne des *Misérables*.

77. Sur l'importance de celle-ci durant la première moitié du siècle, se reporter à Christophe Charle, *Les Hauts Fonctionnaires en France au XIXe siècle*, Paris, Gallimard, 1980.

78. Jules Janin, *Le Chemin de traverse*, qui relate les tribulations du héros venu à Paris pour réussir dans le monde.

79. Processus souligné par Balzac dans *La Muse du département*.

80. Id., « La femme de province », *op. cit.*, p. 1.

81. *Physiologie du provincial...*, *op. cit.*, p. 9.

82. *Grand Dictionnaire universel du XIXe siècle*, « Provincial ». D'accord avec Pascal Ory (« *Le Grand Dictionnaire* de Pierre Larousse, alphabet de la République », *Les Lieux de mémoire*, Quarto 1, *La République*), nous considérerons les auteurs comme un « scripteur collectif ».

83. Balzac insiste beaucoup sur le refus d'avouer son ennui. La « femme de province » est, selon lui, hantée par le désir de justifier son état : « Elle vante ses noix et son lard rances, elle exalte son trou de souris économe, les couleurs grises de sa vie et ses parfums monastiques. » (« La femme de province », *op. cit.*, p. 4.)

84. *La Muse du département*, *op. cit.*, p. 46.

85. P. Durand, *Physiologie du provincial...*, *op. cit.*, p. 38.

86. *Grand Dictionnaire...*, *loc. cit.*

87. « La plaisanterie, note Balzac, y est, comme les semestres des rentes sous l'Empire, presque toujours arriérée. » (« La femme de province », *op. cit.*, p. 2.)

88. Vicomte de Launay (Delphine Gay), 11 décembre 1842, *op. cit.*, t. II, pp. 157-158, 163, et 12 octobre 1844, p. 316. Dernière phrase soulignée par nous.

89. *Cf.* Pierre Rosanvallon, *Le Moment Guizot*, Paris, Gallimard, 1985.

90. À ce propos, voir la belle thèse d'André-J. Tudesq, *Les Grands Notables en France (1840-1849), étude historique d'une psychologie sociale*, Paris, P.U.F., 1964, 2 vol.

91. Inspirés de notre thèse *Archaïsme et modernité en Limousin au XIXe siècle*, Paris, Marcel Rivière, 1975.

92. Tout au plus relève-t-on les touchants efforts de son épouse pour ne pas déprécier l'une des plus provinciales petites villes du royaume, rendue l'été, par la présence même de la Parisienne, « mélange inconnu de rochers et de banquiers, d'avocats et de cascades, de loups et de chapeaux à plumes, de sangliers et de dentelles, de falbalas et de serpents », vicomte de Launay (Delphine Gay), lettre V, 24 novembre 1838, *op. cit.*, t. I, pp. 345-346.

93. *Cf.* Alexis de Tocqueville, *Œuvres complètes*. Paris, Gallimard, *Souvenirs*, t. XI, 1964, p. 106 *sq.*

94. Les historiens n'ont pas assez fortement souligné le poids de la dérision parisienne à l'encontre des rouges de province au lendemain des journées de juin 1848. La liste est longue de ces saynètes, fantaisies, vaudevilles qui s'en prennent aux « saucialistes », aux

clubistes de province. *Cf.*, à titre d'exemple, ceux qui sont cités par Francis Ronsin, *Du divorce et de la séparation de corps en France au XIXe siècle*, thèse, université Paris-VII, 1988, t. II, p. 442 sq. (*cf. Un socialiste en province*, vaudeville en un acte de Louis Dubrel, *Le Club champenois*, de Lefranc et Labiche) et par Jean-Yves Mollier, *Michel et Calmann Lévy ou la naissance de l'édition moderne*, Paris, Calmann-Lévy, 1984, p. 143 sq.

95. Leitmotiv chez Delphine Gay, cependant favorable au régime de Juillet. Sur ce sujet, voir Anne Martin-Fugier, « La Cour et la Ville sous la monarchie de Juillet d'après les feuilletons mondains », *Revue historique*, n° 563, juillet-septembre 1987, pp. 107-133.

96. Alain de Tocqueville, *op. cit.*, p. 108.

97. Formule de Jules Janin que reprennent, en chœur, les journalistes limousins, ulcérés.

98. Mme Lafarge, née Marie Cappelle, *Mémoires*, Paris, Michel Lévy, éd. de 1867, p. 215 (la première édition date de 1841).

99. Id., *ibid.*, p. 220 ; et, en ce qui concerne les citations qui suivent, pp. 214, 219 et 222.

100. Louis Blanc, *Histoire de la Révolution de 1848*, Paris, Michel Lévy, 1870, pp. 304-306.

101. Laquelle, il est vrai, ne se confond pas avec la province.

102. Ted Margadant, *French Peasants in Revolt*, Princeton, Princeton University Press, 1979.

103. De juin 1848 à octobre 1877, l'attitude de la province est ordonnée par le désir de défendre le suffrage universel et la légitimité du pouvoir qu'il institue ; ce qui l'amène à adopter à plusieurs reprises une attitude méfiante, voire hostile, à l'égard du peuple parisien.

104. Bien étudiée par Howard C. Payne, *The Police State of Louis Napoléon*, Seattle, 1966.

105. À titre d'exemple : Jean-Pierre Chaline, *Les Bourgeois de Rouen*, Paris, Presses de la Fondation nationale des sciences politiques, 1982, pp. 161-190.

106. Jeanne Gaillard, *Paris, la Ville. 1852-1870. L'urbanisme parisien à l'heure d'Haussmann. Des Provinciaux aux Parisiens*, Paris, Champion, 1977, p. 246. L'auteur étudie les modalités de l'intégration du provincial et souligne, à ce propos, le rôle de l'école, du restaurant, de l'hôpital.

107. *Cf.* Pascal Ory, *Les Expositions universelles de Paris ; panorama raisonné*, Paris, Ramsay, 1982.

108. Voir, à ce propos, Thimothy J. Clark, *The Painting of Modern Life. Paris in the Art of Manet and his Followers*, New York, A. Knopf, 1984.

109. Hippolyte Taine, *Carnets de voyage. Notes sur la Province. 1863-1865*, Paris, Hachette, 1897, pp. 169-170 et 231.

110. L'anthropologie de la fin du siècle enregistre la supériorité de la capitale. « Dans les races les plus intelligentes comme les Parisiens... », écrit ainsi, à l'issue de ses observations, Gustave Le Bon, dans ses « Recherches anatomiques sur les lois des variations du volume du cerveau et sur les relations avec l'intelligence » (*in Revue d'anthropologie*, 2e série, t. II, 1897, pp. 27-104).

111. François Mauriac, *La Province*, Paris, Hachette, 1964, pp. 8 et 95.

112. Id., *ibid.*, p. 39. Déjà, Édouard Estaunié écrivait en 1943 que la province procure le « loisir de passion » : « En province, bien autrement qu'à Paris, on a du temps pour aimer et haïr. »

113. Michel Denis, *Les Royalistes de la Mayenne et le monde moderne – XIXe-XXe siècles*, Paris, Klincksieck, 1977.

114. René Bazin, *En province*, Paris, Calmann-Lévy, 1896, p. 153.

115. Ainsi que les citations suivantes : *Grand Dictionnaire*... « Provincial », *loc. cit.*

116. *Ibid.* On remarquera l'allusion à Carpentras, l'une de ces villes de la province comique de naguère.

Paris-province

117. *Cf.* notre livre *Les Filles de noce*, Paris, Aubier, 1978.

118. Dominique Amrouche-Antoine, «Espéraza, 1870-1940. Une ville ouvrière chante», *Ethnologie française*, vol. XIV, n° 3, juillet-septembre 1984, pp. 237-249.

119. *Grand Dictionnaire... loc. cit.*, ainsi que les citations qui suivent.

120. Sur cette dépréciation, *cf.* Jean Dubois, *Le Vocabulaire politique et social en France de 1869 à 1872...*, Paris, Larousse, 1962.

121. Alors s'opère une renaissance de la conscience provinciale dans les lettres françaises. Processus depuis longtemps souligné. Voir, à titre d'exemple, Pierre Moreau, «La littérature et le retour à la province», *Actes du IVe Congrès international d'histoire littéraire moderne (1948)*, Paris, Boivin, 1950, pp. 83-93. L'auteur date le début de cette prise de conscience de 1841, quand commence de paraître la série *Les Français peints par eux-mêmes*; il note qu'elle s'accélère en 1852 avec l'élaboration du programme de recherches folkloriques de Fortoul et Jean-Jacques Ampère. Le mouvement, selon lui, culmine en 1902 lorsque Gustave Lanson propose un vaste programme d'étude sur l'histoire provinciale de la vie littéraire en France et inaugure la série des géographies littéraires de la France.

122. J.F. Daniel, Historique de la ville de *Landerneau et du Léonais*, Brest, 1874, pp. 20 et 21.

123. Id., *ibid.*, p. 17.

124. Cette question de l'origine du bruit à Landerneau a fait l'objet de plusieurs articles. Voir Jehan Bazin, *Landerneau, ancienne capitale de la province de Léon*, Brest, Presse libérale du Finistère, 1962; notamment pp. 130-131: «Du bruit à Landerneau», qui contient une courte bibliographie sur le sujet.

125. J. Bazin, *op. cit.*, p. 131 et citation suivante, p. 132.

126. *Grand Dictionnaire...*, *op. cit.*, rubrique «Landerneau».

127. Sur l'idéologie agrarienne, voir l'ouvrage fondamental de Pierre Barral, *Les Agrariens français de Méline à Pisani*, Paris, Armand Colin, 1968.

128. Sur le village romanesque des années 1950-1960, voir Rose-Marie Lagrave, *Le Village romanesque*, Le Paradou, Actes-Sud, 1980.

129. Très révélateur le diptyque de Mgr Edmond Loutil (Pierre L'Ermite), *La Fille aux yeux ouverts* (Paris, Bonne Presse, 1946) et *La Fille aux yeux fermés* (Paris, Bonne Presse, 1946). La première, contrairement à la seconde qui s'y abîme, a compris que Paris était un lieu de perdition et que l'enracinement en province constituait la voie du salut et du bonheur, dans le respect de la vie morale.

130. Dans le domaine littéraire aussi, le Paris du XXe siècle continue de transcender les régions et les styles régionalistes dont Ernest Perochon, Eugène Le Roy, Louis Pergaud, Jean de La Varende, Alphonse de Chateaubriant, André Chamson, Maurice Genevoix constituent quelques exemples; c'est lui qui extirpe Jean Giono de cette cohorte subalterne. Parmi les auteurs de la première moitié du XIXe siècle, Émile Souvestre mériterait, dans cette perspective, une étude systématique. En 1870, la bibliothèque communale de Landerneau possède trente-trois de ses ouvrages; c'est de loin l'auteur qui s'y trouve le mieux représenté (*cf.* la série de catalogues de la bibliothèque communale de Landerneau conservés à la Bibliothèque nationale).

131. *En rade*, de Joris-Karl Huysmans.

132. Selon Jocelyne George (*Les Maires dans le département du Var de 1800 à 1940*, thèse d'État, université Paris-I, 1987, p. 601), c'est durant les années 1880, et donc peu après la publication de *Tartarin de Tarascon*, que «l'image dévalorisée et ridicule du maire rural méridional commence à se répandre».

133. *Cf.* Hubert Lussier, *Associations volontaires en milieu populaire. Les compagnies de sapeurs-pompiers français au* XIXe *siècle*, thèse, université Paris-I, 1985.

134. Odile Roynette, *Les Images du troupier dans la littérature du début de la IIIe République, mémoire de maîtrise*, université Paris-I, 1988.

135. Anne Martin-Fugier, *La Place des bonnes. La domesticité féminine à Paris en 1900*, Paris, Grasset, 1979, « Bécassine », pp. 149-156.

136. Voir, à ce propos, le *Journal* de Jules Renard.

137. Daniel Halévy, *La Fin des notables*, Paris, Grasset, 1930 et Jean Lhomme, *La Grande Bourgeoisie au pouvoir (1830-1880)*, Paris, P.U.F., 1960. Plus récemment, Arno Mayer *(La Persistance de l'Ancien Régime. L'Europe de 1848 à la Grande Guerre*, Paris, Flammarion, 1983) a violemment contesté ce précoce affaissement de l'emprise.

138. Jean Estèbe, *Les Ministres de la République. 1871-1914*, Paris, Presses de la Fondation nationale des sciences politiques, 1982, pp. 51-78. Il note en outre que les Méridionaux sont souvent de « petites gens ». Ce qui permet à la dérision de continuer de fonctionner ; *cf.*, à ce propos, le *Numa Roumestan* d'Alphonse Daudet.

139. Étudiés par Gilles le Béguec dans sa thèse de doctorat d'État, *L'Entrée au Palais-Bourbon*, université Paris-X-Nanterre, juin 1989. Maurice Colrat publie dans *L'Opinion* (18 et 25 mars 1911) un article intitulé « La prépondérance du Midi. Souillac, capitale de la France », auquel Henri Poincaré et Henry Joly décident de répondre.

140. Christophe Charle, *Les Élites de la République. 1880-1900*, Paris, Fayard, 1987, pp. 58-59.

141. *Cf.* l'ouvrage collectif, *La Vie politique et le personnel parlementaire dans les régions du Centre-Ouest sous la IIIe République*, Limoges, Lucien Souny éd., 1987 ; actes de la journée préliminaire à l'enquête sur les parlementaires de la IIIe République menée par le Centre d'histoire du XIXe siècle des universités Paris-I et Paris-IV, dont les résultats, très partiels, inspirent les réflexions qui suivent.

142. G. le Béguec, *op. cit.*, p. 475.

143. Conclusions de Christophe Charle, *Les Élites...*, *op. cit.*, p. 58.

144. Parmi l'abondante littérature sur le sujet, citons Françoise Raison-Jourde, *La Colonie auvergnate de Paris au XIXe siècle*, Paris, Bibliothèque historique de la Ville de Paris, 1976, et le numéro spécial d'*Ethnologie française*, « Provinciaux et province à Paris », vol. X, n° 2, avril-juin 1980. *Cf.* notre article « Les paysans de Paris », à propos des Limousins installés dans la capitale (pp. 169-178).

145. Gilles le Béguec, « Caractères généraux du recrutement parlementaire dans les régions du Centre-Ouest durant la seconde moitié de la IIIe République, « Groupements de jeunesse et sociétés d'originaires », *La Vie politique et le personnel parlementaire...*, *op. cit.*, pp. 43-50.

146. Il écrit : « Paris, c'est la province qui prend conscience d'elle-même », *op. cit.*, p. 86.

147. Jacques Fourcade, *La République de la province. Origine des partis, fresques et silhouettes*, Paris, Grasset, 1936, pp. 123 et 128.

148. Jean Planchais, *Les Provinciaux ou la France sans Paris*, Paris, Éd. du Seuil, 1970, p. 9.

MAURICE AGULHON

Le centre et la périphérie

En ce pays où l'on se plaît à se réclamer de l'histoire, il est devenu commun de décorer des noms prestigieux de «Jacobins» et de «Girondins» les partisans d'un État centralisé et ceux qui préfèrent un degré plus ou moins grand de régionalisation.
Cette opposition classique peut s'appliquer à bien des situations différentes.
Dans la politique au jour le jour, il est commode et tentant pour un parti au pouvoir d'être «jacobin», puisque la force de l'appareil d'État et des ramifications qui le prolongent est à son service; et, pour la raison réciproque, l'opposition trouve souvent avantage à mettre en valeur comme une sorte de contre-pouvoir tout ce qui peut exister d'autonomie locale.
À l'échelle de l'histoire interséculaire, on peut trouver les mêmes antithèses : «jacobine» sera la construction et l'affirmation d'un État national unitaire, et «girondine» la survivance d'états historiques antérieurs, ou la conscience des différences réelles, qui ont tendu à freiner l'unification.
Tout cela ne fait pas cependant un front de lutte permanent. Les résistances provinciales ou régionales à l'État centralisé ont toujours été à éclipses, et le conflit, plus général, autour de la structure de l'État et du système des pouvoirs n'a pas constamment figuré sur le devant de la scène. Rien de comparable avec les luttes de grande portée dont traitent les autres chapitres de cet ensemble d'essais. La dialectique française des rapports entre le centre et la périphérie, qui est aussi celle de l'unité et de la diversité, est indéniablement plus complexe et moins ostensible.
Raison de plus pour tenter de la démêler, en suivant – limitons l'ambition ! – les deux derniers siècles de l'histoire nationale.
Nous verrons successivement comment se posait le problème à la jonction de l'Ancien Régime et de la Révolution française; puis les évolutions lentes, de Napoléon à de Gaulle; enfin les données plus récentes et les bouleversements actuels ou possibles.

L'Ancien Régime et la Révolution

L'ancienne France, celle d'avant 1789, peut être schématiquement décrite, du point de vue qui nous occupe, dans les termes suivants :
1) Une grande diversité géographique naturelle, constante, et qui nous est toujours sensible, celle des paysages, des climats, des ressources.
2) Une grande diversité culturelle, moins évidente mais tout aussi profonde : celle des formes d'occupation du sol (habitat, régimes agraires, tels que Marc Bloch les a décrits dans un ouvrage classique[1]), celle des structures de la famille (récemment rappelées dans *L'Invention de la France* de Le Bras et Todd[2]); celle du droit, plus généralement, droit écrit, d'influence romaine, contre droit coutumier, etc.
3) L'aspect le plus frappant de la diversité des cultures était cependant linguistique. Sept langues ou dialectes non français étaient parlés sur le territoire du royaume, le flamand, l'alsacien, le breton, l'occitan, le basque, le catalan, et le corse, sans compter les diversités locales de chacun d'eux, ni les patois dérivés du français dans la zone proprement française[3]. On peut dire, en simplifiant, que les classes populaires, surtout rurales, ne parlaient au XVIIIe siècle que leur langue régionale, tandis que les classes instruites (« bourgeoises ») étaient bilingues, possédant à la fois le français et le dialecte du lieu.
4) Le royaume avait conservé, des péripéties de son édification, une grande diversité de statuts juridiques. Les provinces, parfois les villes, avaient des statuts particuliers, donc différents. Certaines provinces, « pays d'État », avaient des états provinciaux. Cela ne faisait pourtant pas du royaume un État fédéral, puisque toutes les provinces n'avaient pas d'états, et que, là même où il y en avait, ils n'avaient pas grands pouvoirs. Mais il existait de la diversité, charme de la singularité pour les uns, désordre et embarras selon d'autres.
5) On oublie trop que ces diversités étaient non coïncidentes. Statuts politiques, paysages naturels, langues ne divisaient pas le royaume selon les mêmes limites. Certaines provinces, vastes, comportaient à la fois des zones littorales et des zones montagneuses aux ressources mais aussi aux caractères et aux mentalités opposés (ainsi la Provence, ou le Languedoc). D'autres comportaient en leur sein des parties francophones et des parties non francophones (Bretagne, Flandre, Lorraine, Auvergne). Ces diversités en quelque sorte entrecroisées étaient peut-être plus propres à s'entraffaiblir par là qu'à se renforcer.
6) Au-dessus de tout cela, l'État monarchique, plus simple et moins pourvu en fonctionnaires qu'aujourd'hui, était plus lointain et moins pesant aux simples gens ; cela ne veut pas dire que les gens fussent soulagés, mais que les poids ressentis étaient, plus qu'aujourd'hui, ceux de potentats locaux. Cet État n'était pas uniforme (voir caractère 4 ci-dessus) mais il était unitaire. Le

Le centre et la périphérie

roi avait partout ses intendants. Et il était, *grosso modo*, partout connu et obéi.
7) Le sentiment régional était spontanément très fort et très répandu. L'immense majorité des Français, n'ayant guère voyagé, préférait naturellement son pays de naissance, dans la mesure où elle y était adaptée et s'y trouvait donc mieux que dans tout autre. Les différences effrayaient ou déconcertaient; on avait son accent, ses habitudes alimentaires, son accoutumance au climat. Tout le monde était particulariste et régionaliste mais de façon naturelle, à peine réfléchie.

Chacun connaît plus ou moins les changements apportés par la Révolution à ce tableau.

Essayons de les classer à leur tour, et de mettre à leur place ceux que l'on oublie d'habitude.

Il n'est que juste de distinguer l'apport euphorique de 89 et l'apport fatal de la guerre civile.

1) 1789 renforce l'unification administrative et politique en remplaçant les provinces et autres institutions particulières par des départements, portions plus petites découpées dans le territoire national pour des raisons de commodité, administrées d'après les mêmes lois et règlements, et désignées par les noms tirés de la géographie physique objective (au lieu des noms de caractère historique, réputés entachés de «féodalité»). Mais cette homogénéité de statut est bien reçue parce qu'elle est égale, donc juste. En matière de collectivités locales aussi il y avait eu des privilèges, et 1789 est, là encore, une abolition de privilèges.

2) Cette uniformisation, qui renforcera évidemment à terme la conscience de nationalité française, est bien accueillie pour la raison que l'on vient de dire, et parce qu'elle s'accompagne d'une extrême décentralisation du pouvoir. 1789 (c'est-à-dire la constitution de 1791) fait désigner par la voie élective toutes les autorités locales et départementales.

La commune reçoit une pleine existence administrative ou (là où elle l'avait déjà) voit rajeunir sa vitalité. Et le département devient vite une instance et un nom familiers.

3) Dans cette révolution commençante, enfin, la pluralité linguistique n'est pas perçue comme désolante. Il n'est pas rare que l'on fasse traduire les lois et décrets dans les langues régionales pour que le peuple les connaisse. L'esprit de la Révolution et la culture locale savent faire bon ménage[4]. Dans le Midi, des sociétés populaires délibéreront en occitan jusqu'au début de 1793. On trouve des écrits révolutionnaires spontanés, émis en langues régionales, mais patriotes, et nullement régionalistes. C'est même dans l'un d'eux, une chanson de circonstance, en occitan, composée à l'automne 92 dans le Tarn, qu'apparaît pour la première fois le nom de «Marianne» pour désigner la France en République[5].

La guerre civile, qui couvre presque toute la décennie révolutionnaire, changera beaucoup de choses.

1) D'abord ceci, qui est décisif. Combattue dès l'origine par le roi et les privilégiés, peu nombreux, actifs, mais aux succès d'influence fort inégaux, la Révolution entre ensuite en conflit avec la papauté, donc avec l'Église romaine dans son ensemble. L'hostilité à la Révolution reçoit par là ce que nous appellerions aujourd'hui une base de masse. Avec la religion catholique, c'est tout ce qu'on pourrait appeler, en termes modernes aussi, le traditionalisme global qui bascule dans le camp de la contre-Révolution. Tout mécontent va désormais trouver naturel de regretter le temps des « bons prêtres », donc celui du roi, celui d'avant...

2) C'est alors, et en conséquence, que la politique des pouvoirs révolutionnaires prend les deux inflexions que l'on peut dire typiquement « jacobines ». Pour se battre pratiquement, on retourne à la centralisation des pouvoirs. Des agents venus de Paris (représentants en mission) et leurs auxiliaires, sous des noms divers, remplacent les autorités élues, devenues rebelles ou suspectes. Les tentatives de lutte des Girondins contre la révolution parisienne, appuyées évidemment sur les directoires des départements, sont soupçonnées de « fédéralisme », et le fédéralisme devient pour longtemps une idée suspecte de connivence avec la résistance royaliste ou cryptoroyaliste. Pour se battre *mentalement*, le jacobinisme assume instinctivement un antitraditionalisme brutal, dont les cultures régionales seront la cible évidente. « Le fédéralisme parle bas-breton... »

3) Tout cela est bien connu. Mais voici qui l'est moins.

La guerre, guerre civile, guerre aux frontières, l'histoire concrète en somme, a été diversement vécue. Et ses péripéties variées ont laissé des traces mentales assez durables pour constituer une forme inédite de diversité, et quasiment un régionalisme de type nouveau.

Schématiquement, on peut dire que, dans un grand quart nord-est de la France, la guerre, les invasions, parfois les exactions de soldats étrangers lient et lieront (en 1814, encore) les populations à la République, à l'Empire, à la France « bleue ». Naissent alors des sensibilités régionales « patriotes », dont la tradition, prolongée – non pas toujours, mais assez aisément – en vote politique de gauche, durera plus d'un siècle. C'est la France exemplaire des héros d'Erckmann-Chatrian.

Inversement, à l'ouest, là où les insurrections contre-révolutionnaires ont pu se développer et n'ont été refoulées qu'à grand-peine, et à grande douleur, les exactions ont été le fait de soldats bleus, et les mauvais souvenirs sont liés à la Révolution. C'est alors – cas extrême – que sort du néant la « Vendée militaire », entité inédite, ni ancienne province (elle groupe des morceaux de Bretagne, d'Anjou et de Poitou), ni groupe de départements (elle amalgame

Le centre et la périphérie

des portions de Vendée, de Loire-Inférieure, des Deux-Sèvres et du Maine-et-Loire), région issue de l'histoire, et d'une histoire militaire, définie par la contingence de la géographie des combats. C'est du moins ce qu'a mis en lumière la thèse remarquée de Jean-Clément Martin[6].

Comme on le voit, l'histoire ancienne n'est pas fatale, puisque les régionalismes les plus vigoureux peuvent être les plus récents. Ou plutôt – autre façon de dire – l'histoire y compte plus que la géographie. La Vendée militaire fait un peu penser aux Cévennes, petit morceau du Massif central, en lui-même microrégion géographique, mais surtout isolat protestant, qui devint région culturelle par le souvenir enraciné de la guerre des Camisards. Le rapprochement Cévennes-Vendée, parallèle ou antithèse selon le point de vue, était d'ailleurs connu au XIXe siècle[7].

Au lendemain de la Révolution, à partir du Consulat et de l'Empire, la bourgeoisie victorieuse qui gère la France jette sur ce qui reste de diversité un regard méfiant. Aux raisons politiques qui rendent suspectes au pouvoir parisien les sensibilités régionales colorées ici de chouannerie et ailleurs d'obstination républicaine s'ajoutent peu à peu des raisons anthropologiques : le regard élitiste des classes éclairées tombe de haut sur les cultures traditionnelles, rurales, particulières. Sauvages, en quelque sorte. C'est cette ethnographie empirique qui fait le charme et l'intérêt des Statistiques départementales des premiers préfets, bien étudiées par Marie-Noëlle Bourguet[8].

De Napoléon à de Gaulle

L'idée la plus répandue est que, sous tous les régimes, l'État issu de la Révolution française, devenu, après 1870, l'État républicain, a continué la tradition jacobine (elle-même – coup de chapeau à Tocqueville – prolongement de la tradition royale), qu'il a donc méprisé et écrasé les particularités régionales et les sentiments régionaux.

Cela est très exagéré et surtout très simplifié.

Essayons d'aboutir à des conclusions moins discutables en distinguant les problèmes ou les domaines : le pouvoir, les langues, les particularismes divers, les attachements collectifs. Il y a là autant de questions distinctes dont on ne saurait présumer l'harmonie ou le parallélisme.

La question du pouvoir

Il est exact qu'il n'y a pas eu, avant 1954 (institution des régions de programme), et à la seule exception de la création par Vichy de préfectures de région, abolies en 1946, d'entité territoriale supérieure au département. Sauf les regroupements dans le cadre de chaque administration (académies, régions militaires, provinces ecclésiastiques, ressorts de Cour d'appel...), regroupements existant dès le début du XIXe siècle, mais qui ne coïncidaient pas entre eux et qui, par conséquent, faute de limites extérieures communes, ne redessinaient pas de province ou de région. Un projet des royalistes insurgés sous la duchesse de Berry, en 1832, quelques débats en 1848-1849 n'aboutirent à rien[9].

Mais, dans ce cadre État-départements inchangé, les pouvoirs effectifs n'ont cessé de se démocratiser et de se libéraliser.

L'État tout-puissant, avec un gouvernement nommant ses hommes à toutes les fonctions, c'est sous Napoléon Ier qu'il a existé. Et, depuis 1814, le «carcan» étatique dit «jacobin», en réalité «napoléonien», n'a cessé de se desserrer. Et – paradoxe – les républicains, quoique affublés souvent de l'épithète de «jacobins», ont été d'actifs participants de ces luttes pour la liberté.

Après l'élection des députés, établie dès 1814, grâce à la Charte de Louis XVIII, l'élection s'applique en 1831 aux conseils municipaux, en 1833 aux conseils généraux et d'arrondissement. Le suffrage restreint pour tous ces votes fait place en 1848 au suffrage universel masculin. Au sommet de l'État, ce sont les tâtonnements à la recherche d'un régime réellement représentatif qui forment la trame de notre histoire politico-constitutionnelle classique. La IIIe République a parachevé la libéralisation, courant dominant du XIXe siècle, en instaurant le régime parlementaire, en donnant aux conseils municipaux le droit d'élire les maires (seule exception à Paris) et en établissant ou élargissant toutes les libertés civiques décisives, presse, réunion, association.

La vie locale et, notamment – pour ce qui nous intéresse –, les aspirations et les sensibilités locales et régionales ont donc eu toujours de plus en plus de moyens de s'exprimer, sans censure ni tracasseries. Cela – nous dira-t-on – d'autant plus aisément qu'elles étaient politiquement anodines – mais c'est un autre problème que nous retrouverons bientôt.

Sur le terrain, il ne restait à franchir, pour arriver à une véritable décentralisation, et à la régionalisation, que les deux étapes, réservées à notre temps : la création d'unités à taille viable (les régions) et la diminution du pouvoir des préfets.

Mais ce qui a été acquis est immense, et le sens de l'évolution était clair : évolution vers la liberté, et non pas permanence d'un État quasi régalien.

La question des langues

Il est vrai que, pendant tout ce temps, l'école apprenait le français à tous les Français, donc aux gens du peuple des régions historiquement non francophones.

Le centre et la périphérie

Si l'entreprise fut «jacobine», la France a compté beaucoup de Jacobins! Car l'apprentissage du français à l'école et par l'école s'est faite aux temps de Guizot et de Fortoul comme au temps de Jules Ferry, et dans beaucoup d'écoles «libres» comme dans les écoles publiques. Jules Ferry, pour citer le ministre dont le nom est resté le symbole de l'entreprise éducative de la République, n'a pas inventé cette tâche, il l'a prolongée, étendue, parachevée. «Jacobin», Jules Ferry? Sans doute, si le mot veut dire républicain et patriote français convaincu. Mais on ne saurait oublier qu'au sens à la fois le plus précis et le plus répulsif du mot «jacobin», partisan d'une dictature sectaire et violente, à la manière de l'an II, Jules Ferry a été le plus *anti*-jacobin des républicains, comme le montre son rôle dans la célèbre polémique de 1865[10].

Écartons donc une étiquette fallacieuse et voyons l'essentiel. Trois faits, à notre avis, ne sont guère contestables.

D'une part, les populations souhaitaient souvent connaître le français, conscientes qu'elles étaient de l'avantage qu'il constituait comme moyen de communication, d'accès à une vie économique plus active et plus étendue, d'ascension sociale éventuelle.

D'autre part, les méthodes employées (celle, toujours citée, du sou, ou du sabot, que l'enfant, «coupable» d'avoir lâché dans l'intérieur de l'école un mot de dialecte, reçoit, et qu'il garde jusqu'à ce qu'il ait pu le passer à un autre «coupable» par lui repéré, le dernier porteur en fin de journée étant puni; donc intersurveillance et délation en chaîne), ces méthodes, donc, plaident contre une pédagogie désuète et un peu perverse, mais non pas contre sa finalité, et c'est par abus que l'on se sert de celle-là pour discréditer celle-ci.

Enfin, les instituteurs et autres fonctionnaires étaient nombreux à souhaiter que ce français appris coexiste avec un dialecte non oublié; ceux qui avaient vraiment en désir et en perspective la disparition des dialectes étaient-ils plus ou moins nombreux, personne ne les a comptés. Mais on ne saurait limiter notre vue à ces derniers et omettre les premiers.

Si la République, en pouvoir oppressif de «colonialisme intérieur», avait voulu déraciner les langues et pratiquer le «génocide culturel» dont l'accusent certains régionalistes qui n'ont pas peur des gros mots, elle aurait employé bien d'autres méthodes et se serait battue sur bien d'autres terrains. Or, on ne voit pas que l'usage des dialectes ait été tracassé loin de l'école et des heures scolaires.

Bien plus probable est l'idée que l'État ait voulu donner aux peuples cette possibilité de jouer sur deux registres d'expression dont bénéficiaient déjà les bourgeoisies régionales, et dont beaucoup de députés républicains se flattaient volontiers d'être eux-mêmes capables. Car la République ne détestait pas les parfums provinciaux.

LES FRANCE *Partages de l'espace-temps*

La question des particularismes

Les attachements aux régions, entraînant le goût pour les cultures locales, leur maintenance, leur entretien, sont loin d'être combattus. Mieux, ils vont être vus, dans la longue période qui va du premier Empire à la IVe République, avec de plus en plus de sympathie par l'État et les milieux dirigeants.

C'est le fait d'une mutation de la sensibilité bourgeoise qui a dû s'opérer autour de 1820 ou de 1830. Schématisons. Au commencement, le bourgeois citadin avait peur de la France rurale profonde, du paysan lointain, qui pouvait être «chouan» ou «brigand», ou, au moins, grossier et brutal. Ses mœurs, du coup, étaient inquiétantes et indéfendables.

Mais voici bientôt le temps où ces mêmes mœurs vont passer du statut de barbarie archaïque (à faire disparaître) à celui de vestiges savoureux (dignes de sauvegarde). Chants populaires, costumes, coutumes, folklores sont décrits par les voyageurs, avec plaisir.

C'est l'effet du romantisme et du mouvement européen des nationalités qui éveillent dans les esprits modernes et libéraux une attention favorable à ces authenticités.

Mais c'est aussi que la peur a cessé, ou s'est déplacée. Après 1830, et plus encore 1848, c'est des villes, faubourgs et banlieues qu'il est convenu d'avoir peur, et, par contraste, le peuple paysan, hier farouche, devient doux, tranquille et plaintif. Après 1848, le spectre des jacqueries rurales, malgré sa résurgence vite matée de 1851, s'éloigne. Encore une génération et il sera remplacé par le thème de la «terre qui meurt[11]».

Typique, George Sand, à la fois très républicaine (et républicaine avancée, «jacobine» si l'on veut) et très berrichonne (ruraliste, ethnographe amateur). Elle préfigure à merveille cette sensibilité à deux étages (républicanisme en politique nationale, régionalisme pour l'affectif et le culturel) qui sera celle de bien des républicains de la IIIe.

À la même époque, dans le camp opposé, Louis Napoléon Bonaparte présente une identique dissociation. Le coup d'État et l'arsenal de mesures répressives qui l'accompagnent forment une politique aussi étatico- «jacobino» -napoléonienne que possible, mais, dans le ministère même du coup d'État, le ministre Fortoul, chargé de l'Instruction publique, lance la première entreprise de collecte et de publication des chansons populaires de tradition[12]. Et, en 1854, en plein Empire autoritaire, Frédéric Mistral, Joseph Roumanille et leurs amis fondent le Félibrige pour maintenir la langue et les coutumes provençales. L'entreprise est compatible avec l'État impérial, puisque l'inspiration conservatrice et catholique est alors commune aux poètes rhodaniens et à l'hôte des Tuileries. Surtout, ce provençalisme ne gêne pas le napoléonisme puisque, situés à deux étages différents, ils ne sauraient se croiser.

Le centre et la périphérie

Il y a plus. En un cas au moins l'Empereur en personne a tant apprécié le folklore (sans doute pour plaire à son épouse) qu'il accepta de laisser violer en sa faveur certaines lois de l'État! Curieuse histoire, moins marginale qu'il ne paraît, et bien plutôt typique des contradictions du temps. Attardons-nous un instant à Bayonne[15].

Depuis le début du siècle, le folklore occitan des jeux taurins (région du bas Rhône et région landaise) tendait à être influencé par le folklore espagnol, plus spectaculaire, de la corrida, avec mise à mort. Mais, à l'époque même où la corrida sanglante s'apprêtait à franchir les Pyrénées, l'Assemblée nationale votait, en 1850, la loi Grammont, qui faisait un délit des traitements cruels infligés en public aux animaux domestiques. Les législateurs ne pensaient d'ailleurs pas aux corridas mais au martyre quotidien des chevaux de roulage sur le pavé de Paris. Cependant, la loi était écrite en termes généraux, et l'éventration des chevaux de picadors dans les arènes était bel et bien une cruauté infligée en public. Napoléon et Eugénie à Bayonne, en 1854, cautionnaient donc un spectacle folklorique qui était susceptible de tomber sous le coup de la loi. Ainsi s'ouvrit un siècle d'histoire confuse pendant lequel la tauromachie à l'espagnole vécut, survécut, s'étendit même en France, dans une illégalité flagrante mais très sporadiquement réprimée, le plus souvent tolérée, les pouvoirs publics, napoléoniens puis républicains, n'osant pas entreprendre d'interdire une pratique qui se couvrait du lustre du folklore régional. En 1951 (un siècle et une année après la loi Grammont), la loi tranchera la question en admettant que les corridas sont licites là où la tradition locale en est attestée.

L'uniformité «jacobine» n'était donc pas irrésistible en face des particularismes régionaux, ou du moins de ceux que l'on tenait, à tort ou à raison, pour populaires, donc impossibles à déraciner sans inconvénient.

C'est ce même principe d'opportunité qui – s'il est permis de rapprocher du «goupillon» non pas le «sabre» mais l'*espada*... – a fait maintenir en 1918 en Alsace-Lorraine le statut concordataire des cultes.

La République n'a donc pas toujours fait la guerre aux particularismes, ou elle s'est montrée capable d'y renoncer lorsqu'une résistance était puissante, ou prévisible.

Le détail, trop peu connu encore, de la vie française apporterait sans doute bien d'autres correctifs au refrain banal de l'uniformité de nos penchants étatiques.

La question des attachements collectifs

Donc des diversités, maintenues, goûtées, parfois sauvegardées plus qu'on ne l'a dit. Mais limitées dans leur portée parce que, par-dessus tout cela, les Français devenaient patriotes.

En un mot, les régionalismes sont restés à l'étage du culturel parce qu'à l'étage du politique on n'imaginait pas de contester l'attachement national.

De 1814 à 1914, l'histoire du XIXe siècle français est celle d'un progrès impressionnant de la conscience nationale française et du patriotisme, celui-ci ajoutant la touche de valeur et d'engagement affectif à ce que celle-là comporte de simple connaissance. Progrès dans leur extension géographique, depuis Paris, les provinces frontières, le centre, vers les périphéries ; des villes vers les campagnes et les montagnes – progrès dans leur extension à toutes les couches sociales. Tout a été dit là-dessus, et marqué par la puissante formule d'Eugen Weber : *Peasants* into *Frenchmen*[14].

Ce progrès a été considérable parce que les deux philosophies politiques (la droite et la gauche) qui se partageaient alors l'influence sur les esprits, et qui s'opposaient vivement à tant d'autres égards, étaient d'accord sur ce point. Le passéisme monarchiste d'inspiration catholique, le bonapartisme, la République mettaient tous la France très haut dans leurs systèmes de valeurs respectifs.

Que la France soit fille aînée de l'Église, terre de chrétienté symbolisée par Jeanne d'Arc ou patrie des droits de l'homme, missionnaire du Progrès, il était entendu qu'elle était une nation d'exceptionnel mérite, d'exceptionnelle vocation, et qu'il fallait faire son service militaire. Ceux qui contestaient ces affirmations, et les devoirs conséc utifs, étaient une très faible minorité avant la Grande Guerre.

Cela étant, les régionalismes peuvent bien exister, mais à leur étage ! Car les sentiments régionalistes (la conscience d'appartenir à une «petite patrie», et l'affectivité positive en sa faveur) existent. Aimer son pays est naturel ou banal. D'autant plus qu'il n'y a pas, dans cette période globale, de Napoléon à de Gaulle, que nous jugeons ici de haut et avec le recul, de véritable uniformité matérielle encore. Bien moins qu'aujourd'hui. Certes, il y a partout des chemins de fer dont les machines et les rails se ressemblent ! Mais bien des traits de vie et de culture sont encore très typés, très particuliers. Les agricultures régionales, les petites industries vivent ou survivent, même pauvrement. Les cuisines sont vraiment de terroir, les jeux vraiment de tradition, etc. La France a plus de couleurs, de bigarrures.

Ces sentiments régionaux peuvent déboucher, et débouchent souvent, la littérature aidant, ainsi que l'extrême liberté d'expression de l'époque, sur des mouvements régionalistes conscients, organisés, voués à étudier, encourager, et maintenir. Mais ces régionalismes-là ne débouchent jamais, eux, sur une opposition politique à la Patrie française, parce que celle-ci est intouchable. Exemplaire, en 1913, la rencontre, dans le wagon du train présidentiel, en gare de Graveson-Maillane, de ces deux personnages symboliques qu'étaient Raymond Poincaré et Frédéric Mistral.

Le centre et la périphérie

Le premier, malgré sa haute fonction, était déférent à l'égard de son invité, très vieil homme, poète de génie, et prix Nobel de littérature – mais le second, en vérité, faisait hommage de la Provence militante à la souveraineté française officielle.
Il ne faudrait donc pas se représenter les régimes du XIXe siècle, et notamment la IIIe République qui les prolonge, comme un régime de «Jacobins», fanatiques d'uniformité, en face desquels les régionalismes n'auraient été que des forces de droite, liées à l'opposition monarchico-catholique, et attendant une contre-révolution qui aurait eu le fédéralisme à son programme.
Il y eut, certes, des tendances en ce sens.
Mais il est avéré d'une part que les régionalismes de droite, sauf infime exception, n'allaient pas jusqu'au séparatisme, d'autre part et surtout qu'il y avait des régionalistes de toute opinion. Même républicains. Il y eut dans le Félibrige des félibres «rouges» (ce qui voulait dire radicaux, laïques). Il y eut – des travaux en cours vont le démontrer – des masses d'instituteurs républicains et laïques parmi les mainteneurs du folklore et les animateurs de mouvements littéraires régionaux, tous peu ou prou régionalistes[15].
Pour que l'on voie des régionalismes déboucher sur des entreprises politiques, il faudra que soit ouverte une autre époque.
On pressent que son premier caractère sera l'affaiblissement du barrage que le sentiment national leur opposait.

Données nouvelles, évolutions récentes

1) Donc, d'abord, la crise du patriotisme français laisse un plus large champ aux régionalismes politiques, aux autonomismes virtuels.
La guerre de 1914-1918 est un tournant, à bien des égards. Ou l'amorce du tournant, car les traumatismes ont souvent des effets différés[16].
Ne retenons que celui-ci: avant 1914 le pacifisme de principe, l'antipatriotisme, l'anarchie avaient été formulés mais n'avaient fait que très peu d'adeptes. 14-18 a fait que l'horreur de la guerre est devenue un phénomène de masse. Or, pour une partie de la population (minoritaire peut-être? Non marginale en tout cas, non négligeable, consistante), l'horreur de la guerre a rejailli sur et contre le patriotisme, qui avait permis à la guerre d'être acceptée, et aux combattants de «tenir» quatre années. Le citoyen de gauche en particulier, s'il a été formé après 1918, et si même il n'est pas devenu communiste ou pacifiste, même s'il est resté un républicain ordinaire, *ne pourra plus* vibrer pour la France avec ardeur et certitude, comme faisaient un Gambetta ou un Clemenceau.

Viendront d'autres coups, consistant moins cette fois en souffrance qu'en humiliations, mais l'effet en sera additionnel. La défaite de 1940 dont les sursauts du gaullisme, de la France libre et de la Résistance ne sont pas arrivés à gommer le souvenir morbide. La perte des colonies, qui est une réduction de puissance matérielle. La décolonisation, et ce que l'on apprit à travers elle, c'est-à-dire le fait que les conquêtes coloniales n'avaient pas été aussi justes et humanistes qu'on le prétendait (l'anticolonialisme, certes, avait toujours dit cela, mais ce discours ancien était peu répandu et, jusqu'en 1940 au moins, repoussé avec indignation et menaces; avec les guerres de décolonisation, au contraire, ce discours se banalise, et la fierté d'autrefois fait place à la mauvaise conscience). Enfin, la réduction relative, du fait des progrès de puissances nouvelles, de notre poids économique et culturel. Tout cela interdit désormais la fierté qui, à tort ou à raison – ici, peu importe –, était un des ressorts du patriotisme français d'avant 1914. On n'est plus fier, dans la jeunesse actuelle, d'être – ou plutôt d'avoir été – la «France impériale». Les sentiments publics ont basculé avec les forces mondiales. Ce n'est plus coloniser qui est exaltant, mais décoloniser. Le romantisme de la jeunesse d'aujourd'hui voit plutôt avec sympathie les luttes de libération, et se demande s'il ne reste rien à décoloniser en France même.

Le patriotisme à l'ancienne mode (car les optimistes disent qu'il en existe toujours un sous de nouvelles formes...) est désuet, voire «ringard».

La Marseillaise est de nouveau en voie d'être abandonnée aux militants des partis de droite et aux participants des cérémonies publiques en service commandé. N'étant plus contenus par le rempart d'un patriotisme puissant, sûr de lui, et quasi unanime, les régionalismes d'aujourd'hui peuvent sortir du cercle sentimentalo-culturel (je dis: peuvent, ils ne le font pas tous); ils peuvent parler politique en termes infiniment plus hardis qu'il y a trente ou quarante ans. Et précisément, comme nous allons le voir, ils y sont incités.

2) La force des choses annule les effets de la bonne volonté nouvelle de l'État. Depuis la fin de la IVe République, l'État semblait bien aller au-devant des spirations régionales. Marquons trois jalons divers mais significatifs de cette conscience nouvelle qu'il a prise d'aspirations jusque-là non pas brimées, certes, mais négligées.

Les langues régionales ont été introduites – fût-ce à doses modestes – dans l'enseignement public.

Des régions ont été reconstituées, d'ampleur appréciable puisqu'elles sont seulement vingt et une (puis vingt-deux), et avec elles de vieux noms provinciaux reparaissent dans la terminologie officielle.

Enfin, en 1982, l'ambitieuse loi de décentralisation (loi Defferre) crée des conseils régionaux élus au suffrage universel, donne aux présidents des conseils régionaux et départementaux d'importants pouvoirs enlevés aux préfets, et allège la tutelle des préfets sur les communes.

Le centre et la périphérie

Or, il se trouve que ces mesures, cette bonne volonté de l'État n'ont pas réussi à enthousiasmer les régionalistes ni à beaucoup freiner l'évolution de ceux qui se radicalisaient. Pourquoi?

D'abord les régions ne sont pas vraiment identiques aux provinces historiques. Il y a deux régions normandes, pour une ancienne province; et de même pour le Languedoc. La Bretagne région est amputée du département de la Loire-Atlantique. La Corse, avant qu'elle ne proteste avec efficacité, était amalgamée avec la Provence...

Et puis la loi de 1982 ne fonctionne pas très bien. Elle a ajouté un échelon territorial sans en supprimer d'autre en contrepartie; le système est lourd, bureaucratique, dépensier.

Enfin ce nouveau pouvoir régional n'a guère provoqué encore l'arrivée aux responsabilités d'hommes nouveaux. Il a plutôt donné des mandats et des lieux d'influence de plus aux hommes politiques préexistants, déjà députés ou maires de grande ville. Cas limite dans l'échec, la Corse, où le suffrage universel donne le pouvoir régional (théoriquement accru) aux adversaires du séparatisme, et même du changement, et où par conséquent le séparatisme n'a pas désarmé. Situation atypique? Peut-être.

Mais – cette fois ceci est général – les avances faites par l'État à l'idée régionale sont apparues inopérantes en regard de l'évolution spontanée qui, en même temps, jouait contre les particularités, les identités, parfois la vitalité même de nos pays.

Il y eut la prospérité des années 1955 à 1975, avec les migrations, les brassages de populations. Il y a de moins en moins de pays, de microrégions, qui soient culturellement homogènes.

Il y eut la crise qui suivit et qui emporte ce que l'on sait d'industries: par pans entiers.

Il y a la prospérité-crise permanente qui affecte l'agriculture aux prises avec l'ouverture sur le marché, européen et extraeuropéen. En clair, l'agriculture traditionnelle s'effondre, ce qui est décisif pour notre propos: c'est elle en effet (avec le genre de vie paysan qui lui était lié) qui était le support vital des langues régionales, et le facteur d'équilibre, depuis trois ou quatre générations, dans le bilinguisme instauré par Jules Ferry.

Les langues régionales disparaissent *de nos jours* (sauf efforts volontaires de réapprentissage, de faible succès jusqu'ici) et beaucoup moins sous l'effet de l'école primaire «jacobine» que sous les effets conjugués de l'expansion, de l'intercommunication, de la télévision, du Marché commun, bref d'une force des choses que l'État ne maîtrise pas.

3) Les régionalismes sont donc plus sensibles à tous les mécontentements, et mieux disposés à les capter.

Les mouvements régionaux sont de plus grande audience, et de plus grande âpreté revendicatrice, non seulement – répétons-le – parce que le sentiment patriotique français a un moindre pouvoir de freinage à leur opposer, mais encore parce qu'ils ont l'impression que l'État leur apporte peu, en contrepartie des maux qu'il laisse advenir.

Le régionalisme d'aujourd'hui peut donc devenir l'idéal d'accueil et de synthèse de toutes les sortes d'insatisfactions, et avoir des soucis et des programmes d'une gamme bien plus étendue qu'autrefois. Y avait-il des régionalistes qui parlaient d'économie au XIXe siècle ? Fort peu. Or, il y en a à notre époque.

On déplore, donc, les langues qui ne sont plus pratiquées. Mais on déplore aussi la désindustrialisation (textile dans le Midi au XIXe siècle, sidérurgie, houillères, chantiers navals, aujourd'hui).

On déplore la concurrence internationale apportée par le Marché commun.

On déplore le tourisme dans ses excès, ce tourisme de masse dont les nuisances culturelles et écologiques font plus que compenser les fameuses «retombées» économiques.

Cette incorporation de critiques de nature économique et sociale dans l'énoncé de malaises régionaux est un fait nouveau[17]. Une région française au XIXe siècle pouvait avoir des militants régionalistes parlant histoire, langue et folklore, et des syndicats ouvriers menant des grèves très dures, sans qu'il y ait de conjonction entre eux. Aujourd'hui, ces conjonctions sont concevables et contribuent à expliquer le passage à gauche de bien des mouvements régionaux.

Le régionalisme peut aller jusqu'à nourrir le séparatisme quand un maximum de différence culturelle et un maximum de frustration économique coïncident, coïncidence qui est sans doute l'une des clés du problème corse. Ici, la cristallisation nationalitaire n'est pas loin.

Heureusement (dira-t-on, du point de vue français), le cas le plus général est celui de la non-coïncidence. Il y a des régions assez particulières du point de vue culturel mais qui se portent économiquement assez bien – et des régions en complet et désastreux marasme économique mais où manque la composante de frustration linguistique ou historique.

La situation présente est donc extrêmement diverse et complexe.

Toutes les transitions possibles existent entre les régionalismes les plus militants et les simples sentiments de nostalgie historique à l'ancienne.

4) Vient enfin, pour compliquer les choses, l'interférence du problème nation-régions de la seule France avec celui des migrations nouvelles et des perspectives continentales.

Les migrations intérieures s'amplifient et s'accélèrent. Les jeunes gens des régions d'agriculture pauvre affluent vers les villes, et même vers Paris. Dans les bureaux de poste de Paris et de sa banlieue, on entend beaucoup l'accent

Le centre et la périphérie

toulousain... Le grand croisement des jeunes diplômés méridionaux que l'administration envoie dans le Nord et des vieux collègues du Nord qui glissent vers le Sud pour une retraite au soleil est une donnée de fait dans la gestion des personnels de l'Éducation nationale, et un argument du réquisitoire occitaniste. On voit à cet exemple que le brassage objectif entre les régions ne détruit pas les régionalismes, bien au contraire. Les déracinements contraints exaspèrent les patriotismes locaux bien plus qu'ils ne les effacent. On parle (on ose parler, abusant de mots trop sensibles) d'« exil » et de « déportation ». On veut « vivre au pays ». On superpose les macarons OC ou BZH à la plaque minéralogique 75, 92 ou 93. Beaucoup de régionalismes militants sont activement soutenus par leur diaspora, phénomène que le XIXe siècle n'avait pas ignoré[18], mais qui s'accentue. Va-t-on vers des régionalismes déterritorialisés ? Vers des diversités culturelles cultivées malgré l'éclatement de leur base d'implantation démographique ? Et d'autant plus cultivées que cette base serait plus éclatée ?

S'il en était ainsi, la diversité française à base provinciale tendrait à ressembler à la nouvelle diversité française à base d'immigration. Car si l'on *peut* être français occitan loin de l'Occitanie, on est *forcément* français-maghrébin loin du Maghreb, ou franco-portugais loin du Portugal. Ces dernières communautés sont en effet virtuellement fortes, quoique territorialement dispersées (même si elles sont regroupées en rues, en quartiers, en cités, l'ensemble de ceux-ci forme à l'échelle française un semis discontinu).

Aujourd'hui, c'est à partir de ces arrivées de migrants internationaux qu'on parle des difficultés de l'« identité française », bien plutôt qu'à partir des régionalismes intra-hexagonaux. Comme si les nouveaux problèmes de population, de culture et de diversité avaient refoulé les anciens au second plan.

À ce point, on peut se demander comment interfèrent précisément anciens et nouveaux problèmes, c'est-à-dire, en termes concrets, comment se comportent les régionalismes français face aux nouvelles immigrations. Il ne semble pas que l'on puisse à ce jour apporter de réponses nettes ; plusieurs cas de figure sont apparus possibles sans qu'on voie bien encore ceux qui seront l'exception et ceux qui seront la tendance généralisable. En Corse, certains incidents il y a quelques années ont montré que l'irritation nationaliste pouvait viser non seulement « la France » mais aussi « les Arabes ». À Marseille, en revanche, il est bien connu que la xénophobie anti-arabe est captée par le nationalisme français (du Front national) tandis que les occitanistes se refusent à cette xénophobie, réputée raciste, et préfèrent montrer, chiffres à l'appui, que la Provence, à ce jour, subit beaucoup plus d'« envahisseurs » venus du nord que d'outre-Méditerranée[19]. Encore une fois, nous n'osons ni généraliser ni extrapoler, tout est possible, tout est mobile, tout est confus.

En viendra-t-on un jour prochain à traiter globalement le problème des langues et des cultures différentes, en mettant sur le même plan, ou dans la même catégorie, l'occitan, le breton, le corse... l'arabe, le portugais? Ou ces problèmes resteront-ils perçus, tels qu'ils le sont aujourd'hui, comme qualitativement distincts?

Tout cela enfin se passe dans une France qui va s'intégrer à l'Europe. Ce n'est pas la moindre des interférences à envisager.

Là encore, nous sommes trop près des évolutions en cours pour pouvoir discerner les tendances.

L'Europe comme solution aux frustrations régionales? C'est une idée ancienne déjà, simple et séduisante par sa logique. On en voit le schéma: régions et régionalisme en France souffrent de l'État «jacobin». Or, l'Europe, en se superposant à cet État, devra bien en briser certaines rigidités. Multinationale par définition, l'Europe devra inventer des formes de citoyenneté souples. L'Europe sera donc forcément plus accueillante aux régions. Pour prendre un exemple récemment donné par un bon spécialiste: l'unification d'un Pays basque, ou d'une Catalogne, par-dessus la frontière étatique de la crête des Pyrénées, est impensable dans l'état actuel de la France et de l'Espagne. Mais elle le sera peut-être moins – un jour... – dans le cadre d'une Europe qui aurait intégré, et par conséquent un peu secoué, les deux vieilles nations de Paris et de Madrid.

C'est une perspective possible. Mais il en est une autre.

L'Europe, en effet, va être surtout, d'abord, un gigantesque marché commun. Aussi y a-t-il des régions françaises à qui la compétition pèse et qui trouvent qu'il y a déjà trop d'Europe, plutôt que pas assez!

Certains agriculteurs du Midi, concurrencés par les vins d'Italie ou les tomates espagnoles, n'aiment pas l'Europe, et feraient plutôt de l'intégration européenne un reproche à nos gouvernants. Le mécontentement de ces gens sera-t-il capté par un régionalisme occitaniste? Ou par un néo-nationalisme français, soit d'inspiration communiste, soit d'inspiration de droite? Nul ne peut le dire.

Reprenons ici l'exemple réputé «futile» des loisirs régionaux.

Les groupes du Midi occitan qui ont milité pour les courses de taureaux ont leur équivalent actuel dans ceux qui militent pour la chasse à la palombe; ce sont les mêmes arguments folkloristes (ou culturalistes). Or, si, pour la corrida, la partie a été gagnée, parce que les amateurs n'avaient contre eux qu'une loi *française*, dans l'affaire des chasses aux oiseaux migrateurs, l'obstacle est une réglementation *européenne*. L'Europe n'est donc pas une solution miracle aux mécontentements localisés. Car aucun remaniement de territoire ou de constitution ne pourra par lui-même résoudre le problème général d'éthique posé par le conflit des traditions particulières avec les exigences de valeurs et de droit d'expression universelle.

Le centre et la périphérie

Pas plus que la décentralisation à la française, l'intégration européenne n'est une panacée.
Les solutions pratiques, il n'appartient pas à l'historien de les proposer. Sa compétence propre consistait seulement à rappeler que les problèmes d'aujourd'hui se posent en termes différents de ceux d'hier, et de ceux de demain.
Il n'y a de permanence ni du jacobinisme français, ni des sensibilités et des cultures régionales, ni des formes qu'a pu revêtir leur confuse confrontation.

Cet article était déjà composé quand le Parlement a voté la loi accordant un statut spécial à la Corse (le «peuple corse» reconnu), récusée par le Conseil constitutionnel. Mais les interrogations ici exprimées sur l'avenir nous paraissent rester valables, même pour elle.

1. Marc Bloch, *Les Caractères originaux de l'histoire rurale française*, Oslo, Institut pour l'étude comparative des civilisations, 1931; rééd. Paris, Armand Colin, 1952.

2. Hervé Le Bras, Emmanuel Todd, *L'Invention de la France*, Paris, Hachette, coll. «Pluriel», 1981.

3. Yves Person et al., «Minorités nationales en France», numéro spécial des *Temps modernes*, août 1973. Christian Gras, Georges Livet *et al.*, *Régions et régionalisme en France du XVIIIe siècle à nos jours*, Paris, P.U.F., 1977.

4. Claude Mauron, François-Xavier Emmanuelli *et al.*, *Textes politiques de l'époque révolutionnaire en langue provençale*, in *Amiras, repères occitans*, 1986. Philippe Martel, «L'invention du Midi, représentations du Sud pendant la période révolutionnaire», *ibid.*, 1987.

5. Maurice Agulhon, *Marianne au pouvoir, 1880-1914*, Paris, Flammarion, 1989.

6. Jean-Clément Martin, *La Vendée et la France*, Paris, Éd. du Seuil, 1987.

7. On la trouve, par exemple, sous la plume de Karl Marx dans *Le Dix-Huit Brumaire de Louis Bonaparte*, pour mettre en contraste les rébellions paysannes passéistes et les rébellions paysannes réputées progressistes.

8. Marie-Noëlle Bourguet, «Race et folklore. L'image officielle de la France en 1800», *Annales E.S.C.*, juillet-août 1976.

9. En 1832, la restauration tentée par la duchesse de Berry aurait rétabli dix-huit généralités (d'après J.-P. Garnier, *Charles X*, Paris, Fayard, 1967, p. 386). En 1848-1850, une proposition de loi Béchard donne lieu à d'intéressants débats sur la décentralisation, étudiés par Rainer Riemen Schneider, *Bulletin de la société d'histoire moderne*, 1982.

10. François Furet, *La Gauche et la Révolution au milieu du XIXe siècle*, Paris, Hachette, 1985.

11. Georges Duby et Armand Vallon, *Histoire de la France rurale*, Paris, Éd. du Seuil, t. III, 1976.

12. Maurice Agulhon, «La question de la culture populaire en France autour de 1848», *Romantisme*, n° 9, 1975.

13. Id., «Le sang des bêtes», *Romantisme*, n° 31, 1981, repris *in Histoire vagabonde*, Paris, Gallimard, t. I, 1988.

14. Eugen Weber, *Peasants into Frenchmen*, Stanford University Press, 1972, traduit en français sous le titre moins expressif de *La Fin des terroirs*, Paris, Fayard, 1983.

15. Travaux en cours de Jean-François Chanet. Consulter, en attendant, le numéro spécial «Régionalisme» de la *revue Ethnologie française*, 1989.

16. Maurice Agulhon, « Conscience nationale et conscience régionale en France de la Révolution à nos jours », *in Federalism*, Actes du colloque d'Utrecht, La Haye, Martinus Nijhoff, 1979, texte repris *in Histoire vagabonde, op. cit.*, t. II., 1988.
Le même thème, un peu atténué (le patriotisme français gravement blessé par la Grande Guerre), se trouve dans Jean-Baptiste Duroselle, *La Décadence*, Paris, Imprimerie nationale, 1979.

17. Conjonction exemplaire à Decazeville (Aveyron) en 1961 pour défendre le bassin houiller (voir A. Armengaud et Robert Lafont, *Histoire d'Occitanie*, Paris, Hachette, 1981, p. 820.

18. Jocelyne George, « Les Varois de Paris. Évolution et fonctions des associations d'originaires (1880-1980) », *Ethnologie française*, 1986.

19. *Aquo d'Aqui* (« Voici des choses d'ici »), périodique occitaniste de la région provençale (Port-de-Bouc, Bouches-du-Rhône), avril-mai 1988.

JACQUES REVEL

La région

Avec son unité comme avec sa diversité, la France entretient, on le sait, des rapports compliqués : péremptoires, le plus souvent, désinvoltes parfois et par moments obsessionnels. La scène est pourtant promptement campée avec ses protagonistes obligés. D'un côté, l'affirmation unitaire, mixte de centralisation et d'uniformisation administratives, politiques, culturelles, économiques. De ce personnage majeur de l'histoire nationale, on ne discute guère l'évidence ; tout au plus en nuance-t-on les contours. De l'autre, la diversité française dont on sait dès l'abord qu'il est plus difficile de rendre compte. On ne peut manquer de lui faire sa place mais il est difficile d'en dire quelque chose d'assuré. Tout se passe comme si, par définition, elle fuyait sous le regard et sous les mots qui tentent de la saisir. De ces deux figures, le statut est donc inégal et hiérarchisé. On ne peut cependant penser l'une sans l'autre. Depuis la fin du Moyen Âge au moins et selon des formes qui ont varié, nos représentations du territoire s'inscrivent dans la tension qu'elles dessinent. Cette tension, notons-le, ne s'est pas constamment – ni même majoritairement – traduite en conflits politiques, en revendications du centre contre la périphérie ou, comme on l'attendrait plutôt, des périphéries à l'endroit du centre. Elle s'exprime plus fréquemment à travers les modalités de la description géographique, au sens large[1]. On pourrait avancer à cet égard que Vidal de La Blache et ses disciples, au début de ce siècle, ont placé au cœur de leur réflexion scientifique une très vieille interrogation. Il leur revient le mérite d'en avoir donné une formulation neuve et rigoureuse.

Ce n'est pourtant pas sur ces tentatives d'élucidation savante que l'on s'arrêtera ici. Dans l'histoire de nos représentations du territoire, la région tient une place à part. Elle est partout, mais elle demeure insaisissable. La mémoire française se loge aisément dans l'espace national, quitte à lui inventer une existence immémoriale. Elle multiplie, à l'inverse, les enracinements locaux qu'elle recherche au niveau du pays, du paysage, du clocher. La mémoire de la région est, elle, bien plus incertaine et difficile. Non qu'elle soit absente : elle prolifère au contraire, mais elle évoque une réalité historique et spatiale qui semble à tout moment se dissoudre sous le regard. La diversité française ne renonce pas, tant s'en faut, à trouver des racines, à s'inventer une légitimité au passé. Mais elle peine à dire ce dont elle veut parler. Le lexique signale, d'ailleurs, cette difficulté. Avant que l'usage administratif et politique ait, depuis les années 1950, imposé le terme de région, l'expression du sentiment national hésitait entre province, région, pays, d'autres encore, passant d'un mot à l'autre parfois dans la même phrase. On conservera dans ce texte cette labilité, cette indécision du langage car elle traduit, à sa manière, la variété des usages et des champs de perception de la région. L'entreprise est, à plus d'un égard, paradoxale ; elle voudrait tenter de comprendre comment et pourquoi s'est constituée une mémoire obsédante mais confuse, qui se réfère à une réalité fugitive et qui n'a jamais trouvé sa véritable assise.

Cette mémoire inassignable s'est pourtant constituée dans un moment précis, dont les termes contradictoires portent la marque : un long demi-siècle qui couvre les dernières décennies de l'Ancien Régime, la Révolution et l'Empire – 1760-1820, dates rondes –, et dont on voudrait montrer qu'il marque un moment décisif dans l'imagination comme dans les pratiques du territoire. Centrer l'analyse sur l'épisode révolutionnaire n'a rien en soi qui doive surprendre. La cause ne paraît-elle pas entendue ? Tout, dans nos habitudes de pensée comme dans nos traditions académiques, ne nous suggère-t-il pas de faire coïncider avec la naissance d'un nouveau régime, d'une société neuve (avec celle aussi de l'histoire contemporaine de la nation), le début d'un inexorable processus d'uniformisation centralisée ? Dans l'usage commun, le terme de « jacobin » vient qualifier commodément cette transformation multiforme mais le plus souvent perçue comme univoque. Il est vrai que le mot tient lieu tout à la fois d'explicitation et d'invocation à tout faire[2]. Pour avoir trop servi, et de façon trop indistincte, l'inlassable recours à un jacobinisme intemporel, qui se serait de lui-même perpétué depuis les années révolutionnaires jusqu'en pleine Ve République, a fini par cacher plus de choses qu'il ne permet d'en comprendre. Il faut peut-être chercher là, d'ailleurs, les raisons mêmes du succès d'une référence que l'abus a rendue improbable. Pourtant, on ne partira pas ici de ces fortes certitudes. On voudrait tenter au contraire de montrer que, derrière les proclamations et les choix les plus patents, la période prise en compte est celle qui a vu se définir dans leur plus grande complexité, dans leur plus grande ambiguïté aussi, les rapports entre l'unité et la diversité françaises. Les termes et leurs relations en ont alors été posés de façon provisoire. Ils seront, les uns et les autres, reformulés par la suite. Ils pèsent pourtant depuis deux siècles sur nos représentations et sur notre mémoire de l'espace national.

La région

Les deux dernières décennies ont été marquées en France par une forte recrudescence de la sensibilité régionaliste. Comme il était prévisible, elles ont aussi connu de nouveaux et de nombreux recours à l'histoire pour tenter d'y retrouver les cheminements qui ont conduit aux configurations actuelles. On a souvent, utilement, exploré les formes et les expressions des identités régionales à travers les transformations d'une série d'objets-repères : les traditions ethnographiques et les productions savantes, les rapports de la langue nationale aux langues régionales, dialectes et patois, les comportements religieux, politiques ou sociaux ont ainsi été mis à contribution par des historiens qui, professionnels ou non, se donnaient volontiers pour tâche de reconstruire et de réhabiliter le passé pluriel d'une France perdue. Cette redécouverte est loin d'être inédite dans notre histoire. Elle a pourtant eu des traits particuliers, dont je ne retiens ici qu'un seul : sans jamais disculper la Révolution et l'Empire du péché jacobin, l'historiographie la plus récente a globalement eu tendance à inscrire la centralisation et l'uniformisation françaises dans une chronologie plus longue, commençant bien plus en amont. Tocqueville, tardivement revisité dans ces mêmes années, ne suggérait-il pas de lire dans la Révolution l'accomplissement des promesses de la monarchie absolue et d'anticiper de plusieurs siècles la marginalisation, puis l'effacement des réalités régionales ? Le diagnostic est célèbre : « Toutes ces différences étaient superficielles et pour ainsi dire extérieures. La France n'avait déjà à vrai dire qu'une seule âme. Les mêmes idées avaient cours d'un bout du royaume à l'autre. Les mêmes usages y étaient en vigueur[5]. »

À ce regain d'intérêt pour le motif régionaliste, on doit une littérature abondante et inégale, une très importante moisson de données inédites et de substantielles corrections des interprétations reçues. On les mettra largement à contribution ici. Pourtant, à quelques exceptions près, on reste frappé par ce constat : dans la grande majorité de ces travaux, le modèle explicatif qui situe face à face l'État, « monstre froid », et les régions, entités démunies et dociles, vouées au sacrifice, n'a pas été véritablement remis en cause. Entendons-nous : le paradoxe serait vain et ridicule, qui voudrait nier l'existence de tendances à la centralisation et à l'uniformisation inscrites dans la très longue durée de notre histoire nationale. Mais doit-on, pour autant, accepter que l'État et les régions soient invoqués comme des réalités intangibles et dont on pourrait retrouver immuablement la relation antagoniste pendant deux, trois ou quatre siècles d'histoire de la France ?

C'est à un retour sur ces convictions trop communément partagées que sont consacrées les réflexions qui suivent. Elles n'ont nullement la prétention de proposer une interprétation nouvelle, moins encore une contre-interprétation. Elles voudraient seulement s'inscrire dans une perspective un peu différente de celle qui a été majoritairement acceptée jusqu'ici. Nous pensons tous savoir ce qu'est l'État et (un peu moins peut-être) ce que sont les régions. Nous sommes convaincus aussi d'avoir une idée claire des rapports qu'ils entretiennent aujourd'hui. C'est à partir de cette perception contemporaine que nous tendons, instinctivement, à relire et à interpréter notre histoire. Or on court ainsi, me semble-t-il, un double danger : celui d'accepter de notions que nous manions communément (État, région, etc.) des définitions de type essentialiste ; celui, d'autre part, de projeter sur un processus historique étiré dans le temps un découpage qui est le résultat, présent sous nos yeux et d'ailleurs provisoire, de l'histoire dont nous voudrions rendre compte. À cette tentation d'anachronisme, on peut opposer une démarche dont les résultats sont, sans nul doute, plus modestes et moins immédiatement satisfaisants. Plutôt que d'interpréter les attitudes et les politiques anciennes de l'État face aux réalités régionales en fonction de nos propres paramètres, il paraît raisonnable de chercher à comprendre quelle a été la signification de ces notions pour les contemporains. En amont des choix politiques, on peut ainsi tenter de reconstruire les systèmes de représentations qui ont, tout à la fois, informé et autorisé ces choix, et s'interroger du même coup sur la pertinence et sur les usages des notions qui nous retiennent ici[4].

Or il se trouve que la période qui couvre les dernières années de l'Ancien Régime, la Révolution et l'Empire constitue, par-delà les ruptures ou les inflexions politiques, le moment d'une réflexion théorique et d'une expérimentation pratique d'une intensité exceptionnelle sur la diversité de l'espace français. Cette diversité, comment la rendre pensable ? C'est-à-dire : comment en rendre compte ? Comment l'expliquer ? Et, finalement, qu'en faire ?

Partons donc de la situation existant dans les dernières décennies de la monarchie absolue, puisque c'est aussi bien dans ces années que le problème est conceptuellement construit en même temps qu'en sont définis les enjeux. En première approche, deux constats contradictoires s'imposent.

Le royaume est une mosaïque de particularismes imparfaitement assemblés et fondus. Autour de l'ancien domaine royal, progressivement agrandi, ont été rattachées, à des époques et selon des modalités très variables, un certain nombre de communautés territoriales qui sont liées au royaume par des rapports de type contractuel. L'affirmation de leur identité est perpétuée par l'existence, plus ou moins vivace, de règles de droit particulières (les coutumes), d'institutions propres (en particulier les États provinciaux) qui représentent, face au roi, la collectivité provinciale. Notons pourtant que ce rapport contractuel n'est pas propre aux ensembles régionaux ; il fonde aussi les privilèges que revendiquent des villes, des seigneuries ou de simples communautés d'habitants ou de métiers au sein d'une société de corps. C'est cette hétérogénéité des statuts qui est la règle commune jusqu'à la fin de

La région

l'Ancien Régime et c'est elle que commente la formule classique de Mirabeau qui voit dans la France un « agrégat inconstitué de peuples désunis ». La multiplicité des droits est redoublée et compliquée encore par une pluralité de fait : la date, plus ou moins ancienne, de l'intégration dans le royaume, la distance relative des centres de commandement et de contrôle (avec la cour, le ministère, les bureaux), le voisinage éventuel de pôles d'attraction concurrents au-delà des frontières, des usages linguistiques différentiels sont autant de facteurs qui viennent renforcer la bigarrure régionale. Cet état des lieux a nourri depuis deux siècles les nostalgies d'une pensée réactionnaire, de Joseph de Maistre à Charles Maurras, qui voyait dans l'ancienne monarchie la forme politique le mieux capable de respecter et de conforter les identités particulières des communautés organiques qui sont la base nécessaire des organisations sociales. Une historiographie conservatrice, qui reste vivante aujourd'hui, a longuement redoublé et parfois étayé ces analyses[5].

Mais cette image a son envers, qui présente des traits en tous points contraires. Car la monarchie française est aussi, depuis les XIVe et XVe siècles au moins et surtout depuis le XVIIe, l'agent et le premier bénéficiaire d'un puissant mouvement de centralisation et de nivellement sur lequel elle a, pour l'essentiel, fondé son pouvoir. Il n'est pas nécessaire de rappeler ici le détail d'une évolution cumulative qui irait de Philippe le Bel à Louis XIV, de Colbert à Maupeou, de l'édit de Villers-Cotterêts (1539) à l'institution des intendants en passant par la litanie des grandes ordonnances royales. Cette histoire est connue et elle a été plusieurs fois écrite[6]. Elle nous laisse entendre que l'Ancien Régime s'est donné pour tâche fondamentale d'imposer aux différentes composantes du royaume un ensemble cohérent et contraignant de règles communes en matière de pouvoirs, d'administration, de droit, de croyance et de culture.

Or les deux constats sont l'un et l'autre vrais. Après coup, chaque historien tendra, bien sûr, à insister davantage sur l'un des deux aspects en fonction de ses propres investissements ou des besoins de sa démonstration. Mais il me paraît important de tenir ici les deux bouts de la chaîne et de ne point sacrifier une perspective à l'autre. La France de la fin du XVIIIe siècle est tout à la fois un assemblage relativement hétéroclite et un État fortement conscient de son unité et sur lequel s'exercent depuis longtemps de puissantes aspirations à l'uniformisation. C'est très exactement de cette tension entre deux registres contradictoires que naît une réflexion multiforme sur les différenciations de l'espace national.

Aux dernières années de l'Ancien Régime, il n'est pas certain pour autant que cette réflexion passe par la prise de conscience d'une pertinence particulière du cadre « régional ». De quoi parle-t-on d'ailleurs, et quel mot conviendrait-il d'employer pour désigner une réalité obsédante mais fuyante ? L'embarras de l'historien aujourd'hui ne fait que retrouver l'incertitude de l'ancien lexique. Au terme d'une enquête minutieuse, G. Dupont-Ferrier concluait, voici soixante ans, qu'il n'existait pas ici un terme, mais une constellation de termes (province, région, nation, pays, langue) dans la langue administrative comme dans l'usage commun[7]. Chacun d'eux, dans ses divers emplois, a pu se trouver couvrir une partie de ce que la notion de région et la conscience provinciale évoquent pour nous aujourd'hui. Aucun ne le fait entièrement ni de façon univoque. D'ailleurs, lors des débats de l'automne 1789, un député de la noblesse, M. de Tracy, ne proposait-il pas aux constituants que l'on s'employât prioritairement à « définir ce qu'on entendait par le mot *province*, avant de s'occuper de la nouvelle division administrative[8] » ?

La lacune que signalent les mots se retrouve partiellement au niveau des pratiques. D'un géographe à l'autre, le nombre, le nom, les limites administratives, la composition des ensembles provinciaux varient dans une mesure considérable, pour ne prendre en compte que des textes des quarante dernières années de la monarchie[9]. La définition que le *Dictionnaire* de l'Académie s'efforce malgré tout de procurer de la « province », dans son édition de 1762, se signale par son imprécision : « Une étendue considérable de pays, qui fait partie d'un grand État et dans lequel sont compris plusieurs villes, bourgs, villages, d'ordinaire sous un même gouvernement. » Elle retient donc comme signalétique de la province une certaine taille et choisit de privilégier en elle le rapport politique qui unit des communautés d'habitats à l'État : rien, ou presque, de ce que nous situerions derrière la notion. La réalité provinciale n'a pas de sens ici en tant que telle ; elle n'existe, comme l'a utilement rappelé Thierry Gasnier, que pour être référée au territoire dans son ensemble.

Tâchons d'aller plus loin. Il existe, dans l'histoire de la monarchie absolue, une tradition relativement ancienne de textes qui s'assignent pour tâche la description du royaume. L'origine et les motivations peuvent en être diverses. Tous renvoient cependant au projet d'une meilleure connaissance des ressources, des moyens et, parfois, des difficultés du gouvernement. Ils doivent servir à l'information d'une administration centrale toujours plus exigeante, surtout à partir du milieu du XVIIe siècle, ou encore à l'édification du prince. Tel est, par exemple, le cas de la célèbre enquête préparée en 1697-1700 par les intendants de Louis XIV sous l'égide du duc de Beauvilliers, pour « servir d'instruction à Monseigneur le duc de Bourgogne », c'est-à-dire à l'héritier du trône. Les mémoires qui en sont issus sont fort inégaux en qualité. Mais à les lire, on est surtout frappé par le médiocre intérêt dont ils témoignent pour le repérage et l'analyse des spécificités « régionales » ou « provinciales », alors même qu'ils sont supposés introduire le Dauphin à la diversité de ses

La région

peuples. Au vrai, les particularismes ne paraissent être pris en considération que dans l'ordre juridique ou fiscal des privilèges. Pourtant, le plan d'enquête adressé aux intendants les engageait à caractériser leurs administrés : « Hommes : leur naturel, vif ou pesant, laborieux ou paresseux, leurs inclinations, leurs coutumes » ; soit, dans un ensemble de préoccupations prioritairement administratives et économiques, une invite à commenter les dispositions des sujets et, pourquoi pas, à les observer. Les réponses ne témoignent guère, en fait, d'un tel effort. Certaines se satisfont de répéter les termes mêmes de la question. La plupart reprennent à leur compte une caractérologie régionale toute constituée, qui ressortit à la sagesse des nations et à laquelle l'enseignement scolaire a d'ailleurs assuré une large diffusion[10]. Ce sont là, dans la plupart des cas, des portraits de convention. « Il y a, généralement parlant, plus de bon sens et de solidité d'esprit que de raffinement et de vivacité. Le caractère le plus commun et le plus ordinaire est la lenteur et l'inaction... » Les Normands sont « attachés à leurs intérêts, on les mène en leur laissant entrevoir quelque profit. Ils ont de la prudence et du bon sens ». Les Provençaux sont « assez vaillants, mais inconstants, doubles, on ne peut se bien assurer de leur bonne foi », tandis que les Languedociens, « communément pleins d'esprit, d'activité, d'industrie », « n'épargnent ni leurs soins, ni leurs peines pour obtenir ce qu'ils désirent ». L'enquête se contente habituellement de répéter quelques convictions simples qui reconnaissent aux villes (et aux terres méridionales) davantage d'esprit et de vices, aux campagnes plus de pesante obstination. Au-delà de ces évocations sans vraies surprises, on reste frappé par l'incapacité de la plupart des intendants à repérer et à définir des spécificités régionales : non seulement parce que, d'un site à l'autre, on retrouve les mêmes oppositions entre les « indolents » et les « laborieux », les « dociles » et les « indisciplinés ». La recherche se donnait pour but de faire connaître au prince « le naturel des habitants de ses différentes provinces, leurs principaux usages ». Elle s'avère incapable, en fait, de penser la particularité des lieux et d'en rendre compte de façon articulée[11]. Tout, certes, oppose la province à la cour et à la ville. Mais la première n'est elle-même appréhendée qu'à travers une thématique simplifiante et unificatrice ou, à l'inverse, dans le détail indéfini et fuyant des caractères locaux que l'on peut évoquer, sans doute, mais jamais organiser à l'intérieur d'une description cohérente ou d'un modèle explicatif.

On retrouve un semblable défaut d'accommodation dans le regard que portent sur l'espace français un certain nombre d'observateurs privilégiés de la seconde moitié du XVIIIe siècle. Eux aussi se préoccupent de mieux évaluer les ressources du royaume et d'en améliorer l'emploi. Le cas de deux groupes – de deux écoles devrait-on dire –, bien analysé par Roger Chartier, est éclairant[12]. Les Physiocrates s'emploient à référer des distributions spatiales à des catégories économiques : aussi bien leur « repérage de l'espace ne [doit] rien à l'histoire ni au pittoresque » ; il se fonde tout entier sur une opposition centrale entre pays de grande culture et pays de petite culture, qui permet de répartir la France entre une élite minoritaire de la production et une majorité de laissés pour compte. Cette distribution hiérarchique fait l'objet d'un constat : elle peut être comprise en termes d'analyse économique ; elle ne renvoie jamais à l'évolution particulière d'une communauté territoriale dont les formes expliqueraient les caractères particuliers. Les arithméticiens politiques, eux, multiplient les critères qui doivent leur permettre de classer les réalités démographiques qu'ils étudient au même moment. Ils s'accordent au moins pour reconnaître l'existence d'une sorte de gradient national qui, du nord au sud, opposerait une France urbaine, dense, productrice et consommatrice de biens, à une France rurale, mal peuplée et économiquement attardée. Ce contraste majeur – qui, dans le détail des situations locales, s'exprime en fait à travers toute une série de dégradés – n'accorde lui non plus aucune pertinence particulière à la réalité régionale. Il déborde d'ailleurs les frontières du royaume pour s'appliquer beaucoup plus largement à l'espace européen dont la France présente, dans ses limites propres, un résumé saisissant. Tout se passe donc comme si les observateurs n'étaient capables de penser l'espace national qu'en termes de macro-divisions, souvent abstraites et globalement indifférentes à l'existence de réalités territoriales pourtant anciennes et fortement implantées.

À côté des observateurs qui ne peuvent réfléchir que sur de grands ensembles, il en existe d'autres dont, dans les mêmes années, le regard paraît affligé du défaut inverse et se révèle incapable de sortir du détail des situations locales. Ce sont des médecins, des administrateurs de rang modeste, des géographes, des voyageurs, parfois de simples amateurs plus ou moins érudits, souvent de simples notables. On leur doit, pour l'essentiel, cette redécouverte de la France profonde qui marque les dernières décennies de l'Ancien Régime. Chez eux, et dans des productions d'ailleurs très diverses, la description et l'analyse se dissolvent dans l'infiniment petit, comme si la réduction de l'échelle était en définitive garante de la sincérité et de la véracité de l'observation. Voici, par exemple, les médecins correspondants de la Société royale de médecine, qui, du fond de la province, adressent à Paris l'information qu'ils ont recueillie sur leur terrain ; ils se montrent intransigeants sur l'exceptionnalité de leur territoire, au moment même où ils s'associent à une vaste enquête nationale. C'est qu'ils sont convaincus, avec les autres observateurs locaux, que chaque canton est une monade, un atome insécable de la réalité naturelle et sociale, le produit d'une combinaison unique commandée par un *milieu* : un sol, un climat, une végétation et un régime des eaux – bref, toute une écologie qui détermine souverainement les formes

La région

particulières des organisations sociales. C'est l'agencement, le plus souvent régi par l'analogie, entre ces différents éléments qui définit la particularité d'un lieu. Vision néo-hippocratique, dont on perçoit la force unifiante dans les topographies comme dans les notes de terrains médicales, mais bien plus largement dans toute une vaste gamme de textes qui se proposent d'exprimer ce qu'il y a d'unique en chaque unité spatiale[13]. L'inventaire de ces différences inestimables compose tout un versant des Lumières périphériques. La «province» ne sert ici, parmi beaucoup d'autres mots, qu'à exprimer cette réduction de l'échelle qui doit permettre de composer un tableau organique de traits spécifiques habituellement tenus pour négligeables. Le géographe Darluc, qui s'est employé à les retrouver pour la Provence, le dit en clair au début des années 1780:

> L'histoire naturelle d'une province qui n'aurait pour objet que la simple énumération de ses fossiles, la description de ses montagnes, celle de son climat et de ses productions, ne pourrait servir tout au plus qu'à satisfaire la curiosité. Celle qui lierait au contraire toutes ces différentes parties entre elles, et tâcherait d'en tirer des inductions relatives à l'espèce humaine, et les rapporterait, autant qu'il est possible, à l'utilité publique [...] serait beaucoup plus précieuse[14].

Regard presbyte, regard myope: l'un et l'autre manquent symétriquement l'existence provinciale en tant que réalité historique, sociale et culturelle. Cela ne signifie pas, bien sûr, qu'elle n'existe pas mais, tout au plus, qu'elle n'est pas évidente et qu'elle est rarement bonne à penser. Si l'on veut la rencontrer dans les préoccupations de l'Ancien Régime finissant, c'est plutôt du côté des élites sociales et culturelles qu'il faut l'aller chercher, par exemple au sein des académies de province qui paraissent retrouver, à partir des années 1740-1750, la fierté de l'histoire et des œuvres locales.

Cette inflexion n'était pourtant pas évidente. Les références toujours reprises aux fastes de la cour bourguignonne ou à la Renaissance toulousaine ne peuvent suffire à masquer les réticences de la culture nationale – c'est-à-dire parisienne – à faire une place aux cultures régionales au temps de la monarchie absolue. À plus forte raison refuse-t-elle de leur reconnaître un territoire: elle ne les évoque, au mieux, que comme un en deçà indistinct, l'expression collective et encore inchoative du «peuple», protagoniste incertain auquel, pendant longtemps, ne correspond aucune assignation sociale précise et qui ne se définit que par son altérité[15]. Les compilateurs de proverbes au XVIe siècle, les collectionneurs de superstitions aux XVIIe et XVIIIe se sont au fond montrés médiocrement attentifs à l'enracinement des productions qu'ils recensaient. À leurs yeux, les espèces provinciales n'étaient, précisément, perçues que sous l'angle de la diversité et de la variation. Elles trouvaient leur place au sein d'un continuum inorganique, sans limites ni repères, et dont l'unité ne se constituait que dans ce qui l'opposait à la culture légitime[16].

Les choses changent pourtant au milieu du XVIIIe siècle. Sans doute, les académiciens de province continuent-ils à engranger tout ce qui peut l'être en matière de curiosités et de raretés locales. Dans ce bric-à-brac érudit, l'histoire occupe pourtant une place nouvelle dont Daniel Roche a montré l'importance, les limites et la complexité[17]. Elle garde sa prédilection pour « les chartes et les objets », pour l'Antiquité et le Moyen Âge, époques nobles, et s'aventure rarement vers les époques récentes. Mais elle n'hésite plus désormais à prendre en charge la réalité provinciale et à lui reconnaître une dignité nouvelle. C'est qu'elle ne voit plus de contradiction patente ni de différence irrattrapable entre le national et le local : « Elle est provinciale dans ses orientations érudites, elle se veut patriotique et philosophique en privilégiant l'étude des grands hommes qui justifient un civisme régional d'abord, national ensuite[18]. » À travers les projets d'histoires régionales qui se multiplient alors, une conscience provinciale s'exprime et trouve ses appuis. Daniel Roche y voit l'effacement du complexe d'infériorité longtemps entretenu à l'égard des institutions parisiennes. On va parfois plus loin : à Nîmes, on prétend fonder sur l'expérience historique la revendication d'une liberté locale ; à Bordeaux, on voit dans l'histoire académique « l'école du vrai citoyen [...] C'est dans l'histoire de sa patrie qu'il apprendra, peut-être sans le savoir, ses devoirs les plus véritables ».

L'histoire n'est d'ailleurs pas le seul moyen que cette conscience neuve trouve pour s'exprimer. La cartographie peut se prêter elle aussi à de semblables investissements. Au moment où l'immense et interminable entreprise des Cassini paraît s'embourber dans les difficultés financières et politiques, les critiques se multiplient un peu partout. À la carte nationale, on reproche d'avoir sacrifié la topographie à la géométrie, d'être malaisément utilisable dans son détail. L'information, surtout, ne répond pas aux attentes des usagers. La province est tout particulièrement insatisfaite. Elle s'estime mal représentée dans sa réalité géographique comme dans ses intérêts. Elle fait plus que se plaindre : concurremment à la carte de Cassini, elle entreprend de se donner sa propre cartographie. Les États de Bourgogne, dès les années 1760, ceux de Languedoc dans les années 1770 confient à des ingénieurs-géographes le soin d'enrichir les planches régionales de la carte nationale. En Guyenne, c'est un projet entièrement original qui est mis en œuvre par Belleyme à partir de 1761 (mais il restera inachevé). C'est encore le cas en Provence, en Artois, en Bretagne. La préoccupation administrative et le poids des intérêts économiques portent ici l'affirmation d'une identité provinciale – qui reste pourtant discrète et le plus souvent pratique[19].

La région

On ne surévaluera pas, pourtant, cette évolution du second XVIIIe siècle. D'abord parce qu'elle est exclusivement le fait d'une élite du savoir et, à un moindre degré, des pouvoirs. L'archipel académique est rare et il est inégalement représenté à travers le royaume, comme le sont les corps politiques et les cours, d'ailleurs inégalement actifs. Mais, en outre, le rôle de ces élites est par définition ambigu, comme l'est leur position d'intermédiaires. Car avant de pouvoir s'intéresser à la langue, aux monuments et à l'histoire locale, comme à ses intérêts particuliers, cette province éclairée a dû commencer par obtenir d'être reconnue. Et elle ne saurait l'être qu'au prix d'une préalable soumission aux règles et aux valeurs édictées par le centre (et qui se sont d'autant plus aisément imposées qu'elles ont trouvé dans les élites provinciales des relais intéressés). La culture restaurée par les soins des notables est, dans une très large mesure, une reconstruction qui doit pouvoir satisfaire à la fois aux attentes et au goût parisiens comme à un besoin d'identité provinciale. Elle vient légitimer la position intermédiaire d'un groupe restreint qui est lui-même en quête d'une double reconnaissance. La vogue du «provençalisme», qui s'impose à la fin du XVIIIe siècle, peut prendre les aspects d'un patriotisme local et nostalgique; elle s'exprime cependant en des termes qui doivent pouvoir être reçus partout, et, bien évidemment, elle a fort peu à voir avec les pratiques quotidiennes du plus grand nombre[20].

Le bilan de l'Ancien Régime est donc ambigu. La monarchie, jusque dans sa version absolutiste, a bien été une forme politique et juridique tolérante aux personnalités et aux particularismes provinciaux. Elle s'en est accommodée pour autant que l'impôt rentrait, que l'ordre public était garanti et que la loyauté à l'égard de la couronne n'était point discutée. Elle ne s'est guère souciée, en revanche, de leur reconnaître un statut, moins encore de leur attribuer une légitimité autre que formelle. En face, la démarche est longtemps demeurée discrète et elle reste mal assurée à la fin du XVIIIe siècle. Car l'État n'est pas seul en cause dans cette réticence de longue durée. La conscience que prennent tardivement d'elle quelques groupes de notables ne suffit pas à faire exister la province en tant que telle. Pour la Bretagne, pourtant promise à un bel avenir en matière d'affirmation identitaire et de stéréotypisation, Catherine Bertho estime qu'avant la Révolution «on ne repère rien de ce qui nourrira par la suite les représentations collectives contemporaines: ni groupe d'auteurs cohérent, ni support littéraire spécialisé, ni même genre d'élection» (et l'on est tenté d'ajouter: ni public). «Quant aux écrits des administrateurs [...] et aux récits de voyageurs, ils font de la géographie et de l'économie en Bretagne; ils n'écrivent pas la géographie ou l'économie de la Bretagne[21].»
La province existe-t-elle? Territorialement, sa définition reste jusqu'au bout indécise. Où la situer sûrement dans le lacis des circonscriptions adminis-

tratives, judiciaires et politiques sédimentées au long des siècles ? Les administrateurs de la monarchie, de Vauban aux Lumières, n'ont pas cessé de dénoncer une organisation du royaume qu'ils considéraient comme anarchique et inefficace. Aux usagers, elle ne posait pas moins de problèmes ; et, en multipliant les appartenances, elle n'a sans doute pas rendu évident ni aisé le rapport, pour nous si familier, entre la conscience d'un particularisme et l'identification d'un espace régional. Cette difficulté supplémentaire peut aider à comprendre que le recours à l'histoire ait pu sembler une solution plus sûre et plus commode. En tout cas, c'est bien à l'Ancien Régime lui-même qu'il convient de faire remonter « la difficulté particulière de la France à penser les différences régionales » que constate très justement Mona Ozouf[22].

La Révolution modifie brutalement les conditions de l'expérience. D'emblée, elle estime inacceptable le compromis empirique sur lequel avait vécu si longtemps l'ordre monarchique. Elle se donne pour première mission de réaliser la construction de la Nation. Cette ambition passe, aux yeux des hommes de 1789, par une redéfinition politique mais elle exige tout autant l'institution d'une transparence fondamentale qui doit désormais régir les relations entre les citoyens. C'est, entre autres, la signification de la nuit du 4 Août. Dans le démantèlement des privilèges, la province trouve ainsi une épaisseur inattendue. Quelle que soit sa consistance réelle, elle incarne par excellence la particularité et l'irrégularité, désormais également intolérables. Il n'est donc pas surprenant que l'on en arrête alors la suppression définitive. « Une constitution nationale et la liberté publique étant plus avantageuses aux provinces que les privilèges dont quelques-unes jouissaient, et dont le sacrifice est nécessaire à l'unité intime de toutes les parties de l'empire, il est déclaré que tous les privilèges particuliers des provinces, principautés, pays, cantons, villes et communautés d'habitants, soit pécuniaires, soit de toute autre nature, sont abolis sans retour et demeureront confondus dans le droit naturel de tous les Français » (décret du 11 août 1789, article 10).

Mais en affirmant ainsi la priorité absolue de l'unité nationale et en se donnant les moyens légaux de la réaliser, la Révolution invente, d'une certaine manière, le problème régional, ou plutôt elle le révèle en plein jour et elle en fait, potentiellement, un obstacle incontournable. Il convient pourtant de remarquer que, dans ce texte, la « province » n'est pas constituée en objet d'exception : elle n'est qu'un des exemples de l'irrégularité essentielle qui a jusque-là entaché les rapports des parties avec le tout. Elle figure parmi d'autres corps et communautés régis par le privilège ou prétendant l'être. Ce n'est donc pas la particularité provinciale en tant que telle qui est visée par le décret d'août 1789, mais l'une des modalités de l'ancien ordre ; ce n'est pas l'identité d'une communauté territoriale, mais la prétention d'une partie à

La région

imposer sa loi sur l'ensemble. La perspective n'est pas ici celle d'une centralisation qui voudrait nier d'emblée les différences et les personnalités. C'est celle d'une uniformisation juridique qui doit servir de base à de nouveaux rapports sociaux.

On n'en est pourtant qu'aux prémisses d'une transformation de plus grande ampleur. Loin d'être évacuée, l'interrogation collective sur la nature et l'importance des enracinements provinciaux va passer au premier plan dans les mois qui suivent, à l'occasion d'un long travail préparatoire à une nouvelle division administrative du royaume[23].

En première lecture, le projet est pourtant d'une évidence radicale. Sieyès l'a très tôt résumé : « Ce n'est qu'en effaçant les limites des provinces qu'on parviendra à détruire tous ces privilèges locaux, utilement réclamés lorsque nous étions sans constitution, et qui continueront à être défendus par les provinces même lorsqu'ils ne présenteront plus que des obstacles à l'établissement de l'unité sociale [...] Je ne connais pas de moyen plus puissant et plus prompt de faire, sans troubles, de toutes les parties de la France un seul corps et de tous les peuples qui la divisent, une seule Nation[24]. » Les raisons de l'entreprise sont en fait plus complexes. Au souci déjà ancien, on l'a rappelé, d'une simplification et d'une rationalisation de l'organisation administrative sont venues s'ajouter d'impérieuses urgences, liées à l'événement révolutionnaire lui-même. Il ne faut pas seulement tenter de remettre en marche la mécanique de l'État (et d'abord de l'État de finances), mais surtout définir au plus vite les bases territoriales de la représentation politique. Cet immense programme, mené à bien en quelques mois entre septembre 1789 et mars 1790, est pourtant inséparable d'une ambition plus haute encore : il s'agit, en fait, de révolutionner l'espace français – c'est-à-dire d'en faire l'un des instruments de la régénération nationale. Il y a loin, certes, des projets géométriques, utopiques, du début aux solutions longuement négociées qui seront finalement retenues. Il reste que ceux qui travaillent au projet de division, ceux qui tentent de l'infléchir et ceux qu'il inquiète sont tous convaincus que remodeler le territoire revient en fait à redéfinir les conditions du jeu social et politique.

Dans le débat qui s'ouvre alors, la province occupe une place décisive. Son existence, aux derniers temps de l'Ancien Régime, était discrète, on l'a vu. Mais le plan de division du royaume lui donne soudain une consistance nouvelle. Elle devient ce dont il faut se débarrasser. L'ultime tentative de la monarchie absolue pour réformer, autour des assemblées provinciales, ses assises administratives et politiques avait d'ailleurs été l'occasion d'une sorte de répétition générale. Dans ses contradictions, un texte de Condorcet donnait, dès 1788, la mesure du problème auquel il faut désormais s'affronter.

Dans son *Essai sur la Constitution et les fonctions des assemblées provinciales*, il annonçait : « Nous avons supposé que cette Constitution devait être uniforme pour toutes les Provinces, parce qu'il nous a été impossible d'imaginer un motif réel d'établir quelques différences entre elles. » Mais il précisait aussitôt : « Dans la suite on doit chercher à faire disparaître la trop grande inégalité des Provinces ou des districts, leur forme trop irrégulière ou trop allongée, leurs enclavements réciproques, mais en cherchant d'abord à concilier ces changements avec les convenances locales relatives aux coutumes, à certains usages locaux et à la forme des impôts, jusqu'au moment où l'uniformité pourra être rétablie[25]. » C'est bien le projet réformateur en tant que tel qui constitue le problème provincial. Il fait surgir un obstacle sur le chemin du progrès et il doit, du même coup, se donner les moyens de le surmonter. Il inscrit aussi cette tension dans une histoire. La province, à peine désignée, est d'emblée située du côté d'un passé dont le raisonnable Condorcet sait qu'il faut provisoirement accepter les pesanteurs.

La Révolution durcit les enjeux parce qu'elle attend davantage de l'avenir qu'elle vient d'ouvrir. Sieyès proclame l'urgence politique de la nouvelle division du territoire : « Si nous laissons passer cette occasion, elle ne reviendra plus et les Provinces garderont éventuellement leur esprit de corps, leurs privilèges, leurs prétentions, leurs jalousies. » Il est vrai qu'à l'automne 1789 le cours révolutionnaire est déjà bien engagé et que l'on appréhende de vraies résistances à l'Assemblée et dans le pays. Le 3 novembre, l'avocat rouennais Thouret, rapporteur du Comité de constitution, durcit encore le ton. Il ouvre le débat parlementaire en prophétisant le jour où « tous les Français, réunis en une seule famille, n'ayant qu'une seule loi, et un seul mode de gouvernement, abjureront tous les préjugés de l'esprit de corporation particulière et locale[26] ».

On aurait tort, toutefois, d'interpréter ce plan d'unification en termes de centralisation. En 1789, égaliser, régulariser, uniformiser la distribution du territoire n'implique nullement qu'un privilège soit réservé à la capitale. Tout au contraire, il s'agit de garantir les mêmes chances aux parties au sein du grand tout. L'opération passe à la fois par la définition d'une assise égalitaire de la représentation politique et par une répartition optimale des pouvoirs entre le centre et les périphéries. Il faut, en un mot, déterminer le juste module territorial qui rendra possible la meilleure intégration du royaume : en un mot, « diviser pour unir ». Projet très ambitieux, très abstrait aussi, qui veut créer les conditions d'un *équilibre* entre les intérêts particuliers et ceux de la nation. Son abstraction même ne laisse d'ailleurs guère de place à la réalité provinciale : c'est le principe de la diversité, non la diversité de fait, auquel sont confrontés les constituants. Qu'il existe des circonscriptions régionales n'est pas, en tant que tel, menaçant, puisque l'on est précisément

La région

occupé à en créer de nouvelles. Mais il se trouve que celles qu'a léguées l'Ancien Régime sont, de par leur histoire et dans leur conformation, génératrices de désordre.

La longue négociation qui s'ouvre à l'automne 1789 voit pourtant s'affirmer un sentiment provincialiste – ou, si l'on veut user d'un terme anachronique, régionaliste – inédit. Il couvre des intentions et des intérêts très divers, on va le voir. Mais tout se passe comme si d'être promises à une disparition prochaine donnait aux vieilles circonscriptions monarchiques une réalité et une importance nouvelles. Bien des cahiers de doléances avaient protesté, quelques mois plus tôt, sur l'indistinction et la complexité des limites administratives, sur l'exécrable architecture du royaume, même si certains laissent déjà deviner, à la veille de la grande échéance nationale, une sensibilité inattendue à la tradition et à l'appartenance provinciales[27]. Mais il s'agit de tout autre chose lors du débat sur la départementalisation. L'identité provinciale devient alors un argument et un enjeu.

En tête de la résistance au projet départemental, on rencontre, sans surprise, ceux qui s'expriment au nom de provinces périphériques et des pays d'État. Certains de ces territoires ont été tardivement réunis au royaume ; d'autres ont conservé des particularismes linguistiques et culturels marqués, et gardent parfois de forts liens de solidarité avec des terres situées au-delà des frontières ; aucun n'est prêt à renoncer aisément aux privilèges administratifs et fiscaux dont ils bénéficiaient. La Bretagne, l'Artois, la Franche-Comté, le Dauphiné, la Provence, le Béarn en font partie. Mais on reste, avec eux, dans le registre attendu de la conservation des avantages acquis. Plus surprenante est, en revanche, l'affirmation du caractère indissoluble de l'appartenance provinciale. Le baron de Jessé en donne une formulation saisissante : « Comment vaincre le sentiment qui attache l'habitant des provinces autant au nom de son sol qu'au sol même ? On dira peut-être qu'il faut fondre les esprits ; mais un tel essai sur le corps politique ne doit être tenté que quand il aura assez de santé et de force pour supporter cette opération. Je conclus à la conservation de la division des provinces[28]. » Encore Jessé réserve-t-il les chances de l'avenir. Chez Mirabeau, qui, pour de multiples raisons, se fait alors le héraut du parti provincialiste, le plan de division met en cause un ordre naturel et des solidarités intangibles : « Je sais bien qu'on ne couperait ni des maisons, ni des clochers ; mais on trancherait ce qui est plus inséparable, on trancherait tous les liens que resserrent depuis si longtemps les mœurs, les habitudes, les productions et le langage[29]. » L'invocation de la nature, le thème organiciste sont l'un et l'autre promis à un bel avenir dans le plaidoyer des régionalismes de gauche comme de droite. Ils s'enracinent sans doute dans la réflexion géographique des Lumières mais renvoient aussi, de façon bien plus vague et vraisemblablement plus efficace, à l'ima-

gination d'un ordre inséparablement physique, historique et social. La province vient ainsi se mettre en travers du volontarisme révolutionnaire.
Mais on n'en reste pas à ces raisons trop générales. Dans la brèche ouverte vient s'engouffrer la multiplicité des intérêts locaux, dont Marie-Vic Ozouf-Marignier a minutieusement étudié l'intervention et l'argumentaire auprès du Comité de division. Pour les représentants des villes – c'est-à-dire d'institutions, de notables, de lobbies économiques –, il s'agit, bien entendu, de tirer le meilleur parti de la nouvelle donne. La sauvegarde d'avantages anciens, la recherche de gains nouveaux ne sauraient cependant s'afficher en tout égoïsme. Elles doivent se dire dans le langage de la Révolution qui est celui de l'intérêt général. La nature et l'histoire sont derechef citées en preuves.
La référence provinciale aussi : non pas, le plus souvent, comme le rappel d'entités clairement définies, d'une identité historique explicite, mais plutôt, à nouveau, comme un principe fondateur d'équilibre. C'est elle qui, de façon immémoriale, a garanti l'heureuse inscription des activités humaines sur un sol, c'est elle encore qui a rendu possible leur heureuse complémentarité que rien ne doit aujourd'hui mettre en cause. Au fonctionnalisme rationnel du département, on oppose donc le fonctionnalisme providentiel du pays. Il donne naissance à une anthropologie quasi spontanée, qui doit convaincre le législateur de ce que le découpage le plus favorable est objectivement le meilleur. S'il faut émanciper Saint-Quentin de la tutelle de sa rivale, Cambrai, c'est parce qu'à neuf lieues de distance il existe « une différence si marquante de façon de penser, de mœurs, d'usages que peut-être serait-il dangereux d'en faire le chef-lieu de notre pays ». Les mêmes raisons servent, plus souvent, en sens contraire et plaident pour l'annexion d'un territoire, pour l'accroissement d'un pouvoir de commandement. La réalité régionale prend corps : elle nourrit des convictions qui la font exister davantage. Les départements sont certes créés en mars 1790. Mais avec eux naissent leurs doubles ou leurs fantômes. Non seulement parce qu'aux projets utopiques du début a succédé un découpage plus attentif au paysage économique, institutionnel et social antérieur, mais parce que la construction départementale a transformé la perception de l'espace français[30].

L'épisode départemental n'est que le premier moment d'une affirmation double et contradictoire. Le moment fédératif puis fédéraliste en est un second, dont les lignes de force ne se superposent d'ailleurs pas au précédent, et dont la signification s'infléchit fortement en fonction de la dynamique révolutionnaire entre 1790 et 1793. Rappelons-en, après Mona Ozouf, les grands traits[31]. Les fédérations sont, au départ, des associations de défense et de solidarité qui s'organisent peu à peu en réseau national. Aucune trace de

La région

particularisme dans leur programme ni dans la conviction qui les porte : leur activité est tout entière dominée par un rêve d'unité, de fusion, dont la fête parisienne du 14 juillet 1790 est l'orchestration grandiose. En termes spatiaux, elles se situent dans une France désormais totalement transparente à elle-même et dans laquelle chaque citoyen, chaque collectivité se retrouve partout chez soi. On s'enthousiasme, au retour de la bannière fédérative : « La municipalité, le district d'Angers et les autres districts et les municipalités voisines ne peuvent contenir leur empressement ; ils volent au devant d'elle. La municipalité ne considère point si c'est hors de son territoire qu'elle s'avance ? Est-ce que le patriotisme connaît aujourd'hui ces lignes de démarcation que la morgue et la petitesse avaient autrefois tracées[32] ?

Entre l'effusion de 1790 et l'insurrection « fédéraliste » de 1793, la continuité est plus qu'ambiguë. Trois années de pratique du département ont sans doute donné à la nouvelle circonscription une épaisseur propre, elles ont suscité des attentes, elles ne remettent pas en cause l'unité de la République. Nulle expression d'un sentiment provincial dans les textes qui accompagnent le mouvement, et moins encore la trace d'un projet séparatiste. Tout au plus, la haine qui dresse contre Paris de larges pans de la province : Paris qui, par ses abus et son autoritarisme, se voit précisément reprocher de mettre en péril l'égalité qui doit régner entre les différentes parties du territoire. C'est Paris et c'est le discours montagnard qui imputent en revanche à l'insurrection « girondine » le projet d'un démantèlement de la Nation et qui diabolise alors le « fédéralisme ». Dans cet affrontement dissymétrique, le fait régional n'a guère de place en tant que tel. Il sert d'argument polémique, et non pas à fonder des revendications particulières.

Cela ne signifie pas pour autant qu'il soit absent du débat, tout au contraire. Il y est présent à son corps défendant. Le durcissement politique parisien prend aussi la forme d'une intolérance exaspérée à l'égard de toutes les variations de la France réelle. Rien ne le fait mieux voir que l'inflexion que subit, en ces années, la politique linguistique de la Révolution[33]. Au projet de régénération nationale, la diversité des langues du royaume posait un vrai problème : comment se faire comprendre, comment enseigner les valeurs nouvelles, comment réunir des hommes qui si souvent ne pouvaient pas se comprendre ? Une double réponse est trouvée en 1790, qui fait voir que l'on se donne du temps pour mettre en œuvre une pédagogie de la conviction. Une politique d'instruction publique imprimera dans l'âme des citoyens « de nouveaux sentiments, de nouvelles mœurs, de nouvelles habitudes ». Mais c'est là une entreprise de longue durée. En attendant, il paraît plus sage de traduire les décrets dans les principales langues véhiculaires du royaume, depuis Paris ou dans quelques bureaux départementaux. Quelques mois plus tard, en août 1790, l'abbé Grégoire fait parvenir aux provinces « une série de

questions relatives au patois et aux mœurs des gens de la campagne».
L'enquête va s'étirer sur près de quatre ans. Elle manifeste un véritable intérêt pour les situations réelles, sur lesquelles on veut réunir une information large et minutieuse, tout en avouant son véritable objectif, à terme. La vingt-huitième question demande: «Remarque-t-on qu'il [le patois] se rapproche insensiblement de l'idiome français, que certains mots disparaissent, et depuis quand?» La suivante est plus explicite encore: «Quelle serait l'importance religieuse et politique de détruire entièrement le patois?» Et enfin: «Quels en seraient les moyens?» Mais lorsqu'en prairial an II Grégoire présente le résultat de ce travail collectif devant la Convention, c'est sous la forme abrupte d'un *Rapport sur la nécessité et les moyens d'anéantir les patois et d'universaliser l'usage de la langue française* qui, s'il ne recommande aucune mesure d'autorité, ne laisse plus guère de place à une solution d'attente. Il est vrai qu'entre-temps l'histoire s'est accélérée et le soupçon s'est aiguisé. En pluviôse, Barrère n'a-t-il pas, dans son *Rapport sur les idiomes*, attribué au «complot de l'ignorance et du despotisme» les périls qui menacent? «Le fédéralisme et la superstition parlent bas breton; l'émigration et la haine de la République parlent allemand; la contre-révolution parle l'italien et le fanatisme parle le basque[54].»

La diversité est partout suspecte en 1793-1794. Le salut public exige que l'on resserre les rangs et la pédagogie révolutionnaire se durcit. Mais bien avant et après la dictature montagnarde, on rencontre, largement partagée, la conviction que l'histoire et le projet national vont dans le sens d'un effacement des différences entre les hommes. Différences politiques et sociales, bien sûr, différences culturelles aussi. Dans l'alignement général des statuts qui s'impose, la personnalité régionale fait figure de survivance promise à l'oubli au yeux mêmes de ceux qui devraient, par profession, y être les plus attentifs. Le géographe Mentelle pense enregistrer déjà les bienfaits du nouveau cours, en 1792: «N'était-il pas ridicule de répondre, étant à la porte presque de Dunkerque, quand on demandait aux gens: vous êtes Flamands? Non, Monsieur, nous sommes Wallons. À Dieppe, à Caudebec, vous êtes de vrais Normands; non, Monsieur, nous sommes Cauchois. Actuellement, nous disons: nous sommes frères[35].» Au même moment, visitant l'Oise dans leurs *Voyages dans les départements de la France,* Lavallée et Brion vont plus loin et prophétisent la venue d'un âge sans qualités:

> Il faut espérer que tôt ou tard la Révolution amènera le bienfait d'un costume national et que le voyageur, en passant d'un département à un autre, ne croira plus se trouver chez des peuples différents. À voir les habitants du département des Bouches-du-Rhône à côté des habitants du département du Nord, ceux du Finistère auprès de ceux du

La région

Bas-Rhin, ceux de la Seine-Inférieure auprès de ceux du Var, croirait-on que ce fût la même nation[36] ?

Une France unie, puis unifiée. Cette égalisation du paysage ne livre pourtant qu'un aspect du territoire révolutionnaire. Elle a son envers, qui présente un tableau presque en tout point contraire. À un moment où, de Paris, on voudrait ne plus voir qu'une seule France, celle-ci déploie ses ressources, révèle sa multiplicité et sa complexité. L'invention des départements avait soudain rendu sensible la force des enracinements provinciaux. Le projet de nivellement national impose, au regard de ceux-là mêmes qui sont chargés de le mettre en œuvre, les contrastes du pays réel. Les choses ont, il est vrai, commencé bien avant la Révolution. On a déjà eu l'occasion d'évoquer ce mouvement collectif qui, à la base, découvre les particularités de la France profonde à partir des années 1750-1760. Il est le plus souvent le fait d'hommes de terrain : administrateurs de province, érudits locaux, voyageurs, médecins, dont les témoignages composent un corpus nombreux et hétéroclite. Ils ont pourtant en commun d'être confrontés à la réalité du royaume. Ils en connaissent le détail et se laissent fasciner par lui jusqu'au vertige. Ces hommes des Lumières trouvent dans le néo-hippocratisme ambiant des raisons de prêter une importance nouvelle à ce qui définit le propre de chaque lieu, et cette exceptionalité, ils s'efforcent de la penser en système.

Mais cette obsession topographique n'est pas refermée sur elle-même. Elle s'inscrit dans la perspective beaucoup plus large d'une première anthologie culturelle qui, des années 1760 à l'Empire, s'impose comme la modalité principale d'une science de l'homme dont les Lumières tentent de définir les contours. Elle repose sur une conviction simple, celle de l'unité du genre humain, qu'elle veut démontrer jusque dans l'indéfinie variété de ses expressions singulières. Celui qui choisit de recueillir et de décrire le détail des réalités locales ne se contente plus d'en noter l'irréductible originalité, il doit pouvoir la réintégrer dans un tableau général de l'humanité. Entre l'observateur et l'objet de l'observation, entre «nous» et «eux», la relation était jusque-là d'extériorité et souvent d'exclusion. Elle est désormais reformulée au nom d'une très forte conscience d'identité, qui pose en principe l'unité des formes particulières des sociétés humaines. Autant qu'aux grands théoriciens du siècle, à Rousseau mais aussi à Buffon, il convient d'être attentif à la masse des tentatives, souvent modestes et bricolées, qui s'ingénient alors à reconstruire sur pièces la généalogie sociale et culturelle de l'homme ; à tous ces efforts déployés pour recomposer le tableau d'ensemble qui, à leurs productions et à leur histoire, redonnerait une cohérence oubliée. Car chaque épave d'une culture perdue, chaque trait local est désormais perçu comme la

trace d'un état plus ancien, comme le témoignage d'un passé qu'il est essentiel de restituer. L'archaïsme, dont on taxait volontiers jusque-là les cultures populaires et provinciales, change de signe : il n'est plus la marque infamante d'un passé révolu mais le signe inestimable d'une histoire dont la compréhension est nécessaire à l'intelligence du présent.
Ce qui a résisté à l'uniformisation et à l'assimilation devient, du même coup, le premier objet de l'attention et de l'étude. Jusqu'alors, un voyageur cultivé connaissait des provinces, des villes, des monuments, témoins d'une « grande histoire » déjà constituée. Désormais, il suit un tout autre parcours. C'est dans les années 1770-1780 que, selon Michel Vovelle, les curiosités des visiteurs de la Provence s'élargissent et qu'ils commencent à en explorer plus systématiquement les profondeurs. Ils orientent leurs pas vers ces lieux où ne subsiste aucun monument explicite, aucune histoire visible : les itinéraires de traverse, les écarts, les montagnes[37]. De semblables motivations entraînent, dans ces mêmes années, Ramond de Carbonnières dans les Alpes et dans les Pyrénées, Legrand d'Aussy en Auvergne, Cambry dans le Finistère, Grasset Saint-Sauveur dans les Landes ou Grégoire dans les Vosges. Cet exotisme de l'intérieur est tout à la fois un retour aux origines et une exploration du social. Un peu plus tard, aux beaux temps de l'Idéologie, de Gérando donnera à cette démarche une justification théorique parfaitement explicite : « Le voyageur philosophe, qui navigue vers les extrémités de la terre, traverse la suite des âges ; il voyage dans le passé ; chaque pas qu'il fait est un siècle qu'il franchit. Ces îles inconnues auxquelles il aborde sont pour lui le berceau de la société humaine[38]. » Ces espaces inconnus, ce sont aussi, pour les inventeurs de l'ethnographie de la France, les profondeurs de nos provinces.
Tous les écarts, tous les lointains se valent donc et sont comme les pièces dispersées d'un immense puzzle qu'il faut tâcher de recomposer. Une telle représentation n'invite bien évidemment pas, dans sa volonté universaliste, à accorder au cadre régional une importance en tant que tel. Il n'est jamais perçu que comme le faciès localisé d'un système plus général.

On voit aussi à quel point le projet anthropologique, qui s'enracine dans les Lumières, est en profondeur associé à un projet politique. La chose devient patente, bien sûr, avec la Révolution et la construction volontariste de la nation française, mais elle est déjà présente aux dernières décennies du XVIIIe siècle. Une bonne part de cette littérature qui découvre, inventorie, étudie et classe les témoignages de la culture locale est, on l'a dit, le fait d'enquêteurs isolés ou associés à de plus vastes entreprises. Par rapport à l'ancienne littérature de la description administrative, leurs textes – d'ailleurs incomparablement plus nombreux et plus riches – innovent par une volonté explicite d'intervention sociale et d'efficacité pratique. Pour la plupart d'entre eux, ils

La région

laissent paraître une question centrale : comment une meilleure connaissance du terrain de leur exercice pourrait-elle autoriser une meilleure gestion de la société, comme frayer les voies des Lumières et de l'innovation ? Mais la volonté d'innovation se heurte trop souvent aux résistances de la tradition : des plaintes répétées de la littérature physiocratique qui déplorent l'inertie des comportements paysans aux enquêtes de François de Neufchâteau sur l'« esprit public » des provinces au temps du Directoire, en passant par les inquiétudes de l'abbé Grégoire quant à la pénétration réelle de la conviction et des valeurs révolutionnaires dans les campagnes, les gestionnaires des Lumières, parisiens et provinciaux, ne cessent de découvrir l'obstacle des comportements et des mentalités. Ils ne sont assurément pas les premiers à voir dans la France régionale le symbole même de l'opacité sociale et de l'engourdissement culturel, le monde qui, par excellence, résiste à leurs salutaires entreprises. Mais ils ne sauraient plus se contenter de ce constat. Bien davantage que leurs devanciers, ils sont soucieux d'efficacité pratique. La rationalisation administrative est donc requise de se doubler chez eux d'une pédagogie. Elle suppose en outre que l'on sache repérer et expliquer ce qui, dans les provinces, détermine le refus obstiné du bienfaisant progrès ; qu'au lieu d'en considérer les habitudes comme les témoignages erratiques d'une infériorité fondamentale, on cherche à en comprendre la cohérence pour mieux les dissoudre. Ce qui fait système : c'est-à-dire ce qui, dans les représentations communes à ces pionniers de l'ethnographie régionale, permet d'associer à l'intérieur d'un même tableau explicatif des déterminations géographiques, les formes de l'implantation humaine, des règles de sociabilité, une physiologie particulière, des traits psychologiques constants, tous caractères dont l'interaction devrait, en dernière analyse, permettre de rendre compte du retard des esprits et du blocage social et politique.

La Révolution est donc ce moment paradoxal qui conjugue la volonté unitaire et la découverte des différences régionales, l'une portant l'autre. Pourtant, sur le terrain, les observateurs de la France sont confrontés à des situations de fait qui peuvent être très inégalement contrastées. Certains ensembles provinciaux sont fortement particularisés, comme l'Alsace, la Bretagne, le Roussillon ou, à un moindre degré, la Franche-Comté ; d'autres, comme la Gascogne ou la Bourgogne, sont issus de vieilles unités politiques, conscientes de leur glorieux passé, mais qui ont été remaniées en profondeur dans le cadre administratif et politique du royaume ; d'autres encore ne sont plus que des formes vides. L'existence d'une communauté linguistique distincte, la revendication de privilèges perdus (et parfois oubliés), une résistance plus ou moins exprimée au mouvement de fond de la centralisation

française, l'attraction de forces centrifuges, le ralliement des élites locales à la monarchie puis à la Révolution, tous ces éléments ont façonné les personnalités provinciales, les ont rendues inégalement sensibles, inégalement conscientes aussi[39]. Or, ce sont ces différences concrètes que le système intellectuel des Lumières était le moins préparé à comprendre, obsédé comme il l'était par une anthropologie de la généralité.
Tout au contraire, les observateurs des années révolutionnaires les perçoivent, mais leur démarche est davantage encore marquée par le principe d'une différenciation qui décompose à l'infini le territoire de la Nation. Ils sont, pour la plupart d'entre eux, les relais, les agents, parfois les exécutants d'une politique parisienne qu'ils approuvent. Mais ils sont aussi placés au contact des réalités et des résistances. Les descriptions qu'ils livrent à la demande sont rarement conformes à ce que le gouvernement et les bureaux attendent d'eux, sans qu'on doive pour autant mettre en cause leur loyauté ni leur confiance dans le projet révolutionnaire. Ils sont, par position, écartelés entre deux registres, deux échelles de perception et d'explication qui s'ajustent mal et, souvent, se contredisent. Ce sont les particularités qui entravent le plus durablement l'intégration de la société française, qui font, chez eux, l'objet de la plus forte valorisation. Il est donc d'autant plus important de les repérer, de les décrire et, dans la mesure du possible, de les comprendre.
De cette tension naît une littérature bavarde, souvent contradictoire, précieuse. La description de la France réelle, qui est d'ailleurs au moins autant rurale que régionale, est celle d'une nature: non plus seulement la nature géographique, montagnes contre plaines, climat méditerranéen contre climat tempéré, que retenaient volontiers les descriptions des Lumières, mais un complexe organiquement lié et, partant, indissociable. Les faits de société et de culture y sont inséparables d'un certain état de l'homme. Le questionnaire de Grégoire invitait déjà à de tels approfondissements en multipliant les demandes sur les mœurs et les activités des Français patoisants. Les réponses adressées à l'abbé sont probablement allées au-delà de son attente, en dressant un tableau qui démentait à l'avance la possibilité d'une intégration linguistique harmonieuse et spontanée. Pour supprimer les patois, ne faudrait-il pas «détruire le soleil, la fraîcheur des nuits, le genre d'aliments, la qualité des eaux, l'homme tout entier»? Bien sûr, certains sont prêts à admettre que «le patois se rapproche chaque jour insensiblement du français», comme on les y invite; mais il ne faut guère attendre pour que ces saines convictions se heurtent à des réalités d'évidence. L'abbé Fonvielhe, curé de Saint-Amand-de-Boisse et membre de la Société des amis de la Constitution de Bergerac, est lui aussi certain que, de la liquidation des parlers régionaux, «l'importance politique est manifeste comme la religieuse». Mais il n'hésite pas non plus à déclarer que «le patois rapproche les hommes,

La région

les unit, c'est une langue de frères et d'amis[40]». Les informateurs qui sont supposés rendre lisible l'opacité provinciale finissent par la constituer en obstacle infranchissable. L'ordre du patois renvoie à un agencement originaire du lien social inscrit dans un lieu, il touche à des émotions originaires et à des solidarités autochtones. Il rappelle que quelque chose de plus profond existe au cœur du peuple, qui ne s'identifie pas aux temps détestables de la féodalité et que la nouvelle société politique ne sait encore ni dissoudre ni remplacer.

Cette contradiction logée dans le regard est plus sensible encore, s'il est possible, dans l'immense entreprise de la statistique départementale, esquissée par François de Neufchâteau en l'an VI puis systématiquement orchestrée par Chaptal entre l'an IX et 1804[41]. Il s'agit pourtant là d'un projet centralisé, dont la démarche est orientée, surveillée et commentée depuis Paris. Il s'inscrit dans le cadre neuf du département et brise donc, dès le départ, les solidarités de l'ancienne France. Il est d'ailleurs moins tourné vers l'inventaire du passé que vers l'avenir. Comme l'a bien noté Marie-Noëlle Bourguet, l'enquête doit servir à constituer un «indice de base du contemporain», à fixer «l'image de la France en 1800 comme un point d'ancrage nécessaire à l'établissement de toute comptabilité ultérieure[42]» – c'est-à-dire à la mesure des progrès à venir de l'unité nationale. Chaptal l'indique dans les instructions qu'il adresse aux préfets, le 19 germinal an IX, pour qu'ils s'emploient à mieux «connaître la France»: «La Révolution a influé sans doute sur toutes les parties de la France; elle n'a pas influé partout de la même manière. Elle a produit, sur la population, d'autres effets dans la Vendée que dans les départements de l'Est, dans ceux de l'intérieur que dans ceux du Midi[43].» L'enquête, minutieuse, est rigoureuse et cohérente au départ, et elle bénéficie des moyens de l'administration locale. Il reste que les préfets statisticiens, trop commodes symboles de la centralisation jacobine, et leurs collaborateurs retrouvent immanquablement la prolifération de la diversité française. Le recensement des hommes, des ressources et des opinions dérape toujours dans la description ethnographique (déjà inscrite, il est vrai, dans le questionnaire qui oriente la collecte des faits). L'espace, tout à la fois trop abstrait et trop vaste, du département se fragmente en unités plus petites – cantons, pays, un bourg, un terroir –, chacune dotée d'une absolue originalité. La nuance, l'écart, le trait irréductible comptent seuls désormais. Le jeu des hypothèses explicatives se démultiplie. Il se fait plus complexe tant, vu de près, le détail de la France décourage les lectures accoutumées. Pis, les effets de la Révolution sur ce répertoire de différences ne sont pas univoques: il arrive même qu'ils les renforcent au lieu de les estomper[44]. La statistique descriptive encourage, dans sa conception même, la production de données difficilement cumulables. Mais, de Thermidor à l'Empire, elle livre les pièces d'un puzzle dont l'assemblage paraît impensable. C'est à l'imagination ethnographique et c'est aux compétences d'une autre discipline, l'anthropologie, dont le programme se définit au même moment, que va revenir la tâche d'en trouver la clé. Au tournant du siècle, la Société des Observateurs de l'Homme puis l'Académie celtique s'y emploieront[45].

Ce moment n'a pas d'avenir immédiat. Aux premières années de l'Empire, le projet statistique est corrigé dans le sens d'une plus stricte centralisation et, surtout, d'une plus rigoureuse normalisation des données. Le département va cesser d'être le cadre d'une découverte de la France pour devenir celui d'une comptabilité locale destinée à entrer dans une récapitulation nationale. La reprise en main napoléonienne annonce la mise en œuvre, trente ans plus tard, d'une Statistique générale de la France[46]. Les administrateurs sont désormais conviés à renoncer, comme le dit Montalivet, ministre de l'Intérieur en 1813, « aux vues trop étendues », embarrassées d'un « trop grand nombre de détails ». Le chiffre prend le pas sur la description, la somme sur l'inventaire. Mais la statistique napoléonienne n'est pas seule en cause ici. Lorsque, sous la monarchie restaurée et au début du régime de Juillet, on s'interrogera sur les dénivellations de l'espace français, ce sera en de tout autres termes qui ne laisseront guère plus de place à l'échelon régional. Les distributions majeures que le travail de la statistique morale fait apparaître sur la carte des deux France, du baron Dupin à d'Angeville, sont produites au niveau national et sur la base d'une information départementale standardisée ; elles ne prêtent pas grande attention au repérage de faciès régionaux spécifiques, moins encore à leur interprétation.

Chacun le sait : c'est le département qui sort triomphant de la Révolution, et pour longtemps. Il faut attendre le dernier tiers du XIXe siècle pour que le débat sur l'organisation territoriale de la France reconduise le thème régional au premier plan : en termes sociologiques avec Le Play, dont *La Réforme sociale* (1864) cherche à corriger les déséquilibres liés à l'urbanisation par une meilleure distribution des pouvoirs, et suggère la création de treize provinces (sans rapports, d'ailleurs, avec les circonscriptions d'Ancien Régime) ; en termes géographiques, à travers la mise en valeur des unités « naturelles » confirmées par l'histoire, que repèrent Élisée Reclus puis Pierre Foncin ; en termes administratifs et économiques, au tournant du siècle, avec l'aspiration de certains milieux d'affaires à la réorganisation des équilibres et des pouvoirs régionaux. La logique qui les inspire est, bien entendu, celle des intérêts et la mémoire régionale n'y a pas de place centrale[47]. D'ailleurs, dans la série des projets de réorganisation territoriale, chez Le Play, chez Clémentel en 1917, sous l'État français en 1941 et, en dernier lieu, lors de la définition des vingt et une (puis vingt-deux) régions de programme en 1956-1970, n'est-

La région

il pas significatif que ce soit le module départemental qui, imperturbablement, ait servi de base à la constitution d'unités «régionales» de plus grande ampleur?

On sait aussi que le XIXe siècle voit, à l'inverse, l'affirmation de sentiments régionalistes puissants, même s'ils demeurent inégaux d'un ensemble provincial à l'autre. Régionalismes culturels, pour l'essentiel, qui redécouvrent – ou qui réinventent – la puissance de la tradition locale. De l'intérieur comme du dehors, voici venu le temps des stéréotypes provinciaux qui, dans une large mesure, sont responsables de la caractérologie des régions françaises telle que nous la connaissons encore[48], même si elle a pu faire l'objet de reformulations partielles récentes à la faveur des conflits des années 1970-1980. Cette création régionaliste a d'ailleurs procédé selon des voies très diverses. En Bretagne, c'est la redécouverte d'un patrimoine historique, archéologique, littéraire, qui, au XIXe siècle, est venue étayer positivement le sentiment identitaire. Dans la Vendée voisine, le cas est tout différent puisque ce sont les jeux affrontés de la mémoire qui sont venus donner consistance et personnalité au territoire de la guerre de 1793 puis de l'insurrection de 1799. En Provence, malgré son antiquité et ses titres, malgré l'éclat du Félibrige[49], la personnalité provinciale reste assez plastique pour être profondément redéfinie lorsqu'on choisit de reconnaître en elle, au milieu du XIXe siècle, l'inquiétante proximité de l'Afrique plutôt que les valeurs classiques héritées de la Grèce et de Rome.

La région existe et elle ne parvient pas à exister: tel est le legs ambigu de la Révolution. Tout atteste cette situation d'entre-deux, ce statut contradictoire. Les départements avaient voulu effacer du territoire jusqu'à l'empreinte des vieilles circonscriptions provinciales et leur mémoire. Ils y ont réussi dans la mesure où ils sont devenus des réalités denses, pleines, le lieu de vrais investissements de nature très diverse. Et pourtant ils ne s'émancipent jamais des formes qu'ils sont venus remplacer. Non seulement parce que leurs limites ont finalement dû reprendre, plus souvent qu'il n'était prévu, d'anciens tracés ni parce que l'on continuera à se dire – et à se sentir – breton, alsacien, auvergnat ou gascon: mais parce que l'espace départemental cesse bientôt d'être perçu comme antagoniste de la province. Le département a, d'une certaine manière, rendu vie à l'espace régional qui l'englobe et dont on reconnaît, dans ces années, la prégnance. Témoins, Lavallée et Brion, qui, au cours de leurs *Voyages*, redécouvrent en 1796 les continuités des paysages naturels et sociaux: «Le département où nous nous trouvons [le Cher] a infiniment d'analogie avec celui de l'Indre que nous venons de parcourir. Cela paraîtra naturel, si l'on se rappelle que nous avons déjà remarqué que l'un et l'autre formaient la même province ci-devant connue sous le nom de Berri. Même caractère des habitants, à peu près le même genre de culture, et une sorte d'unité dans les productions de la nature ainsi que dans le sol[50]. » Tout au long du XIXe siècle, des Guides-Joanne au *Tour de la France par deux enfants*[51] (1877), la description de la France jouera ainsi sur un double registre de références.

La Révolution n'invente pas la région, qui aujourd'hui encore existe malaisément. Elle fait autre chose : dans sa dynamique même, elle définit les termes d'une nostalgie régionaliste qui peine à trouver son expression. Le mot de région lui-même ne s'impose pas beaucoup plus fortement en 1820 qu'en 1789. Ce qu'il évoque reste éclaté entre une série de réalités qui ne se superposent toujours pas : la province, le pays, le local, l'opposition durcie entre le centre et la périphérie, dont on trouvera les histoires singulières dans ce volume. Ce qui s'impose globalement, en revanche, c'est une perception plus aiguë, plus sensible, « dramatisée, politisée[52] », de la diversité et des identités françaises ; la conviction, aussi, que celles-ci traduisent dans l'espace les décalages profonds d'une histoire nationale : des progrès, des retards, des raisons d'espérer et, plus encore, de s'inquiéter. Cette formulation inachevée, contradictoire, malheureuse, pèse aujourd'hui encore sur nos représentations du territoire des France. La région reste à inventer, mais on ne peut plus désormais l'ignorer. Le moment révolutionnaire est le temps de cette découverte malcommode.

---

1. Daniel Nordman et Jacques Revel, « La formation de l'espace français », in *L'Espace français, Histoire de la France*, sous la direction d'André Burguière et Jacques Revel, Paris, Éd. du Seuil, 1989, t. I, pp. 29-169 et plus particulièrement pp. 34-37.

2. Une utile étude du mot et du thème, dans leurs emplois, a été procurée par Mona Ozouf, « "Jacobin" : fortune et infortune d'un mot », *Le Débat*, n° 13, 1981, pp. 28-39 ; dans la même livraison, les réflexions de Maurice Agulhon, « Plaidoyer pour les jacobins : La gauche, l'État et la région dans la tradition historique française », *ibid.*, pp. 55-65.

3. Alexis de Tocqueville, *L'Ancien Régime et la Révolution*, Paris, Gallimard, 1952 (1856), t. I, p. 59. Notons que ce jugement souvent cité est nuancé et précisé par ailleurs : « Non seulement les provinces se ressemblent de plus en plus, mais dans chaque province les hommes des différentes classes, du moins ceux qui sont placés en dehors du peuple, deviennent de plus en plus semblables, en dépit des particularismes de la condition » *(ibid.,* p. 143).

4. *Cf.* les raisonnables remarques de Christophe Charle, « Région et conscience régionale en France. Questions à propos d'un colloque », *Actes de la recherche en sciences sociales*, n° 35, 1980, pp. 37-43. Il s'agit d'une réflexion sur les actes du colloque de 1974 sur *Régions et régionalisme en France du XVIIIe siècle à nos jours*, Paris, P.U.F., 1978.

5. De Charles Maurras, l'*Enquête sur la Monarchie*, Paris, 1900, donne un bon résumé de cette tradition de pensée. Une interprétation historienne récente peut être trouvée dans Yves Durand, Vivre au pays au XVIIIe siècle. *Essai sur la notion de pays dans l'Ouest de la France*,

La région

Paris, P.U.F., 1984 (préface de Pierre Chaunu); ou encore, de façon plus discrète, mieux argumentée et moins explicitement politique, dans Yves Castan, *Honnêteté et relations sociales en Languedoc au XVIIIe siècle*, Paris, Plon, 1974, ainsi que dans Nicole et Yves Castan, *Vivre ensemble. Ordre et désordre en Languedoc (XVIIe-XVIIIe siècle)*, Paris, Gallimard/Julliard, 1981.

6. Elle l'a été, en dernier lieu, par R. Descimon et A. Guéry, qui en nuancent fortement les attendus: *cf.* « Un État des temps modernes », *in L'État et les pouvoirs, Histoire de la France*, sous la direction de Jacques Le Goff, *op. cit.*, t. II, pp. 181-356.

7. Gustave Dupont-Ferrier, « Sur l'emploi du mot "province", notamment dans la langue administrative de l'Ancienne France », *Revue historique*, 1929, pp. 241-267 et 278-303. Les seuls usages rigoureux du terme « province » sont ecclésiastiques et médiévaux. Dans son acception administrative – et plus largement laïque –, il connaît une fortune tardive avec l'édit de juin 1787.

8. Cité par Ferdinand Brunot, *Histoire de la langue française depuis les origines à nos jours*, t. IX, *La Révolution et l'Empire*, IIe partie, Paris, 1937, p. 1015.

9. Je m'appuie ici sur les résultats d'un mémoire de D.E.A. inédit de Thierry Gasnier, préparé sous la direction de Pierre Nora, École des hautes études en sciences sociales, 1987. Je remercie Thierry Gasnier de m'avoir autorisé à utiliser cet excellent travail. Voir en particulier l'Annexe 1. Le corpus étudié confronte Doisy, *Le Royaume de France et les États de Lorraine*, par ordre alphabétique, Paris, 2e éd., 1753; Brion de La Tour, *Coup d'œil général sur la France*, Paris, 1765; Bruzen de La Martinière, *Le Grand Dictionnaire géographique et critique*, éd. de 1768; R. de Hesseln, *Dictionnaire universel de la France*, Paris, 1771; *Almanach royal*, Paris, 1789.

10. François de Dainville, « Les Français vus par leurs intendants », *Études*, 1954, pp. 60-74; Louis Trénard, *Les Mémoires des intendants pour l'instruction du duc de Bourgogne (1698), Introduction générale*, Paris, Bibliothèque nationale, 1975.

11. *Cf. La Découverte de la France au XVIIIe siècle*, Actes du 9e colloque organisé par le Centre méridional de rencontres sur le XVIIe siècle, Paris, 1980.

12. Roger Chartier, « Les deux France. Histoire d'une géographie », *Cahiers d'histoire*, n° 4, 1978, pp. 393-415.

13. Mona Ozouf, « La Révolution et la perception de l'espace national: fédération, fédéralisme et stéréotypes régionaux », *in L'École de la France. Essais sur la Révolution, l'utopie et l'enseignement*, Paris, Gallimard, 1984, pp. 27-54. Cet article est fondamental pour notre sujet.

14. Darluc, *Histoire naturelle de la Provence, 1782*, p. VII, cité par Numa Broc, *La Géographie des philosophes. Géographes et voyageurs français au XVIIIe siècle*, Paris, Ophrys, 1975, p. 407.

15. Jacques Revel, « Forms of Expertise: Intellectuals and "Popular" Culture in France (1650-1800) », *in* Steven L. Kaplan, éd., *Understanding Popular Culture, Europe from the Middle Ages to the 19th Century*, Berlin-New York, Mouton, 1984, pp. 255-273.

16. Il est vrai qu'au XVIe siècle un intérêt explicite se manifeste pour certaines formes de la culture populaire dont les lettrés commencent à recueillir quelques traits caractéristiques. Face à la culture cléricale, il s'agit de défendre et d'illustrer les ressources du français enrichi de certaines de ses nuances régionales. On collectionne ainsi les mots et les tournures, mais aussi les proverbes auxquels Érasme vient de confier une dignité nouvelle: ne sont-ils pas l'amorce d'un langage commun entre les hommes en même temps que l'expression d'une sagesse qui traverse les âges? Les recueils qui se multiplient alors et qui puisent dans le fonds provincial n'accordent pourtant guère d'importance à l'enracinement local des formulations proverbiales non plus qu'aux usages particuliers dont elles font l'objet. « Populaires », « gallicans » ou « communs », les proverbes appartiennent bien à une autre culture mais dont rien n'impose d'explorer le détail, moins encore la diversité. Peuvent-ils d'ailleurs être connus? Charles de Bouelles, auteur de deux de ces compilations en 1531 et

1557, paraît en douter : « Il y a actuellement en France autant de coutumes et de langages humains que de peuples, de régions et de villes. » On publiera donc les matériaux rassemblés en français (souvent aussi en latin), sans égard particulier pour leur formulation ni pour leur contexte d'origine. Même indifférence dans le *Thrésor de la langue françoyse* de Jean Nicot, publié à Paris en 1606, qui capitalise le travail lexicographique du siècle précédent et fait pourtant un accueil raisonné aux acceptions provinciales dont il signale souvent la provenance ; il est complété, entre autres annexes, par deux collections de proverbes : la première, rangée en ordre alphabétique, livre sans autre commentaire, la formulation française et sa traduction latine ; la seconde propose en langue vulgaire l'explicitation d'un certain nombre de sentences mais ne se soucie presque jamais d'en signaler l'origine.

De cette relative indifférence, on trouve, un siècle plus tard, le pendant dans l'immense travail de collecte des superstitions entrepris par Jean-Baptiste Thiers. Outre son célèbre Traité (publié en 1679, puis très largement amplifié en 1702 et plusieurs fois réédité au XVIIIe siècle), il est l'auteur d'innombrables libelles, de dissertations et de mémoires qui tous s'emploient à dénoncer les fausses croyances, les pratiques vaines ou l'exercice dévoyé de la religion. Ce curé de paroisse, lié à tout un réseau de prêtres jansénisants, malheureux dans ses rapports avec la hiérarchie ecclésiastique, est, malgré ses titres universitaires et son érudition torrentielle, un homme de la base chez qui la préoccupation pastorale commande la vigilance militante du théologien. Homme de la base, non point de terrain : alors même qu'il exerce pendant de longues années son ministère dans les paroisses de campagne, son savoir est tout livresque. À travers sa correspondance, on le voit échangeant des fiches, des références bibliographiques sans guère regarder autour de soi. « Quand il s'était mis en tête d'écrire un sujet qu'il choisissait toujours extraordinaire ou bizarre, il feuilletait parmi toutes les tables de ses livres, dont il avait bon nombre d'assez singuliers, et allait à la quête dans les bonnes bibliothèques ou chez ses amis, pour fournir à ses desseins et jetait sur le papier ses découvertes. » Ne nous étonnons pas de ne point rencontrer de préoccupations ethnographiques chez un auteur dont les ethno-historiens font aujourd'hui si grand usage : là n'est assurément pas son projet. Thiers est mobilisé par le souci exclusif d'opposer la catholicité de la norme religieuse à la particularité des croyances populaires. Dans son désintérêt pour l'observation concrète, on pressent davantage pourtant qu'un strict choix intellectuel : un repli instinctif devant la prolifération du réel qui menacerait de déborder son entreprise d'identification, de description, de classement. Il est armé pour séparer le vrai du faux, mais il n'est pas certain de pouvoir maîtriser la multiplicité des pratiques réelles dont il n'est jamais question, pour lui, d'éclairer la signification ou de comprendre la cohérence.

17. Daniel Roche, *Le Siècle des Lumières en province. Académies et académiciens provinciaux*, Paris-La Haye, Mouton-Éd. de l'École des hautes études en sciences sociales, 1978, t. I., pp. 342-355 (concours académiques) et 366-384 (travaux des académiciens).

18. Id., *ibid.*, p. 350. Sur la multiplication des histoires provinciales entreprises ou achevées, *ibid.*, t. II, n. 160, p. 186.

19. *Cf.* N. Broc, *La Géographie des philosophes, op. cit.*, pp. 417-419, qui s'appuie sur les travaux de F. de Dainville.

20. François-Xavier Emmanuelli, « De la conscience politique à la naissance du "provençalisme" dans la généralité d'Aix à la fin du XVIIIe siècle », *in Régions et régionalismes..., op. cit.*, pp. 117-138.

21. Catherine Bertho, « L'invention de la Bretagne. Genèse sociale d'un stéréotype », *Actes de la recherche en sciences sociales*, n° 35, 1980, pp. 45-62 ; voir aussi, pour prendre la mesure du contraste entre XVIIIe et XIXe siècle, du même auteur, « Les enseignements d'une bibliographie : les livres consacrés à la Bretagne au XIXe siècle », *Revue française d'histoire du livre*, n° 20, 1978, pp. 6-33.

22. M. Ozouf, « La perception de l'espace national... », *art. cité*, p. 27.

23. Marie-Vic Ozouf-Marignier, *La Formation des départements. La représentation du territoire national à la fin du XVIIIe siècle*, Paris, Éd. de l'E.H.E.S.S., 1989 ; Mona Ozouf,

La région

«Département», in *Dictionnaire critique de la Révolution française*, sous la direction de François Furet et Mona Ozouf, Paris, Flammarion, 1989, et, ici-même, Marcel Roncayolo, «Le département».

24. Emmanuel Joseph Sieyès, Instructions envoyées par M. le duc d'Orléans pour les personnes étrangères de Sa procuration aux assemblées de bailliages relatives aux États généraux, 1789, pp. 43-44.

25. Condorcet, *Essai sur la constitution et les fonctions des assemblées provinciales, 1788*, pp. 188-190, cité par M.-V. Ozouf-Marignier, La Formation des départements, *op. cit.*, p. 28.

26. Archives parlementaires, 1re série: 1789 à 1799, t. IX, p. 656.

27. M. Ozouf, «La perception de l'espace national», *op. cit.*, pp. 31-32. Mais l'auteur refuse la thèse d'un «fédéralisme des cahiers» et insiste sur ce qui l'emporte, «le sentiment de la toute-puissance du contrat et la volonté de l'unité».

28. Archives parlementaires, t. IX, p. 461, cité par M.-V. Ozouf-Marignier, *La Formation des départements, op. cit.*, p. 48.

29. Archives parlementaires, t. IX, p. 660.

30. De cette solidarité, on trouvera l'expression dans le système de la double nomination longtemps en usage («du département X, dans la ci-devant province Y»), mais de façon bien plus significative encore dans le fait que les listes des départements sont présentées non point selon la convention abstraite de l'ordre alphabétique, comme on devrait l'attendre, mais regroupées par provinces! (*Cf.* Th. Gasnier, op. cit., pp. 16-17.)

31. Je suis ici la très ferme analyse de M. Ozouf, «La perception de l'espace national», *art. cité*, pp. 37-45.

32. F. Uzureau, «Les Fêtes de la Fédération à Angers», *Andegaviana*, III, 1905, cité par M. Ozouf, *ibid.*, p. 38. Voir aussi, du même auteur, *La Fête révolutionnaire, 1789-1799*, Paris, Gallimard, 1976, pp. 44-74.

33. Michel de Certeau, Dominique Julia, Jacques Revel, *Une politique de la langue. La Révolution française et les patois: l'enquête de Grégoire*, Paris, Gallimard, 1975.

34. Archives parlementaires, 1re série, t. LXXXIII, p. 715.

35. E. Mentelle, Méthode courte et facile pour apprendre aisément et retenir sans peine la nouvelle géographie de la France, Paris, 1791, p. 4.

36. J. Lavallée, J.-B. Breton, L. et L. Brion, *Voyages dans les départements de la France, enrichis de tableaux géographiques et d'estampes, 1792-1802*, Oise, p. 5.

37. Michel Vovelle, «La découverte en Provence, ou les primitifs de l'ethnographie provençale», in *De la cave au grenier. Un itinéraire en Provence au XVIIIe siècle*, Québec, Serge Fleury Éd., 1980, pp. 407-435.

38. J.-M. de Gérando, *Considérations sur les diverses méthodes à suivre dans l'observation des peuples sauvages*, Paris, 1800.

39. C. Bertho, *art. cité*; ainsi que les contributions d'Albert Soboul et, surtout, dans le même recueil, de L. Trénard (Pays-Bas français), M. Gresset (Franche-Comté), A. Marcet (Roussillon), F.-X. Emmanuelli (Provence) et M. Bordes (Gascogne), *Régions et régionalismes...*, *op. cit.*, pp. 25-154.

40. M. de Certeau, D. Julia, J. Revel, *Une politique de la langue, op. cit.*, pp. 146-147 et 206-207.

41. Voir Marie-Noëlle Bourguet, *Déchiffrer la France. La Statistique départementale à l'époque napoléonienne*, Paris, Éd. des archives contemporaines, 1988. *Cf.* aussi M. Ozouf, «La perception de l'espace national», *art. cité*. Sur les attendus épistémologiques de la statistique descriptive, Jean-Claude Perrot, L'Âge d'or de la statistique régionale française (an IV-1804), Paris, Clavreuil, 1977.

42. M.-N. Bourguet, *Déchiffrer la France, op. cit.*, p. 76.

43. Chaptal, *Circulaire du Ministre de l'Intérieur aux Préfets des Départements, 19 germinal an IX*, notes relatives au chapitre II.

44. M. Ozouf, «La perception de l'espace national», *art. cité*, pp. 50-53; M.-N. Bourguet, *Déchiffrer la France, op. cit.*, chap. VII; M. de Certeau, D. Julia, J. Revel, *Une politique de la langue, op. cit.*, chap. VI.

45. J. Jamin, «Naissance de l'observation anthropologique: la Société des Observateurs de l'Homme (1799-1805)», *Cahiers internationaux de sociologie*, n° 67, 1980, pp. 313-335; M. Ozouf, «L'invention de l'ethnographie française: le questionnaire de l'Académie celtique», L'École de la France, *op. cit.*, pp. 349-377.

46. *Cf.* Hervé Le Bras, «La Statistique générale de la France», *in* Quarto 1.

47. Marcel Roncayolo, «L'aménagement du territoire, XVIIIe-XXe siècle», *in L'Espace français*, sous la direction de J. Revel, *op. cit.*, pp. 509-643.

48. Quelques études récentes ont bien montré la diversité et la complexité des expériences régionales. Pour la Bretagne, outre C. Bertho, «L'invention de la Bretagne», art. cité, voir désormais Jean-Yves Guiomar, *Le Bretonisme. Les historiens bretons au XIXe siècle*, Mayenne, Société d'histoire et d'archéologie de la Bretagne, 1987. Pour la Vendée, Jean-Clément Martin, *La Vendée et la France*, Paris, Éd. du Seuil, 1987; Id., «La Vendée, région mémoire. Blancs et bleus», *in* Quarto 1. Pour la Provence, Jean-Claude Chamboredon et A. Méjean, «Styles de voyage, modes de perception du paysage, stéréotypes régionaux dans les récits de voyage et les guides touristiques: l'exemple de la Provence (fin XVIIIe-début XXe siècle). Essai de sociologie de la perception touristique», *Territoires*, n° 2, Paris, Presses de l'École normale supérieure, 1985.

49. Quarto 2, «Le Félibrige», de Philippe Martel.

50. Lavallée et Brion, *Voyages dans les départements, op. cit.*, Cher, p. 12. En 1807, les *Tableaux comparatifs de l'ancienne et de la nouvelle division de la France* explicitent ce rapport solidaire et ambigu en rappelant que les anciennes circonscriptions «subsisteront toujours dans les pages impérissables de l'histoire, dont les récits seraient inintelligibles pour quiconque ne connaîtrait que les départements formés depuis la Révolution. L'Empereur lui-même n'a-t-il pas dit souvent: "mes peuples de Champagne, mes bataillons normands"»? Cité par Th. Gasnier, *op. cit.*, p. 25.

51. Voir, de Daniel Nordman, «Les Guides-Joanne», *in* Quarto 1, et, de Jacques et Mona Ozouf, «Le Tour de la France par deux enfants», *ibid.*

52. M. Ozouf, «La perception de l'espace national», *art. cité*.

MARCEL RONCAYOLO

Le département

*E*n 1911, Henri Mettrier introduit en ces termes sa monographie sur la formation du département de la Haute-Marne. « Aujourd'hui, on est généralement d'avis que la division départementale ne répond plus aux besoins de notre époque [...] En présence de la rapidité inouïe dont bénéficient actuellement les communications et les transports, le maintien des départements trop petits, trop faibles, paraît une choquante anomalie. Les géographes leur reprochent de ne pas tenir compte des divisions naturelles du pays, les historiens de méconnaître les anciens groupements provinciaux qui rappellent la formation progressive du territoire français. Tous s'accordent pour voir dans l'organisation départementale établie en France, une amorce hâtivement conçue, insuffisamment préparée, offrant à chaque pas des exemples de la méthode arbitraire avec laquelle le changement a été réalisé[1]. »

Le procès engagé contre le département vers 1900 est ainsi bien résumé. Le département est attaqué pour deux raisons symétriques : il ne regarde pas vers l'avenir, déjà obsolescent dans ses dimensions et ses limites ; il trahit le passé en négligeant à la fois la nature, l'histoire et la culture. Espace abstrait, artificiel, dit-on, qui ne convient ni à l'administration vivante du pays – le département ne sert qu'à la bureaucratie – ni au maintien, à l'activité de la mémoire territoriale de la France. Une division inutile qui, si l'on s'en tenait aux réquisitoires des procureurs du temps, ne mériterait pas de figurer parmi les lieux de mémoire. Au mieux, il aurait sa place à titre épisodique, comme l'une des scènes, très partielle, d'une histoire enfermée dans le XIXe siècle.

Paradoxalement, cette critique s'amplifie, à partir du premier centenaire de la Révolution française jusqu'à suggérer des projets de réforme administrative en pleine guerre mondiale. Toute célébration suppose, sans doute, le sacrifice d'une victime expiatoire. Le second centenaire survient après la bataille : des régions ont été constituées, dotées d'une assemblée et d'un exécutif élus,

LES FRANCE *Partages de l'espace-temps*

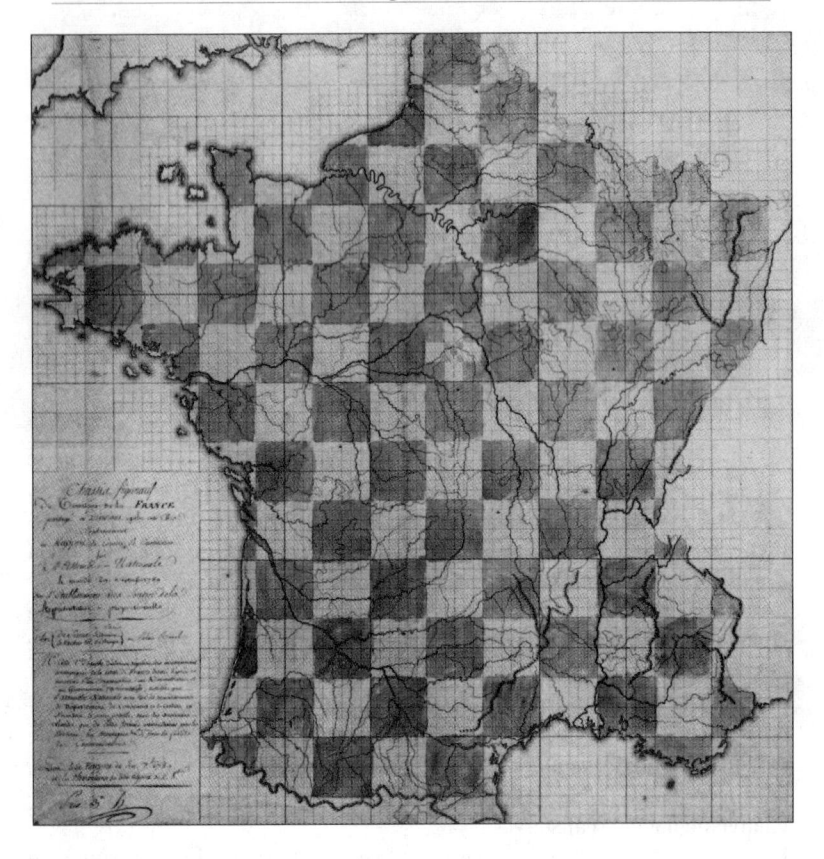

*QUAND LA GÉOMÉTRIE FONDE L'ÉGALITÉ : LE DÉCOUPAGE ORTHOGONAL.
CETTE « ÉBAUCHE IDÉALEMENT RÉGULIÈRE », PRÉSENTÉE À L'ASSEMBLÉE LE 29 SEPTEMBRE 1789,
ILLUSTRE UN PRINCIPE : L'ÉGALITÉ ENTRE LES DIVISIONS DU TERRITOIRE EST LA CONDITION
D'UN GOUVERNEMENT RATIONNEL. MAIS IL FAUDRA COMPOSER ENSUITE, « EN S'ÉCARTANT LE MOINS
POSSIBLE TANT DES ANCIENNES LIMITES QUE DE CELLES FORMÉES NATURELLEMENT PAR
LES RIVIÈRES, LES MONTAGNES ET POUR LA FACILITÉ DES COMMUNICATIONS ».*

Le département

situées dans une politique de décentralisation. Les départements sont toujours là, pièces composant les régions, travail de couture plus ou moins satisfaisant. Simple phénomène d'inertie, à la surface de notre société ? Après tout, les phénomènes d'inertie dépendent aussi de notre mémoire et de nos représentations ; ils n'expriment pas simplement la paresse imaginative des politiques et des administrateurs. Alors faut-il réévaluer le département, à travers ce constat de durée : conscience des habitants ou texture même des lieux ? Trois pièces du dossier vont être examinées : d'abord la formation des départements. À l'origine, cette division et les subdivisions qu'elle commande naissent bien d'un acte révolutionnaire, volontairement « anti-mémoire » ; mais la réalité est beaucoup plus ambiguë. Le deuxième temps, c'est la consolidation du département sous la monarchie rétablie, puis devenue « libérale ». La « meilleure preuve de l'utilité ou, pour être exact, de l'excellence de cette réforme, c'est que depuis un siècle, elle a traversé nos révolutions sans subir d'atteintes sérieuses. Les départements sont encore debout[2] », écrit la *Revue de géographie* en 1889 – au moment pourtant où les heureux effets du début du siècle s'estompent, où l'opinion bascule. Le troisième, c'est la résistance de la division départementale à la double critique – non pertinence, obsolescence – qui anime les courants de réforme ou de transformation ; mais le découpage territorial n'est pas forcément la cible principale ; le département se recharge en légitimité, à chacune de ces épreuves. Jeux de la mémoire qui expriment somme toute la souplesse relative de l'institution, sa capacité à fixer une tradition – ou mieux des traditions en relais. Il ne s'agit pas d'une hagiographie du département, mais seulement d'un essai pour expliquer la durée, et même l'accumulation qu'on peut y constater.

La formation des départements : limites de l'anti-mémoire

Le département anti-mémoire[3] ? Comment douterait-on de la réalité de cette intention ? Hommes de loi, pour beaucoup, lettrés ou frottés de philosophie des Lumières, les constituants rêvent d'un État rationnel et d'une unification définitive de la nation française. Il fallait prolonger l'œuvre simplificatrice entreprise par la monarchie absolue, avec plus d'audace ; éliminer par conséquent les obstacles qui avaient bloqué celle-ci dans la réforme des assemblées provinciales et de l'impôt ; donc toucher aux principes mêmes des disparités, privilèges et statuts particuliers, qu'ils se rapportent aux hommes ou aux territoires. La création des départements prolonge la nuit du 4 Août. C'est une réforme égalitaire, la première égalité étant de soumettre tous les Français à la même loi ; mais en même temps d'établir, dans le pays, à chaque échelon de responsabilité, le même régime représentatif.

On comprend mieux l'urgence de la réforme, si l'on considère que la nouvelle division du territoire est imposée par des échéances électorales, chargées de donner l'image du pays, du pays légal du moins, avant même de fournir un cadre géographique à son administration. Cette mission implique d'*inventer* une carte des circonscriptions : en effet, l'héritage de l'Ancien Régime est hétéroclite, non praticable de ce point de vue. La plupart des provinces ont perdu depuis longtemps leur rôle juridique et politique (sauf quand il existe des parlements et des États) ; à la base, l'enchevêtrement des juridictions et des compétences brouille les appartenances. La rupture est inscrite dans les faits autant que dans l'idéologie et Thouret, responsable de Comité de division, peut déclarer sans trop d'emphase : « Un plan de division d'un grand Empire est presque à lui seul la Constitution[4]. » Le reproche que l'on fait ensuite au département, d'être le meilleur instrument de la centralisation, n'est qu'un retour tardif du complément.

À vrai dire, la volonté de centralisation est discutable. Elle a fait l'objet de longs débats dans l'historiographie française, non sans parti pris idéologique. Les constituants sont divisés, sans doute, entre eux et en eux-mêmes. L'œuvre est à deux faces : si l'on regarde du côté des collectivités locales, des municipalités aux institutions départementales, dans le projet de la Constituante, l'élection commande tout, les assemblées comme les exécutifs. On pense alors à une expérience de *self-government*. Mais l'unité et l'autorité de l'État restent en principe entières. On est loin de l'idée de confédération ou même de fédération, malgré le nom donné quelques mois plus tard au deuxième 14 Juillet. C'est pour mieux assurer l'unité que l'administration est rapprochée du citoyen. Les cellules territoriales ne doivent pas reconstituer des *corps*, capables de remettre en question l'homogénéité de la nation. Tout député parle au nom du peuple français ; les départements ne sont que des fractions d'un territoire unitaire. « Diviser pour unir », dit joliment Marie-Vic Ozouf-Marignier des intentions de la Constituante[5]. Équilibre fragile – dont on voit ensuite qu'il résiste mal aux soubresauts révolutionnaires. Mais le découpage départemental – en dehors du jeu des institutions de 1790 – en prolonge durablement le dessin.

Ce qui fait scandale, encore peut-être de nos jours, c'est le projet initial du Comité. Un découpage purement géométrique, à la manière du partage de territoires à peine peuplés, déjà imaginé en 1780 par de Hessseln[6], et obéissant à la règle des multiples de 9 du pays tout entier jusqu'à ses subdivisions. Soit quatre-vingts départements plus Paris, subdivisés eux-mêmes en neuf districts et chaque district en neuf cantons. Une belle satisfaction pour l'esprit. Cette loi arithmétique impose l'égalité d'étendue entre les départements, ce qui semble difficilement compatible avec la géographie. Mais le module auquel on se réfère n'est pas sans justification : retour de l'utopie vers la pratique. Trois cent

Le département

vingt-quatre lieues carrées pour un département (quelque six mille cinq cents kilomètres carrés), voilà qui, pour le Comité de division, «offre une étendue moyenne qui convient à des districts d'élection directe, qui convient encore plus à des districts d'administration et qui pourra convenir, par la suite, pour réunir dans les mêmes divisions l'exercice des pouvoirs publics[7]». L'arithmétique se légitime ainsi en convenances, celles de l'électeur des assemblées primaires (au district), de l'administrateur, du justiciable. Quadrillage et participation exigent cette contrainte de proximité. Quelques jours plus tard, des données plus concrètes sont évoquées en termes d'accessibilité. La taille de tout département doit permettre à chaque citoyen «d'arriver de tous les points de ce territoire au centre de l'administration, en une journée de voyage[8]», ce qui fonde l'hypothèse d'environ quatre-vingts départements. Le territoire départemental peut ainsi être *connu* de ses administrateurs et de ses notables ; en particulier la répartition de la propriété foncière.

La nouvelle division correspond donc à un module de vie collective. Est-il apte à éviter les deux risques majeurs que l'on redoute, à la fin de 1789, la tentation fédéraliste, si les circonscriptions sont trop larges, trop peu nombreuses, l'anarchie, si le morcellement est excessif? Les critiques s'élèvent contre la géométrie, contre la seule considération de la superficie. Pourquoi ne pas chercher des équilibres plus réels dans la population et la richesse, puisqu'il s'agit de territoires peuplés et non de vastes espaces à défricher? D'un côté, on imagine de concentrer les départements en quarante circonscriptions, pesant en principe chacune autant que Paris par la population. Mirabeau propose au contraire de rapprocher pouvoirs et population, en réduisant la hiérarchie à deux niveaux : cent vingt départements, sept cent vingt municipalités. De quoi satisfaire bien des ambitions urbaines et respecter l'ancienne enveloppe des provinces. Le Comité de division résiste et s'attache à des arguments : accessibilité, équilibre campagnes-villes, organisation à trois ou quatre niveaux.

L'idée de table rase est pourtant sérieusement nuancée, par toute une série de concessions. La division départementale est accomplie, en fin de compte, à partir des anciennes limites provinciales, quitte à les corriger à la marge pour équilibrer les territoires. On invite les députés locaux à entreprendre eux-mêmes cette tâche, en s'entendant avec leurs collègues des provinces voisines. Le Comité de division impose simplement le nombre de circonscriptions et n'intervient qu'en dernier ressort. Bref, rien de purement abstrait ou artificiel ; mais il est plus facile de décomposer que de recomposer, chaque cellule du territoire cherchant à défendre au mieux ses intérêts. À lire les monographies départementales, on évoquerait volontiers une sorte de jeu de Meccano, au gré des ambitions des uns et des autres. Le but politique demeure : il s'agit de dissocier la compétence administrative du ressort des anciennes provinces, l'exercice des pouvoirs d'un héritage historique compromettant pour l'unité. Cette opération faite, les particularismes de la vie quotidienne présentent moins de danger. La rupture relève donc en grande partie du symbolique. Pour baptiser les départements, on écarte tout souvenir des anciennes provinces, comme tout nom de ville qui figerait et accentuerait les dominations urbaines. Si l'on fait appel aux accidents géographiques, ce n'est pas pour fonder la nouvelle division sur les cohérences naturelles. L'argument n'est pas essentiel. C'est surtout pour localiser les départements, de la manière la plus précise et la plus neutre possible à l'égard de l'histoire : une forme de coordonnées. Somme toute, on prend les départements pour ce qu'ils doivent être, des espaces fonctionnels.

On peut donc imaginer des départements qui auraient eu d'autres limites, un autre dessin. Si la ligne de partage des eaux tient un rôle important, si la rivière ou le fleuve divisent ou orientent les territoires, c'est affaire d'habitude intellectuelle plus que de stratégie bien définie. Le XVIIIe siècle est passionné par l'hydraulique et les cartes sont souvent tracées à la manière de Buache[9]. Si les forêts et les marais, qui traditionnellement séparent les cellules de la France intérieure (des cités gauloises aux diocèses, par exemple), paraissent respectés ici, négligés ailleurs, c'est le résultat de négociations de détail, de convenances particulières, d'effet d'inertie ou rejeu de discontinuités réelles. Ainsi la forêt sépare-t-elle toujours les départements héritiers de la Normandie (Manche ou Orne) de la Sarthe et de la Mayenne. Entre Pas-de-Calais et Somme, on renoue avec la ligne d'incertitude qui partageait l'Artois et la Picardie. Mais les « inventeurs » de la Haute-Marne n'hésitent pas à annexer tout le Vallage, dans la mesure où il est le complément économique de Saint-Dizier. Aucune solution n'apparaît illogique, si à l'usage elle peut « marcher ». Autrement dit, le réalisme géographique que transmet le département n'est pas fondé sur une priorité reconnue et raisonnée accordée aux divisions naturelles. Bien plus souvent, il correspond à ce que les constituants appellent les « convenances », bref, les habitudes.

C'est là que l'on peut situer le véritable mouvement de bascule entre utopie rationnelle et réalités ; la réflexion abstraite a conduit les constituants et notamment les membres du Comité de division a concevoir un module et un type de découpage administratif. Le partage ne peut guère s'opérer ensuite qu'en connaissance du terrain : les députés locaux, les notables interviennent alors. Mais connaissances et intérêts particuliers vont de pair. Si le nombre de départements a été fixé a priori, le jeu s'ouvre de nouveau quand il s'agit d'en définir les limites géographiques, les subdivisions (en particulier les districts, échelon immédiatement inférieur), les chefs-lieux – autrement dit de bâtir une hiérarchie à la fois administrative et urbaine. Alors se déclenche une sévère bataille, moins entre des espaces abstraits (les limites mêmes du département mobili-

Le département

sent peu l'opinion) qu'entre villes de chair et de pierres, bien concrètes, lieux d'actions collectives, agités sinon puissants. Les arguments rationnels ne manquent pas, plus ou moins infléchis : l'accessibilité se réfère à la notion de centralité, un peu naïve et géométrique. Mais on lui oppose aisément l'autre centralité, celle des usages, des convenances, des mouvements réels, dont on admet implicitement qu'elle ne recouvre pas la première. Et il n'est pas question de fonder des villes nouvelles, concurrentes des anciennes, dans ce tissu urbain multiple, dans lequel les diviseurs s'emmêlent.

La tâche est en effet énorme, bien que le Comité de division ait pensé décentraliser le plus possible la décision, en la confiant aux députés locaux ou à des assemblées primaires. La correspondance que reçoit l'Assemblée additionne les revendications et les dénonciations, entre villes, bourgs, quelquefois villages ambitieux. Les uns tentent de défendre ou d'améliorer une ancienne position administrative, judiciaire ou religieuse, les autres de se glisser parmi les bénéficiaires. Il est donc nécessaire de ne pas prendre pour argent comptant le matériau de cette polémique. Mais, compte tenu de cette critique, la lecture précise et attentive qu'en fait Marie-Vic Ozouf-Marignier nous livre un véritable tableau de la représentation de la France urbaine, en cette fin d'Ancien Régime : *la mémoire d'un débat plutôt que celle d'un état*.

D'abord l'ampleur de la lutte, à la taille de l'enjeu. Jean-Claude Perrot, d'après le *Dictionnaire de la République* de 1794[10], identifie quatre-vingt-trois grandes villes, six cent quatre-vingt-six villes qui correspondent à la partie consolidée de l'armature urbaine, dépassant en général trois mille habitants, et plus d'un millier de petites villes et bourgs, flottant aux limites inférieures de l'urbain. Près de deux mille candidats en puissance, une vingtaine en moyenne par département. Plus de la moitié d'entre eux (treize cents environ) font valoir des fonctions antérieures, plus ou moins prestigieuses. Bernard Lepetit[11] compte en 1789, six cent quatre-vingt-dix-neuf subdélégations d'intendance, qui assurent déjà un encadrement du territoire plus régulier que les institutions médiévales ; quatre à cinq cents sièges de bailliages ou présidiaux s'ajoutent, qui ne correspondent pas nécessairement à ceux que l'on vient de citer, particulièrement nombreux dans l'ancien ressort du Parlement de Paris, plus rares dans les anciens pays d'États ; des évêchés et leurs métropoles, denses dans la France du Midi. À compter aussi, de rayonnement variable, les gouvernements militaires, les maîtrises d'eaux et forêts, les greniers à sel, les justices seigneuriales. Dispersion des fonctions, inégalité du semis, voilà qui s'accorde mal avec le désir de rationalisation des constituants. À la sortie, on trouve cinq cent quarante-six chefs-lieux de district en 1790, dont quatre-vingt-trois coïncident avec le chef-lieu du département. Bien entendu, on se réserve de laisser telle ou telle institution religieuse ou judiciaire dans un site urbain particulier : respect de la tradition ou régime de compensation. Mais c'est là une concession et non pas la règle. Aussi la menace pèse-t-elle sur la plupart des villes. Celles qui jouaient un rôle principal dans l'organisation d'Ancien Régime redoutent l'alignement : au mieux retomber parmi les quatre-vingt-trois chefs-lieux de département. *Diminutio capitis* qu'impliquent le choix même du module départemental et le sens politique de la réforme. Les villes plus modestes entrent en rivalité, au cours d'une sévère opération de tri : en 1790, 40 % des anciens chefs-lieux de subdélégation ne conservent pas la tête d'un district. Il faut bien élaguer ici, où les villes de tradition administrative font doublon, promouvoir là, où l'armature urbaine était jusque-là très faible.

Le paradoxe, c'est que l'Assemblée constituante, le Comité de division et les différents arbitres invoquent essentiellement, pour justifier leurs propositions ou leurs décisions, l'intérêt des campagnes. Force de l'idéologie physiocratique qui fait de la ville un lieu de consommation de la rente, d'encadrement du territoire, le cas échéant de perversion morale plus qu'un moteur dans la création des richesses. Le rapport ville-territoire qui est au cœur de l'organisation départementale y prend ses caractères particuliers. L'argument agricole sert d'ailleurs dans tous les sens, propre à tous les retournements rhétoriques. Les partisans de vastes districts (parce qu'ils privilégient quelques chefs-lieux opulents) plaident la nécessité d'associer à la ville de vastes campagnes, qui pèseraient au moins d'un poids égal dans les assemblées locales. Les partisans de districts petits et nombreux (et donc d'une quantité maximale de chefs-lieux, bénéfice essentiel pour la masse des villes) estiment que si l'étendue de la circonscription est trop vaste, les campagnes trop éloignées participeront mal à la vie politique et administrative. En tout cas, l'idéologie des Lumières est bien installée dans la conscience des constituants, inspirant la méfiance à l'égard de la concentration urbaine, du cumul excessif des fonctions, de l'appauvrissement du réseau des petites villes. L'encadrement territorial du pays ne paraît pas forcément compatible avec d'autres vocations, le grand commerce ou les vastes horizons maritimes. Rivalités urbaines ? Sans doute. Mais on peut penser qu'à travers elles les deux France imaginées par l'historien Fox[12] pourraient entrer en conflit. La formation des départements nous ramène alors à ces réalités plus longues, plus stables que l'armature urbaine recèle.

Au sommet de la pyramide urbaine, d'abord, hors Paris : les grands ports et le carrefour intérieur lyonnais, liés aux grands réseaux extranationaux. On évoque devant l'Assemblée la possibilité de créer des départements particuliers pour Lyon, Marseille, Bordeaux, Rouen ou Nantes. Chacune de ces villes y trouverait son avantage, si l'on suit le représentant de Marseille, Sinety :

> Il est impossible d'espérer jamais que les opérations de grandes villes de commerce et leurs intérêts puissent être dirigés et mis en action par une administration supérieure des villes et des pays agricoles,

Le département

auxquels on veut les subalterner. Ou l'administration supérieure sera composée d'un plus grand nombre de citoyens actifs des villes de commerce et alors l'intérêt du commerce dominera l'intérêt de l'agriculture ou les citoyens agricoles seront en plus grand nombre et dans ce cas le commerce sera mal représenté et sacrifié. Gardons-nous de mettre les hommes et les intérêts en opposition[15].

Le Marseillais, qui cherche surtout à éviter la primauté d'Aix, est parfaitement entendu par les représentants du Forez et du haut Vivarais qui s'efforcent d'échapper à l'administration lyonnaise, au nom du même raisonnement[14]. Ce débat se transmet à des échelons plus modestes : à choisir entre des villes de tradition administrative ou de tradition commerciale, ces responsables de la réforme (au plan local ou national) penchent le plus souvent pour respecter la première, qui s'accompagne souvent de souvenirs plus prestigieux, et de laisser la seconde à ses propres impulsions. La ville entrepôt, liée au grand roulage ou à la navigation intérieure, «extravertie», est bien distinguée des petites capitales locales, dont toute l'activité, de l'administration au commerce, dépend en fin de compte des instructions qu'elles fixent et du personnel qu'elles font ainsi vivre. Les Clermontois n'hésitent pas à prétendre, contre les ambitions de Riom : «Notre ville est perdue. On parle de son commerce ; le commerce ne crée pas, ne forme pas la ville. C'est le maintien de notre ville qui peut soutenir le commerce[15].»

La ville administrative, contrôlant son territoire à l'écart des spécialisations trop risquées ou trop extérieures, reste la valeur sûre des constituants, la clé de voûte de l'édifice, de même que le département, question de principe, est perçu comme un ensemble ville-territoire, associant et équilibrant les activités et les groupes sociaux. Sur ce point, la réforme ne vise pas une réelle rupture ; mais, au contraire, à travers des arguments de rationalité, elle prend le relais pour maintenir des modes de relations plus anciens. Mémoire active, si l'on veut. Au nom de ce même principe, le département urbain (sauf celui de Paris, ramené à une étroite banlieue) est rejeté. On tranche souvent en faveur de la ville «des pays agricoles» contre le centre le plus dynamique, celui qui assure les relations lointaines ou vise des marchés plus amples, Saintes l'emporte sur La Rochelle, malgré le passé de cette ville et une argumentation fort bien construite[16], Laon sur Soissons et Saint-Quentin, après des manipulations multiples entre Aisne et Seine-et-Marne ; Aix sur Marseille, Douai sur Lille ; à un échelon plus modeste, Chaumont sur Langres, pourtant chargée d'histoire, Saint-Flour sur Aurillac. Reims, ville d'archevêché mais aussi grand centre d'industrie, doit s'incliner devant Châlons-sur-Marne ; Chalon-sur-Saône, lieu important de batellerie et de transactions intérieures, finit par céder devant Mâcon, dont on dit qu'elle n'a que le commerce des vins. La centralité géométrique, tant bien que mal, aidée souvent par des variations de limite départementale (c'est le cas de la Haute-Marne), est souvent invoquée pour emporter ou légitimer la décision. À plus forte raison les fonctions de chef-lieu de district sont attribuées, parfois à titre de compensation, à ce type de localité, ce qui amène souvent à descendre à des rangs assez humbles, dans la hiérarchie démographique. La nécessité de quadriller assez régulièrement la surface d'un territoire d'activités, de densité, d'urbanisation très inégales va dans le même sens : la promotion ou le maintien, grâce à l'administration, d'un lot de petites villes. La Révolution ne parvient pas à conserver à toutes les mêmes attributions, les mêmes chances : rationalisation oblige. Mais, grâce à ce tri, elle se pose en conservatrice d'un certain type urbain.

En fait, les décisions, qu'elles viennent des arbitrages locaux, entérinés par l'Assemblée, ou du Comité de division (qui parfois propose l'alternance, la compensation ou le report du choix définitif), n'obéissent pas à une logique unique. Plutôt une cotte mal taillée, au coup par coup, entre raisons contradictoires. Souvent, il faut s'incliner devant l'évidence : la domination de quelques villes principales, inévitables. La vingtaine de cités qui se trouve en tête des classements établis par Bernard Lepetit (selon trois critères, démographique, administratif, fiscal)[17] à la fin de l'Ancien Régime présentent des candidatures peu discutables. Ni Bordeaux, ni Rouen, ni Lyon ne se considèrent, malgré leurs horizons extérieurs, comme des enclaves. Au contraire, elles affirment leur empire sur le territoire intérieur, par le négoce des produits agricoles, la possession de la terre ou la diffusion du travail industriel. En deçà, l'organisation de la manufacture dispersée, chère au XVIIIe siècle, vient à l'aide d'autres villes comme Le Mans ou Laval[18], qui disposent d'ailleurs d'autres atouts ; mais la limite de département paraît curieusement coïncider dans ce cas avec celle de la distribution du travail des toiles.

Cette diversité des choix ne tient pas seulement à l'existence de capitales de fait ou de phénomènes économiques particuliers. Même dans les départements terriens – les plus nombreux –, toute règle de désignation se heurterait à l'absence de régularité et d'homogénéité de l'héritage. Modalités régionales de l'armature urbaine : il suffit de penser au Midi méditerranéen ou à l'Alsace ; au rôle des littoraux, qui brouillent les cartes, dévient la notion de centralité et peuvent rester à l'écart du quadrillage administratif. Mais plus encore à la superposition de strates différentes. La France urbaine, à la fin du XVIIIe siècle, n'obéit pas à un seul modèle et tout ne relève pas d'un retard par rapport à un schéma d'unification. Rien d'une belle hiérarchie étagée, selon une explication qui vaudrait pour l'ensemble : des grandes villes, inégalement enracinées, flottant plus ou moins au-dessus d'une France rurale. Des villes fortement terriennes, organisées ici hiérarchiquement, juxtaposées là, sans que l'ordre géographique évoque les raisons de cette disparité. Comment trancher dans l'Aisne entre

Le département

Soissons, Saint-Quentin, Laon et même Château-Thierry – zone pourtant de forte agriculture, de circulation dense et bien équipée, propre à sécréter un réseau urbain organisé? On aboutit en fait, entre Seine et Aisne, à la coexistence de petites «capitales», de cinq à dix mille habitants. Effet de la proximité de Paris, ou même d'Amiens et de Reims? De même, en Saône-et-Loire, rivalités à l'intérieur d'une armature composite: Mâcon, Chalon, Autun. Les polarités sont moins évidentes qu'on ne pense; celles qui marquent les étapes principales de la navigation fluviale ne coïncident pas avec celles qui reposent sur la desserte de vastes terroirs homogènes. Reste, devant cet imbroglio, des solutions de fortune: la manipulation ou la manœuvre dilatoire. Manipulation, quand, par un effet retour, c'est le choix du chef-lieu qui détermine les limites de la circonscription. Prudence, quand on divise les fonctions entre villes rivales ou, plus encore, on décide l'alternance. Épisodes transitoires, en général: en moins d'une génération, les hiérarchies réelles corrigent le schéma: Marseille, Lille, La Rochelle regagnent l'administration départementale. Quant aux districts, considérés comme trop nombreux et source d'anarchie pour la Convention, sacrifiés, ils sont rétablis, sous le nom d'arrondissements, mais impliquent de nouvelles éliminations, drastiques: deux cent quarante chefs-lieux flanquent les quatre-vingt-huit préfectures napoléoniennes.
En deçà de ces changements? Anti-mémoire à l'égard des provinces et de leur éventuel esprit de corps, les départements charrient avec eux, parfois jusqu'à nos jours, la marque de cet état des villes françaises à la fin du XVIIIe siècle. Mémoire d'un moment de l'histoire, d'une rencontre des logiques et des générations de cités – un peu à la manière d'une photographie de famille, associant en un instant privilégié des âges et des caractères différents. Les bouleversements plus sérieux de l'économie ne viennent que plus tard, avec les chemins de fer et la grande industrie. La trame urbaine, fixée, sélectionnée, hiérarchisée par l'organisation départementale, appartient encore à l'Ancien Régime économique. La vérité du département, espace fonctionnel, n'est pas à proprement parler dans le découpage géographique, mais plutôt dans la procédure, la société concrète qui le porte et à laquelle il est destiné. Ce sont des élites urbaines qui ont pensé ces ensembles ville-territoire, à la mesure de leur expérience et de leurs intérêts. Une affaire de lettrés, de magistrats, de grands propriétaires dont la clientèle vient essentiellement des campagnes et qui bâtissent l'espace administratif d'une société dominée par la propriété foncière. Le département est proche parent du cadastre et du Code Napoléon. Bien entendu, les relations villes-campagnes, propriétaires-exploitants ne sont pas identiques à travers la France: en resserrant l'étendue des circonscriptions par rapport aux coutumes provinciales, le département souligne les contrastes externes et internes. La réforme administrative donne une *forme* générale à ce jeu des disparités, identifiées le plus souvent après coup. Quitte à trancher par-

fois à contresens, les auteurs multiples de la nouvelle carte de France négligent sans doute les paysages et l'homogénéité ; ils s'intéressent, bien ou mal, aux flux, mais essentiellement à ceux qui peuvent être alors maîtrisés, traduits dans une organisation durable de l'espace, ceux qui touchent à l'administration. Le découpage est partiel ; il n'est ni abstrait (par rapport à son objectif) ni artificiel – sauf à considérer qu'il s'agit bien d'une construction.

Consolidations : savoirs et pouvoirs

Jusqu'au second Empire, l'organisation et le découpage du territoire français en départements ne suscite pas de véritable hostilité de la part des gouvernements ou de la masse de l'opinion. Le Premier consul en fait l'instrument le plus efficace de la centralité, grâce à l'établissement des préfets et sous-préfets, au renforcement de la tutelle de l'État, à l'utilisation de la hiérarchie des espaces et des villes. La monarchie restaurée, puis libérale, lâche, avec prudence, un peu de lest à l'égard des assemblées, des administrateurs et des notables locaux, sans renoncer à son droit de regard. Bref l'institution, réinterprétée en 1800, se consolide et s'enracine ; ce qui est paradoxal à travers tant de changements de régime politique. Mais contre le département ne s'élèvent alors que des nostalgies provinciales, irrésistiblement tournées vers le passé, ou des projets utopiques rêvant d'une organisation territoriale plus égalitaire ou plus libertaire. Cadre de référence de la connaissance, circonscription d'action économique, lieu de fixation de la société censitaire, l'invention des constituants cumule ces trois fonctions.

Rien ne semblait destiner le département à ce premier objet : conserver et ordonner le savoir, y compris dans ses aspects plus scientifiques, alors qu'il paraissait répondre avant tout à des urgences politiques et à des raisons d'opportunité. Pourtant, s'il est une mémoire de la France, à côté des grandes fondations ou institutions nationales chargées de la conserver, et à côté de la capitale, c'est bien le département qui est son lieu de conservation, naturel et symbolique. Conséquence normale de l'organisation territoriale qui, après une dizaine d'années de chaos ou d'improvisation, place dans chaque chef-lieu des représentants de l'État, des responsables des corps techniques, l'institution clé de l'université napoléonienne, le lycée, et en fait l'échelon permanent – divisé ou non en arrondissements – de la vie politique. Les archives départementales constituent l'un des grands services : elles modèlent, selon leurs normes et éventuellement leurs présupposés, une vision du passé, qui remonte le temps en deçà de 1790.

Entre les nouvelles divisions du pays et le savoir territorial, il existe d'autres affinités qu'occasionnelles. L'organisation administrative est prise dans un

Le département

courant plus vaste de connaissance, celui des Lumières: universaliste, mais soucieux de dégager les lois de la nature physique ou humaine de la multiplicité de ses manifestations. L'administration du territoire et d'abord sa description entrent dans ce champ de curiosité qu'illustre, dès la fin de l'Ancien Régime, le goût des mémoires ou topographies, qu'ils viennent des voyageurs, des médecins ou des ingénieurs. Les départements ont été créés, on le sait, sans trop de préoccupation à l'égard de la géographie ; mais, après coup, cette préoccupation s'impose. Faire fonctionner les institutions territoriales, c'est d'abord tenir compte des ressources réelles de la circonscription, de sa géographie et de la mentalité de sa population. L'unification de la gestion ou de la grille conduit aussitôt à moduler cette apparente simplicité fonctionnelle selon les caractéristiques du pays. Expulser les particularismes du bâti institutionnel, c'est les retrouver ensuite comme matière à traiter[19]. Paradoxalement, les progrès de la centralisation, jusqu'à l'institution impériale, le service même d'administrateurs ou de missionnaires venus d'ailleurs, déplacés d'un poste à un autre, impliquent l'établissement d'un savoir transmis parfois sous forme de recettes entre les détenteurs successifs de l'autorité. Le pouvoir central lui-même accroît et confie ses curiosités: mesure des changements révolutionnaires (y compris dans la répartition de la propriété), état de l'opinion, projets de développement, informations plus classiques sur les subsistances et les ressources et la situation morale de la population. Savoir, pouvoir, on en connaît maintenant les interférences.

Des enquêtes ou rapports révolutionnaires (établis souvent à chaud) aux statistiques impériales, l'inventaire du territoire et de ses habitants est entrepris, à travers la grille des nouvelles divisions. « Âge d'or » d'une connaissance territoriale[20], à l'intérieur d'une curiosité restée encyclopédique. De François de Neufchâteau à Coquebert de Montbret[21], les statistiques départementales se veulent à la fois recueils de mémoire et guides de l'action. On en sait maintenant l'intérêt et les faiblesses ; on sait aussi comment les bureaux de l'administration informent et déforment le projet, ricanent sur la littérature parfois mythique qui leur parvient, inclinent rapidement vers le questionnaire fermé et l'annuaire chiffré. Travail de réduction, mais aussi de mise en forme qui mène dans les années 1830 à la création de la Statistique générale de la France. Le département tend à devenir une ligne, ou quelques lignes quand on le décompose en arrondissements, dans un récitatif de chiffres ; l'ordre alphabétique l'emporte significativement sur les contiguïtés géographiques. Ne critiquons pas à l'excès, dans le procès facile à dresser contre les normes, cet alignement de l'ordre et des questions ; après tout, il est peut-être réducteur de différences mais il fonde aussi la possibilité d'un langage commun et, d'une manière plus élémentaire encore, le cadre de toute comparaison dans l'espace et dans le temps. La continuité du découpage départemental assure à l'infor-

LES FRANCE *Partages de l'espace-temps*

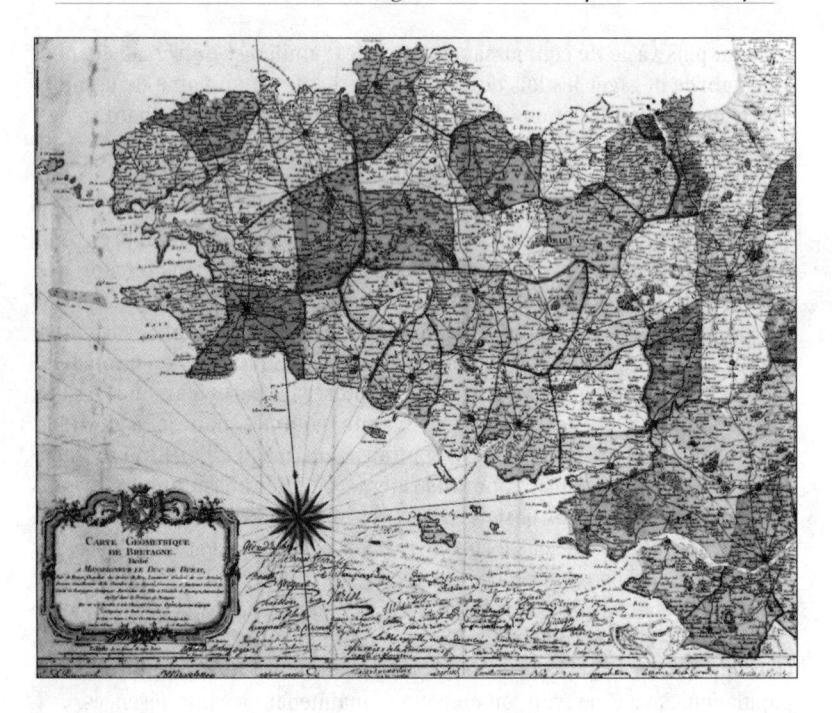

LA VIE CELLULAIRE DE LA PROVINCE FRANÇAISE...
CETTE CARTE DE LA BRETAGNE, DESSINÉE AVANT LA RÉVOLUTION, SERT DE DOCUMENT DE TRAVAIL
AUX DÉPUTÉS DE LA PROVINCE, APPELÉS À DÉFINIR LES NOUVELLES CIRCONSCRIPTIONS.
LA VIE DE RELATION PARAÎT ORGANISÉE AUTOUR D'UNE SÉRIE DE PETITES VILLES :
CARTE ÉLÉMENTAIRE, À PARTIR DE LAQUELLE IL CONVIENT ENSUITE D'ÉTABLIR
LA HIÉRARCHIE ADMINISTRATIVE.

Le département

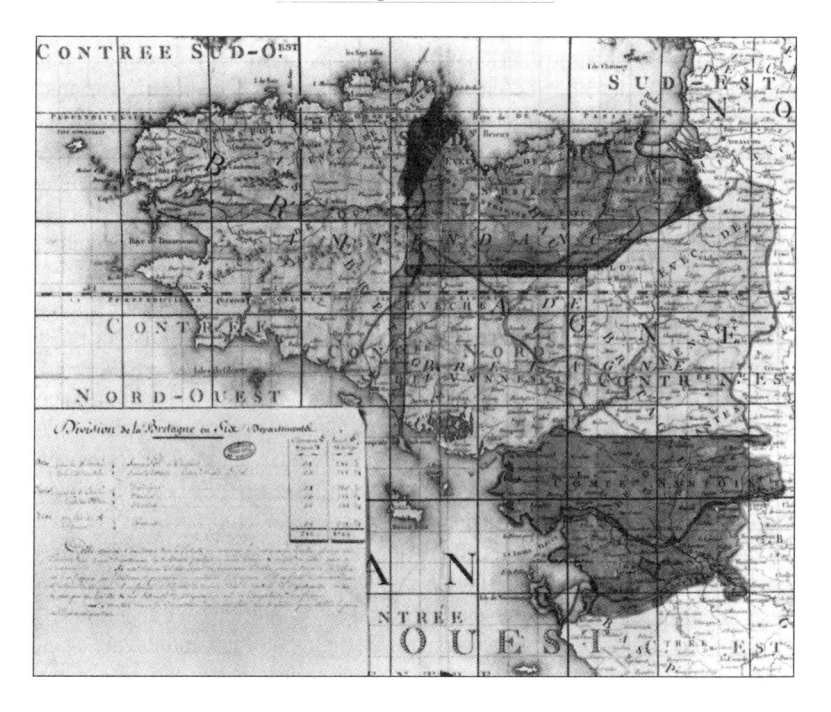

...ET LES REGROUPEMENTS DÉPARTEMENTAUX.
LA DIVISION DE LA BRETAGNE EN SIX DÉPARTEMENTS EST RAPPORTÉE À L'ANCIENNE ORGANISATION
ECCLÉSIASTIQUE ET SOMME TOUTE AUX VILLES CAPABLES DE JOUER LE RÔLE DE CHEF-LIEU,
SAINT-POL ET SAINT-BRIEUC, QUIMPER, VANNES ET NANTES, ET ENFIN RENNES.
MAIS LA LÉGITIMATION EST RECHERCHÉE PAR D'AUTRES ASPECTS : « CETTE DIVISION CONCILIERAIT TOUS
LES INTÉRÊTS EN CONSERVANT LES CONVENANCES LOCALES, PUISQU'ELLE RÉUNIRAIT DANS CHAQUE
DÉPARTEMENT LES HABITANTS PARLANT LE MÊME IDIOME, OCCUPÉS DU MÊME GENRE DE COMMERCE.
SI CETTE DIVISION S'ÉCARTE UN PEU DES PROPORTIONS ÉTABLIES POUR LE TERRITOIRE,
LE DÉFICIT EN LIEUES EST COMPENSÉ PAR L'EXCÉDENT DE PROPORTION DE POPULATION »,
DIT LA LÉGENDE.

mation sa place dans une série chronologique : une sorte de pérennité. Allez donc jouer avec les chiffres, dans des circonscriptions à géométrie variable ! L'échelon départemental devient ainsi conservateur d'une suite de données ; le département, l'imaginaire aidant, en retire une partie de sa propre image. La composition des chiffres, aux changements souvent lents, les corrélations que l'on établit entre eux (de la simple juxtaposition de cartes aux analyses plus sophistiquées) décrivent peu à peu les traits d'une personnalité, quitte à gommer les différences internes et à basculer dans les risques de la moyenne. Le département s'impose ainsi comme un collectif de la pensée – chez le chercheur, l'homme politique ou le voyageur de commerce. Il y puise des couleurs, la représentation d'un tempérament.

La logique des relais administratifs ou techniques fait ainsi que le département sert de forme à des disciplines qui lui sont totalement étrangères. Les ingénieurs des mines, dès les années 1800, jettent les bases d'une description géologique de la France dans les frontières administratives[22]. Les naturalistes découvrent et expliquent une «flore départementale» et en laissent le témoignage : herbiers ou musées. Ce que le flou provincial voilait ou noyait dans le particularisme global, la délimitation nette et apparemment neutre du découpage départemental le met en valeur : contrastes à l'intérieur des départements et entre eux, qui tiennent au paysage (forêt, plaine, bocage, montagne, avant-pays), à l'habitat, aux traits culturels. La France se décompose et se recompose, à partir de cet échelon-carrefour. Quelque esprit malveillant pourrait suggérer que la notion de pays n'a pris corps qu'après l'inventaire départemental, grâce à cette capacité de regard et d'analyse acquise à la lecture des nouvelles divisions. Culture scientifique, culture populaire, aussi. Les voyages «pittoresques» du capitaine Hugo dans la statistique départementale, les atlas nationaux, les guides et monographies d'Adolphe Joanne, lancés à la fin des années 1860, s'inscrivent dans cette logique. La France s'apprend communément selon une litanie : départements, préfectures et sous-préfectures, fleuves et rivières qui les traversent – un cadre dans lequel se reclassent ensuite des connaissances variées, parfois peu cohérentes. L'enseignement de la géographie, précocement soucieux d'environnement immédiat, découvre dans le département l'horizon intermédiaire entre la connaissance proche, directe, et celle des espaces lointains, de la nation ou du monde. Tradition longue, antérieure à l'école de Jules Ferry : je renvoie aux instructions de 1857[23] à l'usage des instituteurs et au programme ambitieux bâti par Levasseur en 1872, au lendemain de la défaite[24], dans la ligne de la «réforme intellectuelle». C'est par héritage que l'école républicaine répand dans l'instruction obligatoire la litanie départementale, un morceau aussi classique que la table de multiplication.

L'image savante du département se compose à l'époque de la monarchie censitaire – peut-être le véritable âge d'or de ce type de savoir. Car tout ne finit

Le département

pas pour la statistique départementale avec l'hostilité des bureaux impériaux et Montalivet. La relance prudente tentée sous la Restauration trouve un relais plus efficace : l'intérêt des institutions et des notables locaux qui avait fait défaut trop souvent à l'entreprise consulaire et impériale. Deux monographies modèles inaugurent cette seconde phase : celle du baron Trouvé pour l'Aude ; celle du préfet Villeneuve-Bargemon pour les Bouches-du-Rhône. Ces ouvrages, tout aussi encyclopédiques que ceux de la génération antérieure, mais plus approfondis, mieux informés des questions contemporaines, sont achevés et publiés, malgré le retrait des subventions gouvernementales, par souscription. La statistique renoue avec un milieu social. Elle s'enracine dans la classe censitaire, entre les détenteurs de propriétés et les détenteurs de capacités. De 1815 à 1830, seulement une douzaine de monographies arrivent à terme ; entre 1830 et 1848, c'est une trentaine de départements qui bénéficient d'études de ce genre, dont dix-huit pour la première fois[25]. Les caractères de cette production ? Un savoir encyclopédique, associant les rappels historiques (les plus fragiles souvent), les sciences naturelles (on énumère et on classe plantes, roches et animaux, avec descriptions abondantes), l'agronomie (pratiques traditionnelles et améliorations en cours ou possibles), premiers essais de statistique sur la démographie locale, l'état social et moral de la circonscription, œuvres de Villermé locaux. Cet état de questions s'accompagne généralement de la revue des projets d'aménagement. Le temps est encore à l'hydraulique, aux travaux publics, bientôt aux chemins de fer. Toutes ces connaissances supposent la collaboration directe ou indirecte d'inspirateurs, d'informateurs, parfois d'enquêteurs : équipe qui peut s'étendre du préfet aux conseillers généraux, des ingénieurs en postes territoriaux aux professeurs de lycée ou aux érudits des sociétés savantes. La statistique devient créatrice d'un lien social, parfois porteuse d'un projet, dans les meilleurs cas.

Ce phénomène est confirmé par un mouvement parallèle, la diffusion des sociétés scientifiques. Certaines sont créées pour entreprendre ou prolonger la publication des statistiques par des travaux complémentaires. Ainsi la Société de statistique de Marseille, fondée en 1827, ou la Commission spéciale créée par le conseil général du Rhône en 1831. En fait, le mouvement est plus ample, plus contenu. Les sociétés savantes[26] bénéficient en premier lieu de la renaissance des académies provinciales d'Ancien Régime, à partir du Consulat. Sous la monarchie de Juillet, deuxième poussée : l'encadrement érudit du pays est multiplié, notamment sous l'action des préfets ; il démarque l'armature départementale : présent dans les chefs-lieux de préfecture, installé aussi dans les chefs-lieux d'arrondissement les plus importants ou de tradition intellectuelle. En 1870-1879, c'est la dernière phase de création de ce type de société. Rien d'exceptionnel dans cette conjoncture : les années 1830, la fin des années 1860 et les années 1870 correspondent à des périodes d'activité, de prise de conscience, de revendication de la part des notables de province. Ce rythme se retrouve dans la vie politique, la critique de la centralisation, l'initiative économique ou même les litiges contre les compagnies à monopole. On compte ainsi six cent cinq sociétés qui s'occupent partiellement ou principalement de sciences naturelles. Cinquante-trois naissent de 1830 à 1839, soixante-douze dans la décennie des années 1870. Les sociétés, de la même manière que les rédacteurs de statistiques, cherchent à associer savoir et action : les sciences naturelles y côtoient l'histoire, l'archéologie ou les beaux-arts, mais aussi, dans une belle tradition physiocratique, l'agriculture. Quadrillage de type départemental : les six cent cinq sociétés recensées se localisent dans deux cent quarante-trois villes. Vers 1880, le tiers de ces sociétés porte le nom du chef-lieu, plus du quart celui du département, alors que moins d'un sixième évoque les noms de province. Pour un département, la dispersion dans des localités différentes n'augmente qu'en peu de cas, là où la polarité du chef-lieu est mal assurée, contestée, où l'armature urbaine se divise au lieu de se hiérarchiser : l'Aisne, la Manche, la Saône-et-Loire ou le Pas-de-Calais, notamment. Ce mouvement fléchit dans le dernier quart du XIXe siècle et surtout s'organise désormais sur de nouvelles bases : les sociétés se spécialisent au lieu d'affirmer leur polyvalence. L'anthropologie ou les sciences naturelles prennent leur autonomie ; l'agriculture, en mineur, se met à part. En même temps, l'aire de compétence change ; on voit apparaître des sociétés au-delà du département : le mouvement se régionalise. Il existe donc bien un épisode « départemental » de cette mobilisation érudite qui accompagne le moment de la consolidation des « nouvelles divisions » issues de la Révolution. La structure administrative s'insère dans la société et ses représentations dominantes.

Le champ des participants reste encore trop étroit pour aboutir ainsi à l'affirmation d'identités départementales. L'érudition parcellise le public et les intérêts. Le projet au contraire unifie et contribue à créer une mémoire à neuf. Le département apparaît – dans les années 1830 notamment – comme une circonscription d'action économique, si l'on risque cet anachronisme. Il n'est plus seulement une division où s'exerce la tutelle de l'État. Peut-être, ce premier XIXe siècle est en fin de compte trop proche de nous pour que nous reconnaissions l'importance des décisions mineures, locales, qui, du département dessiné ou projeté au moment de la Révolution, font une unité relativement cohérente. Imaginez seulement – en tenant compte des différences régionales – un pays de circulation difficile : les relations relativement proches s'y font peut-être moins aisément que les relations à distance, qui bénéficient du réseau de routes royales (ou nationales). Le département souffre moins d'être découpé, parfois avec quelque caprice, dans les anciennes provinces que de manquer de cohésion interne, d'unité entre ses parties. Le temps des équipements est second par rapport à la mise en place

Le département

de l'administration et de la vie politique. Il vient après coup dans le siècle, par réalisations échelonnées, notamment à partir de la monarchie de Juillet[27]. La Révolution est née en grande partie de la crise de la fiscalité. La nouvelle organisation du territoire visait à y répondre. La prise de conscience départementale me paraît commencer, au ras des intérêts, par le fiscal. Deux des impôts principaux – le foncier et le mobilier – obéissent au système de répartition. La loi attribue à chaque département un contingent annuel, selon une clé qui n'est pas commode à modifier. Les premiers contingents ont été fixés sous la Révolution, à partir d'estimations plus ou moins critiquables, tirées des rentrées fiscales d'Ancien Régime et d'une illusion, celle de la stabilité des revenus territoriaux. Au XIXe siècle, l'administration cherche vainement le moyen d'opérer des péréquations et de suivre les variations géographiques de la richesse. Quant aux assemblées locales, elles doivent répartir des sommes qui ne dépendent pas d'elles à chaque niveau, entre arrondissements et communes. Le département est la plaque tournante du dispositif, l'endroit où l'État passe ses problèmes aux représentants élus des collectivités. Les identités se définissent ainsi à travers les litiges, les revendications des uns, les trop imposés, le système de défense des autres. Vers 1830, les commentaires vont plus loin : à l'inégalité des charges s'ajoute l'inégalité des dépenses publiques et des subventions. Le capitaine Hugo, dans sa *France pittoresque*, y découvre une distribution qui n'a plus rien d'accidentel mais partage le pays en vastes plages. Les départements déficitaires (ils paient plus d'impôts qu'ils ne reçoivent d'attributions budgétaires) se situent à l'ouest d'une ligne Saint-Malo-Rhône, nouvelle variante sur le thème lancé par le baron Dupin. Autour de Paris, les dépenses faites dans la capitale compensent, par leurs effets indirects, des déficits moins élevés. Sur les frontières, les dépenses militaires ou maritimes inversent les choses ; enfin, quelques départements sont largement bénéficiaires, départements commerciaux et urbains, actifs par excellence, comme si l'avantage fiscal allait à la richesse. Paris, bien sûr et la Seine ; mais aussi la Gironde. La Loire-Inférieure, le Rhône, le Nord, le Bas-Rhin, les Bouches-du-Rhône – la Bretagne plus curieusement. Ne discutons pas les évaluations, peut-être capricieuses. C'est le raisonnement qui compte : « À notre avis, il résulte de ce qui précède, qu'il ne faut pas chercher ailleurs que dans le mode actuel de répartition des impôts et des défenses de l'État, la cause de l'ignorance ou du manque d'industrie des départements[28]. » Le département entre d'emblée dans la polémique sur les inégalités territoriales.

La polémique paraît souvent naïve, mais elle souligne comment la conscience des inégalités se greffe sur l'institution départementale ; le département n'est plus seulement un individu statistique dans une série mais territoire de référence et d'appartenance. Contrairement aux arguments des constituants, les charges ne sont pas tout à fait les mêmes de part et d'autre des frontières intérieures. En contrepartie se développe l'idée d'augmenter l'initiative des assemblées locales, conseillées et contrôlées par les administrations de l'État, en matière de dépenses et d'investissements publics. Un mécanisme qui semblait engourdi depuis la disparition des États, existant dans quelques provinces d'Ancien Régime. Avec la monarchie de Juillet, les responsabilités de l'assemblée départementale s'accroissent dans le domaine des équipements, ce qui va de pair avec le souci de restreindre ses ambitions politiques. Les conseillers généraux sont désormais élus, selon les règles du suffrage censitaire, chaque canton étant représenté par un élu. Le pays légal est donc engagé, à travers toute son extension géographique, dans les décisions du conseil. Celui-ci devient un véritable lieu d'arbitrage, vote le budget et les ressources complémentaires, centimes additionnels, éventuellement emprunts. Bref, sous la tutelle de l'État, il peut définir une politique d'équipement. La loi de 1836 sur les chemins vicinaux en fournit l'occasion : chemins communaux mais aussi chemins de grande communication, véritables routes départementales, mais construites et gérées par l'autorité départementale et non par l'administration des Ponts et Chaussées, désenclavent la vie de relations. D'après Michel Chevalier, dès 1836, année de vote de la loi, quatre-vingt-deux conseils généraux arrêtent le classement des voies et l'ordre des travaux ; il conclut, d'autre part, non sans enthousiasme : « Une route royale est un don gratuit de l'État ; une route départementale est un présent qu'un département se fait à lui-même ; à ses propres dépens. Il est certain qu'on peut résumer les idées d'amélioration dont est animé un département ou tout au moins un conseil général, y compris le préfet, par le nombre et le bon ordre des routes départementales[29]. » L'organisation territoriale créée en 1789-1790 trouve ainsi après coup l'infrastructure qui la justifie et assure son plein fonctionnement. Compte tenu de la diversité des conditions de circulation héritées, c'est à travers cet effort d'investissement que la carte administrative se transforme en réalité géographique. Œuvre de longue haleine, reprise après 1870 avec la construction des chemins de fer départementaux. Pour Étienne Juillard, qui avait étudié l'exemple de la Sarthe, la polarisation de la vie économique et sociale autour du chef-lieu ne s'accomplit vraiment qu'avec la construction de ce réseau[30].

On pourrait conduire des analyses voisines à propos d'autres équipements, l'assèchement des marais, les canaux, l'irrigation. S'enracinant dans les souvenirs du XVIIIe siècle, un véritable programme imaginaire entre dans la représentation des départements. Le rôle des « statistiques » consiste en partie à tenir ce discours. Tout n'aboutit pas pour autant à des réalisations immédiates. Les aménagements hydrauliques peuvent être au goût du jour, encore sous la monarchie de Juillet ou le second Empire ; mais ils deviennent aussi un enjeu entre intérêts urbains et réseaux, entre usagers dont les attentes

Le département

sont contradictoires. L'exemple des Bouches-du-Rhône, avec la Camargue, les irrigations du Comtat et le projet «mythique» du canal de Provence fournirait à lui seul une anthologie. Le canal de la Durance, version partielle du grand canal de Provence, est d'abord confisqué par la ville de Marseille, mais dans un projet aux objectifs multiples : irrigation du terroir, alimentation en eau de la ville, dragage du port, fourniture d'énergie mécanique. Mais le canal de Provence doit attendre plus d'un siècle sa réalisation, grâce à l'entente tardive de deux départements et des grandes villes. La mémoire du département, c'est aussi cette collection de projets, travaux et études, délibérations et épures qui accompagne la maturation des grandes idées, quitte, à trop attendre, à tomber dans l'obsolescence.

L'amélioration de l'agriculture est au cœur de l'institution départementale. En ce sens, l'idée directrice des constituants, une armature urbaine et administrative au service d'une économie terrienne, n'est pas trahie. Le département, le conseil général, la société des notables sont mal adaptés au développement industriel, dont les demandes sont à la fois plus ponctuelles et liées à des réseaux plus larges, plus incertains aussi. Pour l'organisation des grands tracés ferroviaires, le département pèse moins que les intérêts économiques et leurs représentants, les chambres de commerce. Le thème séculaire, au contraire, c'est le progrès agricole, qu'il s'agisse d'investissements, de techniques de culture, de spécialisation, de bonification du sol. Le comice agricole entre ainsi dans ce nouveau folklore de la province française : laissant au conseil général une large part d'initiative, le gouvernement a préféré confier à des associations relativement libres (plutôt qu'à des corps élus) le soin d'informer les agriculteurs et de récompenser le mérite. *Le Grand Larousse du XIXe siècle* accorde une certaine importance à ces comices, dont quelques bases ont été jetées à la fin du XVIIIe siècle et qui, après 1815, se sont diffusés en suivant les mailles de l'organisation départementale – de la préfecture au chef-lieu de canton : «Depuis 1830, l'institution a pris des développements considérables ; on en compte aujourd'hui 584. Il n'est que quatre départements qui en soient dépourvus et le bien que réalisent les comices fait désirer qu'avant peu, non seulement chaque département mais chaque arrondissement possède le sien.» Cinq cent quatre-vingt-quatre lieux : voilà déjà un résultat remarquable, qui rappelle, plus que la somme des chefs-lieux de département et d'arrondissement du XIXe siècle, l'armature urbaine de la fin du XVIIIe siècle. Démocratie paysanne ? Le comice exprime surtout dans une France dont on sait la variété géographique des modes d'exploitation, la continuité de la classe des rentiers du sol, de la bourgeoisie rurale et des grands propriétaires fonciers, d'origine noble ou roturière. Au sommet de la hiérarchie départementale, le conseil général arbitre entre les intérêts de ce monde semi-rural – ce qui est une forme d'intégration des campagnes et aboutit souvent, en dépit de la variété des terroirs, à donner des départements une image agricole plus simplifiée, parfois spécialisée. Alain Guillemin, dans une étude sur la Manche[31], souligne le rôle de l'assemblée départementale «dont l'action innovatrice en matière d'agriculture contribue à désenclaver les petites régions». Il évoque «la structuration plus ou moins achevée d'un espace administratif en espace économique et social relativement homogène». Trajectoire sans doute propre à ce département, qui, par contagions successives, se convertit à la prairie, quitte à imposer à la petite paysannerie un coût social difficile à évaluer. Mais ailleurs, sous d'autres formes, avec d'autres objectifs, l'innovation agricole utilise les mêmes médiateurs, sociétés d'agriculture et d'émulation, comices, premières chambres d'agriculture, à l'invite des préfets et des conseils généraux. L'amélioration agricole constitue, de ce point de vue, le lieu d'exercice d'une société locale relativement restreinte, peu différente, somme toute, dans la plupart des départements français, du «pays légal» de la monarchie censitaire.

Le département, par un effet de miroir, renvoie donc pendant presque un siècle l'image de la société qui l'avait créé. Fidèle, en quelque sorte, aux groupes de notabilité, dont il assure l'autorité sociale et éventuellement la promotion politique. La tutelle gouvernementale est inscrite dans les textes; mais le département est autre chose que la circonscription de compétence d'une bureaucratie. Il fixe un certain type de pouvoir, constitue des élites, une aire d'action, en se servant des relais (la cascade de chefs-lieux jusqu'à la mairie). Le département fabrique ainsi une sorte de référence commune entre des groupes sociaux, qui, en plein XIXe siècle, continuent à se distinguer. Ces groupes entrent en communication, combinent leurs intérêts – en dépit des oppositions idéologiques. Le département avec ses institutions devient ainsi par excellence le lieu de négociation; entre les notables terriens – de l'aristocratie légitimiste à la bourgeoisie foncière – et les détenteurs des capacités, une instance de confrontation et de rencontre. Regardons de nouveau du côté de la Manche: Guillemin rappelle que, dès la monarchie de Juillet, la bourgeoisie moyenne, et notamment les représentants des professions libérales, participe largement au conseil général, aux côtés de l'aristocratie, que l'assemblée constitue moins un «champ clos» qu'un «tribunal des conflits». «Homogénéisation des classes dirigeantes», sans doute, mais qui donne aussi aux pouvoirs locaux une certaine souplesse, une capacité d'ouverture à de nouveaux notables. Cette version de l'histoire de France voile peut-être d'autres conflits, qui se révèlent lors des crises et des grands bouleversements nationaux (1848-1849). Mais le département nous rappelle aussi les lentes maturations ou substitutions qui caractérisent cette histoire. D'autre part, on a conservé le souvenir, parfois cuisant, des conflits entre notables et représentants de l'État, préfets, responsables des grands corps. C'est négliger

Le département

la masse des collaborations plus discrètes, l'amalgame qui le plus souvent s'opère entre fonctionnaires et élites locales. «Le préfet et ses notables[32]», pour reprendre l'analyse de Jean-Pierre Worms, est aussi une réalité du XIXe siècle, peut-être estompée sous le second Empire, donc trop négligée. Évoquons un cas, celui de l'ingénieur de Montricher à Marseille : ingénieur des Ponts et Chaussées, constructeur du canal de la Durance, dessinateur (malheureux) d'un tracé du Marseille-Avignon plus sensible aux intérêts départementaux que celui qui fut retenu, responsable très habile des ateliers nationaux de 1848, ingénieur général des Travaux maritimes (et donc créateur du nouveau port), innovateur agricole (il faut donner l'exemple de l'irrigation) et expert privilégié des grands travaux marseillais, à la fin des années 1850 jusqu'à sa mort prématurée[33]. Notable ou fonctionnaire ? Seul le paysan reste lointain et parfois «inventé» sur cette scène des intérêts locaux, réservée malgré tout à une élite.

L'institution scolaire tient une grande place dans cette formation des élites. Malgré la force des établissements religieux, le lycée d'État, le «grand lycée», en général fixé au chef-lieu du département, commande ces mécanismes d'unification et d'ouverture très contrôlée. Cette géographie scolaire est destinée à durer : en 1936-1937, on ne compte encore en France qu'environ cent vingt lycées publics, dépendant de l'État, lieux privilégiés d'une mémoire collective ; à peine quelques doublons dans les circonscriptions plus peuplées ou de grande tradition culturelle ; quelques entorses, sacrifiant au respect d'un héritage d'Ancien Régime (en Ardèche le lycée est fixé à Tournon, site d'un collège célèbre). C'est bien la grille de 1790 qui commande la transmission du savoir et la sélection par le mérite.

Le lycée s'ajoute donc – et ce n'est pas la force la moins agissante à toutes celles qui jouent dans le sens d'une concentration de cette société des notables, établis ou aspirants. Sauf dans quelques départements en mal de polarité, que l'on a déjà cités, le mécanisme fonctionne indiscutablement au bénéfice du chef-lieu. Dès 1789-1790, les plaidoyers des villes figurant dans la correspondance de la Constituante font état de la résidence des citoyens les plus imposés[34]. La richesse est associée à l'idée de compétence et mesure la capacité des villes à exercer une fonction administrative. Avant d'être commerciale ou institutionnelle, la centralité se veut sociale. Curieusement, l'administration nouvelle, volontiers «fonctionnaliste», renoue avec les critères anciens de la ville comme lieu de la culture. Même dans les petites préfectures assoupies, raillées depuis Paris, cette image l'emporte encore au XIXe siècle : peut-être est-ce ce qui fait rêver le contrôleur des poids et mesures de l'*Intermezzo* de Jean Giraudoux. Par quelques informations plus sûres, on peut juger de la tendance à l'agglomération des plus riches, en priorité, au chef-lieu du département : les listes de notabilité de l'Empire, différentes études sur les notables au milieu du XIXe siècle confirment ces choix résidentiels[35], qui accompagnent généralement une croissance démographique plus favorable. Plus difficile est d'établir un bilan pour la cohorte des chefs-lieux d'arrondissement, si disparate. Dans quelle mesure sont-ils étouffés par le renforcement des villes-préfectures, cumulant souvent les motifs d'expansion, ou tirent-ils parti des institutions, des fonctions, du peuplement bourgeois qu'il leur reste ? Retenons cette idée : l'organisation départementale reste capable de fixer une vie urbaine ; tant bien que mal elle est conservatrice de formes et de dignités anciennes. La sélection de 1789-1790, celle encore plus stricte de 1800 décernent comme un brevet de vie une chance de franchir les à-coups extérieurs nés de l'industrialisation et de résister aux menaces d'exode urbain. Poussières d'une civilisation dépassée ? Notre siècle reprend souvent le tracé d'anciens chemins. Peut-être faut-il trouver dans ces manifestations de durée, consolidées par la tâche administrative et ce qu'elle entraîne, la raison d'une indulgence. Dans les recensements de la population publiés autour de 1900, particulièrement en 1911[36], la Statistique générale de la France donne la liste de toutes les villes qui atteignent au moins cinq mille habitants, quel que soit leur statut administratif. Une liste complémentaire comprend les villes de population plus modeste, quand elles exercent des fonctions de chef-lieu de département ou d'arrondissement. Bonne conscience de la bureaucratie ou jugement implicite sur la nature urbaine de ces localités et le caractère irréversible de leur dignité ? En tout cas, le XIXe siècle français, au-delà de la période de cohésion majeure, qui nous paraît être la monarchie de Juillet, vit sur cette trame de savoirs et pouvoirs et la matrice physique dessinées sous la Révolution

Crise, résistance et changement : le département conservateur et modérateur ?

C'est à la fin du second Empire que les premières critiques sérieuses s'élèvent contre le département. Henri Mettrier les résume en une phrase : « Il a fallu une révolution scientifique sans exemple dans l'histoire, qui a modifié les habitudes anciennes, bouleversé la vie économique, réduit considérablement les distances, il a fallu les abus d'une centralisation devenue plus forte que jamais, avec l'avènement du régime impérial, pour que l'on conçoive des doutes sur la valeur des divisions créées en 1790[37]. » Mais dans le dernier quart du XIXe siècle, les choses vont vite, du moins en écrits. En 1871, les notables, déçus, condamnent ce « meilleur instrument » de la centralisation ; on envisage la réduction du nombre des circonscriptions dont on attend une meilleure résistance à l'influence parisienne et le développement de « centres

Le département

littéraires et scientifiques» en province[38]. Gambetta, au début du grand ministère, projette une réforme de la carte administrative. Goblet, en 1887, propose de corriger le module départemental en tenant compte de la distance nouvelle que l'on peut couvrir en six heures, grâce aux chemins de fer. En 1894, nouvelle poussée de projets de réforme administrative, qui sont accompagnés de l'idée d'une réforme universitaire[39]. En 1898, l'article de Pierre Foncin, fondé sur les travaux des géographes, prend le département en tenaille, entre les «pays» considérés comme plus authentiques et les régions, échelle plus moderne de la vie économique et sociale[40]. En 1907, les sociétés savantes méditent elles-mêmes – et sans trop freiner la critique – sur l'obsolescence de leur espace privilégié. Les projets parlementaires s'accumulent sur le bureau des assemblées, en écho de mouvement régionaliste, parallèlement aussi aux perspectives d'urbanisme. Des noms marquent ces parentés. Beauquier, Siegfried, Cornudet, par exemple[41]. L'agitation culmine à la veille de la guerre mondiale avec le projet de loi Hennessy, qui condamne l'organisation départementale, ou celui de Ribot qui projette d'accorder plus d'autonomie à ces circonscriptions. C'est en pleine guerre que le député Clémentel, ministre du Commerce, dépose un texte, après étude d'experts, sur la formation de régions économiques (1918)[42]. La «mémoire» du département, comme ses possibilités d'ajustement, comme le sens de la résistance apparaissent mieux à l'analyse de cette crise, qui annonce les débats ultérieurs, lors de l'effondrement de la IIIe République, de nouveau dans les années 1950-1960, quand prend forme l'aménagement du territoire. L'idée de réforme administrative et de décentralisation a ouvert ainsi le débat sur le régionalisme.

Il sera, par ailleurs, question des régions. Mais le régionalisme suppose un certain nombre de conditions. D'abord la recherche d'un découpage «objectif», durable, non capricieux. Les anciennes provinces, si elles ont été remises en honneur par l'érudition locale, à travers le cadre départemental le plus souvent, paraissent «périmées» elles aussi, même si l'on utilise leur prestige flou et leur nom. Il implique aussi des fondements culturels : on connaît le réveil linguistique et ethnologique de la diversité française, en cette fin du XIXe siècle. Mais contre le département, division artificielle, peu authentique, le régionalisme tend surtout à bâtir une légitimité scientifique et pratique.

Les travaux des géographes français de 1900 fournissent la caution scientifique ; elle est invoquée ouvertement dans l'exposé des motifs de projets de loi et le nom de Vidal de La Blache, au-delà des intentions du maître vraisemblablement, paraît patronner la réforme, comme aux plus heureux temps d'une géographie active. Pourtant, la production géographique de l'époque – si l'on exclut quelques articles, dont celui de Pierre Foncin dans la très connue *Revue de Paris* –, avance avec prudence les principes de nouveaux découpages, plus qu'elle n'inspire directement les réformateurs. Elle vise surtout à se démarquer de la géographie historique et de la géographie scolaire (celle des énumérations et des litanies) héritées du XIXe siècle. Elle cherche à distinguer des divisions administratives, plus ou moins capricieuses, des divisions du territoire plus authentiques, venant de la nature ou de la vie de relations. D'un côté, les pays: inventés ou redécouverts par les géologues, dans leur description des affleurements. La *Revue de géographie* exprime encore en 1889 cette filiation en rendant compte d'un livre qui fait date, *La Géologie en chemin de fer* de Lapparent: l'ouvrage a le mérite de décrire «ces divisions tracées à la surface du sol par la nature elle-même : c'est à ces dernières qu'il entend restituer le nom si vrai – si cher et si doux – de pays, dont il regrette l'absence de presque tous nos livres de géographie, comme de presque toutes nos cartes[43]». Les géographes rattrapent pourtant leur retard, en faisant de ces unités «naturelles» les cellules de la vie paysanne et de la vie de relations. Élisée Reclus, en bon communard, méfiant à l'égard de l'État, défenseur des communautés élémentaires, lance dès 1881 le thème : «Les groupes de communes – cantons, arrondissements et départements – de grandeur à peu près égale ont leurs contours tracés d'une manière arbitraire. Cette division de la France en départements, de grandeur à peu près égale, n'a rien de naturel. Ainsi les véritables limites des pays naturels, qui sont en maints endroits les mêmes que celles des anciens *pagi minores* des Gallo-Romains n'ont-elles cessé d'être reconnues par les habitants, malgré tous les changements de frontières féodales ou administratives[44].» Le département avait été fabriqué, disait-on, contre la province en 1789 ; un siècle plus tard le pays est réinventé contre le département. Dans les projets de loi contemporains de la première guerre, Vidal de La Blache est appelé à la rescousse, comme défenseur des arrondissements, plus proches des pays, contre l'organisation départementale[45].

D'un autre côté, on oppose au département la région, la région moderne, polarisée autour d'une capitale, associant parfois hinterland portuaire et rayonnement bancaire : une analyse qui n'en reste plus à l'argument du coche et de la diligence. Reclus anticipe, une fois encore : «Grâce aux moyens accélérés de communication, la France s'est rétrécie pour ainsi dire au point de vue des distances, le territoire est donc sept fois moins long et sept fois moins large qu'il ne l'était il y a deux générations. Les populations des villes se sont non seulement rapprochées de fait. Elles vivent aussi d'une vie commune, grâce à l'échange incessant de livres, de lettres, de télégrammes. Elles acquièrent ainsi une sorte d'ubiquité[46].» Entre ce désir d'éternité – ou presque –, le pays, et ce modernisme de la communication, il n'est pas sûr que les géographes et plus encore leurs commentateurs arbitrent en toute clarté ; à chacun des niveaux, ils cherchent à concilier les principes d'homogénéité et de polarité, souvent confondus, l'un avec la géographie naturelle,

Le département

passer enfin l'intérêt collectif en tête, sans pour cela négliger l'intérêt particulier[52]. » Le projet du député Hennessy (1915) visait incontestablement l'ensemble du dispositif administratif : il renforçait l'arrondissement, échelon de proximité, supprimait le département, constituait des régions en nombre restreint – seize à dix-huit ; à la tête de chacune d'elles, il plaçait une assemblée élue. Mais le mode d'élection est révélateur : les citoyens peuvent s'inscrire soit sur une liste générale (normalement destinée à la population sans profession), soit sur des listes professionnelles qui comprennent à la fois des « salariants » (employeurs) et des « salariés » d'une même branche ou d'un même secteur, les élus étant partagés à égalité entre ces deux catégories[55]. Au gré de l'analyse, on peut percevoir dans ces propositions une couleur de modernité – l'invention des socioprofessionnels dont notre temps fait grand usage – ou l'expression d'un corporatisme, avant-coureur d'autres régimes. Ce contre-courant subsiste dans les vingt dernières années de la IIIe République, détourné en partie par la création utile et inoffensive, à l'échelon national, d'un Conseil économique.
La République reste, au contraire, attachée à un scrutin exclusivement territorial. Le suffrage universel n'établit pas d'autres divisions entre citoyens que celles du lieu de vote. Le département fournit la matrice géographique de ce système politique qu'il s'agisse d'élections locales ou d'élections générales (qu'elles se déroulent au scrutin départemental ou au scrutin d'arrondissement). Né d'une conception restrictive du pays légal – le régime censitaire –, il devient ligne de défense du suffrage universel classique, territorial, quitte à en modérer les effets, par le retard habituel du découpage électoral sur la répartition réelle de la population. La France a jusqu'ici boudé tout système proportionnel qui redistribuerait des sièges au niveau national ou même régional. Regardons plus près encore, en 1969, vers le référendum qui condamnait le Sénat et instaurait les régions : les élus départementaux ne sont pas parmi les moindres adversaires du projet.
Conservatisme, sens de la continuité, préparation des évolutions nécessaires ? Le département contient dans sa mémoire tous ces caractères, parfois opposés à ce que l'on dit des saccades et des balancements de la politique française. Le département, dépositaire d'une certaine idée de la République, exprime la recherche d'une pérennité, renforçant le social et le territorial, l'un par l'autre. On plaidera tantôt l'excès de conservatisme, tantôt l'utilité d'un progressisme contrôlé, sans véritable rupture, en deçà des changements de surface. De cette manière, aussi, les départements, quels qu'ils soient, opposent une sorte de résistance à la capitale : celle d'un autre tempérament, qui s'impose, malgré la centralisation. Les deux lectures, entre ordre et mouvement, ne sont pas incompatibles.
Côté conservateur : le département entretient en vie une organisation administrative qu'un esprit cartésien pourrait juger aberrante. Trente-six mille

LES FRANCE   *Partages de l'espace-temps*

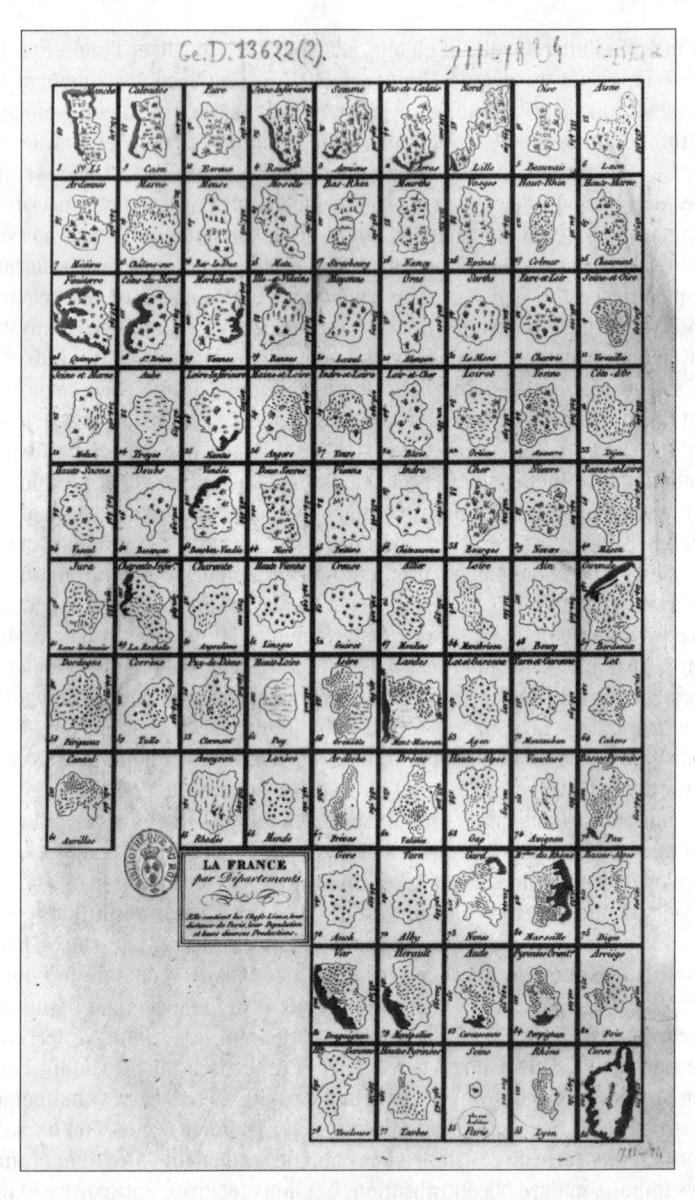

L'ÉPURE DÉPARTEMENTALE : FORME PHYSIQUE ET FORME ADMINISTRATIVE.
*UNE GÉOGRAPHIE FRAGMENTÉE, SANS LOCALISATION DES CHEFS-LIEUX, NI RELIEF,
NI ORIENTATION UNIQUE. UNE ÉTAPE INTERMÉDIAIRE ENTRE LA CARTE ET LA SÉRIE STATISTIQUE
(LA FRANCE PAR DÉPARTEMENTS, 1824).*

Le département

communes, définies selon un modèle unique, alors que les deux tiers d'entre elles ne dépassent pas cinq cents habitants et que les plus peuplées, hors Paris et Marseille, se situent entre deux cent cinquante mille et cinq cent mille habitants. Quelque trois mille cantons, de calibre extrêmement variable, surtout si l'on regarde la population et la richesse. Mais on sait l'attachement des Français à l'échelon le plus humble, peut-être le plus solide de la démocratie, et l'hostilité que suscitent d'ordinaire les projets de remembrement et de concentration[54]. De même pour le canton : le canton, mal-aimé ou ignoré dans les grandes agglomérations, sans fonction administrative, doté simplement d'une représentation élue qui compose les conseils généraux des départements, reste, pour les cellules modestes, l'expression d'intérêts communs, redécouverts avec l'urbanisation généralisée. Par rapport à ce monde élémentaire des circonscriptions, c'est le département qui, par tradition, usage, mémoire, tient toujours son rôle initial : lieu d'information, de médiation, d'arbitrage des conflits, de redistribution des moyens financiers. De nos jours, il prend place aisément dans l'expérience de décentralisation qui modifie moins, ici, le champ des compétences que les procédures. À travers cela, on peut lire le portrait d'une France rituelle : celle qui a longtemps privilégié les valeurs rurales, surreprésenté les campagnes (même si elles sont représentées en réalité par des notables urbains). Un cas significatif, le Sénat, dont l'existence, puis la survivance symbolisent somme toute ce choix collectif. « Grand Conseil des Communes de France », disait Gambetta. Mais l'élection, au suffrage indirect, passe par l'intermédiaire départemental. Elle se négocie au chef-lieu, même si chaque département important essaie d'équilibrer dans sa composition les « urbains » (c'est-à-dire les représentations des agglomérations importantes) et les « ruraux ». Le geste politique se charge alors d'une valeur autre. Le Sénat, dépourvu progressivement de tout rôle réel dans le fonctionnement de la République, résiste à l'établissement de la IVe, puis de la Ve, au référendum de 1969, et cherche encore aujourd'hui un bain de jouvence. Représentant le territoire plus que les hommes, il constitue une instance de réflexion. Sénat conservateur, bien entendu, attentif à la sauvegarde des principes – et particulièrement à celui de propriété. Un coup d'œil sur l'histoire de l'urbanisme suffirait à le confirmer.

Alors, pur conservatisme, simple mémoire (et souvent active) des archaïsmes français ? Jugement discutable. D'abord, notre temps, pour reprendre curieusement un débat soulevé par les constituants de 1789-1790, redonne une certaine valeur au territoire, surface quelque peu abstraite, mais aussi environnement concret. Il se méfie de regarder sans réserve la production des richesses et les densités humaines comme seuls critères. De même que la commune, quel que soit le chiffre de sa population, assure, non sans mal, une sorte d'encadrement minimal garanti du territoire, le département quadrille le sol. Ce n'est pas par simple intérêt corporatif que tous les corps attachés à la surveillance et à l'entretien du domaine naturel marquent, semble-t-il, une prédilection pour cet échelon, ni trop proche ni trop lointain. Regardons de plus près : tout ne va pas dans le sens d'une concentration de services et d'équipements, que l'on confond souvent avec le renforcement des métropoles. Un double mouvement s'est produit, à l'échelle presque séculaire : la sélection d'activités rares qui se localisent en général dans un nombre restreint d'agglomérations. L'établissement d'un réseau serré d'équipements publics et privés plus diffus, qui s'inscrivent le plus souvent dans la matrice départementale, l'administration sans doute, mais aussi la gestion du social, les problèmes de santé, etc. : l'organisation des secteurs scolaires, le renforcement des services hospitaliers, la construction et la gestion du logement social confirment à la fois la permanence du dessin et le renouvellement des contenus[55]. L'appui porté par la D.A.T.A.R. aux villes moyennes dans les années 1970 ne fut que le moyen pour les planificateurs de ne pas s'écarter à l'excès de la réalité des choses.

Le département s'est même substitué à certaines défaillances de l'organisation territoriale, liées à l'urbanisation. Pensons à l'épisode d'entre les deux guerres dans la région parisienne. Le Grand Paris peut être alors ébauché à travers le département de la Seine. Henri Sellier et le conseil général rêvent de « départementaliser » une partie des services parisiens et communaux et d'obtenir, de ce fait, une meilleure répartition des moyens et des charges[56]. L'enveloppe départementale, autour de Paris, est pourtant rapidement dépassée. Mais, paradoxalement, c'est en 1964 que l'on découpe dans l'agglomération de nouvelles divisions départementales : toujours l'argument de proximité, qui n'est compensé qu'en partie par le district, puis la région, et laisse en fin de compte l'agglomération parisienne plus divisée. Paris y renforce son particularisme : redevenue commune de plein exercice, elle accède en même temps au rang de département.

Ailleurs, la vieille formule du département supplée parfois à l'absence de communauté urbaine. Rien ne dit assurément que les limites géographiques tracées voici deux siècles conservent une légitimité ; mais comment en changer la trame ? La ligne de partage la plus aberrante, celle qui coupe l'agglomération lyonnaise entre Rhône et Isère, résiste à tout projet de rationalisation. La communauté urbaine intervient ici comme correctif. Dans d'autres cas, la limite acquise, historique, continue à agir, plus qu'on ne le pense, sur la représentation actuelle des phénomènes. L'aire métropolitaine de Marseille en donne un bon exemple : la logique économique attire assurément Marseille vers le Rhône. C'était déjà la forme donnée au département de Provence-Occidentale en 1790 ; mais elle entretient, de ce fait même, une dissymétrie plus anormale, à l'âge de la métropole, en la faisant buter à l'est sur l'ancienne frontière entre Bouches-du-Rhône et Var.

Le département

Le département s'inscrit enfin dans une autre perspective, qui n'est pas de pur conservatisme. Cette division du territoire, on l'a vu, a été fondée sur les notables et sécrète la notabilité – sorte de fonction génétique, qui n'exclut pas le changement : longues substitutions, amorcées dès la monarchie censitaire, prolongées avec les Républiques, l'Empire même, et la montée des « couches nouvelles ». La forme de la notabilité persiste, en dépit de modifications sociales ou idéologiques sérieuses. Le département recouvre, en particulier, les opérations liées à la scolarité et sélectionne de nouvelles élites ou, du moins, de nouveaux cadres : les Écoles normales primaires, d'abord, départementales par définition, fondées en principe au chef-lieu dès la monarchie de Juillet ; l'attribution des bourses ; la place des écoles primaires supérieures et des collèges, même s'ils proviennent dans la plupart des cas d'initiatives municipales. Mais ce tissu scolaire plus dense double, avec plus ou moins de fidélité, les hiérarchies administratives, plus rarement (l'enseignement technique) la carte industrielle. Les trajectoires de promotion par l'école sont départementales jusqu'au baccalauréat. Fabrication d'élites urbaines, quitte à en prendre les meilleurs éléments pour des destins parisiens ou nationaux, ou d'autres, plus humbles, par la pratique formation-émigration qui fournit les emplois de la fonction publique à travers la France.

D'un autre côté, le département, par ses institutions et notamment la hiérarchie élective qu'il implique, est plus directement encore une machine à fabriquer de nouveaux profils de notables. Un thème à analyser serait la montée du radicalisme, apte à assurer la succession dans telle ou telle région française (le bassin de la Garonne, certains départements de la « couronne » extérieure de Paris) de générations plus classiques de notables. À côté de la reproduction, la part du changement : l'instituteur radical, puis socialiste, le petit entrepreneur, l'ancien syndicaliste devenu maire et conseiller général, même les animateurs des municipalités « rouges » finissent, à travers les cursus des honneurs, par être admis dans un jeu qui les « naturalise » quelque peu. Le département devient ainsi une sorte de machine d'acculturation sociale et politique, plus que les institutions nationales. Le type de relations n'évolue que lentement, plus lentement sans doute que le recrutement : notables entre eux et, avant la décentralisation, rapports du préfet et de ses notables. La décentralisation a-t-elle visé essentiellement cette forme héritée de connivence ou les interférences plus récentes, portées par le changement même du personnel politique, entre le local et les bureaux parisiens ? De toute manière, s'est ainsi constituée une mémoire sociale et politique, en contrepoint des grands événements, mémoire qui est celle du territoire français.

Le département mérite à plusieurs titres d'être appelé une *forme territoriale*. D'abord, parce qu'il en a les caractéristiques physiques ; il est délimité, circonscrit, fixé. La légitimité du tracé *a priori* (qu'elle tienne à la géographie, à l'économie ou à la culture) est moins importante que la légitimité acquise. On apprend ainsi comment une projection administrative et politique devient construction géographique. Forme, d'autre part, parce qu'il enveloppe des réalités, des fonctionnements, des activités qui changent. Le département a la capacité de *mettre en forme* un savoir, une prise de connaissance du territoire français. Sans doute a-t-on tardé à mesurer cette redécouverte ou découverte de la France qui s'opère, à travers les normes de la science moderne (celle du XIXe siècle, surtout), grâce à la grille départementale et aux besoins (plus ou moins directs) de son administration. La renaissance des cultures régionales, paradoxalement, n'a été atteinte qu'après coup, comme *effet* de ce savoir ou de cet intérêt folklorique.

Le module départemental, certes, ne convient guère aux dimensions de l'activité économique, dès la fin du XIXe siècle. Mais lui a-t-elle jamais convenu ? Au départ, l'habit est un peu large pour le rayon banal des relations de la France rurale. La nouvelle circonscription (malgré sa taille réduite par rapport aux provinces et aux intendances) est une invite, le signe d'une ouverture, plus que la conséquence de l'échelle des échanges quotidiens. Ce qui explique, peut-être, l'état de grâce dans lequel vit le département du Consulat au second Empire. C'est une forme incitative. Tout bascule ensuite, sous l'effet des peurs sociales ou politiques, puis de la réalité, jusqu'à la grande offensive des années 1900. Le rapport Clémentel, chef-d'œuvre de subtilité politique, démontre que la région est le nouvel horizon des affaires, mais qu'à l'inverse du département les limites sont floues, changeantes, incertaines au gré des concurrences, des conjonctures, des secteurs d'activité, des manipulations même (les tarifs des chemins de fer ou des ports) : l'économie ne peut constituer à elle seule les bases d'une division territoriale ; elle désigne des pôles, non pas des circonscriptions. Bref, il ne s'agit pas seulement de changer la dimension, mais de concevoir autrement l'espace – ce qui correspond mal aux exigences quotidiennes de la vie administrative.

D'autant plus que l'identité régionale se restitue difficilement, malgré les fondements culturels qui peuvent l'étayer. Argument récurrent : la plupart des tenants de la réforme tiennent à distinguer les régions (d'inspiration plus ou moins économique) de l'héritage des provinces et de la pure tradition. Curieusement, au contraire, le département à l'intérieur des régions parvient à se maintenir, à entretenir des rivalités et des revendications. Il perdure comme un élément fort d'identité, alors qu'il paraît inadapté à l'économie ; administration et équipement du proche sont moins négligeables qu'on ne le pense – mais au-delà c'est la résistance remarquable de la conscience départementale qu'il convient d'apprécier.

Le département

Alors ? Il faut sans doute en appeler à ce qui demeure actif à l'échelon du département : associations, syndicats, vie politique, scolaire entre autres. Plus profondément, à la place prise par les petites villes, les villes moyennes ou même la seconde ligne des grandes villes (celles de cent/deux cent mille habitants) dans la structure départementale. Or, on sait que, parallèlement à la croissance des métropoles (qui ne fut pas toujours la plus brillante), l'urbanisation rapide de la France depuis les années 1950 s'accomplit à ces échelons : identités départementales et identités urbaines combinent leurs effets.

Bien que le département joue parfois le rôle de substitut dans la gestion des grandes agglomérations, quand d'autres organismes fédérateurs n'existent pas, le risque vient de ces métropoles. Parce qu'elles opposent une autre structure géographique, qu'elles bénéficient d'identités fortes, mais, comme les régions économiques, sans limites précises. Une image focalisée, une présence territoriale diffuse. La crise du département signifierait autre chose que l'inadaptation d'un module ou d'une circonscription : une crise des anciennes formes de territorialité ne trouvant plus de relais. Ce serait peut-être plus qu'un changement administratif ou social, la fin du territoire, pris entre des enracinements micro-locaux et l'abstrait de l'échange économique. La fin d'une mémoire, dont le département ne fut pas le seul dépositaire, mais un actif conservateur et créateur. De ce point de vue, dans l'héritage français, départements et villes voient leur sort lié.

---

1. Henri Mettrier, *La Formation du département de la Haute-Marne, étude de géographie politique*, 1911, Introduction, p. 3. C'est l'ouvrage le plus significatif de la deuxième génération de monographies qui entend apporter une réponse scientifique aux critiques portées contre le découpage et l'institution des départements vers 1900. La première, autour de 1870, était contemporaine de la fronde des notables contre l'Empire et des débuts du régionalisme culturel. Le débat semble se ranimer dans les années 1930-1940, quand, de nouveau, les structures de la République paraissent remises en question. Des réflexions parallèles à l'aménagement du territoire et à la recherche d'une hiérarchie urbaine plus rationnelle ravivent la curiosité à la fin des années 1950.
Parmi les travaux qui abordent directement ou indirectement la formation des départements et l'explication de leur longévité, et qui ont été utilisés dans cette contribution à la date de sa rédaction (1990), on citera en premier lieu les ouvrages (à l'origine thèses universitaires), de Marie-Noëlle Bourguet, *Déchiffrer la France, la statistique départementale à l'époque napoléonienne*, Paris, Éditions des archives contemporaines, 1988 ; Marie-Vic Ozouf-Marignier, qui a plus particulièrement inspiré ce travail, *La Formation des départements. La représentation du territoire français à la fin du XVIIIe siècle*, Paris, Éd. de l'E.H.E.S.S., 1989, enfin le travail considérable de Bernard Lepetit, *Les Villes dans la France moderne (1740-1840)*, Paris, Albin Michel, 1988. On n'oubliera pas les deux études plus anciennes de F. Steevelberg, *Contribution à l'étude de l'armature urbaine préindustrielle française : essai sur les rapports spatiaux d'après le découpage en départements, 1789-1790*, mémoire, Paris,

E.H.E.S.S., 1977; Patricia Rodríguez Ochoa, *Les Rapports entre l'évolution de la structure administrative et le réseau urbain de la France, 1789-1856*, mémoire, Paris, E.H.E.S.S., 1976, et les premiers travaux de Thierry Gasnier.

2. «Patriae Amans», «Les départements français : étude de géographie administrative», *Revue de géographie*, t. XXIV, 1889, p. 401 *sq.*

3. Après quelques concessions, dans l'ordre de la pratique, l'homme fort du Comité de division, Thouret, reste fidèle à cet objectif de rupture symbolique : « Et quand cela serait ? ne serait-il pas désirable que l'assemblée pût faire ce mal imaginaire qu'on reproche au plan du Comité [...] pour détruire l'esprit de province qui n'est dans l'État qu'un esprit individuel, ennemi du véritable esprit national ? », discours du 7 novembre 1789.

4. Intervention de Thouret, rapporteur du Comité de division, discours du 11 novembre 1789, cité *in* «Patriae Amans», *op. cit.* et M.-V. Ozouf-Marignier, *op. cit.*

5. Marie-Vic Ozouf-Marignier, «De l'universalisme constituant aux intérêts locaux : le débat sur la formation des départements en France, 1789-1790», *Annales E.S.C.*, novembre-décembre 1986, p. 1193 *sq.*

6. Robert de Hesseln, *Nouvelle Topographie ou description détaillée de la France divisée par des carrés uniformes*, Paris, 1780.

7. Rapport de Thouret qui expose devant le Comité de la constitution le projet «géométrique» de division du royaume, le 3 novembre 1789.

8. Target, intervention du 11 novembre 1789. Marie-Vic Ozouf-Marignier insiste sur le fait que l'accessibilité économique n'est pas l'argument principal, mais qu'il s'agit bien des dimensions (et des distances) qui conviennent « à la forme physique des assemblées de département, de district et de canton » et au nombre *suffisant* et *restreint* qu'il faut introduire de subdivisions dans le département.
Vérifiant cet argument pour le département de la Sarthe, Étienne Juillard constatait qu'au début du XIXe siècle « les 45 à 50 kilomètres qui séparent Le Mans des localités périphériques représentaient, sur bonne route de plaine, quelque cinq heures de voiture et, tenant compte des rampes parfois raides que provoquait un relief aux multiples ondulations, plutôt six à sept heures », «Espace et temps dans l'évolution des Cadres régionaux», *in Études de géographie tropicale offertes à Pierre Gourou*, Paris-La Haye, Mouton, 1972, p. 29 *sq.*

9. Buache, géographe, mort en 1773, a publié un *Atlas physique de la France*, divisant le pays en bassins hydrographiques, séparés par une ligne de partage des eaux. Vision scientifique du territoire, qui l'emporte souvent dans la représentation cartographique jusqu'au début du XIXe siècle. Elle répond en partie à la conception des « canaux de jonction », qui préoccupe les ingénieurs.

10. Jean-Claude Perrot, «Les villes françaises en 1794», *Recherches et travaux*, Institut d'histoire économique et sociale de Paris, bulletin n° 9, octobre 1980, p. 1 *sq.*

11. Bernard Lepetit, *Armature urbaine et organisation de l'espace dans la France préindustrielle (1740-1840)*, thèse, Université Paris-I, 1987, publiée par Albin Michel, Paris, 1988, sous le titre : *Les Villes dans la France moderne (1740-1840), op. cit.*

12. Edward W. Fox, *L'Autre France*, trad. franç., Paris, Flammarion, 1973, thèse sans doute excessive dans ses développements, mais dont le point de départ reste intéressant : la division entre une France maritime, ouverte à des courants extérieurs, plus «libérale», et une France territoriale, plus agraire, dominée par l'«encadrement» administratif, de la Monarchie à la République.

13. Cité par M.-V. Ozouf-Marignier *La Formation des départements...*, pp. 115-116.

14. Charles Jolivet, *La Révolution dans l'Ardèche 1788-1795*, Paris, 1930.

15. Cité par M.-V. Ozouf-Marignier, *La Formation des départements...*, p. 232.

Le département

16. Sous la plume des défenseurs de La Rochelle, on peut lire la définition la plus lucide et la plus pertinente des « convenances ».

17. Parmi les cinquante-huit villes d'Ancien Régime classées en tête, quarante-cinq sont retenues comme chefs-lieux de département. Treize, surtout des ports ou des villes « industrielles », sont mises en échec. Bernard Lepetit, *op. cit.* p. 206.

18. Pour Laval, René Musset a mis en évidence l'importance de la redistribution du travail « manufacturier » *in Le Bas-Maine, étude géographique,* Paris, 1917 p. 20. Pour Le Mans, voir É. Juillard, art. cité.

19. Voir M.-N. Bourguet, *op. cit.*, et Thierry Gasnier, *Une géographie en Révolution. Les catégories de perception de l'espace (1770-1810),* mémoire de D.E.A., Paris, 1987.

20. Jean-Claude Perrot, « L'âge d'or de la statistique régionale, an IV-1804 », *Annales historiques de la Révolution française,* avril-juin 1976, p. 215 sq.

21. *Cf.* Lucien Gallois, *Régions naturelles et noms de pays,* Paris, 1908 ; M.-N. Bourguet, *op. cit.* et Marcel Roncayolo, « Le paysage du savant », *in Les Lieux de mémoire, La Nation,* Quarto 1.

22. L. Gallois, *op. cit.*

23. Instruction adressée aux recteurs par une circulaire de 1857 : « Que l'on complète l'enseignement primaire par des notions très simples de géographie, en prenant pour point de départ le village, le canton, l'arrondissement, le département [...] Il est plus utile de connaître les lieux, les productions et les choses remarquables de notre pays [...] Aussi nous avons regretté, malgré les publications nombreuses destinées aux enfants des écoles, qu'un livre spécial de géographie pour chaque département n'existe pas. » Cité par Gérard Gley, *Géographie physique et historique des Vosges,* Épinal, 1870.

24. É. Levasseur, *L'Étude et l'enseignement de la géographie,* Paris, 1872.

25. La liste est établie dans l'*Encyclopédie des Bouches-du-Rhône,* préface générale de P. Masson, Marseille, 1932, t. I, pp. L à LXIV.

26. Voilà la bibliographie générale des travaux historiques et archéologiques, publiés par les Sociétés savantes, tenus depuis 1864. En particulier, Y. Laissus, « Les sociétés savantes et l'avancement des sciences naturelles », *Actes du 100ᵉ congrès des Sociétés savantes,* Paris, 1975, pp. 41-68.

27. Michel Chevalier, *Des intérêts matériels en France,* Bruxelles, 1838.

28. A. Hugo, *La France pittoresque ou description pittoresque, topographique et statistique des départements et des colonies, tableaux sur la fiscalité,* Paris, s.d., pp. 97-100.

29. M. Chevalier, *op. cit.*

30. É. Juillard, art. cité.

31. Alain Guillemin, « Le Conseil général, l'innovation agricole et la constitution de l'identité départementale dans la Manche au XIXᵉ siècle », *Actes du colloque de Rennes, Association pour l'étude du fait départemental,* Rennes, janvier 1982.

32. Jean-Pierre Worms, « Le préfet et ses notables », *Sociologie du travail,* n° 3, 1966.

33. *Encyclopédie départementale des Bouches-du-Rhône,* t. IX, *Le Commerce,* 1922, t. XI, *Biographies,* 1922 ; archives municipales de Marseille et archives de la Chambre de commerce, divers fonds.

34. M.-V. Ozouf-Marignier, *La Formation des départements, op. cit.*

35. B. Lepetit, *op. cit.*; enquête, dirigée par Louis Bergeron, sur les *Masses de granit, cent mille notables du premier Empire,* Paris, 1979, p. 240 sq.

36. Par exemple, *Recensement général de la population,* t. I, 1911, pp. 60-74, tableau I.

37. H. Mettrier, *op. cit.*, p. 228.

38. Sociétés savantes, 1907, séance du 4 avril : le mémoire de Ch. Beauquier sur les circonscriptions territoriales en France rappelle les projets antérieurs de réforme.

39. *Ibid.* : « Fossard, Bechard, Vinier, Reynaud, hauts fonctionnaires en retraite, demandant que l'on rétablît le trajet de 6 h entre le chef-lieu et les sous-préfectures [...] mais 6 h accomplies en chemin de fer » (1887) ; rapport Ribot à l'Assemblée nationale, 1894. En 1890, le recteur Liard lance son projet de réforme universitaire (touchant en particulier les rapports entre les universités et leur milieu régional).

40. Pierre Foncin, « Les pays de France », *Revue de Paris*, t. II, 1898, p. 737 *sq.*

41. *Sociétés savantes*, 1907, séance du 4 avril, compte rendu cité ; mémoire Beauquier, intervention de Ch. Brun, délégué général de la Fédération régionaliste ; note envoyée par Mazel, plus prudente, dans le style : « Il faut conserver les départements, mais les regrouper. »

42. Les éléments de cette campagne sont fort bien rappelés dans un bulletin d'association : Association industrielle, commerciale et agricole de Lyon et Grenoble, *Chronique de l'association, juillet 1918*. Voir aussi les attendus du projet. « Projet de division de la France en régions économiques », présenté par le Ministre du Commerce, de l'Industrie et des Postes et Télégraphes, projet soumis d'abord à l'avis des Chambres de Commerce (Paris, 1917). Parmi les rédacteurs de ce projet, un historien, Henri Hauser.

43. Revue de géographie, *Travaux géographiques, vieux livres (1789), livres nouveaux (1889)*, pp. 359-360.

44. Élisée Reclus. *Nouvelle Géographie universelle*, t. II, La France, Paris, 1881, p. 722.

45. Henri Mettrier est beaucoup plus critique à l'égard de la notion de pays. Il montre comment la notion de pays est étouffée (à la fin de l'Ancien Régime) « sous l'extraordinaire assemblage de circonscriptions et de ressorts qui, en se superposant au cours des siècles, sans méthode ni plan d'ensemble, avaient fini par aboutir à un monstrueux enchevêtrement ». Les géographes du XVIIe et du XVIIIe siècle ont essayé de mettre de l'ordre mais « la confusion qui est établie fréquemment entre les noms historiques et les noms populaires de pays a entraîné de nombreuses méprises [...] La coïncidence de deux genres de divisions naturelles et publiques n'ayant presque jamais été réalisée », *op. cit.*, Introduction.

46. É. Reclus, *op. cit.*, p. 723.

47. L. Gallois, *Régions naturelles et noms de pays, op. cit.*

48. *Cf. Chronique de l'association...*, art. cité.

49. Frédéric Le Play, *La Réforme sociale en Europe*, Paris, 1864.

50. Id., *ibid.*, p. 437.

51. *Ibid.*, p. 419.

52. I. Izart, « Rapport sommaire sur le régionalisme », *Chronique de l'association...*, art. cité.

53. Analyse du projet Hennessy, dans le document précédent, pp. 28, 29.

54. Henri Mendras, *La Fin des paysans*, nlle éd., Arles, Actes Sud, 1984.

55. Voir *in Association pour l'étude du fait départemental, op. cit.*, les articles sur la redistribution intercommunale des ressources fiscales, de L. Laurent ; « L'effet chef-lieu dans l'évolution des districts scolaires », p. 241 *sq.* ; les articles de M. Bordes sur Auch, de R. Béteille sur Rodez, de M. Genty sur Périgueux.

56. Henri Sellier, *Les Banlieues urbanisées et la réorganisation administrative de la Seine*, Paris, Librairie Marcel Rivière, 1920.

La génération

Pas de notion devenue plus triviale et malgré tout plus opaque. Pas de notion plus antique, plongeant ses références biologiques dans la Bible, Hérodote et Plutarque ; et ne prenant pourtant son sens que dans notre récent univers de l'individualisme démocratique. Tout épidermique, à la surface des jeunes et des jours, à la mode : aucune ne plonge pourtant davantage au cœur sensible de notre perception historique du présent. Qu'est-ce qui, en elle, appartient en propre à la France ? En quel sens est-elle exactement lieu de mémoire ? Et quel type de partage, ici, autorise-t-elle ?

Il n'y aurait peut-être pas autour des générations cette effervescence d'interrogations sociologiques, économiques, démographiques et historiques depuis vingt ans[1], ni cette sur-utilisation du thème favorisé par les sondages, sans mai 1968. À replacer lui-même dans la révolte internationale des jeunes où Margaret Mead décelait pour la première fois, à échelle de la civilisation mondiale, un *Fossé des générations*[2]. À la très longue et méfiante indifférence où végétait, de la part au moins des historiens, cette notion fuyante, allait succéder une prolifération d'études en tout genre, hantée par le fantôme de 68. Emballement d'autant plus curieux que, sur l'explosion de 1968, en revanche, de bons esprits[3] n'ont pu que déplorer la pauvreté de la recherche historique sérieuse, par rapport au flot irrépressible de l'expression de la mémoire, et à l'autocélébration spontanée ou suscitée des acteurs. Comme si le coup de grisou que personne n'avait vu venir et qu'aucune raison ne suffirait à expliquer complètement se traduisait précisément, pour l'essentiel, par l'avènement d'une « génération ».

La fabrication de la sacro-sainte génération de 68 n'a pas démarré avec les « événements ». Elle s'est opérée au rythme des anniversaires décennaux – 1978, 1988 – et dans des contextes historiques profondément différents[4] : le premier, dans le bilan nostalgique et la retombée mélancolique de l'équipée gauchiste, la tristesse des « années orphelines »[5] à la fin desquelles un journaliste sollicitait les souvenirs d'une « génération perdue [6] » ; le second, en pleine fin tendue de la cohabitation, pris en tenaille entre ce que Serge July, personnage central de la saga, n'avait pas hésité à appeler l'« éjaculation précoce » du mouvement étudiant de décembre 1986[7] et la double campagne déjà lancée des élections présidentielles puis législatives, sur fond de Bicentenaire entamé. Il n'empêche que des deux célébrations décennales de mai, couronnées par le premier ouvrage simplement et majestueusement intitulé *Génération*[8], a surtout émergé la capacité d'un petit nombre d'acteurs et chroniqueurs ex-trotskistes, ex-mao, ex-G.P., parvenus aux commandes, à s'instituer, ou à se faire instituer les hérauts d'une génération et à en assumer la représentativité commémorative.

Cette manie de célébration est en soi significative. Elle n'a existé pour aucun événement historique à contenu lourd – guerre de 1914, Front populaire, Résistance, Libération. Elle est profondément révélatrice de la nature même de l'événement : sa vocation-miroir, sa plasticité symbolique, son élasticité historique, la prégnance de son vécu subjectif sur la matérialité objective des faits. La germination mémorielle est à l'œuvre dans le mouvement même. Car qu'était-il d'autre, avec ses barricades en forme de citation et son théâtre référentiel, qu'une gestuelle de mémoire révolutionnaire sans débouché révolutionnaire ?

Génération, mémoire, symbole. Mai 1968 a été à lui-même son propre anniversaire commémoratif. L'édification d'une mémoire et l'auto-affirmation d'une génération y sont allées de pair, comme les deux faces d'un même phénomène. L'effacement du relais historiographique ne contribue qu'à souligner dans la dynamique générationnelle de 1968 et le contenu uniquement symbolique que revêt alors l'expression, le point d'aboutissement d'un vaste cycle historique, commencé précisément avec la Révolution, et qui se clôt à ce moment-là. C'est l'émergence d'une « génération » à l'état pur, intransitif, qui a fait apparaître la souveraineté opératoire et rétrospective de la notion, la constituant ainsi, d'entrée de jeu et en un sens premier, tout temporel, en lieu de mémoire.

I. Le parcours de la notion

L'aboutissement soixante-huitard de la notion ne se comprend bien, en effet, tant dans son contexte international que dans sa spécificité française, que brutalement rapporté à l'origine du phénomène, à savoir la Révolution française – 68-89 : on ne se dissimule pas ce que le rapprochement peut avoir d'indécent et d'incongru[9], entre l'Événement à l'état pur, l'avènement de

La génération

l'événement moderne, et les «événements» dont on s'est demandé tout de suite en quoi même ils en avaient constitué un. Le court-circuit est pourtant éclairant. Il fait surgir une ligne de crête, et dessine l'arc-en-ciel qui fait passer la génération d'une définition à contenu proprement historique à une signification de portée essentiellement symbolique.

1968 a hypertrophié la dimension générationnelle, mais 1789 l'a minimisée. Elle est pourtant partout présente. Restif de La Bretonne le notait déjà sur-le-champ: «C'est l'*Émile* qui nous amène cette génération taquine, entêtée, insolente, impudente, décideuse, qui parle haut, fait taire les vieillards et montre avec une égale audace, tantôt sa folie native, fortifiée par l'éducation, tantôt sa sagesse immature, âcre et verte comme le verjus de la mi-août[10].» Elle apparaît déjà, dans les vingt ans qui ont précédé l'explosion révolutionnaire, avec les mouvements et manifestations de la jeunesse, récemment mis en lumière à Paris comme en province[11]. Elle éclate au serment du Jeu de paume, premier triomphe du principe de solidarité fraternelle sur le verdict des pères[12]; et peut-être serait-elle restée plus évidente si ne l'avait très vite occultée l'idée de faction. Elle s'exprime clairement dans la réflexion et la pensée des révolutionnaires quand elle approfondit le lien entre la disparition du gouvernement héréditaire et la légitimité représentative, comme en témoigne par exemple un curieux opuscule de Thomas Paine sur *Les Premiers Principes de gouvernement*, du 5 messidor an III, dans lequel le publiciste anglo-américain se livre, dans le droit fil de la pensée jeffersonienne[13], à de savants calculs du remplacement des âges et à une définition précise de la notion pour établir les droits de chacune:

> Comme chaque génération est égale en droit à l'autre, il s'ensuit nécessairement qu'aucune ne peut avoir le moindre droit pour établir un gouvernement héréditaire [...] Chaque âge, chaque génération est et doit être (en matière de droits) aussi libre d'agir pour lui-même dans tous les cas que les âges et les générations qui l'ont précédé [...] Si nous avons sur ce point un autre évangile, nous agissons comme des esclaves ou comme des tyrans; comme des esclaves, si nous croyons qu'une première génération a eu aucun droit pour nous lier; comme des tyrans, si nous nous attribuons l'autorité de lier les générations qui doivent nous suivre[14].

Présente encore est la génération, solennellement, dans les textes fondateurs, puisque la Déclaration des droits de l'homme de 1793 – celle de Condorcet – va jusqu'à inscrire dans son article trentième et dernier: «Une génération n'a pas le droit d'asservir à ses lois une génération future[15]. » Elle l'était déjà implicitement, dès la Constitution de 1791, puisqu'elle abolit d'un coup les droits héréditaires et les contraintes corporatives pour poser les bases d'une société d'individus libres et égaux. Elle l'était également dans les mesures concernant la famille et l'autorité paternelle, particulièrement dans celles qui font droit aux revendications des plus jeunes, comme l'abolition du droit d'aînesse, la fixation de la majorité à vingt et un ans, le mariage sans consentement paternel, l'impossibilité de déshériter un de ses enfants. Saint-Just, en représentant type de la génération montante, pouvait les résumer d'un trait : « Vous avez donc décidé qu'une génération ne pouvait pas en enchaîner une autre[16]. » Mais intrinsèquement générationnelle, la Révolution l'est tout entière dans sa rhétorique et dans son ambition, élevée à la hauteur d'un rite de passage historique et initiatique, de la nuit du despotisme au grand jour de la liberté. Génération-Régénération[17] : les deux thèmes sont étroitement associés, dans toutes leurs connotations biologiques, psychologiques, morales, religieuses et messianiques. Mais elle l'est, bien plus profondément encore, dans l'obsession pédagogique et le retournement du temps, dans l'eschatologie de la rupture, dans le passage éclair de l'Ancien au Nouveau. Crépuscule de la légitimité, aube de la génération. Le passé n'est plus la loi : c'est l'essence même du phénomène.

La Révolution marque donc l'avènement absolu de la notion, mais invisible. Sans doute a-t-on souligné la rapidité des carrières qu'ouvrait aux talents, comme celui de Bonaparte, l'aventure révolutionnaire et l'abolition des privilèges. Mais la juvénilité individuelle, comme celle de Saint-Just, a plutôt frappé les imaginations que le rajeunissement général de l'acteur historique. Le soin mis par Chateaubriand, par exemple, à retarder d'un an sa date de naissance – 1769 au lieu de 1768 – a été plus généralement rapporté à sa volonté d'aligner son étoile sur celle de Napoléon qu'au désir d'être des « vingt ans en 89 ». C'est aujourd'hui seulement, à la lumière rétrospective de l'intérêt pour le thème, que des travaux savants[18], issus d'ailleurs d'études anglo-saxonnes, se sont avisé de calculer l'âge moyen des membres des assemblées. Ainsi est apparue la brutale irruption de la jeunesse sur la scène politique : l'âge moyen des constituants était encore de quarante ans, il passe à vingt-six ans dans l'Assemblée législative. Fantastique coup de jeune des acteurs de l'histoire. Cette dimension méconnue de la Révolution mériterait une relecture générale de l'événement sous sa lumière. Elle apparaît davantage encore dans le détail, quand on constate, par exemple, à l'intérieur même des factions révolutionnaires rivales, la jeunesse des Montagnards par rapport aux Girondins. Mais cette dimension a été largement inaperçue parce qu'elle s'est fondue dans la

La génération

Révolution elle-même. La dynamique particulière d'un groupe, la jeunesse, s'est confondue avec l'universel des principes pour en devenir, non pas la forme extrême ou radicale de revendication, mais la réalité de base. C'est le sens profond qu'a pris, pour l'histoire, la célèbre polémique Burke-Paine, dans laquelle il n'est pas exagéré de voir le baptême historique de la génération. Aux Réflexions de Burke sur les mérites de la tradition, pleines d'ironie pour ces « usurpateurs », ces « jouvenceaux politiques », ces « mouches d'un été » qui se « sont donné carte blanche pour commencer leur commerce sans fond » et « refuser le gouvernement des exemples », Thomas Paine oppose, en des formules inaugurales et fondatrices sur « l'autorité usurpée des morts », le droit des générations à disposer d'elles-mêmes : « L'homme n'a aucun droit de propriété sur un autre homme ni les générations actuelles sur les générations futures[19]. »

La Révolution a été ainsi fondatrice de la génération ; moins parce qu'elle en a fait naître une, dont la mise en évidence sera déjà un effet de généalogie rétrospectif, mais parce qu'elle a ouvert, permis, accéléré, inauguré l'univers du changement et le monde égalitaire à partir duquel a pu naître une « conscience de génération ». Le phénomène n'est pas propre à la France – encore que la longue durée de la succession monarchique et la brutalité œdipienne du meurtre du roi lui ait donné, ici, une intensité particulière ; il appartient à la Révolution atlantique et au principe représentatif de la démocratie. Mais alors qu'aux États-Unis le problème a été réglé d'un coup, au point que le phénomène du remplacement générationnel ne s'est jamais posé comme tel dans le cadre politique, la Révolution a ouvert en France un conflit de longue durée et engendré un rythme politique dont l'aspect générationnel est loin d'être absent. Il y a bien une histoire politique française qui peut s'écrire en termes et en thèmes de génération, et qui, de Louis XVIII à de Gaulle, en passant par Thiers et Pétain, peut se lire comme révolte de la jeunesse contre les pères tutélaires. Elle a formé la basse continue et la trame de la vie collective, les cadres politiques de la mémoire française et installé en tout cas, au cœur même de la notion française de génération, la prise du pouvoir. Et cela seul aurait suffi à faire, en France, au rythme d'une histoire politique haletante et syncopée, que l'expression même de génération soit pratiquement synonyme de génération « dominante ».

Le télescopage des deux dates met ainsi en lumière, aux deux bouts de la chaîne chronologique et sur la scène française, comme deux âges de la représentation sociale, un vaste spectre aux figures inversées. Avec 1789, l'Événement a complètement absorbé la symbolique générationnelle, au point de la masquer en l'exprimant tout entière ; avec 1968, la dimension générationnelle est devenue au contraire constitutive de l'événement lui-même, au

point qu'à part l'itinéraire biographique et le vécu des acteurs il est légitime de se demander, au sens de Ranke, « ce qui s'est réellement passé ». En termes hégéliens, et aux yeux d'une histoire qui s'écrit en lettres de sang : rien. Mais il a fallu précisément ce milieu historique vide pour que se déploie, comme un gaz, la vérité de rupture symbolique qui est au cœur de la génération, catégorie de rassemblement représentatif, violente affirmation d'identité horizontale qui prime et transcende soudain toutes les autres formes de solidarités verticales. 68 a mis en lumière cette simple et complexe dynamique de l'appartenance qui fait le fond de la génération. Le « mouvement jeune » s'est déployé partout, mais sans expérience déterminatrice commune qui pouvait lui servir de socle ou d'expérience vécue, sinon dans la frustration même d'une histoire traumatique, Résistance ou guerre d'Algérie. Ce soulèvement révolutionnaire mimétique est intervenu en plein contre-courant, au sommet de la haute croissance et en phase de plein-emploi, au moment de la pleine décomposition des idéologies orthodoxes de la Révolution. La surprise a saisi les acteurs eux-mêmes, comme la rapidité de la mise à feu des noyaux stratégiques de la population. Cette explosion générationnelle pure a paru si déconcertante qu'indépendamment de la « prise de parole » qui l'a accompagnée et des analyses d'ensemble qui l'ont immédiatement suivie, les commentateurs ont cherché tous les moyens de rabattre l'effet de génération sur un autre événement, ou une autre génération[20]. Pour les démographes, par exemple, il se serait agi de l'effet cumulatif et détonateur de trois strates de générations : celle, démobilisée, de la guerre d'Algérie (les jeunes nés entre 1935 et 1941), suivie d'une génération vide et peu idéologisée (celle qui est née pendant la guerre) qu'aurait dynamisée la première vague du baby boom d'après guerre[21]. Pour les psychologues de la culture[22], sensibles à la nostalgie romantique du mouvement et à ses analogies avec la révolution de 1848, c'est l'absence même d'événements historiques qui serait le traumatisme déclencheur, confirmée par le caractère utopique et narcissique de cette contestation adolescente et anarchisante. Pour tel journaliste au coup d'œil de sociologue[23], la génération de 1968 ne serait que l'ombre portée de celle de la guerre d'Algérie, marquée par le retour de De Gaulle au pouvoir, dix ans plus tôt. Pour tel observateur revenu de ses engagements gauchistes[24], elle ne serait au contraire que l'accoucheuse de celle des années soixante-dix, marquée par l'effacement de la référence algérienne et l'affranchissement de la fascination exercée encore sur la précédente par le parti communiste. Le pendule n'a pas cessé de se déplacer.
Cette incertitude à définir simplement et même à identifier la dernière et la plus visible pourtant de nos générations ne fait que répéter la difficulté de tous les analystes qui se sont succédé depuis Auguste Comte[25], de la minute

La génération

où ils ont cherché à passer de la description empirique et sensible d'un groupe d'âge cimenté par la même aventure à une définition théorique. La notion a paru en effet n'avoir d'intérêt opératoire et scientifique que si une réponse claire et précise pouvait être donnée aux quatre questions qu'elle posait, du point de vue temporel, démographique, historique, sociologique. Combien de temps dure une génération, quel est son rythme de remplacement, étant entendu que le renouvellement des pères par les fils est un mouvement perpétuel et continu ? Quelle date repère faut-il choisir pour la fixer : est-ce la date de naissance, ou la date convenue de la vingtième année, supposée mettre fin à l'âge approximatif de la réceptivité maximale de l'adolescent ? Quel est exactement le rôle et la part de l'événement dans la détermination d'une génération, étant entendu qu'événement, au sens large, signifie à la fois les conditions très générales d'expérience et le fait traumatique ? La génération est-elle un phénomène conscient ou inconscient, imposé ou choisi, statistique ou psychologique : autrement dit, qui fait ou ne fait pas partie d'une génération et comment se manifeste-t-elle, sachant que des classes d'âge entières, et même différentes, peuvent se reconnaître dans une génération aux aventures de laquelle elles n'ont pas participé ?

À rappeler aussi uniment ces questions, on aperçoit d'emblée les contradictions insolubles et les apories auxquelles il est impossible de ne pas aboutir. Elles sont si évidentes qu'on ne s'y étendra pas ; leur discussion a rempli des bibliothèques entières. Les analystes les plus novateurs et les plus conscients de l'intérêt de la notion s'y sont tous heurtés ; comme le sociologue Karl Mannheim, qui, dans son essai classique de 1928[26], y voyait « un des facteurs fondamentaux de la réalisation de la dynamique historique », mais le dégageait mal d'un amalgame ambivalent et composite. Ainsi la plupart des utilisateurs sont-ils passés, le plus souvent, d'une définition souple, sensible et presque neutre, à une application d'un mathématisme rigide, ou l'inverse. François Mentré, par exemple, au lendemain de la Première Guerre, y voyait « une façon nouvelle de sentir et de comprendre la vie qui est opposée à la façon antérieure, ou du moins différente[27] ». Et au lendemain de la Seconde Guerre, Henri Peyre, historien de la littérature, la définissait comme « unie à son départ par les mêmes hostilités et parce qu'elle a subi les mêmes influences entre seize et vingt-cinq ans, sinon plus tôt[28] ». Mais tous deux, cependant, n'ont pas hésité à établir d'interminables et laborieuses tables récapitulatives, régulièrement scandées à partir d'une date originaire plus ou moins arbitraire selon les séries considérées : 1490 pour l'un (Clouet, Du Bellay, Marguerite de Navarre, Rabelais, Marot), 1600 pour l'autre (Descartes, Poussin, Mansart, Corneille, Claude Lorrain, Fermat) – un des résultats les plus surprenants en la matière étant celui de l'Espagnol Julian Marías qui, dans sa volonté d'appliquer systématiquement les idées de son maître Ortega y Gasset, aboutissait pour la série des générations des XIXe et XXe siècles à des dates aussi inattendues au premier regard que 1812, 1827, 1842, 1857, 1872, 1887, 1902, 1917, 1932 et 1947[29]. Yves Renouard, au contraire, le premier des historiens à saluer en 1953 « ce phare éclatant » qui « seul peut permettre de composer le tableau dynamique d'une société », plaidait pour une définition plus précise : « Un faisceau de classes d'âge, un ensemble d'hommes et de femmes dont les idées, les sentiments et les manières de vivre sont les mêmes, et qui se présentent dans les mêmes conditions physiques, intellectuelles et morales aux faits et événements majeurs qui affectent la société dont ils sont un élément. » En revanche, il conseillait prudence et circonspection dans une application trop stricte[30].

C'est que tous les auteurs qui se sont courageusement lancés dans l'aventure, et qui s'y risquent encore à partir d'un repérage approximatif, se font inévitablement prisonniers de ce que l'on pourrait appeler la « dialectique du dur et du mou ». L'instrument générationnel ne leur paraît scientifique que précis, mais à l'application précise on recule devant les incohérences de la vie. On reste dans l'ordre de l'évocateur dans l'effort même consenti pour en sortir, et l'on y revient. Ces courageuses tentatives font penser à cet amateur célèbre qui aurait trouvé au caoutchouc toutes les vertus, si son élasticité ne l'avait rendu impropre à tant d'usages. La génération serait un instrument de classement d'une précision irremplaçable si la précision à laquelle il condamne ne le rendait inapplicable à l'inclassable désordre du réel. S'agit-il en effet du rythme de renouvellement ? On passe allégrement, et aussi légitimement, de l'amble fatidique des trente ans auxquels reste fidèle Albert Thibaudet – dont l'*Histoire de la littérature française depuis 1789* est tout entière construite sur l'idée de génération[31] – aux quinze ans d'Ortega y Gasset et d'Yves Renouard, aux dix ans d'Henri Peyre et de François Mentré et voilà les uns qui décèlent depuis 1789 douze générations littéraires là où les autres n'en identifient que cinq. S'agit-il de la date de naissance ? Aucun ne recule devant les jongleries et tours de passe-passe et voilà par exemple Thibaudet, bien mécontent de lui-même, qui s'oblige à inclure dans la même vague d'assaut de 1789 des hommes nés vers 1766-1769 (Chateaubriand, Napoléon, Senancour, Benjamin Constant, Maine de Biran), mais aussi des écrivains comme Rivarol ou Joubert, qui avaient quinze ans de plus que Napoléon ou Chateaubriand ; et n'hésite pas à faire voisiner dans la génération de la guerre de 1914 Proust et Montherlant, que près de trente ans séparaient. Veut-on s'amarrer au roc solide de l'événement ? Il faut alors immédiatement distinguer entre l'événement subi et l'événement choisi, l'événement formateur et l'événement déterminateur.

La génération

En outre, tous les événements sont multigénérationnels et plus ils sont massifs – comme la guerre de 1914 –, moins sont identifiables les groupes qu'ils marquent. Il y aurait ainsi, pour suivre Yves Renouard, quatre types de réactions générationnelles devant l'événement : celle des vieillards indifférents et des enfants inconscients et, entre les deux, les détenteurs du pouvoir sur l'événement et ceux qui le leur disputent. Veut-on se rabattre enfin sur la matérialité statistique ? On est aussitôt pris en tenaille entre le point de vue simple et clair des démographes, qui définissent une génération par la population née pendant la même année civile, la classe d'âge ou la cohorte, instrument indiscutable des économistes et des statisticiens ; ou l'indécidable question de la représentativité générationnelle d'autre part, c'est-à-dire le critère qui permet d'appeler génération d'*Hernani* ou de la Résistance des gens qui n'ont rien su de la fameuse représentation ou jamais participé à la guerre. A-t-on le droit en effet d'identifier historiquement une génération à ses porte-parole, par un glissement naturel qui a rendu particulièrement riche et féconde son application aux milieux d'expression, artistiques, intellectuels et littéraires ?

Devant l'impasse de toutes ces solutions, qui chacune comporte, il faut le reconnaître, sa part de rapprochements concluants, mais ne s'emploie à forger un instrument d'analyse fine et de découpage vif que pour en émousser aussitôt la pointe et le tranchant, on comprend que les historiens les plus responsables, tout en sentant l'irremplaçable lumière que permettait de jeter la génération sur l'intelligence des temps, aient globalement récusé le concept comme schématique, inefficace, grossier, et en définitive moins enrichissant que réducteur. Les fondateurs des *Annales*, en particulier, qui ne manquaient pas de le retrouver dans leur volonté de prendre en compte le social concret, sont demeurés sévères à son égard, n'y voyant qu'un *artefact*, une illusion des acteurs sur eux-mêmes. Marc Bloch ne lui accordait, du bout de la plume, que la vertu d'« un premier jalonnement[32] ». Lucien Febvre, pour sa part, n'avait pas hésité à formuler le verdict : « Mieux vaut la laisser tomber[33] ! » Et en dépit de tentatives récentes et souvent heureuses pour donner une vie historique au phénomène et dégager avec finesse des constellations générationnelles dans le domaine politique[34] ou intellectuel[35], le jugement de fond n'a pas varié[36].

C'est qu'à vouloir donner de la génération une définition précise, ou ce qu'implique de précis toute espèce de définition, on butte immanquablement sur le piège que recèle la notion elle-même, un double piège. D'une part la génération, par nature, est un phénomène purement individuel qui n'a cependant de sens que collectif, d'autre part la notion, par origine continuiste, n'a cependant qu'un sens de discontinuité et de rupture[37]. Elle naît du biologisme élémentaire pour s'épanouir dans une scansion symbolique du temps sans rapport aucun avec un âge réel. Chacun de nous sait qu'il appartient à plusieurs générations, se sent plus ou moins lié à chacune d'elles, ne fait pas forcément partie de la génération à laquelle la naissance devrait l'assigner; et que l'intérêt puissant de cette catégorie très spéciale de la périodisation, la seule à ne pas relever de l'arithmétique, ne réside pas dans la détermination matérielle et temporelle à laquelle elle condamne, mais dans la dynamique d'appartenance qu'elle autorise. Il y a certainement là, à l'égard de la génération, deux attitudes de principe, pour ne pas dire deux philosophies radicalement contraires. L'une y voit par essence un principe d'enfermement, d'assignation sociale et de limitation existentielle, un redoublement de cette finitude qui fait dire à Heidegger, dans le sillage de la philosophie romantique allemande, que «le fait de vivre dans et avec sa génération achève le drame de l'existence humaine[38]». L'autre ne comprend l'incroyable potentiel identificatoire dont s'est chargée la notion, sur la base et dans le cadre de l'égalitarisme démocratique, qu'à travers l'espace de liberté qu'elle postule et la démultiplication de soi qu'elle permet. La solidarité générationnelle pure, en quoi consiste entière l'essence de la chose, est liberté, dans la mesure où l'horizontalité qu'elle postule est comme l'image idéale et idéalisée de la démocratie égalitaire. La génération incarne et résume le principe d'égalité dont elle est née. C'est à coup sûr ce qui lui donne sa radicalité simplificatrice. Elle abolit d'un coup toutes les autres différences. Mieux encore : la génération résout la quadrature du cercle de toute démocratie, elle renverse le subi en voulu, le simple donné de la naissance en revendication d'existence. C'est peut-être aujourd'hui le seul moyen d'être libre, en appartenant à quelque chose.

La génération est fille de la démocratie et de l'accélération de l'histoire. L'identification par l'événement correspondait à une époque de changements lents et de scansions nettes, qui s'imposaient d'elles-mêmes à la reconnaissance des acteurs. L'absence d'un repère massif de mémoire vraiment collective, en même temps que la rapidité des changements ont abouti à la situation inverse : l'identification du flux temporel par la notion même de génération. Non que les grands événements aient disparu, au contraire; mais ils ont changé, eux aussi, de régime : banalisés par leur multiplicité même, irréalisés par la manière dont ils sont reçus et vécus, déconcentrés dans la population sur laquelle ils font sentir leurs effets. Le milieu historique de leur apparition a explosé au monde entier. La France a longtemps vécu d'une histoire autocentrée, elle tend à vivre d'une histoire hétéro-centrée. Les bouleversements de la société ont, depuis vingt-cinq ans, travaillé dans le même sens, par la généralisation des classes moyennes comme par l'uniformisation des genres de vie et des habitudes de consommation[39] : l'ac-

La génération

cent de la nouveauté s'est déplacé, du coup, sur de micro-événements d'innovation technique ou sociale. L'évolution démographique, enfin, a accentué la transformation du phénomène, avec, d'un côté, un vieillissement de la population dû à l'allongement de la durée de la vie et au ralentissement des naissances, et, de l'autre, une augmentation relative du nombre des jeunes, due au retard de l'entrée dans la vie et à l'apparition de la «post-adolescence [40]». L'accroissement simultané, dans la société française, du poids des vieux et du poids des jeunes a sensiblement alourdi une situation d'affrontement où tout ce qui n'est pas «jeune» est immédiatement perçu comme «vieux». L'histoire, la société, la démographie ont ainsi puissamment conspiré pour démocratiser un phénomène d'essence démocratique. Il s'est passé, somme toute, avec la génération, une subversion interne analogue à celle qu'on a pu décrire pour l'événement moderne et médiatisé [41]. La génération comme génération dominante et phénomène historique total s'est atomisée, et c'est la quotidienneté sociale tout entière qui s'ausculte à travers la génération. On comptait autrefois trois générations par siècle. On en compterait aujourd'hui presque une par jour. Le seul mois de mai 1989, où j'écris ces lignes, a pu voir paraître le dossier d'un hebdomadaire, *Le Nouvel Observateur*, consacré aux «Trente ans, portrait d'une génération»; un grand quotidien, *Libération*, titrer son supplément littéraire «Génération Vernant», lequel est à la retraite; une revue, *L'Infini*, baptiser un ensemble de jeunes auteurs «Génération 89»; un numéro spécial de la revue *Vingtième Siècle* porter tout entier sur «Les générations»; et l'ouvrage de deux énarques de l'association «Génération 1992» sortir sur la *Génération Europe*! L'imagination journalistique et publicitaire fait flotter la génération, comme le franc dans le serpent monétaire, du registre technique – la génération Moulinex, ou Pampers – au registre psychologique: la bof, la flip, les «célibattantes». Le dernier coup de bluff ou de génie ayant été l'affiche de la «Génération Mitterrand», dont on ne sait si elle est née, chez un illustre publicitaire, d'un réflexe conjuratoire ou de la dévotion ironique. Dans cette inflation ravageuse, obsessionnelle, dans cette utilisation «détournée», comme disaient les situationnistes, on a pu voir, à bon droit, l'usure précoce d'une notion bien adaptée à l'intelligence d'un long et lourd XIXe siècle, mais rendue caduque par la légèreté provisoire des temps [42]. Cette usure n'est pas évidente. L'atomisation de la notion et même sa banalisation ne limitent nullement, au contraire, sa sacralisation, sa radicalisation, sa vocation transgressive.

La véritable question que pose cette métamorphose contemporaine de la notion, son usage et sa diffusion, est en définitive la suivante: pourquoi et comment, au fur et à mesure que s'accélère le changement, l'identification horizontale de l'individu par la simple égalité des âges a-t-elle pu prendre le pas sur toutes les autres formes de l'identification verticale ? La génération s'éprouvait autrefois dans le cadre restreint de la famille, de la classe, sociale et scolaire, de la carrière, de la nation : elle les a tous fait éclater pour s'affirmer davantage. Pour que la notion s'envole et prenne en même temps tout son poids, pour qu'elle s'impose dans toute sa force et libère son potentiel d'efficacité classificatoire et déclassificatoire, il a fallu, précisément, que les autres paramètres deviennent indistincts et que s'épuisent les autres formes de l'identification sociale traditionnelle. Non que ces modes de filiation et d'affiliation aient pour autant disparu ; mais ils ont perdu quelque chose de leur énergie structurante. La génération a grandi dans ce vide. Elle est venue, comme l'indiquent les travaux des sociologues les plus sensibles au contemporain, tel Paul Yonnet[43], simplifier et complexifier à la fois le tissu des appartenances sociales, pour prendre en écharpe les autres formes de solidarités et leur surimposer une grille, souple et rigide, qui suppose d'autres formes de transgression et d'autres formes de limitation. C'est sa plasticité même qui fait son efficacité, le vide qu'elle remplit qui est, à la limite, son plein. Et voilà qu'une notion molle, imprécise, surajoutée, est devenue un instrument aux effets durs, essentiels et précis. Curieux retournement : la génération affirme son hégémonie classificatrice à mesure que s'affaiblit sa fonction historique de départ.

Pareil retournement n'est lui-même intelligible que par l'inversion pyramidale du prestige des âges. C'est là que s'impose l'épineux problème de l'autonomisation progressive du continent jeunesse, qui s'est brutalement et spectaculairement accélérée depuis un quart de siècle[44]. Une jeunesse qui s'est, elle aussi, émancipée d'une étape transitoire de la vie, affranchie d'une réalité sociologique et d'une minorité sociale, libérée même d'une symbolique de l'âge pour devenir un principe ordonnateur de la société tout entière, une image mentale distributrice des rôles et des places, une fin en soi. Il est maintenant bien établi, après tant d'études sur l'enfance et la jeunesse, que, schématiquement et en survol rapide, ce statut de la jeunesse, qui n'est pas «qu'un mot[45]», a connu trois grandes phases. Dans un premier temps, celui qu'incarne précisément la rupture du cycle révolutionnaire et l'ouverture d'un monde en plein bouleversement, ce sont les jeunes qui ont réellement assumé le rôle d'adultes. Ce sont eux qui ont pris largement en charge la dynamique de la transformation politique et sociale. Détail révélateur : c'est en 1825 – est-ce à Béranger que revient l'invention du néologisme ou au publiciste J.J. Fazy[46] ? – qu'apparaît le mot même de «gérontocratie», c'est-à-dire au beau début de l'assaut libéral contre la crispation du monde ancien de la Restauration. Toutes les révolutions du XIXe siècle apparaîtront comme des insurrections de la jeunesse. L'installation progressive de la société issue de la Révolution, la nouvelle organisation familiale qu'elle met

La génération

en place, la dispersion des héritages qu'elle favorise et le conflit père-fils qu'elle aiguise, l'ouverture des carrières qu'elle offre aux mérites, l'écrémage des talents par les grandes écoles, a amené une seconde étape où l'initiation de la jeunesse à la responsabilité sociale des adultes s'est opérée au rythme violent ou régulier, facile ou forcené, du renouvellement des générations. C'est le thème dont s'est nourrie une bonne partie de la littérature du XIXe et du premier XXe siècle, de Balzac à Jules Romains et de *L'Éducation sentimentale* de Flaubert à *L'Ordre* de Marcel Arland et au *Sursis* de Jean-Paul Sartre[47]. C'est le thème qu'étudie aujourd'hui scientifiquement la littérature économique et sociologique des « cycles générationnels[48]. » Dans cette longue stabilisation, où s'est précisément cristallisée la notion de génération, tous les mouvements ou organisations propres à la jeunesse de la fin du XIXe siècle et du XXe n'ont été, peu ou prou, que des filières de dépendance ou d'intégration de la jeunesse à la société adulte, à ses structures, à ses idéologies, à ses partis, depuis les mouvements scouts jusqu'aux jeunesses catholiques ou communistes[49]. Et puis soudain, la sécession et la démocratisation du phénomène. Voudrait-on lui assigner un moment précis ? On le fixerait sans risque d'erreur : entre 1959, date où l'apparition des « blousons noirs » marque ce retournement négatif du mythe de la jeunesse dans les sondages et les représentations sociales, et 1965, où les statisticiens notent le retournement de tendance du taux de fécondité qui, en dix ans, tombera au-dessous du seuil de remplacement des générations, tandis que Roger Daltrey chante, cette année-là, *My G-generation* avec son regard bleu de prolo londonien. Brutalement, la jeunesse émerge à la conscience publique[50] comme un univers à part, avec ses lois, son vêtement, son vocabulaire, ses signes de reconnaissance, ses idoles – Kerouac, Johnny Halliday –, sa mythologie, de *Planète* à *Salut les copains*, et ses grandes messes dont la première, la mémorable Nuit des copains, place de la Nation, qui attire soudain, le 21 juin 1963, plus de cent cinquante mille jeunes, reste dans les annales comme une révélation[51].

Le plus important n'est pas là. Il est dans le fait que c'est le durcissement de la notion par sa fixation sur l'âge et son tranchant exclusiviste et discriminatoire qui a permis précisément le rebondissement de la *génération* sur tous les âges et son explosion dans tous les sens. Car le triomphe du principe d'horizontalité, qui ne donne aucune assurance et ne promet aucun débouché, s'il assure l'autonomisation de la jeunesse, n'a pas garanti pour autant la prééminence effective de la jeunesse et son monopole de la génération. Au contraire, il a seulement préparé l'appropriation de la notion par toutes les classes d'âges et l'intériorisation du phénomène par la société tout entière. L'allongement de la durée de vie aidant, il a démultiplié la génération à l'infini de l'échelle des âges, et l'on n'aurait pas de mal, par exemple, entre les jeunes-vieux et les vieux-vieux, à identifier un interminable dégradé générationnel. C'est l'aboutissement ultime et le signal de ce qu'est devenue la génération : un langage purement psychologique, individuel et privé, une identité à usage interne. Dans un monde voué à l'atomisation démocratique, la génération n'est pas seulement le moyen d'être libre ; elle est aussi le seul moyen de n'être pas seul.

II. La construction historique du modèle

Il y a probablement, dans chaque pays, une génération et une seule qui a servi à toutes les suivantes de modèle et de patron. En Russie, ce fut la génération idéologico-politique de Tchernychevski au début des années 1860. En Espagne, c'est la légendaire génération de 1898, autour d'Unamuno, qui cristallise une réaction littéraire. Aux États-Unis, il faut attendre les lendemains de la Première Guerre mondiale pour que la sécession de l'*american way of life* produise la « génération perdue ». En Allemagne ? C'est là que le parallèle avec la France serait le plus vrai, tant les histoires des deux pays sont imbriquées et réagissent l'une sur l'autre depuis les guerres de la Révolution et de l'Empire[52]. C'est pourquoi l'on s'accorde à voir dans les combats de la jeunesse prussienne de 1815-1820 pour l'émancipation intellectuelle et l'unité nationale, plutôt que dans l'« Aufklärung » et le « Sturm und Drang », le moment véritablement matriciel et archétypal qu'a représenté, en France, la « génération romantique[53] ». Celle à qui l'on reconnaît le mérite d'« avoir donné au XIXe siècle sa formule principale[54] », dans laquelle on a salué « une sorte d'entéléchie naturelle[55] » et qui a laissé dans l'histoire et dans la légende, une trace de feu.

Musset lui a donné, tardivement, en 1836, la formule poétique des « enfants du siècle ». Mais derrière son envolée lyrique qui la nimbe de « je ne sais quoi de vague et de flottant[56] », il faut lire une situation historique très précise qui se prépare dans la répression des agitations universitaires et carbonaristes de 1819-1820, se cristallise en 1823 (date de l'éphémère *Muse française,* berceau du renouveau poétique), apparaît dans sa fixation positive en 1825 (date du *Globe,* son porte-drapeau), et qui finira par exploser en 1830 pour régner pendant vingt ans et écraser de son éclat jusqu'à Baudelaire et Flaubert. De telle sorte qu'on peut parler indifféremment de la génération de 1830, ou de 1820. Allan B. Spitzer en a fiché cent quatre-vingt-trois membres, dont le gros est né de 1795 à 1802, comme Thierry (1795), Vigny (1797), Thiers (1797), Michelet (1798), Comte (1798), Pierre Leroux (1797), Cournot (1801),

La génération

Delacroix (1798), Balzac (1799), Hugo (1802). L'historien américain en a montré les liens de jeunesse, les connexions, les échanges et les réseaux complexes, puisque le groupe unit dans une même alliance tactique de jeunes écrivains royalistes en pleine insurrection littéraire et de jeunes étudiants militants républicains des sectes conspiratrices. Génération immédiatement autoproclamée, en particulier par le texte célèbre de Théodore Jouffroy (né en 1796), carbonaro destitué de son poste de professeur à l'École normale qui publie dans *Le Globe* en 1825 un essai écrit dès 1823, médiocre mais très remarqué, dans lequel Sainte-Beuve reconnaîtra plus tard «le manifeste le plus explicite de la jeune élite persécutée[57]».

> Une génération nouvelle s'élève, qui a pris naissance au sein du scepticisme dans le temps où les deux partis avaient la parole. Elle a écouté et elle a compris. Et déjà ces enfants ont dépassé leur père et senti le vide de leurs doctrines [...] Supérieurs à tout ce qui les entoure, ils ne sauraient être dominés ni par le fanatisme renaissant, ni par l'égoïsme sans croyance qui couvre la société [...] Ils ont le sentiment de leur mission et l'intelligence de leur époque ; ils comprennent ce que leurs pères n'ont pas compris, ce que leurs tyrans corrompus n'entendront pas ; ils savent ce qu'est une révolution, et ils le savent parce qu'ils sont venus à propos[58].

À tous, ces années de gestation ont laissé un souvenir séraphique et galvanisé d'une aurore du monde. «Quel temps merveilleux!» dira plus tard Théophile Gautier dans son *Histoire du romantisme*, en évoquant les réunions du premier Cénacle[59]. «Comme tout cela était jeune, nouveau, étrangement coloré, d'enivrantes et fortes saveurs! La tête nous en tournait; il semblait qu'on entrait dans des mondes inconnus.» Et Alfred de Vigny, un quart de siècle après, encore sous le charme de cet Éden premier, rappelle comment il se trouva, autour de *La Muse française*, «quelques hommes très jeunes alors, inconnus l'un à l'autre qui méditaient une poésie nouvelle. Chacun d'eux, dans le silence, avait senti une mission dans son cœur[60]». Ce qui donne à ce groupe ou, pour employer des mots à la Thibaudet, cette «couvée», cette «levée», sa mission poétique, sociale ou politique, c'est sa situation historique: elle est la génération révolutionnaire *différée*. C'est ce qui l'a fait immédiatement reconnaître et saluer par ceux-là mêmes qu'elle entendait remplacer: le baptême des pères est en effet la condition capitale et première de la légitimité d'une génération. C'est le vieux La Fayette lui-même qui, dès 1820, parle de «cette nouvelle génération, éclairée et généreuse, supérieure aux impressions du jacobinisme et du bonapartisme, et qui soutiendra, j'en suis sûr, le droit d'une liberté pure[61]». C'est Benjamin

Constant, de la tribune de la Chambre des députés, saluant en 1822 « la jeunesse actuelle, moins frivole que celle de l'Ancien Régime, moins passionnée que celle de la Révolution, qui se distingue par sa soif de savoir, son amour du travail, sa dévotion à la vérité[62] ». La Restauration a confié à ces jeunes gens, nés au tournant du siècle, grandis dans les lycées-casernes de l'Empire et qui n'ont connu de Napoléon que le récit de la gloire et l'humiliation nationale, le soin d'exprimer en conscience générationnelle le capital que la Révolution avait investi en actes. D'où son enthousiasme herculéen, sa conscience juvénile de former une armée – « dans l'armée romantique comme dans l'armée d'Italie, dira Gautier, tout le monde était jeune[63] » –, le sentiment de sa responsabilité, de sa cohésion, et du front ennemi qu'il faut enfoncer. Car ce que la chronologie a préparé, la situation politique et sociale l'a solidifié[64]. Il aura beau y avoir, dans le personnel administratif et politique de la Restauration, un pourcentage de réussites précoces et de succès juvéniles assez fort pour démentir la réputation faite à la Restauration d'un régime de vieillards poudrés, « chouettes qui ont peur de la lumière et méprisent les nouveaux venus », comme dit Balzac, intarissable sur ce thème, c'est bien une image de réaction politique, d'affaiblissement historique, redoublé par le demi-échec de 1830, d'enfoncement social, de traditionalisme provincial, de concurrence effrénée, de crise des débouchés et des carrières qui a nourri la formule balzacienne, pour ne pas dire le mythe de « cette immense promotion de 89 », barrée, brimée, le sentiment de persécution étant une autre condition capitale à la constitution d'une conscience de génération.

Il n'y a pas que le socle historique. Ce qui a fait de la génération romantique un modèle dominant n'est pas tant d'être une génération complète, intégrant la totalité des paramètres sociaux, politiques, intellectuels ou scientifiques attachés à l'expression vitale d'une classe d'âge, portée par le moment historique le plus lourd de l'histoire contemporaine française, modelée par une évolution sociale qui achève d'en aiguiser les contours, et scandé par l'affrontement brutal de juillet 1830. Ce qui fait de cette panoplie générationnelle un patron créatif et nourricier est d'avoir noué tous ces éléments sur les deux axes, qui, en France, ont toujours constitué le noyau dur de la notion : la politique et la littérature, le pouvoir et les mots – ici dans leur magie active, à savoir la poésie, que les romantiques précisément ont chargée d'un pouvoir thaumaturgique[65]. Il y a là un nœud constitutif de l'identité générationnelle à la française. D'autres pays construiront leur patron sur d'autres dispositifs ; comme en Russie, par exemple, sur le triangle du pouvoir d'État, de la société civile et de l'éducation publique ; ou aux États-Unis, sur la fracture du consensus de la prospérité. La génération s'exprime, en France, sur le registre conjugué du

La génération

rapport au pouvoir et du rapport à l'expression – littéraire, intellectuelle ou musicale; c'est leur mélange intime qui la fait lever. Sans doute y a-t-il eu des générations, comme les symbolistes et les surréalistes, pour n'affecter que les milieux clos de la littérature, encore que l'engagement politique de Mallarmé dans l'affaire Dreyfus et de Breton dans le mouvement révolutionnaire soient là pour le démentir. Sans doute y a-t-il eu des générations comme celles de la Résistance ou du communisme de guerre froide, pour n'avoir que des réactions politiques; encore qu'Eluard et Aragon soient là pour le contredire. Mais ces distinguos d'historiens ne sont que seconds par rapport à ce mixte primordial qui donne en France, à la génération, son image de marque. Y aurait-il même eu une génération de l'affaire Dreyfus sans le lyrisme viscéral de Péguy, une génération de l'après-guerre sans l'« existence » avec et selon Sartre? Il n'y a pas de génération sans conflit, ni sans autoproclamation de sa conscience d'elle-même, qui font de la politique et de la littérature les champs privilégiés de l'apparition générationnelle. C'est le jumelage de ces deux ingrédients, politico-historique et littéraro-symbolique, qui donne au concept lui-même son épaisseur explicative et sa durée, sur les deux siècles où ces paramètres ont été liés. Il n'y a pas de générations politiques d'un côté, de générations littéraires de l'autre. En revanche, c'est l'investissement absolu de la notion par ces deux domaines connectés qui explique que se soit déployé avec succès depuis la Révolution dans l'histoire politique le concept de génération, et que ce soit dans le domaine des générations littéraires autrefois et puis des générations idéologiques et aujourd'hui des générations intellectuelles que l'étude s'en soit révélée la plus rentable. Elle le doit à 1820, à ce moment fort de la monarchie parlementaire qui a vu le face à face des deux France, à la fois esthétique et politique. La Restauration et les débuts de la monarchie de Juillet ont porté à leur maximum d'intensité et de visibilité générationnelles le schéma conflictuel type né de la Révolution mais non résolu par elle, et qui imprime la mémoire collective de ces grandes oppositions binaires si favorables à l'opposition père/fils, jeunes/vieux, ancien/nouveau. La question de la représentativité générationnelle en devient un faux problème.

Dimension supplémentaire, et certainement non nulle, de la construction de la génération 1820: l'importance qu'a prise pour elle son insertion et son inscription dans l'histoire. Que la même « génération » ait découvert l'histoire et la génération est un fait frappant. Marcel Gauchet a été amené à relever ce trait ici même (Quarto 1, pp. 787-850) dans sa méticuleuse reconstitution de l'atmosphère intellectuelle qui a entouré la genèse des *Lettres sur l'histoire de France* d'Augustin Thierry, en 1820. « La réforme historique, note-t-il, a quelque chose d'un phénomène d'irruption générationnelle.» Thierry a vingt-cinq ans quand il formule son programme d'un remaniement intégral de la mémoire historique et de l'approche du passé. Il appartient à la strate la plus juvénile de la brochette d'historiens à qui l'on doit l'invention de l'histoire comme constitutive de l'identité collective. Il est né en 1795, comme Mignet en 1796, Thiers en 1797, Michelet en 1798, Quinet en 1803. Il n'a pas connu la Révolution dans son enfance, à la différence de Guizot, né en 1787, ou du Genevois Sismondi, précurseur et resté marginal, mais qui indique clairement les cadres de base de la réforme historique dans son introduction à l'*Histoire des Français*: «La Révolution, en interrompant les droits et les privilèges, a mis tous les siècles passés presque à une même distance de nous [...] Aucun ne nous gouverne plus par ses institutions.» L'incidence est à souligner comme fondamentale: le même groupe d'âge découvre simultanément ce que Gauchet appelle justement «le passé comme passé» et, donc, ce qu'il faut appeler «le présent comme présent», formule qui pourrait bien être, si l'on en voulait absolument une, la meilleure définition historique de la génération. Les deux mouvements sont inséparables. L'avènement d'une conscience générationnelle suppose la pensée de l'histoire. C'est la radicalité historique de la Révolution qui fait de la génération un phénomène initialement national et français; mais les révolutionnaires n'avaient pas conçu ni inséré leur action dans l'histoire. Au contraire, ils l'avaient voulue rupture, subversion, recommencement de l'histoire, échappée aux lois de sa filiation et aux exigences de sa continuité. Il a fallu l'étape suivante pour que, dans le vide de l'action et le plein fouet de la réaction, ce groupe uni par l'âge et dominé par l'événement révolutionnaire découvre tout à la fois l'histoire comme production des hommes par les hommes, le poids de l'action collective et de la germination sociale, le rôle du temps dans le devenir. Cette immersion dans l'histoire profonde est absolument indissociable de l'émergence vive d'une conscience générationnelle. Pas de rupture sans le présupposé d'une continuité. Pas de sélection de mémoire sans résurrection d'une autre mémoire. C'est l'importance qu'a prise la réforme de l'histoire et la nouvelle attitude des romantiques vis-à-vis du passé, du Moyen Âge et de ses ruines qui achève de leur conférer l'invention de la génération. Pas d'histoire future des générations sans la découverte, par cette génération-là, d'une histoire passée. Toute la dynamique du renouvellement y est liée.

La dynamique du renouvellement: elle suppose d'abord le cadre, stable et lourd, du grand cycle que l'on a dégagé de la Révolution à 1968, avec son surgeon qui vient jusqu'à nous, et l'inflexion brutale qu'on peut y déceler aux alentours des années 1960-1965. Le remplacement générationnel, quel que soit le rythme qu'on lui prête et la forme qu'il revêt, serait inintelligible dans

La génération

son inlassable noria si l'on n'était pas sensible à un ensemble d'éléments fixes et durables, toile de fond sur laquelle ont pu s'enlever ses multiples configurations. C'est la fameuse «solidité» française qu'il faudrait évoquer, et dont on ne peut ici que rappeler la charpente. Elle est faite d'une exceptionnelle continuité de l'unité nationale, en dépit des déchirements internes, unité dont la simple expression d'«Union sacrée» est restée comme le symbole insurpassable; d'un régime démographique incroyablement équilibré, puisque la France, avec ses quarante millions d'habitants de la fin du second Empire à Vichy, a réussi le miracle en Europe d'une croissance nulle de sa population; d'une mobilité sociale plus lente que dans tout autre pays industrialisé et d'un enracinement paysan plus tenace, puisqu'il retenait à la terre encore en 1914 plus de 50 % de la population active et que ce pourcentage n'est tombé qu'en 1970 au-dessous des 10 %. Elle est faite enfin d'une profonde stabilité des traditions politiques et des habitudes électorales (voir plus haut l'article de Jean-Louis Ormières). La spécificité du renouvellement générationnel français tient certainement moins, comme on pourrait le croire, au rythme rebondissant de la vie politique qu'aux permanences du cadre national, social, démographique, familial et politique. Elles sont essentielles pour comprendre le potentiel moteur dont est douée, en France, la simple expression d'une «succession des générations», l'omniprésence du thème générationnel dans la définition de l'identité, dont il est à la fois l'écume et la vague de fond; et en définitive l'intime congruence entre le déboulonnage des pères par les fils et des notions qui lui sont aussi apparemment étrangères qu'elles semblent être sans rapport entre elles: nation, intellectuel, avenir, politique.

C'est dans ce cadre qu'ont pu jouer les grands mécanismes naturels du renouvellement des générations. Il y a d'abord eu – c'est le cas de la fin de la Restauration et de la monarchie de Juillet – le rassemblement bizarre et hétéroclite dont la coagulation a brutalement fait naître la génération, cette «jeunesse qu'on dit si sage, si studieuse, remarque Delecluze[66], avant la révolution de 1830, et qui s'est montrée tout à coup impitoyablement ricaneuse, ingrate envers les hommes des générations qui l'ont précédée». C'est la fameuse «chaudière» balzacienne qui va éclater comme une machine à vapeur[67], et qui explique assez, aux lendemains de 1830 et de sa déception, l'irruption de la violence émeutière dans la vie politique. Provinciaux ambitieux qu'attire la capitale et brusquement soustraits à la discipline familiale, «transplantés» comme les baptise Guizot, jeunes étudiants des premières promotions des grandes écoles, «polissons qui jettent l'épouvante parmi le Faubourg Saint-Germain», dit Musset[68], piétaille des apprentis médecins et avocats qui montent à l'assaut des places, jeunes ouvriers en rupture de ban des habitudes corporatives de l'artisanat, jeunes paysans qui ont rompu avec les charivaris du village, toute cette faune que Balzac déclare, en 1833, « condamnée par la légalité nouvelle », exclue du jeu politique et électoral, et que la littérature nous a rendue si familière, les Marcas, Julien Sorel ou la bande de Deslauriers. Il y a ensuite, jusqu'aux grands ébranlements de l'Église, de l'armée, des familles, et de l'école surtout, les grilles générationnelles qu'ont tracées progressivement les grandes filières de la démocratie du XIXe siècle, les grands réseaux de sélection civiques et méritocratiques qui ont ratissé la société tout entière, imposé « la barrière et le niveau[69] », encadré les générations dans un quadrillage quasiment annuel des « classes » et des « promotions », meublant les annuaires des grandes écoles et les associations d'« anciens ». C'est dans le cadre de ces canaux imposés et qui, pour n'avoir rien perdu de leur efficacité opératoire, n'en sont pas moins aujourd'hui frappés d'un parfum d'obsolescence, qu'ont pu fleurir les filières d'intégration volontairement choisies et assumées – associations et mouvements de jeunesse en tout genre –, où l'âge seul suffit à créer des réseaux générationnels, instruments de solidarités informelles souvent puissantes et clandestines, la vie durant, et qui vont de la relation d'amitié personnelle et directe à la seule solidarité d'âge découverte dans une manifestation, une fête musicale, en passant par la bande, le club, le groupe, le cercle, bref tout ce que Karl Mannheim appelait les « groupes concrets » où il voyait le foyer de l'expression générationnelle. Il est clair enfin qu'une troisième strate est venue récemment bousculer cette sédimentation des couches de générations en en faisant éclater la belle régularité : elle correspond à l'arrivée de la civilisation de l'image, à la croissance consommatrice et technicienne, à l'internationalisation de la jeunesse – « nous sommes tous des juifs allemands ! » –, à la crise de l'école traditionnelle, à l'abaissement, sinon la disparition des cloisonnements qui séparaient les jeunesses bourgeoises et ouvrières.

Le cœur de la dynamique générationnelle n'est cependant pas dans cette mécanique du renouvellement. L'important est de comprendre par quel retournement du vecteur temporel cette zone d'âge de l'accès au pouvoir – les vingt ans mythiques de la mythique jeunesse – est investie par la société de valeurs, d'un être et d'un devoir être par rapport auxquels elle juge ce qu'elle est. On a vu ce mécanisme essentiel à l'œuvre sous la Restauration, au principe même du dédoublement générationnel qui confiait aux fils de la Révolution le soin de refaire en mieux la Révolution. On n'en finirait pas de le voir se reproduire à chaque étape. On n'en finirait pas d'aligner les certificats d'autosatisfaction que les aînés se décernent à eux-mêmes dans l'émerveillement de leur progéniture, et à travers elle. Une pieuse collecte en serait par exemple fournie par l'accueil enthousiaste de la vieille garde nationaliste et antidreyfusarde aux nombreuses enquêtes sur la jeunesse qui ont précédé

La génération

la guerre de 1914 et dont celle qu'Henri Massis et Alfred de Tarde avaient entrepris dans *L'Opinion*, en 1912, sous le pseudonyme d'Agathon et publiée l'année suivante, *Les Jeunes Gens d'aujourd'hui*, est restée la plus célèbre[70]. On avait vécu dans la hantise d'une jeunesse abâtardie par l'enseignement des instituteurs socialistes : ils sont sportifs, bagarreurs, patriotes, raisonnables et respectueux de la tradition. « La nouvelle génération qui monte s'annonce comme une des meilleures que notre pays a connues, s'écrie Maurice Barrès dans ses *Cahiers* – vive la jeunesse française ! » Et Paul Bourget dans sa réponse au discours de réception d'Émile Boutroux à l'Académie française :

> Voici que des générations se lèvent pour qui le ciel est de nouveau peuplé d'étoiles, des générations dont leurs meilleurs témoins nous apprennent que, demandant elles aussi à la vie la vérification de la pensée, elles se sont reprises à croire, sans cesser de savoir, des générations qui se rattachent résolument, consciemment, à la tradition religieuse et philosophique de la vieille France.

Un demi-siècle plus tard et à l'autre bout de l'éventail politique, si l'on ouvre le commentaire à chaud qu'Edgar Morin, par exemple, a fait dans *La Brèche* des étudiants de Mai 68 ou Laurent Joffrin, dans *Un coup de jeune*, des lycéens de 86[71], l'émerveillement serait le même. Le véritable et peut-être le plus sérieux des problèmes que pose à l'historien la génération, c'est de comprendre pourquoi et comment, sur quel malaise et quels transferts, par quel acquiescement secret à son propre échec, à sa propre incomplétude, à son autodestruction personnelle, à sa réalisation de soi par procuration, la société adulte a fait progressivement de la jeunesse la dépositaire, le conservatoire et l'écran de projection du meilleur d'elle-même. Sans cet investissement initial des pères sur les enfants, cette sommation à les accomplir en les tuant, on ne comprendrait pas comment un principe de rupture et de négation aurait pu devenir ce qu'il est dans le même temps : un principe de continuité et de renouvellement de la tradition.

Tel est le fond d'éléments formateurs du modèle, ici schématiquement repérés, dont l'histoire a pu jouer pour écrire, et sur tous les tons, la musique des générations. Tous les registres sont concevables. Nous sommes spontanément portés à l'écrire tantôt en séparant, tantôt en conjuguant les termes politico-historiques et les termes artistico-littéraires[72]. Mais on peut aussi se plaire à des déclinaisons plus souples, sensibles aux générations fortes (1800 –, 1820 –, 1840, etc.) et aux générations faibles (1810 –, 1830 –, 1850, etc.) ; aux générations complètes, celles qui explosent dans tous les sens, et à « ces cohortes intermédiaires à pâle figure » dans lesquelles se placent modestement un Paul Thibaud ou un Claude Nicolet, qui, entre la Résistance et la guerre d'Algérie, n'ont que la guerre froide pour identifier leur génération[73]. Je la connais, c'est la mienne, et je ne m'y reconnais pas. On peut enfin, s'attachant davantage au vécu des «groupes concrets», s'efforcer à des découpages plus fins. Si l'on s'intéresse aux juifs de France, par exemple, on distinguera notamment la génération de l'Holocauste, celle du réveil de la guerre des Six Jours, puis celle de l'arrivée des séfarades et enfin celle du désenchantement israélien né de l'invasion du Liban. Ou si l'on s'attache au mouvement d'émancipation des femmes, on distinguera la génération de la découverte (droit de vote, 1945; *Le Deuxième Sexe*, 1947; *Et Dieu créa la femme* en 1956, date également de la création du Planning familial), et la génération de l'affirmation qui culmine avec la loi Simone Veil de 1975; bref, la génération Simone de Beauvoir et la génération M.L.F. Entre les deux, les repères sont au choix: *Bonjour tristesse* ou la pilule, la machine à laver[74], l'accouchement sans douleur ou Chopinet première à Polytechnique. Le repère est indifférent et ne dépend que du degré de représentativité qu'on lui reconnaît. Le jeu des possibles est en fait infini, et son intérêt n'est pas dans la variété de la gamme ou dans l'histoire qu'elle permet de reconstituer. Il est tout entier dans le principe de son établissement qui obéit à la loi d'un modèle, à une hiérarchie implicite, à des régularités aux éléments fixes. Il y a bien, isolable de la Révolution à nos jours, une histoire de la France dictée par la pulsion des générations. Pourquoi?

Resterait en effet à savoir – si lieu de mémoire est vraiment la génération –, ce qui a fait de la France le paradis des générations. Et à cette question sans échappatoire, on indiquerait volontiers et sans fard trois directions de réponses. La première repose sur une prédisposition historique qui a institué la France dans un rapport binaire avec elle-même. Ce livre-ci du présent ouvrage est tout entier construit sur un système d'oppositions simples et pourtant prégnant qu'on ne retrouverait pas ailleurs ni à la même échelle. Il a installé la France dans une conscience de soi à deux versants qui épouse et redouble le simple et fondamental versant des pères et des fils sur quoi repose, en profondeur, le rapport des générations. C'est, du point de vue de l'espace, le rapport de centre à la périphérie, de Paris et de la province. Du point de vue étatique, le rapport du pouvoir central aux pouvoirs locaux. Du point de vue historique, le rapport de l'unité à la diversité. Du point de vue social, le rapport de la majorité aux minorités. Du point de vue national, le rapport de la norme à l'étrangeté. Le problème du pouvoir est, en France, consubstantiellement attaché à celui des générations. Il s'agit toujours, en dernière analyse, d'en garder ou d'en perdre le contrôle. La très longue prégnance du pouvoir monarchique et de droit divin, la lente et profonde cen-

La génération

tralité du pouvoir d'État sont encore là pour expliquer l'omniprésence et l'ubiquité d'un conflit qui est au principe du rapport de la France avec elle-même, et dont la Révolution a ouvert brutalement tous les fronts, sans changer – thème tocquevillien –, la concentration symbolique du pouvoir. Toute la dramaturgie nationale a pu se mouler, se calquer, s'articuler sur la dramaturgie spontanée du remplacement générationnel qui en constitue toujours, de quelque façon, une dimension essentielle. On comprend pourquoi Freud a toujours vu dans la France le pays qui serait le plus allergique à la psychanalyse. Le conflit qu'il spécifiait en termes anthropologiques, psychologiques et individuels était génétiquement inscrit déjà en termes nationaux, politiques et collectifs. La géographie, l'histoire, la politique, la société se sont imbibées d'une dimension générationnelle latente et permanente. Preuve *a contrario* : les progrès remarqués du consensus sont exactement contemporains de l'effacement visible de l'opposition des pères et des enfants dans l'affirmation d'autonomie des générations.

La deuxième raison tient au conservatisme, à l'archaïsme, au traditionalisme qui font de la France, pour Raymond Aron, le pays qui ne fait de réformes qu'à travers une révolution. Cette inertie, évidente dans tous les domaines, a entraîné un contraste particulièrement éclatant entre l'universel des principes et l'immobilisme des réalités. Il a, ici encore, favorisé l'inscription du schéma oppositionnel des générations dans la permanence des traits de l'ancien régime au cœur du nouveau. Ce contraste et cette permanence, à l'ombre du clocher, ont frappé tous les observateurs étrangers, et notamment cette équipe d'analystes harvardiens qui, en écho à la « société bloquée » et à la « synthèse républicaine » de Michel Crozier et de Stanley Hoffmann, étaient partis « à la recherche de la France[75] » au début des années soixante, quand précisément la modernité saisissait un pays qu'ils connaissaient bien et ne reconnaissaient plus. Sans doute fallait-il la distance toute ethnologique de leur regard américain pour nous faire mesurer le réinvestissement des longues traditions monarchiques, chrétiennes et terriennes dans la société démocratique, laïque et capitaliste. Étrangers eux-mêmes à ces traditions, ils avaient, les premiers, souligné la continuité des valeurs aristocratiques à l'intérieur même des valeurs bourgeoises ; l'incorporation de la notion du salut dans la notion du succès ; le déplacement de la sacralité de l'Église sur la sacralité de l'État ; le maintien, dans une société qui commence avec leur suppression, des privilèges de tous ordres[76] attachés aux fonctions et à l'ancienneté ; la résistance passive aux procédures égalitaires de la démocratie ; la préférence accordée à la sécurité plutôt qu'à la liberté. De Turgot à Mendès France, l'inaptitude aux réformes et l'attachement au passé ont inscrit la réaction générationnelle au centre de l'identité collective de la France.

C'est aux mêmes sources que s'alimente la troisième des raisons qui fonde la spécialité nationale de la génération. On pourrait l'appeler le «révoltisme français». Chaque pays vit en effet la contestation de son ordre établi sur un mode qui lui est particulier. La Russie l'a condamnée autrefois au terrorisme et aujourd'hui à la dissidence. L'Amérique a sécrété, après la génération perdue, sa contre-culture californienne. Les Anglais, de par leur tradition aristocratique, ont intégré l'excentricité comme un droit naturel. La France, par son histoire et sa civilisation, a développé un réflexe de révolte, lié au style d'autorité formaliste et hiérarchique hérité de la monarchie de droit divin, entretenu par la centralisation étatique et bureaucratique, et qui a envahi du haut en bas toutes les institutions, armée, école, entreprise, imprégné tous les rapports sociaux jusque dans le couple et les familles. La France, terre de commandement[77]. Il s'en est suivi un anarchisme latent, une dialectique de l'ordre et de la subversion qui fait le fond de l'histoire politique autant qu'intellectuelle. On la saisirait chez des hommes au génie aussi typiquement français que Paul Valéry, parangon du conformisme et auteur de *Principes d'anarchie pure et appliquée*; mais également dans des situations historiques aussi typiquement françaises que l'affaire Dreyfus, où un Paul Léautaud pouvait envoyer à l'Action française son obole au monument Henry avec ce mot: «Pour l'ordre, contre la justice et la vérité.» Dans quel autre pays pareil geste serait-il concevable? Ce réflexe, à vrai dire, court tout au long des épisodes les plus propres à l'histoire de la France, Pétain-de Gaulle par exemple, pour faire l'essentiel du Mai étudiant de 1968. Mais il habite aussi le rythme de la vie intellectuelle tout entière, pareillement imprégnée d'une hiérarchie invisible (voir notamment ici *La Coupole*, de Marc Fumaroli, Quarto 2, *La Nation*), et commande le remplacement des générations, des romantiques à Michel Foucault, en passant par les surréalistes. L'«avant-garde», cette notion dont l'efficacité historique est exactement parallèle à celle de génération et qui l'accompagne comme son ombre, ou plutôt sa lumière, a longtemps garanti la subversion générationnelle dans les deux domaines associés du politique et de l'intellectuel.

Le culte de l'autorité appelle la culture de la révolte et la légitime par avance. Là est peut-être le mystère dernier du rôle central qu'a joué la génération à l'intérieur du cycle historique ouvert par la Révolution française: dans la raison pour laquelle la société française établie a localisé dans sa jeunesse, espoir suprême et suprême pensée, une mission de réalisation d'elle-même dans laquelle elle est prête à se reconnaître tout entière. Sous sa forme ultime et sacrée, cette mission suppose le sacrifice de soi dans la violence, celle de la guerre dont la jeunesse a fait les frais, celle de la Révolution dont la jeunesse a été le fer de lance. C'est en définitive à la responsabilité sacrificielle dont elle est porteuse que la jeunesse doit la légitimité qu'on lui reconnaît secrètement de se révolter. C'est la raison pour laquelle le thème de la «géné-

La génération

ration sacrifiée» que Barrès et Péguy ont définitivement accrédité au tournant du siècle est consubstantiellement lié au thème de la génération elle-même. «On a toujours raison de se révolter[78]» : Sartre proférait cette formule d'une radicalité fatidique au moment précis où elle commençait à cesser d'être vraie. Au sortir des deux siècles où le poids du sang, dans l'Europe des nations et dans la France des révolutions, avait donné sa vraie densité de mémoire au modèle national des générations.

III. Le bain de mémoire

Un mélange de mémoire et d'histoire, la génération l'est et l'a toujours été, mais dans un rapport et dans des proportions qui semblent, au cours du temps, s'être inversés. La notion historique la moins abstraite, la plus charnelle, temporelle et biologique – «les quatorze générations d'Abraham à David, de David à l'expulsion de Babylone, de l'expulsion de Babylone jusqu'au Christ» (Matthieu, I, 1-17) –, est en même temps de nos jours la plus allergique à l'enchaînement historique, une mémoire pure.

Elle est pourtant, de part en part, traversée d'histoire, ne serait-ce que parce qu'il s'agit d'abord d'un phénomène largement construit, rétrospectif et fabriqué. La génération n'a rien d'un jaillissement dans le feu de l'action : c'est un constat, un bilan, un retour sur soi pour une première inscription dans l'histoire. Si «générationnelle» qu'elle ait été, la génération de 68 ne s'est définie comme telle que dans les années de la retombée gauchiste. C'est dix ans après l'affaire Dreyfus que Péguy revient sur *Notre jeunesse* (1910). Quand Musset baptise les enfants du siècle, ils sont devenus des adultes. Le coup de jeune est en fait un coup de vieux. Quand on prend conscience de sa date de naissance, c'est déjà qu'elle date – «ce siècle avait deux ans». La génération est le produit du souvenir, un effet de remémoration. Elle ne se conçoit elle-même que par différence et par opposition.

Ce phénomène très général n'apparaîtrait jamais aussi clairement que, par exemple, dans la crise de la fin du siècle dernier où le thème s'approfondit et se remodèle, dans ses deux pôles dreyfusard et nationaliste où se rencontre son expression, Péguy et Barrès. L'un comme l'autre ont dit, mieux que personne, de quoi était faite la forte conviction d'appartenir à une génération, la même et pourtant différente. Une génération, pour Péguy, nourrie de banc d'école et de «thurne» normalienne, de souffrance et d'«amitié», mot qui prend chez lui sa connotation maximale. Une génération de «princes de la jeunesse» pour Barrès, et toute d'affiliation esthète. La sacralisation générationnelle est aussi intense chez les deux et destinée, chez les deux, à servir leur propre consécration ; mais elles n'ont pas non plus le même sens. Chez Péguy, c'est le sentiment d'être du dernier carré – « nous sommes la dernière génération de la mystique républicaine » –, le témoin de la dernière défaite – « nous sommes une génération vaincue » –, le dépositaire unique d'une expérience morale incarnée. C'est le sens de ce texte de 1909, « Aux amis, à nos abonnés[79] », véritable épitaphe pour sa génération où Péguy raconte notamment la visite d'un bon jeune homme venu le faire parler de l'affaire Dreyfus :

> Il était très docile. Il avait son chapeau à la main. Il m'écoutait, m'écoutait, il buvait mes paroles. Je n'ai jamais aussi bien compris qu'alors, dans un éclair, aussi instantanément senti ce que c'était que l'histoire ; et l'abîme infranchissable qu'il y a, qui s'ouvre entre l'événement réel et l'événement historique ; l'incompatibilité totale, absolue ; l'étrangeté totale ; l'incommunication ; l'incommensurabilité : littéralement, absence de commune mesure possible [...] Je disais, je prononçais, j'énonçais, je transmettais une certaine Affaire Dreyfus, l'Affaire Dreyfus réelle [...] où nous n'avons pas cessé de tremper, nous autres de cette génération.

Tout autre est le message barrésien, et nationaliste en général, de la génération. Il s'oppose bien à « l'échec de nos pères » incapables de secouer l'hégémonie intellectuelle allemande et de comprendre le ressourcement régénérateur du boulangisme. Il a une haute conscience de son individualité générationnelle. Mais le traditionalisme qu'il retrouve et conquiert l'inscrit immédiatement dans une lignée, *La Marche montante d'une génération*, comme le maillon d'une chaîne qui se renouera effectivement d'étape en étape, de l'Henri Massis d'*Évocations* à Montherlant, Drieu La Rochelle et même le Malraux de *D'une jeunesse européenne* (1927), puis à Thierry Maulnier et au Robert Brasillach de *Notre avant-guerre*, puis au Roger Nimier d'après la Libération pour finir quelque part entre Régis Debray et Jean-Édern Hallier. Il y a là deux constructions archétypales de générations, deux formes exemplaires de leur inscription dans l'histoire. Toute génération est unique ; mais l'une est, comme dit Péguy, « un front qui s'élève et s'abat en même temps », l'autre, comme pour Barrès, « le chaînon provisoire de la Nation ».

Historique, la mémoire générationnelle ne l'est cependant pas seulement par la rétrospection comparative et sa propre construction dans le temps. Elle l'est surtout parce qu'imposée de l'extérieur, pour être ensuite violemment intériorisée. Cette autoproclamation est en fait le résultat d'une sollicitation venue d'ailleurs, la réponse à un appel, un reflet du regard des autres, des parents, des « maîtres », des journalistes ou de l'opinion, dans un

La génération

effet de boule de neige. L'enquête d'Agathon a consacré l'image d'une génération de 1912 qui ne correspondait à rien sur le plan démographique et social sinon à l'augmentation rapide du nombre des étudiants, à quoi ses inventeurs ne l'ont pas rapportée[80]. Mais l'énorme écho qu'elle a rencontré, les dix autres enquêtes qui l'ont accompagnée, la marée de livres qui ont semblé la confirmer, l'avant-guerre où elle a paru, autant d'éléments qui ont créé de toutes pièces une image mythique qui s'est imposée dans l'opinion puis dans l'histoire et dans les manuels ; la guerre de 1914 ayant vraiment constitué la période historique d'intensité maximale de la notion. Des phénomènes identiques se sont reproduits à petite échelle, avec, par exemple, l'enquête lancée par *L'Express* en décembre 1957 sur la «Nouvelle Vague» ou la campagne des «Nouveaux Philosophes» en avril 1978 ; elles ont réussi à cristalliser des phénomènes générationnels. Toutes n'ont pas eu le même succès. En 1949 François Mauriac consacrait son éditorial du *Figaro*, le 30 mai, à une «Demande d'enquête» : «Un jeune auteur-éditeur, Gilbert Sigaux, me disait l'autre jour que l'heure était peut-être venue, pour sa génération, d'une prise de conscience analogue à celle que manifeste, vers 1910, l'enquête d'Agathon.» Robert Kanters, associé à Gilbert Sigaux, publiera, deux ans plus tard, le fruit de cette enquête sous le titre *Vingt ans en 1951*. Elle a provoqué une émulation immédiate entre *La Table ronde* et *Aspects de la France* où Michel Braspart *(alias* Roland Laudenbach) associait pour la première fois Antoine Blondin, Jacques Laurent et Roger Nimier pour «leur regard insolent» sur «les idoles libérales»[81]. Mais ce levain n'a pas suffi pour faire monter la pâte. Sans doute la droite était-elle encore trop déconsidérée, trop isolée à l'époque pour se mettre elle-même en scène. Il a fallu attendre trois ans plus tard, et un épinglage de gauche dans *Les Temps modernes,* pour que les «hussards et grognards[82]» de Bernard Frank amènent cette strate à la visibilité générationnelle. Depuis, le recours aux sondages a sorti le phénomène du cercle étroit des écrivains pour lui donner une base plus sociologique et scientifique. Mais le principe de l'identification générationnelle par l'extérieur est resté le même. Et comme le produit se vend bien, on en abuse. La société contemporaine est pavée de générations qui n'en sont pas devenues comme l'actualité d'événements mort-nés.

Historique, la mémoire de génération l'est enfin dans un sens infiniment plus lourd, en ce qu'elle est, jusqu'au tréfond, habitée d'histoire. Mieux : écrasée par son poids. Tous les moments de plus forte prise de conscience d'être une génération sont faits, sans exception, du désespoir et de l'accablement devant le massif d'une histoire qui vous surplombe de toute sa hauteur inaccessible et vous frustre de sa grandeur et de son tragique. La Révolution pour les romantiques ; le XIXe siècle tout entier pour les générations «fin de siècle» ; la Grande Guerre pour les générations du feu et de la crise des années trente; la Seconde Guerre mondiale pour les générations d'après la Libération[85]; la Révolution à nouveau, et tant de guerres qu'elles n'ont point faites pour les générations de 68 et les suivantes. Cette obsession d'une histoire finie, révolue, et qui ne laisse que le vide hante l'imaginaire de toutes les générations fortes, et *a fortiori* des générations dites intermédiaires, pour commander leur dispositif de mémoire. Il y a un manque au départ d'une génération, et comme un deuil. Leur fond de mémoire est moins fait de ce qu'elles ont vécu que de ce qu'ensemble elles n'ont pas vécu. C'est ce qu'elles ont en commun derrière elles, à jamais fantomatique et lancinant, qui les soude, bien plus sûrement que ce qu'elles ont devant elles, et qui les divise. Cette antécédence permanente et organisatrice de toute l'économie de la mémoire générationnelle en fait un interminable discours des origines, une inépuisable saga. Toute la littérature des années vingt et trente, de Montherlant à Céline, d'Aragon et Drieu à Malraux, a halluciné l'entre-deux-guerres de son récit d'anciens combattants. Mai 1968 a été tout de suite sa propre commémoration: cent vingt-quatre livres avaient paru dès le mois d'octobre de l'année. L'histoire du romantisme a commencé avec le romantisme lui-même. Et il en devient solennel et piquant de voir son plus grand historien, Michelet, du sein même de la génération qui a inventé la génération pour la vivre sous le signe du «génie», en déplacer l'invention à la Révolution, par transfert et par effet d'exaltation généalogique. Le passage mérite citation:

> Si l'on cherche la cause de cette étonnante éruption du génie, on pourra dire sans doute que les hommes trouvèrent dans la Révolution l'excitation la plus puissante, une liberté d'esprit toute nouvelle, etc. Mais selon moi, il y a primitivement une autre cause: ces enfants admirables furent conçus, produits au moment même où le siècle, moralement relevé par le génie de Rousseau, ressaisit l'espoir et la foi. À cette aube matinale d'une religion nouvelle, les femmes s'éveillaient. Il en résulta une génération plus qu'humaine. (*Histoire de la Révolution*, livre IV, chapitre I.)

C'est cette célébration historique intrinsèquement mythologique et commémorative qui fait sortir la génération de l'histoire pour l'installer dans la mémoire.

Car on est bien, en effet, avec la génération – et c'est pourquoi elle nous intéresse ici –, dans la mémoire pure. Celle qui se moque de l'histoire et en ignore les intervalles et les enchaînements, la prose et les empêchements. Celle qui procède par «flashes», images fortes et ancrages puissants. Celle

La génération

qui, du temps, abolit la durée pour en faire un présent sans histoire. À échelle nationale, le plus éclatant exemple de cette abolition du temps reviendrait encore à la Révolution, qui, en inventant brusquement à la fin de l'été 1789 l'expression expéditive d'Ancien Régime (voir plus haut l'article de François Furet), a dé-temporalisé d'un coup dix siècles d'histoire. Mais à chaque étape, l'opération recommence en gros et en détail. On pourrait même dire que la rupture générationnelle – c'est ce qui fait sa richesse de créativité et sa pauvreté répétitive – consiste pour l'essentiel à « immémorialiser » le passé pour mieux « mémorialiser » le présent. En ce sens, la génération est puissamment et même principalement fabricatrice de « lieux de mémoire », qui constituent le tissu de son identité provisoire et les repères de sa propre mémoire. Lieux sources et chargés d'un insondable pouvoir d'évocation symbolique, mots de passe et signaux de mutuelle reconnaissance, incessamment revivifiés par le récit, le document, le témoignage ou la magie photographique. L'exploration d'une mémoire générationnelle commence par un inventaire de ces lieux. Et c'est, après tout, pour la France et à l'échelle de notre génération, l'objet de ce livre tout entier. D'aucuns avanceront qu'on retrouve seulement la vieille distinction des psychologues bergsoniens comme Janet entre la mémoire affective et la mémoire intellectuelle ; ou les analyses des sociologues durkheimiens comme Halbwachs sur les cadres sociaux de la mémoire collective. Il s'agit pourtant d'autre chose, car la mémoire générationnelle ne relève pas de la psychologie individuelle. Les lieux où elle se condense et s'exprime ont tous en commun d'être des lieux communs, des centres de participation collective, mais passibles d'une immédiate appropriation personnelle. Meetings, journaux, manifestations, congrès, associations, symboles de masse pour les générations politiques. Maisons d'édition et revues pour les générations intellectuelles, cafés et salons, colloques, « khâgnes » ou librairies. Ce ne sont pas des personnes privées qui accrochent leur mémoire à des repères publics, ce ne sont pas des émotions individuelles qu'on partage. La mémoire générationnelle relève d'une sociabilité d'emblée historique et collective pour s'intérioriser jusqu'à des profondeurs viscérales et inconscientes qui commandent les choix vitaux et les fidélités réflexes. Le « je » est en même temps un « nous ».

À ce niveau d'incarnation et de décantation, la mémoire n'a plus grand-chose à voir avec le temps. Et c'est là qu'on atteint sans doute le plus vrai de la génération. Fermée sur elle-même et figée dans son identité, imperméable par définition à l'histoire et à ses « leçons », la monade générationnelle s'apparenterait plutôt à ce qu'un historien des sciences, Thomas S. Kuhn, a décrit comme des « paradigmes » qui commandent la structure des révolutions scientifiques[84]. Ces communautés closes sur elles-mêmes de chercheurs et de savants, réunis et enfermés dans un même modèle explicatif des phénomènes et que soudent des réflexes clés formés par un consensus intellectuel, un apprentissage corporatif, un style de travail et un langage propre, peuvent étrangement se traduire dans le registre de la génération. Et de même que les communautés scientifiques ne se définissent que par opposition radicale tout en partageant implicitement l'essentiel des acquis de la tradition scientifique, les générations ne partagent avec les autres presque rien et pourtant presque tout. Le rapprochement des deux notions, tel que l'a développé Daniel Milo[85], a le mérite de situer à leur juste place, déterminante et pourtant marginale, les repères historiques de mémoire sur lesquels se regroupent les générations, décisifs et momentanés. Le paradigme générationnel lui aussi, bouclé sur lui-même et pourtant traversé de tous les flux temporels, subsiste, inchangé, jusqu'à son effacement et son remplacement en attendant ses possibles réactivations, à leur propre usage, par de nouvelles générations. C'est ainsi que ce que l'on pourrait appeler «le paradigme de la guerre et de l'Occupation», central à la conscience et à l'identité de la France contemporaine, a fait, après une longue conspiration de silence, l'objet de réinvestissements successifs. Il y eut une première vague, au début des années 1960, qui n'a pas dépassé les milieux d'historiens, et qui portait sur l'amont : les années trente. Mais elle venait d'hommes qui les avaient vécues dans leur jeunesse, Jean Touchard et René Rémond, par exemple, et elle posait déjà, pudiquement et scientifiquement, la question centrale de l'existence ou de l'inexistence d'un fascisme français[86]. Mais c'est la génération de 1968, toujours elle, qui a opéré le réinvestissement massif. Il a commencé cette année-là avec la parution de *La Place de l'Étoile*, où Patrick Modiano débutait, à vingt ans, la reconstitution hallucinée des lieux de mémoire de l'Occupation, pour continuer en 1971 avec *Le Chagrin et la Pitié*. Et la mode rétro allait s'engouffrer dans la bouche d'ombre de ces «quatre années à rayer de notre histoire», comme disait en 1949 le procureur général Mornet, par tous les chemins de l'imagination et de la science, du roman, du cinéma et de l'histoire[87], jusqu'à aujourd'hui.

Arrivés à ce point, on mesure le parcours qu'a subi la génération et son métabolisme intégral. L'arc-en-ciel des définitions historiques, démographiques et mentales sur lequel s'est déployée l'étude empirique des générations, dont on a maintenant une belle panoplie, couvrait étroitement le champ du social. Il est évident que le spectre de la définition est aujourd'hui centré sur la mémoire, qui fait de la génération une pure scansion symbolique du temps, une modalité privilégiée de la représentation du changement qui signale et consacre l'avènement de l'acteur social. Tocqueville avait d'ailleurs déjà parfaitement indiqué le principe organisateur et classificatoire que l'âge serait appelé à jouer toujours davantage dans les temps de la

La génération

démocratie, où « la notion du *semblable* est moins obscure » que dans les temps aristocratiques, mais qui, « en faisant oublier à chaque homme ses aïeux et lui cachant ses descendants », voient les « liens des affections humaines à la fois s'étendre et se desserrer[88] ». On ne saurait mieux dessiner la place, centrale mais en définitive modeste, de cette catégorie très spéciale de la périodisation contemporaine. Elle n'a pas l'ampleur anthropologique de l'âge, ni la religiosité de l'ère, ni la dignité historique du siècle ni les richesses de couleurs et de dimensions de l'époque ou de la période. Le mélange qu'elle instaure d'individuel et de collectif ampute l'un de sa profondeur psychologique et l'autre de son potentiel expressif. Phénomène inépuisable, sans doute, comme l'inconscient, et fascinant comme lui, mais comme lui aussi, court, pauvre et répétitif. Dans un monde de changements incessants où chacun est amené à se faire l'historien de soi-même, la génération est la plus instinctive des manières de transformer sa mémoire en histoire. C'est en définitive cela, la génération : l'horizon spontané de l'objectivation historique individuelle.

Mais ce qui donne à la notion, ici et maintenant, son actualité forte et sa vertu explicative, c'est la situation très particulière de la France, qui a vécu, depuis la guerre, une conscience de l'histoire *dédoublée*. C'est-à-dire qu'elle a, d'une part, surinvesti les enjeux historiques lourds qui lui ont fait une histoire plus lourde que celle de n'importe lequel des autres pays d'Europe ; et qu'elle a vécu en même temps un profond désengagement de l'histoire mondiale qui l'a renvoyée à la rumination mémorielle de son expérience historique propre. Le phénomène est unique, complexe, et si particulier qu'il faut en prendre la mesure et en préciser les filières qui se sont entrecroisées.
Survolons rapidement les épisodes. La guerre : la France est, de tous les pays, le seul à en sortir moitié vainqueur, moitié vaincu. L'Angleterre est allée tout unie du péril mortel à la victoire finale, l'Allemagne a fait le chemin inverse, mais le désastre intégral implique ses chirurgies simplificatrices et il faudra attendre précisément l'espace d'une génération pour qu'elle retrouve, à travers sa jeunesse verte et sa querelle des historiens, des drames de conscience qui rapprochent à nouveau son histoire de la nôtre. L'Espagne a tiré son épingle du jeu. Le pathétique intense des lendemains de la Libération est au contraire dans la tension qui porte la France, Résistance et de Gaulle aidant, à partager le sort des pays vainqueurs, mais à travers l'héritage des pays vaincus. Brisée, humiliée, ravagée par la division intérieure et d'autant plus obsédée de retrouver son « rang » qu'elle n'a plus aucun des vrais moyens de la puissance. À peine remonte-t-elle la pente qu'arrive la guerre froide. À chacun son camp. Mais, ici encore, la France, à cause de l'existence d'un parti communiste fort et du lancinant

problème de la décolonisation, qu'elle n'a pas su trancher en 1945, est le seul des pays d'Europe occidentale à intérioriser les enjeux de la division des blocs, dont elle n'a pas la clé ; et à devoir les vivre dans le déchirement de la conscience, dans l'impuissance politique et la paralysie institutionnelle, jusqu'à l'écroulement final. C'est la guerre d'Algérie, notre vraie guerre de Sécession, qui non seulement réactualise les règlements de comptes anciens, et enlise notre histoire dans le provincialisme, mais double le conflit national d'un conflit interne à la gauche, qui est la raison la plus profonde de l'interminable durée de la guerre et de sa purulence morale. Elle nous ramène le gaullisme qui, lui aussi, au point de vue de la surenchère historique qui nous occupe ici, est un épisode à double face puisque ce champion du nationalisme est, d'un côté, celui qui a couvert le repli sur l'Hexagone d'une relance plus ou moins verbale, plus ou moins réelle, dans la grande politique mondiale, et de l'autre, le délégué au rêve d'une France industrielle et louis-philipparde qui procédait à sa révolution industrielle et jouissait prosaïquement des profits de la croissance.

Là est, schématiquement résumé, l'investissement suractivé de l'histoire. Mais cet investissement s'est opéré, en même temps, sur le fond et sous le signe d'un retrait de la France de la grande histoire, qui, des grands coups du siècle, n'a plus connu en fin de compte que le contrecoup. C'est le passage, par étapes et secousses, de la grande puissance mondiale à la puissance moyenne et ses ajustements grinçants : 1918, 1945, 1962, chacune des dates porte son poids de réalité mutilante et d'illusions compensatrices. Le pays qui pouvait se targuer, jusque-là, d'avoir connu, le premier, toutes les expériences historiques de la formation de l'identité européenne, des croisades à l'Empire colonial, en passant par l'État-nation, la monarchie absolue, la dictature et la Révolution, n'en a plus subi que les conséquences et le reflet : ni la révolution socialiste, ni le totalitarisme nazi, ni la crise économique, ni la société de consommation ne l'ont frappée de plein fouet ; elle n'en a connu que l'invasion, les rebonds, et les rejeux. Cette articulation de deux registres différents et contradictoires de la conscience historique, cet enfoncement poisseux et ce dégagement douloureux sont essentiels pour comprendre la remontée permanente et compulsive du passé dans le présent, cette suractivation tragique d'une histoire nationale qui n'est plus que la version indigène d'une histoire mondiale évacuée, et qui se vit en mémoire. Une mémoire historique elle aussi habitée du même dédoublement, une mémoire nationale en porte-à-faux, puisque sur un plan elle concélèbre son unanimisme – « à défaut d'une grande histoire, nous avons un grand passé » – et sur un autre elle ne peut pas s'arrêter d'en peser et repeser tous les épisodes historiques, et spécialement les plus récents, pour se demander s'ils étaient si grands que cela, ou si honteux qu'ils passent

La génération

pour être. Le Bicentenaire, en son bilan dernier, aura vécu de cette double mémoire, et c'est ce qui le frappera d'une éternelle ambiguïté. La Révolution est ou n'est pas terminée, c'est un bloc, ou ce n'est pas un bloc, la Vendée est ou n'est pas un génocide, Robespierre le grand homme ou le fossoyeur, la Terreur un épisode circonstanciel ou une configuration potentielle de notre culture politique, la Déclaration des droits de l'homme un principe universel et universalisable ou un texte à usage interne. Peut-être bien que oui, peut-être bien que non, mais c'est chez nous que ça se passe et tout le monde était là. Ce fut l'essentiel du message mitterrandien : « On nous regarde encore et j'étais au milieu. »

C'est là que reprend tout son potentiel explosif le problème des générations et leur succession interrogative. D'autant que cette succession s'accélère et se multiplie, au rythme des bouleversements continus et de l'allongement de la durée de vie. Le passé ne passe pas, les acteurs ne meurent pas et les nouveaux venus se bousculent. C'est la dialectique de ces trois données qui exaspère la génération et lui donne son plein effet sur cette caisse d'inépuisable résonance que constitue la tragédie du siècle, dont les acteurs sont toujours là, et sur laquelle viennent battre les vagues successives. Ici se poserait donc, en théorie comme en pratique, et dans le cadre à deux dimensions que nous venons d'établir, le partage entre ce qui ne relève *que* de la mémoire générationnelle et ce qui ne relève *que* de la mémoire historique ; où, si l'on préfère, de la mémoire et de l'histoire. À condition de préciser que ce partage s'opère lui aussi, dans deux dimensions. Il y a le passage *temporel* du moment où la mémoire passe des générations qui la portent aux historiens qui la restituent sans l'avoir vécue. Et le passage *intellectuel* du témoignage vécu au travail critique. Aucun de ces deux passages n'est univoque en termes de générations, car il peut y avoir, il y a, d'excellents critiques de leur propre mémoire générationnelle qui s'en font les historiens, et des générations d'historiens, non moins excellents, dont le propre du travail est de ré-interroger leur objet au nom de leur propre mémoire générationnelle. C'est ce que l'on constate en permanence et que le Bicentenaire a notamment permis de vérifier sur la Révolution. C'est ce double partage, que la sortie de la grande histoire et l'entrée dans la grande ère historiquement vide de la mémoire pleine ont focalisé sur l'instance de la génération et élargi aux dimensions de l'histoire nationale, dans les deux moments de plus grande intensité dramatique : la Révolution française et la guerre.

Aux questions que nous posions donc au départ, la réponse est claire. Il y a bien des générations « françaises ». Et si lieu de mémoire est la génération, ce n'est nullement par la simple communauté de mémoire que suppose la banalité d'une expérience partagée. Si lieu de mémoire est la génération, c'est par le jeu simple et subtil de la mémoire et de l'histoire, la dialectique éternellement rebondissante d'un passé qui demeure présent, d'acteurs devenus leurs propres témoins, et de nouveaux témoins transformés à leur tour en acteurs. C'est à la rencontre de ces trois facteurs que s'allume l'étincelle du problème. C'est leur conjonction qui fait aujourd'hui en France, le foyer de la mémoire, flamber la « génération ». En ce temps et en ce lieu. La pièce continue, et à chaque génération de récrire son histoire de génération. Mais combien de temps les suivantes devront-elles attendre pour que se retrouve l'éclairage cru d'une pareille constellation ?

---

1. Pour se contenter ici de titres repères, eux-mêmes pourvus d'indications bibliographiques, et à partir de l'article « Génération » de l'*Encyclopædia Universalis*, par Philippe Parrot et S. N. Eisenstadt, lui-même auteur du classique *From Generation to Generation*, Glencoe, Ill., 1956, *cf.* Hans Jaeger, « Generations in history, reflections on a controversial concept », *History and Theory*, n° 2, 1978, pp. 273-292, qui fait l'historiographie de la notion. Alan B. Spitzer, « The historical problem of generations », *American Historical Review*, n° 78, décembre 1973, pp. 1353-1385, dégage sa portée et fait le point sur la très abondante bibliographie sociologique américaine.

Cf. également Claudine Attias-Donfut, *Sociologie des générations*, Paris, P.U.F., 1988, et Pierre Favre, « De la question sociologique des générations et de la difficulté à la résoudre dans le cas de la France », chap. VIII de *Générations et politique*, sous la direction de Jean Crête et Pierre Favre, Paris, Economica, 1989, version remaniée de sa communication au colloque « Générations et changements politiques » de l'Université Laval de Québec en juin 1984 et de son introduction « Génération : un concept pour les sciences sociales ? », à la table ronde organisée par Annick Percheron au congrès de Paris de l'Association française de science politique, *Génération et politique*, 22-24 octobre 1981. Une bibliographie de 277 livres et articles a été dressée à cette occasion.

L'actualité du concept pour l'histoire de la France contemporaine est attestée par le numéro spécial de *Vingtième Siècle, revue d'histoire*, sur « Les générations », n° 22, avril-juin 1989. L'exploitation de la notion par la psychologie, l'ethnologie, l'économie et la démographie, apparaîtra dans les notes ci-dessous.

2. Margaret Mead, *Culture and Commitment: A Study of the Generation Gap*, Londres, 1970, trad. franç., *Le Fossé des générations*, Paris, Denoël, 1971.

3. En particulier Antoine Prost : « Quoi de neuf sur le Mai français ? », *Le Mouvement social*, n° 143, avril-juin 1988, pp. 81-79 consacré aux « Mémoires et histoires de 1968 », fait le point sur la question.

4. *Cf.* Jean-Pierre Rioux, « À propos des célébrations décennales du Mai français », *Vingtième Siècle, revue d'histoire*, n° 23, juillet-septembre 1989, pp. 49-58, riche analyse que je suis ici étroitement.

5. Jean-Claude Guillebaud, *Les Années orphelines (1968-1978)*, Paris, Éd. du Seuil, 1978.

6. Jacques Paugam, *Génération perdue*, Paris, Robert Laffont, 1977. Entretien avec Fr. Lévy, J.-P. Dollé, Chr. Jambet, J.-M. Benoist, M. Lebris, J.-É. Hallier, M. Butel, J.-P. Faye, B. Kouchner, B.-H. Lévy, M. Halter, Ph. Sollers, A. de Gaudemar.

La génération

7. Serge July, « La Révolution en creux », *Libération*, 27 mai 1988.

8. Hervé Hamon et Patrick Rotman, *Génération*, Paris, Éd. du Seuil, 1987-1988, 2 vol.

9. Le rapprochement est esquissé dans *Espaces-Temps*, n° 38-39, 1988 : « Concevoir la Révolution, 89, 68, confrontations. »

10. Nicolas Restif de La Bretonne, *Les Nuits de Paris (1788-1794)*, éd. Patrice Boussel, Paris, U.G.E., 1963, p. 193.

11. En fonction, précisément, de l'intérêt renouvelé pour la génération, *cf.* Jean Nicolas, « Génération 1789 », *L'Histoire*, n° 123, juin 1989, pp. 28-34.

12. *Cf.* Mona Ozouf, l'article « Fraternité » du *Dictionnaire critique de la Révolution française*, sous la direction de François Furet et Mona Ozouf, Paris, Flammarion, 1988, pp. 731-740 ; ainsi que, après la rédaction de cet article, Antoine de Baecque, « La Révolution française et les âges de la vie », *in Âge et politique*, vous la direction d'Annick Percheron et René Rémond, Paris, *Economica*, 1991, chap. II, pp. 39-59.

13. C'est sous la plume de Jefferson qu'on trouve du droit des générations à disposer d'elles-mêmes la formulation la plus nette. « Les morts n'ont aucun droit. Ils ne sont rien. Et qui n'est rien ne peut posséder quelque chose. » Lettre à Samuel Kerchevol, juillet 1816, *Writings*, 1924, p. 1402. Et encore : « Nous pouvons considérer chaque génération comme une nation distincte, avec un droit qui procède de la volonté de la majorité de lier ses membres entre eux, mais aucun de lier celle qui lui succède pas plus que les habitants d'un autre pays. » Lettre à Th. Earle, 24 juin 1823, *ibid.*, p. 962 ; cf. Patrick Thierry, « De la Révolution américaine à la Révolution française », *Critique*, juin-juillet 1987. Jefferson en arrivait à penser que chaque loi devrait être revotée tous les dix-neuf ans.

14. L'intérêt de ce texte rare, que m'a signalé Marcel Gauchet, est dans la prise de conscience des conséquences pratiques que posait le passage d'une définition naturelle de la génération à une définition sociale et politique, qui « comprend tous les individus qui sont au-dessus de vingt et un ans au temps dont nous parlons », et conservera l'autorité pendant l'espace de quatorze à vingt et un ans, « c'est-à-dire jusqu'à ce que le nombre des mineurs arrivés en âge soit plus grand que le nombre des survivants de la première classe ».

15. Texte *in* Marcel Gauchet, *La Révolution des droits de l'homme*, Paris, Gallimard, 1989, p. 328. Il cite également, p. 193, une lettre de Condorcet du 30 août 1789 félicitant d'avoir eu cette idée le comte Mathieu de Montmorency, un de ces nouveaux venus de la politique en qui il s'émerveille de voir « un jeune homme élevé pour la guerre donner aux paisibles droits de l'homme une étendue qui eût étonné des philosophes il y a vingt ans » (Condorcet, *Œuvres*, t. IX).

16. *Le Moniteur*, t. XVI, p. 215.

17. *Cf.* Mona Ozouf, l'article « Régénération », du *Dictionnaire critique de la Révolution française, op. cit.*, pp. 821-831, ainsi que *L'Homme régénéré*, Paris, Gallimard, 1989. *Cf.* également Antoine de Baecque, « Le peuple briseur de chaînes, fracture historique et mutations de l'homme dans l'imaginaire politique au début de la Révolution française », *Révolte et société*, Actes du IVe colloque d'histoire au présent, t. I, Paris, mai 1988, Publications de la Sorbonne, février 1989, pp. 211-217 ; et « L'homme nouveau est arrivé. L'image de la régénération des Français dans la presse patriotique des débuts de la Révolution », *Dix-huitième Siècle*, 1988.

18. Marie-Hélène Parinaud, *Membres des assemblées et volontaires nationaux (1789-1792) ; contribution à l'étude de l'effet de génération dans la Révolution française*, thèse E.H.E.S.S., 1985, 2 vol., multigraphiée.

19. Edmund Burke, *Réflexions sur la Révolution de France*, présentation riche de Philippe Raynaud, Paris, Hachette, coll. « Pluriel », 1989. Thomas Paine, *Les Droits de l'homme*, Paris, Belin, coll. « Littérature et politique », 1988.
Sur la controverse, voir Robert B. Dishman, *Burke and Paine, on Revolution and the Rights of Man*, New York, 1971, et plus récemment, Marilyn Butler : *Burke, Paine, Godwin and the*

Revolution Controversy, Cambridge University Press, 1984, 2e éd., 1988.
Cf. également Judith Schlanger, « Les débats sur la signification du passé à la fin du XVIIIe siècle », *in Le Préromantisme, hypothèque ou hypothèse?*, Colloque de Clermont-Ferrand, 29-30 juin 1972, Paris, Klincksieck, 1975.

20. Voir en particulier « Le mystère 68 », table ronde organisée par *Le Débat*, n°s 50 et 51, mai-août et septembre-octobre 1988.

21. Ce que soutient par exemple Hervé Le Bras, *ibid.*

22. Par exemple Didier Anzieu, *Les Idées de mai*, Paris, Fayard, 1969 ; André Stéphane, *L'Univers contestationnaire*, Paris, Payot, 1969 ; Gérard Mendel, *La Crise de générations*, Paris, Payot, 1969.

23. Pierre Viansson-Ponté, « La nouvelle génération perdue », *Le Monde*, 6 septembre 1976, repris *in Couleur du temps qui passe*, II, Paris, Stock, p. 247. C'est cette chronique qui a inspiré les émissions de novembre-décembre 1976, de Jacques Paugam, *op. cit.*, et lui qui préface *Génération perdue, op. cit.* qui porte en sous-titre : « Ceux qui avaient vingt ans en 1968 ? Ceux qui avaient vingt ans à la fin de la guerre d'Algérie ? Ou ni les uns ni les autres ? » : « Ne discutons pas pour savoir si vous formez ou non une génération, c'est accessoire. Mais perdus, oui, vous l'êtes ! Perdus avec une clef en poche : votre identité, votre magistère, votre assurance. »

24. Éric Vigne, « Des générations 68 ? », *Le Débat*, n° 51, septembre-octobre, 1988, pp. 157-161.

25. C'est en effet à Auguste Comte que revient la priorité de la réflexion sur l'importance du rythme de renouvellement des générations pour le progrès de l'évolution sociale et de l'esprit humain : Auguste Comte, *Cours de philosophie positive*, Paris, 1839, t. IV, 51e leçon.

26. *Cf.* Karl Mannheim, « The Problem of Generations », *in Essays in the Sociology of Knowledge*, Londres, Routledge and Kegan Paul, 1959, pp. 278-322, traduction de « Das Problem der Generationen », *in Kölner Viertal Jahrshefte für Soziologie*, 1928. Cet essai de référence vient enfin de connaître sa traduction en français par Gérard Mauger et Nia Perivolaropoulou, *Le Problème des générations*, introduction et postface de Gérard Mauger, Paris, Nathan, 1990.

27. François Mentré, *Les Générations sociales*, Paris, Éd. Bossard, 1920.

28. Henri Peyre, *Les Générations littéraires*, Paris, Boivin et Cie, 1948.

29. Julián Marías, *El método histórico de las generaciones*, Madrid, Revista de Occidente, 1949.

30. Yves Renouard, « La notion de génération en histoire », *Revue historique*, 1953, pp. 1-23, repris *in Études d'histoire médiévale*, Paris, Sevpen, 1968, 2 vol.

31. Albert Thibaudet, *Histoire de la littérature française de 1789 à nos jours*, Paris, Stock, 1936. Thibaudet a consacré une de ses chroniques à la critique de François Mentré, *op. cit.*, *La Nouvelle Revue française*, 1er mai 1921, reprise *in Réflexions sur la littérature*, Paris, Gallimard, 1938.

32. Marc Bloch, *Apologie pour l'histoire ou métier d'historien*, Paris, Armand Colin, 1961, p. 94.

33. Lucien Febvre, « Générations », *Revue de synthèse historique*, juin 1920.

34. *Cf.* en particulier les analyses d'Annie Kriegel sur les générations communistes, dans *Les Communistes français, essai d'ethnographie politique*, Paris, Éd. du Seuil, 1968. *La Guerre d'Algérie et les intellectuels français*, sous la direction de Jean-Pierre Rioux et Jean-François Sirinelli, *Cahiers de l'I.H.T.P.*, n° 10, novembre 1988.

35. Notamment Jean-François Sirinelli, *Génération intellectuelle. Khâgneux et normaliens dans l'entre-deux-guerres*, Paris, Fayard, 1988, ainsi que sous la direction du même, *Générations intellectuelles, Cahiers de l'I.H.T.P.*, n° 6, novembre 1987.

36. *Cf.*, par exemple, Raoul Girardet, « Remarques perplexes sur le concept de génération et les virtualités de son bon usage », communication au Ier congrès de l'*Association française de*

La génération

science politique, 22-24 octobre 1981, reprises et développées *in* « Du concept de génération à la notion de contemporanéité », *Revue d'histoire moderne et contemporaine*, t. XXX, avril-juin 1983, pp. 257-270. Et Jacques Le Goff : « Je demeure méfiant à l'égard de l'usage de la notion de génération en histoire, car qu'est-ce qu'une génération, quand peut-on parler de génération ? », *in Essais d'ego-histoire*, sous la direction de Pierre Nora, Paris, Gallimard, 1987, p. 238.

37. *Cf.* le point de vue d'un sémioticien, Eric Landowski : « Continuité et discontinuité : vivre la génération », communication au 1er congrès de l'Association française de science politique, 22-24 octobre 1981, repris *in La Société réfléchie*, Paris, Éd. du Seuil, 1989, pp. 57-73.

38. Martin Heidegger, *Être et temps*, trad. de Jean-François Vezin, Paris, Gallimard, 1986, p. 449. Un des intérêts du passage est de se référer à W. Dilthey, le premier à avoir exploité historiquement la notion.

39. Voir Henri Mendras, *La Seconde Révolution française*, Paris, Gallimard, 1988.

40. Voir l'ensemble « Entrer dans la vie aujourd'hui » du *Débat*, n° 25, mai 1983 : Hervé Le Bras, « L'interminable adolescence ou les ruses de la famille », et André Béjin, « De l'adolescence à la post-adolescence, les années indécises ».

41. Je me permets de renvoyer à mon article « Le retour de l'événement », *in Faire de l'histoire*, sous la direction de Jacques Le Goff et Pierre Nora, Paris, Gallimard, 1974, vol. I.

42. C'est la thèse de l'important article d'Annie Kriegel, « Le concept politique de génération : apogée et déclin », *Commentaire*, n° 7, automne 1979.

43. Paul Yonnet, « Faits de génération, effets de génération ».

44. Michel Philibert, *L'Échelle des âges*, Paris, Éd. du Seuil, 1968. Philippe Ariès, « Les âges de la vie », *Contrepoint*, n° 1, mai 1970, pp. 23-30, ainsi que son article « Generazioni » de l'Encyclopedia Einaudi. John Gillis, *Youth and History*, New York, 1974, et Kenneth Keniston, « Youth : a "new" stage of life », *American Scholar*, n° 39, automne 1970. *Rapport au temps et fossé des générations*, Actes du colloque C.N.R.S./Association des âges, Gif-sur-Yvette, 29-30 novembre 1979. Rien d'essentiel n'échappera grâce aux Actes du colloque international *Historicité de l'enfance et de la jeunesse*, Athènes, 1e-5 octobre 1984, *Archives historiques de la jeunesse grecque*, n° 6, Athènes, 1986, pourvu d'un important fichier bibliographique. On y ajoutera Olivier Galland, *Les Jeunes*, Paris, La Découverte, 1985, et les résultats de deux colloques tenus en 1985 à l'occasion de l'année internationale de la Jeunesse : « Classes d'âge et sociétés de jeunesse », Le Creusot, 30 mai-1er juin 1985, résumé dans le *Bulletin de la Société française d'ethnologie*, n° 12, 1986, ainsi que les Actes du colloque du ministère de la Recherche et de la Technologie, 9-10 décembre 1985, *Les Jeunes et les autres, contribution des sciences de l'homme à la question des jeunes,* présenté par Michelle Perrot et Annick Percheron, Vaucresson, C.R.I.V., 1986, 2 vol. *Cf.* également Gérard Mauger, *Tableau des recherches sur les jeunes en France*, rapport P.I.R.T.T.E.M.-C.N.R.S., 1988.

45. *Cf.* Pierre Bourdieu, « La "jeunesse" n'est qu'un mot », *Questions de sociologie*, Paris, Éd. de Minuit, 1980, pp. 143-154.

46. Le dictionnaire Robert attribue le mot à Béranger en 1825. Par ailleurs, on peut lire, sous la plume du publiciste J.J. Fazy, *De la gérontocratie ou abus de la sagesse des vieillards dans le gouvernement de la France*, Paris, 1928 : « Ce mot nouveau, que je bâtis avec la langue des Grecs. »

47. *Cf.* Les notations de Jean-Yves Tadié sur « Le roman de génération », *in Le Roman au XXe siècle*, Paris, Belfond, 1990, pp. 99-102.

48. Voir Dominique Strauss-Kahn, *Économie de la famille et accumulation patrimoniale*, Paris, Éd. Cujas, 1977 ; *Accumulation et répartition des patrimoines*, Actes du colloque international du C.N.R.S., 5-7 juillet 1978, Paris, *Economica*, 1978 ; Claude Thelot, *Tel père, tel fils ? Position sociale et origine familiale*, Paris, Dunod, 1982, ainsi que *Cycles de vie et générations*, sous la direction de Denis Kessler et André Masson, Paris, Economica, 1985. *Cf.* également Xavier Gaullier, « La mutation des âges », *Le Débat*, n° 61, septembre-octobre 1990.

49. *Cf.* en particulier Antoine Prost, « Jeunesse et société dans l'entre-deux-guerres », *Vingtième Siècle, revue d'histoire,* n° 13, janvier-mars 1987, pp. 35-43.

50. Le phénomène trouve aussitôt son expression chez les économistes et démographes (Alfred Sauvy, *La Montée des jeunes,* Paris, Calmann-Lévy, 1959), les historiens (Philippe Ariès, *L'Enfant et la vie familiale sous l'Ancien Régime,* Paris, Plon, 1960), les sociologues (Edgar Morin, *L'Esprit du temps,* Paris, Plon, 1962 ; « Salut les copains », *Le Monde,* 6-8 juillet 1963 ; Georges Lapassade, *L'Entrée dans la vie,* Paris, Éd. de Minuit, 1963).
La chronologie de « L'aventure des idées » dressée pour *Le Débat* (n° 50, mai-août 1988) par Anne Simonin et complétée en livre de poche sous le titre : *Les Idées en France, 1945-1988, une chronologie,* Paris, Folio-Histoire, 1989, fournit pour ces années-là une riche série de repères convergents.

51. Voir Paul Yonnet, « Rock, pop, punk, masques et vertiges du peuple adolescent » et « L'esthétique rock » *(Le Débat,* n°ˢ 25 et 40) repris dans *Jeux, modes et masses,* Paris, Gallimard, 1986.

52. Témoin, cette notation d'un historien de l'époque, Capefigue, dans *Le Gouvernement de Juillet, les partis et les hommes politiques, 1830-1835,* Paris, 1835, t. I, p. 22 : « Ce fut en 1818 que cette première action de l'Allemagne se fit sentir en France : la pensée hardie de l'unité germanique retentit et la jeunesse de nos collèges fraternisa avec cette génération ardente que Schiller avait tant favorisée de ses drames et que les levées en masse de 1812 et de 1813 avaient organisée comme un gouvernement militaire. »

53. Sur la génération romantique, le livre essentiel et le plus récent est d'Alan B. Spitzer, *The French Generation of 1820,* Princeton, N.J., Princeton University Press, 1987. L'auteur esquisse dans sa conclusion une comparaison avec les mouvements étudiants allemands de l'époque et en particulier l'association des Burschenschaften, assortie d'une bibliographie, p. 267. Son jugement rejoint indirectement celui, mesuré, d'Henri Brunschwig, *La Crise de l'État prussien à la fin du XVIIIᵉ siècle et la genèse de la mentalité romantique,* Paris, P.U.F., 1947, pp. 104 et 270.
Certains moments de la comparaison générationnelle des deux pays, qui mériteraient d'être poursuivie systématiquement, apparaissent dans Claude Digeon, *La Crise allemande de la pensée française, 1870-1914,* Paris, P.U.F., 1959, dont le plan est précisément fondé sur le découpage des générations, et Robert Wohl, *The Generation of 1914,* Cambridge, Mass., Harvard University Press, 1980, dont le deuxième chapitre, après la France, est consacré à l'Allemagne.
Cf. également, paru après la rédaction de cet article, Jean-Claude Caron, *Générations romantiques. Les étudiants de Paris et le quartier Latin (1814-1851),* Paris, Armand Colin, 1991.

54. Augustin Challamel, Souvenirs d'un hugolâtre, portrait d'une génération, Paris, 1885 : « Depuis une vingtaine d'année déjà, sur la tombe du tel ou tel mort illustre, très fréquemment un orateur prononce cette phrase : "Il appartenait à la forte, à la vaillante génération de 1830" [...] Personne ne le niera : en politique, en littérature, en science, en art, la génération de 1830, comprenant tous les Français vivant en ce temps-là, ou à peu près, a fait majestueusement son œuvre, depuis le commencement de ce siècle jusqu'à sa dernière moitié. »

55. Sébastien Charléty, *La Monarchie de Juillet,* in *l'Histoire de France contemporaine* d'Ernest Lavisse, t. V, 1921, p. 47.

56. La formule mérite d'être replacée dans son contexte : « Trois éléments partageaient donc la vie qui s'offrait alors aux jeunes gens : derrière eux un passé à jamais détruit, s'agitant encore sur ses ruines, avec tous les fossiles des siècles de l'absolutisme ; devant eux l'aurore d'un immense horizon, les premières clartés de l'avenir ; et entre ces deux mondes... quelque chose de semblable à l'Océan qui sépare le vieux continent de la jeune Amérique, je ne sais quoi de vague et de flottant, une mer houleuse et pleine de naufrages, traversée de temps en temps par quelque blanche voile lointaine ou par quelque navire soufflant une lourde vapeur ; le siècle présent, en un mot, qui sépare le passé de l'avenir, qui n'est ni l'un ni l'autre, et qui ressemble à tous

La génération

les deux à la fois, et où l'on ne sait, à chaque pas qu'on fait, si l'on marche sur une semence ou sur un débris», Alfred de Musset, *La Confession d'un enfant du siècle*. Rappelons que Musset, né en 1810, est décalé de dix ans par rapport au gros de la génération romantique.

57. Sainte-Beuve, né en 1804, a plusieurs fois dans sa galerie de portraits esquissé un classement par génération. Si sévère pour ses contemporains, il a relevé tout ce qui l'unissait à eux par la vingtième année : « Chaque génération littéraire ne date que d'elle-même [...] Pour celui qui a vingt ans ce jour-là, les tristesses d'Olympio feront l'effet du "lac" de Lamartine. Il faut bien de la fermeté et de l'étendue dans l'esprit pour que le jugement triomphe de ces impressions», *Notes et pensées*, n° 187. On trouvera l'ensemble des références dans le court chapitre que lui consacre Henri Peyre, *op. cit.*, pp. 53-58.

58. Théodore Jouffroy, *Comment les dogmes finissent*, cité par S. Charlety, *La Restauration*, t. IV de l'*Histoire de France contemporaine* d'Ernest Lavisse, chap. III, «La génération nouvelle», p. 197.

59. Théophile Gautier, *Histoire du romantisme*, Paris, 1872, p. 11. Rappelons que Th. Gautier, né en 1811, représente, comme A. de Musset, la retombée désenchantée du post-romantisme. *Cf.* Paul Bénichou, *Le Sacre de l'écrivain*, Paris, Gallimard, 1996, ainsi que *Les Mages romantiques*, Paris, Gallimard, 1988.

60. Alfred de Vigny, *Discours de réception à l'Académie française*, 26 janvier 1864, in *Œuvres*, Paris, Gallimard, Bibl. de la Pléiade, 1948, t. I, p. 968. *Cf.* P. Bénichou, *Le Sacre...*, *op. cit.*

61. Lettre de La Fayette à James Monroe du 20 juillet 1820, dans Gilbert de La Fayette, *Mémoires, correspondance et manuscrits du général La Fayette*, Paris, 1837-1838, t. I, p. 93, cité par A. Spitzer, *op. cit.*, p. 4.

62. Archives parlementaires, 2e série, t. XXXV, p. 466.

63. Th. Gautier, *op. cit.*, p. 9.

64. *Cf.* l'article éclairant de Louis Mazoyer, «Catégories d'âge et groupes sociaux, les jeunes générations françaises de 1830», *Annales d'histoire économique et sociale*, n° 53, septembre 1938, pp. 385-419.

65. *Cf.* Yves Vadé, *L'Enchantement littéraire. Écriture et magie de Chateaubriand à Rimbaud*, Paris, Gallimard, 1990.

66. Delecluze, «De la politesse en 1832», in *Le Livre des Cent-un*, Paris, s. d., t. XIII, p. 107.

67. Honoré de Balzac, «La jeunesse éclatera comme la chaudière d'une machine à vapeur», Z. Marcas, *La Comédie humaine*, Paris, Gallimard, Bibl. de la Pléiade, 1978, t. VIII, p. 847.

68. Alfred de Musset, *Mélanges de littérature et de critique*, 23 mai 1831.

69. *Cf.* Edmond Goblot, *La Barrière et le Niveau, étude sociale sur la bourgeoisie française moderne*, Paris, Alcan, 1925.

70. *Cf.* La riche analyse que fait de l'enquête d'Agathon Philippe Bénéton, «La génération de 1912-1914 : image, mythe et réalité ?», *Revue française de science politique*, XXI, 1971, pp. 981-1009.

71. Edgar Morin, Claude Lefort, Jean-Marc Coudray, *Mai 1968 : la brèche*, Paris, Fayard, 1968. Laurent Joffrin, *Un coup de jeune, portrait d'une génération morale*, Paris, Grasset, 1987.

72. C'est ce qu'a fait encore récemment Michel Winock dans une fine reconstitution des huit générations intellectuelles qui se sont succédé, pour lui, de l'affaire *Dreyfus à 1968*. *Cf.* le n° 22 de *Vingtième Siècle, revue d'histoire*, consacré aux «Générations», avril-juin 1989, pp. 17-39.

73. Paul Thibaud : «Cette génération a été suiviste. Suiviste de ses aînés et même – c'est plus rare – suiviste de ses cadets», «Les décrocheurs», *Esprit*, juillet 1985. Claude Nicolet : «Nous étions en somme une génération abandonnée par l'histoire», in *Pierre Mendès France ou le métier de Cassandre*, Paris, Julliard, 1959, p. 37. Cités par Jean-Pierre Azéma, «La clef générationnelle», *Vingtième Siècle, op. cit.*

74. Dans un original article du *Débat*, n° 17, décembre 1981, pp. 15-35, « Autopsie d'une machine à laver, la société française face à l'innovation grand public », Yves Stourdzé rappelait les réticences du public féminin à adopter, entre 1965 et 1970, un instrument qui délivrait les femmes d'une pénible, mais traditionnelle tâche ménagère.

75. St. Hoffmann, Ch. P. Kindleberger, L. Wylie, J.R. Pitts, J.-B. Duroselle, Fr. Goguel, *À la recherche de la France*, Paris, Éd. du Seuil, 1963. En particulier l'article de Jesse R. Pitts, « Continuité et changement au sein de la France bourgeoise », pp. 265-339.

76. *Cf.* François de Closets, *Toujours plus !* Paris, Grasset, 1982, et Alain Minc, *La Machine égalitaire*, Paris, Grasset, 1987.

77. « La France, terre de commandement », c'était le titre d'un article de Michel Crozier, dans un numéro spécial d'*Esprit*, décembre 1957, pp. 779-797, consacré à *La France des Français*.

78. Jean-Paul Sartre, *On a toujours raison de se révolter*, Paris, Mercure de France, « La France sauvage », 1974.

79. Charles Péguy, *Œuvres en prose*, Paris, Gallimard, Bibl. de la Pléiade, t. II, p. 1309. Il est significatif du processus de la remémoration générationnelle que ce passage – saisissant – ait resurgi sous la plume d'un essayiste juif de la génération de 1968, Alain Finkielkraut, qui en fait l'ouverture de sa réflexion sur le procès Barbie, *La Mémoire vaine*, Paris, Gallimard, 1989.

80. Philippe Bénéton, *op. cit.*, montre également comment le résultat de l'enquête a été biaisé, soit par le choix des enquêtés, soit par l'élimination des réponses dissonantes, comme celle d'Emmanuel Berl (*À contretemps*, Paris, Gallimard, 1969, p. 155) et dans la liste des autres enquêtes, dont la plus notoire, après celle d'Agathon, a été celle d'Émile Henriot, dans *Le Temps* d'avril-juin 1912, publiée en 1913 sous le titre *À quoi rêvent les jeunes gens*.
Au même moment paraissent d'Étienne Rey, *La Renaissance de l'orgueil français*, Gaston Riou, *Aux écoutes de la France*, Ernest Psichari, *L'Appel des armes*.
Le chapitre de Robert Wohl, *The Generation of 1914, op. cit.*, s'appuie complètement sur l'expression de cette opinion, la prenant pour argent comptant.

81. Voir Marc Dambre, *Roger Nimier, hussard du demi-siècle*, Paris, Flammarion, 1989, p. 253.

82. Bernard Frank, « Hussards et grognards », *Les Temps modernes*, repris en plaquette, Paris, 1988.

83. On en trouvera notamment une curieuse illustration dans l'éditorial d'une revue, *Courrier*, qu'Armand Petitjean destinait aux « mobilisables » de 1939, repris *in Combats préliminaires*, Paris, Gallimard, 1941.
Deux exemples, qui concernent l'engagement communiste de guerre froide : Emmanuel Le Roy Ladurie, *Paris-Montpellier P.C.-P.S.U. 1945-1963*, Paris, Gallimard, 1982, et Maurice Agulhon, « Vu des coulisses », *in Essais d'ego-histoire, op. cit.*, p. 20 sq. Et un troisième un peu plus tardif : Philippe Robrieux, *Notre génération communiste, 1953-1968*, Paris, Robert Laffont, 1977.

84. Thomas S. Kuhn, *La Structure des révolutions scientifiques*, Paris, Flammarion, 1972.

85. Voir Daniel Milo, « Neutraliser la chronologie : "génération" comme paradigme scientifique », chap. IX de *Trahir le temps (Histoire)*, Paris, Les Belles Lettres, 1990.

86. L'essai de Jean Touchard, « L'esprit des années 1930 », paru dans *Tendances politiques dans la vie française depuis 1789*, sous la direction de Guy Michaud, Paris, Hachette, 1960, a directement inspiré le livre classique de Jean-Louis Loubet del Bayle, *Les Non-conformistes des années 30*, Paris, Éd. du Seuil, 1969.
La question avait été ouverte, dès 1954, avec la parution de *La Droite en France* de René Rémond, Paris, Aubier-Montaigne, devenue dans la 4e édition de 1982, *Les Droites en France*, chap. X, qui débutait par : « Y a-t-il un fascisme français ? » La question a eu sa postérité, jusqu'à l'œuvre de Zeev Sternhell, et la polémique qu'elle a suscitée.

La génération

87. Se reporter en particulier à Pascal Ory, « Comme de l'an quarante, dix années de retro satanas », *Le Débat*, n° 16, novembre 1981, pp. 109-117, qui fournit, de 1968 à 1981, une utile chronologie.
88. Alexis de Tocqueville, *De la démocratie en Amérique*, Paris, Gallimard, 1961, t. II, IIe partie, chap. II: « De l'individualisme dans les pays démocratiques », p. 106.

TABLE DES MATIÈRES

Préface à l'édition « Quarto » *Pierre Nora*   *1659*

LA NATION

3. L'IDÉEL

La gloire

Mourir pour la patrie *Philippe Contamine*	*1673*
Le soldat Chauvin *Gérard de Puymège*	*1699*
Le retour des Cendres *Jean Tulard*	*1729*
Verdun *Antoine Prost*	*1755*
Le musée historique de Versailles *Thomas W. Gaehtgens*	*1781*
Le Louvre *Jean-Pierre Babelon*	*1803*
Les morts illustres *Jean-Claude Bonnet*	*1831*
Les statues de Paris *June Hargrove*	*1855*
Le nom des rues *Daniel Milo*	*1887*

Les mots

La Coupole *Marc Fumaroli*	*1923*
Le Collège de France *Christophe Charle*	*1983*
La chaire, la tribune, le barreau *Jean Starobinski*	*2009*
Le Palais-Bourbon *Jean-Pierre Rioux*	*2063*
Les classiques scolaires *Daniel Milo*	*2085*
La visite au grand écrivain *Olivier Nora*	*2131*
La khâgne *Jean-François Sirinelli*	*2157*
Les Trésors de la langue *Alain Rey*	*2189*

LA NATION-MÉMOIRE *Pierre Nora*   *2207*

LES FRANCE

COMMENT ÉCRIRE L'HISTOIRE DE FRANCE ? *Pierre Nora* — 2219

1. CONFLITS ET PARTAGES

Présentation *Pierre Nora* — 2239

Divisions politiques
Francs et Gaulois *Krzysztof Pomian* — 2245
L'Ancien Régime et la Révolution *François Furet* — 2301
Catholiques et laïcs *Claude Langlois* — 2327
Le peuple *Jacques Julliard* — 2359
Les rouges et les blancs *Jean-Louis Ormières* — 2395
Français et étrangers *Gérard Noiriel* — 2433
Vichy *Philippe Burrin* — 2467
Gaullistes et communistes *Pierre Nora* — 2489
La droite et la gauche *Marcel Gauchet* — 2533

Minorités religieuses
Port-Royal *Catherine Maire* — 2605
Le musée du Désert *Philippe Joutard* — 2653
Grégoire, Dreyfus, Drancy et Copernic *Pierre Birnbaum* — 2679

Partages de l'espace-temps
Le front de mer *Michel Mollat du Jourdin* — 2721
La forêt *Andrée Corvol* — 2765
La ligne Saint-Malo-Genève *Roger Chartier* — 2817
Paris-province *Alain Corbin* — 2851
Le centre et la périphérie *Maurice Agulhon* — 2889
La région *Jacques Revel* — 2907
Le département *Marcel Roncayolo* — 2937
La génération *Pierre Nora* — 2975

*BIBLIOTHÈQUE NATIONALE DE FRANCE :
1703, 1805, 1881, 2318, 2821, 2966 • BULLOZ : 1797 •
JEAN-LOUP CHARMET : 2368, 2369, 2950, 2938, 2951 •
ÉDITIONS DU CERF : 2421 • GALLIMARD : 1743, 1759, 1766-1767 •
HACHETTE : 2420, 2422 • LE MONDE : 2423 • R. MATTES / EXPLORER : 1827 •
MUSÉE DES ARTS ET TRADITIONS POPULAIRES, PARIS : 1713 •
N. D. ROGER-VIOLLET : 1865, 1871, 1875 •
R.M.N. : 1789, 1795, 1857.*

DIRECTION ARTISTIQUE
Bernard Père
avec Guénola de Metz
et Benoît de Roux

DOCUMENTS DE COUVERTURE ET AU DOS
L'Arc de triomphe de l'Étoile,
Photo © Gilles Peress/Magnum

LABORATOIRE ARTISTIQUE
ET PHOTOGRAPHIQUE
Dominique Jochaud
© Éditions Gallimard

DOCUMENT LOGO QUARTO
Jacques Sassier